Hans-Ulrich Wehler

Deutsche Gesellschaftsgeschichte

Vierter Band

Hans-Ulrich Wehler

Deutsche Gesellschaftsgeschichte

Vierter Band
Vom Beginn des Ersten Weltkriegs bis zur
Gründung der beiden deutschen Staaten
1914–1949

Verlag C. H. Beck München

ISBN 3 406 32264 6 für diese Ausgabe
ISBN 3 406 32490 8 für die fünfbändige Ausgabe
© Verlag C.H.Beck oHG München 2003
Satz: Fotosatz Otto Gutfreund GmbH, Darmstadt
Druck und Bindung: Ebner & Spiegel, Ulm
Gedruckt auf säurefreiem, alterungsbeständigem Papier
(hergestellt aus chlorfrei gebleichtem Zellstoff)
Printed in Germany

www.beck.de

Übersicht über das Gesamtwerk

Erster Band
Vom Feudalismus des Alten Reiches
bis zur Defensiven Modernisierung der Reformära
1700–1815

Erster Teil: Grundbedingungen deutscher Geschichte
im ausgehenden 18. Jahrhundert

Zweiter Teil: Defensive Modernisierung
Die deutsche Reaktion auf die Französische Revolution
und Napoleon 1789–1815

Zweiter Band
Von der Reformära bis zur industriellen und
politischen «Deutschen Doppelrevolution»
1815–1845/49

Dritter Teil: Deutschland in der Epoche vor seiner
«Doppelrevolution» 1815–1845/49

Vierter Teil: Die «Deutsche Doppelrevolution»
Erfolgreiche Industrielle Revolution
und gescheiterte politische Revolution
1845–1848/49

Dritter Band
Von der «Deutschen Doppelrevolution»
bis zum Beginn des Ersten Weltkriegs
1849–1914

Fünfter Teil: Die zweite Phase der «Deutschen Doppelrevolution»
Die deutsche Industrielle Revolution –
Die politische Revolution der Reichsgründung «von oben»
1849–1871/73

Sechster Teil: Das Deutsche Kaiserreich
1871–1914

Vierter Band
Vom Beginn des Ersten Weltkriegs bis zur
Gründung der beiden deutschen Staaten
1914–1949

Siebter Teil: Das Kaiserreich im Ersten Weltkrieg
1914–1918

Achter Teil: Die Weimarer Republik
1918–1933

Neunter Teil: Charismatische Herrschaft und
deutsche Gesellschaft im «Dritten Reich»
1933–1945

Zehnter Teil: Folgen des zweiten verlorenen
Totalen Krieges 1945–1949

Fünfter Band
Von der Gründung
der beiden deutschen Staaten
bis zur Vereinigung
1949–1991

Inhalt des Vierten Bandes

Verzeichnis der Übersichten XV
Vorwort XVII

Siebter Teil
Das Kaiserreich im Ersten Weltkrieg
1914–1918

I. Die Konstellation des Weltkriegs 3
1. Der Erste Weltkrieg anstelle eines «dritten Balkankriegs» 7
2. Das Scheitern des Schlieffenplans
   Der Stellungskrieg im Westen – Die Intervalle von Defensive
   und Offensive im Osten 10
3. Kriegsideologien 14
   a) Die «Ideen von 1914»: Der deutsche «Sonderweg» 17
   b) Der Kriegsnationalismus – Die Heiligung des Krieges durch
      die Kirchen 21
4. Die Kriegszieleuphorie 26

II. Die deutsche Innenpolitik im Weltkrieg 39
1. «Burgfrieden» oder Belagerungszustand und Zensurregime? . . 39
2. Die Kriegswirtschaft 47
3. Das Dilemma der Agrarwirtschaft 57
4. Die Kriegsfinanzierung und der Beginn der «Großen Inflation» 64

III. Die deutsche Gesellschaft im Weltkrieg 69
1. Die Klassengesellschaft unter Kriegsbedingungen 70
   a) Die bürgerlichen Klassen 74
   b) Die Arbeiterklassen 81
   c) Die ländlichen Besitzklassen 87
2. Die «kämpfende Heimat» 93
   a) Arbeiterfrauen im Krieg 94
3. Die Auswirkungen der «Front»-Erfahrung 102
4. Die politische Polarisierung: der neue Rechtsradikalismus und
   Linksradikalismus 106

IV. Die Dritte Oberste Heeresleitung und der Totale Krieg 112
1. Das «Hindenburg-Programm» und das «Vaterländische Hilfsdienst-Gesetz» 114
2. Politische Bruchlinien: USPD – Deutsche Vaterlandspartei – Antisemitismus 122
3. Vom unterdrückten Konflikt zum Massenstreik 134
4. Das Fiasko des U-Bootkriegs und der Kriegseintritt der Vereinigten Staaten 142

V. Die deutsche Revolution von 1918 148
1. Die Auswirkungen der Russischen Revolution und der deutsche Pyrrhussieg im Osten 148
2. Die deutsche Niederlage im Westen 155
3. Strukturprobleme des Deutschen Reiches: das Scheitern der politischen Reformen 160
4. Die Legitimationskrise: von der Niederlage über die Oktoberreform zur Novemberrevolution 174

VI. Der Untergang des Deutschen Kaiserreichs 198
1. Wie modernisierungsfähig war das Kaiserreich? 198
2. Alternativen zur «Weimarer Republik»? 205
3. Die Bürde des Neuanfangs 215
4. Das Ende des «Langen 19. Jahrhunderts» und der Beginn des «Kurzen 20. Jahrhunderts» 222

Achter Teil
Die Weimarer Republik
1918–1933

I. Die Bevölkerungsentwicklung 1914–1933 231
1. Deutschland am Ende seines «Demographischen Übergangs» . 231
2. Die Kontinuität der Urbanisierung 234
3. Die Jugend- und Generationenfrage 235
4. Die Erwerbsstruktur und die Frauenarbeit 237

II. Strukturbedingungen und Entwicklungsprozesse der Wirtschaft 239
1. Die Industrie zwischen Kriegsniederlage und Dritter Weltwirtschaftskrise 240
  a) Der Versailler Frieden, die Inflation und die Reparationen 1918–1924 241
  b) Die «goldenen Jahre» 1924–1928 252

2. Die Dritte Weltwirtschaftskrise in Deutschland 1929–1933 ... 257
3. Wachstumserfolge, Führungssektoren, Großunternehmen ... 262
4. Korporativismus und Interventionsstaat 268
5. Das Handwerk zwischen Krieg und Diktatur 271
6. Die Landwirtschaft in einer neuen Phase ihrer Strukturkrise .. 274

III. Strukturbedingungen und Entwicklungsprozesse sozialer Ungleichheit 284
1. Die deutsche Klassengesellschaft zwischen Krieg und Diktatur 284
2. Das Bürgertum: Aufstieg und Erosion 289
   a) Das obere Wirtschaftsbürgertum 290
   b) Das Bildungsbürgertum 294
   c) Das Kleinbürgertum 299
   d) Der klassische Konflikt: Expansion und Desintegration des Bürgertums – Die verblassende Zielvision der «Bürgerlichen Gesellschaft» 306
3. Die Arbeiterklassen: Marktmacht bis 1928 und Fundamentalproletarisierung seit 1929 310
4. Der Adel in der Schlußphase seiner Agonie: die Kontinuität der aggressiven Defensive 323
5. Die bäuerlichen Besitzklassen 331
6. Die Sozialhierarchie am Vorabend der Diktatur Klassengesellschaft und «Volksgemeinschaft» 342

IV. Strukturbedingungen und Entwicklungsprozesse politischer Herrschaft 348
1. Das politische Herrschaftssystem 350
2. Das Parteienspektrum 353
3. Die Bürokratie 361
4. Interessenverbände, Gesinnungsbünde und paramilitärische Organisationen 372
5. Aspekte der Politikgeschichte 1918–1933 397
   a) Die drei Spätphasen der Revolution: Bürgerkrieg und innenpolitische Existenzkrise bis 1923 397
   b) Die Empörung über das Versailler «Diktat» und die Republik – Politische Morde und politische Justiz – Kriegsverherrlichung und Frontkämpfermythos 408
   c) Die Militärpolitik und der neue Militarismus 414
      1. Die neue Reichswehr: Politik, Struktur, Aufrüstung ... 415
      2. Der Strukturwandel des deutschen Militarismus 422
6. Der Ausbau und die Krise des Sozialstaats 428

V. Strukturbedingungen und Entwicklungsprozesse der Kultur .. 435
1. Die Christlichen Kirchen 435
   a) Der Protestantismus zwischen nostalgischem Monarchismus und völkischem Nationalismus 436
   b) Der Katholizismus zwischen erneuerter Volksbewegung und autoritärer Ordnung 445
2. Das Schulsystem 450
   a) Die Volksschule: die Durchsetzung der allgemeinen Grundschule 451
   b) Die Gymnasien und anderen Höheren Schulen 456
3. Die Universitäten und Technischen Hochschulen 462
4. Die Ausweitung des publizistisch-literarischen Marktes 472
   a) Printmedien und segmentierte Öffentlichkeit: Bücher – Zeitungen – Zeitschriften 474
   b) Der Aufstieg der neuen Massenmedien: Film und Rundfunk 480
5. Der Hexenkessel der politischen Phobien 483
   a) Die Fundamentalkritik der «Konservativen Revolution» .. 486
   b) Die Dogmen der «Geopolitik» 493
6. Die Erosion der Politischen Kultur: das Anschwellen des Antisemitismus 495

VI. Deutschland am Vorabend seines «Zivilisationsbruchs» 512
1. Die Zerstörung der Republik ohne republiktreue Mehrheit ... 513
   a) Der Amoklauf des «deutschen Staatsmanns» Heinrich Brüning 516
   b) Die Parforcejagd des Herrenreiters Franz v. Papen 530
   c) Der Utopist der «Querfront»: General Kurt v. Schleicher .. 533
2. Der Aufstieg des deutschen Kommunismus 535
3. Der Aufstieg des Nationalsozialismus: Hitlers charismatische Herrschaft über eine radikalnationalistische Massenbewegung . 542
4. Die Machtübergabe: die Elitenkoalition als Steigbügelhalter des «Führers» 580
5. Gab es Alternativen zum NS-Regime? 585
6. Die Kollaboration des Rechtskartells mit Hitler: Vorstufe zur totalitären Despotie 588

Neunter Teil
Charismatische Herrschaft und deutsche Gesellschaft
im «Dritten Reich»
1933–1945

*I. Strukturbedingungen und Entwicklungsprozesse politischer
   Herrschaft* 600
1. Herrschaftskonsolidierung und totalitäre Revolution 600
   a) Der Aufbau des Führerabsolutismus bis 1938 603
   b) Die Natur charismatischer Herrschaft: die Monokratie des
      «Führers» und die Polykratie der Machtzentren 623
   c) Die Vollendung der Alleinherrschaft: die Ausschaltung der
      letzten Konkurrenten 635
2. Legitimatorische Konjunkturpolitik: von der Massenarbeitslosigkeit zur Vollbeschäftigung 642
3. Stimulantien des Führermythos: innen- und außenpolitische
   Erfolge bis 1939 646
4. Staatliche Rassenpolitik in Aktion 652
   a) «Judenpolitik»: Pogrom – Sonderrecht – Vertreibung ... 653
   b) «Volkskörper» und «Ausmerze»: Zwangssterilisation und
      Euthanasieaktion 664
5. Die Konsensbasis von Führerdiktatur und Bevölkerung:
   Charismatische Herrschaft – Ultranationalismus und politische
   Religion – Soziale Sicherheit und «Volksgemeinschaft» – Verrat
   der Intellektuellen 675
6. Die Politisierung einer Sozialutopie: Transformationsdynamik
   und «egalitäre Leistungs-Volksgemeinschaft» 684

II. Strukturbedingungen und Entwicklungsprozesse der Wirtschaft 691
1. Auf dem Weg zur staatsgelenkten Marktwirtschaft 691
2. Rüstungswirtschaft und Rüstungsfinanzierung 698
3. Agrarpolitik im «Reichsnährstand» 699
4. Das Fiasko der «Mittelstands»-Politik 707
5. Gab es ein NS-«Wirtschaftswunder»? 709
6. Industriegesellschaft statt Agrarutopie 711

*III. Strukturbedingungen und Entwicklungsprozesse sozialer
    Ungleichheit* 715
1. Die Gesellschaftsklassen im «Dritten Reich» 717
   a) Die bürgerlichen Klassen 718
   – Das Wirtschaftsbürgertum 721
   – Das Bildungsbürgertum 725

– Das Kleinbürgertum 729
b) Die industriellen Arbeiterklassen: vom Depressionsschock zur Führerloyalität 731
c) Die bäuerlichen Besitzklassen: die ambivalente Privilegierung 741
d) Der Adel als degradierte Machtelite 747
2. Frauen im «Dritten Reich»: offizieller Antifeminismus und indirekte Emanzipationsförderung 752
3. Die «Jugend des Führers» 760
4. Exklusion aus der «Volksgemeinschaft»: die degradierten Deutschen und das neue Subproletariat der ausländischen Zwangsarbeiter 767
5. Soziale Mobilität in der «Volksgemeinschaft» 771
6. Modernisierung oder «soziale Revolution» im «Dritten Reich»? 781

IV. Strukturbedingungen und Entwicklungsprozesse der Kultur .. 795
1. Beflissene Anpassung und doppeldeutiger «Kirchenkampf» .. 795
   a) Der Protestantismus am Rande des Schismas: die «Deutschen Christen» als «SA-Jesu Christi» und die «Bekennende Kirche» 797
   b) Der Katholizismus: Reichskonkordat, Anpassung und Verfolgung 809
2. Das Schulsystem: Grundschulen – Berufsschulen – Höhere Schulen 818
3. Universitäten und Technische Hochschulen 823
4. Die politische Gängelung der Literatur 831
5. Die politische Steuerung der Publizistik und der neuen Medien 837

V. Das «Dritte Reich» im Zweiten Weltkrieg 842
1. Etappen des Kriegsverlaufs: Vom Revisionskrieg zum Vernichtungskrieg 843
   a) Charismatische Herrschaft, Führerglaube und Kampfmoral . 866
   b) Fronterfahrung und Brutalisierung des Krieges 872
   c) Der soziopolitische Umbau der Offizierkorps unter Hitlers Regie 878
2. Die wahre Natur des Nationalsozialismus: Vernichtungskrieg – Lebensraumimperialismus – Judenmord 881
3. Die Steigerung des Führerabsolutismus: charismatische Herrschaft und Staatszerfall 902
4. Das Scheitern des Widerstands: die Dominanz der Führerloyalität statt der Resistenz 908
5. Die Kriegswirtschaft 915

a) Die «Blitzkrieg»-Ökonomie 916
b) Die Rüstungsexpansion unter Speer 918
c) Die Ausbeutung des besetzten Europa 925
d) Die Kriegsfinanzierung 927
6. Klassengesellschaft oder «Volksgemeinschaft» im Krieg? 928
a) Die «kämpfende Heimat» 928
b) Der Bombenkrieg 931
c) Ergebnisse charismatischer Herrschaft: Kontinuitätslinien vom Kaiserreich bis 1945 933

Zehnter Teil
Folgen des zweiten verlorenen Totalen Krieges
1945–1949

I. Kriegsverluste und Folgekosten 941
1. Eine demographische Bilanz 942
2. Verluste an Land und Ressourcen 946
3. Reparationen, Demontagen, Kriegsfolgekosten 947

II. Lebensumstände in der «Zusammenbruchsgesellschaft» 951

*III. Gesellschaftliche Verwerfungen und stabilisierende Gegen-
gewichte* 955

IV. Rekonstruktion der Industriewirtschaft oder Strukturbruch? . . 966
1. Der endogene Konjunkturaufschwung seit 1947 968
2. Marshallplan, Währungs- und Wirtschaftsreform 970

V. Restauration oder restriktive Bedingungen des Neuanfangs? . . 973

*VI. Allgemeine Ausgangsbedingungen für die beiden Neustaaten
von 1949* 978
1. Die Konstellation in Westdeutschland 980
2. Die Konstellation in Ostdeutschland 983

Rückblick: das deutsche «Zeitalter der Extreme» 985

Anhang

Anmerkungen 995
Abkürzungsverzeichnis 1149
Personenregister 1155
Sachregister 1167

Verzeichnis der Übersichten

Übersicht 116: Deutsche Agrarproduktion 1914–1918 58
Übersicht 117: Versorgung mit Nahrungsmitteln 1916/1918 71
Übersicht 118: Monatliches Realeinkommen der Beamten 1913–1919 77
Übersicht 119: Streiks, «Lohnbewegungen», Teilnehmer, Gewerkschaftsmitglieder 1913–1918 135
Übersicht 120: Gemeindegrößenklassen und Einwohnerverteilung 1910–1933 228
Übersicht 121: Die Struktur der Frauenarbeit (A) und die Anteile der weiblichen Erwerbstätigkeit (B) 1907–1933 ... 232
Übersicht 122: Indikatoren der deutschen Inflation 1919–1923 ... 241
Übersicht 123: SOS-Signale der «Großen Depression» in Deutschland 1929–1933 254
Übersicht 124: Die Verteilung der Betriebsgrößen in der deutschen Landwirtschaft 1925 271
Übersicht 125: Die landwirtschaftliche Produktion 1913–1932 ... 272
Übersicht 126: Preisindex der Bodenfrüchte, des Fleischs und der Milch 1913–1932 274
Übersicht 127: Deutsche Agrarzölle 1902–1933 275
Übersicht 128: Der Sturz der deutschen Agrarpreise 1928–1933 .. 277
Übersicht 129: ADGB-Mitglieder, Streiks und Streikteilnehmer 1919–1932 311
Übersicht 130: Arbeitslosigkeit in Deutschland 1929–1933 318
Übersicht 131: Politische Grundorientierungen im deutschen Parteienspektrum 1919–1933 359
Übersicht 132: Mitglieder deutscher Beamtenverbände 1920–1932 368
Übersicht 133: Größenordnung der Beamtenschaft und des Öffentlichen Dienstes 1920–1933 370
Übersicht 134: Soziale Herkunft höherer Schüler am Ende der Weimarer Republik 455
Übersicht 135: Jüdische Erwerbstätige in den Wirtschaftssektoren 1933 496
Übersicht 136: Notverordnungen und Reichstagsaktivitäten 1930–1933 516
Übersicht 137: Deutsche Eigenversorgung mit Nahrungsmitteln 1928 und 1939 698

Übersicht 138: Soziale Herkunft der Schüler an NS-Eliteanstalten
1940 769
Übersicht 139: Sozialstruktur der NSDAP und ihrer Führung 1933
und 1935 771
Übersicht 140: Westdeutsche Industrieentwicklung 1946–1950 . . . 972

Vorwort

Das Projekt einer «Deutschen Gesellschaftsgeschichte» wird hier mit dem vierten Band fortgeführt. Er reicht vom Beginn des Ersten Weltkriegs, mithin vom Ende des «langen» 19. Jahrhunderts (1789–1914) oder vom Anfang des «kurzen» 20. Jahrhunderts (1914–1991), bis hin zum Jahr 1949. Denn die ersten vier Nachkriegsjahre nach dem Ende des Zweiten Weltkriegs werden wegen der erdrückenden Kriegsfolgen noch mit einbezogen, ehe mit der Spaltung des Landes und der Gründung der beiden Neustaaten von 1949 eine tiefe Zäsur entstand. Danach wird, über die ursprüngliche Planung hinausgehend, in einem abschließenden Band auch noch die Epoche von 1949 bis 1990/91 behandelt.

Auch weiterhin verkörpert dieser Band der «Deutschen Gesellschaftsgeschichte» den Versuch, unter neuartigen, jedenfalls manchem ungewohnten Gesichtspunkten eine Synthese zu wagen, in der anstelle der chronologischen Ereignisgeschichte die problemorientierte Analyse und die Erklärung wesentlicher Erscheinungen des historischen Prozesses im Vordergrund stehen. Dieser Ansatz scheint mir unverändert der Konzeption jener Darstellungen überlegen zu sein, die dem konventionellen Leitfaden der Außenpolitik oder der Innenpolitik noch immer unentwegt folgen. Deshalb liegt auch erneut jene Ordnungskonfiguration zugrunde, die dabei behilflich sein soll, das Komplexphänomen Gesellschaft in seinen Grundzügen zu erschließen: Die vier «Achsen» der Wirtschaft, der Sozialstruktur, der politischen Herrschaft und der Kultur gelten hier als die Zentraldimensionen des zwischen 1914 und 1945 enorm beschleunigten Transformationsprozesses, der Deutschland weiter in die Moderne katapultiert hat.

An dieser Stelle ist freilich auf drei allgemeine Einwände knapp einzugehen, die in der Auseinandersetzung mit dieser Gesellschaftsgeschichte geltend gemacht worden sind.

1. Das Recht müßte doch eigentlich, diese Forderung hat namentlich Dieter Grimm in einer brillanten Argumentation verfochten, als eine fünfte «Achse» dienen. Denn seine realitätsgestaltende Potenz, zumal in einer Zeit zunehmender Verrechtlichung aller Bereiche des gesellschaftlichen Lebens, könne schlechterdings nicht glaubwürdig bestritten werden. Das Postulat besitzt Überzeugungskraft. Nun bin ich dem Recht keineswegs zielstrebig ausgewichen, denn das Recht der Feudalgesellschaft etwa, das preußische «Allgemeine Landrecht», vor allem das Verfassungsrecht unterschiedlichster politischer Systeme oder das pervertierte Recht des NS-Regimes wird,

hoffe ich, nicht zu knapp erörtert. Zeitweilig wollte ich auch auf die Entstehungsgeschichte des bis heute gültigen «Bürgerlichen Gesetzbuchs», auf das neue Wirtschafts- und Sozialrecht eingehender zu sprechen kommen. Aber letztlich fühlte ich mich doch der rechtlichen Problematik, die überdies in einer eigenen, komplizierten Fachsprache traktiert wird, nicht gewachsen.

Insofern bildet das Recht keine «vergessene Grunddimension», wohl aber eine zu oft nur umrissene, manchmal vernachlässigte, im Prinzip nicht angemessen aufgewertete Dimension. Auf jeden Fall hätte diese Problematik explizit erörtert werden müssen. Daher bleibt die Einbeziehung des Rechts im Sinn einer fünften «Achse» eine herausfordernde Aufgabe für einen auf Synthese zielenden Autor. Schließlich ist der «Sinn der Arbeit der Wissenschaft», wie Max Weber geurteilt hat, daß sie durch «neue Fragen ... überboten werden» will.[1]

2. Strittig ist ebenfalls, ob das Strukturierungsschema mit seinen vier gleichberechtigten «Achsen» der enormen Aufwertung des neuen Leviathans, der Staatsmacht und der beispiellosen Steigerung staatlicher, aber auch nichtstaatlicher Gewalt gerecht werden kann. Verlangen die Erfahrungen, die auch Europa seit der ersten Hälfte des 20. Jahrhunderts damit gemacht hat, nicht eine andere Prioritätensetzung, die im Grunde zu einer entschiedenen Privilegierung der politischen Herrschaft führen müßte? Unleugbar haben zwei totale Kriege und die Führerdiktatur Hitlers, aber auch die beharrliche Expansion des Interventions- und Sozialstaats auf der Linie einer unablässig weiter anhaltenden Staatsbildung alle illusionären Wunschträume vom Absterben des Staates nachdrücklich Lügen gestraft. Vielmehr ist das Potential an staatlichen Machtmitteln in Kriegszeiten und unter der Diktatur gewaltig angestiegen und hat sich auch in Friedenszeiten auf weiten Politikfeldern, wie etwa der Verwaltung, der Daseinsvorsorge, der Wirtschaftssteuerung, unaufhaltsam ausgedehnt.[2]

Das alles läßt sich bereitwillig konzedieren, zumal es im Grunde auch kaum prinzipiell umstritten ist. Dennoch braucht man der Vorstellung von einem eindeutigen Primat der Staatsmacht und der staatlich oder außerstaatlich ausgeübten Gewalt nicht zu folgen. Denn die Kontinuität der Staatsbildung, die Ausdehnung der Staatsfunktionen, das Wachstum der Staatsmacht – sie können ohne den Rückgriff auf ihre Förderung durch den hochentwickelten, verwissenschaftlichten Kapitalismus, die sozialstrukturellen Veränderungen, die legitimatorischen Politikzwänge und die verhaltensleitende Wirkung kultureller Ideensysteme nicht von fern erfaßt werden. Staatsexpansion und Gewaltausübung sind eben keine selbstläufigen, autonomen Prozesse, sondern bleiben von zahlreichen begünstigenden und restriktiven Bedingungen abhängig.

Wie wäre die zweimalige Steigerung zum totalen Krieg ohne die hochentwickelte Rüstungswirtschaft, den Wissensstand zahlreicher Experten, die stimulierenden Ideologien des Sozialdarwinismus, Nationalismus und Rassismus möglich gewesen? Wie will man die Gewaltherrschaft des Nationalsozialismus ohne die große ökonomische Krise, ohne die radikalnationalistische Mentalität, ohne die Verheißung einer egalitären «Leistungs-Volksgemeinschaft», ohne die Steuerungskapazität eines aberwitzigen, oft genug aber im wissenschaftlichen Gewand der Eugenik und Biologie auftretenden Weltbildes verstehen? Und der Siegeszug des mächtigen Interventions- und Sozialstaats kann ohne die ökonomischen und gesellschaftlichen Disparitäten, die mit politischen Legitimationsproblemen unmittelbar verknüpft sind, ohnehin nicht in seiner Antriebsstruktur verstanden werden.

Nein, man ist wohlberaten, an mehreren gleichberechtigten Grunddimensionen des historischen Prozesses zunächst festzuhalten, ehe man sorgfältig prüft, welche spezifischen wirtschaftlichen, sozialen, politischen und kulturellen Bedingungen etwa zu einer zeitweilig konstatierbaren Übermacht des politischen Herrschaftssystems oder der Gewaltmaßnahmen geführt haben. Die Forderung, diese Übermacht bereitwillig anzuerkennen, trifft hier auf keine dogmatische Barriere, im Gegenteil, die Durchsetzungsfähigkeit politischer Regime und des modernen Staatsapparates ist in den bisherigen Bänden bereitwillig anerkannt, ja betont worden. Und auch für das System der sozialen Ungleichheit gilt die ungleiche Verteilung von Herrschafts- und Machtchancen letztlich als der Dreh- und Angelpunkt, so daß der Vorwurf, der Autor kultiviere den typisch weberianischen «Machtfetischismus», nicht selten erhoben worden ist. Wer aber an dieser Stelle zögert, weil er etwa seine Überzeugung, daß «die Wirtschaft unser Schicksal» sei, nicht verabschieden mag, der sollte sich einem anderen Gegenstand als dem «zweiten Dreißigjährigen Krieg» von 1914 bis 1945 mit dem deutschen Schlüsselphänomen des Nationalsozialismus zuwenden.

3. Während der Arbeit an den Bänden III und IV drang auch in der Bundesrepublik die international längst angefachte Debatte über eine «neue Kulturgeschichte» vor. Im Kern bestand, kurz gesagt, diese Strömung gegenüber der theoriegeleiteten Sozial- und Gesellschaftsgeschichte mit ihrem Zentralbegriff der Gesellschaft auf der Überlegenheit der allerdings häufig amorphen, allumfassenden Kategorie «Kultur». Nun bot die Sozial- und Gesellschaftsgeschichte deshalb einen lohnenden Angriffspunkt, weil sie der doppelten Konstituierung von Wirklichkeit im Sinne der Weberschen und Bourdieuschen Sozialtheorie häufig nicht gerecht geworden war: der Konstituierung zum einen durch die von ihr bevorzugten machtvollen, steuernde Strukturen schaffenden Evolutionsprozesse in den vier Grunddimensionen der Gesellschaft, der Konstituierung zum andern aber auch durch die Wahrnehmung und Perzeption der «Realität» durch die sie deutenden Individuen, deren «Verarbeitung» nur hermeneutisch zu entschlüsseln ist. An dieser Stelle bestand offensichtlich ein handlungstheore-

tischer Nachhol- und Präzisierungsbedarf, den inzwischen herausragende neuere Arbeiten, die auf einer reflektierten Fusion von Sozial- und Kulturgeschichte beruhen, zu befriedigen begonnen haben. Der ungestüme Primatanspruch der «neuen Kulturgeschichte» beruhte freilich ohnehin auf antiquierten Denkfiguren, die man den Theologen mit ihrem Anspruch auf Kompetenz für Letztinstanzen überlassen sollte.

Die kraftvollen lebensgeschichtlichen und wissenschaftsimmanenten Einflüsse, welche den neuen Aufschwung der Kulturgeschichte – den zweiten nach der Welle um 1900 – begünstigt haben, sind mit ihrem Pro und Contra schon anderswo ausführlicher erörtert worden.[3] Deshalb braucht hier nur festgehalten zu werden, daß der Stärke der «neuen Kulturgeschichte», wie sie diese in der mikrohistorischen Erfassung vernachlässigter, oft als unwichtig oder fremdartig geltender Probleme oder in der diskursanalytischen Entschlüsselung mächtiger Sprachspiele und Weltbilder demonstriert, bisher eine eigentümliche Syntheseunfähigkeit entspricht, die etwas über die schwache Integrationskraft der konkurrierenden Kulturbegriffe aussagt. Wer vor der illusionslosen Analyse der demographischen, ökonomischen, sozialstrukturellen, herrschaftspolitischen Aspekte des historischen Prozesses zurückscheut oder ihrer Exklusion als überholten Präferenzen das Wort redet, statt dessen aber auf dem Primat von Sprache und Ideenwelt, von Ritual und Symbolik vertraut, zwingt seine Kontrahenten keineswegs leichter Hand zur Kapitulation. Vielmehr gibt es bislang keine durchschlagenden Argumente, geschweige denn eine überzeugende historiographische Praxis, die zum Verzicht auf wesentliche Grundannahmen der Gesellschaftsgeschichte zwänge. In dieser Behauptung äußert sich keine verstockte Verteidigung, sondern das bilanzierende Urteil über eine nunmehr dreißigjährige Diskussion, deren Höhepunkt überdies, wie es scheint, überschritten sein könnte.

Die Schlüsselkategorien dieses gesellschaftsgeschichtlichen Unternehmens, seine erkenntnisleitenden Interessen, seine allgemeinen Vorüberlegungen sind in der «Einleitung» zum ersten Band ausführlich erörtert worden (I, 6–30). An diesen grundsätzlichen Positionen glaube ich weiterhin festhalten zu können, da sich bisher noch keine lebensgeschichtliche Erfahrung eingestellt, auch kein argumentativer Druck geltend gemacht hat, der eine Korrektur von Grund auf geböte. Daraus ergibt sich auch eine Abgrenzung von drei konkurrierenden Unternehmen.

Thomas Nipperdeys beneidenswert umfassend angelegte dreibändige «Deutsche Geschichte» des Zeitraums von 1800 bis 1918 endet nach einer Fülle anerkennender oder kritischer, jedenfalls dezidierter Urteile dennoch mit dem Bekenntnis: «die Grundfarbe der Geschichte ist grau, in unendlichen Schattierungen.» Darin tritt eine verblüffende erkenntnistheoretische Resignation zutage, die sich Max Webers unwiderlegbarem Appell verschließt, daß die Grundlage unserer Werturteile durch die Rückbindung an unmißverständlich offengelegte erkenntnisleitende Interessen und «Kulturwerte» zu rechtfertigen, damit auch diskussionsfähig zu machen ist. Im Grunde kann man sich als Historiker den Rückzug in das Nirwana grauer Abschattierungen nie erlauben. Man mag allerdings solch einer epistemologischen Illusion, die strenge Gerechtigkeit aus erhabener olympischer Distanz suggeriert, während der Beschäftigung mit dem 19. Jahrhundert eine Zeitlang erliegen. Doch spätestens im Zeitalter zweier totaler Kriege, der Führerdiktatur Hitlers, des Vernichtungskrieges im Osten, des Zivilisationsbruchs im Holocaust sind klare Urteilsmaßstäbe, die durchaus auch «Schwarz und Weiß» anerkennen müssen, völlig unvermeidbar. Ihnen auszuweichen, indem man auf grauen Grundfarben insistiert, würde mit vielen gefährlichen Konsequenzen in die Irre führen.[4]

Problematisch ist auch der Überlegenheitsanspruch von Heinrich August Winklers Interpretation der neueren deutschen Geschichte zwischen 1806 und 1990, die über zwei Bände hinweg auf der Leitidee eines «langen Wegs nach Westen» beruht, an dessen Ende die Teleologie der Geschichte in die glorreiche Erfolgsgeschichte der Bundesrepublik mündet. Eigentlich sollte inzwischen unstrittig sein, daß die deutsche Staatenwelt einschließlich des Kaiserreichs bis 1914 ein fester Bestandteil des Okzidents gewesen ist, obwohl sich ihr Modernisierungspfad an manchen Stellen vom Weg anderer europäischer und nordamerikanischer Staaten auffällig unterschied. Freilich wirkten sich seit den 1860er Jahren im Zeichen der Bismarckschen «Kanzlerdiktatur» neue und ältere historische Sonderbedingungen von schließlich eminenter Tragweite aus (III, 1250–95). Sie gewannen durch den Ersten Weltkrieg und den 1933 einsetzenden Absturz in die Barbarei eine fatale Bedeutung. Insofern kann man für die Zeit zwischen 1862 und 1945 weiterhin von einem «Sonderweg» sprechen, dem Deutschland als einziger westlicher Kultur- und Industriestaat in die Abgründe des Nationalsozialismus gefolgt ist. Historistisch und apologetisch von lauter «Sonderwegen» der europäischen Gesellschaften zu sprechen, verfehlt daher die äußerst erklärungsbedürftigen Ursachen der deutschen Katastrophe. Die ganz unverhofft gewährte zweite Chance, die der Mehrheit der Deutschen mit der Gründung der Bundesrepublik seit 1949 eingeräumt wurde, beruhte andrerseits nicht allein auf dem erfolgreichen Demokratieimport. Vielmehr ermöglichte sie auch deshalb den erstaunlich schnellen Anschluß an den Westen, weil wichtige Fundamente und belastbare Traditionen westlicher Eigenart in Deutschland seit jeher vorhanden und erhalten geblieben waren.[5]

Das neueste, monumentale dreibändige «Handbuch der Wirtschafts- und Sozialgeschichte Deutschlands» von Friedrich-Wilhelm Henning schließlich bewegt sich auch in seinem dritten Band über das 20. Jahrhundert ganz vorrangig auf seinem Hauptthemenfeld, der Wirtschaftsgeschichte. Zwar blickt der Verfasser ab und zu auf die Sozialgeschichte und auf die politischen Bedingungen, beansprucht aber nicht jenen Synthesecharakter, der die vorliegende «Gesellschaftsgeschichte» kennzeichnet. Überdies informiert das Handbuch, eigenen Interessen folgend, über nicht wenige Sachgebiete, die hier nicht für zentral gehalten werden.[6]

Selbstverständlich kann der interessierte Leser aus jedem dieser drei Werke seinen unleugbaren Gewinn ziehen. Nur trifft er dort auf andere Ansprüche, Interpretationen und Schwerpunktsetzungen, als sie hier zu finden sind. Jeder, der von der belebenden Wirkung eines freien Wettbewerbs der Ideen in der Arena einer uneingeschränkten Öffentlichkeit überzeugt ist, wird die Konkurrenz der unterschiedlichen methodischen Ansätze, theoretischen Entscheidungen und Deutungen begrüßen, ehe er sich dann sein eigenes Urteil über ihre Überzeugungskraft bildet.

Ein weiterer Gesichtspunkt, der unten in den Teilen 8 und 9 über die Zeit von 1918 bis 1945 eine maßgebliche Rolle spielen wird, muß hier noch kurz hervorgehoben werden. Gemeint ist die konsequente «Historisierung» des Nationalsozialismus, die vor allem ein so hervorragender Zeithistoriker wie Martin Broszat, zusammen mit anderen, nachdrücklich gefordert hat. Dieses rundum berechtigte Postulat zielt darauf, den Nationalsozialismus nicht länger als einen von außen kommenden, ganz unvorhersehbaren Einbruch des Bösen in die intern heile deutsche Lebenswelt zu betrachten, ihn nicht mehr als widerspenstigen Fremdkörper zu exotisieren oder als erratischen Block zu stilisieren, der letztlich unbegreiflich im Strom der deutschen Geschichte liegt. Vielmehr geht es vorrangig darum, auch den Nationalsozialismus mit der Führerdiktatur, ohne gemeineuropäische Entwicklungen und transnationale Phänomene wie den Faschismus zu leugnen, an erster Stelle und so weit, wie das nur eben überzeugend möglich ist, aus den Zusammenhängen und Bedingungen der neueren deutschen Geschichte zu begreifen. Erst auf diese Weise können sich die Deutschen mit dem Nationalsozialismus und seinen Folgen weiterhin selbstkritisch und produktiv auseinandersetzen, nicht zuletzt die Gefahr einer subtilen Apologetik durch die Externalisierung des Bösartigen katexochen vermeiden. Dieser Forderung nachzukommen wird auf ihre Weise die konkrete gesellschaftsgeschichtliche Analyse möglichst genau und umfassend unternehmen.[7]

Anfangs hatte ich gehofft (immer jagt man derselben Fata Morgana nach), nach Band III (1995) den vierten Band der «Deutschen Gesellschaftsgeschichte» früher vorlegen zu können. Tatsächlich gab es auch nach meinem Ausscheiden aus dem Universitätsbetrieb einen spürbaren Zeitgewinn (1996). Doch wer da glaubt, daß die Literatur zum 18. und 19. Jahrhundert, nicht zuletzt zum umstrittenen Kaiserreich, kaum mehr zu überschauen sei, weiß nicht, was ihn im Hinblick auf das «kurze» 20. Jahrhundert erwartet, auch wenn eine jahrzehntelange Lektüre vorangegangen ist. Denn Jahr für Jahr wächst die geschichtswissenschaftliche Forschungsliteratur zum Ersten Weltkrieg, zur Weimarer Republik, erst recht zum «Dritten Reich» unaufhaltsam weiter an. Und wenn man dann noch der positivistischen Neigung nachgibt, sich wenigstens über die wichtigsten Ergebnisse auf dem laufenden zu halten, um sie rechtzeitig auswerten zu können, hat man ein oft geradezu entmutigendes Arbeitspensum vor sich. (Die Literatur bis Ende 2002 ist aber, soweit ich zu sehen vermag, berücksichtigt worden.) Überdies begegnet man in jenen Epochen des 20. Jahrhunderts einer Vielzahl von komplizierten, häufig umstrittenen Problemen. Man denke nur an den Charakter und die Folgen des Ersten Weltkriegs, an die Chancen und das Scheitern von Weimar, an die Natur der Führermonokratie, an die Antriebskräfte des Holocaust. Da bedurfte es, zumal unter der Leitperspektive einer Gesellschaftsgeschichte, schon geraumer Zeit, bis diese Probleme sortiert, präzisiert und nach Möglichkeit geklärt waren.

Für die Erörterung mancher Fragen bot der Gedankenaustausch im «Arbeitskreis für moderne Sozialgeschichte», zumal als dort noch Rainer Lepsius und Knut Borchardt, Reinhart Koselleck und Thomas Nipperdey ihr Feuerwerk abschossen, aber auch im Berliner Wissenschaftskolleg mit seinen idealen Bedingungen während des Forschungsjahres 1998/99 optimale Voraussetzungen. Beiden Institutionen bin ich dafür sehr dankbar.

Den Dank, den ich Freunden und Lehrern schulde und im ersten Band bereits im einzelnen ausgesprochen habe, möchte ich noch einmal mit Nachdruck wiederholen, da wir in der Tat das, was wir sind, anderen verdanken. Er gilt vornehmlich wieder Jürgen Kocka, dem ständigen Anreger und kritischen Kommentator in den vergangenen dreißig Jahren, aber auch den Wissenschaftlichen Mitarbeitern der letzten Jahre: Manfred Hettling, Paul Nolte, Hans-Walter Schmuhl und Frank-Michael Kuhlemann. Im Rückblick wird mir zudem immer deutlicher bewußt, was die unterstützende Freundschaft und der lebhafte Gedankenaustausch mit Hans Rosenberg, dem idealen sachkundigen Kritiker, und der frühe, aber tiefreichende Einfluß meiner Kölner Lehrer: Theodor Schieders in der Geschichtswissenschaft und René Königs in der Soziologie, bedeutet haben. Dieser drei verstorbenen Gelehrten kann ich nur mit Dankbarkeit gedenken.

Das kritische Urteil und der aufmerksame Blick von Cornelius Torp ist dem Text wiederum zugute gekommen. Jan-Ole Janssen hat nach der mühsamen Kontrollarbeit der letzten Monate auch beim Korrekturenlesen und Anfertigen der Register geholfen; der Thyssen-Stiftung bin ich für die Finanzierung dieses bewährten Beistands sehr zu Dank verpflichtet. Vor allem aber hat Ernst-Peter Wieckenberg, der langjährige Cheflektor im C. H. Beck Verlag, mit unverminderter Loyalität gegenüber seinem Autor auch dieses Manuskript wiederum so genau gelesen und eindringlich kommentiert, daß ich ihm für seinen Freundschaftsdienst erneut herzlich danken möchte. Sein Nachfolger Detlef Felken hat den Text umsichtig durch die Herstellung gesteuert und währenddessen auch einem neuen Essayband von mir seine Aufmerksamkeit gewidmet.[8] Auch ihm habe ich zu danken. Nicht zuletzt aber dem Verleger, Wolfgang Beck, der mit engelsgleicher Geduld und lebhafter Ermunterung den mühsamen Fortschritt des Unternehmens begleitet hat. Doch bleibt es dabei, daß auch dieser Band, wie das Werk überhaupt, Renate gewidmet ist, da sie mir über mehr als vierzig Jahre hinweg den Rücken gestärkt und den Freiraum für die wissenschaftliche Arbeit geschaffen hat.

Und jetzt geht es an die Gesellschaftsgeschichte der Bundesrepublik, deren Entwicklung ich von Anfang an als Zeitgenosse miterlebt habe.

Siebter Teil
Das Kaiserreich im Ersten Weltkrieg 1914–1918

I.
Die Konstellation des Weltkriegs

Daß der Krieg, den die Machteliten des Deutschen Kaiserreichs auf ihrer «Flucht nach vorn» im Sommer 1914 ausgelöst hatten, sich zu einem neuartigen Großkrieg auswachsen mußte, stand innerhalb einer Woche fest, da in diesen unheilsschwangeren Augusttagen die Kriegserklärungen aller Großmächte des europäischen Staatensystems abgegeben wurden. Überall schossen zwar utopische Hoffnungen auf einen kurzen Schlagabtausch ins Kraut. Bis Weihnachten werde man, glaubten viele, von ihren Illusionen in Bann geschlagen, siegreich zurückkehren. «Ihr werdet wieder zu Hause sein», rief Wilhelm II. den ausziehenden Truppen sogar zu, «ehe noch das Laub von den Bäumen fällt». Tatsächlich aber gab nicht nur das gewaltige militärische und ökonomische Potential, das auf beiden Seiten involviert war, jenen realistischen Skeptikern recht, die – wie etwa Friedrich Engels, August Bebel und Helmuth v. Moltke – seit mehr als zwei Jahrzehnten im Falle eines solchen Konflikts einen «Weltkrieg von einer bisher nie gekannten Ausdehnung und Heftigkeit» prognostiziert hatten. Vielmehr wirkte sich auch unverzüglich die hypnotische Faszination durch grenzenlos ausufernde Kriegsziele zugunsten eines langwierigen Kräftemessens aus.

Und sein Ergebnis: Die Hekatomben von Abermillionen Toten, die dieser Weltkrieg verschlang; das namenlose Leid, das er über noch mehr Menschen brachte; die barbarischen psychischen und materiellen Verwüstungen, die er anrichtete – sie verwandelten den Staatenkrieg in eine monströse Katastrophe. In ihr ging das alte Europa unter. Nach dem Krieg war fast alles anders. Daher endete 1914 das «lange 19. Jahrhundert», das seit der in den 1780er Jahren einsetzenden industriellen und politischen «Doppelrevolution» Europa einen universalhistorisch einmaligen Evolutionsschub, den ungeahnten Wohlstandsanstieg industrialisierender Gesellschaften und die Vorherrschaft über die gesamte nichtwestliche Welt gebracht hatte. Plötzlich erwies sich der Weltkrieg als der «große Transformator», der innerhalb kürzester Zeit einen tieferen Einfluß auf alle beteiligten Völker, auf ihre Wirtschaft und Sozialstruktur, ihre Staatsverfassung und Innenpolitik, ihre Mentalität und Wertewelt ausübte als jedes andere Großereignis seit 1789, vielleicht sogar seit der protestantischen Reformation des 16. Jahrhunderts.

Um sich das Ausmaß der Umwälzung zu vergegenwärtigen, sollte der Blick auf einige Grundzüge des Krieges gerichtet werden, deren Kenntnis die eingehendere Beschäftigung mit ihm erleichtert.

I. Die Konstellation des Weltkriegs

1. Der europäische Mächtekrieg gewann binnen kurzem einen wahrhaft globalen Charakter, er wuchs sich zum Ersten Weltkrieg aus. Obwohl sich die militärischen Operationen auf Europa konzentrierten, erlebte der Nahe Osten den Todeskampf des Osmanischen Reiches, Afrika einen Kolonialkrieg um die deutschen Besitzungen, Ostasien den erneuten imperialistischen Vorstoß Japans. Und mit dem Kriegseintritt der Vereinigten Staaten im Wendejahr 1917 wurde auch die einzige transatlantische Großmacht in das Kriegsgeschehen endgültig mit einbezogen.

2. In der militärischen Kriegsführung setzten sich zwei Grundtendenzen durch: Die Technifizierung drang mit Riesenschritten voran; 1918 unterschieden sich die Kriegsmittel von Grund auf von ihrem Zustand vier Jahre zuvor. Und Massenheere von bisher unvorstellbarer Millionenstärke rangen Jahr für Jahr miteinander, ohne doch eine endgültige Entscheidung erzwingen zu können. In Deutschland zum Beispiel wurden 13.2 Millionen Männer – mehr als in jedem anderen kriegführenden Staat – zum Militär eingezogen, fast alle mußten ihre Fronterfahrungen machen, und fast die Hälfte von ihnen, 6.33 Millionen, wurde dabei getötet oder verwundet.

3. Währenddessen gewann die «Heimatfront» eine kriegswichtige Bedeutung. Da der ungeheure Bedarf an Kriegsmaterial aller Art unablässig anstieg, wuchs der Produktions- und Verkehrsleistung auf längere Sicht ein geradezu kriegsentscheidender Einfluß zu, und da schlechthin alle gesellschaftlichen Ressourcen für die Kriegsanstrengung eingesetzt wurden, wurde der Erste Weltkrieg allmählich auch zum ersten «totalen Krieg», dessen Konturen sich im amerikanischen Bürgerkrieg und in einigen Kolonialkriegen der imperialistischen Mächte erstmals abgezeichnet hatten.

4. Im Weltkrieg veränderten sich viele – für die Zeit bis 1914 vertraute – Langzeittendenzen der Wirtschaft. Nach einer Jahrzehnte andauernden hochkonjunkturellen Wachstumsphase erlebte auch die deutsche Industrie das Schrumpfen ihrer Produktion. Der strukturelle Wandel, der durch die Bedingungen der Kriegswirtschaft vorangetrieben wurde, begünstigte die Rüstungsindustrie, daher vor allem auch die Schwerindustrie und Großchemie, auf Kosten der Friedensindustrie, insbesondere der Konsumgütererzeugung und des Wohnungsbaus. Militärisch nützliche technologische Innovationen konnten beschleunigt in den Produktionsprozeß eingeführt werden, nicht selten wurde ihre Erfindung durch den pressierenden Kriegsbedarf angeregt. Und wegen der unvorhergesehenen Engpässe der Ressourcenverteilung führte für das vorherrschende liberale Wirtschaftsdenken kein Weg daran vorbei, sich bislang verabscheuten Planungsideen zu öffnen.

5. Im Innern auch der reichsdeutschen Gesellschaft wirkten sich tiefgreifende Prozesse der Mobilisierung und Dynamisierung in den unterschiedlichsten Realitätsbereichen aus. Sie veränderten die Muster der geographischen Mobilität, beeinflußten die Urbanisierung, bildeten neue

Schwerpunkte in der Industrie. Die Sozialgeographie des Landes wurde einem tiefreichenden Wandel unterworfen.

Die Kriegsleidenschaft führte zu einer steilen Aufwertung des radikalen Nationalismus, während die Integrationsideologie der «Ideen von 1914», verfehlte Gegenutopie gegen die «Ideen von 1789», den deutschen «Sonderweg» dogmatisierte. Massenstreiks und Protestbewegungen, die auch massenpsychische Veränderungen ausdrückten, setzten schließlich Millionen Menschen in Bewegung. Die Indoktrination durch die Propaganda staatlicher und interessenpolitischer Agenturen der Meinungssteuerung wurde zu einer enorm aufgewerteten Waffe der innergesellschaftlichen und zwischenstaatlichen Auseinandersetzungen.

6. Auch im System der Sozialen Ungleichheit kamen – hier sichtbar, dort noch unsichtbar – grundlegende Transformationsschübe in Gang. Die Kohäsion der großen sozialen Klassen veränderte sich. Aufgrund der Zäsur in den materiellen Lebensbedingungen für die erdrückende Mehrheit, der politischen und mentalen Rückwirkungen des Krieges, der millionenfachen Erfahrung soldatischer Existenz im Angesicht des Todes wurden die überkommenen Bindungen teils vertieft, teils aber auch radikal in Frage gestellt.

Der Anspruch etwa der adligen und bürgerlichen Oberklassen auf fortdauernde politische Hegemonie und soziale Privilegien begegnete anschwellenden Legitimationsforderungen. Die politische Diskriminierung, sei es durch die ungleichen Partizipationsrechte in den Staaten des Klassenwahlrechts, sei es durch die ungleiche Verteilung der Lebensrisiken und Lebenschancen unter den Kriegsbedingungen überhaupt, wurde aus einem zunächst noch erduldeten Ärgernis zu einer offenen Provokation. Latente Spannungen gingen in manifeste Konflikte über, und unter der Wucht der Kriegserfahrungen begann der verhaltenssteuernde Klassenhabitus der ausschlaggebenden gesellschaftlichen Formationen, so stabil und konstant er auch bis dahin gewirkt hatte, seine Konsistenz zu verändern. Anders gesagt: In die strukturerhaltenden kollektiven Habitusformen geriet eine Bewegung mit unberechenbarem Ausgang hinein.

7. In der realhistorischen Verfassung der Staaten kam es zu einer Umverteilung oder sogar Neuformierung der politischen Macht. Formelle Herrschaftsbefugnisse und informelle Einflußchancen wanderten im Deutschen Reich zu den Militärbehörden und zur Obersten Heeresleitung (OHL) ab, zur Verwaltungsbürokratie und zu den Großunternehmen, schließlich auch zu den Freien Gewerkschaften. Dagegen erlebten die politische Reichsleitung und der Reichstag eine Machtdeflation, die Dynastien eine desillusionierende Abwertung, der «Reichsmonarch» aber geradezu seine Degradierung zum «Schattenkaiser». Zu einer politischen Machtkonzentration von der Art, wie sie um zivile Schlüsselfiguren wie David Lloyd George in London oder um Georges Clemenceau in Paris entstand, kam es dagegen in Berlin nie.

8. Als gegenläufige Tendenz zur Herausbildung oder Befestigung autoritärer Herrschaftsstrukturen stieg ein intensiviertes Demokratisierungsverlangen empor. General Wilhelm Groener sah in ihm die «größte demokratische Welle, die je über die Völker dahingegangen» sei. Und Theobald v. Bethmann Hollweg hielt es zu Beginn des Entscheidungsjahres 1918 voll düsterer Ahnungen für die «ungeheuerlichste aller Revolutionen, die jemals die Welt erschütterten». In der Tat wurde die revolutionäre Springflut, die seit dem November 1918 auch Deutschland erreichte, nicht zuletzt von den Impulsen der sozialen und politischen Demokratisierung unübersehbar vorangetrieben.

9. Unter der Druckglocke des Krieges trat in Deutschland auf der einen Seite der Klassencharakter des staatlichen Herrschaftssystems unverhüllter denn je hervor. Das zeigte sich in vielen Lebensbereichen und auf vielen Politikfeldern, etwa in der Lebensmittelversorgung oder der Hinnahme exorbitanter Unternehmergewinne, nicht zuletzt aber auch in der Radikalisierung des Sozialimperialismus, welcher der Kriegszielpolitik vom Anfang bis zum Ende seinen Stempel aufprägte. Auf der andern Seite verlangte die Kriegsanstrengung die Pazifizierung der sozialen Gegensätze, um trotz extrem wechselnder Bedingungen möglichst viel von dem lauthals beschworenen Basiskonsens des «Burgfriedens» an der «Heimatfront» zu erhalten.

Dadurch wurde auch die sozialstaatliche Intervention, die seit 1916 zu unerwarteten Ergebnissen führte, kraftvoll aufgewertet. Neue soziale Ideen wie die Chimäre eines «Kriegssozialismus» gewannen an Einfluß. Und von den Protestbewegungen, die in den Massenstreiks, in der «Unabhängigen Sozialdemokratischen Partei» (USPD), in der «Deutschen Vaterlandspartei» zutage traten, wurden erbittert, ja kompromißlos konkurrierende gesellschaftliche und politische Gegenwartsdeutungen und Zukunftsentwürfe mit höchster Dringlichkeitsstufe auf die Tagesordnung gesetzt.

10. Mehr als ein Dutzend Millionen deutscher Soldaten fand sich jahrelang der Grenzsituation zwischen akuter Lebensgefahr und kurzlebiger Scheinruhe ausgesetzt. Sie erlebten ringsum den Tod und die eigene Todesangst, die Verletzung, Verstümmelung, Vergiftung, den unversöhnlichen Kontrast zwischen Front und Heimat. Ihre in Friedenszeiten verinnerlichte Hemmschwelle gegenüber Aggression und Gewalt wurde brutal gesenkt. Sie wurden an das Töten gewöhnt und überlebten oft nur durch das Töten des Gegners, das durch die Vertreter der militärischen Autorität und der staatlichen Legitimität als kriegsförderliche Leistung sanktioniert, mit Orden und Beförderung belohnt wurde.

Der Krieg erzwang die Gewöhnung an eine starre Befehlshierarchie, nährte aber auch den Widerwillen gegen diese extreme Verfügungsgewalt. Millionen von Männern kehrten schließlich nach einem vierjährigen Krieg – an menschenverachtende Kämpfe gewöhnt, im Umgang mit Waffen erfahren, erleichtert, verbittert, das Kriegserlebnis in ihr Gedächtnis tief eingebrannt – in die Heimat zurück. Wie würde die deutsche Gesellschaft, wie würde die deutsche Politik in einer neugegründeten Republik mit diesem Riesenproblem, das Heer der Überlebenden des ersten totalen Krieges im 20. Jahrhundert in das zivile Leben wieder einzugliedern, umgehen? Wo stieß sie, außer all den anderen Belastungen des Krieges und der Niederlage, auch in dieser Hinsicht auf Kriegsfolgen, die sich von ihr vielleicht kaum bewältigen ließen?[1]

1. Der Erste Weltkrieg anstelle eines «dritten Balkankriegs»

Deutschlands «Eventualpräventivkrieg» – so hat der Großadmiral Alfred v. Tirpitz, ohne ein Blatt vor den Mund zu nehmen, jenen Krieg charakterisiert, den die politische Reichsleitung und die Militärführung im Sommer 1914 riskiert hatten. Die anfängliche Berliner Illusion eines begrenzten «dritten Balkankriegs», in dem Österreich-Ungarn mit Serbien kurzen Prozeß machen und dessen russischen Protektor kampflos demütigen könne, war bis Ende Juli zerstoben. Auf dem Höhepunkt der Krise herrschte in der Berliner Zentrale trotzdem die Auffassung vor, daß – «je eher, desto besser» – ein Großmächtekrieg hingenommen werden müsse. Die Bereitschaft, ihn jetzt zu führen, war vorhanden, wie das die deutsche Kriegserklärung an Rußland und Frankreich bewies, die – um den ominösen Schlieffenplan mit dem Vorstoß durch das neutrale Belgien ausführen zu können – auch die englische Kriegserklärung an Deutschland bewußt in Kauf nahm. Diese Einsicht, daß ein gigantischer Staatenkrieg von einem Ausmaß bevorstehe, wie man ihn seit den Kriegen Napoleons I. hundert Jahre lang nicht erlebt, ja unter den Bedingungen der modernen Hochrüstung und Waffentechnik überhaupt noch nicht ausgefochten habe, setzte sich in kürzester Zeit in den Regierungskanzleien und Machteliten aller beteiligten Staaten durch.

In Berlin faßte der badische Gesandte Graf Berckheim schon am 3. August 1914 den ringsum verbreiteten Eindruck in die Worte: «Es wird ein Krieg Aller gegen Alle entbrennen, wie ihn die Weltgeschichte noch nicht erlebt hat.» In St. Petersburg prophezeite Außenminister Sasonow am 20. August, daß «der jetzige Krieg» sich zu einem «Krieg auf Leben und Tod» auswachsen werde, «in welchem jeder Kämpfende seine nationale Existenz aufs Spiel setzt». Und in Paris fand der russische Botschafter bereits am 30. September die Vertreter der drei Alliierten in dem Ziel «völlig solidarisch», die «Vernichtung des Deutschen Reiches und die möglichste Schwächung der militärischen und politischen Macht Preußens» zu betreiben.

Dennoch ließ sich die deutsche Kriegspolitik geraume Zeit von der Fata Morgana eines «kurzen Krieges» in Bann schlagen. Diese euphorische Erwartung eines «Blitzkriegs» avant la lettre beruhte auf einigen vagen, im Nu als brüchig erwiesenen Annahmen.

1. Der Zweifrontenkrieg, den das Reich zu führen hatte, erzwinge, hieß es mit dogmatischer Beharrlichkeit, eine schnelle Entscheidung, um die Gegner niederzuringen, ehe sich ihre potentielle Übermacht auf längere Sicht verhängnisvoll auswirke. Der international grassierende «Kult der Offensive», dem der deutsche Generalstab wegen des drohenden Mehrfrontenkriegs besonders hingebungsvoll huldigte, verführte ebenfalls zu einem strategischen Denken innerhalb eines engen Zeithorizonts.

2. Für die militärische Auseinandersetzung würden überall, lautete die Prognose des Generalstabs, solche Massen mobilisiert, daß man «auf eine Beschleunigung der Kriegsführung» fest bauen könne. «Der Feldzug dauere nicht so lange», sagten Moltkes «Halbgötter» voraus, deshalb brauche auch «nicht gespart zu werden». Siegesgewiß überredete Oberst Ernst v. Wrisberg, der einflußreiche Leiter des Allgemeinen Kriegsdepartements in Berlin, seinen Chef, Kriegsminister Erich v. Falkenhayn, dazu, das umfangreiche Munitions- und Waffenprogramm, das Major Max Bauer, der Schwerartillerieexperte des Generalstabs, am Beginn seiner steilen Karriere vorsorglich-skeptisch entworfen hatte, noch im Herbst 1914 schlichtweg abzulehnen!

3. Gerade unter denjenigen Offizieren, die der zeitgenössischen gesellschaftlichen Entwicklung relativ aufgeschlossen gegenüberstanden, war die Vorstellung durchaus verbreitet, daß die moderne Wirtschaft durch den Krieg nicht allzu schmerzhaft beeinträchtigt werden dürfe. Alfred v. Schlieffen hatte aus der genauen Beobachtung des ersten längerdauernden Stellungskriegs, der sich während des russisch-japanischen Kriegs von 1904/05 in der Mandschurei herausgebildet hatte, eine gefährliche Konsequenz gezogen: «Im westlichen Europa kann man sich», glaubte er, «den Luxus einer solchen Kriegsführung nicht leisten. Die Maschine mit ihren tausend Rädern, von der Millionen ihren Unterhalt finden, kann nicht lang stillstehen.» Daher verfocht er die Maxime, «den Feind schnell niederzuwerfen und zu vernichten». Nach dem Rücktritt schärfte er mit der ganzen Autorität des Amtsnimbus seinem Nachfolger, dem jüngeren Moltke, noch einmal eindringlich ein, daß Kriege von langer Dauer «zu einer Zeit unmöglich» geworden seien, «wo die Existenz der Nation auf einen ununterbrochenen Fortgang des Handels und der Industrie begründet ist und durch eine rasche Entscheidung das zum Stillstand gebrachte Räderwerk wieder in Lauf gebracht werden muß. Eine Ermattungsstrategie läßt sich nicht treiben, wenn der Unterhalt von Millionen den Aufwand von Milliarden erfordert.» Eben diese Strategie aber lasse sich vermeiden, da der Generalstab – wie Schlieffen 1905 selber glaubte – mit seinem Plan im Besitz des «Geheimnisses des Sieges» sei.

Trotz dieser Diagnose wurde Moltke allmählich pessimistischer, dachte

1. Der Erste Weltkrieg anstelle eines «dritten Balkankriegs»

aber, wie übrigens auch Tirpitz, allenfalls an eine künftige Kriegsdauer von maximal zwei Jahren. Überhaupt ist die Möglichkeit eines langen Krieges, mit der Dauer etwa des amerikanischen Bürgerkriegs vergleichbar, manchmal zwar diskutiert, aber nicht in ein möglichst exaktes alternatives Planungs- und Chancenkalkül übersetzt worden. Noch im November 1914 rügte das preußische Handelsministerium, voller Siegeszuversicht, die Entscheidung, daß die deutsche Armee nach dem Rückzug aus Warschau die oberschlesischen Kohlengruben nicht sogleich vorsorglich zerstört hatte.

4. Eine anhaltende Beunruhigung der Bevölkerung durch einen langen Krieg solle, da stimmten stabilitätsskeptische Militärs und Politiker überein, wenn irgend möglich nicht riskiert werden. Insbesondere in der sozialdemokratisch «infizierten» Arbeiterschaft drohe sonst das Wegschmelzen der Loyalität, das in einen von der Parteilinken angestachelten Widerstand der «vaterlandslosen Gesellen» übergehen könne. Hinter der Fassade der prallen Selbstsicherheit, jedem inneren Konflikt notfalls gewaltsam gewachsen zu sein, lauerte die Sorge vor dem unkalkulierbaren Risiko bürgerkriegsähnlicher Zustände. Auch die Labilität der reichsdeutschen Klassengesellschaft verlangte mithin wegen des «roten Gespensts, das im Hintergrund auftaucht», den erfolgreichen Blitzkrieg.

5. Und außerhalb des Reiches werde, mutmaßten viele, die Lahmlegung der Weltwirtschaft, dann die alsbald eintretende allgemeine ökonomische Erschöpfung ein schnelles Ende der Kampfhandlungen erzwingen. In diesem Vertrauen auf die Durchsetzungskraft der Imperative eines globalen Kapitalismus ließ sich der Reichsstaatssekretär des Innern, Clemens v. Delbrück, mit ähnlich denkenden Zeitgenossen von den Anhängern des marxistischen Materialismus kaum übertreffen.

Aufgrund dieser Prämissen beruhte das vermeintliche Siegesrezept des Schlieffenplans auf einer ganz und gar unfundierten «Blitzkrieg-Strategie», die keinen ernsthaften Gedanken darauf verschwendet hatte, welche Optionen denn im Falle ihres Mißerfolgs bestanden, welche wirtschaftliche Vorbereitung dafür notwendig, mit welchem Verbrauch an Waffenmaterial zu rechnen sei. Da jede Vision von einer «politisch-militärischen Gesamtkriegsführung» auf längere Sicht fehlte, besaßen die Berliner «Decision-Makers» trotz ihres fatalen Wagnisses in der Juli-Krise «keinen eigentlichen Kriegsplan», der diesen Namen im Sinn einer rationalen Vorausplanung der Reaktionen auf ganz unterschiedliche Handlungsalternativen verdient hätte. Vielmehr blieb ihr allein für den Feldzug im Westen gedachter Entwurf, der viel zu vertrauensselig auf eine einzige Karte setzte, im Grunde, wie der spätere Generalstabschef Ludwig Beck nüchtern urteilte, «zufällig, improvisiert und planlos».[2]

Die Nemesis folgte dem illusionsverblendeten «Sprung ins Dunkel» auf dem Fuße: 51 Monate lang stürzte das verantwortungslose Kalkül der Berliner Politik – von Klassenegoismus und Reformfeindschaft, von borniertem Militärdenken und sozialimperialistischen Ablenkungsmotiven angetrieben – Europa in den ersten totalen Krieg seiner Geschichte.

2. Das Scheitern des Schlieffenplans
Der Stellungskrieg im Westen –
Die Intervalle von Defensive und Offensive im Osten

Trotz all seiner fatalen Mängel lag der Schlieffenplan in seiner letzten – von Moltke um den gesamten Ostaufmarsch gekappten – Fassung den deutschen militärischen Operationen seit dem 1. August 1914 zugrunde. Er sah den Vorstoß des überdimensionierten rechten Flügels der deutschen Westarmee durch Luxemburg und das neutrale Belgien hindurch nach Nordfrankreich, westlich an Paris vorbei, vor, um die französischen Streitkräfte in höchstens sechs Wochen einzukesseln und durch ein «zweites Cannae», einschließlich der Eroberung der Hauptstadt, auszuschalten. Um sicherzustellen, daß dieses Maximalziel erreicht wurde, sollte dieser Flügel mit einer riesigen numerischen Überlegenheit – siebenmal so stark wie der linke Flügel, der den französischen Vormarsch nur defensiv zu blockieren hatte – in einer gewaltigen Sichelbewegung vorrücken. Im Osten sollte der russische Vorstoß ebenfalls so lange an der deutschen Verteidigung, für die nur mehr ein Neuntel der Gesamtstreitmacht aufgeboten wurde, abprallen, bis die im Westen siegreichen Verbände mit Hilfe eines Millionen von Soldaten umfassenden Eisenbahntransports auf den östlichen Kriegsschauplatz geworfen werden konnten.

Tatsächlich besaß aber der rechte deutsche Flügel aufgrund der restriktiven Bedingungen der deutschen Rüstungs- und Finanzpolitik zu keiner Zeit die vorgesehene Stärke, obwohl sie von Anfang an die unabdingbare Voraussetzung des erhofften schnellen und totalen Erfolgs bildete. 1914 fehlten ihm mindestens noch zwei – Schlieffen zufolge sogar noch acht! – komplette Armeekorps. Insofern blieb das deutsche «Grand Design», wie im Planungszustand so im Ernstfall, ein verantwortungsloses Hasard-Spiel, darüber hinaus auch ein Ausfluß des fatalen Irrglaubens, daß eine Großmacht wie Frankreich, wider alle Erfahrungen von 1870/71, in einer einzigen Schlacht geschlagen werden und man sich danach ausschließlich der Ostfront zuwenden könne. Bekanntlich setzte sich der Schlieffenplan außerdem nicht nur über die verhängnisvollen politischen Folgen, sondern auch über die verheerenden militärischen Konsequenzen der Verletzung der belgischen Neutralität hinweg, da er weder die Gegenmacht der englischen Flotte noch die Leistungsfähigkeit eines englischen Expeditionskorps jemals realistisch in sein Kräftekalkül einbezog.

Zunächst schien der deutsche Vormarsch durch Belgien tief nach Frankreich hinein zu glücken. Dank des Überraschungseffekts wurde der Wi-

2. Schlieffenplan – Stellungskrieg im Westen – Krieg im Osten

derstand anfangs rasch überwunden, so daß die Armee des Generals v. Kluck am 4. September nur 60 Kilometer vor Paris stand. Bis dahin hatte jedoch die französische Militärführung die Verteidigung an der Marne endlich so effektiv organisiert, daß es ihren massierten Verbänden gelang, die deutsche Offensive nicht nur zum Stillstand zu bringen, sondern am 5. September, als der anvisierte operative Sieg der deutschen Truppen nicht mehr zu erringen war, den Rückzugsbefehl auszulösen. Bis zum 10. September war die Marne-Schlacht endgültig verloren.

Damit war jedoch auch der Schlieffenplan, der das gesamte Kriegsgeschick zugunsten Deutschlands hatte entscheiden sollen, rundherum gescheitert. Wilhelm II. konnte seiner Aufgabe als «Oberster Kriegsherr» von Anfang an nicht gerecht werden und hatte die Gesamtverantwortung dem Generalstabschef übertragen, der aber, so stellte sich heraus, der Belastung nicht gewachsen war. Nervlich schwer angeschlagen, mußte er seine Entlassung hinnehmen. Am 14. September übernahm Kriegsminister Falkenhayn auch noch dieses Amt. Während der «Begriff des reinmilitärischen», wie sich Bethmanns Adlatus Kurt Riezler bitter notierte, noch immer seine «Orgien» feierte, setzte Falkenhayn am 20. Oktober – gemäß seiner blasphemischen Maxime vom 4. August: «Wenn wir auch darüber zugrunde gehen, schön war's doch» – noch einmal alles auf eine Karte. Obwohl er die gesamte Heeresreserve opferte, mißlang auch die neue Attacke, die fünf Minuten nach zwölf das Blatt doch noch wenden sollte. Im Westen erstarrte seither die Front in einem dreieinhalbjährigen Stellungskrieg auf der Grundlage eines zählebigen Gleichgewichts der Kräfte.

Damit hatte sich zwischen Anfang September und Ende November 1914 die militärische Konstellation von Grund auf zuungunsten Deutschlands verändert. Die Ausführung des vermeintlich alternativlosen Siegesrezepts war mißglückt. Das Reich mußte sich weiterhin der erdrückenden Belastung durch einen Zweifrontenkrieg, wegen Englands Teilnahme faktisch sogar durch einen Dreifrontenkrieg, entgegenstemmen. In gewisser Hinsicht war jener Krieg, den der Schlieffenplan anvisiert hatte, militärisch schon verloren, weil das Potential der Alliierten nicht nur ohnehin weit überlegen war, sondern auch noch weiter ansteigen konnte, während die menschlichen und materiellen Ressourcen der Mittelmächte eng begrenzt blieben.

Aus dem demoralisierenden Debakel der Marne-Schlacht und dem eklatanten Mißlingen des Schlieffenplans zog Falkenhayn schon am 18. November 1914 die einleuchtende Konsequenz, daß der Krieg jetzt «eigentlich verloren», das Heer nur noch ein «zerbrochenes Instrument» sei, mit dem er «keinen Krieg mehr erwartungsgemäß» führen könne; die «Besiegung und Vernichtung» der Gegner an beiden Landfronten sei fortab ausgeschlossen; nur ein Sonderfrieden mit Rußland werde noch die Konsolidierung der deutschen Kräfte zur Erzielung eines vorteilhaften Ergebnisses im Westen, vor allem der «Niederwerfung» Englands, ermöglichen. Obwohl Bethmann Hollweg diesen realistischen Pessimismus, daß der Zweifrontenkrieg militärisch nicht mehr zu gewinnen sei, durchaus teilte, griff er den politischen Ratschlag, sogleich Separatverhandlungen mit St. Petersburg einzuleiten, nicht auf, vielmehr bezweifelte er auf der Suche nach einer Ausflucht Falkenhayns Kompetenz.

Im Osten vermochte der dünne deutsche Abwehrriegel den russischen Ansturm vorerst nicht aufzuhalten, so daß ein Teil von Ostpreußen unter russische Besatzungsherrschaft geriet. Dem aus seinem Pensionärsleben zurückgeholten General Paul v. Hindenburg und seinem Stabschef Erich Ludendorff gelang jedoch der Übergang zur offensiven Verteidigung in der siegreich beendeten Schlacht bei Tannenberg (26.–31.8.), die den «Mythos dieses Dioskurenpaars» schuf. Die Wiederholung des Erfolgs im südlichen Masuren mißglückte (6.–15.9.), das besetzte ostpreußische Gebiet konnte erst im Februar 1915 freigekämpft werden. Aber die deutsche Front hielt seither, das oberschlesische Industrierevier wurde abgeschirmt.

Dagegen gelang den russischen Truppen ein bedrohlich tiefer Vorstoß in das österreichische Galizien hinein. Der Wiener Generalstabschef Conrad v. Hötzendorf sah angesichts der Auflösung seiner Linien die einzige Rettung in einer deutschen Entlastungsoffensive, die Falkenhayn im Mai 1915 bei Gorlice – Tarnów in Gang setzte. Sie endete mit dem größten militärischen Sieg, den die Mittelmächte je im Weltkrieg errangen. Die russische Front brach unter riesigen Verlusten zusammen (743 000 Tote und Verwundete, 895 000 Gefangene). Galizien und Kongreß-Polen, darüber hinaus auch Litauen und Kurland wurden erobert. Vergeblich drängte Falkenhayn jetzt erneut auf einen Separatfrieden mit Rußland, der aber in Berlin hochmütig abgelehnt wurde. Danach erstarrte auch die Ostfront in einem lähmenden Grabenkrieg.

Im Westen versuchte die deutsche Heeresleitung noch einmal, die deprimierende Stagnation zu überwinden, indem sie als erste während der Ypern-Offensive im April 1915 Chloringas einsetzte. Vergebens, auch die Giftwolken öffneten keinen Weg zum Durchbruch. Da die Zeit gegen die Mittelmächte arbeitete, entschloß sich Falkenhayn Anfang 1916 dazu, durch eine neue Form der «Ermattungsstrategie» «Frankreich weißzubluten». Kontinuierliche Angriffe auf das Befestigungssystem um Verdun sollten den Gegner «durch Blutabzapfung zur Besinnung... bringen». Die «Blutmühle» von Verdun, wo Falkenhayn zuerst mit Verlusten im Verhältnis von 1:3 bzw. 2:5 zugunsten der deutschen Truppen rechnete, basierte auf der kruden sozialdarwinistischen Prämisse, daß die angeblich schwache französische Nation eine solche zermürbende Kraftprobe nicht durchstehen könne.

Fünf Monate lang, von Ende Februar bis Ende Juli 1916 tobte daher eine «Abnutzungsschlacht», in der buchstäblich um jeden Meter gekämpft wurde. Aber die französische Verteidigung hielt stand. Falkenhayn scheiterte mit seinem aberwitzigen Unternehmen. Im Juli mußte er die Offensive abbrechen. An Toten und Verwundeten zählte die französische Seite rund 317 000, die deutsche rund 282 000 Männer. Verdun wurde zum Symbol eines sinnlosen Abschlachtens, das zu einem tiefen Bruch in der deutschen Kampfmoral führte.

Er wurde auch nicht durch den Mißerfolg jener Abnutzungsschlacht wettgemacht, welche die Alliierten ihrerseits, in einer ebenso borniertenn «Repeat Performance», an der Somme inszenierten. Nach einem einwöchigen Trommelfeuer, währenddessen auf jeden Quadratmeter der deutschen Stellungen eine Tonne Granaten niederhagelte, traten englische und französische Divisionen zum Sturm an. Als ihnen der Durchbruch mißlang, verbissen sie sich unter horrenden Verlusten in einer Serie von Angriffen, die ihnen auf 50 Kilometer Breite einen Geländegewinn von höchstens zwei Kilometer Tiefe einbrachte. Dafür opferten die englischen Einheiten 400 000 Tote und Verwundete, die französischen 200 000; die deutschen Verteidiger verloren 455 000. Als das Unternehmen im November 1916 von den Alliierten endlich abgebrochen wurde, lagen die beiderseitigen Verluste in einer einzigen Schlacht weit über einer Million Soldaten. Allenfalls trug das Gemetzel an der Somme dazu bei, daß das deutsche Hauptquartier die menschenverachtende Schlächterei vor Verdun beendete.

Seither herrschte bis zum Frühjahr 1918 wieder der Grabenkrieg (s. u. III.3). Auch die wechselseitigen Gasangriffe endeten mit einem Fehlschlag, da sie den Übergang zur Offensive nicht erzwingen konnten. Bewegung brachten erst 1918 die alliierten Tanks, deren operative Bedeutung auf deutscher Seite viel zu spät erkannt wurde, vor allem dann die Verstärkung durch die ausgeruhten amerikanischen Truppen.

Rußland gab sich trotz der Niederlage bei Tarnów und trotz des Landgewinns der Mittelmächte noch keineswegs geschlagen. Im Sommer brach die Brussilow-Offensive wie die vielbeschworene russische Dampfwalze in das österreichische Verteidigungssystem ein, das 616 000 Soldaten, darunter 370 000 Überläufer und Gefangene, verlor. Es war der größte Schlachterfolg zaristischer Armeen, ja des Weltkriegs überhaupt. Dramatischer konnte Falkenhayns Warnung, daß «die Vernichtung der Weltmacht Rußland im Ganzen unmöglich» sei, kaum bestätigt werden. Von der Wucht der Offensive wurde auch die OHL überrascht, ehe es ihr gelang, mit deutschen Divisionen den Vorstoß abzufangen. Fortab kam, aufs Ganze gesehen, auch an der Ostfront jede größere Bewegung wieder zum Stillstand, bis die zweite Russische Revolution seit dem Oktober 1917 unverhofft sowohl die Beendigung des Zweifrontenkriegs als auch die Verwirklichung eines ungeheuren deutschen Expansionsprogramms ermöglichte.[3]

3. Kriegsideologien

Seit der Kriegserklärung soll monatelang, bis sich die deutschen militärischen Operationen festliefen und spätestens im November eine beklemmende machtpolitische Konstellation feststand, eine euphorische Stimmungslage das gesamte öffentliche Leben des Kaiserreichs beherrscht haben. Diese angeblich allumfassende Veränderung der politischen Kollektivmentalität wurde sogleich, voll enthusiastischer Zustimmung, als «Geist von 1914» stilisiert. Kam durch das «August-Erlebnis» tatsächlich, wie das zählebige Stereotyp es will, eine neuartige Integration «der Nation» zustande?

An zahlreichen Stimmen einer leidenschaftlichen Bejahung sowohl des Krieges als auch der durch ihn gewonnenen inneren Einheit fehlt es nicht. «Der Krieg ist groß und wunderbar», bekannte Max Weber. Werner Sombart hielt ihn für das «Heiligste auf Erden». Georg Simmel sah durch den Krieg «die Vollendung von 1870» herannahen; nach der äußeren Einheit bringe er jetzt die innere, aus der Wende gehe ein «von Grund auf erneuertes Deutschland» hervor, der «Mammonismus» weiche einer neuen Gemeinschaft. Ernst Troeltsch, Friedrich Meinecke, Friedrich Naumann und mit ihnen Hunderte von prominenten deutschen Intellektuellen stimmten diesem Tenor zu.

Ernst Toller, der wie Georg Heym und Robert Musil seit 1911/12 einen Krieg herbeigesehnt hatte, gab sich dem mitreißenden «Rausch des Gefühls» hin, in der Nation aufzugehen. «Die Worte Deutschland, Vaterland, Krieg haben eine magische Kraft und entzünden sich in uns.» Und Hermann Bahr erkannte: «Am 1. August ist es uns zum ersten Mal erschienen, das wahre Deutschland..., nun sind wir nichts als deutsch, es genügt uns auch ganz, wie schon jetzt, daß man damit völlig auskommt, fürs Leben und fürs Sterben.»

Der Historiker Karl Alexander v. Müller beschwor die Augusttage als einen «Akt der Erlösung», als «einen Feuersbrand, in welchem die turmhoch aufgehäufte innere Verworrenheit in Flammen aufging». Der «Geist von 1914» glich, steigerte er sich, geradezu einem «religiösen Aufbruch», in dem sich «nach der Ziellosigkeit der vergangenen Jahre die Schwelle einer neuen Zeit enthüllt». Kaum ein anderer aber vermochte den leidenschaftlichen Ausbruch Thomas Manns zu übertreffen: «Krieg! Es war eine Reinigung, Befreiung, was wir empfanden, und eine ungeheure Hoffnung», stieß er hervor. «Was die Dichter begeisterte, war der Krieg an sich selbst, als Heimsuchung, als sittliche Not. Es war der nie erhörte, der gewaltige und schwärmerische Zusammenschluß der Nation in der Bereitschaft zur tiefsten Prüfung – einer Bereitschaft, einem Radikalismus der Entschlossenheit, wie sie die Geschichte der Völker vielleicht bisher nicht kannte. Aller innerer Haß, den der Komfort des Friedens hatte giftig werden lassen – wo war er nun?» «Wie hätte der... Soldat im Künstler nicht Gott loben sollen für den Zusammenbruch einer Friedenswelt, die er so satt, so überaus satt hatte».

Daß die radikalnationalistischen Intellektuellen im «Deutschen Wehrverein» den vermeintlichen Umbruch in einer ähnlichen Tonlage priesen, kann nicht überraschen. «Der Nationalismus», triumphierte ihre Zeitschrift «Die Wehr» nach Kriegsbeginn, «hat in Deutschland über den Individualismus gesiegt... Eine ungeheure Umwälzung hat sich vollzogen, ein anderes deutsches Volk wird nach diesem Kriege sein.» Für die rechtskonservative «Tägliche Rundschau» reichte auf einmal «eine einheitliche Front von Heydebrand bis Scheidemann». Aber auch die «Soziale Praxis», die den sozialdemokratischen Reformismus repräsentierte, tönte voller Pathos: «Diese ersten Augusttage sind unvergängliche, unvergleichliche Ruhmestage... Was auch immer in vier Jahrzehnten an Hader und Zwist der Parteien, Konfessionen, Klassen, Volksstämme aufgeschossen war, der Flammenatem der nationalen Glut hat es wie restlos verzehrt... aller Hader zwischen Stadt und Land, Unternehmern und Arbeitern ist ausgetilgt.»

Trotz dieser hysterischen Eruptionen dauerte es nicht lange, bis besonnene Köpfe wieder zu einem nüchternen Urteil zurückfanden. Der anarchistische Schriftsteller Erich Mühsam, der am 1. August, völlig überrumpelt, noch mit allen Mitteln «die fremden Horden von unsern Kindern und Frauen» fernhalten wollte, hielt bereits am Ende des Monats das manische Stimmungshoch für «eine große Eselei». Alsbald erschien auch Max Weber der Extremismus der Augusttage als «unverantwortliches Literatengeschwätz», dessen «Phrasen» er «gründlich satt» habe. Und nach wenigen Monaten fand der marxistische Sozialwissenschaftler Emil Lederer, im Sommer 1914 selber mitgerissen, schon die Distanz für eine kühle Analyse: «Eine spätere Zeit wird es kaum begreifen können», hielt er in seiner Skizze zu einer «Soziologie des Weltkriegs» 1915 fest, «mit welcher Willenlosigkeit, um nicht zu sagen Unterwürfigkeit sich alle Strömungen in der Tatsache des Krieges selbst verloren haben und in ihr zu neuem Leben wiederfinden zu können glaubten. Es gibt keine geistige und keine kulturelle Strömung in Deutschland..., welche nicht bereit gewesen wäre, dem Krieg als Ideologie zu dienen. Jede möchte den Krieg als Kraftquelle benutzen.»[4]

Was ist mithin, wenn man sich dieses Spannungsverhältnis zwischen angeblichem Massenenthusiasmus und individueller Ernüchterung vergegenwärtigt, in den ersten Kriegswochen wirklich geschehen?

Anstelle eines euphorischen Befreiungsgefühls und einer jubelnden Aufbruchstimmung zeigen die ernüchternden Ergebnisse der neueren historischen Forschung eine von Grund auf andere Stimmungslage. Zwar kam es seit dem 25. Juli, dem Tag des österreichischen Ultimatums an Serbien, in vielen Städten zu kleineren Demonstrationen, zu denen sich durchweg Angehörige der höheren Gesellschaftsklassen zusammenfanden. Dagegen vermochte die SPD zu ihren Antikriegsversammlungen in denselben Tagen mühelos mehr als eine dreiviertel Million Menschen zu mobilisieren. Jene Massen aber, die Ende Juli häufig in den Innenstädten beobachtet wurden, folgten in erster Linie ihrem Informationsbedürfnis. Sie warteten in einem Zeitalter der begrenzten Zugänglichkeit aktueller Kommunikationsergebnisse auf die Eilmeldungen der Nachrichtenagenturen und auf Extrablätter. Durch die neuesten Depeschen, auch durch Falschmeldungen, wurde die Erregung gesteigert, vor allem wirkte sich die Kriegstreiberei in der rechtsliberalen und konservativen Presse anfachend aus.

Die deutsche Mobilmachung kam dann für viele als eine «Erlösung» von der schwer erträglichen Spannung der letzten Wochen. Durchweg aber handelte es sich um eine Mischung von Begeisterung und Betroffenheit, von Ernst und Erleichterung. Daraus ist in einer extrem einseitigen Stilisierung das Propagandaklischee von der «Leidenschaft der Massen», ihrer «begeisterten Opferbereitschaft», ihrem befreienden nationalen Rausch im August 1914 entstanden – ein Klischee, das sich mit verblüffender Zählebigkeit über 80 Jahre hinweg gehalten hat.

Tatsächlich ist jedoch von den großen Sozialformationen nur das Bildungsbürgertum einer wahren Kriegseuphorie verfallen. Der in ihm weit verbreitete Kulturpessimismus erschien auf einmal wie weggeweht. Statt dessen gab es sich der Epiphanie des «Geistes von 1914» hin. Folgerichtig nannte der Kirchenrechtler Wilhelm Kahl die Auguststimmung ein «neues Pfingsten». Inbrünstig glaubte es an ein nationales Heilserlebnis. Hingebungsvoll pries es die Einheit des Volkes, welche die Klassenspaltung der Friedenszeit überwunden habe. Enthusiastisch begrüßte es die nationale Erweckung als die lang erhoffte zweite, die «innere» Reichsgründung. «Noch niemals war unser Volk so einig», jubelte der Philosoph Alois Riehl, «wie in jenen Augusttagen, den unvergeßlichen. Ein höheres Leben schien sich uns zu offenbaren.» Der Schriftsteller Rudolf Borchardt verklärte den Krieg zum Kampf um die Verwirklichung des «deutschen Wesens», wie es der «deutschen Mission» entspreche. Der Theologe Gustav Roethe entdeckte im Krieg einen deutschen «Verjüngungsborn für die alternde Kultur ganz Europas». Und der Nationalökonom Johann Plenge nahm den Krieg, den pejorativen Begriff endlich positiv besetzend, als «deutsche Revolution von 1914» in Anspruch. (Auf die Ursachen und Ziele dieser Kriegshysterie wird unten im Zusammenhang der «Ideen von 1914» eingegangen.)

Ruft man sich den geradezu winzigen Anteil des Bildungsbürgertums an der Reichsbevölkerung noch einmal ins Gedächtnis (0,8 %), ist es um so wichtiger, daß die wirklichen Massen der städtischen Lohnarbeiterschaft (57 %) gegenüber diesem bellikosen Rausch ganz überwiegend resistent blieben. Statt Jubel herrschte unter ihr Angst und Niedergeschlagenheit, Schrecken, ja Verzweiflung vor. An der gedrückten Stimmung etwa in den Berliner Arbeitervierteln ließen die Polizeiberichte keinen Zweifel. Ge-

3. Kriegsideologien

nauso hielt der Pfarrer in Moabit fest, daß «die akademische Begeisterung, wie sie sich der Gebildete leisten kann, ... zu fehlen» scheine. «Das Volk denkt doch sehr real, und die Not liegt schwer auf den Menschen.» Ganz ähnlich war das Stimmungsklima in Hamburg und Darmstadt, Braunschweig und München, Wuppertal und Nürnberg – offenbar in allen Städten, die endlich empirisch untersucht worden sind. Die sorgenvolle Zurückhaltung in den proletarischen Wohnquartieren schloß allerdings weder aus, daß das konservative Establishment das Bekenntnis der Sozialdemokratie zum Reich und zu den Kriegskrediten aufatmend anerkannte, noch daß sich die Spitzenfunktionäre der politischen Arbeiterbewegung wegen des Versprechens der Gleichberechtigung als Vollbürger tief befriedigt zeigten.

Die Grundstimmung in der bäuerlichen und unterbäuerlichen Bevölkerung war – im Unterschied zu den echauffierten bildungsbürgerlichen Pfarrern und Beamten, Tierärzten und Großgrundbesitzern – eher noch ablehnender als in den Städten. Zutiefst skeptisch und passiv dominierten unter ihr, meilenweit von jedem Kriegsfanatismus entfernt, ganz konkrete Sorgen. Was sollte aus der Ernte werden? Wie würde sich die Abwesenheit der Männer von den Höfen auswirken? Wie würden die Familien das Fehlen des Ernährers bewältigen? Die Pfarrerberichte aus den Dörfern spiegeln in dieser Hinsicht ganz unmißverständlich die Aversion wider, die im ländlichen Mikrokosmos gang und gäbe war.

Offensichtlich ist die große Mehrheit der städtischen und ländlichen Bevölkerung im Sommer 1914 von Angst, Ernst und Fatalismus erfaßt worden. Insofern reagierte sie auf die Schreckensnachrichten eher rational als mit emotionaler Kriegslust. Durch die materielle Notlage wurde überdies ihre skeptische Zurückhaltung bestätigt und vertieft. Denn plötzlich grassierte vielerorts die Arbeitslosigkeit, und den Familien der eingezogenen Soldaten fehlte es an einer auch nur von ferne hinreichenden finanziellen Unterstützung. Die «Auguststimmung» von 1914 – sie war alles andere als ein jedermann erfassender irrationaler Freudentaumel. Klassenspezifisch denkbar unterschiedlich ausgeprägt, reichte die Skala der Stimmungslagen vom blindwütigen Jubel der bildungsbürgerlichen Funktionseliten über das eigentliche Massenphänomen der furchterfüllten Beklommenheit, welche die Majorität erfüllte, bis hin zu jener Peripherie, wo eine winzige Minderheit von Pazifisten und Radikalsozialisten die Grundsatzopposition gegen den Krieg wagte.[5]

a) Die «Ideen von 1914»: Der deutsche «Sonderweg»

Aus dem «Geist von 1914» gingen, von einem längst existierenden Nährboden begünstigt, auch die «Ideen von 1914» hervor – jenes hochartifizielle deutsche «Alternativprogramm zur westlichen Idee einer demokratisch verfaßten Gesellschaft». Intern handelte es sich bei diesen «Ideen» um eine fatale Mischung aus spezifisch bildungsbürgerlichem nationalistischen Sendungsbewußtsein, aggressiver Legitimationsideologie und missionarischer Aufbruchsbereitschaft, ein wüstes Konglomerat, das in der mentalen Disposition der kulturellen Eliten angelegt war. Unter dem Druck des Krieges erlebten sie eine Art von «geistiger Mobilmachung», deren Ziele sogleich zutage traten.

Den Repräsentanten der «Ideen von 1914» ging es um eine uneingeschränkte Rechtfertigung der deutschen Kriegspolitik, um eine vorbehaltlose Verteidigung des «Sonderwegs», den Deutschland unter den entwickelten Staaten der westlichen Welt angeblich eingeschlagen hatte, und um das Vorhaben, jeder Ablehnung des Krieges durch überzeugende Sinnstiftung vorzubeugen. Deshalb müsse, hieß es tausendfach, die «deutsche Freiheit» gegen den schrankenlosen Liberalismus und die vulgäre Demokratie des Westens verteidigt werden. Insofern waren die «Ideen von 1914» unübersehbar eine Gegenideologie gegen die «Ideen von 1789». Für viele ihrer Verfechter stand sogar der Sieg der deutschen «Kultur» über die westliche «Zivilisation» auf dem Spiel. Gleichzeitig verteidigten sie freilich die «westliche Kultur» gegen den Ansturm der Kosakenhorden der zaristischen Autokratie.

Den «Ideen von 1914» lag die tief verwurzelte Aversion des Bildungsbürgertums gegen die moderne kapitalistische Klassengesellschaft zugrunde. Zu ihrem unablässig anhaltenden, belastenden ökonomischen Wandel, zu ihren sozialen Spannungen und Konflikten, zu ihren großen Emanzipationsbewegungen mit konkurrierenden Weltbildern und politischen Erfolgen hatten die meisten seiner Angehörigen kein positives Verhältnis gefunden. Deshalb beschworen sie eine alle Klassen einschmelzende, konfliktfreie, harmonische «Volksgemeinschaft», die – von der kompetenten bildungsbürgerlichen Bürokratie dirigiert und von der starken preußisch-deutschen Militärmonarchie geschützt – in der Feuerprobe des Krieges wie ein Phönix emporsteigen werde. Damit verband sich die Chimäre einer wiedergewonnenen einheitlichen Nationalkultur mit einem Deutungsmonopol, wie sich von selbst versteht, der bildungsbürgerlichen Aristokratie. In dieser Gestalt sei sie, das war die axiomatische Annahme, jeder westlichen Konkurrenz weit überlegen. Außerdem hatte sich im Bildungsbürgertum weithin eine Entfremdung im Verhältnis zum autoritären Staat breitgemacht; dort sehnte man sich nach Teilhabe, und die rückhaltlose Bejahung eines Weltkrieges für die «deutsche Freiheit» verschaffte ein Gefühl der Identifizierung. Kein Wunder, daß ihr stürmisches dezisionistisches Engagement jedes analytisch abwägende Urteil verdrängte.

Dieses bildungsbürgerliche Plädoyer für die «Ideen von 1914» wurde von einem überschießenden Selbstbewußtsein getragen, wie es der Religionswissenschaftler Ernst Troeltsch Anfang August paradigmatisch in die

3. Kriegsideologien

Worte kleidete: «Ich möchte Geist und Scharfsinn... unseres ganzen Gelehrten- und Künstlertums ergossen sehen in flammende... Worte, die den Heeressäulen der Nation voranziehen als ein Wahrzeichen deutscher Gesinnung.» Am 4. Oktober 1914 erschien, diesen Appell beherzigend, der «Aufruf an die Kulturwelt», den 93 prominente Intellektuelle unterzeichnet hatten. Darin wurden die Kriegspolitik des Reiches und das deutsche Militärsystem in schwülstigen Lobeshymnen verteidigt, obwohl soeben, bis Ende August, 4700 belgische Zivilisten als vermeintliche Partisanen kurzerhand füsiliert – die Methoden und die Befehlssprache nahmen den Partisanenkrieg an der «Ostfront» seit 1941 vorweg – und die kostbaren Schätze der Löwener Bibliothek zerstört worden waren. Wenige Tage später, am 16. Oktober, überbot die «Erklärung der Hochschullehrer des Deutschen Reiches» mit mehr als 3000 Unterschriften von 80 Prozent aller deutschen Professoren ihren Vorläufer. «Unser Glaube ist», hieß es dort, «daß für die ganze Kultur Europas das Heil an dem Siege hängt, den der deutsche ‹Militarismus› erkämpfen wird.»

Eine wahre Flut ähnlicher Aufrufe und Broschüren, Zeitschriften, Aufsätze und Bücher überschwemmte die deutsche Öffentlichkeit. Überwiegend aus diesem bildungsbürgerlichen Umfeld stammten allein bis Ende 1915 die 235 Bände mit Kriegslyrik und ein Großteil der anderthalb Millionen Kriegsgedichte, die 1000 veröffentlichten Kriegspredigten und die 8000 Bände allgemeiner Kriegsliteratur.

Ein Chor ebenso enthusiastisch triumphierender wie verblendeter Einzelstimmen überbot sich in dem Lobgesang auf die «deutsche Sendung». Wie der rechtsradikale Theologe Reinhold Seeberg sah der Philosoph Paul Natorp im Krieg das «Herannahen des Tages der Deutschen», der Nobelpreisträger Rudolf Eucken «die Weltbewährungsprobe deutscher Innerlichkeit». «Wir müssen diesen Kreuzzug», wurde ihre Arroganz von Plenge noch übertroffen, «im Dienste des Weltgeistes bis zu Ende führen. Gott will es. Uns und der Welt zum Heil.» «Wir sind das vorbildliche Volk... Unsere Ideen werden die Lebensziele der Menschheit bestimmen.»

Im Bildungsbürgertum war die Vorstellung vom Aufbruch in eine neue Epoche, in die das Reich an der Spitze aller anderen Staaten voranmarschiere, weit verbreitet. Franz Marc sah seine Sehnsucht, zum Zeitgenossen eines welthistorischen Epochenbeginns zu werden, erfüllt. Auch Stefan Zweig teilte zumindest das Bewußtsein, daß die Deutschen im August 1914 «Weltgeschichte erlebt» hätten. Ein «anderes Maß der Dinge wurde geboren», jubelt Rudolf Binding in einem seiner Kriegsgedichte. Und selbstverständlich sah Ernst Jünger im Weltkrieg «das Ereignis, das unserer Zeit das Gesicht gegeben hat». Auch auf der linken Seite des politischen Spektrums wurde der Zäsurcharakter des Kriegs beschrieben, etwa von Otto Braun, dem Sohn der sozialdemokratischen Frauenrechtlerin Lily Braun, wenn er konstatierte: «eine Welt gebiert sich neu». Immer verband sich realistische

Einsicht in den Charakter der Zäsur mit der Hybris der deutschen Führungsrolle. Erneut bewegte sich Thomas Mann an der vordersten Linie der Radikalnationalisten und Sendungspropheten. 1915 schwang er sich zu einer borniertten Apologie der Macht auf, die auch Unrecht tun müsse, «damit eines großen Volkes Erdentag sich erfülle». Und in seinen «Betrachtungen eines Unpolitischen» verstieg er sich zu einer leidenschaftlichen Verteidigung der Deutschen und ihrer politischen «Kultur» gegen die demokratische «Zivilisation» des Westens. «Deutschtum», schleuderte er den Alliierten, insbesondere ihren «Zivilisationsliteraten» entgegen, «das ist Kultur, Seele, Freiheit, Kunst und nicht Zivilisation, Gesellschaft, Stimmrecht, Literatur.»

Im Zeichen der «Ideen von 1914» wurde der Radikalnationalismus der Vorkriegszeit noch einmal zugespitzt. Ohne jedes Maß triumphierte der Glaube an die welthistorische Auserwähltheit der deutschen «Kultur». Als ihr Schutzwall wurden der Semikonstitutionalismus, die Beamtenherrschaft, die Militärmacht idealisiert. In dem paternalistisch-autoritären Gesellschafts- und Politikmodell, das den Verfechtern der «Ideen» vor Augen stand, trat zum Teil eine reaktionäre Romantik, zum Teil aber auch eine spezifische Vorstellung von Modernität zutage. Plenge schwebte mit seiner antikapitalistischen, antiliberalen, konfliktfreien «Volksgemeinschaft des nationalen Sozialismus», welche die Antagonismen der Klassengesellschaft sozialharmonisch überwinden sollte, die Fusion zweier mächtiger Strömungen vor, deren Attraktion in den folgenden beiden Jahrzehnten noch fatal ansteigen sollte.

Nichts verfehlt daher die Wirkungsmacht dieser Ideologie so vollständig wie das Urteil des hochkonservativen Göttinger Historikers Siegfried Kaehler, der ausgerechnet im Augenblick ihres Triumphes seit dem Frühjahr 1933 den «nie vorhanden gewesenen Ideen von 1914» ihre Existenz bestritt. Richtig ist vielmehr, daß diese «Ideen», wie inkohärent und verstiegen sie auch sein mochten, ganz unstreitig «vorhanden» waren und bald zum Humusboden des Nationalsozialismus gehörten.

Angesichts der Hypertrophie ihrer illusionären Zielvorstellungen ist es um so niederschmetternder, wie selten sich entschiedener Widerspruch gegen sie regte. Frühzeitig gehörten Emil Lederer, Joseph Schumpeter, Max und Alfred Weber zu diesen Ausnahmen. Wie sie verspottete auch der Soziologe Leopold v. Wiese den «berauschenden, aber leider verblödenden Nebel dieser Gefühlspolitik». Und der Mediziner Alfred Grotjahn plante ein Verzeichnis «bisher geschätzter Personen», die «durch den Krieg eine akute Geistesverwirrung erlitten haben». Unübertroffen aber bleibt der ätzende Hohn, mit dem der kritische Wiener Publizist Karl Kraus im Rückblick urteilte, «daß keine größere Tortur für das gesamte Dichter- und Literatenpack der Zentralmächte ausgesonnen werden könnte, als wenn man heute Satz für Satz abdruckte, was es damals... zusammengeschmiert hat,

3. Kriegsideologien

teils aus benebelter Dummheit, teils aus der Spekulation, durch die Anpreisung fremden Heldentodes sich den eigenen zu ersparen.» Unvergessen müsse die «Methode» bleiben, mit der «sie alle jene, die nicht das Glück hatten, ihre Geistesverwirrung in Literatur umzusetzen, ins Verderben gejagt haben». Deshalb als Höhepunkt schneidender Verachtung: «Mein Vorschlag, nach Friedensschluß die Kriegsliteraten einzufangen und vor den Invaliden auszupeitschen, ist unerfüllt geblieben.»[6]

b) Der Kriegsnationalismus – Die Heiligung des Krieges durch die Kirchen

Die «Ideen von 1914» haben mit ihrer leidenschaftlichen Bejahung des deutschen «Sonderwegs» und ihrem missionarischen Sendungsbewußtsein längst vorhandene Elemente des deutschen Nationalismus zu einer Extremideologie gesteigert. Unter den Bedingungen des Krieges dehnte mithin der Radikalnationalismus seinen Einflußbereich aus – im wesentlichen freilich in sozialen Klassen und Milieus, die er auch schon 1914 erreicht hatte. Das traf ganz unbestreitbar in erster Linie, wie schon seit Jahrzehnten, auf das Bildungsbürgertum zu, in dem sich ungeahnte Exzesse nationalistischen Überschwangs entfalteten. Gesteigert wurde der Nationalismus ebenfalls in weiten Teilen des Wirtschafts- und Kleinbürgertums, unübersehbar auch am rechten Außenrand der politischen Arbeiterbewegung und Industriearbeiterschaft, nur punktuell dagegen in der Großbourgeoisie und im Adel. Ungleich weniger veränderte er sich, wenn überhaupt, in der ländlichen Bevölkerung, gleich ob bäuerlicher oder proletarischer Herkunft, wenig auch nur in den Massen der städtischen Lohnarbeiterschaft.

Dennoch gehört es noch immer zu den bisher unausrottbaren historischen Legenden, daß ein kompromißloser, überhitzter Kriegsnationalismus seit dem Sommer 1914 alle Gesellschaftsklassen lückenlos erfaßt habe, so daß sie endlich zu einer monolithisch geeinten «Nation in Waffen» verschmolzen worden seien. Dieser Mystifizierung gilt es mit historischer Differenzierung zu begegnen.

Anfang August 1914 brandete tatsächlich ein weit verbreitetes nationalistisches Hochgefühl auf. Es entsprang jedoch nur selten aggressivem Übermut. Vielmehr ging es aus der – von der Reichsleitung bewußt irregeleiteten – Hingabebereitschaft hervor, das durch den vermeintlichen Angriffskrieg des expansionslüsternen Rußland, des revanchesüchtigen Frankreich und des «perfiden Albion» in seiner Existenz gefährdete «Vaterland» mit allen Kräften zu verteidigen. Selbst diese Auguststimmung blieb indes, wie das soeben erörtert worden ist, kurzlebig und vor allem sozial begrenzt. Sie erfaßte das Bildungsbürgertum und einen Großteil der mobilisierten Soldaten, während sie ausrückten. Aber das Proletariat in Stadt und Land blieb durchweg ebenso passiv wie die bäuerliche Bevölkerung. Unbestreitbar schwand die Aufbruchstimmung rasch dahin, als die desillusionierende Einsicht in tödliche Gefahren um sich griff; ein radikalisierter Kriegsnationalismus der Massen ist auch während der folgenden vier Jahre nicht nachweisbar. Im Bildungsbürgertum grassierte er allerdings weiterhin unentwegt. Seine Exponenten dominierten auch unter den Wortführern und Mitgliedern der extremnationalistischen, protofaschistischen «Deutschen Vaterlandspartei» von 1917.

Daß sich an der Front das nationalistische Hochgefühl des Augusts gehalten habe, ist nur ein weiterer Mythos. Die Verbindung von Überlebenswille, Disziplin und Kampferfahrung hielt die Truppe zusammen, keineswegs aber ein auf Dauer gestellter enthusiastischer Nationalismus. Die militärische Propaganda, auch im sogenannten «Vaterländischen Unterricht», richtete sich eher gegen den gefürchteten Defätismus, als daß sie den Überschwang eines aggressiven Nationalismus erfolgreich genährt hätte. Und der utopische Annexionismus, der sich in der deutschen Kriegszielpolitik breitmachte, beruhte (wie sogleich gezeigt wird) keineswegs auf einem allumfassenden nationalistischen Konsens. Die oft geheimgehaltenen Ziele entsprangen vielmehr sozialimperialistischen oder nackten ökonomischen Interessen, die mit nationalistischen Impulsen allenfalls vermittelt etwas zu tun hatten.

Dort aber, wo sich der Nationalismus in seiner Intensität steigerte, bildete er seinen traditionellen Auserwähltheitsglauben und seine Vorstellung von einer welthistorischen «deutschen Sendung» – beides gehörte seit dem ausgehenden 18. Jahrhundert zu seinem Langzeitbestand – zu Leitideen mit pathologisch übersteigerten Zügen aus. Er legitimierte den Waffengang der Nation als Verteidigung genuin nationaler Interessen, er integrierte als politische Religion die Gemeinde seiner gläubigen Anhänger, er stabilisierte ihr Identitätsgefühl gegen alle Anfechtungen, und er vertiefte seine Phobien gegen alle nationalen Gegner. Über diesem integrativen Effekt sollte man indes die spaltenden, trennenden, polarisierenden Wirkungen des gesteigerten Nationalismus nicht vergessen, obwohl das im Bann seiner stimulierenden Reize oft genug geschehen ist. Denn der hysterische Nationalismus der «Alldeutschen» etwa stieß die besonnenen Bildungsbürger ganz so ab wie die organisierten Arbeiter. Die Beschwörung der nationalen Gemeinschaft durch die Ultrakonservativen und das breite nationalliberale Mittelfeld änderte wenig an der Stigmatisierung der Sozialdemokratie. Die extremnationalistische Kriegszielutopie trieb Millionen von Opponenten in eine feindselige Ablehnung. Kurz, der Nationalismus spaltete im Krieg mindestens ebenso nachhaltig, wie er Menschen verband.

Zugleich erlebte der Reichsnationalismus zwei folgenreiche Änderungen. Das Militär, das seit seinen Siegeszügen zwischen 1864 und 1871 ohnehin einen Sonderstatus im deutschen Nationalismus besaß, wurde durch den Krieg noch einmal immens aufgewertet. Der Hindenburg-Mythos

3. Kriegsideologien

knüpfte an die überkommenen Vorstellungen von einem nationalen Heiland an, besonders aber an die Kollektiverinnerung an die «übermenschliche» Figur des charismatischen «Reichsgründers»: Hindenburg wurde spätestens seit 1916 geradezu zum «Hoffnungsträger der Nation».

Dadurch wurde aber auch die nationalintegrative Wirkung des «Reichsmonarchen», der durch den unleugbaren Beweis seiner eklatanten Schwäche als Führungspersönlichkeit, in Sonderheit durch sein vollständiges Versagen als «Oberster Kriegsherr» bereits fatal an Einfluß eingebüßt hatte, kontinuierlich weiter abgewertet. Treffend konstatierte der bayerische Kronprinz Rupprecht im August 1917, daß «der Kaiser... um alles Ansehen gekommen» sei, so daß er bezweifle, «ob die Dynastie der Hohenzollern den Krieg überdauern» werde. Und General v. Einem reagierte gleichzeitig auf das zaghafte Reformversprechen Wilhelms II. mit der unbelehrbaren Obstinanz des Ultrakonservativen, daß «der König von Preußen... sich den Ast, auf dem er sitzt, selbst absägt». In der skeptischen politischen Diagnose stimmte er mit dem Wittelsbacher überein: «Die Republik ist im Anmarsch... Auf der Rutschbahn geht es verdammt schnell nach unten, nun ist kein Halten mehr.»

Zeitweilig füllte Hindenburg, nicht selten zusammen mit seinem Dioskuren Ludendorff, das derart entstandene Vakuum auf. Doch die Abwertung der Hohenzollernmonarchie und ihres Nimbus als Einigungsdynastie war in der Tat unaufhaltsam. Nach dem Verlust dieses personalen Integrationspols blieb der reichsdeutsche Nationalismus auf der Suche nach einer Führerpersönlichkeit als symbolischer Repräsentation der nationalen Einheit. Nach Hindenburg als «Ersatzkaiser» konnte erst der zweite Charismatiker diese Sehnsucht rundum befriedigen.

Außer dem Kriegsnationalismus übernahmen auch die christlichen Kirchen legitimationsspendende Funktionen. Sie agierten dabei mit einer derart servilen Hingabe und agilen Beflissenheit, daß der Kern der christlichen Lehre unentwegt an die Kriegsbedürfnisse verraten wurde. Das kann beim Nationalprotestantismus und bei weiten Teilen des liberalen Kulturprotestantismus, der sich auf seinem breiten rechten Flügel ohnehin mit dem ersteren überschnitt, nicht überraschen, da sie seit jeher für die politische Heilslehre des Nationalismus anfällig waren. Unter den Kriegsbedingungen führte diese Mentalität jedoch zu einer nationalreligiösen Heiligung des Krieges überhaupt, wobei sich die Sprache der Theologen mit ihren exzessiven magischen Zauberformeln bis hin zu einer bizarren Blasphemie überschlug.

Es war ein verräterischer, gleichwohl noch vergleichsweise milder Auftakt, wenn selbst ein gesinnungsfester liberaler Protestant wie der Marburger Theologieprofessor Martin Rade Anfang August den Kriegsausbruch «nach jahrelanger Spannung wie eine Wohltat» bejubelte. Der Berliner Hofprediger Ernst Dryander wurde da auf dem ersten Feldgottesdienst in der Reichshauptstadt schon direkter, als er in seiner Predigt über das Thema «Ist Gott für uns, wer mag da wider uns sein?» tönte. Hermann Bezzel, der Präsident des Evangelischen Oberkonsistoriums in München, rief zum «heiligen Krieg» auf. Das Augusterlebnis erschien solchen Theologen als «Erweckung des Geistes», als «ein Gotteserlebnis», als «ein paar Tage Reich Gottes auf Erden». Seither setzte eine unaufhörlich anhaltende platte Verklärung der deutschen Kriegspolitik, der militärischen «Heldentaten», der Überlegenheit deutscher Kultur in ihrem Duell mit den heimtückischen Feinden in Abertausenden von Predigten ein, von denen wiederum Tausende in gedruckter Form einen weiten Leserkreis an der Front und in der Heimat erreichten. Ein so angesehener Theologe wie Paul Althaus behauptete: «Wir stehen mit Gott in diesem Krieg als seine Diener, zum Tun seines Willens aufgerufen und gedrungen. Darum ist es ein heiliger Krieg, und deshalb ist für jeden, der ihn mit reinem Herzen tut, dieser Krieg Gottesdienst.» «Weil wir so beten, wollen wir diesen Krieg... als Gottesdienst» und «als das Volk, das zum Segen berufen ist». Deutschland müsse deshalb siegen, schlug der Pfarrer Karl König ein Dauerthema der protestantischen Kriegspropaganda an, «weil das eine Notwendigkeit der menschlichen und göttlichen Geistesgeschichte auf dieser Erdkugel ist».

In unendlichen Variationen wurde dieses pseudotheologische Dogma wiederholt, der Krieg nicht etwa nur hingenommen, sondern als Quelle der moralischen Erneuerung und als sittliche Macht ohne Einschränkung bejaht. Der Gott der Christenheit avancierte zu «unserem großen Alliierten». Der Berliner Generalsuperintendent Lahusen entdeckte in den deutschen «Heeren des Krieges... Gottes himmlische Engel, und im Donner der Kanonen» redete «die Stimme des Vaters; der grausige Krieg wird zur Gabe des Vaters». Die «Ideen von 1914» wurden auch theologisch untermauert, das Naturrecht und die Demokratie des Westens auch theologisch diskreditiert. Im Jubiläumsjahr 1917 wurde Luther in die Lichtfigur der Kriegstheologie verwandelt. Mehr als 80 Prozent aller evangelischen Pastoren gehörten zum konservativ-nationalen Lager, stellten sich in den Dienst des «Vaterländischen Unterrichts» von Gnaden der OHL, strömten in die «Vaterlandspartei», verfochten die Kriegsziele, insistierten bis zuletzt auf einem «Siegfrieden». Noch im Frühjahr 1918 predigte der streng royalistische Berliner Pfarrer Otto Dibelius, der die deutsche Nation für «ein ewig heiliges Gut» hielt, für den «Siegfrieden»: «Nicht Verzicht und Verständigung», behauptete er, «sondern Ausnutzung unserer Macht bis zum Äußersten, das ist die Forderung des Christentums, seine Friedensforderung an uns deutsche Christen.» Nach den ständigen Durchhalteappellen des Evangelischen Oberkirchenrats wurde in der Münchener «Evangelisch-Lutherischen Kirchenzeitung» selbst der Diktatfriede von Brest-Litowsk zum «wahren Gottesfrieden» verklärt. In der existentiellen Krise des Weltkriegs beharrten die Amtskirche und die erdrückende Mehrheit der

3. Kriegsideologien

Berufsklasse ihrer Glaubensinterpreten auf einer «Sinnstiftung» im Sinne des mörderischen Radikalnationalismus, der als entgleister Hurrapatriotismus geradezu verniedlicht würde.

Selbst nach vier Kriegsjahren sah Dibelius in der Weltgeschichte noch immer die «Offenbarung des lebendigen Gottes», der auf deutscher Seite mitstreite. Deshalb gründe die «deutsche Zuversicht» auf der felsenfesten Erwartung, daß das Kaiserreich aus dem Krieg als vollendeter «Heilsgeschichte» schließlich siegreich hervorgehen werde. Diese Unterstützung und Rechtfertigung eines menschenverachtenden Abschlachtens hielt bis zum Spätherbst 1918 an. Mit der Niederlage und Revolution verfiel der deutsche Protestantismus folgerichtig in einen wahren Schockzustand abgrundtiefer Enttäuschung.

Im deutschen Katholizismus war von den anfänglichen Vorbehalten gegenüber dem protestantischen Kaisertum und dem deutschen Nationalstaat als antitraditionaler Organisationsform nur mehr wenig übriggeblieben. Nach dem Ende des «Kulturkampfes», vollends seit den 1890er Jahren hatte sich, wie der katholische Philosoph Max Scheler 1916 urteilte, «eine übermäßige und eminent hurtige Anpassung» der Katholiken an den Reichsnationalismus und Kaiserstaat durchgesetzt, so daß im Sommer 1914 viele dem «Schulbeispiel eines gerechten Krieges», wie ihn der hochkonservative Bischof von Speyer, Michael v. Faulhaber, charakterisierte, dem «Gottesbeweis des Krieges» zugunsten des Reiches zuversichtlich entgegensahen. Angesichts der Identifizierung mit der Nation und dem monarchischen Herrschaftssystem konnte sich der Jesuitenpater Lippert als eloquenter Wortführer einer zustimmenden Mehrheit dem «Augusterlebnis» vorbehaltlos hingeben. «Als das gigantische Ringen begann, da fühlten wir uns nach dem ersten ungeheuren und unfaßbaren Eindruck wie neugeboren», «beglückt» habe jedermann die «Wiedergeburt des Volkes» verspürt.

Seither hielt sich, durchaus auf der Linie der «Ideen von 1914», die Überhöhung des «deutschen Krieges» zu einem heilsgeschichtlichen Armageddon gegen die Kräfte der Finsternis. «Der Kampf um das Deutsche Reich» sei, konstatierte Bischof Keppler, «zu einem Kampf um das Reich Gottes» geworden. Er wurde als «Kampf des Chaos» gegen das «deutsche Volk als treuesten Hüter staatlicher Ordnung» hingestellt, als «ein Krieg der Autoritätslosigkeit gegen die Autoritätsachtung. Pöbel- und Abenteurerherrschaft dort – geordnetes Regierungssystem hier. Anmaßung aller Einzelnen dort, freie Unterordnung jedes Bürgers unter die Gott gewollte Obrigkeit hier». Kurz vor seiner Ernennung zum Erzbischof von München verschärfte Faulhaber den Ton. «Wenn die Toten dieses Krieges daheim geblieben wären, etwa aus Verachtung des Patriotismus und Militarismus, dann stünden wir», rief er 1915 beschwörend, «nicht vor dem Triumph der sittlichen Weltordnung, sondern... der Moral des Teufels. Dann hätte die gottesfeindliche Staatsidee aus Frankreich ungestraft durch die Welt fortwuchern können. So aber kämpfen und sterben unsere Soldaten als Hüter und Rächer der göttlichen Weltordnung.»

Hinter den Kaskaden ideologischer Rechtfertigungsformeln wurden vom politischen Katholizismus auch durchaus pragmatische Motive verfolgt. Zum einen versprach er sich von der bedenkenlosen Einreihung in die «nationale Front», ähnlich wie die Sozialdemokratie, endlich die Überwindung der diskriminierenden Abwertung seiner Angehörigen als «Bürger zweiter Klasse». Zum andern wurde die Kriegszielpolitik auch deshalb unterstützt, weil durch die projektierte Annexion von Belgien und Russisch-Polen ein konfessionsstatistischer Ausgleich geschaffen, vielleicht sogar ein demographisches Übergewicht der bisherigen strukturellen Minderheit über den protestantischen Bevölkerungsteil gewonnen werden konnte.

Im Vergleich damit stand aber die konstante Verteidigung der deutschen politischen Ordnung weit mehr im Vordergrund. Zur «wahren Nachfolge Christi» gehöre auch, mahnte Faulhaber die Gläubigen, «das lebenslängliche Bekenntnis zu den Kronrechten des Kaisers», der sogar als «Dolmetscher des göttlichen Willens» sakralisiert wurde. Auf dieser Linie appellierte Ende 1917 ein Hirtenbrief aller deutschen Bischöfe an das Kirchenvolk, es solle «alles zurückweisen, was auf einen Angriff gegen unsere Herrscherhäuser und unsere monarchische Staatsverfassung hinausläuft. Wir werden stets bereit sein, wie den Altar so auch den Thron zu schützen gegen äußere und innere Feinde, gegen Mächte des Umsturzes.» Wen überrascht es da, daß auch diese christliche Kirche durch die Niederlage und Revolution – in Faulhabers Worten: durch «Meineid und Hochverrat» – zutiefst erschüttert wurde.[7]

4. Die Kriegszieleuphorie

Lange von den Historikern totgeschwiegen oder als umstandsbedingte und insofern verständliche Entgleisung abgetan, ist die grundlegende Bedeutung der exorbitanten deutschen Kriegsziele erst seit Fritz Fischers bahnbrechendem Buch über den «Griff nach der Weltmacht» (1961) im Verlauf einer höchst engagierten Diskussion ganz klargeworden. Von Kriegsbeginn an bis unmittelbar in das Vorfeld der Niederlage hinein umschlossen sie zum einen Pläne einer gewaltigen Expansion im Osten wie im Westen. Entweder visierten sie die formelle Herrschaft über zu annektierende Gebiete an oder aber die informelle Herrschaft von der Kanalküste bis Transkaukasien, um von der Basis eines solchen kontinentaleuropäischen Machtblocks aus im künftigen Kampf der Weltreiche mithalten, ja eine prominente Rolle im Ringen um die «Weltherrschaft» spielen zu können. Zum andern gehörte zu ihnen die weitgespannte Konzeption einer wirtschaftspolitischen Neuordnung «Mitteleuropas», das in der Gestalt einer europä-

4. Die Kriegszieleuphorie

ischen Wirtschaftsgemeinschaft zur Untermauerung des ökonomischen Primats und der politischen Hegemonie des Reiches organisiert werden sollte. Und nicht zuletzt sollte der deutsche Kolonialbesitz vor allem durch ein mittelafrikanisches Großreich enorm erweitert werden.

In alledem trat ein aggressiver Kontinental- und Kolonialimperialismus in enger Verbindung mit defensiven Motiven der Behauptung im globalen Konkurrenzkampf zutage. (Die entscheidenden Antriebskräfte werden am Ende dieses Abschnitts erörtert.) Darüber weit hinausgehend setzten sich in diesem Zusammenhang fatale, seit längerem in der Germanisierungspolitik gegenüber den preußischen Polen aufgetauchte bevölkerungspolitische Zielvorstellungen in der regierungsamtlichen Planung fest, von denen in naher Zukunft die Praxis reichsdeutscher Siedlungs- und Rassepolitik bestimmt werden sollte.

Es kann deshalb schwerlich verwundern, daß diese brisante Mischung von Projekten seit 1914 leidenschaftlich umstritten war und noch immer Gegenstand einer Kontroverse ist. Denn der explosive Inhalt und die vielfältigen Stoßrichtungen, der gewaltige Umfang und die bornierte Konstanz dieser Kriegszielpläne lassen einen unübertrefflich klaren Blick auf die Herrschaftsprobleme und Sozialmentalitäten des kaiserlichen Deutschland zu. Deshalb entscheidet ihre Bewertung in hohem Maße nicht nur über das historische Urteil über die deutsche Kriegspolitik insgesamt, sondern auch über schwierige Kontinuitätsfragen in der neueren deutschen Geschichte bis 1945.

Zu Beginn einer jeden Erörterung muß daher das grundsätzliche Problem aufgegriffen werden, ob die Kontinuität expansionistischer Ziele aus der Vorkriegszeit zumindest bis 1918, wenn nicht gar bis 1945 dominierte oder ob unter der Druckglocke einer exzeptionellen Kriegskonstellation die Diskontinuität das entscheidende Moment war, das neuartige Projekte emporwuchern ließ. Heute ist, kurz gesagt, die Interpretation unwiderlegbar, daß der Erste Weltkrieg nicht wegen dieser imperialistischen Ambitionen in Berlin vom Zaun gebrochen worden ist (vgl. Bd. III, 1152–68). Zwar gab es ältere, längst vor dem August 1914 artikulierte Hoffnungen und Absichten, freilich oft nur intern oder in den Gesinnungszirkeln der «Lunatic Fringe», des rechtsradikalen «Narrensaums» der Politik, geäußert. Aber es bedurfte des Krieges, um sie so dramatisch aufzuwerten, daß sie in den Zielkatalog der Reichspolitik aufgenommen wurden. Im Grunde schuf erst der Krieg einen neuen Denkhorizont, setzte neue Energien und Illusionen, neue Hoffnungen und Ängste frei, die auch – trotz der manchmal unbestrittenen Nähe zu Entwürfen aus der Friedenszeit – zum Abstecken neuer Ziele führten. Je länger der Krieg dauerte, je intensiver er sich zum totalen Krieg steigerte, desto mehr traten Radikallösungen, die früher höchstens einmal als vage Möglichkeit ins Auge gefaßt worden waren, in den Vordergrund, etwa die Zerschlagung des petrinischen Rußland seit Anfang 1918 mit dem Ziel, einen von Deutschland beherrschten autarkiefähigen Großraum in Osteuropa zu gewinnen.

Die deutschen Kriegsziele schossen seit dem August 1914 in der euphorischen Stimmung des Aufbruchs ins Kraut. Während in der Öffentlichkeit die Fiktion des aufgezwungenen Verteidigungskrieges aufrechterhalten wurde, tobte hinter den Kulissen der Denkschriftenkampf unter den Machteliten, wobei die eine die andere an Aggressivität zu übertrumpfen suchte.

Bereits am 2. August reichte Heinrich Claß als Vorsitzender des «Alldeutschen Verbandes» einen Forderungskatalog ein, in dem in unverblümter Sprache eine Europa, ja die Welt erfassende deutsche Expansionspolitik verlangt wurde. Am selben Tage verfocht der extremannexionistische Zentrumspolitiker Matthias Erzberger, auch Lobbyist des Thyssen-Konzerns, nicht weniger exzessive Ideen, während der Ruhrunternehmer August Thyssen selber am 9. September die großindustriellen Erwartungen noch schärfer akzentuierte. Frühzeitig schalteten sich mit dem bayerischen König Ludwig III., dem württembergischen König Wilhelm II. und dem oldenburgischen Großherzog Friedrich August auch die ersten land- und prestigehungrigen Fürsten eilends in die Debatte ein. Auf diese Weise regnete es geradezu Eingaben und Memoranden – Staatssekretär Solf klagte: «Man watet in Denkschriften» –, die trotz der Zensur und des Veröffentlichungsverbots heimlich, aber bequem zugänglich zirkulierten.

Während das Hochgefühl eines schnellen Sieges im Westen noch vorherrschte, faßte Bethmann Hollwegs Sekretär Kurt Riezler Anfang September alle Forderungen in einer «vorläufigen Aufzeichnung über die Richtlinien unserer Politik beim Friedensschluß», die inzwischen in der Geschichtswissenschaft als sogenanntes «September-Programm» firmiert, für die interne Verwendung zusammen. Dabei listete er am 9. September, ausgerechnet am Tag des Scheiterns der Marne-Schlacht, von den kolossalen Ansprüchen der Militärs über die irrlichternden Produkte alldeutscher «Annexionswut» und selbsternannter politischer Experten bis hin zu den bizarren Wunschvorstellungen von Wirtschaftskreisen und Interessenverbänden fast alle vorgeschlagenen Projekte auf. Trotzdem glaubte er, zusammen mit dem Reichskanzler, noch eine Art von Mittellinie gewählt zu haben.

Wie das überstürzt formulierte, ungeheuer ausschweifende «Programm» konkret realisiert werden sollte, blieb allerdings unerörtert. Im Grunde setzte dieses megalomane Vorhaben einen deutschen Totalsieg an allen Fronten voraus, einen, wie Bethmann Hollweg in jenen Tagen gestand, «von uns zu diktierenden Frieden unter dem Druck politischer Überlegenheit». Diese Ziele vom September 1914 blieben aber nicht nur Jahr für Jahr bestehen, vielmehr wurden sie bis zum Herbst 1918 durch immer radikalere Projekte sogar noch erweitert. Erst nach dem Frieden von Brest-

4. Die Kriegszieleuphorie

Litowsk, der bis zum März 1918 dem sowjetischen Rußland diktiert wurde, erreichten sie einen Höhepunkt, der alle bisherigen Leitvorstellungen übertraf.

Wie sahen die wesentlichen Ziele dieses «September-Programms» aus? Als Leitstern stand über allen die deutsche Hegemonie in Europa, denn das «allgemeine Ziel des Krieges», hieß es eingangs, liege in der «Sicherung des Deutschen Reiches nach West und Ost auf erdenkliche Zeit. Zu diesem Zweck muß Frankreich so geschwächt werden, daß es als Großmacht nicht neu erstehen kann, Rußland von den deutschen Grenzen... abgedrängt und seine Herrschaft über die nichtrussischen Vasallenvölker gebrochen werden.» Diese Maximalkonstellation, die dann Deutschlands Kampf um die Teilnahme an der «Weltherrschaft» ermöglichen würde, sollte auf vielfältige Weise sichergestellt werden.

Frankreich stand im Falle des deutschen Sieges die Annexion «Belforts, des Westabhangs der Vogesen,... des Küstenstrichs von Dünkirchen bis Boulogne» bevor. «In jedem Fall abzutreten» sei auch das lothringische «Erzbecken von Briey». Die Kriegsentschädigung müsse «so hoch» bemessen werden, «daß Frankreich nicht imstande ist, in den nächsten 18 bis 20 Jahren erhebliche Mittel für Rüstung anzuwenden», darüber hinaus müsse es in eine unwiderrufliche «wirtschaftliche Abhängigkeit» von Deutschland gebracht werden.

Im Hinblick auf Belgien wurde zunächst einmal die «Angliederung von Lüttich und Verviers», eventuell auch von Antwerpen, vorgesehen. Darüber hinaus müsse das Land «zu einem Vasallenstaat herabsinken», der Deutschland auch das Besatzungsrecht in seinen Häfen abzutreten, überhaupt die Küste militärisch zur Verfügung zu stellen habe und wirtschaftlich in eine deutsche Provinz verwandelt werde. Bis ihn Skrupel überkamen, verstand Bethmann Hollweg unter dem künftigen Belgien zutreffend einen halbkolonialen «Tributärstaat», den man nur mit einem «Ägypten in Kontinentaleuropa» vergleichen könne. – Luxemburg sollte kurzerhand als «deutscher Bundesstaat» annektiert werden.

Im Osten sollte ein «Cordon sanitaire» von direkt oder indirekt vom Kaiserreich beherrschten, die nichtrussischen Nationalitäten umfassenden Satellitenstaaten entstehen, die aus dem russischen Reich herauszuschneiden waren. Vorsorglich wurde nicht nur von Claß, sondern auch in amtlichen Denkschriften für große Gebiete die Ansiedlung deutscher Wehrbauern nach der vorhergehenden «Aussiedlung» der russisch-polnischen Bevölkerung, insbesondere «aller Juden», angemahnt. Noch fehlte allerdings die Zielvision eines von Deutschland dominierten osteuropäisch-russischen Großraums.

Zur wirtschaftspolitischen Maxime und einem «Herzstück» der deutschen Hegemonialpläne wurde die «Gründung eines mitteleuropäischen Wirtschaftsverbandes» erhoben. Verträge mit Österreich-Ungarn, Italien,

Frankreich, Belgien, Holland, Dänemark, Norwegen, Schweden und Polen (!) sollten formal eine Zollunion schaffen, die aber zugleich auch als politisches Herrschaftssystem konzipiert wurde. Zwar sollte es «ohne gemeinsame konstitutionelle Spitze» bleiben und auch «unter äußerlicher Gleichberechtigung seiner Mitglieder» fungieren. «Tatsächlich» aber müsse es, wurde ungeniert eingestanden, «unter deutscher Führung... die wirtschaftliche Vorherrschaft Deutschlands über Mitteleuropa stabilisieren».

In Übersee sollte insbesondere die «Schaffung eines zusammenhängenden mittelafrikanischen» Großreichs, wie es Vordenkern des deutschen Imperialismus seit den Tagen des Kolonialpioniers Carl Peters vorgeschwebt hatte, die deutschen Erfolge abrunden.

Die bestürzende Fusion eines zügellosen Expansionismus und radikalnationalistischen Triumphalismus mit dem Fernziel der soziopolitischen Systemstabilisierung und Reformvermeidung durch endlich vollendete «Weltpolitik» trat seither in neuen exzessiven Projekten zutage, und trotz aller Kontrollmaßnahmen breiteten sich diese Illusionen auch in der Öffentlichkeit zusehends weiter aus. Deshalb wurde mit dem erhofften deutschen «Siegfrieden» die Fata Morgana einer grundlegenden Neuordnung des europäischen und globalen Staatensystems zugunsten einer deutschen «Weltmacht» verbunden.

Nachdem sich der Reichskanzler anfangs von den phantastischen Entwürfen vieles zu eigen gemacht hatte, stand der «Philosoph auf Hohenfinow» bereits seit dem Winter 1914/15 nicht mehr vorbehaltlos hinter dem ursprünglichen Kriegsziel-«Programm». Seine spürbare, manchmal fast skeptische Zurückhaltung gegenüber manchen Planungsexzessen trug ihm von der annexionistischen Rechten den hämischen Vorwurf der «Flaumacherei» ein. Tatsächlich aber verband er, dem es an «Zügen machiavellistischer Gerissenheit» keineswegs fehlte, seine vermeintlich defensive Grundhaltung mit hochexpansiven «kolossalen Garantieforderungen». Im Zeichen der in Berlin grassierenden «Hypertrophie des Sicherheitsdenkens» blieben seine Bedenken so gut getarnt, daß die Annexionisten die offiziellen Kriegsziele stets zu ihren Gunsten auslegen konnten.

Bethmann Hollweg konnte und wollte sich offenbar von den amtlichen Plänen nicht deutlich distanzieren. Zum einen hätte er mit großer Wahrscheinlichkeit durch nüchternere Friedensvorstellungen seine politische Stellung in der Reichsleitung und in anderen verblendeten Berliner Machtzentren gefährdet. Zum andern, und das war wohl das wichtigere Motiv, hoffte er, durch den grandiosen Erfolg der Realisierung zentraler Kriegsziele den innenpolitischen Reformdruck abzufangen. Eben darin tritt die Kontinuität des deutschen Sozialimperialismus (wie er in Bd. III, 985–90, 1132–41, 1152–68 mehrfach charakterisiert worden ist) erneut zutage. Konsequent wandte er sich Mitte September 1914 gegen eine «Neuordnung der Innenpolitik», da jede «Geste einer... Umkehr als ein Zeichen

4. Die Kriegszieleuphorie

innerer Schwäche» ausgelegt werde. Doch gleichzeitig war er sich offensichtlich schon darüber im klaren, daß «der gegenwärtige Krieg uns nach seiner Beendigung noch vor innenpolitisch ganz neue und schwierige Aufgaben stellen» werde. Obwohl der streng royalistische Sozialkonservative auf dem Kanzlersessel über Kompromisse mit den Parteien links von der Mitte des politischen Spektrums gelegentlich unbefangener zu urteilen vermochte als die Ultrakonservativen, grauste ihm doch vor der sich aufstauenden Demokratisierungswelle. Um sie mit Aussicht auf Erfolg abfangen zu können, hielt er – da er an einschneidenden Veränderungen im Reich und in Preußen nicht mitzuwirken bereit und ohnehin kein dezidierter «Anhänger eines Status-quo-Friedens» war – das Erreichen möglichst vieler Kriegsziele für unentbehrlich. Damit aber teilte er wesentliche Absichten ihrer Protagonisten, die durchweg zu der neubefestigten radikalnationalistisch-konservativen «Front» der Reformfeinde von 1913/14, der informellen Allianz von Großindustrie und Großlandwirtschaft, Deutschkonservativen und Alldeutschen, gehörten.[8]

Nachdem der erste hektische Rausch abgeklungen war, hielt der Denkschriftenkrieg, ungeachtet der Tatsache, daß mit dem Debakel an der Marne und der Stagnation im Osten ein unübersehbares Menetekel aufgeleuchtet hatte, dennoch weiter an. Seit dem März 1915 steuerte er einem neuen Höhepunkt entgegen. Und nicht nur das: Die politische und die militärische Leitung rückten nirgendwo von ihren Extrempositionen ab.

Am wichtigsten ist die auf den 20. Mai 1915 datierte Denkschrift der sechs großen Interessenverbände: des «Zentralverbandes Deutscher Industrieller», des «Bundes Deutscher Landwirte», des «Bundes Deutscher Industrieller», des «Deutschen Bauernbundes», der «Christlichen Bauernvereine» und der «Reichsdeutschen Mittelstandsvereinigung» – alle hatten sich dafür zusammengetan. Etwas später schloß sich ihnen auch noch der «Hansa-Bund» an, so daß die industriellen und landwirtschaftlichen Organisationen erstmals in einer geschlossenen Phalanx auftraten, die von den hochkonservativen Managern der Industrieverbände und Großagrarier über die liberalen Exponenten des «Hansa-Bundes» bis zu den katholischen Bauernführern reichte. Das von ihnen repräsentierte innenpolitische Machtpotential schwenkte hinter ein riesiges Annexionsprogramm ein.

Belgien sollte zur deutschen Kolonie, die belgische und französische Nordseeküste ebenso annektiert werden, wie das auch mit dem französischen Erzbecken um Longwy-Briey und den Departements du Nord und Pas de Calais geschehen sollte. Weiträumig sollte die deutsche Expansion nach Rußland hinein vorangetrieben werden. Vor allem die Großagrarier verlangten als Ausgleich für die massiv geltend gemachten industriellen Interessen die direkte Angliederung nicht nur aller russischen Ostseeprovinzen, sondern auch der sich südlich bis nach Oberschlesien anschließenden Gouvernements, wobei kaltblütig die Entrechtung der einheimischen Bevölkerung verlangt wurde. Alfred Hugenberg, damals noch Generaldirektor der Firma Krupp und seit langem im «Ostmarkenverein» und in der preußischen Ansiedlungskommission fanatischer Vorkämpfer einer radikalen völkischen Germanisierungspolitik, forderte in einem eigenen Memorandum ganz unverhohlen die ethnische Flurbereinigung in den zu annektierenden Ostgebieten.

Wie ein Blitzlicht enthüllte die Verbände-Denkschrift die Maßlosigkeit und Realitätsferne der «Friedensbedingungen», auf die sich die organisierte Wirtschaft zu einigen verstanden hatte. Am 20. Juni 1915 wurde ihr Katalog durch die rabiaten Forderungen der sogenannten «Intellektuellen-Eingabe», die der Theologe Reinhold Seeberg mit rund 1350 Unterschriften prominenter Akademiker organisiert hatte, unterstützt. Der Extremismus der feinsinnigen Bildungsbürger übertraf selbst den überschießenden Egoismus der Wirtschaftsverbände.

Die Gegeneingabe einer Professoren-Denkschrift, die unter der Ägide des Historikers Hans Delbrück und des Theologen und Wissenschaftsmanagers Adolf v. Harnack bis zum 3. Juli 1915 entstand, vermochte dagegen nur ein Zehntel der Unterschriften der Konkurrenz zustande zu bringen; immerhin gehörten so illustre Figuren wie Albert Einstein, Gustav Schmoller, Ernst Troeltsch, Ferdinand Toennies, Ludwig Quidde, Theodor Wolff und die Gebrüder Weber zu den Unterzeichnern. Sie alle lehnten das annexionistische Berserkertum entschieden ab, traten aber ihrerseits keineswegs für die unzweideutige Rückkehr zum Status quo ein. Der Friede sollte vielmehr auch in ihren Augen «den strategischen Bedürfnissen, den politischen und wirtschaftlichen Interessen des Landes» die «gesicherten Grundlagen garantieren». Gewiß, Max Weber empörte sich bald ebenso über die projektierte «Kastration Belgiens durch eine dauernde deutsche Vormundschaft» wie über eine «großdeutsche Politik» gegenüber den Polen. Aber die nur vergleichsweise moderate Denkschrift war auf ihre verklausulierte Art doch noch ausgreifend genug.

Bis zu dieser Zeit hatte sich auch die regierungsamtliche Annexionsplanung im Hinblick auf Rußland im Projekt eines sogenannten «polnischen Grenzstreifens» verfestigt. Von ihm ließ sie bis zum Herbst 1918 nicht mehr ab, wie sie auch unbelehrbar an der teils direkten, teils indirekten Herrschaft über Belgien festhielt. Bereits seit Ende August 1914 waren von hohen Beamten Überlegungen zum deutschen Vorgehen im russischen Kongreß-Polen angestellt worden. Auf jeden Fall sollte die deutsche Territorialherrschaft weit ausgedehnt, in den zu annektierenden Gebieten die polnische Bevölkerung soweit wie möglich ausgesiedelt und im Sinn einer konsequenten Germanisierung der «Ostmark» durch umgesiedelte preußische Polen aus Posen und Westpreußen ersetzt werden. Daraus ging bereits bis zum Dezember 1914 das Vorhaben hervor, Preußen und dem Reich einen «Grenzstreifen» anzugliedern, dessen Bewohner – wie Bethmann

Hollweg am 3. Dezember ausdrücklich zustimmte – «evakuiert» werden müßten. Im Frühjahr 1915 wurde der Plan im Reichskanzleramt konkretisiert: Der «Grenzstreifen» umfaßte danach ein Gebiet vom doppelten Umfang Elsaß-Lothringens und erstreckte sich vom östlichen Vorfeld Oberschlesiens entlang der von Warthe und Narew gebildeten Linie bis hin zum Norden einschließlich Suwalkis, um die militärstrategische und bevölkerungspolitische «Sicherung» der künftigen deutschen Ostgrenze zu verbessern. Es blieb bei der ominösen «Verpflanzung der polnischen ‹Grundbesitzer› nach Rußland», die durch rückwanderungswillige «deutsche Kolonisten aus Rußland» und aus dem Reich ersetzt werden sollten. Kompromißlos wurde, Indiz eines unverhüllten amtlichen Antisemitismus, die Ausweisung «aller Juden» verlangt. Das bedeutete in der formellen Planung der Reichsinstanzen, daß die Absicht der ethnischen Flurbereinigung bekräftigt wurde, um weite Gebiete «frei von Menschen» für den Aufbau einer germanischen Schutzmauer gegen die «slawische Flut» zu gewinnen.

In dieser Form insistierte die Regierung seither auf dem «Grenzstreifen»-Plan. Selbst im Sommer 1918 wurde er von zahlreichen offiziellen Gremien noch einmal bestätigt. Hindenburg und mit ihm die 3. OHL etwa stellten sich uneingeschränkt hinter das Ziel dieses «Schutzwalls», der durch «Räumung» bequem zu «verdeutschen» sei, zumal man mit der Enteignung von rund der Hälfte des Landes bereits beginnen könne. Gegen antiquierte Skrupel machte die Militärführung geltend, daß «das moderne Rechtsgefühl... sich in bezug auf persönliche Freiheit und Eigentum» erfreulicherweise gewandelt habe.

Im Norden des «polnischen Grenzstreifens» wurden 1915 auch die baltischen Provinzen Rußlands in den Katalog jener Ziele einbezogen, auf die sich die Begehrlichkeit des expansionistischen Lagers richtete. Prominente Sprecher der preußischen Großagrarier, die mit erobertem Bauernland sowohl die Frage der «inneren Kolonisation» entschärfen als auch eigene Dependancen für ihre Familienclans gewinnen wollten, die Militärs, denen das antirussische Vorfeld nicht tief genug gestaffelt sein konnte, die Germanisierungsapostel und einige Fürsten auf der Suche nach neuen Kronen fanden in dem Ruf nach einem zumindest Kurland/Litauen und Livland/Lettland umfassenden «Neu-Deutschland» im Baltikum zusammen. Es zu gewinnen falle um so leichter, behaupteten sie, als die Herrenklasse der baltendeutschen ritterschaftlichen Großgrundbesitzer ohnehin die Anbindung des alten germanischen Koloniallandes an das deutsche Gravitationszentrum suche. In der Öffentlichkeit und hinter den Kulissen wurde dieser Anschluß von einem schon lange hyperaktiven Kreis um die baltendeutschen Publizisten und Historiker Theodor Schiemann und Johannes Haller – darunter der berühmte Rechtshistoriker Otto v. Gierke, der Agrarwissenschaftler Max Sering, der Rußlandexperte Otto Hoetzsch und natürlich Claß – nachhaltig propagiert.

Ein so einflußreicher Exponent der Kriegszielpartei wie Erich Ludendorff brachte frühzeitig weitverbreitete Wunschvorstellungen unmißverständlich auf den Punkt. Auch er wollte nicht nur den vielbeschworenen «Wall deutscher Menschen gegen das Slawentum» errichten, vielmehr hielt er die Befolgung des machtpolitischen Imperativs «Teilen und Herrschen» in einem spezifischen Sinn für nötig. Denn durch die Angliederung des Baltikums «gewinnen wir Zuchtstätten für Menschen», eröffnete er offenherzig, «die für weitere Kämpfe nach Osten nötig sind. Diese werden kommen, unausweichlich». Bevölkerungs- und nationalpolitische Aufgaben geboten demnach ebenso die Annexion wie die frühzeitige Vorbereitung auf einen Zweiten Punischen Krieg im 20. Jahrhundert.

Indem das Baltikum im Fadenkreuz der Expansionsplaner blieb, wurde dem Zarenreich bereits ein Landverlust zugemutet, wie er seit der napoleonischen Epoche von kriegführenden Staaten in Europa nicht mehr ins Auge gefaßt worden war. Eine wahre Gigantomanie des Ostimperialismus wurde aber erst 1917/18 erreicht, als die zweite Russische Revolution, vollends dann der Friede von Brest-Litowsk auf einmal die Möglichkeit zur Realisierung bisher wild wuchernder Ideen eröffneten. Jetzt wurde das «Mitteleuropa»-Projekt durch den Primat eines direkt oder indirekt beherrschten Großraumes verdrängt, der riesige Gebiete Rußlands bis hinunter nach Transkaukasien umfaßte. Dort entstand ein Gürtel von Pufferstaaten, informell dirigierten, pseudosouveränen Herrschaftsgebilden und Einflußsphären, die von Finnland und den drei baltischen Staaten über die Ukraine bis in die Zone an der türkischen Grenze reichten. (Auf diese gewaltige russische Verlustbilanz wird im Zusammenhang mit dem Frieden von Brest-Litowsk und dem deutschen Pyrrhussieg im Osten genauer eingegangen, vgl. hinten, V.1.)

1918 standen jedenfalls deutsche Truppen in den neuen selbständigen Staaten des Nordostens, in der Ukraine, auf der Krim, ja jenseits des Kaukasus. Der kurzlebige Erfolg dieses neuen Eroberungszugs gehörte fortab zur Erinnerung der Deutschen, insbesondere der Millionen von Soldaten aus der politischen Generation Adolf Hitlers. Sein «Fernziel, ein deutsches Ostimperium auf den Trümmern der Sowjetunion aufzubauen», entsprang daher keineswegs nur seiner ideologischen «Vision», vielmehr konnte er ganz konkret an die Konstellation am Ende des Ersten Weltkriegs anknüpfen, denn das «deutsche Ostimperium war» 1918 «bereits einmal Wirklichkeit» gewesen.[9]

In drei Motivationskomplexen sind die entscheidenden Antriebskräfte dieser deutschen Kriegspolitik zu suchen.

1. Die politische und ökonomische Hegemonie in Kontinentaleuropa, und das hieß auch immer: die militärische Präponderanz, sollten durch weiträumige Annexion und die Ausdehnung informeller Herrschaft sichergestellt werden. Bei den Plänen zur direkten Angliederung von Gebie-

4. Die Kriegszieleuphorie

ten handelte es sich öfters um die Berücksichtigung «strategischer» Gesichtspunkte, die besonders von der Militärführung als «Sachzwänge» apodiktisch geltend gemacht wurden. Manchmal ging es auch um nackte ökonomische Interessenpolitik wie etwa hinsichtlich der Erzlager von Longwy-Briey. In dieser Region des französischen Lothringen lagerten angeblich 2,8 Milliarden Tonnen an Eisenerz, wogegen Deutschland 1914 nur 2,3 Milliarden Tonnen besaß. Es hätte durch die Annexion nicht nur seinen Vorrat mehr als verdoppelt, sondern zugleich auch volle vier Fünftel der laufenden französischen Förderung in seine Hüttenwerke gelenkt. Hier gab es überdies eine evidente Kontinuität der begehrlichen Absichten seit der Vorkriegszeit, wie sie aus dem unersättlichen Rohstoffhunger der Ruhr- und Saargebietsindustriellen hervorgingen. Als der italienische Handelsminister 1913 eine Delegation deutscher Großindustrieller empfing, sprachen sie «ohne Scheu von der Notwendigkeit», notierte er sich, «das Eisenbecken von Französisch-Lothringen in ihre Hände zu bekommen; der Krieg erschien ihnen als eine Angelegenheit der Industrie. Deutschland hatte die Kohle und wollte das Eisen.» Vom Kriegsausbruch bis zum Kriegsende hat die westdeutsche Schwerindustrie von diesem Ziel, Briey zu annektieren, nicht mehr abgelassen.

Über die archaisch plumpe Form der Landeroberung wiesen die längst vor 1914, zuletzt von Walther Rathenau, erörterten zukunftsträchtigen «Mitteleuropa»-Pläne weit hinaus. Dabei wurde nicht nur eine aggressive Ausdehnung des Wirtschaftspotentials anvisiert, sondern unverkennbar verbanden sich mit diesem «Meisterplan» auch defensive Momente, die aus der Prognose eines künftig mörderisch verschärften globalen Konkurrenzkampfes hervorgingen. So wurde etwa 1915 in einer der grundlegenden amtlichen Denkschriften das Ziel beschrieben, «den großen, in sich geschlossenen Wirtschaftskörpern der Vereinigten Staaten, des Britischen und des Russischen Reiches die Gesamtheit der europäischen Kontinentalstaaten unter deutscher Führung in gleicher wirtschaftlicher Geschlossenheit gegenüberzustellen mit dem doppelten Zweck», erstens den Mitgliedern «die Vorherrschaft auf dem europäischen Markt zu sichern, zweitens im handelspolitischen Kampf mit jenen Weltreichen... die Gesamtwirtschaft des verbündeten Europa als einheitliche Macht ins Feld führen zu können». Ganz ähnlich sah der Reichsstaatssekretär des Inneren in einem «großen mitteleuropäischen Wirtschaftsgebiet» eine Kräftekonzentration, die «uns davor bewahrt, gegenüber den immer geschlossener und mächtiger auftretenden wirtschaftlichen Weltreichen – Großbritannien mit seinen Kolonien, den Vereinigten Staaten, Rußland, Japan mit (!) China – zur wirtschaftlichen Ohnmacht herabzusinken».

Dieser Gesichtspunkt der Verteidigung wird nicht angemessen erfaßt, wenn man ihn nur als Scheinrationalisierung der Expansionslust hinstellt. Ganz ähnlich nahm unter den Motiven der Militärs, deren pathologisch übersteigertes Sicherheitsbedürfnis ja ganz unbestreitbar ist, im Verlauf des Krieges, und zwar je länger er dauerte und je stärker sich der Gegner erwies, das Ausmaß ihrer Befürchtungen zu, den Konflikten der Zukunft nur durch eine noch weitergreifende Ausdehnung des Vorfeldes und den Zugang zu zusätzlichen Ressourcen gewachsen zu sein. In der Wirkung nach außen traten freilich die latenten Ängste als unbändiger Expansionismus zutage.

2. Während im Westen eigentlich nur in der germanophilen Flamenpolitik national- und bevölkerungspolitische Motive eine Rolle spielten, besaßen sie für den Ostimperialismus ein unvergleichlich größeres Gewicht. Wo er inhaltlich definiert wurde, erlebten unheilvolle Vorstellungen, die im Verlauf der verschärften Germanisierungspolitik in den preußischen Grenzprovinzen aufgetaucht waren, zusehends eine Radikalisierung. Erst ging es um die «Aussiedlung» preußischer Polen aus Posen und Westpreußen, dann um die «Umsiedlung» russischer Polen aus dem «Grenzstreifen», um staatlich exekutierte Vertreibung mithin, in deren Gefolge die «freien» Gebiete mit deutschen Kolonisten endlich oder erstmals germanisiert werden sollten, um – eine wahre Obsession der Befürworter dieser Gewaltpolitik – einen zuverlässigen Damm gegen die slawische Menschenflut aufzurichten.

Wie tief mit solchen Zielen bereits rassistische Vorstellungen verbunden waren, enthüllt die Sprache der Germanisierer, enthüllt insbesondere auch der manifeste Antisemitismus, der in dem Postulat der Ausweisung «aller Juden» hervortritt. Wer in einem slawen- und judenfreien Baltikum die «Zuchtstätte» für die kerndeutschen Ostlandkrieger der Zukunft erblickte, verfocht schon ungeschminkt einen völkischen Imperialismus. Solchen verhängnisvollen Wunschträumen lag ein von Grund auf biologisierter ethnischer Nationsbegriff zugrunde, aus dem bereits alle der rassischen, völkischen Homogenität widersprechenden Elemente ausgeschieden worden waren, noch ehe die Kriegssituation die Chance zur Realisierung des ideellen Entwurfs zu bieten schien. Der entscheidende Mentalitätswandel: die Absenkung der Hemmschwelle gegenüber «Fremdvölkischen» und die Bereitschaft, eine germanisierende Vertreibungspolitik in die Tat umzusetzen – er setzte nicht zwischen 1933 und 1939, sondern im Ersten Weltkrieg ein.

3. Die innenpolitischen Implikationen dieser Leitidee vom ethnisch homogenen deutschen «Volkstum» liegen auf der Hand. Ihr zufolge war nur die kompakte, völkisch purifizierte Nation im Deutschen Staat den kommenden Kriegen gewachsen. Um ihre Einheit zu gewährleisten, mußten alle «undeutschen» Bewohner außer Landes geschafft werden, auch und gerade aus den für die Annexion vorgesehenen Ostgebieten. Ebenso deutlich tritt die innenpolitische Dimension der Kriegszielpolitik in ihren sozialimperialistischen Motiven zutage. Stellvertretend für viele ihrer Befürworter bekannte sich Alfred Hugenberg, der keineswegs nur im Schnittpunkt öko-

4. Die Kriegszieleuphorie

nomischer und völkischer Interessen operierte, zu dieser ihm vertrauten Strategie. Bereits im November 1914 sah er vor einem Gremium des «Kriegsausschusses der deutschen Industrie» einem «sehr gesteigerten Machtgefühl der Arbeiter» als Folge des Krieges voller Aversion entgegen, denn es werde zu maßlos «gesteigerten Ansprüchen an die Gesetzgebung und die Arbeitgeber» führen. Er zog daraus eine eindeutige Konsequenz: «Es sei deshalb gut», forderte er, «um inneren Schwierigkeiten vorzubeugen, die Aufmerksamkeit des Volkes abzulenken und der Phantasie Spielraum zu geben in bezug auf die Erweiterung der deutschen Gebiete.» Ein halbes Jahr später erläuterte er an der Spitze anderer Repräsentanten der westdeutschen Schwerindustrie General v. Gayl, dem Kommandeur des Münsteraner Korpsbezirks, zu dem ein Großteil des Ruhrgebiets gehörte, dieselben Überlegungen: «Die Arbeiter, die aus dem Kriege zurückkommen, werden mit großen Ansprüchen an die Arbeitgeber herantreten, und wenn nicht auf der Grundlage eines großen Zuwachses an Gebiet und wirtschaftlicher Leistungskraft» materielle Kompromisse gemacht werden könnten, «wird es zwischen Arbeitgebern und Arbeitnehmern einen fürchterlichen Kampf geben». Emil Kirdorf, Chef der «Gelsenkirchener Bergwerks-AG» und des «Rheinisch-Westfälischen Kohlensyndikats», stimmte zu, daß man nur durch solche «hohen Ziele» die «Verhetzung» durch die «staats- und gesellschaftsfeindlichen Parteien» überwinden könne.

Voller Sympathie unterstützte Gayl in seinen Berichten an Kaiser und Kanzler diese Position. Nach seinem Eindruck erstrebten «alle nationalen Kreise» des rheinisch-westfälischen Industriereviers «eine weitgehende Gebietserweiterung im Westen wie im Osten», da sie diese «auch innenpolitisch für notwendig» hielten, «um unser Volk... vor neue große Ziele zu stellen und dadurch zugleich von inneren Fehden abzulenken». Dieselbe gesellschaftspolitische Stoßrichtung der Expansionspläne charakterisierte auch Friedrich Meinecke gegen Kriegsende im Rückblick auf jene «mächtige Gruppe des Bürgertums, die sich um die schwerindustriellen Interessen gesammelt» habe, «jedem demokratischen Zugeständnis an die Arbeiterschaft mit Händen und Füßen» widerstrebe und «in dem annexionistischen Nationalismus ein vorzügliches Mittel» sehe, «um eine straffe Herrenpolitik nach innen und außen konsequent durchzuführen». Ihrem Vorhaben, «den unteren Massen» die «politische Gleichberechtigung dauernd zu versagen», begegnete Meinecke freilich nur mit dem aufschlußreichen Vorwurf der Dysfunktionalität, denn durch diese Verweigerung werde man einen «Zustand der Spannung im Staats- und Gesellschaftsleben verewigen, der unerträglich» sei, da «jeder Krieg fortan (!) mit der Sorge vor inneren Explosionen verknüpft sein würde».

Bethmann Hollweg teilte weithin die klassenpolitischen Intentionen der Kriegszielpläne. Da die Sozialdemokratie für ihre Kooperationswilligkeit in der Tat politische Reformen erwartete und der territorialen Ausbreitung überwiegend mit Skepsis begegnete, besaß der Annexionismus die direkte Funktion, wie der Reichskanzler im Dezember 1915 feststellte, der Linken wieder das Etikett der antinationalen Partei anheften zu können und dem autoritären Regime eine neue Legitimationszufuhr zu verschaffen. Durch Kriegs- und Expansionserfolge innere Reformen weiter aufzuschieben – dieser Linie konnte er durchaus zustimmen. Wie um ihn herum in den Machteliten auf diese Karte gesetzt wurde, hielt sein Sekretär Riezler nach jahrelanger Vertrautheit mit dem internen Treiben fest: «Wirtschaftlich und politisch fühlt sich die bisherige Oberschicht», konstatierte er 1917 bitter, unverändert durch die Sozialdemokratie «bedroht». «Es sind alle die alten Gewalten noch da, kommen nicht los von der alten Taktik, auf der ihre Macht» seit jeher beruhte. «Auf konservativer Seite» dominiere «die Angst um die Vorherrschaft in Preußen», auf der Seite «der Schwerindustrie eine ganz primitive, ungebildete Macht- und Herrenpolitik». «Wie die Konservativen die Gemütsart des Gutshofes», so übertrügen «die Schwerindustriellen die des Herrenunternehmens gegenüber den Arbeitern auf die äußere Politik». Das «A und O der Politik dieser Leute», erkannte Riezler, bleibe «das Verhältnis zur Sozialdemokratie. Daher kommt alle ihre Angst und alle ihre Gegnerschaft.» Durch die «Proklamierung von Eroberungen und eine Hochflut des Chauvinismus» wollten sie die Sozialdemokratie unwiderruflich «in die Opposition» zurückdrängen und überhaupt die «Kriegszielfrage... dazu benützen, die Arbeiter zu fesseln».

Bis zuletzt setzte die deutsche Kriegszielpartei auf diese innere Funktion ihrer Ablenkungsstrategie. Ein Verhandlungsfriede bringe, fürchtete einer ihrer radikalsten Exponenten, der Großadmiral v. Tirpitz, im Gespräch mit Hindenburg, die «Demokratie» an «die Herrschaft». Dagegen würden «bei einem Frieden, der die Zukunft Deutschlands sicherte,... so viele brennende Aufgaben auftreten, daß die innere Orientierung, so wie die Demokratie sie versteht», dahinter zurücktreten müsse. Es war nicht nur das extrem überzogene militärische und wirtschaftliche Sicherheitsdenken, das bis zur Niederlage keinen Verzicht auf die Kriegsziele zuließ. Vielmehr blieb ihr Nervus Rerum die tiefe Angst vor dem drohenden Umbau des gesamten politischen und gesellschaftlichen Herrschaftssystems, das in der Perzeption der Machteliten nur durch dramatische äußere Erfolge gerettet werden konnte.[10]

II.
Die deutsche Innenpolitik im Weltkrieg

Mit der Kriegserklärung des Kaiserreichs an seine künftigen Gegner geriet auch die deutsche Innenpolitik unter das Diktat machtvoller Imperative, die teils aus dem Interesse an Herrschaftsstabilisierung, teils aus den Normen des Verfassungsrechts hervorgingen. Um nach außen die unerschütterliche Einheit der Nation zu demonstrieren und nach innen möglichst jede Oppositionspolitik auszuschließen, proklamierte die Reichsleitung den «Burgfrieden». Unter diesem antiquierten Begriff verstand man sowohl die von den Erfordernissen der Kriegsführung angeblich zwingend gebotene Stillegung aller innenpolitischen Konflikte als auch die Verpflichtung ausnahmslos aller politischen Kräfte auf die Maxime, daß die militärische und politische Kraftanstrengung des Reiches nach Maßgabe seiner militärischen und zivilen Leitung vorbehaltlos unterstützt werden müsse.

1. «Burgfrieden» oder Belagerungszustand und Zensurregime?

Aus der Perspektive der herrschenden Gewalten besaß der «Burgfrieden» mehrere vorteilhafte Funktionen.

1. Er gestattete es, jede Kritik und oppositionelle Bewegung als antinationales Vergehen an der gemeinsamen «Schicksalsaufgabe» zu diskriminieren.

2. Er erlaubte es, die bürokratische Herrschaft ohne Rücksicht auf die Willensbildung in den politischen Parteien und Parlamenten auszuüben.

3. Er ermöglichte es, die Kooperation zwischen Reichsleitung, Verwaltung, Verbänden, Parteien, Parlamenten und Militärinstanzen im Stil des längst eingespielten autoritären Korporativismus außerhalb eines jeden Forums öffentlicher Kritik ungestörter denn je fortzusetzen.

4. Er erleichterte es, die systemkritische Sozialdemokratie «auf die Wartebank nationaler Bewährung» zu setzen, sie zusammen mit den Freien Gewerkschaften straff an die obrigkeitliche Kandare zu legen und jedem kritischen Einwand mit dem Vorwurf, daß die Linke damit die nationale Einheitsfront sprenge, zu begegnen.

5. Im Sanktuarium des «Burgfriedens» sorgten die sofort eingerichteten Zensurbehörden nach Kräften für Stille. Sie schirmten nicht nur die zivile und militärische Leitung gegen jedes Bedenken ab, vielmehr ließen sie sich auch ganz hervorragend für die Rechte und gegen die Linke parteiisch

II. Die deutsche Innenpolitik im Weltkrieg

handhaben. Sobald es um die konkrete Gleichbehandlung ging, war der «Burgfrieden» von Anfang an eine Fiktion.

6. Mit Hilfe des «Burgfriedens» konnte der Vorrang der militärischen Exekutivgewalt, der sofort verfassungs- und staatsrechtlich sanktioniert wurde, ideologisch verbrämt werden. Denn mit der Verkündung der Mobilmachung traten aufgrund des Artikels 68 der Reichsverfassung die Vorschriften des preußischen Gesetzes – von sage und schreibe 1851 – über den Belagerungszustand in Kraft. Damit ging die Exekutive auf die sogenannten Stellvertretenden Generalkommandos in den 24 Armeekorpsbezirken über. Zusammen mit den Festungskommandanten und Militärgouverneuren übernahmen sie – insgesamt war das ein Wirrwarr von rund 60 militärischen Instanzen, dazu alle ausgestattet mit dem Recht auf Immediatvortrag beim Kaiser – die Exekutivgewalt mit kriegsrechtlichen, nahezu diktatorischen Vollmachten. Als «Militärbefehlshaber» blieben sie bis zum Dezember 1916 allein Wilhelm II. als Inhaber der königlich-kaiserlichen «Kommandogewalt» unterstellt. Seither fungierte, da der Kaiser eklatant versagte, das preußische Kriegsministerium mit Hilfe einer neuen Rechtsfigur als «Obermilitärbefehlshaber».

Die Chefs der Generalkommandos waren primär für die öffentliche Sicherheit während des Kriegs- und Belagerungszustandes, praktisch aber bald für das gesamte öffentliche Leben verantwortlich. Da es keine gesetzlichen Detailbestimmungen über ihre Kompetenzen gab, der Militärapparat in den zwei Dutzend Korpsbezirken viel zu dezentralisiert blieb, darüber hinaus auch keineswegs einheitlichen Richtlinien folgte, operierten sie wie regionale Autokraten, deren Vollmachtenfülle irritierend und demoralisierend wirkte. Mit unnachsichtiger Strenge oder flexibler Verständnisbereitschaft, mit Entgegenkommen oder Borniertheit gegenüber der Arbeiterschaft, mit dem Willen zur Gerechtigkeit oder zur unverhüllten Begünstigung der Oberklassen, je nach ihrer individuellen Einstellung, wie auch immer diese durchschlug, gingen die militärischen Satrapen des fernen Berliner Machtzentrums ihrem neuartigen Geschäft nach.

Da die Militärbezirke mit den Verwaltungseinheiten der Zivilbehörden nirgendwo übereinstimmten, regierte mangels jeder Koordination die ständige Einmischung des Militärs in die Domäne der Lokalbehörden. Andrerseits ergab sich die Kompetenzerweiterung zugunsten der Generalkommandos fast zwingend, da die Zivilverwaltung weder auf den Kriegsfall vorbereitet war noch unter den Kriegsbedingungen jemals eine erweiterte Ermächtigung zum situationsangemessenen Handeln erhielt. Bis zum Kriegsende kam kein einziges Reichsgesetz zustande, das entweder die Abgrenzung der militärischen und zivilen Zuständigkeitsbereiche oder aber die beide verpflichtenden Koordinationsregeln geklärt hätte. Der Hauptgrund: Reichsmonarch und Reichsregierung fürchteten die Beschneidung der allerheiligsten «Kommandogewalt». Auf Kosten der organisatorischen

Effizienz wurde dieses ominöse Feudalrelikt bis in den Untergang hinein unbeirrbar verteidigt.

Als Folge der militärischen Exekutivsuprematie mußte auch der Reichskanzler bei seinen politischen Transaktionen immer wieder den Weg über das Berliner Kriegsministerium und die OHL im jeweiligen Hauptquartier einschlagen, da im preußisch-deutschen Militärstaat diese «archaische Lösung der Zuständigkeiten» nicht überwunden werden konnte. Der internationale Vergleich zeigt unzweideutig, daß nur in Deutschland das Heer derart einflußreich war. Der bayerische Kronprinz Rupprecht urteilte tiefskeptisch, aber zu Recht, daß dieses System mit seinen militärischen «Nebenregierungen» in der Auseinandersetzung mit der Staatsbürokratie eine «gegeneinanderwirkende Arbeit» leiste. «Statt Ordnung» herrsche «ein Gewirr von Verordnungen und in der Folge Unordnung». Ja, nicht nur das: In Wirklichkeit brachen im Zeichen des «Burgfriedens» im Nu heftige Konflikte aus, die sich je länger der Krieg dauerte, desto weniger entschärfen ließen.

In der reichsdeutschen Klassengesellschaft gewann der «Burgfrieden» für die praktische, mehr noch für die symbolische Handhabung von Politik eine hohe Bedeutung, weil die Reaktion der Linken auf den Krieg nicht eindeutig vorauszusagen war. Die größte sozialdemokratische Partei der Welt hatte im Verein mit der größten Gewerkschaftsbewegung der Welt auf der einen Seite aus ihrer prinzipiellen Kritik an einem eventuellen Krieg der «imperialistischen Mächte» kein Hehl gemacht, vielmehr mit weithin Aufsehen erregenden Friedensdemonstrationen einen unkriegerischen Ausgang der Juli-Krise zu beeinflussen versucht. Auf der anderen Seite hatten die Sprecher des «marxistischen Zentrums» und des rechten Flügels der SPD für den Fall, daß das Reich angegriffen werde, immer wieder die unverbrüchliche Loyalität aller Sozialdemokraten bei der gemeinsamen «Verteidigung des Vaterlandes» angekündigt. Dabei spielte die Erwartung, daß es sich wahrscheinlich um einen Abwehrkampf gegen die Riesenheere der russischen Autokratie handeln werde, eine entscheidend motivierende Rolle, zumal die Sozialdemokratie seit jeher in der Tradition jenes – von Marx und Engels völlig geteilten – Hasses stand, den der europäische Liberalismus seit dem Vormärz gegen das reaktionäre Zarentum aufgestaut hatte.

Angesichts dieser tiefreichenden Ambivalenz kann es als der «größte innenpolitische Triumph» der Reichsleitung angesehen werden, daß es Bethmann Hollweg, ohne auch nur den Hauch einer politischen Gegenleistung zu bieten, unverzüglich gelang, die SPD für die Bewilligung der Kriegskredite und ersten Ausnahmegesetze, allgemeiner noch: für das bereitwillige Einschwenken in die nunmehr lückenlose Einheitsfront der Kriegsunterstützung zu gewinnen. Was waren die ausschlaggebenden Gründe für die spektakuläre, immens folgenschwere Entscheidung?

1. Zuerst einmal wirkte sich eine einflußreiche Mischung von diffusen Einstellungen und Fehlperzeptionen gegen jenes vielerorts erhobene Postulat aus, das aus früheren politischen Bekenntnissen und programmatischen Festlegungen die kompromißlose Verweigerung jeder Kooperation mit dem Klassenstaat ableitete, der notfalls mit dem politischen Generalstreik zur Räson gebracht werden sollte. Die Erwartung einer solchen Widerstandsautomatik entsprang jedoch einer ganz und gar weltfremden Lagebeurteilung. Zum einen hatte die Sozialdemokratie über lange Jahre hinweg die akute Kriegsgefahr im Vertrauen auf das kapitalistische Eigeninteresse an den Vorzügen der Friedenswirtschaft unterschätzt. Dieser Glaube hing mit ihrer «apolitisch-optimistischen Variante des ökonomischen Determinismus» aufs engste zusammen. Zum andern hatte sie ihre eigene Stärke wegen des populistischen Erfolgs ihrer symbolischen Drohgebärden gegen die herannahende Kriegsgefahr überschätzt. Max Weber traf schon einen wunden Punkt, als er in der «evolutionistischen Theorie» und den «pseudorevolutionären Konventionen» der Sozialdemokratie ein schlimmes Hemmnis beim realistischen Umgang mit der politischen Macht beklagte.

2. Vor allem aber hielt die deutsche Linke das Risiko, das mit einem aktiven Protest nach Kriegsbeginn unleugbar verbunden gewesen wäre, in ihrer Situation für ungleich gefährlicher als für die relativ kleinen englischen, französischen und erst recht russischen sozialistischen Parteien. Nach ihren Erfahrungen mit der Repressionspolitik des preußisch-deutschen Obrigkeitsstaates fürchtete sie die Zerschlagung aller Organisationen der Arbeiterbewegung einschließlich ihrer Presse, überdies auch die Beschlagnahmung aller Finanzmittel. Diese tief eingefressene Angst vor einer brutaleren Wiederholung des Sozialistengesetzes bedeutete nicht nur einen späten Erfolg für Bismarcks Verfolgungspraxis. Vielmehr schwächte sie im entscheidenden Augenblick auch die Fähigkeit der SPD zum Abwägen politischer Alternativen. Nicht einmal das naheliegende Kalkül, den Kanzler mit einer «Bringschuld» an politischen Konzessionen zu konfrontieren, wollte sich einstellen. Von vornherein verwarf die Partei, auch sie in der Illusion eines kurzen Krieges befangen, jede öffentliche Opposition gegen die Regierung – fast während des ganzen Krieges. Ein so prominenter liberaler Journalist wie Theodor Wolff hat deshalb sogleich aus guten Gründen entschiedene Kritik an dem Verzicht auf jede Garantie in der preußischen Wahlrechtsfrage geübt.

In einer vergleichenden Perspektive ergibt sich allerdings, daß von den Arbeiterparteien fast aller involvierten Länder der Krieg als aufgenötigter Verteidigungskampf wahrgenommen wurde. In Frankreich etwa konnte mit der Linken mühelos die «Union Sacrée», in Großbritannien der «Industrial Truce» geschlossen werden. In Österreich-Ungarn und später in Italien verlief die Verständigung nicht grundsätzlich anders. Das weist auf den im allgemeinen eingeengten Denkhorizont und Handlungsspielraum der sozialistischen Bewegungen hin.

3. Bethmann gelang es trotz des Berliner Hasardspiels während der Julikrise, nicht allein der deutschen Öffentlichkeit, sondern insbesondere auch der Sozialdemokratie den beherrschenden Eindruck zu vermitteln, daß Deutschland unausweichlich zu einem Verteidigungskrieg an zwei Fronten gezwungen werde. Der Umstand, daß das Zarenreich als erster Staat die Generalmobilmachung verkündet hatte, kam ihm dabei als geradezu schlagender Beweis zustatten. Angesichts dieser angeblich aufgenötigten Defensive rasteten die etablierten Vorurteilsmechanismen unverzüglich ein.

Als paradigmatisch für die vorherrschende Mentalität und eine Vielzahl ähnlich lautender Zeugnisse kann eine Tagebucheintragung von Hermann Molkenbuhr, einem Reichstagsabgeordneten und Mitglied des SPD-Parteivorstands, gelten. Vor der Abstimmung über die Kriegskredite «dachte ich immer», notierte er sich, «an die Herrschaft des Zarentums über Europa» als «schlimmste der denkbaren Folgen» des beginnenden Krieges. «Diese Gedanken gaben den Ausschlag.» Hunderttausendfach drückte die sozialdemokratische Presse während der Augusttage ihre Russophobie aus, als sie zum Widerstand gegen die «halbbarbarischen Horden», gegen das «Blutzarentum» aufrief, um Frauen und Kinder davor zu bewahren, «das Opfer russischer Bestialitäten» zu werden.

4. Sozialpsychisch wirkte sich offenbar eine Art von gleitendem Übertragungseffekt aus. Der innere Zweifrontenkrieg gegen den Staatsapparat der herrschenden Klassen und gegen die bürgerliche Gesellschaft mit ihren Satellitenparteien – er verwandelte sich unversehens in den äußeren Zweifrontenkrieg. Im Englandhaß wurde das antikapitalistische Ressentiment externalisiert, denn die Bekämpfung dieses erzkapitalistischen Landes par excellence konnte geradezu als «klassenkämpferische Ersatzhandlung» verstanden werden. Der von den Erzvätern im Exil immer wieder abgesegnete Rußlandhaß dagegen gestattete es, die antiautoritären Impulse gegen die östliche Autokratie abzuleiten.

5. Unstreitig ist, daß der reichsdeutsche Nationalismus auf die psychische Verfassung der Linken intensiv einwirkte. Die Sozialdemokratie und ihre offiziöse Doktrin hatten sich durchweg über seine Macht getäuscht, wogegen sie den Einfluß der marxistischen Lehre vom Internationalismus des Proletariats und seiner grenzüberschreitenden Solidarität weit überbewertet hatten. Der August 1914 enthüllte schlagartig, wie oberflächlich der Marxismus in die Mentalität der sozialdemokratischen Arbeiterschaft, selbst der erdrückenden Mehrheit ihrer politischen Repräsentanten eingedrungen war. Zwar hatte er ihnen ein ungeahntes Selbstbewußtsein gegeben, sogar den Glauben an ihre Bedeutung im historischen Entwicklungsprozeß der industriekapitalistischen Gesellschaft verliehen. Doch als es zum offenen, unausweichlichen Konflikt mit dem herrischen Loyalitätsan-

spruch des Nationalismus kam, setzte sich die Sehnsucht nach der Solidarität mit der Nation, nach der Anerkennung als gleichberechtigte Nationsgenossen mit furioser Kraft durch. Sogar die jahrzehntelang anhaltende Diffamierung hatte indirekt zugunsten der Verklärung der nationalen Einheit beigetragen.

Überall herrschte unter Sozialdemokraten die übermächtige Grundströmung einer tiefen Erleichterung darüber, daß sie die «Last der Ambivalenz» ihrer Loyalitätsgefühle abwerfen konnten. Längst waren sie auch durch den Nationalisierungsprozeß dahin geführt worden, im deutschen Nationalstaat und seiner Gesellschaft ungeachtet aller Mängel eine gegen äußere Feinde verteidigenswerte Ordnung zu sehen. Das klug kalkulierte Versprechen, das die Presseberater Wilhelms II. in den Text seiner Reden zu Beginn des Krieges eingeführt hatten, daß er fortab «keine Parteien mehr», sondern «nur noch Deutsche» kenne – «wir sind nur noch deutsche Brüder» –, wurde von zahllosen Sozialdemokraten als Zurücknahme des kränkenden, ehrabschneiderischen Vorwurfs, «vaterlandslose Gesellen» zu sein, verstanden. Das enthusiasmierende Gefühl, gebraucht zu werden, überflutete alle Dämme, welche die Parteilehre aufzurichten versucht hatte.

Typisch für diesen Habituswandel ist das – freilich von exaltiertem Konvertiteneifer zeugende – Geständnis Konrad Haenischs, der seither vom linken Radikalen zum nationalen Sozialisten mutierte, «wie plötzlich die furchtbare Spannung sich löste», so daß man es wagte, «das zu sein, was man doch war, allen erstarrten Prinzipien zum Trotz» und deshalb «zum erstenmal ... aus vollem Herzen, mit gutem Gewissen und ohne jede Angst, dadurch zum Verräter zu werden, einstimmen durfte in den brausenden Sturmgesang: Deutschland, Deutschland über alles». Vielleicht gab es sogar eine gewisse psychische Verwandtschaft zwischen jenen eindrucksvollen Demonstrationen bis zum 1. August, die dem Frieden zwischen den Völkern dienen wollten, und den städtischen Massenversammlungen seither, die auch den Wunsch nach Frieden innerhalb der Nation ausdrückten.

Durch einige fundamentale Entscheidungen wurde jedenfalls das Verhältnis zwischen SPD und Freien Gewerkschaften einerseits, der Reichsregierung andrerseits für die Dauer des Krieges «in seinen Grundzügen in den ersten Augusttagen konstituiert».

1. Am 4. August stimmte die sozialdemokratische Reichstagsfraktion aus Parteidisziplin einstimmig für die ersten Kriegskredite, nachdem vorher das interne Meinungsbild ein Verhältnis von 96 zu 14 der 110 Abgeordneten (vielleicht sogar von 90 zu 20) ergeben hatte. Der entschieden opponierende Fraktionsvorsitzende Hugo Haase schloß sich aufgrund des «Solidaritätsgefühls» der Mehrheit an, was der Rechtsaußen Eduard David als «Mangel an nationalem Empfinden» empfand.

2. Ebenfalls am 4. August stimmte die SPD für das Kriegsermächtigungsgesetz, das dem Bundesrat, damit natürlich praktisch der Reichsregierung,

1. «Burgfrieden» oder Belagerungszustand und Zensurregime?

das Recht gab, wirtschaftliche Notverordnungen im Krieg ohne die Zustimmung des Reichstags zu erlassen. Formal behielt das Parlament sein papierenes Kontrollrecht: Es konnte die Verordnungen verbessern oder sogar aufheben. Doch während der gesamten vier Kriegsjahre machte es nicht ein einziges Mal davon Gebrauch. Seit dem 4. August hatte sich der Reichstag für einen wichtigen Teil seiner Funktionen selber ausgeschaltet.

3. Die Freien Gewerkschaften sprachen sich nach einer Vorstandssitzung am 2. August einmütig für die Unterstützung der Kriegsanstrengung aus. Alle Streiks mußten sofort beendet, Finanzmittel durften weder für Arbeitskämpfe noch für «Lohnbewegungen» während des Krieges bewilligt werden. Dadurch wurde erneut ein folgenschweres Präjudiz ohne irgendwelche Gegenleistungen geschaffen, zumal nicht einmal wie in Frankreich, wo sogleich zwei Sozialisten in die Regierung aufgenommen wurden, die Berufung eines Arbeiterpolitikers in ein herausragendes Amt erwogen, sondern der erste Besuch von hohen Beamten in Gewerkschaftshäusern als ausreichende Geste angesehen wurde. Zugegeben, hätten die Partei- und Gewerkschaftsspitzen mit der Reichsregierung über ein do ut des verhandelt, wäre der Ausgang in der Stimmung der Wochen bis zur Marne-Schlacht offen gewesen. Organisierter Widerstand hätte die Sozialdemokratie wahrscheinlich auf den Stand einer «ohnmächtigen Sekte» zurückgeworfen.

Andrerseits: Für ihr beflissenes Entgegenkommen mußte die sozialdemokratische Arbeiterbewegung einen außerordentlich hohen Preis zahlen.

1. Für die Reichsregierung und das rechte Lager lohnte sich die Ächtung der SPD, nachdem sie in der «Sammlungspolitik» schon lange Zeit politische Früchte getragen hatte, noch einmal in besonderem Maße. Denn gegen den Vorwurf der antinationalen Gesinnung steigerten sich die Sozialdemokraten seit Kriegsausbruch in einen wahren «Widerlegungseifer», der die Verfechtung ihrer eigenen politischen Interessen fatal lähmte. Um die Opposition in den eigenen Reihen zum Schweigen zu bringen, imitierten sie einen «innerorganisatorischen Burgfrieden», der kläglich scheiterte.

2. Auch die verfassungspolitische Rückständigkeit im Sinne der verweigerten Parlamentarisierung des Reiches und der Demokratisierung des preußischen Klassenwahlrechts kam der Regierung zustatten. Einflußreiche Vertreter des reformistischen Flügels der SPD, Reichstagsabgeordnete wie Ludwig Frank und Eduard David etwa, wollten das Eintreten ihrer Partei für die gemeinschaftliche Kriegsanstrengung dazu nutzen, um solche politischen Reformen endlich zu erreichen. «Statt eines Generalstreiks», brachte Frank das Ende August mit ungeschminkten Worten auf den Punkt, «führen wir für das preußische Wahlrecht einen Krieg.» Und David erklärte nicht minder unverblümt, «daß wir eine demokratische Reform des Wahlrechts als Preis für die Kriegsleistung der Arbeiterschaft erwarten». Sollte bis zur Reform das verfassungspolitische Defizit durch militärische Erfolge des Heeres kompensiert werden? Die reformistische Ab-

sicht, den Krieg für die überfällige Modernisierung des politischen Systems, mithin auch als Ausweg aus der eigenen Sackgasse instrumentell zu nutzen, enthüllte im Grunde die «Bankrotterklärung des sozialdemokratischen Reformismus». Denn nach langer Stagnation schien der innere Umbau – das war implizit die einzige Alternative – gegen so starke Beharrungskräfte offenbar sonst nur noch auf revolutionärem Wege möglich zu sein.

3. Die Erwartungen der Sozialdemokratie wurden jedoch von der Gegenseite durchschaut, und ihre Kriegszielpolitik setzte ebendort zielstrebig an, um durch einen triumphalen «Siegfrieden» mit seinem überwältigenden Legitimationsgewinn das autoritäre Regime vom Reformdruck zu entlasten. Ein solcher Ausgang des Krieges wäre, diese hypothetische Überlegung drängt sich auf, auch erst der eigentliche Testfall dafür gewesen, inwieweit dieses Regime die Kriegsanstrengung von SPD und Freien Gewerkschaften dann überhaupt noch mit Konzessionen honoriert hätte.

4. Für die Sozialdemokratie sah die Bilanz jahrelang ganz überwiegend negativ aus. Zwar entfielen einige Diskriminierungen, aber das Dreiklassenwahlrecht und die Verweigerung der Parlamentarisierung wurden bis zum Augenblick der Niederlage kompromißlos verteidigt. Währenddessen dehnte sich die Entfremdung zwischen der Parteibasis, auf die sich die zahllosen Belastungen der Kriegsjahre ohne irgendeine Kompensation auswirkten, und dem kooperationswilligen Funktionärskorps immer weiter aus. Als «größter Negativposten» für die Sozialdemokratie als Partei schlug daher schließlich die Spaltung in Mehrheitssozialdemokratie (MSPD) und USPD, deren Kern am 3. August 1914 entstanden war, zu Buche. Selbst nach diesem Bruch, der zum Ausscheiden der radikaleren Kräfte führte, wurde die Mehrheitspartei das «Odium unpatriotischen Verhaltens» noch immer nicht los. In der frühzeitig erfundenen Dolchstoßlegende, derzufolge «die Heimat» unter der Führung der Linken der bisher unbesiegten, fast siegreichen «Front» in den Rücken gefallen sei, entstand eine verhängnisvolle Geschichtsklitterung, die an die überkommenen Klischees gegen die Sozialdemokratie fugenlos anknüpfen und sie dann noch einmal zu einer innenpolitisch mörderischen Propagandaformel steigern konnte.

Unter dem Schutzschirm des «Burgfriedens», in dessen Binnenbereich sich die Sozialdemokratie trotz ihrer extrem hohen Belastungen hereinziehen ließ, herrschte mithin keineswegs die gemeinsame, möglichst effiziente Kriegsanstrengung, vielmehr gab das Militär als der eigentliche Souverän des Belagerungszustandes im Verein mit den Zensurbehörden der innenpolitischen Arena ihr eigentümliches Gepräge. Während etwa die Denkschriften aus dem annexionistischen Lager, unterstützt von der Stimmungsmache seiner Presse und seiner strategisch günstig postierten Sympathisanten, trotz aller Verbote gedruckt wurden und unbehindert zirkulieren konnten, wurde die aufkommende linke Kritik ausnahmslos mundtot gemacht. So verschärfte die eklatante Ungleichbehandlung die Klassenspannungen. Durch das Mitregiment der 3. OHL, das Hilfsdienstgesetz von 1916, die Streikbewegung, das Ausscheren der USPD und die vielfältigen Auswirkungen des totalen Krieges entstand dann eine neue, noch konfliktträchtigere Situation.[1]

2. Die Kriegswirtschaft

Bevorzugt man einen systematischen Gesichtspunkt, kann die deutsche Kriegswirtschaft zusammen mit der auf sie zulaufenden Rüstungspolitik als ein Komplex von Optimierungs- und Distributionsproblemen verstanden werden. Wie sollten, lautet dann die Frage, die Ressourcen des Kaiserreichs mit größtmöglicher Effizienz auf die Streitkräfte, die Rüstungsindustrie, die Investitionsgüterindustrie und die Versorgung der Bevölkerung verteilt werden, um dem Gegner maximal zu schaden. Denn ein Imperativ des modernen Krieges, wie ihn der englische Philosoph Bertrand Russell mit epigrammatischer Prägnanz formuliert hat, besagt: «maximum slaughter at minimum expense».

Da es vor dem August 1914 keinerlei angemessene Vorausplanung für eine Umstellung der Friedenswirtschaft auf eine Kriegswirtschaft gab, sorgte der «Institutionenpluralismus» der reichsdeutschen Polykratie zuerst einmal dafür, daß sich das übliche «Zuständigkeitsgerangel» gegen eine effektive Organisation der ökonomischen Kriegsanstrengungen sperrte. Keine einzige Reichsbehörde, kein einziges Berliner Machtzentrum fühlte sich per se zuständig für die im Nu entstehenden dirigistischen Planungs- und Lenkungsmaßnahmen. Auch die großen Interessenverbände der Wirtschaft fürchteten zuerst eine Beeinträchtigung ihrer mühsam erstrittenen Entscheidungskompetenz, so daß sie eine Einengung ihres Handlungsspielraums ablehnten. Kurze Zeit nur entlastete die Illusion des kurzen Krieges von dem anschwellenden Problemdruck. Spätestens mit der Niederlage in der Marneschlacht zeichnete sich eine neue Konstellation ab, die einen schwierigen Lernprozeß bei der Umstellung auf neuartige Bedingungen erforderte. Alle Vorschläge, diese gewaltige Anpassungsarbeit nach dem Vorbild des Generalstabs einem «Wirtschaftlichen Generalstab» mit weitreichenden Planungsbefugnissen zu übertragen, sind freilich vier Jahre lang gescheitert.

Um diese Konstellation zu erfassen, kann man drei Entwicklungsphasen unterscheiden, ehe unter acht Sachgesichtspunkten (die Landwirtschaft wird unter II.3 für sich behandelt) die wichtigsten der sich durch diese Phasen gewöhnlich hindurchziehenden Probleme zusammen mit den Konflikten, die bei den Anläufen zur Problembewältigung entstanden, erörtert werden.

Die erste Phase dauerte vom August 1914 bis zum Februar 1915. Sie wurde durch «Improvisation» auf den allermeisten Gebieten bestimmt. In der zweiten Phase bis zum Herbst 1916 bildeten sich die Grundzüge eines allmählich eingespielten Kriegskorporativismus heraus, und in der dritten Phase bis zum Oktober 1918 wurde dieses System durch das Hilfsdienstgesetz (HDG) vom Dezember 1916 und die Organisierung des totalen Krieges unter ansteigendem Problemdruck weiter ausgebaut (vgl. IV.1).

1. Zu Beginn des Krieges wurde allgemein eine hohe Arbeitslosigkeit erwartet. Sie stellte sich auch tatsächlich wegen des tiefen Einbruchs der Friedens-, vor allem der Exportwirtschaft mit der beispiellos hohen Rekordmarke von 22 Prozent sofort ein. Entgegen allen Befürchtungen hielt sie jedoch nur wenige Wochen an, da sich das eigentliche Problem der Kriegsjahre unverzüglich aufdrängte. Das war der Arbeitskräftemangel. Er hatte einen spannungsreichen Kampf um das Arbeitskräftepotential zur Folge, denn das Heer bestand auf der Rekrutierung möglichst aller «kriegsverwendungsfähigen» (kv) Soldaten, die Unternehmen beharrten auf der Erhaltung ihres Facharbeiterstamms. Mit aller Schärfe wurde der Streit erstmals mit der Munitionskrise im Herbst 1914 akut, als die Industrie auf ihren Arbeitskräften insistierte, unterstützt von ihrem neugebildeten Dachverband, dem «Kriegsausschuß der deutschen Industrie», der sich sogar mit der Forderung hervortat, allein den Unternehmen die Freistellung der Arbeiter vom Heeresdienst zu übertragen.

Aus einem wüsten Tauziehen zwischen Kriegsministerium, Unternehmen und Zivilbehörden ging eine Serie von Kompromissen hervor, so daß bis Ende 1915 600000 Kv-Rekruten, ein Fünftel aller Rüstungsarbeiter, freigestellt wurden. Anfang 1916 waren es 740000, vor dem Erlaß des HDG am Jahresende bereits 1.2 Millionen Männer. Selbst diese Zahl reichte aber bei weitem nicht aus, so daß eine steil anwachsende Anzahl von Frauen, die vielen Betrieben als «Lohndrücker» besonders willkommen waren, von Jugendlichen, Kriegsgefangenen und schließlich von deportierten Arbeitern eingestellt werden mußte. Durch das militärische Selektionskriterium der körperlichen «Wehrtauglichkeit» wurde die Belegschaftsstruktur binnen kurzem radikal verändert.

2. Die Blockade, die bereits Anfang August von England verhängt wurde, hat Deutschland von fast allen Außenmärkten abgeschnitten. Nachdem Rohstoffe bis dahin 43 Prozent des deutschen Imports ausgemacht hatten, wurde jetzt eine fatale Einschnürung durchgesetzt, die sich förmlich als «Grundgesetz» des 1914 ebenfalls einsetzenden «Weltwirtschaftskrieges» erwies.

Nach Kriegsbeginn ergab eine Umfrage des Reichsamts des Inneren bei 900 Industrieunternehmen, daß ihre Rohstoffvorräte höchstens für ein halbes Jahr reichten. Unter dem Belagerungsrecht übernahm jedoch statt des Innenministeriums das Militär auf diesem Gebiet ungewohnte Leitungs-

2. Die Kriegswirtschaft

funktionen, denn die Rohstoffversorgung stellte sich mit bestürzender Eile als der entscheidende rüstungswirtschaftliche Engpaß heraus. Die Lage erwies sich innerhalb weniger Wochen als so «ungeheuer prekär», daß dieser Bereich als erster unter staatliche Kontrolle gebracht wurde. Walther Rathenau und Wichard v. Moellendorff, ein AEG-Direktor, warnten – auch aufgrund der Erfahrungen ihres Riesenkonzerns mit dem Rohstoffmangel – den Kriegsminister bereits seit dem 8. August vor der herannahenden Krise. Falkenhayn reagierte schnell, indem er im Kriegsministerium eine «Kriegsrohstoffabteilung» (KRA) unter Rathenaus Leitung ins Leben rief.

Das war eine durchaus neuartige Behörde. Sie rekrutierte ihr Personal aus der Industrie und zentralisierte die Rohstoffkontrolle in einem staatlichen Organ, dem preußischen Kriegsministerium. Bei der Vergabe von Heeresaufträgen wurden die eigenen Betriebe von den frischgebackenen Staatsmanagern ziemlich unverhohlen bevorzugt. Die Vertreter der Großunternehmen nutzten ihre Befugnisse zu einem «stillen Verdrängungswettbewerb» und bindenden Preisabsprachen aus. Das «Recht der Industrie auf Verdienen» könne, entschied Rathenau, ohnehin nicht bezweifelt werden. Das Übergewicht der preußischen Rüstungsbetriebe wurde weiterhin zuungunsten der süddeutschen Industrie ausgebaut. Gleichzeitig betrieben aber auch die Generalkommandos, selbständig und unbeständig in einem, ihre eigene Beschaffungspolitik.

Nur sieben Monate lang leitete Rathenau die KRA, bis er – des ewigen Streits mit dem Kriegsministerium, den Generalkommandos und den Unternehmen überdrüssig – zum April 1915 ausschied, woraufhin Major Joseph Koeth, ein findiger Offizier mit Organisationstalent, sein Nachfolger wurde und es bis Kriegsende blieb.

Unter Rathenau begann die Gründung sogenannter «Kriegsrohstoffgesellschaften», deren Aufgabe aus dem Ankauf, der Lagerung und Verteilung knapper und deshalb begehrter Rohstoffe bestand. Sie besaßen die Rechtsform einer privaten Aktiengesellschaft, standen jedoch unter staatlicher Aufsicht, die bis hin zu einer Vetogewalt reichte. Die notwendigen Investitionen wurden durch Regierungsbürgschaften abgedeckt. Dadurch wurde die Opposition der Industriellen gegen das staatliche Vordringen in ihre Domäne abgeschwächt, zumal sich bald herausstellte, daß die aufbegehrenden Großunternehmen ohnehin an erster Stelle beliefert, während die kriegsunwichtigen Betriebe gedrosselt oder umstrukturiert wurden. Die anfänglich 25 Kriegsgesellschaften vermehrten sich schließlich auf rund 200 solcher branchenspezifischen Institutionen und sogenannter «Kriegsausschüsse», in denen bis 1918 rund 18 000 Angestellte tätig waren. Es entsprach dem Übergang zum intensivierten Korporativismus, daß die Regierung diesen staatlich-privaten Zwittergebilden ein Stück «öffentlicher Herrschaftsgewalt» übertrug.

Obwohl die KRA selber nie effektiv kontrolliert wurde, entwickelte sie sich zum «erfolgreichsten deutschen Wirtschaftsorgan» im Ersten Weltkrieg. Immerhin konnte sie die Rohstoffversorgung so organisieren, daß 1918 der größte Ausstoß an Rüstungsgütern erzielt wurde. Überhaupt bedeutete die Aktivität der KRA einen «großen Schritt zur totalen Mobilmachung» der Wirtschaft für den Kriegszweck.

3. Alle Welt hatte 1914 den Materialverbrauch des künftigen Krieges gründlich unterschätzt. Bis zum August stammten 60 Prozent aller Waffen- und Munitionslieferungen von Privatunternehmen, 40 Prozent aus Staatsbetrieben. Dieses dualistische System fand sich blitzschnell überfordert, denn bereits bis zum Oktober 1914 waren so gut wie alle deutschen Vorräte an Waffen und Munition aufgebraucht. Die deutsche Kriegführung drohte zu kollabieren. Die Krise unterstrich dramatisch den Mangel an materiellen Reserven. Das Heer hing zeitweilig ganz von der laufenden Produktion ab. Das brachte gravierende Nachteile für die Operationsplanung im Westen und Osten mit sich. Als daraufhin im Oktober ein neues Munitionsprogramm des Kriegsministeriums anlaufen sollte, stellte ein, wie es schien, fatales Dilemma die Pläne in Frage.

Wegen seines hohen Stickstoffgehalts war bisher der importierte Chilesalpeter für die Pulverproduktion unersetzlich gewesen. Als die Blockade jede Einfuhr (bisher jährlich 770 000 Tonnen) unterband, sich die Reserven aber geschwind dem Ende zuneigten, ließ Falkenhayn seinen Artillerieexperten Bauer wegen dessen guter Beziehungen zu den Großunternehmen eilige Verhandlungen aufnehmen. Carl Duisberg vom Chemiekonzern Bayer Leverkusen, der bisher 85 Prozent seiner Erzeugnisse exportiert hatte, zeigte sich über die Kriegsaufträge erfreut, wies aber sofort auf den fehlenden Chilesalpeter hin. Unter gewaltigem Druck wurde jetzt das bereits vor 1914 entdeckte Haber-Bosch-Verfahren zur Gewinnung von künstlichem Stickstoff bis zur industriellen Nutzungsfähigkeit vorangetrieben. Diese Innovation rettete das Kaiserreich vor einer frühen militärischen Niederlage.

Eine genaue Vorausplanung freilich, je nach den Frontbedürfnissen, erwies sich wegen der neuartigen Natur des Stellungskrieges und der Materialschlacht als unmöglich. Die Berliner Entscheidungsgremien entschlossen sich daher zu einer immensen Steigerung der Pulver- und Waffenproduktion, um je nach der Nachfrage und Kriegslage den Erwartungen möglichst gerecht werden zu können. Weil die spezifischen Anforderungen jedoch ständig schwankten, entstand ein Dauerkonflikt mit den Unternehmen. Da überall Engpässe vorherrschten, ging er häufig in ein chaotisches Gezerre widerstreitender Interessen über.

4. Diese Dilemmata hingen mit den allgemeinen Problemen der deutschen industriellen Produktion als Basis der Rüstungswirtschaft zusammen. Für einen mehrjährigen Krieg gegen eine von vornherein materiell überlegene Großallianz war diese Basis im Grunde «verzweifelt schmal».

2. Die Kriegswirtschaft

Die Blockade und der Rohstoffmangel wirkten sich verheerend aus. Die Industrieproduktion ging im Krieg um nicht weniger als 40 Prozent zurück, und in einer Zeit, als von allen Seiten nach Eisen oder Stahl gerufen wurde, fiel die Roheisenerzeugung sogar von 1913 = 19,3 auf 1918 = 10,8 Millionen Tonnen ab. Teilt man die großgewerbliche Wirtschaft nach Kriegs- und Friedensindustrien auf, veränderte sich in den Jahren zwischen 1914 und 1918 der Produktionsindex (1913 = 100) drastisch: Für Eisen und Stahl fiel er von 79 auf 53, selbst für den Bergbau von 84 auf 83, während die Flucht in die Nichteisen-, die NE-Metalle ihn von 89 auf 234 hochtrieb. Der Rückgang der Friedensindustrien läßt sich am Textilgewerbe (von 87 auf 17) und Handelsschiffbau (von 73 auf 43) ablesen.

Daß die industrielle Gesamtproduktion im Vergleich mit dem letzten Friedensjahr um zwei Fünftel schrumpfte, kann man im wesentlichen aus vier Ursachenkomplexen ableiten.

a) Der blockadebedingte Rohstoff- und Brennstoffmangel konnte zwar eingedämmt, aber zu keiner Zeit überwunden werden. In dieser Hinsicht bewegte sich die reichsdeutsche Industrie ständig am Rande des Abgrunds.

b) Das begrenzte Arbeitskräftepotential verschärfte die Probleme. Eingezwängt auf den mitteleuropäischen Einzugsbereich konnte die Arbeiterknappheit selbst durch das Gewaltmittel der Deportation von Ausländern nie überwunden werden.

c) Als mindestens ebenso folgenreich erwies sich die mit bestürzender Kontinuität absinkende Arbeitsproduktivität. Das läßt sich auf verschiedene Faktoren zurückführen: einmal auf das Einströmen von Frauen und Jugendlichen ohne jede Erfahrung mit industriellen Fertigungsprozessen, überhaupt von ungelernten oder flüchtig angelernten Arbeitern, sodann auf die anhaltende Überbelastung und Unterernährung der Arbeiterschaft, auch auf ihren zunehmenden inneren Widerstand gegen zahlreiche Zumutungen ohne Aussicht auf Verbesserung und schließlich ganz unmittelbar auf den Verschleiß der Produktionsmittel und auf die Unfähigkeit, sie angemessen schnell durch eine verbesserte Ausrüstung zu ersetzen.

d) Nicht zuletzt wirkte sich auch die mangelhafte Produktionselastizität gerade der Rüstungsunternehmen außerordentlich nachteilig aus. So läßt sich etwa die Schwerfälligkeit der Schwerindustrie, ja geradezu ihre Renitenz, sich auf neue Waffensysteme umzustellen, nur zum Teil aus ihrer fehlenden Produktionskapazität erklären. Die Herstellung von Tanks, Flugzeugen, Autos aller Art für den Truppentransport, den Nachschub, die motorisierte Artillerie fiel in die Domäne der jungen Industriezweige, deren Aufstieg erst in den 1890er Jahren begonnen hatte. Mit ihnen vermochte sich die unbewegliche Rüstungsindustrie nie rechtzeitig zu einigen. Daher bildete sich das Paradoxon heraus, daß es leichter war, die Heeresstrategie und -taktik den neuen militärischen Herausforderungen anzupassen, als ein neues industrielles Beschaffungssystem gegen das schwerindustrielle Beharrungsvermögen durchzusetzen. Der vielgerühmte Militärstaat und die vielgepriesene Bürokratie trafen hier frühzeitig auf jene Grenze, die durch die durchsetzungsfähige soziale Macht traditionsverhafteter Großunternehmer gezogen wurde.

5. Die rasant hochschnellende Nachfrage nach Rüstungsgütern aller Art führte nicht nur dazu, daß die Kriegsindustrie mit Aufträgen überschüttet wurde. Vielmehr wurden auch folgerichtig die Preise in ungeahnte Höhen katapultiert. Ihr explosiver Anstieg wurde durch den institutionellen Wirrwarr von zunächst 40 Beschaffungsstellen verstärkt. Miserabel koordiniert und diversen Formen der Korruption weit geöffnet, trugen sie zum Tohuwabohu auf dem Rüstungsmarkt bei. Anfang 1915 zog das Kriegsministerium die Beschaffung an sich und untersagte den Zwischenhandel, ohne doch die faktische Begünstigung der Großindustrie aufheben zu können; so erhielt etwa die AEG große Aufträge für die Lieferung von Granaten, die sie selber gar nicht produzieren konnte. Eine neugegründete Preisprüfungsstelle sollte strikte Vorgaben für die Verträge erarbeiten, ein Überprüfungsrecht ausüben und sich dem vage vorgegebenen Ziel begrenzter Gewinne annähern. Vermutlich wurden dank dieses Filters Milliarden eingespart.

Die grundsätzliche Problematik auf seiten der Lieferanten blieb jedoch bestehen: Die Großunternehmen wünschten alles andere als eine effektive Konkurrenz untereinander, wohl aber sehr dezidiert die Externalisierung aller Entwicklungskosten und eine hohe staatliche Prämie für ihre Risikoübernahme. Gleichzeitig wollten sie, wie Staatssekretär Helfferich sie verteidigte, Herren im Hause bleiben, nicht aber Beamte eines Wirtschaftsstaates werden. Mit ihrer Grundhaltung setzten sie sich, aufs Ganze gesehen, durch: Die Militärbehörden besorgten die Rohstoffe und beschafften die Arbeitskräfte; die Produktionskapazitäten wurden mit öffentlichen Geldern erweitert, allgemeine Unkosten übernommen, die Risiken abgefedert. Einträgliche Gewinne, möglichst nicht über zehn Prozent liegend, wurden konzediert. Daraus ergab sich die unvermeidbare Konsequenz, daß ein verführerischer Anreiz zu extrem hoher Kostenkalkulation geschaffen wurde. Tatsächlich ließen sich die exakten Kosten- und Gewinnspannen einer mit vielerlei Ungewißheiten behafteten Kriegsproduktion nur mühsam berechnen. Trotzdem gilt: Die Unternehmen haben diese Lage im allgemeinen zu ihren Gunsten weidlich ausgenutzt.

6. Die Kriegsprofite waren von Anfang an umstritten, und sie blieben es bis zur Revolution. Ihre genaue Höhe ist aber noch immer nicht empirisch geklärt. Auf jeden Fall gelang es den Unternehmern, alle staatlichen Anläufe zu einer Kontrolle ihrer internen Kostenkalkulation und Preisfestsetzung bis zuletzt mit unerschütterlichem Egoismus zu vereiteln.

Die aufkommende Kritik wehrte ein exponierter Mitarbeiter der KRA mit der arroganten Deutung ab: «Die Nutzung der Landesnot im eigenen

2. Die Kriegswirtschaft

Interesse bedeutet keine Entartung des Kapitalismus.» Etwas später verlor aber selbst Kriegsminister Adolf Wild v. Hohenborn seine Beherrschung, als er voller Empörung über eine Preisliste klagte, daß «die Eisenleute... offenbar noch nicht genug verdient» hätten. Alle kritischen Einwände prallten indes an der rechthaberischen Starrsinnigkeit des Unternehmerlagers ab, denn, wie VDEStI-Geschäftsführer Jakob Reichert feinsinnig mahnte: «Wer Außerordentliches leistet unter außerordentlichen Umständen, hat Anspruch auf außerordentliche Vergütung. Hohe Kriegsgewinne sind aber durchaus begründet. Sie stärken die Hoffnung auf unseren Sieg im künftigen Weltwirtschaftskampf.»

Um zumindest eine Vorstellung vom Umfang der Profite zu gewinnen, kann man sich die wenigen statistischen Angaben vergegenwärtigen. So gibt es etwa eine zuverlässige, aber nur auf den publizierten Daten gründende Berechnung der Erträge und Dividenden von rund 4700 Aktiengesellschaften mit zusammen rund vier Milliarden Mark Kapital – einem Viertel des in deutschen Aktiengesellschaften investierten Kapitals. Ihre Nettoerträge lagen 1913/14 bei 1,575, 1917/18 aber bei 2,213 Milliarden Mark; ihr Profit stieg von 10,9 auf 13,7 Prozent des Gesamtkapitals; ihre Dividenden kletterten von 8,7 auf 10,1 Prozent. Für die vier Kriegsjahre wiesen sie einen Nettogewinnanstieg von 1,66 Milliarden Mark aus.

Bei den dominierenden Rüstungsfirmen fielen die kriegsbedingten Reingewinne noch vorteilhafter aus. Bei Krupp etwa kletterte der Profit von 1913/14 = 31,6 bis 1916/17 auf 79,7 Millionen Mark, bei der «Deutschen Waffen- und Munitionsfabrik» von 5,5 auf 12,7, bei den «Kölner Pulverfabriken» von 4,3 auf 14,7, bei «Rheinmetall» sogar von 1,4 auf 15,3 Millionen Mark. «Phoenix Ruhrort» begann das erste Kriegsjahr mit einem Nettogewinn von 15,4 Prozent, erreichte aber 1916/17 mehr als das Dreifache: 52,4 Prozent.

Die skandalumwitterten Kriegsprofite führten dazu, daß seit dem Dezember 1916 eine Reichstagskommission die Kriegslieferungen und -gewinne untersuchte. Zwar übernahm mit Staatssekretär Helfferich ein unverfroren begünstigender Verfechter der Industrieinteressen den Vorsitz, aber die Sozialdemokraten Gustav Noske und Wilhelm Dittmann begannen trotzdem, sich in die Materie zu vertiefen. Ihr Ideal war das englische «Munitionsamt», das eine vollständige staatliche Aufsicht und Preiskontrolle gewährleistete. Monatelang verstanden es die Unternehmen, ihre Interna zu verheimlichen. In einem Geheimmemorandum vom Juli 1917 forderte schließlich selbst General Groener als Chef des Kriegsamts, daß die staatliche Regulierung der Gewinne unumgänglich sei, da die Unternehmer offenbar nur dem «Gewinnanreiz», keineswegs aber der «Vaterlandsliebe» folgten. Die empörte Opposition des Unternehmerlagers gegen diese Kritik trug, da die 3. OHL davon überzeugt wurde, wesentlich zum Sturz Groeners bei. Immerhin fand die Kommission nach geraumer Zeit manches heraus, zum Beispiel daß die 16 wichtigsten Stahl- und Montanbetriebe ihren Friedensgewinn (1913) bis 1917 um ausgewiesene 800 Prozent hatten steigern können, wobei die Realgewinne noch höher lagen, da ein gut Teil des Profits in Rücklagen und im Aktienkapital versteckt worden war, ehe er publiziert wurde. Zu Recht prangerte daher die Kommission die «skandalöse Kriegsgewinnlerei» an – ohne jeden Erfolg, da die Staatsleitung weder willens noch von der inneren Kräftekonstellation her imstande war, ihr vollständiges Nachfragemonopol zugunsten einer effektiven Preiskontrolle und Gewinneinschränkung auszunutzen.

Der Krieg erwies sich für diese Großunternehmen unstreitig als höchst profitabel. Darüber hinaus sicherte sich die Rüstungsindustrie auch auf längere Sicht – von Kostenexternalisierung, Risikoprämien und Kapazitätsausbau einmal ganz abgesehen – staatlich finanzierte Vorteile für den künftigen Konkurrenzkampf. Der Arbeitermangel erzwang den vermehrten Einsatz neuer Maschinen. Die Normierung förderte die Massenproduktion. Die Rationalisierung verbesserte die Gewinnchancen. Die Expansion der Serienerzeugung stärkte die Produktionsgüterindustrie, verschaffte ihr einen erheblich umfangreicheren Anteil am Bruttosozialprodukt und stärkte ihre soziale und politische Macht in ungleich höherem Maße, als das durch ein Wachstum in Friedenszeiten möglich gewesen wäre. Die Entschärfung des Verteilungskonflikts, der sich gerade wegen der Kriegsgewinne zuspitzte, gelang jedoch bis zur November-Revolution nur durch eine schleichende Inflationierung. Sie galt als innenpolitisch ziemlich risikoloser Ausweg, verlangte aber nach dem Krieg einen horrenden Preis.

7. Mit der Kriegswirtschaft waren sozialpolitische Fragen aufs engste verknüpft. Selbst wenn man sie nur unter dem funktionalistischen Gesichtspunkt beurteilt, hätte es eine klug ausgebaute Sozialpolitik ermöglicht, das enorm belastete Arbeitskräftepotential effektiv zu nutzen. Aber sogar der Imperativ rüstungswirtschaftlicher Effizienzsteigerung brachte im politischen System des kriegführenden Reiches nur streng begrenzte sozialpolitische Resultate hervor.

Höheren Militärs wurde die Bedeutung der Sozialpolitik auch und gerade unter Kriegsbedingungen offensichtlich früher bewußt als den Rüstungsunternehmern mit ihrem Herr-im-Haus-Habitus. Das Kriegsministerium richtete erstaunlich frühzeitig ein eigenes Büro unter der Leitung zweier ziviler Experten ein, Richard Sichlers und Johannes Tiburtius', die der «Gesellschaft für Soziale Reform» nahestanden. Ihre Ernennung erfolgte ohne Abstimmung mit der Unternehmerseite, so daß der unverzüglich ausbrechende Streit darüber, daß beide Männer in ihrem Amt auch tatsächlich für Reformideen eintraten, nicht verwundern kann. Sie visierten nicht nur einen staatlichen Arbeitsnachweis und nicht nur Schlichtungsausschüsse an, die bei den Generalkommandos die immer wieder aufbrechenden Konflikte zwischen Betriebsleitung und Arbeiterorganisation

2. Die Kriegswirtschaft

oder Belegschaft zähmen sollten. Vielmehr setzten sie sich unverhüllt für die institutionelle Verankerung des paritätischen Verhältnisses von Unternehmern und Gewerkschaften ein.

Ein unbefangen urteilender Beamter wie der Düsseldorfer Regierungspräsident Kruse fand das seit dem Vormärz zirkulierende Postulat, «daß auch in der Industrie das absolute Königtum dem konstitutionellen» endlich «Platz machen muß», ganz in der Ordnung. Doch die Stimme dieses Rufers in der Wüste ging im Protestlärm der Interessenten unter. Genausowenig wie ein Offizier im Schützengraben vor dem Einsatz mit Soldaten verhandle, eiferte sich Reichert vom VDEStI, «dürfen die Arbeiter eine Entscheidung über die grundlegenden Betriebsfragen erhalten». Sein Verband fand die Idee des «parlamentarischen Fabriksystems» schlechthin fatal. Vor allem aber, stieß Kommerzienrat Ewald Hilger aus dem oberschlesischen Industrierevier nach, wo noch immer nur zwei Prozent der Arbeiter gewerkschaftlich organisiert waren, sei es «ein Aberglaube», man könne eine solche Fehlentscheidung nach dem Krieg kurzerhand revidieren, denn bis dahin «ist Bresche geschossen in unsere soziale Stellung».

Angesichts dieser Konfliktfront steuerten Sichler und Tiburtius mit einigen aufgeschlossenen höheren Militärs im Grunde einen respektablen, gleichwohl mit heftigen Schlingerbewegungen verbundenen Kurs. Als führende Metallindustrielle, mit dem Berliner Großunternehmer Ernst v. Borsig an der Spitze, nachdrücklich forderten, daß Arbeiter wegen höherer Löhne nur mit Genehmigung des Unternehmens ihren Betrieb wechseln dürften, sprach sich das Kriegsministerium, dem diese Fluktuation mitsamt ihrer entspannenden Wirkung bekannt war, zuerst gegen ein solches Verbot aus.

Als daraufhin der Druck der Lobby massiv anschwoll, vollzog das Ministerium einen vollständigen Schwenk. Wer ohne Genehmigung des ursprünglichen Betriebs Arbeiter einstelle, drohte es ultimativ im Januar 1915 zur Befriedigung der Unternehmer, erhalte keine Heeresaufträge mehr. Die Militärs hatten freilich, da sie Gespräche mit den Gewerkschaften versäumt hatten, die Rechnung ohne den Wirt gemacht. Mit ungewohnter Heftigkeit protestierte der Berliner Metallarbeiterverband gegen die «krasse Überheblichkeit» des ministeriellen Willkürentscheids. Unter seinen Mitgliedern begann sich eine unruhige, bald aufsässige Stimmung auszubreiten. Seither entstand unter ihnen die Grundlage für den Aufstieg der «Revolutionären Obleute», die 1917/18 eine wichtige Rolle spielen sollten.

Immerhin führte der Widerspruch zu Verhandlungen, die bereits im Februar 1915 in einen Kompromiß mündeten. Der aus Unternehmervertretern und Gewerkschaftlern neugebildete «Kriegsausschuß für Berliner Metallbetriebe» sollte wöchentlich über die Anträge auf einen Arbeitsplatzwechsel entscheiden. Diese Institution schuf einen wichtigen Präzedenzfall für eine tendenziell paritätische Kooperation. Infolgedessen wurde er von den Gewerkschaften unverhohlen begrüßt, von der Gegenseite aber hart attackiert, ohne daß sie den Ausschuß aus der Welt hätte schaffen können.

Erneut knickten die Militärbehörden vor der Unternehmermacht ein. Wechselnde Arbeiter konnten nach der Denunziation durch ihre Betriebsleitung ohne Aufschub zum Heeresdienst einberufen werden. Diese Bedrohung mit der Todesgefahr blieb nicht ohne Wirkung. Wie Carl Ziese, der Besitzer der Schichau-Werften in Danzig und Elbing, hämisch triumphierte: Wer sich seither nicht «ordentlich benahm», wurde beim Generalkommando gemeldet und unverzüglich eingezogen; danach «waren die Leute ganz vernünftig».

Ungeachtet der giftigen Polemik bewährte sich das Berliner Modell doch so überzeugend, daß der «Deutsche Metallarbeiterverband» ein Jahr später das Kriegsministerium drängte, diese Regelung auf das gesamte Reich zu übertragen. Wiederum opponierten die Unternehmer, hauptsächlich wegen der verhängnisvollen Folgen für ihre Monokratie in Friedenszeiten. Demgegenüber verfocht das Kriegsministerium, gestützt auf seine beiden sozialpolitischen Fachleute, die einsichtsvolle Auffassung, daß die Gewerkschaften für ihren Streikverzicht während des Krieges spürbar entschädigt werden sollten. Bleibe es beim «Widerstand der Verbände» der Arbeitgeber, müßten deshalb staatliche Schlichtungsausschüsse ins Auge gefaßt werden.

Mit kaum überbietbarem Zynismus widersprach die Unternehmerseite: Wer dem Vaterland Opfer bringe, so ihre Maxime, brauche keine Extrabelohnung, die sie bei ihrer Gewinnkalkulation stets fest im Auge behielten. Falsch verstandene Nachgiebigkeit werde, warnten sie, eine verderbliche Machtausweitung der Gewerkschaften zur Folge haben. Hinter dem Rücken und gegen die Vorstellung des Kriegsministeriums bearbeiteten die Rüstungsunternehmer die Generalkommandos, von denen zum Beispiel General Gayl im Ruhrgebiet entschieden für sie eintrat, während andere Militärbefehlshaber betriebliche Arbeiterausschüsse pragmatisch für geboten hielten. Gegenüber dem eigenmächtigen Vorgehen der Generalkommandos erwies sich das Kriegsministerium, wie sich zum wiederholten Male herausstellte, als völlig hilflos.

Inzwischen hatte sich ein neuer Konflikt angebahnt. Seit dem September 1916 traten Sichler und Tiburtius dafür ein, daß Schwerarbeiter das Anrecht auf einen einwöchigen Urlaub erhalten sollten. Die Unternehmer empörten sich darüber, daß «verantwortliche Stellen zuviel Sozialpolitik und zuwenig Produktionspolitik treiben». Da sie nur Kranken einige Erholungstage konzedieren wollten, lehnten sie das Ansinnen voll «tiefster Unzufriedenheit» ab. Indem das Kriegsministerium an einem als Freizeit zu gewährenden Ausgleich für extreme Belastungen festhielt, verteidigte es den Reformplan seiner beiden Experten mit einer unverhohlenen Spitze gegen die Herr-im-Haus-Attitüde. «Ungezügelt» beharrten die Unternehmer auf dem Vorrang ihrer Geschäftsinteressen, die den allgemeinen Kriegsinteressen gleichwertig zur Seite stünden. Sie kämpften hartnäckig darum, ihren Facharbeiterstamm möglichst intakt zu halten, die Gewinne wortwörtlich zu maximieren, ihre soziale Macht zu behaupten. Gegen jede Einschränkung, die sich auf ihre betriebliche Herrschaft im Frieden nachteilig auswirken konnte, leisteten sie erbitterten Widerstand. Aus diesen Gründen steckten die Gewerkschaften, Militärbehörden und Unternehmer im Herbst 1916 in einer Sackgasse, aus der sie erst das HDG vom Dezember jenes Jahres zumindest schrittweise herausführte.

8. Die halb staatliche, halb private Lenkung der Rüstungsproduktion förderte nicht nur einen korrupten «Lobbyismus größten Stils», vielmehr warf sie auch die Frage nach einer strukturellen Veränderung der Wirtschaftsverfassung auf. Daraus ging eine lang anhaltende Debatte über die Chancen oder sogar die vermeintliche Notwendigkeit einer öffentliche und private Steuerungselemente mischenden «Gemeinwirtschaft» (v. Moellendorff), einer «Neuen Wirtschaft» (Rathenau), eines «Staatssozialismus» (Plenge) hervor. Sie fand eine breite Resonanz – bis hinüber in die Reihen der Sozialdemokratie, die trotz der Herausforderung der Stunde keine eigene Konzeption, die über Hilferdings Vision eines «organisierten Kapitalismus» (1915) konkret hinausgeführt hätte, zu entwickeln verstand.

Der gemeinsame Grundzug dieser Diskussion ist klar erkennbar. In welcher Mischform konnte die Kooperation von staatlicher Leitung und privatwirtschaftlicher Selbstverwaltung am vorteilhaftesten organisiert werden? Im Prinzip ging es dabei um das Problem, auf welche Weise der autoritäre Korporativismus des Kaiserreichs unter dem Eindruck der Kriegserfahrungen rechtlich formalisiert und institutionell systematisiert werden sollte. Darauf wird hinten im Zusammenhang mit den Organisations- und Legitimationsproblemen des Reiches eingegangen (V.3,4).[2]

3. Das Dilemma der Agrarwirtschaft

Der Erste Weltkrieg bildete auch für die deutsche Landwirtschaft eine einschneidende Zäsur: in vielfacher Hinsicht eine sozialökonomische und politische Grenzscheide zwischen dem langen 19. und dem von Grund auf andersartigen 20. Jahrhundert. Die Agrarwirtschaft war auf einen langjährigen großen Staatenkrieg überhaupt nicht eingestellt. Im Gegenteil: Sie wurde von ihm völlig überrascht. Er entlarvte alle Autarkieschwüre ihrer Verbände und der politischen Lobby im Reichstag wie im Landtag als ein Lügengespinst, das mit viel Aufwand zur Interessenverteidigung aufgespannt worden war. Der Krieg und die Blockade stellten die Landwirtschaft vor im Grunde unlösbare Aufgaben. Ihr größter Erfolg bestand daher darin, daß sie trotz der Abschnürung vom Weltmarkt und trotz der entsetzlichen Hungersnot das Überleben ermöglichte. Anders gesagt: Es kam nicht zum «Zusammenbruch durch Aushungern».

Das Kaiserreich war vor 1914 weltweit der größte Importeur von Agrarprodukten, die 38 Prozent seiner Einfuhr ausmachten. Ein Drittel seines Bedarfs an Lebensmitteln wurde aus dem Ausland herbeigeschafft, 1913 etwa 3,2 Millionen Tonnen Weizen und 8,3 Millionen Tonnen Futtermittel, 50 Prozent des Gesamtbedarfs. Mit diesen Importmengen hatte es seit dem August 1914 ein abruptes Ende, ohne daß doch die vitale Abhängigkeit von ihnen aufgehört hätte. Und nicht nur das: Im Krieg ging die deutsche Agrarerzeugung, gemessen am hohen Standard von 1913, um mehr als ein Drittel zurück, die Viehproduktion um 40, die Getreideproduktion um 36 (von 27,1 auf 17,3 Mill. to.), die Kartoffelproduktion um 35 Prozent (von 45,6 auf 29,5 Mill. to.).

Übersicht 116: Deutsche Agrarproduktion 1914/1918 (1913 = 100)

1. Roggen	85/55
2. Weizen	85/50
3. Kartoffeln	89/46
4. Zucker	91/52
5. Hafer	93/45

Warum trat dieser eklatante Rückgang ein? Die vereinigten Auswirkungen des Krieges und der Blockade erwiesen sich, je länger desto unwiderstehlicher, als schlechterdings fatal.

Die Fläche des Ackerlandes schrumpfte, die Fruchtbarkeit des bestellten Kulturbodens sank wegen des Düngermangels ab. Allenthalben fehlten Arbeitskräfte, so daß Land brachliegen mußte. Maschinen konnten nicht repariert, geschweige denn ersetzt werden. Viel Ackerboden wurde in Dauerweide verwandelt, da der Anstieg der Fleischpreise eine Prämie auf die Viehwirtschaft aussetzte, die wiederum unter dem Defizit an Futtermitteln litt. Da die Getreidepreise seit dem Oktober 1914/Februar 1915 staatlich fixiert wurden und andere Höchstpreisfestsetzungen folgten, fiel die Produktion auch wegen dieser Kontrolle, die als demotivierende Einschränkung empfunden wurde.

Eine gewisse Stabilisierung der deplorablen Lage gelang innerhalb scharf markierter Grenzen aufgrund der Zwangswirtschaft, der Umgehung der Blockade, der Erschließung von Ressourcen im verbündeten oder besetzten Osteuropa, der Mobilisierung landwirtschaftlicher Arbeitskräfte und des Einsatzes von schließlich (1918) 700 000 zwangsverpflichteten und deportierten ausländischen Landarbeitern.

Der Krieg begann unter denkbar ungünstigen agrarwirtschaftlichen Auspizien. Von der Roggen-und Weizenernte des Jahres 1913, von der die

3. Das Dilemma der Agrarwirtschaft

Brotversorgung abhing, war bis zum Juli 1914 – dank der staatlichen Subvention für die Agrarier mit Hilfe der exportfördernden «Einfuhrscheine» – bereits ein Achtel ausgeführt worden: 2,2 von 16,9 Millionen Tonnen. Noch Mitte Juli wurde Getreide ins Ausland verschickt. Am 26. Juli erlaubte das Reichskanzleramt endlich Notkäufe in Holland und Belgien, die gerade einmal 81 000 Tonnen, bei einem deutschen Tagesbedarf von 13 750 Tonnen also einen Vorrat für knapp sechs Tage ergaben. Erst am 31. Juli wurde jeder Lebensmittelexport verboten und mirabile dictu trotz des Agrariergeschreis ihr zollfreier Import erlaubt.

Unter dem Einfluß des Krieges und des sich sofort abzeichnenden Engpasses begannen die Preise für die Ernte 1914 hochzuschnellen. Jedes wirksame Gegengewicht fehlte zunächst. Der Staatssekretär des Reichsamts des Inneren, Clemens v. Delbrück, hatte zwar seit 1911 für den Fall einer Krise auf den Ankauf von Getreidevorräten gedrängt, war aber an der Barriere der finanzpolitischen Einwände des Reichsschatzamts aufgelaufen. Im Sommer 1914 erwies er sich, krank und überlastet, den extrem anspruchsvollen Organisationsproblemen nicht gewachsen. Eine private Einkaufsgesellschaft unter der Leitung des HAPAG-Chefs Albert Ballin kaufte allerdings ausländisches Getreide. Ihre halbherzige Aktion brachte aber nicht viel ein. Ein großzügiger konzipiertes Programm blieb aus, die Preise stiegen weiter.

Die Sozialdemokratie drängte frühzeitig auf staatlich festgeschriebene Höchstpreise und auf eine wirksame Kontrolle der landwirtschaftlichen Produzenten. Warnend erhoben Ebert, Scheidemann, Legien ihre Stimme: Der «Burgfriede» werde scheitern, falls die Preise weiter ungebremst hochschössen. Dagegen sah der «Bund der Landwirte» (BdL) sogleich den «Nutzen des Blockadearguments» zugunsten der agrarfreundlichen Preistreiberei. Sein Geschäftsführer Gustav Roesicke konzedierte mit offenem Zynismus, daß die Landwirtschaft kein Interesse daran habe, «viel zu produzieren, sondern wenig zu guten Preisen». Oder wie es später der hochkonservative Agrarpolitiker Elard v. Oldenburg-Januschau, jederzeit gut für unverbrämten Interessenegoismus, ausdrückte: «Jeder Mensch, der gute Preise bekommt, liefert gern, selbst wenn er es nicht aus Patriotismus tut.»

Angesichts der chaotischen Verhältnisse, welche daraufhin die Lebensmittelversorgung charakterisierten, tauchte der oft wiederholte Ruf nach einem «Lebensmitteldiktator» auf. Dafür sollte das Militär in die Pflicht genommen werden, das aber dieses Ansinnen wohlweislich von sich wies. Es war Rathenau, der schließlich dieselbe Kontrolle wie auf dem Feld der Rohstoffversorgung forderte. Doch Falkenhayn lehnte es dezidiert ab, eine derart riskante Verantwortung zu übernehmen. Im Oktober 1914 setzte die Reichsregierung aber endlich eine Höchstpreis-Verordnung in Kraft, um die hochspekulative Teuerungswelle einzudämmen. Mitte November trat – nach dem Vorbild der Rathenauschen Gründungen – eine Kriegsgetreidegesellschaft ins Leben. Ihren Vorsitz übernahm Unterstaatssekretär Georg Michaelis. Faktisch lagen die Geschäfte in der Hand von Außenhandelsexperten der HAPAG und des «Norddeutschen Lloyd». Diese Gesellschaft, die den Getreideimport und -verkauf zu monopolisieren suchte, stand freilich in einem unablässig anhaltenden Konkurrenzkampf mit den mächtigen Heeresbeschaffungsstellen, den Kommunen und Großunternehmen.

Im Januar 1915 wurden erstmals Brotkarten eingeführt, zunächst nur in Berlin, seit dem Juni aber im ganzen Reich. Vom Februar 1915 ab übernahm die Regierung aufgrund einer Bundesratsverordnung neue Regulierungsfunktionen. Die gesamte Getreideproduktion wurde unter Staatsaufsicht gestellt, die Regierung ermächtigt, generelle Höchstpreise festzusetzen. Sie konnte alle deklarierungspflichtigen Verträge kontrollieren und bei Vergehen hohe Geldstrafen als Sanktionsmittel anwenden. Weizen und Roggen durften nicht mehr als Viehfutter verwendet werden. Die Kriegsgetreidegesellschaft sollte Vorräte aufkaufen, die von einer Reichsverteilungsstelle gleichmäßig zugestellt werden sollten.

Unzweideutig markierte das endgültig den Beginn einer staatlichen «Zwangswirtschaft», die allerdings seither gegen die miserable Organisation der Kontrolle, die Irrwege der bürokratischen Planung und die inadäquate Preisfixierung eine wahre Sisyphusarbeit zu leisten hatte.

Fortgesetzt wurde der Aufbau von Lenkungsbehörden mit der Gründung einer Reichskartoffelstelle im Oktober 1915; sie besaß das Recht, Kartoffellager zu beschlagnahmen und die Verwendung von Kartoffeln als Viehfutter zu verbieten. Hinzu trat eine Reichspreisprüfungsstelle, in deren Zuständigkeitsbereich alle Städte mit zuerst mehr als 10000, dann sogar 1000 Einwohnern fielen. Eine neue Verordnung gegen Preistreiberei gab im Juli 1915 den Gerichten im Konfliktfall sogar die Möglichkeit, die letzten Friedenspreise für verbindlich zu erklären.

Alle diese ad hoc improvisierten Institutionen litten unter den Friktionen einer schwerfälligen Verwaltung. Das Reichsamt des Inneren besaß keinen eigenen Expertenstab, so daß es von der Kooperationsbereitschaft der Bürokratie in den einzelnen Bundesstaaten abhing. Der preußische Innenminister Friedrich Wilhelm v. Loebell und der Landwirtschaftsminister Clemens v. Schorlemer opponierten auf der Linie nackter großagrarischer Interessenpolitik, während der Minister für Öffentliche Arbeiten, Paul Breitenbach, aus Rücksicht auf die Stimmungslage der Industriearbeiter für die Preiskontrolle eintrat. Daraus entstand ein Konflikt, der ständig Sand in das Getriebe des Staatsministeriums warf und die Handlungsfähigkeit der preußischen Verwaltung häufig lähmte.

Wieder einmal spielten zahlreiche Landräte eine ominöse Rolle. Nachdem sie sich in den Friedensjahrzehnten bei der Steuereinschätzung der Rittergüter durch ihre minimalen Wertangaben als korrupt erwiesen hatten, setzten sie sich jetzt für ein Mindestmaß an Kontrolle, dagegen für

3. Das Dilemma der Agrarwirtschaft

hohe Preise ein und manipulierten die Zahlen des Arbeitskräftebedarfs. Um das klarzustellen: Preußen stand mit seinem einseitig agrarierfreundlichen Kurs keineswegs allein da. Auch die anderen Bundesstaaten ließen sich vor den Karren ihrer landwirtschaftlichen Interessen spannen.

Die Leidtragenden dieser einseitigen Politik waren die städtischen Konsumenten. Die offiziellen Rationen deckten allenfalls 50 bis 60 Prozent des Kalorienbedarfs bei einer mittleren Arbeitsbelastung. Dabei ging man von einem Tagesbedarf von ca. 2570 Kalorien aus. Seit 1916/17 waren jedoch nur mehr 1000 Kalorien p. c. verfügbar. Das Reichsgesundheitsamt stellte daher bei seinen sorgfältig durchgeführten Reihenuntersuchungen bereits seit 1915 eine weit verbreitete, dazu stetig expandierende Unterernährung fest. Bis 1918 haben Erwachsene durchschnittlich 20 Prozent ihres Körpergewichts verloren (vgl. III.2).

Keiner konnte von den amtlichen Rationen leben. Die unvermeidbare Folge: Ein riesiger Schwarzmarkt blühte auf. Seine unwiderstehliche Anziehungskraft beruhte auf der «sozial zunehmend gestaffelten Unterversorgung», denn er richtete sich nicht nach den «ernährungspolitischen Prioritäten, sondern nach den Präferenzen und Geldmitteln der wohlhabenden Klassen». Er folgte, wie es ein hoher preußischer Beamter ungeschminkt beschrieb, «der brutalen Logik des Geldbeutels». Ihr trug er allerdings vorzüglich Rechnung, und deshalb war, wie die Freien Gewerkschaften voller Verbitterung klagten, der Schwarzmarkt «die einzige wirklich erfolgreiche Organisation unseres Lebensmittelversorgungssystems».

Schließlich wanderten zwischen 30 und 50 Prozent aller verfügbaren Lebensmittel auf die Schwarzen Märkte. 1917 etwa verschwanden rund 300000 Stück Rindvieh und rund eine Million Schweine nach dem regulären Ankauf durch die staatlichen Verteilungsstellen auf Nimmerwiedersehen in den Kanälen des Schleichhandels.

Zurück zum Ausbau der «Zwangwirtschaft». Die gute Ernte im Herbst 1915 brachte keine «fühlbare Besserung». Im ersten Hungerwinter von 1915/16 wurde eine «Ernährungskatastrophe» nur ganz knapp durch den forcierten Import aus Rumänien abgewendet. Aber als wie desparat die Lage inzwischen wahrgenommen wurde, kann man an dem wiederholten Hinweis preußischer Behörden auf den Verzehr «durchaus wohlschmeckender... Saatkrähen» ablesen.

Im Grunde war der Krieg im Frühjahr 1916 ernährungswirtschaftlich verloren. Nur mit einer gewaltigen Überdehnung, nur durch das Auslaugen aller Kräfte um den Preis der zunehmenden Unterernährung und des Hungertodes wurden die folgenden zweieinhalb Jahre in einer anhaltenden Zerreißprobe noch überstanden. Einen wichtigen Part zugunsten der städtischen Verbraucher übernahmen die Generalkommandos, die – von der Furcht vor inneren Unruhen getrieben – diesen Gefahrenherd für die Stabilität der «Heimatfront» eindämmen wollten. Deshalb traten sie oft für eine energische Preisfixierung ein, deshalb scheuten sie auch nicht vor der Strafandrohung und -verhängung gegenüber Landwirten zurück, die Vorräte zurückbehielten oder versteckten. Widerwillig räumte das «Korrespondenzblatt» der Freien Gewerkschaften im Januar 1916 ein, daß die «Militärdiktatur» offenbar «vielerorts verständnisvoller für die Not des Volkes» sei «als die Bürokratie» und der «zivile Verwaltungsmensch, bei dem immer noch der Gutsbesitzer und der Kommerzienrat in höherem Ansehen stehen als der gemeine Mann aus dem Volk». Folgerichtig forderten die Gewerkschaften im Mai 1916 ein «Reichsernährungsamt», das mit «militärischer Gewalt» ausgestattet werden müsse, um die Lebensmittelversorgung zu gewährleisten. In diesem Monat hielten in Leizig die ersten Lebensmittelunruhen die Stadt drei Tage lang in Atem.

Das Amt kam tatsächlich, aber nicht unter militärischer Führung. Noch im Mai 1916 entstand das «Kriegsernährungsamt» (KEA), das seine Vollmachten vom Bundesrat erhielt. Es war nur für die Zivilbevölkerung zuständig, da das Heer mit seinen Beschaffungsstellen für die Selbstversorgung unabhängig blieb. Zum Präsidenten wurde ein preußischer Beamter, Adolf v. Batocki, bestellt, aber an der Leitung wurden faktisch alle Verbände beteiligt, so daß es zu einer bis dahin «beispiellosen Einbindung der Interessenten in eine Behördenorganisation» kam. Insofern verkörperte das KEA eine klassische Institution des Kriegskorporativismus. In den Vorstand rückte mit August Müller sogar der erste Sozialdemokrat, zwei Jahre nach Kriegsbeginn, in ein Regierungsamt ein. Zum Ausgleich wurde flugs Adam Stegerwald von den Christlichen Gewerkschaften neben ihn berufen. Auch wegen der wechselseitigen Blockade der Interessenvertreter blieb das KEA ein «stumpfes Schwert». Immerhin setzte es nicht nur die überfälligen Zulagen für Schwer- und Schwerstarbeit endlich durch, sondern auch die direkte Belieferung der Rüstungswerke mit Lebensmitteln, damit Arbeiter nach dem Ende ihrer Schicht nicht noch stundenlang Schlange stehen mußten.

Als ihm, da die blanke Not keinen anderen Ausweg mehr ließ und die Zahl der Lebensmitteldemonstrationen anwuchs, auch die Ausdehnung des Rationierungssystems gelang, erntete es die ätzende Kritik der großagrarischen Lobby. Oldenburg-Januschau prangerte die «Angst» der Regierung «vor der Straße» an, und der ostpreußische Generallandschaftsdirektor Wolfgang Kapp, bald Mitgründer der «Deutschen Vaterlandspartei», attackierte die neumodische Spielart eines «höchst unerfreulichen Staatssozialismus». Sie wurden daher von dem SPD-Abgeordneten Hoffmann in einer Reichstagsrede, die er selber für «gar nicht burgfriedlich» hielt, mit der polemischen Frage attackiert, ob es «eine Klasse» gebe, «die auf den Burgfrieden mehr pfeift als die Junker».

Trotz der Bemühungen des KEA erreichte die Lebensmittelknappheit im «Rübenwinter» 1916/17, als Steckrüben statt Kartoffeln zum Massennah-

3. Das Dilemma der Agrarwirtschaft

rungsmittel avancierten, einen neuen Tiefpunkt. Weiterhin erwartete die Stadtbevölkerung am ehesten Hilfe vom Militär. General Wilhelm Groener, der Chef des einflußreichen Kriegsamts, gründete in jeder Provinz «Kriegswirtschaftsämter» unter dem Vorsitz der Landräte, die bei den Generalkommandos eilends mit gefälschten Angaben neue Arbeitskräfte für die Landwirtschaft anforderten. Trotz des Drängens der Freien Gewerkschaften lehnte Groener jedoch tiefere Eingriffe in das Preis- und Distributionsgefüge ab. Erst jetzt, nach dem Desaster des «Rübenwinters», hielten es die Agrarverbände für angebracht, nach dem längst etablierten Vorbild der Industrie den «Kriegsausschuß der deutschen Landwirtschaft» zu gründen. Bis auf den «Deutschen Bauernbund» und die Landarbeiter-Gewerkschaft waren alle Interessenorganisationen an dieser Koordinationszentrale beteiligt. Eine spürbare Verbesserung brachte sie aber nicht zustande.

Sie herbeizuführen gelang auch Michaelis nicht, der jetzt zum Staatskommissar für die Nahrungsmittelversorgung ernannt wurde. In dieser Funktion war er zwar formell imstande, alle daran beteiligten preußischen Behörden zu kontrollieren. Tatsächlich aber steigerte sich nur das kontraproduktive Durcheinander der neuen Bürokratien, die mit der Zivilverwaltung und dem Kriegsministerium konkurrierten: das Kriegsamt, das KEA, der Stab des Staatskommissars, das Waffen- und Munitionsbeschaffungsamt, die Kriegsgesellschaften, die Generalkommandos...

Ihren absoluten Tiefpunkt erreichte die Versorgung mit Lebensmitteln im Frühjahr 1917. Eine leichte Verbesserung brachte erst die Ernte im Herbst. Bis dahin war Batocki im KEA mit der Hydra ewig neuer Aufgaben nicht fertig geworden. Der «Wunschkandidat der ostelbischen Großagrarier», der aus ihrer Mitte stammende Hochkonservative Wilhelm v. Waldow, wurde, auch auf das nachdrückliche Drängen von Michaelis hin, zum Nachfolger ernannt und blieb bis zum 8. November 1918 in diesem politisch höchst sensiblen Amt. Doch weder Waldow noch vor ihm Batocki, weder das gesamte KEA noch Michaelis mit seinem Gehilfen konnten die Grunddilemmata ihres Aufgabenbereichs lösen: den Produktionsrückgang aufzuhalten und die weiter aufklaffende Lücke in der deutschen Selbstversorgung wieder zu verengen. Ein indirekter Beweis dafür ist der Anstieg des Konsums kalorienarmer Kartoffeln: 1913 wurden 7600 Gramm pro Kopf (p. c.), im April 1918 das Dreifache: 21 800 Gramm p. c. monatlich verzehrt.

Aufs Ganze gesehen versagte die staatliche Lebensmittelversorgung bei ihrem Versuch, die städtische Arbeiterschaft mit ihren Familien einigermaßen angemessen und regelmäßig zu versorgen, ohne es zu wagen, den Egoismus der Landwirtschaft effektiv zu zähmen, wozu auch die rigorose Zerschlagung des Schwarzmarktes gehört hätte. Im Sommer 1918 nahte der Augenblick der Wahrheit: Das Reich stand vor dem kriegswirtschaftlichen, vor allem auch dem landwirtschaftlichen Zusammenbruch. Das hielt den

BdL-Sprecher Roesicke selbst zu diesem Zeitpunkt nicht davon ab, auch jetzt noch für die formelle Freigabe der Agrarpreise zu plädieren; allenfalls für Brotgetreide und Kartoffeln könne notgedrungen eine weitere Bewirtschaftung noch einmal hingenommen werden. Alle anderen staatlichen Eingriffe aber seien verhängnisvolle Symptome eines vorweggenommenen «sozialdemokratischen Zwangsstaats». Zwei Monate später wurden die landwirtschaftlichen Produzenten mit ihrer Horrorvision konfrontiert, daß eine sozialdemokratische Regierung als einzige bereit war, das Land aus der Niederlage durch die Demobilmachung in die Friedenswirtschaft zu führen, während die Blockade noch monatelang weiterlief.[3]

4. Die Kriegsfinanzierung und der Beginn der «Großen Inflation»

Auch die Finanzpolitik ging nach der Julikrise 1914 von der illusionären Prämisse aus, daß nur ein kurzer Krieg mit begrenzten, jedenfalls überschaubaren Kosten bevorstehe. Im Spandauer Juliusturm war ein altertümlicher Kriegsschatz in Höhe von 120 Millionen Mark, nach dem Wehrgesetz von 1913 bis zum August 1914 in Höhe von 225 Millionen Mark thesauriert worden. Diese damals vielbewunderte Summe sollte, wie sich herausstellte, für die Kosten von genau zwei Kriegstagen ausreichen. Nach einem Jahr lagen die Kriegskosten bei 24, im Frühjahr 1916 bereits bei 36 Milliarden Mark. Seit dem Oktober 1916 stiegen sie monatlich auf drei, seit dem Oktober 1917 auf vier Milliarden Mark, ehe sie im Oktober 1918 4,8 Milliarden Mark erreichten. Das deutsche Volkseinkommen von 1913 hatte rund 40 Milliarden Mark betragen – gut ein Zehntel dieser Geldmenge wurde also in der zweiten Kriegshälfte monatlich, rund 98 bis 100 Millionen Mark wurden täglich verbraucht. Das deutsche Kriegsbudget vermehrte sich vom August 1914 bis zum Oktober 1918 um 505 Prozent. Die Reichsschuld, die vor dem Kriegsausbruch 5,4 Milliarden Mark betragen hatte, verdreißigfachte sich. Am Ende hat der Krieg das Kaiserreich 156 bis 160 Milliarden Mark gekostet.

Für die Kriegsfinanzierung gab es im Prinzip nur drei Möglichkeiten: die Kostendeckung durch Steuern, durch Anleihen und durch Auslandsanleihen. Vor dem Krieg stimmten alle Ökonomen und finanzpolitischen Fachleute darin überein, daß der Rückgriff auf erhöhte Steuern die optimale Lösung der Kriegskostenfrage bedeute. Eben diesen Weg einzuschlagen haben aber alle Reichsregierungen strikt abgelehnt. Dafür gab es zwei Hauptgründe.

1. Zum einen leisteten die Rechtsparteien und das traditionelle Machtkartell kompromißlosen Widerstand gegen Kriegssteuern. Bethmann Hollweg und die folgenden Reichskanzler riskierten es trotz der vitalen Bedeutung der Finanzierungsprobleme nicht, die Rechte durch eine Machtprobe

4. Die Kriegsfinanzierung und der Beginn der «Großen Inflation» 65

zu provozieren und damit den «Burgfrieden» aufs Spiel zu setzen. Im Grunde hatte auch schon das Scheitern der Reichsfinanzreform in den Jahren von 1909 bis 1913, als sich die Konservativen aller Couleur gegen eine Neuordnung durchgesetzt hatten, die Entscheidung gegen Kriegssteuern präjudiziert. Der 1913 beschlossene Wehrbeitrag lief 1915 aus, wurde aber, obwohl das denkbar nahegelegen hätte, nicht weiter erhoben, da er auf die Rechte wie «ein rotes Tuch» wirkte.

Steuern hätten jedoch mindestens vier Vorzüge besessen. Sie hätten Geld aus dem Verkehr gezogen und damit den Geldumlauf dem sinkenden Produktionsangebot angepaßt, mithin auch den inflationären Preisauftrieb abgeschwächt. Außerdem hätten Angehörige der plutokratischen Oberklassen, insbesondere die Kriegsgewinnler, dem Reich nicht so viel Geld leihen und aus den hohen Zinserträgen erneut ein beträchtliches Einkommen beziehen können. Die ohnehin ausgeprägte «Verteilungsschiefe» der Vorkriegsjahre wäre nicht noch weiter verstärkt, die Verteilungsgerechtigkeit nicht durch diese Art von Kriegsgewinnen noch drastischer verletzt worden.

Alle Ratschläge zugunsten von Kriegssteuern trafen jedoch auf taube Ohren. Bis zuletzt hat es keine Regierung gewagt, eine aufkommensstarke Reichseinkommenssteuer einzuführen. Die seit 1916 erstmals riskierte Umsatzsteuer in Höhe von, sage und schreibe, einem Prozent bedeutete zwar angesichts der Kargheit der Reichseinkünfte eine «revolutionäre Neuerung», wurde aber bis zum Herbst 1918 nur auf fünf Prozent erhöht und brachte dem Fiskus nicht allzuviel ein.

Bis zum Juni 1916 wurden selbst die heftig umstrittenen Kriegsgewinne, obwohl sie um 10 bis 50 Prozent über dem Schnitt der Gewinnspanne von 1910/14 lagen, von jeder Steuer freigestellt. Dann führte innenpolitisch kein Weg mehr an ihr vorbei. Doch der erste Erhebungssatz war so pfleglich angelegt, daß er 1916 ganze 45 Millionen Mark einbrachte. 1917 wurde der Tarif erhöht, 1918 endlich der Gewinn seit 1916 mit 60 Prozent besteuert. Insgesamt ergab diese Summe nur 7,3 Milliarden Mark, ein Drittel jener 21,8 Milliarden Mark an Steuerbeträgen, die als ordentliches Reichseinkommen 14 Prozent der Kriegsausgaben deckten. Andrerseits: Wenn trotz der asketischen Zurückhaltung gut sieben Milliarden Mark von den Kriegsgewinnen abgezweigt wurden, läßt sich eine gewaltige Vermehrung dieses Steueraufkommens durch einen rigoroseren Zugriff mühelos vorstellen. In Großbritannien, wo nach der Auffassung des deutschen Vulgärnationalismus der unantastbare Mammon kultisch verehrt wurde, lag die Kriegsgewinnsteuer bereits 1915 bei 50 Prozent; seit 1917 wurden 80 Prozent weggesteuert.

Die deutsche Kriegsgewinnsteuer kam viel zu spät, sie blieb auch viel zu gering, und sie erfaßte nur Veränderungen seit dem Kriegsjahr 1916, während hohe Gewinne und Einkommen, wenn sie schon im Frieden erzielt worden waren, völlig übergangen wurden. Nicht zuletzt boten die Selbstveranlagung und die Erhebungstechnik der bundesstaatlichen Finanzbehörden genug Chancen zum geschickten Verstecken, ja zum weidlich genutzten Steuerbetrug. Auch auf diesem Gebiet traute sich aus Rücksicht auf die innere Machtkonstellation keine Regierung an eine einschneidende Reform heran. Staatssekretär Helfferich opponierte vehement gegen die Besteuerung der Kriegsgewinne mit der Behauptung, daß die Unternehmer mit Profit belohnt, keineswegs aber mit dieser Steuer bestraft werden dürften. Denn dann sei, steuerte er eine pikante Drohung bei, kein neuer Krieg mehr mit ihnen zu führen. So kam es, daß die Steuern gerade einmal 13,7 Prozent der Reichsausgaben, in Großbritannien jedoch 30 Prozent decken konnten.

2. Der zweite Hauptgrund, der die Steuerablehnung noch einmal verstärkte, lag in der extrem realitätsfernen Erwartung, daß man die Modellösung von 1871 ein halbes Jahrhundert später noch einmal wiederholen, die Kosten mithin durch exorbitante Reparationszahlungen auf den besiegten Feind abwälzen könne. Diese blanke Illusion basierte verblüffend lange auf einem breiten Konsens. Mit aller nur wünschenswerten Offenheit gestand Staatssekretär Helfferich vom Reichsschatzamt dieses finanzpolitische Ziel der Reichsregierung ein, als er dem Reichstag im März 1915 eröffnete, «daß wir an der Hoffnung festhalten, die Rechnung für den uns aufgezwungenen Krieg beim Friedensschluß unseren Gegnern präsentieren zu können». Und noch einmal polemischer zugespitzt im August 1915: «Das Bleigewicht der Milliarden haben die Anstifter dieses Krieges verdient; sie mögen es durch die Jahrzehnte schleppen, nicht wir. Wir wollen während des Krieges die gewaltigen Lasten, die unser Volk trägt, nicht durch Steuern erhöhen.»

Hunderte von ähnlichen, wenn nicht gar identischen Äußerungen hielten an dieser utopischen Erwartung fest. Noch 1917 verlangte etwa der Münchener Ökonomieprofessor Edgar Jaffé – gemeinhin ein nüchterner Kopf, der mit Max Weber und Werner Sombart die berühmteste deutsche wissenschaftliche Zeitschrift, das «Archiv für Sozialwissenschaft und Sozialpolitik», herausgab – in der honorigen Schriftenreihe des «Vereins für Sozialpolitik», daß England demnächst die Hälfte der deutschen Kriegskosten tragen müsse. Diese Verblendung verhinderte jede realistische Neubeurteilung der Kriegsfinanzen und der Steuerpolitik.

Aufgrund dieser Vorentscheidungen, die tatsächlich unter dem Primat der Innenpolitik fielen, stand der Reichspolitik nur noch der Anleiheweg offen, um den Löwenanteil der aberwitzigen Kriegskosten zu decken. Alle Auslandsanleihen scheiterten, so daß allein der heimische Kapitalmarkt in Anspruch genommen werden mußte. Am 4. August 1914 ließ sich die Regierung in fünf gut vorbereiteten Finanzgesetzen, die als adäquates «Gegenstück zum Schlieffenplan» empfunden wurden, grünes Licht für ihre

4. Die Kriegsfinanzierung und der Beginn der «Großen Inflation»

künftige Politik des prinzipiell grenzenlosen Geldleihens geben. Daher begann an diesem Tag die deutsche Inflation, denn innerhalb der folgenden vier Jahre pumpte die Reichsleitung 140 Milliarden Mark durch Kreditaufnahme in die Kriegsanstrengung, ohne für diese immense Summe mehr zu tun, als die Anleihenzertifikate und Reichsschatzanweisungen auszugeben, vor allem aber die Notenpresse laufen zu lassen.

Als größter einzelner Geldbeschaffer fungierte die Reichsbank, die Schatzanweisungen in Höhe von 51,2 Milliarden Mark unterbrachte. Am meisten aber stützte sich die Kriegsfinanzpolitik auf die neun Kriegsanleihen mit einem Nennwert von 99, einem faktischen Erlös von insgesamt 97 Milliarden Mark. Bis zum März 1916 vermochten die ersten vier Anleihen die Schulden des Reiches zu decken. Doch nach dieser Zäsur erwiesen sich die nächsten fünf Anleihen als außerstande, die hochschießenden Schulden zu konsolidieren. Von der Reichsschuld am Ende des Krieges in Höhe von mindestens 156 Milliarden Mark gehörte ein volles Drittel (51 Milliarden Mark) zum nichtkonsolidierten Überschuß.

Wegen dieser Verschlechterung ihrer Finanzlage seit dem Sommer 1916 drängte die Reichsregierung auf einen noch höheren Anteil der langfristigen Anleihen an der Gesamtverschuldung. Darüber hinaus begehrte sie das Anleihemonopol, um andere Kapitalaufnehmer, wie die expansionslustigen Rüstungsindustriellen, nicht mehr auf den Geldmarkt zu lassen. Beide Maximalziele konnte sie indes nicht durchsetzen.

Während das Reich seinen Berg an langfristigen Schulden auftürmte, entsprach der notalen und giralen Geldschöpfung überhaupt keine Verkoppelung mit der Güterseite der Wirtschaft, bis in der Nachkriegszeit die Auswirkungen der Inflation mit Macht spürbar wurden. Genausowenig kam es, während Liquidität und Kaufkraft anwuchsen, zu einer auch nur halbwegs angemessenen Abschöpfung der Kaufkraft. Der Geldnotenumlauf verfünffachte sich von 2,9 Milliarden Mark im August 1914 auf 18,6 Milliarden Mark im November 1918, ohne daß die Konsumgüterproduktion, die währenddessen scharf gedrosselt abfiel, wenigstens einen Teil dieses Geldes hätte auf sich ziehen können. Abgeschöpft wurde es eigentlich nur in der Form der Kriegsanleihen.

Die überaus lahmen Preiskontrollen konnten den anschwellenden inflationären Druck nicht abfangen. Die fiktive Aufrechterhaltung des Goldstandards dauerte nur bis zum November 1916 – so lange blieb ein Drittel des Umlaufgeldes durch Gold weiter gedeckt. Danach konnte dieser vertrauensstabilisierende Kraftakt nicht länger ausgeführt werden. Den breiten Massen der Bevölkerung blieb verborgen, daß sie, falls die fabelhaften Reparationszahlungen der Alliierten nicht eintrafen, auch die finanziellen Kriegslasten tragen mußten. Wer konnte auch schon konkret wahrnehmen, daß der Index der Großhandelspreise von 1914 = 100 auf 1918 = 234, derjenige der industriell gefertigten Verbrauchsgüter auf 472 auf und davon zog? Tatsächlich gewann die «Große Inflation» Tag für Tag mehr an unwiderstehlicher Schwungkraft. Auf diese Weise staute die deutsche Kriegsfinanzpolitik eine der schwersten Hypotheken für die Weimarer Republik auf. Die konsolidierten und unkonsolidierten Schulden in Höhe von 156 bis 160 Milliarden Mark erforderten schon Ende 1918 einen Zinsendienst des Reichshaushalts in Höhe von sieben Milliarden Mark, ein halbes Jahr später, als die Schulden bei 175 Milliarden Mark lagen, bereits von jährlich zehn Milliarden Mark. Das deutsche Volksvermögen ist für 1913 auf rund 300 Milliarden Mark geschätzt worden, sein jährlicher Zuwachs in einem der modernsten Industrieländer der Welt auf 40 Milliarden Mark. Zu diesem Zeitpunkt war die Fiskalpolitik des Reiches geradezu noch «im Status eines Embryos», da ihre ordentlichen Einnahmen bei 2,3 Milliarden im Jahr lagen; ohne die Rüstungskosten machte der gesamte Reichsbedarf sogar nur 600 Millionen Mark aus. Wenn man sich die Folgen der deutschen Kriegsfinanzpolitik vergegenwärtigen will, wäre demnach die Hälfte des Volksvermögens im letzten Friedensjahr für die Schuldendeckung erforderlich gewesen. Allein für einen seriösen Zinsen- und Tilgungsdienst hätte sich die Reichsbevölkerung seit 1919 auf eine Steuerquote von 35 Prozent einstellen müssen. Die «Zeitbombe» der auf Kredit gegründeten Fixkostendeckung explodierte 1922/23, als die erste deutsche Republik, die auch dieses verhängnisvolle Erbe des Kaiserreichs übernehmen mußte, eine Stabilisierung bitter nötig gehabt hätte.[4]

III.
Die deutsche Gesellschaft im Weltkrieg

Vom Krieg gingen tiefgreifende Wirkungen aus, die alle Klassen der reichsdeutschen Gesellschaft erfaßten: Der Tod, die Verkrüppelung, die Verletzung eines Angehörigen konnten jede Familie treffen, jede Liebesbeziehung zerstören, jede Frau zur Witwe, jedes Kind zur Waise machen. An der Front und im Lazarett gab es eine unerbittliche Gleichheit vor dem Tod, obwohl sich auch dort Klassenunterschiede geltend machten. In der «Heimat» trafen Hunger und Entbehrung, Krankheit und Trauer die Angehörigen fast aller Klassen, quer durch die Sozialhierarchie hindurch. Deprivation, wenn auch von unterschiedlicher Art, wurde zu einer klassenübergreifenden Erfahrung.

Im allgemeinen aber wirkte sich der Krieg sowohl in der «Heimat» als auch an der Front auf die verschiedenartigen Klassen durchaus verschiedenartig aus. Die Klassenlage von adligen Großbesitzern wurde anders beeinflußt als die von Kleinbürgern des «alten Mittelstandes», diejenige von bildungsbürgerlichen höheren Beamten anders als die von städtischen Industriearbeitern. Häufig wurden durch die Erfahrungen des Krieges die Klassenlagen verfestigt. Die Asymmetrie der Lebenschancen und Lebensrisiken, die sozialen Distanzen und Grenzen zwischen den Klassen traten sogar noch krasser als früher hervor. Insofern gab es wiederum den gemeinsam erlebten Effekt vertiefter Klassendivergenzen.

Daraus resultierten steigende Klassenspannungen auf vertrauten Konfliktfeldern: Arbeiter standen gegen Unternehmer, Bildungsbürger gegen Proletarier, Großbürger gegen Kleinbürger, Bauern gegen Landarbeiter. Hinzu traten jedoch auch noch als neuartig empfundene Spannungen: zwischen Stadt und Land, zwischen den historischen Regionen, Konfessionen und Generationen. Zum einen wurden historische, tief eingeschliffene, inzwischen aber abgeschwächte Gegensätze kräftig belebt, etwa zwischen Stadt- und Landbewohnern, zwischen Katholiken und Protestanten. Zum andern wurden, weit darüber hinausgehend, ältere Gegensätze mit ungeahnter Sprengkraft aufgeladen, etwa zwischen Preußen und Bayern, zwischen Bauern und städtischen Arbeitern. Daraus entstand eine latent explosive Mischung aus traditionellen Disparitäten und polarisierenden Kriegsbedingungen auf der Basis von bitteren Deprivationserfahrungen. Aus diesen Spannungen bauten sich allmählich Konflikte auf, die durch ihre unleugbare Dynamik die Immobilität der Vorkriegszeit auflösten.

Diese Konflikte sollten im Zeichen des «Burgfriedens» durch ideologische und symbolische Gegensteuerung möglichst lange stillgelegt werden, ließen sich aber auf die Dauer nicht entschärfen. Sie sollten, indem die Schrauben härter angezogen wurden, durch das Belagerungs- und Kriegsrecht zum Schweigen gebracht werden, ließen sich aber auf die Dauer nicht unterdrücken. Schließlich erzeugte die manifeste Konfrontation eine derart unüberbrückbare Animosität, daß sich die Konflikte nach großen Massenstreiks und Hungerdemonstrationen, allesamt Symptome des versagenden Krisenmanagements, in einer Revolution entluden. Sie ging nicht nur aus dem militärischen Desaster und der unabwendbaren Niederlage hervor, vielmehr gehörten die aufgestauten Klassenkonflikte und anderen innergesellschaftlichen Spannungen zu ihren maßgeblichen Antriebskräften.

Die Fronterfahrung akkumulierte die extremsten Belastungen. Da die Hälfte aller deutschen Männer zwischen dem 16. und 60. Lebensjahr eingezogen wurde, fand sich die erdrückende Mehrheit von 13 Millionen Soldaten Tod, Verwundung und Vergiftung, Trommelfeuer, Stellungskrieg und Unterstandsleben ausgesetzt. Dieser diametrale Gegensatz zum Alltag der Friedenszeit muß für sich erörtert werden (vgl. III.3). Die Deprivationserfahrungen an der «Heimatfront» besaßen weithin eine so klare klassenspezifische Prägung, daß sie am Beispiel der bürgerlichen, industrieproletarischen und ländlichen Welt getrennt verfolgt werden müssen. Es gab aber, um es zu wiederholen, auch gewissermaßen vorgelagerte, weithin gemeinsam geteilte existentielle Belastungen, selbst wenn man von der verbindenden Sorge um die Frontsoldaten und von der Trauer um die Gefallenen und Verletzten hier einmal absieht.

1. Die Klassengesellschaft unter Kriegsbedingungen

Wenn man sich vergegenwärtigt, daß im Krieg das gesellschaftliche Produkt um 60 Prozent zurückging (1913 = 100) und das individuelle Realeinkommen um mindestens 30, häufiger sogar um 40 Prozent reduziert wurde, verbirgt sich hinter diesen dürren Zahlen eine abermillionenfache Degradierung im Verein mit einem dramatischen Absinken des Lebensstandards. Das Nominaleinkommen täuschte zeitweilig noch über diesen Einbruch hinweg, es nährte auch den Anspruch auf Teilhabe an einem Sozialprodukt, das es faktisch nicht mehr gab. Schließlich klaffte ein gewaltiges Mißverhältnis zwischen den Hoffnungen und Ansprüchen einerseits, den Befriedigungschancen andrerseits auf – die ideale Voraussetzung für den immer schmerzhafter empfundenen Stachel der «Relativen Deprivation».

Auf der Ebene der konkreten materiellen Bedürfnisse hätte der dramatische Einbruch kaum tiefer ausfallen können. Die tägliche Kalorienzufuhr, die vor 1914 rund 3400 pro Kopf ausgemacht hatte, wurde auf ein Drittel reduziert, da sie bereits bis 1917 auf 1000 Kalorien absank. Die offiziellen Lebensmittelrationen enthüllen einen einschneidend verminderten Versorgungsstand. Bei leichter Arbeit vermochten sie bestenfalls noch 60 Prozent, bei schwerer Arbeit nur mehr 44 Prozent des Bedarfs zu decken. Die Beschaffenheit wichtiger Nahrungsmittel für den täglichen Unterhalt verschlechterte sich progressiv. Der Abfall vollzog sich während der beiden ersten Kriegsjahre besonders steil, hielt aber bis zum Schluß weiter an.

Übersicht 117: *Versorgung mit Nahrungsmitteln 1916/1918 (1913 = 100)*

	1.7.1916	1.7.1918
1. Fleisch	31	12
2. Fisch	51	5
3. Schmalz	14	7
4. Pflanzenfett	39	17
5. Eier	18	13
6. Hülsenfrüchte	14	7

Dagegen stieg der Konsum der kalorienarmen Kartoffeln nach einem Rückgang auf 71 Prozent (1913 = 100) auf 94 Prozent. Wegen dieses rabiaten Rückschlags in der Nahrungsmittelversorgung tauchten klägliche «Ersatzlebensmittel» auf, die zwar die blühende Phantasie ihrer Hersteller verrieten, aber alles andere taten, als die Kalorienmenge anzuheben. Da gab es Butterersatz aus gefärbtem Quark, Butterpulver aus Stärkemehl, um genuine Butter zu «strecken», Butteröl aus Möhren, Rüben und Gewürzen. Da gab es Salatölersatz aus Pflanzenschleim und 98 Prozent Wasser, Wurst aus pflanzlicher Rohmasse, tierischen Abfallstoffen und Wasser, Eierersatz aus gefärbtem Kartoffelmehl, Marmelade aus Gelatine und farbigem Wasser. Satt und gekräftigt werden konnte davon niemand.

Kein Wunder mithin, daß im Zeichen eines derartigen Mangels und der desillusionierenden «Ersatzwaren» der Schwarzmarkt florierte. Bis 1918 absorbierte er ein Siebtel der Getreide- und Kartoffelernte, ein Drittel der Butter-, Milch- und Käseproduktion, sogar die Hälfte des Fleisches, der Eier und Obstwaren. Als Reaktion auf die hochschießende Nachfrage kletterten die Fleischhandelspreise auf das Zehnfache ihres Friedensniveaus. Durch diese «Prohibitivpreise» wurde mindestens drei Vierteln der Bevölkerung, den unteren Einkommensklassen, der Zugang zum Schwarzmarkt verwehrt. Eben dieser Ausschluß war es, der untrüglich den Blick auf den «Klassencharakter» der deutschen Gesellschaft freigab. «Nichts trägt mehr zur Aufregung weiter Volksschichten bei», hielt das Generalkommando Frankfurt im März 1917 fest, «als eine ungerechte Verteilung der Lebensmittel. Die Möglichkeit, daß derjenige, der über reiche Geldmittel verfügt, sich auch gerade so gut, manchmal noch besser verproviantieren kann wie im Frieden, ist leider eine Tatsache, die das Vertrauen zum gemeinsamen, gerechten Wollen des ‹Durchhaltens› erschüttert.» Über solche nur zu berechtigten Bedenken vermochte der Großagrarier Elard v. Oldenburg-Januschau nur zu höhnen, daß diese Ungleichheit doch «alten Grundsätzen der bürgerlichen Gesellschaftsordnung» entspreche, «in welcher die Zusammensetzung der Mahlzeiten sich nach den Gehaltsverhältnissen» seit jeher richte.

Klassenspezifische Ungleichheit fraß sich auch auf anderen Wegen tiefer in die Gesellschaft hinein. Die Unterstützungszahlungen etwa, die für die Familien der Kriegsteilnehmer aufgebracht wurden, fielen schlechterdings miserabel aus. Oft wurde zu Beginn des Krieges gar nichts gezahlt, dann folgten kümmerliche Zuwendungen der Gemeinden, die zuerst keinerlei Finanzmittel für diesen Zweck besaßen. Darum erhielten zwei Jahre lang die Soldatenfrauen monatlich im Sommer neun, im Winter zwölf, für jedes Kind sechs Mark. Eine Mutter mit drei kleinen Kindern kam daher auf maximal 30 Mark, brauchte aber, ohne die Miete und Kleidung einzubeziehen, mindestens 60 Mark zum Leben. Mitte 1916 wurde die Grundsumme auf 15 Mark, seit dem Januar 1917 endlich auf 50 Mark angehoben. Zu dieser Zeit waren jedoch die Preise für Nahrung, Wohnung und Kleidung längst auf und davon geeilt: Baumwollstoffe zum Beispiel hatten sich um 1400, Wollstoffe um 1700 Prozent verteuert.

In den Familien der bürgerlichen Mittel- und Oberklassen konnten vorerst Rücklagen aufgezehrt, Hilfsleistungen aus der Verwandtschaft angenommen werden, bis auch in ihnen die Not einkehrte. Die Mehrheit der Soldaten stammte jedoch, weit über den Anteil an der Sozialpyramide hinaus, aus den unteren Klassen, die jeder nennenswerten finanziellen Reserve entbehrten. Die Kommunen bemühten sich, aus den bescheidenen Mitteln der Fürsorge und Armenpflege je nach «Bedürftigkeit» zu helfen. In den Großstädten blieb das ein nahezu aussichtsloses Unterfangen, denn «Bedürftigkeit» herrschte dort massenweise. Überall verharrten die Unterstützungssätze weit unter dem Einkommen vor 1914. Frauen von Berliner Facharbeitern, die 1913 128 Mark im Monat verdient hatten, erhielten im Winter 1916/17 30 Mark für sich und ein Kind – der Betrag deckte gerade ihre Miete. Dieser eklatante Notstand vor allem war es, der die Frauen zur dauerhaften Lohnarbeit zwang. Erst recht galt das, wenn ihre Männer im Krieg umkamen.

Währenddessen zogen die Unternehmergewinne um 50, in wichtigen Rüstungssparten sogar um 800 Prozent über den Friedensdurchschnitt hinaus an. Das ermöglichte im oberen Wirtschaftsbürgertum häufig eine rundum großzügige Lebensführung. Mit der Bedürftigkeit der erdrückenden Mehrheit kontrastierte daher, urteilte ein zeitgenössischer Experte, «um so lauter das rücksichtslose Genießertum anderer Kreise, die stark mit Kriegsemporkömmlingen durchsetzt waren und den Krieg als eine einzige große Gelegenheit zum Raffen und Sich-Ausleben zu betrachten schienen». Rosa Luxemburg brachte das grelle Mißverhältnis auf die bitterböse griffige Formel: «Die Dividenden steigen, die Proletarier fallen.»

1. Die Klassengesellschaft unter Kriegsbedingungen

Die Kluft zwischen den privilegierten Oberklassen mitsamt den frisch arrivierten Neuankömmlingen aus dem Kriegsgewinnlertum auf der einen, der darbenden Mehrheit auf der andern Seite vertiefte sich während des Krieges durch einen unaufhaltsamen Erosionsvorgang. Ergebnisse der empirischen Sozialforschung gibt es darüber nicht, wohl aber die vorzüglich informierten, regelmäßig verfaßten Stimmungsberichte der Generalkommandos. So hieß es etwa während der letzten Kriegsmonate aus Danzig, daß «für teures Geld noch immer alles in beliebiger Menge zu haben» sei. In Berlin waren «die Vergnügungsstätten aller Art... überfüllt, gerade die besseren Plätze tagelang im voraus bestellt.» Sogar «die Züge nach den Ostseebädern» seien «voll besetzt». In den hessischen Kurorten fiel dem Generalkommando Frankfurt ein «lärmender Gesellschaftstrubel» auf, «der sich in Schlemmereien, unwürdigem Benehmen..., auffälligen Toiletten der mehr oder minder leichtsinnigen Frauenwelt kundgab».

Bis dahin hatte die Belastung für die von jedem Wohlleben hermetisch ausgeschlossene Mehrheit schier unerträglich zugenommen. Der Privatisierung der Gewinne stand keine Sozialisierung der Opfer gegenüber, der «Demokratisierung der Pflichten» keineswegs eine «Demokratisierung der Rechte und Chancen». Der «große Riß zwischen arm und reich», urteilte das Generalkommando Magdeburg im Juli 1918, «klafft je länger desto mehr wieder auseinander. In der ärmeren Bevölkerung hat sich gegen die Reichen» und «die sogenannten Kriegsgewinnler ein geradezu schädlicher Haß aufgestapelt, von dem man nur wünschen kann, daß er nicht doch einmal zu einer furchtbaren Entladung kommt. Veranlaßt ist dieser Haß weniger durch den Besitz des Reichtums an sich», hielt der militärische Autor scharfsichtig den Aspekt der «Relativen Deprivation» fest, «sondern weil die einzelnen Kreise der Bevölkerung bei fast unbeschränkt zur Verfügung stehenden Geldmitteln es sich ermöglichen können, sich nicht allein auskömmlich, sondern sogar gut zu ernähren und sich mit fast jedem Luxus zu umgeben, während der größte Teil der Bevölkerung hauptsächlich darben und hungern muß.»

Dieses objektive Spannungsverhältnis wurde durch die Perzeption der ständig zunehmenden aufreizenden Ungleichheit der Lebenschancen noch gesteigert, da die Lage der Notleidenden ihnen kein Urteil erlaubte, ohne daß es durch Bitterkeit und Neid, Vorwurf und Argwohn verzerrt worden wäre. «Heute drängt alles nach Gleichheit», beobachtete ein kluger Kopf im Kriegsamt Frankfurt im Juli 1917. «Die ganze Aufmerksamkeit des einzelnen richtet sich darauf, ob es den anderen nicht besser geht. Ungleichheiten, die man in Friedenszeiten, indem man sich mit der bestehenden Gesellschaftsordnung abfand, als selbstverständlich und unabänderlich in Kauf nahm, will man heute nicht mehr gelten lassen.»[1]

a) Die bürgerlichen Klassen

Daß sich hinter dem amorphen Begriff «des» Bürgertums eine Vielzahl von distinkten Sozialformationen verbirgt, ist in den ersten drei Bänden dieser Gesellschaftsgeschichte immer wieder betont worden. Unter den Bedingungen eines vierjährigen, schließlich eines totalen Weltkriegs trat das unterschiedliche Maß der Betroffenheit durch seine Auswirkungen kraß zutage.

Im oberen Wirtschaftsbürgertum divergierte die Lage der Unternehmer aufs schärfste. Die Friedensindustrie erlebte einen abrupten Abschwung. Weite Bereiche der Konsumgütererzeugung, insbesondere die Textilproduktion und der Wohnungsbau, brachen förmlich ein. Dagegen setzte in der Kriegsindustrie ein enormer Aufschwung ein, der sich auch in horrenden Gewinnspannen ausdrückte. Den daran uneingeschränkt partizipierenden, privilegierten bürgerlichen Erwerbsklassen ermöglichte er eine materiell völlig abgesicherte Lebensführung, die bis hin zu einem ungehemmten luxuriösen Aufwand reichte.

Von der linken Opposition, vereinzelt auch von den Militärbehörden, wurde dieser unzeitgemäß prunkende Demonstrationskonsum gerügt. Außerordentlich selten aber gab es Selbstkritik aus der eigenen Mitte. Als Rathenau, dem keiner eine intime Sachkunde absprechen konnte, im Frühjahr 1917 in seinem berühmt gewordenen Essay «Von kommenden Dingen» öffentlich einen ersten Ausgleich der Besitz- und Einkommensunterschiede durch das Wegsteuern der Gewinne, die Beschränkung des Erbrechts und den Kampf gegen private Monopole forderte, um ein systemsprengendes Ausmaß der sozialen Ungleichheit zu vermeiden, trug ihm das den offenen Haß seiner Klassengenossen ein.

Im Hinblick auf die traditionelle Konfliktfront zwischen Kapital und Arbeit herrschte zunächst eine ambivalente Stimmung. Zwar jubelte die «Deutsche Arbeitgeber-Zeitung» Anfang August 1914: «Die Diktatur der revolutionären Phrase ist gebrochen... durch die Wandlung des Weltgeschehens». Als aber nach dem Triumphgeschrei das Nachdenken wieder einsetzte, sorgten sich nicht wenige politisch exponierte Vertreter des Unternehmerlagers wegen einer Aufwertung der organisierten Arbeiterbewegung, da die Kriegswirtschaft offensichtlich von ihrer Kooperation und dem dafür eventuell zu zahlenden politischen Preis abhing. Schon im September 1914 fürchtete der Vorsitzende des «Zentralverbands Deutscher Industrieller» (ZDI), Max Roetger, «auf sozialem Gebiet neuen Unfug»; Alfred Hugenberg nannte das ähnlich sorgenvoll den «endgültigen Abschluß der individualistischen Wirtschaftsepoche». Beides müsse durch brillante Kriegs- und Expansionserfolge abgefangen werden. Um kein Terrain zu verlieren, das dann im Frieden nicht mehr zurückgewonnen werden könne, leisteten die Unternehmer kompromißlosen Widerstand gegen jede Kon-

1. Die Klassengesellschaft unter Kriegsbedingungen

zession an die Gewerkschaften und gegen jede Ausweitung der seit 1912/13 eingefrorenen staatlichen Sozialpolitik. Neben den Verbänden fungierte auch der «Kriegsausschuß der deutschen Industrie» als Sprachrohr dieser Unnachgiebigkeit. Zugleich wurden die Unternehmer trotz ihrer Interessendivergenzen durch die gemeinsame Opposition zusammengedrängt, erfuhren sie ihre Klassenzugehörigkeit und Abwehrstellung gegen das Proletariat intensiver als zuvor.

Dieser eisernen Obstruktion entsprach die sozialimperialistische Strategie mit ihrer Absicht, den Status quo durch die Kriegszielpolitik zu verteidigen. Militärische Siege im Verein mit einer weiträumigen Ausbreitung des Reiches seien imstande, hieß es immer wieder, die Unzufriedenheit aufzufangen und die Forderung nach einer radikalen Veränderung verstummen zu lassen. Mancher spekulierte sogar auf die Vorzüge einer längeren Kriegsdauer. Die «Politik der Konservativen und Großindustriellen ist ganz einfach», urteilte etwa Max Weber im April 1916 unverblümt über dieses Kalkül: «Je länger der Krieg dauert, desto mehr Sozialdemokraten schwenken nach ‹links› ab, um so besser für uns, die Stützen von Thron und Altar. Nur keinen Kompromißfrieden, denn dann müssen Konzessionen in der Wahlrechtsfrage gemacht werden.» Daher wurde an der Maxime, jedem Reformanfang rigoros zu widerstehen, nicht gerüttelt.

Das Hilfsdienstgesetz vom Dezember 1916 konnte nur gegen die obstinate Opposition der Unternehmer durchgesetzt werden (vgl. IV.1). Tatsächlich begannen auch manche seiner Regelungen die unternehmerische Machtbasis an einigen Stellen auf längere Sicht zu untergraben. Vorerst wurde jedoch trotz der steigenden Unzufriedenheit im Industrieproletariat die Situation noch immer nicht als existentielle Bedrohung und Herausforderung empfunden. Noch teilten viele Emil Kirdorfs Überzeugung, «daß der vaterländische Geist der Arbeiterschaft außer Frage steht». Zwar wurde im Oktober 1916 von den großen industriellen Interessenverbänden, vom «Zentralverband», «Bund der Industriellen» und Chemie-Verband, als Reaktion auf das HDG und die drohende Machtaufwertung der Freien Gewerkschaften der «Deutsche Industrierat» als neue Koordinationslobby gegründet. Doch eine nennenswerte Aktivität entfaltete er nicht, erst Anfang 1918 nahm er seine Arbeit auf und ging ohne nennenswerte Erfolge alsbald in der «Reichsvereinigung der deutschen Industrie» auf. Diese Passivität hing nicht zuletzt mit der Zuversicht zusammen, mit der das Unternehmerlager die inneren Kräfteverhältnisse beurteilte. Das loyale Verhalten der SPD und der Freien Gewerkschaften, die sich ohne jedes politische Entgelt als Mitarbeiter der Reichsleitung bei der Unterstützung der Kriegsanstrengung aufführten, war nicht dazu angetan, diese Zuversicht in Frage zu stellen.

Selbst nach der Streikwelle von 1917 setzten Rüstungs- und Schwerindustrielle weiter auf die Machtpolitik des sozialimperialistischen Auswegs.

Dabei wurden sie auch vom Hochgefühl ihrer eigenen steigenden sozialen Macht getragen. «Die Kreise der Schwerindustrie sind jetzt in Deutschland die ausschlaggebenden», klagte der Wittelsbacher Kronprinz im Juli 1917 mit bitteren Worten, die nicht als Ausdruck hocharistokratischer Machtdeflation und süddeutscher Benachteiligung abgetan werden können. «In rücksichtsloser Weise die Kriegsnot ausnützend», hätten sie es verstanden, durch ihre Berliner «Zentralstellen» das «ganze innerdeutsche Wirtschaftsleben unter ihre Kontrolle und Gewalt zu bringen». Eine schlimme Folge sei die weitreichende Zerstörung des «alten Mittelstandes», dessen Angehörige «jetzt zum Teil antimonarchischer wie die Sozialdemokraten» aufträten, «da sie der Regierung die Schuld an ihrem Unglück beimessen».

Alle Unternehmerverbände entschieden sich, politisch folgerichtig, für die Unterstützung der «Deutschen Vaterlandspartei». Dagegen lehnten sie das Angebot der Freien Gewerkschaften, in einer Arbeitsgemeinschaft die anstehenden Probleme gemeinsam zu lösen, bis zum Herbst 1918 ab, nicht zuletzt deshalb, weil sie in deren Forderung nach paritätischer Zusammenarbeit nur den Machtehrgeiz des Funktionärkorps zu sehen vermochten. Selbst in dieser Schlußphase des Krieges sprach sich die «Vereinigung Deutscher Arbeitergeberverbände» explizit für den «Herr-im-Haus»-Standpunkt aus, im Konfliktfall auf das Eingreifen des Militärs vertrauend. Nur zögerlich setzte sich nach dem Spätsommer 1918 eine neue Lagebeurteilung durch, die im Zeichen der Revolutionsgefahr die Bewegung zur «Zentralarbeitsgemeinschaft» zwischen Unternehmern und Gewerkschaften auslöste.

Im Bildungsbürgertum hinterließ der Krieg verheerende Spuren. Sie sollen hier an der Berufsklasse der höheren Beamten, nicht aber an den empirisch schwer greifbaren freiberuflichen Professionen verfolgt werden. Da die Nominaleinkommen in der Bürokratie konstant blieben, während die Lebenshaltungskosten davonzogen, erlebten die höheren Beamten einen scharfen Rückgang ihres Realeinkommens, das schließlich auf 47 Prozent des Standes von 1913 reduziert wurde. Dieser einschneidende Verlust an Kaufkraft zwang sie dazu, ihre Ersparnisse, von denen zudem ein gut Teil in die Kriegsanleihen wanderte und verlorenging, Schritt für Schritt aufzuzehren, ohne doch die Mittel für Käufe auf dem Schwarzmarkt aufbringen zu können. Wenn Max Weber die «kontrollfreie Beamtenherrschaft» immer wieder zu Recht als die Signatur der Rückständigkeit des deutschen politischen Systems auch und gerade unter Kriegsbedingungen anprangerte, waren doch die höheren Beamten trotz all ihrer Machtchancen nicht imstande, ihre eigene soziale Lage so zu beeinflussen, daß sie effektiv verbessert worden wäre. Im Vergleich mit den mittleren und unteren Beamten, bisher deklassierten Gehaltsrängen in denselben Behörden, verarmten sie «relativ sehr viel deutlicher», ja nicht wenige wurden wirtschaftlich ruiniert. Da das Statistische Reichsamt die Nominal- und Realeinkommen der

Beamtenschaft sorgfältig ermittelt hat, läßt sich die Erosion ihrer ökonomischen Basis präzise verfolgen.

Übersicht 118: Monatliches Realeinkommen der Beamten 1913–1919 (Realeinkommen in Mark von 1913; 1913 = 100)

	Höhere Beamte	Mittlere Beamte	Untere Beamte
1913	608/100	342/100	157/100
1914	531/87	332/97	153/97
1915	470/77	264/77	121/77
1916	358/59	202/59	93/59
1917	261/43	166/49	84/54
1918	284/47	188/55	109/70
1919	245/40	188/55	140/90

Bis 1915 fiel der Absturz um ein Fünftel des Vorkriegsgehalts für alle Beamtenkategorien identisch aus. Danach aber öffnete sich die Schere weit zuungunsten der höheren Beamten, die nach dem allgemeinen Tiefpunkt von 1917 bis zum Kriegsende auf weniger als die Hälfte ihres Friedenseinkommens zurückgeschraubt wurden. Sozialökonomisch gehörte das beamtete Bildungsbürgertum aufgrund seiner relativen Verarmung und der Beschädigung seines Sozialprestiges zu den innenpolitischen Hauptverlierern des Weltkriegs. Übrigens wurden auch die mittleren und unteren Beamten in ihrer materiellen Alimentierung hart getroffen, da sie nicht nur schlechter als Rüstungsarbeiter bezahlt wurden, sondern zu ihrer doppelten Irritation auch noch hinter den Bezügen der Angestellten in der Privatwirtschaft zurückblieben. Daß die Subalternbeamten mit einer Minderung ihres Realeinkommens um «nur» 30 Prozent davonkamen, hing mit ihren relativ höheren Teuerungszuschlägen und den neuartigen «sozialen Zulagen» zusammen. Ihr wichtigster Zweck bestand darin, diese Masse von Beamten auf den untersten Stufen – darunter allein 774 000 Eisenbahn- und 300 000 Postbeamte – vom Abdriften zur Sozialdemokratie abzuhalten.

Angesichts dieser bestürzenden Veränderung der Lebensbedingungen für die Beamten gewann das Generalkommando Frankfurt im Oktober 1917 den Eindruck, daß die «Festbesoldeten» von einer tiefen «sozialen Umschichtung» erfaßt würden: «Sie gleiten von der Stufe herab, auf der sie gestanden» haben, «und nähern sich der Schicht derer, die genötigt sind, von der Hand in den Mund zu leben. Dieser soziale Niedergang der Beamtenschaft birgt eine nicht zu unterschätzende Gefahr für den Staat.»

Dem unzweideutigen ökonomischen Abstieg und dem drohenden Statusverlust stemmten sich insbesondere die höheren Beamten mit einer aufgebrachten Verteidigung nicht nur der eigenen Existenz, sondern vor allem auch des autoritären politischen Systems entgegen, da die Forderung nach der Parlamentarisierung des Reiches und der Demokratisierung Preußens ihr politisches Weltbild nicht weniger als ihre privilegierte Position in Frage stellte. Die «Überzeugung von der Notwendigkeit» einer «gründlichen freiheitlichen Neuordnung» habe im Bürgertum, klagte Friedrich Meinecke, «mit der langen Dauer des Krieges leider nicht... zu-, sondern abgenommen. Das bürgerliche Klasseninteresse regte sich, aber nicht das wirklich weitsichtig denkende, sondern das falsch verstandene. Man erschrak vor dem Schreckgespenst der demokratischen Nivellierung und Massenherrschaft.» Deshalb setzte insbesondere aus dem Bildungsbürgertum, das sich als Kompensation der eigenen Schwächung einer «verbalradikalen Militanz» hingab, ein Zustrom zur rechtsradikalen «Vaterlandspartei» ein, jener «Spottgeburt aus falsch verstandenem Interessenegoismus und falsch verstandenem Idealismus», wie Meinecke mit ungewohnter Härte rügte, einer der «typischen Kinderkrankheiten im politischen Denken und Wollen, in die das deutsche Bürgertum immer wieder» verfalle.

Die krisenhafte Entwicklung trieb die bildungsbürgerlichen Beamten aber nicht nur zur «Vaterlandspartei», vielmehr verstärkte sie auch die Bewegung hin zu Interessenorganisationen, ohne daß diese sogleich ein «klares politisches Profil» gewonnen hätten. Dabei unterlagen Hunderte von kleinen Verbänden einer Fragmentierung je nach Rang-, Behörden- und Fachunterschieden, versammelten aber immerhin aus der gesamten Beamtenschaft eine Million Mitglieder in ihren Reihen. Eine große Zahl von solchen Vereinigungen schloß sich im Februar 1916 in der locker kooperierenden «Interessengemeinschaft Deutscher Reichs- und Staatsbeamtenverbände» zusammen, die es bis Anfang 1916 auf eine halbe Million Mitglieder brachte. Im Dezember 1918 ging dann aus der «Interessengemeinschaft» der außerordentlich zählebige «Deutsche Beamtenbund» mit sogleich anderthalb Millionen Mitgliedern hervor.

Insgesamt erlebte die höhere Beamtenschaft nur eine sehr begrenzte Politisierung. Sie blieb auch im Herbst 1918 «revolutionsgeduldig» und verteidigte keineswegs aktiv die alten Gewalten, denen sie so lange gedient und deren politische Ordnung sie so lange für unübertrefflich gehalten hatte. Um so entschiedener holte sie ihre verhängnisvolle Verteidigung in der Weimarer Republik gefahrenlos nach.

Im Kleinbürgertum erlebte der «neue Mittelstand» der Angestellten, die als «Privatbeamte» ihre Nähe zum Staatsdienertum und ihre Distanz zur proletarischen Arbeitnehmerschaft jahrzehntelang betont hatten, unmittelbar nach dem Kriegsausbruch eine «drastische Gehaltsreduktion». Denn die neue Lage wurde von den meisten Unternehmen, die vor dem Bruch der laufenden Verträge nicht zurückschreckten, geradezu schamlos ausgenutzt. Der Hamburger «Verein für Handlungskommis» fand heraus, daß das monatliche Einkommen der Hälfte seiner rund 2300 weiterbeschäftigten Mitglieder bis zum November 1914 um ein Viertel, oft sogar um die Hälfte gekürzt worden war. Die Handelskammer Frankfurt legte den ihr angehörenden Firmen bereits am 2. August 1914 dringend nahe, ihren Angestellten nur noch ein Viertel, höchstens aber ein Drittel ihres Gehalts weiter zu zahlen. Überall im Reich ließen sich Unternehmer derartige Ratschläge nicht zweimal geben. Auf der Gegenseite konnten die Angestellten, anders als die Arbeiter in der Kriegsindustrie, die Rüstungskonjunktur als Hebel für Einkommensverbesserungen nicht ausnutzen, obwohl die Lebenshaltungskosten bereits bis Ende 1915 um 30 Prozent gestiegen waren. Die Reichsversicherungsanstalt fand für diese Zeitspanne heraus, daß der jährliche Durchschnittsverdienst der männlichen Angestellten von 1914 = 1941 auf 1871 Mark, derjenige der weiblichen Angestellten von 997 auf 955 Mark abgesunken war. Schon nach anderthalb Jahren hatten die Angestellten weit mehr als die Arbeiter an verfügbarer Kaufkraft verloren.

Dieser ungünstige Trend hielt während des gesamten Krieges weiter an, da die bescheidene Anhebung der Nominaleinkommen den Verfall der Realeinkommen nicht aufhalten konnte. Daher ergab eine Enquete, die der «Deutschnationale Handlungsgehilfen-Verband» unter seinen Mitgliedern veranstaltete, daß ihr durchschnittliches Gehalt bis zum Januar 1918 zwar nominell von 2393 um 18 Prozent auf 2829 Mark angestiegen, der Lebenshaltungskosten-Index jedoch um 185 Prozent nach oben geklettert war. Vor 1914 hatten die Angestelltengehälter durchweg um etwa 15 Prozent über den Arbeiterlöhnen gelegen, jetzt aber übertraf der Nominallohnzuwachs von Rüstungsarbeitern (152 %) und selbst von Arbeitern in der Friedensindustrie (81 %) ihren Zugewinn bei weitem. Der Stachel dieser Deprivationserfahrung wurde noch dadurch geschärft, daß es im Gegensatz zur Industriearbeiterschaft nirgendwo Zulagen oder Sonderrationen für Angestellte gab. An bitteren Reaktionen fehlte es darum nicht, zumal die Macht der Freien Gewerkschaften allmählich zunahm, während die Angestelltenverbände keine greifbaren Fortschritte machten.

Trotz des Einflusses der Kriegsbedingungen kam es nur zu einer «begrenzten Linksbewegung» der Angestellten, keineswegs aber zu der vielfach behaupteten Radikalisierung aufgrund ihrer ökonomischen Erschöpfung. Die Mehrheit der Angestelltenverbände stritt unverändert für ihr Hauptziel: die Verteidigung der Privilegien gegenüber dem Proletariat. Allein der «Bund der technisch-industriellen Beamten» (ButiB) definierte seine Mitglieder als reguläre Arbeitnehmer, so daß er auch eine lockere Kooperation mit den Freien Gewerkschaften gelegentlich praktizieren konnte. Doch ganz überwiegend entwickelten die Angestellten während des Krieges kein «eindeutiges Arbeitnehmerbewußtsein». Vielmehr trieb sie die tiefsitzende Angst vor der ökonomischen Nivellierung und dem Verlust an sozialer Distanz, die sie bisher vom Proletariat getrennt hatte, zu einer starren Behauptung ihrer kleinbürgerlichen Sonderstellung an.

Immerhin hielten es die Unternehmer für angebracht, ihre Abwehr des

Protests, der aus den Angestelltenverbänden manchmal an die Öffentlichkeit drang, seit Anfang 1918 in der neuen Zeitschrift «Die Hanse» zu koordinieren. Dort klagten sie prophylaktisch den «Verbandsterrorismus» und «Staatssozialismus» in den bescheidenen Forderungen ihrer Angestellten an. Auch deshalb wuchs das Bedrohungsgefühl in der Angestelltenschaft. Zwischen den Mühlsteinen von Großindustrie und Arbeiterbewegung, diese Metapher tauchte immer wieder auf, fürchteten sie, zerrieben zu werden. Das grassierende Schlagwort von der «Verproletarisierung» fing diese Stimmungslage ein.

Währenddessen hatte ein Großteil des «alten Mittelstandes», das Handwerk, jahrelang erlebt, wie hart mit ihm unter dem Primat der Rüstungsindustrie umgesprungen wurde. Bis Ende 1917 war die Hälfte aller Handwerker zum Militärdienst eingezogen, ein Drittel aller Betriebe geschlossen worden. Freilich stellte sich später in einer Langzeituntersuchung heraus, daß die Betriebszahl zwischen 1907 und 1919 insgesamt doch nur um acht Prozent abgenommen hat. Auch wurde die sozialprotektionistische Mittelstandspolitik während des Krieges nicht ganz unterbrochen, wie sich das etwa an der Handhabung der Umsatzsteuer verfolgen läßt.

Unstreitig aber trugen die Handwerker und ihre Familien eine schwere Last. Deshalb ist es um so auffälliger, daß nur eine winzige Minderheit zur Unterstützung der linken Opposition tendierte. Im Gegenteil: Alle Interessenverbände des «alten Mittelstands» traten für die «Vaterlandspartei», dieses Sammelbecken aller gefährlichen Traditionen und künftigen Giftstoffe, nachdrücklich ein, und ihr publizistischer Kampf gegen den Interventionismus und angeblich vordringenden «Staatssozialismus» knüpfte an ihren traditionellen Widerstand gegen die liberale Gewerbefreiheit, den uneingeschränkten Konkurrenzkampf, die Industriewirtschaft namentlich in Gestalt der Großunternehmen an. In dieser Grundhaltung stimmte das Handwerk mit der Opposition des Kleinhandels überein, der sich gegen dieselben «Gegner» aufbäumte, darüber hinaus aber auch seine Attacke gegen die sozialdemokratischen Konsumgenossenschaften und die großen Warenhäuser fortsetzte.

Gemeinsam erlebten diese beiden Kerngruppen des «alten Mittelstands» auch ihre schmerzhaften Einkommensverluste. Die interessenpolitische Mittelstandsbewegung, die vor 1914 einen steilen Aufschwung erlebt hatte, blieb, obwohl ihre Mitglieder im Krieg eine niederdrückende Bürde tragen mußten, «unstabil und heterogen». Wichtig war jedoch die Annäherung, die sich zwischen mittelständischen Kleinunternehmern und industriellen Großunternehmern vollzog. Das war zum einen eine Reaktion auf die Herausforderung, die das Vordringen der organisierten Arbeiterschaft verkörperte, zum andern eine Antwort auf die Verfechtung von Konsumenteninteressen, die in der Wahrnehmung der Unternehmer gleich welchen Formats von den Freien Gewerkschaften erfolgreich vertreten wurden.

Wegen der lockeren Zusammenarbeit mit Industriellen trat die in der Handwerkerideologie virulente Kapitalismuskritik zeitweilig zurück, da die gemeinsame Abwehr des Interventionsstaats, der demokratische Züge anzunehmen drohte, als vordringlich erschien. Häufig aber fühlten sich auch die Angehörigen des «alten Mittelstands» einem fast aussichtslosen Zweifrontenkrieg zwischen den Großorganisationen des Proletariats und des industriell-kommerziellen Kapitalismus ausgesetzt.[2]

b) Die Arbeiterklassen

Aufs Ganze gesehen wurden die arbeitenden Klassen vom Krieg am härtesten getroffen. Ihre Angehörigen stellten, gemessen an ihrem numerischen Anteil an der Reichsbevölkerung, einen überproportional großen Anteil des Frontheeres, und während des Militärdienstes wurden ihre Frauen und Kinder mit skandalös geringen Finanzmitteln als minimalem Ausgleich für die Abwesenheit des Ernährers ausgestattet. Sie trugen an der «Heimatfront» die Hauptlast der rüstungswirtschaftlichen Kriegsanstrengung unter Einkommens- und Arbeitsbedingungen, die sich kontinuierlich verschlechterten. Dieser moderne Pauperisierungsprozeß läßt sich, ehe auf tiefgreifende Umstrukturierungen, Spannungen und Konfliktpotentiale eingegangen wird, an einigen Indikatoren verfolgen.

Der Anstieg der Nominallöhne täuschte nur kurz über das Absinken des Lebensstandards hinweg. Je nach Branche und Geschlecht der Arbeitskräfte nahmen die durchschnittlichen Nominallöhne um 80 bis 186 Prozent zu. Aus den Untersuchungen des Statistischen Reichsamts, das sich auf ein durchaus repräsentatives Sample von 370 Unternehmen stützte, gehen für die Zeitspanne vom März 1914 bis zum September 1918 die unterschiedlichen Zuwachsraten hervor. Männer in der Kriegsindustrie gewannen 152, Frauen wegen der niedrigeren Ausgangsbasis sogar 186 Prozent hinzu; Männer in der Friedenswirtschaft dagegen nur 81, Frauen 102 Prozent. Im allgemeinen Durchschnitt aller Industriezweige kletterte der tägliche Nominallohn für Arbeiter von 4,84 auf 10,26, für Arbeiterinnen von 2,27 auf 5,54 Mark. Am besten standen sich Männer in der Elektrotechnischen Industrie, wo die durchschnittlichen Nominallöhne um 198 Prozent anstiegen, und Frauen in der Metallverarbeitung, da ihre Nominallöhne sich dort um 224 Prozent vermehrten. Am schlechtesten schnitten Männer und Frauen in der Lebensmittelindustrie ab, wo die Löhne nur um 50 Prozent zunahmen.

Hinter diesem pauschal charakterisierten Trend verbergen sich einige gegenläufige Tendenzen der Lohnentwicklung. Die Rüstungskonjunktur vergrößerte auf der einen Seite die Abstände in der Lohnhierarchie. Ein hochspezialisierter Einrichter in einem Berliner Rüstungsunternehmen brachte täglich 25, im Verlauf des Jahres früher unvorstellbare 7500 Mark nach Hause. Dagegen erhielt ein Hilfsarbeiter in einem kleinstädtischen Textilbetrieb täglich 3,50, jährlich 1200 Mark, mithin nur ein Sechstel der Berliner Summe. Die alte Arbeiteraristokratie wurde zum Teil entthront: 1914 standen die Buchdrucker mit einem Tageslohn von 6,50 Mark noch immer an der Spitze, 1918 waren es die Elektrofacharbeiter mit 13,40 Mark, während die Textilarbeiter mit 3,46 Mark auf dem untersten Rang der Skala verharrten.

Auf der andern Seite wurden wegen des Nachfragesogs aber auch die Lohndifferentiale zwischen Facharbeitern und ungelernten Arbeitskräften verringert. In den sechs großen rheinischen Munitionsfabriken erhielten bis 1918 die Facharbeiter mit Zeitlohn für ihre handwerklich spezialisierte Tätigkeit täglich zwölf Mark, frisch angelernte Arbeiter mit Akkordlohn und Gefahrenzulage dagegen 19 Mark. Bei Krupp stiegen – wie das oft die Regel war – die Löhne für Facharbeiter um 87 bis 110 Prozent und damit höher an als diejenigen für angelernte Hilfskräfte, blieben aber hinter den Löhnen für strapazierbare Jungarbeiter, die sich um 150 bis 180 Prozent verbesserten, deutlich zurück.

Der Tendenz nach setzte sich sogar eine gewisse Angleichung der bisher weit auseinanderklaffenden Männer- und Frauenlöhne durch. Jedenfalls ging die schroffe Differenzierung etwas zurück, zumal die Frauen in Branchen mit höherem Lohnniveau eindringen konnten. Trotzdem erreichten Arbeiterinnen weiterhin nur etwa die Hälfte der Männerlöhne. Unverändert bekamen sie einen ungleichen Lohn für die gleiche Arbeit. So erhielten sie etwa im März 1914 in der Metallindustrie 37, in der Chemischen Industrie 46, in der Textilindustrie 63 Prozent, im Herbst 1918 immerhin, aber auch nicht mehr als 51, 55, 66 Prozent der Männerlöhne.

Alle diese Veränderungen der Nominallöhne blieben jedoch sekundäre Phänomene im Vergleich mit der Bewegung der Reallöhne, die über die konkreten Lebensbedingungen entschieden. Abgesehen von den Spitzengruppen der Rüstungsarbeiterschaft erlebten alle Arbeitskräfte eine «Nivellierung des Lebensstandards nach unten», während gleichzeitig Erkrankungen und Unfälle, Unterernährung und Leidensdruck zunahmen. Die Reallöhne der Männer in der Kriegsindustrie sanken vom März 1914 bis zum September 1918 um 22, die der Frauen um zwölf Prozent; in der Friedenswirtschaft gingen sie für Männer sogar um 44, für Frauen um 39 Prozent zurück. Im allgemeinen Durchschnitt aller Arbeitskräfte fiel der Reallohn für Männer um 34, für Frauen um 26 Prozent. Welche Unterschiede es auch im einzelnen geben mochte, alle blieben mit ihrem Einkommen weit hinter den davonschießenden Lebenshaltungskosten zurück. Bereits die Großhandelspreise zogen (1912 = 100) bis 1918 auf 415 Indexpunkte hoch, während sich die Einzelhandelspreise nicht selten verzehnfachten.

Für die erdrückende Mehrheit der Lohnarbeiter und -arbeiterinnen wurde der beharrliche Anstieg der Reallöhne seit dem Ende der 1880er

1. Die Klassengesellschaft unter Kriegsbedingungen 83

Jahre bis zum Sommer 1914 «plötzlich und sofort schmerzhaft spürbar» unterbrochen. Da der Abschwung anhielt, gerieten sie in den Strudel eines Verarmungsprozesses, der in einen ungleich tieferen Niedergang ihres Realeinkommens mündete, als ihn zum Beispiel die englischen Arbeiter erlebten, die bis 1918 nur 15 Prozent ihres Friedenslohns verloren. Noch einmal: Es gab Ausnahmen unter den Facharbeitereliten. Auf den Hamburger Werften, deren aus gelernten und ungelernten Kräften bunt gemischte Arbeiterschaft von 18 000 auf 27 000 anstieg, wuchsen die Nominallöhne um 100 Prozent, während die Lebenshaltungskosten in der Hansestadt sich ebenfalls verdoppelten, so daß der Reallohn überdurchschnittlich hoch ausfiel. Aber der Preis dafür bestand aus einem häufig fünfzehnstündigen Arbeitstag und ständiger Wochenendarbeit.

Das «Kriegsamt für Verbraucherinteressen» verglich 1916 die Lebenshaltung nach zwei Kriegsjahren mit den Verhältnissen von 1908. Vier wichtige Ergebnisse stechen hervor: Der Budgetanteil für Lebensmittel war steil angestiegen, derjenige für Fleisch extrem abgesunken; die Rationierung und Preisfixierung wirkten nivellierend, aber die rationierten Portionen reichten nirgendwo aus, und Schwarzmarktpreise blieben für den Arbeiterhaushalt in aller Regel unerschwinglich hoch. Bis 1918 deckten die amtlichen Lebensmittelrationen nur mehr 47 bis 57 Prozent des täglichen Kalorienbedarfs. Seit 1917 gelang es zwar den Gewerkschaften, den Verfall der Reallöhne etwas abzubremsen, doch im wesentlichen stand nur die Spitzengruppe der Facharbeiter im Vergleich besser da als die Mehrheit aller anderen Arbeitskräfte.

Die Wirkung des Reallohnrückgangs hing freilich auch davon ab, ob Frauen und Kinder, die vor 1914 sechs bis zehn Prozent des Arbeitereinkommens beigesteuert hatten, im Krieg mehr hinzuverdienen konnten. In der Tat stieg der Anteil, den sie zum Familienbudget beitragen konnten, im allgemeinen etwas an, ohne doch den enormen Kaufkraftverlust auch nur von ferne wettmachen zu können.

Der materielle Zwang zugunsten der Berufstätigkeit proletarischer Frauen lenkt auf ein strukturelles Dauerproblem der Kriegsjahre hin. Der entscheidende Engpaß auf dem Arbeitsmarkt blieb der permanente Mangel an Facharbeitern, ja an Arbeitskräften überhaupt. Aus dem begrenzten Potential an leistungsfähigen Männern konnte der Personalbedarf des Militärs und der Wirtschaft nicht gleichzeitig befriedigt werden. Immerhin erreichten die Unternehmen, daß die Zahl der vom Kriegsdienst zurückgestellten Männer bereits bis zum Herbst 1916 auf zwei Millionen anwuchs: Das war die doppelte Größe des Feldheeres von 1870/71. Bis zum April 1918 sind allein in Preußen 2,3 Millionen Männer, darunter 1,1 Millionen als kv eingestufte, erfolgreich reklamiert worden.

Die Zuweisung der Arbeitskräfte begünstigte die Großindustrie. Die Elektrotechnische und Chemische Industrie, die Werften, später die Flugzeug- und Tankfabriken nutzten das «Quasi-Monopol» der Riesenunternehmen noch effektiver aus als die umständliche und enorme Arbeitsleistungen verlangende Schwerindustrie. Aus der permanenten Mangelsituation auf dem Arbeitsmarkt resultierte die Aufwertung der Frauenarbeit. Zugleich konnte sie seit 1915 als «disponible Manövriermasse gehandelt» werden, und ihre lohndrückende Funktion wurde «decouvrierend» offen begrüßt. Von 1913 bis 1918 stieg der Frauenanteil an der Arbeiterschaft von 22 auf 34 Prozent. Seit 1917/18 gab es teilweise sogar mehr Frauen als Männer in den Rüstungsbetrieben.

Die Veränderung des Arbeitskräftepotentials durch das Einströmen der Frauen, die durchweg notgedrungen – um ihr Einkommen aufzubessern und Männer zu ersetzen – in die Industrie vordrangen, weist auf eine allgemeinere Umverteilung hin. Die kriegswichtigen Industrien gewannen in hohem Maße Arbeitskräfte hinzu: die Chemische Industrie um 170, die Elektrotechnische Industrie und der Maschinenbau jeweils um 50, die Metallverarbeitung um 80 Prozent. Demgegenüber verloren die Friedensindustrien oft mehr als die Hälfte ihrer Belegschaft: die Textilindustrie zum Beispiel 58, das Baugewerbe 57, die Bekleidungsindustrie 32 Prozent. Während dieser Umschichtung wuchsen die Großunternehmen auf Kosten der mittleren und kleineren Betrieb rapide weiter an. Gleichzeitig hing mit dieser Bewegung, die im Laufe der Kriegsjahre Millionen Menschen erfaßte, ein «beispielloses Ausmaß an Fluktuationen, Wanderungen und Belegschaftsunstetigkeit» zusammen. Die Siemenswerke etwa stellten im Sommer 1917 fest, daß sich seit dem Sommer 1914 ihre Belegschaft achtmal erneuert hatte. In beiden Düsseldorfer Großeisenwerken blieb bis zum Oktober 1918 jeder Arbeiter durchschnittlich höchstens ein Jahr.

Eine besondere Rolle spielten dabei die jungen ungelernten Arbeiter, die gewerkschaftlich noch nicht organisiert und diszipliniert worden waren. Sie gewannen während der Streiks von 1917/18, dann in der Revolution als mobiles, schwer zu steuerndes Element eine auffällige Bedeutung. Bereits im April 1917 prophezeite Max Weber sehr nüchtern, daß im Hinblick auf den vergleichsweise gutverdienenden «Nachwuchs der Halberwachsenen» künftige «syndikalistische Putschversuche... in den Massenzentren natürlich durchaus im Bereich des Möglichen» lägen.

Daß der offene Konflikt sich als Möglichkeit abzuzeichnen begann, hing aber nicht nur mit der veränderten Alterskomposition der Belegschaften, sondern viel allgemeiner mit der unerträglichen Lage der meisten Arbeiter und Arbeiterinnen zusammen. Die Reallöhne sanken. Die Arbeitszeit wurde häufig verlängert, das Wochenende in sie einbezogen. Die Lebensmittelversorgung blieb mangelhaft. Die Kalorienzufuhr sackte ab. Die physische Schwächung und Unterernährung dehnten sich ebenso aus wie die Mangelkrankheiten. Die Unfallhäufigkeit stieg, da die Konzentrationsfähigkeit nachließ. Ausbeutung und Deprivation in jeder Hinsicht nahmen zu, während jede effektive materielle, psychische, politische Kompensation ausblieb und die Allgegenwart des Todes durch die täglichen Gefallenenmeldungen präsent gehalten wurde. «Die Arbeitsverhältnisse waren so», urteilte ein aufgeweckter Arbeiter, «wie sie im Frühkapitalismus gewesen sein mögen.»

Der Protest gegen diese degradierenden Lebensbedingungen trat seit 1917 nicht nur in den Streiks, sondern auch in der primär politisch motivierten Aktivität der USPD zutage. Doch auch im Alltag der Betriebe kündigte sich Opposition an. Seit dem frühen Winter 1916 tauchten in Berliner Rüstungsunternehmen aufsässige Parolen auf, zum Beispiel «Gleicher Lohn und gleiches Fressen, dann wär der Krieg schon längst vergessen». Das Konfliktverhalten wurde auch dadurch verschärft, daß sich die Freien Gewerkschaften und die SPD/MSPD als «Juniorpartner der offiziellen Kriegswirtschaft» aufführten, aber keine zeitgemäß abgewandelte Gegenmacht gegen das Übergewicht der Unternehmerschaft ausbauten. Sie rechtfertigten ihre beflissene Loyalität mit den Kriegsbedingungen, aber auch damit, daß die politische Emanzipation immer näher heranrücke. Mit beiden Gründen ließ sich aber ein gut Teil ihrer Basis immer weniger überzeugen.

Selbst gegenüber offen fortgesetzter Diskriminierung standen die Repräsentanten der Arbeiterbewegung relativ hilflos da. 1915 und 1916 stellte sich heraus, daß die Arbeitsordnung von Staatsbetrieben die sozialdemokratischen Arbeiter unverändert stigmatisierte, da «Personen, die sozialdemokratischen oder sonstigen staatsfeindlichen Bestrebungen Vorschub leisten», von einer Beschäftigung rigoros ausgeschlossen wurden. Erst seit 1917 konnten die Freien Gewerkschaften zusammen mit der SPD eine – keineswegs vollständige – Remedur dieser traditionellen Benachteiligung durchsetzen. Ein später Anlauf des Reichskanzlers Hertling, den umstrittenen § 158 der Gewerbeordnung zugunsten von Streikbrechern endlich aufzuheben und darüber hinaus Arbeiterkammern einzurichten, scheiterte an der Opposition des Unternehmerlagers, wo sich vor allem die Schwerindustriellen gegen die wachsende «Macht der Masse und der Gosse» aufbäumten.

Unstreitig haben die Kriegseinwirkungen die soziale und politische «Polarisierung» vertieft und die krassen Gegensätze im industriellen Sektor stufenweise verschärft. Die Verarmung traf die Arbeiterschaft ungleich härter als die Unternehmer und das höhere Management. Hinter der gemeinsamen Erfahrung der Not trat die überkommene Differenzierung der Betriebshierarchie – von der Arbeiteraristokratie bis hinunter zu den ungelernten Tagelöhnern – allmählich zurück, als die von allen geteilte Klassensituation immer schärfer konturiert hervortrat. Entsprachen der gravierenden sozialökonomischen Verschlechterung der Klassenlage aber auch sozialpsychische, organisatorische und politische Veränderungen?

III. Die deutsche Gesellschaft im Weltkrieg

Die ökonomischen und sozialen Unterschiede zwischen der Lage der Arbeiter und derjenigen der Unternehmer wurden spätestens nach den beiden ersten Kriegsjahren in der Tat krasser als je vor 1914 empfunden. Die ungleiche Verteilung knapper Güter aller Art wirkte aufreizender als die Knappheit selber, da sie die zunehmenden «Gleichheitsansprüche» verletzte. Die «Erfahrung des Niedergangs nach einer Periode... immer auskömmlicheren Lebens» führte, wie das bei der Erfahrung «Relativer Deprivation» häufig der Fall ist, nicht zur Resignation, sondern zur Anfeindung der Ungerechtigkeit, zumal die Diskrepanz zwischen legitimen Ansprüchen und aufgeschobener Erfüllung immer größer wurde.

Die Erfahrung massenhafter horizontaler, geographischer Mobilität, namentlich in den Großstädten mit ihren Rüstungsbetrieben, gleichzeitig aber auch schnellen vertikalen, sozialen Auf- und Abstiegs im Zuge der millionenfachen Fluktuation von Arbeitskräften stellte die ungleiche Verteilung von Lebenschancen evident in Frage. Benachteiligung wurde im Prinzip immer weniger als unentrinnbares Schicksal der Klassenzugehörigkeit, vielmehr als kränkende, aber veränderbare Lebenssituation wahrgenommen.

Die Diskriminierung der Sozialdemokraten wurde auch im Zeichen des «Burgfriedens» alles andere als vollständig abgebaut. Auf vielen Gebieten wurde sie vielmehr stillschweigend weiterpraktiziert und diskreditierte das vielbeschworene Ideal der «Volksgemeinschaft» in Kriegszeiten.

Seit dem Frühjahr 1916 überschnitten und steigerten sich lang- und kurzlebige Entwicklungen in ihrer wechselseitigen Wirkung. Der Lebensmittelmangel wurde immer schmerzhafter, während die horrenden Preise des Schwarzmarkts für die Mehrheit unerschwinglich blieben. Die Knappheit an Brennstoff für den Haushalt und die Heizung verschärfte sich. Das HDG erhöhte, ungeachtet mancher Gewerkschaftserfolge, die Belastung durch den totalen Krieg. Die Verlustmeldungen über das Massensterben an der Front vertieften trotz der schönfärberischen Manipulation der Zensurbehörde die Niedergeschlagenheit. Als es im April 1917 zur Kürzung der Rationen für Schwerarbeit kam, wirkte diese eklatante Fehlentscheidung als Initialzündung für den Beginn der ersten großen Streikwelle, die im Nu 200 000 Arbeiter in 300 Berliner Rüstungsbetrieben erfaßte. Die USPD scherte im selben Monat aus der SPD aus. Links von ihr konsolidierte sich die «Gruppe Internationale» um Rosa Luxemburg, Karl Liebknecht, Clara Zetkin und Franz Mehring im «Spartakusbund», dem Kern der späteren Kommunistischen Partei. Seither bildete sich unverkennbar ein neues Konfliktniveau heraus, auf dem sich die Gegensätze bis zum Herbst 1918 unablässig weiter zuspitzten.[3]

c) Die ländlichen Besitzklassen

Wuchsen in der ländlichen Gesellschaft die Spannungen zwischen den Arbeitgebern, den Gutsbesitzern und Bauern, und den Arbeitnehmern, den Landarbeitern und Knechten, ebenso stark an, daß eine direkte Parallele zur Dichotomisierung des städtischen industriekapitalistischen Milieus entstand? Oder gab es nicht vielmehr eine Reduktion der Differenzen zwischen den Besitzklassen der landwirtschaftlichen Eigentümer, ganz gleich, über welche Betriebsgröße sie verfügten? Kam es daher zu einer gemeinsamen Front gegen die städtischen Konsumenten, die Arbeiterbewegung als ihrem Hauptrepräsentanten und die staatliche Zwangswirtschaft «im Dienste der Sozialdemokratie», zumal die ländlichen Arbeitnehmer, unter denen alte Männer, Frauen und Kriegsgefangene die erdrückende Mehrheit stellten, als ernstzunehmende Opposition mit eigenen Organisationen und Kampfzielen entfielen?

In der Tat bildete seit dem August 1914 der unübersehbare Arbeitskräftemangel ein ungleich größeres Problem als der nur gelegentlich auftauchende Protest unorganisierter Landarbeiter. Auch nahm der Haß gegen die bürokratischen Eingriffe in die landwirtschaftliche Produktion und Distribution proportional mit der ansteigenden Flut der Verordnungen zur Kriegsernährungswirtschaft, mit der Kontrolle, der Gängelung, der Beschlagnahmung von Erzeugnissen zu. Die Erfahrung der Ohnmacht gegenüber staatlichen Behörden, die bisher der Landwirtschaft nur mit extremem Wohlwollen begegnet waren, vervielfältigte sich, und damit vertiefte sich der Eindruck, daß der Staat nur mehr den städtischen Interessen nachgebe und die privilegierte Stellung der Agrarier radikal in Frage stelle.

Die dadurch aufgebaute Spannung zwischen Land und Stadt verlief im Grunde «quer zu den Klassengegensätzen» der Marktgesellschaft. In der Stadt kristallisierte sich der Gegensatz um Nahrungsnot, Hunger und Deprivation; auf dem Land um Hortung, Kontrolle, Gehöftdurchsuchung und Beschlagnahmung. Die Spannung zwischen Produzenten, das heißt ländlichen Eigentümern einerseits, und Konsumenten, das heißt überwiegend städtischen Arbeitnehmern andrerseits, mit seinem Ergebnis einer angeblich eklatanten Benachteiligung der agrarischen Besitzklassen wurde im ländlichen Milieu als fundamentaler Gegensatz wahrgenommen. Dieses neuartige Spannungsverhältnis zwischen diskriminiertem «Land» und privilegierter «Stadt» fügte sich aber zugleich, da es zunehmend das Profil einer Konfrontation von satten Produktionsmittelbesitzern und hungrigen Arbeitskraftverkäufern gewann, auch in die ohnehin «deutlicher werdenden Klassenfronten» ein. Unter dem hohen Außendruck rückten jedenfalls Großagrarier und bäuerliche Besitzklassen enger zusammen, sie kämpften gemeinsam gegen den staatlichen Interventionismus und die Begünstigung

III. Die deutsche Gesellschaft im Weltkrieg

städtischer Proletariermassen, aber für die annexionistischen Kriegsziele und einen Siegfrieden.

Seit dem 1. August 1914 wurden zuerst einmal die Leistungsfähigkeit und Opferbereitschaft der Landwirtschaft gepriesen. Der alliierte «Aushungerungsplan» machte die rhetorische Beschwörung des agrarischen Opfermuts zu einer «staatspolitischen Pflichtübung». Sie fand freilich nur zeitweilig Glauben, denn die Utopie der Autarkie, jahrzehntelang von den Interessenverbänden beschworen, wurde durch das blanke Unvermögen der Landwirtschaft, 60 Millionen Menschen auch unter Kriegsbedingungen angemessen zu versorgen, im Nu zerstört. Der ungehemmt weiterkultivierte Interessenegoismus der Agrarier widersprach dem hochpolierten Image des erfolgreichen «Nährstandes».

Sein Widerstand wiederum gegen die staatlichen Steuerungsmaßnahmen begann unmittelbar mit der Rationierung und Preisfixierung im Winter 1914/15. Seither wurden Vorräte verheimlicht und versteckt, später die Ernteestatistiken frisiert. Bereits 1915 ergab eine amtliche Vorratserhebung in Preußen, daß zum Beispiel von der Kartoffelernte «höchstens die Hälfte», wie der leitende Statistiker seine «begründeten Vermutungen» formulierte, «ja noch weniger» angegeben werde. Offensichtlich sind auch danach die Anbau- und Ernteergebnisse von den Landwirten durch ihre systematische Manipulation entwertet worden.

Als vom Reichsamt des Inneren und vom Kriegsernährungsamt das zwangswirtschaftliche System notgedrungen verschärft wurde, vertiefte sich der Gegensatz zwischen Stadt und Land. Während auf der einen Seite der Mangel an Arbeitskräften und Düngemitteln, an Saatgut und Maschinen immer schmerzhafter empfunden wurde, nahmen die planwirtschaftliche Steuerung und Preisfixierung, die angebliche Überforderung durch Ablieferungsquoten und «Kränkung» durch Kontrollbesuche weiter zu. Dazu wirkten sich im einzelnen die miserable Organisation der Überwachung, das Chaos der undurchschaubaren Eingriffe, das Fehlen einer umfassenden Planung durch die Bürokratie, die vielkritisierte Unangemessenheit der Preisfestsetzung animositätsfördernd aus. Vor allem die Bauern mit mittelgroßem und kleinem Besitz fühlten sich durch die ganz ungewohnte Reglementierung mit ihren Preisschranken und «Zwangswirtschaftsfesseln» schikaniert, zumal der ausgelaugte Boden stetig absinkende Ernteerträge hervorbrachte. Immer häufiger mußten auch die Bäuerinnen nach der Einziehung der Männer zum Militärdienst die Bewirtschaftung allein, allenfalls von ihren Kindern und Kriegsgefangenen unterstützt, übernehmen.

Die Unzufriedenheit trieb tiefe Wurzeln, denn die Landwirtschaft fühlte sich zusehends strukturell benachteiligt. Der Primat der Rüstungsindustrie wertete sowohl die städtischen Arbeiter mit ihren Gewerkschaften als auch die Unternehmer mit ihren Verbänden mächtig auf. Während sie den Krieg zugunsten ihrer jeweiligen Interessen ausnutzten, zerfiel die Grundlage der bevorzugten Behandlung, welche die Agrarier in der Vergangenheit zielbewußt zugunsten ihrer Interessen herbeigeführt hatten, in einer sie tief irritierenden Geschwindigkeit. Als Ventil ihres Protests fungierte passive Resistenz: Die Produktionsziffern wurden untertrieben, Schlachtvieh und Lebensmittel versteckt und anschließend, ein besonders lukrativer Akt des Widerstandes, auf dem Schwarzmarkt vorteilhaft verkauft.

Ganz offensichtlich ist es der staatlichen Politik mißlungen, die von ihr angestrebte «Quadratur des Kreises» zu schaffen. Sie wollte zum einen die «Ernährung der städtischen Arbeitermassen durch eine wirtschaftlich sinnvolle Erfassung und sozial gerechte Verteilung der knappen Vorräte» mit Hilfe eines komplizierten Regelwerks sicherstellen, damit der Durchhaltewillen der Arbeiterschaft nicht irreparabel geschwächt wurde. Die innenpolitische Spannungszunahme war ihr wohlbekannt, da die Stimmungsberichte keinen Zweifel an der Brisanz dieser Frage aufkommen ließen. «Die Gegensätze zwischen Stadt und Land verschärfen sich bedauerlicherweise immer mehr», konstatierte das Generalkommando Kassel im Dezember 1916. «Die städtische Bevölkerung, ohne Unterschied des Besitzes, schaut mit Neid auf die ländlichen Verhältnisse, wo offensichtlich die Lebensmittel, die der Städter besonders schmerzlich vermißt..., noch in vielleicht übertrieben dargestellten Mengen vorhanden sind.»

Zum andern wollte die staatliche Politik aber auch vermeiden, «den Produktionswillen der Landbevölkerung zu lähmen». Vielmehr sollte ihre Kooperationsbereitschaft trotz aller Eingriffe möglichst ungeschmälert erhalten bleiben, obwohl seit 1916 die staatlich verordneten Höchstpreise in der Regel die Produktionskosten nicht mehr deckten, so daß folgerichtig die absurden Gewinnspannen des Schleichhandels eine unwiderstehliche Attraktion gewannen.

Faktisch war deshalb die staatliche Ernährungspolitik ein Sammelsurium von improvisierten «momentanen Notmaßnahmen», die es keiner, aber auch gar keiner Seite recht machen konnten. Weder vermochte sie das Hungerjahr 1915/16 noch den Rübenwinter 1916/17 zu verhindern, geschweige denn die darbenden Arbeiterfamilien zufriedenzustellen und die Leistungsbereitschaft und Lieferungsehrlichkeit der Agrarier zu verbessern.

Fraglos wurden die Bauern, die «auf dem Lande die Zeche des Krieges» zahlen mußten, von der staatlichen Politik am härtesten getroffen, da die Großbetriebe manche Belastung intern ausgleichen und ungleich größeren politischen Einfluß ausüben konnten. Die Bauern schwenkten zwar keineswegs, wie das ein agrarischer Hochkonservativer im Sommer 1918 fürchtete, «direkt ins sozialdemokratische Lager» über, aber ihr offener Widerwille gegen einen Kampf für Thron und Altar wuchs ebenso wie ihre Aversion gegen Bürokratie und Parlament, da diese angeblich nur die städtischen Konsumenten im Auge hatten. Sie fühlten sich als Opfer einer politischen Entwicklung zugunsten einer bedrohlichen «Front von Arbeitern, Angestellten, Beamten und Konsumgenossenschaften». Im Vergleich mit den industriellen Unternehmern, die hohe Gewinne, Kapitalspritzen und Abnahmegarantien erhielten, litten die Landwirte unter dem unvermeidbaren Raubbau am Boden, an der Bestandsverschlechterung beim Vieh, am Mangel an Futter, Dünger, Saatgut und Maschinen, an der Beschlagnahmung von Pferden. Bis zum März 1918 wurde ihr hartes Tagewerk nicht als Schwerarbeit eingestuft, so daß sie auch keine Sonderzulagen wie die Rüstungsarbeiter erhielten.

Seit dem Herbst 1916 schwang sich Hindenburg als Galionsfigur der 3. OHL zum Fürsprecher namentlich der Großagrarier auf. Von Bethmann Hollweg verlangte er die Auflockerung der staatlichen Reglementierung, ja eine möglichst freie Preisfixierung durch die Produzenten selber. Der «Deutsche Landwirtschaftsrat» und die Interessenverbände griffen diese Forderungen begierig auf, prallten aber am Widerstand der Berliner Instanzen ab, welche diese Lunte nicht an das Pulverfaß der städtischen Mißstimmung legen wollten.

Staatssekretär Michaelis beabsichtigte als Lebensmittelkommissar seit dem Frühjahr 1917, die Kontrollen zu verbessern. Suchaktionen führten bis in die Wohnungen der Landwirte hinein. Das fachte die bäuerliche Empörung an, zumal die konfiszierten Produkte offenbar nicht selten auf dem Schwarzmarkt verkauft wurden. Der befürchtete Engpaß im Winter ließ sich auch durch solche staatlichen Eingriffe aber nicht verhindern.

Andrerseits: Die Entdeckung, daß Landwirte häufig ihre Kartoffeln an Schweine verfütterten, da die Fleischpreise so attraktiv hoch lagen, anstatt sie als Nahrungsmittel gegen unbefriedigende Festpreise abzuliefern, steigerte die Verbitterung der notleidenden Städter. Überhaupt verstanden es zahlreiche Agrarier, während sie lauthals über ihre eigene Notlage klagten, auf dem Schwarzmarkt ihr Schäfchen ins Trockene zu bringen. «Der große und der kleine Gutsbesitzer wie der Bauer», urteilte klarsichtig ein hoher thüringischer Beamter, «alle lassen sich in ihrem Verhalten nicht in erster Linie durch nationale, sondern durch... egoistische Beweggründe bestimmen.»

Seit der zweiten Russischen Revolution vom Oktober 1917 wuchs die Hoffnung auf die Ausbeutung der maßlos überschätzten Ressourcen der Ukraine an. Umfangreiche Lieferungen aus dieser russischen Kornkammer seien, argumentierte Staatssekretär Waldow vom KEA gegenüber Ludendorff, für die «Sicherstellung der Volksernährung» unabdingbar. Dieses Wunschdenken drängte sich um so mehr auf, als es in den Reichsbehörden keine zuverlässige Erntestatistik als Grundlage der Lebensmittelplanung für das Jahr 1918 gab. Grobe Schätzungen ermittelten ein Minus von mindestens 400 000 Tonnen Brotgetreide. Bei einer neuen Kürzung der städtischen Lebensmittelrationen fürchtete nicht nur Waldow neue Streiks, die

1. Die Klassengesellschaft unter Kriegsbedingungen

das Ausmaß der Arbeitskämpfe von 1917 leicht übertreffen konnten. Statt dessen wurden, da man auf ihre «stillen Reserven» vertraute, die Brotrationen für Bauern um 140000 Tonnen gekürzt. Insgeheim hofften die Berliner Politiker weiterhin sehnsüchtig darauf, daß endlich die entspannenden Lieferungen aus der Ukraine einträfen. Vergebens, auch in dieser Hinsicht erwies sich der Friede von Brest-Litowsk als Fiasko, da er trotz aller hochgespannten Erwartungen, wie der liberale Abgeordnete Conrad Haußmann bitter resümierte, «kein Brot gebracht» habe. Statt dessen entzog er der Landwirtschaft Hunderttausende von russischen Arbeitskräften, die aus der Kriegsgefangenschaft nach Hause entlassen werden mußten.

Auf dem Tiefpunkt des Rübenwinters 1917/18, als sich die Ernährungskrise dramatisch zuspitzte, ließ das KEA sogar Lebensmittel, die von Unternehmen gehortet worden waren, beschlagnahmen und die Aufkäufer bestrafen. Die Ware wurde an die «Industrieversorgungsstellen» weitergeleitet, die sie zu niedrigen Preisen an Arbeiter abgaben. Damit wurde indirekt anerkannt, daß die Arbeiterschaft mit den gesetzlichen Rationen nicht auskommen konnte.

Ungeachtet der Notsituation bäumten sich die Repräsentanten der Landwirtschaft noch einmal gegen die Zwangswirtschaft auf. Auch Ludendorff vertrat ihre Position bei Waldow, als er die Demoralisierung der Landwirte durch das staatliche Lenkungssystem anprangerte. Der Vorsitzende des BDL, Conrad v. Wangenheim, forderte, endlich Erzeuger- und Verbrauchergenossenschaften einzurichten, die unter dem Deckmantel des Rechts auf freie Selbstbestimmung die Vormacht der Produzenten garantiert hätten. Überhaupt frönten die Großagrarier weiterhin ihrem sacro egoismo. Als die Einschränkung der Koalitionsfreiheit für Landarbeiter von der Reichstagsmehrheit im März 1918 endlich aufgehoben wurde, opponierten die beiden konservativen Parteien und die meisten nationalliberalen Abgeordneten bis zuletzt. Die «vorsintflutlichen Gesindeordnungen» wurden unbelehrbar weiterverteidigt. Als das Reichsvereinsgesetz liberalisiert werden sollte, empörte sich Wangenheim darüber, daß man mit dieser unerhörten Neuerung die Landarbeiter der Sozialdemokratie und den Freien Gewerkschaften geradezu «in die Arme treibe». «Es ist wirklich, als ob die Leute von Gott verlassen sind; so nutzen sie diesen Krieg geradezu zum Gegenteil von dem aus, was aus demselben herausgeholt werden könnte.»

Währenddessen nahm die Ernährungsnot in den Städten zu. Die Teuerung und das Versorgungsdebakel trieben immer mehr Arbeiter, vor allem aber Frauen «automatisch nach links». Daß die erbitterten Massen von den Behörden zur Sparsamkeit ermahnt wurden, mußte von ihnen, von der SPD und den Gewerkschaften als blanker Hohn empfunden werden. Kein Wunder, daß sich angesichts der im Frühjahr 1918 anhaltenden Verschlechterung der Nahrungsmittellieferungen die Anzahl der Krawalle und Demonstrationen vermehrte. Als sich die Hoffnung auf die Überwindung der

III. Die deutsche Gesellschaft im Weltkrieg

Notlage durch das in Brest-Litowsk geschaffene Ausbeutungsgebiet als reine Chimäre erwies, fraß sich die Bitterkeit noch tiefer ein.

Unter den Großagrariern und Bauern dagegen wuchs noch einmal die Aversion gegen die härtere Intervention des Staates und gegen politische Reformen an, die diesen Staat zu demokratisieren beabsichtigten. So hatten ihre politischen Sprecher schon gegen die Osterbotschaft vom April 1917, die das preußische Dreiklassenwahlrecht in Frage stellte, leidenschaftlich protestiert. Aus den Erfahrungen seit 1916 zogen sie das Fazit, daß das städtische Proletariat mit seinen Organisationen zur Vormacht aufzusteigen drohe und jede reformerische Veränderung über kurz oder lang die SPD begünstigen müsse.

Um der Erosion ihrer privilegierten Stellung zu begegnen und um Reformen, die das politische System angeblich ihren Intimfeinden ausgeliefert hätten, zu verhindern, setzten sich die Agrarier mit aller Kraft für die Kriegszielpolitik ein, insbesondere für weiträumige Annexionen in Osteuropa. Damit folgten sie der Maxime von BDL-Chef v. Wangenheim, der von Anfang an postuliert hatte, daß der Gefahr eines «faulen Friedens nach außen» und infolgedessen auch von fatalen «Konzessionen» im Inneren durch eine sozialimperialistische Expansion und ein «Friedensdiktat» begegnet werden müsse, das auch den innenpolitischen Status quo retten werde. Auf dieser Linie hatten BDL, Bauernbund und Christliche Bauernvereine die große Denkschrift der sechs Verbände vom Mai 1915 mitformuliert (vgl. I.4). Als Ausgleich für die dort anvisierten Ziele der Industrie erklärten sie, von der Landwirtschaftlichen Hochschule Hohenheim und dem Agrarwissenschaftler Max Sering nachdrücklich unterstützt, die möglichst weit ausgreifende «Annexion landwirtschaftlicher Siedlungsgebiete im Osten» für «unbedingt notwendig».

Die Agrarier unterstützten nicht nur die «Intellektuelleneingabe» vom Juni 1915, sondern auch die Denkschrift, die der alldeutsche Münchener Verleger J. F. Lehmann mit seinen Gesinnungsgenossen zur selben Zeit einreichte, da dort «neues Siedlungsland» durch die «Angliederung der Ostsee-Provinzen und der südlich anschließenden Gouvernements an das Deutsche Reich» verlangt wurde. Alle mit «Rang und Namen im agrarisch-konservativen Lager» – von Kuno Graf Westarp und Conrad v. Wangenheim über Gustav Roesicke bis zu Wolfgang Kapp – unterschrieben im August 1916 einen öffentlichen Aufruf, daß «nach erfochtenem Siege» die «Länder zwischen der Baltischen See und den Wolhynischen Sümpfen» annektiert werden müßten. In dieser gewaltigen Ausdehnung nach Nordosten sahen sie offenbar noch immer die Chance, «die innenpolitisch brisante Agrarfrage ohne eigene Einbußen an Macht und Privilegien durch Kolonisierung und Germanisierung zu lösen». Immer auch besaß das Wunschbild, daß das Arbeiterreservoir des eroberten russischen Territoriums «zur Disziplinierung der heimkehrenden Landarbeiter eingesetzt» werden könne, eine verführerische Anziehungskraft für die Herren des flachen Landes in Preußen.

Am längsten trat der BDL für die expansionistischen Kriegsziele ein. Auf seiner Generalversammlung im Februar 1918 erklärte Oldenburg-Januschau den Frieden von Brest-Litowsk für «eine schöne Sache»; man müsse den Sieg im Osten für einen umfassenden Frieden nutzen, der dem «Vaterland Glanz und Zukunft» verschaffe. Wangenheim verhöhnte die «utopischen Pläne der allgemeinen Weltverbrüderung», realiter benötige «das Deutschtum» die seit Jahren anvisierten Annexionsgebiete, wenn es politisch überleben wolle. Unbelehrbar wollte der «Deutsche Landwirtschaftsrat» die Finanzlasten des Reiches durch eine «angemessene Kriegsentschädigung» weiterhin den Alliierten auflasten. Noch Ende Oktober 1918 erklärten Sprecher der Großlandwirtschaft, daß jede Verständigung mit dem Gegner ein Zeichen innerer Schwäche sei.

Erst im November 1918 stürzte «die Scheinwelt der Agrarier... über Nacht ein». Denn die Niederlage zerstörte nicht nur ihre Illusionen. Vielmehr öffnete sie die Schleusen für Konflikte, welche die Großagrarier durch ihre überdimensionierte «Ostmarkenpolitik abzuwenden gehofft hatten». Endlich zerbrach, da die Kriegszielpolitik immer auch die «unterschiedlichen Interessen und Ziele» der «innerlich zerrissenen Agrarfront» durch eine «vermeintlich große nationalpolitische Aufgabe» zusammenzukitten versucht hatte, die verklärte politische Einheit der Landwirtschaft. Auch dadurch wurde sie, die bis zum Herbst 1918 schon viel von ihrer hervorgehobenen Position verloren hatte, auf längere Sicht geschwächt. Um so vehementer hat sie in der Schlußphase der Weimarer Republik, die sie unentwegt mit Haß verfolgt hat, gegen diesen Rang- und Einflußverlust in einer verhängnisvollen Allianz mit dem «großen Trommler» aufbegehrt.[4]

2. Die «kämpfende Heimat»

Die Maxime Friedrichs des Großen, überhaupt der europäischen Fürsten und Kriegstheoretiker des 18. Jahrhunderts, Kriege mit kleinen Söldnerheeren so geschickt zu führen, daß die Untertanen ungestört wie im Frieden ihrer Arbeit nachgehen konnten, galt im Grunde, von den wenigen Ausnahmen während der napoleonischen Feldzüge abgesehen, auch noch im 19. Jahrhundert. Die preußischen Hegemonialkriege der 1860er Jahre etwa haben das zivile Leben in den deutschen Staaten völlig unberührt gelassen; nur im französischen Partisanenkrieg während des Winters 1870/71 leuchtete die Zukunft für kurze Zeit grell auf.

Das änderte sich von Grund auf mit dem Ersten Weltkrieg. In einer beispiellosen Umwälzung wurde die «Heimat» in den Dienst des Krieges gestellt – sie verwandelte sich in die «Heimatfront». Zwar wurde sie noch nicht durch ständige Luftangriffe wie im Zweiten Weltkrieg in die Kampfhandlungen selber unmittelbar einbezogen. Die Grenze zwischen Außenfront und Innenfront blieb, so gesehen, noch scharf markiert erhalten. Aber die Imperative der Kriegsführung und Rüstungswirtschaft regierten, von Jahr zu Jahr anspruchsvoller, die gesamte Lebenswelt, sowohl die Berufssphäre als auch den privaten Alltag. Mit einer ungeheuren, von vielen als unwiderstehlich empfundenen Saugkraft unterwarfen sich die «kommandierenden Bedürfnisse» (Nietzsche) des Krieges einen Bereich der Gesellschaft nach dem andern, bis sie schließlich seit Mitte 1916 – das jedenfalls blieb seither die prinzipielle Forderung – für die Kriegsanstrengung «total» in Anspruch genommen wurde.

Angesichts der Allgegenwart des Todes veränderte der Krieg nicht nur die Lebensführung der Soldaten in einem fundamentalen Sinn. Vielmehr stülpte er auch die Existenz der daheimbleibenden Arbeiter und Bauern, Beamten und Handwerker, Jugendlichen und Kinder, vor allem aber der Frauen radikal um. Wie sich die «kämpfende Heimat» auf einige Erwerbsklassen auswirkte, ist vorn (III.1) am Beispiel vornehmlich ihrer männlichen Angehörigen erörtert worden. Die unterschiedliche Lage der Millionen Frauen in Stadt und Land kann hier nicht in angemessener Ausführlichkeit thematisiert werden. Wohl aber läßt sich an den städtischen Arbeiterinnen die Belastung der Kriegsjahre paradigmatisch verfolgen.

a) Arbeiterfrauen im Krieg

In der älteren Sozialgeschichte des Weltkrieges herrschte die Auffassung vor, daß eine enorme Zunahme der weiblichen Lohnarbeit, die sich auf zahlreiche bisher nicht erwerbstätige Frauen ausgedehnt habe, ebenso ins Auge steche wie ein folgenreiches Ergebnis dieser «Umwälzung»: die neuartige politische Bewertung der Frauenarbeit, da weibliche Arbeitskräfte ihre «Bewährung» in der Kriegswirtschaft bewiesen hätten. Diese Interpretation hält jedoch der neueren empirischen Forschung nicht stand.

Eine drastische numerische Expansion der weiblichen Arbeiterschaft ist durch die «politische Binnenstruktur» des kaiserlichen Deutschland, die selbst unter den Bedingungen einer vierjährigen Kriegsführung gegen eine überlegene Allianz ihre restriktiven Bedingungen nicht überwinden konnte, verhindert worden. Die Koordinationsschwäche der Polykratie, die Ineffizienz der Bürokratie, die Rücksichtnahme auf die von der traditionellen Werteordnung verteidigten weiblichen Rollenstereotypen – sie haben sich von Anfang bis Ende dagegen ausgewirkt, das riesige weibliche Arbeitskräftepotential für den unersättlichen Bedarf der Kriegswirtschaft zu erschließen.

Auch die «zeitgenössischen gesellschaftlichen Wahrnehmungsmuster», die gegenüber der weiblichen Lohnarbeit in Kraft waren, sind keineswegs

2. Die «kämpfende Heimat»

von Grund auf verändert worden, wie sich spätestens seit der Demobilmachung herausstellte. Erst recht haben die Lebensverhältnisse der arbeitenden Frauen nicht zu einer Neuprägung des weiblichen Geschlechtscharakters, geschweige denn zu einer umfassenden Neuordnung des Geschlechterverhältnisses geführt. Weder setzte sich die allgemeine Emanzipation zu selbstbewußt-selbständigen Frauen durch, noch trat an die Stelle der patriarchalischen Herrschaft des Familienernährers die neue Suprematie des über Leben und Tod entscheidenden «Kriegers».

Die quantitative Entwicklung der Frauenlohnarbeit muß offenbar an erster Stelle geklärt werden. Geht man – mangels einer nach Geschlecht genau differenzierenden, reichsweit gültigen Arbeitskräftestatistik – von den Berichten der gesetzlichen Krankenkassen aus, erfassen diese rund sieben Zehntel der arbeitenden Frauen mit einem Jahreseinkommen bis zu 2500 Mark. Das ist unstreitig ein hinreichend großes Sample, das verallgemeinernde Schlüsse erlaubt. Ihm zufolge läßt sich vom Juli 1914 (= 100) bis zum Juli 1918 (= 117) ein Zuwachs von 17 Prozent ermitteln. Dieser Anstieg der Anzahl weiblicher Arbeitskräfte verliert aber sogleich den Charakter eines dramatischen Sprungs, wenn man sich den Trend seit den späten 1880er Jahren vergegenwärtigt. Wird die Vorkriegszeit in Vierjahres-Abschnitte zerlegt, ergibt sich zum Beispiel für die Zeitspanne von 1905 bis 1909 eine Vermehrung um 22 Prozent, für die folgenden vier Jahre von 1909 bis 1913 eine Steigerung um 20 Prozent. Im zeitlichen Längsschnitt gab es daher keine auffällig hochschnellende, vielmehr im Gegenteil eine «bemerkenswert geringe Auswirkung des Krieges» auf das Mengenwachstum der weiblichen Erwerbstätigkeit.

Trotzdem bleibt richtig, daß erst unter den Kriegsbedingungen ein hoher branchenspezifischer Zustrom einsetzte, der seit dem Frühjahr 1914, als die Aussicht auf einen kurzen Krieg unwiderruflich dahingeschwunden war, in klassischen Bereichen der Rüstungsindustrie wie in der Metallverarbeitung, dem Maschinenbau, der Elektrotechnischen und der Chemischen Industrie den Frauenanteil kräftig hochtrieb. In 2600 großen Betrieben der Metallindustrie etwa stieg er von 1914 = 63 600 bis zum September 1916 auf 266 000 Arbeiterinnen, mithin um 320 Prozent. Allein im Berliner Maschinenbau und Metallgewerbe wuchs er von 40 300 im August 1914 um 320 Prozent auf 168 000 im Oktober 1917; der relative Anteil an der Beschäftigtenzahl kletterte dort von 23 auf 52 Prozent; in der Chemischen Industrie nahm die Anzahl der Arbeiterinnen in derselben Zeit von 1 360 um 750 Prozent auf 11 550, ihr relativer Anteil von 15 auf 51 Prozent zu. Obwohl es in diesen Industrien erstmals eine weibliche Mehrheit unter den Arbeitskräften gab, fanden nicht alle arbeitswilligen Frauen einen Arbeitsplatz. Im ersten Kriegsjahr registrierte der «Zentral-Arbeits-Nachweis» der Reichshauptstadt 158 000 Suchanzeigen von Frauen, von denen aber nur 45 Prozent an Betriebe weitervermittelt werden konnten, so daß mehr als die Hälfte der Bewerberinnen auf die kärglichen Unterstützungsgelder angewiesen blieb.

Ihrer beruflichen Herkunft nach hatten die meisten der im Krieg erwerbstätigen Frauen bereits vor 1914 Lohnarbeit ausgeübt. Ungefähr die Hälfte hatte in der Industrie, insbesondere in Textilunternehmen, gearbeitet; bis zu 18 Prozent waren Dienstboten, immerhin rund 28 Prozent aber ohne jeden Beruf gewesen. Nur gut ein Viertel aller weiblichen Erwerbstätigen trat daher seit dem Sommer 1914 erstmals in die industrielle Arbeitswelt ein. Nichts kann den Mißerfolg der staatlichen Mobilisierungspolitik schlagender demonstrieren als die trotz aller lebhaften Anstrengungen absolut und relativ geringe Zahl von Frauen, die über den neuen Kriegsarbeitsmarkt an die Unternehmen vermittelt wurden.

Wo sind, da weniger der Zustrom, sondern mehr die Verweigerung erklärungsbedürftig ist, die ausschlaggebenden Hindernisse gegen den Eintritt von Frauen in die Rüstungsindustrie zu suchen?

1. Die verheirateten Frauen mit mehreren Kindern fühlten sich häufig unabkömmlich an ihren Haushalt gebunden. Deshalb übernahmen sie jede Art von Heimarbeit ungleich bereitwilliger als die Schichtarbeit in einem Industriebetrieb.

2. Die Attraktivität des Barlohnes blieb gering, da Frauen selbst für jene harte Berufstätigkeit, die vorher nur Männer ausgeübt hatten, ein weitaus geringeres Entgelt, meist nicht einmal die Hälfte, erhielten. Noch im Herbst 1918 lag in Berlin der durchschnittliche Stundenlohn für Facharbeiter bei 2,37 Mark, während Frauen mit qualifizierter Tätigkeit nur 90 Pfennig, nicht einmal 40 Prozent davon, erhielten; auch in den Staatsbetrieben fiel ihr Lohn um mindestens ein Drittel niedriger aus.

3. Die Arbeitszeit richtete sich zwar formell nach den drei Achtstunden-Schichten, lag aber wegen des Personalschwunds bei der Abend- und der Nachtschicht häufig zwischen zwölf und 17 Stunden. Darüber hinaus fiel auch Nacht- und Sonntagsarbeit regelmäßig an.

4. Die Arbeitsbedingungen sahen häufig katastrophal aus, zumal alle Arbeitsschutzbestimmungen unmittelbar nach Kriegsbeginn, als wenn die Unternehmer auf dieses Signal nur gewartet hätten, sofort aufgehoben worden waren. Eine 1916 angestellte gewerkschaftliche Untersuchung der Frauenarbeit in 900 Betrieben der Rüstungsindustrie wies eine extreme physische Überforderung nach. In einer Granatenfabrik mußten Frauen die 37 Kilogramm schweren Schrapnells ohne Hilfsmittel vom Fußboden auf Brusthöhe heben, in die Maschine einspannen und wieder herabsetzen. Für diesen in acht Stunden hundertmal wiederholten Arbeitsvorgang erhielten sie einen Tageslohn von drei Mark; die Mehrheit klagte über Unterleibsschmerzen. In einer Gießerei mußten die Frauen mit einer ständigen Überanstrengung ihrer Kräfte die ebenso schweren Gießpfannen schleppen. Am Dampfhammer eines anderen Unternehmens wurden

2. Die «kämpfende Heimat»

«hauptsächlich Frauen beschäftigt, obwohl genug männliche Arbeitskräfte vorhanden» waren. Die Frauen trugen glühend erhitzte Minen mit einem Gewicht von 80 Kilogramm vom Ofen zum Hammer. Überall wurden die Frauen an den «schwersten und gefährlichsten Plätzen» eingesetzt. Gewöhnlich fehlte durchweg ein Drittel wegen Krankheit infolge der permanenten Überforderung. Was anderes als die pure Not konnte unterernährte Mütter dazu bringen, sich dieser Arbeitstortur auszusetzen?

5. Die allermeisten Frauen erhielten in der Industrie keine fachliche Ausbildung. Sie wurden nur für die Ausübung der notwendigen Tätigkeit ad hoc unterwiesen; Facharbeiter weigerten sich, Frauen als künftige Konkurrentinnen anzulernen. In aller Regel konnten Arbeiterinnen darum nicht in die höheren Lohngruppen aufsteigen, und in der Betriebshierarchie gab es für sie überhaupt keine Aufstiegschancen. Nicht wenige Betriebe opponierten gegen die Einstellung von Frauen oder entließen sie nach kurzer Anwesenheit, um einen akuten Mangel an Facharbeitern zu beweisen. Es ging ihnen nicht um Arbeitskräfte an sich, sondern nur um die Freistellung von kv geschriebenen Männern aus ihrer Stammbelegschaft.

6. Vielen Frauen widerstrebte es, den kleinstädtischen oder ländlichen Wohnort zu verlassen, um Arbeit in der Fabrik einer größeren Stadt zu finden. Die Unterstützung durch ihren Freundeskreis und die vertraute Umgebung wogen andere Nachteile auf.

7. Nicht zuletzt begann allmählich die staatliche Unterstützung bei Arbeitslosigkeit namentlich von «Kriegerfrauen» zu greifen. Wenn auch zögernd, erkannte das Reich eine Verpflichtung zu Überbrückungszahlungen an. Die vom Abschwung hart getroffene Textilarbeiterschaft gewann dabei eine Vorreiterrolle. Das erklärt zum großen Teil, warum drei Viertel aller arbeitslosen Textilarbeiterinnen nicht in die Rüstungsindustrie vermittelt werden konnten.

Der Mißerfolg der staatlichen Arbeitsmarktpolitik mit ihrem Ziel, möglichst viele Frauen in die Kriegsindustrie einzugliedern, provozierte jene heftigen Reaktionen, die im Vorfeld des HDG zu der rigorosen Forderung der 3. OHL führten, durch eine reichsgesetzlich deklarierte Arbeitspflicht schlechthin alle arbeitsfähigen Frauen in den Dienst der Kriegsanstrengung zu stellen. Dazu ist es wegen der innenpolitischen Kräftekonstellation, die sich in der Oppositionsfront des Reichstags widerspiegelte, nicht gekommen (vgl. IV.1). Wohl aber sollte das Kriegsamt unter General Groener wenigstens den vom HDG abgesteckten Rahmen forciert ausfüllen. Zur Unterstützung dieses neuen Anlaufs wurden mit Marie-Elisabeth Lüders und Agnes v. Harnack zwei profilierte Repräsentantinnen der bürgerlichen Frauenbewegung in das Kriegsamt berufen. Das eigens für sie geschaffene «Frauenreferat» sollte an der systematischen Erfassung von potentiellen Arbeiterinnen mitwirken, um diese dann zielstrebig in die Rüstungsbetriebe hinzulenken. Zu diesem Zweck wurden in den meisten größeren

Städten Filialen des Frauenreferats gegründet, während sich die Berliner «Frauenarbeitszentrale» um die zahllosen Probleme der Fürsorge und Sozialpolitik zugunsten der weiblichen Erwerbstätigen kümmerte. Unterstützt wurden diese beiden neuen Institutionen durch den «Nationalen Ausschuß für Frauenarbeit im Kriege», der führende Mitglieder der Frauenbewegung, der Gewerkschaften und der sozialreformerischen Vereine unter Lüders' Vorsitz vereinigte.

Mit diesem vorbehaltlosen Engagement hat sich die bürgerliche Frauenbewegung bereitwillig dafür einspannen lassen, den Krieg seiner neuen, seiner «totalen» Form weiter anzunähern. Wegen ihres traditionsverhafteten Verständnisses von der Rolle moderner Frauen und wegen ihres eng limitierten politischen Denkhorizonts, sobald es um die heiklen Fragen des Kampfes um staatsbürgerliche Emanzipation ging, verzichtete sie auf jede Gegenleistung für ihre Aktivität, obwohl schon die leidenschaftliche Debatte um das preußische Wahlrecht die Forderung, den Frauen das Stimmrecht zu gewähren, geradezu aufdrängen mußte.

Voller Eifer entwickelten die an das Kriegsamt angeschlossenen Frauen einen riesigen Aufgabenkatalog. Er reichte von der Förderung der Arbeitswilligkeit und -fähigkeit über den Gesundheitsschutz und die Beschaffung von Wohnraum, Berufskleidung und Nahrungsmitteln bis hin zur Einrichtung von Kindergärten, Stillstuben und Erholungszimmern im Betrieb, Mütterberatungsstellen und Kochkursen. Im Grunde bemühten sie sich, mitten im Krieg eine «sozialpolitische Infrastruktur» für erwerbstätige Frauen zu schaffen, wie sie einem hochentwickelten Sozialstaat in den friedlichen Konjunkturjahren der zweiten Hälfte des 20. Jahrhunderts wohl angestanden hätte.

Mit manchen Projekten waren sie relativ erfolgreich, so daß die Sozialpolitik der Weimarer Republik diese Errungenschaften verwenden konnte. Mit anderen Vorhaben dagegen scheiterten sie am chaotischen Kompetenzgerangel der Polykratie, an dem «Ressortpartikularismus» der Generalkommandos und Kriegsamtsstellen, der Ministerien und Frauenreferate, an der Profilneurose der rivalisierenden Behördenleiter, nicht zuletzt an der Resistenz der arbeitsfähigen, aber arbeitsunwilligen Frauen selber. Als Groener gestürzt wurde, resignierte auch Lüders vor den unüberwindlichen «politischen und sozialen Vorurteilen», die nicht nur in der «eigensüchtigen Animosität... hoher Offiziere», sondern überhaupt im «Männerstolz» zutage traten. Ihre Hauptaufgabe, die Massenmobilisierung weiblicher Arbeitskräfte, haben auch die bürgerlichen Frauen in den Kriegsämtern nicht einmal von ferne befriedigend lösen können.

Die vielfältigen Folgen der Kriegszeit zogen die städtischen Arbeiterinnen auf ebenso vielfältige Weise in Mitleidenschaft. Im Produktionsprozeß wurden sie erbarmungslos ausgelaugt. Aber auch ihre reproduktive Funktion wurde hart eingeschränkt. Wegen des Militärdienstes von mehr als einem Dutzend Millionen Männern fiel die Anzahl der Eheschließungen steil ab, dann sank die Fertilitätsrate im Reich von 1913 = 6,1 auf 1918 = 1 ‰. In Berlin ging die Geburtenzahl in dieser knappen Zeitspanne sogar um 54 Prozent zurück. Komplikationen belasteten die Schwangerschaft, die Geburt, das Wochenbett. Aus Angst vor ihnen und vor der ungewissen Zukunft der Kinder nahm die Anzahl der Abtreibungen zu. Gleichzeitig dehnte sich, da die Informationen über Verhütungsmethoden Soldaten und Zivilpersonen direkter erreichten, die bewußte Planung der Familiengröße aus.

Neue Schwierigkeiten kamen auf die Mütter mit der Versorgung ihrer Kinder und im Umgang mit ihren halbwüchsigen Familienmitgliedern zu. Viele Klein- und Schulkinder litten an Unterernährung, an Rachitis und Tuberkulose, die Hälfte aller Volksschüler in sächsischen Städten an Anämie. In den vier Kriegsjahren nahm die Kindersterblichkeit in Deutschland um 300 Prozent zu.

Die Sozialisation der Kinder und Jugendlichen wurde durch die Abwesenheit der Männer erschwert. In den Städten häuften sich die Klagen über die Verwahrlosung von Jugendbanden, die am Schleichhandel für den Schwarzmarkt aktiv teilnahmen, den Diebstahl von Nahrungsmitteln und Heizungsmaterial organisierten und dafür die Schulpflicht ignorierten. 1917 fehlten im Durchschnitt 48 Prozent aller Kölner Schüler ohne Entschuldigung im Unterricht.

Nach dem Beginn des Berufslebens neigten junge Arbeiter und Arbeiterinnen, dem Anreiz höherer Löhne folgend, häufig zu einer ausgeprägten lokalen und regionalen Mobilität. Dadurch entzogen sie sich der paternalistischen Steuerung durch die betrieblichen Autoritätspersonen, drifteten aber auch aus dem Einflußbereich der Mütter, welche die Abführung des Lohns zur Aufbesserung des Familienbudgets immer mühsamer erzwingen mußten.

Übrigens mißlangen auch alle staatlichen Bemühungen, männliche Jugendliche in den Jahren vor der Einberufung zum Militär in eigenen Verbänden schon in die Pflicht zu nehmen. Umfassende Pläne wurden seit dem Sommer 1914 verfolgt, um eine allgemeine «Heeresvorschulpflicht» für alle Jungen vom vollendeten 13. bis zum 20. Lebensjahr durchzusetzen, scheiterten aber, da es an jeder finanziellen, organisatorischen und politischen Voraussetzung dafür fehlte. Als Ersatz wurden auf freiwilliger Basis sogenannte «Jugendkompanien» für die vormilitärische Ausbildung von «Jungmannen» jenseits des Schulpflichtalters ins Leben gerufen. Bis zum Dezember 1914 wurden in Preußen 7000 solcher Einheiten mit einer halben Million Mitglieder gebildet, dann zerfielen sie ebenso schnell, wie sie entstanden waren. Die Unternehmer wie die Generalkommandos wollten gleichermaßen die volle Arbeitszeit der Jungarbeiter für die Rüstungswirtschaft in Anspruch nehmen und keine Stunde für Pfadfinderspiele opfern.

Ähnlich ging das Experiment in anderen Teilen des Reiches aus; in Hamburg liefen die 4450 «Jungmannen» des Dezember 1914 alsbald wieder auseinander. Nur wenn mit der Verteilung von Extralebensmitteln ein Anreiz geschaffen wurde, fanden sich einige hungrige Jungen ein. Trotz des Fiaskos, das die Militärbehörden mit diesem Mobilisierungsversuch erlebten, war damit ein Vorbild geschaffen, dem zwei Jahrzehnte später ungleich erfolgreicher nachgeeifert wurde.

Was immer ihre Söhne treiben mochten, für die Mütter waren die Aufgaben der Hauswirtschaft in der «freien» Zeit vor und nach der Arbeit immer schwieriger zu lösen. Seit 1915 wurde die Energie für Kochen, Heizung und Beleuchtung verknappt, Ersatzseife erschwerte die Reinigung, Papiergarn das Flicken. Absolut im Vordergrund standen jedoch die Ernährungsprobleme. Die kärglichen offiziellen Rationen reichten für die Sättigung und Kräftigung nicht aus. In Berlin lag die wöchentliche Kartoffelmenge p. c. im Dezember 1916 bei fünf Pfund, im Februar 1917 gab es überhaupt keine Lieferungen mehr, bis zum Juni 1917 wieder zwei, seit dem August sieben Pfund. Mit dem Einkauf der Lebensmittel verband sich ein stundenlanges «Schlangestehen», das bereits nachts oder im frühen Morgengrauen begann. Die Suche auf dem Schwarzmarkt nahm nicht weniger Zeit in Anspruch. An einem Märzabend des Jahres 1917 brach der prominente SPD-Politiker Philipp Scheidemann, der nach seinem eigenen Urteil «in Arbeit erstickte», mit dem Rucksack auf, um für seine Familie, die keine Nahrungsmittel mehr besaß, auf dem Berliner Schwarzmarkt Kartoffeln «zu hamstern»; es dauerte bis zwei Uhr nachts, ehe er bei Schleichhändlern 15 Pfund teuer erworben hatte.

Großunternehmen boten eine «Werkspeisung» an, da Betriebsangehörige weder vor noch nach ihrer Schicht die Zeit zum Einkaufen, außerdem ohnehin zu geringe Rationen besaßen. 2400 Städte richteten «Speiseanstalten» ein, um den Berufstätigen mit ihren Familien beizuspringen. Die städtischen «Volksküchen» in Berlin belieferten rund 80 «Ausgabestellen», wo sich 1917 170 000 Dauerbenutzer einfanden. Medizinische Reihenuntersuchungen in Städten ergaben bereits bis 1916 einen durchschnittlichen Verlust von 20 Prozent des ursprünglichen Körpergewichts und eine einschneidend reduzierte Arbeitsfähigkeit.

Trotz aller Anstrengungen und improvisierten Notlösungen breiteten sich unter den Arbeiterinnen Unterernährung und Hungerödeme, Magen- und Darmkrankheiten, immer häufiger auch Amenorrhoe aus. Nichts wurde so drastisch am eigenen Leibe und in der Familie als Beweis staatlicher Inkompetenz und empörender Ungerechtigkeit empfunden wie die deprimierende Kontinuität der Versorgungsnotlage. «In der ärmeren Bevölkerung» der Städte, hielt das Generalkommando München im Juli 1917 fest, «greift eine immer stärker werdende Gereiztheit und Verbitterung Platz, die noch mehr auf die Ungleichheit der Lebenshaltung und auf die

2. Die «kämpfende Heimat» 101

nicht immer gerechte Art der Lebensmittelverteilung als auf den herrschenden Mangel zurückzuführen ist.»

Eingehüllt wurde das niederdrückende Alltagsleben von der Sorge um die Frontsoldaten, immer häufiger dann von der Trauer um die «Gefallenen». Ob es um den Ehemann oder um den Vater, den Geliebten oder den Bruder ging, ein langjähriger psychischer Druck lastete, oft unerträglich schwer, auf jenen zwei Millionen Frauen, die einen Mann durch den Krieg verloren. Hinzu kam für Millionen andere die Belastung durch das Leiden der 4,3 Millionen Verwundeten, Invaliden und Gasblinden. Hinter den dürren Ziffern der Kriegsverletzten und -kranken, die jährlich durch die Lazarette geschleust wurden – 1914/15 waren es 6,1, 1915/16 7,1, 1916/17 6,8, 1917/18 7,2 Millionen Soldaten, und von diesen 27 Millionen wurden zehn Prozent nicht mehr kv geschrieben –, verbarg sich ein Elend, das mit voller Wucht auch und gerade die Frauen traf.

Diese Leidensbürde der Frauen kontrastierte unversöhnlich mit der kränkenden materiellen Versorgung der 553 000 Witwen und 1,2 Millionen Waisenkinder. Eine Hungerzahlung von 33 Mark erhielt eine Witwe, wenn ihr Ehemann einfacher Soldat gewesen war, 42 bis 50 Mark, wenn er es bis zum Unteroffizier oder Feldwebel gebracht hatte; die große Mehrheit der getöteten Offiziere war unverheiratet. Der «Dank des Vaterlandes» war, wie die Propagandaformel lautete, auch den «Kriegerwitwen» gewiß, nur erreichte er sie nie. Niemand konnte allein von seinem Witwengeld existieren.

Frauen, die um gefallene Männer trauerten, wurden durch die traditionelle Verklärung des «Heldentodes» oder des «Opfers für die Nation» nicht getröstet. Manch eine mag an ihrem christlichen Glauben Halt gefunden haben. Aber beide Amtskirchen stellten sich der Erfahrung des sinnlosen Massentodes und der Aufgabe, glaubwürdig Trost zu spenden, indem sie den «Opfertod der Krieger» penetrant verherrlichten und mit dem Evangelium legitimierten. Karl Barth, damals bereits ein bekannter protestantischer Theologe, kritisierte offenherzig an dieser kirchlichen Beschönigung des erbarmungslos gesteigerten Blutzolls, daß «Vaterlandsliebe, Kriegslust und christlicher Glaube in ein hoffnungsloses Durcheinander geraten» seien, so daß eine «germanische Kampftheologie» die Liebesbotschaft verdrängt habe. Welche trauernde Frau konnte daraus eine Linderung ihres Schmerzes erfahren?

Angesichts der Allgegenwart von Kriegsfolgen, welche das Leben der arbeitenden Frauen schier unerträglich einschnürten, sank allmählich die Hemmschwelle, welche diese Frauen zeitweilig davon abgehalten hatte, gegen ihre Notlage öffentlich zu protestieren. Seit dem Winter 1915/16 kam es darum zu ersten Demonstrationen gegen die miserable Lebensmittelversorgung, zur Plünderung von Einzelhandelsgeschäften, zu heftigen Vorwürfen gegen die Regierung und ihre Verwaltung, von denen sich die

Frauen kujoniert und betrogen fühlten, während ihre Männer an einer fernen Front ihre Haut zu Markte tragen mußten. «Die Zahl der Hausfrauen, die ihrem Unmut offen Ausdruck geben, wächst ständig», konstatierte ein Stimmungsbericht des Berliner Polizeipräsidenten bereits Anfang 1916, «und in den unteren Schichten des Volkes herrscht teilweise eine überaus bedenkliche Gereiztheit». Sie nahm in der Tat weiter zu, und deshalb spielten Arbeiterfrauen in den Massenstreiks und Großdemonstrationen von 1917/18 eine so wichtige aktive Rolle.

Haben die Leistung und das Durchhaltevermögen der arbeitenden Frauen zu einer veränderten Perzeption ihrer gesellschaftlichen Rolle geführt? Gab es den gelegentlich diagnostizierten Emanzipationsschub? Da die Demobilmachung seit 1915/16 von zahlreichen Ministerien, dem Generalstab, den Freien Gewerkschaften, den Unternehmerverbänden, dem Deutschen Städtetag vorbereitet wurde, kann man an den Zielvorstellungen dieser Beratungsrunden ablesen, welches Fazit aus der weiblichen Kriegsarbeit gezogen wurde. Ausnahmslos alle Teilnehmer an diesen Planungsgesprächen wollten zum Status quo vor 1914 zurückkehren. Die «Männerarbeitsplätze» seien, hieß es immer wieder, so schnell wie nur möglich freizumachen; kein Facharbeiter dürfe, da stimmten Gewerkschaften und Unternehmer völlig überein, durch Frauen verdrängt werden. Da man den Widerspruch von Frauen vorhersah, mußten viele bei der Einstellung in einen Betrieb einen Revers unterschreiben, in dem sie sich verpflichteten, der Entlassung bei Kriegsende zuzustimmen.

Auf vielerlei Art bekamen Frauen zu spüren, daß ihre Dauerstellung im Produktionsprozeß abgelehnt wurde. Das verstärkte ihre Aversion gegen die Erwerbstätigkeit in der Kriegsindustrie, ja es verminderte ihre Motivation, überhaupt in sie einzutreten. Vor allem aber bestärkte es sie in der dominierenden Grundhaltung, ihre Doppelbelastung und das Provisorium bis zum Kriegsende, aber nicht länger durchzustehen, um nach der Rückkehr der überlebenden Männer endlich zu der vertrauten, tief verinnerlichten Rollenteilung zurückzukehren. Auf die aufgezwungene Selbständigkeit wollten die allermeisten nur zu bereitwillig verzichten. Von einer glaubwürdigen Beförderung der Frauenemanzipation, womöglich auf den Trümmern des bisher gültigen Geschlechterverhältnisses und der überkommenden Familienordnung, kann daher nicht ernsthaft die Rede sein.[5]

3. Die Auswirkungen der «Front»-Erfahrung

Von 15,6 Millionen einberufungsfähigen deutschen Männern zwischen dem 17. und dem 50. Lebensjahr wurden im Verlauf des Weltkrieges rund 85 Prozent, 13,2 Millionen, zum Militärdienst eingezogen. Das war eine relativ höhere Zahl als in irgendeinem anderen der kriegführenden Staaten;

3. Die Auswirkungen der «Front»-Erfahrung

alle Kriegsparteien zusammen boten 74 – davon die Alliierten 50, die Mittelmächte 24 – Millionen Männer auf. Die deutsche Friedenspräsenzstärke von 761 000 Soldaten wurde innerhalb weniger Wochen auf zunächst drei Millionen gesteigert. Schließlich umfaßte aber allein das Feldheer fünf Millionen Soldaten an der Front, während sich ein bis zwei Millionen jeweils in der Etappe aufhielten.

Die deutschen Streitkräfte verloren jährlich 466 000, insgesamt mehr als zwei Millionen Tote. Monatlich schrumpften die Einheiten durchschnittlich um drei Prozent ihres Bestandes: 2,4 Prozent gehörten zu den Verwundeten, jeweils 0,4 Prozent zu den Toten und Vermißten. 15 Prozent aller eingezogenen Männer kamen bis zum Kriegsende um. Einige Alterskohorten, wie etwa die Jahrgänge zwischen 1892 und 1896, wurden um mehr als ein Drittel förmlich dezimiert. 32 Prozent aller mobilisierten Männer wurden verwundet; 975 000 gerieten in Gefangenschaft oder wurden als Vermißte (in der Regel bedeutete das den Tod) registriert.

Zu den regulär gemusterten Rekruten stießen anfangs noch viele «Kriegsfreiwillige» hinzu. Allein während des «Mobilmachungstaumels» im Sommer 1914 gehörten rund 300 000 junge Männer zu ihnen. Das Offizierkorps, das im August 1914 22 100 Berufssoldaten umfaßt hatte, verdoppelte sich bis 1918 auf 45 920; das Reserveoffizierkorps verzehnfachte sich sogar von 23 230 auf 226 100 Männer. Nach dem ersten Kriegsjahr bis zum November 1915 waren von den Berufsoffizieren schon 4800, ein volles Fünftel, gefallen. Diesen Aderlaß seines Führungspersonals hat das deutsche Feldheer im Grunde nicht mehr überwunden. Von den 226 130 Offizieren, die während des gesamten Krieges dienten, kamen 53 320 um, das war fast ein Viertel. 96 Prozent von ihnen besaßen einen Rang unterhalb dem des Hauptmannes, sie gehörten mithin zu jenen zahlreichen jüngeren Offizieren, die den direkten Fronteinsatz nicht überlebten.

Der Weltkrieg war der erste industrialisierte Krieg, der mit seinen Verlustraten über den Blutzoll des Krimkrieges, ja sogar des amerikanischen Bürgerkrieges weit hinausging. Trotz seiner durch und durch neuartigen, modernen Natur belebte er aber auch die ältesten archaischen Mythen vom Kriegerglück und Kriegertod. Diese Legenden hielten sich – und zwar nicht nur in der irregeleiteten Phantasie von Autoren der kriegsverherrlichenden Literatur wie Ernst Jünger –, während die Heere unvorstellbare Verluste erlitten. Nach den großen Massenschlachten im Westen zählte man zum Beispiel bei Verdun 700 000 tote und verwundete Franzosen und Deutsche, an der Somme 1,1 Millionen tote und verwundete Engländer, Franzosen und Deutsche. Jeder erlebe, schrieb ein freiwillig «zu den Fahnen» geeilter ehemaliger Student von der Westfront, anstelle des erwarteten ritterlichen Kampfes Mann gegen Mann ein «gewerbsmäßiges Massenschlachten».

Weniger dramatisch, aber noch mehr Opfer fordernd wirkte sich der kräftezehrende Stellungskrieg im Verein mit der permanenten Materialschlacht aus. Sie führte zu einer ungeheuren Aufwertung der Artillerie, die auch den Deutschen ihre Hauptverluste zufügte. Zu Beginn der Somme-Schlacht feuerten im Juni 1916 50 000 englische Artilleristen 1,5 Millionen Granaten (12 000 Tonnen) auf einen deutschen Frontabschnitt von 22 Kilometer Breite und anderthalb Kilometer Tiefe. Am Schluß hatten die deutschen Truppen in ihren Verteidigungsstellungen, die sie im wesentlichen behaupteten, 455 000 Tote und Verwundete verloren. Außer der Artillerie gewann das Maschinengewehr insbesondere als Verteidigungswaffe eine Schlüsselrolle.

An den Frontabschnitten herrschte der Wechsel von lähmender Stille und zermürbendem Trommelfeuer. Nach der «Feuerwalze» begann der Angriff, der an den Stacheldrahtverhauen zum Halten kommen oder nach ihrer Überwindung zum Grabenkampf mit Handgranaten und Flammenwerfern, Bajonett und Kolben führen konnte. Im Gegenangriff wurden oft dieselben 30 Meter, die man eine Stunde oder Tags zuvor verloren hatte, mit denselben Methoden zurückgewonnen. Nach dem sinnlosen Schlagabtausch erstarrte die Front erneut in künstlicher Ruhe.

In diesen Zwischenphasen lebten Millionen von Soldaten in Schlammwüsten und Trichterfeldern, in Schützengräben und Unterständen, die sie mit Ratten, Flöhen und Läusen teilten – sie vegetierten, wie Falkenhayn stöhnte, wie die «Maulwürfe». Ohne Unterschied bestanden die Tage und Nächte aus einem ewigen Kampf mit Wasser und Schlick, im Osten mit barbarischer Kälte, aus dem Warten auf warmes Essen und rechtzeitig helfende Sanitäter, aus dem Erdulden von Krankheit und Hunger, aus dem Zurückschleppen von Verwundeten und dem Begraben der Überreste von Toten. Außer der Todesgefahr, die jederzeit vom feindlichen Militär ausgehen konnte, nahm das schleichende Werk der psychischen Unterminierung und Zerstörung seinen Fortgang. Es mündete in eine tiefe Traumatisierung der Überlebenden, obwohl nur 313 000 formell als neurologische «Fälle» in Kliniken behandelt wurden.

An der Realität dieses Frontlebens zerschellte die ideologische Illusion einer allgemeinen «Schützengrabengemeinschaft». Statt dessen bewährte sich die «Kameradschaft» kleiner Einheiten, in denen jeder zum Überleben auf den anderen angewiesen blieb. Erst recht zerplatzte die Seifenblase eines vermeintlichen «Schützengrabensozialismus», der im Angesicht des Todes zu einer völligen Nivellierung aller Soldaten, gleich welchen Ranges, auf den Status der kämpfenden und leidenden Kreatur geführt habe. Vielmehr verlängerte sich die soziale Ungleichheit der Friedenszeit unmittelbar in das Grabenleben hinein. Die tiefen Gegensätze zwischen den Offizieren und Mannschaften spiegelten durchaus vertraute Klassenunterschiede wider.

Die Offiziere erhielten in aller Regel eine bessere Verpflegung und reichlich Alkoholika, sie bekamen bequemere, solidere Bunker und behielten ihre «Burschen» zur Bedienung; bei Autoritätskonflikten kam es nicht sel-

3. Die Auswirkungen der «Front»-Erfahrung

ten zur Soldatenmißhandlung. «Was wir erhofft haben», schrieb ein studentischer Kriegsfreiwilliger von der Front, «den völligen Ausgleich der Standesunterschiede vor der Majestät des Opfers und vor dem allen gleichen Tod, gerade diesen Ausgleich wird es nicht geben»; während drei Soldaten in seinem Graben um ein Kommißbrot stritten, praßten in ihrem Unterstand «die Offiziere bei Wein im Überfluß». Daher trafen besonders jüngere Offiziere und Kriegsfreiwillige, die voller Begeisterung «vorne» eintrafen, auf einen fatalistischen Zynismus und jene kleinen Schikanen, mit denen erfahrene «Landser» auf die Naivität der Neuankömmlinge reagierten.

Die Mannschaften sammelten ihre schrecklichen Erfahrungen im Grabenkrieg und Unterstandsleben. Ihr Leben reduzierte sich monatelang auf eine möglichst angepaßte Gefahrenvermeidung. Währenddessen erlebten sie eine «militarisierte Proletarisierung», ohne daß diese Degradierung mit einem Halt gebenden Weltbild wie dem Marxismus der Vorkriegsarbeiterschaft verbunden gewesen wäre. Wohl aber staute sich ihr Groll gegen unbeliebte Offiziere und anonyme Befehlshaber in der Ferne, gegen Drückeberger und Kriegsgewinnler auf. Lange Zeit fehlten konstruktive Ideen von einer Veränderung der Verhältnisse daheim, wenn erst der Friede zurückgekehrt war.

Die desolate Verfassung des gemeinen Soldaten wurde verstärkt durch die Massenhysterie während des Trommelfeuers, die Panik beim Gasangriff oder Überfall durch nächtliche Stoßtrupps, durch die Verstümmelung und den Tod von Kameraden. Allmählich lösten sich die für Friedenszeiten verinnerlichten Stabilitätsstützen auf. Die sexuellen Verhaltensweisen wurden durch die männerbündische Existenz an der Frontlinie, durch die Militärbordelle, in denen die feine Etikette den «Offizierspuff» wiederum von Soldaten freihielt, durch die Trennung von der Familie völlig verändert. Der reguläre zweiwöchige Urlaub nach zwölf Frontmonaten bedeutete eine kurzlebige Rückkehr in eine fremdartige, fremd gewordene Welt.

Die Kampfmoral der Truppe war seit Verdun und der Somme-Schlacht schwer angeschlagen; sie wurde zudem durch die stumpfsinnige Monotonie des tödlichen Stellungskrieges einer beharrlichen Erosion ausgesetzt. Öfters kam es zu einer von der Zensur totgeschwiegenen Fraternisierung mit dem gegenüberliegenden Gegner, zum Beispiel in den Weihnachts- und Neujahrstagen von 1915 und 1916. Im allgemeinen überwog jedoch eine ungebrochene Loyalität, welche die Sinnlosigkeit des Massenmordes durch offenen Protest nicht in Frage stellte. Relativ wenige Deserteure liefen über. Zu offenen Streiks, wie sie 1917 im französischen Heer ausbrachen, ist es vor dem Sommer 1918 auf deutscher Seite nicht gekommen.

Frühzeitig bemühte sich die Militärpropaganda im «Vaterländischen Unterricht» darum, dem Zweifel und der Resignation entgegenzuwirken. Seit 1917 von der «Vaterlandspartei» mit ihren Kriegsziel- und Siegfriedensparolen direkt inspiriert, fand diese plumpe Indoktrination eine denkbar geringe Resonanz. Die Fronterfahrung löste die Durchhaltephrasen im Nu auf. Überhaupt spielten die grandios-exotischen Kriegsziele des deutschen Annexionismus für die Kampfmotivation der Mannschaften und zahlreicher Offiziere keine nennenswerte Rolle. Lange Zeit hielt sich dagegen die Überzeugung, einen unvermeidbaren Verteidigungskrieg durchstehen zu müssen, bis die Kampfmoral nach der Niederlage in der letzten Offensive des Frühjahrs 1918 endgültig zerbrach und die typischen Auflösungserscheinungen eines zerfallenden Heeres auftraten. Die entscheidende Antriebskraft für den Frontsoldaten bildete weder der Nationalismus noch der Drang nach militärischem Heldentum. Vielmehr war es der tiefverwurzelte Überlebenswille und der unzerstörbare Wunsch, trotz des großen Mordens in die Heimat zurückkehren zu können.[6]

4. Die politische Polarisierung: der neue Rechtsradikalismus und Linksradikalismus

Unter den Bedingungen des Weltkriegs baute sich in der deutschen Klassengesellschaft ein Konfliktpotential auf, dem der Herrschaftsapparat unter dem Belagerungsrecht mit hartem Durchgreifen, im Zeichen des «Burgfriedens» mit ideologischem Druck, insgesamt aber mit einem unzulänglichen Spannungsmanagement begegnete. Seine Mängel lösten eine tiefe Unzufriedenheit aus, die auf den beiden Außenflügeln des politischen Spektrums in einem neuartigen Rechtsradikalismus und einem ebenso neuartigen Linksradikalismus ihren Ausdruck fand.

Wegen der traditionellen politischen Machtverhältnisse im Kaiserreich kristallisierte sich die Neue Rechte zuerst heraus. Sie entstand im Lager der Anhänger der Kriegszielforderungen, des Annexionismus und des Siegfriedens mit dem Hauptziel, durch die straffe Bündelung aller Herrschaftsbefugnisse in einer diktatorialen Spitze den Kräfteeinsatz für die erfolgreiche Beendigung des Krieges zu optimieren. Dabei konkurrierten zwei Konzeptionen miteinander: zum einen die Zielvorstellung eines unter der Führung eines populären Militärs derart gestrafften Regierungssystems, daß es einer politischen Diktatur gleichkam; zum andern das Leitbild einer unverhüllten Militärdiktatur, die schlechthin alle Lenkungskompetenzen in sich vereinigen sollte.

In beiden Fällen lag eine bittere Enttäuschung zugrunde – sowohl über die evidente Inkompetenz des «Schattenmonarchen» (Meinecke), der nicht einmal von ferne seinen Aufgaben als «Oberster Kriegsherr» gerecht wurde, als auch über die schlaffe «Politik der Diagonalen», mit welcher der verhaßte Reichskanzler ein ohne tiefgreifende Reformen kaum mehr regierbares politisches System von einem unbefriedigenden Kompromiß

4. Der neue Rechtsradikalismus und Linksradikalismus 107

zum nächsten zu steuern bemüht blieb. Angesichts der Übermacht der alliierten Koalition und des Übergangs zum totalen Krieg schien es nur eine diktatorische Befehlszentrale zu ermöglichen, das war der Konsens beider Strömungen, die Ressourcennutzung endlich so zu maximieren, daß Deutschland den «Kampf um die Weltherrschaft» doch noch siegreich beenden konnte.

Bereits Ende 1914 hatte sich eine rechtskonservative Fronde gebildet, die Bethmann Hollweg durch Tirpitz als neuen Reichskanzler mit umfassenden Vollmachten ersetzen wollte. Die Alldeutschen zogen mit, denn sie befürworteten ohnehin eine autoritäre Verfassungsrevision. Ihr Vorsitzender Claß hatte 1913 unter dem Pseudonym Frymann die Funktionstüchtigkeit der Dynastie angezweifelt, und trotzdem oder deswegen war aus seinem Traktat «Wenn ich der Kaiser wär» ein Bestseller geworden. Überhaupt neigten seither einflußreiche Gruppen aus der Rechtsallianz vor 1913, aus Großindustrie und Großlandwirtschaft, den konservativen Parteien und nationalistischen Verbänden, dieser Radikallösung zu. Bis zum Frühjahr 1915 hatte sich das Entsetzen über Wilhelm II. und den Kriegsverlauf so tief eingefressen, daß der Großadmiral selber den Kaiser zumindest «zeitweilig für regierungsunfähig» erklären und den Kronprinzen als Regenten einsetzen lassen wollte.

Neben Tirpitz stiegen jedoch gefährliche Rivalen auf. Im Verlauf des Jahres 1915 nahm das Prestige von Hindenburg und Ludendorff als Siegern in der Schlacht an den masurischen Seen und Rettern Ostpreußens unaufhaltsam zu. Im Oktober hielt General Groener Hindenburg bereits für «den Mann des Volkes» mit einem gewaltigen Besitz an symbolischem Kapital für die Kriegspolitik.

Unvergleichlich größere Fähigkeiten besaßen jedoch Ludendorff und Tirpitz. Beide verkörperten den neuen politischen Typus des hochbegabten bürgerlichen Militärtechnokraten, der sich an die Nation und ihren Nationalstaat fester gebunden fühlte als an die Krone. «Das deutsche Volk steht mir höher», räumte Ludendorff ungeschminkt ein, «als die Person des Kaisers.» Angesichts des Machtvakuums, das um Wilhelm II. entstand, schienen sie in der Extremsituation des Krieges auch aufgrund ihrer moderneren Loyalitätsbindung als politische Führungspersönlichkeiten besonders geeignet zu sein. Daher schlug Oldenburg-Januschau im März 1916 Tirpitz bei Hindenburg als Kanzler vor, traf aber auf dessen eifersüchtigen Widerstand.

Tatsächlich lag Hindenburg selber bei der Rechten als «Hoffnungsträger der Nation» günstiger im Rennen, denn im Gegensatz zu dem bisher militärisch ganz und gar erfolglosen Marinechef umgab ihn der Mythos des einzigen erfolgreichen Feldherrn und autoritären Über-Patriarchen. Selbst der schwerblütige Bethmann Hollweg urteilte im Juni 1916 befriedigt: «Der Name Hindenburg ist der Schrecken unserer Feinde, elektrisiert unser Heer und Volk, die grenzenloses Vertrauen zu ihm haben.» Umgekehrt bedeute, spitzte der Zentrumsabgeordnete Erzberger die Kritik an dem letzten Hohenzollernkaiser zu, ohne Hindenburg an der Spitze «den Krieg verlieren» den «Ruin für die Dynastie». Verblüffend ähnlich konstatierte auch der württembergische Ministerpräsident Carl v. Weizsäcker, «daß militärische Rückschläge ohne volle Ausnützung des Faktors Hindenburg weder vom Kaiser noch vom Kanzler überstanden werden könnten». Als es in diesen Wochen um die Aufwertung der Heeresleitung an der Ostfront, von Hindenburgs Hauptquartier «Oberost», ging, lehnte deshalb Wilhelm II., von seiner schwankenden Position aus nur folgerichtig, diesen Vorschlag empört ab, da er nicht zugunsten des «Volkstribuns» Hindenburg, dieses «zweiten Wallensteins», freiwillig abtreten wollte.

Obwohl die Bedrohungsängste des Monarchen ein offenes Geheimnis waren, versuchte am Jahresende 1916 eine Gruppe von hochgestellten Militärs um Admiral Henning v. Holtzendorff, seit kurzem Chef des deutschen Admiralstabs, und Friedrich v. Bernhardi, dem eminent einflußreichen Militärschriftsteller, zu jener Zeit Armeekorpsführer in Ostfrankreich, Hindenburg erneut als Reichskanzler durchzusetzen. Das Vorhaben schlug ebenso fehl wie der Plan, den Carl Duisberg, der Chef der Bayer-Werke, im Verein mit anderen Großindustriellen und Vertretern der Rechtsparteien im Februar 1917 verfolgte, Hindenburg zum Reichskanzler und neben ihm Tirpitz zum Vizekanzler zu ernennen. Selbst Rathenaus Intimus Wichard v. Moellendorff hielt damals Hindenburgs Installierung als «Diktator» für unumgänglich.

Alle diese Pläne und Intrigen scheiterten. Die Reichsverfassung mit ihrem parlamentsautonomen Kanzler von Kaisers Gnaden wurde nicht in eine Kriegsdiktatur umgewandelt. Die gärende Unzufriedenheit mündete jedoch im September 1917 in die Gründung der «Deutschen Vaterlandspartei», die unter Tirpitz' Vorsitz als erste rechtsradikal-protofaschistische Massenpartei auch den autoritären Umbau des politischen Systems auf ihre Fahnen schrieb (vgl. IV.2). Noch am 17. Oktober 1918 warb Tirpitz bei dem neuen Reichskanzler Max von Baden und Parteiführern dafür, durch die «Errichtung einer Diktatur» das Kriegsgeschick doch noch zu wenden.

Daß man sich über die Reichsverfassung hinwegsetzen und einen Militär im Stile der antiken Kriegsdiktatur mit absolutistischen Vollmachten ausstatten solle – solche Pläne wucherten, seitdem die 3. OHL unter Hindenburg und Ludendorff Ende August 1916 ihr Amt übernommen hatte, besonders unter höheren Offizieren, fanden aber auch Zustimmung in den Trägergruppen des letzten Sammlungskartells der Vorkriegszeit. Seit dem September 1916 drückte Ludendorffs rechte Hand, Oberst Max Bauer, seine «unerschütterliche Überzeugung» aus, «daß wir nur mit Hilfe einer absoluten Militärdiktatur, die alleine eine restlose Zusammenfassung all unserer Kräfte ermögliche, zu einem erfolgreichen Ende kommen könn-

4. Der neue Rechtsradikalismus und Linksradikalismus 109

ten». Der Kaiser müsse aber vorher «praktisch völlig ausgeschaltet», der Reichstag durch den Appell an die «Volksmassen» eliminiert werden. An dieser Linie: die plebiszitär gestützte Militärdiktatur unter dem «Volkstribun» Ludendorff zu propagieren, hielt Bauer seither unentwegt fest, da er darin den «einzigen Ausweg» sah und Ludendorff nicht nur faktisch, sondern endlich «auch nominell an die Spitze» gehöre. Obwohl Bauer zwischen dem Großen Hauptquartier, den Führungsetagen der Rüstungsindustrie und den Berliner Kriegsämtern ein funktionstüchtiges Netz von Beziehungen geschaffen hatte, gelang es ihm nicht, Ludendorff gegen die an der rechten Insider-Börse höher gehandelten Konkurrenten Hindenburg und Tirpitz durchzusetzen.

Lebhafte Unterstützung fand er bei dem Generalstabsoffizier Albrecht v. Thaer, der sich die militärische «Diktatur lieber heut als morgen... gegen den wilden Parlamentarismus im Inneren» herbeiwünschte. «Einen Bismarck müßten wir haben», mißverstand er den ersten Reichskanzler gründlich, ehe er Ludendorff beschwor, als «einziger Kanzlerkandidat» die Zügel endlich an sich zu reißen. Selbst ein so besonnener Mann wie der Staatssekretär Wilhelm Solf glaubte zumindest nach dem Triumph der OHL in Brest-Litwosk, daß «die Diktatur» der «militärischen gloriosi... ihre Schatten voraus» werfe. Und auch Riezler fürchtete, falls die Frühjahrsoffensive von 1918 glücke, daß «die freudig vom Volk ertragene Militärdiktatur» nicht mehr abzuwenden sei.

Ein kaum zu überwindendes Hindernis bestand indes in Ludendorffs Weigerung, sich für solche Absichten zur Verfügung zu stellen, da er sich selber für den «Unrichtigen» hielt. «Als Soldat will ich's wohl schaffen», glaubte er noch im Juni 1918, doch der Ämterunion von Generalquartiermeister und Kanzlerdiktator sei er, ganz abgesehen von der Aversion des Kaisers gegen ihn, nicht gewachsen. Das politische «Handwerk habe ich nicht gelernt. Schuster bleib bei Deinen Leisten.» Als «Kanzler vor dem Parlament» aufzutreten könne er sich nicht vorstellen; auch die innenpolitischen Verschleißerscheinungen schreckten ihn ab. Aber unabhängig von dieser Abwehrhaltung, die Ludendorff freilich nach dem Ersten Weltkrieg nur zu bereitwillig aufgegeben hat, war die politische Struktur des Kaiserreichs auch nach vier Kriegsjahren nicht so brüchig, daß es von einem General mit seiner Prätorianergarde hätte übernommen werden können.

Im Lager der Sozialdemokratie ging es um ein ganz anderes Problem als die geheime Vorbereitung einer Kriegsdiktatur. Hier sollten vielmehr die Spannungen zwischen der Mehrheit und dem gegen den Krieg aufbegehrenden linken Flügel mit Hilfe der Parteidisziplin möglichst effektiv bewältigt werden. Bereits bei der Abstimmung über die ersten Kriegskredite war das geschlossene Votum der Reichstagsfraktion nur mühevoll erreicht worden; die inneren Gegensätze schwelten weiter.

III. Die deutsche Gesellschaft im Weltkrieg

Vor der zweiten Bewilligungsdiskussion Anfang Dezember 1914 votierten bei einem Meinungsbild, um das die Fraktion gebeten wurde, immerhin schon 17 Abgeordnete gegen die Zustimmung. Hugo Haase und Georg Ledebour wollten sie an überaus einleuchtende Bedingungen knüpfen: Das Reich sollte, forderten sie, auf Annexionen verzichten und die belgische Neutralität auf Dauer respektieren. Als die Mehrheit das rundweg ablehnte, drohte Haase erstmals offen mit der «Spaltung der Partei». Nur Karl Liebknecht war es jedoch, der das «Odium des Disziplinbruchs» auf sich nahm, als er als einziger öffentlich gegen die Kredite stimmte, während die Fraktion «diesen Bruch der Disziplin... aufs tiefste» bedauerte.

Mitte April 1915 erschien dann die erste Ausgabe der neuen Zeitschrift «Die Internationale», die von Karl Liebknecht, Rosa Luxemburg, Franz Mehring und Clara Zetkin herausgegeben und zum Sprachrohr einer orthodox marxistischen Antikriegshaltung wurde. Zugleich bildeten diese vier Sozialdemokraten und Sozialdemokratinnen den Kern der «Gruppe Internationale», die sich im Januar 1916 in «Spartakusgruppe» umtaufte; der Name «Spartakusbund» wurde formell erst nach der Revolution angenommen.

In diesen Vorgängen bahnte sich der Zerfall der Fraktionseinheit an, und seit dem Dezember 1915 trat er in seine kritische Phase ein. Erneut ging es um Kriegskredite, die jetzt von 20 Abgeordneten intern abgelehnt wurden. Daraufhin stellte Carl Legien, seit 20 Jahren Chef der freigewerkschaftlichen «Generalkommission», den ultimativen Antrag, alle Dissidenten kurzerhand aus der SPD auszuschließen, fand aber nur bei anderthalb Dutzend Vertretern des rechten Flügels Zustimmung. Dagegen hatte nach der Meinung der Majorität Liebknecht durch seine öffentliche Opposition das Recht auf Zugehörigkeit zur Fraktion verwirkt. Während der Streit darüber noch hin und her wogte, trat Liebknecht aus der Fraktion, Haase aus ihrem Vorstand aus. Sein Nachfolger, Friedrich Ebert, vertrat die Mehrheitsmeinung zugunsten der Kriegsfinanzierung.

Als Haase am 23. März 1916 im Reichstag eine verblüffend scharfe Rede gegen den Krieg hielt, wurde der Bruch endgültig besiegelt. Während er am folgenden Tag auch aus dem Parteivorstand ausschied, insistierte die Fraktion in einer geradezu explosiven Reaktion auf den «Treubruch» mit der kompromißlosen Forderung, die Linken endlich formell aus ihr auszuschließen. Die Dissidenten kamen dieser Ächtung mit ihrem Austritt zuvor. Noch am selben Tag bildeten sie als «Sozialdemokratische Arbeitsgemeinschaft» eine eigene Fraktion mit vorerst 18 Mitgliedern, von denen die meisten seit dem ominösen 3. August 1914 zur parteiinternen Opposition gehört hatten.

Faktisch war damit die Spaltung eingeleitet worden, obwohl es noch ein weiteres Jahr bis zur Gründung einer neuen Parteiorganisation dauern sollte. Die rasch anwachsende Opposition fand Zulauf vor allem wegen der

4. Der neue Rechtsradikalismus und Linksradikalismus

Kriegsmüdigkeit und der Ungleichverteilung der Lasten, aber auch deshalb, weil sie die Pflicht zur Vaterlandsverteidigung im Zeitalter des Imperialismus konkurrierender kapitalistischer Staaten schroff negierte. Ihr kam auch der riesige Mitgliederschwund der SPD zugute, die im ersten halben Kriegsjahr bis zum März 1915 bereits 46 Prozent, im darauf folgenden Jahr 26 und im nächsten Jahr bis zum März 1917 noch einmal 44 Prozent ihres jeweiligen Bestandes verlor. Dieser Schrumpfungsprozeß hing natürlich mit der Einberufung zahlreicher Mitglieder zum Wehrdienst, nicht zuletzt aber mit dem massenhaften Austritt enttäuschter, insbesondere jüngerer Arbeiter zusammen. Da andrerseits zahlreiche ältere Parteifunktionäre «reklamiert», das heißt vom Militär freigestellt wurden, wuchs die Distanz zwischen dieser Generation und der ihr ferngerückten, aber zusehends unruhigeren Basis, deren Bereitschaft zum Aufbegehren diese Bürokratie völlig unterschätzte.

Zu ihrer Verblüffung kam es zu großen Demonstrationen für Liebknecht, nachdem dieser am 1. Mai 1916 auf einer Veranstaltung in Berlin mit ätzender Schärfe den Krieg angeprangert hatte, sofort verhaftet und in einem Hochverratsprozeß zu Zuchthaus verurteilt worden war. In der «ersten großen politischen Streikaktion im Krieg» gingen 55 000 Berliner Rüstungsarbeiter für Liebknecht auf die Straße, Protestmärsche in anderen Großstädten folgten. «Liebknecht ist heute», urteilte Karl Kautsky, «der populärste Mann in den Schützengräben, das wird von allen übereinstimmend versichert, die von dort kommen.»

Auf einer großen Konferenz der «Sozialdemokratischen Arbeitsgemeinschaft» und der «Spartakusgruppe», soweit sie nicht hinter Gittern saß oder zur Front eingezogen worden war, wurde die neue Linkspartei konkret geplant. Prompt wurden daraufhin alle Teilnehmer aus der SPD ausgeschlossen. Als gefährliche Rivalin trat ihr jetzt seit dem Gothaer Gründungsparteitag vom 6. bis 8. April 1917 die «Unabhängige Sozialdemokratische Partei Deutschlands» (USPD) entgegen.

Die innere Spaltung der Arbeiterparteien während des Ersten Weltkriegs ist ein gemeineuropäisches Phänomen. Doch die organisatorische Verselbständigung der deutschen Linksopposition ist, auch auf längere Sicht, eines der «folgenreichsten Ergebnisse» gewesen, die in der deutschen Innenpolitik durch den Krieg herbeigeführt wurden. Zum offenen Bruch kam es, anders als in Österreich-Ungarn und England, vornehmlich wegen des starren «Disziplinbegriffs», der in der Sozialdemokratie nach preußischem Vorbild geradezu fetischisiert worden war. Die Minderheit fühlte sich, da sie wegen des Kriegs und seiner verheerenden Auswirkungen nur zu gute Gründe für ihre Opposition zu haben glaubte, vergewaltigt und scherte schließlich auf einem eigenen Kurs aus der Mutterpartei aus. Damit stand eine neue linksradikale Partei der rechtsradikalen «Vaterlandspartei» in unversöhnlicher Feindschaft gegenüber.[7]

IV.
Die Dritte Oberste Heeresleitung und der Totale Krieg

Nach einem quälenden Intrigenspiel wurde Erich v. Falkenhayn im August 1916 aus der militärischen Spitzenposition, aus der er die 2. OHL geleitet hatte, rüde ausgeschaltet. Bethmann Hollweg hatte nach Kräften daran mitgewirkt, da er nach der strategischen Erfolglosigkeit Falkenhayns aus innen- und militärpolitischen Gründen die Nutzbarmachung des Nimbus von Hindenburg und Ludendorff für unumgänglich hielt. Letztlich gehe es sogar um den Fortbestand der Dynastie, beschwor er Ende Juli den widerstrebenden Kaiser, «mit Hindenburg könne er selbst einen enttäuschenden Frieden machen, ohne ihn nicht». Die gegenteilige Auffassung verfocht freilich Oberst v. Marschall, Abteilungsleiter im einflußreichen Militärkabinett, da Ludendorffs «maßloser Ehrgeiz» bedeute, den Krieg bis zur völligen «Erschöpfung des deutschen Volkes» zu führen, und letztlich werde dann die Monarchie «den Schaden zu tragen» haben.

Die Hoffnung auf einen neuen, erfolgreichen Aufbruch setzte sich durch, obwohl auch Bethmann Hollweg keine Illusionen über den unbändigen Extremismus Ludendorffs besaß: «Wir riskieren», urteilte er damals, «den Krieg... mit Ludendorff politisch zu verlieren.» Trotzdem half er mit, sein eigenes Scheitern vorzubereiten, als die 3. OHL unter Hindenburg und Ludendorff, umgeben von der Aura der Dioskuren, die beide gleiches Stimmrecht und gleiche Verantwortung bei Operationsentscheidungen erhielten, am 28. August eingesetzt wurde. Ihr wuchs, nicht nur im Vergleich mit ihren Vorgängern, eine außergewöhnliche Machtfülle zu, so daß man öfters von einer «Militärdiktatur» gesprochen hat, die sie in den beiden Jahren bis zum Herbst 1918 über das Reich ausgeübt haben soll.

Ein so scharfsichtiger Beobachter der deutschen Politik wie Max Weber war sich im September 1917 sicher, daß in Deutschland «in weitestem Umfang eine politische Militärdiktatur tatsächlich an die Stelle der sonst bestehenden Regierungsform getreten» sei; sie arbeite «mit einer spezifischen Art von Massendemagogie» und habe alle «Kontrollen, darunter auch die parlamentarische», ausgeschaltet. In derselben Zeit hielt Staatssekretär Solf Ludendorff, den eigentlichen strategischen Kopf der 3. OHL, für den «mächtigsten Mann» im Staat, der inzwischen «eine Art militärischer Diktator» geworden sei, so daß die Regierung, wie ein hoher Stabsoffizier trocken konstatierte, geradezu «als Beauftragte der OHL erscheinen» konnte. In der Tat habe, stimmte Friedrich Meinecke, der seine Worte sorgfältig zu wählen verstand, nach dem Krieg zu, «die militärische Diktatur, gestützt von der Schwerindustrie und den nationalistischen Oberschich-

IV. Die Dritte Oberste Heeresleitung und der Totale Krieg

ten», jahrelang einen «umwälzenden, in der Verfassung gar nicht vorgesehenen Faktor» verkörpert. Das sind nüchterne zeitgenössische Zeugen, die – einer aufgeregten Übertreibung unverdächtig – weder in den rechtsradikalen Ruf nach der Diktatur eingestimmt noch sich im Labyrinth der linksradikalen Polemik gegen die Diktatur, in welcher der Kapitalismus sein wahres politisches Gesicht zeige, verlaufen hatten. Und dennoch: Das politische Herrschaftssystem seit dem August 1916 und die Realverfassung der inneren Machtverteilung werden durch den uneingeschränkt gebrauchten Diktaturbegriff nicht realitätsangemessen charakterisiert, und formell-verfassungsrechtlich ist der Übergang zur Diktatur ja ohnehin nie vollzogen worden.

Auf der einen Seite trat die indirekte, gleichwohl massive «faktische Machtausübung» der 3. OHL unübersehbar zutage, zum Beispiel in der Durchsetzung des fatalen U-Boot-Krieges gegen Amerika, in den kompromißlosen Friedensdiktaten von Brest-Litowsk und Bukarest, in der hypertrophen militärischen Expansion bis zum Kaukasus, in dem erzwungenen Rücktritt Bethmann Hollwegs und der Entlassung moderater Spitzenbürokraten wie des AA-Staatssekretärs Richard v. Kühlmann und des Zivilkabinettchefs Rudolf v. Valentini. Zwei Großunternehmer waren sich im August 1917 im Hinblick auf diesen Einfluß einig, «daß wir im Grunde genommen doch nur noch unter der Herrschaft eines nicht einmal übermäßig aufgeklärten Despotismus leben».

Auf der andern Seite sind jedoch auch die Grenzen ihres Machtanspruchs klar sichtbar. Das megalomane «Hindenburg-Programm» konnte nie verwirklicht werden, vielmehr stellte das Hilfsdienstgesetz eher einen unerwarteten Erfolg für die Reichstagsmehrheit und die Freien Gewerkschaften, mithin eine Niederlage der OHL dar; der uneingeschränkte U-Boot-Krieg konnte erst später als beabsichtigt eröffnet, die Ausdehnung der Wehrpflicht vom 16. bis zum 60. Lebensjahr zusammen mit der allgemeinen Dienstpflicht für Frauen weder 1916 noch beim zweiten Anlauf 1918 gesetzlich angeordnet werden. Überhaupt nimmt sich in vergleichender Perspektive die Kompetenzfülle und Durchsetzungsfähigkeit der 3. OHL ungleich geringer aus als diejenige Lloyd Georges und Clemenceaus, denn die relativ demokratischen westlichen Alliierten haben es verstanden, eine weitaus «aktionsfähigere Befehlszentrale» als die autoritären Mittelmächte aufzubauen.

Dennoch ist es richtig, daß die 3. OHL eminent einflußreich blieb, vor allem auch in wichtigen Politikbereichen eine Vetoposition in dem Sinne besaß, daß gegen ihren Widerstand Entscheidungen in der Regel nicht durchzusetzen waren. Sie übte daher unstreitig eine «diktaturähnliche Gewalt» aus, verkörperte aber «keine volle Kriegsdiktatur» im strengen Wortsinn. Vielmehr mußte sie sich mit anderen, zeitweilig auch überlegenen Machtzentren der Polykratie den ausschlaggebenden Einfluß teilen.

IV. Die Dritte Oberste Heeresleitung und der Totale Krieg

1. Das «Hindenburg-Programm» und das «Vaterländische Hilfsdienst-Gesetz»

Das läßt sich am Kampf um ihr erstes kriegspolitisches Hauptziel, um die Realisierung des sogenannten «Hindenburg-Programms», das alle menschlichen und materiellen Ressourcen für den totalen Krieg endlich mobilisieren sollte, mit aller wünschenswerten Klarheit verfolgen. Denn die absolut vorrangige Absicht der 3. OHL war von Anfang an der «Sieg um jeden Preis», das aber hieß: der «guerre à outrance». Den unmittelbaren Erfahrungshintergrund bildete die hochbrisante Munitionskrise nach der Somme-Schlacht im Sommer 1916. Sie erschien als ebenso bedrohlich wie ihre Vorläuferin im Herbst 1914, als das Kriegsministerium den Generalstab noch hatte überreden können, Bauers gewaltiges Munitionsprogramm abzulehnen. Jetzt wollte das Ministerium, der peinlichen Panne eingedenk, die monatliche Pulvererzeugung immerhin von 6000 auf 10 000 Tonnen, dazu die Munitions- und Artillerieproduktion kräftig steigern.

Aber bereits zwei Tage nach ihrem Amtsantritt kündigten Hindenburg und Ludendorff gegenüber dem Kriegsministerium ihr eigenes Programm an, das sage und schreibe die Verdoppelung der deutschen Rüstungsproduktion bis zum Frühjahr 1917 und die Entscheidung, die gesamte «Heimatfront» in den Dienst dieses Vorhabens zu stellen, apodiktisch forderte. Die Frage seiner Realisierbarkeit wurde überhaupt nicht erörtert, vielmehr dominierte ein rein militärisches Kalkül, um diese Kräftemaximierung zu erreichen. Damit aber ging es um ein bizarres «Glücksspiel», das nicht zuletzt auch gegen alle skeptischen Fachleute eröffnet wurde.

Das neue Konzept der totalen Mobilmachung war von Erich Ludendorff und seinem Intimus Max Bauer schon längst vor der Installierung der 3. OHL entworfen worden und deshalb sofort zur Hand. Für den konkreten Entwurf zeichnete Bauer verantwortlich; er hatte von 1908 bis 1912 unter Ludendorff in der Operationsabteilung des Generalstabs gearbeitet, dann die Sektion Schwere Artillerie geleitet und dadurch enge Kontakte zu den Großunternehmen der Rüstungsindustrie gewonnen; inzwischen konnte er frei über den Stempel «im Auftrag Ludendorffs» verfügen und war damit «in der Tat zur Macht gelangt». Sein Memorandum lag Hindenburg, Ludendorff und auch Bethmann Hollweg vor, als am 28. August die 3. OHL im Großen Hauptquartier in ihr Amt eingeführt und ein neues Rüstungsprogramm diskutiert wurde.

Bauers «politische Freunde», darunter vor allem Carl Duisberg und Gustav Krupp v. Bohlen-Halbach, hatten seine Konzeption nachdrücklich unterstützt, ihre Zustimmung freilich an verschiedene Bedingungen geknüpft. An erster Stelle müsse, hieß es, die «Arbeiterfrage» geregelt werden. Das bedeutete ganz unverblümt: Die OHL solle mehr Facharbeiter freistellen und zugleich zusätzliche Arbeitskräfte beschaffen. In diesem Zusammen-

1. «Hindenburg-Programm» und «Vaterländisches Hilfsdienst-Gesetz»

hang fiel der begehrliche Blick der Unternehmer auf die belgische Industriearbeiterschaft. «Öffnen Sie das große Menschenbassin Belgiens», appellierte Duisberg an die Zwangsgewalt des Militärs, und Rathenau verlangte sogar die unverzüglich einzuleitende Deportation von 700000, mithin fast allen belgischen Arbeitern. Bauer stimmte dem Zugriff auf solche Zwangsarbeiter zu. Seither wandten sich die Unternehmer mit ihren Personalproblemen nicht mehr an das Kriegsministerium, sondern an die verständnisvolle OHL.

An zweiter Stelle wünschten sich die Unternehmer, von Helfferich lebhaft unterstützt, einen «Munitionsdiktator mit Beratern aus der Industrie» und einer eigenen Behörde. Und schließlich wollten die Industriebarone die Lage nutzen, um die Sozialpolitik zurückzuschrauben, da sich die Situation in ihren Augen für solch eine Aktion eignete. Für diese weitreichende Unterstützung ihrer Interessen sicherten sie Bauer ihren Beistand zu.

Bereits am 13. September wurde der detaillierte Forderungskatalog der OHL in Gestalt des «Hindenburg-Programms» in Berlin vorgelegt. Außer der Verdoppelung der Rüstungsproduktion insistierten die neuen Herren des Hauptquartiers auf sechs Punkten: 1. Die Pflichtzeit für den Militärdienst sollte bis zum 50. Lebensjahr ausgedehnt werden. 2. Jugendliche sollten vom 16. Lebensjahr ab militärisch ausgebildet werden. 3. Alle Frauen sollten einer allgemeinen Dienstpflicht unterliegen. 4. Arbeiter aus kriegsunwichtigen Produktionszweigen sollten in die Rüstungsbetriebe umgeleitet werden. 5. Alle Universitäten und Technischen Hochschulen sollten geschlossen werden. 6. Zur Koordination der Rüstungswirtschaft sollte ein Oberstes Kriegsamt an die Spitze aller zuständigen Behörden gestellt werden.

Parallel zu der Unterbreitung dieses Quasi-Ultimatums verlief eine personalpolitische Attacke. Auf den Druck der OHL hin wurde Kriegsminister Wild v. Hohenborn wegen des bürokratischen Schlendrians, der angeblich unter ihm eingerissen sei, entlassen. Sein Nachfolger, General Hermann v. Stein, hatte vor 1914 mit Ludendorff und Groener eng zusammengearbeitet, war aber im Getriebe des Verwaltungsalltags ganz unerfahren, so daß die OHL auch dadurch einen Einflußvorsprung gewann.

Ihn konnte man auch sofort daran ablesen, daß auf ihr Drängen hin am 30. September das neue «Waffen- und Munitionsbeschaffungsamt» (Wumba) unter Generalmajor v. Coupette, einem Freund Bauers und bisher Leiter des Technischen Instituts der Artillerie, eingerichtet wurde. Das «Wumba» kombinierte mehrere Dienststellen, die zuvor auf diesem Gebiet als Konkurrenten tätig gewesen waren, konnte aber nicht erreichen, daß Marine, Luftwaffe und Eisenbahn auf ihre unabhängigen Beschaffungsämter verzichteten. Das «Kriegsamt» wurde am 26. Oktober mit Groener an seiner Spitze gegründet; es besaß eine militärische Struktur, umschloß aber auch Zivilverwaltungsbehörden; allgemein galt sein Aufbau als Triumph der Rüstungsindustrie.

In seiner neuen Funktion formulierte Groener auf der Basis des «Hindenburg-Programms» unter Hochdruck den Entwurf eines «Vaterländischen Hilfsdienstgesetzes», der bereits am 28. Oktober vorlag. Trotz Bauers penetrantem Drängen enthielt er aus Rücksicht auf die innenpolitischen Auswirkungen zwei Kompromißelemente: Weder sah er die Einführung des zivilen Arbeitszwangs noch der Dienstpflicht für Frauen vor. Gegen Helfferichs schroffe Opposition setzte sich Bethmann Hollweg für Groeners Entwurf entschieden ein. Aus ihm sollte eine Gesetzesvorlage für den Reichstag hervorgehen, da die Regierung für diesen gravierenden Eingriff unbedingt die legitimatorische Zustimmung des Parlamentes gewinnen wollte, anstatt sich auf eine weitere Verordnung des Bundesrats zu stützen.

Da die Vorlage auch die verfassungsrechtlich verbriefte Freizügigkeit einschränkte, gerieten Unternehmer und Gewerkschaften unter Zugzwang, den Weg zu einem Kompromiß zu finden, über dessen Inhalt seit Anfang November verhandelt wurde. Dabei standen sich alsbald zwei Fronten gegenüber: Die Schwerindustrie, vertreten durch Hugo Stinnes, Wilhelm Beukenberg und Ewald Hilger, lehnte mit klassenkämpferischer Intransigenz die Vorlage, insbesondere die präjudizierenden Arbeiterausschüsse, strikt ab. Die Freien Gewerkschaften dagegen, vertreten durch Carl Legien und Gustav Bauer, betrieben keine prinzipielle Opposition, bestanden aber auf konkreten Gegenleistungen: auf paritätischen Schlichtungsausschüssen, vollem Koalitionsrecht, Versammlungsfreiheit und Schutz der gewerkschaftlichen Aktivität vor Willkür und Übergriffen. Angesichts dieser zuerst unversöhnlich wirkenden Konfrontation erklärte sich Groener, der die Heimatstimmung genau kannte, zum Entgegenkommen gegenüber den Gewerkschaften bereit. «Gegen die Arbeiter», das war seine gut begründete Überzeugung, «könnten wir diesen Krieg überhaupt nicht gewinnen.» Nur dann, wenn ihre sozialpolitischen Forderungen aufgegriffen würden, sei es möglich, «für die Fortdauer des Krieges überhaupt einen Pakt zu schließen und dadurch den Einfluß der Gewerkschaften auf die Massen für den Fall revolutionärer Entwicklung zu stärken».

Im Staatsministerium verfocht Helfferich unverändert seine kompromißlosen Einwände, doch Groener trat ebenso entschieden für seine Einsicht ein, daß «der Arbeiter... der Hauptfaktor im Wirtschaftskrieg geworden» und es darum nur «natürlich» sei, wenn «er diese Lage für sich auszunutzen» suche. Schließlich gelang es ihm, sowohl die Schlichtungsausschüsse, die für die Gewerkschaften als «Ventil für alle Regungen des Unwillens» unverzichtbar seien, ebenso erfolgreich zu verteidigen wie die Koalitionsfreiheit.

Trotzdem lehnten SPD und Gewerkschaften im zuständigen Reichstagsausschuß zuerst einmal die Hilfsdienst-Vorlage ab. Aus der intensiven De-

1. «Hindenburg-Programm» und «Vaterländisches Hilfsdienst-Gesetz» 117

batte vom 22. bis 28. November ging schließlich eine «fast völlig veränderte» Regierungsvorlage hervor. Legien sah durchaus das Risiko, welches mit der Akzeptierung dieses «Zwangsgesetzes», das nur mit «einigen Tropfen sozialen Öls» gesalbt sei, verbunden war. Andrerseits kannte er die internen Spannungen, wie sie zwischen Groener und Helfferich paradigmatisch für die beiden konkurrierenden Meinungsströmungen aufgebrochen waren und ihm neuen Spielraum verschafft hatten, so daß er weitere Konzessionen an die Gewerkschaften forderte, die durch Erfolge für ihre Basis den «Burgfrieden» legitimieren mußten.

Deshalb wurde auch der Streit um die Kriegsprofite neu eröffnet, für deren Kontrolle nach dem englischen Vorbild die SPD und die «Fortschrittliche Volkspartei» (FVP) eintraten. Im Regierungslager kritisierten Staatssekretär Siegfried v. Rödern vom Reichsschatzamt und Justizminister Hermann Lisco die unerträgliche Gewinnhöhe, deren Beschränkung nur recht und billig sei. Doch Bethmann Hollweg suchte den Schulterschluß mit ihren Opponenten, als deren Wortführer wiederum Helfferich auftrat, als er jede Gewinnbesteuerung ablehnte, da sie die Unternehmen, von deren bereitwilliger Kooperation man abhänge, unwiderruflich vor den Kopf stoße. Erwartungsgemäß unterstützten Deutschkonservative, Nationalliberale und Zentrum diese Kanzlerposition, während die SPD nicht verfehlte, auf den eklatanten Kontrast hinzuweisen, der zwischen der Bereitschaft, gegen die Arbeiter mit Zwangsmaßnahmen vorzugehen, und der Starrsinnigkeit bestand, mit der die Unternehmergewinne für unantastbar erklärt wurden.

Die abschließende Debatte im Reichstagsplenum zeigte, wie weit inzwischen die Übereinstimmung innerhalb der informellen Koalition zwischen SPD und FVP, jetzt auch einschließlich der Nationalliberalen, der süddeutschen Staaten und des Reichskanzleramtes reichte, um ein vielerorts nach ihren Vorstellungen umgeschriebenes Hilfsdienst-Gesetz durchzubringen. «Man könnte fast sagen», explodierte Helfferich, «die Sozialdemokraten, Polen, Elsässer und Arbeitersekretäre hätten das Gesetz gemacht.» Trotz des monatelang anhaltenden heftigen Widerstandes wurde die Vorlage schließlich in dritter Lesung, um den Eindruck «nationaler Geschlossenheit» zu erwecken, mit 253 zu 19 Stimmen angenommen. Allein die «Sozialdemokratische Arbeitsgemeinschaft» lehnte sie strikt ab; acht sozialdemokratische Abgeordnete, die ihre Bedenken nicht überwinden konnten, enthielten sich der Stimme. Am 5. Dezember unterzeichnet, erhielt das Hilfsdienstgesetz am folgenden Tage Gesetzeskraft. Was waren seine wichtigsten Charakteristika?

1. Das «Hindenburg-Programm» gewann keineswegs die plebiszitäre Akklamation, welche die 3. OHL optimistisch erhofft hatte.
2. Vielmehr zeichnete sich in der Allianz von SPD, FVP und Zentrum die Koalition für die Friedensresolution des Reichstags im Juli 1917 ab, im

Grunde sogar erstmals die «Weimarer Koalition» aus der Anfangszeit der Republik.

3. Der Erfolg des Reichstags bedeutete einen Schritt hin auf die Parlamentarisierung des Reiches. Dazu gehört auch, daß die Entscheidungsbildung im HDG-Ausschuß und Plenum des Reichstags den beginnenden Abbau der «exklusiven Exekutivbefugnisse des Bundesrats» signalisierte.

4. Das HDG brachte die Anerkennung der Freien Gewerkschaften und ihres Anspruchs auf Gleichberechtigung mit den Unternehmern, damit aber ein Stück Integration der Arbeiterschaft und ihrer Organisationen in die reichsdeutsche Gesellschaft und ihre Innenpolitik. Die Entwicklung der Arbeiterausschüsse, der Übergang zum Schlichtungswesen und zur gesetzlichen Mitwirkung der Arbeitnehmer- und Arbeitgeberverbände sollte für die Fortentwicklung des deutschen Sozialstaats eine «bahnbrechende Bedeutung» gewinnen. Insofern leitete das HDG, entgegen den Intentionen der 3. OHL, eine «entscheidende Wende in der Sozialgeschichte Deutschlands» ein.

5. Die Freien Gewerkschaften verdankten ihre Machtaufwertung nicht nur ihrer Schlüsselrolle für die Rüstungswirtschaft und Stabilität der «Heimatfront», sondern auch besonnenen Militärs. Auf einem großen Berliner Gewerkschaftskongreß forderte Groener, ganz auf der Linie seiner bisherigen Argumente, die Militärbehörden auf, endlich die Gewerkschaften als «die berufenen Organe der Arbeitnehmer» bereitwillig anzuerkennen. Bei den Unternehmern herrschte wegen des gesellschaftspolitischen Gegenwinds helle Empörung über diese Kooperation zwischen Kriegsamt und Gewerkschaften. Mit schneidender Schärfe rügte die «Arbeitgeber-Zeitung» am 1. Januar 1917 deren Gemeinsamkeit in den «ungewöhnlichen Grundsätzen allgemeiner Gleichheit und Vielherrschaft», obwohl doch «die einen zum Führen, die anderen zum Folgen» auf der Welt seien.

6. Unstreitig zahlten die Gewerkschaften für ihre Aufwertung einen hohen Preis. Verkörperte das HDG zum einen den Triumph ihrer Verhandlungsmacht, führte es zum anderen «faktisch zu einer vorbehaltlosen Unterstützung der Kriegsanstrengung, zur Aufrechterhaltung der Ruhe in den Betrieben, zur Streikprophylaxe» und nur zu oft «zur Stabilisierung des Status quo». Die innovativen Arbeiterausschüsse sollten zwar einen Ausgleich schaffen zwischen dem längst befürchteten «syndikalistischen Aktionismus und organisationsgebundener Pazifizierung», konnten aber binnen kurzem das Aufbegehren der Basis keineswegs mehr kanalisieren.

7. Der Reichstag faßte das heiße Eisen einer Beschränkung der Kriegsprofite nicht an, obwohl selbst Ludendorff konzedierte, daß «die Gewinne in der Kriegsindustrie... ganz zweifellos zum großen Teil über jedes gerechte Maß hinaus zu hoch» seien. Auf der anderen Seite blieb es auch bei der Unkontrollierbarkeit neuer Lohnforderungen. Der Arbeitsplatzwechsel sollte zwar völlig eingedämmt werden, tatsächlich aber folgten die

1. «Hindenburg-Programm» und «Vaterländisches Hilfsdienst-Gesetz»

Arbeiter weiter dem Anreiz, ihre Stellen wegen höherer Löhne zu wechseln.

Die 3. OHL reagierte eigentümlich zurückhaltend, gedämpft, ja passiv auf den enttäuschenden Ausgang des Kräftemessens. Warum? Offenbar vertraute sie Groener und den Großunternehmern, daß sie trotz der Gesetzesbarriere mit der Durchsetzung der rüstungswirtschaftlichen Ziele den erhofften Riesenschritt vorankämen. Sie fand es außerdem schwierig, die bittere Erfahrung zu verarbeiten, daß das Parlament von ihr nicht gesteuert werden konnte. Offenbar hatte die OHL in tiefer Unkenntnis der politischen Konstellation in der Heimat operiert und sah in ihrer verblüfften Ratlosigkeit zunächst keinen anderen Ausweg, als den mißbilligten Kompromiß zähneknirschend zu akzeptieren – was übrigens eine wirkliche Diktatur nicht getan hätte.

Die Mehrheit der Industriellen gab sich zunächst der Illusion hin, daß die gigantischen rüstungswirtschaftlichen Aufgaben des «Hindenburg-Programms» trotz der Rahmenbedingungen des HDG lösbar seien. Im Gegensatz dazu glaubte Rathenau, daß bis zum Sommer 1917 höchstens 60 Prozent der Planziele erreichbar seien, und Emil Kirdorf warnte realistisch vor den Problemen der Kohleversorgung. Auch Groener und Moellendorf blieben skeptisch gestimmt.

Tatsächlich waren die Folgen der programmatischen Mobilmachung für den totalen Krieg, aufs Ganze gesehen, katastrophal. Sie förderte die Instabilität der Wirtschaft, vermehrte das Chaos in der Verwaltung, steigerte die zügellose Interessenpolitik der Lobby, führte zum Kollaps des Verkehrssystems, überforderte die Arbeiterschaft und untergrub die Leistungsfähigkeit des Feldheeres. Insofern erwies sich das «Hindenburg-Programm» als Pyrrhussieg der OHL und Schwerindustrie über das Kriegsministerium und die Bedenken der Fachleute.

Seit dem Januar 1917 fiel die Stahlproduktion im Vergleich mit dem Vorjahr steil ab und blieb weit hinter den Vorgaben des «Hindenburg-Programms» zurück. Auch die Pulvererzeugung erreichte bei weitem nicht die vorgesehene Spitzenmarke von monatlich 14000 Tonnen. Das war einer der Gründe, warum die OHL im März 1917 den Rückzug auf die neue begradigte Verteidigungsstellung der «Siegfried-Linie» anordnete und weshalb Ludendorff aus Rücksicht auf die evidente Labilität der Westfront den uneingeschränkten U-Boot-Krieg immer wieder einklagte.

Als schlechterdings unheilvoll erwiesen sich die Probleme nicht nur der unzureichenden Förderung von Kohle, sondern auch der unzulänglichen Versorgung der Betriebe und Haushalte mit diesem unersetzlichen Energieträger. Die Steinkohleförderung sackte auf zwei Drittel der Friedensmenge hinunter, da viele Bergarbeiter eingezogen worden waren, die Ernährung der Schwerstarbeit leistenden Kumpel miserabel blieb und die Planziffern des «Hindenburg-Programms» die Zechen sowie die Arbeiter überforderten. Als daraufhin der Ruf nach einem «Kohlediktator» aufkam, sträubten sich die Bergwerksleitungen heftig, aber Ludendorff griff die Forderung auf, gewann Stinnes dafür und zwang mit ihm die Regierung bis Ende Februar 1917 dazu, einen «Reichskohlenkommissar» einzusetzen; er wurde dem Kriegsamt angegliedert, versagte völlig, und die Kohlenproduktion stagnierte weiter.

Die 3. OHL sah daher keinen anderen Ausweg mehr, als für die Zechen im Mai/Juni 1917 50 000 Frontsoldaten freizustellen, doch auch sie konnten den Ausstoß nicht nennenswert steigern. Gefährlich verschärft wurde die Kohlenfrage durch das im Winter 1916/17 einsetzende Verkehrschaos mit seinem endlosen Stau von Güterzügen. Nur noch rund 5000 Vorzugsbetriebe konnten voll beliefert werden, während rund 35 000 wichtige Rüstungsunternehmen noch 60 bis allenfalls 80 Prozent des angeforderten Brennstoffs erhielten. Dieses Dilemma bewies erneut, daß der Weltkrieg auch ein «Eisenbahnkrieg» war. Trotz der Bedeutung dieses Verkehrsmittels gelang es keinem Machtzentrum, die Vielzahl der heterogenen Staats- und Privatbahnen zu einer einheitlich gelenkten Reichsbahn zusammenzufassen; das gelang erst der Weimarer Republik unter dem Druck der Reparationsforderungen. Als Folge des Rückgangs der Kohle-, Stahl- und Pulvererzeugung stagnierte auch die Rüstungsproduktion insgesamt. Das wirkte schon niederdrückend genug, und dennoch hielt es ein so sachkundiger Offizier wie Major Koeth, im Sommer 1917 als Groeners Nachfolger Chef des Kriegsamts, für noch dringlicher, die Bevölkerung endlich mit Hauskohle zu versorgen, da die eventuellen Streikfolgen ungleich schlimmer seien als der Produktionsausfall.

Endlich nahm der Ausstoß der Rüstungsindustrie seit März/April 1917 langsam wieder zu. Bis dahin war aber auch eine Million Soldaten freigestellt, die Transportkrise noch nicht überwunden worden, und der Kohlenmangel traf die Betriebe und Privathaushalte an ihrem Schwachpunkt. Die exorbitanten Ansprüche der OHL und ihres Programms richteten verheerende Schäden an, und das HDG wirkte sich in einer kolossalen Verschwendung von Finanzressourcen, Rohstoffen, nutzlosen Fabrikneubauten aus.

Das kritischste Problem der deutschen Kriegswirtschaft aber blieb der Arbeitskräftemangel. Bis zum Juli 1917 waren 1,9 Millionen Facharbeiter vom aktiven Militärdienst zurückgestellt worden; kurz darauf wurde das Maximum von zwei Millionen erreicht. Die unmittelbare Folge: Die Bataillonsstärke sank um fünf Prozent. Als daraufhin das Kriegsamt die Unternehmer mahnte, zum Sommer 1917 Arbeiter wieder für die Front freizugeben, reagierten diese schroff mit der Erklärung, daß das «Hindenburg-Programm» dann erst recht nicht ausführbar sei. Ludendorff insistierte indes darauf, daß zehn Prozent der kv-Arbeiter bis zum Herbst 1917 wieder dem Heer angehören müssten, und stellte jede weitere Frei-

1. «Hindenburg-Programm» und «Vaterländisches Hilfsdienst-Gesetz»   121

stellung ein. Als Notlösung wurde eine Verordnung zum HDG erlassen, wonach doch noch weitere 260 000 Soldaten in die Heimat zurückkehren dürften, sofern sie von Zivildienstpflichtigen im Etappendienst abgelöst werden konnten. Die Konsequenz war eine Flut von Ausnahmeanträgen von Angehörigen der oberen Klassen. «Patriotisch sind sie sehr», spottete das Generalkommando Stettin im Juni 1917, «aber nur insoweit, als es ihnen nicht an die eigene Haut geht.» Eine nennenswerte Entlastung des Heeres brachte die Aktion nicht zustande.

An das größte unerschlossene Arbeitskräftepotential, an die Millionen von nicht berufstätigen Frauen, wagte sich kein einziges Gremium aus der Machthierarchie heran, da niemand die erwarteten inneren Unruhen in Kauf zu nehmen bereit war. Auch auf diesem Gebiet ging das angeblich so schlaffe liberale England rigoroser vor als der autoritäre Kaiserstaat, der trotz aller bramarbasierenden Rhetorik zugunsten des totalen Krieges diesen sozialen Konfliktherd nicht antastete.

Statt dessen ging der Hort «deutscher Kultur» zu der seit der Antike vertrauten Methode der Zwangsrekrutierung über. Aus Russisch-Polen wurde mit kräftigem Nachdruck mehr als eine halbe Million Arbeiter für die Landwirtschaft «angeworben». Aus Belgien, auf das seit der Entwicklung des «Hindenburg-Programms» gierige Blicke gefallen waren, wurden seit dem November 1916 Arbeiter deportiert: Zuerst waren es 78 000 Männer, deren Zahl dann auf 130 000 gesteigert wurde. Die Militärbehörden zeigten sich außerstande, das großspurige Versprechen, wöchentlich 20 000 Arbeiter aus dem Gesamtpool von 700 000 zu rekrutieren, auch nur annähernd einzuhalten. Ökonomisch betrachtet bedeutete auch diese Zwangsarbeiterschaft letztlich nur einen Tropfen auf den heißen Stein.

Trotz all ihrer Mängel: der «völlig überzogenen Planziele», der Fehlleitung von Ressourcen, der «hemmungslosen Ausbeutung der Rohstoffvorkommen» und «menschlichen Arbeitskräfte», machten das HDG und das «Hindenburg-Programm» nach anderthalb Jahren doch noch eine «Steigerung der wirtschaftlichen Kriegsanstrengungen möglich». Denn in den letzten Kriegswochen nach dem Juni 1918 wurden in manchen Industriezweigen «die Produktionshöchstleistungen der gesamten Kriegszeit» erreicht. Für die kämpfende Truppe im Westen, die unter der Übermacht der Alliierten zerbrach, kam dieser letzte Rüstungsaufschwung jedoch viel zu spät.

Im Juni 1918 bäumte sich die 3. OHL noch einmal gegen die heraufziehende Niederlage auf und beschwor, fast ein Akt der Verzweiflung, die große Wende, wenn es nur gelinge, die Wehrpflicht auf alle Jugendlichen und Männer zwischen dem 16. und 60. Lebensjahr auszudehnen und endlich die allgemeine Dienstpflicht für Frauen einzuführen. Vergebens, das Kriegsministerium hielt auch jetzt diesen Zugriff für praktisch unmöglich, da er die «größte Beunruhigung im Lande» erzeugen werde. Auch in dieser ablehnenden Entscheidung traten noch einmal die Grenzen der «Militärdiktatur» zutage.¹

2. Politische Bruchlinien: USPD – Deutsche Vaterlandspartei – Antisemitismus

Anfang April 1917 war mit der USPD eine linke Alternative zur SPD – seither oft Mehrheits-Sozialdemokratie (MSPD) genannt – entstanden (vgl. vorn, III.4). Hugo Haase, der frühere Fraktionschef, und Georg Ledebour, eine profilierte Figur des linken Flügels, wurden als die beiden Vorsitzenden, Wilhelm Dittmann und Luise Zietz als Sekretäre gewählt; Karl Kautsky schrieb das Gründungsmanifest. Alle Führungspersönlichkeiten stammten aus der «Sozialdemokratischen Arbeitsgemeinschaft». Der Vorstoß an die Spitze, den die «Spartakusgruppe» unternahm, wurde abgeschlagen. Ein gewisser Erfolg für sie trat jedoch im Parteistatut zutage, denn es ließ ihr die volle Freiheit, das Manifest und das Programm zu akzeptieren oder abzulehnen.

Wie genau die Partei den Radikalisierungsprozeß in weiten Teilen der deutschen Arbeiterschaft widerspiegelte, läßt sich daran ablesen, daß mehr als ein Siebtel der Wahlbezirksorganisationen der SPD (57 von 357) unverzüglich zur USPD hinüberschwenkte, die bis zum Oktober 1917 rund 120 000 Mitglieder registrierte. Zu dieser Zeit war die SPD, die 1914 fast 1,1 Millionen Mitglieder gezählt hatte, auf 243 000 abgefallen, mithin nur noch doppelt so groß wie ihre junge Rivalin.

Um den Aufstieg der «Unabhängigen» zu erklären, hat man das Kontinuitätsargument in dem Sinne stark zu machen versucht, daß ihr Kern aus Parteiverbänden bestanden habe, die seit der leidenschaftlichen Massenstreikdebatte von 1905 bereits ein Dutzend Jahre lang unter der Kontrolle des linken Flügels gestanden hätten. Tatsächlich haben aber die Kriegsbedingungen den entscheidenden Ausschlag für die Polarisierung gegeben. Eine geradlinige Entwicklung aus der Vorkriegszeit war keineswegs die Regel. Manche Industriestädte und -gebiete mit einer linken Vorgeschichte verwandelten sich zwar in USPD-Zentren, die meisten aber blieben SPD-Hochburgen. Offenbar haben einflußstarke Persönlichkeiten häufig eine maßgebliche Rolle bei dem Wechsel gespielt. Manchmal kamen ihnen die Traditionen der lokalen und regionalen Parteigeschichte oder auch die politische Tendenz der Parteipresse entgegen. Im allgemeinen rissen jedoch erst die überwältigenden Kriegserfahrungen die schließlich unüberbrückbaren Gräben auf.

Es war der Krieg, der Kontrahenten wie den Chefredakteur des Parteizentrums, Karl Kautsky, und die Galionsfigur des «rechten» Revisionismus, Eduard Bernstein, mit ehemals pragmatischen Politikern wie Hugo

2. Politische Bruchlinien

Haase, Kurt Eisner und Emanuel Wurm, mit Vertretern des linken Flügels wie Georg Ledebour, Wilhelm Dittmann, Heinrich Ströbel und Julian Borchardt, aber auch mit der «Spartakusgruppe» um Karl Liebknecht, Rosa Luxemburg, Leo Jogiches, Franz Mehring und Clara Zetkin in der USPD zusammenführte. Ähnlich wie ihre Prominenz, die vor 1914 in extrem unterschiedlichen Lagern gestanden hatte, bunt zusammengewürfelt war, blieb auch die gesamte Parteianhängerschaft sehr heterogen, verfolgte teils pointierte, teils verschwommene Ziele unter einer teils vorpreschenden, teils unentschlossen schwankenden Führung.

Zur Speerspitze einer traditionsreichen, zielbewußten Massenbewegung läßt sich daher die USPD nicht stilisieren. Wohl aber repräsentierte sie von allen politischen Kräften am klarsten einen Komplex von kriegsbedingten Protestmotiven: In ihnen verschmolzen die Verbitterung über die inzwischen jede Familie treffenden Massenverluste in den Materialschlachten, das Aufbegehren gegen die ökonomische Misere, die Friedenssehnsucht, die Ablehnung des uferlosen Annexionismus, die Enttäuschung aller innenpolitischen Reformerwartungen, der Groll gegen die Unterdrückung und Überwachung, gegen die Zensur und Verbotsmaßnahmen, die unter dem Belagerungszustand immer wieder Arbeiter und ihre Anführer trafen. Kein anderer wagte die Kritik so offen auszusprechen, wie das die USPD und die «Spartakusgruppe» taten. Mochte die Protestneigung ihrer Anhänger ursprünglich diffus und hochemotional sein – die neue Linke bündelte die Impulse, verlieh ihnen eine gemeinsame Stoßrichtung und gab dem wachsenden Widerstand gegen den «imperialistischen Krieg» eine einleuchtende Legitimierung in der vertrauten Sprache der marxistischen Theorie.

Wegen dieses Bündels von unterschiedlichen Motiven sollte man auch keinen linearen Zusammenhang zwischen dem Ausmaß der wirtschaftlichen Not und der manifesten Protestbereitschaft herstellen. Es waren gerade die gut verdienenden, von ihren Betrieben oft zusätzlich versorgten Rüstungsarbeiter, die in der USPD, in den Streiks und dann in der Revolution und Rätebewegung eine auffällige Rolle spielten. Die Verbitterung unter diesen politisch engagierten, selbstbewußten Arbeitern wurde durch den «Bruderkampf», den Friedrich Ebert zwischen den beiden sozialdemokratischen Parteien mit «Heftigkeit» und «häßlichen Begleiterscheinungen» heraufziehen sah, noch weiter vertieft. In vielen Ortsverbänden prallten die Rivalen in der Tat unversöhnlich aufeinander. Strafaktionen der SPD-Spitze trugen zur Verschlechterung des Klimas bei. Kautsky z. B. wurde die Redaktion der wichtigsten theoretischen Zeitschrift der europäischen Linken, der 1883 von ihm gegründeten «Neuen Zeit», im September 1917 gekündigt, Clara Zetkin jeder Einfluß auf die bisher von ihr redigierte sozialdemokratische Frauenzeitschrift «Die Gleichheit» genommen. Umgekehrt versäumten die Exponenten der USPD und der winzigen kommunistischen Sekte im «Spartakus» keine Gelegenheit, die Burgfriedenssüchtigkeit und Kooperationsliebedienerei der SPD anzuprangern.

Wie schnell die USPD an Boden gewann, zeigten schon unmittelbar nach ihrer Gründung die April-Streiks von 1917, die sich auch spontan gegen die Freien Gewerkschaften und die SPD richteten. Auf der ersten Massenversammlung in Leipzig dominierte die USPD vollständig, so daß auch der Forderungskatalog ganz und gar ihre politische Handschrift verriet. An der Spitze stand das unstrittige Postulat, daß die Versorgung mit erschwinglichen Lebensmitteln und Kohle endlich gewährleistet werden müsse. Dann aber wurden genuin politische Ansprüche erhoben: Eine Regierungsproklamation solle die Friedensbereitschaft des Reiches und seinen Verzicht auf jede Annexion erklären; der Belagerungszustand, die Zensur und alle Einschränkungen des Koalitions-, Vereins- und Versammlungsrechts sollten ebenso wie das «Arbeitszwangsgesetz» aufgehoben, alle aus politischen Gründen Inhaftierten und Verurteilten entlassen werden; alle staatsbürgerlichen Freiheitsrechte einschließlich des allgemeinen, gleichen, direkten und geheimen Wahlrechts im Reich, in den Bundesstaaten und den Gemeinden müßten endlich gewährt werden. Das war in jeder Hinsicht ein Gegenprogramm zu den Vorstellungen der Kriegszielbewegung und des innenpolitischen Machtkartells. Kein Wunder mithin, daß eine Leipziger Delegation in Berlin vom Unterstaatssekretär im Reichskanzleramt, Arnold Wahnschaffe, und von Ernährungsamtschef Batocki brüsk abgefertigt wurde.

Unabhängig von diesem Ausgang hatten die linksradikalen «Revolutionären Obleute» in Berlin ebenfalls Mitte April den Streik beschlossen und gewannen im Nu 300 000 Arbeiter für den Ausstand, der wie der Streik in Leipzig den Einfluß der USPD demonstrierte. Kurze Zeit darauf setzte die USPD der Friedensresolution des Reichstags vom Juli 1917 ihre eigene Entschließung entgegen. Sie insistierte auf dem Selbstbestimmungsrecht der Völker, von dem in der Mehrheitsresolution mit keinem einzigen Wort die Rede war, und führte, ebenfalls als einzige, eine scharf antiannexionistische Sprache. Wie ernst es der USPD mit diesen beiden politischen Zielen war, zeigte auch die Entschiedenheit, mit der sie sich dem Diktat von Brest-Litowsk entgegenstemmte. Während sich die SPD-Fraktion aus Sorge vor den Folgen eines Gegenvotums nur zur Stimmenthaltung durchzuringen vermochte, protestierte die USPD bis zuletzt dagegen, daß dem russischen Volk das «Joch eines Vergewaltigungsfriedens» aufgezwungen werde.

Diese konsequente Opposition steigerte ihr Ansehen unter den städtischen Arbeitermassen, zumal sie kurz vorher bei den Januar-Streiks von 1918 eine für jedermann erkennbare Führungsfunktion wahrgenommen hatte. Die Verweigerung der letzten Kriegskredite durch die USPD war nach alledem nur folgerichtig. Unverhohlen setzte die Partei auf die Kriegsmüdigkeit der Völker. Ihr Rigorismus befestigte die Loyalität ihrer Anhän-

2. Politische Bruchlinien

ger und gewann ihr zusehends neue Sympathisanten. Diese Konsolidierung und Attraktivität konnten aber schon damals nicht über die «innere Zerrissenheit» der programmatischen Ziele und die «Konzeptionslosigkeit» im Hinblick auf die Nachkriegszeit hinwegtäuschen. Die revolutionäre Systemkrise und der Übergang zum Frieden mußten daher die USPD einer existentiellen Bewährungsprobe aussetzen, an der sie schließlich zerbrochen ist.

Fünf Monate nach der USPD wurde die «Deutsche Vaterlandspartei» im September 1917 als ein großes Sammelbecken bürgerlicher Annexionisten und extremer Konservativer gegründet, die sich realitätsblind sowohl für eine Realisierung aller expansionistischen Ziele als auch für die Verfestigung des innenpolitischen Status quo einsetzten. Verschiedene Initiativen, die auf einen «Bismarckbund», eine «Bismarckpartei», eine «Deutsche Einheitspartei» zielten, wurden von dem ostpreußischen Generallandschaftsdirektor Wolfgang Kapp bis Ende August 1917 gebündelt. Als Vorsitzender der neuen radikalnationalistischen «Bewegung» war zuerst der Berliner Historiker Max Lenz vorgesehen, denn dieser führende Neurankeaner empfahl sich durch rabiate Bekenntnisse: Nicht nur wollte er alle «Flaumacher in Berlin ... zum Schweigen» bringen, vielmehr sei es «das Beste ...», in der Wilhelmstraße (mit den wichtigsten hauptstädtischen Regierungsgebäuden) Gas abzublasen; leider sind so scharfe Mittel nur an der Front üblich».

Da in der Vorbereitungsphase der Schwerpunkt in Ostpreußen gelegen hatte, wurde eine konstituierende Versammlung auf den 23. August nach Königsberg einberufen, um Organisationsfragen und Zielvorstellungen zu klären; dort erfolgte dann auch am 2. September die formelle Gründung der «Deutschen Vaterlandspartei», die von der 3. OHL – Hindenburg und Ludendorff waren aufs genaueste «vorher verständigt» worden – sofort öffentlich begrüßt wurde. Nicht Lenz, sondern der Großadmiral a. D. v. Tirpitz, seit Jahren eine Führungsfigur der neuen Rechten, wurde zum ersten, Kapp zum zweiten Vorsitzenden gewählt. In den zwölfköpfigen Leitungsausschuß traten unter anderem BdL-Chef Conrad v. Wangenheim, Heinrich Claß, der Vorsitzende des «Alldeutschen Verbandes», die rechtskonservativen Historiker Georg v. Below und Dietrich Schäfer, die Oberbürgermeister Körte/Königsberg und Rive/Halle ein. Aus rein taktischer Rücksichtnahme auf das Image der neuen Partei hielten sich die Interessenten aus der Großindustrie bei dieser Wahl zurück. Zahlreiche Repräsentanten stießen aber sofort als Mitglieder hinzu. Zu ihnen gehörten etwa Hugo Stinnes, Carl Duisberg, Emil Kirdorf, Alfred Hugenberg (damals noch Krupp-Direktor), Wilhelm v. Siemens, Ernst v. Borsig, Wilhelm Beukenberg von der Phönix-AG, die Werftbesitzer Carl Ziese und Wilhelm Blohm, Arthur Salomonsohn von der Deutschen Bank und Louis Hagen, der «König der Aufsichtsräte». Hinzu kamen zahlreiche preußische Adlige, darunter Manfred Graf Brünneck, der ostpreußische Landeshauptmann; August Graf Dönhoff, der Landeshofmeister des Königreichs Preußen; Georg v. Tettau, der preußische Obermarschall, sowie hochadlige Vertreter mehrerer Fürstenhäuser wie der Erzherzog Johann Albrecht von Mecklenburg, ein leidenschaftlicher Alldeutscher und Kolonialenthusiast, der zum Ehrenvorsitzenden ernannt wurde.

Die «Vaterlandspartei» fand dank der «großen rhetorischen Ausstrahlungskraft» ihrer Parolen, in denen Radikalnationalismus und Antisemitismus, Expansionismus und Reformblockade eine giftige Fusion eingingen, eine weitreichende Resonanz im protestantischen Bildungsbürgertum und in der wirtschaftsbürgerlichen Honoratiorenelite, in der höheren Bürokratie und im hochrangigen Offizierkorps, erreichte aber auch «nationalgesinnte» Angestellte, Arbeiter und Bauern. Rechte Verbände traten der Partei korporativ bei oder unterstützten sie doch propagandistisch und materiell, wie das an erster Stelle der «Alldeutsche Verband» als Ideenspender tat, der mit erneuter Vehemenz zum Widerstand gegen den «Reichstag der Judenwahlen» und einen «Judenfrieden» aufrief. Ihm schlossen sich der ZDI an, der BdL, der «Reichsdeutsche Mittelstandsverband», die rheinischen und westfälischen Bauernverbände, der «Unabhängige Ausschuß für einen Deutschen Frieden», die «Deutsche Vereinigung», der «Freie Ausschuß für einen Deutschen Arbeiterfrieden» und der «Hauptausschuß nationaler Arbeiter- und Berufsverbände» und andere Vereinigungen des rechten Spektrums.

Es war ein bedrohliches Machtaggregat, das sich in der «Vaterlandspartei» herausbildete – in mancher Hinsicht «ziemlich genau», wie Meinecke nüchtern konstatierte, eine Fortsetzung des Sammlungskartells der 1880er Jahre und das verspätete Ergebnis jener Pläne, die 1913 einen umfassenden Rechtsblock anvisiert hatten. Die Sympathie für dieses Machtpotential äußerte sich unter anderem darin, daß preußische Regierungspräsidenten auf dem Amtsweg ihre untergebenen Beamten zum Eintritt in die «Vaterlandspartei» aufforderten, daß der sächsische Ministerpräsident Christoph Graf Vitzthum v. Eckstädt ungeniert zur Unterstützung ihres «Kampfes gegen die landesverräterische Reichstagmehrheit» aufrief und daß Staatssekretär Helfferich erklärte, wie sehr die «Vaterlandspartei» der Regierung «willkommen» sei.

Der ideologische Mobilisierungseffekt der «Vaterlandspartei» ist unstrittig. Umstritten ist dagegen immer noch ihre quantitative Größe, da darüber nur parteioffizielle, wahrscheinlich also überhöhte Zahlen vorliegen. Bis zum Januar 1918 will die «Vaterlandspartei» 283 000, bis zum März 450 000 und bis zum Juli 1918 sogar 1,25 Millionen Mitglieder, darunter 800 000 Einzelmitglieder und 450 000 korporativ angeschlossene Mitglieder, in 2 536 Ortsgruppen gewonnen haben. Vermutlich hat sie auf ihrem Höhepunkt in der Tat die Sozialdemokratie, beide sozialdemokratischen

2. Politische Bruchlinien

Parteien zusammengenommen, weit überflügelt, als sie die fanatisierten Anhänger eines Siegfriedens und exorbitanter Kriegsziele in einer extrem rechtsradikalen Massenorganisation mit deutlich präfaschistischen Zügen zusammenführte.

Von Anfang an war die «Vaterlandspartei» kompromißlos für ein imperialistisches Maximalprogramm eingetreten. Sie forderte im Westen die Annexion Hollands, Luxemburgs, Belgiens mit der flandrischen Küste, Nordfrankreichs einschließlich der Kanalküste und der Normandie sowie des Erzbeckens von Briey-Longwy. Im Osten wollte sie das Baltikum und weite Gebiete Westrußlands und der Ukraine an das Reich anschließen. In Afrika schwebte ihr ein von der West- bis zur Ostküste reichendes riesiges Kolonialreich einschließlich des Kongo vor, und fabulöse Reparationszahlungen der besiegten Alliierten sollten alle deutschen Kriegskosten decken.

Innenpolitisch heuchelte die «Vaterlandspartei» parteipolitische Neutralität, faktisch aber stemmte sie sich der Demokratisierung Preußens und der Parlamentarisierung des Reiches mit aller Kraft entgegen. Max Weber hielt es sogar für das Hauptziel der «Vaterlandspartei» und ihrer von «Militärs a. D., Durchläuchtings und dergleichen unverantwortlichen Amateurpolitikern» betriebenen «rein innenpolitischen Demagogie», den «Widerstand gegen die unabweisbare innere Neuordnung» zu organisieren, durch eine, wie er empört wiederholte, «Demagogie schlimmster Art, eine Pöbelherrschaft des Sykophantentums», dessen «unverantwortlich lärmendes Gebaren» dazu beigetragen habe, «fast die gesamte Welt gegen uns aufzubringen».

Mit dem Scheitern der Westoffensive im März/April 1918 überschritt auch die «Vaterlandspartei» ihren Zenit. Stagnation und dann Niedergang setzten ein, bis sie im September bei angeblich 800 000 Mitgliedern angelangt war. Ihre Grundsatzopposition gegen jeden Anlauf zu inneren Reformen blieb jedoch so verbissen wie eh und je. Und selbst nach der letzten deutschen Niederlage an der Westfront im August 1918 beharrte sie unbelehrbar auf der Annexion der französisch-belgischen Kanalküste einschließlich Calais', das Gustav Stresemann unlängst noch als das «deutsche Gibraltar» gefordert hatte, sowie auf der Einverleibung des Erzbeckens von Briey-Longwy. Und im Osten insistierte sie in pathologischer Verblendung weiterhin auf der deutschen Expansion «über die weiten Flächen des ehemaligen russischen Kaiserreichs» hinweg, «durch die Türkei bis an den Stillen Ozean und an die Pforten Indiens», außerdem auch noch «über das Mittelmeer ins Innere Afrikas».

Mit all diesen Hirngespinsten war es in ein paar Wochen vorbei. Ende November 1918 stellte die «Vaterlandspartei» ihre Tätigkeit offiziell ein und übergab ihr Vermögen der «Deutsch-Nationalen Volkspartei». Völlig verflogen aber waren seitdem ihre Wunschträume keineswegs, da sie in den völkischen und rechtsradikalen Strömungen der Weimarer Republik weiterlebten, bis sie von der nationalsozialistischen Diktatur neu aufgegriffen wurden. Friedrich Meinecke fand es im Rückblick unwiderlegbar, daß sich der «alldeutsche Eroberungsgeist und das innenpolitische Herrentum der schweren Industrie und des ostdeutschen Großgrundbesitzes... in der Vaterlandspartei ein Organ» geschaffen hatten. «Kann man noch zweifeln», fragte er 1946, «daß Alldeutsche und Vaterlandspartei ein genaues Vorspiel für den Aufstieg Hitlers waren?»[2]

Im Sommer 1914 zeigte sich die erdrückende Mehrheit der jüdischen Deutschen – ob liberal, orthodox oder zionistisch eingestellt – fest entschlossen, ja begeistert, an dem vermeintlichen Abwehrkampf gegen den Überfall in Ost und West vorbehaltlos teilzunehmen. Als ob sie diese Haltung respektieren wollten, herrschte wenige Wochen lang sogar Zurückhaltung unter den antisemitischen Verbänden. Aber schon Ende August 1914 forderte der «Reichshammerbund» Theodor Fritschs dazu auf, die jüdische Mitwirkung an der Kriegsanstrengung «verschärft» zu beobachten. Und im Dezember rechnete der zweite Vorsitzende des «Alldeutschen Verbandes», General a. D. Konstantin v. Gebsattel, die «Lösung der Judenfrage» im Sinne der alldeutschen Diskriminierungs- und Vertreibungsvorstellungen bereits zu den «deutschen Kriegszielen». Doch zunächst wurden einige Schranken, auf welche die Juden im Hinblick auf höhere Stellungen bisher getroffen waren, zeitweilig aufgehoben. So erhielten etwa Rathenau und Ballin exponierte Führungspositionen in den staatlichen Kriegswirtschaftsorganisationen. Nachdem seit 1885 kein jüdischer Deutscher mehr (mit der Ausnahme Bayerns) Reserveoffizier, geschweige denn aktiver Offizier geworden war, wurden jetzt bis zum November 1915 rund 710 zum Offizier befördert und rund 5000 mit dem Eisernen Kreuz ausgezeichnet. Seit Mitte 1915 wuchs aber schon wieder der Gegendruck an, so daß es für längere Zeit Beförderungen und Orden nur mehr im Ausnahmefall gab. Auch die Polemik gegen die «jüdische Verfilzung des deutschen Wirtschaftslebens durch das System Ballin-Rathenau» nahm allenthalben zu. Anstatt die militärische und organisatorische Leistung jüdischer Bürger anzuerkennen, wurde die antisemitische Agitation verschärft.

1915 gewann auch die unheilvolle Debatte über die angebliche «jüdische Masseneinwanderung» aus dem Osten eine neue Dimension. Ausgelöst wurde sie durch die deutsche Besetzung Polens, später auch der Ukraine, die dazu führte, daß die Mehrheit der osteuropäischen Juden unter deutscher Militärherrschaft lebte. Zuerst wurden 15000, schließlich insgesamt 35000 jüdische Zwangsarbeiter ins Reich deportiert. Das löste schrille alldeutsche Warnungen vor der «Einwanderung(!) jüdischen Proletariats aus den besetzten Gebieten Rußlands» aus. Die intensivierte Berührung mit Ostjuden in Polen und in Deutschland warf aber auch für manche jüdischen Deutschen Identitätsprobleme auf, da sie die eigenen Assimilationserfolge durch die Ostjuden bedroht sahen. Wegen des ringsum ansteigenden Antisemitismus gliederten jedenfalls die jüdischen Organisationen bereits Anfang 1915 ihrem «Büro für Statistik der Juden» einen «Ausschuß für Kriegsstatistik» an, der Material über die jüdische Kriegsbeteiligung vorsorglich sammeln sollte.

Die antijüdische Stimmungsmache erreichte seit dem Sommer 1916 einen neuen Höhepunkt. Juden drückten sich, hieß es hämisch, vor dem Dienst an der Front: «Überall grinst ihr Gesicht, nur im Schützengraben nicht.» Sie beherrschten statt dessen die Kriegswirtschaft, um horrende Gewinne einzuheimsen. Diese Polemik des antisemitischen Lagers traf auf die weitverbreitete Sympathie, die der traditionelle Antisemitismus im Offizierkorps und auch im Kriegsministerium genoß, das zur Anlaufinstanz für eine wahre Schmutzwelle von antisemitischen Denunziationsbriefen und Denkschriften wurde. Dort fand Anfang Juli 1916 eine Konferenz mit den Chefs der Generalkommandos statt, auf der festgehalten wurde, daß Juden «wenig Neigung für den Felddienst» verspürten, statt dessen aber, da sie oft als Heereslieferanten fungierten, erfolgreich reklamiert würden. Ging diese Tagung noch ergebnislos auseinander, fiel schon vier Monate später im selben Ministerium eine fatale Entscheidung, die zu einer tiefen Zäsur in der Geschichte des deutsch-jüdischen Zusammenlebens führte.

Kriegsminister Wild v. Hohenborn ordnete am 11. Oktober 1916 für alle Truppenteile die sogenannte «Judenzählung» an. Um auf die zahlreichen Klagen darüber eingehen zu können, hieß es in seinem Erlaß, daß «eine unverhältnismäßig große Anzahl wehrpflichtiger Angehöriger des israelitischen Glaubens vom Heeresdienst befreit sei oder sich von diesem unter allen nur möglichen Vorwänden nur drücke», jedenfalls «außerhalb der vordersten Front» Verwendung im Etappen- oder Heimatgebiet finde, solle eine exakte «Nachweisung der beim Heer befindlichen wehrpflichtigen Juden» erfolgen. Der Erlaß fragte nach der Anzahl der Freiwilligen, der an der Front Gefallenen, der mit dem Eisernen Kreuz ausgezeichneten, der trotz eines kv-Bescheids in der Etappe eingesetzten jüdischen Soldaten; überdies wollte er auch noch die Menge der nicht eingezogenen oder reklamierten jüdischen Männer in Erfahrung bringen.

Die geplante Statistik sollte dem äußeren Anschein nach zur Entkräftung der antijüdischen Vorwürfe verwendet werden. Faktisch aber war sich das Ministerium des Umstandes wohl bewußt, daß es mit antisemitischem Sprengstoff hantierte, der für die Vorurteile von Böswilligen Anklagematerial zutage fördern konnte. Was waren seine Motive?

1. Vom Hindenburg-Programm ging in jenen Wochen ein starker Druck aus, die menschlichen Ressourcen auszuschöpfen. Auch deshalb sollten die Vorwürfe geprüft werden, zumal die Spannungen zwischen Wild v. Hohenborn und der 3. OHL ein offenes Geheimnis waren, so daß das Ministerium neue Konflikte vermeiden wollte. Abgesehen davon bildete die Suche nach

«Menschenmaterial» einen vorzüglichen Vorwand, um antisemitische Motive zu kaschieren.

2. Die zuständige Schlüsselfigur in der OHL und der Kontaktmann für Berlin war Ludendorffs Intimus Oberst Bauer, der als rabiater Antisemit bekannt war. Seine dogmatischen Vorurteile teilte er mit dem verantwortlichen Departementsleiter im Kriegsministerium, Oberst v. Wrisberg, so daß der Erlaß von beiden als ein politisch gebotenes Unternehmen, das rein zufällig auch ihren Antipathien entsprach, ausgegeben werden konnte.

3. Die Aktivität des jüdischen «Ausschusses für Kriegsstatistik» war inzwischen bekannt geworden, und man fürchtete im Kriegsministerium, daß ihre positiven Ergebnisse später zur Legitimierung des Anspruchs dienen könnten, jüdischen Deutschen erheblich häufiger als zuvor die Stellung des Reserveoffiziers oder gar des Berufsoffiziers im Heer zu verschaffen. Dagegen sollte frühzeitig eine abschreckende Verteidigungslinie aufgebaut werden.

4. Und – last but not least – war der traditionelle, nicht notwendig der moderne, rassistische, politisierte Antisemitismus im Offizierkorps so tief verwurzelt, daß im Kriegsministerium ohnehin kein geschlossener Widerstand gegen die Zumutungen des Erlasses aufkam. Vielmehr gab es weithin Verständnis für die antisemitische Agitation der Alldeutschen und anderer rechtsradikaler Verbände.

Der Erlaß selber, der im Nu bekannt und bereits Anfang November im Reichstag erörtert wurde, vor allem auch seine skandalöse Durchführung lösten sowohl unter den betroffenen Soldaten als auch in den jüdischen Organisationen helle Empörung im Verein mit abgrundtiefer Enttäuschung wegen der «infamen Diskriminierung» aus.

Während eines heftigen Artilleriebeschusses, vor dem der Feldwebel Julius Marx in einem Keller Schutz gesucht hatte, wurden ihm die hochnotpeinlichen Fragen gestellt. «Was soll denn dieser Unfug?» notierte er in sein Tagebuch. «Will man uns zu Soldaten zweiten Ranges degradieren, uns vor der ganzen Armee lächerlich machen?... Dazu also hält man für sein Land den Schädel hin.» Der Kriegsfreiwillige Ernst Simon wurde durch die «Judenzählung» aus der «traumhaften Selbsttäuschung» über die gelungene Assimilation herausgerissen und für den Zionismus gewonnen. Der Erlaß schien ihm aber, obwohl der Charakter einer krassen Ausnahmeregelung unverkennbar war, «als realer Ausdruck der realen Stimmung» durchaus eine «populäre Sache» zu sein. In zahlreichen Beschwerdebriefen an jüdische Politiker hieß es immer wieder: «Nun sind wir gezeichnet», «Nun haben sie uns zu Soldaten zweiter Klasse gemacht.» Gelangten solche Klagen dadurch, daß sie von Reichstagsabgeordneten weitergeleitet wurden, zur Kenntnis des Kriegsministeriums, wurden die Regimentskommandeure informiert, die gegen den Verfasser unverzüglich ein Strafverfahren wegen Dienstvergehens einleiteten.

2. Politische Bruchlinien

Die antisemitische Rechte hatte längst vor den Linksradikalen den «Burgfrieden» aufgekündigt, und das Kriegsministerium schloß sich ihr jetzt im Effekt an. Auf der andern Seite wurde die Zählung von dem Soziologen Franz Oppenheimer als «die größte statistische Ungeheuerlichkeit» angeprangert, deren sich, dazu mitten in einem Krieg auf Leben und Tod, «eine Behörde jemals schuldig gemacht hat». Mochte auch das Kriegsministerium, ausgerechnet durch v. Wrisberg, jeden antisemitischen Beweggrund schon am 3. November im Reichstag ableugnen, stand doch nach dem Urteil eines Feldrabbiners von Anfang an «außer allem Zweifel, daß der fragliche Befehl... bei den zahllosen halbgebildeten und ungebildeten Organen, durch deren Hände er ging, die antisemitische Gesinnung bestärkt und zu kräftiger Äußerung ermutigt» hatte.

Schon nach einem Monat war die Kritik in den jüdischen Vereinigungen, unter den Sozialdemokraten und Linksliberalen derart angeschwollen, daß das Kriegsministerium es für nötig hielt, sich in einem Erläuterungserlaß vom 11. November 1916 gegen eine antisemitische Auslegung seines Zählungsbefehls zu verwahren; keinesfalls dürften Juden, mahnte es zudem, ohne weiteres aus ihrer bisherigen Stellung entfernt werden, wie das inzwischen oft genug geschehen war. Eben diese Praxis wurde jedoch ungerührt beibehalten. Ende November 1916 ordnete die Leitung des Magdeburger Artillerieregiments an, daß alle kv-geschriebenen Unteroffiziere und Mannschaften «israelitischer Konfession» sofort ins Feld geschickt werden sollten. Im Juni 1917 wurde bekannt, daß im Bezirk des Generalkommandos Stettin sogar alle «jüdischen Heerespflichtigen», die bisher für «dienstuntauglich» erklärt worden waren, erneut von einer «besonderen Kommission» gemustert werden sollten. Unmittelbar nach dem Sturm der «Entrüstung» wegen dieses Mißtrauensvotums erließ das Erste Armeekorps den Befehl, daß alle «Mannschaften jüdischer Konfession» im Schreibdienst «dem praktischen Dienst zugeführt» werden sollten. Die Frage ist daher berechtigt, wie ernst das Kriegsministerium angesichts dieser unverhüllten Insubordination seinen Bremsversuch eigentlich nahm. Sie wird auch nicht dadurch entkräftet, daß 1917 und 1918 die Auszeichnung und Beförderung jüdischer Soldaten – wegen des eklatanten Mangels an Vorgesetzten auch zu Offizieren – wieder großzügiger gehandhabt wurde.

Fest steht, daß das Kriegsministerium sich nicht dazu bereit fand, seinen verheerenden Erlaß zu annullieren oder irgendwie den kursierenden Gerüchten über die angeblich «vernichtenden» Resultate den Boden zu entziehen, geschweige denn eine Anerkennung der jüdischen Kriegsleistungen öffentlich auszusprechen. Wohl aber überließ es ausgerechnet dem radikal antisemitischen Bundeswart des «Reichshammerbundes» die statistischen Unterlagen zu einer verzerrenden Auswertung, während sie vor allen anderen Interessenten strikt geheimgehalten wurden.

Zuverlässig sind dagegen die Angaben des jüdischen «Ausschusses für

Kriegsstatistik». Von 550000 jüdischen Deutschen wurden rund 100000 (fast ein Fünftel) zum Militärdienst eingezogen (von der Gesamtbevölkerung ein Sechstel); 10000 kamen als Freiwillige. 80000 wurden an die Front geschickt, 12000 (15 %) von ihnen fielen beim Einsatz (vom Gesamtheer 11 %); 35000 wurden dekoriert, 23000 befördert, davon mehr als 2000 zu Offizieren und 11060 zu Sanitätsoffizieren und höheren Militärbeamten. Judenfeinde ließen sich durch diese Leistungsbilanz, die alle Häme dementierte, nicht beeinflussen. «Je mehr Juden in diesem Krieg fallen», beschrieb Rathenau wohlwissend diese Verbohrtheit, «desto wahrscheinlicher werden ihre Gegner beweisen, daß sie alle hinter der Front gesessen haben, um Kriegswucher zu treiben. Der Haß wird sich verdoppeln und verdreifachen.»

Der Oktober-Erlaß zur «Judenzählung» stand überdies nicht isoliert da. Eine Woche später, am 19. Oktober 1916, verlangte der Zentrumsabgeordnete Erzberger im Haushaltsausschuß des Reichstags von der Regierung eine Statistik des gesamten Personals in allen Kriegsgesellschaften und dem Kriegsernährungsamt, wobei auch «die Konfession» erfragt werden sollte. Dieses eilfertige Bestreben, die verbreitete Kritik an «jüdischen Kriegsgewinnlern» parteipolitisch auszubeuten, entsprach zwar durchaus dem Antisemitismus im Milieu des politischen Katholizismus, scheiterte aber am Widerstand in der Reichsleitung dagegen, das heiße Eisen der «Konfessionsfrage» anzufassen, obwohl exponierten Regierungsmitgliedern das antijüdische Ressentiment keineswegs fremd war. In der Reichskanzlei etwa hatte Unterstaatssekretär Arnold Wahnschaffe zwar Verständnis für die jüdischen Beschwerden über den Oktober-Erlaß aufgebracht – nicht zuletzt wegen der wichtigen Rolle, die jüdische Bankiers bei der Zeichnung der Kriegsanleihen spielten. Aber als ihm Pressekommentare einmal zuwider waren, schimpfte er über die «üblen Artikel von geradezu knochenerweichender jüdischer Jämmerlichkeit».

Im Vergleich mit dem Alltagsantisemitismus in den Führungsschichten wirkte der organisierte Antisemitismus jedoch ungleich giftiger, und er operierte auch zielstrebiger. Die Kriegssituation bot ihm zahlreiche Chancen, die für seine freche Propaganda ausgenutzt werden konnten. Die existentiellen Sorgen, die permanente Unruhe, die Neuartigkeit der Lebensverhältnisse, die Mobilitätserfahrungen an der «Heimatfront» – sie lösten eine tiefe Verunsicherung aus, in welche die Antisemiten mit ihrer Stimmungsmache gegen «die Juden», die als Sündenbock für schlechthin alle Mängel verantwortlich gemacht wurden, hineinstießen. Offenbar konnten die Regierung und die Staatsverwaltung nicht effektiv gegensteuern – und sie wollten es auch gar nicht, wie etwa die zahlreichen Zensurentscheidungen zugunsten antisemitischer Elaborate zeigen.

Im letzten Kriegsjahr steigerten die antisemitischen Organisationen ihre Hetze. Neben dem «Reichshammerbund», dem «Verband gegen die Über-

2. Politische Bruchlinien

hebungen der Juden», dem «Deutschbund», den Antisemitenparteien mit ihren immerhin zehn Reichstagsabgeordneten schossen, ein ominöses Zeichen, neue Verbände aus dem Boden wie etwa die «Deutsche Arbeiter- und Angestelltenpartei», die «Deutschvölkische Beamtenvereinigung» und der «Bund völkischer Frauenvereine». Zusammen konnten sie – nur oder immerhin – rund 100 000 hochaktive Anhänger mobilisieren, unter denen der Ruf nach einer effektiveren Dachorganisation immer öfter aufkam.

Dieser penetrante Antisemitismus löste unter jüdischen Deutschen eine nur zu verständliche tiefe Skepsis aus. «Es ist zweifellos richtig», diagnostizierte Rathenau Anfang 1918, «daß eine große antisemitisch-agitatorische Bewegung bevorsteht, ja mit großen Mitteln eingeleitet ist.» Zur gleichen Zeit schloß sich der Reichstagsabgeordnete Georg Davidsohn diesem Urteil an: «Die Antisemiten wittern wieder einmal Morgenluft, weil sie ganz genau wissen, daß nach jedem Krieg, ganz besonders nach einem solchen wie diesem Weltkrieg, die Nachfrage nach Blitzableitern sehr groß ist.» Und vier Wochen später warf er die tiefpessimistische Frage auf: «Wann findet... in Deutschland der erste fidele Judenpogrom statt?» Mit dieser bösen Ahnung stand er nicht allein da. Auch die Zeitschrift des jüdischen «Centralverbandes deutscher Staatsbürger jüdischen Glaubens» konstatierte: «Es weht Pogromluft... in Deutschland.» Und etwas später notierte sich Gustav Mayer, der erste Historiker der deutschen Arbeiterbewegung, über die Lage in München, daß «die Leute... von Pogromstimmung» sprächen.

Als sich die deutsche Niederlage unwiderruflich abzeichnete, erreichte die antisemitische Welle einen neuen Gipfel. Die Leitung des «Alldeutschen Verbandes» reagierte darauf, indem sie Mitte September 1918 einen «Judenausschuß» unter v. Gebsattels Leitung einsetzte. Ungeschminkt gab der General die Parole aus, «die Lage zu Fanfaren gegen das Judentum und die Juden als Blitzableiter für alles Unrecht zu benutzen», um so «die Massen einzufangen». Auf einer Vorstandssitzung am 19. Oktober schloß Claß sich dieser Jagd auf Sündenböcke für das politische und militärische Debakel an. «Ich werde vor keinem Mittel zurückschrecken», versicherte er, «und mich in dieser Hinsicht an den Ausspruch Heinrich v. Kleists... halten: ‹Schlagt sie tot, das Weltgericht fragt Euch nach den Gründen nicht›.» Als ob er Kenntnis von diesen vertraulichen Tagungen besäße, argwöhnte Franz Oppenheimer in diesen Tagen, daß «die Juden» für den «unbefriedigenden Ausgang des Krieges haftbar» gemacht werden sollten in der «edlen Absicht», «die Volkswut auf sie abzulenken». «Man bereitet für jeden Fall einen Sündenbock vor», sah er voraus, «den das Volk anstelle der wirklich Schuldigen in die Wüste jagen mag... Vielleicht hilft das so oft erprobte Mittel auch dieses Mal noch.»

Das gefürchtete Pogrom blieb aus, aber die prognostizierte antisemitische Ablenkungsstrategie wurde nach dem Schock der Kriegsniederlage in der Tat massiv verfolgt. Auf einer großen Antisemitentagung in Bamberg, die sich im Februar 1919 kurz nach der Eröffnung der Weimarer Nationalversammlung bombastisch als «antirevolutionärer Konvent» verstanden wissen wollte, wurde nicht nur stundenlang gegen das «zersetzende, verhetzende Treiben der alljüdischen Presse» vom Leder gezogen und die Eindämmung des allgegenwärtigen «jüdischen Einflusses» zum obersten Ziel erklärt. Vielmehr ging jetzt aus dem Drängen nach einer Einheitsorganisation der «Deutsche (etwas später: Deutschvölkische) Schutz- und Trutzbund» hervor, dessen Satzung im allerersten Paragraphen «die Hauptursache des Zusammenbruchs» in dem «unterdrückenden und zersetzenden Einfluß des Judentums» entdeckte. Unter der geheimen, diktatorialen Leitung v. Gebsattels, den als Hauptgeschäftsführer Alfred Roth, der Bundeswart des «Reichshammerbundes» und prominente Funktionär des «Deutschnationalen Handlungsgehilfen-Verbandes» und des «Germanenordens», agil unterstützte, wurde dieser Bund zum Sammelbecken des neuen antisemitischen Rechtsradikalismus, damit aber auch zur Heimstätte zahlreicher künftiger Nationalsozialisten.[3]

3. Vom unterdrückten Konflikt zum Massenstreik

Die deutschen Gewerkschaften hatten unmittelbar nach dem Kriegsausbruch alle Streiks strikt untersagt und jede finanzielle Unterstützung solcher Kampfaktionen aufgekündigt. Nach dem hohen Konfliktniveau der letzten Friedensjahre – 1913 zum Beispiel hatte es mehr als 2000 Streiks mit einer Viertelmillion Teilnehmer und 7400 «Lohnbewegungen» (ohne Streik) mit mehr als einer halben Million Teilnehmer gegeben – bedeutete das eine bedingungslose Unterwerfung unter die Imperative einer reibungsfreien Kriegswirtschaft und konsenssuchenden Kriegsgesellschaft. Der organisierte Arbeitskonflikt brach daher im August 1914 abrupt ab.

Trotz des Verbots wurden aber 1915 schon wieder 137 Streiks von rund 14 000 Arbeitern riskiert; die Freien Gewerkschaften wollten freilich verschämt nur 60 mit 1820 Ausstandswilligen anerkennen. 1916 stieg die Anzahl der Arbeitskonflikte um 75 Prozent auf 240 mit rund 128 880 Teilnehmern; erneut wollte die Statistik der «Generalkommission» nur 139 mit 14 500 Angehörigen der unbotmäßigen Basis zur Kenntnis nehmen. Außer den Streiks gab es im Mai 1916 drei Tage lang Lebensmittelkrawalle in Leipzig, und im Juni traten 55 000 Berliner Arbeiter spontan in den ersten politischen Streik, als Karl Liebknecht wegen einer verbotenen Mai-Demonstration seine Gefängnisstrafe antreten mußte. Einige Generalkommandos erkannten in diesem Jahr, daß sich «viel Zündstoff» im Proletariat angesammelt habe und darum die Streikgefahr anhalte; weithin sei bereits «jedes Vertrauen zur Regierung verloren»-gegangen. Daraufhin ermahnte das Kriegsministerium die Chefs der Korpsbezirke zu einem vorsichtigen Ver-

3. Vom unterdrückten Konflikt zum Massenstreik

halten gegenüber Arbeitskämpfen, hielt aber trotzdem gegenüber ihren Anführern die Haft oder Einberufung für geboten. Tatsächlich breitete sich die Streikaktivität seit Anfang 1917, vor allem seit dem April, sprungartig aus. An 561 Streiks nahmen bis zum Jahresende rund 667200 Arbeiter und Arbeiterinnen teil: Das waren fast 60 Prozent mehr als die Höchstzahl vor 1914, die 1905, im Jahr der ersten Russischen Revolution, mit 420160 Teilnehmern erreicht worden war. Im letzten Kriegsjahr kamen bis zur Revolution noch einmal 499 Streiks mit der halben Teilnehmerzahl des Vorjahres hinzu. Und noch immer wollten die Freien Gewerkschaften die Überschreitung ihres Streikverbots nicht realistisch registrieren, da sie für 1917 nur 189, für 1918 nur 163 Streiks mit 64900 bzw. 21730 Teilnehmern anerkannten. Parallel zu den Streiks stieg auch die Zahl der «Bewegungen» für Lohnerhöhung und Arbeitszeitverkürzung, bei denen es nicht zu einem Streik kam, als symptomatisches Indiz für die Mobilisierung ebenfalls seit 1916 scharf an.

Übersicht 119: Streiks, «Lohnbewegungen», Teilnehmer; Gewerkschaftsmitglieder 1913–1918

	Streiks/Teilnehmer	«Lohnbewegungen»/ Teilnehmer	Mitglieder der Freien Gewerkschaften
1913	2127/265 571	7372/966 000	2,574 Mill.
1914	1115/61 304	3457/266 000	2,511 Mill.
1915	136/14 011	3653/816 000	1,159 Mill.
1916	240/128 881	6849/1,450 Mill.	967 000
1917	561/667 229	10 336/2,732 Mill.	1,107 Mill.
1918	531/391 585	10 696/2,418 Mill.	1,665 Mill.

Die Ursachen der Verzögerung des organisierten Konflikts, bevor die Welle der Massenstreiks in den letzten anderthalb Kriegsjahren einsetzte, sind deutlich zu erkennen.

1. Die Überwachung und das Verbot «mißliebiger Versammlungen», auf denen auch über Arbeitskämpfe gesprochen werden konnte, wirkte sich hemmend aus.
2. Die Unterdrückung und Verfolgung unter dem Belagerungsrecht traf insbesondere jene Arbeiter und ihre Anführer, die zu entschiedener Opposition neigten.
3. Die Zensur griff in erster Linie gegen die Linke durch.
4. Bei einem offenen Zusammenprall in den Betrieben drohte ihre «Militarisierung», mithin die unbefristete Besetzung durch Truppeneinheiten und die Fortsetzung der Arbeit unter Militärrecht.
5. Die Einberufung von «Rädelsführern» zum Heer wirkte zeitweilig als überaus effektives Drohmittel.
6. Ebenso schreckten die «Sicherheitshaft» und die schnelle kriegsge-

richtliche Verurteilung ab. Einige Generalkommandos drohten mit zehn Jahren Haft, eventuell sogar mit der Todesstrafe als Sanktion für das Bestreiken eines Rüstungsbetriebs.

7. Daß sich die anwachsenden Spannungen erst relativ spät in offene Arbeitskämpfe umsetzten, lag aber vor allem auch daran, daß die mächtigen Organisationen der Freien Gewerkschaften und der SPD auf diese Konfliktform verzichteten. Indem sie den «Burgfrieden» fast sklavisch gehorsam einhielten, wollten sie keinen Anlaß zu erneuter Repression und Stigmatisierung bieten. Vielmehr identifizierten sie sich nicht nur mit dem kriegführenden Staat, sondern traten auch für die vorbehaltlos loyale Unterstützung der Kriegsanstrengungen ein. «Es ist», notierte sich 1915 Emil Lederer verwundert, «als ob die Auffassung des Staates als Klassenstaat aus der gewerkschaftlichen Ideologie vollkommen getilgt wäre.»

Offensichtlich wurden die Freien Gewerkschaften aber auch durch ihren Mitgliederverlust geschwächt, der in vergleichbarer Form ebenfalls die Christlichen und Liberalen Gewerkvereine traf. Bis Ende 1914 wurden 28 Prozent ihrer Mitglieder eingezogen, 1915 waren es 43 Prozent, 1916 sogar 64 Prozent. Schon bis Mitte 1916 hatten sie die Hälfte ihrer Mitglieder durch Einberufung, aber auch durch Austritt verloren. Erst das HDG wertete ihr Ansehen wieder auf, ohne daß dadurch die Ausbreitung der Unruhe an der Basis verhindert worden wäre. Vielmehr erlebten die Gewerkschaften erst eine schleichende, dann eine beschleunigte Diskreditierung in den eigenen Reihen. Da sie die Verelendung der Arbeiterschaft nicht verhindern konnten, die Not aber radikalisierte und die gewerkschaftliche Autorität unterminierte, galten sie zunehmend als schwach, halbherzig, zu starr mit der Obrigkeit liiert. Fraglos wollten die Gewerkschaften durch ihre geradezu stromlinienförmige Kooperation die «Anerkennung als Vertretung der Arbeiterschaft durch Staat und Unternehmer», letztlich auch die paritätische Mitbestimmung in den Betrieben erreichen. Dafür kultivierten sie einen «nationalen Kriegsreformismus», der ihre pragmatischen Traditionen befestigte. Der politische Preis bestand in dem Verzicht auf jede härtere Arbeitnehmerpolitik. Dadurch wurde jedoch die «Entfremdung» derart «komplexer Großorganisationen von ihrer Mitgliederbasis», wie das Robert Michels vor 1914 an der Sozialdemokratie präzis beobachtet hatte, in großen Schüben vorangetrieben.

Dieser Vorgang hing auch wesentlich damit zusammen, daß die sozialpsychischen Veränderungen, welche die Basis unter dem Einfluß der Kriegsbedingungen an der «Heimatfront» erlebte, von dem traditionsverhafteten Funktionärskorps durchweg nicht unmittelbar miterlebt wurden. Es bewegte sich weiter in der Eigenwelt der Gewerkschaftsbürokratie, noch abgeschotteter als vor 1914 und in der Zusammensetzung kaum verändert, da der Einberufung mit einer gewöhnlich erfolgreichen Reklamation begegnet wurde. Es blieb fest in seinen «Vorkriegstraditionen verwur-

3. Vom unterdrückten Konflikt zum Massenstreik

zelt», verfolgte beharrlich seinen Integrationskurs, setzte weiterhin auf den Reformismus, lehnte den militanten Klassenkampf entschieden, den politischen Streik als geradezu obszöne Regelverletzung ab.

Der Wiederanstieg der Mitgliederzahl seit Anfang 1917 (1917 um 140000, 1918 um 558000) hing zum einen mit der Durchsetzungsfähigkeit der Gewerkschaften bei der Formulierung des HDG, zum andern und mehr noch mit dem Zustrom neuartiger Mitglieder zusammen. Der Anteil der Frauen kletterte von acht Prozent im Jahre 1913 (230000) auf 25 Prozent vier Jahre später (423 000) hoch. Zu ihnen stießen noch mehr ungelernte und angelernte Arbeiter sowie nach der Novellierung des Reichsvereinsgesetzes im Juni 1916 erstmals auch Jugendliche unter dem 18. Lebensjahr. Das aber hieß: Hunderttausende von neuen Mitgliedern ohne den Disziplinierungseffekt einer langjährigen Zugehörigkeit zu den Gewerkschaften vermehrten das Spannungspotential in den Ortsvereinen und in den Betrieben. Im Hinblick auf diese «Halberwachsenen» sah Max Weber im Frühjahr 1917 voraus, daß «Putschversuche» in den Industrieregionen und Großstädten als realistische Gefahr auftauchten, wie dort auch ein «mächtiges Anschwellen der politischen Stimmung von der Art der Gruppe Liebknecht» zu erwarten sei.

Seit dem Frühjahr 1917 nahm die Generalkommission der Freien Gewerkschaften die vorandringende Politisierung und Unruhe der Arbeiterschaft endlich genauer zur Kenntnis. Deshalb trat sie jetzt mit selbstbewußteren Forderungen in der Sozialpolitik auf, deshalb auch bezog sie offenherziger Stellung gegen den Annexionismus. Gemessen an der Bilanz der seither ausgefochtenen Streiks und «Lohnbewegungen» kam dieser Schwenk jedoch viel zu spät. In den aufkommenden Massenbewegungen drückte sich «etwas qualitativ Neues» aus, das dem Vertrauensverlust, den die Gewerkschaftsführung in ihrer Mitgliedschaft erfahren hatte, und der Krise «der bestehenden Oppositionsformen» entsprang.

Im Januar/März 1917 setzte eine Serie schwerer Streiks im Ruhrgebiet und in der Berliner Industrie ein, bei denen es noch ausschließlich um die Lebensmittelknappheit und höhere Löhne ging. General v. Gayl, in dessen Korpsbezirk der Großteil des Ruhrreviers lag, gab den Zechenunternehmern unverzüglich eine Blankovollmacht zur Einberufung «widerspenstiger» Bergarbeiter. Nach diesem Erbitterung auslösenden Auftakt kamen – wie vorn (IV.2) bereits geschildert – die ersten Massenstreiks in der Geschichte der deutschen Arbeiterbewegung in Gang, als im April 1917 Hunderttausende von Leipziger und Berliner Arbeitern, dazu noch einmal Hunderttausende in anderen industriellen Ballungsgebieten in den Ausstand traten. Die russische Februar-Revolution hatte als Signal gewirkt. Gegen den Protest der SPD sollten am 15. April die Brotrationen gekürzt werden. Ihr Drängen auf einen Ausgleich durch «politische Rechte» – auch Groener verlangte für die Arbeiter das allgemeine Wahlrecht in Preußen, wenn man ihnen schon kein Brot geben könne – scheiterte wieder rundum. Im kaiserlichen Oster-Erlaß vom 18. April wurde diese Reform auf die Zeit nach dem Weltkrieg verschoben, so daß die bis zuletzt erhoffte politische Kompensation erneut nicht zustande kam.

Seit dem 16. April lief der Berliner Streik mit sogleich 217 000 Teilnehmern an, der wegen der Bedeutung der Reichshauptstadt symbolisch ebenso folgenreich war wie der gleichzeitig erklärte Leipziger Streik mit seinem Aufsehen erregenden Katalog politischer Forderungen (IV.2). Haase pries den Streik als «das größte Ereignis in der Geschichte der deutschen Arbeiterklasse... Nie ging in Deutschland eine Massenbewegung unter so schwierigen Umständen vor sich wie diese.» In dieser heiklen Situation wählte die Regierung zuerst die weiche Welle: Michaelis versprach volle Rationen, das Generalkommando untersagte die Einziehung streikender Arbeiter; Richard Müller von den «Revolutionären Obleuten» wurde sogar aus der Haft entlassen. Daraufhin kam am 17. April ein vorläufiger Beschluß der Berliner Streikleitung für die Arbeitsaufnahme zustande. Währenddessen waren jedoch die brisanten politischen Forderungen der Leipziger Arbeiter bekannt geworden und wurden am 18. April von den Streikenden in Berlin unverzüglich aufgegriffen. Daraufhin hagelte es harte Reaktionen: Die «Agitatoren» wurden zum Heer einberufen, die Rüstungsbetriebe vom Militär übernommen, alle streikenden Arbeiter automatisch eingezogen, so daß sie unter militärischem Disziplinarrecht und gegen Soldatensold weiterarbeiten mußten.

Die 3. OHL empörte sich über den Ruf nach einem schnellen Frieden ohne Annexionen und Reparationen, zumal sie die Wirkung auf das Frontheer fürchtete. «Ein paar tausend Schreier», explodierte Ludendorff, müßten endlich an die Wand gestellt werden. Hindenburg unterschrieb eine Proklamation gegen den Streik. Selbst Groener, gemeinhin ein besonnener Kopf, erregte sich über die politischen Forderungen. «Ein Hundsfott, wer streikt», hieß es in seinem Aufruf. Er drohte mit Masseneinberufung und damit, daß man notfalls mit Waffengewalt gegen die Streikenden vorgehen werde. In seinem Zorn wirkte er so maßlos, daß sich selbst Berliner Großunternehmer seinem Vorhaben widersetzten. Die meisten «Revolutionären Obleute» wurden mit dem stigmatisierenden Vermerk «B18» (Berlin 1918) in den Personalpapieren direkt an die Front eingezogen. Die MSPD auf der anderen Seite, zutiefst erschrocken über das spontane Aufbegehren, das den Fetisch der Parteidisziplin so gründlich mißachtete, aber auch den Bodengewinn der USPD verriet, klagte die streikenden Arbeiter als «unpraktische Träumer» an. In ihrer Angst, des Burgfriedensbruchs geziehen zu werden, verspielte sie ihren unlängst gewonnenen Kredit. Wegen des massiven Gegendrucks mußten die Streiks bis Ende April 1917 überall abgebrochen werden. Immerhin wirken sie im Rückblick fast wie die «Generalprobe für die Novemberrevolution».

3. Vom unterdrückten Konflikt zum Massenstreik 139

Ruhe kehrte indes in den Industriebetrieben nicht mehr ein. Vielerorts wurden markante Lohnforderungen erhoben, wobei zur Rechtfertigung immer wieder auf die extrem hohen Gewinnspannen der Unternehmer hingewiesen wurde. Er habe selber beobachtet, räumte Groener im Juni 1917 ein, «daß seitens der Industrien in einer Weise den Kriegsgewinnen nachgejagt wird, die unerhört ist, und daß diese Kriegsgewinnerei... dazu führt, den Neid auf der andern Seite zu verstärken». Robert Merton von der Frankfurter «Metallgesellschaft», damals der wirtschafts- und sozialpolitische Adlatus Groeners, arbeitete mit dessen Billigung Anfang Juli eine Denkschrift über die «Notwendigkeit eines staatlichen Eingriffs zur Regelung der Unternehmergewinne und Arbeiterlöhne» aus, die dem Reichskanzler und Reichsamt des Inneren zuging. Die Industrie folge keineswegs, lautete der pointierte Vorwurf, dem «Opfersinn» und der «Vaterlandsliebe», vielmehr «fast ausschließlich dem Verdienstanreiz». Müsse sie einmal mit den Löhnen nachgeben, wälze sie die Belastung unverzüglich auf die Preise über. Der Krieg erzwinge, mahnte das Memorandum aus dem Kriegsamt, die staatliche Steuerung der Rüstungswirtschaft und ihrer Preisgestaltung, die Lohnkontrolle und die Erhöhung der Kriegsgewinnsteuer.

Bei den Adressaten löste diese offenherzige Kritik helle Empörung aus. Helfferich als Staatssekretär im Reichsamt des Inneren insistierte darauf, daß die Unternehmer «Herr im Haus» bleiben, nicht aber zu Beamten einer verstaatlichten Wirtschaft werden wollten; für sie sei nicht «das Verdienen» entscheidend, vielmehr mache «ihre Machtstellung» «den Hauptreiz ihres Berufes» aus. Die Denkschrift wurde als «Sozialstaat in Reinkultur» verworfen. Wiederum blockierte die Reichsregierung jeden mäßigenden Einfluß auf die Unternehmergewinne, die Domäne privatkapitalistischer Verfügungsmacht blieb weiterhin unangetastet. Damit vergab die Staatsleitung aber auch die Chance, durch ein Zeichen ihres guten Willens auf die in Bewegung geratene städtische Arbeiterschaft einzuwirken.

Seit dem Juni lief eine neue Streikwelle an, die sich mit zahlreichen Lebensmittelkrawallen verband. Zuerst wurde das Ruhrgebiet erfaßt, wo besonders viele Großbetriebe durch die Zusammenballung von Arbeitermassen – bei Krupp etwa wuchs die Belegschaft während des Krieges von 34 000 auf 100 000, bei Thyssen von 3000 auf 26 500 an – günstige Voraussetzungen schufen. Die radikale Agitation, die Frieden und Reform verlangte, schwoll an. Im Juli griff der Streik auf die oberschlesischen Bergwerke über, binnen kurzem ging die Förderung um eine halbe Million Tonnen Kohle zurück. Die mächtigsten Unternehmer dieses Grenzreviers hatten seit jeher gegen die Freien Gewerkschaften, selbst gegen die «Gelben» kompromißlos Front gemacht. Die Zechenprobleme könnten auch jetzt nicht, wie sie mit unübertrefflicher Arroganz höhnten, mit sozialdemokratischen «Käsekrämern» und «Zigarrenhändlern» besprochen werden, vielmehr müsse das

Heer endlich «durchgreifen». Obwohl auch die Sommerstreiks, aufs Ganze gesehen, erfolglos verliefen, prangerte der VDEStI im August 1917 nicht nur die «Arbeiterunruhen» und die angeblich maßlosen Lohnforderungen an, sondern das noch ungleich gefährlichere Insistieren auf politischen Reformen, da es bei ihnen letztlich um die «vollständige Demokratisierung und Republikanisierung» des Reiches gehe.

Die letzte große Streikwelle vor den Arbeitskämpfen während der Revolutionsmonate erfaßte im Januar 1918 sowohl die meisten großen Industriegebiete als auch viele gewerbereiche Städte, ja sie schwappte selbst in abgelegene Regionen über. Überall wurden eine bessere Lebensmittelversorgung und höhere Löhne verlangt, aber überall tauchte jetzt auch der Katalog politischer Forderungen auf: der Ruf nach Frieden, der Verzicht auf expansionistische Kriegsziele, die Verwirklichung politischer Reformen.

Der Konflikt begann in der Reichshauptstadt mit einem von der USPD am 28. Januar organisierten Demonstrationsstreik mit 400000 Teilnehmern. Sie verlangten einen Frieden ohne Annexionen, eigene Arbeiterrepräsentanten bei den künftigen Friedensverhandlungen, die Aufhebung des Belagerungszustandes und eine bessere Versorgung mit Nahrungsmitteln. Aus dieser Eröffnungsveranstaltung ging der eigentliche Streik hervor. An seiner Spitze standen 180000 Berliner Rüstungsarbeiter, die nicht nur das allgemeine Wahlrecht für Preußen und die Demokratisierung der deutschen Staaten forderten, sondern auch die Aufhebung der Militarisierung von Betrieben und die Freilassung aller politischen Gefangenen. Innerhalb eines Tages war der bisher größte politische Massenstreik in der Geschichte des Deutschen Reiches in Gang gekommen, der wie sein unübersehbares Vorbild, der Wiener Generalstreik vom 14. bis 21. Januar 1918, eine Woche lang in zahlreichen deutschen Städten höchste Spannung hervorrief.

Der Streik löste in der Leitung der Freien Gewerkschaften und der SPD zuerst einen Schock aus, da er ohne ihre Mitwirkung zustande gekommen war und ihnen demonstrierte, wie weit der Verlust ihres moralischen Kredits bei der Basis ging. Dann opponierten sie in scharfen Tönen, da er unübersehbar eine politische Natur besitze. Als jedoch der von den «Revolutionären Obleuten» gegründete Arbeiterrat unter Richard Müller sich als das eigentliche Leitungsorgan entpuppte, traten Ebert, Scheidemann und Braun widerwillig in ihn ein, um verspätet doch noch Einfluß zu gewinnen. Da aber den «Obleuten» eine weitere Ausdehnung des Streiks mißlang und sich auf der Gegenseite niemand zu Verhandlungen bereit fand, konnte das Militär, von den bürgerlichen und konservativen Parteien begrüßt, den Ausnahmezustand nutzen. Alle Versammlungen und Demonstrationen wurden verboten, die großen Rüstungsbetriebe «militarisiert», viele Streikende zum Wehrdienst einberufen, USPD-Politiker verhaftet; Dittmann zum Beispiel erhielt fünf Jahre verschärfte Festungshaft. Innerhalb weniger Tage brach die Streikbewegung, durchweg militärisch unterdrückt, überall

3. Vom unterdrückten Konflikt zum Massenstreik   141

zusammen. Die «Nationale Rechte» jubelte, erklärte die SPD für verantwortlich und trieb die erschrockenen proparlamentarischen Parteien in die Ecke. Trafen aber Groener und Max Weber, unabhängig voneinander, nicht einen richtigen Punkt, als sie die «innerste Ursache» des politischen Streiks in der aufreizenden Agitation der «Vaterlandspartei» zu erkennen glaubten?

Die 3. OHL zeigte sich von der Berliner Repression begeistert. Ludendorff insistierte darauf, die «härtesten Mittel» einzusetzen; jeder Streik solle endlich «klipp und klar» zum «Landesverrat» mit den entsprechenden gravierenden Folgen erklärt werden. Das lehnte jedoch die Regierung im Verein mit einigen Generalkommandos ab, damit die Situation durch diese Zuspitzung nicht außer Kontrolle geriet. Für die halbe Million streikender Arbeiter endeten die Januar-Streiks bis zum Februar mit einer deprimierenden Niederlage.

Die typische Folge dieses Kräftemessens trat sogleich darin zutage, daß das Kriegsministerium für eine Lohnsenkung in den staatlichen Rüstungsbetrieben eintrat. Beschönigend wurde dieser gravierende Eingriff zwar von einer günstigen Kriegslage und erträglichen Ernährungsverhältnissen abhängig gemacht, faktisch aber wurde bereits am 1. März die Revision der Akkordlöhne angekündigt und trotz scharfer Kritik von MSPD und USPD bis zum Mai durchgeführt.

Unstreitig haftete die Erinnerung an die Niederlagen tief im Kollektivgedächtnis der Arbeiterschaft. Dennoch ist es eine auffällige Tatsache, daß weder die Lohnverschlechterung in den Staatsbetrieben noch irgendein anderer Anlaß vom März bis Juli 1918 einen neuen großen Streik auslösten, obwohl doch die Brotrationen vermindert wurden, die Enttäuschung über das Ausbleiben jeder politischen Reform nicht nachließ und die Klagen über das Massensterben an der Front, die wirtschaftliche Knappheit und die Ungleichheit der Lebensverhältnisse anhielten. Der Hauptgrund wird darin zu sehen sein, daß auch in der Arbeiterschaft eine Mehrheit die verzweifelte Hoffnung auf die letzte, die siegreiche Entscheidungsschlacht im Westen teilte, so wie auch viele Brest-Litowsk als «Brotfrieden» zur Ausbeutung der ukrainischen Getreidekammer begrüßt hatten.

Als dann im Juni das Fiasko des militärischen Scheiterns alle Siegshoffnungen als illusionär entlarvte, spitzte sich auch sofort wieder die von tiefer Kriegsmüdigkeit genährte Kritik so zu, daß im Juli neue Streiks ausgerufen wurden. Sie brodelten ohne nennenswerte Erfolge, aber auch ohne brutale Repressionsmaßnahmen auszulösen, vor sich hin. Das politische System und die militärischen Heimatinstanzen wirkten zusehends wie gelähmt. «Eine Regierung gibt es nicht mehr», konstatierte eine Streikversammlung im August 1918, als der kriegswirtschaftliche Zusammenbruch des Reiches ohnehin kurz bevorstand. «Die Bestimmungen bestehen noch, aber regieren tut niemand mehr.»[4]

4. Das Fiasko des U-Bootkriegs und der Kriegseintritt der Vereinigten Staaten

Die deutsche Kriegsführung bewegte sich unter der 3. OHL, aber auch unter den überindividuellen Bedingungen eines ersten Weltkrieges mit großen Schritten dem «totalen Krieg» entgegen, dessen Radikalität selbst Clausewitz' «absoluten Krieg» noch bei weitem übertraf. Fundamental neuartige Veränderungen traten an der «Heimatfront» sowohl im «Hindenburg-Programm» und HDG als auch in der Entstehung links- und rechtsradikaler Bewegungen in typischer Ausprägung zutage. In den Massenstreiks drückte sich das Aufbegehren gegen die Verelendung der Lebenslage aus, nachdem sich der Krieg inzwischen schlechthin alle Existenzbereiche unterworfen hatte.

Auch in den militärischen Operationen selber trat die neuartige Natur des Krieges hervor. Auf dem Lande lagen sich an beiden Fronten in beispielloser Massierung die Millionenheere im Stellungskrieg wie erstarrt gegenüber. Auch die deutsche Schlachtflotte ankerte in ihren Heimathäfen wie eingefroren. Die Blockierung der Nordseeausgänge hatte Tirpitz mit seinen Experten völlig überrascht. Die englische «Home Fleet» konnte in ihrer Defensivstellung, der eigenen Überlegenheit gewiß, selbstbewußt abwarten. Ein offensives Vorgehen der deutschen Hochseeflotte gegen diese Übermacht barg zahllose Risiken und wurde daher folgerichtig immer wieder aufgeschoben. Im Verlauf der internen Auseinandersetzung über die Steigerung der Kriegsanstrengungen mußte Tirpitz, in jeder Hinsicht glück- und erfolglos, am 15. März 1916 seinen Abschied nehmen; er wanderte jetzt vollends in die Politik ab und wurde zur Symbolfigur des neuen Rechtsradikalismus.

Wenig später, am 31. Mai, riskierte es Admiral Reinhard v. Scheer, der Chef der Hochseeflotte, am Skagerrak, nahe der dänischen Halbinsel Jütland, 21 deutsche Schlachtschiffe gegen 37 englische einzusetzen. Trotz höherer englischer Tonnageverluste in dieser bisher größten Seeschlacht der Weltgeschichte bedeutete der Ausgang für die deutschen Geschwader, die sich entscheidungslos zurückziehen mußten, letztlich eine drastische Demonstration ihrer Zweitklassigkeit. Der erste Schlagabtausch moderner Panzerschiffe war für die deutsche Schlachtflotte «im Grunde ein Mißerfolg und ein eindeutiges Verdikt der Geschichte über die Verfehltheit der Flottenpolitik» vor 1914. Sie blieb seither, zum Nichtstun verurteilt, ohnmächtig in den Nord- und Ostseehäfen bis zur Revolution liegen.

Wegen der Einsicht, der Überlegenheit der größten Kriegsflotte der Welt nicht gewachsen zu sein, befürwortete die deutsche Marineleitung von Anfang an, seit dem November 1914, eine neuartige Risikostrategie, die freilich erst 1917 den «totalen Krieg» auch auf die See ausdehnen sollte. Ihre Zielvorstellung war der uneingeschränkte U-Bootkrieg in einer breiten

4. U-Bootkrieg und Kriegseintritt der Vereinigten Staaten 143

Sperrzone vor der britischen und französischen Küste, wo ohne vorhergehende Warnung, mithin entgegen den geltenden Normen des Völkerrechts, alle Handelsschiffe, unter welcher Flagge auch immer, versenkt werden sollten. Im Dezember 1914 opponierte die Reichsregierung strikt gegen die Konzeption, da durch ihre Verwirklichung die Neutralen, an erster Stelle die Vereinigten Staaten, förmlich in die Arme der Alliierten getrieben würden. Bethmann Hollweg sprach unverblümt von einem intendierten «Akt der Desperadopolitik», da der Zusammenstoß mit Amerika einen «Krieg à outrance» auslösen werde. Damit war jedoch der Konflikt über die angemessenen Kriegsmethoden noch keineswegs entschieden. Vielmehr durchliefen die inneren Auseinandersetzungen und der U-Bootkrieg drei zunehmend krisenhaft zugespitzte Phasen.

1. Am Anfang erwies sich der Admiralstabschef Pohl, der mit den Tauchbooten England «den Lebensnerv» abzuschneiden versprach, als die treibende Kraft, während Tirpitz und andere Stabsoffiziere noch Erfolge im Landkrieg abwarten wollten. Im Januar 1915 gaben sie jedoch nach. Die OHL schloß sich dem Votum an. Auch HAPAG-Generaldirektor Ballin forderte «die brutalste Durchführung einer U-Bootsblockade». Am 4. Februar gab Bethmann Hollweg mit Einwilligung des Kaisers den Unterseekrieg offiziell frei. Innerhalb von sechs Wochen werde er, brüstete sich Tirpitz – nach Riezlers Meinung «der Vater der Lüge» –, England «zum Einlenken» zwingen. Da aber von 21 Booten nur jeweils drei bis sechs operationsfähig waren, erwies sich die erste deutsche Kampagne als eklatanter Mißerfolg. Obwohl die Versenkungsquote innerhalb von sechs Monaten von 117000 auf 430000 Bruttoregistertonnen (BRT) gesteigert werden konnte, entstand keine ernsthafte Störung des alliierten Schiffsverkehrs, der gleichzeitig allein durch Neubauten 650000 BRT hinzugewann.

Als bewußte Abschreckungsdemonstration wurde am 7. Mai 1915 der englische Passagierdampfer «Lusitania» torpediert. Da sich unter den 1200 Toten auch 120 amerikanische Staatsbürger befanden, reagierte Washington mit schroffer Empörung. Erstmals tauchte die realistische Gefahr eines amerikanischen Kriegseintritts auf und spaltete seither die deutschen Führungseliten. Trotz einiger Einschränkungen wurde am 19. August der englische Kanaldampfer «Arabic» versenkt, wobei es wieder einige amerikanische Tote gab. Nach dem in drohender Sprache gehaltenen Protest der USA wurden die U-Bootangriffe im September 1915 eingestellt. 20 Boote waren verlorengegangen, 54 in Dienst gestellt, aber nur 31 neue für die vermeintliche «Waffe der Zukunft» in Auftrag gegeben worden.

2. Die zweite Phase des unterseeischen Krieges begann im Februar 1916. Zur Unterstützung der Verdun-Offensive, die Frankreich friedenswillig machen sollte, verlangte Falkenhayn die «Wiederaufnahme des schärfsten U-Bootkriegs», der «das einzige Kriegsmittel» sei, durch das England «sicher und unmittelbar in seinen Lebensbedingungen getroffen werden»

könne. Tirpitz und der neue Stabschef v. Holtzendorff unterstützten den OHL-Chef wiederum mit der «großsprecherischen Prognose», daß England innerhalb eines halben Jahres am Boden liegen werde. Die Führer der Konservativen Parteien, der Nationalliberalen und des Zentrums drängten mit Repräsentanten der Schwer- und der Werftindustrie, der großen Interessen- und Agitationsverbände auf dieselbe Entscheidung. Besonnene Kritiker dagegen, wie etwa Max Weber, erklärten den voraussehbaren Bruch mit den Vereinigten Staaten für «äußerst gefährlich». Gehe aus ihrer Intervention eine deutsche Niederlage hervor, sei das auch «innenpolitisch am allerungünstigsten», selbst die «Zukunft der Monarchie» stehe deshalb jetzt auf dem Spiel. Vergebens, der zunächst selber voller Skepsis zögernde Reichskanzler gab wieder einmal nach, so daß der U-Bootkrieg mit 47 Booten, von denen aber nur maximal elf eingesetzt werden konnten, wieder intensiviert wurde. Zwar wurden bis Ende April 1916 183 000 BRT versenkt, doch die Torpedierung des französischen Dampfers «Sussex» am 24. März hatte am 20. April ein verschleiertes Ultimatum der Vereinigten Staaten zur Folge. Darauf ließ die Reichsregierung, deren politisches Vermögen dazu noch ausreichte, aus Rücksicht auf die Neutralen den U-Bootkrieg nach dem Verlust von 22 Booten ruhen.

3. Der eklatante Fehlschlag in der Skagerrak-Schlacht steigerte indes, angesichts auch der Stagnation im Landkrieg, die Neigung der Militärs, im U-Bootkrieg die entscheidende Zuflucht zu sehen. Damit bahnte sich aber der zweite große Fehler nach dem Schlieffenplan an: Wegen eines erhofften, aber völlig ungewissen Gewinns sollten gewaltige sichere Nachteile in Kauf genommen werden. Seit dem Oktober 1916 steigerte die unlängst eingesetzte 3. OHL ihren Druck auf die Berliner Politik, indem sie den verwegenen Anspruch geltend machte, daß die Entscheidung über den U-Bootkrieg im Grunde eine Maßnahme nach Gesichtspunkten der rein militärischen Zweckmäßigkeit und daher nicht von der Zustimmung des Reichskanzlers abhängig sei. Im unbeschränkten U-Bootkrieg, zu dem sich die OHL im Dezember unverhüllt bekannte, könnten monatlich 300 000 BRT versenkt und England binnen kurzem fatal geschwächt werden. Mit ihrem Autonomieverlangen vermochte sich das Gespann Hindenburg-Ludendorff nicht durchzusetzen. Bethmann Hollweg sperrte sich weiter wegen des Risikos, daß damit der Kriegseintritt der Vereinigten Staaten provoziert werde. Ein forcierter U-Bootkrieg dürfe nur die «ultima ratio» der Reichspolitik bilden, denn «wenn er mit einem Mißerfolg endet – finis Germaniae». Selbst ein Scharfmacher wie Staatssekretär Helfferich warnte in dieser Situation, wenn diese Karte nicht steche, «sind wir... auf Jahrhunderte verloren».

Nicht nur die OHL drängte jedoch weiter auf die erneute Freigabe des U-Bootkriegs, sondern auch das Zentrum und die Nationalliberalen faßten Fraktionsbeschlüsse, worin sie das Urteil der OHL für richtig erklärten. Der deutschkonservative Parteiführer Graf Westarp erblickte in einem

4. U-Bootkrieg und Kriegseintritt der Vereinigten Staaten

«rücksichtslosen» U-Bootkrieg das «einzige Mittel zur siegreichen Beendigung des Krieges». Die Verbände und ein gut Teil der öffentlichen Meinung klammerten sich gleichfalls an diese utopische Erwartung. Vergebens ging Staatssekretär Solf soweit, eine solche bedenkenlose Verschärfung für «Wahnsinn zu halten». Denn jetzt warf die Marineleitung ihr ganzes Gewicht in die Waagschale. In einer Denkschrift vom Dezember 1916, welche die OHL bezeichnenderweise zwei Wochen vor dem Reichskanzler erhielt, wagte sie die Behauptung, daß die Versenkung von 600 000 BRT ein durchaus realistisches Ziel sei, England könne damit innerhalb von fünf Monaten, etwa bis zum 1. Juli, besiegt und zum Frieden gezwungen werden. Holtzendorff verbürgte sich dafür, daß dank der Tauchboote kein amerikanischer Soldat je europäischen Boden betreten werde. Damit nicht genug: Die Admiräle v. Scheer und Eduard v. Capelle, Tirpitz' Nachfolger, förderten dasselbe Trugbild. Im Hauptausschuß des Reichstages brüstete sich v. Capelle am 31. Januar 1917 damit, wie der leidenschaftlich für den U-Bootkrieg eintretende Nationalliberale Gustav Stresemann zustimmend vernahm, daß er die Gefahr amerikanischer Truppen an der Westfront «mit Null einschätze», da «kein einziger» Truppentransporter je «durchkommen» werde. Dieses Urteil wiederholte er in seiner Verblendung gleich dreimal ganz ausdrücklich.

Am 8. Januar 1917 machten sich die 3. OHL und die Marineleitung das Postulat dieser Denkschrift vorbehaltlos zu eigen. Bethmann sträubte sich zwar einerseits weiterhin, da dann der Krieg mit den Vereinigten Staaten doch unvermeidbar sei; andrerseits räumte er aber ein, daß eine formelle deutsche Friedenspolitik, ohne vorher die Probe aufs Exempel des unbeschränkten U-Bootkriegs gemacht zu haben, innenpolitisch nicht durchsetzbar sei. Die folgenschwere Entscheidung für ihn fiel am folgenden Tag auf einem Kronrat. Auch der Reichskanzler stimmte jetzt diesem «Sprung ins Dunkle», wie Ballin ihn nannte, zu. «Der Verstand», klagte Solf, «hat vor der Macht seine Fahne heruntergeholt.»

Der radikalisierte U-Bootkrieg begann am 1. Februar 1917. Bereits am 3. Februar brachen daraufhin die Vereinigten Staaten ihre diplomatischen Beziehungen zum Reich ab. Obwohl von 105 Booten höchstens jeweils 40 operieren konnten, gelang es ihnen bis Ende April tatsächlich, 841 000 BRT zu versenken. Das war erheblich mehr, als selbst der euphorische Admiralstab mit seinem Ziel von 600 000 BRT für möglich gehalten hatte. Wilde Hoffnungen wucherten empor, die Marineleitung fabulierte von einer Million BRT an vernichtetem Schiffsraum. Auch im Juni wurde der ursprüngliche Richtwert noch einmal übertroffen. Jene Frühjahrswochen des Jahres 1917 stellten vielleicht den einzigen historischen Augenblick im Ersten Weltkrieg dar, in dem, ein halbes Jahr vor dem Auftauchen der ersten amerikanischen Verbände, eine englische Niederlage möglich schien. Nach dem Urteil von Admiral John Jellicoe jedenfalls, dem Ersten Seelord der britischen Admiralität, stand der Krieg damals monatelang «auf des Messers Schneide».

Doch im Sommer fiel die Versenkungsquote drastisch ab, 76 U-Boote mit der Hälfte der Frontbesatzungen gingen verloren. Die Hoffnung auf ein Ende des Krieges vor dem Eingreifen der frischen amerikanischen Truppen schwand dahin. Zum einen war das Scheitern der deutschen Flottille ein Resultat der verbesserten Abwehr: Riesige Geleitzüge unter dem Schutz zahlreicher Zerstörer und U-Bootjäger überquerten den Atlantik mit zunehmend geringeren Verlusten, da das Angriffsrisiko für die U-Boote enorm hoch war; neuartige Wasserbomben und Minen zerstörten ein deutsches Tauchboot nach dem anderen. Zum andern hatten die Berliner Planer den Kardinalfehler begangen, allein vom englischen Handelsschiffsraum auszugehen und diese 20 Millionen BRT für relativ schnell reduzierbar zu halten. Tatsächlich stand aber einmal der größte Teil der Weltschiffahrtstonnage (1917: 40 Mill. BRT) England für seine Versorgung zur Verfügung, so daß der Verlust von 5,9 Millionen BRT im Jahre 1917 im Grunde bald ausgeglichen werden konnte, und außerdem machte der forcierte Neubau die Verluste schnell wett (1918 z. B. 5,4 zu 2,5 Mill. BRT). Aus all diesen Gründen ist der uneingeschränkte deutsche U-Bootkrieg bis zum Herbst 1917 gescheitert. Trotzdem wurde er auch noch 1918, obwohl die Verlustziffer der versenkten U-Boote auf 87 anstieg, unbelehrbar weitergeführt, ohne einen Deut am Kriegsverlauf zu ändern.

Die deutsche Entscheidung für den Beginn des uneingeschränkten U-Bootkriegs im Februar 1917 besaß eine fatale Bedeutung. Sie zog, erstens, endgültig mit unwiderstehlicher Kraft die Vereinigten Staaten auf die Seite der Alliierten. Präsident Woodrow Wilson, der selber mit der Freigabe riesiger amerikanischer Lieferungen schon seit längerem auf deren Karte gesetzt hatte, im Kongreß aber dem starken Block der Neutralitätsbefürworter gegenüberstand, hatte am 26. Januar 1917 ein letztes Angebot unterbreitet, alle Kriegführenden auf einer Konferenz zu gemeinsamen Gesprächen zusammenzuführen. Bethmann Hollweg lehnte die Aufforderung als «zu spät» vorgebracht ab, sah aber die Gefahr des amerikanischen Kriegseintritts nun in unmittelbarer Nähe. «Das ist mir gleichgültig», trumpfte der Kaiser auf. Alle deutschen Entscheidungsgremien setzten zu diesem Zeitpunkt ohnehin auf die Verzweiflungstat des U-Bootkriegs. Als sich Berlin dann noch weigerte, auf Wilsons Forderung einzugehen, wenigstens die endlosen Konvois amerikanischer Versorgungsschiffe ungefährdet nach Europa fahren zu lassen, erklärten die Vereinigten Staaten am 6. April 1917 dem Kaiserreich den Krieg.

Das aber bedeutete eine universalgeschichtliche Zäsur, da jetzt die eigentliche Weltmacht des 20. Jahrhunderts mit ihrem gewaltigen Potential die Entscheidung zugunsten der Alliierten herbeizuführen unternahm. Dieses Potential mußte freilich zum großen Teil erst noch mobilisiert wer-

4. U-Bootkrieg und Kriegseintritt der Vereinigten Staaten 147

den. Die Handelsflotte konnte sofort eingesetzt werden, denn sie war auf den Transport von Nahrungsmitteln und Kriegsmaterial seit 1915/16 eingestellt. Die Schlachtflotte, hinter der englischen immerhin die zweitgrößte der Welt, übernahm unverzüglich den Geleitschutz. Aber der Aufbau des Expeditionsheeres dauerte rund acht Monate, da im April 1917 die Armee und die Milizen der «Nationalgarde» nur 203 000 schlecht ausgerüstete Männer zählten. In ihrem Hochmut setzten daher die deutschen Militärs die amerikanischen Ressourcen mit dem dänischen oder holländischen Heer gleich. Bis zum Jahresende trafen auch nur vier Divisionen in Frankreich ein, denen aber 1918, nachdem ein modernes Massenheer förmlich aus dem Boden gestampft worden war, eine Million junger, kampflustiger, ausgeruhter Soldaten folgte. Unabhängig von der materiellen und von der allmählich wirksamen militärischen Verstärkung durch Amerika hatten die Alliierten jedoch eine unschätzbare moralische Kraftzufuhr erlebt, als sich die transatlantische Flügelmacht auf ihre Seite stellte.

Die Freigabe des unbeschränkten U-Bootkrieges war aber, zweitens, auch deshalb «doppelt töricht», weil das Zarenreich, wie sich innerhalb weniger Tage herausstellte, noch im Februar 1917 durch die Revolution ausgeschaltet wurde. Damit hätte binnen kurzem der Zweifrontenkrieg aufhören können, wenn der deutsche Ostimperialismus jetzt nicht erst recht seine weitgesteckten Ziele verfolgt hätte. Die unerwartete Chance, alle Kraft auf die Westfront konzentrieren zu können, hätte die Überlegungen über den extrem riskanten U-Bootkrieg entdramatisieren können. Die kontrafaktische Erwägung Winston Churchills hat daher manches für sich: «Wäre es der Reichsleitung gelungen», gab er in seiner berühmten Geschichte des Ersten Weltkriegs zu bedenken, ihren nur zu berechtigten Widerstand «noch zwei Monate lang» aufrechtzuerhalten, wäre die verhängnisvolle Entscheidung wegen der immensen Erleichterung im Osten vielleicht nie getroffen worden. Vielleicht, vielleicht – faktisch waren die Würfel in Berlin Anfang Januar gefallen, und der Kriegseintritt der Vereinigten Staaten besiegelte die Unaufhaltsamkeit der deutschen Niederlage.[5]

V.
Die deutsche Revolution von 1918

1. Die Auswirkungen der Russischen Revolution und der deutsche Pyrrhussieg im Osten

Nach dem ersten revolutionären Auftakt ein Dutzend Jahre zuvor rissen in der zweiten russischen Revolution seit dem 7. März 1917 die Ligaturen, die das Zarenreich trotz aller Belastungen bisher noch zusammengehalten hatten. Vor der Gewalt der Erhebung dankten der Zar und sein Bruder als präsumtiver Nachfolger am 15. März kampflos ab. Die Regierungen Lwow und Kerenski führten den Krieg zwar vorerst weiter, doch die militärische Aktivität der russischen Truppen wurde wegen des beschleunigten Zerfalls zusehends schwächer. Da der Zarismus verschwunden war und auf den russischen Verbündeten keine Rücksicht mehr genommen werden mußte, konnten die Alliierten endlich ihren Kreuzzug gegen die «Autokratie» offen führen. Dieser wirkungsvollen propagandistischen Parole schloß sich die amerikanische Kriegspolitik seit dem April ebenfalls an.

Bereits am 27. März 1917 wandte sich der soeben gebildete Petersburger Sowjet – solche «Räte» waren erstmals 1905 als Lenkungsorgane der Revolution spontan entstanden – mit einem Appell an «alle Völker», sie sollten sich gegen den Krieg erheben. Die Berliner Entscheidungsgremien entschlossen sich zu einem fatalen Schritt: Lenin wurde Anfang April aus seinem Schweizer Exil unter deutscher Obhut mit der Absicht nach Finnland geschafft, das russische Reich weiter zu unterminieren, damit es als Machtfaktor ausfiel. Am 16. April traf er in St. Petersburg ein, wo der Sowjet kurz zuvor die ominöse Kampflosung «Alle Macht den Räten» ausgegeben hatte. Während der Bürgerkrieg zwischen «Roten» und «Weißen» anlief, strahlte die zweite russische Revolution schon unverkennbar auch nach Deutschland aus, wo die Gründung der USPD, die Aprilstreiks und die innenpolitische Gärung seither direkt oder mittelbar von ihr beeinflußt wurden.

Die erste Phase des innerrussischen Machtkampfs dauerte ein halbes Jahr. Dann setzten sich die Bolschewiki nach einem erfolgreichen Coup d'état in einer dritten russischen Revolution, der Oktoberrevolution, bis zum 26. Oktober 1917 durch. Mit ihrer Machtergreifung bahnte sich zum einen wegen der Förderung Lenins die dauerhafteste Folge deutscher Kriegstaten während des vierjährigen globalen Ringens an: die Bolschewisierung Rußlands. Zum andern bedeutete die kommunistische Revolu-

1. Der deutsche Pyrrhussieg im Osten

tion eine welthistorische Zäsur, da jetzt im zweitgrößten Staat der Erde im Banne einer utopischen Ideologie eine totalitäre Diktatur etabliert werden konnte, die eine völlig veränderte politische Konstellation auf der Welt heraufführte und 74 Jahre lang die Signatur des 20. Jahrhunderts mit bestimmt hat.

Das neue sowjetische Regime veröffentlichte unverzüglich, am 8. November, ein Friedensangebot. Dadurch geriet eine unvorhersehbare Dynamik in die Mächtebeziehungen. Die Entente zerfiel über Nacht. Für das Deutsche Reich zeichnete sich dagegen das Ende seines Zweifrontenkriegs ab. Damit tauchte zugleich die von den inneren Krisen ablenkende Chimäre des alles entscheidenden «Siegfriedens» im Westen wieder auf. Bereits am 3. Dezember wurden in der russisch-polnischen Grenzstadt Brest-Litowsk deutsch-sowjetische Gespräche aufgenommen, die am 15. Dezember zu einem Waffenstillstand und Vorvertrag führten, der endgültige Friedensverhandlungen in allernächster Zukunft vorsah. Wider Erwarten schnell schied die Großmacht im Osten auch formell aus dem Kreis der Alliierten aus, und tatsächlich begann die Friedenskonferenz schon am 22. Dezember in Brest-Litowsk. Dort bahnte sich in den nächsten Wochen unter dramatischen Umständen eine der folgenreichsten Weichenstellungen des Ersten Weltkriegs an.

Im Vorfeld dieser ersten Friedensgespräche prallten auf der deutschen Seite kraß unterschiedliche Zielvorstellungen aufeinander. Der Staatssekretär des Auswärtigen Amtes, Richard v. Kühlmann, ein ziemlich nüchtern abwägender Kopf, warnte mit der Stimme der Vernunft und deshalb voll unverhohlener Skepsis den Reichskanzler vor der Abtrennung «großer Landstriche... einer seit Jahrhunderten konsolidierten Großmacht ersten Ranges»; «nach allen historischen Erfahrungen» werde ein solches Vorgehen eine «schwere Erschütterung des europäischen Staatensystems» auslösen, die das Risiko eines Zustands in sich berge, «der mit absoluter Sicherheit einen dauerhaften deutsch-russischen Gegensatz schaffen und zu einem künftigen Krieg führen muß». Ähnlich offenherzig äußerte er sich sogar gegenüber den Fraktionschefs der Reichstagsparteien: Deutschland dürfe nicht «die Russen in die Knie zwingen und in ihnen das Gefühl erwecken», mahnte er, «daß man nun einer hoffnungslos geschlagenen Nation mit harter Faust schwere Bedingungen auferlegt». Politisch weitsichtig sei es vielmehr, «die Verhältnisse wiederherzustellen, die anderthalb Jahrhunderte lang die Grundfesten... des Erfolgs der preußisch-deutschen Politik gewesen sind».

Kluge Worte ohne Folgen. Denn den wenigen verantwortlichen Politikern, die wie Kühlmann dachten, stand die 3. OHL an der Spitze einer informellen Koalition von Kriegszielfanatikern und Militärs, Interessenverbänden, Parteien und großen Segmenten der öffentlichen Meinung gegenüber. Sie alle stimmten darin überein, die verführerische Gelegenheit zur Verwirklichung beispielloser Expansionspläne auf Kosten des zu zertrümmernden russischen Reiches rigoros zu nutzen. Und die OHL war es, die von Anfang an den maßgeblichen Einfluß auf den Charakter der anlaufenden Verhandlungen gewann. Ludendorff wollte seit jeher nichts anderes als einen Diktatfrieden, der die Resultate des deutschen Ostimperialismus besiegeln sollte. Ihm und den hohen Offizieren in der deutschen Delegation schwebte ein militärisch unbezwingbares, ökonomisch autarkes und darum blockadefestes kontinentales Großreich vor, das endlich von einem «Wall deutscher Menschen gegen das Slawentum» und zusätzlich von einer breiten Pufferzone informell beherrschter Satellitenstaaten geschützt wurde.

Den Fluchtpunkt dieser schrankenlosen militärischen Pläne bildete die besessene Fixierung auf den nächsten Krieg. «Die Militärs», klagte der Reichskanzler, «denken immer nur an den Kriegsfall.» Als auf der Kreuznacher Konferenz vom 18. Dezember 1917 die Marschroute für Brest-Litowsk festgelegt werden sollte, forderte die OHL unter anderem die dauerhafte Besetzung aller baltischen Provinzen mit der Begründung, wie Ludendorff auf Kühlmanns irritierte Nachfrage hin erläuterte, daß er sie selbstverständlich «zur Entfaltung meines linken Flügels im nächsten Krieg» brauche. Für eine weit ausgreifende Ausdehnung im Osten sei doch, warb er für seine Position, die «militärische Lage ... so günstig, wie sie während der dreieinhalb Kriegsjahre überhaupt nicht gewesen ist».

Gegenüber diesem massiven Expansionsdruck erwiesen sich Skeptiker vom Schlage Kühlmanns als nicht durchsetzungsfähig. Und das um so weniger, als Schlüsselfiguren der Regierung sich längst diesem Druck angeschlossen hatten. Schon im Mai 1917 hatte etwa Bethmann Hollweg befürwortet, unter Berufung auf das Selbstbestimmungsrecht der Völker die Herauslösung Kurlands und Litauens aus dem russischen Reich als selbständige Staaten «zu frisieren»; trotz der formellen «Verwaltungsautonomie» müßten sie natürlich militärisch, politisch und ökonomisch an «Deutschland angeschlossen» werden. Ganz ähnlich heuchelte im November 1917 Reichskanzler Hertling, daß Deutschland schon wegen des Selbstbestimmungsrechts Polen und dem Baltikum die Unabhängigkeit verschaffen müsse. Kurzum: Der Absprengung Westrußlands neigten nicht nur die Militärs zu, die seit dem 22. Dezember, besonders aggressiv von General Max Hoffmann von der Befehlszentrale «Oberost» vertreten, in Brest-Litowsk ohnehin den Ton angaben.

Die russische Delegation unter der Führung Trotzkis stemmte sich nach Kräften den deutschen Forderungen entgegen. Obwohl auch die Sowjets das Selbstbestimmungsrecht beschworen, wollten die neuen Machthaber die Sezession eigener Staatsgebiete mit einer klaren Mehrheit nichtrussischer Nationalitäten keineswegs zulassen. Die deutschen Vertreter hielten demgegenüber ihren enormen Druck aufrecht. Solf faßte seinen Eindruck

1. Der deutsche Pyrrhussieg im Osten

in epigrammatischer Kürze zusammen: Die «Militärs diktieren». Als die Reichsregierung Skrupel äußerte, daß die Eroberungspolitik vielleicht Streiks wie im Januar 1918 auslösen könne, fegte Ludendorff die Bedenken mit dem Satz «Streik macht nichts» unwirsch beiseite, und als Reichskanzler und Kaiser im Januar 1918 dennoch zu etwas mehr Zurückhaltung zu neigen schienen, setzten Hindenburg und Ludendorff, ohne zu zögern, ihre Auffassung mit einer Rücktrittsdrohung durch. Seither war die 3. OHL «stärker denn je».

Von ihrem hypertrophen Selbstbewußtsein zeugte zum einen das Verhalten Hoffmanns, der am 18. Januar in Brest-Litowsk eine Karte Rußlands mit seinen neuen Grenzen nach der vollzogenen Annexion oder Abtretung der Westgebiete kursieren ließ. Zum andern drückte es sich am 6. Februar in dem Sonderfrieden mit der Ukraine aus, der deutsche Truppen bis Ende Januar zu einer prekären Selbständigkeit verholfen hatten. Dort lagen die Ziele der OHL auf der Hand: Die Kornkammer Europas sollte für den deutschen Zugriff offen daliegen, deshalb intervenierte sie auch sofort gegen inneren Aufruhr, um diese Ressourcen zu sichern. Darüber hinaus sollte die Ukraine als Ausgangsbasis für die künftigen Feldzüge bis zum Kaukasus dienen. Empört brach Trotzki am 10. Februar die Konferenz ab, um die Sowjets nicht mit dem Makel des Ausverkaufs riesiger russischer Gebiete zu belasten.

Damit aber stand das Reich erneut vor der Frage, ob es die Fortsetzung des Ostkrieges oder den Frieden mit Rußland wollte. Auf einer Kronratssitzung in Bad Homburg riet Kühlmann am 13. Februar 1918 dringend von einem Bruch des Waffenstillstands ab, da ein neuer Krieg zum Sturz der Bolschewiki führen und danach eine konservative Regierung an die Seite der Alliierten zurücktreiben könne. Brüsk opponierend wollte Ludendorff «klare Verhältnisse» durch «schnelles Handeln» schaffen – darunter verstand er eine ultimative Drohung mit dem erneuten Einsatz von Waffengewalt, falls sich die Sowjets renitent zeigten. Hindenburg sprang ihm bei: «Wir müssen» notfalls «die Russen schlagen», um die deutschen Kriegsziele zu erreichen. Vergebens gab Vizekanzler Payer zu bedenken, daß ein neuer Feldzug in Deutschland «starres Entsetzen» auslösen werde. Darauf ging niemand ernsthaft ein. Statt dessen tauchte ein neues Motiv auf. Der Kaiser verlangte, daß die gefährlichen Kommunisten wie auf einer Treibjagd «totgeschlagen» werden müßten. Auch General Hoffmann plädierte jetzt für einen Kriegszug direkt gegen die Sowjets: Denn selbst wenn der «Bolschewikipestherd mit einer gläsernen undurchdringlichen Mauer» umgeben werde, sei Deutschland vor der «Verseuchung» dennoch nicht geschützt, da die Gesinnungsgenossen längst im Reich wirkten. Daher bleibe nur die Konsequenz, diese Gefahr zu eliminieren und Rußland selber zu kontrollieren. Für einen solchen Weltanschauungskrieg war die OHL noch nicht zu haben, da die Sowjetherrschaft das Ausscheiden Rußlands aus der Entente garantierte. Die Entscheidung für einen unverhüllten Erpressungskrieg vermochte sie jedoch durchzusetzen.

Tatsächlich wurde der Waffenstillstand bedenkenlos gebrochen, der Krieg gegen Rußland am 18. Februar wieder eröffnet. Ludendorff wollte einen «kurzen Schlag auf Petersburg, auch einen in Richtung Moskau» führen, um die Kapitulation zu erzwingen. Nach wenigen Tagen dieser «Operation Faustschlag», die sich sofort über den Homburger Kompromiß hinwegsetzte, brach der russische Widerstand zusammen. Am 23. Februar wurde ein Ultimatum mit harten, weithin von Ludendorff selber formulierten Bedingungen an die Regierung Lenin gerichtet, die innerhalb einer Entscheidungsfrist von 48 Stunden reagieren mußte. Ohne realistische Alternative beugte sie sich am 23. Februar ihrem Gegner.

Daraufhin begann am 1. März 1918 in Brest-Litowsk eine neue Konferenzrunde, bei der es, ohne jede ernsthafte Diskussion, nur mehr um das deutsche Ultimatum ging, das innerhalb von 72 Stunden angenommen oder abgelehnt werden mußte. Erneut gab Lenin mit seinen Anhängern, deren höchste Priorität die Stabilisierung des Sowjetregimes war, der deutschen Pression nach, so daß die Delegationen am 3. März 1918 den Vertrag, der ganz und gar die deutsche Handschrift trug, unterschreiben konnten. Er verkörperte einen klassischen karthagischen Diktatfrieden: Rußland verlor Polen, das bereits 1916 von den Mittelmächten als Staat neu gegründet worden war, die Ukraine und Finnland, das seit dem Dezember 1917 gleichfalls die Selbständigkeit gewonnen hatte, dazu Livland, Estland, Kurland und Litauen, die vorerst unter dem «Schutz» von «deutschen Polizeitruppen» blieben, aber auf dem Weg zu formell selbständigen Staaten waren. Rußland wurde auf seinen vorpetrinischen Kern um das Moskauer Herrschaftsgebiet zurückgeworfen. Es war gar nicht verfehlt, wenn deutsche Publizisten den neuen Staatsnamen «Moskowien» in Umlauf zu bringen versuchten. Insgesamt verlor Rußland 34 Prozent seiner Bevölkerung, 54 Prozent seiner Industrie, 89 Prozent seiner Kohlelager, 33 Prozent seines Eisenbahnnetzes, 32 Prozent seines Ackerlandes und seine gesamte Öl- und Baumwollproduktion. Fraglos mutete der Friede von Brest-Litowsk Rußland ungleich härtere Verluste zu, als sie der Friede von Versailles ein Jahr später dem Deutschen Reich zufügte.

Der Friedensvertrag mußte vom Reichstag ratifiziert werden. Das Parlament hatte sich unlängst wieder selbst entmachtet, als es im Januar 1918 seine Verhandlungen mit der ungemein machtbewußten Begründung, daß es «nicht in Brest... stören» wolle, unterbrach. Inzwischen steckte die Siegesstimmung auch jene Parteien an, die im Sommer 1917 die Friedensresolution verabschiedet hatten. Erneut rückten sie von ihrer Position ab, «ohne politische Zugeständnisse im Reich und in Preußen» zu verlangen. Während diese labile Mehrheit zerfiel, kam die Rechte ihrem Ziel, «mit Hilfe eines Siegfriedens im Osten die Linke zu sprengen», ziemlich nahe.

1. Der deutsche Pyrrhussieg im Osten 153

Allein die USPD stimmte gegen den Vertrag. Die SPD rang sich qualvoll nur zur Stimmenthaltung durch, nachdem sie die Abtrennung der Ukraine wegen der erhofften Getreidelieferungen sogar begrüßt hatte. Ohne jeden Versuch, die Reichsregierung zu einem «ehrlichen Frieden» zu bewegen, nahm der Reichstag am 22. März 1918 den bewußt vage formulierten Vertrag an, der dem Übermut der 3. OHL sowohl militärisch freie Hand ließ als auch die Chance wahrte, ihre politischen Pläne im Osten weiter zu verfolgen.

Brest-Litowsk sprengte nicht nur definitiv die Entente, für die allerdings seit diesem März täglich 10 000 amerikanische Soldaten in französischen Häfen an Land gingen. Vielmehr repräsentierte der Vertrag den «größten Triumph» des deutschen Ostannexionismus, diskreditierte deshalb aber auch jeden künftigen deutschen Friedensfühler. Anstatt sich zum Befreier vom zaristischen und sowjetischen Joch zu stilisieren, machte das Reich das «Selbstbestimmungsrecht zu einer Farce». Überdies brach es sofort den Vertrag, da die neuen militärischen Operationen weit über die dort festgelegten Grenzen hinausgingen.

Der Rußlandkrieg nach Brest-Litowsk ist weithin aus dem deutschen historischen Gedächtnis verdrängt worden, obwohl er in den folgenden Monaten einen atemberaubenden Umfang annahm. Die deutschen Operationen erstreckten sich im Norden weiter auf Finnland, das bei der Verteidigung seiner Unabhängigkeit gegen die Sowjets von zwei deutschen Divisionen erfolgreich unterstützt wurde. Andere Verbände waren im Baltikum gebunden. Insgesamt 30 Divisionen stießen gleichzeitig nach der Intervention in der Ukraine von dort aus nach Südrußland vor, bis schließlich das Donezbecken und die Halbinsel Krim besetzt waren. Nach dem Erreichen des Schwarzen Meeres wurde der Vorstoß sogar nach Transkaukasien hinein fortgesetzt. An der neuen Militärgrenze eines riesigen Vorfelds standen deutsche Truppen von der Narwa über Mogilew, den Dnjepr und Don bis zum Kaukasus.

Währenddessen zerschlug die OHL Rußland zielstrebig weiter, um ihre Hegemonialpolitik zu vollenden. Dabei kooperierte sie mit typischen «Kollaborationseliten», wie etwa dem deutsch-baltischen Adel, und mit nationalen Unabhängigkeitsbewegungen in Finnland, der Ukraine und Georgien. Jedes Mittel war ihr recht, um Gebiete zu erobern, Regierungen zu stürzen, neue Staaten zu gründen und ihnen Diktatoren oder Monarchen anzudienen, wie zuletzt den Prinzen von Hessen, der noch am 15. Oktober 1918 zum König von Finnland erhoben wurde. Und hinter der Front wucherten sogleich wieder Siedlungspläne und Germanisierungsprojekte einer «völkischen Flurbereinigung» empor.

Militärisch zermürbt und gedemütigt mußte die Sowjetregierung in einem zweiten Dokument der Unterwerfung, dem Berliner Zusatzvertrag vom 27. August 1918, dem Kaiserreich noch einmal hilflos nachgeben. Dieses Abkommen vervollständigte das Diktat von Brest-Litowsk und enthüllte die wahre Lage im Osten, wo jetzt selbst die kühnsten alldeutschen Ziele realisiert wurden. Daß der Reichstag seine Zustimmung erstmals verweigerte, blieb für den OHL- und Elitenimperialismus völlig folgenlos. Nicht nur mußte Rußland das gesamte Baltikum, wo drei selbständige Staaten entstanden, formell abtreten, sondern auch Georgien scherte mit deutscher Nachhilfe aus dem russischen Staatsverband aus. Rußland mußte alle Goldvorräte nach Berlin liefern, fünf Milliarden Mark Reparationen zahlen und darüber hinaus Deutschland die Ausbeutung der Kohlenlager im Donezbecken überlassen. Im Norden, Westen und Süden um weiträumige Territorien amputiert, existierte seither die Sowjetunion in direkter Abhängigkeit vom Deutschen Reich. Ludendorff und manchem anderen war inzwischen der Gedanke nicht fremd, im Verlauf der neuen Eroberungszüge nach dem März 1918 auch die Bolschewiki niederzuwerfen. Aber Staatssekretär Paul v. Hintze drückte Ende August 1918 den Grundgedanken des vorherrschenden Konsenses aus, als er den Schwebezustand mit einem labilen Sowjetregime «zur Erhaltung Rußlands in seiner Schwäche» und zur «weiteren Förderung der Eigenentwicklung der abgetretenen Randgebiete» für weit nützlicher erklärte.

Vergegenwärtigt man sich die Konstellation im Osten, wie sie im Sommer 1918 zeitweilig bestand, wirken die Ziele von Hitlers Rußlandpolitik keineswegs mehr wie die megalomanen Visionen eines Phantasten, der als Fremder in die deutsche Geschichte einbrach, sondern wie die überaus konkrete Anknüpfung an eben jenen Zustand, den seine Generation damals schon einmal erlebt hatte.

Als unmittelbar folgenschwerer stellt sich die Entscheidung dar, nach der Beendigung des Zweifrontenkrieges in Brest-Litowsk den allergrößten Teil der 50 deutschen Felddivisionen im Osten mit einer Stärke von anderthalb Millionen Soldaten nicht an die Westfront zu verlegen, wo Ende März die finale deutsche Offensive beginnen sollte. Dort standen 192 deutsche Divisionen 169 alliierten gegenüber, doch an den entscheidenden Stellen waren sie nicht tief genug gestaffelt, um durch ihre numerische Überlegenheit den entscheidenden Durchbruch durch die feindlichen Linien schaffen zu können. Der Oberkommandierende des englischen Expeditionsheeres, Feldmarschall Douglas Haig, urteilte später, sechs zusätzliche deutsche Divisionen hätten am 26. März bei Amiens oder am 10. April bei Hazebrouck jenen strategischen Sieg gewinnen können, der bis zum 30. April endgültig verspielt wurde. Am 8. Mai triumphierte die OHL darüber, daß ihre südliche Sturmspitze Rostow, den zweitgrößten russischen Getreideexporthafen am Asowschen Meer, erobert hatte, doch eine Woche zuvor war die Entscheidung an der Westfront gegen sie gefallen.

Dank des vorzüglichen Eisenbahnsystems wäre es nach Brest-Litowsk unstreitig technisch möglich gewesen, 30 bis 40 Divisionen nach Westen zu werfen. Sie hätten den Verlauf der Michael-Offensive mit Sicherheit nachdrücklich beeinflußt. Ob freilich bis hin zu dem strategischen Sieg, den Haig vermutet hat, muß wegen der unwägbaren «Friktionen», die Clausewitz zufolge mit jeder Kriegführung verbunden sind, bei solchen hypothetischen Überlegungen offenbleiben. Sie dienen auch selbstverständlich nicht dazu, die letzte versäumte Chance für einen Sieg im Westen als eine realistische Möglichkeit hinzustellen. Wohl aber lenken sie auf die Erklärungsbedürftigkeit der Entscheidung hin, das gewaltige operationsfähige Ostheer an eine neue Front zwischen Finnland und Georgien zu binden.

In ihrer verblendeten Großmannssucht trauten sich die 3. OHL und die sie tragenden politischen und sozialen Kräfte zu, sowohl ein ungeheures Ostimperium zu gewinnen als auch vor dem Eintreffen der Amerikaner im Westen zu triumphieren. Da der Ausgang der Michael-Offensive aufgrund der Erfahrung der vergangenen dreieinhalb Jahre letztlich offen war, die Ungewißheit aber durch die Ostverbände radikal vermindert worden wäre, erwies sich der Kontinentalimperialismus im Osten als das vorrangige Ziel. Das hypertrophe militärische Sicherheitsdenken und der wirklichkeitsferne Autarkietraum, der ungehemmte Expansionsdrang und die nackte Beutegier, die sozialimperialistische Ablenkungshoffnung und das rassistische Großprojekt einer germanischen Brandmauer gegen das Slawentum – sie schufen für die deutschen Entscheidungsträger einen offenbar unwiderstehlichen Zugzwang, dem sie nachgaben, ohne die Vorzüge anderer Optionen abzuwägen, geschweige denn der kühlen Ratio der Skeptiker à la Kühlmann nachzugeben.[1]

2. Die deutsche Niederlage im Westen

Rußland war gerade zwei Wochen aus der Koalition der Alliierten ausgeschieden, als der Krieg im Frühjahr 1918 noch einmal mit voller Wucht auf den Schauplatz von 1914 zurückkehrte. In Deutschland herrschte nach Brest-Litowsk – wie sich das auch in den Stimmungsberichten der Generalkommandos eindringlich niederschlug – die Illusion des herannahenden Triumphs. Zeitweilig kompensierte sie die politische Polarisierung, die Lebensmittel- und Kohleknappheit, die ganze Misere des Alltagslebens. Typisch für die Euphorie war Stresemanns Urteil: «Wir standen... niemals günstiger als gegenwärtig. Wir holen aus zum letzten Schlag.» Die von der OHL vorbereitete große Westoffensive, die über Kriegsgewinn oder -niederlage entscheiden mußte, hatte einen zweiten «Siegfrieden» zum Ziel, der in letzter Minute erstritten werden sollte, da die Zeit gegen das Kaiserreich arbeitete und der Diktatfrieden im Osten nur mehr eine militärische Lösung übrig ließ. Damit setzte die OHL alles auf eine Karte, ehe das amerikanische Expeditionsheer an der Front eintraf. Als der Prinz Max von Baden nach künftigen Optionen fragte für den Fall, daß der Angriff mißlinge, fuhr ihn Ludendorff brüsk an: «Dann muß Deutschland eben zugrunde gehen.» Selbst ein Friede, der den Status quo wahre, bedeute, «daß wir den Krieg verloren hätten».

Auf den ersten Blick wirkte die Lage für das deutsche Vorhaben nicht ungünstig. Brest-Litowsk eröffnete, wenn im Osten nicht megalomane Expansionspläne verfolgt worden wären, die Möglichkeit, einen Großteil der anderthalb Millionen Soldaten aus dem Osten nach Westen zu dirigieren. Die Balkanfront der Mittelmächte hielt, während die Isonzofront der italienischen Truppen nach enormen Verlusten zusammenbrach. Und im Westen sollte nach langer Stagnation die erstmals wiedergewonnene numerische Überlegenheit des deutschen Feldheeres – noch einmal: 192 Divisionen mit fast vier Millionen Mann traten hier gegen 169 alliierte Divisionen an – die entscheidende Wende bringen. Dennoch waren, wie sich sogleich herausstellen sollte, aufgrund der allgemeinen Kräftekonstellation die Chancen für eine «Vernichtungsschlacht» à la Cannae und einen «deutschen Frieden» nur minimal.

Am 21. März lief die deutsche Offensive an, und kurze Zeit sah es so aus, als ob der Überraschungscoup gelinge und sich die erhoffte Überwältigung des Gegners anbahne. Hinter einer Feuerwalze aus 2800 Geschützen und 1400 schweren Mörsern stießen die deutschen Verbände an einem Abschnitt von 60 Kilometern Breite etwa 50 Kilometer tief in das feindliche Gebiet vor, ehe ihr Elan bereits am zweiten Tag erlahmte. In den folgenden zwei Wochen verloren sie ein Fünftel ihrer Ausgangsstärke, rund 303 000 Soldaten. Der Nachschub blieb aus Mangel an Pferden und Lastkraftwagen aus: Nur 22 000 deutschen Transportautos standen 100 000 alliierte gegenüber. Auf deutscher Seite fehlten Tanks, während die englischen und französischen Truppen bereits über 1500 Panzer verfügten, und sie übten auch die Luftherrschaft aus: Allein Frankreich konnte 3440 Flugzeuge – mehr als 1940! – einsetzen.

Zu alledem wirkte sich nach vierjähriger Überanstrengung die miserable Ernährung der deutschen Soldaten unmittelbar nach dem kräftezehrenden Angriff verheerend aus. Ihre Erschöpfung schränkte die operative Beweglichkeit noch weiter ein. In den eroberten Stellungen aßen die ausgehungerten Männer, den Vormarsch verweigernd, sich erst einmal satt. Der Durchbruch auf breiter Front mißlang trotz der «Büffel»-Taktik der OHL, die immer wieder neue Angriffswellen gegen die feindlichen Linien anrennen ließ. Am 5. April mußte sie ihre Offensive einstellen, die mit anderthalb Millionen Toten, Verwundeten und Gefangenen einen horrenden Preis gefordert hatte. Schon am 27. März sah der bayerische Kronprinz Ruppprecht ein: «Der Krieg ist verloren.»

Zwar versuchte die OHL bis zum Juli, mit ihren sogenannten «Hammerschlägen», punktuell angesetzten Durchstoßunternehmen, die alliierte

Front aufzubrechen. Aber sie verbrauchte nur, völlig ergebnislos, ihre letzten Reserven in einem «blinden Aktionismus». Die Truppen waren ausgebrannt, am Ende ihrer physischen Kraft, ohne modernes Material, ohnmächtig gegenüber einem standfesten Gegner.

Obwohl Ludendorff zu den treibenden Kräften des deutschen Ostimperialismus gehörte und drei Dutzend Divisionen auf ihren Eroberungszug bis nach Transkaukasien trieb, klagte er im Mai angesichts des Debakels im Westen darüber, daß noch zu viele Verbände im Osten gebunden blieben. «Wenn ein paar 100000 frischer Truppen kämen, könnte der Westfeldzug in wenigen Wochen beendet sein.» Vergeblich kehrte er zu der Forderung des «Hindenburg-Programms» zurück, endlich für alle fünfzehn- bis sechzigjährigen Männer die Wehrpflicht, für alle Frauen eine Dienstpflicht einzuführen. Unverblümt lehnte das Kriegsministerium aus Rücksicht auf die Stimmung an der «Heimatfront» dieses Ansinnen ab, da schon seine Ankündigung die «größte Beunruhigung im Lande» auslösen werde.

Das war ein realistisches Urteil, zumal in derselben Zeit der U-Bootkrieg endgültig scheiterte, nachdem die deutsche Öffentlichkeit mit der Leistungsfähigkeit dieser Wunderwaffe, die auch die Amerikaner fernhalten werde, lange in die Irre geführt worden war. Die türkische Armee brach zusammen, die Auflösungserscheinungen im österreichischen Heer dehnten sich weiter aus. Da Brest-Litowsk «kein Brot gebracht» hatte, so daß im Reich ein Bedarf von 400000 Tonnen Getreide ungedeckt blieb, mußte eine Tabugrenze überschritten und die tägliche Brotration gekürzt werden. Beflügelt von den letzten realitätsfernen Siegeshoffnungen war diese Einschränkung noch erstaunlich ruhig hingenommen worden, aber mit dem Strom enttäuschender Berichte von der Westfront sank der Stimmungspegel rapide.

In diesem Augenblick unternahm die OHL am 15. Juli einen letzten verzweifelten Angriff, der sofort fehlschlug. Zwar waren seit dem April noch 28 Divisionen allmählich im Westen eingetroffen, aber ihre Kampfkraft versickerte ohne jeden Effekt. In der OHL sah es General Friedrich v. Loßberg als unvermeidbar an, den Rückzug auf die im Hinterland ausgebauten Verteidigungsstellungen der «Siegfriedlinie» anzuordnen, da außer dieser Defensive keine andere Option mehr übrigbleibe. Ludendorff hielt die strategischen «Vorschläge für zutreffend», widersetzte sich aber «aus politischen Gründen»: «aus Rücksicht auf die Eindrücke auf den Feind, auf unser Heer und auf die Heimat», einer solchen Entscheidung. Statt dessen verlangte er von der Reichsregierung, «unser Volk darauf vorzubereiten, daß der Krieg noch lange dauern kann und... es größter Einigkeit bedarf, um ihn zu einem siegreichen Ende zu führen».

Angesichts dieser Götterdämmerung im Großen Hauptquartier kann eine erneute Intervention der 3. OHL in die innere Politik nicht überraschen. Die Aussichtslosigkeit der militärischen Lage vor Augen hatte sich

Staatssekretär Kühlmann, nach einer Absprache mit dem Reichskanzler, Ende Juni im Reichstag für einen Verständigungsfrieden ausgesprochen. Dieses Plädoyer schlug «wie eine Bombe ein», da es als Beginn eines dramatischen Kurswechsels empfunden wurde. Vor dem hitzigen Protest der Rechten wich der Außenminister zurück. Aber erst der unerbittliche Druck der OHL zwang ihn, obwohl Reichskanzler Hertling und Vizekanzler Payer ihm zunächst beisprangen, zu einem demütigenden Rücktritt. Gemäß Ludendorffs Diktum, daß noch kein einziger Grund für Friedensverhandlungen bestehe, setzte die OHL mit Admiral Paul v. Hintze einen erzkonservativen Verfechter des «Siegfriedens» als neuen Chef des Auswärtigen Amtes durch. Der Reichstag wurde, ein Symptom seines angeblichen Parlamentarisierungshungers, bei dem folgenschweren Vorgang völlig übergangen. Auf Hintzes direkte Frage hin versicherte ihm Ludendorff ehrenwörtlich, daß sein Desperado-Angriff am 15. Juli den Sieg im Westen einläuten werde.

Drei Tage nach dem Scheitern dieses deutschen Vorstoßes riß die erfolgreiche Gegenoffensive der Alliierten die deutsche Führung aus allen Durchhalteillusionen. Französische Divisionen brachen seit dem 18. Juli mit einer solchen Gewalt tief in das deutsche Besatzungsgebiet ein, daß sich die militärische Niederlage unabwendbar abzeichnete. «Das ist der Zusammenbruch», entfuhr es Ludendorff. Die zweite Angriffswelle wurde von englischen Truppen getragen, die seit dem 8. August – einem «schwarzen Tag in Deutschlands Geschichte», wie Ludendorff klagte – den Durchbruch bei Amiens ausweiteten. Ihre 500 Tanks versetzten die deutschen Truppen in Panik. Unstreitig war die operative Initiative in den drei Wochen nach dem 18. Juli endgültig auf die Alliierten übergegangen, obwohl sich zu dieser Zeit 600 000 gelandete amerikanische Soldaten für den Fronteinsatz erst formierten. Dennoch weigerte sich Ludendorff noch immer, den Befehl zum Rückzug zu geben, obwohl ihn die strategische Lage faktisch zu einer immer unglaubwürdigeren Defensive nötigte.

Es dauerte bis zum 14. August, ehe die OHL während eines Kronrats im Hauptquartier zu Spa erstmals einräumte, daß die Lage inzwischen außerordentlich schwierig sei. Das Westheer könne den Gegner, indem es sich auf die «Siegfriedlinie» zurückziehe, durch eine Ermattungsstrategie noch zeitweilig lähmen, da die Entente die hohen Angriffsverluste fürchte, besiegen aber könne es sie nicht mehr. Die Fortführung des Krieges gleiche daher einem «Hazardspiel», das unverzüglich durch den Kampf um einen «Verständigungsfrieden» abgelöst werden müsse. Sträube sich der Feind, werde natürlich, kehrte die bramarbasierende Arroganz zurück, der «Endkampf» bis zum äußersten gewagt werden. Sein Ausgang hänge aber ganz und gar vom «Durchhalten der Heimat» ab. Die intern in der OHL und unter hohen Offizieren seit langem erörterte «Dolchstoßlegende», die den militärischen Zusammenbruch allein aus dem Versagen der Linksparteien und

Freien Gewerkschaften, des Reichstags und insgesamt der «Heimatfront» herleitete, wurde jetzt immer häufiger beschworen. «Es ist eine Tatsache», insistierte Ludendorff frech, «daß eine etwaige Erschütterung der Westfront auf das Schuldkonto der Heimat geht.»

Tatsächlich aber erzwang ein neuer alliierter Angriff seit dem 28. August den allgemeinen deutschen Rückzug bis hin zur «Siegfriedlinie». Während diese schwierige Absetzbewegung noch anhielt, bat Österreich-Ungarn am 14. September die Alliierten um Friedensverhandlungen; am 25. September schloß sich Bulgarien an, womit die Verbindungslinie nach Konstantinopel in Frage gestellt wurde. Und am folgenden Tage eröffneten die Alliierten, durch mehr als eine Million amerikanischer Soldaten verstärkt, ihre dritte große Offensive, die mit unwiderstehlicher Kraft vorangetrieben wurde. Aus guten Gründen fürchtete Ludendorff jetzt den völligen Zusammenbruch der deutschen Front. Ja nicht nur das: Im Inneren sah er die Revolution und mit ihr den neuen Zweifrontenkrieg gegen den inneren und den äußeren Feind herannahen. Der Kronprinz sprang ihm bei, indem er «die Diktatur» und die «Unterdrückung aller revolutionären Umtriebe» forderte.

Währenddessen wurde in der SPD eine erregte Debatte über den Eintritt in die Reichsregierung geführt. Ebert und Scheidemann forderten, das Ruder unter der Bedingung herumzuwerfen, daß die Parlamentarisierung des Reiches erreicht, der Linksliberale Payer als Reichskanzler akzeptiert und der Verzicht auf alle Kriegsziele ausgesprochen werde. Alle diese Bemühungen, in letzter Minute noch eine demokratisch legitimierte Regierung zu bilden, scheiterten jedoch völlig. Statt dessen klärten hohe OHL-Offiziere führende Reichstagspolitiker endlich ungeschminkt über die wahre militärische Lage auf. Das löste einen veritablen Schock aus. Aus dem Wolkenkuckucksheim der demnächst realisierten Kriegsziele und des bevorstehenden Endsieges herausgerissen, erlitt Stresemann einen Nervenzusammenbruch, Heydebrand und Westarp erlagen einem Wutanfall – «wir sind belogen und betrogen worden» –, die anderen verfielen in depressives Schweigen.

Im eigentlichen Entscheidungszentrum, im kaiserlichen Hauptquartier in Spa, überstürzten sich jetzt die Ereignisse. Nach einer Kehrtwendung um 180 Grad erklärte die OHL am 29. September vor Kaiser und Kanzler, daß sie und das «deutsche Heer ... am Ende seien; der Krieg sei nicht mehr zu gewinnen, vielmehr stehe die endgültige Niederlage wohl unvermeidlich bevor». Daher verlangte die OHL «ohne jeden Verzug» einen Waffenstillstand, um ihre Bloßstellung durch die Katastrophe der militärischen Vernichtung des deutschen Westheeres zu vermeiden, und die Parlamentarisierung des Reiches, um ihre historische Schuld auf Sündenböcke unter den Parteipolitikern abzulenken. Ludendorff machte aus dieser perfiden Intention auch gar kein Hehl, als er am 1. Oktober bei einer internen Stabsbesprechung unverhohlen erklärte, daß er den Kaiser gebeten habe, «jetzt auch diejenigen Kreise an die Regierung zu bringen, denen wir es in der Hauptsache zu verdanken haben, daß wir so weit gekommen sind... Die sollen nun den Frieden schließen, der jetzt geschlossen werden muß. Sie sollen die Suppe jetzt essen, die sie uns eingebrockt haben.» Der von der OHL akzeptierte neue Reichskanzler Max von Baden mußte trotz seiner berechtigten Skrupel bereits einen Tag nach seiner Kabinettsbildung, am 4. Oktober, das Waffenstillstandsgesuch absenden. Das war der «coup de grace» für alle Pläne künftiger Kriegsanstrengungen, von denen hohe deutsche Offiziere noch immer fabulierten, wie etwa Ludendorff mit seinem erneuten Ruf nach dem «Kampf bis zum äußersten», ehe er, der Feigheit statt dem militärischen Ehrenkodex folgend, nach Schweden flüchtete.

Überhaupt enthüllen diese September- und Oktobertage des Herbstes 1918 mit greller Klarheit, wie nach einer permanenten Beschwörung der unerschütterlichen Verbindlichkeit des Offiziersethos die Verantwortung von den hohen Militärs im entscheidenden Augenblick abgewälzt wurde, um ihr hochstilisiertes Ansehen und die eigene Haut zu retten. Nicht nur die Führungsspitze, vielmehr die große Mehrheit des Offizierkorps weigerte sich, die bittere Realität hinzunehmen, da mit der Niederlage ihre Welt unterging. Statt dessen sah sie im Versagen der «Heimat» die ausschlaggebende Ursache des Zusammenbruchs, so daß sich folgerichtig anstelle der gebotenen Selbstkritik der blanke Haß auf die Linksparteien und den Reichstag durchsetzte. Insofern steht Ludendorff prototypisch für ein verbreitetes militärisches Syndrom, das die Spannung zwischen «subjektivem Realitätsverlust und kollektivem Handlungsbedarf» nicht mehr wirklichkeitsangemessen vermitteln konnte, sondern ihre Lösung in einer primitiven Verschwörungstheorie und in der eskapistischen Dolchstoßlegende suchte. Das Revancheverlangen der Folgezeit war darin schon klar vorgezeichnet.[2]

3. Strukturprobleme des Deutschen Reiches: das Scheitern der politischen Reformen

Welche drängenden politischen Probleme standen seit Kriegsbeginn für die Reichsleitung an – dazu in einer von Jahr zu Jahr zunehmend verschärften Form? Welche Aufgaben waren unter dem rein funktionalistischen Gesichtspunkt, daß innere Spannungen eine Schwächung der militärischen Leistungsfähigkeit bedeuteten, eigentlich unaufschiebbar? Denn die innere Pazifizierung der Gesellschaft wurde zu einer maßgeblichen Voraussetzung ihres effizienten Ressourceneinsatzes und der erfolgreichen Kriegsführung. Das um so mehr, als jene Integrationsideologien, die im Reich im Schwange waren, nur begrenzt und klassenspezifisch eingeengt ihre Wir-

3. Strukturprobleme des Deutschen Reiches

kung zeigten, wie etwa im Bürgertum die «Ideen von 1914» und der Radikalnationalismus bis hin zur «Vaterlandspartei». In dieser Perspektive der Systemstabilisierung schält sich als ein Hauptproblem der deutschen Kriegspolitik heraus, daß überfällige Reformen endlich – oder soeben noch rechtzeitig – eingeleitet werden mußten. Sonst stand zu erwarten, daß die politischen Konflikte und Klassenspannungen verschärft und damit auch die Kriegsanstrengungen nachhaltig beeinträchtigt wurden.

Solchen Reformvorhaben stemmte sich jedoch das Rechtslager mit seinem sozialimperialistischen Ziel entgegen, durch äußere Erfolge den Status quo im Inneren partout zu verteidigen, obwohl von dessen Veränderung im Sinn der politischen Modernisierung ein verbesserter Einsatz des militärischen Potentials abhing. Unter der Kräftekonstellation des Kaiserreichs ließ sich das Dilemma dieses grundsätzlichen Zielkonflikts nicht aufheben. Da die Verfassung erst fünf Minuten nach zwölf umgebaut wurde, blieb es bis zum Ende bei der Erfolglosigkeit der Reformkräfte.

Welche Probleme warfen die wichtigsten Aufgaben auf?

1. Der Reichstag als das Vertretungsorgan der politischen Nation – zu der nach damaligem Verständnis ihre Halbierung, die nur stimmberechtigte Männer anerkannte, gehörte – mußte aufgewertet werden, bis ihm der Übergang zum parlamentarischen System gelang.

2. Die preußische Verfassung mußte wegen ihrer eklatant anachronistischen Züge der Reichspolitik angepaßt werden, denn das Dreiklassenwahlrecht, das die Partizipationsrechte von zwei Dritteln der reichsdeutschen Wählerschaft im Hegemonialstaat rigoros einschränkte, bildete nicht nur praktisch, sondern auch symbolisch seit langem den schlimmsten Stein des Anstoßes.

3. Und schließlich mußten die Hürden der Diskriminierung, die Millionen von Reichsbewohnern – den Sozialdemokraten, den Gewerkschaftern, den Polen, den Elsaß-Lothringern – den Zugang zur vollen Gleichberechtigung als Staatsbürger versperrten, endlich abgebaut werden.

Daß der Problemlösungsdruck seit dem August 1914 steil anstieg, wurde im gesamten politischen Spektrum, wenngleich mit unterschiedlicher Akzentuierung, klar erkannt. «Mit dem bisherigen Kasten- und Klassenwesen ist es vorbei», diagnostizierte rechtsaußen Tirpitz mit düsterem Realismus, «Sieg oder Niederlage, wir bekommen die reine Demokratie.» Das erwartete durchweg auch die Linke in der Sozialdemokratie, und auf ihrem rechten Flügel insistierte Eduard David: «Wir wollen, indem wir alle Pflichten für das Land übernehmen, auch volle Gleichberechtigung.» Bald drückte er diesen Anspruch noch pointierter aus: Werde das «Schützengrabengeschlecht» nach der Rückkehr mit den alten politischen Zuständen konfrontiert, folge die «Katastrophe» auf dem Fuße. Aber auch innerhalb der Machteliten gab es einsichtige Beobachter, etwa den Reichskanzler selber. Bereits im November 1914 gestand er die Notwendigkeit von politischen

Reformen ein, um sowohl draußen die Soldaten als auch daheim die reformistischen Gewerkschaften für den Staat zu gewinnen. Unmittelbar vor dem Ende seiner politischen Karriere rang er sich sogar dazu durch, das preußische Wahlrecht als «schreiende Ungerechtigkeit» anzuprangern. Seine Einsicht aber in Taten umsetzen – das konnte und wollte er nicht.

In der Tat wurde einem Regimewechsel, der mit systemverändernden Reformen im Reich und in Preußen unvermeidlich verbunden war, formidabler Widerstand entgegengesetzt. Denn in ihm äußerte sich der weitreichende, oft konkurrenzlos dominierende Einfluß des Machtkartells aus herrschenden Klassen und Funktionseliten, wobei der Klassencharakter und die Instrumentalität des Staates unter den Kriegsbedingungen mit ungeahnter Schärfe hervortraten. Das Resultat war eine anhaltende Reformblockade, die von der Regierungspolitik, den sie tragenden Gesellschaftsformationen und nicht zuletzt von der 3. OHL nach Kräften aufrechterhalten wurde.

Diese Verweigerung eines tiefgreifenden, für die Beharrungspartei fraglos sehr schmerzhaften Wandels hing mit der unveränderten Zusammensetzung des politischen Führungspersonals aufs engste zusammen. Aufs Ganze gesehen blieb die «unkontrollierte Beamtenherrschaft», Max Webers rotes Tuch, weiter erhalten, ja sie erlebte wegen der ungeheuren Funktions- und Machtexpansion des Staates eine bislang unvorstellbare Ausdehnung, während in drei entscheidenden Jahren zwei klassische bürokratische Aufsteiger, ohne auch nur eines der Talente des überdurchschnittlichen Berufspolitikers zu besitzen, die Reichsgeschäfte formal führten.

Gleichzeitig wurden aber auch im System des Kriegskorporativismus öffentliche Aufgaben privaten, allenfalls halbstaatlichen Gesellschaften übertragen, die zuerst für das Ad-hoc-Krisenmanagement neu eingerichtet worden waren, sich aber in vielfacher Hinsicht in den bereits seit den Vorkriegsjahrzehnten bestehenden autoritären Korporativismus einpaßten. Damit wuchs die Macht der großen Interessenverbände an, die wie der BdL oder die im «Kriegsausschuß der deutschen Industrie» kooperierenden «Pressure Groups» des ZdI und BdI ihren geballten Einfluß geltend machen konnten. Nirgendwo läßt sich in diesem Kriegskorporativismus ein Hauch von politischem Reformwillen lokalisieren.

Zugegeben, die Freien Gewerkschaften wurden allmählich indirekt, seit dem HDG von 1916 auch direkt in das korporativistische System eingebunden, bezahlten das aber mit einer Dämpfung ihrer ohnehin nur mäßig entwickelten politischen Angriffslust. Allenfalls punktuell und viel zu spät wurden einige Vertreter, wie August Müller von den Freien und Adam Stegerwald von den Christlichen Gewerkschaften, beide politisch zahnlose Vollstrecker des Amtswillens, als Feigenblatt in die Reichsverwaltung aufgenommen.

Nicht nur bestanden die Rechte der oft immer noch vorwiegend adligen

Zweiten Kammern, wie etwa des ominösen preußischen Herrenhauses, weiter fort. Vielmehr blieb in allen Einzelstaaten, die dieses Relikt mitschleppten, das Klassenwahlrecht für das Abgeordnetenhaus erhalten. Die Umstände und Folgen werden gleich am Beispiel des preußischen Dreiklassenwahlrechts erörtert, das in greller Klarheit das Mißverhältnis zwischen der Verpflichtung zum Kriegsdienst bis hin zum «Opfertod» auf der einen Seite und der Beschneidung staatsbürgerlicher Rechte aufgrund eines plutokratisch gestaffelten Wählerklassensystems auf der andern Seite paradigmatisch repräsentierte.

In der Politik des Reiches und der Einzelstaaten, im Kriegskorporativismus und in der Öffentlichkeit blieben die Antireformkräfte stark genug, um ihre Interessen erfolgreich verteidigen oder Veränderungen so lange aufschieben zu können, bis sie um ihren politisch befreienden Effekt gebracht worden waren. Wie tief sie in der Gesellschaft verankert waren, das zeigten etwa die Zustimmung zur Kriegszielpolitik und die antiparlamentarische Mobilisierung durch die autoritäre Massenbewegung der «Vaterlandspartei» und ihrer Verbündeten.

Die Machtkapazität der 3. OHL seit dem Sommer 1916, aber auch der Einfluß vieler Generalkommandos von Kriegsbeginn an kann kaum überschätzt werden, zumal sie eine enge Liaison mit der politischen Rechten aufrechterhielten. Als unentbehrlicher Verbindungsmann zur Großindustrie spielte dabei Ludendorffs Adlatus Oberst Bauer eine unentbehrliche, sinistre Rolle. Daß ein neuer: ein technokratischer, organisationsfähiger, bürokratischer Offizierstyp – wie ihn Ludendorff und Groener verkörperten – auch in militärische Spitzenstellungen vordrang, bedeutete alles andere als einen Zugewinn an Aufgeschlossenheit für politische Reformen.

Die OHL stürzte Bethmann Hollweg durch ihr Rücktrittsultimatum. Sein Nachfolger Michaelis war allein ihr Kandidat, keineswegs die Persona grata des Parlaments. Danach gab es verfassungspolitisch nur mehr zwei Antipoden: die starke OHL und den schwachen Reichstag. Auf ihr Drängen hin wurde der erzkonservative Friedrich v. Berg, ein Freund Hindenburgs, anstelle des als «schlapp» denunzierten Rudolf v. Valentini zum Chef des Geheimen Zivilkabinetts ernannt. Die OHL setzte die verhängnisvolle Entscheidung für den uneingeschränkten U-Bootkrieg durch. Das Diktat von Brest-Litowsk und der Berliner Zusatzvertrag trugen von vorn bis hinten ihre Handschrift. Schließlich gewann sie sogar, ohne dadurch die Militärdiktatur zu erringen, ein formelles Mitbestimmungsrecht in allen vitalen politischen Fragen. Nach heftigen Klagen Hindenburgs im Zusammenhang mit den deutsch-russischen Friedensverhandlungen kam es zu einer (in historischen Darstellungen sehr selten erwähnten) eigenmächtigen Vereinbarung zwischen Hertling und Hindenburg über das umstrittene Problem der «staatsrechtlichen Verantwortlichkeit».

Sozusagen nebensätzlich beharrte der Zentrumspolitiker auf der Selbstverständlichkeit, daß die zweischneidige politische «Verantwortung für die Friedensverhandlungen... allein der Reichskanzler» trage. Doch in allen wesentlichen Punkten kapitulierte er vor dem militärischen Herrschaftsanspruch. «Die obersten militärischen Stellen haben das Recht und die Pflicht», hieß es in der «Erklärung» vom 12. Januar 1918, «an den Verhandlungen in beratender Weise mitzuwirken, soweit dieselben die militärischen Interessen berühren. Der Umkreis dieser Interessen ist während des Krieges nicht auf die militärischen Angelegenheiten im engeren Sinn beschränkt, sondern umfaßt auch Fragen der Industrie, des Verkehrswesens, der Arbeiterinteressen... und die moralische Wirkung der getroffenen Maßnahmen auf das Heer. Die militärischen Stellen können ihre Forderungen nach dieser Richtung jederzeit aus eigener Initiative vorbringen», nur nicht «in der Form von Anweisungen, denen der Reichskanzler nachzukommen hätte(!)». Wohl aber müsse dieser «darauf Bedacht nehmen, daß ihre Forderungen... vor allen anderen... den Vorrang erhalten».

Von diesem Vorrang ging das hochgespannte Selbstbewußtsein der OHL in der Tat ganz so aus wie von der naturgegebenen Inferiorität der Legislative und der Parteipolitiker. Selbst als das Scheitern der Sommeroffensive von 1918 nicht mehr zu leugnen war, kündigte Hindenburg dem Herzog von Braunschweig trotzig an, daß man dann eben nach Kriegsende dem Reichstag zeigen werde, «wer der Herr im Haus sei». Sein Gesprächspartner gewann den Eindruck, daß der Generalstabschef ganz unverhohlen die «Schaffung einer Militärdiktatur nach dem Krieg» anstrebe. Mit derselben Verbissenheit drohte damals Oberst Bauer den Zivilisten: «Wir behalten ja die Maschinengewehre.»

Man mag argumentieren, daß der latente Trend zugunsten einer Aufwertung des Reichstags auch im Krieg anhielt (vgl. Bd. III, 864–66). Trotz der neuen Sondervollmachten zugunsten der Generalkompetenz des Bundesrats, praktisch also der Reichsregierung, behielt der Reichstag mit dem Bewilligungsrecht für die Kriegskredite eine Schlüsselstellung, und mit der Ausdehnung der Staatsfunktionen stieg seine Bedeutung, auch als politisches Integrationsorgan, im Prinzip weiter an. Trotzdem ist sein politisches Gewicht mit den neuen Anforderungen keineswegs mitgewachsen. Was ihn vielmehr weiterhin kennzeichnete, war sein fehlender Machthunger, der als «mangelnde Verantwortungsbereitschaft» viel zu euphemistisch charakterisiert ist.

Wenn an dieser Stelle einmal von dem letztlich wohl entscheidenden Tatbestand abgesehen wird, daß sich die politische Sozialisation der Parlamentarier in den Friedensjahrzehnten des Kaiserreichs außerordentlich hemmend auf ihren Griff nach der Macht auswirkte (dazu VI.1), wurde ihre Passivität auch durch die Heterogenität der Mitte-Links-Parteien und die fundamentalistisch vertiefte Lagerbildung innerhalb der potentiellen Mehrheit verstärkt. In den eigenen Zielvorstellungen waren alle Fraktionen

– und deshalb auch die Mitglieder des «Interfraktionellen Ausschusses» – tief gespalten. Auch deshalb gab es keinen linearen Positionsgewinn des Reichstags im Herrschaftsgefüge, geschweige denn eine unaufhaltsame «stille» Parlamentarisierung. Sie stagnierte vielmehr wie zuvor. Das tat auch die Behandlung anderer Reformprojekte. In der Kriegszielpolitik und bei der Besetzung der Spitzenpositionen einschließlich des Reichskanzleramts wurde der Reichstag meist ausgebootet.

Das war um so nachteiliger, als sich auch das Reichsparlament seit Anfang 1917 einem neuartigen Politisierungsschub gegenüberfand. Gegen Ende des elenden «Rübenwinters» ging von der russischen Februarrevolution mit ihren Friedenssignalen eine elektrisierende Wirkung aus. Im selben Monat erregte ein politisch obszönes Fideikommißgesetz, mit dem der preußische Landtag ausgerechnet zu diesem Zeitpunkt neuen unveräußerlichen Großgrundbesitz für Adlige und Kriegsgewinnler schaffen wollte, die Gemüter. Am 21. März folgte die erste ernsthafte Reichstagsdebatte über die Innenpolitik. Im April wurde die USPD gegründet. Mit dem Petersburger Aufruf vom 19. April sympathisierten auch viele in der MSPD. Die kaiserliche Osterbotschaft vom 7. April enthielt im Hinblick auf das Dreiklassenwahlrecht ein vages Reformversprechen für die Nachkriegszeit, dessen Verschwommenheit jedoch die Unzufriedenheit unter den städtischen Wählermassen noch verstärkte.

In diesem Frühjahr geriet Bethmann Hollweg in die endgültige politische Isolierung. Aus Unzufriedenheit mit seiner «Politik der Diagonalen», in der weder die Rechte noch die Linke ein «zukunftsweisendes Programm» sehen konnte, fand sich eine mächtige Gegenallianz aus OHL, Nationalliberalen und Zentrum, konservativen Parteien und Interessenverbänden zusammen, die seinen Sturz betrieb. Am 15. April nötigte die OHL «ohne jedes Augenmaß» den Reichskanzler, der die «vollendete Hilflosigkeit» verkörpere, zu einer Vereinbarung über ein riesiges Kriegszielprogramm. Im Namen der Alldeutschen, ja des Rechtsblocks überhaupt, fuhr General v. Gebsattel wenig später in aller Öffentlichkeit schweres Geschütz auf, als er vor einem Bethmann Hollweg unterstellten Verzicht auf die maximalen Kriegsziele warnte: «Es wäre der verhängnisvollste politische Fehler, der gemacht werden könnte, und seine nächste Folge wäre die Revolution.» Denn die Kriegsteilnehmer erwarteten aus dem Expansionsgewinn einen «Lohn» und die Deckung aller Kriegsschulden. Andernfalls werde eine «ungeheure Enttäuschung und Erbitterung... das Ergebnis sein», das «Volk wird sich erheben. Die Monarchie wird... gestürzt werden, damit wird das Schicksal unseres Volkes besiegelt sein.» Der «Haß gegen Bethmann Hollweg», konstatierte daraufhin Oberst Mertz v. Quirnheim bestürzt, sei «ein so tiefgehender», «daß er keinerlei Grenzen mehr kennt. Man sollte glauben, daß man es... mit dem niederträchtigsten Staatsverbrecher zu tun hat.»

Nicht nur wurde Bethmann Hollweg zum Opponenten der sozialimperialistischen Kriegsziele stilisiert, vielmehr schob ihm die OHL im Juni 1917 auch die eigentliche Verantwortung für den bedrohlichen Zustand der «Heimatfront» zu, von der doch letztlich der militärische Erfolg abhänge. Die Friedenssehnsucht, die sich dort ausbreite, stelle, klagte das Große Hauptquartier, eine «erhebliche Gefahr» dar, denn die Alliierten erhofften sich den deutschen Zusammenbruch als Folge der «Uneinigkeit, Unzufriedenheit und des Siegs der radikalen Sozialdemokratie». Das war erneut die Vorwegnahme der Dolchstoßlegende, um den Reichskanzler endgültig zu diskreditieren.

In dieser Situation bot ihm die MSPD, alle Skrupel und Ängste vor dem Traditionsbruch hintanstellend, die Unterstützung durch eine Mitte-Links-Mehrheit im Reichstag an. Sie traf jedoch auf seine Ablehnung, obwohl sich Bethmann Hollweg schon im Dezember 1915 über die SPD und die Fortschrittspartei auffällig positiv geäußert hatte und bis zum November 1916, wie er vertraulich gestand, zu der quälenden Einsicht gelangt war, daß «eine wirklich entschiedene Politik mit einer vernünftigen auswärtigen Linie nur mit der Linken... machbar» sei. Vor dieser Kooperation scheute er aber «wegen Kaiser, preußischem Beamtentum, Militär und Marine», im Grunde auch wegen der unausweichlichen Veränderungen der Bismarckschen Reichsverfassung zurück. «Letzten Endes», war ihm klar, wäre «es doch eine Revolution, die sich die Regierung in Formen der Evolution zu machen anschickte, und dabei werden die Späne nur so fliegen.» Vergeblich drängte ihn Riezler, «jetzt die tragfähige Linke zu zimmern»; vielleicht könne man nach militärischen Erfolgen das gleiche Wahlrecht doch noch konzedieren. Alle Vorschläge prallten an der Lethargie und den politischen Bedenken des Reichskanzlers ab.

Bethmann Hollweg fehlte die persönliche Willenskraft und die kämpferische Disposition, um derart das Ruder herumzureißen. Die Notwendigkeit von tiefgreifenden Reformen sah er gewissermaßen abstrakt ein. Auch verschloß er sich nicht der Erwägung, daß «Halbheiten» die Monarchie aufs Spiel setzten, daß «ein ‹zu spät› oder ‹zu wenig› verhängnisvoll werden könnte». Dennoch blieb er bei seiner «Bündnisunwilligkeit», die wohl auch eine Bündnisunfähigkeit war. In der konkreten Situation wuchs sie sich zu einem «verfassungspolitischen Dilemma» aus. Es war nicht zuletzt seine ratlos zaudernde Unbeweglichkeit, die nicht nur die Kanzlerfronde, sondern auch die linke Opposition zum Handeln trieb.

Am 28. Juni forderten die MSPD und Teile der Linksliberalen endlich die «unausbleibliche Konsequenz» mit der «Einführung des parlamentarischen Systems» zu ziehen, andernfalls werde die Bewilligung der nächsten Kriegskredite verweigert werden. Dagegen opponierten Nationalliberale, Zentrum und Konservative mit kompromißloser Härte. Bethmann Hollweg bemühte sich, die zugespitzte Situation durch das betuliche Angebot zu entschärfen, daß er demnächst Parteipolitiker – so wie das Bismarck 1878 mit dem Nationalliberalen Bennigsen vorgehabt hatte – in die Regierung berufen werde. Verblüffend schnell gaben die Linksparteien nach, indem sie ein «Vertrauensmänner»-Gremium, mit dem sich die Reichsleitung beraten sollte, als «brauchbares Provisorium» akzeptierten; nicht einmal der Umstand, daß diesem Siebener-Ausschuß auch jeder Reformwilligkeit unverdächtige Konservative angehörten, ließ sie zögern. Der Linksliberale Friedrich v. Payer, der Initiator dieses wahrhaft imponierenden Machtorgans, sah darin sogar einen «Ersatz für die Parlamentarisierung». Vergeblich forderte dagegen der Sozialdemokrat Cohn/Reuß, daß «Reichskanzler und Staatsministerium ... von der Reichstagsmehrheit» abhängig sein müßten, «sonst gebe ich ... in bezug auf die Erklärung über das Kriegsziel für deren Wort keinen Pfifferling».

Kurz darauf vollzog Erzberger, jahrelang ein rabiater Annexionist, aufgrund einer realistischeren Lageanalyse seinen berühmten Schwenk, als er im «Hauptausschuß» des Reichstags eine dramatische Rede zugunsten eines Verhandlungsfriedens hielt. Scheidemann sprang ihm bei, und obwohl die Mehrheitsparteien ohne klares Konzept waren, zeichnete sich doch ihre Wunschvorstellung ab, den Reichstag zu einer Friedensresolution zu bewegen. Bethmann Hollwegs Reaktion war weder Fisch noch Fleisch. Ganz offensichtlich aber begannen Friedensfrage und innere Machtfrage in Gestalt der Parlamentarisierungsforderung, die für die Rechte seit jeher ein schrilles Alarmsignal bedeutet hatte, untrennbar zu verschmelzen. In diesem Augenblick führten Hindenburg und Ludendorff die Entscheidung herbei, indem sie – unwiderstehlicher Rammbock gegen des Kanzlers Stellung – ultimativ mit ihrem Rücktritt drohten. Ohne jeden Widerstand resignierte Bethmann Hollweg, am 13. Juli besiegelte sein Rücktrittsgesuch, daß der Kanzlersturz gelungen war. Bethmann habe «die Notwendigkeit der Umgestaltung des antiquierten Preußen-Deutschland» zwar eingesehen, urteilte das «Berliner Tageblatt» in seinem politischen Nachruf am nächsten Tag, «trotzdem fand er den Weg zur Tat nicht», «weil seine Politik des Versöhnens, des Hinauszögerns und der Entschlußlosigkeit schließlich keinen Ausweg mehr wußte.»

Selbst in dieser Krisensituation agierten die Mehrheitsparteien völlig konfus. Trotz des langen Vorspiels vermochten sie nicht einmal einen vorher ausgewählten Kanzlerkandidaten zu präsentieren. Zwar wurde ihre Friedensresolution am 19. Juli im Reichstag verabschiedet, von einem Verzicht auf deutsche Annexionen war darin aber wohlweislich noch nicht die Rede. Ludendorff wollte keinen Militär für das Kanzleramt präsentieren, «um den Anschein der Diktatur zu vermeiden». Doch der Haupteindruck jener Wochen, daß die OHL die Kanzlersuche dominiere, bestand zu Recht. Denn der farblose Staatssekretär Michaelis war einzig und allein ihr Kandidat, der dann als neuer Reichskanzler die Beamtenherrschaft, jetzt freilich am kurzen Gängelband der OHL, in reiner Form verkörperte. Unverzüglich wurde die Friedensresolution von dem neuen Mann an der Spitze durch seinen desavouierenden Kommentar «wie ich sie verstehe» entwertet. Daß der ewig taktierende Zentrumsabgeordnete Spahn und der rechtsreformistische Sozialdemokrat August Müller auf untergeordneten Posten in die Regierung einrückten, lähmte die Kritik ihrer Parteien, und im Hinblick auf den individuellen politischen Einfluß glich diese symbolische Geste einer reinen Augenwischerei. Auch Eberts Forderung im Reichstag, «jeder Tag, der das deutsche Volk früher von dieser Regierung befreit, wird von uns begrüßt werden», erwies sich als ein politisch folgenloser, hohler verbaler Akt.

Als Michaelis bereits nach einem kläglichen Vierteljahr als Statthalter verschlissen war, traf der Rücktritt ihres Kandidaten die 3. OHL wegen zahlreicher eigener Probleme in einem Zustand eng begrenzter Aktionsfähigkeit. Ihn nutzten die Mehrheitsparteien, als schließlich zur allgemeinen Überraschung der vierundsiebzigjährige Zentrumspolitiker Georg v. Hertling, Exponent des konservativen Flügels und als Münchener Ministerpräsident seit 1912 Symbolfigur des bayerischen Rechtsschwenks, als Nachfolgekandidat vortrat. Ludendorff zeigte seinen Widerwillen gegen den bayerischen Katholiken, hielt sich aber mit der OHL auffällig zurück, ja er wollte «sogar mit Eduard David als Minister einverstanden» sein, «wenn dadurch Ruhe hergestellt werde».

Ein glaubwürdiger Verfechter der Parlamentarisierungspolitik war der von ständestaatlich-autoritären Ideen beeinflußte Hertling genausowenig wie sein Vorgänger. Unwillig konzedierte er, daß der Reichstag vor seiner Amtsübernahme am 1. November erstmals «konsultiert» wurde. Immerhin wurden bei diesem Tauziehen der Linksliberale Payer anstelle des deutschkonservativen Scharfmachers Helfferich als «Vizekanzler», der linkskonservative Nationalliberale Robert Friedberg als Vizepräsident des Preußischen Staatsministeriums durchgesetzt. Gleichzeitig mußte sich Hertling mit einer Art von Wahlkapitulation widerstrebend abfinden: Er sollte als preußischer Ministerpräsident ein Wahlreformgesetz im Landtag einbringen und ihn, falls er es ablehne, sogar auflösen; außerdem sollte er ein Arbeitskammergesetz und die Aufhebung des §153 der Gewerbeordnung, der Streikbrecher schützte, durch den Reichstag steuern. Diese mit mürrischem Widerwillen, ganz unverhohlen contre cœur eingeräumten Zugeständnisse an die MSPD und FVP enthüllten eine Mischform der Reichsregierung, die jedoch von einem parlamentarischen System noch weit entfernt war.

Wie ernst Hertling die Verpflichtung gegenüber dem Reichstag nahm, zeigte sich unmittelbar nach Brest-Litowsk, als der Kanzler eilfertig erklärte, «wegen neuer Umstände» sei die Friedensresolution stillschweigend obsolet geworden. Da die FVP und das Zentrum, vom momentanen Erfolg geblendet, denselben Meinungsschwenk vollzogen und die Rechtsparteien ohnehin gegen die Entschließung opponiert hatten, blieben politische Sanktionen aus. Folgenlos verhallte Scheidemanns bitterer Vorwurf: «Ob der Reichstag in seiner Mehrheit als charakterfest sich zeigen wird oder ob wir vor der Geschichte als erbärmliche Puppen dastehen» werden, bleibe noch immer völlig offen.

Mit dem Arbeitskammergesetz, das er ohnehin matt betrieb, scheiterte Hertling kläglich am Widerstand der Industrielobby. Nur der umstrittene § 153 der Gewerbeordnung wurde trotz ihrer Opposition nach fast vier Kriegsjahren Ende Mai 1918 aufgehoben. Dieser blasse, verspätete Erfolg lenkt noch einmal auf einige andere Streitpunkte hin, welche die Reformschwäche des Kaiserreichs unterstreichen. In allen Fällen ging es um eine langlebige Diskriminierungspraxis, die unter den Kriegsbedingungen, der Beschwörung des «Burgfriedens» und der «Volksgemeinschaft» obsoleter denn je wirkte.

Unter dem Reichsvereinsgesetz zum Beispiel wurden alle Gewerkschaften wie politische Vereine behandelt, so daß Männer unter dem 18. Lebensjahr kein Mitglied werden, ja nicht einmal an Versammlungen teilnehmen durften. Verständlicherweise war diese Willkürregelung allen Gewerkschaften ein Dorn im Auge, da sie die organisatorische Anbindung der Jungarbeiter immens erschwerte. Selbst diese milde Reform als Belohnung für die bereitwillige gewerkschaftliche Kooperation wollte Bethmann Hollweg auf die Nachkriegszeit verschieben. Seit Anfang 1916 gab er dann dem hartnäckigen Drängen der Freien Gewerkschaften langsam nach, bis endlich ein halbes Jahr später die Novelle vom Juni 1916 die Gewerkschaften nicht mehr wie politische Vereine unter Kuratel stellte. Diese Entscheidung wurde von der Unternehmerschaft und den konservativen Parteien als eine bittere Niederlage empfunden, die der Radikalisierung neue Schleusen öffne. Tatsächlich trug sie aber bis zu den großen Massenstreiks zur Kanalisierung der Unruhe unter den jungen Proletariern bei. Wie nachtragend und argwöhnisch die Lobby weiterhin reagierte, läßt sich an ihrem vorn bereits erwähnten, noch zwei Jahre lang andauernden Widerstand gegen die Aufhebung des Streikbrecherschutzes ablesen.

Härter noch wurden Sozialdemokraten in der Armee und Marine diskriminiert. Vom Offizierkorps blieben sie in den Jahrzehnten vor 1914 vollständig ausgeschlossen. Daher begrüßte ein Anhänger des Reformpragmatismus wie SPD-MdR Eduard David im Februar 1915 den ersten sozialdemokratischen Leutnant im Heer mit unverhohlener Genugtuung. Trotz der enormen Verluste an Frontoffizieren blieb dieser Leutnant aber ein weißer Rabe in einer allmählich ein wenig vergrößerten Gesellschaft von mißtrauisch beobachteten Außenseitern, die notgedrungen in Offiziersstellen eingewiesen werden mußten. Eine formelle Distanzierung der Militärleitung von ihrer Stigmatisierungstradition gab es bis zuletzt nicht.

Als kränkend hatten auch die dreieinhalb Millionen Polen die radikale Einschränkung empfunden, der ihre Sprache seit dem Reichsvereinsgesetz im öffentlichen Leben unterlag. Denn sein sogenannter Sprachenparagraph ließ sie nur mehr zeitweilig in Bezirken zu, in denen die politisch manipulierte Nationalitätenstatistik mehr als 60 Prozent der Einheimischen als Polen auswies (Bd. III, 1010, 1070 f.). Trotz des entschiedenen Drängens der Linksparteien und der polnischen Reichstagsabgeordneten dauerte es bis zum April 1917, ehe diese Restriktion aufgehoben wurde – ein halbes Jahr nach der Gründung eines polnischen Satellitenstaats durch die Mittelmächte, die sich von dieser Konzession an das polnische Unabhängigkeitsstreben eine werbende Wirkung erhofft hatten, während im Reich die sprachliche Germanisierungspolitik zunächst ungeniert weiterverfolgt wurde.[3]

Das klassische Beispiel effektiver Reformblockade bleibt jedoch die Verteidigung des preußischen Dreiklassenwahlrechts. Unter den 443 Abgeordneten des Landtags dominierten die 120 Adligen, alle ausnahmslos, wie die große Mehrheit, Deutschkonservative. Bei der letzten Wahl war in einem Zehntel (2 214) der 22 749 Urwählerbezirke nur ein Wähler in der ersten Klasse gewesen, dasselbe hatte in 95 Bezirken selbst für die zweite Klasse zugetroffen. 139 städtische Abgeordnete vertraten ebenso viele Wähler wie die restlichen 304. Trotz solch einer krassen Ungleichheitsrepräsentation bildete sich ausgerechnet mit dem preußischen Landtag ein paradoxer Kryptoparlamentarismus heraus. Seine Macht «war in Preußen außerordentlich groß», beobachtete Staatssekretär v. Delbrück aus nächster Nähe: «Man konnte dort wohl der Sache nach von einem parlamentarischen Regime sprechen, da die Regierung in starker Abhängigkeit von der den Landtag dominierenden Konservativen Partei die Geschäfte nach deren Wünschen führte.» Selbstverständlich gab es die mit großen Konflikten verknüpften Ausnahmen von dieser Pauschalbehauptung, doch insgesamt traf sie den Kern der Machtverhältnisse.

Da die dritte Wählerklasse der Einkommensschwachen und mit ihr die SPD am härtesten benachteiligt wurden, kann es nicht verwundern, daß sozialdemokratische Abgeordnete bereits im August 1914 das heiße Eisen der Wahlrechtsreform anfaßten. Und seit dem Oktober verlangte der «Vorwärts»: «Das gleiche Wahlrecht für Preußen nach dem Kriege muß kommen.» In einer streng vertraulichen Denkschrift des Reichskanzleramts vom Dezember 1914 wurde die Reform in der Tat als «nationale Aufgabe» anerkannt. Wenig später bekam Scheidemann jedoch von Delbrück und Wahnschaffe zu hören, daß eine Abänderung im Krieg unmöglich sei. Fraktionschef Haase widersprach daraufhin im März 1915 im Reichstag mit dem grundsätzlichen Argument, daß das Reich dem Klassenwahlrecht keinen Raum mehr biete; obwohl der Reichstag staatsrechtlich nicht kompetent sei, gehöre die Erörterung einer derart wichtigen Materie, wie er zu

Recht insistierte, aus übergeordneten Gesichtspunkten auch auf das Forum dieses Parlaments. Anstatt in eine solche Debatte einzutreten, blockte der preußische Innenminister Friedrich Wilhelm v. Loebell, die Personifizierung der Intransigenz, jedes Entgegenkommen ab. Als er den Entwurf einer ersten Novelle, die im September 1915 als amtliches «Spielmaterial» zirkulierte, nicht verhindern konnte, bekam sie dank dem Einfluß seiner Rechtsexperten einen so unverhüllt antidemokratischen Charakter, daß das Urteil «nur vernichtend ausfallen» kann. Für den ungekrönten «König von Preußen», den DKP-Vorsitzenden Ernst v. Heydebrand und der Lasa, stand ohnehin noch im Januar 1916 außer «Frage, daß... die Gestalt unseres preußischen Abgeordnetenhauses eine den Bedürfnissen des Landes... fast ideal entsprechende ist». «Das ist der Gesinnungswahn, der Preußen heißt», höhnte Riezler. «Die Leute kommen über den Militärstaat und seine Allüren nicht hinaus.»

Zu eben dieser Zeit war es jedoch Bethmann Hollweg gelungen, den Kaiser mit dem Argument, daß eine atmosphärische Entspannung geboten sei, für die vage Ankündigung einer Wahlrechtsänderung zu gewinnen, die in der Thronrede vom Januar 1916 zum ersten Mal auftauchte. Doch vor dem Druck der mächtigen Koalition der Reformgegner, zu denen auch Kriegsminister Wild v. Hohenborn und die Dioskuren der 3. OHL gehörten – alle vereinte die Angst, daß jede Konzession sich als Verhängnis für die beati possidentes in Friedenszeiten erweisen werde –, wichen die beiden Initiatoren sogleich wieder zurück.

Mehr als ein Jahr voll anwachsender Kritik verstrich, bis des Trauerspiels letzter Akt begann. Als sich das Herrenhaus im Februar unter den ersten Gewitterwolken der Russischen Revolution erneut gegen jede Reform aussprach, wagte Bethmann Hollweg im Abgeordnetenhaus am 14. März einen blassen Widerspruch und legte am 5. April dem Staatsministerium sogar einen Gesetzentwurf vor, der das demokratische Wahlrecht für die Nachkriegszeit vorsah. Später rechtfertigte er sich gegenüber seinen konservativen Kritikern mit der allmählich gewonnenen Einsicht, «daß jede Reform des preußischen Wahlrechts, wenn sie einmal den Boden des Klassenwahlrechts verließ, mit dem gleichen Wahlrecht enden» mußte. Da er aber wieder einmal ohne das Sicherheitsnetz einer unterstützenden Koalition operierte, wich er beim ersten Widerstand, zumal dieser denkbar schroff ausfiel, kampflos zurück. Insgeheim klagte er damals zum einen, daß er sich, «wenn er nur stärker wäre», an die Spitze der Sozialdemokratie stellen und das gleiche Wahlrecht einführen würde; der geballten konservativen Opposition sei er jedoch nicht gewachsen. Zum andern aber führte sein sporadischer Machiavellismus doch dazu, daß er den Kaiser dazu brachte, in seiner Osterbotschaft vom 7. April verklausulierte Reformabsichten, die sogar auch auf das Herrenhaus zielten, für die Friedenszeit auszusprechen.

In dieser aufgeladenen Situation platzten die konträren Überzeugungen geradezu explosiv aufeinander. Ludendorff schleuderte dem verhaßten Kanzler den giftigen Vorwurf des «Kotaus vor der russischen Revolution» entgegen. Im Generalstab betrachtete man, diesen Eindruck gewann Mertz v. Quirnheim, Bethmanns Osterbotschaft «geradezu als die Tat eines Schurken». Das «Adelsblatt» sah in jeder Reform nur das Ziel, «das alte Preußen zu Grabe zu tragen». Im Herrenhaus verlangte der General a. D. v. Kleist: «Hände weg von dem alten Preußen», und sein ebenso erboster Mitstreiter Graf Roon forderte sinnigerweise die überfällige «Reform des Reichstagswahlrechts» anstelle des preußischen. Neues Wasser auf die Mühlen dieser borniertern Verteidigung lenkte der «Vorwärts» mit seinem Kommentar, daß sich «inzwischen» tatsächlich «eine ganze Kleinigkeit ereignet» habe: «Der Sieg der russischen Revolution.» «Wir verlangen», insistierte er, «die sofortige Beseitigung des Dreiklassenwahlrechts... besser noch heute als morgen.»

Trotz der kompromißlosen Opposition ließ Bethmann Hollweg mit der ihm manchmal eigenen Beharrlichkeit von seinem Kurs noch nicht ab, sondern warb am 5. Juni und 9. Juli im Kronrat um Unterstützung. Dabei plädierte er mit ungewohnter Offenheit, vielleicht auch, den herannahenden Sturz vor Augen, mit dem Mut der Verzweiflung, als er die «schreienden Ungerechtigkeiten» des Dreiklassenwahlrechts mit geradezu aufstachelnder Rhetorik anprangerte. Sie schmerzten heutzutage um so mehr, «wenn diejenigen, die... mit zerschossenen Gliedmaßen oder von Seiner Majestät durch das Eiserne Kreuz 1. Klasse ausgezeichnet, heimkehrten, ein geringeres Wahlrecht erhielten als diejenigen, die im Krieg nichts geleistet, sich aber vielleicht große Kriegsgewinne zu verschaffen verstanden hätten». Nach einer erregten Diskussion zeichnete sich zwar eine hauchdünne Mehrheit ab, aber ihr stand die starre Phalanx der preußischen Minister v. Loebell, v. Trott zu Solz, v. Schorlemer, v. Stein zusammen mit v. Capelle unbeeindruckt gegenüber. Sie beharrte auf ihrer Ablehnung mit dem dreifachen Einwand, daß das allgemeine Wahlrecht die kostbare Unabhängigkeit der Bürokratie zerstöre, die «Gebildeten» entmutige und die Linke fördere. Die Verteidigung der konservativ-adligen Privilegienbastion wurde nicht eigens thematisiert, sondern stillschweigend als nervus rerum vorausgesetzt. Immerhin gelang es Bethmann Hollweg noch, den Kaiser auf die Allerhöchste Ordre vom 11. Juli einzuschwören, daß das Staatsministerium möglichst schnell eine Wahlrechtsvorlage dem Landtag vorlegen solle. Dann aber überstürzten sich die Ereignisse, und zwei Tage später verließ der Kanzler seinen Amtssitz für immer.

Trotz aller Anstrengungen der Zensur ließ sich die öffentliche Diskussion nicht mehr eindämmen, noch ehe sich die Empörung im Landtag selber entlud. Erregt rief Friedrich Naumann dem Reichstagsplenum zu, daß es «keine irdische Gewalt geben» werde, «die hinter diesem Kriege der

Gleichheit des Todes eine Ungleichheit des Wahlrechts übrig lassen wird».
Dagegen beschwor v. Heydebrand und der Lasa noch einmal kühl die
Machtfrage im Sinne materieller Interessenwahrung, denn mit der Gleichstellung der Wähler werde «die ausschlaggebende Bedeutung der unterschiedslosen Massen» garantiert, «insbesondere der Handarbeiter der
großen Städte»; säßen erst einmal 120 Sozialdemokraten im Abgeordnetenhaus, legten die «Besitzlosen die Steuern fest und die Besitzenden müßten zahlen».

Keiner hat diesen konservativen Egoismus mit leidenschaftlicheren Worten angegriffen als Max Weber. Komme nicht hic et nunc die Wahlrechtsreform, fülle sich die erste und oft auch die zweite Klasse in den ersten Nachkriegswahlen mit den «ganz großen Kriegsgewinnmachern», während die «Masse der jetzt draußen liegenden Krieger..., die zuerst mit ihrem Blut den Staat erhalten» hätten, «zur politischen Ohnmacht verdammt» würde. «Das wäre an sich ein Skandal ohnegleichen. Aber es ist auch politisch ganz unmöglich», ein solches «Kriegsparvenüparlament in den Sattel zu setzen» und die «heimkehrenden Krieger einflußlos in der untersten Klasse» zu belassen, obwohl doch diese «Deklassierten» mit ihrem Blut jahrelang den Besitz der «Vorzugsklassen» verteidigt hätten. «Es gibt immerhin», mahnte Weber, «ein gewisses Mindestmaß von Schamgefühl und Anstandspflicht, welche auch in der Politik nicht unbestraft verletzt werden.» «Der letzte Mann aus dem letzten Schützengraben... wird bei der Heimkehr verlangen, daß seine Stimme gleichberechtigt bei dem Neubau in die Waagschale falle.» Da es trotz dieser «unabweislichen» Notwendigkeit der «inneren Neuordnung» aber «ganz unwahrscheinlich» bleibe, wie er realistisch prognostizierte, «daß das jetzige Klassenparlament freiwillig auf das Wahlprivileg verzichten» werde, müßte sich ein «Wahlrechtsnotgesetz des Reiches» über die sakrosankten Autonomieansprüche der preußischen Konservativen hinwegsetzen.

Vergebens auch dieses unwiderlegliche Plädoyer – das Abgeordnetenhaus votierte, nachdem schon der Ausschuß auf einem nur lächerlich modifizierten Dreiklassenwahlrecht bestanden hatte, am 5. Dezember 1917 mit 235 gegen 183 Stimmen gegen den Regierungsentwurf. Beschwingt durch illusionäre Siegeshoffnungen nach dem Ausscheiden Rußlands, «entscheidend» unterstützt durch die 3. OHL, beharrte es schlichtweg auf dem Status quo. Die vorgeschlagene Demokratisierung führe, drückte Oberst Bauer den konservativen Konsens unverbrämt aus, direkt in den Bolschewismus: «Wozu eigentlich alle diese Opfer jetzt, um schließlich im Juden- und Proletentum zu ersticken?»

Der «Vorwärts» rief zu Massendemonstrationen für das demokratische Wahlrecht auf. Daraufhin verlangte die OHL, daß die Zensur solche inflammatorischen Artikel verhindern solle. Während die Regierung Hertling noch zögerlich ihre Bedenken gegen derartige Nadelstiche geltend machte, zog Kriegsminister v. Stein kurzerhand einen Schlußstrich, indem er alle Wahlrechtsversammlungen als «Oberster Militärbefehlshaber» schlichtweg verbot. Die Berichte der Generalkommandos spiegeln freilich die brodelnde Unruhe in aller Deutlichkeit wider: Trotz der Ablehnung der Wahlreform werde ein demokratisches Wahlrecht bald erwartet. «Sähe sich die Bevölkerung in diesem Vertrauen letzten Endes getäuscht», wurden die Stimmungsberichte warnend zusammengefaßt, «so wären gefährliche Erschütterungen unseres politischen Lebens unausweichlich.» Ins Schwarze trafen die nachdenklich-nüchternen Überlegungen des bayerischen Kriegsministers über die «merkwürdige Tatsache, daß der oberste preußische Militärbefehlshaber mit den ihm durch den Krieg gegebenen Machtmitteln Bestrebungen unterdrücken will, die auf die Verwirklichung eines kaiserlichen Wahlversprechens gerichtet sind». Diese Intervention verletze das Versammlungsrecht, wirke als politische Zensur und deshalb parteiisch, vor allem aber müsse sie erfolglos bleiben, da «das Verlangen nach Einführung des allgemeinen Wahlrechts in Preußen... schon viel zu tief Wurzeln in der Bevölkerung gefaßt hat, als daß es mit solchen Gewaltmitteln noch auf längere Sicht unterdrückt werden könnte».

Trotz der leidenschaftlichen Erregung setzten sich die konservativen Ewiggestrigen mitsamt den Status-quo-Verfechtern in der Nationalliberalen Partei und im Zentrum bis zuletzt durch. Das Wahlreformgesetz vom 24. Oktober 1918 trat nicht mehr in Kraft. Resigniert hatte Bethmann Hollweg im Juni 1916 die «Unmöglichkeit, Ostelbien zu ändern», konstatiert, jeder Reformanlauf werde vereitelt, so daß nur ein Schluß übrigbleibe: es «muß gebrochen werden, untergehen».[4]

4. Die Legitimationskrise:
von der Niederlage über die Oktoberreform zur Novemberrevolution

Ende September 1918 schürzte sich der Knoten vor den endgültigen Entscheidungen. Seit dem 25. September prallte die dritte alliierte Offensive, jetzt auch von frischen amerikanischen Verbänden vorangetragen, gegen die deutschen Stellungen. Bulgarien verlangte am selben Tag einen Waffenstillstand, womit die Verbindung zum Osmanischen Reich bedroht wurde, und Rumänien drohte mit seinem Kriegseintritt, der die von seinen Öllieferungen vital abhängigen Mittelmächte in eine fatale Energiekrise stürzen mußte. Der Zeithorizont, innerhalb dessen die deutschen Führungsgremien irreversible Entscheidungen zu treffen hatten, schrumpfte von Tag zu Tag.

Obwohl sie in einem engen systemischen Zusammenhang stehen, empfiehlt es sich aus Gründen der analytischen Klarheit, vier Handlungsebenen zu unterscheiden, auf denen sich diese Entscheidungen anbahnten und schließlich gefällt wurden oder sich als anonyme Prozesse durchsetzten. Dabei geht es erstens um die 3. OHL in dem belgischen Städtchen Spa; zu ihrem Großen Hauptquartier sollte in diesen Tagen auch noch Wilhelm II. stoßen; zweitens um die Reichsregierung in Berlin, gelegentlich auch um die Mehrheitsparteien und um den Reichstag; drittens um die Marineleitung mit ihrer, wie sich bald herausstellte, verhängnisvoll angemaßten Entscheidungskompetenz und viertens um das zerbröselnde Feldheer an der Westfront.

Unter dem gesteigerten Überwältigungsdruck der alliierten Kriegsführung gingen aus der Interaktion der Einzelentscheidungen auf diesen Ebenen jene Weichenstellungen hervor, deren Folgen die letale Legitimationskrise des Kaiserreichs enthüllten und binnen kurzem zu seinem Untergang führten.

Am 26. September hielt es die OHL endlich für unvermeidbar, Hintze und anschließend erst die Regierung über das militärische Debakel aufzuklären. Da Ludendorff selber die Wahrheit nicht aussprechen wollte, ließ er durch hohe Stabsoffiziere die Forderung nach unverzüglich einzuleitenden Waffenstillstandsverhandlungen auf der Basis von Wilsons Friedensprogramm übermitteln. Der Generalquartiermeister gab sich zum einen noch der Illusion hin, die Front während der bevorstehenden Gespräche weiter halten zu können. Sein Ziel blieb es, «der Armee die Schmach und Katastrophe einer Niederlage und der damit unweigerlich verbundenen Auflösung der Disziplin zu ersparen».

Zum andern konnte er jedoch seine tiefe Besorgnis nicht mehr verhehlen, daß die «Armee schwer verseucht» sei «durch das Gift spartakistischer und sozialistischer Ideen. Auf die Truppen» sei, gestand er, «kein Verlaß mehr». Deshalb könne jetzt den Alliierten, vor allem den amerikanischen Divisionen, «ein großer Sieg, ein Durchbruch in ganz großem Stil, gelingen. Das Westheer werde dann zurückfluten und die Revolution nach Deutschland tragen. Diese Katastrophe muß unbedingt vermieden werden». Allerdings könne die Eröffnung der Waffenstillstandsverhandlungen, argwöhnte er, auch das «Signal zur allgemeinen Rebellion» in der Heimat werden. Auf jeden Fall müsse den «linksstehenden Parteien das Odium dieses Friedensschlusses» angeheftet werden.

Um die Verantwortung effektiv abwälzen zu können, erwies sich die Parlamentarisierung der Reichsregierung auch nach der Auffassung der OHL als schlechterdings unabweisbar. Reichskanzler Hertling zögerte jedoch, da er zuerst eine neue Regierung auf der «breitesten nationalen Grundlage» bilden wollte. Soeben hatte er aber noch dem preußischen Staatsministerium versprochen (27.9.), daß er fest entschlossen sei, «weitere Konzessionen nach links nicht zu machen». Als überzeugter Monarchist wollte er jeden entschiedenen «Ruck nach links» verhindern. Nach der derart eingeschränkten Umbildung seines Kabinetts, das weiterhin Sozialdemokraten ausschließen sollte, beabsichtigte er, einen günstigen Zeitpunkt für das Waffenstillstandsgesuch abzuwarten. Mit seiner blauäugigen Taktik scheiterte er innerhalb von drei Tagen. Von den Mehrheitsparteien und vom Monarchen im Stich gelassen, mußte er am 28. September seinen Abschied nehmen.

Ludendorff wiederholte am 29. September seine Forderung nach einem sofortigen Waffenstillstand. Bei einer internen Stabsbesprechung verband er erneut den Ruf nach der unumgänglichen Parlamentarisierung mit der ebenso offenherzig wie zynisch geäußerten Absicht, damit in letzter Minute die Schuld am Ausgang des Krieges den Linksparteien aufzubürden. Diese Intention war auch außerhalb des Großen Hauptquartiers leicht zu durchschauen. Staatssekretär Solf lamentierte bitter, daß die OHL «die Verantwortlichkeit zu verschieben» trachte. Und auch ein «Insider» wie General Groener konstatierte in unzweideutigen Worten: «Die Heeresleitung stellte sich bewußt auf den Standpunkt, die Verantwortung für den Waffenstillstand und alle späteren Schritte von sich zu weisen.» Vergebens drängte sein früherer Berater Robert Merton dringend darauf, die OHL dennoch zu zwingen, «ihre eigene Suppe auszulöffeln».

Trotz der Einsicht in seine wachsende Ohnmacht trumpfte Ludendorff jedoch noch immer auf. Falls der Gegner «ungünstige» Bedingungen stelle, müsse der Krieg, schwadronierte er, selbstverständlich fortgesetzt werden, notfalls bis hin zur «Katastrophe». Diesen Kamikazekurs gebiete die «soldatische Ehre». Die schizophrenen Züge von Ludendorffs konfligierenden Postulaten lösten bei Vizekanzler Payer endlich einmal energischen Widerspruch aus: Ein geschlagener Feldherr habe nicht das Recht, opponierte er, seine Niederlage mit einem «Todesritt» abzuschließen. «Ein Volk von 70 Millionen kann die Entscheidung über Leben und Tod nicht nach dem Ehrbegriff eines einzelnen Standes treffen.» Riezler zog eine weiter ausholende düstere Konsequenz: «Sklaverei auf 100 Jahre. Der Welttraum zu Ende auf immer. Das Ende jeder Hybris.» Im fernen Sewastopol stimmte Vizeadmiral Albert Hopmann zu: «Was Deutschland in den letzten drei Jahrzehnten gesündigt hat, muß es büßen... Wir haben nur gespielt wie Kinder in Illusionen und Selbsttäuschung.» Angesichts der offenen Kanzlerkrise ordnete der Kaiser am 30. September die Umbildung der Regierung an. Hinter der Fassade dieses formalen staatsrechtlichen Vorgangs lief die letzte preußische «Revolution von oben» ab, die in diesen Tagen von Staatssekretär Hintze, dem Vertrauensmann der OHL in Berlin, mit seinem heftigen Parlamentarisierungsdruck betrieben wurde. «Die Revolution von oben» sei für ihn und seine Auftraggeber das «Mittel» gewesen, gestand er freimütig, «der Revolution von unten vorzubeugen», denn «von oben in Szene gesetzt, sollte sie einen Übergang bilden, die Umstellung von Sieg auf Niederlage tragbar machen» – «das sollte ihre palliative Wirkung sein». Ihr Hauptziel bildete in jenen Tagen noch die Rettung der Monarchie. Aber

4. Die Legitimationskrise

auch für den Fall, daß diese Anstrengung scheiterte, war doch «die Belastung von mehr Schultern mit der Verantwortung für den Ausgang des Krieges erreicht».

Hinter diesem taktischen Ablenkungskalkül stand in der OHL und dem Kreis um Hintze die strategische Absicht, die von den Umständen abgenötigte parlamentarische Monarchie möglichst nur als Übergangsstadium zu konzedieren, nach dem man sobald wie möglich zu den alten Herrschaftsverhältnissen zurückkehren wollte. Unter den hohen Stabsoffizieren der OHL, den «radikalen Obristen», hörte der bayerische Militärbevollmächtigte damals oft das hämische Urteil, «daß die linksstehenden Parteien das Odium dieses Friedensschlusses auf sich nehmen müssen. Der Sturm der Entrüstung wird sich dann gegen diese kehren. Später hofft man dann, sich wieder in den Sattel zu schwingen und nach dem alten Rezept weiterzuregieren.» Und ein anderer süddeutscher Verbindungsoffizier berichtete mit einem Unterton spürbarer Verwunderung aus derselben Umgebung über die Vorstellung, welche «die preußischen Herrn» von der «parlamentarischen Regierung» hätten: «Sie sehen fast alle in der Demokratisierung das größte Unglück, das uns überhaupt hätte treffen können. Ein demokratisches Preußen ist für sie überhaupt kein Preußen mehr. Manche scheinen zu hoffen, daß sich doch noch einmal die Möglichkeit bieten könnte, den bisherigen Zustand durch einen Gewaltakt wiederherzustellen.» Diese Zielvorstellung wirke um so verlockender, als «nach ihrer Anschauung... uns nur die Ablehnung der Militärforderungen durch die Linksparteien des Reichstags und die Haltung dieser Parteien während des Krieges ins Unglück gestürzt» hätten.

Das Ablenkungskalkül der in ihrem Selbstbewußtsein tief getroffenen politisierenden Offiziere, deren prominentester Repräsentant Ludendorff war, ist eins. Die Unfähigkeit der Mehrheitsparteien, aus ihren Reihen unverzüglich einen Kanzlerkandidaten zu präsentieren, ist etwas ganz anderes. Auf jeden Fall verrät sie alles andere als den zielstrebigen Drang nach der Machtausdehnung des Reichstags mit dem Ziel der Parlamentarisierung. Obwohl mit der Hertling-Krise erneut ein politisches Vakuum entstanden war, erwiesen sich sowohl die Führungsgremien der Parteien als auch die beiden wichtigsten Gremien des Reichstags, der Interfraktionelle Ausschuß und der Hauptausschuß, noch immer als völlig außerstande, einen konsensfähigen Kandidaten ausfindig zu machen.

In diesem Zustand machtpolitischer Instinktlosigkeit gelang es einigen süddeutschen Liberalen um Conrad Haußmann, unterstützt von dem sozialdemokratischen Rechtsaußen Eduard David, den bis dahin politisch fast unbekannten Prinzen Max von Baden erfolgreich zu lancieren. Auch Hintze schwenkte auf ihn mit der famosen Begründung ein, daß der Prinz bekanntlich gegen die Friedensresolution von 1917 opponiert habe, kein Befürworter der «westlichen Parlamentarisierung» sei, wohl aber unentwegt für die «Solidarität der Fürsten» und die spezifisch «deutsche Freiheit» eintrete. Gegen die vage Zusage, sich mit ihren programmatischen Vorstellungen anzufreunden, überließen die Anführer der Mehrheitsparteien dem Prinzen sogar die Auswahl seiner Minister. Ihre Entscheidungsschwäche eröffnete dem Kaiser die Chance, noch einmal sein «traditionelles Prärogativrecht wahrzunehmen», indem er als den Mann seines Vertrauens den Prinzen Max zum Reichskanzler ernannte. Zwar wurden einige Parteipolitiker in die Regierung des Reichs und Preußens aufgenommen. Aber vier gravierende Fehler der Mehrheitsparteien waren, nachdem sie auf eine sorgfältig formulierte Wahlkapitulation fahrlässig verzichtet hatten, so schnell nicht wieder gutzumachen.

1. Es war grundfalsch, in dieser zugespitzten Entscheidungssituation einen Reichskanzler zu akzeptieren, der vorher keine Mehrheit im Parlament gefunden hatte.

2. An die Zustimmung zu seiner Ernennung war keine Zusage über eine Veränderung der Reichsverfassung gebunden worden, die fortab das parlamentarische Regime sichergestellt hätte.

3. Es gab keine bindende Vereinbarung hinsichtlich der brennenden Frage der preußischen Wahlrechtsreform.

4. Und schließlich wurde keine Systemveränderung im Herrschaftsapparat durchgesetzt. Alle Beamten und Militärs blieben, wie umstritten sie auch sein mochten, weiter im Amt. An den Reichsbehörden, an der gesamten lokalen und regionalen bürokratischen Infrastruktur änderte sich gar nichts.

Den Zielvorstellungen der – wie Groener sich ausdrückte – Schritt für Schritt «von Hintze durchgeführten Parlamentarisierung» kam freilich dieser «scheinparlamentarische Konstitutionalismus» durchaus entgegen. Erst am 2. Oktober informierte die OHL die Parteien über die hereinbrechende militärische Niederlage mit dem Ergebnis, daß dieser offenherzige Bericht einen Verstörungsschock auslöste. Jedermann unter den Zuhörern fühlte sich getäuscht. Hatte Scheidemann ein Vierteljahr vorher im Reichstag noch einsam gegen den «Lügenkram» des «Militärabsolutismus» gewettert, fand eine solche Kritik jetzt offenere Ohren, veränderte indes nichts an der tiefen Verwirrung der Abgeordneten. Zufrieden konstatierte Hintze, daß sich die militärische Misere «als stärkstes Druckmittel gegenüber unsinnigen und anspruchsvollen Parteien» verwenden lasse.

Diese Hebelwirkung erwies sich im Nu auch in jener Hinsicht als so effektiv, daß der neue Reichskanzler zwar auf der ersten Sitzung seines Kabinetts am 3. Oktober, dem nun erstmals sozialdemokratische Staatssekretäre angehörten, gegen Ludendorffs «hastiges Ersuchen», um einen Waffenstillstand zu bitten, lebhaft protestierte, weil «dieser Schritt» offensichtlich «einer Kapitulation» gleichkomme. Dennoch beging er den fatalen Fehler, für dieses tatsächlich unleugbare Eingeständnis der Niederlage die politische Verantwortung zu übernehmen, da er bereits am folgenden Tag das verlangte Gesuch an die Entente abschickte. Es nützte nichts mehr, daß er nachher geradezu beschwörend für sich notierte, «für diesen Schritt» trage «die OHL ebenso wie für seine Folgen die Verantwortung».

Nach außen hin verkündete der neue Kanzler freilich weiterhin schneidige Durchhalteparolen. So drohte er etwa am 5. Oktober im Parlament, daß das Reich zum «Endkampf auf Leben und Tod bereit» sei, falls vom Gegner «vernichtende» Bedingungen diktiert würden. Zu diesem Zeitpunkt reichte die Versorgung des Westheeres, dem diese Verzweiflungstat zugemutet werden sollte, nicht einmal mehr acht Tage lang für den Rückmarsch aus.

Dennoch eröffnete die OHL einen letzten Propagandafeldzug für einen «ehrenhaften Frieden», dessentwegen der Kampf «bis zum äußersten» fortgeführt werden müsse. In der Regierung argwöhnte man zu Recht, daß harte Bedingungen zu erwarten seien. Denn «daß wir im umgekehrten Fall auch die höchsten Kriegziele aufgestellt hätten», erschien Solf als bare Selbstverständlichkeit.

Wilsons Antwort vom 14. Oktober gab einen Vorgeschmack von den Konditionen, die jetzt zu erwarten waren, denn der Präsident bestand darauf, daß zuerst einmal die militaristische Struktur der Reichsverfassung beseitigt werden müsse. Den Beginn von Verhandlungen hielt er im Ungewissen, solange Wilhelm II. an der Spitze des Reiches stand. Der Duktus der amerikanischen Antwortnote kam fast einer «Aufforderung zum revolutionären Handeln» durch die Reichsregierung gleich. Trotz aller Eindämmungsversuche der Zensurbehörden nahm seither der Ruf nach der Abdankung des Kaisers zu. Gleichzeitig formierte sich aber auch eine politisch-militärische «Einheitsfront» gegen das gefürchtete «Friedensdiktat» und einen demütigenden «Schandfrieden».

Im Gefolge dieser Wilson-Note kam es am 17. Oktober, nachdem Hindenburg und Ludendorff eigens angereist waren, zu einer erhitzten Kontroverse in Berlin. Die OHL überhäufte die Regierung nicht nur mit Vorwürfen gegen das Versagen der «Heimatfront», sondern behielt sich auch explizit die Eröffnung neuer Kriegshandlungen vor. Am selben Tag unternahm Tirpitz, ein letztes Aufbäumen des radikalnationalistischen Lagers, noch einmal einen Anlauf, um den Prinzen Max, die OHL und einige Parteiführer von den Vorzügen einer Kriegsdiktatur zu überzeugen, scheiterte aber ebenso, wie das einige Tage zuvor Oberst Bauer widerfahren war, der den politisch völlig farblosen Admiral Scheer als aussichtsreichsten Kandidaten ausgespäht hatte.

Ungeachtet des tiefen Schattens, den der unmittelbar bevorstehende Verlust des Krieges warf, trafen sich am 19. Oktober zahlreiche Industrielle und Werftbesitzer mit hohen Militärs auf einer großen Konferenz, die das sogenannte «Scheer-Programm» billigte. Der Chef der Hochseeflotte hatte den Plan eines gigantischen Bauprogramms für U-Boote entwickelt, da trotz der deprimierenden Lage an der Westfront der Krieg zur See, wie er mit borniertel Unbefangenheit verkündete, weitergehen werde. Am 21. Oktober sagte Ludendorff nicht nur seine tatkräftige Unterstützung zu. Vielmehr ordnete er auch unverzüglich die Zurückstellung der zusätzlich benötigten Arbeitskräfte vom Heeresdienst an. Deshalb war es nur folgerichtig, daß die OHL am selben Tag in scharfen Worten gegen die von der Reichsregierung angeordnete Einstellung des U-Bootkrieges protestierte. Ihre Realitätsferne verriet, daß insbesondere Ludendorff in den zwei Jahren seit der Debatte über das Hilfsdienstgesetz und trotz seiner weithin enttäuschenden Auswirkungen buchstäblich nichts dazugelernt hatte.

Das decouvrierende deutsche Waffenstillstandsgesuch bot den Alliierten in der Tat jede Möglichkeit, Grundlinien des künftigen Friedensvertrags frühzeitig festzulegen. Das enthüllte die dritte Wilson-Note vom 23. Oktober, die sich mit einer Verfassungsänderung nicht mehr zufriedengab. Sie band die Aufnahme der Verhandlungen an eine Kapitulation ohne Bedingungen, verlangte die Abschaffung der Monarchie, faktisch also die sofortige Abdankung des Kaisers, und den Verzicht auf alle militärischen Sonderrechte. Die alliierte Blockade dagegen wurde in vollem Umfang aufrechterhalten.

Die deutschen Realpolitiker, vor wenigen Tagen noch in ihren exorbitanten Kriegszielillusionen gefangen, fühlten sich durch Wilson «verraten». Die OHL verlangte ultimativ den Abbruch aller Gespräche. Die Durchhaltepartei der Ewiggestrigen triumphierte. Die OHL-Dioskuren reisten wegen der Note sofort wieder nach Berlin. Am 24. Oktober schäumte Ludendorff gegen die «unerträgliche Demütigung». Hindenburg attackierte die alliierte Forderung nach «militärischer Kapitulation» als beleidigende Zumutung, die «den Widerstand mit äußersten Kräften» erzwinge. Beide versuchten, die Verhandlungen mit Wilson zu sabotieren.

Am selben Tag noch traf sich das Kriegskabinett, um das Verhalten der militärischen Spitze, aber auch um die inzwischen ausgearbeitete Verfassungsreform zu beraten. Der von Theodor Lewald im Reichsamt des Inneren ausgearbeitete Entwurf sah die Einführung einer Spielart der parlamentarischen Monarchie vor. Der Kaiser mußte auf einen Teil seiner Militärrechte verzichten und verlor die Alleinkompetenz, über Krieg und Frieden zu entscheiden. Der Reichskanzler bedurfte des Vertrauens des Parlaments. Auf das Drängen des Interfraktionellen Ausschusses hin hatte das Reformvorhaben jedoch noch erweitert werden sollen, um die Reichsverfassung in Richtung auf den Parlamentarismus hin entschlossener umzubauen. So sollte etwa die Verantwortlichkeit des Reichskanzlers genauer fixiert, das Militär der Zivilgewalt uneingeschränkt unterstellt werden.

Der letzte, am 24. Oktober für beschlußfähig erklärte Entwurf wies je-

4. Die Legitimationskrise

doch, gemessen an dieser Zielvorstellung, gravierende Mängel auf. Die SPD hatte sich wieder einmal wichtige Forderungen abhandeln lassen. Das präzise Ausmaß der Parlamentarisierung blieb offen. Vorerst wurde sie reduziert auf die Berufung von Regierungsmitgliedern aus dem Reichstag. Noch immer konnte der Reichskanzler außerhalb des Parlaments gewählt werden. Ein Zeitpunkt für die Reform des Wahlrechts in Preußen und in anderen Bundesstaaten wurde noch immer nicht fixiert, und auch eine Distanzierung von den Diktatfriedensschlüssen zu Brest-Litowsk, Berlin und Bukarest kam nicht zustande.

Die ominöse feudalrechtliche «Kommandogewalt» des Monarchen wurde nicht angetastet, nur die politisch-finanziellen Militärentscheidungen wurden dem Reichskanzler und Reichstag übertragen. Der Generalstab und die OHL blieben von jeder politischen Kontrolle exempt, und ein Verfassungseid war für die Streitkräfte ohnehin nicht vorgesehen. Diese Einschränkungen waren ein direktes Ergebnis der vehementen Opposition des preußischen Kriegsministers Heinrich Scheüch, der unverhüllt mit seinem Rücktritt und dem darauf folgenden Wirrwarr in den Militärbehörden für den Fall gedroht hatte, daß die weitergehenden Vorschläge des Interfraktionellen Ausschusses angenommen würden. Sowohl die Mitglieder des Ausschusses als auch des Kabinetts kuschten erneut vor der Drohgebärde. Sie fanden sich mit der reduzierten Verfassungsreform ab und leiteten diese Vorlage noch am 24. Oktober in höchster Eile an den Reichstag weiter. Entschuldigend beschwor Scheidemann die Zeitnot: «Wenn die Dinge sich nicht schnell umgestalten, geht alles über unsern Kopf.» Das traf in der konkreten Situation einen richtigen Punkt. Aber wegen der jetzt gefällten Entscheidungen waren eine «arbeitsfähige parlamentarische Regierung und eine funktionierende zivile Kontrolle» des Militärwesens von vornherein äußerst zweifelhaft.

Außerdem begegnete die Ernsthaftigkeit des Reformwillens wachsenden Zweifeln in der deutschen Öffentlichkeit, da der Kaiser als Symbol des Militärstaats und Ludendorff als Verfechter des «guerre à outrance» weiterhin im Amt blieben. Trotz seines verantwortungslosen Auftrumpfens zögerte das Kabinett sogar jetzt noch, als die angemessene Reaktion auf Ludendorffs Auftritt zur Debatte stand. Zuerst war es allein der Reichskanzler, der auf dem Rücktritt des Generals insistierte. Gegen alle ängstlichen Bedenken setzte er sich schließlich durch. Das war die wichtigste politische Leistung, die der Prinz Max von Baden in seinem Amt je vollbracht hat.

Unverzüglich stellte er Wilhelm II. vor die Entscheidung, die OHL oder seinen Kanzler zu entlassen. Als unausgesprochene Alternative insinuierte er freilich die Verabschiedung der beiden Militärs oder den Rücktritt des Monarchen selber. Als es daraufhin am 26. Oktober zu einer dramatischen Auseinandersetzung mit dem Kaiser kam, mußte Ludendorff seinen Abschied nehmen. Nur fünf Tage nach dem letzten Beweis seiner Großmannssucht, dem «Scheer-Programm», wurde er gestürzt und floh, während seine Durchhalteparolen in Berlin noch nachhallten, incognito, unter blauer Brille, nach Schweden. Groener wurde als sein Nachfolger aus der Ukraine herbeitelegraphiert. Hindenburg dagegen behielt, vornehmlich aus dem symbolpolitischen Grund, daß sein Autoritätsnimbus in der Existenzkrise des Staates verwertet werden sollte, weiterhin seine exponierte Stellung. Der Kaiser selber machte bei dem Zusammenstoß einen denkbar wirren Eindruck, denn er faselte davon, daß er sich mit Hilfe seiner Soldaten und «der Sozialdemokraten ein neues Reich aufbauen» werde. Offenbar träumte er allen Ernstes davon, ausgerechnet in dem besiegten Heer und der diskriminierten Linkspartei zwei fabelhaft stabile Stützen für die Erhaltung seiner Spitzenposition finden zu können.

Am selben Tag, am 26. Oktober, wurde das Reformpaket im Reichstag diskutiert und bereits verabschiedet. Die Veränderungen der Bismarckschen Reichsverfassung traten am 28. Oktober in Kraft. Hintzes «Revolution von oben» schien vollendet, die parlamentarische Monarchie etabliert, die Abwälzung der Verantwortung auf die Mehrheitsparteien gelungen. Zu den «Vätern der Reform» gehörte an erster Stelle die OHL mit Hintze als ihrem verlängerten Arm, an zweiter Stelle Wilson mit seinem politischen Druck auf Berlin und ganz zuletzt die Reichstagsmehrheit, die «aus eigener Kraft» überhaupt nicht in der Lage gewesen wäre, die Reform so schnell, zu diesem Zeitpunkt und in diesem Umfang durchzusetzen. Skeptisch urteilte überdies Scheidemann abends im Kabinett, keiner werde glauben, daß auch der Kaiser die Reform gewollt habe. In der Tat mußte ein Mann wie Wilhelm II. mit seiner abschreckenden dreißigjährigen Vorgeschichte in der Stellung eines parlamentarischen Monarchen zutiefst unglaubwürdig wirken. Im Nu stellte sich dann auch heraus, daß die Oktoberreform nur ein äußerst kurzlebiger Pyrrhussieg war. Das Experiment scheiterte innerhalb von drei Tagen, «weil Krone und Militärgewalt sich im entscheidenden Augenblick der Kontrolle der parlamentarischen Regierung entzogen».

Seit diesem 26. Oktober begannen die Ereignisse sich zu überstürzen. Österreich-Ungarn bat die Alliierten um einen Waffenstillstand ohne Vorbedingungen, wenige Stunden später sogar um einen Separatfrieden. Wegen des Zusammenbruchs der Habsburgermonarchie zeichnete sich erstmals eine direkte militärische Bedrohung der deutschen Südgrenze ab. Mit der Billigung der Reichsregierung, die der OHL selbst jetzt noch eine halbe Million neuer Soldaten versprach, wurden Hunderttausende von Männern einberufen: alle irgendwie tauglichen Angehörigen des Jahrgangs 1900, zurückgestellte Industriearbeiter und alle garnisonsfähigen Männer bis zum 41. Lebensjahr. Einen schwerer wiegenden Fehler konnte die Regierung kaum in dem Bestreben begehen, die Militärs in Spa bei der Stange zu

4. Die Legitimationskrise

halten. Denn diese Maßnahme nährte in Windeseile den ohnehin schwelenden Verdacht noch weiter, daß auf jeden Fall – vielleicht sogar nur wegen der Renitenz des Kaisers? – auf unabsehbare Zeit weitergekämpft werden müsse.

Bei der Einberufung blieb es nicht. Da die Verhandlungen mit den Alliierten wegen ihrer harten Bedingungen offensichtlich zu keinem akzeptablen Ergebnis führen könnten, forderte das Kriegsministerium öffentlich den «Einsatz aller Kräfte für den bevorstehenden Endkampf». Diese makabre Stimmungsmache wurde von der OHL sogar noch übertroffen. Ohne Abstimmung mit der politischen Spitze in Berlin gab sie eigenmächtig einen Armeebefehl heraus, der die Kapitulation für «unannehmbar» erklärte. «Für uns Soldaten heißt das», appellierte sie an das Heer, den Widerstand «mit äußersten Kräften» fortzusetzen. Auf diesen Akt offener Insubordination reagierte die Reichsregierung mit einem geharnischten Protest, der immerhin erreichte, daß der Befehl widerwillig zurückgezogen wurde. Alle diese ominösen Vorgänge wirkten in ihrer Gesamtheit jedoch so, als ob das Kriegsende von der politisch-militärischen Spitze überhaupt noch nicht ernsthaft ins Auge gefaßt würde.

Am 29. Oktober jagte eine fatale Entscheidung die andere. Gegen den ausdrücklichen Rat des Reichskanzlers floh der Kaiser vor den anschwellenden Abdankungsforderungen nach Spa zur OHL. Das Entscheidungszentrum in Berlin wurde dadurch fraglos geschwächt, das Konkurrenzzentrum um die OHL dagegen, mußte es scheinen, momentan aufgewertet. Am selben Tag gab die Seekriegsleitung ohne Wissen der Reichsregierung den Befehl, daß sich die gesamte Hochseeflotte zum Auslaufen gegen die englische «Home Fleet» fertig machen solle. Was bedeuteten diese beiden fatalen Entscheidungen? Wie waren sie zustande gekommen? Welche Motive lagen ihnen zugrunde?[5]

Wilsons unnachgiebige Forderung vom 23. Oktober vor Augen bat Max von Baden drei Hofleute, den Reichsmonarchen zum Rücktritt zu bewegen. Hofprediger Dryander und Hausminister Graf Eulenburg lehnten das Ansinnen empört ab, General v. Chelius vollzog vor dem Kaiser in Potsdam einen Meinungsschwenk um 180 Grad. Wilhelm zeigte sich erbittert über die Verfassungsreform, auch über das Verhalten des Reichskanzlers ihm gegenüber. Am 29. erfuhr Prinz Max, daß Wilhelm im Begriff sei, nach Spa aufzubrechen. Über die beschwörende Warnung des Reichskanzlers setzte sich der Kaiser hinweg. Zweifellos war diese Abreise durch die OHL und hohe Militärs veranlaßt worden, ohne daß der Kanzler und Groener vorher informiert worden waren. Aller Wahrscheinlichkeit nach sind die vertraulichen Vorgespräche am 25./26. Oktober in Berlin geführt worden, als Hindenburg den Kaiser indirekt aufforderte, «er solle nach Spa kommen, schlimmstenfalls müsse er sich an die Spitze des 1. Garde-Regiments stellen». Der Mittelsmann des Generalstabschefs, der Hochkonservative

Friedrich v. Berg, war zwar am 9. Oktober als Chef des Zivilkabinetts durch Delbrück ersetzt worden, stand aber weiter in engem Kontakt mit dem Monarchen, an den er das Angebot weiterleitete.

Seit dem 26. Oktober war der Kaiser weiter unter Entscheidungsdruck gesetzt worden. Major Niemann, der OHL-Verbindungsoffizier am Hof, regte nachdrücklich die sofortige Abreise an. Gleichzeitig machte dort das Gerücht die Runde, daß Scheüch dem Chef des Militärkabinetts erregt eröffnet habe, «für die Sicherheit» des Monarchen in Potsdam «nicht mehr bürgen zu können». Vielleicht hat sich auch noch einmal Hindenburg selber oder einer der ominösen Obersten im Großen Hauptquartier telefonisch eingeschaltet, da dort gerade das Ondit die Runde machte, daß Anschläge auf Wilhelm und Hindenburg geplant seien, die den Bürgerkrieg auslösen sollten. Auf jeden Fall ist dem Kaiser von der OHL militärischer Schutz angeboten worden, und als die Regierung in der Abdankungsfrage aktiv wurde, machte er bei der allerersten Gelegenheit, am Tag nach der Einführung der parlamentarischen Monarchie, von der Offerte Gebrauch. Der letzte Hohenzollernkaiser sollte Deutschland nie wiedersehen.

Die symbolische und faktische Bedeutung dieses Schritts kann kaum überschätzt werden. Die alten Gewalten zerrissen wenige Stunden nach der Verfassungsreform das Band mit der parlamentarischen Regierung. Sie ließen sich auf den «unbesonnenen Versuch» ein, «die alte Militärmonarchie wiederherzustellen». Das aber konnte nach Lage der Dinge nicht ohne Gewalt abgehen. Insofern bedeutete das erneute Bündnis zwischen Krone und Militär die evidente Rückkehr zum Spiel mit dem Staatsstreich, wie es seit 1849, spätestens seit dem Verfassungskonflikt aufgetaucht war.

Mit der Flucht wurde die Teilung der Regierung endgültig besiegelt. «Die monarchisch-militärische und die parlamentarisch-bürokratische waren» jetzt, wie Ernst Troeltsch sofort scharfsichtig konstatierte, «völlig getrennt und im Kampf». Diese Spaltung der obersten Staatsinstitutionen entsprang durchaus der «Unvereinbarkeit der Ziele beider Seiten». Faktisch bedeutete sie die Aufkündigung der parlamentarischen Monarchie.

Aus dem Großen Hauptquartier meldete sich noch am 29. Oktober Ex-Staatssekretär v. Hintze – der soeben durch Solf ersetzt worden war, aber als Beauftragter des Auswärtigen Amts in Spa fungierte – mit dem von der OHL unterstützten Appell an seine Behörde, daß der Kaiser auf keinen Fall abdanken dürfe, da sich Staat und Armee sonst auflösten. Nach dem Friedensschluß sei jedoch das Militär zur Aufrechterhaltung der inneren Ordnung notwendig. Hintzes beschwörende Worte suggerierten der hohen Berliner Bürokratie, das soeben erst geschlossene Bündnis mit dem Parlament aufzugeben und zum Militärstaat zurückzukehren. Nach außen hin beruhigte die OHL am 31. Oktober die Regierung, daß im Großen Hauptquartier von einem Komplott zu ihrem Sturz keine Rede sein könne. Die unverbrüchliche Einheit von Monarchie, Heer und Nation wurde aber den

4. Die Legitimationskrise

defätistischen Vorstellungen von einer Abdankung des Kaisers entgegengesetzt.

Gleichzeitig ließ die OHL umfassende Demobilmachungspläne ausarbeiten. Dabei verfolgte sie das Ziel, die alliierten Abrüstungsforderungen durch die Bildung kleiner, kompakter Eliteeinheiten zu unterlaufen, überhaupt die noch kampffähigen Verbände zu erhalten und die Armee in ein zuverlässiges Machtinstrument der Monarchie zurückzuverwandeln. Vorerst sollte das Westheer in mehreren Etappen hinter den Rhein geführt werden, um dort einen tiefgestaffelten Schutzwall zu bilden, bis die Friedensverhandlungen vorbei seien.

Während Ludendorff bis zu seinem Sturz nur für eine Kampfpause, danach aber für die Fortsetzung des Krieges eingetreten war, ging die neue OHL, nachdem schon am 30. Oktober die Revolution (dazu sogleich mehr) begonnen hatte, vom Vorrang des «Ordnungskrieges» in der Heimat aus. Da sie überhaupt keine Reserveeinheiten mehr besaß, setzte ihre Prioritätenskala die Einstellung der Kampfhandlungen gegen die Entente oder zumindest doch den beschleunigten Rückzug auf eine verkürzte Frontlinie voraus, um Kräfte einzusparen. Die OHL verwirklichte diese Absicht mit dem Befehl, in einer ersten Phase den Rückmarsch auf die Linie Antwerpen – Maas anzutreten.

Unverblümt verlangte auch Wilhelm II., nachdem er in Spa auf diese Entscheidungen eingewirkt hatte, den Plan für den Truppenaufmarsch in Richtung Heimat zu präzisieren. Er bleibe, versicherte er am 2. November, auf seinem Posten, denn er denke nicht daran, «wegen der paar hundert Juden und der tausend Arbeiter abzudanken». Nach dem Waffenstillstand könne er der Regierung sofort Truppen zur Verfügung stellen, «um die Ordnung wiederherzustellen». An ihrer Spitze werde er Berlin und Preußen wieder zurückerobern oder im Kampf fallen. «Wenn mir das Geringste passiert, dann schreibe ich denen die Antwort mit Maschinengewehren auf das Pflaster, und wenn ich mein eigenes Schloß zerschieße, aber Ordnung soll sein.» Das war erneut das Liebäugeln mit dem Staatsstreich, an dessen Ende mit höchster Wahrscheinlichkeit kein funktionstüchtiger Parlamentarismus gestanden hätte.

Absoluten Vorrang gewann angesichts dieses Ziels die Verfügung über zuverlässige Truppen für die riskanteste aller militärischen Loyalitätsproben: den Einsatz im Bürgerkrieg. Die OHL wollte deshalb zu ihrer direkten Disposition 16 Divisionen aus der Front abziehen und acht von ihnen für den Heimateinsatz sofort in Marsch setzen. Dieses Vorhaben mißlang völlig. Als die Revolution am 8. November die rheinischen Städte erreichte, besaß die OHL noch nicht einmal die verbindliche Rückmeldung von drei Divisionen, und es herrschte absolute Ungewißheit, ob die Heeresverbände überhaupt willens oder auch fähig waren, im Bürgerkrieg zu kämpfen.

Deshalb bemühte sich die OHL auf einer mit höchster Dringlichkeit einberufenen Konferenz, zu der am 8./9. November 39 abgesandte Offiziere von zehn Armeen des Westheeres in Spa eintrafen, ein ungeschminktes Bild der Lage zu gewinnen. Die erste Frage, ob der Kaiser mit ihren Verbänden die Heimat wiedererobern könne, wurde von 23 Delegierten ohne Umschweife verneint, 15 äußerten gravierende Zweifel. 38 Skeptikern stand eine einzige Ja-Stimme gegenüber. Auf die zweite Frage, ob der Kampf gegen den «Bolschewismus» in der Heimat durchgestanden werden könne, antworteten acht mit Nein, 19 brachten prinzipielle Zweifel vor, und die restlichen zwölf hielten die Befolgung des Einsatzbefehls nur nach «längerer Aufklärung» für möglich. Manche Eingreifverbände stünden schon jetzt «unter der Herrschaft der Roten». Die vertrauliche Befragung endete für die OHL und den Kaiser mit einem Desaster. Der Tenor des resignierten Urteils aller Frontoffiziere lautete, daß ihre Soldaten «total müde» seien, die «Widerstandskraft der Truppe geht zu Ende». Diesem desillusionierenden Resultat, das ihren Handlungsspielraum rigoros einschränkte, sah sich die militärisch-monarchische Spitze am Ende der ersten Revolutionswoche gegenüber. Zähneknirschend mußte die OHL am 9. November nach dem Treffen dem Reichskanzler telegraphieren, «daß die bewaffneten Streitkräfte im Falle eines Bürgerkriegs nicht hinter ihr stehen würden».

Wie konnte es zu dieser Erosion kommen? Mit dieser Frage wird der Blick auf die Handlungsebene gelenkt, die das Feldheer insbesondere an der Westfront bildete. Bis zu diesem Zeitpunkt hatte auch die Armee während des vierjährigen Krieges einen langwierigen, aber «ähnlich tiefgreifenden Revolutionierungsprozeß» wie die «Heimatfront» durchlaufen. Aus dem zuerst schleichenden, dann beschleunigten Autoritätsverlust der Obrigkeit ging eine wachsende, in der letzten Phase unverhüllte Gegnerschaft gegen das militärische, staatliche und gesellschaftliche Herrschaftssystem hervor.

Ihre Entstehung läßt sich auf drei Problemfeldern verfolgen: Das Erlebnis und die Verarbeitung der Kriegsschrecken führten zu einer tiefsitzenden Kriegsgegnerschaft, deren Bändigung durch Routine und Loyalität, Befehl und Gehorsam, Gewalt und Strafe immer mühsamer wurde. Die Erfahrung klassengesellschaftlicher Ungleichheit auch im Angesicht des Todes staute einen Groll auf, der nach Entladung drängte. Verschiedenartige Formen der Verweigerung und Widersetzlichkeit schufen weitere Grundlagen für die offene Rebellion.

Die Aversion gegen die alltäglichen Greuel des Krieges trat in zahllosen Feldpostbriefen, Tagebüchern und Berichten während des Heimaturlaubs zutage. Immer wieder stellte die Postüberwachung den grassierenden «Defätismus» fest. Der Kontakt mit den notleidenden Familien während der kurzen Abwesenheit von der Front hat die Empörung über die Zumutungen und Entbehrungen der Kriegszeit häufig weiter vertieft.

4. Die Legitimationskrise

Die Zustände im Heer mit seinen klassengesellschaftlichen Zügen standen im diametralen Gegensatz zum Pathos der nationalen «Schützengrabengemeinschaft». Der Haß auf Offiziere wegen ihrer kränkenden Vorzugsbehandlung, die Beschimpfung und Mißhandlung durch Vorgesetzte, die Hunger- und Krankheitsphasen, das vordringende «Bewußtsein der Entrechtung, der Unterdrückung und der jede Menschenwürde negierenden militärischen Instrumentalisierung» – diese Einflüsse untergruben das anfängliche Loyalitätsgefühl.

Dazu trugen auch die rigorosen Disziplinarmaßnahmen und die militärische Strafjustiz bei. Im Vergleich mit dem englischen Heer, wo Frontoffiziere, die in einer Berufsarmee von widerspenstigen Landsknechten großgeworden waren, im Handumdrehen Hunderte von Todesurteilen zur Aufrechterhaltung der Disziplin aussprachen, prüften die Berufsjuristen der deutschen Militärgerichtsbarkeit sorgfältig jeden Einzelfall. Von den 150 verhängten Todesurteilen wurden 48 vollstreckt. Dafür häuften sich die drakonischen Haftstrafen. Die Militärgefängnisse und zivilen Haftanstalten waren überfüllt. 10000 Delinquenten in den «Militär-Gefangenen-Kompanien» wurden in vorderster Front bei «Himmelfahrtskommandos» mit extrem hoher Verlustquote eingesetzt. Die Summe solcher Erfahrungen hat die klassengesellschaftliche Deutung des Krieges vertieft, in dem die Angehörigen der Oberklassen weiterhin Sonderrechte genossen und als Kriegsverlängerer wahrgenommen wurden.

Angesichts dieses Spannungspotentials unter Millionen von Soldaten drängt sich die Frage auf, warum es nicht schon eher zu größeren Meutereien, wie sie die französische, italienische und russische Armee erlebten, gekommen ist. Entgegen der zählebigen Legende vom bis zuletzt stumm gehorchenden Feldgrauen gab es kollektives Protestverhalten frühzeitig auch unter deutschen Soldaten. Bereits zu Weihnachten 1914 beteiligten sich Tausende von ihnen an der Verbrüderung mit englischen, französischen und belgischen Einheiten. Trotz des scharfen Fraternisierungsverbots wiederholten sich die Szenen 1915.

Außerdem gab es Widerstand durch geheime Absprache gegen Einsätze, Selbstverstümmelung, Fahnenflucht. Urlauber agitierten gegen den Krieg und die Anleihen. Nach der russischen Oktoberrevolution nahm die Kriegsmüdigkeit spürbar zu. Im Herbst 1917 entstanden auch schon die ersten deutschen Soldatenräte, die zunächst kompromißlos unterdrückt wurden. Deutsche und russische Einheiten verbrüderten sich. 1918 kam es mehrfach zur kollektiven Verweigerung deutscher Ostverbände nach ihrem Einsatzbefehl. In der militärischen Führung wuchs die Sorge vor dem Einfluß der bolschewistischen Propaganda. Deutsche und österreichische Überläufer zur «Roten Armee» – Otto Bauer etwa, Ernst Reuter, Tito, Bela Kun – organisierten deutsche Kriegsgefangene; auf Flugblättern riefen sie zur Revolution auf. Von den Einheiten des Ostheeres, die an die Westfront verlagert wurden, verschwanden unterwegs nicht weniger als zehn Prozent.

Im Westen gab es einen letzten Stimmungsaufschwung zu Beginn der ersten Frühjahrsoffensive von 1918. Doch als sie sogleich kollabierte, setzte sich die Bereitschaft zur Auflehnung und Verweigerung, auch die Tendenz zur Auflösung der Einheiten unaufhaltsam durch. Neue Soldaten, die aus der Rüstungsindustrie abgezogen worden waren, brachten von vornherein eine kritisch-ablehnende Einstellung mit, die ein Adlatus von Ludendorff als «Gift für die Truppe» ansah. Selbst aus einer Gardedivision wurden während der Augustschlacht bei Amiens, als ein frischer Eingreifverband zur Entlastung eintraf, den Neulingen Verbalinjurien wie «Streikbrecher», «Kriegsverlängerer» entgegengeschleudert.

Seit dem Spätsommer 1918 breitete sich ein «verdeckter Militärstreik» unter den deutschen Fronttruppen aus. Nach dem Angriffsbefehl wurden etwa die Unterstände von den Mannschaften nicht verlassen. Hunderttausende von leichtverwundeten Soldaten marschierten auf eigene Faust in die Etappe zurück. Viele gingen freiwillig in die Kriegsgefangenschaft. Bis zu einer Million Deserteure und «Drückeberger» setzten sich heimlich nach Osten ab. Längst ehe sich die OHL auf der Geheimkonferenz vom 8./9. November voller Skepsis der Stimmung der Truppe vergewisserte, konnte sie sich der Einsicht nicht mehr verschließen, daß angesichts derartiger Zerfallserscheinungen im Westheer die Front nicht lange mehr zu halten sei.

Es war nicht nur die tiefe Erschöpfung, die Apathie, die Animosität gegen die sinnlose Verlängerung des Krieges, die sich im Herbst 1918 geltend machten. Vielmehr fehlte jetzt auch der Wille, die herrschende Ordnung unter Einsatz des Lebens noch weiter zu verteidigen. Statt dessen hatte sich die diffuse Hoffnung auf eine demokratische oder sogar eine sozialistische Gesellschaftsordnung verbreitet. Dieses Wunschbild und die sprungartig zunehmende aktive Verweigerung bildeten die wesentlichen Antriebskräfte bei der Formierung der Soldatenräte. Darüber hinaus trugen sie auch deshalb zur Ausbreitung der Revolution bei, weil die Armee als Machtbasis des Herrschaftssystems unter dem Einfluß dieser Faktoren in ungeahnter Geschwindigkeit erodierte.

Zurück zum Berliner Entscheidungszentrum. Dort war die Reichsregierung wegen der Flucht des Kaisers nach Spa aufs höchste alarmiert, zumal wilde Gerüchte über einen «militärischen Rückschlag gegen die volkstümliche Regierungsform» umliefen, die Angst vor dem Bürgerkrieg sich ausbreitete und der Ruf nach der Abdankung des Kaisers unüberhörbar, etwa im «Vorwärts», anschwoll. Im Kabinett konstatierte Prinz Max am 30. Oktober, daß offenbar kein einziger Bürger oder Bauer willens sei, sich zur Verteidigung des Monarchen zu erheben. Die Mehrheit der Ministerrunde hielt jetzt die Abdankung für dringend geboten; nur das Zentrum sperrte

4. Die Legitimationskrise

sich noch dagegen. Am 31. Oktober konnte der Reichskanzler den preußischen Innenminister Drews mit dem Auftrag nach Spa entsenden, Wilhelm II. angesichts des «Ernstes der Lage» zum «freiwilligen Rücktritt» zu bewegen. Die Mission verlief am 1. November erwartungsgemäß erfolglos, löste aber im Gegenzug eine politische Offensive des Großen Hauptquartiers aus.

Wilhelm erhob heftigste telefonische Vorwürfe gegen den Reichskanzler, ehe Hintze und Groener nach Berlin aufbrachen, wo sie zunächst erfolgreich zu operieren schienen. Das Kabinett wich vor den eindringlichen Mahnungen der Emissäre zurück, zumal Prinz Max ausgerechnet zu diesem Zeitpunkt volle 36 Stunden lang in einen (bis heute ungeklärten) mysteriösen Tiefschlaf verfiel. Oberst Hans v. Haeften, einer der aktionswütigen OHL-Offiziere, nutzte diese Schwäche für einen ersten Staatsstreichversuch. Payer solle, drängte er massiv, da der Liberale als die schwächere Persönlichkeit galt, das Reichskanzleramt übernehmen. Payer stimmte zu, wollte eine entsprechende Meldung veröffentlichen, schreckte aber buchstäblich in letzter Minute davor zurück. Da Prinz Max am folgenden Tage (3.11.) zurückkehrte, war dieser Versuch eines illegitimen Kanzlerwechsels gescheitert. Der unvermeidbare Schritt, die Abdankung Wilhelms II., wurde durch dieses Manöver aber nur noch weiter hinausgezögert.

Auch als Hintze und Groener ergebnislos zurückgekehrt waren, hielt die OHL zusammen mit dem Kaiser an dem Ziel fest, nach dem Waffenstillstand den Monarchen mit Hilfe des Heeres auf den Thron in Berlin zurückzuführen. Noch waren die alten Gewalten, wie schnell auch immer ihre Machtmittel schrumpften, handlungsfähig, und die parlamentarische Regierung hatte die Machtprobe noch keineswegs zu ihren Gunsten entschieden. Vor allem aber schien nach der Wahrnehmung vieler Zeitgenossen die autokratische Gegenrevolution jeden Tag möglich zu sein. Auch dagegen richtete sich, gewissermaßen als Präventivmaßnahme, die Revolution. Sie verriet, daß der Legitimationsfundus der Hohenzollernmonarchie, deren Prestige auf dem Einigungswerk der Reichsgründung beruhte, aufgezehrt war. Der Kaiser habe, urteilte Max Weber hellsichtig noch im November, «durch Desertieren aus der Hauptstadt und Spielen mit dem Staatsstreich die Revolution geradezu provoziert»!

Während die Götterdämmerung des Kaiserreichs sich unaufhaltsam ausbreitete, wurden OHL und Kaiser unversehens von der Marinespitze noch übertroffen. Denn unstreitig ist die eigentliche Initialzündung der Revolution auf dieser vierten Handlungsebene, im Entscheidungszentrum der Seekriegsleitung, ausgelöst worden. Als am 20. Oktober unter Wilsons Druck der U-Bootkrieg – ohne «Gegenleistung», wie die hohen Flottenoffiziere bitter monierten – eingestellt wurde, beschlossen Scheer und sein Stabschef Magnus v. Levetzow, die Schlachtflotte noch einmal einzusetzen.

Der Kaiser wurde in sehr allgemein gehaltenen Worten informiert und erklärte sich einverstanden. Scheer behauptete später, er habe am 20. Oktober auch den Reichskanzler ins Bild gesetzt. Wenn das überhaupt je geschehen sein sollte, fiel die Mitteilung so vage aus, daß Prinz Max es auf seinen Eid nehmen wollte, er habe von dieser Absicht nichts erfahren. Levetzow erklärte, daß die OHL Bescheid gewußt habe, aber Groener trat dieser Behauptung mit empörter Entschiedenheit entgegen. Offensichtlich muß man davon ausgehen, daß der Monarch informiert war, die Reichsleitung jedoch nicht.

Bei ihrem am 25. Oktober gefällten offiziellen Beschluß, die gesamte Hochseeflotte aufs Spiel zu setzen, ging die Seekriegsleitung ohne Berücksichtigung eines einzigen militärischen Gesichtspunktes ausschließlich von der vermeintlichen Notwendigkeit eines «letzten großen Kampfes mit England» aus, um die «Ehre» der Marine zu retten. Außer diesem Prestigezweck spielte die Überlegung noch eine ebenso dubiose Rolle, daß ein Untergangsmythos für den Wiederaufbau der Flotte nach dem Krieg ungleich nützlicher sei als die Demütigung durch eine kampflose Auslieferung an die Alliierten. Ausschlaggebend für das tödliche Spiel mit der Schlacht war jedoch, wie Levetzow es verteidigte, die «Ehrenfrage». Ehe die Flotte zum «Handelsobjekt in einem schimpflichen Frieden wurde, war ihr Einsatz erforderlich». Nicht minder menschenfeindlich begründete Scheer die fatale Entscheidung, daß es «aus moralischen Gründen» eine «Ehren- und Existenzfrage der Marine» sei, «im letzten Kampf ihr Äußerstes getan zu haben». Zeitweilig überlegte man in der Seekriegsleitung sogar, Wilhelm II. mitzunehmen – ein Beweis, wie weit die romantische Vorstellung vom Untergang im letzten Gefecht um sich gegriffen hatte.

Der Monarch hatte im Mai 1917 jeden künftigen Flotteneinsatz ausdrücklich an seinen Befehl gebunden. Unmittelbar vor dem 25. Oktober lehnte Levetzow es jedoch ab, diese Entscheidung formell einzuholen. Für das geplante Unternehmen sei, behauptet er schlankweg, dieser kaiserliche Befehl nicht erforderlich. Als Stabschef Adolf v. Trotha vom Kommando der Hochseeflotte nachfragte, ob denn Wilhelm II. und der Reichskanzler verständigt seien, erhielt er zur Antwort, sie seien informiert worden, daß die Flotte für eine operative Verwendung wieder frei sei. Offenbar wollte keiner der drei Marineoffiziere der grundsätzlichen Vorschrift vom Mai 1917 folgen, oder sie nahmen die evidente Gehorsamsverweigerung bewußt in Kauf. Auf jeden Fall ist sowohl der exakte Zeitplan als auch der «Zweck des Flottenvorstoßes» allen «verantwortlichen politischen Führungsinstanzen vorenthalten worden».

Von ihrer Entscheidung, vor dem Waffenstillstand in einem Verzweiflungskampf für die soldatische «Ehre» zu sterben, wich die Marineleitung nicht mehr ab. Die Konsequenz der durch und durch politischen Selbständigkeit, die sie sich dafür anmaßte, war die Revolution. In der Fixierung auf

4. Die Legitimationskrise

ihren anachronistischen Ehrenkodex hatte sie sich die tiefe Kluft zwischen Offizieren und Mannschaften, die im Grenzfall alle geopfert werden sollten, nicht realistisch vergegenwärtigt, obwohl sie allen Anlaß dazu gehabt hätte. Bereits im Juli/August 1917 war es nämlich zu einem spontanen Protest von Matrosen der Hochseeflotte gekommen. Aktivisten hatten insgeheim für den September einen Antikriegsstreik vorbereitet, aber das Vorhaben war entdeckt worden, gegen die Festnahme der involvierten Seeleute hatten 5000 Matrosen demonstriert und «mit Gewalt» gedroht. Daraufhin war die Vorbereitung der Meuterei mit drakonischen Strafen geahndet worden: Zehn Todesurteile, 181 Jahre Zuchthaus und 180 Jahre Gefängnis waren damals gegen die Teilnehmer verhängt worden. Die Urteile waren deshalb so hart ausgefallen, weil den Akteuren eine planvolle «Verschwörung» unterstellt worden war. Die dadurch verursachte Erschütterung der Loyalität war nie wieder wettgemacht worden.

Die Erinnerung an dieses Aufbegehren war noch jedermann in den Mannschaftsquartieren präsent, als wegen des unvorsichtigen Schwadronierens von Offizieren erste Gerüchte über eine bevorstehende «Todesfahrt» auftauchten, nachdem sich die Flotte seit dem 27. Oktober auf Schilling-Reede südöstlich der Insel Wangerooge gesammelt hatte. Erste Schwierigkeiten tauchten auf, als am Abend des 29. Oktober der Befehl ausgegeben wurde, am nächsten Morgen die Anker für ein großes Unternehmen zu lichten. Matrosen auf mehreren Schiffen verweigerten daraufhin den Gehorsam. Ihr passiver Widerstand dehnte sich so schnell aus, daß der Flottenchef, Admiral Franz v. Hipper, die Abfahrt mehrfach verschob, ehe er sie ganz aufgeben mußte.[6]

In der ersten Phase dieser Meuterei gelang es Offizieren des Hochseekommandos noch, die protestierenden Matrosen zu überwältigen. Die Nachricht von 1000 Gefangenen löste jedoch bei den anderen neue Unruhe aus, da auf den Mannschaftsdecks das Menetekel der Todesurteile von 1917 herumgeisterte. Deshalb wurde ihre Freilassung gefordert. Die Unruhe spitzte sich vor allem auf dem III. Geschwader zu, das soeben nach Kiel zurückgekehrt war. Dort kam es am 30. Oktober, dem Beginn der zweiten Phase, zur offenen Widersetzlichkeit wegen der scharfen Repressionsmaßnahmen gegen protestierende Matrosen. Diese Rebellion löste eine Kettenreaktion aus: Der Widerstandsfunke sprang von einem Schiff auf das nächste, die Gefangenen wurden gewaltsam befreit, die Offiziere entwaffnet.

Am 2. November griff der Aufstand auf das Land über. Kieler Arbeiter schlossen sich ihm an. Die Niederschlagung durch Militär scheiterte, da sich die Soldaten mit der Protestbewegung solidarisierten. Ein erster «Arbeiter- und Soldatenrat» entstand, beschränkte sich aber vorerst noch ganz auf defensive Funktionen. Am selben Tag wurde die Hiobsbotschaft im Kabinett erörtert. Offenkundig befand sich die Regierung in einer unhaltbaren Lage: Die OHL und der Kaiser hatten sich von ihr distanziert. Und nicht nur das: Das Damoklesschwert einer putschistischen Gegenaktion schwebte über ihr. Darüber hinaus hatte ein Teil des Militärs soeben zu rebellieren begonnen.

Daraufhin verfolgte das Kabinett in der dritten Phase eine Doppelstrategie. Zum einen wurden Gustav Noske und Conrad Haußmann eilends nach Kiel entsandt, um die Revolte unter Kontrolle zu bringen. Mit dem Kompromiß eines Amnestieversprechens unter Fortbestand des Arbeiter- und Soldatenrats gewann die Protestbewegung zeitweilig die Zwitterzüge eines halb revolutionären, halb legalen Unternehmens. Wiederum fand sich die SPD – wie bei den großen Streiks der letzten anderthalb Jahre – dazu bereit, ihr Ansehen bei den Arbeitern gegen den Aufstand einzusetzen. Die «Ordnung» müsse erhalten bleiben, insistierte Ebert, der USPD dürfe das Feld nicht allein überlassen werden. Danach erst wurde in Kiel die Reichskriegsflagge von den Matrosen durch rote Fahnen ersetzt. Zum andern forderte aber die Regierung von der OHL unverzüglich neue Truppen an, um den Aufstand, koste es, was es wolle, niederzuschlagen. Mit einem unglücklichen Aufruf zur Beruhigung nahm sie außerdem ohne jede nähere Prüfung der Konfliktsituation die Offiziere gegen die Vorwürfe der Matrosen in Schutz. Gleichzeitig wurde ihr immer klarer, daß ein Mittelweg nicht länger mehr gangbar war, mithin die Abdankung Wilhelms II. unvermeidbar anstand.

Währenddessen hielt die OHL jedoch an dem Ziel ihres Krisenplans fest, den Kaiser im Amt zu halten und militärisch in der Heimat einzugreifen. Und währenddessen entstanden auch, als ob ein Steppenbrand blitzschnell um sich greife, vielerorts Arbeiterräte und Soldatenräte, die sich durchweg gegen die verhaßte Militärhierarchie und die Kriegsverlängerung, aber noch nicht gegen die Reichsregierung richteten. Diese Räte wurden überall spontan improvisiert, orientierten sich locker am russischen Vorbild, drückten aber im deutschen Kontext vor allem die Krise der bestehenden Organisationsformen der Arbeiterbewegung, nicht zuletzt auch den Wunsch nach einer Überwindung der Spaltung von 1917 aus.

Trotz ihres ubiquitären Auftauchens erwog die Regierung noch am 7. November ein reichsrechtliches Räteverbot, erntete aber von Scheidemann nur den realistischen Hohn, ein solches Vorhaben sei genauso lächerlich wie ein Befehl, daß es morgen nicht regnen dürfe. Wichtiger war das Ultimatum der SPD, die auf dieser Sitzung den Rücktritt Wilhelms II. forderte, andernfalls, drohte sie, werde sie aus der Regierung ausscheiden. Obwohl führende bürgerliche Parteipolitiker das Abdankungsverlangen noch immer empört ablehnten, gab Prinz Max der SPD-Führung sein Ehrenwort, daß er für den Abgang des Kaisers unmittelbar nach dem Abschluß des Waffenstillstands geradestehe.

Am selben Tag setzte bereits der Exodus der deutschen Monarchen ein. Als erster ging der bayerische König. Sang- und klanglos endete die fast sie-

4. Die Legitimationskrise

benhundertfünfzigjährige Herrschaft der Wittelsbacher. Der Unabhängige Sozialdemokrat Kurt Eisner, Vorsitzender des soeben gegründeten Münchener Arbeiter- und Soldatenrats, übernahm als Ministerpräsident die Regierungsgeschäfte. Am 8. November wurde die bayerische Republik ausgerufen. Binnen kurzem folgte ein deutscher Fürst nach dem andern, bis jeder Thron leer war.

Endlich erwog auch Wilhelm II., als Kaiser, doch keineswegs als preußischer König, abzutreten. Noch ehe der definitive Entschluß in Berlin eingetroffen war, trat der Reichskanzler am Morgen des 9. November die Flucht nach vorn an. Ebert hatte ihm in einem Zustand tiefer Erregung erneut zugesetzt: «Wenn der Kaiser nicht abdankt», prophezeite er, «dann ist die soziale Revolution unvermeidlich; ich aber will sie nicht, ja, ich hasse sie wie die Sünde.» Eine Regentschaft war ihm genauso zuwider. Rücktrittsgesuche von SPD-Mitgliedern der Regierung unterstützten Eberts Forderung. Daraufhin teilte Prinz Max die Abdankung des Reichsmonarchen auf eigene Faust der Öffentlichkeit mit und übergab unverzüglich, da die Revolution inzwischen auch in Berlin ausgebrochen war, Ebert die Regierungsgeschäfte. Das war, da die Reichsverfassung nichts dergleichen vorsah, ein staatsstreichartiger Akt, zu dem sich der letzte kaiserliche Kanzler, auf Rettung von Kontinuität bedacht, gezwungen fühlte. Im Kontext der Zeit und in historischer Perspektive, war es durchaus ein revolutionäres Ereignis – ein letzter Ausläufer der preußischen «Revolution von oben». Nachdem der Berliner Arbeiter- und Soldatenrat am Morgen zum Generalstreik aufgerufen hatte, rief der Mehrheitssozialdemokrat und Staatssekretär Philipp Scheidemann gegen den dezidierten Willen Eberts, der jedes selbständige Vorgehen ablehnte, mittags um zwei Uhr von der Terrasse des Reichstags die deutsche Republik aus. Zwei Stunden später folgte ihm Karl Liebknecht mit der Proklamierung einer sozialistischen Republik – ein Intermezzo ohne staatsrechtliche Folgen.

Die OHL wußte als Ergebnis der seit dem 8. November tagenden Geheimkonferenz mit den Armeevertretern, daß es keine zuverlässigen Truppenverbände mehr für den Einsatz im Bürgerkrieg gab. Sie mußte daher den Regimewechsel ohnmächtig hinnehmen. Wilhelm II. brach aus Spa ins holländische Exil mit den Abschiedsworten auf: «Ja, wer hätte das gedacht, daß es so kommen würde. Das deutsche Volk ist eine Schweinebande.» Der Oberbefehlshaber in den Marken zog den bereits erteilten Schießbefehl für die Einheiten, welche die Revolution in der Reichshauptstadt niederwerfen sollten, widerstrebend zurück. «Das alte System brach kampflos zusammen.»

Zwischen dem 30. Oktober und dem 8. November hat die Regierung des Prinzen Max von Baden keine klare Vorstellung davon gehabt, vor welcher Bürgerkriegsgefahr sie der Widerstand der Matrosen, dann das Aufbegehren der Arbeiter und Soldaten gerettet hat – bis dann der Verfall der Heeresloyalität evident war. Die parlamentarische Monarchie wurde in Deutschland nur drei Tage alt. Dann wurde sie vom Kaiser und von der OHL bereits grundsätzlich in Frage gestellt, als aus einem Potjemkinschen Dorf, das zur Täuschung Wilsons gedacht war, Realität werden sollte. Der Aufstand des Militärs setzte, wenn man den Interpretationsbogen einmal so weit spannt, eine Linie fort, die von den Reichstagswahlen von 1912 über die Friedensresolution von 1917 bis zum Parlamentarisierungsbeschluß am 16. Oktober 1918 reichte. Die Erhebung sollte auch die Ergebnisse der Reform sichern, stellte mithin keine Gegenbewegung dar, war auch nicht primär antimonarchisch, vielmehr in erster Linie prodemokratisch. Sie unterband den sinnlosen Opfertod der Hochseeflotte, verhinderte die Intervention royalistischer Truppenverbände, kürzte die Götterdämmerung der alten Ordnung mit einem Schlag ab. Kurzum: «Die Revolution von unten brach aus, weil die Revolution von oben in Gestalt der Oktoberreformen gescheitert war... an einer militärischen Konterrevolution.»

Von Grund auf falsch ist daher die Behauptung, daß die Oktoberreform als Ergebnis einer angeblich seit langem wirkenden stillen Parlamentarisierung eine «verheißungsvolle Entwicklung» eingeleitet habe, die von der Novemberrevolution verhängnisvoll unterbrochen, zumindest aber «eher gehemmt als gefördert» worden sei. Zugrunde liegt dieser These seit jeher die Annahme, wie Ernst Troeltsch damals scharfsinnig erkannte, daß die «Ansätze der Regierung des Prinzen Max gegen den Widerstand der alten Herrenschichten wirklich durchführbar waren». Diesen Optimismus dementierten jedoch sogleich die Staatsstreichpläne der OHL und des Kaisers, nicht zuletzt die angemaßten Entscheidungsbefugnisse der Seekriegsleitung – längst ehe sich die alten Machteliten zum Sturm auf die Weimarer Republik vereinigten.

In die Irre führt aber auch die Deutung, daß die parlamentarische Demokratie in dieser Republik deshalb gescheitert sei, «weil ihr das schützende Dach der Monarchie» als Kontinuitätsbrücke und Traditionsverbürgung gefehlt habe. Richtig ist dagegen, daß sie nur deshalb länger als jene drei Tage der parlamentarischen Monarchie bestand, weil sie «durch eine Initiative von unten begründet worden ist».[7]

Aus der Revolutionsbewegung, nicht aus dem staatsrechtlich inhaltsleeren Akt der Amtsübergabe durch den Prinzen Max, ging am 10. November die Interimsregierung des «Rates der Volksbeauftragten» unter dem Vorsitz Friedrich Eberts hervor. Je drei seiner Mitglieder waren von Leitungsgremien der SPD (Ebert, Scheidemann, Landsberg) und der USPD (Barth, Dittmann, Haase) gewählt worden. Die eigentliche Basis aber bildete nicht das Zweigespann der beiden sozialdemokratischen Parteien, sondern das informelle Bündnis der Arbeiter-, Soldaten- und Bauernräte, die als eine Art von linker Sammlungsbewegung fungierten. Der Berliner Vollzugsrat der Arbeiter- und Soldatenräte war es deshalb auch, der kraft seines revo-

4. Die Legitimationskrise

lutionären Mandats die Regierung des «Rats der Volksbeauftragten» bestätigte.

Vom 10. November 1918 bis zum 11. Februar 1919, drei Monate lang, besaß Deutschland eine sozialistische Regierung mit revolutionärer Legitimierung. In ihrem Programm vom 12. November sprachen sich alle Volksbeauftragten, die sich ausnahmslos als Mandatare des Mehrheitswillens für eine möglichst begrenzte Übergangszeit empfanden, für Wahlen zu einer Verfassunggebenden Nationalversammlung der jungen Republik aus; sie wurden auf den Januar 1919 angesetzt. Dem schloß sich der «Reichskongreß» der Arbeiter- und Soldatenräte, der Mitte Dezember in Berlin tagte, ebenso an wie der von ihnen für die Zwischenzeit gebildete «Zentralrat der Deutschen Sozialistischen Republik». An einer deutschen Verfassungsrevolution seit dem 9. November 1918 kann daher ein begründeter Zweifel nicht aufkommen. Ob aber die Stoßkraft der Bewegung auch noch für eine soziale Revolution ausreichte – das mußte sich erst in der Zeit nach dem 10. November herausstellen.[8]

Zunächst einmal herrschte der Eindruck vor, daß «die Revolution» gesiegt hatte. Diese Überzeugung besaßen nicht nur die Anhänger der Rätebewegung und der Linksparteien. Vielmehr teilten sie auch zahlreiche Angehörige der alten Machteliten. Oldenburg-Januschau etwa «fühlte eine Welt einstürzen und unter Trümmern all das begraben, was der Inhalt meines Lebens gewesen war». Der königliche Hausminister Graf Eulenburg weinte. General v. Hake beging Selbstmord. Die «Kreuz-Zeitung» konstatierte am 13. November schockiert: «Wir stecken mitten in einer Umwälzung, wie sie die Geschichte noch nicht gesehen hat.» Die resignative Ohnmacht der «alten Machthaber» drängte sich auch Thomas Mann auf: Sie «sitzen», notierte er sich, «aus Gram plötzlich zu Greisen geworden, in Verzweiflung da».

Der spätere Zentrumspolitiker Franz v. Papen spürte wegen des «Zusammenbruchs aller bisherigen Wertungen» ein «unbeschreibliches Gefühl der Hoffnungslosigkeit». Das Ende der Monarchie in der anlaufenden Revolution habe dem Adel, urteilte ein adliger Offizier im Rückblick, «von heute auf morgen die Grundlage entzogen», auf der sich sein «gesamtes bisheriges Leben aufgebaut hatte». Für ihn sei es sogar eine tiefere Zäsur als «der Einschnitt» des Mai 1945 gewesen. «Im ganzen Reich», beschrieb ein hoher adliger Verwaltungsjurist die Lage im November, «waren plötzlich alle bisherigen Gewalten zerbrochen oder unsichtbar geworden. Man sah keine Fürsten, keine Oberschicht, kein Bürgertum mehr, nur noch Massen.»

Hinter diesen Massen vermuteten viele als Aktionszentrum die seit langem vorbereitete Verschwörung der Linken, die in der Heimat der kämpfenden Front in den Rücken gefallen sei. Diese «Dolchstoß-Legende» war frühzeitig in der OHL aufgetaucht, hatte sich dort zur stereotypierten Verdächtigung «der Linken» als offener Vorwurf verdichtet. Seit dem November gewann sie bei denen, die der selbstverschuldeten Niederlage nicht ins Gesicht schauen wollten, die Glaubwürdigkeit einer dank ihrer Entlastungsfunktion unmittelbar einleuchtenden Erklärung der unerwarteten Katastrophe. «Im schwersten Augenblick des Krieges ist uns», empörte sich der Generalstabsoffizier Ludwig Beck, «die – wie ich jetzt auch keinen Moment mehr zweifle – von langer Hand vorbereitete Revolution in den Rücken gefallen.»

«Vier Jahre war das deutsche Volk ungebrochen gegen eine Welt von Feinden», versammelte auch ein aufgeschlossener Militär wie Groener alle verfügbaren Klischees, «nun läßt es sich wie eine Leiche umwerfen von einer Handvoll Matrosen, denen das russische Gift... eingespritzt war. Doch wer sind die Drahtzieher? Juden hier wie dort.» Auch der Fregattenkapitän v. Selchow sah in diesen Novembertagen nur «Großstadtgesindel» in den aufbegehrenden Soldaten: «Juden und Deserteure, das Pack, das nichts ist als die Gosse im gemeinsten Sinn des Wortes, beherrscht jetzt Deutschland. Aber für die Juden wird auch noch die Stunde schlagen, und dann wehe ihnen.» Im Vergleich mit dieser Jagd auf linke Sündenböcke gehörte der Direktor der Marineschule Mürwik, Kapitän Egidy, zu den seltenen Ausnahmen im Offizierkorps, als er einem Fanatiker wie Levetzow selbstkritisch vorhielt, es sei «nicht männlich» und «vor allem nicht vornehm, wenn man abgewirtschaftet hat (und das haben ‹wir›) und hat abtreten müssen von der Bühne, den Anderen, die, noch dazu im Moment der Gefahr, eingesprungen sind, dann noch Knüppel zwischen die Räder stecken zu wollen. Denn wir haben nun mal abgewirtschaftet». Wie hatte doch Riezler seinen Eindruck dem Geheimtagebuch anvertraut? Die Geschichte werde nach Kriegsende die «Dummheit des Militarismus und die Morschheit der ganzen chauvinistisch gerichteten Oberschicht», ja, ihre «völlige Unvernunft» enthüllen.

Kühle Köpfe, die sich das Urteil von der Verschwörungstheorie und Dolchstoßlegende nicht umnebeln ließen, stimmten jedenfalls in der Meinung überein, daß Deutschland keine Meuterei, sondern tatsächlich eine Revolution erlebe. «Nie», insistierte Rathenau im November mit Emphase, sei vorher eine Revolution «mit solcher Raschheit, solcher elementaren Gewalt ausgebrochen und zu ihrem Ziel gelangt» wie in Deutschland. Ja, schloß sich Troeltsch in denselben Tagen an, «Deutschland hat heute seine siegreiche Revolution, wie sie einst England, Amerika und Frankreich hatten», wenn auch «im unseligsten Moment des allgemeinen militärischen, wirtschaftlichen und nervösen Zusammenbruchs». Unmittelbar nach dem «Zusammenbruch der bis 1918 legitimen Herrschaft» formulierte auch Max Weber für seinen großen analytischen Text «Wirtschaft und Gesellschaft» die Diagnose, daß die Revolution enthülle, in welchem Maße eine entscheidende Herrschaftsressource des Kaiserreichs aufgezehrt worden

4. Die Legitimationskrise

sei: Die «geläufigste Legitimitätsform», der «Loyalitätsglaube: die Fügsamkeit gegenüber formal korrekt und in der üblichen Form zustande gekommenen Satzungen», sei durch drei Entwicklungen unterminiert worden. Zu ihnen rechnete Weber «die Sprengung der Traditionsgebundenheit durch den Krieg», den «Prestigeverlust durch die Niederlage» und «die systematische Gewöhnung an illegales Verhalten», die zusammengenommen «den Umsturz der Herrschaft vorbereiteten». An einer deutschen Revolution ließ er daher keinen Zweifel aufkommen. Ein halbes Jahr später gelangte der Oxford-Historiker und Deutschlandexperte James Headlam-Morley, der als Berater der britischen Friedensdelegation in Paris Deutschland einen längeren Besuch abgestattet hatte, zu einem eindeutigen Fazit: «Die Revolution in Deutschland war, soweit ich feststellen konnte, so durchschlagend, vollständig und ernsthaft, wie irgendeine Revolution nur sein kann, von der wir Kenntnis haben.»[9]

VI.
Der Untergang des Deutschen Kaiserreichs

1. Wie modernisierungsfähig war das Kaiserreich?

Die ältere Geschichtswissenschaft hat vor und nach 1918 die Frage nach der Modernisierungsfähigkeit des Kaiserreichs im Grunde vorbehaltlos bejaht, und auch noch ein gut Teil der jüngeren Historiographie favorisierte eine positive Antwort. Wenn das Verhängnis des Ersten Weltkriegs nicht über Deutschland hereingebrochen wäre, hätte es sich – so läuft im allgemeinen der Gedankengang – über kurz oder lang produktiv verwandeln können.

– Die schleichende Parlamentarisierung wäre in eine verfassungsrechtlich abgestützte direkte Parlamentarisierung der Reichspolitik übergegangen, vielleicht schon bald nach den Reichstagswahlen von 1917 mit ihrer allgemein erwarteten sozial-liberalen Mehrheit.

– Aus der autoritären Hohenzollernmonarchie wäre allmählich eine dem west- und nordeuropäischen Vorbild ähnelnde parlamentarische Monarchie geworden.

– Das Klassenwahlrecht, vor allem im Hegemonialstaat Preußen, hätte der heftigen Attacke gegen diesen Anachronismus auch nicht länger standhalten können; ein demokratisches Männerwahlrecht wäre statt dessen in Preußen, Sachsen, Hamburg und anderswo eingeführt worden.

– Mit seiner Wirtschaftsleistung, seinen Wissenschaftserfolgen und seinem Kulturniveau gehörte das Reich ohnehin zu den modernsten westlichen Industriestaaten, so daß es nach der politischen Modernisierung im Verein mit anderen westlichen Staaten den Weg in eine liberale, demokratische Zukunft hätte einschlagen können.

Das alles ist selbstverständlich nur kontrafaktische, hypothetische, dem realen historischen Prozeß entgegengesetzte Geschichte, von vielen positiven Vorurteilen zugunsten der Entwicklungsfähigkeit des Kaiserreichs getragen. Exakt überprüfen läßt sich diese Prognose nicht. Denn es bleibt nun einmal dabei, daß das Reich in Gestalt der Monarchie und des «ewigen Bundes» der deutschen Fürsten, den sie mit der Reichsverfassung von 1871 geschlossen hatten, in der Revolution und Niederlage von 1918 untergegangen ist. Niemand kann daher wissen, wie es mit ihm, wenn denn der Frieden in Europa nach einer diplomatischen Bewältigung der Julikrise noch einmal vier Jahrzehnte lang angehalten hätte, weitergegangen wäre.

Die kritische Beurteilung des reichsdeutschen Modernisierungspotentials verharrt genauso im Bereich der kontrafaktischen Geschichte, auch sie behält ihren hypothetischen Charakter. Aber sie kann zum einen die un-

1. Wie modernisierungsfähig war das Kaiserreich?

gleich besseren Argumente der allzu wohlwollenden Deutung entgegensetzen. Zum andern bleiben skeptische kontrafaktische Einwände generell ein überaus nützliches Mittel, um die vermeintliche Unentrinnbarkeit des historischen Prozesses wenigstens gedanklich in Frage zu stellen, auf verschüttete Möglichkeiten, auf abgeblockte förderliche oder hemmende Entwicklungschancen hinzuweisen und konkurrierende positive Spekulationen dem Zweifel auszusetzen. Um einen strengen Beweis indes kann es sich, noch einmal, auch hier nicht handeln.

Welche kritischen Argumente lassen sich in diesem Falle geltend machen?

1. Das Kartell der traditionalen Machteliten und neuen Funktionseliten war daran gewöhnt, unter dem Banner der «Sammlungspolitik» und des autoritären Korporativismus seine Privilegienbastion zählebig zu verteidigen. Eben dieser Defensivkampf hatte vor 1914 den weitverbreiteten Eindruck erzeugt, daß das «wilhelminische Staatswesen» wie «erstarrt» daliege, «seiner Struktur nach abgeschnitten von dem Zustrom regenerierender Kräfte und daher unfähig zu jener produktiven Wandlungsfähigkeit», die von der angemessenen «Anpassung» an den sozialökonomischen und politischen Wandel gefordert wurde.

Vorn ist bereits charakterisiert worden (V.3), wie dieses Machtkartell die Parlamentarisierung des Reiches, die Demokratisierung des preußischen Wahlrechts, die Aufhebung der rechtlichen Diskriminierung von Sozialdemokraten und Arbeitern überhaupt, von Katholiken und Juden, von Polen, Dänen und Elsaß-Lothringern über Jahrzehnte hinweg bis in die Schlußphase des Krieges verhindert hat. Mit demselben Machtwillen waren die Steuer- und Sozialpolitik blockiert, die Zoll- und Flottenpolitik durchgesetzt, der Militarismus – wie die Zabern-Affäre 1913 grell enthüllt hatte – starrsinnig verteidigt, die Homogenität des Führungspersonals gegen alle Liberalisierungs- und Flexibilisierungstendenzen aufrechterhalten worden.

Von einer elastischen Lernbereitschaft, geschweige denn Lernfähigkeit war bei alledem nichts zu spüren. Vielmehr wurde nur ein «pathologisches Lernen» im Sinne der uneinsichtig-verbohrten Behauptung des Status quo praktiziert. Diese Bunkermentalität hielt bis zum Ende des letzten Kriegsjahres an. Nur notgedrungen wurden schließlich einige längst überfällige Korrekturen (etwa des Reichsvereinsgesetzes, der Gewerbeordnung, des Sprachenrechts) konzediert, die Oktober-Reformen in der Hoffnung hingenommen, nach der Täuschung der Alliierten die Neuerungen sobald wie möglich revidieren zu können.

Warum hätten die Träger des politischen und sozialen Herrschaftssystems entweder in einer fortdauernden Friedenszeit oder, erst recht, nach einem siegreichen Weltkriegsende, dessen unleugbarer Effekt eine enorme Stabilisierung und fulminante Legitimierung des Kaiserreichs zur Folge gehabt hätte, an dem bewährten Kräftearrangement und politischen Abwehrverhalten Wesentliches ändern sollen? Durchschlagende Gründe, die dann für einen so folgenreichen Sinneswandel und Kurswechsel gesprochen hätten, lassen sich nirgendwo ausmachen. Vielmehr hätten sich das Durchhaltevermögen und der Machtinstinkt der herrschenden Klassen rundum bestätigt fühlen können. Wenn sie schon zwei Dritteln der deutschen Wähler, und seit 1914 hieß das: Abermillionen von Frontsoldaten, in Preußen das Dreiklassenwahlrecht unentwegt weiter zumuteten – warum hätten sie, von kosmetischen Konzessionen abgesehen, nach dem Sieg einen Systemumbau selber initiieren sollen?

2. Ihr erfolgreicher Widerstand hing, das blieb eine seiner essentiellen Voraussetzungen, wie in einem System kommunizierender Röhren maßgeblich von der Schwäche, dem Zaudern, der Unentschlossenheit der Gegenkräfte ab. Sozialdemokratie und Freie Gewerkschaften, Linksliberale und linker Zentrumsflügel nahmen zwar an politischem Gewicht im Reich, in den Bundesstaaten und in den Kommunen kontinuierlich zu. Vor dem riskanten Griff nach der Macht, die ohne erbitterten Konflikt nun einmal nicht zu haben war, schreckten sie jedoch bis zuletzt zurück. Es ist unstrittig, daß die Parlamentarisierung des Reiches und die Demokratisierung des einzelstaatlichen Wahlrechts mit anhaltendem, unnachgiebig wirkendem Druck erzwungen werden mußten – nirgendwo sind den Exponenten liberaler und demokratischer Modernisierung die Ergebnisse in den Schoß gefallen.

Nun entfiel nicht nur die Option für einen revolutionären Umsturz, der allenfalls unter den Ultralinken der SPD, später der USPD seine illusionäre Attraktivität behielt. Vielmehr gab es für die Gegenkräfte des Machtkartells keineswegs eine Vielfalt von politischen Veränderungschancen, sondern nur eine Alternative, und selbst sie wirkt im historischen Rückblick ziemlich abstrakt.

Auf der einen Seite konnten sie fortfahren, im politischen Betrieb so mitzuwirken, wie sich das im Verfassungsleben inzwischen eingespielt hatte: Sie bauten weiterhin auf systemimmanente Reformen, die gelegentlich kleine Erfolge einbrachten; sie gaben sich weiter der Hoffnung hin, daß ein wohltätiger Evolutionstrend trotz ständiger Rückschläge auf lange Sicht unaufhörlich zu ihren Gunsten arbeite. Das ließ sich etwa an den Erfolgsziffern der Reichstagswahlen, an den Fortschritten in der Kommunalpolitik, an den ersten Koalitionserfahrungen der Mitte-Links-Parteien in Süddeutschland ablesen. Diese quietistische Neigung kam in erster Linie dem Denken der Sozialdemokratie in den Kategorien eines frühzeitig adaptierten Darwinismus und einer revisionistischen Reformerwartung entgegen. Friedrich Engels und die einflußreichsten Parteiintellektuellen, Karl Kautsky und Eduard Bernstein, haben diese Denkweise und Erwartungshaltung nach Kräften unterstützt. Die Integrationsideologie des «Kautskyanismus» beruhte geradezu darauf, daß sie einer pragmatischen Reformpartei die Illusion der künftigen Revolution, die sie selber gleichwohl nicht zu «machen» brauche, auf unabsehbare Zeit zu erhalten strebte.

Die Opposition hoffte, modisch gesprochen, auf einen letztlich erfolgreichen «Marsch durch die Institutionen», wobei sie ihre bislang gemächliche Gangart keineswegs beschleunigen wollte. Was aber sollte aus ihr werden, wenn man ihr den Zugang zu den Institutionen nicht nur weiterhin versperrte, sondern auch noch nach Kräften fortfuhr, sie in ihren Subkulturen einzukesseln? Das lethargische Vertrauen auf den «Genossen Trend» oder auf den fortschrittlichen «Zeitgeist» führte dann allzuleicht noch tiefer in die Sackgasse der Passivität, womöglich bis hin zum St. Nimmerleinstag.

Auf der anderen Seite hätte das Vertrauen darauf, daß die Grundströmung der modernen Entwicklung die Mitte-Links-Opposition vorantrug, auch zu einem aktiveren Engagement für ihre politischen und gesellschaftlichen Ziele führen können. Die historische Erfahrung war ja in diesen geschichtsbewußten Generationen durchaus präsent, daß die Parlamentarisierung und Demokratisierung in anderen westlichen Ländern in hartem Kampf, selbst in Bürgerkrieg und Revolution, erstritten worden war. Daß dann mit der eigenen Aktivität auch unkalkulierbare Risiken verbunden waren, lag auf der Hand. Trotzdem: Entweder waren die Ziele das Wagnis wert, oder man verharrte weiter im gewohnten Phlegma.

Selbst vor den überschaubaren Risiken des politischen Zusammenstoßes mit der «Beharrungspartei» scheute die «Bewegungspartei» jedoch zurück. Das läßt sich an der Steigerung der Rüstungspolitik ebenso verfolgen wie am Einfrieren der Sozialpolitik, an den Reaktionen auf den Burenkrieg wie an der «Daily-Telegraph»-Affäre, an der nahezu unterwürfigen Respektierung des «Burgfriedens» wie an der bedingungslos loyalen Kooperation mit der Reichsführung im Krieg.

Ein weiteres Beispiel: Mit seiner neuen Geschäftsordnung vor 1912 hatte der Reichstag die Möglichkeit eines Mißtrauensvotums gewonnen. Zweimal wurde Bethmann Hollweg damit politisch abgestraft: zum einen wegen der empörenden Enteignung polnischer Grundbesitzer im östlichen Preußen, zum andern wegen der Behandlung der skandalösen Vorfälle um das Militär im elsaß-lothringischen Zabern. Die verbale Empörung der opponierenden Parteien und ihrer Parlamentsabgeordneten blieb jedoch ohne nachhaltige Veränderungswirkung, denn der Reichskanzler hing allein vom Vertrauen des Monarchen ab. Daher konnte er die nochmalige Mißtrauenserklärung getrost ignorieren. Als ausschlaggebend erwies sich jetzt wiederum, daß die Opposition davor zurückscheute, ihrer Kritik Gewicht zu verleihen, indem sie diesen Kanzler und seine labile Koalition, etwa durch eine anhaltende Blockade im Reichstag und seinen Kommissionen, dazu zwang, sich auf die parlamentarische Kräftekonstellation endlich einzulassen. Statt dessen verpuffte beide Male die Erregung innerhalb weniger Tage.

Zu den Strukturmängeln des Kaiserreichs gehörte mithin auch, wenn man solche Gesichtspunkte verallgemeinert, daß es nicht gelernt hat, sich auf die prinzipielle Gleichwertigkeit von Regierungslager und Opposition, auf den reibungslosen Übergang der Regierungsgewalt auf die in Wahlen siegreiche Opposition, überhaupt auf den Umgang mit einer legalen, ständig wachsenden Opposition einzustellen. Ältere Traditionen spielten dabei eine verhängnisvolle Rolle. Da gab es den Einfluß theologischer und philosophischer Schulen auf die frühe, vormärzliche Parteibildung, die Diskreditierung von konkurrierenden Parteien und allemal der Opposition durch die liberale Politiklehre, dann die babylonische Gefangenschaft im Vorhof der Macht seit 1867/71.

Aus der stigmatisierten Oppositionsrolle auszubrechen und mit unangefochtenem Selbstbewußtsein um die Macht zu kämpfen, fiel gerade Oppositionspolitikern, die ihre Minderwertigkeit wie ein Fatum ergeben ertrugen, außerordentlich schwer. Das trat selbst in der dramatischen Umbruchsituation seit dem Sommer 1918 zutage, als schließlich die Parlamentarisierung keineswegs vom Reichstag zielbewußt erkämpft, sondern als letzter Akt der preußischen «Revolution von oben» von der 3. OHL befohlen wurde.

Wie soll man diese mangelhafte Kampfeslust und verkümmerte Risikobereitschaft der deutschen Oppositionskräfte bis zum Oktober 1918 erklären?

1. Geht man von einer nüchternen Input-Output-Abwägung aus, ist das politische System des Kaiserreichs offenbar zu Leistungen fähig gewesen, welche die opponierenden Gegenkräfte trotz all ihrer Kritik und Unzufriedenheit von einer wahrhaft radikalen Infragestellung der Herrschaftsordnung abgehalten haben. Der Reichstag wurde als Arena der Interessenvertretung und Konfliktaustragung zunehmend aufgewertet. Sonst könnte man die erstaunlich hohe Wahlbeteiligung vor 1914 nicht verstehen.

2. Diese Interessenbefriedigung und die Akzeptanz der politischen Distributionsleistung zeigt eindringlich, daß das Reich vor 1914 von einem vorrevolutionären Zustand meilenweit entfernt war. Die rote Gefahrenmarke, die eine fundamentale Systeminstabilität anzeigt, wurde vor 1918 nie erreicht. Im Gegenteil, trotz aller Härte der sozialen Ungleichheit gilt, pauschal gesagt, daß das Wirtschaftsbürgertum florierte, seine oberste Erwerbsklasse stand sogar hinter der Spitzenbourgeoisie anderer westlicher Länder nicht zurück; das Bildungsbürgertum war als verstaatlichte oder freiberufliche Intelligenz integriert, seinen Unmut konnte es durch das Ventil des modischen Kulturpessimismus ablassen; die Bauernschaft genoß den hochprotektionistischen Schutz des Agrarmarkts und ihrer Einkommen; die gewerbliche Arbeiterschaft spürte den Anstieg der Reallöhne, die sozialpolitischen Transferzahlungen, den wenn auch quälend langsam errungenen Bodengewinn beim Kampf der SPD und der Freien Gewerk-

1. Wie modernisierungsfähig war das Kaiserreich?

schaften gegen die wirtschaftliche, soziale und politische Benachteiligung. Eine Koalition der existentiell Unzufriedenen konnte unter diesen Umständen vor Ende 1918 von niemandem geschmiedet werden.

3. Dafür fehlte es aber auch an mitreißenden, kampflustigen, machthungrigen politischen Führungspersönlichkeiten. Dieses Defizit ist nicht allein auf einen Talentmangel zurückzuführen, denn eben dieser Persönlichkeitstypus bahnte sich in den Großunternehmen seinen Weg nach oben. Vielmehr lenkt es auf die Bedingungen der politischen Sozialisation hin, von denen die Führungseliten der Parteien und Verbände einer potentiellen Systemopposition geprägt wurden. Diese Sozialisationseinflüsse des Elternhauses und der Volksschule, des Gymnasiums und der Universität, des Militärdienstes und des öffentlichen Meinungsklimas ließen aber erst recht keine Revolutionäre à la Lenin und Trotzki hochkommen. Rosa Luxemburg und Leo Jogiches waren eingewanderte polnisch-russische Juden aus einer von Grund auf anderen Erfahrungswelt; auch Karl Liebknecht verkörperte weit eher den leidenschaftlichen Agitator als einen revolutionären Akteur.

Die ausschlaggebende Erfahrungsbasis für die politische Sozialisation des deutschen Führungspersonals ist darin zu finden, daß die Gesellschaft und Wirtschaft, die Politik und Kultur des kaiserlichen Deutschland keine Brutstätte für Revolutionäre abgaben. Das Kaiserreich war keine rückständige Autokratie wie das zaristische Rußland, das derart aussichtslos erstarrt wirkte, daß es eine systemsprengende Fundamentalkritik förmlich provozierte. Der deutsche Obrigkeitsstaat mochte diskriminieren, schurigeln, hemmen, wo immer er auf mißliebige Strömungen, auf zivilcouragierten Widerstand traf. Aber er bot auch ein hohes Maß an Rechtssicherheit, politische Teilhaberechte wie nur wenige westliche Staaten, sozialpolitische Leistungen wie sonst nur Österreich und die Schweiz, Freiräume für entschiedene Kritik, Erfolgserlebnisse für die Opposition, Meinungsfreiheit mit seltenen Zensureingriffen, Bildungschancen, Aufstiegsmobilität, Wohlstandsanstieg.

Kurzum: Er bot erfahrbar verbesserte Lebens- und Partizipationschancen. Sie wurden zwar oft genug klassenspezifisch eingeschränkt, so daß der Stachel ständiger Diskriminierung und unüberbrückbarer Disparitäten der Lebensführung schmerzhaft spürbar blieb. Aber das Kaiserreich verwandelte sich nie in ein so starres, menschenfeindliches System wie der Zarismus. Daher besaß es auch nicht den Nährboden für eine auf Umsturz und Terror eingeschworene Grundsatzopposition, wie sie die Bolschewiki vertraten.

Die politische Sozialisation im Kaiserreich erzeugte vielmehr in aller Regel einen pragmatischen, trotz aller Kritik staatsloyalen und monarchietreuen, zunehmend nationalbewußten, eher konfliktscheuen, jedenfalls vor radikalen Reformen zurückschreckenden Politikertypus. Zu einem riskanten Umbau des Herrschaftssystems, dessen Trägereliten, wie jedermann wußte, sich mit einer vehementen Diffamierungs- und notfalls Repressionskampagne gegen die Staatsfeinde, die «vaterlandslosen Gesellen», die Antimonarchisten zur Wehr setzen würden, fehlte ihnen der aktionsbereite Habitus, die aktivistische Mentalität, der dynamische Erneuerungswille.

Diese politische Sozialisation erfaßte selbstverständlich nicht nur die Führungskräfte, sondern wirkte sich generell auf die Reichsbevölkerung aus. Deshalb auch brach das Reich in der beispiellosen Belastungsprobe des Weltkriegs nicht frühzeitig auseinander. Statt dessen hielt es dem totalen Krieg jahrelang stand. Letztlich reichte dann die Resistenzfähigkeit gegen eine überlegene Koalition nicht aus. Doch die Kohäsion unter immensem Druck ist in vielfacher Hinsicht eindrucksvoll, jedenfalls bleibt sie erklärungsbedürftig.

Dafür brauchen alle vorn genannten Gesichtspunkte nicht noch einmal aufgeführt zu werden. Die Mehrheit der erwachsenen Reichsdeutschen hielt aus all diesen Gründen ihre Lebenswelt für so verteidigenswert, daß sie selbst die mörderischen Zumutungen eines vierjährigen Krieges hinnahm. Die Bereitschaft dazu wurde massenwirksam aktiviert, als mit Rußland eine seit mehr als 100 Jahren gefürchtete Despotie angeblich zum Angriff überging. Hochmotiviert wurde seither «die Heimat» gegen die «slawische Dampfwalze», gegen die «Kosakenhorden» verteidigt. Als Rußland 1918 aus dem Ring der Alliierten ausschied, schossen nicht nur wider alle realistische Vernunft die letzten bizarren Hoffnungen auf einen Endsieg an der Westfront empor, sondern der psychische Haushalt des deutschen Frontheeres veränderte sich mit dem Fortfall der «russischen Gefahr» insgesamt.

Aber auch wenn man von dem Sonderverhältnis zum östlichen Nachbarn absieht, hat der Krieg in Deutschland wie in allen Staaten jahrelang zu einem fanatischen Durchhaltewillen geführt, der erst seit 1917 abzubröckeln begann. Unter den Kriegsbedingungen fiel es erst recht schwer, aus der nationalen Solidargemeinschaft, für die Tod und Leid millionenfach hingenommen werden mußten, auszuscheren. Erst als der aus dem Versagen des Herrschaftskartells hervorgehende innere Problemstau sich mit der Zermürbung durch vier Kriegsjahre und der unaufhaltsam herannahenden Niederlage überschnitt, zerbrachen die Stützpfeiler, die bisher die Systemloyalität getragen hatten.

Wenn man sich diese Überlegungen vergegenwärtigt hat, muß man abschließend noch an zwei von Grund auf irreführende Prämissen des positiven Urteils über die politische Entwicklungskapazität des Kaiserreichs erinnern.

Zum einen war weder die Juli-Krise von 1914 noch ihr folgerichtiges Ergebnis, der Erste Weltkrieg, ein unabwendbares Verhängnis, das wie ein blindes Schicksal über das Kaiserreich hereinbrach. Richtig ist vielmehr, daß die Repräsentanten der deutschen Machteliten im Entscheidungsprozeß die Grenze zwischen Risikobereitschaft und Kriegsbereitschaft bewußt überschritten, in ihrem unter den vermeintlichen Zwängen der Finanz- und Rüstungspolitik rapide schrumpfenden Planungshorizont der Maxime «Je eher, desto besser» folgten, ihre Großmachtillusion und ihr sozialimperialistisches Legitimierungskalkül für vorrangiger hielten als die Erhaltung des Friedens. Warum sollte man solchen Machteliten, die diesen Kurs nicht in einem Zustand der Geistesabwesenheit, sondern nach Abwägung ihrer vitalen Interessen bei hellem Bewußtsein gesteuert hatten, auf einmal die Fähigkeit zu einer politischen Modernisierung unterstellen, die ebendiese Interessen im Kern verletzt hätte?

Zum andern ist die konsistente Blockade tiefgreifender politischer Reformen kein zeitbedingter Irrtum gewesen, der von der Herrschaftskoalition schnell korrigiert werden konnte, sobald sie nur über ihren versehentlich eingeschlagenen Irrweg vernünftig aufgeklärt worden wäre. Das Gegenteil ist richtig: Aufgrund ihrer Perzeption der Wirklichkeit war sie nach einer sorgfältigen Abwägung ihrer Interessen und der fatalen Risiken einer Modernisierung der politischen Realverfassung zu dem Schluß gekommen, daß ihre Verteidigungsstrategie trotz der unübersehbaren Kosten ihnen die meisten Vorteile versprach. Woher sollten bloß die veränderte Realitätswahrnehmung und das weitsichtigere Interessenkalkül plötzlich kommen, das sie, die ja im Bann ihrer eigenen langjährigen Erfolgsgeschichte standen, zu einem radikalen Richtungswechsel hätte bewegen können?

Nein, die Verteidiger des politischen Entwicklungspotentials des Kaiserreichs sehen sich angesichts der Reformverweigerung und des Kriegskurses der Machteliten einer Hürde gegenüber, die sie mit ihrem Vertrauensvorschuß zeitweilig verhüllen, argumentativ aber nicht überwinden können. Es heißt weder einer dogmatischen Niedergangslogik noch einem teleologischen Geschichtsverständnis das Wort reden, wenn man aus der Herrschaftskonstellation des kaiserlichen Deutschland vor 1914 und dann noch einmal bis 1918 den Schluß zieht, daß den sie tragenden Machteliten der Wille und die Fähigkeit abging, rechtzeitig die politische Modernisierung einzuleiten und damit auch das Legitimationsdefizit zu vermeiden, das durch den Kriegserfolg beseitigt, ja geradezu in einen Legitimationsüberschuß verwandelt werden sollte.[1]

2. Alternativen zur «Weimarer Republik»?

Unstreitig hatte im November/Dezember 1918 die Revolution in Deutschland auf den ersten Blick gesiegt. Der linksliberale Chefredakteur des «Berliner Tagesblatts», Theodor Wolff, erklärte sie bereits am 11. November zur «größten aller Revolutionen», «weil niemals eine so fest gebaute, mit so soliden Mauern umgebene Bastion so in einem Anlauf genommen worden ist». Binnen kurzem ging jedoch aus ihr die «Weimarer Republik» hervor, die auf der Überwindung der Revolution gründete. Deswegen war sie durch eine Vielzahl von gravierenden Kompromissen mit den alten Gewalten charakterisiert. Gab es zu diesem zunächst unerwarteten Resultat realisierbare Alternativen?

Diese Frage lenkt auf eine langjährige Diskussion zurück, die im Grunde seit dem zeitgenössischen Meinungsstreit anhält. Hätte es anstelle der parlamentarischen Republik vielleicht sogar, wie die Pessimisten seit jeher argwöhnten, ein bolschewistisches Regime als Nachfolger des Kaiserreichs oder aber – da ihre plakative Formel: Hier Republik, dort Bolschewismus, mit der Wirklichkeit wenig gemein hatte – eventuell ein linkssozialistisches Rätesystem geben können? Offenkundig kommt nur die Rätebewegung als Träger dieser beiden Alternativen zur Weimarer Republik in Frage. Deshalb geht es zunächst in aller Kürze um ihren Charakter und ihre Ziele.

Die Arbeiter- und die Soldatenräte entstanden spontan, von keinem geheimen Verschwörerzirkel gelenkt, als improvisierte Kampf- und Herrschaftsmittel. Sie formulierten ihre Kritik ebenso wie ihre Wunschvorstellungen in der Sprache der marxistischen Arbeiterbewegung, weil das die einzige politische Sprache darstellte, die ihnen seit Jahrzehnten vertraut war. Trotz der damit unvermeidlich auftauchenden klassenkämpferischen Töne blieb die erdrückende Mehrheit der Räte bis zum Frühjahr 1919 antibolschewistisch eingestellt. Sie verstand ihre administrative Tätigkeit als Übergangsordnung, aus der allenfalls einige Elemente in den bevorstehenden staatlichen Neubau übernommen werden sollten.

Ihre historische Aufgabe bestand seit Anfang November 1918 darin, eine fundamentale Änderung der politischen Herrschaftsordnung einschließlich eines umfassenden Elitenwechsels herbeizuführen. Mit beiden Projekten sind sie gescheitert. Blieb die Transformation des politischen Systems aus, weil die Angst vor dem «roten Umsturz» die zunächst latente Drohung eines bewaffneten Gegenschlags provozierte, so daß die Reformwilligen vor einem Bürgerkrieg mit ungewissem Ausgang zurückschreckten?

Um diese Frage zu klären, muß man zunächst prüfen, ob es in Deutschland zu diesem Zeitpunkt eine ernstzunehmende Bolschewisierungsgefahr gegeben hat. Am Vorabend seines Staatsstreichs wußte Lenin auf dem Zweiten Allrussischen Sowjetkongreß immerhin 60 Prozent der Delegierten hinter sich. Bei den Wahlen zur Verfassungsgebenden Versammlung, die er Ende November 1917 noch zuließ, erhielt die Partei der Bolschewiki, die damals etwa eine Viertelmillion Mitglieder besaß, 25 Prozent (9 Mill.) aller Stimmen. Da man den Stimmenanteil der an der ersten bolschewistischen Regierung beteiligten «Sozialrevolutionäre» hinzurechnen kann,

2. Alternativen zur «Weimarer Republik»? 207

ist es möglich, daß Lenin anfangs die Unterstützung der Wählermehrheit genoß. Vergleicht man diese starke Ausgangsposition mit der Lage der deutschen Kommunisten, kam diese winzige, in sich uneinige, ja tief zerstrittene Splittergruppe ohne Programm und ohne Strategie bis zum Januar 1919 auf wenige tausend Mitglieder. Im «Zentralrat» stellte sie höchstens zweieinhalb Prozent der Delegierten. Wenn sie an den Wahlen zur Nationalversammlung im Januar 1919 teilgenommen hätte, wäre sie nach dem sachkundigen Urteil des Historikers Arthur Rosenberg, der die KPD bald als Reichstagsabgeordneter vertreten sollte, vielleicht auf maximal ein Prozent der Stimmen gekommen. Selbst nach den bürgerkriegsähnlichen Zuständen im Frühjahr 1919 erreichte sie im Juni 1920 bei den Reichstagswahlen nur zweieinhalb Prozent. Erst aufgrund der anhaltenden Enttäuschung gewann dann die KPD bis zum Oktober 1920, also rund zwei Jahre später, an Gewicht.

Die Mehrheit der militanten Sozialdemokraten und Radikaldemokraten blieb damals noch fest an die USPD gebunden, die mit einem deutschen Sowjetstaat nichts, aber auch gar nichts im Sinn hatte. Die Kommunisten besaßen im Machtspektrum jener Jahre nicht einmal den Hauch einer Durchsetzungschance. Als wie bedrohlich auch immer die Räterhetorik und die kommunistische Agitation von der politischen Mitte und Rechten wahrgenommen wurde, drohte doch unter den realen Kräfteverhältnissen keine ernsthafte Bolschewisierungsgefahr von jener winzigen Sekte der Linksradikalen, die mit den Sowjets sympathisierten. Soviel nur zu der vielbeschworenen Alternative zwischen Weimar und Bolschewismus, die sich bei näherem Hinsehen als historisch ganz und gar unhaltbarer Scheingegensatz auflöst.

Unstrittig ist zugleich, daß im Reich und in allen Bundesstaaten die Monarchie nach der Flucht ausnahmslos aller Fürsten politisch und symbolisch am Ende war. Die Entwicklung der ersten Revolutionswochen war blitzschnell über die Oktoberreform und das Zwischenspiel Max von Badens hinweggegangen. Verfassungspolitisch entstand dadurch ein Vakuum, das den sozialdemokratischen Parteien und dem «Rat der Volksbeauftragten» unter Ebert die Chance tiefgreifender Reformen zu eröffnen schien. Gab es daher, da der Weg der Bolschewisierung, getragen von «Spartakus», der Kommunistischen Partei oder sowjetfreundlichen Räten, als realistische Möglichkeit ausscheidet, außer der Weimarer Republik noch die Möglichkeit eines «dritten Wegs», der von der SPD und USPD, sofern sie nur das Demokratisierungspotential der Rätebewegung klug und entschlossen genutzt hätten, bei einem Umbau von Staat und Wirtschaft zugunsten einer sozialen Demokratie hätte eingeschlagen werden können? Hätte zum Beispiel der Aufbau republikanischer Streitkräfte und Verwaltungsstäbe, die Durchführung einer Bodenreform in Ostelbien und die Einführung von

Gemeineigentum in der Schwerindustrie, im Bergbau und im Verkehrswesen im Bereich des Möglichen gelegen?

Zu Beginn der Antwort muß man sich vergegenwärtigen, daß die Rätebewegung ihre gefürchtete Speerspitze nur in der Ablehnung verhaßter Institutionen besaß. Heer, Bürokratie, Justiz – sie sollten irgendwie, jedenfalls von Grund auf verändert und die mit ihnen unauflöslich verbundene Obrigkeitsmentalität zerstört werden. Die positiven Ziele der Räte dagegen blieben weithin im unklaren, da ihnen außer einem allgemeinen Demokratisierungsverlangen und noch diffuseren Sozialisierungsforderungen konkrete, präzisierte Zukunftsvorstellungen durchweg abgingen.

Trotzdem: Für eine Sozialdemokratie, die jahrzehntelang für systemverändernde Reformen eingetreten war, gab es im Niemandsland zwischen Revolutionsausbruch und Nationalversammlung vorher ungeahnte Chancen, sich an eine Umgestaltung der politischen und gesellschaftlichen Verhältnisse heranzuwagen. So wie die Kronen im Staub rollten, lag auch die Meinungsführerschaft in jenen Monaten herrenlos auf der Straße. Wer jetzt mit einer attraktiven Zukunftsvision und energischen Handlungsbereitschaft in die politische Arena stieg, konnte den Ton angeben und die Leitung des Umbaus übernehmen.

Warum hat die SPD als stärkste Partei, die mit Ebert den Vorsitzenden des «Rats der Volksbeauftragten» stellte, diese Chance nicht genutzt? Dafür läßt sich vor allem ein halbes Dutzend Gründe anführen.

1. Die Mehrheitssozialdemokraten und ein gut Teil der Unabhängigen verstanden sich als Statthalter einer künftigen Demokratie, als Übergangsregime, bis die aus freien allgemeinen Wahlen hervorgegangene Nationalversammlung ihre Grundsatzentscheidungen autonom treffen konnte. Das war in mancher Hinsicht eine honorige, freilich ganz unrevolutionäre Einstellung, die mit einem Übermaß an Optimismus auf eine linke Mehrheit in der Konstituante setzte.

2. Die sozialdemokratische Führungsspitze blieb der Illusion des nationalen Konsenses, eines biedermännisch verlängerten «Burgfriedens» verhaftet. Anstatt die Gunst der Stunde zu nutzen und die unvermeidlichen Konflikte endlich auszutragen, starrte sie auf den Fetisch der «nationalen Einheit».

3. Sie war derart auf die Gefahr von links fixiert, daß sie die von dort angeblich drohende Umsturzgefahr nur in einer drastischen Verzerrung wahrnahm. Deshalb sah sie in den Räten, die ja auch ein Versagen der SPD indizierten und einen gefährlichen Konkurrenten zu verkörpern schienen, weit eher ihren Feind als ihren künftigen Verbündeten. Dabei hätte sie aufgrund ihres vorzüglichen Personalwissens und der kenntnisreichen Vertrauensmänner realistische Informationen über die Räte und die Spartakisten ziemlich mühelos gewinnen können.

4. Sie hielt wegen der verblüffenden Zäsur in allen deutschen Staaten den

2. Alternativen zur «Weimarer Republik»?

Zusammenbruch der Fürstenherrschaft offenbar für vollständig abgeschlossen. Darum schienen ja auch die sozialen Träger des alten Regimes derzeitig so geschwächt zu sein, daß keine akute Bedrohung von ihnen ausgehen konnte. Trotz ihrer sozialökonomischen Theorie, die eine realitätsaufschließende Kraft gegenüber den gesellschaftlichen Machtverhältnissen beanspruchte, erlag sie dem geradezu klassischen verhängnisvollen Fehlurteil, auf radikale institutionelle und personelle Veränderungen verzichten zu können.

5. Kaum zu überschätzen ist die anhaltende Wirkung des «Kerenski-Schocks», denn die Sozialdemokratie hatte voller Entsetzen und hellwach verfolgt, wie die russische Übergangsregierung unter Ministerpräsident Alexander Kerenski durch das brutale Machtstreben der Bolschewiki ebenso weggefegt worden war wie die russische Konstituante im Januar 1918. Otto Braun vom SPD-Vorstand drückte einen überwältigenden Konsens aus, als er im «Vorwärts» empört verlangte, daß dieser «gewalttätige Putschismus» und die sowjetische «Anarchie» es erzwinge, einen «dicken, sichtbaren Trennungsstrich» zu ziehen. Die sozialdemokratische Bolschewistenfurcht konnte fast nahtlos an den traditionellen Rußlandhaß anknüpfen. Der Gegner im Osten als Gegenstand der Stigmatisierung blieb fast derselbe.

Die Angst vor einem deutschen Bürgerkrieg, die durch diesen «Kerenski-Schock» geschürt wurde, war auch, wie man fairerweise einräumen muß, kein Hirngespinst, da die Mehrheit der Bevölkerung radikalen Veränderungen nach vier traumatisierenden Kriegsjahren mit unverhohlener Skepsis gegenüberstand, da die rasch anwachsende Zahl der Bürgerwehren und Freikorps die Bereitschaft zum militärischen Gegenschlag gegen die Linke verriet und da das Verhalten von Millionen Soldaten im Verlauf der Demobilmachung nicht klar abzuschätzen war und außerdem die beiden Kirchen zornig, ja rabiat gegen das «rote Chaos» opponierten.

6. Die damals von führenden Sozialdemokraten und später von argwöhnischen konservativen Historikern geäußerte Sorge vor der Gefahr einer alliierten Intervention gegen einen deutschen Reformkurs läßt sich glaubwürdig dementieren. Wäre es zu einem solchen von der SPD mit der Unterstützung der Rätebewegung eingeschlagenen Kurs gekommen, hätte es auf seiten der Alliierten nicht geringe Sympathien für den intendierten Umbau der von ihnen jahrelang attackierten preußisch-deutschen «Autokratie» gegeben. Um ihn durch ein militärisches Eingreifen zu blockieren, hätten sie außerdem das unwägbare Risiko eines deutschen Verzweiflungs- und Partisanenkampfes auf sich nehmen müssen, das im Augenblick allgemeiner Kriegserschöpfung und Erleichterung über den Sieg vor ihrer Öffentlichkeit kaum zu rechtfertigen gewesen wäre. Der Hinweis auf die tatsächlich massive Militärintervention der Ententemächte im innerrussischen Bürger- und Glaubenskrieg mit dem Ziel, den Erfolg der Bolschewiki doch

noch zu verhindern, führt nicht weit, da weder mit den deutschen Räten noch mit der Spartakusgruppe oder der KPD ein deutsches Sowjetsystem seinen Machtanspruch anmeldete, so daß auch für die Alliierten der ideologische Druck zur Eindämmung der roten Gefahr, der beim Duell zwischen Wilson und Lenin eine ausschlaggebende Rolle spielte, in Mitteleuropa entfiel.

Auch wenn man die Interventionsgefahr für ein Schreckgespenst hält, blieb trotzdem eine beispiellose Drucksituation bestehen, in der die Berliner Akteure ihre Entscheidungen treffen mußten: Räte regierten, ihre Gegner formierten sich in paramilitärischen Verbänden, die Frontarmeen fluteten zurück, die feindlichen Heere standen an der Reichsgrenze, die abgrundtiefe Enttäuschung über die Kriegsniederlage bohrte sich immer tiefer, die tödliche Grippewelle zog auch durch Deutschland, die Städte litten Hunger, denn die alliierte Blockade hielt gnadenlos an.

In dieser Lage setzte sich wiederum, wie vorn bereits erörtert, die Prägung durch die politische Sozialisation im Kaiserreich durch. Beherzt, risikobereit und mit einer gehörigen Portion Rücksichtslosigkeit, dennoch geschmeidig und taktisch klug auf die Karte radikaler Reformen zu setzen war für diese sozialdemokratischen Führungskräfte offenkundig unmöglich, weil es die Überschreitung ihres Denk- und Erfahrungshorizontes verlangte. Sie waren seit Jahrzehnten an die Rolle der loyalen «konstitutionellen Oppositionspartei» im Rahmen der Verfassung gewöhnt, und der «Kautskyanismus» lähmte ihren – theoretisch und situationsbedingt gebotenen – aktiven Veränderungswillen.

Erneut siegte daher, wie stets zuvor, ihr pragmatisches Denken, das von Friedrich Ebert in Reinkultur verkörpert wurde. Während linke Rhetoriker wie Ernst Däumig und Otto Landsberg redeten, konferierte Ebert mit umstrittenen künftigen Verbündeten und traf, in Übereinstimmung mit seinesgleichen, jene Entscheidungen, die sich dann als irreversibel erwiesen.

Deshalb konnte Friedrich Meinecke schon Anfang 1919 erleichtert feststellen, daß bisher «keine völlige Revolution der Staats- und Gesellschaftsordnung bei uns erfolgt» sei. Und deshalb blieb dann, wie Golo Mann später bitter konstatierte, «der ganze Herrschafts- und Geistesapparat des Kaiserreichs erhalten: Verwaltung, Justiz, Universitäten, Kirchen, Wirtschaft, Generalität».

Die Wahlen zur Nationalversammlung und die jetzt entstehende «Weimarer Koalition» von SPD, Liberalen und Zentrum bedeuteten in mancher Hinsicht einen Anlauf, zum System Max von Badens, nur ohne die monarchische Spitze, zurückzukehren. Die Revolution wirkte, so gesehen, völlig überflüssig. Deswegen wurde sie auch von vielen als störendes, im Grunde sogar als überflüssiges Zwischenspiel empfunden, das von Meuterern und Landesverrätern inszeniert worden sei. Tatsächlich zeigt die Analyse der strukturellen Bedingungen der Revolution jedoch, daß sie nicht nur aus der

2. Alternativen zur «Weimarer Republik»?

Niederlage und Kriegsmüdigkeit resultierte, sondern eine «folgerichtige Konsequenz der deutschen Gesellschaftsgeschichte» war.

Hätte es aber, um zu der hypothetischen Alternative eines «dritten Weges» zurückzukehren, außer der nicht einmal in Angriff genommenen, geschweige denn forcierten Reformpolitik der Sozialdemokratie realistische Vorzüge des Übergangs zu einem Rätesystem gegeben?

Für die deutschen Räte sprechen zunächst drei Erfolge: Sie hatten sich als Kampf- und Herrschaftsinstrumente einer oppositionellen Massenbewegung während einer kritischen Umbruchphase bewährt; sie erwiesen sich imstande, der kollektiven Spontaneität zeitweilig organisatorische Formen zu geben; sie schleusten neue, aktive Führungspersönlichkeiten hoch.

Als politischer Verfassungstypus war jedoch ein Rätestaat auf die Dauer für eine komplexe, industriell hochentwickelte Gesellschaft wie die reichsdeutsche völlig ungeeignet. Dieser prinzipielle Einwand läßt sich unter acht Sachgesichtspunkten differenzieren und begründen.

1. Die vergleichende Kulturanthropologie und die Verhaltensforschung haben überzeugend gezeigt, daß der Zustand der permanenten Mobilisierung, auf dem die Bereitschaft zur aktiven Mitwirkung in den Räten basierte, zeitlich nicht unbegrenzt durchgehalten werden kann. Engagement und Regeneration, Anstrengung und Erholung wechseln sich in unterschiedlich strukturierten Gesellschaften in unterschiedlich lange währenden Intervallen ab. Unter ständig wachsender Hochspannung läßt sich nur eine Zeitlang leben.

2. Der Anspruch auf die Überparteilichkeit der Räte ist nirgendwo realisierbar gewesen. Überall bildeten sich vielmehr Fraktionen, oder Rätegruppen wurden von den politischen Parteien mediatisiert. Sobald eine Partei siegte (wie in Rußland, Ungarn, München), wurden die Räte zu Machtmitteln dieser Partei. Keine Erfahrung, kein theoretisches Argument spricht dafür, daß Kampfverbände wie die Räte sich der Neutralität des Überparteilichkeitsideals auch nur anzunähern vermögen.

3. Entgegen den euphorischen Vorstellungen der Räte erwies sich die Bürokratie als eine unvermeidbare Einrichtung. Allein der Berliner «Zentralrat» beschäftigte in kürzester Zeit 500 Verwaltungsbeamte. Die Planung und Kontrolle des staatlichen Handelns und der wirtschaftlichen Abläufe in einem hochkomplexen System wie dem deutschen wären ohne eine hochqualifizierte Bürokratie unmöglich gewesen. Damit aber wären alle jene vertrauten Probleme der Rekrutierung und Ausbildung, des Expertenvorsprungs und Korpsgeistes, der bürokratischen «Torhüter»-Mechanismen und Entscheidungsbeeinflussung aufgetaucht, welche die Räte durch ihr volksnahes Rotationssystem vermeiden wollten.

4. Die verhaßte Hierarchie erwies sich auch in den Räten als unvermeidbar. Ihr Stufensystem brachte es notwendig mit sich, daß Ratsmitglieder, je höher sie postiert waren, desto besser, den Zugang zu wichtigen Informa-

tionen gewannen, daß sie ein zählebiges Interesse an einer Dauerstellung entwickelten und daß sie wegen ihrer Kenntnisse und Erfahrungen schwer abberufen werden konnten. Da die Räte außerdem aus indirekten Wahlen hervorgegangen waren und weiter hervorgehen sollten, konnte die Kontrolle durch den «mündigen Bürger» noch schwerer ausgeübt werden als gegenüber den parlamentarischen Abgeordneten und selbstbewußten Repräsentanten der Bürokratie.

5. Blickt man auf die prinzipiellen politiktheoretischen Prämissen der Räte, beanspruchten sie, auf der Identität von Herrschenden und Beherrschten zu beruhen. Das implizierte eine gesellschaftliche Harmonieidee, die in krassem Widerspruch zu dem empirisch feststellbaren Interessenpluralismus komplexer westlicher Industriegesellschaften steht. Und nicht nur das: Wegen dieser Identitätsfiktion fiel der Minderheitenschutz, auf den die Räte keinen vorsorglichen Gedanken verschwendeten, unverhältnismäßig schlechter aus als vorher, da der im vergangenen Jahrhundert mühsam erstrittene, rechtlich verankerte Schutz, den der bürgerliche Rechtsstaat Minoritäten gewährt, entfiel.

6. Die Selbstregierung des Volkes durch Räte setzte im gedanklichen Entwurf bei allen Rätemitgliedern die Optimierung der rationalen Einsicht, des rationalen Kalküls, des rationalen Verhaltens voraus. Natürlich war das nur eine regulative Idee, ein Ideal, das von allen angestrebt werden sollte. Faktisch aber konnte es, wie damals die Erfahrung mit den russischen und ungarischen Sowjets lehrte, ohne institutionelle Barrieren gegen den Vorstoß einer zielstrebigen Minderheit nur zu leicht zu ihrer Machtusurpation kommen. Danach war der Widerstand noch schwieriger als die Opposition gegen die früheren Machtträger.

7. Historisch ist die Räteidee mit der «Diktatur des Proletariats» verknüpft, obwohl das theoretisch nicht notwendig der Fall sein muß und bei den deutschen Bauernräten auch nicht der Fall war. Weil im allgemeinen aber dieser Nexus bestand, konnte er folgerichtig zu ungleichem Wahlrecht und zum Verlust des Minderheitenschutzes führen. Sollten die Entrechteten daraufhin ihr Mißgeschick stillschweigend erdulden? Wäre andrerseits ihr Widerstand, so er denn überhaupt als legitim anerkannt worden wäre, praktisch möglich gewesen?

8. Wird die Gewaltenteilung des modernen Verfassungsstaats, so umstritten sie empirisch auch sein mag, durch ein Rätesystem formell aufgegeben, wächst den obersten Räten de facto ein Machtmonopol zu. Ihm entspricht der Verlust an Freiheitsbereichen für Individuen, Gruppen, vielleicht für ganze Besitz- und Berufsklassen – ein Verlust, der durch eine inzwischen fatal geschwächte Legislative und Judikative nicht wieder gutgemacht werden kann.

Im Lichte solcher Überlegungen drängt sich der Schluß auf: Räte sind in hochentwickelten Industriegesellschaften bereits auf kurze Dauer funk-

2. Alternativen zur «Weimarer Republik»?

tionsunfähig, vor allem aber als politische Verfassungsordnung ein gefährlicher Rückschritt in das Traumland basisdemokratischer Illusionen. Die Forderung in den 1960er Jahren, daß man ihnen dennoch eine Chance hätte geben sollen, damit sie ihre Reformziele hätten verwirklichen und durch Lernprozesse die eigenen Mängel überwinden können, vermag den Einwand nicht zu entkräften, daß man sich vor einem derart riskanten Flug mit einem Versuchsballon über die Vorzüge und Nachteile einer Räteherrschaft mit rationalen Argumenten Rechenschaft ablegen muß. Ihre Zukunft muß versprechen, besser zu sein als die repräsentative parlamentarische Demokratie. Andernfalls ist das in jeder Hinsicht kostspielige Experiment mit Räten sinnlos. Auf den «neuen Menschen», der unter ihren Fittichen alle Defizite kompensieren soll, kann man bekanntlich nicht warten. Realistischer ist es, den «alten Adam» im Institutionengefüge des demokratischen Verfassungs- und Rechtsstaats weiterhin zu zähmen.

Unabhängig von dieser grundsätzlichen Kritik bleibt bestehen, daß die Räte mit guten Gründen eine nur zu berechtigte Kritik übten: An der Militärhierarchie und Justiz, an den Oligarchien in Staat, Gesellschaft und Wirtschaft, am Versagen der effektiven Kontrolle der Bürokratie. In der konkreten historischen Situation in Deutschland fungierten sie zeitweilig als Instrumente einer auf viele unaufschiebbar wirkenden Veränderung. Einige Elemente, wie etwa die Betriebsräte, haben sich auch auf längere Sicht bewährt, da sie in einen umfassenden Funktionszusammenhang ohne Änderung des politischen Systems eingebunden blieben. Insgesamt aber können Räte die Vorzüge der parlamentarischen Demokratie als überlegenem politischen Ordnungsmodell keinen Augenblick ernsthaft in Frage stellen. Obwohl der Blick auf den außerordentlich eng begrenzten Denk- und Erfahrungshorizont der regierenden Sozialdemokraten keine Illusionen über ihre Reformentschlossenheit zuläßt und man zugleich das Rätesystem als politische Dauerverfassung ablehnen muß, so daß unter den historischen Bedingungen jener Monate der Weg in die «Weimarer Republik» ziemlich folgerichtig erscheint, bleibt dennoch in der Perspektive ihres Scheiterns der Stachel zweier Fragen bestehen.

Hätten die Sozialdemokraten trotz ihrer eigenen und der von außen gesetzten Grenzen nicht doch die Chancen für Reformen energischer erkunden und nutzen können – ja sogar, gemessen an ihren eigenen Ansprüchen, nutzen müssen? Und wäre durch eine solidere demokratische Fundierung der Republik die Kontinuität der Machtkonstellation, von der so viel im Herrschaftsapparat, in der Ideologie, in den Sozialisationsinstitutionen bis 1933 erhalten blieb, unterbrochen und der Abstieg in die Diktatur vermieden worden?

Ehe auf die erste Frage eine Antwort, welche die Voraussetzung zur Klärung der zweiten ist, gegeben wird, muß zuerst wieder festgehalten werden, daß eine rundum überzeugende, eindeutige Auskunft nicht möglich ist, da bei solchen kontrafaktisch-hypothetischen Erwägungen zu viele schwer abwägbare Variablen ins Spiel kommen. Fest steht aber zunächst: Nur ein Dogmatiker kann der Weimarer Republik von vornherein jede Chance einer positiven, stabilisierten Entwicklung absprechen – wenn etwa die dritte Weltwirtschaftskrise seit 1929 gar nicht über sie hereingebrochen oder aber 20 Jahre später gekommen wäre.

Dennoch: Ihre fatale Belastung durch die Kontinuität fortbestehender politischer und gesellschaftlicher Strukturen ist nicht zu bestreiten. Wer gegen weiterreichende Veränderungen, als sie mit der Etablierung der Republik verbunden waren, argumentiert, muß sich die Frage, welche Rechnung im Verlauf des historischen Prozesses für diesen Verzicht oder dieses Versagen präsentiert worden ist, gefallen lassen; er kann ihr gar nicht ausweichen. Der sozialdemokratische Historiker Gustav Mayer hat schon Ende Oktober 1918 voll böser Ahnungen prophezeit, daß die Rückkehr der radikalen «deutschen Gewaltpolitiker» abzusehen sei, wenn die traditionellen Eliten nicht durch die «demokratische und sozialistische Hochflut, die kommen wird, ausgeschaltet» würden. Dieses Urteil zeigt, daß eine skeptische Prognose auch unter besonnenen Köpfen frühzeitig möglich, mithin kein Vorrecht linksradikaler Republikaner war.

Weder der Faschismus in Italien noch der Nationalsozialismus in Deutschland ist ohne die Hilfe einer im entscheidenden Zeitraum funktionsfähigen Koalition mit den Machteliten in Politik und Militär, Verwaltung und Kirche an die Macht gekommen. Am Ende der Weimarer Republik hat eine solche von Zähmungsillusionen geblendete Allianz mächtiger Republikgegner Hitler bei der Machtübergabe in den Sattel gehoben, da die Nationalsozialisten allein nicht mehrheitsfähig geworden waren.

Niemand weiß mit Sicherheit, ob demokratische Reformen in der Umbruchphase von 1918/19 – noch einmal: republiktreue Streitkräfte und Verwaltungsstäbe, Bodenreform in Ostdeutschland und Gemeineigentum in der Montanindustrie und im Verkehrswesen – die Republik hätten hinreichend schützen können – gegen den furiosen Anprall radikalisierender Erfahrungen, die mit dem Absturz aus allen Kriegszielillusionen, der Niederlage, dem Versailler Frieden, den Reparationen, der Hyperinflation, schließlich mit der Weltwirtschaftskrise, zuletzt mit dem unbarmherzigen Ansturm militanter, auf paramilitärische Bürgerkriegsverbände zurückgreifender totalitärer Bewegungen verbunden waren.

Trotzdem läßt sich die quälende Frage, die wegen des «Zivilisationsbruchs» seit 1933 nie zur Ruhe kommen wird, nicht beiseite schieben. Hätte eine belastungsfähigere demokratische Basis die Republik trotz ihrer extremen Belastungen zu stabilisieren vermocht? Es bleibt die Tatsache bestehen, daß die Steigbügelhalter der nationalsozialistischen Bewegung, ohne deren Machtübergabe der letzte Schritt ins «Dritte Reich» außerordentlich fragwürdig erscheint, nicht entmachtet worden sind. Binnen kurzem, nach einem Dutzend Jahre nur, konnten sie daher einen neuen Anlauf unternehmen, durch die vermeintliche Indienstnahme des «Großen Trommlers» ihre Vorherrschaft endlich zurückzugewinnen.

Manchmal bleibt dem Historiker nur die ernüchternde Einsicht, daß es, auch nach der Prüfung aller hypothetischen Möglichkeiten, für schwierige Situationen überhaupt keine gute, sondern nur eine vielfach belastete Lösung gibt. Die Belastung der Weimarer Republik erwies sich als extrem hoch. Ein deutsches Rätesystem wäre angesichts des bereits erreichten gesellschaftlichen und politischen Entwicklungsniveaus völlig verfehlt gewesen. Die Gefahr eines Bürgerkriegs als Folge einschneidender Reformen ist nicht geringzuschätzen, sie war keineswegs nur ein Schreckgespenst für ängstliche Gemüter. Hätte die Sozialdemokratie, so wie sie historisch geworden war, wie sie die einschnürenden Bedingungen der Stunde vorfand und wahrnahm, den verbleibenden Handlungsspielraum so nutzen können, daß die Reformergebnisse vielleicht auch den Absturz in die totalitäre Diktatur verhindert hätten? Daß es einen größeren Spielraum gab, als die SPD-Spitze glaubte, ist wohl wahr. Daß sie ihn hätte nutzen können, bleibt aufgrund ihrer historischen Prägung und der harten restriktiven Bedingungen doch eher ein Wunschtraum, den das Trauma von 1933 nährt, als daß es eine konkret realisierbare Handlungschance gewesen wäre.[2]

3. Die Bürde des Neuanfangs

Die Weimarer Republik sollte nicht von vornherein und allemal nicht ausschließlich in der Perspektive ihres Scheiterns oder ihrer Zerstörung gesehen werden. Denkt man vielmehr an die autoritäre Verformung des Kaiserreichs, sollte am Anfang die Frage stehen, warum es trotz dieser reichsdeutschen Vorgeschichte bis zum November 1918 seither überhaupt möglich war, eine parlamentarische Republik aufzubauen und eine ganze Zeit lang gegen den Ansturm der Republikfeinde zu verteidigen.

Zum einen muß man an einige massenwirksame Faktoren denken, welche die neue Staatsform begünstigten.

– Der Zusammenbruch der deutschen Fürstenherrschaft wirkte durch alle politischen Lager hindurch bis in die Reihen der strengen Royalisten hinein desillusionierend.

– Die Alternativlosigkeit der Republik verschaffte ihr im Parallelogramm der Kräfte einen Vorsprung.

– Die Machtdeflation der alten Eliten schien im November erst zu beginnen; zeitweilig wirkten sie zahnlos, deprimiert, überlebt.

– Nach den erbitternden Kriegserfahrungen an der Front und in der Heimat hatte sich eine tiefe Skepsis gegenüber der kaiserstaatlichen Ordnung wie Mehltau über große Teile der Gesellschaft gelegt.

Zum andern gab es positive Überlieferungen:
– Die Demokratie war allmählich in großen Parteien wie der SPD, dem Zentrum, auch der FVP eingeübt worden, so daß sie eine nicht sehr breite, aber belastbare soziale Basis besaß.
– Die Aufwertung des Reichstags hatte die Erwartungen, die sich auf ein parlamentarisches Regime richteten, gesteigert.
– Das Klassenwahlrecht, besonders das anachronistische Verfahren in Preußen und in den meisten Städten, war in einer demokratischen Republik unmöglich. Damit entfiel die schizophrene Spaltung des Wählers in einen Vollbürger bei den Reichstagswahlen und einen plutokratisch degradierten Teilbürger unter dem Klassenwahlrecht der Einzelstaaten und Kommunen.
– Der Krieg hatte eine tiefreichende Demokratisierungswelle aufgewühlt. Das haben nicht nur Bethmann Hollweg, Groener und Tirpitz pessimistisch registriert, sondern auch zahlreiche linksstehende Zeitgenossen zustimmend beobachtet.

Geht man von dem vorn vertretenen historischen Urteil über die Kräftekonstellationen und restriktiven Bedingungen des deutschen Winters 1918/19 aus (VI.1, 2), welche die Handlungsoptionen rigoros einschränkten, versteht man auch bereitwilliger den erdrückenden Kompromißzwang, unter dem sich die Regierungsmitglieder fühlten, obwohl sie «kraft revolutionären Rechts» an die Macht gelangt waren. Noch Ende 1918, vor der Wahl zur Nationalversammlung, kam es zu einer Reihe von Basiskompromissen, auf denen das Gebäude der Weimarer Republik fortab ruhte. Neben der formalen neuen «Verfassung des Deutschen Reiches» vom August 1919 konstituierten sie schon mehr als ein halbes Jahr vorher eine zwar informelle, aber nicht weniger «reelle Verfassung des Landes» (F. Lassalle) mit weitreichenden Auswirkungen auf das gesamte politische und gesellschaftliche Leben.

1. An erster Stelle steht der Kompromiß mit dem kaiserlichen Heer, das während des Rückzugs in Millionenstärke zurückflutete, auf die zivile Reichsleitung aber noch immer als militärische Ordnungsmacht wirkte, um die wegen der revolutionären Unruhe kein Weg herumführte. Offenbar hat kein linker Spitzenpolitiker das Ziel energisch verfolgt, mit Hilfe der Soldatenräte ohne Verzug republikanische Streitkräfte aufzubauen, wie das die österreichische Sozialdemokratie mit einer sogleich 16000 Männer umfassenden «Volkswehr» erfolgreich unternommen hat. Bereitwillige Soldaten hätte es für solche Milizverbände in Deutschland ebenso gegeben wie genug jüngere Offiziere und republikfreundliche Autoritätspersonen mit Militärerfahrung. Noch weniger galt es in der Reichskanzlei als denkmöglich, die OHL abzusetzen, um die Befehlsgewalt selbst übernehmen zu können. Statt dessen einigte sich der Vorsitzende des «Rats der Volksbeauftragten» in dem viel umstrittenen «Bündnis Ebert–Groener» schon am 10. No-

vember auf einen Pakt mit der OHL, die der Regierung ihre loyale Unterstützung gegen die Anerkennung ihrer Befehlsgewalt über das Heer und die Aufrechterhaltung seiner überlieferten Kommandostruktur zusicherte. Angesichts der putschistischen Neigungen der äußersten Linken in der Spartakusgruppe und USPD glaubte Ebert, sich dieses Beistands versichern zu müssen. Nur den Koryphäen der OHL traute er außerdem zu, das Westheer innerhalb der vom Waffenstillstandsabkommen vorgeschriebenen kurzen Zeitspanne zurückzuführen und dann die Demobilmachung ohne Chaos abzuwickeln. Die Gefahr eines militanten Gegenschlags von rechts, in welchem Fall das Militär eine denkbar unzuverlässige Größe gewesen wäre, spielte eine merkwürdig geringe Rolle.

Groener wiederum hoffte, auf diese Weise gegen den Konkurrenzanspruch der Soldatenräte die militärische Hierarchie samt «Ordnung und Disziplin» verteidigen zu können. Außerdem wollte er der Übergangsregierung aus überwiegend maßvollen Linkspolitikern, die er in seiner Berliner Zeit genau kennen- und teilweise schätzengelernt hatte, gegen die «rote Anarchie» beispringen. Im Einverständnis mit Ebert bildete er auch sofort aus den «zuverlässigsten Frontsoldaten» Freiwilligenverbände, die Freikorps. Bereits am 16. Dezember wurde das «Landesjägerkorps» unter General Maercker offiziell anerkannt. Weitere Freikorps folgten in rascher Folge, bis ihre Stärke ein halbes Jahr später zwischen 200 000 und maximal 400 000 Mann schwankte.

Zur Unterstützung der zivilen Reichsspitze versprach Groener trotz des Debakels auf der Geheimkonferenz im Großen Hauptquartier am 8./9. November, dessen wahres Ausmaß den Politikern verheimlicht wurde, unverzüglich zehn fronterfahrene Divisionen nach Berlin in Marsch zu setzen. Von ihnen kamen sage und schreibe 1800 Männer in der Reichshauptstadt an. Und sie alle verschwanden bis zum 24. Dezember ebenfalls im Nichts, als sie sich den siegessicheren «roten Matrosen» der «Volksmarinedivision» gegenübersahen. Daher stand die Regierung Weihnachten 1918 ohne eine einzige einsatzfähige Armeeeinheit da.

Als am 6. Januar 1919 der kommunistische Aufstand von einer aktionistischen Spartakusminderheit ausgelöst wurde, besaß sie noch immer keine loyale Truppe. Auch jetzt, als am 6. Januar Abertausende von proletarischen Anhängern die Regierung mit «einem lebendigen Wall» schützen wollten und unablässig riefen: «Waffen! Waffen! Gebt uns Waffen» gegen Spartakus, zuckte die Regierung vor der Aufstellung einer republikanischen Miliz zurück. Statt dessen ließen Ebert und Noske die Freikorps in die Stadt rufen. Ehe sie eintrafen, hatten bewaffnete sozialdemokratische Arbeiter und prorepublikanische Soldaten «fast die ganze Stadt» schon zurückerobert. Erst am 11. Januar wurde sie von den Freikorps besetzt; mit denselben brutalen Methoden, die sie seither praktizierten, warfen sie im neuen Jahr in allen Unruhezentren die aufständischen Arbeiter nieder. Und die neue «Reichswehr», das im Friedensvertrag zugebilligte 100 000-Mann-Heer, konnte von monarchistischen Offizieren als abgeschottete Eigenwelt innerhalb der Republik konsolidiert werden.

2. Der zweite, ebenso folgenschwere Herrschaftskompromiß wurde mit der Bürokratie geschlossen: Die Beamten des kaiserlichen Deutschland blieben in ihren Ämtern. Damit ließ die Regierung den gesamten Verwaltungsapparat einschließlich der Justizbürokratie und Richterschaft völlig unangetastet. Die Staatssekretäre der bis zum 9. November amtierenden Reichsregierung, faktisch Reichsminister an der Spitze großer Behördenstäbe, verkörperten die administrative Kontinuität in hervorgehobenem Maße. Ihnen wurden zwar zeitweilig «Beigeordnete» aus den Reihen der SPD und USPD an die Seite gestellt. Entweder beugten sie sich der Sachautorität, welche die durchsetzungsfähigen bürokratischen Experten beanspruchten, oder aber sie wurden stillschweigend umgangen, indem der entscheidungsrelevante Informationsfluß an ihnen vorbeigeleitet wurde, wie das etwa Kautsky im Auswärtigen Amt und Bernstein im Reichsschatzamt erlebten. Nicht minder selbständig agierten die Provinzialbehörden und Landräte.

Jahrzehntelang hatte die Sozialdemokratie die innere Reform der Monarchie als Zukunftsaufgabe angesehen, hatte auch aus dem «Beamtenstaat» einen «Volksstaat» machen wollen. In dem Augenblick aber, als Veränderungen möglich wurden, behielt sie nicht nur das bürokratische Herrschaftssystem bei, sondern scheute selbst vor dem kleinsten Einschnitt zurück. An potentiellem administrativen Führungspersonal, etwa in Gestalt sozialdemokratischer und liberaler Rechtsanwälte und Gewerkschaftsfunktionäre, fehlte es nicht. Hätte man sie in Spitzenpositionen eingewiesen, wären aber aller Wahrscheinlichkeit nach zwei absehbare Probleme aufgetaucht, vor denen die Regierung Ebert schon im Vorfeld zurückscheute.

Der etablierte Apparat konnte gegen den Außenseiter «mauern» – wie das die «Beigeordneten» erfuhren –, Informationen vorenthalten, die Entscheidungsvorbereitung erschweren, ja torpedieren. Da die Zeit für eine allmählich voranschreitende Gewöhnung an linke Vorgesetzte ohne den vertrauten «Stallgeruch» fehlte – deshalb betrachteten die westdeutschen SPD-Strategen die «Große Koalition» von 1966 bis 1969 als politisch und psychisch unverzichtbaren Anpassungsvorlauf für die Bonner Ministerialbürokratie –, wären tiefere Einschnitte auf den oberen Rängen des Berufsbeamtentums kaum vermeidbar gewesen – mit der Folge eines renitenten Protestverhaltens, dessen Folgen nur schwer abzuschätzen waren, von der neuen Obrigkeit jedenfalls gefürchtet wurden.

Ging sie aber sogar die Sisyphusarbeit einer umfassenden Bürokratiereform an, mußte sie in der damaligen Umbruchzeit damit rechnen, daß ihre «homines novi» die Effizienz der Verwaltung auf geraume Zeit hin ver-

3. Die Bürde des Neuanfangs

minderten, bis sich, im besten Fall, die neuen Amtsleiter eingearbeitet und die Mitarbeiter auf loyale Kooperation mit Vorgesetzten ohne die übliche «Ochsentour» eingestellt hatten. Die Grundfrage lautete daher, ob man einen Effektivitätsverlust unter besonders schwierigen Bedingungen in Kauf nehmen mußte, um auf etwas längere Sicht die Bürokratie in ein zuverlässiges Instrument der Republik zu verwandeln. Vor diesen wahrscheinlich unvermeidbaren Reibungsverlusten scheute die sozialdemokratische Spitze ebenfalls zurück, da sie innerhalb ihres Erfahrungsraumes viel zu gefährlich wirkten.

Verstehen lassen sich solche Sorgen in einer deprimierenden Krisenphase durchaus. Aber der Preis für die völlige Zurückhaltung fiel sehr hoch aus. Die Tatsache, daß manche städtischen Räte auffallend effektiv und ausgesprochen erfolgreich ihre Verwaltungsaufgaben lösten, gerade deshalb aber von der Rechten giftig angefeindet und verdrängt wurden, war ihrer Natur nach ambivalent, da sie einerseits Reformer ermutigen, andrerseits risikoscheue Politiker in ihrer Angst vor dem rechten Gegenschlag bestätigen konnte.

3. Der Kompromiß mit der dritten Machtelite, dem Adel, läßt sich kurz und bündig beschreiben. Der Verzicht auf jede Boden- und Verwaltungsreform in Ostelbien sollte es der traditionellen Herrenschicht des Landes erleichtern, sich mit dem Sturz der überkommenen Herrschaftsordnung, in die ihre Interessen aufs engste verflochten waren, abzufinden. Dieser Reformverzicht mochte wegen des gefährlichen Gegners erneut wie ein striktes machtpolitisches Gebot wirken, honoriert wurde er vom Adel aber mitnichten. Mit seinen Interessenverbänden und politischen Lobbyisten, mit seinen Landräten und Rittergütern, die bis 1927 die unteren Verwaltungsbezirke blieben, behielt er die Vorherrschaft in der ländlichen Gesellschaft – unablässig auf die Revision der republikanischen Ordnung drängend, ständig zu ihrer aktiven Unterminierung bereit.

4. Ein sie begünstigender Kompromiß gelang der Regierung Ebert mit den Räten. Mitte Dezember 1918 fällte der nach Berlin einberufene «Reichsrätekongreß» mit einer großen Majorität, auf welche die SPD-Spitze nach Kräften eingewirkt hatte, die Entscheidung, daß die Wahlen zur Nationalversammlung zum frühestmöglichen Zeitpunkt abgehalten werden sollten. In diesem Augenblick gab es nicht die Alternative zwischen dem Machtanspruch, den der «Reichsrätekongreß» durchaus hätte erheben können, und dem künftigen Souverän, der Nationalversammlung. Denn «in ihrer übergroßen Mehrheit» waren die Delegierten «Anhänger eines parlamentarischen Systems». Sie traten deshalb nachdrücklich für eine derart konstruierte Republik ein, die durch die Konstituante endgültig eingerichtet werden sollte.

Ihre Passivität ging jedoch erstaunlich weit, denn der Kongreß ließ nicht einmal einen eigenen Verfassungsentwurf ausarbeiten. Damit verzichteten die Rätevertreter als Machtbesitzer auf den Vorsprung eines eigenen politischen Programms mit werbender Wirkung. Dagegen hatte Ebert schon am 15. November den linksliberalen Staatsrechtler Hugo Preuß um einen solchen Entwurf gebeten. Dadurch gewann der Linksliberalismus, der selber zur Machteroberung unfähig gewesen war und vor 1914 nur eine ziemlich kleine Klientel vertreten hatte, eine unerwartete Einflußchance. Preuß' Vorlage wurde schon am 20. Januar 1919 veröffentlicht, so daß sie die folgende Debatte nachhaltig präjudizieren konnte.

5. Zu einem Kompromiß zwang auch die Parteienkonstellation, weil sich die Linksparteien, entgegen allen Hoffnungen im November und Dezember 1918, als nicht mehrheitsfähig erwiesen. Dennoch entstand eine republikfreundliche Allianz: Die sogenannte «Weimarer Koalition» von SPD, Zentrum und «Deutscher Demokratischer Partei» (DDP), der Erbin der FVP, ging aus den Wahlen zur Nationalversammlung als überlegene Siegerin hervor. Seither waren diese politischen Partner, schien es, dauerhaft aufeinander angewiesen.

Bei einer Wahlbeteiligung von 83 Prozent errangen sie 331 von 423 Sitzen, mithin etwa 60 Prozent. Die SPD kam mit 163 Abgeordneten auf 38 Prozent (mit der USPD – 22/7,6 % – im Verhältnis von 5 : 1 auf 45,5 %); das Zentrum erreichte 91 Sitze (19,7 %), davon wurden 60 von Christlichen Gewerkschaftlern besetzt, die DDP 75 (18,6 %). Dagegen wurden die «Deutsch-Nationale Volkspartei» (DNVP), das neue Sammelbecken für die Anhänger der «Deutschkonservativen» und «Freikonservativen», mit 44 Mandaten (10,3 %) und die «Deutsche Volkspartei» (DVP), als die jetzt die Nationalliberalen firmierten, mit 19 Sitzen (4,4 %) bei diesem ersten Rennen um die Wählergunst klar abgeschlagen. Die soeben gegründete «Kommunistische Partei Deutschlands» (KPD) hatte nach dem völligen Mißerfolg des Januar-Aufstands auf ihre Wahlbeteiligung verzichtet.

Im Vergleich mit den Reichstagswahlen von 1912 allerdings waren diese Ergebnisse, die doch im Schatten enormer politischer und gesellschaftlicher Turbulenzen zustande kamen, keineswegs sensationell. SPD und Zentrum hatten nur je drei Prozent hinzugewonnen (die SPD hatte freilich auch 7,6 % an die USPD verloren). Da die DVP erst spät in den Wahlkampf eingetreten war, konnte die DDP wegen ihres Vorsprungs Nationalliberale kurzfristig an sich binden. Daß die solide Mehrheit der «Weimarer Koalition» bis zum Sommer 1920 durch einen unterirdischen Stimmungsrutsch dauerhaft zerstört werden sollte (im Juni 1920 kamen die SPD auf 102, die USPD aber auf 84, die KPD auf 4 Sitze; das Zentrum auf 64, die DDP nur mehr auf 39 MdR; die DNVP dagegen auf 71, die DVP auf 65!), konnte im Januar 1919 noch keiner ahnen.

6. Einen staatsrechtlichen Kompromiß schloß die neue Regierung auch mit den Bundesstaaten, oder, wenn man so will, mit dem Prinzip des Föderalismus. Das unitarische Prinzip, das zu verwirklichen ursprünglich

Preuß' Ziel war, konnte sich nicht durchsetzen. Die Sozialdemokraten waren es an erster Stelle, die den Föderalismus verfochten, da sie ihre politische Bastion in Preußen verteidigen wollten, wo sie denn auch bis 1932 die Landesregierung stellten. Damit blieb die Sonderstellung Preußens erhalten. Alle Anläufe zu einer «Reichsreform» scheiterten damals wie später.

7. Last but not least beruhte die Republik in ihrer Anfangsphase auf einem Kompromiß zwischen Kapital und Arbeit. Die «Zentralarbeitsgemeinschaft» wurde nach Vorverhandlungen, die seit dem August 1918 zwischen Vertretern der Unternehmerschaft (Hugenberg, Kirdorf, Rathenau, Siemens, Stinnes) und der Freien Gewerkschaften (Legien, Bauer, Leipart) liefen, aber erst nach der Niederlage zu einer Annäherung führten, am 15. November 1918 ins Leben gerufen. Hugo Stinnes und Carl Legien besiegelten sie in einem formellen Pakt. Eine politische Legitimation dieser Allianz gab es nicht, sie wurde von kleinen Funktionseliten auf Kosten des Staates, dessen Autorität dadurch fraglos untergraben wurde, autonom ausgehandelt. Das Abkommen entsprach auf beiden Seiten der Furcht vor dem revolutionären Umsturz und einem innenpolitischen «Roll Back» zugunsten des Kontrahenten. Die Gewerkschaften, welche die Angst vor dem Chaos, der Bolschewisierung, den Folgen der Demobilmachung und Nachkriegsarbeitslosigkeit so plagte, daß sie bei weitem nicht hart genug verhandelten, erhielten das ausschließliche Vertretungsrecht, bei Verhandlungen im Namen der Arbeiter aufzutreten. Das bedeutete für alle künftigen Lohnkämpfe die Teilhabe an der Tarifhoheit. Insgeheim triumphierten die Gewerkschaftsführer über ihren Erfolg, tatsächlich war er ein Ergebnis der Revolution. Die Unternehmer, die nicht minder von der Angst vor der Revolution, der Radikalisierung und einer unkalkulierbaren Zukunft erfüllt waren, erreichten im Gegenzug, vom günstigen Ergebnis selber überrascht, daß die kapitalistische Organisationsform der Wirtschaft beibehalten wurde. Das bedeutete eine gewerkschaftliche Bestandsgarantie angesichts der drohenden Reform der besitzindividualistischen Eigentumsverhältnisse. Dieses auf wechselseitigen Kompromissen beruhende pragmatische Zweckbündnis setzte den Kriegskorporativismus in der Form einer institutionell verdichteten, sogar vertraglich geregelten Kooperation fort. Es hielt aber trotzdem nicht lange, da sich die Interessengrundlage des politischen Geschäfts durch eine Aufwertung des Arbeitgeberlagers verschob. Unverzüglich scherte es daraufhin aus der Notallianz aus. In einem entscheidenden Augenblick stabilisierte das «Stinnes-Legien-Abkommen» jedoch die von zahlreichen Spannungen bedrohte neue Staatsform.

Angesichts der Vorentscheidungen, die in der politischen Mentalität der SPD begründet oder von der Perzeption außergewöhnlich harter restriktiver Bedingungen abhängig waren, wirken diese Basiskompromisse auf ihre Art verzweifelt folgerichtig. Sie enthüllen bei näherem Hinsehen aber auch, daß die historische Situation offener war, als die «Decision-Makers» um Ebert glaubten – oder glauben machen wollten. Sie hätte auch andere politische Experimente zugelassen – mit unsicherem Ausgang, gewiß, aber den ominösen linearen Sachzwang zugunsten der dann gefundenen Problembehandlung gab es nicht.

Andrerseits liegt der Preis dafür, daß die junge Republik durch dieses Bündel von Kompromissen befestigt wurde, auf der Hand. Hinter allem äußeren Wirbel hielt sich eine erstaunliche Konstanz der Machtkonstellationen. Sie beruhte nicht zuletzt darauf, daß es zu einem befreienden institutionellen Umbau und einem umfassenderen Elitenwechsel nicht gekommen ist. Auch unter dieser Bürde, die von Anbeginn auf ihr lastete, ist die Republik schließlich zerbrochen.[3]

4. Das Ende des «Langen 19. Jahrhunderts» und der Beginn des «Kurzen 20. Jahrhunderts»

Im Fegefeuer des Ersten Weltkriegs ging das alte Europa unter. Deshalb endete 1914 sein «Langes 19. Jahrhundert», das 1789 begonnen hatte. Die Monarchie als traditionsreiche monokratische Herrschaftsordnung wurde in Deutschland und Österreich-Ungarn, in Rußland und im Osmanischen Reich gestürzt. Alle diese Vielvölkerstaaten wurden, meist unter den Bedingungen des Bürgerkriegs, aufgelöst. Ihre Kernländer sahen sich seither an ihrer Peripherie den sogenannten «Nachfolgestaaten» gegenüber. Darüber hinaus bahnte sich seit 1917 eine universalhistorische Zäsur an, da mit der Sowjetunion die erste totalitäre Diktatur der Neuzeit in einem kontinentweiten Großstaat entstand. Sie sollte mehr als 70 Jahre lang den Verlauf des «Kurzen 20. Jahrhunderts» von 1914 bis 1991 in hohem Maße bestimmen.

Zu dieser Zäsur gehört aber auch, daß im selben Jahr die Vereinigten Staaten als zweite große Flügelmacht des traditionellen europäischen Staatensystems, die durch ihre Intervention den Krieg zugunsten der Alliierten endgültig entschied, eine neue Rolle in der Weltpolitik übernahmen. Die Konturen der Pax Americana tauchten am Horizont auf.

Der Rückblick enthüllt, daß Europa nach 1918 eine labile zwanzigjährige Zwischenkriegszeit durchmaß, die in Süd-, Ost- und dann Mitteleuropa den fatalen Aufstieg autoritärer Systeme erlebte. Ihre Kulmination erreichten sie, wie es schien, im italienischen Faschismus, tatsächlich aber erst im deutschen Nationalsozialismus. Und ebenfalls in der Retrospektive zeigt sich, daß mit der Julikrise von 1914 das «Zeitalter der beiden Weltkriege» begann, dessen innere Kohärenz es rechtfertigt, von einem neuen, «unserem» modernen «Dreißigjährigen Krieg» (R. Aron) zu sprechen.

In Deutschland standen die Revolution und der Zusammenbruch des

4. Das Ende des «Langen 19. Jahrhunderts»

Kaiserreichs samt dem Zerfall tausendjähriger Fürstenherrschaft am Ende des ersten Totalen Kriegs. Historisch beispiellose Verluste an Menschen und Ressourcen unterwarfen die deutsche Gesellschaft einer ungeheuren Belastungsprobe. Sie wurde durch die ganz und gar neuartige Erfahrung des ersten industrialisierten Krieges überwältigt. Dazu gehörte auch die Zwangsgewöhnung an eine Brutalisierung, die durch jahrelanges Morden den einzelnen derart veränderte, daß sie sich im inneren Bürgerkrieg der konkurrierenden politischen Lager fortsetzte.

Die Revolution im Herbst 1918 war nicht nur eine Reaktion auf die gnadenlose Zermürbung durch den ersten Totalen Krieg und die unabwendbare Niederlage. Vielmehr war sie auch die Folge eines Dammbruchs nach einem langlebigen Problemstau unter den harten restriktiven Bedingungen der neueren deutschen Gesellschaftsgeschichte. Für jene Mehrheit, welche die Revolution als Kainszeichen empfand, verband sie sich mit dem Makel der Niederlage, mit dem erzwungenen Verzicht auf alle glorreichen Kriegsziele, mit dem «Schandfrieden» von Versailles, mit der «Sklaverei» der Reparationszahlungen. Der im Krieg hochgesteigerte Radikalnationalismus wurde tief verletzt. Unverzüglich sahen seine Gläubigen in einer umfassenden Revision der Kriegsergebnisse das einzige Heilmittel, um der Nation zu neuer hegemonialer Stärke zu verhelfen, damit ihr der Sieg in dem erwarteten künftigen Großkrieg sicher war.

Im Wirtschaftsleben beendete der Krieg die «goldenen Jahre» zwischen 1895 und 1913 – jenen langlebigen Konjunkturaufschwung, der Deutschland in das Spitzentrio der Industriestaaten getragen hatte. Darüber hinaus zerstörte der Krieg auch die etablierten Kräfteverhältnisse der eurozentrierten Weltwirtschaft. Die Vereinigten Staaten als der eigentliche ökonomische Kriegsgewinner schoben sich an die Spitze, von der aus sie das «kurze» 20. Jahrhundert beherrschen sollten. Hinter ihnen stiegen Neulinge des Welthandels wie das Kaiserreich Japan, die Kondominium-Staaten und ressourcenreiche Kolonialländer empor. Eine neue Weltmarktordnung mußte erst mühsam erstritten werden.

Während der Agonie des Kaiserreichs war eine massive Staatsintervention im Zeichen des Kriegskorporativismus vorgedrungen. Seine öffentlich-private Mischverfassung spiegelte auch die Leistungsunfähigkeit und die tiefgreifende Diskreditierung des rein privatwirtschaftlichen Systems wider, und nach dem Krieg hielt der Grundsatzdisput darüber an, welche Wirtschaftsordnung der neuen Zeit angemessen sei.

Vorerst aber traten alle Interessenaggregate die Flucht in die Inflation an, da sie die Bewältigung akuter Probleme erleichterte: die Demobilmachung und den Übergang zur Friedenswirtschaft, die Lohnsteigerung und die Vermittlung von Wachstumsimpulsen, die Exportförderung und die Reparationszahlungen. Der Preis bestand wenig später aus der Hyperinflation, welche die Währung zerstörte, den Lebensstandard absenkte, die Vermögensverteilung umstülpte. Für viele Deutsche dominierten diese ökonomischen Turbulenzen in grellem Kontrast zur verklärten Sekurität der Vorkriegsjahre den Beginn des «kurzen» 20. Jahrhunderts.

Nicht weniger tief wirkten sich die gesellschaftlichen Zerklüftungen aus. Durch den schmählichen Exodus der Fürsten und den schmerzhaften Verlust der traditionellen Herrschaftspositionen wurde die Lebenswelt der adligen Machteliten von Grund auf erschüttert. Seither war ihr Abstieg, so verzweifelt sie sich ihm auch weiter entgegenstemmten, nicht mehr aufzuhalten. Nur 20 Jahre später wurde er vom Hitlerregime besiegelt.

Das obere Wirtschaftsbürgertum wurde durch die Kriegs- und Nachkriegswirtschaft aufgewertet. Zugleich umgab es aber die fahle Aura exorbitanter Kriegsprofite und schamloser Inflationsgewinne. Insofern blieb es, ungeachtet seiner Aufbauleistungen, die Zielscheibe einer leidenschaftlichen Kapitalismuskritik.

Das Bildungsbürgertum wurde durch den Krieg und die erzwungene Umstellung auf die Republik von allen bürgerlichen Sozialformationen am härtesten getroffen. Die verstaatlichte Intelligenz der akademischen Beamtenschaft verlor mit dem autoritären Kaiserstaat nicht nur ihren vertrauten Arbeitgeber, sondern auch ihren bislang unbezweifelten Lebensmittelpunkt. Nachdem sie die «Ideen von 1914» und die Exzesse der Kriegszielpolitik bis zuletzt, auch als Speerspitze der «Deutschen Vaterlandspartei», mitgetragen hatte, erlebte sie eine ungeahnte psychische Deflation und den Absturz in eine Orientierungskrise, aus der ihr Kompaß den Weg in die Republikfeindschaft und zum Radikalnationalismus wies. Die wirtschaftliche Not bestärkte sie in dieser Grundentscheidung, denn der Krieg hatte ihr Realeinkommen um drei Fünftel reduziert und das in Anleihen angelegte Vermögen vernichtet, ehe die Inflation schockartig alle Reserven, den bescheidenen Wohlstand und die für selbstverständlich gehaltene Basis des Lebensstils zerstörte.

Die industrielle und gewerbliche Arbeiterschaft erlebte im Krieg einen frühkapitalistischen Pauperisierungsprozeß, der in der Kurzformel vom Schrumpfen der Reallöhne um ein Drittel nur unvollständig eingefangen wird. Sie trug die Hauptlast des Frontkrieges und die schwerste Bürde an der Heimatfront, bis ihre Loyalität zerfaserte und ihr Protest erst in den Massenstreiks, dann in der Revolution zutage trat. Als die USPD aus der SPD ausscherte, zerfiel jene Einheit der sozialdemokratischen Arbeiterbewegung, die vor 1914 ihr ganzer Stolz gewesen war. Anstatt wenigstens einige ihrer wichtigsten Ziele zu Beginn der Republik erreichen zu können, mußte sie sich mit kargen Kompromissen zufriedengeben. Zwar wurde ihre wirtschaftliche Lage durch die erstaunliche Lohnsteigerung seit dem Winter 1918/19 verbessert. Aber die politische Spaltung fraß sich immer tiefer in die Arbeiterschaft hinein, bis aus der kommunistischen Sekte eine totalitäre Massenpartei mit einem Millionenanhang geworden war.

4. Das Ende des «Langen 19. Jahrhunderts»

In der ländlichen Gesellschaft waren die Bauern, empört wegen der staatlichen Zwangswirtschaft und ihres Privilegienverlusts, in einem Kollektivzustand tiefer Verstörung und Bitterkeit aus dem Krieg hervorgegangen. Der Druck der seit den 1870er Jahren anhaltenden strukturellen Agrarkrise wurde durch die Weltagrardepression seit 1926/27 noch einmal enorm verschärft. Deshalb staute sich in der bäuerlichen Welt ein Protestpotential auf, das von der NS-Bewegung als der Partei mit den extremsten Versprechungen angezogen wurde.

Mit dem Epocheneinschnitt, den das «lange» 19. Jahrhundert vom «kurzen» 20. Jahrhundert trennt, ist unvermeidbar die Frage verbunden, ob in Deutschland wegen der grundstürzenden Veränderung im historischen Prozeß Diskontinuität regierte oder ob sich in ihm trotzdem Kontinuitätsbrücken stärker als erwartet erwiesen. Diese Frage muß später für unterschiedliche Dimensionen des gesellschaftlichen Lebens unterschiedlich beantwortet werden. Im Hinblick auf den deutschen «Sonderweg», dessen Probleme sich wie ein roter Faden durch diese Analyse ziehen, sind hier freilich die Kontinuitätslinien nicht zu übersehen. Nachdem der Ausgang des Weltkriegs die positiv verklärte Vorstellung von einem deutschen «Sonderweg», der sich im Vergleich mit den westlichen Ländern als überlegener Modernisierungspfad erweisen werde, mit militärischer Härte dementiert hatte, blieben dennoch strukturell tief verankerte Kontinuitätselemente erhalten. Zu diesen Sonderbedingungen der deutschen Geschichte seit der Epoche ihrer «Doppelrevolution» kam jetzt die enorme Prägewirkung des Totalen Krieges hinzu. Nur aus dieser Fusion läßt sich erklären, warum Deutschland, wie die komparative Perspektive klar zeigt, als einziges hochzivilisiertes Industrieland den «Zivilisationsbruch» seines mörderischen Radikalfaschismus begehen konnte.[4]

Achter Teil

Die Weimarer Republik
1918–1933

Die Weimarer Republik und mit ihr die deutsche Gesellschaftsgeschichte jener Epoche sind seit jeher in ein unaufhebbares Spannungsverhältnis eingebettet gewesen, und sie werden sich auch künftig daraus nicht lösen können. Es gibt keine historische Analyse dieser folgenschweren dreizehn Jahre, die sich der mit ihnen verknüpften tiefen Ambivalenz entziehen könnte.[1]

Zum einen ist die Zeit der ersten Republik selbstverständlich ein Bestandteil des Kontinuitätsstroms deutscher Geschichte im 20. Jahrhundert, mit wie tiefen Umbrüchen sie auch immer nach dem revolutionären Ende des Kaiserreichs verbunden war. Die Wirtschaftsordnung, die Sozialstruktur, das Ensemble der kulturellen Institutionen – sie alle verkörpern paradigmatisch diese Kontinuität. Dagegen wurde die politische Verfassung von Grund auf umgestülpt, und auch in der politischen Mentalität, in den verhaltenssteuernden Weltbildern, in den politischen Leitideen vollzog sich ein tiefgreifender Wandel. Darüber mag der Umstand auf den ersten Blick hinwegtäuschen, daß das seit 1848 vertraute Parteiensystem bis 1928 fortbestand und die Zusammensetzung des politischen Führungspersonals sich bis dahin, aufs Ganze gesehen, ebenso wenig drastisch veränderte wie diejenige der maßgeblichen gesellschaftlichen Funktionseliten. Aber an dem – wie es zehn Jahre lang schien – unwiderruflichen Übergang von einer semiautoritären Monarchie zu einer demokratischen Republik vermochte diese Persistenz geraume Zeit nicht zu rütteln. Im parlamentarischen Leben ging der Elitenwechsel auch umfassender weiter, als die Republikfeinde anfangs gehofft hatten. Mit dem Aufstieg der beiden rechts- und linkstotalitären Flügelparteien veränderte sich dann das politische Spektrum in seinem Kernbestand, und der kompromißlose Kampf der «Weltanschauungen» indizierte prinzipiell andersartige Konfliktlagen. Angesichts dieser extremen Gemengelage von Kontinuität und Diskontinuität verdient die Gesellschaftsgeschichte der Weimarer Republik, die im Schatten prägender, ja erdrückender politischer Einflüsse lag, besondere Aufmerksamkeit.

Zum anderen bleibt die erste deutsche Republik ein geradezu klassisches Paradigma dafür, daß nach dem Scheitern einer älteren Herrschaftsordnung – in diesem Fall eines fürstenstaatlichen Systems mit hochmodernen Elementen – die kurzlebige Stabilisierung einer parlamentarischen Demokratie gelang, ehe unter der erdrückenden Last von seit langem gespeicherten und akut vermehrten Krisenphänomenen eine Auflösung einsetzte, die schließlich, als sich auf ihren Trümmern eine Diktatur erhob, mit der Zerstörung des Staatswesens endete – obwohl die Weimarer Republik, da das Hitlerregime auf einen Auflösungsakt verzichtete, formal bis zum 8. Mai 1945 fortbestand. In zahlreichen jungen Staaten, die namentlich seit 1945 entstanden sind, haben sich vergleichbare Transformationsprozesse wiederholt. Doch Weimar bleibt das Lehrstück für den Zerfall eines westlichen Gemeinwesens mit jenen jahrhundertealten Traditionen, die gemeinhin als Unterpfand dauerhafter Stabilität gelten.

«Weimar» ist seit 1933 in der Perspektive seines Untergangs gesehen und beurteilt worden. Das ist wegen der welthistorischen Folgen des «Dritten Reiches» nicht nur ganz unvermeidbar, sondern fraglos auch legitim. Freilich sollte die Zerfallsgeschichte samt den mörderischen Konsequenzen, die sie ermöglicht hat, nicht ausnahmslos jedes historische Phänomen seit 1919 um sein Eigenrecht bringen. Denn manche zukunftsfähige Entwicklung hielt weiter an oder drängte sich sogar gerade jetzt erst nach vorn, manche positive Kontinuitätslinie lief weiter in die Zukunft hinein. Die konkrete Geschichte der Weimarer Republik darf nicht mit Hilfe der «schwarzen Legende» des totalen Scheiterns erstickt werden. Andrerseits wird diese Republik der systematisch orientierten Analyse der Politikwissenschaft und Soziologie, aber auch der strukturell argumentierenden Zeitgeschichte weiterhin als das fatale Beispiel einer Selbstzerstörung dienen. Die quälende Frage nach den Ursachen treibt auch diese Gesellschaftsgeschichte voran.

I.
Die Bevölkerungsentwicklung
1914–1933

1. Deutschland am Ende seines «Demographischen Übergangs»

In der Zeitspanne zwischen der Jahrhundertwende und der Etablierung der nationalsozialistischen Diktatur befand sich Deutschland in der letzten Phase seines «Demographischen Übergangs»: Es bewegte sich von der vorindustriellen Bevölkerungsweise mit hoher Fertilität und Mortalität hin zu einem neuartigen generativen Muster mit ungleich geringerer Geburtlichkeit und Sterblichkeit (das ist früher mehrfach charakterisiert worden: III, 7–37, 493–546). In diesen drei Jahrzehnten sanken die Fertilitäts- und Mortalitätsraten drastisch ab, bis sie in den 1930er Jahren einen Gleichstand auf niedrigem Niveau erreichten; er blieb bis in die späten 1960er Jahre hinein stabil, ehe bei weiter abfallender Mortalität, aber noch stärker zurückgehender Fertilität der säkulare Trend einer anhaltenden Schrumpfung der Bevölkerung einsetzte.

Das Kaiserreich hatte von 1871 bis 1914 das höchste demographische Wachstum in der neuzeitlichen Bevölkerungsgeschichte Mitteleuropas erlebt, denn seine Einwohnerzahl war in der relativ kurzen Phase der vier Friedensjahrzehnte von 41 Millionen um 60 Prozent auf 65 Millionen gestiegen. Zuerst hatte in den frühen 1870er Jahren der Abfall der Mortalität eingesetzt: Ihre Rate wurde von 1871 = 28,3 Promille bis 1913 = 15 Promille nahezu halbiert. Das hing ganz wesentlich mit dem Rückgang der Säuglingssterblichkeit zusammen, die bei Jungen allein von 1890 = 24,2 Prozent auf 1913 = 20,2 Prozent, bei Mädchen von 20,7 Prozent auf 17 Prozent reduziert wurde. Im internationalen Vergleich blieben das freilich noch immer bestürzend hohe Werte, die etwa in Skandinavien, England, Holland, Frankreich und der Schweiz bereits um die Hälfte oder doch um ein volles Drittel niedriger lagen. Auch bestanden die krassen klassen- und konfessionsspezifischen Unterschiede weiter fort. Dennoch setzte sich im Durchschnitt der steile Abfall reichsweit fort. In der auch noch besonders gefährdeten folgenden Altersgruppe der Kleinkinder wurde er von einer ebenfalls rückläufigen Mortalität begleitet. Darin lag eine maßgebliche Ursache für den auffälligen Anstieg der durchschnittlichen Lebenserwartung, die bei den Männern von 1878 = 35 auf 1900 = 45 und 1933 = 60, bei den Frauen von 38 auf 48 und 63 Jahre, mithin in der Zeitspanne von nur zwei Generationen um nahezu 70 Prozent hochkletterte.

Die Fertilität sank seit den 1880er Jahren gleichfalls ab, seit der Jahrhundertwende sogar etwas schneller als die Mortalität. Die eheliche Fruchtbarkeit ging zwischen 1880 und 1913 im allgemeinen um 30 Prozent, in den Großstädten bereits um volle 50 Prozent zurück. Um 1900 lag sie noch bei 36 Promille, 1913 bei 27 Promille, 1933 aber nur mehr bei 15 Promille. Das Verhältnis von Fertilität und Mortalität sah so aus, daß der jährliche Geburtenüberschuß bis 1900 bis auf 910 000 weiter anwuchs, seither leicht abfiel, unmittelbar vor dem Weltkrieg aber immer noch bei 833 000 lag, so daß von 1915 ab der Andrang extrem großer Alterskohorten auf dem Arbeitsmarkt zu erwarten war.

Die Ursachen dieser dramatischen demographischen Expansion wurden von den Zeitgenossen nicht voll durchschaut. Aber weithin teilten sie einen optimistischen Eindruck: Das Reich wirkte auf sie auch demographisch wie eine unbändig dynamische Wachstumsgesellschaft. Dank seiner Ost-West-Binnenwanderung konnte es die unersättlichen Industrieregionen im wesentlichen mit eigenen Arbeitskräften versorgen, den restlichen Bedarf aber mühelos mit ausländischen Zuwanderern befriedigen. Dem unaufhaltsam weiter anwachsenden und seiner Alterskomposition nach jüngsten europäischen Großstaat gehörte, wie es schien, offenbar schon dank seiner Vitalität die Zukunft im Wettbewerb der Nationen.

In diese euphorische, ganz auf Expansion, Zukunftssicherheit und Erfolgsgewißheit bauende Grundstimmung schnitt die mörderische Zäsur des Ersten Weltkriegs hinein. Die nüchternen Zahlen der Bevölkerungsstatistik spiegeln seine tiefgreifenden Folgen nur unvollkommen wider, vermitteln aber einen ersten Eindruck von der Größenordnung der Veränderung. 1910 zählte die Reichsbevölkerung 64,926 Millionen Einwohner, 1920 jedoch nur 61,797 (3,129 Millionen weniger als zehn Jahre zuvor); 1925 erst 63,181 Millionen (noch immer 1,745 Millionen weniger als vor 15 Jahren), 1930 65,092 Millionen (ganze 166 000 mehr als 20 Jahre vorher) und 1933 65,219 Millionen (293 000 mehr als 23 Jahre zuvor). Worauf kann dieser drastische Abfall zurückgeführt werden?

1. Die Kriegsverluste beliefen sich auf 2,4 Millionen tote Soldaten. Das waren 18,5 Prozent der 13 Millionen eingezogenen Soldaten (20 % der Reichsbevölkerung von 1914), von den 2,7 Millionen früh sterbenden Dauerinvaliden unter den 4,8 Millionen Verwundeten ganz zu schweigen. Hinzu kamen unmittelbar nach dem Ende der Feindseligkeiten, als eine Grippeepidemie die geschwächte Bevölkerung in ganz Europa überfiel, mindestens 300 000 Tote als Folge dieser tückischen Krankheit, die in Europa mit 30 Millionen Toten mehr Opfer forderte als die Front.

2. Die vom Versailler Frieden stipulierten Gebietsabtretungen des Reiches führten zu einem Bevölkerungsverlust von 6,476 Millionen Menschen. Allerdings kam es zu einer Abwanderung, teilweise einer erzwungenen Ausweisung, von 558 000 Deutschen aus dem Polen zugesprochenen Westpreußen, Posen und Oberschlesien, von 132 000 aus dem zu Frankreich

1. Deutschland am Ende seines «Demographischen Übergangs» 233

zurückgekehrten Elsaß und Lothringen, von 37 000 aus dem Saargebiet und von rund 20 000 aus den ehemaligen Kolonien. Berücksichtigt man diese Zwangszuwanderung von 747 000 Menschen, betrug die Bevölkerungsminderung als Konsequenz des Friedensvertrages 5,729 Millionen.

3. Bis 1925 verlor die junge Republik weitere 296 000 Menschen (bis 1933 603 000) durch die Auswanderung, die seit den 1890er Jahren fast zum Erliegen gekommen war, jetzt aber notbedingt wieder anwuchs.

Dieser Aderlaß wirkte sich weitaus weniger gravierend aus als das enorme Geburtendefizit, das als Folge des Krieges auftrat, der Millionen Frauen im geburtsfähigen Alter zwischen dem 16. und 45. Lebensjahr, also vor allem in den Jahrgängen 1875 bis 1900, entweder zum Witwendasein oder zur Ehelosigkeit verurteilte. Dieses Defizit hat man, durchaus maßvoll, auf 2,95 Millionen geschätzt.

Insgesamt verlor daher das Reich, wenn man sowohl den Krieg und seine Folgen berücksichtigt als auch das in einer weiter anhaltenden Friedenszeit wahrscheinliche demographische Wachstum zugrunde legt, nicht weniger als 11,35 Millionen Menschen, so daß seine Bevölkerung 1925 statt der hypothetisch plausiblen 74,53 Millionen nur 63,18 Millionen ausmachte. Der Weltkrieg eröffnete eine Periode einschneidender Veränderungen in der deutschen Bevölkerungsgeschichte, denn sie wurde seither bis in die 1950er Jahre hinein in einem seit dem Dreißigjährigen Krieg unbekannten Ausmaß durch Krieg, Flucht, Vertreibung und Umsiedlung bestimmt.

Da die eheliche Fertilität während des Krieges und des krisenreichen Jahrzehnts in seinem Gefolge weiter sank, bis sie während der Weltwirtschaftskrise seit 1929 auf einen neuen Tiefpunkt abfiel, reichte die legitime Geburtlichkeit zur Bestandserhaltung bereits nicht mehr aus, geschweige denn, daß die Rückkehr zum Wachstum der Vorkriegsjahre möglich gewesen wäre. Die Größe der Geburtsjahrgänge schrumpfte von 1920/25 = 1,365 Millionen über 1925/30 = 1,169 Millionen auf 1930/33 = 989 000 – mithin in einem guten Dutzend Jahre um mehr als ein Viertel, um 27,5 Prozent! Zwar sank auch die Mortalität in dieser Zeitspanne von 820 000 auf 719 000, mithin um 12,3 Prozent, doch im Ergebnis wurde der durchschnittliche jährliche Geburtenüberschuß von 545 000 auf 270 000 halbiert.

Allerdings muß man sich hüten, diese drastischen Veränderungen ausschließlich dem Krieg und seinen Auswirkungen zuzuschreiben. Zeitweilig etwas beschleunigt hielt im Grunde jener Säkulartrend weiter an, der bereits vor dem Krieg eingesetzt hatte. Auch in dem Jahrzehnt vor 1914 war ja die Geborenenziffer schon um 5,5 Promille gesunken. Das entsprach dem Durchschnitt der Jahre zwischen 1923 und 1929. Von 1920 bis 1922 lag sie etwas höher, da die Rückstellung des Kinderzuwachses während des Krieges durch eine vermehrte Geburtlichkeit wettgemacht wurde, und von 1930 bis 1933 lag sie etwas niedriger, da die Ausdehnung der Familien während der Depression aufgeschoben wurde. Beide Verhaltensweisen entsprachen einem vertrauten demographischen Muster in Krisenzeiten, das den Langzeittrend nicht grundlegend beeinflußte. Am Ende der Weimarer Republik hatte die deutsche Bevölkerungsentwicklung auch die Endphase des «Demographischen Übergangs» erreicht, in der sich Fertilität und Mortalität auf niedrigem Niveau in einem neuen Verhältnis einpendelten.

2. Die Kontinuität der Urbanisierung

Mit der Bevölkerungsbewegung hing seit dem «Take-Off» der deutschen Urbanisierung in den späten 1860er Jahren auch das Ausmaß der Verstädterung aufs engste zusammen. Schon vor 1914 hatte mindestens jeder fünfte Deutsche (immerhin 14 von 65 Millionen) in einer der Großstädte mit mehr als 100 000 Einwohnern gewohnt. Von ihnen gab es 23, Berlin und zehn andere (Hamburg, München, Köln, Leipzig, Essen, Dresden, Breslau, Frankfurt, Dortmund) zählten sogar mehr als eine halbe Million Einwohner.

Übersicht 120: Gemeindegrößenklassen und Einwohnerverteilung in %, 1910–1933

	bis 2000	2000–100 000	mehr als 100 000
1910	40	38,7	21,3
1933	33	41,3	25,7

Am kräftigsten wirkte sich die Urbanisierung in den mittelgroßen Städten, vor allem denen mit 20 000 bis 100 000 Einwohnern aus. In ihnen lebte vor dem Krieg mehr als ein Drittel der Gesamtbevölkerung. 1933 waren es dann schon zwei Fünftel. Bezieht man die Großstädte mit ein, wohnten vor 1914 rund 60 Prozent, 1933 aber rund 67 Prozent aller Deutschen in den Städten. Die Bevölkerung der Landgemeinden mit weniger als 2000 Einwohnern war bis dahin auf ein Drittel zusammengeschmolzen.

In den 20 Jahren bis 1930 gewannen die Großstädte noch einmal 550 000 Menschen (4,4 %) hinzu. Davon entfielen allein auf die drei Spitzenreiter Berlin (309 000/+ 7,7 %), Hamburg (68 000/+ 6,3 %) und München (45 000/+ 6,6 %) rund 423 000 oder 77 %. Dagegen wuchsen die beiden größten Städte des Ruhrgebiets, Essen und Dortmund, nur mehr halb so kräftig (19 000/+ 3 %; 10 000/1,9 %), während die Einwohnerzahl Frankfurts bereits stagnierte.

Im allgemeinen ist bis zum Beginn der 1930er Jahre die stürmische Phase der Urbanisierung offensichtlich an ihr Ende gekommen, obwohl sie in gemäßigtem Tempo auch seither weiter anhielt. Ein beweiskräftiges Beispiel: Zwei der städtereichsten und expansivsten deutschen Regionen, das

Rheinland und Westfalen, haben, wahrscheinlich wegen der extrem hohen Bevölkerungsbewegung in den allerletzten Vorkriegsjahren, von 1910 bis 1925 noch einmal einen Zuwachs von 12,7 bzw. 11,7 Prozent erlebt, der um 50 Prozent über dem Republikdurchschnitt lag. Von 1925 bis 1933 kam dagegen ihr Zuwachs auf nur 5,4 bzw. 4,4 Prozent, damit blieb er sogar unter dem gesamtstaatlichen Durchschnitt.

Diese gebremste Urbanisierung hing offenbar mit dem Versiegen der großen Westwanderung zusammen. Wegen der krisenhaften industriewirtschaftlichen Entwicklung und der anhaltenden Eindämmung personalintensiver Arbeitsprozesse durch die Maschinisierung und Rationalisierung ging von den Industrieregionen und -städten zwischen 1918 und 1933 nicht mehr jener unwiderstehliche Sog aus, der die Menschenmassen vor 1914 in Bewegung gesetzt hatte. Dagegen hielt die allgemeine Abwanderung vom Land in die Stadt, wenngleich in deutlich reduzierter Form, noch weiter an, bis auch sie mit dem Einbruch der Depression seit dem Winter 1929/30 zum Erliegen kam.

Dieser reduzierte Zustrom eröffnete den Städten zum ersten Mal Chancen der Konsolidierung, nachdem sie in den vorangegangenen Jahrzehnten durch zahllose Probleme geradezu überflutet worden waren. Der erfolgreiche Ausbau des Sozialstaats, der in der Weimarer Republik auch und gerade auf der Kommunalebene vorangetrieben wurde, hing mit diesen von Grund auf veränderten Mobilitätsbedingungen zusammen.

Auf der andern Seite wurde der Gesamteffekt der Kriegsverluste, des reduzierten demographischen Wachstums, der zurückgehenden Fertilität weithin als bedrohliche Lähmung der «Lebenskraft» empfunden. Am Ende dieses Verfallsprozesses stehe dann, hieß es, der Abstieg in die Zweitrangigkeit stagnierender, vergreisender Nationen, drohe vielleicht sogar der «Volkstod». Dieser düstern Zukunft müßten sich eine zielstrebige staatliche Bevölkerungspolitik und Eugenik mit aller Kraft entgegenstemmen. Das war ein Schreckensszenario, verbunden mit einer programmatischen «Antwort», das nicht nur von verschreckten Konservativen und «völkischen» Radikalen geteilt wurde, sondern quer durch die politischen Lager und sozialen Klassen hindurch Resonanz fand.

3. Die Jugend- und Generationenfrage

Unter den Bedingungen dieser Nachkriegszeit gewann nicht nur die Jugendfrage, sondern auch der Generationenkonflikt eine neuartige Dringlichkeit. Die Diskussion über «die Jugend» – auch der Aufstieg dieses neuen Modewortes – hatte in den 1880er Jahren eingesetzt. Die Verjüngung der rasch wachsenden reichsdeutschen Gesellschaft warf die Probleme der beruflichen Ausbildung, der Wertevermittlung an die heranwachsenden

Generationen, insbesondere der Kontrolle der als bedrohlich empfundenen «Lücke zwischen Schulbank und Kasernentor» auf.

Auch in der Zeit der Weimarer Republik ging es primär um die tatsächlich oder angeblich gefährdete soziale Integration der Jugendlichen. Der Krieg hatte wegen der Abwesenheit von Millionen Männern zu einem grassierenden Autoritätsverlust der Eltern geführt. Städtische «Gangs», die sogenannten «Wilden Cliquen», schockierten ihre Umwelt durch provozierende Regelverletzung bis hin zu einer hohen Delinquenz.

Die männerdominierte, tief gespaltene neue Jugendkultur orientierte sich entweder an dem extrem positiv besetzten Leitbild des «Amerikanismus» als der Verkörperung einer wünschenswerten modernen Lebensform. Oder aber sie lehnte eben dieses Leitbild im Stil der gängigen neokonservativen Kulturkritik so kompromißlos ab, wie das etwa die bündische Jugend und die Jugendorganisationen der nationalen und paramilitärischen Verbände taten.

Beide Strömungen standen unter dem Druck eines Generationenkonflikts, der unter den denkbar widrigsten Bedingungen ausgetragen wurde. Denn die außergewöhnlich großen Alterskohorten der Jahrgänge seit 1900 trafen auf einen Arbeitsmarkt, der wegen der Nachkriegsbelastungen und Umstrukturierungszwänge, der Konjunkturschwankungen und der Weltmarktveränderungen ohnehin den größten Belastungen ausgesetzt war, so daß junge Arbeitskräfte nur mehr scharf reduzierte Zugangschancen vorfanden. Die Weimarer Republik trat darum den Geburtsjahrgängen des neuen Jahrhunderts als ein abweisendes, sprödes, unzugängliches, ja feindliches System gegenüber. Erst vom Jahrgang 1910 ab aufwärts, dessen Schulentlassung 1924/25 einsetzte, wirkte sich die sinkende Geburtenrate kurzzeitig entspannend aus, ehe dieser Aufschwung durch die Weltwirtschaftskrise erneut abgefangen wurde.

Das Erlahmen der Nachfrage nach jungen Arbeitskräften verkörperte keineswegs nur ein Problem für Volksschulabsolventen oder heranwachsende Arbeiter und Angestellte. Es stellte sich vielmehr dem beruflichen Werdegang von Gymnasiums- und Universitätsabsolventen genauso in den Weg. Eine neue Überfüllungskrise trieb Tausende von Jungakademikern in die Arbeitslosigkeit oder in einen materiell prekären Wartezustand im Elternhaus. Mit einer Jahr für Jahr anwachsenden dumpfen Aversion lasteten sie das der Unfähigkeit der Republik an, die offenbar außerstande sei, ihrem qualifizierten Nachwuchs angemessene Entfaltungsmöglichkeiten zu bieten. In dieser deprimierenden Arbeitsmarktlage liegt ein wesentlicher Grund dafür, daß die Parteien des rechten und linken Radikalismus, die NSDAP und die KPD, einen solchen Zulauf aus den Alterskohorten der Zwanzig- bis Fünfunddreißigjährigen fanden. Er sorgte dafür, daß sie in der Krise seit 1929 das Image «junger Parteien» mit ungebrochenem Elan gewannen.

4. Die Erwerbsstruktur und die Frauenarbeit

Während der Arbeitsmarkt stagnierte oder sogar schrumpfte, setzte sich der folgenreiche säkulare Trend des Umbaus der Erwerbsstruktur fort. Geht man von der Unterscheidung nach primärem (Landwirtschaft), sekundärem (Industriewirtschaft) und tertiärem Sektor (Dienstleistungen) aus, ermittelte die Reichsstatistik für ihre Bestandsaufnahme zu Beginn der 1880er Jahre eine sektorale Verteilung der Erwerbstätigen im Verhältnis von 43: 34: 23 Prozent. Ein Dutzend Jahre später lagen der primäre und der sekundäre Sektor gleichauf, ehe die Gewerbewirtschaft auf und davon zog (1907: 55; I = 35, III = 10 %). 1925 war die Landwirtschaft noch weiter zurückgefallen, der sekundäre Sektor stagnierte, behielt aber noch seine Spitzenreiterposition, während der mächtige Trend zur modernen Dienstleistungsgesellschaft darin zutage trat, daß der tertiäre Sektor inzwischen bereits ein Drittel der Erwerbstätigen absorbierte.

Dieser strukturellen Veränderung entsprach folgerichtig eine Neuverteilung der Arbeitskräfte. Die Anzahl der Selbständigen etwa ging von 1882 = 28 Prozent innerhalb von 50 Jahren um mehr als die Hälfte auf 1933 = 13 Prozent aller Erwerbstätigen zurück. Ähnlich sank der Anteil der «Mithelfenden» bis dahin auf 15 Prozent. Ganz überwiegend handelte es sich bei diesen beiden Kategorien um Bauern, Handwerker und ihre Familienangehörigen. Der Anteil der Arbeiterschaft schrumpfte um ein Zehntel auf 1933 = 45 Prozent, während derjenige der Angestellten und Beamten (1882 erst 6 %) sich auf fast 20 Prozent erhöhte.

Mit der Ausweitung der Dienstleistungsberufe war auch eine folgenreiche Veränderung der Frauenarbeit verbunden. Vor 1914 war ein knappes Drittel der Frauen berufstätig gewesen (1907: 31,7 %). Bis 1925 stieg die weibliche Erwerbsquote auf 36 Prozent – das war die Hälfte aller Frauen in erwerbsfähigem Alter –, während die männliche Erwerbsquote mit 66 Prozent (95 % aller erwerbsfähigen Männer) fast doppelt so hoch ausfiel.

In den drei Jahrzehnten vor 1933 hat sich die Struktur der Frauenarbeit und die Verteilung der weiblichen Erwerbstätigen auf die Wirtschaftsbereiche auffällig verändert.

Einschneidende Veränderungen setzten sich im Bereich des städtischen Dienstboten- und ländlichen Gesindewesens, vor allem aber mit der Halbierung der Anzahl der landwirtschaftlichen Arbeiterinnen und der Verdoppelung der Dienstleistungsquote durch. Wie damals bereits klar zu erkennen war, fand die weibliche Erwerbstätigkeit im tertiären Sektor die aussichtsreichsten Möglichkeiten. Denn weibliche Berufe taten sich vor allem in der öffentlichen Verwaltung und im Schuldienst, im Gesundheitswesen und in der Privatwirtschaft mit ihren zahlreichen Stenotypistinnen und Verkäuferinnen auf. Bald sollte der Anteil von Frauen auf Angestellten- und Beamtenstellen höher liegen als derjenige der Männer. Die Lohn-

Übersicht 121: Die Struktur der Frauenarbeit (A) und Anteile der weiblichen Erwerbstätigkeit (B) 1907–1933 in %

		1907	1933
A.	1. Mithelfende	35.2	36.1
	2. Dienstmädchen	16.1	10.5
	3. Gewerbliche Arbeiterinnen	18.3	22.9
	4. Landwirtschaftliche Arbeiterinnen	14.5	7.5
	5. Angestellte/Beamte	6.5	14.8
B.	1. Landwirtschaft	49.8	40.5
	2. Hauswirtschaft	16.1	10.5
	3. Industrie/Handwerk	19.5	23.6
	4. Dienstleistungen	14.6	25.6

arbeit hielt sich mit etwa 30 Prozent konstant, erlebte aber eine «völlige Verlagerung» vom primären zum sekundären und tertiären Sektor. Dieses Vordringen von weiblichen Erwerbstätigen in die neuen Berufsfelder nährte allerdings auch das männliche Ressentiment gegen die «Doppelverdiener»: gegen verheiratete und berufstätige Frauen, die seit 1929 verschärft ins Kreuzfeuer der Kritik gerieten.

Während der Expansion der Frauenarbeit veränderte sich auch die klassenspezifische Herkunft der weiblichen Erwerbstätigen. Um die Jahrhundertwende war Erwerbsarbeit noch ein typisches Kennzeichen der städtischen und ländlichen Unterklassen gewesen, während sie in den Mittel- und Oberklassen eine eher seltene Ausnahme darstellte. Mit den neuen Frauenberufen der Lehrerin, Sekretärin, Fürsorgerin, erst recht mit den auf dem endlich geöffneten Universitätsstudium beruhenden akademischen Berufen wurde aber eine Erwerbstätigkeit auch für die Töchter «aus gutem Hause» akzeptabel – zunächst bis zum Zeitpunkt der Heirat, langsam zunehmend auch während der Ehe.

Der krisenhafte Zustand auf den Arbeitsmärkten für Frauen wirkte sich insbesondere gegen die heftig befehdeten 12000 Akademikerinnen und gegen die Zukunftschancen der rund 20000 Studentinnen aus, die 1932 an den deutschen Hochschulen immatrikuliert waren und immerhin bereits 16 Prozent aller Studierenden stellten. Denn häufig noch unnachgiebiger als ein Angestellter oder Facharbeiter wandte sich der konkurrenzgefährdete Akademiker gegen die Rivalin, die sich mit denselben Universitätsdiplomen, wie er sie besaß, auf dem Arbeitsmarkt durchsetzen wollte. Es bedurfte der misogynen Intervention der Nationalsozialisten, um dieser Opposition einen kurzlebigen Triumph zu bescheren.[1]

II.
Strukturbedingungen und Entwicklungsprozesse der Wirtschaft

Unstreitig hat der Weltkrieg nicht nur die konjunkturelle Rhythmik des industriewirtschaftlichen Wachstums, sondern auch den langjährigen Trend des Anstiegs aller wichtigen ökonomischen Meßwerte schmerzhaft unterbrochen. Auf eine vor 1914 unvorstellbare Weise hatte sich der staatliche Interventionismus ausgedehnt, um eine kriegsadäquate Steuerung der Wirtschaftstätigkeit zu erreichen. Das ist ihm trotz unleugbarer Erfolge nicht gelungen. Als die Waffen schwiegen, stellte sich aber die grundsätzliche Frage, ob angesichts der tiefen Störungen im Wirtschaftsleben ein dezidierter staatlicher Dirigismus das Gebot der Stunde war oder ob die möglichst schnelle Rückkehr zu einer ungehemmten, deregulierten Marktwirtschaft die optimale Problemlösung versprach. Die Antwort lag in einem Mischsystem, das den Korporativismus der letzten Friedensjahrzehnte mit seiner Fusion von privaten und öffentlichen Elementen noch schärfer ausprägte. In seinem Ordnungsgefüge wirkte sich alsbald die industriekapitalistische Dynamik, wenn auch zeitweilig in vielfach gebremster Form, weiterhin aus.

Damit wird auch die geläufige Behauptung zurückgewiesen, der deutsche Staatsinterventionismus habe seit dem Ersten Weltkrieg eine derart dominante Rolle gespielt, daß man von endogenen Konjunkturzyklen im Grunde nicht mehr sprechen könne, bis die Liberalisierungs- und Deregulierungswelle seit 1948/49 angeblich die Rückkehr in das Traumland einer «Freien Marktwirtschaft» ermöglicht habe. Trotz aller Kriegsauswirkungen und Belastungen durch den Friedensvertrag blieb ja in der Weimarer Republik die Basis eines hochentwickelten Industriesystems erhalten. Und seine Entwicklung folgte unverändert dem Grundgesetz des industriekapitalistischen Wachstums mit dem unaufhebbaren Wechsel von Konjunktur und Krise.

Die außerordentlich restriktiv wirkenden Rahmenbedingungen für diesen fortlaufenden Wachstumsprozeß haben freilich zu bizarren Verzerrungen und tiefen Einschnitten geführt. Es war diese dramatische Sequenz von mörderischen Krisen und kurzlebigen Spurts, die für die deutsche Gesellschaft und Politik die wenigen Jahre vom Friedensbeginn über die Nachkriegsrezession, den darauf folgenden heftigen Boom, die Hyperinflation und die Stabilisierungsphase bis in die Dritte Weltwirtschaftskrise beherrscht haben.

Aus der Vogelperspektive erkennt man jedoch, daß es sich nicht um einen wirren Zickzackkurs, geschweige denn um einen unaufhaltsamen

Absturz handelte. Vielmehr ging es um die Bewältigung der «relativen Stagnation» aufgrund der «strukturellen Verlangsamung des gesamten Industriewachstums». Hinter der Fassade der irritierenden Krisenerscheinungen vollzog sich jedoch durchaus, mühsam zwar und von heftigen Rückschlägen geplagt, eine Annäherung an jenen säkularen Wachstumstrend, der durch das Wachstumspotential der deutschen Wirtschaft vorgegeben, zeitweilig aber nicht zu erreichen war – bis 1929 hatte Deutschland erst das Bruttosozialprodukt von 1913 erreicht. Mit anderen Worten: Der immens belastete Wirtschaftsverlauf verzögerte eine schnelle Rekonstruktion des Wachstumspfades. Dennoch erreichte er nach einer anderthalb Jahrzehnte währenden Verzögerung wieder die Anstiegsrichtung des langlebigen Trends.

Diese Interpretation besitzt insbesondere zwei Vorzüge: Zum ersten erkennt sie die anhaltende endogene Wachstumsdynamik der deutschen Volkswirtschaft als die entscheidende ökonomische Antriebskraft an, ehe sie die exogenen Störungen und die dadurch hervorgerufene Beeinträchtigung des Entwicklungsprozesses ins Auge faßt. Zum zweiten gestattet sie es, die Zeit zwischen 1919 und 1939 als eine einheitliche Trendperiode – einschließlich des nationalsozialistischen «Wirtschaftswunders» – zu konzeptualisieren. Auf diese Weise bleibt in der Analyse der ökonomische Zusammenhang der langlebigen Konjunkturschwingung erhalten, anstatt daß er der hektischen Abfolge extrem unterschiedlicher, kurzlebiger Krisen- und Aufschwungjahre geopfert wird.[1]

1. Die Industrie zwischen Kriegsniederlage und Dritter Weltwirtschaftskrise

In den zehn Jahren von 1919 bis 1929 wurde die deutsche Industriewirtschaft einem atemberaubenden Achterbahnkurs ausgesetzt. Auf die Nachkriegsrezession folgte ein kurzer, gleichwohl erstaunlicher Boom, die Inflation seit 1914 mündete 1923 in die zerstörerische Hyperinflation, die Stabilisierung brachte trotz der belastbaren neuen Währung keine durchgängig anhaltende Hochkonjunktur, und seit 1928 bröckelte sie erneut ab, ehe die Weltwirtschaftskrise auf die bis heute tiefste Talsohle der industriekapitalistischen Fluktuationen im Westen führte. Erneut erwies sich die Wirtschaft als eine «kontinuierlich wirkende Alltagsmacht» (Max Weber), die alle Dimensionen des gesellschaftlichen Lebens im Bannkreis ihres Einflusses hielt.

1. Industrie zwischen Kriegsniederlage und Wirtschaftskrise 241

a) Der Versailler Frieden, die Inflation und die Reparationen 1918–1924

Der erste Totale Krieg des 20. Jahrhunderts wurde trotz des aufgestauten Hasses innerhalb kurzer Zeit mit einer Serie von Friedensverträgen beendet, so verbindlich wirkte damals noch die Tradition, daß Sieger und Unterlegene sich nach dem Waffengang auf die Bedingungen eines friedlichen Zusammenlebens gemäß den Regeln des Völkerrechts zu verständigen hätten. Der Vertrag, den die Repräsentanten der Alliierten nach bitteren Auseinandersetzungen mit der Delegation der Weimarer Republik am 28. Juni 1919 unterzeichneten und zum Januar 1920 in Kraft setzten, besiegelte die Niederlage des Kaiserreichs im Ersten Weltkrieg. Von der deutschen Öffentlichkeit wurde er nahezu ausnahmslos als karthagischer «Schmachfrieden» empfunden, den es so schnell wie möglich zu revidieren galt. Zu abrupt ist offenbar der Sturz aus der Traumwelt der größenwahnsinnigen Kriegsziele und des herannahenden «Siegfriedens» gewesen, als daß eine nüchterne Würdigung hätte Platz greifen können.

Im Vergleich mit dem Friedensvertrag von Brest-Litowsk, den die deutschen Sieger, getragen von einer wahren Flutwelle der öffentlichen Zustimmung, soeben noch im März 1918 Rußland auferlegt hatten (siehe vorn V.1), kann der Versailler Frieden fast als maßvoll gelten. Diese Eigenart bewahrte ihn aber nicht davor, zum Symbol einer unstillbaren Kränkung des deutschen Nationalismus zu werden. Leidenschaftlich opponierten gerade «die einstigen Propagandisten des Siegfriedens» gegen das «Diktat der Entente». Ohne je Resonanz zu finden, verhallte die einsame Stimme eines deutschen Predigers in der Wüste: «Wie milde ist doch dieser harte Vertrag, gemessen an der Gier und Habsucht aller derer, die bei uns für einen Machtfrieden eintraten.»

Obwohl der Vergleich die Härte des Versailler Friedens eindringlich relativiert, bleibt er ein Vertrag, der – selbst wenn er realistisch beurteilt worden wäre – die Bevölkerung eines jungen Nationalstaats nach ihrem vierjährigen Kampf gegen eine überlegene Allianz tief treffen mußte. Denn Deutschland verlor von seinem ökonomischen Potential: 10 Prozent seiner Bevölkerung und 13 Prozent seines Gebiets; 80 Prozent seiner Eisenerz-, 63 Prozent seiner Zinkerz- und 26 Prozent seiner Steinkohlenlager; 19 Prozent seiner Stahl- und Eisenproduktion, 40 Prozent seiner Hochöfen, insgesamt 15 Prozent seiner industriellen Produktionsanlagen vor 1914; dazu 15 Prozent seiner landwirtschaftlichen Nutzfläche, 17 Prozent seiner Getreideernte und 12 Prozent seines Viehbestandes; das deutsche Auslandseigentum wurde enteignet; der Großteil der Handelsflotte mußte abgetreten werden. Abgesehen von der symbolischen Demütigung wurden durch diese Friedensbedingungen zahlreiche schwierige Umstellungsprobleme aufgeworfen.[2]

Ihre Lösung wurde dadurch erschwert, daß das Reich aus dem Krieg ökonomisch ausgelaugt hervorgegangen war. Seine Industrieproduktion war bis Ende 1918 auf 57 Prozent des Vorkriegsstandes gefallen, 1920 lag sie sogar bei nur noch 54 Prozent; seine Getreideproduktion erreichte soeben 70 Prozent, seine Viehproduktion 75 Prozent. Bezieht man die Landwirtschaft mit ein, ging die materielle Erzeugung im Krieg um die Hälfte, das Realeinkommen p. c. um 30 Prozent zurück. (Dennoch wurde das durchschnittliche Pro-Kopf-Einkommen seit 1919/20 verbessert, da die wachstumshemmenden östlichen Agrargebiete an Polen abgetreten werden mußten!)

Abgesehen von dieser aktuellen Notlage sah sich die junge Republik tiefgreifenden strukturellen Belastungen ausgesetzt.

1. Die Bevölkerungsgröße schrumpfte (siehe vorn I.1), das schwächte die Nachfrage. Die Produktionskapazitäten waren selten ausgelastet. Es fehlte nicht an Bedürfnissen, aber an kontinuierlicher Massenkaufkraft.

2. Die durchschnittliche Arbeitszeit verminderte sich seit 1918 um 12 Prozent; es dauerte geraume Zeit, bis die Maschinisierung und Rationalisierung einen Ausgleich schufen.

3. Der Kapitalstock wuchs zwischen 1919 und 1939 geringer als in den beiden Vorkriegsjahrzehnten. Deshalb fiel die Investitionsquote erheblich niedriger aus als vor 1914 und nach 1950.

4. Die Arbeitslosenquote in einer Höhe, die vor 1914 völlig unbekannt gewesen war, belastete von 1922 bis 1936 die Gesellschaft und Politik.

5. Der Industrialisierungstrend verlangsamte sich, die «relative Stagnation» konnte nur mühselig wettgemacht werden. Nachdem der Anteil der Industrie an der Erwerbstätigenzahl seit 1845 ständig gestiegen war, veränderte er sich zwischen 1919 und 1939 kaum mehr; die gewerbliche Arbeiterschaft sank sogar von 1907 = 46,6 Prozent auf 1939 = 45,1 Prozent der Erwerbstätigen.

6. Die Landwirtschaft erwies sich weiterhin als dauerhafte Belastung. Schon in den günstigen Jahren erreichte ihr Durchschnittseinkommen nur die Hälfte des Einkommens in den beiden anderen Sektoren. Der Preissturz als Folge der neuen globalen Agrarkrise verschärfte seit 1925 die Notlage. Die politischen Hilfsmaßnahmen hemmten die gesamtwirtschaftliche Entwicklung und vereitelten weiterhin – wie seit 1879 –, daß die deutschen Konsumenten in den Genuß der sinkenden Weltmarktpreise kamen.

7. Der Anteil der staatlichen Käufe von Gütern und Dienstleistungen stieg steil an: von 1913 = 12 Prozent auf 1938 = 28 Prozent des Nettosozialprodukts; im Weltkrieg lag er natürlich noch weit über dem Anteil der Friedensjahre. Gleichzeitig kletterte die Quote der Staatsausgaben von 1913 = 17,7 Prozent auf 1929 = 30,6 Prozent. Die damit verbundene Einkommensumverteilung signalisierte eine weitere strukturelle Veränderung.

8. Die Unternehmenskonzentration, Kartellierung und Monopolisierung, die Verbandsentwicklung und das staatliche Schlichtungswesen ha-

ben zu einer Institutionalisierung der Lohn- und Preisbildung geführt, die diesen Marktmachtbesitzern neue Chancen zur Systembeeinflussung eröffnete.

9. Die Erholung der deutschen Wirtschaft litt zudem unter den radikal veränderten Bedingungen der Weltwirtschaft. Ihre Deformation traf den deutschen Export ganz unmittelbar: Noch 1925/29 lag seine Quote um 15 Prozent unter dem Ergebnis von 1905/13. Die Auswirkungen der Ablösung vom Goldstandard wurden dadurch verschärft, daß das englische Pfund seine Führungsfunktion im Weltwährungssystem verlor, während gleichzeitig der amerikanische Dollar als neue Leitwährung aufstieg. Daß der Krieg zu einer tiefreichenden Desintegration der weltwirtschaftlichen Beziehungen geführt und die «Wachstumsmaschine des Welthandels» schwer beschädigt hat, schlug auf das exportabhängige Deutschland hart zurück, zumal der Ausfuhrverlust auf seinem Binnenmarkt nicht kompensiert werden konnte.

10. Hinzu kam noch die schwere Bürde der Ungewißheit, wie hoch die Reparationszahlungen ausfallen und über welchen Zeitraum sie sich erstrecken würden. Denn die Alliierten hatten vorerst nur eine Entschädigungspflicht zur Zahlung in unbegrenzter Höhe festgeschrieben; erst im Mai 1921 einigte sich ihre Reparationskommission auf die vorläufige Obergrenze von 132 Milliarden Goldmark. Das neuartige System der politischen Schuldenzahlungen in großem Stil warf für die deutschen Reparationsleistungen das ungewohnte Problem des Transfers von Summen in bisher völlig unbekannter, jedenfalls schwindelerregender Höhe auf. Um sie aufzubringen, gab es nur drei Möglichkeiten: Entweder konnten sie auf dem Binnenmarkt erwirtschaftet werden – dem stand aber die Erschöpfung der deutschen Volkswirtschaft und der Unwille aller Berliner Regierungen gegenüber, dem wählenden Steuerzahler diese «Tributzahlungen» aufzubürden. Oder aber die Reparationen mußten aus dem Gewinn gewaltiger Exportleistungen übertragen werden – das aber hätte, wie Joseph Schumpeter pointiert urteilte, für die deutsche Wirtschaft die «industrielle Eroberung» der entwickelten Hälfte der Welt eingeleitet und den ökonomischen Ausgang des Krieges auf eine für die Alliierten völlig unakzeptable Weise korrigiert. Deshalb blieb als politisch gangbarer Weg die Aufnahme ausländischer Anleihen übrig, mit denen die Reparationsverpflichtung im wesentlichen beglichen, die Belastung aber in die Zukunft verlagert werden konnte.

Am Beginn des Übergangs zur Friedenswirtschaft stand die Demobilmachung der deutschen Streitkräfte aller Waffengattungen. Ungefähr die Hälfte aller Soldaten befand sich im November 1918 schon auf dem Reichsboden, die andere Hälfte wurde erstaunlich schnell zurückgeführt. Bis auf einige Eingreifverbände, die auch oft genug im Nu zerfielen, wurden die allermeisten Soldaten zügig entlassen. Höchstens zwei Prozent wanderten zeitweilig in die Freikorps ab, in denen sie noch zwei Jahre lang weiterkämpften. Kurzum: Innerhalb weniger Monate mußten etwa sieben Millionen Männer in den Wirtschaftsprozeß wieder eingegliedert werden. Das ist im Grunde auffallend reibungslos gelungen, freilich auf Kosten der arbeitenden Frauen, die im Konfliktfall durchweg den arbeitsplatzsuchenden Männern weichen mußten.³

Diese Integration in das zivile Leben konnte auch deshalb zügig bewerkstelligt werden, weil nach einer fünfmonatigen Rezession im unmittelbaren Gefolge des Kriegsendes seit dem Frühjahr 1919 ein heftiger Boom einsetzte, «einer der kürzesten und stärksten Konjunkturaufschwünge», die es bis dahin je gegeben hatte. Er ist um so bemerkenswerter, als alle anderen Industrieländer von 1920 bis 1922 eine qualvolle Depression erlebten. In dieser Zeitspanne stieg indes die deutsche Industrieproduktion um 20 Prozent, während die Weltproduktion um 15 Prozent sank. Die kurzlebige deutsche Hochkonjunktur besaß in der Inflation eine kraftvolle Lokomotive. Als sie seit dem August 1922 in die galoppierende Inflation überging, wurde der Währungsverfall von einem konjunkturellen Abschwung bis zum November 1923 begleitet, der auf das Plateau von 1918 zurückführte.

Bis 1920 waren die Inflation und der Preisanstieg ein weltweit zu beobachtendes Phänomen. Aber den meisten Ländern gelang es, ihre Finanzen zu konsolidieren und die schwebenden Schulden in langfristige Anleihen zu verwandeln. Die große Ausnahme bildete Deutschland (zusammen mit der neuen Republik Österreich), wo sich die 1914 in Gang gesetzten Inflationsmechanismen ungehemmt weiter auswirkten. Warum griff die Staatsleitung nicht mit deflatorischen Maßnahmen ein? Welchen Optionen sah sie sich überhaupt gegenüber, als sie seit dem Winter 1918/19 ihre Haltung gegenüber der Inflation definieren mußte?

Alle Optionen waren mit negativen Konsequenzen verbunden. Aber eine sorgfältige Kosten-Nutzen-Abwägung konnte die informelle Inflationskoalition, die sich inzwischen herausgebildet hatte, durchaus in ihrem Kurs bestätigen. Die Rückkehr in das Traumland der idyllischen Friedensverhältnisse vor 1914 wirkte auf sie ganz und gar unrealistisch, denn das Ziel der Währungsstabilisierung hätte eine rigorose Deflationspolitik verlangt. Ihr Ergebnis wäre höchstwahrscheinlich nicht nur eine langwierige Depression gewesen. Vielmehr hätte der Staat auch eine Steuerquote von rund 35 Prozent des Volkseinkommens benötigt, um zum einen eine inflationäre Haushaltspolitik zu vermeiden, zum andern aber den laufenden Aufwand, die neuen kriegsbedingten sozialpolitischen Verpflichtungen und die Reparationszahlungen aufzubringen. Kein Land wäre nach einem verlorenen Krieg dazu in der Lage gewesen und gewiß nicht Deutschland, wo die Steuerquote aller Gebietskörperschaften vor 1914 bei 11 Prozent gelegen hatte. Denkt man an die fragile Konstruktion der Weimarer Republik,

1. Industrie zwischen Kriegsniederlage und Wirtschaftskrise

ist das Urteil gerechtfertigt, daß sie unter dem Druck einer solchen Deflationspolitik zerbrochen wäre.

Dagegen besaß die, wie es zunächst schien, maßvolle Inflation zahlreiche Vorzüge, die eine breite Unterstützungsallianz zusammenführten, zumal sie von den Reichsdeutschen zum ersten Mal erlebt und keineswegs mit einer Geldzerstörung verbunden wurde. Die Inflation erleichterte die Demobilmachung, den Übergang zur Friedenswirtschaft und nach der Rezession die Ankurbelung der Konjunktur. Sie ermöglichte die Finanzierung der Kriegsrenten, vor allem aber einen Lohnanstieg, der bis Mitte 1922 auch die Reallöhne nachhaltig verbesserte. Sie versprach Vollbeschäftigung und Wachstumsimpulse und federte den Acht-Stunden-Tag ab. Sie förderte ein Klima der sozialen Entspannung und erhielt die «sozialpolitische Handlungsfähigkeit» der Republik. Diese multifunktionale gesellschaftspolitische Nützlichkeit bildete einen wesentlichen Tragpfeiler des Inflationskonsenses. Das wurde von seinen Exponenten auch ungeschminkt eingestanden. Ausdrücklich riet AEG-Chef Rathenau im Januar 1921 in seiner Funktion als Berater der Reichsregierung zur Inflation, um der herandrängenden Krise «einen Damm entgegensetzen zu können»; das geeignete Mittel bleibe die Entscheidung, weiterhin «die Notenpresse noch etwas mehr arbeiten zu lassen». Auch der Großunternehmer Hugo Stinnes eröffnete im Juni 1922 den Angehörigen der amerikanischen Botschaft in Berlin, daß «die von Deutschland betriebene Inflationswirtschaft» eine notwendige Voraussetzung für die Vollbeschäftigung sei; deshalb müsse «die Waffe der Inflation auch weiter benutzt werden..., ohne Rücksicht auf die entstehenden außerordentlichen Kapitalverluste, weil nur dadurch die Möglichkeit gegeben sei, der Bevölkerung eine geordnete regelmäßige Tätigkeit zu geben» und nach dem verlorenen Krieg «das Leben der Nation zu sichern».

Damit nicht genug: Die Inflation erleichterte die Überweisung der ersten Reparationen und bot zugleich den politischen Vorteil, die Verantwortung für eventuelle finanzielle Störungen auf die Alliierten abzuwälzen, die inneren Verteilungskonflikte nach außen abzulenken. Sie eignete sich vorzüglich zur öffentlichen und privaten Schuldentilgung, zur Expansion des Großbesitzes – wie das der klassische Inflationsgewinnler Stinnes am besten wußte – und zum Wiedergewinn von Exportmärkten dank der erheblichen Preisvorteile in Hartwährungsländern. Sie erhielt das Privateigentum, sie vermied unerwünschte Staatseingriffe, ob mit der Steuerschraube oder durch dirigistische Wirtschaftslenkung, und sie unterstützte die Kapitalakkumulation, damit aber den für einen erfolgreichen Rekonstruktionsprozeß strategischen Wachstumsfaktor der Investitionsquote.

Vergegenwärtigt man sich diese Vorzüge der Inflation im Vergleich mit einer deflatorischen Roßkur, fällt es nicht mehr schwer zu verstehen, weshalb sich die Interessen der Inflationsallianz in ihrem Erfahrungsraum und

Erwartungshorizont vier Jahre lang bündeln ließen. Sie hielt unter Notstandsbedingungen einen «wirtschaftlichen Burgfrieden» ein. Den Gedanken an den drohenden Preis einer ungestörten Inflation: eine Hyperinflation mit ihrer Währungs- und Stabilitätszerstörung, haben die meisten Akteure unter dem Druck der Gegenwartsprobleme jahrelang von sich gewiesen. Erst als die Inflation überhaupt keine Vorteile mehr bot, die Gesamtwirtschaft vielmehr bei rasantem Geldwertverfall und steigender Arbeitslosigkeit schrumpfte, setzte sich die Zwangsdynamik zugunsten der Stabilisierung durch.

Wie war die Währungsentwicklung bis dahin verlaufen? Die Inflation wucherte insgeheim schon seit der Kriegserklärung im Sommer 1914. Die Notenpresse spie riesige Geldmengen aus, welche die Entwertung ermöglichten. Wurde unter der Problemlast des Krieges die Inflation, auch im öffentlichen Bewußtsein, noch zurückgestaut, trat sie seit 1919 offen zutage. Zunächst wirkte sie 1919 und 1920 wie eine begrenzbare Geldaufblähung, der Preisanstieg schien sich in erträglichen Grenzen zu halten. Sachte verdoppelte sich dann die Inflationsrate bis Ende 1921. Auch in der ersten Hälfte des Jahres 1922 stieg sie beharrlich weiter an.

Bis dahin hatte die Inflationskoalition auf der Grundlage ihres Interessenkalküls keine hinreichenden Motive zu einem Kurswechsel entdeckt. Als aber im August 1922 die schleichende Inflation in eine galoppierende Geldentwertung überging, begannen sich die Entscheidungsbedingungen von Grund auf zu verändern. Denn bis zum Januar 1923 hatte sich die Inflationsrate verzehnfacht. Zu den wesentlichen Ursachen gehörte jetzt auch der Vertrauensverlust der ausländischen Investoren, die seither ihre Anlagen zunehmend zurückzogen. 1923 stand im Zeichen der beispiellosen Hyperinflation, deren verheerende Wirkungen an verschiedenen aufschlußreichen Indikatoren ablesbar sind (vgl. Übersicht 122).

Der Wert einer Goldmark des Jahres 1913 fiel bis zum Januar 1920 auf 15,4 Mark, zwei Jahre später auf 45,7 Mark, Anfang 1923 aber schon auf

Übersicht 122: Indikatoren der deutschen Inflation 1919–1923

	Lebenshaltungskosten (1913 = 1)	Großhandelspreise (1913 = 1)	Realwochenlöhne von Eisenbahnfacharbeitern (1913 = 100)		Realmonatsgehälter Höherer Beamter (1913 = 100)
Febr. 1920	8,47	8,03 (Jan. 1920)	1918	83,3	46,8
Jan. 1921	11,79	14,40	1920	77,6	31,7
Jan. 1922	20,41	34,87	1921	74,5	39,3
Jan. 1923	1120,27	2783	1922	64,2	35,6
Juli 1923	37651	944041	1923	50,9	38,0
Sept. 1923	15 Mill.	23,9 Mill.			
Dez. 1923	1,247 Mrd.	1,261 Mrd.			

1. Industrie zwischen Kriegsniederlage und Wirtschaftskrise   247

4279 Mark. Wie sich die Talfahrt beschleunigte, zeigen die Werte für den August 1923 = 1 Million, den Oktober 1923 = 6 Milliarden und den November 1913 = 1 Billion Mark. Im Zeichen dieser Währungszerstörung schrumpfte das deutsche Volkseinkommen von 1919 = 69,2 Milliarden Goldmark um mehr als ein Viertel auf 1923 = 50,3 Milliarden. Der Index der deutschen Industrieproduktion (1928 = 100) sank bis Ende 1923 sogar um mehr als die Hälfte (= 46).

Der Index der Lebenshaltungskosten (1913 = 100), die das Statistische Reichsamt am umfassendsten ermittelte, schnellte bis zum Sommer 1923 auf 37651 hoch, überschritt schon im September (= 15 Mill.) die Millionengrenze und bewegte sich im Dezember 1923 bei absurden 1,247 Milliarden. Der Index der Großhandelspreise (1913 = 100) kletterte bis zum Wendepunkt im August 1922 immerhin schon auf 192, ein Jahr später lag er aber bei 23,9 Millionen, im Dezember 1923 bei 1,261 Milliarden. Im Einzelhandel kosteten am 24. September 1923 ein Pfund Roggenbrot drei, ein Pfund Kartoffeln 1,24 und ein Pfund Butter 168 Millionen Mark. Die Realwochenlöhne von Eisenbahnfacharbeitern (1913 = 100), um nur einige Beispiele heranzuziehen, stürzten bis Ende 1923 auf die Hälfte (= 50,9), die monatlichen Realgehälter der höheren Reichsbeamten (1913 = 100), die allerdings schon während des Krieges den schärfsten Rückgang erlebt hatten, sanken um fast zwei Drittel auf 38,0, die der mittleren Beamten um die Hälfte. Das für solche Berufsklassen wichtige Schulgeld, das an den Höheren Schulen jährlich gezahlt werden mußte, stieg dagegen in Preußen von 1909/19 = 130 Mark auf 4000 Mark im April 1923 und groteske acht Millionen im Oktober 1923.

Spätestens seit dem frühen Herbst 1923 entzog die vollendete Währungszerrüttung dem Inflationskonsens seine Grundlagen. Die Notwendigkeit eines rigorosen politischen Eingriffs drängte sich unabweisbar auf. Jetzt entwickelte Reichsfinanzminister Rudolf Hilferding, der sich vom neomarxistischen Theoretiker zum pragmatischen Politiker entwickelt hatte, sein Konzept der neuen «Rentenmark», die im Prinzip – das war der psychologisch ingeniöse Kunstgriff – durch einen vertrauenerweckenden Fonds der Produktionsinteressen, die ominöse «Grundschuld» von Industrie und Landwirtschaft, gedeckt wurde. Wegen Hilferdings Rücktritt galt freilich Reichsbankpräsident Hjalmar Schacht zu Unrecht als rettender Erfinder der Neuwährung, die im Lande sofort angenommen und ein Jahr später durch die goldgedeckte Reichsmark abgelöst wurde. Für den Erfolg war die massenpsychologisch geschickte Verpackung des Projekts wichtig. Doch den Ausschlag gab das tragfähige und belastbare Produktionspotential der deutschen Industriewirtschaft.

Die Folgen der Inflation, vor allem natürlich der Hyperinflation, sind seit der zeitgenössischen Reaktion leidenschaftlich umstritten. Der Extremposition, daß die Inflation jedermann in einem bisher unvorstellbaren

Ausmaß materiell geschädigt, «das» Bürgertum geradezu pauperisiert und allenthalben unheilbare Schäden hinterlassen habe, steht inzwischen eine sorgfältig differenzierende Interpretation gegenüber.

1. Einerseits sind die größten Verlierer offenbar die oberen Einkommensklassen gewesen, da die Inflation eine konfiskatorische Wirkung auf das Geldvermögen ausübte und besonders zur Enteignung der großen Geldrentenbezieher und Anleihenzeichner führte. Sie wurden in eine gigantische Vermögensumverteilung hineingezogen, die in äußerster Komprimierung während weniger Jahre die Konzentration der Geldvermögen seit der zweiten Hälfte des 19. Jahrhunderts «wieder rückgängig» gemacht haben soll. Diese Umwälzung der Vermögen und Einkommen mündete in eine zeitweilig gleichmäßigere Einkommensverteilung, die allerdings seit der Stabilisierungsphase erneut strukturell zugunsten der traditionellen Disparitäten verändert wurde. Schon die gesetzliche Aufwertung seit 1924 brachte häufig den Ausgleich der Gläubigerverluste, so daß den deutschen Geldvermögensbesitzern ein erheblicher Anteil ihres ursprünglichen Vermögens schnell wiederbeschafft wurde.

Andrerseits gehörten die obersten Besitzklassen auch zu den klassischen Nutznießern der Inflation, da sie ihre Schulden mühelos tilgen und zugleich für einen Spottpreis wertvollen neuen Besitz erwerben konnten. Stinnes ist mit seinen dank der Inflation zusammengerafften Riesenkonglomeraten, insbesondere mit der kurzlebigen «Siemens-Rhein-Elbe-Schuckert-Union», nur das herausstechende Beispiel für eine Vielzahl von Unternehmern in der Industrie und im Dienstleistungssektor, die auf diese expansive Weise von der Inflation profitiert haben. Schon 1924 beurteilte einer der sachkundigsten deutschen Sozialwissenschaftler, Franz Eulenburg von der Universität Leipzig, mit bemerkenswerter Klarsicht die sozialen Auswirkungen der Inflation. «Es hat eine Appropriation des Besitzes in wenigen, aber kräftigen Händen stattgefunden», resümierte er. «Der Kapitalbesitz der mittleren Schichten und damit ihr Anspruch auf einen Teil des anderen Vermögens wurde vernichtet. Jene Aneignung bezieht sich vor allem auf die Industrie. Die kleinen und mittleren Unternehmer sind zwar nicht enteignet, aber in stärkerem Maße an die Konzerne angegliedert. Dadurch ist die Vermögensverteilung wesentlich ungleicher geworden.»

2. Die bescheidenen Vermögenswerte des beamteten Bildungsbürgertums sind vermutlich weithin zerstört worden. Obwohl sein laufendes Einkommen zwischen 1914 und 1923 bereits mehr als halbiert und auch ein gut Teil seiner Ersparnisse durchweg in den wertlosen Kriegsanleihen angelegt worden war, blieb doch die Hyperinflation am Ende dieser zehnjährigen Notperiode als ausschlaggebende Vernichtungskraft in der Erinnerung solcher Bürgerfamilien haften. Da aus ihnen die meisten «Meinungsmacher» – von den Journalisten bis zu den Historikern – stammten, haben sie

1. Industrie zwischen Kriegsniederlage und Wirtschaftskrise

mit ihrem düsteren Gemälde die «Gedächtnisgemeinschaft» (P. Nora) der inflationsgeschädigten Deutschen maßgeblich geprägt.

3. Die Sachwerteigentümer im Besitzbürgertum, im Kleinbürgertum und in der Bauernschaft wurden ungleich weniger getroffen, da ihre Gewerbebetriebe, ihr Haus- und Grundbesitz die Inflation unbeschädigt überstanden. Nicht wenige Bauern konnten endlich die letzten Schulden aus der Zeit der Agrarreformen mühelos tilgen. Auch die Staaten, die Republik und ihre Mitgliedstaaten, gewannen durch die mühelose Rückzahlung der gigantischen Kriegsschulden und anderer Verpflichtungen eine unverdiente Schuldenfreiheit.

4. Die bereinigte Lohnquote nahm bis 1922 um 12,5 Prozent zu. Dieser durch die Inflation ermöglichte Anstieg konnte lange verteidigt werden. Das Millionenheer der lohnabhängigen Arbeitskräfte, an erster Stelle die Industriearbeiterschaft, zog daher auf die Dauer vermutlich einen großen Nutzen aus der Inflation. Die Reallöhne wurden nur während der Hyperinflation ringsum gedrückt – diejenigen der Hauer im Ruhrbergbau stiegen selbst dann noch an! –, seit 1924 aber unverzüglich wieder angehoben. Daß die Erwerbsquote von 1907 = 45,5 bis 1925 auf 51,3 Prozent anstieg, zeigt jedoch, da die Zunahme nicht auf neue Frauenarbeit zurückgeführt werden kann, daß viele vermutlich auch durch die Inflation gezwungen wurden, eine lohnabhängige Erwerbsarbeit aufzunehmen.

5. Geflissentlich übersehen wird nur allzuoft, daß ausländische Investoren die Verluste mittrugen – wahrscheinlich in der Höhe der deutschen Reparationszahlungen bis 1923, mithin von 26 Milliarden Mark (siehe unten). Für die deutsche Inflationsallianz war die Währungsstabilisierung bis Ende 1922 nicht attraktiv, wohl aber zusehends für ausländische Kapitalbesitzer, nicht zuletzt wegen ihres Reparationsgeschäfts.

6. Wenn man diese Dimensionen einmal säuberlich analytisch trennt, könnte man zugespitzt sagen, daß die für das Funktionieren der Wirtschaft ökonomisch notwendige Nachkriegsstabilisierung bereits vor dem November 1923 vollzogen war. Für die Staatserhaltung und den Wiedergewinn der Glaubwürdigkeit im Internationalen System wurde jedoch die formelle Währungsstabilisierung zu einem politischen Imperativ.

7. Schließlich muß noch der tiefgreifende psychische Effekt der Hyperinflation betont werden. Sie hinterließ im Gedächtnis von Millionen betroffener Zeitgenossen, überhaupt im Kollektivgedächtnis der Deutschen jener Generationen, eine traumatische Schädigung, auch wenn sie keineswegs immer ein Ergebnis persönlicher Verluste und Entbehrungen war. Dieses Inflationstrauma wirkte sich seit 1929 gegen eine antizyklische Konjunkturpolitik aus, wurde zwischen 1945 und 1948 durch die zweite Inflation und zweite Währungsreform noch einmal bekräftigt und gehört seither offenbar, in den Affektspeichern tief verankert, zum populärökonomischen Erinnerungshaushalt der Westdeutschen.[4]

Für die Kontinuität der Inflation spielte, wie vorn erwähnt, das Drohszenario der Reparationsverpflichtungen eine einflußreiche Rolle, da sie nicht nur eine Verteidigung des Währungsverfalls, sondern zugleich auch die optimale Externalisierung der Schuldvorwürfe erlaubte. An der Reparationspolitik kann man vier Entwicklungsstufen unterscheiden. Die erste Phase der rechtlich unbegrenzten Reparationsansprüche dauerte von 1919 bis zum Londoner Protokoll vom April 1921. Da die Schuldhöhe zunächst nicht fixiert war, testete die Berliner Regierung die alliierten Forderungen mit einem Angebot im Mai 1919, worin sie 100 Milliarden Mark in Aussicht stellte: 20 davon in Gold, 80 in Jahresraten. Die Alliierten lehnten in der Erwartung ungleich höherer Zahlungen ab, und wegen der hoffnungslosen Diskrepanz zwischen den alliierten und den deutschen Leistungsvorstellungen stagnierte die Problemlösung auf 15 Konferenzen der Entente und weiteren zehn Konferenzen zwischen deutschen und alliierten Vertretern. Die Sieger konnten sich nicht auf die zumutbare Höhe einigen, während die Berliner Regierung vor der Anerkennung eines verbindlichen Modus zurückscheute, da die erregte öffentliche Meinung jeden Kompromiß außerordentlich erschwerte.

Deshalb übergingen die ersten Kabinette der Nachkriegsjahre auch immer wieder die Alliierte Reparationskommission, obwohl dort eine ruhigere Zusammenarbeit als auf der Regierungsebene möglich gewesen wäre. Endlich legte im Frühjahr 1921, nachdem im Januar noch 269 Milliarden verlangt worden waren, das Londoner Protokoll die vorläufige Schuldensumme auf weniger als die Hälfte: auf 132 Milliarden Goldmark fest (bis 1932 wurden rund 53 Mrd., 40%, gezahlt). Die genaue Summe und die Modalitäten der gesamten Schuldentilgung blieben freilich noch immer ungeklärt.

Von 1919 bis zum Ende der Hyperinflation von 1923 hat Deutschland wahrscheinlich 26 Milliarden Mark in Barzahlungen und Sachleistungen transferiert. Zwar behauptete die Berliner Regierung, sie habe einen Tribut in Höhe von 50 Milliarden entrichtet. Ihre Zahlen wurden aber aus Propagandagründen bis zur Verdoppelung der realen Summe weit übertrieben. Der englische Ökonom John M. Keynes konnte jedoch schon damals den wirklichen Betrag realistisch ermitteln. Das deutsche Volkseinkommen zwischen 1919 und 1923 betrug rund 259 Milliarden Mark, so daß in den Inflationsjahren immerhin jährlich zehn Prozent für die Reparationsverpflichtungen aufgebracht worden sind. Vergleicht man das mit der Steuerquote von 1914, die bei elf Prozent gelegen hatte, wird die Belastung allein durch diese Entschädigungsbeträge deutlich.

Eine akzeptable Formalisierung des Zahlungsmodus brachte im April 1924 der Dawes-Plan, der in einem Expertenausschuß unter der Leitung des amerikanischen Bankiers Charles G. Dawes und des General-Electric-Präsidenten Owen D. Young ausgearbeitet worden war. Nach der drei-

1. Industrie zwischen Kriegsniederlage und Wirtschaftskrise 251

jährigen Zwischenperiode seit 1921 begann jetzt die dritte Phase der Reparationspolitik. Das amerikanische Engagement spiegelte zum einen das ökonomische Interesse an einer Regelung der alliierten Kriegsschulden gegenüber den USA wider (deren Begleichung die Siegermächte von dem deutschen Reparationszufluß abhängig machten), zum andern das politische Interesse an einer Stabilisierung Mitteleuropas gegen den Einfluß der Sowjetunion. Insofern markierte die amerikanische Intervention das Ende der Nachkriegszeit. Zugleich dementiert sie die Legende vom amerikanischen Isolationismus.

Der Dawes-Plan honorierte gewissermaßen die deutsche Währungsreform, stützte sie durch sein Regelwerk und erleichterte den Übergang zur Goldmark. Er bewies auch, wie hohl die deutsche Behauptung, ohne eine Reparationslösung sei keine Währungsstabilisierung möglich, jahrelang gewesen war. Zwar enthielt auch dieser Plan noch keine endgültige Lösung: kein Enddatum und keine Gesamthöhe, wohl aber einen entpolitisierten Zahlungsmodus. Die weiterhin hohe Belastung mit jährlich 2,5 Milliarden Mark galt den Experten als selbstverständlich. Bisher waren solche Summen von Berlin als unerschwinglich bezeichnet worden. Jetzt mußte diese Rate, da sie erstmals überschaubare Verpflichtungen verkörperte und den Zufluß amerikanischer Anleihen eröffnete (eine erste über 800 Millionen Mark wurde mit dem Plan verkoppelt), politisch akzeptiert werden. Erstmals wurden auch die Quellen der Reparationen bestimmt. Dem Reichshaushalt sollte wegen der gefährlichen Belastung höchstens ein Viertel zugemutet werden. Mehr versprach man sich von einer Eisenbahnverkehrssteuer, insbesondere aber von den Zinsen der mit Obligationen belasteten großen Industriegesellschaften und der neuen Reichsbahn, die für diesen Zweck durch die Verstaatlichung aller Eisenbahnunternehmen zu einer Reichsgesellschaft geschaffen und sofort ausländischer Kontrolle unterstellt wurde. Um den Transfer zu gewährleisten, wurde auch die Reichsbank reorganisiert, indem ihre Abhängigkeit von der Regierung aufgehoben und das Direktorium durch einen internationalen «Generalrat» ersetzt wurde.

Faktisch wurde die Weimarer Republik wie China und die Türkei vor 1914 unter die Kuratel einer internationalen Finanzverwaltung gestellt, an deren Spitze der amerikanische «Reparationsagent» Parker Gilbert als Garant regelmäßiger Transferleistungen stand. An dieser «Versklavung» setzte nicht nur die konservative und rechtsradikale Kritik an, vielmehr entdeckte darin der gereizte deutsche Nationalismus, quer durch alle sozialen Klassen und Milieus hindurch, ein Thema unablässiger Empörung und Kränkung.

Nicht zuletzt deshalb kam es, um bei der Reparationsproblematik einen Blick nach vorn zu werfen, im Januar 1930 zu einer Neuregelung im Young-Plan, gegen den eine neue Rechtsallianz mit einem gescheiterten

Volksbegehren protestierte. Nachdem Deutschland in der dritten Phase von 1924 bis 1930 vermutlich 10,3 Milliarden Mark überwiesen hatte, wurde jetzt endlich für die vierte Phase mit 110 Milliarden Mark – das entsprach genau dem zehnfachen Reichseinkommen von 1929 – die Endsumme der Reparationen festgelegt. Als Zahlungszeit wurden nach dem Inkrafttreten im März 1930 die folgenden 59 Jahre bis 1989 bestimmt, für die seither erniedrigte Annuitäten zwischen 1,6 und 2,2 Milliarden Mark galten; die demütigende Überwachung durch die internationale Finanzkontrolle wurde aufgehoben. Die Weltwirtschaftskrise führte jedoch zum Hoover-Moratorium und schon im Juli 1931 zur deutschen Zahlungseinstellung. Im Lausanner Vertrag vom Juni 1932 verzichteten die Alliierten gegen eine Abfindung in Höhe von drei Milliarden Mark endgültig auf weitere Leistungen. Diese Summe wurde zusammen mit den restlichen Schulden aus dem Dawes- und Young-Plan 20 Jahre lang nicht bezahlt, aber 1953 in das Londoner Schuldenabkommen aufgenommen, so daß die Bundesrepublik sie schließlich tilgen mußte.[5]

Zurück zum Wendejahr 1924: Die deutsche Währungsreform und der Dawes-Plan markierten eine wirtschaftspolitische Zäsur, nach der die Weimarer Republik in ihre vielgerühmte, oft überschätzte Stabilisierungsphase eintrat.

b) Die «goldenen Jahre» 1924–1928

Blickt man auf die knapp zehn Jahre vom Ende der Nachkriegsrezession 1919 bis zum Konjunktureinbruch im Frühjahr 1929, überwiegen rein rechnerisch die Aufschwungsmonate die Depressionsmonate mit genau zwei Dritteln zu einem Drittel. Aber in der Wahrnehmung der Zeitgenossen ballten sich in den fünf Anfangsjahren der Republik, bis die Hyperinflation den Endpunkt markierte, die schlimmsten Belastungen zusammen, von denen sich die fünf folgenden Jahre trotz mancher Krisenerscheinungen als eine Hochkonjunkturperiode mit manchmal erstaunlichen ökonomischen Leistungen abhoben.

Anfang 1924 setzte auf der Basis der neuen Währung die konjunkturelle Belebung ein, prägte sich seit dem August noch stärker aus und ging seit dem Frühjahr 1925 vollends in einen Boom über. Im Winter 1925/26 wurde er noch einmal durch ein kurzes rezessives Zwischentief abgeschwächt, doch der Tendenz nach hielt er noch drei Jahre lang bis zum April 1929 weiter an. Zwar wirkte auf dem Höhepunkt der Konjunktur ein plötzlicher Kurssturz an der Berliner Börse, der im Mai 1927 den Durchschnittswert von 205 auf 109 hinabdrückte, als blitzlichtartige Irritation, in der Retrospektive sogar als Menetekel. Da die Erholung jedoch sogleich folgte, setzte sich die Prosperität weiter durch – bis zu ihrem Abbruch im April 1929, fünf Monate bevor die Weltwirtschaftskrise voll einsetzte.

1. Industrie zwischen Kriegsniederlage und Wirtschaftskrise

Es ist diese hochkonjunkturelle Mittelphase der Republik, mit der sich die Erinnerung an ihre «goldenen Jahre», an den Ausbruch hektischer Lebenslust, an einen jetzt auch materiell möglichen Lebensgenuß, an eine wahre Explosion künstlerischer Leistungen verbindet. Das Chaos der Wechsellagen bis Ende 1923 und die Depression seit dem Herbst 1929 sind dagegen vom Gedächtniskonstrukt der «Roaring Twenties» geradezu ausgeblendet worden.

Die eindrucksvollen ökonomischen Auswirkungen der Hochkonjunktur lassen sich an vielen Indikatoren ablesen. Das Volkseinkommen stieg von 1925 = 57 Milliarden bis 1928 = 71 Milliarden Mark um ein volles Viertel, auch pro Kopf um 22 Prozent: von 903 auf 1105 Mark; das bedeutete einen jährlichen Zugewinn von 5,5 Prozent. Der Privatkonsum kletterte von 1925 = 5,19 bis 1928 = 6,36 Milliarden ebenfalls um gut ein Viertel in die Höhe, etwas kräftiger noch als das Volkseinkommen. Die Industrieproduktion vermehrte sich zwischen 1924 und 1928 um 46 Prozent, von 1927 bis 1929 lag sie erstmals wieder über dem Vorkriegsstand. Freilich stiegen die Weltindustrieproduktion um 47 Prozent, die amerikanische Industrieproduktion um 70 Prozent, selbst die stets verhalten wachsende französische um 38 Prozent an. Wegen der «relativen Stagnation» der deutschen Wirtschaft blieb die industrielle Leistung im Vergleich immer noch hinter derjenigen wichtiger Industrieländer zurück. Die Investitionsgüterproduktion, der eigentliche Motor des Industriekapitalismus, wuchs zwischen 1925 und 1928 ebenfalls um 47 Prozent; die Kohleproduktion übertraf von 1926 bis 1930 den Stand von 1913; die Eisenproduktion tat das 1925, 1927 und 1928 gleichfalls, 1927 lag sie um 140 Prozent darüber. Die Produktivität, die bis 1925 rund sechs Prozent unter dem Wert von 1913 verharrt hatte, lag von 1925 bis 1929 um 13 Prozent darüber.

Kurzum: Das Wachstum der deutschen Industriewirtschaft beschleunigte sich in dieser Periode auf ein Tempo, das bisher nur in den zwei Vorkriegsjahrzehnten erreicht worden war. Diese Geschwindigkeit wurde jedoch ganz wesentlich durch ausländische, an allererster Stelle amerikanische Kredite ermöglicht, die nach der Verabschiedung des Dawes-Plans kontinuierlich nach Deutschland strömten.

Die hohen Zinssätze, welche die fremdkontrollierte Reichsbank festsetzte, lockten anlagesuchendes Kapital herbei, denn im Sinne der in ihrem Generalrat vertretenen ausländischen Investoreninteressen wurden Kreditrestriktionen und hohe Rediskontsätze zielstrebig herbeigeführt. Daraufhin stieg der deutsche Kapitalmarktzins doppelt so hoch wie der amerikanische: 1925 auf 9,5 : 4,7, selbst 1930 fiel das Verhältnis von 5,5 : 2,6 noch ganz ähnlich aus. Ebenso weit klafften die Geldmarktzinsen auseinander: 1925 9 : 3,7, 1930 5,5 : 2,6. Das von derart attraktiven Gewinnchancen angezogene ausländische Leihkapital glich den deutschen Kapitalmangel – die Sparquote lag in der Mitte der zwanziger Jahre bei zehn Prozent anstatt bei den 17 Prozent von 1913 – mühelos aus. Allein von 1925 bis 1929 wurden 13,6 Milliarden Mark an amerikanischen Anleihen aufgenommen. Nie zuvor und nie nachher hat die deutsche Volkswirtschaft so viel Kapital importiert wie in dieser Prosperitätsperiode! Der Nachteil, daß die meisten Kredite kurzfristig gegeben wurden und Zinszahlungen bis zu zehn Prozent erforderten, sollte sich erst 1929 voll auswirken.

Allerdings bildeten keineswegs nur amerikanische Kredite den Treibstoff der deutschen Wachstumsdynamik. 70 Milliarden Mark wurden in dieser Zeit von deutschen Anlegern, die damit einen «einmaligen Wiederaufbauprozeß» finanzierten, in Investitionen verwandelt. Daraufhin stieg die Nettoinvestitionsquote zwischen 1925 und 1929 auf jährlich elf Prozent. Von 1910 bis 1913 hatte sie allerdings bei 15 Prozent gelegen, und die industrielle Investitionsquote erreichte zwischen 1924 und 1929 durchschnittlich auch nur 70 Prozent des Standes von 1913. Immerhin stieg die deutsche Industrieproduktion (1913 = 100) von 1925 = 66 auf 1928 = 85, und die Exportquote erreichte 1926 mit 26,5 sogar den Stand von 1913. Bis 1929 überschritt das deutsche Sozialprodukt den Meßwert von 1913 um zehn Prozent.

Die Aufholjagd, um die «relative Stagnation» zu überwinden, schien 1929 nach der Erfolgsbilanz der vorhergehenden fünf Jahre zum Ziel zu führen. Doch die typische hochkonjunkturelle Überhitzung in Gestalt von Überinvestitionen, Überkapazitäten und Überproduktion im Verein mit einer brüchigen Finanzierungsbasis gehörte zu dieser Parforcejagd dazu. Insofern stammte die fatale Krise vor 1929 nicht allein aus den Vereinigten Staaten, sondern in hohem Maße aus Deutschland selber.

Zu den Lichtseiten der Boomperiode gehörte die Stabilisierung der Reallöhne, die bis 1929 auf einem so hohen Niveau gehalten werden konnten, daß es über demjenigen der Produktivitätsentwicklung lag. Diese dramatische Verbesserung war ein Ergebnis der Tatsache, daß die Position der organisierten Arbeiterschaft im Verteilungskampf seit 1919 unübersehbar aufgewertet worden war. Die Streikwelle unmittelbar nach dem Kriegsende trieb die Reallöhne sogleich über den Stand von 1913 hinaus. So intensiv kämpften die Arbeiter nach der Pauperisierungserfahrung im Weltkrieg um ihren Lebensstandard, daß der USPD-Abgeordnete Emil Barth schon Angst davor hatte, daß die Revolution zu einer Lohnbewegung degenerieren könne.

Mit der Konsolidierung wuchs die Macht der Freien Gewerkschaften, deren Mitgliederzahl (1913 = 3 Mill.) sich bis 1920 (= 9 Mill.) verdreifachte, und zehnmal soviel Arbeiter wie früher wurden jetzt von den Tarifverträgen erfaßt. Zwar entfielen 1919 32,5 Millionen Arbeitstage wegen Streiks (1913 waren es 8,8 Mill., 1922 noch immer 23,4 Mill.), doch die Unternehmer konnten solche Verluste und die Lohnkosten, begünstigt durch die Inflation, auf die Preise abwälzen.

1. Industrie zwischen Kriegsniederlage und Wirtschaftskrise

Die Reallöhne wurden zudem durch sozialpolitische Maßnahmen drastisch verbessert, die nicht nur der sozialdemokratischen Programmatik, sondern auch der Absicht entsprachen, eine erneute revolutionäre Unruhe zu vermeiden. So führte etwa der staatliche Mietschutz in Verbindung mit der staatlichen Wohnraumbewirtschaftung binnen kurzem dazu, daß die Mietkosten, die vor 1914 20 Prozent der proletarischen Lebenshaltungskosten ausgemacht hatten, bis 1922 auf nur ein Prozent sanken.

Dieser Anstieg der Reallöhne, die bis zum Beginn der Stabilisierung bereits eine imponierende Höhe erreicht hatten, setzte sich auch seither noch weiter fort. Allein von 1925 = 100 bis 1929 = 126 ergab sich ein Zugewinn von einem Viertel. Selbst in der Krise gingen die Positionsgewinne nur zum Teil verloren, obwohl im Durchschnitt die Reallöhne bis Ende 1932 um 14 Prozent sanken. Unten (IV. 5 d) ist dann zu erörtern, ob diese Aufwärtsentwicklung der Reallöhne, die tatsächlich höher lagen, als nach dem Stand des Volkseinkommens zu erwarten war, zu den strukturellen Belastungen der Weimarer Republik in dem Sinne gehörte, daß sie seit 1929 als Blockade gegen eine realitätsnahe Konjunkturpolitik gewirkt hätten.

Indes, auch während der Prosperitätsperiode blieb die Schattenseite der Wirtschaftsentwicklung erhalten: Nie gab es in der Weimarer Republik Vollbeschäftigung, auch nicht in den Jahren der Hochkonjunktur. Um dieses Dilemma durch einen kurzen Überblick zu veranschaulichen: In den 108 Monaten von 1924 bis 1932 lag die Arbeitslosigkeit nur vier Monate unter einer halben Million, 20 Monate zwischen einer halben und einer Million, aber 48 Monate zwischen einer Million und drei Millionen, ja sogar 36 Monate zwischen drei und sechs Millionen. Vor 1913 hatte sie nie mehr als 2,9 Prozent der Erwerbstätigen erfaßt. Aber am Ende des Chaosjahres 1923 lag sie bei 28 Prozent, im Durchschnitt des ganzen Jahres bei 16,2 Prozent, 1924 dann bei 13,1 Prozent. Während der Prosperitätsjahre erreichte sie in absoluten Zahlen und in Prozent der Erwerbstätigen: 1925 600 000/8,7 Prozent, 1926 2,1 Millionen/16,7 Prozent, 1927 1,4 Millionen/ 7,3 Prozent, 1928 1,4 Millionen/7,1 Prozent, 1929 1,9 Millionen/7,9 Prozent.

Diese Werte lagen noch nicht einmal extrem hoch – selbst die Bundesrepublik kam während ihres «Wirtschaftswunders» 1951 auf 10,4 Prozent, auch noch 1953 auf 8,4 Prozent. Aber im Durchschnitt blieb immerhin mehr als ein Zehntel aller Arbeitskräfte während der Hochkonjunktur arbeitslos. Vor allem bildete sich jetzt der vor 1914 völlig unbekannte Sozialtypus des Dauerarbeitslosen heraus.

Die Lage auf dem Arbeitsmarkt ist auch deshalb so schwierig gewesen, weil der Zustrom junger Erwerbssuchender aus den geburtenstarken Jahrgängen anhielt. 1926 z. B. waren das 503 000, 1927 468 000, 1928 437 000 und von 1929 bis 1933 zwischen 358 000 und 406 000. Deshalb stieg auch der Prozentsatz der deprimierten jungen Arbeitsuchenden an.

Durch die Fluktuationen der Konjunktur wurde selbstverständlich auch die Tarifpolitik beeinflußt. Als die Freien Gewerkschaften zu Beginn der Prosperität ihre Forderungen energisch vertraten, die Unternehmer aber hartnäckig «mauerten», wurde das unlängst für schwierige Arbeitskonflikte eingeführte staatliche Schlichtungswesen immens aufgewertet. Von den 76000 zwischen 1924 und 1932 entschiedenen Fällen, von denen nur 4000 mit einer staatlichen Verbindlichkeitserklärung endeten, wurde allein 1924 und 1925 die Hälfte entschieden. Die Zwangsschlichtung konnte öfters nicht umgangen werden, weil die Unternehmer den frei vereinbarten Tarifvertrag in der Hoffnung verweigerten, daß die Machtprobe zu ihren Gunsten ausgehen könne. Insgesamt wurden aber die Löhne durch die Schiedssprüche nicht höher als ökonomisch vernünftig festgelegt, so fielen sie etwa aufgrund solcher Entscheidungen im Ruhrbergbau bis 1930 auf 92 Prozent des Standes von 1925. Doch im Unternehmerlager wurde die Legende gepflegt, daß die gewerkschaftsfreundliche Schlichtungspolitik des Reichsarbeitsministeriums sie systematisch benachteiligt und in das Prokrustesbett politisch fixierter überhöhter Löhne gezwungen habe.

In die «goldenen Jahre» fällt auch der Vorstoß der Rationalisierungsbewegung, die sich in Amerika als dem gelobten Land des technischen Fortschritts seit zwei Jahrzehnten entwickelt und in Frederick W. Taylor, dem Vater des «wissenschaftlichen Managements», ihren Propheten gefunden hatte. Jetzt griff sie auf Europa über, und nur in den Vereinigten Staaten wurde sie so umfassend verfolgt wie damals in Deutschland. Mit effektiven Rationalisierungsmaßnahmen hing es zusammen, daß von 1925 bis Mitte 1929 die industrielle Arbeitsproduktivität um 25 Prozent, die Produktivität in der Roheisenproduktion sogar um 41 Prozent gesteigert werden konnte.

Als typisches Beispiel kann der Ruhrbergbau gelten. 1913 waren 97 Prozent des Abbaus mit der Hacke und durch Sprengung erfolgt, 1929 waren es noch sieben Prozent. Bis dahin sorgten Abbauhämmer, die vor 1913 belanglos waren, für 87,4 Prozent des Abbaus. Die jährliche Förderleistung p.c. stieg von 1925 = 255 Tonnen auf 1932 = 386 Tonnen. In derselben Zeit schmolz die Anzahl der Abbaupunkte von 16706 auf 5111, doch die Tagesförderung an jedem Abbaupunkt stieg von 23 auf 59 Tonnen. Konsequent wurde im Zuge dieser Rationalisierung die Anzahl der Bergarbeiter von 1913 = 400243 (1925 = 409404) bis 1932 auf 190000 Männer reduziert. Zugleich wurde ihre traditionell kooperative Zusammenarbeit durch individualisierte Leistung verdrängt. Auf diese Weise konnte die Produktivität innerhalb von fünf Jahren um 35 Prozent gesteigert werden.

Den Unternehmern bot die Rationalisierung eine verlockende Chance zur Rückgewinnung des Terrains, das sie 1918/19 wegen der Kompromisse in der Zentralarbeitsgemeinschaft verloren hatten. Jetzt konnten sie unter dem Banner der Rationalisierung die Intensivierung der Arbeitsleistung und die Nutzung von Reserven betreiben, die Kontrolle des Arbeitsverhaltens straffer reglementieren, in der Rezeption Taylors den Lohn an Effizienz binden. Arbeitssparende und -beschleunigende Verfahren wurden auf Innovationen wie das Fließband gegründet, überhaupt durch die Modernisierung der Produktionsstruktur gefördert. Die Attraktivität der Rationalisierung, die von den industrie- und technikfreundlichen deutschen Gewerkschaften und Arbeiterparteien durchaus wohlwollend beurteilt wurde, lag für unterschiedliche Interessen nicht zuletzt darin, daß sie mit dem Leitbild einer «rationaleren» Wirtschaft verbunden war. Das sozialtechnologische Konzept des «wissenschaftlichen Managements» versprach, gegen verkrustete Traditionen «sachliche» Imperative durchzusetzen. Die im gemeinsamen Dienst am technischen Fortschritt zusammengeschweißte «Werksgemeinschaft» verhieß die Überwindung des Klassenkampfes, so konnte sie auf der Betriebsebene die Ideologie der «Volksgemeinschaft» abwandeln. Auf eine offenbar für viele faszinierende Weise verstand es die Rationalisierungsbewegung, die fortschrittsoptimistische Modernisierung der Industriewirtschaft mit autoritären Lenkungsformen und dem Versprechen einer hochgradig ideologisierten «sachgerechten» Harmonie des alltäglichen Zusammenlebens im Betrieb zu verbinden.[6]

2. Die Dritte Weltwirtschaftskrise in Deutschland 1929–1933

Als die Initialzündung des amerikanischen Börsensturzes am «Schwarzen Freitag», am 24. Oktober 1929, binnen kurzem die Dritte Weltwirtschaftskrise auslöste, begann der bisher tiefste Strukturbruch in der Geschichte des westlichen Industriekapitalismus. Deutschland wurde von ihm so intensiv wie sonst kaum ein anderer Staat in Mitleidenschaft gezogen. Seine schlimmste Folge war der Aufstieg Hitlers, der keineswegs – wie man oft behauptet hat – ein «Pflegekind der Inflation» (L. Robbins), sondern eben dieser Depression und Deflation war. Hier geht es aber um die ökonomische Zäsur: Das deutsche Nettosozialprodukt sank von 1929 = 79 Milliarden um 35 Prozent auf 51 Milliarden Mark steil ab, das Bruttosozialprodukt real von 101 Milliarden ebenfalls um 35 Prozent auf 65 Milliarden Mark, nominal sogar um die Hälfte; das Volkseinkommen von 71,2 Milliarden um 43 Prozent auf 41 Milliarden Mark; die Industrieproduktion lag 1932 30 Prozent, die Investitionsgüterproduktion sogar 54 Prozent unter dem Stand von 1913. Dieser Absturz innerhalb von drei Jahren war in jeder Hinsicht härter als die bisher gravierendste Depression im Gefolge der Zweiten Weltwirtschaftskrise von 1873.

Trotz des dramatischen Auftakts in Gestalt der New Yorker Finanzpanik, die wie 1873 als unübersehbares Gefahrensignal wirkte, brach die Tiefkonjunktur in Deutschland nicht über Nacht herein. Der Aufschwung hatte vielmehr bereits im Vorjahr abzubröckeln begonnen, die Nettoinvestitionen lagen um zehn Prozent niedriger als 1927, eine sachte Wachstumsverlangsamung machte sich bemerkbar. Der Winter 1928/29, der kälteste seit dem Beginn der preußischen Temperaturmessung im 18. Jahrhundert, wirkte sich als harte saisonale Belastung zusätzlich bremsend aus. Im Februar 1928 gab es in Deutschland zum ersten Mal drei Millionen Arbeitslose.

Die Reserve der neuen Reichsanstalt für Arbeitslosenversicherung reichte nur dazu aus, 800 000 von ihnen die sogenannte «Hauptunterstützung» zu zahlen; deshalb ging sie, um die Mehrheit der Bedürftigen zu versorgen, die Regierung um einen Kredit an, den diese aber wegen der prekären Finanzlage bei einem Bankenkonsortium aufnehmen mußte. Schon dieses Vorspiel zeigte, daß eine Reform der Arbeitslosenversicherung notwendig, jedoch in einer Krisenzeit zu bewältigen war, in der eine materielle Besserstellung schwerfiel, zumal sie mit einer Sanierung der Reichsfinanzen eng verbunden war.

Im April 1929 war der Einbruch der Stabilisierungskonjunktur nicht mehr zu übersehen. In unterschiedlichen Wirtschaftsbereichen leuchteten die roten Alarmzeichen auf. Als die New Yorker Börse am 24. Oktober innerhalb weniger Stunden einen Kursverlust von 90 Prozent meldete, brach nicht nur der amerikanische Boom, sondern das gesamte Kreditsystem des Landes zusammen. Das hatte zur unmittelbaren Folge, daß die riesigen amerikanischen Auslandskredite in Windeseile gekündigt wurden. Dieser Vorgang löste einen unwiderstehlichen negativen Multiplikatoreffekt auch in Deutschland aus, das fast 16 Milliarden Mark an überwiegend kurzfristigen Anleihen erhalten, davon aber drei Viertel als langfristige Investitionen angelegt hatte. Insbesondere bei den AG-Großbanken schlug die Kündigung wie ein Blitz ein, denn das Verhältnis von Eigen- und Fremdkapital, das etwa 1:3 hätte betragen sollen, lag damals bei 1:15 – und 40 Prozent dieses exzessiv überhöhten Fremdkapitals stammten aus ausländischen Krediten.

Bis zum Jahresende hatte die Talfahrt der deutschen Wirtschaft eingesetzt. Rein statistisch stieg die Produktion zwar noch leicht an, aber der industrielle Reingewinn lag ein Drittel unter demjenigen von 1928; in der Konsumgütererzeugung setzte bereits ein Rückgang um drei Prozent ein. Die Arbeitskapazitäten wurden nur mehr zu 70 Prozent genutzt. Im Vergleich mit 1928 sanken die Inlandsinvestitionen um 3,6 Milliarden Mark. Der Aktienindex (1924/26 = 100) fiel von 1928 = 148 bis Ende 1929 auf 134. Die Anzahl der Arbeitslosen, die bis zum September auf 1,5 Millionen gesunken war, erreichte im Dezember mit 2,9 Millionen fast die doppelte Höhe, das waren knapp zehn Prozent aller Erwerbstätigen. Dennoch schlug in der öffentlichen Wahrnehmung, vor allem im Bewußtsein der Unternehmer, Gewerkschaftler und Politiker, die Krise noch nicht voll durch,

2. Die Dritte Weltwirtschaftskrise in Deutschland 1929–1933

da sich vorerst der Wunderglaube an eine «normale Reinigungskrise» mit der Hoffnung auf eine schnelle Überwindung wie 1926 hielt.

Daß sich die Herbstkrise zu einer globalen mehrjährigen Depression ausweitete, läßt sich nicht etwa auf den Weltkrieg und seine Spätfolgen als die vermeintlich wichtigsten Kausalfaktoren zurückführen. Fraglos spielten sie eine wichtige, doch häufig überschätzte Rolle. Als ausschlaggebend erwies sich vielmehr erneut der «eingebaute» Konjunkturrhythmus der westlichen Industriegesellschaften. Die drei- bis vierjährigen Kitchin-Zyklen, die sieben- bis zwölfjährigen Juglar-Zyklen und die fünfzehn- bis fünfundzwanzigjährigen Kuznets-Zyklen bestimmten weiterhin das Muster der Wachstumsfluktuationen.

Richtig ist, daß sie sich unter einer veränderten weltwirtschaftlichen Konstellation durchsetzten. Nach der globalen Hochkonjunktur bis 1913 unterlag die langlebige Entwicklungsdynamik weltweit den hemmenden Wirkungen des Krieges und der nachfolgenden Krisen. Gleichzeitig veränderte sich die überkommene Arbeitsteilung auf dem Weltmarkt. Die Eurozentrierung löste sich auf, Aufsteiger wie die USA, Japan und die Kondominium-Staaten drängten nach vorn. Folgerichtig sank der Anteil der alten Industrieländer am Weltexport, darunter auch der deutsche von 1913 = 14,3 auf 1929 = 11,8 Prozent. Das internationale Finanzsystem war durch den Krieg und die Verdrängung des Pfundes durch den Dollar, den Verzicht auf den Goldstandard und vor allem das gewaltige Problem des Transfers politischer Schulden tief erschüttert worden. Der seit 1922 mühsam rekonstruierte Weltmarkt kollabierte seit dem Oktober 1929. An erster Stelle schrumpfte der Welthandel in einem bestürzenden Tempo, noch schneller als die Weltproduktion das tat. Diese verhängnisvolle Desintegration schlug auf das kapital- und exportabhängige Deutschland nach wenigen Monaten ungemildert durch. Auch seine Ausfuhr ging von 1930 bis 1933 noch stärker zurück als seine Produktionsleistung.

Unter derart ungünstigen internationalen Rahmenbedingungen erlebte die Weimarer Republik ihre Höllenfahrt in den Abgrund einer beispiellosen Depression, die erst 1932 ihren absoluten Tiefpunkt erreichte (vgl. die komprimierende Zusammenstellung in Übersicht 123!).

Innerhalb von drei Jahren gingen das Bruttosozialprodukt, die Industrieproduktion und der Privatkonsum, auch das durchschnittliche Gehalts- und Besitzeinkommen um 33 bis 40 Prozent, die Aktienkurse und Investitionen sogar um 60 Prozent zurück, während die Anzahl der Erwerbstätigen um ein Drittel schrumpfte und die der Arbeitslosen, sofern man die offizielle Statistik mit der plausiblen Dunkelziffer kombiniert, um mehr als das Vierfache auf acht Millionen anstieg. Auf der Talsohle der «Großen Depression» wirkten die Lage der deutschen Wirtschaft und der Zustand der deutschen Gesellschaft schlechterdings desperat.

Man kann sich diesen steilen Absturz auch noch an einigen sektoralen

II. Strukturbedingungen und Entwicklungsprozesse der Wirtschaft

Übersicht 123: SOS-Signale der «Großen Depression» in Deutschland 1929–1933 (1928 = 100)

	1929	1930	1931	1932	1933
1. Bruttosozialprodukt	101	94	79	65	67
2. Bruttoinvestitionen	77	60	28	33	41
3. Industrieproduktion	102	87	69	58	66
4. Investitionsgüterproduktion	103	81	61	46	49
5. Konsumgüterproduktion	97	91	87	74	74
6. Konsumpreise	98	91	–	67	67
7. Privatkonsum	103	98	84	67	68
8. Durchschnittliches Lohn- und Gehaltseinkommen	101	94	80	62	63
9. Reallöhne	106	107	102	86	84
10. Besitzeinkommen	99	89	74	60	62
11. Aktienkurse (1924/26 = 100)	134	109	81	55	67
12. Beschäftigtenzahl (in Mill.)	17.9	16.5	14.4	12.5	13.4
13. Arbeitslosenzahl (offiziell, in Mill.)	1.9	3.7	5.1	5.3	6.0
14. Arbeitslosenquote (in % der Erwerbstätigen)	9.6	15.7	24	30	26

Veränderungen des Sozialprodukts (in laufenden Preisen), gemessen am prozentualen Rückgang im Vergleich mit dem Vorjahr, vergegenwärtigen. So sanken etwa in den drei «schwarzen Jahren» 1930, 1931 und 1932 die Nettoinvestitionen erst um 64 Prozent und dann zweimal ins Minus, der öffentliche Konsum um zwei, zwölf und noch einmal zwölf Prozent, der Privatkonsum 1931 und 1932 um 13 und zwölf Prozent, der Export um 11, 20 und 40 Prozent, der Import um 22, 34 und 31 Prozent und das Nettosozialprodukt insgesamt um volle 10, 19 und 14 Prozent. 1932 blieben die Arbeitskapazitäten nur zu 40 Prozent ausgelastet.

Trotz der wirtschaftlichen Misere ringsum fand sich die deutsche Gesellschaft durch die Massenarbeitslosigkeit am härtesten getroffen. Wenn man sich nicht allein an die offizielle Statistik hält, sondern auch noch die hohe Dunkelziffer der nicht gemeldeten Arbeitslosen addiert, wird es 1932 mehr als acht Millionen Arbeitslose gegeben haben. Das waren 37 Prozent aller gewerblichen Lohn- und Gehaltsempfänger. Anders gesagt: Jeder dritte Erwerbstätige stand arbeitslos da. Im Durchschnitt besaß jede Familie mindestens einen Arbeitslosen.

2. Die Dritte Weltwirtschaftskrise in Deutschland 1929–1933

Die zuverlässige Statistik der Freien Gewerkschaften erfaßte 1932 nur mehr 33 Prozent ihrer Mitglieder als vollbeschäftigt, dagegen 46 Prozent als arbeitslos und 21 Prozent im Besitz von Kurzarbeit. Außer dem Riesenheer der mindestens zwei Millionen hoffnungslosen Dauerarbeitslosen löste besonders die Jugendarbeitslosigkeit Bitterkeit aus. 1931 zum Beispiel sahen sich 717 000 Volksschulabsolventen nur 160 000 Lehrstellen in der Industrie und im Handwerk gegenüber, so daß die erdrückende Mehrheit keinen Arbeitsplatz fand.

Am meisten traf diese Geißel der Depression die Erwerbstätigen in der Schwer- und Bauindustrie und in den Alterskohorten der Achtzehn- bis Dreißigjährigen. Wenn sie noch, wie viele von ihnen das taten, in ihrer Familie lebten, besaßen sie keinerlei Anspruch auf Arbeitslosenunterstützung. Wer aber dazu berechtigt war, empfing eine Zeitlang die Arbeitslosenhilfe, danach die verminderte «Krisenhilfe», zuletzt war er auf die kommunale Wohlfahrt angewiesen. Die Vergabe ihrer geringen Finanzmittel war an dem Kriterium des Existenzminimums orientiert und mit einer entwürdigenden Überprüfung des Bewerbers verbunden, der sich einem undurchdringlichen Dschungel an Vorschriften gegenübersah. Die tiefe Erbitterung über dieses degradierende Verfahren potenzierte millionenfach denselben Groll. Wie wenige andere Ursachen trug das sozialpolitische Versagen in der krassen Notsituation dazu bei, die Republik zu delegitimieren.[7]

Im Sommer 1931, als sich der Tiefpunkt der Depression mit der globalen Agrarkrise und dem Zusammenbruch der internationalen Rohstoffmärkte unheilverheißend überschnitt, hat die deutsche Bankenkrise die Situation noch einmal gefährlich verschärft. Im Mai 1931 löste das politisch aberwitzige Projekt einer deutsch-österreichischen Zollunion den unnachgiebigen Widerstand der ehemaligen Alliierten aus. Seine Realisierung hätte den 1918/19 verhinderten Anschluß Österreichs an die Weimarer Republik vorbereitet, damit aber nicht nur das Ergebnis des Ersten Weltkriegs, sondern sogar von 1866 zu Deutschlands Gunsten korrigiert. Ohnehin war der zielstrebige wirtschaftspolitische Aufbau eines deutschen «Informal Empire» in Südosteuropa, das dann die österreichische Zwischenbrücke eingeschlossen hätte, mit Mißtrauen verfolgt worden. Reichskanzler Brüning hat das Risiko des Unionsplans bewußt in Kauf genommen und scheiterte, nicht zuletzt auch an der Gegenaktion französischer Banken, welche die finanzielle Labilität des deutschen Bankensystems bis zur Zerreißprobe erhöhte.

Hinzu kamen die beschleunigte Kündigung großer Auslandsanleihen, das Haushaltsdefizit von 1,25 Milliarden Mark und zu guter Letzt der Wiener Bankenkrach am 13. Mai, der sich – wie 1873 – als Erdbeben sofort nach Deutschland fortpflanzte. Bis dahin hatte die Reichsbank schon eine Milliarde an Gold und Devisen verloren, jetzt verschwand innerhalb von drei Wochen die Hälfte ihrer restlichen Währungsreserven.

Obwohl als Folge der Weltwirtschaftskrise bis Ende Juni 1931 schon 357 Banken und Sparkassen ihre Insolvenz erklärt hatten, wurde die deutsche Volkswirtschaft doch erst im Juli von ihrer bisher schwersten Krediterschütterung heimgesucht. Denn die «Darmstädter und Nationalbank» (Danat), nach der «Deutschen Bank» das zweitgrößte deutsche Finanzinstitut, brach am 13. Juli zusammen. Mit dieser Sensation begann die deutsche Bankenkrise.

Die Regierung Brüning ließ durch eine Notverordnung am 14. und 15. Juli alle Banken und Sparkassen schließen, stellte 250 Millionen Mark als verlorenen Sanierungszuschuß bereit und unterstützte die Reichsbank, als diese am 31. Juli den Diskontsatz auf die unerhörte Höhe von 15 Prozent, beim Lombardsatz sogar von 20 Prozent anhob. Ein Rattenschwanz von Bankrotterklärungen weiterer Banken und Sparkassen konnte damit nicht verhindert werden. Mit greller Klarheit enthüllte die Bankenkrise die Schwäche der deutschen Volkswirtschaft, vor allem ihre extreme Abhängigkeit vom Auslandskapital.

Einen Tag nach der «Danat» schien auch die «Dresdner Bank» vor dem Kollaps zu stehen. Deshalb wurde sie bis Ende Juli mit öffentlichen Mitteln saniert, indem der Staat volle 75 Prozent des Aktienkapitals als Vertrauensbeweis selber übernahm. Darüber hinaus wurde die «Dresdner Bank» durch eine Notverordnung vom Februar 1932 faktisch in eine Staatsbank verwandelt. Die Regierung half auch kaum verhüllt der «Danat», indem sie der Ruhrindustrie Geld für den Kauf der Bankaktien lieh. Wie begrenzt auch immer die Handlungsoptionen des Kabinetts Brüning waren: Die Verstaatlichung von Großbanken erhöhte alles andere als den Respekt vor der Leistungsfähigkeit des ohnehin krisengeschüttelten Kapitalismus.[8]

Fraglos ist die Dritte Weltwirtschaftskrise eine Wasserscheide in der Entwicklung des westlichen, auch des deutschen Industriekapitalismus gewesen. Die abrupten Konjunkturschwankungen und endogenen Disparitäten dieses Wirtschaftssystems stürzten die Industrieländer in ein wahres Chaos, das sie kaum zu meisternden sozialen Belastungen und politischen Turbulenzen aussetzte. Daher brannte sich diese Krisenzeit als bittere Generationserfahrung tief ein. Seit dem Herbst 1929 kann in der deutschen Geschichte der folgenden zehn Jahre fast nichts ohne die Schockwirkung dieser rund fünf Jahre anhaltenden Depression verstanden werden.

3. Wachstumserfolge, Führungssektoren, Großunternehmen

Bisher sind die schweren Belastungen der Wirtschaftsentwicklung in den zwanziger Jahren mehrfach nachdrücklich betont worden: die Folgen des Krieges, der Inflation, der Reparationen, der Weltmarktveränderungen.

3. Wachstumserfolge, Führungssektoren, Großunternehmen

Schmerzhaft war der Einschnitt auf vielen Gebieten ohne jede Frage, von den verheerenden Auswirkungen der Dritten Weltwirtschaftskrise ganz zu schweigen. Trotzdem muß man auch immer wieder die im Grunde erstaunlich schnelle Erholung, die Leistungsfähigkeit, die Innovationskraft der deutschen Industriewirtschaft in der Zeit der Weimarer Republik unterstreichen. Vor dem Einbruch der «Großen Depression» hatte sie sich, ungeachtet aller Hindernisse, jenem Wachstumstrend, der ihrem Potential entsprach, seit 1914 aber faktisch einen Knick erlebt hatte, wieder dicht angenähert, so daß ihre relative Stagnation fast überwunden schien. Das ist um so bemerkenswerter, als die Wirtschaftsstatistik von dem neuen Gebietsstand der Republik und das hieß: von dem Verlust des lothringischen und größtenteils auch des oberschlesischen Industrierevieres, mithin von einer scharf reduzierten ökonomischen Basis auszugehen hatte.

So gesehen ist es schon eine überraschende Leistung, daß die auch derart geschwächte deutsche Industrieproduktion 1927 den Hochstand von 1913 erreichte und dieses Niveau hielt, bis der neue Absturz in dem ersten Krisenjahr einsetzte. Dasselbe gelang mit der Kohleproduktion von 1926 bis 1930, mit der Eisen- und Stahlproduktion von 1925 bis 1929; 1927 lag sie sogar um 40 Prozent darüber, während der Zuwachs in England nur 17, in Frankreich 23 Prozent betrug.

Auch der Industrieexport machte bis 1929 wieder 95 Prozent der Vorkriegsausfuhr aus, und die Exportquote (1913 = 26,5) näherte sich im selben Jahr mit 24,7 Prozent der Größenordnung des letzten Friedensjahres, ehe sie diese, da die Depression geradezu regelkonform auf die Außenmärkte hinlenkte, seit 1930 sogar deutlich übertraf. Zwar sank insgesamt der deutsche Anteil am Weltexport von 1913 = 14,3 Prozent auf 1929 = 11,6 Prozent, aber das hing wesentlich mit der veränderten Arbeitsteilung auf dem Weltmarkt zusammen, wo zum Beispiel der englische Exportanteil noch auffälliger von 14,1 auf 9,4 Prozent zurückging, während der amerikanische von 36 auf 42 Prozent anstieg und der japanische sich sogar verdoppelte.

Die Produktivität in der deutschen Industrie steigerte sich zwischen Kriegsende und Weltwirtschaftskrise um 100 Prozent, allein während der «goldenen Jahre» in einigen Führungssektoren um 25 bis 40 Prozent. Solch einen Sprung gab es damals nur noch in der amerikanischen Industrie. Kurzum: Die deutsche Industriewirtschaft stand jahrelang unstreitig komplizierten Anpassungsschwierigkeiten gegenüber. Häufig hat sie diese aber befriedigender gemeistert, als das etwa in Großbritannien und Frankreich der Fall war. Und bis 1929 gab es trotz des Krieges und seiner Folgen – mit der Ausnahme der Hyperinflation – im Vergleich kaum drastisch größere Probleme als in den westeuropäischen Ländern.

Daß die Dynamik der alten und jungen Führungssektoren erhalten blieb, bezeugt ebenfalls die inhärente Wachstumskraft der deutschen Industrie.

Von den klassischen Spitzenreitern der «Industriellen Revolution» seit den 1840er Jahren behielten der Maschinenbau, der Steinkohlenbergbau, die Eisen- und Stahlproduktion ihre prominente Rolle. Von den neuen Leitbranchen konnten die Elektrotechnische und die Chemische Industrie, die bereits zu den Motoren des ersten deutschen «Wirtschaftswunders» zwischen 1895 und 1913 gehört hatten, ihre Position ausbauen. Außerdem erlebte jetzt der Automobilbau einen steilen Aufstieg, mit dem er gewissermaßen seinen Anspruch auf den künftigen Spitzenrang anmeldete.

Ehe auf die Hierarchie der größten Unternehmen eingegangen wird, kann der Blick auf einige Führungssektoren die Konsolidierung und den Ausbau der leistungsfähigen Großbetriebe verdeutlichen.

Nach dem Zerfall von Stinnes' megalomaner «Union» gingen im Mai 1926 aus zwölf hochintegrierten Unternehmen die «Vereinigten Stahlwerke» hervor – ein Gigant, der mit 800 Millionen Mark Nominalkapital und 173 000 Arbeitskräften in der globalen Hackordnung der größten metallproduzierenden Unternehmen dicht hinter «United States Steel» den zweiten Platz belegte. Unter der Leitung seines aggressiven Generaldirektors Albert Vögler kontrollierte dieser marktbeherrschende Konzern nicht nur sogleich 50 Prozent der deutschen Roheisen-, 42 Prozent der Rohstahl- und 40 Prozent der Walzstahlproduktion, sondern trieb auch noch den Ausbau neuer Kapazitäten voran.

Die Elektrotechnische Industrie wurde weiterhin von Siemens und der AEG dominiert. Bereits 1914 stellten diese beiden Branchenführer 75 Prozent der deutschen Produktion her und besaßen daher auch den Löwenanteil an dem Drittel der Weltproduktion, der Hälfte des Weltexports und jenen 1,7 Milliarden Mark Umsatz, den dieser Führungssektor vor 1914 insgesamt erwirtschaftet hat. Auf dem Binnenmarkt setzte sich ihr Aufstieg trotz des Krieges, ja zum Teil wegen seiner Produktionsimpulse weiter fort, und auf den Außenmärkten stellten die beiden Riesenunternehmen 1929 schon wieder 28 Prozent des Weltexports. Die letzte Bestandsaufnahme der Reichsstatistik hatte 1907 bei Siemens 153 Millionen Mark Kapital und 43 000 Arbeitskräfte ergeben, bei der AEG 100 Millionen Mark und 30 000 Beschäftigte. 20 Jahre später war Siemens aber schon bei 217 Millionen und 116 000 Beschäftigten, die AEG bei 186 Millionen und 65 000 Mitarbeitern angelangt. Dieses Wachstum hielt weiter an (1938: 187 000/85 000 Beschäftigte), so daß beide Konzerne ihren ohnehin weiten Vorsprung vor den ebenfalls weltweit konkurrierenden Rivalen wie «General Electric» (44 000) und «Philipps» (44 000) noch weiter ausbauen konnten.

In der deutschen Chemischen Industrie hatte sich um 1900 das Führungsrudel jener acht Großunternehmen herausgebildet, die zusammen bis 1913 die Hälfte des Weltmarktes kontrollierten, einen Umsatz von 2,4 Milliarden Mark erzielten und 290 000 Arbeitskräfte beschäftigten. Aus der

«Kleinen IG Farbenindustrie» vor 1904 ging auf einer Elefantenhochzeit der sechs größten Betriebe im Januar 1926 die «Große IG» hervor, die mit 1,1 Milliarden Mark Nominalkapital – mithin noch kapitalstärker als die Reichsbahn – und 96000 Arbeitskräften hinter «United States Steel» und der «Esso» als drittgrößter Konzern der Welt fungierte. Zusätzlich zu ihrer marktdominanten Position in Deutschland hat dieser Koloß nach kriegsbedingten Einbußen auf den wichtigsten Außenmärkten mit einer furiosen Anstrengung einen Großteil seines Terrains bis 1930 wiedergewonnen.

Die 58 Unternehmen der deutschen Automobilindustrie hatten bis 1914 fast 100000 Kraftwagen hergestellt, den Vorsprung der englischen, französischen und amerikanischen PKW-Betriebe aber noch längst nicht aufholen können. 1929 war der Autobestand fünfmal so hoch wie 1913. Inzwischen war aber die ausländische Konkurrenz auf und davon gezogen. Noch immer besaß Deutschland nur die Hälfte der englischen Autos, auf 1000 Einwohner umgerechnet ein Drittel des französischen und englischen Wagenparks. Aber der Konzentrationsprozeß hatte mächtige Fortschritte gemacht und die wenigen überlebenden Unternehmen gestärkt. Die Vision eines erschwinglichen kleinen Autos als begehrtes Gut des Massenkonsums verlor gegen Ende der Republik ihre utopischen Züge.

Parallel zur Konzentrationsbewegung in der Industrie, wo hochintegrierte und -diversifizierte Unternehmen zu riesigen Konzernen zusammengeschweißt wurden, hielt auch die Kartellexpansion weiter an. Sie hatte mit dem Ziel, die Marktkontrolle, die Stabilisierung der Produktions- und Preisbewegung, die Sicherheit des Fixkapitals zu verbessern, im ausgehenden 19. Jahrhundert eingesetzt, im «Rheinisch-Westfälischen Kohlensyndikat» von 1893 und im «Stahlwerksverband» von 1904 einen ersten Höhepunkt erreicht, durch eine Reichsgerichtsentscheidung von 1897 die öffentlich-rechtliche Legitimation gewonnen und bis 1913 zu 673 Industriekartellen geführt. Beschleunigt durch die staatsinterventionistischen Zusammenschlüsse während der Kriegszeit und angestachelt durch die ursprünglichen Ziele, die unter den Nachkriegsbedingungen noch attraktiver wirkten, ist die Anzahl der Kartelle bereits bis 1920 auf rund 1000, 1925 auf rund 2500 und 1930 auf rund 3000 hochgeschnellt. Die Kartellierungsquote, die Summe aller von Kartellen kontrollierten Produkte, zog von 1914 = 25 Prozent bis 1930 auf 50 Prozent an. Längst verkörperten die Kartelle nicht mehr eine Reaktion auf depressive Abschwünge des Konjunkturzyklus, sondern «strategische Instrumente der Unternehmensführung» in einer prinzipiell labilen Marktwirtschaft.

Die Regierungen der Republik reagierten auf diese Vermachtung weiter Marktfelder mit einer ambivalenten Grundhaltung. Zum einen trauten sie den Kartellen weiterhin «viel Positives» zu, zum andern wollten sie den offensichtlich anwachsenden Einfluß nicht stillschweigend hinnehmen.

Daher richtete sich das erste, bis 1945 in Kraft bleibende deutsche Kartellgesetz vom 2. November 1923 gegen den möglichen «Mißbrauch wirtschaftlicher Machtstellung» durch die Kartelle und setzte einen eigenen Kartellgerichtshof ein, der den künftigen Streit zwischen einem regulierungswilligen Staat und den Kartellinteressenten entscheiden sollte. Bis 1930 war die Kritik an den Kartellen derart angewachsen, daß Reichskanzler Brüning in einer Notverordnung vom 26. Juni 1930 alle Kartellpreise um zehn Prozent absenkte und der Regierung das Recht verbriefen ließ, Preiskartelle für null und nichtig zu erklären.

Obwohl man die Kartelle auch nicht dämonisieren sollte, hat sich ihre Marktmacht in den zwanziger Jahren tatsächlich sprungartig ausgedehnt. Das «Rheinisch-Westfälische Kohlensyndikat» kontrollierte bereits 1925 78 Prozent der deutschen Steinkohlenproduktion, allein das Trio seiner drei größten Mitglieder 38 Prozent (1914 nur 27%). Da bis auf die «Harpener Bergwerks-AG» und die staatliche Zechenanlage «Hibernia» alle beteiligten Großunternehmen – 92 Prozent der Arbeiter gehörten zu Betrieben mit mehr als 1000 Erwerbstätigen – hochintegriert waren, strahlte die Syndikatspolitik auch auf andere montanindustrielle Bereiche aus. Umgekehrt legte sie dort Großunternehmen wie den «Vereinigten Stahlwerken», die 23 Prozent der Ruhrkohlenproduktion kontrollierten, eine Kooperation denkbar nahe.

Als Nachfolger des «Stahlwerksverbands», der 84 Prozent der deutschen Eisenproduktion in sich vereinigt hatte, beim Übergang in die Republik aber zerbrochen war, entstand 1924 die «Rohstahlgemeinschaft», in der die übermächtigen «Vereinigten Stahlwerke» fast die Hälfte der dort gebündelten Erzeugung vertraten. Für solche Branchenführer war das neue deutsche Kartell nur die Vorstufe zu der «Internationalen Rohstahlgemeinschaft» von 1926, welche die Hegemonie auf dem europäischen Markt absichern sollte.

Diesen erfolgversprechenden Weg schlugen auch andere Kartelle ein: Das «Deutsche Stickstoff-Syndikat» der IG Farben, das die Vermarktung seines Produkts lückenlos beherrschte, wurde durch die «Internationale Stickstoff-Konvention» von 1930 erweitert. Siemens und die AEG, die jeweils für sich schon wie Großkartelle fungierten, kooperierten erst in der Firma «Osram», seit 1924 auch im internationalen «Phoebus-Lampenkartell». Überdies verschafften sich die Kartelle durch Sub- und Parallelkartelle zusätzlichen Einfluß, so daß fast alle größeren Unternehmen seit der Mitte der 20er Jahre Kartellerfahrungen besaßen.

Gegenüber der öffentlichen Kritik wurden die Kartelle als interessenadäquate Selbstverwaltungskörperschaften verteidigt. Sie übernahmen, nachdem sie – bis hin zu Mitarbeiterstäben von 1000 Angestellten – organisatorisch ausgebaut worden waren, zusehends eine wirtschaftslenkende Funktion, denn sie teilten Rohstoffe zu, fixierten Preise, garantierten Ab-

3. Wachstumserfolge, Führungssektoren, Großunternehmen 267

satzquoten oder übernahmen selber die Vermarktung, regten manche betriebsinterne Umstrukturierung an und vereinheitlichten das Kalkulationswesen der Mitgliedsunternehmen.

Fraglos bildete zum einen der Wunsch nach Preisstabilität und Absatzgarantie, letztlich nach Marktbeherrschung eine wesentliche expansive Antriebskraft der Kartellbewegung. Zum andern aber legten offensichtlich auch die Fluktuation der Wirtschaftsentwicklung und das Sicherheitsbedürfnis, mehr für den Schutz riesiger Fixkapitalien zu tun, den defensiven Ausbau solcher innerstaatlichen und internationalen Kooperationsverbände nahe. Es läßt sich empirisch nachweisen, daß die Kartelle dem Produktivitätsfortschritt, der Wohlstandssteigerung im Sinne steigender Reallöhne, der Diffusion von Innovationen nicht hemmend im Wege standen. Insofern wirkten sie nicht als Wachstumsbremse.

Andrerseits näherte sich ihre Marktmacht nicht selten dem Monopol oder zumindest doch einem Oligopol an, das die gefürchteten Merkmale der Wettbewerbseinschränkung, der Konsumentenausbeutung, der unbeweglichen Marktmacht aufwies. Es war diese fehlende Flexibilität, die zu den ökonomischen Strukturmängeln der Republik, auch und gerade seit 1929, erheblich beigetragen hat.

Will man sich erneut – wie früher für das Kaiserreich (1887, 1907: III, 622–28), so jetzt für die Republik – die Hierarchie der 100 größten Unternehmen vergegenwärtigen, kann man auf die Reichsstatistik von 1927 zurückgreifen.

Die stärkste Spitzengruppe bildeten weiterhin trotz der Revierverluste im Osten und Westen die 22 vollintegrierten und -diversifizierten Mammutkonzerne der Eisen-, Stahl- und Metallproduktion. 13 hatten schon 1907, zehn sogar 1887 diese Gruppe erreicht. Allein sieben von ihnen gehörten jetzt den «Vereinigten Stahlwerken» an.

Der Maschinen- und Fahrzeugbau war von 13 auf 20 Unternehmen geklettert, während die Großchemie im Verlauf des Konzentrationsprozesses von 17 auf 13 geschrumpft und der Bergbau sogar von 23 auf neun Unternehmen abgesunken war, da viele Großzechen von der Metall-, der Chemischen und der Elektrotechnischen Industrie im Zuge der Integration gekauft worden waren. In der Elektrotechnik konnten Siemens und AEG ihre Führungsposition vor Bosch und Varta behaupten. Immerhin hielten sich noch zehn Textilbetriebe auf dem umkämpften Spitzenrang.

Die Führung hatte unbestritten die IG-Farben mit 1,1 Milliarden Mark Nominalkapital vor den «Vereinigten Stahlwerken» mit 800 Millionen Mark übernommen. Zusammen repräsentierten sie fast ein Drittel des Gesamtkapitals aller 100 größten Unternehmen. Wenn auch der Abstand zu den 98 anderen riesig groß war – selbst Siemens und AEG kamen nur auf 218 und 186, Krupp und Mannesmann auf 160, die «Deutsche Erdöl AG» als fünfte auf 100 Millionen Mark –, hatte sich doch das Durchschnittskapital seit 1907 verdoppelt. In 892 Großunternehmen mit mehr als 1000 Beschäftigten war ein Sechstel aller Erwerbstätigen in Industriebetrieben tätig; in den Mittel- und Kleinbetrieben waren es jeweils 20 Prozent. Die Überlebensfähigkeit vieler Großunternehmen in einer Zeit stürmischer Veränderungen war kräftig ausgeprägt, denn von den 100 größten Werken von 1887 erreichten 47 auch 1907 und 40 sogar 1927 die begehrte Führungsgruppe. Das hatten sie in hohem Maße ihrer erfolgreichen Integration und Diversifikation sowie dem Übergang zur kapitalstarken Aktiengesellschaft, die unter dem Dach einer Holding die zentralen Funktionsabteilungen beherbergte, zu verdanken. Auf diese Weise waren sie ihren Zielwerten: Wachstumskontinuität und Produktivitätssteigerung, Konkurrenzfähigkeit und Wohlstandssteigerung trotz aller Fährnisse des Krieges kontinuierlich nähergekommen.[9]

4. Korporativismus und Interventionsstaat

Der deutsche Korporativismus hatte sich als eine soziopolitische Ordnungskonfiguration seit den späten 1880er Jahren herausgebildet (vgl. III, 664–80), bis zum Ende der Friedenszeit seine machttechnischen Arrangements eingeübt und im Zeichen eines staatlich geförderten Kriegskorporativismus eine neue Entwicklungsstufe erreicht. Worum ging es, weshalb konnte er sich damals und weiterhin durchsetzen?

Um die Labilität der kapitalistischen Marktwirtschaft zu vermeiden, ihre sozialen Folgekosten abzufangen und die dadurch gefährdete Funktionstüchtigkeit des politischen Systems zu erhalten, hatte sich die zielstrebige Organisation anstelle des freien, sozialdarwinistischen Spiels der Kräfte als unumgänglich erwiesen. Diese Aufgabe wurde von Unternehmen und Interessenverbänden, von Gewerkschaften und zentral- wie einzelstaatlichen Bürokratien unter dem Druck der Probleme entdeckt und übernommen, so daß Schritt für Schritt ihre «tripartistische» Kooperation verstetigt wurde. Auf diese Weise entstand eine eigentümliche privat-öffentliche Kryptoplanung ökonomischer und soziopolitischer Prozesse. Diese strukturelle Veränderung hin zu einem korporativistischen Krisenmanagement und Stabilitätspakt beruhte im Prinzip sowohl auf der Lernkapazität der Akteure als auch auf der von allen Kapitalismuskritikern gewaltig unterschätzten systemischen Fähigkeit zur Selbstadaption an neue Umweltbedingungen und Zielwerte.

Daß im Staatsapparat die Bereitschaft zur gemeinsamen Intervention zunahm, ging aus der Einsicht hervor, sich in der modernen Politik an einem normativen Dreieck orientieren zu müssen. Zum einen ging es um die Stabilisierung des fluktuierenden industriekapitalistischen Wachstums, sodann um die Entschärfung des von ihm geschaffenen sozialen Sprengstoffs und schließlich, mit höchster Priorität, um den erhofften Legitimationsgewinn für das politische Regime. Denn seine Protagonisten hatten frühzeitig erkannt, daß unter den Bedingungen der heraufziehenden Industriegesellschaft eine möglichst ungestörte ökonomische und soziale Entwicklung gerade dann, wenn die Bindekräfte der Tradition und des Charismas verblaßten, die Glaubwürdigkeit eines jungen Staatswesens verstärkten.

Zu den unvermeidbaren Folgen des anerkannten Regelungsbedarfs gehörte zum einen die kontinuierliche Ausweitung der Staatsfunktionen. Zum andern veränderte sich der gesamte Modus operandi des politischen Systems, in dem seither wechselnde Koalitionen von Interessenverbänden, Staatsbürokratien und Parlamenten miteinander oder gegeneinander antraten. An die Stelle des marktförmigen Aushandelns trat der politische Kompromiß, an die Stelle der freien Konkurrenz zusehends die korporativistische Machtausübung auf großen Aktionsfeldern.

Die Langlebigkeit des Korporativismus spricht zunächst einmal für seine Problemangemessenheit und Durchsetzungsfähigkeit bei dem Unternehmen, die soziopolitischen Stabilitätsbedingungen zu verbessern. Seine Leistungen kamen bis 1918 dem autoritären Kaiserstaat zugute, seither aber, da der Korporativismus als Ordnungsgefüge politisch polyvalent ist, auch der demokratischen Republik von Weimar.

Zugleich sind jedoch seine Nachteile nicht zu übersehen. Offenbar galt in der neuen politischen Arena ebenfalls das Gesetz der Oligarchie, denn ein kleines Machtkartell von Verbandsfunktionären, Ministerialbürokraten und Berufspolitikern konnte im Stil einer Privatregierung folgenreiche, da das gesamte Gemeinwesen bindende Entscheidungen treffen. Dabei wanderte die Macht immer häufiger aus dem Parlament in diese vorgelagerten informellen Entscheidungsgremien ab, deren Regulierungskompetenz die Verfassungskonstruktion und die Organisationsprinzipien des modernen konstitutionellen Staates mit seinem formal privilegierten Parlament kraß verletzten.

Schon vor 1914 hatte das Reich ebenso wie die Einzelstaaten Verantwortung für die soziopolitischen Folgen des erfolgreich entfesselten ökonomischen Wachstums übernommen. Seit dem Kriegsausbruch machte der Staatsapparat immer nachdrücklicher von seiner «Interventionsmacht» Gebrauch, und die Republik schloß sich unter dem Druck ihrer Probleme fugenlos an diese Praxis an.

Das Vordringen der korporativistischen Regulierungspolitik läßt sich auf unterschiedlichen Feldern beobachten. Ein aufschlußreicher Indikator ist der Anteil der Staatsausgaben am Bruttosozialprodukt: Von 1913 = 17,7 Prozent schnellte er bis 1932 auf mehr als das Doppelte: auf 36,6 Prozent hoch. Diesen sprunghaften Anstieg verdeutlichen auch die jährlichen Ausgaben der öffentlichen Hände, die zwischen 1909 und 1913 bei 6,8 Milliarden, von 1919 bis 1929 aber bei 13,7 Milliarden Mark lagen.

Das Schlichtungswesen enthüllte besonders deutlich die Expansion des staatlichen Interventionismus, denn bis 1932 sind von 76 000 Streitfällen rund 4000 durch die Verbindlichkeitserklärung des Reichsarbeitsministeriums letztinstanzlich entschieden worden. Auch die Erweiterung der Sozialversicherung, die seit 1927 die schwierige und deshalb seit langem umstrittene Unterstützung im Falle der Arbeitslosigkeit umschloß, zeigt das konsequente Bemühen um staatliche Spannungsmeisterung. Die neugeschaffene «Reichsanstalt für Arbeitsvermittlung und Arbeitslosenversicherung» (RAA) zog nicht nur die Aufgaben des Arbeitsnachweises, die bisher von kommunalen, staatlichen und privaten Institutionen übernommen worden waren, an sich, sondern sie trat auch mit ihrer Arbeitslosenunterstützung an die Stelle der Gemeinden, denen das neue Regime diese Fürsorge 1918 übertragen hatte. Daß die RAA an der unvorhergesehenen Massenarbeitslosigkeit seit 1930 scheiterte und die Langzeitarbeitslosen wieder auf ihre Kommune angewiesen waren, ändert nichts an dem prinzipiellen Charakter dieser Ausdehnung der staatlichen Regulierungsdomäne.

In den bereits vertrauten Bahnen des Subventionsinterventionismus bewegte sich die korporativistische Politik gleichfalls weiter. Allein in den Prosperitätsjahren von 1925 bis 1927 gab die Republik 700 Millionen als Reichsdarlehen, dazu 516 Millionen als Reichsbürgschaften an die ökonomischen Interessenblöcke weiter, wobei die Landwirtschaft jeweils den Löwenanteil erhielt. Vom Stachel der neuen Agrarkrise angetrieben, steigerte sich die Staatshilfe für sie von 1927 = 500 Millionen auf 1931 = 2 Milliarden Mark.

Die «Interessenverschränkung zwischen Großindustrie und Ministerialbürokratie» war freilich nicht minder ausgeprägt und manchmal so eng, daß die «Grenze zur Korruption» überschritten wurde. So kaufte etwa die Regierung Brüning, insgeheim auch von der Reichswehrspitze mit ihrem Interesse an der Erhaltung von Rüstungsbetrieben gedrängt, für 110 Millionen Mark Aktien der GBAG, um den lädierten Flick-Konzern zu sanieren. Noch massiver fiel während der deutschen Bankenkrise ihre Unterstützung der «Dresdner Bank» aus (s. o. II.2).

Die Ausbreitung des staatsnahen Korporativismus war nicht nur eine systemkonforme politische Reaktion auf die Herausforderung gravierender Spannungen. Vielmehr wurde ein genuiner Lernprozeß auch durch spezifische Traditionen des ordnungspolitischen Denkens in der deutschen Wirtschaftswissenschaft gefördert. Seit den Tagen der «Jüngeren Historischen Schule der Nationalökonomie», die sich gegen den globalen Allgemeinheitsanspruch der klassischen englischen Politischen Ökonomie wandte, indem sie ihm die Geltungsmacht der historisch-institutionellen Eigenarten unterschiedlicher Länder entgegensetzte, war die Lösung wirtschaftlicher Probleme nicht primär im Bereich einer verbesserten Wirtschaftstheorie, sondern der «Umgestaltung des Wirtschaftssystems und seiner Ordnung» gesucht worden. Auch nach 1918 bestanden prominente Figuren wie Joseph A. Schumpeter und Werner Sombart, Walter Eucken und Alexander Rüstow mit vielen anderen darauf, daß die «Globalsteuerung des Wirtschaftskreislaufs» entschlossen zur Aufgabe des «starken Staates» gemacht werden solle. Deshalb tauchte schon nach dem Ersten Weltkrieg, nicht etwa erst seit 1945/48, die ordnungspolitische Alternative zwischen einer staatlich «gelenkten Marktwirtschaft» ordoliberalen Zuschnitts und einer marktwirtschaftlichen, aber staatlich intensiv regulierten Wirtschaft keynesianischen Typs auf. Wie immer auch die konkurrierenden Argumente die Problematik akzentuierten, alle plädierten für einen wirtschaftspolitischen Umbau, der die interventionistische, präventive Aktivität des Korporativismus anerkannte, ja ausdehnen sollte.[10]

5. Das Handwerk zwischen Krieg und Diktatur

Bis 1914 war dem deutschen Handwerk die säkulare Umstellung auf eine sekundäre Rolle unter dem Primat der Industrie weithin gelungen. Bei genauerem Hinsehen erweist sich das aber als ein durchaus ambivalenter Prozeß, bei dem erfolgreiche Adaption und Expansion mit fatalem Zerfall und Stagnation eine eigentümliche Mischung eingingen. Kraftvolle Ausdehnung und Konzentration führten zu leistungsfähigen Großbetrieben. In den klassischen Massenhandwerken erwiesen sich auch die mittelgroßen Betriebe als erstaunlich anpassungsfähig. An die Stelle untergehender Gewerke traten dank der Urbanisierung und Maschinisierung neue, aussichtsreiche Handwerksbranchen. In diesem Sinn blieb das Kleingewerbe ein «Weggenosse des Wachstums».

Andrerseits war mehr als ein Drittel der handwerklich Beschäftigten in Kleinbetrieben tätig. Das blieb ein Mikrokosmos für sich, in dem Stillstand, Schrumpfung oder sogar Untergang vorherrschten. Die Hausindustrie verdrängte namentlich in den Massenhandwerken der Schneider, Schuster und Möbelbauer den selbständigen Meister. Im allgemeinen blieb die Höhe des handwerklichen Einkommens hinter dem Wachstum des Realeinkommens im sekundären Sektor klar zurück. Manchmal erreichte es soeben die Höhe des Reallohns industrieller Facharbeiter. In den Kleinbetrieben blieb es aber meist darunter, so daß die Grauzone proletaroider Existenzen breiter wurde.

Trotz dieser widrigen Umstände hinkte die Arbeitsproduktivität des Handwerks nur unwesentlich hinter derjenigen der gesamten Gewerbewirtschaft her. Sein Wachstum lag sogar häufig über der durchschnittlichen industriellen Wachstumsrate; diese Leistung hatte es vor allem dem beispiellos florierenden städtischen Baugewerbe zu verdanken. Sein Realkapitalbestand machte aber nur mehr zehn Prozent der Gesamtmenge aus. Die

Motorisierung hatte noch nicht mehr als sechs Prozent aller Betriebe erreicht.

Die sozialprotektionistische Politik in der Zeit des ersten Wirtschaftswunders glich manchen Rückstand aus, da sie ihr Ziel, den «alten» Mittelstand gegen den Abstieg ins Proletariat und vor der Verführung durch die Sozialdemokratie zu schützen, fest im Auge behielt. Allerdings gelang es ihr nicht, die Mittelstandsverbände jemals zufriedenzustellen.

Der Weltkrieg hat dann auch im Handwerk zu einer tiefen Zäsur geführt, da die erdrückende Mehrheit der wehrtauglichen Handwerker eingezogen und ein Großteil ihrer Betriebe geschlossen wurde. Die neue Reichsverfassung brachte zwar in Art. 164 den Lohn für die Aktivität ihrer Verbandslobby: die Proklamation der staatlichen Verpflichtung auf den Mittelstandsschutz. Konkrete Gesetzesvorhaben schlossen sich daran aber nicht an. Die angestrebte «Reichshandwerksordnung» kam nicht zustande. Der tiefsitzende Unmut über den unzulänglichen staatlichen Beistand schwelte weiter.

Die Wirkung der Inflation auf das Handwerk erwies sich als zwiespältig. Der Wert des Hausbesitzes, der in ihm weit verbreitet war, blieb erhalten, und die Entschuldung wurde enorm erleichtert. Das glich den Verlust der Ersparnisse, allemal auch den aufflackernden Ärger über die neuen Mietkontrollen aus. Während der «goldenen Jahre» stand sich dann das städtische Handwerk durchweg besser als die Industriearbeiterschaft, denn zwischen 1924 und 1929 gelang es ihm, seinen Umsatz zu verdoppeln. Das Landhandwerk dagegen, zu dem immerhin fast drei Viertel aller Handwerker zählten, litt seit 1926 nachhaltig unter der neuen Agrarkrise.

Als die «Große Depression» anhielt, schien das Handwerk zunächst noch einen gewissen Schutz gegen das Übergreifen der industriellen Arbeitslosigkeit zu bieten. Bis 1932 verloren die Handwerksbetriebe ein Fünftel weniger an Beschäftigten als die Großunternehmen. Aber im selben Jahr konnten sie nur noch die Hälfte des Umsatzes und ein Drittel des Gewinns von 1928 erwirtschaften. Am wenigsten litten die Handwerke mit starrem Bedarf, wie die Nahrungs- und Kleidungsbranchen. Auffällig hart wurden dagegen die Handwerkszweige mit elastischer Nachfrage getroffen. An erster Stelle stand hier das Baugewerbe, in dem zwei Drittel der Belegschaft bis Ende 1932 nicht mehr beschäftigt werden konnten. In Hamburg etwa galten bereits in der Mitte des Jahres 1930 80 bis 90 Prozent der Bauhandwerker als Arbeitslose, in Köln zählte man 1932 6800 von 9500 dazu; in diesem Gewerbe häufte sich auch die Mehrzahl der Problemfälle, welche die Braunschweiger Handwerkskammer 1932 registrierte: 1700 Offenbarungseide, 85 Konkurse, 50 Vergleichsverfahren. Fraglos trieb die Weltwirtschaftskrise auch das Handwerk, wenn auch nach Stadt und Land, von Branche zu Branche verschieden, in eine schlimme Notlage.

Signifikante Grundstrukturen der Handwerksentwicklung blieben auch

5. Das Handwerk zwischen Krieg und Diktatur

in der Epoche der Weimarer Republik erhalten. Der gesamtwirtschaftliche Bedeutungsverlust, der bereits die sieben Jahrzehnte zuvor gekennzeichnet hatte, hielt weiter an. Von den 1,3 Millionen selbständiger Handwerker (immerhin ein Zehntel stellten Frauen) waren schon zwei Drittel vor 1914 in ihrem Beruf tätig gewesen. Außer ihnen gab es 2,4 Millionen im Handwerk Beschäftigte, von denen die Gesellen 1,5 Millionen stellten; davon lebte allein ein Drittel vom Bauhandwerk, womit die traditionellen Massenhandwerke der Schneider, Schuster und Schreiner überholt wurden. Insgesamt ist die Beschäftigtenzahl seit 1907 stabil geblieben, während die Anzahl der Betriebe sank, ihre numerische Größe aber folgerichtig zunahm. Doch die Berufsklassen der häufig pauperisierten Alleinmeister umfaßten immerhin mehr als die Hälfte der Handwerkerschaft.

In den konsolidierten Betrieben schritt nicht nur die Motorisierung fort: In den Bäckereien etwa hatte es um 1900 tausend Maschinen gegeben, 1929 waren es respektable 60000; dieser Anteil, der sich auf 40 Prozent aller Meisterbetriebe verteilte, wurde durch die 50 Prozent der Metzger noch übertroffen. Vielmehr drangen auch die doppelte Buchführung und moderne Werbungsmethoden auf dem Weg dieser Handwerker zum «kleinkapitalistischen Unternehmer» (Sombart) allmählich vor.

Neben diesen anpassungsfähigen Traditionshandwerkern setzten sich neue Handwerksberufe erfolgreich durch: Mechaniker für Fahrräder, Näh- und Büromaschinen, Motorräder und Autos wurden überall gesucht. Durchweg handelte es sich aber um Reparaturarbeiten, von Neuanfertigung konnte keine Rede mehr sein. Ähnlich expansiv verlief die Entwicklung des Elektrohandwerks, der Installateure und Klempner.

Numerisch wichtiger blieben freilich die Nahrungs-, Kleidungs- und Möbelhandwerke. Kleinbetriebe lohnten sich oft nur dann, wenn Familienangehörige die Lohnkosten senkten. Von den rund 250000 Schuhmachern und den rund 400000 Schneidern (mit der Konfektion waren es sogar 600000) konnte sich nur ein Fünftel Gesellen leisten. Die meisten bewegten sich um das Existenzminimum herum und hingen davon ab, daß die Frauen und Kinder mitverdienten. Ganz überwiegend war die Neuproduktion schon seit der Vorkriegszeit in Fabriken abgewandert, aber immerhin die Hälfte der Herrenkleidung und ein Viertel der Frauenkleidung wurde noch immer in Schneiderwerkstätten hergestellt. Die Tischler und Schreiner litten demgegenüber so gut wie ausnahmslos unter dem einschneidenden Rückgang der Bautätigkeit. Nur mehr vier Prozent konnten sich Gesellen und Maschinen leisten, denn der Möbelmarkt, der inzwischen zu 90 Prozent vom Handel beherrscht wurde, war ihnen verlorengegangen.

Kurzum: In den erfolgreichen und neuen Handwerksbetrieben schritt die Modernisierung durch den Einsatz von Werkzeug- und Kraftmaschinen voran, der Kapitalstock und Personalbestand wurde erhöht, die rationelle Betriebsführung adoptiert. Mit der günstigen wirtschaftlichen Lage solcher Betriebe hing es offenbar zusammen, daß um 1930 14 Prozent der bayerischen Studenten aus dem Handwerk stammten.

Auf der Schattenseite aber fristete die Mehrzahl unstreitig eine kärgliche Existenz als Alleinmeister für Flick- und Reparaturarbeiten. Aus der Neuproduktion waren sie völlig verdrängt worden. Ihre Abhängigkeit von Industrie und Handel hatte sich vertieft. Daher konnte ein sachkundiger Soziologe wie Theodor Geiger damals urteilen, daß das Handwerk in manchen Betrieben ein «achtbarer», insgesamt aber ein «bescheidener Trabant der Industrie» geworden sei.[11]

6. Die Landwirtschaft in einer neuen Phase ihrer Strukturkrise

Der Weltkrieg hatte auch in der deutschen Landwirtschaft schlimme Spuren hinterlassen. Auf ausgelaugten Böden brachte sie 1918 nur mehr 70 Prozent der Getreideproduktion von 1913 zustande; ihr Viehbestand war um 20 Prozent reduziert, ihr Vorrat an Geräten und Maschinen seit Jahren nicht mehr erneuert worden (vgl. 7. Teil II.3). Als der Friedensvertrag zu Gebietsabtretungen in Ost und West führte, gingen auch noch 5,05 Millionen Hektar an Kulturboden (15 % der Landwirtschaftlichen Nutzfläche = LN) verloren.

Trotzdem hatte der Agrarsektor seinen säkularen Bedeutungswandel längst zuvor, im letzten Drittel des 19. Jahrhunderts, erlebt, denn seit der Mitte der achtziger Jahre hatte er den ökonomischen Primat unwiderruflich an die Industrie verloren. Bis 1913 war auch seine Beschäftigtenzahl auf ein Drittel aller Erwerbstätigen abgesunken. Der expandierende Agrarkapitalismus trieb zwar die wirtschaftliche Modernisierung voran, doch dazu gehörte jetzt auch, daß sich der Einfluß der konjunkturellen Fluktuationen auf dem Weltagrarmarkt nachhaltiger als je zuvor geltend machte. Dort herrschte ein hohes Überangebot an Kornfrüchten, das zu einem permanenten Preisdruck führte.

In der ersten globalen Agrarkrise, von der die deutsche Landwirtschaft seit 1876 voll erfaßt wurde, fiel daher der Gesamtindex der Getreidepreise bis 1893 um 40, derjenige des Weizens um 48 und des Roggens um 38 Punkte; erst 1905 setzte eine kurzlebige Erholung ein. Ohne die Agrarzölle, die nach 1879 viermal angehoben wurden, wäre seit 1876/79 ein Preisrückgang um rund 43 Prozent nicht aufzuhalten gewesen. Mit andern Worten: So günstig hätte sich der freie Weltagrarmarkt auch zugunsten der deutschen Konsumenten auswirken können! Statt dessen wurde nicht nur das Einkommen der Landwirte durch massive Staatsintervention aufgebessert, sondern auch ihre schwierige Umstellung auf die neuen Marktbedingungen auf die lange Bank geschoben.

6. Die Landwirtschaft in einer neuen Phase ihrer Strukturkrise

Obwohl sie mit unleugbaren Problemen zu kämpfen hatte, blieb die Agrarwirtschaft bis 1914 noch immer ein Wachstumssektor. Das läßt sich etwa an ihrer Wertschöpfung und ihrem Kapitalbestand, ihrem Arbeitseinkommen und an ihrer Boden- und Viehproduktion, ihren Hektarerträgen und ihrer Arbeitsproduktivität ganz klar ablesen (vgl. ausführlich: III, 685–99).

Trotz ihrer Leistungsfähigkeit, die sie auch im Vergleich mit dem hochentwickelten primären Sektor anderer westeuropäischer Länder auszeichnete, entstand ein brisantes Spannungsverhältnis, das eine ökonomische und eine noch bedeutendere soziopolitische Dimension besaß. Die beiden Dekaden nach der Jahrhundertmitte bedeuteten insofern eine folgenschwere Zäsur, als seit 1852 Roggen, seit 1872 Weizen, mithin seit der Reichsgründung ein rasch wachsendes Volumen der beiden für die Ernährung wichtigsten Getreidesorten eingeführt werden mußte. Bis 1914 erreichte dieser Import den Umfang der halben deutschen Eigenproduktion. Das machte das Reich zum größten Agrareinfuhrland der Welt. Alle Autarkieschwüre der Agrarlobby wurden im Grunde durch dieses schlichte Faktum dementiert.

Ungeachtet der tektonischen Verschiebungen in der wirtschaftlichen Rangordnung bestanden die Großagrarier jedoch weiterhin auf jenem gesellschaftlichen und politischen Führungsanspruch, auf den sie seit Jahrhunderten gepocht hatten. Dadurch gerieten sie in einen erbitterten Defensivkampf gegen überlegene Kräfte, der zunehmend rücksichtsloser geführt wurde. Im Weltkrieg hatte der Egoismus der ländlichen Gesellschaft einen neuen Höhepunkt erreicht, von dem aus der Abstieg in die neue Welt der Republik und der unabsehbaren Nachkriegsprobleme um so bedrohlicher erscheinen mußte.

Welche makroökonomischen Bedingungen sah sich die Landwirtschaft in den 14 Jahren der Republik gegenüber? Die Relationen der Bodennutzung haben sich zwischen 1913 und 1933 nicht grundlegend verändert. Der Anteil des Ackerlandes ging ein wenig, von 21,5 auf 20,5 Millionen Hektar, zurück, wegen der intensivierten Viehwirtschaft dehnten sich die Wiesen und Weiden von 7,6 auf 8,1 Millionen Hektar aus, und die gesamte landwirtschaftliche Nutzfläche verringerte sich wegen der Territorialverluste des Reiches von 32 auf 28 Millionen Hektar. In ihren konkreten Auswirkungen hielt sich auch die Veränderung der Betriebsgrößenverteilung durchaus in Grenzen.

In den knapp 20 Jahren von der letzten Betriebszählung im Jahre 1907 bis zur neuen Erhebung von 1925 hatte sich die Anzahl der landwirtschaftlichen Betriebe um 620676 verringert. (Der Stellen- und Landverlust ging fast ausschließlich auf die Gebietsabtretungen zurück.) Davon waren ganz überwiegend, zu neun Zehnteln, die Kleinstellen bis zu fünf Hektar und die Mittelbauern mit 5 bis 20 Hektar betroffen, denn ihre Zahl von 5 450 816

Übersicht 124: Die Verteilung der Betriebsgrößen in der deutschen Landwirtschaft 1925

Größe/ha	Anzahl	Prozent aller Betriebe	Fläche LN/Mill.ha	Prozentualer Anteil LN
1. bis 2 ha	3 046 302	59.5	1.5	6.2
2. 2–5 ha	894 453	17.5	2.9	11.4
3. 5–20 ha	956 155	18.7	9.1	35.8
4. 20–100 ha	199 825	3.9	6.8	26.4
5. 100 ha +	18 671	0.4	4.1	20.6
Gesamt	5 115 406	100	24.4	100

sank um elf Prozent auf 4 896 910. Sie stellten mit 95,7 Prozent immer noch die erdrückende Mehrheit aller landwirtschaftlichen Betriebe, besaßen aber nur 53,4 Prozent der landwirtschaftlichen Nutzfläche.

In den Betriebsgrößenklassen der Großbauern mit 20 bis 100 Hektar und der Großgrundbesitzer mit mehr als 100 Hektar machte der Rückgang von 285 757 auf 228 496 Betriebe einen Verlust von 57 020, mithin von rund 20 Prozent, aus. (Auch hier wurde der Stellen- und Landverlust fast ausschließlich durch die Abtretung von Westpreußen und Posen, von Elsaß-Lothringen und einem Teil von Oberschlesien herbeigeführt.) Ihr Anteil an der landwirtschaftlichen Nutzfläche fiel von 51,5 auf 46,6 Prozent, zugleich schrumpfte ihr prozentualer Anteil an allen Betrieben von 5 auf 4,3 Prozent. Das spiegelte den anhaltenden Konzentrationsprozeß wider und bestätigte diese gut vier Prozent der ländlichen Großeigentümer, die immer noch fast die Hälfte des Kulturlandes besaßen, in ihrer strategischen Machtposition auf dem Lande und in der Berliner Agrarlobby.

Auffälligerweise ging die Anzahl der Erwerbstätigen im Primärsektor zunächst nicht weiter zurück, sondern stieg von 1907 = 12,892 Millionen um 1,45 Millionen auf 1925 = 14,338 Millionen an. Dieses Wachstum vollzog sich nicht im Bereich der Landarbeiterschaft, die von 3,868 Millionen um 575 000 auf 3,293 Millionen absank; davon stellten die Deputanten, die überwiegend mit Naturalien entlohnten Nachfolger der ostelbischen Insten, rund 900 000; die Tagelöhner, das klassische Landproletariat, rund 987 000; die Büdner, Kätner, Häusler, also die auf regelmäßigen Nebenerwerb angewiesenen Zwergstellenbesitzer, rund 1,406 Millionen. Vielmehr erfolgte der Anstieg in der Kategorie der «Betriebsleiter» und ihrer «mithelfenden Familienangehörigen», denn hier wuchs wegen der häufig schwierigen städtischen Arbeitsmarktlage nach 1918 und wegen der abschreckenden Wirkung der Inflation, namentlich der Hyperinflation, im Verlauf eines kurzlebigen Wechsels von der Landflucht zur Stadtflucht, die rund zwei Millionen Menschen erfaßte, die Anzahl von 9,024 auf 11,045 Millionen an.

Die Gesamtmenge der landwirtschaftlichen Erwerbstätigen ging dann, dem säkularen Trend bis 1914 wieder entsprechend, bis zur Erhebung von 1933 um 1,3 Millionen auf 13,075 Millionen zurück. Da die Anzahl der Landarbeiter um 726 000 auf 2,567 Millionen weiter absank, ist das Bemerkenswerte die weiterhin relativ hohe Zahl von 10,208 Millionen für die Betriebsleiter und ihre Familienangehörigen; sie fiel um 837 000 ab, verharrte aber immer noch um 1,184 Millionen über der Zahl von 1907, da die Weltwirtschaftskrise seit 1929 zur Abwanderung vieler Städter in ihre ländlichen Herkunftsgebiete führte oder bereits unlängst Zugewanderte dort noch zeitweilig festhielt. Wegen der expansiven Wirtschaftsentwicklung bis 1939 führte dann die Rückkehr in die Städte dazu, daß im Vergleich mit 1925 die Zahl der ländlichen Erwerbstätigen bis 1939 auf 11,598 Millionen um 2,7 Millionen, (24%) selbst im Vergleich mit 1933 noch um volle 1,2 Millionen abschmolz; dieser Rückgang übertraf die Abgabe des Geburtenüberschusses bei weitem und indizierte ein ganz anderes Wanderungsverhalten als vor 1914. Aller bauernfreundlichen NS-Rhetorik zum Trotz wurde damit der Stand von 1907 um 1,295 Millionen unterboten.

Welche Produktionsleistung brachte diese personell überlastete Landwirtschaft bis 1933 zustande?

Übersicht 125: Die landwirtschaftliche Produktion 1913–1932 (1000 To/1924 = 100)

	Roggen	Weizen	Rindfleisch	Schweinefleisch
1913	9585/142	3765/137	803/125	1392/156
1924	6730/100	2750/100	642/100	896/100
1933	7570/112	4340/153	896/139	1634/183

Beim Weizenanbau und in der Rind- und Schweinefleischproduktion wurden die Vorkriegsleistungen rund zehn Jahre lang nicht mehr erreicht, dann aber seit 1928 eingestellt und überschritten, so daß sie 1932 beim Weizen 16, beim Rindfleisch 14 und beim Schweinefleisch 27 Indexpunkte über dem Stand von 1913 lagen. Beim Roggenanbau gelang diese Aufholjagd nicht, vielmehr blieb er um 30 Indexpunkte unter dem Niveau von 1913. Das hing aber nicht etwa mit fehlender Leistungsfähigkeit, sondern ganz ausschlaggebend mit den veränderten Konsumgewohnheiten und dem Fortfall der kaiserstaatlichen Exportprämien zusammen.

Im Grunde hat sich die Bodenproduktion in den Jahren der Republik nur mühsam erholt. Nach der fabulösen Steigerung der Hektarerträge bis 1913 rächte sich jetzt der Ackerboden für die Vernachlässigung des Pflanzenwechsels und die fehlende Düngung während der Kriegszeit, so daß die Erträge beim Roggen von 1913 = 19,1 auf 1921 = 14,6 dz/ha, beim Weizen von 33,6 auf 18,6 dz/ha zurückgingen; bis 1932 konnten sie mühsam auf 16,8 bzw. 20,9 dz/ha erhöht werden, erreichten aber endgültig erst 1938 die

Leistung von 1913. Selbst die anspruchslose Kartoffel fiel von 1913 = 13,8 auf 1921 = 12,3 dz/ha ab, konnte aber als einzige Bodenfrucht bis 1932 = 16,2 dz/ha den Vorkriegsstand überbieten.

Der verlangsamten Entwicklungsgeschwindigkeit stand jedoch eine rasch anwachsende Nachfrage nach qualitativ hochwertigen Konsumgütern gegenüber, zumal sich der Anteil der städtischen Konsumenten ohne jede Möglichkeit zur Selbstversorgung weiter erhöhte. So stiegen etwa der jährliche Fleischverbrauch vom Anfang der zwanziger Jahre bis 1929 von 34 auf 45 kg pro Kopf, der Eierverbrauch von 87 auf 144 Stück, der Zuckerverbrauch von zwölf auf 23 kg. Der Kartoffel-, Weizen- und Roggenmehlverbrauch fiel dagegen leicht ab. Dennoch mußte Weizen weiter importiert werden. Zwischen 1926 und 1929 wurde der Vorkriegsstand von jährlich zwei Millionen Tonnen wieder erreicht, während der deutsche Agrarexport bis zur völligen Bedeutungslosigkeit schrumpfte.

Als Belastung der Landwirtschaft erwies sich die Lohnbewegung, denn nach anfänglicher Stagnation zogen die Durchschnittslöhne von 1926 bis 1930 um ein Drittel nach oben. Diese Kostensteigerung eines Produktionsfaktors mußte alle Betriebe mit lohnabhängigen Arbeitskräften erheblich belasten. Unter dem Einfluß der «Großen Depression» stürzten die Löhne dann aber im Nu auf den Stand der frühen zwanziger Jahre, denn jetzt schlug die Agrar- und Industriekrise auf die ländlichen Erwerbseinkommen voll durch. In rapidem Tempo fielen von 1930 bis 1933 die Löhne (1926 = 100) für verheiratete Deputanten von 134 auf 109, für Tagelöhner von 135 auf 108, für Knechte von 133 auf 96, für Mägde von 145 auf 96 Indexpunkte. Von erdrückenden Lohnkosten, einem beliebten Klageruf der Lobby, konnte daher in den Krisenjahren keine Rede mehr sein.

Ungleich günstiger, als die Agrarier weismachen wollten, gestaltete sich bis zum Beginn der dreißiger Jahre die Preisentwicklung.

Übersicht 126: Preisindex der Bodenfrüchte (M./dz), des Fleischs (M.) und der Milch (Pfg./l.) 1913–1932

	Weizen	Kartoffeln	Rindfleisch	Schweinefleisch	Milch
1913	198	38,0	175	150	13,2
1924	194	43,8	155	164	13,9
1927	273	79,6	213	157	18,3
1928	243	64,9	194	162	18,3
1929	235	52,7	206	202	16,4
1930	261	34,5	207	167	14,4
1931	255	27,7	164	118	12,5
1932	233	33,9	123	98	11,0

Bauern und Großgrundbesitzer wurden durch die Preissteigerung von 1913 bis 1929, die bei wichtigen Produkten rund 30 Prozent ausmachte, in

6. Die Landwirtschaft in einer neuen Phase ihrer Strukturkrise 279

bösen Zeiten geradezu verwöhnt. Wenn man bedenkt, daß der Anbau von Weizen und Roggen zwei Drittel der deutschen Getreidefläche in Anspruch nahm, schlug allein die Erhöhung des Weizenpreises um 35 Prozent zu Buche, und der Anstieg des Preises für Rindfleisch um 25 Prozent, für Schweinefleisch um 35 Prozent kam genauso der Viehwirtschaft zugute.

Diese Einkommensverbesserung war nicht zuletzt der Rückkehr zum Hochschutzzoll für die ausschlaggebenden Agrarprodukte zu verdanken. 1925 gewann die Republik das durch den Friedensvertrag zeitweilig versagte Recht auf eine autonome Außenhandelspolitik wieder zurück. Sofort kehrte sie, von der Lobby gedrängt, nicht nur generell zum Bülow-Tarif von 1902 (der im März 1906 in Kraft getreten war und seine Geltung bis 1945 behalten sollte), wieder zurück, sondern hob auch einige Tarifsätze sogleich an. Dasselbe wiederholte sich als Reaktion auf die Krisenlage mit der Tariferhöhung vom Mai 1931, so daß die preisempfindlichsten Agrarprodukte schließlich durch Zollabgaben, die um 100 bis 400 Prozent über dem Niveau von 1925 lagen, geschützt wurden.

Übersicht 127: Deutsche Agrarzölle 1902–1933 (M/100 kg)

	Bülow-Tarif 1902/06	Zolltarif 1925	Zolltarif 1931
Weizen	5,50	5,00	25,00 (+ 400 %)
Roggen	5,00	5,00	20,00 (+ 300 %)
Schweinefleisch	9,00	16,00	40,00 (+ 250 %)
Rindfleisch	27,00	37,50	55,00 (+ 100 %)
Butter	20,00	27,50	50,00 (+ 150 %)

Dank der Preisentwicklung und der außenwirtschaftlichen Staatsintervention nahm sich das landwirtschaftliche Einkommen aus Unternehmensleistung und Vermögen bis zum Einbruch der Krise durchaus vorteilhaft aus, denn es stieg allein vom Beginn der «goldenen Jahre» (1925 = 5,677 Mrd. M.) bis 1928 (5,816, 1927 sogar 5,939 Mrd. M.) um fast vier Prozent an. Zwar kletterte das Einkommen von Industrie und Handel in derselben Zeit um zehn Prozent in die Höhe (von 11,663 auf 13,241 Mrd. M.), aber diese Bitterkeit erzeugende Kluft war die Agrarwirtschaft seit den 1880er Jahren bereits gewohnt.

Ihre Erholung hing aber auch mit ihrer gesteigerten Leistungsfähigkeit zusammen. Düngemittel auf der Basis der Haber-Boschschen Stickstoffsynthese verbesserten die Regenerierung des Bodens. Die Maschinenausrüstung drang voran, denn die Anzahl der Kartoffelroder stieg um 100 Prozent, die der Düngestreuer um 50 Prozent, die der Drillmaschinen um 25 Prozent. Nicht nur verdrängte der bewegliche Elektromotor die starre Dampfmaschine, vielmehr wuchs auch die Anzahl der Schlepptraktoren mit Verbrennungsmotoren von rund 7000 zu Beginn der zwanziger Jahre auf 18 000 im Jahre 1933 an. Außer den Großbetrieben konnten jetzt auch zunehmend Bauern diese technischen Verbesserungen einführen. Das war auch ein Ergebnis der Ausbildung jener wachsenden Zahl von Absolventen, welche die Landwirtschaftsschulen durchlaufen hatten. Hatte es 1914 erst 200 von ihnen gegeben, erlebten sie in den zwanziger Jahren eine rasche Expansion in Gestalt von 327 neuen Schulen. Das traf auch auf die landwirtschaftlichen Genossenschaften zu, die sich von 1914 = 28 140 um gut 40 Prozent auf 1930 = 40 845 vermehrten. Sie waren nicht nur ein Ausdruck kraftvoller Selbsthilfe, sondern fungierten auch als Ideenspender und als wichtigste Handelsorganisationen der bäuerlichen Welt. So gesehen setzten sich die Modernisierungstendenzen der Vorkriegsjahre in der Zeit der Weimarer Republik durchaus fort.

Die Kehrseite des landwirtschaftlichen Aufschwungs sah allerdings bedrohlich genug aus. Die Hyperinflation hatte es den hochverschuldeten Agrariern ermöglicht, ihre Schuldenlast von 17,5 Milliarden Mark mit wertlosem Papiergeld bei wehrlosen Gläubigern so gut wie vollständig abzuzahlen. Mit dem Beginn der neuen Ära nach dem Übergang zur Rentenmark schienen sie daher bilanztechnisch glänzend dazustehen. Alsbald traten jedoch neue Probleme auf. Die Hypotheken, die durch die Aufwertung der neuen Mark erforderlich wurden, belasteten die großen und kleinen Unternehmen; es fehlte ihnen an Betriebskapital; wegen der Inflation waren keine Investitionen im Bereich des Inventars, der Gebäude- und der Bodenpflege getätigt worden; die Ernte hatte gegen wertloses Geld den Besitzer gewechselt. Das Alibiargument, daß insbesondere der karge ostelbische Boden einer Leistungssteigerung entgegenstehe, war zum einen nicht triftig, da mit zielstrebiger Düngung wirksam nachgebessert werden konnte. Und zum andern verhüllte es das eigentliche Problem der fehlenden Flexibilität bei der gebotenen Umstellung auf neue Marktbedingungen. Daß es sich dabei nicht um einen allzu abstrakten, ja realitätsfernen Anspruch handelt, bewiesen in jener Zeit die westfälischen Großbauern auf ihren Meierhöfen, denen ebendiese Umstellung auf eine Veredelungswirtschaft mit günstiger Ertragslage gelang.

Als Ergebnis mangelhafter Verhaltenselastizität und exogener Belastungen nahm jedenfalls die Verschuldung in kurzer Zeit erschreckend zu: Schon bis 1928 lag sie bereits wieder bei 8,9, 1932 sogar bei 12,5 Milliarden Mark. Zugleich waren die Reinerträge geringer, die Kreditkosten aber höher als vor 1914, und an die Segnungen einer Selbstkontrolle durch die doppelte Buchführung wollte sich damals wie heute die Mehrzahl der deutschen Landwirte noch immer nicht gewöhnen. Da sie keine finanziellen Ressourcen besaßen, aber teure Kredite aufnahmen, standen sie einem weithin «hausgemachten Problem» gegenüber, das sie in die neue Krise geschwächt hineinzugehen zwang.

Als die deutsche Landwirtschaft 1927 von der Weltagrarkrise erfaßt

6. Die Landwirtschaft in einer neuen Phase ihrer Strukturkrise

wurde, hatte das nichts mit dem bei «Agrarkrisen alten Typs» vorherrschenden Einfluß von Schlechtwetterperioden oder Pflanzenkrankheiten zu tun. Vielmehr wirkten sich erneut die Produktionsverhältnisse und Preiserschütterungen des Weltagrarmarktes, der seit den 1870er Jahren permanent krisenhafte Strukturbedingungen für die Entwicklung der nationalen europäischen Primärsektoren geschaffen hatte, auch auf Deutschland aus. Insofern trat die seit 1876 herrschende Strukturkrise in eine neue, dramatisch zugespitzte Phase ein. Ein wichtiger Indikator ist der deutsche Getreidepreis, der sich von 1913 bis 1920 wegen der Kriegsnachfrage verdoppelt hatte, dann etwas fluktuierte, 1927 noch um 35 Prozent höher lag als 1913, 1930 sogar einen neuen Höchststand erreichte, dann aber bis 1933 um 15 Prozent (gemessen an 1925 um 24 Prozent) abfiel. Damit lag er immerhin noch um 18 Prozent über dem Stand des verklärten letzten Vorkriegsjahrzehnts.

Wie die europäische Weizenproduktion hatte auch die deutsche 1928 das Volumen von 1913 wieder erreicht und steigerte wegen der attraktiven Preise ihren Output noch höher, selbst nach dem Einsetzen der Krise, während die überseeische Produktion «marktgerecht zurückging». Die großen Getreideexportländer, die USA, Kanada, Australien und Argentinien, hatten seit einem halben Jahrhundert, während des Weltkriegs noch einmal beschleunigt, ihre Erzeugung gesteigert, bis sie 1926 statt der 13,5 Millionen Tonnen Weizen vor 1913 fast das Doppelte, 25 Millionen Tonnen, in Europa absetzen konnten. An der Liverpooler Getreidebörse, dem größten Umschlagplatz dieser Art auf der Welt, fiel daher der Weizenpreis bis 1928 um 40 Prozent.

Als die Auswirkungen der ausländischen Überproduktion das deutsche Preisgefüge in Mitleidenschaft zogen, kam es jedoch nicht zu einem situationsgerechten Rückgang, sondern zu einer weiteren Steigerung der Produktion, um dadurch die verringerten Einnahmen wettzumachen. Die Weizenanbaufläche wurde allein von 1928 bis 1933 um 29,3 Prozent vergrößert, da der deutsche Weizenpreis wegen des Zollschutzes und der vorteilhaften Kreditpolitik immer noch höher blieb als der Preis für andere agrarische Massenprodukte. Der Durchschnitt der Preise für pflanzliche Produkte

Übersicht 128: Der Sturz der deutschen Agrarpreise 1928–1933 (1925 = 100)

	1928	1933
Weizen	104	76
Roggen	113	75
Kartoffeln	156	64
Rindfleisch	118	74
Schweinefleisch	96	51
Butter	93	56
(Milch	17.2 Pfg./l.	9.7 Pfg./l.)

ging nämlich in dieser Zeitspanne um 29,4 Prozent, derjenige für tierische Produkte um 44,5 Prozent zurück. Im einzelnen nahm der Preisverfall durchweg drastische Formen an. Wählt man ein günstiges Konjunkturjahr wie 1925 als Ausgangspunkt, ergeben sich die folgenden Indexzahlen. (Übersicht 128)

Der Preisindex für alle landwirtschaftlichen Erzeugnisse hält für die Zeit von 1926 (= 100) bis 1933 sogar einen Absturz auf 57,5 Prozent des Standes von 1926 fest. Dieser Preisverfall übertraf selbst den irritierenden Rückgang der deutschen Großhandelspreise um 33 Prozent. Wechselt man die Perspektive, erkennt man jedoch, daß der Preissturz namentlich der agrarischen Konsumgüter des täglichen Bedarfs den städtischen Verbrauchern das Ertragen der Depressionsjahre ein wenig erträglicher machte.

Da den Agrarproduzenten die Einsicht in die selbstverursachten Fehler weithin abging, mutete sie der Absturz in die neue Krise wie eine Höllenfahrt an. Nicht nur stieg jetzt die Verschuldung von 9,9 auf 12,4 Milliarden Mark steil an, sondern die Erlöse sanken von 10,2 auf 7,4 Milliarden Mark, während die Zinslast, die auf dem Erlös ruhte, von 8,5 auf 13,7 Prozent anstieg. Anders gesagt: Der Verkaufserlös fiel bis zum Winter 1932 auf 62 Prozent des Standes von 1928. Folgerichtig setzte auch seit 1928 eine atemberaubende Abwärtsbewegung des Einkommens aus Unternehmen und Vermögen ein: Vom Höchststand des Jahres 1927 = 5,939 Milliarden Mark fiel das Einkommen über 1928 = 5,816, 1929 = 5,487, 1930 = 4,950 und 1931 = 4,375 unaufhaltsam um fast 40 Prozent auf 1932 = 3,695 Milliarden Mark! Daß Industrie und Handel noch mehr verloren (45 %), spendete da wenig Trost.

Diese Verlustbilanz wurde um so schmerzhafter empfunden, als der «normale» Gewinn der Jahre vor 1914 bei 5,7 Prozent gelegen hatte, bis Kriegsende aber auf 18 Prozent gestiegen war und, von kurzen Abschwüngen abgesehen, stets um das Doppelte des Durchschnitts vor 1913 geschwankt hatte. Seit 1930/31 gab es statt dessen nichts als Verluste. Da auch die Schulden stiegen und die erhöhte Produktion die sinkenden Einnahmen nicht wettmachen konnte, ballte sich in der ländlichen Gesellschaft ein hochexplosiver sozialer Sprengstoff zusammen. Wegen des soziopolitischen Einflusses der Großagrarier wurde der Umgang mit ihm binnen kurzem zur «Existenzfrage der Demokratie» von Weimar.

Da die machterfahrene Agrarlobby es gewohnt war, sich der Gesetzgebung zu bedienen, hatte sie bereits bis 1927 rund 500 Millionen Mark an Darlehen und Bürgschaften in die Landwirtschaft lenken können. Nach den ersten Krisensignalen setzte sie außerdem bereits 1928 die «Ostpreußen-Hilfe» durch, mit der ein Fonds von 80 Millionen Mark geschaffen wurde, um kurzfristige Schulden in langfristige zu verwandeln, Kredithilfe zu leisten und Transportkosten zu erstatten. Sofort stellte sich heraus, wer den Anspruch auf größere Hilfsbedürftigkeit nachzuweisen verstand,

6. Die Landwirtschaft in einer neuen Phase ihrer Strukturkrise 283

denn drei Viertel der Kredite gingen an ein Drittel der Großbetriebe (1000 von 3340), während von den bäuerlichen Kleinbetrieben nur jeder 43. bedacht wurde (2400 von 104000). Im Effekt ergab sich darum keineswegs die beanspruchte Verbesserung der Betriebsrentabilität, vielmehr wurden ganz überwiegend lästige, längst fällige Schulden beseitigt, und ohnehin war der Großteil der Subventionsgelder an nicht mehr sanierungsfähige Betriebe vergeben worden.

Im Mai 1929 wurde im Gesetz über die wirtschaftliche Hilfe für Ostpreußen der Unterstützungsfond um 174 Millionen Mark aufgestockt, und wiederum gingen fast zwei Drittel an Großbetriebe, ohne daß sich eine «spürbare Verbesserung» durchgesetzt hätte. Eine neue Dimension erreichte die «Osthilfe» unter Reichskanzler Brüning, der zunächst in seiner Notverordnung vom 26. Juli 1930 200 Millionen Mark für die Umschuldung landwirtschaftlicher Betriebe in Ostpreußen, Pommern und Schlesien zur Verfügung stellen ließ, ehe er mit dem Osthilfegesetz vom 31. März 1931 für alle Ostprovinzen einen mit 1,1 Milliarden Mark beispiellos üppig gefüllten Subventionstopf schuf, der 850 Millionen Mark für die Umschuldung und 250 Millionen Mark für die ländliche Neusiedlung enthielt. Damit erreichte die direkte finanzielle Begünstigung insbesondere der Großgrundbesitzer am Ende des Jahres 1931 die erkleckliche Summe von zwei Milliarden Mark. Der Streit um diese «Osthilfe» für ein «Faß ohne Boden» gehört zur Analyse der Zerfallsphase der Republik (s. u. IV.5 d u. VI.1). Die klassenegoistische Selbstbedienung der Großagrarier war aber auch ein integraler Bestandteil der Reaktionen auf die große Krise der deutschen Landwirtschaft. Als noch folgenreicher sollte sich eine andere Reaktion: ihr wahlpolitischer Rechtstrend zugunsten der NSDAP, erweisen (s. u. IV.6 b).[12]

III.
Strukturbedingungen und Entwicklungsprozesse sozialer Ungleichheit

1. Die deutsche Klassengesellschaft zwischen Krieg und Diktatur

Vier Jahre lang hat die reichsdeutsche Klassengesellschaft beispiellosen Belastungen in der Druckkammer des ersten totalen Krieges standgehalten, bis ihre Kohäsionskraft für noch längeren Widerstand nicht mehr ausreichte. In der Revolution rissen ihre Sehnen, die in der Nachkriegszeit und während der Hyperinflation nur schwer zu heilen vermochten, da die überkommene Sozialhierarchie samt ihrer Geltungsmacht bis in die Fundamente hinein erschüttert war.

Die jahrhundertealte Spitzenstellung des Adels war zwar seit langem rechtlich, politisch und ökonomisch eingeschränkt, aber erst durch den letalen Zerfall der Fürstenherrschaft in allen deutschen Staaten symbolisch und konkret von Grund auf in Frage gestellt worden. Die nostalgisch verklärte Lebenswelt des traditionalen Herrschaftsstandes, dessen Familien je nach Region weiterhin 0,3 Prozent (wie in Preußen) bis maximal ein Prozent der Bevölkerung ausmachten, wurde mit einem weiteren Schub auf die Existenz einer agrarkapitalistischen Unternehmerklasse – mit einigen Annexgebäuden in der Verwaltung, Diplomatie und Militärführung – reduziert. Nichts sprach nach den Machtkämpfen der letzten anderthalb Jahrhunderte dafür, daß sich der deutsche Adel in die Unentrinnbarkeit dieser neuen Niederlage pragmatisch klug schicken werde. Vielmehr nährten die Erfahrungen dieser Zeit die nur zu begründete Erwartung, daß er sich in seinem Defensivkampf noch einmal mit aller verbliebenen Kraft gegen den Rückschlag aufbäumen würde.

Nicht minder abrupt wurde ein Großteil des Bildungsbürgertums in Mitleidenschaft gezogen. Ökonomisch tief angeschlagen, da nicht nur sein Realeinkommen drastisch schrumpfte, sondern auch die Kriegsanleihen und die Inflation sein Vermögen weithin aufzehrten, wurde es wegen seiner Staatsnähe, die seit jeher ein wesentlicher Bestandteil seines Klassenhabitus gewesen war, durch den Zusammenbruch aller Monarchien im innersten Kern seines Selbstverständnisses und seiner Fremdeinschätzung getroffen. Während neue Machtfaktoren auf der von ihm so verachteten linken Seite des politischen Spektrums aufstiegen, sank sein politisches Gewicht. Daher zog es sich zum einen zähneknirschend auf seine jetzt brüchige, auf einmal zutiefst prekäre Staatsloyalität zurück, zum andern kultivierte es starrsinnig seine prinzipielle, auch von der längst vertrauten pessimistischen Kulturkritik genährte Opposition gegen die politische Machtverschiebung. Obwohl das Bildungsbürgertum weiterhin nur etwa 0,8 Prozent der Bevölkerung stellte, behielt es einen erheblichen politischen Einfluß dank seiner Dominanz in der oberen Bürokratie der Staaten und Gemeinden, ebenso aber auch seinen Einfluß als «Meinungsmacher» dank seiner Stellung als noch immer respektierte normsetzende Elite.

Die Oberklasse des Wirtschaftsbürgertums, jene höchstens fünf Prozent der Bevölkerung, wurde dagegen kontinuierlich aufgewertet. Exzessive Kriegsgewinne, die meistens in Gestalt von Sachwerten über die Inflationsphase hinweggerettet werden konnten, stabilisierten seine ökonomische Basis, so daß der plutokratische Charakter der besitzbürgerlichen Ordnung weiter befestigt wurde. Sozial flexibel stand es dem materiell erfolgreichen Aufsteiger offen. Doch seiner politischen Mentalität nach blieb es ganz überwiegend – Rathenau etwa wurde nicht umsonst als verhaßter, da republikbejahender Außenseiter behandelt – auf das autoritäre System des Kaiserreichs fixiert, zumal der Kriegskorporativismus die Chancen vermehrt hatte, in den zugänglichen Machtzentren seine Interessen direkt zu verfechten. Voll giftigen Grolls reagierte es daher auf den Aufstieg der Freien Gewerkschaften und der Sozialdemokratie, und geradezu sehnsüchtig pflegte es seine Rückwärtsorientierung auf die in den vergangenen Jahrzehnten eingespielten zuverlässigen Mechanismen autoritärer Steuerung. Erst in der Dritten Weltwirtschaftskrise wurde es von der Nemesis der unverdienten Konjunkturgewinne eingeholt.

Das Kleinbürgertum, das höchstens 15 Prozent der Bevölkerung umfaßte, ging, überwiegend schwer angeschlagen, voller Aversion in die republikanischen Jahre hinein. Der «alte» Mittelstand bot ein Bild wirtschaftlicher Zerrüttung im alten Handwerk und im Kleinhandel, obwohl Hausbesitzer und neue Handwerkszweige selbst die Hyperinflation ziemlich unversehrt überstanden. Noch tiefer eingefressen als zuvor hatte sich jedoch die Opposition gegen «die Linke».

Das traf auf den «neuen» Mittelstand, vornehmlich also die Angestellten, aber auch die Techniker, Lehrer, Ingenieure, Betriebswirte und andere hochstrebende Dienstleistungsberufe, keineswegs so pauschal zu, da sich zeitweilig kein geringer Teil der Angestelltenschaft zwischen Revolution und Hyperinflation politisch nach links bewegte. Diese Verlagerung der politischen Präferenz hielt zwar in diesem Umfang nicht lange an, zeigt aber, daß viele Angestellte beweglicher waren, als man von den staatstreuen «Privatbeamten» lange angenommen hatte, wie sie überhaupt weltoffener, konsumfreudiger, insofern «moderner» waren als andere Berufsklassen.

Vielfach wurden auch noch die Groß- und Mittelbauern zum «alten» Mittelstand gerechnet, obwohl sie hier wegen der unübersehbaren Eigenarten dieser bäuerlichen Besitzklassen im Kontext der ländlichen Gesellschaft behandelt werden. Sie besaßen gut ein Fünftel (22,6 %) aller landwirtschaftlichen Betriebe und stellten mit 1,156 Millionen rund zwei Prozent der Bevölkerung, beanspruchten aber – neben dem Großgrundbesitz oder sogar noch vor ihm – als Rückgrat des ländlichen «Nährstandes» in ihrem gesellschaftlich zugeschriebenen hohen Rang estimiert zu werden. Die Verdoppelung der Preise für Agrarprodukte milderte den Verlust an politischen Privilegien, den diese Bauern im Krieg erlitten hatten, komfortabel ab. Dennoch empfanden sie die wie auch immer unvollkommene staatliche Zwangswirtschaft als eine unerträgliche Bürde. Da sie auf die Erfolgskontinuität ihrer Agrarlobby eingeschworen waren, sahen sie in der Republik, wie es ein agrararistokratischer Verbandsexperte im angesehenen «Handwörterbuch der Staatswissenschaften» unverblümt ausdrückte, die «Besitzergreifung der staatlichen Macht durch das Industrieproletariat» und die bauernfeindliche städtische Konsumentenmasse. Kaum hatte die Inflation durch die Schuldenbefreiung eine unverhoffte Erleichterung gebracht, setzten eine neue Schuldenspirale und der Abstieg in die Weltagrarkrise ein, gegen deren Folgen die norddeutsche «Landvolk»-Bewegung mit Gewalt, immer mehr bäuerliche Wähler aber mit dem Rechtsradikalismus ihrer politischen Optionen aufbegehrten.

Die Arbeiterschaft, noch immer waren das gut 70 Prozent aller Erwerbstätigen, hatte im Krieg sozialökonomische Pauperisierungserfahrungen von einer Härte erleben müssen, die ihr seit der Frühindustrialisierung erspart geblieben war. Die Revolution brachte ihr einen kurzlebigen politischen Triumph, doch eine langlebige Aufwertung ihrer sozialökonomischen und politischen Marktmacht, die sich an den steigenden Reallöhnen, umfassenden Tarifabschlüssen und günstigen Schlichtungsverfahren ablesen läßt. Diese Verbesserung ihrer Lage und ihre neue politische Bedeutung blieben aber von Anfang an, spätestens nach der frühen Niederlage der Weimarer Koalition, heftig umstritten, so daß tiefe Unzufriedenheit und Enttäuschung um sich griffen, die schließlich am linken Rand zur Expansion der KPD führten.

Alle deutschen Sozialformationen wurden durch den Krieg und die Fluktuationen in der Zeit der Republik aufgewirbelt. Alle blieben sie auf der Suche nach einer neuen, dauerhaften Ordnung, die für eine große, aber strategisch günstig postierte Minderheit geradewegs die Rückkehr in die Vergangenheit: zu der vertrauten Hierarchie mit ihrem erstarrten Machtgefälle bedeutete. Man muß sich immer wieder bewußt machen, eine wie kurze Zeit, nur knappe 14 Jahre, Weimar übrigblieb, um die tiefreichende Dynamik in der Sozialstruktur zu verarbeiten. Die Nachkriegskonjunktur und Hyperinflation brachten für viele fühlbaren Aufschwung und verblüffenden Gewinn, für Millionen aber irritierende Unsicherheit und schmerzhafte Deprivation. Die «goldene» Zeit dauerte gerade einmal viereinhalb Jahre, und noch ehe sich die Gesellschaft der Republik konsolidieren konnte, brach schon wieder eine mörderische Wirtschaftskrise über sie her-

1. Die deutsche Klassengesellschaft zwischen Krieg und Diktatur

ein, an deren Ende die Diktatur mit ihrer blendenden Verheißung einer harmonischen «Volksgemeinschaft» stand.

Gibt es dennoch erkennbare Grundlinien der gesellschaftlichen Transformation? Unstreitig trat jetzt nach dem Zerfall der fürstenstaatlichen Ordnung und Adelsmacht die Dominanz der marktbedingten Klassen endgültig hervor. Noch immer gab es aber auch die Koexistenz mit – freilich weiter abgeschwächten – ständischen Überresten in der ländlichen Welt der großgrundbesitzenden Adelsherren und der Bauern, auch in dem Mikrokosmos des Bildungsbürgertums und der herrschaftsständischen Bürokratie. Diese Gemengelage erzeugte weiterhin Spannungen, die wesentlich dazu beitrugen, zwischen 1930 und 1933 eine Zerreißprobe heraufzuführen.

Keineswegs standen sich dabei nur nackte soziale und ökonomische Interessen gegenüber. Vielmehr ging es auch immer um das Ringen unterschiedlicher, historisch tief verankerter Sozialmentalitäten, die zum Beispiel im Adel gegen «die Bürgerlichen», im Bildungsbürgertum gegen «die Ungebildeten», im «alten» Mittelstand gegen «das Proletariat» virulent blieben. Es waren ganz wesentlich solche Friktionen, welche die politischen Auseinandersetzungen zu hoch ritualisierten Grundsatzkonflikten überhöhten und maßgeblich zuspitzten. In diesem Stil wurde die romantisierte «Frontgemeinschaft», erst recht dann die «Volksgemeinschaft» der sozialen Fragmentierung durch antagonistische Klassen gegenübergestellt. Im Schatten der Sowjetunion und der KPD stieg die Animosität gegen «den Marxismus» kontinuierlich an. Und auf diese sicht- und fühlbaren Desintegrationsprozesse, insbesondere dann seit 1929, reagierte schließlich der Nationalsozialismus mit dem gewalttätigen Versöhnungsversprechen seines extremen Nationalismus.

Da eine Sozialstrukturanalyse der Weimarer Republik auf der Höhe der gegenwärtigen Methodik und Reflexion noch immer aussteht, kann man zunächst danach fragen, wie sachkundige zeitgenössische Sozialwissenschaftler damals die Stratifikationsordnung beurteilt haben. Joseph A. Schumpeter, nicht nur ein Wirtschaftswissenschaftler von hohem Rang, sondern auch ein Meister der Sozialökonomik, sah 1929 das «soziale Antlitz des Deutschen Reiches» seit der Staatsgründung unverändert fortbestehen. Die maßgeblichen «sozialen Klassen», konstatierte er, «sind dieselben geblieben», was erneut die «Haltbarkeit des Gewebes der Klassenkultur» bezeuge. Bürgertum, «alter» Mittelstand, Arbeiterschaft und Intelligenz existierten weiterhin nebeneinander. Den Adel hielt Schumpeter nicht einmal mehr für erwähnenswert, das Großbürgertum sei aber auch nicht an seine Stelle getreten, so daß «das Deutschland von heute», wie er schloß, «überhaupt keine führende Klasse» mehr besitze.

Wohl aber hielt er den «industriellen Arbeiter» trotz der numerischen Abnahme des gewerblichen Proletariats für den «stärksten Machtfaktor» seiner Gegenwart, dessen Ziel aber längst nicht mehr von der marxistischen Revolutionsutopie, sondern von einem «sozialpolitisch gesicherten kleinbürgerlichen Dasein», das insofern ein «wesentliches Bestimmungsstück deutscher Mentalität» bilde, verkörpert werde. Die eigentliche «Klasse der Zukunft» steige jedoch mit der «Intelligenz» in den Dienstleistungsberufen, vor allem mit den Angestellten der Verwaltungsstäbe, auf, die «den Stempel der Mentalität einerseits des Gehaltsempfängers, andrerseits des spezialisierten Fachmannes immer tiefer einprägen» könnten, da « die Welt der Zukunft... zweifellos eine Welt der Bürokratie» sein werde.

Auf eine genauere Analyse ließ Schumpeter sich in seiner mit einigen kräftigen Strichen ausgeführten Skizze nicht ein. Eben das aber tat Theodor Geiger, dem 1932 die erste soziologisch exakte Analyse der deutschen Sozialordnung auf der empirischen Basis der Reichsstatistik gelang. Geiger, damals als aufgeklärter Neomarxist an der TH Braunschweig tätig, legte zunächst ein Dreiklassenschema zugrunde, das er dann ausdifferenzierte, ohne darin jedoch dem Adel (1 %) und dem Bildungsbürgertum (0,8 %) einen Platz zuzubilligen. Als die drei Hauptklassen verstand er die «Kapitalisten» (0,84 % der Erwerbstätigen), den «Mittelstand» (24,35 %) und das «Proletariat» (74,77 %). Eine genauere «Tiefengliederung» aufgrund der Berufstätigkeit und des versteuerungspflichtigen Einkommens ergab aber dann nur für die Oberklasse des Wirtschaftsbürgertums, die kapitalbesitzenden Unternehmer, weiterhin knapp ein Prozent; für den «alten Mittelstand», der jetzt auch die Bauern (bis auf die Betriebsinhaber mit mehr als 50 Beschäftigten, die zur ersten Klasse gerechneten Großgrundbesitzer) umfaßte, 18,33 Prozent, für den «neuen Mittelstand» 16,04 Prozent, für die Gesamtheit der bürgerlich-bäuerlichen Mittelklassen mithin 34,37 Prozent. «Proletaroide» Existenzen – vom angelernten Arbeiter bis zum pauperisierten Einzelmeister im Handwerk – stellten 13,76 Prozent, das Proletariat – vom höherqualifizierten Facharbeiter bis zum regelmäßigen Tagewerker – 51,03 Prozent, zusammen waren das 64,79 Prozent. Allerdings ließen sich am oberen Rand der Mittelklassen rund fünf Prozent zur wohlhabenden Bourgeoisie, dagegen an ihrem breiten unteren Saum rund zehn Prozent häufig zum Proletariat rechnen. Ihm entsprach in etwa die Quote der Einkommensbezieher mit weniger als 1500 Mark, das waren exakt 72,6 Prozent!

Im einzelnen insistierte Geiger zu Recht auf mancher notwendigen Differenzierung, auch wenn sie historisch nicht immer zu überzeugen vermag. So erkannte er etwa die «soziale Sonderstellung» der 1,2 Millionen Beamten (870 000 in der öffentlichen Verwaltung und im Heer, 300 000 bei der Reichsbahn, 250 000 bei der Post, 100 000 in Staats- und Kommunalbetrieben) im Gefüge des «neuen» Mittelstandes durchaus an. Trotzdem verzichtete er – ungeachtet seiner dunklen Bemerkungen über den «Stand der Gebildeten» als «Kern des neuen Mittelstandes» und über die «freischwebende Intelligenz» – dann doch darauf, der Sonderstellung der akademisch geschulten höheren Beamtenschaft und der Freiberufler als Kern des Bildungsbürgertums, ja überhaupt dieser einzigartigen Sozialformation gerecht zu werden. Frei von jeder Mystifizierung «des» Proletariats entfaltete er andrerseits eine Feingliederung der lohnabhängigen Arbeiterschaft, in der er außer den Industriearbeitern die 1,4 Millionen Arbeiter in «Handel und Verkehr», die 2,6 Millionen Landarbeiter, die 1,3 Millionen Hausangestellten, auch die Sozialrentenbezieher aus gewerblichen Berufen, jeweils eigens anerkannte.

Der eigentliche Gewinn der Geigerschen Analyse aber liegt darin, daß er, in dezidierter Abwendung von einem altmarxistischen Ökonomismus, Klassen nach «Einkommensstufen» nicht mit ihrer realtypischen «Soziallage» gleichsetzte. Vielmehr hielt er im Hinblick darauf ihre klassenspezifische «Mentalität» für das ausschlaggebende Phänomen, das aus der soziokulturellen Prägung, aus aktuellen Umwelteinflüssen und kollektiven Erfahrungen hervorgehe und Handeln wie Verhalten steuere. Im historischen Sonderfall bildete sie auch eine entscheidende Grundlage des «Klassenbewußtseins». «Mentalitätsgrenzen» sagten daher, so gesehen, mehr über das Selbstverständnis und die Aktionsfähigkeit von Klassen aus als allein ihre ökonomische Lage.

Diese Grobdifferenzierung der großen sozialen Klassen deckt sich in erstaunlicher Übereinstimmung mit den Proportionen jenes Befundes, der sich aus der preußischen und sächsischen Statistik für 1913 herausarbeiten läßt und den auf der Grundlage dieses Materials auch Werner Sombart damals schon ermittelt hatte (vgl. III, 700–12)! Alle Erschütterungen des Krieges und der 1920er Jahre haben demzufolge die Systemstruktur der Sozialen Ungleichheit in Deutschland nicht grundsätzlich verändert, wie sehr auch die Labilität seiner Geltungsmacht und die Verflüssigung mancher internen Klassenlagen zugenommen hat.[1]

2. Das Bürgertum: Aufstieg und Erosion

Das neuzeitliche deutsche Bürgertum ist seit jeher durch gegenläufige Prozesse gekennzeichnet, die gleichzeitig abliefen: Aufstieg und Verfall, Expansion und Erosion, Inklusion und Exklusion – all diese Vorgänge erzeugen ein widerspruchsvolles Bild von den bürgerlichen Sozialformationen. Ständig ist daher von Triumph oder Niedergang, von der sozialen Öffnung oder elitären Schließung die Rede, oft apodiktisch, meist auch voreilig, denn wie Phönix aus der Asche hat sich das Bürgertum nach mancher Niederlage und tiefem Formwandel bisher immer wieder zu einem neuen Aufschwung erhoben und sein soziales Prestige bis heute nicht verloren. Angesichts dieser Kritiktradition kann es nicht verwundern, daß auch und gerade nach dem verlorenen Ersten Weltkrieg an düsteren Prognosen von links bis rechts kein Mangel herrschte. «Das bürgerliche Zeitalter ist dahin», da fühlte sich etwa Kurt Tucholsky 1920 ganz sicher, «was jetzt kommt, weiß niemand.» Das war aber damals genauso irreführend wie die antibürgerliche Skepsis in den beiden Jahrhunderten zuvor.

a) Das obere Wirtschaftsbürgertum

Die obersten Erwerbsklassen des Wirtschaftsbürgertums haben, obwohl einige Kriegsgewinnler und Neureiche hinzustießen, auch nach 1918 ihren exklusiven Charakter nicht verloren. Dank ihrer extrem hohen Selbstrekrutierung ergänzten sie sich bis 1933 weiterhin zu mehr als der Hälfte (53 %) aus Unternehmersöhnen, deren große Mehrheit eine höhere Schule besucht hatte; mehr als 55 % hatten im Anschluß daran an einer Universität oder TH ihr Studium absolviert. Bei den Manager-Unternehmern stieg diese Akademikerquote sogar auf fast 80 Prozent an. Unverändert gelang es nur sehr wenigen Sprößlingen aus adligen, freiberuflichen und bäuerlichen Familien, in solche Spitzenpositionen aufzusteigen. Wohl aber vermehrte sich stetig die Anzahl derjenigen, die aus den Familien von höheren Beamten stammten; Arbeiterkinder blieben unverändert ausgeschlossen.

Die These, daß diese «Vollblut-Bourgeoisie» (Sombart) im Sinne der «Feudalisierung» vor dem übermächtigen Einfluß der Aristokratie kapituliert und sich ihr vorbehaltlos angepaßt habe, ist inzwischen von der sozialhistorischen Forschung mit überzeugenden Gründen bestritten, zumindest relativiert worden. Trotzdem bleibt richtig, daß sich eine an Lebensstil, Aufwandskonsum und Exklusivitätsverhalten ablesbare Adelsimitation durchhielt, die seit Jahrhunderten als ein gemeineuropäisches Phänomen am Großbürgertum zu beobachten ist.

Als wichtiger für seinen Klassenhabitus erwies sich jedoch allemal die seit langem kultivierte, seit 1871 geradezu forciert angestrebte Staatsnähe, die als Gegenleistung der «Obrigkeit» zu einem weitgespannten Schutzdach geführt hatte, unter dem sich außenwirtschaftlicher Protektionismus und Subventionshilfen, Kommerzienratstitel, Zivilorden und rechtlicher Beistand genießen ließen. Jemand, der von den Interna seiner sozialen Klasse soviel verstand wie Walther Rathenau, prangerte darum den «schmachvollen» Etatismus des «Großbürgertums» frontal an, da es unablässig «seinen Vorteil im Ankriechen an die herrschende Schicht und in der Lobpreisung des Bestehenden» suche – «gierig nach Würden, Verkehr und Einfluß» überbiete «es sich in Servilismus gegen das System». Das ließ zwar an ungeschminkter Polemik nichts zu wünschen übrig, traf aber im Kern einen Schwachpunkt des großbürgerlichen Weltbilds und Sozialhabitus, damit auch der von ihnen gesteuerten Verhaltensroutine.

2. Das Bürgertum: Aufstieg und Erosion

Einer derart etatistisch geprägten Spitzenbourgeoisie mußte es in der Tat außerordentlich schwerfallen, anstelle des vergoldeten Fürstenstaates die bislang perhorreszierte Republik, anstelle des vertrauten konservativen Machtkartells eine mächtige Linkskoalition hinzunehmen. Revolutionsfurcht und pragmatische Vernunft geboten zwar im Herbst 1918, den Basiskompromiß zwischen Kapital und Arbeit in der «Zentralarbeitsgemeinschaft» zu schließen. Doch kaum hatte die Bedrohung durch systemsprengende Kräfte nachgelassen, entschwand auch der ärgerliche Kompromißzwang, so daß sich die «Zentralarbeitsgemeinschaft» nach kurzer Zeit wieder auflöste (formell erst 1924). Inzwischen hatte sich auch längst die korporativistische Koordination zwischen den neuen Großorganisationen der Industrie, dem mächtigen «Reichsverband der deutschen Industrie» und der «Vereinigung der Deutschen Arbeitgeberverbände» auf der einen Seite, der Ministerialbürokratie, der Regierung und dem Parlament auf der andern Seite erneut eingespielt.

Dennoch blieb im obersten Wirtschaftsbürgertum ein tiefsitzendes dumpfes Unbehagen gegenüber dem neuen politischen System bestehen. Seine traditionelle Staatsnähe trieb es keineswegs dicht an die ungeliebte Republik heran. Vielmehr wurde seine eingefleischte Antipathie durch die Aufwertung der Freien Gewerkschaften und der SPD, durch die Ausdehnung der Tarifabschlüsse und Schlichtungsverfahren ständig weiter genährt, da sich die Waage des Kräftegewichts zu seinen Ungunsten zu senken schien. Den Anstieg der Lohnquote erklärte es sich zum Beispiel etwa so: Gegen jede unternehmerische Vernunft seien politisch fixierte Löhne durchgesetzt worden mit der Folge, daß erwartungsgemäß die Produktionskosten unerträglich hochschnellten.

Weder die vier Hochkonjunkturjahre seit 1924 noch die Mitte-Rechts-Regierung in Berlin haben die mentale und emotionale Distanz gegenüber dem neuen Staat zu verringern vermocht. Zugegeben, man mag spekulieren, ob eine lange Prosperitätsphase die Vorbehalte nicht doch allmählich abgeschliffen hätte. Vorstellbar ist diese Wirkung der normativen Kraft des Faktischen durchaus. Aber die Wirklichkeit – sie war nun einmal nicht so, denn 1929 begann ein derart zerstörerischer ökonomischer Absturz, daß alle historischen Krisenerfahrungen seither in den Schatten gestellt wurden. Sie löste beim Großbürgertum verheerende politische Reaktionen aus, denn in den folgenden drei Jahren beteiligte sich seine Mehrheit daran, eine fatale Weichenstellung in der deutschen Geschichte mit herbeizuführen.

Die Natur seiner Mitwirkung ist jahrzehntelang heftig umstritten gewesen. Die vulgärmarxistische Interpretation dieses Politikums lief gut 60 Jahre lang auf ein krudes, aber einflußreiches Deutungsschema hinaus, das nicht nur von den Gebetsmühlen der orthodoxen Lehre unentwegt wiederholt wurde, sondern auch als populäre «Erklärung» in das allgemeine historische Bewußtsein eindrang. Ihr zufolge bedienten sich, kurz gesagt, die Herren des Monopolkapitals der NSDAP als eines Instruments, um die Republik zu zerschlagen, damit sie danach im Gehäuse einer faschistischen Diktatur ihre vitalen Interessen endlich ungestört verfolgen konnten. Hitler wurde zu einem Büttel degradiert, der dank seiner rhetorischen Fähigkeit eine willkommene Massenbewegung zustande brachte, letztlich aber immer ein Agent der staatsmonopolistischen Kapitalistenelite blieb. Folgerichtig wurde die Finanzierung seiner Partei auf die angeblich reichlich und zielstrebig eingesetzten Subsidien des «Großkapitals» zurückgeführt. Niemand anders als Bertolt Brecht hat sich nicht entblödet, diese Deutung, die sich auch die Kommunistische Internationale zu eigen gemacht hatte, noch 1941 in seinem «aufhaltsamen Aufstieg des Arturo Ui» literarisch zu verbrämen.

Das Anklageplädoyer zielte darauf, die «Monopolkapitalisten» als jene Schuldigen zu stigmatisieren, welche den inneren Zerfall «des» Kapitalismus durch die NS-Diktatur aufzuhalten versuchten, deshalb aber auch seine Verbrechen in entscheidendem Maße zu verantworten hatten. Und es besaß überdies stillschweigend die bequeme apologetische Funktion, das Millionenheer der NSDAP-Wähler und -Mitläufer, erst recht aber das andere totalitäre Lager um die KPD vom Vorwurf der maßgeblichen Mithilfe zu entlasten.

Die seriöse zeitgeschichtliche Forschung hat von diesem Schwarz-Weiß-Gemälde nichts übriggelassen. Konzernherren mit politischer Sympathie für die Hitler-Bewegung gab es nur in einer nahezu verschwindenden Zahl – Fritz Thyssen oder Emil Kirdorf bleiben tatsächlich eher exotische Ausnahmen. Die Wahlkampfhilfe des mächtigsten Unternehmerblocks, der Ruhrindustriellen, wurde in ihrer geheimnisumwitterten «Ruhrlade» gesammelt, aber keineswegs direkt auf die Konten der NSDAP geleitet, sondern je nach dem numerischen Wahlerfolg, also gemäß dem Gießkannenprinzip, auf alle industriefreundlichen Parteien rechts von der Mitte verteilt. Diese Subventionen fielen außerdem, auch nach damaligen Maßstäben, ziemlich dürftig aus, und sie wurden auch keineswegs drastisch zugunsten der NSDAP erhöht, als sie 1930 in ihre Erfolgsphase eintrat und für die Massenmobilisierung Summen von bisher ungeahnter Höhe benötigte. Reichspropagandaleiter Joseph Goebbels' bittere Klage über die leeren Finanztöpfe seiner Partei konnte selbst jetzt nicht das Herz der Großunternehmer erweichen.

Ungleich wichtiger als die Wahlkampfbeihilfe aus dem großbürgerlichen Unternehmerlager war die Selbstfinanzierung der NSDAP – ein Umstand, welcher der marxistischen Kritik vollständig entgangen ist. Die Partei erhob nämlich nicht nur, je nach Einkommen, scharf gestaffelte Mitgliederbeiträge, deren Höhe etwa für Angehörige der bürgerlichen Mittelklassen schon sehr erklecklich war, sondern sie verlangte darüber hinaus auch noch ständig «Kampfgroschen», Sonderbeiträge, Eintrittsgelder für ihre politi-

2. Das Bürgertum: Aufstieg und Erosion

schen Veranstaltungen, die ebenfalls, erneut am Geldbeutel der Mitglieder und Sympathisanten orientiert, angesichts ihrer hektischen Mobilisierungsaktivität jährlich große Summen einbrachten. Indem die NSDAP auf diese Weise ihre rasch wachsende Mitgliederschaft und ein neugieriges Umfeld rigoros mit Abgaben belegte, trieb sie Millionenbeträge ein, die ihr einen komfortablen Mitteleinsatz erlaubten, bis selbst diese Quelle für die Serie dicht aufeinanderfolgender Wahlkämpfe vor allem im Jahr 1932 nicht mehr ausreichte.

Mit dieser Klärung der Finanzlage der NS-Bewegung steht die großbürgerliche Unternehmerschaft aber keineswegs in strahlender Reinheit, rundum entlastet, da. Das Ammenmärchen, daß sie sich Hitler und seine Schergen gekauft habe, ist zwar endgültig widerlegt. Doch kann man sie mitnichten von dem gravierenden Vorwurf freisprechen, alles nur Mögliche zur Zerstörung der Republik beigetragen zu haben. Sie unterstützte massiv die DNVP und die DVP, zumindest den stresemannskeptischen Flügel; zeitweilig half sie auch der NSDAP. Sie reihte sich in die Front der Kritiker des «Versailler Systems» ein, der «Schuldknechtschaft» als Ergebnis der Reparationsverpflichtungen, der «Sklaverei» unter dem Young-Plan. Sie kollaborierte, meist informell, aber beflissen mit allem, was sich im rechten Spektrum republikfeindlich äußerte. Wo immer sich eine Gelegenheit bot, stemmte sie sich dem Einfluß der SPD entgegen, und in den pragmatischen, reformistischen Freien Gewerkschaften erblickte sie nach anfänglicher Kompromißbereitschaft eine tödliche Bedrohung der liberalen Marktwirtschaft, die sie doch selber durch ihren nachdrücklich praktizierten Korporativismus zu transformieren half.

Als dann die Kabinette Brüning, Papen und Schleicher Monat für Monat und Jahr für Jahr an dem Riesenproblem einer effektiven antizyklischen Konjunkturpolitik scheiterten, stellte sich währenddessen immerhin ganz unzweideutig heraus, daß die Großunternehmer durch die Bank eine autoritäre «Lösung» der Krise favorisierten. An ihrem Ende mochte vielleicht noch der Name der Republik bestehen bleiben, das demokratisch-parlamentarische System aber war bis dahin leichten Herzens längst geopfert worden. Auf allen Wegen, die ihr offenstanden, hatte die erdrückende Mehrheit des Großbürgertums in diese fatale Richtung gedrängt: in den Zeitungen und Zeitschriften, die von ihr abhängig waren, über die Rechtsparteien, die Interessenverbände, die Ansprechpartner in der höheren Ministerialbürokratie, die willigen Mitglieder des Kabinetts, die informellen Beratergremien und die «grauen Eminenzen» auf den Korridoren der Berliner Politik. Anders gesagt: Für die Republik in ihrer offensichtlichen Not hat sich kein einziger der Großunternehmer öffentlich stark gemacht. Kein Wunder mithin, daß ihnen ein Arrangement mit der Regierung Hitler alles andere als schwer fiel.[2]

b) Das Bildungsbürgertum

Daß das deutschsprachige Bildungsbürgertum seit dem ausgehenden 18. Jahrhundert durch ein eigentümliches Sozialprofil und «Weltbild» gekennzeichnet war und insofern eine einzigartige Sozialformation unter den westlichen Modernisierungseliten verkörperte, ist bisher eine durchlaufende Interpretationslinie dieser Gesellschaftsgeschichte gewesen (vgl. I, 210–18; II, 210–38; III, 125–30, 730–50). Gute Gründe sprechen dafür, dieser Deutung weiterhin zu folgen. Die Bestandsaufnahme für 1913 gilt grosso modo auch noch für die 1920er Jahre, denn die gravierenden Verluste aufgrund des Weltkriegs wurden durch die neuen Universitätsabsolventen während der folgenden 14 Friedensjahre numerisch mehr als ausgeglichen. Da aber eine bürgertumsgeschichtliche Analyse auch für diesen Zeitraum noch immer aussteht, muß man sich zunächst einmal mit Hilfe von statistischen Angaben und vorsichtigen Schätzungen eine Vorstellung vom quantitativen Umfang des Bildungsbürgertums verschaffen.

Unstreitig gehörten zum Bildungsbürgertum (jeweils rund) 28 000 akademisch ausgebildete höhere Beamte, 10 200 Richter, 26 000 protestantische Pfarrer, 9300 Gymnasiallehrer, 4500 Professoren und Privatdozenten, 34 000 Ärzte und 12 500 Rechtsanwälte. Dazu stießen einige tausend Journalisten, Schriftsteller, Künstler, katholische Priester und dazu Verbands- und Parteifunktionäre, so daß man zu Beginn der Republik auf etwa 135 000 Bildungsbürger sensu stricto kommt. Multipliziert man diese Zahl mit einem Familienkoeffizienten von vier oder fünf, gewinnt man auf diese Weise mindestens 540 000 oder maximal 680 000 geschätzte Angehörige des Bildungsbürgertums, das weiterhin nur 0,8 Prozent der Gesamtbevölkerung ausmachte.

Nach dem Kriegsende befand sich dieses traditionell selbstbewußte Ensemble von Berufsklassen und Funktionseliten in einem Zustand fataler Schwächung und tiefreichender Verstörung. Im Offizierkorps, unter den studentischen Freiwilligen und den regulär eingezogenen Soldaten war ihm ein hoher Blutzoll abverlangt worden. Seine Vermögenssubstanz wurde erst durch die Kriegsanleihen, anschließend dann durch die Inflation weithin aufgezehrt, das Realeinkommen der höheren Beamten um 60 Prozent gekürzt, dasjenige anderer beamteter oder freiberuflicher Bildungsbürger in seiner Kaufkraft rigoros reduziert. Dadurch wurde die materielle Basis seines Lebensstils, aber auch seiner Fähigkeit zur ritualisierten Praktizierung sozialer Distanz irreparabel in Mitleidenschaft gezogen. Das konnte von ihm nur als schlimmer Rückschlag, den der Vergleich mit den Hochkonjunkturjahren vor 1914 stets präsent hielt, empfunden werden.

Als noch folgenreicher erwies sich jedoch, daß der Fürstenstaat, mit dem zusammen die beamtete, die «verstaatlichte» Intelligenz im Verlauf des neuzeitlichen Staatsbildungsprozesses aufgestiegen war, zersprengt und die bisher für selbstverständlich gehaltene enge, ja geradezu intime Symbiose mit «dem Staat» radikal in Frage gestellt wurde. Auf dem humanistischen Gymnasium waren die Schüler zwar vielfach mit der Liebe zur antiken Republik auf eine abstrakte Weise vertraut gemacht worden. Im Gegensatz zu dieser Alten Welt blieb jedoch den allermeisten Bildungsbürgern die Staatsform der modernen Republik Anathema. Trotzdem hatten sie jetzt sogar ganz unvermittelt, um den bitteren Kelch bis zum Rande zu füllen, ihr zu dienen, in ihr zu lehren, zu richten, zu leben. Da kann es schwerlich überraschen, daß der Kompaß ihres Habitus zu unkontrollierten Ausschlägen neigte.

Diese Bewegungen verliefen um so heftiger, als der Tragpfeiler ihres «Weltbildes», das Ideensystem der neuhumanistischen Bildung, für alle ins Wanken geraten, für viele sogar zerbrochen war. Denn zu den unreflektierten Grundannahmen dieser Verpflichtung auf unablässige, lebenslang währende, selbsttätige, am Geist der Antike geschulte Ausbildung aller mentalen und ästhetischen, künstlerischen und emotionalen Fähigkeiten des Individuums hatte auch ein stillschweigendes Einverständnis mit den Entwicklungstendenzen des eigenen Kulturkreises, mit seiner historisch gesättigten Lebensfähigkeit, erst recht mit seiner Überlegenheit im Vergleich mit Rivalen gehört. Ein barbarischer, Millionen von Menschenleben verschlingender, blindwütige Zerstörung entfesselnder Weltkrieg besaß in diesem Ideensystem keinen Platz. Das große Schlachten zerstörte daher nicht nur den, wie sich jetzt herausstellte, hauchdünnen Firnis, den die «Bildung» über die rohe Natur des Menschen zu legen vermochte. Vielmehr ließ es das gesamte Projekt einer Veredelung des einzelnen durch neuhumanistische Bildung als von Grund auf gescheitert erscheinen.

Darüber hinaus war der Neuhumanismus seit dem Beginn seiner Ausdehnung, die zeitlich parallel zum Aufstieg des deutschen Nationalismus seit den 1770er Jahren verlief, mit dieser neuen Weltdeutung aufs engste verwoben gewesen, denn er hatte «die Deutschen» als die «Griechen der Neuzeit» mit einem nationalen Missionsauftrag imaginiert und uneingeschränkt auf die zivilisierenden Kräfte der Kulturnation gesetzt. Als sich der Reichsnationalismus seit 1871 zu einer handfesten Integrationsideologie entwickelte, seine radikalen Züge im Stile der Alldeutschen und des politischen Antisemitismus entfaltete, setzten auch viele Bildungsbürger auf diesen extremen Nationalismus, manche bildungsbürgerlichen Berufsklassen, wie etwa die der Studienräte, erwiesen sich für ihn geradezu als anfällig. Selbst wer einer noch liberal gezähmten Variante anhing, hielt doch einen lebhaften «Patriotismus» für einen selbstverständlichen Bestandteil seines geistigen Haushalts und seiner politischen Vorstellungswelt.

Der Krieg hat dann, vom «Augusterlebnis» und den «Ideen von 1914» angefangen bis hin zur Euphorie der Michael-Offensive im Frühjahr 1918, auf diesen bildungsbürgerlichen Nationalismus wie ein Teilchenbeschleuniger eingewirkt. Doch kaum hatte er im Paroxysmus der Siegfriedens-

Illusionen der «Vaterlandspartei», im Jubel über den uneingeschränkten U-Bootkrieg und über den Brest-Litowsker Diktatfrieden seinen beklemmenden Höhepunkt erreicht, da wurde er durch die hektische Sequenz von Revolution, Niederlage und Friedensvertrag einem ungeahnten Wechselbad der Gefühle ausgesetzt. Wegen der Reparationspolitik, der Entmilitarisierung, des Aufbegehrens gegen das «Versailler System» hielt es auch in den folgenden Jahren noch weiter an.

Das Ergebnis ist, aufs Ganze gesehen, nicht etwa gewesen, daß das Bildungsbürgertum, ernüchtert und realitätsaufgeschlossen, von den Exzessen seines Nationalismus beschämt Abschied genommen hätte. Vielmehr hat das Bedürfnis nach Kompensation seiner psychischen Verletzung und demütigenden Kränkung die Extremisierung seines Nationalismus weiter in Gang gehalten. Erneut erwies sich, wie tief im Verlaufe seiner kollektiven Habitusformierung das Weltbild des Nationalismus in ihm verankert worden war.

Dieser fatale Prozeß wurde dadurch unterstützt, daß ihm soeben die stabilisierende Zuversicht seiner Bildungsreligion weithin abhanden gekommen war. Schon vor 1914 hatte sie im Wettbewerb mit anderen modischen Säkularreligionen gelegen, etwa mit dem Darwinismus, dem Nietzscheanismus, dem Wagnerianertum, beide in deutschtümelndem Kulturpessimismus eingefärbt, der Anthroposophie und natürlich immer auch mit dem Reichsnationalismus, mit dem zu fusionieren statt zu konkurrieren als das Gebot der Stunde gegolten hatte. Jetzt aber schob sich der extreme Nationalismus, von der Konstellation nach dem verlorenen Krieg und der Demütigung des soeben noch auf exorbitante Kriegsziele eingeschworenen Bildungsbürgertums getragen, gebieterisch in den Vordergrund.

Auch in anderen Lebensbereichen geriet das Bildungsbürgertum unter Druck. So erwies sich zum Beispiel die anhaltende innergesellschaftliche Kräfteverschiebung zugunsten des höheren Wirtschaftsbürgertums als zunehmende Belastung, denn mit seiner Vermögenszusammenballung, seinem laufenden Einkommen, seinem aufwendigen Lebensstil konnte die akademische Intelligenz immer weniger mithalten. Dieser Trend hatte sich zwar auch schon in den Vorkriegsjahren deutlich abgezeichnet. Aber während sich im Krieg und in der Nachkriegszeit ihre eigenen materiellen Lebensbedingungen im allgemeinen dramatisch verschlechterten, senkte sich die Waagschale zugunsten der einst verachteten Plutokratie noch tiefer. Hatte vor 1914 das Absinken zahlreicher Bildungsbürger in die zweite, ja dritte Wählerklasse ihren Geltungsverlust auch politisch besiegelt, wurde jetzt die argwöhnisch beachtete Distanz zum Kleinbürgertum immer geringer. Und in der Klage über das neue «geistige Proletariat» lebten alte, seit dem Vormärz virulente Abstiegsängste wieder auf.

Die bereits erfahrene oder doch befürchtete soziale Abwertung verband sich zudem mit einem gleitenden politischen Bedeutungsverlust. Auch in der Republik wurde die höhere Beamtenschaft ja keineswegs aus ihren Entscheidungsbastionen vertrieben. Unübersehbar aber hat außer dem folgenreichen Regimewechsel der Übergang zum parlamentarischen System die Bedeutung der Parteien und der Berufspolitiker kraftvoll aufgewertet. Außerdem hatten die Ausdehnung des allgemeinen Wahlrechts auf die Frauen und die politische Mobilisierungsaktivität die Parteien erst recht zu Massenparteien gemacht, die so manchen bildungsbürgerlichen Beamten in seiner Angstvorstellung von einem unwiderstehlich herannahenden «Aufstand der Massen» bestätigten.

Tiefe individuelle und kollektive Existenzängste löste auch der Umstand aus, daß mit dem fortschreitenden numerischen Wachstum des Bildungsbürgertums – zwischen 1871 und 1914 hatte sich seine Zahl immerhin verdoppelt! – eine Heterogenisierung verbunden war, die als Sieg des spezialisierten «Fachidioten» über den gebildeten «Generalisten» wahrgenommen wurde. Schon im «langen» 19. Jahrhundert hatte sich herausgestellt, daß der extrem hochstilisierte Bildungsanspruch nur in der persönlichen Lebensführung einer exklusiven Minderheit realisiert werden konnte. Immer mehr Akademiker betrieben ein deplorables «Brotstudium», und die Zeugnisse über ihre Universitätsexamina galten ihnen als Berechtigungsscheine zum Eintritt in sichere, lukrative Berufskarrieren. Dieser Trend setzte sich in der Weimarer Republik konsequent fort. Insbesondere der neue Typus des «Werkstudenten», der in überdurchschnittlich hohem Maße aus verarmten bildungsbürgerlichen Familien stammte und sich seinen Lebensunterhalt nach Möglichkeit vollständig selber verdiente, neigte nicht zu einem frei schweifenden Studium, das ihm Bildungserlebnisse gewähren sollte, sondern zu einem nüchternen, möglichst zeitsparend absolvierten Fachstudium.

Mit Erschrecken gewahrten daher ältere Bildungsbürger, wie sich die Erosion der überkommenen Standards in den eigenen Reihen weiter fortsetzte. Oft sahen sie darin nicht das Ergebnis der kaum korrigierbaren Selektionsmechanismen eines hochgradig arbeitsteiligen Sozialsystems, das in entscheidendem Maße von jenem Fachwissen, das nur Universitäten und Technische Hochschulen vermitteln konnten, abhängig geworden war. Vielmehr erblickten sie darin die Auswirkungen einer seelenlosen, materialistischen, klassenzerrissenen, besitzegoistischen, industriekapitalistischen Gesellschaft, die durch neue Gemeinschaftsformen, wie etwa die sozialharmonische «Volksgemeinschaft», überwunden werden müsse. In ihr würde die bildungsbürgerliche Geistesaristokratie selbstverständlich erneut ihren hohen Rang, allseits respektiert und materiell endlich wieder bequem abgefedert, selbstbewußt einnehmen. Bis dahin aber regierte ein dumpfer Groll gegen das Weimarer «System». «Es ist... das Ressentiment einer gestürzten Klasse», urteilte Friedrich Meinecke über das Verhältnis von Bürgertum und Republik, «das heute die politische Luft von Deutschland so dicht und schwer macht.» Denn «unsere deutschen bürgerlichen Schichten, deren Gemüt an der Monarchie hängt, haben in ihrem politischen Denken von jeher in der Gefahr gestanden, Gefühlswerte über Vernunftwerte zu stellen».[3]

Unter den Berufsklassen, die zum Kern des Bildungsbürgertums gehörten, litt, wie vorn bereits erwähnt, die höhere Beamtenschaft besonders zugespitzt unter ihrer tiefen Orientierungskrise. Es war nicht nur die einschneidende Verschlechterung ihrer materiellen Lage, die durch den Vermögensverlust und die Halbierung des Realeinkommens – im März 1920 erreichten die Monatsgehälter sogar nur noch 20 Prozent der Kaufkraft von 1913! – gekennzeichnet war. Vielmehr war es auch die viel zitierte «Sinnkrise», die ganz wesentlich aus dem Verlust der symbiotischen Bindung an den monarchischen Staat hervorging und im Verein mit dem ökonomischen Absturz ihre existentielle Verstörung auslöste. In Berlin bedurfte es jahrelanger Gewöhnung, bis sich die arroganten Geheimräte der Reichsbehörden, an den devoten Bückling des Politikers wie des Unternehmers beim Betreten ihrer Amtsräume gewöhnt, wenigstens äußerlich damit abfanden, daß plebejische Sozialdemokraten und katholische Zentrumsmänner nunmehr als Mitglieder von Regierungskoalitionen in den Arkanbereichen aus und ein gingen. Und in der preußischen Verwaltung mußten sie miterleben, daß die beiden sozialdemokratischen Innenminister Carl Severing und Albert Grzesinski im Vollzug ihrer demokratisierenden Bürokratiereform den Begriff des «politischen Beamten» wortwörtlich verstanden und folgerichtig die politisch kompromittierten monarchischen Spitzenbeamten durch republiktreue Verwaltungsexperten ersetzten (zur Bürokratie als Herrschaftszentrum s. u. IV. 1 c).

Zur gleichen Zeit trafen ihre Söhne – neuerdings auch ihre Töchter – beim Studium auf immer mehr Konkurrenten aus nichtakademischen Familien (zu den Studenten s. u. V. 3), drängte im kulturellen Leben die machtvoll vorstoßende «klassische Moderne» die als anachronistisch verketzerte «Bildungsidee» noch weiter an die Peripherie, machte die amerikanisierte Massenkultur jede geheime Hoffnung auf eine neue bildungsbürgerliche Führungsrolle wirkungsvoll zunichte. Das Resultat war, daß sich die Mehrheit der Studenten in jenem Oppositionslager einfand, das sich in seiner Fundamentalkritik am Weimarer und Versailler «System» einig war. Da es an dem Ziel festhielt, daß der Wiederaufbau eines mächtigen, zur Hegemonie in Europa befähigten deutschen Nationalstaats unverrückbar den Primat besitze, stimmte es auch in seinem extremen Nationalismus überein. Häufig noch von der Erfahrung der Freikorpskämpfe im Osten oder von der «Schmach» der französischen Ruhrbesetzung im Westen geprägt, im rechtsradikal-völkischen «Deutschen Hochschulring» frühzeitig organisiert, setzte es auf Wiederaufrüstung à tout prix und eine militant revisionistische Außenpolitik.

In der Innenpolitik hoffte es auf ein autoritäres Regime, das – wie viele im Stil der «neuen Sachlichkeit» hofften – den geschädigten «Volkskörper» durch Eugenik und Rassenpolitik revitalisieren würde. Seit 1929/30 stellte sich heraus, daß die dynamische, «junge» NS-Bewegung den Zielvorstellungen dieser studentischen Mehrheit am ehesten entsprach. Noch bevor ihr Siegeszug die NSDAP zur stärksten Reichstagsfraktion machte, hatte der «Nationalsozialistische Studentenbund» sein Ziel: die Mehrheit bei den ASTA-Wahlen an fast allen deutschen Universitäten, bereits erreicht.[4]

Das wäre ungleich schwieriger, vielleicht sogar nicht einmal möglich gewesen, wenn ihnen eine republiktreue Professorenschaft (zu ihr s. u. V. 3) gegenübergestanden hätte, die zumindest bestrebt gewesen wäre, die Studentenschaft mit dem neuen politischen System zu versöhnen, sie überhaupt an die Wirklichkeit eines besiegten, unablässig von neuen Krisen gebeutelten Landes heranzuführen. Nichts von alledem kennzeichnete das politische Verhalten der allermeisten Hochschullehrer, unter denen sich nur eine winzige Minderheit von verfassungstreuen, weniger realitätsblind urteilenden «Vernunftrepublikanern» fand. Auf jedes illustre Mitglied dieser Minorität, etwa auf den Berliner Historiker Friedrich Meinecke, kamen hundert renitente monarchistische, revisionismussüchtige Fachkollegen; auf einen mutigen Demokraten wie den kritischen Heidelberger Dozenten Julius Gumbel entfielen wahrscheinlich sogar tausend borniete Verfechter der Revanche und der Rückkehr zum Obrigkeitsstaat.

Das Kollektivportrait der Universitätsprofessoren – wie wir es präzise bisher nur für die Universität Heidelberg besitzen – fällt daher alles andere als vorteilhaft aus. Lichtet sich das Bild bei den Naturwissenschaften noch hier und da auf, fällt es in den meinungsprägenden Fächern, wie etwa der Geschichtswissenschaft und Germanistik, dem Staatsrecht und der Philosophie, um so düsterer aus. Die Professoren hatten seit jeher zu den Bildungsbürgern par excellence gehört. Jetzt ließ sich an ihrem politischen Verhalten ablesen, wie verstört, wie trotzig unbelehrbar sie auf den Verlust der angestammten Sonderstellung als beamtete Bildungsaristokratie reagierten.[5]

c) Das Kleinbürgertum

Im Mittelklassenbereich der Sozialhierarchie machten der «alte» und der «neue Mittelstand» auch zwischen 1918 und 1933 zusammen gute 20 Prozent der Erwerbstätigen aus. Unter dem «alten Mittelstand» wurden weiterhin die Handwerker und kleinen selbständigen Gewerbetreibenden, die Einzelhändler, Krämer, Spediteure und einige andere Dienstleistungsberufe verstanden. Im «neuen Mittelstand» versammelte man an erster Stelle die industriellen, kaufmännischen, städtischen und staatlichen Angestellten, sodann die Lehrer, andere Subalternbeamte und Betriebswirte, dazu die Techniker, Ingenieure und Werkmeister. In beiden Fällen deckte das generalisierende Etikett eine außerordentlich heterogene Vielzahl von mittleren und unteren Erwerbsklassen ab, die sich, anstatt eine ständische Ruhelage in der Mitte zu genießen, einer lebhaften Aufstiegs- und Abstiegsdynamik ausgesetzt sahen (vgl. III, 6.T., III. 2 c).

Die ökonomische Lage des Handwerks nach 1918 ist vorn knapp charakterisiert worden (II. 5). Mit ihr hingen seine soziale Verfassung und politische Mentalität aufs engste zusammen. Während die erfolgreichen Betriebe von der maschinellen Modernisierung und Einkommenssteigerung profitierten, fristete die große Mehrheit der häufig pauperisierten Einzelmeister und Gesellen eine kärgliche Existenz mit Reparaturarbeiten.

Im Vergleich mit der Vorherrschaft der Industrie im sekundären Sektor läßt sich die untergeordnete Stellung des Handwerks mit desillusionierender Deutlichkeit am Durchschnittseinkommen ablesen, denn zwischen 44 und 62 Prozent verdienten weniger als 1500 Mark im Jahr oder weniger als 125 Mark im Monat, während ein Facharbeiter in der Industrie auf 200 bis 244 Mark Monatslohn kam. Die große Masse des Handwerks blieb mithin hinter dem Einkommen gelernter Arbeiter zurück.

Die Arbeitslosigkeit traf vor allem die Gesellen, die durch billigere Lehrlinge ersetzt wurden und außerhalb des Handwerks eine Beschäftigung suchen mußten. Schon lange hatte es eine wichtige Ausbildungsfunktion für die Industrie übernommen, die den solide ausgebildeten Gesellen-Arbeiter nur zu bereitwillig einstellte. Jetzt verschmolzen die Gesellen zunehmend mit den industriellen Arbeiterklassen – auch in ihrer Notlage während der «Großen Depression».

Um seine Interessen zu vertreten, konnte das Handwerk auf verschiedenartige Organisationsformen zurückgreifen. Das öffentlich-rechtliche Innungswesen dehnte sich in der Zeit der Weimarer Republik weiter aus: 1926 gehörte ihm eine Million Meister (rd. 75 %) an; im Vergleich mit 1913 hatte sich die Zahl verdoppelt, allein seit 1919 war sie um 300000 angewachsen. Vier Fünftel dieser Meister waren Mitglieder der Zwangsinnungen statt der freien – diese Verteilung variierte aber je nach der Region. Die Handwerkskammern, die im «Deutschen Handwerks- und Gewerbekammertag» zusammengeschlossen waren, verfochten, zusammen mit den gesamtstaatlichen Innungsfachverbänden, ebenfalls die Interessen ihrer Klientel. Daneben gab es «freie Bünde», deren größter der «Nordwestdeutsche Handwerkerbund» blieb. In der politischen Praxis jedoch waren die Bünde mit den Innungen eng liiert. Der nach dem Zerfall der alten Mittelstandsvereinigungen 1919 gegründete «Reichsverband des deutschen Handwerks» nahm nicht nur die Bünde auf, sondern verbesserte auch die Koordination dadurch, daß er mit dem «Deutschen Handwerks- und Gewerbekammertag» eine gemeinsame Zentralverwaltung schuf.

2. Das Bürgertum: Aufstieg und Erosion

Einem weitreichenden Konsens entsprangen die Zielvorstellungen der organisierten Handwerker. Sie forderten die obligatorische Innung (fakultative sollten überhaupt nicht mehr bestehenbleiben), das Recht auf Preisfixierung, den Großen Befähigungsnachweis (der ihnen auch in der Novelle von 1897 verweigert worden war), den Schutz gegen mächtige Konkurrenz, zum Beispiel der Warenhäuser und Konsumgenossenschaften. Immer wieder kam auch die Forderung nach einem berufsständischen Wirtschaftsparlament hoch, in dem Vertreter des Handwerks die Gesetzesvorlagen direkt beeinflussen und entscheiden konnten. Die Bilanz dieser Handwerkspolitik zeigt indes, daß alle Anstrengungen im Grunde erfolglos geblieben sind.

Wie sah die politische Reaktion auf dieses enttäuschende Resultat aus? Die Handwerksbevölkerung bildete alles andere als einen homogenen Wählerblock, der wegen seines wachsenden Rechtsdralls von der DDP über die DVP und DNVP schließlich zur NSDAP gewandert wäre. Denn katholische Handwerker wählten weiterhin das Zentrum, fast ein Viertel wählte die SPD, rund ein Drittel die 1920 gegründete «Reichspartei des deutschen Mittelstandes»; sie errang bei den Reichstagswahlen von 1928 immerhin 4,5 Prozent aller Stimmen. Als Vertretung des «alten» Mittelstands operierte sie in enger Liaison mit den Haus- und Grundbesitzervereinen sowie den Handwerkerbünden, die ebenfalls gegen das ungeliebte politische System protestierten und mangels zuverlässiger Verbündeter an ihrer Ohnmacht litten.

Als 1930 die Aufstiegsphase der Hitler-Bewegung einsetzte, sind die Wähler aus dem Handwerkermilieu auch keineswegs – wie das die zählebige Legende von den politischen Konsequenzen der «Panik im Mittelstand» (T. Geiger) mehr als ein halbes Jahrhundert lang wahrhaben wollte – wie eine monolithische Verkörperung des neuen Rechtsradikalismus geschlossen in das Lager der NSDAP gedriftet. Was eine wachsende Zahl in der großen Krise dort anzog, war an erster Stelle der militante Antimarxismus. Denn gegen die sozialistischen Konsumvereine und gegen die SPD als Verfechterin nicht nur der Arbeiterinteressen, sondern auch der Prognose, daß der «alte» Mittelstand notwendig zum Abstieg in das Proletariat verurteilt sei, hatte sich seit langem ihr Widerstand gerichtet. Und die republiktreue Haltung der SPD hat den alten Argwohn weiter vertieft.

Mit dem Antisemitismus der NSDAP konnten viele Handwerker ihren Haß auf die «jüdischen Warenhäuser» fugenlos verbinden. Und dem Antiparlamentarismus konnten sie ebenso zustimmen, da die «Berliner Schwatzbude» den Sozialprotektionismus zugunsten des Handwerks nicht spürbar gefördert hatte. In seiner politischen Kollektivmentalität blieb es durchweg «vordemokratisch und vorliberal», durch die Nostalgie nach dem vermeintlich überparteilichen Staat geprägt. Auch deshalb, nicht allein wegen des Antimarxismus und des Horrors vor dem Klassenkampf, erzielte die nationalsozialistische Parole von der konfliktfreien «Volksgemeinschaft» im Handwerk einen «ungeheuren Werbeerfolg».

Die Gemeinsamkeit der Feindbilder, zusehends auch die schwungvolle Hitler-Bewegung, wirkten seit 1930 spürbar auf das Handwerk ein. Unter den Parteimitgliedern waren die Meister leicht überrepräsentiert, jeder Zehnte gehörte bis 1932 der NSDAP an; allerdings wurde diese Option mehr in Kleinstädten und auf dem Lande als in den Großstädten, ungleich mehr in protestantischen als katholischen Regionen wahrgenommen. Von einer Massenabwanderung in das Lager des «großen Trommlers» kann dennoch, wie die neuere Wahlforschung gezeigt hat, keine Rede sein, geschweige denn davon, daß die «Panik im Mittelstand» für den ausschlaggebenden Zustrom neuer NS-Wähler gesorgt habe. Die entscheidenden Wählerbewegungen kamen woanders her, denn der numerisch kleine «alte» Mittelstand hätte sie ohnehin nicht in Gang setzen können.

Im Kleinhandel hielten sich ungefähr die Größenverhältnisse der Vorkriegszeit. Was durch die Territorialverluste in Ost- und Westdeutschland verlorenging, wurde durch Neugründungen wettgemacht. Die eine Hälfte der rund 800 000 Einzelhändler mußte ohne jede Hilfe im Geschäft auskommen. Die andere Hälfte konnte gewöhnlich auf mithelfende Familienangehörige zurückgreifen. In beiden Fällen bildete eine tägliche Arbeitszeit von 12 bis 15 Stunden die Regel, ohne daß doch die Enge einer proletaroiden Existenz überwunden worden wäre. Mit ihr kontrastierte häufig scharf eine kleinbürgerliche Mentalität, die dazu führte, daß größter Wert auf die soziale Distanz gegenüber dem Arbeitermilieu gelegt wurde. Sie äußerte sich auch in der engstirnigen «Mittelstandspolitik» der Interessenverbände und -parteien, die es freilich mit einer heftig fluktuierenden, daher nicht leicht organisierbaren und folgerichtig mit zugespitzten Parolen umworbenen Klientel zu tun hatten. Denn wahrscheinlich gilt der Vorkriegsbefund, daß sich zwei Drittel aller Einzelhandelsgeschäfte nur sechs Jahre lang zu halten vermochten, ehe sie stillschweigend verschwanden, auch weiter für die krisenreichen Jahre der ersten Republik. Seit 1929/30 stiegen die Konkursziffern sogar noch schneller an.

Als die Weltwirtschaftskrise den Einzelhandel ebenfalls zusehends in Mitleidenschaft zog, trat eine mit dem Handwerk vergleichbare politische Reaktion zutage. Der Einfluß der NSDAP, die das Ressentiment sowohl gegen die großen «jüdischen Warenhäuser» als auch gegen die sozialdemokratischen Konsumgenossenschaften rücksichtslos schürte, nahm zu, blieb aber trotzdem «begrenzt», da die tiefe Irritation in den unteren Mittelklassen keineswegs jene ominöse «Panik im Mittelstand» auslöste, die angeblich alles Wasser auf die Mühlen der Hitler-Bewegung gelenkt hätte. Diese teleologische Sichtweise hat zu lange dazu geführt, daß der pauschale Vorwurf der strukturellen «Faschismusanfälligkeit» aufrechterhalten wurde, obwohl es weder im Handwerk noch im Einzelhandel jemals eine «ein-

2. Das Bürgertum: Aufstieg und Erosion

heitliche politische Orientierung» gab und nicht jede regierungskritische Verlautbarung von Verbänden sogleich als ein «Dokument des Protofaschismus» gelesen werden darf.

Im «neuen Mittelstand» setzte sich dagegen der Aufstieg der marktbedingten kleinbürgerlichen Erwerbsklassen der Angestellten, denen die berufliche Zukunft des «kurzen» 20. Jahrhunderts gehören sollte, weiter fort. Ihre versicherungsrechtliche Privilegierung, die der Staat 1911 aus politischem Eigeninteresse an einem konservativen Wählerpotential durchgesetzt hatte, führte erst in der Weimarer Republik zu der Konsequenz, daß sie ein ursprünglich hochheterogenes Bündel von Berufsklassen homogenisierte. Dadurch gewann die Angestelltenschaft seither jenes klarere Sozialprofil, das von der Rechtsfiktion der Angestelltenversicherung zunächst nur unterstellt worden war. Seine Herausbildung wurde durch die angestelltenfreundliche Sozialpolitik unterstützt, die gegen die gesellschaftliche Polarisierung und die von der KPD und Sowjetunion gleichermaßen drohende «rote Gefahr» einen «starken Mittelstand» unterstützen wollte. Dabei hat sie, von ihren Gewerkschaftsverbänden nachhaltig gedrängt, den rechtlichen Sonderstatus der Angestellten tatsächlich befestigt.

Die Angestellten verteidigten die in Deutschland scharf durchgezogene «Kragenlinie», die sie von der Arbeiterschaft trennte, pflegten ihr höheres Prestige und achteten argwöhnisch auf die soziale Distanz nach unten. Dem entsprach die Entscheidung, sich dezidiert am Vorbild des gehobenen bürgerlichen Lebensstils zu orientieren. Nach Möglichkeit bevorzugten sie kleinbürgerliche Wohnquartiere und folgten mit eigenen Lebenszielen einem eigenen Konsumverhalten. Nahezu zwangsläufig führte diese Selbständigkeitsvorstellung auch zu eigenen Interessenverbänden, die seit 1918/19 unterschiedliche politische Optionen widerspiegelten.

Von den rund zwei Millionen Angestellten zu Beginn der Zwischenkriegszeit entfiel etwa ein Drittel auf die Industrie, die anderen zwei Drittel verteilten sich auf kaufmännische, kommunale und staatliche Verwaltungstätigkeiten. Machten Frauen 1914 etwa ein Viertel aus, stellten sie 1925 bereits mehr als ein Drittel der Angestelltenschaft. Gemeinsam war allen ihren Angehörigen, daß sie ein Monatsgehalt anstelle des Tages- oder Wochenlohns erhielten, keine Handarbeit leisteten, größere Arbeitsplatzsicherheit und andere Privilegien (wie Urlaubstage) genossen, dazu in regelmäßigem Kontakt mit einem «Prinzipal» oder Vorgesetzten standen, an dessen betrieblichen Herrschaftsbefugnissen sie ein wenig partizipierten oder doch teilzuhaben hofften. Nur die relativ geringe Zahl der «leitenden Angestellten», etwa der Generaldirektoren-Manager, übte sie tatsächlich aus. Im Lebensstil, auch im Lebensgefühl und in den Karriereerwartungen hatten sich viele als «Privatbeamte» verstanden, ehe das Image des Angestellten allgemein konsensfähig wurde.

Wie es ihrer Selbsteinschätzung als bürgerlicher Gesellschaftsformation entsprach, richtete sie sich an Werten des Sozialverhaltens aus, die sie als bürgerlich-modern verstanden. Indirekt läßt sich das am untrüglichen Testfall des Konnubiums ablesen: Während die Heiratskontakte mit der Arbeiterschaft eklatant nachließen, nahmen diejenigen mit den Mittelklassen auffällig zu, wurden aber durch die Endogamie innerhalb der Angestelltenschaft noch übertroffen. In Berlin und Bielefeld etwa stieg diese Form der sozialen Schließung von 1907 bis 1925 von drei Prozent schon auf 40 Prozent an. Auch der Aufstieg weiblicher Angestellter vollzog sich vornehmlich durch die Heirat mit leitenden Angestellten.

Nach einer gewöhnlich späten Heirat tendierten Angestellte zur Zweikinderehe, die eine strikte, bewußte, mindestens zwei Jahrzehnte lang durchgehaltene Familienplanung und Konsumentscheidung voraussetzte. Entsprechend der durchweg eng begrenzten Einkommenshöhe gaben sie im Vergleich mit Arbeitern erheblich weniger für die Nahrung und Kleidung, erst recht für Alkohol und Tabak aus, aber deutlich mehr für eine komfortable Wohnung mit neuen Möbeln. Zwar investierten sie weniger als Beamte, doch viel mehr als Arbeiter, in die Kinderausbildung, übertrafen sie aber beide mit den Ausgaben für Freizeit, Sport und zeitgenössische Vergnügungen wie Film, Varieté und Radio. Während Beamte und Arbeiter an einer die Pension oder Rente ergänzenden Privatversicherung gewöhnlich uninteressiert waren, legten Angestellte fast doppelt so hohe Beträge, wie sie höhere Beamte aufbrachten, in Versicherungspolicen an. Sie sparten jedoch weniger als Arbeiter und Beamte und nutzten zudem die geringeren Sparkonten für die schnelle, keineswegs aufgeschobene Befriedigung ihrer Verbraucherwünsche. Das wurde ihnen durch die Gehaltsverbesserung während der 20er Jahre ermöglicht. Nicht nur wurde der Stand der Realeinkommen von 1913 wieder eingeholt, sondern in den «goldenen Jahren» von Anfang 1925 bis zum Sommer 1929 stiegen die Gehälter um 34 Indexpunkte über das Nominalentgelt dieses günstigen Basisjahres.

Im Grunde erwies sich nach alledem der Durchschnittstypus des Weimarer Angestellten als weitaus moderner, als das die ältere Kennzeichnung als traditionsverhafteter, frugal lebender «Privatbeamter» wahrhaben wollte. Vielmehr bildete er frühzeitig einen Klassenhabitus mit einer Verhaltensprägung aus, die sich erst seit der Hochkonjunktur der 1950/60er Jahre in den west- und mitteleuropäischen Konsumgesellschaften massenwirksam durchsetzte.

Auch die politische Orientierung der Angestellten bis 1933 entspricht nicht dem Klischee von der vergangenheits- und obrigkeitsfixierten Rechtslastigkeit. Sie sind vielmehr weitaus offener und heterogener gewesen. Der Krieg, die relative Verarmung, dann die Revolution haben eine «gemäßigte Linksschwenkung» ausgelöst, die sich in der neuartigen Befürwortung des Streikrechts, des Gewerkschaftscharakters der Verbände und

2. Das Bürgertum: Aufstieg und Erosion

des früher undenkbaren, da «unstandesgemäßen» Tarifvertrags ausdrückte. Daher konnte der sozialdemokratische «Allgemeine freie Angestelltenbund» (AfA) 1920 fast die Hälfte (47,5 %, 690 000) aller organisierten Angestellten gewinnen. Der vom «Deutsch-nationalen Handlungsgehilfen-Verband» (DNHV) beherrschte oder zu den Christlichen Gewerkschaften neigende national konservativ-mittelständische «Gesamtverband deutscher Angestelltengewerkschaften» (Gedag) erfaßte dagegen nur knapp ein Drittel (32 %, 403 000), und der liberale, antisozialistische «Gewerkschaftsverband der Angestellten» (GdA) kam auf ein Fünftel (300 000). Vor allem durch die Hyperinflation und die tiefe Verletzung des Sekuritätsbedürfnisses wurde dieser Trend jedoch rigoros verändert, ehe er durch die Dritte Weltwirtschaftskrise endgültig gebrochen wurde. Der AfA sank bis 1930 auf ein knappes Drittel aller organisierten Angestellten (480 000), während der Gedag (40,6 %, 592 000) und der GdA (26,5 %, 385 000) den Löwenanteil von insgesamt 1,457 Millionen Mitgliedern gewannen. Diese Ziffern repräsentierten einen – auch und gerade im internationalen Vergleich – hohen Organisationsgrad von 36,5 Prozent unter jenen 13 Prozent der Erwerbstätigen, welche die Angestellten 1930 stellten.

Man hat aus dieser Unterstützung für eine angestelltenspezifische Interessenpolitik, aus dem verbreiteten «berufsständischen Bewußtsein» und dem entschieden «mittelständischen Selbstverständnis», mithin aus dem angeblich auf ständische, vorindustrielle Existenzformen fixierten «Sonderbewußtsein» der Angestellten geschlossen, daß sie eine Doppelfront sowohl gegen den marxistischen Sozialismus als auch gegen den hochorganisierten Industriekapitalismus aufgebaut hätten. Ebendiese zwischen zwei Mühlsteine eingeklemmte Position habe sie extrem anfällig gemacht für die Verführung durch eine antimarxistische und zugleich antikapitalistische Protestbewegung wie den Nationalsozialismus.

Diese pessimistische Deutung, die sich an die strittige, lange Zeit aber einleuchtende These von der «Panik im Mittelstand» anschloß, hat dem lebhaften Fortgang der sozialhistorischen Forschung nicht standgehalten. Was ihren sozialen Habitus betrifft, verstanden sich die Angestellten in der Weimarer Republik mehrheitlich doch wohl nicht als Angehörige spätständischer Berufsverbände, sondern von modernen bürgerlichen Erwerbsklassen, die im Hinblick auf Lebensstil und Konsumverhalten oft geradezu eine Vorreiterrolle als «Agenten der Modernisierung» übernahmen. Da sie hinter der sozialrechtlichen Einheitsfassade tatsächlich heterogener waren, als lange angenommen worden ist, und erst allmählich zusammenwuchsen, optierten sie auch politisch keineswegs in monolithischer Geschlossenheit für die Rechtsparteien und schließlich die NSDAP. Vielmehr ist inzwischen der Befund erhärtet worden, daß die Angestellten keine signifikant ausgeprägte Affinität zum Nationalsozialismus besaßen, daß der NS-Anteil in einem Wahlbezirk um so niedriger ausfiel, je mehr Angestellte dort wohnten, und daß die Angestellten, wie in den USA, sogar eher «links», für die SPD, stimmten als für die DNVP oder die Hitler-Bewegung. Obwohl auch sie seit 1930 eine Arbeitslosenquote zwischen sieben und 17 Prozent aufwiesen, besaßen sie offenbar weniger Protestgründe als die bis zu 40 Prozent arbeitslosen Proletarier. Ohnehin fiel der nationalsozialistische Stimmenanteil zwischen 1929 und 1933 in denjenigen Bezirken auffällig niedrig aus, wo hohe Arbeitslosigkeit registriert wurde.

Überdies entsprach der Angestelltenanteil unter den Parteigenossen der NSDAP proportional ihrem Bevölkerungsanteil. Nur die braune Gewerkschaft, die «Nationalsozialistische Betriebszellen-Organisation» (NSBO), scheint mit ihrer Werbung bei Angestellten etwas mehr reüssiert zu haben als bei Arbeitern. Insgesamt läßt sich daher die Negativbilanz von der ausgeprägten Anfälligkeit der Angestellten für die rechtstotalitäre Sammlungsbewegung nicht länger verteidigen.[6] Woher der Wählerzustrom der NSDAP seit 1930 tatsächlich stammte und welches seine Eigenarten und Beweggründe waren, wird unten (IV. 6) im Zusammenhang erörtert, wenn es um den Aufstieg des «zweiten Bismarck», des neuen deutschen Charismatikers und seiner «Volkspartei» geht.

d) Der klassische Konflikt: Expansion und Desintegration des Bürgertums – Die verblassende Zielvision der «Bürgerlichen Gesellschaft»

Der Widerstreit zentrifugaler und zentripetaler Kräfte zieht sich, wie in diesen Bänden immer wieder betont worden ist, durch die gesamte deutsche Bürgertumsgeschichte hindurch – und er charakterisiert auch die Epoche der Weimarer Republik. Trotz der fatalen Auswirkungen des Ersten Weltkriegs hielt das Wachstum der bürgerlichen Erwerbs- und Berufsklassen, wenn auch fraglos in gebremster Form, an. Denn die entscheidende dreifache Antriebsdynamik bestand weiter fort: Trotz aller Rückschläge und Schwankungen sorgte das wirtschaftliche Wachstum für bürgerliche Expansion. Die Funktionsdifferenzierung der deutschen Gesellschaft kam dem Bildungs- und Wirtschaftsbürgertum, ebenso aber auch dem Kleinbürgertum zugute. Und der Imitationssog, der vom bürgerlichen Lebensstil, von bürgerlichen Werten und Zielvorstellungen, von bürgerlichen Kulturleistungen ausging, ließ trotz des Erstarkens der antibürgerlichen Gegenkräfte keineswegs nach.

Dennoch: Der Blick aus der Vogelperspektive bestätigt auch in dieser Hinsicht die Kontinuität der Vorkriegskonstellation, da innerhalb der republikdeutschen Gesamtgesellschaft «das» Bürgertum ein numerisch relativ kleines Ensemble von sehr verschiedenartigen Sozialformationen blieb.

Die Doppelspitze aus Großbourgeoisie und Bildungsbürgertum kam unverändert auf zwei Prozent der Bevölkerung, zusammen mit den oberen bürgerlichen Mittelklassen auf sechs Prozent; das Kleinbürgertum erreichte zehn bis elf Prozent. Ein Sechstel der Bevölkerung bildete mithin die eigentliche Bürgergesellschaft und den sozialhistorischen Kern der «Bürgerlichen Gesellschaft». Trotz seiner Kleinheit und trotz der ansteigenden Welle bürgertumsfeindlicher Kritik wuchs die Geltungsmacht der bürgerlichen Lebenswelt. Denn der Anspruch des Adels auf politische Exklusivität und sozialnormativen Spitzenrang wurde radikal und endgültig deflationiert. Die städtische Arbeiterschaft erwies sich ebenso wie die bäuerliche und proletarische Landbevölkerung als unfähig, dem bürgerlichen Hegemonialanspruch ein durchsetzungsfähiges Gegenmodell entgegenzusetzen. Im Verfassungs- und Kulturleben, in Recht und Wissenschaft, in Lebensführung und Arbeitsethos, mit seinen Verhaltensleitbildern und seinem Normenkatalog behielt das Bürgertum seine eigentümliche Ausstrahlungs- und Prägekraft.

In den vier Dimensionen der Klassenbildung und -entwicklung lassen sich Konsolidierung und Zerfall noch genauer beobachten. Aufs ganze gesehen überstand das obere Wirtschaftsbürgertum die ökonomischen Fluktuationen der Nachkriegsjahre, oft genug einschließlich der Hyperinflation, trotz aller Wehklagen in respektabler Verfassung, verbesserte dann seine wirtschaftliche Lage sprungartig mit der Rückkehr der deutschen Industriewirtschaft auf den zweiten globalen Spitzenrang und wurde erst von der Dritten Weltwirtschaftskrise, wenn auch sehr unterschiedlich, auf schmerzhafte Weise in Mitleidenschaft gezogen. Im Vergleich mit ihm wurde das Bildungsbürgertum extrem belastet, da seine wirtschaftliche Basis oft erodierte, so daß sich zur Großbourgeoisie eine riesige soziale Distanz auftat, wogegen der materielle Abstand zum Kleinbürgertum und Proletariat zusammenschrumpfte. Während die beamteten Akademiker besonders hart getroffen wurden, senkte sich die Waage zugunsten der freiberuflichen Professionen mit ihren lukrativen Einkommensmöglichkeiten. Das Kleinbürgertum zeigt ein diffuses Bild, da die Mehrheit des «alten Mittelstandes» von den Schwankungen des Konjunkturverlaufs hart getroffen wurde, während Angehörige des «neuen Mittelstandes» eine öfters auffällig kontrastierende Besserstellung erlebten.

In der sozialen Dimension fällt die unverändert hohe Selbstrekrutierungsrate des oberen Wirtschaftsbürgertums auf, die sich über alle politischen und ökonomischen Einschnitte hinweg konstant durchhielt. Im Bildungsbürgertum dagegen wuchs jene Heterogenität, die sich bereits in der Schlußphase des Kaiserreichs abgezeichnet hatte, weiter an, so daß die Integrationskräfte bis zum Zerreißen beansprucht wurden. Mehr als 60 Prozent aller Studenten etwa stammten inzwischen zum größten Teil aus dem Kleinbürgertum, zum geringeren Teil nur aus dem Wirtschaftsbürgertum, und verdrängten mit ihrem Interesse an der Ausbildung zum hochbezahlten Spezialisten den Typus des zur Spitzweg-Figur degradierten gebildeten Generalisten. Das Kleinbürgertum, das ohnehin seit jeher scharf markierte

Außengrenzen nur «nach unten» besessen hatte, erlebte in dieser Epoche eine lebhafte soziale Aufstiegs- und Abstiegsmobilität, ohne jedoch en bloc in eine rechtsradikale Opposition auszubrechen.

Im Grunde blieb der Primat der bürgerlichen Kultur weiterbestehen, obwohl er gleichzeitig härter als zuvor angefochten wurde. In der Öffentlichkeit und im Rechtswesen, in der Wissenschaft und Öffentlichkeit, in der Architektur und im Wohnstil behielten bürgerliche Prinzipien ihre prägende Kraft, wodurch die bürgerliche Hegemonialstellung weiter unterbaut wurde. Während die Adelskultur in ihrer Inselexistenz völlig verblaßte, gelang dem Proletariat der Ausbau einer Arbeiterkultur in einer Sphäre, wo diese Subkultur jedoch ständig unter dem Anpassungsdruck des bürgerlichen Vorbilds stand.

Politisch löste sich die alte Front zwischen Bürgertum und Adel weitgehend auf. Die DNVP der Republik war nicht mehr mit der mächtigen Allianz von DKP und BdL in der Kaiserzeit, geschweige denn mit dem agrarierfreundlichen Machtkartell von Krone, Landadel und Bürokratie zu vergleichen. Statt im Vorhof der Macht gefangen zu sein, wurde den Kräften der Demokratie und des Parlamentarismus der direkte Zugang zu Machtzentren geöffnet. Aber anstelle republiktreuer Allianzen setzten sich die tiefeingeschliffenen Gegensätze des deutschen Parteiensystems wieder durch. Die Kluft zwischen Bürgertum und Arbeiterschaft erwies sich als unüberwindbar, und jeweils zwei starke Arbeiterparteien – SPD und USPD bzw. KPD – vertieften noch weiter die Angst vor der «roten Gefahr». Namentlich das Bildungsbürgertum fand sich nach dem Verfall seiner ökonomischen Basis und der Zerstörung seiner Symbiose mit dem monarchischen Staat einer Einflußminderung ausgesetzt, die es in nostalgischer Bitterkeit mit den goldenen Vorkriegsjahren verglich. Der Eindruck, von «ungebildeten» Konkurrenten an die Peripherie gedrängt zu werden, wurde zudem durch die Fundamentalkritik am Bürgertum nachhaltig unterstützt, die ungleich mehr Zustimmung fand, als sie in den «halkyonischen» Jahren vor 1914 je hatte auslösen können. Bei vielen dominierte die Gewißheit, daß die «Bürgerliche Gesellschaft» mit all ihren Leitzielen im Ersten Weltkrieg gescheitert sei. Zu tief hatte seine blindwütige Zerstörungskraft die dünne Zivilisationsschicht aufgerissen, die namentlich vom Bürgertum über die abgründige Natur des Menschen gelegt worden war. Nicht mehr der Utopie einer endlich vollständig zu realisierenden «Bürgerlichen Gesellschaft» sollte daher alle Anstrengung gelten. Vielmehr rivalisierten jetzt Entwürfe eines sozialistischen Umbaus von Gesellschaft und Politik mit dem linkstotalitären Anspruch des Kommunismus und der gegen die Antagonismen der bürgerlichen Klassengesellschaft gerichteten sozialromantischen Chimäre der «Volksgemeinschaft», die der Nationalsozialismus aus guten Gründen frühzeitig in sein Propagandareservoir aufnahm. Ihnen allen ging es um eine fatale «Ganzheitsplanung», die mit Hilfe

2. Das Bürgertum: Aufstieg und Erosion

einer «utopischen Sozialtechnik» zum radikalen «Umbau der Gesellschaftsordnung» führen sollte (K. R. Popper). Unter den Protagonisten dieser Konkurrenzutopien galt der «bürgerliche Wertehimmel» als absolut diskreditiert, der bürgerliche Führungsanspruch als fader, von der Geschichte dementierter Anachronismus, der bürgerliche Gestaltungswille als erschöpft.

Nicht nur als Folge dieser prinzipiellen Opposition, sondern auch als Ergebnis eigener Erfahrungen und Selbstzweifel griff die Skepsis gegenüber der Überlegenheit des eigenen Projekts im Bürgertum weit um sich. Nicht selten stammten die schärfsten Kritiker aus den eigenen Reihen. Zwar hatte sich das Bürgertum schon immer durch den Spielraum ausgezeichnet, den es der internen Kritik – von der Bohème bis zu Nietzsche – einzuräumen bereit war. Doch jetzt stellten enttäuschte Bürgerliche die Organisationsprinzipien und das Weltbild ihrer Herkunftsklassen von Grund auf in Frage, ja verwarfen sie pauschal und optierten für den Chiliasmus der kommunistischen Gesellschaft oder des «Dritten Reiches».

Im Effekt hatte das fatale Auswirkungen. Mit der Gründung der Republik und der Geltung der neuen Verfassung waren nicht wenige sperrige Barrieren beseitigt worden, die der fortschreitenden Realisierung der Zielvision einer «Bürgerlichen Gesellschaft» bisher im Weg gestanden hatten. Mit der pragmatischen MSPD und dem linken Zentrumsflügel hätte es im Prinzip auch kooperationsfähige Koalitionspartner geben können. Aber die entscheidende Voraussetzung in der Gestalt einer zielbewußten Bürgertumspartei fehlte. Denn nach der kurzen Scheinblüte der DDP, als sie 1919 fast ein Fünftel aller Wähler gewonnen hatte, zerfiel der bürgerliche Wählerblock erneut in rechts- und linkskonservative Parteien mit ihren rückwärtsgewandten Positionen sowie in Splitterparteien zur Verfechtung klassenegoistischer Wirtschaftsinteressen. Die traditionellen «Cleavages» der deutschen Parteienlandschaft setzten sich wieder durch. Als paradoxes Ergebnis der Befreiung von antibürgerlichen Blockaden stellte sich schon 1920 und 1925, allerspätestens dann zwischen 1930 und 1933 eine beispiellose Schwächung all jener Kräfte heraus, welche an der Verwirklichung einer «Bürgerlichen Gesellschaft» in der deutschen Republik festgehalten hatten. Es ist dieses kraftlose Verblassen der attraktivsten Utopie, die das europäische Bürgertum je hervorgebracht hat, welches seine fatale moralische und politische Schwächung besiegelte, als der Ansturm der Hitler-Bewegung seinem Höhepunkt zustrebte.

3. Die Arbeiterklassen:
Marktmacht bis 1928 und Fundamentalproletarisierung seit 1929

Die Klassen der industriellen städtischen Arbeiterschaft hatten in den drei Jahrzehnten vor dem Ausbruch des Ersten Weltkriegs eine dichte Binnenhomogenität gewonnen, die durch die scharf markierten Außengrenzen gegenüber den anderen Sozialformationen unterstützt wurde. Sie zeichneten sich durch eine aktive Interessenverfechtung auf der Grundlage eines hochentwickelten Organisationswesens aus, die beide die Ausprägung ihrer Kollektivmentalität und ihres kulturellen Gedächtnisses tief beeinflußten. Zugleich hingen ihr spezifisches Identitätsverständnis und ihr Klassenhabitus aufs engste mit dem Weltbild und jener Zukunftsvision zusammen, die von einem popularisierenden Marxismus entfaltet worden waren. Von außen gesehen wirkte daher vor 1914 die organisierte Arbeiterbewegung wie eine unerschütterliche Bastion, von der aus sie, zum Erschrecken ihrer politischen Gegner, ihren erstaunlichen Siegeszug bei den Reichstagswahlen von 1917, aber auch bei den Landtags- und Gemeindewahlen vermutlich unaufhaltsam fortsetzen würde.

Als dann der Weltkrieg die Arbeiterschaft einer immensen Belastungsprobe aussetzte, da zu der Fronterfahrung und der Polarisierung durch die Kriegsziele daheim die Tiefenwirkung einer Pauperisierung hinzukam, wie es sie seit der Frühzeit des deutschen Industriekapitalismus nicht mehr gegeben hatte, zerbrach auch die Einheit ihrer politischen Organisation: MSPD und USPD standen sich seit 1917 mit dem fundamentalistischen Haß von Zwillingsbrüdern gegenüber. Im Zeichen dieser Spaltung, die seit 1919 durch die junge KPD konsequent noch weiter vertieft wurde, traten die Arbeiterklassen in die neue politische Arena der Republik ein. Wie läßt sich ihr Sozialprofil genauer bestimmen?

Während die Reichsbevölkerung zwischen den Volkszählungen von 1905 und 1925 – wegen der Vorkriegsexpansion trotz der Kriegsverluste – um 13,5 Prozent anstieg, wuchs die Erwerbstätigenzahl – 1905 hatte sie 28 Millionen ausgemacht, von denen 76,3 % Lohnarbeiter gewesen waren – sogar um 27,2 Prozent; die Menge der berufstätigen Frauen nahm um 35,5 Prozent zu, während die Männer nur auf 27,2 Prozent kamen. Dafür waren 93 Prozent aller Männer erwerbstätig, mehr als doppelt soviel wie bei den Frauen. Der Anteil der Industriearbeiter am gesamten Arbeitskräftepotential, der 1905 46,1 Prozent ausgemacht hatte, lag 1925 bei 45 Prozent. Multipliziert man diese rund acht Millionen mit einem plausiblen Familienkoeffizienten von vier, gewinnt man unter den 63,2 Millionen Reichsbewohnern dieses Jahres eine industrieproletarische Population von rund 32 Millionen Menschen.

Im Vergleich mit den beiden anderen Sektoren stagnierte erstmals die Anzahl der Arbeiter im sekundären Sektor, ja es begann sogar eine leicht abfallende Tendenz vorzudringen, die bis 1933 und darüber hinaus weiter anhielt. Dagegen ging die Erwerbstätigenzahl im Primärsektor bis 1925 von 35,2 um knapp 15 Prozent auf 30,5 Prozent zurück, während sie im Tertiärsektor von 24,8 Prozent auf 27,4 Prozent hochstieg und bis 1933, ein Indiz für den Aufstieg der deutschen Dienstleistungsgesellschaft, mit 30,7 Prozent schon fast ein Drittel erreichte.

Was die Verteilung der Industriearbeiter auf die Betriebe unterschiedlicher Größe angeht, hielten sich in den «großen» Unternehmen (mit 200 bis 1000 Erwerbstätigen) 16,7 Prozent, während in den Großunternehmen (mit mehr als 1000 Erwerbstätigen) der proportionale Anteil von 4,9 Prozent um mehr als 70 Prozent auf 8,5 Prozent anwuchs. Zusammengenommen waren in beiden Kategorien der großen Betriebe inzwischen immerhin rund 4,53 Millionen Arbeiter und Arbeiterinnen tätig (⅗), während sich jeweils 20 Prozent, zusammen 3,43 Millionen, auf die mittleren und kleinen Betriebe verteilten. Blickt man auf die regionale Verteilung, lebten nicht mehr als 27,5 Prozent in den Großstädten, dagegen rund 60 Prozent in Städten mit weniger als 20000 Einwohnern. Das großstädtische Industrieproletariat, Symbol des neuen Maschinenzeitalters und der umstrittenen «Massengesellschaft», bildete daher unter den gewerblichen Arbeiterklassen durchaus eine Minderheit.

Von den vier Dimensionen der Klassenbildung und -konsolidierung blieb die ökonomische Lage für die Arbeiterklassen weiterhin von vorrangiger Bedeutung. Ob ihre Angehörigen in der Fabrik, im Bergwerk oder auf einer Werft ihren Lebensunterhalt verdienten – immer blieb ihr beruflicher Alltag in den Rahmen eines umfassenden Produktions- und Herrschaftsverbandes eingespannt. Die interne Hierarchie drückte sich mit unübertrefflicher Genauigkeit im Lohngefälle aus, und das Realeinkommen entschied wiederum über den Lebensstandard.

Der säkulare Prozeß des Anstiegs der Reallöhne hatte in den 1880er Jahren eingesetzt und während der Hochkonjunkturjahrzehnte vor 1914 (1880 = 100) einen beispiellosen Zuwachs von 25 Prozent gebracht. Das Lohndifferential wies jedoch weiter krasse Unterschiede auf. Ein Bergmann verdiente 46 Prozent, ein Metallfacharbeiter 36 Prozent mehr als ein ungelernter Arbeiter, aber Frauen blieben sogar um 50 bis 65 Prozent unter dem Durchschnittslohn für Männer. Millionen verharrten auch weiterhin mit ihrem Einkommen unterhalb jener Grenze, wo mit einem Jahreslohn von 1125 Mark die erste Einkommensteuerklasse überhaupt erst begann. Allein in Preußen bewegten sich noch 1912 10,6 Millionen steuerfreie Erwerbstätige an dieser Schwelle zur offenkundigen Bedürftigkeit.

Auch die lebenszyklischen Schwankungen wirkten sich weiterhin restriktiv aus, so daß auf Arbeiter nach ihrem 45., spätestens 50. Lebensjahr eine schmerzhafte Lohneinbuße zukam. Allmählich begannen aber die Leistungen der staatlichen Sozialpolitik einige Altersnachteile effektiver abzufangen. Durchweg mußten allerdings Familienmitglieder mitverdienen helfen, denn auch ein Facharbeiterlohn deckte nur vier Fünftel des Wochenbudgets einer vier- bis fünfköpfigen Familie. Die Arbeitszeit schwankte um zehn Tages- und 60 Wochenstunden; nur der Sonntag blieb arbeitsfrei, Urlaub war noch ein Fremdwort. Da praktisch Vollbeschäftigung herrschte, wirkte sich die Geißel längerer Arbeitslosigkeit vergleichsweise selten aus. Die Nachkriegszeit stand dazu in scharfem Kontrast, da die Arbeitslosenquote nie unter fünf Prozent sank, gewöhnlich sogar weit darüber lag und schließlich mit der neuen Sozialfigur des Dauerarbeitslosen die ominöse Millionengrenze überschritt.

Der Krieg führte zu einem steilen Abfall des Realeinkommens und des Lebensstandards. In der Kriegsindustrie zum Beispiel sank der Reallohn fast um ein Viertel (22,6 %; 1913 = 100), in der Friedensindustrie sogar um 44,5 Prozent. Kein Wunder mithin, daß auf die Revolution eine wahre Lohnexplosion folgte. 1919 stiegen zum Beispiel die Nominallöhne der Bergleute von 80,9 auf 138,4, die der gelernten Eisenarbeiter von 90,2 auf 139,3 Indexpunkte, selbst für ungelernte Arbeiter gab es einen Sprung von 74,1 auf 138,4. Sogar die Reallöhne erreichten trotz der ungünstigen Bedingungen der unmittelbaren Nachkriegszeit bereits wieder 85 Prozent des hohen Niveaus von 1913.

In den ersten Jahren rettete die Inflation die deutsche Industriewirtschaft und ihre Arbeiterschaft nicht nur vor jener Depression und Massenarbeitslosigkeit, welche die Siegerländer erlebten, sondern sie ermöglichte auch die Fortzahlung der politisch entspannenden hohen Löhne. Erst die Hyperinflation führte im Verein mit der französischen Ruhrbesetzung dazu, daß die Reallöhne im Sommer 1923 auf den Tiefpunkt von 48 Prozent des Standes von 1913 abstürzten. Da die Industrieproduktion um 34 Prozent zurückging, grassierte eine Arbeitslosigkeit, die bis zum Jahresende 28 Prozent aller Mitglieder der Freien Gewerkschaften erfaßte; vor allem Facharbeiter wurden davon härter getroffen als die angelernten und ungelernten Arbeitskräfte.

Trotz des wirtschaftlichen Aufschwungs seit 1924 hielt die Wachstumsverzögerung an, so daß die deutsche Industrieproduktion bis 1929 nur 13 Prozent über der Ausgangsmarke von 1913 lag, während die französische einen Zuwachs von 38, die amerikanische von 70, die globale von 47 Prozent erreichte. Dennoch konnte in den vier «goldenen Jahren» der Republik der Stand der wertbeständigen Reallöhne verteidigt, ja sogar noch verbessert werden. Sie kletterten bis 1928 grosso modo um bis zu 20 Prozent über die Höhe im Basisjahr 1913. In einer vergleichenden Perspektive bewegte sich damit das deutsche Lohnniveau zwischen den Hochlohnländern (USA, Kanada, Dänemark) und den Niedriglohnländern (Osteuropa). Zwar rangierte es hinter England, Holland und Schweden, doch noch vor Frankreich und Belgien. Zum Lohn kamen freilich auch noch die deutschen

3. Die Arbeiterklassen

Sozialleistungen hinzu. Immerhin wohnte etwa die Hälfte der Ruhrbergleute bis 1926 in preiswerten Werkswohnungen. Seit 1919 wurden 80 Prozent der Neubauwohnungen staatlich oder städtisch mitfinanziert (vor 1910 maximal 10 Prozent) und einer Mietpreisbindung unterworfen, so daß der Anteil des Arbeitseinkommens, der für die Miete aufgewendet werden mußte und 1913 bei 20 Prozent gelegen hatte, bis 1923 auf ein Zehntel dieser Ausgabe, auf zwei Prozent, absank. Trotzdem kam die Bestandsaufnahme eines zeitgenössischen Sozialstatistikers zu dem Schluß, daß nur derjenige Arbeiterhaushalt, dem die Summe von mindestens 1000 Mark für jeden Erwachsenen jährlich zur Verfügung stehe, eine «zufriedenstellende Ernährung» gewährleisten könne, sonst bleibe sie schlechthin «mangelhaft»; deshalb müßten auch in mehr als der Hälfte dieser Haushalte die Frauen regelmäßig mitverdienen. Dennoch handelte es sich noch um nahezu idyllische Zeiten, wenn man sie mit den Notjahren während der Dritten Weltwirtschaftskrise vergleicht.

Erstmals wurde, wie vorn erwähnt, die Expansion des Industriesystems in der Nachkriegszeit von einer Stagnation, dann sogar von einem sachten Rückgang der numerischen Stärke seiner Arbeiterschaft begleitet. Der soziale Prozeß der Klassenkonsolidierung hat währenddessen jedoch nicht dazu geführt, daß sich die interne Differenzierung des Industrieproletariats veränderte. Im Gegenteil, nach dem seit dem Vormärz bewährten Fünferschema lassen sich weiterhin die Arbeiterelite und die Facharbeiterschaft von den angelernten und ungelernten Arbeitern, erst recht von den Frauen und Kindern unterscheiden. Ihre Lage hing in hohem Maße von der Organisationsfähigkeit und damit der Marktmacht ab, denn sie entschied über Einkommen, Prestige und politischen Einfluß.

Unverändert spielte auch das proletarische Wohnquartier neben dem Arbeitsplatz eine entscheidende Rolle als Prägezentrum des proletarischen Sozialmilieus. Denn die Bindung an das Arbeiterviertel übte einen nachhaltigen, klassenhomogenisierenden Einfluß aus. Die Konstanz der Lebensverhältnisse befestigte den Klassenhabitus, dem die Einigelung in den proletarischen Mietskasernen als isolierte Gegenwelt zur bürgerlichen Welt erschien.

Im Zeichen des «demographischen Übergangs» und der sozialhygienischen Verbesserungen sank dort jetzt auch die Fertilitätsrate von 1913 = 29,4 Promille auf 1928 = 19,6 Promille, während gleichzeitig auch endlich die Mortalitätsrate von 15 Promille auf 11,1 Promille fiel. Gab es in diesem Bereich der generativen Strukturen eine nachholende Anpassung an den Vorsprung der bürgerlichen Sozialklassen, wies die soziale Mobilität noch immer die vertraute Stagnation auf, die nur hier und da von Aufstiegschancen durchbrochen wurde. Auch am Ende der Weimarer Republik machte etwa der Anteil der Arbeiterkinder auf höheren Schulen nur sechs Prozent aus; unter Studenten und Jurareferendaren erreichte er ein Prozent. Noch immer stammten 80 Prozent der Arbeiter aus Arbeiterfamilien, während die restlichen 20 Prozent aus den unteren Mittelklassen abgestiegen waren, so daß die Selbstrekrutierungsrate seit 1913 = 72 Prozent sogar noch erheblich angestiegen war.

Andrerseits gab es trotzdem einige Anzeichen einer leichten Aufstiegsbewegung: 13 Prozent der Volksschullehrer und zehn Prozent der unteren Beamten stammten inzwischen aus Arbeiterfamilien, und rund ein Viertel aller Angestellten hatte einen Facharbeiter als Vater. Aus der Binnensicht der Arbeiterschaft wirkte das proletarische Milieu aber weiterhin als starres Gefüge, das jeden Angehörigen an seinem festen Platz, den eine mobilitätsverweigernde Außenwelt für angestammt und rechtens hielt, nahezu unbeweglich einband. Die Hoffnung auf den Aufstieg durch Bildung und bescheidenen Besitz, auch durch die Anerkennung als gleichberechtigter Staatsbürger vermochte diese Erfahrung freilich nicht zu ersticken. Die Arbeiterbewegungskultur machte nicht nur die proletarische Subkultur wohnlicher, sondern gab auch solchen Hoffnungen neue Nahrung. Aber auch die Nationalsozialisten erkannten bald sehr genau, mit welchen Zukunftsversprechungen sie in die linke Phalanx einbrechen konnten, um die Loyalität von «Arbeitern der Faust» zu gewinnen.

Die politische Klassenkonsolidierung vollzog sich weiterhin in einem elliptischen System mit zwei Brennpunkten. Da gab es zum einen die betrieblichen Konflikte bis hin zum Streik, die Domäne der Gewerkschaften. Und da gab es zum andern die parteipolitische Arena, in der um sehr viel weitergesteckte Ziele gestritten wurde. Fraglos trugen die Herrschaftsverhältnisse im Unternehmen dazu bei, die Solidarität und den Glauben an gemeinsame Interessen unter der Arbeiterschaft zu stärken. In ungleich höherem Maße aber schuf die Grenzsituation des Streiks, der ganz wesentlich ein Symbolkonflikt zur neuen Austarierung der Kräftekonstellation und der Einkommenshöhe war, günstige Bedingungen zum Erlernen proletarischer Solidarität. In der Führung der Gewerkschaften als einer auf Interessenpolitik und Sozialreform ausgerichteten Massenorganisation war man sich dieser Wirkung durchaus bewußt, ging aber trotzdem mit dem Kampfmittel des Streiks eher behutsam um, zumal das Drohpotential von Gewerkschaften sie ohnehin eher zu «Streikvermeidungsvereinen» macht.

1913 hatten die Freien Gewerkschaften mit 2,5 Millionen Mitgliedern knapp ein Drittel der Industriearbeiterschaft organisiert, aber bis dahin nur 16 Prozent unter das Schutzdach eines Tarifvertrags stellen können. Während des Weltkriegs war die Mitgliederzahl abrupt auf 1,45 Millionen abgesunken, schnellte aber bereits im späten Herbst 1918 mit 2,85 Millionen über den Vorkriegsstand hinaus. Zwei Jahre lang hielt die Expansion des neuen «Allgemeinen Deutschen Gewerkschaftsbundes» (ADGB) an, bis er 1920 mit 8,03 Millionen den Höhepunkt des gewerkschaftlichen Organisa-

3. Die Arbeiterklassen

tionsstandes vor den 1950er Jahren erreicht hatte. Danach ging er, beschleunigt seit der Hyperinflation, wieder drastisch zurück, pendelte aber zwischen 1927 und 1932 zwischen immerhin vier und 4,9 Millionen Mitgliedern. Die hohe Streikintensität während der ersten vier Republikjahre, als jährlich zwischen 3,682 und 4,348 Arbeitskämpfe mit 1,42 bis 2,1 Millionen Teilnehmern ausgetragen wurden, ließ ebenfalls seit dem Tiefpunkt der Inflation, vollends dann während der Konsolidierungsphase um rund neun Zehntel der Anfangswerte nach, ehe sie unter den widrigen Bedingungen der Weltwirtschaftskrise vollends versickerte. (Vgl. Übersicht 129!)

Übersicht 129: ADGB-Mitglieder, Streiks und Streikteilnehmer 1919–1932

1919	3,34 Mill.	3682	2,1 Mill.
1920	8,03 Mill.	3693	1,42 Mill.
1921	7,75 Mill.	4093	1,42 Mill.
1922	7,82 Mill.	4348	1,68 Mill.
1923	5,82 Mill.	1878	1,51 Mill.
1924	4,02 Mill.	1581	665 000
1925	4,18 Mill.	1516	508 800
1926	3,93 Mill.	316	568 000
1927	4,42 Mill.	751	232 300
1928	4,87 Mill.	687	327 600
1929	4,95 Mill.	425	150 300
1930	4,72 Mill.	342	208 100
1931	4,13 Mill.	458	135 900
1932	4,35 Mill.	636	127 700

Dennoch gewannen die Gewerkschaften durch die Revolution und ihre Aufwertung in dem neuen politischen System eine präzedenzlose Marktmacht, die sie jedoch seit 1929 ebenso schnell verloren, wie sie sie seit 1918 errungen hatten. Sie drückte sich mit unübertrefflicher Genauigkeit in einer so effektiven Verteidigung des hohen Lohnniveaus aus, daß die Lohnquote als unbestechlicher Indikator der Teilhabe am Sozialprodukt von 1913 = 46,4 bis 1929 = 59,8 auf eine ganz ungewöhnliche Höhe anstieg. Nicht zuletzt diese Lohnquote ist es, die einen vehementen Streit darüber ausgelöst hat, ob die Belastung der Weimarer Wirtschaft mit einer solchen Lohnbürde zu jenen strukturellen Hemmnissen gehört hat, die ihr verzögertes Wachstum und später ihren Niedergang in der «Großen Depression» wesentlich verursacht haben (s.u. VI. 1a).

Den konsolidierenden Kräften der Klassenerhaltung trat jedoch in der politischen Arena eine desintegrierende Potenz von einer solchen Durchsetzungsfähigkeit entgegen, daß sie eigentlich jeden naiven Ökonomismus mit seinem Glauben an die allein ausschlaggebende wirtschaftliche Lage hätte dementieren müssen. Denn die Spaltung der politischen Arbeiterbewegung hielt an, und das hatte Auswirkungen bis in den letzten Winkel des proletarischen Alltags. Als sich die USPD 1920/1922 auflöste, schwenkten rund zwei Drittel ihrer Mitglieder zur KPD über, die erst dadurch die Kümmerexistenz einer linksradikalen Sekte überwinden konnte.

Seither stand der SPD eine Konkurrentin gegenüber, die auf längere Sicht die Fähigkeit besaß, einen Massenanhang an sich zu binden. Wegen ihrer Bolschewistenimitation und der zahllosen Querelen um den moskauhörigen Kurs ihrer Parteiführung kam eine augenfällige Expansion freilich erst im Schatten der Weltwirtschaftskrise in Gang, als die KPD zum eigentlichen Auffangbecken der arbeitslosen Arbeiter wurde. Jetzt näherte sie sich in fatalem Tempo der Größenordnung der Sozialdemokratie, sei es im Hinblick auf ihre Anhängerschaft oder auf ihre Reichstagsfraktion. Im Augenblick der Existenzkrise der Republik standen sich daher zwei feindliche Arbeiterbewegungen gegenüber: hier die auf Republikerhaltung und Sozialreform eingeschworene SPD, dort die auf Diktatur des Proletariats fixierte linkstotalitäre KPD (s. u. IV.1 A.a u. B.a, c).

In der kulturellen Dimension der Klassenbildung zehrte die Industriearbeiterschaft davon, daß sich seit den Jahren des Sozialistengesetzes (1878–1890) eine proletarische Subkultur herausgebildet hatte, die auch ganz wesentlich von der Arbeiterbewegungskultur bestimmt wurde. Denn die Sozialdemokratie und die Freien Gewerkschaften hatten im sozialmoralischen Milieu der städtischen Arbeiterklassen ein dichtes Netzwerk von Organisationen aufgebaut, die eine Unzahl von Aktivitäten initiierten und koordinierten. Sie reichten vom klassischen Arbeiterbildungsverein über die Fußball-, Briefmarkensammler-, Taubenzüchter-, Radfahrer- und schier zahllosen anderen Vereinigungen bis hin zur parteieigenen Hochschule und zum freidenkerischen Feuerbestattungsverein. Nahezu lückenlos war, als die bürgerliche Welt die Aufnahme verweigerte, eine proletarische Gegenwelt mit aufopferungsvoller Hingabe eingerichtet worden.

Bis 1918 hatte jede dieser Kulturorganisationen aus dem Widerstand gegen die staatliche Repression und die gesellschaftliche Ausgrenzung ihre Impulse empfangen. Seither aber wurde, als die SPD im Reich, in den Ländern und Kommunen Regierungsverantwortung übernahm und die Republik mit ihrer Verfassung die Diskriminierung formal aufbrach, eine Neuorientierung unumgänglich. Zur neuen Aufgabe avancierte jetzt vor allem das Ziel, in der sozialdemokratischen «Bildungsarbeit» kompetente Funktionsträger für die Republik zu schulen. Dabei ging man zweigleisig vor: Zum einen sprangen die eigenen Organisationen ein, zum andern wurde die enge Zusammenarbeit mit kommunalen und staatlichen Institutionen gesucht.

Bis zum Beginn der 1930er Jahre hat dank dieser Strategie die erdrückende Mehrheit sozialdemokratischer Politikaktivisten in solchen Bildungsstätten eine nicht zu unterschätzende Ausbildung erhalten. Die imponierende Bilanz enthüllt, daß es dabei nicht nur um rund 200 000 Gewerkschaftsfunktionäre ging, sondern auch um 38 390 Gemeindevertre-

3. Die Arbeiterklassen

ter, 8783 Stadtverordnete, 4255 Kreistags- und 434 Landtagsabgeordnete, 2884 Bürgermeister und Gemeindevorsteher, selbstredend auch um alle Angehörigen der Reichstagsfraktion.

Zu ebendieser Zeit ließ sich jedoch eine Krise, ja zum Teil schon ein Verfall der sozialdemokratischen Kulturinstitutionen nicht mehr übersehen. Zum einen hing das mit der Erosionskraft der neuen Freizeitgestaltung zusammen. Das Kino (1929 besuchten schon 2,2 Mill. Zuschauer täglich die 5600 «Lichtspielhäuser»), der Rundfunk (acht Jahre nach Beginn gab es 1931 schon 3,7 Mill. registrierte Radiobesitzer), der parteipolitisch neutrale Massensport, der auch die proletarischen Fußballvereine aufsog, die dank der Massenverkehrsmittel vermehrten Chancen verbilligter Ausflüge – all diese Möglichkeiten entzogen der homogenen Arbeiterbewegungskultur Schritt für Schritt ihre Grundlagen. Namentlich die neuen Medien der Massenkommunikation verwischten die bisher scharf durchgezeichneten Klassengrenzen.

Zum andern zerstörte der wachsende Antagonismus zwischen Sozialdemokratie und Kommunismus die langjährig erprobte Einheit vor Ort und im Hinblick auf die programmatisch-inhaltliche Ausrichtung. Zwar behielt auch im sozialdemokratischen Milieu ein populärwissenschaftlich ausgelegter Marxismus seine Verbindlichkeit als Weltdeutung und Kampfideologie, doch schwächten sich im Zeichen des dominierenden Reformpragmatismus seine zivilreligiösen Züge zusehends ab. Eben sie aber wurden in der KPD mit Hingabe aufgewertet, da das scheinbar gelingende Experiment in der Sowjetunion die Verbindlichkeit eines dogmatisierten Marxismus als säkularreligiöser Heilslehre besiegelte.

Arbeitslosigkeit – sie war von Anfang an ein ständiger Begleiter der wirtschaftlichen Entwicklung der Weimarer Republik, und im Februar 1928, als die Konjunktur zu zerbröseln begann, wies die Statistik sogar erstmals drei Millionen Arbeitslose aus. Die Rekordzahl war bis zum September 1929 auf 1,5 Millionen halbiert worden, als mit dem Einbruch der Dritten Weltwirtschaftskrise auch auf dem Arbeitsmarkt eine Höllenfahrt begann. Innerhalb weniger Jahre erlebte die industrielle Arbeiterklasse, nur ein Jahrzehnt nach der pauperisierenden Deprivationserfahrung des Ersten Weltkriegs, den Absturz in eine Fundamentalproletarisierung, auf deren Tiefpunkt Ende 1932 rund 8,5 Millionen Arbeitslose und 5,2 Millionen mit Kurzarbeit Beschäftigte nur mehr 7,6 Millionen Vollbeschäftigten gegenüberstanden; von den Gewerkschaftsmitgliedern war damals nur mehr ein Drittel vollbeschäftigt, wogegen 21 Prozent Kurzarbeit leisteten und volle 46 Prozent als arbeitslos registriert waren.

Während sich die Arbeitslosenzahl vom hohen Sockel des Krisenbeginns bis in den Winter 1932/1933 insgesamt versechsfachte, stellte sich heraus, daß die offizielle Registrierung denkbar unvollständig blieb, da Hunderttausende, zeitweilig mehr als zwei Millionen sogenannte «unsichtbare», weil von der Statistik nicht erfaßte Arbeitslose hinzukamen, die sich aus den unterschiedlichsten Gründen bei den Arbeitsämtern nicht meldeten. Naturgemäß differieren die Schätzwerte, die ihre numerische Größe tendenziell zu fixieren versuchen. In Übersicht 130 werden daher die genau registrierten Zahlen und nur die konservativsten Schätzwerte kombiniert. Unzweifelhaft sachkundige Angaben für die Jahreswende 1932/1933 ergeben aber zum Beispiel außer den unstrittigen sechs Millionen gemeldeten Arbeitslosen anstelle der zurückhaltend geschätzten 1,78 Millionen «unsichtbaren» weitere 2,5 Millionen Arbeitslose!

Übersicht 130: Arbeitslosigkeit in Deutschland 1929–1933 (Mill.)

	Gemeldete	Gemeldete und geschätzte Unsichtbare	Nicht Unterstützte	Prozentsatz der Erwerbstätigen
1929/4. Quartal	1,9			
1930/4. Quartal	3,699	4,115	1,339	32,5
1931/4. Quartal	5,060	5,943	1,989	33,5
1932/4. Quartal	5,255	6,704	2,520	37,6
1933/1. Quartal	6,001	7,781	2,463	39,6

Die Auswirkungen dieser verheerenden Entwicklung zogen die Arbeiterschaft mit denkbar unterschiedlicher Intensität in Mitleidenschaft. Diese Effekte hingen ab von der Größe der Betriebe, der regionalen Wirtschaftsstruktur, der arbeitsrechtlichen Lage, der sozialrechtlichen Absicherung, den eigenen Ressourcen (berufliche Fähigkeiten, Ersparnisse, Haus- und Landbesitz), den Verwandtschaftsnetzwerken, der Dauer des Arbeitsplatzverlustes, dem Ausmaß der Einbuße, dem politischen Einfluß.

Die Hauptlast trugen die alten Industriereviere und die Gewerbezweige nördlich des Mains, während Südwestdeutschland wegen seiner wirtschaftlichen Mischverfassung besser dastand. Industriearbeiter stellten mit 85 bis 92 Prozent das unbestreitbare Gros der Arbeitslosen, während nur sieben bis maximal 15 Prozent der Angestellten betroffen waren. Frauen wurde seltener als Männern gekündigt, da sie ohnehin zuvor in die niedrigsten Lohngruppen eingestuft worden waren. Dagegen fiel die Arbeitslosigkeit in den geburtenstarken Jahrgängen der jungen Erwerbstätigen oder -suchenden besonders erschreckend aus. Zwar bildete der weltwirtschaftliche Konjunkturabschwung, ausgelöst durch die Depression in den Industrieländern, die eigentliche strukturelle Ursache der Krise. Doch eine Teilursache ist in Deutschland auch darin zu finden, daß die Angehörigen besonders geburtenstarker Alterskohorten auf den Arbeitsmarkt drängten. Trotz des Kriegs und der Gebietsverluste waren es zwischen 1910 und 1925

3. Die Arbeiterklassen

3,2 Millionen, von 1925 bis 1933 noch einmal 2,2 Millionen junge Leute. Die Wende setzte erst 1932 ein, da seit 1930 nur mehr geburtenschwache Jahrgänge nachrückten. 1931 gab es zum Beispiel für allenfalls 20 Prozent der Volksschulabsolventen freie Lehrstellen. 1,7 Millionen Arbeitslose waren zu jener Zeit weniger als 25 Jahre alt; in Berlin umfaßte diese Altersgruppe sogar zwei Drittel aller Arbeitslosen.

Da außerdem die Tariflöhne scharf abgesenkt wurden, Kurzarbeit auch den durchgehend beschäftigten Arbeitnehmer zeitweilig treffen konnte, sank das Realeinkommen selbst der vollbeschäftigten Arbeiter in den drei Jahren seit dem «schwarzen Herbst» 1929 um 37,6 Prozent (das der Angestellten dagegen um 14,7, der Beamten nur um 1,2 Prozent). In ihrem durchschnittlichen Haushaltsbudget wirkte sich dieser Abfall so aus, daß die Ausgaben für so wichtige Posten wie Ernährung um 11,6, für Miete um 14,1, für Heizung und Licht um 14,6, für Kleidung um 21, für Verkehr um 21,7 Prozent zurückgeschraubt werden mußten.

Zwei Jahre nach dem Depressionsbeginn kam ein kompetenter Mediziner auf der Grundlage von regionalen Stichproben und Reihenuntersuchungen zu dem Urteil, daß sich eine «verschleierte Hungersnot größten Ausmaßes» in den Industriestädten ausdehne, in «breitesten Schichten» werde «das Existenzminimum schon um die Hälfte unterschritten». Wie bei den Armenzügen in der Frühen Neuzeit befand sich draußen im Lande «ein großes Heer auf der Walze», um irgendwo Arbeit und Unterkommen zu finden. Die Kriminalitätsrate stieg steil an, vor allem Krisendelikte wie Diebstahl und Raub nahmen auffällig zu. Kinder von Arbeitslosen wurden immer häufiger von schlimmeren Krankheiten heimgesucht, als sie anderswo auftraten. Straßengangs aus arbeitslosen Jugendlichen, die «wilden Cliquen», bewegten sich am Rande der Legalität. In Berlin zum Beispiel wurde diese neue «proletarische Jugendkultur» von 600 Cliquen mit 14000 Mitgliedern getragen, davon waren 15 Prozent links-, fünf Prozent rechtsradikal und zehn Prozent offen kriminell. Kein Wunder, wenn die Kassandrarufe, daß die Gesellschaft wegen der Steuerungsunfähigkeit des kapitalistischen Systems allenthalben aus den Fugen gerate, stetig zunahmen.

Wie begegnete der junge Sozialstaat, der sich als politische Reaktion auf die Disparitäten und Wachstumsfluktuationen dieses Systems seit den 1880er Jahren in Deutschland herausbildete, einer derart dramatischen Herausforderung? Die Weimarer Republik kannte am Ende der 1920er Jahre drei Arten der Unterstützung.

1. Soeben war die neue obligatorische Arbeitslosenversicherung für Arbeiter und Angestellte in Kraft getreten, deren Beiträge je zur Hälfte von den Unternehmern und den Erwerbstätigen gezahlt werden mußten. Eine Beihilfe nach dem Verlust des Arbeitsplatzes war an die Voraussetzung geknüpft, daß der Arbeitnehmer vorher zwei Jahre lang mit 52 Wochenstun-

den kontinuierlich beschäftigt gewesen war. In diesem Fall wurde die Zahlung für maximal 26 Wochen geleistet.

2. Ebenfalls seit 1927 gab es die Krisenunterstützung. Sie stellte keine Versicherungsleistung dar, beruhte auch nicht auf einem Rechtsanspruch und wurde, wenn die Arbeitslosenunterstützung erschöpft war, an Arbeitslose vom 21. Lebensjahr ab aufwärts für höchstens 39 Wochen gezahlt. Voraus ging jedoch eine strenge Bedürftigkeitsprüfung durch das Arbeitsamt, das die Einkommen aller Haushaltsangehörigen addierte, bevor es nach eigenem Ermessen eine Krisenzahlung bewilligte.

3. Wer von diesen beiden Hilfsmaßnahmen nicht erfaßt wurde, fiel auf die Wohlfahrtsunterstützung zurück, die seit 1924 Sache der kommunalen Fürsorge war. Auch hier wurde vorher die Hilfsbedürftigkeit durch eine scharfe Prüfung ermittelt. Alle gezahlten Zuschüsse unterlagen überdies der Rückzahlungspflicht.

Bis zum September 1932 wurden 2,41 Millionen Arbeitslose von der Wohlfahrtsstatistik erfaßt – eine Zahl, die erheblich über derjenigen der Empfänger von Krisenunterstützung lag. Zu dieser Zeit wurden außerdem weitere 86 000 Männer mit Notstandsarbeiten beschäftigt und 285 000 vorwiegend junge Arbeitsuchende vom «Freiwilligen Arbeitsdienst» erfaßt. Dagegen wurden volle 2,52 Millionen Arbeitslose überhaupt nicht unterstützt, weil sie in keine der Unterstützungskategorien hineinpaßten.

Obwohl die Unterstützungsleistungen nur mehr ein Leben unterhalb der Armutsgrenze ermöglichten, wurden die Monatsbeträge für Arbeitslose aller drei Kategorien auf der Talsohle der Depression sogar noch abgesenkt, zum Beispiel von Anfang 1931 bis Ende 1932 auf Stufe 1 von 60,60 auf 47,50 Mark, auf Stufe 2 von 50,50 auf 45 Mark, auf Stufe 3 von 50 auf 44,50 Mark. Auf den Stufen 2 und 3 waren die Leistungen damit auf das Niveau der Armenpflegesätze vor 1914 gedrückt worden. Dennoch stiegen die Wohlfahrtsaufwendungen der völlig überforderten Kommunen von einem Anteil von 1929 = 27 Prozent auf 1932 = 45 Prozent, in den Großstädten sogar auf 47 Prozent.

Insbesondere die Regierungen Brüning und Papen haben die staatlichen Leistungen brutal beschnitten: bis zum Sommer 1932 um 23 bis maximal 52 Prozent; die Versicherungsansprüche von Ehefrauen und jugendlichen Arbeitern wurden in der Arbeitslosenunterstützung ganz aufgehoben. Die Diskriminierung und Marginalisierung von vier bis acht Millionen Arbeitslosen und ihren Familien wurde bewußt in Kauf genommen, ja gesteigert, als die Individualisierung der Depressionslasten auf Kosten der Schwächsten weiterbetrieben und die Massenkaufkraft noch einmal radikal abgesenkt wurde. Die Gemeinden wiederum waren der Verschiebung der Nothilfekosten in ihren Zuständigkeitsbereich nicht von ferne materiell gewachsen.

Wenige Erfahrungen während der «Großen Depression» haben außer-

3. Die Arbeiterklassen

dem so zur Delegitimierung der Republik in den Arbeiterklassen beigetragen wie die demütigenden Bedürftigkeitsprüfungen mit ihrem ungewissen Ausgang, das endlose Schlangestehen vor dem Abstempeln der Arbeitslosenpapiere und die Bestätigung des Bürgerstatus 2. Klasse durch die kärgliche Wochenhilfe. Nicht zuletzt wegen dieser Prozeduren sträubte sich auch das Scham- und Ehrgefühl zahlreicher Arbeitsuchender dagegen, sich überhaupt registrieren zu lassen und danach das Verdikt eines Subalternbeamten akzeptieren zu müssen.

Um die Tiefe der Deprivation während dieses Proletarisierungsschubes zu konkretisieren, ist ein Blick auf zwei Großstädte, zwei alte und zwei neue Industriebranchen aufschlußreich. In einer so diversifizierten alten Handels- und Gewerbestadt wie Köln erreichte der Arbeitslosenanteil 1930 erst elf Prozent der 334 000 Erwerbstätigen, stieg aber bis Ende 1932 auf 35 Prozent, so daß ein Drittel (230 140) der Stadtbewohner von der Wohlfahrt unterstützt wurde. Während derselben Zeitspanne wurden die regulären Löhne außerdem um durchschnittlich ein Viertel gekürzt, Kurzarbeit konnte jedermann treffen. Einer Arbeitslosenfamilie mit vier Kindern standen im August 1932 monatlich 54 Mark pro Kopf, täglich also ganze 30 Pfennig zur Verfügung.

In Hamburg benötigte ein idealtypischer Hafenarbeiter mit ständiger Beschäftigung für seine fünfköpfige Familie wöchentlich 205 Mark, die er selbst auf dem Höchststand der Reallöhne im Dezember 1927 (236,2 Mark) alleine nie ganz erreichte. Seit dem Herbst 1928 verharrten aber die Reallöhne stets unter dem Stand von 1913. Im Sommer 1932 verdienten Schauerleute nur mehr 142 Mark in der Woche, Kaiarbeiter sogar nur 110 Mark, während die Lebenshaltungskosten für ihre Familien trotz der sinkenden Einzelhandelspreise bei 205 Mark lagen.

Im Ruhrbergbau traf der Abschwung selbst die Arbeiteraristokratie der Hauer. Innerhalb von vier Jahren, von Ende 1929 bis Ende 1932, sackten ihr Schichtlohn von 10,23 auf 5,89, ihr Monatsverdienst von 241 auf 162 Mark, das Jahreseinkommen von 2886 auf 1922 Mark. Die Nettolöhne fielen faktisch noch erheblich geringer aus, da extrem hohe belastende Anteile (z.B. 15,7% für die Knappschaftskasse) einbehalten wurden. Sie lagen damit unter den Löhnen der Hüttenarbeiter, die seit jeher als Referenzgruppe galten und als Nachbarn im Wohnquartier zu einem tief irritierenden Vergleich einluden.

In den Kruppschen Hüttenbetrieben stürzten die Wochenlöhne namentlich der hochqualifizierten Facharbeiter vom Oktober 1929 bis Ende 1931 steil ab: der Walzer von 67,49 Mark um 38 Prozent auf 41,49 Mark, der Stahlschmelzer von 62,48 Mark um 21 Prozent auf 49,37 Mark, der Schmelzer von 58,85 Mark um 18 Prozent auf 48,19 Mark. Auch die Tariflöhne wurden bis zum Juni 1932 noch einmal um 16 Prozent gesenkt. In der Essener Maschinenbauanstalt von Krupp sanken die Monatslöhne von 1930 bis 1932 von 177,7 Mark um 22 Prozent auf 140,2 Mark, im Gußstahlwerk von 181 Mark um 18 Prozent auf 149 Mark, auch im Stahlwerk noch von 190,7 Mark um 16 Prozent auf 159,5 Mark. Gleichzeitig wuchs, wie überall, die Angst um den Arbeitsplatz, vor Krankheit und dem Vorwurf des Kontraktbruchs. Das förderte eine Entsolidarisierung, welche die Interessenhomogenität der Arbeiter im Betrieb erodieren ließ. Die Entlassungsdrohung schwebte nicht nur wie ein Damoklesschwert über der Belegschaft, sondern wurde Abertausende Male verwirklicht. Bei Krupp etwa wurden bereits 1929 2731 Arbeiter (rd. 11 % von 24 252 Mann Belegschaft) entlassen, 1930 aber 6551 (rd. ein Drittel von 20 810), 1931 4469 (ein Drittel von rd. 14 928), 1932 2469 (rd. ein Fünftel von 12 758).

In der Wachstumsbranche der Chemischen Industrie lagen die Reallöhne bei Krisenausbruch um zehn Prozent über dem Vorkriegsstand. In den IG-Farben-Unternehmen sackten aber seither die Tariflöhne bis zum Herbst 1931 um rund ein Fünftel, die Prämien und Stücklöhne sogar um ein Viertel ab, außerdem gingen sämtliche Zulagen verloren. Nicht viel anders sah das Ergebnis in einem anderen Leitsektor, in der Elektrotechnik, aus. Denn beim Branchenprimus Siemens fielen die Wochenlöhne der Facharbeiter, gleich ob Zeitlohn oder Stücklohn, bereits von Oktober 1929 bis zum Herbst 1931 um 20 Prozent, bis Ende 1932 aber noch einmal um 13 Prozent, so daß sie um ein ganzes Drittel schrumpften.

Hinter diesen Zahlen, die sich für viele Städte, Regionen und Unternehmen vermehren ließen, verbirgt sich eine oft flächendeckende Verelendung. Tagtäglich und hautnah wurde von Abermillionen Menschen eine denkbar qualvolle und deprimierende Deprivation erfahren, die sie auf ein Proletarisierungsniveau hinabstieß, das zuletzt auf dem Tiefpunkt der vormärzlichen Pauperisierungskrise ungleich weniger Menschen zugemutet worden war. Deshalb ist es alles andere als verwunderlich, daß die Arbeitslosigkeit mit ihren bitteren Folgen während der bisher schlimmsten Krise des westlichen Kapitalismus zur prägenden Grunderfahrung einer ganzen politischen Generation von lohnabhängigen Arbeitnehmern geworden ist.

Diese degradierende Deprivation bildete nicht nur die entscheidende Voraussetzung für ihre Einstellung zum Nationalsozialismus seit 1930. Vielmehr stellt sie auch den «Schlüssel zum Verständnis» der Arbeitergeschichte im «Dritten Reich» dar. Zu allererst muß man den Mythos von der «antifaschistischen Arbeiterklasse» und von der – wenn auch parteipolitisch gespaltenen – Einheitsfront ihres Widerstandes gegen das Vordringen der NSDAP endgültig ad acta legen. Bereits vor dem großen Durchbruch der Hitler-Bewegung im Sommer 1932 hatte ein Drittel der Arbeiterwähler nicht für die SPD und KPD, sondern für andere Parteien gestimmt. Schon vor 1929 stammten 40 Prozent der neu eingetretenen NS-Parteigenossen aus der Arbeiterschaft. Seit 1930 wirkte sich die Fluktuation ehemals linker Wähler zur NSDAP genauso stark aus wie der Zustrom von den Liberalen und der DNVP. Diese Wählerbewegung bescherte der braunen Protestbewegung einen Nettogewinn von zwei Millionen ehemaliger SPD-Wähler. Zugleich bestanden auch zwei Drittel der SA-Mitglieder aus jungen Arbeitern. Dagegen gab es nicht den von konservativen Kritikern öfters behaupteten auffälligen Wählertausch zwischen der links- und der rechtstotalitären Flügelpartei. Wohl aber füllte die erdrückende Mehrheit der Arbeitslosen das Stimmenreservoir der KPD. Insgesamt stammten zu Beginn der 1930er Jahre 40 Prozent aller NS-Wähler aus den Arbeiterklassen. Der tiefste Einbruch gelang in den Kleinstädten und Agrargebieten mit vielen Landarbeitern, während die hochorganisierte Industriearbeiterschaft der großen Städte relativ immun blieb. Konkret hieß das bei den Juli-Wahlen von 1932, daß mehr Wähler aus den Arbeiterklassen für die NSDAP als zusammen genommen für die SPD und KPD votierten!

Da die schrecklichen Depressionsjahre die unmittelbar präsente Vergleichsfolie bildeten, nicht aber die Konjunkturphase vor 1929 mit ihrer proletarischen Marktmacht und hohen Lohnquote, hat die Arbeitsbeschaffungspolitik der Regierung Hitler auch in der Arbeiterschaft eine grundlegende Sympathiemobilisierung ausgelöst, die sich ohne Terror in Regimeakklamation umsetzte. Als die Arbeitslosigkeit innerhalb von drei Jahren verschwand und Vollbeschäftigung einkehrte, die gekürzte Arbeitszeit wieder verlängert wurde und auch die Nominallöhne erneut anstiegen, verschafften die Arbeitsplatzsicherheit und der Zugewinn an Lebensperspektiven der Diktatur einen Loyalitätsfundus, von dem sie zehn Jahre lang zehren konnte.[7]

4. Der Adel in der Schlußphase seiner Agonie: die Kontinuität der aggressiven Defensive

Heute sei es kaum mehr vorstellbar, urteilte die ostpreußische Gräfin Antonie v. Eulenburg 1950 in ihrem Rückblick auf die beiden Weltkriege, «wie schwer wir den Sturz der Monarchie empfanden... Der ganze Zusammenbruch Deutschlands war für uns ein viel schwereres Erlebnis als der von 1945, auch wenn er objektiv gesehen nicht so vollständig war», denn er kam «unerwarteter» und «aus anderer Höhe». Auch Rudolf v. Gersdorff, später im Widerstand gegen Hitler, verband mit 1918, daß den Adelsfamilien über Nacht die Basis entzogen wurde, auf der sich «ihr gesamtes historisches Leben aufgebaut hatte». «Alles, was wir bisher für ideal und verehrungswürdig gehalten haben», stimmte Fürst Castell-Castell in Süddeutschland zu, «ist zerstört, verschmutzt und verdorben... Unsere politische Rolle, fußend auf unserer historischen Stellung, ist vorläufig ausgespielt.»

In diesen melancholischen Kommentaren äußerte sich keineswegs nur der übersteigerte Subjektivismus einzelner Adliger, sondern eine allgemeine Grundstimmung, die seit der Niederlage des Deutschen Kaiserreichs alle Adelsformationen, insbesondere aber den erfolgsverwöhnten preußischen Landadel, durchzog. Jahrhundertelang hatte der alte «Herrschaftsstand» in einer auszeichnenden Nähe zur Monarchie gestanden. Der Hochadel fühlte sich dem primus inter pares gleichgestellt, auch der Niederadel blieb hoffähig, die Offiziere trugen des Königs Rock, Edelleute kontrollierten die strategischen Positionen im Verwaltungsapparat, der Diplomatische Dienst blieb ebenso ihre Domäne wie der «Korridor der Macht» zur Reichsregierung. Mit all diesen formalen und informellen Privilegien hatte es seit der Novemberrevolution von 1918 ein Ende. Auch wer zuerst noch nicht an den abrupten Niedergang der traditionellen Machtelite glauben wollte, spürte doch bald, daß diese Zäsur einer Zeitenwende für den Adel gleichkam.

Die rund 95 000 Adligen, die je nach der historischen Region 0,1 bis maximal 0,3 Prozent der Bevölkerung ausmachten, wurden durch die Weimarer Verfassung in ihren schlimmsten Befürchtungen bestätigt. Im unmittelbaren Anschluß an die adelskritischen Formulierungen der liberalen Frankfurter Reichsverfassung vom März 1849 legte jetzt der Artikel 109 fest: «Alle öffentlich-rechtlichen Vorteile... der Geburt oder des Standes sind aufzuheben... Adelsbezeichnungen gelten nicht mehr als Teil des Namens und dürfen nicht mehr verliehen werden.» Die ohnehin traumatischen Umstellungsprobleme des Adels wurden durch diese Nivellierung weiter verschärft. Fortab gab er sich ganz überwiegend seiner auf Status- und Einflußverlust beruhenden, aber auch «gefühlsgeborenen Republikfeindschaft» hin.

Daß die langgestreckte Phase der Adelsagonie eine neue Wendung zum unaufhaltsamen Geltungsverfall genommen hatte, wurde manchen Zeitgenossen zwar früh bewußt, bestärkte sie aber in ihrer verbissenen Defensive. Im historischen Rückblick tritt die extrem kurze Phase bis zum Ende der ältesten sozialen Klasse in Deutschland noch klarer hervor. Doch gab es andrerseits auch den trügerischen Schein der Kontinuität. Von den 28 Millionen Hektar der deutschen landwirtschaftlichen Nutzfläche behielt der Adel auch während der Weimarer Republik unverändert ein Dreizehntel, mehr als drei Millionen Hektar, in seinem Besitz; davon lagen 1,8 Millionen Hektar in Ostelbien, wo der Adel in Schlesien 30,8, in Pommern 27,8, in Mecklenburg 26,7 und in Brandenburg 22,3 Prozent der Gesamtfläche noch immer besaß, wogegen er in Bayern und Baden auf nur drei Prozent kam. Die hohen Schulden der adligen Großagrarier konnten während der Inflation vollständig getilgt werden. Nur vier Jahre später war ihr Besitz jedoch schon wieder mit 6,8 Milliarden Mark belastet. Außerdem waren in derselben Zeit, von 1924 bis 1928, fünf Milliarden Mark dubios gesicherten Realkredits an die Großlandwirtschaft ausgegeben worden.

Die bäuerliche «Landbund»-Bewegung von 1918/19 verkörperte auch

4. Der Adel in der Schlußphase seiner Agonie

einen Anlauf, sich von der politischen Vorherrschaft der adligen Großagrarier zu emanzipieren. Dieser Versuch einer Befreiung von der überkommenen politischen und ökonomischen Gängelung mißlang jedoch nach kurzer Zeit. Immerhin schlossen sich 1920 die meisten Bünde mit 700 000 Mitgliedern im «Deutschen Landbund» (DLB) zusammen, während dem BdL zu dieser Zeit nur mehr 382 000 Anhänger die Stange hielten. Aus dieser Konkurrenz ging ein harter Handlungsdruck hervor, der den BdL zu schließlich erfolgreichen Fusionsverhandlungen antrieb. An ihrem Ende stand 1923 der «Reichslandbund» (RLB), eine Massenorganisation mit sechs Millionen Mitgliedern, in der die BdL-Strategen ihre Interessenpolitik im vertrauten Stil weiterbetrieben. Zwar hatte der BdL 1912 auf fast 20 Prozent (78) der 395 Reichstagsabgeordneten als angebundene Sympathisanten bauen können. Doch auch der RLB kam 1923 auf immerhin 51 von 466 und 1929 auf 61 von 490 MdR.

Als es dem RLB gelang, 1929 endlich die seit langem anvisierte Einheitsfront aller ländlichen Produzenten zu schmieden, schlossen sich mit ihm die «Vereinigung der Deutschen Bauernverbände», die katholischen «Christlichen Bauernvereine» und die protestantischen «Landbünde» zur «Grünen Front» zusammen. RLB-Präsident Graf Kalckreuth konnte zu Recht triumphieren, daß die Politik der «Grünen Front» bei näherem Hinsehen «stets zu 90 Prozent Landbund-Politik» sei. Am bäuerlichen Widerstand gegen diese Dominanz scheiterte dann auch die «Grüne Front» nach relativ kurzer Zeit.

In seinen lokalen Herrschaftszentren, in den Gutsbezirken und Landratsämtern, kämpften die adligen Agrarunternehmer zäh um ihre Macht. Als Landarbeiterstreiks in der Anfangszeit der Republik dazu führten, daß jährlich etwa 300 Arbeitskämpfe rund 3000 Betriebe erfaßten, konterten die Gutsbesitzer diese Aufkündigung der traditionellen Loyalitätsbindungen nicht nur mit den vertrauten schwarzen Listen. Vielmehr boten sie ehemaligen Freikorpskämpfern und Berufssoldaten eine neue Aufgabe als schwerbewaffnete Streikbrecher. Zu diesem Zweck wurde auch die «Technische Nothilfe» auftragswidrig eingesetzt. Hatte der «Deutsche Landarbeiterbund» 1918 erst rund 9900 Mitglieder besessen, konnte er deren Zahl bis 1922 auf rund 525 000 steigern, ehe er unter dem Anprall der Unternehmerattacke auf 102 000 absackte; erst spät konnte er sich konsolidieren (1931: 131 000). Da der Rat der Volksbeauftragten bereits am 12. November 1918 die Gesindeordnung von 1854 aufgehoben und in der vorläufigen «Landarbeiterverordnung» vom 24. Januar 1919 (die dann bis in die Bundesrepublik hinein, sage und schreibe bis zum August 1969, in Kraft blieb!) allen Landarbeitern den Rechtsstatus von Industriearbeitern verschafft hatte, verschmolz für die Großagrarier ihr erbitterter Kampf gegen die aufbegehrenden Landarbeiter mit der Ablehnung der Republik und ihrer Verfassung überhaupt.

Konnten die Großagrarier den Kampf um ein gefügiges Arbeitskräftepotential gewaltsam zu ihren Gunsten entscheiden, bedeutete 1927 die staatsrechtliche Auflösung des Gutsbezirks als ländlicher Verwaltungs- und Rechtseinheit eine fatale Etappe im Niedergang der adligen Herrenstellung. Obwohl 1918/19 der kurzsichtige Verzicht der SPD auf eine Reform der ostelbischen Agrarverhältnisse die alten Eliten zunächst noch einmal stabilisiert hatte, konnten sie diesem schmerzhaften Eingriff keinen effektiven Widerstand mehr entgegensetzen, ungeachtet der Tatsache, daß sie durch eine solche Machtdeflation in einem Kernbereich adliger Herrschaft über Menschen getroffen wurde. Die jüngsten Verteidigungserfolge erwiesen sich jetzt als Pyrrhussieg. Auch die knapp 1400 Fideikommisse sollten aufgelöst werden. Tatsächlich fielen auch die meisten dieser Adelsbastionen, doch trotz dieses Gesetzesauftrags wurden sie mancherorts weiter verteidigt und erst durch den Alliierten Kontrollrat im Februar 1947 endgültig beseitigt.

Vergeblich stritten die Junker auch um das Landratsamt. Hatten sie 1914 noch die Hälfte dieser Ämter mit ihren Vertrauensleuten besetzen können, vermochte die Verwaltungsreform des republikanischen Preußen bis 1922 den Adelsanteil schon auf 12 Prozent, bis 1931 sogar auf nur sieben Prozent abzusenken. Damit hatte die alte Herrenklasse die auf dem fast 300jährigen Kompromiß zwischen Krone und Adel beruhende Festung ländlicher Vorherrschaft im alltäglichen Verwaltungsgeschäft endgültig verloren.

Obwohl es im Augenblick der Kriegsniederlage nicht danach aussah, gelang die Konsolidierung der adligen Stellung im Offizierkorps bis 1933 ungleich besser, ja in geradezu verblüffendem Maße. In der Generalität hatten die Adligen vor 1914 mit ihrem Anteil von 70 Prozent (275 von 341) eindeutig dominiert. Trotz der einschneidenden Veränderungen beim Übergang zum 100 000-Mann-Heer der neuen zentralstaatlichen «Reichswehr», die erstmals nicht mehr aus Länderkontingenten bestand, verteidigten sie mehr als die Hälfte der Stellen im Generalsrang (22 von 42). Das Offizierkorps mußte gemäß den Bestimmungen des Versailler Vertrages von den rund 46 000 Offizieren des kaiserlichen Heeres auf exakt 4000 reduziert werden. Zahlreiche Offiziere schieden jetzt aus Altersgründen, aus Republikfeindschaft, aus Abneigung gegen ein Berufsleben ohne erkennbare Beförderungschancen aus – und sie alle tendierten zur Diskriminierung jener Offiziere, die seither für die verhaßte Republik Dienst taten. Dennoch blieb ein Überangebot bestehen, so daß die Engpaßsituation von der Reichswehrführung, vor allem von den Generälen Hans v. Seeckt und Wilhelm Groener samt ihrem Expertenstab, zum Aufbau einer neuen Militärelite, aber auch zu einer sozialen Konsolidierung zugunsten des Adels zielstrebig genutzt werden konnte.

Deshalb stieg der Adelsanteil von einem Fünftel (21,7 %, 1925) auf ein Drittel (34 %, 1932). Die Selbstrekrutierung blieb hoch: Noch 1930 kamen

4. Der Adel in der Schlußphase seiner Agonie

55 Prozent aller Offiziere aus Offiziersfamilien, die größtenteils (46 %) aus Ostelbien stammten. Ehemalige Generalstabsoffiziere wurden ebenso bevorzugt wie politisch orthodoxe Offiziere, um soviel konservativen Einfluß auf das neue Reichsheer wie nur eben möglich zu retten. Von ihrer Position aus durchaus folgerichtig hielt die Reichswehrführung sogar an dem überkommenen Normen- und Ehrenkodex fest. Die Zölibatsregel galt weiterhin für die jungen Offiziere. Nicht nur wurde die Herkunft der Ehefrauen aus den «richtigen Kreisen» erwartet, sondern der anachronistische Ehekonsens mußte noch vor der Verlobung eingeholt werden. Selbst das Duell wurde im April 1924 für die Regulierung von Ehrenhändeln erneut verbindlich gemacht. Mochten die Edelleute auch den immensen Einfluß- und Ansehensverlust des adligen Offiziers beklagen – im Gehäuse der neuen Reichswehr hatten sie sich dennoch wohnlich eingerichtet und nicht wenig von ihrer traditionellen Exklusivmentalität und ihrem Normenkatalog hinübergerettet. Der verhängnisvolle Verzicht auf den Aufbau einer «republikanischen Volkswehr» im Umbruchsjahr 1918/19 führte daher zu einem geschlossen «systemfeindlichen» Heer, das nur auf den günstigen Augenblick des künftigen Paktes mit einem alle Vertragsfesseln sprengenden, den Revisionskrieg bejahenden und daher die Expansion der Reichswehr verheißenden autoritären Regime wartete.

In scharfem Kontrast zu dem Behauptungserfolg im Militärwesen stand freilich der Einflußrückgang in der Beamtenschaft. Die Gesamtzahl aller adligen Ministerialbeamten in Preußen schrumpfte von 1914 = 203 um 72 Prozent auf 1931 = 34 Juristen. In fünf «klassischen» Ministerien (Innen-, Finanz-, Landwirtschafts-, Kultus-, Staatsministerium) ging sie in derselben Zeit dank der Verwaltungsreform sogar bis auf einen zurück. Im Herbst 1918 besetzten adlige Bürokraten noch zwei Oberpräsidien, sechs Regierungspräsidien, 79 Landratsämter. 1931 waren von diesen Machtträgern nur mehr 14 adlige Landräte übriggeblieben. Und was die strategisch entscheidende Nachwuchsrekrutierung anging, wurden in der gesamten Zeitspanne von 1918 bis 1933 nur mehr 17 adlige Referendare und Assessoren zeitweilig in den Verwaltungsapparat aufgenommen.

Die drohende Kulisse des Einflußrückgangs und dann der tatsächlich dramatische Herrschaftsverfall trafen den Adel in den tiefsten Schichten seines jahrhundertelang geschulten Machtinstinktes. Wie reagierte er? Nach Kräften suchte er die DNVP als Nachfolgerin der Deutschkonservativen zur adligen Interessenvertretung auszubauen und den RLB, auf der Bahn der BdL-Traditionen, in eine effektive «Pressure Group» zu verwandeln. Doch aufs Ganze gesehen blieb die DNVP nur ein Schatten des früheren konservativen Blocks, während der RLB die Aktivität der Agrarlobby auch nicht so erfolgreich wie früher fortsetzen konnte. Darüber hinaus engagierte sich der Adel in den paramilitärischen Verbänden: etwa im «Wehrwolf» und im «Stahlhelm», in den Reit- und Fahrvereinen, in den Grenzschutzverbänden, ohne doch derart das Rad der Entwicklung zurückdrehen zu können. Aufschlußreicher ist dagegen sein Bemühen, eine exklusive adelige Interessenvertretung aufzubauen. Dazu diente die «Deutsche Adelsgenossenschaft». Als Vereinigung ultrakonservativer Kleinadliger, die gegen die Machtkompromisse der Reichsgründungszeit opponierten, war sie bereits 1874 entstanden. Bis 1918 hatte sie es aber nur auf 1600 Mitglieder gebracht. Doch seither schnellte deren Zahl bis 1925 auf 17 000 empor; die Hälfte bestand aus ostelbischen Gutsbesitzern und ehemaligen Offizieren. Den Vorsitz als «Adelsmarschall» übernahm der hochkonservative Friedrich v. Berg, ein kläglich gescheiterter Intimus Wilhelms II. im preußischen Staatsministerium, und Hindenburg, seit 1904 Mitglied, akzeptierte den Ehrenvorsitz. Wegen der antirepublikanischen Fundamentalopposition erreichte es Stresemann 1929, daß Beamten und Offizieren die Mitgliedschaft verboten wurde.

Seit jeher hatten im neuzeitlichen deutschen Adel die strategischen Verhaltensmaximen der sozialen Schließung und Öffnung gleichzeitig existiert, und die «Adelsgenossenschaft» praktizierte sogleich eine zugespitzt defensive Exklusion. Der Arierparagraph, den sie auf dem «Deutschen Adelstag» von 1920 beschloß, verbot all jenen Adligen die Mitgliedschaft, deren Stammbaum nach 1800 «nichtarische» Vorfahren aufwies. Von diesem elitär-rassistischen Exklusivitätsdenken her ließ sich wenig später mühelos eine Brücke zum Nationalsozialismus schlagen.

Der von der «Adelsgenossenschaft» besiegelte Antisemitismus blieb jedoch nicht die einzige Form dieser Phobie. Die namentlich im Niederadel tief verwurzelte traditionelle Aversion gegen den «städtischen Wucherjuden» und den «jüdischen Viehhändler» konnte, wie sich seit dem Kriegsende herausstellte, mühelos in einen giftigen Antisemitismus transformiert werden, der jeden jüdischen Deutschen als Sündenbock für den Niedergang des Reiches haftbar machte. Schon 1919 warnte der Geschäftsführer des BdL vor der «sozialdemokratisch-jüdischen Zwangswirtschaft» und der «Heuschreckenplage der Ostjuden». Berlin galt jetzt gemeinhin als ein «zionistisch-jüdisches Zentrum», ja schlechterdings als das «Neue Jerusalem». In dem Deutungsschema, das unter Adligen weit verbreitet war, hatten Juden die «Volksgemeinschaft» vom Sommer 1914 «zersetzt», die militärische Kampfkraft fatal geschwächt, die innere Front eines zerstörerischen Klassenkampfes aufgebaut und zuletzt noch die «bolschewistisch-jüdische Revolution» importiert. In der Weimarer Republik herrschten sie mit Hilfe der «jüdischen Verfassung», der «jüdischen Parteien» und der «jüdischen Regierung».

Im antisemitischen Code der Adligen verkörperten die «Hebräer» alle Widrigkeiten der Moderne. Die biologistischen Metaphern beschworen das Unheil des «Judengeschmeißes», der «fremdstämmigen Vampire». Von

4. Der Adel in der Schlußphase seiner Agonie

ihren «rassischen Dispositionen» her favorisierten sie angeblich zwangsläufig den Internationalismus und Pazifismus, selbstverständlich auch die freimaurerischen Geheimlogen und die ominöse «jüdische Weltherrschaft», die im Stil der «Protokolle der Weisen von Zion», eines von der zaristischen Geheimpolizei erfundenen programmatischen Textes, beschworen wurde. Auch wenn während der Konjunkturphase seit 1924 der manifeste Antisemitismus etwas abklang, blieben doch die bewährte «Personalisierungstechnik» und der perfide «Andeutungsstil» in der Publizistik der Agrarlobby und der «Adelsgenossenschaft» erhalten, so daß der latente Antisemitismus jederzeit wieder angefacht und abgerufen werden konnte.

Auch er vermehrte die Zugangschancen zum Nationalsozialismus, zumal das Adelsdenken seit langem auf einer quasi-rassistischen Privilegierung des «blauen Blutes» beruht hatte. Auch das Ziel der «völkischen Auslese» kam den Elitevorstellungen des Adels so weit entgegen wie die «Blut- und Boden»-Metaphorik. Obwohl die meisten längst als agrarkapitalistische Unternehmer tätig waren, verband sie außerdem mit dem Nationalsozialismus ein vages antikapitalistisches Ressentiment und ein dumpfes Aufbegehren gegen die übermächtige Moderne.

Angesichts dieser strukturellen Vorbedingungen ist die seit 1929 voranschreitende Konvergenz zwischen den traditionellen ländlichen Eliten, die sich im Verlauf der Weltagrarkrise ganz so radikalisierten, wie die ländliche Gesellschaft insgesamt durch sie politisch mobilisiert wurde, und dem spektakulär erfolgreichen «Agrarpolitischen Apparat» der NSDAP unter der Leitung von Walter Darré alles andere als verwunderlich. Denn in ihrem antirepublikanischen Rechtsradikalismus fanden die weithin entmachteten «Herren des Landes» und die «plebejischen», aber siegessicheren Neulinge in der Arena der Massenpolitik im Grunde ziemlich mühelos zusammen. Ein Hauptpunkt der Adligenkritik am Nationalsozialismus blieb vielmehr geraume Zeit der Vorwurf, daß er noch nicht entschieden genug gegen die Irrwege der Weimarer Republik protestiere!

1931 brachte die sichtbare Wende, denn der RLB schwenkte jetzt in das Fahrwasser der Hitler-Bewegung ein. Darré setzte seinen Stellvertreter als einen der vier RLB-Präsidenten durch. Die Wahlen zu den Landwirtschaftskammern in Ostpreußen, Brandenburg, Pommern, Schleswig-Holstein, Niederschlesien, Sachsen brachten den Nationalsozialisten bis zu drei Viertel aller Sitze. 1932 lagen sie im stockkonservativen Pommern in zwei Dritteln der Wahlbezirke vor der DNVP. Der Aufstieg des Nationalsozialismus trug mehr zu ihrer Erosion als Großagrarierpartei bei als der Zickzackkurs des neuen Parteivorsitzenden Alfred Hugenberg.

Auf dem Tiefpunkt der Agrarkrise verteidigten vor allem RLB-Präsident Martin Schiele, den Brüning in sein erstes Kabinett als Landwirtschaftsminister aufgenommen hatte, und Reichspräsident Hindenburg, den der Adel dank seines «Immediatzugangs» jederzeit erreichen konnte, die Belange der Großagrarierlobby im Berliner Machtzentrum zu einer Zeit, als diese wieder einmal ihre «Weizenbauinteressen zu einem nationalpolitischen Abwehrkampf im Osten» überhöhte. Erneut weigerten sich die adligen Grundbesitzer, den Herausforderungen des Weltagrarmarktes und der Agrarkrise mit Modernisierung und intensivierter Orientierung an den Marktbedürfnissen der städtischen Konsumenten zu begegnen. Ihre ökonomische Beharrungsmentalität führte sie im Verein mit der Verteidigung ihrer Elitenstellung nach bewährtem Vorbild an jene Klagemauer, wo nur noch der Ruf nach Staatssubvention erschallte. Während Hindenburg in seiner «März-Botschaft» von 1930 ein Großprogramm zur Rettung des ländlichen Ostens forderte, verlangte Schiele einen kompletten Schuldenerlaß, Brüning immerhin ein Moratorium für alle landwirtschaftlichen Schulden in Ostdeutschland. Tatsächlich wurde im Juli 1930 durch eine Notverordnung die «Ostpreußen-Hilfe», die bereits im Mai 1929 vom Stapel gelaufen war, aber nur sieben Prozent des Geldes in die Betriebe unter 100 Hektar gelenkt hatte, kräftig erweitert und im Februar 1931 als ein förmliches Etatgesetz zur «Großen Osthilfe» noch einmal verstärkt. Brüning verband das Subventionsunternehmen, das nach damaligen Vorstellungen extrem großzügig angelegt war, mit dem brisanten Projekt einer Neusiedlung, die im Stil der inneren Kolonisation, aber auch mit antislawischer Zielrichtung, kleinbäuerliche Betriebe schaffen sollte. Der RLB opponierte intransigent gegen diesen «Agrarbolschewismus», da er die in Not geratenen Großagrarier durch die künftige Besitzveränderung unmittelbar betroffen sah. Brünings Vorhaben gehörte aber ohnehin in den Köcher seiner unrealistischen Pläne. Wenn man sich vergegenwärtigt, daß damals jährlich 21 700 Abwanderer allein die Provinz Ostpreußen verließen, hätten ein paar tausend umstrittene Neusiedler in ganz Ostdeutschland eine «quantité négligeable» ausgemacht.

Die «Osthilfe», vollmundig als «Magna Charta» der notleidenden ostdeutschen Landwirtschaft angepriesen, löste ein politisches Debakel aus, als die kraß asymmetrische Begünstigung der Großagrarier, die zur Erlangung ihres politischen Wohlwollens geradezu unverfroren bestochen wurden, in die Öffentlichkeit drang. In diesem Augenblick erwies sich der Landadel auch deshalb als leicht angreifbar, weil nicht nur der Reichspräsident und der neue Reichskanzler v. Papen, sondern die Mehrheit seines «Kabinetts der Barone» als Repräsentanten adliger Interessen gelten mußten. Hindenburg wurde zudem selber in den Wirbel des «Osthilfe»-Skandals verwickelt, da bekannt wurde, daß der frühere ostpreußische Familienbesitz Neudeck von Gönnern erworben und dem Reichspräsidenten als Geschenk übergeben, aber zur Vermeidung von Steuern auf dessen Sohn Oskar überschrieben worden war. Allzu offensichtlich hatte die Lobby die Loyalität des gescheiterten Feldmarschalls auch noch einmal an die Sache der adligen Großagrarier binden wollen.

Hinter solchen bizarren Auswüchsen der viel beschworenen preußischen Korrektheit und dem nackten Interessenegoismus der agrarischen Großunternehmer verbarg sich das politische Problem der Elitenfragmentierung. Denn der Adel hing nur zum Teil weiter an den konventionellen Mustern der Interessenverfechtung durch eine konservative Partei und eine agrarische «Pressure Group», mithin durch DNVP und RLB. Die Mehrheit dagegen optierte allmählich für die neuartige Interessenpolitik auf der vom Nationalsozialismus geschaffenen Massenbasis. Seitdem sich die deprimierenden Auswirkungen der neuen Agrarkrise immer schmerzhafter bemerkbar machten, kam die republiksprengende, radikalnationalistische Protestbewegung der Hitler-Partei mit ihrem Überparteilichkeitsgestus den politischen, ökonomischen und ideologischen Zielen der traditionellen ländlichen Machtelite immer überzeugender entgegen. Hier wurde eine informelle Allianz eingeübt, die sich im Winter 1932/33 als Bündnis für eine fatale Weichenstellung in der deutschen Politik erweisen sollte.[8]

5. Die bäuerlichen Besitzklassen

Die Eigentumsverhältnisse in der ländlichen Gesellschaft haben sich nach 1918 kaum verändert: 75 Prozent des Bodens blieben Bauernland, 25 Prozent blieben in der Hand des Großagrarier. Von den rund 32 Mill. Hektar Kulturlandes im Jahre 1914 gingen wegen der Kriegsniederlage 15 Prozent und rund 188 000 Betriebe verloren. Aufgrund der Gebietsabtretungen in Westpreußen und Posen entfiel seither ein erheblicher Teil der großen Güter, in Elsaß-Lothringen und in Nordschleswig handelte es sich dagegen durchweg um den Verlust von Voll- und Kleinbauernstellen.

Die überkommene Zerklüftung der ländlichen Gesellschaft blieb ebenfalls bestehen. Großagrarier, bäuerliche Besitzklassen, Parzellisten mit Zwergstellen und sechs Millionen eigentumslose Landarbeiter, Knechte und Mägde – sie standen sich in ihren scharf voneinander geschiedenen Sozialmilieus gegenüber. Doch die traditionelle soziopolitische Machtstruktur begann sich wegen der Deflation der Adelsmacht von Grund auf zu verändern.

In den 1920er Jahren gab es 2,069 Millionen ländliche Eigentümer (1907: 2,257 Mill.), die ihren Lebensunterhalt vollständig aus der Landwirtschaft bestritten. Zu ihnen kamen noch 3,046 Millionen Parzellisten mit höchstens zwei Hektar Land hinzu. Die Spitzengruppe der adligen, bürgerlichen und einiger bäuerlichen Großagrarier mit mehr als 100 Hektar Landbesitz umfaßte insgesamt nicht mehr als 23 000 Agrarunternehmer, mithin ein Prozent aller Eigentümer. Die Großbauern mit Betrieben von 50 bis 100 Hektar und die Vollbauern mit solchen von 20 bis 50 Hektar stellten rund 262 000 Landwirte, rund 13 Prozent aller Eigentümer. Die Mittelbauern mit fünf bis 20 Hektar großen Höfen kamen auf 18 Prozent, die Kleinbauern mit Stellen von zwei bis fünf Hektar auf ungefähr denselben Anteil (17,5 %). Auf die gut drei Millionen Parzellisten entfielen nicht mehr als fünf Prozent des Kulturlandes.

Dagegen gehörten von den rund 28 Millionen Hektar Kulturboden – 20,5 Millionen Hektar davon waren Ackerland – den Großagrariern relativ beachtliche 20 Prozent, den Groß- und Vollbauern 26 Prozent, den Mittel- und Kleinbauern 46 Prozent. Faßt man die Groß- und Vollbauern mit dem oberen Rang der Mittelbauern zusammen, versammelt man in dieser Kategorie ein knappes Viertel aller Landeigentümer, denen jedoch zwei Drittel der landwirtschaftlichen Nutzfläche gehörten. Sie bildeten den Kern der bäuerlichen Gesellschaft, da diese Betriebsinhaber gewissermaßen hauptberuflich, ohne den Zwang zum Nebenerwerb, auf lebensfähigen Höfen arbeiteten. Selbstredend ist das der Reichsdurchschnitt, von dem z. B. sogar das «Bauernland» Bayern mit nur 20 Prozent Groß- und Mittelbauern deutlich abwich.

Der eindeutige Schwerpunkt der großagrarischen Betriebseinheiten lag weiterhin in Ostelbien. Sie wurden nur durch einige ehemalige Rittergüter in Schleswig-Holstein und in den preußischen Westprovinzen sowie durch Adelsbesitzungen in Bayern und anderswo in Westelbien ergänzt. Die Großbauern machten je nach Region nicht mehr als vier bis sechs Prozent der Bauernschaft aus. Doch diese hochplazierte Besitzklasse, in der es etwa die ostpreußischen Kölmer- und die westfälischen Meierhöfe mit dem Besitzumfang mancher Großagrarier mühelos aufnehmen konnten, stellte weiterhin die lokale Machtoligarchie, die ihre Spitzenposition für die Familie und Klientel zielstrebig nutzte. Die Verteidigung, Vermehrung, Vererbung des opulenten Besitzes blieb ihr Hauptziel, dem auch die strenge Endogamie diente. Ihre Reichtums- und Konsumdemonstration wurde durch eine geschickte Diversifizierung und eine hohe Marktquote ermöglicht, die dank der im Verlauf der Urbanisierung rapide schrumpfenden Eigenversorgung weiter anstieg. Kreditbanken und Genossenschaften standen ihnen bei dieser Expansion bereitwillig zur Seite. Aus diesem Sozialmilieu wurden auch am ehesten die Söhne zur Ausbildung auf eine Landwirtschaftliche Hochschule oder Fachschule geschickt, um sie mit dem neuesten Stand der Agrarwissenschaft vertraut zu machen.

In einem so besitzbewußten Milieu wie dem der bäuerlichen Gesellschaft besaßen die Mittelbauern eine unübersehbar abgehobene eigene Lebenssphäre. Ihrem ausgeprägten Mobilitätsdrang zugunsten des Aufstiegs in den Rang eines Großbauern entsprach der Umstand, daß der Mittelbauernstatus das erstrebte Lebensziel fähiger Kleinbauern blieb. Nicht wenige erreichten es, denn allein im Kaiserreich hatte sich diese Besitzklasse um 15 Prozent ausgedehnt. Sie bezog gleichfalls aus der Steigerung ihrer Marktquote den größten materiellen Zugewinn. Am unteren Saum der

5. Die bäuerlichen Besitzklassen

Mittelbauernschaft waren jedoch acht bis zehn Prozent auf eine degradierende Nebenbeschäftigung angewiesen.

Das galt nun durchweg für die Kleinbauern mit ihrer kärglichen Subsistenzwirtschaft. So gut wie ausnahmslos mußten sie einem Nebenerwerb als Tagelöhner, als Steinbruch-, Ziegelei- und Straßenarbeiter oder als Pendelarbeiter in einer nahegelegenen Stadt oder Industrieanlage nachgehen. Häufig handelte es sich bei ihnen um städtische Arbeiter oder Bergleute, die ihre Existenzprobleme durch den Landbesitz etwas abfedern konnten. Im Gegensatz zu den anderen bäuerlichen Besitzklassen besaßen sie keine eigene politische Stimme, da der BdL und der RLB, aber auch die diversen Bauernvereine im Grunde die Verfechtung der kleinbäuerlichen Interessen ignorierten oder bei deren Artikulation zumeist scheiterten.

Die regionale Verteilung der bäuerlichen Besitzklassen blieb während der Weimarer Republik unverändert bestehen. Auch die agrargesellschaftliche Ungleichheit wurde unverändert durch die Größe und den Wert der landwirtschaftlichen Nutzfläche, durch die Bodenqualität und die Marktquote bestimmt. Diese Faktoren entschieden über die Positionen in der ländlichen Stratifikationshierarchie, über das Maß an politischem Einfluß und sozialer Ehre. Die extrem hohe, überwiegend sogar totale Selbstrekrutierung blieb bestehen: Bauern wurden weiterhin in Bauernfamilien geboren. Allenfalls in den großagrarischen Besitz kauften sich städtische Investoren und Prestigesuchende ein, während die internen Veränderungen in der Bauernschaft durch die Fluktuation zwischen den Besitzklassen zustande kamen. Insofern übertraf die soziale Homogenität der bäuerlichen Welt bei weitem die Kohäsion im städtischen Industrieproletariat oder in den bürgerlichen Klassen.

Die deutsche Agrargesellschaft hatte vor dem Weltkrieg noch immer ein Drittel aller Erwerbstätigen umfaßt und 12,8 von 64 Millionen Reichsbürgern Existenzchancen geboten. Dieses Verhältnis veränderte sich in der Zeit der Republik nur wenig, da auch 1933 noch 13,1 von 65,2 Millionen zur ländlichen Gesellschaft gehörten. Allerdings wird die Aussagekraft dieser Zahl dadurch verzerrt, daß die Weltwirtschaftskrise Hunderttausende von Städtern zeitweilig in ihre ländlichen Herkunftsgebiete zurücktrieb. Die Absorption dieser temporären Rückwanderer fiel dort um so schwerer, als seit 1926/27 eine neue globale Agrarkrise auch auf die deutsche Landwirtschaft einwirkte. Sie steigerte das Bedürfnis nach agrarprotektionistischen Maßnahmen. Als ihr Maximalziel galt, den deutschen Agrarmarkt möglichst vollständig aus der internationalen Marktwirtschaft herauszulösen, um seinen Produzenten durch massive Staatsintervention ein bekömmliches Leben auf Kosten der städtischen Bevölkerungsklassen zu ermöglichen.

Die große Alternative wäre seit den 1870er Jahren eine dezidierte, zuerst fraglos schmerzhafte Anpassung an die Nachfrage der städtischen Konsumenten gewesen, wie sie etwa in Holland und Dänemark gelang. Sie hätte zu einem Verzicht auf die nicht mehr konkurrenzfähige Weizenproduktion zugunsten einer intensiven Veredelungswirtschaft mit ihren Fleisch- und Milchprodukten führen können. Doch diese Option hatten zwar viele marktwirtschaftlich flexible Vollbauern wahrgenommen, namentlich die Großagrarier aber weit von sich gewiesen. Da der Zugang zum Machthaber für sie weit offen stand, erschien der verlockende Griff nach der Klinke der Gesetzgebung allemal bequemer als ein struktureller Umbau mit hoher Belastung und ungewissem Ausgang. Inzwischen war der Agrarprotektionismus zur sakrosankten Gewohnheit, zur arroganten Selbstverständlichkeit der Ansprüche des «Nährstandes» geworden.

Diese Erwartungshaltung wurde durch die Einkommenslage in der Landwirtschaft nachhaltig verstärkt. Am Ende der kurzen «goldenen Jahre» (1928) war das jährliche bäuerliche Durchschnittseinkommen bei nicht mehr als 1105 Mark angelangt – das waren 44 Prozent weniger, als damals das Durchschnittseinkommen aller Erwerbstätigen ausmachte. Während deren Einkommen seit 1913 um zwei Fünftel angestiegen waren, kamen die bäuerlichen Selbständigen nur auf einen Zugewinn von 4,4 Prozent. Vor 1914 hatten sie immerhin noch 13 Prozent des Volkseinkommens erwirtschaftet, 1928 waren es nur mehr acht Prozent. Bestenfalls die Hälfte aller Bauern konnte vor dem Einbruch der neuen Agrar- und Weltwirtschaftskrise ihre Lage mit der Situation vor dem Krieg vergleichen, während die andere Hälfte absackte.

Diese Deklassierungserfahrung hing zutiefst mit der strukturellen Transformation Deutschlands in einen Industriestaat zusammen, in dem die Agrarwirtschaft nur mehr einen stetig schrumpfenden Anteil am Sozialprodukt erwirtschaften konnte – und kann. Für die Zeitgenossen standen jedoch die aktuellen Bedingungen der klassenspezifischen Deprivation im Vordergrund. Die enorme Belastung im Weltkrieg, die sich mit der Empörung über eine ungewohnte Kontrolle, ja eine als kränkend empfundene Gängelung durch den Staatsapparat verband, bildete einen krassen Kontrast sowohl zur Vorkriegskonjunktur als auch zur pfleglichen Unterstützung der Landwirtschaft seit dem innenpolitischen Schwenk von 1879. Mit der Kriegsniederlage und dem Zerfall des etablierten Interessentenkartells verlor der Agrarsektor vorerst einmal seine privilegierte Position. Das führte zu einer tiefen Irritation, ja Orientierungslosigkeit der meisten Agrarunternehmer, zumal der RLB und die Bauernvereine, die DNVP und das Zentrum sich außerstande zeigten, eine schnelle und effektive Abhilfe zu schaffen.

Zwar wurden 1921 die verhaßten Kontrollmaßnahmen aus der Kriegszeit aufgehoben; der Inflationskonsens ermöglichte es bis hin zum Ende der Hyperinflation, jahrzehntealte Schulden vollständig abzutragen; günstige Preise angesichts der hochschnellenden Nachfrage nach Lebensmitteln begünstigten die Bauern. Doch in ihrer Perzeption sahen sie sich nicht als Gewinner, sondern als krasse Verlierer. Der Verlust ihres soziopolitischen Status, die chaotisch wirkenden Umstände in der Kriegszeit, die hohen Steuern, teuren Kredite und die ausländische Konkurrenz bestätigten sie in ihrer dumpfen antirepublikanischen, antisozialistischen Oppositionshaltung.

Darüber hinaus war das verlangsamte Wachstumstempo, das nur mehr eine irritierende punktuelle Prosperität zuließ, allzu spürbar. Die lähmende Agrarkrise seit 1926/27 dramatisierte dieses Krisenszenario, das wegen der Industriedepression mit ihrer konsequenten Absenkung der Massenkaufkraft seit 1929 noch düsterer wurde.

Der latent anhaltende Druck zur Umstellung auf Veredelungsprodukte für den städtischen Binnenmarkt blieb jetzt wegen der Krisenbelastungen und der steigenden Kreditkosten erst recht folgenlos. Die ostdeutschen Großagrarier beharrten ohnehin auf ihrer Produktionsweise. Und nicht nur das, sie überhöhten sogar wieder einmal die Probleme ihres Kornfrüchteanbaus «zu einem nationalpolitischen Abwehrkampf» um die deutsche Scholle, um das Preisniveau der trotz aller Krisensignale unverfroren weiter hochgetriebenen Produktionsmenge stabil zu halten: Die deutsche Weizenproduktion verdoppelte sich von 1928 = 2,597 auf 1932 = 5,003 Mill. Tonnen, während die Roggenproduktion in derselben Zeit von immerhin 6,405 auf 8,363 Mill. Tonnen anstieg. Dagegen führte der Preisverfall auf dem Weltagrarmarkt seit 1925/26 binnen vier Jahren zu einem marktgerechten Rückgang des Erzeugungsvolumens um 70 Prozent.

Sieht man von diesem vertrauten Klassenegoismus einmal ab, herrschte am Ende der 1920er Jahre in der ländlichen Welt eine tiefgreifende sozialökonomische Verunsicherung, eine mentale Verstörung und eine daraus hervorgehende politische Enttäuschung. Dieses brisante Stimmungspotential mit seiner vagen Unrast entlud sich zuerst in der schleswig-holsteinischen «Landvolk»-Bewegung, danach sorgte es für einen geradezu reißenden Zustrom zur NSDAP.

Ein neuartiger bäuerlicher Widerstand brach 1928 in Schleswig-Holstein aus, wo die Krise der hochentwickelten Vieh- und Veredelungswirtschaft, deren marktnahe Produktion ganz auf den jetzt rückläufigen elastischen Bedarf der Städter ausgerichtet war, einen anschwellenden ökonomischen Druck erzeugte. Er wirkte sich am stärksten im westlichen Marschgebiet mit seinen überwiegend viehzüchtenden Großbauern und in der breiten mittleren Geest mit ihren kleinen Viehbauern aus, während das östliche Holstein mit seinen getreideproduzierenden Großgütern zunächst noch nicht betroffen war. Der Protest, der sich folgerichtig im Westen und in der Mitte der Provinz regte, nährte sich aus einem Bündel von Motiven.

Der eklatante Sturz der Schweinepreise führte zu Zahlungsschwierigkeiten, infolgedessen zu neuer Verschuldung – die Zinslast verschlang 15 Prozent des Verkaufserlöses –, bald auch zu Pfändungen und Zwangsversteigerungen, die bereits 1928 176 Bauernhöfe erfaßten. Ein Großteil der Schuld an dieser Misere wurde der angeblich unfähigen Berliner Agrarpolitik zugeschrieben, die wegen der interessenpolitischen Fragmentierung zu keinen günstigeren Entscheidungen gezwungen werden konnte. In dieser fatalen Funktionsschwäche der herkömmlichen «Pressure Groups» lag wahrscheinlich das strukturell ausschlaggebende Moment der bäuerlichen Militanz.

Die Aversion der Peripherie gegen das Zentrum knüpfte an die traditionelle Oppositionshaltung an, die in den 1866 von Preußen annektierten Herzogtümern weitergelebt hatte, wobei alsbald auch die Unzufriedenheit mit der vom ostelbischen Landadel bestimmten Agrarpolitik eine wesentliche Rolle spielte. Da die Sozialdemokratie im ländlichen Schleswig-Holstein nicht als politisches Sicherheitsventil dienen konnte, äußerte sich der Protest in der auffällig hohen Stimmenzahl für den orthodoxen Fortschrittsliberalismus, der als schärfstmöglicher Ausdruck systemimmanent akzeptabler Kritik galt. Nach dem Einschnitt von 1918 wurde zunächst konsequent die DDP, dann schließlich die DNVP gewählt.

Im Verbandswesen brach indes sofort ein harter Konflikt auf, denn der «Schleswig-holsteinische Bauernverein», der groß- und mittelbäuerliche Betriebe vertrat, liierte sich mit der «Vereinigung deutscher Bauernvereine» und führte dreimal soviel Mitglieder wie der regionale BDL zusammen. Der rivalisierende «Landbund» dagegen schloß sich frühzeitig dem RLB an, in dem die großagrarischen Interessen klar dominierten. Die bürgerlichen Parteien vermochten diese divergierenden Agrarinteressen nicht auf ihre Mühlen zu lenken, so daß es schon vor 1918 zu ihrer «fast totalen Entmachtung» in den Kommunen und im Provinziallandtag kam. Der «Stahlhelm» rückte in die Rolle einer Ersatzpartei ein, die von dem zerfallenden intermediären System der Interessenverbände nicht gespielt werden konnte. Auch der «Jungbauernverband», der von der Heimvolkshochschulbewegung und von bündischen Einflüssen geprägt wurde, mobilisierte seine Anhänger, meist Frontsoldaten mit einer Neigung zu härteren Behauptungsmethoden, außerhalb der herkömmlichen Parteien und Verbände.

Im Grundzug herrschte in Schleswig-Holstein seit 1918 ein antirepublikanischer Rechtsdrall. Ein klares Indiz dafür ist die im März 1920 bereitwillig gewährte Unterstützung des Kapp-Putsches durch die Provinzialverwaltung, die Selbstschutzverbände und die Reichswehr. Eine nationalistische Volkstums- und antidänische Grenzlandideologie verband sich mit vagabundierenden ständischen Ideen, zu denen die illusionären Vorstellungen von einer Bauernpartei oder sogar einem Bauernstaat im Staat gehörten. Diese heterogenen, weimarfeindlichen Strömungen wurden durch das «Landvolk», das von 1928 bis 1931 auf der historischen Bühne agierte, erstmals kanalisiert. Diese bäuerliche Sammlungsbewegung im

5. Die bäuerlichen Besitzklassen

ländlichen Schleswig-Holstein trat gegen die parlamentarische Republik, gegen die nachhaltigen Auswirkungen des Weltmarktes und der neuen Agrarkrise, gegen die interessenpolitische Zersplitterung mit dem Ziel an, eine ländliche Einheitsfront zu schaffen. Die ideellen Antriebskräfte stammten aus der traditionellen konservativen Agrarideologie, aus völkisch-nationalistischen Überzeugungen und ständischen Illusionen. Selbstredend sollte auch durch konkrete materielle Hilfeleistungen die kollektive bäuerliche Existenz stabilisiert werden.

Die Ziele und Forderungen des «Landvolks» wurden zum ersten Mal massenwirksam auf großen Veranstaltungen verfochten, zu denen sich am 28. Januar 1928 in 17 Kreisstädten rund 140 000 Teilnehmer einfanden. Das war der Geburtstag der «Landvolk»-Bewegung als einer «destruktiven Form politischer Willensäußerung». Weder eine Partei noch ein Interessenverband hatte diese Treffen organisiert, vielmehr nutzte ein kleines Netzwerk aufsässiger Bauern die latente Bereitschaft zu einem spontanen Aufbegehren, das an den späteren APO-Stil erinnert. Der Protest dehnte sich schnell aus, die Mittel wurden aggressiv. Im November 1928 etwa verhinderten 200 erregte Bauern trotz des Polizeieinsatzes die Pfändung eines Hofes. Zwar entstand auch ein neuer größerer «Land- und Bauernbund» aus der Fusion der bisher konkurrierenden Vereine, doch die Dynamik des «Landvolks» vermochte er nicht abzufangen. Seit dem Januar 1929 wurde es durch eine eigene Zeitung «Landvolk» unterstützt, deren Redaktion zu einem maßgeblichen Ideen- und Impulsgeber aufstieg. Ihr Chef war der nationalrevolutionäre Extremist Bruno v. Salomon, dem sein rechtsradikaler Bruder Ernst, einer der Rathenau-Mörder, assistierte.

Gleichzeitig tauchten zwei plebiszitäre bäuerliche Führerfiguren auf: der Alldeutsche Claus Heim und der «Stahlhelmer» Wilhelm Hamkens. Unter ihrer Leitung wurde die Aktivität bis hin zum passiven Widerstand gesteigert. Zahlreiche Massenaufmärsche unter der schwarzen Fahne des Bauernkriegs zogen die Aufmerksamkeit ebenso auf sich wie der Aufruf zum Steuerstreik. Zwangsversteigerungen wurden verhindert, die Behörden boykottiert. 70 000 Bauern verpflichteten sich feierlich, bei Auktionen nicht mitzubieten und selber den Offenbarungseid abzulehnen. Schließlich folgte sogar der Übergang zur «action directe», als elf Bombenattentate, die mit Hilfe der rechtsextremen «Organisation Consul» vorbereitet wurden, zum offenen Terrorismus, wenn auch nur zu Sach- und keinem Personenschaden führten.

Währenddessen steigerte die «Landvolk»-Redaktion ihre giftige Agitation gegen das «jüdische Aussaugungssystem» mit seinen «Parteien, Bonzen und Cliquen», insbesondere gegen die SPD als «Partei des organisierten Landesverrats». Ihm setzte sie die Vision eines «besseren Dritten Reiches» entgegen. Zusehends gewann der Protest eine systemsprengende Dimension.

Die DNVP und NSDAP distanzierten sich von der Bürgerkriegspraxis, Hitler verbot die Doppelmitgliedschaft. Auch das «Landvolk» stand dem extremen Aktionismus wohl überwiegend skeptisch gegenüber. Immerhin versuchten seine Protagonisten, in Gestalt der «Nothilfe» eine bäuerliche Selbstregierung zu etablieren, die freilich von dem sozialdemokratischen Oberpräsidenten nach der Androhung von Hochverratsprozessen sogleich zerschlagen wurde. Die Bemühungen, das «Landvolk» zu einer überregionalen Sammlungsbewegung zu machen, indem die Werbung bis nach Pommern und Sachsen getragen wurde, scheiterten, doch kam es dort ebenso wie in Niedersachsen, Thüringen, Ostpreußen und Franken zu einem lebhaften, vom «Landvolk»-Vorbild inspirierten Bauernprotest. Tief gelagerte Ressentiments wurden erneut mobilisiert, hatte doch schon der Vorsitzende des «Rheinischen Bauernverbandes», symptomatisch für die Grundstimmung seiner Klientel, den «größten Volksbetrug» und «Schweinestall der deutschen Demokratie» angeprangert.

Im Oktober 1930 wurde Heim als Rädelsführer zu sieben Jahren Zuchthaus verurteilt (bereits im Juli 1932 aber schon wieder amnestiert). Das befestigte noch einmal kurzzeitig den Mythos vom trutzigen Bauern. Doch nach zwei hektischen Jahren hatte sich im Grunde die Energie des «Landvolks» erschöpft. Als es überall auf feste Grenzen stieß, erschlafften seine Impulse. Im August 1930 ging auch die Zeitung in Konkurs. Die schleswig-holsteinische Bauernopposition erlosch.

Tatsächlich aber bahnte sie auf längere Sicht den Weg für die radikalere Hitler-Bewegung. Denn diese stieß jetzt, nachdem der Legitimationsanspruch anderer Parteien und Verbände zutiefst erschüttert war, in eine Art von politischem Vakuum hinein. Bereits bei den Reichstagswahlen vom Mai 1928 hatte sie in Schleswig-Holstein mit ihrem Wähleranteil von vier Prozent über dem Reichsdurchschnitt von 2,6 Prozent gelegen. Auffällig legte sie bei den Wahlen zu den Kreistagen und zum Provinziallandtag im November 1929 zu, als sie auf 10,3 Prozent der Stimmen kam. Doch ihren eigentlichen Siegeszug trat sie erst bei den Reichstagswahlen im September 1930 in den «Landvolk»-Regionen an, so daß sie in Schleswig-Holstein siebenmal soviel Stimmen wie 1928 und mit 27 Prozent das beste Wahlkreisergebnis in der Republik (Durchschnitt 18,3 %) errang. In den Landgemeinden unter 2000 Einwohnern erreichte sie sogar 35 Prozent; übrigens erzielte sie in den niedersächsischen Gebieten des «Landvolk»-Protestes auch runde 23 Prozent. Typisch für ihren Aufstieg in der protestantischen ländlichen Gesellschaft fiel dann auch das schleswig-holsteinische Ergebnis bei der Sensationswahl im Juli 1932 aus, als sie mit 51 Prozent die absolute Mehrheit (Durchschnitt 37,3 %) gewann. Damit übertraf sie sogar den aufsehenerregenden Erfolg in den ostelbischen Landkreisen, wo sie immerhin 47,4 Prozent erzielen konnte. Fraglos verstand es die NSDAP, die Vorarbeit des «Landvolks» auszunutzen. Mit Gegenspielern wie dem poli-

5. Die bäuerlichen Besitzklassen 339

tischen Katholizismus und dem städtischen Industrieproletariat brauchte sie in Schleswig-Holstein nicht zu rechnen, wohl aber kam ihr die Unterstützungsbereitschaft aufbegehrender Bauern und protestantischer Kleinstadtbürger zugute, so daß sie zum «fast konkurrenzlosen Sprecher» eines relativ geschlossenen bäuerlichen Sozialmilieus aufsteigen konnte, dessen «politisches Orientierungssystem national entkoppelt war». Überdies begünstigte das neugeweckte «populistische Politikverständnis» die nationalsozialistische Strategie der plebiszitären Akklamation.

Der Zusammenbruch des intermediären Systems einer effektiven Interessenartikulation in einer Zeit, die nach anderthalb Jahrzehnte lang andauernden, ganz überwiegend als deprimierend wahrgenommenen Erfahrungen auf den neuen Tiefpunkt der Agrarkrise geführt hatte, bildete aber kein spezifisch schleswig-holsteinisches, sondern ein paradigmatisches Problem des bäuerlichen Sozialmilieus. Zugleich stellte sie die optimale Vorbedingung für den überraschenden Vorstoß des Nationalsozialismus in die ländliche Gesellschaft dar. Bis 1929/30 war nämlich der «Aktionsradius der Hitler-Bewegung auf dem Lande» außerordentlich eingeengt geblieben. Allenfalls hatte sie von der politischen Rechten und dem Großagrariertum das Autarkiepostulat übernommen. Im allgemeinen jedoch konzentrierte sie sich ganz auf die Wähler in den Städten, denn dort wollte sie die verhaßte Linke schlagen, indem sie ihr die Arbeiterstimmen abjagte.

Die Forderung in ihrem Programm, Landenteignung zu gemeinnützlichen Zwecken vorzunehmen, schreckte große und kleine Landwirte ab. Doch als seit 1928/29 die Wirkung der Agrarkrise, der akuten Verschuldung, der langlebigen Protestbereitschaft immer deutlicher als Indizien dafür verstanden werden konnten, daß sich in der ländlichen Gesellschaft ein neues Wählerreservoir auftat, wandte sich die Hitler-Partei der Aufgabe zu, die Lawine so schnell wie möglich loszutreten. Im März 1930 versprach ihr erstes Sonderprogramm für die Landwirtschaft, das der agrarpolitische Sprecher im Reichstag Werner Willikens formuliert hatte, jedermann etwas. Als ungleich wichtiger erwies sich jedoch der Aufstieg Walter Darrés in der Parteihierarchie.

Darré, ein Argentiniendeutscher, hatte den Weltkrieg als Artillerieoffizier mitgemacht und sich dann als Diplomlandwirt dem völkisch-agrarideologischen «Artamanen»-Bund angeschlossen, wo er auf Heinrich Himmler traf. Seither bewegte er sich in rechtsradikalen Zirkeln, warb in zwei Büchern für eine «Blut und Boden»-Politik und für das Bauerntum als «Neuadel» der Nation, wurde aber von der Münchener NSDAP-Zentrale zunächst kühl abgelehnt. Nach dem ersten Bodengewinn unter ländlichen Wählern ernannte ihn Hitler jedoch zum Berater der Reichsleitung in Agrarfragen. Vom Juli 1930 bis zum Frühjahr 1932 baute Darré mit unleugbarer Effizienz seinen «Agrarpolitischen Apparat» als eigene Parteigliederung in allen 35 Gauen auf. Wegen seiner Erfolge wurde er im

Dezember 1932 Hitler in einer begehrten Immediatstellung direkt unterstellt.

Darré und sein «Apparat» faßten von Anfang an drei strategische Ziele ins Auge.

1. Sie bestritten den Führungsanspruch des RLB in der landwirtschaftlichen Interessenpolitik. Da der RLB keine geschlossene Opposition gegen die Infiltration durch den «Apparat» zustande brachte, kam dieser mit seiner selbstgestellten Aufgabe, den Mammutverband zum Zubringer für die NSDAP umzufunktionieren, erstaunlich schnell weiter.

2. Gleichzeitig wurden die Landwirtschaftskammern ins Visier genommen, und nach sorgfältiger Vorbereitung gewann der «Apparat» 1931 mit eigenen Listen auf Anhieb zwei Drittel der Sitze in Schleswig-Holstein und Ostpreußen, während er anderswo immerhin auf ein Drittel kam.

3. Sein Nahziel bildete der Stimmengewinn bei den Reichstags- und Landtagswahlen. Trotz des kurzen Vorlaufs seit seiner Gründung wirkte Darrés «Apparat» bei den Herbstwahlen von 1930 bereits kräftig mit. Doch seinen eigentlichen Triumph erlebte er bei den Juli-Wahlen von 1932, als die Hitler-Bewegung die ländlichen Wähler mit einem, wie es schien, unwiderstehlichen Kraftakt für sich gewann. In fünf typischen ländlichen Reichstagswahlkreisen in Ostpreußen, Schleswig-Holstein, Pommern, Hannover und Hessen zum Beispiel gewann die NSDAP 1928 nur zwei Prozent der Stimmen, 1930 bereits fast das Zehnfache mit 22,6 Prozent, 1932 aber sogar 47,1 Prozent (selbst im Herbst 1932 noch immer 42,4 %). In mancher Hinsicht trifft daher Eric Hobsbawms pointiertes Urteil zu, daß der Aufstieg der NS-Bewegung in den protestantischen Regionen Deutschlands als «die letzte genuine Massenbewegung der Bauern» verstanden werden kann.

Die Zustimmung, welche die bedenkenlos opportunistischen Parolen der NS-Agitation: feste Preise und garantierte Märkte, an der Wahlurne fanden, wuchs sturzflutartig an. Erstens gingen in der Krise die bäuerlichen Einkommen weiter zurück, die Verschuldung aber und die Zwangsversteigerung stiegen in ungeahnte Höhen. 1931 wurde der Bankrott von 5798, 1932 von 7060 Höfen empört registriert. Aus dem Gefühl, der ökonomischen Ohnmacht kaltschnäuzig preisgegeben, ja rundum verraten zu werden, öffneten sich viele Bauern den Abhilfeversprechungen der braunen Sammelbewegung.

Zweitens blieb ihre eigene Interessenvertretung weiter zersplittert. Zwar entstand 1929 die «Grüne Front», doch 1930 war sie schon wieder tief zerstritten. Dieser lähmende Zustand provozierte Darrés Ultimatum vom Dezember 1931, mit dem er die Beteiligung des «Agrarpolitischen Apparates» an der Führung aller Bauernverbände forderte. RLB-Präsident Graf Kalckreuth knickte ein: Noch vor Jahresende wurde Willikens einer der vier Vorsitzenden. Das erwies sich nicht nur als ein weit ausstrahlender symbolischer Gewinn im Vorfeld des neuen Wahlkampfes. Vielmehr wandte sich der RLB, ganz auf der Linie seines Agrarextremismus, von der DNVP ab und der NSDAP zu bis hin zu der Entscheidung, im zweiten Durchgang der Reichspräsidentenwahl im April 1932 Hitler anstelle von Hindenburg zu unterstützen.

Und schließlich nahm die Anzahl der NS-Sympathisanten in der ländlichen Gesellschaft deshalb so sprungartig zu, weil tiefverwurzelte politische und mentale Prägungen zunehmend ins Spiel kamen. Die akute Krise traf auf eine zutiefst undemokratische Struktur der Dorfpolitik. Allen verklärenden Legenden von der fortlebenden altgermanischen Basisdemokratie der Bodenbesitzer zum Trotz traf die dörfliche Oligarchie die wesentlichen Entscheidungen. In den protestantischen Gebieten hatte sie ziemlich konstant zum BdL und RLB und zur DNVP, in den katholischen zu den Christlichen Bauernvereinen, dem Zentrum und der BVP tendiert. Nachdem der Lockruf des Nationalsozialismus zuerst vor allem die Kleinbauern, Landhandwerker und -arbeiter erreicht, mithin den Protest der Unterklassen aufgenommen hatte, fand er seit 1930 auch bei den Vollbauern wachsende Zustimmung.

Das hing mit seiner dreifachen Angriffsspitze zusammen. Mit schneidender Rücksichtslosigkeit griffen Darrés Agitatoren das Versagen der traditionellen Agrareliten, die enttäuschende Leistung der Verbände, die «Reaktion» in Gestalt der Junker an. Zugleich beschworen sie die unmittelbar drohende Gefahr «des Marxismus», als SPD und KPD unter den Landarbeitern erstmals auffällig Stimmen gewannen. Namentlich die Agrarpolitik Brünings eignete sich für Attacken von beiden Seiten. Erstens wurde er wegen seiner Unterstützung der großagrarischen Kornproduzenten, wie sie von der «Osthilfe» drastisch demonstriert wurde, heftig angeklagt, zumal die Vieh- und Milchwirtschaft zahlreicher Bauern eklatant vernachlässigt werde. Und zweitens warf ihm Darré vor, daß er als «deutscher Kerensky» mit seinem Siedlungsgesetz den Bolschewiki den Weg bahne. Hier stimmte der Leiter des «Agrarpolitischen Apparats» mit der Anklage des «Agrarbolschewismus», wie sie von seiten der ostelbischen Konservativen lauthals erhoben wurde, ganz überein.

Vor allem aber löste der politische Stil der Nationalsozialisten den bäuerlichen Schwenk zu den Rechtsradikalen aus. Mit ihrem Versprechen, die Bauern als «deutschen Nährstand» vielfach zu privilegieren, übertrafen sie alle konventionellen Zusagen der Verbandsfunktionäre. Ihr allgegenwärtiger, gewalttätiger Aktivismus löste, erst unter den Jungbauern, dann unter den älteren Hofbesitzern, Bewunderung aus. Ihr blanker Antisemitismus knüpfte an tiefeingeschliffene Traditionen an. Ihr Antimarxismus appellierte an tiefsitzende Aversionen gegen «die Linke». Ihr autoritäres Auftreten kam dem autoritären, antidemokratischen, antiindividualistischen, illiberalen Charakter der Dorfpolitik, die aus einer tiefverankerten Matrix der

Sozialhierarchie und Mentalität hervorging, weitaus bereitwilliger, als das bei allen andern Konkurrenten der Fall war, nahezu kongenial entgegen.

Nicht zuletzt nährte den anhaltenden Erfolg des Nationalsozialismus auf dem Lande, daß Darré mit seinem «Apparat» Hitlers Taktik, gegenüber Reichstag und Reichspräsidenten auf dem Weg des Legalismus zu beharren, peinlich genau nachahmte, als er den Marsch durch die Institutionen der Landwirtschaft antrat. Hitler unterstützte ihn, indem er gleichzeitig die Sorgen der Großgrundbesitzer und Vollbauern vor einer drohenden Enteignung abbaute. Gegenüber dem Großagrarier Friedrich Wend zu Eulenburg-Hertefeld etwa empörte er sich im Januar 1931 über diese «völlige Verkennung meiner Ziele»; Landverteilung an Siedler werde es nur in den künftig zu erobernden Ostgebieten geben. Und indem Darré seinen legalistischen, systemkonformen Machtkampf organisierte, konnte er den Streit der Agrarverbände, namentlich des RLB, mit den Regierungen Brüning, Papen und Schleicher einerseits bis zum Bruch steigern, andrerseits den RLB für einen NS-freundlichen aktiven Unterstützungskurs gewinnen. Auf diese Weise trug der mächtigste Agrarverband während des Todeskampfes der Republik auf seine Weise dazu bei, für «Hitler das Tor zur Reichskanzlei aufzustoßen».[9]

6. Die Sozialhierarchie am Vorabend der Diktatur
Klassengesellschaft und «Volksgemeinschaft»

Nach 40 Friedensjahren ließen der Erste Weltkrieg, die Hyperinflation und die Weltwirtschaftskrise einen wahren Hexenkessel entstehen, der die deutsche Gesellschaft nicht nur beispiellosen Belastungen, sondern auch rabiaten Veränderungskräften aussetzte. Trotz der barbarischen Einwirkungen und Folgen des zweiten totalen Krieges scheint es im Vergleich fast so, als habe die erdrückende Eindeutigkeit seiner Ergebnisse die politische Mentalität der Deutschen nicht derartig verstört, auch nicht so viele Giftstoffe in ihr abgelagert, wie das die Krisen- und Deprivationserfahrungen nach 1914 taten.

Für die Sozialstruktur der Weimarer Republik gilt, daß langlebige Prozesse jetzt an ihr Ziel kamen. Nach dem Fall der letzten traditionalen Barrieren setzte sich die Marktklassengesellschaft im Gehäuse der Republik vollends durch, so massiv und so unverhüllt, daß viele ihr nur mit empörter Aversion begegneten. Die tausendjährige Adelsherrschaft dagegen kam auch auf deutschem Boden an ihr Ende. Allein in letzten, schnell verblassenden Überresten lebte sie noch fort, ehe das Hitlerregime und die Rote Armee den Untergang dieser ältesten sozialen Klasse besiegelten. Der adlige Niedergang kann übrigens als symptomatisch für den Zerfall der ständischen Traditionen gelten, die sich bis zum Untergang aller deutschen

6. Klassengesellschaft und «Volksgemeinschaft» 343

Monarchien noch gehalten hatten. Zwar mochte die nostalgische Erinnerung an sie, zumal in der politischen Sprache, noch lange wach bleiben, doch am Anfang des «kurzen» 20. Jahrhunderts wurde der ständegesellschaftliche Überhang endgültig zertrümmert. Diesem Vorgang entsprach die Eindeutigkeit, mit der seither die bürgerlichen, proletarischen und bäuerlichen Besitz- und Erwerbsklassen ihre unverhüllte Dominanz gewannen.

Sie alle aber waren angesichts des chaotischen Wirbels, der die vertraute Sozialhierarchie und die überkommene Normenwelt heimsuchte, von der Sehnsucht nach einer ultrastabilen Ordnung geradezu besessen. Denn sie fanden sich nicht nur zahllosen desintegrierenden Positionsveränderungen und einem ominösen Werteverfall gegenüber. Vielmehr überhöhten die unerbittlichen Friktionen der Sozialmentalitäten die Antagonismen zu starr ritualisierten Grundsatzkonflikten. Ihnen glaubte man schließlich, während die noble Zielvision der «Bürgerlichen Gesellschaft» ihre Faszination weithin verlor, nur noch mit der gewaltsamen Realisierung einer Utopie begegnen zu können: sei's, um die Extreme zu nennen, der nationalsozialistischen «Volksgemeinschaft» oder der kommunistischen Diktatur des Proletariats.

Obwohl die zwei Jahrzehnte zwischen 1914 und 1933 den Charakter einer drastischen sozialhistorischen Zäsur besitzen, muß man sich doch davor hüten, die Kontinuität im Grundmuster der sozialen Ungleichheit zu unterschätzen. Richtig bleibt, daß die Adelsagonie die letzte Phase unmittelbar vor ihrem Ende erreicht hatte. Doch sieht man von diesem knapp einen Prozent der Bevölkerung einmal ab, bestanden, wie vorn erörtert, die Stratifikationsordnung und die mit ihr verbundene «Klassenkultur» (Schumpeter) erstaunlich konstant weiter fort. Selbst die Größenordnung der sozialen Klassen und ihrer Sozialmilieus blieb im wesentlichen erhalten. Die bürgerlichen Formationen etwa stellten weiterhin nur rund ein Fünftel der deutschen Gesellschaft, die Vollbauern blieben mit 25 Prozent der Agrarunternehmer eine Minderheit, gut 70 Prozent aber gehörten den Arbeiter- und unteren Erwerbsklassen an.

Nach der Demontage der adligen Machtelite stand der sozialkulturellen Hegemonie des Bürgertums im Grunde kein Rivale mehr im Wege. Nur in der politischen Dimension bildeten die marxistisch geprägte Arbeiterschaft und Arbeiterbewegung einen erratischen Block, der jedoch – wie sich herausstellen sollte – nach drei Jahrzehnten ebenfalls verschwand. Bei genauerem Hinsehen setzten sich zwei historisch vertraute Trends der deutschen (und gemeineuropäischen) Bürgertumsgeschichte weiter fort: Expansion und Erosion der verschiedenen bürgerlichen Sozialformationen liefen ebenso gleichzeitig ab wie Exklusions- und Inklusionsvorgänge.

So blieb etwa von der Doppelspitze der besitzenden und gebildeten Bürgerklassen das höhere Wirtschaftsbürgertum eine relativ exklusive und sozial homogene Erwerbsklasse mit hoher Selbstrekrutierungsrate, wachsender akademischer Ausbildung – die bei Manager-Direktoren schon um 80 Prozent statt bei den 50 Prozent der Privatunternehmer lag – und einem ausgeprägten Klassenhabitus, in dem der Drang nach Staatsnähe seit langem tief verwurzelt war. Sie war durch den autoritären Korporativismus des Kaiserreichs immer wieder bestätigt worden, geriet aber jetzt in einen tiefen Widerstreit mit der demokratisierten, republikanischen Staatsform, die voller Skepsis hingenommen, keineswegs aber begrüßt wurde.

Obwohl sich dieses höhere Wirtschaftsbürgertum, das nicht mehr als fünf Prozent der Bevölkerung umfaßte, trotz der hektischen Konjunkturentwicklung erfolgreich konsolidieren und dabei seine grellen plutokratischen Züge weiter ausprägen konnte, verharrte es in seiner verbissenen Republikfeindschaft. Zwar ist die krude kommunistische Agententheorie, wonach sich «das Großkapital» Hitlers und seiner Bewegung als eines willkommenen Büttels zur Zerstörung der Republik bedient habe, längst empirisch schlüssig widerlegt worden. Doch an der wirtschaftsbürgerlichen Sympathie für eine autoritäre Lösung der endlosen Weimarer Krisenprobleme, an der tatkräftigen Mitwirkung am Werk der rechtsradikalen Republikfeinde kann genauso wenig ein ernsthafter Zweifel aufkommen.

Das zweite der beiden führenden, seit langem als Vorbild fungierenden «Bürgertümer», das Bildungsbürgertum, fand sich durch den Untergang der Monarchie, mit der es während des modernen Staatsbildungsprozesses in engster Symbiose aufgestiegen war, in eine tiefe Sinnkrise gestürzt. Ihr Einfluß deprimierte es mindestens so tief wie die enorme finanzielle Belastung bis hin zum totalen Vermögensverlust durch Krieg und Inflation. Unwiderruflich zerbrach jetzt auch, nachdem der Weltkrieg die optimistische Hoffnung auf die zivilisierende Kraft der Bildung zerstört hatte, die Verbindlichkeit der längst verwässerten neuhumanistischen Bildungsidee. Der Fachspezialist verdrängte den gebildeten Generalisten. Währenddessen vergrößerte sich die soziale Distanz zur Plutokratie zu einem unüberwindbaren Abstand, und von unten stellte die Massendemokratie der Arbeiterparteien das bildungsbürgerliche Exklusivitätsstreben radikal in Frage. Der Einsicht, daß aus der normsetzenden, politisch einflußreichen, sozial hochrangigen Modernisierungselite des Bildungsbürgertums ein Bündel von Berufsklassen der «fachgeschulten Intelligenz» wurde, widersetzte sich eine selbstbewußte Beharrungsmentalität mit aller Kraft.

Angesichts solcher Spannungen, die das bildungsbürgerliche Weltbild existentiellen Zweifeln aussetzten, suchten diese Funktionseliten einen zweifachen Ausweg. Zum einen erhofften sie von einer sozialharmonischen «Volksgemeinschaft» die Überwindung der unversöhnlichen Klassenkonflikte, insgeheim auch die Rückkehr in ihre privilegierte Spitzenposition. Zum andern setzten sie, nachdem sich Nationalismus und Neuhumanismus ohnehin von Anfang an eng verschwistert entfaltet hatten, auf die kompen-

6. Klassengesellschaft und «Volksgemeinschaft» 345

satorische Kraft eines radikalisierten Nationalismus und seiner revisionistischen Politik. Als diese die Gestalt des nationalsozialistischen Aktionismus annahmen, konnten sie dem nicht nur keinen Widerstand entgegensetzen, sondern sie folgten ihm Schritt für Schritt auf seinem Weg ins Verderben.

Das Kleinbürgertum, vermutlich rund 15 Prozent der Republikbevölkerung, lebte, gleich ob es dem «alten» oder dem «neuen» Mittelstand angehörte, in der Spannung zwischen seinen durch und durch bürgerlichen Ruhelagebedürfnissen und Aufstiegsaspirationen auf der einen Seite, der Erschütterung seiner ökonomischen Fundamente und politischen Überzeugungen auf der anderen Seite. In all seinen Berufsklassen lebte der nagende Zweifel weiter, ob es aus der Position zwischen den gewaltigen Mühlsteinen von Großindustrie und Gewerkschaften überhaupt noch ein Entrinnen gebe. Auch diese prekäre Zwischenlage nährte den Wunsch nach einer Überwindung der klassengesellschaftlichen Zerreißprobe – und auch er wertete die «Volksgemeinschafts»-Idee beständig auf. Nichts unterstreicht mithin die Existenz der deutschen Marktklassengesellschaft mit ihren tiefen Antagonismen und fatalen Konjunkturfluktuationen eindringlicher als der Siegeszug dieser Chimäre der «Volksgemeinschaft» mit ihrer Verheißung einer spannungsfreien Nation, in der jeder seinen angemessenen, anerkannten Platz finden werde.

Nicht einmal die Arbeiterklassen konnten sich der Faszination dieser Gegenideologie entziehen. Dazu bedurfte es freilich einer ganz außergewöhnlichen Schockerfahrung, die mit der Depression seit 1929 einsetzte. Bis dahin hatte sich herausgestellt, daß für das Wachstum der Industriearbeiterschaft eine folgenreiche Trendwende begonnen hatte: Es stagnierte nicht nur, sondern verhielt sich leicht rückläufig, wogegen die Expansion der Angestelltenschaft auf nahezu ein Drittel der Erwerbstätigen und damit das Vordringen der Dienstleistungsgesellschaft anhielten. Die großstädtische und namentlich die großbetriebliche Industriearbeiterschaft war zwar deutlich angewachsen, stellte aber weiterhin eine Minderheit dar. Ihre ungebrochene Isolierung von den anderen Erwerbsklassen tritt darin zutage, daß ihre Selbstrekrutierungsrate von 1913 bis 1933 von 72 auf 80 Prozent sogar noch weiter anstieg. Freilich gab es jetzt auch erstmals deutlichere Indizien einer Aufstiegsmobilität, denn häufiger als je zuvor stammten Volksschullehrer, Subalternbeamte, Angestellte aus Facharbeiterfamilien. Auf den höheren Schulen und Universitäten lag dagegen der Anteil junger Leute mit dieser Herkunft weiterhin bei einem Prozent.

Zögernd nur waren die Reallöhne bis 1928 über das Niveau von 1913 angestiegen, obwohl die Nominallohnquote aus politischen Gründen eine ungeahnte Höhe erreicht hatte. Doch unmittelbar danach setzte die Dritte Weltwirtschaftskrise die deutsche Arbeiterschaft einer geradezu frühindustriellen Pauperisierungskrise aus. Sie mündete innerhalb weniger Jahre in eine fundamentale Proletarisierung, als die Reallöhne um ein Drittel sanken, die Anzahl der Arbeitslosen aber auf mehr als acht Millionen hochkletterte, so daß 40 Prozent der Erwerbstätigen ohne selbstverdientes Einkommen dastanden. In der neuen Sozialfigur des Dauerarbeitslosen trat die bisher tiefste Krise des westlichen Industriekapitalismus besonders kraß augenfällig zutage.

Diese düstere Vergleichsfolie unmittelbar vor der Machtübergabe an Hitler muß man sich vergegenwärtigen, um die Loyalitätsmobilisierung zu verstehen, welche die erfolgreiche Arbeitsbeschaffungs- und Konjunkturpolitik der neuen Regierung auch und gerade in der Arbeiterschaft auslöste. Die Depressionserfahrung, nur zehn Jahre nach dem Tiefpunkt der Deprivation im Ersten Weltkrieg, war ungleich folgenreicher als die unversöhnliche Polarisierung zwischen der sozialdemokratischen und kommunistischen Arbeiterbewegung, deren «Einheit» an dem Verhängnis auch nichts geändert hätte.

In einer extrem andersartigen Lebenswelt bewegte sich der Adel, für den 1918 einen traumatischen Schnitt bedeutete. In der letzten Phase seiner historischen Existenz stemmte er sich noch einmal in verbissenem Widerstand seinem Niedergang entgegen. Insbesondere der preußische Adel nahm seine Deklassierung nicht hin, doch am Verlust der Verwaltungs- und Polizeirechte als Herrschaftsattributen, die bisher am Gutsbezirk gehaftet hatten, vermochte er auch nichts zu ändern; in der lokalen Schlüsselstellung des Landratsamtes sank sein Anteil auf kärgliche sieben Prozent; in der Ministerialbeamtenschaft schrumpfte sein Einfluß bis kurz vor den Nullpunkt. Nur im Offizierkorps der Reichswehr, das er zu einem Drittel stellte, ohne über eine enttäuschend geringe absolute Zahl hinauszukommen, gelang ihm eine ebenso begrenzte Behauptungsleistung, die mit der Subventionspolitik der «Osthilfe», als er unter dem Druck der Agrarkrise eine üppige Staatshilfe nach der anderen erzwang, endete. Nach so vielen Rückschlägen und Scheinerfolgen gewann er dann noch einen letzten Pyrrhussieg, als aktivistische Repräsentanten der alten Machtelite während der lähmenden Agonie der Republik entscheidend dazu beitrugen, daß ein Befreiungsschlag riskiert wurde, der Hitler und seiner Bewegung, eingerahmt von konservativen Zähmungsillusionisten auf dem Gipfel ihrer unbegründeten Selbstsicherheit, die Staatsmacht auslieferte.

Trotz des zusehends verfeinerten Agrarprotektionismus hatte der unwiderstehlich aufsteigende Weltagrarmarkt den Vollbauern vor 1914 schon lange oft schwer zu schaffen gemacht. Der Weltkrieg mit seiner staatlichen Zwangswirtschaft auch im Agrarsektor brachte neue Pressionen, die den bäuerlichen Widerwillen aufstauten. Obwohl die Bauern durch die komplette Schuldentilgung, die hohen Produktpreise und die Befreiung von staatlichen Kontrollen evident begünstigt wurden, empfanden sie sich doch durchweg als Verlierer, die durch die neue Agrarkrise seit 1926/27 noch weiter ins Abseits gestoßen wurden. Da das System der intermediären Interessenverfechtung in ihren Augen vollständig versagte, denn weder die Agrarverbände noch die politischen Parteien konnten vorteilhafte Entscheidungen für sie erzwingen, brachen sie aus dem politischen Koordinatensystem nach rechts zu jener Sammlungsbewegung aus, die unter Hitler den radikalsten Protest zu verkörpern schien. Wie von einer plötzlichen Springflut vorangetrieben, entschieden sich seit 1930 die bäuerlichen Wähler der protestantischen ländlichen Gebiete für die NSDAP in der Hoffnung, daß deren opportunistisches Versprechen, mit garantierten Festpreisen und Absatzmärkten den Agrarsektor aus der Marktwirtschaft ganz herauszulösen, eingehalten werde. Auch im krisengeplagten, bäuerlichen Milieu hatte bis dahin die Gaukelei von der «Volksgemeinschaft», in welcher der «Nährstand» einen allseits respektierten und geschützten Platz einnehmen werde, binnen kürzester Zeit eine riesige Anhängerschaft gefunden.

Trotz aller dramatischen Veränderungen, wie sie am schmerzhaftesten der Adel, aber auch das Bildungsbürgertum und dann die Industriearbeiterschaft erlebten, ist für die deutsche Stratifikationshierarchie am Vorabend der Diktatur zum einen doch die Fortdauer der überkommenen Grundstruktur sozialer Ungleichheit das Bestechende. Zum andern wurde diese Grundstruktur durch den Triumph der Marktklassengesellschaft noch tiefer eingeschliffen. Es war, als ob mit dem Fall der monarchischen Herrschaft und ihres politischen Systems auch ein Schleier gefallen wäre, der bisher manche sozialen Konflikte noch eingehüllt hatte. Jetzt standen sich, ohne Wenn und Aber, marktbedingte Erwerbs-, Besitz- und Berufsklassen, in vielfältige Antagonismen verstrickt, gegenüber. Das Industrieproletariat hatte auf seine Weise am Klassencharakter der reichsdeutschen Gesellschaft nie gezweifelt. Als jetzt aber die Erfahrung mit einer Marktklassengesellschaft in der neuen Republik zu einer allgemeinen wurde, blieben jene, die nüchtern auf eine institutionelle Einhegung und Lösung unvermeidbarer Konflikte setzten, eine kleine Minderheit. Die Mehrheit dagegen wandte sich von dieser rohen Realität ab, indem sie auf die Utopie einer sozialharmonischen Spannungsaufhebung setzte. Von allen konkurrierenden Entwürfen erwies sich die Verheißung einer autoritär gelenkten, endgültig pazifizierten «Volksgemeinschaft» als die verführerischste. Diese Hoffnung muß man ganz ernst nehmen, denn ein gut Teil des Konsenses, auf den sich die Bewegung Hitlers und sein Regime stützen konnte, beruhte darauf, daß dem Charismatiker der Übergang in die heile neue Welt zugetraut wurde.[10]

IV.
Strukturbedingungen und Entwicklungsprozesse politischer Herrschaft

Kurze Zeit nachdem der Charakter der Bismarckschen Verfassung durch die halbherzigen und viel zu spät eingeführten Reformen von der letzten Regierung des Kaiserreichs am 28. Oktober 1918 bereits aufgegeben werden mußte, erzwang die Revolution in den folgenden Wochen einen Wechsel der Staatsform: Es entstand die erste deutsche Republik auf der Basis der Volkssouveränität, ohne daß sie von einer gesellschaftlichen Umwälzung begleitet gewesen wäre. Diese Verfassungsrevolution wurde von den aufbegehrenden Soldaten und Arbeitern erst unwiderruflich in Gang gesetzt, dann gegen die unmittelbar drohende Konterrevolution von Kaiser und OHL verteidigt, so daß es ganz und gar irreführend ist, allein von Elitenentscheidungen zu sprechen und dieser Phase der Revolution jeden «verursachenden Einfluß» auf den Machtwechsel abzusprechen. Allerdings gelang es, sie alsbald in die Kanäle einer formell geordneten Verfassungsstiftung zu leiten. Diese vollzog sich in einer extrem schwierigen Ausnahmesituation. Überall brach die Legitimationsfassade des monarchischen Regimes zusammen; die Kriegsniederlage hinterließ deprimierte Gemüter; Bürgerkriegskonflikte – wie der Berliner Januar-Aufstand, die Kämpfe an der Ruhr, in Bayern und Mitteldeutschland – warfen ebenso ihren düsteren Schatten wie die im Mai 1919 anlaufenden Versailler Friedensverhandlungen.

Die neue Regierung des Rates der Volksbeauftragten wurde von Friedrich Ebert als Vorsitzendem geleitet, dem der letzte kaiserliche Kanzler in staatsstreichartiger Form den Mantel der Legitimität hastig übergeworfen hatte, fungierte de facto aber «kraft revolutionären Rechts», ohne auf hartnäckigen Widerstand zu treffen. Die SPD bestand auf einem möglichst kurzen Zeitraum bis zum Zusammentritt einer verfassungsgebenden Nationalversammlung; die USPD dagegen wollte vorher eine Konsolidierung der Machtverhältnisse im Sinne des linken Revolutionsflügels erreichen. Mit ihrem Beharren auf einem demokratischen Mandat setzte sich jedoch die SPD durch. Wie Ebert in seinem Rechenschaftsbericht vor der Nationalversammlung am 6. Februar 1919 offenherzig gestand: «Wir waren im eigentlichen Wortsinn» doch nur «die Konkursverwalter des alten Regimes». Auch Scheidemann, der nach dem Rücktritt des Rates der Volksbeauftragten wenige Tage später, am 18. Februar, als Reichskanzler ein neues Kabinett bildete, versicherte: «Wir legen die Macht, die wir von der Revolution empfangen haben, in die Hände der Nationalversammlung zurück.» Es

IV. Strukturbedingungen und Entwicklungsprozesse politischer Herrschaft 349

kann kein Zweifel herrschen: «Nur selten hat eine Revolutionsregierung sich so konsequent an ihre Prinzipien gehalten.»

Revolutionsschwärmer haben seit jeher dieses Beharren auf einem denkbar breit fundierten Verfassungsauftrag als blutleeren, antirevolutionären Legalismus verhöhnt. Doch was wäre die Alternative gewesen? Der offene Kampf gegen die «Bourgeoisie» und den Adel, gegen Bürokratie und Justiz, nicht zuletzt gegen das kaiserliche Heer und die Einwohnerwehren? Das hätte bedeutet, «den Bürgerkrieg zum politischen Programm» zu erheben. Nach vier Kriegsjahren den Krieg ins Innere hinein zu verlängern, dazu waren die führenden Sozialdemokraten aufgrund ihres politischen Habitus und ihres realistischen Kräftekalküls nicht bereit. Angesichts der Stärke ihrer potentiellen Gegner wollten sie auch den Gewinn der Revolution nicht leichtsinnig aufs Spiel setzen, geschweige denn das Land im Chaos versinken sehen.

Statt dessen hatte Ebert ohne Zaudern, wie vorn erörtert, den liberalen Staatsrechtler Hugo Preuß mit dem Entwurf einer Verfassung beauftragt, während der Reichsrätekongreß nicht einmal das Gegenmodell einer sozialistischen Verfassungsordnung ausarbeiten ließ. Als der Berliner Zentralrat diese endlich am 22. Januar 1919 forderte, war der Vorsprung von Preuß nicht mehr einzuholen, und die Initiative versickerte folgenlos im Sand. Bereits Mitte Dezember 1918 hatte sich zudem der Reichsrätekongreß für Wahlen zur Nationalversammlung, die am 19. Januar 1919 abgehalten werden sollten, ausgesprochen; damit stellte er sich eindeutig auf den Boden der liberalen und demokratischen Verfassungstheorie. Faktisch kam diese Entscheidung einer Ablehnung aller Räteexperimente gleich. Das kann insofern nicht überraschen, als zu diesem Zeitpunkt die unzweideutige Mehrheit der Kongreßmitglieder zu den Anhängern des parlamentarischen Systems gehörte.

Intern hatte Preuß im Grunde leichtes Spiel, da die SPD keine klare eigene Verfassungskonzeption besaß. Übereinstimmung herrschte in ihr nur über die Staatsform der Republik und die parlamentarische Demokratie, über das allgemeine Wahlrecht und die Stärkung der Selbstverwaltung im Sinn einer «Demokratisierung» von Verwaltung, Heer und Wirtschaft. Das war auch der «eigentliche Verfassungsauftrag» der Revolutionsbewegung, doch wozu er inhaltlich, konkret, institutionell führen sollte, blieb monatelang denkbar unklar.

Die Wahlen vom 19. Januar 1919, noch ohne die Teilnahme der Frauen durchgeführt, brachten der Weimarer Koalition aus SPD, DDP und Zentrum eine knappe Zweidrittelmehrheit, die das Verfassungswerk auf der Basis von Preuß' Vorlage vom 20. Januar sofort in Angriff nahm. Dabei überwog schon unübersehbar die Distanzierung von der Revolution. Anstelle ihrer Zielvorstellungen drangen sogar, wie mancher glaubte, erneut die Illusionen des «Burgfriedens» in die Verfassungsverhandlungen vor.

Das Ergebnis von Weimar war, urteilte Ernst Troeltsch damals hellsichtig in einem seiner Spektator-Briefe, «im Grunde ein antirevolutionäres, ordnungsstiftendes, der Diktatur des Proletariats entgegengesetztes Prinzip.» Was 1848 «ein kühnes Fortschrittsunternehmen» gewesen wäre, «das war jetzt eine konservative Retardierung und Bewältigung der Revolution, das Mittel, den Gegnern der Revolution legale Betätigung und steigenden Einfluß zu sichern».

Alle wesentlichen Beratungen fanden im Verfassungsausschuß der Nationalversammlung statt. Eine öffentliche Debatte über die folgenreiche Weichenstellung kam nicht zustande. Die kritisch räsonierende Öffentlichkeit blieb funktionsunfähig. Das souveräne Volk erwies sich wieder einmal als nützliche Legitimationsfiktion. Wie fielen die Strukturentscheidungen zugunsten des neuen republikanischen Herrschaftssystems aus?

1. Das politische Herrschaftssystem

Zu den Grundentscheidungen der seither so genannten neuen Weimarer Reichsverfassung (WRV) gehörte ihr Artikel 17, der die parlamentarische Demokratie als unaufhebbares Verfassungsprinzip normierte. Das schloß die Restauration der Monarchie wie den Übergang zu einem Rätesystem gleichermaßen aus. So weit reichte der Konsens unter der verfassungsfreundlichen Mehrheit. Doch führte ihre kompromißbereite Grundstimmung in wichtigen Fragen zu einer Vermeidung ähnlich klarer Richtlinien.

Das tritt besonders deutlich in dem dualistischen Charakter der Verfassung, vor allem in ihrer «Doppelung der Reichsgewalt» zutage. Sie ging zum einen aus dem Bestreben hervor, dem Wählervolk seinen Übergang in die neue, fremde, vielfach abgelehnte Staatsform zu erleichtern. Zum andern aber entsprang sie einer nahezu dogmatischen Fixierung auf einen «Ersatzmonarchen» in Gestalt des Reichspräsidenten. Neben ihn trat bei dieser Konstruktion einer Doppelspitze der Reichskanzler mit dem Reichstag. Dementsprechend war die Legitimationsbasis der Republik in zwei Komponenten gespalten: Die repräsentative wanderte zum Reichstag, die plebiszitäre zu dem in eigener Volkswahl – ein Mißtrauensvotum auch gegen die sozialdemokratische Parlamentsmehrheit – bestimmten Reichspräsidenten. Damit wurde der «institutionelle Zwang zum Konflikt» in der Verfassung verankert. Dieser Dualismus fand die Zustimmung der Nationalversammlung, da die strategische Zielvorstellung einer «politischen Integration durch präsidiale Direktherrschaft» sie überzeugte.

Ihre Notwendigkeit war auch durch einflußreiche Berater suggeriert worden. Max Weber etwa, der als einziger externer Experte an den Vorbereitungen im Reichsinnenministerium teilgenommen hatte, hielt nicht nur diese Abfederung des Überwechselns von der Monarchie zur Republik für unumgänglich, sondern sah in einer derartigen Präsidialkonstruktion auch ein willkommenes Beispiel der von ihm favorisierten «plebiszitären Führerdemokratie». Und Preuß selber wollte den demokratisierten Ersatzmonarchen dem angeblich bald drohenden «Parlamentsabsolutismus» rechtzeitig entgegensetzen. Diese spannungsreiche dualistische Anlage zog sich dann durch die Weimarer Reichsverfassung weiter hindurch. Nicht allein wurde die Entscheidungsgewalt zum einen auf den Präsidenten, zum andern auf die Regierung und den Reichstag verteilt, vielmehr erhielt der Reichstag im allgemeinen die gesetzgebende Gewalt, mußte aber auch die «direktdemokratische Kontrolle» durch plebiszitäre Abstimmungen hinnehmen.

Am folgenreichsten erwies sich die potenzierte Macht des Reichspräsidenten, die an vier Kompetenzdomänen, wo er als treibende und integrierende Kraft tätig sein sollte, ablesbar war. Der Reichspräsident besaß das Recht zur Nominierung des Reichskanzlers; er verfügte über die «begründungsfreie Befugnis» zur Auflösung des Reichstags – und schon Thomas Hobbes hatte den wahren Souverän in jener Schlüsselfigur erkannt, die solche Institutionen auflösen kann; er besaß den militärischen Oberbefehl; in Krisenzeiten konnte er geradezu eine Diktatur ausüben. Kein Wunder mithin, daß die politische Rechte seit Hindenburgs Wahl 1925 bestrebt war, über den Reichspräsidenten die «Verfassung durch direkte Eingriffe zu destruieren».

Der Reichstag behielt selbstverständlich die klassischen Rechte der Legislative, wurde aber durch das fehlende Recht zur autonomen Auflösung geschwächt, und die Stellung der Parteien, seiner motorischen oder retardierenden Elemente, blieb ungeklärt. Nirgendwo baute die neue Verfassung institutionellen Druck auf, «der Parlament und Parteien in die politische Verantwortung» gezwungen hätte. Statt dessen bekräftigte sie mit der Amtsfülle des Reichspräsidenten und dem Verschweigen der Parteiendemokratie «die Schwäche der politischen Tradition».

Auf der Höhe der Zeit, ja ausgesprochen zukunftsorientiert fiel dagegen ihr umfassender Grundrechtekatalog aus, den seither noch keine deutsche Verfassung übertroffen hat. Auch ihre Verpflichtung auf einen modernen Sozialstaat ging weit über das Bonner Grundgesetz hinaus. So garantierte etwa die WRV (Art. 151, 157–165) nicht nur die Koalitionsfreiheit und das Sozialversicherungswesen, die betriebliche und überbetriebliche Mitbestimmung der Arbeiter, die Chance zu einer Bodenreform und Sozialisierungsmaßnahmen in der Industriewirtschaft. Vielmehr proklamierte sie auch den Schutz der Arbeitskraft und ihren Einsatz «für das Wohl der Gesamtheit», ja, sie verhieß das seit 1848 umstrittene «Recht auf Arbeit». Die Sozialbindung des Eigentums «für das gemeine Beste» wurde in den Rang einer Verfassungsvorschrift erhoben. «Die Ordnung des Wirtschaftslebens muß», postulierte die neue Konstitution, «den Grundsätzen der Gerechtigkeit mit dem Ziel der Gewährleistung eines menschenwürdigen Daseins für alle entsprechen.» Mit diesem Verfassungsauftrag wurde alle wirtschaftliche Aktivität unter einen «sozialen Vorbehalt» gestellt, der den sakrosankten Grundsatz der Vertragsfreiheit modifizierte. Verfassungsrechtlich waren solche Sozialstaatspostulate eine Innovation. Denn sie beschrieben keineswegs deklamatorische Verfassungsziele, vielmehr begründeten sie außer den Rechtspflichten und Schutzrechten für den einzelnen eine außerordentlich weitreichende Interventionsvollmacht für den Staat. Da der Sozialstaat geradezu Verfassungsrang erhielt, mußte eine massive «Roll-back»-Strategie der Rechten, zu der es bald kommen sollte, eine direkt legitimationsgefährdende Wirkung auf die republikanische Ordnung ausüben.

Indirekt drückte sich in den Sozialstaatsnormen auch noch einmal die ungeheure gesellschaftspolitische Schubkraft des Weltkrieges aus, denn die meisten Weimarer Errungenschaften lassen sich auf sie zurückführen. Die völlige Koalitionsfreiheit, die Anerkennung der Gewerkschaften als der einzigen legitimen Repräsentanten der Arbeiterschaft, das Mitbestimmungsrecht, die Formalisierung der Tarifverträge, die neue Arbeitslosenfürsorge, der Arbeitsschutz und die Regulierung des interventionsbedürftigen Arbeitsmarkts – all das waren innenpolitische Kriegsergebnisse, die jetzt zum guten Teil von der Verfassung sanktioniert wurden. In der Bewahrung, zugleich aber in der grundlegenden Veränderung der sozialökonomischen Grundordnung enthüllte auch die Weimarer Sozialstaatsprogrammatik ihre «revolutionär-konservative Doppelpoligkeit». Insofern wies sie dieselbe Janusköpfigkeit auf wie die gesamte Verfassung mit ihrer evidenten Abhängigkeit von der Vergangenheit und ihrer programmatischen Verpflichtung auf die Zukunft.

Bis zu ihrer Verabschiedung am 31. Juli 1919 ist von den Verfassungsvätern vermutlich das Maximum des Erreichbaren geschafft worden. Manche Unentschiedenheit, etwa der als pluralistischer Kompromiß geschönte Dualismus der Staatsgewalt, verriet das Fehlen einer klaren Marschroute, mehr aber noch den Wandel der Machtverhältnisse seit den ersten Novembertagen des Vorjahres. Dabei muß man sich vergegenwärtigen, daß zu den nicht mehr korrigierbaren Grundsatzentscheidungen des ersten nachrevolutionären Halbjahres auch die (vorn in IV.3 erörterten) sieben Basiskompromisse gehörten, die einen informellen, gleichwohl «reellen» Bestandteil der Verfassung bildeten. Denn diese paktähnlichen Vereinbarungen mit dem Militär, der Bürokratie, dem Adel, den Räten, den Parteien, den Einzelstaaten, auch zwischen Kapital und Arbeit – sie stellten den politischen Preis für den relativ ungestörten Ablauf des Verfassungswerkes dar. Zugleich schufen sie restriktive Bedingungen, die auch von der Verfassungsurkunde und dem Verfassungsleben respektiert werden mußten. In diesem

2. Das Parteienspektrum

frühzeitig geschlossenen Herrschaftskompromiß waren, mindestens so sehr wie in ihrer Verfassung, die Dilemmata der Weimarer Republik beschlossen.[1]

2. Das Parteienspektrum

Die Funktionstüchtigkeit der parlamentarischen Demokratie, zu der sich die Weimarer Republik bekannte, hing ganz und gar von der Leistungs- und Kooperationsfähigkeit der politischen Parteien ab. Das galt um so mehr, als die politische Kultur des Landes noch immer durch ein hohes Maß an überzogener Parteienskepsis und – verstärkt seit der charismatischen Herrschaft Bismarcks – an Neigung zu einem autoritären Stil gekennzeichnet war. Das hervorstechende Charakteristikum des Weimarer Parteiensystems ist nun fraglos seine tiefe Ambivalenz gewesen. Zum einen bestand das alte, Kontinuität suggerierende Parteienspektrum, das sich 1848 in seiner typischen Fünferkonfiguration herausgebildet hatte, ungeachtet des Systemwechsels bis 1928 weiter fort. Die Parteien des Kaiserreichs führten entweder ihren alten Namen weiter, oder sie firmierten nach einer sprachkosmetischen Umtaufung unter einem neuen Etikett, von dem sie sich mehr zeitgemäße Werbekraft versprachen.[2] Zum andern tauchten seit 1919/20 mit der KPD und der NSDAP eine links- und eine rechtstotalitäre Bewegung auf, die als radikale politische Innovationen das bisherige Parteiensystem sprengten. Nichts demonstriert den Legitimationsverfall der ersten Republik schlagender als die Tatsache, daß diese totalitären Flügelparteien ein Dutzend Jahre später im Reichstag zusammen genommen mehrheitsfähig geworden waren!

Ehe der Blick auf die Parteien fällt, muß man sich die immense Vergrößerung der Wählerschaft vergegenwärtigen, mit der sie es seit 1919/20 zu tun hatten. Da das Frauenwahlrecht endlich eingeführt und das allgemeine Wahlalter vom 25. auf das 20. Lebensjahr gesenkt wurde, wodurch die geburtenstarken Jahrgänge aus den beiden Hochkonjunkturjahrzehnten vor 1914 in die politisch aktive Staatsbürgerschaft einrückten, vergrößerte sich die Wählerschaft sofort um rund 20 Millionen. Vom Jahr der letzten Reichstagswahlen vor dem Krieg, 1912, als sie 14,4 Millionen umfaßte, wuchs sie bis zum Ende der Republik auf 36 Millionen an. Mit anderen Worten: Anstelle von 22 Prozent der Bevölkerung gehörten vor 1933 61 Prozent zur wahlberechtigten Aktivbürgerschaft.

Die Linksparteien, die sich für das Frauenwahlrecht eingesetzt hatten, versprachen sich als politische Gratifikation ein Wachstum ihrer Stimmenzahl. Tatsächlich aber hat diese Demokratisierung des Wahlrechts im allgemeinen die Rechtsparteien begünstigt. Die weiblichen Wähler stellten z. B. 50 Prozent der DNVP- und 51 Prozent der DVP-Stimmen. Katholikinnen freilich votierten geschlossen für das Zentrum, dessen Anteil an weiblichen Stimmen bei 80 Prozent lag. Dagegen wurden die Linksparteien durch die Ergebnisse der Wahlrechtsausdehnung faktisch benachteiligt, denn nur 43 Prozent der SPD-, 41 Prozent der USPD- und 37 Prozent der KPD-Stimmen stammten von Wählerinnen. Die Frauenstimmen haben sich dagegen nicht dramatisch zugunsten der NSDAP ausgewirkt, wie unten (VI.3) noch erörtert wird. Im Grunde traten also die Parteien seit 1919/20 unter von Grund auf veränderten Bedingungen an, zu denen auch diese enorme quantitative Vergrößerung der Aktivbürgerschaft gehörte.

Die SPD. Die SPD als älteste deutsche Partei blieb bis zum Ende die republiktragende Kraft par excellence. Daß die 1917 vollzogene Spaltung der Arbeiterbewegung nicht nur anhielt, sondern sich seit den späten 1920er Jahren dramatisch vertiefte, bedeutete mit Sicherheit eine schwere Belastung der Innenpolitik, ermöglichte andrerseits aber auch erst den relativ pragmatischen Kurs der SPD im parlamentarischen System der Republik und ihrer Mitgliedsstaaten. Die Mitglieder- und Wählerbasis lag weiterhin im klassischen Arbeitermilieu der protestantisch-atheistischen Großstadtviertel und Industrieregionen, und auch das enge Bündnis mit den im ADGB zusammengeschlossenen Gewerkschaften bestand unverändert fort. Insofern blieb die SPD eine Klassenpartei mit klaren Konturen, obwohl untere Beamte und Angestellte, Lehrer und kleine Selbständige, Landarbeiter und Intellektuelle in der Zeit der Republik zunehmend für sie votierten.

Das hing auch mit der Vorherrschaft einer reformorientierten Politik zusammen, die allerdings in unversöhnlichem Widerstreit mit einer nostalgischen Revolutionsrhetorik lag. Auf sie glaubte das Parteizentrum zum Zweck der Loyalitätsverteidigung und wahlpolitischen Mobilisierung nicht ganz verzichten zu können, um nicht noch mehr Arbeiter erst an die USPD, dann an die KPD zu verlieren, da beide utopische Sehnsüchte hemmungslos bedienten. Die anhaltende Stigmatisierung der «Roten» hat diesen Rückfall auf vertraute Agitationsmuster gefördert, zumal die Unternehmer bald wieder ihren Klassenkampf von oben weiterführten.

Aufgrund der Proletarisierungsprognose der marxistischen Theorie und der daraus folgenden Selbstblockade blieben der «alte Mittelstand» und die bäuerliche Welt der SPD weiterhin verschlossen – mit fatalen Folgen an der Wahlurne. Die Sozialdemokratie verharrte in ihrer Tradition der politischen Monokultur. Zu einer Verfechtung heterogener Interessen vermochte sie sich noch nicht durchzuringen. Unverkennbar ist es ihr daher trotz ihres erdnahen Reformismus und ihrer Republiktreue – häufig sogar wegen ihr – nicht gelungen, aus ihrer Isolierung auszubrechen. Im Gegenteil, im unerbittlichen Wettbewerb mit den Linkstotalitären verlor sie in den Jahren der «Großen Depression» zusehends Wähler an die KPD, bis nach der ursprünglichen Ausgangslage von 1920, als das Stimmenverhältnis 6,11 Mill. zu 590 000 betragen hatte, die KPD in den Juliwahlen von 1932 (7,96 zu 5,28 Mill.) vergleichsweise dicht aufgerückt war.[3]

Die USPD. Die USPD, dieses Geschöpf aus Kriegsbelastungen und langlebigen parteiinternen Spannungen, eine reine Arbeiterpartei mit intellektueller Speerspitze, war von der SPD bei den Januarwahlen zur Nationalversammlung noch klar mit 11,5 zu 2,32 Mill. Stimmen abgeschlagen worden. Als sich aber wegen des Scheiterns aller hochgespannten Reformhoffnungen, der Niederlage in den Bürgerkriegskämpfen und der Härte des «weißen» Gegenschlags der Allianz von Freikorps und Reichswehr die abgrundtiefe Enttäuschung im proletarischen Sozialmilieu in blinder Empörung gegen die SPD wandte, schrumpfte bereits bei den Juniwahlen von 1920 der komfortable Abstand ganz gewaltig. Mit 5,05 Mill. Stimmen rückte die USPD bestürzend nah an die 6,11 Mill. der SPD heran. Dennoch erwies sich dieser Erfolg als besonders kurzlebiger Pyrrhussieg, denn zum Ausgleich ihrer selbstzerstörerischen inneren Spannungen, die von den Linksradikalen fortwährend forciert wurden, erwies sich die Partei nicht länger mehr imstande.

Als dann noch Lenins Bedingungen für den Anschluß der USPD an die Dritte Internationale der Kommunisten die bedingungslose Unterwerfung unter das Exekutivkomitee der Komintern und den Ausschluß aller «rechten» Sozialdemokraten forderten, um der Gefahr einer «verwässerten Massenpartei» zu entgehen, kam es auf dem Hallenser Sonderparteitag im Oktober 1920 zum offenen Bruch. Die Mehrheit – und mit ihr rund 370 000 Mitglieder – beugte sich dem sowjetischen Diktat und schwenkte folgerichtig in den folgenden Wochen bis zum Dezember 1920 zur KPD über, die dadurch überhaupt erst eine Massenbasis gewann. Die Minderheit dagegen, die immerhin auch auf 340 000 Mitglieder bauen konnte und hinter der die meisten Reichstagsabgeordneten und Parteizeitungen standen, verteidigte noch eine Zeitlang ihre prekäre Autonomie, schloß sich dann aber im September 1922 mit ihren restlichen 206 000 Mitgliedern der SPD an, in der sie überwiegend die «volksmarxistische» Wagenburgmentalität verstärkte.[4]

Die DDP. Rechts von den sozialdemokratischen Parteien entstand 1919 die «Deutsche Demokratische Partei», zu der die kaiserdeutsche «Fortschrittliche Volkspartei» mutierte, wobei sie zunächst auch einige auffällige Neuankömmlinge und linkskonservative Nationalliberale aufnahm. Sie konnte den vagen bürgerlichen Drang, die offenbar unumgänglichen Reformen mit einer Zähmung der Revolution schleunigst zu verbinden, in der Ausnahmesituation des Januars 1919 als liberale Sammelpartei optimal ausnutzen. Denn es gelang ihr, sich als nichtsozialistische, nichtreaktionäre Alternative zu präsentieren. Auf diese Weise band sie erstaunliche 5,64 Mill. Stimmen an sich – das war die Hälfte der SPD-, das Doppelte der USPD- und fast der Gleichstand mit den Zentrumsstimmen. Ebenso kometenhaft wie ihr Aufstieg erfolgt war, vollzog sich allerdings auch ihr Absturz. Bereits 1920 wurde ihre Stimmenzahl um fast 70 Prozent auf 2,3 Mill. reduziert. Seither hielt die Talfahrt an. Warum?

Wider Erwarten schnell war Ende November 1918 die Wiedergeburt der Nationalliberalen als «Deutsche Volkspartei» (DVP) vonstatten gegangen, die das rechtsliberale Wählerpotential so zügig wieder an sich binden konnte, daß sie bereits 1920 mit ihren 4,25 Mill. Stimmen die DDP um fast das Doppelte übertraf. Zwar konnte die DDP, wie die FVP von 1914, die Hochfinanz und den Großhandel, dazu Teile des Bildungsbürgertums und der «mittelständischen» Berufsklassen an sich binden, doch numerisch blieb das ein kleiner Gewinn. Proletarische und bäuerliche Wähler entfielen so gut wie ganz, die Industrieinteressen stellten sich hinter die DVP, rechts sammelten die Konservativen Stimmen auf dem Lande. Die Heterogenität des Vorkriegsliberalismus und viele jener Barrieren, die ihm seit den späten 1870er Jahren entgegenstanden, machten sich wieder hemmend bemerkbar. Auch die «Vernunftrepublikaner» in der DDP stützten sich auf ein nur karges Bekenntnis zur neuen Staatsform. «Wir werden Demokraten», erläuterte Meinecke in seinem Geleitwort zu Troeltschs «Spektator-Briefen», weil «auf keinem anderen Weg die nationale Volksgemeinschaft und zugleich die Lebensfähigkeit aristokratischer Werte unserer Geschichte... erhalten werden kann.» Frühzeitig bahnte sich daher in der liberalen Mitte ein verhängnisvoller Erosionsprozeß an, der nach einem knappen Dutzend Jahren ein fatales Ausmaß erreichte, da die enttäuschten Exliberalen fast alle zu den Rechtstotalitären überliefen.[5]

Die DVP. Mit der DVP trat, wie gesagt, ein alter Rivale des Linksliberalismus auf den Plan, und es entsprach dieser Neuauflage der Nationalliberalen ganz exakt, daß sich mit Gustav Stresemann die einzige rechtsliberale Führungspersönlichkeit sogleich an die Spitze setzte. Unverhüllter noch als vor 1914 machte sich die DVP nicht nur zum Verfechter großindustrieller Interessen, sondern schwenkte stetig weiter nach rechts, bis sie sich mit den starren Konservativen eng berührte. Stresemann als ihre Galionsfigur mauserte sich, zumindest in mancher Hinsicht, vom rabiaten Annexionisten der Kriegsjahre zum pragmatischen Verständigungspolitiker, isolierte sich aber im selben Maße vom Gros seiner rechtslastigen Partei, wie das bereits vor seinem Tod im Herbst 1929 zutage trat.[6]

Das Zentrum. Auf Kontinuität standen die Zeichen auch im Zentrum als Konfessionspartei des politischen Katholizismus. Längst waren zwar die goldenen Zeiten vorbei, als das Zentrum während der Siedehitze des «Kulturkampfes» 83 Prozent aller wahlberechtigten katholischen Männer an sich gebunden hatte. 1912 war es bei einem Stimmenanteil von 16,4 Prozent der Reichstagswähler angekommen, blieb aber weiterhin für fast 100 Abgeordnete gut. Das war um so bemerkenswerter, als das Zentrum im Grunde eine wirkungsvolle Allianz von drei innerkatholischen Reformbe-

2. Das Parteienspektrum

wegungen: der bäuerlichen, der bürgerlichen und der proletarischen, darstellte, ähnlich der britischen Labour Party als politischer Ausschuß des Verbandskatholizismus fungierte und von einer außerordentlich heterogenen Spitze aus adligen, geistlichen, bürgerlichen und populistischen Politikern geleitet wurde. Obwohl mit den Gebietsverlusten im Osten und Westen überwiegend katholische Wähler verlorengegangen waren, schweißte der Widerstand, den das katholische Sozialmilieu gegen die Revolution und gegen die ungewisse Zukunft in einer weiterhin mehrheitlich protestantisch geprägten Republik leistete, seine Wählerschaft im Januar 1919 in einem erstaunlichen Maße zusammen. Denn das Zentrum kam anstatt wie 1912 auf 1,99 Mill. jetzt auf die dreifache Zahl, auf 5,98 Mill. Stimmen und einen Anteil von 19,7 Prozent.

Dieses Angstvotum für die Nationalversammlung, das nicht als leidenschaftliches Bekenntnis zur säkularisierten Republik mißverstanden werden darf, blieb jedoch exzeptionell. Zwischen 1920 und 1932 pendelte sich der Stimmenanteil des Zentrums zwischen 13,5 und 11,8 Prozent, die Wählerzahl zwischen 3,85 und 4,59 Mill. ein. Von seiner Grundlage im ländlich-kleinstädtischen Milieu aus, kräftig unterstützt durch die gleichbleibende Wahlkreiseinteilung mit ihrer Diskriminierung der großen Städte, erwies sich das Zentrum bis 1930 als pragmatischer, allgegenwärtiger politischer Partner, der seine strategische Position unter den neuen Verfassungsbedingungen effektiv zu nutzen wußte.

Dabei muß man sich vor Augen halten, daß der politische Katholizismus in Bayern sich, alten Neigungen endlich nachgebend, zu einer selbständigen Organisation, der «Bayerischen Volkspartei» (BVP) entschlossen hatte, die durchweg auf 16 bis 22 Abgeordnete und 1,1 Mill. Wähler rechnen konnte. Der Rückgang des Zentrums seit 1920 hing daher ganz wesentlich mit dieser föderalistischen Absplitterung zusammen, obwohl die beiden katholischen Parteien im Reichstag so eng kooperierten, daß man fast immer von einem gemeinsamen Block von rund 90 MdR ausgehen kann.

Während die liberalen Parteien zerfielen und die Arbeitslosen von der SPD zur KPD wanderten, unterlag das Zentrum in der Schlußphase der Republik einer verhängnisvollen Abwendung von seiner demokratisch-republikanischen Politik, als es den autoritären Kurs seines Reichskanzlers Brüning und die rechtskonservativ-ständestaatliche Wende seines neuen Vorsitzenden, des Prälaten Kaas, mittrug.[7]

Die DNVP. Von allen Parteien hatte den Konservativen der Wechsel der Staatsform, die Massenflucht der regierenden Fürsten, die Niederlage des vergötterten Heeres am ärgsten mitgespielt. Als sich die ehemaligen «Deutsch»- und «Freikonservativen», die 1912 zusammen auf 57 MdR gekommen waren, mit 1,48 Mill. Stimmen aber trotz der extrem hohen Wahlbeteiligung von 85 Prozent nur mehr einen Anteil von 12 Prozent errungen hatten, noch soeben rechtzeitig zur «Deutschnationalen Volkspartei»

(DNVP) zusammenschlossen, um zur Nationalversammlungswahl antreten zu können, erhielten sie zwar ein Zehntel aller abgegebenen Stimmen (3,12 von 30,4 Mill.), die für 44 Abgeordnetensitze reichten. Doch erst in den schweren Jahren von 1920 bis 1924 erlebte die DNVP ein politisches Hoch, denn bis zur Dezemberwahl von 1924 kletterte ihre Mandatezahl kontinuierlich um schließlich 130 Prozent auf 103 MdR, ihre Wählergemeinde auf das Doppelte (6,21 Mill.) und ihr prozentualer Anteil auf ein gutes Fünftel (20,5 %). Wo lagen die Ursachen dieses verblüffenden Aufstiegs?

Der DNVP gelang es in dieser krisenreichen Zeit, sich als einzige stramm nationalistische, friedensverweigernde, ultrakonservative Alternative zu den Parteien der Weimarer Koalition zu präsentieren. Die Nachkriegsstimmung, der gekränkte Nationalismus, der durch Niederlage und «Reparationsterror» verletzte Stolz trieben das Wasser auf ihre Mühlen. Da noch keine republikweit operierende rechtsradikale Partei die Aufmerksamkeit auf sich zog und auch die Antisemitenparteien der Vorkriegszeit nicht wiedererstanden waren, band sie – auch programmatisch in ihren «Grundsätzen» von 1920 mit dem unverhohlenen Protest gegen «die Vorherrschaft des Judentums» – das mächtig anschwellende Potential der Antisemiten und Völkischen an sich. Auf diese Weise drang sie über ihr traditionelles ostelbisches Wählerreservoir hinaus auch in westelbische und norddeutsche Wahlkreise ein, wo sie zeitweilig städtische und bäuerliche Anhänger gewinnen konnte.

Die Stimmungshausse zugunsten der DNVP verflog jedoch in den folgenden Jahren. Bereits die Hochkonjunkturphase reduzierte die Konservativen mächtig (1928: 73 MdR, 4,38 Mill., 14,2 %). Doch als sich dann im rechten Spektrum die Konkurrenz der NSDAP schier unwiderstehlich geltend machte und als die Agrar- und Industriedepression die völlige Hilflosigkeit der konservativen Krisenrezepte erwies, wurde die DNVP geradezu zertrümmert. Innerhalb von knapp vier Jahren fiel ihre Präsenz im Reichstag um fast zwei Drittel auf 37 MdR, ihr Stimmenaufkommen um fast dieselbe Verlustziffer auf 2,1 Mill., so daß ihr Anteil nunmehr bei 5,9 Prozent lag – allein die DDP (1 %) und die BVP (3,2 %) stagnierten noch unter diesem konservativen Tiefststand. Die Wahlanalyse zeigt, daß dieser Niedergang dem Umstand zu verdanken war, daß inzwischen die abgeschwenkten Wähler in der NSDAP die aussichtsreichste Rechtspartei sahen.[8]

Auf den Linkstotalitarismus der KPD und den Rechtstotalitarismus der NSDAP wird im Zusammenhang der Zerfallsphase der Republik ausführlich eingegangen (s. u. VI.2 u. 3).

Splitterparteien und Lager. Anders als im Kaiserreich förderte das Verhältniswahlrecht der Republik – um vage basisdemokratische Gerechtigkeit anstatt um klare Machtverhältnisse bemüht – das Aufkommen von Splitterparteien, die ein irritierendes Indiz für die nachlassende Integrationskraft der großen etablierten Parteien darstellten. Ob es sich um die

2. Das Parteienspektrum

«Reichspartei des deutschen Mittelstandes» oder den «Christlich-Sozialen Volksdienst», die «Volkskonservativen» oder die «Christlich-Nationale Bauern- und Landvolkpartei» handelte – immer wurden der konzentrierten politischen Willensbildung wichtige, wenn auch jeweils kleine Stimmenanteile entzogen. 1928 waren es zusammen 14 Prozent aller Stimmen; zugleich gab es unter 491 Reichstagsabgeordneten immerhin 88, die alle aus Parteien mit zum Teil weniger als fünf Prozent der Stimmen kamen. Anders gesagt: Mit einer Fünfprozent-Sperrklausel, wie sie das bundesdeutsche Wahlrecht zu seinem Vorteil besitzt, wären 18 Prozent der Abgeordneten nicht in den Reichstag gekommen. Auch im Hinblick auf diese Splitterparteien erwies sich die Hitler-Bewegung als unersättliche Konkurrenz, die schließlich diese Zwergverbände verschlang.

Geht man einmal gegenüber dem Parteienspektrum auf Distanz, um aus der Vogelperspektive übergreifende politische Grundorientierungen zu erfassen, trifft man auf drei Lager: ein autoritäres, ein demokratisches und ein linkes. Hinzu kommt das vagabundierende Sammelsurium der Splitterparteien. Als autoritäres Lager kann man die DNVP, die DVP und die NSDAP zusammenfassen; als demokratisches die SPD und die DDP, das Zentrum und die BVP; als linkes die USPD und die KPD. Für die Wahlen vom Januar 1919 bis zum März 1933 ergibt sich dann die schematisierte Zuordnung mit ihren wechselnden Kräftekonstellationen in Übersicht 131.

Übersicht 131: Politische Grundorientierungen im deutschen Parteienspektrum 1919–1933

	1919	1920	1924/1	1924/2	1928	1930	1932/1	1932/2	1933
1. Autoritäres Lager	15	30	36	35	26	30	45	42	55
2. Demokratisches Lager	76	47	46	50	49	43	38	36	33
3. Linkes Lager	7	20	13	9	11	13	14	17	12
4. Splitterparteien	2	3	5	6	14	14	3	5	–

Das Potential für eine demokratisch-republikanische Ordnung kam nur unmittelbar nach der Kriegsniederlage des Kaiserreichs auf mehr als zwei Drittel der Stimmen. Seither schrumpfte es. Seit den Juniwahlen von 1920 wurde die Weimarer Koalition nie wieder mehrheitsfähig. So gesehen ist es «ein Wunder, daß die Weimarer Republik trotz ihrer endlosen Handlungsblockaden noch zehn Jahre lang bis 1930 überlebte». Von der Übersicht 131 wird natürlich nicht erfaßt, daß die Wahl Hindenburgs zum Reichspräsidenten bereits 1925 mit aller Klarheit eines enthüllte: Die Republik stand spätestens seither einer republikfeindlichen Mehrheit gegenüber. Die bürgerliche Mitte (also ohne Zentrum und BVP) wurde während dieses Einflußverlustes von 1918 = 28 und 1930 = 22 auf 1932 = 5 Prozent zusammengequetscht; rund 20 Prozent ihres Stimmenanteils von 1928 wanderten zu den neuen Rechtsradikalen.

Dagegen erlebte das autoritäre Lager seine erste Aufschwungphase bis 1924/25, seinen eigentlichen Höhepunkt aber seit 1932 mit den Erdrutschsiegen der NSDAP. Der kommunistischen Linken gelang nach dem Unikat des USPD-Erfolgs von 1920 erst 1932 jener Vorstoß in die Nähe von einem Fünftel der Wählerschaft, der viele bürgerliche und bäuerliche Wähler aus Angst vor der «roten Diktatur» in die Arme der NSDAP trieb.

Zu dieser Blockbildung gehört das historische Begleitphänomen, daß sich die Parteien in erster Linie als die Vertreter ihres sozialmoralischen Milieus, dann eventuell noch als Mitglieder eines demokratischen, autoritären oder linken Lagers, im Grunde aber nicht primär als Regierungsparteien im Kampf um die Staatsmacht verstanden. In sich waren die Parteien, aber auch die Lager in den Fragen der sozialökonomischen Ordnung und der Verfassungspolitik vielfach gespalten. Daher fielen sie für das politische Alltagsgeschäft der parteiintern integrierenden Interessenvermittlung weithin aus. Wer rückte in dieses Vakuum, in dem sonst, wenn es politisch angemessen gefüllt ist, die Machtentscheidungen vorbereitet werden, zusehends ein?

Das waren die Interessenverbände, von den Unternehmervereinigungen über den RDI bis zu den Gewerkschaften, das waren informelle korporativistische Gremien und Allianzen, und schließlich war es die nationalsozialistische Sammlungsbewegung, welche die Berücksichtigung aller legitimen Interessen innerhalb ihrer Organisationsvielfalt versprach. Mit der tiefen Fragmentierung der Parteien und Lager aufgrund der historischen Trennungslinien zwischen konservativ-autoritären, liberalen, sozialdemokratischen und katholischen Milieus war außerdem eine extreme Instabilität der Regierung verbunden: In den wenigen Jahren der Republik lösten sich 19 Kabinette mit einer durchschnittlichen Amtszeit von 7,5 Monaten ab. Das kontrastierte scharf mit der Langlebigkeit der kaiserlichen Regierungen. 232 Kabinettpositionen wurden jedoch von nur 89 Personen besetzt, und diese begrenze Elitenrotation löste wiederum heftige Vorwürfe gegen die vermeintliche Cliquen- und Bonzenwirtschaft aus. Sie verschmolzen mit einer tiefen Enttäuschung über das parlamentarische System überhaupt, und sie waren die tiefsitzende strukturelle Ursache der zunehmend um sich greifenden Suche nach neuen, überlegenen politischen Formen. Sie mündeten letztlich in jene breite Zustimmung, die seit 1930/32 die «autoritäre Volkspartei» Hitlers mit ihrem Versprechen fand, eine Regierung der «starken Hand» über alle Gräben und Klassenantagonismen hinweg zum Wohl der «Volksgemeinschaft» zu etablieren.[9]

3. Die Bürokratie

Als nach der Flucht aller deutschen Fürsten der revolutionäre Übergang zur Republik irreversibel war, entschlossen sich die neuen Machthaber dazu, die gesamte «monarchische Beamtenschaft» zunächst einmal zu übernehmen. Daher behielt sie im neuen Regime «ihren Platz in traditioneller Staatstreue», aber «außerhalb der Demokratie, bis die ersehnte rechte Revolution eintrat». Führende Politiker der Regierungsparteien gaben sich genausowenig wie kritische Beobachter außerhalb dieses Machtzirkels irgendeiner Illusion darüber hin, daß sie damit der neuen Staatsform eine schwere Bürde auflasteten. Doch ihre Angst vor dem Chaos-Effekt der Revolutionsfolgen und ihr verzweifeltes Bemühen, in der unübersehbaren Nachkriegssituation so viele Stabilisierungsanker wie nur möglich zu behalten, ließ sie vor jedem destabilisierenden Eingriff zurückscheuen.

Deshalb appellierte Ebert am 9. November 1918 im Namen des «Volkes und Vaterlands» an die Bürokratie, in ihren Dienstzimmern weiter zu arbeiten, nicht aber, sich auf den Geist einer Republik umzustellen. Sofort zeigte sich, wie Ernst Troeltsch Ende Januar 1919 irritiert beobachtete, «ein großer Mangel der neuen Lage. Die Beamtenwelt ist so gut wie ohne alle Personalveränderungen geblieben. Die Beamten, auch die konservativsten, stellten sich auf den Boden der neuen Tatsachen und bleiben im Amt, regieren, sprechen und benehmen sich ganz im alten Stil. Das erzeugt immer neues Mißtrauen und neue Reibungen. Nur ein gründlicher Beamtenwechsel», mahnte Troeltsch, «kann hier helfen», denn man könne «mit Korpsstudenten nicht demokratisch Vertrauen erweckend regieren».

An Umbau und Reform, sobald die ärgste Krise nur erst einmal überwunden war, hatten auch Sozialdemokraten gedacht, da sie unter dem Beamtenapparat des Obrigkeitsstaats am meisten gelitten hatten. Aber sie hatten in der Opposition, aus der sie über Nacht an die Schalthebel der Staatsmacht katapultiert worden waren, keine präzisen Vorstellungen erarbeitet, denen sie jetzt hätten folgen können. Und Ebert hielt, als er seine Aufforderung zur Kooperation aussprach, den Hinweis für unumgänglich, diese Mitarbeit doch auch zu begrenzen, «bis die Stunde der Ablösung gekommen ist». Diese latente Drohung war vermutlich als Konzession an die Heißsporne der beamtenfeindlichen Rätebewegung gedacht, löste jedoch in der Bürokratie eine panikartige Furcht vor dem bevorstehenden Verlust ihrer Unkündbarkeit sowie der Alters- und Hinterbliebenenpension, kurz: vor der Degradierung zum ordinären staatlichen Angestellten aus.

Die Empörung der etablierten Machtelite äußerte sich so spürbar, daß der «Rat der Volksbeauftragten» bereits am 12. und 15. November 1918 außer der Meinungs- und Koalitionsfreiheit für Beamte auch eine Garantie ihrer Gehalts- und Pensionsansprüche aussprach. Eine dauerhafte Entspannung wollte indessen in der von prinzipieller Animosität gegen die Republik erfüllten Bürokratie nicht einkehren, zumal die Rechtsparteien nicht müde wurden, die Angst vor der Abschaffung des Berufsbeamtentums zu schüren. Unter dieser Konstellation mußte sich das neue Regime, das ohnehin vor jeder einschneidenden Strukturreform zurückscheute, mit einer Institution, die seit jeher obrigkeitliches Machtinstrument und selbstbewußter Machtträger zugleich gewesen war, arrangieren.

Bis zum Sommer 1919 hatte die SPD, das nebulöse Konzept des «Volksstaats» endlich konkretisierend, ihre Reformideen präzisiert. Sie wollte das Berufsbeamtentum im Zentralstaat, in den Ländern und Gemeinden beibehalten, das Dienstrecht aber an das allgemeine Arbeitsrecht anpassen. Außerdem setzte sie sich für eine finanzielle Besserstellung namentlich der mittleren und unteren Beamten ein, unter denen sie seit längerem eine beträchtliche Klientel besaß, ebenso für die Durchlässigkeit der Laufbahnen und die Abschwächung des Juristenmonopols, mithin für den Bewährungsaufstieg von mittleren Beamten und Außenseitern; das Disziplinarrecht sollte durch die Strafprozeßordnung ersetzt, die Meinungs- und gewerkschaftliche Koalitionsfreiheit einschließlich des Streikrechts verbrieft werden. Dieser Katalog der Forderungen war nicht dazu angetan, das Wohlwollen der strategisch gut postierten höheren Beamtenschaft, die in alledem nur eine eklatante Benachteiligung und schmerzhafte Einflußminderung sehen konnte, zu erregen. Daher vertiefte er den Graben zwischen Republik und Verwaltungselite, und für die Umsetzung in praktische Reformpolitik kam er wegen der inzwischen von Grund auf veränderten politischen Kräfteverhältnisse ohnehin viel zu spät.

Statt dessen hatte sich, wie so oft in der neueren deutschen Geschichte, der kumulative Druck der Beamtenschaft erstaunlich weit durchgesetzt. Dem eine Million Mitglieder vertretenden «Deutschen Beamtenbund» (DBB) unter der Leitung des rührigen Ernst Remmers, der als DDP-Abgeordneter der Weimarer Koalition nahestand, gelang es, obwohl das der ursprüngliche Preußsche Entwurf keineswegs vorgesehen hatte, die Beamtenrechte in der neuen Reichsverfassung abzusichern. Ausgerechnet in den Grundrechteteil wurde auf das Drängen dieses Interessenverbandes hin die «institutionelle Garantie des Berufsbeamtentums» eingefügt (WRV, Art. 128–131). Die deutsche Bürokratietradition gewann damit geradezu einen klassischen Rang, den selbst Preuß jetzt für angemessen hielt; andern galt er als Belohnung für das relativ loyale Verhalten in der Revolutionskrise. Darüber hinaus schrieb die Beamtenlobby zahlreiche grundlegende Einzelbestimmungen in die Weimarer Konstitution hinein, obwohl sie eigentlich in das als Verfassungsauftrag vorgeschriebene Reichsbeamtengesetz gehört hätten. Da dieses aber bis zum Ende der Republik nicht zustande kam, besaß die Beamtenschaft eine interpretationsfähige Positionsabsicherung im Grundgesetz des Landes selber. Von Reformvorhaben wie der politischen Zuverlässigkeit, der Rekrutierungs- und Ausbildungsmo-

3. Die Bürokratie

dernisierung war jetzt genausowenig mehr die Rede wie von dem strukturellen Umbau der Verwaltung. Die neue Verfassung garantierte die Lebenszeitstellung, die Alters- und Hinterbliebenenversorgung, überhaupt die Unverletzlichkeit der «wohlerworbenen Rechte» des Berufsbeamtentums, dazu die Freiheit der politischen Gesinnung und das Vereinigungsrecht. Ein neues Disziplinarrecht führte ein Beschwerdeverfahren gegen Dienststrafen ein. Im Falle der Amtspflichtverletzung schützte die Staatshaftung den individuellen Beamten vor jedem Regreß. Die Gleichberechtigung der Frauen als Beamtinnen gewann Verfassungsrang. Die Republik erhielt die Gesetzgebungskompetenz für die Entscheidung über Grundsatzfragen, die alle Beamten betrafen. Wäre auf dieser Grundlage ein Reichsbeamtengesetz entwickelt worden, hätte ein neues Beamtenrecht entstehen können. So aber blieb es beim Übergewicht etablierter kaiserstaatlicher Rechte, ergänzt durch vorteilhafte Grundrechte für Bürokraten.

Nach dem Inkrafttreten der statussichernden Verfassung erregte die Verpflichtung auf den neuen Beamteneid («Ich schwöre Treue der Reichsverfassung») die Gemüter, obwohl kein persönliches Bekenntnis zur Republik erwartet wurde. Insbesondere die Rechtsparteien entfachten einen Sturm leidenschaftlicher Kritik. Anstatt die Beamten im Sinne der hegelianischen Staatsmetaphysik auf die permanente Identität des Staates einzuschwören, würden sie jetzt, hieß es anklagend, auf ein Stück Papier festgelegt, das jederzeit inhaltlich revidiert werden könne; außerdem verzichte der Staat damit auf die Kontrolle der inneren Überzeugung seiner Diener. Doch ehe sich der Disput noch weiter ausdehnen konnte, fielen drei folgenschwere Entscheidungen.

Während des kurzlebigen Kapp-Putsches im März 1920 bestanden die Reichsbeamten, trotz des opportunistischen Verhaltens einiger Unterstaatssekretäre, im allgemeinen den Härtetest, obwohl es wahrscheinlich nur der politische Generalstreik der Gewerkschaften war, der die höheren Berliner Beamten, etwa 2 % der Reichsbeamtenschaft, vor dem Frontwechsel bewahrte. Tiefer brach die Putschbewegung in die preußische Beamtenschaft ein, unterstützte aber wegen ihres schnellen Endes faktisch die Bürokratiereform, zu der sich die preußische Sozialdemokratie, nicht zuletzt dank der Tatkraft ihres Innenministers Carl Severing, später auch Albert Grzesinskis, endlich durchgerungen hatte. Von ihr wiederum ging ein solcher Abschreckungseffekt aus, daß die offene Opposition in der Reichsbürokratie effektiv eingedämmt wurde.

Auch in Preußen, wo immerhin zwei Drittel der Republikbevölkerung wohnten und die größte Verwaltungsdichte bestand, hatte sich zum einen die Einsicht in die Reformnotwendigkeit, zum anderen die Furcht vor einer riskanten Veränderung zunächst als Stagnation der Bürokratiepolitik ausgewirkt, so daß «der Beamtenkörper im Winter 1918/19 fast unverändert» erhalten blieb. Dabei ging es vor allem um das konservative Korps der knapp 500 Oberpräsidenten, Regierungspräsidenten, Polizeipräsidenten und Landräte, von denen nur wenige gesinnungstreue Monarchisten freiwillig zurückgetreten waren. Erst seit dem Frühjahr 1919 setzte die sozialdemokratische Regierungspartei die Ersetzung von neun Oberpräsidenten (von insgesamt 12) durch. Doch unterhalb dieser Ebene griff sie nur sehr zögerlich ein, so daß weiterhin 22 der 33 Regierungspräsidenten (67 %) und 450 der 480 Landräte (94 %) von den Beamten der Monarchie gestellt wurden. Als Folge ihrer Illoyalität während des Kapp-Putsches wurden dann sogleich drei Oberpräsidenten, drei Regierungspräsidenten, zwei Polizeipräsidenten und 25 Landräte in den verdienten Ruhestand versetzt. Vor härteren Maßnahmen schreckte die Landesregierung selbst jetzt noch zurück.

Vom April 1920 bis zum Oktober 1926 wirkte sich dann jedoch die Bürokratiereform des «Systems Severing» tiefenwirksam aus. Außer allen Oberpräsidenten und Regierungspräsidenten wurden jetzt endlich 229 monarchistische Landräte und 2/5 aller Polizeipräsidenten durch republiktreue Beamte ersetzt. Dieser Einschnitt erregte bitteren Protest, bewies aber die Handlungsfähigkeit der preußischen Staatsregierung. Erst jetzt verschwanden die letzten Kaiserbüsten aus den Amtsstuben.

Außer dem abrupten Scheitern des Kapp-Putsches und der abschreckenden Demonstrationswirkung der preußischen Beamtenpolitik wirkte sich das Reichsbesoldungsgesetz vom April 1920 auf die Kooperationswilligkeit der Bürokratie anregend aus. Die Anhebung der Gehälter gemäß der Maxime des do ut des wurde sowohl mit einer Reduktion der 180 Gehaltsklassen auf nur mehr 20 als auch mit einer Minderung der Spanne zwischen Anfangs- und Endgehalt auf 1:4 (bei unteren Beamten bisher 1:6,7, bei höheren Beamten 1:8,6) verknüpft. Das Kindergeld wurde zur ständigen Einrichtung erhoben. 1923 kamen die Beihilfe für den Krankenhausaufenthalt und die Unterhaltszahlungen für Referendare hinzu, die bisher bekanntlich eine zehn- bis zwölfjährige einkommenslose Wartezeit auf Kosten ihrer Familien durchzustehen gehabt hatten. Solche Einkommensprivilegien besänftigten die Neigung zu Illoyalität und Aufsässigkeit.

Freilich trifft dieses Urteil, aufs Ganze gesehen, nur auf die Verwaltungsbeamtenschaft zu. Die Justizbürokratie dagegen wurde von keinem Reformeingriff erfaßt, da sich weder Reich noch Länder an die Bastion der Richter- und Staatsanwaltschaft herantrauten. Gerade dort aber hatte sich in Preußen sowie in den Gerichtsinstitutionen des Reiches die dogmatisch konservative Auslese zweifelsfrei monarchietreuer Rechtsexperten seit den Bismarck-Puttkamerschen «Säuberungsmaßnahmen» als Etablierung eines festgefügten Beamtenkörpers ausgewirkt, der auf den autoritären Obrigkeitsstaat habituell fixiert blieb und aus seiner Verachtung der republikanischen Ordnung kein Hehl machte.

3. Die Bürokratie

Starr blieb auch der innerbürokratische Widerstand gegen einige angestrebte Reformen. Von einer Durchlässigkeit der Laufbahnen konnte weiterhin keine Rede sein. Nur Preußen öffnete im Juli 1920 Außenseitern den Zugang zu bisher geschützten Karrierewegen, um Rechtsanwälte und Gewerkschaftsfunktionäre als politische Beamte verwenden zu können. Mindestens ebenso hart fiel die Opposition gegen die verfassungsrechtlich sanktionierte Gleichberechtigung der Frauen aus. Sie mußte durch Gerichtsurteile und Gesetzesnovellen erst mühsam erstritten werden. Dabei ging es vor allem um die Stellung der Juristinnen und die Aufhebung der Zölibatsklausel für Beamtinnen. 1921 führte das «rote Preußen» immerhin die Juristische Staatsprüfung für Frauen ein, gestattete aber noch immer nicht ihre Zulassung als Richterin oder Staatsanwältin. Erst im folgenden Jahr setzte der sozialdemokratische Reichsjustizminister Gustav Radbruch gegen den empörten Protest des «Richterbundes» und des «Anwaltsvereins» diese Zulassung durch. Positive Folgen stellten sich freilich nur langsam ein. Bis 1925 wirkten in Deutschland nicht mehr als 50 Frauen im gehobenen Dienst. Neun von 18 Reichsbehörden verzichteten weiterhin auf jede Beamtin. Zwar gab es inzwischen 61462 Beamtinnen, doch die erdrückende Mehrheit (60833) arbeitete im unteren Postdienst. Die wenigen examinierten Juristinnen wurden auf Stellen für den Jugendschutz und die Wohlfahrtsarbeit abgedrängt.

Auch 1933 sah die Bilanz noch immer niederdrückend aus: 0,3 Prozent aller Richterstellen waren mit 36 Frauen besetzt worden, 1,3 Prozent aller Anwälte wurden von 250 Volljuristinnen gestellt. Zum Vergleich: Immerhin machten damals Ärztinnen 8,5 Prozent aller Mediziner, Lehrerinnen 30 Prozent des Lehrpersonals aus; auf der Universität hatten Frauen aber nur ganze vier Ordinariate inne; 71 Habilitierte befanden sich mit düsteren Berufsaussichten in einer ungewissen Wartestellung.

Selbst die ominöse Zölibatsklausel, die Beamtinnen die Ehelosigkeit verordnete, konnte 1920 nur zeitweilig aufgehoben werden. Bereits im Oktober 1923 gestattete ein Reichsgesetz ihre Entlassung, falls der Ehemann ebenfalls in einer beamteten Stellung arbeitete. Durch Reichskanzler Brüning wurde dann die Zölibatsvorschrift im Mai 1932 in einem eigenen Reichsgesetz über die Rechtsstellung der weiblichen Beamten unbefristet erneuert. Nach der päpstlichen Enzyklika «Quadragesimo Anno» aus demselben Jahr, die sich gegen die Berufstätigkeit verheirateter Frauen kompromißlos aussprach, traten auch die Zentrumspartei und die katholische Lehrerinnenvereinigung für diese päpstlich sanktionierte Diskriminierung ein.

Ein neues strukturelles Problem warf der anschwellende Umfang der Beamtenschaft auf, da sie von 1914 bis 1923 um insgesamt 40 Prozent angewachsen war. Hatte sie vor dem Krieg etwa ein Zehntel aller lohnabhängigen Erwerbstätigen gestellt, kam sie jetzt auf nahezu 15 Prozent. Wo lagen die maßgeblichen Ursachen dieses sprungartigen Wachstums? Mit der Ausdehnung der Staatsfunktionen, insbesondere aufgrund der interventionistischen Wirtschafts- und der Sozialpolitik, dann wegen der Kriegsfolgelasten, expandierte auch der Staatsapparat. Nicht nur die Beamten aus den verlorenen Grenzgebieten, sondern auch die «Militäranwärter» – Unteroffiziere mit dem Rechtsanspruch auf Zivilversorgung, aber auch mit dem Ton und Stil des Kasernenhofs – mußten, als das Heer auf 100 000 Mann schrumpfte, in hoher Zahl übernommen werden. Schließlich reservierte ihnen der Gesetzgeber 80 bis 100 Prozent aller freiwerdenden Stellen im unteren, 50 bis 67 Prozent solcher Stellen im mittleren und gehobenen Dienst.

Die Reichsbeamtenschaft vermehrte sich sogar um das Dreieinhalbfache, da zahlreiche Provinz- und Gemeindebeamte nach Erzbergers Finanzreform als staatliche Finanzbeamte und allein 372 000 Beamte der Staats- und Privatbahnen von der neuen Reichsbahn übernommen werden mußten. Ohne diesen unerwarteten Zustrom wäre die Reichsbeamtenschaft in dieser Zeit um etwa ein Viertel gewachsen. In Riesenschritten näherten sich die seit 1914 verdoppelten finanziellen Leistungen für die Beamten einem Drittel aller öffentlichen Ausgaben. Unter diesen restriktiven Bedingungen kam es daher seit dem Oktober 1923 zu einem rigoros praktizierten Personalabbau auf der Basis einer Notverordnung, die eine Reduktion um 25 Prozent vorsah. Von den rd. 826 000 Reichsbeamten wurden aber tatsächlich nur 16 Prozent (rd. 134 500) in den Ruhestand versetzt, während 50 Prozent der staatlichen Angestellten (rd. 30 200) und 33 Prozent der Arbeiter (rd. 232 100) bis Ende 1924 entlassen wurden; allein bei der Reichsbahn wurde rd. 85 750, bei der Reichspost rd. 41 550 Arbeitern und Angestellten gekündigt. Diese Ungleichbehandlung entpuppte sich als ein nachhaltiger Erfolg der Lobbyaktivität des DBB, der seiner Klientel, die ihren Arbeitgebern im Vergleich doch weit höhere Kosten verursachte als Arbeiter und Angestellte, einen noch tieferen Einschnitt ersparte. Erstaunlich bleibt dennoch die Zurückhaltung, mit der in dieser Krisenzeit eine solche Stelleneinsparung hingenommen wurde. Nicht einmal im Ansatz kam es zu Arbeitskämpfen.

Das Streikrecht war unter Beamten nie sonderlich populär gewesen. Je höher die Rangstufe desto weniger, je tiefer desto mehr wurde es verlangt. Trotz des erfolgreichen politischen Streiks gegen den Kapp-Putsch hielt sich die SPD als einzige Befürworterin nicht nur vorsichtig zurück, sondern ließ im Februar 1922, als ein Eisenbahnerstreik ausgerufen wurde, durch eine Notverordnung Eberts diese Form des Arbeitskampfes von Beamten für schlechterdings illegal erklären; der DBB schwenkte auf diese Linie ein.

Politische Brisanz gewann dagegen die Loyalitätsfrage noch einmal nach der Ermordung Erzbergers und Rathenaus, die auch von manchen Beamten mit klammheimlicher Freude gebilligt oder im Gerichtssaal sogar unterstützt wurde. Empört klagte Troeltsch: «Trotz aller Revolution regieren im Grunde die alten Beamten, urteilen die Gerichte im Sinne des alten Systems, werden die Vertreter der Linken ermordet, wird denen der Rechten kein Haar gekrümmt. Die Richter aber können ... stets Recht verkünden, die Helfershelfer finden die Gunst des Gesetzes und werden freigesprochen.» Durch den Terrorismus unter Druck gesetzt reagierte der Staat mit dem Republikschutzgesetz vom Juli 1922. Es verpflichtete die Beamtenschaft zur Unterstützung der republikanischen Staatsmacht und untersagte eine «gehässige», ja schon eine «aufreizende» Aktivität inner- wie auch außerhalb des Dienstes; der Begriff des «politischen Beamten» wurde weiter als zuvor gefaßt, die Disziplinargerichtsbarkeit endlich in die Hand republiktreuer Richter gelegt. Im Effekt bot das Gesetz aber auch die Möglichkeit, die Meinungsfreiheit der Beamten wie zur Zeit des Kaiserreichs einzuschränken, seine Intention geradezu auf den Kopf zu stellen.

Das hing wesentlich von der Interpretation durch das angerufene Gericht, damit aber von der politischen Mentalität der Richter ab. 1925 wurde etwa eine Lehrerin in Thüringen wegen unzulässiger Agitation bestraft, weil sie auf der Verfassungsfeier ihrer Schule ein Hoch auf die Republik ausgebracht hatte. Preußen verlor 1929 vor seinem eigenen Staatsgericht einen Prozeß, mit dem es Beamte von der Teilnahme am Volksbegehren gegen den Young-Plan aus dem Grunde abhalten wollte, daß das Referendum die Regierung wegen ihrer Reparationszahlungen mit Zuchthaus zu bestrafen forderte.

Das ehemals gegen die SPD gerichtete Urteil, einer «Umsturzpartei» anzugehören, blieb weiter in Kraft. Frühzeitig wurde es zu Recht gegen KPD-Mitglieder angewandt. Die Mitgliedschaft im paramilitärisch-autoritären «Stahlhelm» war zeitweilig ebenfalls umstritten, doch scheiterte jede Maßnahme an der Tatsache, daß Reichspräsident v. Hindenburg ein Ehrenmitglied des Verbandes war. Im Juni 1930 dehnte Preußen das Zugehörigkeitsverbot endlich auf die NSDAP aus, während die Republik und Bayern die Mitgliedschaft weiter tolerierten. Hitlers geheuchelter Ulmer Legalitätseid wurde für bare Münze genommen, und Reichskanzler Brüning wollte Hitler als Koalitionspartner – wie etwa 1930 in Thüringen und 1931 in Braunschweig – in die politische Verantwortung einbinden. Schon im Juni 1932 hob die Regierung v. Papen alle Maßnahmen gegen die NS-Bewegung auf. Einige Wochen später nutzte sie den «Preußenschlag» dazu aus, alle republikanischen Beamten in Zwangspension zu schicken. Der Erfolg der preußischen Bürokratiereform wurde damit in der Tat mit einem Schlag zunichte gemacht.

Wie prekär die Loyalität der Bürokratie blieb, läßt sich auch an der «umstrittensten» beamtenpolitischen Frage der Weimarer Republik» ablesen: am Streit um die politischen Beamten. Ebert und die SPD hatten sich, wie das vorn betont worden ist, gegen eine durchgreifende «Säuberung» der Beamtenschaft gesperrt. Auch ein Jahr nach dem Kapp-Putsch waren erst zehn Prozent der Beamten in der preußischen Innenverwaltung ausgewechselt worden. Dann freilich begann die Severingsche Reform zu greifen. Dazu gehörte auch die Ausdehnung des Kreises der politischen Beamten, die außerhalb der bürokratischen Ochsentour auf politisch sensible Führungspositionen berufen wurden. 1928 gab es in Preußen 1084 Beamte dieses Typs (540 außerhalb der Ministerien), davon gehörte die Hälfte den republiktreuen Parteien an (20 % dem Zentrum, 16 % der SPD, 15 % der DDP). Im Grunde wurde mithin von dieser Möglichkeit, Minister und Behördenleiter mit zuverlässigen Vertretern der Exekutive zu umgeben, auffallend maßvoll Gebrauch gemacht. Das änderte aber nichts daran, daß die Rechtsparteien und Beamtenverbände gegen diesen «Einbruch der Korruption» unentwegt Sturm liefen.

Nach ersten Organisationserfolgen im Kaiserreich erlebten die Interessenverbände der Bürokratie während der Weimarer Republik einen spektakulären Aufschwung. Dank der Koalitionsfreiheit gelang es Remmers, der bereits den Vorsitz der «Interessengemeinschaft deutscher Beamtenverbände» von 1916 innegehabt hatte, den DBB als neue Dachorganisation zu gründen. Wegen des politischen Streiks gegen den Kapp-Putsch splitterte 1921 der konservative «Reichsbund der höheren Beamten» (RhB) ab. 1922 scherte auch der gewerkschaftsnahe «Allgemeine Deutsche Beamtenbund» (ADB) aus; er schloß alsbald einen Organisationsvertrag mit dem ADGB, wurde jedoch erst 1930 als Beamtenvertretung der SPD anerkannt. Dagegen gelang dem DBB 1926/1928 die Fusion mit den Beamtenabteilungen der Christlichen Gewerkschaften und der Liberalen Gewerkvereine, so daß er sich als mitgliederstärkste und einflußreichste «Pressure Group» behaupten konnte. Ihre anfängliche gewerkschaftliche Orientierung trat völlig zurück, auch der Abstand zur Angestelltenschaft wurde zusehends wieder schärfer betont.

Übersicht 132: Mitglieder deutscher Beamtenverbände 1920–1932

	1920	1922	1926	1930	1932
DBB	1 060 000	744 000	903 000	1 069 000	993 000
ADB	---	350 000	178 000	177 000	171 000
RhB	55 000	75 000	100 000	100 000	100 000
Christl. Beamte	200 000	150 000	150 000	---	---
Liberale Beamte	---	30 000	34 000	---	---

Das Gewicht des DBB im politischen Entscheidungsprozeß verdeutlichen zum Beispiel die Verfassungsgarantie, der Erfolg beim Personalabbau, die Besoldungsgesetze von 1920, aber auch von 1927. Denn im Dezember dieses Jahres gelang es ihnen, durch eine gewaltige Gehaltserhöhung um mindestens 17 Prozent, in vielen Fällen sogar um ein Viertel das Realeinkommen von 1913 wieder zu erreichen, dazu einen Gutteil der alten Hierarchie der Gehaltsklassen, der Orts- und Stellenzulagen erneut durchzusetzen. Dieser interessenpolitisch obszöne Triumph wurde weithin als Tributzahlung an eine mächtige Lobby verstanden, und er sollte auch nicht lange anhalten. Durch eine Serie von vier Notverordnungen zwischen dem Dezember 1930 und dem Dezember 1931 reduzierte die Regierung Brüning die Beamtengehälter um 19 bis 23 Prozent; in den Ländern und Gemeinden fiel die daraufhin folgende Kürzung noch einschneidender aus; hinzu kam 1930 eine beamtenspezifische Sondersteuer, die «Reichshilfe», in der Höhe von 2,5 Prozent des Gehalts. Auf eine Klage hin gab das Reichsgericht 1931 der Regierung freie Hand für die Alimentierung der Bürokratie, so daß es bei der Gehaltsabsenkung auf das Niveau von 1924 blieb. (Die Kürzungen wurden nur zum Teil 1939/1941, endgültig erst 1950 in der Bundesrepublik aufgehoben, so daß der nominale Einkommensstand von 1927 wieder erreicht wurde.)

Zwar kehrte das Brüning-Regime in vielfacher Hinsicht zum Stil einer autoritären, «gesetzeschreibenden» Beamtenregierung à la Montgelas und Hardenberg zurück, doch wollte es zugleich den Staat vom Einfluß der Verbände befreien und eine elitäre Leitung ohne das Bleigewicht der bürokratischen Interessenvertretung ausüben. Der Absturz von der Höhe des 1927er Zuwachses in die Niederung des Brüningschen «Austerity»-Programms hat nicht wenig dazu beigetragen, die Beamtenschaft für die Systemkritik der Hitler-Bewegung noch anfälliger zu machen.

Nachdem die ungewöhnliche Expansion des Öffentlichen Dienstes durch den Personalabbau von 1923/1924 gebremst worden war, hielt nur mehr ein langsamer Anstieg an, der schließlich sogar in eine Stagnation überging (1925: 1 126 – 1933: 1 115 Mill.). Im Durchschnitt bestand der Öffentliche Dienst zu 66 Prozent aus Beamten, zu 14 Prozent aus Angestellten und zu 20 Prozent aus Arbeitern. 12 Prozent der Beamten gehörten dem höheren Dienst an, 75 Prozent dem gehobenen (an das Abitur gebundenen) und einfachen mittleren Dienst. 80 Prozent aller Beamten waren für die Länder tätig, vor allem Lehrer, Polizisten und Richter; nur 13 Prozent gehörten der Reichsbeamtenschaft an, wo allein die Heeresbeamten die Hälfte stellten. 1930 machte die Beamtenschaft vom Öffentlichen Dienst der Republik 59 Prozent, von dem der Länder 79 Prozent und dem der Gemeinden 47 Prozent, durchschnittlich also 67 Prozent aus. Die Personalkosten für den gesamten Öffentlichen Dienst lagen in diesem Jahr bei 6,2 Mrd. Mark, das war ein Drittel aller Ausgaben der «Öffentlichen Hände».

Wenn man sich die Größenverhältnisse des Öffentlichen Dienstes und die Vielzahl neuer Aufgaben vergegenwärtigt, hat die Verwaltung in der Republik, in den Ländern und Gemeinden im Grunde bei der Bewältigung der Kriegsfolgen und angesichts der Ausdehnung der Staatsfunktionen

Übersicht 133: Größenordnung der Beamtenschaft und des Öffentlichen Dienstes 1920–1933

1.

Gesamte Republik	1928	1930	1933
Öffentl. Dienst	1 175	1 131	1 115
Beamte	753 908	706 500	682 390
Angestellte	173 736	278 561	180 940
Arbeiter	242 711	246 900	251 715

2.

Reichsverw.	1920	1923	1930	1933
Öffentl. Dienst	---	207 416	162 364	160 275
Beamte	81 912	105 978	95 586	93 341
Angestellte	46 000	51 594	26 400	27 156
Arbeiter	---	50 046	40 371	39 778

nicht enttäuschend abgeschnitten. Jedenfalls ist sie nicht jener Moloch gewesen, von dem ihre Feinde behaupteten, daß er eine endlose Zahl bürokratischer Trittbrettfahrer wohlgepolstert aufnehme.

Die soziale Zusammensetzung der deutschen Bürokratie hat sich in der Weimarer Republik nicht drastisch verändert, obwohl Reformanstrengungen wie in Preußen zu positiven Veränderungen führten. Der höhere Dienst ergänzte sich weiterhin aus den oberen Mittelklassen. Die Selbstrekrutierung aus Beamtenfamilien blieb mit über 50 Prozent erstaunlich hoch. Die erste umfassende Beamtenstatistik von 1928 wies etwa für die soziale Herkunft der 5450 höheren preußischen Beamten nach, daß 57 Prozent von ihnen aus den oberen Mittelklassen stammten, rd. je zwei Fünftel aus höheren Beamten- und Unternehmer-, ein Fünftel aus Freiberuflerfamilien, 37 Prozent aus den unteren Mittelklassen, vor allem aus Beamten-, Angestellten- und gewerblichen «Mittelstands»-Familien; nur 3 Prozent kamen aus Unterklassen, vornehmlich aus Subalternbeamtenfamilien.

Schaut man genauer auf die Resultate der preußischen Bürokratiereform, haben die sozialstrukturellen Veränderungen im Kernbereich der Verwaltung, wo es um knapp 500 Spitzenbeamte ging, doch einen beachtlichen Umfang erreicht. 1928 kamen zwar noch 22 Prozent der Oberpräsidenten aus Beamten-, Offiziers- und Gutsbesitzerfamilien, aber dieser Anteil war im Vergleich mit dem Stand von 1914 fast genauso abgesunken wie der früher dominierende Adelsanteil. Dank der Außenseiter unter den politischen Beamten kamen jetzt 44 Prozent aus Arbeiter- und Handwerkerfamilien. Auch 38 Prozent der Regierungspräsidenten stammten noch, wie ein Fünftel der Oberpräsidenten, aus dem klassischen Herkunftsmilieu; 1910 waren es jedoch noch 83 Prozent gewesen. 23 Prozent kamen jetzt aus den Familien von Kaufleuten, Freiberuflern und mittleren Beamten,

13 Prozent sogar aus Arbeiter-, Bauern- und Handwerkerfamilien. Auch bei den Landräten stammten 41 Prozent aus dem traditionellen Sozialmilieu, doch 1910 waren es noch 89 Prozent gewesen. Nur 14 Prozent waren Außenseiter, wohl aber 25 Prozent in den Ostprovinzen noch immer Adelige. Immerhin: 1918 waren noch 55 Prozent der Regierungsassessoren Adelige gewesen, 1930 dagegen blieben nur mehr acht von 91 übrig, die keine realistische Chance des Aufstiegs in den Regierungspräsidien oder Landratsämtern besaßen. Überhaupt war das disproportionale numerische Übergewicht der Ostelbier in der Beamtenschaft beseitigt worden.

Insgesamt ist das Verteilungsmonopol des Kösener Seniorenkonvents, der jahrzehntelang den «Korporationsnepotismus» organisiert hatte, zwischen 1918 und 1928 aufgebrochen worden. Statt 40 Prozent gehörten nur mehr, aber immerhin doch noch 20 Prozent der höheren Beamten als Alte Herren den Korps des Kösener SC an. Ihr Anteil fiel bei den Oberpräsidenten von 64 auf 8 Prozent, den Vizeoberpräsidenten von 42 auf 16 Prozent, den Regierungspräsidenten von 33 auf 18 Prozent, den Polizeipräsidenten von 39 auf 7 Prozent, den Landräten in Westelbien von 31 auf 23 Prozent; in den Ostprovinzen lag er dagegen noch bei 35 Prozent.

Weiterhin blieb das eindeutige Übergewicht der Juristen erhalten. Zählt man die Außenseiter unter den Oberpräsidenten und Polizeipräsidenten nicht mit, lag ihr Anteil 1928 noch immer bei 86 Prozent aller höheren Beamten. Auch die Konfessionsverteilung enthüllt, daß der traditionelle Vorrang protestantischer Bürokraten fortbestand. Doch wurde er, dank der insistierenden Beamtenpolitik des Zentrums und des «Cartellverbandes» katholischer Studenten, entschieden abgeschwächt, so daß sich im genannten Kernbereich der Verwaltung 62 Prozent Protestanten und 25 Prozent Katholiken gegenüberstanden. Bei einem Verhältnis von 64 zu 32 in der Gesamtbevölkerung wirkte der heilige Gral vollständiger «Parität» der Konfessionen im Öffentlichen Dienst als ein bald erreichbares Ziel.

Im Rückblick wird man den reformwilligen Kräften die Anerkennung nicht versagen, daß sie trotz des bleiernen Gewichts eines autoritären Beamtenapparats wichtige Veränderung eingeleitet haben. Eine tiefergreifende Demokratisierung, die gegen das Machtbewußtsein dieses Apparats nur auf längere Sicht durchzusetzen gewesen wäre, ist dagegen gescheitert. Wie labil und ungesichert die neue Konstellation noch war, enthüllte Papens Säuberungserfolg, den Göring nur zu vollenden brauchte. Am Ende des ersten Jahres der Hitler-Diktatur hatte sich die deutsche Bürokratie auf den neuen autoritären Kurs beflissen umgestellt oder war ohne nennenswerten Widerstand von sich aus auf ihn eingeschwenkt.[10]

4. Interessenverbände, Gesinnungsbünde und paramilitärische Organisationen

Zum informellen Herrschaftssystem der Weimarer Republik gehörte nicht nur der Korporativismus, der sich in den vier Jahrzehnten zuvor herausgebildet und den wirtschaftlichen Interessenverbänden ein weites Betätigungsfeld mit zahlreichen Einflußwegen eröffnet hatte. Vielmehr muß auch das neuartige Phänomen der politischen Kampfbünde und der paramilitärischen Massenorganisationen mit einbezogen werden. Sie wurden zwar weder vom Parlament noch von der Regierung als formelle Bestandteile des politischen Systems je anerkannt. Doch gelang es diesen Verbänden, mit ihren Privatarmeen die restriktiven Bedingungen dieses Systems neu abzustecken, schließlich sogar Teile der Staatsgewalt zu usurpieren. Der Einfluß sowohl der «Pressure Groups» als auch der «vaterländischen Verbände» muß nüchtern, ohne der Gefahr ihrer Dämonisierung zu erliegen, bestimmt werden, damit die Unterschiede im Vergleich mit dem Kaiserreich, später dann mit der NS-Diktatur deutlich hervortreten.

Das korporativistische Arrangement mit seiner zunehmenden Vermachtung und Organisierung von Märkten und Entscheidungsarenen hatte bereits vor 1914 seine auffällige Problemangemessenheit demonstriert. Im Rahmen der Kriegsverwaltungswirtschaft, als die Verbände sogar öffentliche Funktionen übernahmen, war es weiter aufgewertet worden. Die Großkartelle dieser Marktmachtbesitzer konnten ihren Mitgliedern Konformitätspflichten und Sanktionen auferlegen. Dabei vermochten oligarchische Eliten eine Vielzahl von Entscheidungen an das Jawort einer Großen Koalition von Verbandsfunktionären, Spitzenbürokraten und Parteipolitikern zu binden. Folgerichtig wanderte deshalb auch politische Macht aus dem Parlament in das Vorfeld privater-halböffentlicher Steuerungsinstanzen ab, die den Reichstag auf den von ihnen ausgehandelten Kurs festzulegen verstanden. Offensichtlich wurden dabei Verfassungsnormen und wesentliche Organisationsprinzipien des modernen konstitutionellen Staates verletzt, zumal diese Quasi-Regierungsgremien keiner demokratischen Kontrolle durch ein gewähltes Repräsentationsorgan unterlagen.

Unter den Bedingungen eines funktionstüchtigen Korporativismus konnte kein glaubwürdiges Interesse an einem leistungsfähigen Parlamentarismus mit tendenziell selbständigen politischen Entscheidungen aufkommen. Statt dessen zählte der Einfluß auf die – möglichst oft gefügig gemachte – Gesetzgebungsmaschine, die im autoritären System des Kaiserreichs häufig zugunsten der agrar- und industriewirtschaftlichen Interessen funktioniert hatte. Zwar gingen wichtige Wünsche der Lobby während ihrer Hochzeit im Krieg nicht in Erfüllung. Doch konnte sie andererseits in Kernbereiche des Entscheidungshandelns so weit vorrücken, daß damit ein durchaus neuartiges «Nahverhältnis» zwischen Staatsapparat und Interessenverbänden entstand. Nach dem Kriegsende setzten heftige Konflikte über das Ausmaß des staatlichen Einflusses und über die Autonomie «der Wirtschaft» ein. Zum einen hielt sich die tiefe Skepsis ihrer Protagonisten gegenüber der bürokratischen Schwerfälligkeit und Interventionsreichweite, so daß auch deshalb alle Sozialisierungs- und Gemeinwirtschaftspläne scheiterten. Zum anderen wollten die Verbände ihren Einflußbereich nach Möglichkeit weiter ausdehnen, zumindest aber gegenüber der gesteigerten interventionsstaatlichen Politik die privatkapitalistische Entscheidungsfreiheit effektiv verteidigen. Denn die Republik baute den Sozialstaat zügig aus, setzte dafür auch die Reichsarbeits-, Finanz- und Wirtschaftsministerien ein und trieb, unterstützt durch die Erzbergersche Finanzreform, die Staatsquote schnell auf das Doppelte ihres Umfangs von 1913 hoch. Das staatlich unterstützte kollektive Arbeitsrecht machte erhebliche Fortschritte, und die staatliche Wirtschaftsförderung in Krisenzeiten kam zwar der Industrie und Landwirtschaft zugute, verriet aber zugleich ihre Abhängigkeit von diesem mächtigen Sponsor.

Ihm gegenüber konnte die Industrie freilich auch mit einer neuen Konzentration der Kräfte auftreten. Im «Kriegsausschuß der Deutschen Industrie» hatten sich alle ihre Verbände zur Kooperation bereit gefunden. Dort wurde auch die Fusion von ZDI und BDI vorbereitet, die im April 1919 endlich besiegelt werden konnte. Mit dem «Reichsverband der Deutschen Industrie» (RDI) entstand erstmals in Deutschland ein industrieller Spitzenverband, der mit seiner Zentralisierung dem Integrationstrend in der Industriewirtschaft sogar voraneilte.

Dennoch gewann er keine Monopolstellung, da die bereits 1913 gegründete «Vereinigung Deutscher Arbeitgeberverbände» (VDA) ihren Einfluß auf die Sozial- und Tarifpolitik weiterhin nachhaltig geltend machte, während sie gleichzeitig in ihrem Widerstand gegen den «Fabrikkonstitutionalismus» der Betriebsräte nicht nachließ. Beide Verbände arbeiteten jedoch eng zusammen. Das wurde auch dadurch erleichtert, daß sie im Führungspersonal vielfältig miteinander verzahnt waren. Reibung gab es dagegen häufig mit dem «Deutschen Industrie- und Handelstag» (DIHT), der Vertretung von 123 Industrie- und Handelskammern (1930), da er unter dem Vorsitz von Franz v. Mendelsohn einen mißliebigen liberalen Kurs steuerte. Und der Anlauf zu einer Gesamtorganisation der Wirtschaft mit dem 1920 gegründeten «Zentralausschuß der Unternehmerverbände», dem alle 14 Spitzenverbände angehörten, scheiterte alsbald an der tiefen Divergenz der Interessenlagen.

Im RDI schlossen sich sofort 25 Fachverbände mit 1000 korporativen Mitgliedern und 17 Regionalvereinigungen zusammen. 1930 gehörten ihm sogar 29 Fachverbände mit 1500 korporativen Mitgliedern, 25 Landes- und

75 Ortsverbänden sowie 74 Industrie- und Handelskammern an. Damit erfaßte er rund 80 Prozent aller gewerblichen Unternehmen – das bedeutete einen extrem hohen Organisationsgrad. Während sich die Mitgliederversammlung, im Grunde auch der Vorstand, auf bereitwillige Akklamation beschränkten, wurden die wesentlichen Entscheidungen von der kleinen Verbandsoligarchie im 13-köpfigen Präsidium getroffen. Dort saßen Kurt Sorge, von 1919 bis 1924 Erster Vorsitzender und zugleich VDA-Chef, und sein Nachfolger Carl Duisberg, Stellvertretende Vorsitzende wie insbesondere Carl Friedrich v. Siemens, Abraham Frowein, Ewald Hilger und Paul Silverberg; Präsidiumsmitglieder wie Stinnes, Hugenberg und Ernst v. Borsig. Hinzu kamen aber vor allem auch noch die Geschäftsführer Walter Simon (1919/20, später Außenminister und Reichsgerichtspräsident), Ferdinand Schweighofer (1919–1924), Hermann Bücher (1920–1925), Jakob Herle (1924–1933) und Ludwig Kastl (1925–1933). Zusammen stellten sie, bei aller taktischen Beweglichkeit im einzelnen, die Weichen, insbesondere im Verhältnis zur Republik und zur Sozialdemokratie.

Im RDI neigte man nicht zu einer Unterschätzung des eigenen Machtpotentials. Der Staat sei doch, erklärte Geschäftsführer Bücher hochgemut auf der Königsberger Jahrestagung von 1927, nichts anderes als «die Generalverwaltung der Wirtschaft», für die er «Ordnung und Sicherheit im Lande zu schaffen» habe. Im Augenblick seiner Schwäche bot sich die willkommene Chance zu einer «unternehmerischen Revisionspolitik», um die sozialen Errungenschaften der Gründungsphase rückgängig zu machen. Der «rechte» Flügel, um die Schwerindustrie, die Mittel- und Kleinbetriebe herum gruppiert, drängte massiv auf die Ausnutzung dieser Chance. Dagegen optierte der «linke» Flügel, der sich auf die Großchemie, die Elektrotechnik, den Maschinenbau und die Fertigindustrie stützte, für einen flexibleren Kurs. Ihn vertrat etwa Paul Silverberg 1926 in einer aufsehenerregenden Grundsatzrede. Scharfe Kritik an der Regierung verband er mit der Bejahung der Verfassung in einem Appell zur unverkrampften Zusammenarbeit mit dem ADGB und der SPD. Die Folge war eine schroffe Polarisierung im Inneren des RDI. Dieselbe Flügelbildung zeigte sich während des Ruhreisenstreits von 1928/29, als die Montanunternehmer die Kraftprobe, die sich wesentlich auch gegen das staatliche Schlichtungswesen und den tarifpolitischen Einfluß der Republik richtete, partout gewinnen wollten.

Bis 1929 hatten sich die Präferenzen zugunsten eines autoritären Regimes im RDI weiter ausgedehnt, wie das etwa in der berüchtigten Denkschrift «Aufstieg oder Niedergang», die zum Sturz der «Großen Koalition» beitrug, zutage trat. Im Spätherbst dieses Jahres wollte Paul Reusch, der Chef der Oberhausener Gute Hoffnungshütte und einer der paternalistischen Industriepolitiker des Ruhrreviers, «mit allen Mitteln» die «Front gegen den Marxismus» fördern und mit Hilfe des RDI alle «aufbauenden

Kräfte» sammeln. Papen mit seinem unverhüllt autoritären Stil war daher im RDI ein konsensfähiger Regierungschef, während Brüning intern umstritten blieb und Schleicher wegen seiner irritierenden Aufwertung der Gewerkschaften mit offener Skepsis beurteilt wurde.

Der RDI hatte bis dahin vom generellen Wachstum der Unternehmerverbände in der gewerblichen Wirtschaft profitiert. Hatte es 1914 reichsweit rund 500 von ihnen gegeben, war ihre Zahl bis 1930 auf rund 770 angestiegen, und der RDI galt zu Recht als ihre Speerspitze. Dieser Expansion und der Zusammenballung der Verbandsmacht im RDI lagen im wesentlichen vier Ursachenbündel zugute.

1. Der gesteigerte Staatsinterventionismus und der Ausbau des Sozialstaates beförderten die Ausbildung der produktionskapitalistischen Gegenmacht. 2. Da der Reichstag und die Parteien von Weimar intensiver und direkter als in dem halben Jahrhundert zuvor an wirtschaftsrelevanten Entscheidungen beteiligt waren, stellte sich eine «Parlamentarisierung der Wirtschaftspolitik» (K. Borchardt) ein, welche auch die Interessenverbände dazu anhielt, ihren Einfluß auf diese Institution nach Möglichkeit zu steigern. 3. Die im neuen Staat durchgesetzte «Verreichlichung», die aus dem Aufbau kompetenter Reichsministerien und der Verlagerung wichtiger Zuständigkeiten auf Reichsbehörden hervorging, stimulierte auch die aktive Interessenverfechtung in Berlin. 4. Nicht zuletzt zehrte der RDI von der Erfolgstradition des ZDI und des BDI, auch von der Kontinuität des Expertenstabes, den er von ihnen hatte übernehmen können.

Tatsächlich konnten die Verbandsfunktionäre öfters einen größeren Einfluß auf die wirtschafts- und sozialpolitische Gesetzgebung nehmen, als ihnen das vor 1914 gelungen war. Im Vergleich waren Verbände wie der RDI noch immer besser organisiert als die politischen Parteien. Korporativistische Koalitionen im Vorhof der parlamentarischen Entscheidungen zwangen den Parteien häufig ihren späteren Kurs im Parlament auf. Auf der anderen Seite wurden die Parteien nicht verdrängt, geschweige denn durch «berufsständische» Machtaggregate ersetzt. Spitzenverbände wie der RDI und die VDA verließen sich vielmehr auf das Gewicht ihrer Mitarbeit in korporativistischen Gremien, auf den vertraulichen Informationsaustausch, auf die Wirkung von Denkschriften und Eingaben; sie vertrauten auf die ihnen nahestehenden Abgeordneten in den ausschlaggebenden Parlamentsausschüssen, überhaupt auf ihre Verflechtung mit den bürgerlichen Parteien, auf die Beeinflussung der Kandidatenauswahl im Verein mit einer vergleichsweise maßvollen Parteienfinanzierung. Einen wahren Meilenstein in der Geschichte der «Pressure Groups» erreichten sie 1924, als auf ihr Drängen hin erstmals ein formales Anhörungsrecht der organisierten Interessen in die Geschäftsordnung der Reichsministerien aufgenommen wurde – der Vorläufer des derzeitigen § 23 der Geschäftsordnung aller Bundesministerien.

Während die Minister kamen und gingen, blieb die hohe Ministerialbürokratie eine Konstante des politischen Geschäfts. Deshalb pflegten Verbände wie der RDI enge Kontakte zu ihr, zumal die meisten Gesetzesvorlagen nicht aus den Parteien oder Fraktionen, sondern immer noch aus den Ministerien stammten. Aus diesen symbiotischen Beziehungen konnten wahre «Verbandsherzogtümer» (T. Eschenburg) hervorgehen, obwohl die Art, wie sich das Reichslandwirtschaftsministerium ungeschminkt als Sachwalter allein der Agrarinteressen aufführte, eher eine Ausnahme darstellte.

Als in der Endphase der Republik die Macht aus dem Reichstag und den Parteien immer häufiger zur Bürokratie abwanderte, verdichtete sich auch die Kooperation des RDI mit den gesetzeschreibenden Spitzenbeamten. Doch selbst jetzt konnten weder der Reichstag noch die Parteien aus ihrer Schlüsselstellung völlig verdrängt werden. Nie konnte der RDI, wie die Verschwörungstheorie der DDR-Dogmatiker glauben machen wollte, die «Leitfunktion als entscheidendes nichtstaatliches Programmierungs- und Koordinations- und Vollzugsorgan» der politischen Einflußnahme ausüben. Statt dessen nahmen die Konflikte zwischen den Interessenverbänden mit ungewissem Ausgang seit 1929 spürbar zu.

Gleichzeitig weitete sich im RDI die Begünstigung einer autoritären Lösung der politischen Krise weiter aus. Die Opposition gegen den sozialpolitischen Gründungskonsens der Republik nahm haßerfüllte Züge an. Es sei besser, übte sich etwa VDA-Präsident v. Borsig in Zynismus, daß 50000 Unterstützungsberechtigte wegen fehlender Sozialversicherung zugrunde gingen, wenn deshalb vier- bis fünftausend Arbeiter ohne «Soziallasten» ökonomische Werte schaffen könnten. Sobald es jedoch um eine öffentliche Stellungnahme für die neuen Rechtsradikalen ging, hielten sich die Granden des RDI auffällig zurück. So zeigten sich etwa nur Paul Reusch, Fritz Springorum und Ernst Poensgen an der «Harzburger Front» interessiert. Und als die RDI-Spitze noch im Oktober 1932 Papen unterstützte, sprach sich allein Albert Vögler für ein Sondierungsgespräch mit Hitler aus. Auf ein autoritäres Regime, den Umbau der Verfassung und Grundsatzopposition gegen die Sozialdemokratie konnten sich jedoch so gut wie alle verständigen. Indem sie jene Kräfte und Tendenzen – mit Ausnahme fast bis zuletzt der NSDAP – unterstützten, welche diese Stoßrichtung teilten, trugen sie maßgeblich dazu bei, die Weimarer Republik von innen her aufzulösen und den Republikfeinden eine breitere Basis zu verschaffen.[11]

Industriellen Interessenverbänden wie dem RDI und der VDA standen in erster Linie die Freien Gewerkschaften gegenüber, die sich 1919 im «Allgemeinen Deutschen Gewerkschaftsbund» (ADGB) zusammengeschlossen hatten. Mit dem Übergang zur parlamentarischen Republik setzte ein Wandel ihrer Funktionen und ihres Selbstverständnisses ein, wie das in der Zeit ihrer Scheinblüte bis 1923 besonders deutlich zutage trat. Denn den ehemals vielfach diskriminierten Repräsentanten der Arbeitnehmerschaft, die freilich durch ihre Erfolge beim Hilfsdienstgesetz von 1916 (vgl. vorn 7. Teil, IV. 1.) bereits an Ansehen und Statur gewonnen hatten, schienen jetzt alle Politikfelder offenzustehen, neuartige Einflußchancen zuzuwachsen, sogar die Mitwirkung an staatlichen Entscheidungen möglich zu sein.

Am Anfang stand ein folgenschwerer Kompromiß: das vorn bereits erörterte Stinnes-Legien-Abkommen vom 15. November 1918, das am 4. Dezember zur Gründung der «Zentralarbeitsgemeinschaft» (ZAG) von Unternehmern und Gewerkschaften führte. Beide Verhandlungspartner bewegten sich, von der Revolution getrieben, zügig aufeinander zu. Die Gewerkschaften gewannen im wesentlichen die Anerkennung der Koalitionsfreiheit und der Tarifverträge, den Acht-Stunden-Tag mit garantiertem Lohnausgleich, die Einrichtung von Betriebsräten in Unternehmen mit mehr als 50 Arbeitnehmern sowie den Verzicht auf eine weitere Unterstützung der arbeitsfriedlichen «Gelben Gewerkschaften». Im Gegenzug verzichteten sie auf eine umfassendere strukturelle Neuordnung der wirtschaftlichen Macht- und Eigentumsverhältnisse. Während die Gewerkschaften das Ergebnis zunächst überwiegend positiv in der Erwartung beurteilten, daß jetzt die Demokratie in die Betriebe einziehe, zeigten sich die Wortführer der Arbeitgeber, wie etwa Stinnes, geradezu erstaunt darüber, daß ihre Kontrahenten trotz der Schubkraft des revolutionären Umbruchs keine Sozialisierung gefordert hatten. Obwohl das korporativistische Superkartell der ZAG solchermaßen auf beiden Seiten als überraschender Erfolg galt, stellte sich doch ziemlich schnell heraus, daß sie eine auf die akute Krise zugeschnittene, kurzlebige Notkonstruktion darstellte, die aufgrund des Austritts enttäuschter Gewerkschaftsverbände schon seit 1919/20 zerbröselte, ehe sie 1924 an der Renitenz der Unternehmer endgültig zerbrach.

Die sprungartige Aufwertung der Gewerkschaften seit dem November 1918 läßt sich auch daran ablesen, daß im ersten Kabinett drei hohe Funktionäre Reichsministerposten übernahmen: Robert Schmidt leitete das Ernährungs-, Gustav Bauer das Arbeits- und Rudolf Wissell das Wirtschaftsministerium. Nach Scheidemanns Rücktritt wurde Bauer sogar 1919/20 der zweite Kanzler der Republik – ein Aufstieg, der noch ein Jahr zuvor im Kaiserreich undenkbar gewesen und vom Establishment als Signal eines chaotischen Untergangs bewertet worden wäre. Auf dem Nürnberger Kongreß vom Frühjahr 1919, den die Freien Gewerkschaften zu einer Demonstration ihrer neu gewonnenen Kraft nutzten, wurde nicht nur die ZAG nachträglich gebilligt, sondern auch der institutionelle Umbau verwirklicht. An die Stelle des bisher relativ lockeren Verbunds der Einzelgewerkschaften unter dem Dach der kompetenzarmen Generalkommission trat seither ein enger Zusammenschluß unter einem Bundesvorstand.

Nachdem Carl Legien die Generalkommission und dann diesen Vorstand seit 1890 dreißig Jahre lang geleitet hatte, rückte nach seinem Tod im Dezember 1920 Theodor Leipart bis zum Untergang 1933 an die Spitze. Die Zahl von 8,03 Millionen Mitgliedern im Jahr seiner Amtsübernahme markierte den Höchststand der Republikjahre. 6000 hauptamtliche Funktionäre – auf 7800 Mitglieder entfiel mithin jeweils einer – nahmen die vertrauten Organisationsaufgaben wahr, davon 1100 in den Zentralverbänden und 4000 in den Ortsausschüssen. Den ursprünglich vorgesehenen Namen «Deutscher Gewerkschaftsbund» (DGB) hatten im März 1919 die Christlichen Gewerkschaften weggeschnappt. Deshalb hieß der neue Dachverband der Freien Gewerkschaften seit dem Juli 1919 «Allgemeiner Deutscher Gewerkschaftsbund». Der Angestelltenverband AfA und die Beamtenvereinigung ADB schlossen sich ihm in einem engen Kooperationsverhältnis an. Die stärkste Konkurrenz verkörperten die «Christlichen» im DGB, dem außerdem noch der DNHV, die Gedag-Angestellten und ein kleiner Beamtenverband angehörten. Die anfängliche Rekordzahl von rund einer Million Mitglieder (1919–21) wurde bis 1925 fast halbiert, stabilisierte sich aber bis 1932 bei rund 698 500 Mitgliedern. Der langjährige Vorsitzende Adam Stegerwald (1919–1928) wurde 1929 durch Heinrich Imbusch (1929–1933) abgelöst. Als Geschäftsführer fungierte von 1919 bis 1930 der Zentrumsabgeordnete Heinrich Brüning, der nach seinem Wechsel ins Reichskanzleramt Stegerwald als seinen Arbeitsminister mit sich zog.

Der DGB verwarf die Räte und den «marxistischen Klassenkampf», reagierte oft unternehmerfreundlich, ohne doch vor Arbeitskonflikten prinzipiell zurückzuscheuen, und hing den berufsständischen und ständestaatlichen Volksgemeinschaftsideen an, die ein eindeutiges Bekenntnis zur Republik erschwerten. Wenn das Vorstandsmitglied Jakob Kaiser, später ein Mitgründer der CDU, im September 1932 gegen die «mechanische westliche Demokratie», und gegen ihre «volksfremde Regierung» wetterte, die Krisenbekämpfung aber gemäß der ständestaatlichen Ideologie mächtigen «wirtschaftlichen Korporationen» anvertrauen wollte, bewegte er sich nicht gerade auf der Linie der entschlossenen Republikverteidiger.

Auf ein Fünftel der DGB-Stärke brachten es anfangs die liberalen, die Hirsch-Dunckerschen Gewerkvereine (1920: 216 000), die 1920 ihren eigenen Dachverband, den DDP-nahen «Gewerkschaftsring deutscher Arbeiter-, Angestellten- und Beamtenverbände» gründeten. An seine Spitze trat Anton Erkelenz, der aber nach der insgesamt enttäuschenden Entwicklung der Gewerkvereine (1931: 185 900) zum ADGB und zur SPD übertrat.

Als gefährlicherer Rivale entpuppte sich die kommunistische «Revolutionäre Gewerkschafts-Opposition», die nach der Stagnation ihres Mitgliederstandes bei 260 000 bis zum Frühjahr 1932 republikweit auf 310 000, zu 75 Prozent aber parteilose Mitglieder anstieg. Diese Zahl täuscht indes

4. Interessenverbände, Gesinnungsbünde, Paramilitärs

über ihre Stellung in den Industriezentren, denn im Ruhrgebiet zum Beispiel vermochte sie bei den Betriebsrätewahlen von 1931 bereits 30 Prozent aller Mandate zu gewinnen.

In der Frühphase der Republik trug den AGDB eine mächtige Welle der Zustimmung empor. Sie wurde durch die tiefgreifende Politisierung der Arbeiterschaft, die uneingeschränkte Vereinigungsfreiheit und die soziopolitische Aufwertung der Gewerkschaften ausgelöst. Daran vermochte auch die Kritik der «Revolutionären Obleute», welche die Grundsatzopposition des Metallarbeiterverbandes gegen die ZAG anfachten, nur wenig zu ändern. Infolgedessen bewegte sich ihre Mitgliederzahl bis zur Hyperinflation stets knapp unter acht Millionen; ein Fünftel davon stellten Frauen.

Mit dem Selbstbewußtsein einer Massenorganisation stemmte sich der ADGB daher auch zur Verteidigung von Demokratie und Republik dem am 15. März 1920 anlaufenden Kapp-Putsch entgegen. Bereits am 13. März rief er zum Generalstreik auf; am 14. schlossen sich die Christlichen Gewerkschaften und die KPD an, am 16. sogar der DBB. Es war dieser von den Putschisten nicht erwartete massive Widerstand, der schon nach fünf Tagen zum kläglichen Kollaps des Unternehmens führte.

Im euphorischen Hochgefühl ihres Erfolges formulierte daraufhin die ADGB-Spitze einen Katalog weit ausgreifender Forderungen. Sie verlangte «entscheidenden Einfluß auf die Regierung und Gesetzgebung, die Entwaffnung und Bestrafung der Aufständischen», die «Auflösung aller konterrevolutionären militärischen Formationen», die «Übernahme des Sicherheitsdienstes durch die organisierte Arbeiterschaft», die «Reinigung» der Bürokratie, die Sozialisierung des Bergbaus und des öffentlich nutzbaren Großgrundbesitzes, nicht zuletzt auch wegen seines Freikorps-Einsatzes den Rücktritt des Reichswehrministers Gustav Noske und des preußischen Innenministers Wolfgang Heine. Wie ernst es dem ADGB gerade mit diesem Ultimatum war, läßt sich daran ablesen, daß der Generalstreik so lange verlängert wurde, bis Noske am 22. März sein Amt tatsächlich aufgab.

Die anspruchsvolle ADGB-Position löste eine überaus heftige Reaktion aus. Aus dem konservativen und liberalen Lager schlug ihr gereizte Feindseligkeit entgegen, die in den Vorwurf, man strebe einen «Gewerkschaftsstaat» an, einmündete. Die neue Koalitionsregierung aus SPD, DDP und Zentrum äußerte zwar allgemeine Versprechungen, hielt aber keine einzige Zusage ein. Da wenige Wochen später bei den Reichstagswahlen vom Juni 1920 die «Weimarer Koalition» zertrümmert, die SPD-Fraktion geradezu halbiert wurde, zog die innenpolitische Entwicklung selber einen Schlußstrich unter die politischen Hoffnungen der Gewerkschaften.

Statt ihrer trat in den Inflationsjahren die Lohn- und Arbeitszeitpolitik ganz in den Vordergrund ihrer Anstrengungen. Denn die Reallöhne (1900:

100) sanken bis 1923 (60) um 40 Prozent, die hohe Streikziffer (1921: 4093, 1922: 4348 mit jeweils anderthalb Millionen Teilnehmern) verriet andererseits das Ausmaß der Erwartungen nach den Entbehrungen des Krieges, und die Arbeitgeber kämpften zäh, sogar mit der Aussperrung, gegen den Acht-Stunden-Tag. Als die wöchentliche Arbeitszeit 1923/24 wieder deutlich über dem 1918 vereinbarten Normalmaß lag, verließ der AGDB die ZAG, da sie bei der Wahrung der Gewerkschaftsinteressen kläglich versagt hatte.

In der Stabilisierungsphase erreichten die Reallöhne endlich wieder den Vorkriegsstand. Folgerichtig ging die Streikaktivität auffällig zurück. Jetzt gelang es dem ADGB sogar, das von ihm entworfene Gesetz über die Arbeitslosenversicherung durchzusetzen, so daß es im Oktober 1927 in Kraft treten konnte. Die Beitragsbelastung wurde, wie das einer Tradition der deutschen Sozialpolitik entsprach, zwischen Arbeitnehmern und -gebern halbiert. Doch der Kardinalfehler, maximal nur 700 000 Versorgungsfälle vorzusehen, sollte schon zwei Jahre später zu einer Zerreißprobe führen.

Bis dahin hatte der Machtkampf mit den Unternehmern immer unnachgiebigere Züge angenommen. Zeitweilig war er durch das staatliche Schlichtungswesen entschärft worden. 52 bis 62 Prozent aller Konflikte waren seit 1923 durch einen Schiedsspruch entschieden worden. Das stellte angesichts der hohen Zahl von Streitfällen (1924: 18 545, 1925: 13 418, seither jährlich 4000 bis 5000) durchaus eine Erfolgsquote dar. Sie unterstrich aber zugleich die Neigung beider Seiten, dem Staat die tarifpolitische Verantwortung zuzuschieben, anstatt sich selber um einen Kompromiß zu bemühen.

1928/29 kam es im Ruhreisenstreit zu einer offenen Kraftprobe. Die Metallarbeitergewerkschaft hatte den Tarifvertrag für die rheinisch-westfälische Eisenindustrie pünktlich zum 31. Oktober 1928 gekündigt und eine Lohnerhöhung um 15 Pfennig gefordert. Die «Nordwestliche Gruppe des Vereins Deutscher Eisen- und Stahlindustrieller» lehnte sie ab und reagierte sofort mit der Brachialgewalt einer Aussperrung von 200 000 Arbeitern zum 1. November 1928. Das daraufhin in Gang gesetzte Schlichtungsverfahren, das auf eine Lohnerhöhung um sechs Pfennig hinauslief, wurde von den Gewerkschaften akzeptiert, von der Unternehmerseite aber umstandslos abgelehnt. Daß es um einen Prinzipienkonflikt ging, ließ sich auch daran ablesen, daß sich der RDI und die VDA vorbehaltlos hinter die Montanindustriellen stellten. Daraufhin wurde ein neuer Schlichtungsprozeß eingeleitet, dessen Ergebnis beide Kontrahenten im voraus anerkannten. Als Reichsinnenminister Severing als Schlichter Lohnerhöhungen je nach Stufe von einem Pfennig bis zu maximal sechs Pfennigen festlegte, traf das Ergebnis erneut auf die schroffe Ablehnung durch die Arbeitgeber, deren Distanzierung vom Interventionsstaat offensichtlich Züge einer Fundamentalopposition gegen die Weimarer Republik überhaupt trug.

4. Interessenverbände, Gesinnungsbünde, Paramilitärs 381

Der Zerstörungskraft der Weltwirtschaftskrise standen die Gewerkschaften seit dem Winter 1929/30 mit evidenter Hilflosigkeit gegenüber. Auch sie konnten die Massenarbeitslosigkeit nicht verhindern, sondern fühlten sich zu Passivität verdammt. Die Organisation der Arbeitnehmer wurde fatal geschwächt. Bis 1932 verlor der AGDB ein Viertel seiner Mitglieder, manche Einzelgewerkschaften büßten 40 Prozent ein. Die beiden Arbeitsbeschaffungsprogramme, die der AGDB schließlich 1931 vorlegte, liefen auf eine durchaus zeitgemäß ausgedachte antizyklische Konjunkturpolitik hinaus (mit kräftiger Staatsintervention, öffentlichen Arbeitsvorhaben, der 40-Stunden-Woche und der Anhebung der Kaufkraft durch aktive Lohnpolitik). Doch der Widerstand der Unternehmer hätte erbitterter nicht ausfallen können, und selbst SPD-Experten wie Fritz Naphtali begegneten dem Entwurf mit dem Totschlagargument der Inflationsförderung.

Als im März 1930 die «Große Koalition» und damit die letzte parlamentarische Regierung der Republik zerbrach, entschloß sich auch der ADGB, wie vor ihm die SPD, zur «Tolerierung» des Präsidialkabinetts Brüning, um eine Regierung Hugenberg-Hitler zu verhindern. Erst der Schock der Reichstagswahlergebnisse vom September 1932 scheint die Gewerkschaften darüber belehrt zu haben, daß Hitler ernst genommen werden mußte. Spät halfen sie mit der SPD, die «Eiserne Front» als antifaschistischen Kampfbund ins Leben zu rufen, wirkten aber eigentümlich matt, als Papens «Preußenschlag» dem ADGB nur den Appell, Disziplin zu bewahren, abnötigte. Geschwächt durch drei Jahre Depression, die Massenarbeitslosigkeit und die Aushöhlung der mühsam erstrittenen Errungenschaften resignierten die Gewerkschaften noch einmal nach dem 30. Januar 1933 in kraftlosem Opportunismus vor einem übermächtig wirkenden Gegner im Besitz der Staatsgewalt, im Grunde auf Rechtsstaatlichkeit und Verfassungsnormen vertrauend, aber nicht die brutale Zerschlagung im Mai 1933 ahnend.

Trotz des unrühmlichen Endes muß das historische Urteil der Ambivalenz gewerkschaftlicher Leistungen und Defizite gerecht werden. Unstreitig wurden zu Beginn der Republik Mitspracherechte, das Betriebsrätesystem, der Acht-Stunden-Tag, sozialpolitische Fortschritte schließlich bis hin zur Arbeitslosenversicherung erstritten. Von dem perhorreszierten «Gewerkschaftsstaat» war dieser Abbau von Diskriminierung meilenwert entfernt. Zudem zeigt eine realistische Bilanz, daß die Mitsprache begrenzt blieb, der Acht-Stunden-Tag nicht verteidigt werden konnte, die Arbeitslosenversicherung von der Wirtschaftslage und einer streng limitierten Anzahl von Versorgungsberechtigten abhing und der Einfluß auf die Wirtschafts- und Finanzpolitik strengen Restriktionen unterlag. Dennoch zeigte die Weimarer Republik, welche Fortschritte die deutsche Gewerkschaftsbewegung in einem hochindustrialisierten Staat hatte erkämpfen können. Daran konnte sie seit 1949 wieder anknüpfen.[12]

Im Vergleich mit der Industrielobby und den Gewerkschaften erlebten die Agrarverbände einen schmerzhaften Bedeutungsverlust. Hatten dem BDL im Kaiserreich nahezu alle Türen auf den oberen Etagen des Staatsapparats und der informellen Entscheidungsgremien offengestanden, war seine Position seit dem Kriegsbeginn unaufhaltsam geschwächt worden. Das hing mit der desillusionierenden Erfahrung zusammen, daß sich die Autarkieschwüre der Großagrarier als unhaltbare Versprechen erwiesen und die stetig absinkende Leistungsfähigkeit der Landwirtschaft der Binnennachfrage nicht von ferne gewachsen war. Es hing aber auch damit zusammen, daß unter dem Primat der Rüstung die Kooperation zwischen Industriewirtschaft und Staatsorganen eine ungleich höherrangige Bedeutung als alle Sonderwünsche der Landwirtschaft gewann.

Seit dem Übergang zur parlamentarischen Republik wurde den Agrariern der Zugang zu den «Korridoren der Macht» nachhaltig erschwert, zumal sie auf einem unversöhnlichen Konfrontationskurs gegen den ungeliebten Staat beharrten. Überdies agierte die Industrie jetzt keineswegs mehr als der «natürliche» Bündnispartner der Landwirtschaft, wie sie das seit dem Beginn der Bismarckschen «Sammlungspolitik» – ungeachtet aller inneren Spannungen in dieser Koalition – getan hatte, vielmehr ging sie ihre eigenen Wege.

Erst 1917 hatten sich der BDL und die Bauernvereine, die Landwirtschaftskammern und die Genossenschaften, analog zur drei Jahre älteren Allianz der Industrieverbände, zum «Kriegsausschuß der Deutschen Landwirtschaft» zusammengeschlossen, um mehr Einfluß auf die Kriegswirtschaft zu gewinnen. Doch die inneren Gegensätze, die Produktionsschwäche und die klassenegoistischen Ziele der Großagrarier führten zu einem eklatanten Scheitern des Projekts. Und damit entfiel zunächst auch die Basis für einen kompakten agrarischen Spitzenverband.

Während sich der BDL, der mit der untergegangenen Monarchie aufs engste verflochten gewesen war, die Novemberrevolution als «das größte Verbrechen» stigmatisierte und geschlossen die unbelehrbare DNVP unterstützte, nach der Niederlage einem unerbittlichen Erosionsprozeß ausgesetzt fand, äußerte sich gleichzeitig der Protest gegen seine einseitige Interessenverfechtung in der Landbund-Bewegung. Darin waren vor allem Mittel- und Kleinbauern aktiv, hier und da auch Landwirtschaftskammern und die kurzlebigen Bauernräte. Nicht zuletzt stand mit der raschen Expansion der Landarbeiter-Gewerkschaften und der Diskreditierung des BDL die Bildung einer neuen verhandlungsfähigen Organisation an, welche die Tarifpolitik übernehmen konnte. Wie schnell sich das Gewicht der konkurrierenden Kräfte veränderte, läßt sich daran ablesen, daß der BDL im Sommer 1920 nur mehr 300 000 Mitglieder zählte (1914 noch 330 000), während die seit dem Juli 1919 im «Deutschen Landbund» vereinigten Bünde bereits 700 000 besaßen.

4. Interessenverbände, Gesinnungsbünde, Paramilitärs

Um sich zu behaupten, trat der BDL vorerst in ein Kartellverhältnis mit ihm ein, mußte aber, zumal nach dem Scheitern des von ihm gutgeheißenen Kapp-Putsches, Fusionsverhandlungen aufnehmen, die auf der Grundlage des gemeinsamen Widerstands gegen die staatliche Zwangswirtschaft am 1. Januar 1921 zur Vereinigung im «Reichslandbund» (RLB) führten. Mit dem RLB verband sich die Hoffnung auf die Rückkehr zu einem straff geführten, durchsetzungsfähigen Verband, zumal er auch die effiziente BDL-Bürokratie übernahm, sich in die programmatisch-ideologische Tradition des BDL stellte und die Vorherrschaft des Großgrundbesitzes akzeptierte, obwohl die Masse seiner Mitglieder (5,6 Mill.) aus 1,7 Millionen Bauern bestand. Doch alsbald entpuppte er sich als eine nur locker koordinierte Dachorganisation, die von der Schlagkraft des BDL weit entfernt war.

Außer dem RLB beanspruchten drei größere Organisationen, für die Agrarinteressen zu sprechen. Die «Vereinigung der (christlichen) deutschen Bauernvereine» besaß ihre Hochburgen im katholischen Westen und Süden, wo sie immerhin 1,5 Millionen Mitglieder angeworben hatte. Unter ihrem langjährigen Präsidenten Andreas Hermes forderte sie, ganz auf der Linie der Zentrums-Ideologie, die «Neuordnung von Gesellschaft und Wirtschaft auf der Grundlage ständischer Gliederung». Der «Bayerische Bauernbund» organisierte 35 000 katholische Landwirte, kam aber über eine beachtliche regionale Bedeutung nicht hinaus. Und der «Deutsche Bauernbund», ein ursprünglich nationalliberales Gegengewicht, kümmerte mit 20 000 Mitgliedern (1924) dahin, ehe er sich 1927 auflöste.

Die Zersplitterung der agrarpolitischen Verbände zeigte sich etwa 1924/25 bei der Rückkehr zum Bülowschen Zolltarif von 1906 und bei den neuen Handelsverträgen. Erst der Druck der Weltagrarkrise löste einen verschärften Kooperationszwang aus, der im Februar 1929 in die «Grüne Front» der drei Agrarverbände und des «Deutschen Landwirtschaftsrats» mündete. So bedrohlich dieser Zusammenschluß auf die Vertreter der Konsumenteninteressen auch wirken mochte, blieb die «Grüne Front» doch eher ein Papiertiger, eine lockere Arbeitsgemeinschaft, die für großzügige Staatshilfe und forcierte Marktregulierung durch neue Agrarzölle stritt.

Als effektiver erwies sich der direkte Weg über das Reichslandwirtschaftsministerium, das die Gesetzgebung zu bedienen verstand. Schon sein Chef während der Großen Koalition, der DDP-Politiker Hermann Dietrich, suchte den Druck durch eine günstige Zolltarifnovelle, als deren Folge der hart opponierende RDI und der DIHT eine Exportbeschädigung heraufziehen sahen, aber auch durch die Subventionen der «Ostpreußen-Hilfe» abzufangen. Brüning ging dann noch einen großen Schritt weiter, als er den RLB-Vorsitzenden Martin Schiele selber an die Spitze des Ministeriums berief. Das zugrunde liegende Kalkül ist leicht zu erkennen: Als Gegengewicht gegen das parlamentarische Legitimationsdefizit sollte die außerparlamentarische Machtbasis des Präsidialkabinetts erweitert werden, zumal Reichspräsident v. Hindenburg, von dem die letzten vier Kanzler ganz unmittelbar abhängig waren, aus seiner Unterstützung der Agrarierinteressen kein Hehl machte. Aus diesen Gründen gewann die Agrarpolitik unter dem Dach der großen Krise während der Endphase der Republik eine fatale Bedeutung. Obwohl das Füllhorn reichlicher Subventionen ausgegossen wurde – eine Pazifizierungstaktik, die in dem Korruptionsunternehmen der «Osthilfe» ihren Höhepunkt erreichte (vgl. II.6 u III.4) – verbohrten sich die «Grüne Front» und der RLB in ihre radikale Opposition.

Schiele verließ mit seinen Anhängern aus Protest gegen Hugenbergs Dominanz nicht nur die DNVP, sondern mußte auch das Ministerium aufgeben, als seine Kandidatur für die «Christlich Nationale Bauernpartei» mit einem beschämenden Mißerfolg endete. Folgerichtig verlor er auch den RLB-Vorsitz an den Grafen Kalckreuth, der den Verband endgültig in das Lager der «nationalen Opposition» führte, wie das sogleich in der Unterstützung zuerst der «Harzburger Front», dann der Kandidatur Hitlers zur Reichspräsidentenwahl zutage trat. Ende 1931 öffnete der RLB dem nationalsozialistischen «Agrarpolitischen Apparat» Walter Darrés den Weg ins Präsidium, beteiligte sich am Sturz Brünings und Schleichers und unterstützte in der tödlichen Krise von 1932/33 das Experiment mit Hitler. Auf seine Weise tat der RLB während der Agonie der Republik alles, um den Weg in ein autoritäres Regime zu ebnen, als dessen konkrete Form sich die Diktatur des «Führerstaats» erweisen sollte.[13]

Neuartige Phänomene der Innenpolitik, schließlich auch der politischen Kultur des Landes, tauchten nach dem Weltkrieg in Gestalt großer paramilitärischer Verbände, Kampfbünde, Parteiarmeen auf, wie es sie in einer vergleichbaren Form weder nach den klassischen Revolutionen des Westens in England, Amerika und Frankreich noch im Gefolge der Napoleonischen Kriege, des Krimkriegs, des nordamerikanischen Bürgerkriegs je gegeben hatte. Offenbar bedurfte es außer der Novemberrevolution und der Niederlage vor allem der Militarisierung und Brutalisierung durch den ersten totalen Krieg, um solche bewaffneten privaten Milizen außerhalb des Staatsapparats mit seinem Anspruch auf das Monopol der physischen Gewaltsamkeit hervorzubringen.

In der Übergangsphase zwischen Waffenstillstand und unsicherem Frieden bildeten sich zahlreiche Freiwilligen-Verbände, die bald überwiegend als Freikorps firmierten. Sie nahmen eine Doppelfunktion wahr: zum einen den «Schutz» der durch Polen und Bolschewiki vermutlich akut bedrohten Ostgrenze, zum anderen die gewaltsame Pazifizierung der Linken im Inneren. Die Initialzündung scheint ein vom Kriegsministerium sofort aufgegriffener Antrag des Kommandos Oberost vom 15./16. November, dann ein Geheimbefehl Hindenburgs ausgelöst zu haben, der als Chef der 3.

OHL am 24. November 1918 die Aufstellung von «vaterländisch gesinnten» freiwilligen Formationen für den «Grenzschutz Ost» anordnete. Unabhängig davon gab es die spontane Bereitschaft zahlreicher Offiziere und Soldaten, diese Aufgabe zu übernehmen, gleichzeitig aber auch die Rätebewegung, überhaupt alle Erscheinungsformen der Novemberrevolution niederzuwerfen.

Überall schossen seither solche bewaffneten Verbände aus dem Boden: im Dezember zuerst das Freiwillige Landjägerkorps des Generals Maercker, die Garde-Kavallerie-Schützendivision des Generals Hoffmann, die Deutsche Schutzdivision unter General v. d. Lipp, das Landesschützenkorps unter General v. Roeder, das Freikorps Hülsen, die Abteilung Held, die Eiserne Marinebrigade. Dann setzte ein wahrer Gründungsboom der Freikorps ein: In Norddeutschland operierten die Division Gerstenberg, die Freiwilligenabteilung Bahrenfeld, die Freikorps Caspari und Schleswig-Holstein; im Ruhrgebiet die Freikorps Lichtschlag, Schulz, Lützow, Pfeffer, Hacketau; in Bayern die Freikorps Oberland, v. Epp, Hutschenreuther, Werdenfels, Aibling, Bamberg, Bayreuth, Chiemgau; in Mitteldeutschland die Brigade Ehrhardt, die Ordnungshilfe Erfurt und das Freiwillige Landjägerkorps; in Schlesien die Marinebrigade Loewenfeld, die Freikorps Aulock, Hesterberg und Heydebreck; im Baltikum, wo sich ein Schwerpunkt der Freikorpskämpfe herausbildete, die Eiserne Division, die Eiserne Schar Berthold, die Baltische Landwehr, die Freikorps v. Plehwe, Roßbach und Eulenburg.

In mindestens 365 Freikorps waren zeitweilig mehr als 400 000 Soldaten organisiert, die in einer Grauzone den Krieg nach außen und innen fortsetzten. Sie wurden 1919 gegen den Berliner Januaraufstand und gegen die Münchener Räterepublik, im Frühjahr 1920 gegen die «Rote Ruhrarmee» ebenso eingesetzt wie bei Grenzgefechten mit polnischen Einheiten und während des erbitterten Kampfes um das Baltikum, wo die deutschen Verbände, unter dem Oberbefehl des Generals Rüdiger v. d. Goltz wie eine Armee formell zusammengefaßt, mit stillschweigender Duldung der Alliierten zur Verteidigung der drei jungen Staaten gegen den Anspruch der großrussischen Bolschewiki maßgeblich beitrugen.

In den Freikorps versammelten sich zahlreiche junge Frontoffiziere, Fahnenjunker und Studenten, die sich die Niederlage nicht eingestehen, ihren verletzten Nationalismus nicht bändigen, die verhaßte «Linke» nicht im Besitz der Macht sehen wollten. Sogleich fanden sich dort aber auch abenteuerlustige Landsknechte und militärische Desperados zusammen, die vor der Rückkehr in das zivile Leben zurückscheuten. Abseits der Haager Landkriegsordnung folgten sie ihren eigenen brutalen Regeln und einem verstiegenen Macho-Ehrenkodex, der sie vor Mord, Gefangenenerschießung und Folter nicht zurückschrecken ließ. Umgeben von der Gloriole bedingungsloser Opferbereitschaft kultivierten sie, als die Alliierten nach dem Kapp-Putsch die Auflösung endlich erzwangen, eine nostalgisch verklärte, elitäre Haltung permanenter Militanz, die sie zu Abertausenden in die paramilitärischen Verbände wie den «Stahlhelm» und die SA führte. Die Freikorps und Einwohnerwehren hätten mit anderthalb Millionen Bewaffneten der Gegenrevolution zur Verfügung gestanden, wenn die Linksparteien zusammen mit der Rätebewegung die Verfassungsrevolution zu einer sozialen Umwälzung weitergetrieben hätten. Die verantwortlichen SPD-Politiker wußten, warum sie den Bürgerkrieg gegen diese Streitmacht nicht gewinnen konnten.

Der harte Kern von immerhin 81 «bewährten» Freikorps wurde geschlossen in die Reichswehr aufgenommen, 13 weitere wurden zum großen Teil eingegliedert. Der «Baltikumkämpfer» und «Ostlandreiter» stieg daher nicht nur in der rechtsradikalen Szene und in der konservativen Öffentlichkeit, sondern auch in der Reichswehr zu einer geheimen Leitfigur auf.

Aus ehemaligen Freikorpsmitgliedern rekrutierten sich zum großen Teil die Kampfbünde der frühen 20er Jahre. So ging etwa aus der «Brigade Ehrhardt», die den Kapp-Putsch unterstützt hatte und deshalb verboten worden war, die «Organisation Consul» unter Ehrhardts Leitung hervor. Auf dem Höhepunkt ihrer Attraktivität zählte sie rund 5000 Mitglieder, die wiederum in vielfacher Doppelmitgliedschaft mit dem «Stahlhelm», dem «Deutsch-Völkischen Schutz- und Trutz-Bund» (DSTB), dann der NSDAP verfilzt waren. Von den rund 350 Mordaktionen, die bis 1922 von illegalen Organisationen ausgeführt wurden, entfiel ein Großteil auf die «Organisation Consul». Sie ließ zum Beispiel von ihren Fanatikern Rathenau und Erzberger ermorden, während Anschläge auf Scheidemann, Maximilian Harden und Thälmann nur knapp scheiterten. Nach dem Verbot der «Organisation Consul» wurde die Mehrheit ihrer Mitglieder in den «Bund Wiking» überführt, der es bis 1924, erneut angeführt von Überzeugungstätern aus der «Brigade Ehrhardt», auf 10 000 Angehörige gebracht haben soll. Wie viele der kurzlebigen Vereinigungen im rechtsradikalen Lager warb auch er für die «Volksgemeinschaft» im «völkischen Staat», bis er 1928 wegen seines Waffenbesitzes und neuer Putschpläne aufgelöst wurde.

Ähnlich verwandelte sich, um ein zweites Beispiel zu geben, das bayerische «Freikorps Oberland», das gegen die Münchener Räterepublik, die «Ruhrarmee» und den polnischen Aufstand in Oberschlesien eingesetzt worden war, in den «Bund Oberland», der sich im Herbst 1923 im «Deutschen Kampfbund» neben der SA und Röhms Wehrverband «Reichskriegsflagge» Hitlers Leitung unterstellte. Vorher hatte er sich in einem lockeren Allianzverhältnis der «Organisation Escherich», dem wichtigsten paramilitärischen Verband der Nachkriegszeit, angeschlossen. Die «Orgesch» ging aus den bayerischen Einwohnerwehren hervor, deren Landeshauptmann, Forstrat Georg Escherich, diese Verbindung von paramilitäri-

4. Interessenverbände, Gesinnungsbünde, Paramilitärs

schem Verein und Selbstschutzorganisation geschaffen hatte. Die «Orgesch» soll zeitweilig bis zu einer Million bewaffneter Mitglieder besessen haben, die als Kaderreserve der Reichswehr eine gewisse Protektion genossen, bis die Auflösung 1921 durchgesetzt werden konnte.

Diese militanten Vereinigungen wiederum waren in das dichte Netzwerk der rechtsradikalen Bünde verflochten. Zu ihnen zählte auch der Ludendorff-Kreis, der sich um diese Schlüsselfigur der Neuen Rechten gebildet hatte, später der von ihm gegründete «Tannenberg-Bund» aus «Frontkrieger- und Jugendverbänden», dessen 40000 Mitglieder (1927) völkische, großdeutsche, radikalrevisionistische und antisemitische Ziele verfochten. Zu diesem Umfeld gehörten ebenfalls der antisemitische «Reichshammerbund» und die völkisch-antisemitische «Thule-Gesellschaft», die – aus dem bayerischen Ableger des «Germanen-Ordens» hervorgehend – vom «Alldeutschen Verband» gefördert worden war. Frühe Mitglieder wie Dietrich Eckardt, Ernst Feder, Rudolf Hess, Hans Frank, Alfred Rosenberg, Franz Esser wanderten zur NSDAP ab, in der sie führende Positionen gewannen.

An Wirkung wurde sie fraglos vom DSTB, einem anderen Geschöpf des «Alldeutschen Verbandes», dem «Reichshammerbund» und dem «Deutschbund» weit übertroffen. Denn in Windeseile gelang es ihm, bis er nach dem Rathenau-Mord verboten wurde, bis zu 180000 Mitglieder in 600 Ortsgruppen auf einen militanten, radikalvölkischen Antisemitismus einzuschwören. Wie die «Brigade Erhardt» verwendete auch der DSTB schon das Hakenkreuz als Symbol «arischer Reinheit». Ein Gutteil der späteren NSDAP-Prominenz durchlief dort seine politischen Lehrjahre, Dietrich Eckardt etwa, Julius Streicher, Bernhard Rust, Fritz Sauckel, Viktor Lutze, aber auch Reinhard Heydrich und Werner Best.

Unübersehbar bildete München mit seinem Umland, überhaupt die antirepublikanische «Ordnungszelle Bayern», ein Zentrum der mitteleuropäischen Gegenrevolution, das auf den neuen Rechtsradikalismus eine unwiderstehliche Anziehungskraft ausübte. Auf diesem Humusboden entstand eine Vielzahl von militanten, völkischen, antisemitischen Bünden und Geheimgesellschaften, Kampfverbänden und Splitterparteien. Unter ihnen bildete die NSDAP zunächst nur eine weitere Zwergpartei, doch sie bewegte sich in einem Umfeld, das ihr einen wachsenden Anhang zuführte.

Selbstverständlich entstanden auch in anderen deutschen Regionen verwandte Organisationen. Zu ihnen gehörte etwa der «Jungdeutsche Orden» (Jungdo), der aus einer im Januar 1919 gegründeten Freiwilligeneinheit, der «Offiziers-Kompanie Kassel» unter der Leitung Arthur Mahrauns, hervorging. Nach dem Einsatz mit anderen Freikorps verwandelte sie sich im März 1920 in eine zivile Organisation, den «Jungdo», welcher der «Orgesch» korporativ beitrat, enge Beziehungen zum DSTB unterhielt, mehrfach verboten und wieder zugelassen wurde, bis er sich seit 1924 ohne die paramilitärischen Exzesse auf die innenpolitischen Auseinandersetzungen konzentrierte. Das Führungspersonal war durch die Zeit in der bündischen Jugend geprägt worden. Bei der Imitation des «Deutschen Ordens», wie sie Mahraun als «Hochmeister» betrieb, folgte es bündisch-elitären Organisationsformen. Diese Mentalität vertrug sich durchaus mit der Neigung, den italienischen Faschismus als nachahmenswertes Vorbild anzuerkennen.

Nach seiner Hochzeit mit 200 000 Mitgliedern (1921/23) pendelte sich die Anhängerschaft des «Jungdo» bei immerhin 100 000 Mitgliedern ein, bis die Konkurrenz des Nationalsozialismus sie auf ein Drittel dieser Stärke reduzierte. Mit anderen Sympathisanten aus dem rechten Lager, Angehörigen der DNVP und DVP, der «Volkskonservativen» und der «Bauernpartei», schloß sich der «Jungdo» im November 1929 zur «Volksnationalen Reichsvereinigung» zusammen, die im Juli 1930 mit den Resten der untergehenden DDP zu der eigentümlich schillernden «Deutschen Staatspartei» fusionierte. Bei den beiden Reichstagswahlen des Jahres 1932 fand sie jedoch nur 340 bis 370 000 Wähler, die ihr zu nicht mehr als vier bzw. zwei Mandaten verhalfen, so daß sie als Quantité négligeable aus dem politischen Leben noch vor der Selbstauflösung im Sommer 1933 verschwand.

Einen völlig anderen Typus von politischer Assoziation verkörperten die kleinen, elitären intellektuellen Zirkel, die sich – Club oder Kreis, Bund oder Ring genannt – mit dem Ziel zusammenschlossen, die öffentliche Meinung für ihre revisionistischen, völkischen, radikalnationalistischen, stets aber auf einen autoritären Umbau der Republik abhebende Programmatik zu gewinnen. Als paradigmatisch für die Vielfalt solcher Vereinigungen können hier der «Juniklub», der «Deutsche Herrenklub» und der «Tatkreis» stehen.

Im Juni 1919 fanden sich in Berlin Repräsentanten der Neuen Rechten zur Gründung eines Vereins zusammen, der aus Protest gegen die in diesem Monat geleistete deutsche Unterschrift unter den Versailler «Schandfrieden» den Namen «Juniklub» erhielt. Zu diesen Aktivisten der ersten Stunde gehörten Eduard Stadtler, Max Hildebert Boehm, Rudolf Pechel, Paul Fechter, Heinrich v. Gleichen-Russwurm, Heinz Brauweiler, Wilhelm v. Kries und Arthur Moeller van den Bruck. Die Mitgliederzahl stieg bis 1924 auf tausend an, doch ging es den Promotoren des «Juniklubs» nicht um einen Massenanhang, sondern um die Herrschaft über die Geister: Er sollte zum ideellen Zentrum der antirepublikanischen, «nationalen Opposition» werden, und tatsächlich wurde er ein «Braintrust» der Neuen Rechten.

Im November 1920 gliederte er sich das «Politische Kolleg» in Berlin-Spandau als Schulungsstätte an, die gegen die DDP-nahe Berliner «Hochschule für Politik» ein national-konservatives Gegengewicht schaffen sollte. Die Leitung übernahm der Historiker und Zentrumspolitiker Martin Spahn, der bald seinen wahren politischen Neigungen folgte, indem er erst zur DNVP, später dann zur NSDAP überwechselte. Für den Verwaltungsrat des Kollegs konnten potente Gönner gewonnen werden: Stinnes,

v. Borsig, Vögler, v. Winterfeld aus der Industrie; Joachim v. Oppen-Dannenwalde und Karl v. Behr vom RLB; Wilhelm v. Gayl und Reinhold Quaartz für die «nationalen Verbände». Die hochsubventionierte Kolleg-Zeitschrift «Das Gewissen» brüstete sich, 30 000 Leser zu erreichen.

Der «Juniklub» und seine Akademie entfalteten eine lebhafte Vortrags-, Publikations- und Diskussionsaktivität, die profilierte Persönlichkeiten häufig anzog, nicht nur Graf Westarp und Otto Hoetzsch von den Konservativen, Heinrich Brüning und Adam Stegerwald vom Zentrum, August Winnig und August Müller vom rechten SPD-Flügel, sondern auch Liberale wie Ernst Troeltsch und Franz Oppenheimer und neue Rechte wie Otto Strasser und Ernst Jünger. Beide Institute pflegten ihre Kontakte mit den Rechtsparteien und dem völkisch-antisemitischen «Deutschen Hochschulring» der rechten Jungakademiker, und sie widmeten sich besonders intensiv der Beeinflussung von Publizisten und Zeitschriftenredaktionen. Klubmitglieder oder Sympathisanten wie Rudolf Pechel mit seiner «Deutschen Rundschau», Walter Schotte von den «Preußischen Jahrbüchern», Heinrich Lehmann als Herausgeber der «Deutschen Arbeit» und Helmut Roesler als Chefredakteur der «Hochschule» verfochten bereitwillig die Leitideen des «Juniklubs».

Vor einer schneidend aggressiven Sprache scheuten sie nicht zurück, wenn etwa Max Hildebert Boehm, einige Tage lang auch Pressereferent Kapps während des Putsches und bis in die Zeit nach dem Zweiten Weltkrieg eloquenter Verfechter eines Radikalnationalismus, den «Pöbelinstinkt der Gleichmacherei», das «Phäakenideal des Sechs-Stunden-Tags», das «Lämmerglück des Pazifismus» verächtlich machte. Doch der tiefste und gefährlichste Einfluß ging wahrscheinlich von dem Bestseller Moeller van den Brucks aus, der 1923 mit seinem «Dritten Reich» wegen seiner Verbindung von Reichsmetaphysik und nationalistischem Zukunftsentwurf im Nu die Bibel der Jungkonservativen und vieler Rechtsradikaler wurde und weit über den Dunstkreis des «Juniklubs» hinauswirkte.

Seit dem November 1924 wurde der «Juniklub» als «Deutscher Herrenclub» weitergeführt, der seither republikweit expandierte, 20 Filialen gründete, statt der Zeitschrift «Gewissen» jetzt sein Organ «Der Ring» herausgab und es bis 1932 auf 5000 Mitglieder brachte, als deren Ehrenvorsitzender Hindenburg gewonnen werden konnte. Die politische Stoßrichtung blieb dieselbe: Ablösung der verhaßten Republik durch einen autoritären Staat, dessen Elite «freie deutsche Herrenmenschen», der «Adel nordischer Gesinnung», stellen sollten. Vielleicht erreichte er den äußeren Höhepunkt seines Einflusses, als er unter seinem Mitglied v. Papen fast die gesamte Reichsregierung stellte.

Weniger grobschlächtig, doch nicht minder giftig operierte seit 1929 der «Tatkreis», in dem sich Verfechter der «Konservativen Revolution» und entschiedene Republikfeinde, lockerer organisiert als im «Jungdo» oder im

«Juniklub», als nicht selten brillante publizistische Mitarbeiter an der Monatszeitschrift «Die Tat» zusammenfanden. Initiiert von dem Verleger Eugen Dietrichs, einer Schlüsselfigur der bündischen Jugend, der Lebensreformer und des Neuen Nationalismus, erlebte sie unter ihrem Chefredakteur Hans Zehrer einen steilen Aufstieg von 1000 Exemplaren bis zu einer Auflage von 30000 (1932). Sie verstand sich als Sammelorgan der jungkonservativen, «nationalrevolutionären» Kräfte, die mit der eher skeptisch beobachteten NSDAP die Illusion eines «deutschen Sozialismus» und den Glauben an die Panazee einer autoritären Lösung teilten. In der aktuellen Auseinandersetzung war es dann Schleicher, der die Unterstützung des «Tatkreises» fand. Doch gab es während der Agonie von Weimar kein anderes Presseorgan, das mit einer derartig intellektuellen Ausstrahlungskraft zur Diskreditierung der Republik und zur Fixierung auf ein autoritäres Regime mehr beigetragen hätte als die «Tat».[14]

Aus dem Dschungel der republikfeindlichen Gesinnungsgemeinschaften hoben sich die großen paramilitärischen Verbände mit ihrer Massenmitgliedschaft hervor. Die älteren Agitationsvereine, wie etwa der «Flottenverein», der von 1,1 Millionen Mitgliedern auf 20000 abstürzte, der «Wehrverein», die «Kolonialgesellschaft» und der «Ostmarkenverein» schrumpften wegen der veränderten Problemlagen und neuen Themen bis zur Bedeutungslosigkeit. Auch der ebenfalls durch das Kaiserreich geprägte «Alldeutsche Verband» erlebte einen herben Rückgang, obwohl er ungeachtet des Mitgliederrückgangs von 38000 auf 8000 (1932) über manche Einflußkanäle subkutan noch weiter auf das Rechtslager einwirkte. Dagegen schlug jetzt die Stunde der neuen Wehrverbände, deren Dynamik die älteren Vereinigungen durchweg unterlegen waren. Diese Verbände beruhten auf dem durch Uniform und Rangabzeichen unterstrichenen militärähnlichen Aufbau ihrer Organisation, auf der Hierarchie von Befehl und Gehorsam, auf der bündischen Identifizierung allein mit dem eigenen Männerorden, auf der Bereitschaft zu Gewalt und Waffengebrauch, im Grenzfall auch zu militärischem Kampf gegen die Republik, nicht zuletzt auf einer weitreichenden Unterstützung durch die öffentliche Meinung. Nach der anderthalbjährigen Phase der Freikorps und Einwohnerwehren, die wegen des Kapp-Putsches und des Drucks der Alliierten endlich aufgelöst werden konnten, setzte im Gefolge einer Reorganisation im Untergrund oder eines verhaltenen Vorlaufs in der Öffentlichkeit der Aufstieg der paramilitärischen und politischen Kampfverbände ein.

Trotz ihrer Massenmitgliedschaft kann man die zahlreichen Kriegervereine, Regimentsverbände und Offiziersvereinigungen, die sich fast alle unter dem Dach des bereits seit Jahrzehnten bestehenden «Kyffhäuser-Bundes» einfanden und ihn mit 2,8 Millionen Mitgliedern (1930) zur größten Veteranenorganisation machten, nicht zu diesen neuen Verbänden rechnen.

4. Interessenverbände, Gesinnungsbünde, Paramilitärs

An ihrer nostalgischen Fixierung auf die grandiose Kaiserzeit, ihrer Glorifizierung des Kriegserlebnisses, ihrer mentalen Affinität zu den Rechtsparteien und den «vaterländischen Verbänden», ihrer Unterstützung des gescheiterten Feldmarschalls bei seiner Rückkehr in die Politik – an alledem kann kein Zweifel herrschen. Aber zum Typus des neuartigen paramilitärischen Kampfverbandes gehörten sie trotzdem nicht.

Das aber tat ein selbständiger Veteranenverein: «Der Stahlhelm, Bund der Frontsoldaten». Im Dezember 1918 gegen die mitteldeutsche Linke in Magdeburg gegründet, seit dem September 1919 zu einer in der gesamten Republik tätigen Organisation mit vorerst nicht mehr als 2000 Mitgliedern ausgeweitet, wirkte er zunächst wie einer der zahlreichen anderen Kriegervereine, denen es um die Kameradschaftspflege und ihre sozialen Probleme, um die «Ruhe und Ordnung» daheim ging. Doch dank seines aktivistischen «Bundesführers» Franz Seldte, wegen der Auflösung der Freikorps, der Einwohnerwehren und der «Orgesch», nicht zuletzt aber aufgrund der allgemeinen politischen Radikalisierung mit ihrer Spitze gegen die Republik, expandierte er seit 1920 ungewöhnlich rasch. Aus der gescheiterten Hitler-Verschwörung zog er die Konsequenz, anstatt dem Putschismus nachzugeben auf den inneren Umbau des Staats hin zu einer autoritären Ordnung zu setzen. Neue Unterorganisationen begannen, Schüler im Jugendverband «Scharnhorst», Studenten im «Studentenring Langemarck», junge Männer im «Jungstahlhelm» zu sammeln; überhaupt wurde die ursprüngliche Aufnahmebedingung der Kriegsteilnahme aufgegeben. Von einer kräftigen Strömung begünstigt, schnellte seine Mitgliederzahl von 100 000 (1924) auf 500 000 (1930), ja 750 000 im Mai 1933 empor. Außerdem war er mit dem «Wehrwolf», dem rund 40 000 Mitglieder (1929) erfassenden «Bund deutscher Männer und Frontkrieger», eng liiert und pflegte den Kontakt zum «Bund Jungdeutschland», der die vormilitärische Ausbildung von Jugendlichen – 1927 waren es immerhin 250 000 – und zugleich die «Überwindung der Klassengegensätze» und «Herstellung einer wahren Volksgemeinschaft» anstrebte.

Seit 1924 wurde der «Stahlhelm» auch als die größte militärische Reserveformation für die Reichswehr betrachtet, die ihre 100 000-Mann-Grenze durch geheime Kader zu überwinden suchte. Daher sprang sie den meisten paramilitärischen Vereinigungen bei. Ihre Unterstützung kam auch dem «Stahlhelm» zugute, da er die militärische Grundausbildung der jüngeren und die Manöverschulung der älteren Mitglieder betrieb. Politisch blieb der Bund mit der DNVP eng verbunden, trug das Referendum gegen den Young-Plan mit und begrüßte die «Harzburger Front». Aus seiner Fundamentalopposition gegen Weimar machte er kein Hehl. «Wir hassen mit ganzer Seele den augenblicklichen Staatsaufbau», deklamierte er am 2. September 1928 in seiner «Fürstenwalder Haßbotschaft», «seine Form und seinen Inhalt». Denn er versperre den Weg, «unser geknechtetes Vaterland zu befreien..., den notwendigen Lebensraum im Osten zu gewinnen, das deutsche Volk wieder wehrhaft zu machen.» Anstelle der Republik forderte er den «organischen Ständestaat». Das klang sogar noch relativ gemäßigt, denn der «Zweite Bundesführer», Theodor Duesterberg, befürwortete mit seinen Anhängern ganz unverhohlen einen völkisch-antisemitisch-radikalnationalistischen Kurs.

Auf seinen «Reichsfrontsoldatentagen» konnte jedermann verfolgen, zu welcher Machtdemonstration gegen die Republik der «Stahlhelm» fähig war. Von zahllosen Zuschauern bejubelt und von Reichswehrkapellen begleitet, paradierten 1930 in Koblenz 100 000, 1931 in Breslau 150 000 und 1932 in Berlin 197 000 Mitglieder in militärischer Ordnung durch das Stadtzentrum. Dennoch: Seit 1930 wirkte sich der mächtige Sog zugunsten des Nationalsozialismus gegen den «Stahlhelm» aus, denn mit der organisatorischen Doppelstruktur von politischer Partei und paramilitärischer SA, dazu mit ihrer radikalen Protestpropaganda konnte die Hitler-Bewegung ungleich mehr Sympathisanten anziehen, als der «Stahlhelm» je für sich anwarb.

Angesichts des Booms der paramilitärischen Verbände, unter denen der «Stahlhelm» den spektakulärsten Aufstieg erlebte, der Kampfbünde und verschleierten Freikorps-Nachfolger tauchte frühzeitig die Forderung nach einer «gemeinsamen Rechtsfront» auf, welche die organisatorische Zersplitterung überwinden sollte, aber ohnehin einem Wunschtraum der Rechten seit der Sammlungspolitik der 1890er Jahre und der «Vaterlandspartei» entsprach. Ein erster Anlauf in Gestalt des «Arbeitsausschusses Deutscher Verbände», der sich seit 1921 dieser Aufgabe annahm, scheiterte, obwohl er sich sogleich der korporativen Mitgliedschaft von 600 Vereinen brüstete. Die angestrebte «zentrale Dachorganisation» kam jedoch im Januar 1923 zustande, als sich rund 140 «nationale Verbände» und Offiziersvereine unter dem Namen «Vereinigte Vaterländische Verbände Deutschlands» (VVV) zusammenschlossen – ein lockeres Kartell militaristischer, völkischer, antimarxistischer, teils monarchistischer, teils nach der Diktatur rufender Vereinigungen des rechten Lagers. Da die VVV am Hitler-Putsch nicht beteiligt und daher von keinem Verbot betroffen waren, konnten sie seit 1924 als ein Sprachrohr des Radikalnationalismus eine gewisse Aufmerksamkeit auf sich ziehen, ohne jedoch die erhoffte Position des unbestrittenen Wortführers der antirepublikanischen Rechtsopposition je erringen zu können.

Daran änderte auch nichts die Entscheidung, mit dem Anführer der Baltikum-Freikorps, dem General Rüdiger v. d. Goltz, eine ebenso bekannte wie umstrittene Persönlichkeit des Rechtsmilieus zum Ersten Vorsitzenden (1925–1933) zu wählen. Denn zum einen ging von der wüsten Gemengelage der Leitideen der VVV – Revision des Versailler Systems, Aufrüstung, Wiedergewinnung der alten Reichsgrenzen und der Kolonien, Rückkehr

4. Interessenverbände, Gesinnungsbünde, Paramilitärs

zu Bismarcks Reichsverfassung, Niederwerfung des Marxismus und des «jüdischen Geistes», Anschluß deutschsprachiger Nachbargebiete, um einen «großdeutschen Gesamtstaat» auf der Grundlage «völkisch-sozialer Grundsätze» aufzubauen – keine derartige Attraktion aus, daß sie zu einer respektheischenden Potenz der Weimarer Politik geworden wären. Zum anderen gelang es ihnen nicht, den Egoismus der Mitgliedsverbände zu überwinden und allein den Dachverband zum Repräsentanten der «nationalen Opposition» zu erheben.

Das vermochten die VVV auch deshalb nicht, weil sich mit der «Sturmabteilung» (SA) der NSDAP ein rabiater Kampfverband nach vorne schob, der nicht auf Konsens unter Gleichgesinnten, sondern auf ungeschmälerte Hegemonie aus war. Die SA war aus der kleinen «Ordnertruppe» hervorgegangen, die seit 1920 bei Hitlers Auftritten in den Münchener Bierkellern den Saalschutz übernahm, und operierte seit dem Oktober 1921 unter dem neuen Namen. Nach dem kurzlebigen Verbot im Gefolge des Putsches wurde sie von dem Freikorpsexperten Franz Pfeffer v. Salomon als «Oberstem Stabsführer» (OSAF, 1926–1930) zügig ausgebaut, ehe Hitler diesen Posten selber übernahm (1930–1945). Die konkrete Organisationsarbeit lag aber oft beim «Chef des Stabes der SA», ein Amt, das Hitlers Förderer und Duz-Freund Ernst Röhm in den entscheidenden Expansionsjahren (1931–1934) inne hatte.

Hitler hatte nach seiner Entlassung aus Landsberg im Dezember 1924 bereits im Februar 1925 die Wiederzulassung der NSDAP und der SA erreicht, die er durch eine «Führerweisung» vom 9. September 1925 auf eine legalistische Bekämpfung der Weimarer Republik festlegte. Deshalb wurde die militärische Ausbildung untersagt, obwohl Drill und Uniform erhalten blieben. Der «Heil-Hitler»-Gruß wurde zur Pflicht gemacht, doch brauchte der SA-Mann nicht notwendig NSDAP-Mitglied zu sein, wie er andrerseits keinem anderen Wehrverband angehören durfte. Ende 1926 entstand die «Oberste SA-Führung» in München, der auch die SS und die «Hitlerjugend» (HJ) unterstellt wurden. Seither dehnte sich die SA auf vielfältige Weise aus. Numerisch umfaßte sie 1929 bereits 100 000 Mitglieder, die nach Möglichkeit in «Heimen» mit eigener Verpflegungsstation untergebracht wurden. Dieser Kasernenersatz zog ständig junge Männer, nicht zuletzt auch Arbeitslose an. Die SA-Einheiten unternahmen Propagandamärsche, verkauften Parteizeitschriften, klebten Plakate, füllten Veranstaltungssäle und fungierten als brutaler Saalschutz; dank ihrer zahlreichen Autos operierten sie als motorisierte Schocktruppe; sie sprengten Treffen ihrer Opponenten, zogen provozierend durch linke Wohnquartiere, überfielen Verbände und Parteilokale von KPD und SPD und setzten in Straßen- und Saalschlachten den physischen Nahkampf fort. Während der Wahlkämpfe von 1930 bis 1932 führte ihr Bürgerkriegsverhalten zu mehr als 400 Toten.

In der SA versammelte sich eine explosive Mischung von Rabauken, Fanatikern, aber auch Anhängern eines nebulösen «rechten Sozialismus». Das führte zu inneren Spannungen, die sich im April 1930 in einer Meuterei der Berliner SA entluden, da sie über einen zu geringen Kampfsold empört war, während ihre Anführer sich bei den Kandidaturen für die kommende Reichstagswahl übergangen fühlten. Die harte Reaktion der Partei führte zur Ausschaltung des lokalen SA-Anführers Walther Stennes, zum Rücktritt Pfeffer v. Salomons und zur Usurpation des OSAF-Amtes durch Hitler, dem jedoch die Alltagsgeschäfte bei der Leitung seiner Prätorianergarde fremd blieben.

Die Lücke in der Hierarchie wurde erst im Januar 1931 durch Röhm geschlossen, der nach einigen Jahren im bolivianischen Militärdienst als Stabschef der SA seine engen Beziehungen zur Reichswehr ausnutzen sollte. Dank seinem Organisationstalent wurden auch neue Unterorganisationen der SA geschaffen: die Motor-, Reiter-, Marine-, Flieger-, Pionier-, Nachrichten- und Sanitätsstürme. Eine Organisationsreform teilte das Republikgebiet in neun SA-«Gruppen» auf (die zehnte bekam Österreich zugewiesen!), die alle streng schematisch nach Brigaden, Standarten, Sturmbannen, Stürmen, Trupps, Scharen und Rotten untergliedert waren. Seit dem Juni 1931 übernahm die Münchener «Reichsführerschule» die politische und paramilitärische Ausbildung. Kein Wunder, daß die Reichswehr in der SA ein wertvolles «Element der Landesverteidigung» sah, das sie nach Kräften unterstützen wollte.

Anfang 1932 wurde das Verbot aufgehoben, das bisher NSDAP-Mitglieder von der Reichswehr ferngehalten hatte. Umgekehrt durften seither Zivilangestellte der Reichswehr in die NSDAP eintreten. Daß Mitte April 1932 ein Verbot über die SA verhängt wurde, weil ihre Terroraktionen die staatliche Gegenwehr unumgänglich machten, wurde nach knapp zwei Monaten von Papen wieder aufgehoben in der Gewißheit, damit breite Zustimmung auch in der Reichswehr zu finden. Mit der Machtübergabe an Hitler schien sich auch für die SA das Tor zu einer neuen Welt zu öffnen, in der sie endlich ihre Vorstellungen von der Vernichtung der Linken, der Initiierung eines «nationalen Sozialismus» und dem Aufbau der SA zu einem «braunen Volksheer» verwirklichen konnte.

Als Spezialeinheit, zunächst innerhalb der SA, hatte bis dahin die «Schutzstaffel» (SS) eine erstaunliche Karriere erlebt. Vor dem Putsch hatte die «Stabswache», dann der «Stoßtrupp Hitler» die Aufgaben einer Leibwache wahrgenommen. Im Zuge der Reorganisation von 1925 wurde sie als «Stabswache» neu gegründet, die wiederum seit dem Sommer dieses Jahres als organisatorisch selbständige, durch die schwarze Kleidung und das Totenkopf-Symbol von der braunen SA-Uniform klar abgehobene, hundertköpfige «Schutzstaffel» dem OSAF formal unterstand. Mit Heinrich Himmler, der den typischen Weg vom Freikorps, dem «Artamanen-Bund»

4. Interessenverbände, Gesinnungsbünde, Paramilitärs

und antisemitischen bayerischen Rechtsradikalismus hinter sich hatte, stieg ein Mann zum «Reichsführer SS» auf, der mit Organisationsgeschick, vor allem aber mit unbändigem Ehrgeiz und ideologischem Fanatismus diese Sondereinheit nicht nur innerhalb von vier Jahren auf 52 000 Mitglieder hochtrieb, sondern ihr auch im November 1930 den «Polizeidienst» innerhalb der Partei und im Juli 1931 die weitere Aufgabe eines Nachrichtendienstes sicherte; diesen «Sicherheitsdienst» (SD) übernahm Reinhard Heydrich. Die große Stunde Himmlers und der SS sollte aber erst zwei Jahre später, nach der Liquidation der SA-Führung, schlagen.

In der frühen Entwicklungsphase der SA und SS verkörperte der paramilitärische Verband der KPD die prinzipielle Gegnerschaft im Kampf des Rechts- mit dem Linksradikalismus. Nach der Auflösung der militanten «Proletarischen Hundertschaften» diente der «Blutsonntag von Halle», eine von der Polizei um den Preis von acht Toten und doppelt soviel Schwerverletzten aufgelöste kommunistische Gegendemonstration gegen eine rechte Massenversammlung, als Anlaß, um den «Roten Frontkämpferbund» (RFB) im August 1924 zu gründen. Hatte die Verachtung des Militarismus und die Dauerkritik an den Kampfbünden der Rechten bisher geradezu zum Markenzeichen der KPD gehört, wurden jetzt paramilitärische Vereinigungen wie der «Stahlhelm» und die SA strukturell imitiert.

Der RFB war in «Gauen» unter der Leitung von «Führern» organisiert. Seine Mitglieder traten in feldgrüner Russenbluse, Breecheshosen und Lenin-Mütze an die Öffentlichkeit; die erhobene linke Faust diente, wie auf der anderen Seite der Hitler-Gruß, als Symbol der Loyalität und Kampfbereitschaft; eigene Fahnen und Spielmannszüge gehörten zu seinem Auftritt in militärischer Ordnung und unter einem eigenen Kommandosystem. Unverhohlen wurde die «Rote Armee» als Vorbild beschworen: Auf ihrem dritten Reichstreffen im Mai 1926 leisteten die RFB-Verbände unisono den Schwur, zur Verteidigung der Sowjetunion «immer bereit zu sein».

Ergänzt durch seine Jugendorganisation «Rote Jungfront» blieb der RFB die politisch unselbständige Privatarmee der KPD. Unter dem Vorsitz von Ernst Thälmann brachte sie es bis 1927, als die Mutterpartei 127 000 Angehörige zählte, auf immerhin 106 000 Mitglieder. Unter ihnen dominierten dieselben Phänotypen wie in der SA: der rabiate Schläger zum einen, der gesinnungstreue Weltanschauungstäter zum anderen. Insofern neigten sie, zumal sie durch eine ebenso radikale Ideologie, wie sie den politischen Feind charakterisierte, motiviert waren, zu derselben Brutalisierung der öffentlichen Auseinandersetzung, derselben Gewaltsamkeit, derselben Bürgerkriegsattitüde bis hin zum politischen Mord. Deshalb wurde der RFB im Mai 1929, als ihm 80 000 militante Kommunisten angehörten, in Preußen verboten; andere Länder schlossen sich dieser Entscheidung an. Mit derselben Begründung hätte freilich auch die SA verboten werden müssen. Ein Jahr später war etwa ein Drittel der RFB-Getreuen in die Illegalität abgetaucht, wo sie den Kern neuer kommunistischer Wehrverbände bildeten, mit denen die SA ihren Straßenkrieg fortsetzte.

Im Vergleich mit den aggressiven paramilitärischen Verbänden der Rechts- und der Linksradikalen war der größte prorepublikanische Kampfbund, das «Reichsbanner Schwarz-Rot-Gold», numerisch haushoch überlegen. Nach dem Vorbild des österreichischen «Republikanischen Schutzbundes» im Februar 1924 in Magdeburg gegründet, um der Republik nach dem Putsch-Jahr im Kampf gegen ihre existentiellen Feinde beizustehen, kam das «Reichsbanner» erstaunlich schnell auf eine Million Mitglieder, nach den beschönigenden offiziösen Angaben sogar auf drei Millionen. Im «Jungbanner» bemühte es sich um den politischen Nachwuchs. Dem Anspruch nach handelte es sich um eine parteienübergreifende republikanische Sammelbewegung, in deren «Reichsausschuß» neben der SPD auch die DDP und das Zentrum vertreten waren. Faktisch ging aber von der Sozialdemokratie der bestimmende Einfluß aus, und 90 Prozent der Mitglieder gehörten ihr als Genossen an.

Das «Reichsbanner» imitierte dieselben militärischen Rituale, wie das die anderen paramilitärischen Kampfbünde taten, verstand sich aber weder als Exekutionsorgan einer politischen Utopie noch als Kaderreserve der Reichswehr. Auch in seiner politischen Semantik drang das rechte Vokabular mit Schlüsselbegriffen wie Nation, Führer, Gefolgschaft vor, so daß man es als eine «nach rechts verschobene Sozialdemokratie» (Rohe) hat charakterisieren können.

Trotz seiner äußerlich imponierenden Größe erwies sich das «Reichsbanner» dem Konflikt mit seinen Gegnern, die den Krieg bedenkenlos in die Innenpolitik hinein verlängerten, nicht gewachsen. Der SA oder dem RFB konnte es die Herrschaft über die Straße nicht entreißen. Beim «Preußenschlag» Papens verharrte es, gewissermaßen Gewehr bei Fuß, in kläglicher Wartestellung, und in den Tagen der Machtübergabe erwies es sich erneut als handlungsunfähiger Koloß auf tönernen Füßen. Die von ihm und der SPD soeben erst gegründete «Eiserne Front» aktionsbereiter NS-Gegner kam nicht mehr zum Zuge.

Blickt man aus der Vogelperspektive auf die Todeszuckungen der Republik, erkennt man, wie auch in dieser Arena der Innenpolitik die republikfeindliche neue Rechte mit ihren Massenverbänden dominierte. Zwar stritten die militanten KPD-Anhänger unentwegt für ihre Variante des Totalitarismus, zwar leistete das «Reichsbanner» zumindest symbolischen Widerstand gegen den rapiden Verfall der politischen Kultur, doch konnten sie weder der dumpfen Animosität des «Stahlhelms» noch dem Fanatismus der braunen Kolonnen, die von der Dynamik einer Protestbewegung unter charismatischer Herrschaft vorangetrieben wurden, Paroli bieten. Wie sollte da die Republik, nachdem sie in die akute Phase ihrer Auflösung eingetreten war, doch noch einmal die Oberhand behalten, zumal in den Machteliten die Meinung stetig wuchs, mit dem «großen Volkstribun» und seiner Massenanhängerschaft eine Allianz mit dem Ziel einzugehen, die verhaßte Republik durch ein autoritäres System zu ersetzen?[15]

5. Aspekte der Politikgeschichte 1919–1933

Im Rahmen dieser Gesellschaftsgeschichte braucht das politische Leben im engeren Sinn: die Konstanz und der Wandel in der Parteien- und Regierungspolitik, die Abfolge von Wahlen und Gesetzesvorhaben, nicht eingehend analysiert zu werden. Weiter oben ging es darum, wichtige Grundzüge des politischen Herrschaftssystems und die Bedeutung handlungsfähiger Akteure – der Parteien etwa, der Bürokratie, der Verbände – hervorzuheben, damit klarer wird, wieweit sie gesellschaftlich geprägt waren und ihrerseits wieder prägend auf die Gesellschaft der Weimarer Republik einwirkten (vgl. IV.2–4). Hier geht es zum einen um die geradezu atemberaubende Hektik bürgerkriegsartiger Krisen, welche der junge Staat in seinen ersten vier Jahren erlebt hat. Daß er sie überstand, grenzt an ein politisches Wunder. Zum andern werden die langlebigen Belastungen in den Vordergrund gerückt, die sich in der politischen Mentalität aufstauten, als die Nachkriegsordnung in einem fundamentalistischen Dauerprotest abgelehnt wurde, Hunderte von politischen Morden das Rechtssystem in Frage stellten und ein fataler Stimmungsumschwung in die Verherrlichung des großen Sterbens und der «Schützengrabengemeinschaft» mündete. Die dramatische Zuspitzung, welche die krisenhafte innere Entwicklung mit dem Aufstieg des Nationalsozialismus und des Kommunismus zu totalitären Massenbewegungen erfuhr, wird dann unten im Zusammenhang der tödlichen Auflösungsphase der Republik eingehend erörtert (VI.1–3).

a) Die drei Spätphasen der Revolution:
Bürgerkrieg und innenpolitische Existenzkrise bis 1923

In ihrer ersten Phase vom November 1918 bis Ende Januar 1919 hatte sich die deutsche Revolution in dem Sinne siegreich durchgesetzt, daß sie überall in verblüffender Geschwindigkeit die Monarchie gestürzt und im Verlauf einer Verfassungsrevolution die Republik etabliert hatte. Diese neue Staatsform war durch folgenreiche Basiskompromisse abgesichert, zugleich aber auf längere Sicht auch schwer belastet worden (vgl. vorn 7. T. VI.3). Ein breiter Konsens, der damals ebenfalls die meisten Räte und ihre Spitzenorganisationen umfaßte, trug die Entscheidung der sozialistischen Revolutionsregierung, des «Rates der Volksbeauftragten», einer verfassungsgebenden Nationalversammlung so schnell wie möglich die Ausarbeitung eines neuen republikanischen Grundgesetzes anzuvertrauen. Diese

Entscheidung wurde bereits am 19. Januar 1919 formell bekräftigt, Wahlen folgten unmittelbar darauf, und seit dem 6. Februar 1919 tagte diese Konstituante in Weimar, um dort den vielfältigen Pressionen der unruhigen Hauptstadt zu entgehen.

Das auffällige Ende der ersten Revolutionsphase überschnitt sich freilich mit dem Beginn der zweiten Periode, die durch den spartakistischen Januaraufstand in Berlin eingeleitet und mit der am 3. Mai 1919 abgeschlossenen Zerschlagung der zweiten Münchener Räterepublik beendet wurde. In Berlin wirkten der revolutionäre Illusionismus der unlängst erst gegründeten KPD und der putschistische Aktionismus der aus dem Metallarbeiterverband stammenden «Revolutionären Obleute» – eine viel einflußreichere Umsturzphalanx, als sie der «Spartakusbund» darstellte – kurzfristig zusammen, als sie einen Aufstand in der Hauptstadt auslösten, von dem sich die ungestüm realitätsfernen Verschwörer eine Signalwirkung auf die gesamte Republik erhofften, ähnlich der St. Petersburger Aktion der Bolschewiki im Herbst 1917. Rosa Luxemburg hatte anfangs aus ihrer Skepsis, auch gegenüber dem agitatorischen Utopismus Karl Liebknechts, kein Hehl gemacht, sich dann aber von der dubiosen Spontaneität des vermeintlichen Massenaufbegehrens für das verblendete Unternehmen gewinnen lassen. Seither lehnte sie jede Verhandlung mit der Regierung konzessionslos ab, da sie mit der Führungsspitze auf die ansteckende Dynamik des Putsches setzte und ohnehin den Bürgerkrieg erwartete. So hatte sie soeben noch, am 18. November 1918, in der «Roten Fahne» der Spartakusgruppe, unverblümt erklärt: «Der Bürgerkrieg, den man aus der Revolution mit ängstlicher Sorge zu verbannen sucht, läßt sich nicht verbannen. Denn Bürgerkrieg ist nur ein anderer Name für Klassenkampf, und der Gedanke, den Sozialismus ohne Klassenkampf durch parlamentarischen Mehrheitsbeschluß einführen zu können, ist eine lächerliche kleinbürgerliche Illusion.» Der Aufstand war in ihren Augen auch deshalb gerechtfertigt, weil die deutsche bürgerliche Gesellschaft eine «reißende Bestie» sei, ein «Hexensabbat der Anarchie», ein «Pesthauch für Kultur und Menschheit». Tatsächlich begann mit dem Januarputsch eine verhängnisvolle Serie von lokalen und regionalen Bürgerkriegen, die alle in der Erwartung ausgelöst wurden, daß sie sich zu einer gesamtstaatlichen Umwälzung ausweiten würden.

Diesen Ausbreitungseffekt mußte die labile republikanische Regierung fürchten wie eine tödliche Bedrohung. Deshalb schlug sie mit allen ihr zur Verfügung stehenden Kräften die Erhebungen nieder. Wie immer war der Bürgerkrieg der bitterste und blutigste aller denkbaren Konflikte, und wer ihn mutwillig vom Zaun brach, wie etwa Luxemburg und Liebknecht, kam darin um. Im Grunde gelang es republiktreuen Arbeitern und Soldaten ziemlich schnell, die völlig unvorbereitete Erhebung weithin niederzuwerfen. Doch dann trafen die von Noske herbeigerufenen Freikorps ein, die den Aufstand endgültig in Blut erstickten. Noch war die Bürgerkriegssituation lokal begrenzt geblieben, im Falle eines Sturzes der Regierung Ebert hätten aber schon die restlichen Heeresverbände zusammen mit den Freikorps und Einwohnerwehren landesweit für seine Ausdehnung gesorgt.

Trotz dieses Stabilisierungserfolges hielten die inneren Unruhen vor allem in Mitteldeutschland an. Von USPD-Aktivisten geschürt, traten Arbeiter zuerst in Halle und Merseburg in den Ausstand. Ende Februar griff die Streikbewegung auf ganz Sachsen, Thüringen und Anhalt über. Vom 27. Februar bis zum 8. März streikten dort drei Viertel aller Arbeiter. Am 4. März wurde in Berlin ein Generalstreik ausgelöst, der erneut in blutige, bürgerkriegsähnliche Auseinandersetzungen überging, an deren Ende tausend Tote registriert wurden. Massenstreiks in Oberschlesien und Württemberg schlossen sich an. In Braunschweig wurde sogar für die Dauer eines Tages die Räterepublik ausgerufen. Überall bäumten sich Arbeiter gegen die Machtverhältnisse auf, deren grundlegende Veränderung sie seit dem Revolutionsbeginn erhofft hatten. Und es steigerte ihre Unzufriedenheit, daß sie statt präziser Ziele einen eher vagen Totalwandel erhofften.

Insofern bedeuteten die großen Ruhrstreiks, die nach einem ersten Anlauf noch im Januar 1919 während des Februars voll einsetzten, keinen Einschnitt, sondern die intensivierte Fortsetzung erbitterter Auseinandersetzungen. Als Mitte Januar 1919 immerhin schon 80 000 Bergarbeiter streikten, forderte ein Kampfkartell von SPD, USPD und KPD sowohl die Sozialisierung des Bergbaus als auch eine Räteorganisation für alle Zechen. Die Berliner Regierung zögerte ihre Stellungnahme hinaus, bereitete aber die militärische Intervention im größten deutschen Industrierevier vor. Als am 11. Februar der Münsteraner Arbeiterrat überraschend aufgelöst wurde, trieb das die kampflustigen Elemente unter tumultartigen Umständen – da die SPD- und Gewerkschaftsvertreter opponierten – am 18. Februar zu dem Beschluß, den Generalstreik auszurufen. Daraufhin rückten Truppen in die Zentren der Unruhe ein, so daß 180 000 streikende Bergleute ihren Protest empört abbrechen mußten. Erste Zusammenstöße mit dem Militär steigerten die Erbitterung auf beiden Seiten. Auf einer großen Ruhrkonferenz am 30. März beschlossen daraufhin die Meinungsführer aus der USPD, der KPD und der neuen, unverhohlen gegen die Freien Gewerkschaften auf Rätebasis organisierten «Bergarbeiterunion» den unbefristeten Generalstreik, der seit dem 10. April von 300 000 Bergleuten trotz des Ausnahmezustands durchgehalten wurde. Es dauerte bis zum 28. April, ehe er militärisch niedergekämpft war.

Die großen Ruhrstreiks haben wie die anderen gleichzeitig ablaufenden Protestbewegungen einen folgenschweren Radikalisierungsschub in der Industriearbeiterschaft vorangetrieben. Nicht nur blieben die hochgespannten, auf einen sozialen und politischen Umbau zielenden Erwartungen, die durch das Kriegsende und die Revolution ausgelöst worden waren, unerfüllt, sondern die tödliche Repression durch Freikorps und reguläre Truppen vertiefte die Empörung. Vielleicht hätte die Situation eine Entspannung erfahren, wenn die allgemein erhoffte Sozialisierung des Steinkohlenbergbaus in Gang gekommen wäre. Immerhin hatte eine Sozialisierungskommission der Revolutionsregierung bereits im Dezember 1918 ebendies vorgeschlagen. Doch das vieldiskutierte Projekt der Vergesellschaftung dieser Schlüsselindustrie scheiterte bereits im Vorfeld konkreter Entscheidungen an einer übermächtigen Opposition. Die Herren der Schwerindustrie, angeführt von der exklusiven Riege der Bergassessoren, mauerten unnachgiebig gegen den Verlust ihres Primats. Die Regierung fürchtete Produktionsstörungen mit chaotischen Folgen. Außerdem trieb sie die Sorge um, daß die Alliierten solche Staatsbetriebe leichter beschlagnahmen könnten als private Unternehmen. Nicht zuletzt widersetzte sich aber auch die Spitze der Freien Gewerkschaften, da sie – wie das der Bergarbeiterführer Otto Hué beschwor – in dem unvermeidbaren Grundsatzkonflikt mit ungewissem Ausgang die Niederlage des Sozialismus heraufziehen sahen.

Unter diesem Spannungsbogen, der vom Januaraufstand bis zum Ende der Ruhrstreiks reichte, hat die Rätetheorie erst jene Attraktion gewonnen, die sie zeitweilig als gefährliche Alternative zum verfassungs- und gesellschaftspolitischen Status quo erscheinen ließ. Nur wenn eine neue basisdemokratische Verfassung in allen politischen und sozialen Bereichen die dauerhafte Mitwirkung der Staatsbürger gewährleiste, könne, schien es ihren Anhängern, die Kruste der starren Machthierarchie durchbrochen, die Herr-im-Haus-Attitüde durch Selbstbestimmung ersetzt, das inzwischen feindselig abgelehnte parlamentarische System, welches bisher nur Reformverweigerung und Repression sowie Aberhunderte von Toten in allen unruhigen Regionen gebracht habe, überwunden werden.

Die durch und durch illusionären Wunschträume der Rätetheorie und Rätebewegung sind vorn bereits eingehend kritisiert worden (7.T. VI.2). Diese prinzipiell und pragmatisch schlüssigen Einwände ändern aber nichts an dem Umstand, daß unter den Bedingungen der zweiten Revolutionsphase das massenpsychische Phänomen eines verzweifelten Aufbegehrens gegen die weithin unveränderte Ordnung der alltäglichen Machtbeziehungen dem utopischen Entwurf einer neuen Rätewelt eine ungeahnte Anziehungskraft verlieh. Das schien auch die Entwicklung in Bayern für kurze Zeit zu bestätigen, wo der USPD-Politiker Kurt Eisner eine Räterepublik ausgerufen hatte, aber inmitten der niederdrückenden Konsolidierungsschwierigkeiten am 7.April 1919 von dem adligen Offizier Graf Arco-Valley ermordet wurde. Daraufhin kam es zunächst zur Farce einer zweiten Räterepublik unter dem Schwarmgeist Ernst Niekisch, dem späteren Theoretiker des Nationalbolschewismus, ehe die Kommunisten unter der Leitung des Spartakisten Max Levien und des russischen Bolschewisten Eugen Leviné das Ruder in die Hand nahmen. Im April 1919 erlebte auch München seinen Bürgerkrieg, als der rote Terror in sinnlose Gewaltaktionen wie die Ermordung von zehn Geißeln mündete, der weiße Terror der einmarschierenden Freikorps dagegen bis Anfang Mai zu einer weit blutigeren Niederschlagung des bayerischen Sowjetexperiments führte. Mehr als tausend erschossenen oder kurzerhand füsilierten Zivilisten standen 38 getötete Soldaten gegenüber. Unter der Schockwirkung dieses modernen Glaubenskriegs wurde München zu einem Zentrum aller gegenrevolutionären Strömungen, denen die «Ordnungszelle» Bayern einen geradezu idealen Humusboden verschaffte.

Man kann für die folgenden zehn Monate von einer Latenzphase sprechen, in welcher der Vulkan der Revolution meist nur unterirdisch aktiv war, ehe er sich im März 1920 in einem Ausbruch erneut entlud und die dritte Phase revolutionärer Eruptionen eröffnete. Wie sehr die Unruhe aber ständig weiterbrodelte, hatte kurz zuvor der Streit um das Betriebsrätegesetz gezeigt – die einzige rechtliche Innovation, die den Rätegedanken aufgriff, aber in die fortbestehende Machtstruktur einbaute und deshalb Bestand hatte. Gegen diese Tendenz opponierte die USPD vehement, aber auch der ADGB widersetzte sich ihr, da er die Beschädigung der Tarifhoheit fürchtete. Als während der zweiten Lesung am 13. Januar 1920 eine linke Protestdemonstration auf dem Platz vor dem Reichstag, wo soeben im November 1919 der USPD-Führer Hugo Haase ermordet worden war, nicht länger verharren, sondern aus der Bannmeile in das Gebäude eindringen wollte, eröffnete die Polizei, des Januaraufstandes hellbewußt, das Feuer mit dem Ergebnis, daß 42 Tote und 105 Verletzte auf dem Platz lagen. Reichspräsident Ebert sah sich daraufhin veranlaßt, erneut den Ausnahmezustand zu verhängen, um gegen weitere Gewaltausbrüche vorsorglich gewappnet zu sein.

Mochte die Stimmung in den proletarischen Quartieren auch jederzeit wieder in handgreifliche Aktionen umschlagen können, war doch in anderen sozialen Klassen die nostalgische Fixierung auf das monarchische Reich alles andere als gebrochen. Als etwa der Großherzog von Mecklenburg im Dezember 1919, ein Jahr nach der Abdankung seiner Familie, Schwerin einen Besuch abstattete, wurde er mit leidenschaftlichen Ovationen begrüßt. «Gegen die angestammte Knechts-Seele hilft keine Revolution», empörte sich daraufhin Albert Einstein. Doch ebendiese Stimmungslage ermunterte die Rechte in ihrer Überzeugung, daß die Situation für einen Staatsstreich reif sei.

Seine Planung war in der «Nationalen Vereinigung», die im Oktober 1919 unter dem Vorsitz des allgegenwärtigen Ludendorff gegründet worden war, von dem ostpreußischen Generallandschaftsdirektor Wolfgang

Kapp, dem aktivsten Promotor der «Vaterlandspartei», zusammen mit Oberst Max Bauer, einem der rechtsradikalen Obristen der 3. OHL, und Hauptmann Waldemar Pabst, unter dessen Kommando Liebknecht und Luxemburg ermordet worden waren, vorangetrieben worden, nicht ohne die Kooperation von General Lüttwitz, dem Befehlshaber des Reichswehrkommandos I in Berlin, sicherzustellen.

Am 12. März schlugen die Verschwörer los. Die Brigade Erhardt, vielleicht das militanteste, jedenfalls das schlagkräftigste Freikorps, marschierte in Berlin ein, Lüttwitz' Einheiten schlossen sich an oder zeigten offene Sympathie, die Sicherheitspolizei lief sogleich zu den Putschisten über. Kapp bildete als selbsternannter Kanzler eine provisorische Reichsregierung, während die meisten republikanischen Kabinettsmitglieder nach Dresden flüchteten. Reichswehrminister Noske fand sich allein vom Chef der Heeresleitung, General Reinhardt, unterstützt, als militärischer Widerstand gegen den Coup erwogen wurde. Dagegen hielt General Hans v. Seeckt, der Chef des Truppenamtes, jede Gegenwehr für aussichtslos und weigerte sich, um den Preis einer «Spaltung der Reichswehr» den Schutz der Regierung zu übernehmen. «Truppe schießt nicht auf Truppe», soll er in unmißverständlicher Befehlsverweigerung dekretiert haben. Während ringsum Teile der preußischen Verwaltung und der Reichsbürokratie, die DNVP, der RLB, die DVP – einschließlich Stresemanns, der Reichskanzler Bauer bereits definitiv gestürzt sah – und große Teile des gegen seine Entmachtung ankämpfenden ostelbischen Establishments ihre Unterstützung bezeugten, riefen die Freien Gewerkschaften am 3. März zum ersten politischen Generalstreik in Deutschland auf.

Innerhalb von vier Tagen führte diese radikale Opposition zu einem vollständigen Erfolg, ohne den es in Berlin fraglos zu einem autoritären Regime gekommen wäre. Statt dessen flohen die Initiatoren des Staatsstreichs unter beschämenden Umständen ins Ausland; beim Abzug aus Berlin richtete die Brigade Erhardt ein Massaker mit einem Dutzend Toten und vielen Verletzten an. In diesen Tagen flackerten zwischen streikenden Arbeitern und putschfreundlichem Militär bereits Kämpfe auf, aus denen im Ruhrgebiet die proletarischen «Aktionsausschüsse» hervorgingen – ein Wetterleuchten künftiger Konflikte. Mit ihrem politischen Forderungskatalog, den die Gewerkschaften auf der Höhe ihres Triumphs am 18. März verkündeten (vgl. IV. 4), sind sie allerdings rundum gescheitert. Wäre er erfüllt worden, hätte die Republik tatsächlich zu jenem «Gewerkschaftsstaat» werden können, den hämische Rechtkritiker seither beschworen.

Während in Berlin die Verteidiger der Republik trotz des Hochverrats der Reichswehrführung die Oberhand behielten, setzte sich im Süden eine bayerische Putschvariante durch. Reichswehr und «Orgesch» zwangen das Minderheitskabinett des SPD-Ministerpräsidenten Hoffmann ultimativ zum Rücktritt mit dem Ergebnis, daß der monarchistische Wunschkandidat Gustav v. Kahr, unterstützt von der BVP, vom Bauernbund und selbst von der DDP, die Regierung übernehmen konnte. Seither befand sich der «Freistaat Bayern» auf einem unzweideutig antirepublikanischen Kurs.

Noch im März 1920 begann der Rechtsputsch in einen Aufstand der enttäuschten Linken überzugehen. Der «Ruhrkrieg», die letzte der Massenbewegungen seit ihrem Beginn 1917, an Wucht und Entschlossenheit aber der Novemberrevolution überlegen, sollte zur «größten proletarischen Erhebung der deutschen Geschichte», ja zum größten Aufstand seit dem Bauernkrieg von 1524 werden. Die «Aktionsausschüsse» hatten inzwischen für die Bewaffnung locker formierter proletarischer Einheiten gesorgt, die sich spontan als «Rote Ruhrarmee» organisierten, im Gegenzug aber auf die tödliche Gegnerschaft der Freikorps und regulären Reichswehrtruppen trafen. Von den Parteien spielte der linke USPD-Flügel eine aktiv drängende Rolle; syndikalistische Gruppen unterstützten ihn; die KPD schaltete sich erst relativ spät ein, um die Enttäuschung über das Revolutionsergebnis und die Empörung über den Kapp-Putsch für ihr Ziel einer deutschen Sowjetrepublik auszunutzen. SPD und ADGB dagegen stemmten sich der Entfesselung eines Aufstandes entgegen.

Carl Severing als eilends entsandter Staatskommissar mit Erfahrungen aus den Streiks des Vorjahrs bemühte sich im Bielefelder Abkommen vom 24. März, die Parteien-, Gewerkschafts- und Regierungsvertreter auf einen moderaten Kurs einzuschwören, als dessen Fluchtpunkt immerhin das Achtpunkteprogramm des ADGB, seine Reaktion auf den Kapp-Putsch, diente. Vergebens, bis zum 29. März traten 330000 Arbeiter, drei Viertel aller Belegschaften, in den Streik, da sie sich auf einen papierenen Kompromiß nicht mehr verlassen wollten. Daraufhin appellierte Severing am 31. März bei seinem letzten Versuch, eine neue Bürgerkriegssituation zu verhindern, an die «Ruhrarmee», ihre Waffen bis zum 1. April abzugeben, da sonst der offizielle Truppeneinmarsch erfolge.

Der Appell verhallte ergebnislos. Der zuständige Reichswehrkommandeur in Münster, General Watter, fühlte sich ohnehin nicht an Severings Vorschlag gebunden und setzte die Regierungstruppen in Marsch. 50000 bewaffnete Arbeiter leisteten dem vorrückenden Militär erbitterten Widerstand. Zu ihm gehörten auch wieder Freikorps, die soeben noch für Kapp und gegen die Republik marschiert waren. Seeckt wollte sogar allen Ernstes die Brigade Erhardt einsetzen, gab aber in letzter Minute nach, indem er statt ihrer die Marinebrigade Loewenfeld auf den Weg brachte. Der Kampf, während dessen der Aufstand der «Roten Ruhrarmee» innerhalb weniger Tage niedergeschlagen worden ist, wurde von beiden Seiten gnadenlos geführt. Oft gab es selbst nach der Gefangennahme kein Pardon. Die Regierungstruppen verloren 208, die Sicherheitspolizeieinheiten 41 Tote. Doch auf der Seite der bewaffneten Arbeiter gab es mehr als tausend

Tote, meist Opfer von Massenerschießungen nach der Gefangennahme oder von fliegenden Standgerichten, die noch von 205 Todesurteilen 50 vollstreckten, ehe sie von der Regierung aufgehoben wurden. Seit dem 3./4. April breitete sich über dem Ruhrgebiet die lähmende Stille der Niederlage aus.

Eine Alternative zum militärischen Repressionskurs stand der republikanischen Regierung nicht offen. Sie verteidigte verzweifelt das Monopol der physischen Gewalt und konnte der «Roten Ruhrarmee» das wichtigste deutsche Industriegebiet nicht als ein gesellschafts- und verfassungspolitisches Experimentierfeld überlassen. Dennoch endete der lokale Bürgerkrieg in einem Debakel: Er trieb die linken Arbeiter in ein politisches Ghetto, während der Reichsregierung unter dem ehemaligen Gewerkschaftsfunktionär Bauer der Makel anhaftete, mit jenen Truppen, die soeben noch gegen den Kappschen Staatsstreich nicht kämpfen, ja ihn unterstützen wollten, paktiert und der Ruhrarbeiterschaft einen hohen Blutzoll abverlangt zu haben.

Auch weitere Folgen schreckten ab. In Berlin wurde der verhaßte Reichswehrminister Noske durch den Monarchisten Otto Geßler ersetzt, v. Seeckt in einem grotesken Akt der Belohnung für seine Illoyalität zum Chef der Heeresleitung ernannt. Anstatt die Armee von putschfreundlichen Elementen zu säubern, wurden Offiziere und Mannschaften, die gegen den Kapp-Putsch opponiert hatten, von ihm entlassen, während die Marine sogar den größten Teil der Brigaden Erhardt und Loewenfeld in ihre Reihen aufnahm. Der opportunistische Innenminister Eugen Schiffers, der die Putschisten gegen die drohende Verhaftung sogar unterstützt hatte, sorgte für eine Amnestie. Lüttwitz erhielt mit anderen Teilnehmern das selbst einem Putschisten allerheiligste aller Menschenrechte, das Recht auf seine volle Beamtenpension, ausdrücklich zugesichert. Gegen Ludendorff wagte niemand auch nur einen Prozeß zu eröffnen. Daher kann es schwerlich verwundern, daß die Weimarer Koalition bei den Reichstagswahlen im Frühsommer 1920 ihre Mehrheit verlor, während sich die Rechtsparteien durch einen wahren Erdrutsch zu ihren Gunsten in ihrem antirepublikanischen Widerstand bestätigt fühlen konnten. Seither war im Grunde klar, daß sich die Republik auf keine Mehrheit in der Wählerschaft stützen konnte.

Mit dem «Ruhrkrieg» endete im April 1920 auch die dritte Phase der Revolution. Wenn man diese drei Perioden als die Geburtswehen der Republikgründung versteht, schloß sich noch – um im Bild zu bleiben – eine letzte Etappe heftiger Nachwehen vom März 1921 bis zum November 1923 an, in der Putschversuche der Links- wie der Rechtsradikalen je auf ihre Weise den Charakter des Staates revolutionieren wollten, während der rheinische Separatismus das Staatsterritorium nach den Amputationen im Gefolge des Friedensvertrags noch einmal in Frage stellte. Wenn man hier wie

5. Aspekte der Politikgeschichte 1919–1933

im Zeitraffer die nahezu pausenlose Abfolge dramatischer Ereignisse während der ersten vier Jahre der Deutschen Republik noch einmal Revue passieren läßt, kann man das doppelte Staunen darüber nicht verhehlen, daß dieses vielfach gefährdete Staatswesen eine solche Krisenanhäufung überhaupt überstanden hat, aber auch, daß die Grundsatzentscheidungen der ersten Revolutionswochen trotz aller Anfechtungen seither nicht mehr revidiert worden sind.

Als es bei der ersten dieser neuen Erhebungen, genau ein Jahr nach dem Kapp-Putsch, zur kommunistischen «März-Aktion» von 1921 in Sachsen kam, handelte es sich keineswegs um eine der mystifizierten spontanen Massenerhebungen des Industrieproletariats, sondern um einen von der Moskauer Komintern-Zentrale gesteuerten Umsturzversuch, der auf einem eklatanten Fehlurteil über das revolutionäre Potential in Deutschland beruhte, so daß er auf Kosten der relativ kleinen Zahl irregeleiteter Akteure kläglich scheiterte. Unter ihnen tat sich als farbige Hauptfigur Max Hölzl hervor, der als Mitglied der linksextremistischen «Kommunistischen Arbeiterpartei» (KAPD) seinen anarchistischen Neigungen in zahlreichen Sprengstoffattentaten nachgab.

Als der sächsische Aufstand bis zum 29. März militärisch niedergeworfen war, bestand der Preis für dieses sinnlose Aufbegehren aus 180 offiziell registrierten Toten, darunter 35 Polizisten. 6000 Arbeiter wurden als Umsturzverdächtige verhaftet, 4000 von ihnen zu insgesamt 2000 Jahren Zuchthaus, acht zu lebenslanger Haft und vier zum Tode verurteilt. Die Härte der Vergeltungsmaßnahmen nährte ein Ressentiment, das für die mitteldeutsche Krise von 1923 eine zusätzliche Antriebskraft schuf. Für die kommunistischen Initiatoren aber bedeutete die «März-Aktion» ein neues Fiasko. Hatte es die KPD nach der Fusion mit dem linken USPD-Flügel unlängst auf 450 000 Mitglieder gebracht, schrumpfte jetzt deren Zahl auf genau ein Drittel, auf 150 000, zusammen.

Während 1922 keine manifesten Unruhen die zweite Latenzphase unterbrachen, eröffnete die französische Besetzung des Rheinlandes seit dem 11. Januar 1923 ein geradezu chaotisches Krisenjahr. Diese Militäraktion war die Fortsetzung der Pariser Reparationspolitik mit härteren Mitteln, da sie sich wegen der mangelhaften deutschen Leistungen um die Früchte ihres Kriegserfolgs betrogen fühlte. Der passive Widerstand, zu dem Berlin daraufhin in der Besatzungszone aufrief, führte zur Ausweisung von 147 000 Beamten und Angestellten, zu Attentaten und Scharmützeln militanter Gruppen mit den französischen Truppen. Um die Arbeitsniederlegung auszugleichen, übernahm die Reichsregierung 60 bis 100 Prozent der Lohnkosten. Die Staatsschuld, die im November 1922 840 Milliarden Mark betragen hatte, kletterte schon bis zum Juni 1923 auf 22 Billionen Mark, da sich diese exzessive Belastung mit der deutschen Hyperinflation überschnitt. (Der finanzielle Schaden belief sich schließlich in Goldmark auf vier Milliarden Mark.) Dennoch dauerte es ein Dreivierteljahr, bis sich die Berliner Politik das Scheitern ihrer Obstruktionstaktik endlich eingestand. Als Reichskanzler Stresemann den Widerstand am 26. September aufgab, war die ökonomische Belastung untragbar geworden und gefährdete den Erfolg der geplanten Rentenmark. Mit Hilfe der neuen Währung und alliierter Konzessionen gelang die Stabilisierung. Keineswegs aber klang auch die leidenschaftliche Empörung ab, mit welcher der deutsche Nationalismus auf die «Franzosenherrschaft am Rhein» mit ihren 132 Todesopfern reagierte. Als traumatisches Erlebnis beeinflußte sie die Biographie zahlreicher Angehöriger der neuen Rechten.

Daß die seit der «März-Aktion» von 1921 wache Sorge, in Mitteldeutschland könne jederzeit ein neuer Aufstand der extremen Linken ausbrechen, «kein Hirngespinst von Gegnern der KPD» war, stellte sich ebenfalls 1923 heraus. Zugegeben, die sächsische SPD-Regierung hatte in weltfremder Toleranz den paramilitärischen «Proletarischen Hundertschaften» der KPD einen erheblichen Spielraum für ihre Aktivität eingeräumt. Vermutlich wurde dadurch auch ihr irriges Kalkül genährt, eine zweite Erhebung gegen die schwache Staatsgewalt könnte von Erfolg gekrönt sein. Aber der ausschlaggebende Impuls ging erneut von der Moskauer Zentrale der Bolschewiki aus. Sie hielt die vermeintlich vorrevolutionäre Situation in Deutschland mit dem Herbst 1917 in Rußland für unmittelbar vergleichbar, so daß sie auf die Initialzündung drängte. Der KPD-Vorsitzende Heinrich Brandler stand ihr voller Skepsis gegenüber. Doch als der sächsische Reichswehrkommandeur General Müller am 13. Oktober die «Hundertschaften» endlich verbot, spitzte sich die Lage im Nu zu. Auf fatale Weise paktierte jetzt die sächsische SPD mit der KPD, deren Revoluzzertum dadurch angefacht wurde. Außerdem wirkte auf die Stimmung der sächsischen Linksradikalen das Signal ein, das von dem kommunistischen Aufstand in Hamburg seit dem 23. Oktober ausging. Nach drei Tagen wurde er von Ordnungskräften erstickt, kostete jedoch mindestens 25 KPD-Mitglieder und 17 Polizisten das Leben.

Als in Sachsen Soldaten am 27. Oktober das Feuer auf eine linke Demonstration eröffneten und 23 Tote und 31 Schwerverletzte gezählt wurden, wirkte die Atmosphäre dort so gespannt, daß Reichspräsident Ebert die militärische «Reichsexekution» gegen das Land verhängte. Zugleich ermächtigte er Reichskanzler Stresemann, die sozialdemokratische Landesregierung durch einen Reichskommissar zu ersetzen. Ein Aufruf zum Generalstreik in ganz Sachsen blieb folgenlos, die Reichswehr traf auf keinen bewaffneten Widerstand, ein proletarischer Aufstand blieb aus und damit auch das blutige Fanal eines «deutschen Oktobers».

Da sich inzwischen auch der Knoten der Krise mit Bayern und dem rheinischen Separatismus geschürzt hatte, verlangte Seeckt am 5. November von Ebert ein Kabinett der Rechtsparteien anstelle der Regierung Stresemann. Dem Reichskanzler schleuderte der General mit schneidender Schärfe entgegen: «Mit Ihnen ist der Kampf nicht zu führen. Sie haben das Vertrauen der Truppe nicht.» Doch Ebert und Stresemann gaben nicht nach, und ehe sich die internen Spannungen verschärften, folgte drei Tage später der Hitler-Putsch vom 8./9. November 1923 (dazu unten VI. 2). Auf einer Versammlung im Münchner Bürgerbräu-Keller gelang es Hitler zunächst, das autoritäre Triumvirat von Ministerpräsident v. Kahr, dem Reichswehrkommandeur v. Lossow und dem Polizeichef Seisser zu überrumpeln, ehe er einen – Mussolinis Unternehmen imitierenden – Marsch auf Berlin, mit Ludendorff als Oberbefehlshaber an der Spitze einer ominösen «Nationalarmee», theatralisch ankündigte. Über Nacht besannen sich die bayerischen Mitläufer jedoch eines Besseren und ergriffen selber die Initiative, so daß Hitlers Unternehmen am nächsten Tag vor der Feldherrnhalle im Feuer der Landespolizei zusammenbrach.

In Berlin hatte Ebert in der Nacht auf den 9. November, als er mit seinen Beratern der bayerischen Krise eine gefährliche Sprengkraft zutraute, Seeckt sowohl den Oberbefehl über das Militär als auch die Ausübung der vollziehenden Gewalt gemäß Artikel 48 WRV übertragen. Zwar blieb dem General die politische Führung der Republik versagt, doch gewann jetzt mit ihm ein erklärter Republikfeind «eine diktatorische Machtfülle». Eben noch hatte er am 2. November v. Kahr in München eingestanden: «Die Weimarer Verfassung ist für mich kein noli me tangere, und sie widerspricht in den grundlegenden Prinzipien meinem politischen Denken.» Das waren jene Herbsttage, in denen auch Hindenburg dem General Groener die Hoffnung gestand, «daß der Parlamentarismus ein baldiges Ende nehmen möchte». Auf der Linie seiner Maxime beim Kapp-Putsch: «Reichswehr schießt nicht auf Reichswehr», setzte Seeckt die Münchner Einheiten gegen Hitlers Unternehmen nicht in Bewegung, nutzte aber auch den erst im Frühjahr 1924 beendeten Ausnahmezustand nicht dazu aus, eine Militär- oder Rechtsdiktatur zu etablieren.

Der Münchner Putsch zeitigte für Kahr und Lossow keine strafrechtlichen Folgen. Der Nationalheros Ludendorff wurde erwartungsgemäß freigesprochen. Hitler erhielt nur fünf Jahre Festung, von denen er bis zur frühzeitigen Entlassung im Dezember 1924 nicht einmal ein Jahr, noch dazu unter äußerst großzügigen Umständen absaß. Das Gericht hatte ihm in einer schamlosen Travestie politischer Justiz geradezu bewundernd zugebilligt, daß er sich «von rein vaterländischem Geiste und dem edelsten, selbstlosen Willen» zur «Rettung des Vaterlandes» habe leiten lassen.

Inzwischen war auch die akute Gefahr des rheinischen Separatismus abgewendet worden. Die französische Deutschlandpolitik hatte seit 1916 nicht nur die Abtrennung des linken Rheinufers, sondern des gesamten Rheinlandes als eines ihrer Kriegsziele im Auge behalten. Deshalb förderte sie auch noch 1923 während der Besatzungszeit die Autonomiebestrebungen, die von einheimischen Separatisten mit dem Ziel einer «Rheinischen Republik» getragen wurden. Gleichzeitig forderte der Kölner Oberbürgermeister Konrad Adenauer im Verein mit Hugo Stinnes die Gründung eines rheinischen Bundesstaates, der freilich im Staatsverband der Weimarer Republik bleiben sollte. Doch Stresemann lehnte diesen Ausweg aus der Krise der Ruhrbesetzung ab. Mit dem Rückzug der französischen Truppen, der kurz darauf begann, erlosch auch der Separatismus als eine ernst zu nehmende Gefahr, die erst nach dem Zweiten Weltkrieg im Saargebiet einige Jahre lang wieder auftauchen sollte.

Warum hat die Republik die Krisenperiode von 1919 bis 1923 überlebt, die Krise von 1930 bis 1933 dann aber nicht mehr?

1. 1923 gab es keine überzeugende Systemalternative, die auf die Herausforderung der inneren Krisen eine konsensfähige Antwort gegeben hätte. Die äußerste Linke wirkte nach ihrer Niederlage in der Revolution und bei den Anläufen, den Bürgerkrieg auszuweiten, denkbar unattraktiv; für eine deutsche Sowjetrepublik ließen sich nur wenige begeistern. Nicht minder aber war die äußerste Rechte durch den Kapp-Putsch, ihr Verhalten bei der Niederschlagung der Aufstände und zuletzt durch den Hitler-Putsch genauso diskreditiert.

2. Keine der systemfeindlichen Kräfte konnte sich auf eine Massenbewegung unter einer charismatischen Führerpersönlichkeit stützen, wie sie beide 1932/33 eine entscheidende Rolle spielen sollten. Ihnen fehlte es daher an Durchschlagskraft, um auf die Dominanz einer links- oder rechtsradikalen Lösung hinzudrängen.

3. Nach dem harten Konfrontationskurs und der Hinnahme des Währungsverfalls bis hin zur Hyperinflation wurde Berlin zu einer realistischeren Haltung gezwungen. Sie setzte voraus, daß die fünf Jahre lang verdrängte Niederlage endlich akzeptiert und diese Einsicht in eine verständigere Politik übersetzt wurde. Eine überlegene Option war unter den historischen Möglichkeiten der Zeit nicht zu erkennen. Dagegen schufen der Leidensdruck der Weltwirtschaftskrise und der radikalisierte Revisionismus 1932/33 eine Lage, die ein autoritäres Experiment ungleich stärker begünstigten.[16]

b) Die Empörung über das Versailler «Diktat» und die Republik –
Politische Morde und politische Justiz – Kriegsverherrlichung
und Frontkämpfermythos

Mochte sich die Politik der jungen Republik, getragen von einem nahezu lückenlosen Konsens im ganzen Lande, dem Versailler Frieden auch monatelang entgegenstemmen, mochte Reichskanzler Scheidemann die Hand pathetisch verfluchen, die ihn unterzeichnen wollte, mochten noch so viele Illusionen zur Verdrängung des deutschen Diktatfriedens von Brest-Litowsk führen und bizarre Hoffnungen auf ein mildes Friedensangebot der Alliierten nach dem ersten totalen Weltkrieg nähren – am 28. Juni 1919 mußte die deutsche Delegation in Versailles den Friedensvertrag unterschreiben, der zum 10. Januar 1920 in Kraft trat. Von einer inneren Anerkennung aber konnte seither keine Rede sein. Zu kraß wirkte der Absturz aus den Höhen wilhelminischer «Weltpolitik» und exorbitanter Kriegsziele, zu schmerzhaft der «karthagische Schandfrieden», der fortab als die Quelle allen Übels galt.

Im Auswärtigen Amt wurde ein Kriegsschuldreferat eingerichtet, das jede realistische Aufklärung verhindern half. Der großangelegte Unschuldbeweis in Gestalt einer umfangreichen Aktenedition über die «Große Politik der Europäischen Kabinette» scheute unter Mitwirkung prominenter Historiker nicht vor einer heimlichen Kürzung, ja Verfälschung der Akten zurück. Die Dolchstoßlegende wurde zur Hauptwaffe der nationalistischen Agitation, zumal Hindenburg sie mit dem Nimbus, der den gescheiterten Feldmarschall noch immer umgab, im November 1919 vor einem Parlamentarischen Untersuchungsausschuß sanktioniert hatte. Und die «Zwillingsschwester» dieser giftigen Lüge, die Kriegsunschuldthese, hielt sich mit derselben Zähigkeit. Obwohl ein Teil der belastenden Akten, die Berlins fatale Risikopolitik in der Julikrise 1914 enthüllt hätten, alsbald intern bekannt wurde, scheute auch die SPD vor einer Veröffentlichung zurück, da sie, wahrscheinlich zu Recht, eine erbarmungslose Stigmatisierung fürchtete oder aber der Illusion eines verlängerten «Burgfriedens» anhing.

Die Alliierten hatten auf die Auslieferung von 300 Personen, die des «Kriegsverbrechens» beschuldigt wurden, verzichtet, weil die Reichsregierung die zügige Abwicklung von deutschen Gerichtsverfahren verbindlich zugesagt hatte. Kein einziges wurde in Gang gesetzt, doch schon der Streitgegenstand als solcher fachte den Rechtsextremismus weiter an. Nicht nur er bäumte sich gegen die Folgen eines vierjährigen Krieges auf. Vielmehr entwickelte sich die innere Negierung des Friedens zu einem Massenphänomen. Es wurde dadurch unterstützt, daß der sogenannte Kriegsschuldartikel (§ 231) des Versailler Friedens, der ursprünglich die Rechtsgrundlage für die deutschen Reparationsleistungen legen sollte, als moralpolitischer Vorwurf verstanden und in selbstgerechter Empörung zurückgewiesen wurde. Als die Alliierten den Anschluß der neuen Republik Österreich an ihr Weimarer Pendant verboten – ein Vorgang, der ja nicht nur das Kriegsergebnis von 1918 zugunsten Deutschlands eklatant verbessert, sondern auch die Entscheidung von 1866 durch ein Großdeutschland korrigiert hätte –, galt das als schnöder Verrat am Wilsonschen Prinzip der nationalen Selbstbestimmung. Daß Ostpreußen durch den polnischen Korridor vom Reich getrennt wurde, erschien als unerträgliche Demütigung.

Bereits im Dezember 1918 hatte Oswald Spengler, frisch etablierter Prophet des «Untergangs des Abendlandes», den künftigen Frieden zu einem kurzlebigen Provisorium erklärt, nach dem der Weltkrieg in sein zweites Stadium eintreten werde. Aber auch ein urbaner, liberalkonservativer Historiker wie Hans Delbrück drohte, wie Hunderte von anderen Stimmen, den Siegermächten 1919 an: «Es kommt der Tag und die Stunde, wo wir alles zurückfordern werden.» Ein unversöhnlicher, mühelos radikalisierbarer Revisionismus hielt sich seither als Grundakkord in der deutschen Öffentlichkeit. Wie tief die Traumatisierung des nationalistischen Selbstbewußtseins reichte, sollte die Wirkung der Hitlerschen Haßparolen seit 1929 vollends enthüllen.

Abgrundtief enttäuschte Monarchisten und neue Rechtsradikale gaben sich jedoch mit dem verbalen Protest gegen den «Schandfrieden», gegen die Republik als verhaßtes Geschöpf der Revolution, überhaupt gegen die Versailler Nachkriegsordnung nicht zufrieden. Der politische Mord wurde zu ihrer schärfsten Waffe. Im Gedächtnis haften geblieben sind die prominenten Opfer: Erschossen wurde Ministerpräsident Eisner im April 1919, der USPD-Vorsitzende Haase im November 1919, Reichsfinanzminister Erzberger im August 1921, Außenminister Rathenau im Juni 1922. Aber mehr als 350 Ermordete muß man in den ersten dreieinhalb Jahren der Republik noch hinzurechnen, und bis 1924 stieg ihre Zahl auf über 400 an. Oft stellte, wie bei Erzberger und Rathenau, aber auch bei den gescheiterten Attentaten, etwa auf Scheidemann, die «Organisation Consul» das Killerkommando. Sonst waren es andere Freikorpskämpfer, Reichswehroffiziere oder aus den Reihen der «Vaterländischen Verbände» stammende fanatische Rächer der angeblich verletzten nationalen Ehre, von denen die Morde verübt wurden.

Mit imponierender Zivilcourage wies der linkssozialistisch-pazifistische Heidelberger Privatdozent Emil Gumbel im Alleingang diese schauerliche Bilanz bereits 1921, ausführlicher dann noch einmal 1924 nach. 330 Morde waren nach seinen Recherchen völlig ungesühnt geblieben. Für die anderen wurden 90 Jahre Haft und zweimal lebenslängliche Zuchthausstrafen verhängt, für jeden Mord gab es also vier Monate Haftstrafe. Erzbergers Mörder wurden nicht einmal verurteilt, Rathenaus ließ man fast entkommen. Überdies folgte bald eine Amnestie für alle Täter.

Dagegen wurden die 22 Mordtaten der Linken hart geahndet: Zehn Täter wurden zum Tode, drei zu lebenslänglicher Haft verurteilt, auf die anderen entfielen 248 Jahre Haft, auf jeden Mord 15 Jahre. Die von Anfang an vorwaltende Milde der Gerichte gegenüber den rechtsradikalen Tätern erwies sich als fördernde Voraussetzung weiterer politischer Morde.

Angesichts der haßerfüllten Kampagne, die gegen Gumbel losbrach, stellt schon die Tatsache, daß er überlebte, ein Wunder dar. Wie aber rea-

5. Aspekte der Politikgeschichte 1919–1933

gierte der Justizapparat selber auf die exakt belegten Vorwürfe, zumal Gumbels Bücher hohe Auflagen von mehr als 10 000 Exemplaren erreichten? Der mutige sozialdemokratische Reichsjustizminister Gustav Radbruch ließ die Angaben 1921 überprüfen, und die Denkschrift seines Ministeriums ergab, daß sie – wie es im Juristenstil hieß – «großenteils», tatsächlich aber vollständig zutrafen. Als Radbruch sein Amt aufgeben mußte, stagnierte auch die Fertigstellung der Denkschrift auf mysteriöse Weise. Doch als er im Sommer 1923 wieder in dieselbe Position zurückkehrte, legte er sie nach zweieinhalbjähriger Vorbereitungszeit dem Reichstag vor, ohne daß sie freilich auf die übliche Weise als Reichstagsdrucksache auch veröffentlicht worden wäre – noch in Zukunft gedruckt werden sollte. Gumbel ließ daraufhin auf eigene Kosten eine Abschrift anfertigen, die er im Mai 1924 mit dem Nachweis publizierte, daß bei inzwischen 400 Morden «von rechtsradikaler Seite» noch immer «keine Bestrafung erfolgt» sei. Justitia erwies sich bei den Mordtaten der Rechten weiterhin auf beiden Augen als blind.

Das bewies auch ihre Reaktion auf die Fememorde, die nach Gumbels Enthüllungen weiter anhielten. Nach dem Vorbild der mittelalterlichen Landgerichte benannt, waren sie tatsächlich geheim geplante Mordaktionen der neuen Rechten. «Verräter verfallen der Feme», brüstete sich zum Beispiel die Satzung der «Organisation Consul», die sich mit solchen Mordtaten besonders hervortat. Doch auch von den bayerischen Einwohnerwehren wurden Verdächtige kurzerhand erschossen. Im konfliktreichen Oberschlesien kam es, da bereits die Vermutung einer polenfreundlichen Einstellung das Todesurteil auslösen konnte, zu 200 Fememorden. Und als entgegen den Friedensbedingungen die heimliche Aufrüstung seit 1921, vor allem aber seit der Ruhrbesetzung, zum Aufbau einer «Schwarzen Reichswehr» führte, genügte der Verratsverdacht, um eine Hinrichtungsaktion auszulösen; immerhin 30 ihrer Opfer konnten später gefunden werden.

Als die «Weltbühne» und die «Justiz» Gumbels Aufklärung fortsetzten, brach eine öffentliche Debatte aus, die schließlich dazu führte, daß ein Reichstagsausschuß eingesetzt wurde. Vor ihm verteidigte der Freikorpsführer Ritter v. Epp den Fememord an «Verrätern» als einen «Akt der Notwehr und ein sittliches Recht». Als mit Leutnant Paul Schulz ein Serienmörder der Feme gefaßt und im dritten Prozeß zum Tode verurteilt wurde, erklärte Reichswehrchef v. Seeckt die Entscheidung «im Sinne einer höheren Gerechtigkeit» für «ein Fehlurteil». Fememörder wie der spätere Auschwitz-Kommandant Rudolf Höss und der Parteikanzleichef Martin Bormann konnten das nur als willkommene Rechtfertigung verstehen.

Angesichts so einflußreicher Fürsprecher und der öffentlichen Sympathien wurde kein einziges Urteil gegen Fememörder vollstreckt, obwohl bei schließlich 22 Angeklagten die Sachlage so unzweideutig war, daß sechsmal das Todesurteil gefällt wurde, während sechs andere acht- bis zwölfjährige Zuchthausstrafen erhielten. Dank zweier überaus generöser Amnestieverfahren, die unmittelbar darauf, 1928 und 1930, zum Zuge kamen, wurden alle inhaftierten Täter entlassen und alle schwebenden Verfahren niedergeschlagen.

Ähnlich versagten die Gerichte bei politischen Strafprozessen gegen prominente Politiker. Gewiß, der Tenor des Urteils gegen Hitler konnte schwerlich überboten werden. Aber der skandalöse Prozeß gegen Erzberger, zu dem er sich durch den ehemaligen annexionistischen Finanzstaatssekretär und DNVP-Politiker Helfferich hatte provozieren lassen und währenddessen er fast einem ersten Attentat erlegen wäre, endete mit dem Vorwurf der «gewohnheitsmäßigen Unwahrhaftigkeit» und der Steuerhinterziehung. Erzberger trat vom Amt des Reichsfinanzministers zurück, kämpfte vergeblich um seine Rehabilitierung und erlag schließlich dem fünften Attentat.

Auch Reichspräsident Ebert fand sich einer Rufmordkampagne ausgesetzt, der er mit einer Beleidigungsklage zu begegnen suchte. Statt dessen ließ das Magdeburger Schöffengericht, das Eberts Eintritt in die Streikleitung der Berliner Munitionsarbeiter Anfang 1918 für Landesverrat erklärte, den am schwersten wiegenden Vorwurf bestehen. Ebert starb, tief empört, an den Folgen einer Blinddarmentzündung, deren Behandlung er wegen des Prozesses verschleppt hatte.

Nach dem Debakel der Weimarer Koalition im Sommer 1920 unterstrich die Wahl Hindenburgs als seines Nachfolgers, daß die Republik von einer republikfeindlichen Majorität abgelehnt wurde. Insofern bewegten sich die Skandalentscheidungen der Justiz, denen der neue Staat weder mit dem Disziplinarrecht noch mit einem Beförderungsstop zu begegnen verstand, auf der Linie dieser Mehrheit. Die als orthodoxe Verteidiger des kaiserlichen Obrigkeitsstaats politisch sozialisierten Richter und Staatsanwälte empfanden sich nicht als Büttel eines verblendeten Nationalismus, vielmehr als aufrechte Verfechter einer über den republikanischen Parteien schwebenden Ordnung im Sinne der Hegelschen Staatsmetaphysik. Beharrlich trugen sie auf diese Weise zur Unterminierung der Glaubwürdigkeitsfundamente der Republik bei.[17]

Die deutschen Städte und Dörfer gaben sich seit dem Herbst 1918 große Mühe, die heimkehrenden Soldaten mit vielen Zeichen der Anerkennung zu empfangen. Von kalter Abweisung und von Vorwürfen gegen das geschlagene Heer war nirgendwo etwas zu spüren. Die gesamte Demobilmachung der millionenstarken West- und Ostarmeen mit mehr als zehn Millionen Soldaten wurde in einem organisatorisch imponierenden Vorgang bis zum März 1919 abgewickelt. Ihre Integration in das Berufsleben gelang, wenn auch oft auf Kosten von berufstätigen Frauen, mit einer verblüffenden Reibungslosigkeit. Und dennoch wurde aus dem vermeintlich schnöden Empfang der besiegten Krieger der mächtige politische Mythos, daß «die Heimat» das Opfer der Frontkämpfer mißachtet habe. Bis diese Legende, die allenfalls einige Offizierserfahrungen, aber nicht die Eindrücke des gewöhnlichen Soldaten widerspiegelte, an Boden gewann, dauerte es freilich fast zehn Jahre. Und ebenso lang dauerte es, bis die unverhohlene Verherrlichung des großen Massensterbens die deprimierende Resonanz einer neuen Erinnerungskultur fand.

Die Verklärung des Krieges setzte allerdings unmittelbar mit dem Beginn der Friedenszeit ein. In seinem Fronttagebuch «In Stahlgewittern» pries Ernst Jünger, der einzige mit dem Orden Pour le mérite dekorierte Infanterieleutnant, schon 1920 den Krieg als «männliche Tat». Nachdem seine Generation vor 1914 einen wahren «Heißhunger nach dem Außergewöhnlichen» verspürt habe, sei ihr das «fröhliche Schützengefecht auf blumigen, blutbedeckten Wiesen» beschert worden. Doch jedes bestätigende Echo aus dem Lesepublikum blieb vorerst aus. Überhaupt hielten sich der Ausstoß an Kriegsbüchern und die Nachfrage nach ihnen in engen Grenzen. Von 1918 bis 1928 kamen nicht mehr als jährlich zehn Bände heraus.

Dann jedoch schnellten die Zahlen in die Höhe: 1929, 1931, 1932 wurden jeweils 300 Kriegsbücher veröffentlicht, womit selbst das kriegsselige Jahr 1915 übertroffen wurde, und 1930 waren es sogar 400. Die Auflagen von Jüngers Büchern schossen jetzt hoch: Zehn Jahre nach dem Erstdruck erreichten die «Stahlgewitter» die 13. Auflage (1986 die 30!). Eine wahre Spezialliteratur, die Kriegsromane des «soldatischen Nationalismus», erlebte ihre Blütezeit. Jünger blieb ihr unbestrittener Wortführer, die Verlogenheit seines «Kampfes als inneres Erlebnis» (1922) unübertroffen. Doch neben ihm erreichte ein Schriftsteller wie Werner Beumelburg mit seinen Romanen «Sperrfeuer um Deutschland» und «Gruppe Rosenmüller» immerhin auch einen Absatz von 150 000 Exemplaren. Franz Schauwecker und Ernst v. Salomon fanden dasselbe Publikum, und Edwin Dwinger stilisierte seine Rußlanderfahrungen zum künftigen Großkonflikt «Zwischen Weiß und Rot». Diesen Bellizisten gelang es, die Bundeszeitung des «Stahlhelms» zum Sprachrohr ihres «soldatischen Nationalismus» und einer unverhohlenen Einstimmung auf den unvermeidbaren Revanchekrieg zu machen. Um ihn vorzubereiten, forderten sie die «nationale Diktatur» im künftigen «Staat der Frontsoldaten», der nach dem Vorbild der unerträglich idealisierten «Schützengrabengemeinschaft» die kriegswillige Einheit der «Nation in Waffen» verkörpern sollte.

Als Gegengewicht zu diesem publizistischen Erfolg läßt sich die erstaunliche Karriere von Erich Remarques Antikriegsroman «Im Westen nichts Neues», von dem in den ersten zwei Jahren bereits drei Millionen Exemplare verkauft wurden, nicht übersehen. Doch als der Bestseller in Hollywood verfilmt wurde und der Film 1930 in Berlin anlaufen sollte, brach ein Sturm nationalistischer Entrüstung los, bei dem sich nicht nur die SA als aggressiver Störenfried, sondern auch Reichskanzler Brüning als ehemaliger Freikorpskämpfer mit seiner Billigung des Verbots hervortat.

Der Parallelerfolg wirkungsvoller Kriegskritik zum einen und heroisierender Kriegsverherrlichung zum anderen rührte wahrscheinlich aus der Existenz ganz unterschiedlicher Öffentlichkeiten mit jeweils eigenem Lesepublikum her. Beumelburgs Leser werden Remarque nicht verschlungen haben, und Remarques Leser waren vorher keine Jünger-Fans. Das eigentlich erklärungsbedürftige Phänomen liegt darin, daß der «soldatische Nationalismus» erst seit 1928/29 solche Furore machte, daß auch jetzt erst der Mythos vom 1918 abgewiesenen heimkehrenden Helden sich mit der Dolchstoßlegende und dem Haß auf die Republik verband, daß immer mehr junge Männer ohne Kriegserfahrung in die paramilitärischen Verbände strömten.

Sieht man einmal von den Freikorpskämpfern ab, die den Krieg in die Innenpolitik hinein verlängerten, scheint die Mehrheit der Kriegsteilnehmer erst einmal einer Distanz zu dem großen Massaker bedurft zu haben, um die erlittenen Traumata beherrschen zu können. Erst nach gehörigem Abstand konnten sie sich in Jüngers Stoßtrupp und Beumelburgs Grabenkämpfen wiedererkennen. Zehn Jahre nach dem Weltkrieg hatte sich zudem das nationalistische Ressentiment ob der demütigenden Niederlage im bürgerlichen Lesepublikum so tief eingefressen, daß es sich auch dem literarischen Revisionismus mit seinem geheimen Ziel eines siegreichen Revanchekrieges weiter öffnete.

In den geburtenstarken Jahrgängen von 1900 bis 1910 breitete sich unterdessen das Gefühl aus, um das «Stahlbad» der Fronterfahrung betrogen worden zu sein. Die einen flüchteten in das virtuelle Nacherleben, das ihnen die Kriegsschriftsteller boten; die anderen suchten eine Kompensation in der Gewaltsamkeit des Bürgerkriegs, wenn die bewaffneten Privatarmeen aufeinandertrafen. Es sind dieser Umschwung in der Kollektivpsyche und diese Mobilisierung innerhalb der jüngeren Generationen, die dann von der NSDAP als Verkörperung jugendlicher Dynamik und als Protestbewegung, die gegen die Kriegsfolgen aufbegehrte, seit 1929 ebenso geschickt wie skrupellos ausgenutzt werden konnten.[18]

c) Die Militärpolitik und der neue Militarismus

Wie geht ein junger Staat, der ursprünglich in drei Kriegen gegründet worden ist, dem Militär seit jeher eine bewunderte Sonderrolle zugebilligt und seine Wertschätzung während des ersten Totalen Krieges noch gesteigert hat – wie geht ein solcher Staat nach einer demoralisierenden Niederlage mit seinen Streitkräften um: mit ihrem Status in der Republik, mit ihrer veränderten politischen und gesellschaftlichen Rolle, mit ihrer Reduktion auf ein 100 000-Mann-Heer? Zu welchem Zweck verfolgt er seine rüstungspolitische Modernisierung? Wird die Zielvorstellung von einem unvermeidbaren Staatenkrieg zur Revision der Ergebnisse von 1918/19 nicht nur vom Militär, sondern auch von anderen Funktionseliten bis in die politische Führungsspitze hinein geteilt? Entwickelt sich aus der Verarbeitung der Weltkriegserfahrungen ein neuartiger Militarismus, der den Sieg im nächsten Totalen Krieg sicherstellen soll? Welches Licht wirft die Antwort auf solche Fragen auf die Gesellschaftsgeschichte der Weimarer Republik?

1. Die neue Reichswehr: Politik, Struktur, Aufrüstung

Die Militärpolitik der Weimarer Republik und die Geschichte ihrer Reichswehr entfalteten sich unter einem halben Dutzend folgenreicher restriktiver Bedingungen.

1. Anders als 1949 in der Bundesrepublik war 1918/19 das Heer mit seiner Führung vor der Republik und ihrer Verfassung da. Insofern gab es in einer Zeit des revolutionären Umbruchs einen kraftvollen Sog zugunsten einer engen Kooperation, wie sie der Ebert-Groener-Pakt symbolisierte.

2. Wegen der Revolution entstand die «Vorläufige Reichswehr» als Bürgerkriegsarmee aus Freikorps und intakten Ostregimentern. Mochte in ihr ursprünglich die Absicht, die künftige Gegenrevolution zu unterstützen, weithin lebendig sein, entwickelte sie sich doch bis 1923 zu einem unentbehrlichen Machtinstrument der Reichsexekutive.

3. Die Vorschriften des Versailler Vertrages schufen einen starren, aber durch internationales Recht sanktionierten Rahmen, innerhalb dessen sich die Republik und die Reichswehr bewegen mußten. Daher waren sie von Anfang an der Versuchung ausgesetzt, dieses Regelwerk durch eine geheime Aufrüstung zu unterlaufen.

4. Die illegale Rüstungspolitik wurde seit ihrem Beginn von den politisch Verantwortlichen mitgetragen. Überhaupt konnten sich die militärische und politische Führung eines breiten Konsenses sicher sein, der die Wiedererstarkung der Streitkräfte unterstützte.

5. In der formativen Phase der Reichswehr spielte General Hans v. Seeckt eine maßgebliche Rolle, dank deren er die Weichen der Militärpolitik stellen konnte.

6. Nie hat die militärische Spitze den Revanchekrieg, der die demütigenden Ergebnisse des Ersten Weltkrieges revidieren sollte, aus dem Auge verloren. Aus diesem Ziel ergaben sich all jene Überlegungen, Pläne und praktischen Vorbereitungen, die den Sieg im nächsten Totalen Krieg gewährleisten sollten.

Die Ausgangslage wurde seit 1919 in hohem Maße durch den Teil V des Versailler Friedensvertrags bestimmt. Deutschland durfte, hieß es darin, ein Heer von nur 100 000 Soldaten einschließlich der 4000 Offiziere und eine Marine mit 15 000 Matrosen einschließlich der 1500 Offiziere, dagegen keine Luftwaffe, keine Panzertruppe, keine schwere Artillerie unterhalten. Reserveeinheiten und Mobilmachungsvorbereitungen wurden kategorisch ausgeschlossen, Waffen und Munitionsbestände streng limitiert. Die Alliierten hatten aus ihrem eigentlichen Ziel kein Hehl gemacht: Das deutsche Heer sollte nicht mehr einer aggressiven Außenpolitik dienen können, sondern nur noch, das legte der Artikel 160 fest, «für die Erhaltung der Ordnung innerhalb des deutschen Gebietes» bereitstehen, also als eine Art von zentralstaatlicher Bereitschaftspolizei fungieren. Neben der Reichswehr bestanden freilich, das war kein geringes Potential, die nicht leicht zu zähmenden paramilitärischen Verbände, die bis 1923 über die Hälfte aller Waffen- und Munitionsvorräte verfügten, waren doch allein auf dem Rückzug des Westheeres im Winter 1918/19 1,8 Millionen Gewehre, 4800 Maschinengewehre und 4000 Minenwerfer zunächst spurlos verschwunden.

Die Bedeutung des Militärs in der Republik läßt sich unter drei Gesichtspunkten diskutieren: Von der Politik der Reichswehrführung schreitet die Erörterung zur inneren Struktur der Streitkräfte und schließlich zur geheimen Aufrüstung fort.

1. Am Anfang stand die Frage, wie sich aus kaiserlichen Offizieren und Soldaten ein zuverlässiges kleines Berufsheer für die Republik schaffen ließ, nachdem die Alternative einer «Republikanischen Volkswehr» nicht ernsthaft geprüft, jedenfalls vorschnell verworfen worden war. Diese Entscheidung war wesentlich eine Folge der fehlenden sozialdemokratischen Militärpolitik, die sich jahrzehntelang an vagen Milizplänen und 48er Ideen zur Volksbewaffnung festgebissen hatte. Insbesondere wurde das kaiserliche Offizierskorps nicht durch republikanische Anführer ersetzt, so daß es als «Pressure Group» mit einem eigenen politischen Programm erhalten blieb und seine Homogenität erfolgreich verteidigen konnte. Anstatt nur nostalgisch rückwärts zu blicken, trieb seine Spitze den Prozeß strenger Verberuflichung voran, um Experten für den künftigen Totalen Krieg auszubilden.

Im Offizierkorps lassen sich drei Formationen unterscheiden. Da gab es die anfangs zahlreichen Monarchisten vom Schlage des Generals v. Lüttwitz, denen trotz des blamablen Abgangs nichts dringlicher erschien als die Restauration der Hohenzollerndynastie. Ihnen standen die Pragmatiker gegenüber, auf deren «linkem Flügel» sich die Generäle Reinhardt und Groener bewegten, während auf dem «rechten Flügel» General v. Seeckt dominierte, seit dem Juli 1919 Chef des Generalstabs und nach dessen Verbot Chef des Truppenamtes, das die Stabsaufgaben in verschleierter Form dennoch fortführte. Seeckt vertrat mit seinen Anhängern einen Attentismus, der mit einem autoritären Regime und der Revision der Nachkriegsordnung liebäugelte. Beide Flügel erwiesen sich aber zu einer begrenzten Kooperation mit der Republik bereit. Die dritte Gruppe verkörperten jene jüngeren Frontoffiziere, die auf der Suche nach «Neuem» weder die Mon-

5. Aspekte der Politikgeschichte 1919–1933

archie noch die Demokratie anvisierten, wohl aber auf die Nationalsozialisten zugehen konnten. Zu Beginn der 30er Jahre repräsentierten Offiziere wie Reichenau, Blomberg, Keitel, Stülpnagel diese Kreise.

Beim Kapp-Putsch verweigerte v. Seeckt den Einsatz der Reichswehr. Danach verhinderte er die Republikanisierung des Heeres. Trotzdem wurde er von der Regierung weder zu einer verfassungstreuen Entscheidung gezwungen – geschweige wegen evidenter Befehlsverweigerung im Bürgerkrieg füsiliert – noch von der Schlüsselstellung der Heeresleitung ausgeschlossen. Im Gegenteil, ausgerechnet er wurde zu Reinhardts Nachfolger befördert, so daß er den Spielraum gewann, das Verhältnis von Reichswehr und republikanischem Staat neu zu ordnen.

Das geschah im Zeichen eines durchweg übersehenen zweiten Paktes zwischen Militär- und Regierungsspitze, der in einem Erlaß Eberts und Seeckts, dann im Wehrgesetz vom 23. März 1921 formalisiert wurde. Danach leitete allein das Offizierkorps die Armee, für deren Aufbau es freie Hand erhielt. Als Gegenleistung sicherte es Loyalität und politische Abstinenz zu. Das war freilich nicht mehr als ein Waffenstillstand, nach dem die Reichswehr dennoch als innenpolitischer Machtfaktor weiter agierte. Ihr namentlich von v. Seeckt verfochtenes Ziel blieb es, einen «Staat im Staate» zu bilden. Die unumgänglichen Kontakte wurden auf die oberste Ebene von Reichswehrführung und Regierung beschränkt, um die Truppe von jedem politischen, sprich republikanischen Einfluß freizuhalten.

Faktisch verzichtete der Reichswehrminister – nach Gustav Noske war das acht Jahre lang Otto Geßler, dann sogar der General Wilhelm Groener – als nominelles politisches Führungsorgan auf die Kontrolle der Reichswehr. Der Militärlobby gelang es auch noch, einen parlamentarischen Staatssekretär zu verhindern. Als 1929 der Druck des Reichstags in dieser Richtung anwuchs, wurde das «Ministeramt» eingerichtet, das aber kein Parlamentarier, sondern Generalmajor Kurt v. Schleicher übernahm. Die politische Autorität gegenüber Offizierkorps und Heer lag bei v. Seeckt, der den Einfluß des Reichstages, den er mit «politischer Wirrnis in der Truppe» gleichsetzte, partout fernhalten wollte. War der Chef der Heeresleitung ursprünglich als Berater des Ministers gedacht, wurde jetzt das Machtverhältnis exakt umgedreht, da der Minister nur mehr als Instrument der Militärführung operierte. Das bedeutete die Rückkehr zu den preußisch-deutschen Verhältnissen vor 1918, als der Kriegsminister dem Reichstag nur mitteilte, was die Heeresspitze für richtig hielt.

Zur Erhaltung ihrer Sonderstellung verfolgte die Reichswehr eine Taktik, die der politischen und strategischen Zielvision ihres Offizierkorps diente. Seeckt gelang es sogar, die traditionelle preußische Unterscheidung in Befehls- und Kommandogewalt (Bd. III, 877) wieder einzuführen. Danach standen dem Chef der Heeresleitung die maßgeblichen Entscheidungen, auch im Arkanbereich der Personalpolitik gegenüber dem Offizierkorps zu, während der Minister als Vorsitzender einer reinen Verwaltungsbehörde fungierte. Außerdem besaß Seeckt den Immediatzugang zum Reichspräsidenten und zum Kabinett, so daß der Minister ohnehin von ihm, solange sein Verhältnis zum Staatsoberhaupt ungestört blieb, abhängig war. Seeckts zielstrebige Politik wurde zudem durch zwei weitere Umstände begünstigt. Zum einen verfügte er über eine kleine, bis ins Detail überschaubare Berufsarmee; zum andern war diese erstmals ein Reichsheer, auf das keine föderalistischen Rücksichten – die Ursache der Heterogenität der früheren Landeskontingente – genommen werden mußten.

Mit Seeckts Rücktritt 1926 verschwand die dominierende Figur in der Militärpolitik der frühen Jahre. Geßler baute sich, um Einflußsteigerung bemüht, eine «Wehrmacht-Abteilung» auf, die Schleicher jedoch prompt in sein «Ministeramt» verwandelte, von dem aus er die Fäden der Militärpolitik zog. Nach zwei Jahren betrieb er den Sturz Geßlers und die Amtsübernahme Groeners, der in den Grundzügen seine Auffassung teilte. Wie klar das Ministeramt zur politischen Führungsinstanz geworden war, läßt sich auch daran ablesen, daß General Wilhelm Heye, der als Nachfolger Seeckts das Amt des Chefs der Heeresleitung nach dem Urteil der strategischen Clique um Schleicher und Groener nicht angemessen ausfüllte, im Oktober 1930 zum Rücktritt gezwungen und durch Schleichers Freund General Kurt v. Hammerstein-Equord ersetzt wurde. In dem Dreieck Schleicher – Hammerstein-Equord – Hindenburg spielte sich bis Ende Januar 1933 die Reichswehrpolitik ab.

2. Seeckt, dem die Republik ohnehin als «Anomalie» erschien (so daß man sich fragt, warum er und seinesgleichen ihr überhaupt dienten, statt sich zurückzuziehen), organisierte die Reichswehr im Grunde wie eine «totalitäre Partei» (W. Sauer). Sein Imperativ «Die Reichswehr steht hinter mir» machte die Verpflichtung auf den politischen Gehorsam bedeutungslos. Seine Personalpolitik schaltete nach dem Kapp-Putsch republikfreundliche Offiziere aus. Als nach der Konferenz von Spa im Juli 1920 die Heeresreduktion unvermeidlich auf die Berliner Militärpolitik zukam, hieß das, die Anzahl der 34 000 noch immer aktiven Offiziere auf 4000 zu verringern. Dabei wurden Generalstabsoffiziere gegenüber dem Typ des handfesten Troupiers bevorzugt, denn Planungsfähigkeit galt für den künftigen Krieg als wichtigste Qualität.

Für das Offizierkorps führte Seeckt, auf Traditionspflege bedacht, das alte Disziplinarrecht, selbst die alte Ehren- und Heiratsordnung wieder ein. Die Anbindung an monarchistische statt an republikanisch gesonnene Verkehrskreise galt als ungeschriebenes Gesetz. Seeckt verhinderte nicht nur, daß die Republik eigene Militärorden stiftete, sondern achtete auch darauf, daß Ebert nicht an Paraden und Manövern teilnahm, mithin jenen symbolischen Ort nicht besetzte, den früher der Kaiser innegehabt hatte. Er selber besuchte kein einziges Mal die Verfassungsfeier am 11. August, setzte aber Schwarz-Weiß-Rot als Reichskriegsflagge und damit das Unikum durch, daß ein Staat sich durch zweierlei Symbole öffentlich vertreten ließ.

Was die sozialstrukturelle Gliederung der Reichswehr anbelangt, wurde das Offizierkorps weiterhin bevorzugt aus jenen Offiziers-, Beamten- und Bildungsbürgerfamilien rekrutiert, aus denen 1913 24 Prozent aller Offiziere gestammt hatten – 1932 waren es 48 Prozent. Fast so hoch wie in der Vorkriegszeit (30 %) fiel auch in der Republik dank der Familientraditionen und Konnexionen der Anteil der adligen Offiziere aus, der 1932 bei 24 Prozent lag, obwohl der Adel nur 0,14 Prozent der Gesamtbevölkerung ausmachte; sie dienten überwiegend in sogenannten guten Garnisonen mit Traditionstruppen, die sich an die ehemaligen Garderegimenter anschlossen.

Wie früher wurden auch Unteroffiziere und Mannschaften nach Möglichkeit aus den ländlichen Gebieten Ostelbiens, wo man eine habitualisierte Gehorsamsbereitschaft vermutete, rekrutiert. 1932 verteilte sich die Bevölkerung auf Stadt und Land wie 65 : 35 Prozent, doch in der Reichswehr sah das Herkunftsverhältnis wie 53 : 47 Prozent aus. Dank effektiver Filter stand sie als «sozialistenreines Heer» da, wogegen sozialdemokratische Arbeiter in der Armee des antisozialistischen Kaiserreichs ungleich mehr vertreten gewesen waren. Überdies wurde der Politische Unterricht auf der Linie der im Weltkrieg eingeführten «vaterländischen» Indoktrination beibehalten – durchweg fixiert auf die abstrakte «Idee des Staates», keineswegs aber auf die konkret zu verteidigende Republik.

Allgemein wurde der Nimbus der «Überparteilichkeit» der Streitkräfte kultiviert. Tatsächlich aber schlug die Reichswehr bereitwillig gegen die Linksradikalen im Ruhrgebiet, in Sachsen und in Thüringen zu, übte indes asketische Zurückhaltung gegen Rechtsradikale in Preußen und in Bayern. Immerhin kam es, obwohl es in der Zeit der Weimarer Republik nur fünfeinhalb Jahre ohne den Ausnahmezustand gab, zu keiner Militärdiktatur, wohl aber erwies sich die Reichswehr, das muß man zugestehen, in einer äußerst schwierigen Lage mehrfach als eine wirksame Klammer der Staatseinheit.

Zu Beginn haben nicht wenige in der militärischen Spitze einen schnellen Zerfall der «undeutschen» Republik erwartet und erhofft. Die Stabilisierungsphase seit 1923/24 wirkte dann jedoch einem autoritären Umbau entgegen, so daß der monarchistische Flügel tief enttäuscht war, in Hindenburg aber trotz dessen verfassungskonformen Verhaltens den Loyalitätspol eines Ersatzmonarchen fand. Zu den mächtigen Auflösungskräften, die auf den Zerfall der Republik hinwirkten, gehörte letztlich auch ihr Scheitern bei den nur halbherzig unternommenen Versuchen, die Republikanisierung der Armee zu erreichen. Als weitaus wichtiger erwies sich jedoch, daß in dieser Phase der Agonie auch die Reichswehrführung ganz auf ein autoritäres Regime setzte, das ihre expandierende Rüstungspolitik bereitwillig mitzutragen bereit war.

3. Die Friedenszeit hatte kaum begonnen, da rüstete die Reichswehr selbständig im geheimen auf. Die Revanche im nächsten Staatenkrieg zu suchen galt ja als unbezweifelbare Selbstverständlichkeit. Diesem Ziel diente auch bereits seit 1920 die militärpolitische Kooperation mit der jungen Sowjetunion, die den hochkonservativen Reichswehroffizieren keineswegs als Inbegriff einer tödlichen «asiatischen Gefahr» (E. Nolte) erschien. Schon im Januar 1921 definierte sich die Reichswehr als Ausbildungskader der künftigen großen Armee. Als die Revision von Versailles beim ersten Anlauf in Spa scheiterte, rang sich Seeckts Kamarilla zu einer oberflächlichen Anerkennung der Friedensbedingungen allein deshalb durch, weil sie die militärische Kontrolle durch alliierte Beobachter möglichst frühzeitig abwerfen wollte. Zugleich aber schmiedete sie Pläne für eine Wiederaufrüstung mit dem Ziel, anstelle der erlaubten sieben Divisionen (mit jeweils rund 15 000 Mann) 21 Divisionen ausbilden zu können. Da dieses Ziel so schnell nicht zu erreichen war, entwarf sie seit 1923 den «totalen Volkskrieg» mit Hilfe der als Guerilla operierenden Grenzschutzeinheiten und paramilitärischen Verbände. Im selben Jahr begann sie mit dem Aufbau der «Schwarzen Reichswehr» mit einer Stärke von zunächst mehr als 20 000 Mann. Erstmals griff ihr jetzt die Regierung mit einer Finanzhilfe, welche die Produktion neuer Waffen und Munition ermöglichte, insgeheim unter die Arme. Weder die Fememorde (vgl. 5 b) noch die militärische Zusammenarbeit mit der «Roten Armee» vermochten die Regierung dazu zu bewegen, die beschleunigte Rüstung seit 1927/28 anzuhalten. Ihr freie Bahn zu schaffen wurde vielmehr zu einem Antrieb der deutschen Revisionspolitik.

Als im Februar 1927 Reichskanzler Marx erstmals genauer über das Ausmaß der fortschreitenden Geheimrüstung informiert wurde, sagte er die finanzielle Unterstützung zu; Reichskanzler Müller setzte die Hilfsleistungen fort. Über die Strategie und den genauen Zweck der Rüstung gab es zwar keine einzige intensive Diskussion, doch wurde die Politik der militärischen Stärke offensichtlich von einem breiten Konsens getragen, der unter günstigen Umständen auch einen neuen Krieg für ein legitimes Mittel hielt. Selbst ein realistischer Politiker wie Stresemann war wegen seines beinharten Nationalismus nie bereit, auf den Revisionskrieg gegen Polen zu verzichten.

Dank dieser Gewißheit arbeitete das Truppenamt unter Blomberg das Erste Rüstungsprogramm vom September 1928 aus, das auf der Basis von Regierungsverordnungen illegal und geheim verfolgt werden konnte. Als sein Ziel galt die Aufstellung von 16 Divisionen, so daß man auf das Zweieinhalbfache der im Versailler Vertrag erlaubten Größe kam. Für die Finanzierung bis 1932 wurde jährlich ein Prozent des Bruttosozialproduktes veranschlagt.

Eine wichtige Prämisse dieser Pläne war die rechtliche Aufhebung der alliierten Militärkontrolle seit Ende Januar 1927. Das ermöglichte, unbeschwerter als je zuvor, die Vermehrung der Reichswehr und ihrer Reserve, die Beschaffung verbotener Waffen und die Ausweitung der inzwischen geschwächten Kapazitäten für eine moderne Rüstungsproduktion. Denn das Novum in der deutschen Militärgeschichte lag darin, daß Rüstung, Heeresausbau und industrielle Produktion, die Lektion des großen Krieges beherzigend, in einer konzertierten Aktion erstmals koordiniert werden sollten.

Anfang 1929 fiel die Entscheidung, daß Schleicher vom Ministeramt aus diese Koordination und die angemessene Einstimmung des Parlamentes übernehmen sollte. Groener, im Grunde als einer von wenigen vom Primat der Politik überzeugt, war bereit, der Republik gegenüber Entgegenkommen zu zeigen, sofern sie die geheime Aufrüstung bereitwillig finanzierte und nach außen abschirmte. Schleicher trug, von seiner Position aus folgerichtig, zum Sturz der Großen Koalition unter Reichskanzler Müller bei, da die SPD ihre Skrupel gegenüber der riskanten Rüstungspolitik nicht unterdrücken konnte, während Brüning mit seiner Unterstützungszusage von den ausschlaggebenden Militärs gefördert wurde.

Innerhalb weniger Jahre hielten die Reichswehrplaner ihr Projekt schon wieder für so überholt, daß sie 1932 ihr Zweites Rüstungsprogramm, das bis 1938/39 verwirklicht werden sollte, initiierten. Jetzt ging es um den Aufbau eines Feldheeres von 21 Divisionen und 39 milizartigen Grenzschutzverbänden, so daß das Vierfache der Versailler Militärgröße übertroffen wurde. Im internationalen Vergleich hätte dann die Reichswehr mit der französischen Armee (350 000) gleichgezogen, die polnische (250 000) und die tschechoslowakische (130 000) klar übertroffen und nur die Größe der englischen Streitkräfte (allein dank der Indischen Armee 450 000) noch nicht erreicht.

Unstrittig störte die forcierte Rüstungspolitik die prekäre innere Balance der Weimarer Republik, da trotz des erwähnten Konsenses starke Kräfte in der SPD und KPD, im Zentrum und ADGB die Projekte des Militärs mit ausgeprägtem Mißtrauen verfolgten. Nicht zuletzt die Regierung Braun in Preußen kommentierte die Expansion der Grenzschutzverbände, ihrer Freikorpsvergangenheit eingedenk, mit offener Skepsis. In der Reichswehrspitze gewann daher die Überzeugung an Boden, daß die parlamentarische Regierungsform zur Durchführung der Aufrüstung ungeeignet und deshalb ein autoritärer Umbau des politischen Systems unumgänglich sei. Der Unterstützung Hindenburgs, der ihr volles Vertrauen genoß, glaubte sie sicher zu sein. Auf dieser Linie agierte auch Schleicher, und die Reichswehr stand v. Papen auch deshalb beim «Preußenschlag» hinter den Kulissen bei, weil damit Brauns Opposition gegen den Grenzschutz und die illegale Aufrüstung ausgeschaltet wurde. Bei den Etatverhandlungen über das Reichswehrbudget herrschte, wie Staatssekretär Schäffer vom Reichsfinanzministerium trocken konstatierte, «schon eine Militärdiktatur». Das entsprach Groeners Maxime von Ende 1930, daß «im politischen Geschehen Deutschlands ... kein Baustein mehr bewegt werden dürfe», «ohne daß das Wort der Reichswehr ausschlaggebend in die Waagschale geworfen wird».

Zu diesem Zeitpunkt sah sie sich seit anderthalb Jahren der Existenz der nationalsozialistischen Massenbewegung gegenüber. Mit dem Rechtsradikalismus war sie seit 1919/23 vertraut, doch ging es jetzt um den antirepublikanischen Protest, auch das Wehrpotential von Millionen; die SA galt ohnehin als willkommene militärische Reserve. Den «großen Trommler», wie die Offiziere den «böhmischen Gefreiten» herablassend titulierten, wollten sie für ihre Zwecke ausnutzen, aber vorsichtshalber mit erprobten Konservativen umgeben, obwohl sie sich an das Scheitern der Zähmung im November 1923 hätten erinnern können. Aufgrund ihrer Leitideen erschien die NSDAP als die «Rüstungspartei par excellence». Sie kam der 1926/27 einsetzenden Radikalisierung vieler jüngerer Offiziere, insbesondere seit dem Wahlerfolg von 1930, entgegen. Der Leipziger Hochverratsprozeß, der im Herbst 1930 gegen drei solcher jungen Offiziere aus der Ulmer Garnison geführt wurde, warf ein Schlaglicht auf die nationalsozialistische Infizierung ihrer politischen Generation.

Unter den Bedingungen des Republikzerfalls seit dem Beginn des Präsidialkabinetts Brüning, der beschleunigten Aufrüstung, des Zweiten Rüstungsprogramms, der innenpolitischen Kräftekonstellation nach dem Aufstieg der Hitler-Bewegung verband sich die Politik der Reichswehr zunehmend mit dem Ziel, ein autoritäres, militärfreundlicheres Regime zu installieren. Dieses Ziel zu erreichen wurde um so dringlicher, als der Strukturwandel des deutschen Militarismus ebenfalls mit Nachdruck darauf hinwirkte.[19]

2. Der Strukturwandel des deutschen Militarismus

Nicht die Kontinuität seit dem 18./19. Jahrhundert dominierte den deutschen Militarismus auch noch nach 1918, vielmehr tat das eine schroffe Diskontinuität. Denn seit dem Weltkrieg setzte sich ein Strukturwandel durch, der zwar auf pathologischem Lernen beruhte, aber unstreitig eine ideenpolitische Innovation von folgenschwerem Ausmaß darstellte. Der ältere preußisch-deutsche Militarismus war aus der Verschränkung der adligen Herrenstellung auf dem Lande mit militärischen Führungspositionen im Offizierkorps hervorgegangen. Der Gutsherr stand daher seinen Adelsbauern nicht nur als Arbeitgeber, Gerichtsherr und Vertreter der Polizeigewalt, sondern auch als militärischer Vorgesetzter, als Offizier und Kompaniechef gegenüber; seine männlichen Arbeitskräfte waren nicht nur Erbuntertänige oder halbfreie Insten, sondern zugleich auch Rekruten und Soldaten, deren Mobilität als Desertion geahndet werden konnte.

5. Aspekte der Politikgeschichte 1919–1933

Auf diese Weise hatte sich eine eigentümliche Herrschaftsstellung des vornehmlich adligen Offizierkorps und ein korrespondierendes Abhängigkeitsverhältnis der Mannschaften mit einem spezifischen Gehorsamshabitus herausgebildet. Daran knüpfte der Militarismus des Kaiserreichs an. Von der Gloriole dreier siegreicher Kriege umgeben, als realpolitisches Machtinstrument der Reichsgründung verklärt, konnte das Heer seine Sonderstellung nicht nur verteidigen, sondern sogar noch weiter aufwerten. Und nicht nur das, das Offizierkorps gewann dank der unerwarteten Erfolgsbilanz einen prestigereichen Vorrang in der Sozialhierarchie, die Höherwertigkeit des von ihm verkörperten Werte- und Normensystems war weithin unbestritten, und der Primat des Militärischen durchzog die reichsdeutsche Gesellschaft. Nach der Bismarckära entsprach dem Kompetenzmythos die klaglos akzeptierte Priorität der militärischen Zukunftsplanung.

Bereits in dem Jahrzehnt vor 1914 hatte sich aber schon der neue Typus des technokratischen, ganz und gar professionalisierten Kriegsexperten herausgebildet. Ihm ging es um die Effizienzmaximierung der militärischen Machtinstrumente, nicht mehr um die Verteidigung einer ländlichen Herrenposition, um den Ahnenkult der Militäraristokratie, die Abkapselung in einer vermeintlich höherwertigen Kriegerkaste mit sakrosanktem Verhaltenskodex. Heeresoffiziere wie Ludendorff und Groener, Marineoffiziere wie Tirpitz und seine wichtigsten Mitarbeiter verkörperten diese neue Sozialfigur in den deutschen Streitkräften.

Durch die Art der Kriegführung seit 1914, durch die Materialschlachten und anspruchsvollen neuen Planungsaufgaben, durch den Nexus zwischen Rüstungsproduktion und Kriegserfolg wurden dieser Offizierstypus und sein Militärethos immens aufgewertet.

Von Militärs mit einem solchen Berufshabitus gingen dann auch in der Weimarer Republik die wichtigsten Impulse aus, die zu einem qualitativ neuartigen Militarismus führten. Seine Verfechter beanspruchten, die realitätsangemessenen Konsequenzen aus den Erfahrungen des Ersten Weltkrieges zu ziehen, indem sie darauf bestanden, alle gesellschaftlichen Ressourcen: das gesamte ökonomische, militärische, soziale Potential in den Dienst der künftigen Kriegsführung zu stellen, um in einem womöglich noch gesteigerten totalen Krieg den Sieg definitiv sicherzustellen. Selbstverständlich hatte sich auch die Politik dieser dominierenden Vision unterzuordnen, indem sie auf jenen Primat verzichtete, den ihr Clausewitz wohlweislich noch zugewiesen hatte.

Der Erfahrungs- und Denkhorizont dieser Kriegsgeneration war so eng zugeschnitten, daß andere Optionen künftiger Militärpolitik – wie der Aufbau einer Verteidigungsarmee oder von Kapazitäten für eine flexible Reaktion mit eng begrenztem Erfolg – gar nicht ins Auge gefaßt wurden. Realistisch aus vier Weltkriegsjahren zu lernen, in welche die Armee unvorbereitet hineingegangen sei, das hieß, den totalen Krieg der Zukunft in immer komplexeren Planungs- und Koordinationsprozessen vorzubereiten. Der entscheidende gedankliche Sprung bestand darin, daß die überkommene Grenze zwischen Krieg und Frieden ausgelöscht wurde. Der Friede wurde zur Vorstufe vor der existentiellen Bewährungsprobe des kommenden Totalen Krieges degradiert.

Als erster meldete sich Friedrich v. Bernhardi, der angesehenste Militärschriftsteller des Landes, 1912 Sensationsautor von «Deutschland und der nächste Krieg», mit seinem neuen Buch «Vom Kriege der Zukunft» bereits 1920 zu Wort, um den absoluten Primat militärischer Ziele und Entscheidungen zu verfechten. «Die Staatskunst muß sich im Frieden wie im Krieg darauf beschränken», forderte er, «dem militärischen Erfolge vorzuarbeiten... und zwar nach Weisungen, die von militärischer Seite auszugehen haben.» Alle «Entscheidungen darüber, was zu tun ist», seien «dem Leiter der militärischen Handlungen zu überlassen. Diesen hat sich der Staatsmann unbedingt zu fügen, denn «die militärischen Forderungen bedingen die politischen». Selbstverständlich besitze dann im Krieg das Urteil der militärischen Spitze den Vorrang, aber auch wenn «ein Frieden in Sicht» sei, habe «ebenfalls allein der Soldat darüber zu entscheiden», ob er geschlossen werden dürfe.

Trotz seines Engagements auf seiten der neuen Rechten fand Ludendorff 1922 die Zeit für eine Programmschrift, deren Titel «Kriegführung und Politik» bereits die Umkehrung der Entscheidungsvollmacht verriet. Sein Imperativ lautete unmißverständlich, daß «die Gesamtpolitik dem Krieg zu dienen habe», da sie nur die «Gehilfin der Kriegführung sei». Da Deutschland «in einem kriegerischen Zeitabschnitt» lebe, in dem der unablässige Kampf «eine natürliche Erscheinung» bleibe, mündete Ludendorffs Sozialdarwinismus in das Postulat, daß die «Politik eben Krieg und der Krieg Politik» sei. Folgerichtig seien die «innere Politik», erst recht «die Wirtschaftspolitik», von Anfang an «der Kriegführung unterzuordnen».

In seinem berühmt-berüchtigten Erfolgsbuch «Der Totale Krieg» präsentierte Ludendorff ein Dutzend Jahre später die Summe nicht allein seiner Kriegserfahrungen, sondern auch ein Stück der militärpolitischen Diskussion des vergangenen Jahrzehnts. Da sich, wie der Weltkrieg enthüllt habe, das «Wesen des Kriegs... unter der Einwirkung unabänderlicher, nicht rückgängig zu machender Tatsachen», geradezu «gesetzmäßig», auf den «Totalen Krieg» hin geändert habe, müsse auch die Politik «totalen Charakter» gewinnen. Konkret bedeutet das, daß sie sich «auch schon im Frieden auf die Vorbereitung des Totalen Krieges» durch die Bereitstellung aller Ressourcen einzustellen hatte. Da sich das «Verhältnis der Politik zur Kriegführung» von Grund auf geändert habe, zog Ludendorff erneut die Konsequenz, daß fortab «die Politik der Kriegführung zu dienen» habe. Dazu gehörte auch «die völlige Ausrichtung der Wirtschaft auf den Krieg».

5. Aspekte der Politikgeschichte 1919–1933

Wiederum wurde der Frieden nur als Phase der Konzentration der «gesamten Kraft eines Volkes» auf den Totalen Krieg verstanden, in dem «Kriegführung und Politik zu einer gewaltigen Einheit verschweißen». Ludendorff stand mit der ganzen Autorität seines Namens für eine Radikalität, die keine isolierte Erscheinung war. «Seine Grundirrtümer leben», ahnte sogleich ein scharfsichtiger zeitgenössischer Kritiker, «in Millionen»; «sie stampfen ganze Heere aus dem Boden und können eines Tages eine wirkliche Macht werden».

Zur Ehre von Seeckt muß gesagt werden, daß er sich aus dem Ruhestand von der Konzeption Ludendorffs indirekt distanzierte. Weiterhin habe sich, verlangte er ungleich maßvoller, «der Feldherr» der «politischen Entscheidung des Staatsmannes zu fügen»; auch seien «die militärischen Operationsfragen im großen» durchaus «politischer Natur» und müßten letztlich politisch beantwortet werden. Doch im Hinblick auf den ideellen Kern der Vision vom Totalen Krieg stimmte er mit Ludendorff völlig überein. Noch in seinem Todesjahr (1936) erklärte er den Krieg zur «höchsten Steigerung menschlicher Leistung. Er ist die natürliche, letzte Entwicklungsstufe in der Geschichte der Menschheit.» Um auf ihr zu bestehen, müßten schlechterdings alle Kräfte eines Volkes für die Bewährungsprobe des Krieges mobilisiert werden.

Nun war der militärische Diskurs über den Krieg der Zukunft eines. Etwas anderes, womöglich Verhängnisvolleres war die Ausstrahlungskraft, mit der solche Ideen in die allgemeine politische Diskussion diffundierten. Dort arbeiteten Autoren den neuen Kriegspropheten zu. So pries etwa der Leipziger Soziologe Hans Freyer, einer der Wortführer der «Konservativen Revolution» (s. u. V.5), auf der Linie seines späthegelianischen Staatsidealismus den Staat «als dasjenige Gebilde, in dem das Schöpfertum des Geistes sein Ziel auf Erden erreicht». Nicht nur werde er «im Krieg begründet», sondern er bedürfe einer «Sphäre der Eroberung um sich her. Er muß erobern, um zu sein». Für Freyer war von dieser Prämisse her «alle Politik» nur «Drohen mit dem Krieg, Vorbereiten des Krieges, Hinausschieben oder Beschleunigen..., Anzetteln oder Verhindern des Krieges», kurzum, in der krassen Umkehrung der Clausewitzschen Maxime «Fortsetzung des Krieges mit veränderten Mitteln». Daher bedürfe auch der Staat einer «inneren Form... für den Zweck des Krieges», jener «vollkommen straffen Organisation», die «ihn zur Kriegführung befähigt». Eine solche «drakonische Gestaltung» sei ihm zudem alles andere als «wesensfremd», da er dann «am reinsten Staat» sei, «wenn er am offensten Krieg ist». Wenn man den permanenten Kriegerstaat in einem spartanischen Diktatorialregime in emphatischer Überhöhung zum eigentlichen Sinn eines modernen Gemeinwesens erklärte, konnte das Geistern, die wie Ludendorff dachten, nur als willkommene, geschichtsphilosophisch drapierte Schützenhilfe erscheinen.

Und da war wiederum Ernst Jünger, radikaler Exponent der ganz ähnlich denkenden Repräsentanten des «soldatischen Nationalismus», der für seine nahezu identische Zeitdiagnose wiederum ein großes Publikum fand. In seiner «Totalen Mobilmachung» von 1931, die er als die «absolute Erfassung der potentiellen Energie» auffaßte, hielt er «Rüstung bis ins innerste Mark» für das Gebot der Nachkriegszeit. Dieses Ziel sei aber nur zu erreichen, «wenn das Bild des kriegerischen Vorgangs schon in die Ordnung des friedlichen Zustandes vorgezeichnet ist». Auch für Jünger diente der Frieden nur der Vorbereitung auf den Krieg. Für welchen Zweck sollte er geführt werden? «In den Tiefen des Kraters besitzt der Krieg einen Sinn», verkündete er über alle revisionistischen Nahziele hinaus die nackte Irrationalität, «den keine Rechenkunst zu zwingen vermag.» Für den «Deutschen Menschen» bilde er «vor allem das Mittel, sich selbst zu verwirklichen. Und daher muß die neue Rüstung... eine Mobilmachung der Deutschen sein.» Wenn Deutschland bereits im Ersten Weltkrieg zu solchen Leistungen fähig gewesen war, wie werde es künftig kämpfen können, wenn die «dumpfe Glut, die für ein... unsichtbares Deutschland brannte», erst «Richtung, Bewußtsein, Gestalt» gewinne. Nur wenige Jahre später gab das «Dritte Reich» dieser Glut eine feste «Gestalt» und gewährte, Jüngers Forderung erfüllend, dem «deutschen Menschen» bis zum Exzeß die Möglichkeit, sich auf den Trümmerfeldern des neuen Krieges «selbst zu verwirklichen».

Jünger hielt die totale Mobilmachung für die Signatur «des Arbeitszeitalters», dessen mythisch überhöhte Figur er 1932 im «Arbeiter» als der dominanten Sozialfigur der Gegenwart und Zukunft charakterisierte. Dieser radikal unbürgerliche Typus stand am Beginn einer Ära, in der endlich wieder «von wirklicher Herrschaft, von Ordnung und Unterordnung, von Befehl und Gehorsam die Rede sein kann», in der sich aber auch das «Bestreben des Krieges», sich «aller Gebiete zu bemächtigen» unwiderstehlich auswirkte. Der Unterschied zwischen Front und Heimat, zwischen Heer und Bevölkerung» trete zurück, denn dieser Krieg entfalte sich endlich in der «Dimension der Totalität». Folgerichtig verlangte Jünger die «totale Mobilmachung» einschließlich der allgemeinen «Arbeitsdienstpflicht» für die gesamte Bevölkerung. Als kühle Analyse der Gegenwart verkleidet, fand dieser «Totale Krieg» mit seinen selbstredend auch «totalen Vernichtungsmitteln» die unverhohlene Zustimmung dieses Propheten des heroischen Nihilismus.

Daß die prekäre Situation der deutschen Republik durch totalitäre Organisation und die Neubelebung der traditionellen Staatsideologie überwunden werden müsse, wenn sie den künftigen Kriegen gewachsen sein wolle – diese Überzeugung fand auch in der Staatsrechtslehre ihren Niederschlag. Die Integrationslehre des Göttinger Juristen Rudolf Smend forderte im Grunde, wie der Verfasser selber eingestand, den totalen Staat. Nur er sei imstande, die von ihm perhorreszierte «Entpolitisierung» durch

5. Aspekte der Politikgeschichte 1919–1933

den Liberalismus des 19. Jahrhunderts zu beseitigen, damit die gewünschte Integration von Staat und Gesellschaft, wie sie der unverhohlen bewunderte italienische Faschismus anvisiere, vom Staat her durchgesetzt werden könne. Zu Recht konnte daher ein Kritiker wie Julius Binder Smends antidemokratischer Lehre vorwerfen, daß auch von ihr her die Wende zum autoritären Staat vollzogen werde.

Daß der totale Staat eine conditio sine qua non der Smendschen Integration bedeutete, hat Carl Schmitt, als «Satan der deutschen Jurisprudenz» (Eugen Rosenstock-Huessy) ihre wirkungsmächtigste Persönlichkeit in der ersten Hälfte des 20. Jahrhunderts, sogleich erkannt. Er selbst stellte in schroffer Polemik den verachteten «liberalen Neutralisierungen» den «potentiell jedes Gebiet ergreifenden totalen Staat der Identität von Staat und Gesellschaft» entgegen. Zugleich setzte die von ihm pointiert entwickelte Freund-Feind-Antinomie als Grundstruktur «des Politischen» die «Eventualität des realen Kampfes als Krieg oder Bürgerkrieg» eingestandenermaßen voraus. Nicht nur trug Schmitts weitreichender Einfluß zur voranschreitenden Barbarisierung des deutschen politischen Denkens bei, sondern er unterstützte ebenfalls die Vorstellung, daß die inneren und äußeren Konflikte des totalen Staates auch mit totaler Radikalität ausgefochten werden müßten.

Alle Protagonisten des totalen Krieges gingen, fasziniert von den Erfahrungen des Ersten Weltkriegs, von einigen generalisierenden Überlegungen aus: Der künftige moderne Krieg ist ein wahrer Weltkrieg, er besitzt einen planetarischen Charakter als Kampf um Weltherrschaft, nachdem die Operationen des Ersten Weltkriegs sich zum letzten Mal auf Europa konzentriert hatten. Das gesamte Staatsgebiet und die gesamte Bevölkerung werden, ungeachtet des Geschlechts und Alters, von der Vorbereitung des Krieges und von ihm selber erfaßt. Der Unterschied von Militär und zivilen Nichtkombattanten wird durch den Totalen Krieg eingeebnet. Die «Heimatfront» gewinnt wegen der fundamentalen Bedeutung der Rüstungsproduktion und des Verkehrswesens eine geradezu kriegsentscheidende Bedeutung. Daher muß auch eine zielbewußte Propaganda die Massen auf den Krieg vorbereiten und während des Krieges die Kampfmoral stärken. Diese «psychologische Kriegführung» muß genauso wie die militärischen und rüstungswirtschaftlichen Vorbereitungen schon vor dem Krieg einsetzen. Daher wird der Frieden durch Kriegsvorbereitungen in seiner Natur von Grund auf verändert, wird zu einer schnell durchmessenen Phase zwischen Kriegen. Um den Sieg in künftigen Kräftemessen zu gewährleisten, müssen die politische und die militärische Macht in einer einzigen autoritären Zentrale gebündelt werden, die den geschlossenen Block des kriegsbereiten Volkes in den Konflikt führen kann. Erst der totale Staat bietet die Gewähr, daß nach der totalen Mobilmachung der totale Krieg erfolgreich durchgekämpft werden kann.

In diese Überzeugung mündete der neue Militarismus, der den Totalen Krieg als unentrinnbare Notwendigkeit begriff, auf die sich ein autoritärer Kriegerstaat gar nicht früh genug einstellen konnte.[20]

6. Der Ausbau und die Krise des Sozialstaats

Mit einem hellen, positiven Kontrast hebt sich die Weimarer Sozialpolitik von den Bürgerkriegserfahrungen und Rüstungsproblemen ab. In einem Ausmaß, das wenige Jahre zuvor noch völlig undenkbar gewesen wäre, wurden die Fundamente des Sozialstaats nicht nur legislativ erweitert, sondern sogar mit dem hochkarätigen Verfassungsrang von Grundrechten ausgestattet. Das entsprach der Mehrheitsmeinung in der Nationalversammlung, welche die «großen sozialen Grundgedanken» ihrer Zeit in der Gestalt eines Katalogs von «sozialen Freiheitsrechten» in der neuen Konstitution verankern wollte. Tatsächlich enthielt dann die Weimarer Reichsverfassung weit mehr und Genaueres über die Aufgaben, die Rechte und Pflichten des einzelnen im Sozialstaat, als das Bonner Grundgesetz mit seiner Generalklausel aussagt. Der Begriff des Sozialstaats selber tauchte zwar noch nicht im Verfassungstext auf, doch bürgerte sich auf dem Weg über die Juristensprache der adäquate Ausdruck «sozialer Rechtsstaat» für den Sachverhalt ein.

Die einschlägigen Artikel stellten die Arbeitskraft ausdrücklich unter den Schutz des Staates (Art. 157). Ein Verfassungsauftrag forderte sogar ein «einheitliches Arbeitsrecht» außerhalb des BGB. Zur Kodifikation in solch einem «Arbeitsgesetzbuch» ist es zwar nicht gekommen, aber aus dem Zusammenwirken von Judikatur (vertreten vor allem durch das neue Leipziger Reichsarbeitsgericht), Verwaltung und Wissenschaft (an erster Stelle Hugo Sinzheimer, Otto Kahn-Freund, Hermann Heller, Hans C. Nipperdey, Franz Neumann, Ernst Fraenkel) ging ein neuartiges, weithin vorbildlich konzipiertes Arbeits- und Sozialrecht hervor, auf das die Republik auch im internationalen Vergleich stolz sein konnte.

Wie das bereits in der 48er Revolution gefordert worden war, gab die Nationalversammlung Brief und Siegel auf das strittige «Recht auf Arbeit» (163), ohne sich je darüber Rechenschaft zu legen, daß ein justitiables Grundrecht wie dieses im Grunde einen totalitären Staat mit schrankenloser Verfügungsgewalt über den Arbeitsmarkt und das Wirtschaftsleben voraussetzt, um jeden Arbeitsuchenden einweisen zu können. Faktisch blieb es bei einem appellativen Postulat, dem die «sittliche Pflicht» zur Arbeit komplementär gegenübergestellt wurde, da sich der Gesetzgeber trotz langer Debatten wegen der Erfahrungen der Kriegswirtschaft zu einer erzwingbaren Arbeitspflicht nicht verstehen konnte. Den Erwerbstätigen wurde das Sicherheitsnetz der Sozialversicherung ebenso zugesichert wie das Recht auf Mitbestimmung (Art. 163, 165).

6. Der Ausbau und die Krise des Sozialstaats

Als besonders umfassend und folgenschwer erwies sich die hochherzige Generalklausel in Artikel 151, wo es hieß: «Die Ordnung des Wirtschaftslebens muß an den Grundsätzen der Gerechtigkeit mit dem Ziel der Gewährleistung eines menschenwürdigen Daseins für alle entsprechen.» Damit wurden alle klassischen Rechte des Wirtschaftsliberalismus unter einen «sozialen Vorbehalt» (A. Hensel) gestellt.

Fraglos begründeten die hochgesteckten Verfassungsziele eine umfassende Interventionskompetenz des Staates, bis hin zu seinem Recht auf genuine Sozialgestaltung. Gleichzeitig schufen die neuen Grundrechte eine breite Basis an Rechts- und Schutzpflichten für den einzelnen. Daß die Sozialpolitik nunmehr Verfassungsrang gewann, bedeutete einen qualitativen Entwicklungssprung, der zur Legitimierung der jungen Republik maßgeblich beigetragen hat. Umgekehrt mußte aber ein gefährlicher Einbruch der sozialstaatlichen Tragpfeiler über eine momentane Krise weit hinausführen, da er die Legitimationsbasis selber in Frage stellte.

Der Weimarer Sozialstaat beruhte nicht ausschließlich auf den sozialpolitischen Errungenschaften seit der Bismarckschen Gesetzgebung, wie die Verklärer des kaiserlichen Obrigkeitsstaates zu betonen nicht müde wurden. Vielmehr bildete eine ganz entscheidende Prämisse jener enorme Schub, der während des Krieges auf diesem Gebiet durchgesetzt worden war – häufig nur dank der bizarren Koalition zwischen Gewerkschaften und Militärbehörden. So waren etwa die Gewerkschaften als die einzigen legitimen Vertreter der Arbeiterschaft, die dazu die völlige Koalitionsfreiheit gewann, endlich anerkannt, Mitbestimmungsrechte für die Arbeiterausschüsse, Betriebsräte, Schlichtungsinstanzen gewonnen worden; Tarifverträge galten seither als Norm; die Regulierung des Arbeitsmarktes, die Arbeitslosenfürsorge, der Arbeitsschutz einschließlich des innerbetrieblichen Mutterschutzes hatten neue Grenzen abgesteckt; das Mietrecht war verbessert worden; die Kommunen und der Staat hatten den Wohnungsbau als dringende Aufgabe anerkannt. Kurzum, es war diese junge Grundlage, deren Vorzüge jedem Berufstätigen präsent waren, auf der sich der republikanische Sozial- und Interventionsstaat ausbauen ließ.

Der Preis für seine Leistungen bestand allerdings in einem rasanten Anstieg der Staatsausgaben. Hatten sie 1913 17,3 Prozent des Bruttosozialprodukts ausgemacht, lagen sie 1932 bei 36,6 Prozent. Waren unmittelbar vor dem Krieg jährlich 6,8 Milliarden Mark von den öffentlichen Händen ausgegeben worden, waren es zwischen 1919 und 1932 durchschnittlich 13,7 Milliarden Mark. Freilich, auch weil das Volumen des Bruttosozialprodukts nach dem Krieg schrumpfte, stieg die Staatsquote auf das Doppelte der Vorkriegszeit. Die Sozialausgaben – für die Kriegsopferversorgung, das Versicherungssystem, das Gesundheitswesen, den Wohnungsbau – kletterten um das Fünffache hoch. Und wegen der neuartigen Belastungen mußten die fünf bewährten Zweige der sozialen Sicherheit: die Kranken-, Invaliden-, Unfall-, Angestellten- und Knappschaftsversicherung, durch Gesetzesnovellen, die zwischen 1924 und 1926 vielfach auch neue Leistungen brachten, gestärkt werden.

Diese Etappe der Sozialstaatsgeschichte ist häufig auf der Linie kritisiert worden, daß sie den Produktionsfaktor Arbeit im Verhältnis zum Produktionsfaktor Kapital unzulässig privilegiert und deshalb die Wachstumsprobleme seit 1929 mit heraufgeführt habe (vgl. VI.2). Tatsächlich aber hat der Gesetzgeber der Republik nicht mehr und nicht weniger getan, als die «soziale Infrastruktur» für eine funktionstüchtige Marktgesellschaft zu verbessern. Nicht zuletzt trug er, politisch klug und rundum gerechtfertigt, zu einer spürbaren Annäherung an das Ziel der Verteilungsgerechtigkeit bei, ohne das demokratisch-egalitäre Industriegesellschaften eine normative Lücke aufweisen, die schwerwiegende Folgen zeitigen kann.

Ehe auf die zentralstaatlichen Leistungen einzugehen ist, muß nachdrücklich unterstrichen werden, wie intensiv sich wiederum die Gemeinden, namentlich die städtischen Kommunen, sozialpolitisch engagierten, obwohl sie das mit hohen Ausgaben belastete. Wenn sie dabei zu deren Deckung auf kurzfristige amerikanische Anleihen in Millionenhöhe zurückgriffen, die dann in den Rückzahlungsstrudel seit 1929 gerieten, fand die Einwohnermehrheit doch einen greifbaren Gegenwert vor. Denn überall entstanden jetzt Sportanlagen, Frei- und Hallenbäder, Bibliotheken, Kommunalbetriebe und verbesserte Nahverkehrssysteme. Dadurch wurde der irritierende Abstand zwischen privatem Reichtum und öffentlicher Armut vermindert. Waren die Städte im 19. Jahrhundert schon die Vorreiter des Interventionismus gewesen, ehe der Staat diese Steuerungsfunktionen übernahm, erlebte die Weimarer Republik die Entfaltung der «Wohlfahrtsstadt», die wiederum manche Züge der staatlichen Sozialpolitik vorwegnahm.

Eine neuartige, zudem dringende Aufgabe, die zusätzlich zur herkömmlichen Sozialpolitik entstanden war, stellte sich der Weimarer Republik mit der Kriegsopferversorgung. Der Anspruch der zahlreichen Betroffenen wurde von ihnen als ein verbürgtes Recht verstanden, dessen Erfüllung ihnen die Kriegsrhetorik in Aussicht gestellt hatte. Die Bürokratie dagegen, auf die eine riesige Verwaltungsarbeit zukam, wollte den Kreis der Anspruchsberechtigten nach Möglichkeit begrenzen – eine Perspektive am grünen Tisch, die ein schreckliches Lebensschicksal zum ordinären Verwaltungsfall nivellierte. Dabei ging es um Millionen von Menschen, denn nach dem Kriegsende handelte es sich um 4,75 Millionen Verwundete, 600 000 Witwen und 1,2 Millionen Waisenkinder. Eine herkömmliche Reaktion auf den Kriegstod des Mannes, die Wiederverheiratung der Witwe, wurde durch den Umstand außerordentlich erschwert, daß wegen der hohen Gefallenenzahl ein Defizit von mindestens zwei Millionen heiratsfähiger Männer entstanden war. Auch eine Zwischenbilanz vom Oktober 1924

6. Der Ausbau und die Krise des Sozialstaats

ermittelte noch immer 2,3 Millionen Versorgungsberechtigte: 731 000 Kriegsbeschädigte, 372 000 Witwen und 1,03 Millionen Waisen. Ihre Interessen wurden inzwischen von sieben Verbänden vertreten, die immerhin 1,4 Millionen Mitglieder zählten.

Mit diesen Folgekosten des Weltkriegs entstand eine extreme finanzielle Belastung, die jahrelang 8,5 bis 8,9 Prozent der Ausgaben der öffentlichen Haushalte ausmachte. Das Versorgungsgesetz vom Mai 1920 hatte die gesetzliche Grundlage geschaffen, von der aus diese schwierigen Aufgaben angegangen werden konnten. Im Gegensatz zu den hierarchisch gestaffelten Zahlungen an die «Kriegerfrauen» führte dieses Regelwerk mit dem Verzicht auf die Anerkennung militärischer Rangstufen eine einheitliche Grundrente ein, die je nach der Einzelfallprüfung und Ortsklasse, wie sie aus der Beamtenbesoldung vertraut war, aufgestockt wurde. Ungelernte Männer erhielten die Grundrente; ausgebildete dazu einen Zuschlag von 35 Prozent; Inhaber leitender Positionen von 70 Prozent.

Anders wiederum und scharf diskriminierend fiel die Regelung für Frauen aus. Witwen im erwerbsfähigen Alter erhielten nur 30 Prozent der Summe, die ein schwerbeschädigter Mann empfangen hätte. Falls sie wegen ihrer Kinder keinen Beruf ausüben konnten, stieg ihre Zahlung auf maximal 50 Prozent der Grundrente an.

Diese demütigenden Entschädigungsbeträge stießen auf so viel berechtigte Kritik, daß eine Novelle von 1924 die Sätze nach der Stabilisierung der Mark endlich verbesserte. 73 Prozent aller Witwen bis zum 60. Lebensjahr erhielten seither 50 Prozent, die 27 Prozent über 60 Jahre 60 Prozent der Vollrente. Alle diese Renten stellten entweder einen kümmerlichen Ausgleich für schlimme Kriegsverletzungen dar, die zudem erst nach eingehender vertrauensärztlicher Prüfung anerkannt wurden, oder aber sie waren eine überaus kärgliche Unterstützung von Witwen und Waisen, die unter dem Verelendungsdruck des Arbeitsmarkts und eines Alltags ohne männlichen Ernährer überleben mußten.

Ebenfalls neuartig, doch rundum positiv war dagegen das öffentliche Engagement im Wohnungsbau, der unter den verschiedenen sozialpolitischen Maßnahmen vielleicht die «größte Dynamik» und helfende Wirkung entfaltete, zumal wegen der Stagnation der Bauwirtschaft während des Krieges die Wohnungsnot angewachsen war. In den Jahren vor 1914 war jede zehnte Wohnung auch mit öffentlichen Mitteln finanziert worden. Zwischen 1919 und 1932 wurden jedoch 81 Prozent der 2,8 Millionen neuer Wohnungen vom Staat oder von den Gemeinden mitfinanziert. Zwar konnte auch dadurch die Wohnungsnot noch nicht völlig beseitigt, aber doch entschieden abgemildert werden. Vor allem wurde die Wohnungsqualität nachhaltig verbessert. Zunehmend verschwand zum Beispiel die Außentoilette im Treppenhaus für eine Vielzahl von Mietparteien, statt dessen wurden Wasserklosetts in kleine private Badezimmer verlegt. Manche Großstädte förderten sogar den Bau großzügiger und durch Grünanlagen aufgelockerter Siedlungsquartiere, die namhafte Architekten nach funktionalen Gesichtspunkten für Arbeiterfamilien errichteten.

Vor dem Krieg hatten die Mieten durchschnittlich 30 Prozent des Einkommens aufgezehrt. Während des Krieges waren sie eingefroren worden, danach aber sanken sie wegen des Mieterschutzes und der Bautätigkeit auf wenige Prozent des Lohnes oder Gehaltes, wodurch eine spürbare Aufbesserung des Realeinkommens bewirkt wurde.

Durch Staatsgesetze wurde jetzt auch das vertraute System der Sozialversicherung erweitert, obwohl noch nicht tiefgreifend verändert. Dadurch dehnte sich der Kreis der Anspruchsberechtigten erheblich aus. Waren bei Kriegsende erst 48 Prozent aller Erwerbstätigen in der gesetzlichen Krankenversicherung gewesen, stieg ihre Quote bis 1929 auf 61 Prozent. Ähnlich fiel der Anstieg in den anderen Versicherungen aus: in der Unfallversicherung von 69 auf 74 Prozent, in der Altersversicherung von 57 auf 69 Prozent. Der Gesamtindex aller staatlich Versicherten bewegte sich von bisher 49 Prozent um nahezu ein Siebtel mehr auf 62 Prozent der Berufstätigen. Gleichzeitig verdreifachten sich die finanziellen Sozialleistungen von fünf Prozent vor 1914 auf 15,5 Prozent im Jahre 1932 (womit immerhin das Niveau der frühen Bundesrepublik nach dem ersten Prosperitätsschub des «Wirtschaftswunders» erreicht wurde), die Versicherungsleistungen zogen von 3,9 auf 9,2 Prozent des Bruttosozialprodukts an. Damit war aber auch eine Anhebung der Beiträge in derselben Zeit von acht auf 16 Prozent des Lohnes verbunden.

Die neue Reichsversicherungsordnung von 1924 verkörperte den Übergang von der traditionellen Armenfürsorge der Kommunen und Kirchen zum sozialstaatlichen Individualrecht auf Fürsorge und zur sozialstaatlichen Verpflichtung auf diese Ausweitung der demokratischen Gleichheitsrechte. Außer der Entschädigung für Krankheitskosten wurde jetzt die Prävention als legitime Aufgabe insbesondere der Krankenkassen anerkannt. Nicht zuletzt damit hingen die auffälligen Erfolge bei der Bekämpfung klassischer Massenkrankheiten wie der Tuberkulose und der Lungenentzündung zusammen. Überdies vermehrte sich die Anzahl der Ärzte, der Krankenhausbediensteten und -betten während der Weimarer Republik um 50 Prozent.

Einen gewaltigen Schritt nach vorn bedeutete dann die innovative Einführung der Arbeitslosenversicherung. Denn der Sozialstaat übernahm damit die Zuständigkeit für die existenzbedrohenden Folgen eines krassen Marktversagens. Dieses neue Versicherungsgesetz trat zum 1. Oktober 1927 in Kraft. Als zuständige Behörde wurde die «Reichsanstalt für Arbeitslosenversicherung und Arbeitsvermittlung» (RAA) eingerichtet, denn sie sollte sowohl anstelle der Gemeinden, die seit 1918 die Fürsorge für die Arbeitslosen hatten übernehmen müssen, als auch der staatlichen und pri-

6. Der Ausbau und die Krise des Sozialstaats

vaten Einrichtungen für Arbeitsnachweis treten. Die Beiträge mit einem Höchstsatz von drei Prozent des Lohns wurden mit der Krankenversicherung an die Kassen entrichtet, welche sie an die Landesarbeitsämter weiterleiteten. Die Versorgungsleistungen sind vorn bereits diskutiert worden (vgl. III.3). Alle wohlmeinenden Absichten änderten nichts an dem prinzipiellen Konstruktionsfehler, die Arbeitslosenversicherung für nur 800 000 Notfälle auszulegen. Für sie war das Beitragsaufkommen von 800 Millionen Mark im Haushaltsjahr 1928/29 gedacht. Eventuelle Lücken sollte der Reichstag durch eine Kreditbewilligung schließen. Bereits im Februar 1929 wurden jedoch schon 2,5 Millionen Arbeitslose registriert, deren Zahl bis 1932 auf über acht Millionen ansteigen sollte.

Innerhalb kurzer Zeit scheiterte daher die Arbeitslosenversicherung an einer beispiellosen, so nicht vorhersehbaren Massenarbeitslosigkeit. Nachdem die Große Koalition im März 1930 an der Frage einer minimalen Beitragserhöhung, im Kern aber an der machtbewußten Blockadepolitik der Arbeitgeber gescheitert war, gingen die Präsidialkabinette zu einer politisch brisanten Kürzung der Unterstützungsleistungen über, die außerdem mit ihren prozyklischen Auswirkungen die Depression verschärfte. Jeder dritte Arbeiter hätte der Arbeitslosenunterstützung bedurft, doch nur die Hälfte aller Erwerbslosen besaß einen Rechtsanspruch darauf, so daß die andere Hälfte überwiegend der völlig überforderten Gemeindefürsorge oder der privaten Familienunterstützung aufgebürdet wurde.

Die Arbeitslosigkeit erwies sich als die Achillessehne der Weimarer Republik. Zwar war außer 1920/22 und 1926 nie mehr der an Vollbeschäftigung heranreichende Stand der Vorkriegsjahre erreicht worden. Doch der Einbruch seit 1929 sprengte alle Dämme. Von dem in der Verfassung verbrieften «Recht auf Arbeit» wurde seither nur mehr mit bitterem Hohn gesprochen. Wie hart die Präsidialkabinette die sozialpolitischen Ausgaben von 1930 bis 1932 kürzten, läßt sich an ihrem Rückgang um ein volles Viertel ablesen. Allerdings sanken in dieser Zeit der Weltwirtschaftskrise auch die Lebenshaltungskosten um etwa 20 Prozent, so daß das Realeinkommen und damit die Kaufkraft von Rentenempfängern nicht allzu drastisch vermindert wurde, ja teilweise sogar höher lag als 1929.

Als überaus schmerzhafter Einschnitt erwies sich außer der fatalen Leistungsunfähigkeit der jungen Arbeitslosenversicherung zum einen der Rückgang des Anteils der Versicherten an der Erwerbstätigenzahl zwischen 1929 und 1932. In der Krankenversicherung sackte er von 61 auf 47 Prozent, in der Unfallversicherung von 74 auf 66 Prozent, in der Altersversicherung von 69 auf 68 Prozent, in der Arbeitslosenversicherung von 44 auf 32 Prozent. Konkret hieß das, daß während der größten Not der Kreis der Ungeschützten, die durch die Maschen des Sicherheitsnetzes hindurchfielen, stetig anwuchs. Zum andern aber, und das erwies sich als sogar noch folgenschwerer, wurde diese politisch verschärfte Krise des staatlichen Versicherungssystems auch als ein tiefgreifender «Vertrauens- und Rechtsbruch» wahrgenommen, von dem eine politisch delegitimierende Wirkung ausstrahlte.

Hier ist der internationale Vergleich besonders aufschlußreich. Von allen westlichen Sozialstaaten schrumpfte nur in der Weimarer Republik der Kreis der Sozialversicherten und der Umfang der Leistungen in einem derart eklatanten Maße. Auch in Großbritannien zum Beispiel fiel die Arbeitslosigkeit extrem hoch aus, doch das Parlament verstand sich keineswegs zu einem Abbau der Sozialpolitik; in Dänemark wurde sie sogar konsequent antizyklisch ausgebaut. Der Unterschied im Vergleich mit stabilen europäischen Demokratien lag darin, daß das Vordringen des autoritären Staates in Deutschland zu einer sozialpolitischen Abbruchstrategie, damit aber zu einer «hausgemachten» Weichenstellung führte, die immer tiefer in die Legitimationskrise hineinführte. Als ihr Nutznießer erwies sich an allererster Stelle die Hitler-Bewegung, die durch die verfehlte sozialpolitische Reaktion der Präsidialkabinette Brüning, Papen und Schleicher und der sie tragenden gesellschaftlichen Kräfte einen ungeahnten Auftrieb erhielt.[21]

V.
Strukturbedingungen und Entwicklungsprozesse der Kultur

1. Die Christlichen Kirchen

Seit dem ausgehenden 18. Jahrhundert drang die Säkularisierung auch im deutschsprachigen Mitteleuropa zügig voran, unwiderstehlich auf lange Sicht, doch manchmal jahrzehntelang im Schneckentempo. Die beiden christlichen Kirchen erreichten auch in der Zeit der Weimarer Republik noch Abermillionen von Menschen. Von den nominell 40 Millionen Protestanten, die weiterhin zwei Drittel der Bevölkerung stellten, nahmen noch rund elf Millionen regelmäßig am Abendmahlsritus teil. Beim katholischen Drittel war die aktive Teilnahme am Kirchenleben noch ungleich stärker ausgeprägt. Beide Konfessionen spielten jedoch mit ihren Amtskirchen, ihren Klerikern und Laien in der Gesellschaft der Weimarer Republik eine ganz unterschiedliche Rolle.

Aufs Ganze gesehen blieb der Protestantismus nationalistisch – mit einer fatalen Neigung sogar zum Radikalnationalismus – und weithin antirepublikanisch gesinnt, anfällig für die autoritäre Lösung politischer Probleme, schließlich auffallend hilflos gegenüber dem Nationalsozialismus. Durch die völkische «Politische Theologie» wurde seine ideelle Position auch von innen her unterminiert.

Der Katholizismus dagegen setzte, ungeachtet auch seiner Bindung an den monarchischen Obrigkeitsstaat, weit entschiedener auf die neuen Entwicklungschancen, welche ihm die Republik bot. Dabei konnte er auf eine längst etablierte politische Partei, das Zentrum, zurückgreifen. Gegenüber dem extremen Nationalismus und Rechtsradikalismus der NSDAP blieb er lange Zeit resistent, bis sich seit 1932 auch bei ihm der Einbruch abzeichnete. Parallel dazu gab es jedoch einen Prozeß der inneren politischen Deformierung unter der Ägide von Brüning und Kaas, den der katholische Publizist Walter Dirks als binnenkatholische Faschisierung beschrieb. Nicht zuletzt mußte er mit der starren Rechthaberei des Vatikans zurechtkommen, der seit 1920 auf einem günstigen Reichskonkordat bestand. Seit 1929 boten dafür die Lateranverträge mit Mussolini ein attraktives Vorbild, und als Hitler ihm 1933 konzessionsbereit folgte, wurde dem politischen Katholizismus im Nu das politische Rückgrat gebrochen.

Im klassischen Land der Konfessionsspaltung hatten seit jeher tiefe Antagonismen das Zusammenleben der christlichen Glaubensgemeinschaften beeinträchtigt. Auch nach der gemeinsamen Kriegserfahrung lebte während der Republik ein unverhüllter Antikatholizismus in der protestantischen Welt weiter fort; nicht selten bewegte er sich am Rande einer Kulturkampf-Stimmung. Der Katholizismus dagegen blieb trotz aller Integrationserfahrungen reizbar und auf tief eingeschliffene Verteidigungsreflexe fixiert, wie das sein verbissener Kampf um die «Parität» der Konfessionen zeigt.

a) Der Protestantismus zwischen nostalgischem Monarchismus und völkischem Nationalismus

Der deutsche Protestantismus sah sich 1918/19 mit einer bis dahin schlechterdings unvorstellbaren Zäsur konfrontiert.

1. Aus seiner euphorischen Kriegstheologie, seiner bedingungslosen Unterstützung exorbitanter Kriegsziele, seiner empörten Ablehnung der Friedensresolution des Reichstags wurde er über Nacht herausgerissen. Noch im Oktober 1918 hatte der Berliner Pfarrer Otto Dibelius, ein leidenschaftlicher Repräsentant der Kriegstheologie (vgl. 7.T., I.3 b), in seiner letzten Siegfrieden-Predigt verkündet: Wer für «sein Volkstum» kämpfe und ihm alles opfere, «der erfüllt Gottes Gebot... Wer ein Christ ist, dem muß sein Volkstum über alles gehen in der Welt». Diesem unbelehrbaren Fanatismus mußten die Novemberrevolution und die Kriegsniederlage als höllischer Absturz erscheinen.

2. Als jeder deutsche Fürst von seinem Thron floh, kollabierte nach rund 370 Jahren das landesherrliche Kirchenregiment in den protestantischen Territorien, wo der Monarch als Summepiskopus an der Spitze seiner evangelischen Landeskirche gestanden hatte. Immerhin hatte er das Recht auf die Berufung führender Kirchenmänner, die Einberufung der Synoden, die Billigung des synodalen Kirchenrechts besessen und häufig alles andere als nur nominell ausgeübt. Jetzt tat sich sowohl für die Amtskirche als auch in der Vorstellungswelt der Gläubigen ein Vakuum auf. Voller Angst warteten sie darauf, ob die SPD auf der Linie ihres Erfurter Programms von 1891 die Trennung von Staat und Kirche rigoros vollziehen werde. Voller Sorge auch hörten sie den Ruf nach einer «Volkskirche», hinter dem sich das Verlangen nach der Demokratisierung der innerkirchlichen Meinungs- und Entscheidungsbildung verbarg.

Ein im Streit bewährter liberaler Theologe wie Martin Rade zum Beispiel rief bereits Ende November 1918 zur Neuwahl aller Amtsinhaber und Leitungsorgane, dazu zur Bildung von «Volkskirchenräten» auf; die Männer und Frauen der Gemeinden müßten mit dem 20. Lebensjahr endlich das Wahlrecht erhalten; sodann sollte eine Reichssynode, wie das schon nach 1871 vergeblich versucht worden war, eine unitarische protestantische Reichskirche an die Stelle der 28 Landeskirchen setzen. Rades Appell verriet nicht nur die momentane Anziehungskraft des Rätegedankens, viel-

1. Die Christlichen Kirchen

mehr wollten er und seinesgleichen im Grunde die verfassungspolitische Revolution auch in der Kirche nachholen. Und der erstarrte amtskirchliche Apparat wußte trotz seines Horrors vor einer solchen Umwälzung nur zu genau, daß mit der Grundidee der evangelischen Kirche als einer Gemeinschaft der Gläubigen sehr wohl die demokratische Mitwirkung aller vereinbar war, zudem mit triftigen theologischen Argumenten gefordert werden konnte.

3. Die Ereignisse von 1918/19 stießen die Anhänger des im Protestantismus dank des Summepiskopats besonders tief verankerten Monarchismus in eine tiefe Verstörung. Daraus ging ein zählebiger Gesinnungskonflikt mit dem demokratisch-republikanischen Wertesystem hervor – ein «Kulturschock», der bis 1933 nicht überwunden wurde. Im offiziösen «Kirchlichen Jahrbuch» etwa erging sich der langjährige Herausgeber, Pfarrer Johannes Schneider, gleich nach dem Umbruch in Tiraden gegen den «tollen Pöbel», gegen den Sozialismus als «Ethik der Minderwertigen», gegen den Acht-Stunden-Tag als den «wahnwitzigsten der volkswirtschaftlichen Irrtümer». Als die Leiche der Kaiserin Auguste Viktoria im April 1921 aus Holland nach Potsdam überführt wurde, ordnete der preußische Evangelische Oberkirchenrat in allen Orten am Reiseweg das feierliche Glockengeläut an. Kein Wort fand er dagegen zum Mord an Erzberger. Zum Mord an Rathenau schwieg sich das «Kirchliche Jahrbuch» beharrlich aus. Kein Beileid konnte sich die Kirchenleitung zum Tod von Reichspräsident Ebert abringen. Wohl aber durfte Dibelius die Revolution, die Ebert emporgetragen hatte, erneut den «Mächten der Finsternis» zuschreiben. Gegen die Fürstenenteignung leistete die Kirche auf allen Ebenen verbissenen Widerstand, während sie sich, wie ein einsamer Kritiker klagte, «in der Frage der permanenten Ausbeutung der Arbeiterschaft... niemals an Bibel und Katechismus hat erinnern lassen». Beim Vergleich der innerkirchlichen Meinungsfindung mit dem staatlichen Parlamentarismus verhöhnte sie seine «unwürdigen Zänkereien» und «leerlaufenden Mühlen», während sie sich im Lager der antiparlamentarischen «nationalen Opposition» gegen den reparationspolitischen Young-Plan offenbar angemessen plaziert fand.

4. Anders als der Katholizismus mit dem Zentrum besaß der Protestantismus keine eigene politische Partei, sondern verließ sich seit 1919 ganz auf die rechtskonservative DNVP. Wie es in dem damals geläufigen Sprichwort hieß: «Die Kirche ist politisch neutral – aber sie wählt deutsch-national». Vier Generalsuperintendenten ließen sich 1919 sogleich als DNVP-Abgeordnete in den preußischen Landtag wählen. Die Partei wiederum richtete eigens einen unter der Leitung von Dibelius stehenden «Berufsständischen Ausschuß» für evangelische Pfarrer ein. Als «politische Treuhänderin» des Protestantismus band sie ihn an das «nationale Lager». Die DDP unter Pfarrer Naumann, mit so prominenten Theologen wie

Troeltsch, Rade und Baumgarten unter ihren Mitgliedern, stieß wegen ihrer Bejahung von Demokratie und Parlamentarismus auf unversöhnliche Ablehnung.

5. Angsterfüllt stand die Kirche zu Beginn der neuen Zeit den Finanzproblemen gegenüber. Was würde aus den hohen staatlichen Zuschüssen werden, die selbst 1918 in Preußen noch 28 Millionen Mark, mithin die Hälfte des kirchlichen Gesamtetats ausgemacht hatten? Wer würde die Pfarrergehälter zahlen? Auf die Spendenfreudigkeit der gläubigen Gemeindemitglieder wollte sich keiner so recht verlassen.

6. Als entscheidender Einfluß aber erwies sich die prägende Tradition des Nationalprotestantismus und des auch aus ihm hervorgehenden extremen Nationalismus der Jahrzehnte bis 1945. Welche begeisterte Zustimmung hatte doch Adolf Stoeckers Jubelruf aus dem Jahr 1871 gefunden, als er das «heilige evangelische Reich deutscher Nation» vollendet sah, «in diesem Sinn erkennen wir die Spur Gottes von 1517 bis 1871». Und hatte die «Neue Evangelische Kirchenzeitung» am 18. März 1871 nicht ebenfalls diese weit verbreitete Überzeugung ausgedrückt, als sie Kaiser Wilhelm «als den Gründer des evangelischen Kaisertums deutscher Nation» begrüßte? In den vier Friedensjahrzehnten des Kaiserreichs hatte der Nationalprotestantismus die geradezu natürlich wirkende Fusion von Reichsnationalismus und evangelischer Glaubenslehre vollends dogmatisch befestigt.

Damit prägte er den nationalen Habitus der evangelischen Laien, und damit schuf er gleichzeitig jene Brücke, auf der sich ein «wüster Pastorennationalismus» in die Weimarer Republik und durch sie hindurch bewegte – jener unerbittlich revisionistische, antirepublikanische, zusehends völkisch aufgeladene Radikalnationalismus, der die öffentliche Meinung auch in der Pastorensprache prägte. Von den 18 000 Pfarrern hatten, nach zuverlässiger Schätzung, rund 80 Prozent zur «Deutschen Vaterlandspartei», jener extremnationalistischen, protofaschistischen Massenbewegung von 1917/18, gehört. Überwiegend identische 80 Prozent unterstützten auch wieder die DNVP, an deren Wahlkämpfen sie engagiert teilnahmen. Für den «Stahlhelm» hielten sie «Feldgottesdienste» ab, etwa unter dem beziehungsreichen Motto: «Dem alten Schwert den neuen Sieg.» Nahezu geschlossen setzte sich die Pfarrerschaft 1925 für die Wahl Hindenburgs zum Reichspräsidenten ein. Sie blieb ein lautstarkes Mitglied der republikfeindlichen Mehrheit.

Die evangelischen Landeskirchen sahen sich nach dem abrupten Zerfall des Summepiskopats dem Zwang zu einer Neuorientierung ausgesetzt. Dem setzten sie ihr Maximalziel entgegen: Kontinuität ohne Bruch, hieß es, um als «privilegierter Träger und Sachwalter... des ganzen evangelischen Volkes» ungehindert weiterwirken zu können. Das wurde ihnen jedoch gleich am Anfang verwehrt, denn das – wie es ihnen schien – symptomatische Verhalten des preußischen Kultusministers Adolf Hoffmann, eines atheistischen Radikalen vom linken USPD-Flügel, bestätigte schlagartig alle Befürchtungen. Vier seiner ungestümen Entscheidungen lösten geradezu einen Schock aus. Hoffmann kündigte die Trennung von Staat und Kirche auf dem Verordnungswege, also außerhalb des beeinflußbaren, regulären Gesetzgebungsverfahrens an; er wollte die Staatszuschüsse einstellen; der Austritt aus den Kirchen wurde rechtlich erleichtert, und der christliche Charakter der Schulen wurde einschließlich des Religionsunterrichtes aufgehoben.

Hoffmann blieb zwar nur sechs Wochen im Amt, doch diese kurzlebige Erfahrung erwies sich im Grunde als politische Wohltat für die Protestanten, denn sie löste eine Tiefenmobilisierung unter ihnen aus, die daraufhin in einer Massenpetition mit sieben Millionen Unterschriften die Nationalversammlung beschworen, die überkommene Stellung ihrer Kirche zu verteidigen. Der Evangelische Oberkirchenrat setzte sich an die Spitze dieses Aufbegehrens, indem er in zwei Eingaben vom 22. Februar und 13. März 1919 ultimativ auf der Erfüllung von sechs Forderungen insistierte: Die Kirche müsse, verlangte er, eine Körperschaft des öffentlichen Rechts mit dem Recht zur Einziehung von Kirchensteuern bleiben; die kirchlichen Vermögensrechte seien ganz so zu garantieren wie die staatlichen Zuschüsse; die christliche Schule mit ihrem obligatorischen Religionsunterricht für evangelische Schüler müsse erhalten bleiben.

Statt der befürchteten «politisch-kulturellen Marginalisierung» stand wenige Monate später der lückenlose Erfolg fest: Alle Maximalforderungen waren von der Nationalversammlung erfüllt worden. Die Weimarer Reichsverfassung wies der Republik zwar die reichsrechtliche Kompetenz zu, über die «Rechte und Pflichten der Religionsgesellschaften» zu befinden, fand dafür aber so geschickte Kompromißformulierungen, daß diese 1949 erneut in das Grundgesetz der Bundesrepublik aufgenommen werden konnten, die damit die Tradition des deutschen Staatskirchentums fortführte. Die Trennung von Staat und Kirche wurde in der Tat vollzogen (Art. 137), doch blieb die Kirche eine unabhängige, staatliche subventionierte Körperschaft des öffentlichen Rechts mit der Garantie des Kirchensteuereinkommens. Die Republik verzichtete als säkularisierter Staat wohlweislich darauf, die Nachfolge des Summepiskopats anzutreten. Die DNVP stimmte gegen die Annahme der Verfassung, die Kirchenleitung erkannte jedoch, daß ihr ein größerer Spielraum mit gefestigterer Selbständigkeit als zuvor eingeräumt worden war. Die Pfarrerschaft blieb eine staatlich alimentierte bildungsbürgerliche Funktionselite, die ihre öffentlich-sanktionierte «gesellschaftspolitische Leitfunktion» weiterhin beanspruchte, wenn etwa Tausende von Pfarrern von der Kanzel für Millionen Gemeindemitglieder auch die politischen Gegenwartsprobleme verbindlich interpretierten.

Die Großzügigkeit der staatlichen Finanzleistungen ließ sich ebenfalls nicht bestreiten. Seit 1925 kam ein wahrer Boom dem Bau von Kirchen, Gemeinde- und Pfarrhäusern zugute. Im Grunde hätte der Protestantismus das Hoffmann-Intermezzo mit seinen Diskriminierungsängsten vergessen können. An der Oberfläche arrangierte er sich auch mit dem neuen Staat. Über eine vielfach gebrochene, kühl distanzierte Korrektheit kam er jedoch nicht hinaus.

In seiner inneren Organisation trug er den Reformimpulsen von 1918/19 nur an einer Stelle Rechnung: Die Kirchenparlamente der Synoden, zu denen jetzt auch die Frauen das Wahlrecht erhielten, wurden ein wenig aufgewertet. Der Oberkirchenrat als mächtige Verwaltungsbürokratie versierter Kirchenrechtsexperten blieb bestehen. An ihre Spitze trat ein Präsident oder Bischof. Die preußische und die bayerische Landeskirche lehnten den Bischofstitel wegen seiner semantischen Nähe zur katholischen Rangordnung prompt ab. Typischerweise hielt Dibelius, inzwischen mit 45 Jahren der jüngste preußische Generalsuperintendent, die Autorität einer «vollmächtigen bischöflichen Führung» für nötig.

Ungleich folgenschwerer war der Konflikt, der innerhalb der protestantischen Kirche aufbrach, als drei Theologen: Paul Althaus, Emmanuel Hirsch und Friedrich Gogarten, von dem Publizisten Wilhelm Stapel energisch unterstützt, ihre «Politische Theologie» entfalteten, die im Dunstkreis des Radikalnationalismus auf die völkische Bewegung setzte. Alle drei galten als brillante Fachwissenschaftler auf angesehenen Lehrstühlen. In mancher Hinsicht gibt es Parallelen zu intellektuell herausragenden Figuren in der Geschichtswissenschaft (z. B. Otto Brunner), der Soziologie (z. B. Hans Freyer), der Jurisprudenz (z. B. Carl Schmitt), deren fachliche Kompetenz ganz unbestreitbar ist, sie aber keineswegs vor einer Unterstützung des völkischen Nationalismus und des frühen Nationalsozialismus bewahrte.

Wes Geistes Kind dieses berühmt-berüchtigte Theologen-Trio war, läßt sich schnell skizzieren. Daß die Weimarer Republik ein «gottloser Staat» sei, lehrte Althaus vollmundig seit 1923. Seine Hoffnung richtete sich auf einen autoritären Staat, denn «eine demokratische Verfassung à la Weimar, die der Mehrheit der jetzt lebenden Staatsbürger den politischen Willen zu bilden gäbe, wäre zutiefst unsittlich». Notwendig sei vielmehr ein «verantwortliches Führertum», das «tief in dem Vertrauen des Volkes wurzeln muß». «Nur ein Volk», lautete auch Hirschs Appell, «das sehr stolz auf die ihm von Gott gegebene Art ist, das sich für unentbehrlich hält im Menschheitsganzen», sei den Zumutungen der neuen Epoche gewachsen. In der Tat, pflichtete Gogarten bei, an allererster Stelle unterstehe der Christ «dem Gesetz seines Volkes». Währenddessen stimmte Stapel in seiner Zeitschrift «Deutsches Volkstum» zu: «Das deutsche Volk ist... eine Idee Gottes.»

1. Die Christlichen Kirchen

Die neue «Politische Theologie» fixierte das «deutsche Volkstum» als ihren neuen ethischen Bezugspunkt. Daher müsse die Kirche ihrer Verantwortung für dieses Volkstum gerecht werden, konkret gesprochen: auch die völkische Bewegung positiv beurteilen, zumal sie schon einmal auf jeden Einfluß auf eine angeblich vergleichbare Massenbewegung wie die Sozialdemokratie zu ihrem Nachteil verzichtet habe. Die uneingeschränkte Solidarisierung mit dem Volksschicksal gebiete es, sich auch auf die aktuelle politische Situation einzulassen – «das ist das richtige Verständnis von Gottes Wort».

Jede ökumenische Kooperation mit Kirchen der Weltkriegsalliierten wurde deshalb als ein Verstoß gegen ein derart verstandenes göttliches Gebot stigmatisiert. Mühelos floß aus einer solchen Grundhaltung die schneidende Kritik an der volksfremden, pluralistischen, «kapitalistisch-westlichen» Republik, während die «Konservative Revolution» als «befreiende Alternative» begrüßt wurde. Auf dem «vaterländischen Kirchentag», der im Sommer 1927 in Königsberg wie eine moderne Sedanfeier abgehalten wurde, fand die «Politische Theologie» bereits eine unüberhörbare Resonanz. Sie legitimierte den völkischen Nationalismus mit christlichen Argumenten, so daß er einschließlich seines explizit gebilligten Antisemitismus wie die Erfüllung von Gottes Wort wirkte. Von dort war es nur ein kurzer Schritt zur Solidarität mit der Hitler-Bewegung.

Zu alledem schwieg die Kirchenleitung, schwieg die erdrückende Mehrheit der Pfarrerschaft, schwiegen die laikalen Gläubigen. Leidenschaftlicher Protest kam indes von dem Schweizer Theologen Karl Barth, der seit 1925 in Münster lehrte. Sein bibelgläubiger Fundamentalismus bestand auf der Ausscheidung jedweder Politik aus der protestantischen Lehre. Damit verband sich eine messerscharfe Polemik – wie sie selbst im streiterprobten deutschen Protestantismus ungewöhnlich war – gegen die Verklärung des Traditionalismus und Institutionalismus, als deren prominenter Vertreter sich Dibelius aufführte. Der giftigen Verzerrung des Verhältnisses von Kirche und Judentum, an dem auch der bekennende Antisemit Dibelius wortreich mitwirkte («bei allen zersetzenden Erscheinungen der modernen Zivilisation» habe das Judentum, behauptete er etwa 1928, immer «eine führende Rolle» gespielt), widersprach Barth mit kompromißloser Entschiedenheit, unterstützt von Martin Rade und Paul Tillich, dem führenden Kopf des «Bundes religiöser Sozialisten». Nur wenige schlossen sich ihnen an. Vorerst blieb Barths rigorose Lehre ein durchaus minoritäres Phänomen.

Das war zunächst auch der organisierte völkische Protestantismus. 1926 entstand die «Deutsch-Christliche Arbeitsgemeinschaft Großdeutschlands», in der sich einige rechtsradikale Protestanten ganz so trafen wie seit 1928 in dem völkisch-christlichen Kreis, den die thüringischen Pfarrer Leffler und Leutheusser, zugleich Gründer einer NSDAP-Ortsgruppe, um sich versammelt hatten. Bis 1930 kamen weitere Landesgruppen hinzu, unter denen die «Christlich-Deutsche Bewegung» die wichtigste war. Denn sie genoß nicht nur die Förderung durch Althaus, Hirsch und den Heidelberger Theologen Heinrich Bornkam, sondern sie gewann auch den Berliner Oberdomprediger Doehring und den mecklenburgischen Bischof Rendtorff als Galionsfiguren. Ihr organisatorischer Aktivist aber war der märkische Pfarrer Wilm, der die Patronage der DNVP, des «Stahlhelms», auch prominenter Konservativer wie Ewald v. Kleist-Schmentzins, dagegen noch nicht der NSDAP genoß. Allerdings unternahm gleichzeitig Hans Schemm, ursprünglich bayerischer Volksschullehrer, seit 1928 der Gauleiter von Oberfranken, erste Anstrengungen, Pfarrer in der Partei zu organisieren. Dort gab es im Vergleich mit dem seit 1927 außerordentlich erfolgreichen «Lehrerbund» nur eine kümmerlich kleine Arbeitsgruppe von Pastoren, wie überhaupt bis Ende 1930 höchstens 120 Pfarrer (nicht einmal 1 %) NSDAP-Mitglieder waren.

Der Erdrutschsieg der Hitler-Bewegung bei den Septemberwahlen von 1930 löste auch auf diesem Politikfeld neue Bewegung aus.

Dibelius hielt im Sommer 1930 ein Lob auf den Wahlsieger für angebracht. «Die Nationalsozialisten als stärkste Rechtspartei», konstatierte er befriedigt, «haben es sowohl durch ihr Programm wie durch ihre praktische Haltung ... gezeigt, daß sie ein positives Verhältnis zum Christentum» hätten. Der Soldiner Dompfarrer Wieneke wußte es sogar noch genauer: «Hakenkreuz und Christuskreuz sind keine Gegensätze.»

Von den 35 Reichstagswahlkreisen besaßen 25 jeweils eine protestantische oder katholische Mehrheit von mehr als 70 Prozent; in den 19 evangelischen Stimmbezirken gelangen der NSDAP spektakuläre Erfolge, in den sechs katholischen dagegen überhaupt nicht. Diese Schwungkraft des Nationalsozialismus wurde von vielen protestantischen Kirchenmännern ebenso aufmerksam registriert wie das Image der Jugendlichkeit, das die Partei inzwischen gewonnen hatte, denn die Kirche wollte den Anschluß an «die Jugend» nicht erneut verlieren, zumal der Gesinnungswandel in den eigenen Reihen bereits dramatisch genug ausfiel. 90 Prozent der Theologiestudenten, schätzte damals Martin Rade, favorisierten bereits den Nationalsozialismus, selbst in den Schüler-Bibelkreisen seien schon 70 Prozent der Gymnasiasten auf diese Linie eingeschwenkt.

Die «Christlich-Deutschen» unter Wilm suchten jetzt den Kontakt zur NSDAP. Dabei wurden sie von dem märkischen Pfarrer Wieneke, einem frühen Parteigenossen und Promotor des Anfang 1931 entstandenen «Nationalsozialistischen Pfarrerbundes», unterstützt. Die Entscheidung mußte in Preußen fallen, wo die Kirche der Altpreußischen Union formell 19 Millionen Mitglieder besaß. Dort erwies sich der brandenburgische Gauleiter Wilhelm Kube, zugleich Fraktionsvorsitzender seiner Partei im Landtag, als Motor der neuen Bemühungen, die «Eroberung der Kirche» vorzubereiten. Kube war es dann auch, der Gregor Strasser als Reichsorganisati-

1. Die Christlichen Kirchen

onsleiter nationalsozialistische Listen für die anstehenden Kirchenwahlen vorschlug. Nach einem Probelauf in Nassau, wo eine derartige Liste auf Anhieb ein Viertel aller Sitze gewann, gab Strasser grünes Licht für die preußische Liste «Evangelische Nationalsozialisten». Mit diesem Namen wollte sich jedoch Hitler, der eine Beeinträchtigung des überkonfessionellen Anspruchs seiner Bewegung argwöhnte, nicht endgültig abfinden, so daß auch die Aversion des «Führers» dem neuen Verband der «Deutschen Christen» zugute kam.

Als ihre zentrale Figur erwies sich der Berliner Pfarrer Hossenfelder, seit 1929 Parteimitglied, der Kube mit der Vorbereitung einer großen Pfarrertagung im Februar 1932 behilflich war, auf der die informelle Allianz mit der NSDAP so zügig erörtert wurde, daß im Mai die Vereinigung der «Deutschen Christen» gegründet werden konnte. Anfang Juni trat sie mit ihren von «Reichsleiter» Hossenfelder vorbereiteten «Richtlinien» erstmals an die Öffentlichkeit. Anstelle eines kirchenpolitischen Programms enthielten sie einen unverhüllten völkischen Appell. Ein «arteigenes Christentum» galt ihnen als höchster Zielwert, daher bedürfe auch die Kirche der Verwurzelung im Volkstum. Vor «Minderwertigen» müsse die kostbare Substanz des deutschen Volkes geschützt werden. Da die gängige «Rassenverschleierung und Bastardisierung» unerträglich seien, müsse die Mischehe mit Juden verboten, die Judenmission völlig eingestellt werden. Die unzweideutige Sprache der «Deutschen Christen» ließ nichts zu wünschen übrig: Hier formierte sich die protestantische Phalanx der NSDAP.

Anstatt endlich daran prinzipielle Kritik zu äußern, schwieg die preußische Kirchenleitung mit atemberaubender Stille weiter. Wo ein empörter Aufschrei angebracht gewesen wäre, übte der evangelische Oberkirchenrat vornehm-feige Zurückhaltung. Der Präsident des Kirchenbundesrats, der lockeren föderativen Vereinigung und höchsten Repräsentanz aller Landeskirchen, verstand sich zu dem Kotau, daß die Kirche «warmherzig der völkischen Bewegung» gegenüberstehe. Auch das seit 1932 erscheinende eigene Wochenblatt der «Deutschen Christen», das «Evangelium im Dritten Reich», wurde stillschweigend hingenommen. Die Mitgliedschaft in der NSDAP sei kein Verstoß gegen Kirchenregeln, hieß es, der Nachweis, daß sie eine Umsturzpartei sei, könne nicht geführt werden. Daß der orthodox-dogmatische «Evangelische Bund» sich als erste protestantische Organisation auf die Seite Hitlers schlug, blieb ungerügt. Immer häufiger durften Nationalsozialisten die Kirche, eine Trauung oder Beerdigung in Parteiuniform besuchen. Und der Erfolg der braunen Christen bei den Kirchenwahlen Mitte November 1932 schien den Leisetretern recht zu geben, denn ein Drittel aller Sitze fiel an die nationalsozialistische Liste. In Ostpreußen, in der Grenzmark und in Pommern überstieg ihr Anteil sogar 50 Prozent. Der Nationalsozialismus wurde jetzt auch zum neuen Brennpunkt der «Politischen Theologie».

Überhaupt brach die Kirche im politischen Konflikt immer wieder ein. Pfarrer Günter Dehn, Mitglied der «Religiösen Sozialisten», hatte 1928 in Magdeburg angeregt, die Kriegerdenkmäler vor Gemeindegebäuden anstatt vor Kirchen aufzustellen, um die Parallelisierung von Christi Opfertod mit dem Tod der für das Vaterland Gefallenen zu vermeiden. Als die DNVP daraufhin eine Schmähkampagne entfesselte, ließ die Amtskirche den umstrittenen Pfarrer fallen. Da er wegen seiner Qualität als Theologe einen Ruf nach Heidelberg erhielt, wurde die Übernahme des Lehrstuhls blockiert; als er daraufhin eine Professur in Halle annahm, sah er sich dem pöbelhaften Protest nationalsozialistischer Studenten gegenüber, ohne die Unterstützung seiner Kirche und Fakultät zu finden. Schließlich resignierte er mit der Ahnung, nur «ein Vorspiel kommender Ereignisse» erlebt zu haben. Unverzüglich entzogen ihm 1933 die braunen Machthaber die Lehrerlaubnis und den Professorentitel, ehe sich die Theologische Fakultät, ihre Servilität demonstrierend, noch einmal förmlich von ihm distanzierte.

Hirsch schwang sich zum Wortführer der «Politischen Theologen» auf, als er Dehn in der «Deutschen Allgemeinen Zeitung» vom 1. Januar 1932 wegen seines Magdeburger Vorschlags als antinational denunzierte. Die Nation aber, geiferte er, gehöre «zu den von Gott geheiligten Gütern». Deshalb verlangte er in der Sprache der rechtsradikalen Gosse auch von den Pfarrern ihr «Bekenntnis zu dem leidenschaftlichen Freiheitswillen unseres Volkes, das von macht- und habgierigen Feinden geknechtet und geschändet wird». Unverdrossen wiederholte nur Barth seine Kritik, daß die theologischen, nicht aber die politischen Fragen allentscheidend seien, worauf Hirsch erneut für den Primat von «Volk, Staat und Krieg» eintrat.

Als der Potempa-Mord in Oberschlesien 1931 die Gemüter erregte – fünf SA-Männer hatten einen Kommunisten vor den Augen seiner Mutter viehisch zu Tode getreten, dann vor Gericht die vorbehaltlose Loyalität Hitlers versichert bekommen –, hielt die Kirche es nicht für opportun, die Untat zu verurteilen. Der nationalsozialistische Pfarrer Rehm höhnte, das «einzige Verbrechen» der Täter sei darin zu sehen, daß sie «ihr Volk und Vaterland über alles liebten». Und sein Gesinnungsgenosse Pfarrer Schairer entdeckte in Hitlers Stellungnahme «den elementaren Aufschrei für's Blut». Weder äußerte die Kirchenleitung eine öffentliche Rüge, noch setzte sie ein kirchenrechtliches Disziplinarverfahren wegen der unumwundenen Rechtfertigung eines politischen Mordes in Gang.

Als der «Preußenschlag» Papens im Herbst 1932 enthüllte, daß das autoritäre Präsidialregime bis zum Staatsstreich zu gehen bereit war, fand sich der engagierte Dibelius zur Verteidigung der Regierung geschwind bereit. Gebiete es nicht das nationale Interesse «des Reiches», lautete am 2. Oktober 1932 seine rhetorische Frage, den Buchstaben der Verfassung außer acht zu lassen? Luther wäre dazu bereit gewesen, glaubte der Generalsuperintendent zu wissen, daher könne die Kirche zwar nicht direkt mitwirken, den Akteuren jedoch ein gutes Gewissen verschaffen. Scharfsichtig hielt daraufhin der Kommentar der «Vossischen Zeitung» fest, daß Dibelius Carl Schmitts Verteidigung des autoritären Staates «in der Sprache der Kirche» wiederhole.

Ende Januar 1933 war es dann soweit: Kein einziger Kirchenmann beklagte den Untergang von Freiheit und Demokratie; von den meisten Kirchtürmen wurde Schwarz-Weiß-Rot geflaggt. Am Tag von Potsdam (21. März) predigte Dibelius in der Nikolaikirche über jenen Text aus Römer 8.31, den der Hofprediger Dryander am 4. August 1914 für den Kriegsreichstag gewählt hatte: «Ist Gott für uns, wer mag wider uns sein?» 1933 wurde vollends klar, daß die evangelische Kirche ein Muster dafür bot, wie ein radikalisierter Nationalprotestantismus gegenüber der totalitären Gefahr nicht nur wehrlos machte, sondern dazu führte, daß eine völkische Massenbewegung und ein autoritäres Regime nach der Zerstörung der Demokratie als Weg in eine helle Zukunft begrüßt werden konnten.

Wenn ein Kirchenhistoriker wie Gerhard Besier unlängst vor voreiliger politischer Kritik am Verhalten des Weimarer Protestantismus gewarnt und zum Maßstab erhoben hat, daß das kirchliche Handeln stets «an der christlichen Wahrheit» gemessen werden müsse, führt die Berufung auf eine derart hochgelegte Meßlatte zu einem vernichtenden Urteil. Denn wo gibt es in der christlichen Verkündigung die Vergötzung des Volkstums, die Idealisierung des «Völkischen», die Billigung des antisemitischen Rassismus, die Anleitung zur prinzipiellen Feindschaft gegen die Demokratie und die republikanische Staatsform, die Befürwortung eines haßerfüllten extremen Nationalismus?[1]

b) Der Katholizismus zwischen erneuerter Volksbewegung und autoritärer Ordnung

Im orthodoxen Katholizismus galt die Faustregel vom bedingungslosen Widerstand gegen die drei R: Reformation – Renaissance – Revolution. Auch wenn der deutsche Katholizismus durch keine dem protestantischen Summepiskopat ähnelnde symbiotische Beziehung mit der Staatsgewalt verbunden war, hatte doch die Bindung an die Monarchie als offenbar gottgewollte Obrigkeit ebenfalls an seinem Wertehimmel als Fixstern geleuchtet. Die Allianz von Thron und Altar hatte auch zu seiner Lebenspraxis, nicht nur in Bayern, gehört, und im Krieg hatte es an leidenschaftlichen Appellen zugunsten der deutschen Fürstenherrschaft, die gegen die gottlose französische Republik stritt, nicht gemangelt. Der Einbruch nach 1918/19 traf ihn daher tief. Es waren nicht nur die Verfechter der katholischen Kriegstheologie, sondern wichtige Stimmen aus dem Episkopat und der Theologenschaft, die daraufhin die vordringlichste Aufgabe in der Gründung einer großen Antipartei gegen Revolution und Republik sahen.

Anstelle des Hoffmann-Schocks, der die Katholiken eher vermittelt traf, bewegte sie die Opposition gegen die Volkssouveränität als Fundament der Weimarer Verfassung. Wenn es dort, gut 140 Jahre nach dem amerikanischen Vorbild, in Artikel 1 hieß: «Die Staatsgewalt geht vom Volke aus», löste dieser Grundsatz eine heftige katholische Polemik aus, da mit ihm die Herkunft der staatlichen Herrschaft von Gott geleugnet werde. Dieser Widerstand erwies sich indes als folgenlos. Pragmatisch wurde die Verfassung schließlich ebenso hingenommen wie auch das allgemeine Wahlrecht in den Ländern und Gemeinden, obwohl der Kölner Kardinal Hartmann seiner Einführung in Preußen empört widersprach, da es den Aufstieg der Sozialdemokratie begünstige und als Konsequenz die konfessionelle Schule gefährde.

Hartnäckige Konservative im Episkopat gaben ohnehin so schnell nicht auf. Der Münchener Kardinal Faulhaber, unlängst noch der treueste der monarchietreuen Kriegstheologen, traktierte den Katholikentag von 1921 mit seiner Beschimpfung der «Volksherrschaft». Und 1922 wiederholte er in flammender Empörung sein Bekenntnis, daß die Revolution von 1918 «Meineid und Hochverrat» verkörpere, eine «Untat», die trotz einiger Erfolge für den Katholizismus niemals «heiliggesprochen» werden dürfe. Die Teilnahme des Reichskanzlers Wirth vom Zentrum lehnte er als unerwünschte Aufwertung der Republik ab, und ein für weltkluge Umstellung werbendes Plädoyer des Kölner Oberbürgermeisters Adenauer trug diesem eine anhaltende Verstimmung unter den antirepublikanischen Klerikern ein.

Insgesamt aber fiel der katholischen Amtskirche und ihren Laien der Übergang in die neue Staatsform wesentlich leichter als dem Protestantismus. Die Gründe sind unschwer zu erkennen: Die Rechtsordnung der Kirche blieb von der politischen Umwälzung unberührt. Die Hierarchie funktionierte weiter wie zuvor. Das Ansehen des Papsttums war während des Weltkriegs aufgewertet worden. Der politische Beistand des Zentrums wirkte sich vielerorts vorteilhaft aus; nur eine winzige Minderheit enttäuschter Adliger und Intellektueller versammelte sich im «Katholikenausschuß» der DNVP. Andrerseits fand der Vorschlag der beiden Christlichen Gewerkschafter Stegerwald und Brauns, in die neue Zeit mit einer überkonfessionellen «Christlichen Volkspartei» hineinzugehen, kein zustimmendes Echo – offenbar kam er genau ein Vierteljahrhundert zu früh.

Überall regte sich ein neues katholisches Selbstbewußtsein, nachdem der protestantisch geprägte Staat einen solchen Rückschlag erlebt hatte. Eine kulturelle Aufbruchstimmung, wie sie etwa die Zeitschrift «Hochland» verkörperte, drang vor. Sie verband sich mit der Hoffnung auf einen allgemeinen Aufschwung des Katholizismus. Auf dieser Linie bewegte sich auch der katholische Akademikerverband mit seinen 16 000 Mitgliedern. Dabei näherte er sich freilich einem illiberalen Integralismus mit dem Ziel, alles im

Geist des erneuerten Katholizismus umzubauen, mithin auch einer Verkirchlichung der Kultur den Weg zu bahnen. In diesen Kreisen waberten auch allerhand romantische Vorstellungen von der Wiederherstellung eines katholischen Reiches – anachronistische Wunschträume, die in eine fatale Nähe zur Ideologie vom «Dritten Reich» der neuen Rechten gerieten.

Der deutsche Katholizismus erlebte damals eine Zeit neuer volksnaher Bewegungen. Die liturgische und die monastische Bewegung fanden Zulauf; die Jugendbewegung «Quickborn» ahmte unbefangen den Stil der bündischen Jugend nach und zog Hunderttausende von Mitgliedern an; die Akademikerbewegung expandierte ebenso wie die wissenschaftliche Görres-Gesellschaft. Prominente Konvertiten wie Max Scheler und Theodor Haecker machten von sich reden. Auch das Kirchenleben vor Ort erlebte eine neue Intensität. Im Ruhrgebiet und in Westfalen zum Beispiel gingen 60 Prozent aller Katholiken regelmäßig zur Osterkommunion.

Ein jahrzehntelang erfolgreicher Kampfverband, der «Volksverein für das katholische Deutschland», geriet jetzt jedoch in eine tiefe Krise, da das Zentrum und die Christlichen Gewerkschaften sich zu einer übermächtigen Konkurrenz entwickelt hatten, die seine Domäne, die Sozialpolitik, okkupierten. Als in der Mitte der 20er Jahre noch finanzielle Schwierigkeiten auftauchten, folgte ein bestürzender Zusammenbruch.

Währenddessen kämpfte der erste Nuntius in Berlin, Eugenio Pacelli (1920 war die preußische Gesandtschaft beim Vatikan in eine Botschaft der Weimarer Republik verwandelt worden, worauf Berlin seine Nuntiatur erhalten hatte), für eine päpstliche Initiative, die «Katholische Aktion». Sie sollte alle Vereinigungen des reich differenzierten katholischen Verbandswesens im Sinne des römischen Zentralismus straff integrieren. Eine autoritäre Steuerung wäre dann an die Stelle autonomer Handlungsspielräume getreten. Die Bischöfe unterstützten das Unternehmen, da es ihnen die Chance zu bieten schien, die Laienaktivität strikt an die Diözesen und Pfarreien zu binden. Dieser Anschlag auf die Unabhängigkeit des Vereinswesens mißlang jedoch rundum.

Das Projekt gehörte in den größeren Zusammenhang einer intensivierten Stärkung der Vatikansmacht, namentlich des absolutistischen Herrschaftsstils der Päpste. Ein wesentlicher Impuls ging von der Kodifizierung des gesamten katholischen Kirchenrechts aus, das nach jahrzehntelanger Vorarbeit 1917 im imponierenden «Codex Juris Canonici» zusammengefaßt worden war. Das war ein Ausfluß der Entscheidungen auf dem Ersten Vatikanum, das nach dem unmittelbar vorhergehenden Fundamentalprotest der Kurie gegen die Moderne im Syllabus Errorum von 1864 den ultramontanen Machtanspruch bis zum Unfehlbarkeitsdogma gesteigert hatte (vgl. II, 469–72; III, 384–90). Folgerichtig wurde daher im Codex (Art. 218) die «allumfassende päpstliche Macht» als Fixpunkt beschworen. Zu seinen Hauptzielen gehörten die vereinheitlichende Zentralisierung der

Kirche zugunsten der Papstdiktatur und die lückenlose Verrechtlichung des Kirchenlebens, so daß die Entscheidungen der Kurie als Vollzug zweifelsfrei geltenden Rechts wirkten. Viel kam darauf an, die Anerkennung und Absicherung dieses Rechtszustandes durch die säkularisierte Staatenwelt zu gewinnen. Als das geeignete Vertragsinstrument hatte sich dazu seit langem das Konkordat zwischen dem Vatikan und einzelnen Staaten erwiesen. Zum zielstrebigen Vorkämpfer der neuen Konkordatspolitik schwang sich der Nuntius Pacelli auf, alsbald die verhängnisvoll dominierende Figur des Weltkatholizismus in der ersten Hälfte des 20. Jahrhunderts.

In Berlin nahm Pacelli unverzüglich Verhandlungen auf, um die neue Situation nach dem Verschwinden des Summepiskopats und der Schwächung des protestantischen Preußen «rücksichtslos» auszunutzen. Allerdings litten seine diplomatischen Gespräche von Anfang bis Ende unter dem Desinteresse, mit dem er der komplizierten Lage des deutschen Katholizismus und den Traditionen der konfessionellen Spaltung begegnete. Während ein Reichskonkordat nicht einmal in ersten Umrissen zustande kam, hatte Pacelli mit Länderkonkordaten unstreitig Erfolg. Bayern räumte 1924 der Kirche die allergünstigsten Bedingungen im Hinblick auf die christliche Volksschule, die Bischofswahl, die staatliche Schutz- und Subventionsgarantie ein. Auch Preußen gewährte 1929 großzügige Dotationen und die Bestandsgarantie für die katholischen Fakultäten, konzedierte aber keine Neuregelung des Schulwesens, um einen heillosen innenpolitischen Streit mit unabsehbarem Ausgang zu vermeiden. Baden folgte 1932 – Pacelli war inzwischen seit 1930 Kardinalstaatssekretär, also vatikanischer Außenminister –, wenn auch mit dem knappsten aller Ergebnisse, da das umstrittene Gesetz im Landtag mit nur einer Stimme Mehrheit angenommen wurde.

Damit hatten die Verfechter des Codex und der kurialen Politik überall gesiegt. Doch der wichtigste Vertrag, das Reichskonkordat, blieb weiterhin das dringende Desideratum Pacellis. Soeben aber hatte Mussolini mit den Lateranverträgen von 1929, die einen sechzigjährigen vertraglosen Zustand der feindseligen Koexistenz von Vatikan und italienischem Nationalstaat beendeten, nachhaltig demonstriert, wie großzügig die faschistische Diktatur auf die amtskirchlichen Interessen einzugehen bereit war.

Inzwischen hatte sich in Deutschland ein spezifischer Radikalfaschismus in Gestalt der nationalsozialistischen Massenbewegung vorangearbeitet, der die katholische Kirche Jahr für Jahr mit konsequenter Opposition begegnete. Ihre unmißverständlichen Worte gegen den menschenfeindlichen Rassismus und die heidnische Germanophilie markierten eine unüberschreitbare Grenze. 1931 verurteilte der gesamte Episkopat mit schneidender Ablehnung den Charakter der Hitler-Bewegung und ihrer «weltanschaulichen» Grundlagen. Der Verbindlichkeit seines Urteils kamen die strenge Hierarchie und die naturrechtliche Basis der Argumentation zu-

1. Die Christlichen Kirchen

statten – Eigenschaften, die in derselben Zeit dem einbrechenden Protestantismus offensichtlich fehlten. Derart durch die Kirchenobrigkeit gestützt, konnte das überwiegend kleinstädtisch-ländliche katholische Milieu, das im Besitz wirksamer sozialer Kontrollmechanismen war, den Aufstieg der NSDAP vereiteln oder doch bis 1932 sichtlich abbremsen.

Mindestens ebenso wichtig wie die Verurteilung des Nationalsozialismus war für die Amtskirche die Abwehr des Kommunismus. Sein barbarisches Regime in Rußland stieß auf schärfste Kritik, und der Stimmenzuwachs der KPD wurde in tiefem Argwohn als atheistischer Verfall angeprangert. Diese Grundhaltung wurde im Vatikan, insbesondere von Pacelli, vorbehaltlos geteilt. Weiterhin blieb auch das wichtige Projekt eines Reichskonkordats in der Schwebe – für die päpstliche Diplomatie eine offene Wunde, die sie unter allen Umständen zu schließen willens war.

1928 wurde der engste deutsche Vertraute Pacellis, der Prälat Ludwig Kaas, als erster Geistlicher zum Vorsitzenden des Zentrums gewählt, eine einseitige Demonstration, die die Partei des politischen Katholizismus 60 Jahre lang wohlweislich vermieden hatte. Als zudem Brüning 1930 Reichskanzler wurde, schien sich das Tor zum Konkordat zu öffnen. Statt dessen hielt die Stagnation an. Der ehemalige Reichskanzler Wirth wurde 1931 während einer Ostervisite im Vatikan von Pacelli und Pius XI. bedrängt, das Zentrum dazu zu bewegen, die preußische Koalition mit den Roten zu verlassen, lehnte diese Intervention aber empört ab. Auch Brüning weigerte sich während seines Besuchs im August desselben Jahres, Konkordatsverhandlungen zu führen, da er die Vermeidung der zu erwartenden innenpolitischen Konflikte in seiner ohnehin krisenreichen Amtszeit höher schätzte. Nach einem Gespräch in angespannter Atmosphäre will Brüning die Vermutung ausgedrückt haben, «daß der Vatikan mit Hitler und Hugenberg einen größeren Erfolg haben werde als mit dem Katholiken Brüning».

Unwillig nur nahm Pacelli hin, daß sein neuer Anlauf wieder abgebremst worden war. Wohl aber unterstützte er Kaas, dessen autoritärer Lenkungsstil nicht selten Anstoß erregte, bei dem Unterfangen, eine Zusammenarbeit mit der NSDAP zu erkunden, um sie in die Regierungsverantwortung einzubinden und damit politisch zu zähmen, zumal ihr unbezweifelbarer Antikommunismus, den beide Kirchenmänner ohne Einschränkung teilten, ohnehin nur zu willkommen war. Wenig später demonstrierte der Streit um das badische Konkordat Pacelli mit allem Nachdruck erneut, daß auf parlamentarischem Wege gegen noch stärkere Opposition das begehrte Reichskonkordat höchstwahrscheinlich nicht durchsetzbar war. Kaas hatte sich im Sommer 1932 zu einem als kirchen- und völkerrechtliche Würdigung verkleideten Loblied auf die Lateranverträge, überdies auch auf den italienischen Faschismus, entschlossen, indem er den Modellcharakter dieser Vereinbarung über alle Maßen pries. Pacelli wiederum hielt nach den

Reichstagswahlen Ende Juli 1932 den dramatischen kommunistischen Stimmengewinn für die unverhältnismäßig bedrohlichere Gefahr als die sensationelle Zunahme der Anzahl nationalsozialistischer Abgeordneter. Im Kern hielten beide Politiker die NSDAP noch für eine christliche Partei, die den Schutzdamm gegen die Ausbreitung des Bolschewismus glaubwürdig zu stärken bereit war.

Erneut verhandelte jetzt das Zentrum mit dem Wahlsieger, um die Chancen einer künftigen Regierungsmehrheit im Reichstag herauszufinden. Zentrum und BVP hätten zusammen mit der NSDAP, so lautete das Kalkül, immerhin mit 327 von 608 Abgeordneten die Majorität stellen können. Ehe die Probe auf dieses gefährliche Gedankenexperiment gemacht werden konnte, löste Papen den Reichstag auf. Seither konnte die Zerstörung der Republik durch noch so riskante Koalitionsmanöver nicht mehr abgebremst werden.

Den Schlußstrich unter die inzwischen zwölf Jahre lang währenden Konkordatsbemühungen zog das Auswärtige Amt im Februar 1933, als es den nicht auflösbaren Widerstand gegen die geforderten staatlichen Zugeständnisse bekräftigte. Seit einigen Tagen war allerdings einer neuen Regierung die Amtsgewalt übertragen worden. Würde Hitler dem viel gelobten Modell der Lateranverträge folgen, wo freilich auch die politische Partei des Katholizismus ausgeschlossen, mithin der Verständigung der Kurie mit dem faschistischen Regime geopfert worden war?[2]

2. Das Schulsystem

Auch nach dem Umbruch von 1918/19 bewegte sich das deutsche Schulsystem weiterhin in seinem vertrauten Spannungsfeld. Der staatliche Lenkungsanspruch, der es seit mehr als einem Jahrhundert beherrscht hatte, nahm in der Republik sogar noch dezidiertere Züge an, doch hatten sich zwei Ziele grundlegend verändert. Anstatt auf den autoritären Obrigkeitsstaat sollte jetzt, auch und gerade im neuen Staatsbürgerkunde-Unterricht, auf die Demokratie und die Republik hin erzogen werden. Und weit entschiedener als zuvor sollten die Schulen als institutionalisiertes Förderungssystem für den sozialen Aufstieg und die gerechtere Verteilung von Lebenschancen wirken. Beide Ziele waren außerordentlich umstritten, konnten aber selbst von ihren zahlreichen Gegnern nicht verdrängt werden. Auch dabei wirkte sich, wie seit jeher, die innere Fraktionierung der Parteien und Politiker, der Behörden und Kirchen, der Elternschaft und der Lehrer aus. Unverkennbar machte sich überdies die Eigendynamik des Bildungssystems verstärkt geltend, denn Lehrer und Direktoren, Schulräte und Seminarleiter, Pädagogische Akademien und Universitäten verfolgten, entschlossener als zuvor, ihre spezifischen Eigeninteressen. Sie konfligierten oder harmonierten zudem mit machtvollen konfessionellen, regionalen und lokalen Interessen. Auch in der Weimarer Republik dehnte sich ja kein unitarisch-zentralistisch regulierter Einheitsstaat aus, vielmehr behielten die zahlreichen unterschiedlichen Traditionen eines föderativen Verbandes weiter ihre Lebenskraft.

a) Die Volksschule: die Durchsetzung der allgemeinen Grundschule

Unleugbar hatten die unteren Gemeindeschulen, die Volksschulen, in den beiden Jahrzehnten vor 1914 einen intensivierten Ausbau erlebt. Die Anzahl der Schulen (34 000 für schließlich 10,6 Mill. Schüler) war ebenso gewachsen wie die der Lehrer (auf 187 000, darunter 40 000 Frauen mit einem um ein Viertel geringeren Gehalt). Sie alle hatten inzwischen eine dreijährige Ausbildung an einem Lehrerseminar absolviert. Der Primat der Konfessionsschule war überall im Reich verteidigt worden. Geistliche waren es auch, die – häufig als kleine Tyrannen des Alltags – bis 1918 die Schulaufsicht ausübten. In den Großstädten hatte sich die vier- bis achtklassige Schule gemeinhin durchgesetzt, aber in den Landgemeinden, wo immer noch 86 Prozent aller Schulen mit 81 Prozent aller Schüler lagen, dominierte durchweg die ein- oder zweiklassige «Zwergschule». Während der Klassendurchschnitt in den großen Städten bei 50 Kindern lag, erreichte er in 70 Prozent der Landschulen noch 120 bis 200 Kinder, und ein gutes Fünftel dieser ländlichen Kinder war während der Schulzeit bereits in der Landwirtschaft tätig.

Unablässig lagen politisch und religiös strenggläubige Indoktrination und liberale Bürgererziehung, wie sie zahlreichen Lehrern vorschwebte, im Widerstreit. Daß die Reichstagswahlen von 1912 fast eine sozialliberale Mehrheit ergeben hätten, verweist nachdrücklich auf die Grenzen, die dem Erfolg des obrigkeitsstaatlichen Einflusses gesteckt waren. Der Reformdruck, wie ihn auch der «Deutsche Lehrerverein», die an Einfluß zunehmende Lobby der Volksschullehrer, ausübte, stieg in den Vorkriegsjahren spürbar an (vgl. III, 1192–1209).

Mit der Zäsur von 1918/19 verband sich daher eine Aufbruchstimmung, die sich auf die jetzt, wie es schien, anstehende Reform des Volksschulwesens richtete, vom Philologenverband im Verein mit den konservativen Parteien aber sorgenvoll bekämpft wurde. Der «Rat der Volksbeauftragten» überließ die komplizierte Schulmaterie bereitwillig der Nationalversammlung. Doch in Preußen preschte Kultusminister Adolf Hoffmann von der USPD vor, da er bereits Ende November 1918 den Ausbau der Volksschulen und den Übergang zur neuen Einheitsschule anvisierte sowie auf der Linie der von ihm angekündigten Trennung von Staat und Kirche (vgl. 1 a) die geistliche Schulaufsicht aufhob. Diese Beseitigung der kirchlichen Bevormundung wurde von fast allen Lehrern erleichtert begrüßt, traf jedoch auf die passionierte Opposition der Kirchen und Konservativen aller Parteien. Im Juli 1918/19 wurde die strittige Entscheidung durch ein preußisches Gesetz bestätigt, und die neue Verfassung zog mit der Einführung des beamteten Schulrats unter das anachronistische schulische Kirchenregiment einen Schlußstrich.

Der Schulstreit zu Beginn hatte indes die SPD, die dem demokratisch-republikanischen Staatsumbau die höchste Priorität einräumte, konzessionsbereit gestimmt, während für das Zentrum die Behauptung der katholischen Volksschule wegen der Kontrolle einer vorrangigen sekundären Sozialisationsinstanz eine hohe Bedeutung besaß. Die Kontroverse in der Nationalversammlung stand daher wesentlich im Schatten der Alternative: konfessionelle oder weltliche Schule. Trotz der Härte der Gegensätze schuf der sogenannte «Weimarer Kompromiß» in der Schulfrage, auf den sich die Weimarer Koalition von SPD, DDP und Zentrum schließlich in der Verfassung zu einigen vermochte, die Grundlage für ein halbes Dutzend bemerkenswert weit reichender Reformen.

1. Die paritätische Schule für beide Konfessionen, die sogenannte Simultanschule, sollte fortan zur Regelschule werden. Über den Religionsunterricht entschied das Urteil der Eltern.

2. Auf Wunsch der Eltern konnte aber auch die Konfessionsschule erhalten bleiben. Die Einzelheiten sollte ein Reichsgesetz regeln. Bis dahin galt die bestehende Rechtslage (Art. 174) weiter. Da der Verfassungsauftrag vom Zentrum mißachtet und ein Schulgesetz bis 1933 von ihm konsequent torpediert wurde, wirkte sich der Artikel faktisch wie eine Sperrklausel gegen die Simultanschule aus.

3. Einen schlechthin grundlegenden Reformimpuls verkörperte die Entscheidung für ein dreistufiges Schulsystem von Grundschule, Mittlerer und Höherer Schule. Die Anfangsstufe bildete, wie es im Reichsgrundschulgesetz der Nationalversammlung vom April 1920 – dem einzigen Schulgesetz, das die Republik je zustande gebracht hat – lakonisch hieß, die «für alle gemeinsame Grundschule». Das war ein beispielloser Akt staatlicher Egalisierung, die vor allem die bunte Vielfalt privater Vorschulen für die künftigen Gymnasiasten aus bessergestellten Familien beseitigte. Tatsächlich wechselten 1932 95 Prozent aller künftigen Sextaner von der Grundschule auf ihre Höhere Schule über.

4. Mutig und zeitgemäß war auch die Ausdehnung der Schulpflicht bis zum 18. Lebensjahr. Auf acht Grundschuljahre sollte die vierjährige Berufsschule, damals Fortbildungsschule genannt, folgen; oder aber es fiel nach vier Grundschuljahren die Entscheidung für eine sechsjährige Mittelschule oder die weiterhin neunjährige Höhere Schule. «Minderbemittelten» sollte der Zugang zu den Höheren Schulen zielstrebig erleichtert werden – die Förderung des sozialen Aufstiegs erhielt den Rang eines Verfassungsgebotes. Fast alle Schulen blieben Gemeindeschulen, insofern auch wegen der

2. Das Schulsystem

Kostensteigerung von Staatszuschüssen unmittelbar abhängig. Ein vereinheitlichendes Reichsgesetz darüber kam in der umstrittenen Schulpolitik wiederum nicht zustande, so daß die Materie weiterhin ausschließlich Ländersache blieb und eine Vielzahl unterschiedlicher Subventionen zuließ.

5. Die Verfassung schrieb jetzt auch eine «Staatsbürgerkunde» vor, die im «Geiste deutsche Volkstums» und der «Völkerfreundschaft» unterrichtet werden sollte. Dabei sollten die «Empfindungen Andersdenkender» nach Möglichkeit «nicht verletzt» werden, denn die Verfassungsväter sahen den Grundsatzstreit zwischen den Verfechtern des untergegangenen monarchischen Obrigkeitsstaats zum einen und jenen der Bejahung von Demokratie, Parlamentarismus und Republik zum anderen realistisch voraus.

6. Und schließlich sollte die Lehrerbildung nach den «Grundsätzen, die für die höhere Bildung allgemein gelten», von Grund auf umorganisiert werden (Art. 143, 2). Das wirkte wie ein bedeutender Erfolg für das Akademisierungsstreben der Volksschullehrer. Die Erfüllung auch dieses Versprechens scheiterte aber erneut, da kein verbindliches Reichsgesetz zustande kam. Immerhin wurde die Zwischenlösung der Pädagogischen Akademie gefunden, und ihr Besuch hatte, wie bei den anderen Hochschulen, das Abitur zur Voraussetzung. Da in Deutschland (bis heute) die Dauer der Universitätsausbildung ein maßgebliches Kriterium für die Gehaltshöhe darstellt, wäre mit dem Rang des Vollakademikers für Volksschullehrer ein hoher Besoldungssprung verbunden gewesen, der in erster Linie an den finanziellen Engpässen der damaligen Zeit scheiterte.

Die Anhebung des Einkommens und des sozialen Status jener Lehrkräfte, die an den Grundschulen in anspruchsvoller Arbeit buchstäblich unverzichtbare Fundamente für die Bildung und Ausbildung legten, traf aber noch immer auf verbreitete Mißgunst und tiefverwurzelten Dünkel. Das bewies die lebhafte Kontroverse um das vom «Deutschen Lehrerverein» favorisierte Reformprojekt einer «nationalen Einheitsschule», die als überkonfessionelle Gemeinschaftsschule den flexiblen Wechsel von der allgemeinen Grundschule zur dreijährigen Mittelschule oder Höheren Schule erleichtern sollte. Mit einer bissigen Kritik an dem voraussehbaren «Massenbetrieb» und den künftigen «Mammutanstalten» mit mangelhafter «Charaktererziehung» insistierten die Oberlehrer auf der unverzichtbaren Bedingung eines neunjährigen Gymnasiumsbesuchs. Einige jugendbewegte Reformer plädierten dagegen für einen völlig neuen Schultyp, als dessen Ideal ihnen das Landschulheim als Eliteschule mit progressiven Lehrmethoden galt.

Auf einer großen Reichsschulkonferenz, die im Juni 1920 tagte, prallten die Gegensätze unversöhnlich aufeinander. Dem Sprecher des «Lehrervereins», der die Einheitsschule mit Eloquenz und Sachkunde verfocht, schleuderten die Vertreter des Philologenverbandes entgegen, daß er als Volksschullehrer überhaupt außerstande sei, die Bildungsarbeit an Gymnasien zu beurteilen. Der liberale Innenminister Koch-Weser notierte sich als Tagungsleiter seine Betroffenheit wegen des «entsetzlichen Geisteshochmuts der Oberlehrer». Doch zusammen mit der DNVP und DVP gelang ihnen vorerst die Projektblockade, mithin auch die Verteidigung der neunjährigen Gymnasialzeit, und nach den Reichstagswahlen im Sommer 1920, welche der Weimarer Koalition die Basis entzogen, entschwand auch die politische Konstellation für ein großangelegte Schulreform.

Dennoch erlebte die neue allgemeine Grundschule eine positive Entwicklung. Trotz der Gebietsverluste, die auch zur Rückwanderung und Versorgung von 10 000 «Flüchtlingslehrern» führten, stieg ihre Anzahl von 1911 = 32 451 dank einem Bauboom um mehr als 65 Prozent auf 1931 = 52 961 Schulen. Waren vor dem Krieg 71 Prozent von ihnen evangelisch und 26 Prozent katholische Konfessionsschulen gewesen, lag das Verhältnis am Ende der Republik bei 55 : 29; den Rest stellten paritätische Schulen. Hatte das Verhältnis von Land- zu Stadtschulen 1914 noch 85 : 15 Prozent betragen, verbesserte es sich bis 1931 auf 76 : 24.

Vor 1933 bestanden mithin drei Viertel aller Schulen trotz der Urbanisierung der vorangegangenen Jahrzehnte aus Landschulen, an denen 45 Prozent der Lehrer tätig waren, und noch immer lehrten 60 Prozent von ihnen an ein- oder zweiklassigen Zwergschulen, wogegen inzwischen drei Viertel der Stadtschulen siebenklassig ausgebaut waren. 57 Prozent aller Schüler gehörten einem Klassenverband mit mehr als 40 Kindern an. Aber der Durchschnitt von 39 je Klasse (1931) fiel im Vergleich mit der Vorkriegszeit zum einen deshalb günstiger aus, weil die Schülerzahl von 1911 = 10,6 Millionen wegen des Geburtenrückgangs im Krieg und der schwierigen Nachkriegszeit über 1921 = 9, 1926 = 6,7 auf 1932 = 7,6 Millionen drastisch abfiel. Zum andern gelang es trotz aller Widrigkeiten, die Anzahl der Volksschullehrer etwas zu steigern: von 1911 = 187 485 über 1921 = 195 946 und nach dem Stellenabbau auf immerhin 190 281 am Ende der Republik. Währenddessen machte die Feminisierung dieses Lehrberufs einen deutlichen Sprung, denn statt der 40 000 Lehrerinnen vor 1914 (22 %) unterrichteten 1933 48 300 Frauen, die ein Viertel der Lehrerschaft stellten.

Bis dahin hatte sich auch die Ausbildung im Sinne einer abiturgebundenen und insofern höheren Berufskarriere verbessert. Der Reformimpuls der Verfassung wirkte sich gegen die überfüllten Präparandenanstalten und Lehrerseminare aus. Preußen zum Beispiel löste 217 bzw. 191 von ihnen bis 1923/26 auf und richtete, einem Beschuß der preußischen Landesversammlung vom Dezember 1919 folgend, Lehrerbildungsanstalten ein, die binnen kurzem den neuen Pädagogischen Akademien weichen mußten. Zwischen 1924 und 1929 wurden dank der Initiative von Kultusminister Carl Becker 15 von ihnen gegründet: zwölf evangelische und zwei katholische, denn auch die neuen Anstalten blieben konfessionsgebunden, führten aber immerhin endlich die Koedukation ein. Jede pädagogische Akademie

2. Das Schulsystem

war für 250 Studierende ausgelegt, doch 1930 lag die durchschnittliche Immatrikulationszahl bei 100, so daß wegen der düsteren Berufsaussichten ein Aufnahmestop verfügt wurde. Als dann noch die Weltwirtschaftskrise anhielt, wurden acht dieser Akademien nach kurzer Zeit wieder geschlossen. Die Studiendauer erstreckte sich über vier Semester, in denen der Lehrbetrieb streng verschult war. Das hing auch mit der Heterogenität des Lehrkörpers zusammen, in dem erfahrene Praktiker aus der Volksschule mit Oberlehrern, Seminardirektoren, Universitätsdozenten zusammenwirken sollten; überdies besaß der Akademieleiter ein Vorschlagsrecht, um Lehrer seiner Wahl gewinnen zu können. In jeder Hinsicht blieben diese Akademien noch weit vom Universitätsniveau entfernt. Nur wenige Länder gingen den aussichtsreichen Weg, auch die Grundschullehrerausbildung, wie etwa in Thüringen, Sachsen, Hessen, Hamburg und Braunschweig, an eine Universität oder Technische Hochschule zu binden und dort für diesen Zweck eine eigene Pädagogische Fakultät sachgemäß einzurichten.

Wenn man bedenkt, wie mühselig die Einrichtung von Studiengängen für den künftigen Gymnasiallehrer im 19. Jahrhundert gewesen ist, wirkt der Vorwurf des Schneckentempos in der Lehrerbildung eigentümlich schal. Denn schon nach wenigen Jahren gab es keinen Weg mehr zurück hinter die Pädagogische Akademie oder die Universität. Einen vergleichbaren Schub gab es auch in der Entwicklung des Einkommens von Grundschullehrern, das bisher hinter anderen Lehrberufen weit zurückgehinkt hatte. Remedur schuf das Reichsbesoldungsgesetz vom April 1920, das 13 Gehaltsklassen definierte und jeweils noch Orts-, Kinder- und Trennungszuschläge vorsah. Während die Studienräte mit der Besoldungsklasse X das Ziel erreichten, den Richtern an unteren Gerichten endlich gleichgestellt zu werden, wurden die Volksschullehrer in die Klasse VII eingestuft, in der sie 74 Prozent des Grundgehalts der Oberlehrer erreichen konnten. Damit aber wurden sie im Vergleich mit der Vorkriegszeit von der Republik um 178 Prozent bessergestellt. Überdies wurde die Besoldung von Stadt- und Landlehrern völlig angeglichen; Lehrerinnen wurden allerdings mit einem um zehn Prozent geringeren Gehalt weiterhin diskriminiert. Aufs Ganze gesehen war der Abstand zu den Gymnasiallehrern so gering wie nie zuvor. Eben deshalb verließ der Philologenverband voller Empörung den «Deutschen Beamtenbund» und schwenkte zum standesbewußteren «Reichsbund höherer Beamter» über.

Bis Ende 1924 verschlechterte sich freilich wegen der Inflation, der Währungsreform und der Besoldungsnovellierung das Grundschullehrereinkommen auf 60 Prozent des Studienratsgehalts. Nach der Einführung der Rentenmark fiel das Realeinkommen sogar auf 50 Prozent des Standes von 1914. Da gleichzeitig der Personalabbau in der Beamtenschaft betrieben (1925 entfielen 14 % aller Lehrerplanstellen), die wöchentliche Stundenzahl erhöht und zum ersten Mal Lehrerarbeitslosigkeit als Alltagsproblem erfahren wurde (1926 gab es 30 000 stellungslose Lehrer), breitete sich eine Stimmung tiefer Verunsicherung aus, die in der zeitgenössischen Angstmetapher der «Verproletarisierung» ihren Ausdruck fand. Trotz der unleugbaren materiellen Verschlechterung und der sozialen Statussorgen blieb das Lehrereinkommen aber weiterhin über dem Lohnniveau von Facharbeitern.

Durch die Besoldungsnovelle für den öffentlichen Dienst vom Oktober 1927 wurden, obwohl die Lebenshaltungskosten seit 1924 nur um 13 Prozent angestiegen waren, auch alle Lehrergehälter um 17 bis 25 Prozent angehoben. Diese allgemeine Begünstigung der Beamtenschaft wurde freilich mit einer Vermehrung und schärferen Abgrenzung der Gehaltsklassen verbunden, so daß die Grundschullehrer seit dem Winter 1927/28 61 Prozent des Gehalts von Gymnasiallehrern erreichen konnten. Diese Besoldungs- und Gehaltsklassenhierarchie blieb in den folgenden drei Jahrzehnten erhalten!

Dem Präsidialregime Brünings war es zu verdanken, daß im Zuge seiner verfehlten, prozyklisch wirkenden Sparmaßnahmen das Lehrereinkommen bis Ende 1931 um 19,5 bis 28,5 Prozent gekürzt wurde; am härtesten waren Lehrerinnen und Junglehrer betroffen. Gleichzeitig wurde den Lehrern eine sogenannte Arbeitslosenhilfe abverlangt. Da außerdem noch die Stellenzulagen aufgehoben wurden, hatten sie mit einem Einkommensverlust von insgesamt 25 bis 40 Prozent zu kämpfen. Diese Kürzung fiel noch härter aus als die Lohnreduktion in der Wirtschaft. Lehrerinnen etwa verdienten jetzt weniger als eine gleichaltrige Stenotypistin. All diese Einschnitte wurden in einer Zeit vorgenommen, als Hunderte von Millionen Mark in die «Osthilfe» zugunsten korrupter Großagrarier gepumpt wurden, und alle beruhten auf Notverordnungen unter Umgehung des Parlaments, die auch deshalb als «obrigkeitsstaatliche Willkürakte» empfunden wurden. Es war diese aus der materiellen Diskriminierung und kränkenden Sonderbehandlung hervorgehende brisante Mißstimmung, die Lehrer scharenweise in den verblüffend schnell expandierenden «Nationalsozialistischen Lehrerbund» trieb.[3]

b) Die Gymnasien und anderen Höheren Schulen

Eine tiefgreifende Veränderung hatte seit der Jahrhundertwende das Höhere Schulwesen in Deutschland umgeformt, denn das neuhumanistische Gymnasium, das Realgymnasium und die Oberrealschule, die seither alle in neun Jahren bis zum Abitur führten, waren rechtlich gleichgestellt worden. Von ihren 296 000 Schülern auf 694 Höheren Schulen besuchten bereits bis 1914 nur mehr gut die Hälfte (165 000, 55 %) die 507 Gymnasien, aber 78 000 (28 %) schon die zusehends erstrebte Oberrealschule und 52 000 (18 %) das Realgymnasium. Bis zum Ende des Kaiserreichs ver-

2. Das Schulsystem

schoben sich die prozentualen Anteile sogar noch weiter zugunsten der neuen Schultypen mit 39 : 34 : 27 Prozent. Seit 1871 war die Anzahl der höheren Schüler im Verlauf einer erstaunlichen Expansion bis 1918 dreimal so schnell gewachsen wie die Reichsbevölkerung.

Freilich ging noch immer die große Mehrheit der Schüler nach dem «Einjährigen», der Obersekunda-Reife mit 16 Jahren, ab; nur fünf bis maximal acht Prozent erwarben mit dem Abitur die Hochschulreife. Das war genau ein Prozent aller 19jährigen, während der Anteil der höheren Schüler an der Gesamtzahl der Schulpflichtigen nicht mehr als sechs bis sieben Prozent ausmachte, so daß 93 bis 94 Prozent allein die Volksschule besuchten. Da auch die Studentenzahl zuletzt sprunghaft angewachsen war, gehörte der Stolz auf diese Bildungsexplosion im «Kulturstaat» – trotz aller gelegentlichen Unkenrufe wegen der «Vermassung» und des «Akademikerproletariats» – zum Selbstbewußtsein der bürgerlichen Oberklassen.

Vor 1914 stellte das Bildungsbürgertum noch immer die Hälfte aller Gymnasiasten, sogar 80 Prozent der Abiturienten. Doch die Offenheit des Höheren Schulwesens nahm sichtlich weiter zu, keineswegs wegen einer angeblich elitären Abkapselung ab. 45 Prozent der Gymnasialschüler stammten damals schon aus den Mittelklassen des «alten» und «neuen» Mittelstandes, der mittleren Beamten- und Volksschullehrerschaft, und an den Realgymnasien und Oberrealschulen kam bereits die große Mehrheit aus diesem Sozialmilieu. Allerdings blieb der Wohnort weiterhin wichtig: Die meisten Höheren Schulen lagen in Städten und kamen daher in erster Linie städtischen Jugendlichen zugute; deshalb gab es dort auch so viele Internate für «Auswärtige».

Im Grunde bildeten die reichsdeutschen Ober- und Unterklassen auch auffällig «homogene Bildungsklassen», die als ein getreues Abbild der Sozialhierarchie über den Besuch der Höheren Schulen oder allein der Volksschule entschieden. Dennoch führte diese Dichotomie nicht zu einer starren Versäulung, die durch eine zielstrebige Exklusionspolitik aufrechterhalten wurde, sondern zu einer «horizontalen Segmentierung», die dem Ausbildungsdrang der Mittelklassen ausreichend Raum bot.

Die 17 000 Oberlehrer waren am Ende der Vorkriegszeit zu einer kompakten Berufsklasse zusammengewachsen. Das drückte sich auch in dem extrem hohen Organisationsgrad aus, denn 95 Prozent gehörten zum Vorläufer des «Philologenverbandes». Seit 1898 war das Staatsexamen vorgeschrieben mit dem Ziel, in allen Klassen unterrichten zu können. Nachdem die Oberlehrer 1907 nach langem Kampf in ihrem sozialrechtlichen Status mit den Richtern der Ersten Instanz gleichgestellt worden waren, war ihr Prestige erwartungsgemäß noch gestiegen. Aufgrund ihres Jahresgehalts (von 4800 bis 7200 Mark) gehörten sie zu den obersten vier Prozent der Einkommensempfänger. Kurzum, die Attraktion dieses akademischen Berufs mit seinen typischen Laufbahnchancen hatte stetig zugenommen.

Im allgemeinen griff die Republik in das Höhere Schulwesen für Jungen nicht tief ein. Die neuartige Verpflichtung auf den vierjährigen Besuch der allgemeinen Grundschule bedeutete zwar das Todesurteil für die zahlreichen kleinen, exklusiven, privaten Vorschulen, verkörperte aber eine überfällige Entscheidung zugunsten der sozialen Egalisierung in der Frühphase des Schulbesuchs. Der eigentümliche Reformanlauf vor 1924, der die Schultypen «Kulturbezirken» zuordnete (das Gymnasium der Antike und dem Christentum, das Realgymnasium der westeuropäischen Tradition, die Oberrealschule den Naturwissenschaften, die sogenannte Deutsche Oberschule, die dann aber überhaupt nicht reüssierte, der «deutschen Kultur»), scheiterte rundum, so daß für alle praktischen Zwecke die drei höheren Schultypen mit ihren Wahlmöglichkeiten für die Eltern und Kinder erhalten blieben.

Die Anzahl der höheren Schüler stieg von 214 290 vor dem Kriegsausbruch dank der geburtenstarken Jahrgänge um 23 Prozent auf 262 565 im Jahr 1921, doch die der Abiturienten blieb mit 34 185 bzw. 34 835 fast konstant. Bis zum Beginn der 30er Jahre kletterte dann die Schülerzahl nur mehr um etwa acht Prozent auf 284 940, die Abiturientenzahl jedoch um das Doppelte auf 69 735 – ein untrügliches Anzeichen der zunehmenden Attraktivität akademischer Karrieren selbst in Krisenzeiten. Der Anteil an der Schulpflichtigenpopulation vermehrte sich während der Republik von 5,5 auf 6,6 Prozent (in der Bundesrepublik lag er 1956 auch erst bei 9,7 %). Den größten Zuwachs erlebte erneut das Realgymnasium, das auf das praktische Berufsleben hin orientiert war, während das Gymnasium an seinem Generalistenideal weiter festhielt.

Blickt man auf die soziale Herkunft der Schüler und Schülerinnen am Ende der Republik, tritt ihre Ungleichverteilung aufgrund traditioneller Optionen scharf zutage, zumal wenn man den Anteil der global erfaßten Sozialmilieus an der Erwerbstätigenzahl heranzieht (vgl. Übersicht 134). Auf die Familien der Beamten und Selbständigen (38/33 %) entfielen damals noch mehr als zwei Drittel aller Schüler und mehr als drei Viertel aller Schülerinnen (39/38 %), während die Anzahl der Kinder aus Familien von Angestellten (14/15 %) deren Erwerbstätigenquote sogar übertraf. Danach stellten 28 Prozent der Erwerbstätigen 85 Prozent der höheren Schüler und Schülerinnen.

Bestimmt man aber die Herkunft nicht nur der Sextaner, sondern auch der Oberprimaner mit Hilfe einer präziseren Zuordnung zu drei großen Aggregaten aus unterschiedlichen Berufsklassen, ergibt sich ein aufschlußreicheres Bild. (Als Oberklassen sollen hier gelten: Höhere Beamte, Freiberufler, Unternehmer, Leitende Angestellte, Großgrundbesitzer, Offiziere; als Mittelklassen: Handwerker, Einzelhändler, mittlere Beamte, kleine Angestellte, Mittelbauern, Gastwirte; als Unterklassen: Arbeiter, Subalternbeamte und kleine Angestellte).

2. Das Schulsystem

Übersicht 134: Soziale Herkunft höherer Schüler am Ende der Weimarer Republik (1931)

A. (1. Prozentualer Anteil der Schüler, 2. der Schülerinnen, 3. der Erwerbstätigen; Definition der Sozialkategorien im Text)

	1	2	3
Beamte	38	39	6
Selbständige	33	38	10
Angestellte	14	15	12
Landwirte	6	4	10
Arbeiter	7	3	55

B. Klassenherkunft (1. Prozentualer Anteil der Sextaner, 2. der Oberprimaner, 3. Durchschnitt aller Schüler in neun Jahren)

	1	2	3
Oberklassen	19	27	22
Mittelklassen	64	59	67
Unterklassen	16	11	9

Danach haben die Familien der Oberklassen, insbesondere der bildungsbürgerlichen akademischen Beamten und Freiberufler, aufgrund des Krieges, der Hyperinflation und der Weltwirtschaftskrise eine schroffe Reduktion auf ein Fünftel aller höheren Schüler (statt der Hälfte vor 1914!) erfahren, während ihr Anteil an den Abiturienten sogar von 80 auf 27 Prozent hinabsank. Unübersehbar hielt dagegen die Expansion der Schülerzahl aus Mittelklassenfamilien an, die jetzt dank ihrer Bildungsmobilität nach einem Anstieg um 40 Prozent 67 (statt 45) Prozent und auch die deutliche Mehrheit der Abiturienten (59%) stellten. Im Vergleich mit dem Kaiserreich hat sich auch das Bildungsverhalten in den Unterklassen weiter aufgelockert, denn dank des unbändigen Aufstiegswillens, der in den Familien von unteren Beamten, kleinen Angestellten und von Facharbeitern lebendig war, stammten 16 Prozent der Schüler bis zum Ende der Mittelstufe und sogar elf Prozent der Abiturienten aus ihnen.

Die harten restriktiven Bedingungen einer zwanzigjährigen Krisenzeit, zugleich aber auch der ungebrochene Aufstiegsdrang namentlich in den bürgerlichen Mittelklassen haben mithin bis 1932 zu einem tiefen Bruch im Muster der Rekrutierung von höheren Schülern geführt. Das Bildungsbürgertum verlor seine Sonderstellung, obwohl mit ihm ein Prozent der Bevölkerung selbst jetzt noch mehr als ein Viertel der Abiturienten hervorbrachte, und die soziale Offenheit des sekundären Bildungssystems nahm, wie der rasch wachsende Anteil der Schüler aus den Mittelklassen zeigt, in kürzester Zeit nachhaltig zu. Trotz aller Schwierigkeiten wurde die Republik dem Verfassungsauftrag ihrer Bildungspolitik gerecht.

Das trifft erst recht zu, wenn man auf die geradezu dramatischen Veränderungen im Bereich der Höheren Mädchenschulen blickt, der «zweiten bildungspolitischen Tat der Weimarer Republik» nach der Reorganisation der Grundschule. Seit 1908, als Preußen nach dem Vorbild von Baden seine Universitäten für Frauen öffnete, hatte es endlich einige Reformmaßnahmen zugunsten der Mädchenausbildung gegeben, die von der Jungenausbildung, da Koedukation noch Anathema war, streng ferngehalten wurde. Das zehnklassige Lyzeum (drei Vorschuljahre, sieben höhere) glich der Jungenrealschule, stellte auch zunehmend akademische Lehrer an und wirkte sich spürbar als Auftrieb für das Frauenstudium aus. Die gymnasiale Studienanstalt für Mädchen führte bis zur Hochschulreife, die allerdings nur von zehn Prozent der Schülerinnen angestrebt wurde. Das Oberlyzeum war im Grunde an erster Stelle ein Lehrerinnenseminar, das für Posten an Mittelschulen und Lyzeen ausbildete, seit 1913 aber auch das Immatrikulationsrecht an der Philosophischen Fakultät verlieh.

Bis 1923 bereitete die republikanische Schulpolitik ihr Reformpaket vor, dann leitete sie den Umbau der höheren Mädchenausbildung zügig ein.

1. Das alte Lyzeum verlor jetzt seine drei Vorklassen, da die allgemeine Grundschule auch für Schülerinnen vorgeschaltet wurde, und führte wie die Realschule bis zum «Einjährigen».

2. Das neue Oberlyzeum, das wegen der Pädagogischen Akademien seine Funktion verlor, führte, indem an vielen älteren Lyzeen die Oberstufe ausgebaut wurde, bis zum Abitur; es entsprach dem neusprachlichen Jungengymnasium. Zu Beginn der 30er Jahre wurden immerhin schon 60 Prozent seiner Schülerinnen bis zum Abitur geführt.

3. Die Frauenoberschule wurde der Jungenoberschule angeglichen, bot aber, dem traditionellen Rollenverständnis entsprechend, praktische Haushaltsfächer an.

Bis 1931 zogen die Lyzeen und Oberlyzeen immerhin 133 384 Schülerinnen an (vor der Krise, 1926, waren es schon 176 575 gewesen). Ein Fünftel der Abiturientinnen nahm ein Studium auf, in Hamburg war es schon ein doppelt so hoher Anteil. Endlich schien der Zugang von Frauen zur Universität so selbstverständlich zu werden, wie er das für junge Männer seit 700 Jahren war.

Währenddessen blieb die Ausbildung der Lehrer an den Höheren Jungen- und Mädchenschulen unverändert. Nach einem achtsemestrigen Studium zweier Hauptfächer folgte das Erste Staatsexamen, nach einem ein- bis zweijährigen Vorbereitungsdienst an der Schule das Zweite, das Assessorexamen mit der Anwartschaft auf eine Planstelle als Oberlehrer. Für Frauen wurden die Zulassungsbedingungen allerdings erschwert, um sie nach Möglichkeit auf den Beruf der Volksschullehrerin abzudrängen. Im

2. Das Schulsystem

Zuge des Planstellenabbaus von 1924 wurde eine Anwärterordnung für Studienassessoren eingeführt, die ihre Aufnahme in den höheren Schuldienst von der Prüfungsleistung in den beiden Examina abhängig machte; daraufhin schieden sofort 20 Prozent aus dem Planstellenrennen aus. Der Besuch eines Seminars für die praktische Lehrerausbildung in der Zeit des Vorbereitungsdienstes wurde erst 1925 verbindlich gemacht, doch gab es etwa 1932 nur 31 preußische Bezirksseminare für rund 1000 Referendare.

Eine drastische materielle Besserstellung brachte auch für die Oberlehrer die Reichsbesoldungsreform von 1920, da sie in der Gehaltsklasse X 9400 bis 12 600 Mark verdienen konnten. Zwar war 1907 die formale Gleichstellung mit den Richtern Erster Instanz erreicht, doch die volle Besoldungsangleichung noch nicht erzielt worden. Das war dann zum Teil während des Weltkriegs gelungen, wurde aber erst jetzt reichsrechtlich bestätigt, ohne daß die Oberlehrerschaft deshalb der Republik mit größerem Wohlwollen begegnet wäre. 1923/24 stürzten auch ihre Gehälter steil ab, so daß ihr Realeinkommen nach der Währungsreform nur 30 Prozent des Standes vor 1913 erreichte. Im Verlauf der 1927 erfolgenden Anhebung aller Beamtengehälter um 17 bis 25 Prozent kletterte auch das Jahreseinkommen der Studienräte auf 4400 bis 8400 stabiler Reichsmark. Nach noch nicht einmal drei Jahren verordnete Brüning jedoch eine Kürzung um 19 bis 23 Prozent, zog sechs Prozent des Gehaltes als Arbeitslosenhilfe ab und senkte diese Einkommen effektiv um 30 bis 40 Prozent ab.

Gleichzeitig griff die Lehrerarbeitslosigkeit auch im höheren Schulwesen um sich (auf 100 Lehrer entfielen dort 14 arbeitslose Anwärter), eine Einstellungssperre wurde verhängt, für die Frauen die Anwärterliste sogar ganz geschlossen und die alte Zölibatsklausel wieder verbindlich gemacht; ein Beförderungsstopp und der 1931 verhängte Numerus clausus für Lehramtsstudenten besiegelten den obrigkeitlichen Eingriff. Die Überfüllungskrise hätte durch die Absenkung der hohen Pflichtstundenzahl – sie wurde statt dessen sogar auf 25 Stunden erhöht – korrigiert werden können. Dieser Ausweg wurde aber wegen der Kosten zurückgewiesen. Für Brünings Präferenzentscheidungen waren die Rüstungsgelder und die Osthilfe-Subventionen wichtiger als die Bildungspolitik.

Für die ältere Generation der Oberlehrer blieb das Kaiserreich durchweg der nostalgisch verklärte Fluchtpunkt ihrer Gegenwartskritik. Für die numerisch starke jüngere Generation, die dank der Expansion zwischen 1900 und 1918 angestellt worden war, traf ebenfalls zu, daß die entscheidende politische Sozialisation im monarchischen Obrigkeitsstaat erfolgt war. Zwar bildeten beide zusammen eine homogene Berufsklasse mit hohem Einkommen und Prestige, mit einem gemeinsamen politischen Habitus und verwandten politischen Optionen. Doch die turbulente Nachkriegszeit mit ihren hektischen Einkommensschwankungen und die diskriminierende Sonderbehandlung seit 1930 vertieften die Skepsis gegenüber der ungeliebten Republik. Daher neigte die Protesthaltung zahlreicher Studienräte zusehends zur Unterstützung der Hitler-Bewegung – mit unübersehbaren Folgen für die politische Beeinflussung der Schüler.[4]

3. Die Universitäten und Technischen Hochschulen

Das Hochschulwesen hatte im Kaiserreich eine denkwürdige Expansion erlebt: Vom Gründungsjahr des neuen Staates, als 17 800 junge Männer immatrikuliert gewesen waren, war die jährliche Zahl von Studenten bis 1914 um 62 500 auf 79 300 angewachsen. Allein seit 1900 (48 900) hatte sie um mehr als 30 000 zugenommen. Drei neue Universitäten in Straßburg, Münster und Frankfurt, neue Technische Hochschulen und Handelshochschulen hatten das höhere Ausbildungssystem auf 56 Hochschulen (21 Universitäten, 11 Technische Hochschulen, 24 Handels-, Land- und Forstwirtschafts-, Veterinär- und Bergbauhochschulen) auch institutionell erweitert.

Währenddessen hatte sich auch das Sozialprofil der Studentenschaft markant verändert. Hatten zu Beginn noch gut 35 Prozent der Studenten aus dem Bildungsbürgertum für eine hohe Selbstrekrutierungsrate gesorgt, war ihr prozentualer Anteil bis 1914 auf etwas weniger als 30 Prozent abgesunken. Wegen der gewaltigen Vergrößerung der Studentenpopulation um volle 350 Prozent blieb ihr absoluter Anteil jedoch noch immer ein erstaunlicher Erfolg bei der Verteidigung des begehrten Zugangs zum akademischen Privilegiensystem. Nur zehn Prozent der Studenten kamen aus dem oberen Wirtschaftsbürgertum, zwölf Prozent aus den Familien von Landwirten einschließlich der Großgrundbesitzer, knapp 40 Prozent stammten jedoch bereits aus den bürgerlichen Mittelklassen vor allem des «alten» und «neuen» Mittelstandes. Immerhin acht Prozent waren Ausländer, die an den Vorbildinstitutionen der westlichen Wissenschaftswelt studieren wollten. In den wenigen Jahren, in denen das Frauenstudium seit der Jahrhundertwende zugelassen worden war, hatte sich der Anteil der Studentinnen bis 1914 immerhin auf sieben Prozent (4057) erhöht.

Auch die Technischen Hochschulen, institutionelle Pionierleistungen moderner ingenieur- und naturwissenschaftlicher Ausbildung, hatten einen enormen Wachstumsschub erlebt, der sich am Ausbau ihrer Institute, aber auch an ihren 12 458 Studenten (1914) ablesen ließ – Repräsentanten eines hochqualifizierten «Humankapitals» für die industrielle Welt. Unterdessen hatten sie ihre Fachabteilungen wie Fakultäten organisiert, das Abitur zur Eingangsvoraussetzung erhoben und 1899 endlich die vollen Hochschulrechte erhalten, die sie mit dem Promotions- und Habilitationsrecht den Universitäten gleichstellten. Die Handelshochschulen boten eine pragmatische Ausbildung ihrer Diplomkaufleute für das alltägliche Geschäfts-

3. Die Universitäten und Technischen Hochschulen

leben, fanden sich aber ebenfalls einem starken Akademisierungssog ausgesetzt.

Die Explosion des Hochschulwesens namentlich während der zwei letzten Friedensdekaden des Kaiserreichs hielt in der Weimarer Republik nicht nur an, vielmehr steigerte sich dieser Ausdehnungsprozeß so drastisch, daß er fast zu einer Verdoppelung der Studentenzahl innerhalb der Zeitspanne von einem Dutzend Jahren führte. Daher nahm auch der Anteil der Studenten an den Alterskohorten der 19- bis 24jährigen von 1911 = 3,4 auf 1932 = 4,6 Prozent zu. Vorher hatte der Weltkrieg zu einem harten Einschnitt geführt. Von den 79 300 Studenten des Sommersemesters 1914 ging die Hälfte an die Front (39 600), 1918 waren es von 84 636 sogar zwei Drittel (57 400). Ein Fünftel der studentischen Kriegsteilnehmer (16 000) kam dort um. Währenddessen wuchs der Frauenanteil von 4057 auf 7182, das war schließlich ein Drittel aller tatsächlich Studierenden. Im Wintersemester 1918/19 begann dann bereits der Rückstrom der Studierwilligen. Statt der gut 79 000 Studenten im Sommer 1914 zählte man 1932 138 010 – das war ein explosiver Anstieg an allen Universitäten und Technischen Hochschulen um rund 80 Prozent. An den 23 Universitäten – 1919 waren Hamburg und Köln hinzugekommen, während Straßburg entfiel – waren 63 bis 79 Prozent, an den elf Technischen Hochschulen – einschließlich derjenigen in der «Freien Stadt Danzig» außerhalb des Republikgebietes – 15 bis 25 Prozent der Studenten eingeschrieben. An den Universitäten wuchs die Studentenzahl zwischen 1914 und 1931 von 60 235 auf 103 912, sank aber dann bis zum Sommer 1933 auf 92 601 um ein Zehntel ab. An den Technischen Hochschulen verdoppelte sie sich von 12 458 auf 26 749, glitt aber ebenfalls bis zum Sommer 1933 um 24 Prozent auf 20 431 hinab. Beide Institutionen erlebten selbst dann noch mit den Zahlen von 1933 einen Zuwachs, der im Vergleich mit 1914 um 53 bzw. 65 Prozent höher lag. Beide hatten auch nach dem Schock der Hyperinflation ein typisches Wellental ihrer Frequenz erlebt, das in der Stabilisierungsphase sogleich überwunden wurde.

Woher stammte der neue «Studentenberg»? Zum einen strömten die studierfähigen Kriegsteilnehmer an die Hochschulen, nachdem sie so viele Semester verloren hatten. Zum andern erhöhte sich in den geburtenstarken Jahrgängen der Prosperitätsjahre vor 1914 der Anteil der studierwilligen Abiturienten von 1921 = 19 470 um fast das Doppelte auf 1931 = 39 840. Hinzu kamen die Frauen, deren Quote bis 1931 auf gut 18 Prozent (19 396) stieg, also fast ein Zehntel des numerischen Wachstums ausmachte. Sie alle wußten die Hochschulen, über die der «Königsweg» des sozialen Aufstiegs führte, als Distributionszentren begehrter Lebenschancen zu schätzen. Akademische Berechtigungsscheine gewährleisteten berufliche Startvorteile. Die Verwissenschaftlichung zahlreicher Berufs- und Praxisfelder zog künftige Experten an, und der Akademisierungssog erhöhte die Attraktivität von Ausbildungsinstitutionen.

Währenddessen nahmen die Fakultäten auf unterschiedliche Weise an diesem Wachstum teil. Zwischen 1921 und 1931 erlebte etwa die Philosophische Fakultät eine Steigerung von 45 981 auf 52 785 – sie blieb mit einem Anteil von 46 Prozent die mit Abstand größte Fakultät. Die Mediziner kletterten von 16 175 auf 24 298 und belegten mit einem Viertel aller Studierenden den zweiten Platz; die Juristen, die von 9 896 auf 16 175 zunahmen, blieben an der dritten Stelle. Das Verhältnis unterschied sich nicht grundlegend von der Vorkriegsverteilung, und das galt auch für die Größenordnung der Universitäten: Berlin, München, Leipzig blieben die drei größten, Rostock die kleinste.

Auch die Konfessionsverteilung bestand relativ stabil weiter fort. 67 Prozent Protestanten standen 27 Prozent Katholiken gegenüber; das wich nicht mehr so deutlich wie früher von den Konfessionsanteilen der Bevölkerung (65: 32) ab. Der prozentuale Anteil der jüdischen Studenten sank zwar von 1910 = 5,6 Prozent auf 1931 = 3,08 Prozent, doch blieb er wegen der verdoppelten Studentenzahl in absoluten Ziffern noch immer erstaunlich hoch. Er bezeugte ihren Aufstiegswillen, den auf der Minderheit lastenden Bewährungsdruck und die intellektuelle Orientierung im bürgerlichen jüdischen Milieu.

Wie veränderte sich während dieser explosiven Ausdehnung des Hochschulwesens die soziale Zusammensetzung der Studentenschaft? Hielt die relative Offenheit des Systems an? Wurde sie sogar noch vergrößert, oder wich sie einer Schließung? Der Anteil der Studierenden aus dem Bildungsbürgertum sank bis 1933 auf 24 Prozent, da ihm der Krieg, die Hyperinflation, die Weltwirtschaftskrise hart zusetzten. Dennoch kann der sinkende prozentuale Anteil leicht in die Irre führen, denn dieses Viertel bedeutete angesichts nahezu einer Verdoppelung der absoluten Studentenzahl eine erstaunlich kontinuierliche Rekrutierungsleistung. Die Herkunftsgruppe aus dem oberen Wirtschaftsbürgertum, das in der Krisenzeit eine praktische Berufsausbildung höher schätzte, schrumpfte dagegen auf sechs Prozent, fiel mithin unter das Zehntel von 1914. Auf denselben prozentualen Anteil sank um mehr als die Hälfte die Anzahl der Studenten aus den Familien von Landwirten, da sich vor allem die adligen und bäuerlichen Großgrundbesitzer gegen die kostspielige Ausbildung in den städtischen Zentren des bürgerlichen Leistungsdenkens sträubten. Der Anteil aus den Unterklassen erreichte jetzt statt der 0,3 Prozent vor dem Krieg erstmals drei Prozent.

Der eigentlich dramatische Trend blieb jedoch der kraftvolle Zustrom aus den bürgerlichen Mittelklassen. Aus dem «alten» und «neuen» Mittelstand, aus den Familien von Kleinunternehmern in Gewerbe, Handel und Handwerk, aus der mittleren und unteren Beamten-, Angestellten- und Volksschullehrerschaft stammten insgesamt 60 Prozent aller Studierenden. Allein aus Angestelltenfamilien kamen jetzt 13 Prozent (statt 3 % vor 1914),

3. Die Universitäten und Technischen Hochschulen 465

wie überhaupt der «neue» Mittelstand zwei Drittel, der «alte» Mittelstand nur mehr ein Drittel dieser Mittelklassenstudenten stellte. Und da 48 Prozent aller Studierenden einen Beamten zum Vater hatten, die Studentenquote aus der Sozialformation der höheren Beamtenschaft jedoch auf 12,5 Prozent fiel, kamen drei Viertel dieser Gruppe aus der mittleren und unteren Beamtenschaft – ein untrügliches Symptom, wie sehr sie auf den Aufstiegsweg in das beamtete akademische Bildungsbürgertum fixiert war.

Dieser Trend zur Öffnung für das akademische Potential der bürgerlichen Mittelklassen hatte, ungeachtet aller Beschwörungen der Universität als Bastion einer verstaatlichten Geistesaristokratie, im 19. Jahrhundert unübersehbar eingesetzt; vor 1914 hatte er bereits dazu geführt, daß 40 Prozent der reichsdeutschen Studenten aus diesem heterogenen Milieu kamen. Dennoch verkörperte die Steigerung um noch einmal die Hälfte sowohl einen Beweis für ihren eher noch zunehmenden resoluten Aufstiegsdrang als auch für die soziale Offenheit der Hochschulen – auch und gerade im internationalen Vergleich. Insofern hat die Zeit der Republik, in der die überkommene Sozialhierarchie nachhaltiger als in den vorhergehenden Jahrzehnten in Frage gestellt wurde, immer mehr Familien ohne Studiumstradition zu einer akademischen Ausbildung ermuntert und dadurch die neue meritokratische Leistungshierarchie gefördert.

Eine unvermeidbare Konsequenz der gesteigerten Frequenz war zum einen die «Überfüllung» aller Hochschulen, da die Professorenzahl und der Gebäudeausbau vorerst einmal stagnierten. Zum andern verwies das zeitgenössische Schlagwort von der «Vermassung» und «akademischen Berufsnot» darauf, daß das Angebot an examinierten Akademikern bald zwei bis dreimal so groß war wie der Bedarf an ausgebildetem Nachwuchs, denn mehr als insgesamt rund 350 000 Akademikerstellen standen ihm nicht zur Verfügung. «Überfüllungskrisen» hatte es seit dem Vormärz mehrfach in geradezu zyklischer Form gegeben, doch in der Weltwirtschaftskrise stieg die Anzahl arbeitsloser Jungakademiker bis 1932 auf 16 000. Der Präsident der RAA errechnete für den Frühsommer 1933 bereits 93 500, das Reichsarbeitsministerium sogar bedrückende 150 000.

Die Folgen dieser Überfüllung bis hin zur Erwerbslosigkeit waren eine leidenschaftlich-empörte Diskussion, eine verstörende Verunsicherung, schließlich eine tiefe Skepsis gegenüber dem «System» der Republik, welche die gewohnte Akademikerkarriere nicht mehr zu gewährleisten imstande schien. Alle Sorgen und Ängste verdichteten sich zu dem Eindruck, der sich in die studentische Kollektivmentalität hineinfraß, daß eine fatale Existenzkrise der Akademikerschaft auf unabsehbare Zeit vorherrsche.

Tatsächlich hatte es die erdrückende Mehrheit der Studenten in den 1920er und frühen 30er Jahren mit außerordentlich widrigen Umständen zu tun. Ihre Lebenshaltung lag nachweislich unter derjenigen ungelernter Arbeiter. Der Engpaß auf dem Wohnungs- und Zimmermarkt steigerte die

Mietkosten. Anfangs galt ein Drittel als unterernährt, 1928 waren es, einer republikweit unternommenen Stichprobe zufolge, immer noch 15 Prozent; volle vier Prozent litten an Tuberkulose. Die Einzelstaaten, in deren Kompetenzdomäne die Hochschulen geblieben waren, halfen mit Hilfseinrichtungen wie dem Studentenwerk, mit Wohnheimen und Mensen, mit Darlehen und Stipendien, die aber höchstens vier Prozent der Studenten erreichten. Die «Studienstiftung des Deutschen Volkes» etwa kam bis 1925 auf nur 287 Stipendiaten.

Der «Werkstudent» wurde daher zu einer neuen Sozialfigur, denn mehr als die Hälfte der Studenten mußte sich bis Ende 1923 ihren Lebensunterhalt selber verdienen; in den Semesterferien stieg diese Zahl auf 90 Prozent. Während der Stabilisierungsphase unterlag nur mehr ein Fünftel diesem Zwang, doch während der Weltwirtschaftskrise, als die Not erneut anstieg, versagte dieser Ausgleichsmechanismus vollständig. Das spornte wiederum die Systemkritik an. Nicht wenige empfanden freilich den Begriff des «Werkstudenten» als einen Ehrentitel, da die eigene Handarbeit die Kluft zwischen Studenten und Proletariern im Sinne des Volksgemeinschaftsideals einebne.

In ihrem politischen Verhalten waren die Studenten keineswegs von Anfang an geschlossen rechtsradikal und antidemokratisch eingestellt. Die Revolution vor 1918 verlief, anders als die von 1848, ohne auffällige studentische Mitwirkung. Doch Tausende schlossen sich dann den Freikorps und Einwohnerwehren oder sogar selbständigen Studentenverbänden an. Diese Politisierung durch den Bürgerkrieg bis 1923 führte zu einem nachhaltigen Rechtsruck. Fanatisierte Studenten waren es, die Eisner und Landauer, Erzberger und Rathenau ermordeten; eine Marburger Studenteneinheit brachte im März 1920 15 Arbeiter in einer thüringischen Kleinstadt kaltblütig um; überhaupt sollen nahezu 50 000 Studenten beim Kapp-Putsch in Freiwilligenverbänden mitgemacht haben.

Dagegen hatte der politisch aktive Teil der Generation der Kriegsteilnehmer mit seinem Partizipationswillen für die Gründung der «Allgemeinen Studentenausschüsse» (AStA) und eines Dachverbandes, der «Deutschen Studentenschaft», für alle Studenten «deutscher Abstammung», wie es bereits ominös hieß, energisch gesorgt. In dieser Generation waren durchaus viele nach demokratischen Prinzipien zur Mitarbeit nicht nur an der Hochschule, sondern auch im neuen Staatswesen bereit. Dieser Impetus erlahmte jedoch ziemlich schnell; vermutlich hielt sich nur ein demokratisches Potential von allenfalls 15 bis 20 Prozent. Im allgemeinen aber schlossen sich das Kriegserlebnis und der Schock der Niederlage, die Teilhabe am Frontmythos und die Bürgerkriegserfahrung, die Alltagsmisere und die Berufsunsicherheit zu einer politischen Haltung zusammen, die von bestenfalls kühler Reserve bis hin zur überwiegenden leidenschaftlichen Verachtung der Republik reichte.

Als dominante Größe im politischen Habitus der Studentenmehrheit erwies sich binnen kurzem der Nationalismus, oft in einer großdeutschen, zusehends in seiner radikalisierten Variante, die für den braunen Rechtsextremismus geradezu prädisponierte. Dem Anschlußverbot der Alliierten zum Trotz wurden österreichische, sudetendeutsche, Danziger Studenten demonstrativ als Deutsche in die Studentenverbände aufgenommen. Die schlagenden Verbindungen übernahmen auch nur zu bereitwillig die österreichischen Ausschlußklauseln gegen Juden und Sozialisten. Erneut drang der Antisemitismus weiter vor. Das Dolchstoßressentiment richtete sich gegen «jüdische Novemberverräter»; die Konkurrenzangst beschwor die angebliche Allgegenwart von jüdischen Deutschen; der völkische Rassismus stigmatisierte die Kommilitonen aus dem jüdischen Milieu. Daß die vielbeschworene «Volksgemeinschaft» im nationalen Machtstaat unter Ausschluß der jüdischen Minderheit eingerichtet werden sollte, galt weithin als selbstverständliches Ziel.

Auf dieser Linie operierte auch der mächtigste Verband, der 1919 aus der Fichte-Hochschulgemeinde hervorgegangene «Deutsche Hochschulring», der die Waffenstudenten, die Vereine Deutscher Studenten, den Wingolf, den Schwarzburgbund und die katholischen CV, insgesamt zwei Drittel aller organisierten Studenten umschloß. Charakteristisch für sein Engagement war der Aufruf des Rings, am Hitler-Putsch teilzunehmen. Seither ließ seine bittere Kritik am Weimarer «System» nicht nach. Seit 1924 setzte sich die Dominanz der völkischen, antisemitischen, großdeutschen Studenten auch in der «Deutschen Studentenschaft» durch. Der Rechtsdrall fand an den Hochschulen eine stetig wachsende Zustimmung.

Typisch dafür war der Konflikt um den Hannoveraner Privatdozenten Theodor Lessing, der 1925 an der Kandidatur Hindenburgs, dieser «politischen Null», pointierte Kritik geübt hatte. 1200 radikalnationalistische Studenten (von 1500) praktizierten schließlich den traditionellen Protest des Auszugs an die benachbarte TH Braunschweig, und Kultusminister Carl Becker konnte die Eskalation nur dadurch unterbrechen, daß er Lessing mit einem Forschungsauftrag aus dem Hochschulbetrieb abzog.

Dieselben Fronten brachen mehrfach beim Streit um den sozialdemokratischen Theologieprofessor Günter Dehn und den sozialistischen Statistikdozenten Julius Gumbel auf (vgl. IV.5 b u. V. 1 a). Im Dauerstreit mit den rechtsextremen Studenten spitzte sich schließlich die schroffe Auseinandersetzung weiter zu, als 77 Prozent der preußischen Studenten Beckers Entwurf einer neuen Verfassung für die Studentenschaft, der Juden und Sozialisten – wie das der Weimarer Verfassung zweifellos entsprach – zugelassen hätte, kompromißlos ablehnten. Der offene Bruch konnte daraufhin nicht mehr vermieden werden: Die «Deutsche Studentenschaft» verlor ihre staatliche Anerkennung; seither wurde sie erst recht zum politischen Spielball der rechtsradikalen Studenten. «Die Mehrheit der akademischen Jugend steht heute im Rechtslager», konstatierte der Berliner Historiker Friedrich Meinecke ohne Umschweife, doch billigte er ihnen als einer der wenigen «Vernunftrepublikaner» allzu verständnisbereit zu, daß «unter den Motiven, die sie dahin führen,... ein leidenschaftlicher und starker nationaler Idealismus gar nicht zu verkennen» sei.

Statt des beschönigten nationalen Idealismus setzte sich der Radikalnationalismus in Gestalt des Nationalsozialismus auffällig schnell durch. Im Februar 1926 war der «Nationalsozialistische Studentenbund» (NSStB) gegründet worden, der aber bis 1928 nur 1000 Mitglieder anwerben konnte. Dann übernahm Baldur v. Schirach, ein großbürgerlicher Germanistikstudent mit Organisationstalent, vor allem auch mit engen Kontakten zu Hitler, die Leitung, verzichtete auf vage sozialrevolutionäre Rhetorik, steigerte statt dessen mit seinen Mitarbeitern die Aktivität und trieb die Mitgliederzahl bis 1931 auf 4000 hoch. Ihre soziale Zusammensetzung spiegelte die Komposition der Gesamtstudentenschaft durchaus wider, allerdings umfaßte sie so gut wie ausschließlich Protestanten.

Als heftigste Rivalen galten zunächst die Korporationen, die 1932 mit 70000 aktiven Mitgliedern, rund 60 Prozent aller Studenten, ihren Höhepunkt erreichten; dabei umfaßte die Burschenschaft mit 11 600 Angehörigen das Gros der 49 000 schlagenden Studenten. Binnen kurzem stellte sich jedoch heraus, daß die Gemeinsamkeiten des politischen Weltbildes überwogen: Auch die Mehrheit der Verbindungsstudenten hing dem völkischen, antisemitischen Nationalismus an, verachtete das «System» der Republik, pflegte den Kult der «Volksgemeinschaft» und des Frontkämpfermythos. Daher gab es in zunehmender Häufung die Doppelmitgliedschaft im NSStB und einer Korporation.

Diese Grenzverwischung schritt mit den spektakulären Wahlerfolgen der akademischen Jungnazis weiter voran. Bereits 1928 hatten sie die absolute Mehrheit im AStA von Erlangen und Greifswald gewonnen, 1930 erreichten sie sogar 30 Prozent aller Sitze an 20 Hochschulen. Dank einer Mischung von ressentimentgeladener Propaganda, die zum Beispiel lauthals einen antijüdischen Numerus clausus forderte, von rastloser Agitation und offener Gewalt gegen linke und jüdische Studenten konnten sie dann 1931 schon die absolute Mehrheit an 28 Hochschulen erreichen. Anderthalb Jahre vor der Machtübergabe an Hitler war das ein beklemmendes Indiz der tektonischen Verschiebungen in der jüngeren deutschen Wählerschaft. «Nichts gibt mir mehr Glauben an den Sieg unserer Idee», verkündete Hitler, «als die Erfolge des Nationalsozialismus an der Hochschule.»

Nach einer anfänglichen Stagnation hielt das Wachstum des Lehrkörpers an allen deutschen Hochschulen in den 20er Jahren an. Innerhalb von 20 Jahren wuchs die Anzahl der Universitätsordinarien bis 1931 von 1236 auf 1721, einschließlich der 469 ordentlichen TH-Professoren auf 2093, die der Extraordinarien von 762 auf 1523, die der Privatdozenten von 1111 auf

1364. Der Expansionstrend der Vorkriegsjahrzehnte setzte sich mithin trotz aller Belastungen und Krisen weiter durch. Das tat auch der Spezialisierungstrend, der für Extraordinarien und vor allem für die Privatdozenten zahlreiche Nischen schuf, wo ihre Hoffnung auf wissenschaftliches Prestige und sozialen Aufstieg genährt wurde. Von den 6700 Lehrkräften an allen deutschen Hochschulen (einschließlich der Lektoren, Honorarprofessoren usw.) entfielen 4860 auf die Universitäten, bereits 1830 aber auf die Technischen Hochschulen. Überhaupt bildeten die Natur- und Ingenieurwissenschaften inzwischen den größten Block vor den Medizinern und dem heterogenen Ensemble der Mitglieder der Philosophischen Fakultät.

Trotz dieser Ausdehnung des Lehrkörpers gab es zum einen eine erstaunliche Kontinuität seines Sozialprofils, zum andern aber im Vergleich mit der Vorkriegszeit eine drastische Veränderung, welche die neuartige Zusammensetzung der Studentenschaft widerspiegelte. Erstaunlich war der Anteil aus dem klassischen Bildungsbürgertum, der bis 1933 bei 49 Prozent stehen blieb. Statt der Hälfte waren es 1890 zwar noch 63 Prozent gewesen, doch angesichts des Umstands, daß sich seither die absoluten Zahlen verdreifacht hatten, war dieser Rekrutierungserfolg ein weiterer Beweis für die nachhaltige Wirkung des in dieser sozialen Klasse vorherrschenden Bildungs- und Leistungsprinzips. Aus dem oberen Wirtschaftsbürgertum stammten nur mehr elf statt 17 Prozent. Offensichtlich bot der wissenschaftliche Betrieb zu wenig Kompensationen für den Verzicht auf jene materiell anspruchsvolle Lebenshaltung, die sich in dieser Sozialformation ausgebreitet hatte. Auch die Herkunft aus Familien von Landwirten, insbesondere mit Großgrundbesitz, fiel ähnlich wie bei den Studierenden von acht auf sechs Prozent. Einen gewaltigen Sprung nach vorn taten dagegen Wissenschaftler aus den bürgerlichen Mittelklassen, deren Anteil innerhalb von nur drei Jahrzehnten von neun auf 34 Prozent, auf ein volles Drittel anstieg. In diesem Aufstieg setzte sich, ein wenig phasenverschoben, jener Trend fort, der immer mehr Studenten aus diesen mittleren Erwerbs- und Berufsklassen an die Hochschulen führte.

Das Übergewicht der Protestanten wich nur äußerst langsam einem weniger verzerrten numerischen Verhältnis zu den Katholiken, obwohl es inzwischen 74 : 21 betrug. Hoch blieb auch mit fünf Prozent der Anteil der jüdischen ordentlichen Professoren, wie überhaupt die Integration der jüdischen Deutschen in das Hochschulsystem einen beispiellosen Aufstieg signalisierte, der in Europa und in den Vereinigten Staaten erst nach dem Zweiten Weltkrieg übertroffen wurde. 1880 hatte ihr Anteil an den Professoren 17 Prozent ausgemacht – konkret hieß das: jeder sechste von ihnen war jüdischer Herkunft! 1890 lag er bei zwölf Prozent, 1900 bei zehn Prozent, erst 1910 bei drei Prozent. Hinzu kamen aber nicht nur sieben Prozent aller Privatdozenten, sondern diejenigen zwölf Prozent der Privatdozenten und vier Prozent der ordentlichen Professoren, die unlängst getaufte Juden waren, so daß vor 1914 mehr als ein Fünftel der deutschen Hochschulgelehrten dank seiner engen Symbiose mit der neuhumanistischen Bildungswelt dem jüdischen Sozialmilieu entstammte. Wegen des seit 1916 erneut anschwellenden Antisemitismus ist der Zustrom nach dem Kriegsverlust in den 20er Jahren durch die informellen akademischen Exklusionsmechanismen etwas gedrosselt worden. Doch lag der Anteil der reformjüdischen und orthodoxen jüdischen Gelehrten und der getauften jüdischen Hochschulwissenschaftler, die hier wegen der fortwirkenden wissenschaftsfördernden Impulse im jüdischen Milieu und weil der Antisemitismus auch nach der Taufe vor ihnen nicht haltmachte, hinzugerechnet werden, immer noch bei knappen 20 Prozent – eine verblüffende, außerdem in kurzer Zeit erreichte Erfolgsbilanz, die das NS-Regime in noch kürzerer Zeit zunichte machen sollte.

Auch in der Weimarer Republik behauptete die Professorenschaft ihr Sozialprestige und ihren elitären Führungsanspruch, der nach der Ansehensdeflation der Kirchen, der Bürokratie und des Militärs noch aufgewertet worden war. Vier politische Gruppierungen lassen sich in ihr unterscheiden:

1. Die große Mehrheit hatte im Weltkrieg zum annexionistischen Lager gehört, bis zuletzt raumgreifende Kriegsziele, auch die «Vaterlandspartei» unterstützt; sie schloß sich jetzt überwiegend in der radikalrevisionistischen, deutsch-nationalen «Hochschullehrervereinigung» zusammen.

2. Die kleine Minderheit der Gemäßigten des Weltkriegs driftete seit 1918/19 orientierungslos in die Folgezeit hinein, betonte aber die geistesaristokratische Distanz zum politischen Alltag. Als republikanische Professoren nach dem Kapp-Putsch zur Respektierung der Verfassung aufriefen, wollte nicht einmal ein Zehntel der Hochschullehrer unterschreiben.

3. Auf ihrem «linken» Flügel fanden sich die «Vernunftrepublikaner» ein, die erst seit dem Weimarer Gründungsakt von 1926 in der «Vereinigung verfassungstreuer Hochschullehrer» für wenige Jahre einen institutionellen Rückhalt besaßen. Auf der letzten Tagung im Oktober 1932 trafen sich bezeichnenderweise nur mehr 30 Teilnehmer.

4. Und schließlich war da noch das kleine Häuflein der sozialdemokratischen und pazifistischen Professoren, nicht mehr als 50, zwei Prozent von 2400, darunter jedoch Namen mit einem hellen Klang wie Hermann Heller und Arthur Rosenberg, Franz Oppenheimer und Paul Tillich, Hans Kelsen und Max Horkheimer.

Ohne Zweifel gehörte seit dem Versailler Friedensvertrag die übergroße Mehrheit zur Grundsatzopposition gegen das «Weimarer System» und die internationale Nachkriegsordnung. Das trat zum Beispiel unübersehbar und unüberhörbar auf den Reichsgründungsfeiern zutage, denn alljährlich wurden am 18. Januar das Kaiserreich und das Weltkriegsheer glorifiziert,

3. Die Universitäten und Technischen Hochschulen

während die Republik offen geschmäht wurde. Die Vergottung des nationalen Machtstaats galt den Rednern noch immer als wahre Realpolitik. Wer diesem Bekenntnis widersprach, wie das die «Vernunftrepublikaner» und Linksdemokraten unter den Professoren taten, wurde in der Hochschule und im Alltag durch die Praxis eines kompromißlosen Ostrazismus geschnitten.

Seit etwa 1930 trat freilich auch unter den antirepublikanischen Hochschullehrern eine gewisse Hilflosigkeit gegenüber dem völkischen Aktionismus zahlreicher Studenten, namentlich dem antisemitischen Radikalnationalismus des NSStB zutage. Dennoch billigten sie dem Extremismus das Recht auf «nationale Empörung» zu, so daß die Ausbreitung des Nationalsozialismus an den Hochschulen mit lähmender Passivität hingenommen wurde.

Wo lagen die Ursachen des fatalen Rechtstrends?

1. Die Tradition der symbiotischen Bindung beamteter Professoren an den monarchischen Obrigkeitsstaat hatte dazu geführt, daß ihre geschützte Sonderexistenz mit allen sozialen und ökonomischen Privilegien bei gleichzeitiger Wissenschaftsförderung durch den «Kulturstaat» mit einer dogmatischen Fixierung auf den autoritären Staat gekoppelt war. Da die übergroße Mehrheit der Professoren vor 1918 politisch sozialisiert worden war, fand sie keine realitätsadäquate Einstellung zur republikanischen Staatsform und demokratischen Politik.

2. Da sich so viele Professoren zum Wortführer der «Ideen von 1914», zum Anwalt blindwütig verfolgter Kriegsziele, zum Propagandisten des «Siegfriedens» aufgeschwungen hatten, traf sie das Debakel der Niederlage und die Kränkung durch Versailles besonders empfindlich, zumal jene exklusive Urteilsfähigkeit, die sie als intellektuelle Speerspitze der Nation vollmundig in Anspruch genommen hatten, denkbar kraß dementiert wurde. Es war dieses psychische Trauma des evidenten Versagens, das sie auf ihrer hämischen Selbstgerechtigkeit bei der Verklärung des Kaiserreichs und der Fundamentalkritik an der Republik beharren ließ.

3. Die überkommenen neuhumanistischen Bildungsideen gewährten angesichts des evidenten Wertepluralismus, des unaufhaltsamen Vordringens erfolgreicher empirischer Wissenschaften und der mächtigen Konkurrenz von anderen Ersatzreligionen keine verbindliche Handlungsorientierung mehr. Gegen die Erosion der Bildungsnormen mochte man zwar noch eine Zeitlang die Ersatzwelt des Gymnasiums und die Subkultur der Verbindungen ins Feld führen, doch die neue «Massenuniversität» gehorchte nicht mehr den Imperativen des frühen 19. Jahrhunderts.

4. Für die Studenten wiederum galt, daß der Radikalnationalismus und Antisemitismus nach der gegenrevolutionären Politisierungswelle bis 1923 ein anhaltendes politisches Großklima schufen, unter dessen Einfluß sie vehement gegen Weimar opponierten. Als sich dann noch die Schere zwi-

schen hochgespannten Berechtigungs- und Karriereerwartungen auf der einen Seite, deprimierenden Arbeitsmarktchancen auf der andern Seite auftat, als mithin ein klassisches Problem der Relativen Deprivation auftrat, da die eigene Misere am Akademikeraufstieg des letzten Jahrhunderts gemessen wurde – da kippte der rhetorische Widerstand in irrationalen Haß auf das «System» um. Das aber war der optimale Nährboden für die Expansion des nationalsozialistischen Rechtsradikalismus mit seiner Utopie des alle Probleme heilenden «Dritten Reiches».

5. Was zur Erfolgsbilanz der Republik gehörte: die Steigerung der Studentenzahl, der Zugang für immer mehr Frauen und Studenten aus den unteren Mittelklassen, die Akademisierung neuer Berufe – eben das wirkte auf viele Professoren und Studenten als Entwertung ihres elitären Status. Gemessen an der Vergangenheit akademischer Ausbildung und beruflicher Privilegierung glaubten sie eine generelle Deflation zu erleben, die sie in eine «geistige Währungskrise» (Georg Schreiber) stürzte. Ihr galt es, mit einem radikalen Neuanfang, der zugleich Rückmarsch in eine nostalgisch verklärte Vergangenheit war, zu begegnen.

6. Diesem Postulat kam eine perfide «volksbiologische» Deutung der Hochschulprobleme entgegen. Ihr zufolge reduzierten die gebildeten und besitzenden Oberklassen ihre Kinderzahl, obwohl sie – so die entsprechende Begabungstheorie – eine positive Auslese verkörperten. Dagegen galt der stürmische Zustrom aus den Mittel- und Unterklassen als «Vormarsch der geistig Schwachen», eine Folge des «Bildungswahns» und der «schrankenlosen Demokratisierung der Bildung». Elitäre Auswahl im Verein mit rassenbiologischer Selektion sollte hier Abhilfe schaffen. Zum Mythos des «nationalen Aufbruchs», wie er sich 1932/33 so breitenwirksam geltend machte, gehörte daher für viele Professoren und Studenten die Hoffnung auf die Wiedergewinnung ihres traditionellen Sozialprestiges und materiellen Wohlbefindens, zugleich aber auch der Drang, erneut an der Spitze der verwirklichten Volksgemeinschaft die Nation in die Zukunft führen zu können. Ohne diese teils utopischen Sehnsüchte, teils konkreten Erwartungen läßt sich ihr bestürzendes Verhalten nach der Installierung des Hitler-Regimes nicht erklären.[5]

4. Die Ausweitung des publizistisch-literarischen Marktes

Der Markt hatte sich als Regulator auch des literarischen und publizistischen Lebens in der Phase von der Mitte des 19. Jahrhunderts bis zum Weltkrieg durchgesetzt. Die wachsende Nachfrage auf dem expandierenden Leser- und Meinungsmarkt wurde mit einem diversifizierten Angebot marktkonform befriedigt. Die Marktlage bestimmte daher auch in hohem Maße das Einkommen und den Bekanntheitsgrad von Schriftstellern, Jour-

4. Die Ausweitung des publizistisch-literarischen Marktes

nalisten und Verlegern. 1914 hatte die Produktion von Neuerscheinungen im Bereich der klassischen Printmedien mit 34 871 Stück einen Gipfel erreicht. Im Verlagswesen sorgte das für einen Jahresumsatz von einer halben Milliarde Goldmark. Zu diesen Novitäten gehörten auch 4000 Zeitschriften. Ihr anfänglicher Marktführer, das große Familienblatt vom Typus der «Gartenlaube», hatte seine Spitzenstellung mit zeitweilig 250 000 Stück inzwischen verloren – die «Berliner Illustrierte Zeitung» besaß schon vor 1914 die mehr als vierfache Auflage von einer Million Exemplare. Die Rundschau-Zeitschriften behaupteten dagegen ebenso ihre Position, wie das die zahlreichen politischen und künstlerisch-literarischen Zeitschriften taten.

Die Vielfalt des täglichen Informationsmediums drückte sich in der Anzahl von 4200 Zeitungen aus, deren Spitzenreiter mit einer Morgen-, Mittags- und Abendausgabe erschienen. Zusehends entzog ihr Feuilleton den Familienblättern den begehrten Vorabdruck von Romanen populärer Schriftsteller. Wirtschafts- und Sportberichterstattung erweiterten, um das Abonnement attraktiver zu machen, die herkömmlichen Redaktionsaufgaben. Für alle aber hing ihr kommerzieller Erfolg maßgeblich vom Einkommen aus dem Annoncenteil ab. Nicht zufällig begann der Aufstieg Rudolf Mosses zum Großverleger (mit einem Privatvermögen von 80 Millionen Mark vor Kriegsausbruch) mit der erst reichs-, dann europaweit erfolgreichen Ausdehnung seiner Anzeigenexpedition. Mosse gehörte zum Spitzentrio der Berliner Verleger, das außer ihm Ullstein und Scherl jahrzehntelang vertraten. Mit Ullstein verkörperte er zugleich die Vorherrschaft der liberalen Presse im Kaiserreich. Hinter den liberalen Meinungsführern wie dem «Berliner Tageblatt», der «Frankfurter Zeitung», der «Vossischen Zeitung» und der «Kölner Zeitung» blieben die konservativen Blätter – und das war durchaus symptomatisch für die Kräfteverteilung auf dem Zeitungsmarkt – durchweg zweitrangig. Trotz des autoritären Regierungssystems ließ der Pluralismus in der Domäne der Öffentlichkeit die Etablierung einer sozialdemokratischen und einer katholischen Gegenöffentlichkeit zu, die zwar auf penetrante Schikanen trafen, dessen ungeachtet aber ihr subkulturelles Publikum zuverlässig erreichten.

Der Übergang zur Republik bedeutete, in erster Linie wegen des Fortfalls der Zensur, einen freieren Lesermarkt, aber auch eine fortschreitende Demokratisierung des literarischen Lebens und eine gesteigerte Politisierung der Öffentlichkeit bis hin zu jener erbarmungslosen Polarisierung, die von dem rechts- und dem linkstotalitären Lager bewirkt wurde. Aus Empörung über diesen liberal-demokratischen Trend wurde im Namen sakrosankter Traditionen zum Kreuzzug der Antimoderne gegen die «zersetzenden Tendenzen» der Gegenwart aufgerufen. Diese fundamentalistische Opposition gewann in der Kampfvokabel vom «Kulturbolschewismus» einen Totschlagbegriff, der namentlich im ressentimentgeladenen Bildungsbürgertum seine mobilisierende Wirkung entfaltete. Alfred Rosenbergs «Kampfbund für die deutsche Kultur» bemühte sich mit unleugbarem Erfolg darum, diese Protestströmung auf die nationalsozialistischen Mühlen zu lenken. Solche fanatischen Gegner des Antikriegsromans und der Bauhaus-Architektur, des liberalen Feuilletons und der abstrakten Malkunst hatte Thomas Mann im Auge, als er 1930 in heller Empörung die «bösartigen Spießbürger und Militaristen» anklagte, «die, wenn sie ‹Seele› sagen, den Gaskrieg denken».

Während die Bürgerkriegssprache der Todfeinde des «Kulturbolschewismus» zusehends Resonanz fand, wurde die linke Literatur vor Gericht als Vorbereitung zum Hochverrat stigmatisiert. Denn eben jenen Richtern, die auch die rechtsradikale Praxis des politischen Mordes so überaus verständnisvoll beurteilten, galt in einer angestrengten Überdehnung des § 86 der Strafprozeßordnung bereits die Gesinnung und nicht erst die Tat als ein gesetzwidriges Tun. Auf diese Weise konnten Hochverratsprozesse gegen linke Schriftsteller wie etwa Ernst Mühsam und Johannes R. Becher angestrengt werden. Auch in dieser Hinsicht lebten alte obrigkeitliche Traditionen in antirepublikanischem Gewand weiter fort.

Als ganz und gar innovatives Phänomen tauchte dagegen in der Republik eine neue Medienwelt auf. Rundfunk und Schallplatte, Ton- und Farbfilm erlebten einen steilen Aufstieg, und selbst die Anfänge des Fernsehens fallen noch in diese Jahre. Mehr denn je zuvor setzten sich in diesen neuartigen Massenmedien die Prinzipien des marktgesteuerten industriekapitalistischen Arbeitsprozesses durch. Denn Wiederholung und Spezialisierung, Temposteigerung und Serialisierung dominierten die Herstellung. Zugleich schufen diese Medien neue soziale Räume und Geselligkeitsformen, sie eröffneten Millionen den Zugang zu neuen Freizeitpräferenzen und einer veränderten Zeitplanung. Das strittige Wort von der «Massenkultur» gewann nicht nur einen neuen Klang, sondern einen neuartigen Realitätsgehalt. Die Kritik sah in ihr nur die Zerstörung der herkömmlichen hochkulturellen Standards, allenfalls die gehaltlose Zerstreuung und das seichte Amüsement. Optimistische zeitgenössische Kommentatoren hofften dagegen auf die sozialegalisierende Wirkung von Rundfunk und Film, die gegen die Vorherrschaft «der sogenannten Bildungsschichten», wie der Soziologe Siegfried Kracauer damals meinte, ein demokratischeres, aufgeklärteres Publikum schaffen könnten.

a) Printmedien und segmentierte Öffentlichkeit:
Bücher – Zeitungen – Zeitschriften

Fast 35 000 Neuerscheinungen hatten die Leipziger Messeverzeichnisse 1913 registriert. Unter den Kriegsbedingungen war diese Zahl bis 1918 um 60 Prozent auf 14 743 abgefallen, doch 1920 erreichte sie mit 32 244 Stück schon fast wieder den Vorkriegsstand. Die neue Gipfelzahl von 37 886 im

4. Die Ausweitung des publizistisch-literarischen Marktes

Jahr 1927 überbot ihn dann deutlich, und trotz der Weltwirtschaftskrise hielt sich das hohe Niveau der jährlich rund 34 000 Novitäten. Die Bücher erreichten bis 1927 einen Anteil von 31 595 Exemplaren, aber bis 1932 sank er auf 21 452, das war fast ein Drittel weniger als 1927.

Die Zeitschriften hatten stets einen erklecklichen Prozentsatz der Neuerscheinungen ausgemacht. Bereits 1920 war ihre Zahl auf 4552 weiter hochgeklettert, doch bis 1930 hatte sie sich trotz der widrigen Bedingungen sogar um 65 Prozent gesteigert und eine Summe von 7303 Zeitschriften erreicht. Sie spiegelten nicht nur die erstaunliche Risikobereitschaft zahlreicher Gründer, sondern auch den Pluralismus divergierender Interessen wider, die sie zu bedienen hofften. Mit dieser Diversifizierung stieg auch die Anzahl der Verlage auf 9450 in 1600 Städten und ihr Umsatz bis 1930 auf 600 Millionen Mark. Der Löwenanteil entfiel allerdings auf wenige Großverlage in Berlin und Leipzig, München und Stuttgart, welche die Hälfte der Produktion und zwei Drittel des Umsatzes an sich ziehen konnten. Die Herstellungs- und Vertriebskosten hatten sich seit 1914 verdoppelt, während die Preise um maximal 30 bis 40 Prozent anzogen. Der Bücherverkauf lasse, lautete deshalb die ewige Klage, ständig nach, da das bildungsbürgerliche Lesepublikum finanziell zu lädiert sei und die Konkurrenz der Zeitschriften und Magazine sich immer bedrohlicher auswirke. Die Auflagenhöhe wurde folgerichtig immer vorsichtiger kalkuliert, das Verfasserhonorar in der Regel drastisch reduziert.

In der abgehobenen Sphäre auch des materiellen Erfolgs bewegten sich dagegen die Bestsellerautoren. Von einem Longseller wie Thomas Manns «Buddenbrooks» wurden bis Ende 1932 1,3 Millionen Exemplare verkauft; davon entfiel freilich der größte Teil auf eine Sonderausgabe, die der Fischer-Verlag im November 1929 für 2,85 Mark auf den Markt warf und mit der er – fraglos dank des Nobelpreises, den Mann im selben Monat empfing – innerhalb von drei Jahren die Höhe von 980 000 verkauften Bänden erreichte.

Den bis dahin größten deutschen Bucherfolg erzielte jedoch Erich Maria Remarques Antikriegsroman «Im Westen nichts Neues» von 1928, von dem in den anderthalb Jahren bis zum Herbst 1930 eine Million Bände in Deutschland, dazu 2,1 Millionen übersetzte Ausgaben im Ausland verkauft wurden; insgesamt kam er schließlich auf sechs Millionen abgesetzte Exemplare. Zu dieser Zeit, Ende 1930, gehörten hinter Remarque und Mann, dessen «Zauberberg» bis dahin immerhin auch respektable 125 000 Verkaufsexemplare erreichte, nur wenige andere Autoren zur Absatzspitze: als nächster Stefan Zweig mit seinen «Sternstunden der Menschheit» (250 000), Emil Ludwig mit seiner Biographie Wilhelms II. (200 000), Ludwig Renn mit seinem leidenschaftlichen Antikriegsroman «Krieg» (150 000), gefolgt von Werner Beumelburg mit seinem kriegsverherrlichenden «Sperrfeuer um Deutschland» (120 000).

Alle diese Zahlen verblassen jedoch hinter den Erfolgsziffern der rührseligen Trivialromane von Hedwig Courths-Mahler, von deren 207 Romanen allein 127 in der Zeit der Republik erschienen und einen Absatz von fast 30 Millionen Stück erreichten. 14 Romane erzielten eine Auflage von jeweils mehr als einer halben Million, durchschnittlich kam jeder Band auf 140 000 verkaufte Exemplare. Kein Wunder mithin, daß die Autorin oft ein monatliches Einkommen von 30 000 Mark bezog. Auf die Leserinnen und Leser von Courths-Mahler wartete überhaupt ein reichhaltiges Angebot: die Trivialliteratur der broschierten Billigromane und Taschenbücher, ein Feld, das von Ullstein und Scherl beherrscht wurde, die solche Bücher zu einer Ware des schnellen Konsums machten. Das traf auch auf die Kriminalromane zu, die – wie die Edgar-Wallace-Serie bei Goldmann – ein großes Publikum fanden. Ungleich größer war freilich noch die Millionenleserschaft, die sich monatlich auf die Abenteuerheftchen stürzte, in denen unverwüstliche Helden wie Buffalo Bill, Billy Jenkins, Rolf Torring, Jörn Farrow, Sun Koh die Flucht aus dem Alltag unterstützten.

Häufig wurden die Verkaufszahlen der Buchausgaben eines populären Romans noch bei weitem durch die Abonnenten- und Leserzahl jener Illustrierten und Zeitschriften übertroffen, die sich die Vorabdrucksrechte gesichert hatten. Der Spitzenreiter scheint Vicki Baums Roman «Menschen im Hotel» (1929) gewesen zu sein, doch auch anspruchsvolle Schriftsteller wie Arthur Schnitzler, Gerhart Hauptmann und Carl Zuckmayer legten ohne jede Scheu Wert auf den lukrativen Vorabdruck. Blätter wie die «Berliner Illustrierte Zeitung», die bereits 1921 die Auflagenhöhe von zwei Millionen überschritt, konnten die Konkurrenz mit verführerischen Honoraren ausstechen.

Die Scherenbewegung von steigenden Produktionskosten und stagnierenden Preisen spürten am meisten die Schriftsteller und Verlage, daher wirkten die neuen Buchgemeinschaften, die ihr jeweils spezifisches Lesepublikum mit preiswerten Büchern versorgten, materiell ausgleichend. Die größten dieser genossenschaftlichen Organisationen umfaßten eine halbe Million Mitglieder. Gewöhnlich blieb deren Zahl jedoch so winzig, daß die 30 Buchgemeinschaften vor 1933 nicht mehr als anderthalb Millionen Dauerkäufer besaßen.

Eine neuartige Erscheinung in den Jahren der Republik verkörperten auch die «Weltanschauungsverlage», die politisch homogene Gesinnungsgemeinschaften mit ihrer Literatur versorgten, damit aber auch Proselyten für den Anschluß werben wollten. Für die Linke entstand zum Beispiel der Berliner Malik-Verlag, dessen Anfänge auf den März 1916 zurückgehen. Der Besitzer, Wieland Herzfelde, sein Bruder, der sich den «nom de guerre» John Heartfield zulegte und als brillanter Illustrator fungierte, und als fester Mitarbeiter der größte der zeitgenössischen politischen Karikaturisten, George Grosz, traten 1919 sofort in die KPD und seither offen für die proletarische Revolution ein. Der Verlag gewann Autoren wie Georg Lukács und Johannes R. Becher, dazu unabhängige Linke wie Oskar Maria Graf, Ernst Mühsam und Leonhard Frank; vor allem publizierte er die Übersetzung zahlreicher sowjetrussischer Schriftsteller, nicht zuletzt auch 29 Bücher des sozialkritischen amerikanischen Autors Upton Sinclair, der dadurch erst der verstärkten deutschen Kritik an Amerika zu einem Begriff wurde.

Für die rechte Seite des politischen Spektrums entstand aus der Fusion zweier seriöser Münchener Kulturverlage der Langen-Müller-Verlag im Besitz der DNHV, der sich auf völkisch-nationalistische Missionsliteratur verlegte. Auch dafür gab es ein nicht zu unterschätzendes Käuferpotential, denn der Bestseller dieser völkischen Schundliteratur, Hans Grimms «Volk ohne Raum», verbuchte 1926, zwei Monate nach dem Erscheinen, bereits 150 000, bis Ende 1932 sogar 265 000 verkaufte Exemplare. Ungetarnte Parteiverlage, wie etwa der Münchener Franz Eher-Verlag der NSDAP, spielten dagegen vor 1933 auf dem literarischen Markt keine Rolle.

Einen furiosen Aufstieg erlebten, wie vorn bereits erwähnt, zehn Jahre nach dem Ende des großen Mordens die Kriegsromane. Zugegeben, es gab die erfolgreichen Antikriegsromane von Remarque und Renn, von Edlef Koeppen und Arnold Zweig, und besser schreiben als ihre Kontrahenten konnten sie allemal. Doch diese Opposition wurde jetzt geradezu überschwemmt von einer Welle kriegsverklärender Literatur, die in einem offensichtlichen Kampf um die Erinnerung den Einfluß von Veteranentreffen, schreiblustigen Generälen und Kriegsgedenkfeiern womöglich noch übertraf. Jetzt zog auch der Absatz von Jüngers Schriften an, jetzt schnellten die Auflagen der Beumelburg, Dwinger, Schauwecker und zahlreicher Autoren in ihrem Gefolge in die Höhe. Außer der Beschwörung des heroischen Sterbens, des unbesiegten Heeres im Felde und der Dolchstoßlegende sahen diese Repräsentanten des soldatischen Nationalismus in der nationalen Volksgemeinschaft ihre politische Zukunftsform. «Wir mußten den Krieg verlieren», so weit sogar ging Schauwecker, «um die Nation zu gewinnen».

Darin berührten sie sich mit den politischen Romanen der völkischen Autoren, die gegen den Zerfall des angeblich früher einmal integrierten Volkes, gegen die verderblichen Folgen der Urbanisierung und den Verlust der ländlichen Idylle, gegen Sozialdemokratie und Pöbelherrschaft antraten. Grimms «Volk ohne Raum» etwa und Guido Erwin Kolbenheyers «Paracelsus» (1926) wurden ebenso bereitwillig aufgenommen wie Hans Friedrich Bluncks «Urväter» (1928) und Hans Zöberleins «Glaube an Deutschland» (1931). Mit den Romanen des soldatischen und völkischen Nationalismus gewann auch in der Literaturproduktion jene Strömung an Boden, die politisch in der Hitler-Bewegung ihr Flußbett fand.

Die bunte Palette des Zeitungswesens – im Vergleich wirkt die Bundesrepublik heutzutage geradezu öde – blieb auch nach 1918 erhalten, denn 4700 Tageszeitungen, wenn auch meist mit einer kleinen Auflage, versorgten den Leser in Stadt und Land. Bis 1933 gewann die zusehends konservative Generalanzeiger-Presse ein Viertel der Leserschaft in den Mittel- und Großstädten für sich; auch die politischen Gesinnungszeitungen erreichten mit einer mittelmäßigen Auflage – die SPD-Zeitungen zum Beispiel 1926 mit 1,1 Millionen Exemplaren, die der KPD mit 282000 – ihre Lesersegmente. Die höchste Auflage und die politische Meinungsführerschaft konnten weiterhin die liberalen Blätter verteidigen. Ullsteins «Berliner Morgenpost» behauptete 1930 mit einem Tagesabsatz von 400000 Stück die Spitze. Die «Frankfurter Zeitung» und die «Vossische Zeitung», auch die konservative «Deutsche Allgemeine Zeitung» blieben dagegen klar unter 100000 täglich verkauften Exemplaren.

Besonders die Stabilisierungsphase erlebte noch einmal eine Blüte der linksliberalen Publizistik. Das «Berliner Tageblatt» etwa unter seinem langjährigen Chefredakteur Theodor Wolff blieb eine der renommiertesten deutschen, ja europäischen Zeitungen. Mit Alfred Kerr, dem ungekrönten König der Kritiker, Felix Pinner als Chef des Wirtschaftsteils, Ernst Feder und Rudolf Olden in der Politischen Redaktion und regelmäßigen freien Mitarbeitern wie Joseph Roth, Erwin Kisch, Thomas und Heinrich Mann, Hugo Preuß, Ernst Troeltsch, Hans Delbrück, Walther Rathenau, Gerhard Hauptmann, Robert Musil und Stefan Zweig verteidigte es seine Spitzenstellung gegen den härtesten Konkurrenten, die «Frankfurter Zeitung». In ihrem Schatten gelang es auch der konservativen «Deutschen Allgemeinen Zeitung», ein beachtliches Niveau zu wahren.

Auf der Rechten ballte sich unterdessen eine Pressemacht zusammen, die außerhalb der Hauptstadt zunehmend an Einfluß gewann. Alfred Hugenberg hatte 1916 Scherl aufgekauft und damit seine Pressegesellschaft immens verstärkt. Er kontrollierte überdies die größte deutsche Nachrichtenagentur, die «Telegraphen Union», unterwarf mit Hilfe seines Materndienstes 600 Provinzzeitungen seinem politischen Meinungsdruck und fügte mit der UFA die größte deutsche Filmgesellschaft seinem Medienkonzern hinzu. Keiner von Hugenbergs Journalisten besaß die Brillanz eines Theodor Wolff, geschweige denn, daß jemand eine so elegante, spitze Feder schrieb wie Alfred Kerr, doch die Leserschaft des Hugenbergimperiums übertraf die der linksliberalen Organe bei weitem. Seine als nationale communis opinio verfochtene radikalnationalistische Kritik am Weimarer «System» und an der europäischen Nachkriegsordnung überhaupt wirkte sich verhängnisvoller als die dogmatische Indoktrination aus, die von den Zeitungen der totalitären Parteien, dem «Völkischen Beobachter» der NSDAP und der «Roten Fahne» der KPD, ausgeübt wurde.

4. Die Ausweitung des publizistisch-literarischen Marktes

Das Zeitschriftenwesen, das bereits im Kaiserreich als Muster an bunter Vielfalt gegolten hatte und auch die Bundesrepublik als kargen Meinungsmarkt erscheinen läßt, erlebte nach 1918 eine wahre Explosion, da es sich bis 1924 auf 9000 mehr als verdoppelte. Bis 1927 schrumpfte es dann auf den Durchschnittsstand von immerhin noch 6860 wöchentlich oder monatlich erscheinenden Publikationen. Die große Mehrheit bildeten hochspezialisierte Zeitschriften, die von wenigen Großverlagen beherrscht wurden. Doch die meinungsbildenden Zeitschriften mit ihren lebhaften Kontroversen waren es, die weiterhin das eigenartige Profil dieses Mediums prägten.

Die Rundschau-Zeitschriften neigten überwiegend zu einer eher konservativen Sicht, wie das namentlich für die «Deutsche Rundschau», die «Süddeutschen Monatshefte», die «Preußischen Jahrbücher» und die «Grenzboten» (in ihrer Schlußphase bis 1922) zutraf. Doch die «Neue Rundschau» behielt ihren liberalen Charakter, und vom «Hochland» ging trotz aller Glaubensfertigkeit ein liberalisierender Einfluß auf das katholische Milieu aus.

Die Palette der politischen Zeitschriften spiegelte ungleich deutlicher die vorherrschende Polarisierung wider. Am äußersten linken Rand stritt die «Aktion» zuerst für den Expressionismus, dann für die revolutionären Ideen linksmarxistischer Splittergruppen. Seit 1929 machte die kurzlebige «Linkskurve» als kommunistische Zeitschrift von sich reden. Karl Kautskys «Neue Zeit», über 30 Jahre hinweg das Theorieorgan der deutschen Sozialdemokratie, ging schließlich ein, doch in Rudolf Hilferdings «Neuer Gesellschaft» gewann die SPD ein reflektiertes Organ für Theoriediskussionen und Tagesfragen, wie sie es bis heute nicht wiedergewonnen hat. Eine gesinnungsethisch linke Position verfocht die «Weltbühne», bis 1926 unter der Redaktion von Siegfried Jacobsohn, dann nach dem Intermezzo mit Kurt Tucholsky von Carl v. Ossietzky, immerhin mit einer Auflage von 10000 Exemplaren. In ihren Spalten wurde die Republik manchmal zu Recht, noch häufiger aber gnaden- und alternativlos kritisiert, und die Volksfrontillusionen von einem Bündnis der beiden deutschen Arbeiterparteien gegen den Nationalsozialismus verrieten nur mehr die politische Realitätsferne eines naiven Wunschdenkens. Ungleich abgewogener, gerechter und politisch klüger urteilte dagegen der linksliberale Leopold Schwarzschild, der seit 1922 den Kurs des «Tagebuchs» bestimmte. Auf der rechten Seite entfaltete allein Hans Zehrers «Tat» eine gewisse Brillanz, die ganz der Unterminierung der Republik diente. Dagegen wurden die «Nationalsozialistischen Monatshefte», die ihren Lesern die Parteidogmen einhämmerten, nur im Kreis der Gläubigen gelesen.

Außerhalb des politischen Streits bewegte sich die «Literarische Welt», die seit 1929 als umfassendes Rezensionsorgan mit einer Auflage von immerhin 20000 Exemplaren fungierte. An Aktualität und Intellektualität blieb ihr Niveau siebzig Jahre lang unerreicht. In einem 80-Millionen-Land wie der Bundesrepublik war offenbar lange an eine Wiederbelebung oder an eine Imitation der New Yorker oder Londoner «Review of Books» nicht zu denken, denen die «Literarische Welt» ursprünglich als Vorbild gedient hatte. Erst seit 2000 erscheint «Literaturen» mit einer Anfrage von 70.00 Exemplaren. Außerdem gab es neuerdings die Magazine, wie sie in den USA kreiert worden waren. Unangefochten lag hier der «Uhu» von Ullstein seit 1924 mit 100 000 Exemplaren an der Spitze. Eine Welt für sich bildeten die zahlreichen Werkszeitschriften von Großunternehmen. Sie erreichten Angestellte und Arbeiter mit rund einer Million Exemplaren, von denen allerdings die Hälfte von der DINTA auf der Linie ihres ideologischen Projekts der Erzeugung von Betriebsgemeinschaft, einer Frühform der «Corporate Identity», zentral redigiert wurde.[6]

b) Der Aufstieg der neuen Massenmedien: Film und Rundfunk

Wenn man die Weimarer Republik im Hinblick auf hochkulturelle Entwicklungen in der Literatur und Malerei, der Architektur und Musik als frühe Epoche der «klassischen Moderne» charakterisiert hat, gilt dieses Urteil auch und erst recht für das Feld der Massenkultur. Denn in dieser Epoche begann der Siegeszug des Films, erst des Stumm-, dann des Tonfilms, dazu des Rundfunks und in ersten Anfängen auch schon des Fernsehens. Mit dem Film setzte eine eminent folgenreiche Umstrukturierung der Wahrnehmung sozialer Wirklichkeit ein, denn Zeitraffung, Plötzlichkeit, Schockwirkung, räumlich-zeitliche Verdichtung und plakative Übertreibung veränderten diese Perzeption auf längere Sicht von Grund auf. Nicht zuletzt war das ein Prozeß, der frühzeitig in die Obhut einer kompromißlos marktorientierten industriell-kommerziellen Produktion und Verwertung genommen wurde.

Erste Experimente mit dem Film hatten bereits in der Mitte der 1890er Jahre begonnen, und rund zwei Jahrzehnte lang bewegte er sich als Wanderkino im Umfeld des Massenamüsements zwischen Jahrmarkt, Zirkus und Varieté. Seit etwa 1910 drängte dann auch das bürgerliche Publikum in die 480 Ortskinos, die es zu dieser Zeit gab, jedoch bis 1915 schon auf die Zahl von 3700 «Lichtspielhäusern» anstiegen. Theaterregisseure, Bühnenschauspieler und Schriftsteller begannen, die Möglichkeiten des neuen Mediums zu entdecken, und ihre Mitwirkung wertete den Film namentlich in den Augen des bürgerlichen Publikums auf.

Hatte vor 1914 der Anteil der deutschen Stummfilmstreifen am jährlichen Konsum etwa zwölf Prozent ausgemacht, erlebte die junge deutsche Filmwirtschaft nach dem Weltkrieg einen steilen Aufstieg zu internationaler Bedeutung. Sie gewann schließlich einen geradezu legendären Ruf, da sie eine eigene Bildersprache und Thematik erfand und dadurch den Film

4. Die Ausweitung des publizistisch-literarischen Marktes

zu einem unstreitig künstlerischen Medium erhob. Dieser Wandel adelte den Film auch in den Augen des anspruchsvollen städtischen Bürgertums. Mit Streifen wie dem «Kabinett des Dr. Caligari», «Dr. Mabuse», «Nosferatu», «Die Straße» demonstrierte er den neuen Stil der Nachkriegsjahre, der, offensichtlich vom Expressionismus beeinflußt, eine «apokalyptisch-dämonisierende Krisenreaktion» verarbeitete.

Während dieses kurzlebigen Aufschwungs setzte sich das neue Medium gegen die geschwind herbeieilende – in Amerika typischerweise völlig fehlende – Kulturkritik durch, wie sie etwa Franz Kafkas Urteil über die befürchtete «Uniformierung des Auges» auf den Punkt brachte. Zwar feierten Repräsentanten der neuen Rechten wie Ernst Jünger und Arnolt Bronnen den Film als willkommenes Mittel der Massenbeeinflussung in ihrem Sinn. Doch im allgemeinen behielten viele Intellektuelle die vertraute Grenze zwischen Hoch- und Massenkultur weiter bei als scharfe Trennung von Filmkunst und Massenunterhaltung. Walter Benjamins nachmals berühmte Schrift über das «Kunstwerk im Zeitalter seiner technischen Reproduzierbarkeit» (1934) wiederholte diese traditionelle Dichotomie als Gegensatz von «auratischem» und «massenreproduziertem» Kunstwerk; ebendiese Form mutierte dann zwanglos zu Theodor Adornos «Kulturindustrie».

1917 war aus der Kooperation von Großindustrie und Staat die «Universum-Film-AG» (UFA) hervorgegangen, die den deutschen Filmboom wesentlich mit ermöglichte, denn die 474 neuen Spielfilme, die zum Beispiel 1922 in die Kinos kamen, trugen das gewagte Experiment mit dem künstlerischen Film. Dann aber erwies sich der Anschluß an das Vorbild der kommerziellen Filmproduktion aus Hollywood, das eine endlose Reihe von Ausstattungsfilmen mit bekannten Schauspielern, opulenten Kostümen und Massenkomparserie auf den internationalen Markt warf, als unwiderstehlich attraktiv. Auf diese Weise gewann dann die deutsche Filmproduktion 40 Prozent des einheimischen Marktes. 1925 besuchten schon zwei Millionen Interessenten täglich ein Kino. Das war der Spitzenwert in Europa, wie überhaupt in Deutschland mehr Filme als außerhalb in ganz Europa aufgeführt wurden.

Nach dem Wegfall der Zensur hatte das Lichtspielgesetz vom Mai 1920 die Vorzensur trotz des Verbots in der Weimarer Verfassung für den Film als einziges Medium wieder eingeführt. Allerdings wurde nur eine geringe Anzahl von Filmen, frühen Sexfilmen gewöhnlich, wirklich verboten: 1920 gerade einmal 20 von 1174, 1929 nur zehn von 3327 Streifen. Der Kinobesuch blieb für Kinder unter zehn untersagt; bis 1922 durften Jugendliche unter 18 60 Prozent der Filme, seither etwa 30 Prozent nicht besuchen. Aber wichtiger als diese skrupulösen Einschränkungen war der unaufhaltsame Aufstieg der Filmindustrie in heftiger Konkurrenz mit Hollywood, gegen dessen Übergewicht zeitweilig eine Einfuhrquote als eine Art von kulturellem Schutzzoll eingeführt wurde. Auch die Kooperation der UFA mit amerikanischen Marktführern wie Metro-Goldwyn und Paramount vermochte den Druck der kalifornischen Rivalen nicht spürbar abzumildern. Als 1927 der Ausverkauf der UFA drohte, griff Hugenberg zu, verleibte sie seinem Medienkonzern ein und kontrollierte nach der erfolgreichen Sanierung fast die Hälfte der deutschen Filmwirtschaft.

Vor der Großen Krise zählte die Filmbranche immerhin schon 45 000 Beschäftigte, darunter 223 Regisseure, 123 Kameraleute und jährlich 1000 Schauspieler. Schriftsteller wie Thomas Mann und Hauptmann, Brecht und Becher nutzten den Film, und zu den 125 Drehbuchautoren zählten als Studiostars vor allem Vicki Baum, Remarque und Thomas Mann.

Die Kirchen hatten bis dahin die Wirkung des Films durchaus erkannt. Die evangelische Amtskirche beschränkte sich auf Ratschläge und informellen Einfluß, die katholische stand hinter der Gründung der Leofilm AG, die eigene gesinnungstreue Spielfilme drehte. Den Parteien fehlten für eine effektive Beteiligung durchweg die Mittel. Doch als «Im Westen nichts Neues» auf ein Aufführverbot traf, organisierte die SPD geschlossene Veranstaltungen, die im Nu 400 000 Zuschauer anzogen. Für die KPD nutzte ihr legendärer Medienorganisator Willi Münzenberg die Chance, die berühmten sowjetischen Filme, zum Beispiel von Eisenstein, zu importieren und zu synchronisieren, bemühte sich auch mit Spielfilmen seiner Prometheus AG um das linke Publikumssegment, mußte aber 1932 Konkurs anmelden.

Die technischen Voraussetzungen des Tonfilms waren in Deutschland erfunden, doch in den USA bis 1927 marktgerecht weiterentwickelt worden. Der Sieg des Tonfilms über den Stummfilm nahm die Gestalt eines radikalen Umbruchs an. Bis 1931 waren alle deutschen Kinos mit Tonbildanlagen ausgestattet. Gleichzeitig hatte die Wirtschaftskrise dazu geführt, daß der Konzentrationsprozeß auch in der Filmwirtschaft beschleunigt ablief. Drei Konzerne: UFA, Tobis und Bavaria kontrollierten seither zwei Drittel der Produktion, die mit dem Tonfilm sogleich eine Steigerung um 50 Prozent erlebte.

Im verwandten Bereich des Fernsehens – jedem sein eigenes Heimkino – hat die technische Entwicklung bis 1929 immerhin schon tägliche Versuchssendungen der Post ermöglicht. 1934 gelang es, den Ton mit einzubeziehen. 1935 wurde der erste Programmdienst eingerichtet, 1936 eine sehr begrenzte Öffentlichkeit mit Berichten über die Berliner Olympischen Spiele erreicht. Noch besaß das neue Medium eine marginale Bedeutung, doch sein Potential war deutlich zu erkennen.

Dieses Stadium hatte der Rundfunk bis 1933 schon weit hinter sich gelassen. Nach längerer Tüftelei begann erst im Oktober 1923 der «Rundfunk an alle». Die Empfangsberechtigung war bereits 1908 in typischem Etatismus an eine staatliche Genehmigung gebunden worden. 1926 wurde daher auch die Konzession für elf Sendeanstalten dem Postmonopol unterstellt.

Die «Reichsrundfunkgesellschaft» unterlag staatlicher Überwachung. Faktisch wurde auch ihre Leitung durch einen Kommissar aus dem Reichspostministerium ausgeübt. Folgerichtig wurde der Nachrichtendienst des Rundfunks ebenfalls monopolartig organisiert und der Kontrolle durch das Innenministerium unterstellt.

In diesen Anfangsjahren folgte das Rundfunkprogramm dem Vorbild des konventionellen Zeitungsfeuilletons, allmählich erweitert durch kurze Berichte, Reportagen und Hörspiele, welche die Klassiker zurückdrängten. Die Kritik beklagte die «Körperlosigkeit der akustischen Signale», erwies sich aber außerstande, das Vordringen des Rundfunks abzubremsen. Hatte es zu Beginn, Anfang 1924, erst 1500 privilegierte Hörer gegeben, waren es am Jahresende eine halbe Million, bis 1929 drei Millionen. Bis dahin hatten zahlreiche technische Verbesserungen die Empfangsqualität gesteigert: das Mikrofon und der Lautsprecher, die Schallplatte und das Radio mit Netzanschluß, das binnen kurzem zum dauerhaften Konsumgut eines jeden Haushalts aufstieg.

Die politische Nutzbarkeit des ohnehin etatistisch gegängelten Rundfunks war frühzeitig erkannt worden. 1930 wurden zum ersten Mal Wahlwerbesendungen geschaltet, zu denen die Nationalsozialisten, aber nicht die Kommunisten zugelassen wurden. In dem Maße, in dem die Chancen dieses Mediums zur Massenbeeinflussung immer deutlicher hervortraten, wuchs auch der Regierungseinfluß bis hin zur Gründung des «Deutschlandsenders» als Reichsrundfunkanstalt und zur direkten Verstaatlichung des gesamten Rundfunks durch die Regierung v. Papen. Es blieb danach dem PR-Talent des «Reichsministers für Volksaufklärung» Joseph Goebbels vorbehalten, die Möglichkeiten des Rundfunks voll auszuschöpfen, als seine propagandistische Indoktrination mit Hilfe des «Volksempfängers» jede Familie erreichen konnte.[7]

5. Der Hexenkessel der politischen Phobien

Alle pluralistischen Gesellschaften des Westens sind im 20. Jahrhundert durch eine Vielzahl von inneren Konflikten gekennzeichnet. Konkurrierende Interessen stehen sich bis hin zum unverhüllten Antagonismus marktbedingter Klassen oder politischer Parteien gegenüber, setzen sich durch oder verstärken sich wechselseitig, scheitern oder werden durch die Kräftekonstellationen neutralisiert. Entscheidend für einen erträglichen Ausgang ist nicht nur die verläßliche Funktionstüchtigkeit der politischen Institutionen einer parlamentarischen Republik, sondern auch der gemeinsame Vorrat an normativen Grundüberzeugungen und politischen Werten. Erst das Zusammenspiel beider Faktoren ermöglicht trotz allen Streits das friedliche Zusammenleben in der modernen Staatsbürgergesellschaft.

Die Weimarer Republik erscheint daher als der Extremfall eines Gemeinwesens, das durch seine innere Polarisierung, seine unlösbaren Konflikte, seine erbitterten Streitigkeiten so zerrissen wurde, daß seine politische Existenz schließlich nicht mehr bewahrt werden konnte. Im historischen Rückblick ist das Duell zwischen den beiden totalitären Bewegungen des Nationalsozialismus und des Kommunismus der sowohl in Deutschland als auch in universalhistorischer Perspektive entscheidende Grundkonflikt gewesen. Seit dem Beginn der 1920er Jahre standen sich damit in bürgerkriegsartiger Haltung zwei wachsende Lager gegenüber, deren Kern aus diametral entgegengesetzten Erlösungsbewegungen bestand.

Denn beide besaßen die utopische Vision eines verklärten Endzustandes, der als Variante eines säkularisierten Paradieses hinter der Zielvorstellung von der vollendeten kommunistischen Gesellschaft oder dem arischen Rassereich aufschien. Beide vertrauten auf dem Wege dorthin die Leitung des Staates einem Einparteienregime an, das mit seiner Mordbereitschaft gegenüber dem inneren Gegner den Bürgerkrieg zu Ende führen sollte. Das linksradikale Lager verließ sich formell auf die kollektive Weisheit der Partei als Avantgarde des Weltgeistes, nahm aber faktisch, verbunden mit einem seiner marxistischen Kampfideologie hohnsprechenden byzantinischen Personenkult, 70 Jahre lang die Diktatur abgehobener Parteiführer hin. Die rechtsradikale Front baute angeblich auf die Durchsetzungskraft ihrer überlegenen «Weltanschauung», ihrer politischen Programmatik, ihrer systemkritischen Dynamik, ermöglichte aber in Wirklichkeit die charismatische Herrschaft ihres «Führers» mit einem beispiellosen Entscheidungs- und Definitionsmonopol für den Vernichtungskrieg. Auf den Charakter dieser beiden totalitären Bewegungen wird unten im Zusammenhang der Zerfallsphase der Republik genauer eingegangen (VI.2).

Drängte sich auch diese unversöhnliche Auseinandersetzung zwischen dem Rechtstotalitarismus und «der Linken» nicht nur in Gestalt der KPD, sondern auch der längst zur systemimmanenten Reformpartei mutierten SPD gegen Ende der Republik immer schroffer in den Vordergrund, gab es doch darüber hinaus noch eine Vielzahl von tief eingegrabenen, zeitweilig sogar dominierenden Konfliktlinien, die durch das politische Terrain des Weimarer Staates ihre Furchen zogen. So kämpften etwa Monarchisten gegen Republikaner, Konservative gegen Liberale und Sozialdemokraten, Kulturprotestanten gegen Katholiken, Völkische gegen die Verfechter der Staatsbürgergesellschaft, Antisemiten gegen die Befürworter der anhaltenden sozialen Integration jüdischer Deutscher, Kriegsverherrlicher gegen Kriegsskeptiker, Reichsmystiker gegen Realpolitiker, Sonderweg-Verteidiger gegen selbstkritische Pragmatiker, Religiöse Sozialisten gegen orthodoxe Lutheraner, prophetische Schwärmer gegen Routineanhänger, geopolitische Dogmatiker gegen nüchterne Interessenverfechter, Sympathisanten des italienischen Faschismus gegen Republikverteidiger, Advokaten des Totalen Staates gegen Liberaldemokraten – ein wahrer Hexenkessel der politischen Theorien und Phobien, in dem stets sehr grundsätzliche, oft fundamentalistische Gegensätze vorherrschten.

Diese aufgeladene Konfliktsituation hing an erster Stelle mit dem Krieg und seinen Folgen im weitesten Sinn zusammen, mit dem Untergang der Monarchie in der Revolution und dem Übergang zur Republik, mit der «Schmach von Versailles», der Hyperinflation, der Weltwirtschaftskrise und der, wie viele klagten, höchst mangelhaften Problembewältigungskapazität des neuen Staates, vor allem aber mit kraftvoll weiterwirkenden Traditionen des Kaiserreichs. Der innere Frieden wurde zum einen auch dadurch permanent gefährdet, daß kein integrierender Grundkonsens durch seine normativen Politikwerte die Konfliktgegner zähmte, kein gemeinsamer Wertehimmel sich auch über die Auseinandersetzungen spannte. Da die Konsolidierung der Republik wegen des Fehlens einer langen Stabilitätsphase nicht zustande kam, zerbröselten vielmehr unter dem Einfluß permanenter Krisen sogar jene Fundamente, welche die Kontrahenten anfangs noch geteilt hatten. Und die Chancen konsensualer Einigung wurden immer wieder durch die tief verankerten sozialmoralischen Milieus – das national-protestantische etwa, das katholische, das sozialdemokratische – zerstört, die ihre Zielwerte mit jener theologischen Selbstgerechtigkeit, die ihnen seit dem Vormärz anhaftete, ohne Rücksicht auf die politischen Folgekosten verteidigten.

Zum andern steigerte sich jenes Mißtrauen, mit dem die eindeutige Mehrheit bereits seit dem Sommer 1920 der Republik gegenüberstand, zu einem abgrundtiefen Haß auf ihre Institutionen. Das polemische Vokabular hatte sich weithin schon im autoritären Obrigkeitsstaat vor 1918 herausgebildet, wurde jetzt aber mit giftigen Metaphern noch erweitert und verletzender zugespitzt. Der Reichskanzler zum Beispiel wurde an der ins Überdimensionale gesteigerten Persönlichkeit des «Reichsgründers», häufiger noch am Mythos Bismarck, nicht aber an den letzten drei kläglichen Kanzlerfiguren der Kaiserzeit gemessen. Den ersten Reichspräsidenten verachteten viele als deplazierten ehemaligen Sattlergesellen, der auf der Seite streikender Munitionsarbeiter, lebender Beweis der Dolchstoßbereitschaft, der Front in den Rücken gefallen sei. Der zweite Amtsinhaber dagegen band das frei vagabundierende monarchistische Sentiment als «Ersatzkaiser» an sich, verkörperte mithin eher den fahlen Glanz des Kaiserstaates, keineswegs aber die Ideale der Republik. Der Reichstag wiederum wurde ohne Verständnis für den komplizierten Interessenausgleich als «Schwatzbude» denunziert. Außer der eigenen galten die Parteien als Inkarnation des nackten Egoismus, des Vorteilschachers, der Partikularinteressen. Die Tugend des politischen Kompromisses, höhnten seine Kritiker, verrate den Glauben an den Sieg überlegener Prinzipienpolitik. Nichts, aber auch gar nichts, schien Millionen von Neurepublikanern an den verächtlich gemachten politischen Institutionen zu gefallen.

Daß ebendiese Institutionen, etwa bei der Abwicklung der Demobilmachung, der Regulierung der Inflation, dem kraftvollen Ausbau der Sozialpolitik und des Bildungswesens, der Wiedergewinnung internationalen Vertrauens, auch zu einer respektheischenden Leistung imstande waren, verblaßte in den Augen ihrer fundamentalistischen Kritiker vor dem Scheitern an anderen Aufgaben wie zum Beispiel der beschleunigten Revision der gesamten politischen Nachkriegsordnung, der zielstrebigen Aufrüstung, der Bewältigung der Großen Krise seit 1929, dem Umbau der Republik zu einem autoritären Lenkungssystem. Auch angesichts dieser unversöhnlich ausgetragenen Kontroversen wirkt die Tatsache, daß die Republik dem Ansturm ihrer Gegner immerhin ein Dutzend Jahre standhalten konnte, als ein geradezu verwunderlicher Erfolg.

An der Erosion ihrer Basis arbeiteten insbesondere wort- und schreibgewandte politische Intellektuelle mit. Denn außer der direkten Unterminierung der Republik durch das rechts- und das linkstotalitäre Lager gab es eine in der Form subtilere, in der diffamierenden Wirkung aber oft nicht minder abträgliche Infragestellung der geistigen und institutionellen Grundlagen, insbesondere auch jenes Vertrauensvorschusses, ohne den ein so fragiles Staatswesen wie die deutsche Republik auf die Dauer nicht operieren konnte. «Ist das Reich der Vorstellung revolutioniert», diese Einsicht Hegels in die Macht der Ideen trifft auch auf das Deutschland der ersten Nachkriegszeit zu, «so hält die Wirklichkeit nicht aus.» Aus der Vielzahl von republikfeindlichen Strömungen sollen nur drei besonders verhängnisvolle herausgegriffen werden.

a) Die Fundamentalkritik der «Konservativen Revolution»

Als der österreichische Schriftsteller Hugo v. Hofmannsthal 1927 in seinem Essay über das «Schrifttum als geistiger Raum der Nation» den Begriff der «Konservativen Revolution» prägte, konnte er die erstaunliche Karriere dieses Wortes, das diffuse und heterogene Phänomene effektiv bündelte, nicht voraussehen. Unter den Zeitgenossen setzte es sich keineswegs durch, auch nicht als Eigenbezeichnung ihrer Protagonisten, vielmehr dienten Begriffe wie revolutionärer Konservativismus, Revolution von rechts, soldatischer oder neuer Nationalismus als Etikett, um bestimmte Personen und Programme am äußersten rechten Rand des politischen Spektrums zu kennzeichnen. Erst im historischen Rückblick auf die Wirren der Weimarer Zeit setzte sich seit den 1960er Jahren diese schillernde Faustformel durch, ohne doch ihre inhaltliche Unschärfe zu verlieren. Das ist nicht verwunderlich, da unter dem Etikett der «Konservativen Revolution» denkbar unterschiedliche Positionen zusammengefaßt werden. Ihren gemeinsamen Nenner bildete im Grunde nur die radikale Kritik von rechts an den geistigen Fundamenten und am Institutionengefüge der Republik.

Der Blick auf ein halbes Dutzend Repräsentanten dieser Fundamentalopposition verdeutlicht die unterschiedlichen Stoßrichtungen ihrer Polemik. Unbestritten gehörte Ernst Jünger (1895–1999) zu ihren Führungsfiguren. Der hochdekorierte Infanterieleutnant und Stoßtruppführer war zwar bis 1923 in der Reichswehr geblieben, hatte sich aber, noch ehe er als freier Schriftsteller lebte, mit seiner Kriegspublizistik, in erster Linie den «Stahlgewittern» (1920) und dem «Kampf als inneres Erlebnis» (1921), als erfolgreicher «Sprecher der Frontgeneration» einen Namen gemacht. Hyperaktiv als Herausgeber und Mitarbeiter rechtsradikaler Zeitschriften, wie etwa der «Standarte», «Arminius», «Vormarsch», «Die Kommenden», «Der Stahlhelm», etablierte er sich als Wortführer eines «neuen», des «soldatischen Nationalismus», den die von ihm geforderte nationalrevolutionäre Bewegung durchsetzen sollte.

Dem diskreditierten bürgerlich-pazifistischen Geist der Republik setzte er seinen «heroischen Realismus» entgegen, den der Idealtypus des Stoßtruppkämpfers für ihn verkörperte. Sein kompromißloser Kampf gegen Weimar – «Ich hasse die Republik wie die Pest», gestand er unumwunden – gründete auch in dem Versagen der Republik, durch die «totale Mobilmachung» den unvermeidbaren Großkrieg der Zukunft gemäß den Lehren des Ersten Weltkriegs endlich entschlossen vorzubereiten. Der Frieden degenerierte bei Jünger zur Vorbereitung auf den totalen Krieg, und daher war auch nur der totale Staat imstande, alle Energien des Volkes für die große Bewährungsprobe mit ihren «totalen Vernichtungsmitteln» zu bündeln (vgl. IV.5.c.2). Trotz seiner Sympathie für die nationalsozialistische Massenbewegung hielt ihn sein elitärer Dünkel ebenso von einem öffentlichen Anschluß ab wie seine Skepsis gegenüber der Persönlichkeit Hitlers. Eine Figur wie Jünger brauchte auch gar nicht der NSDAP anzugehören, um als einer der intellektuellen Totengräber der Republik, gefeiert von einer riesigen Lesergemeinde, zu wirken.

Früher noch als Jünger hat Oswald Spengler (1880–1938) eine fatale Prominenz gewonnen. Nach einer kurzen Tätigkeit als Oberlehrer an einem Hamburger Gymnasium hatte er seit 1911 als Privatgelehrter in München gelebt, wo er seine ganze Zeit dem universalhistorischen Entwurf einer Erklärung des «Untergangs des Abendlandes» widmete. Der erste Band dieses Werkes, das mit seinem Namen verbunden bleibt, erschien noch im Herbst 1918, unmittelbar vor Kriegsende; der zweite Band folgte 1922. Wie sehr dieses Buch, das als Sinngebung des verlorenen Krieges mißverstanden wurde, den Nerv eines großen Lesepublikums namentlich im Bildungsbürgertum traf, läßt sich an der Zahl von 50 Auflagen allein bis zum Ende des Jahres 1924 ablesen.

Spengler erörterte im Rahmen seiner Kulturkreislehre in auffällig biologistischen Metaphern und mit den großzügigen, fachwissenschaftlich häufig nicht abgesicherten Perspektiven eines klugen Dilettanten die Blüte und den Verfall von acht Hochkulturen, zuletzt den Niedergang Europas, in dem die schnöde «Zivilisation» der kapitalistischen Moderne über die «Kultur» gesiegt habe. Zu Spenglers heroischer Weltdeutung, die von Nietzsche tief beeinflußt worden war, gehörte die Verachtung der Massenherrschaft, die er in der Weimarer Republik verwirklicht sah. Ihr setzte er den Wunschtraum von einer neuen Cäsarenherrschaft, den mancher dann nicht grundlos in der charismatischen Herrschaft Hitlers verwirklicht sah, vorerst aber als Rezept für die aktuelle Tagespolitik das Ideal eines autoritären Staates entgegen, der, wie er schon 1919 in «Preußentum und Sozialismus» argumentierte, als ein dem Marxismus überlegenes Leitbild fungieren sollte. Dank seiner engen Beziehung zu Großunternehmern wie Paul Reusch und Alfred Hugenberg avancierte er zeitweilig geradezu zum Hofphilosophen antirepublikanischer Kreise, ohne daß er sich jedoch der plebejischen Bewegung Hitlers anschloß. Dank der Fusion von prätentiöser Deutung der Weltgeschichte bis hin zur unmittelbaren Gegenwart und abgrundtiefem Haß auf die «linke Republik» im Verein mit der Verklärung einer autoritär-elitären Staatsform gewann Spengler die Resonanz eines schneidenden, dazu vom Nimbus der deutschen Wissenschaft umgebenen Republikkritikers.

Ein ungleich geringerer Einfluß ging dagegen von Werner Sombart (1863–1941) aus, der als junger Edelmarxist begonnen und seine wissenschaftliche Reputation durch ein weitverzweigtes nationalökonomisch-sozialwissenschaftliches Werk gewonnen hatte, an dessen Spitze seine sechsbändige Geschichte des «Modernen Kapitalismus» steht. Nach langjähriger, als degradierend empfundener Tätigkeit an der Berliner Handelshochschule – Max Weber scheiterte in Freiburg und Heidelberg damit, den heftig umstrittenen Gelehrten als seinen Nachfolger durchzusetzen – übernahm er 1917 doch noch Schmollers berühmten Berliner Lehrstuhl bis zur Emeritierung. Mit seinem plumpen Pamphlet «Händler und Helden» (1915) stellte er sich in den Dienst der deutschen Kriegspropaganda, ehe er nach der Niederlage des Reiches zusehends seiner kulturpessimistischen Neigung nachgab. Beflissen distanzierte er sich von seinen linken Anfängen und schrieb auch bis 1927 sein Opus Magnum über den «Kapitalismus» um. Als Fluchtpunkt seiner Interpretation diente jetzt die wegen der kapitalistischen Produktionsanarchie angeblich unvermeidliche staatliche Planwirtschaft, welche die verbohrten Politiker der Republik nicht einführen wollten. Als profilierter Sozialkonservativer baute er darauf, sowohl den zeitgenössischen Kapitalismus als auch den erstarrten Marxismus durch die Mittelstandsideologie seines «Deutschen Sozialismus» (1934) überwinden zu können. Auch Sombart sympathisierte, bis zu seinem offenen Bruch, mit den Zielen des Nationalsozialismus, bewegte sich aber mit seiner antirepublikanischen Publizistik häufig an der Peripherie der «konservativen Revolution».

Unstreitig in ihrer Mitte stand dagegen Edgar Julius Jung (1894–1934), ein dekorierter Luftwaffensoldat des Weltkriegs, der anschließend als Jurist promoviert und in Zweibrücken eine Rechtsanwaltspraxis aufgemacht hatte. Zugleich engagierte sich der leidenschaftliche Nationalist im Abwehrkampf gegen den Separatismus in der rheinischen Pfalz. Dank seiner Verbindungen zum Freikorps v. Epp, zur «Organisation Consul» und zum «Bund Oberland» bereitete er kaltblütig den politischen Mord an einem Separatistenführer vor – das Attentat kostete fünf Menschen das Leben. Anschließend praktizierte Jung ungerührt als Anwalt in München, scheiterte mit einer DVP-Kandidatur, entfaltete aber eine lebhafte publizistische Tätigkeit.

Sie gipfelte 1927 in seinem Bestseller «Die Herrschaft der Minderwertigen». Dort zog er, spürbar von Spengler und Moeller van den Bruck angeregt, gegen die «demokratische Pöbelherrschaft» zu Felde, der er die antipluralistische, antidemokratische Utopie eines straff gelenkten christlichen Ständestaats entgegensetzte. Als neues «Reich» müsse er wieder eine europäische Hegemonialstellung gewinnen, da darin die historische Mission der Deutschen liege. Jung setzte, inzwischen eine Figur des öffentlichen Interesses, sein Plädoyer für eine konservativ-katholisch-revolutionäre Erneuerung fort. Ausgerechnet in dem Herrenreiter Franz v. Papen sah er dann den Mann, der dieses Werk als Reichskanzler vorantreiben könne. Für ihn arbeitete er seither als Redenschreiber. Nach anfänglicher Zustimmung reagierte er tief ernüchtert auf die erste Regimephase nach der Machtübergabe an Hitler, äußerte mit Zivilcourage seine Kritik und wurde im Zusammenhang mit der Liquidierung der SA-Führung um Röhm im Juni 1934 von braunen Schergen ermordet.

Aus einem völlig anderen Milieu stammte Hans Freyer (1887–1969), ursprünglich aus dem erzlutherischen sächsischen Protestantismus, dann aus dem verwandten der Universität, denn nach einem Auftakt in Kiel hatte er seit 1925 den ersten deutschen Lehrstuhl für Soziologie in Leipzig inne. In seinen jungen Jahren hatte Freyer in vollen Zügen die Lebensideale der Jugendbewegung in sich aufgenommen, danach die Fronterfahrungen eines Infanterieoffiziers gesammelt und sich daher erst relativ spät nach dem Studium der Theologie und Philosophie zu einer akademischen Karriere entschlossen. Parallel zum regelmäßigen Fluß seiner wissenschaftlichen Schriften publizierte er rastlos politische Kommentare, in denen der Geist der bündischen Jugend wehte, mit denen er sich aber auch den Ruf eines authentischen Sprechers der Frontgeneration erwarb.

1925 war Freyer einer der ersten, die in der exaltierten Sprache der späthegelianischen Staatsmystifizierung den kriegerischen totalen Staat forderten (vgl. IV. 5.c.2). In seinem Institut für Soziologie zog er zahlreiche hochmotivierte Studenten an – als bekannteste Gunther Ipsen und Arnold Gehlen – und beeindruckte die Fachgenossen mit der Weite seiner ganz unbefangen Karl Marx, Lorenz v. Stein und Max Weber entlehnten Gesichtspunkte, die seine «Soziologie als Wirklichkeitswissenschaft» (1930) inspirierten. Freyer hatte mithin den Ruf einer akademischen Koryphäe, die jedoch auch vor politischer Intervention nicht zurückscheute, als er 1931 seine «Revolution von rechts» veröffentlichte – trotz mancher Bedenken voller Enthusiasmus nach dem ersten Wahlsieg der Hitler-Bewegung für eine Erweiterung ihrer Basis werbend.

«Eine neue Front formiert sich auf den Schlachtfeldern der bürgerlichen Gesellschaft – die Revolution von rechts» – mit solch einer militanten Metaphorik eröffnete Freyer sein Pamphlet, das im Nu von einem großen Leserkreis zustimmend rezipiert wurde. Denn dort fand sich in nuce das gesamte Bedrohungsszenario, das die radikalkonservative Kritik zu entfalten verstand. Hier wurde das Versagen der parlamentarischen Demokratie gegeißelt, das verwirrende pluralistische Wertesystem attackiert, die Unterwühlung der nationalen Einheit durch den internationalen Marxismus beklagt, die Erosionswirkung des Liberalismus und Kapitalismus angeprangert, die Überwältigung des einzelnen durch die anonymisierende Marktgesellschaft gebrandmarkt. All diesen Zerfallstendenzen setzte der Verfasser den Glauben an die heilende Kraft autoritärer Institutionen, an die potenzierte Staatsmacht, an die Basierung aller Politik auf Nation und Volk entgegen. Mochte der Sprachduktus auch zu jugendbewegtem Expressionismus und plakativen Bekenntnissen neigen, inmitten der tödlichen Krise der Republik fand die rechte Kritik in Freyers Traktat eine programmatische Anleitung.

Der Meisterdenker der radikalkonservativen Kritik, insofern auch zum Umkreis der «konservativen Revolution» gehörig, war jedoch unstreitig Carl Schmitt (1888–1985), eine der herausragenden Figuren der deutschen Rechtswissenschaft im 20. Jahrhundert, fraglos auch die verhängnisvollste von allen. Dieser prominenteste akademische Befürworter des totalitären Staates tauchte zu Beginn der 20er Jahre – seit 1921 war er Professor in Greifswald, seit 1922 in Bonn – wie ein irrlichternder Komet am Himmel der juristisch-politischen Publizistik auf, als er die Serie seiner Erfolgsschriften eröffnete. Innerhalb kürzester Zeit erschienen seine Bücher über die «Politische Romantik» (1919), «Die Diktatur des Reichspräsidenten» (1921), «Politische Theologie» (1922), «Römischer Katholizismus und politische Form» (1923), «Die geistige Lage des heutigen Parlamentarismus» (1923). Geistvoll, provozierend, streckenweise brillant formulierend präsentierte Schmitt sich als Verfechter eines radikal antibürgerlichen, antiliberalen, antidemokratischen, antiaufklärerischen Denkens, das bis in den Sprachduktus hinein von der extremen Zuspitzung lebte. Zwar besaß Schmitt ein umfassendes Bildungswissen, kokettierte jedoch, wenn er seine

Probleme mit schneidender Schärfe analysierte, mit historischen Kenntnissen, ohne sich tatsächlich sorgfältig informiert zu haben. So gab er zum Beispiel seine überaus positive Stilisierung des englischen Parlamentarismus als sachkundig konstruierten Idealtypus aus, obwohl es in der Realgeschichte von Westminster diese geschönte Diskursgemeinschaft nie gegeben hat. Seine Idealisierung diente ihm dann dazu, den Parlamentarismus von Weimar daran zu messen und als völlig defizitär vernichtend abzuqualifizieren. Eine ähnliche Gaukelei mit fragmentarischen, aber selbstbewußt als historische Wahrheit ausgegebenen Wissenselementen betrieb er bei der Definition von Demokratie und Liberalismus, von Legitimität und Legalität, von Soldat und Bürger im Kaiserreich – stets aber so apodiktisch vom hohen Kothurn des renommierten Wissenschaftlers herab vorgetragen, daß er die meisten Leser – und seine Anhänger offenbar bis heute – zu blenden vermochte.

Der ehemals tiefgläubige Katholik mußte wegen einer Scheidungsaffäre aus der Amtskirche ausscheiden und erhob mit derselben angewöhnten Dogmatik die Nation zu seiner neuen Gottheit. Schmitt wurde daher auch zu einer Galionsfigur des deutschen Radikalnationalismus. Da die Juden für ihn alle negativen Tendenzen der Moderne verkörperten, die auch die Homogenität und politische Einheit der Nation zu sprengen drohten, verfocht er mit Leidenschaft einen kompromißlosen Antisemitismus, an dem er trotz des Holocaust mit unbelehrbarem Starrsinn bis zu seinem Tode festhielt.

Schmitt war ein Ordnungsfanatiker in einer Epoche turbulenter Wirren. Deshalb diente seine destruktive Kritik an der parlamentarischen Republik, am liberalen Rechtsstaat und am bürgerlichen Sekuritätsdenken der Beförderung eines Stabilitätsgaranten in Gestalt einer autoritären Ordnung, die er frühzeitig im Staatsmodell des italienischen Faschismus verwirklicht sah. Diesem Ziel diente auch die Aufwertung des Reichspräsidenten zu einem autoritären Akteur, dem er die Legitimität eines vom Volk gewählten Repräsentanten und dank des Notverordnungsrechts die Stellung des eigentlichen Souveräns («der über den Ausnahmezustand entscheidet») zusprach. Politiktheoretisch entfaltete Schmitt seine Lehre vom Freund-Feind-Verhältnis als dem vermeintlich unaufhebbaren Grundmuster «des Politischen». Politisch wurde für ihn ein Gegensatz erst dann, «wenn die Eventualität des realen Kampfes, als Krieg oder als Bürgerkrieg in Erscheinung trat».

Als politischer Feind erschien bei ihm aber schon «der Andere, der Fremde», der Jude zum Beispiel, der die Einheit des «politischen Volkes» in Frage stellte und vom Machthaber folgerichtig ausgeschaltet werden durfte. Indem Schmitt sich über die vielfältigen Formen des Konflikts, des Kompromisses, der Koexistenz im politischen Leben zugunsten eines existentiellen Antagonismus hinwegsetzte, blieb bei diesem Verfechter des totalen Staates, zu dem er sich seit 1931 mehrfach öffentlich bekannte, «nur die radikale Auslieferung aller Begriffe des Rechts und der Ethik an die Macht» als Konstante übrig.

Seit 1926 hat Schmitt an der Berliner Handelshochschule gelehrt, eine Institution, die sein immenses Geltungsbedürfnis keineswegs befriedigte, ist aber dann nach einem Umweg über Köln (1932) endlich 1933 an die Universität der Hauptstadt berufen worden – voll unbändigen Ehrgeizes, sich jetzt in die Politikberatung direkt einzuschalten. Nach v. Papens «Preußenschlag» fand er sich nur zu gern bereit, die Regierung vor dem Reichsgericht als ihr Rechtsvertreter zu verteidigen. Das Urteil zugunsten der Initiatoren des Staatsstreichs steigerte sein Ansehen auf der Rechten. 1933 öffnete sich für ihn endlich das erhoffte Wirkungsfeld im Entscheidungszentrum des Führerstaats.

Schmitt zog sowohl durch seine Brillanz als auch aufgrund seiner politischen Grundhaltung eine Kohorte von hochbegabten jungkonservativen Nachwuchsjuristen an, darunter Ernst-Rudolf Huber, Ernst Forsthoff, Werner Weber, Ernst Friesenhahn, Reinhard Höhn – Rechtswissenschaftler, die auch noch in der Bundesrepublik eine erstaunliche Karriere vor sich haben sollten. Seine Grundgedanken und das radikalkonservative ideelle Gemeingut, an dem er partizipierte, wurden daher auch durch eine politisch aktive jüngere Wissenschaftlergeneration sofort weitervermittelt. Forsthoff zum Beispiel, einer seiner engsten Schüler, als überzeugter Bündischer auch jahrelang führend im «Deutschnationalen Jugendbund» und als regelmäßiger Autor des jungkonservativen «Rings» tätig, verkündete 1931 seine Entdeckung, daß das politische Leben in Deutschland erst jetzt das geistige Erbe des Weltkriegs zu verarbeiten beginne. Indem er sich auf Jüngers «Totale Mobilmachung» berief, zog er aus der Mobilisierung der Nation den Schluß, daß die Aufhebung aller anachronistischen Grenzen des Politischen geboten sei. Das bedeute den Übergang zum totalen Staat, für den der Unterschied zwischen Politischem und Unpolitischem, von Öffentlichem und Privatem nicht weiter gültig sei.

Im Frühjahr 1932 wiederholte Forsthoff in dem Sammelband «Was wir vom Nationalsozialismus erwarten» seine Überzeugung, daß der Staat des 19. Jahrhunderts liquidiert werden müsse, da ein Staat auf der Höhe der Zeit nicht länger mehr als neutraler Sachwalter fungieren dürfe, sondern als totaler Staat alle vom Liberalismus künstlich getrennten Sphären in seiner Obhut bündeln müsse. Von dort aus war es nur noch ein kleiner Schritt zu jenem euphorischen Hymnus auf den «Totalen Staat», den Forsthoff bereits 1933 auf die Diktatur des Hitler-Regimes anstimmte.

Auch wenn solche Bekenntnisse keineswegs für alle Verfechter der «konservativen Revolution» die Regel waren, haben die intellektuellen, publizistischen, pseudowissenschaftlichen Hilfsdienste, die sie der herbeigesehnten autoritären Ordnung leisten wollten, dazu beigetragen, der Republik in der politischen Öffentlichkeit die Lebensluft zu nehmen und jener Revolution vorzuarbeiten, die dann der Nationalsozialismus für sich in Anspruch nahm.[8]

b) Die Dogmen der «Geopolitik»

Die Anfänge jener Denkschule, die man «Geopolitik» zu nennen sich später angewöhnte, reichen bis in die Zeit weit vor dem Ersten Weltkrieg zurück. Der bedeutende britische Geograph Halford John McKinder – seit 1899 der Leiter des ersten englischen Geographiedepartments in Oxford, später dann der Rektor der «London School of Economics» – hatte zum Beispiel seit der Jahrhundertwende Vorstellungen popularisiert, die wesentliche Ideen der künftigen Geopolitik vorwegnahmen. In seinem 1904 veröffentlichten einflußreichen, übrigens auch in Deutschland schon viel gelesenen Aufsatz über den «geographischen Angelpunkt der Geschichte» beschrieb er im Kontext der deutsch-englischen Rivalität der Vorkriegsjahre die geographischen Vorteile, welche die hochgerüstete deutsche Kontinentalmacht im «Herzland» Europas gegenüber einer reinen Seemacht an der Peripherie des «Angelpunktes» besitze. Auch der schwedische Politikwissenschaftler Rudolf Kjellén, im Krieg ein deutschfreundlicher Sympathisant der Mittelmächte und der «Ideen von 1914», hatte bereits unter dem Etikett seiner «Geopolitik» geographischen Denkfiguren weiter Geltung verschafft. Und der Vater der deutschen politischen Geographie, Friedrich Ratzel, hatte ohnehin zu einem den Geschichtsprozeß bestimmenden geographischen Determinismus geneigt. In der neurankeanischen Geschichtswissenschaft jener Jahre geisterte gleichfalls der Glaubenssatz herum, daß die geographische Lage über das Maß des Außendrucks und damit über das Maß der inneren Freiheit entscheide – daher also in Deutschland die starke Militärmonarchie und den Verzicht auf den schwächlichen Parlamentarismus erzwinge.

Kurzum, der bayerische Generalstabsoffizier Karl Haushofer (1869–1946), der seit 1903 als Lehrer für Kriegsgeschichte an der Münchener Kriegsakademie für Offiziere unterrichtete, sich auf einer zweijährigen Ostasienreise auch mit den Konstellationen des Fernen Ostens vertraut gemacht und 1913 in Geographie promoviert hatte, bewegte sich in einer begrifflich bereits vorgeprägten Vorstellungswelt, als er den geographischen Bedingungen zunehmend eine hohe Bedeutung zumaß. Durch den aktiven Militärdienst im schwierigen Gelände der West- und der Ostfront sah er sich in seiner Auffassung bestätigt, quittierte 1919 als Generalmajor den Dienst, habilitierte sich in Geographie und vertrat seit 1921 dieses Fach als Professor an der Universität München. In einer Vielzahl von Publikationen, als rastloser Herausgeber, auch seiner «Zeitschrift für Geopolitik» (1924–1944) und der Schriftenreihe «Macht und Erde», entwickelte er jetzt seine Vorstellung von der Geopolitik im allgemeinen und von den Aufgaben einer deutschen Geopolitik im besonderen. Haushofer war es, der diesen Begriff in Deutschland recht eigentlich erst in Umlauf brachte und zur gängigen Münze zahlloser Diskussionen machte.

Für ihn war die Geopolitik zum einen die übergeordnete Leitwissenschaft von der «Raumgebundenheit» aller politischen Vorgänge, da das unbeeinflußbare Ensemble natürlicher geographischer Bedingungen seinen Primat über jede Politik ausübe. Zum andern verstand er sie auch als politische Didaktik, die das «Rüstzeug zum Studium liefern und Wegweiser im politischen Leben» sein sollte. Von Anfang an schwebte ihm deshalb, während er intensiv und erfolgreich für seine Konzeption warb, als krönende Aufgabe die Politikberatung vor. Denn Geopolitik müsse, postulierte er, zum «geographischen Gewissen des Staates» werden.

Von Ratzel übernahm Haushofer das zentrale Konzept des «Lebensraums», dessen ein Volk unabdingbar bedürfe. Dazu machte er sich die ebenfalls von Ratzel formulierte Aufgabe zu eigen, die Bedürfnisse dieses Volkes daraufhin zu überprüfen, ob ihm sein Staatsterritorium einen angemessenen «Lebensraum» biete oder aber ob es auf dessen Ausweitung angewiesen sei. Zugrunde lag stets die Orientierung am Nahrungsspielraum eines noch überwiegend agrargesellschaftlich organisierten Staates, keineswegs aber am Zukunftspotential einer hochindustrialisierten Nation. Deshalb meinte Lebensraum an erster Stelle kultivierbares Land, nicht etwa Rohstoffressourcen für die industrielle Wachstumsmaschine.

Zu Haushofers engerem Münchener Schülerkreis gehörte nicht nur der gelehrige Rudolf Hess, sondern eine große Hörerschar aus der völkischrechtsradikalen Münchener «Szene», welche die Doktrin des strenggläubigen Nationalisten, der von der Notwendigkeit der Expansion des deutschen «Lebensraums» selber zutiefst überzeugt war, begierig aufnahm. Aufgrund der Wirkung von Haushofers zahlreichen Veröffentlichungen, seiner lebhaften Vortragsaktivität und seiner akademischen Tätigkeit sickerte das Vokabular der Geopolitik in die endlose Diskussion über die Revision von Versailles und die Ziele des deutschen Radikalnationalismus ein. Vagen Bedürfnissen nach Korrektur der internationalen Ordnung gab es eine zielstrebige Anleitung unter dem Deckmantel der Wissenschaft mit leicht verständlichen Lehrsätzen. Auf diesem Wege, nicht etwa allein durch den glühenden Haushofer-Verehrer Hess, erreichte die geopolitische Denkweise auch die nationalsozialistische Massenbewegung, wo die Lebensraummaxime geradezu zwanglos eine Verschmelzung mit sozialdarwinistischen Ideen einging; beide Denkströmungen besaßen eine nachhaltige Überzeugungskraft, da sie vom Nimbus der Wissenschaft zehrten. Das galt insbesondere auch für Hitlers Denken, das diese Fusion geradezu paradigmatisch verkörperte. Als er die Machtmittel dazu besaß, konnte man an seinem Kontinentalimperialismus die Geopolitik in Aktion verfolgen.

Die geopolitische Schule der 20er und frühen 30er Jahre trat mit dem selbstbewußten Anspruch auf, die Grundwahrheit erfolgreicher Politik entdeckt zu haben. Daß die restriktiven Bedingungen der Geographie in der Geschichte manchmal eine wichtige Rolle spielen können, ist unbestritten. Neuseelands Ressourcen und Lage können es nicht zu einer schwerindustriellen Großmacht machen. Australien kann keine Weinmonokultur aufbauen. Militärbewegungen werden durch die geostrategischen Bedingungen einer Ebene oder Hügellandschaft begünstigt, durch die Vogesen, die Karpaten, den Kaukasus aber immens erschwert. Die Beziehungen zu zahlreichen Nachbarn können ganz andere Probleme aufwerfen als die Nachbarschaft eines einzigen Staates usw. Doch im allgemeinen erklärt die geographische Lage, entgegen den Maximen der Geopolitik, außer dem Banalen in aller Regel wenig genug, allein für sich genommen so gut wie gar nichts. So war etwa die geographische Lage der deutschsprachigen Länder Mitteleuropas mit zahlreichen politischen Regimeformen und denkbar unterschiedlichen politischen Verhaltensweisen in der Innen- und Außenpolitik vereinbar. Vom Alten Reich, in dem bis 1806 rund 1789 Herrschaftseinheiten zusammenlebten, über den Deutschen Bund, in dem das auch noch fast 40 Staaten und Stadtrepubliken taten, das Kaiserreich, die Weimarer Republik und die NS-Diktatur bis hin zur Bundesrepublik hat kein einziges Gebiet des Westens in derart kurzer Zeit einen so häufigen, so abrupten Wechsel der politischen Herrschaftsformen erlebt. Mit einem Primat der Geopolitik hat all das nicht das Geringste zu tun. Vielmehr zeigt gerade die Geschichte des deutschsprachigen Europa, auf das sich wegen seiner Mittellage angeblich immer alle giftigen Pfeile von außen richteten, eine erstaunliche Plastizität bei gleichbleibender Geographie. Zur Erklärung der sozialökonomischen und kulturellen Probleme trägt die Geographie, wie sie von der geopolitischen Schule verstanden wurde, erst recht nichts bei.

In der aufgeheizten, ressentimentgeladenen Atmosphäre der ersten deutschen Republik gewannen jedoch die Lehrsätze, ja Imperative der Geopolitik einen fatalen Einfluß. Daß schließlich die größte Militärallianz der Welt notwendig war, um die Anfangserfolge ihrer Adepten in einen Pyrrhussieg zu verwandeln, unterstreicht die Verführungskraft dieses irregeleiteten Denkens.[9]

6. Die Erosion der Politischen Kultur: das Anschwellen des Antisemitismus

Die berüchtigte «Judenzählung», die das preußische Kriegsministerium 1916 angeordnet hatte, hinterließ eine tiefe Zäsur im Verhältnis der jüdischen Deutschen zur Mehrheitsbevölkerung, weil zum einen die unerhört verletzende und unverhüllt diskriminierende Durchführung als solche dazu führte, zum andern aber auch der Einfluß des Antisemitismus auf das Vorgehen einer hohen Staatsbehörde so offen zutage trat (vgl. vorn 7. T.IV.2). Die Schockwirkung vibrierte noch lange nach. Empört urteilte etwa der renommierte jüdische Schriftsteller Jakob Wassermann 1921 im Rückblick, daß trotz aller Opferbereitschaft der jüdischen Deutschen im Krieg die traditionellen Ressentiments weiter virulent seien: «Jedes Vorurteil, das man abgetan glaubt, bringt, wie ein Aas die Würmer, tausend neue zutage... Es ist vergeblich, in das tobsüchtige Geschrei Worte der Vernunft zu werfen. Es ist vergeblich, für sie zu leben und für sie zu sterben. Sie sagen: er ist ein Jude.» Ganz ähnlich empfand ein jüdischer Autor wie Georg Hermann die neue Kränkung als desillusionierend: «Ich glaubte, daß ich zuerst Deutscher wäre und nur aus alter Anhänglichkeit und aus Pietät gleichsam noch so ein Rest Judentum und ein paar letzte halbverschliffene Rasseeigenschaften mit mir durchs Leben trüge», gestand er 1919, doch «in den vergangenen fünf Jahren hat sich das geändert», denn «wir haben eine große Enttäuschung am Deutschen erlebt, und wir erleben sie noch heute jede Stunde.»

Diese beredten Klagen waren sich des Umstandes hellwach bewußt, daß es mit dem einmaligen Akt einer stigmatisierenden statistischen Erhebung über die angebliche Drückebergerei von Soldaten jüdischen Glaubens keineswegs sein Bewenden hatte. Vielmehr hatte sich der Antisemitismus, während die sozialen Spannungen in der Klassengesellschaft des Krieges stetig zunahmen, um weitere Fixpunkte herum dauerhaft kristallisiert.

1. Die Juden fanden sich als perfide Nutznießer der schwierigen ökonomischen Lage während des Krieges angeprangert. Uralte Negativstereotypen tauchten wieder auf, als sie als Wucherer, Schleichhändler und Könige des Schwarzmarkts angegriffen wurden. Solche Klischees wucherten in der Alltagssprache weiter.

2. Alte Aversionen der antisemitischen Verschwörungstheorie machten sich wieder geltend, wenn sie als die Herren der «jüdisch beherrschten» Kriegswirtschaft denunziert wurden. Die prominente Rolle von Rathenau und Ballin, von anderen jüdischen Unternehmern und Experten diente als Beweis dafür, daß die Notlage schamlos zu ihrer privaten Bereicherung ausgenutzt werde.

3. Während sich die Polarisierung zwischen den Siegfrieden-Fanatikern und den Anhängern eines annexionslosen Verständigungsfriedens steigerte, überhöhten antisemitische Organisationen wie der «Alldeutsche Verband» den mörderischen Kampf an der Front nicht nur zum Rassenkrieg zwischen Germanen und Slawen, sondern auch zwischen Ariern und Judentum. Als Folge dieses fundamentalistischen Weltbildes wurden die jüdischen Deutschen durch eine Vielzahl perfider Vorwürfe in die Rolle eines unversöhnlichen Feindes des Reiches gedrängt.

6. Die Erosion der Politischen Kultur

4. Die Anzahl der seit dem letzten Drittel des 19. Jahrhunderts einwandernden Ostjuden wurde, wie vorn erwähnt, im Krieg durch 35 000 ostjüdische Zwangsarbeiter vermehrt. Die antisemitische Hetzpropaganda machte daraus eine anschwellende freiwillige Zuwanderung. Wie «ein Heuschreckenschwarm» wollten, phantasierte General v. Gebsattel vom Vorstand der Alldeutschen, «sechs Millionen minderwertiger, vermongolisierter Menschen» in das Reich einfallen. Daß im April 1918 eine amtliche Grenzsperre gegen Ostjuden verhängt wurde, unterstrich den Einfluß des antisemitischen Meinungsklimas auf diese Auseinandersetzung. Und daß eine rechtsradikale Massenorganisation wie die «Vaterlandspartei» die Legende von den jüdischen Anstiftern der Friedensresolution und Verzichtpolitik pflegte, verriet ebenso diesen Einfluß wie zuletzt der Konsens der Antisemiten aller Schattierungen, daß Juden den tödlichen Dolchstoß in den Rücken des unbesiegten Feldheeres ausgeführt, damit die Niederlage verursacht und zudem als Revolutionäre die Monarchie zu Fall gebracht hätten.

Seit dem Winter 1918/19 erlangte daher der öffentlich praktizierte Antisemitismus eine bisher unbekannte Wirksamkeit. Terroristische Gewalt gegen Personen und Sachen, ja Mordanschläge und Pogromstimmung demonstrierten seine neuartige Virulenz, als die Jagd auf die Juden als Sündenbock für das Desaster der Niederlage und die Nachkriegsprobleme diente, allenthalben einsetzte. Freilich ebbte diese gefährliche Welle relativ schnell wieder ab, und während der Stabilitätsphase schien der Antisemitismus seine bedrohliche Präsenz sogar ganz zu verlieren. Doch mit der Großen Krise tauchte er alsbald wieder auf. Spätestens jetzt stellte sich heraus, wie tief er sich nicht nur in die Mentalität, sondern auch in die politische Kultur des Landes hineingefressen hatte, wie ausdehnungsfähig auch jene Verbände und Parteien waren, die sich als seine organisierten Träger präsentierten, wie wenig auch aller Widerstand gegen ihn fruchtete. Unstreitig war der Antisemitismus ein gemeineuropäisches Phänomen, doch jetzt erlebte er seine schärfste, seine zerstörerischste Ausprägung in Deutschland.

Bis dahin wirkte die Lage im Horizont der Zeitgenossen eigentümlich widersprüchlich. Die jüdischen Deutschen sahen in der Republik mit ihrem Verfassungsversprechen durchweg – von den wenigen hypernationalistischen «Kaiserjuden» abgesehen – die Chance, endlich die volle politische, soziale und kulturelle Gleichberechtigung zu gewinnen. Daher votierten sie ganz überwiegend für die republiktreuen Parteien. Zugleich hielt aber ihre Sorge wegen der neuen antisemitischen Strömung an, da nach den bitteren Erfahrungen seit 1916 ungewiß blieb, ob sie kriegsbedingt oder wiederholungsfähig war.

Häufig schwankten sie darum zwischen einer resoluten Bejahung der Republik und einer eher abwartenden, defensiven Vorsicht. Währenddessen lief der Assimilationsprozeß in den alteingesessenen jüdischen Familien im allgemeinen weiter. Namentlich im jüdischen Bildungs- und oberen Wirtschaftsbürgertum galt die Symbiose von deutschem Bildungsideal und jüdischer Kultur unverändert als erstrebenswertes und auch realisierbares Ziel. Die beispiellose Vitalität, mit der sich Juden an dem explosiven kulturellen Aufschwung der 20er Jahre, an allen künstlerischen Innovationen und am Fortschritt der Wissenschaften beteiligten, schien diese Überzeugung nachhaltig zu bestätigen.

Da auf jeden Aspekt der deutsch-jüdischen Geschichte seit 1945 unvermeidbar der Schatten von Auschwitz fällt, ist auch diese Symbiose, ja selbst der avancierte Assimilationsprozeß rigoros in Frage gestellt worden. Nach dem Holocaust wirkte eine geradlinige Straße nach Auschwitz plausibler, und dem Identitätsbewußtsein der Israelis und der «Jewish Communities» in den westlichen Ländern kam die kritische Umdeutung des deutsch-jüdischen Verhältnisses auch entgegen. Tatsächlich kann aber weder die weit fortgeschrittene Assimilation noch der erstaunliche Charakter der soziokulturellen Symbiose mit nüchternen Argumenten ernsthaft bestritten werden. Und eben deshalb bleibt als das eigentliche Problem die quälende Frage bestehen, warum ausgerechnet in dem Land mit einer trotz aller Hemmnisse so verheißungsvollen Entwicklung die Vernichtungspolitik initiiert und ausgeführt werden konnte.

Unübersehbar hat aber auch der Antisemitismus, der seit den Kriegsjahren so irritierend an Boden gewann, bei vielen jüdischen Deutschen das Eigenbewußtsein einer verteidigenswerten jüdischen Identität gefördert und stabilisiert. Nicht nur das sogenannte «Trotzjudentum» fand im Zionismus – jener jüdischen Variante des Nationalismus, die an die Stelle der Diasporaexistenz die Heimstätte eines eigenen israelischen Staates im Gelobten Land setzen wollte – eine verlockende Alternative zu einem Leben voller Anpassungszwänge. In die heftigen innerjüdischen Spannungen zwischen Ostjuden und Assimilationsjuden – zwischen Krawattenjuden und Kaftanjuden, wie man damals sagte –, deren Solidaritätsbereitschaft durch das fremdartige Auftreten und die glühende orthodoxe Gläubigkeit vieler unlängst eingewanderter Religionsgenossen offenbar arg strapaziert wurde, spielte auch die Bereitwilligkeit junger Ostjuden hinein, sich mit Hingabe auf den Zionismus zu verpflichten, damit aber die Integrationswilligkeit der alteingesessenen jüdischen Deutschen prinzipiell in Frage zu stellen. Es war der giftige Antisemitismus seit 1916, der dann auch manchen von ihnen für die zionistische Utopie gewonnen hat.

Was nun die Haltung der Deutschen zur jüdischen Religionsgemeinschaft angeht, steigerten sich einige Hunderttausend während ihrer Jagd auf Sündenböcke, die für alles Unheil haftbar gemacht werden sollten, in einen dogmatischen, völkischen, zunehmend rassistischen Antisemitismus hinein. Millionen blieben davon jedoch unberührt, standen jüdischen

6. Die Erosion der Politischen Kultur 499

Deutschen gleichgültig oder mit konventioneller Höflichkeit gegenüber, kultivierten zwar keine Animosität, aber auch keinen engeren Kontakt mit ihnen, geschweige denn, daß es unter ihnen einen ausgeprägten Philosemitismus gegeben hätte. In mancher Hinsicht wirkte das wie die Normallage einer Gesellschaft, welche die Folgen der Judenemanzipation eher passiv hinnahm, aber auch den gesellschaftspolitischen Narrensaum der exzessiven Judenfeindschaft duldete.

Wie war das Sozialprofil dieser jüdischen Minderheit, die so schreckliche Aversionen auslöste und selber so hochgespannte Integrationshoffnungen hegte, nach dem Krieg beschaffen? Die Volkszählung von 1925 erfaßte 564000 Glaubensjuden, die nur 0,9 Prozent der Gesamtbevölkerung stellten. 1871 waren es noch 1,25 Prozent gewesen, doch viele waren inzwischen dem Judentum entfremdet worden, hatten sich christlich taufen lassen oder unter Konfessionsverzicht in das Bürgertum und den Adel eingeheiratet. Bei der großen Mehrheit, vier Fünfteln, handelte es sich um alteingesessene jüdische Bürger, deren Zahl durch die bis 1925 zugewanderten 108 000 Ostjuden (19%) vermehrt worden war; 1933 lebten von ihnen nur mehr 98 200 in Deutschland.

Seit den 1880er Jahren hatte die jüdische Religionsgemeinschaft kein generatives Wachstum mehr erlebt, erst stagnierte sie, dann blieben seit den Mitteljahren der Republik die absoluten Zahlen rückläufig. 1933 zählte man gerade noch eine halbe Million Angehörige (499 700, 0,77 % der Gesamtbevölkerung).

Die Ursachen lagen zum einen eindeutig im Geburtenrückgang. Relativ frühzeitig haben sich jüdische Familien, deren Kinderreichtum einst sprichwörtlich war, auf die Geburtenkontrolle und die Planung einer Kleinfamilie eingestellt, so daß 1930 ihr Geburtenanteil bei 7,2 Promille lag, während er im allgemeinen noch 16,2 Promille erreichte. Zum zweiten bildete die Überalterung ein Charakteristikum dieser Minderheit, denn ein Drittel ihrer Mitglieder war älter als 40 Jahre. Andrerseits gab es nach 1918 kaum noch formelle Austritte, da die christliche Taufe nicht mehr als vorteilhaftes Eintrittsbillett in die Mehrheitsgesellschaft und das Berufsleben fungierte.

Gut die Hälfte (55 %) der jüdischen Deutschen lebte in zehn Großstädten, allein ein Drittel in Berlin. 160 000 verteilten sich auf 1600 Orte mit jüdischen Gemeinden. Die Berufsstruktur war auffallend stabil. Ihre unbestrittene Domäne lag im Handel, dazu im Bankwesen und einigen freien Berufen; ganz selten nur fanden sie sich in der Landwirtschaft, auffällig wenig auch in der Industrie. Das zeigt die krasse Ungleichverteilung jüdischer Erwerbstätiger auf die Wirtschaftssektoren und Berufsklassen der Reichsstatistik in der Endphase der Republik (Übersicht 135).

Überdies blieb genau die Hälfte der jüdischen Erwerbstätigen selbständig, während der Anteil sonst bei gerade 16 Prozent lag.

Übersicht 135: *Jüdische Erwerbstätige in den Wirtschaftssektoren 1933 (Prozentuale Verteilung jüdischer und aller Erwerbstätiger)*

1. Landwirtschaft	1,73	28,9
2. Industrie und Handwerk	23,14	40,4
3. Handel und Verkehr	61,27	18,4
4. Beamte und Freiberufler	12,46	8,4

Das Grundmuster dieser Berufsverteilung hatte sich frühzeitig herausgebildet und im Verlauf des 19. Jahrhunderts stabilisiert. Seither war es mit der typischen Beharrungskraft kleiner Minderheiten, die den bewährten Zugang zu Erwerbschancen erfolgreich verteidigen, beibehalten worden. Nach dem Krieg übte die kommerzielle Tätigkeit allerdings eine spürbar geringere Anziehungskraft aus, wogegen das Studium und der Weg in die Freien Berufe oder aber die Entscheidung für eine Angestelltenexistenz zunahmen. So ergab etwa die letzte Berufsstatistik vom Juni 1933, als allerdings schon Tausende von jüdischen Deutschen vor dem neuen Regime geflohen waren, 5557 jüdische Ärzte und 3030 jüdische Rechtsanwälte; in beiden Professionen stellten sie, gemessen an der numerischen Größe der jüdischen Minderheit mit elf bzw. 16 Prozent einen überproportional hohen Anteil. Gleichzeitig war die Anzahl der jüdischen Angestellten von 1907 = 36400 auf 1933 = 82800 (ein Drittel davon waren Frauen), mithin von 10,8 auf 21 Prozent der jüdischen Erwerbstätigen angestiegen.

Die jüdische Wirtschaftselite verstand es, ihre Stellung im Bankwesen zu behaupten. Die Hälfte aller privaten Großbanken – darunter so renommierte Häuser wie Mendelssohn, Bleichröder, Warburg, Wassermann, Arnhold und Oppenheim – war trotz des Konzentrationsprozesses in ihrem Besitz geblieben. Darüber hinaus spielten jüdische Bankiers im Vorstand oder Aufsichtsrat anderer wichtiger Banken eine prominente Rolle. Außer ihrer traditionell starken Stellung im Großhandel dominierten jüdische Unternehmer auch in der Aufstiegsphase der großen Warenhäuser: Tietze, Wertheim und Schocken kontrollierten vor 1933 80 Prozent des deutschen Kaufhausumsatzes. In der industriellen Produktion war es dagegen bei der überkommenen Zurückhaltung geblieben; die Erfolgsgeschichte der Schuhwerke von Salamander und Leiser bildete eine Ausnahme.

Als Avantgarde der deutsch-jüdischen Symbiose können die aufgrund ihres Talents oder ihrer Produktivität herausragenden jüdischen Künstler und Wissenschaftler gelten, wie jetzt überhaupt eine «dramatische Beschleunigung jüdischer Teilhabe» am deutschen Kulturleben zutage trat. Ein großes Publikum fanden Schriftsteller wie Max Brod, Alfred Döblin, Lion Feuchtwanger, Franz Kafka, Emil Ludwig, Joseph Roth, Arthur Schnitzler, Carl Sternheim, Ernst Toller, Kurt Tucholsky, Jakob Wassermann, Franz Werfel, Stefan Zweig. Jüdische Verleger wie Mosse, Ullstein, Fischer, Paul und Bruno Cassirer und Kurt Wolff förderten das Bewährte und die Moderne. Am Theater wirkten unter großen Regisseuren wie Max Reinhardt, Leopold Jessner, Viktor Barnowsky, prominente jüdische Schauspielerinnen und Schauspieler, zum Beispiel Elisabeth Bergner, Carl Deutsch, Therese Giese, Fritz Kortner, Peter Lorre, Lucie Mannheim, Fritzi Massary, Max Pallenberg. Die Elite der deutschen Theater- und Literaturkritiker – Maximilian Harden, Siegfried Jacobsohn, Alfred Kerr, Kurt Pinthus, Alfred Polgar – unterwarf auch sie einem kompetenten Urteil.

Komponisten wie Arnold Schönberg, Kurt Weill, Hanns Eisler machten ganz so von sich reden wie Dirigenten, Otto Klemperer etwa und Bruno Walter. Architekten wie Erich Mendelsohn und Oskar Kaufmann verfochten die klassische Moderne.

In fast allen Wissenschaften standen jüdische Gelehrte in der vordersten Reihe. Von neun deutschen Nobelpreisträgern in der Zeit der Republik waren fünf jüdische Naturwissenschaftler: Albert Einstein, James Franck, Gustav Hertz, Otto Meyerhof und Otto Heinrich Warburg. Unter den Geisteswissenschaftlern ragten Ernst Cassirer, Edmund Husserl, Ernst Kantorowicz, Karl Löwith, Gustav Mayer, Erwin Panofsky, Eugen Rosenstock-Huessy (ein wahres Universalgenie), Veit Valentin und Aby Warburg hervor. Die frühe deutsche Soziologie ist ohne Theodor W. Adorno, Erich Fromm, Max Horkheimer, Siegfried Kracauer, Leo Löwenthal, Karl Mannheim, Herbert Marcuse, Franz Oppenheimer nicht zu denken. In der Rechtswissenschaft ragten Hermann Heller und Hans Kelsen, Hugo Preuß und Hugo Sinzheimer hervor. Die Psychoanalyse wurde völlig von jüdischen Schülern Freuds, von Karl Abraham, Siegfried Bernfeld, Helene Deutsch, Max Eitington, Wilhelm Reich beherrscht; die Gestaltpsychologie von Max Wertheimer, Kurt Goldstein und Kurt Lewin. Und überall rückte die junge Garde jüdischer Intellektueller nach: Ernst Bloch und Walter Benjamin, Norbert Elias, Hans Gerth und Hans Speier, Felix Gilbert und Hans Rosenberg, Dietrich Gerhard und Gerhard Masur, Leo Strauß und Erich Voegelin, Franz Neumann und Ernst Fraenkel – und die anderthalbtausend geflüchteter Akademiker, die dann vor allem in Amerika ihre Karriere machen sollten. Wenn man sich diese Brillanz jüdischer Künstler und Intellektueller, dazu ihr schier unerschöpfliches Nachwuchsreservoir und dann die absolute tabula rasa von 1945 vergegenwärtigt, wird einem der unersetzliche Verlust im geistigen Haushalt der Deutschen noch einmal bewußt.

Welche organisierte Form nahm der Antisemitismus nach 1918 an, ehe er die erste Vertreibung aus Deutschland auslöste? Wie stellten sich die Parteien und Verbände und die beiden christlichen Amtskirchen zu ihm? Wie bündelte der Nationalsozialismus alle Tendenzen eines radikalisierten Antisemitismus?

Initiiert von «Alldeutschen Verband» war im Februar 1919 der DSTB entstanden (vgl. 7 T.IV.2), der aus den rund 100 durchweg kleinen antisemitischen Verbänden und Orden, Bünden und Sekten der Nachkriegszeit herausragte. Schon wenige Monate später konstatierte der immer noch amtierende «Reichskommissar für Überwachung der öffentlichen Meinung», daß dies «der größte, tätigste und einflußreichste antisemitische Verband in Deutschland» sei. Während Konstantin v. Gebsattel nominell die Führung übernahm, erwies sich Geschäftsführer Alfred Roth, der vom DNHV und «Reichshammerbund» herkam, als der eigentliche Leiter. Seinem Organisationstalent war es zu verdanken, daß der DSTB in kürzester Zeit mit dem «Hammerbund», dem «Deutschvölkischen Bund» und zehn weiteren völkischen Vereinigungen fusionierte, so daß die anfängliche Zahl von 3000 Mitgliedern am Ende des Gründungsjahres bis Mitte 1922 auf fast 200 000 in 600 Ortsgruppen anstieg. Die Hälfte davon stieß aus den älteren Organisationen zum DSTB.

In den Führungspositionen und in der Mitgliederschaft fanden sich durchweg Beamte, Ärzte, überhaupt zahlreiche Akademiker, dazu Kaufleute und Angestellte, dagegen überhaupt keine Arbeiter, Bauern und Großbürger. Das erhebliche Einkommen aus Beiträgen wurde durch Subventionszahlungen des «Alldeutschen Verbandes», des Herzogs von Sachsen – Coburg – Gotha und des Fürsten zu Reuß aufgestockt. Mit einer Flut von Propagandamitteln, auf zahlreichen Veranstaltungen, aber auch durch Terror und Mord aktivierte und förderte der DSTB den Antisemitismus der ersten Nachkriegsjahre. Allein 1920 verteilte er 7,5 Millionen Flugblätter und 4,8 Millionen Handzettel. Seine Zeitung, die «Deutschvölkischen Blätter», die aus Theodor Fritschs anrüchiger «Antisemitischer Correspondenz» hervorgegangen waren, erreichten bis 1922 eine Auflage von immerhin 160 000. Die ihm nahestehende «Politisch-Anthropologischen Monatshefte» Ludwig Woltmanns bemühten sich um einen wissenschaftlichen Anstrich.

Außerdem förderte der DSTB mit allem Nachdruck den Absatz der völkisch-antisemitischen Schundliteratur. Der Roman seines Vorstandsmitglieds Arthur Dinter, «Sünde wider das Blut», erreichte in fünf Jahren 16 Auflagen mit 200 000 verkauften Exemplaren. Die «Protokolle der Weisen von Zion» – das Machwerk der zaristischen Geheimpolizei war noch immer als vermeintliche Originalquelle im Umlauf – wurden auch dank der Unterstützung des DSTB mehrere 100 000 Male verkauft. Das als Programmschrift des DSTB gedachte Pamphlet von Paul Bang, eines Alldeutschen und DNVP-Abgeordneten, erreichte in zwei Jahren eine Verkaufsziffer von 30 000 Exemplaren.

Bei alledem ging es dem DSTB immer um die «politische Aktivierung antijüdischer Ressentiments», indem er die «Bedrohung der eigenen Existenz durch die jüdische Gefahr» plakativ dramatisierte. Sämtliche antisemitischen Vorurteile wurden als unveränderliche jüdische Charaktereigenschaften ausgegeben, und der vermeintliche Wahrheitsbeweis sollte mit

6. Die Erosion der Politischen Kultur

Hilfe der «wissenschaftlichen» Rassetheorien geführt werden. Den inneren Zusammenhalt intensivierten Großkundgebungen mit Reden und Schwüren, Aufmärschen und Fahnenweihen. Auf Schulungslehrgängen wurde die ideologische Rechtgläubigkeit vertieft. Außer der antisemitischen Prominenz – Alfred Roth und Arthur Dinter natürlich, dazu Adolf Bartels, Ernst Feder, Dietrich Eckart, Paul v. Lettow-Vorbeck und Emil Kirdorf – traten nach einer systematischen Rednerschulung auch professionelle Propagandisten zur Anhängerwerbung und zum außerparlamentarischen Kampf gegen die Republik an.

Auf diese Weise fachte der DSTB die politische Fanatisierung an – und frech forderte er Taten: Es gelte, die jüdischen «Schänder» endlich «unschädlich zu machen», verlangte er, und sie «mit Peitschen aus Deutschland» auszutreiben. Lauthals brüstete sich Roth 1922 auf einer Veranstaltung in Kassel, daß «die Juden», sobald die Völkischen an die Macht gekommen seien, «an den Galgen gebracht» würden. Seine Hetze richtete sich nicht nur gegen einen anonymisierten Feind, sondern auch explizit gegen konkrete Personen, gegen Rathenau und Harden etwa, gegen Warburg und Wolff. An der Ermordung Rathenaus war dann der DSTB beteiligt, wie er überhaupt enge Kontakte zu den Rechtsradikalen in der «Organisation Consul», der «Brigade Erhardt», dem «Freikorps Oberland» unterhielt. Erst nach dem tödlichen Attentat auf den Außenminister setzte ein staatliches Verbot seinem bösartigen Treiben ein Ende.

Auch zur DNVP hatten bis dahin zahlreiche Querverbindungen bestanden. Die Antisemiten auf ihrem rechten Flügel scherten 1922 unzufrieden aus und wollten als «Deutschvölkische Freiheitspartei» die Nachfolge des DSTB antreten. Von dort kam offenbar ein lebhafter Zustrom heimatloser Wähler, als die neue Partei nach den Reichstagswahlen im Mai 1924 mit 6,5 Prozent der Stimmenzahl 32 MdR in das Parlament entsenden konnte. Doch sieben Monate später vermochte sie nur mehr drei Prozent zu gewinnen, und die Konsolidierung der Republik entzog ihr den Boden, noch ehe die NSDAP nach ihrem kurzlebigen Verbot in die innenpolitische Arena wieder zurückkehrte.

Die DNVP selber war mit ihrem Programm von 1920 unmißverständlich gegen die «jüdische Vorherrschaft» angetreten. Nach dem Mord an Rathenau wandte sie sich zwar verbal gegen neuen Terror, doch verzichtete sie keineswegs auf ihre völkisch-antisemitische Propaganda; überdies pflegte sie eine traditionell antisemitische Strömung in ihrer protestantischen Wählerschaft, deren Exponent, Pfarrer Gottfried Traub, sich als Nachfolger des Hofpredigers Stoecker aufführte. Juden blieben als Mitglieder ausgeschlossen, und ein wichtiges ideologisches Verbindungsglied zu den unterstützenden Verbänden, dem RLB, dem DNHV und dem «Stahlhelm», bestand aus dem gemeinsamen Antisemitismus. Will man ein Gedankenspiel anstellen, wären die Deutschnationalen als Machthaber des Landes durchaus imstande gewesen, eine antijüdische Apartheidpolitik einzuführen, aber keine physische Vernichtung zu betreiben.

Mit ihrer liberalen Programmatik und den Worten ihrer Führung bezog die DVP Stellung gegen den Antisemitismus. Da aber nicht wenige ihrer Mittelklassenwähler völkische Vorurteile hegten, scheute sie vor einer öffentlichen Klarstellung ihrer Position zur «Judenfrage» jahrelang zurück. In ihrer Verfallszeit seit dem Tod Stresemanns 1929 schwenkte sie dann unverhüllt zum antisemitischen Rechtslager über.

Unzweideutig fiel das Urteil der DDP aus. Diese Sammelpartei des bürgerlichen Liberalismus – mit so bekannten jüdischen Mitgliedern wie Albert Einstein, Rudolf Mosse, Hugo Preuß, Walther Rathenau, Theodor Wolff – nannte den Antisemitismus ungeschminkt «eine unmoralische Bewegung», weil er mit «Lügen, Fälschungen und Verleumdungen» an «die niedrigsten Instinkte appelliert». Deshalb optierte auch mindestens die Hälfte, wenn es nicht sogar zwei Drittel waren, der jüdischen Wähler für die DDP zu Beginn ihres kurzlebigen Aufstiegs. Als sie im Augenblick ihres endgültigen Scheiterns eine Fusion mit dem völkischen «Jungdeutschen Orden» vollzog, besiegelte sie damit auch das Ende ihrer Kritik an der Judenfeindschaft.

Im politischen Katholizismus herrschte eine ambivalente Haltung vor, die durch das häufig beschönigende Urteil über das Zentrum und die BVP verwischt wird. Denn immer noch lebte der christliche Antijudaismus mit seinem Verdammungsurteil über das «Volk der Gottesmörder» in der Mitgliederschaft und Führung dieser Parteien fort. Darüber hinaus galten «die Juden» als die Urheber aller zerstörerischen Tendenzen der Neuzeit: des Kapitalismus und Liberalismus, des Sozialismus und Atheismus. Die BVP nannte in ihrem Gründungsprogramm vom Herbst 1918, ein halbes Jahr vor der zweiten Räterepublik mit ihren exponierten jüdischen Anführern, den Marxismus «das theoretische Produkt jüdisch-zersetzenden Geistes».

Auf der andern Seite opponierten jedoch die katholischen Parteien gegen die Ausschreitungen des Radauantisemitismus, auch, eingedenk der eigenen Verfolgungszeit während des «Kulturkampfes», gegen ein antijüdisches Sonderrecht, vor allem aber gegen den rassistischen Antisemitismus, wie ihn die NSDAP vertrat. Während sich die BVP der Hitlerpartei, keineswegs aber dem Antisemitismus entgegenstemmte, erwog die Zentrumsführung seit Brüning sogar die politische Kollaboration mit den neuen Rechtsradikalen, um sie zu zähmen – voller Illusionen, daß durch ihre Einbindung in die Regierungsverantwortung die Republik stabilisiert werden könne. Dabei war ihr der Antimarxismus der NS-Bewegung offensichtlich wichtiger als deren exzessiver Antisemitismus.

Unmißverständlich hatte die SPD schon im Kaiserreich gegen den Antisemitismus Stellung bezogen. August Bebels Kritik blieb schlechthin unüberhörbar. Mit dieser Opposition geriet sie auch in der Republik nicht ins

Schwanken. Jüdische Politiker, wie etwa Eduard Bernstein, Hugo Haase, Rudolf Hilferding, Siegfried Aufheuser, Kurt Eisner, Ernst Hamburger, Paul Hirsch, Simon Katzenstein, Georg Ledebour, Fritz Naphtali, Paul Singer, Friedrich Stampfer, konnten ungehindert in ihr aufsteigen. Zu oft vertrauten jedoch die Parteiführer und -zeitungen auf die Überzeugungskraft ihrer Ideologiekritik, wonach der Antisemitismus nur den reaktionären Kräften zum Kampf gegen Fortschritt und Republik diene. Dagegen nahmen sie den nationalsozialistischen Rassenwahn wegen seines leicht durchschaubaren irrationalen Charakters nicht ernst genug. Und ihre Minister und Polizeipräsidenten schritten, des Sieges der guten Sache letztlich gewiß, nicht mit jener kompromißlosen Entschiedenheit ein, die gegen seine Anhänger geboten gewesen wäre.

Entgegen der Vermutung auf den ersten Blick herrschte in der KPD eine widersprüchliche Einstellung. Zum einen glaubte sie, den Antisemitismus als durchschaubare Ablenkungsstrategie des Klassenfeindes funktionalistisch demaskieren zu können. Diese Auffassung teilten auch jüdische Kommunisten wie Rosa Luxemburg, Leo Jogiches, Gustav Landauer, Paul Levi, Max Levien, Heinz Neumann, August Thalheimer, vor allem auch jene jüngeren jüdischen Parteiaktivisten, die sich aufgrund ihrer Minderheitserfahrungen von den radikalen Emanzipationsversprechungen angezogen fühlten. Zum anderen nutzte die Partei aber auch mit skrupellosem Opportunismus, alle Bedenken als bürgerliche Hemmungen verketzernd, die antisemitische Stimmungslage aus, wenn es auf ihren Flugblättern millionenfach hieß: «Nieder mit der Judenrepublik» oder wenn sie zum Kampf gegen «die jüdischen Kapitalisten» aufrief. Diese bedenkenlose Propaganda konnte sogar so weit gehen, daß Ruth Fischer vom KPD-Vorstand zur physischen Gewalt gegen Juden aufrief: «Tretet die Juden-Kapitalisten nieder, hängt sie an die Laterne, zertrampelt sie». Dieser vulgär-hysterische Appell ließ sich auch durch dämpfende Worte von Parteifunktionären nicht mehr beschönigen.

In der katholischen Amtskirche existierte eine extreme Spannweite, die von der geringen Zahl von Befürwortern eines nackten völkischen Antisemitismus bis hin zur dezidierten Gegnerschaft namentlich im hohen Klerus reichte. In der breiten Mitte wucherten jedoch tiefverwurzelte antisemitische Vorbehalte weiter, die dem nahezu 2000jährigen katholischen Antijudaismus entsprangen. Die bedingungslose Einmütigkeit einer gemeinsamen Opposition gegen den evidenten Wahnsinn des Rassismus fehlte durchaus.

Dennoch muß das Urteil über die Evangelische Kirche ungleich kritischer ausfallen. Hier hatte es seit dem Aufkommen des politisch organisierten Antisemitismus in den 1870/80er Jahren ein breites Einfallstor gegeben, das der verbreitete Honoratiorenantijudaismus der Pfarrer und Gemeindemitglieder offenhielt. Die große Mehrheit der Pfarrer war zur

«Vaterlandpartei» und dann folgerichtig zur DNVP übergeschwenkt, getragen von derselben Sympathie in der Leitung der Landeskirchen (vgl. V. 1 a).

Vollends war dann die kraß völkisch-antisemitische Einfärbung der neuen Politischen Theologie nicht zu übersehen, wie sie von Paul Althaus, Emmanuel Hirsch und Friedrich Gogarten verfochten wurde. Auf dem Königsberger Kirchentag von 1927 klagte etwa Althaus den «zersetzenden Geist des Judentums» emphatisch an, ehe er zur Bekämpfung des übergroßen «jüdischen Einflusses» in Wirtschaft und Kunst, Literatur und Presse aufrief. Erst recht fanden sich die dezidierten Befürworter des Antisemitismus in den deutschtümelnden Vereinigungen völkischer Protestanten, später in den Reihen der «Deutschen Christen» zusammen. Und nicht wenige aus der Prominenz der «Bekennenden Kirche», Martin Niemöller und Hans Asmussen etwa, Theophil Wurm und Siegfried Knak hatten zunächst an der Rassenpolitik des NS-Regimes, selbst als sie sich gegen getaufte Juden in den eigenen Reihen richtete, öffentlich nichts auszusetzen.

Die Verteidigung der jüdischen Minderheit gegen diese letztlich lebensbedrohende Animosität in ihrer vertrauten Umwelt wurde an erster Stelle vom «Centralverein deutscher Staatsbürger jüdischen Glaubens» übernommen, mit 70 000 Mitgliedern die größte jüdische Organisation, welche die Hauptlast des Abwehrkampfes trug. Neben ihm stand der auch von Gegnern widerwillig respektierte «Reichsbund jüdischer Frontsoldaten», mit 35 000 Mitgliedern der zweitgrößte jüdische Verband. Beide konzentrierten sich auf den publizistischen Widerstand gegen antisemitische Provokationen, Unterstellungen und Lügen, wo eben möglich auch auf die Rechtshilfe. An Anlässen fehlte es dazu nicht: Todesopfer, zahlreiche Verletzte und Sachschaden gab es zum Beispiel 1922 bei einem antisemitischen Gewaltausbruch gegen das vor allem von Ostjuden bewohnte Berliner Scheunenviertel, aber auch gegen jüdische Wohnquartiere in Nürnberg und Oldenburg. Im September 1931 überfiel die SA die wie Juden wirkenden Passanten auf dem Berliner Kurfürstendamm. Ein Jahr später gab es einen Dynamitanschlag auf eine Siedlung jüdischer Frontsoldaten in Groß-Gaglau. Immer wieder wurde über Schikanen, Prügel, gewalttätige Drohungen im Alltag berichtet, die nicht geahndet wurden, obwohl sich die Juristen des «Centralvereins» alle Mühe gaben.

Spät fanden die jüdischen Verbände zur Kooperation mit der SPD, dem «Reichsbanner» und der «Eisernen Front». Doch letztlich fochten die jüdischen Verbände in einer gleichgültigen oder unübersehbar feindlich gesinnten Gesellschaft für die Belange einer häufig isolierten kleinen Minderheit. Ohne starke politische Bundesgenossen standen sie, von der Kräftekonstellation her geurteilt, auf verlorenem Posten, wenn es einer mächtigen Massenbewegung gelingen sollte, für ihre radikalantisemitischen Ziele die staatlichen Machtmittel einzusetzen. Die Bundesgenossen

6. Die Erosion der Politischen Kultur

gab es nicht, wohl aber den Todfeind in Gestalt der NSDAP, die Abermillionen hinter sich zu versammeln verstand.

Hitlers Aufstieg an der Spitze einer radikalnationalistischen Massenbewegung und seine Entwicklung zum einzigen Charismatiker in der deutschen Politik der 1920/30er Jahre wird unten im Rahmen der Zerfallsgeschichte der Weimarer Republik analysiert (VI.2 b). Hier geht es jedoch schon einmal um den Charakter und Stellenwert seines pathologischen Judenhasses und um die Rolle des Antisemitismus in der NSDAP.

Wahrscheinlich hat Hitler erste antisemitische Vorurteile, die er während seiner Schulzeit ausgebildet hatte, bereits mit nach Wien gebracht, wo er unter den nachhaltigen Einfluß jenes virulenten Antisemitismus geriet, der in der ersten multikulturellen Großstadt Europas mit gut acht Prozent unlängst zugewanderter jüdischer Einwohner aufgekommen war und von Bürgermeister Kurt Lueger sowie dem alldeutsch-völkischen Georg Ritter v. Schönerer – seither zwei bewunderte Führungspersönlichkeiten in Hitlers Pantheon – mit Erfolg massendemagogisch ausgebeutet wurde. Als Hitler auf dem Schrottplatz abgetakelter Ideen sich seine «Weltanschauung» zusammenklaubte, gehörten an erster Stelle sozialdarwinistische, rassistische und deutschvölkische Bauelemente dazu. Auf ihnen gründete sein unerschütterlicher Haß auf das «internationale Judentum», das sowohl die arische Substanz der deutschen Nation zerstöre als auch die ungeschmälerte Weltherrschaft anstrebe. An diesen Grundannahmen seines Weltbildes, das sich der Autodidakt ohne die Kontrolle abwägender rationaler Argumente verschaffte, hielt er seither fest.

Als Hitler sich seit 1919 in der Münchener rechtsradikalen «Szene» mit ihrem dumpfen völkischen Antisemitismus zu bewegen begann, entdeckte er sogleich die Resonanzfähigkeit seiner antijüdischen Haßtiraden. In seinem ersten politischen Schriftstück vom September 1919 insistierte er bereits auf dem unverrückbaren Ziel der «Entfernung der Juden aus der deutschen Gesellschaft». Dieses Vorhaben blieb eine starre Kontinuitätslinie erst seines politischen Denkens, dann seiner Vernichtungspraxis während des Holocaust. Daß sich sein starrsinniger Fanatismus nicht verändert hatte, bewies zuletzt sein Testament vom 29. April 1945, wo er in dem von russischen Soldaten bereits eingekesselten Berliner «Führerbunker» noch einmal «die Nation» auf den «unbarmherzigen Widerstand gegen den Weltvergifter aller Völker, das internationale Judentum,» verpflichten wollte.

Der Aufstieg der NS-Bewegung hing bis etwa 1929 ganz wesentlich damit zusammen, daß sie durch ihren extremen Antisemitismus Angehörige des völkischen Lagers an sich zog. Ihre Führungskader stammten zum großen Teil aus antisemitischen Organisationen wie der «Vaterlandspartei», dem DSTB, der «Deutschvölkischen Freiheitspartei» und den kleinen sektiererischen Orden und Bünden. Während Hitler seine charismatische

Herrschaft in der Partei aufbaute (vgl. VI. 2 b), gewann er auch das Interpretationsmonopol über die Deutung all dessen, was genuin nationalsozialistische Ideen und Ziele seien. Dabei fungierte er, unterstützt durch den Führerkult, wie ein prophetischer Messias, der die Glaubenswahrheiten verkündet, sie auslegt und ihre Beachtung überwacht. Deshalb konnte Hitler auf der Bamberger Führertagung im Februar 1926 das Parteiprogramm ganz folgerichtig die «Gründungsurkunde unserer Religion» nennen. Als heiliges Dokument «unserer Weltanschauung» erklärte er es für unantastbar. Seither durfte der gewissermaßen eingefrorene Text nicht mehr verändert werden.

Welche Forderung erhob zu diesem Zeitpunkt das Programm, um die Lösung der «Judenfrage» voranzutreiben? Alle staatsbürgerlichen Rechte sollten den jüdischen Deutschen aberkannt werden; sie sollten von allen öffentlichen Ämtern ausgeschlossen, unter Fremdenrecht gestellt und notfalls ausgewiesen werden. Jede weitere jüdische Einwanderung sollte unterbunden, alle seit 1914 eingetroffenen Juden sollten ausgewiesen werden (Punkte 4–8). Mit diesen Postulaten unterschied sich die NSDAP kaum, allenfalls graduell von den Vorstellungen anderer völkisch-antisemitischer Vereinigungen.

Das Besondere an ihr war der dogmatisch fixierte, mit pseudoreligiöser Inbrunst verfochtene Antisemitismus Hitlers. Denn durch den Führermythos konnte er auf ungeahnte Weise dynamisiert werden. Aufgrund seines hohepriesterlichen Deutungs- und Entscheidungsmonopols konnte Hitler die «Entfernung der Juden» in die Maxime ihrer «Ausrottung mit Stumpf und Stil» übersetzen. Daher blieb das eher hausbacken-antisemitische Parteiprogramm weit hinter den extremen Zielvorstellungen Hitlers zurück. Insofern gingen die antisemitischen Impulse der NS-Bewegung nicht aus den programmatischen Forderungen, sondern aus der Vernichtungsutopie ihres charismatischen Führers und der von ihm mit seinen «alten Kämpfern» betriebenen Mobilisierung des in der deutschen Gesellschaft gespeicherten antisemitischen Ressentiments hervor.

In der Partei existierten mehrere Antisemitismen nebeneinander. Da gab es den gnadenlosen Radikalantisemitismus Hitlers, der aber je nach der Zusammensetzung seiner Hörerschaft seine Attacken modulieren konnte. Geschichtsphilosophisch drapiert gab sich der Antisemitismus Alfred Rosenbergs, seit 1923 Chefredakteur des «Völkischen Beobachters» und seit 1930 der «Nationalsozialistischen Monatshefte», als er 1930 mit dem «Mythos des 20. Jahrhunderts» das theoretische Standardwerk des Nationalsozialismus vorzulegen glaubte: ein schwülstiger, unsäglich prätentiös geschriebener, in wirr-primitiven Behauptungen sich verlierender Hymnus auf die Rassenlehre. Selbst Hitler empfand die Heilstheologie Rosenbergs als überzogen und ironisierte seinen Anspruch, geradezu «als Kirchenvater des Nationalsozialismus» zu wirken.

6. Die Erosion der Politischen Kultur

Als «Exponent einer obsessiven Judenhetze» fungierte der fränkische Gauleiter Julius Streicher, von 1923 bis 1945 auch der Herausgeber des antisemitischen Hetzblattes «Der Stürmer», der mit seinem pornographischen Primitivantisemitismus eine erschreckende Resonanz fand. Demgegenüber glaubten sich die Anhänger des «Rasseanthropologen» H. F. K. Günther, der dank der nationalsozialistischen Beteiligung an der thüringischen Landesregierung 1930, von Studenten umjubelt, den ersten Lehrstuhl für Rassefragen an einer deutschen Universität, in Jena, übernahm, im Besitz einer kühl deduzierten wissenschaftlichen Wahrheit, wenn sie die Arier als Lichtgestalten, die Juden dagegen als Abschaum der Geschichte klassifizierten. Mit dem Anspruch Günthers auf wissenschaftliche Seriosität berührte sich auch der Antisemitismus jungkonservativ-völkischer Intellektueller, die damals die Universitäten bevölkerten und sich für den Aufbruch in das «Dritte Reich» rüsteten. Nach ihrer Geschichtstheorie ging es im Überlebenskampf der Rassen, wo man auf den unnötigen Aufwand eines emotionalen Judenhasses verzichten konnte, um die Exekutierung des völkischen Imperativs, die jüdischen Unheilsbringer auszumerzen, um den arischen Kern des deutschen Volkes und seine Fähigkeit zu retten, seiner historischen Mission in der Weltgeschichte gerecht zu werden.

In Goebbels' Parole «Deutschland erwache, Juda verrecke» äußerte sich ein genuiner Judenhaß, der aber durchaus mit einer kaltblütig manipulierten antisemitischen Propaganda vereinbar war. Während seiner aufwendigen, haßerfüllten Kampagne gegen Bernhard Weiß zum Beispiel, den jüdischen Polizeipräsidenten von Berlin, der als gesetzestreuer, korrekter Beamter gegen den Straßenkampf der Bürgerkriegsparteien seine Pflicht tat, gestand Goebbels, daß Weiß, den er zum brutalen Aggressor stilisiert hatte, «nur ein harmloser Tor» sei.

Innerparteilich behielt der Antisemitismus mithin seine heterogene und inkohärente Natur, konnte deshalb aber auch den unterschiedlichsten Strömungen, die es im deutschen Antisemitismus gab, als großes Sammelbecken dienen. Als 1930 der Siegeszug der NSDAP einsetzte und es um ihre Expansion zur Massenpartei ging, trat der aggressive Antisemitismus, der zu viele Wähler verstört hätte, auffällig zurück. Auch Hitler übte durchweg eine taktisch finassierende Zurückhaltung. Gelegentlich ließ er jedoch das Visier fallen. Im vertraulichen Gespräch soll er 1931 Robert Breiting, dem Chefredakteur der konservativen «Leipziger Neuesten Nachrichten», erklärt haben, daß er, demnächst im Besitz der Macht, die Juden von zahlreichen Berufen ausschließen, eine antijüdische Pressegesetzgebung einleiten, harte wirtschaftliche Sanktionen gegen Juden verhängen und Staatsämter an die Qualifikation des «arischen Blutes» binden werde. Wenn aber in einem künftigen Krieg das «Weltjudentum noch einmal das Rad der Geschichte zurückdrehen möchte», werde es «von diesem Rad zermalmt».

Dennoch gab es vor 1933 kein umfassendes, koordinierendes Konzept, das Hitler oder die Partei bei der «Lösung der Judenfrage» hätte anleiten können. Verschiedene Parteiämter und Parteijuristen verfolgten zwar konkurrierende Absichten mit ihren Überlegungen zu einem künftigen antijüdischen Sonderrecht, das aus einer staats-, zivil-, ehe- und familienrechtlichen Rassegesetzgebung hervorgehen sollte; in ihren Schubladen-Denkschriften forderten sie Sippenämter, die staatliche Rasse- und Erbpflege, eine arisierende, antijüdische Bevölkerungspolitik. Kurz, es gab «viele Pläne, aber keinen Plan».

Vor 1933 diente außer dem Führerkult, dem Radikalnationalismus und der «Volksgemeinschafts»-Idee auch der Antisemitismus als Integrationsklammer der autoritären Volkspartei, zu der die NSDAP inzwischen aufgestiegen war. Insbesondere die Binnenintegration des Führungskorps wurde nicht nur durch die Fixierung auf den charismatischen Volkstribun, sondern auch durch diesen violenten Antisemitismus gefördert. Insofern war die NSDAP ganz wesentlich die Partei der «antijüdischen Revolution» (G. Mosse). Obwohl sie die neue Massenanhängerschaft in erster Linie durch ihren extremen Nationalismus, ihren Führer-Messias, ihre Hetze gegen die Nachkriegsordnung, ihre vagen Versprechungen zur Überwindung der Depression gewann, gelang ihr die Mobilisierung von Wählern auch immer wieder durch ihre antisemitischen Parolen, die zwar oft vorsichtig verpackt, aber auf der kleinstädtisch-dörflichen Ebene ungenierter eingesetzt wurden als bei den großstädtischen Veranstaltungen Hitlers. Die Gewinnung des großen Stimmenanteils aus der Landbevölkerung, das Vordringen in den «alten» und «neuen Mittelstand», die «Eroberung» der Studentenschaft – sie beruhten auch stets auf der Suggestivkraft völkisch-antisemitischer Argumente. Mit diesem äußerlich widersprüchlichen Image, das weiterhin Antisemiten anzog, die Mehrheit der Wähler aber dazu bewog, die Partei trotz ihres – inzwischen aus politischer Einsicht offenbar zurückgedrängten – Antisemitismus aus ganz anderen Gründen zu wählen, trat die Hitler-Bewegung im Winter 1932/33 in die Entscheidungsphase ein. Jeder aufmerksame Leser und Hörer konnte aber, eher er seine Stimme abgab, nur zu genau wissen, daß sich in ihr, ungeachtet aller angestrengten Tarnmanöver, ein explosives antisemitisches Potential zusammenballte.

Was machte dieses Potential im Vorhof der staatlichen Macht so gefährlich? Nicht nur setzten die Erschütterungen des Krieges, der Hyperinflation und Weltwirtschaftskrise, die Verletzungen des deutschen Radikalnationalismus und die Verheißungen eines charismatischen «Führers» die deutsche Gesellschaft einer enormen Belastungsprobe aus, sondern auch die innere Entwicklung des deutschen Antisemitismus hatte einen fatalen Reifezustand erreicht. Vollendet war nämlich die «Säkularisation des christlichen Judenhasses, die Entwicklung einer ... antisemitischen Rassentheorie, der nationalistische Kulturantisemitismus, ... die Instrumentalisie-

6. Die Erosion der Politischen Kultur

rung des Antisemitismus in den allgemeinen politischen Auseinandersetzungen, die Lösung des Antisemitismus von tatsächlichen Minderheitsproblemen und Gruppenkonflikten, der manichäische Charakter des Antisemitismus durch die Hypostasierung der ‹Judenfrage› zum Kernproblem des wirtschaftlichen, politischen und kulturellen Lebens, der ‹Rückfall› hinter die durch Aufklärung und bürgerlich-liberale Bewegung erkämpften Positionen» und schließlich die politische Organisation des Antisemitismus in einer rechtstotalitären Massenpartei unter einem charismatischen «Führer», den ein pathologischer Judenhaß umtrieb. Selbst wenn die deutsche Staatskrise im Winter 1932/33 nicht zugunsten Hitlers «gelöst» worden wäre, hätte der Antisemitismus jede republikanische Regierung und die Gesamtgesellschaft mit gravierenden, mit tückischen Problemen konfrontiert. Um wieviel verhängnisvoller mußte er sich aber auswirken, als ein haßerfüllter, gewissenloser Antisemit in den Besitz der Staatsgewalt kam und sich anschickte, mit ihren Mitteln seine Utopie von einem judenfreien Rassereich zu verwirklichen.[10]

VI.
Deutschland am Vorabend seines «Zivilisationsbruchs»

Unmittelbar nach dem Untergang des «Dritten Reiches» setzte eine Debatte über die Ursachen des Zerfalls der Weimarer Republik und die Folgen ihres Scheiterns ein. Dabei stand in der internationalen Forschung, insbesondere aber in der westdeutschen Zeitgeschichte, die zum Zweck der wissenschaftlichen Aufklärung über die jüngste deutsche Vergangenheit, aber auch als institutioneller Ausdruck der Lernbereitschaft und des Willens zur Mitwirkung am Aufbau einer stabilen Demokratie buchstäblich erfunden wurde, das Interesse an den Konstitutions- und Entwicklungsbedingungen bis hin zur Auflösung der ersten deutschen Republik im Vordergrund. Erst auf ihren Trümmern konnte die nationalsozialistische Massenbewegung aufsteigen, Hitler die Macht nicht ergreifen, doch übertragen bekommen und dann seine «deutsche Diktatur» (K. D. Bracher) aufbauen. Für die großen Zeithistoriker der ersten Generation stand diese Problematik von Staatszerstörung – als geradezu paradigmatischem Fall einer Systemzertrümmerung – und eines Diktaturausbaus in der Moderne eindeutig im Vordergrund ihrer Forschungsarbeit, die bis heute eine unverzichtbare Grundlage jeder Analyse bildet.

Ihre Interpretationsperspektive ist dagegen ganz wesentlich ergänzt, schließlich auch verändert worden. Denn in den letzten zwei Jahrzehnten sind mit offenbar unwiderstehlicher Wucht der eigentliche «Zivilisationsbruch» des Holocaust und der deutsche Vernichtungskrieg im Osten in den Vordergrund gerückt. Statt gewissermaßen von 1918 bis 1939 zu denken, wird jetzt das NS-Regime einschließlich seiner Vorbereitungsphase im eiskalten Licht der äußersten Steigerung seiner Exterminationspolitik insbesondere gegen das europäische Judentum und die Slawen, also von der Vollendung aller in ihm angelegten zerstörerischen Wirkungen seiner kriegerischen Rassenpolitik her beurteilt. Wegen des universalhistorischen Bruchs, den der Holocaust zweifellos markiert, ist das ein völlig legitimer Deutungswechsel. Er darf aber nicht dazu führen, daß jetzt alles und jedes in den vorhergehenden Jahrzehnten der deutschen Geschichte nur noch oder doch an allererster Stelle im Lichte von Auschwitz gesehen wird. Wohl aber gilt es, noch nachdrücklicher als zuvor, möglichst alle Bedingungen der Ermöglichung nicht nur der Hitler-Diktatur bis 1939/41, sondern vor allem ihres Destruktionswerks im Zweiten Weltkrieg historisch und analytisch zu erfassen. Wie sich die Funktionstüchtigkeit einer Staatsverfassung an der Bewährung unter äußerster Belastung ablesen läßt, so tritt die innerste Natur des Nationalsozialismus und der charismatischen

Herrschaft Adolf Hitlers erst auf dem tiefsten Punkt der Exzesse zutage, deren sie fähig war. Wenn dem so ist, kann es nicht überraschen, daß das historische Urteil über die Entwicklungsprozesse und Strukturbedingungen der deutschen Gesellschaft, ihre Mentalitätsprägungen und die Eigenarten ihrer politischen Kultur, die zusammengenommen diese Vernichtungspraxis überhaupt ermöglicht und sie bis zum Frühjahr 1945 getragen haben, von denkbar kritischer Distanz bestimmt ist.

1. Die Zerstörung der Republik ohne republiktreue Mehrheit

Bereits im Juni 1920 hatten die Reichstagswahlen keine Mehrheit mehr für die Parteien der Weimarer Koalition ergeben. Anderthalb Jahre nach der Revolution trat darin der Widerwille gegen die neue republikanische Staatsform unübersehbar zutage. Diese Aversion wurde 1925 durch Hindenburgs Wahl zum Reichspräsidenten besiegelt. Der gescheiterte Feldherr hatte sich 1919 mit seiner Amtsaura hinter die Dolchstoßlüge gestellt, 1920 dem Staatsstreichanführer Kapp nach dem Putschbeginn ein Glückwunschtelegramm geschickt und 1925 seinen Obersten Kriegsherrn im holländischen Exil ausdrücklich um die Erlaubnis für die Kandidatur gebeten. Dennoch galt er vielen als akzeptabler Kandidat für das höchste Repräsentationsamt der Republik. Voll böser Ahnungen hatte der USPD-Abgeordnete Max Cohen 1919 in der Nationalversammlung gefragt, was denn passieren würde, «wenn ein Trabant der Hohenzollern, vielleicht ein General, an der Spitze des Reiches» stünde. Dieses Unheil konnte nun seit der Wahl von 1925 neun Jahre lang verfolgt werden. Daß der General gewählt worden war, hatte er der BVP und der KPD zu verdanken. Denn hätten diese beiden Parteien für seinen Rivalen, den Zentrumspolitiker Wilhelm Marx, gestimmt, wäre Hindenburg der Weimarer Republik erspart geblieben. Nach menschlichem Ermessen hätte seine Niederlage «zu einem anderen Gang der deutschen Geschichte» geführt.

Die erfolgreiche Mobilisierung aller konservativen und völkischen, der meisten verfassungsoppositionellen und republikfeindlichen Kräfte mündete in ein durchschlagendes Plebiszit gegen die Republik. Namentlich für die ostelbischen Großagrarier und die Militärführung besaß der Wahlausgang eine «immense Bedeutung», da sie jetzt einen direkten Zugang zum «Ersatzkaiser» gewannen, der in einer Krise dank Artikel 48 WRV zum eigentlichen Machthaber aufsteigen konnte. Die Tatsache, daß sie damit einen wirkungsvollen Machthebel in ihre Hand bekamen, zeigte einen «stillen Verfassungswandel» an, geradezu eine Umgründung der Republik im Sinne des Rechtslagers. Seit 1925 war der Staat von Weimar gewissermaßen geteilt: in das Machtzentrum der Parteien und Verbände auf der einen Seite, den «militärischen und präsidentiellen Komplex» in engster

Verbindung mit der hohen Ministerialbürokratie auf der andern Seite. Seither gab es jedenfalls intensive Bemühungen Hindenburgs, seines Staatssekretärs Otto Meißner und des Reichswehrgenerals Kurt v. Schleicher, das Reichspräsidentenamt neben der Regierung und dem Reichstag zu einer konkurrierenden, letztlich überlegenen Herrschaftszentrale auszubauen.

Fünf Jahre später ist die parlamentarische Republik gescheitert, als die letzte Große Koalition unter dem sozialdemokratischen Reichskanzler Hermann Müller im März 1930 zerbrach. Schon Ende 1929 hatte v. Schleicher, die graue Eminenz im Berliner Arkanbereich, geurteilt, daß Müller nicht länger haltbar sei. Seit Anfang März 1930 liefen Sondierungsgespräche Hindenburgs mit dem Vorsitzenden der Zentrumsfraktion, Heinrich Brüning, der tatsächlich am 30. März 1930 zum Reichskanzler ernannt wurde. Die Große Koalition scheiterte nicht primär, wie es aussah, an dem schwerindustriefreundlichen Kurs der DVP gegen die Sozialpolitik, als es dort um eine Beitragserhöhung von 0,5 Prozent ging. Vielmehr setzte sich aus diesem konstruierten Anlaß eine breite, tiefgestaffelte Front der Produktionsinteressen, vertreten durch den RDI und RLB, gegen den verhaßten «Gewerkschaftsstaat» und die Lasten der sozialstaatlichen Politik mit dem Ziel durch, den Umbau der parlamentarischen Regierung in ein autoritäres System voranzutreiben. Auf den ersten Blick hätte die Große Koalition durchaus noch fortbestehen können. Doch die Entscheidung, sie durch eine Rechtsregierung auf der Basis von Artikel 48 WRV zu ersetzen, war unter den Machtträgern mit Vetomacht: im Reichspräsidentenamt, in der Militär- und Verbändeführung, schon längst gefallen.

Brüning wußte, vor allem nach seinen vertraulichen Verhandlungen mit v. Schleicher, daß seine Kanzlerschaft auf einem «Gentlemen's Agreement» beruhte, demzufolge die organisierte Arbeiterschaft vom parlamentarischen Entscheidungsprozeß nach Möglichkeit vollständig ausgeschlossen werden sollte. Daß dafür auf das Notstandsrecht des Reichspräsidenten als neue Legitimationsbasis zurückgegriffen wurde, erwies sich als verhängnisvolle Entscheidung. Denn seit dem Übergang zu dem semiautoritärbürokratischen Präsidialregime Brünings begann die Auflösung der Weimarer Republik. Seither hatte die nur notdürftig verschleierte Despotie der Trias von Reichskanzler, Reichspräsident und sachverständigen Bürokraten, welche die Notverordnungen schrieben, im wesentlichen das Sagen.

Das Scheitern des deutschen Parlamentarismus stellte freilich kein isoliertes Phänomen dar. Überall in den Nachfolgestaaten jener Reiche, die nach der Niederlage im Ersten Weltkrieg zerbrochen waren, wiederholte sich – mit der Ausnahme der Tschechoslowakischen Republik und, auch nur zeitweilig, Österreichs – der Niedergang dieser Regierungsform. Diese allgemeine Krise des Parlamentarismus, der mangels zuverlässiger Ein-

1. Die Zerstörung der Republik ohne republiktreue Mehrheit

übung und angesichts der Krisenüberlastung keine angemessene demokratiefähige Problembewältigungskapazität hatte aufbauen können, wurde in Deutschland durch verschiedene Faktoren noch verschärft. Sie bildeten die Voraussetzungen für den Aufstieg des Nationalsozialismus, dem keineswegs ein autonomer, selbstbewirkter Erfolg gelang.

Außer den bereits mehrfach erörterten Belastungen durch den Krieg und seine Folgen, durch die Hyperinflation und die Weltwirtschaftskrise ging es dabei insbesondere um die Tradition autoritärer Staatspolitik, die im Kaiserreich fortgeführt und nur äußerlich durch die Republikgründung abgeschnitten worden war. Woher sollte aber so schnell die Bejahung der neuen Staatsform kommen, die weithin als ein Produkt der Niederlage und der Revolution, ja als aufgenötigte Imitation der so lange verachteten Verfassung der Alliierten galt? Die Fixierung auf die große Persönlichkeit als Politikmacher hatte durch die charismatische Herrschaft Bismarcks ein neues Vorbild gewonnen, so daß die dumpfe Sehnsucht nach einem «zweiten Bismarck» die Kritik am parlamentarischen Betrieb verschärfte (vgl. VI. 2 b). Die hochentwickelte, schroffe Interessenfragmentierung inner- und außerhalb der Parteien, Verbände und Machteliten ließ keinen grenzübergreifenden Basiskonsens im Hinblick auf den Wert der Demokratie und der parlamentarischen Republik aufkommen. Aus dieser Starrheit resultierte zudem eine geringe Anpassungselastizität gegenüber neuen Problemlagen.

Auch deshalb wurde Integrationspolitik immer wieder mit Hilfe des extremen Nationalismus, gelegentlich auch des Antisemitismus betrieben. Überdies wurde der Reichstag durch die außerparlamentarische Macht der Interessenverbände, in Sonderheit der paramilitärischen Vereinigungen, und nicht zuletzt durch den Aufrüstungskurs einer den Revisionskrieg anvisierenden Reichswehr geschwächt. Und die ebenso antiparlamentarische wie antidemokratische Propagandaliteratur von Spengler bis Jünger und anderen Protagonisten der «Konservativen Revolution» trug auf ihre Weise zur Unterminierung des verhaßten «Systems» bei.

Nachdem die Weichen zugunsten des Präsidialregimes einmal gestellt waren, erwies sich in der Folgezeit, daß seit dem Frühjahr 1930 die Chance zu einer Rückkehr zu einem funktionsfähigen Parlamentarismus immer weiter entschwand. Seit dem Herbst 1930 präsentierte sich dagegen der Nationalsozialismus als einzige Alternative. Während drei Präsidialregierungen scheiterten, er aber zur stärksten Partei und Reichstagsfraktion wurde, gewann sein Anspruch, auch unter dem demokratischen Gesichtspunkt des Respekts vor dem Mehrheitswillen, an Wucht und Glaubwürdigkeit. Deshalb wollten die Herren des Präsidialregimes, Brüning, v. Papen, v. Schleicher, in Übereinstimmung mit den industriellen und agrarischen Großunternehmern die NS-Bewegung in die Regierungsverantwortung einbinden, um sie durch das «Abregieren» im pragmatischen Alltagsgeschäft zu schwächen. So unterschiedliche Köpfe wie Paul Silverberg vom RDI und der sozialdemokratische Theoretiker Rudolf Hilferding unterstützten das Experiment, das zumindest einen Versuch wert sei.

Es konnte auch nicht von vornherein als absolut falsch gelten, da zum Beispiel in Braunschweig die Koalition der NSDAP mit bürgerlichen Parteien seit 1931 zu einem auffälligen Rückgang der Sympathisantenzahl führte. Bei näherem Hinsehen basierte es jedoch auf einem schlimmen Doppelfehler: Es unterschätzte fatal den sendungsbewußten Machtwillen und die kompromißlose Zielstrebigkeit Hitlers, und es überschätzte nicht minder fatal die Zähmungsfähigkeit der Rechtspolitiker, welche die Hitler-Bewegung als Teil des «nationalen Deutschland» wahrnahmen und den Massenanhang des populistischen Agitators für ihre Zwecke bequem einspannen zu können glaubten.

a) Der Amoklauf des «deutschen Staatsmanns» Heinrich Brüning

Als der 45jährige ehemalige Infanterieoffizier und Revolutionsbekämpfer, Gewerkschaftsfunktionär und Zentrumspolitiker Heinrich Brüning, ein glühender Nationalist und reaktionärer Monarchieverehrer, aufgrund des Ratschlusses dunkler Hintermänner in den Arkangemächern Reichskanzler wurde, begann mit seinem Präsidialregime die Zerstörung der parlamentarischen Republik. Dieses destruktive Werk bildete eine der maßgeblichen Voraussetzungen für die Machtübergabe an Hitler. Wegen der horrenden Folgen dieser Entscheidung verdient Brünings Politik in der Zerfallsphase der Republik eine genauere Erörterung.

Die vorrangigen Ziele Brünings sind klar zu erkennen: Sanierung des Staatshaushalts (einschließlich des Abbaus überhöhter Löhne, Sozialausgaben und Ansprüche an den Staat) und Bekämpfung der Wirtschaftsdepression, Degradierung des Parlaments und Aufbau eines autoritären Regierungssystems der sachkundigen Experten, vor allem aber durchschlagende außenpolitische Erfolge, wobei die Aufhebung der Reparationen die unstrittig höchste Priorität besaß; danach sollte der Wiedergewinn einer europäischen Hegemonialstellung folgen. Um seine ersten beiden Ziele zu erreichen, schlug Brüning einen unbarmherzig konsequenten Deflationskurs ein, dessen Härte selbst die Erwartungen der Pessimisten übertraf, sprachkosmetisch aber als unvermeidbare Rückkehr zum Stil des sparsam wirtschaftenden Hausvaters verklärt wurde. Die Etappen dieser Politik brauchen hier nicht noch einmal in chronologischer Abfolge nachgezeichnet zu werden; die Negativbilanz genügt.

– Mehrfach erhöhte Brüning die Steuern: die Lohn-, Einkommens-, Umsatz-, KFZ-, Zucker-, Tabak- und Biersteuer, dazu auch die Zölle.
– Sonderzuschläge wurden von ledigen Lohn- und Einkommensbeziehern eingezogen.

1. Die Zerstörung der Republik ohne republiktreue Mehrheit

- Die Krisensteuer zugunsten der Arbeitslosen wurde von allen Lohn- und Gehaltsempfängern erhoben.
- Die Umsatzsteuer für Warenhäuser und Konsumgenossenschaften wurde erhöht.
- Die Getränke- und Mineralwassersteuer wurde angehoben.
- Die «Reichsfluchtsteuer» suchte den Kapitalexport abzubremsen.
- Sonderabgaben wurden den Beamten abverlangt.
- Eine dreifache Gehaltskürzung minderte das Monatseinkommen der Beamten um 19 bis 23 Prozent.
- Die staatlichen Personalausgaben wurden gedrosselt.
- Alle Sachausgaben wurden ebenfalls reduziert, so daß die Republik, die Länder und die Kommunen als Abnehmer von Gütern und Dienstleistungen de facto ausfielen.
- Die neue Bürgersteuer der Gemeinden wirkte sich als weitere Belastung aus.
- Harte Abstriche von den Pensionen und Renten, selbst von den Kriegsopfer-, Kranken- und Arbeitslosenunterstützungen wurden eingeführt, während zugleich die Beiträge zur Arbeitslosenversicherung um 6,5 Prozent erhöht, alle Leistungen aber drastisch gekürzt wurden (vgl. vorn II. 2).

Mit diesen Restriktionen kontrastierte zum einen der grelle Widerspruch, daß aus Rücksicht auf die große Agrarlobby und Hindenburg Hunderte von Millionen als Subventionen ausgeschüttet wurden. Zum andern blieb der Reichswehretat als sakrosankte Größe von jeder Kürzung durch den nationalen Wehrpolitiker Brüning ausgenommen. Denn Brüning litt wie viele politisch aktive Katholiken unter der Diskriminierung des Katholizismus als antinationaler Opposition während des «Kulturkampfes» und kompensierte das durch seinen Hypernationalismus, der jede Distanz zum Militärapparat als dem Symbol nationaler Stärke ausschloß.

Die Folgen einer derart rigorosen Sparpolitik, die – wie gleich erklärt wird – der Tiefkonjunktur völlig unangemessen begegnete, waren allerspätestens seit dem Herbst 1931 unmißverständlich erkennbar. Trotzdem hat Brüning an ihr starrsinnig festgehalten und alle nachteiligen Konsequenzen wegen vermeintlich höherrangiger Ziele in Kauf genommen.

- Mit dem Produktionsrückgang sank das Bruttosozialprodukt von 1928 bis 1932 um fast 40 Prozent von 88,2 auf 55,9 Milliarden Mark, das Volkseinkommen um mehr als zwei Fünftel von 71,2 auf 41 Milliarden Mark, die Industrieproduktion auf 58, die Investitionsgütererzeugung sogar auf 38 Prozent der Leistung des Ausgangsjahres.
- Dagegen stieg wegen des dramatischen Beschäftigungsrückgangs die Arbeitslosenquote über die 30-Prozent-Marke. Konkret hieß das: Acht Millionen Menschen waren unmittelbar betroffen.

- Der konjunkturelle Abschwung mit seiner beispiellosen strukturbedingten Macht war natürlich von keinem Regierungschef, mithin auch nicht von Brüning, verursacht worden, doch wurde er durch die bewußte Deflationspolitik des Reichskanzlers nachhaltig beschleunigt und vertieft.
- Wegen seiner Fehlentscheidungen in der Währungspolitik wurde auch der lebenswichtige Export drastisch reduziert.
- Der Etatausgleich gelang dem pedantischen Finanzpolitiker Brüning ebensowenig, obwohl der Staatshaushalt von 1930/31 bis 1932/33 von 8,2 auf 5,7 Milliarden zurückgeschnitten wurde. Überdies lag die Staatsschuld zur Zeit von Brünings Sturz um 17 Prozent höher als im März 1930.
- Als eine Notverordnung Brünings von Anfang Dezember 1931 alle staatlich gebundenen Preise um zehn Prozent absenkte sowie die Miet- und Zinssätze reduzierte, löste dieser rückwirkende – und darum das vorherrschende Rechtsdenken kraß verletzende – Eingriff in zahllose private Verträge tiefe Besorgnis im Hinblick auf die verbürgte Vertragssicherheit und die Garantie der Eigentumsrechte aus. Produzenten und Konsumenten warteten folgerichtig ab, ob weitere Preisreduktionen folgen würden, so daß Herstellung und Kauf massenweise aufgeschoben wurden.
- Die bitterste Folge dieser starrköpfigen Politik, die Brüning zum Totengräber der Republik werden ließ, stellte sich jedoch mit dem Höhenflug der NS-Bewegung, in ihrem Schatten auch der KPD, ein. Da Brüning wegen seiner antiparlamentarischen Marschroute den Reichstag bald nach seinem Amtsantritt aufgelöst hatte, wurden die Reichstagswahlen im September 1930 in tiefster Krisenstimmung abgehalten. Sie endeten mit der sensationellen Ausdehnung der nationalsozialistischen Wählerschaft von 2,6 auf 18,3 Prozent der Stimmenzahl und dem Anwachsen der Reichstagsfraktion von zwölf auf 107 Abgeordnete. Die steigende Enttäuschung und die Radikalisierung der Wähler, die auch eine Folge der politischen Fehlsteuerung durch die Reichsregierung darstellte, führten dazu, daß dann die nächste Quittung im Sommer 1932 erteilt wurde, als die Nationalsozialisten dank ihres Stimmenanteils von 37,5 Prozent 230 MdR in den Reichstag entsenden konnten.

Brüning regierte, gemäß den Bedingungen seiner Ernennungskapitulation, ohne parlamentarische Mehrheit. Hindenburg duldete selbst nach dem September 1930 keine Unterstützungskoalition mit SPD-Beteiligung, und wie immer gehorchte der Ex-Offizier seinem verehrten früheren Vorgesetzten. Ohne den üblichen Mehrheitsbeistand in der Gesetzgebung schaltete Brüning rigoros auf seine antiparlamentarischen Notverordnungen um. Ihre wildwuchernde Vermehrung (vgl. Übersicht 136) zeigt unzweideutig den Zerfall der Parlamentsmacht unter dem Präsidialregime und zugleich die autoritäre Verselbständigung der Regierungsmacht an.

1. Die Zerstörung der Republik ohne republiktreue Mehrheit 519

Übersicht 136: Notverordnungen und Reichstagsaktivitäten 1930–1933

	1930	1931	1932
Parlamentarische Gesetze	98	34	5
Notverordnungen	5	44	66
Sitzungstage des Reichstags	94	41	13

Diese Notverordnungen wurden nicht etwa wegen einer eklatanten Gefährdung der öffentlichen Sicherheit und Ordnung – woran die Verfasser des Artikels 48 WRV gedacht hatten – erlassen, denn beides war trotz der Krise der parlamentarischen Mehrheitsbildung durchaus noch vorhanden. Vielmehr wurde dieses Gesetzessurrogat von Brüning gewählt, «um das parlamentarische System auszudünnen», es letztlich ganz zu beseitigen.

Außenpolitisch verfolgte Brüning unbeirrbar den Kurs eines harten Nationalisten in der Erwartung, durch die erfolgreiche Praxis des Sacro egoismo als reparationsfreie Großmacht im Mächtekonzert wieder eine Hegemonialposition zu gewinnen. Durch solche Erfolge sollte zugleich auch das nationale Selbstgefühl gehoben und in Zustimmung zu seiner Politik verwandelt werden. Auch die schmerzhafte Deflationspolitik werde danach, so war das Kalkül, auf breite Zustimmung stoßen. Das Anschwellen der beiden totalitären Flügelparteien könnte dann in ihren Schrumpfungsprozeß verwandelt werden, und schließlich sollte die Summe der außen- und innenpolitischen Erfolge die Rückkehr zu einem autoritären politischen System abfedern. Selbst die Restitution der Monarchie war in Brünings Augen nicht ausgeschlossen.

Brünings Außenpolitik richtete sich frontal gegen die Versailler Nachkriegsordnung und die Ausgleichsbemühungen seiner Amtsvorgänger. Offensichtlich gehörte er zu jenen «Schuldlügenfanatikern», die der Sozialdemokrat Carlo Mierendorff damals in seinem Volk scharfsichtig beobachtete, das in dieser Hinsicht einer «einzigartigen Autosuggestion» erliege. Und als Radikalnationalist besaß Brüning eine klare Prioritätenskala, die ihn dazu anhielt, die tiefe Kränkung des deutschen Nationalismus durch die «Reparationsknechtschaft» und den demütigenden Frieden überhaupt sobald wie irgend möglich aus der Welt zu schaffen, damit «das Reich» ohne einschnürende Fesseln in den Kreis der Großmächte als europäischer primus inter pares zurückkehren konnte.

Deshalb brach er die mühsam eingefädelten Saarverhandlungen mit Frankreich ab. Deshalb wies er auch den Plan des französischen Außenministers Aristide Briand, gemeinsam einen europäischen Staatenbund zu schaffen, schroff zurück; in seiner Antwort auf den Vorschlag hieß es, daß Deutschland «seinen ausreichenden natürlichen Lebensraum» besitzen müsse und sich darum keine Vertragsfesseln anlegen dürfe. Deshalb torpedierte er den Handelsvertrag mit Polen, den Reichskanzler Müller noch im März 1930 ausgleichsbereit unterzeichnet hatte. Deshalb verfolgte er bis zum März 1931 den brisanten Plan einer Zollunion mit Österreich ohne einen Hauch von pragmatischer Klugheit, die eine vorhergehende Absprache mit wichtigen Nachbarstaaten, insbesondere mit den früheren Alliierten, geboten hätte. Unvermeidlich wurde daher das Manöver als erster Schritt hin zu einem von Berlin dominierten «Mitteleuropa» aufgefaßt, das jedermann aus den Jahren der Kriegszieldebatte noch präsent war. Außerdem verriet es die Absicht, das deutsche «informelle Imperium» in Südosteuropa, das in den letzten Jahren schärfere Konturen gewonnen hatte, auszubauen. Die Pariser Politik konnte gar nicht anders, als in dem Vorhaben eine ungeschminkte Herausforderung zu sehen. Unverzüglich wurde es deshalb von ihr blockiert. Brüning hatte durch seine nationalistische Engstirnigkeit und fehlende Weitsicht diese eklatante Niederlage selber verschuldet.

Den absoluten Primat besaß nach Brünings Überzeugung die Beendigung der Reparationszahlungen. Alle bösartigen Folgen der Depression und Deflationspolitik mußten, ungeachtet des Massenelends und des Flächenbrands der politischen Radikalisierung, in Kauf genommen werden, um dieses Ziel zu erreichen, ja auch sie konnten zum Beweis der Zahlungsunfähigkeit als Erpressungsmittel gegen die alliierten Gläubiger zielbewußt eingesetzt werden.

Daß das Ende der Reparationen das geradezu mit Besessenheit verfolgte Hauptziel Brünings darstellte, trat immer wieder unmißverständlich zutage. So lehnte etwa der Reichskanzler eine große langfristige Staatsanleihe zur Ankurbelung der Binnenkonjunktur an erster Stelle mit der aufschlußreichen Begründung ab, damit «würden wir (die Aufhebung) der Reparationen unmöglich machen..., das mache ich nicht mit». Als der amerikanische Präsident Herbert Hoover im Juni 1931 ein Moratorium für die deutschen Reparationszahlungen vorschlug, bedeutete das eigentlich einen beträchtlichen Erfolg für Berlin. Doch Brüning verkleinerte ihn geradezu hämisch, da die Reparationen ohne Übergangsregelung restlos verschwinden sollten.

Als Brüning im Januar 1932 auf einer Konferenz mit dem Auswärtigen Amt und den wichtigsten deutschen Botschaftern in den westlichen Hauptstädten die Grundlinien seiner Politik erläuterte, behauptete er, es gebe «allseits die klare Erkenntnis, daß die Katastrophe der Wirtschaftskrise politisch für uns auch ihr Gutes habe», da sie seinen Vorsatz stütze, an «einer völligen Streichung der Reparation festzuhalten». Noch in seinen Memoiren insistierte Brüning auf der Richtigkeit seiner Strategie: «Aus der Krankheit» der Depression, glaubte er weiterhin, «konnten wir unsere Waffen machen.» Kein Wunder mithin, daß ein klar denkender Kopf wie der Staatssekretär Hans Schäffer vom Finanzministerium im März 1932 empört kritisierte, «Brünings mittlerweile monoman gewordene Ausrichtung am Primat der... Reparationsfrage» zeitige fatale Auswirkungen.[1]

1. Die Zerstörung der Republik ohne republiktreue Mehrheit

Brünings verfehlte Politik führte zu den verhängnisvollsten der denkmöglichen Folgen, da die Hitler-Bewegung erst auf den Trümmern der zerstörten Republik ihren Machtanspruch durchsetzen konnte. Deshalb hat es seit jeher eine leidenschaftliche Diskussion über den Handlungsspielraum, die politischen Optionen und die Zielwerte dieses Kanzlers gegeben. Diese Debatte ist unlängst in der sogenannten Borchardt-Kontroverse noch einmal zugespitzt worden, die der Münchener Wirtschaftshistoriker seit 1979/80 mit seinen pointiert-grundsätzlich gefaßten Argumenten eröffnet hat. Sie lösten einen außerordentlich produktiven wissenschaftlichen Meinungsstreit aus, der das historische Verständnis der Schlußphase der Weimarer Republik fraglos vertieft hat. In diesem Kontext kann man daher die Chancen und Versäumnisse, die Grenzen und Folgen von Brünings Politik unter weiterführenden Gesichtspunkten noch einmal abwägend erörtern. Borchardts mehrfach erläuterte und von seinen Verteidigern unterstützte Überlegungen lassen sich in sechs Thesen zusammenfassen, die deutlich zeigen, daß er sich überwiegend innerhalb der neoklassischen Wirtschaftstheorie, insbesondere ihres Dreiecks von Lohnquote, Kapitalbildung und Investitionshöhe bewegt.

1. Aufgrund einer langlebigen strukturellen Fehlentwicklung litt die Weimarer Wirtschaft bereits vor 1929 an der «Krankheit» der relativen Stagnation. Diese Wachstumsschwäche – gemessen am Trend der Expansionsrate seit dem 19. Jahrhundert – sollte sich seit 1929 fatal auswirken. Die Ursache dieser Malaise lag an erster Stelle in dem seit 1918/19 überhöhten Reallohnniveau. Denn der durch die (damals durchweg zu niedrige) Arbeitsproduktivität bestimmte Verteilungsspielraum für Lohnsteigerungen wurde weit überschritten, um die Revolution abzufangen, den Bürgerkrieg in den folgenden Jahren einzudämmen, die Republik zustimmungsfähig zu machen. Diese Begünstigung der Arbeitnehmerschaft, verstärkt durch zu teure Soziallasten und die Ergebnisse der staatlichen Zwangsschlichtung, verhinderte eine angemessene Eigenkapitalbildung und daher auch Investitionshöhe, die für einen kontinuierlich fortschreitenden Wachstumsprozeß erforderlich gewesen wäre.

Mit anderen Worten: Gewerkschaftliche Marktmacht und staatliche Umverteilungspolitik führten zu übersteigerten Reallöhnen, folglich zu einer «Überlastung» der Wirtschaft, die in der Senkung der Gewinnquote, damit der Blockierung ihrer Kapitalbildung und der Lähmung ihrer Investitionsneigung zutage trat. Daraus ging auch ihre Abhängigkeit von teurem Auslandskapital hervor. Während die Investitionsquote zum Beispiel von 1910 bis 1913 15 Prozent und von 1950 bis 1954 sogar 18 Prozent p. a. betrug, erreichte sie von 1920 bis 1925 nur mehr elf Prozent, unter dem Druck der Depression mit 5,4 Prozent p. a. (1931/32) gerade einmal die Hälfte der gemäß dem Lewis-Axiom für Wachstumskontinuität erforderlichen Höhe.

Diese strukturellen Vorbelastungen lagen dann als tieferes Ursachengeflecht ebenfalls der hohen Arbeitslosigkeit zugrunde. Eine verteilungspolitische Kurskorrektur zugunsten höherer Unternehmensgewinne hatte deshalb, so gesehen, am Anfang einer Wachstumsstimulierung zu stehen. Damit aber wurde in den Augen der organisierten Arbeiterschaft der ursprüngliche Konsens über den Gründungskompromiß der Republik aufgekündigt und zwangsläufig erbitterter Widerstand ausgelöst.

2. Die zweite Grundthese Borchardts läuft auf ein sowohl historistisches als auch wiederum strukturalistisches Argument hinaus. Die restriktiven Bedingungen jener Zeit hätten Brünings Handlungsspielraum so hart eingeengt, daß sich keine anderen Optionen, mithin keine Alternative zu seiner Deflationspolitik, öffneten. Auch das Gegenmodell einer keynesianischen antizyklischen Konjunkturpolitik, die unmittelbar nach dem Präsidialregime und dann wieder nach 1945 erfolgreich praktiziert wurde, stand demnach dem Reichskanzler noch nicht zur Verfügung.

a) Zuerst einmal standen vertragsrechtlich fixierte, politisch nicht verfügbare Bindungen der Alternative einer antizyklischen Politik kreditfinanzierter Nachfragestimulierung entgegen. Der Dawes-Plan verpflichtete die Reichsbank auf die Währungsdeckung in Gold und Devisen; das Reichsbankgesetz verbot die Kreditgewährung an die Regierung, und der Young-Plan untersagte die Abwertung der Reichsmark. Daher verhinderten diese Vertragsregeln zum einen die Kreditausweitung zugunsten einer staatlichen Konjunkturpolitik, zum andern die Aufgabe des Goldstandards und die Abwertung der Mark, obwohl das zur außenwirtschaftlichen Absicherung der Konjunkturpolitik dringend geboten gewesen wäre. Überdies mußte der Staat durch die Kreditaufnahme auf dem deutschen Kapitalmarkt den Hochzins noch einmal steigern und andere Investoren noch mehr verdrängen.

b) Der nationalökonomische Wissensstand reichte noch nicht aus – ein geradezu klassisches Argument der Brüning-Apologetik –, um eine hochkomplizierte antizyklische Depressionsbekämpfung zu initiieren. Überdies waren alle Krisen der letzten Jahre, eigentlich seit 1895, zügig überwunden worden, und geraume Zeit hielt sich die liberale Vorstellung von einer zwar heftigen, doch begrenzten und vor allem notwendigen «Reinigungskrise», die durch staatliche Intervention nicht abgekappt werden durfte.

c) Bis zum Frühjahr 1932, als Brüning aus dem Reichskanzleramt scheiden mußte, gab es für die Kreditfinanzierung öffentlicher Ausgaben einer staatsinterventionistischen Konjunkturpolitik keine politischen Mehrheiten in den Parteien und Verbänden, auch nicht in der allgemeinen und erst recht nicht der wissenschaftlichen Öffentlichkeit.

d) Scharf bremsend wirkte zudem die Furcht vor einer neuen Inflation. Die Hyperinflation wenige Jahre zuvor hatte noch niemand vergessen, so

1. Die Zerstörung der Republik ohne republiktreue Mehrheit 523

daß die latente Sozialangst – als subjektive Wahrnehmung von Bedingungen, die erfahrungsgemäß (wie 1920/23) zur Inflation geführt hatten – generell, insbesondere auch unter den politischen Hauptakteuren verbreitet war. Jeder fiskal-, geld- und währungspolitische Eingriff der Regierung mußte daher einer hochentwickelten Skepsis begegnen, so daß die Inflationsangst die «Steuerungsfähigkeit eines panikgefährdeten Systems» radikal einschränkte.

Daher drängt sich der Schluß auf: Wegen der starren Rahmenbedingungen blieb Brünings Handlungsspielraum derart limitiert, daß im Horizont der Zeit keine anderen realistischen Optionen als eine konsequente Deflationspolitik zur Verfügung standen. Wer dieses Urteil bestreitet, muß daher auch präzisieren können, ob die geeigneten technischen und politischen Mittel für eine antizyklische Politik überhaupt gegeben waren und wann eine effektive Gegensteuerung hätte einsetzen können.

Ehe die Kritik an diesen Brüning nachhaltig entlastenden Thesen zugespitzt vorgetragen wird, sollte man sich einige ökonomische und politische Strukturprobleme der Weimarer Republik vor 1929 noch einmal kurz ins Gedächtnis rufen. Der Weltmarkt mußte nach den chaotischen Kriegsjahren neu aufgebaut, der Welthandel mühsam in Gang gesetzt, der lebenswichtige deutsche Export erst wieder angekurbelt werden. Das deutsche Auslandsvermögen war beschlagnahmt worden. Die Reparationszahlungen wirkten sich wegen ihrer schwindelerregenden Höhe und der erst ungewissen, dann extrem langen Zeitdauer als anhaltende Belastung aus – immerhin wurden 17 Prozent des deutschen Exportwerts vor 1929 für sie aufgebracht. Nach den zerstörerischen Wirkungen des Krieges und der Hyperinflation vertiefte die deutsche Kapitalknappheit die Abhängigkeit von ausländischen Investoren. Die Verteilungskonflikte zwischen Kapital und Arbeit hatten folgenreiche Konsequenzen für die Aufteilung des Sozialprodukts in Investition und Konsum: Der öffentliche und private Verbrauch lag von 1925 bis 1929 erheblich über dem Durchschnitt der Jahre vor 1914, die Investitionsquote dagegen durchweg darunter. Gleichzeitig lief der Verteilungskampf zwischen Industrie- und Agrarproduzenten weiter. Beide Distributionskonflikte gefährdeten die politische Stabilität. Von all diesen Problemen behandelt Borchardt eingehend nur die Folgen der «historisch ungewöhnlich hohen» Lohnquote.

Jetzt kann sich die Kritik Schritt für Schritt ihrer Aufgabe zuwenden, die Validität der einzelnen Argumente zu überprüfen. Allgemein gilt zunächst, daß Borchardt und seine Verteidiger gewöhnlich zu fatalistisch über die Macht ökonomischer Handlungszwänge urteilen, denen ein extrem hohes Maß an wirklichkeitsprägender Kraft unterstellt wird. Wahrscheinlich hängt das wesentlich mit ihrer durchlaufenden Orientierung an der neoklassischen Wirtschaftstheorie zusammen, welche die Bedeutung politischer Konstellationen theoretisch nicht angemessen verarbeitet, sie häufig sogar gemäß der clausula rebus sic stantibus in die Randbedingungen verbannt, obwohl sie natürlich pragmatisch den Einfluß der Politik auf den Wirtschaftsprozeß einräumt und gelegentlich nach der Anwendung ihres Instrumentariums verlangt. Überdies entsprechen manche Überlegungen der Brüning-Verteidigung dem Tenor jener Anklage, welche die Unternehmerverbände damals gegen die Lohnpolitik vortrugen, und ihre vielpublizierte eloquente Kritik ist für den Historiker leicht abrufbar.

Unstreitig war es eine krasse Fehlentscheidung Brünings, die tiefgreifende Korrektur schwieriger Strukturprobleme (wenn es sie denn in der unterstellten Form gab!) ausgerechnet während der schwersten Krise des deutschen und internationalen Kapitalismus zu unternehmen. Ebenso schwer ist es zu bestreiten, daß die lohnpolitischen Konzessionen an die Arbeiterschaft dazu beigetragen haben, die Fortentwicklung der Revolution von 1918/19 und die Ausweitung des Bürgerkriegs von 1920/23 zu verhindern; auch zur Abfederung des Riesenunternehmens der Demobilmachung von 13 Millionen Soldaten drängte sich die Lohnbewegung als nützliches Instrument geradezu auf. Das Inflationskartell glaubte, dafür den währungspolitischen Spielraum nutzen zu können, und der tiefsitzende Antichaos-Effekt drängte auf schnelle Entspannung.

Die Höhe dieses Preises für die Stabilisierung der deutschen Gesellschaft und ihrer Politik nach Krieg, Niederlage und Revolution war keineswegs übertrieben hoch. Bisher hat auch noch niemand einen überlegenen und zugleich realistischen Ausweg aus der Krise seit 1918/19 und den frühen Verteilungskämpfen aufweisen können. Die Gewerkschaften beharrten mit neugewonnener Kraft auf der Wiedergutmachung der im Krieg erlittenen Einbußen, dazu auf einem spürbaren Fortschritt bei der Lösung der «sozialen Frage» im Sinn einer «materiellen Egalisierung durch den Sozialstaat» (M. Stolleis). Auch für die SPD – und gerade für sie – galt die Ausrichtung am Primat der Sozialpolitik. Die Unternehmer wiederum zeigten sich zum Abblocken der Revolution und der Sozialisierung ihrer Betriebe zu lohnpolitischen Konzessionen unter den erleichternden Bedingungen einer schleichenden Inflation aus wohlverstandenem Eigeninteresse bereit. Doch wurden mit solchen Entscheidungen, wenn man ihre verständlichen Intentionen konzediert, nichtintendierte, später indes unerträgliche Belastungen für die Zukunft geschaffen? Waren die hohen Löhne tatsächlich der entscheidende Faktor, der die Investitions- und Wachstumsschwäche der Weimarer Wirtschaft zusammen mit der Massenarbeitslosigkeit verursachte?

1. Tatsächlich ist der Anteil der Löhne und Gehälter am Volkseinkommen seit 1918/19 steil angewachsen. Betrug die Lohnquote 1913 = 46,4 Prozent, lag sie 1925 bei 58,2 Prozent, 1929 angeblich sogar bei 67 Prozent. Dieser Anstieg beweist, wie keiner leugnen wird, eine drastisch verbesserte Position der Gewerkschaften im Verteilungskampf. Dennoch ist es zu ein-

1. Die Zerstörung der Republik ohne republiktreue Mehrheit

seitig, die Reallöhne zum Hauptschuldigen für die strukturellen Wirtschaftsprobleme vor 1929 zu erheben. In den USA und in Großbritannien lag das Lohnniveau wesentlich höher. Selbst 1932 war es in Deutschland, gemessen am Reallohnstand von 1913, erheblich niedriger, obwohl es doch in den 20er Jahren zügig angehoben worden war. Kein Experte hat aber bisher versucht, die Wachstumsprobleme und dann die Depression in diesen beiden Ländern mit Hilfe ihrer hohen Reallöhne zu erklären.

Außerdem haben die steigenden Löhne in der Weimarer Republik weder die Profitrate reduziert noch die Wettbewerbsfähigkeit geschwächt. Die Produktivitätsausweitung ließ offenbar doch einen größeren Spielraum für das Anheben der Löhne zu, als die Kritiker häufig gemeint haben. Kurzum: Nicht der Reallohnanstieg vor 1929 warf das Kernproblem auf, vielmehr taten das die sinkenden Preise nach 1929, als die Löhne nicht mehr umstandslos auf die Verkaufspreise abgewälzt werden konnten.

Stellte sich wegen der abschreckenden Lohnhöhe – allein 1927 stieg der Reallohn um fünf, 1928 um zehn Prozent an – eine zu geringe Kapitalbildung und folglich eine verhängnisvolle Investitionsschwäche ein? Beide Bewegungen hingen keineswegs an erster Stelle von den Löhnen ab, sondern wurden durch die Aufzehrung riesiger Vermögenswerte während des Krieges und ihre Vernichtung in der Inflationszeit erschwert. Namentlich die Lage der Geldvermögensbesitzer hat sich seit 1914 radikal verschlechtert. Deshalb sank die Rate der Privatersparnisse, infolgedessen auch der Kapitalformierung und schließlich die Investitionsquote. Nicht zuletzt wurde auch viel zu wenig in den dynamischen Sektoren investiert: In der Elektrotechnischen Industrie waren es zum Beispiel nur 2,3 Prozent – selbst der Holzhandel lag darüber –, in der Textilindustrie dagegen 11,8 Prozent der Nettoinvestitionen. Daran war gewiß die schlechte Erlös-Kosten-Relation, vor allem aber die anhaltend pessimistische Beurteilung der düster verhangenen Zukunft schuld.

Die verteuerten Kapitalkosten zogen zum einen wegen der hohen Zinsen, die 1928 genau das Doppelte von 1913 ausmachten, flüssiges Auslandskapital an. Daher rührten dann 1931 zur Zeit der großen Bankenkrise 28 Milliarden Mark Schulden, von denen 16 Milliarden Mark aus gefährlichen, da schnell rückrufbaren kurzfristigen Krediten bestanden. Jedenfalls verschärften die Kapitalkosten den Konflikt um die Bedeutung der Lohnkosten, die eben nicht nur aus verteilungs- und klassenpolitischen Gründen umstritten waren. Gegen den Abfall der Investitionsquote hätte eine expansive Fiskalpolitik und eine zupackende Markabwertung helfen können, doch beides wurde von Brüning verweigert.

Wirkten sich die hohen Löhne so nachhaltig, wie das behauptet wird, auf die Exportfähigkeit aus? Der Ausfuhrerfolg der Weimarer Republik dementiert diese Lohnkrise. Der deutsche Export stieg von 1925 bis 1929 sogar noch schneller an als die wiederbelebte deutsche Industrieproduktion, da er jährlich um 9,7 Prozent zunahm. Gleichzeitig kletterte der deutsche Anteil am Weltexport aller industriellen Fertigwaren von 14,8 auf 18,6 Prozent (Maschinenbau 21, Chemie 23, Elektrotechnik 26%). Das war alles andere als ein Schwächebeweis. Der oft monierte scharfe Rückgang setzte voll erst 1932 (ca. 32%) ein und hat seither die Depression noch verschlimmert.

2. Haben die Rechtsverpflichtungen die Aktionsmöglichkeiten irreversibel beschnitten? Im Berliner Kabinett wurde nie ein Bedauern über diese Hemmungen geäußert. Die Rücksichtnahme auf die Währungsvorschriften des Young-Plan spielte intern offenbar keine Rolle. Allein wegen der Reparationspolitik, bei der man sich keine Blöße geben wollte, wurde auf eine «buchstabengetreue Erfüllung der Bestimmungen» Wert gelegt. In der Existenzkrise des Landes verloren aber die Regularien der Reichsbank und des Young-Planes ihre verpflichtende Bindungskraft. Ein souveräner Politiker hätte daher, wie der amerikanische Wirtschaftshistoriker C. P. Kindleberger zu bedenken gegeben hat, in wohlkalkulierter Regelverletzung diese Vorschriften übergangen. Dafür hätte Brüning freilich seine Deflationspolitik aufgeben müssen und vielleicht zeitweilig auch nachteilige Folgen für seine Reparationspolitik zu gewärtigen gehabt. Doch die dogmatische Fixierung auf beiden Politikfeldern ließ ihn die Vorzüge dieser Alternative gar nicht erst abwägen.

Als Großbritannien im September 1931 notgedrungen den sakrosankten Goldstandard mitsamt dem Freihandel aufgab und sein Pfund Sterling, die langjährige Weltleitwährung, abwertete, schlossen sich 30 andere Währungen sogleich an, deren Heimatländer seither um 20 Prozent billiger als die deutsche Wirtschaft auf dem Weltmarkt ihre Güter anbieten konnten. Ein deutscher Verzicht auf den Goldstandard, verbunden mit einer konsequenten Abwertung der Reichsmark, hätte zwar eine klare Regelmißachtung bedeutet, die der Verlierer des Ersten Weltkriegs aber nicht leichtfertig, sondern im Interesse seines lebenswichtigen Exports begangen hätte, dessen Position schlagartig verbessert worden wäre. Doch Brüning akzeptierte auch den Rückschlag im Exportgeschäft, um seine Reparationspolitik mit neuen Klagerufen durchsetzen zu können.

3. Der nationalökonomische Kenntnisstand um 1930 war keineswegs so limitiert und noch weit entfernt von der Ausführung einer antizyklischen Konjunkturpolitik, wie man das seit langem suggerieren möchte. Zuerst und noch einmal: Es gab keinen zwingenden ökonomischen Grund, die Depression durch die Deflation so massiv zu verschärfen. Vor allem aber: Viele Rezepte der künftigen antizyklischen Staatsintervention waren bekannt. Auch die Ideen von John M. Keynes waren längst im Umlauf. Ihre Kenntnis hing nicht ab von der Veröffentlichung seiner «General Theory» im Jahre 1936. Vom Inhalt der 29 Bände seiner gesammelten Werke fällt ein großer Teil in die Zeit vor 1933, und in Deutschland zumal begegnete

1. Die Zerstörung der Republik ohne republiktreue Mehrheit

Keynes wohlwollender Aufgeschlossenheit wegen seiner Kritik am Versailler Frieden (Wirtschaftliche Folge des Friedensvertrags, 1920) und wegen seines dringenden Appells zugunsten seiner Revision (Die Revision des Friedens, 1922). Keynes war in Deutschland geradezu populär, seine Veröffentlichungen wurden ohne Verzögerung gelesen.

Wichtiger noch war aber die Denktradition der deutschen Wirtschaftswissenschaft. Die dominierende Jüngere Historische Schule der Nationalökonomie hatte, in scharfer Absetzung von den Lehrsätzen der klassischen Theorie, den heilsamen Staatseingriff seit den Tagen des Merkantilismus geradezu verklärt. Auf dieser Linie wurden denn auch immer wieder, da zahlreiche höhere Beamte und Ökonomen in dieser Schule ausgebildet worden waren, sachkundige Vorschläge gemacht. Auf einer geheimen Konjunkturtagung der List-Gesellschaft im September 1931 zum Beispiel erneuerte der interventionistische Flügel der zeitgenössischen Wirtschaftsexperten seine Forderungen und opponierte zugleich gegen jene Position, die soeben, im Juli 1931, im Vertrauen auf die Grundsätze der klassischen liberalen Wirtschaftstheorie die Industrieelite um Silverberg, Vögler, Krupp, Reusch und Klöckner vertreten hatte, als sie «das Wirtschaften nach den ewig gültigen Gesetzen wieder freizugeben» verlangt hatte; dann werde auch von selbst die Masse der Arbeitslosen vom Produktionsprozeß wieder aufgesaugt.

Brüning lehnte alle interventionsstaatlichen Vorschläge ausnahmslos ab und beharrte auf seinem anachronistischen Sparkurs. Die Alternative dazu lag ebenfalls schon damals klar auf der Hand: Ausweitung der Nachfrage mit Hilfe kreditfinanzierter staatlicher Ausgaben und weitere staatliche Unterstützungsmaßnahmen im Rahmen der Steuer-, Arbeitsbeschaffungs- und Exportpolitik. Schon eine konjunkturpolitische Staatsanleihe in Höhe von zwei bis 2,5 Milliarden Mark konnte, wie die Experten Brüning mehrfach vorrechneten, eine Expansion des Volkseinkommens um mindestens acht Milliarden Mark auslösen – von der belebenden psychischen Wirkung aktiver Staatsunterstützung ganz zu schweigen. Der entscheidende Erholungsimpuls mußte ja vom Binnenmarkt und der dort verbesserten Kaufkraft ausgehen, durfte aber keineswegs einer rigorosen Deflationspolitik mit desaströsen Folgen weiter zugemutet werden.

4. Hat tatsächlich die Zustimmung der Sachkundigen und die politische Mehrheit für einen Kurswechsel gefehlt? Rund ein Jahr lang gab es, vornehmlich aus Ratlosigkeit angesichts der vehementen Krise, eine erkennbare Zustimmung zu Brünings Sparkurs, der die konventionellen Vorurteile bediente. Auch die SPD schloß sich, selber offenbar hilflos, dem Tolerierungskonsens an. Dann jedoch zerfiel er, als die Zweifel an seiner Angemessenheit rasch wuchsen. Spätestens seit dem Herbst 1931 waren die ökonomischen, technischen und theoretischen Bedingungen für eine Umorientierung vorhanden. Angesehene Ökonomen wie Joseph A. Schumpeter und Wilhelm Röpke, um nur zwei aus einer Vielzahl zu nennen, optier-

ten jetzt für eine expansive Geldpolitik zur Depressionsbekämpfung. Brünings Reparationspolitik arbeite, konstatierte Schumpeter im Dezember 1931, «mit ungeheuren Kosten» und habe, «abgesehen von den sozialen Konsequenzen, die völlige Lähmung der Wirtschaft zur Folge».

Paul Silverberg, der zweite Vorsitzende des RDI, und Hermann Schmitz vom Vorstand der IG Farben setzten sich im August 1931 mit Nachdruck für die staatliche Kreditschöpfung ein. Im «Wirtschaftsbeirat» der Regierung schlug auch Silverberg dafür ein Volumen von zwei Milliarden Mark vor. Wie bei all diesen Gelegenheiten wurden die Sachkenner keineswegs von Inflationsangst gepeinigt. Silverberg verlangte explizit «Mittel, die wie eine Inflation aussehen»; selbstverständlich müsse man dann später verhüten, «daß die inflatorischen Dinge dauernd werden». Erneut verweigerte Brüning seine Zustimmung. Ganz ähnlich argumentierten aber auch Bankiers wie Max Warburg und Bernhard v. Dernburg. Sie sprachen sich zu Brünings Empörung sogar für den zur Wiederbelebung der Konjunktur entwickelten Wagemann-Plan aus, den der Leiter des «Statistischen Reichsamts» und des anerkannten Berliner «Instituts zur Konjunkturforschung» unterbreitet hatte.

Im Sommer 1931 drängten selbst die schwerfälligen Großorganisationen, Spitzenverbände wie der RDI und DIHT, dahin, auf die dogmatische Inflationsbeschwörung zu verzichten. Dieser Kritik schlossen sich die Staatssekretäre Schäffer und Ernst Trendelnburg (Wirtschaftsministerium) ebenso an wie die Minister Hermann Warmbold, Hermann Dietrich und Adam Stegerwald aus Brünings Kabinett. Alle forderten, wie übrigens auch der WTB-Plan der Gewerkschaften, ein Kreditvolumen von etwa drei Milliarden Mark, ein öffentliches Arbeitsbeschaffungsprogramm und die Beherzigung von weiteren Rezepten, die das ziemlich klar explizierte Instrumentarium einer antizyklischen Konjunkturpolitik ergaben. Brüning machte, fasziniert von seinem Reparationsziel, keine einzige Konzession. Deshalb erlag er auch der eigenen Erfolglosigkeit. Ehe er gestürzt wurde, konnte die Kamarilla Hindenburg zu Recht klarmachen, daß die Kanzlerpolitik rundum gescheitert war. In der Gesellschaft und Politik hatte er auch deshalb jeden Rückhalt verloren, weil er sich zu keinem Kurswechsel fähig erwiesen hatte. Ob irgendeine Therapie die strukturelle Belastung und das Zerstörungswerk der Weltwirtschaftskrise überhaupt schneller heilen konnte, kann bei einer solchen hypothetischen Frage nicht definitiv entschieden werden. Aber selbst wenn man von den Gegensteuerungschancen einer antizyklischen Konjunkturpolitik absieht, wäre jedes Bemühen um Milderung besser gewesen als der Preis für Brünings Fiasko: das Vordringen des Nationalsozialismus.

Einen andersartigen Kurswechsel hat Brüning allerdings mehrfach erwogen. Das war der Weg hin zur formellen Kooperation mit der Hitler-Bewegung, um, wie vorn bereits erwähnt, die NSDAP in das Alltagsgetriebe

1. Die Zerstörung der Republik ohne republiktreue Mehrheit

pragmatischer Politik einzubinden. Unmittelbar nach den Septemberwahlen von 1930 nahm Brüning Kontakt mit Hitler auf, ohne jedoch den erstrebten Erfolg, der ihm im folgenden Jahr ebenfalls versagt blieb, verbuchen zu können. Als im November 1931 die sogenannten Boxheimer Dokumente über Bürgerkriegspläne der Nationalsozialisten bekannt wurden, minimierte Brüning ihre Bedeutung, um die Sondierungsgespräche mit Hitler nicht zu stören. Dabei fand er die Unterstützung des neuen Zentrumsvorsitzenden, des Mussolini-Verehrers Kaas. Der «Führer» ließ sich jedoch nicht als Juniorpartner in das Regierungsgeschäft einbinden, da er wegen des unvermeidlichen Kompromißzwangs zu Recht einen Gesichts- und Stimmenverlust voraussah. Brüning biederte sich schließlich sogar bei den Nationalsozialisten, deren Verleumdungskampagne gegen die «November-Verbrecher» von 1918 auf Hochtouren lief, im September 1931 an, als er sich in öffentlicher Reichstagsrede damit brüstete, mit der Sondereinheit Winterfeldt gegen die November-Revolution gekämpft zu haben. Bis 1933 empfand er im Bann seiner eigenen Zähmungsillusionen die Hitler-Bewegung offenbar nicht als akute Existenzgefährdung für die Demokratie und den Rechtsstaat.

Lag auch die tiefere Ursache für Brünings Fall in der Erfolglosigkeit seiner borniertenPolitik, nahmen sich die treibenden Kräfte auf der Ebene der Tagespolitik deutlich schäbiger aus. Seit dem Frühjahr 1932 wurde über das neue Ausmaß der «Osthilfe» für die preußischen Großagrarier heftig gestritten, zumal die Gießkannenpolitik vergeudeter Subventionen jetzt mit einem Siedlungsgesetz verbunden wurde. Der Entwurf sah die Aufteilung von nicht mehr sanierungsfähigem Großgrundbesitz an bäuerliche Neusiedler vor, wie das den Grundsätzen der sogenannten Inneren Kolonisation seit den 1880er Jahren entsprach. Brüning besaß ohnehin abstrus-anachronistische Vorstellungen von der Überindustrialisierung Deutschlands und der Notwendigkeit einer heilsamen Reagrarisierung, so daß er dieses Vorhaben unterstützte.

Dagegen richtete sich jedoch sogleich eine Riesenkampagne schlechthin aller Agrarierorgane, an vorderster Stelle des RLB, dessen Spitze bei Hindenburg antichambrierte, um den neuen Standesgenossen auf Gut Neudeck gegen den «Agrarbolschewismus» einzustimmen. Diese infame Praxis erwies sich als rundum erfolgreich, denn Hindenburg legte sich sofort quer. Brüning hatte die Belastbarkeit seines idealisierten Vertrauensverhältnisses zu ihm völlig verkannt. Ein Gutsnachbar wie Elard v. Oldenburg-Januschau, die Verkörperung des Junkertums bis zur Karikatur, wußte sogleich: «Das Brüning-Kabinett ist erledigt», zumal auch v. Schleicher, der Brünings Nützlichkeit für verschlissen hielt, für den Sturz intrigierte. Ende Mai 1932 gestand der «Reichskommissar für die Osthilfe», Minister Hans Schlange-Schöningen, daß er «torpediert werde von ostpreußischen Latifundienbesitzern, die in Neudeck auf den Herrn Reichspräsidenten eingewirkt haben». Am 30. Mai wurde Brüning in brüsker Form entlassen.

Ein wirtschaftspolitisch geschmeidigerer und erfolgreicher Kanzler hätte derart abrupt nicht aus dem Amt gewiesen werden können. Doch tief angeschlagen verlor Brüning den Machtkampf mit der großagrarischen Machtelite und ihren hochgestellten Gönnern. Sein Finanzminister, Hermann Dietrich/DDP, unlängst noch als Landwirtschaftsminister ein Verfechter robuster Agrarfreundlichkeit, doch jetzt über den nackten Interessenegoismus empört, sah zu Recht weitere «tiefere Gründe» der Entlassung darin, «daß eine Schicht, die vorher im Staat keinen Einfluß mehr hatte, nämlich das Alt-Preußentum, die Herrschaft wieder an sich zu nehmen gewillt ist».

Als Brüning das Reichskanzleramt aufgeben mußte, endete die erste Phase des deutschen Präsidialregimes, das unter seiner Ägide trotz aller Schwächen und Mängel noch relativ gemäßigte Züge trug. Im Kern aber traf der linkssozialistische Historiker Arthur Rosenberg ins Schwarze, als er 1934, bereits im Liverpooler Exil, das bittere Urteil niederschrieb, daß unter Brüning die bürgerliche Republik in Deutschland zugrunde ging.[2]

b) Die Parforcejagd des Herrenreiters Franz v. Papen

Brünings strittige Erbschaft übernahm am 1. Juni für ein knappes halbes Jahr der Ultrakonservative Franz v. Papen, den die Berliner Kamarilla geschickt plaziert hatte. Der gelernte Berufsoffizier und Herrenreiter aus westfälischem Uradel, als Zentrumsabgeordneter im Reichstag tätig, mußte jetzt wegen seiner Intrige gegen den Amtsvorgänger zuerst einmal aus seiner Partei ausscheiden. Sein «Kabinett der nationalen Konzentration», in der politischen Sprache der Zeit meist als «Kabinett der Barone» ironisiert, bestand überwiegend aus adligen Gesinnungsgenossen ohne politisches Mandat, die sich jedoch der Beihilfe der Unternehmerverbände, der Großagrarier und der Militärführung – v. Schleicher wurde Reichswehrminister –, nicht zuletzt der autoritären Beamtenwelt zunächst gewiß sein konnten. Mit seiner Gefolgschaft empfahl sich v. Papen zuerst einmal bei den Unternehmern, indem er auf dem Tiefpunkt der Depression die Arbeitslosenunterstützung um 23, die Krisenfürsorge um 17, die Wohlfahrtszahlungen um 15 Prozent kürzte. Im allgemeinen setzte er einen Unterstützungsrückgang von 23 bis 52 Prozent durch (vgl. 8.T. III. 3). Das wirkte außer dem faktisch vollzogenen Einschnitt wie die symbolische Ruinierung des Sozialstaats, stellte den Gründungskonsens der Republik in Frage und traf infolgedessen auf erbitterte, doch folgenlose Kritik.

Außerdem steigerte v. Papen den parlamentsfeindlichen Kurs des Präsidialregimes, indem er schon vor der ersten Vertrauensabstimmung, bei der ihm unausweichlich die sichere Niederlage gedroht hätte, den Reichstag

1. Die Zerstörung der Republik ohne republiktreue Mehrheit

auflöste und für Ende Juli Neuwahlen ausschrieb. Der sofort einsetzende Wahlkampf war der blutigste, den Deutschland je erlebt hat. Im Juni gab es bereits neun Tote, im Juli jedoch 86. Vor allem sonntags prallten die braunen und roten Bürgerkriegsparteien aufeinander. Am 10. Juli zum Beispiel wurden 17 Tote und 191 schwer, zum Teil tödlich Verletzte gezählt.

Da auch v. Papen Hitler heftig umwarb, ihm Entgegenkommen signalisieren und zugleich dem lebhaften Drängen der Reichswehr, die auf das militärische Potential nicht glaubte verzichten zu können, nachgeben wollte, ließ er das unlängst erlassene Verbot der SA wieder aufheben. Unmittelbar danach stieg die Todesziffer an, am höchsten am 17. Juli, dem «Altonaer Blutsonntag». Diese furchterregende Bilanz diente v. Papen am 20. Juli als durchsichtiger Vorwand, die preußische Regierung in einem Staatsstreich zu entmachten. Damit konnte er den stärksten institutionellen Widersacher des autoritären Regimes ausschalten. Das war, für aller Augen erkennbar, die offene Machtprobe im Verhältnis zur Linken. Doch die SPD, vom Tolerierungskurs geschwächt, und die Gewerkschaften, durch die Depression ausgezehrt, blieben trotz aller Empörung passiv. Vom Generalstreik war, sieht man von einigen rhetorischen Forderungen im «Reichsbanner» ab, ernsthaft nicht die Rede. Während v. Papen als «Reichskommissar» die brutale Säuberung der preußischen Verwaltung von republiktreuen Beamten vorantrieb, lehnte der Leipziger Staatsgerichtshof den Antrag der preußischen Regierung, ihre Absetzung für ungültig zu erklären, schnöde ab.

Unter solchen Bedingungen bescherten die Reichstagswahlen am 31. Juli Hitler seinen neuen Triumph: Die NSDAP gewann fast 20 Prozent mehr Stimmen als 1930, folglich einen Anteil von gut 37 Prozent und runde 230 MdR – 100 mehr, als die SPD besaß. Zwar drängte v. Papen Hitler erneut, in die Regierung einzutreten, doch traf er dabei auf den unerwartet heftigen Widerstand Hindenburgs, der am 10. August – auch mit der Arroganz des hohen Offiziers gegenüber dem gemeinen Soldaten – den «böhmischen Gefreiten» als künftigen Reichskanzler ablehnte und am 13. August auch Hitler selber gegenüber unverschnörkelt ein «klares, bestimmtes Nein» aussprach. Er könne es mit seinem Gewissen und seinen Amtspflichten nicht vereinbaren, «die gesamte Regierungsgewalt ausschließlich der nationalsozialistischen Bewegung zu übertragen, die diese Macht einseitig anzuwenden gewillt sei». Für Hitler bedeutete diese Absage die vorletzte große, persönlich degradierende Niederlage.

Das parlamentarische System machte v. Papen endgültig zur Farce, als er den Reichstag unmittelbar nach den Sommerferien am 12. September sofort wieder auflöste und Wahlen am 6. November ankündigte. Bei seinem Treiben schwebte ihm offenbar die «autoritäre Quadratur des Kreises» vor: die Nutzung des nationalsozialistischen Populismus und seiner Reichstagsstimmen selbst um den Preis von Hitlers Kanzlerschaft, zugleich aber die Disziplinierung des extravaganten «Führers» und seiner Massenbewegung durch den Verschleiß im alltäglichen Administrationsgeschäft, säuberlich eingerahmt von politikerfahrenen konservativen Granden als den eigentlichen Weichenstellern. Die jetzt erwogenen Notstandspläne dienten daher keineswegs der Republik und Verfassung, sondern wollten die Ausweglosigkeit der Staatskrise ausnutzen, um ein autoritäres Regime fester zu etablieren, das v. Papen nach italienischem Vorbild als «neuen Staat» vage umschrieb.

Währenddessen liebäugelte nicht nur der Kanzler, sondern auch das Zentrum noch immer mit dem illusionären Vorhaben, den Nationalsozialismus durch die Regierungsbeteiligung zähmen zu können. Selbst der Repräsentant des Arbeitnehmerflügels, der stellvertretende Zentrumsvorsitzende Josef Joos, verlangte diese Kooperation. Folgerichtig stimmte das Zentrum für die Wahl Görings zum Reichstagspräsidenten – beides schwerlich ohne die Rückendeckung durch den autoritären Prälaten Kaas an seiner Spitze. Die Mehrheit der Unternehmerschaft fürchtete freilich diese potentielle braun-schwarze Koalition, da sie die Arbeiterinteressen aufwerten könne. Daher genoß v. Papen ihre erstaunlich einmütige Unterstützung.

Die Reichstagswahlen vom 6. November 1932 bescherten Hitler seine letzte Niederlage, denn die NSDAP verlor 4,4 Prozent ihres Stimmenanteils, den sie drei Monate zuvor gewonnen hatte, und 34 Abgeordnetensitze. Ihr Rückschlag war nicht zu übersehen, ihr Höhenflug schien gestoppt. Erleichtert kommentierte der Fraktionsvorsitzende der SPD im preußischen Landtag, der Breslauer Ernst Heilmann, den Ausgang mit der Diagnose: «an die Hitlerdiktatur kann heute kein normaler Mensch mehr glauben». Mit dieser Euphorie stand er keineswegs allein da. Die «Vossische Zeitung» begleitete das Ergebnis mit unverhohlenem Jubel: «Die nationalsozialistische Idee hat ihre Werbekraft verloren. Der Zauber hat versagt. «Der Glaube erlahmt... Hitlers Versagen... ist offenkundig geworden.» Ähnlich urteilten Leopold Schwarzschild im «Tagebuch» und Carl v. Ossietzky in der «Weltbühne». Ihnen schloß sich die «Frankfurter Zeitung» an: «Der gewaltige nationalsozialistische Angriff auf den demokratischen Staat ist abgeschlagen.» Auch Gustav Stolper, MdR und Chefredakteur des «Deutschen Volkswirts», sah jetzt «das Hitlertum in einem Zusammenbruch, dessen Ausmaß und Tempo nur mit dem seines eigenen Aufstiegs vergleichbar ist». Selbst Rudolf Hilferding, so oft ein scharfsichtiger Kommentator der politischen Konstellationen, urteilte in der zweiten Dezemberhälfte 1932 erleichtert, daß jetzt «die Peripetie im Drama» erreicht sei und «der Absturz des Faschismus» offensichtlich begonnen habe.

Grausamer hätte dieser Optimismus nicht dementiert werden können. Denn der geschwächte Hitler wurde für die Konservativen noch attraktiver. Daher wollte sich v. Papen, wie er eine Woche später gestand, noch immer «auf eine Kanzlerschaft Hitlers» in einem «nationalen Kabinett» einlassen.

1. Die Zerstörung der Republik ohne republiktreue Mehrheit

Durch eine Eingabe von Industriellen, Bankiers und Großgrundbesitzern wurde er Mitte November bei dieser Absicht unterstützt. Sie forderten Hindenburg auf, die «Kanzlerschaft an den Führer der größten nationalen Gruppe» zu übertragen, denn er werde «die Schwächen und Fehler, die jeder Massenbewegung... anhaften, ausmerzen und Millionen Menschen zu bejahender Kraft mitreißen». Außer dem notorischen NS-Sympathisanten Fritz Thyssen hatte kein Prominenter aus der Großindustrie unterzeichnet; mittlere und kleine Unternehmer und Gutsbesitzer überwogen. Immerhin hatten sich jedoch Ex-Reichsbankpräsident Hjalmar Schacht, inzwischen eine Führungsfigur der «Harzburger Front», RLB-Präsident Graf Eberhard v. Kalckreuth und der Bankier Kurt v. Schröder vom bedeutenden Kölner Bankhaus Stein zur Unterschrift bereit gefunden. Insofern war die Denkschrift zwar kein Ultimatum «des Großkapitals», symptomatisch für die verbreitete Sympathie für Hitler war sie aber schon.

Währenddessen verfolgte das Zentrum noch immer sein Zähmungsprojekt. Der BVP-Vorsitzende Fritz Schäffer, dessen eigentliche Karriere als langjähriger Finanzminister der frühen Bundesrepublik noch vor ihm lag, beschwor v. Papen am 16. November, es sei jetzt «unumgänglich, die nationalsozialistische Partei zur Beteiligung an der Regierung zu bewegen, selbst unter dem Opfer, Hitler zum Reichskanzler zu ernennen». Auch der Prälat Kaas, der den «parlamentarischen Parteienstaat» schon 1928 unmißverständlich verworfen hatte, votierte dafür. Soeben noch hatte er auf dem Freiburger Katholikentag konstatiert: «Niemals ist der Ruf nach einem Führertum großen Stils lebendiger und ungeduldiger durch die deutsche Volksseele gegangen.» Darin konnte er offenbar einstimmen. Zunächst aber fiel der agile Vermittler aus: Franz v. Papen erlag am 17. November einer neuen Palastintrige. Trotzdem behielt er seine Dienstwohnung in der Wilhelmstraße: Das sicherte ihm weiterhin den direkten Zugang zu Hindenburg.[3]

c) Der Utopist der «Querfront»: General Kurt v. Schleicher

In die Bresche mußte jetzt mangels realistischer Optionen der Dauerintrigant und «Königsmacher», der General Kurt v. Schleicher, am 3. Dezember selber springen. Seine Kanzlerschaft dauerte, Symptom des beschleunigten Staatsverfalls, nicht einmal zwei Monate: genau 57 Tage. Sie blieb nicht nur wegen ihrer Kürze eine düstere Episode, sondern auch wegen der bizarren Illusionen, die der neue Kanzler unverzüglich verfolgte. Denn der ehemals pragmatische Machtpolitiker wurde zum verblendeten Utopisten, als er sein Projekt einer neuartigen Regierungskoalition in Gestalt der «Querfront» verfolgte.

Um sich eine breite politische Basis zu verschaffen, wollte Schleicher zum einen den «linken» Flügel der NSDAP an sich binden. Bereits am

VI. Deutschland am Vorabend seines «Zivilisationsbruchs»

4. Dezember bot er Gregor Strasser die Vizekanzlerschaft an, und einige Stunden lang durfte er hoffen, daß der «Reichsorganisationsleiter» tatsächlich in die Regierung eintreten und sie mit seinem Anhang stützen werde. Doch schlimmer hätte v. Schleicher den «Führer» gar nicht unterschätzen können: Am nächsten Tag setzte Hitler diesem Angebot ein kompromißloses Nein entgegen. Daraufhin legte Strasser alle Parteiämter nieder und entschwand – durchschlagender Beweis seiner politischen Mediokrität – in einen mehrwöchigen Italien-Urlaub. (Nach der Rückkehr sank er zur politischen Unperson hinab, 1934 wurde er während der SA-Krise von seinen Parteigenossen ermordet.)

Zum andern erstrebte v. Schleicher die Kooperation mit den Gewerkschaften, indirekt daher auch mit der SPD, der ein fortgesetzter Tolerierungskurs zugemutet werden sollte. Dafür bot er vorerst ein ausgedehntes Notstandsprogramm mit Arbeitsbeschaffungsmaßnahmen an. Einige Tage lang mochte er sich erneut in der Hoffnung wiegen, auf diese Weise Unterstützung für sich zu gewinnen, zumal er als allerletzte Barriere auf Hitlers Weg in das Kanzleramt galt. Doch wiederum erlag er einem Fehlurteil: Ärger hätte er den unbeugsamen Konservativismus des Reichspräsidenten nicht unterschätzen können.

Denn Hindenburg lehnte schlechterdings jede Form der Zusammenarbeit mit irgendeinem Teil «der Linken» ab. Als v. Schleicher, der Hindenburgs politisches Naturell seit fast 20 Jahren kannte und es besser hätte wissen müssen, trotzdem sein Kooperationsangebot machte, zerstörte er durch seinen «Verrat» die Grundlage seines Vertrauensverhältnisses zum «Ersatzkaiser», der voll jäh geweckten Mißtrauens zu seinem neuen Kanzler auf Distanz ging. Mit der Absicht, über die politischen Lager hinweg eine «Querfront» aufzubauen, ist Schleicher daher nach wenigen Tagen an den starren Lagergrenzen, vor allem aber an seinem eigenen Unvermögen kraß gescheitert. Ob dennoch eine Verlängerung seiner Kanzlerschaft, vielleicht bis hin zur Umwandlung in eine formelle Militärdiktatur, tatsächlich eine realisierbare Alternative zum Hitler-Regime hätte sein können, ist unten (VI.5) noch zu prüfen. (Dem unversöhnlichen Rachedurst Hitlers und seiner Spießgesellen fiel auch v. Schleicher während der Röhmkrise zum Opfer.)[4]

Die Zerfallsgeschichte der Weimarer Republik ist bisher geschildert worden, ohne daß die aggressivsten Zerstörungskräfte angemessen analysiert worden wären. Sie wurden durch den linkstotalitären Kommunismus und den rechtstotalitären Nationalsozialismus verkörpert. Blickt man auf die strukturelle Kräftekonstellation, ist das Experiment der ersten deutschen Republik letztlich an ihrem Zangenangriff gescheitert, wobei sich auf der Seite der Hitler-Bewegung die ungleich größere Destruktionsmacht zusammenballte. Auf beide Bewegungen muß daher jetzt im Zusammenhang der Zerstörung der Republik eigens eingegangen werden.

2. Der Aufstieg des deutschen Kommunismus

Das «kurze» 20. Jahrhundert in Europa begann nicht nur mit dem ersten totalen Krieg, sondern es brachte unmittelbar danach gleich zwei weitere welthistorische Neuerungen hervor: den Aufstieg des linkstotalitären Kommunismus und des rechtstotalitären Faschismus, der in Deutschland als einzigem westlichen Kultur- und Industrieland in seiner radikalsten Variante: als Nationalsozialismus auftrat. Erneut erwies sich die tiefe Ambivalenz, die in der neuzeitlichen Geschichte Europas gespeichert ist. Denn es generierte außer Liberalismus und Demokratie, außer Verfassungs- und Rechtsstaat auch tödliche Gefahren der Selbstzerstörung, zuerst in der Gestalt des totalen Krieges, dann der beiden totalitären Bewegungen, die keineswegs von einer fremden Macht Europa von außen aufgezwungen wurden, vielmehr genuine Produkte seiner eigenen Geschichte verkörperten. Insofern zeigt diese Janusköpfigkeit erneut, daß zu seiner Modernisierungsleistung auch stets die schwarzen, abgründigen Aspekte unauflöslich hinzugehören.

Bei beiden Totalitarismen handelte es sich um fundamentalistische Bewegungen von fanatischen Rechtgläubigen, die im Bann einer chiliastischen Geschichtsutopie und mit dem Ziel einer prinzipiellen Weltveränderung antraten: sei es der kommunistischen Zukunftsgesellschaft oder der arischen Rassegesellschaft. Auf dem Weg dorthin scheuten sie nicht davor zurück, alle tatsächlichen oder vermeintlichen Gegner und Sündenböcke für frühere und gegenwärtige Fehlentwicklungen millionenfach zu ermorden. Überall dort, wo sie die Staatsmacht erobern konnten, wie etwa im Rußland der Sowjetunion und im Deutschland des «Dritten Reiches», errichteten sie totalitäre Diktaturen von einer beispiellosen Menschenfeindlichkeit. Ihrem eigenen Selbstverständnis nach bewegten sie sich freilich auf der Höhe der Zeit, ja sie glaubten sogar an ihre Berufung, die Moderne recht eigentlich zu vollenden. Ihre Regime griffen keineswegs nur auf die vertraute Unterdrückungsmaschinerie aller neuzeitlichen Diktaturen zurück. Vielmehr entwickelten sie, indem sie alle bestehenden industriellen und bürokratischen Ressourcen ausnutzten, höchst moderne Machttechniken zur Mobilisierung der Massenloyalität und nicht minder neuartige Methoden des Massenmords, um den Weg in das säkularisierte Paradies ihrer Zukunftsvisionen freizumachen.

In einer solchen Perspektive rücken die beiden Totalitarismen, die sich im historischen Prozeß wie Feuer und Wasser zueinander verhielten, wegen der indoktrinierenden Diktaturen und ihres Herrschaftssystems eng aneinander.

Der Kommunismus entwickelte sich auf dem linken Flügel der marxistischen Arbeiterbewegung in Europa. Sie erzeugte gemeinhin, wie man im

Rückblick erkennt, die reformorientierten sozialdemokratischen Arbeiterparteien als ihren gemeineuropäischen Normaltypus; sie erwiesen sich, auch auf längere Sicht, als unverzichtbare Kräfte beim systemimmanenten Umbau der kapitalistischen Gesellschaften im Zeichen des massendemokratischen Sozialstaats. Doch im Rußland der zaristischen Autokratie wirkte die Aussichtslosigkeit, wie es schien, fast aller friedlichen Reformanstrengungen auf einen Teil der hochpolitisierten Intelligentsia und der (zunächst ganz dem europäischen Vorbild folgenden) Sozialdemokratie so intensiv ein, daß in der abgesplitterten Minderheit der Bolschewiki unter Lenins Führung die Hinwendung zu einem extremistischen revolutionären Sozialismus sui generis erfolgte – unter unablässiger orthodoxer Beschwörung der wahren Intentionen Marxens und der genuinen Aufgaben eines konsequenten Marxismus. Mit diesem bolschewistischen Kommunismus zog eine tödliche Bedrohung schlechthin aller Errungenschaften der westlichen Gesellschaften herauf: ihrer politischen und wirtschaftlichen Verfassung, ihrer kulturellen Traditionen und Ressourcen, ihrer Orientierungsvision einer «bürgerlichen Gesellschaft». Angesichts dieser prinzipiellen Herausforderung bahnte sich ein Kampf auf Leben und Tod an.

Der Leninsche Kommunismus hätte bei anhaltendem Frieden im europäischen Sozialismus weiterhin ganz überwiegend als Fehlentwicklung gegolten, die nur aus den harschen Bedingungen der russischen Autokratie zu erklären sei, jedenfalls von allen Ländern westlich der Weichsel ferngehalten werden müsse. Doch dann schuf der Erste Weltkrieg eine Druckkammer, die im Verlauf weniger Jahre die meisten sozialdemokratischen Parteien Europas einem tiefgreifenden Radikalisierungsprozeß aussetzte. Für ihre linken Flügel gewann das Beispiel der Bolschewiki eine vorher völlig unvorstellbare Vorbildfunktion, und überall bahnte sich, spätestens seit 1917, ihre Verselbständigung als kommunistische Parteien an.

Die Sonderbedingungen des Zarenreichs und damit die Bolschewiki als ihr Produkt, die Indienstnahme und Uminterpretation der Marxschen Theorie als Mobilisierungs- und Integrationsideologie, nicht zuletzt aber die existentielle Krise des Ersten Weltkriegs – das sind die drei Geburtshelfer gewesen, die den Kommunismus für gut 70 Jahre – wie sich herausstellen sollte – in Europa auf seine verhängnisvolle Bahn gesetzt haben.

Das traf auch auf die deutsche Linke zu, denn zur USPD gehörte eine linksradikale Minderheit, die «Spartakus»-Gruppe, die sich bereits in den politischen Auseinandersetzungen der Vorkriegszeit auf dem linken Flügel der SPD zusammengefunden hatte. Außer dem Juristen Karl Liebknecht, dem Sohn eines der Parteigründer, und dem Parteiintellektuellen Franz Mehring verkörperten zwei Sozialisten aus dem jüdischen Milieu Russisch-Polens, Rosa Luxemburg und ihr politischer Mentor Leo Jogiches, den Drang nach einer radikalen, zukunftverbürgenden Veränderung. Beide hatten zu den Gründern der russisch-polnischen «Sozialdemokratie des Kö-

2. Der Aufstieg des deutschen Kommunismus 537

nigreichs Polen und Litauen» gehört, der streng internationalistischen Gegnerin der numerisch weit überlegenen nationalistischen polnischen Sozialdemokratie, der PPS unter der Leitung Josef Pilsudskis und Ignaz Daszyñskis. Namentlich Rosa Luxemburg war durch ihren ebenso glühenden wie dogmatischen Internationalismus in einen leidenschaftlich ausgetragenen Konflikt mit Lenin geraten, der politisch ungleich weitsichtiger der Dynamik des Nationalismus vorerst einmal pragmatisch Rechnung zu tragen bereit war.

Hinter Gittern oder sonstwie unter Ausnahmerecht schikaniert erlebten alle Spartakus-Mitglieder den Krieg, in dem sie den Todeskampf der Imperialismen diagnostizierten, damit aber jene Konstellation heraufziehen sahen, die endlich den revolutionären Übergang in die «schöne neue Welt» des Kommunismus verhieß. Lenin mit seinen Bolschewiki, noch tief in den russischen Bürgerkrieg verstrickt, schien auf seiner Erfolgsbahn doch an sein Ziel eines Sowjetrußland zu kommen, das dann bei der Initialzündung für die Revolutionierung der kapitalistischen Länder Europas, wo nach der unbezweifelbaren Prognose von Marx die Revolution ja eigentlich hatte ausbrechen sollen, mit allen Kräften behilflich sein konnte.

Daher schlossen sich die Anhänger des Spartakusbundes, angeführt von Luxemburg, Jogiches und Liebknecht, mit den Bremer Linksradikalen um Paul Fröhlich auf dem Berliner Gründungsparteitag (30.12. 1918–1.1. 1919) zur Kommunistischen Partei (KPD) zusammen. Sie gab sogleich, anfangs gegen Luxemburgs dringenden Ratschlag, einer putschistischen Strömung nach, die im Berliner Januar-Aufstand den deutschen Bürgerkrieg zu entfesseln suchte. Die Erhebung scheiterte, Luxemburg und Liebknecht wurden am 15. Januar 1919 von Freikorpskämpfern erschlagen. Das war ein viehischer Mord, der ihnen die Gloriole des politischen Märtyrertums eingetragen hat. Doch wer zur bittersten aller Auseinandersetzungen, zum Bürgerkrieg, antritt, ja ihn sogar initiiert, begibt sich wissentlich in jene Gefahr, in der er jederzeit umkommen kann: im militärischen Kampf mit dem Gegner oder vor dem Peloton eines Kriegsgerichts. Für den Heiligenschein der Ikone sind solche Figuren nicht geeignet. Überdies wurde auch Jogiches im März während seiner Untersuchungshaft ermordet, so daß die junge Partei gleich zu Beginn ihre wichtigsten politischen und theoretischen Führungspersönlichkeiten verlor.

Wie der Berliner Januaraufstand mißlang auch der Anlauf zu einer kommunistischen Räterepublik in München, mißlangen weitere militante Aktionen 1919/20 an der Ruhr und in Mitteldeutschland, der Märzputsch von 1921 und noch einmal 1923 die Erhebungen in Sachsen, Thüringen und Hamburg. Ihrer ganz und gar unrealistischen Situationsanalyse und sowjetrussischen Pressionen folgend, verrannte sich die KPD fast vier Jahre lang in ihre Bürgerkriegsillusionen – sinnlos Tausende opfernd, der Chimäre der kommunistischen Revolution in ganz Deutschland nachjagend.

Warum bloß hat die erste deutsche Republik diesen fundamentalistischen Todfeind nicht mit allen verfügbaren Mitteln auszuschalten versucht?

Die Geschichte der KPD in der Weimarer Republik besteht aus einer Serie von fatalen Entscheidungen. 1920 hatten die Stimmen von USPD und KPD, zusammen 20 Prozent, den neuen Sieg der Weimarer Koalition verhindert, die ohne diese wahlpolitischen Folgen der Spaltung der deutschen Arbeiterbewegung auf beruhigende 63,6 Prozent aller Stimmen gekommen wäre. Aus der Kümmerexistenz einer kleinen politischen Sekte wurde die KPD erst befreit, als sie dank der Auflösung der USPD zu einer Massenpartei wurde, die sich 1924, nach dem Ende aller bewaffneten Konflikte, in den Maiwahlen zum Reichstag mit 3,69 Millionen und 62 MdR auf Platz 4 hinter der SPD, der DNVP und dem Zentrum schieben konnte. Wie unsicher dieser Erfolg aber noch war, trat bei der zweiten Wahl im Dezember 1924, nach dem Beginn der Konsolidierungsphase also, zutage. Denn jetzt verlor die KPD, nur ein halbes Jahr nach ihrem ersten Triumph, schon wieder rund eine Million Stimmen und 17 Abgeordnetensitze. Wäre die KPD nicht mit im Rennen gewesen, wäre ihr Anteil von 12,6 bzw. 9 Prozent aller Wahrscheinlichkeit nach der SPD zugute gekommen, so daß die Weimarer Koalition mit 52,2 bzw. 54,9 Prozent erneut die Mehrheit gewonnen hätte.

Im selben Jahr mußte die Führungsriege um Heinrich Brandler und August Thalheimer, die in den Geruch von «Parteirechten» geraten waren, weil sie einer Kooperation mit der SPD die politisch am meisten versprechenden Aussichten zubilligten, die Leitung der KPD an die sogenannte «linke Opposition» um Ruth Fischer, Arkadi Maslov und Ernst Thälmann abgeben. Diese Fraktion verfocht die «Bolschewisierung» ihrer Partei, worunter sie die Verankerung eines verhunzten Marxismus leninistischer Prägung, die strukturelle Angleichung an die sowjetische Regierungspartei und die Unterwerfung der Mitgliederschaft unter den «demokratischen Zentralismus», konkret: die neuabsolutistische Herrschaft des Funktionärsapparats, verstand. Trotz ihrer geradezu blindwütigen Imitation der KPdSU wurden Fischer und Maslov als «Linksabweichler» von Stalin, der sich der Komintern als seines willfährigen Instruments bediente, aus der Parteizentrale entfernt. Thälmann dagegen – ein Parteiprolet wie aus dem Bilderbuch des orthodoxen Marxismus, früher USPD-Vorsitzender und Chef des paramilitärischen «Roten Frontkämpferbundes», von beklemmender Biederkeit, doch zu volkstümlicher Rede befähigt – wurde seit 1925 in direkter Imitation des Personenkultes um Stalin als «unfehlbarer Führer» der KPD herausgestellt. Mit der Monotonie einer tibetanischen Gebetsmühle schwor er seine Partei auf die sklavische Unterstützung der Politik des Moskauer Diktators ein.

1925 kandidierte «Teddy» Thälmann auch sofort bei der nach Friedrich Eberts Tod erforderlichen Neuwahl des Reichspräsidenten, bei der er fast sieben Prozent der Stimmen auf sich zog. Auf diese Weise trug die KPD je-

2. Der Aufstieg des deutschen Kommunismus

doch entscheidend zur Schwächung des «bürgerlichen» Kandidaten, des Zentrumspolitikers Wilhelm Marx, wie umgekehrt zum fatalen Sieg Hindenburgs bei. Denn der in jeder Hinsicht gescheiterte Feldmarschall, inzwischen der Wunschkandidat des autoritär-konservativen Lagers, erhielt im Mai 14,66 Millionen Stimmen (48,3 %), während Marx mit 13,75 Millionen Stimmen (45,3 %) dichtauf lag. Ihm fehlten außer den für Hindenburg optierenden Stimmen der BVP jene 1,9 Millionen Thälmann-Stimmen (6,9 %), die damit Hindenburg indirekt zugute kamen. Jedermann wußte vor dem Gang zur Urne, daß der neue KPD-Chef nicht die geringste Erfolgsaussicht besaß. Aber die Parteidoktrin verlangte die Demaskierung der Republik als eines reaktionären Staatswesens, und deshalb war der Sieg des Rechtskandidaten geradezu erwünscht. Sinnloser konnte Thälmanns Kandidatur, die den ersten spektakulären Triumph der Republikfeinde ermöglichte, kaum enden.

Parteimitglieder und Sympathisanten honorierten jedoch den Kollaborationskurs, der die KPD zum gefügigen Satelliten des Entscheidungszentrums um Stalin machte. Denn 1928 konnte die Partei mit 3,27 Millionen Stimmen und 54 MdR ihre Position stabilisieren. Wenig später jedoch, mit dem Beginn der «Großen Depression» und dem erkennbaren Vormarsch der Nationalsozialisten, beging sie einen unverzeihlichen neuen Fehler, als sie – wiederum auf Drängen jener Moskauer Instanzen, die ihr die Marschroute vorschrieben – die Sozialdemokraten als sogenannte «Sozialfaschisten», die dem Nationalsozialismus im Grunde nur den Weg bahnten, zum stigmatisierten Hauptgegner erklärte. Als Folge dieser politisch aberwitzigen Polarisierung durch die KPD entfiel auch die letzte, ohnehin mehr als prekäre Möglichkeit einer potentiellen Kooperation, erst recht jeder gemeinsamen Handlungsbasis mit der SPD und anderen demokratischen Parteien, um das weitere Vordringen des Nationalsozialismus zu verhindern.

Eine derart abwegige Agitation hätte keine Resonanz gefunden, wenn in der KPD und in ihrem Umfeld der Haß auf die feindlichen sozialdemokratischen Brüder, auf ihre Verteidigung der Republik und daher auch ihre folgerichtige Mitwirkung bei der Niederschlagung der kommunistischen Bürgerkriegsinitiativen, mithin auf die verächtlichen «Klassenverräter» nicht zehn Jahre lang sorgsam kultiviert worden wäre. 1930 honorierten die KPD-Wähler diesen Kurs noch einmal, denn mit ihren 4,6 Millionen Stimmen (13 %) entsandten sie 77 Abgeordnete ins Parlament.

Auf dem Tiefpunkt der Weltwirtschaftskrise hat dann die nackte Verzweiflung den größten Teil der Arbeitslosen in die Arme der KPD getrieben, die bei den Juliwahlen von 1932 ihre Position mit 5,28 Millionen Stimmen (14,6 %) und 99 Abgeordneten erneut verbessern konnte. Und während die NSDAP bei den zweiten Wahlen im Herbst dieses Jahres von ihrem Höchststand von 13,75 Millionen Stimmen und 230 MdR binnen weniger Monate auf 11,74 Millionen Stimmen und 196 MdR, anteilig von

37,4 auf 33,1 Prozent, absackte, gelang der KPD, von der Schubkraft der Depression, der Sorge vor der Expansion der Hitler-Bewegung und der Enttäuschung über den zaghaften Kurs der SPD gleichermaßen vorangetrieben, der größte Erfolg, den der deutsche Kommunismus je in Friedenszeiten bei freien Wahlen erzielt hat. Denn die KPD zog jetzt fast sechs Millionen Stimmen (5,95 Mill., 16,8 %) für 100 MdR an sich. Hinter der NSDAP und gefährlich dicht hinter der SPD (7,25 Mill., 121 MdR) rückte sie in den Rang der drittstärksten Fraktion des deutschen Reichstags auf. Bei der ebenfalls 1932 anstehenden Neuwahl des Reichspräsidenten erreichte Thälmann im ersten Durchgang allerdings nur zehn Prozent der Stimmen.

Trotzdem: Die Kommunisten bewerteten ihren Sieg in den Reichstagswahlen als das Menetekel der bürgerlichen Republik kurz vor ihrem Untergang. Das autoritäre Lager gewann deshalb zwar keinen neuen Wählerzustrom mehr, wie das die Novemberwahlen unzweideutig demonstrierten. Doch in der Stimmungslage einer politischen Öffentlichkeit, die weit über seine Sympathisanten hinausreichte, wurde der Zangendruck, den die Sowjetunion von außen und die KPD von innen erzeugten, jetzt erst recht als so bedrohlich empfunden, daß der leidenschaftliche Antimarxismus der NSDAP ihren «Führer» als Retter vor der ansteigenden roten Flut aufwertete.

Angesichts des entsetzlichen Verlaufs und Ausgangs des kommunistischen Experiments mit Aberhunderten Millionen von Menschen wirkt die Frage um so dringlicher, warum seit 1920 auch in Deutschland Millionen von Männern und Frauen auf die Fata Morgana der kommunistischen Gesellschaft vertraut haben. Ein halbes Dutzend Sachgesichtspunkte hilft hier bei der Erklärung weiter.

1. Marxens geschichtsphilosophischer Entwurf war seit jeher radikalisierbar. Das zeigt die Geschichte der streng marxistischen Linken seit den 1870er Jahren. Vermutlich nahm ihre Neigung zur extremen Zuspitzung zu, als die sozialdemokratische Mehrheit, Friedrich Engels' Ratschlägen folgend, vor ihren Augen auf einen pragmatischen Reformkurs einschwenkte. Anknüpfungspunkte bei Marx gab es genug: Seine Revolutionsrhetorik, seine vage Zukunftsvision, seine menschenverachtende Polemik gegen Andersdenkende konnten von einer orthodoxen Position aus buchstabengetreu übernommen werden.

2. Dennoch ist es außerordentlich fraglich, ob die Vorkriegslinke nennenswerten Zulauf erhalten hätte, wenn nicht der Erste Weltkrieg mit seinen Deprivationserfahrungen und der Spaltung der europäischen Arbeiterbewegung eine neuartige Konstellation geschaffen hätte, die der Realitätsdeutung der Linken ungeahnte Möglichkeiten eröffnete.

3. Der Sieg der Leninschen Bolschewiki im russischen Bürgerkrieg schien zu demonstrieren, daß eine erfolgreiche Revolution hic et nunc

selbst in einem Agrarland mit industriellen Inseln durchaus möglich war. Nach den gescheiterten Unternehmen der alten Linken während der Revolutionen von 1789, 1830, 1848 und 1871 wirkte die Etablierung der Sowjetunion als um so strahlenderer Beweis für die Richtigkeit der verheißungsvollen Lehre.

4. Daß die SPD für die Verteidigung der Republik gegen die putschistische Linke eintrat, deren Bürgerkriegsaktionen loyal bekämpfte und daher auch vor dem Pakt mit regulären Militär- und Freikorpsverbänden bei der Niederwerfung der «Roten» nicht zurückscheute, hat im Verein mit der Enttäuschung der allgemeinen Erwartungen, die sich weithin im proletarischen Milieu an die deutsche Revolution geheftet hatten, zu einer tiefen, anhaltenden Erbitterung geführt. Sie kam der KPD ebenso zugute, wie das die offensichtlichen Grenzen pragmatischer sozialdemokratischer Politik und ihre Hilflosigkeit im Angesicht der «Großen Depression» taten. Im Vergleich damit wirkte die schlichte kommunistische Krisenstrategie des revolutionären Klassenkampfes, selbst wenn er sich gegen die «sozialfaschistischen» Sozialdemokraten wandte, auf seine Anhänger konsequenter und aussichtsreicher.

5. Nach seiner Verselbständigung in Gestalt einer Partei wirkte der deutsche Kommunismus, zumal er die Bürgerkriegssituation der Anfangsjahre institutionell überstanden hatte, ungebrochen als Hoffnungsträger für Millionen von Sympathisanten. Diese Sehnsucht nach der kapitalismusfreien Zukunft erwies sich imstande, über alle niederschmetternden Probleme der «Bolschewisierung», des gnadenlosen Richtungskampfes, des Personenkults hinwegzusehen. Der Weg mochte schwierig sein, das Ziel war alles.

6. Mit dem Aufstieg der NSDAP wurde in der Interpretation der KPD die klassische Polarisierung zwischen Kapital und Arbeit auf die finale Kraftprobe hin zugespitzt – untrügliches Indiz für den Kollaps der bürgerlichen Republik und daher Loyalitätsverstärker vor dem endgültigen Sieg der revolutionären Arbeiterklasse.

So griffen die strukturellen Bedingungen und die tagespolitischen Hoffnungen ineinander, um die Militanz, die Zukunftshoffnung, den Endzeitglauben in der KPD zu erhalten. So wirkten sie auch zusammen, als die KPD in unerschütterlicher Borniertheit einen kapitalen politischen Fehler nach dem andern beging und auf ihre Weise dazu beitrug, die erste Republik zu zerstören.[5]

3. Der Aufstieg des Nationalsozialismus: Hitlers charismatische Herrschaft über eine radikalnationalistische Massenbewegung

Seit dem ausgehenden 19. Jahrhundert lag eine Fusion von zwei so mächtigen Ideenkonglomeraten wie dem Nationalismus und dem Sozialismus in der Luft – theoretisch gesprochen: Sie besaß einen hohen Rang unter den Optionen des «historisch objektiv Möglichen» (Max Weber). Wenn nämlich im Nationalismus die nationaldemokratisch-egalitären Vorstellungen von der Gleichberechtigung aller Nationsgenossen vordrangen, entstand eine Affinität zu den Gleichheitsidealen des Sozialismus. Wenn andererseits der Internationalismus des marxistischen Sozialismus durch die historischen Umstände abgeschwächt oder sogar durch die Loyalität gegenüber der Nation verdrängt wurde, öffneten sich seine Anhänger bereitwilliger dem herrischen Loyalitätsanspruch des Nationalismus, der ohnehin von allen Seiten auf sie eindrang. Sobald diese beiden Bedingungen erfüllt waren, konnte sich unter dem weiten Dach eines nationalen Sozialismus oder eines sozialistischen Nationalismus ein riesiges Potential an sozialen und politischen Bewegungskräften zusammenballen – wie das noch bis in unsere Gegenwart hinein die Geschichte der «Dritten Welt» gezeigt hat.

Die Fusion dieser beiden Hauptelemente trat – so gesehen im Grunde nicht überraschend – zuerst im multinationalen Habsburger Reich auf, wo wegen der intensivierten Nationalitätenkonflikte sowohl nationalisierende als auch demokratisch-egalitäre Impulse auf die junge sozialdemokratische Arbeiterbewegung einwirkten. Im deutsch-tschechischen Mischsiedlungsgebiet des später so genannten böhmischen «Sudetenlandes» mit seiner frühen Industrialisierung und seinem heftigen Nationalitätenkampf trat erstmals eine «National-sozialistische Arbeiterpartei» auf, die ihre Anhänger unter deutschsprachigen Österreichern – erst 1902 wurde für sie der Begriff «Sudetendeutsche» erfunden – rekrutierte. Der Weltkrieg wertete den Nationalismus gegenüber dem internationalistischen Marxismus immens auf. Das war ein gemeineuropäisches Phänomen, das in allen Krieg führenden Ländern zu einer beschleunigten Amalgamation von Sozialismus und Nationalismus führte. (Wegen Lenins Bolschewiki in Rußland und wegen der fehlenden sozialistischen Arbeiterbewegung in den USA erlebten die beiden Flügelmächte Sonderentwicklungen.) Auch in Deutschland wurde der Internationalismus der SPD zusammen mit ihrer Ablehnung des Nationalismus als Verdeckungsideologie des bürgerlichen Kapitalismus radikal in Frage gestellt. Doch die Zählebigkeit des sozialdemokratischen Traditionalismus verhinderte in der Nachkriegszeit zunächst einen noch tieferen Einbruch, zumal in der USPD und in der KPD der linksmarxistische Internationalismus dramatisch aufgewertet wurde.

3. Der Aufstieg des Nationalsozialismus

Von ganz unterschiedlichen Positionen aus war inzwischen auch von Intellektuellen das angeblich symbiotische Verhältnis von Nationalismus und Sozialismus immer wieder beschworen worden: Friedrich Naumann und Oswald Spengler, Walther Rathenau und Ferdinand Tönnies, Arthur Moeller van den Bruck und Ernst Niekisch, Werner Sombart und Ernst Jünger – sie alle haben mit manchen anderen, jeder auf seine Weise, diese Fusion so lange als historische Notwendigkeit beschworen, bis sie die Aura einer verlockenden nahen Zukunft umgab.

Das wüste Ideengemisch einer kümmerlichen Münchener Zwergpartei wie der «Deutschen Arbeiterpartei» enthielt daher doch zukunftsfähige Elemente, zumal sie ihre anfängliche Existenz 1919/20 an der exotischen bayerischen Peripherie in dem Augenblick hinter sich ließ, als sie auf «Nationalsozialistische Deutsche Arbeiterpartei» (NSDAP) umgetauft und Adolf Hitler zu ihrer Spitzenfigur wurde.[6]

Die Entwicklung dieses, seines Nationalsozialismus steht völlig im Zeichen der einen Komponente: des durch den Weltkrieg, die Niederlage und die Kriegsfolgen radikalisierten deutschen Nationalismus. Dagegen lebte der Sozialismus allenfalls in verballhornter Form in der «Volksgemeinschafts»-Idee fort, während von der sozialistischen Programmatik, die auf die Reform von Wirtschaft und Gesellschaft zielte, außer dem allgemeinen Ruf nach einer Veränderung der Verhältnisse, nach der Beseitigung starrer gesellschaftlicher Schranken und nach mehr sozialer Gerechtigkeit nichts aufgegriffen wurde.

Vertrug sich diese Fusion von Nationalismus und Sozialismus, wie sie der Nationalsozialismus für sich in Anspruch nahm, mit dem überkommenen deutschen Nationalismus? Oder stellte sie ihn als etwas Neues grundsätzlich in Frage? Ersetzte sie ihn durch die neue Kampf- und Integrationsideologie dieser «Weltanschauung»? Oder erwies sich der Nationalismus erneut als so elastisch, daß er auch diese neuen Elemente absorbieren konnte?

Solche Fragen lenken noch einmal auf die umstrittene Natur des modernen Nationalismus hin, der in dieser «Gesellschaftsgeschichte» bereits mehrfach erörtert worden ist. Dabei ist die methodische Maxime beachtet worden, das feste Gerüst seiner Langzeitelemente (etwa des Auserwähltheitsglaubens, der Glorifizierung der Vergangenheit, der welthistorischen Zukunftsmission) von jenen flexiblen, oft kurzlebigen Komponenten zu unterscheiden, die je nach dem aktuellen historischen Kontext ihm neu zugeschrieben oder in ihn hineindefiniert werden. Diese extreme Plastizität des Nationalismus ermöglicht seine erstaunliche Amalgamationsleistung, die ihm seine häufig beobachtete chamäleonartige Natur verleiht.

Von der neueren Nationalismusforschung seit den frühen 1980er Jahren – 1983 ist wegen des Erscheinens der einflußreichen Bücher von Ernest Gellner und Benedict Anderson ihr «annus mirabilis» – ist dieser Konstrukturcharakter des Nationalismus intensiver denn je zuvor und mit anhaltendem Nachdruck herausgearbeitet worden. Der Primat wird hier dem Nationalismus als Utopie einer vorerst nur «gedachten Ordnung» zuerkannt, deren Ideenwelt dann konkret realisiert werden muß. In epigrammatischer Kürze drückt Gellners Lehrsatz, daß sich nicht die Nation ihren Nationalismus, sondern daß der Nationalismus sich seine Nation schafft, diese Priorität aus.

Einige Vorzüge dieses Interpretationsansatzes leuchten unmittelbar ein. Der von Grund auf irreführende Anschein der Natürlichkeit der Nation, der Essentialismus mithin der älteren Forschung, wird radikal aufgelöst. Neue «gedachte Ordnungen» führen zu einer jeweils erweiterten, veränderten Rechtfertigung des Nationalismus und seiner Nation – auch im Sinne der politischen Legitimationsordnung, für welche sie als Legitimationsspender überhöht wird. Fraglos handelt es sich um eine klassische Legitimitätsfiktion, doch sie bildet den Kern des analytischen Arguments, daß der Nationalismus immer auch oder sogar ganz vorrangig ein politisches Phänomen der Neuzeit darstellt.

Die Betonung stets neuer Konstruktionserfolge und Zuschreibungen steht zwar in Gefahr, die stabilen Langzeitelemente des Nationalismus zu vernachlässigen oder doch zu unterschätzen, öffnet andererseits aber auch den Blick auf die Fusion des Nationalismus mit anderen Loyalitätsreserven, etwa denen der Konfession oder der historischen Region, oder mit Ideensystemen wie etwa dem Neuhumanismus oder Kulturprotestantismus; sie alle können verstärkend auf die psychomotorische Dynamik des Nationalismus einwirken.

Seit der zweiten Hälfte des 19. Jahrhunderts ist der deutsche Nationalismus mit all seinen Denkfiguren und Bewegungskräften als Weltbild fest etabliert worden. In vielfältigen Sozialisationsprozessen hat er sich dem politischen Habitus der Reichsdeutschen eingeprägt. Doch inhaltlich konnte er auch seit jeher immer wieder neu aufgefüllt werden, wie die wechselvolle Geschichte des neuen kleindeutschen Reichsnationalismus zeigt. Als besonders folgenreich erwies sich etwa der Einfluß des Sozialdarwinismus, der auch die eigene Nation als Beweis für das «survival of the fittest» im ewigen Machtkampf verstand, sie radikal naturalisierte und einem rassenbiologischen Verständnis gleitend den Weg bahnte. Diese Auffassung wurde im Zuge der Stigmatisierung der jüdischen Deutschen durch den politischen und pseudowissenschaftlichen Antisemitismus seit den späten 1870er Jahren verstärkt. Als Endziel dieser Zuschreibungs- und Exklusionsprozesse tauchte der ethnisch homogene Nationalstaat mit seinem Ideal der rassenbiologisch «vollendeten Nation» auf.

Ein derart radikalisierter Nationalismus nahm institutionelle Formen zuerst bei den Alldeutschen, im «Ostmarkenverein», überhaupt bei den nationalistischen Agitationsverbänden an. Noch gut zwei Jahrzehnte lang

3. Der Aufstieg des Nationalsozialismus

blieb er mithin ein minoritäres Phänomen, obwohl er als latente Strömung tiefer in die Gesellschaft hineindrang. Erst durch den Weltkrieg und die Belastungen der Nachkriegszeit gewann er seine enorme Schubkraft. Durch die Kriegsniederlage, den Zerfall der monarchischen Ordnung und die territoriale Amputation des Reiches wurde die bisher unbezweifelte Hochschätzung des Staates scharf abgewertet, während das «deutsche Volk» als Garant der historischen Kontinuität und als Träger der nationalen Mission aufgewertet wurde.

Damit öffnete sich ein weites Einfallstor für das Einströmen völkischer Ideen. Hatte «Volkstum» im frühen 19. Jahrhundert noch eine sozialromantische Idee dargestellt, war es ein Jahrhundert später längst mit den Stereotypen des Rassismus und eines modischen Germanenkults aufgeladen worden. Im neuen Rechtsradikalismus der völkischen Verbände und Parteien, schließlich auch des Nationalsozialismus fanden sie eine politische Heimat. Gesteigert zu einem völkisch-rassistischen Auserwähltheitsglauben dienten sie jetzt dazu, die akute Kränkung und Schwäche nicht nur zu kompensieren, vielmehr erhöhten sie darüber hinaus auch das Selbstwertgefühl und unterstützten massiv die verführerische Projektion einer glorreichen Zukunft, wie das der Nationalismus seit jeher getan hatte.

Daß der deutsche Radikalnationalismus, weit über das von den Völkischen besetzte Feld ausgreifend, eine anhaltende, rasch zunehmende Ausstrahlungskraft gewinnen konnte, ergab sich als fatales Resultat aus jenem Krisensyndrom, dessen Tiefenwirkungen die beiden Jahrzehnte zwischen 1914 und 1933 beherrschten. Vieles kam darin zusammen: die «Ideen von 1914» und die Kriegszieleuphorie, die Weltkriegserfahrungen selber, dann der Schock der Niederlage, die Revolution, der Versailler «Schandfrieden», die Entmilitarisierung, die Gebietsverluste, die Bürgerkriegserschütterungen, die Hyperinflation, die «Reparationsknechtschaft», zuletzt noch die Gewalt der Dritten Weltwirtschaftskrise, um diesen Hexenkessel vollends zu füllen.

Der gereizte Nationalismus im Inland wurde dadurch zusätzlich verstärkt, daß jetzt, zum guten Teil erstmals, große deutsche Minderheiten in jenen Neu- oder Nachfolgestaaten lebten, die 1919 aus dem Zerfall der multinationalen Großreiche hervorgegangen waren. In Polen etwa, in der Tschechoslowakischen Republik, in Ungarn, in Jugoslawien und in den drei baltischen Staaten waren sie bisher an die Existenz einer Herrenschicht gewohnt gewesen, wogegen sie nunmehr selber von Staatsvölkern, die sie einst verachtet hatten, in rauhem Stil beherrscht wurden. Die Spannungen, die durch dieses «Deutschtum im Ausland», namentlich in Osteuropa, heraufbeschworen wurden, haben sowohl den binnendeutschen Nationalismus heftig aufgeladen als auch in den deutschen Minderheiten einen auf das wahre, das deutsche «Heimatland» ausgerichteten Extremnationalismus gefördert, der die jüngeren Angehörigen dieser «Volksgruppen» beseelte und sie alsbald für die Parolen des Nationalsozialismus besonders anfällig machte.

Allgemein gilt, daß die explosive Kraft des deutschen Nationalismus entweder durch belastbare Institutionen und eine gefestigte politische Kultur gebändigt werden mußte – und beides war in der Republik nicht über Nacht vorhanden –, oder aber sie drängte zu einer zerstörerischen Entladung. Auf jeden Fall fiel dabei der Steuerungskapazität von Weltbildern, mit deren Hilfe der Anprall der Krisenerfahrungen verarbeitet wird, eine maßgebliche Rolle zu. Welche Optionen standen im zeitgenössischen Gedankenhaushalt bereit?

Das vielbeschworene Ideal der «Realpolitik», des deutschen Bürgers liebstes Kind, hätte eigentlich geboten, nach einem derartigen Debakel den inneren und äußeren Frieden nicht zu verweigern, die erhalten gebliebene Ressourcenbasis für den Wiedergewinn eines künftigen Großmachtstatus nicht zu ignorieren und einen maßvollen Revisionismus zu initiieren. Eben diesem Realismus zu folgen waren jedoch die lauthals widerstrebenden Verfechter der «Realpolitik» nicht imstande. Liberalismus und Konservativismus als überkommene Weltbilder erwiesen sich, wie sich sogleich herausstellte, ebenfalls außerstande, eine derartige Anhäufung von neuartigen Krisenerfahrungen überzeugend zu ordnen. Wenige Vorwürfe der rechten wie der linken Kritiker drückten tiefere Verachtung aus, als das modische Schimpfwort «liberalistisch». Versagen kennzeichnete auch den Pazifismus, der eine gesinnungsethische Alternative verkörperte, für sie jedoch nur einen winzigen Anhang fand.

Dagegen stellte der Marxismus-Kommunismus ein Weltbild zur Verfügung, das nicht nur den Weltkrieg als unvermeidlichen imperialistischen Konflikt der kapitalistischen Staaten mit seinem Ergebnis des ersten, aber ausdehnungsfähigen Revolutionserfolgs deutete, sondern auch eine geschichtstheoretisch fundierte Zukunftsvision enthielt. Deshalb vermochte er, so sehr sich auch Fehldeutung und Chimäre in ihm verbanden, zeitweilig Millionen von Deutschen anzuziehen. Die Achillessehne der kommunistischen Utopie steckte jedoch in ihrem Internationalismus, der dem Anprall nationalistischer Leidenschaften, wie sich seit dem Sommer 1914 immer wieder erwiesen hat, letztlich nicht gewachsen war.

Im Vergleich mit solchen Konkurrenten besaß der deutsche Nationalismus zum einen das umfassendste konsensfähige Weltbild, das die Konflikte und Krisen rivalisierender Nationalstaaten in der Gegenwart mit seiner immer mehr Menschen überzeugenden Geschichtsdeutung zu verstehen half. Zum anderen eröffnete er aufgrund seiner tiefen Verankerung und Steigerungsfähigkeit den überzeugendsten Zukunftsentwurf, bot die akzeptabelsten Kompensationsleistungen in einer Epoche tiefer Verwirrung und Verletzung, lehnte die Klassenantagonismen und alle Umsturzideen ab, beanspruchte weiterhin seine klassen- und milieuübergreifende Gültigkeit und kam sowohl den demokratisch-egalitären als auch den aristokratisch-elitären Grundstimmungen der Epoche entgegen.

Modernisierungstheoretisch gesprochen war die Situation seit 1918 durch einen allgegenwärtigen Desintegrationsprozeß gekennzeichnet. Das Reich und sein politisches System, das Militär und die Wirtschaft, die überkommene Sozialhierarchie und selbst die Familie, die bewährten Sitten und verbindlichen Werte – schlechthin alles schien einem zerstörerischen Verfall anheimzufallen. Dagegen pflanzte der Nationalismus das Banner seiner Integrationsverheißung auf, gestützt auf sein unerschütterliches Sendungsbewußtsein und auf seinen Mythos der alle Leiden überwindenden Erneuerungsfähigkeit. Als ihr Ziel wurde zusehends die «völkische Wiedergeburt» verstanden, ein neuer Beweis, wie schöpferisch sich auch der extreme Nationalismus gegenüber der «Erfindung von Traditionen» verhalten konnte. Andererseits versteht sich fast von selber, daß auch die traditionellen Feindbilder mit ihrem Haß auf den französischen «Erbfeind», das «perfide Albion», die «slawische Dampfwalze», verstärkt noch durch die neue Bolschewismusfurcht, durch den Krieg und seinen Ausgang ebenso aktiviert wurden wie das Ressentiment gegen die «polnischen Landräuber».

Mit der kleindeutschen Nationsbildung im Gefolge der Staatsgründung von 1871 war auch, entgegen dem Recht der Reichsverfassung, ihre Legitimationsbasis im Willen der Nation gesehen worden. Hinzu waren jedoch noch einige wichtige stabilisierende Sonderbedingungen gekommen, die seit 1918 entfielen, als Prägungen der politischen Kultur aber trotzdem weiterwirkten. So war etwa die Leistung des Militärs mit der Nationalstaatsgründung verschmolzen. Seine Niederlage hinterließ auch im Nationsverständnis eine offene Wunde, die durch die Lügen der «Dolchstoßlegende» nicht annähernd geheilt werden konnte. Mit der offenen und der geheimen Aufrüstung verband sich daher auch eine kraftvolle nationalistische Komponente.

Im Fürstenbund von 1871 hatte der Hohenzollernsche Reichsmonarch zunehmend eine nationale Einigungsfunktion ausgeübt. Als die Mehrheit der Wähler 1925 der neuen Staatsform die Loyalität aufkündigte, indem sie den erzmonarchistischen Republik- und Parlamentarismusverächter Hindenburg zum «Ersatzkaiser» wählte, trat darin auch die Sehnsucht nach einer nationalen Integrationsfigur zutage. Noch deutlicher aber hielt sich die Erinnerung an den charismatischen «Reichsgründer», der 28 Jahre lang an der Spitze der preußisch-deutschen Politik gestanden und damit, wie sich herausstellte, der politischen Kultur des Landes die maßlose Verklärung der großen Persönlichkeit als böses Erbe hinterlassen hatte. Seit den 1890er Jahren war der Ruf nach einem «neuen Bismarck» nicht mehr verstummt. Ludendorff und Hindenburg hatten in der 3. OHL einen Teil dieser Hoffnungen auf sich gezogen, ohne doch 1918 die abgrundtiefe Enttäuschung verhindern zu können. Und in der Weimarer Republik hielt ein hochemotionalisierter, über die politischen Lagergrenzen hinausgreifender Diskurs über einen politischen Messias, einen «zweiten Bismarck» an, der die Nation aus ihrer Erniedrigung auf die lichten Höhen nationaler Geltung und Großmachtstellung zurückführen werde. Insofern machten sich Sonderbedingungen aus der Formierungsphase der kleindeutschen Nation mit außerordentlicher Virulenz auch noch 50, 60 Jahre später im Radikalnationalismus weiterhin unübersehbar geltend.

Dem alten, konventionellen Nationalismus der Weimarer Republik schwebte als Ziel eigentlich nur die Rückkehr zu Glanz und Gloria des Kaiserreichs vor. Die Folgen dieser traditionsfixierten Erstarrung darf man nicht unterschätzen, da die übersteigerte Verklärung der goldenen wilhelminischen Jahre als immer heller leuchtende Folie dazu beitrug, die demütigende Misere der Republik immer empörender erscheinen zu lassen.

Auch der neue, integrale, radikale Nationalismus wollte auf dieses Ziel nicht verzichten, doch ging er in seinen Ansprüchen weit darüber hinaus. Mit seiner dezidierten Massenorientierung zielte er auf die Mobilisierung schlichtweg aller Nationsgenossen und -genossinnen. Das entsprach durchaus den Intentionen des Nationalismus von Anfang an, doch hatten sich seine Protagonisten häufig auf die Umwerbung der bürgerlichen Klassen, jedenfalls der Eigentümer von Besitz und Bildung konzentriert – eine soziale Eingrenzung, die jetzt überwunden werden sollte.

Der neue Nationalismus gab sich mit dem eventuellen Wiedergewinn des Status quo keineswegs zufrieden, vielmehr visierte er eine neue Gesellschafts- und Staatsordnung an: die gereinigte Nation als eine von traditionalen Schlacken befreite «Volksgemeinschaft» in einem hegemonialen Großreich. Mit dieser nationalen «Volksgemeinschaft», die häufig auch schon als meritokratische Leistungsgesellschaft konzipiert wurde, sollten der antiquierte Ständedünkel und Honoratioreneinfluß, vor allem aber der zerstörerische Klassenantagonismus endgültig überwunden werden. Die neue inner- und zwischenstaatliche Stratifikationsordnung konnte gegen den erwarteten Widerstand nur durch eine «permanente Revolution» durchgesetzt werden. Insofern traf die Selbstcharakterisierung des neuen Nationalismus als «nationalrevolutionäre Bewegung» durchaus den Kern seiner Ziele.

Um sie realisieren zu können, wurde der Mythos der nationalen Regeneration aktiviert, da nur sie die notwendige Energie freisetzen könne, um aus dem Jammertal, in das die besiegte Nation gestoßen worden war, hinauszugelangen. Chiliastische Hoffnungen verbanden sich mit diesem nationalen Erwachen, aber auch konkreten Absichten einer großdeutschen Expansion und europäischen Hegemonialstellung.

Aufgrund der inbrünstigen Intensität seines Weltbildes gewann der Radikalnationalismus die Züge einer politischen Religion. Der Schriftsteller

3. Der Aufstieg des Nationalsozialismus

Ernst Jünger, als beredter Wortführer eine seiner Leitfiguren, billigte der Nation den «höchsten metaphysischen Rang» zu, der «alle anderen Werte bestimmt». Sie bedürfe auch des nur durch eine «nationale Revolution» zu gewinnenden «wehrhaften und autoritär gegliederten Staates aller Deutschen». Und nicht nur das: «Wer den Nationalismus bejaht», räsonierte Jünger, «darf vor seiner logischen Konsequenz, dem Imperialismus, nicht haltmachen.» «Über kurz oder lang» werde auch «nur eine Nation zur Leitung der großen Geschicke berufen sein»: Deutschland als Welthegemonialmacht. Ähnlich sah Moeller van den Bruck am Ende des großen Mächteringens in den Deutschen «die geborenen Herren des Erdkreises».

Ernst Jüngers Bruder Friedrich Georg glaubte sogar, daß die Nation den «Weg zu dem lebendigen Gott» eröffne. Carl Schmitt erkannte den «stärksten Mythos» eindeutig «im Nationalen». Daher konnte er vorbehaltlos Mussolinis Maxime «Unser Mythos ist die Nation» zustimmen. Hans Zehrer, der Spiritus Rector des «Tat»-Kreises, fand ebenfalls das einigende Band für das antiliberale Lager «im Mythos der Nation». Ihm entsprach der Mythos vom neuen, vom «Dritten Reich» als dem bisher fehlenden Machtstaat der Nation. Hans Franke, ein früher Nationalsozialist, hielt für die wichtigste Doktrin seines politischen Glaubens, daß er «den Nationalismus zur Religion des Diesseits» erhebe. In der Tat, bestätigte Joseph Goebbels frühzeitig, «der Nationalsozialismus ist Religion», er «muß einmal Staatsreligion der Deutschen werden. Meine Partei ist meine Kirche.»

Die inhärente Fähigkeit des Nationalismus, sich unter dem Ansporn des Krisensyndroms zur politischen Religion des Radikalnationalismus zu steigern, scheint ungleich wichtiger gewesen zu sein als andere, oft beschworene Kausalfaktoren der Extremisierung wie z.B. der sozialökonomische Einbruch des «Mittelstandes» mit der Folge seiner nationalistischen Kompensation des Statusverlustes oder die Manipulation des Nationalismus durch das rechte Lager, um seine innen- und außenpolitischen Ziele zu erreichen. Zugegeben, man muß solche Faktoren erneut abwägen, doch ihre Erklärungskraft bleibt letztlich gering. Ausschlaggebend ist, so die These, das klassenübergreifende Steigerungspotential im ideellen System des Nationalismus gewesen, der unter einer extremen Krisenkonstellation zu seiner Radikalisierung, zur religiösen Gläubigkeit und Leidenschaft fähig blieb.[7]

Was bedeutet diese Ausgangsposition für das Verständnis des Nationalsozialismus? Der Nationalsozialismus ist bisher als einzigartig radikale Variante des gemeineuropäischen Faschismus, als «Radikalfaschismus» (Ernst Nolte) konzeptualisiert worden. Oder aber man hat ihn – im Sinne des dogmatisierten Individualitätsprinzips – als eine spezifisch deutsche Form der totalitären Diktatur verstanden. Wenn man jedoch auf diese konkurrierenden Begriffssysteme zunächst einmal verzichtet, kann man sowohl die faschistischen als auch die anderen autoritären Bewegungen im Europa der

Zwischenkriegszeit – in Italien und Deutschland also, in Spanien und Portugal, in Polen und den Baltischen Ländern, in Ungarn, Jugoslawien und Rumänien bis hin nach Griechenland – zu allererst als nationalistische Massenbewegungen begreifen. Denn ihre Dynamik und Psychomotorik stammte in erster Linie aus einem gekränkten, gereizten, radikalisierten Nationalismus, der sich mit dem Antimarxismus und Antisemitismus, mit dem Antiparlamentarismus und Antiliberalismus, mit Großreichsvisionen und Imperialismusplänen, mit übersteigerten Feindbildern und Exklusionsphobien zu einem explosiven Aggregat verband.

Diese Ausgangsposition empfiehlt sich auch noch aus einem allgemeinen Grund. Unstreitig steht die entschiedenere Historisierung des Nationalsozialismus als Aufgabe der Geschichtswissenschaft an. Er darf nicht länger als schwarzer, erratischer, unbegreiflicher Block im Strom der deutschen Geschichte ruhen und das tiefere Verständnis der Zeit von 1933 bis 1945 blockieren. Der Nationalsozialismus wird daher auf dieser Linie der Historisierung auch nicht als ein völlig neues, bisher unbekanntes Ideenagglomerat angesehen, sondern in erster Linie als eine elastisch erweiterte Version des seit langem tief verankerten Nationalismus. Namentlich in seine extreme Variante fügen sich zahlreiche Elemente des Nationalsozialismus zwanglos ein. Das läßt die Kontinuitätsströme anstelle der oft unterstellten Diskontinuität nachdrücklich hervortreten. Zahlreiche weitere Traditionsbestände, auf die sich der Nationalsozialismus ebenfalls stützte, werden im Verlauf der Analyse noch herausgearbeitet – auch sie unterstützen das Kontinuitätsargument.

Da hier nicht der Vergleich, sondern der deutsche Nationalsozialismus zur Debatte steht, wird in diesem Sinne davon ausgegangen, daß der zugespitzte Radikalnationalismus mit seinen Veränderungsimpulsen unter all den Schubkräften, die den Nationalsozialismus vorantrieben, die mächtigste Dynamik verkörperte. Da er sich auf der Kontinuitätslinie der politischen Rechten auch mit dem Antimarxismus und Antisemitismus, mit antiliberalen und antidemokratischen Aversionen verband, muß der Stellenwert dieser Einflüsse geprüft werden. So ist es etwa unumstritten, daß der Antisemitismus im Weltbild Hitlers und seiner «alten Kämpfer» und neuen Führungskader einen geschichtsdeutenden und verhaltensleitenden Einfluß ausgeübt hat, der schließlich mit unleugbarer Zielstrebigkeit in die Barbarei der Judenvernichtung führte. Dennoch wäre es verfehlt, primär vom ideologischen Fundament dieser Anti-Haltungen auszugehen, anstatt ihre Verschmelzung mit dem Radikalnationalismus und danach ihr spezifisches Gewicht zu prüfen.

Die komparative Perspektive bestätigt den Eindruck, daß in all diesen faschistischen Bewegungen und autoritären Regimes starke Führungspersönlichkeiten eine strategisch wichtige Rolle gespielt haben. Das wird durch die Position bekräftigt, die Mussolini, Franco und Salazar, Pilsudski,

3. Der Aufstieg des Nationalsozialismus

Ulmanis, Smetonas und Päts, Horthy und Szalasi, Codreanu und Metaxas einnahmen. Nirgendwo aber gewann ein Individuum eine solche universalhistorische Bedeutung, wie sie Adolf Hitler zugesprochen werden muß. Nirgendwo symbolisierte ein Einzelner so lange eine Massenbewegung, dann sogar ein politisches System, galt sein Name als Chiffre für das radikal Neue und Böse. Der «Führer» erst hat die Energien, Haßgefühle und Sehnsüchte, die im Nationalsozialismus zur Aktion drängten, zu ungeahnter Gewalt gebündelt. Der Nationalsozialismus ist daher seit 1921 immer Hitler-Bewegung gewesen.

Pointiert gesagt: Ohne Hitler wäre der Nationalsozialismus aller Wahrscheinlichkeit nach eine ordinäre autoritär-nationalistische Partei mit diffusen Zielen geblieben, wie es sie mancherorts gab, ohne aber zu einer der verhängnisvollsten Destruktivkräfte des 20. Jahrhunderts aufsteigen zu können. Erst Hitler hat diese aberwitzige Konzentration der Zerstörungsimpulse zu bewerkstelligen vermocht, getragen freilich von einer ebenso atemberaubenden Resonanz, Zustimmung und Gehorsamsbereitschaft in der deutschen Gesellschaft. In der Aufklärung der Wechselwirkung zwischen diesem welthistorischen Individuum und seiner Gesellschaft liegt daher der Schlüssel zu einer rationalen Analyse des Nationalsozialismus.[8]

Dieser Wechselwirkung wird man nicht einmal von ferne gerecht, wenn Hitler von vornherein als politischer Großkrimineller stilisiert wird, der sein Volk und Europa in den Untergang gerissen habe. Wenn Jacob Burckhardts positives Urteil über die große Persönlichkeit gewissermaßen auf den Kopf gestellt wird, indem Hitler zur Inkarnation aller negativen Tendenzen seiner Zeit stilisiert wird. Wenn man Hitler als Einbruch des aus Österreich in die im Grunde heile deutsche Welt importierten Bösen katexochen dämonisiert. Wenn man Hitler, wie selbst der nüchterne preußische Historiker Otto Hintze gequält rätselte, «eigentlich gar nicht zu unserer Rasse» zählt: «Da ist etwas ganz Fremdes an ihm, etwas wie eine ausgestorbene Urrasse, die völlig amoralisch noch geartet ist.» Und genausowenig wird man dieser Wechselwirkung gerecht, wenn man einem naiven intentionalistischen «Hitlerismus» einen strengen strukturanalytischen «Funktionalismus» entgegensetzt, der den Nationalsozialismus vorrangig aus gesellschaftlichen Konstellationen erklärt, deren Zwänge Hitler als geradezu «schwacher Diktator» erscheinen lassen. Die Sorge, in der wissenschaftlichen Aufarbeitung noch einmal dem Hitler-Mythos selber, noch einmal der Goebbels-Propaganda zu erliegen, war zeitweilig stets präsent, sie hat jedoch zu einer unglücklich polarisierenden Problemkonstruktion mit manchen erkenntnishemmenden Folgen geführt.

Die theoretische und methodisch überzeugendste Lösung dieses schwierigen Problems bietet Max Webers herrschaftssoziologisches Konzept der charismatischen Herrschaft, das in dieser «Gesellschaftsgeschichte» bereits der Interpretation der Bismarckschen «Kanzlerdiktatur» zugrunde gelegt worden ist (Bd. III, 368–76). Es erweist sich aber als ein noch weit aufschlußreicherer Idealtypus zur Anleitung der Interpretation, wenn es um Hitlers Aufstieg, den Charakter der nationalsozialistischen Massenbewegung, dann die Natur des NS-Regimes mit seiner Mischung von führerstaatlicher Monokratie und polykratischen Herrschaftszentren geht.

Weber hat den Charismatikerbegriff bekanntlich aus der zeitgenössischen religionswissenschaftlichen Debatte, der es um die Erfassung des außergewöhnlichen religiösen Talents namentlich der alttestamentarischen Propheten und urchristlichen Gemeindeführer ging, mit sicherem Griff entlehnt, entschieden säkularisiert und großzügig generalisiert, so daß er ihm in seiner universalhistorischen Typologie der legitimen Herrschaftsformen einen zentralen Platz zuweisen konnte. Der Charismatiker zeichnet sich bei ihm durch eine als «außeralltäglich geltende Qualität» seiner Begabung aus, sei sie nun religiöser oder politischer, rhetorischer oder militärischer Natur; er gilt als «Träger» geradezu «übernatürlich… gedachter Gaben» und wird deshalb «als Führer gewertet». Die von ihm ausgeübte Herrschaft beruht auf einer nahezu bedingungslosen Folgebereitschaft im Verein mit einer hochgradig «affektuellen Hingabe» an diese jedem routinisierten Rollengeflecht und Normengefüge entrückte, aufgrund ihrer Eigenschaften und Leistungen faszinierende Führungspersönlichkeit.

Weber ist sogar so weit gegangen, im Charismatiker die einzige andere «große revolutionäre Macht» – außer der Wirkung eines fundamentalen technologischen Durchbruchs – zu sehen, welche die Übermacht traditionalistischer Erstarrung oder bürokratischer Verkrustung gleichermaßen aufbrechen und zu einer innovatorischen Bewegungskraft aufsteigen könne. So gesehen vermag der Charismatiker geradezu einen evolutionären Sprung herbeizuführen, die Entwicklung auf ein neues Gleis zu lenken. Nach ihm geht die Geschichte seines Wirkungskreises anders weiter, als sie zuvor verlaufen ist.

Legt man das idealtypische Konstrukt der charismatischen Herrschaft zugrunde, kann man gar nicht entschieden genug klarstellen, daß das Ziel keineswegs die in einer eigenwilligen Terminologie vorgetragene isolierende Charakterisierung eines historisch einflußreichen Individuums ist. Vielmehr kann die fraglos ausschlaggebende Denkfigur am besten als Ellipse mit zwei Brennpunkten charakterisiert werden: Der Charismatiker und seine Gesellschaft, die nach ihm verlangt, ihn trägt, ihn mit ihrer Loyalität bestätigt, stehen, wie gesagt, in einer so unauflöslichen Wechselwirkung, daß der Charismatiker ohne die Berücksichtigung dieses gesellschaftlichen Kontextes ebensowenig realistisch beurteilt, wie das Verhalten der Gesellschaft ohne die Einwirkung des Charismatikers angemessen verstanden werden kann. Mit Nachdruck insistierte Weber darauf, daß die charismatische Herrschaft eine «soziale Dauerbeziehung», keineswegs jedoch eine abgehobene Despotie verkörperte. Ein wesentlicher Vorzug des

3. Der Aufstieg des Nationalsozialismus

Konzepts besteht mithin darin, daß es verspricht, Person und Gesellschaftskonstellation analytisch zu vermitteln, anstatt sie polarisierend einander gegenüberzustellen.

Geht man von diesem herrschaftssoziologischen Deutungsangebot aus, empfiehlt es sich, sechs Dimensionen zu beachten.

1. Die Grundvoraussetzung für den Aufstieg des Charismatikers ist stets eine existentielle Krise, die alle herkömmlichen Vorstellungen sprengt. Durch diese «total erschütterte Spannungsbalance seines gesellschaftlichen Feldes hochgetragen» (Norbert Elias), verspricht der Charismatiker, durch außergewöhnliches Handeln, durch «Wunder», die Situation zu bewältigen. Gelingt ihm die Krisenentschärfung, geht daraus eine objektive, dank seiner persönlichen Bewährung auch eine subjektive Legitimierung des Charismas hervor. «Die Schöpfung einer charismatischen Herrschaft» ist daher, Weber zufolge, «stets das Kind ungewöhnlicher... Situationen»; sie entspringt einer «aus dem Außerordentlichen geborenen Erwägung und aus der Hingabe» an den charismatischen Anführer.

Aus einem anomischen Desintegrationsprozeß erwächst dadurch ein hochspezifisches «Autoritäts- und Abhängigkeitsverhältnis sui generis». Diese charismatische Autorität ist mithin keineswegs ein «Zustand amorpher Strukturlosigkeit», die einem einzelnen ungeahnte Handlungschancen eröffnet, sondern «eine ausgeprägte soziale Strukturform mit persönlichen Organen und einem der Mission des Charismaträgers angepaßten Apparat von Leistungen und Sachgütern». Charismatische Herrschaft ist durchaus legitime Herrschaft – und nicht etwa nackte Diktatur – insofern, als die Gefolgschaft des Machthabers an seine Talente und die Werke, die er zu tun verspricht und tut, inbrünstig glaubt.

Im Kern geht es für den Charismatiker immer um die Lösung überalltäglicher Aufgaben und Notlagen. Der Bewährungszwang ist aber auch seine essentielle Handlungsbegrenzung. Wegen dieses Nexus, der zwischen seiner Sonderstellung und der Krisenbewältigung besteht, taucht, sobald das Charisma auf längere Zeit nicht mehr durch die Meisterung realer Krisen bestätigt wird, die Versuchung zur Erzeugung artifizieller Krisen auf.

2. Auf der einen Seite muß die gesellschaftliche Disposition für das Verlangen nach einem Charismatiker vorhanden sein, auf der anderen Seite aber muß er durch seine Leistungen und Fähigkeiten Vertrauen, ja fanatische Hingabe erst erzeugen. Hat er diese Grundlage gewonnen, kann der charismatische Virtuose seine Macht ohne Geltungsschranken und ohne Einschränkung seiner Handlungskompetenz gemäß der biblischen Maxime: «Es steht geschrieben, ich aber sage Euch...» ausüben. Da er für seine «personifizierte Eigenlegitimation absolute Geltung» beansprucht, kann keine fremde Macht die «charismatisch begründete Souveränität» in Grenzen verweisen. Aufgrund seines Definitionsmonopols, das ihm die verbindliche Wirklichkeitswahrnehmung und die Methoden zur Problemmei-

VI. Deutschland am Vorabend seines «Zivilisationsbruchs»

sterung festzulegen gestattet, und aufgrund der Anerkennung seiner «überrechtlichen Dezisionsmacht» gewinnt er eine letztinstanzliche Entscheidungsmacht, die es ihm ermöglicht, in dezionistischem Stil und zutiefst arbiträr gesellschaftliche Normen und Traditionen, konventionelle Umgangsformen und rationale Begründungszwänge außer Kraft zu setzen.

Je mehr er institutionelle Normen aufzuheben vermag, desto stärker ist die Beziehung zu seiner Anhängerschaft charismatisch geprägt. Der Charakter des Normenverlustes gibt daher über den Wertehimmel Aufschluß, dem der charismatische Verband folgt. Dabei gehört «die unerschütterliche Überzeugung von der eigenen Gabe, immer die richtigen und erfolgversprechenden Entscheidungen zu treffen, auf andere zu übertragen» zu jenen «Bindemitteln», die «über alle Rivalitäten und Interessenkonflikte hinaus Einheitlichkeit und Zusammenhalt» stiften. Dieses Talent und diese Überzeugung bilden «die eigentliche Substanz des Glaubens an sein Charisma». Dank ihrer kann er seine Anhänger zu einer dynamischen Vorwärtspolitik «bei gleichzeitiger Verdeckung des Risikos und oft schwindelerregenden Aufstiegs» motivieren.

3. Eine essentielle Voraussetzung für den Aufstieg und die Herrschaft eines charismatischen Machtträgers ist – außer der existentiellen Krise – ein soziokultureller Traditionsbestand und eine politische Kultur, die das Wirken des «großen Mannes» in der Geschichte so privilegiert, daß eine hochrangige Option für charismatische Herrschaft zumindest latent in ihr gespeichert ist. Dazu genügt nicht die Verehrung eines bedeutenden Monarchen wie Friedrich des Großen oder die Erfolgsgeschichte einer Dynastie. Vielmehr muß es tiefer verankerte spezifische Dispositionen geben, wie sie sich auch in Deutschland formiert hatten.

Zur Epoche der «Defensiven Modernisierung» der deutschen Staaten nach 1800 gehörte die Bewunderung der Leistungen Napoleons, und mancher Wortführer der frühnationalen Bewegung erhoffte sich einen «deutschen Napoleon», einen «deutschen Heiland», wie Jahn und Arndt ihn nannten, der den Deutschen ihren Nationalstaat bescheren werde. Bismarcks Reichsgründungspolitik hat diese Hoffnung dann erfüllt, und die ein Vierteljahrhundert währende charismatische Herrschaft des ersten Kanzlers hat in einer entscheidenden Formierungsphase des jungen Staates, als viele Weichen für die Entwicklung seiner politischen Kultur gestellt wurden, einen tiefen Einfluß auf die politische Mentalität und Phantasie, auf das Verständnis und den Erwartungshorizont von erfolgreicher Politik ausgeübt. Da Wilhelms II. «persönliches Regiment» scheiterte, konnte er das Vakuum nach 1890 nicht füllen. Die Gloriole, die Ludendorff und Hindenburg zwischen 1916 und 1918 umgab, verblaßte, als die Niederlage unabwendbar war, und die schäbige Notlösung des Hindenburgschen «Ersatzkaisertums» vermochte die Hoffnung auf den «Retter aus der Not» auch nicht zu erfüllen.

3. Der Aufstieg des Nationalsozialismus

In der Weimarer Republik diffundierte dann jedoch diese Erwartung in der Gestalt eines wahren Erlösungsglaubens in alle sozialen Klassen und Milieus. Ein breiter, an eine jahrtausendealte Vorläufertradition anschließender, leidenschaftlicher Diskurs beschwor unentwegt die Befreierfigur eines politischen Messias, der die Demütigung und Wirrsal der Nachkriegszeit überwinden – so der ständige Topos –, ja als ein «neuer Bismarck» die Nation in eine glorreiche Zukunft führen werde. Indem er an die alttestamentarische und exiljüdische Messiastradition anknüpfte, die in der okzidentalen Erinnerung auf vielfältige Weise präsent war, hatte dieser Diskurs im deutschen Sprachraum seit der Mitte des 19. Jahrhunderts an Dringlichkeit gewonnen und sich dann mit dem Bismarck-Mythos aufgeladen, ehe er in den 1920er/30er Jahren eine unerhörte Wirkung gewann.

Insbesondere die akademischen «Meinungsmacher» des Landes überboten und bestätigten sich wechselseitig in ihrer Diagnose kraft angemaßten Prophetentums. Der Philosoph Max Scheler fand «eine beispiellose Sehnsucht nach Führung allüberall lebendig», während der evangelische Theologe Paul Wernle die große «Sehnsucht der Zeit... nach Propheten gehen» sah. An der Spitze der von ihm befürworteten Sozialorganisation des «Bundes» mußte nach der Auffassung des Philosophen Hermann Schmalenbach ein charismatischer Führer stehen, denn dieser Verband verlange nach «einem Gott, einem Heros, einem Meister».

Die bismarckgläubigen Historiker verstanden es, diese Erwartung zu präzisieren. Arnold Oskar Meyer wünschte sich einen «wahrhaft gottgegebenen Führer» vom Format eines Bismarck. Dessen Biograph Erich Marcks erblickte Hilfe nur, wenn «solch ein Führer (wie Bismarck) wiederkehrt». Johannes Haller wußte, daß ein neuer Führer wie Bismarck, «den die Nation als ihren Erlöser erkannt hat», «mit der Wunderkraft des Genius» alle Gebrechen der Zeit heilen werde. Und in der Sprache des Alten Testamentes glaubte Karl Alexander v. Müller, der als erster in Hitler das rhetorische «Wunderkind» entdeckt hatte, daß «wir... schreien wie der Hirsch nach Wasser in unserer Not nach einem, der uns führen soll». Doch die Erinnerung an Bismarck nähre die «Hoffnung, daß er eines Tages in unserem Volk von neuem erstehe». Es gehörte doch zum «Erbe der Bismarckzeit», konstatierte er 40 Jahre später im Rückblick auf die erste Nachkriegszeit, daß «vielleicht die meisten Deutschen das Heil von einem großen Einzelnen erwarteten». Die «hysterische Sehnsucht nach dem starken Mann», sie beobachtete im Januar 1930 auf der anderen Seite des politischen Spektrums auch Julius Leber, ein scharfsichtiger Nachwuchspolitiker der SPD, an großen «Schichten des deutschen Volkes» mit resignativer Empörung.

Das Raunen der Germanisten verriet dieselbe Distanz gegenüber der Leistungsfähigkeit politischer Institutionen, erst recht jener der Republik. Gustav Roethe erwartete den rettenden Genius «als den großen Einzelnen, die echte Geburt deutscher Sehnsucht». An die Barbarossa-Legende anknüpfend weissagte Hans Naumann: «Es schläft Einer irgendwo, der Held und Retter unseres Landes», und ähnlich sagte der protestantische Theologe Otto Procksch, wie das auch seine Fachgenossen Friedrich Gogarten und Paul Althaus taten, siegessicher voraus, «daß der Held kommt, er komme als Prophet oder als König». Die Wortführer elitärer Intellektuellenzirkel wie Stefan George und Friedrich Gundolf kultivierten auf ihre Weise den Heroen- und Führerkult, der auch in der bündischen Jugendbewegung grassierte («Herrgott, den Führer sende..., erwecke uns den Helden»), so daß der Verleger Peter Suhrkamp ihre «Bereitschaft für jeden, der sie kommandieren will», bitter anklagte.

Einer der einflußreichsten Soziologen der Zeit, Othmar Spann, rief nach einem Führer «als Erlöser der Zeit von finsteren Gewalten», dem freilich das Volk auch einen unbedingten «Gefolgschaftswillen» entgegenbringen müsse. Oswald Spengler, populärer Prophet des untergehenden Abendlandes, traute nur dem plebiszitären Führertum eines neuen «Cäsarismus» die Verwirklichung des Volksgedankens zu. Auch Hans Zehrer verlangte das «scharfe, aber gerechte Kommandowort» eines politischen Propheten, dann werde sich die Nation «formieren und zusammenschließen... und marschieren». «Des Führers Weg muß richtig sein, weil es der Weg der Nation ist.» Kein Wunder mithin, daß Heinrich Claß, der Vorsitzende des «Alldeutschen Verbandes», erst recht den «neuen Bismarck» als «Diktator» kommen sah, «ersehnt von allen Guten im Volk», die «nach so langer führerloser Zeit auf den Führer warten».

Angesichts dieser Übereinstimmung im Meinungsspektrum der rechten Intelligenz – für deren Erwartungshaltung hier nur wenige Stimmen aus einer Vielzahl tendenziell gleichlautender Äußerungen stehen – kann es nicht überraschen, daß unter den neuen Rechtsradikalen der NSDAP eben diese Messiassehnsucht genauso wucherte. «Deutschland sehnt sich nach dem Einen», glaubte Goebbels 1924, «wie die Erde im Sommer nach Regen... Herr, zeige dem deutschen Volk ein Wunder!... Bismarck, sta up.» Und dann 1925 nach der Lektüre von Hitlers «Mein Kampf»: «Wer ist dieser Mann? Halb Plebejer, halb Gott? Tatsächlich der Christus oder nur der Johannes?» Dieser chiliastisch gefärbten Nostalgie korrespondierte durchaus der «fanatisch-religiöse Einschlag» der «seltsam aufgewühlten Glaubenskraft», die der marxistische Philosoph Ernst Bloch damals an den Anhängern des neuen Rechtstotalitarismus auffiel.

4. Der Geltungsbereich des Charismas erstreckt sich zunächst, ehe er im Rahmen charismatischer Herrschaft den gesamten Staatsverband zu umfassen beansprucht, auf die «charismatische Gemeinschaft» der gläubigen Anhänger, die aus Not, Begeisterung, Hoffnung zu einer fanatisierten Gefolgschaft mit hoher Emotionalisierung der Handlungsorientierung verschmelzen. Ihr typisches Kennzeichen ist eine – auch im frühen National-

3. Der Aufstieg des Nationalsozialismus

sozialismus vielfach bezeugte – «Gesinnungsrevolution», eine psychische Erweckungserfahrung im Sinne der Metanoia, die unter dem Einfluß des Charismatikers die überkommene Normenwelt und den bisher verbindlichen Wertekodex tendenziell aufhebt, ehe sie durch den neuen Wertekanon des Charismatikers ersetzt wird. Sie vermag die «zentrale Gesinnungsrichtung» zu verändern und eine «völlige Neuorientierung... zur Welt überhaupt heraufzuführen», und sie schlägt sich auch in einer rationalen nicht erklärbaren Gehorsamsbereitschaft gegenüber dem neuen Messias als höchster Autorität nieder.

Wie alle Herrschaftsverbände bedarf auch die charismatische Herrschaft, zumal der «kontinuierliche Bestand der tatsächlichen Fügsamkeit der Beherrschten» eine ihrer entscheidenden Aufgaben ist, eines Verwaltungsstabes, der aber nicht durch straffe Organisation, kodifizierte Regeln, institutionalisierte Konfliktlösung, formalisierte Entscheidungsprozesse charakterisiert ist. Vielmehr bleibt der Charismatiker selber der Herr der Personalpolitik. Deshalb ernennt er aufgrund seines persönlichen Vertrauens, nicht aber einer sachlichen Qualifizierung alle Unterführer, die eine Art von charismatischer Aristokratie verkörpern, aber in ein persönliches Unterwerfungsverhältnis eingebunden werden. Immer bleiben «seine persönliche Ausstrahlung und Macht», seine «individuelle Überlegenheit und deren Einsatz» eine «unentbehrliche Bedingung für das Funktionieren seines Apparats».

Die Gefolgschaft wird wegen dieser Abhängigkeit von den Gnaden- und Gunstbeweisen ihres Anführers einer fluiden Positionsdynamik unterworfen. Der Zugang zum obersten Machthaber erweist sich auch deshalb als entscheidender «Türhüter-Mechanismus». Da es keine führerunabhängige Kontroll- und Deutungsinstanz, geschweige denn eine normativ verbindliche abstrakte Rechtsordnung gibt, behält die charismatische Gemeinschaft eine «personenvermittelte», da auf persönlicher Loyalität bauende, «im Kern okkasionelle Binnenstruktur». Ein solcher Verband verkörpert darum zahlreiche Widersprüche, denn er ist paradoxerweise gleichzeitig «rigide und lose, autoritär und anarchisch, einheitlich und fragmentiert, zentralisiert und unkoordiniert, personalistisch und indifferent» gegenüber institutionalisierten Rationalisierungsansprüchen.

Und die charismatisch qualifizierten Stäbe, die zur Durchsetzung des absolute Geltung beanspruchenden Führerwillens und zur «Erzeugung der Unterwerfung» allmählich entstehen, unterliegen einem Trend zur Patrimonialisierung insofern, als sie allein zu ausführenden Organen des charismatischen Machthabers werden – strukturell ähnlich den Fürstendienern im «Ganzen Haus» des mittelalterlich-frühneuzeitlichen Monarchen.

Gelingt es dann dem Charismatiker, in den Besitz der Staatsgewalt zu kommen, entsteht deshalb ein Dauerproblem, weil die charismatischen und die konventionell bürokratischen Stäbe eine Doppelhierarchie mit einer spezifischen Konfliktdynamik ausbilden. Im NS-Regime wird das der «Doppelstaat» (Ernst Fraenkel) sein, mit seiner spannungsreichen Koexistenz von maßnahmenorientierten Parteiorganisationen und kommissarischen Sonderbehörden einerseits, von normverpflichteter, gesetzesbasierter staatlicher Verwaltungsbürokratie andererseits.

5. Idealtypisch wird die ökonomische Basis charismatischer Herrschaft nicht aus dem regelmäßigen öffentlichen Finanzaufkommen des modernen Steuerstaats gebildet, wie sie überhaupt durch eine eigenartige «Wirtschaftsenthobenheit» und indifferente Haltung gegenüber allem rationalen Wirtschaftshandeln, deshalb aber auch durch eine spezifische Labilität und Krisenanfälligkeit gekennzeichnet ist. Vielmehr spielt der Sondergewinn aus Raubzügen oder Spenden eine Schlüsselrolle. Für das Hitlerregime sind die staatlichen Einkünfte selbstverständlich ebenso unverzichtbar gewesen wie für die Regierung Bismarck. Doch hat z. B. die Beschlagnahmung fremden Eigentums und die Erpressung der deutschen Juden einen Milliardengewinn erbracht, noch ehe die gewaltige Beute aus den Kriegszügen diese Summe bei weitem übertraf, so daß sie zu einer systemstabilisierenden Externalisierung der Belastungen erheblich beitrug.

6. Das Charisma ist ein hochpersönliches Talent, mithin – vom andersartigen päpstlichen Amtscharisma abgesehen – nicht übertragbar. Wenn seine Aura verschwindet, wird der Charismatiker zum ordinären politischen Akteur degradiert. Die Macht politischer Verbände trägt, gleich wie sie verfaßt sind, immer eine spezifische Dynamik in sich, und zur charismatischen Führerherrschaft gehört der bedrohliche Veralltäglichungssog, zumal das charismageleitete Verhalten der Gefolgschaft streng situationsbezogen, von Erfolg und Scheitern abhängig bleibt. Sobald sich das Charisma nicht mehr an echten oder künstlich erzeugten Krisen überzeugend bewähren kann, drängt mit der Erosion seiner Geltungskraft unabwendbar die Nachfolgefrage auf die politische Tagesordnung. Die Kräfte der Entpersönlichung und Versachlichung, die Macht der Alltagsroutine ohne jede Chance zur charismatischen Krisenherrschaft zerstören den Nimbus. Traditionale oder rationale Herrschaftsformen siegen am Ende doch wieder, immer freilich um einen Preis, welcher der einst ihrem charismatischen Machthaber enthusiastisch zustimmenden Gesellschaft aufgebürdet wird. Im Fall Adolf Hitlers erreichte er aberwitzige Dimensionen.[9]

Hitler als Galionsfigur charismatischer Herrschaft – das wirft zunächst gravierende Probleme auf. An Napoleon und Bismarck ist ihr Eigencharisma relativ frühzeitig erkannt und dann durch erstaunliche Erfolge befestigt worden. Hitler dagegen, der sich jahrelang als Asozialer in Wien und München herumgetrieben hatte, war im Weltkrieg über den untersten Rang eines Gefreiten nicht hinausgekommen. Die hohen Offiziersverluste bei den Angriffswellen des deutschen Heeres in den Anfangsmonaten des Krieges konnten nie wieder wettgemacht werden, lösten aber eine endlose

3. Der Aufstieg des Nationalsozialismus

Suche nach Führungsnachwuchs aus. Trotzdem ist kein einziger Vorgesetzter Hitlers während der vier langen Jahre auf den Gedanken gekommen, ihn mit Nachdruck für einen Unteroffizierslehrgang vorzuschlagen. Als ebenso anonymer V-Mann seines bayerischen Infanterieregiments überlebte er in München die ersten wirren Nachkriegsmonate. Nichts, aber auch gar nichts deutete zu diesem Zeitpunkt auf ein außergewöhnliches Talent, gleich welcher Natur, des immerhin 30jährigen Mannes hin.

Bereits zwei Jahre später war er jedoch ein gesuchter, bewunderter Redner auf den Veranstaltungen des bayerischen Rechtslagers, ein Dutzend Jahre später sahen Millionen Deutsche in ihm ihren Messias, der sie aus der Katastrophe der Wirtschaftsdepression erlösen, sie aus der Talsohle der nationalen Erniedrigung herausführen werde. Was war geschehen? Eigen- und Fremdcharisma hatten sich in wechselseitiger Verstärkung sprunghaft entwickelt.

Hitlers Eigencharisma baute zuerst einmal und vorrangig auf seinem außergewöhnlichen rhetorischen Talent auf. Dank dieser Rednergabe stieg sein Stern in den verräucherten Münchner Bierhallen auf, wo die Angehörigen des «Lunatic fringe», des rechtsradikalen Narrensaums, verkehrten. Der vom vertrauten Honoratiorengehabe schroff unterschiedene, auffällige Redestil Hitlers, der seine Ressentiments gegen Versailles und «die Juden» ungehemmt hinausschrie und mit der heiseren Beschwörung des nationalen Wiederaufstiegs verband, hat ihm die widerwillige Anerkennung als effektiver «Brüllaffe», allenfalls als Besitzer medialer Fähigkeiten gegenüber seinem Massenpublikum eingetragen. Tatsächlich aber nutzte Hitler sein Redetalent optimal aus, steigerte durch dessen unleugbare Wirkung auf zahllosen Veranstaltungen und Parteitreffen sein Selbstbewußtsein, baute auch selber, vor der Kamera seines «Leibfotografen» Heinrich Hoffmann stundenlang experimentierend, eine unterstützende Körpersprache auf. Seine erste monokratische Führungsstellung in der «Deutschen Arbeiterpartei» errang er 1921 mit dem Druck seines Austrittsultimatums. Im Herbst 1923 galt er schon als wichtigster Anführer der nationalen Kampfverbände in Bayern und genoß den Vergleich mit Mussolini. Erst nach dem gescheiterten Putsch gewann er jedoch die Überzeugung, nicht mehr nur der «Trommler» für einen anderen, etwa für Ludendorff, sondern selber der auserwählte «Führer» zu sein. Während seiner Haft ließ er die Partei vorsätzlich zerfallen, um keinen Rivalen in die verwaiste Spitzenposition aufsteigen zu lassen. Seit 1925 baute er sie in strenger Orientierung auf sein Führungsmonopol erneut auf.

Als es ihm 1926 gelang, aus dem Führungskreis der norddeutschen Nationalsozialisten um die Gebrüder Otto und Gregor Strasser den jungen Joseph Goebbels durch eine «Konversion» auf seine Seite zu ziehen, bewies dieser – einem pietistischen Erweckungserlebnis ähnelnde – Vorgang eindringlich die Faszination, die von ihm ausgehen konnte. In einer Serie von unversöhnlich ausgetragenen Machtkämpfen verteidigte er sein Entscheidungsmonopol gegen Rivalen: 1930 gegen Otto Strasser und Walter Stennes, 1932 gegen Gregor Strasser, 1934 gegen Ernst Röhm. Danach stand er das letzte Jahrzehnt konkurrenzlos da.

Längst war das nicht mehr allein das Ergebnis seiner rhetorischen Begabung. Vielmehr hatte sich auch seine «kommunikative Suggestionskraft» zu einer ganz außergewöhnlichen Wirkung gesteigert. Denn Hitler besaß offenbar die vielfach bezeugte, für einen Politiker nicht mit Gold aufzuwiegende Fähigkeit, nicht nur zustimmungsbereite Sympathisanten, sondern «im direkten Kontakt auch Gegner in seinen Bann zu ziehen und seinen Willen durchzusetzen». Das war das Resultat einer in den schwierigen Aufstiegsjahren zäh geschulten Veranlagung, die ihm erst in den innerparteilichen und innenpolitischen Konflikten, dann in den sogenannten Friedensjahren seines Regimes spektakuläre Erfolge (z. B. 1938 auf der Münchner Konferenz) ermöglichte.

Und schließlich verzerren Begriffe wie «Politkrimineller» oder «Inkarnation des Bösen», so sehr sie in einem Gesamturteil ihren Platz finden mögen, allzu leicht den Blick auf die politische Sonderbegabung Hitlers, der ohne irgendeine Mitgift der Elitenzugehörigkeit nach einem knappen Dutzend Jahre zu einem der kaltblütigsten, gerissensten und zielstrebigsten europäischen Berufspolitiker geworden war. Die Niedertracht seiner Methoden und der Aberwitz seiner Fernziele ändern zunächst einmal nichts daran, daß er unter den Bedingungen seiner Zeit als «Political Animal» fast allen zeitgenössischen Politikern ein gutes Jahrzehnt lang überlegen blieb. Es ist richtig, daß er selber den Führer-Mythos ebenso bewußt stilisiert hat, wie die nationalsozialistische Propaganda das ihre zu seiner Inszenierung beitrug. Aber es führt in die Irre, an erster Stelle in dieser egoistischen und propagandistischen Manipulation den Schlüssel zum Erfolg und zur Erklärung des Führer-Mythos zu sehen. Man muß vielmehr Hitlers Eigencharisma als Kombination seiner ungewöhnlichen Talente ernst nehmen, wenn man den Ursachen seiner erstaunlichen Wirkung näherkommen will.

Ohne jeden Zweifel hing der Führernimbus aber auch mit Hitlers Fremdcharisma, das ihm von außen erwartungsvoll zugeschrieben wurde, aufs allerengste in einem grundsätzlichen Sinn zusammen. Früh sind solche Wunschvorstellungen aus dem intimen Kreis seiner ersten Münchener Bewunderer, von Rudolf Hess etwa und Max Amann, von Franz Esser und Hans Frank, an ihn herangetragen worden. Seine persönliche Rolle beim 23er Putsch und die Durchsetzung seines Leitungsmonopols seit 1925 haben solche Erwartungen nachhaltig verstärkt.

Der entscheidenden Voraussetzung aber begegnete Hitler in dem Augenblick, als er 1928/29 nicht mehr als Exponent einer bayerischen Exotenpartei, sondern als republikweit wirkende Symbolfigur des neuen Rechtstotalitarismus in die Arena der «nationalen», der gesamtstaatlichen

3. Der Aufstieg des Nationalsozialismus

Politik trat. Denn hier traf er auf jene vorn charakterisierte gesellschaftliche Erwartungshaltung, die dem neuen politischen Messias mit inbrünstiger Hingabewilligkeit entgegenfieberte. Erst jetzt war die fundamentale Vorbedingung für den weiteren Weg des Charismatikers gegeben, als die in der politischen Kultur des Landes gespeicherte Zustimmungsbereitschaft, die auf das Handeln einer extraordinären Persönlichkeit vertraute, zum Zuge kam. Anstatt auf die Funktionstüchtigkeit von verläßlichen Institutionen und die Gültigkeit von normativen Politikwerten zu vertrauen, sollte ein neuer Übermensch aus der Misere hinaushelfen.

Die Aktivierung dieser Messiashoffnungen hing keineswegs allein von dem politischen Sondertalent Hitlers oder von der latenten Hoffnung auf den «neuen Bismarck» ab. Vielmehr schuf das schon erörterte Krisensyndrom das entscheidende Bedingungsgeflecht, das die latente in eine manifeste Entscheidungssituation überführte. Kriegsschock und nationale Demütigung, Geldwertverlust und regionale Zersplitterung, Klassenkonflikt und Verhärtung der soziokulturellen Milieus verschmolzen zu einer ubiquitären Desintegrationserfahrung. Eben darauf beruhte die Anziehungskraft des Wunschbildes von einer harmonisch integrierten «Volksgemeinschaft». Kein anderer vermochte sie so leidenschaftlich zu beschwören, wie Hitler das tat. Als Charismatiker stellte er sich über den Widerstreit der fragmentierten Loyalitäten, obwohl er zugleich das Spannungsverhältnis zwischen ihnen durch die antidemokratische und antirepublikanische, die antimarxistische und antisemitische Stoßrichtung seiner Agitation förderte. Als Heilsbringer versprach er dessen ungeachtet jene neue Kohäsion, welche nur der integrale Nationalismus als einheitsstiftendes Weltbild bewirken könne.

Die Attraktivität des nationalsozialistischen Radikalnationalismus wurde gesteigert durch dynamisierende Elemente, die vor allem aus dem völkischen Lager einströmten. Ein genuiner Bestandteil der völkischen Ideen war der auf ethnische Homogenität reduzierte Nationsbegriff. Über ihn öffnete sich der Weg in eine breite Kongruenzzone, die der rassistische, politische Antisemitismus ebenso mit ihnen teilte wie mit der deutschtümelnden Lehre von der «Volksgemeinschaft». Der unter den Völkischen, etwa in dem von Himmler und Darré frequentierten Bund der «Artamanen», wuchernde neugermanische Mythos und die «Blut-und-Boden»-Ideologie konnten sich hier mühelos anschließen. Und von völkischen Ideen durchsetzte Institutionen wie der «Verein für das Deutschtum im Ausland», die nationalen Kampf- und Wehrverbände, aber auch lockere Zirkel wie der Berliner «Tat»-Kreis» und das «Politische Kolleg» bestellten ihrerseits den Nährboden, auf dem sich der Nationalsozialismus ausdehnen konnte.

Es lag in der Konsequenz dieses völkischen Nationalismus, daß die Loyalität nach der Zertrümmerung des Kaiserreichs und der Installierung der verhaßten Republik endgültig vom Staat zum «Volk» hinüberwanderte.

Nicht nur galt es, wie gesagt, als Garant des Wiederaufstiegs und Träger der historischen Mission, sondern Volksgröße bot vorübergehend einen Ersatz für Staatsherrlichkeit. Da aber das deutsche Volk ohne staatliche Organisation auf die Dauer im Mächtesystem nicht überleben konnte, stieg der völkische Machtstaat, in dem die «Volksgemeinschaft» als Gegenbegriff zur Klassengesellschaft die nationale Binnenhomogenität gewährleistete, zu einem der höchsten Zielwerte auf.

Der antiliberale, antidemokratische und antirepublikanische Impetus läßt sich aus der schwarzen Tradition des Radikalnationalismus und der völkischen Bewegung mühelos herleiten. Eine ungleich größere Schwungkraft und Massenwirkung übte indes der Antimarxismus aus, den die Hitlerbewegung seit jeher bis hin zum Aufputschen einer mörderischen Phobie kultivierte. Auch hier konnte sie an Traditionsbestände anknüpfen, die sich seit dem Auftauchen der «roten Gefahr» im Vormärz, dem Aufstieg der Sozialdemokratie zur Massenbewegung, der Antikriegspolitik der USPD und der Propagierung der «Dolchstoßlegende» herausgebildet hatten. Tiefer aber noch drang der Stachel, daß der Internationalismus der SPD und der KPD im Verein mit der marxistischen Klassenkampfdoktrin die innere Einheit und Vorrangigkeit der Nation in Frage stellte. Für diese Kritiker aus dem rechten Lager galt das Institutionengefüge der Linksparteien und Freien Gewerkschaften, überhaupt das linke sozialmoralische Milieu geradezu als Nationszerstörer.

Die marxistische Konfliktlehre mitsamt ihrer transnationalen Loyalitätsutopie traf den Nationalismus, erst recht den Radikalnationalismus, im Kern seines Geltungsanspruchs, da sie das Bild einer alternativen Utopie aufpflanzte. Daher richtete sich jener leidenschaftliche Haß gegen die Linke, der auch die radikalnationalistische Massenbewegung des Nationalsozialismus beherrschte, keineswegs in erster Linie oder gar ausschließlich gegen die «Umsturzparteien» und ihre Schreckensvision einer «Diktatur des Proletariats» nach der Zerstörung der überkommenen Gesellschaftshierarchie und der Beseitigung des Privateigentums, obwohl diese Motive fraglos eine komplementäre Rolle spielten. Vielmehr stand im Vordergrund die Angst vor der Auflösung der Nation durch diese sinistren Kräfte, deren unübersehbar massenwirksame Anziehungskraft seit Jahrzehnten zu beobachten gewesen war, ehe sie durch die bolschewistische Revolution, die Konsolidierung der Sowjetunion und das Vordringen der KPD noch einmal drastisch unterstrichen wurde.

Mit dem Einströmen der völkischen Ideenmischung in den extremen Nationalismus wurde das Horrorszenario, das sich mit der Expansion «der Linken» verband, weiter verschärft. Denn jetzt setzten sie nicht nur den Zusammenhalt der Nation, sondern darüber hinaus auch noch die geheiligte ethnisch-rassische Substanz des «Volkes» einer fatalen Zerreißprobe aus. Daher galt es, sie durch eine erbarmungslose Kampfstrategie abzu-

3. Der Aufstieg des Nationalsozialismus

wenden. Insofern ordnete sich der militante Antimarxismus zwanglos, sogar mit innerer Notwendigkeit in das radikalnationalistische Weltbild ein. Für den glorreichen Wiederaufstieg der Nation zu streiten bedeutete nach der Kriegsniederlage auch immer zugleich, «der Linken» als ihrem Todfeind kompromißlos den Kampf anzusagen. Sieht man von dem winzigen, irrlichternden Häuflein der deutschen Nationalbolschewisten ab, hieß Radikalnationalist sein auch immer Antimarxist sein.

Nachdem der Aufstieg des Nationalsozialismus als der Siegeszug einer radikalnationalistischen Massenbewegung unter einem charismatischen Machthaber in einer Gesellschaft voller messianischer Hoffnungen interpretiert worden ist, müssen die Etappen und Bedingungen dieses Aufstiegs noch konkreter charakterisiert werden. Als der Gefreite Adolf Hitler nach dem Krieg nach München zurückkehrte, befand er sich im «Zentrum der mitteleuropäischen Gegenrevolution». Der rote Terror der kurzlebigen kommunistischen Räterepublik erzeugte das explosive Gemisch eines «haßerfüllten Antibolschewismus, Freikorps-Militarismus und hybriden Antisemitismus», das sich in einer «Orgie schwerster Gewaltanwendung» entlud, bis der weiße Terror um den Preis von tausend Toten die Stadt pazifiziert hatte. In diesem schroff ausgeprägten antirepublikanischen Klima entwickelte sich jener «fruchtbare Nährboden für völkisch-nationalistische Restaurationsbestrebungen», denen Bayern seither als «nationale Ordnungszelle» in einem zutiefst destabilisierten «Reich» galt.

Daher tummelten sich in München auch zahlreiche rechtsradikale Vereinigungen. Die 1917 gegründete «Thule-Gesellschaft» etwa, ebenso wie der «Germanen-Orden» ein kaum kaschierter Ableger des «Alldeutschen Verbandes», zog lokale Prominenz wie den Verleger J.F. Lehmann und den Schriftsteller Dietrich Eckart, aber auch junge Studenten wie Rudolf Hess, Hans Frank und den Baltendeutschen Alfred Rosenberg an. Ihr Vorsitzender kaufte im August 1919 den «Münchner Beobachter», der seither der neuen Rechten als «Völkischer Beobachter» zur Seite sprang, ehe er wenig später das offizielle Parteiorgan der NSDAP wurde. Einflußreicher als solche neuen politischen Sekten oder als der etablierte antisemitische «Reichshammerbund» erwies sich der – vorn bereits erörterte – «Deutschvölkische Schutz- und Trutzbund», der ursprünglich aus einer militanten Studentengruppe hervorging, innerhalb von drei Jahren aber schon 200000 Mitglieder registrierte. Dank seines extremen Antisemitismus bildete er fast vier Jahre lang die wichtigste rechtsradikale Formation, die den Antisemitismus weithin gesellschaftsfähig machte.

In jenem Mai 1919, als die Freikorps in München über Leichen gingen, wurde Hitler, der sich Ende November 1918 wieder bei seinem Bayerischen Infanterieregiment Nr. 2 gemeldet hatte und bis zu seiner Entlassung Ende März 1920 formell Soldat blieb, von Hauptmann Mayr aus der «Aufklärungsabteilung» des Reichswehrgruppenkommandos München als V-Mann probeweise angeworben und eingesetzt. Solche Männer, Spitzel und Agitatoren zugleich, sollten dem Einfluß der Linken nach der Eisnerschen Republik und der Räterepublik entgegenwirken. Dazu wurden sie in Schnellkursen provisorisch ausgebildet, wobei ein Referent, der Historiker Karl Alexander v. Müller, als erster das «erstaunliche Redetalent» des österreichischen Gefreiten rühmte. Mitte September wurde Hitler zum Ausspähen zu der nationalistischen Splittergruppe der «Deutschen Arbeiterpartei» geschickt, deren Vorsitzender Anton Drexler ihn voller Anerkennung – «der hat a Goschen» – zur Mitwirkung aufforderte. Bald nahm er an ihren Sitzungen ständig teil. Bereits am 16. Oktober 1919 hielt Hitler vor einem größeren Publikum eine effektvolle Ansprache, die seine Redegabe erstmals öffentlich bestätigte. Danach fiel sein Entschluß, einen Weg in die Politik zu suchen. Seine Rede auf einer ersten Massenversammlung vor 2000 begeisterten Zuhörern am 24. Februar 1920 im Hofbräuhaus bestätigte das Erfolgserlebnis.

Jetzt wurde die «Deutsche Arbeiterpartei» in enger Anlehnung an den DSTB in die «Nationalsozialistische Deutsche Arbeiterpartei» (NSDAP) umgewandelt; Hitler trat als Mitglied bei, half auch bei der Redaktion des Programms, das ihn aber damals wie später nie ernsthaft interessierte. Nach dem erfolglosen Kapp-Putsch im März 1920, der auch das Münchener Rechtslager elektrisiert hatte, pries Mayr Hitler bereits als «bewegende Kraft», da er sich als «Volksredner ersten Ranges» entpuppt habe. Wenig später führte er ihn bei Hauptmann Ernst Röhm ein, der im Freikorps v. Epp an der blutigen Niederwerfung der Räterepublik beteiligt gewesen war und als bayerischer Stabsoffizier in der Münchener Reichswehrdivision für die Waffenabgabe demobilisierter Truppenteile zuständig war, so daß er insgeheim paramilitärische Verbände mit Waffen versorgen konnte.[10]

Auf diese Weise gewann Hitler Zugang zu einer organisatorisch begabten Schlüsselfigur der geheimen Aufrüstung, während Eckart von der «Thule-Gesellschaft» und v. Müller ihn in die «bessere» Münchener Gesellschaft einführten. Ohne diese Förderung gleich zu Beginn seiner Karriere wäre Hitler ein kleiner «Werbeobmann» des Militärs geblieben. Seine Reden erregten unleugbar Interesse, boten aber inhaltlich nichts Originelles, denn Hitler schleuderte seine bereits in Wien angelesenen alldeutschen, antisemitischen Parolen in die Menge, schäumte gegen «Versailles» und den «Dolchstoß» der Linken, beschwor das Allheilmittel der Judenbekämpfung und einer nationalen Renaissance, wie das mancher andere Agitator auch tat, doch mit einer zusehends Aufsehen erregenden, schwer überbietbaren haßstrotzenden Passion.

Als der Kapp-Putsch gescheitert war, zog die bayerische «Ordnungszelle» die enttäuschten Rechtsradikalen geradezu magisch an. Viele wurden von den – zum Teil, dank Röhm, schwer bewaffneten – «Einwohnerweh-

3. Der Aufstieg des Nationalsozialismus

ren» aufgefangen, die schließlich 350 000 Mann umfaßten. Als sie Mitte 1921 endlich aufgelöst werden mußten, wurden zahlreiche Ex-Offiziere und Aktivisten freigesetzt, die es in die rechtsradikalen Verbände zog. Dazu gehörte auch seit dem August 1921 die «Sturmabteilung» (SA) der NSDAP, die zu einer von der Reichswehr protegierten paramilitärischen Privatarmee heranwuchs. Als die Partei damals den «Völkischen Beobachter» als Parteiblatt übernehmen wollte, wurde ihr die halbe Kaufsumme (60 000 M.) aus einem Reichswehrfonds von General v. Epp zur Verfügung gestellt.

Im Mai 1921 war Hitler als Lokalgröße bereits derart etabliert, daß er von Ministerpräsident Kahr eigens empfangen wurde, den Schutz der Staatsbehörden genoß und überdies durch den Sprößling einer Münchener Haute-Volée-Familie, den Kunsthistoriker «Putzi» Hanfstaengel, in die großbürgerlichen Salons des Verlegers Bruckmann und des Flügelfabrikanten Bechstein eingeführt wurde.

Schon im Mai 1921 war Hitler ein erster Vabanque-Coup gelungen, als er mit seiner Austrittsdrohung diktatorische Vollmachten für seine Position an der Spitze der jungen NSDAP erzwungen hatte. Seither trat er auch immer häufiger als «Führer» auf, eine Stilisierung, die durch bewundernde Anhänger nach Kräften unterstützt wurde. Noch freilich sah Hitler sich selber als «Trommler und Sammler», denn er brauchte, wie er in einem Interview im Mai 1921 offenherzig eingestand, «den Größeren hinter sich, an dessen Befehl er sich anlehnen dürfe». Im Rechtslager dachte man dabei – nach dem Scheitern des Großadmirals v. Tirpitz – gemeinhin an Erich Ludendorff, dessen Nimbus trotz seiner feigen Flucht ins Ausland noch nicht verblichen war. Hess stellte den persönlichen Kontakt her, und tatsächlich empfahl Ludendorff fortab Hitler weiter. Das wirkte sich als eine wichtige Unterstützung aus, da Ludendorff zu dieser Zeit als die symbolische Führungsfigur der neuen Rechten fungierte.

Doch Hitler tat jetzt die entscheidenden Schritte selber. Nach Mussolinis «Marsch auf Rom» im Oktober 1922 spürte ein Journalist allenthalben, auch in München, die Sehnsucht nach einem «bayerischen Mussolini». Schon im November 1922 hieß, nicht ohne Hitlers Dazutun, die Devise der NSDAP: «Deutschlands Mussolini heißt Hitler!» Mit dem Blick auf den faschistischen Marsch will sich damals der Schweizer Diplomat und Historiker C.J. Burckhardt notiert haben: «Man darf nicht daran denken, was aus einer ähnlichen Entwicklung in Deutschland würde, bei dem deutschen Hang zum Personenkult, dem Hang zur Übertreibung, der verzweifelten, blinden Tüchtigkeit, die in den Deutschen steckt.»

Mit wachsender Selbstsicherheit präsentierte sich der «Führer» in der Öffentlichkeit während seiner Bemühungen, als Spitzenfigur der Völkischen anerkannt zu werden. In der Partei war er bereits unumstritten. Als ein «Fliegerheld», der Pour-le-Mérite-Träger Hermann Göring, die Leitung der SA, die noch als formell selbständige Parteitruppe organisiert war, übernahm, erkannte er die Führungsrolle Hitlers bereitwillig an. Wunschgemäß staffierte Röhm, seit Anfang 1923 Chef der geheimen Feldzeugmeisterei der Reichswehr, die SA mit Waffen aus seinem Arsenal aus. Und als im September 1923 ein Kartell der bayerischen paramilitärischen Verbände, der «Deutsche Kampfbund», aus der SA, dem «Bund Oberland» und der «Reichskriegsflagge» gebildet wurde, gewann Hitler dank Röhms und Ludendorffs Beistand die eindeutige Führungsstellung. Nicht zuletzt konnte er seinen Anspruch mit den 55 000 Mitgliedern begründen, die seine Partei inzwischen gewonnen hatte. Darüber hinaus genoß er als rühriger «Trommler für die nationale Sache» schon bis weit in das bürgerliche Lager hinein viel «Sympathie und Respekt».

Als in einer abgründigen Krisensituation der Republik auch in Bayern die Bürgerkriegsatmosphäre in diesem Herbst 1923 brodelte, als der Reichswehrgeneral v. Lossow bereits Ende Oktober den «Einmarsch nach Berlin» mit dem Ziel der «Errichtung der nationalen Diktatur» vorschlug, als sich ein autoritäres Triumvirat für die bevorstehende Aktion bildete, da stieß Hitler zum Kreis der rechtskonservativen Verschwörer in Regierung und Militär. Unmittelbar vor dem Putschversuch am 9. November gelang es ihm, sie durch seine Spontaneität zeitweilig zu überrumpeln. Doch der symbolische Beginn seines Marsches nach Berlin brach, da sich die überlisteten Verbündeten sogleich wieder gegen ihn vereinigt hatten, im Feuer der Schutzpolizei vor der Münchener Feldherrenhalle zusammen.

Hitler wanderte nach einer empörend kulanten Behandlung durch die bayerische Justiz für knapp ein Jahr in die komfortable Haft auf der Festung Landsberg. Dort fand er die Muße, mit der Unterstützung seines «Privatsekretärs» Hess an die Niederschrift seines programmatischen Elaborats «Mein Kampf» zu gehen. Sein Vertrauen auf Ludendorff war durch dessen Verhalten in der Putschsituation gebrochen worden, so daß sich auch die letzten Reste seiner einstmals unterwürfigen Bewunderung des «Feldherrn» auflösten. Endgültig nahm er jetzt die «nationale Führung» für sich allein in Anspruch.

Während der Haftzeit ließ er seine Partei verfallen, um ihren Hitlerzentrismus nicht durch neue Führungspersönlichkeiten zu gefährden. Trotz des gescheiterten Putsches zogen die NSDAP und ihr ideologischer Zwilling, die «Deutschvölkische Freiheitspartei» – die aus dem 1922 abgesplitterten rechten Flügel der DNVP hervorgegangen war und während des NSDAP-Verbots von 1923 als deren Auffangbecken gedient hatte – rund zwei Millionen Stimmen (3 %, das bedeutete immerhin 32 MdR) bei den Reichstagswahlen vom Mai 1924 auf sich. In gewisser Hinsicht war das ein Warnsignal, das erstmals auf die Konsolidierung der republikfeindlichen Mehrheit bei der Hindenburg-Wahl von 1925 hinlenkte. Auch sollte man nicht den oft übersehenen Regionalerfolg außer acht lassen, daß eine Woche nach der Verurteilung Hitlers die bayerischen Landtagswahlen vom

April 1924 dem von der NSDAP angeführten «Völkischen Block» 20 Prozent aller Stimmen (sogar 35 % aller Münchener!) eintrugen. Erstmals zeichnete sich die Chance ab, daß eine rechtsradikale Massenbewegung entstehen könnte.

Sofort nach seiner Entlassung machte sich Hitler daran, die marode Partei neu aufzubauen, indem er sie kompromißlos auf seine Führerrolle hin ausrichtete. Seither wurde auch der Gruß «Heil Hitler» durchgesetzt. Konkret bedeutete die Organisationsarbeit, daß die tief zerstrittenen süddeutschen und norddeutschen Flügel zu einer handlungsfähigen, die ganze Republik erfassenden Sammelpartei integriert werden mußten. Ungeachtet des Fortschritts bei diesem Vorhaben und trotz des Erfolgs, daß es gelang, die «Deutschvölkische Freiheitspartei» aufzusaugen (1925), konnte die Partei zunächst keinen stimulierenden Wahlsieg erringen. 1928, als sie rd. 100 000 Mitglieder besaß, brachten ihr die Reichstagswahlen nicht mehr als 810 000 (2,6 %) Stimmen ein – in der Bundesrepublik wäre sie mithin an der Fünfprozent-Hürde gescheitert. Und das Dutzend Abgeordnete erreichte nicht mehr als ein Drittel der Fraktionsstärke von 1924.

Eine außerordentlich folgenreiche Konsequenz dieser Niederlage war die schon seit einiger Zeit erwogene Umstellung auf eine von Grund auf veränderte Wahlstrategie. Hatte sich die NSDAP bisher an erster Stelle darauf konzentriert, die städtischen Arbeiter den Linksparteien abspenstig zu machen, verlegte sie sich jetzt zielstrebig auf den Stimmengewinn in den städtischen Mittel- und in den bäuerlichen Besitzklassen; sie öffnete sich aber überhaupt ohne jede Berührungsangst, vielmehr als flexible nationale Sammlungsbewegung unter einem integrierenden charismatischen Volkstribun neuen Sympathisanten gleich welcher sozialen Herkunft. In der Vieldeutigkeit des Parteiprofils lag seither geradezu das Geheimnis ihres Aufstiegs von einer obskuren Sekte an der Peripherie zu einer respektheischenden Massenbewegung auf der nationalen Bühne. Dementsprechend differenzierte sie ihre Propagandaaktivität, rief sie neue Spezialorganisationen für spezifische Interessen ins Leben und bemühte sie sich erfolgreich darum, unter dem weiten Dach des «nationalen Erwachens» als «Omnibuspartei» des Protests weiter zu expandieren. Längst war sich auch Hitler mit seinem engsten Beraterkreis darüber klar geworden, daß nichts den charismatischen Führer-Mythos so eindrucksvoll bestätigen konnte wie durchschlagende Wahlergebnisse im ganzen Land.[11]

In der Tat stieg die Attraktivität der Hitler-Bewegung während der Landtagswahlen bis 1930 kontinuierlich an: In Mecklenburg-Schwerin etwa kletterte sie von 1,7 auf 4,1, in Baden von 1,4 auf 7, in Thüringen sogar von 1,4 auf 11,3 Prozent der gültigen Stimmen. Schon seit der Mitte des Jahres 1929, also noch vor der wuchtigen Unterstützung durch die Auswirkungen der Weltwirtschaftskrise, nahm der Zustrom einen geradezu «lawinenartigen Charakter» an.

Als Hitler im Sommer 1929 von den Initiatoren des Referendums gegen den reparationspolitischen Young-Plan kooptiert und damit honorig gemacht wurde, als ihn auch die Hugenberg-Presse nachhaltig aufwertete, dehnte sich seine nationale Reputation weiter aus. Viele im Rechtslager teilten die Meinung des Chefs der «Alldeutschen» Claß (dem gegenüber Hitler sich schon im Dezember 1920 als «treuen Schüler» offenbart hatte), daß Hitler als «der lebende Ausdruck der Gemütsverfassung eines verzweifelten Volkes» für die Rechte gewonnen werden müsse. Im Oktober 1931 sollte die antirepublikanische «Harzburger Front» denselben Fehler der Rechtskonservativen, die bewußte «Salonfähigmachung», noch einmal wiederholen.

Aufmerksamen zeitgenössischen Beobachtern ist es bereits nicht entgangen, daß sich seit 1928/29 eine neue autoritäre Kraft im politischen Spektrum ausdehnte. Insofern bedeutete der sensationelle Ausgang der Reichstagswahlen vom 24. September 1930 zum einen eine ausdrückliche Bestätigung des zweijährigen Aufwärtstrends, zum andern aber, da 6,4 Millionen Wähler (18,3 %) 107 Abgeordnete in das Berliner Parlament entsandten, vor allem einen aufsehenerregenden Vorstoß in die zentrale politische Arena der Republik. Daß so viele Wähler «dem gewöhnlichsten, hohlsten, plattesten Scharlatanismus ihre Stimme geben», empfand der bedeutende liberale Journalist Theodor Wolff tiefbetroffen als eine schlechthin «ungeheuerliche Tatsache».

Offensichtlich beflügelt vom Führernimbus, der jetzt vollends zur Entfaltung kam, konnte sich die NSDAP nach dem Zuwachs von fast sechs Millionen neuen Wählern, die sie bereits doppelt so stark wie die DNVP machten, durch diesen politischen Erdrutsch als erste gesamtdeutsche rechtstotalitäre Partei etablieren. 1930 begann ein Massenzustrom, der alle früheren Fluktuationen in der deutschen Parteiengeschichte weit übertraf. Die Hitler-Bewegung wurde zum Alleinerben der rechtsradikalen und völkischen Parteiverbände. Und der «Genosse Trend» blieb ihr auch weiterhin treu: Wenig später kam sie etwa bei den Bremer Bürgerschaftswahlen auf 25,6, bei den Landtagswahlen in Braunschweig auf 27,2, in Oldenburg auf 37,2 Prozent; bis zum Dezember 1930 gewann sie 400000 Mitglieder.

Dem Absturz in die tiefste Depression entsprach umgekehrt der kometenartige Siegeszug der NSDAP, die aus der sozialen Misere unendlichen politischen Nutzen zog. Sie brach seither in ein soziokulturelles Milieu nach dem anderen, in eine soziale Klasse nach der anderen tief ein. Sie gewann neue Anhänger in den mittleren städtischen Erwerbsklassen, in der Bauern- und Landarbeiterschaft, unter kleinstädtischen Arbeitern, aber auch durchweg in den noblen Villenvierteln der Großstädte. Bedenkenlos bediente sie alle Interessen mit einem nackten Populismus, der jedem Adressaten seine vorrangigen Wünsche zu befriedigen versprach – mit Er-

3. Der Aufstieg des Nationalsozialismus

folg, wie sich zeigen sollte, da sie sich in einer erstaunlich kurzen Zeit in eine alle Klassenschranken und Milieugrenzen überschreitende autoritäre «deutsche Volkspartei» – wie Hitler selber sie damals nannte – verwandelte. Vorläufig resistent blieben nur die marxistisch-imprägnierte großstädtische Arbeiterschaft (die KPD verbuchte sogar einen Aufschwung) und das kleinstädtisch-ländliche katholische Milieu.

Ein Propagandatopos aber trat in diesen drei Entscheidungsjahren auffällig zurück: Das war der rabiate Antisemitismus, auf den selbst Hitler wegen der zahlreiche Wähler abstoßenden Wirkung kaum mehr zurückgriff. Eine Massenwählerschaft konnte offensichtlich nicht durch völkisch-antisemitische Tiraden, sondern nur durch den größtmöglichen gemeinsamen Nenner gewonnen werden (vgl. vorn V.6). Ihn repräsentierte die Beschwörung der nationalen «Volksgemeinschaft» und des «nationalen Wiederaufstiegs», wie überhaupt Züge eines «nationalen Millenarismus» der nationalsozialistischen Parole vom künftigen «Tausendjährigen Reich» der deutschen Nation unübersehbar anhafteten.

Im Grunde waren die zwei Jahre nach dem ersten Auftrumpfen im September 1930 ein einziger langgestreckter Wahlkampf. Zwar unterlag Hitler bei der Reichspräsidentenwahl im April 1932 noch eindeutig dem Amtsinhaber Hindenburg (53 %), doch stieg sein Stimmenanteil im zweiten Wahlgang auf immerhin 36,8 Prozent. Dieses verblüffende Ergebnis beschleunigte die Umorientierung im rechten Lager. Hitler wurde als politische Größe endgültig verhandlungsfähig, wie das die Bemühungen von Reichskanzler Schleicher, von Unternehmern, Lobbyisten und protestantischen Geistlichen zeigten. Das «konservative Establishment» begann, «symbolisch, finanziell und politisch das Tor zur Macht» allmählich zu öffnen. «Alle Macht dem Führer», lautete daher folgerichtig die ultimative Devise des «Völkischen Beobachters», der «deutsche Volksführer Adolf Hitler… ist die letzte Hoffnung derer…, denen nur eins blieb, der Glaube an Deutschland». Der vorteilhafte NS-Trend bei den Landtagswahlen unterstützte diese Neigung, denn in Preußen erreichte die NSDAP jetzt 24,4, in Württemberg 26,5, in Hamburg 31,2, in Bayern 32,5, in Sachsen-Anhalt sogar 40,9 Prozent.

Insofern kam der Triumph im Juli 1932 nicht so überraschend wie der sprichwörtliche Blitz aus heiterem Himmel. 13,8 Millionen Wähler (mehr als ein Drittel, 37,4 %, aller Stimmen, das Siebzehnfache der Zahl vor vier Jahren) katapultierten 230 Abgeordnete der NSDAP in den Reichstag. Während die Wahlbeteiligung von 1928 bis 1932 von 30,8 auf 39,3 Millionen Stimmen und die Anzahl der Wahlberechtigten um 3,8 Millionen anstiegen, gewann die Hitler-Bewegung ihren Zustrom zu drei Fünfteln aus Erstwählern und zu zwei Fünfteln aus ehemaligen Nicht-Wählern – dem größten Stimmenreservoir. Der politische Mobilisierungseffekt kam ihr mehr als jeder anderen Partei zugute.

Nicht einmal die Nationalliberalen des Jahres 1874, auch nicht die Sozialdemokraten im Jahre 1919 hatten auch nur von ferne diese plebiszitäre Massenakklamation erzielt. Bis zum Jahresende stieg überdies die Mitgliederzahl auf 1,4 Millionen an, mithin seit 1930 um das Fünffache, während sich die Wählerzahl verdoppelt hatte. Über Nacht stellte die NSDAP, weit vor der SPD mit ihren nur mehr 133 Abgeordneten, die stärkste Fraktion im Reichstag. Über Nacht auch war Hitlers Machtposition in der Partei und in der deutschen Innenpolitik auf ungeahnte Weise aufgewertet worden. Dennoch: Zwei Drittel der Wähler hatten nicht für ihn gestimmt. Andererseits besaßen jetzt ausgerechnet die beiden totalitären Flügelparteien zusammengenommen die absolute Mehrheit im Parlament, konnten also auch eine negative Sperrmajorität stellen.

Es ist richtig, daß die neuen Reichstagswahlen am 6. November 1932 der NSDAP einen unerwartet herben Rückschlag bescherten. Sie verlor zwei Millionen Stimmen, sank auf einen Anteil von 33,1 Prozent und mußte mit 197 Abgeordneten auf 34 Zuzügler vom Sommer verzichten. Das Ergebnis, von der Partei mit tiefer Enttäuschung über den Abbruch des Siegeszugs, von ihren Gegnern dagegen mit Erleichterung aufgefaßt, war aber wohl im wesentlichen ein Ausdruck der nach fünf Wahlgängen in einem einzigen Jahr scharf abfallenden Mobilisierungsbereitschaft, der auch Hitlers wahlpolitische Tour de Force nicht Einhalt gebieten konnte. Noch ehe sich aber die NSDAP der Klage über das Abbremsen ihres Vormarschs und die Ebbe in ihrer Parteikasse weiter hingeben, ehe auch die Verführungskraft des Hitler-Mythos ein weiteres Mal auf eine harte Probe gestellt werden konnte, übergaben die Repräsentanten der alten Machteliten Hitler von sich aus die Herrschaftsposition des Reichskanzleramts.

Die letzten Reichstagswahlen am 5. März 1933 standen dann unter dem Einfluß einer massiven Regierungspropaganda einerseits, einer brutalen Repression der beiden Linksparteien andererseits. Trotz ihrer Privilegierung als Kanzlerpartei erreichte die Hitler-Bewegung noch immer nicht die absolute Mehrheit, kam aber auf 17,3 Millionen Stimmen (43,9%), die ihr 288 von 584 MdR bescherten – nur fünf fehlten zur absoluten Mehrheit. Mehrheitsfähig wurde sie aber mühelos durch ihre Allianz mit den 52 Abgeordneten der DNVP. Obwohl das Unheil durch diese Wahl besiegelt wurde, ist es wahr, daß selbst bei dieser letzten, schon alles andere als freien Wahl die NSDAP die absolute Mehrheit verfehlt hat. Ein Trost ist das dennoch nicht, weil ein ungleich größeres Wählerpotential noch sein Gewicht zu ihren Gunsten in die Waagschale hätte werfen können: Die 2,96 Millionen der DNVP (52 MdR), die 662 000 der DVP (11 MdR), die 887 000 der Splitterparteien (12 MdR), die zerbröckelnden rechten Flügel des Zentrums, der BVP, der SPD – sie alle waren für den Hitler-Mythos und die radikalnationalistische Rhetorik anfällig, so daß rund vier Millionen Stimmen (60–70 MdR) eine leichte Beute der NSDAP hätten werden können. Zur Probe aufs Exempel hat es die Diktatur nicht mehr kommen lassen.[12]

Worauf beruhte die bestürzende Erfolgsserie von 1930 bis Ende 1932?

1. In der existentiellen Krise der schlimmsten Wirtschaftsdepression, welche das Industrieland Deutschland bisher erlebt hat, schlug die Stunde des Charismatikers. Keiner konnte angesichts von mehr als acht Millionen Arbeitslosen, der wachsenden Verzweiflung, des verheerenden ökonomischen Zusammenbruchs die Höllenfahrt dieser Krise bestreiten, in ihr nur mehr die unvermeidbare «Reinigungskrise» der liberalen Dogmatiker sehen. Keiner aber hämmerte auf zahllosen Großveranstaltungen, zu denen er schließlich als erster mit dem Flugzeug einschwebte – dem staunenden Publikum von 148 Veranstaltungen allein zwischen April und November 1932, also vor Millionen, den Eindruck der Allgegenwärtigkeit erzeugend –, den Zuhörern so leidenschaftlich und so beharrlich, so haßerfüllt und so siegesgewiß wie Hitler seine Kritik an der Misere des «Weimarer Systems» ein. Keiner prangerte die Hilflosigkeit der Berliner Politik, den «Ausverkauf», den «Verrat nationaler Interessen» mit seinem «manichäischen Dualismus» so unerbittlich an. Keiner aber war auch so asketisch sparsam mit konkreten Reformvorschlägen, die sich dem Test der empirischen Überprüfung hätten stellen müssen. Auf pragmatische Rezepte ließ Hitler sich nie ein.

Immer aber berief er sich im Stil des charismatischen Propheten auf die höchsten Werte als Fixsterne seiner Politik: auf soziale Gerechtigkeit für «alle Volksgenossen», auf das Überleben der Nation im Zeichen ihres drohenden Untergangs, auf die Einheit, die Ehre, die Zukunft der Nation. Bestehe erst einmal Einigkeit über diese Zielwerte, schließe sich auch endlich die gesamte Nation zu einer gläubigen, zugleich die antiquierte Hierarchie sprengenden «Volksgemeinschaft» zusammen, wie sie in nuce vorerst nur die Hitler-Bewegung verkörpere, dann lasse sich auch jene Energie mobilisieren, die zur Überwindung der Krise unerläßlich sei, aber einzig und allein von ihm als «Führer» der Nation in die richtigen politischen Bahnen geleitet werden könne.

Im künftigen «Dritten Reich» – diese Parole stieg zum eschatologischen Heilsbegriff auf – werde unter seiner Leitung alles Notwendige und Neue endlich verwirklicht werden. All dieser «vagen Ordnungsromantik» lag letztlich ein «harter nationaler Geltungsanspruch», der Primat der Nation im Inneren und nach außen zugrunde. Mit ihm erreichten Hitler und die NSDAP die wachsende Millionenzahl ihrer Wähler und Mitglieder.

Ohne den Hitler-Mythos, ohne die sichtbare Erfüllung der messianischen Hoffnungen durch diesen «Sendboten» ist aber der rasante Aufstieg der NSDAP schlechterdings nicht überzeugend zu erklären. Dieser Magnetismus läßt sich natürlich bei den «alten Kämpfern», den vor den Erfolgen seit 1930 eingetretenen Parteigenossen, besonders auffällig nachweisen.

Hunderte von erhaltenen Biographien beschworen immer wieder eine «Bekehrung». Nachdem er zum ersten Mal Hitler gehört hatte, stand für einen von ihnen fest: «Da gab es nur noch eine Sache für mich, entweder mit Adolf Hitler zu gewinnen oder für ihn zu sterben. Die Persönlichkeit des Führers hatte mich total in ihrem Bann.» «Mein Ideal war eine Bewegung», erklärte ein anderer, «die die nationale Einheit... des großen deutschen Vaterlandes bewirken würde..., die Realisierung meines Ideals konnte nur durch einen Mann erfolgen»: Hitler. Wer «nicht die enorme Gewalt der Führer-Idee erlebt hat, wird niemals etwas davon verstehen», schrieb ein dritter beschwörend. Aber «wann immer ich... mich für unseren Führer einsetzte, fühlte ich, daß es nichts Höheres oder Edleres gab, das ich für Adolf Hitler und dadurch für Deutschland» tun konnte, so daß «der wahre Inhalt meines Lebens... meine Verpflichtung gegenüber Hitler... ist, die reinste Verkörperung des deutschen Charakters».

Ausschlaggebend blieb freilich, daß Hitler auf einen allgemeineren gesellschaftlichen Konsens traf, der nach einem «starken Führertum», einem politischen Messias verlangte. Erst dieser Verehrungseifer erzeugte jene immense Popularität, die seine charismatische Ausstrahlung verstärkte. Eine Hamburger Lehrerin notierte sich im Frühjahr 1932 nach dem Besuch einer Massenkundgebung ihren Eindruck in Worten, die für die weitverbreitete Haltung prototypisch sind. Nach langem Warten: «Der Führer kommt. Ein Ruck geht durch die Massen... Dann sprach Hitler. Hauptgedanke: Aus Parteien soll ein Volk werden, das deutsche Volk.» «Wie viele sehen zu ihm auf in verzweifelter Gläubigkeit als dem Helfer, Erretter, Erlöser aus übergroßer Not.» Hitler «ist der einzige», schloß sie, «der heute noch Millionen Menschen etwas sein und geben kann, gleichviel was es ist»; er allein könne einen politisch begeistern, «weil er ohne Programm mitzureißen versteht».

Kein Zweifel, Hitlers Wirkung als charismatischer Prophet und sein plakativer Radikalnationalismus lösten den größten Mobilisierungseffekt aus. Er war die «mediale Drehscheibe», der Katalysator der Massenempfindungen, der die «leidenschaftliche Hingabe», die «Bereitschaft zur Selbstaufgabe», die «psychisch-existentielle Bindung» seiner fanatisierten Anhänger zu erzeugen verstand. Der Führerkult war daher, so gesehen, weit mehr die spontane Verehrung des ersehnten politischen Messias als ein Ergebnis von Goebbels' ausgeklügelter Propaganda.

2. Hinzu kam das politische Plus, daß die Hitler-Bewegung den Eindruck einer beispiellosen Dynamik, eines mitreißenden Elans und eines unerschöpflichen Aktivismus, nicht zuletzt, gerade im Vergleich mit den etablierten Parteien, einer kampflustigen Jugendlichkeit vermittelte. Leidenschaftlich verfocht sie als «totalitären Weltanschauungsbegriff» den «gnadenlosen Kampf» gegen alle Gegner. Das verschaffte ihr das Image, unverbraucht, tatkräftig, kampfbereit an pressierende Aufgaben heranzugehen, vor denen andere offensichtlich versagten oder zurückscheuten.

3. Der Aufstieg des Nationalsozialismus

Seit den Wahlen von 1930 rückten zudem erstmals geburtenstarke Vorkriegsjahrgänge in die Wählerschaft ein, die nicht im Kaiserreich, sondern in der Weimarer Republik politisch sozialisiert worden waren. Unter ihnen fand die NSDAP so viele Sympathisanten, daß sie den Löwenanteil dieser jungen Erstwähler an sich zog.

Die Anziehungskraft der dynamischen «Partei der Jungen» – «ein junges Volk steht auf», sangen sie – beruhte auch darauf, daß sie in schroffem Gegensatz zur agrarromantischen Blubo-Ideologie ihr positives Verhältnis zur Technik, zur industriellen Welt, zur technokratischen Daseinsbewältigung energisch herausstellte. Davon ging offensichtlich eine anhaltende Faszination aus, die namentlich junge Akademiker und Ingenieure, Techniker und Angestellte erfaßte. Mit dem Parteiprogramm hatte das ganz und gar nichts zu tun, wohl aber mit dem «Aufbruch der Jungen» gegen das verkrustete, überlebte Alte. Auf diese Sympathisantengruppen wirkte nicht die rückwärts gewandte Utopie eines archaischen Krieger- und Bauernlebens, wie sie die Partei für eine andere Klientel gleichzeitig verfocht. Vielmehr verkörperten das eigentlich Attraktive die Modernitätsverheißung und der «Mobilisationsappeal», mit allen technischen und industriellen Mitteln die Grundlage sowohl für den nationalen Wiederaufstieg als auch für eine meritokratische, aus sozialdarwinistischer Konkurrenz hervorgehende Leistungsgesellschaft zu schaffen – frei von den ständischen Schlacken des elitären Honoratiorenklüngels, der «obrigkeitlichen Volksferne», der verharschten Interessenwahrnehmung. Deshalb auch fand sich in der Massenbasis der Hitlerbewegung die eigentümliche Ambivalenz von sozialreaktionären und modernen Elementen, von konservativer Beharrung und dynamischer Mobilität, von «ideologischem Fanatismus und pragmatischem Opportunismus», von «Zynismus und Glaubenspathos».

3. In einer gewissen Affinität zum «jungen» Charakter der Partei stand die einschüchternde Gewalttätigkeit, häufig im Verein mit einem suggestiven quasi-militärischen Ordnungszeremoniell, das von den Kampforganisationen, der SA und SS, praktiziert wurde. Nach der Brutalisierung durch die Weltkriegserfahrung gaben zunächst die älteren Jahrgänge der Frontgeneration, der Freikorps, der subproletarischen SA-Rabauken den aggressiven Stil im Umgang mit «linken» Gegnern vor. Schlägereien auf Wahlveranstaltungen, der Kampf um Stammlokale und Strafexpeditionen in «rote Wohnviertel» gehörten frühzeitig zum Alltag der Braunhemden. Nach dem «Ausstieg aus der bürgerlichen Zivilisation», der Lösung von den überlieferten Normen und den «sozialmoralischen Autoritäten» – wie das der Charismatiker von seiner Gefolgschaft erwartet – bildete die freigesetzte «kriminelle Energie» als ein Pendant zum Elan der Hitler-Bewegung ein «substantielles Element des NS-Aktionismus», der sie am Ende der Republik allen anderen Parteien so überlegen machte. Denn seit 1930 steigerte

sich diese Gewaltdynamik zu bürgerkriegsähnlichen Straßenschlachten ohne Rücksicht auf Verluste – und das hieß bald: Hunderte von Toten und Verletzten. Allein vom Januar bis zum September 1932 wurden 155 Tote, Erschlagene, Erstochene, Erschossene, offiziell registriert.

Parolen wie: «Die Straße frei den braunen Bataillonen» und gezielte Provokationen wie der Einmarsch in proletarische Wohnquartiere reizten die kommunistischen Verbände bis zur Weißglut und lösten Reaktionen aus, die den «Nazis» mit gleicher Münze heimzahlen wollten. Durch brutale Rücksichtslosigkeit bis hin zum politischen Mord zeichnete sich der kommunistische Kampfstil ebenfalls aus. Eher zurückhaltend traten dagegen das sozialdemokratische «Reichsbanner» oder die viel zu spät geschaffene «Eiserne Front» der Republikverteidiger auf. Die militärische Initiative ging in aller Regel von den paramilitärischen Verbänden der Hitler-Bewegung aus. Sie präsentierte sich als aggressive, plebiszitär gestützte Gegenkraft gegen den Sozialismus und Kommunismus.

4. Tief verwurzelte deutsche Traditionen der Hochschätzung von nationalen Sammlungsbewegungen führten dazu, daß der Volksparteicharakter der NSDAP positiv beurteilt wurde. Sie ist in der Tat auf keine eindeutige Klassenherkunft festzulegen: weder auf den wirtschaftlich angeschlagenen «Mittelstand» noch auf das Lumpenproletariat der Städte oder die Desperados des großen Kriegs, deren Eingliederung in die Friedensgesellschaft gescheitert oder von ihnen selber verweigert worden war. Auch alle mühseligen Anstrengungen der linken Faschismuskritik, die NS-Bewegung als Büttel des Großkapitals hinzustellen, der allein aus den krisengeschüttelten bürgerlichen Klassen seinen Anhang gewonnen habe, verfehlen den Charakter dieser autoritären Omnibuspartei (vgl. III. 2 a). Denn die Anziehungskraft Hitlers und seiner Bewegung reichte viel tiefer in die gesamte Wählerschaft hinein, als diese einengenden Deutungen suggerieren.

Seit 1930 stammte der größte Wählerblock aus den protestantischen Agrargebieten und Kleinstädten – fast 50 Prozent kamen aus jenen evangelischen Kleinstädten (mit bis zu 5000 Einwohnern), von denen es in Deutschland so viele wie sonst nirgendwo gab; nur ein Drittel dagegen kam aus den Großstädten. Kein anderes «Sozialmerkmal» hat die «nationalsozialistischen Wahlerfolge so nachhaltig beeinflußt» wie die Konfession. Aufgrund einer langen Vorgeschichte, die vom Theologischen Rationalismus der Spätaufklärung über den liberalnationalistischen Kulturprotestantismus bis hin zur vorbehaltlosen Identifizierung mit dem «evangelischen» Hohenzollernreich reichte, hatte sich im deutschen Protestantismus, auch in seiner Amtskirche, eine spezifische Anfälligkeit gegenüber den Verheißungen der «Zivilreligion» des Nationalismus ausgebildet (vgl. V.1). Sie machte protestantische Wähler, statistisch gesprochen, genau doppelt so anfällig für den von der Hitler-Bewegung verfochtenen Radikalnationalismus und ihr «Drittes Reich» wie katholische Wähler.

3. Der Aufstieg des Nationalsozialismus

Diese Anfälligkeit erwies sich in ganz besonderem Maße, als der Nationalsozialismus in die kleinen und mittelgroßen Städte mit einer protestantischen Einwohnermehrheit eindrang. Sie wurden nicht durch militante Aufmärsche und rabiaten Straßenterror erobert, obwohl auch Brachialgewalt als probates Mittel gegen «die Linke» dort gutgeheißen wurde. Vielmehr fand die Partei zusehends Anhänger in den zahlreichen sozialen Netzwerken solcher Städte, wo das Vereinsleben, aber auch der Wille zur Restauration einer autoritären Ordnung großgeschrieben wurde. Sie gewann die Stammtischhoheit, da ihr nationalistischer Protest gegen das «Weimarer System» und die internationale Nachkriegsordnung dem dumpfen Ressentiment dieser Wählerschichten kongenial entgegenkam. Pointiert gesagt: Die NSDAP mußte dort nicht mühsam ihren Anhang gewinnen, vielmehr hatten diese Städter geradezu darauf gewartet, daß der Radikalnationalismus der Rechtstotalitären und das charismatische Führertum eines «neuen Bismarck» die tief eingeschliffene Erlösungshoffnung durch den nationalen Wiederaufstieg und das Wirken einer großen Persönlichkeit befriedigte.

Die unheimliche Gewalt der Krise seit dem Herbst 1929, die mit der Hilflosigkeit städtischer und staatlicher Instanzen scharf kontrastierende siegesgewisse Dynamik der Hitler-Bewegung, nicht zuletzt auch der furchterregende Bodengewinn der KPD haben dann in diesem städtischen Milieu den Pendelschlag zugunsten des Rechtsradikalismus weiter begünstigt. Doch die grundsätzliche Richtungsentscheidung war längst vorher angelegt. Wenn die Parteien des Liberalismus und der bürgerlichen Mitte 1928 immerhin 28 Prozent der Stimmen in diesem Milieu gewonnen hatten, waren es im Sommer 1932 noch ganze fünf Prozent. Fast 25 Prozent waren dort, wo der Nationalismus in alle Poren der Stadtgesellschaft eingedrungen war, der Lebensstandard sank und die Angst vor «dem Marxismus» vorherrschte, zur NSDAP abgewandert.

Den Volksparteicharakter der NSDAP unterstreicht auch die bereits vorn erörterte Tatsache (III. 3.), daß sie bis 1932 für Arbeiter wählbar geworden war; überdies kamen auch schon bis 1929 40 Prozent der neuen Parteigenossen aus der Arbeiterschaft. Im Republikdurchschnitt gewann sie 25 Prozent der Stimmen aus den proletarischen Milieus des Landes und der Städte. In Agrarregionen konnte der Arbeiterstimmenanteil sogar auf 50 Prozent, in reinen Industriegebieten auch noch auf 33 Prozent ansteigen. Freilich fiel ihr Anteil stets dann niedrig aus, wenn es im Wahlbezirk besonders viele Arbeitslose gab, da diese überwiegend zur KPD abwanderten. Unbestreitbar blieb auch noch die Immunität des Kerns der marxistisch geprägten großstädtischen Arbeiterschaft erhalten.

Entgegen einer zählebigen Legende besaßen Angestellte keineswegs eine auffällige Affinität zur NSDAP (vgl. III. 2. c.). Ihr Stimmengewinn fiel im Gegenteil um so niedriger aus, je mehr Angestellte in einem Wahlkreis lebten, da Angestellte im allgemeinen weitaus weniger Protestgründe als Arbeiter besaßen, häufig in Gewerkschaften engagiert waren und dann auch für die SPD votierten. Dagegen entwickelte sich von 1928 bis 1932 ein hoch überdurchschnittlich anschwellender Beamtenzustrom, da die NSDAP die tiefe Vertrauenskrise auszunutzen verstand, die sich im Verhältnis der Bürokratie zum verachteten Weimarer Staat aufgetan hatte (vgl. IV.3).

Und wie tief die Hitler-Bewegung in das bäuerliche Milieu einbrechen konnte, als sich dort die neue Agrarkrise verheerend auswirkte und die gesamte intermediäre Struktur der Interessenverfechtung zusammenbrach, so daß Darrés «Agrarpolitischer Apparat» in verblüffendem Erfolgstempo in die weit aufklaffende Lücke hineinstoßen konnte, ist vorn bereits geschildert worden (vgl. III. 5 und II. 6).

Der Vergleich des Wahlverhaltens aller sozialen Klassen zeigt, daß die höchste Anfälligkeit unter protestantischen gewerblich und bäuerlich Selbständigen zu finden war. Insgesamt stellten die bürgerlichen Mittelklassen als größter Stimmstifter den Löwenanteil von 60 Prozent der NSDAP-Wählerschaft (1932 z. B. 7,8 Mill.). Insofern besaß die braune «Volkspartei» doch einen «Mittelstandsbauch» (J. Falter).

Anders als ein zählebiger frauenfeindlicher Vorwurf es wahrhaben will, gab 1930 und 1932 keine vermeintlich extrem hohe Stimmenzahl enthusiasmierter Hitler-Wählerinnen den Ausschlag. Wohl aber stellte sich, zumal in der Weimarer Republik immer mehr weibliche als männliche Wähler zur Urne gingen, in der Tat ein leicht überproportionaler Zuwachs weiblicher Stimmen ein, der den dramatischen Aufstieg zur Massenpartei beschleunigte.[13]

5. Angesichts dieser ausschlaggebenden Erfolgsbedingungen: des charismatischen Volkstribuns an der Spitze einer nationalistischen Sammlungsbewegung, des klassenübergreifenden Charakters einer autoritären, jungen, populistischen Volkspartei, der vagen, aber dynamisch wirkenden Alternative der Krisenbekämpfung, erscheint die Programmatik der NSDAP als geradezu zweitrangig. Das formelle Parteiprogramm von 1921, ein Sammelsurium völkisch-rechtsradikaler Postulate, wurde bereits 1926 unter Hitlers Verbot gestellt, daß es nicht mehr verändert werden dürfe, mithin als heiliger Text zu gelten habe. Überdies enthielt es nicht diejenigen Ziele, die später die Motorik der nationalsozialistischen Expansions- und Vernichtungspolitik vorangetrieben haben.

Seither mochte es zwar noch dann und wann konkurrierende Deutungen ehrgeiziger Paladine wie Himmler und Rosenberg geben – zeitweilig, erinnerte sich Hans Frank, gab es sogar «grundsätzlich so viele Nationalsozialismen als es führende Männer gab». Doch Hitler setzte sein Interpretationsmonopol ebenso zielbewußt wie effizient durch. «Unser Programm heißt Hitler», lautete daher auch die völlig kongeniale Parole der Partei. Die vage nationalsozialistische «Weltanschauung» gewann über-

3. Der Aufstieg des Nationalsozialismus

haupt erst ihre konkrete Bestimmtheit, ihren fatalen Richtungspfeil durch das Medium Hitlers. Und nur wegen eben dieser Auslegungssouveränität konnten seine idiosynkratischen Obsessionen ihre mörderische Geschichtsmächtigkeit entfalten.

Diese charismatische Kapazität zur Weichenstellung lenkt auf Hitlers Weltbild hin, das dafür eine Steuerungsfunktion übernahm. Selbstverständlich wäre es irreführend, aus dessen unleugbarer Bedeutung abzuleiten, daß Hitler seine Leitideen, sobald er dazu die Mittel der Diktatur besaß, Schritt für Schritt verwirklicht hätte, etwa in der Ausführung eines seit jeher anvisierten ominösen «Stufenplans». Solch eine Vorstellung überschätzt seine Handlungsrationalität und unterschätzt zugleich seine Flexibilität, seine Abhängigkeit von aktuellen Konstellationen und anderen Akteuren. Dennoch: Da Hitler aufgrund der Abgehobenheit des charismatischen Machthabers einen extraordinären Handlungsspielraum ausnutzen konnte, fiel er in Entscheidungssituationen auf den «Blueprint» seiner fixen Ideen geradezu mit Besessenheit immer wieder zurück.

Wenn man die starren Koordinaten dieses Weltbilds systematisch ordnet, stößt man auf zehn axiomatische Basisüberzeugungen.

1. Hitler verstand die Geschichte als endlosen sozialdarwinistischen Kampf, in dem sich das Recht des Stärkeren, die natürliche Auslese der Überlegenen, das Überleben der Tüchtigsten durchsetzte. Der Krieg wurde als «Vater aller Dinge» glorifiziert. So gesehen verstand Hitler seine Politik zuerst als Kriegserklärung, dann als Kriegsführung gegen die bestehende Welt und die vorherrschende Weltauffassung.

2. In diesem welthistorischen Kampf besaß das arische Volk der Deutschen dank seiner unübertrefflichen Rassequalität im Prinzip die Überlegenheit, die ihm das Anrecht auf die Eroberung der weltpolitischen Führung gewährte. «Diesem größten Rassekern» von 84 bis 110 Millionen arischen Deutschen «wird und muß einmal», versicherte Hitler 1938 auf einer Geheimkonferenz hoher Offiziere, «die Welt gehören».

3. Innerhalb dieses von der Natur privilegierten Rassestaats galt das Führerprinzip. An der Spitze repräsentierte es Hitler selber, der bereits 1923 diagnostiziert hatte: Die «Nation lechzt nach einem Führer», ehe er 1925 in «Mein Kampf» konstatierte: «Über den deutschen Menschen im Diesseits verfügt die deutsche Nation durch ihren Führer.» Unter ihm setzte sich das Führerprinzip auf allen tieferen Rängen der Herrschaftshierarchie weiter fort, jeweils in uneingeschränkter Abhängigkeit von der Personalhoheit des «Führers».

4. Als Handlungseinheit und Loyalitätspol, als Integrationszentrum und Lebenssinn besaß die Nation den höchsten Wert. Ein leidenschaftlicher Nationalismus hatte sich daher vorbehaltlos in den Dienst ihrer Größe, ihrer Ehre, ihrer historischen Mission zu stellen. Die Entscheidung, welche Interessen der Nation auf welche Weise durchgesetzt werden mußten, traf

mit divinatorischer Sicherheit der «Führer», der sich dabei mit dem Massennationalismus im Einklang wußte.

5. Das innere Ordnungsgefüge der Nation mußte zur «Volksgemeinschaft» umgebaut werden, die nicht nur die spaltenden Klassenantagonismen überwinden und Ausdruck des «nationalen Sozialismus» sein sollte, sondern auch zu einem rassisch überlegenen Akteur aufsteigen müsse, sobald sie durch eine dezidierte staatliche Rassenpflege auch biologisch gekräftigt worden war.

6. Mit der Etablierung der «Volksgemeinschaft» sollte auch der Marxismus, den die NS-Bewegung von Anfang an erbittert bekämpft hatte, endgültig überwunden werden. Bis dahin gehörte ein kompromißloser Antimarxismus zu den Imperativen der Partei. Hitler hatte seinen Antimarxismus schon aus den Wiener Erfahrungen mit der Stärke der österreichischen Sozialdemokratie und aus der indoktrinierenden Wirkung alldeutsch-rechtskonservativer Parolen gewonnen, dann durch die Legende vom «Dolchstoß» der deutschen Linken in den Rücken der Front und die Anschauung der Münchener Räterepublik befestigt, längst ehe die Bolschewiki und die Sowjetunion in sein Gesichtsfeld traten. Als sie das taten, wurde auch die Ausschaltung der kommunistischen Großmacht ein Fernziel.

7. Wie die Zielutopie und die Politik aller Linksparteien abgelehnt wurden, gehörten auch Liberalismus und Demokratie in die Rumpelkammer der Geschichte. Die Republik und der Parlamentarismus mußten einer autoritären Staatsform weichen. Dank dieser antiliberalen und antidemokratischen, antirepublikanischen und antiparlamentarischen Grundhaltung wurde der Nationalsozialismus zum Erben aller völkischen und rechtsradikalen Strömungen, aber auch vieler in die Gesellschaft tief hineinreichender antimoderner Traditionen.

8. Die höchste Priorität genossen jedoch zwei weitere Zielvorstellungen: die «Entfernung der Juden» – dieses «unverrückbar» feststehende «letzte Ziel» des Antisemitismus hatte Hitler, wie erinnerlich, schon in seinem ersten politischen Schriftstück vom September 1919 fixiert – und die Eroberung von «Lebensraum im Osten». Der Antisemitismus Hitlers beruhte auf der Grundlage seines Rassismus und Nationalismus. Die Juden bildeten für ihn keine Religionsgemeinschaft, sondern eine verschworene Rassengenossenschaft, die ebenso wie das Ariertum die Weltherrschaft erstrebte. Dieser naturgegebene arisch-jüdische Antagonismus konnte nur durch einen Kampf bis aufs Messer entschieden werden. Die Stunde dieses Rassenkrieges hatte, wie das Hitlers epochalem Gegenwartsbewußtsein entsprach, endlich geschlagen, und allein der «Führer» konnte ihn siegreich zu Ende führen.

Von der vagen Vorstellung der «Entfernung» hat sich Hitler über das Postulat der gesetzlichen Diskriminierung unter einem die Staatsbürgerrechte

3. Der Aufstieg des Nationalsozialismus

verweigernden Fremdenrecht im Grunde mit verblüffend schnell gezogener Konsequenz bis hin zu der «ungeheuerlichen Radikalisierung und Brutalisierung der Judenbekämpfung» in «Mein Kampf» bewegt, wo er erstmals öffentlich die Vernichtung forderte. Auch seine politische Sprache, welche «die Juden» mit Bazillen, Parasiten, Maden, Ratten und der Pest verglich, suggerierte gnadenlose Kampfmethoden – bis hin zu der 1925 anvisierten Vergasung.

Außer dem Rassenkonflikt ging es Hitler aber auch stets um die Verteidigung der völkischen Substanz der deutschen Nation. Die Juden als «Rassetuberkulose der Völker» mußten auch deshalb lückenlos eliminiert werden, weil sie die Substanz der arischen Nation «zersetzten», damit aber ihre Aktionsfähigkeit und ihren Heilsberuf tödlich gefährdeten. Da das auf seine Weise auch der internationale Marxismus tat, stellte der «marxistische Jude» den Gipfel der Bedrohung dar.

Auch hier gilt es, die Warnung zu beachten, daß damit noch kein gradliniger Weg nach Auschwitz vorgezeichnet war. Doch dem langjährigen Denken in Kategorien einer «Vernichtung der jüdischen Rasse in Europa» – wie Hitlers offenherzige Prophezeiung vom 30. Januar 1939 lautete – lag bereits eine derart eklatante Mißachtung aller humanen Normen zugrunde, daß auch noch die letzten Schranken vor der Massenmordpraxis folgerichtig beseitigt werden konnten.

9. Um den Kampf um die Weltherrschaft, der in diesem wahnhaften Denken einen so prominenten Platz besaß, auch gegen die Intrigen des «Weltjudentums» durchstehen zu können, bedurfte das «Dritte Reich» einer riesigen kontinentalen Machtbasis, die nur durch die imperialistische Eroberung von «Lebensraum» in Rußland gewonnen werden konnte. Schon 1922 malte Hitler die «Zertrümmerung Rußlands» aus, wobei er an die von Millionen miterlebte deutsche Ostexpansion von 1918 fugenlos anknüpfen konnte. Deutsche «Bodenpolitik», hieß es dann in «Mein Kampf», könne nur in Rußland betrieben werden, denn das «Riesenreich im Osten ist reif zum Zusammenbruch», nicht zuletzt deshalb, da dort seit 1917 jüdische Bolschewiki am Werk seien. Bis zu seinem «Zweiten Buch» (1928) hat Hitler die Etappen dieses gewaltigen Eroberungskriegs klar entwickelt. Nicht nur galt fortab die historische Parallele: «Was für England Indien war, wird für uns der Ostraum sein.» Vielmehr avancierte die Lebensraum-Expansion zu einer «chiliastischen Endzeitvorstellung», zur «Utopie einer ganz neuen völkischen Machtbasis und heroischen Herrenrassen-Existenz», die auch den neuen «Griff nach der Weltmacht» legitimierte.

10. Judenvernichtung und Lebensraumeroberung – sie gehörten zu den essentiellen Bestandteilen von Hitlers Gegenwarts- und Endzeitvorstellung. Nach dem Armageddon der Juden, das der «Führer» herbeizuführen bestimmt sei, öffnete sich eine grandiose Zukunft: die Weltherrschaft der Arier, vertreten durch das «Großgermanische Reich Deutscher Nation».

Da es als die Mission von Hitlers Deutschland galt, «die ganze Erde aus der Verstrickung» des «jüdischen Völkertyrannen» zu befreien, durfte es nach vollendetem Sieg, wie ihn die «Vorsehung» in Aussicht stellte – bei einer Niederlage drohte freilich der «apokalyptische Weltbrand» – zum «Herrn der Erde aufsteigen». Hitlers Deutsche sollten sich zwar auch dann noch an der östlichen Grenze im Kampf gegen die anbrandenden Wellen slawischer «Untermenschen» unablässig weiter stählen. Doch in den großen Grundzügen war die Ruhelage einer providentiellen Weltordnung erreicht.

Judenvernichtung und Lebensraumimperialismus gehörten beide nicht zum Forderungskatalog des Parteiprogramms. Aufgrund seines Interpretationsmonopols wurden sie jedoch von Hitler als unverzichtbare Bestandteile der realen Programmatik definiert. Seine ideologische Orthodoxie, seine «Weltanschauung» mit all ihren Eigenarten konnte auf diese Weise geradezu zum Kern der NS-Dogmatik und später zu einer Leitschnur des Kriegs- und Vernichtungshandelns werden.

Beide Ziele: Vernichtungsantisemitismus und Ostexpansion waren, so dominant sie auch später wurden, für die Massenmobilisierung bis 1933 unwichtig und ungeeignet. Nur für die aus den völkischen Verbänden stammenden Anfangskader der NSDAP besaßen sie eine hochrangige Bedeutung. Wenn dagegen Millionen Deutsche, soeben noch begeisterte Hitler-Anhänger, nach 1945 versicherten, ihre Zustimmung habe weder auf der Anziehungskraft dieser Ziele noch auf dem Parteiprogramm und der wegen ihres greulichen Stils unlesbaren Bekenntnisschrift «Mein Kampf» gegründet, vielmehr sei sie anderen Motiven entsprungen, war das unabhängig von der beflissenen Apologetik vielfach völlig plausibel. Denn das Erfolgsgeheimnis der Hitler-Bewegung lag woanders: Führerkult und Hitlers charismatische Wirkung, Rückkehr zur nationalen Größe, radikale Revision der Versailler Ordnung, Krisenüberwindung durch «Volksgemeinschaft» und nationalen Aufstieg – diese Faktoren lagen der Massenmobilisierung und dem Sympathiegewinn in der Bevölkerung zugrunde. Daß sie aber solche welthistorischen Folgen zeitigen konnten, unterstreicht noch einmal, wie unabdingbar der Radikalnationalismus und die Erwartung eines politischen Messias den gesellschaftlichen Resonanzboden für die Formierung von Hitlers charismatischer Herrschaft bildeten.[14]

*4. Die Machtübergabe:
die Elitenkoalition als Steigbügelhalter des «Führers»*

Im Grunde hatte Kurt v. Schleicher das politische Kapital, das ihm zu Beginn seiner Kanzlerschaft mit einem erwartungsvollen Vertrauensvorschuß eingeräumt worden war, innerhalb weniger Tage verspielt. Seine abstruse Querfront-Strategie endete nach der enttäuschenden Ablehnung durch die

4. Die Machtübergabe

Parteien und Gewerkschaften und nach der fatalen Erosion seines persönlichen Verhältnisses zu Hindenburg damit, daß er Ende Dezember 1932 nur mehr – um im Jargon der amerikanischen Politik zu sprechen – als «Lame Duck», als eine bewegungsunfähige lahme Ente, dastand. Offensichtlich entfiel der Reichspräsident als Spender der unabdingbar notwendigen Notverordnungen. Vor den Augen aller Insider war der Meister des gerissenen Intrigenspiels vor der ersten Barriere hilflos steckengeblieben. Als sich das Machtvakuum abzeichnete, schlug die Stunde der traditionellen Machteliten, deren Repräsentanten auch in der Kamarilla um Hindenburg den Ton angaben. In diesem kleinen Kreis fielen, außerhalb der Arena der formellen Verfassungsorgane, in den folgenden vier Wochen jene folgenschweren Entscheidungen, die zum 30. Januar 1933 führten.

Blickt man nur auf das vordergründige Auf und Ab, das Hin und Her des Treibens in der Endphase der Berliner Kabale, könnte man den Eindruck gewinnen, daß es sich um eine völlig personalistische Ereignissequenz handelte, während deren Verlauf einige strategisch vorteilhaft plazierte Personen aufgrund ihrer Idiosynkrasien den Knoten zu schürzen vermochten. Nun ist zum einen die fatale Rolle, die diese Figuren während der Agonie der Republik gespielt haben, ganz unbestreitbar. Doch führt zum andern die Neigung, diese Januarwochen als schlüssigen Beweis für die Durchsetzungsmacht kontingenter Faktoren im historischen Prozeß anzusehen und daraus die Überlegenheit oder sogar Notwendigkeit einer streng personenzentrierten Geschichtsschreibung abzuleiten, heillos in die Sackgasse. Denn alle diese Akteure operierten auch zu jener Zeit unter unelastischen restriktiven Bedingungen, in die strukturelle Determinanten tief eingesenkt waren.

Der Strukturbegriff darf gerade in dieser Entscheidungssituation nicht allein an Institutionen, an unpersönliche Mächte wie den Konjunkturrhythmus oder das Parteiensystem gebunden werden. Vielmehr werden gesellschaftliche Strukturen und Interessenkonstellationen während der langjährigen politischen Sozialisationsprozesse in die sozialkulturelle Persönlichkeit der Individuen: in ihren Habitus weitervermittelt, der dann als mentale Leitungsinstanz dafür sorgt, daß sich das Denken und Handeln in der Regel an den verinnerlichten Normen und Werten, den kollektiven Interessen und Machtzielen orientiert. Insofern folgten auch die Angehörigen der alten Machteliten, zumal der Kamarilla, an erster Stelle nicht etwa erratischen egoistischen Individualinteressen, sondern strukturell vorgeprägten Kollektivinteressen, die im Habitus (oder wenn man so will: in der politischen Mentalität) der Großagrarier, der Industrieunternehmer, der Reichswehrgeneräle fest verankert und gespeichert waren.

Zu Recht hat man immer wieder auf die Schlüsselrolle hingewiesen, die Hindenburg im Winter 1932/33 gespielt hat. Ohne das positive Votum des Reichspräsidenten wäre die Machtübertragung an Hitler in legal wirkender

VI. Deutschland am Vorabend seines «Zivilisationsbruchs»

Form nicht möglich gewesen. Insofern kam es im Entscheidungsprozeß zeitweilig auch und gerade auf das Verhalten einer einzigen Persönlichkeit an. Doch zum einen war eine wesentliche Vorentscheidung in der Präsidentenwahl von 1925 gefallen, als die republikoppositionelle Mehrheit als Ausdruck ihres Protestes den kaiserlichen Feldmarschall zum Staatsoberhaupt gekürt hatte. Seither hatte sich, auch um ihn herum, immer deutlicher erkennbar eine informelle Auflösungskoalition gegen Weimar formiert, die sich 1932 nach dem Ausgang der zweiten Wahl zugunsten Hindenburgs bestätigt fühlte, zumal auch sein härtester Opponent, Hitler, für alles andere als verfassungstreue Republikverteidigung stand. Insofern repräsentierte Hindenburg, ungeachtet des auch von ihm gern beschworenen Pflichtverständnisses seiner Amtsführung, die symbolische Spitze einer Majorität gegen die Republik. Zum andern blieb er aufgrund seiner Prägung durch Herkunft und Lebensgeschichte ein Ultrakonservativer, dessen politischer Habitus sich gegen jede Kooperation mit den Linksparteien empörte, umgekehrt aber offen mit einem autoritären Machtkartell sympathisierte.

Auch an der Reichswehrspitze, deren massive Mitwirkung an der Zerstörung der Republik noch immer häufig unterschätzt wird, betrieben keineswegs Figuren mit kontingenten Entscheidungen die Machtübergabe an eine Rechtsallianz mit der für unentbehrlich gehaltenen NS-Massenbasis. Vielmehr erzeugte der gemeinsame Habitus der Militärführung im Verein mit ihrer kollektiven Interessenlage, wiederum also ein Bündel struktureller Determinanten, jenen Kurs, der zur Favorisierung der Machtübertragung an Hitler führte. Schleicher als ihr strategischer Kopf hatte bis dahin jahrelang für eine Rechtskoalition ohne SPD agiert, da ein vorteilhafter Kompromiß in der Rüstungspolitik mit der Sozialdemokratie nicht möglich schien. Ebensowenig ließ sich mit ihr das Fernziel der Generäle erreichen, den Militäretat aus dem Reichshaushalt völlig herauszulösen, als autonomes Budget allein nach ihren Vorstellungen zu verwalten und damit den Reichstag in dieser zentralen Finanzierungsfrage zu entmachten. Nicht zuletzt opponierte die Reichswehrführung gegen die Republik keineswegs aus dem erstarrten Traditionalismus einer vergangenheitsfixierten Militärkaste, sondern aufgrund ihrer modernen, dynamischen Kriegslehre, die mit der Militarisierung der Gesamtgesellschaft im Frieden und einer zielstrebigen Aufrüstung den später auszufechtenden Totalen Krieg vorbereiten wollte. Dieses Ziel ließ sich, trotz mancher Kompromisse, in seiner Weitläufigkeit und letzten Konsequenz nicht mit den republiktreuen Parteien, sondern nur mit einer republikfeindlichen Allianz der Rechten einschließlich der Hitler-Bewegung erreichen.

Aus ganz ähnlichen Gründen hatten sich in einem weiteren konzentrischen Kreis, der sich um das Machtzentrum des Präsidialamtes legte, die großagrarischen und industriellen Verfechter einer antirepublikanischen

4. Die Machtübergabe

Loyalitätsverweigerung eingefunden. Ihnen schwebte ein autoritärer «neuer Staat» vor, der die Linke von jedweder Entscheidung ausschloß, die neoabsolutistische unternehmerische Alleinherrschaft gewährleistete und die soziopolitische Privilegienakkumulation der Vorkriegszeit wiederherstellte. Auch im Hinblick auf diese Machtaggregate führt es in die Irre, in ihnen eine Zufallsanhäufung flottierender Individuen in der Entscheidungsarena zu sehen, anstatt ihrem politischen Habitus und ihrer kollektiven Interessenlage den Vorrang einzuräumen.

Angesichts dieser Konstellation, die mithin viel tiefer strukturell verfestigt war, als es das oligarchische Intrigenspiel zunächst vermuten läßt, erscheint die Ereignisgeschichte des Januar 1933 weniger zufallsabhängig als vielmehr durch habituelle Präferenzen innerhalb enger Strukturgrenzen bedingt. Einen wichtigen Part spielte Exkanzler v. Papen, der, von gekränktem Ehrgeiz und autoritären Zielvorstellungen getrieben, den «neuen Staat» selbst mit Hitler heraufzuführen bereit war. Am 4. Januar traf er sich mit Hitler im Haus des Kölner Bankiers v. Schröder, wobei v. Papen, die Einigung auf ein Duumvirat mit Hitler erkundend, die Machtbeteiligung in Aussicht stellte. Eine Woche später intervenierte der RLB erneut bei Hindenburg gegen den amtierenden Reichskanzler; insbesondere seine neuen nationalsozialistischen Spitzenfunktionäre bemühten sich, den Keil zwischen sie tiefer zu treiben, um einer NS-Regierung den Weg zu bahnen. Am 10./11. Januar traf sich v. Papen erneut mit Hitler in der Berliner Villa des nationalsozialistischen Amateuraußenpolitikers Joachim v. Ribbentrop, mußte aber die enttäuschende Nachricht wiederholen, daß Hindenburg sich wiederum gegen Hitlers Monopolanspruch auf das Kanzleramt ausgesprochen hatte. Diese Entscheidung hatte v. Papen am 18. Januar noch einmal zu bestätigen, nachdem er sein «Privileg des Zugangs zum Machthaber» (C. Schmitt) von seiner Dienstwohnung aus mehrfach genutzt hatte, um den Kanzlersturz zu betreiben.

Das Verhandlungstempo hatte sich inzwischen sichtbar beschleunigt. Bereits am 22. Januar trafen sich v. Papen und Hitler schon wieder, diesmal in Anwesenheit von Staatssekretär Otto Meißner, Oskar v. Hindenburg, Hermann Göring und Wilhelm Frick. Nach einem längeren vertraulichen Gespräch mit Hitler unter vier Augen zeigte sich der «in der Verfassung nicht vorgesehene», den Vater aber erheblich politisch beeinflussende Sohn Oskar von Hitler spürbar angetan. Oskar v. Hindenburg stand damals unerwartet im Lichte der Öffentlichkeit, weil während des «Osthilfe»-Skandals bekannt geworden war, daß das Hindenburg geschenkte ostpreußische Gut Neudeck in offensichtlich betrügerischer Absicht zur Vermeidung der Erbschaftssteuer bereits auf den Sohn als Eigentümer im Grundbuch eingetragen worden war. Nach der Auffassung Hindenburgs hatte Reichskanzler v. Schleicher sich nicht wie ein Paladin schützend vor den Reichspräsidenten gestellt; sogar die Schärfe der journalistischen Kritik wurde ihm angelastet. Unverblümt drängten Gutsnachbarn wie v. Oldenburg-Januschau auf die Entlassung eines derart «unzuverlässigen» Kanzlers. Dem schloß sich, ein Vorgang von beträchtlicher Tragweite, der Wehrkreiskommandeur von Ostpreußen, General Werner v. Blomberg, nachdrücklich an.

Schleichers Tage waren offenbar gezählt, doch Hitler als sein Nachfolger traf weiterhin auf Hindenburgs Widerstreben. Am 23. und 26. Januar bekräftigte er, v. Papens Einflüsterungen zum Trotz, seine Aversion, «den österreichischen Gefreiten zum Wehrminister oder Reichskanzler zu machen». Papen aber, der die unverhüllte Drohung der Nationalsozialisten, eine neue Regierung unter seiner Führung aufs schärfste zu bekämpfen, vorbehaltlos ernst nahm, stellte die eigene Ambition äußerlich zurück, als er sich am 27. Januar bei einer weiteren Unterredung im Hause Ribbentrop auf Hitler als Reichskanzler festlegte. Ohne belastbare politische Basis, durch eigenes Verschulden und sinistre Intrigen völlig isoliert, reichte v. Schleicher am 28. Januar sein Rücktrittsgesuch ein. Emotionslos wurde es von Hindenburg angenommen, der unverzüglich dem Offizierskameraden v. Papen, dem er mit seiner begrenzten Menschenkenntnis weiterhin sein Vertrauen schenkte, den Auftrag erteilte, Sondierungsgespräche mit dem Ziel einer Regierungsbildung aufzunehmen.

In hektischer Eile wurden jetzt die letzten Manöver eingeleitet. Noch am Abend des 28. Januars fand sich General v. Blomberg durch das kraß verfassungswidrige Vorgehen Hindenburgs, der nur auf Vorschlag des Reichskanzlers Minister ernennen durfte, zum Reichswehrminister und insofern zum Nachfolger v. Schleichers, der auch dieses Amt bekleidet hatte, ernannt. Am 30. Januar wurde er über behend erfundene Putschpläne v. Schleichers informiert, um ihn über die Rechtswidrigkeit und Hektik hinwegzutäuschen. Bis dahin hatten auch v. Papen und Hitler ihre Kabinettsliste unter Dach und Fach gebracht. Hitler sollte das Reichskanzleramt übernehmen, v. Papen als sein Vizekanzler fungieren. In letzter Minute nahm der DNVP-Chef Alfred Hugenberg, eine hochkarätige Schlüsselfigur der Rechten, das verlockende Angebot an, ein Superministerium, gebildet aus den Wirtschafts-, Landwirtschafts- und Ernährungsressorts, mit der Aufgabe der Depressionsbewältigung zu übernehmen. Aus v. Papens «Kabinett der Barone» tauchten wieder vier parteilose Fachleute, die Hitlers Tarnungsabsicht entgegenkamen, auf: Konstantin v. Neurath für das Auswärtige Amt, Lutz Schwerin v. Krosigk für das Reichsfinanzministerium, Paul Eltz v. Rübenach für das Post- und Verkehrsministerium, Franz Gürtner/DNVP für das Justizressort. Der DNVP-nahe «Stahlhelm»-Vorsitzende Franz Seldte sollte das Arbeitsministerium leiten. Hugenberg glaubte daher, zwei Gesinnungsgenossen an seiner Seite zu haben. Das Reichswehrministerium war in der erwähnten Nacht-und-Nebel-Aktion bereits vergeben worden.

Mit taktischer Schläue beschränkte Hitler, bescheidene Ansprüche heuchelnd und seine Förderer in Sicherheit wiegend, die Anzahl der NSDAP-Vertreter auf drei Minister: auf Frick für das Innenministerium, Goebbels für das neue Ministerium für Volksaufklärung und Göring für das ebenfalls neugeschaffene Luftfahrtministerium. Die rechtskonservative Kabinettsmehrheit um v. Papen und Hugenberg gab sich daher der gefährlichen Illusion hin, dank ihrer politischen Erfahrung Hitler selber und die wenigen Neulinge um ihn herum zähmen zu können, während sie vor den Wagen des autoritären Machtkartells gespannt wurden.

In diesem Sinne hat dann auch v. Papen die letzten Bedenken Hindenburgs überwunden, so daß der Reichspräsident am Mittag des 30. Januar, in der Abgeschiedenheit seiner Diensträume und fern von jedem öffentlichen Zeremoniell, Hitler die Amtsgewalt des deutschen Reichskanzlers übergab. Kein einziges Mitglied der neuen Reichsregierung dachte an ihre Bestätigung durch ein Vertrauensvotum des Reichstags. Hitler insistierte vielmehr auf der Linie der vorher getroffenen Absprachen schon am 31. Januar auf der Auflösung des Parlaments, und Hindenburg gab ohne Zaudern am 1. Februar seine Zustimmung. Für die Neuwahlen am 5. März konnte die NSDAP fünf Wochen für einen Wahlkampf in ihrem Stil, jetzt aber als Regierungspartei nutzen.[15]

5. Gab es Alternativen zum NS-Regime?

Alea iacta sunt – die Würfel des Verhängnisses waren am 30. Januar 1933 gefallen, als Hitler mit dem Reichskanzleramt die volle Regierungsgewalt übertragen wurde. An dieser Realgeschichte gibt es nichts zu rütteln. Dennoch muß auch an dieser Stelle die Frage aufgeworfen werden, ob es realistische Alternativen zu dieser Machtübertragung gab. Diese Frage ist im Hinblick auf die Reichsgründung von 1867/71 und auf die Gründung der Weimarer Republik 1918/19 früher schon einmal aufgeworfen worden (vgl. III, 5.T. IV.4; vorn 7.T. VI.2). Denn will man nicht von vornherein der Macht derjenigen Ergebnisse erliegen, die aus dem historischen Prozeß siegreich hervorgegangen sind, und ihren Erfolg nur noch einmal als unabwendbar bestätigen, muß man die Analyse einer methodischen Kontrolle unterwerfen.

Sie wird von der «Theorie der sogenannten ‹objektiven Möglichkeiten›», wie Max Weber sie vor nahezu 100 Jahren mit unübertroffener Klarheit entwickelt hat, angeleitet. Sie fragt zuerst einmal nach möglichst allen erkennbaren Entscheidungs- und Handlungsoptionen, die im Schoße der Geschichte zu einem bestimmten, dem interessierenden Zeitpunkt vorhanden waren. Danach gilt es herauszufinden, warum alle, bis auf die Siegerin, im Kampf der Mächte und Meinungen unterlegen sind, so daß sie als blockierte, verschüttete oder meistens sogar vergessene Alternativen in den Bodensatz des historischen Gedächtnisses absinken. Erst wenn man prüft, welche «objektiven Möglichkeiten» in realistischer Gestalt – nicht etwa als reine Kontingenzphänomene – jeweils überhaupt vorhanden waren, gewinnt der «faktische Gehalt» des historischen Verlaufs sein unverwechselbares Gewicht.

Welche Gegenmöglichkeiten zum 30. Januar 1933 lohnen eine solche Abwägung?

1. Zuerst das nächstliegende: Gab es nicht die Rückkehr zur korrekten parlamentarischen Regierungsweise? Gerade sie wurde durch unauflösbare Blockaden im Reichstag und durch den Widerstand der mächtigen außerparlamentarischen Opposition gegen die demokratische Republik ausgeschlossen – sonst wäre der Weg in das Präsidialregime nicht eingeschlagen worden.

2. Hätte dann zumindest das Präsidialregime weitergeführt werden können? Offensichtlich war es trotz der wachsenden Autokratie des Reichspräsidenten, auch angesichts der Erschöpfung des Kandidatenreservoirs nach dem Verschleiß dreier Reichskanzler an eine Grenze gekommen, die im Gedankenhaushalt der entscheidungsfähigen Akteure nicht mehr mit den bisher angewandten Mitteln, sondern nur noch mit dem «Joker» Hitler überwunden werden konnte. Die damals vieldiskutierte Imitation des italienischen Faschismus schien damit für die Befürworter dieser Lösung ebenfalls in greifbare Nähe gerückt zu sein.

3. Die Restauration der Hohenzollerndynastie, langjähriger Wunschtraum des großen monarchistischen Lagers, besaß keine ernsthafte Chance auf Realisierbarkeit mehr. Zwar stimmten Brüning und Hindenburg nostalgischen Gemüts in der Wünschbarkeit dieser Rückkehr noch überein. Doch präsentierte Brüning in seinen Memoiren einen durchschaubaren Schwindel, wenn er mehr als 30 Jahre später behauptete, er habe solch ein – schlechterdings reaktionäres – Ziel planvoll verfolgt.

4. Millionen von deutschen Kommunisten wünschten sich die «Diktatur des Proletariats» herbei, ohne doch dieser Chimäre je näherzukommen. Die Mindestvoraussetzungen wären die ominöse «proletarische Einheitsfront» aller Arbeiterparteien und ihr bedenkenloser Aktionismus vor einer Machteroberung gegen den Willen der Mehrheit gewesen. Doch der prinzipielle Gegensatz zwischen der KPD, welche die Sozialdemokratie in abgrundtiefer politischer Dummheit jahrelang als «Sozialfaschismus» verketzert hatte, und der SPD, welche in der stalinisierten KPD zu Recht das ausführende Organ der Moskauer Zentrale der Weltrevolution sah, schlossen selbst einen Minimalkonsens aus. Daß nicht wenige Linksintellektuelle der Fata Morgana dieser Einheitsfront trotzdem anhingen, änderte an dem unüberbrückbaren Antagonismus zwischen den beiden präsumtiven Alliierten überhaupt nichts.

5. Nicht ganz so schnell ist die Alternative einer Militärdiktatur von der Hand zu weisen, obwohl auch hier der Wunsch, man hätte damit die NS-Diktatur vermeiden können, oft der Vater des Gedankens ist. Schleicher wirkte ja zunächst – Exponent der Streitkräfte, der er seit Jahren war – als mächtiger Mann. Durch seine törichte «Querfront»-Strategie zerstörte er die Vertrauensbasis, die er im Verhältnis zum Reichspräsidenten besitzen mußte, aber auch seine Glaubwürdigkeit bei den Parteien. Ohne die Rückendeckung Hindenburgs konnte er seine Kanzlerschaft nicht verlängern, da er autonom dazu nicht imstande war. Und selbst wenn er sie noch weiter besessen hätte, hätte ihm die Reichswehr nicht als Stabilisator und «Last Resort» einer Militärdiktatur gedient, da diese vermutlich nur um den Preis blutiger Bürgerkriegsauseinandersetzungen mit der SA und der Kommunistischen Parteimiliz zu haben gewesen wäre. In diese vorhersehbare und seit langem befürchtete Lage zwischen den Fronten, die ihr die militärische Intervention abgenötigt hätten, wollte weder die Militärführung noch das Offizierskorps geraten.

Wäre es, um den Faden kontrafaktischer Geschichte dennoch einen Augenblick weiterzuspinnen, trotzdem zu einer Militärdiktatur unter v. Schleicher gekommen, hätte es zwar nach einigen Jahren durchaus zu einem ordinären Revisionskrieg gegen Polen mit dem Ziel der Wiedergewinnung der Korridorgebiete, doch gewiß nicht zu einem Massenvernichtungskrieg, geschweige denn dem Holocaust kommen können. So tröstlich ein solcher Gedanke auch eine Sekunde lang sein mag, vermag er doch nichts an der hypothetischen Konstruktion und der Irrealität einer lebensfähigen Militärdiktatur zu ändern.

6. Deshalb bleibt angesichts der Schwäche aller Gegenoptionen und der Berliner Machtkonstellation um das Herrschaftszentrum des Reichspräsidentenamtes herum nur das NS-Regime als Bewältigung der Staatskrise übrig. Zunächst wurde es ja auch keineswegs als Kern eines rechtstotalitären Herrschaftssystems angesehen, vielmehr galt es als zeitweilig akzeptable autoritäre Lösung, die sich sowohl auf eine parlamentarische Mehrheit als auch auf mächtige außerparlamentarische Interessenaggregate stützen konnte. Überdies wurden die Neulinge von konservativen Dompteuren eingerahmt, die sich in ihrem verblendeten Hochmut die Disziplinierung der ungebärdigen homines novi zutrauten. Was seit 1929 zählte, war der Umstand, daß der Nationalsozialismus zur bedenkenlosen Ausnutzung der Krise zum richtigen Zeitpunkt, am richtigen Ort, als richtige «Volkspartei», mit der einzigen charismatischen Führerfigur in der deutschen Politik entschlossen war, seine Ziele zu verwirklichen. Daneben verblassen alle anderen vagen Entscheidungsoptionen, so menschenfreundlich ihre Aufwertung auch daherkommen mag. Hitler, endlich Sieger im Machtkampf – er sollte nicht nur Deutschlands Schicksal sein.[16]

6. Die Kollaboration des Rechtskartells mit Hitler: Vorstufe zur totalitären Despotie

Das Präsidialregime Brünings hatte bereits den Boden der parlamentarischen Demokratie verlassen, doch wurde sein Kurs noch öfters im Reichstag toleriert. Seit Brünings Sturz spitzte jedoch die informelle Rechtsallianz zusammen mit der Kamarilla um Hindenburg die Krise der Republik so zu, daß unter v. Papen und v. Schleicher die offene Konfrontation mit dem Parlament vorherrschte. Die Exponenten des anvisierten autoritären «neuen Staates» glaubten zum einen, sich auf den Willen jener republikfeindlichen Mehrheit stützen zu können, die sich erstmals schon bei den Juni-Wahlen von 1920 angekündigt, vollends dann bei der Hindenburgwahl von 1925 herausgebildet und bei den Juli-Wahlen von 1932 triumphiert hatte. Zum andern erfuhr sie eine wachsende Unterstützung durch die einflußreiche Schattenkoalition aus Reichswehroffizieren, Repräsentanten der schwerindustriellen Unternehmerschaft und ostelbischen Großagrarier, die sich dem Verlust ihrer Herrenstellung noch einmal entgegenstemmten.

Trotz dieser politischen Abfederung bewegte sie aber auch die Sorge, daß eine unverhüllt agierende Kampfregierung v. Papen/Hugenberg die brisante innere Krise bis hin zur Explosion des Bürgerkriegs verschärfen könne, wobei die zur stillschweigenden Duldung des «neuen Staates» bereite Reichswehr mit einem unlösbaren Dilemma konfrontiert worden wäre. Die Auslieferung der Staatsmacht an Hitler – eingerahmt, wie es schien, von bewährten Dompteuren – löste dagegen ungleich weniger Unruhe aus. Daß es dazu kam, war nicht einer erfolgreichen «Machtergreifung» der Nationalsozialisten zu verdanken, wie die Goebbels-Propaganda die Amtsübergabe sogleich umstilisierte. Vielmehr hatte sich jene typische Koalition aus faschistischer Massenbewegung und bürgerlich-konservativen Kräften gebildet, die auch bereits Mussolini zur Macht in Italien verholfen hatte. Ohne die aktive Bereitschaft der traditionellen Machteliten, schließlich selbst mit Hitler zu paktieren, um die Republik in ein autoritäres System mit der vertrauten Ungleichheitsstruktur zu verwandeln, wäre die relativ glatt verlaufende Machtübertragung gar nicht zustande gekommen.

Dennoch: Es war nicht ihre erste, sondern ihre letzte Option, nachdem sich die Alternativen des v. Papen- und v. Schleicher-Regimes in Windeseile verschlissen hatten. Und es war in den Augen der Machteliten auch kein revolutionärer Aufbruch in eine neue Zeit, keine «nationale Revolution», welche die NS-Propaganda jetzt erfand. Vielmehr verkörperte das neue Kanzlerregime den Anlauf, verlorene soziopolitische Privilegien in der Gesellschaft und Politik wiederzugewinnen, den Kompromiß von 1918/19 einschließlich der pluralistischen Demokratie aufzukündigen, Rüstungsspielraum und verbesserte Chancen zur sozialen Militarisierung für die

6. Die Kollaboration des Rechtskartells mit Hitler

Streitkräfte zu gewinnen – dies alles unter instrumenteller Nutzung des Volkstribuns und seiner populistischen Massenbewegung, bis der Mohr seine Schuldigkeit getan hatte und gehen konnte. In diesem Sinne kulminierte am 30. Januar eine «Gegenrevolution» gegen die parlamentarische Republik und ihre Demokratie, ermöglicht durch die immensen Belastungen der Weltwirtschaftskrise einerseits, die durch diese Existenzkrise geförderte NS-Bewegung unter einem charismatischen Volkstribun andrerseits.

Deutschland ging aufgrund seiner politischen Strukturbelastungen und seiner politischen Kultur erneut seinen «Sonderweg» weiter, denn es erwies sich als das einzige hochentwickelte westliche Industrie- und Kulturland, das unter dem Druck der globalen Depression die parlamentarische Demokratie durch eine rechtstotalitäre Diktatur ersetzte. Überall wirkte sich die große Krise des Kapitalismus niederdrückend aus, doch nirgendwo sonst kam es zu einer so fatalen Krise des westlichen Regierungssystems, zu einer so schnellen Aufgabe von Demokratie und Republik, aber auch von sozialmoralischer Ordnung und liberalen Orientierungswerten. Offensichtlich erlag auch Weimar jener gefahrdrohenden Überschneidung von mehreren Krisen, wie sie im deutschen Modernisierungsprozeß seit dem späten 18. Jahrhundert schon mehrfach aufgetreten war.

Die Wirtschaft steckte nach den vielfältigen Belastungen durch den Weltkrieg, die Hyperinflation, die Reparationszahlungen zu alledem noch in einer mörderischen Depression, deren Ende auch nach dreijähriger Dauer noch nicht abzusehen war. Die Staatskrise hatte sich in das politische Leben der Republik tief eingefressen. Da der demokratische Staat wesentlich auf der Fähigkeit beruht, durch ständige ausgleichende Verhandlungen zwischen Staatsorganen und Interessengruppen den politischen Konsens in Grundsatzfragen zu erhalten, erwies sich das Dahinschwinden dieser Kapazität als Einfallstor für autoritäre Steuerungsexperimente, schließlich für eine despotische Macht, die den Konsens durch die plebiszitäre Akklamation charismatischer Herrschaft, doch auch durch Meinungsterror und Gewalt erzeugte. In der Krise des Parlamentarismus und der Regierungsbildung trat der totale Legitimationsverlust der ungewohnten pluralistischen Demokratie nackt zutage.

Die Gesellschaftskrise wiederum resultierte aus den Erschütterungen des Kriegs, der Nachkriegszeit, der Industrie- und Agrarkrise, aus dem politischen Orientierungsverlust, den Klassenantagonismen, der mangelhaften Problembewältigungskapazität des weithin abgelehnten republikanischen Staatswesens. Sie hing jedoch auch zusammen mit der Diskreditierung des gerade in Deutschland hochentwickelten unpersönlichen bürokratisierten Verwaltungsstaats, dessen sozialgestaltende Fähigkeit, wie es vielen schien, einer anhaltenden Erosion unterlag. Die Anziehungskraft, die von Hitler selber und der nationalsozialistischen Massenbewegung ausging, beruhte daher entscheidend darauf, daß die diametral entgegengesetzte persönliche, unbürokratische Herrschaft eines Charismatikers, gestützt auf eine rapide wachsende radikalnationalistische, populistische, gläubig folgende «Volkspartei», die Errettung aus der Existenzkrise verhieß. Von einer «Selbstpreisgabe» der Weimarer Republik zu reden ist auch deshalb ganz verfehlt, weil die demokratischen Kräfte nicht zuletzt durch solche überindividuellen Schubkräfte und Krisenphänomene ausmanövriert wurden.

Als das entscheidende politische Phänomen erwies sich, wie vorn bereits betont, erneut die tiefe Legitimationskrise, die wie im späten Vormärz, am Ende der 1860er Jahre und 1918 die Wende einleitete. Die Legitimationskrise der demokratischen Republik läßt sich an der Basis und an der Spitze der soziopolitischen Hierarchie ablesen. Während die liberalen Parteien völlig zerfielen und der Anhang der Sozialdemokratie beängstigend schrumpfte, stiegen die beiden totalitären Flügelparteien auf, deren Credo die Zerstörung der Republik und des Parlamentarismus hieß. Die Loyalität gegenüber dem seit 1848 überkommenen Parteiensystem zerbrach 1928/29, und auf den Trümmern etablierten sich die kompromißlosen Feinde der Republik.

Welche tieferliegenden Ursachen lagen diesem dramatischen Systemwechsel in allerkürzester Zeit zugrunde? Die ökonomische Lage war durch den denkbar schroffen Unterschied zwischen der konjunkturellen Trendperiode von 1895 bis 1913 und der turbulenten Phase seit 1914 mit ihren Kriegsfolgen, der Inflation, der Weltwirtschaftskrise und der beispiellosen Massenarbeitslosigkeit gekennzeichnet. Die Sozialstruktur erlebte eine anhaltende Polarisierung. Wachsende Distanzen und Spannungen belasteten das Ordnungsgefüge der sozialen Ungleichheit. Auch deshalb entfaltete die Harmonieutopie der «Volksgemeinschaft» eine solche Attraktion. In der Politik verlangte der Übergang zur Republik eine von Grund auf veränderte Einstellung zum eigenen Staat und einem Regierungsregime, das sein Geburtsmal aus Niederlage und Revolution nie verloren hat. Allein die Umstellung auf die Tatsache, daß mit der SPD aus den «Reichsfeinden» eine staatstragende, mitregierende Partei geworden war, überforderte die Elastizität der politischen Mentalität von Millionen. Die Senkung des Wahlalters von 25 auf das 20. Lebensjahr, das Frauenwahlrecht und die geburtenstarken Jahrgänge der Vorkriegszeit ließen die deutsche Wählerschaft innerhalb von knapp zwei Jahrzehnten um mehr als das Doppelte: von 14,4 (1912) auf 36 Millionen (1932) anschwellen. Die Hälfte der Wähler von 1930/33 war daher noch vor 1914 im Kaiserreich als einem semiautoritären Obrigkeitsstaat, die andere Hälfte im Krieg und in der Republik politisch sozialisiert worden – offenbar mit dem Ergebnis, daß auch die Mehrheit der Jüngeren der vielfach belasteten Republik, die sich für ihr Fortkommen zu sorgen als ohnmächtig erwies, eine Absage erteilte.

Überdies hatte sich das Wahlrecht fundamental verändert. An die Stelle

6. Die Kollaboration des Rechtskartells mit Hitler

der Direktwahl individueller Kandidaten im Kaiserreich war das Verhältniswahlrecht mit seinen unvermeidbaren Parteilisten getreten. Diese Anonymität brachte einen gefährlichen Entfremdungseffekt gegen das Weimarer «System» hervor, zumal sich gleichzeitig die etablierten Honoratiorencliquen auflösten und Demokratie weithin als akute Elitenbedrohung wahrgenommen wurde. Faktisch war der Wähler seit 1919 für die Regierung verantwortlich, doch psychisch und praktisch war er oft nicht willens oder in der Lage, seine Rolle als aktiver Staatsbürger angemessen wahrzunehmen.

Schlechthin fatal wirkte sich die Verkennung der Kriegsfolgen für das besiegte Land nach einem Krieg aus, den seine Machteliten maßgeblich herbeigeführt, aber erfolgreich als Verteidigungskampf präsentiert hatten. Daher konnten die Illusionen weiterwuchern: Jede Bürde sei letztlich «Versailles» zu verdanken; das Leben könnte eigentlich längst in normalen Bahnen verlaufen, wenn die Reparationen oder andere Schikanen der rachsüchtigen Alliierten es nicht daran hinderten. Die Externalisierung aller schuldhaften Ursachen der Dauermisere seit 1918 verhinderte jeden selbstkritischen Realismus. Dank dieser Vogel-Strauß-Attitüde blieb Weimar in vielfacher Hinsicht eine Nachkriegsgesellschaft, der es nicht gelang, den Weg in eine bewußt bejahte Friedensgesellschaft einzuschlagen, und das Millionenheer der Rechts- und der Linksradikalen führte ohnehin den Bürgerkrieg weiter.

An der Spitze der soziopolitischen Hierarchie herrschte unter den Eliten nicht minder Unsicherheit, die durch ihre tiefgreifende Fragmentierung entscheidend verstärkt wurde. In mancher Hinsicht war es ihre Aufsplitterung und Schwäche, nicht etwa ihre Stärke und ihr Konsens, die sich so fatal auswirkten. Zwar waren die alten Machtbesitzer immer noch stark genug, die Weimarer Republik zu sabotieren, sie waren jedoch zu schwach, um eine eigene, auf Zielkonsens und breiter Zustimmung beruhende konstruktive Lösung durchzusetzen. Der internationale Vergleich beweist deutlich, daß im Augenblick der Großen Krise der Elitenkonsens in England und Amerika, auch in den skandinavischen Ländern politisch außerordentlich heilsame Wirkungen besaß, während die Elitenfragmentierung in Deutschland verhängnisvolle Folgen auslöste.

Die Magnaten der Schwerindustrie etwa sahen sich einer «gespaltenen Industriefront» (R. Neebe) gegenüber, denn die modernen Industrien der Elektrotechnik, der Großchemie, des Motoren- und Maschinenbaus waren zu einer ungleich flexibleren, offeneren, ja liberalen Politik bereit als die Allianz von Kohle, Stahl und Eisen. Sie aber war es, die zuerst einmal die lästigen Fesseln der Tarifpolitik abschütteln, im nächsten Schritt dann das parlamentarische System insgesamt aushebeln wollte. In der Krise seit 1929 erblickte sie daher auch die Chance zu einer fundamentalen Systemänderung. Seit der Agitation gegen den Young-Plan und für die «Harzburger

Front» befand sie sich auf einem Kreuzzug, um die Republik aus den Angeln zu heben.

Die Großagrarier hatten zwar die gewohnte Schutzzoll- und Subventionspolitik erfolgreich verteidigt, doch beides half nicht gegen den Anprall der Weltagrarkrise. Ihr unverhüllter Klassenegoismus und der «Osthilfe»-Skandal schwächten ihre politische Glaubwürdigkeit. Auch deshalb schlugen sie den direkten Weg zum Reichspräsidenten ein. Wie die Schwerindustrie auf heterogene Industrieinteressen traf, sahen sich auch die Großagrarier einer «gespaltenen Agrarfront» gegenüber, denn ein Großteil der bäuerlichen Interessen wurde durch die einseitige Politik der durchsetzungsfähigen Großgrundbesitzer keineswegs befriedigt. Es gab daher keine umfassende «Grüne Front» aller Agrarproduzenten.

Die Reichswehrführung wiederum begehrte für eine forcierte Rüstungspolitik umfangreichere Ressourcen, die im Grunde durch die exportfähigen modernen Industriezweige erwirtschaftet werden mußten, aber nicht von Getreidefeldern und aus Kohlengruben stammen konnten.

Nicht nur waren diese fragmentierten Machteliten außerstande, eine neue Konstruktion zu errichten, so daß bei ihrem Zerstörungswerk ein Machtvakuum entstand. Vielmehr suchten ihre 1932/33 handlungsfähigen Mitglieder Zuflucht bei der utopischen Vision, daß die plebiszitär legitimierte Herrschaft Hitlers an erster Stelle der Stützung des traditionellen Machtkartells und seines soziopolitischen Revisionismus dienen, dann aber auch die Staatskrise, den Bürgerkrieg auf der Straße, das Machtvakuum beenden werde. Die ihnen vorschwebende «Union der starken Hand» unter einer profilierten Führungsfigur, gestützt auf einen plebiszitären Populismus, stand in der Tradition der «Sammlungspolitik» seit den 1870er Jahren, als Bismarck als Galionsfigur fungiert und die Privilegienhierarchie auf lange Sicht sichergestellt hatte. Deshalb kam auch der Charakter des Nationalsozialismus als quasi überparteilicher Integrationsbewegung, die Weimar von Grund auf in Frage stellte, tiefsitzenden ideologischen Wunschvorstellungen der traditionellen Eliten sehr entgegen.

Als die Experimente unter Brüning, v. Papen und v. Schleicher mißlangen, trat die Unfähigkeit der autoritären Alternativen alten Stils zutage, eine tragfähige Bewältigung des Krisenknäuels auf den Weg zu bringen. Offensichtlich war das nur mit einer neoautoritären Politik möglich, die auf der Massenbasis der NS-Bewegung unter ihrem charismatischen «zweiten Bismarck» beruhen sollte. Dieses neue Experiment schien nicht nur Ordnung und Kontinuität, sondern auch, wie das der Mythos vom «nationalen Aufbruch» suggerierte, einen publikumswirksamen radikalen Neubeginn zu verheißen, der zudem im Zeichen eines gnadenlosen Antimarxismus stehen würde.

Trotzdem blieb auch für die Akteure, die im Winter 1932/33 mit Hitler kollaborierten, das Unternehmen ein Hasardspiel, ein «Sprung ins Dunk-

6. Die Kollaboration des Rechtskartells mit Hitler

le», der bei der Machtübergabe nur durch die arrogante Vorspiegelung der angeblichen Machterfahrung überdeckt wurde. Während die Bereitschaft zum Risiko am 30. Januar den Bankrott der eher konventionellen reaktionären Roll-Back-Strategie enthüllte, verriet das Scheitern der Zähmung Hitlers die grandiose Überschätzung der eigenen Stärke und zugleich die fatale Unterschätzung der politischen Talente des Charismatikers. Nicht nur mißlang die Zähmung (die im typischen Grenzfall auf der Intervention der Reichswehr beruht hätte, die dazu längst nicht mehr gegen die Hitler-Bewegung bereit war), sondern es kam nicht einmal zur Verteidigung eines Minimalbestandes an Normen des zivilisierten Verhaltens und Zusammenlebens. Anstelle der ersehnten Ordnung regierten alsbald Zerfall und Zerstörung. Daher erwies sich als Tragödie, daß das Berliner Machtkartell, geblendet vom eigenen Interessenegoismus, es überhaupt unternommen hatte, mit Hitler und seiner Bewegung die Gegenrevolution gegen Weimar zu vollenden. Mit seiner charismatischen Herrschaft wurde die überwunden geglaubte Staatskrise in eine noch prinzipiellere Form überführt, denn Hitlers «Führerstaat» verkörperte den denkbar tiefsten Bruch mit dem Verfassungs- und Rechtsstaat, mit jeder legal-rationalen Staatsherrschaft.[17]

Neunter Teil

Charismatische Herrschaft und deutsche Gesellschaft im «Dritten Reich»
1933–1945

An erster Stelle ist hier die Umkehrung der leitenden Gesichtspunkte, wie sie auch schon vorn in Teil 7 (über den Ersten Weltkrieg) von der Sachlage her erzwungen wurde, zu begründen. Kurz gesagt: Der Komplex der politischen Herrschaft rangiert deshalb vor der Wirtschaft, Sozialstruktur und Kultur, weil die Etablierung der Hitler-Diktatur im Verlauf einer totalitären Revolution nicht alle, aber doch die entscheidenden Rahmenbedingungen für die zwölfjährige Epoche des «Dritten Reiches» festgelegt hat.

Zu Beginn seiner Amtszeit als Reichskanzler sah sich Hitler einer außerordentlich anspruchsvollen Aufgabe gegenüber. Denn er mußte seine (vorn ausführlich erörterte: 8.T., VI.3) charismatische Herrschaft, die er bisher nur über die «Hitler-Bewegung», wie die NSDAP seit 1928 auch parteioffiziell hieß, ausgeübt hatte – im weitesten Sinn seinen Einfluß über 13,7 Millionen hitlergläubige Wähler –, im Prinzip auf den gesamten Staat und die Reichsbevölkerung ausdehnen. Aus dem Parteiführer mußte in einem schwierigen Transformationsprozeß der Charismatisierung des politischen Systems erst noch der nationale «Führer» werden.

Nun ist es eine geradezu axiomatische Prämisse der hier zugrunde liegenden Konzeption Max Webers, daß charismatische Herrschaft stets und notwendig als eine «soziale Beziehung» zwischen dem Charismaträger und seiner Gefolgschaft, mithin als «ausgeprägte soziale Strukturform», welche «die revolutionäre Dynamik» ausdrückt, zu verstehen ist. Im Zentrum steht daher die unauflösliche Wechselwirkung zwischen der Gesellschaft, die ihren heilbringenden Messias sucht, prägt, vergöttert, und dem Charismatiker, der dank diesem Resonanzboden mit seinen Talenten die Führungsposition gewinnen, ausbauen, verteidigen kann.

In diesem Sinn sind einige Annahmen der zeitgeschichtlichen Forschung von vornherein ausgeschlossen, da sie nicht erkenntnisfördernd, sondern erkenntnishemmend sind. Ob sie auf der Grundlage einer simplizistischen Massenpsychologie von einem politisch verderbten und darum nach der Diktatur lechzenden Volk, von einem zielstrebig ausgebauten, die Zeitgenossen durch die Gewalt des unerhört Neuen überrumpelnden Totalitarismus oder aber von einem dämonischen, aus Braunau importierten Verführer ausgehen, der als neuer Rattenfänger zu wirken verstand – in die Irre führen solche Deutungen allemal. So verfehlt etwa die nicht selten geäußerte, aber ebenso naive wie apologetische These, daß Hitler «den eigentlichen Sonderfall in der deutschen Geschichte» repräsentiere, daß er mithin «der eigentliche Sonderweg der deutschen Geschichte» gewesen sei, mit ihrer unreflektierten, den gesellschaftlichen Kontext völlig ausblendenden Wiederbelebung der Maxime «Männer machen Geschichte» von Grund auf diesen essentiellen Nexus zwischen einer führer- und integrationssüchtigen Gesellschaft und dem wegen seiner «persönlichen Qualität» und Bewährungsleistung konsensfähigen Charismatiker. Ohne die leidenschaftliche, bis zur Verzückung reichende Zustimmung vieler Deutscher, schließlich ihrer erdrückenden Mehrheit, wäre Hitler ein Nichts gewesen – der kurzlebige Prominenz genießende Anführer einer rechtsradikalen Exotenpartei. Ohne ihn hätten sich seine Deutschen andrerseits zu einer solchen berserkerhaften Kraftanstrengung und mirakulösen Kriegsleistung, aber auch mörderischen Barbarei der Vernichtungspolitik nicht steigern können.

Um ein früher bereits gebrauchtes Bild noch einmal aufzugreifen: Der Gegenstand der Analyse gleicht einer Ellipse, in der beide Brennpunkte: Gesellschaft und Charismatiker, auf Gedeih und Verderb in einer «Dauerbeziehung» miteinander verbunden sind. Der Aufbau des Führerabsolutismus im «Tausendjährigen Reich» folgte darum keineswegs der vagen Zielvorstellung, daß jetzt ein neuartiger «totaler Staat» verwirklicht werden müsse, geschweige denn, daß es dank divinatorischer Voraussicht einen Meisterplan gegeben hätte, um mit Hilfe einer raffinierten «Machttechnik» auch in Deutschland eine moderne Diktatur stufenweise zu errichten. Vielmehr läßt sich die Konsolidierung des Hitler-Regimes mitsamt ihrer Monokratie und Polykratie verbindenden Eigenart bis zum Ende der ersten Phase des Herrschaftsausbaus im Sommer 1934, dann seine Abrundung in der zweiten Phase bis zum Frühjahr 1938, realitätsangemessen und analytisch überzeugend nur dann erfassen, wenn man das Wechselspiel zwischen einer immer belastbarer fundierten charismatischen Einherrschaft zum einen und einer immer vorbehaltloser zustimmenden Gesellschaft zum andern als Schlüsselphänomene ins Auge faßt.

Zwar ist der Forschungsbefund «Nichts ist so kontrovers wie die Deutung Hitlers» (L. Herbst) häufig wiederholt worden. Doch läßt sich, wenn man der Leitkonzeption der charismatischen Herrschaft folgt, eine durch ihre Konsistenz und Erklärungskraft anderen Deutungen überlegene Interpretation gewinnen, die sowohl der unbestreitbaren Sonderrolle Hitlers als auch der inneren Verfassung der deutschen Gesellschaft gerecht wird, indem sie beide dank ihrer «Wahlverwandtschaft» (M. Weber) aufeinander bezieht.

Erst nachdem die Grundlinien der durchaus revolutionären Veränderungen in den sogenannten sechs Friedensjahren nachgezeichnet worden sind, können wichtige Aspekte der Wirtschaft, Sozialstruktur und Kultur mit ihrer evidenten Abhängigkeit von den neuen politischen Strukturbedingungen hervorgehoben werden. Der Zweite Weltkrieg als Konsequenz und Steigerung nationalsozialistischer Herrschaft und noch tiefergreifender Veränderungen als vor 1939 verlangt dann ein eigenes Kapitel.

Auch und gerade in dieser letzten Zeitspanne, in der die wahre Natur des Nationalsozialismus vollends zutage trat, lassen sich grundlegende Entscheidungen, erstaunliche Erfolge, aber auch abgründige Verbrechen ohne die Schlüsselrolle des «Führers» überhaupt nicht hinreichend verstehen. Denn Hitler war alles andere als ein «schwacher Diktator». Vielmehr stand er bis zuletzt im Zentrum der Macht. Von dort aus vermochte er seinen Willen durchzusetzen, weil er immer wieder, selbst noch in den Monaten des unübersehbaren Niedergangs, von seinem ungebrochenen Personalcharisma und dem Fundus der Erfolge seiner charismatischen Herrschaft zehren konnte.[1]

I.
Strukturbedingungen und Entwicklungsprozesse politischer Herrschaft

1. Herrschaftskonsolidierung und totalitäre Revolution

Die neue Reichsleitung unter Hitler, die am 30. Januar 1933 aus dem Zusammenspiel von perfiden Intrigen und strukturbedingten Schubkräften hervorgegangen war, wirkte zunächst auf viele Beobachter wie eine geradlinige Fortsetzung der drei vorangegangenen autoritären Präsidialkabinette. Außer Hitler, der einige Wochen lang auffällig behutsam taktierte, gab es nur noch zwei weitere Nationalsozialisten im Ministerrang: Wilhelm Frick, der freilich dem zentralen Ressort des Innenministeriums vorstand, und Hermann Göring als Minister ohne Portefeuille (in Preußen aber Chef des Schlüsselressorts, des Innenministeriums), der Ende April zum Luftfahrtminister ernannt wurde. Erst nach den Märzwahlen trat Josef Goebbels als Propagandaminister (13. März) noch hinzu. Solide autoritäre Kontinuität schien daher durch die geschlossene Übernahme konservativer deutsch-nationaler Fachminister aus v. Papens und v. Schleichers «Kabinett der Barone» gewährleistet. Denn Konstantin v. Neurath behielt das Auswärtige Amt, Lutz Schwerin v. Krosigk das Finanzministerium, Franz Gürtner das Justizministerium, Paul Eltz v. Rübenach die Post- und Verkehrsministerien. Alfred Hugenberg, der destruktive Rechtsaußen der «nationalen Szene», gewann durch die Koppelung der Reichsministerien für Wirtschaft und Ernährung mit den preußischen Ministerien für Wirtschaft und Landwirtschaft das ersehnte Superressort eines «Wirtschaftsdiktators». Und Franz v. Papen, der sich der Euphorie des erfolgreichen Königsmachers hingab, fungierte als Vizekanzler, der weiterhin die Fäden aus dem Hintergrund zu ziehen willens war. Die geplante Einrahmung Hitlers schien daher rundum gelungen. Papen brüstete sich gegenüber dem Deutschnationalen Ewald v. Kleist-Schmenzin: «Ich habe das Vertrauen Hindenburgs. In zwei Monaten haben wir Hitler in die Ecke gedrängt, daß er quietscht.» So hoch entwickelt war der Realitätssinn der Anhänger der Zähmungsillusion.

Die «Harzburger Front», die in der heterogenen Koalition von Großagrariern, Großindustrie, Reichswehr, Bürokratie und deutschnationalem Bürgertum wiederkehrte, hatte seit 1930 Weimar abgelehnt und mit dem Ziel eines autoritären Umbaus von Staat und Gesellschaft schließlich auch die Regierungsmacht Hitlers – wohlkalkuliert, wie ihre Repräsentanten glaubten – in Kauf genommen. Da sie überzeugt war, den Volkstribun mit

1. Herrschaftskonsolidierung und totalitäre Revolution

seiner Massenbewegung vor ihren Karren gespannt zu haben, gab sie sich jetzt satter Selbstzufriedenheit hin. Hatten bisher viele Sympathisanten dieser Allianz nach einem politischen Heiland, dem «zweiten Bismarck» gerufen, ohne damit eine klare Marschroute zu verbinden, erlagen sie jetzt einer fatalen Unterschätzung des neuen Charismatikers, als dieser zum Griff nach der uneingeschränkten Macht ansetzte.

Für die Linke galt Hitler folgerichtig als Gefangener der «Reaktion», die sie, dem Anschein folgend, für den eigentlichen Sieger des 30. Januar hielt. «Berlin ist nicht Rom», trompetete der sozialdemokratische «Vorwärts» am 8. Februar. «Hitler ist nicht Mussolini. Berlin wird niemals die Hauptstadt eines Faschistenreiches werden. Berlin bleibt rot.» Solche Illusionen teilten in jenen Tagen nicht nur Hunderttausende im Fußvolk der Linksparteien, sondern auch so scharfsinnige Linksintellektuelle wie Arthur Rosenberg und Franz Borkenau. Sahen sich SPD und KPD, letztlich noch zukunftssicher, erneut in ihren Interpretationsklischees bestätigt, gab sich die Rechte, gleichermaßen verfehlt, in ihrem Wolkenkuckucksheim dem vorschnellen Erfolgsgenuß hin. Was haben beide Lager seit dem Februar 1933 erlebt?

Man kann die Untergangsphase der Weimarer Republik durchaus als Gegenrevolution charakterisieren (wie das auch vorn: 8.T. VI, 4.–6. geschehen ist), da die Kräfte des Umsturzes schließlich auch der Allianz für Hitler gegen die Republik, gegen die Demokratie, gegen den Sozialstaat, überhaupt gegen alle perhorreszierten Folgen der Revolution von 1918/19, aber für die Rückkehr zu einer verklärten autoritären Vergangenheit vor der Schwelle von 1914 antraten.

Auf die Durchsetzung der charismatischen Herrschaft Hitlers in Staat und Gesellschaft trifft dagegen kein anderer Begriff besser zu als derjenige der Revolution. Kompetente Kenner des Nationalsozialismus, etwa Karl Dietrich Bracher und Martin Broszat, haben daher auch nie gezögert, diesen Begriff zu verwenden. Daß das Regime selber sich unverzüglich seiner «nationalen Revolution» als einer überparteilichen Erhebung propagandistisch rühmte oder sich der paradoxen Zauberformel von der «legalen Revolution» bediente, ist selbstverständlich kein überzeugender Grund, auf den derart okkupierten Revolutionsbegriff zu verzichten.

Die dennoch häufig anzutreffende Scheu davor, zur Kennzeichnung der Vorgänge im «Dritten Reich» auf die Revolutionsterminologie zurückzugreifen, liegt im wesentlichen darin begründet, daß der Begriff der Revolution seit der Epoche der Amerikanischen und der Französischen Revolution, auch seit der politischen und industriellen «Doppelrevolution», in einer weithin akzeptierten politischen Semantik durchweg positiv besetzt ist. In geschichtsphilosophischer oder sogar -theologischer Überhöhung gelten die neuzeitlichen Revolutionen als welthistorische Schubkräfte, die das soziopolitische Entwicklungsniveau auf eine höhere Stufe angehoben hätten. So gesehen fungieren sie als symbolträchtige Großereignisse eines folgenreichen Aufstiegs. Trotz mancher Relativierung, trotz des geschärften Sinns auch für die zahlreichen Opfer eines solchen Gewaltakts trifft das Urteil im Prinzip auf die drei klassischen Revolutionen in England, Amerika und Frankreich, überdies auch auf die Industrielle Revolution, grosso modo noch immer zu.

Doch im 20. Jahrhundert wurde mit der bolschewistischen Revolution seit 1917, erneut dann mit der nationalsozialistischen Revolution seit 1933 und der chinesischen Revolution nach dem Zweiten Weltkrieg ein neuer Typus von politisch-gesellschaftlicher Umwälzung auf die historische Agenda gesetzt: die totalitäre Revolution, die in ihrer linken oder rechten Variante statt eines evolutionären Aufstiegs und Zukunftsgewinns einen beispiellos opferreichen Regreß im historischen Prozeß markiert. Ihre barbarische Verlaufsgeschichte hat alle positiven Konnotationen von der bisher gültigen Revolutionsmetapher abgesprengt. Das rechtfertigt es, wegen des Folgenreichtums dieser tiefen Zäsur von einer Revolution neuen Typs, eben der totalitären Revolution, zu sprechen. Sie wird den analytischen Verlaufskriterien einer revolutionären Umwälzung, wie noch gezeigt wird, durchaus gerecht, führt aber nach dem mörderischen Experiment totalitärer Herrschaft unter ungeheuren Opfern in den Untergang oder doch in eine Sackgasse des Evolutionsprozesses.

Es ist unten im einzelnen noch zu erläutern, welche Etappen die nationalsozialistische Revolution durchlaufen hat, bis sie die Weichen für einen solchen Umbruch gestellt hatte. An seinem Ende sollte das rassenideologische Ziel verwirklicht sein, nach der Vernichtung aller «Todfeinde» dem «neuen Adam», dem arischen Herrenmenschen im gesunden «Volkskörper», die Herrschaft über seinen kontinentalen «Lebensraum», ja die Weltherrschaft zu übertragen. Schon diese, immerhin weit vorangetriebene biopolitische Umfundierung des historischen Prozesses verdient, selbst wenn man von allen anderen strukturverändernden Eingriffen absehen könnte, das Epitheton der totalitären Revolution. Denn bei ihr handelte es sich zwar um das exakte Gegenteil einer progressiven Aufwärtsbewegung, trotzdem aber um einen zweifelsfrei revolutionären Bruch mit der bisher bekannten Geschichte. In dem maßlosen, auf «totale» Erfassung zielenden Anspruch des NS-Regimes, seinen neuen Menschen heranzuzüchten und ihn mit der fanatischen «Weltanschauung» der arischen Herrenrasse an der Spitze einer über Abermillionen Heloten gebietenden modernen Sklavenhaltergesellschaft auszustatten, lag der eigentlich totalitäre Kern seiner Programmatik und Praxis. Er rechtfertigt es, die totalitäre Revolution, die totalitären Nah- und Fernziele, das totalitäre Herrschaftssystem und seine totalitäre Vernichtungspolitik ohne Umschweife beim Namen zu nennen.

Im Rahmen der hier zugrunde liegenden Konzeption von charismatischer Herrschaft gibt es überdies das immanente Argument, wonach erfolgreiche charismatische Herrschaft, in welcher Epoche auch immer, regelmäßig mit einem tiefen revolutionären Umbruch verbunden ist. Insbesondere eine folgenreiche «Gesinnungsrevolution» gilt als ihr Werk. Man wird daher von vornherein auf die Hypothese hingelenkt, daß auch Hitlers charismatische Herrschaft mit einer revolutionären Umwälzung verbunden gewesen ist und die Gesinnungsrevolution des Nationalsozialismus besondere Aufmerksamkeit verdient.[2]

a) Der Aufbau des Führerabsolutismus bis 1938

Trotz zahlreicher Schilderungen, die, immer aufs neue fasziniert, die Hektik der Entscheidungen und Ereignisse seit dem 30. Januar 1933 vergegenwärtigt haben, bleibt es ein Vorgang von atemberaubender Dramatik, wie die Regierung Hitler in engster Verbindung mit Parteiformationen, mit Reichswehr, Bürokratie und akklamationsbereiter Öffentlichkeit nach der Machtübergabe die Machteroberung und absichernde Machtstabilisierung vorangetrieben hat. Wie kann man bloß nach dem Blick auf die erste Phase dieser Herrschaftskonsolidierung bis Anfang August 1934 daran zweifeln, daß sie alle Züge einer totalitären Revolution trug und Hitler am Ende bereits eine wahre «Omnipotenzstellung» als Symbolfigur charismatischer Herrschaft gewonnen hatte?

Ultimativ hatte Hitler in letzter Minute vor seiner Ernennung die Auflösung des Reichstags durchgesetzt, die – erstes Versagen der Zähmung – durch eine Hindenburgsche Notverordnung bereits am 1. Februar 1933 mit der Maßgabe dekretiert wurde, daß in fünf Wochen Neuwahlen abgehalten werden müßten. Hitler wollte von seiner erhofften Mehrheit, 35 MdR fehlten ihm dazu, im künftigen Parlament sowohl eine formale Legitimation für seinen antimarxistischen, antiparlamentarischen, «nationalen» Kurs als auch eine plebiszitäre Rückendeckung für das anvisierte Herrschaftsmonopol erhalten. Der Protest der Deutschnationalen gegen diese vermeintliche Rückkehr zum verhaßten parlamentarischen Getriebe wurde souverän übergangen. Ihnen blieb zum einen der Trost von v. Papens Versicherung, das müßten die letzten Wahlen bleiben, zum andern Hitlers Ankündigung, durch ein Ermächtigungsgesetz ohnehin die Gesetzgebung vom Reichstag auf die Regierung zu übertragen.

Auch für die Regierung Hitler blieb das Notverordnungsrecht des Reichspräsidenten fast zwei Monate lang das wichtigste Machtinstrument. Bereits mit der Notverordnung «zum Schutz des deutschen Volkes» vom 4. Februar begann der Weg in die Ausnahmegesetzgebung, mit deren Hilfe ein blitzschnell vollzogener Umbau des konstitutionellen und staatsrechtlichen Rahmens einsetzte, der am 2. August 1934 seinen vorläufigen Höhepunkt erreichte. Nachdem die KPD am 31. Januar zum Generalstreik aufgerufen hatte, griff die Regierung auf eine Schubladenvorlage zurück, als sie Eingriffe in die Presse- und Versammlungsfreiheit jetzt ebenso für rechtens erklären ließ wie Verfolgungsaktionen gegen politische Gegner. Das war der Auftakt zu einem terroristischen Wahlkampf im NS-Stil. Damit waren aber auch die Weichen gestellt, längst ehe das ominöse Ermächtigungsgesetz vom 22. März eine breitere Interventionsbasis schuf. Ein generelles Versammlungsverbot für die KPD wurde von einem Verbot kommunistischer und sozialdemokratischer Zeitungen begleitet, und wenn das angerufene Reichsgericht dem auch widersprach, erwies sich die drastische politische Einschüchterung doch als höchst effektiv. Am 17. Februar verschärfte Göring als preußischer Innenminister die Gangart durch seinen Schießerlaß, der sich gegen jede oppositionelle Regung richtete. Daß dabei nicht lange gefackelt werden sollte, unterstrich die am 22. Februar in einem unveröffentlichten Erlaß vollzogene Ernennung von 50 000 Hilfspolizisten aus den Reihen der SA und der SS.

Die Meldungen über den blutigen Wahlkampf wurden durch eine sensationelle Nachricht unterbrochen, als am späten Abend des 27. Februar der Reichstag in Brand gesetzt wurde. Viele sahen darin, bis in die höchste NS-Führung hinein, das Fanal eines von der KPD ausgelösten Aufstands. Skeptische Beobachter hielten den Reichstagsbrand für ein Bubenstück der neuen Machthaber mit dem Zweck, daraus verschärfte Repressalien ableiten zu können – eine Auffassung, die nicht zuletzt wegen der geschickten Agitation des kommunistischen Pressezaren Willy Münzenberg an Plausibilität gewann und sich zusehends durchsetzte, als das Regime seine Schreckensseiten enthüllte. Die erst spät (1962) einsetzende erregte Forschungskontroverse über den Initiator: hier den holländischen Anarchosozialisten Marinus van der Lubbe, dort braune Brandstifter, ist bisher mit hinreichender Klarheit zugunsten der Alleintäterschaft van der Lubbes entschieden worden.

Doch besitzt die dramatisierende Frage nach dem Schuldigen allenfalls eine periphere Bedeutung im Vergleich mit der rücksichtslosen Energie, mit der die NS-Spitze noch in der Nacht den spektakulären Anlaß, der ihr wie gerufen kam, zielstrebig ausbeutete. Bereits am nächsten Tag (28.2) erschien die neue Notverordnung «zum Schutz von Volk und Staat», die unter dem Vorwand, dem kommunistischen Umsturzversuch mit extraordinären Mitteln beggnen zu müssen, den Ausnahmezustand in Permanenz begründete. Sie wurde nie mehr aufgehoben und stieg zu einem der Grundgesetze des «Dritten Reiches» auf. Alle Grundrechte wurden auf unbegrenzte Zeit suspendiert, im Grunde widerfuhr das auch der Weimarer Verfassung, obwohl sie bis zum Mai 1945 formell nie beseitigt worden ist. Polizeiliche «Schutzhaft», ein neuer Euphemismus für willkürliche Verhaftung als krasses Gegenteil eines Rechtsschutzes, dazu frei von jeder richterlichen Kontrolle, wurde erlaubt, das faktische Verbot der KPD- und SPD-Presse ermöglicht, jedes Vergehen mit der Zuchthaus- oder sogar Todesstrafe geahndet. Ausführungsvorschriften wurden wohlweislich nicht erlassen.

In der aufgeputschten Atmosphäre der bürgerkriegsähnlichen Auseinandersetzungen während des Wahlkampfes, in dem der Straßenterror der «braunen Bataillone» zu 69 Toten führte, fand die drakonische «Reichstagsbrandverordnung» außerhalb des Linkslagers teils entschiedene, teils sogar enthusiastische Zustimmung, da angeblich die akute kommunistische Umsturzgefahr gebannt werden mußte. Noch in der Nacht auf den 28.2. waren zahlreiche kommunistische Reichstagsabgeordnete und Funktionäre verhaftet, alle Parteibüros geschlossen worden. Bis Mitte März waren 7500 Kommunisten einschließlich des Parteichefs Thälmann in Haft. Auf der Klaviatur des Antimarxismus verstanden die neuen Herren vorzüglich zu spielen.

Unter diesen Auspizien brachten die Wahlen am 5. März 1933 der Hitler-Koalition die zu erwartende Mehrheit. Dennoch verfehlte die NSDAP trotz der hohen Wahlbeteiligung von 88 Prozent erneut mit 43,9 Prozent der Stimmen die absolute Mehrheit im Parlament, obwohl ihr dank der 17,3 Millionen Wähler und der 288 von 584 MdR dazu nur fünf Abgeordnete fehlten. Doch zusammen mit den 52 Abgeordneten der Deutschnationalen (8 %), die Hugenberg, v. Papen und Seldte vergeblich als «Kampffront Schwarz-Weiß-Rot» umfirmiert hatten, erreichten sie mit 340 Abgeordneten die begehrte Majorität (52,9 %). SPD (18,3 %), KPD (12,3 %) und Zentrum (11,2 %) kamen zusammen auf beachtliche 41,8 Prozent. Vorn (8 T. VI. 3) ist jedoch bereits argumentiert worden, daß die Hitler-Bewegung, obwohl sie selbst bei unfreien Wahlen keine absolute Mehrheit erringen konnte, doch noch ein latentes Wählerpotential von vier Millionen Stimmen (60–70 Abgeordnete) besaß. Überdies hatten die Nationalsozialisten, da die KPD- und SPD-Sitze im Reichstag vakant blieben, auch ohne die DNVP die absolute Mehrheit.

Mochte die Zunahme um elf Prozent im Gesamtstaat auch hinter den Erwartungen empfindlich zurückbleiben, zeigte der Einbruch in bisher ziemlich resistente Wählermilieus – wie etwa der Gewinn von 20,7 Prozent in Niederbayern, 16,3 Prozent in Oberbayern, 13,8 Prozent in Württemberg –, welche Konsensressourcen die NSDAP noch ausnutzen konnte. Im Effekt durfte die plebiszitäre Akklamation als Mandat für autoritäre Führung und gegen die parlamentarische Demokratie gelten. Beschönigend, doch im Grunde hochbefriedigt konstatierte Hitler am 7. März im Kabinett, daß das Wahlergebnis einer «Revolution» zugunsten seiner Regierung gleichkomme.

Das Resultat des 5. März hatte zwei unmittelbare Folgen. Zum einen strömten seither, das Auge starr auf die Karriere gerichtet, Millionen neuer Mitglieder, an der Spitze Beamte und Lehrer, die sogenannten «März-Gefallenen», in die NSDAP. Die 1,5 Millionen Parteigenossen des Jahres 1932 verdoppelten sich bis zum 1. Mai 1933 um 1,6 Millionen und verdreifachten sich bis Ende 1934 auf fast 4,5 Millionen. Dann wurde ein sechsjähriger Aufnahmestop bis zum 1. Mai 1939 verhängt. Parteiintern galt nur das erste Drittel als Gemeinschaft der privilegierten «alten Kämpfer», während die opportunistische Mehrheit auf manches Ressentiment traf.

Zum andern trieben jetzt NS-Führung und Partei die sogenannte «Gleichschaltung» der Länder mit brutalem Tempo voran. Im Kern war das ihre staatsstreichartige Unterwerfung unter die Berliner Zentralgewalt. Innerhalb einer einzigen Woche, im wesentlichen bis zum 9. März abgeschlossen, ging die Gleichschaltung nicht aus einer machiavellistisch gelenkten «Revolution von oben» im Verein mit einer von Berlin ebenso raffiniert «manipulierten Revolution von unten» hervor. Vielmehr begegnete eine von Hitler und seiner strategischen Clique instinktsicher verfolgte Entmachtungsstrategie, die jedoch mit zahlreichen «situationsbedingten Improvisationen» und Ad-hoc-Entscheidungen operierte, keineswegs also einem Meisterplan für den Aufbau des «Führerstaats» folgte, einem nicht zu unterschätzenden spontanen Aufbegehren der SA-Kohorten, die nach dem Wahlsieg der Maxime «Dem Sieger die Beute» folgten, um sich beim Kampf um die Pfründe öffentlicher Ämter endlich ihren Anteil zu sichern. Die Notverordnung vom 28. Februar und die Polizeifunktionen der SA verschafften ihr einen Freibrief, als sie, wortwörtlich genommen, ihre «Machtergreifung» praktizierte. Die Länderregierungen brachen unter dem Doppeldruck von SA-Gewalt und Berliner Ultimatum zusammen. Das Gleichschaltungsgesetz vom 31. März besiegelte diese Entföderalisierung, die mit der Einsetzung von «Reichsstatthaltern» als Kontrolleuren der Führerrichtlinien verkoppelt wurde.

In Preußen war es bereits, als Vorlauf zu dieser Gleichschaltung, nach dem «Preußenschlag» zu einem zweiten Staatsstreich gekommen, als v. Papen eine Notverordnung erwirkte, welche ihm die restlichen Befugnisse der Landesregierung kommissarisch übertrug und den Landtag auflöste, damit er ebenfalls am 5. März neu gewählt werden konnte. Hitler indessen machte sich selber zum Reichsstatthalter in Preußen, trieb den «konservativen Steigbügelhalter» umstandslos aus dem Amt des kommissarischen Ministerpräsidenten und wies es Göring zu. Diese schnelle Aktion war symptomatisch nicht nur für den selbstbewußten Umgang des «Führers» mit dem Repräsentanten des Zähmungskonzeptes, sondern auch für das Ausmaß des nach fünf bis sechs Wochen bereits gewonnenen Entscheidungsspielraums.

Die neuen Erfolge bei der Durchsetzung des nationalsozialistischen Herrschaftssystems feierte das Regime am 21. März, dem «Tag von Potsdam», als Hitler und Hindenburg mit einem Festakt in der Garnisonskirche den neuen Reichstag eröffneten. Goebbels, soeben als Propagandaminister installiert, gelang das raffinierte Blendwerk einer Fusion von charismatischen und traditionalen Elementen, als er den zivil gekleideten «Volkskanzler» mit dem uniformierten Feldherrn als Verkörperung preußischer Traditionen gemeinsam auftreten ließ – ein Akt massenwirksamer symbolischer Politik. Ihm gab Generalsuperintendent Dibelius mit demselben Text, den der Hofprediger Dryander für seinen ersten Kriegsgottesdienst am 4. August 1914 gewählt hatte («Ist Gott für uns, wer mag wider uns sein») ganz auf der Linie eines radikalisierten, völkisch infizierten Nationalprotestantismus die religiöse Weihe, aber auch die vergangenheitspolitische Aufwertung als «Wiedergeburt des Geistes von 1914».

Angesichts dieses Spektakels, das die Stimmung für eine Verschärfung des autoritären Kurses durch das Ermächtigungsgesetz erfolgreich stimulierte, ging die Nachricht fast unter, daß eine neue Notverordnung vom selben Tag «heimtückische Angriffe», selbst in Gestalt einer nur mündlichen Kritik an Regierung und Partei, zu bestrafen erlaubte; Sondergerichte sollten die Straftäter aburteilen. Dazu paßte es, daß am folgenden Tag (22.3.) das erste offizielle Konzentrationslager in Dachau vom SS-Chef Himmler eingerichtet wurde. Dieser neue Lagertypus, der zu einem Kennzeichen des Regimes wurde, sollte die mehr als drei Dutzend «wilden» Lager der SA, SS und Schutzpolizei ablösen. Neuer Lager aber bedurfte der NS-Staat schon deshalb, weil allein bis Mitte März rund hunderttausend politische Gegner verhaftet worden waren, ehe sie in überfüllten Gefängnissen und improvisierten Lagern verhört, gefoltert, zu Tode gequält oder begründungslos wieder entlassen wurden.

In jenen Märztagen jagten sich die Ereignisse. Bereits am 22. März wurde dem neuen Reichstag das erwartete Ermächtigungsgesetz zur Abstimmung zugeleitet. Damit stand eine entscheidende staatsrechtliche Weichenstellung bevor. Denn die Vorlage hob die Gewaltenteilung auf und übertrug die gesetzgebende Gewalt vollständig der Reichsregierung, die verfassungsändernde Gesetze ohne den Reichstag erlassen konnte. Zahlreiche KPD- und SPD-Abgeordnete waren zu diesem Zeitpunkt in Haft oder untergetaucht, so daß der Reichstag nicht legal zusammengesetzt war, als das Ermächtigungsgesetz, eine demoralisierende Symbiose von Terror und Pseudolegalität, von fast allen Parteien angenommen wurde. Selbst das Zentrum und die Bayerische Volkspartei waren mit der Aussicht auf ein attraktives Reichskonkordat geködert worden. Allein die SPD stimmte in einem Akt bravouröser Zivilcourage trotz des Gejohls der SA-Zuschauer dagegen.

Dieses «Reichsführungsgesetz» ersetzte die Volkssouveränität als verfassungskonforme Legitimationsgrundlage der Weimarer Republik durch die neuartige Führersouveränität. Nicht nur der Reichstag, sondern auch das Notverordnungsrecht wurde ausgeschaltet, da Hitler jetzt von der Diktaturgewalt des Reichspräsidenten unabhängig wurde und eine – dem Anschein nach legale – eigene Machtbasis gewann. Sie ermöglichte es ihm, aus eigener Vollmacht den gesamten sozialen und politischen Gruppen-Pluralismus innerhalb kürzester Zeit zu liquidieren.

Seither konnte Hitler formale Legalität gemäß seiner Ernennung (WRV Art. 35) und aus dem Ermächtigungsgesetz beanspruchen, traditionale Legitimation aus der engen Kooperation mit Hindenburg und aus dem Anschluß an das symbolische Kapital der preußischen Traditionen herleiten und schließlich in einem rasch zunehmenden Maße charismatische Legitimation nicht nur aus seiner Position als demagogischer Volkstribun einer Massenbewegung, sondern auch aus seinen innenpolitischen Leistungen als Staatschef beziehen.

Immer entschiedener berief sich Hitler auf diese charismatischen Elemente: auf seinen Aufstieg kraft seiner historischen Sendung. Ein derartiger Führermonismus war weder mit parlamentarischer Verantwortung, noch mit der Teilung der Regierungsgewalt und dem regelkonformen Fortbestand der Reichsregierung vereinbar. Bereits seit Mitte März entschied daher Hitler, widerspruchslos wurde es von den Ministern hingenommen, immer häufiger buchstäblich im Alleingang. «Im Kabinett ist die Autorität des Führers nun ganz durchgesetzt», konstatierte Goebbels am 22. April befriedigt, «der Führer entscheidet.» Es war darum nur folgerichtig, daß Hitler im Juli die Kollegialberatung des Kabinetts abschaffte und statt dessen das Umlaufverfahren einführte. Die betroffenen Minister mußten sich fortab auf eine Gesetzesvorlage einigen, ehe sie Hitler, der dadurch von jedem Argumentationszwang entlastet wurde, zur abschließenden Entscheidung vom Chef der Reichskanzlei vorgelegt werden durfte. Ihren konsequenten Abschluß fand diese Entwicklung bereits am 16. Oktober 1934, als Hitler ohne jede Opposition die Gehorsamspflicht der Minister gegenüber ihrem «Führer» und sogar ein Rücktrittsverbot einführte, selbst informelle Ministertreffen wurden untersagt. Die Verlagerung der Gewichte kann man aber auch daran ablesen, daß das Kabinett anfangs jeden zweiten Tag, 1934 nur mehr 19mal, 1935 zwölfmal, 1936 viermal, 1937 sechsmal und im Februar 1938 zum letzten Mal tagte.

Das Ermächtigungsgesetz wurde übrigens wegen seiner indirekt anerkannten fundamentalen Bedeutung alle vier Jahre peinlich genau erneuert (1943 durch einen Führererlaß auf unbegrenzte Zeit). Der degradierte Reichstag trat seither völlig in den Schatten: Bis zum Kriegsausbruch 1939 verabschiedete er nur mehr sieben Gesetze. Parallel dazu verlor das Kabinett völlig an Bedeutung. Im Grunde zählten schon nur mehr die Führergewalt und die Parteiformationen als Instrumente des Führerwillens.

Eine Woche nach dem Triumph der Monokratie enthüllte das Regime seine Fratze, als es am 1. April 1933 zu einem ersten Boykott jüdischer Geschäfte, Anwälte und Ärzte durch seine SA-Schergen schritt. Drei Tage lang demonstrierte die Untat, wie das Regime die Gewalt der Gosse zu mobilisieren verstand. Daß es sich um keine kurzlebige Eruption handelte, bewies

1. Herrschaftskonsolidierung und totalitäre Revolution

die Folgezeit. Schon am 11.4. folgte das Verbot der Berufsausübung für jüdische Richter, Staatsanwälte und Rechtsanwälte, am 22. April der Ausschluß jüdischer Ärzte von den Krankenkassen. Damit setzte die reichsrechtliche Diskriminierung jüdischer Deutscher voll ein, widerspruchslos, ja bereitwillig mitgetragen von dem deutschnationalen Koalitionspartner und den «Einrahmungsministern».

Innerhalb der folgenden sechs Jahre sollte sich diese existenzgefährdende Stigmatisierung in rund 1400 sonderrechtlichen Vorschriften niederschlagen. Daß eine solche Apartheidspraxis im Grunde ohne offenen, geschweige denn wirkungsvollen Protest, sei es wegen mangelnder Zivilcourage, aus Angst vor der SA-Vergeltung oder vor allem aber aus hämischstillschweigender Billigung hingenommen wurde, bestätigt, auf welches tiefgelagerte «Unterstützungspotential» der militante Antisemitismus, der sich seit dem Anfang und dem Ende der Weimarer Republik in den Parteien und Verbänden und in der Öffentlichkeit verstärkt herausgebildet hatte (vgl. 8 T. V. 6), zurückgreifen konnte. Nicht zufällig hatte der Arierparagraph des «Stahlhelms», des Jungdo und DNHV, des Deutschen Turnerbundes und der Burschenschaften die staatsbürgerlichen Gleichheitsrechte ungestraft mißachtet. Und daß die dogmatische Judenfeindschaft der «alten Kämpfer», an ihrer Spitze Hitler selber, anstelle von Haßtiraden zur physischen und sonderrechtlichen Aktion drängte, konnte seit Anfang April kein Zeitgenosse mehr leugnen.

Auch in diesen Zusammenhang reiht sich das Gesetz vom 7. April zur «Wiederherstellung des Berufsbeamtentums» ein. Es erlaubt die Zwangspensionierung politisch «unzuverlässiger» Beamter, insbesondere aber mit seinem Arierparagraphen die Entlassung jüdischer Beamter. Hatte sich ein Großteil der vergangenheitsfixierten höheren und mittleren Beamtenschaft in der Republik nur äußerst widerwillig zur Kooperation mit der Regierung bereit gefunden (vgl. 8 T. IV. 3), schwenkte sie jetzt ohne Einspruch auf die Linie des neuen Regimes ein, das «Ordnung, Stabilität, Effizienz», zuvörderst aber die «nationalen Werte» so nachdrücklich betonte. Der Arbeitsdruck, der im endlosen Strom der Gesetzesvorlagen und Verordnungen zutage trat, wurde ebenso klaglos hingenommen, wie die Entfernung republiktreuer und jüdischer Kollegen keinen Hauch von Widerspruch auslöste. Von insgesamt anderthalb Millionen Beamten wurden immerhin zwei Prozent entlassen oder in den Ruhestand versetzt. Der nationalsozialistischen Penetration einer derart behandelten Bürokratie waren seither Tor und Tür geöffnet.

Schlag auf Schlag ging es im Mai und Juni weiter, als die gesellschaftliche und politische Machteroberung, jetzt auch von der Basis des Ermächtigungsgesetzes aus, vorangetrieben wurde. Anfang April hatte der Gewerkschaftsführer Theodor Leipart in einem abstoßenden Akt opportunistischen Anbiederns der Regierung die loyale Unterstützung des ADGB angeboten. Überraschend erfüllte sie einen langjährigen Wunsch der Arbeiterbewegung, als sie den 1. Mai zum gesetzlichen «Feiertag der nationalen Arbeit» erklärte. Doch schon am 2. Mai leitete sie die Zerstörung der Gewerkschaften ein, beschlagnahmte ihren Besitz und ihr Vermögen, während die SA die Gewerkschaftshäuser besetzte. Die anschließende Selbstauflösung des ADGB besiegelte seinen Untergang. Als kompensatorische Organisation wurde am 10. Mai die «Deutsche Arbeitsfront» (DAF) unter der Führung des Reichsorganisationsleiters Robert Ley gegründet. Sie erfaßte binnen kurzem alle Arbeiter, aber auch Unternehmer und Angestellten durch ihre Zwangsmitgliedschaft, so daß sie innerhalb von zehn Jahren zu der Mammutorganisation par excellence des «Dritten Reiches» mit 25 Millionen Mitgliedern (1941) und einem bürokratischen Wasserkopf von 44 500 Beamten und Angestellten heranwuchs.

Am 19. Mai wurden unternehmens- oder verwaltungsnahe «Treuhänder der Arbeit» mit der Befugnis zur Lohnfixierung gesetzlich eingesetzt, wurde die Sozialpartnerschaft der Weimarer Republik samt der Tarifautonomie sang- und klanglos begraben. Seit Anfang Mai auch wurden Handwerk und Handel zu «Reichsständen», unverhüllten Zwangskartellen, umorganisiert; im Juli folgte der RDI, der in den «Reichsstand der Deutschen Industrie» unter der Leitung von Gustav Krupp v. Bohlen und Halbach umgewandelt wurde. Walter Darré, der erfolgreiche Inspirator des «Agrarpolitischen Apparats», übernahm als «Reichsbauernführer» die Leitung aller landwirtschaftlichen Verbände (28.5), der HJ-Führer Baldur v. Schirach als «Reichsjugendführer» die Aufgabe, die gesamte Jugend zwischen dem 10. und 18. Lebensjahr für das «Dritte Reich» zu gewinnen. Beim Autodafé vom 10. Mai trat in der Verbrennung der Bücher unerwünschter Autoren vor jubelnden Studenten und SA-Männern der Anspruch des Regimes zutage, auch das kulturelle Leben einer unnachsichtigen Gängelung zu unterwerfen.[3]

Während die Regierung Hitler auf ein formelles Verbot der KPD, auch des zahnlosen Löwen: des «Reichsbanners», verzichtete, wurde die SPD am 22. Juni von Innenminister Frick nicht durch ein neues Sozialistengesetz, sondern, zusätzlich deprimierend, auf dem schlichten Verordnungsweg als «volks- und staatsfeindliche Organisation» verboten. Die Selbstauflösung aller anderen Parteien schloß sich in der Woche zwischen dem 27. Juni und 5. Juli fugenlos an, wobei DNVP- und Zentrumsabgeordnete um einen Hospitantenstatus in den NSDAP-Fraktionen des Reichstags, der Länder und der Kommunen schmählich bettelten. Ein kläglicher Rest an Eigenständigkeit des Zentrums unter seinem «Reichsführer» Brüning wurde abgelehnt, drei Tage vor der Paraphierung des Konkordats löste es sich in vorwegeilendem Gehorsam auf. Der einst mächtige «Stahlhelm» war schon am 1. Juli der SA unterstellt worden. Innerhalb kürzester Zeit hatte die Ära des Parteienpluralismus ein klägliches Ende gefunden. Mit der Ausschaltung

1. Herrschaftskonsolidierung und totalitäre Revolution 611

aller autonomen intermediären Institutionen, gleich ob der Parteien, der Verbände oder der Parlamente, wurde die Paralysierung der deutschen Gesellschaft fortgesetzt. Denn jede Chance der Interessenartikulation, erst recht der Koalitionsbildung war ihr jetzt genommen worden. In den bürgerlichen Mittelklassen und unter den Konservativen aber wuchs Hitlers Ansehen vor allem auch deshalb steil an, weil dieser Vorgang als «rücksichtslose Unterdrückung der Linken», als Kampf gegen das «rechtsfreie Chaos» des Kommunismus vorbehaltlos gebilligt wurde. Waren nicht unter ihm die staatserhaltenden Ordnungskräfte gegen Anarchie und Kommunismus endlich erfolgreich angetreten?

Die beschleunigte Verlagerung der sozialen Macht auf das Regime beruhte entweder auf der Zerstörung von Institutionen oder auf ihrer Umwandlung in NS-Organisationen oder zumindest doch auf der Entpolitisierung und Gleichschaltung formell weiterbestehender Vereinigungen. Auch äußerlich wurde damit die Einrahmung, erst recht die Zähmung endgültig dementiert. Es fügt sich in diesen Zusammenhang, daß der «Wirtschaftsdiktator» Hugenberg nach einem blamablen Auftritt in London mühelos zum Rücktritt veranlaßt werden konnte. «In fünf Monaten» habe Hitler, konstatierte der französische Botschafter in Berlin, André François-Poncet, «eine Wegstrecke zurückgelegt», «für die der Faschismus fünf Jahre brauchte». In der Tat nahte, wie auch ein selbstzufriedener Hitler im Kabinett fand, der «Abschluß der Revolution», es gelte nur noch, «die letzten Reste der Demokratie zu beseitigen».

Als machtpolitisch mindestens ebenso wichtig wie der institutionelle Durchsetzungserfolg erwies sich bereits in diesem Frühjahr 1933 der tief in die reichsdeutsche Gesellschaft hineinwachsende Konsens über den mitreißenden Schwung des «nationalen Aufbruchs» unter der Ägide des neuen starken Mannes. Der Eindruck, daß eine «legale Revolution» und die rücksichtslose Marxismusbekämpfung, die sicht- und spürbare Handlungsfähigkeit der Regierung Hitler sowie nicht zuletzt der ruhmlose Untergang aller Gegenkräfte das politische Sondertalent des «Führers» durchschlagend bestätigten, erleichterte Schritt für Schritt die Ausdehnung seiner charismatischen Herrschaft auf den Staat und wachsende Segmente der Bevölkerung. Auf seine Weise hat das Goebbels klar erfaßt: «Was wir jetzt erleben», notierte er sich in sein Tagebuch, «ist die Übertragung unserer Dynamik auf den Staat. Es geschieht das in einem derart atemberaubenden Tempo, daß man darüber kaum zur Besinnung kommt.» Selbstverständlich hat die Goebbels-Propaganda wie in den Jahren zuvor die Messias-Stellung Hitlers unentwegt hochgejubelt. Sie war aber alles andere als ein reines Agitationsprodukt.

Am 6. Juli zog Hitler, sichtlich befriedigt, eine interne Zwischenbilanz: «Wir stehen in der langsamen Vollendung des totalen Staates.» Diese Worte wirkten wie eine Handlungsmaxime unmittelbar vor dem neuen Schub von

Gesetzen, die den Übergang vom parlamentarischen System zum plebiszitären Führerabsolutismus, mithin auch den progressiven Zerfall des überkommenen Normenstaates besiegelten. Am Jahrestag des Sturmes auf die Pariser Bastille, am 14. Juli, hielt die NS-Spitze es für einen wohlkalkulierten symbolischen Akt, ihr revolutionäres Gegenprogramm genauer auszuführen. Die Akklamationsmaschine des Reichstags, der im Berliner Witz der «teuerste Gesangverein der Welt» hieß, wurde für die Verabschiedung eines halben Dutzends folgenschwerer Gesetze in Gang gesetzt.

1. Das Gesetz gegen die Neubildung polischer Parteien deklarierte die NSDAP zur monopolistischen Staatspartei. Damit wurde formell der Einparteienstaat inauguriert, der Führerstaat perfektioniert.

2. Das Gesetz über Volksabstimmungen wurde bestätigt und im November desselben Jahres zum ersten Mal für ein Massenplebiszit ausgenutzt.

3. Das Gesetz zur Verhütung erbkranken Nachwuchses, von Hitler gegen Papens Bedenken schroff durchgesetzt, eröffnete nach den ersten antisemitischen Verordnungen der Rassenpolitik des Nationalsozialismus ein weites Feld, auf dem mit beispielloser Härte die Gesundheit des «Volkskörpers» herbeigeführt werden sollte.

4. Das Gesetz über die Einziehung «volks- und staatsfeindlichen Vermögens» legalisierte die Enteignung von Regimegegnern, z. B. des SPD- und KPD-Vermögens.

5. Das Gesetz über die Ausbürgerung politischer und jüdischer Emigranten erweiterte die rechtliche Grundlage, um die nationalsozialistische Leitvorstellung von rassischer und politischer Homogenität realisieren zu können.

Wenn in einigen Gesetzen das «völkische» Prinzip beschworen wurde, trat darin die staatsrechtlich gewendete Phantasmagorie vom Herrschaftsauftrag der «germanischen Rasse» zutage. Er bestimmte seither – abschließend formuliert im Gesetz zum «Schutz des deutschen Blutes» vom 5. September 1935 – das Rechtsverständnis vom deutschen «Volk» oder von der deutschen «Nation» als einer alle Fragmentierung überwindenden rassischen Einheit. Sofern sie noch durch unreine Schlacken entstellt wurde, mußten diese rigoros entfernt werden. Der vielbeschworene Volkswille, faktisch nur ein nützliches «Akklamationsinstrument», artikulierte sich unmittelbar in der Führergewalt. Alle verbleibenden Gesetzesbarrieren – und wichtige gab es noch in der Tat –, die ihr entgegenstanden, mußten daher beseitigt werden.

Zu diesem Zeitpunkt gelang der Regierung Hitler ein geradezu sensationeller Prestigeerfolg mit tiefgreifenden außen- und innenpolitischen Auswirkungen. Der seit einem Dutzend Jahren vertragssüchtige Vatikan bescheinigte mit dem Konkordat zwischen dem Reich und der Kurie den internationalen wie innerdeutschen Status der Hitler-Diktatur. Pacelli und seine Mitstreiter, wie etwa der Prälat Kaas, gewannen zwar einen gewissen Spielraum für die katholische Kirche und ihre angegliederten Organisationen. Doch zugleich desavouierten sie mit dem Politikverbot für Geistliche und der impliziten Distanzierung vom Zentrum den deutschen politischen Katholizismus überhaupt. Unstreitig verlieh dieser erste völkerrechtliche Vertrag dem Regime die Gloriole der Respektabilität. Und nicht zuletzt neutralisierte er Gegenkräfte in der Anfangsphase der Herrschaftskonsolidierung.

Es ist letztlich eine müßige, wenn auch für manche noch strittige Frage, ob das Zentrum für seine Stimmabgabe zugunsten des Ermächtigungsgesetzes bereits mit dem Konkordat geködert worden ist. Vertrauliche Gespräche von Kaas mit v. Papen deuten darauf hin. Daß der Vertrag mit der Kurie, mit attraktiven staatlichen Konzessionen garniert, auch einen optimalen Hebeldruck gegen das Zentrum ermöglichte, hatte Hitler schon Anfang März erfaßt. Eine Überlebenschance besaß das Zentrum nach dem Willen der neuen Machthaber genauso wenig wie die anderen Parteien. Und daß das Reichskonkordat ein schmerzhaftes Opfer wert sei, fand auch in der Zentrumsführung seit Kaas' Weichenstellung weithin Zustimmung. Aber daß der Vatikan selber den Todesstoß ausführte, konnte dem Diktator nur als unerwartet elegante Lösung erscheinen.

Hatte die Deutsche Bischofskonferenz bereits am 28. März zur Loyalität aller katholischen Christen gegenüber der neuen Regierung aufgerufen, löste der Konkordatsabschluß das begeisterte Lob der Kirchenfürsten aus. Der Osnabrücker Bischof Wilhelm Berning wurde wegen seiner Verdienste um den Vertrag, für den die Lateranverträge Mussolinis das Modell eines Arrangements mit den neuen Autoritäten abgegeben hatten, zum preußischen Staatsrat ernannt – und nahm Amt und Titel geschmeichelt an. Der Freiburger Erzbischof Conrad Gröber, der ebenfalls an den Verhandlungen wesentlich beteiligt gewesen war, stellte sich, offensichtlich enthusiasmiert, «restlos hinter... das neue Reich».

In gut einem halben Jahr hatte das NS-Regime ein größeres Stück Wegs zurückgelegt, als das mancher selbst in der Führungsriege gehofft hatte. Im Hochsommer feierte es daher in Nürnberg triumphierend den «Reichsparteitag des Sieges». Unmittelbar danach zog es sein Einflußnetz noch enger. Das Gesetz über den «Reichsnährstand» (13.9.) unterwarf zusammen mit dem Reichserbhofgesetz (29.9.) die Landwirtschaft einem rigiden Staatsdirigismus. Die am 22. September geschaffene Reichskulturkammer stülpte regimeabhängige Organisationen über das gesamte kulturelle Leben.

Der auch ohne Pressemanipulation weithin bejubelte Austritt aus dem Völkerbund (14.10.) unter dem Vorwand, daß die Verweigerung der militärischen Gleichberechtigung die «nationale Ehre» kränke, eröffnete Hitler die günstige Chance, ein Plebiszit über die Billigung dieses Affronts mit der Akklamation durch einen neu gewählten Reichstag zu verkoppeln. Goebbels' Propagandamaschine lief auf Hochtouren. Ihr Dauerappell verlangte eine uneingeschränkte Bejahung des Werkes der ersten zehn Monate durch das Votum für die konkurrenzlose NS-Einheitsliste. Tatsächlich zog die «Liste des Führers» bei einer extrem hohen Wahlbeteiligung (95,2 %) offenbar ohne Wahlfälschungen 92,2 Prozent, die Volksabstimmung sogar 95,1 Prozent der abgegebenen Stimmen (40,6 von 45 Mill. Wählern) auf sich. Da eine systematische Manipulationsstrategie nicht verfolgt wurde, spiegelten die Ergebnisse wahrscheinlich die vorherrschende Stimmung in etwa wider. Der charismatische «Volksführer» fand seine Erfolgsbilanz in einem erstaunlichen Maße bestätigt.

Mit dem Gesetz über die «Einheit von Partei und Staat» vom 1. Dezember wurde das überkommene freiheitsfreundliche System der konstitutionellen «Checks and Balances» weiter zerstört. Der Nationalsozialismus wollte «von jeher», gestand Goebbels, «den totalen Staat». Die NSDAP wurde zu einer Körperschaft des öffentlichen Rechts mit eigener Gerichtsbarkeit und zur «Trägerin des deutschen Staatsgedankens» erhoben. Damit aber wurde die Verschränkung des parteipolitischen und des staatlich-administrativen Entscheidungspotentials herbeigeführt. Folgerichtig wurden jetzt auch zwei hohe Parteifunktionäre, Hitlers Stellvertreter in der NSDAP, Rudolf Heß, und SA-Stabschef Ernst Röhm, im Ministerrang in die Reichsregierung aufgenommen.

Am 30. Januar 1934 schuf das Gesetz über die «Ordnung der nationalen Arbeit» das sozialökonomische Grundgesetz des Regimes, das dem Unternehmer als «Betriebsführer» neue Herrschaftsrechte einräumte, die Belegschaft als «Gefolgschaft» dagegen seinen Anweisungen unterwarf. Schon seit dem Betriebsvertretungsgesetz vom 4. April 1933 konnte der Unternehmer beim «Verdacht staatsfeindlicher Betätigung» Arbeiter jederzeit fristlos entlassen. Den aus Wirtschaft und Bürokratie stammenden 13 Treuhändern wurden weitreichende Interventionsrechte zugesichert. Das hiermit in engem Zusammenhang stehende Gesetz über den «organischen Aufbau der deutschen Wirtschaft» vom 27. Februar 1934 verwandelte alle bisher autonomen «Pressure Groups» in staatlich privilegierte Zwangsverbände, so etwa den RDI in den «Reichsstand der Deutschen Industrie»; dadurch wurden sie zu Kontrollorganen der staatlichen Interventionspolitik. Faßt man diese Vorschriften zusammen, erkennt man ein autoritäres Arrangement, das freilich durch den Einfluß der DAF beschönigt, teilweise auch etwas korrigiert wurde. Trotz des einschneidenden Verlusts hart erkämpfter Rechte dehnte sich unter Arbeitern, wie der Exil-SPD berichtet wurde, die Meinung aus, daß Kritik «als Sabotage an der Aufbauarbeit der Regierung empfunden» werde.

Am selben Jahrestag der Machtübergabe hob das Gesetz über den «Aufbau des Reiches» die Bestandsrechte der Länder und den Reichsrat auf. Es war ein unverhüllt verfassungsbrechender Akt, mit dem die letzten Reste des 900jährigen deutschen Föderalismus zertrümmert wurden. Der zentralstaatliche Leviathan setzte seinen Siegeszug fort. Konsequent wurde jetzt auch erstmals am 1. Mai ein Reichsministerium für «Wissenschaft, Erziehung und Volksbildung» unter der Leitung von Bernhard Rust, dem sechsten NS-Minister im Kabinett, eingerichtet. Auch Himmler als neuer Chef der Geheimen Staatspolizei, der Gestapo, und seine rechte Hand, Reinhard Heydrich, der Leiter des Amtes des Gestapo (Gestapa) und des parteieigenen «Sicherheitsdienstes», des SD, erhoben und verwirklichten im Nu ihren Anspruch auf gesamtstaatliche Kontrolle. Vier Tage später trat ihnen der Volksgerichtshof als ein – dem Vorbild bei den sowjetischen Schauprozessen entsprechendes – parteiabhängiges Sondertribunal zur Seite.[4]

Im neuen Jahr hatte sich allerdings auch der seit dem 30. Januar 1933 schwelende Konflikt zwischen dem auf Machtkonsolidierung bedachten Führer und der unentwegt für ihre «wahre nationalsozialistische Revolution» agitierenden SA weiter zugespitzt. Immerhin stand Stabschef Röhm an der Spitze eines Drei-Millionen-Heeres von unzufriedenen «Braunhemden». In der Perzeption Hitlers erreichte die Auseinandersetzung zusehends das Stadium einer offenen Konfrontation, gefährdete damit die inzwischen erreichte Herrschaftsstabilität und drängte auf eine abschließende Spannungslösung hin (vgl. unten 1 c). Am 30. Juni schlug Hitler, unterstützt von der Wehrmacht und gestützt auf die SS, in einer Mordaktion zu, der außer Röhm und einem Teil der höheren SA-Führung gleichzeitig auch konservative Regimekritiker zum Opfer fielen. Der absolut hörige SA-Funktionär Viktor Lutze wurde zum neuen Stabschef einer SA ernannt, die politisch für immer entmachtet wurde, so daß sie in ein Schattendasein versank. Himmlers SS dagegen wurde für ihre blinde Liquidierungsloyalität damit belohnt, daß sie endlich als selbständige Formation außerhalb der SA das längst anvisierte Eigenleben führen durfte. Unverzüglich wurde die blutige Lösung der Röhm-Krise durch ein am 3. Juli nachträglich verabschiedetes Gesetz als «Staatsnotwehr» gerechtfertigt (s. u. 1.c).

Obwohl die tödlichen Folgen des Machtkampfes, auch die Ermordung angesehener Honoratioren, dazu die Rachsucht bei der Begleichung alter Rechnungen keineswegs verborgen blieben, herrschte in der öffentlichen Meinung überwiegend eine energische Zustimmung vor. Der Vertrauensvorschuß, den Hitler für sein tatkräftiges Handeln zur «Rettung der Nation» erhielt, mündete in blindes Vertrauen. Angeblich hatten nur seine Weitsicht, seine unbeugsame Entschlossenheit, seine harte Faust eine unkalkulierbare zweite Revolution der braunen Radikalinskis verhindert. Die Bekämpfung des moralischen Verfalls der SA-Führung, deren homosexuelle Mitglieder längst bekannt waren, hatte den «Führer», wie die kleinbürgerliche Prüderie urteilte, zum aufrechten Verteidiger von öffentlicher Moral und Sitte erhoben. Hitler liquidatorische Ausschaltung des einzigen verbliebenen parteiinternen Konkurrenten hat daher im Effekt seine charismatische Sonderstellung weiter gestärkt.

Welche Konsequenzen er daraus zu ziehen imstande war, zeigte sich, bevor vier Wochen vergangen waren. Noch ehe die Nachricht von Hindenburgs Tod am 2. August in Berlin eingetroffen war, sah ein Gesetz vom 1. August die Verschmelzung der Ämter des Reichspräsidenten und des Reichskanzlers zu einer einzigen Spitzenstellung vor, das wegen der erwarteten Umstände bereits am folgenden Tag in Kraft trat. Unter der neuen Amtsbezeichnung «Führer und Reichskanzler» vereinigte Hitler seither die vier Funktionen des Staatsoberhaupts, des Regierungschefs, des Oberbefehlshabers der Streitkräfte und des Parteiführers, kurz: alle Staatsgewalt in seiner Person. Dadurch wurde endgültig die absolute Führergewalt in Gestalt einer allmächtigen Selbstherrschaft etabliert, welche die «institutionelle Freisetzung der Handlungsfähigkeit» Hitlers besiegelte und seine charismatische Position, nunmehr mit allen Insignien der Macht ausgestattet, auch staatsrechtlich konsolidierte.

Nach nur anderthalb Jahren war mit diesem Akt der Herrschaftsabsicherung ein institutionelles und symbolisches Ziel erreicht, an das am 30. Januar 1933 keiner, zu allerletzt der Zirkel der Zähmungsexperten, gedacht hatte. Sofern sie noch dem Kabinett angehörten, begegneten sie fortab Hitlers Vollmacht, die Minister allein ernennen und entlassen zu können. An die Stelle des Staats als juristischer Person war in der Tat der «Führerstaat» getreten. Eine weitere gravierende Konsequenz der neuen Rechtsstellung Hitlers lag darin, daß seither auch vier entscheidende «institutionelle Sicherungen», die in der Weimarer Republik den Weg in den Krieg einer strengen Kontrolle unterworfen hatten, über Nacht entfielen. Das erforderliche Reichsgesetz war schon seit dem Ermächtigungsgesetz allein Hitlers Sache; seine Ausfertigung lag seit dem 2. August 1934 ebenso in seiner Hand wie das Bündnisrecht und der Oberbefehl über die Streitkräfte.

Die Wehrmachtsspitze mit einem gut Teil des Offizierkorps hatte die rüstungsfreudige NSDAP und Hitler als unangefochtenen Tribun einer Massenbewegung seit dem Winter 1932/33 nachdrücklich unterstützt. Dafür wurde sie von Hitler, der sich der fundamentalen Bedeutung dieses Allianzpartners voll bewußt war, mit äußerster Zuvorkommenheit behandelt. «Wenn das Heer nicht am Tag der Revolution auf unserer Seite gestanden hätte», räumte er im September 1933 in einer Geheimrede offenherzig ein, «dann ständen wir nicht hier.» Die blutigen Exekutionsmethoden während der Röhm-Affäre hatten nicht zuletzt dazu gedient, der Wehrmacht zu beweisen, daß unter Hitler die Alternativmacht eines «braunen Volksheeres» eine Chimäre blieb. Voller Zufriedenheit darüber, daß Hitler die Aufrü-

1. Herrschaftskonsolidierung und totalitäre Revolution

stung in großem Stil ankurbelte, stand die Wehrmacht auch weiterhin an seiner Seite. Beflissen kündigte Kriegsminister v. Blomberg, der bereits im Februar 1934 den Arierparagraphen für das Offizierkorps und das Hakenkreuz als Wehrmachtsemblem eingeführt hatte, im Kabinett von sich aus an, die Reichswehr auf die Person Hitlers vereidigen zu lassen.

Dieser Vorgang, der mit einem anachronistischen Ritual an die absolutistische Militärpraxis anknüpfte, bekundete endgültig die willige Kollaborationsbereitschaft der Wehrmacht. Er bestätigte zugleich die Infizierung mit der Rechtsverachtung des Regimes, denn v. Blombergs Befehl an die Truppe im Stil einer «staatsstreichartigen Manipulation» entbehrte der vorgeschriebenen Gesetzesgrundlage, die wiederum erst nachträglich am 20. August geschaffen wurde. Die Rolle des Militärs bei der Besiegelung der Alleinherrschaft des «Führers» kann daher machtpolitisch kaum überschätzt werden. Mit einer atemberaubenden Bereitschaft setzte es die Geschichte seiner fatalen «Selbsttäuschung» seit 1918/19 fort.

Der Triumph des «Führers» als wahrhaft «souveräner Diktator» wurde durch ein weiteres Plebiszit am 19. August vollendet. Bei einer Beteiligung von 95,7 Prozent der Stimmberechtigten votierten 89,9 Prozent für die Sanktionierung des Coups vom 2. August, dessen Resultat drei Wochen später in Gesetzesform gegossen wurde, denn die Herren der «legalen Revolution» wußten die Wirkung dieses Akts auf ein gesetzestreues Volk sehr wohl einzuschätzen.[5]

Die einschmeichelnde Theorie von der Legalität der nationalsozialistischen Machteroberung ist in Wirklichkeit eine absurde Legende. Denn die Machtübergabe am 30. Januar erzeugte zwar einen unleugbaren «Legalitätseffekt», eröffnete aber tatsächlich eine endlose Serie von Gesetzes- und Verfassungsbrüchen. Dabei verschlangen sich, während die Machtsteigerung der Präsidialregierung bis hin zur Diktatur des charismatischen «Führers» vorangetrieben und die Liquidierung des Rechtsstaates und der Freiheitsspielräume verbürgenden intermediären Strukturen durchgesetzt wurde, zwei Vorgänge. Zum einen wirkten sich nationalistische Aufbruchstimmung, entfesselte Dynamik und gesellschaftliche Mobilisierung zugunsten des Regimes aus, so daß die plebiszitäre Zustimmung in der neu gewonnenen «charismatischen Gemeinschaft» rasch in die Breite wuchs. Zum anderen sorgten einschüchternde Bedrohung, brutaler Terror und rücksichtslose Entrechtung dafür, daß oppositionelle Regungen erstickt und zumindest schweigende Hinnahme erzeugt wurden.

Mit dem Blick auf das Ende der ersten Phase des Herrschaftsausbaus bis Anfang August 1934 läßt sich eine erste Bilanz ziehen:

1. Die zentralistische Regierungsdiktatur Hitlers war an die Stelle der parlamentarischen Republik getreten. Ein schier omnipotenter charismatischer «Führer», eben noch als «böhmischer Gefreiter» verspottet, bündelte alle Herrschaftsfunktionen und -mittel in einer einzigen, in seiner Hand, so

daß der Führerabsolutismus bereits zum eigentlichen Gravitationszentrum der Macht geworden war.

2. Der Reichstag war, völlig entmachtet, zur Akklamationsmaschine degradiert worden.

3. Alle Parteien waren verboten worden oder hatten sich in tiefer Ohnmacht selber aufgelöst; die meisten Verbände, wie etwa die Gewerkschaften, waren zerschlagen oder unterworfen worden.

4. Reichsrechtlich war der Einparteienstaat zugunsten der NSDAP legalisiert, der totale Lenkungsanspruch ihrer Führungsspitze befestigt worden. Wie schon diese Punkte zeigen, war die politische Landschaft in einem unglaublichen Tempo von Grund auf verändert worden.

5. An Stelle des traditionsreichen Föderalismus war ein rigoroser Zentralismus durchgesetzt worden, der alle Länder und ihre Landtage aufgelöst, den Berliner Direktiven freie Bahn geschaffen hatte.

6. Der Rechtsstaat lag zertrümmert da. Die Bürger waren der Willkür der Polizei, der SS, der Sondergerichtsbarkeit hilflos preisgegeben.

7. Die Verfolgung, Vertreibung und Ermordung politischer Gegner und jüdischer Deutscher hatte auf breiter Front eingesetzt. Ernsthafte Zweifel an der Zielstrebigkeit der neuen Machthaber waren auch in dieser Hinsicht nicht mehr erlaubt.

8. In der Erbgesundheitspolitik tauchten die Umrisse einer völkischen, eugenischen Rassenpolitik auf, welche die Gesundheit des arischen «Volkskörpers» über alles setzte und diesem Ziel durch «Ausmerze» aller Fremdkörper erreichen wollte.

9. Die alten Machteliten, die sich eben noch als geschickte Dompteure eines Volkstribuns plebejischer Herkunft gesehen hatten, waren in abhängige Funktionseliten umgewandelt, oft in NS-Sonderorganisationen überführt oder direkt zu Parteiorganen gemacht worden.

10. Überhaupt war ein zügiger Elitenwechsel eingeleitet worden. Dieser «stürmische Personalumbau... verwandelte die Elitenstruktur der deutschen Gesellschaft», denn die kollektive Blitzkarriere der «alten Kämpfer», die zahlreichen neuen Verwaltungsstäbe mit Parteibuchpositionen und frühzeitig auch der Lenkungswille des SS-Ordens ließen die Umrisse einer neuen sozialen Machthierarchie erkennen.

11. Im öffentlichen Leben hatte sich der Nationalsozialismus zur monopolistischen Säkularreligion aufgeschwungen. Schon im August 1933 hatte Hitler ungeschminkt gefordert, daß der Nationalsozialismus «selbst eine Kirche werden müsse». Diese Stilisierung wurde durch die intensive Goebbels-Propaganda gefördert, während gleichzeitig die Vielfalt des kulturellen Lebens uniformiert, die Kirchen gegängelt, ihre Heilsfunktionäre verfolgt wurden.

12. Vor allem aber hatte sich die charismatische Position Hitlers in Staat und Gesellschaft enorm gefestigt. Ein breiter Konsens unterstützte den

«Führer», der jede kollektive Entscheidungsbildung im Kabinett beseitigt und völlige Selbständigkeit auch gegenüber der Koalition des 30. Januar errungen hatte. Mit dem Nimbus des «außeralltäglichen Sendboten» beanspruchte er die Orientierung ausschließlich an seinen obersten Wertvorstellungen, ohne eine formale normative Handlungsbindung hinzunehmen. Daß viele seiner Werte – an erster Stelle nationale Ehre, nationale Geltung, nationale Stärke, völkische Auserwähltheit, Führerprinzip, historische Mission – von Abermillionen geteilt und insofern von ihm instinktiv als verallgemeinerungsfähig erkannt wurden, verschaffte ihm seine erstaunliche Resonanz.

Die Sehnsucht, durch einen politischen Messias, einen «zweiten Bismarck», aus dem Tal der Tränen, in das sich so viele Deutsche durch die Kriegsniederlage, die Demütigung durch «Versailles» und die Belastung während der wirtschaftlichen Depression verstoßen fühlten, herausgeführt zu werden, schien endlich in Erfüllung zu gehen. Mit ihrer plebiszitären Zustimmung zu dem autoritären Kurs des neuen Cäsars in Berlin bejubelten sie ihre eigene Entmündigung. Der Aufbruch zu neuen Ufern, wo für sie die Wiedergewinnung des nationalen Machtstaats winkte, versöhnte sie mit ihrem Freiheitsverlust.

Ist es daher, noch einmal, angesichts der Tiefendimension dieser Zäsur, die, wie die Bilanz soeben gezeigt hat, in kürzester Zeit seit dem 30. Januar durchgesetzt wurde, gerechtfertigt, von einer Gegenrevolution zugunsten des konservativen Establishments zu sprechen? Oder ging es um einen auf Gewaltakte gestützten Übergang zu einer autoritären Regierungsform, wie sie während der Krise des Parlamentarismus im Europa der Zwischenkriegszeit häufig auftauchte? Oder erweist nicht vielmehr bereits der gedrängte Rückblick auf die erste Etappe der Herrschaftsstabilisierung, daß es sich um eine neuartige totalitäre Revolution handelte, aus der die vorbildlose deutsche Führerdiktatur hervorging? Die Bejahung dieser Frage fällt noch überzeugender aus, wenn man einige in der historisch-sozialwissenschaftlichen Forschung weithin akzeptierte, mithin generalisierungsfähige Revolutionskriterien zugrunde legt.

1. Revolution wird als ein überwiegend langlebiger Umwälzungsprozeß mit destruktiven und konstruktiven Elementen verstanden. An destruktiven Elementen, etwa der Zerstörung der Weimarer Republik und ihrer Verfassung, des Rechtsstaats und des Föderalismus fehlte es in Deutschland genausowenig wie an konstruktiven (im Sinne der Machthaber), etwa dem Aufbau der diktatorischen Herrschaftsordnung, der Einrichtung von NS-Organisationen und Sonderstäben zur Durchsetzung der Systemziele, der Installierung einer neuen NS-Elite auf den Kommandohöhen der politischen und sozialen Macht.

2. Während der Revolution vollziehen sich Auflösung und Umbau des überkommenen Herrschafts- und Gesellschaftssystems. Die Hitler-Bewe-

gung beutete die Desintegration der Weimarer Republik aus, beschleunigte selber den Niedergang der parlamentarischen Demokratie und baute dann seit 1933 ihre institutionelle und mentale Gegenwelt auf.

3. Extreme Polarisierung und Politisierung kennzeichnen die revolutionäre Landschaft. Das taten sie bereits in der Agonie der allerletzten Schlußphase von Weimar, fraglos auch nicht minder in der ersten Phase der nationalsozialistischen Machtkonsolidierung.

4. Auch und gerade die totalitäre Revolution heißt: Verbissener Kampf um hegemoniale Herrschaftspositionen. Innerparteilich wurde im Juni 1934 mit Röhm der letzte potentielle Rivale Hitlers ausgeschaltet. In der Regierung waren bis zu dieser Zeit Hugenberg und v. Papen in Windeseile auf demütigende Weise bereits entmachtet worden. Im Staat verloren schlechterdings alle etablierten Verfassungsorgane ihren Einfluß; Länder, Parteien und Verbände wichen der Einparteienherrschaft im Zentralstaat. In verblüffendem Tempo gelang Hitler eine unaufhaltsame Machtakkumulation allein in seiner Hand. Selbst die Militärführung beugte sich im August 1934, vollends dann im Frühjahr 1938, seinem Anspruch auf Alleinherrschaft.

5. Ein spektakulärer Umbruch setzt gewöhnlich die überlieferten Ordnungsprinzipen außer Kraft. Die vorn skizzierte Abfolge radikaler Eingriffe bis zum August 1934 stülpte das gesamte politische System um. An seine Stelle traten der Führerabsolutismus, das Einparteienmonopol, die Instrumentalisierung ehemals autonomer Machtfaktoren. Zugleich wurde das vielerorts befürchtete Weitertreiben der Umwälzung in die «zweite Revolution» der SA rigoros eingedämmt.

6. Dem traditionalen Ordnungsgefüge wird ein Alternativsystem unter Berufung auf überlegene Legitimationsideen und Institutionen entgegengesetzt. Parallel zur Destruktion der Republik setzte ein von den Nationalsozialisten kontrollierter, insbesondere von Hitler und aktivistischen Exponenten der «charismatischen Aristokratie» vorangetriebener Strukturumbau ein, der bis zum Sommer 1934 zu einer neuartigen Kräftekonfiguration geführt hat.

7. Zum Revolutionsprozeß gehört gemeinhin die Einleitung eines Elitenwechsels, der keineswegs über Nacht erfolgen muß – in Frankreich z. B. wurde er sozialhistorisch nicht 1789/94, sondern erst nach der zweiten Revolution von 1830 vollzogen! Insofern gingen die Nationalsozialisten an einen solchen Umbau sogar äußerst zügig heran. So läßt sich an der Präsenz von Parteifunktionären im Staatsapparat (1935 waren bereits von 2228 Bürgermeistern 70% [1743], von 49443 Gemeindebürgermeistern 61% [29631], von 689 Landräten 63% [433] Parteigenossen), an den Kommissariaten und Sonderstäben, an den Gauleitern mit ihrer umfassenden Kompetenzanhäufung, am Wachstum der SS und der Waffen-SS, an Parteischulen, wie den «Nationalpolitischen Erziehungsanstalten» (Napola), den «Adolf-Hitler-Schulen» und den SS-Junker-Schulen, seit 1942 an der radi-

kal veränderten sozialen Komposition des Offizierkorps ablesen. Im Vergleich mit der Revolution von 1918/19 reichte der Einschnitt seit 1933 ungleich tiefer. Erst jetzt wurden überall die monarchischen Eliten abrupt abgelöst. Im Hinblick auf soziale Herkunft, Ausbildung und Beruf, Sozialstatus, Lebenserfahrung und Lebensalter unterschied sich die NS-Elite markant von ihren Vorgängern. In gewisser Hinsicht könnte man sogar von einer nachgeholten «sozialen Demokratisierung» sprechen, die sich als eine Kraftquelle des Regimes erweisen sollte.

8. Der Strukturwandel der Gesellschaft umfaßte auch die Veränderung ihrer Mentalitätslagen. Denn zu der Anbahnung einer neuartigen rassistischen Hierarchie gehörte auch komplementär die Utopie einer egalitären «Volksgemeinschaft» aller arischen Deutschen, welche die Klassenantagonismen der Vergangenheit durch eine neue Sozialharmonie überwinden sollte. Das war keineswegs nur ein Propagandatrick, sondern nach den Erfahrungen namentlich der beiden letzten Jahrzehnte eine von vielen geteilte Zielvision voll verheißungsvoller Zukunftsperspektiven. Vor allem die jüngeren Generationen verbanden mit ihnen die Aussicht auf ein Niederreißen antiquierter Barrieren, auf erleichterte Aufstiegsmobilität, auf eine «Leistungsgemeinschaft», in der sich die individuelle Tüchtigkeit im sozialdarwinistischen Konkurrenzkampf bewähren, zu Berufserfolg und Anerkennung führen werde. Die entfesselte meritokratische Leistungsgesellschaft der frühen Bundesrepublik sollte weithin auf Antriebskräften und Erfahrungen dieser Gesinnungsrevolution beruhen.

Zieht man ein vorläufiges Fazit, drängt sich, sobald man die Aspekte der nationalsozialistischen Umwälzung im Licht der Revolutionskriterien noch einmal sich vergegenwärtigt, der Schluß auf, daß das Prädikat der totalitären Revolution als rundum zutreffend anzuerkennen ist.

In den vier Jahren, die auf den Höhepunkt des August 1934 folgten, hat Hitler seine charismatische Herrschaft, im Gesamtstaat und von der großen Mehrheit der Reichsbevölkerung – auch von der Mehrheit der im März 1933 noch Opponierenden – anerkannt, weiter befestigen können. «Not, Begeisterung und Hoffnung» als die elementaren Antriebskräfte zugunsten des Charismaträgers wirkten sich weiterhin zu seinen Gunsten aus.

Dazu hat die Wirkung einer verblüffenden Serie von außen- und innenpolitischen Erfolgen ausschlaggebend beigetragen (vgl. unten I.3). Hitler bewährte sich, schien es erneut, als Krisenbewältiger und nationaler Heilsbringer. Nach der Rückkehr des Saargebietes in den deutschen Staatsverband, der riskanten, aber geglückten Besetzung des entmilitarisierten Rheinlands und der mit existentieller Erleichterung bejubelten Beseitigung der Arbeitslosigkeit bescherten ihm nicht allein die Reichstagswahlen vom März 1936 die Zustimmung von 99 Prozent der teilnehmenden Wähler. Vielmehr bewiesen auch die Berliner Olympischen Spiele im August 1936, daß Hitler ein ganz außergewöhnliches Maß an innerdeutscher Popularität und internationaler Anerkennung genoß. Seit Bismarcks großen Jahren hatte es Vergleichbares in Deutschland nicht gegeben.

Welches Maß an Autonomie der subjektive Führerwille inzwischen gewonnen hatte, demonstrierte Hitlers Verhalten in der Krise der Wehrmachtsspitze Anfang Februar 1938. Kriegsminister v. Blomberg mußte wegen einer Mesalliance, der Oberbefehlshaber des Heeres, General Werner v. Fritsch, wegen einer erfundenen homosexuellen Verfehlung den Abschied nehmen. Ihm folgte der regimehörige General Walter v. Brauchitsch. Der skeptische Generalstabschef Ludwig Beck wurde durch Franz Halder ersetzt. Das Amt des Kriegsministers wurde von Hitler kraft seiner Führungsgewalt in einsamer Entscheidung aufgehoben. Er selber übernahm die Befehlsgewalt über die gesamten Streitkräfte. Als militärischer Stab wurde ihm das neu geschaffene, unzweideutig weisungsabhängige Oberkommando der Wehrmacht (OKW) unter General Wilhelm Keitel unterstellt. Mit diesem abschließenden Coup hat Hitler sich zum einen, wie das in dem Gesetz vom 2. August 1934 bereits angelegt war, endgültig an die Spitze der militärischen Machtpyramide gesetzt. Zum andern schaltete er damit das letzte konkurrierende Einflußaggregat aus, das seine Entscheidungsdomäne zumindest potentiell hätte einengen können. Damit war der Weg zur omnipotenten Führerherrschaft auf einen neuen Gipfel gelangt. In Keitels Sicht sah das so aus: «Seit 1938 ist keine der maßgebenden Entscheidungen in Gemeinsamkeit und Beratung zustande gekommen. Es war Hitlers Eigenart, jeden Ressortchef in der Regel allein und unter vier Augen zu sprechen. Zusammenkünfte, in denen Entscheidungen getroffen wurden, waren letzten Endes Befehlsausgaben.»

Vier Wochen später wurde Hitlers Sonderstellung, weil ihm ohne Krieg der «Anschluß» Österreichs (12./13. März) gelang und dieser Coup von den Österreichern (99,7%) nicht minder enthusiastisch als von den Reichsdeutschen als Vollendung des großdeutschen Traums gefeiert wurde, erneut unterstrichen. Diese Leistung, alle Deutschsprechenden in Mitteleuropa in einem einzigen Nationalstaat zu vereinen, sei, hieß es, nicht einmal Bismarck geglückt. Die Wahlen zum neuen «Großdeutschen Reichstag» am 10. April, flugs mit einem Plebiszit verbunden, ergaben eine Mehrheit von 99 Prozent der Stimmen. In freien Wahlen unter Aufsicht des Völkerbundes wäre das Ergebnis vermutlich nicht viel anders ausgefallen. Kein europäischer Politiker genoß damals «eine größere Popularität als Hitler». Er wurde nicht nur verehrt, sondern «von vielen geliebt». Mit bitterböser Skepsis notierte sich Thomas Mann, «daß die Deutschen sich mit Hitler und Hitler sich mit Deutschland identifiziert» habe. «Das Land ist jetzt völlig darauf vorbereitet», berichtete ein Vertrauensmann der Exil-SPD, «daß der Führer alles kann, was er will.» Und Hitler selber? Er gehe, versicherte der charismatische Messias der Deutschen, «mit traumwandlerischer Sicherheit den Weg, den mich die Vorsehung gehen heißt.»

Wäre Hitler zu diesem Zeitpunkt einem Herzinfarkt oder einem Attentat erlegen – hätten ihm die Deutschen nicht allen Terror und das Leid, das er schon über Millionen gebracht hatte, verziehen und ihr vergöttertes Genie als größten Staatsmann ihrer neueren Geschichte verehrt?[6]

b) Die Natur charismatischer Herrschaft:
die Monokratie des «Führers» und die Polykratie der Machtzentren

In engster Parallelführung zum Ausbau von Hitlers Monokratie entwickelte sich im «Dritten Reich» eine Polykratie miteinander rivalisierender Partikulargewalten. Man hat diese beiden Prozesse als gegenläufige Tendenzen, im Grunde als unüberwindbare Gegensätze aufgefaßt. Die einen hielten die monolithische Führerdiktatur für unvereinbar mit der angeblich weit überschätzten Polykratie; die andern sahen in ihr die effektive Erosion des Führerabsolutismus, so daß hinter einer glänzenden Fassade die «Strukturlosigkeit» eines «ungeordneten Kräftefeldes» vorherrschte.

Diese beiden Herrschaftsphänomene als Alternative aufzufassen ist jedoch erkenntnisblockierend. In der Realität des NS-Regimes gehörten die charismatische Einherrschaft und die Vielherrschaft konkurrierender Machtaggregate mit systembedingter Notwendigkeit zusammen. Als Initiator der Partikulargewalten konnte Hitler nicht nur mit Sonderstäben, die Effizienz versprachen, das Routinehandeln der Bürokratie umgehen, sondern auch einen erbitterten Wettbewerb zwischen etablierten Staatsinstanzen und neuartigen Parteiformationen, zwischen überkommenen Funktionseliten und ad hoc geschaffenen Exekutivapparaten freisetzen, bis der Stärkste, wie es seinem Sozialdarwinismus entsprach, sich durchgesetzt hatte. Der «Pluralismus der Aktionszentren» gestattete es zum einen, daß der Diktator sich längere Zeit, die Mühsal des Kräftemessens und den Wettlauf um seine Gunst beobachtend, von unentschiedenen Konflikten fernhalten konnte – und das war fraglos ein ganz «wesentliches Element der Führungstechnik Hitlers». Zum andern wurden durch diese polykratische Rivalität sowohl die institutionellen Grenzen zwischen Staat, Gesellschaft und Partei zusehends verflüssigt als auch Chancen und Grenzen der Führergewalt markiert, da Hitler gelegentlich die von einem Machtzentrum vorformulierten Entscheidungen gewissermaßen als Notar nur noch ratifizierte.

Bei allen grundlegenden Entscheidungen jedoch konnte er letztlich immer wieder seine Rolle als unangefochtener, die Abhängigkeit von seinem Urteil virtuos ausnutzender «supremus arbiter» spielen; er allein übte die Richtlinienkompetenz und die maßgeblichen Steuerungs- und Koordinationsfunktionen aus, mochte er sich auch täuschend als «ehrlicher Makler» loben lassen; er allein fungierte als Besitzer des Interpretationsmonopols und als abschließende «überrechtliche Definitionsinstanz», nach deren

Spruch es keine Revisionsmöglichkeit mehr gab. Die im Grunde anarchische Polykratie der Satrapien, die nur durch den Führerwillen zusammengehalten wurden, trug daher auf ihre Weise dazu bei, einen regimespezifischen Machtmechanismus zu verstärken: daß nämlich «die Person des Führers als Kern eines grundlegenden Konsenses ihre entscheidende integrale Kraft im nationalsozialistischen Herrschaftssystem» behaupten konnte.

Man kann noch einen Schritt weitergehen: Der Machterhalt Hitlers an der Spitze eines charismatischen Herrschaftssystems hatte die Rivalität polykratischer Sonderstäbe «herrschaftsstrategisch» geradezu zur unabdingbaren Voraussetzung. Dieser Zusammenhang lenkt auf eine Eigenart der Organisationsprinzipien charismatischer Herrschaft hin. Auch sie benötigt – wie jede, gleichwie legitimierte Herrschaftsordnung – die Existenz von ihr spezifisch angepaßten Verwaltungsstäben als Garanten des «kontinuierlichen Handelns, das auf Durchführung der Ordnung und (direkte oder indirekte) Erzeugung der Unterwerfung unter die Herrschaft» gerichtet ist. Charismatische Herrschaft ist keineswegs, wie Max Weber weiter argumentiert, ein «Zustand amorpher Strukturlosigkeit», ausgefüllt allein von den erratischen Willensimpulsen des Charismaträgers, sondern eine «soziale Strukturform mit persönlichen Organen und einem der Mission des Charismas angepaßten Apparat von Leistungen und Gütern».

Zu diesen Organen gehörten im NS-Regime die zahlreichen führerunmittelbaren Sonderstäbe, deren Stellung – ähnlich wie Jahrhunderte zuvor im Patrimonialismus – sowohl auf einem «persönlichen Unterwerfungsverhältnis» als auch auf dem «persönlichen Vertrauen» beruhte, das der «Führer» ihren Leitern entgegenbrachte. Hitler gab in der Regel eigenmächtig, durch die dezisionistische Entscheidung eines Führerbefehls den Auftrag, außergewöhnliche Projekte, z. B. den Autobahnbau, die Euthanasie-Aktion, die Judenermordung, durch Sonderstäbe zu lösen. Da ihre Leiter nicht aufgrund sachlicher, auf generalisierbaren Leistungskriterien beruhender Qualifikation, sondern allein durch den Vertrauensvorschuß in die charismatische Aristokratie gewählt wurden, entstand eine durchaus «okkasionelle Binnenstruktur» ohne ein geregeltes Verfahren der Anstellung oder Absetzung durch führerunabhängige Kontroll- und Prüfungsinstanzen.

Überdies entsprach die Polykratie auch einer anderen Eigenart charismatischer Herrschaft insofern, als diese «spezifisch irrational im Sinne der Regelfremdheit» ist und nach Möglichkeit «keine abstrakten Rechtssätze und Reglements, keine formale Rechtsfindung» beachtet. Auch in dieser Hinsicht gewann Hitler ein Maximum an regelferner Autonomie, wenn er seine Exekutivgewalten anstelle des Routinebetriebs der Bürokratie bevorzugte. Und weiterhin entsprach die polykratische Machtdelegation einem verfassungspolitischen Grundzug der nationalsozialistischen Herrschaft,

1. Herrschaftskonsolidierung und totalitäre Revolution

die im Grunde auf einem «Geflecht von Personenbindungen», auf der Fusion des Klientel- und Cliquenwesens mit der Führergewalt beruhte. Deshalb gehörte die jeweilige Personenauswahl und Personenkonstellation in den wichtigsten Machtpositionen zu den entscheidenden Zügen der Herrschaftsstruktur. Diese strategische Bedeutung des führerabhängigen Cliquenwesens konnte sich im Polyzentrismus der Sonderexekutiven in reiner Form entfalten.

Diese Parteigewalten drängten in soziale und politische Machtpositionen, vor allem in den überkommenen Staatsapparat. Die Kraft ihres Vorstoßes entschied darüber, ob die Durchsetzungsfähigkeit solcher charismatischen Stabsorganisationen dazu ausreichte, bei der Penetration der staatlichen Verwaltungsordnung das administrative Vollzugsmonopol, den Primat an Stelle der Hälfte einer Doppelhierarchie zu gewinnen. Manchmal gelang ihnen das, manchmal ergab sich aber eine Pattsituation, so daß, aufs Ganze gesehen, jahrelang eher der Schwebezustand einer zweipoligen: sowohl charismatischen als auch bürokratischen Herrschaftsordnung, freilich mit rasch anwachsendem Übergewicht der Sonderexekutiven, erhalten blieb.

Durch den erbitterten Wettbewerb entstand zugleich eine auf Systemtransformation drängende interne «Destruktionsdynamik». Denn die neuen Stäbe tendierten zu einer gemeinsamen Front gegen die Staatsverwaltung, erwiesen sich dank der Rückendeckung durch die absolute Führergewalt meist als durchsetzungsfähiger und trieben damit den nach rationalen Bauprinzipien konstruierten bürokratischen Staatsapparat in einen unaufhaltsamen Erosionsprozeß. Das Spannungsverhältnis in dem früh von Ernst Fraenkel hellsichtig analysierten nationalsozialistischen «Doppelstaat»: zwischen dem überkommenen Normenstaat mit Routineverwaltung zum einen und dem Maßnahmenstaat mit seinen Eingriffsstäben zum andern, löste sich daher spätestens seit 1936 immer häufiger zugunsten der führerimmediaten Partikulargewalten in einer neuen NS-Staatlichkeit auf.

Dieselben Sonderstäbe entstanden nicht allein um die Berliner Führergewalt, sondern auch auf der Ebene der Mittelinstanzen. Dort führte der aus dem «Führerprinzip» abgeleitete Führerabsolutismus der Gauleiter und Reichsstatthalter, des Reichsprotektors und Generalgouverneurs zu demselben «Prozeß der permanenten Zellteilung» mit demselben Ergebnis einer Vervielfältigung der Machtzentren, die in unablässiger Konkurrenz um Kompetenzen und Ressourcen lagen, ihre Zuständigkeitsbereiche auf Kosten der Verwaltungsbürokratie ausdehnten und auch auf diesem Aktionsfeld eine schließlich unüberschaubare Fragmentierung des inneren Ordnungsgefüges herbeiführten.

Aufgrund dieser Prozesse wurde ein von der Zentralgewalt bis zu den Provinzfürsten hinabreichende, in der europäischen Staatenwelt bisher beispiellose Herrschaftsform in Deutschland etabliert: die «charismatisch legitimierte, teils bürokratisch», vor allem aber extrabürokratisch, durch Sonderstäbe «unterbaute neoabsolutistische Führerdiktatur».[7]

Ihr Verfassungsprinzip: die auf der Polykratie beruhende charismatische Monokratie, muß noch konkreter erläutert werden.

1. Eine Art von Vorlauf der späteren Polykratie bildeten Parteiorganisationen im Besitz einer gewissen Handlungsautonomie, zugleich aber im Zustand unbestrittener Führerabhängigkeit. Mit ihnen entstanden Machtzentren, die seit 1933 ebenfalls in staatliche Tätigkeitsfelder hineinstießen. An erster Stelle rangierten hier die Gauleiter: 1935 gab es 33, von denen zehn zugleich als Reichsstatthalter, fünf als Oberpräsidenten und zwei (Goebbels und Rust) sogar als Reichsminister ihre Partei- und Staatsämter kombinierten. Ausnahmslos «alte Kämpfer», pochten sie auf ihre Verdienste aus der «Kampfzeit», ihre nahezu unbeschränkten Vollmachten und auf ihre persönliche Bindung an Hitler, wenn sie seit der Machtübergabe staatliche Sondervollmachten und Aufträge, mit besonders folgenreichen Konsequenzen in den seit 1939 eroberten Gebieten, ansammelten und ausnutzten. In jedem Konflikt beharrten sie auf ihrer ausschließlich Hitler geschuldeten Verantwortung, und Hitler wiederum belohnte sie mit verblüffend nachsichtigem Langmut gegenüber ihren Vergehen und Fehlern für ihre Vasallentreue in der charismatischen Gemeinschaft der «Kampfzeit». Ihr damals bewiesenes loyales Verhalten, ihre Härte und Durchsetzungskraft, wiederholte er mehrfach, blieben für ihn das ausschlaggebende Urteilskriterium. Aus Sorge vor einer kollektiven Meinungs- und Entscheidungsbildung seiner Gauleiter empfing Hitler jedoch vorsichtshalber nie mehr als gleichzeitig zwei von ihnen, so daß er seine sozialkommunikativen Künste im kleinsten Kreis ausspielen konnte.

Unter den Gauleitern pochten die Kreisleiter auf dieselben Meriten. Wegen dieser selbstherrlichen Autonomisierung entzog sich der Parteiapparat weithin der Kontrolle durch die – untereinander wiederum rivalisierenden – «Reichsleiter», den «Stellvertreter des Führers» und die Spitzenfunktionäre der Münchener Parteileitung. «Von einem zusammengefaßten und einheitlich geführten höheren Parteiführerkorps» könne, klagte der Oldenburger Gauleiter Carl Röver 1943, «keine Rede mehr sein»; jeder habe «sich mehr oder weniger auf eigene Füße gestellt». Diese Aufsplitterung der Parteimacht hatte Hitler frühzeitig herbeigeführt, da sie seine diktatorische Parteiführung erleichterte. Erst recht unangefochten blieb nach 1933 die abgehobene Position des «Führers» bestehen, da er mangels institutioneller Konkurrenz und Kontrolle seine Entscheidungsmacht gegenüber den Provinzial- und Parteisatrapen unbeschwert praktizieren konnte.

2. Symptomatisch für die Erosion der staatlichen Herrschaftsgewalt und typisch für das Auswuchern von Sonderexekutiven zu einer langen Reihe führerunmittelbarer Zentralorgane war die bereits am 30. Juni 1933 erfol-

1. Herrschaftskonsolidierung und totalitäre Revolution

gende Ernennung des Ingenieurs Fritz Todt, eines tatkräftigen «alten Kämpfers» (seit 1922) mit unleugbarem Organisationstalent, zum «Generalinspekteur des deutschen Straßenwesens», der mit seinen Experten den Bau der Autobahnen forcieren sollte. Ohne irgendeine Anbindung an das Reichsverkehrsministerium, an dessen Spitze der Zähmungsgarant Eltz v. Rübenach zu diesem Affront schwieg, fungierte Todt, Hitler direkt unterstellt, als Leiter einer «Obersten Reichsbehörde». Ihr sichtbarer Erfolg bescherte Todt im Dezember 1938 die Ernennung zum ebenfalls führerimmediaten «Generalbevollmächtigten für die Bauwirtschaft», dem unter anderem die Errichtung der Befestigungsanlagen des «Westwalls» übertragen wurde. Allmählich entstand beim Vollzug dieser Aufgaben der Riesenapparat der «Organisation Todt» (OT), die als einzige NS-Institution, von Hitler abgesehen, den Namen ihres Leiters tragen durfte.

Im Dezember 1940 wurde der effiziente Technokrat zum «Reichsminister für Bewaffnung und Munition», damit aber außerhalb des Wirtschaftsministeriums zum Organisator der gesamten Kriegswirtschaft ernannt. Seither vereinigte er das Machtpotential von drei führerunmittelbaren Sonderexekutiven in seiner Hand, bis er, nach heftigen Warnungen vor der Fortsetzung des aussichtslosen Krieges, im Februar 1942 bei einem mysteriösen Flugzeugabsturz in unmittelbarer Nähe des Führerhauptquartiers in Ostpreußen umkam.

Neben Todt wurde der Hitler hörige junge Architekt Albert Speer als führerunmittelbarer «Generalinspekteur der Reichshauptstadt» mit außerordentlich weitreichenden Vollmachten ausgestattet, um Hitlers gigantomanische Pläne einer Herrschaftsarchitektur in der künftigen Welthauptstadt «Germania» ohne jede Rücksicht auf die historisch gewachsene Stadtstruktur auszuführen. Speer entwarf und baute zudem nicht nur offizielle und private Gebäude der NS-Prominenz, etwa die Neue Reichskanzlei und das Obersalzberger Anwesen Hitlers, sondern ließ auch im Zuge seines Berliner Vorhabens jüdische Bewohner aus ihren Häusern und Mietwohnungen rücksichtslos entfernen. Insofern überschritt er in kalter Leidenschaft, vom Ehrgeiz verzehrt und ganz im Bannkreis seines «Führers» gefangen, von Anfang an ohne jedes Bedenken die Grenze «zwischen der normativen Staatsordnung und der terroristischen Gewaltanwendung». Als er im Februar 1942, zwar Günstling Hitlers, aber trotzdem überraschender Sieger in einem offen wirkenden Wettbewerb, zum Nachfolger Todts ernannt wurde, gelang ihm die organisatorische Glanzleistung einer Vervielfachung der Rüstungsproduktion unter den Bedingungen des totalen Krieges und der alliierten Luftherrschaft, beförderte aber auch mit den dubiosesten Mitteln des Regimes, wie der Ausbeutung von Zehntausenden von KZ-Sklaven, die Verlängerung des Krieges.

3. Einen anderen Typus der neuartigen Partikulargewalten verkörperten die nationalsozialistischen Massenorganisationen mit staatlichem Hoheits-

anspruch, gewaltig aufgeblähte Institutionen, die sich von der eher elitären Zusammensetzung der Sonderstäbe mit ihren Spezialaufträgen klar unterschieden. Schon die Republik hatte 1932 das Amt eines «Reichskommissars für den Freiwilligen Arbeitsdienst» eingerichtet, das Franz Seldte in der Regierung Hitler einige Wochen lang wahrgenommen hatte. Ende März 1933 übernahm sein Nachfolger, Konstantin Hierl, als «Beauftragter des Führers» und zugleich als Staatssekretär im Reichsarbeitsministerium (später ressortierte er im Innenministerium) den beschleunigten Ausbau des Arbeitsdienstes, der im Februar 1934 als eigener Parteiverband zum «Reichsarbeitsdienst» (RAD) umgegründet wurde. Hierl hatte seit dem Herbst 1933 den begehrten Rang einer führerimmediaten «Obersten Reichsbehörde» angestrebt, drang damit aber nicht durch. Dennoch leitete er in faktischer Selbständigkeit seine Organisation, die nach der Einführung der gesetzlichen Arbeitsdienstpflicht im Juni 1935 unter ihrem «Reichsarbeitsführer» zu einem Riesenbetrieb anwuchs, durch den Hunderttausende von jungen Männern und Frauen ein Jahr lang hindurchgeschleust wurden.

Man darf nicht übersehen, daß vom «Arbeitsdienst» in den Friedensjahren eine unübersehbare Werbewirkung ausging, zu der auch eine erhebliche internationale Resonanz gehörte, die nicht zuletzt im Interesse zahlreicher Besucherdelegationen zutage trat. Denn der RAD galt geradezu als eine vorbildliche Organisation im Umgang mit der Arbeitslosigkeit junger Leute, aber auch als eine begrüßens- und nachahmenswerte Einrichtung zur Überwindung traditioneller sozialer Barrieren zwischen den sozialen Klassen und Milieus. 1940 gewann der RAD seine eigene Gerichtsbarkeit, doch dauerte es noch bis zum August 1943, ehe der RAD, als Himmler zum Reichsinnenminister avancierte, aus der Ministeriumsanbindung ausscheren und Hierl endlich seine «Oberste Reichsbehörde» etablieren konnte.

4. Parallel zu Hierl bemühte sich Baldur v. Schirach, geschickter Organisator der nationalsozialistischen Studenten und im Juni 1933 von Hitler zum «Reichsjugendführer» ernannt, die parteieigene «Hitler-Jugend» (HJ), die 1934 immerhin 3,5 Millionen Mitglieder zählte, in eine Staatsjugend mit lückenloser Erfassung aller Zehn- bis Achtzehnjährigen umzubauen. Nach dem Vorbild der Wehr- und der Arbeitsdienstpflicht strebte v. Schirach einen staatlichen Auftrag zur Verpflichtung aller Jugendlichen an. Hitler selber sprach sich schließlich für den exklusiven Status einer «Obersten Reichsbehörde» aus, so daß v. Schirach ihm direkt unterstellt wurde, lehnte die beanspruchte Mitwirkung der Wehrmacht kühl ab und ließ die HJ am 1. Dezember 1936 zur staatlichen Pflichtorganisation erheben. In ihr wurden die Zehn- bis Vierzehnjährigen in der Sonderformation des «Deutschen Jungvolks», die Vierzehn- bis Achtzehnjährigen in der eigentlichen HJ oder im «Bund deutscher Mädel» (BDM) zusammengefaßt. Im Prinzip durchliefen seither alle Jungen und Mädchen die achtjährige HJ-Ausbildung, dann den einjährigen Arbeitsdienst, und für die jungen Männer

folgte noch der zweijährige Wehrdienst; danach sollte die Elite seit 1939 in die Dauermitgliedschaft der NSDAP überführt werden.

5. Monströse Ausmaße erreichte innerhalb weniger Jahre die «Deutsche Arbeitsfront» (DAF), die unmittelbar nach der Zerschlagung der Gewerkschaften am 10. Mai 1933 gegründet worden war. Reichsorganisationsleiter Robert Ley übernahm die Führung dieser Massenkorporation mit Zwangsmitgliedschaft, die sowohl alle Arbeiter als auch alle Angestellten, Beamten und Unternehmer in ihrer Mammutorganisation, mit 20 Millionen Mitgliedern im Nu die Größe der Partei übertreffend, zusammenführte. Als Pseudogewerkschaft diente die DAF an erster Stelle als Instrument zur regimekonformen Gleichschaltung und Formierung der Arbeiterschaft, bemühte sich aber auch darum, den Verlust der Tarifhoheit und der Mitbestimmungsrechte durch konkrete sozialpolitische Reformen in den Betrieben wettzumachen: Kantinen, Sportanlagen, Waschräume, neu gestrichene Werkshallen, Werkärzte – sie verbesserten spürbar die Arbeitsbedingungen. In einem reichsweit veranstalteten Wettbewerb wurden «nationalsozialistische Musterbetriebe» ermittelt und ausgezeichnet. Die weltanschauliche Schulung der «Betriebsgefolgschaft» wurde mit sozialpolitischer Beratung verbunden, Freizeitaktivitäten und Betriebsfeste sollten das Gemeinschaftsgefühl steigern.

Unstrittige Popularität gewann die DAF-Institution «Kraft durch Freude» (KdF), die sich zuerst am Vorbild der «Dopo Lavore» der italienischen Faschisten orientierte. Sie organisierte unter der wirkungsvollen Parole «Der deutsche Arbeiter reist» einen Massentourismus, der innerhalb von sechs Jahren jeden zweiten Deutschen erfaßte. Bis 1939 hatten 10,3 Millionen an längeren Urlaubsfahrten, 54,6 Millionen an kürzeren Freizeitveranstaltungen in der näheren Umgebung ihres Wohnorts teilgenommen. Zwar betrug der Arbeiteranteil an den begehrten Schiffsreisen in die norwegischen Fjorde oder zu den Azoren nur 17 Prozent, doch dieser Prozentsatz wäre vorher schlechthin undenkbar gewesen. Als multifunktionale Organisation, die gleichzeitig als «Gesinnungspolizei, Sozialamt, Gewerbeaufsichtsamt, Volkshochschule, Reiseveranstalter, Bauträger», Arbeitervertretung und VW-Produzent fungierte, förderte sie den Konsens mit dem Regime. Denn die vermeintliche Modernität seiner klassenüberwindenden Leistungsgemeinschaft nährte das Gefühl wachsender sozialer Gleichheit.

Außer der DAF entwickelten sich übrigens auch andere NS-Verbände wie die «Nationalsozialistische Volkswohlfahrt» (NSV), der NS-Lehrer-, Studenten-, Ärzte-, Rechtsanwaltsbund, das NS-Kraftfahrerkorps, die NS-Frauenschaft oft zu machtvollen Gebilden, die von der Partei nicht mehr umfassend kontrolliert werden konnten, aber allesamt Partei- und Staatsfunktionen unentwirrbar miteinander verquickten. Andere wie die Reichskulturkammer und der Reichsnährstand stiegen zu quasistaatlichen Herrschaftsinstitutionen auf.

6. Das klassische Beispiel einer außer- oder nebenstaatlichen Partikularherrschaft ist jedoch das verwaltungsunabhängige und rechtsenthobene Imperium der SS-Herrschaft gewesen. Auf absolute Loyalität gegenüber Hitler verpflichtet – «Unsere Ehre heißt Treue», lautete ihr Credo – entwickelte sich die SS zur mächtigsten Sonderexekutive des Führerabsolutismus, die als elitärer Orden neuer Herrenmenschen Hitler «entgegenarbeitete»: 1932 mit 52000, 1933 mit 209000 Mitgliedern. Auf der Grundlage ihrer blinden Loyalität betrieb diese Prätorianergarde unter der Doppelspitze von Himmler und Heydrich zielstrebig eine atemberaubende Machtansammlung. Im Ergebnis führte diese zur folgenreichsten Verschmelzung von Partei- und Staatsorganisationen: SS, KZ-Wachmannschaften, Waffen-SS, Sicherheitsdienst und Polizei fanden sich mit rassenpolitischen Institutionen unter dem Dach einer Hitler unterstellten metastaatlichen Ausnahmegewalt vereint, die seit 1943/44 zu einem wahren «Imperium in Imperio» aufstieg.

Himmler war es von seiner Anfangsposition als Chef der Bayerischen Polizei aus bis zum Frühjahr 1934 gelungen, die Leitung aller Politischen Polizeiapparate im Reich in seiner Hand zu vereinigen. Nach der Röhm-Krise übernahm die SS auch die Verwaltung aller Konzentrationslager und baute die «Totenkopfverbände» als Wachmannschaft auf (1934: 2000). Theodor Eicke sorgte als «Inspekteur der Konzentrationslager» für eine Vereinheitlichung des Lagerwesens. 1937, als die Ausgaben für die Lager-SS und die Gestapo aus den Länderetats auf den Reichshaushalt übernommen wurden, gab es mit Dachau, Buchenwald und Sachsenhausen drei große Lager mit etwa 10000 Insassen, die von 4000 SS-Männern bewacht wurden.

Außer der Politischen Polizei und dem Lagersystem bildeten die bewaffneten SS-Bereitschaften den dritten Machtpfeiler, der Himmlers Einfluss abstützte. Im März 1933 war als größter Verband die «Leibstandarte Adolf Hitler» gegründet worden, die am symbolträchtigen 9. November 1933 auf Hitler, nicht etwa auf den Reichspräsidenten, vereidigt wurde. Das war, symptomatisch für die künftige Entwicklung, «einer der ersten Akte der Konstituierung der Führergewalt». Bis 1935 kamen zwei weitere SS-Standarten und zwei SS-Junkerschulen für die Ausbildung des parteieigenen Offiziernachwuchses hinzu. Als nach der Blomberg/Fritsch-Krise im Februar 1938 die Opposition der Wehrmacht gegen den gefährlichen Konkurrenten entfiel, gewann Himmler Hitlers Ermächtigung zur Expansion der bewaffneten SS. Bis zum Jahresende wuchs sie zu einer selbständigen Sondergewalt unter Himmler heran, der ihr sogar die eigene Gerichtsbarkeit zu sichern verstand.

Himmler hatte bis 1936 die Polizei aus der Innenverwaltung herausgelöst. Die Gestapo gewann durch ein preußisches Gesetz vom Februar 1936 ihre organisatorische Selbständigkeit, die sogar die Freistellung ihrer Praxis von jedweder gerichtlichen Überprüfung umschloss. Im Juni 1936

1. Herrschaftskonsolidierung und totalitäre Revolution

besiegelte ein Führererlaß die Einrichtung einer einheitlichen Polizei im gesamten «Dritten Reich». Himmler wurde zum «Reichsführer SS und Chef der deutschen Polizei» ernannt – ein Titel, der ihm die Verbindung von SS und Polizei zu institutionalisieren gestattete. Tatsächlich wurden seither Gestapo, SD, Kripo und Ordnungspolizei im Zuge einer Privatisierung oder besser vielleicht: einer Verparteilichung der öffentlichen Gewalt verschmolzen. Formal unterstand Himmler als Staatssekretär dem Reichsinnenminister, als Reichsführer SS aber genoß er an der Spitze einer außernormativen Sonderexekutive eine führerimmediate Stellung direkt unter Hitler. Mit dessen Zustimmung konnte er die SS- und Polizeiaufgaben Ende September 1939 im Reichssicherheitshauptamt (RSHA) zentralisieren. Dadurch entstand ein eigener «Neben- und Überstaat mit unerhörten Zwangsmitteln» auf der Grundlage der Entstaatlichung von Staatsfunktionen. Anfang Oktober 1939 wurde Himmler in einem Geheimerlaß Hitlers, der soeben die «neue Ordnung der ethnographischen Verhältnisse» in Osteuropa drohend angekündigt hatte, zum «Reichskommissar für die Festigung Deutschen Volkstums» (RKFDV) ernannt, dem die gesamte Germanisierungs-, Umsiedlungs- und Rassenpolitik als weitere Domäne des SS-Imperiums übertragen wurde.

Vom Anfang bis zum Ende blieb die SS außerhalb der Legalität des Normenstaats, usurpierte aber bedenkenlos staatliche Funktionen. Ihr Charakter als kampfbündische Einsatztruppe, den sie in ihren Aufstiegsjahren gewonnen hatte, blieb trotz der riesigen Expansion der Waffen-SS ebenso erhalten wie ihre bedingungslose Bereitschaft, als Exekutor des geäußerten oder auch des nur vermuteten Führerwillens die Aufgaben einer Avantgarde des Massenmords zu übernehmen.

7. Einen weiteren Typus unter den Exekutivstäben verkörperten die als Pseudoministerien verkleideten Kommissariate, die sich mit Sondervollmachten auf der Basis eines Führerbefehls über die klassische Ressortteilung hinwegsetzten. Das «Amt für den Vierjahresplan», Todts und Speers Ministerien für Kriegswirtschaft, in reinster Form die Partikulargewalt des «Reichskommissars für die Festigung Deutschen Volkstums» gehörten zu diesen charismatischen Verwaltungsinstitutionen, welche die unaufhaltsame Erosion der Staatsgewalt, die progressive Kompetenzentleerung der überkommenen Ministerialbürokratie initiierten.

Eine Zeitlang repräsentierte Görings gierige Ämterakkumulation die bedenkenlose Fusion von Sonderstäben und Staatsaufgaben. Als preußischer Ministerpräsident und Innenminister, Reichsluftfahrtminister und Oberbefehlshaber der Luftwaffe (mit einem eigenen als «Forschungsamt» getarnten Nachrichtendienst mit 3000 Angehörigen) und als Reichsjäger- und Reichsforstmeister war er schon mit Aufgaben überladen, als Hitler ihn als seinen Vertrauensmann mit dem unscheinbaren Titel eines «Beauftragten für den Vierjahresplan» an die Spitze einer Superinstanz für Wirtschaft und

«Arbeitseinsatz» mit eigenem Verordnungsrecht stellte. Als Vorsitzender der obersten Instanz, des Generalrats, präsidierte Göring einem verschleierten Wirtschaftskabinett. Die stürmische Expansion der Vierjahresplanbehörde führte zusammen mit dem allgemeinen Kurs einer forcierten Rüstungs- und Autarkiepolitik alsbald zum Rücktritt Schachts vom Amt des Reichswirtschaftsministers (November 1937) und des Reichsbankpräsidenten (Juni 1939, in knechtischer Gesinnung blieb er aber formal weiterhin Kabinettsmitglied), und sein mediokrer Nachfolger in beiden Positionen, Walter Funk, vermochte Göring kein Paroli zu bieten.

Als Todt 1940 zum Rüstungsminister aufstieg, gewann er die eigentliche kriegswirtschaftliche Führungsposition, von der aus er Göring und die Vierjahresplanbehörde zu einem Subalternapparat degradierte. Speer hat dann die Beteiligung der Großwirtschaft weiter ausgedehnt, indem er das antibürokratische «Führerprinzip» mit der Effizienz industrieller Manager im Rahmen der sogenannten «wirtschaftlichen Selbstverwaltung» kombinierte. Als sein Spitzenorgan, die «Zentrale Planung», mit dem «Generalbevollmächtigten für den Arbeitseinsatz», dem thüringischen Gauleiter Fritz Sauckel, seit dem März 1942 kooperierte, wurden die staatlichen Behörden ihres Einflusses sowohl auf die Kriegswirtschaft als auch auf den Arbeitsmarkt vollends beraubt.

Eine mit Görings Ämterhäufung vergleichbare Kumulation betrieb auch Goebbels. Seit 1926 Gauleiter von Berlin und seit 1930 zugleich Reichspropagandaleiter der NSDAP wurde er 1933 auch Reichsminister für Volksaufklärung und Propaganda und Vorsitzender der Reichskulturkammer, 1944 noch «Generalbevollmächtigter für den Totalen Kriegseinsatz». Bis zur völligen Ununterscheidbarkeit vermischten sich in seiner Person Partei- und Staatsaufgaben.

Diese typische Vermengung von Funktionen kennzeichnete auch Sauckels Tätigkeit als mitteldeutscher Parteifürst und Leiter des typischen Sonderkommissariats für den «Arbeitseinsatz» – einer autonomen, führerimmediaten Lenkungsbehörde zur Beschaffung von Arbeitskräften aus dem Reich und dem gesamten besetzten Europa. Dank dieser Personalunion auf oberster staatlicher Ressort- und führerherrschaftlicher Handlungsebene konnte das Arbeitsministerium völlig ausgeschaltet werden, und selbst Speer hatte es schwer, den auf seine Legitimation kraft Führergewalt pochenden Sauckel in seine Pläne einzubinden. Andrerseits: Wenn eine Staatsbehörde auf einen Sonderstab traf, operierte sie fortab in einem permanenten Ausnahmezustand.

Über nachteilige Formen der Polykratie war man sich auch im Arkanbereich der Partei im klaren. «Das Prinzip des Wachsenlassens, bis der Stärkste sich durchgesetzt hat», hieß es etwa 1942 in einer Denkschrift der Parteikanzlei, «ist sicherlich das Geheimnis der geradezu verblüffenden Entwicklung und Leistung der Bewegung.» »In der Aufbauzeit« sei es frag-

1. Herrschaftskonsolidierung und totalitäre Revolution 633

los «nützlich gewesen», doch habe sich längst die nachteilige Wirkung eingestellt, daß ein hohes Maß an Energie «in Kompetenzstreitigkeiten bis in die Ortgruppen» aufgezehrt werde. Daß der Dschungelkampf der Sonderstäbe und Behörden einem genuinen Organisationsprinzip charismatischer Herrschaft folgte und insofern im «Dritten Reich» gar nicht einzudämmen war, wollte man sich selbst in Hitlers Nähe nicht eingestehen.[8]

8. Auch im unmittelbaren Umfeld des Diktators, wo man eine straffe zentralistische Lenkungsmaschinerie vermuten könnte, setzte sich der von Hitler in Gang gehaltene sozialdarwinistische Kampf der charismatischen Stabsorganisationen fort. Zeitweilig rangen vier Kanzleien um Einfluß, der letztlich von der Chance des Zugangs zum Machthaber abhing. Dabei verbuchte jener Stab den größten Machtzuwachs, der diesen Zugang am effektivsten kontrollieren konnte.

a) Die vom Kaiserreich und der Weimarer Republik übernommene Reichskanzlei wurde von Staatssekretär Heinrich Lammers, einem effektiven Berufsbeamten, geleitet. Wegen der Degradierung des Kabinetts wurde auch der regelmäßige Kontakt zwischen Hitler und seinen Ministern unterbrochen. Und da der «Führer» nur entscheidungsreife Vorlagen als Ergebnis des Umlaufverfahrens zu sehen wünschte, wuchs Lammers an Stelle des Reichskanzlers in die Rolle eines Koordinators der Ministerien und der Regierungsarbeit hinein, der im Vorfeld dem Ämterchaos eine Abstimmung abzugewinnen versuchte. Insofern war es nur folgerichtig, daß er im November 1937 zum Reichsminister ernannt und den übrigen Kabinettsmitgliedern gleichgestellt wurde. Seine Nähe zum «Führer» und sein Recht des Immediatvortrags in Berlin, auf dem Obersalzberg und später im Führerhauptquartier verschafften ihm das «bürokratiespezifische Machtpotential», die Vorzüge des «Amtsmechanismus» (Weber) zur Filterung der Eingaben, Vorlagen und Einflußversuche zu nutzen. Dieser Siebungsprozeß wird noch deutlicher, wenn man sich vergegenwärtigt, daß jährlich 200 000 Eingänge in der Reichskanzlei verzeichnet und täglich 600 Akten bearbeitet wurden (1940). Das dadurch gewonnene Dienstwissen beeinflußte nachhaltig den Informationsstand des Machthabers.

Lammers' Schlüsselstellung befähigte ihn, Willensäußerungen des Diktators, der sich in der Regel nur knapp in grundsätzlicher Form äußerte, in einen «Führerbefehl» zu übersetzen – gedeckt durch die stereotype Formel: «aufgrund besonderer Ermächtigung durch den Führer...». Auf diese Weise wurde die Reichskanzlei bis 1939 zur «Zentralstelle der Führergesetzgebung». In den ersten Jahren hielt Lammers viermal wöchentlich seinen einstündigen Vortrag zur Vorbereitung von Hitlers Entscheidung; seit 1937 kam er nur alle vier bis acht Wochen dazu, und im Krieg verlor er den Machtkampf gegen Bormanns Parteikanzlei. Mehr noch als Reichsinnenminister Frick hielt Lammers am Ideal der normorientierten Staatsverwaltung fest. Da er einer leistungsfähigen Behörde vorstand, gelang ihm einige

Jahre lang eine ziemlich effiziente Kanalisierung der Willensimpulse und eine Koordinierung des Gesetzes- und Erlaßwesens. Eben damit aber trug die Reichskanzlei dazu bei, die Willkürherrschaft und das Terrorregime des Charismatikers zu stabilisieren, der sich durch seine geschichtliche Sendung außerstaatlich legitimiert glaubte und im Rekurs auf seine letzten Werte über regelorientiertes Staatshandeln hinwegsetzte.

b) Die «Präsidialkanzlei» unter dem ewig präsenten Staatssekretär Meißner, dessen biegsames moralisches Rückgrat jedem Regime von Ebert über Hindenburg bis zu Hitler zu dienen gestattete, verlor nach der Ämterfusion im Sommer 1934 jeden nachhaltigen Einfluß.

c) Umgekehrt gelang es der für Hitler als Parteiführer im November 1934 eingerichteten «Kanzlei des Führers» unter Philipp Bouhler nicht, die erhoffte Schlüsselstellung überhaupt erst einmal zu gewinnen. Das hing im wesentlichen mit der ungleich größeren Durchsetzungsfähigkeit der vierten Kanzlei zusammen.

d) Denn als «Stellvertreter des Führers» (in der Partei) hatte Rudolf Heß, keineswegs nur ein skurriler, initiativeloser Speichellecker, seinen eigenen Sonderstab aufgebaut. Im April 1933 erhielt er nicht nur die Blankovollmacht, in allen Parteifragen in Hitlers Namen zu entscheiden (was einen wütenden Dauerstreit mit Ley auslöste), sondern auch den Einfluß der Partei auf die gesamte Gesetzgebung und die Ausführungsbestimmungen zu sichern. Nominell wurde sein Apparat zur zentralen politischen Kontrollinstanz gegenüber der Reichsverwaltung. Dort traf das beanspruchte Veto bei jeder Beamtenernennung auf erbitterten Widerstand und konnte schließlich abgewehrt werden.

Unablässig arbeitete Heß, der zudem den Rang eines Reichsministers erhielt, trotz des Rückschlags an der Expansion seiner Kompetenzen. Deshalb gliederte er auch seiner Institution, ein neues Beispiel für das Auswuchern charismatischer Stäbe, zahlreiche Unterorganisationen an, die unverzüglich nach eigener Selbständigkeit strebten. So befaßte sich etwa die «Dienststelle Ribbentrop» mit außenpolitischen Fragen, und der Dilettant an ihrer Spitze erlebte seinen Triumph, als er 1938 tatsächlich Außenminister v. Neurath ablösen konnte. Die im Mai 1933 geschaffene «Auslandsorganisation der NSDAP» unter Ernst Wilhelm Bohle war für den Dienstverkehr aller reichsdeutschen Parteistellen mit nationalsozialistischen Organisationen im Ausland zuständig. Beide Institutionen lagen im Streit mit dem im April 1933 geschaffenen «Außenpolitischen Amt» unter Alfred Rosenberg, dessen Amateure sich weder gegen die parteiinterne Konkurrenz noch gegen das Auswärtige Amt durchzusetzen vermochten. Außerdem band Heß eine Zeitlang an sich die Ämter für Bauwesen unter Speer, für Sport unter dem «Reichssportkommissar» Hans v. Tchammer und Osten, für Kultur unter Bouhler, für Siedlungspolitik unter Ludovici, für Wirtschaftspolitik unter Prietzke sowie den «Volksdeutschen Rat» – sie alle lagen in heftigem Kompetenzgerangel mit Parteirivalen und Staatsbehörden, bis sie in diesem Dschungel von mächtigeren Organisationen aufgesogen wurden oder untergingen.

Nach der politischen Selbstliquidation Heß' durch seinen England-Flug im Mai 1941 kam sein Stabsleiter, der Fememörder und Alt-Pg. Martin Bormann, unter dem neuen Titel «Leiter der Parteikanzlei», dazu im Range eines Reichsministers, zum Zuge. Seinem «Führer» bedingungslos ergeben, ehrgeizig und intrigant, aber mit ungewöhnlicher Arbeitskraft ausgestattet, baute Bormann, der geradezu in Reinkultur eine allein von Hitlers Gunst abhängige charismatische Stabsorganisation repräsentierte, seine Kanzlei im Verlauf einer unersättlichen Machtappropriation zum beherrschenden Apparat der obersten Reichsverwaltung zügig aus. Bereits 1942 gingen ihm 400 Mitarbeiter zur Hand, deren Zahl schon im Vergleich mit den 75 Beamten in Lammers' Reichskanzlei oder den 437 Beamten im Reichsjustizministerium das steigende Gewicht der Parteikanzlei anzeigte.

Als ständiger Begleiter Hitlers auch im Führerhauptquartier kontrollierte Bormann den Zugang zum Machthaber und hielt mehrfach täglich seinen Vortrag, während Lammers trotz seiner Anlehnung als frisch gebackener SS-Obergruppenführer an Himmler inzwischen um Termine betteln mußte. Hitler teilte seine Willensäußerungen durch die Adjutanten, zunehmend aber durch Bormann mit. Im Februar 1943 mit der Vertrauensstellung eines «Sekretärs des Führers» ausgezeichnet, partizipierte er an der «Allzuständigkeit» Hitlers und goß dessen oft nur vage Meinungen mit der Zauberformel, der Erlaß entspreche «dem erklärten Willen des Führers», in eine operative Zieldefinition um. Auf diese Weise instruierte Bormann den Parteiapparat samt den widerspenstigen Gauleitern (obwohl er an ihnen und der SS auflief), unterband aber auch jede Mitwirkung der Reichskanzlei an der Gesetzgebung. Seit 1942 bildete Bormanns Parteikanzlei, allein auf das Vertrauen des Charismaträgers gegründet, den mächtigsten extrabürokratischen Exekutivstab des Führerabsolutismus. Wie keine andere Organisation entsprach sie den Bauprinzipien charismatischer Herrschaft, damit auch deren innerster Tendenz zur Auflösung, ja «parasitären Zersetzung» des normativ gebundenen rationalen Staatshandelns.[9]

*c) Die Vollendung der Alleinherrschaft:
die Ausschaltung der letzten Konkurrenten*

Die Durchsetzung der Führerherrschaft beruhte ganz wesentlich auf der Ausschaltung der letzten potentiellen Konkurrenten inner- und außerhalb der Partei. Obwohl manche Zeitgenossen, hoffnungsfroh oder tief skeptisch, viel von ihnen erwartet hatten, entfielen zwei sofort.

1. Die machtgewohnte höhere Bürokratie, in den Jahren der drei Präsidialkabinette häufig wieder als gesetzeschreibende Verwaltung aufgewer-

tet, schien seit 1933 durch die Eliminierung der Reichstagsmacht einen neuen beträchtlichen Machtzuwachs zu erfahren, den sie, wie es vorerst schien, in ihrem Sinn zu einer autoritären, gleichwohl im Kern noch rechtsstaatliche Normen respektierenden Steuerung der Staatsgeschäfte nutzen konnte. Tatsächlich aber paßte sie sich unverzüglich den neuen Machthabern an, da sie die ungeliebte Republik verabschiedeten, einen straffen Ordnungskurs verfolgten und das Banner der «nationalen Ehre» schwenkten.

Eine scharfe Säuberungsaktion, die unter v. Papen bereits eingesetzt hatte, führte in kurzer Zeit zur Entfernung der «politisch unzuverlässigen» Beamten. Bis zum Juli 1934 waren etwa sämtliche Oberpräsidenten, 32 von 34 Regierungspräsidenten und alle Polizeipräsidenten ersetzt worden; von 361 preußischen Landräten gehörten nur mehr 97 zu den Amtsträgern vor 1933, und 80 von ihnen hatten sich beflissen der NSDAP angeschlossen. Von den 1663 höheren preußischen Beamten wurden 468, immerhin 28 Prozent, aufgrund des neuen Gesetzes zum Berufsbeamtentum ausgeschaltet. Die heftigste «Säuberung» erlebte die «Reichsanstalt für Arbeitsvermittlung und Arbeitslosenversicherung», in der besonders viele sozialdemokratische und sozialpolitisch engagierte jüdische Beamte und Angestellte tätig waren. Denn von den 26 000 Mitarbeitern wurden sage und schreibe 9500, mehr als 36 Prozent, entlassen, so daß diese Reichsanstalt praktisch zerstört wurde.

Nach solchen demonstrativen Disziplinierungsakten, die jedermann zeigten, woher der Wind jetzt wehte, bedurfte es keiner anhaltenden Zähmungspolitik gegenüber der Bürokratie mehr. Bis 1935/36 hatte sie jeden nennenswerten politischen Einfluß verloren. Bis zum Frühjahr 1945 fungierte sie nur mehr als regimetreue Exekutive, aber auch als gefürchtete Judikative. Im Dauerkonflikt mit den mächtigen charismatischen Sondergewalten verlor sie überdies ein Aktionsfeld und einen Kompetenzbereich nach dem andern.

2. Wie agierte die Großindustrie, die angeblich neben Bürokratie und Militär als dritter hegemonialer Block fungierte? Ihre intensive Geschäftigkeit als einer der Totengräber der Republik ist unleugbar. Sie päppelte aber keineswegs den Nationalsozialismus als gehorsamen Büttel ihrer Interessen heran (vgl. 8 T. III. 2 a). Ende 1932 hätte sie v. Papens autoritäres Regime jeder anderen Lösung vorgezogen. Doch nach der Machtübergabe entdeckten viele Unternehmer, auch ihre Verbände, jene Interessenidentität, die sie in der Tat mit der Hitler-Bewegung verband, ohne daß damit sogleich ein Parteieintritt verbunden gewesen wäre.

Denn zugunsten der Unternehmerschaft wirkten sich sogleich mehrere Faktoren aus:
– die Ausschaltung der Gewerkschaften und der Linksparteien,
– die Aufhebung der Tarifhoheit und der Betriebsräte,
– die Fernhaltung militanter Parteigenossen aus den Unternehmen, da sich

Hitler, um einen ungestörten Aufschwung zu unterstützen, gegen spontane SA- und Parteieingriffe aussprach,
- das Platzen aller Illusion über eine Mittelstandsprivilegierung,
- die staatliche Ankurbelung der Konjunktur mit einer willkommenen Externalisierung der Kosten und Risiken,
- und das riesige Auftragsvolumen, das in der Rüstungswirtschaft anschwoll, besaß seinen eigenen Charme.

Von den Gesetzen über die Aufhebung der Betriebsvertretungen (4. 4. 1933), die Einführung der «Treuhänder der Arbeit» (19. 5. 1933) und die «Ordnung der nationalen Arbeit» (30. 1. 1934) ging eine eindeutige Signalwirkung zugunsten der Machtaufwertung der Unternehmer aus. So begann der «Honeymoon von NS-Führung und Großindustrie», während dessen sich die Politik bereits als weit überlegene Größe erwies. Von einer ernstzunehmenden Konkurrenz, geschweige denn einer Machtgefährdung, konnte zu keinem Zeitpunkt die Rede sein. Denn die Großwirtschaft war weder fähig noch willens, dem Führerabsolutismus ihre Direktiven zu geben.

3. Eine gefährliche Bedrohung des Regimes ging dagegen von der SA unter ihrem ehrgeizigen Stabschef Röhm aus, der mit seinen Verbänden ein Machtinstrument außerhalb der Staatsinstitutionen besaß, mit denen er die «nationale Revolution» als SA-Revolution von unten fortsetzen wollte. In hochgemuter Stimmung erstrebte er einen durchgreifenden Elitenwechsel, da «wir jetzt die Herren sind».

Bis 1931 war die SA fast so stark wie die Reichswehr geworden, aber im Januar 1933 zählte sie bereits eine halbe Million Mitglieder, und im Juni 1934 nach einer Zeit unbegrenzter Aufnahme und dem Anschluß von Verbänden wie dem «Stahlhelm» und dem «Kyffhäuser-Bund» sogar 3,5 Millionen. Junge Männer im Alter zwischen dem 18. und 30. Lebensjahr stellten die Mehrheit der Aktivisten, die durch das bündisch-personalistische Prinzip der Frontkämpfer- und Freikorpstradition geprägt wurden und die terroristisch-anarchistische Subkultur des SA-Stürme im Vergleich mit den Parteibürokraten als das Heim für die wahre «Elite von Kämpfern» schätzten. Sie beanspruchten einen Großteil der Erfolge von 1930 bis 1933 als Ergebnis ihrer handfesten Leistung, rühmten sich ihrer 95 Toten und der 14 000 Dienstverwundungen allein 1932. Als innerparteilicher Machtfaktor besaß eine solche militante, gewaltbereite Massenorganisation unter ambitiöser Führung ein keineswegs zu unterschätzendes Gewicht.

Bei der Gleichschaltung der Länder, Parteien und Gewerkschaften hatte sich die SA, zuletzt wieder als Hilfspolizei, noch einmal als unentbehrlich erwiesen. Nach den Märzwahlen wollte sie sich erst recht nicht mit passivem Abwarten ohne Patronagechancen zufriedengeben, zumal das Selbstbewußtsein ihrer Spitzenkräfte weiter anstieg. Es äußerte sich auch in der Neigung zu hochmütiger Willkür. Nach dem Tod eines SA-Mannes verlangte Röhm Ende Juli 1933 in einem Erlaß, daß fortab als Sühne von dem zuständigen SA-Führer «bis zu zwölf Angehörige der feindlichen Organisation, von der der Mord vorbereitet wurde, gerichtet werden» sollten. Damit wurde geradezu das Prinzip der Geiselerschießungen im Partisanenkampf seit 1941 zynisch vorweggenommen. Jedenfalls fühlte sich die SA noch immer als Herr der Straße: Während der Köpenicker Blutwoche Ende Juni 1933 gingen 91 Ermordete und 500 Gefolterte auf ihr Konto.

Wurden SA-Funktionäre für öffentliche Funktionen in die Pflicht genommen, wie das im ersten Halbjahr 1933 oft vorkam, blieben sie nach Röhms Auffassung in erster Linie SA-Führer und wurden nur in zweiter Linie zu Organen der Staatsverwaltung. Daher war die Gefahr nicht von der Hand zu weisen, daß außer der Partei auch die SA die staatliche Personalpolitik zu usurpieren, den Staatsapparat zu durchsetzen suchte. Eben damit aber drohte ein Umschwenken der Beamtenschaft gegen das Regime.

Ein dumpfes Murren in den SA-Stürmen verlangte die Auflösung der Allianz mit der «Reaktion». Überhaupt wollte die Revoluzzer-Rhetorik von der künftigen «wahren nationalsozialistischen Revolution» kein Ende nehmen. Von dieser blinden Dynamik ging eine zunehmend registrierte Beunruhigung der politischen Atmosphäre aus. Für Hitler gab es in dieser Phase nur den Imperativ, daß seine eigenen Ambitionen durch die SA nicht gefährdet werden durften. Mit hellwachem Mißtrauen beobachtete er ihre labile Stimmungslage. Warnend erteilte er im Sommer 1933 in einer Rede vor den Reichsstatthaltern der «zweiten Revolution» eine schneidende Absage: «Wir lassen keinen Zweifel darüber, daß wir einen solchen Versuch, wenn nötig, im Blut ersticken würden.» Dieser martialische Ton schien auch deshalb geboten zu sein, weil die Reichswehr, unverzichtbare Stütze des Regimes, die SA mit ihrem Anspruch, ein braunes «Volksheer» zu bilden (erst recht Röhms Wunsch, Kriegsminister zu werden), mit äußerstem Argwohn verfolgte. Nicht selten war daher bei Hitler von den Meriten der Reichswehr, nicht aber mehr von den Verdiensten der SA die Rede.

Röhm, der einzige Duzfreund Hitlers seit der frühen «Kampfzeit» und wichtiger Förderer des unbekannten Gefreiten, verstand sich eher als selbstbewußter Mitstreiter statt als strikt Untergebener, wenn er seine vagen sozialrevolutionären Anschauungen äußerte. Die SA werde, versicherte er ein halbes Jahr nach der Machtübergabe, «stiefmütterlich behandelt» und sei nach dem Sieg «zur Seite geschickt worden», so daß sie voll «ernstester Besorgnisse» sei. Dennoch sei sie es, die den «Sieg des reinen, des unverfälschten Nationalismus und Sozialismus gewinnen und erhalten», damit aber auch zum «Grundpfeiler des kommenden nationalsozialistischen Staates» aufsteigen werde. Schwer bewaffnete SA-Stabwachen entstanden. Bis zum Frühjahr 1934 beschaffte Röhm 173 000 Gewehre und 1900 Maschinengewehre. Solche Worte und Taten mußten als Drohkulisse, ja als Vorspiel zu einer Machtprobe wirken.

Hitler begegnete der Lage mit der kompromißlosen Forderung nach «Beendigung der Revolution». Noch tastete er Röhms Stellung nicht direkt an, nahm ihn sogar als Reichsminister in das Kabinett auf, hetzte aber doppelzüngig gegen die SA, der er das Handwerk legen wolle. Mit der erfolgreichen Konsolidierung des Regimes wurde die Tonart schneidend. Nur «Narren» glaubten noch, höhnte Hitler im Februar 1934, «die Revolution sei nicht beendet». Seit dem März 1934 endete jedes Bemühen um einen gütlichen Ausgleich. Seither steigerte sich die systematische Isolierung und Verketzerung der SA.

Hitlers Hauptverbündeter für die nahende Kraftprobe, die er mit spürbarer Unsicherheit bis zu einem günstigen Zeitpunkt hinauszögerte, waren zum einen Himmler, Goebbels und Göring, zum andern war es die höchst pfleglich behandelte Reichswehr. Sie stellte Ende Juni 1934, als der Diktator die Initiative ergriff, bereitwillig die Waffen und Autos, um den verhaßten Rivalen auszuschalten. Überdies stand sie zum Eingreifen Gewehr bei Fuß, falls die SA für längere Zeit Widerstand leisten sollte. Als Handlanger des Führerwillens fungierte Himmlers SS in dem Augenblick, als Röhm mit höheren SA-Führern am 30. Juni 1934 verhaftet und wie 50 weitere von ihnen im Reich ermordet wurde. Brutaler hätte der Stopp der «Parteirevolution von unten» in der Bartholomäusnacht der SA nicht ausfallen können.

Hitler nutzte die Gelegenheit zu einem «Doppelschlag» insofern, als jetzt gleichzeitig überall im Reich von seinen Häschern alte Rechnungen beglichen wurden. Die Generäle v. Schleicher und v. Bredow (kein Protest erhob sich im Berliner Offiziersclub), Gregor Strasser und Wolfgang Kapp, v. Papens Mitarbeiter Edgar Jung und der Vorsitzende der «Katholischen Aktion», Erich Klausener, gehörten zu den fast 200 Ermordeten des bis zum 2. Juli dauernden Massakers.

Das politische Ergebnis der bürgerkriegsähnlichen Nacht der langen Messer? Ein «großer Gewinner des Konflikts» war die Wehrmacht, die sich als einziger «Waffenträger der Nation» bestätigt fand. Der zweite Gewinner war Himmler, der seither nur Hitler persönlich und unmittelbar unterstellt war, für die SS die organisatorische Selbständigkeit und grünes Licht für ihren beschleunigten Ausbau erlangte. Die SA dagegen stand fortab machtlos da, der neue Stabschef Viktor Lutze, ein harmloser Troupier, mußte auf den Kabinettsposten verzichten. Leni Riefenstahls Film über den «Parteitag des Willens» von 1934 fing die symbolische Choreographie der neuen Machthierarchie ein, als rechts, dicht hinter Hitler Himmler über das Tagungsgelände marschierte, während Lutze links, mit deutlichem Abstand folgen mußte. 18 Prozent der rund 10 000 alten SA-Führer wurden in der Folgezeit mit empfindlichen Strafen belegt und kaltgestellt. Nach dem drastischen Bedeutungsverlust behielten die SA-Einheiten allenfalls noch einen repräsentativen Charakter im lokalen Umfeld. Ihre Demontage besiegelte auch das Ende der Zielvorstellungen von einem noch zu erkämpfenden «nationalen Sozialismus».

Der Hauptgewinner war jedoch Hitler selber, dessen Mordaktion, als Niederschlagung eines vermeintlichen Putsches homosexueller Rabauken effektiv getarnt, reichsweit wegen ihrer «rücksichtslosen Entschlossenheit» eine erstaunliche Zustimmung fand. Diese befreiende, verantwortungsbewußte Tat habe, hieß es, «wie ein reinigendes Gewitter gewirkt». Sein Ansehen stieg noch einmal sprungartig an, da er jetzt als Hüter von Moral und Ordnung, als Sieger über die Parteiradikalen dastand. Zur «Aufrechterhaltung und Hebung der Stimmung», lautete Görings triumphierendes Urteil, sei die Liquidierungsaktion doch vorzüglich geeignet gewesen. Die blutige Niederschlagung des «Röhm-Putsches» sei, rechtfertigte sich Hitler am 3. Juli, «als Staatsnotwehr» rechtens gewesen; ein entsprechendes Reichsgesetz verschaffte dem Morden nachträglich eine Pseudolegitimation, durch die Mord zur Staatspolitik erklärt wurde.

In der «Deutschen Juristen-Zeitung» prostituierte sich die Leuchte der deutschen Staatsrechtler als Apologet dieser Verbrechensserie, als Carl Schmitt unter dem Titel «Der Führer schützt das Recht» mit dem Rechtsstaat auch den Ehrenkodex der Jurisprudenz verriet. «Der wahre Führer ist immer auch Richter», dozierte Schmitt. «Aus dem Führertum fließt das Richtertum. In Wahrheit war die Tat des Führers rechte Gerichtsbarkeit. Sie untersteht nicht der Justiz, sondern war selbst höchste Justiz.» Im Reichstag erscholl das Echo, als Hitler am 13. Juli seinen Rechenschaftsbericht gegeben hatte: «Wir alle billigen immer das», konstatierte Göring, «was der Führer tut.» «Ich habe kein Gewissen, mein Gewissen heißt Adolf Hitler.» Anschließend wurden alle Akten zur Röhm-Krise vernichtet.

4. Einen Monat nach der Beseitigung des einzigen innerparteilichen Machtrivalen erreichte Hitler sein Ziel, auch den letzten ernstzunehmenden Konkurrenten auszuschalten. Wie er offenherzig einräumte, wäre der Griff nach der Staatsmacht samt der Konsolidierung der nationalsozialistischen Herrschaft ohne die massive Unterstützung der Reichswehr nicht gelungen. Dabei war er sich der prekären Natur dieser Allianz mit der bewaffneten Gewalt hellwach bewußt, denn ihrer umfassenden Förderung stand der Anspruch des SA-Rivalen gegenüber. Folglich tat er alles, um die Interessenidentität von Regime und Wehrmacht zu unterstreichen: Stärkung des Wehrwillens, Unterdrückung des Marxismus und Pazifismus, Rüstung und Aufbau eines Millionenheeres, Revision der Kriegsergebnisse, Wiedergewinnung der Hegemonie und auch Aufwertung des Militärs in der Gesellschaft – auf solche längst vor 1933 bestehenden und artikulierten Interessen suchte er die Spitze der Streitkräfte seit der ersten, ungeschminkt offenen Erläuterung seiner Ziele auf dem Geheimtreffen, das bereits am 3. Februar 1933 in der Berliner Privatwohnung des Generals v. Hammerstein-Equord stattfand, mit Erfolg einzuschwören. Die Wehr-

macht konnte einen neuen Planungsrahmen entwickeln, auf forcierte Waffenproduktion und Befreiung von den lästigen Vertragsfesseln rechnen, die ihrer Expansion bisher im Wege gestanden hatten.

General Ludwig Beck lobte den 30. Januar geradezu überschwenglich: Solch einen Regimewechsel habe er seit Jahren erhofft, er sei der erste Lichtstrahl seit 1918. General v. Fritsch war, wie er selbst nach seiner Entlassung bekannte, seit dem Kriegsende 1918 der Meinung gewesen, daß in Deutschland drei große Kämpfe noch auszutragen seien: gegen die marxistischen Arbeiter, die ultramontanen Katholiken und die Juden, wobei dieser letzte Konflikt der schwierigste sei. Die Führung dieses Drei-Fronten-Kampfes sah er jetzt in guten Händen.

Im Weltbild der obersten Militärspitze rangierten solche Auffassungen nicht als idiosynkratische Eigenarten, vielmehr wurden sie weithin geteilt. Noch verbreiteter aber war die Überzeugung, daß man aus den Lernerfahrungen des großen Krieges endlich die Konsequenzen ziehen müsse. Die besiegten Militärs hatten frühzeitig ihren Schluß für zwingend gehalten, daß sie sich, wie vorn geschildert (8 T. IV. 5), nach der Niederlage auf den zweiten totalen Krieg mit allen modernen Methoden vorbereiten müßten. Außer der Ausbildung einer möglichst großen Zahl von Offizieren und Mannschaften sowie ihrer Ausstattung mit modernsten Waffen (und beides verbot vorerst der Versailler Vertrag) hielten sie auch die totale Mobilmachung der Gesellschaft, möglichst schon in Friedenszeiten, für unabdingbar.

Hitler kam ihnen frühzeitig entgegen, verfocht den Aufbau der Wehrmacht, ihre zeitgemäß verbesserte Bewaffnung und die Ausrichtung der «Heimatfront» auf den künftigen Krieg. Im Hinblick auf entscheidende Punkte besaß er nach Meinung vieler Offiziere zwei Vorzüge. Zum einen leitete er unangefochten eine ständig wachsende Massenbewegung, die, anders als im Weltkrieg, populäre Unterstützung der Rüstungspolitik garantierte. Zum andern galt er als Verfechter von Ideen, die zwar manche bizarren, vornehmlich aber zustimmungsfähige Elemente enthielten, die dazu beitragen konnten, das «Volk in Waffen» zu schaffen. Die nationalsozialistische «Volksgemeinschaft» und die erhoffte «Wehrgemeinschaft» waren in ihren Augen kongruent. In der politischen und gesellschaftlichen Gleichschaltung erblickten sie die Rückkehr zum «Burgfrieden», unter dessen Schirm sie so erfolgreich operiert hatten.

So willkommen auch seit Anfang 1933 die Aufrüstung anlief, so irritierend blieb für das Militär die Rivalität mit der SA, denn es wollte selber das Monopol auf das einzige «Volksheer» besitzen. Zur Eliminierung dieser Konkurrenz bot es daher in der Röhm-Krise bereitwillig die Hand, und im August 1934 bekräftigte es seinen offenen Kollaborationskurs. Hatte es schon vorher die nationalpolitische Erziehung der Soldaten eingeleitet, den Arierparagraphen für Offiziersehen übereifrig eingeführt und seit dem Februar 1934 alle jüdischen Soldaten (ohnehin nur 70) entlassen, überbot es sich nach Hindenburgs Tod mit der freiwillig angetragenen Unterwerfungsgeste der ungesetzlichen Vereidigung der Wehrmacht auf den neuen «Führer und Reichskanzler», der seit Hindenburgs Tod auch als Oberbefehlshaber der Wehrmacht fungierte (vgl. vorn I. 1).

Seit dem 2. August im Besitz der omnipotenten Führergewalt, konnte Hitler im Hinblick auf die Wehrmacht davon ausgehen, dass sie zwar noch manche taktische Rücksichtnahme verdiente, aber dank ihrer «aktiven Solidarität» mit dem NS-Regime als autonom handlungsfähiger, konkurrierender Machtfaktor ausfiel. Zwischen dem 30. Juni und dem 2. August 1934 hatte Hitler den Übergang zur neoabsolutistischen Führerherrschaft vollendet.[10]

2. Legitimatorische Konjunkturpolitik: von der Massenarbeitslosigkeit zur Vollbeschäftigung

Jene existentielle Krise, deren Überwindung der Charismatiker, ihr genuines Geschöpf, den Zeitgenossen stets verheißt, besaß in Deutschland unterschiedliche Dimensionen: Die schmerzhaften Folgen der Kriegsniederlage, der Zerfall erst des Kaiserreichs, dann der weithin verhaßten Republik, die institutionelle Desintegration gehörten gewiß zu ihnen, aber seit 1929/30 drängte sich die mörderische wirtschaftliche Depression unstreitig in den Vordergrund. Als innenpolitischer Imperativ eigener Art machte sich daher für die Regierung Hitler die Aufgabe geltend, die Massenarbeitslosigkeit zu beseitigen, möglichst sogar die Vollbeschäftigung zu gewinnen. Davon hing, nachdem die drei vorhergehenden Präsidialkabinette an eben dieser Aufgabe evident gescheitert waren, die Glaubwürdigkeit der Behauptung ab, dass die Regierung der «nationalen Konzentration» die Krise endlich meistern werde. In einem fundamentalen Sinn hingen überhaupt die Herrschaftsstabilisierung des NS-Regimes und die Gewinnung einer breiten Legitimationsbasis von ihrem beschäftigungspolitischen Erfolg ab.

Hitler hat mit sicherem Instinkt erfaßt, welche immense Bedeutung einer aktiven Politik gegen die Geißel der vergangenen vier Jahre, die millionenfache Arbeitslosigkeit, im Zeichen hochgespannter, von ihm selber als Heilsbringer verstärkter Erwartungen seit dem Februar 1933 zukam, auch und gerade im Hinblick auf den Zugewinn an persönlichem Prestige, das in der schwierigen Phase der Übertragung seiner charismatischen Herrschaft über die Partei auf den gesamten Staat eindrucksvoller Bestätigung und Verstärkung bedurfte.

Hitler verfügte über alles andere als solide ökonomische Kenntnisse; daß auch diese nicht weiterhelfen mußten, hatte freilich soeben Brüning demonstriert. Doch besaß er eine schnelle Auffassungsgabe, ein stupendes

2. Legitimatorische Konjunkturpolitik

Gedächtnis und die vielfach erprobte kommunikative Fähigkeit, auch erfahrene, selbstsichere, opponierende Männer in seinem Sinn umzustimmen. In der alsbald vorbereiteten Gesprächsrunde mit Repräsentanten der Großwirtschaft traf er jedoch auf eine tiefsitzende Skepsis gegenüber staatlichen Eingriffen. Allein Carl Bosch von der IG Farben sprach sich für eine kraftvolle Staatsintervention aus, Reusch und Vögler dagegen, die Sprecher des Ruhrgebiets, rieten dringend ab. Bei den Spitzengesprächen in der Regierung sträubte sich der «Wirtschaftsdiktator» Hugenberg ebenfalls gegen jedwedes Konjunkturprogramm, da man damit nur die Inflation wissentlich ins Land zurückhole.

Wegen dieses Inflationsvorwurfes, dessen massenpsychische Tiefenwirkung er wie jeder andere in dieser Runde sehr wohl kannte, zögerte Hitler eine Zeitlang, sich festzulegen, drängte dann aber auf entschiedene Maßnahmen. Im April 1933 unterstützte er den Vorschlag von Arbeitsminister Seldte, öffentliche Aufträge als Stimulans einzusetzen. Finanzminister Schwerin v. Krosigk und Reichsbankpräsident Schacht sprangen ihm seither gegen Hugenberg bei. Schacht wußte am besten, daß Hitler kein volkswirtschaftlicher Experte, doch in seiner Zielbesessenheit unorthodoxer Einfälle fähig war. Hitler, urteilte er später rückblickend, «war ein Genie der Findigkeit. Er wußte für die schwierigsten Situationen oftmals Lösungen, die überraschend einfach waren, auf die andere aber nicht kamen.» Seine Vorschläge waren «oft brutal, aber fast immer wirksam». Hitler verließ sich in dieser prekären Situation auf eine «wirksame» Mischung von Anreizen und populistischer Rhetorik. Da die Regierung nicht darauf warten konnte, wann sich eine Belebung des Arbeitsmarktes durch die unverzüglich in Gang gesetzte Rüstungswirtschaft einstellte, wurde zwischen Mai und September 1933 ein Bündel von staatlichen Maßnahmen zum Ankurbeln der Konjunktur und zur Behebung der Arbeitslosigkeit initiiert. Nachdem Fritz Reinhardt, ehemals Gauleiter von Oberbayern und seit dem April 1933 als einer der wenigen überzeugten Nationalsozialisten auf der Führungsebene der Reichsministerien energischer Staatssekretär des Finanzministeriums, Ende Mai mit einer Milliarde aus Staatsmitteln 800 000 Arbeitsplätze zu schaffen versprochen hatte, wurde am 1. Juni das sogenannte erste «Reinhardt-Programm» verabschiedet, dem diese Milliarde Mark für Arbeitsbeschaffungsmaßnahmen zur Verfügung gestellt wurde.

Am 22. Juni wurde der Bau der Reichsautobahn als propagandistisch hochgejubelter staatlicher Auftrag eingeleitet. Bis 1938 flossen drei Milliarden in dieses Projekt, das insgesamt aber nur 250 000 Arbeiter absorbierte. Überdies wurden weitere Infrastrukturaufträge an die Reichsbahn und die Post, für den Bau von Flughäfen und Kanälen vergeben. Mitte Juli kamen spürbare Steuererleichterungen hinzu. Der Wohnungsbau wurde nachdrücklich gefördert. Innerhalb des folgenden Jahres wuchs er bis zum Februar 1934 um 276 Prozent und zog mehr Investitionen an sich, als das dieser wichtige Wachstumssektor nach 1918 je getan hatte. Die neuen Ehestandsdarlehen erwiesen sich ebenfalls als schneller Erfolg. Ein zinsfreier Zuschuß von bis zu 1000 Mark wurde für die nachfrageanregende Haushaltseinrichtung gewährt, für jedes Kind die Rückzahlung um ein Viertel gekürzt. Bereits 1933 wurden 200000 Darlehen in Anspruch genommen, seither stieg die Zahl noch weiter an. 1935 waren bereits 370000 Darlehen in der Höhe von 206 Millionen Mark abgerufen worden.

Nach der Sommerpause folgte am 21. September das zweite «Reinhardt-Programm», das vor allem die saisonale Winterarbeitslosigkeit vermeiden sollte. Bis Ende 1934 erreichten die Finanzmittel für die diversen Arbeitsbeschaffungsmaßnahmen die Höhe von 5,2 Milliarden Mark (das entsprach einem Prozent des Bruttosozialproduktes), bis 1935 stiegen sie auf 6,2 Milliarden Mark. Außerdem war von v. Papen und v. Schleicher bereits eine Milliarde Mark für denselben Zweck mobilisiert worden, die sich wegen der Wirkungsverzögerung erst seit 1933 zugunsten der neuen Regierung vorteilhaft auswirkten. Seit 1935 machte sich dann auch der kräftige Nachfragesog der Rüstungswirtschaft auf dem Arbeitsmarkt geltend.

Bereits nach einem Jahr nahm das Regime triumphierend für sich in Anspruch, die Arbeitslosenzahl von offiziell sechs Millionen auf 3,7 Millionen gesenkt zu haben. Nach anderthalb Jahren hatte es angeblich schon eine Reduktion um 60 Prozent erreicht. Ungeniert wurde allerdings die Statistik manipuliert, indem 2,2 Millionen Arbeitslose auf dem Papier wegdefiniert wurden. 1936 erübrigten sich solche propagandistisch wirksamen Tricks, denn das «Dritte Reich» erreichte seit 1936 als erstes Industrieland mit der Überwindung der Depression auch die Vollbeschäftigung, während sich etwa in den USA eine Arbeitslosenquote von 24 Prozent bis 1939 hielt.

Im internationalen Vergleich – und überall kämpften die Regierungen gegen die Auswirkungen der weltwirtschaftlichen Depression – beruhte der Erfolg der nationalsozialistischen Konjunkturpolitik auf ihren neuartigen Elementen: auf dem großen Volumen der Konjunkturprogramme, auf der expansiven Kreditschöpfung, auf dem Nexus mit der Rüstungspolitik (für die schon bis zum März 1936 mit 10,6 Mrd. Mark doppelt soviel ausgegeben wurde wie für alle zivilen Arbeitsbeschaffungsmaßnahmen), auf der Rücksichtslosigkeit der Durchführung und, last but not least, auf dem missionarischen Eifer, mit dem Hitler und seine Regierung den Aufschwung zu ihrer Sache machten. Diese Kombination von Faktoren fand sich nirgendwo sonst, und der verblüffende Erfolg schien ihr zunächst recht zu geben.

Wenige Erfolge haben den Nimbus Hitlers als eines heilbringenden Erlösers, welcher der Misere von mehr als acht Millionen Arbeitslosen ein Ende bereitete, so gesteigert, seine Regierung so mit der Gloriole einer beispiellosen Leistung umgeben, wie dieser «Sieg» in der «Arbeitsschlacht». Noch Jahrzehnte nach dem Zweiten Weltkrieg konzedierten zahlreiche

2. Legitimatorische Konjunkturpolitik

Deutsche bereitwillig das Unheil, das Hitlers Krieg gebracht hatte, bestanden aber weiter darauf: «Er hat doch die Leute von der Straße gebracht.» Wie konnte das gelingen?

Mehrere Faktoren sorgten so lange für eine anhaltende Belebung des Arbeitsmarktes, bis er buchstäblich leergefegt war.

1. Die konjunkturpolitischen Maßnahmen der Regierung demonstrierten ihre Handlungsbereitschaft. Außerdem gewann sie zusehends an Stabilität. Beides wußten viele Unternehmer zu schätzen, wenn sie über Neueinstellungen entschieden, mochten prominente Repräsentanten auch dem liberalen Aberglauben von der reinigenden Kraft der ohne Staatshilfe selbsttätig endenden Krise anhängen.

2. Tatsächlich hatte die Depression in Europa 1932 ihren absoluten Tiefpunkt erreicht, und erste Signale der zyklischen Erholung wurden auch von der deutschen Industriewirtschaft 1933, verstärkt seit 1934 aufgenommen. Ein sachte einsetzender wirtschaftsimmanenter Aufschwung begann daher, ungeachtet der Staatskonjunktur, belebende Impulse auszusenden.

3. Für die Beschäftigungspolitik der Unternehmen war die Tatsache von grundlegender Bedeutung, daß sie mit keinem Lohnanstieg, keiner gewerkschaftlichen Tarifforderung mehr zu rechnen hatten. Nicht nur herrschte ein faktischer Lohnstopp, sondern die Basisgröße der Lohnquote schrumpfte sogar, wie es die Arbeitgeber seit Jahren gefordert hatten, von 1932 = 68 auf 1938 = 55 Prozent. Schon dieser genau vermerkte Umstand wirkte investitions- und beschäftigungsfördernd, zumal gleichzeitig die Unternehmensprofite bis 1939 jährlich um 36,5 Prozent kräftig anstiegen.

4. Der zügige Aufbau großer Bürokratien durch die NSDAP, die DAF (im Nu kam sie auf 45 000 Mitarbeiter), den RAD, zahlreiche Ämter und Stäbe, nicht zuletzt durch die expandierende Wehrmachtsverwaltung entlastete spürbar den Arbeitsmarkt insbesondere von Angestellten und Akademikern. Auch die Wehr- und die Arbeitsdienstpflicht nahmen seit 1935 Hunderttausende aus dem Arbeitsmarkt.

5. Seit 1934/35 ging eine steigende Nachfrage nach Arbeitskräften von der Rüstungswirtschaft aus, da enorme Summen in sie hineingepumpt wurden (vgl. II. 2.). Sie löste einen machtvollen Multiplikatoreffekt aus, der namentlich in den klassischen Industrierevieren die Zahl der Arbeitslosen reduzierte. In gewisser Hinsicht war daher die Vollbeschäftigung zum guten Teil eine «Sekundärfolge von Hitlers Entschluß, Deutschland kriegsfähig zu machen».

6. Dennoch ist es fraglich, ob diese objektivierbare Konstellation sich so schnell und so durchschlagend ausgewirkt hätte, wenn nicht Hitler selber im Verein mit dem Goebbelsschen Propagandaapparat die Rhetorik der «Arbeitsschlacht», die es so schnell wie nur irgend möglich zu gewinnen gelte, die populistische Beschwörung des nationalen Aufschwungs unentwegt in Gang gehalten hätte. Der modernen Konjunkturpolitik ist längst

bewußt, welche bedeutende Rolle die Psychologie der Krisenbekämpfung und die Semantik der Steuerungskompetenz spielt; sie waren bis in die 1970er Jahre hinein (seither gelten offenbar andere Bedingungen) unabdingbar, um gewissermaßen einen Pawlowschen Reflex auszulösen: Staatliche Mittel und Maßnahmen verhießen die Wiedergewinnung der Prosperität, die Unternehmer reagierten prompt mit Investitionen und der Vergrößerung der Belegschaft.

Damals jedoch war ein derart massives, geradezu bedenkenlos optimistisches Engagement von Regierungsvertretern noch eine Innovation, die freilich ganz auf der Linie der zu dieser Zeit von Keynes suggerierten Konjunkturtherapie lag. Jedenfalls ging davon, daß die Regierung Hitler und vor allem der Reichskanzler selber so anhaltend um einen wirtschaftspolitischen Vertrauensvorschuß warben und der Öffentlichkeit ihre geschäftige Aktivität einhämmerten, eine ansteckende Dynamik aus. Überdies verstärkte die Arbeitsbeschaffungspolitik das «Bewußtsein volksgemeinschaftlicher Solidarität». Diese «Bewußtseinstatsache», «das erfaßte Hitler sehr genau», wirkte «aber naturgemäß auch volkswirtschaftlich stimulierend». Insofern darf man die «eigentliche Leistung» Hitlers, mit seinen rhetorischen Fähigkeiten und dem Beschwörungsgestus des charismatischen Demagogen die Erholung herbeigeführt zu haben, nicht unterschätzen. Als sich dann der Erfolg relativ schnell einstellte und Abermillionen die Sicherheit ihres Arbeitsplatzes zurückgewannen, konnte Hitler mit guten Gründen sich öffentlich rühmen, daß seiner Führerherrschaft eine «Autorität» zugewachsen sei, «wie sie noch kein Regime vor uns besessen hat».[11]

3. Stimulantien des Führermythos: innen- und außenpolitische Erfolge bis 1939

Die Überzeugungskraft des Charismaträgers hängt in einem essentiellen Sinn von der Bewährung seines Talents in einer dramatischen Krisensituation ab. Nachdem er ursprünglich zur Bewältigung einer solchen existenziellen Notlage angetreten ist und einen überzeugenden Erfolg errungen hat, muß er fortlaufend neue Krisen meistern – wenn sie sich nicht einstellen, muß er sie selber schaffen –, um die Valenz seiner extraordinären Begabung zu beweisen, oder aber das Verblassen seines Charismas, die «Veralltäglichung» seiner Herrschaft in Richtung auf traditionale oder rationale Ordnungsformen in Kauf nehmen.

Hitler ist es gelungen, mit ungewöhnlichen, Aufsehen erregenden Mitteln das Instrumentarium der Diktatur brutal ausnutzend, die «Große Krise» in Deutschland, die ihn emporgetragen hatte, in zweifacher Hinsicht aufzulösen: Dem Staatszerfall begegnete das NS-Regime mit einer autoritären Politik, die gleitend, doch im Grunde unheimlich schnell den

3. Stimulantien des Führermythos

Übergang in die totalitäre Führerherrschaft ermöglichte. Die Depression und ihre schmerzhafteste Folge, die Massenarbeitslosigkeit von acht Millionen Menschen, wurden innerhalb von drei Jahren durch die Staatskonjunktur und Rüstungswirtschaft überwunden.

Damit aber hatte sich Hitler ein Erfolgspolster verschafft, das nach der Auffassung einer ständig weiter wachsenden Mehrheit denkbar eindrucksvoll ausfiel. Es gehört zum Verhängnis der deutschen Geschichte in den 1930er Jahren, daß zum einen Hitlers Erfolgsserie in einer atemberaubenden Dichte sechs Jahre lang bis 1939 weiter anhielt und daß er zum andern in schwierigen Situationen bedenkenlos eine Krise zu fabrizieren riskierte, deren Meisterung seinen Nimbus als wundertätiger Dompteur erneut aufleuchten ließ. Denn diese heiklen Situationen stellten sich in aller Regel keineswegs als Ergebnis ungesteuerter politischer Prozesse ein, deren Auswirkungen die deutsche Politik in Mitleidenschaft zogen und eine Reaktion verlangten. Vielmehr übernahm Hitler durchweg den drängenden, aktiven Part, oft jenseits der Grenze zum Hasardspiel. Daß er gerade aus solchen Grenzsituationen seiner Vabanquepolitik, welche die typische Hektik des unaufhörlich nach Krisenbewährung jagenden Charismatikers aufweist, Jahr für Jahr triumphierend hervorging, hat das Ansehen des «Führers», der «die Politik des fait accompli», wie ein SoPaDe-Bericht betroffen festhielt, «souverän beherrscht», bis zu einem Punkt gesteigert, wo es hieß: «Hitler gelingt einfach alles.»

Man kann für einen knappen Überblick den innenpolitischen Akklamationsgewinn von den zusehends effektiveren außenpolitischen Erfolgen unterscheiden. Eine schlechthin durchschlagende Wirkung ging von der Eliminierung der Arbeitslosigkeit aus. Ihr legitimatorischer Effekt ist kaum zu überschätzen (vgl. vorn I. 2). Schon im Juli 1934 wurde der Exil-SPD berichtet, daß «große Teile der Arbeiterschaft ... der unkritischen Verhimmelung Hitlers verfallen» seien. «Gerade unter Arbeitern» habe Hitler «persönlich Vertrauen» gewonnen. In den bürgerlichen Mittelklassen und unter Konservativen gleich welchen sozialen Milieus wurde die Zerschlagung der Linksparteien und Freien Gewerkschaften als Ende des Marxismus mit Häme und Hingabe gefeiert. Das Reichskonkordat mit der Kurie galt den meisten loyalen Katholiken als denkwürdiges Entgegenkommen eines durch und durch säkularisierten Staates. Als es schon spürbar bergauf ging, bescherte die Abstimmung im Saargebiet, wo am 16. Januar 1935 91 Prozent der Aktivwähler für die Rückkehr in den deutschen Staatsverband votierten, dem exaltierten deutschen Nationalismus ein Geschenk, das auch dem Regime als Promotor des radikalen Nationalismus weiter Auftrieb gab. Unverzüglich befriedigte Hitler den nationalen Geltungsdrang, indem er am 9. März mit der auftrumpfenden Mitteilung über den Aufbau einer (in Versailles verbotenen) deutschen Luftwaffe Beifall auslöste. Und am 16. März führte er, erneut eine ungeahndete Provokation der ehemaligen Alliierten, unter frenetischem Jubel die allgemeine Wehrpflicht wieder ein.

Im nächsten Jahr dienten die Berliner Olympischen Spiele dazu, die vermeintliche Liberalität und Modernität des «Dritten Reiches» aller Welt zu demonstrieren. Hitlers Prestige erreichte einen neuen Höhepunkt, seine Popularität war, wie viele ausländische Beobachter verblüfft feststellten, tief verankert. Wie die Methode des «panem et circenses» wirksam praktiziert wurde, nahmen auch die öffentlichen Aufmärsche und Demonstrationen, Feste und Wettbewerbe der nationalsozialistischen Massenorganisationen, umrahmt von der allgegenwärtigen Militärmusik, zahllose Menschen für das Regime ein, boten sie doch eine Möglichkeit, seine Macht zu erleben und sich mit ihrer Wucht zu identifizieren. Überdies sollte man weder die Faszination übersehen, die etwa vom Erntedankfest in Bückeburg mit 800 000 oder vom Reichsberufswettkampf mit Millionen Teilnehmern ausging, noch die Leistungsfähigkeit großer Institutionen, die wie die DAF, die NSV, das WHW überdies Millionen ehrenamtlicher Mitarbeiter fanden, unterschätzen. Das flächendeckende Freizeitprogramm der DAF etwa hatte bis 1937 statistisch bereits jeden erwachsenen Deutschen einmal im Jahr erfaßt, das WHW und die NSV hatten Millionen spürbar geholfen.

Unstreitig nahm auch die «Suggestivität der Volksgemeinschaftsidee» weiter zu. Nach 1945 ist sie lange Zeit als perfider Trick der Goebbels-Propaganda abgetan worden, inzwischen aber ist überzeugend herausgearbeitet worden, wie attraktiv das Ideal einer klassenlosen Sozialharmonie auf Millionen gewirkt hat, wie tief es seit dem ausgehenden 19. Jahrhundert, zumal seit dem Ersten Weltkrieg in ihrer politischen Mentalität verwurzelt war, wie raffiniert die Machthaber diese Sehnsucht nach einer antagonismusfreien formierten Gesellschaft bedient haben. Die weitverbreitete Überzeugung, daß der Nationalsozialismus, vornehmlich wieder der «Führer» an seiner Spitze, für die Realisierung dieser Zielvorstellung aktiv eintrete, gehört zu den großen innenpolitischen Stabilisierungserfolgen des Regimes, die seinen Legitimationsfundus vergrößerten.

Nach relativ kurzer Zeit gewannen jedoch spektakuläre außenpolitische Erfolge, die sich vorrangig mit Hitlers Person verbanden, die Oberhand mit einer Wirkung, die seit 1935/36 über die Erfolgsbilanz im Inneren weit hinausreichte. Anders gesagt: Da in der Arena der Innenpolitik angesichts der Belastung durch die Aufrüstung, schwer abzufangender Krisen und Engpässe, der Dienstverpflichtungen aller Art neue «Siege» nur mehr schwer zu erringen waren, wuchs der Außenpolitik eine legitimatorische Aufgabe zu.

Die Außenpolitik des «Dritten Reiches» diente bis 1939 vornehmlich vier Zwecken: Sie sollte, erstens, die Konsolidierung des Regimes abschirmen, vor allem die weit aufklaffende «Sicherheitslücke» zwischen Rüstungsstand und Rüstungsrisiko tarnen oder gar schließen. Zum Zweiten

3. Stimulantien des Führermythos

sollte sie die Revision des verhaßten Versailler Vertragswerks radikaler vorantreiben, als das die Weimarer Republik je unternommen hatte. Drittens sollte sie die hegemoniale Expansion des «Dritten Reiches» vorbereiten und absichern. Und schließlich sollte sie, den uralten Regeln Machiavellis folgend, die Zustimmungsbereitschaft der Bevölkerung erhöhen, denn Erfolge in den auswärtigen Angelegenheiten verschaffen gewöhnlich auch einen innenpolitischen Legitimationszuwachs.

So bewies schon der deutsch-russische Handelsvertrag vom April 1933, wie sich Hitler zur Förderung des wirtschaftlichen Aufschwungs über ideologische Dogmen souverän hinwegsetzen konnte. Und der alle Welt überraschende deutsch-polnische Nichtangriffspakt vom Januar 1934, der zweite große außenpolitische Erfolg nach dem Reichskonkordat, in Berlin als Beweis für Hitlers Friedenswillen gerühmt, entschärfte zeitweilig einen bitteren Konflikt mit dem in Deutschland am meisten verhaßten Nachfolgestaat. Diese demonstrative Geste, zu der keine Weimarer Regierung politisch bereit oder imstande gewesen wäre, unterstrich, wie auch der Austritt aus dem Völkerbund im Oktober 1933, die Handlungsautonomie, die Hitler in der Außenpolitik frühzeitig gewonnen hatte. Sie sollte sich seit 1935 zur «absoluten, unkontrollierten Entscheidungsgewalt» steigern.

Der deutsch-englische Flottenvertrag vom Juni 1935 diente nicht nur dazu, Hitlers geschickt geheuchelte «Friedenspolitik» zu unterstreichen, sondern er signalisierte auch, daß die deutsche Aufrüstung von London bejaht und der Versailler Vertrag durch eine gültige völkerrechtliche Abmachung unterlaufen wurde. Noch drastischer demonstrierte am 7. März 1936 die Besetzung des entmilitarisierten Rheinlands durch deutsche Truppen, wie kaltblütig Hitler der zugespitzten Situation im Innern, wo sich die prekären Ernährungs-, Preisauftriebs- und Devisenkrisen überschnitten, mit einem riskanten Coup begegnete, der zwar den Bruch des Locarno-Vertrags bedeutete, im Erfolgsfall aber sein Charisma bestätigen mußte. Die Wehrmachtspitze hatte, da nur kleine deutsche Einheiten gegen den drohenden Einmarsch französischer Divisionen aufgeboten werden konnten, geradezu entsetzt von dem Unternehmen abgeraten, obwohl nach Hitlers Kalkül der spätimperialistische Krieg, den Mussolinis Italien mit modernsten Waffen gegen das altertümliche afrikanische Kaiserreich Abessinien vom Zaun gebrochen hatte, die Aufmerksamkeit der Westmächte so weit absorbierte, daß ihre Handlungsfähigkeit in Mitteleuropa gelähmt wurde.

Im Auswärtigen Amt erkannte v. Neurath, daß «ausschließlich innenpolitische Gründe» Hitler zu diesem Zeitpunkt vorantrieben, und der «Führer» setzte sich eben deshalb gegen seine Generäle erstmals voll durch. Da eine militante französische Reaktion ausblieb, führte der begeisterte Jubel nach dieser «eigenmächtigen Instinktpolitik» zu einer massiven Prestigesteigerung, hatte doch Hitlers Aktion wieder einen Teil des Versailler Traumas gelöscht. Die skeptischen Militärs standen düpiert da. Ein SoPaDe-Berichterstatter hielt an Hitlers Besuch in München am 17. März fest, daß selbst der Enthusiasmus des Augusts 1914 «nicht den Eindruck gemacht habe» wie diesmal der Einzug Hitlers in die «Hauptstadt der Bewegung». Das beweise, wie «Hitler im Volk außerordentlich an Boden gewonnen hat. Er wird von vielen geliebt». Auch in der Arbeiterschaft wurde dem Versailler Vertrag die Schuld am «Tiefstand der Existenzmöglichkeiten des deutschen Arbeiters» zugewiesen und jede Befreiung von seinen Fesseln bejubelt». Kein Wunder mithin, daß die plebiszitären Wahlen am 29. März ihm fast 99 Prozent der Stimmen einbrachten.

In der internationalen Arena konnte Hitler sein Image fortlaufend verbessern. Die überraschende Intervention in dem seit dem Juli 1936 tobenden Spanischen Bürgerkrieg zugunsten der Franco-Putschisten, erneut das Ergebnis eines einsamen Führerentschlusses, entsprang einem mehrschichtigen Kalkül: Die Gefahr einer Volksfrontregierung, wie sie soeben in Frankreich entstanden war, sollte gebannt, die angebliche «marxistisch-jüdische» Verschwörung zerschlagen und die antibolschewistische Wächterrolle des «Dritten Reiches» bekräftigt, die Sicherheitslage gegenüber Frankreich verbessert und die Kooperation mit dem faschistischen Italien gestärkt werden. Unter dem Strich überwog die ideologische Motivation, auch wenn sich aus dem Eingreifen der Luftwaffeneinheit «Legion Condor» innenpolitisches Kapital schlagen ließ, da es sich um den ersten deutschen Militäreinsatz seit 1918 handelte.

Im November 1937 eröffnete Hitler der Wehrmachtsspitze ganz ungeschminkt, wie das im sog. Hoßbach-Protokoll festgehalten wurde, daß er demnächst die Annexion Österreichs und eines Großteils der Tschechoslowakei betreiben werde. 1934 hatte der voreilig unternommene Anlauf zu einer nationalsozialistischen «Machtergreifung» in Österreich, der zur Ermordung von Bundeskanzler Engelbert Dollfus geführt hatte, mit einem Debakel geendet, das die Berliner Machthaber zu einer Vertagung ihrer großdeutschen Politik zwang. Seit dem Winter 1937/38 taktierte Hitler gegenüber Wien zunächst eher vorsichtig, dagegen war es Göring, der auf Intervention drängte. Dann jedoch setzte die von Bundeskanzler Kurt v. Schuschnigg angeordnete Volksabstimmung, die als Gegengewicht gegen die Berliner Forderungen gedacht war, Hitler unter Entscheidungszwang. In einer demütigenden Konferenz mit v. Schuschnigg betonte der «Führer» Mitte Februar 1938 pathetisch die Notwendigkeit, seinen «geschichtlichen Auftrag» zu erfüllen, «weil mich die Vorsehung dazu bestimmt hat», Österreich «heim ins Reich zu holen». Bisher schon habe er «in der deutschen Geschichte das Größte geleistet, was je einem Deutschen zu leisten bestimmt war».

Innenpolitisch hatte Hitler eine Woche zuvor die Blomberg/Fritsch-Krise dazu genutzt, selber den Oberbefehl über die Wehrmacht zu übernehmen, das OKW einzurichten, Ribbentrop an die Stelle v. Neuraths und

3. Stimulantien des Führermythos

Funk an die Stelle Schachts zu setzen; die letzte Sitzung des Reichskabinetts besiegelte, Abschluß der vollständigen Gleichschaltung, das Revirement, das die schnelle Entscheidung für den Einmarsch deutscher Truppen am 12. März und den unverzüglich erfolgenden «Anschluß» Österreichs erleichterte. Hitler stand für Deutsche und Österreicher, spontan umjubelt, als der Vollender der großdeutschen Sehnsucht da. Der Hegemonie in Europa war das neue «Großdeutsche Reich» ein gutes Stück nähergekommen. Im Frühjahr 1938 erreichte daher Hitlers Prestige einen absoluten Gipfelpunkt. Das Land glaube jetzt, hieß es in einem SoPaDe-Bericht, «daß der Führer alles kann, was er will».

Im Hochgefühl seines Erfolgs und angetrieben von der rastlosen Jagd nach neuen glanzvollen Leistungen, brach Hitler nur wenige Wochen später mit der tschechischen Republik die «Sudetenkrise» vom Zaun. Vordergründig ging es um die Verbesserung der Lage der großen deutschsprachigen Minderheit – seit Jahrhunderten Deutsch-Österreicher im habsburgischen Vielvölkerstaat, die sich indes seit 1918 nach Reichsdeutschland orientiert hatten. Tatsächlich visierte Hitler, wie er am 28. Mai 1938 hohen Militärs und Beamten mit seiner brutalen Offenherzigkeit erklärte, die Zerschlagung der Tschechoslowakei an. Obwohl zwei Tage später eine entsprechende «Führerweisung» vorlag, ging die Sudetenkrise, vor allem wegen der Vermittlungsbemühungen des englischen Premierministers Neville Chamberlain während des gesamten Sommers, in keine deutsche Angriffsaktion über. Die Forderungen der deutschen Propagandakampagne vom Recht auf vollständige Selbstbestimmung bis zum Ruf nach territorialer Ablösung steigerten sich indes unablässig. Vielmehr wurde sie durch das Münchener Abkommen, mit dem Hitler dank seiner erstaunlichen Überredungskunst innerhalb weniger Stunden eine Maximallösung erreichte, am 29. September vorerst entschärft. Das Reich gewann die Sudetengebiete, Hitler selber «ein fast legendäres Ansehen», das jeder innerdeutschen Kritik an seiner Risikopolitik vorerst den Boden entzog. Erleichtert über die staatsmännische Vermeidung eines Krieges herrschten Bewunderung und Dankbarkeit in der Bevölkerung vor, die, wie es in einem vertraulichen Bericht hieß, «von der Staatskunst unseres Führers begeistert ist». Hitler aber schäumte, daß ihm die Konferenz, so prestigefördernd sie sich auch auswirkte, in letzter Minute die Kriegsgelegenheit geraubt habe.

So schnell wie möglich holte Hitler das zerstörerische Unternehmen nach, als er Mitte März 1939 die sog. Resttschechei besetzen ließ, ehe daraus eine erste östliche Kolonie gemacht wurde: Schon begrifflich knüpfte das dort eingerichtete «Reichsprotektorat Böhmen und Mähren» ganz unverstellt an die deutsche Kolonialterminologie der 1880er Jahre an. Zum erstenmal aber hatte sich Hitler über die Wirkung einer dramatischen außenpolitischen Aktion von Grund auf getäuscht. In den Regierungszentralen der Westmächte setzte sich jetzt endlich die Auffassung durch, daß mit dem wortbrüchigen Diktator keine Politik des Interessenausgleichs, wie sie in München unter Berufung auf das Nationalitätsprinzip auf Kosten der Tschechoslowakei noch einmal geglückt zu sein schien, betrieben werden könne. Das sollte dort zu einem fundamentalen Kurswechsel führen.

Vorerst aber rundete Hitler seine Revisionspolitik dadurch ab, daß er Litauen zwang, das 1923 annektierte Memelgebiet am 22. März 1939 an das Reich abzutreten. Als Hitler am 20. April 1939 in Berlin seinen 50. Geburtstag pompös feierte und die Wehrmacht mit einer klirrend-protzigen Machtkundgebung ihre «grenzenlose Unterwerfung» demonstrierte, stand für die erdrückende Mehrheit der Deutschen, die sich mit ihm und seinen spektakulären Erfolgen in nationalistischem Überschwang vorbehaltlos identifizierten, das Urteil fest, daß der «Führer» als nationaler Heiland, größer noch als Bismarck, in einsamer Höhe das «Großdeutsche Reich» zu unvergleichlicher Macht und neuem Ansehen geführt habe.[12]

4. Staatliche Rassenpolitik in Aktion

Die nationalsozialistische Rassenpolitik, die zum ersten Mal die staatliche Sanktionsgewalt einsetzen und den Rassismus zur Staatsdoktrin erheben konnte, richtete sich nicht allein gegen die Juden, obwohl die «Judenpolitik» das berüchtigtste Aktionsfeld markiert, auf dem sich die Vorgeschichte des Massenmords, dann der Holocaust selber mit ungeahnter Gewalt entfaltete. Vielmehr muß man diese Rassenpolitik in einen allgemeineren Kontext einordnen. Ihr ging es um die Reinigung des deutschen «Volkskörpers», der durch «minderwertige» Elemente, insbesondere durch Juden, aber auch durch Geisteskranke, Asoziale, Slawen, Zigeuner tödlich gefährdet sei. Denn ohne rigorose Eingriffe verdränge nach dem ungeheuren Aderlaß während des Weltkriegs, so die wahnhafte Befürchtung einer «biologischen Katastrophe», binnen kurzem eine Mehrheit von «Minderwertigen» die rassisch «Hochwertigen». Aus dieser zwanghaften Vorstellung resultierte das aktivistische «Drängen auf eine Lösung», das einen pressierenden Druck hin auf effektives «Handeln» erzeugte. Dabei rückte die «harte Vererbungslehre des sozialdarwinistischen Selektionstheorems» in den Vordergrund und stimulierte auf der Linie einer elitären «Züchtungsutopie» die unbarmherzigen Eingriffe.

Unstreitig erreichte die «Judenpolitik» das äußerste Extrem: die industrielle Massentötung ohne Ansehen von Alter und Geschlecht. Doch Millionen rücksichtslos eliminierter Slawen noch vor dem im «Generalplan Ost» anvisierten «Ethnozid», Hunderttausende von Toten als Folge der Euthanasieaktion, Hunderttausende durch Zwangssterilisation Verkrüppelte weisen auf die weiten Dimensionen der rassisch-eugenischen Purifizierungsleidenschaft des NS-Regimes hin.

4. Staatliche Rassenpolitik in Aktion

a) «Judenpolitik»:
Pogrom – Sonderrecht – Vertreibung

In vergleichender Perspektive markiert die Ermordung der europäischen Juden eine universalhistorische Zäsur. Wegen der zielstrebigen Vernichtung des Lebens von sechs Millionen Menschen, denen nur die Zugehörigkeit zu ihrer «Rasse» vorgeworfen wurde, bezeichnet sie den Extremfall aller barbarischen Tötungsaktivitäten des «Dritten Reiches».

Der radikale Antisemitismus hatte sich seit dem ausgehenden 19. Jahrhundert in Teilgruppen der reichsdeutschen Gesellschaft hineingefressen. Seit der Schlußphase des Weltkriegs und während der Weimarer Republik, als die Jagd auf Sündenböcke, die man für die Serie von Katastrophen verantwortlich machen konnte, anhielt, war diese Strömung, die in «den» Juden die Ursache auch der Niederlage und aller späterer Belastungen sah, weiter angeschwollen (vgl. 8.T. V.6). Außerdem war ein latenter Alltagsantisemitismus ohne die Militanz der Dogmatiker ebenfalls vorgedrungen. Er nahm die Exzesse des Wortes und der Tat stumm hin, rügte sie wohl sogar gelegentlich, verstand sich aber nie zu einer Verteidigung der staatsbürgerlichen Gleichheitsrechte. Den Aufstieg der jüdischen Deutschen im Wirtschaftsleben und in der Wissenschaft vermochten freilich beide Varianten der Judenfeindschaft nicht zu verhindern.

Im Weltbild des Nationalsozialismus wurde ein extremer Antisemitismus gespeichert, der seit 1933 auf eine Lösung durch den Staat drängte, ohne daß sich ein konkreter Gesamtplan, wie denn die «Entfernung der Juden» (Hitler) vor sich gehen sollte, herausgebildet hätte. Anstelle der Realisierung einer solchen Zielkonzeption entwickelte sich seit 1933 eine phasenweise verschärfte antijüdische Staatspolitik, welche gegen die halbe Million jüdischer Deutscher alsbald in der Form eines Bürgerkriegs geführt wurde, der dann seit 1941 in die systematisch betriebene Vernichtung der europäischen Judenheit überging.

Die antijüdische Politik, die vom Pogrom über sonderrechtliche Diskriminierung bis zur Vertreibung außer Landes reichte, schien jahrelang keinen eindeutigen Richtlinien für die «Entfernung» der stigmatisierten Minderheit zu folgen. Vielmehr experimentierte sie mit der Häufung von unterschiedlichen Terrorakten, um möglichst viele ihrer Angehörigen in die Emigration zu zwingen. Diese Regierungspolitik, durch SA-Gewalt und Reichsgesetze ausgeführt, wurde – wie alle sachkundigen Untersuchungen bisher ergeben haben – von der großen Mehrheit der Bevölkerung billigend, jedenfalls protestlos hingenommen, aber nicht aktiv unterstützt. Der praktizierte Antisemitismus des «Dritten Reiches» war mithin kein Ergebnis einer judenfeindlichen Massenstimmung, die Taten sehen wollte; er konnte daher auch keiner systemförderlichen Integration dienen. Zugleich traf er aber ebenfalls auf keinen entschiedenen Protest, keine öffentliche Ablehnung und Kritik. Der Radauantisemitismus der SA mochte stumme Mißbilligung auf sich ziehen, wie etwa 1938, doch die gesetzlich getarnte Diskriminierung wurde durchweg kritiklos akzeptiert oder sogar für eine überfällige Korrektur des jüdischen «Vordrängelns» gehalten, solange sie sich nur in geregelten Bahnen vollzog.

Dieses Kollektivverhalten des beschämenden Schweigens wirft ein grelles Licht auf die politische Mentalität und Kultur der Deutschen jener Zeit: auf ihre Mißachtung fundamentaler Menschenrechte, ihre mangelnde Zivilcourage, ihre Gleichgültigkeit gegenüber Drangsalierten. Zieht man den vehementen kirchlichen und öffentlichen Widerstand gegen die Euthanasieaktion zum Vergleich heran, fällt das Urteil über die Hinnahme der staatlichen «Judenpolitik» um so deprimierender aus.

Dieses eigentümliche Verhältnis des idiosynkratischen Radikalantisemitismus Hitlers und des NS-Regimes einerseits und der passiven Duldung oder hämischen Billigung durch die Reichsbevölkerung andererseits wird durch die von Daniel Goldhagen erfundene Legende von einem «eliminatorischen Antisemitismus», der sich angeblich seit Jahrhunderten in der deutschen Staatenwelt aufgestaut und nur darauf gewartet habe, daß das «Dritte Reich» die Schleusen für eine tatkräftige Eliminierung öffnete, völlig verfehlt. Die Judenfeindschaft im deutschsprachigen Mitteleuropa hat sich von der Grundlage des fatalen christlichen Judenhasses auf das «Volk der Christusmörder» keineswegs mit eherner Notwendigkeit bis zum Holocaust gesteigert. Vielmehr ist das eigentlich erklärungsbedürftige Problem, warum gerade dort, wo die schwierige Judenemanzipation vergleichsweise erfolgreich verlaufen war, die Integration in das deutsche Bürgertum zu einer eindrucksvollen Symbiose geführt hatte, der klassische Bildungskanon so bereitwillig unter die Ideale der Lebensführung aufgenommen worden war, die Aversion eines zählebigen, durch solche Erfolge gereizten Antijudaismus und schließlich die Fundamentalkritik des rassistischen politischen Antisemitismus sich seit 1933 zuerst zu einer Vertreibung, dann sogar zu einer beispiellosen Vernichtungspolitik steigern konnten.

Diese peinigende Frage, die oft in hilfloses Rätselraten gemündet ist, kann dann, sofern man eine möglichst rationale Erklärung der unvorstellbaren Barbarei anstrebt, überzeugend beantwortet werden, wenn man von zwei (vorn ausführlich erörterten: 8.T.VI.3; 9.T.I.1–3) charakteristischen Strukturmerkmalen des nationalsozialistischen Regimes ausgeht: von der charismatischen Herrschaft Hitlers und der Polykratie der von ihm eingesetzten Sondergewalten. Das erste Merkmal läßt sich mit Ian Kershaws Worten pointiert so beschreiben: «Da es Hitler war, der... die weltanschaulichen Zielsetzungen des Nationalsozialismus sowie ihre Umsetzung in praktische Politik maßgeblich bestimmte und seine Entscheidung von allen streitenden Gruppen innerhalb der NS-Bewegung als letzte Instanz auch bei der Auslegung weltanschaulicher Fragen angesehen wurde, ist es

4. Staatliche Rassenpolitik in Aktion

zulässig, die Fixpunkte der Weltanschauung Hitlers als den eigentlichen Kern der NS-Ideologie anzusehen.»

Zu diesen starren Fixpunkten gehörte seit dem Augenblick, als Hitler 1919 in München die politische Bühne betrat, auch sein leidenschaftlicher Antisemitismus, dessen letztes Ziel, wie er in seinem ersten politischen Schriftstück (1919) forderte, die «Entfernung der Juden aus Deutschland» sein müsse. Hitler hat die Juden von Anfang an nicht als eine Religionsgemeinschaft, sondern allein als Rasse verstanden, die als «Rassentuberkulose» ihre Gastvölker zerstöre. Sie verkörperte für ihn alle unbegriffenen, tödlichen Gefahren der Moderne, aber auch alle akuten Bedrohungen seiner Gegenwart. Mit monomaner Besessenheit führte er die Niederlage von 1918 und die verhaßte parlamentarische Demokratie, den Marxismus und die Sowjetunion auf das Werk von Juden zurück. Diese Grundauffassung hat Hitler in «Mein Kampf» brutalisiert, ohne jedoch eine Konzeption zu entwickeln, wie denn die jüdischen Deutschen lückenlos «entfernt» werden sollten. Statt dessen verharrte er in der Öffentlichkeit in einer allgemeinen Drohgebärde – von seinen Anhängern als Verheißung, von Skeptikern als hohle Rhetorik wahrgenommen. Insgeheim aber wirkte er als vorantreibender Initiator aller bösartigen Schikanen.

Mit dem Aufbau seiner charismatischen Herrschaft in der Partei war auch die erfolgreiche Durchsetzung von Hitlers Interpretationsmonopol verbunden gewesen. Ernsthafte ideologische Richtungskämpfe hat es daher, im Unterschied zu allen anderen totalitären Bewegungen, in der NSDAP nicht gegeben. Diese unangefochtene Deutungskompetenz, die es ihm erlaubte, vorrangige Probleme und den Weg zu ihrer Lösung selber zu definieren, wurde seit 1933 auf das Herrschaftssystem übertragen, konnte jetzt aber den gesamten Staatsapparat mit seiner Durchsetzungsgewalt in ihren Dienst stellen.

Daher kann man zugespitzt formulieren, daß ohne den fanatischen Antisemitismus des «Führers», der seit 1933 an allen antijüdischen Maßnahmen entscheidend beteiligt war, die «Judenpolitik» vom Frühjahr 1933 bis hin zum Holocaust nicht möglich gewesen wäre. Erst der «Führerwille» kanalisierte den dumpfen, gewaltbereiten oder den nur schwadronierenden Antisemitismus in die Zielrichtung der Vertreibung und Vernichtung. Erst seine Grundauffassung gestattet es den zahlreichen Helfershelfern, der Sanktionierung ihres Handelns durch den «Führer» gewiß, ihm allenthalben «entgegenzuarbeiten». So unbestreitbar der Radikalantisemitismus der «alten Kämpfer», überhaupt des «völkischen» Kerns der NSDAP auch ist, verdankte doch Hitler, wie das vorn geschildert worden ist (8.T.VI.3–6), seinen atemberaubenden Aufstieg seit 1929/30 keineswegs der Mobilisierung des deutschen Antisemitismus. Hätte er, so lautet die kontrafaktische These, seinen extremen Antisemitismus, an der Spitze des Staatswesens angelangt, nicht weiter verfolgt, hätte es vermutlich zwar einige SA-Pogrome, aber keine durch den «Führerwillen» gedeckte Diskriminierungs- und Eliminierungspolitik des «Dritten Reiches» geben können. Die Satrapen und subalternen Figuren hätten ohne Hitlers massive Förderung und Legitimierung einen derart koordinierten Liquidierungsfeldzug aus eigener Kraft nicht zustande gebracht. Da aber der zur Tat drängende extreme Antisemitismus zur innersten Antriebsmotorik Hitlers gehörte, kam der antijüdischen Politik seine gesamte charismatische Legitimationskraft zugute, und sein energiegeladener Vernichtungswille führte schließlich bis hin zur Ausführung des Massenmords.

Nun ist es eins, die Schlüsselfunktion dieses Charismaträgers auch in der Judenpolitik nachdrücklich zu betonen, aber etwas ganz anderes, die Mitwirkungsbereitschaft von Hunderttausenden mehr oder weniger bereitwilliger Helfern zu erklären – und das erst recht, wenn man der Mythologie vom auserwählten bösen Volk des «eliminatorischen Antisemitismus» nicht zu folgen vermag. Unbestreitbar war es ein Novum der nationalsozialistischen Judenverfolgung, daß sie mit Hilfe der Staatsgewalt betrieben wurde, sich also nicht mehr in der aufgeregten Agitation einer rechtsradikalen Massenbewegung erschöpfte. Konkret bedeutete das, daß Hunderttausende von Verwaltungsbeamten und Polizisten, Richtern und Staatsanwälten, Finanzamts- und Eisenbahnbeamten, schließlich auch von Wehrmachtsoffizieren und -soldaten für ihre Zwecke eingeschaltet werden konnten. Auf nennenswerten Protest dieser obrigkeitsgläubigen Exekutoren staatlich verordneter Schikanen und zuletzt eines Menschheitsverbrechens stießen sie dabei nicht. Ohne ihre beflissene Beihilfe wäre diese judenfeindliche Politik, zumal derart effizient, überhaupt nicht ausführbar gewesen.

Aber maßgeblich für die gesamte Rassen- und speziell die «Judenpolitik» war doch, daß an erster Stelle polykratische Sonderstäbe, die sich als extrastaatliche Institutionen jeder klassischen Normorientierung entzogen, zu ihrer Verwirklichung eingesetzt wurden. Das trifft insbesondere zu auf die SS, das RSHA, die Gestapo und den SD, die KZ-Wachmannschaften, die Einsatzgruppen, den Geheimstab für die Euthanasie. Der Einsatz solcher führerloyalen Partikulargewalten ermöglichte auch das erstaunlich hohe Maß an Geheimhaltung, die namentlich beim Holocaust bis zuletzt praktiziert wurde. Aus der engen Kooperation dieser Sonderexekutiven und einer gefügigen Staatsdienerschaft ging erst die Diskriminierungspraxis, dann das Vernichtungswerk hervor. Der blinde Gehorsam und ideologische Fanatismus, den die Leiter der Sonderstäbe und ihre Angehörigen den Anordnungen des charismatischen «Führers» entgegenbrachten, erklärt ihre Bereitschaft, ihm entgegenzuarbeiten, und dazu ihre Gefügigkeit, die überdies meistens durch ihre eigene antisemitische Grundüberzeugung verstärkt wurde.

Blickt man etwa auf die Führungselite im Reichssicherheitshauptamt, die in Michael Wildts vorbildlicher Studie präzis analysiert worden ist, trifft

4. Staatliche Rassenpolitik in Aktion 657

man auf einige hundert prototypische Angehörige der «Generation des Unbedingten». Meist handelte es sich um Jungakademiker mit vorzüglichen Examensnoten, nicht selten mit dem Doktortitel ausgestattet, selbstbewußt am Beginn einer erfolgreichen Karriere, keineswegs also um gescheiterte Existenzen, Desperados, Freikorpskämpfer, wie sie in der SA so zahlreich vertreten waren. Angehörige der Schlüsseljahrgänge 1904/1905 oder der noch jüngeren Alterskohorten dominierten. Sie suchten die Bewährung im Verwaltungsdienst des «Dritten Reiches», an Polizei- oder SD-Aufgaben, aber auch in den Einsatzgruppen des Judenmords oder in den Gestapostellen der deutschen Besatzungsherrschaft überall in Europa. Sie führten jeden Befehl aus, handelten skrupellos, allein auf makellose Effizienz bei ihrer Aufgabenerfüllung bedacht. Dafür brachten sie gewöhnlich die völkisch-antisemitischen Ideen ihrer Studentenzeit und des Rechtslagers der Weimarer Republik mit. Insofern besaßen sie Dispositionen, die im «Dienst an der Sache» des «rassereinen», «judenfreien» Reiches mühelos fanatisiert werden konnten. Und insofern verkörperten sie in der Tat das Führungspotential für eine aggressive Rassen-, Verfolgungs- und Ausmerzepolitik.

Angehörige dieser nationalsozialistischen Elite waren geradezu prädestiniert, dem «Führer entgegenzuarbeiten», gegebenenfalls aber auch aus eigener Überzeugung zur Aktion überzugehen, zumal sie dabei stets sicher sein konnten, sich auf der Generallinie nationalsozialistischer Politik zu bewegen. In aller Regel aber blieben sie in die Befehlshierarchie des Führerstaats eingebunden. Sie übernahmen genauso bereitwillig administrative Aufgaben im besetzten Europa wie die Liquidierung von Hunderttausenden von Juden. Hätte ein Hitler-, Himmler-, Heydrich-Befehl aus irgendwelchen taktischen Gründen die Judenvernichtung aufgeschoben, hätten sie sich ganz so daran gehalten, wie sie umgekehrt den Mordauftrag ausführten. Bei aller Bereitschaft zum «unbedingten» Handeln hingen sie doch von der Anweisung des charismatischen «Führers», von der Berufung Himmlers und Heydrichs darauf ab, daß sie den «erklärten Willen des Führers» in operative Zielvorgaben übersetzten. Bei aller Handlungsbereitschaft bleibt doch der «nervus rerum» auch der RSHA-Elite ihre Führerabhängigkeit: ihre Fixierung auf das letztinstanzliche Machtwort Hitlers mit seinem Entscheidungsmonopol und seinem Sonderstatus, als letzte Legitimationsquelle fungieren zu können.

Der Gehorsam des Staatsapparats dagegen, der wie eine gewissenlose Maschine funktionierte, erklärt sich zum Teil aus den normativen Imperativen der Bürokratietradition, etwa der Gehorsamspflicht, der Akzeptanz der Hierarchie der Anordnungsberechtigten, der Funktionstüchtigkeit ohne insistierendes Nachfragen. Mehr aber noch aus dem Defizit, das die von den Staatsdienern geteilte politische Kultur aufwies. Denn erst der mangelnde Respekt vor der Gültigkeit universeller Menschenrechte, die Verweigerung rechtsstaatlicher Verfahren für stigmatisierte Minderheiten von Staatsbürgern ohne Ansehen von Konfession und politischer Überzeugung, geschweige denn «Rasse», der fortwirkende Glaube an das historische Eigenrecht der großen Persönlichkeit, deren Genius sich über jede gültige Schranke hinwegsetzen dürfe – sie erst haben die Einbruchstelle für die von den Staatsinstitutionen: von der Bürokratie über die Justiz bis zur Wehrmacht mitgetragene «Judenpolitik» weit geöffnet.

Auch nach 1933 wurde, wie vorn erwähnt, kein antijüdischer «Meisterplan» von Partei- oder Staatsstellen entworfen. Und von einer erfolgreichen Mobilisierung der Bevölkerung, von ihrer ideologischen Integration durch den Antisemitismus konnte keine Rede sein. Noch 1935 fiel Hitler als Nahziel nur eine konsequente Apartheid ein, als er forderte: «Heraus aus allen Berufen..., eingesperrt in ein Territorium, wo sie sich ergehen können..., während das deutsche Volk zusieht, wie man wilde Tiere sich ansieht.» Die inhumane Stoßrichtung war zwar deutlich erkennbar, doch jede operative Anleitung, wie und wo ein solches Gettogebiet eingerichtet werden sollte, blieb im Arkanbereich, erst recht in der Alltagspraxis der endlosen Drangsalierung noch ganz offen.

Andererseits war bis zu diesem Jahr die nationalsozialistische Verfolgungspolitik schon erschreckend in Bewegung geraten. Das erste Pogrom im April 1933 hatte den Schleier der geheuchelten Wohlanständigkeit zerrissen, bis zum Jahresende wanderten bereits 37 000 jüdische Deutsche aus. Ihm folgte eine erste, bis Ende 1934 anhaltende antijüdische Welle mit dem Berufsverbot für Ärzte und Rechtsanwälte, Richter und Staatsanwälte. Ihre offene Diskriminierung wurde durch zahlreiche sonderrechtliche Regelungen für viele Lebensbereiche fortgesetzt, wie überhaupt das stigmatisierende Ausnahmerecht dem gewalttätigen Pogrom bis 1938 überwiegend vorgezogen wurde. Dennoch verschlägt es noch immer die Sprache, mit welcher Raffinesse, Perfidie und Lückenlosigkeit bis zum Kriegsausbruch fast anderthalbtausend solcher sonderrechtlichen Vorschriften zustande kamen – und buchstabengetreu angewandt wurden.

Eine zweite Phase der antijüdischen Politik dauerte vom Ende 1934 bis Ende 1937. Während bis zum Sommer 1935 die Terroraktivitäten unterschiedlichster Art anhielten, schloß sich im Herbst ein legalisierter Verfolgungskurs an, für den die «Nürnberger Gesetze» vom 15. September 1935 den Boden bereiteten. Zwei Tage vor dem Ende des Parteitags, nach längerer Vorbereitung dann doch eilends improvisiert, wurden dort Gesetzesentwürfe gutgeheißen, die das längst schwer belastete Zusammenleben von jüdischen und christlichen Deutschen definitiv zerschnitten. Gesetzeskraft erhielt ein neues «Reichsbürgergesetz», das die staatsbürgerliche Gleichheit der jüdischen Deutschen beendete und ihnen einen inferioren Rechtsstatus zuwies. Sie durften überdies auch nicht mehr die Reichsflagge hissen oder die Reichsfarben zeigen. Das zweite Machwerk, das «Gesetz zum Schutz des deutschen Blutes», verbot als «Rassenschande» die Eheschließung und den außerehelichen Geschlechtsverkehr zwischen jüdischen Deutschen und «Staatsbürgern deutschen Blutes». In den Formulierungen dieses Reichsgesetzes schlug sich eine perverse sexuelle Besessenheit nieder, die man eher bei dem fränkischen Gauleiter Julius Streicher mit seinem obszönen Revolverblatt «Der Stürmer» als bei den federführenden Juristen des Reichsinnenministeriums vermutet hätte. Auf dieser Linie wurde es zum Beispiel auch jüdischen Männern untersagt, weiterhin «arische» Hausangestellte unterhalb der Schwelle des 45. Lebensjahres zu halten.

Der sofort folgende Gesetzeskommentar von Hans Globke und Werner Stuckart dehnte den Begriff der Rassenschande unablässig aus, indem er auf der perfiden Erweiterung durch ominöse «beischlafähnliche Handlungen», wie immer dieses Phantasiegespinst auch aussehen mochte, insistierte. Als Adenauers Kanzleramtschef hatte Globke fünfzehn Jahre später mit seinem Kommentar selbstverständlich «nur Schlimmeres verhüten wollen». Verurteilt wegen Rassenschande wurden in den ersten fünf Jahren nach dem Erlaß des «Blutschutzgesetzes» 1911 Angeklagte, wobei nicht allein die absolute Zahl, sondern auch der Abschreckungseffekt ausschlaggebend gewesen ist.

In der Bevölkerung herrschte viel stillschweigende Mißbilligung, aber auch Befriedigung über die rechtliche Kanalisierung des antisemitischen Wildwuchses. Jede offene Kritik an den «Nürnberger Gesetzen» blieb wieder aus. Wegen der Olympischen Spiele von 1936 wurde Ruhe an der antijüdischen Bürgerkriegsfront verordnet. Doch Ende 1936 verstärkte sich der Boykott jüdischer Unternehmen. Ihre Verdrängung aus der Wirtschaft durch die «Arisierung», d. h. durch den Zwangsverkauf an «arische» Interessenten, Zwangsabgaben, Sondersteuern und Willkürakte der Devisenfahndung häuften sich.

In dieser beklemmenden Atmosphäre schaltete sich eine der Koryphäen der deutschen Jurisprudenz, Carl Schmitt, inzwischen Preußischer Staatsrat und ebenso eilfertiger wie einflußreicher Berater des Regimes, in die Hetzkampagne mit ein. Früher schon, im ersten Amtsjahr der Regierung Hitler, hatte Schmitt ganz so triumphierend und enthüllend wie präzise konstatiert, daß sich die Verfassungsgrundlage des «neuen Staates» verschoben habe: von der «Gleichartigkeit» der Staatsbürger zur «Artgleichheit» der Volksgenossen! Auf einer Tagung der «Reichsgruppe Hochschullehrer» des «Nationalsozialistischen Rechtswahrerbundes» äußerte sich jetzt der «Reichsgruppenwalter» Schmitt Anfang Oktober 1936 in einem Vortrag voller hitlerdevoten Byzantinismen über die «deutsche Rechtswissenschaft im Kampf gegen den jüdischen Geist». «Der tiefste und letzte Sinn dieses Kampfes liegt», behauptete Schmitt, «in dem Satz des Führers ausgesprochen: ‹Indem ich mich des Juden erwehre, kämpfe ich für das Werk des Herrn.›» «Wir müssen den deutschen Geist von allen jüdischen Fälschungen befreien», denen zufolge auch «der großartige Kampf des

Gauleiters Julius Streicher als etwas ‹Ungeistiges›» bezeichnet werden konnte. «Nur wer sich der geistigen Macht des Judentums bewußt geworden ist», erklärte Schmitt, könne erfassen, «welche Befreiung der Sieg des Nationalsozialismus für den deutschen Geist, die deutsche Rechtswissenschaft bedeutet.» Nur die «Anspannung aller geistigen und sittlichen Kräfte» mache auch die Juristen «zu wichtigen Mitkämpfern der großen weltanschaulichen Auseinandersetzung, in der das deutsche Volk, von Adolf Hitler geführt, seine Gesamtexistenz verteidigt.»

In seinem Schlußwort postulierte Schmitt ganz konkret die «Säuberung der Bibliotheken» von Werken jüdischer Autoren. Sei ein Zitat dennoch unumgänglich, «dann nur mit dem Zusatz ‹jüdisch›. Schon von der bloßen Nennung des Wortes ‹jüdisch› wird ein heilsamer Exorzismus ausgehen.» (Als 1938 «Sarah» und «Israel» als Zwangsnamen für jeden jüdischen Deutschen dekretiert wurden, zitierten nicht wenige deutsche Wissenschaftler ihre eigenen Doktor- und Habilitationsväter mit jenem perfiden Zusatz, den Schmitt schon zwei Jahre zuvor gefordert hatte.)

Wer die Wahrheit dieser notwendigen Opposition begriffen habe, resümierte Schmitt, «weiß auch, was Rasse», «unsere unverfälschte eigene Art, die unversehrte Reinheit unseres deutschen Volkes ist». Das abstoßend servile «Gelöbnis» der Tagungsteilnehmer drückte ihre Zustimmung aus. Schmitts Tirade und der Beifall verwiesen auf eine Mentalität, wie sie inzwischen bei vielen akademischen Helfershelfern des Regimes zutage trat. Im Licht der folgenden acht Jahre war es die jede rechtsstaatliche Norm bereitwillig unterminierende Mentalität von Gehilfen des «Dritten Reiches», die sich in sauberen Amtsstuben die Hände nicht schmutzig machten, die tödliche Gewalt aber mit ihren Gedanken in Gang setzen halfen. Wenn manche Anhänger Carl Schmitts ihn nach 1945 zum unersetzlichen rechtswissenschaftlichen Ideenspender hochstilisiert haben, wurde eine Schamschwelle überschritten, die – selbst wenn Schmitt sich nicht ohnehin vielfach kompromittiert hätte –. schon wegen dieser Vulgärpolemik eines Schreibtischtäters par excellence nie hätte überschritten werden dürfen.

Wie brutal der «Führer» für das «Werk des Herrn» kämpfte, erwies sich auch in der dritten Phase der antijüdischen Verdrängungspolitik vom Herbst 1937 bis zum September 1939, als die Radikalisierung durch den «Anschluß» Österreichs beschleunigt wurde. Den dramatischen Höhepunkt bildete 1938 das Novemberpogrom, vulgo die «Reichskristallnacht», vom 9./10. November. Die von Hitler ausdrücklich gutgeheißene Initiative zu einem spektakulären Pogrom wegen der Ermordung eines deutschen Diplomaten durch einen jungen jüdischen Polen in Paris (wegen der Beeinträchtigung seines Images in der Öffentlichkeit bestand Hitler jedoch auf strengster Geheimhaltung seiner Beteiligung) wurde nach außen von Goebbels als seinem willfährigen Handlanger in die Tat umgesetzt. Goebbels hatte zwar auf «spontane Unterstützung» gehofft, mußte aber dann, als diese wie gewöhnlich ausblieb, mit eilends instruierten Parteiformationen das Vorgehen organisieren. Zweihundert Synagogen wurden in Brand gesetzt, tausend jüdische Geschäfte zerstört, rund hundert jüdische Deutsche ermordet und 25000 Männer in KZ-Lager verbracht. Achthundert Fälle von Plünderung wurden sogar amtlich registriert. Die SA tat alles, um sich vier Jahre nach ihrer Degradierung zu «rehabilitieren».

Überwiegend trafen die Gewaltakte auf eine «eingeschüchterte, schweigende Mißbilligung», zumal wenn es um die Zerstörung wertvoller Gegenstände ging. Weder vorher noch nachher gab es eine solche vielfach registrierte regimekritische Distanz, die sich jedoch nie in eine «massive Äußerung des Protestes» umsetzte. Vielmehr trafen die antijüdischen Gesetzesmaßnahmen weiterhin auf «uneingeschränkte Bejahung».

Die Versicherungswirtschaft schätzte den Sachschaden auf 25 Mill. M., den sie an die Reichskasse anstatt an die Geschädigten überweisen mußte. Den jüdischen Gemeinden wurde, als wären sie für das Zerstörungswerk verantwortlich gewesen, eine schamlose Kollektivstrafe in Höhe von einer Mrd. M. auferlegt, die ebenfalls an die Staatskasse entrichtet werden mußte. Die Bundesrepublik hat Jahrzehnte später eine Entschädigungszahlung von vier Mrd. DM anerkannt und ausgezahlt.

Totschlag, Demütigung und Sachschaden waren dem «Schwarzen Korps», dem Hausorgan der SS, noch nicht genug. Es forderte Ende November 1938 die Ausrottung «mit Feuer und Schwert», das «tatsächliche und endgültige Ende des Judentums in Deutschland, seine endgültige Vernichtung». Das Novemberpogrom wirkte wie eine unmißverständliche offene Kriegserklärung und trieb die Auswanderung jüdischer Deutscher in eine neue Höhe. Vor dem Aufbruch mußte die Vertriebenen allerdings eine exorbitant hohe «Fluchtsteuer» zahlen.

Die Brutalisierung der «Judenpolitik» hing, wie gesagt, auch deutlich mit der Annexion Österreichs zusammen. Dort kam es nach dem «Anschluß» zu zahlreichen Pogromen der traditionell besonders militanten österreichischen Antisemiten, ehe Adolf Eichmann mit der von der SS eingerichteten «Zentralstelle für jüdische Auswanderung» (im Juli 1933 als «Reichsstelle» in eine Abteilung der Gestapo nach Berlin übernommen) die forcierte Vertreibung in die Hand nahm, so daß 60 Prozent der österreichischen Juden emigrierten. Die extremen Zwangsmethoden wurden in das sog. «Altreich» importiert. Dazu gehörte im Oktober 1938 die Ausweisung von 17000 Juden mit polnischer Staatsbürgerschaft, die lange im Grenzgebiet lagern mußten, weil die polnische Republik, selber ein Hort des virulenten Antisemitismus, ihre abgeschobenen Staatsangehörigen nicht aufnehmen wollte. Vor allem aber wurde jetzt der Boykott jüdischer Geschäfte und Unternehmen verschärft, um sie, wie Görings Losung im April 1938 lautete, «aus der Wirtschaft restlos auszuschalten». Dabei machte er kein Hehl daraus, daß er das gesamte jüdische Vermögen requirieren und für die

Zwecke des Vierjahresplans und der Aufrüstung verwenden wolle, wie ja überhaupt die Vertreibung stets Hand in Hand mit der wirtschaftlichen Ausplünderung einherging.

1933 gab es etwa 100 000 jüdische Firmen in Deutschland, von denen bis 1938 60 Prozent verschwunden waren. Von 50 000 jüdischen Einzelhandelsgeschäften waren bis dahin nur 9 000 übriggeblieben. Bekanntlich waren jüdische Unternehmer nur relativ selten in industriellen Großbetrieben, wohl aber im Bank- und im Handelswesen engagiert. Dort gab es eine langjährige, selbstverständliche Kooperation mit christlichen Deutschen, die sich jetzt durchaus über die Kränkung und Verletzung von jüdischen Deutschen in ihrem persönlichen Bekanntenkreis beklagten, aber nie einen hörbaren Protest gegen die ringsum sichtbare Diskriminierungspraxis äußerten. Immerhin war die Großwirtschaft bis 1937 an der «Arisierung» nur begrenzt beteiligt: Nicht einmal zehn Prozent der verkauften großen jüdischen Firmen wurden von ihr übernommen. Auch jüdische Manager, Vorstands- und Aufsichtsratmitglieder wurden beibehalten. Aber unterhalb dieser Ebene der Großunternehmen wurde die «Arisierung» von der Bürokratie und der Raffgier der Interessenten ohne Rücksicht auf bisher für selbstverständlich gehaltene Regeln des Rechts und Anstands vorangetrieben.

Mit dem Vierjahresplan und der Rüstungssteigerung setzte dann eine drastische Verschlechterung ein. Die verbliebenen jüdischen Deutschen wurden aus ihren Positionen verdrängt, die restlichen jüdischen Firmen bis zum Herbst 1939 «arisiert»; vor dem Novemberpogrom stieg etwa die monatliche Rate dieser Zwangsverkäufe auf rund 230 größere Firmen. Jetzt kämpften auch die Großbanken um ihren Anteil am lukrativen Arisierungsgeschäft mit wehrlosen Besitzern. Schon bis zum Sommer 1938 war die Deutsche Bank an 260 schäbigen Transaktionen beteiligt. Nicht minder rigoros schaltete sich die Dresdner Bank ein, die namentlich auch bei den Notverkäufen jüdischer Österreicher zur Stelle war. Gegen die frühere Besitzerfamilie, die Arnholds, zögerte sie nicht, die Gestapo skrupellos einzusetzen. Daß sie zur Hausbank der SS avancierte, wurde ohne auffällige Bedenken akzeptiert. Mochte es im Bereich der Großunternehmen bis etwa 1937 eine spürbare Zurückhaltung, nicht ganz selten sogar ein Festhalten an jüdischem Spitzenpersonal gegeben haben, war die «Arisierung» in der erdrückenden Mehrheit dieser Zwangsverkäufe durch eine Ekel erregende Mischung von Beutegier, Bereicherungseifer und Ausnutzung offensichtlicher Notlagen gekennzeichnet.

Drangsalierung und Diskriminierung, Enteignung und wachsende Lebensgefahr trieben bereits bis 1938 von den 550 000 jüdischen Deutschen, die in der Zählung des Jahres 1933 erfaßt worden waren, 175 000 in die Emigration. Bis zum September 1939 kamen noch einmal 120 000 hinzu; nach dem Schock des Novemberpogroms wurde 1938/39 der Höhepunkt der

4. Staatliche Rassenpolitik in Aktion

Vertreibung mit 267 000 Emigranten erreicht. Etwa 60 Prozent der jüdischen und österreichischen Deutschen konnten durch die Auswanderung ihr Leben retten, im «Reichsprotektorat» dagegen nur 25 Prozent.

Berücksichtigt man die durch die psychosomatischen Folgen der Mißhandlung höchstwahrscheinlich erhöhte Alterssterblichkeit in der Zeitspanne bis 1939 (rd. 47 500 Fälle) und die Abschiebung von «Ostjuden», lebten noch knapp 200 000 jüdische Deutsche im «Altreich», von denen bis zum Auswanderungsverbot im Oktober 1941, als die systematische Deportation ohne Überlebenschancen einsetzte, noch 163 700 Menschen übriggeblieben waren. Von den Emigranten erreichten etwa 130 000 die USA, 51 000 England und 47 000 Palästina, 100 000 aber europäische Nachbarländer, die seit 1939 von deutschen Truppen besetzt wurden, so daß sie den Häschern nur selten entkamen. Nur 15 000 jüdischen Deutschen gelang es, in ihrer Heimat unterzutauchen; nur 13 700 wurden aus dem KZ befreit.

Als 1945 der Rückschlag gegen die barbarische deutsche Bevölkerungs-, Umsiedlungs- und Rassenpolitik im Osten die Deutschen aus Ostdeutschland und Osteuropa vertrieb, sahen sie sich oft als Opfer einzigartiger Gewaltaktionen. Das waren sie auch, aber sie hatten vergessen, daß sie selber seit 1933 an der ersten Vertreibung von Deutschen, von Hunderttausenden jüdischer Deutscher, aktiv oder lethargisch mitgewirkt hatten.

Die im «Altreich» überlebenden jüdischen Deutschen wurden im Juli 1939 in einer Zwangskorporation, der «Reichsvereinigung der Juden in Deutschland» unter der Leitung des Rabbiners Leo Baeck, zusammengefaßt und außerhalb der Sphäre der staatlichen Verwaltung allein der SS-Kontrolle unterstellt. Die SS bediente sich seither der «Reichsvereinigung» und der jüdischen Kultusgemeinden als «Werkzeug für die Vernichtung» der jüdischen Deutschen. Koordiniert wurde die letzte Phase der «Judenpolitik» von Reinhard Heydrich, der in dem im September 1939 geschaffenen RSHA die Schlüsselstellung innehatte. Am 30. Januar 1939 hat Hitler im Reichstag prophezeit, daß im Falle eines neuen Weltkriegs sein Ergebnis «die Vernichtung der jüdischen Rasse in Europa» sein werde.

Die antijüdische Politik von 1933 bis 1941 läßt sich als «Kampfmetapher» (Broszat) nicht realitätsangemessen verstehen. Sie läßt sich auch nicht als Ergebnis angehäufter pragmatischer Diskriminierungsaktionen befriedigend begreifen, die allmählich zu einer «kumulativen Radikalisierung» (H. Mommsen) tendierten. Dieser Prozeß war unbestreitbar, insbesondere seit dem Sommer 1941, am Werk. Doch bleibt das entscheidende Moment die höchste Priorität, welche die Judenfeindschaft im nationalsozialistischen Weltbild, namentlich aber in Hitlers Ideenhaushalt genoß. Dieses Weltbild, durch den charismatischen «Führer» mit seinem Deutungsmonopol und seiner Kompetenzkompetenz stets so aggressiv wie möglich interpretiert, übernahm die ausschlaggebende Steuerungsfunktion für das nachfolgende Handeln. Auch wenn ein spontaner Antisemitismus «von unten» her praktiziert wurde, geschah das immer in der begründeten Erwartung, daß jedes radikale Vorgehen – bei unterschiedlichen Optionen: die extremste Möglichkeit – von Hitler im Bann seines Judenhasses gebilligt werden würde. So und nicht anders ist auch die Vernichtungspolitik des Holocaust seit 1941 zustande gekommen.[13]

b) «Volkskörper» und «Ausmerze»:
Zwangssterilisation und Euthanasieaktion

Die nationalsozialistische Rassenpolitik wurde von denjenigen unter ihren Anhängern und Kollaborateuren, welche die zugrunde liegenden Leitgedanken teilten, umfassender definiert, als es die Konzentration auf die «Judenfrage» vermuten läßt. Diese wurde fraglos als vorrangigste, konsensfähige Aufgabe mit den schlimmsten Konsequenzen angegangen. Darüber hinaus aber ging es um die möglichst lückenlose «Reinigung» des deutschen «Volkskörpers» von all jenen Elementen, die aufgrund ihrer «anlagebedingten» und daher nicht «besserungsfähigen Minderwertigkeit» einer «rassenhygienischen Sonderbehandlung» zugeführt werden sollten, da sie als «gemeinschaftsunfähige Individuen» den «Mindestanforderungen der Volksgemeinschaft» nicht genügten. Für diese unumgängliche «Ausmerze» wurde ein umfassender Katalog von «Schädlingen» aufgestellt, der Geisteskranke, Debile, Schwerbehinderte, Alkoholiker, Asoziale, Arbeitsscheue, Prostituierte, Zuhälter, Homosexuelle, Kriminelle, Zigeuner, Neger und Systemgegner aller Art umfaßte. Das Ziel dieses Eingriffs, der als eugenische «Erbgesundheitspflege» im weitesten Sinn verstanden wurde, war ein vollständig purifizierter «Volkskörper», der von allen früheren Angehörigen mit unheilbaren Defekten befreit worden war.

In einem eugenischen, meist auf unheilbare Kranke wie die sog. Schwachsinnigen bezogenen Sinn hatte die internationale Eugenik-Bewegung seit den 1890er Jahren das Ziel postuliert, durch die Ausschaltung dieser Kranken eine umfassende «Erbgesundheitspflege» einzuleiten. Von den Genetikern, die sich dieser Strömung anschlossen, wurde sie schon als Verteidigung des hochwertigen Gen-Pools angesehen. Dabei kann man zunächst durchaus eine nichtrassistische, daher auch nichtantisemitische Eugenikrichtung von einer frühzeitig rassistischen, mit der Reinheit der arischen Rasse und einem prononcierten Antisemitismus argumentierenden Schule unterscheiden, die außer den unheilbar Kranken auch alle «Fremdvölkischen» durch Sterilisierung und Abtreibung eliminieren wollte. Mehr und mehr gewann in Deutschland diese zweite Strömung das Übergewicht, die mit ihrem eugenischen Rassismus die umfassendere Therapie und die Utopie eines ausnahmslos gesunden «Volkskörpers» verhieß.

Worauf beruhte die Attraktivität dieses Denkens in den Begriffen der Eugenik, erst recht des eugenischen Rassismus, der seit seiner Anfangs-

4. Staatliche Rassenpolitik in Aktion

phase um 1900 in die anderen Humanwissenschaften weit ausstrahlte? Das Vordringen der Eugenik ist ohne den Siegeszug der Darwinschen Evolutionslehre und dann des Sozialdarwinismus seit dem letzten Drittel des 19. Jahrhunderts nicht zu verstehen. Zum einen knüpften die Pioniere der Eugenik unmittelbar an die Darwinsche Theorie an – wie das in England etwa Francis Galton mit dem Werk seines Vetters tat. Zum andern gewann die Darwinsche Biologie mit ihrem, wie es schien, wissenschaftlich absolut zuverlässig erarbeiteten Gedankengebäude nicht nur alle Züge einer Leitwissenschaft, sondern darüber hinaus den Einfluß einer säkularen Ersatzreligion, welche die Welt allumfassend zu deuten beanspruchte. Insbesondere der Sozialdarwinismus (der in Bd. III ausführlich erörtert worden ist: S. 1081–83) übertrug die Gesetze der Natur auf die Menschenwelt, wie das als erster das große Vorbild, Darwin selber, getan hatte, hielt sie dort für ebenso endgültig und sah aus dem rapiden sozialen Wandel seiner Zeit die Selektion der «Anpassungsfähigsten», der insofern «Stärksten» im «Kampf um das Dasein» hervorgehen.

Der natürliche Selektionsprozeß wurde jedoch, wie die sozialdarwinistischen Pessimisten monierten, geschwächt oder sogar ganz außer Kraft gesetzt, da die Medizin im Prinzip jedermann helfen konnte, der Sozialstaat seine Schwachenhilfe ausdehnte und weder Hungersnöte noch Epidemien die Schwachen eliminierten. Deshalb gefährdeten diese zu Unrecht überlebenden schwachen, debilen, devianten «Minderwertigen» die von der Natur vorgesehene Vorherrschaft der Starken, der – wie es zunehmend hieß – auch rassisch «Hochwertigen». Ihnen galt es durch zielbewußte «Erbgesundheitspflege» beizuspringen, damit sie ihre spezifische Qualität bei der Fortpflanzung weiter vererben und zur «Aufartung» aktiv beitragen konnten.

Den Sozialdarwinismus, der in engster Affinität zur Eugenik stand, umgab wie seine biologische Stammtheorie die Gloriole der naturwissenschaftlichen Gesetzmäßigkeiten. Sein antiegalitärer Sozialaristokratismus, sein biologistisches Ungleichheitsdogma, seine brutale Herrenmenschenmoral – sie kamen dem Überlegenheitsgefühl der Oberklassen und Funktionseliten schon deshalb weit entgegen, weil sie sich als positiv selegierte Sieger im Daseinskampf verstanden. Zugleich nährten die Erfolge der Medizin den Glauben daran, daß analog zum individuellen Körper auch der «Volkskörper» therapiert, ja definitiv von allen vererbbaren Schäden geheilt werden könne. Das implizierte, wie der Forderungskatalog alsbald lautete, schmerzhafte Eingriffe: von der Zwangssterilisation bis zur Euthanasie, um die Fortpflanzung allein der «Hochwertigen» durch die «Aussonderung» der «Minderwertigen» zu gewährleisten.

Die unbändige Fortschrittseuphorie, die in dieser Programmatik zutage trat, wurde auch durch zahlreiche Errungenschaften der neuesten Zeit genährt. Die naturwissenschaftliche Medizin hatte in der Tat nicht nur bei der Seuchenbekämpfung einen gewaltigen Schritt nach vorn getan, sondern dank der staatlichen Sozialpolitik auch die Armen in ihren Patientenkreis einbezogen. Die Sozialhygiene begann, die «urbane Massengesellschaft» mit sichtbarem Erfolg zu regulieren. Das Objekt der Medizin wurde dadurch insofern verdoppelt, als neben den individuellen jetzt auch der heilungsbedürftige «soziale Körper» trat. Der Heilungsoptimismus der medizinischen Experten führte, unterstützt vom Jugendkult der Zeit, zur Idealisierung des jungen, gesunden Körpers, der auch als «Volkskörper» vor dem Altern und Verfall bewahrt, durch Ausschaltung der kranken Elemente jung und gesund gehalten werden sollte.

Trotz ihres Aufschwungs handelte es sich bei der Eugenik, gleich welcher Couleur, um kein Mehrheitsphänomen der Humanwissenschaften, sondern unzweideutig um die Lehre einer kleinen, aber wortreichen, in den meisten westlichen Ländern auftretenden Minderheit. Sie empfand sich selber als Speerspitze des Fortschritts, wurde aber durch die harsche Kritik von Repräsentanten der Majorität in allen tangierten Wissenschaften in enge Schranken verwiesen; man braucht nur an Max Webers gnadenlose Kritik der zeitgenössischen Rassenanthropologie, etwa von Alfred Ploetz, zu denken. Wer einen Siegeszug auf breiter Front unterstellt, verzerrt daher völlig die Kräfteverhältnisse.

Ein fundamentaler Veränderungsdruck ging dann jedoch ganz plötzlich von dem ungeheuren Aderlaß des Ersten Weltkriegs aus, der sogleich als negative Auslese, als Kontraselektion verstanden wurde, da – wie der verletzende Kommentar für die überlebenden Soldaten und die Angehörigen der Toten hieß – die «Besten gefallen sind». Jetzt mußten, hieß es seit Kriegsende, die «Hochwertigen» erst recht durch eine strenge Erbgesundheitspflege gegen die drohende «Herrschaft der Minderwertigen» geschützt werden. Die rassische Eugenik erlebte im Schatten dieser maßlos dramatisierten apokalyptischen Untergangsgefahr, die auch durch den Geburtenrückgang und die demographische Schrumpfung der Reichsbevölkerung spürbar verstärkt wurde, als Vorkämpferin gegen den «Volkstod» einen kräftigen Aufschwung. Bald erfaßte sie eine wachsende Anzahl von Medizinern, Psychiatern, Kriminalbiologen, Anthropologen, Psychologen, Soziologen, Bevölkerungs- und Sozialwissenschaftlern bis hin zu einigen sozialdemokratischen Verfechtern planmäßig erzeugter Volksgesundheit wie Alfred Grotjahn.

Noch immer konstituierten die Eugeniker in den Humanwissenschaften und Sozialberufen eine Minorität. Doch die Zahl ihrer Protagonisten nahm zu, ihr Ton wurde schriller. Eugenik, Rassenhygiene, Rassenpolitik flossen, oft ununterscheidbar, immer häufiger zu dem Handlungsimperativ zusammen, daß der tödlich gefährdete «Volkskörper» durch rassenbiologisch fundierte Reinigungsmethoden bis hin zur tödlichen Beseitigung gerettet werden müsse. Insofern trug auch der eugenische Rassismus nachdrücklich

4. Staatliche Rassenpolitik in Aktion

dazu bei, den traditionellen ethnisch-anthropologischen Rassismus zu radikalisieren.

Wer in diesem Zusammenhang auch noch von dem Irrglauben an eine eugenische «Endlösung der sozialen Frage» im Dienst der Kapitalinteressen spricht, verficht freilich einen «doppelten Etikettenschwindel». Denn unter der «sozialen Frage» verstand man seit den 1870er Jahren die diskriminierte Lage des klassischen Industrieproletariats, und seine Probleme konnte und wollte man nicht mit eugenischen Methoden lösen. Diese orthodoxmarxistische Kritik an der angeblichen Methodik und Apologie eines unmenschlichen Kapitalismus führt wieder einmal in die Irre.

Der «gemeinsame Nenner» der rassistischen Eugenik, wie sie in den verschiedenartigsten humanwissenschaftlichen Disziplinen und sozialtherapeutischen Berufen inzwischen propagiert wurde, bestand darin, daß die Klassifizierung und «Behandlung von Menschen nach dem Wert differenziert» wurde, «dessen Kriterien aus einem normativen und affirmativen Leitbild des ‹Volkskörpers› als Kollektivsubjekt abgeleitet wurden». Aus sozialkulturellen Unterschieden zwischen den Menschen schlossen sie auf eine biologische Wertehierarchie, welche die «Hoch»- und die «Minderwertigen» klar zu unterscheiden gestattete. Dabei folgten die selbstbewußten Experten der Volkskörperpflege der «Vision einer völkischen Erneuerung», die durch das höchste aller Güter, das «Lebensgesetz des deutschen Volkes», legitimiert wurde.

Bis 1932 trafen die Forderungen der allgemeinen wie auch der rassischen Eugenik auf hinreichende Blockaden; nicht einmal die freiwillige Sterilisation wurde zugelassen. Doch mit der Machtübergabe an Hitler und seine Bewegung wurden auch auf diesem Feld die Schleusen weit geöffnet. Der Nationalsozialismus hat die Eugenik keineswegs erfunden, konnte aber ihre rassistische Variante mühelos mit seinem ethnischen Rassismus und Antisemitismus verschmelzen. Und als er zur Aktion überging, vermochte er sich auf ziemlich breite Segmente der involvierten akademischen Berufsklassen zu stützen, denn sein rigoroses Vorgehen erwies sich als erstaunlich zustimmungsfähig.

Offenbar flossen seither ethnischer und eugenischer Rassismus noch dichter zusammen. Dennoch sollte man nicht aus dem Auge verlieren, daß die Wurzeln des Judenhasses und des eugenischen Rassismus historisch und analytisch voneinander getrennt zu halten sind. Der westliche Antijudaismus hatte sich über nahezu 2000 Jahre hinweg, vom christlichen Haß auf die Christusmörder wachgehalten, entwickeln können, ehe er im rassistischen politischen Antisemitismus des deutschen und des österreichisch-ungarischen Kaiserreichs eine Extremform erreichte, als deren Vollender sich Hitler und der harte Kern der NSDAP empfanden. Ihre Vorstellungen vom jüdischen Rassenfeind und historischen Auftrag zu seiner «Entfernung» waren durch diesen Antisemitismus, der seit dem Ende der 1870er

Jahre vorgedrungen war, zutiefst geprägt. Sie verschmolzen frühzeitig mit einem, namentlich von Hitler leidenschaftlich verfochtenen vulgären Sozialdarwinismus, der überall im gesellschaftlichen Leben und in der Staatenwelt den Kampf um den Sieg des Stärkeren, mithin auch den Abwehrkampf der überlegenen arischen Rasse gegen die letale Gefährdung durch den allgegenwärtigen jüdischen «Bazillus» mit allen Kräften zu führen forderte.

Daher hielten Hitler und die charismatische Gemeinschaft in der völkischen, nationalsozialistischen Bewegung die Kampflehre der Pseudotheoretiker von Gobineau über Marr bis Chamberlain und Lanz v. Liebenfels zusammen mit der Weltdeutung des Sozialdarwinismus, der aus der Darwinschen Theorie seinen Endgültigkeitsanspruch bezog, für eine wissenschaftlich abgesicherte Grundlage ihrer «Weltanschauung». Von einem emotionalen Radauantisemitismus wollten sie sich durch ebendiese vermeintlich wissenschaftliche Fundierung ihres Denkens und des daraus fließenden Handelns unterscheiden.

Ihr Judenhaß ist durch die wissenschaftlich weitaus anspruchsvoller auftretende Eugenik in aller Regel nicht erst begründet, aber doch bestätigend beeinflußt worden, zumal der Sozialdarwinismus und die Eugenik aus ein und demselben theoretischen Nährboden stammten. Doch im Entscheidungsprozeß der antijüdischen Politik bis hin zum Holocaust folgte diese den älteren Motiven des rassistischen Antisemitismus. Andererseits konnte sie die eugenische «Ausmerze» ihren Zielen mühelos amalgamieren und sich zu eigen machen. Die evidente Wahlverwandtschaft beider Irrlehren lag schon damals auf der Hand und übte ihre eigene Anziehungskraft aus.

Die Eugenik dagegen ist im Gegensatz zum Antijudaismus erst seit den 1890er Jahren aufgekommen. Sie hatte zunächst andere Zielgruppen als Objekt im Auge als die jüdischen Einwohner der Staaten, in denen sie um sich griff. Erst der spätere eugenische Rassismus hat sie in sein Heilprogramm voll einbezogen. Aufgrund ihres Ziels, den «Volkskörper» durch Eliminierung der «Minderwertigen» zu retten, war aber in der gesamten Eugenik eine innere Affinität zur Rassenprogrammatik und -politik des Nationalsozialismus entstanden.

Hitler hatte in nachmals berüchtigten Passagen in «Mein Kampf», in denen er sich eugenische Forderungen zu eigen machte, dem künftigen «völkischen Staat» die Aufgabe der «Rassenhygiene» übertragen. Er habe in dem Sinn für «Reinhaltung» zu sorgen, daß «Kinder nur zeugt wer gesund ist». Zu diesem Zweck müsse er die modernsten wissenschaftlichen Mittel in seinen Dienst stellen, um effektiv zu gewährleisten, daß «was irgendwie krank und erblich belastet... ist», als «zeugungsunfähig» erklärt werde. Anschließend sei «dies praktisch auch durchzusetzen», damit in der «humansten Tat der Menschheit» die rassisch Wertvollen von den Kranken endgültig getrennt würden. Konsequent trat die NSDAP seit 1925 im Reichstag für die Sterilisation von Verbrechern, der NS-Ärztebund seit

4. Staatliche Rassenpolitik in Aktion

1929 für die Zwangssterilisation aller «Minderwertigen» ein. Im selben Jahr bekräftigte Hitler auf dem Nürnberger Parteitag, man müsse endlich der Gefahr, daß der «natürliche Ausleseprozeß» durch Mitleidsduselei «abgeschnitten» werde, resolut entgegentreten. Alfred Rosenberg, Walter Darré und Hans Frank befürworteten ebenfalls eugenische Eingriffe bis hin zum «Tod des lebensunwerten Lebens».

Die Affinität der grundlegenden Ideen, Handlungsabsichten und Eingriffsziele führte seit dem Ende der 1920er Jahre dazu, daß sich zahlreiche wissenschaftliche und publizistische Propagandisten und humanwissenschaftliche Befürworter der Eugenik der NSDAP anschlossen oder in ihrem Dunstkreis wirkten. 1933 traten sie unverzüglich in den Dienst des Regimes, um ihre Leitvorstellungen vom gesunden «Volkskörper» ohne jedwede Abweichung endlich zu verwirklichen. Da Hitler seit zehn Jahren als Verfechter eugenischer Rassenpolitik aufgetreten war, billigte er nachdrücklich die Volkskörpertherapie und trug, wo immer möglich, zu ihrer radikalen Realisierung während des «völkischen Krieges» im Innern aktiv bei. Kurzum: 1933 erhielten die rabiatesten der deutschen Eugeniker grünes Licht. Ihre Protagonisten rückten in Positionen mit Entscheidungsgewalt ein; die Umsetzung ihrer Ideen in praktische Politik konnte beginnen. Das zeigte sofort, nur ein halbes Jahr nach der Machtübergabe, das «Gesetz zur Verhütung erbkranken Nachwuchses» vom 14. Juli 1933, in dem die Sterilisierung von «Schwachsinnigen» von Staats wegen vorgesehen war. Das Ziel des Gesetzes sei, wie das erste Rassengesetz des «Dritten Reiches» erläuterte, «biologisch minderwertiges Erbgut auszuschalten, durch die Unfruchtbarmachung eine allmähliche Reinigung des Volkskörpers und die Ausmerzung von krankhaften Erbanlagen zu bewirken».

Seither wurde die Domäne der rassenhygienischen Reinigung immer weiter ausgedehnt. Fachleute schätzten alsbald die unumgängliche Anzahl der Ausmerzefälle auf insgesamt eine Million. Es ist kein Zweifel daran erlaubt, daß im Falle eines Kriegserfolgs diese Zahl ebenso erreicht worden wäre, wie die sechs Millionen Juden liquidiert worden sind – und wie auch die 30 Millionen Slawen im Vollzug des «Generalplans Ost» umgebracht worden wären. Perfektionistische Berechnungen gingen sogar noch weit über diese eine Million hinaus.

Die «Ausmerze» war kein abseitiges Unternehmen einiger exotischer Fanatiker, die vom Regime mühsam gedeckt werden mußten. Vielmehr beruhte sie auf der Zustimmung von erschreckend vielen Angehörigen der medizinischen und sozialwissenschaftlichen Funktionseliten, allemal auch der Reichsärzteführer Gerhard Wagner und Leonardo Conti samt ihrer Entourage. Alle setzten auf diese Karte ungeachtet ihres Äskulapeids und der zivilisatorischen Ethik.

Was hat so viele Experten, insbesondere zum Dienst am Leben verpflichtete Ärzte, dazu gebracht, sich einem solchen menschenfeindlichen

Rigorismus zu verschreiben? Warum entwickelten sie dabei eine Frühform der «Genozid-Mentalität» (R.J. Lifton), die im Krankenmord der Euthanasieaktion und in der Beihilfe zum Judenmord vollends zutage trat? Warum konnte so oft, wie Thomas Mann es zuspitzte, ein deutscher «Arzt als Henker» auftreten?

Sie standen im Bann eines Glaubens an den unaufhaltsamen Fortschritt in Wissenschaft und Technik, an dessen Spitze sie sich mit den modernsten wissenschaftlichen Einsichten und Methoden setzen wollten. Die damaligen Genetiker etwa verlangten schon eine reichsweit angelegte Erbkartei – Ausgangsbasis für eine strenge, nach ihrer Ansicht unzweifelhaft wissenschaftlich begründete Selektion. Das 1927 gegründete «Kaiser-Wilhelm-Institut für Anthropologie, Erblehre und Eugenik», bald in die Untaten des Regimes verwickelt, zehrte von diesem Fortschrittsoptimismus.

Sozialwissenschaftler fanden das eugenische Programm auch deshalb attraktiv, weil es mit einer wahrhaft modernen Sozialpolitik für den endgültig gereinigten «Volkskörper» verbunden werden konnte. Zu ihr gehörte auch (bei den urbanisierungsfreundlichen Köpfen) die Umleitung der «akzeptablen» Volksgenossen in neu gebaute städtische Wohnquartiere oder (bei den Agrarromantikern) zurück aufs Land oder in die östlichen Wehrbauerngebiete.

Das Hochgefühl der Wissenschaftsgläubigkeit reichte so weit, daß ohne auffälliges emotionales Engagement, allenfalls voller Verachtung für christliche Gefühlsduselei, zivilisatorische Normen und humanistische Werte, eine objektiv gebotene Therapie am «Volkskörper» von diesen Experten der «Generation der Sachlichkeit» ausgeführt wurde. Diese Haltung ist das eigentlich erklärungsbedürftige Moment.

Obwohl die kühle Wissenschaftspraxis jede Emotionalität angeblich ausgeschaltet hatte, ist doch unverkennbar, daß die Theoretiker und Praktiker der Eugenik, insbesondere des eugenischen Rassismus, von tiefen irrationalen Ängsten vorangetrieben wurden. Der vermeintlich drohende «Volkstod», die heraufziehende Vorherrschaft der «Minderwertigen», die Dämonisierung der jüdischen Gefahr, die Obsession mit der finalen Krise einer «Zeitenwende», der nur mit der «völkischen Wiedergeburt» begegnet werden könne – solche emotionalen Antriebskräfte wirkten nicht minder wirkungsvoll auf die mentale Verfassung der Eugenikexperten ein. Sie bildeten die emotionalen Grundlagen ihres angeblich so objektiven wissenschaftlichen Denkens.

Jeder Gedanke an den Respekt vor den Gleichheitsrechten der Individuen oder vor dem Schutzgebot für Schwache wurde, ein horrender Preis für die eigene Zukunftsgewißheit, bereitwillig aufgegeben. Die Fachleute der Herrenrasse glaubten, sich solche antiquierten Hemmungen, die das arische Volkstum gefährdeten, nicht mehr leisten zu können. Diese arrogante Grundauffassung wurde von außen vielfach bestätigt, denn mit «des-

4. Staatliche Rassenpolitik in Aktion

interessierter Sympathie» begleiteten nicht unerhebliche Teile der Bevölkerung das Vorgehen gegen Debile und Abweichler. Die Gesellschaft degenerierte für die Eugeniker zu einem rein biologischen System, das endlich im Sinne der «Aufartung» zielbewußt gesteuert werden müsse. Gesellschaftliche Probleme wurden folgerichtig auf biologische Ursachen zurückgeführt. Es war dann die Aufgabe der Staatspolitik, ausgeführt von den Experten, aber auch von der SS und Polizei, das deutsche Volk mit allen notwendigen Mitteln bis hin zur »Ausmerze» vor der Unterminierung durch seine «minderwertigen» Feinde im Innern zu schützen.

Die Verstaatlichung, Bürokratisierung und Radikalisierung der rassistischen «Erbpflege» begann mit dem Erbgesundheitsgesetz vom Frühsommer 1933. Auf dieser Basis wurden von Ärzten im Auftrag der Sterilisations- bzw. Erbgesundheitsgerichte insgesamt 360000 Menschen – ganz überwiegend Frauen, aber auch Männer – zwangssterilisiert. Denn sie galten der nationalsozialistischen Rassenpolitik als jene «Minderwertigen», die von der «Fortpflanzung», angeblich meist mit ebensolchen «Schädlingen», ausgeschlossen werden sollten. Dabei gingen moralische Korrumpierbarkeit und wissenschaftliche Siegesgewißheit der involvierten Ärzte eine Fusion ein, die für den eugenischen Rassismus als typisch gelten kann.

Insgesamt wurde ein Prozent aller gebärfähigen deutschen Frauen von der Zwangssterilisation erfaßt. Darüber hinaus hielten die Eugenikexperten in ihren Maximalberechnungen sogar zehn bis dreißig Prozent aller gebärfähigen Frauen für «unerwünscht»; im Falle eines anderen Kriegsausgangs hätten sie ihre unterschiedlichen Arten der «Sonderbehandlung» bis hin zu einem Mammutprogramm weiterer Sterilisation und «Ausmerze» in Angriff nehmen können. Unter streng rasseeugenischen Gesichtspunkten galt nur höchstens ein Drittel der gebärfähigen Frauen als zweifelsfrei «erwünscht». Man erkennt, bis in welche aberwitzige Größendimension hinein das eugenische Purifizierungskalkül führen konnte. Unstreitig wollte die nationalsozialistische Rassenpolitik die Geschichte ihrer Gesellschaft neu schreiben.

Der auch ohne diese «Optimierung» sich rasch ausdehnende Prozeß der Zwangssterilisation mit seiner Beraubung vitaler Lebenschancen kann als Probelauf zur Euthanasieaktion verstanden werden, die mit ihrer tödlichen «Ausmerze» die extremste Konsequenz aus der «Volkskörper»-Therapie zog.

Schon 1935 hatte der Reichsärzteführer Wagner auf der «Vernichtung lebensunwerten Lebens» nachdrücklich insistiert. Doch Hitler war mit dem taktischen Hinweis noch ausgewichen, daß sich im Fall eines Krieges die Euthanasie «glatter und leichter durchführen» lasse. Im Herbst 1939 liefen daher zwei Mordaktionen parallel an. In Polen begannen noch im September Himmlers Einsatzgruppen hinter der Front ihr mörderisches Werk, dem sofort 90 000 Polen, begleitet von ersten Judenmassakern, zum Opfer fielen. Und im Oktober, trügerisch vordatiert auf den Tag der Kriegsentfesselung, ergriff Hitler in einer streng geheimen mündlichen Ermächtigung für den Chef der Führerkanzlei Bouhler und in einem geheimen Schriftstück mit dem Briefkopf dieser Kanzlei für seinen Leibarzt Karl Brandt die Initiative, indem er sie anwies, den Krankenmord an den geistig Behinderten ohne Verzug zu planen und auszuführen; die Justizbehörden wurden weder informiert noch befragt.

Ein neuer, typisch polykratischer Sonderstab des «Führers» nahm sogleich seine Arbeit auf. Die Kranken wurden zunächst durch Meldebögen und Ärztekommissionen erfaßt, ehe sie seit dem April 1940 von mehreren Hundert Angehörigen dieser «Aktion T 4» (die Zentrale befand sich in Berlin am Tiergarten Nr. 4) in besondere Anstalten (vor allem Bernburg, Brandenburg, Grafeneck, Hadamar, Hartheim, Sonnenstein/Pirna) verbracht und dort durch Giftspritze oder schon mit Hilfe von Kohlendioxyd unverzüglich ermordet wurden. (Auf die Erfahrung dieser Tötungsexperten griff dann die SS 1941/42 beim Bau der Gaskammern in den sechs Vernichtungslagern zurück.) Es spricht manches dafür, den beteiligten Ärzten eine Frühform jener «Genozid-Mentalität» zuzusprechen, die dann während des Judenmords in den medizinischen Menschenexperimenten ganz offen zutage trat.

Zunächst wurden 5 000 Kinder erfaßt, doch dehnte sich die Aktion auch auf kranke Erwachsene aus; jüdische Insassen der Krankenanstalten wurden ohne weitere Umstände einbezogen. In der ersten Phase bis Ende August 1941 wurde etwa 70 300 Kranken das Leben genommen. Die Leichen wurden sofort eingeäschert, die Angehörigen über den Mord falsch informiert, so daß sich wegen der Häufung von Todesfällen bald Mißtrauen regte und in die Öffentlichkeit drang. Erst im Frühjahr 1940 will auch das Reichsjustizministerium von der Aktion aus dem Kreis der betroffenen Familien erfahren haben, und Justizminister Gürtner drängte schwächlich auf Einstellung des ungesetzlichen Verfahrens. Als er im Januar 1941 starb, warb dagegen sein Nachfolger Franz Schlegelberger, ein weiterer Beweis für das Eindringen der Führergewalt in die Staatsbehörden, um Unterstützung der Euthanasie.

Zum Wortführer der bisher nur von Familien mit ermordeten Angehörigen geäußerten Kritik machte sich der Münsteraner Bischof Clemens August Graf v. Galen, bis dahin ein stramm deutschnational gesinnter Geistlicher und alles andere als ein erklärter Feind des Regimes. In mehreren Predigten im Sommer 1941, die Kirche voller Gestapospitzel, prangerte er jetzt jedoch den kaltblütigen Mord an den geistig Behinderten unverblümt an. Trotz der Aufregung im Herrschaftsapparat geschah ihm nichts. Hitler ließ, da er im Krieg, schon wegen der Millionen katholischer Soldaten, keinen offenen Konflikt mit der Kirche riskieren wollte, die «Aktion T 4» schon am 24. August 1941 abbrechen.

Die quälende Frage bleibt offen, was ein früher geäußerter öffentlicher Protest eines Kirchenmannes hätte verhindern können. Vor allem bleibt aber offen, was aus dem Judenmord geworden wäre, wenn alle katholischen und protestantischen Bischöfe, die zur Euthanasie fast alle eisern schwiegen, mit derselben Zivilcourage, Leidenschaft und moralischen Empörung, wie v. Galen sie besaß, die Berliner Machthaber öffentlich angeklagt hätten. Wären diese in einen die innere Konsensbasis und die Kampfmoral der Truppe gefährdenden Kirchenkampf eingetreten, um ungeachtet aller Einwände das Herzstück ihrer Rassenpolitik zu verwirklichen? Eine befriedigende Antwort läßt sich nicht geben, doch läßt sich der Vorwurf, daß nicht einmal der Anlauf zu einem gemeinsamen Protest unternommen worden ist, nicht entkräften.

Insgeheim wurde die Euthanasie nach einiger Zeit unter dem Deckmantel strenger Geheimhaltung fortgesetzt. Rd. 150 000 Kranke und «Fremdvölkische», die kurzerhand mit einbezogen wurden, gehörten zu den neuen Opfern des «therapeutischen Tötens». Die ursprüngliche Euthanasieaktion bildete den «Auftakt zu einem sozialbiologischen Reinigungsprozeß», der seit 1941 mit der Vernichtung der europäischen Judenheit radikalisiert wurde. Die barbarische «Ausmerze» im Verlauf des Krankenmords beruhte auf der Verschränkung von vermeintlich «wissenschaftlicher Modernität» und «sozialtechnischer Rationalität» mit utopischen Zielvorstellungen von artgemäßer Menschenzucht, um die Vision der «völkischen Erneuerung» in die Realität zu überführen.

Im Reichsjustizministerium gab es seit dem Frühjahr 1940 weit gediehene Überlegungen zu einem Gesetz zur «Behandlung Gemeinschaftsfremder», das an die Stelle des geheimen Führererlasses zur Euthanasie treten sollte. Dabei ging es um die Optimierung des Zugriffs auf jedes abweichende Verhalten, der eine Regulierung bereits im Vorfeld der Euthanasiemorde ermöglichen sollte. Auf Überwachung, Sterilisation und Lagerhaft sollte im Zweifelsfall der Tod folgen. Auch die Justizbürokratie hatte sich damit die Leitidee vom gesunden, rassisch hochwertigen «Volkskörper» ohne jedes «minderwertige», deviante Element zu eigen gemacht. Nur weil die Führerherrschaft für das Wüten ihrer Sondergewalten keines Reichsgesetzes bedurfte, kam es nicht zustande.

Die Rassenpolitik des Nationalsozialismus, die sich von der Zwangssterilisation über die Euthanasie bis zum Holocaust und zum Zukunftsziel des «Ethnozids» an den Slawen ständig gesteigert hat, ist in letzter Zeit mehrfach als pervertierte Form einer höchst modernen «Biopolitik» und insofern als «eine der pathologischen Entwicklungsformen der Moderne» (D. Peukert) interpretiert worden. Gegen eine naive (längst von keinem ernstzunehmenden Sozialwissenschaftler mehr vertretene) Modernisierungstheorie, die allein den Siegeszug auf ein höheres Entwicklungsniveau im

Auge hatte, sollte man in der Tat betonen, daß die intellektuellen Verfechter und akademischen Exekutoren dieser Rassenpolitik häufig davon überzeugt waren, eine auf wissenschaftlicher Grundlage beruhende, schwierige, gleichwohl notwendige Reinigung des «Volkskörpers» vornehmen zu müssen. Kollaborateure fanden sie offenbar mühelos überall. Dennoch muß man dieser fundamentalistischen Kritik an der Korruption der Humanwissenschaften und, allgemeiner noch, an der Pathologie der Moderne entgegentreten.

1. Durchweg handelte es sich um aktivistische Minderheiten, die allein aufgrund der politischen Unterstützung durch das NS-Regime zum Zuge kamen. Die Chancen unter der Führerherrschaft waren die entscheidenden Bedingungen der Möglichkeit der Untat. Die Mehrheit der Ärzte und der anderen Humanwissenschaftler schloß sich dem Kreuzzug für eine tödliche Erbgesundheitspflege keineswegs an. Daß sie nicht vehement gegen ihn protestierten, steht auf einem anderen Blatt mit Defiziten der deutschen politischen Kultur. Extreme Minderheiten, die sich für die Vollender des Fortschritts hielten, gab es in allen totalitären Bewegungen und Systemen, wie schon ein Blick auf die Sowjetunion und China lehrt. Ihr Selbstverständnis als Modernisierungselite darf aber nicht über die archaischen Züge ihres Mordhandwerks hinwegtäuschen.

2. Im Hinblick auf die Entscheidungsprozesse, die den folgenschwersten Aktionen der Rassenpolitik vorausgingen, trifft die Kennzeichnung der Zwangssterilisation und Euthanasieaktion als Ausfluß einer wissenschaftlich begründeten «Erbgesundheitspflege» und Rassenhygiene noch am ehesten zu. Der Judenhaß, der in den Holocaust mündete, und die Geringschätzung der Slawen als Menschen zweiter Klasse gingen jedoch aus weitaus älteren Traditionen des Antijudaismus und der Slawenfeindschaft hervor. Deshalb ist die These falsch, daß «die spezifische Modernität der ‹Endlösung›... der rassehygienischen Evolution der Humanwissenschaften geschuldet» gewesen sei. Diese älteren Motive der Rassenpolitik wurden manchmal notdürftig mit pseudowissenschaftlichen Argumenten drapiert, stammten aber aus tieferen Schichten der Vorurteile, der emotional-irrationalen Ängste, der jahrhundertealten Vorbilder der Verfolgung und Jagd auf Sündenböcke, denen die Schuld an allen Belastungen, jetzt auch denen der Moderne, zugeschrieben werden konnte. Man muß dieser tiefen Ambivalenz der Praxis nationalsozialistischer Rassenpolitik gerecht werden, anstatt sie stromlinienförmig auf eine pervertierte Wissenschaft und Totalkritik an der Moderne zu trimmen.

3. Der verallgemeinerte Vorwurf modernster mörderischer «Biopolitik» in Gestalt der deutschen Rassenpolitik findet sich am ausgeprägtesten unter Intellektuellen der ehemaligen «Neuen Linken», die nach der Deflation des Marxismus mit der direkt oder zeitgeistgemäß vermittelten Foucaultschen Modernitätskritik eine neue Variante des vertrauten Totalverdachts

gegen die Moderne übernommen haben. Bei Foucault läuft bekanntlich der übermächtige Großtrend der Neuzeit auf die Etablierung eines «Kerkerstaates» mit seiner Maximierung aller Disziplinarmaßnahmen hinaus, insbesondere der biopolitischen Steuerung des Körpers und der Bevölkerung überhaupt. Die NS-Rassenpolitik läßt sich in seinen Kategorien als gewalttätiger Anlauf zu einer bedingungslos ernst genommenen Biopolitik im Dienste des «Volkskörpers» und der Steuerung der Herrenrasse durch die Machthaber des nationalsozialistischen «Kerkerstaates» deuten. So anregend das Konzept der «Biopolitik», sofern es kritisch historisiert wird, sich für empirische Studien, etwa über die Biologisierung des Nationsbegriffs unter dem Einfluß der Darwinschen Lehre, auch erweisen mag, lenken doch seine geradezu theologische, unheilsgeschichtliche Teleologie, seine altertümliche Totalitätsidee, seine pauschale Modernitätsdiskreditierung und sein unmäßiger Anspruch, endlich einen Passepartout zur neueren Geschichte zu besitzen, in die Irre. Das beweist auch die einseitige Deutung der nationalsozialistischen Rassenpolitik als Pathologie der Moderne. Die Fusion von wissenschaftsgläubigen und archaischen Elementen wird dadurch von Grund auf verfehlt.[14]

5. Die Konsensbasis von Führerdiktatur und Bevölkerung
*Charismatische Herrschaft – Ultranationalismus und politische Religion –
Soziale Sicherheit und «Volksgemeinschaft» – Verrat der Intellektuellen*

Es steht außer Zweifel, daß die Führerherrschaft in den sechs Friedensjahren des «Dritten Reiches» eine stürmisch wachsende, schließlich enthusiastische Zustimmung aus der deutschen Gesellschaft erfahren hat. Mit dem «Anschluß» und der Münchener Konferenz erreichte sie 1938 ihren vorläufigen Gipfelpunkt. Kein deutscher Politiker hatte seit der Begeisterung, die in den frühen 1870er Jahren durch Bismarcks Reichsgründung ausgelöst worden war, je wieder eine solche Popularität wie Hitler gewonnen. Sie war das Ergebnis einer, wie es vielen schien, makellosen Erfolgsbilanz in der Innen- und erst recht in der Außenpolitik. Hatte Hitler als messianischer Volkstribun im Stil des heilsgewissen Charismaträgers seit 1929/30 die Überwindung der existenziellen Krise und den Aufstieg zu neuer nationaler Herrlichkeit versprochen, dankte ihm jetzt die Mehrheit seiner Deutschen mit leidenschaftlicher «Hingabe- und Glaubensbereitschaft». Als außer der Wiedergewinnung von sozialer Sicherheit durch die Vollbeschäftigung mit ihrer Befreiung von krasser materieller Not auch noch der «aufgestaute Integrationshunger», der bis 1933 wegen der extremen Polarisierung von Politik und Gesellschaft nach einem rettenden charismatischen Ordnungsstifter verlangt hatte, gestillt und zugleich die «Sehnsucht nach einer neuen Autorität» befriedigt worden war, gab es das seltene Phänomen des Kairos, des einmaligen historischen Augenblicks, in dem Führerherrschaft und Volksmeinung in vorbehaltloser Übereinstimmung standen.

Selbstverständlich existierte auch die pechschwarze Kehrseite dieser glänzenden Medaille. Die politische Opposition war mit gnadenloser Härte zerschlagen, der frühe sozialdemokratische und kommunistische Widerstand nahezu ausgelöscht, überhaupt der Rechtsstaat zerstört worden. Die Instrumente des Terrors: Gestapo, Schutzhaft, Ausbürgerung, KZ brachten jede Regimekritik zum Schweigen. Der Bürgerkrieg gegen stigmatisierte Minderheiten wie die jüdischen Deutschen und die erbkranken «Minderwertigen» war voll im Gang. Kritikern dieses Kurses hielt Hitler im November 1934 in Weimar auftrumpfend, aber mit einigem Recht entgegen: «Ich bin nicht Reichskanzler geworden, um anders zu handeln, als ich vierzehn Jahre lang gepredigt habe.»

Daß es diese vielfältige, von Hitlers Anhängern bagatellisierte oder verdrängte Repression Jahr für Jahr gegeben hat, ist unstreitig wahr. Dennoch ist es verfehlt, den Führerstaat primär als ein Terrorregime zu charakterisieren, in dem eine Bande von Desperados unter der Leitung eines österreichischen Asozialen eine Art von Fremdherrschaft über Deutschland ausgeübt habe, der sich die anständige, aber wehrlose Mehrheit habe beugen müssen. Diese Deutung des «Dritten Reiches» ist zwar eine geraume Zeit lang von einer verblüffend apologetischen Historiographie in der frühen Bundesrepublik vertreten worden, um sich der bestürzenden historischen Wahrheit nicht stellen zu müssen. Doch verfehlt sie radikal, so unleugbar der tödliche Terror und seine Demonstrationseffekte ihre Wirkung getan haben, die breite Konsensbasis, die der «Führer» mit der Masse seiner Deutschen bis 1939 geteilt hat. Wo lagen die Ursachen dieser Übereinstimmung?

1. Hitlers charismatische Herrschaft hatte die (vorn geschilderte: 8. T. VI. 3) weit verbreitete sozialpsychische Disposition, auf die überlegene Tatkraft einer großen Persönlichkeit, eines «zweiten Bismarck», eines nationalen «Heilands» zu hoffen, in einem erstaunlichen Maß befriedigt. Die Vollbeschäftigung, die Zertrümmerung «des Marxismus» und die «Volksgemeinschaft» wurden ganz so wie die Wiederaufrüstung, die Revision von Versailles und das «Großdeutsche Reich» seiner Person mit ihrem «übermenschlichen» Genius zugeschrieben. Selbst die Mordaktion während der Röhm-Krise wurde noch als zielbewußte Tat, die das Land vor einer unheilvollen «zweiten Revolution» gerettet habe, verklärt. Die vertraulichen Berichte an die Exil-SPD – ein um so glaubwürdigerer Ersatz für die fehlenden Resultate der Meinungsforschung, als sie von dezidierten Kritikern des Regimes stammen – spiegeln das verblüffend schnell wachsende Maß an Zustimmung, Bewunderung, grenzenlosem Vertrauen, ja Liebe, gewissermaßen contre cœur, wider.

5. Die Konsensbasis von Führerdiktatur und Bevölkerung

Die Gängelung des öffentlichen und privaten Lebens, die autoritäre politische Steuerung, der «Rechtsdezisionismus», der materiales Recht durch den Führerwillen ersetzte, wurden ebenso hingenommen oder sogar als Rückkehr zu einer eindeutigen Ordnung begrüßt wie die «überstaatliche Selbstherrschaft» des «Führers», der seit dem Sommer 1934 alle Staatsgewalt in seiner Person verkörperte und seinen autonomen Handlungsspielraum 1938 noch einmal ausdehnen konnte. Schien das nicht ein erträglicher Preis für die enthusiasmierende Erfolgsserie zu sein, oder erlebte man sogar die eigentlich moderne Regierungsform der Zukunft? Selbst die einst machtgewohnten Eliten wurden durch diese Erfolgskontinuität korrumpiert, sie verloren fast über Nacht ihre eigene Führungsfähigkeit und beugten sich, nicht zuletzt aufgrund ihrer autoritären Eigendisposition, dem «genialen Führer».

Wichtiger noch als die krasse Abwertung der Machteliten und das vollständige Debakel ihrer Zähmungspolitik war jedoch das Ausmaß an entfesselter Energie und Bewunderung, das durch die pausenlos demonstrierte charismatische Macht Hitlers über seine Gegner und widrige Umstände in großen Teilen der Bevölkerung, namentlich in den jüngeren Generationen, ausgelöst wurde. Irritiert beobachtete der französische Botschafter François-Poncet die «romantische Erregung, die mystische Ekstase, eine Art von heiliger Besessenheit», die Hunderttausende vor seinen Augen ergriffen habe. Die strukturelle Schwachstelle dieser Politik, der typisch charismatische Drang, in immer neuen Krisensituationen bis hin zum Vabanquespiel das außergewöhnliche Talent zu bewähren und die Hitler-Begeisterung zu aktualisieren, wurde als kühl kalkulierte Strategie eines souveränen Kopfes, der einmalige Ereignisse aneinanderzureihen verstand, nicht aber als das Kaschieren ungelöster Probleme wahrgenommen.

Die Aura um Hitler hat zu aufschlußreichen Exzessen der kultischen Verehrung geführt, welche die «unbezweifelbare Massenwirksamkeit des Führer-Nimbus» bezeugen. Diese Vergötterung konnte nur auf dem Boden einer «bedingungslosen Gläubigkeit», einer «selbstvergessenen Hingabe» und einer «Extremform pervertierten Idealismus» ihre charakteristischen Züge gewinnen. Heute wird man sie als bizarre, ins Lächerliche übergehende Äußerungen einer deformierten politischen Mentalität und Emotionalität ironisieren. Damals aber waren sich Millionen in der pseudoreligiösen Verhimmelung ihres «Führers» einig.

«Christus ist zu uns gekommen durch Adolf Hitler», verkündete etwa ein evangelischer Oberkirchenrat aus Thüringen, und Gauleiter Kube, der sich unlängst schon bei der Anwerbung der völkischen Protestanten hervorgetan hatte, wiederholte das Gebet: «Adolf Hitler gestern und heute und derselbe auch in Ewigkeit.» Auf der Gedenktafel einer Bremer Kirche, die ursprünglich nach dem dubiosen SA-Toten «Horst-Wessel-Kirche» heißen sollte, dann aber nur «Dankeskirche» genannt wurde, hieß es 1938:

«Aus Dankbarkeit für die wunderbare Errettung unseres Volkes vom Abgrund des jüdisch-materialistischen Bolschewismus durch die Tat des Führers.» Da war es offenbar nur noch ein kleiner Schritt, bis ein ehrwürdiges Weihnachtslied zeitgeistkonform umgedichtet wurde: «Stille Nacht, heilige Nacht/Alles schläft, einer wacht/Adolf Hitler für Deutschlands Geschick/ Führt uns zur Größe, zum Ruhm und zum Glück/gibt uns Deutschen die Macht.»

In einer derart exaltierten Atmosphäre der Führervergottung konnte Hitler, mit seiner hochentwickelten Witterung für Stimmungen, unmittelbar nach der neuen Prestigeaufwertung während der Olympischen Spiele, in ekstatischen Worten seine messianische Sonderstellung unter dem Jubel von Hunderttausenden seiner Anhänger auf dem Reichsparteitag von 1936 beschwören: «Das ist das Wunder dieser Zeit, daß ihr mich gefunden habt... unter so vielen Millionen! Und daß ich euch gefunden habe, das ist Deutschlands Glück!» Offenbar haben Hitlers «theatralische Aktivität», seine «emotionalisierte Rhetorik» und die «Unbedingtheit» seiner Zielverkündigung immer wieder den richtigen Nerv getroffen.

Unmittelbar nach seinem 50. Geburtstag, als während der Feierlichkeiten im gesamten «Großdeutschen Reich» ein neuer Tiefpunkt des Sykophantentums erreicht worden war, nahm Hitler mit unnachahmlicher Hybris alle Erfolge der letzten Jahre als charismatische Leistungen in einer so bemerkenswert offenherzigen Rede in Anspruch, daß sie ein längeres Zitat rechtfertigt: «Ich habe das Chaos in Deutschland überwunden, die Ordnung wieder hergestellt, die Produktion auf allen Gebieten unserer nationalen Wirtschaft ungeheuer gehoben», rief Hitler dem Reichstag mit manischer Ich-Besessenheit zu. «Es ist mir gelungen, die uns allen so zu Herzen gehenden sieben Millionen Erwerbslosen wieder in nützliche Produktion einzubauen, den deutschen Bauern trotz aller Schwierigkeiten auf seiner Scholle zu halten und diese selbst ihm zu retten, den deutschen Handel wieder zur Blüte zu bringen und den Verkehr auf das gewaltigste zu fördern. Um den Bedrohungen durch eine andere Welt vorzubeugen, habe ich das deutsche Volk nicht nur politisch geeint, sondern auch militärisch aufgerüstet, und ich habe weiter versucht, jenen Vertrag Blatt um Blatt zu beseitigen, der in seinen 448 Artikeln die gemeinste Vergewaltigung enthält, die jemals Völkern und Menschen zugemutet worden ist. Ich habe die uns 1919 geraubten Provinzen dem Reich wieder zurückgegeben, und ich habe Millionen von uns weggerissener, tief unglücklicher Deutscher wieder in die Heimat geführt, ich habe die tausendjährige Einheit des deutschen Lebensraums wieder hergestellt, und ich habe... mich bemüht, dies alles zu tun, ohne Blut zu vergießen und ohne meinem Volk oder anderen daher das Leid des Krieges zuzufügen. Ich habe dies..., als ein noch vor einundzwanzig Jahren unbekannter Arbeiter und Soldat meines Volkes aus meiner eigenen Kraft geschaffen.»

5. Die Konsensbasis von Führerdiktatur und Bevölkerung 679

Freilich räumte Hitler mit seiner bevorzugten Floskel auch ein, daß er als ihr irdisches Instrument nur das Werk der «Vorsehung» vollende. Und haben nicht jene Abermillionen, die ihrem «Führer» zum Geburtstag im April 1939 frenetisch zujubelten, in ihm einen gottgesandten Messias gesehen, der sie – im Gegensatz zu den geflissentlich übersehenen Hunderttausenden von geknechteten jüdischen Deutschen und oppositionell Gesinnten – im Frieden aus der Misere der jüngsten Vergangenheit herausgeführt hatte?

2. Die Resonanz, welche Hitler fand, beruhte zum einen, wie nicht oft genug wiederholt werden kann, ganz wesentlich auf jener in der deutschen politischen Kollektivmentalität gespeicherten sozialen Disposition, in Krisen auf das Handeln großer historischer Individuen zu vertrauen. Dieses Erbe der politischen Kultur des Kaiserreichs hatte sich in der Zeit der Weimarer Republik, insbesondere seit 1929, zu einer inbrünstigen Hoffnung gesteigert, als die politische und wirtschaftliche Fundamentalkrise der reichsdeutschen Gesellschaft ihr Vertrauen auf die Leistungsfähigkeit der Verfassungsinstitutionen vollends untergrub. Die Faszination, die von Hitler und seiner Bewegung ausging, war zum anderen vorrangig eine Wirkung der von ihnen verkündeten «neuen nationalen Utopie»: der Wiedergewinnung hegemonialer Größe nach der traumatisierenden Erfahrung ihres Verlustes.

Wie alle genuin faschistischen Bewegungen verkörperte auch und gerade der Nationalsozialismus einen «populistischen Ultranationalismus» (R. Griffin), der vom Mythos der nationalen Wiedergeburt und der Verheißung einer neuen, revolutionär begründeten nationalen Ordnung lebte (vgl. vorn 8.T.VI.3). Insofern vereinigte Hitler, als ihm der Vorstoß ins Zentrum der Macht gelang, all jene Erwartungen auf sich, die auf einen nationalen Erlöser gerichtet waren, mit anderen Worten: Er stieg zum «repräsentativen Individuum des deutschen Nationalismus» (J.P. Stern) auf, nachdem der tiefgekränkte und verletzte Nationalismus seit 1918 nicht mehr zur Ruhe gekommen war.

Es trifft offensichtlich zu, daß der Führer-Nimbus zum Teil auch ein Medienprodukt darstellte, das die Goebbelssche Propagandamaschine seit den späten 1920er Jahren mit ausgeklügeltem Raffinement geschaffen hat. Aber man darf nicht übersehen, daß der Hitlerkult in der Partei schon viel früher eingesetzt hatte, und als er zu einem einflußreichen Faktor des gesamtstaatlichen öffentlichen Lebens wurde, hatte der «Führer» sein Eigencharisma längst weiterentwickelt. Vor allem aber trugen ihn das unerhörte gesellschaftliche Echo und die daraus resultierende Zustimmungsbereitschaft weiter empor. Sie konnten von der Propaganda nicht geschaffen, sondern nur aktiviert werden. Hitler war daher nur zum Teil «Medium», vorwiegend aber selbstherrlicher «Meister der Machtentfaltung». Ohne die Auswirkungen der seit 1918 extrem spannungsreichen soziopolitischen Desintegration der deutschen Gesellschaft, die vorn unter den unterschiedlichen Aspekten immer wieder analysiert worden ist, kann man weder den Zustand des zunehmend radikalisierten deutschen Nationalismus noch die seit 1934 klar erkennbare Konvergenz der Meinungen: in Hitler den ersehnten nationalen Retter gefunden zu haben, angemessen erfassen.

3. Es hing sowohl mit dem Charakter der radikalnationalistischen Massenbewegung des Nationalsozialismus und dann mit dem Ultranationalismus des «Dritten Reiches» als auch mit den Eigenarten der charismatischen Herrschaft Hitlers zusammen, daß sich aus der Fusion von extremem Nationalismus und Charismagläubigkeit die charakteristischen Züge einer politischen Religion entwickelten (wie das vorn ausführlich erörtert worden ist: 8.T.VI.3). Hitler und auch Goebbels war das Phänomen sehr wohl bekannt, und Hitler hatte ja nicht nur ungeschminkt gefordert, daß der Nationalsozialismus selber zu «einer Kirche» werden müsse, sondern auch aus halb instinktiver, halb rational kalkulierter Einsicht den Aufstieg dieser Säkularreligion unterstützt.

Dazu gehörte auch die verbindliche Institutionalisierung von Ritualen, die ehrfürchtig-weihevolle Distanz schufen, wenn sie die Präsenz des Numinosen suggerierten. Die verbindliche Ansprache «Mein Führer» etwa erkannte nicht nur die erhabene Sonderstellung des Staatschefs, sondern auch eine Leitfunktion für den eigenen Lebensweg an. Auf den Nürnberger Reichsparteitagen wurde vor Hunderttausenden die liturgische Imitation eines Gottesdienstes gefeiert, wenn Hitler einsam, in gebührendem Abstand nur von seinen «Meßdienern», den SA- und SS-Anführern, begleitet, unter den Klängen seiner Kirchenmusik, des «Badenweiler Marsches», zu dem erhöhten Redealtar schritt, von dem aus er in seiner Predigt die Zeit verbindlich deutete, oder wenn er in der Dunkelheit unter Speers raffiniertem Lichtdom aus Hunderten von Scheinwerfern seine Erbauungsmesse zelebrierte. Einen nicht minder säkularreligiösen Duktus besaß das jährliche Gedenken an die ersten «Märtyrer der Bewegung», die Toten des gescheiterten Putsches, und das Zeremoniell der Fahnenweihe, die nur Hitler unter Berührung der sakralisierten «Blutfahne» von 1923 vornehmen durfte.

Auf der Imitation des amtskirchlichen Kalenders beruhte auch die liturgische Selbstinszenierung des nationalsozialistischen Festjahrs, das geradezu einen Anspruch verriet, wie er gewöhnlich einer theokratischen Herrschaft eigen ist. Die Festtage begannen mit dem 30. Januar, dem Jahrestag der vermeintlichen «Machtergreifung», wurden mit dem «Heldengedenktag» (anstelle des «Volkstrauertags») im März, dem Geburtstags Hitlers am 20. April, dem «Tag der nationalen Arbeit» am 1. Mai und dem «Muttertag» fortgesetzt, ehe im Juni (und noch einmal im Dezember) die germanophilen «Sonnwendfeiern», im September der Reichsparteitag, im Oktober das Erntedankfest auf dem Bückeberg und schließlich am 9. November der Totenkult in der «Hauptstadt der Bewegung» folgten. Die kirchliche Agenda konnte zwar zu keiner Zeit wirksam verdrängt werden, doch trat der Wille, den Nationalsozialismus als politische Religion auch zu praktizieren, unmißverständlich zutage.

4. Daß die soziale Sicherheit als Folge der Vollbeschäftigung Hitler einen enormen Glaubwürdigkeitsbonus verschafft hat, ist seit langem ein fester Topos bei der Erklärung seines massenwirksamen Erfolgs. Die verblüffend schnell neugewonnene soziale Sicherheit stellte aber auch einen zentralen Bestandteil der nationalsozialistischen Zielutopie einer wahren «Volksgemeinschaft» dar. Von diesem «wirksamsten Element» der innenpolitischen Verheißungen ging eine eminente «Suggestivkraft» aus. Mit der vom Führerstaat formierten «Volksgemeinschaft» wurde aber nicht nur das Feldzeichen einer alle Klassenantagonismen überwindenden Sozialharmonie aufgerichtet, sondern es verband sich mit ihr auch eine zweifache Stoßrichtung.

Zum einen vermochte dieses Leitbild den weitverbreiteten Marxismus in sich aufzunehmen und in eine Antriebskraft zugunsten der vermeintlich überlegenen Gegenutopie zu verwandeln. Zum andern implizierte die propagandistisch überhöhte Idee der «Volksgemeinschaft» auch eine scharfe antibürgerliche Spitze, da sie der Vision von der auf Leistung und «natürlicher» Hierarchie, individueller Entfaltung, politischen Freiheitsrechten und autonomer Lebensgestaltung beruhenden «Bürgerlichen Gesellschaft» eine kollektivistische («Gemeinnutz geht vor Eigennutz»), auf Unterordnung und Fremdsteuerung beruhende Zielvorstellung entgegensetzte.

Freilich wurde von den Protagonisten der «Volksgemeinschaft» der Leistungsgedanke der «Bürgerlichen Gesellschaft» in einer typischen Variante übernommen. Allen durch «Rasse»-Zugehörigkeit und Leistungsvermögen qualifizierten, nicht mehr durch Besitz, Bildung oder ständische Vorrechte privilegierten «Volksgenossen» sollte in der heraufziehenden meritokratischen «Leistungsgemeinschaft» der soziale Aufstieg offenstehen. Der mit der «Volksgemeinschaft» verbundene «Modernitätsappell» und die Mobilisierungsfähigkeit des Regimes haben, wie unten noch weiter argumentiert wird (I.6.), eine Transformationsdynamik ausgelöst, die zur Legitimation des «Dritten Reiches», namentlich in den jüngeren Generationen, entscheidend beigetragen hat. Es war mithin nicht allein eine geschickt manipulierte plebiszitäre Akklamation, geschweige denn die Gewalt des Terrors, die dem Führerstaat soviel Beifall einbrachte. Vielmehr war es die aus positiven, befreiend wirkenden, lebensgeschichtlichen Erfahrungen hervorgehende Zustimmung der Begünstigten, die sich in einer durchaus ernsthaften Willenskundgebung äußerten.

5. Und schließlich darf trotz der bestürzenden Exilierung vieler der besten Köpfe die Unterstützung der Führerdiktatur durch die noch immer als normsetzende Elite anerkannten bildungsbürgerlichen Intellektuellen nicht geringgeschätzt werden. Der Prominenz genießende Schriftsteller

Gottfried Benn etwa stand mit seinem kurzlebigen, aber um so heftigeren regimefreundlichen Fieberanfall Anfang 1933 nicht allein da, als er am «Dritten Reich» dessen «Vision von der Geburt des Menschen, vielleicht die letzte großartige Konzeption der weißen Rasse überhaupt», hingebungsvoll bejubelte. «Eine herrschaftliche Rasse», wußte Benn, «kann nur aus furchtbaren und gewaltsamen Anfängen emporwachsen.» Da wollten auch andere Schriftsteller nicht zurückstehen, Ina Seidel etwa mit ihrer byzantinischen Ergebenheitseloge: «Wer ahnte schon», fragte sie, «daß unter uns Tausenden der eine war, über dessen Haupt die kosmischen Ströme deutschen Schicksals sich sammelten, um sich geheimnisvoll zu stauen und den Kreislauf in unaufhaltsam mächtiger Ordnung neu zu beginnen?»

Ernst Forsthoff, Frankfurter Professor für öffentliches Recht und schreibfreudiger völkischer Publizist, nach 1945 ungebrochen angesehener Heidelberger Juraprofessor, optierte gleichzeitig als Repräsentant der Carl-Schmitt-Schule mit geradezu atemloser Hast für den «totalen Staat», der nunmehr an die Stelle des «Staates von Weimar», dieser «Verfallsform des bürgerlichen Rechtsstaats», treten werde. «Alle instinkthaften, vorwärtstreibenden, in der Substanz revolutionären Kräfte sind zum Angriff auf das Erbe dieser Zeit übergegangen. Das bürgerliche Zeitalter wird liquidiert, und es ist die Verheißung einer besseren Zukunft, daß es mit rücksichtsloser Entschlossenheit und dem Mut zur äußersten Konsequenz geschieht. Nur akademische Pedanten werden darüber erschrecken», wußte der feinsinnige Staatsrechtler, «daß diese Abrechnung summarisch erfolgt.» Hinter Kritik witterte Forsthoff nur «die Absicht der Sabotage», etwa durch den «jüdischen Journalismus».

Als neues Ziel schwebte ihm «eine auf echten Rangverhältnissen beruhende Ordnung des geeinten Volkes» vor. Jenseits des «verfehlten rechtsstaatlichen Denkens» mit seinen «antiquierten Freiheiten» müsse die neue Verfassung des totalen Staates von «echten, sachlichen Unterscheidungen» ausgehen: «von Freund und Feind», wie das unlängst Forsthoffs Lehrer Carl Schmitt mit seiner «innerstaatlichen Feinderklärung» eingeschärft hatte, «von volksgemäß und volksfremd, von deutsch und undeutsch». Anstatt weiter auf der liberalen «Entartung» der Trennung von Staat und Gesellschaft zu beharren, müsse «die Totalität des Politischen im totalen Staat ihre Form finden». Einspruch sei «mit aller Schonungslosigkeit auszurotten», Mißachtung staatlicher Autorität «rücksichtslos auszumerzen».

Alsdann müsse die «Herrschaftsordnung des totalen Staates» in «den Formen einer persönlichen Herrschaft organisiert werden», zu der Hitler dank seiner «unvergleichlichen persönlichen Qualitäten» berufen sei. Welche vordringliche Aufgabe stand dem «Führer» dann bevor? 1933 «wurde der Jude... zum Feind und mußte als solcher unschädlich gemacht werden». Die seither anhaltende «Säuberung» diene nur dazu, so Forsthoffs Apologie der anlaufenden «Judenpolitik» und des ersten Pogroms, «in

5. Die Konsensbasis von Führerdiktatur und Bevölkerung 683

Vollziehung der Unterscheidung von Freund und Feind alle diejenigen auszumerzen, die als Artfremde und Feinde nicht länger geduldet werden konnten». Wenn aber «das internationale Judentum» sich des Versailler Vertrags als seines «Instruments» bemächtige, um «den deutschen Lebensraum weiter zu verengen», trete ihm «ein Geschlecht» entgegen, «das die Gefahr nicht fürchtet» und «heroisch» handeln werde.

Daß die Vermischung der Terminologie Schmitts mit der eugenischen Semantik zum Postulat des rassistischen Bürgerkriegs führte, durch den der totale Staat erst die »Einheit des Volkes» erzwingen mußte, konnte bei diesem Sprecher der «jungen Generation», der bereits die «Revolution von rechts» seit Jahren energisch unterstützt hatte, kaum überraschen. Doch die Brutalität der Sprache, die nackte Verachtung des Liberalismus, der über den Honoratiorenantisemitismus weit hinausgehende unverhüllte Judenhaß, die devot-schmeichlerische Verklärung der Führerherrschaft Hitlers – sie beschrieben dem Lesepublikum, wohin der Marsch in Forsthoffs «bessere Zukunft», in die schöne neue Welt des totalen Staates gehen sollte. Nur wenige Jahre später lieferte Forsthoffs Fachgenosse Ernst-Rudolf Huber in seinem «Verfassungsrecht des Großdeutschen Reiches» die perfekte Apologie der Führerherrschaft, dank deren Deutschland in dieser Zukunft bereits angekommen war.

Wenn selbst der auf den Verfassungsstaat vereidigte Rechtslehrer den durch «Ausrottung» und «Ausmerze» gereinigten totalen Staat bereits 1933 so enthusiastisch pries, wenn andere angesehene Juristen, Historiker und Sprachwissenschaftler, Philosophen, Pädagogen und Demographen, Verfechter einer «deutschen Soziologie», «deutschen Physik» und «deutschen Mathematik», alle hingerissen von der in ihren Berufsklassen vorherrschenden nostalgischen Sehnsucht nach dem «starken Staat» der Kaiserreichszeit, nicht nur die Ankunft des autoritären Staates begrüßten, sondern seine Perfektionierung zum totalen Staat mit Führerabsolutismus und «Volksgemeinschaft» forderten – wie konnte diese tiefgestaffelte Zustimmung aus der akademischen Intelligenz, zumal alle Kritiker bereits mundtot gemacht worden waren, ihre Wirkung auf eine Orientierung und Deutung in einer Zeit des Umbruchs suchende Öffentlichkeit verfehlen? Die exponierte Stellung der deutschen Mandarine in der Sozialhierarchie ihrer Gesellschaft gewährte diesen «Meistern des Worts», die seit jeher auf die wuchtige Wirkung ihrer Sprache gebaut hatten, noch einmal einen Einfluß, den unheilvoll zu nennen schon fast eine Beschönigung wäre. Nach der Katastrophe für Millionen herrschte freilich an der Stelle früherer Beredsamkeit nur mehr Stillschweigen oder die Berufung auf einen bedauerlich «irregeleiteten Idealismus».[15]

6. Die Politisierung einer Sozialutopie: Transformationsdynamik und «egalitäre Leistungs-Volksgemeinschaft»

Als belastbarer Stützpfeiler, als aktiver Legitimationsspender des Regimes und insofern als einer «der bemerkenswertesten Erfolge nationalsozialistischer Sozial- und Gesellschaftspolitik» erwies sich die weitverbreitete Überzeugung, in einer mobilitätsfreundlichen, ungleich offener als vor 1933 wirkenden Gesellschaft zu leben, die sich auf den Weg zu einer streng meritokratischen, sozialegalitären «Leistungsgemeinschaft» befand. Wie konnte es zu diesem sozialpsychisch erstaunlich tief verankerten Glauben kommen, der auch nach 1945 noch eine geraume Zeit lang zählebig fortbestand? Ist dem Nationalsozialismus eine zumindest «verbale Sozialrevolution» gelungen, als deren Fernziel die «klassenlose Gleichheit aller Volksgenossen» winkte? Oder wurde die «pseudoegalitäre Nivellierung» aller sozialen Klassen unter der Regie des Führerprinzips als Chance der Aufstiegsmobilität für alle mißverstanden? Denn von einer echten Chancengleichheit für alle Staatsbürger, erst recht alle Staatsbürgerinnen, kann angesichts der «extremen Ungleichheit» in der Gesellschaft des «Dritten Reiches» je nach der Zugehörigkeit zu einer privilegierten oder diskriminierten «Rasse», der Herkunft aus einer gesunden oder erbkranken Familie, der Mitgliedschaft in der NSDAP oder gar in der SS, der Existenz in einem NS-anfälligen oder resistenten Milieu, der Gesinnungskorruption oder mutigen Distanz nicht ernsthaft die Rede sein.

Um dieses irritierende Phänomen zu verstehen, ist ein knapper historischer Rückblick unumgänglich. Seit der deutschen «Doppelrevolution» um die Mitte des 19. Jahrhunderts (vgl. Bd. II) ist in den deutschen Staaten ein tiefgreifender sozialökonomischer Strukturwandel in Gang gekommen, der sich im Kaiserreich beschleunigt und durchgesetzt hat (vgl. Bd. III). Diese Entwicklungsdynamik des deutschen Modernisierungsprozesses führte aber zu einem bedrohlichen Stau sozialer Schubkräfte, da die autoritäre Ordnung des Reiches weder im politischen System (wie das etwa der verweigerte Parlamentarismus und der Anachronismus des Klassenwahlrechts lehren) noch im Bildungs- und Berechtigungswesen, geschweige denn in der soziopolitischen Machthierarchie zu Veränderungen bereit und imstande war, die im Effekt eine umfassendere Integration ermöglicht hätten. Daher blieb das klassische Modernisierungsdilemma einer wachsenden Spannung zwischen sozialökonomischem Progreß und politischer Beharrung nicht nur weiterbestehen, sondern nahm an Intensität noch zu. Und deshalb auch baute sich ein Problempotential auf, das 1918 die Revolution wesentlich mit verursacht hat.

Diese Revolution blieb jedoch trotz des drastischen Übergangs zu einem neuartigen politischen Regime in sozialstruktureller Hinsicht relativ folgenarm. Die alte Elitenstruktur bestand neben den allmählich sich etablierenden neuen Machteliten weiter fort. Das gilt für die Bürokratie, die Reichswehrführung, die Großindustrie und ein Gutteil des Parteienestablishments; der ostdeutsche Adel fungierte trotz des Sturzes der Monarchie weiterhin als Herr des flachen Landes. Die elitäre Honoratiorenstruktur in den mittelgroßen und kleinen Städten veränderte sich genausowenig wie ihr Pendant in der ländlichen Gesellschaft.

Die protestantische Amtskirche verharrte im Trotz einer antirepublikanischen Obrigkeitskirche. Nirgendwo sind die wilhelminischen Konsistorialjuristen und Pfarrer des landesherrlichen Kirchenregiments ausgewechselt worden. Von einer «Volkskirche» blieb darum der Apparat der Heilsfunktionäre weit entfernt. An der Professorenschaft veränderte sich genauso wenig. Vereint in ihrer kompromißlosen Ablehnung der Republik, beschwor sie den Glanz des autoritären Kaiserstaats. Die wenigen Andersdenkenden erlebten einen effektiven Ostrazismus. Ein erstaunlich geringfügiger Wechsel des Spitzenpersonals kennzeichnete Parteien und Verbände. Die vertrauten Figuren tauchten weiterhin im Cut und Zylinder auf. Aufstrebende jüngere Politiker, wie etwa Julius Leber, Theodor Haubach und Carlo Mierendorf in der SPD, stöhnten ob der Beharrungsmentalität ihrer Vorgesetzten. In «obrigkeitlicher Volksferne» verharrte auch die Bürokratie, die ihre Kooptationsmechanismen und das Juristenmonopol gegen demokratisierende Reformansprüche zäh verteidigte.

Der Betriebspaternalismus lebte ganz so ungebrochen weiter wie der Sozialpatriarchalismus auf dem Lande und in den Tausenden von Kleinstädten. Zwar gab es eine spürbare Auflockerung und anhaltende Expansion des Bildungswesens, doch zu den Folgen der fatalen Depression seit 1929 gehörte die Erfahrung, daß zahllose anvisierte Aufstiegswege auf einmal versperrt wurden. In den Augen der aus den geburtenstarken Jahrgängen der Vorkriegszeit stammenden jüngeren Generationen erwies sich die Republik Jahr für Jahr als unfähig, angemessene Karrierewege offenzuhalten. Es gelang ihr in dieser Sicht nicht, die relative Deprivation namentlich der Nachwuchskräfte in der Akademiker- und Angestelltenschaft spürbar zu bekämpfen.

Millionen von Bauern und Landarbeitern waren durch den Krieg erstmals aus ihren Milieus herausgerissen worden. Verändert und zutiefst unzufrieden konnten sie sich nachher in der traditionellen ländlichen Gesellschaft nur schwer zurechtfinden. Welche Explosivkraft sich dort unter den zusätzlichen Krisenbedingungen aufgestaut hatte, demonstrierte die militante Landvolk-Bewegung (8. T. III. 5), noch ehe der Nationalsozialismus wie eine «populistische soziale und nationale Erweckungsbewegung» und deshalb mit so atemberaubendem politischen Erfolg in diese sozialen Klassen einbrach. Kurz, ein Jahrzehnt nach der Entstehung der Republik war es nicht gelungen, die Spannung zwischen dem unablässig anhaltenden sozialen Entwicklungsdruck und den inadäquaten konservativen gesellschaftlichen und politischen Strukturen zu meistern.

Diese soziale Veränderungsdynamik hat der Nationalsozialismus, der sie auch in vielfacher Hinsicht nur widerspiegelte, auf seine Weise sehr genau erfaßt. Als «Partei der Jungen» machte er sie sich in den letzten Jahren vor 1933 virtuos zunutze. Das bewies der Massenzulauf aus den jüngeren Generationen, dessen «eruptive Form» einen enormen aufgestauten Druck verriet (vgl. 8. T. VI. 3). Breite Kräfte strebten die Lösung aus traditionellen Bindungen, die Überwindung verkrusteter Strukturen an; sie drängten daher auf Modernität, Mobilität und Egalität, auf Partizipation und Repräsentation.

Eben das versprach ihnen der Nationalsozialismus mit seinen äußerst wirksamen modernen Stilmitteln. Indem er diese, seine eigentliche Attraktivität für die mit dem Status quo Unzufriedenen mit der Utopie des nationalen Wiederaufstiegs und der völkischen Erneuerung verband sowie mit der Freisetzung eines «kämpferischen Aktivismus» und «leidenschaftlichen Einsatzes» dem Aktionsbedürfnis der Aufbegehrenden entgegenkam, band er ihre Loyalität an sich. Den hochgespannten Erwartungen, an dem großen Projekt einer Modernisierung Deutschlands unter den Auspizien eines dynamisierten Nationalismus selber teilnehmen zu können, entsprach offenbar glaubwürdig die messianische Vision eines – im Vergleich mit allen anderen Parteipolitikern – ganz ungewöhnlichen charismatischen «Führers» mit einer extraordinären «Willenspotenz» und der rhetorischen Fähigkeit, das Erreichen großartiger Ziele zu einer unumstößlichen Gewißheit zu erheben.

Zu den attraktivsten Verheißungen stieg die Politisierung einer massenwirksamen Sozialutopie auf: die neue deutsche «Volksgemeinschaft», die auf der Grundlage einer nationalrevolutionären Erneuerung und freien Aufstiegsmobilität für jedermann, ungeachtet seiner sozialen Herkunft, die Überwindung aller bisher hemmenden Klassenbarrieren und Milieuschranken in der meritokratischen, sozialegalitären Leistungsgesellschaft der Zukunft in Aussicht stellte. Diese Zielvision verlieh dem Nationalsozialismus eine mitreißende sozialpsychische Suggestivität, da sich mit ihr die Hoffnung auf eine ungeahnte «Existenzausweitung» ebenso verband wie jene «leidenschaftliche Hingabe» und der «fanatische Aktionismus», häufig verkleidet als «aufopferungsfähiger Idealismus», welche diese Aufgabe in Angriff nehmen wollten.

Diese Volksgemeinschaftsutopie und ihre, wie es offensichtlich vielen schien, Schritt für Schritt glückende Realisierung blieben auch 1933 ein «Gravitationszentrum» der Hitler-Bewegung. Ohne den Aufbruch und die Politisierung der jungen Generationen ist die auffällige «Energie der neuen Eliten» des «Dritten Reiches» nicht zu verstehen. Sie aber erwiesen sich als «gesamtgesellschaftlich bahnbrechende» Erscheinung, keineswegs der SA-

Rabauke, das agitatorische Großmaul, der unpraktische Ideologe, die vielmehr von der gängigen innerparteilichen Kritik an den «Bonzen» erfaßt wurden.

Der von Hitler und seinem Regime in Gang gehaltene sozialdarwinistische Konkurrenzkampf wurde von den aufstiegswilligen Protagonisten der «egalitären Leistungs-Volksgemeinschaft» (M. Broszat) rassisch akzeptabler Volksgenossen als Stimulans der Leistungssteigerung und eines ständigen Veränderungsdrucks willkommen geheißen, da sich damit ein faszinierender «Modernitäts- und Mobilitätsappeal» verband. Der hohe Preis für die Entfesselung dieser Leistungsgesellschaft bestand jedoch aus einer unverhüllten «moralischen Hemmungslosigkeit», einer «Brutalisierung der Machtdurchsetzung» und der «Herrschaft des nackten Effizienzdenkens».

Im Grunde wurde ein rapider Zerfall der christlich-humanistisch-aufklärerischen Normenwelt herbeigeführt. Anstelle des «moralischen Wächteramts» der Eltern und der Familie, des Lehrers und des Geistlichen setzte sich nach der Demontage der traditionellen Meinungsführer das «moralisch anspruchslose gesunde Volksempfinden» als Richtschnur durch, das ein «dickes Polster der Empfindungslosigkeit gegenüber der Inhumanität des Regimes» vermittelte, aber im Einklang mit der Opposition gegen anachronistische Normen und ein volksfernes, abstraktes Recht stand. Wenn jetzt Haltung, Energie, Kraft, Durchsetzungsfähigkeit als Leitwerte der nationalsozialistischen «Menschenzucht» etabliert wurden, korrespondierte dieser Vorgang zum einen durchaus mit dem Drang der jüngeren Generationen, aus der patriarchalischen Konventionalität provinzieller Bindungen, aus dem «Standesdünkel und Kastengeist» endlich in die neue Welt ihrer egozentrischen Sozialnormen und generationsspezifischen Ressentiments auszubrechen. Zum andern entsprach er vollauf der Abwertung, ja Zerstörung des tradierten sozialmoralischen Normengefüges durch den «Führer», der mit der rücksichtslosen Selbstsicherheit des Charismatikers an die Stelle der überlieferten Regeln die für diese Regimeform typische Orientierung allein an seinen idiosynkratischen Eigenwerten setzte. An dem weitgediehenen Ausmaß der daraus hervorgehenden Normenvernichtung kann man erneut die Durchsetzungsgewalt der charismatischen Führerherrschaft ablesen. Mochte etwa ihre Rassenlehre auch vielfach nicht ernst genommen werden, trug sie doch nachdrücklich dazu bei, «moralische und kulturelle Hemmungen abzubauen» und an ihre Stelle den uneingeschränkten Leistungskampf des darwinistischen Ausleseprozesses zu setzen.

Ein markantes Ergebnis der Veränderungsdynamik und Normenzerstörung ist nicht zu übersehen: «Ohne so viele erfindungsreiche, innovationsfähige, leistungskräftige, auf Effizienz bedachte Kräfte..., ohne den aufgestauten Drang, sich gegen die Vorherrschaft der Alten» jetzt endlich selber «zu verwirklichen, aus den Normen des Althergebrachten in Familie, Religionsgemeinschaft, Schule und Beruf auszubrechen, wäre die Energie der neuen Eliten der NS-Gesellschaft» nicht zu verstehen. Typische Repräsentanten mit diese Antriebsstruktur waren etwa Speer und seine «jungen Männer», Stuckart, Heydrich und zahlreiche RSHA-Experten – alle um etwa 1905 geboren und mit Ende zwanzig in hohen Ämtern des Regimes tätig. Ob ihre ideologische Bindung schwach oder hoch entwickelt war, verband sie doch vor allem die Motivation und das Bewußtsein, unter den neuen Bedingungen schneller Karriere machen, die eigenen Fähigkeiten entfalten und ihren hochfliegenden Ehrgeiz befriedigen zu können. Aus ihrer Sicht war ihre soziale Aufstiegsmobilität wesentlich darauf zurückzuführen, daß unter der Führerherrschaft «ständisch-konservative Resistenzkräfte», namentlich auch «soziale Bewußtseinsstrukturen» abgebaut wurden, so daß sie und ihresgleichen in einer «beweglicheren Gesellschaft», in der Leistung stets mehr als Herkunft zählte, leichter vorankommen konnten.

Genährt wurde diese Überzeugung, die keineswegs auf egoistischen Illusionen beruhte, durch realhistorische Veränderungen. Die NSDAP und ihre angegliederten Organisationen boten zahlreichen Jüngeren die ersten Stufen auf einer neuartigen Karriereleiter. 1938 etwa waren in 38 Gauen, 827 Kreisen und 21 000 Ortsgruppen der Partei rd. 700 000 Funktionäre tätig; bis 1942 stieg ihre Zahl, einschließlich aller Parteiformationen, schon auf zwei Millionen an. Allein die DAF besaß 44 500 hauptamtliche Mitarbeiter, Abertausende waren im RAD, im WHW, in der NSV und in den Fachverbänden administrativ tätig. Fast ein Drittel des SS-Führerkorps stammte aus den oberen Mittelklassen und besaß einen Universitätsabschluß, ein rundes Drittel stellten allein Volljuristen. Binnen kurzem entstand hier eine «neue politische Gesellschaft», teilweise in heftiger Konkurrenz, teilweise in Überlappung mit der überkommenen Hierarchie, jedenfalls ausgestattet mit zahlreichen neuen Wegen des Aufstiegs und der Elitenbildung. Gleichzeitig strömten Tausende in die neugeschaffenen Stellen der Staats- und Wehrmachtsverwaltung, deren Vielzahl ebenfalls dem «Dritten Reich» zu verdanken war.

HJ und BDM unterstützten die seit langem geforderte Jugendautonomie, und ihre höhere Führerschaft genoß, von den Tausenden von Bannführern ab aufwärts, die soziale Sicherheit fester Planstellen. Tausende von Volksschullehrern fühlten sich befreit, als das Regime rabiat gegen die geistliche Schulaufsicht vorging. Junge Offiziere trugen eine egalitäre Tendenz in das auf seinen Rangstufen erstarrte Offizierkorps (seit 1942 gab es auf dieser Linie einen geradezu fundamentalen Umbau).

Der patriarchalische Stil in den Unternehmen wurde durch zielstrebige junge Manager mit ihrem ungewöhnlichen Entscheidungsspielraum, aber auch von der DAF aufgebrochen. Die symbolische Egalisierung aller sozialen Klassen verringerte besonders fühlbar die Distanz der Unter- zu den Oberklassen. Noch in der Mitte der 1950er Jahre schwärmten ältere Facharbeiter im Leverkusener Bayer-Werk, allesamt gestandene Sozialdemokraten, davon, wie «Adolf» es geschafft habe, daß am 1. Mai «die Direktoren mit uns in einer Reihe marschieren mußten».

Wenn es dem WHW mit seinem Appell an die kollektive Opferbereitschaft gelang, bis zum Kriegsausbruch 2,5 Milliarden Mark zu sammeln und «bedürftigen Volksgenossen» zuzuleiten, wenn ihnen auch die NSV mit ihren 16 Millionen Mitgliedern beisprang, wenn Hunderttausende von jungen Leuten aus allen sozialen Klassen ein Jahr im Arbeitsdienst zusammenleben mußten, wurde das als schlüssiger «Beweis für die Realität der Volksgemeinschaft» aufgefaßt. Offensichtlich war sie doch, wie viele durch ihre Erfahrung belehrt wurden, «mehr als ein Mythos».

Fraglos verstanden sich auch die Spitzen des Regimes auf die symbolische Praktizierung egalitär wirkender Politik. Hitler legte sorgfältig Wert darauf, als «Volksführer zum Anfassen» zu gelten, etwa wenn er regelmäßig inmitten zahlreicher Berliner am Eintopfessen des WHW teilnahm. Der endlose Strom obligatorischer Bilder, die ihn mit lachenden Kindern, strahlenden Arbeitern oder gemeinen Soldaten zeigten, konnte es mit dem Werbefeldzug jedes amerikanischen Präsidentschaftskandidaten aufnehmen. Als die Neue Reichskanzlei fertiggestellt war, feierte er vor der offiziellen Eröffnung ein üppiges Betriebsfest allein mit Speers Bauarbeitern. Sein Umgang mit den Angehörigen der Arbeiter, die 1935 beim Tiefbau der Berliner U-Bahn tödlich verunglückt waren, erinnert unmittelbar an das Handauflegen mittelalterlicher, thaumaturgischer Herrscher bei der Bekämpfung der Skrofulose. Die gelenkten Medien wurden angehalten, über solche Vorgänge auffällig zu berichten und kontinuierlich ins Bild zu setzen.

Immer wieder wiederholten Ley, Göring und Hitler die Geste, Arbeitern in einer möglichst großen Öffentlichkeit die Hand zu geben, da sie um den Wert der körpersprachlichen Respektbekundung wußten. Hitlers Motto vom Mai 1933: «Ehre der Arbeit» verfehlte auf längere Sicht genausowenig seine Wirkung wie die Zusammensetzung der Urlaubsreisenden bei den wochenlangen KdF-Kreuzfahrten, wo das Siebtel Arbeiter als repräsentativ hingestellt wurde, oder wie das Programm «Schönheit der Arbeit», das Speer im Rahmen der DAF organisierte und das den «Betriebsgemeinschaften» zahlreiche Kantinen, Waschräume, Toiletten, Grünanlagen, Sportplätze und Schwimmbäder einbrachte. Nicht umsonst bemühte sich auch die DAF, durch Sportunterricht im Tennis und Reiten, durch Tanzschulen und gehobene Touristik ehemals streng exklusive Freizeitaktivitäten für jedermann zugänglich zu machen, da vor allem die symbolische Bedeutung der Öffnung elitärer Zirkel der Attraktivität gelebter «Volksgemeinschaft» zugute kam.

Wer zu den durch Aufstieg und Anerkennung Begünstigten gehörte und wer zudem von seinen positiven Erfahrungen mit der «Volksgemeinschaft» fasziniert war, konnte lebensgeschichtlich auf die Teilnahme an einem großen Erfolgsprozeß in den Friedensjahren zurückblicken – und dieser Eindruck blieb auch bei vielen nach 1945 erhalten. Freilich durfte er keine jüdische Mutter oder auch nur einen jüdischen Großvater haben, mußte er die Augen vor der Diskriminierung von «Marxisten» und der Schikanierung von jüdischen Deutschen bis hin zu ihrer Vertreibung verschließen, kurzum: er mußte sich einen egozentrischen Tunnelblick allein auf die eigene Karriere zulegen. Dadurch wurde eine enorme, aber sozial blindwütige Leistungsenergie freigesetzt. Sie erwies sich imstande, zumal sie immer wieder von utopischen, von den Alltagsproblemen ablenkenden Fernzielen stimuliert wurde, den «unerhörten Kräfteverschleiß» eine Zeitlang zu kompensieren, den die «chaotische Macht- und Kompetenzkonkurrenz» in der nationalsozialistischen Herrschaftsorganisation auslöste. Da sich die Führerdiktatur aber als strukturell unfähig erwies, den von ihr geförderten sozialdarwinistischen «bellum omnium contra omnes» und die «selbstzerstörerische Überdehnung des Kräftepotentials» in eine überlebensfähige, dauerhafte Neuordnung zu überführen, erlag das Regime nicht zuletzt auch seiner eigenen Destruktionsdynamik.[16]

II.
Strukturbedingungen und Entwicklungsprozesse der Wirtschaft

1. Auf dem Weg zur staatsgelenkten Marktwirtschaft

Zu keiner Zeit ist im 19. und 20. Jahrhundert die deutsche Wirtschaft einer so nachhaltigen staatlichen Steuerung unterworfen worden wie in der Epoche des Nationalsozialismus. Weder die staatliche Förderung der Industrie und des Eisenbahnbaus noch die Kriegswirtschaft von 1916 bis 1918 lassen sich mit dem autoritären Interventionismus dieser Kommandowirtschaft vergleichen. Auch er tastete jedoch in der Regel den Kernbereich der privaten Eigentumsrechte, der Investitionsentscheidungen und der Gewinnverbuchungen nicht an; auch bei straffen Lenkungsvorgaben blieb ein hohes Maß an privater Mitbestimmung erhalten. Nichts führt aber tiefer in die Irre als die oft dogmatisch verfochtene Behauptung, daß die Spitzenkräfte der kapitalistischen Wirtschaft nicht nur die Direktiven für den ökonomischen Prozeß, sondern sogar auch für das politische System erteilt hätten. Den Primat der Politik hat das NS-Regime vielmehr von Anfang bis Ende durchgesetzt. Deshalb geht es auch an dieser Stelle vorrangig um seine Wirtschaftspolitik.

Für Hitler und die Minister aus seiner Partei stand von Anfang an die Konjunkturpolitik als solche, mithin als wachstumsorientierte Wirtschaftsförderung, keineswegs im Mittelpunkt. Vielmehr interessierte sie in erster Linie ihr legitimatorischer Effekt zugunsten des «Führers» und des Regimes, sodann ihr instrumenteller Nutzen, um Primärziele der nationalsozialistischen Weltanschauung zügig erreichen zu können. Außer dem Prestigeerfolg der Besiegung der Massenarbeitslosigkeit standen darum drei Ziele im Vordergrund.

1. Aus den Erfahrungen des Weltkrieges wollte die NS-Spitze insofern lernen, als sie in möglichst vielen Wirtschaftsbereichen die Unabhängigkeit von Importen aus dem Ausland, im Grenzfall sogar die vollständige Autarkie erreichen wollte.

2. Zugleich sollte die Aufrüstung beschleunigt, die Rüstungswirtschaft mit Hilfe der staatlichen Subventionen forciert ausgebaut werden. Das erforderte einen in seinem Ausmaß vorbildlosen staatlichen Zugriff auf das Sozialprodukt, um die erforderlichen Kapitalströme in die beteiligten Industrien lenken zu können.

3. Zu gegebener Zeit sollten dann, insbesondere im Hinblick auf Polen, die Ergebnisse des Weltkriegs revidiert, vor allem aber der große Erobe-

rungsfeldzug zur Gewinnung von «Lebensraum» in Rußland angetreten werden. Dabei galt «Lebensraum» keineswegs, wie oft irreführend behauptet worden ist, im Sinne einer rückwärtsgewandten Agrarutopie nur als Synonym für ein neues Siedlungsgebiet deutscher Wehrbauern. Zur «Zuchtstätte» arischer Herrenmenschen sollte er fraglos auch werden, doch zu der Vorstellung vom «Lebensraum» gehörten an erster Stelle die unermeßlichen industriellen und agrarischen Ressourcen und Rohstofflager sowie die Absatzchancen auf diesem neuen riesigen Binnenmarkt. «Was für England Indien war», postulierte Hitler, «wird für uns der Osten sein.» Nur so konnte nach dieser Vorstellung das «Dritte Reich» mit seinem gewaltigen östlichen Vorfeld zum blockadefesten Großraum aufsteigen, der den Kampf um die Weltherrschaft materiell überhaupt erst ermöglichte.

Anfangs waren mehrere staatliche Träger an der Formulierung und Implementierung der Wirtschaftspolitik beteiligt: die Kabinettsregierung, das Wirtschafts-, Finanz- und Arbeitsministerium, die Reichsbahn. Sie alle wurden aber in kurzer Zeit von Hitler und seinen führerimmediaten Sonderstäben verdrängt. Mit dem «Amt für den Vierjahresplan» wurde vollends der Versuch unternommen, im Kommissariatsstil einen wirtschaftlichen Generalstab völlig außerhalb der Ressortministerien mit ungewöhnlichen Vollmachten operieren zu lassen.

Der Einfluß der Reichsbank, der unter Schacht nicht zuletzt dank seiner Geschicklichkeit bei der Rüstungsfinanzierung und Lenkung der Außenwirtschaft eine Zeitlang verteidigt werden konnte, wurde zunehmend eingedämmt. In krasser Verletzung des Gesetzes von 1924, das der Reichsbank ihre Unabhängigkeit von der staatlichen Exekutive verbrieft hatte, wurde sie schließlich im Februar 1937 den Weisungen Hitlers unterworfen. Damit besaß der wichtigste politische Machtträger auch die Schlüsselposition in der Wirtschafts- und Finanzpolitik – eine Ämterkumulation, die im Kaiserreich und in der Weimarer Republik schlechterdings undenkbar gewesen wäre. In dem neuen Reichsbankgesetz vom Juni 1939 wurde dann das Direktorium folgerichtig Hitler unmittelbar unterstellt sowie die Beschränkung der Geldschöpfung durch die Reichsbank aufgehoben. Damit gewann der «Führer» auch formal den ungehinderten Zugang zur Notenpresse.

Faktisch lagen freilich die Sondergewalten, die verschiedenen Reichsministerien, aber auch die Wehrmacht, die ohne Vorklärung mit dem Finanzministerium weiter ihren eigenen Haushalt aufstellen durfte, wegen ihrer unklaren Kompetenzabgrenzung in einem ewigen Streit, in dem sich die Koordinationsmängel des Ämterdarwinismus naturgetreu widerspiegelten.

Im Licht der Zielvorgaben galten die Investitionslenkung und Rohstoffbewirtschaftung als vorrangig. Zur Schlüsselfigur bei der Lösung dieser heiklen Aufgaben entwickelte sich Hjalmar Schacht: Mit 46 Jahren Reichsbankpräsident, von 1923 bis 1930 in diesem Amt, häufig als «Finanzzauberer» gerühmt, radikalnationalistischer Förderer der «Harzburger Front» und dann der Kanzlerschaft Hitlers, amtierte er seit 1933 erneut als Reichsbankchef; im August 1935 wurde er auch noch Reichswirtschaftsminister und im März 1935 dazu «Generalbevollmächtigter für die Kriegswirtschaft». Schacht bemühte sich, auch mit unkonventionellen Mitteln, die Wirtschaftsförderung zugleich als Rüstungsförderung zu betreiben, ohne die Vermeidung einer neuen Inflation aus dem Auge zu verlieren.

Binnenwirtschaftlich befürwortete er ein konjunkturförderliches staatliches «Deficit Spending». So finanzierte er etwa ein gut Teil der Wehrmachtsausgaben mit Hilfe der sogenannten Mefo-Wechsel, die auf eine flugs gegründete «Metallurgische Forschungsanstalt», realiter eine Briefkastenfirma, gezogen wurden. Diese Methode hatte er aus einem 1933 von Ministerialrat Wilhelm Lautenbach entwickelten Vorschlag ganz so kopiert, wie er früher Hilferdings Entwurf für die Rentenmark übernommen hatte.

Außenwirtschaftlich stellten sich noch schwierigere Probleme. Schachts «Neuer Plan» von 1934 suchte ihrer durch ein vollständiges staatliches Außenwirtschaftsmonopol Herr zu werden. In ihm wurden rigorose Devisen-, Warenhandels- und Preisbildungskontrollen mit dem Ziel verschmolzen, einen möglichst umfassenden staatlichen Dirigismus durchzusetzen. Dafür wurde der Handels- und Zahlungsverkehr streng bilateral geordnet. Immerhin die Hälfte des deutschen Außenhandels wurde dem Schachtschen Regelwerk unterworfen. 25 Überwachungsstellen prüften, ob die Dringlichkeitskriterien beachtet wurden. Der Import ging wunschgemäß zurück.

Investitionsverbote trafen bis 1938/39 Wirtschaftszweige, die als nicht rüstungswichtig klassifiziert wurden und ihre Fertigungskapazitäten eingefroren fanden. Großzügig wurde dagegen zugunsten der Rüstungsindustrie verfahren. Bereits Anfang Dezember 1933 schloß das Reich einen Vertrag mit der IG Farben über die (schon vor 1933 anvisierte) Gewinnung von synthetischem Treibstoff in Leuna, wenig später folgte eine entsprechende Abmachung über den synthetischen Kautschuk. Da der Staat die Entwicklungs- und Absatzrisiken vollständig übernahm, verschaffte er der IG Farben eine umfassende Externalisierung von Kosten in durchaus ungewiß hohem Umfang. In welcher atemberaubenden Höhe staatliche Finanzmittel seit 1933 in die Aufrüstung der Wehrmacht geleitet wurden, wird unten (II. 2) erörtert.

Bis 1938 hatte sich jedoch aufgrund des hektischen Vorgehens der Knoten zu einer Krise geschürzt. Die gesteigerte Rohstoffbeschaffung, etwa die erhöhte Erzeinfuhr, löste eine Devisenkrise aus, die sich nach dem Erreichen der Vollbeschäftigung und der konsequenten Kaufkraftsteigerung mit einem rasanten Preisauftrieb und wegen der unzureichenden Leistungsfähigkeit der Landwirtschaft zu alledem noch mit einer Ernährungskrise verband. Schachts Allianz mit der Wehrmacht zerbrach jetzt, als diese, von ihren Rüstungszielen fasziniert und von Göring unterstützt, ein inflationserzeugendes Tempo in Kauf zu nehmen forderte. Das wirkte im Verein mit der Krisenlage symptomatisch für die Erosion seiner Machtposition, aber auch für die Gefahr eines verzögerten Rüstungstempos. Und seit der Erklärung der «Wehrhoheit» im Vorjahr wurde die Aufrüstung nicht einmal mehr verheimlicht.

In dieser Situation schaltete sich Hitler selber im August 1936 mit einer Denkschrift ein, in der er unverblümt die Kriegsbereitschaft bis 1940 und deshalb auch den Übergang zur Kriegswirtschaft im Frieden forderte. Genaue Anweisungen, wie die strategische Fernplanung in konkrete, operative Maßnahmen umgesetzt werden sollte, fehlten wieder. Wie üblich formulierte Hitler einige allgemeine Zielvorgaben, überließ die Details aber seinen willigen Helfern. Gegen den zu erwartenden Widerstand beschwor er erneut seine Überzeugung, daß der Erfolg sich als Resultat eines fanatischen Willens einstellen werde.

Auf dieser Grundlage des «Führerwillens» wurde der Anfang September 1936 verkündete Vierjahresplan mit einer neuen Sonderexekutive verkoppelt. Damit trat neben Schacht, der als «Generalbevollmächtigter für die Kriegswirtschaft» abrupt abgewertet wurde, und den großen Apparat des «Wehrwirtschafts- und Rüstungsamtes», das General Thomas für das Heereswaffenamt der Reichswehr längst aufgebaut hatte, als dritter Akteur der «Beauftragte für den Vierjahresplan» mit weitreichenden Sondervollmachten auf die Bühne.

Hitler hatte Göring als «Liquidator» der Schachtschen Politik eingesetzt, übergab ihm die Leitung des Vierjahresplanamtes und erweiterte seine Kompetenzen sowohl durch die Stellung eines «Reichsbeauftragten für Rohstoff- und Devisenfragen» als auch durch die Angliederung der gesamten Ernährungswirtschaft. Göring baute mit dem typischen Eifer der braunen Satrapen sein Nebenministerium zügig auf. Bis 1937 hatte er schon mehr als 1000 Mitarbeiter – doppelt so viele wie das Reichsjustizministerium, 40 Prozent mehr als das Reichsinnenministerium zählte – aus der Wirtschaft und der Wehrmacht, ganz selten nur aus der Partei angeworben. In seiner kurzen Zeit als Reichswirtschaftsminister nach Schachts Rücktritt ließ er auch die Ministerialbeamten für den Vierjahresplan und umgekehrt Vierjahresplanexperten im Wirtschaftsministerium arbeiten. Unterteilt in neun Stabsabteilungen, die «Geschäftsgruppen», widmeten sie sich ihren Steuerungsaufgaben, während ihre Organisation weiter «amöbenhaft» anwuchs.

Der Vierjahresplan führte zu keiner umfassenden staatlichen Planwirtschaft, doch neben die Bürokratie des Wirtschaftsministeriums traten jetzt seine «Generalbevollmächtigten», meistens Offiziere und Spitzenmanager, mit ihren «Geschäftsgruppen». Überdies wurden die Staatssekretäre des

Wirtschafts-, Landwirtschafts-, Arbeits- und Verkehrsministeriums fest eingebunden. Faktisch wurde das Wirtschaftsministerium zum «Exekutivorgan» Görings als Chef der Vierjahresplanbehörde, der im übrigen die Personalunion von staatlicher und privater Wirtschaftslenkung ganz ungeniert praktizierte – fraglos das inspirierende Vorbild für Todts und Speers Methoden.

Dank der unverhüllten Verschränkung seines Sonderstabs mit der Großwirtschaft und eines hohen Maßes an Routine sprengender Flexibilität gelangen Görings Experten, die ihre staatlich-private Funktion zu nutzen verstanden, trotz aller Reibungen bemerkenswerte Leistungen (dazu unten 2 b). Karl Krauch etwa, seit 1926 Vorstandsmitglied der IG Farben, später Görings Berater, wurde 1938 zum Generalbevollmächtigten für die Chemische Industrie und zugleich zum Leiter des Reichsamtes für Wirtschaftsausbau in der Vierjahresplanbehörde ernannt, um das Ziel einer autarken Rohstoffproduktion zu erreichen. Zu diesem Zweck stützte er sich umstandslos auf Mitarbeiter und Planungsstäbe der IG Farben. Seitdem er 1940 zum Vorsitzenden des Aufsichtsrats der IG Farben gewählt worden war, verband er bis 1945 die Leitung der wichtigsten staatlichen Lenkungsbehörde für die Chemische Industrie mit der Führung des größten europäischen Chemieunternehmens. Es steht außer Frage, daß auch auf diesem Gebiet staatliche Entscheidungen keineswegs, wie es das kommunistische Ammenmärchen von den Agenten des Kapitalismus weismachen wollte, von diesem Großkonzern diktiert wurden. Aber sie wurden doch in beträchtlichem Maße privatwirtschaftlich präjudiziert.

Typisch für die «Ära der Inkompetenz» (R. Overy) unter Göring war die Steigerung vielfältiger Staatseingriffe, ohne daß sie einem klar durchdachten Konzept gefolgt wären. Hohe Subventionen aus dem Reichshaushalt wurden generös an rüstungsrelevante Unternehmen vergeben. Dabei begünstigte Göring unverfroren den Aufbau «seiner» Luftwaffe, die seit 1935 bereits ein Drittel aller Militärausgaben erhielt, keineswegs gleichmäßig die gesamte Wehrmacht, so daß Heer und Marine um ihren Anteil mit allen Lobbymethoden energisch kämpfen mußten. Überhaupt folgte das Gießkannenprinzip keiner rationalen Globalplanung. Der Versuch, gleichzeitig die Kontrolle über die Investitionen und die Rohstoffzuteilung, die Landwirtschaft und die Verteilung der Arbeitskräfte zu gewinnen, lief sich an vorhersehbaren Hindernissen fest. In einem hektischen «Eroberungsstil» wurden ständig neue Unterkommissariate eingerichtet, neue Produktionspläne hastig verabschiedet und sofort wieder verändert, neue Rüstungsprojekte umformuliert oder aufgegeben, neue Rationalisierungsmaßnahmen gestartet oder wieder eingestellt. Endlose Konflikte konterkarierten angeblich verbindliche Anweisungen. Ringsum herrschte, konstatierte General Thomas erbittert, anstelle zielbewußter Kooperation ein «Kampf aller gegen alle».

Das entsprach durchaus dem allgemeinen Antagonismus der polykratischen Zentren im Zeichen ihrer überlappenden Kompetenzen. Ständig wurde in Kategorien des permanenten Ausnahmezustands gedacht, der nur Ad-hoc-Entscheidungen zuließ. Der Appell an mobilisierende Willensakte ersetzte die abwägende Voraussicht. An die Stelle des nüchternen Kalküls trat die blindwütige charismatische Kampfdynamik, die aber nicht verdecken konnte, daß die Fachkräfte, die Ressourcen, die Devisen für die hochfliegenden Pläne schlechthin nicht vorhanden waren. Ungeachtet dieser Defizite bestand Hitler im November 1938 auf einer Steigerung der Rüstungsproduktion um volle 300 Prozent, ohne sich auf die Mühsal konkreter Vorschläge einzulassen. Denn wie immer wollte der «Führer», wie Göring offenherzig-vorwurfsvoll einräumte, selber «möglichst wenig entscheiden». Auch in diesem Bereich bevorzugte Hitler Generaldirektiven, wirkte daher öfters eher zurückhaltend, setzte aber die Anerkennung der wesentlichen Rüstungsziele gewöhnlich durch.

Das Dilemma der Rüstungswirtschaft blieb die tiefe Diskrepanz zwischen Kriegswillen und objektiv begrenzter wirtschaftlicher Mobilmachung. Eine zentrale Koordinationsinstanz fehlte, auch das «Amt für den Vierjahresplan» entwickelte sich nicht, wie ursprünglich erhofft, zu einem effektiven ökonomischen Generalstab. Daher konnten gravierende Widersprüche nicht vermieden werden. Der Westwall etwa, als Bluff gedacht, um Frankreichs Neutralität voraussetzen zu können, band nicht nur 400 000 anderswo bitter benötigte Arbeitskräfte, sondern beanspruchte auch ein volles Drittel des Stahlkontingents für die Wehrmacht. Oder aber der Städtebau, der zur Steigerung des Selbstbewußtseins dienen sollte, zog die Hälfte der gesamten Baukapazität an sich. Die polykratische Rivalität entwertete die bürokratische Sorgfalt von Staatsbehörden. An ihre Stelle trat das Vabanquespiel: Effizienzsteigerung oder Scheitern.

Angesichts dieser Sachlage ist es erstaunlich, welche Leistungen trotzdem bis 1939 zustande kamen. Abseits der bürokratischen Routine und ohne Rücksicht auf die finanziellen Kosten konnten die Sonderstäbe trotz ihrer evidenten Mängel in einem hochindustrialisierten Land wie Deutschland doch auffallende Mobilisierungseffekte erreichen. Dieser Erfolg setzte Gefügigkeit bei der Hinnahme der Lenkungsanweisungen voraus, und eben daran fehlte es wegen der Interessenidentität von Regime und Wirtschaft nirgendwo, obwohl nicht zu übersehen war, daß die Rüstungspolitik des Vierjahresplans auf die Unterwerfung der Industrie zielte.

1. Hatten 1928 65,7 Prozent aller Investitionen die Produktionsgüterindustrie, 34,3 Prozent die Konsumgüterindustrie erreicht, lautete das Ergebnis 1938 nach einer energischen Umschichtung zugunsten der Rüstungsgüter schon 81,1 zu 18,9 Prozent. Insofern gelang es dank einer gezielten Umstellung auf die Bedürfnisse einer Kriegswirtschaft, einen weit überproportionalen Ausstoß der Rüstungswirtschaft auszulösen. Von

einer Massenproduktion für die «Tiefenrüstung» eines totalen Krieges blieb er freilich noch weit entfernt.

2. Typische Engpässe wurden zum Teil überwunden. Von der Basis des Jahres 1934 aus hochgerechnet erreichte die auf Kohlehydrierung beruhende Treibstoffversorgung volle 90 Prozent des Eigenbedarfs, da aber die militärische und zivile Nachfrage zunahm, immerhin noch 57 Prozent. Auch der Kunstkautschuk Buna deckte bis dahin die Hälfte des Eigenbedarfs. Gewiß war wegen der Sonderstellung der IG Farben der Vierjahresplan auch ein IG Plan, aber er führte auch zu einer partiellen Verstaatlichung der IG-Farben, welche die Produktion dieser begehrten Ersatzgüter ganz in den Dienst der Rüstungspolitik stellen mußte. Insofern fungierte sie auch als «subsidiäre Lenkungsinstanz» für den Führerstaat.

3. Die Erzversorgung wurde erheblich verbessert, Zink kam zu 82 Prozent, Blei zu 32 Prozent aus dem Reich, Kupfer und Bauxit dagegen mußten ebenfalls reichlich importiert werden, da die deutsche Aluminiumproduktion bis 1938 noch vor den USA weltweit den ersten Platz gewonnen hatte. Die Entspannung bei den Erzlieferungen kam nur zum Teil durch eine Anhebung der Einfuhr schwedischen Eisenerzes, wesentlich aber durch einen neuen Staatskonzern zustande. Im Juli 1937 wurden im Rahmen des Vierjahresplans die «Reichswerke Herman Göring» in Salzgitter als reiner Staatsbetrieb gegründet, um ungeachtet der horrenden Kosten minderwertige Erzsorten in dieser Region auszubeuten und der Autarkie einen Schritt näher zu kommen. Unter der Leitung des NS-Karrieristen Paul Pleiger, der rücksichtslos seinem Organisationstalent folgen durfte, stiegen die «Reichswerke» bis zum Kriegsbeginn zum größten europäischen Industriekomplex auf.

Dieser Erfolg beruhte weithin auf den brutalen Mitteln der nationalsozialistischen Politik. Die «Reichswerke» taten sich etwa als großer Nutznießer der «Arisierung» jüdischer Unternehmen hervor. Nach dem Anschluß Österreichs wurden dort 30 Industriebetriebe umstandslos eingegliedert, vor allem das wertvolle steirische Erzlager übernommen (was Salzgitter mit seinen minderwertigen Vorkommen vollends unrentabel machte). Nach der Besetzung der Tschechoslowakei und Polens wurden zahlreiche zwangsenteignete Betriebe okkupiert. Die «Reichswerke» wuchsen aber nicht nur aufgrund nackter Expropriationstaktik, sondern sie wurden auch durch das stetig fließende staatliche Anlagekapital und die vorteilhafte Rohstoffzuteilung begünstigt. Auf diese Weise waren sie bis 1940 imstande, die Hälfte der deutschen Selbstversorgung mit Eisen zu übernehmen. Darüber hinaus produzierten sie 20 Prozent der deutschen Kohle, ein Achtel der Stahlerzeugung, schließlich auch ein Sechstel aller Panzer, so daß sie zum «Herzstück der deutschen Rüstungsmaschine» wurden.

Welche Mängel auch der wirtschaftlichen Expansion, insbesondere der

Rüstungsindustrie anhafteten, zumal wenn man sie an den utopischen Planvorgaben des Regimes für eine «kriegsähnliche Friedenswirtschaft» mißt, reichte doch diese Vorbereitung aus, um bis zum Frühjahr 1941 den größten Teil Europas erobern zu können.[1]

2. Rüstungswirtschaft und Rüstungsfinanzierung

Von Anfang an, seit den ersten Tagen des Februars 1933, hat die Regierung Hitler die Aufrüstung tatkräftig betrieben, und zwar nicht etwa erst dann, nachdem sie der Konjunkturpolitik für geraume Zeit den Vorrang gelassen hätte. In dieser Frühphase war jede rüstungspolitische Langzeitplanung unter den Bedingungen des Versailler Friedensvertrags ein höchst riskantes Unternehmen, das auch das Regime unmittelbar gefährden konnte. Dennoch wurden, obwohl präzise Vorstellungen noch fehlten, sogleich die Weichen für eine Mengenproduktion gestellt, die eine expansive Großmachtpolitik ermöglichen sollten. Bereits drei Tage nach der Amtsübernahme machte Hitler in der erwähnten vertraulichen Besprechung mit der Reichswehrspitze aus seinen hochfliegenden Plänen kein Geheimnis, ohne auf ein einziges Wort prinzipieller Kritik zu stoßen, da sich die weitreichende Übereinstimmung mit den Ideen der Generalität auch bei dieser Gelegenheit herausstellte.

Man hat idealtypisch zwischen der rein quantitativen Steigerung einer «Breitenrüstung» auf der einen Seite und einer tief gestaffelten, alle gesellschaftlichen Ressourcen erfassenden «Tiefenrüstung» auf der andern Seite unterschieden und diese dem «Dritten Reich» so lange abgesprochen, bis Speer sie seit 1942 verwirklichte. Tatsächlich lag dem Regime ein Austerity-Programm, um Mittel für die Rüstung freizusetzen, neun Jahre lang fern, da der innenpolitische Konsens nicht gefährdet werden sollte. Kanonen und Butter, sprich: trotz forcierter Aufrüstung eine weiterhin hohe Konsumgüterproduktion, hieß daher die Parole, und der «Blitzkrieg» erwies sich als die dieser Doppelgleisigkeit angemessene Kriegsform. Ein kurzer, stürmischer, erfolgreicher Feldzug, dann die Auffüllung der Ressourcen, auch aus den Mitteln des besiegten Landes – und auf zum nächsten kurzlebigen Konflikt. Für den voraussehbar langlebigen Kampf um die europäische und globale Hegemonie sollten dann im «Lebensraum» des eroberten Ostens hinreichend Ressourcen gewonnen werden, um die Maximalbelastung der Heimatfront durch eine «Breitenrüstung» zu vermeiden.

An dem Übergang aber zum Massenausstoß von Rüstungsgütern ließ das Regime seit dem 8. Februar 1933 keinen Zweifel aufkommen, denn Hitler erklärte im Kabinett, daß die Wehrmachtsfinanzierung fortab den Vorrang vor allen zivilen Projekten genieße, um das Ziel der «Wehrhaftmachung» möglichst schnell zu erreichen. Dafür setzte die Regierung einen Transfer ungeheurer Finanzmittel in die Rüstungswirtschaft in Gang. Im letzten Jahr der Republik hatte Berlin 0,8 Milliarden Mark an Ausgaben für die Bewaffnung der Reichswehr ausgewiesen. Bis zum 1. September 1939 erreichte das «Dritte Reich» nach einer steilen jährlichen Steigerung 62 Milliarden Mark für die Vorfinanzierung des Krieges, mithin das 750fache dieser Summe. Zwar war zu dieser Zeit auch das Bruttosozialprodukt von 58 auf 130 Milliarden Mark gestiegen, doch kletterte der Rüstungsanteil daran von jährlich 1,5 auf 23 Prozent. Dieser Anstieg vollzog sich in großen Schritten: 1933 erfolgte bereits eine Verdoppelung der Ausgaben auf 1,9 Milliarden Mark, damit strömten vier Prozent aller öffentlichen Ausgaben in die Rüstung. 1934 gab es erneut eine Verdoppelung auf 4,097 Milliarden Mark, das waren schon 18 Prozent aller öffentlichen Ausgaben. 1935 gelang eine Vermehrung um 35 Prozent auf 5,49 Milliarden Mark, 1936 sogar um 90 Prozent auf 10,27 Milliarden Mark, seit 1934 war das eine Verdoppelung auf 39 Prozent aller öffentlichen Ausgaben. 1937 gab es eine Anhebung nur um zehn Prozent auf 10,86 Milliarden Mark, 1938 aber erneut um 60 Prozent auf 17,25 Milliarden Mark, das waren jetzt 58 Prozent aller Ausgaben der öffentlichen Hände, mehr als 20 Prozent des gesamten Volkseinkommens. 1939 wäre in Friedenszeiten derselbe Anteil auch erreicht worden, da bis zum 1. September bereits 11,93 Milliarden Mark ausgegeben worden waren.

Wie konnten diese in der Vorstellungswelt der Zeitgenossen astronomischen Summen aufgebracht werden? Schacht nutzte seit 1934 das Instrument der vorn erwähnten Mefo-Wechsel, da die Reichsausgaben von 1933 bis 1939 nur gut zur Hälfte durch Steuern und Abgaben bestritten werden konnten. Von 1934 bis Ende 1937, als dieses Wechselprogramm eingestellt wurde, wurden auf solche Weise zwölf Milliarden Mark in die Aufrüstung gepumpt. Seit 1938 traten lombardfähige Schatzanweisungen, Steuergutscheine und reguläre Staatsschuldscheine (bis 1939 erhöhte sich die Staatsschuld um 36,7 Milliarden Mark) an die Stelle der ingeniösen Wechsel. Unter den Kriegsbedingungen wurde dann ein anderes Finanzierungssystem durchgesetzt. Der Preis für die exorbitante Rüstungsfinanzierung wurde den Deutschen mit der Zerstörung ihrer Währung und der Währungsreform von 1948 präsentiert.[2]

3. Agrarpolitik im «Reichsnährstand»

In der Landwirtschaft ist das NS-Regime mit den «spektakulärsten und ideologischsten» Eingriffen vorgegangen, so daß sich seine Industriepolitik bis 1942 im Vergleich als geradezu konventioneller Staatsinterventionismus ausnimmt. Als Exerzierfeld einer spezifisch nationalsozialistischen Wirtschafts- und Gesellschaftspolitik verdient daher der geplante und vollzogene Umbau des Primärsektors besondere Aufmerksamkeit. Worum geht es?

Seit 1933 verfolgte die nationalsozialistische Agrarpolitik zwei Zielvorstellungen, die nicht ohne weiteres miteinander kompatibel waren, vielmehr durch ihre Konkurrenz tiefreichende Friktionen erzeugten.

1. Die ideologische Fixierung auf das Bauerntum als «Quelle des gesunden Volkstums», als germanisch-arischer «Neuadel» der Nation verlangte nach einer Privilegierung, der zufolge ein System lebensfähiger, produktionstüchtiger Bauernhöfe außerhalb der marktwirtschaftlichen Zwänge organisiert werden sollte. Als entschiedener Vorkämpfer einer solchen «Neuordnung» hatte sich in den letzten Jahren vor 1933 Walter Darré mit seinem «Agrarpolitischen Apparat» profiliert (vgl. vorn 8. T. III.5, VI.3). Nach den aufsehenerregenden Erfolgen während der Kampagnen von 1930 bis 1932 mit der Gewinnung eines großen Blocks der ländlichen Wählerschaft stiegen seit der Machtübergabe die Aussichten auf eine Verwirklichung seiner – von Himmler geteilten – schwärmerischen Agrarromantik mit ihrer «Blut-und-Boden»-Doktrin. Hitler teilte diese agrarutopischen Vorstellungen, wie oft behauptet worden ist, keineswegs aus vorbehaltloser Überzeugung. Aus den machtstrategischen Gründen der Befestigung der Legitimationsbasis wurden freilich die Bauern, die in einem so erstaunlichen Maße zu den Wahlerfolgen beigetragen und sich als zuverlässige Sympathisanten empfohlen hatten, symbolisch durch die Teilnahme an dem neuheidnischen Bückeberger Erntedankfest und rhetorisch durch rühmende Reden umworben und als «Nährstand der Nation» aufgewertet. Das geschah intensiver und effektiver, als das irgendein Weimarer Politiker vorher je getan hatte.

2. Für Hitler und den größeren Teil der NS-Führung stand dagegen das zweite Ziel durchaus im Vordergrund: Zur Aufrüstung gehörte nach ihrer Auffassung notwendig auch die Gewinnung von «Nahrungsfreiheit» im Sinne der Fähigkeit zur Selbstversorgung. Erst recht galt es als Vorbedingung erfolgreicher Kriegführung – diese Lehre zog man aus den zermürbenden Hungerjahren der «Heimatfront» im Ersten Weltkrieg –, durch eine landwirtschaftliche «Erzeugungsschlacht» die möglichst dichte Annäherung an die von der agrarpolitischen Demagogie seit langem beschworene Autarkie der Nahrungsmittelversorgung zu erreichen, ehe sie der im Osten zu erobernde «Lebensraum» garantierte. Beide Ziele lösten, anders als in der Industrie, massive ordnungspolitische Umsteuerungsmaßnahmen aus.

Bereits vor dem Januar 1933 war es dem «Agrarpolitischen Apparat» gelungen, in den landwirtschaftlichen Verbänden und Kammern fest Fuß zu fassen. Seit langem hatte sich auch der Ruf nach einem schlagkräftigen Verbund aller landwirtschaftlichen Interessen immer lauter erhoben. Die

3. Agrarpolitik im «Reichsnährstand»

«Grüne Front» war seit 1929 dieser Erwartung keineswegs gerecht geworden, obwohl von der Agrarkrise eine mächtige Schubkraft ausging. Im März 1933 begann mit dem Ziel, endlich die politische Konzentration aller landwirtschaftlichen Institutionen zu erreichen, die Eroberung der Spitzenstellungen durch Darré und seine Gefolgsleute. Die Fusionsverhandlungen zwischen dem «Reichslandbund» und den Bauernvereinen endeten damit, daß Darré bereits am 4. April den Vorsitz der «Reichsführergemeinschaft» aller Verbände übernahm; RLB-Chef v. Kalckreuth wurde trotz seiner beflissenen Hilfeleistung unverzüglich kaltgestellt. Andreas Hermes, der Präsident der «Christlichen Bauernvereine» und der Raiffeisen-Genossenschaften, wurde verhaftet, so daß Darré auch die Leitung von 40000 Genossenschaften mühelos übernehmen konnte. Als dritte Säule seiner agrarpolitischen Schlüsselstellung gewann er das Präsidium im «Deutschen Landwirtschafts-Rat», dem Spitzengremium aller Landwirtschaftskammern. Nach einem effektvollen Auftritt Hitlers am 5. April gelobte der Rat «bedingungslose Gefolgschaft». Für seinen Erfolg wurde Darré am 28. Mai mit den neugeschaffenen Titel eines führerimmediaten «Reichsbauernführers» ausgezeichnet, der jetzt außer dem «Agrarpolitischen Apparat» sämtliche Verbände und Selbstverwaltungsorgane des Agrarsektors kontrollierte. Die Ursachen dieser auffallend effizienten Gleichschaltung lagen in der sorgfältig vorbereiteten Unterwanderung des Verbandswesens, in der Abwesenheit ernstzunehmender Konkurrenten sowie in der unstrittigen «Zielsicherheit», mit der die NSDAP-Experten um Darré vorgingen.

Einen Monat später gelang Darré der abschließende Coup, als er auch noch die Führung der staatlichen Agrarpolitik übernehmen konnte, denn nach Hugenbergs blamablem Rücktritt wurde er, als vierter Nationalsozialist im Kabinett, dessen Nachfolger als Reichsminister für Ernährung und Landwirtschaft. Als einziger Parteifunktionär, außer Goebbels, kombinierte Darré sein Ministeramt mit der Leitung aller Berufsorganisationen. Auf dem Agrarsektor lag seither die parteiamtliche, verbandspolitische und staatliche Macht in einer einzigen Hand. Diese einzigartige, äußerlich glanzvolle Ämterkumulation ermöglichte es, die Gleichschaltung intensiv voranzutreiben, so daß im Zusammenspiel von staatlicher Lenkung und Kartellisierung die Landwirtschaft als einziger Wirtschaftssektor einer berufsständischen Ordnung unterworfen wurde.

Auf dieser Linie ersetzte ein Bündel von drei Reichsgesetzen die Gewerbefreiheit und Marktwirtschaft, denn die bäuerliche Welt wurde im Herbst 1933 aus den Regelmechanismen des Agrarmarktes vollständig herausgenommen; für einen Großteil der landwirtschaftlichen Nutzfläche hörte der Boden auf, ein handel- und verkaufbarer Produktionsfaktor zu sein. Die Gesetze über den «ständischen Aufbau» (15.7.), den «Reichsnährstand» (13.9.), ein wahres «berufsständisches Ermächtigungsgesetz», und über die Einrichtung von Erbhöfen (29.9., ein preußisches Erbhofgesetz war bereits am 15.5. vorhergegangen) schufen die Grundlage der künftig unter staatlichem Kuratel stehenden Landwirtschaft.

Mit Hilfe des Führungspersonals aus dem «Agrarpolitischen Apparat» konnte Darré bis zum Frühjahr 1934 den «Reichsnährstand» zügig aufbauen. Seither dehnte er sich in dem typisch amöbenhaften Wachstum der polykratischen Organisationen zu einem Riesenapparat mit 10 000 Beamten und 20 000 Angestellten weiter aus.

Mit dem «Reichsnährstand» entstand eine multifunktionale Sonderexekutive, die sowohl staatliche Lenkungsbehörde als auch Organ der agrarwirtschaftlichen Selbstverwaltung und nicht zuletzt zeitweilig mächtige Lobby der nationalsozialistischen Agrarpolitik war – ein Machtkomplex, dem Darré dank der Personalunion aller Leitungsämter allein vorstand; der «Agrarpolitische Apparat» wurde im Februar 1934 folgerichtig stillgelegt. Der «Reichsnährstand» fungierte als berufsständische Einheits- und Zwangsorganisation in der Gestalt eines öffentlich-rechtlichen Mammutsyndikats, dem mit obligatorischer Mitgliedschaft alle Bauern, Verarbeiter und Händler, nicht zuletzt auch alle juristischen Personen, wie die Genossenschaften und Verbände, angehörten, die in irgendeiner Beziehung zur Landwirtschaft standen. Die Beiträge wurden vom Finanzamt eingetrieben.

1939 kam der «Reichsnährstand» auf die monströse Zahl von 17 Millionen Mitgliedern, für die sich der seit den 1870er Jahren wuchernde Wunschtraum, von allen Marktzwängen befreit als abgeschotteter Wirtschaftssektor die Agrarwirtschaft der reichsdeutschen Gesellschaft ungestört monopolisieren zu können, endgültig erfüllte. Der Preis für die Freisetzung vom Markt bestand freilich aus einer denkbar umfassenden staatlichen Steuerung. Denn der «Reichsnährstand» übernahm die totale Lenkung von Produktion und Absatz, von Verkaufspreisen und Handelsspannen. Sein Dirigismus wurde durch das staatliche Außenhandelsregiment erleichtert und umfaßte bald auch die penible Preiskontrolle von wichtigen Konsumgütern wie Brot.

Intern wurde der «Reichsnährstand» nach dem Führerprinzip in einer straffen Hierarchie organisiert, die von dem von Hitler ernannten «Reichsbauernführer» in gestaffelter Exekutivgewalt über die Landes- und Kreisbauernführer bis hinunter zu den Ortsbauernführern als Lokalpotentaten reichte. Sie alle hatten für die Markt- und Produktionskontrolle, die erstrebenswerte Autarkie der Ernährungswirtschaft und die Durchsetzung der «Blut-und-Boden»-Chimäre einzustehen. Formal unterstand der «Reichsnährstand» dem Reichsminister für Ernährung und Landwirtschaft mit seiner Aufsichts- und Eingriffsbefugnis, doch wurde dieses potentielle Spannungsverhältnis durch Darrés Spitzenposition in beiden Behörden entschärft. Im übrigen ähnelte auch der «Reichsnährstand» einer staatlichen Behörde, obwohl er formal nicht nur selbständig, sondern sogar im

Besitz begehrter Sonderrechte war. So verfügte er z. B. über die eigene Gerichtsbarkeit, die Ordnungsstrafgewalt und die Dienstherrenfähigkeit im Hinblick auf das Besoldungs- und Strafrecht für seine Mitglieder.

Die ideologische Programmatik trat zum einen in der propagandistischen Verklärung der bäuerlichen Existenz, zum andern sehr konkret in der Erbhofgesetzgebung zutage. Rund eine Million Betriebe mit einem Besitz von 75 bis 125 Hektar, insgesamt mit 14,2 Millionen Morgen Land, erhielten dadurch einen neuen Rechtsstatus. Sie wurden zum staatlich garantierten, unverkäuflichen, unteilbaren, allein an den erstgeborenen Sohn vererbbaren Dauerbesitz erhoben. Nur ihre durch «Rasse», «Ehrbarkeit» und souveräne Wirtschaftsführung qualifizierten Eigentümer durften sich «Bauern» nennen, alle anderen hießen seither «Landwirte».

Bis 1939 wurden 22 Prozent aller Höfe und 37 Prozent der landwirtschaftlichen Nutzfläche dieser neofeudalen Ordnung unterworfen, welche die Erbhöfe in eine Art von ewigem Lehen der Gemeinschaft an die Bauernsippen, denen eine treuhänderische Stellung zugewiesen wurde, verwandelte, sie mithin dem agrarkapitalistischen Bodenmarkt so vollständig entzog, dass die Bodenverteilung eingefroren wurde. Und da das Verbot auf alle nicht erbhofgebundenen Flächen ausgedehnt wurde, herrschte eine völlige Immobilisierung des landwirtschaftlichen Besitzes. Die Eigentumsgarantie wurde allerdings durch die starre Bevormundung und ökonomische Unfreiheit abgewertet. Das Beleih- und Zwangsvollstreckungsverbot schloß die Erbhöfe vom Realkredit aus und erschwerte die landwirtschaftliche Modernisierung und Maschinisierung. Stagnation, Immobilität und eine Blockade der Mechanisierung waren die Folge; auch die schwierige Auszahlung der nicht erbberechtigten Kinder wurde zu einer streithaltigen Bürde. In Regionen ohne das Anerbenrecht war die Neuregelung von vornherein unpopulär. Und die Gängelung durch die Bauernführer unterwarf die selbstbewußten Erbhofbesitzer einem nur widerwillig ertragenen Autoritätsverhältnis.

Ein auffälliger Schwachpunkt der neuen Agrarordnung lag überdies darin, daß die ökonomisch überlegenen Großgrundbesitzer in den Umbau nicht mit einbezogen wurden, obwohl Darrés «Neuadel» durchaus eine antiadlige Spitze besaß. Hitler, die Adelslobby und die Wehrmachtsführung als Sprecher für die adligen Offiziere stemmten sich jeder umfassenden Landreform entgegen, insbesondere Hitler wollte, in der Erwartung östlichen «Lebensraums», jeden offenen Konflikt mit dem Junkertum möglichst vermeiden. Als symbolische Konzession durften im Juli 1938 nur die letzten, von der Weimarer Republik noch nicht beseitigten Fideikommisse aufgelöst werden. Bei der Schaffung neuer Siedlerstellen dagegen – die Republik hatte in schwieriger Zeit immerhin 57 300 auf 958 000 Morgen Land geschaffen – kam der «Reichsnährstand» nicht über 22 000 auf 363 000 Morgen hinaus. Und aus dem Planungsvorhaben, die kleinen Höfe und

Zwergbetriebe mit weniger als 75 Hektar Land mit Hilfe staatlichen Zwangs zusammenzulegen, um auf diese Weise weitere lebensfähige Erbhöfe zu gewinnen, ist ebenfalls nichts geworden.

Dennoch trug die nationalsozialistische Agrarpolitik dazu bei, das «Profil des neuen Bauerndorfes» in der Epoche seit den 1950er Jahren zu schärfen. Sieht man beim Blick aus der Vogelperspektive vom agrarromantischen Neofeudalismus einmal ab, tritt als Folge ihrer Steuerungsmaßnahmen der «sozialgeschichtliche Relevanzverlust der marktbedingten Klassenbildung» deutlich hervor. Die Bauern setzten ihren Marsch auf dem Weg zu einer vom Weltagrarmarkt diskriminierten, zunehmend von Subventionen und anderen Transferleistungen abhängigen «Versorgungsklasse» weiter fort. Dabei stiegen die Staatsbürokratie und die Verbände, zeitweilig auch die Sondergewalt des «Reichsnährstands», im Verlauf des «säkularen agrarischen Strukturwandels» zu den eigentlichen «Subjekten der Agrarpolitik» auf, die im Grunde zur Gesellschaftspolitik mutierte.

Trotz aller Anstrengungen ist es auch dem «Reichsnährstand» nicht gelungen, die Landwirtschaft aus dem Zustand ständiger Hilfsbedürftigkeit herauszuführen. (In mancher Hinsicht erwies sich dieser Rückstand als wesentliche Vorbedingung für den Modernisierungsschub seit den 1950er Jahren.) Trotzdem gelang ihr eine erhebliche Leistungssteigerung. Der Wert der landwirtschaftlichen Produktion (in Preisen von 1913) kletterte von 1928 = 10,975 immerhin auf 1938 = 12,721 Milliarden Mark, und der teure Import von Nahrungsmitteln, die Abhängigkeit von der Einfuhr blieb ja bestehen, sank in derselben Zeitspanne von 94,4 auf 67,7 Indexpunkte (1913 = 100). Währenddessen stieg der Preisindex der gesamten deutschen Agrarproduktion (1913 = 100) von 1933 = 84 auf 1939 = 104 Punkte, signalisierte also eine spürbare Erholung nach dem Tief der Weltagrarkrise. Dennoch konnte der Agrarsektor mit dem steigenden Volkseinkommen nicht Schritt halten, zumal seine Preise im November 1936 eingefroren wurden, um die Preisstabilität zu verteidigen.

Dieser Aufschwung beruhte weder auf einer Flächenausdehnung oder einer Veränderung der Bodennutzung, noch auf einer Verbesserung der Kapitalintensität, sondern, der Berliner Konjunkturpolitik entsprechend, auf einer Steigerung der Arbeitsintensität, die nicht zuletzt von den mithelfenden Frauen erbracht werden mußte, da die Landarbeiter abströmten. Einerseits wegen der steigenden Arbeitsbelastung, andrerseits wegen der Attraktion höherer Löhne in der städtischen Rüstungsindustrie konnte die «Landflucht» auch vom «Reichsnährstand» nicht eingedämmt werden, eher schwoll sie trotz der proklamierten «Interessensolidarität» in der «Leistungsgemeinschaft» noch weiter an. Darré klagte 1938 über 800 000 Abwanderer, tatsächlich waren es wohl 500 000 Landarbeiter (15 %), dazu kamen allerdings noch ihre Familien. Angesichts dieser Sachlage gab es, da die konsequente Erhöhung der Landarbeiterlöhne entfiel, nur zwei Optionen,

3. Agrarpolitik im «Reichsnährstand»

die von der Binnenwanderung gerissenen Lücken zu füllen. Hilfskolonnen der HJ, des BDM und des RAD, dazu Tausende von Mädchen, die das neugeschaffene «Pflichtjahr» in einem Haushalt absolvieren mußten, wurden zum «Ernteeinsatz» abkommandiert, ohne doch die abgewanderten Fachkräfte ersetzen zu können. Vor allem aber hätte die kostspielige Maschinisierung, begleitet von einer Verbilligung des elektrischen Stroms und der Düngemittel, die fehlende menschliche Arbeitskraft ersetzen müssen. Tatsächlich stiegen auch die Ausgaben für neue landwirtschaftliche Maschinen von 1933 = 136 bis 1939 auf mehr als das Vierfache: 582 Millionen Mark an, doch blieb der Maschinenpark immer noch äußerst beschränkt.

Trotz aller Probleme konnten «Reichsnährstand» und Landwirtschaft 1939 auf eine «bemerkenswerte Leistung» zurückblicken, denn die Selbstversorgung mit den wichtigsten Nahrungsmitteln hatte durchschnittlich 83 Prozent des Gesamtbedarfs (vgl. Übersicht 137), mithin eine beachtliche Teilautarkie erreicht.

Übersicht 137: Deutsche Eigenversorgung mit Nahrungsmitteln 1928 und 1939, in Prozent

	1928	1939
Brotgetreide	79	115
Kartoffeln	96	100
Zucker	100	101
Fleisch	91	97
Fette	44	52

1939 lag die deutsche Agrarproduktion schon immerhin um zehn Prozent höher als noch 1935, doch hatte sich die zu versorgende Bevölkerung wegen der Expansion des «Dritten Reiches» auch um sieben Prozent vermehrt. Die stille Reserve für eine künftige Krisensituation reichte für allenfalls ein Jahr. Vorsichtshalber war die Fettrationierung bereits im Januar 1937 eingeführt worden, und breite Käuferschichten mußten sich mit der «Volksmarmelade» vertraut machen, die allzu viele Konsumenten an die Ersatzlebensmittel während des Ersten Weltkriegs erinnerte.

Die Entwicklung des «Reichsnährstands» erreichte 1935/36 insofern einen Wendepunkt, als es nach den beiden mäßigen Ernten von 1934 und 1935, auch wegen Fehlleistungen des bürokratischen Wasserkopfes, zu einer eklatanten Versorgungskrise kam. Für eine gesteigerte Einfuhr fehlte es an den ohnehin knappen Devisen, die primär der Aufrüstung zugute kommen sollten. Der dringende Appell an die Bauern, ihre Produktion in der «Erzeugungsschlacht» gefälligst zu steigern, blieb schon wegen der Wirkungsverzögerung, die zum landwirtschaftlichen Bebauungsrhythmus gehört, folgenlos. Der Diktator hielt die Krise immerhin für so bedenklich, daß er Darré, der seinen Kredit offensichtlich schon völlig verspielt hatte, kurzerhand entmachtete, indem er Göring innerhalb der Vierjahresplan-Behörde auch die Kompetenz für die Ernährungswirtschaft übertrug, deren graue Eminenz aber Darrés Staatssekretär Herbert Backe wurde, ein strenger Agrarideologe und Autarkieverfechter, dazu ungleich besser im Intrigenspiel versiert als sein Förderer Darré.

Die Kontrollen wurden seither noch einmal verschärft, die vermeintlichen Ertragsreserven beschworen, die Großbetriebe aufgewertet, bis eine straff durchreglementierte Landwirtschaft in die Kriegsphase eintrat. Auch de jure wurde jetzt der «Reichsnährstand» ein Teil der Staatsverwaltung. Mit allen auf anhaltende Modernisierung gestützten Autarkieträumen war es alsbald vorbei. Dennoch blieb die Versorgung der Reichsbevölkerung bis zum Herbst 1944 geradezu vorzüglich, da der Hunger in das besetzte Europa exportiert wurde, aus dem auf Kosten der Einheimischen bis zuletzt eine endlose Reihe von Hilfslieferungen in das «Großdeutsche Reich» gelenkt werden konnte.

Trotz seiner imponierenden monolithischen Fassade blieb der «Reichsnährstand» in das spannungsreiche Interessengeflecht der polykratischen Organisationen als abhängiger Faktor eingebunden. Auch die Landjugend sollte von der HJ erfaßt werden, aber der «Reichsnährstand» forderte die Zuständigkeit für ihre «ständische Erziehung». Die Frauen sollten der NS-Frauenschaft angehören, zugleich aber im «Reichsnährstand» tätig sein. In einem unablässigen Nahkampf stritten «Reichsnährstand» und Gauleiter um die Kompetenzenverteilung. Die DAF beanspruchte das Monopol über alle Unternehmen, der «Reichsnährstand» sah sich als alleiniger Hüter aller landwirtschaftlichen Betriebe. Als eine Gesetzesvorlage Leys 1938 den «Reichsnährstand» in die DAF kurzerhand integrieren wollte, entbrannte ein heftiger Streit, der trotz aller Wertschätzung nackter Konkurrenz selbst Hitler in seiner Schiedsrichterrolle zu weit ging. «Zu einem Kampf», mahnte er schließlich im Mai 1939, «soll es nicht kommen.» Das Votum begünstigte Ley, der den Totalitätsanspruch von Partei und DAF geltend machte und Darré austrickste, so daß dieser die Alleinverantwortung der Parteiorganisation anerkennen mußte. Im November 1940 resignierte Darré und gliederte den «Agrarpolitischen Apparat» dem Stab von Heß an. Backe verwandelte ihn im August 1942 mit Unterstützung von Himmler und Bormann in das «Reichsamt für das Landvolk», einen Stab vollendeter Machtlosigkeit.

Trotz seiner zeitweilig imponierenden Monopolstellung hatte Darré rasch an Einfluß verloren. In der ersten offenen Krise verdrängte ihn Göring und wertete auch mit seiner Kompetenzenfülle den «Reichsnährstand» ab, noch ehe Todt und Speer ihre Vollmachten gegen die Agrarier nutzten. 1942 wurde Darré durch seinen ehrgeizigen Adlatus Backe faktisch gestürzt, obwohl er, inzwischen auch noch als Chef des «Rasse- und Siedlungshauptamtes» der SS und Reichsleiter des nationalsozialistischen

«Amtes für Agrarpolitik» tätig, nominell noch bis 1944 Reichsminister blieb. Als einziger führender nationalsozialistischer Politiker ist Darré öffentlich gescheitert.

Selbst in der Hochzeit seiner Ämterkumulation erwies sich, daß die Gleichschaltung der ländlichen Gesellschaft die Interessenkonflikte in ihr und die permanente Rivalität konkurrierender Exekutivstäbe keineswegs aufhob. Auch der Ideologie der «Volksgemeinschaft» mißlang es, die konkurrierenden Interessen zu entschärfen oder zumindest zu kaschieren. Insofern löste die polykratische «Kampfdynamik» die fingierte Monopolstellung des «Reichsnährstandes» allenthalben auf.

Am Ende blieb nur ein böses Erbe: die nostalgische Sehnsucht der deutschen Bauern und ihrer Verbandsfunktionäre, den deutschen Agrarmarkt wie in den goldenen Jahren des «Reichsnährstandes» erneut monopolisieren und durch eine Vielzahl von Staatsinterventionen aus der Marktwirtschaft herauslösen zu können.[3]

4. Das Fiasko der «Mittelstands»-Politik

Mit vollmundigen Versprechungen für den «alten Mittelstand» hatte die Hitler-Bewegung in ihrer Aufstiegsphase nicht gespart. Dem Einzelhandel stellte sie effektive Schutzmaßnahmen, insbesondere die rigorose Ausschaltung der großen «jüdischen Warenhäuser» in Aussicht, dem Handwerk verhieß sie die Erfüllung langgehegter Hoffnungen auf umfassende Protektion und die Eindämmung der übermächtigen industriellen Konkurrenz. Infolgedessen gab es in den unteren bürgerlichen Mittelklassen mit ihren zahlreichen NSDAP-Wählern hochgespannte Erwartungen, als die Regierung Hitler ihre Amtsgeschäfte übernahm.

Tatsächlich sah es auch für kurze Zeit nach einer erfolgreichen Verwirklichung der Mittelstandsdemagogie aus. Warenhäuser im Besitz jüdischer Unternehmer wurden boykottiert. Das Reichsgesetz zum Schutz des Einzelhandels vom 12. Mai 1933 verbot nicht nur die Gründung neuer Warenhäuser, sondern erschwerte auch die Konzession für die Eröffnung neuer Geschäfte. Unverzüglich stellte sich jedoch das Problem, daß ein konsequent herbeigeführter Bankrott der dominierenden Warenhäuser Zehntausende von Mitarbeitern arbeitslos gemacht, wichtige Banken getroffen und schwer absehbare Folgen ausgelöst hätte. So stand z. B. «Hertie» mit seinen 14 000 Angestellten im Juni 1933 vor dem Ruin, wurde aber trotz Hitlers anfänglicher Empörung dank seiner Zustimmung mit Reichshilfe saniert, um konjunkturpolitische Aktivität zu demonstrieren und negative Signale zu vermeiden.

Diese Entscheidung leitete allgemein eine Wende ein, die das «Ende romantischer Mittelständlerträume» bedeutete. Der «Nationalsozialistische

Kampfbund für den gewerblichen Mittelstand», der unter der Leitung Adrian v. Rentelens mit der SA die Boykottmaßnahmen organisiert und die Gründung des «Reichsstands des Deutschen Handels» unter v. Rentelens Leitung im Mai für seine Glanztat gehalten hatte, wurde nicht nur schroff zurückgepfiffen, als Heß sich im Juli 1933 jede weitere Störaktion verbat, sondern bereits im August 1933 von Hitler formell aufgelöst. Nach hektischem Engagement fand der «Kampfbund» ein ebenso klägliches Ende wie die NSBO im Schatten der DAF. Während der «Reichskristallnacht» wurden einige jüdische Warenhäuser zerstört, doch lag der Umsatz der großen Kaufhäuser 1939 erheblich über dem Niveau von 1933, und 1940 wurde die diskriminierende Warenhaussteuer sogar wieder ganz abgeschafft. Als im Krieg die Kontingentierung eingeführt wurde, erwiesen sich die großen Kaufhäuser als geradezu ideal geeignete Orte der Bewirtschaftung, so daß sie fortab allein nach Zweckmäßigkeitsprinzipien behandelt wurden.

Ähnlich verpuffte auch die Handwerkspolitik. Zunächst entstand, ebenfalls im Mai 1933, der neue Dachverband des «Reichsstands des Deutschen Handwerks». Ein «Reichshandwerksmeister» übernahm gemäß dem Führerprinzip die Leitung, mußte jedoch alsbald erkennen, daß sein «Reichsstand» hauptsächlich als «Hilfsorgan staatlicher Wirtschaftsaufsicht und -lenkung» zu fungieren hatte. Im Juli 1934 wurden die staatliche Konzessionspflicht anstelle der Gewerbefreiheit und die Rückkehr zu öffentlichrechtlichen Zwangsinnungen durchgesetzt, und 1935 kam noch der Große Befähigungsnachweis hinzu. Damit waren zwei seit langem, schon in der Opposition gegen die Reformgesetzgebung des 19. Jahrhunderts verfochtene Ziele der handwerklichen Interessenverbände erreicht worden.

Doch stellte sich seither unübersehbar heraus, daß der kleingewerbliche Mittelstand keineswegs gehegt und gepflegt wurde. Vielmehr erlebte er zugunsten der industriellen Großwirtschaft eine weit stärkere Reduktion, als sie ihn in dem Jahrzehnt vor 1933 getroffen hatte. Bis 1939 mußten 180 000 lebensunfähige Handwerksbetriebe (10%) geschlossen werden, die Zahl der handwerklich Erwerbstätigen sank von 1,65 auf 1,47 Millionen. Diese staatliche Rationalisierungspolitik bildete die Kehrseite der Erfüllung traditionell gehegter wirtschaftspolitischer Wünsche. Daß das Kleingewerbe weiterhin unaufhaltsam hinter der Großwirtschaft zurückfiel, entsprach zum einen der Vernachlässigung der Konsumwirtschaft. Zum andern regierte unverkennbar der Primat der Aufrüstung, und an dieser Priorität zerschellte die mittelständische Ideologie.[4]

5. Gab es ein NS-«Wirtschaftswunder»?

So unterschiedlich die Leistung des NS-Regimes in der Industrie-, Agrar- und Mittelstandspolitik auch ausfiel, auf die deutschen Zeitgenossen wirkten sich die Wiederankurbelung der Konjunktur und das Erreichen der Vollbeschäftigung so nachhaltig aus, daß sie von einem «Wirtschaftswunder» sprachen. Im Kollektivgedächtnis setzte sich, auch mit dieser einprägsamen Metapher, die Vorstellung von einer außergewöhnlichen Leistung der Hitlerdiktatur für lange Zeit fest.

Die Frage, ob der anerkennende Begriff des «Wirtschaftswunders» im Kern zutrifft oder als Propagandamythos schlechterdings in die Irre führt, kann ohne Umschweife beantwortet werden.

1. Gemessen an der trostlosen Situation der deutschen Wirtschaft und der Lage der acht Millionen vom Arbeitsmarkt rücksichtslos ausgespienen Beschäftigungslosen war das Tempo, mit dem die staatliche Wirtschaftspolitik den konjunkturellen Aufschwung herbeiführte, in der Tat erstaunlich. Mirakulös mochten das die Betroffenen schon nennen.

2. Auch im internationalen Vergleich schnitt die deutsche Staatskonjunktur vorteilhaft ab. Denn nirgendwo sonst gelang es mit derart stürmischer Geschwindigkeit, den Übergang in eine neue Prosperitätsphase einzuleiten. Deutschland lag mit der schnellsten ökonomischen Erholung an der Spitze aller von der Weltwirtschaftskrise erfaßten Industriestaaten, da es eine im Effekt praktikable, wenn auch immens belastende Lösung fand.

3. Denn nirgendwo sonst wurden Hochkonjunktur und Vollbeschäftigung mit so horrenden Kosten erkauft: mit der Fehlleitung gewaltiger Ressourcen in die Aufrüstung, mit der Vorbereitung eines totalen Krieges, mit der zweiten vollständigen Zerrüttung der Landeswährung. Die Quittung für das fabelhafte «Wunder» wurde den Deutschen zwischen 1939 und 1948 ohne jede Chance des Entrinnens präsentiert. Insofern handelte es sich um ein äußerst kurzlebiges «Wirtschaftwunder» mit extrem desaströsen Folgen.

Wie zum einen die Konjunkturpolitik zum instrumentellen Zweck der Regimelegitimierung forciert wurde, zum andern die Aufrüstung als kraftvoller Motor der antizyklischen Bewegung wirkte, ist vorn bereits erörtert worden (I.2, II.1). Das Ergebnis fiel bestechend aus: Bis 1936 wurde die Vollbeschäftigung bei hohen Reallöhnen erreicht. Das Bruttosozialprodukt wuchs von 1932 bis 1939 um 81 Prozent, das öffentliche Steueraufkommen um 100 Prozent. Innerhalb von vier Jahren wurden 5,2 Milliarden Mark zur Wiederbelebung der Konjunktur in die Wirtschaft gepumpt. Für Rüstungszwecke wurde aber in demselben Zeitraum eine doppelt so hohe Summe (10,4 Mrd. M.) wie für die zivilen Arbeitsbeschaffungsmaßnahmen aufgewandt. Das war unter den Bedingungen der Zeit eine enorme Interventionsanstrengung mit dem Ziel – oder doch, bei der Aufrüstung, mit dem Ergebnis –, den Wirtschaftsprozeß so schnell wie möglich aus der Talsohle herauszuführen.

Der Erfolg beruhte auf dem ungewöhnlichen Volumen der eingesetzten Staatsmittel, auf der expansiven Kreditschöpfung, selbst um den Preis faktisch ungedeckter Wechsel, auf der robusten Durchführung der Konjunktur- und Rüstungsprogramme, auf der propagandistisch erzeugten und verstärkten Aufbruchstimmung, aber auch nicht zuletzt auf dem beharrlichen, ja leidenschaftlichen Engagement Hitlers, der mit seinem in immer weitere Volkskreise ausstrahlenden Nimbus des charismatischen Wundertäters den «Sieg in der Arbeitsschlacht» zu seiner Sache machte. Der unleugbare Erfolg war daher auch sein persönlicher Triumph, in zweiter Linie erst einer des Regimes.

Es ist richtig, daß der Tiefpunkt der weltweit wirkenden Depression 1932 durchschritten worden ist. Vor allem im Rückblick vermag man die sachte Aufwärtsbewegung der Wachstumskurve zu erkennen. Aber auch aufmerksame zeitgenössische Wirtschaftsakteure konnten die allerersten Signale, daß die Talfahrt beendet war, wahrnehmen. Das kontrafaktische Argument hat daher einiges für sich, daß auch ohne die nationalsozialistische Konjunktur- und Rüstungspolitik der spontane zyklische Aufschwung eingesetzt und in eine neue Hochkonjunkturphase hineingetrieben hätte – im besten Fall vergleichbar mit dem «Wirtschaftswunder» seit den 1950er Jahren. Fraglos wäre das ein gesünderes Wachstum gewesen, da die aberwitzige Vergeudung von Rüstungsausgaben und der Weg in den Krieg mit all seinen Opfern und Vernichtungsfolgen vermieden worden wäre.

Realiter wurde die deutsche Konjunkturpolitik durch die zyklische Erholung zwar begünstigt, aber die Langsamkeit des schwer erkennbaren Aufschwungs sollte man nicht eskamotieren. Und den Hauptanteil an der belebenden Erfahrung, daß die Wachstumsmaschine wieder ansprang und der Arbeitsmarkt plötzlich leergefegt dalag, muß man doch der Interventionspolitik und der Rüstungsbesessenheit des Hitler-Regimes zuschreiben. Auf Terror oder Plagiierung eines fernen Vorbilds war es dabei durchaus nicht angewiesen. Wohl aber bekräftigte der wirtschaftspolitische Erfolg, der zu beweisen schien, daß der ökonomische Prozeß von der Regimespitze aus gesteuert werden konnte, seinen «sozialrevolutionären Anspruch», aus eigener Kraft auch den Umbau der gesamten Gesellschaft zu einer nationalsozialistischen «Leistungsgemeinschaft» vorantreiben zu können, wie er umgekehrt in den erwartungsvollen, mobilen Elementen der Bevölkerung den Glauben an die «Machbarkeit» der sozialen Neuformierung stärkte.

Als ganz wesentlicher Faktor erwies sich die Psychologie der Konjunkturpolitik. Denn unleugbar kehrte in den Unternehmensleitungen nach anfänglichem Zögern das Vertrauen auf die Wachstumsfähigkeit ihrer Betriebe und Branchen zurück. Die neue Regierung schien, im Gegensatz zu ihren drei Vorgängerinnen, kontinuierliche Stabilität zu gewährleisten. Hitler selber gab sich alle Mühe, als siegesgewisser Vertrauensspender zu wirken. Insofern kann die Überwindung der Tiefkonjunktur als experimentell vorweggenommener Erfolgsbeweis für die Richtigkeit der von Keynes entwickelten Vorstellungen von einer zielstrebigen antizyklischen Steuerung des Wirtschaftsprozesses unter Berücksichtigung der sozialpsychischen Stimmungslage aufgefaßt werden.

Die nationalsozialistische Option für eine «marktwirtschaftliche Lenkungspolitik» bedurfte freilich nicht der Anregung oder Ermutigung durch den renommierten britischen Ökonom. Vielmehr fand sie weithin die Unterstützung der akademischen Wirtschaftswissenschaft im eigenen Land. Seit der Hochzeit der Schmoller-Schule (1880–1920), welche dank ihres vorzüglich funktionierenden Netzwerks die allermeisten nationalökonomischen Lehrstühle besetzt hatte, hielt sie am Eingriffsrecht des starken Staates fest – bis hin zu dem Grenzfall, daß er in Krisenzeiten die Neugestaltung der gesamten Wirtschaftsordnung übernehmen dürfe. Nicht zuletzt wurde diese etatistische Grundauffassung durch die Leitvorstellung vom «sozialen Königtum», mithin vom modernen Sozialstaat, unterstützt, der durch seine Sozialpolitik die Klassenantagonismen überwinden könne. Der Staat hatte daher in dieser Sicht zahlreicher Experten auch in den 1930er Jahren für eine «Globalsteuerung des wirtschaftlichen Kreislaufs» einzustehen, anstatt die depressionsgeplagte Wirtschaft auf ungewisse Zeit den selbsttätigen Regelungsmechanismen des Marktes zu überlassen.

Auch der «Ordoliberalismus», der in den 1930er Jahren, mit einem Schwerpunkt an der Universität Freiburg, sein «Modell einer sozialgebundenen Marktwirtschaft» auf einem dritten Weg zwischen liberaler Neoklassik und sozialistischer Planwirtschaft entwickelte, hielt durchaus am starken Staat «oberhalb der Wirtschaft» (A. Rüstow) fest. Als Ordnungsgarant und Wächter über die institutionellen Rahmenbedingungen sollte er die wohltätige freie Konkurrenz der marktwirtschaftlichen Kräfte gewährleisten. Die «Soziale Marktwirtschaft» nach 1949 zehrte daher sowohl von einflußreichen Traditionen der deutschen Nationalökonomie als auch von Lernprozessen während des Ersten Weltkriegs und im «Dritten Reich», aus denen ihre Verfechter in der Bundesrepublik die realitätsangemessenen Lehren zu ziehen glaubten.[5]

6. Industriegesellschaft statt Agrarutopie

Mit auffälliger Zählebigkeit hat sich die Deutung gehalten, daß Hitler – und mit ihm der Nationalsozialismus – einer rückwärts gewandten, an vorindustriellen, ja sogar vorkapitalistischen Vorstellungen orientierten, geradezu archaischen Utopie verpflichtet gewesen sei. Sie habe die gewalttätige Transformation der modernen industriellen, urbanisierten deutschen Gesellschaft in eine Agrargemeinschaft zum Ziel gehabt, in welcher der arische Erbhofbauer als Leitfigur fungieren und ein breiter Gürtel von Wehrbauern an der östlichen Peripherie des Großdeutschen Reiches gegen das Aufbegehren slawischer Heloten schützen sollte. In dieser nostalgischen Agrarutopie wurde daher auch folgerichtig eine der tiefsten Wurzeln des nationalsozialistischen Protestes gegen die Moderne gesehen.

Nun ist es nicht zu bestreiten, daß einige braune Galionsfiguren und die von ihnen aufgebauten oder gelenkten Organisationen auf solche agrarromantischen Vorstellungen fixiert waren. Namentlich Himmler und Darré, die während ihrer Zugehörigkeit zum völkischen-rechtsradikalen Bund der einschlägig ideologisierten «Artamanen» derartige Wunschbilder verinnerlicht hatten, betrieben deren Verwirklichung. Ein gut Teil der Politik des «Reichsnährstandes», die Schaffung der neofeudalen Sozialfigur des Erbhofbauern, die propagandistische Aufwertung des Bauerntums als «Quell deutschen Volkstums», die symbolpolitische Verklärung beim Erntedank- oder Julfest – sie verkörperten einen energischen Anlauf Darrés und seiner frühen Gefolgsleute aus dem «Agrarpolitischen Apparat», ihre bizarren Ideen durchzusetzen.

An der Dominanz der industriellen Aufrüstung, erst recht an der Realität der Kriegserfordernisse ist jedoch eine konsequente Fortsetzung dieser Politik gescheitert. In jedem Konfliktfall triumphierte der Primat der Industriewirtschaft über die Fata Morgana einer neudeutschen Agrargesellschaft.

Wie wenig die Landwirtschaft jenen Vorrang genoß, den die Agrarideologen für sie beanspruchten, läßt sich schon daran ablesen, daß sie weit hinter dem ansteigenden Lebensstandard im zweiten Sektor zurückblieb. Ihr Anteil am Bruttosozialprodukt sank von 1933 = 8,7 Prozent auf 1937 = 8,3 Prozent. Der Großhandelsindex (1909–1913 = 100) kletterte für landwirtschaftliche Produkte bis 1938/39 auf kärgliche 105,9, für industrielle Fertigwaren aber auf 125,8. Der Einkommenszuwachs blieb weit hinter dem Anstieg in den Industrie- und Dienstleistungssektoren zurück. Die erhofften Investitionsströme gerieten zum Rinnsal (s. u. III, 2 c). Von einem energischen Umbau des Reiches in eine Agrargesellschaft kann mithin keine Rede sein.

Trotz seiner erstaunlichen Durchsetzungsfähigkeit ist auch Himmler, unterstützt von verblendeten Germanophilen und Landvolk-Theoretikern, über die unter seiner Regie stehende mörderische erste Umsiedlungs- und Vernichtungsphase nicht zur Realisierung seiner eigentlichen Siedlungspläne vorgedrungen. Sie sahen einen gewaltigen Transfer von zuerst 4,5 Millionen deutscher Wehrbauern in den «Ostraum» vor, wo sie nach der «ethnischen Flurbereinigung» über slawische Heloten herrschen sollten.

6. Industriegesellschaft statt Agrarutopie

Seine größenwahnsinnigen Zukunftsprojektionen: vom «Generalplan Ost» mit der Liquidierung von mehr als 30 Millionen Slawen und der Degradierung von weiteren 14 Millionen «rassisch wertvoller» Balten und Ukrainer zu Arbeitssklaven bis hin zum «Generalsiedlungsplan» mit seinen «deutschen Marken», etwa «Ingermanland» um Leningrad und «Gotengau» auf der Krim, beruhen trotz aller barbarischen Konsequenzen auf einer rigorosen Realitätsverweigerung, die sich die Unfähigkeit zur «totalen Eindeutschung» des riesigen Territoriums künftiger Wehrbauern bis in die letzten Kriegsmonate hinein nicht eingestehen wollte.

Hitler selber hat, ungeachtet all seiner bauernfreundlichen Rhetorik und «Blut-und-Boden»-Metaphern den Agrarspleen seiner Satrapen, die er in ihrem Planungseifer opportunistisch gewähren ließ, keineswegs vorbehaltlos geteilt. Es ist von Grund auf verfehlt, diese ausschlaggebende Schlüsselfigur des Nationalsozialismus mit ihrem unstrittigen Interpretationsmonopol auf die Zielutopie einer archaischen Bauerngesellschaft im Gehäuse eines deindustrialisierten «Großgermanischen Reiches» festzulegen. Vielmehr wollte er das Rad der Geschichte wirtschaftspolitisch keineswegs in eine romantisierte Agrarwelt zurückdrehen, sondern Deutschland in ein hochindustrielles Land verwandeln, das sogar das Vorbild der USA übertreffen sollte. Nur als industrielles Machtzentrum konnte überhaupt das «Dritte Reich» den Kriegen um Hegemonie und Weltherrschaft gewachsen sein.

Wie wenig Hitler, ganz auf rüstungswirtschaftliche Expansion bedacht, an Eingriffen in die Industriestruktur gelegen war, hatte schon seine Opposition gegen einen neuständischen Umbau der Wirtschaft gezeigt. Die Projekte der Ständeromantiker wurden 1934 abgewürgt, die Ständesprache verschwand abrupt aus den Namen der Interessenverbände, und 1936 fanden sich alle verbleibenden Dienststellen für «ständischen Aufbau» von Heß aufgelöst. Übrig blieb ein Ensemble von zwitterhaften Institutionen, die teils als halbautonome Organisationen, teils als staatliche Steuerungsinstanzen auf den Hauptzweck ausgerichtet wurden, maximale industrielle Effizienz für die Kriegsführung zu gewährleisten.

Aus den Erfahrungen des Ersten Weltkriegs hatte Hitler, wie viele seiner deutschen Zeitgenossen namentlich in den Funktionseliten, etwa des Militärs, die Lehre gezogen, daß der Kampf gegen mächtige Koalitionen nur dann aussichtsreich geführt werden könne, wenn Deutschland zu einem blockadefesten, ressourcenreichen kontinentalen Großblock erweitert werde; im Optimalfall schien damit Autarkie erreichbar zu sein. Dieser «Lebensraum» konnte nach der Vorstellung Hitlers nur im Osten gewonnen werden. In der Weite des zu erobernden russischen Raumes gab es unermeßliche Rohstoffquellen, eine Überfülle an «Menschenmaterial» für Sklavendienste aller Art, neue Absatzmärkte für die Industrie und die leistungsfähigen «Kornkammern» der Schwarzerdegebiete. Bei der Leitidee vom «Lebensraum» stand nicht die Eroberung bäuerlichen Siedlungslandes im Vordergrund, wie das mancher von der nationalsozialistischen Agrarutopie überzeugte Historiker geglaubt hat. Vielmehr ging es um die Gewinnung einer gewaltigen Rohstoff- und Agrarbasis samt der Ausbeutung eines ebenso riesigen Arbeits- und Absatzmarktes.

Das war die Logik, die Hitlers Vergleich seines «Ostraumes» mit der Rolle innewohnte, die Indien für England gespielt habe. Und ebenso wie Indien sollte auch der neugewonnene «Lebensraum» als koloniales Vorfeld, das vor allem Ressourcen und Heloten zu stellen hatte, in dauerhaft degradierender Abhängigkeit vom Reichskern organisiert werden. Mit dem angeblichen Vorrang einer anachronistischen Agrarideologie hatte dieses gigantomanische «Grand Design» von Hitlers Lebensraumimperialismus denkbar wenig zu tun. Es schloß freilich Himmlers Siedlungsprojekte zur Stabilisierung der Infrastruktur nationalsozialistischer Ostherrschaft nicht aus, und es war mit den archaischen Zügen der Rassenpolitik und des Vernichtungskrieges durchaus vereinbar, setzte sie sogar voraus. Im Kern aber ging es um Autarkiegewinn und Expansion deutscher Industriemacht und ihres Rüstungspotentials. Nur mit der Verfügungsgewalt über die materiellen und menschlichen Ressourcen des östlichen «Lebensraums» – darauf lief das pathologische Lernen Hitlers aus den Erfahrungen des Ersten Weltkriegs wieder hinaus – könne Deutschland die künftigen Konflikte bestehen. Diese prinzipielle Stoßrichtung darf man sich durch die Exzesse einer menschenfeindlichen Um- und Ansiedlungspolitik nicht verstellen lassen.[6]

III.
Strukturbedingungen und Entwicklungsprozesse sozialer Ungleichheit

Das historische Urteil über Kontinuität und Wandel der deutschen Sozialstruktur während der Zeit des «Dritten Reiches» hat zum einen einen ziemlich kurzen Zeitraum ins Auge zu fassen, während dessen sich die Konturen der langlebigen sozialhistorischen Prozesse häufig nicht klar genug abzeichnen. Zum andern muß es aber auch die in allerkürzester Zeit ablaufenden, umsturzähnlichen Veränderungen – Umwälzungen geradezu, wie sie das deutschsprachige Mitteleuropa seit dem Reformationszeitalter nicht mehr erlebt hatte – gerecht werden. Das Spannungsverhältnis zwischen beharrlicher Dauer und abruptem Umbruch erfuhr damals eine außerordentliche Zuspitzung.

Auf der einen Seite konnten sämtliche sozialen Organisationsprinzipien der Marktgesellschaft auch vom nationalsozialistischen Rassestaat keineswegs über Nacht außer Kraft gesetzt werden, und er verfolgte dieses Ziel auch gar nicht als unmittelbare operative Politik. Die großen Erwerbs-, Berufs- und Besitzklassen rekrutierten sich daher weiterhin gemäß den tief eingeschliffenen Mechanismen aus ihrem traditionellen Umfeld und behielten zahlreiche charakteristische Eigenarten, ganz gleich ob es sich um die bürgerlichen, proletarischen oder bäuerlichen Sozialformationen handelte. Ihre Größenordnung in den 1920er Jahren, die in den 1930er Jahren grosso modo dieselbe blieb, ist vorn bereits genauer bestimmt worden (8.T.III.1).

Auf der anderen Seite veränderten vielfältige neue Aufstiegswege, welche sich in den Parteiorganisationen, den Sonderexekutiven und der Staatsbürokratie, in der Wehrmacht und in der Wirtschaft öffneten, den starren Charakter der Sozialhierarchie. Hunderttausende von verblüffenden, auf neuen Auswahlkriterien beruhende Erfolgskarrieren durchbrachen die alten Klassenschranken und stabilen Mobilitätsmuster.

Der Krieg hat dann sowohl den in den sechs Friedensjahren bereits zügig vorangetriebenen Elitenwechsel enorm beschleunigt, als auch die Zusammensetzung der Gesellschaft insgesamt verändert. Der Adel etwa wurde als Machtelite endgültig degradiert, wenn nicht sogar an der Front oder von Hitlers Schergen blutig ausgelöscht. Das Establishment der herrschaftsbewußten höheren Bürokratie wurde durch die mächtigeren Sonderstäbe der NS-Polykratie geradezu entmachtet. Dagegen baute die SS ihr eigenes überstaatliches Imperium unaufhaltsam weiter aus. Das kastenartig geschlossene Offizierkorps wurde seit 1942 nach nationalsozialistischen

Grundsätzen der «Führerauslese» radikal umstrukturiert. Eine junge technokratische Managergeneration drängte in die Führungspositionen der Rüstungswirtschaft.

Acht Millionen Zwangsarbeiter und Kriegsgefangene – ihre Zahl entsprach einem vollen Zehntel der Reichsbevölkerung – stellten jahrelang das Subproletariat einer neudeutschen Sklavenhaltergesellschaft. Noch mehr Deutsche und «Volksdeutsche» aus Ost- und Südosteuropa wurden in beispiellosen Umsiedlungs- und Vertreibungsaktionen, deren furchtbare Form durch den neutral klingenden Begriff des «Bevölkerungstransfers» eskamotiert wird, nach Westen in Bewegung gesetzt. 18 Millionen Männer, mehr als zwanzig Prozent der Einwohner des «Großdeutschen Reiches», wurden als Soldaten auf Hitlers Feldzügen in dem Riesengebiet zwischen Atlantikküste und Krim, Narvik und Nordafrika unablässig hin und her gejagt.

Die vertraute Stabilität der Sozialordnung geriet in einen wahren Hexenkessel. Zeitweilig schien sie sich geradezu aufzulösen, so daß sich die Frage aufdrängt, was denn bis 1945 unter deutscher Gesellschaft überhaupt noch zu verstehen ist – unter einem Begriff mithin, der doch eine klar abgrenzbare, einigermaßen konsistente Einheit suggeriert, aber gemeinhin nicht acht Millionen ausländischer Sklavenarbeiter umfaßt, während ein Fünftel der Gesellschaftsangehörigen auf Kriegszügen außerhalb der Staatsgrenzen unterwegs ist.

Durchaus nicht an letzter Stelle gehört zu den Phänomenen der Diskontinuität, manchmal sogar des ganz und gar Neuen, eine vielerorts greifbare Mentalitätsveränderung, die einen nicht minder realhistorischen Faktor als der Wandel der Klassenlagen darstellte. Einer der unleugbaren Erfolge, den das NS-Regime in seinem Sinn verbuchen konnte, bestand darin, daß sich ein Gefühl wachsender Gleichheit in der propagierten «Volksgemeinschaft» ausbreitete. Vielen präsentierte sie sich als egalitäre, zugleich aufstiegsoffene Leistungsgesellschaft (vgl. vorn I.6). Überkommene Klassenschranken und antiquierte Ständetraditionen wurden, schien es, energisch abgebaut, die neuen rassistischen und politischen Barrieren dagegen von den allermeisten offenbar nicht als hemmend oder verletzend empfunden. Gerade in dieser Hinsicht erfaßte die «Gesinnungsrevolution», die auch in Deutschland zur charismatischen Herrschaft Hitlers gehörte, zahllose Köpfe. Nach dem Krieg lebte sie unter den sozialpsychischen Antriebskräften, welche die demokratische Leistungsgesellschaft dynamisierten, in leicht abgewandelter, gewissermaßen nur entbräunter Form fort.

Und dennoch: So sehr sich auch aus der Nahsicht die neuartigen Erscheinungen in der Gesellschaftsverfassung des «Dritten Reiches» aufdrängen, wirken doch aus der Perspektive unserer Gegenwart, sofern man einmal von der fundamentalen Zäsur im Bereich der politischen Institutionen und Ideensysteme absieht, die Kontinuitätslinien nicht weniger auffallend. Damit ist natürlich in erster Linie die Entwicklung in Westdeutschland gemeint, wo sich im Wirtschaftsbürgertum und in der akademischen Intelligenz, in der Arbeiterschaft und in der bäuerlichen Welt auffallende Elemente der «longue durée» auch noch im ersten Vierteljahrhundert nach dem Zweiten Weltkrieg weiter durchgehalten haben, ehe sich seit den späten 1960er Jahren ein tiefgreifender Transformationsprozeß ausbreitete.

In Ostdeutschland blieb dagegen nicht nur die Kontinuität der Diktatur für weitere 45 Jahre erhalten. Vielmehr führte der gewalttätige Eingriff von oben bei dem Vorhaben, die gesamte Gesellschaft im Sinne des planierenden Staatskommunismus umzubauen, zu fatalen sozialstrukturellen Verstümmelungen, die für eklatante Defizite der Folgezeit (bis heute) weithin verantwortlich sind. Und während sich in der westdeutschen Republik ein auf westliche Lebens- und Politikformen ausgerichtetes Weltbild mit einem entsprechenden Lebensstil und eine neue politische Kultur im Grunde erstaunlich zügig ausbreiteten und schließlich durchsetzten, hielt sich unter der Druckglocke der kommunistischen Parteityrannei ein anachronistischer, deutschtümelnder Provinzialismus zusammen mit der Resignation erzwungener Enge. So unterschiedlich wirkten sich noch auf lange Zeit das Erbe des «Dritten Reiches» und die Folgen des zweiten verlorenen Krieges auf die Deutschen in West und Ost aus.

1. Die Gesellschaftsklassen im «Dritten Reich»

Alle deutschen Sozialformationen wurden seit 1933 dem Primat einer Politik unterworfen, die charismatische Herrschaft und totalitäre Diktatur zu einem neuartigen Regime verschmolz, das einen beispiellos herrischen Anspruch auf Umgestaltung der überkommenen Gesellschaftsordnung verfocht. Taktische Kompromisse waren freilich trotz aller ideologischen Fernziele nicht ausgeschlossen. So blieb etwa dem großen Wirtschaftsbürgertum das Herzstück seiner autonomen, privaten Verfügungsgewalt in den Unternehmen erhalten. Aber zusehends bestimmte der neue Staat die Richtung der wirtschaftlichen Entwicklung. Unnachgiebig setzte er die Priorität der Rüstungs- und Kriegswirtschaft – sofern es überhaupt hörbaren Widerspruch gab – überall durch. Die bildungsbürgerlichen Akademiker im Staatsdienst wurden umstandslos an kurzer Leine geführt, die sie gefügig akzeptierten. Die industrielle Arbeiterschaft fand sich durch den Vollbeschäftigungserfolg ganz so zufriedengestellt wie durch die Arbeitseinsatz-Politik gegängelt, durch die plakative Reverenz vor dem «Arbeiter der Faust» aber auch sozialpsychisch aufgewertet. Das Motto «Arbeit adelt» wurde mit der Monotonie einer Gebetsmühle endlos wiederholt, nicht ohne Wirkung zu zeigen. Ähnlich erlebten die bäuerlichen Besitzklassen eine prestigereiche Verklärung als «Nährstand» der Nation und rassisches Reservoir des Reiches, zugleich aber einen starren Staatsdirigismus, den sie als Preis für die Befreiung von unvorhersehbaren Marktzwängen hinnehmen mußten.

Mancherorts kamen die endogenen Entwicklungskräfte der modernen deutschen Marktgesellschaft nur mehr begrenzt zum Zuge. Sie wurden keineswegs vollständig ausgeschaltet, die totale Verfügungsmacht lag außerhalb der Gestaltungskapazität selbst der Diktatur. Aber sie wurden massiv überlagert oder verdrängt durch die politischen Steuerungseingriffe des Regimes. Deshalb steht die Geschichte der deutschen Sozialhierarchie während des «Dritten Reiches» unter dem Diktat des politischen Interventionismus, der in das Gefüge der sozialen Ungleichheit tief eingriff. Selbstverständlich darf man die Erfolgsmeldungen der Propaganda über die vermeintlich realisierte «Volksgemeinschaft» nicht für bare Münze nehmen. Ebenso tief aber führt es in die Irre, wenn man die Umbruchdynamik der nationalsozialistischen Herrschaft unterschätzt.[1]

a) Die bürgerlichen Klassen

Äußerlich herrschte auch nach 1933 der Anschein ungestörter Kontinuität in allen bürgerlichen Klassen weiter vor. Solange man nicht zu den Verfolgten und Degradierten gehörte, schien das Leben im Unternehmen und in der freiberuflichen Praxis, in der Amtsstube des Beamten und im Geschäft des Kleinbürgers trotz des dramatischen Regimewechsels gewöhnlich in den alten Bahnen weiterzulaufen. Kontinuität herrschte auch insofern, als die relative Größenordnung zwischen den bürgerlichen Klassen – etwa dem oberen Wirtschaftsbürgertum, dem Bildungsbürgertum und den Mittelklassen in etwa dieselbe blieb. Das demonstrierte erneut die Beharrungskraft einer über die Jahrhunderte herangewachsenen Sozialhierarchie.

Tatsächlich aber gab es gravierende Einschnitte bis hin zur zivilisatorischen Regression. Hunderttausende von jüdischen Deutschen, Bürgerliche zumeist, wurden aus dem beruflichen, bald auch aus dem öffentlichen Leben mit Staatsgewalt gnadenlos ausgeschaltet. Dieser vorbildlose Vorgang löste keinen erkennbaren Abwehrreflex, geschweige denn einen entschiedenen Protest im Bürgertum aus. Sein bis dahin nicht sonderlich spektakulärer Alltagsantisemitismus fand sich offenbar mühelos damit ab, billigte diese Isolierungs- und Vertreibungspraxis sogar, wurden doch lästige, oft überlegene Konkurrenten endlich ausgeschaltet. Diese Stigmatisierung wurde von Unternehmern und Managern, Akademikern und Mittelständlern häufig als überfällige Korrektur einer ärgerlichen Fehlentwicklung, während der sich jüdische Deutsche «vorgedrängelt» (F. Meinecke) hätten, ausdrücklich gutgeheißen, zumindest mit achselzuckender Gleichgültigkeit hingenommen. Im Effekt wurde ein immens belebender, auffallend lei-

1. Die Gesellschaftsklassen im «Dritten Reich»

stungstüchtiger Teil des deutschen Bildungs- und Wirtschaftsbürgertums mit Gewalt, bestenfalls unter dem Legalitätsschirm eines schändlichen Gesetzesauftrags, widerstandslos entfernt.

Mit derselben abstoßenden Apathie wurde es ebenfalls hingenommen, daß Abertausende von Sozialdemokraten, Liberalen und Demokraten aus ihren beruflichen Positionen entfernt, drangsaliert, nicht selten verhaftet, nach der Entlassung weiter schikaniert und in die Anonymität oder Emigration getrieben wurden. Auch diesen Aderlaß an republikfreundlichen Staatsbürgern quittierte die Mehrheit des Bürgertums mit einem Schulterzucken oder mit hämischer Schadenfreude darüber, daß endlich hartes Durchgreifen gegen «die Linken» auf der Tagesordnung stand.

Die Hinnahme dieser beiden Vertreibungsvorgänge war symptomatisch für die Zuschauerrolle bei der Destruktion des Rechtsstaates. Ihre Duldung bedeutete, bei diesem Zerstörungswerk aktiv mitzuwirken. Mehrere Generationen von bürgerlichen Juristen und Parlamentariern hatten den komplizierten Kunstbau des Rechtsstaats errichtet. Den Rechtsstaat, «the rule of law», an die Stelle fürstlich-aristokratischer Willkür zu setzen hatte seit jeher zum Kern der Vision von einer «Bürgerlichen Gesellschaft», auch zum gemeineuropäischen Zielkatalog des frühen Liberalismus gehört. Jetzt aber schaute das deutsche Bürgertum bei seiner Zertrümmerung stillschweigend zu, als ob es durch die Herrschaft dezisionistischer Willkür nicht berührt würde. Und nicht nur das: Solange es um jüdische Deutsche und «Linke» ging, legte es selber mit Hand an, um das mühsam aufgebaute Ordnungsgefüge rechtsstaatlicher Sicherheit zu vernichten. Richter, Staats- und Rechtsanwälte etwa überboten sich in der beflissenen Anpassung an die terroristische Maxime des «gesunden Volksempfindens». Indem sie ihr zur Durchsetzung verhalfen, legten sie selber die Axt an die Stützpfeiler der eigenen Rechtskultur.

Das nationalsozialistische Leitbild der «Volksgemeinschaft» besaß auch eine evident antibürgerliche Spitze. Denn es richtete sich gegen vielfältige Privilegien des Bürgertums, dessen nivellierende Eingliederung in den Verband aller arischen «Volksgenossen» verlangt wurde. Die Reaktion auf diesen ausgreifenden Anspruch fiel zwiespältig aus. Zum einen kritisierten einige heimlich die Anmaßung der «braunen Proleten», schotteten sich nach Möglichkeit in exklusiven Verkehrskreisen ab und suchten, ohne Anstoß zu erregen, eine gewisse soziale Distanz zu wahren. Zum andern aber kapitulierten die meisten vor dem neuen, übermächtigen Ideal, übernahmen es bereitwillig als überzeugenden Grundsatz der Sozialverfassung und Lebensführung – wie das von so unterschiedlichen Institutionen der bündischen Jugend und dem Werkstudententum, vom Militärdienst und von der «Konservativen Revolution» vorbereitet worden war. Auf jeden Fall wurde die traditionelle bürgerlicher Hierarchie von Besitz und Bildung im Kern in Frage gestellt.

Auf die prinzipielle Herausforderung der bürgerlichen Welt, wie sie sich in den chaotischen Jahren des Weltkriegs und der Weimarer Republik angebahnt hatte, jetzt aber unter der deutschen Diktatur fatal zuspitzte, reagierte das Bürgertum, hier ist der Pauschalbegriff erneut angebracht, mit einem Totalverrat an der Zielutopie einer «Bürgerlichen Gesellschaft», der sich die Republik soeben noch weiter anzunähern bemüht hatte.

Die gleichberechtigte Teilhabe aller Staatsbürger und -bürgerinnen am politischen Prozeß wurde durch die begeisterte Akklamation des charismatischen «Führers» ersetzt: Die rapide um sich greifende Negierung eines gut Teils bürgerlicher Rechtsnormen, die Außerkraftsetzung jeglicher Rechtssicherheit wurde, wie gesagt, passiv, wenn nicht gar zustimmend hingenommen. Die Arena freier, rechtlich geschützter marktwirtschaftlicher Tätigkeit – hochgepriesene Pflanzschule der individuellen Selbständigkeit – wurde durch das Exerzierfeld des staatlichen Dirigismus ersetzt. Seine Kommandowirtschaft ließ die etablierten Autonomiebezirke zunehmend schrumpfen. Die Anerkennung wissenschaftlicher Leistung ohne Ansehen von «Rasse», Geschlecht und Herkunft des Forschers wurde in allen Disziplinen, wo das Regime Druck ausübte, durch die beflissene, charakterlose Verbeugung vor einer völkisch-rassistischen Pseudowissenschaft ersetzt, die sich in der Rechts- und Geschichtswissenschaft, der Literatur- und Sozialwissenschaft, sogar in der «deutschen Physik» und der «deutschen Mathematik» ausbreiten konnte, ohne daß diese Afterlehren auf leidenschaftlichen öffentlichen Widerstand stießen. An die Stelle der freien Meinungsäußerung einer kritischen, namentlich durch zensurfreie Printmedien aller Art verkörperten Öffentlichkeit, einem zentralen Bestandteil der von Aufklärungsdenkern entworfenen «Bürgerlichen Gesellschaft», trat die pedantisch regulierende, straff zensierende Gängelung durch die staatliche Propagandamaschinerie.

Auch an vielen anderen Stellen, wo das reformbedürftige ursprüngliche Programm einer «Bürgerlichen Gesellschaft» angemessen korrigiert und erweitert worden war, trat der stumm hingenommene Rückschlag nicht weniger kraß zutage. Die ehemals diskriminierten Minderheiten etwa hatten inzwischen die staatsbürgerlichen Gleichheitsrechte gewonnen, wurden jetzt aber einer lückenlosen Exklusion unterworfen, ehe ihr Leben womöglich ausgelöscht wurde. Der Fortschritt auf dem steinigen Weg, der zur Gleichberechtigung der Frauen führen sollte, wurde vom offiziellen Antifeminismus negiert, der Ausbau des Sozialstaats durch Parlamentsmehrheiten und selbständige Tarifpartner von einer etatistischen Verordnungspraxis abgelöst.

Wohin man auch blickt: Der Frontalangriff auf die Leitideen und Institutionen einer zeitgemäßen «Bürgerlichen Gesellschaft» ist ebenso unübersehbar wie die schmähliche Kapitulation aller bürgerlichen Klassen vor den Anmaßungen des Hitler-Regimes. Nie ist die Brüchigkeit der politischen Lebens- und Normenwelt des deutschen Bürgertums unverhüllter, deprimierender, folgenschwerer hervorgetreten als in den zwölf Jahren nach 1933.

Das Wirtschaftsbürgertum. Das höhere Wirtschaftsbürgertum, dessen Stellung im «Dritten Reich» sich trotz aller weißen Flecken der Forschung leichter erfassen läßt als der Weg der mittel- und kleinbürgerlichen Existenzen, hat den Regimewechsel offensichtlich nicht als tiefe Zäsur erfahren. Daß der jüdische Geschäftsfreund oder Partner ebenso verschwand wie der langjährige jüdische Rechtsberater oder Hausarzt, schien keine Gefahr für den «arischen» Bürger zu signalisieren, eröffnete vielmehr neue Geschäftschancen und Positionen für stellungssuchende «deutschstämmige» Jungakademiker. Die wirtschaftliche Erholung erleichterte die Umstellung auf das neue Regiment.

Denn auch und gerade dieses Wirtschaftsbürgertum nahm, von der anlaufenden Rassenpolitik kaum irritiert, an dem allgemeinen Aufschwung teil, der mit der Rückkehr der Hochkonjunktur nach den langen Jahren der harten weltwirtschaftlichen Depression einsetzte. Zu dieser großbürgerlichen Unternehmerelite zählten 29 000 Unternehmer mit Betrieben, die mehr als 50 Beschäftigte zählten (1895 = 19 000), aber auch jene sich rasch vermehrende Zahl von Unternehmern in Handel und Verkehr, die in den 1930er Jahren auf 40 000 Köpfe kamen (1895 = 10 000); hinzuzurechnen sind noch jeweils einige tausend Vorstands- und Aufsichtsratsmitglieder, Topmanager und Generaldirektoren. Man kann die Erholung dieser Besitz- und Erwerbsklassen, die so viele Alltagsprobleme in Watte hüllte, an einigen Indikatoren ablesen, deren statistische Durchschnittswerte für die gesamte Bevölkerung gelten, in ihrer generalisierenden Form aber den weit höheren Zugewinn der Oberklassen ganz erklecklich verkleinern.

Die Geburtenrate schoß bereits im ersten Jahr nach dem Januar 1933 um ein Fünftel in die Höhe von 18 Promille, erreichte 1940 sogar 20,4 Promille und verharrte bis 1941 auf einem ähnlich hohen Plateau, das die Wiedergewinnung des Zukunftsvertrauens, aber auch die Wirkung der Ehestandsdarlehen und Steuererleichterungen widerspiegelte. Überdies konnte die Säuglingssterblichkeit in den Friedensjahren von 77 Promille (1932) auf 60 Promille (1939) gesenkt werden.

Die Konsumsteigerung als Indiz der zurückkehrenden materiellen Entspannung, oft sogar des Wohlstands, nahm bis 1939 ein bemerkenswertes Ausmaß an. Blickt man auf den Inhalt des «Warenkorbs», der zur statistischen Ermittlung des Lebensstandards gemeinhin benutzt wird, stieg der Verbrauch von Brot um ein Sechstel, von Fleisch um ein Achtel, von Fisch um 40 Prozent, von Butter um ein Sechstel (derjenige von Margarine sank dagegen um ein Viertel), von Zucker um zehn Prozent, von Käse um sieben Prozent, von Milch um sechs Prozent, während der Konsum von Bier um ein Drittel, von Wein sogar um 50 Prozent anzog. Wegen des aufgestauten Nachholbedarfs nahm der Erwerb von Bekleidung und Textilien um 25 Prozent, von Möbeln und Haushaltswaren um die Hälfte zu. Vor dem Hintergrund der schmerzhaften Einschränkungen, welche die Depressionsphase unlängst so vielen auferlegt hatte, drückte sich in diesen dürren statistischen Werten ein beachtlicher Anstieg des Lebensstandards aus. Er kann zwar nicht mit der explosiven Verbesserung während der «Goldenen Ära» des «Wirtschaftswunders» bis 1973 verglichen werden, verkörperte aber für die Zeitgenossen der 1930er Jahre einen lebensgeschichtlich markanten Prosperitätsschub.

Während das Realeinkommen der Arbeitnehmer bis 1939 im allgemeinen noch keineswegs den Stand vor der Weltwirtschaftskrise wieder erreichte (vgl. III.1 b), obwohl das Volkseinkommen um volle 75 Prozent wuchs, kletterte das Realeinkommen der Unternehmer allein in den sechs Jahren bis zum Kriegsausbruch um sage und schreibe 130 Prozent in die Höhe – eine drastische Zunahme der Ungleichheit in der Einkommensverteilung anzeigend.

Was für die Wirtschaftselite der großen Eigentümerunternehmer und der Topmanager, der Vorstands- und Aufsichtsratsmitglieder (die Spitzenbourgeoisie von 0,5 % der Berufstätigen) inzwischen herausgearbeitet worden ist, gilt mit hinreichender Wahrscheinlichkeit auch für die Unternehmerschaft und das höhere Management insgesamt: Ihr beruflicher Werdegang wurde in der NS-Zeit «kaum gestört». Einige tausend jüdische Angehörige derselben Berufsklassen wurden mitsamt ihren Familien abrupt verdrängt, doch diese Lücke wurde im Nu eilfertig geschlossen und der Modus operandi des Systems nicht bedrohlich gestört. Die erdrückende Mehrheit in den Spitzenpositionen des Wirtschaftsbürgertums setzte ihre Karriere zwischen 1933 und 1945 – und dann über diese Schwelle noch hinaus! – geradezu gradlinig weiter fort.

Auch der Exklusivitätscharakter dieser Funktionselite blieb erhalten. Von den Vorstandsmitgliedern etwa hatten 86 Prozent eine akademische Ausbildung genossen, 68 Prozent führten den Doktortitel, nur zehn Prozent hatten als Lehrlinge von der Pike auf sich nach oben gedient. 90 Prozent kamen aus den Großunternehmen, in denen sie seit langen Jahren bereits tätig gewesen waren, oder aus einem Betrieb derselben Branche, in der sie die Aufstiegsleiter emporgeklettert waren. Krasser Nepotismus war gang und gäbe; von den objektivierten, aber auch auf vorgelagerter Exklusion beruhenden Auswahlverfahren der französischen «Grandes Ecoles», die auch einen gut Teil der künftigen Spitzenmanager ausbilden, waren die deutschen informellen Selektionsmechanismen einer Persönlichkeitswahl aus geschlossenen Kreisen denkbar weit entfernt.

Überdies setzte sich in den obersten Erwerbs- und Berufsklassen das außerordentlich hohe Ausmaß der Selbstrekrutierung weiter fort. Mehr als

1. Die Gesellschaftsklassen im «Dritten Reich»

die Hälfte (53 %) dieser Spitzenleute bestand aus Unternehmersöhnen, ebenfalls mehr als die Hälfte (55 %) hatte ein Universitäts- oder TH-Studium absolviert. Unter den Managern war die Akademikerquote bereits auf fast 80 Prozent angestiegen. Der Zustrom aus höheren Beamtenfamilien des Bildungsbürgertums hielt unvermindert weiter an, während die Söhne adliger, freiberuflicher und bäuerlicher Familien nur äußerst selten eine Spitzenposition erreichten; Arbeitersöhnen blieb sie ausnahmslos verschlossen. Im Lebensstil, Aufwandkonsum und Abschottungsverhalten äußerte und erhielt sich ein stabiler großbürgerlicher Habitus, der auch in den Heirats- und Verkehrskreisen sorgfältig gepflegt wurde. Politisch gehörte dazu ein dumpfes oder auch lautstarkes Ressentiment gegen die ungeliebte Republik, die jetzt von einem autoritären System mit einer brutalen Kampfpolitik gegen «die Linke» endlich in den Mülleimer der Geschichte geworfen worden war.

Welche Gründe sprachen in den Augen der frischgebackenen «Wirtschaftsführer», wohl auch der Unternehmerschaft im allgemeinen, nachdrücklich dafür, ein Arrangement mit den neuen Machthabern umstandslos zu suchen und zu finden?

Nach den Turbulenzen der letzten Jahre schien das Regime wieder auf Dauer die ersehnte Stabilität zu gewährleisten. Damit kehrte die Vorauskalkulierbarkeit der ökonomischen Chancen zurück. Die Gewerkschaften als starke Tarifpartner wurden über Nacht als respektheischende Gegenmacht ausgeschaltet. Die Lohnquote sank stetig, während das eigene Realeinkommen stieg. Der nostalgisch verklärte «Herr-im-Haus»-Stil vergangener Jahrzehnte wurde durch die «Betriebsführer»-Ideologie erneut aufgewertet. Die Rüstungspolitik steigerte den Produktionsausstoß, erzwang die Einführung neuer, aussichtsreicher Technologien, ermöglichte die Externalisierung von Entwicklungskosten, verbesserte die Ertragslage und die Gewinnspanne. Störende jüdische Konkurrenten wurden erst durch die Vertreibung, spätestens durch die komplette «Arisierung» ihrer Betriebe effektiv eliminiert, ein Vorgang, bei dem ein «archaisches Beutedenken» in unverhüllter Ausnutzung einer Notlage und in raffgieriger Ausbeutung kulminierte. Und nicht zuletzt stürzte das Regime «die Machtverhältnisse innerhalb der Konzerne» nicht um, erzwang also auch bis 1942 keine Aufnahme von Parteibuchkarrieristen in die Aufsichtsräte und Vorstände. Ihre relative Entscheidungsautonomie blieb lange erhalten.

Ringsum regierte die Präsenz vertrauter Gesichter aus dem eigenen Ambiente. Die allermeisten Spitzenkräfte behielten auch im «Dritten Reich» ihre Stellung. Die Anzahl der Abgänge lag nicht höher als in den beiden Jahrzehnten nach dem Zweiten Weltkrieg. Unternehmerische Aktivität erfreute sich, schien es, hoher politischer Wertschätzung. Die Folge: Kein «arisches» Mitglied einer Unternehmensleitung mußte auf seine Funktion verzichten oder gar Deutschland verlassen (die exotische Ausnahme: Fritz

Thyssen, als einziges MdR gegen die Kriegserklärung, ging 1939, politisch tief enttäuscht, ins Ausland).

Auch die in den zwölf braunen Jahren nachrückenden Vorstandsmitglieder und Spitzenmanager stammten zur Hälfte aus der wirtschaftsbürgerlichen Elite. Durchweg hatten sie auch ein Hochschulstudium hinter sich gebracht. Allerdings waren sie häufig beträchtlich jünger (nicht selten erst zwischen dreißig und vierzig Jahre alt), als das ihre Vorgänger bei ihrem Avancement gewesen waren. Sie zeigten sich daher auch weniger auf soziale Distanz zu Parteigenossen bedacht, schlossen sich vielmehr öfters auch Parteiorganisationen an, etwa der exklusiven Reiter-SS. In unverhohlenem Opportunismus konzentrierten sie sich auf die Nutzung aller Chancen. Ihr Qualifikationsprofil suggeriert freilich die Vermutung, daß sie auch ohne das NS-Regime in der Unternehmenshierarchie aufgestiegen wären.

Aufs Ganze gesehen unterstützten die Unternehmer und Manager, je jünger sie waren, desto vorbehaltloser, das Regime, wenn auch nicht jeder die extreme Loyalität der rund 400 «Wehrwirtschaftsführer» während des Krieges bekundete. Was aber die soziale Kohäsion angeht, erwies sich die etablierte Wirtschaftselite durchaus imstande, die jüngeren Aufsteiger mühelos zu integrieren. Diese Absorptionsfähigkeit nährte auch ihre selbstbewußte Überzeugung, daß man im Grunde genommen, offenbar doch «unter sich» bleibend, die ökonomischen Entscheidungen weiterhin autonom zu treffen imstande sei.

Tatsächlich aber kann kein Zweifel daran aufkommen, daß im Grenzfall durchweg der Primat der Politik vorherrschte. Sie gab erstaunlich schnell die großen Richtlinien der Entwicklung vor und schränkte darüber hinaus den unternehmerischen Handlungsspielraum durch die Lenkung der Rohstoffe, Arbeitskräfte und Investitionen ein.

Dennoch blieb außerhalb dieser Vorgaben noch ein weites Feld, auf dem man sich in gewohnter Manier bewegen, also auch die Illusion vollständiger privatwirtschaftlicher Eigenständigkeit weiter nähren konnte, zumal der Unterschied zwischen privatwirtschaftlichen und staatlichen Betrieben erhalten blieb. Die alltägliche Betriebswelt der Unternehmer und Manager war durch eine Mischung unterschiedlicher Faktoren gekennzeichnet: Opportunistische Anpassung, konventionelle Eigeninitiative, zwangsläufige oder begeisterte Mitwirkung, lebhafte Selbstmobilisierung und verantwortungslose Nutznießerschaft – sie verbanden sich zu einem dichten Knäuel. Vermutlich bestand der eigentliche Erfolg der nationalsozialistischen Politik darin, daß sich die Unternehmensleitungen die rüstungs- und später die kriegswirtschaftlichen Ziele als betriebsinterne Geschäftsinteressen rundum zu eigen machten. In dieser Vorstellungswelt brauchten daher keine harten Friktionen, geschweige denn unversöhnliche Gegensätze im Verhältnis zu den politischen Machthabern aufzutreten.[2]

Das Bildungsbürgertum. Das Bildungsbürgertum, das als eine der wichtigsten bürgerlichen Spitzenformationen weiterhin nicht einmal ein Prozent der Bevölkerung ausmachte, war durch den Weltkrieg, sogleich danach durch die Inflations- und Depressionswirkungen hart gebeutelt worden (8.T.III.2.b). Vor allem aber stand es mit seinem Sozialhabitus dem leidenschaftlichen Nationalismus, der verlockenden Verheißung völkischer Erneuerung, dem Ordnungsversprechen und autoritären Stil der neuen Machthaber nahezu wehrlos gegenüber, zumal es sich von ihnen die Rückkehr zu einer elitären Sonderstellung in der «Volksgemeinschaft» erhoffte.

Die etwa 28 000 höheren, akademisch geschulten Beamten zogen indes aus dem Regimewechsel weder materiellen noch statusförderlichen, geschweige denn herrschaftstechnischen Nutzen. Während die untere Beamtenschaft bis 1939 das Einkommensniveau von 1928 wieder erreichte, blieben die mittlere und die obere Bürokratie unzweideutig darunter. Das schloß freilich nicht aus, daß die wenigen Staatssekretäre ein jährliches Spitzengehalt von fabulösen 26 500 RM bezogen.

Das Berufsbeamtengesetz hatte mit seinem Arierparagraphen die Ausschaltung aller jüdischen (2000!), mit seinen politischen Vorschriften die Entlassung der republikfreundlichen Beamten ermöglicht. Die freiwerdenden Stellen wurden aus dem Reservoir des Juristennachwuchses sofort wieder besetzt. Gehorsam widmete sich die höhere Bürokratie der Massenproduktion von Gesetzen und Verordnungen, deren Strom insbesondere in den beiden ersten Jahren nicht enden wollte. Zwar entfiel jetzt der Reichstag als ein ernstzunehmender Widerpart, doch aus der gesetzeschreibenden Verwaltungselite der Präsidialkabinette wurde im Nu ein reines Exekutivorgan der Diktatur.

Trotz aller früheren Kritik der NSDAP am aufgeblähten Staatsapparat wuchs dieser mit der Ausdehnung der Staatsfunktionen rapide an. Innerhalb von knapp zehn Jahren ist nach einer internen Aufstellung des Reichsfinanzministeriums die Anzahl der Beamten (im Reich, in den Ländern und Gemeinden, ohne die Reichsbahn) seit 1933 von 750 000 auf 1,289 Millionen nahezu um das Doppelte angestiegen, die der Staatsangestellten sogar von 170 000 um mehr als das Vierfache auf 724 000. Diese beispiellose Expansion in allerkürzester Zeit kam, da sie sich fast ganz auf den Rängen der mittleren und subalternen Beamtenschaft vollzog, der höheren Bürokratie nur sparsam zugute. Außerdem ließ die – von Hitler selber unablässig wachgehaltene – Kritik an den «volksfernen Staatsdienern» keineswegs nach.

Als ungleich bedrohlicher für den Status und die Macht der höheren Beamten erwies sich das Ämterchaos der Polykratie. Ständig flossen essentielle Kompetenzen zu den neuen Exekutivstäben der Führerherrschaft ab, so daß die Verwaltungshierarchie im Kern ausgehöhlt wurde. Unstreitig entsprach die Polykratie zahlreicher Sonderorgane dem genuinen Herrschaftsstil der charismatischen Monokratie (vgl. vorn I.4), aber sie zehrte auch von dem tiefen Mißtrauen, das Hitler und seine charismatische Aristokratie gegenüber der Routineerstarrung der Bürokratie hegten. Im Ergebnis führte der ungleiche Wettbewerb zu einer unaufhaltsamen Fragmentierung des überkommenen Staatsapparats, damit aber auch zu der Zerstörung aller Möglichkeiten der Selbstverteidigung der ehemals so einflußreichen Berufsklasse und des sozialen Körpers der höheren Beamtenschaft.

Die freiberuflichen Professionen der Anwälte und Ärzte wurden seit langem zum Bildungsbürgertum gerechnet. 1933 praktizierten rund 19 210 Rechtsanwälte ihr Gewerbe (zehn Jahre zuvor waren es nur 12 730 gewesen), die über das Juristenproletariat in ihren Reihen lauthals klagten. 4000 jüdische Anwälte wurden im Nu aus ihrem Beruf verdrängt, ihre Sozietäten und Klienten bereitwillig von «arischen» Berufskollegen übernommen. Doch von den 18 780 Anwälten des Jahres 1935 mit einem durchschnittlichen Jahreseinkommen von 10 850 RM kamen die 8490 aus der Alterskohorte der 26- bis 40jährigen (45,2 %) meist nicht einmal auf die Hälfte dieser Summe, denn 3796 lagen unter 3000, weitere 1757 unter 6000 RM. Diese 5553 Juristen machten immerhin fast ein Drittel der gesamten Anwaltschaft aus. Während sich diese ohne erkennbare Hemmungen auf den Trümmern des Rechtsstaats an das neue Recht des gesunden «Volksempfindens», an «Schutzhaft» und Gestapowillkür anpaßte, nutzte sie den Regimewechsel für ihre eigene Interessenpolitik zielstrebig aus.

Der «Deutsche Anwaltsverein» hatte die «Machtergreifung» als willkommene «Stärkung des Nationalgedankens» und positive Entscheidung für die «Volkseinheit» ohne Klassenunterschiede begrüßt. Unter dem Schutzschirm solcher Sympathiebekundungen setzte eine massive Offensive ein, mit Hilfe der Partei und einer Neufassung der Zivilprozeßordnung alle Rechtsbeistände, die es damals noch überaus zahlreich neben den Anwälten gab, von allen mündlichen Verhandlungen vor Gericht auszuschließen. Trotz des erregten Protestes der Attackierten führte diese Ausschließungsstrategie zum Ziel. Selbst auf dem Lande, wo zudem zahlreiche neuartige Streitfälle mit dem Reichserbhofgesetz auftauchten, gewannen die Anwälte gegenüber den Winkeladvokaten das begehrte Monopol. Im offenen Verdrängungskampf hatte sich die etablierte Profession gegen alle Konkurrenten endlich durchgesetzt; später wurden auch noch Syndici und Justitiare vom Anwaltsberuf ausgeschlossen.

Dermaßen privilegiert nahmen die meisten Rechtsanwälte keinen Anstoß daran, sich – wo immer geboten – mit dem «volksnahen» Regimerecht zu arrangieren. Für die Mehrzahl der Fälle galt ohnehin, trösteten sie sich, unverändert das BGB, und die neuen Rechtsnormen hatte man, zustimmend oder achselzuckend, offenbar in Kauf zu nehmen, wenn man sie nicht sogar für erstrebenswert gehalten hatte und nunmehr als Gewinn empfand. Darin unterschieden sie sich nicht von der Beflissenheit der gut 10 200

1. Die Gesellschaftsklassen im «Dritten Reich» 727

Richter, die mit einem atemberaubenden Verzicht auf die überkommene Rechtskultur das neue Recht unerbittlich in die Tat umsetzten. Daß immer wieder auf die Ausnahme hilfsbereiter, ja schlitzohriger Umgehungsentscheidungen hingewiesen werden kann, ändert nur wenig am Versagen einer bisher vielfach ausgezeichneten Berufsklasse.

Durch den Konsolidierungserfolg der Anwaltschaft wurde freilich das Andrangproblem für die zahlreichen frisch examinierten Jungjuristen nicht vollständig gelöst. Ihnen eröffneten sich jedoch andere Aufstiegschancen. Die neuen Mammutverwaltungen der Partei, des RAD, der DAF und NSV, anderer NS-Organisationen und der Wehrmacht nahmen Tausende von ihnen auf. Auch die auswuchernden polykratischen Sonderstäbe boten ein weites Betätigungsfeld für ehrgeizige und gesinnungstreue Rechtsexperten. Am auffälligsten ist allerdings der Zustrom zur SS. 1938 gehörten der Allgemeinen SS rund 12 000 Universitätsabsolventen, darunter allein 3000 Juristen, an. Nicht minder markant hebt sich der Juristenblock im SS-Führerkorps ab: Von 5250 (1939) untersuchten Fällen stammten 40 Prozent aus den höheren bürgerlichen Klassen (52,6 % aus den unteren Mittelklassen, 7,4 % aus der Arbeiterschaft). Von diesen zwei Fünfteln waren 30 Prozent (ca. 1575) Universitätsabsolventen, von denen die Juristen ein Drittel (ca. 570) und damit die größte Akademikergruppe stellten. 43 Prozent hatten sich erst zwischen dem Januar 1933 und dem Juni 1934 berufen gefühlt, dem elitären Parteiorden beizutreten. Zahlreiche hauptamtliche Stellen in der SS wurden jetzt von diesen jungen Juristen besetzt. Ihre Mehrheit fand sich im SD und in der Gestapo, bei deren Ausbau einer aus ihren Reihen, Werner Best, auf dieses Personalreservoir bevorzugt zurückgriff. Eine ungewöhnlich hohe Zahl von ihnen war dann auch folgerichtig an der «Endlösung» beteiligt.

Von den 35 000 Ärzten, der zweiten klassischen Profession der Freiberufler, mußten 5500, als jüdische Deutsche abqualifiziert, das Land verlassen. Der Nachwuchs stieß gierig auf die freiwerdenden Stellen nach. Bis zur Mitte der 1930er Jahre hatten die Ärzte ein beachtliches durchschnittliches Jahreseinkommen von 12 500 RM erreicht (Arbeiter kamen auf 1375 RM). Auch auf sie übte die SS mit ihrem elitären Gehabe eine auffällige Anziehungskraft aus, denn nicht weniger als 3000 Ärzte gehörten ihr bis 1938 an. Sie stellten damit, wie die Juristen, ein volles Viertel der Universitätsabsolventen unter ihren Mitgliedern. Doch auch unabhängig von der formalen Zugehörigkeit zu Parteiorganisationen fanden sich, unterstützt von angesehenen großen Instituten der Biowissenschaft, Hunderte von Medizinern im Bann der Eugenik oder der Rassenideologie dazu bereit, an den Euthanasieaktionen oder Menschenexperimenten in den Konzentrationslagern teilzunehmen.

Beide Professionen waren im Grunde durch die protestlose Hinnahme der Vertreibung ihrer jüdischen Mitglieder ganz so demoralisiert worden wie die Mehrheit der 37 500 Studienräte. Nach diesem Einbruch war es nur ein kurzer Schritt zur bereitwilligen Kollaboration mit einem Regime, das mit der Heilung des «Volkskörpers» auf seine Weise Ernst machte. Daß dafür mit dem Verlust des Berufsethos ein extrem hoher Preis zu bezahlen war, wurde für viele durch das Gefühl wettgemacht, ohne anachronistischen moralischen Ballast an der Spitze des wissenschaftlichen Fortschritts mitmarschieren zu können.

Die akademischen Lehrer an den Universitäten und Technischen Hochschulen – im «Großdeutschen Reich» gab es knapp 7200 Professoren und Privatdozenten – hatten von Anbeginn an geradezu einen Kernverband des Bildungsbürgertums gestellt. An dieser Funktionselite, die sich ihre Denk-, Rede- und Schreibgewandtheit so sehr zugute hielt, sticht die Anfälligkeit oder aber auch die Hilflosigkeit gegenüber dem Nationalsozialismus und seinem Regime besonders ins Auge (vgl. IV.3; zu den inzwischen 37 000 protestantischen Pfarrern: IV.1 a). Das Hauptproblem liegt nicht in einer erschreckend hohen Rate der Mitgliedschaft in Parteiorganisationen – in nicht wenigen Disziplinen konnte man die Parteigenossen bis etwa 1938 an einer Hand abzählen –, sondern in der erstaunlich weitreichenden Kongruenz der Leitvorstellungen. Intensivierung des Nationalismus, Revision aller Ergebnisse von Versailles, Wiedergewinnung einer europäischen Hegemonialstellung, Remilitarisierung, Rückkehr zu einer «natürlichen» Hierarchie der Gesellschaft, Aufhebung des Klassenkampfes in der «Volksgemeinschaft», völkische Erneuerung, Widerstand gegen den «Kulturbolschewismus», überhaupt die Verteidigung der deutschen Kultur gegen die korrumpierende westliche Zivilisation – in solchen und zahlreichen anderen Forderungen stimmte die erdrückende Mehrheit der Hochschullehrerschaft mit der NS-Programmatik überein, die Exzesse als ein wenig rabiate Übertreibungen der jungen, unverbrauchten Massenbewegung nur verhalten rügend. Die andersdenkende winzige Minderheit der republiktreuen Wissenschaftler und die jüdischen Gelehrten wurden 1933/34 fristlos entlassen: rund 1600 hochqualifizierte Experten, 15% des akademischen Lehrkörpers; bis 1939 sind sogar 3000 Wissenschaftler, darunter 24 Nobelpreisträger, vertrieben worden. Dieser Einschnitt erhöhte allerdings die Homogenität der politischen Gesinnung mit ihrem «freudigen Bekenntnis zur nationalen Revolution» (H. Heimpel).

Zwischen den Fachdisziplinen gab es freilich beträchtliche Unterschiede. Unter Naturwissenschaftlern herrschte häufig eine neutrale Distanz, die Spinner der «deutschen Physik» gaben sich dagegen dem Regime vorbehaltlos hin. Biologen, Genetiker und Mediziner erwiesen sich oft als systemnah wie Konrad Lorenz, Otmar v. Verschuer, Hugo Spatz, Ernst Rüdin, Julian Hallervorden und Eugen Fischer, ja als entschiedene Parteigänger und Helfershelfer. Unter den Juristen drängten die völkischen Rechtsradikalen, vor allem aus dem geistigen Umfeld Carl Schmitts stam-

1. Die Gesellschaftsklassen im «Dritten Reich»

mend, in das Rampenlicht: Die Ernst Forsthoff, Ernst-Rudolf Huber, Reinhard Höhn, Karl Larenz, Theodor Maunz, Eberhard Eckhardt, Otto Koellreuter und wie sie alle hießen arbeiteten hingebungsvoll daran, das Ethos der europäischen Rechtskultur verratend, eine neue Rechtsbasis für die Führerdiktatur zu konstruieren.

Am tiefsten aber wirkte sich der Einbruch des nationalsozialistischen Ungeistes oder aber, schlimmer noch, die Affinität zum nationalsozialistischen Zielkatalog in den Geisteswissenschaften aus. Ob Historiker wie Hermann Aubin, Günther Franz, Walter Frank, Gustav Adolf Rein und zahlreiche andere die völkisch inspirierte, neumodische «Volksgeschichte», die antislawische «Ostforschung», die glorifizierende Reichsgeschichte oder aber die Erforschung der «Judenfrage» betrieben, ob Literaturwissenschaftler wie Hans Naumann, Josef Nadler, Ernst Bertram das kulturelle Erbe der deutschen Stämme aus ihrer rassischen Überlegenheit herleiteten, ob die «deutsche Soziologie» von Gunther Ipsen, Max Rumpf, Karl Valentin, Karl-Heinz Pfeffer dem unverdorbenen Leben des «Landvolkes» nachspürte, ob Philosophen wie Martin Heidegger, Alfred Bäumler, Ernst Krieck das NS-Regime als zeitgemäße Herrschaftsform überhöhten oder wie Arnold Gehlen auf seinem Weg zum braunen Philosophiepapst die Evolutionsbiologie für die rassische Emporzüchtung des neuen Menschen in Anspruch nahmen – immer und überall stellt sich das deplorable Bild einer gefügigen Übernahme pseudowissenschaftlicher Lehren ein, wenn nicht sogar begeisterte Überzeugung an erster Stelle mit im Spiel war.

Die Beamtenrechte der Hochschullehrer blieben in aller Regel unberührt; ihr überdurchschnittlich hohes Einkommen hielt sich zumindest konstant. Staatliche Gängelung war man seit jeher, erst recht seit Althoffs Zeiten gewöhnt. Die lästigen Dozentenlager und Schulungsabende hatte der Nachwuchs eben hinzunehmen. Im Grunde ließ sich für Hochschullehrer im «Dritten Reich» vortrefflich weiterleben. Und konnten sie nicht die unleugbaren außen- und innenpolitischen Erfolge Hitlers freudig begrüßen, endlich wieder, wie im August 1914, in tiefer Übereinstimmung mit des Volkes Meinung?[3]

Das Kleinbürgertum. Nicht viel anders sah die Lage in wichtigen Teilen des Kleinbürgertums, vor allem im «neuen Mittelstand» aus. Warum sollte sich die staatsnahe Berufsklasse der Lehrer an den höheren Schulen und den Grundschulen im wesentlichen anders als die Professorenschaft verhalten? Die exponierten demokratischen, erst recht die jüdischen Lehrer wurden ausgeschaltet; der nicht geringe Anteil ehemals sozialdemokratisch gesinnter Volksschullehrer zu äußerster Zurückhaltung gezwungen. Aus keiner anderen Berufsklasse setzte nach den bitteren Erfahrungen mit der späten Weimarer Schulpolitik (vgl. vorn: 8.T.V, 2 a) ein derart rasanter Zustrom in die NSDAP ein, wie er vor und nach dem März 1933 an der Lehrerschaft beobachtet werden kann. Für die Befriedigung konkreter Interessen brachte dann freilich das Regime weder die Mittel noch den Reformwillen auf.

Ingenieure und Techniker, auch Neulinge im «neuen Mittelstand», fanden sich dagegen nachhaltig gefördert. Die unverzüglich anschwellende Nachfrage aus der expandierenden Rüstungsindustrie, die öffentlichen Auftragsarbeiten an den Autobahnen und RAD-Projekten, an der Verbesserung der Infrastruktur und am «Westwall» schufen Tausende von Arbeitsplätzen für technische Spezialisten. Nicht wenige von ihnen hatte an der Hitler-Bewegung die vielfach bekundete Technikbegeisterung und das Ziel vorbehaltloser industrieller Modernisierung angelockt – Hitler selber verstand es vorzüglich, auf dieser Klaviatur zu spielen. Jetzt fanden sie sich nicht nur bestätigt, sondern sogar vorwärtsgetragen durch eine allgemeine Zustimmung und ungewöhnliche berufliche Möglichkeiten. Ob auch nur ein einziger von ihnen in den Nationalsozialisten die Verfechter des Vorrangs einer romantischen Agrarutopie gesehen hat?

Das zählebige Klischee, daß zur angeblichen «Panik im Mittelstand» auch die Anfälligkeit der Angestellten für die Parolen des Nationalsozialismus gehört habe, ist inzwischen zerstört worden. Sie besaßen vielmehr keine auffällige Affinität zu dieser rechtstotalitären Sammelbewegung, bildeten keinen monolithischen Rechtsblock, sondern waren durch politische Heterogenität gekennzeichnet. In den städtischen Wahlbezirken fiel sogar der NSDAP-Anteil um so niedriger aus, je mehr Angestellte dort wohnten. Eher stimmten sie für Mitte-Links-Parteien als für die Rechte und die NS-Bewegung. Auch ihr Anteil an der Parteigenossenschaft entsprach durchaus der Angestelltenquote der Bevölkerung.

In den Friedensjahren des Regimes nahm der numerische Umfang der Angestelltenschaft – der vervierfachten staatlichen sowohl als auch der industriellen, kaufmännischen und kommunalen – sprungartig von 3,2 auf mehr als vier Millionen Arbeitnehmer zu. Hatte ihr Verhältnis zur Arbeiterschaft 1933 noch 1:5 betragen, machte es 1939 fast 1:4 aus. Im allgemeinen lag zu dieser Zeit ihr Jahreseinkommen um zehn Prozent über dem Niveau von 1928, durchschnittlich bei 2727 RM, mithin um gut die Hälfte über dem Arbeitereinkommen von 1375 RM.

Die DAF, die Arbeiter und Angestellte in einer gemeinsamen Organisation zusammenführte, übte einen nicht unbeträchtlichen Einfluß auf die innere Unternehmenshierarchie aus, indem sie den krassen Unterschied zwischen Arbeitern und Angestellten in Frage stellte: Gemeinsame Tarifverträge, gemeinsame innerbetriebliche Sozialeinrichtungen und gemeinsame KdF-Reisen wurden ebenso eingeführt wie die Lohnfortzahlung im Krankheitsfall und bezahlter, zugleich verdoppelter Urlaub auch für Arbeiter. Solch eine Angleichungspraxis lief auf die Definition eines einheitlichen Arbeitnehmerstatus hinaus. Doch die Bastion der Eigenständigkeit der Angestellten, das eigene Sozialversicherungssystem, konnte und wollte die DAF noch nicht schleifen. Offenbar schreckte sie vor einer zielbewußten, aktiven Einebnung aller arbeits- und sozialrechtlichen Unterschiede zurück. Die von den Angestellten mißmutig beobachtete Egalisierungstendenz wurde freilich durch die kraftvolle Aufstiegsmobilität, die für Hunderttausende mit dem Aufbau zahlreicher Bürokratien verbunden war, mehr als reichlich kompensiert. Lebensgeschichtlich, das muß man wiederum ganz nüchtern sehen, empfanden sie die Jahre bis 1939 als Erfolgsphase, die zwanglos Regimeloyalität zur Folge hatte.[4]

b) Die industriellen Arbeiterklassen:
vom Depressionsschock zur Führerloyalität

Die industrielle Arbeiterschaft galt lange Zeit als leuchtendes Beispiel einer großen sozialen Klasse, deren Milieu gegenüber dem NS-Regime standhafte Resistenz bewiesen habe. Darüber hinaus hätten sich zahlreiche mutige Männer und Frauen aus beiden Arbeiterparteien in zählebigem Widerstand der Diktatur entgegengestemmt. Die kommunistische Opposition ist in der Tat zuerst am entschiedensten praktiziert worden, bis die Gestapo sie völlig zerschlagen hatte; in der Hagiographie der DDR-Geschichtsschreibung lebte sie dann als einzige nennenswerte und prinzipielle Alternative fort. Der sozialdemokratische Widerstand fiel weniger fanatisch aus, wurde aber ebenfalls schnell zerstört, so daß er gewissermaßen nur subkutan in kleinem Format weiterlebte. Im Protestverhalten von Arbeitern – im Bummeln, in der Krankheitshäufung, im Verlangen nach höheren Löhnen und Zulagen – habe sich aber, hieß es, unverkennbar eine klassenkämpferische Opposition unter schwierigsten Bedingungen gegen die Zumutungen der neuen Machthaber weiter durchgesetzt. Während Bürger und Bauern dem Nationalsozialismus erlagen, lebte in der marxistisch geprägten Arbeiterklasse – so wollte es die Heldenlegende oder zumindest das geschönte Bild vom Arbeiterleben im «Dritten Reich» – die unbeugsame Ablehnung des Regimes fort.

Von dieser Heroisierung der Resistenzfähigkeit einer großen politisierten Erwerbsklasse hat die nüchterne, politisch undogmatische Forschung kaum etwas übriggelassen. Die offene oder getarnte Opposition gegen die Führerdiktatur verdient weiterhin allen Respekt. Nicht wenige haben dabei ihr Leben riskiert oder sogar verloren. Aber der sozialdemokratische Widerstand schmolz unter dem Druck einer unerbittlichen Repression schnell auf ein kleines Häuflein Unverzagter zusammen.

Und der kommunistische Widerstand, den die Wucht der Verfolgung fraglos am härtesten traf, blieb mit seinem Störeffekt ebenso unerheblich wie die Aktivität der aufbegehrenden Sozialdemokraten. Grundsätzlich bleibt aber die kommunistische Opposition deshalb ein überaus schillerndes Phänomen, weil sie selbst einer totalitären Bewegung entstammte, die einem rechtstotalitären Regime das Ziel eines linkstotalitären Systems entgegensetzte. Zwischen totalitären Zwillingen fällt wegen der offensichtlichen Affinität, die sie trotz schroffer Gegensätze verbindet, der Kampf erfahrungsgemäß um so gnadenloser aus; er adelt aber weder die Motive der einen noch der anderen Seite. Wer überdies, wie die KPD im Untergrund oder im Exil, in der Sozialdemokratie weiterhin nur den klassenverräterischen «Sozialfaschismus», im Nationalsozialismus nur den servilen Büttel des Großkapitals sehen wollte (vgl. 8.T.VI.2), bewies überdies die Kontinuität einer fatalen Borniertheit, die sich politisch nur lähmend auswirken konnte.

Sosehr das Rechtfertigungsbedürfnis, sich dem Unheil wenigstens mutig entgegengestellt zu haben, verständlich ist, besagt doch diese tapfere, lebensgefährliche, honorige Opposition kleiner Zirkel noch nichts über die Lage und Sozialmentalität jener Millionen, die den gewerblichen Arbeiterklassen im «Dritten Reich» angehörten. Das eigentlich erklärungsbedürftige Problem der deutschen Gesellschaft unter der Diktatur bleibt nicht ihre Fähigkeit zum Widerstand oder doch zum abweichenden Verhalten der Resistenz (sosehr auch die beiden Neugründungsstaaten von 1949 zu ihrer Legitimierung der Widerstandserinnerung bedurften), sondern das unverändert atemberaubende Ausmaß ihrer Führerloyalität bis zum Frühjahr 1945.

Wie verlief der Weg der Arbeiterschaft vom Depressionsschock zur Führerloyalität?

1. Die Schreckensjahre der Dritten Weltwirtschaftskrise hatten mit ihren barbarischen Auswirkungen tiefe Erfahrungsspuren eingeschliffen. Mehr als acht Millionen Arbeitslose gab es – das bedeutete im statistischen Durchschnitt, daß in jeder deutschen Familie mindestens ein Mitglied ohne Beschäftigung war. Insbesondere die weitverbreitete Dauerarbeitslosigkeit führte eine Proletarisierung herbei, welche die Not der Kriegs- und Hyperinflationsjahre noch weit übertraf. Hoffnungslosigkeit, Demütigung und Verzweiflung regierten in einem neuartigen Ausmaß.

Vor diesem lebensgeschichtlichen Hintergrund hob sich der in jeder Hinsicht völlig unerwartet schnelle Aufschwung des nationalsozialistischen «Wirtschaftswunders» mit seiner alsbald erreichten Vollbeschäftigung, seiner Stabilität der Arbeitsplätze und seinem gleichmäßig eintreffenden, ungefährdeten Einkommen in geradezu leuchtenden Farben ab. Die abstrakte Größe der sinkenden oder zeitweilig stagnierenden Lohnquote (1933 lag sie bei 60, 1938 bei 55,6, 1940 bei 54,2 %!) blieb unbekannt. Was zählte, war der Sicherheitsgewinn in der Gegenwart. Dafür fand man sich mit manchem Freiheitsverlust ab. Im Vergleich mit der mörderischen Tiefkonjunktur überwog, schien es, allemal die konkrete Verbesserung, sie nährte das aufkeimende Zukunftsvertrauen.

2. Das wurde großen Teilen der Arbeiterschaft in den Schlüsselindustrien durch ihre Einkommensentwicklung demonstriert. Der allgemeine Fluchtpunkt ihrer Wünsche war die Wiedergewinnung des Reallohnniveaus von 1928/29. Das Statistische Reichsamt bemühte sich, längst auf die Parole vom Sieg in der «Arbeitsschlacht» eingeschworen, um den mehrfach geglätteten statistischen Nachweis, daß die wöchentlichen nominalen Bruttolöhne von 1932 bis 1939 vor allem wegen der verlängerten Arbeitszeit um 26 Prozent angestiegen seien. Mit dem Nettoeinkommen sah es dagegen anders aus. Tatsächlich wurde nur in den Wachstumsindustrien 1937 der Stand der nominalen Nettowochenlöhne von 1929 erreicht und seither überschritten: 1938 sollen sie 22 Prozent höher als 1932 gelegen haben. Berücksichtigt man die Abzüge, kommt man auf einen Zuwachs der wöchentlichen Reallöhne um 18 Prozent, damit auf das Niveau, das sie zehn Jahre zuvor erreicht hatten. In weiten Teilen der Konsumgüter – vor allem der Textilindustrie – dominierte dagegen weiterhin Stagnation. Neue Steuerabzüge, Sozialversicherungs- und DAF-Beiträge, dazu die obligatorischen WHW-Spenden minderten das Realeinkommen nachhaltig, insbesondere aber dementierte die lebhafte Preissteigerung die Fiktion der kontinuierlichen Preisstabilität, so daß der Reichsindex für die Lebenshaltungskosten, der die Preise konstant hielt, als ein unzuverlässiges Konstrukt dasteht. Allein bis 1935 ermittelte die Reichskreditgesellschaft eine Erhöhung der Lebenshaltungskosten um zwanzig Prozent, und der eigentliche Anstieg setzte erst danach ein.

An die Stelle der regulären Löhne traten freilich oft höhere Akkordlöhne, oder aber die Bruttowochenlöhne wurden durch erkleckliche Zuschläge ergänzt – beides blieb von der Reichsstatistik unberücksichtigt. So konnte es dazu kommen, daß wegen des anhaltenden Konjunkturaufschwungs und trotz der anziehenden Preise seit 1937/38 in nahezu allen rüstungsrelevanten Industriezweigen höhere Reallöhne erreicht wurden, als sie bisher in Deutschland je gezahlt worden waren. Das Bewußtsein, an diesem Prosperitätsschub wenige Jahre nach der «Großen Krise» teilnehmen zu können, war nicht dazu angetan, manifeste Skepsis gegenüber dem Regime zu nähren. Im Gegenteil: Tausendmal hörte man das unverhohlen anerkennende Wort: «Adolf hat die Leute von der Straße geholt.»

3. Überdies darf man nicht übersehen, daß die neu erzwungenen Sonderabgaben, zeitweilig auch die Lohnstagnation, durch beträchtliche Sozialleistungen zum guten Teil kompensiert wurden. Die staatliche Sozialpolitik führte erhöhte Zuschüsse für Mütter, Kinder und Witwen ein, dazu Sonderleistungen für kinderreiche Familien (mit vier und mehr Kindern), verbunden mit Mütterschutz und Ehestanddarlehen. Die Anzahl der bisher üblichen drei bezahlten Urlaubstage im Jahr wurde auf sechs, zusehends sogar auf zwölf bis fünfzehn Tage erhöht, womit eine von der stolzgeschwellten Propaganda akklamierte internationale Spitzenreiterposition

erreicht wurde. Die traditionelle Renten-, Kranken-, Unfall- und Arbeitslosenversicherung wurde beibehalten, nicht ohne manche Leistungsausweitung für Familien mit Kindern, für Kranke und Unfallgeschädigte einzuführen. Auch durch die Ausdehnung der Klientel nach der Einbeziehung der Handwerker in die Renten- und Krankenversicherung und der Erfassung schlechthin aller Lohnabhängigen durch die Unfallversicherung werde die «Daseinsvorsorge», die Ernst Forsthoff 1938 dem totalen Staat zuschrieb, weiter ausgedehnt. Die Kehrseite der Medaille: Der jederzeit mögliche Ausschluß von «Staatsfeinden» und «Minderwertigen», welche die Gesundheit des «Volkskörpers» angeblich akut gefährdeten, wurde ohne Murren hingenommen, wie überhaupt die «rassenideologische und bevölkerungspolitische Komponente» der nationalsozialistischen Sozialpolitik auch unter Arbeitern keineswegs schroffe Opposition auslöste.

Nicht selten schlugen die innerbetrieblichen Leistungen noch unmittelbarer spürbar zu Buche. Zwar legte der «Betriebsführer» gemäß der Tarifordnung des «Treuhänders» gewöhnlich die Lohnregeln für seine «Betriebsgefolgschaft» fest. Doch seit 1936/37 öffnete sich die Schere zwischen Tariflöhnen und ungleich höheren Effektivlöhnen immer weiter. Die bevorzugten Leistungslöhne und Prämien erlaubten die individuelle Erhöhung des Arbeitsentgelts, vermehrten die Differenzierung und nicht zuletzt die Mobilisierung von Leistungsreserven.

Unübersehbar gelang auch der DAF-Organisation «Schönheit der Arbeit» manche sicht- und spürbare Verbesserung im Arbeitsalltag. Kantinen, Belüftungseinrichtungen, Neuanstriche, Toiletten und Duschen, präventivmedizinische «Betreuung» durch Werkärzte, Sport- und Grünanlagen machten den Betrieb attraktiver, erhöhten auch die Bindung an ihn. Das vielfältige KdF-Angebot, die Leistungen der NSV und des WHW wurden weithin als positiv empfunden. Die meisten dieser Reformen waren seit den Tagen des Kaiserreichs und der Republik auf die Agenda gesetzt worden. Jetzt erhöhte es die Konsensbereitschaft, daß das Regime sie für den «kleinen Mann» realisierte.

4. Rationalisierungsmaßnahmen und Qualifikationsprogramme liefen weiter, und auch sie blieben trotz des gesteigerten Drucks nicht ohne Zustimmung. Die ausgedehnte Fließbandarbeit etwa zog zahlreiche Ungelernte an, die aus altertümlichen Gewerbezweigen oder im Verlauf der anhaltenden «Landflucht» in die städtische Industrie strömten. Nach der Eingewöhnung öffneten sich für sie neue Aufstiegschancen, deren Attraktivität mit der Differenzierung der durch Leistungslöhne und Zulagen ständig ausgedehnten Lohnunterschiede anstieg. Im Dienste rüstungswirtschaftlicher Effizienz wurde aber auch allgemein die Qualifikation des «Humankapitals» verbessert, wie sich das als großer Vorteil nach 1945/49 erweisen sollte, und das Anreizsystem steigender Effektivlöhne und Zulagen prämiierte nicht nur die Schulung der Fertigkeiten, sondern verschaffte

auch Leistungsstolz und Selbstbewußtsein. Im Krieg hat dann die Aufsicht über Millionen von Zwangsarbeitern das Selbstwertgefühl noch weiter gesteigert (vgl. V.5.c).

5. Außer den Verlockungen erhöhten Einkommens und gesteigerter Qualifikation gab es auch eine Statusaufwertung durch symbolische oder durchaus handgreifliche Politik. Die Maxime «Arbeit adelt» sollten insbesondere die «Arbeiter der Faust» auf sich beziehen. Hitler selbst bezeichnete sich immer wieder, sachlich falsch, aber wohlkalkuliert, als aufgestiegenen «deutschen Arbeiter». Ley, Goebbels, Göring bekundeten im Verein mit weiterer NS-Prominenz unentwegt ihre Hochschätzung der Arbeiterschaft. Man mag das ein leicht durchschaubares propagandistisches Wortgeklingel nennen, doch lud es ständig zum Vergleich mit dem Kaiserreich und der Republik ein, als solche öffentliche Anerkennung ausgeblieben, ja fast undenkbar geblieben war. Ausdrücklich wurden Arbeiter ermuntert, Rundfunkgeräte und Theaterkarten zu kaufen, an den KdF-Urlaubsreisen teilzunehmen, für den «Volkswagen» zu sparen. Auch das fand, zunächst vielleicht eher widerwillig, Anerkennung.

Darüber hinaus wurde die Negativbilanz, daß das Arbeitsrecht jetzt ohne Parlament zustande kam, Löhne ohne Tarifpolitik festgesetzt wurden und keine selbständige Vertretung von Arbeiterinteressen durch Gewerkschaften und Parteien mehr möglich war, nicht nur durch Reallöhne und betriebliche Sozialleistungen, sondern auch durch die Aktivität der DAF aufgeweicht. Unstreitig trat sie als «wirtschaftsfriedlicher Harmonieverband» (A. Kranig) aller Berufstätigen mit dem Primärziel an, sie in das NS-System zu integrieren. Aber sie gewann zusehends Kompetenzen, die früher bei den Gewerkschaften und beim Reichsarbeitsministerium gelegen hatten – und sie verstand es, sie öfters im Sinne von Arbeiterinteressen auszunutzen. So setzte sie etwa in jenen Betrieben, an denen die Gewerkschaften gescheitert waren, sozialpolitische Standards durch. Auch die Förderung der Präventiv- und Arbeitsmedizin, der Ausbau der Betriebshygiene und das Werksarztsystem, Vorbeugemaßnahmen und Therapie von «Volkskrankheiten» wie der Tuberkulose, überhaupt das Konzept der planvollen «Gesundheitsführung» – das alles löste durchaus Sympathie und Zustimmung aus. Dagegen wurden die Schattenseiten der «Erbgesundheitspflege»: Sterilisation, Kastration, «Ausmerze» des «lebensunwerten Lebens» eigenartig passiv hingenommen, ja die Ausnahmebehandlung von Asozialen und Behinderten fand in nichtbetroffenen Familien manchmal auffallend viel Verständnis.

Aufmerksam beobachtete die DAF die Tätigkeit der sogenannten Vertrauensräte und Ehrengerichte, welche die innerbetrieblichen Konflikte entschärfen und entscheiden sollten. Durchweg wurden etwa mehr Verfahren gegen «Werkführer» als gegen Mitglieder seiner «Gefolgschaft» geführt, 1935 etwa waren von 223 Streitfällen nur 18 gegen Arbeitnehmer gerichtet, und immerhin neun Unternehmer verloren das Recht auf Betriebsführung. An der Integrationsstrategie der DAF gibt es nichts zu beschönigen, doch sie trat auch nicht – ungeliebter Nachfolger des ADGB, der sie zunächst einmal war – den Belegschaften allein als Gängelungsinstanz entgegen. Sie verstand es vielmehr, manche genuinen Arbeiterinteressen zu berücksichtigen, den Berufsalltag durch «Schönheit der Arbeit» zu erleichtern, die Freizeitgestaltung durch KdF zu erweitern, das Selbstbewußtsein durch gezielte Akte symbolischer Politik anzuheben. Auf ihre Weise trug sie daher durchaus zu einer «grundsätzlichen Akzeptanz des Hitler-Regimes» auch in der Arbeiterschaft bei.

6. Jahrzehntelang gab es das Klischee, daß die hochpolitisierte deutsche Arbeiterschaft mit ihren Parteien und Gewerkschaften durch den nackten Terror des NS-Regimes in die Knie gezwungen worden sei. Die Kontinuität brutaler Repression galt als die Ursache ihrer Entpolitisierung. Den Terror gegen Tausende von Funktionären, aber auch gegen einfache exponierte Partei- und Gewerkschaftsmitglieder wird niemand leugnen. Die Folgen bis hin zur Ermordung und Sippenhaft waren schrecklich genug. Dennoch verfehlt das stereotype Deutungsschema, daß alle Gewalt von den Nationalsozialisten ausging und die Arbeiter als entmündigte Leidende dastanden, die Realität jener Jahre.

Die Wählerschaft und Bindekraft der SPD war in den letzten Jahren der Republik stetig gesunken. Die KPD mobilisierte insbesondere die radikalisierten Arbeitslosen, verharrte aber in der Selbstisolierung einer eifernden Sekte. Der Arbeiteranteil unter den NSDAP-Wählern kletterte kontinuierlich in die Höhe. Die Freien Gewerkschaften wurden durch die Depressionsjahre fatal geschwächt, so daß sie sich auf dem Höhepunkt der Staatskrise bis zum 1. Mai 1933 sogar durch opportunistische «Anpassungsbeflissenheit» auszeichneten. Von der mächtigen Trutzburg, welche die deutsche Arbeiterbewegung früher einmal verkörpert hatte, war nur mehr ein verfallendes Gebäude in desolater Verfassung übriggeblieben. Zu einer militanten Opposition waren ihre Bewohner, wie bereits die Hinnahme des «Preußenschlags» bewiesen hatte, nicht mehr imstande. Die gängige Beschwörung einer Einheitsfront der beiden Arbeiterparteien als wundersame Panazee gegen den Nationalsozialismus verriet, da sie die unüberbrückbare Feindschaft zwischen zwei Schwachen realitätsfern mißachtete, nur romantische Schwärmerei. Die industriellen Arbeiterklassen waren durch die Depression in einen wahren Abgrund kollektiver Deprivation gestoßen worden. Es war daher längst keine machtvolle, politisch geschlossene Arbeiterschaft mehr, die sich plötzlich dem NS-Regime gegenüberfand.

Schon die Machtübergabe wäre ohne die «passive Hinnahme» durch weite Teile der Arbeiterschaft, zugleich ohne die aktive Unterstützung durch Millionen Arbeiterwähler, kaum möglich gewesen. Seither wirkte sich eine eigentümliche Mischung aus «ängstlichem Attentismus und präventiver Anpassung», «Repression und Einschüchterung», «offenem Opportunismus», «überzeugter Zustimmung und nationaler Integrationswilligkeit» aus. Zeitweilig sahen die NS-Betriebszellen wie eine Brücke in das neue Regime aus. Mit ihren 372 000 Mitgliedern im März 1933 lagen sie zwar weit hinter dem ADGB, aber deutlich vor der kommunistischen Organisation mit 250 000 Angehörigen. Bis zum Mai jenes Jahres verdoppelte sie innerhalb weniger Wochen ihre Mitgliederzahl auf 727 000. Der Zustrom rekrutierte sich vor allem aus bisher unorganisierten Arbeitern der öffentlichen Betriebe, aber auch aus Großunternehmen; meist waren es Protestanten, im Gau Köln-Aachen aber durchaus auch Katholiken.

Da die NSBO Anfang April 1933 den Freien Gewerkschaften gleichgestellt worden war, schien sie für viele eine akzeptable Interessenvertretung zu bieten, zumal sie noch ganz offen für Betriebsräte, Tarifpolitik und Streikrecht eintrat. Nach der Gründung der DAF fand sie sich jedoch sogleich an den Rand gedrängt, ehe sie während der Röhm-Krise völlig entmachtet wurde. Zu diesem Zeitpunkt, im Juli 1934, wußte aber auch ein Vertrauensmann der Exil-SPD zu berichten, daß bereits «große Teile der Arbeiterschaft... der unkritischen Verhimmelung Hitlers verfallen» seien. Der «Glaube an Hitler» greife, hieß es an anderer Stelle, auch unter Arbeitern «erstaunlich» weit um sich. Nachdem im ersten Amtsjahr der neuen Regierung die NS-Ideologie «in alle Klassen der deutschen Gesellschaft» eingebrochen sei, wirke inzwischen auch in der Arbeiterschaft» die Begeisterung für das Regime sehr stark».

Die SoPaDe-Berichte stimmten im Hinblick auf vier Motive überein: Die Ankurbelung der Konjunktur löse eine immense Wirkung aus. Resigniert konstatierte ein Informant, als 1936 die Depression überwunden war, «große Teile der Arbeiterschaft» glaubten inzwischen, daß «Freiheit» gegen «Sicherheit» am Arbeitsplatz eingetauscht worden sei. Das «Wirtschaftswunder» hatte die «Hinnahme des Systems» ermöglicht. Unverkennbar herrschte weiter die «Angst vor dem Chaos, das nach Hitler kommen müßte». Darin sah noch im Januar 1935 ein sozialdemokratischer Vertrauensmann «die eigentliche negative Massengrundlage des Systems». Nicht wenige bewährte SPD-Genossen äußerten sich, eingedenk ihrer bösen Erinnerungen an die Zeit zwischen 1917 und 1933, voller Begeisterung über den Kampf gegen den Kommunismus und Bolschewismus, mit denen nur die Anarchie heraufziehe.

Offenkundig blieb auch die Beschwörung der «Volksgemeinschaft» in der Gestalt einer egalitären Leistungsgesellschaft keineswegs ohne Wirkung. Aufstiegsmobilität und Statusaufwertung wurden befriedigt wahrgenommen, die Berufs- und Betriebswettkämpfe als willkommene Leistungsprobe begrüßt. Nach der Lockerung des Aufnahmestopps erreichte der Neuzugang von Arbeitern in die NSDAP einen Höhepunkt. Und schließlich nahm auch die Arbeiterschaft durchaus an dem allgemeinen Enthusiasmus teil, der die erfolgsgekrönte Revision von Versailles begleitete. Die Allgemeine Wehrpflicht, die Rheinlandbesetzung, der «Anschluß» Österreichs, vollends dann die «Feldzüge» gegen Polen und gegen Frankreich lösten auch in ihr Begeisterungsstürme aus. «Was wir nach vier Jahren Stellungskrieg nicht erreicht haben», hieß es, «das hat der Führer in sechs Wochen geschafft.» Nach der deutschen Truppenparade in Paris im Juni 1940 stand auch unter Arbeitern Hitlers «Ansehen auf dem äußersten Höhepunkt». Das Regime hatte, konzedierte ein SoPaDe-Bericht, «eine bisher noch nicht erreichte innere Geschlossenheit gewonnen». Weit mehr, als die ältere Interpretation je gedacht hat, war das «Dritte Reich» bis zu diesem Zeitpunkt auch ein «Konsensstaat» geworden, der auf der Zustimmung und Loyalität der großen Mehrheit, und zwar einschließlich der Arbeiterschaft, beruhte.

7. Die veränderte Perspektive ermöglicht auch ein realistischeres Urteil über die vermeintliche Dauerhaftigkeit eines klassenbewußten Protestes. Den konjunkturellen Aufschwung, seit 1936 schon begleitet von einem Arbeitskräftemangel in wichtigen Industriezweigen, nutzten Arbeiter durchaus im Sinne ihrer konkreten Interessen. Dienst nach Vorschrift, Bummeltempo, punktuelle Arbeitsniederlegung, auch das mysteriöse Hochschnellen des Krankenstandes – sie führten oft genug zu den angestrebten Konzessionen, hatten aber mit klassenkämpferischen Streiks gar nichts zu tun. 1936/37 wurden etwa 37356 Arbeitskonflikte registriert – eine zunächst verblüffend hohe Zahl. Bei näherem Hinsehen stellt sich jedoch heraus, daß es häufig nur um eine mehrstündige, alsbald wieder abgebrochene Arbeitseinstellung ungelernter Bauarbeiter ging, die mit der Lohnhöhe unzufrieden waren. Überhaupt neigten vornehmlich Ungelernte ohne die gewerkschaftlich disziplinierte Erfahrung älterer Facharbeiter zu einer derartigen Regelverletzung, bei der es durchweg um die materielle Teilnahme an der Konjunkturentwicklung, später auch um die Abneigung gegen eine Kasernierung in Arbeitslagern beim Bau des «Westwalls» ging. Solche kurzlebigen innerbetrieblichen Konflikte hatten nichts mit einem Aufbegehren klassenbewußter Arbeiter gegen den Charakter des Regimes zu tun.

Dabei darf man zum einen gewiß nicht übersehen, daß der Arbeiterschaft keine eigenen handlungsfähigen Organisationen zur Interessenverfechtung mehr zur Verfügung standen. Zum andern drohten drakonische Strafen, wenn Vorschriften allzu offensichtlich mißachtet wurden. Ein Jahr Gefängnis konnte für die Verweigerung von Überstunden, zwei Jahre konnten für zweimaliges Fernbleiben von der Arbeit, drei Jahre für mehrfach unentschuldigte Unpünktlichkeit verhängt werden. Wenn auch mit solchen Strafmaßen behutsam umgegangen wurde, schwebten sie doch wie ein Damoklesschwert über den Unzufriedenen.

1. Die Gesellschaftsklassen im «Dritten Reich»

Die beiden Dienstpflicht-Verordnungen vom 22. Juni 1938 und 13. Februar 1939, Einstimmungen auf die künftige Kriegswirtschaft, unterwarfen zwar die Arbeiter der Zwangsverpflichtung auf eine «industrielle Einberufung» und hoben die Freizügigkeit auf, wurden aber faktisch durch ungeahndeten Leistungsabfall und durch Protestbummeln sogleich entschärft. Der Lohnstopp vom 4. September 1939 wurde durch innerbetriebliche Sonderleistungen umgangen, um die begehrten Facharbeiter an das Unternehmen zu binden. Allgemein lösten die Septembererlasse, welche es gestatteten, die Arbeitszeit zu verlängern, Löhne zu kürzen, Überstundenzuschläge zu streichen und Urlaubsansprüche zu ignorieren gestatteten, eine solche Unzufriedenheit aus, daß sich die Partei- und DAF-Berichte mit Warnungen geradezu überschlugen. Unmittelbar nach dem Sieg im Westen wurden sie nicht nur rückgängig gemacht, sondern die wöchentlichen Reallöhne bis 1942 stetig angehoben, im Ruhrgebiet etwa immerhin um 23 Prozent.

Ausschlaggebend für diese Konzessionsbereitschaft, überhaupt für die vorsichtig-pflegliche Behandlung der Arbeiterschaft nach der Repressionswelle der Anfangszeit war offensichtlich die traumatische Erfahrung, die sich Hitler und seiner politischen Generation durch die Revolution von 1918 tief eingegraben hatte. Dieses Schrecksignal der Soldaten- und Arbeiterrevolution hat die NS-Führungsequipe nie überwunden, es blieb stets präsent, tauchte in ihrer internen Lagebeurteilung immer wieder auf, und Hitler kam auch in Privatgesprächen oder vor seiner abendlichen Tafelrunde auf dieses schockierende Erlebnis oft zurück. Eine Wiederholung müsse mit allen Mitteln vermieden werden, lautete seine Konsequenz, man könne «nicht vorsichtig genug sein». Das flexible Entgegenkommen gegenüber Arbeiterwünschen entsprang maßgeblich dieser Erinnerung. Nicht nur die Lohnpolitik trug ihr Rechnung, vielmehr dienten auch die großzügigen Unterhaltszahlungen an Soldatenfrauen (anders als 1914/18), die Zurückhaltung bei der Einbeziehung von Frauen in das Arbeitskräftepotential, die bis Ende 1944 im Grunde vorzügliche Lebensmittel- und immer noch erträgliche Konsumgüterversorgung dieser Vermeidungsstrategie.

8. Schließlich gilt es, sich zu vergegenwärtigen, daß im Reich der niederen Dämonen tiefreichende und folgenschwere Transformationsprozesse einsetzten, welche das Sozialmilieu der Arbeiterschaft von Grund auf umgestalteten. 1945 war nur wenig so geblieben, wie es noch 1933 bestanden hatte, und eine Rückkehr zu der Ausgangslage gab es seither, wie sich herausstellte, auch nicht mehr.

1933 wurden nicht nur die politischen Fundamente der Arbeiterschaft und -bewegung zerstört: ihre Parteien und Gewerkschaften, ihre Schulungsstätten und kommunalpolitischen Netzwerke, ihr Zeitungswesen und ihre Fraktionsarbeit. Vielmehr fiel auch die Arbeiter- und Arbeiterbewegungskultur der Repression zum Opfer. Die politische Homogenität zahlreicher proletarischer Wohnquartiere löste sich allmählich auf, als beflissene NS-Block- und Zellenwarte das Sagen hatten, als Sympathisanten des Führerstaats und frischgebackene Parteigenossen zusammen mit Gestapospitzeln das überkommene Vertrauensklima auflösten. Das gesamte politische und sozialkulturelle Institutionengefüge, mit dessen Hilfe sich das politische Proletariat über siebzig Jahre hinweg in seiner Subkultur eingerichtet hatte, zerbrach über Nacht. Damit entfielen auch die Stabilisatoren gemeinsamer Klasseninteressen, gemeinsamen Klassenhandelns, gemeinsamer Klassenidentität.

Dieser erzwungene Erosionsprozeß wurde jedoch auch durch Entwicklungen unterstützt, die gewaltlos vorandrangen. Auch sie trugen kraftvoll dazu bei, die Einbindung in das proletarische Sozialmilieu aufzulösen. Das Leistungsprinzip, das den Akkordlöhnen, Prämien, Zuschlägen, betrieblichen Sondervergütungen, der Ermöglichung von Spezialqualifikationen zugrunde lag, förderte mit Nachdruck ganz so die Individualisierung wie die «feinere Staffelung der Lohngruppen» und «die ausgeklügelte Arbeitsplatzbewertung», die im Zuge der Rationalisierungsmaßnahmen auch Leistungsanreize schufen. «Freie Bahn dem Tüchtigen» lautete die DAF-Parole, die diese Tüchtigkeit und Leistungsauslese ganz in den Dienst der Produktionssteigerung stellte. Das taten auch die Berufswettkämpfe, die mit ihren Millionen Teilnehmern wie ein gewaltiges Leichtathletiksportfest organisiert wurden. Die Hälfte der Sieger stammte aus Lohnarbeiterfamilien; 80 Prozent der Sieger besaßen nur einen Volksschulabschluß. Nicht minder war das ebenfalls die Wirkung der Betriebswettkämpfe, die zur Auszeichnung als «nationalsozialistischer Musterbetrieb» führen konnten. Bis 1939 hatten 275 000 Betriebe teilgenommen und dabei ihre Leistungen auffällig gesteigert. Überdies löste auch die Summe der kleinen Aufstiegschancen die feste Klassenbindung auf. Quantitativ mochte die Anzahl der Erfolgreichen nicht riesig sein, aber ihr Weg bewies, daß die Relative Deprivation überwunden werden konnte, und der Erwartungshorizont dehnte sich weit über die traditionellen Parameter der Klassenmentalität hinaus aus.

Die Annäherung von Arbeitern und Angestellten im Betrieb und in der KdF-Zeit veränderte überkommene Einstellungen nicht weniger als die sorgfältig beobachtete Gleichberechtigung in NS-Organisationen. Die proletarischen Jugendverbände wurden aufgelöst, aber die HJ zog schon vor dem Pflichtdienstgesetz die Sport- und Technikbegeisterten an. Im BDM wurde eine neue Selbständigkeit gefördert, und das Landjahr ermöglichte Abertausenden einen ersten Ortswechsel, der ihnen eine andere Erfahrungswelt öffnete.

Die Kriegseinwirkungen haben dann dieses Werk der Auflösung der proletarischen Klassenbindung, auch wortwörtlich die Zerstörung des sozialen Mileus in den bombardierten Wohnvierteln, vollendet. (Darauf wird im Zusammenhang des Kriegskapitels noch näher eingegangen.) Nach 1945 stand daher die ehemals klassenbewußte Arbeiterschaft in einer von Grund auf veränderten neuartigen Verfassung da. Der Triumph des Individualismus, der ungeschminkte Vorrang der Leistungs- und Konsumorientierung – sie sollten sich als sozial- und mentalitätsgeschichtliche Schlüsselphänomene der Bundesrepublik erweisen.[5]

c) *Die bäuerlichen Besitzklassen: die ambivalente Privilegierung*

Die sozialkulturelle Welt der Bauernschaft fand sich im «Dritten Reich» drei teils miteinander konkurrierenden, teils ineinandergreifenden Prozessen ausgesetzt, die im Effekt auf eine fundamentale Transformation der ländlichen Gesellschaft hinauslaufen sollten. Dabei wurde zum einen durchaus auch ein langlebiger Modernisierungstrend unterstützt, zum andern mit einem Bündel von hochideologisierten, spezifisch nationalsozialistischen Zielvorstellungen operiert.

Ins Auge stach die ideologische Aufwertung des «Nährstandes», der zugleich als rassischer «Lebensborn» der Nation gefeiert wurde. Darré mit seinen Bauerntumsromantikern hing dieser schwärmerischen Verklärung ebenso an wie Himmler mit Kreisen seiner SS, die ihre Vorstellungen von einer «Aufnordung» der reichsdeutschen Bevölkerung und einer Germanisierung des östlichen «Lebensraums» durch deutsche Wehrbauern an die Existenz eines starken Bauerntums banden. Mit solchen Absichten, die auch in der Propaganda des Regimes häufig dominierten, war freilich auch stets die Einkommenssicherung lebensfähiger Höfe verknüpft.

Ihren engeren Zielen folgte die nationalsozialistische Politik, wenn sie möglichst schnell die maximale Selbstversorgung mit landwirtschaftlichen Produkten und damit im Rahmen der Aufrüstung auch die «Nahrungsfreiheit» im künftigen Krieg gewinnen wollte. Der «Reichsnährstand» wurde daher zusehends zum Instrument effizienter Leistungssteigerung.

Und schließlich gab es eine intensiv betriebene «agrarische Großraumplanung» mit dem Ziel einer gewaltigen Umverteilung von Land und Leuten. Der Kleinbesitz sollte lückenlos aufgelöst, sein Boden den großen Höfen zugeschlagen werden. Die «freigesetzten» Landwirte sollten auch das Arbeitskräftepotential der Industrie verstärken, vor allem aber den Siedlerzustrom für die Germanisierung der ehemals polnischen und russischen Ostgebiete gewährleisten. Zugleich sollte diese Umwälzung mit einer erbbiologischen Überprüfung verbunden werden, damit im «Altreich» und im Osten nur erwiesenermaßen rassisch «wertvolle» Bauernsippen den Boden bestellten, während die «Minderwertigen» der Sterilisation oder sogar «Ausmerze» anheimfielen (vgl. vorn I. 4 b).

Die Absichten liefen in jeder Hinsicht auf einen umfassenden strukturellen Umbau im Gefolge einer ordnungspolitischen Umsteuerung hinaus, die keinen Bauern unberührt ließ und bis zur Gigantomanie reichte. Sie unterschied sich auch kraß von der Status-quo-Behauptung, die trotz aller neuartigen Vorgaben die Lage der Industrie weithin noch charakterisierte.

Das Reichserbhofgesetz vom September 1933 hatte, wie das vorn (II.3) geschildert worden ist, 22 Prozent aller Höfe mit 37 Prozent der landwirtschaftlichen Nutzfläche in ein neofeudales Lehnsverhältnis überführt, um privilegierten Bauernsippen ihren Landbesitz für immer zu garantieren. Darüber hinaus wurde die Bodenverteilung aber auch für alle anderen landwirtschaftlichen Betriebe eingefroren, um das Land dem kapitalistischen Handelsverkehr völlig zu entziehen. Gleichzeitig setzte das neue Verordnungssystem des «Reichsnährstandes» die Marktmechanismen mit ihrer Regulierung von Angebot und Nachfrage außer Kraft. Damit wurden zwar die kühnsten Träume der Agrarideologen und Funktionäre der landwirtschaftlichen Interessenverbände erfüllt, aber auch die starren Regeln eines etatistischen Dirigismus eingeführt. Sie wurden nicht zuletzt mit Hilfe der neuen Autorität der Kreis- und Ortsbauernführer gegen die Kritik der Bauern an ihrer Gängelung durchgesetzt.

Neuland für bäuerliche Siedler, auch als Ventil für den durch die Bodensperre benachteiligten Nachwuchs, wurde trotz aller Verheißungen der «Blut-und-Boden»-Adepten in einem nennenswerten Umfang nicht gewonnen. Im Vergleich mit den 57 300 Siedlerstellen, welche die Republik eingerichtet hatte, brachte es das NS-Regime nicht einmal auf die Hälfte, auf 22 000. Sieben Millionen ha waren für die Flurbereinigung bestimmt worden, aber nur magere 70 000 ha wurden tatsächlich umgelegt. Bis zum Kriegsausbruch wurden zwar, vornehmlich durch RAD-Projekte der Eindeichung, Erschließung von Unland und Trockenlegung von Mooren und Sümpfen, 536 000 ha Land gewonnen, aber das Militär und der Autobahnbau nahmen in derselben Zeit 650 000 ha für sich in Anspruch.

Im Hinblick auf die rüstungswirtschaftlichen Ziele gelang dem «Reichsnährstand» und dem Agrarsektor auf der einen Seite eine beachtliche Produktionssteigerung, die bis 1939 eine Importsenkung und Steigerung der Selbstversorgungsrate auf mehr als vier Fünftel des Bedarfs ermöglichte (vgl. Übersicht 137, S. 694). Auf der andern Seite warf dieser Erfolg aber gravierende Probleme auf. So wurde etwa die Arbeitsintensität auf Kosten der weiblichen «Mithelfenden» gesteigert, so daß Bauernfrauen und Mägde einer kontinuierlichen Überbelastung, bis hin zum häufigen Schwangerschaftsabbruch, ausgesetzt waren. Zunehmendem Druck fanden sich auch die Landarbeiter ausgesetzt, die mit der größten Abwanderungsbewegung seit dem späten 19. Jahrhundert reagierten, denn mehr als 500 000 Männer zogen mit ihren Familien bis 1939 in die Städte. In Ostpreußen, um an einem Beispiel das Gefälle zu illustrieren, betrug ihr Jahreslohn 1,176 RM

1. Die Gesellschaftsklassen im «Dritten Reich»

für 2950 Arbeitsstunden, während sie als Industriearbeiter nominal 1560 RM für eine um ein Fünftel verringerte Arbeitszeit erhalten konnten. Weder Ehestands- noch Hausbaudarlehen vermochten diese «Landflucht» zu verringern, der sich auch häufig enttäuschte Bauernkinder anschlossen.

Folgerichtig entsprach dieser geographischen Mobilität das Wachstum der ostelbischen Städte als Standort neuer Industrien. Denn selbst ein sprungartiger Anstieg der innerstädtischen Fertilität hätte es zwischen 1933 und 1939 nicht vermocht, die Einwohnerzahl von Magdeburg (102 000/ 233 000), Halle (98 000/202 000), Dessau (33 000/81 000) und Bitterfeld (38 000/80 000) weit mehr als zu verdoppeln.

Daß die Bauern die abwandernden Arbeitskräfte nicht durch eine attraktive Lohnerhöhung anbinden konnten, lag im wesentlichen daran, daß sie am «Wirtschaftswunder» bis 1939 nicht so breitenwirksam teilnahmen wie die Berufstätigen in der expandierenden Industrie. Zwar kam es in diesen Jahren zu einem Preisanstieg, der den Großhandelspreisindex für landwirtschaftliche Produkte (1913 = 100) auf 106 Punkte und das bäuerliche Einkommen um 33 Prozent hochtrieb. Aber der Index für industrielle Fertigwaren kletterte auf 126, die industriellen Bruttolöhne stiegen um 49 Prozent, die Unternehmergewinne um 130 Prozent. Der Anteil des Agrarsektors am Bruttosozialprodukt sank von 1933 = 8,7 Prozent auf 1937/38 = 8,3 Prozent ab. Überdies zählte der Arbeitstag auf dem Lande elf bis zwölf, in der Industrie acht Stunden.

Die Entwicklung der ökonomischen Lage der Bauern, sofern man auf den statistischen Durchschnitt während des «Dritten Reiches» blickt, zeigte sich – alle Bauernromantik à la Darré hin oder her – außerstande, die Ergebnisse von Theodor Geigers Sozialstrukturanalyse am Ende der Weimarer Republik zu korrigieren: Ihr zufolge besaßen 60 Prozent der bäuerlichen Bevölkerung nur ein Proletariereinkommen. Als typisch kann die Lage eines mainfränkischen Kleinbauern mit vier Kindern gelten, der auf fünf Hektar Land im Jahr 372 Mark Nettogewinn erwirtschaftete und im Nebenerwerb 360 Mark hinzugewann. Überhaupt ermittelte die regimekonforme Erforschung des «Landvolkes» eine Mehrheit proletaroider Existenzen, die auf Höfen ohne fließendes Wasser, oft sogar noch ohne elektrischen Strom, meist ohne Radio (nur jeder 25. besaß einen Apparat, in der Stadt jeder 8.) als «Opfer kultureller Rückständigkeit» lebten. Die Jungen flohen vor dieser Alltagsmisere in die Stadt. Folgerichtig fiel auch die Anzahl der Studenten an den Landwirtschaftlichen Hochschulen und Agrarwissenschaftlichen Fakultäten von 1932 = 1039 um 20 Prozent auf 1939 = 821.

Auf den vielfältig geförderten und ohnehin begünstigten großbäuerlichen Höfen, im östlichen Westfalen etwa, in der Magdeburger Börde oder in Ostpreußen, sahen die Dinge ungleich vorteilhafter aus. Aber insgesamt blieb die Landwirtschaft doch ein schrumpfender Sektor, dessen leistungsunfähige Ränder weiter abbröckelten. Auch die Agrarpolitik des «Dritten Reiches» war nicht imstande, diesen Säkulartrend außer Kraft zu setzen. Zugleich unterstützte sie, indem sie die Landwirtschaft den Regulierungskräften des Marktes entzog, eine andere Langzeitentwicklung, welche aus den Bauern eine hochsubventionierte, staatlich geschützte Versorgungsklasse formierte.

Die strukturellen Dilemmata der ländlichen Gesellschaft waren den sachkundigen Agrarexperten der nationalsozialistischen Planungseuphorie nicht unbekannt. Hatte Darré, ungeachtet aller Anfangserfolge, mit seinen Bauernschwärmern schnell den Primat an die Manager der rüstungswirtschaftlichen Produktionssteigerung verloren, drängten sich neben und mit diesen sowohl technokratische als auch streng rassenpolitisch orientierte Verfechter einer Totalplanung in den Vordergrund. Sie wollten als Ausfluß einer allumfassenden Raumplanung eine neue «Raumordnung» verwirklichen, indem sie die lebensunfähigen Zwerg- und Kleinbetriebe radikal beseitigten, um leistungsstarke Mittel- und Großbauernhöfe zu schaffen und damit den Ausstoß zu steigern. Im selben Anlauf sollten durch eine erbbiologische Überprüfung die «hochwertigen» Sippen im Dienst der Rassenpolitik herausgefiltert werden. Und gesellschaftspolitisch ging es um ein nicht minder anspruchsvolles Vorhaben. Man wollte das zivilisatorische Stadt-Land-Gefälle beseitigen und dabei die parochiale Kultur der relativ geschlossenen «strukturkonservativen» und «modernitätsresistenten» Dorfgemeinschaft aufbrechen und auf die bisher fernen Loyalitätspole von Volk und Nation hin öffnen. Und indem auf diese Weise die herkömmliche «Verschanzung» und «Selbsteinmauerung» überwunden wurde, sollten aus den «dickschädligen, eigenbrötlerischen Bauern» vorbildliche «Volksgenossen» gemacht, ihr Fachwissen und ihre mentale Aufnahmefähigkeit gesteigert werden, damit eine «neuartige Produktionsgesinnung» alle Groß- und Mittelbauern erfüllte, die dann unter der Leitung innovationswilliger, regimetreuer Bauernführer ungeahnte Leistungen zu vollbringen hatten, zumal ihnen in Aussicht gestellt wurde, daß traditionelle Schweißarbeit durch Maschineneinsatz ersetzt werde.

Die Leitideen der NS-Großraumplanung für die Agrargebiete des «Altreichs» sind daher klar zu erkennen: Transformation der gesamten Besitz- und Erwerbsstruktur durch die Zerschlagung aller kleinen Einheiten und die Bildung ausschließlich mittlerer und großer Höfe, zugleich Ermittlung des «hochwertigen Erbguts» und Transfer der «wertvollen» Kleinbauernfamilien in den osteuropäischen «Lebensraum» des «Großgermanischen Reiches». Zuerst wurde ein Bedarf von 770000, im ersten «Generalplan Ost» schon von 1,46 Millionen, später von 3,35 Millionen anzusiedelnden Neubauern ermittelt. Durch effektive Mechanisierung und Rationalisierung sollte das sozialkulturelle Stadt-Land-Gefälle minimiert werden. Und nicht zuletzt ging es den planungsbesessenen Sozialingenieuren, die eine

1. Die Gesellschaftsklassen im «Dritten Reich»

derart entschlossene Nivellierung der vielfältig gegliederten deutschen Agrarlandschaften anvisierten, um eine radikale Mentalitätsveränderung. Denn sie folgten der nationalsozialistischen Maxime, primär durch das veränderte Bewußtsein die Realität zu verändern, anstatt auf die Folgen einer veränderten sozialen Lage zu warten.

Bis zum Krieg blieb die neue «Raumordnung» in den ländlichen Kulturräumen, insbesondere in den west- und südwestdeutschen Erbteilungsgebieten, theoretisches Planspiel, zumal keine Zentralbehörde entstand, die diese Aufgabe ihrem Kompetenzbereich hätte zuschlagen können. Der Krieg veränderte dann die Konstellation insofern von Grund auf, als sich zum einen mit den unverzüglich annektierten Gauen Westpreußen und Wartheland große Siedlungsgebiete für die Germanisierungspolitik in den polnischen Westgebieten öffneten. Zum andern entstand Anfang Oktober mit Himmlers Reichskommissariat ein Spitzenamt mit der Planungshoheit für alle eroberten Ostgebiete, das innerhalb kurzer Zeit ebenfalls die Planungskompetenz für die Sanierungsgebiete im «Altreich» an sich zu ziehen verstand. Dort war die anstehende «Generalbereinigung» nunmehr auch deshalb geboten, weil die Umsiedlung von «Volksdeutschen» von Anfang an als nicht ausreichend galt, so daß eine erfolgreiche Germanisierung auch von dem Zustrom reichsdeutscher Neusiedler abhängig war.

Der Nexus zwischen Raumordnung im «Altreich» und Ostsiedlung war seit dem Herbst 1939 nicht mehr zu übersehen, und er lag auch im Februar 1940 dem ersten «Generalplan Ost», der die Zielprojektion für die Germanisierung des östlichen «Lebensraums» festlegte, zugrunde. Längst vor diesem Zeitpunkt war aber zutage getreten, daß der Verfasser des «Generalplans», der Agrarwissenschaftler Konrad Meyer, eine Schlüsselposition für die gesamte Großraumplanung und Ostsiedlungspolitik gewonnen hatte. Meyer, sachkundiger Kenner der ländlichen Gesellschaft, leidenschaftlich überzeugter Nationalsozialist und Inkarnation eines dem rassenpolitischen Imperativ folgenden Technokratentums, dazu mit einem ungewöhnlichen Organisationstalent ausgestattet, gelang es als Chef der Planungshauptabteilung des RKFDV, wo der «Generalplan» entstand, auch die Raumplanungskompetenz im «Altreich» zu gewinnen und schließlich im «Reichsnährstand» zum «Planungsbeauftragten für die Siedlung und ländliche Neuordnung» aufzusteigen. Damit konnten die SS-Experten auf den «Reichsnährstands»-Apparat, neben der DAF der größte NS-Verwaltungsstab, zurückgreifen und dort nicht nur der Abteilung «Neubildung des deutschen Bauerntums» die Federführung übertragen, sondern auch die 26 Landesbauernschaften für ihr Vorhaben einspannen.

Darüber hinaus gelang es dem Multifunktionär Meyer, auch noch die Dienste eines wahren Wissenschaftsimperiums für seine Zwecke abzuschöpfen. So stand ihm seit 1935 die «Reichsarbeitsgemeinschaft für Raumordnung» ganz so zur Verfügung wie der «Forschungsdienst» für alle

Agrarfragen mit seinen 150 Arbeitskreisen, und schließlich gelang es Meyer seit 1937 im «Reichsforschungsrat», wo er die Abteilung «Landbauwissenschaft» leitete, mehr als die Hälfte aller Finanzmittel in seine Töpfe zu leiten. Wie die Spinne im Netz ließ er sich für die diversen Fassungen des «Generalplans Ost» (bis hin zum abschließenden «Generalsiedlungsplan») zuarbeiten, der schließlich außer dem Gros der «Volksdeutschen» 3,345 Millionen «hochwertige» deutsche Siedler in einem bis zum Ural megaloman ausgedehnten, rigoros germanisierten «Lebensraum» vorsah. Dafür kalkulierte er aber auch bei der «Säuberung» des Riesengebiets von slawischen Einwohnern, ihrem «Transfer» in die Weite Sibiriens jenseits des Urals, einen Ethnozid an 30 bis 34 Millionen Russen kaltblütig ein.

Durch die großzügigen Perspektiven seines menschenverachtenden Plans derart ausgewiesen, gelang es Meyer und seinen Kohorten ebenfalls, die Planungsarbeit für das «Altreich» bis 1943 mit auffallender Effizienz zu einem Abschluß zu bringen, der kaum durch den üblichen «polykratischen Kräfteverschleiß» gekennzeichnet war. Sage und schreibe 4500 Dörfer in sogenannten «Richtgemeinden» mit fünf Millionen Menschen und 1,5 Millionen Haushalten wurden von Meyers Experten vor Ort genau unter die Lupe genommen, mit Hilfe der kartographischen Methode des dienstbeflissenen Soziologen Ludwig Neundörfer exakt erfaßt und in Zustandsberichten weiter präzis beschrieben. Dieser «Bestandsplan» wurde mit dem «Wunschbild» kontrastiert, um die künftige Optimalverfassung zu ermitteln. Von den «Richtgemeinden» ausgehend ließen sich dann im Analogieschluß die Werte für alle Gebiete hochrechnen. Auf diese Weise konnten sofort 650000 «überflüssige» Kleinbetriebe ausgesondert, insgesamt aber 1,4 Millionen für die «Verplanung» bestimmt werden. Damit entstand ein großes Reservoir für die Ostsiedlung. Während 30 Jahre für die Sanierung als notwendig galten, sollten zehn Jahre für die Neusiedlung im polnischen Westen, 25 bis 30 Jahre für die Germanisierung Rußlands diesseits des Urals genügen.

Privatrechtlich war eine solche Umwälzung im «Altreich» überhaupt nicht durchsetzbar, das wußten Meyers «Reformer» auch. Deshalb mußten die Besitzverschiebung und das «gigantische Umsiedlungsprogramm» mit drastischer staatlicher Eingriffsgewalt besorgt werden. Schon vorher aber traf das Mammutprojekt auf hartnäckige bäuerliche Ablehnung, die sich auch gegen die Einstufung nach erbgesundheitlichen «Güteklassen» richtete.

Das Riesenvorhaben der Landumwälzung und Diagnostik im Stil des eugenischen Rassismus mußte wegen der Kriegsbedingungen und des Personalmangels aufgeschoben werden. Aber gerade die «Aufartung des Landvolks» nach der erbbiologischen Durchleuchtung galt rassistischen Technokraten wie Meyer als nur zeitweilig aufgeschoben. Ihre Pläne einer rassenhygienischen Bestandsaufnahme der gesamten Landbevölkerung wurden weiter verfeinert, da es ihnen um den rassischen Lebensquell der ganzen Nation ging. Ihr Ideal blieb der «gläserne... sozialbiologisch ausgeleuchtete Mensch», der nach der Sterilisation oder «Ausmerze» der «Minderwertigen» als Edelarier übrig blieb.

Die nationalsozialistische Raumordnungsplanung kann man nicht kurzerhand als eine schlechterdings abstruse Zielprojektion abtun. Vielmehr ist auch sie durch jene tiefe Ambivalenz gekennzeichnet, die sich an der Politik des Regimes öfters beobachten läßt. Die Zusammenlegung von landwirtschaftlicher Nutzfläche und die damit verkoppelte Flurbereinigung auf Kosten aller kleinen und zugunsten der größeren Höfe entsprach exakt jenem agrarpolitischen Trend, den die Europäische Gemeinschaft/Europäische Union und die Bundesrepublik seit den späten 1950er Jahren verfolgt haben. Eine überlegene Alternative zur Rettung des lebensfähigen Kerns im Primärsektor ist nicht zu erkennen. Insofern schalteten sich die maßgeblichen nationalsozialistischen Agrarpolitiker aus diesem Modernisierungstrend nicht aus. Pervertiert aber wurden diese Intentionen durch die unauflösliche Verknüpfung nicht nur mit der rassenbiologischen Selektion von Bauernsippen mit «wertvollem» Erbgut, sondern auch mit der barbarischen Germanisierungs- und Siedlungspolitik in Osteuropa. Konrad Meyer verkörperte geradezu diese Fusion von technokratischer agrarpolitischer Modernisierung und kühl anvisiertem Ethnozid an mehr als 30 Millionen Slawen im Zuge der nationalsozialistischen Lebensraumexpansion. 1957 erhielt er, nachdem ihm eine kurze Amtspause zugemutet worden war, eine ordentliche Professur für Raumplanung an der TH Hannover.[6]

d) Der Adel als degradierte Machtelite

Nach der Machtübergabe verpflichtete Adolf Fürst Bentheim-Tecklenburg auf Rheda, der Adelsmarschall der «Deutschen Adelsgenossenschaft» (DAG), seinen Verband auf «unbedingte Loyalität» gegenüber dem neuen Regime. Der Adel werde mit dem «Führer» die «nationale Revolution gewinnen», versicherte er, oder sich «mit Ehren unter ihren Trümmern begraben lassen». Und Hitler persönlich versprach er, ohne zu wissen, daß sich diese Prophezeiung erfüllen würde, die «große Säuberungsaktion, die Sie im Reich vorgenommen haben, in verschärftem Maße auch im Adel durchzuführen».

Woran der Adelslobbyist dabei dachte, enthüllte der über seinen Vorläufer von 1920 noch hinausgehende neue Arierparagraph der DAG, der den Nachweis «arischer Vorfahren» über die Zeitspanne von zwei Jahrhunderten hinweg bis 1750 ausdehnte; ein Adelsgerichtshof sollte künftig die erstrebte «Reinblütigkeit» überprüfen und beurkunden. Konsequent forderte im September 1933 ein Aufruf der DAG «jeden reinblütigen Deutschen Adligen» mit Nachdruck auf, «unverzüglich seinen Antrag um Aufnahme in die Deutsche Adelsgenossenschaft und in die Listen des reinrassigen Deutschen Adels unter Beifügung des Ahnennachweises einzureichen».

Mit ihrer rassepolitischen Beflissenheit repräsentierte die DAG keineswegs alle deutschen Adelsklassen, geschweige denn alle individuellen Edelleute. Aber diese 1874 gegründete, überwiegend ostelbische, ultrakonservative und antisemitische Kleinadelsvereinigung hatte es doch bis 1925 ohne staatliche Unterstützung auf respektable 17 000 männliche Mitglieder (rd. ein Fünftel aller deutschen Adligen) gebracht, so daß sie keineswegs einen marginalen Einflußfaktor verkörperte. Immerhin billigte auch der in Adelskreisen verehrte letzte Feldmarschall des Reiches Paul v. Hindenburg im März 1934 ausdrücklich Bentheims «Prinzip, den deutschen Adel in Zukunft reinblütig zu erhalten». Unverhohlen äußerte der aus dem ostdeutschen Landadel stammende Reichspräsident sein Bedauern darüber, daß «der Grundsatz der Rassereinheit in den letzten zwei Jahrhunderten vielfach durchbrochen» worden sei.

Wie tief auch immer in nicht wenigen Adelsfamilien die Aversion gegen den marktschreierischen Populismus der «braunen Proleten» oder die Ablehnung aus religiöser Grundüberzeugung, wie etwa in Bayern, ausgeprägt war – als elitäre Sozialformation erwies sich der Adel insgesamt, vom Hochadel bis hinunter zum frisch gebackenen Personaladel, zunächst einmal als offenkundig anfällig für die verheißungsvollen Parolen und die aktivistische Politik des neuen autoritären Regimes auf seinem Weg in den Totalitarismus.

Das hing ausschlaggebend mit den bitteren Erfahrungen seit 1918 zusammen, die seine Kollektivmentalität und besonders seinen politischen Habitus tief beeinflußt hatten (vgl. zu Weimar: 8.T.III.4). Der vierfache Schock von Kriegsniederlage, Auflösung aller deutschen Monarchien, Republikgründung und Versailler Vertrag war von ihm als geradezu apokalyptischer Umbruch wahrgenommen worden. Ohne Übertreibung wird man, zumal das von mehr als 150 autobiographischen adligen Schriften bestätigt wird, behaupten können, daß sich kein Adliger mit diesen deprimierenden Entscheidungen je abfinden wollte. Vorerst richtete sich seine Empörung unmittelbar gegen das neue Staatswesen, das der Adel schon aufgrund seiner «gefühlsgeborenen Republikfeindschaft» (J. v. Rantzau) durchweg kompromißlos ablehnte.

Über Nacht verlor der Adel, wie das von der neuen Reichsverfassung sogleich sanktioniert wurde, seine politischen Herrschaftsrechte, schließlich bis hinunter zur Lokaldomäne der Kontrolle über die Gutsbezirke. Nicht minder ließ seine soziale Assimilationsfähigkeit, auf die er sich Jahrhunderte lang hatte verlassen können, seit 1918 drastisch nach. Das warf für eine derart traditionsbewußte Machtelite, die sich seither als «Verlierergruppe» stigmatisiert fühlte, traumatische Anpassungsschwierigkeiten auf. Denn der Weg in die winzige Reichswehr blieb Tausenden von jungen An-

1. Die Gesellschaftsklassen im «Dritten Reich»

gehörigen des Militäradels, die dort nur 900 Stellen besetzen konnten und sich überdies als «degradierter Berufsstand» (E. Kehr) vorkamen, ganz so versperrt wie auch die vertraute Laufbahn in der höheren Verwaltung des Reiches und der Länder, die kaum mehr Adelige aufnahmen. Dennoch zogen sich namentlich jüngere Adlige keineswegs völlig apathisch auf den Umkreis der Familie zurück, vielmehr engagierte sich jetzt eine auffällig große Anzahl von ihnen in den Freikorps und paramilitärischen Verbänden, in den Grenzschutzeinheiten und militanten Gesinnungsbünden der radikalen Rechten, wo sie dem neuen Führerideal in einer völkischen Kriegergesellschaft nachstrebten.

Als zu allen Umstellungsproblemen noch die Agrarkrise seit 1928 dem adligen Großgrundbesitz erneut demonstrierte, daß er den weltwirtschaftlichen Konjunkturfluktuationen und der jetzt wieder sprungartig zunehmenden Verschuldung aus eigener Kraft nicht gewachsen war, sondern massive staatliche Subventionen mobilisieren mußte, erhöhte sich seine Unzufriedenheit, da er trotz der Millionengelder die Unterstützungsmaßnahmen als unzulänglich empfand.

Während sich der Adel, aufs Ganze gesehen, in den 1920er Jahren von der Hitler-Bewegung noch sichtbar zurückgehalten hatte – bis 1930 z. B. gehörte, genau wie in Mecklenburg, kein einziger der in den Reichstag, den preußischen Landtag und den Provinziallandtag gewählten Großgrundbesitzer in der preußischen Provinz Sachsen der NSDAP an –, begannen insbesondere jüngere Mitglieder des norddeutsch-protestantischen Adels zwischen 1930 und 1933 sich der Partei zu nähern oder sogar direkt zu ihr zu stoßen. Warum fanden sie jetzt Zugang zum Rechtstotalitarismus?

Die Zerstörung der Republik und die Machtübergabe im Januar 1933 lösten im Adel weithin triumphierenden Jubel aus. Wilhelm v. Oertzen, einer der besitzreichsten mecklenburgischen Großagrarier und Chef der exklusiven «Herrengesellschaft» mit damals 300 Mitgliedern, faßte diese durchaus typische Begeisterung in die Worte, daß man nach der «antideutschen, marxistischen, epidemischen Krankheit» in den Jahren der verachteten Republik endlich «den Beginn eines völlig neuen Zeitalters» miterlebe. Diese Erleichterung verdrängte die Einsicht in das strukturelle Dilemma, daß die Machtübergabe an Hitler ganz wesentlich der Schwäche und Fragmentierung der traditionellen Eliten zu verdanken gewesen war (8.T.VI.4–6).

Die rassistische Komponente der NS-Ideologie zog nicht wenige Adlige an, da sich von der Überzeugung, das Privileg «blaublütiger» Exklusivität zu besitzen, aufgrund der inneren Affinität dieser Superioritätsideen ziemlich mühelos eine Brücke zu der neuen Mythologie schlagen ließ. Die Vorstellung, zu dem propagierten, gegenwartsgerechten «Neuadel des Reiches» zu gehören, verstärkte diese Neigung, obwohl die Anfälligkeit für eine solche pseudoaristokratische, neuheidnische Chimäre die orientierungsuchende innere Unsicherheit der Adligen verriet.

Nachdem Adlige, selbst Hochadlige, anfangs Führungspositionen in der Bürgerkriegsarmee der SA eingenommen hatten, erwiesen sich, spätestens seit 1934, die Anziehungskraft der SS und das intensive Werben Himmlers, der seinen Orden durch Elitefusion aufwerten wollte, auf viele als unwiderstehlich. Der lebhafte Zustrom von Adligen in den Eliteverband der SS bestätigte die fortwährende Faszination, die von der Erwartung ausging, auch unter den Bedingungen der Führerdiktatur zum Kreis der Auserlesenen gehören zu können. 1938 besetzten adlige SS-Offiziere 18,7 Prozent der Obergruppen- und 9,8 Prozent der Gruppenführerpositionen, mithin erheblich mehr als ein Viertel aller SS-Generalsränge. Hinzu kamen noch 14,3 Prozent der Brigade- und fast neun Prozent aller Ober- und Standartenführer. Die SS-Offiziersliste ähnelte, wie man damals spottete, dem «Gotha». Allerdings erwies sich das Fernziel dieser Adligen, dauerhaft die Spitze der neuen SS-Elite bilden zu können, als unerreichbar. Den Zukunftsplanern im Reichssicherheitshauptamt schwebte alles andere als eine Verewigung der Adelsdominanz vor.

Mit der vehementen Expansion der Wehrmacht öffneten sich für die Söhne des Militär- und Landadels nahezu nach Belieben wieder die begehrten Positionen im Offizierkorps. Und für die adligen Großagrarier ergab sich eine gleich dreifache Erleichterung. Die eine geraume Zeitlang von den Bauernschwärmern um Darré befürwortete Agrarreform im Sinne der Aufsiedlung der großen Güter wurde vom «Reichsnährstand» stillschweigend fallengelassen, als Hitler wegen der Autarkiepläne und der Ernährungsprobleme in Kriegszeiten jeden ernsthaften Konflikt mit den landwirtschaftlichen Großproduzenten vermeiden wollte. Die Schuldenrückzahlung wurde namentlich den oft hochverschuldeten ostelbischen Gutsbesitzern erleichtert, während die agrarwirtschaftliche Autarkiepolitik ihnen die Sorge vor der bedrohlichen Überlegenheit der amerikanischen und russischen Getreideimporte nahm. Und als der «Reichsnährstand» die Landwirtschaft aus dem Gefüge der Marktwirtschaft völlig herauslöste, verloren auch die adligen Agrarproduzenten ihre Angst vor unkalkulierbaren Preisschwankungen. Überhaupt verbesserten sich im Verlauf der landwirtschaftlichen «Erzeugungsschlacht» die Bilanzen auch der adligen Betriebe. Ihre Besitzer stiegen wieder zu anerkannten, oft sogar hofierten Großlieferanten auf, welche die heimische Selbstversorgungsstatistik verbesserten. Die radikale Enteignung aller «volljüdischen» Grundbesitzer nahm der traditionelle Adelsantisemitismus in der Regel ungerührt hin.

Unübersehbar waren indessen auch die Nachteile, welche das Regime mit sich heraufführte. Vor Ort erwies sich der Kreis- oder sogar Ortsbauernführer als durchsetzungsfähiger, wenn er im Konflikt mit einem Adelsherrn lag, dessen Familie das Gut seit Jahrhunderten bewirtschaftet hatte. Der Primat nationalsozialistischer Politik erstreckte sich bis in die Details der Wirtschaftsführung eines jeden Agrarbetriebs. Von adligem Einfluß in

1. Die Gesellschaftsklassen im «Dritten Reich»

der Bürokratie konnte man schon seit längerem nicht mehr sprechen, allenfalls handelte es sich um isolierte Relikte vergangener Herrlichkeit. Und als während der Kriegsjahre die Wehrmacht zu einem 18-Millionen-Heer aufgebläht wurde, schrumpfte die Geltung des adligen Offiziers, mochten auch noch so viele Generäle und Heeresgruppenführer weiterhin adliger Herkunft sein. Ringsum konnte man an Himmlers Vorform des künftigen «Volksheeres», der Waffen-SS, ablesen, daß Adlige zwar Spitzenpositionen besetzen mochten, aber unwiderruflich eingegliedert in das SS-Führerkorps und den Maximen der Schwarzuniformierten völlig unterworfen blieben.

In den fünfeinhalb Kriegsjahren zahlte der Adel, noch einmal zur anachronistischen Funktion des «Schwertadels» zurückkehrend, einen entsetzlichen Blutzoll: 8,284 Adlige starben als Soldaten oder kamen sonstwie in den Kriegswirren um. Zu seiner Ehre gereicht der außerordentlich hohe Anteil an den Verschwörern des Juli 1944. Zwar waren nicht wenige adlige Offiziere, wie etwa der junge Claus Graf Stauffenberg, begeisterte Verehrer der «nationalen Diktatur» Hitlers oder an dem mörderischen Vernichtungskrieg im Osten beteiligt gewesen. Doch als Hitler auch ihr Preußen und ihr Reich in den Untergang riß, mündete ihr qualvoller Lernprozeß in den lebensgefährlichen Mut zum aktiven Widerstand. Als das Attentat scheiterte, stellten Adlige nicht weniger als ein Drittel der prominentesten Opfer. Zu der Gesamtzahl der 5000 zum Tode Verurteilten gehörten noch erheblich mehr Persönlichkeiten aus ihrer Mitte. In seinem unbändigen Haß drohte Hitler, nach dem Krieg den Adel «ohne Schonung» zu «beseitigen».

Statt seiner übernahm die Rote Armee, gefolgt von den deutschen Bolschewiki der KPD/SED, die Liquidierung. Hunderte von Adligen, die nicht die Flucht nach Westen angetreten hatten, wurden ermordet oder begingen in ihrer Verzweiflung Selbstmord. Die Blutspur zog sich von Ostpreußen bis hin zur Elbe. Aller adlige Besitz wurde enteignet. Unter der Parole «Junkerland in Bauernhand» teilte die sogenannte «Bodenreform» die Güter für kleine Parzellisten auf.

Mit dem dramatischen Untergang des ostelbischen Adels läßt sich das Schicksal des nord-, west- und süddeutschen Adels nicht vergleichen. Er wurde weder von den Besatzungsmächten noch von den neuen deutschen Länderregierungen diskriminiert. Eine westdeutsche Bodenreform, für die angesichts der Überlegenheit rentabler Großbetriebe ohnehin kein ökonomisches Argument geltend gemacht werden konnte, blieb aus. Auf vertrauten Berufsfeldern und im Besitz weiterhin beachtlicher Ländereien konnte der Adel in der Bundesrepublik flexibel und fern vom Kampf um politische Herrschaftspositionen seinen Weg suchen.[7]

2. Frauen im «Dritten Reich»: offizieller Antifeminismus und indirekte Emanzipationsförderung

Das Urteil über die Stellung der Frauen im Nationalsozialismus – es hat lange Zeit, von der Parteien Haß und Gunst verzerrt, zwischen Extremen geschwankt. Die ältere Zeitgeschichte ignorierte die Hälfte der Reichsbevölkerung, als sei sie unerheblich, so gut wie vollständig. Die radikalfeministische Forschung entdeckte dann das Thema in den 70er Jahren für sich, kultivierte aber das Bild von einer wahren «Frauenhölle», in der pronatalistisch gegängelte Sklavinnen unter dem Diktat patriarchalischer, sterilisierungswütiger Machofanatiker eine unendliche Leidensgeschichte erlebten. Erst allmählich ist die sozialhistorische Realität zur Geltung gebracht worden. Sie sah in ihrer tiefen Ambivalenz ganz anders aus, als es die Dramatisierung weiblicher Knechtschaft hatte wahrhaben wollen.

Für Tausende von Frauen, deren Männer politischen Widerstand leisteten und gefaßt wurden, begannen die bittersten Jahre ihres Lebens; für ihre Töchter, die alsbald der barbarischen Sippenhaft unterlagen, galt das nicht minder. Noch härter wurden die Frauen in jüdischen Familien getroffen, dazu jene Frauen, welche die volle Wucht der eugenischen Erbgesundheitspolitik zu spüren bekamen. Millionen von Frauen verspürten dagegen tiefe Erleichterung, als ihre Männer wieder einen festen Arbeitsplatz besaßen und ein steigendes Realeinkommen nach Hause brachten. In ihnen verwandelte sich Distanz in dankbare Loyalität. Und für Abermillionen von Frauen ging ohnehin, wie es schien, das Leben weiter seinen gewohnten Gang.

Will man sowohl der Lage der Frauen als auch der nationalsozialistischen Frauenpolitik genauer auf die Spur kommen, erweist sich erneut der Nutzen der historischen Modernisierungstheorie, die Gewinn und Verlust, positive Leistungen und Schattenseiten nüchtern zu prüfen gestattet. Unübersehbar waren beide Komplexe: die Lage der Frauen und die Frauenpolitik, durch ein ausgeprägtes Spannungsverhältnis gekennzeichnet. Die nationalsozialistische Ideologie, die der Frau nur Küche und Kind, Mutterschaft und Rassenzüchtung als «art- und naturgemäße» Aufgaben zuwies, paßte zum männerbündischen, alte Vorurteile mitschleppenden Charakter der Hitler-Bewegung; sie konnte sich auch auf einige verbindliche Formulierungen im sakrosankten Text von «Mein Kampf» stützen.

Mit den verblüffenden Wahlerfolgen von 1930 bis 1933, dem scharf ansteigenden Anteil von NS-Frauenstimmen und der genüßlichen Kritik, die politische Gegner am archaischen Frauenbild der NSDAP übten, drängte sich jedoch ein pragmatischer Kurswechsel auf. Er mündete in die zumindest verbale Anerkennung der Stellung der Frau im Arbeits- und Berufsleben, mit der Einschränkung freilich, daß sie wegen der unaufhebbaren «natürlichen» Geschlechterdifferenz als Gefährtin des Mannes eine letzt-

2. Frauen im «Dritten Reich»

lich untergeordnete Rolle zu spielen habe. Das war ein vertrautes Klischee, auch innerhalb der bürgerlichen Frauenbewegung, und löste offenbar wenig Widerspruch aus.

Nach der Machtübergabe traten breitenwirksam zunächst die frauenfreundlichen Maßnahmen des Regimes in den Vordergrund des öffentlichen Interesses. Sie hatten zum guten Teil schon zum Forderungskatalog der deutschen Frauenbewegungen unterschiedlicher Couleur gehört, insbesondere zu dem weitgespannten Programm, das unter den Bedingungen des Ersten Weltkriegs von ihren Repräsentantinnen in der Verwaltung entwickelt worden war (vgl. 7.T.III.2 a). Das Regime griff in seinem Bestreben, die Massenloyalität auszudehnen, auf dieses Reservoir ohne Bedenken zurück. Im Vorfeld konkreter Verbesserungen erwies sich die Entscheidung, den Frauen weiterhin ihr Wahlrecht zu belassen, anstatt es ihnen nach einem guten Dutzend Jahre schon wieder zu entziehen, als effektvolle Bestätigung der «Führerdemokratie» in einem Land, das zu den Spitzenreitern des allgemeinen Männerwahlrechts gehörte.

Die gesellschaftspolitischen Maßnahmen, die sich zugunsten von Frauen auswirkten, folgten zwar durchweg andersartigen politischen Fernzielen des Regimes, etwa der Rassenpolitik, Eugenik und Kriegsvorbereitung, verloren deshalb aber nicht ihren attraktiven Charakter im Alltag. Sofort wurden Ehestandsdarlehen von maximal 1000 RM gewährt; für jedes Kind wurde ein Viertel der Schuld gestrichen. Steuervorteile begünstigten kinderreiche Familien; vom dritten Kind ab aufwärts wurde ein Kindergeld gezahlt, das aus der wieder gutgefüllten Arbeitslosenversicherung stammte. 1938 erreichte es die Eltern von immerhin 2,5 Millionen Kindern. Bewußte «Gesundheitsführung» erfaßte immer mehr Frauen, welche die Attraktion moderner medizinischer und hygienischer Fürsorge zu würdigen wußten.

Der von der Republik eingeführte «Muttertag» wurde pompös gefeiert. Für vier Kinder und noch mehr Nachwuchs erhielten Mütter das «Mutterkreuz» in unterschiedlichen Klassen. Auch Frauen aus einem festgefügten christlichen Milieu nahmen diese erstmals öffentlich bezeugte Anerkennung dankbar entgegen, selbst wenn hinter vorgehaltener Hand das eigentliche Motiv dieses heidnischen Fruchtbarkeitskults: «Der Führer braucht Soldaten», realistisch anerkannt wurde.

In den Friedensjahren dehnte sich auch das institutionelle Netzwerk zur Frauenförderung aus. Der «Reichsmütterdienst» im «Deutschen Frauenwerk» der «NS-Frauenschaft» richtete seit 1934 Mütterschulen ein, die bis 1944 von fünf Millionen Frauen besucht wurden. Mütterberatungsstellen unterrichteten über Kinderpflege, Ernährung, Erziehung, boten Haushaltskurse und materielle Unterstützung an. Bis 1938 verzeichneten die 25 000 Stellen eine Klientel von mehr als zehn Millionen Besucherinnen. Das Stigma außerehelicher Geburt wurde bekämpft, jede dienststrafrechtliche Reaktion darauf verboten und neuartige staatliche Unterstützung gewährt. In ihrer Organisation «Lebensborn» förderte die SS seit 1935 sehr direkt die Geburt von außerehelichem «rassisch hochwertigem» Nachwuchs.

Der Realeffekt der Förderungsmaßnahmen läßt sich an der ansteigenden Anzahl der Eheschließungen ablesen, die wegen des Konjunktureinbruchs häufig aufgeschoben worden waren, 1939 aber um fast 20 Prozent über dem Durchschnitt der letzten Jahre vor 1933 lagen. Von 1933 = 1,6 Promille stieg daher auch die Fertilitätsrate bis 1939 wieder auf 2,4 Promille, fast auf das Niveau von 1923 an. Vermutlich wäre die Heiratshäufigkeit als Reaktion auf den Konjunkturaufschwung auch ohne die nationalsozialistische Intervention ganz ähnlich ausgefallen. Denn wie wenig diese den Langzeittrend beeinflussen konnte, erkennt man daran, daß der Trend zur Kleinfamilie mit maximal zwei Kindern von ihr nicht unterbrochen werden konnte. Vielmehr sank die Familiengröße schon bis zum Kriegsausbruch deutlich ab. Statistisch nahmen die kinderreichen Familien trotz aller Unterstützungsangebote nicht zu.

Allgemein wurden die Mutterschaft, damit auch die Stellung der Frau und ihr Sozialprestige in der Gesellschaft nachhaltig aufgewertet. Selbst ein Grundsatz der pronatalistischen Politik, daß die Geburt nicht mehr Privatsache, sondern ein Beitrag zur völkisch-rassischen Aufzucht sei, konnte als befriedigende Mitwirkung am Ausbau der neuen «Volksgemeinschaft» beschönigt werden. Die Unterstützung, die Müttern und Kindern gewährt wurde, erleichterte auch, im Gegensatz zur ursprünglichen Herd-und-Haus-Ideologie, die außerhäusliche Berufstätigkeit. Damit unterstützte sie den Trend zur Entprivatisierung des weiblichen Lebens. Abgesehen von jenem Sog, der seit 1936 von dem anhaltenden Arbeitskräftemangel auf dem Industrie-, Agrar- und Dienstleistungssektor ausging, öffnete das Regime selber zahlreiche Arbeitschancen für Frauen. Zehntausende fanden in der «NS-Frauenschaft», im «Frauenamt der DAF», in der NSV, im «Reichsmütterdienst», in den Gesundheits- und Sozialämtern ihr berufliches Fortkommen. Nach Ärztinnen, Hebammen, Krankenschwestern, Fürsorgerinnen herrschte eine nicht minder lebhafte Nachfrage wie nach Bürokräften in den aufgeblähten Verwaltungsapparaten. All diese Möglichkeiten, Leistungen und Impulse wirkten bis 1939 zusammen, um vielen Frauen neue Lebenschancen und das Gefühl lebensgeschichtlich erfahrenen Aufstiegs zu vermitteln. Deshalb konnten sie auch nach 1945 nicht ohne Stolz und Befriedigung auf diese Zeit zurückblicken.

Die Kehrseite verliert deshalb keineswegs ihre schwarze Farbe. Unmittelbar nach der Machtübergabe wurde die Sterilisation eugenisch «minderwertiger» Frauen gesetzlich ermöglicht (vorn I.4 b). Die Abtreibung aus eugenischen Gründen wurde energisch praktiziert. Dagegen wurden sonst wegen der streng mißbilligten jährlich 600 000 Abtreibungen die Rechtsvorschriften verschärft, Verhütungsmittel zur schwer zugänglichen Rarität

2. Frauen im «Dritten Reich»

gemacht. Jede Heirat wurde an das Bestehen der Ehegesundheitsprüfung mit amtlichem Zeugnis gebunden. Die Nürnberger Gesetze schlossen seit 1935 das Verbot einer Ehe mit Juden, Farbigen und Zigeunern ein.

Außer den einschneidenden Vorschriften der Erbgesundheits- und Rassepolitik gab es zunächst zahlreiche Verordnungen und Gesetze, welche die weibliche Erwerbstätigkeit, entgegen einem mächtigen Modernisierungstrend, einschränken sollten. Die Ehestandsdarlehen etwa wurden explizit an den Verzicht der Frauen auf eine Erwerbstätigkeit geknüpft. Beamtinnen, die von ihrer Familie unterhalten werden konnten, wurden seit 1934 reihenweise entlassen. Vielerorts mußten Lohn- und Gehaltskürzungen von weiblichen Berufstätigen hingenommen werden. 1933 wurde ein Numerus clausus für Studentinnen eingeführt: Maximal zehn Prozent der Abiturienten – 1934 waren es immerhin 15 000 – wurden zum Hochschulstudium zugelassen. Seit 1936 durften Juristinnen weder Richterin, Staatsanwältin oder Rechtsanwältin werden noch leitende Positionen in der öffentlichen Verwaltung und im Schulwesen bekleiden. Das Verhältnis von männlichen zu weiblichen Referendaren wurde auf 4:1 eingefroren. Diese antifeministische Politik nährte sich aus zwei Motiven: Zum einen wurden wegen der Überfüllung des Arbeitsmarktes Konkurrentinnen von Männern rigoros ausgeschlossen, zum andern setzten sich ideologische Klischees der Kinder-und-Küchen-Existenz von Frauen durch.

Durchgehalten wurden diese Diskriminierungsmaßnahmen weder lange noch vollständig. Bereits 1935 wurde der Numerus clausus für Studentinnen gelockert. Seit 1936 weichte die spürbare Knappheit an Arbeitskräften die rigiden Exklusionsregeln auf. Seit 1937 wurde für das Ehestandsdarlehen kein Berufsverzicht mehr verlangt. Das 1938 eingeführte «Pflichtjahr» lenkte wegen der Landflucht junge Frauen als hart beanspruchte Hilfskräfte auf die Bauernhöfe, weniger häufig in kinderreiche Familien. Der seit 1939 vorgeschriebene weibliche Arbeitsdienst erzwang in der Regel ein halbes Jahr ungewohnter Arbeit in der Landwirtschaft.

Generell wirft das Ausmaß der weiblichen Erwerbstätigkeit ein Schlaglicht auf die Lage der Frauen und die ideologischen Steuerungsversuche auf dem Arbeitsmarkt. Da sich die Legende vom geringen Anteil der Frauenarbeit zäh gehalten hat, ist eine Klarstellung nötig. 1933 wurden 11,6, 1939 aber 14,6 Millionen erwerbstätiger Frauen gezählt. Zwar bedeutete diese Zahl von 1939, daß noch immer sechs Millionen berufsfähige Frauen keine Arbeitsstelle besaßen oder einnehmen wollten, doch gingen immerhin 52 Prozent aller Frauen zwischen dem 15. und 60. Lebensjahr einem regelmäßigen Lohn- oder Gehaltserwerb nach (in Großbritannien 45 %, in den USA nur 36 %). Das waren 36 Prozent aller verheirateten, sogar 88 Prozent aller unverheirateten Frauen. Immerhin stiegen auch die Stundenlöhne von 1935 bis 1938 um 18 Prozent. 1940 stellten die Frauen 41 Prozent, anstatt wie 1934 erst 37,3 Prozent, des gesamten deutschen Arbeitskräftepotentials (in Großbritannien waren es nur 29%). Allerdings waren davon nur 20 Prozent in der Industrie beschäftigt, während die große Mehrheit in der Land- und Hauswirtschaft, in Angestellten- und Büroberufen tätig war.

Obwohl der Krieg zur Einberufung von Millionen Männern führte und die Nachfrage nach Arbeitskräften steil anstieg, wurde dennoch kein massiver Druck auf arbeitsfähige Frauen ausgeübt, in den Produktionsprozeß namentlich der Rüstungsindustrie einzutreten. Allerdings wechselten viele Frauen ihren Erwerbsplatz: aus der Textil- in die Rüstungsindustrie, aus der Land- und Hauswirtschaft in die Industrie, aus Anfangsberufen in die attraktivere Angestellten- und Verwaltungstätigkeit. Unabhängig davon sank sogar der Anteil der Frauenarbeit während der ersten beiden Kriegsjahre (1940: 14,39, 1941: 14,19 Mill.), nahm erst 1942 etwas zu, erreichte 1943 wieder den Stand von 1939 und lag im September 1944 auch nicht höher als bei 14,9 Millionen. Immerhin waren das zu diesem Zeitpunkt des totalen Krieges 51 Prozent aller einheimischen Arbeitskräfte (in Großbritannien 37,5, in den USA 35,7%).

Noch im Mai 1943 sprach sich Hitler entschieden gegen eine forcierte Einbeziehung der Frauen in die Industriearbeit aus, lehnte aber auch 1944, entgegen dem Drängen von DAF-Chef Ley, die Gleichstellung der Frauenlöhne mit den Männerlöhnen mit derselben Emphase ab. Die Gründe für den auffälligen Verzicht auf jedes Zwangsmittel liegen auf der Hand. Erneut spielte die Traumatisierung durch die Revolution von 1918 eine entscheidende Rolle, zumal ihr die Massenstreiks mit hoher Beteiligung von Frauen vorangegangen waren. Überhaupt hatte die verbreitete Protesthaltung städtischer Frauen die Stabilität der Heimatfront in Frage gestellt. Im Gegensatz zum Ersten Weltkrieg, als der Hungerentgelt für Soldatenfrauen einen empörenden Stachel gebildet hatte, wurden die Soldatenfrauen seit 1939 den ganzen Krieg über materiell gut gestellt, so daß sie sich andererseits auch nicht zur Übernahme regelmäßiger Berufsarbeit gezwungen sahen.

Überhaupt gab sich das Regime viel Mühe, worauf insbesondere Hitler und Goebbels achteten, die «zivilisatorischen Lebensgewohnheiten» der Frauen zu respektieren. Aus Rücksicht darauf durften Friseursalons, Cafés und andere Unterhaltungsstätten nicht geschlossen werden. Wenn man so will, lag im totalitären Regime bis zuletzt ein erhebliches Potential von arbeitsfähigen Frauen brach.

Die anhaltende Nachfrage verlieh den erwerbstätigen Frauen eine wenn auch unorganisierte, gewissermaßen latente Marktmacht, deren Anerkennung zu einer nicht unbeträchtlichen Lohnsteigerung führte. Während des Krieges wurde sogar das strittige Prinzip «Gleicher Lohn für gleiche Arbeit» punktuell verwirklicht. Schaffnerinnen, Strom- und Gasableserinnen, in traditionellen Männerberufen tätig, erhielten seit dem Herbst 1939 dasselbe Entgelt wie ihre Vorgänger; er wurde auch Rüstungsarbeiterinnen für ihre Akkordarbeit eingeräumt. Tüchtige weibliche Angestellte wurden in

2. Frauen im «Dritten Reich»

die begehrten höheren Leistungs- und Gehaltsgruppen angehoben. Wegen des eklatanten Ärztemangels wurde der frauenfeindliche Numerus clausus aufgehoben und statt dessen zum Medizinstudium ermuntert. Stellten 1933 Ärztinnen erst 6,5 Prozent der Ärzteschaft, waren es 1944 nach einem enormen Zuwachs um 250 Prozent bereits 17 Prozent.

Als besonders wirkungsvoll erwies sich der gesetzlich verbesserte Mutterschutz. Hatten Schwangere, die bisher einige Wochen vor und nach der Geburt ihrem Arbeitsplatz fernblieben, häufig gar kein Einkommen oder aber höchstens 75 Prozent des Grundlohns erhalten, sah der neue Mutterschaftsurlaub eine sechswöchige Arbeitspause vor und nach der Geburt mit einem Einkommen vor, das während dieser drei Monate mindestens den vollen Grundlohn erreichen mußte. Wie bei der Regelung des Jahresurlaubs von Berufstätigen gewann die nationalsozialistische Sozialpolitik mit diesem Mutterschutz die Position des internationalen Spitzenreiters. Nach der Entbindung half das «Müttergenesungswerk» vielfach mit einem kostenlosen Erholungsurlaub weiter.

Zahlreiche Betriebskindergärten und die Kinderhorte der NSV und DAF nahmen sich außer den kommunalen und konfessionellen Einrichtungen der Kleinkinder an, die Einrichtung «Mutter und Kind» der erholungsbedürftigen jungen Mütter. Das «Frauenamt der DAF» mit seinen 10 000 vollberuflichen Mitarbeiterinnen und weiteren 50 000 ehrenamtlich in den Betrieben tätigen Helferinnen kümmerte sich um verbesserte sozialpolitische Betriebsleistungen für Frauen, Hausarbeitskurse und die Beratung bei familiären oder persönlichen Problemen. Unstreitig kamen diese Leistungen Hunderttausenden von Frauen und Müttern mit ihren Kindern zugute. Das Schicksal der 360 000 im Eugenikwahn sterilisierten Frauen, erst recht der jüdischen Frauen auf dem Weg in die Fremde oder in osteuropäische Vernichtungslager wurde von dieser sozialpolitischen Fürsorge nicht berührt. Auch ist nicht zu übersehen, daß in zahlreichen Betrieben die Arbeitszeiten für Frauen verlängert, wichtige Schutzvorschriften aufgehoben wurden. Doch änderten selbst die unleugbaren Zusatzbelastungen nichts daran, daß das Kalkül des Regimes aufging: Die sozialstaatlichen Leistungen befestigten die weibliche Loyalität. Es gab keine Arbeitsniederlegung, geschweige denn einen Streik von Frauen. Die weibliche Heimatfront stand, ohne zu wanken.

Wie groß der Einfluß des Hitler-Mythos auch und gerade auf viele Frauen war, läßt sich schwer präzisieren. Unstrittig ist, daß dem charismatischen Führer seit 1930/32, erst recht seit seinen Erfolgen in den Friedensjahren, auch von Frauen eine enthusiastische Zuneigung bekundet wurde. Gerade weil Hitler sich mit raffiniertem machttechnischem Geschick als Abstinenzler, Vegetarier, Nichtraucher, als Familienloser, geradezu asexueller Diener allein der «Volksgemeinschaft» hoch erhaben über allem irdischen Treiben und Verlangen, mithin sein Privatleben opfernd, zu stilisieren verstand, zog er diffuse erotische und sexuelle weibliche Sehnsüchte auf sich: als der unnahbare, aber um so begehrenswertere «Übermensch».

Man braucht nur die orgiastische Verzückung in den Frauengesichtern zu sehen, die Leni Riefenstahls Propagandafilm über den «Parteitag des Willens» von 1934 beim Vorbeifahren Hitlers immer wieder aufgenommen hat, oder sich die Hingabebereitschaft zu vergegenwärtigen, die auf zahlreichen Fotos eingefangen worden ist, wenn Hitler mit seinem Gruß oder sogar Händeschütteln Mädchen und Frauen beglückt hatte, um diese Wirkung des Hitler-Nimbus zu spüren. Ein langer Strom von Briefen, Tagebüchern und anderen Bekenntnisdokumenten aus weiblicher Feder oder von männlichen Beobachtern bestätigt diese Faszination, mindestens über die ersten zehn Jahre des Regimes hinweg, häufig sogar bis zu seinem Ende. Vielleicht hing es auch nicht nur mit Zwang und Terror, Angst und Gefügigkeit, sondern mit dem Hitler-Mythos zusammen, daß so viele Mütter nur äußerst selten ihre Kinder verteidigt haben, wenn sie zu den Flakhelfern, zum Volkssturm und Werwolf, seit 1944 als 16jährige zur Wehrmacht und Waffen-SS einberufen wurden.

Mit Hitlers Ausstrahlung und den systemstabilisierenden sozialpolitischen Erfolgen ist aber der Einfluß des Regimes auf Frauen, namentlich auf längere Sicht, noch nicht hinreichend erfaßt. Welche Wirkung hatte die möglichst lückenlose organisatorische Erfassung von Mädchen und Frauen mit dem Ziel der politischen Indoktrination und Integration in die Führerdiktatur? 1939 gehörten nicht weniger als 20 Millionen Frauen den verschiedenen nationalsozialistischen Verbänden an: der NSDAP und der «NS-Frauenschaft» (1,6 Mill.), der NSV, dem «Winterhilfswerk» und der «Arbeitsfront» (4 Mill.), dem «Reichsnährstand» (8 Mill.), dem BDM und seiner Folgeorganisation «Glaube und Schönheit», dem «Arbeitsdienst» (150000) und allein sechs Millionen dem «Deutschen Frauenwerk». Hunderttausende waren dort haupt- oder ehrenamtlich tätig, nahmen öffentliche Funktionen und verantwortungsbeladene Aufgaben wahr. Allerdings: Keine einzige Frau gehörte einem der Entscheidungsgremien auf der obersten Ebene der NS-Hierarchie an.

Es ist nicht zu bestreiten, daß das Selbstbewußtsein und die Selbständigkeit, die Selbstsicherheit und Improvisationsfähigkeit von Hunderttausenden von Mädchen und jungen Frauen im BDM, im RAD, in den Parteiverbänden ungeachtet des Umstands, daß sie formal in ein System von Befehl und Gehorsam eingebunden blieben, nachhaltig gefördert worden ist. BDM- und Pflichtjahrmädchen (im Nu 330 000, dazu 14 000 im Landdienst) erlebten ganz so wie die RAD-«Maiden» andere soziale Verhältnisse, als sie diese in der Stadt oder auf dem Land bisher kennengelernt hatten. Meist lebten sie zum ersten Mal weit weg von ihrer Familie und mußten sich auf einem neuartigen Aufgabenfeld nicht weniger selbständig bewähren als später bei der Bewältigung traditioneller Männeraufgaben.

2. Frauen im «Dritten Reich»

Zum einen beförderten diese Anforderungen eine vom Regime zunächst durchaus ungewollte Emanzipation durch selbständige Tätigkeit und Anerkennung der vollbrachten Leistungen. Zum andern vollzog sich aber auch ein schleichender Wechsel im Weiblichkeitsideal des «Dritten Reiches», da an die Stelle des Küche-Kinder-Hausarbeit-Idols der Persönlichkeitstypus des aktiven, sportlichen, selbstbewußten, auf Berufsbewährung drängenden BDM-«Mädels» trat, erotisiert in den öffentlichen Gymnastikveranstaltungen von «Glaube und Schönheit», natürlich auch auf Mutterschaft und Gefährtinnenrolle ausgerichtet, aber doch schon weit entfernt von den älteren Klischees permanenter weiblicher Unterordnung – überhaupt ein Rollenangebot, das junge Frauen als durchaus modern empfinden und bereitwillig akzeptieren konnten.

Der Krieg hat dann ebenfalls eine nicht intendierte Bewegung zur Selbständigkeit in Gang gehalten, da Millionen von Frauen den Betrieb in der Familie, im Geschäft, auf dem Bauernhof plötzlich ganz allein bewältigen mußten. Trotz aller Mühsal stellten die meisten fest, daß sie diese Aufgabe durchaus «schmeißen» konnten. Nicht selten führte das aber zu Friktionen mit den Männern, die während eines Heimaturlaubs ihre Frauen oder Freundinnen mit einer ganz ungewohnten Handlungsautonomie erlebten.

Andere Frauen wiederum halfen bei der «Betreuung» und Umsiedlung von «Volksdeutschen» in zwangsevakuierte polnische Dörfer, hielten das Leben in den zerbombten Städten in Gang, unterstützten die Evakuierten und die Teilnehmer der Kinderlandverschickung, organisierten Kleidersammlungen und Massenküchen, halfen schließlich den Elendskolonnen von Millionen Flüchtlingen und zurückflutenden Soldaten. Und Hunderttausende hatten bis dahin eine hochgeschätzte Tätigkeit als Krankenschwester oder Nachrichtenhelferin, oft genug unmittelbar hinter der Front, jahrelang ausgeübt. Das alles ist nicht nur als böses Schicksal in Kriegszeiten passiv hingenommen oder erduldet worden, sondern hat auch ungeahnte Aktivität freigesetzt, Verselbständigungsschübe ausgelöst, schließlich Leistungsstolz ausgebildet.

Auf eine einfache Formel der Verdammung oder Beschönigung ist daher die Lage der Frauen im «Dritten Reich» nicht zu bringen. Für jüdische, eugenisch stigmatisierte, wegen der politischen Einstellung ihrer Männer drangsalierte Frauen bedeutete diese Zeit einen Absturz in tiefe Finsternis. Für jene Millionen von Frauen, die ihre Männer, Väter, Söhne im Krieg verloren haben oder verstümmelt wiedersahen, tat sich ein Abgrund von Trauer auf. Und Millionen waren es schließlich, die Vertreibung und Vergewaltigung als Rache für jene Vernichtungspolitik an sich selber erleben mußten, die deutsche Männer in fremden Ländern ausgeführt hatten. Läßt sich angesichts einer so schrecklichen Negativbilanz überhaupt ein Gegengewicht geltend machen?

Im Vergleich mit der Weimarer Republik hat sich, das war eine konkrete lebensgeschichtliche Erfahrung, für viele Frauen ihr Status in der Gesellschaft trotz mancher ideologischen Zumutung nicht verschlechtert. Im Gegenteil, sie glaubten eine spürbare Verbesserung zu erleben, die sich an neuartigen sozialstaatlichen Leistungen, an der Anerkennung im Beruf und Alltag ablesen ließ. Es gab keine Opposition gegen diskriminierende geschlechtsspezifische Sphären und Berufsfelder – wo hätte sie auch einen Rückhalt finden sollen? Und wurden traditionsfixierte Grenzen nicht oft genug von berufstätigen Frauen überschritten, sogar vom neuen «Mädel»-Ideal direkt in Frage gestellt? Unübersehbar war für viele der Zugewinn an Selbständigkeit und Selbstbewußtsein. Selbst der Krieg, dessen grausame Natur eine Kosten-Nutzen-Abwägung zunächst zu verbieten scheint, ist zwar nicht der Vater aller Dinge, hat aber solche Emanzipationsprozesse durch die schiere Macht der Umstände gefördert.

Vielfach hat die politische Generation der jungen Frauen und Mütter nach 1945 bei der Erziehung der eigenen Töchter hohen Wert auf Selbständigkeit und Berufstätigkeit gelegt – gerade wenn sie ihnen selber durch die heimkehrenden Männer wieder genommen worden war. Ohne den Einfluß des vielfach erfahrenen Zugewinns an weiblicher Autonomie, unter wie abstoßenden Bedingungen er auch bis 1945 oft zustande kam, sind die veränderte Sozialisation der Mädchen in den 1950er/60er Jahren und dann der Emanzipationsdruck zu ihren Gunsten, wie er für jedermann erkennbar 1968 zutage trat, kaum vorstellbar.[8]

3. Die «Jugend des Führers»

Die Hitler-Bewegung kultivierte seit den späten 1920er Jahren mit Fleiß auch das Image der Jugendlichkeit. Die Partei und dann ihr «Drittes Reich» verkörperten, hieß es, das «junge Deutschland». Dieser Jugendmythos überhöhte die Parteigenossen und Sympathisanten zu Trägern einer glorreichen Zukunft; er zehrte aber auch von dem unleugbaren Tatbestand, daß die Mitglieder und die Führerschaft aller NS-Verbände im Durchschnitt auffällig jünger waren als die Anhänger und das Leitungspersonal aller anderen Parteien.

Seit der Machtübergabe konnte das Regime zwei Wege einschlagen, um die Ziele seiner Jugendpolitik zu verwirklichen. Zum einen eröffnete sich die verlockende Möglichkeit, das gesamte Schulsystem als Instrument nationalsozialistischer Indoktrination zu nutzen, sobald die sekundäre Sozialisation erst einmal einer hinreichenden Kontrolle durch den Nationalsozialismus unterworfen war. Aufs Ganze gesehen ist dieser Anlauf trotz mancher Einbrüche in den überkommenen Schulbetrieb gescheitert, wie in dem Überblick über die sozialkulturellen Institutionen noch gezeigt wird (vgl. IV.2).

3. Die «Jugend des Führers»

Zum andern boten sich die Parteijugendorganisationen der HJ und des BDM als Plattform an, von der aus eine breitgefächerte Jugendpolitik betrieben werden konnte. Als das Gesetz über die Jugenddienstpflicht vom Dezember 1936 diese Parteiverbände in eine Staatsjugend verwandelte, wurden dafür insofern optimale Voraussetzungen geschaffen, als seither lückenlos die 10- bis 18jährigen Jungen und Mädchen zu einem zweimal wöchentlich abgehaltenen «Dienst» verpflichtet waren; Fernbleibende konnten von der Ortspolizei vorgeführt werden. Außerhalb des Elternhauses und der Schule gab es nun die Chance einer massiven Einflußnahme, um bedingungslose Loyalität und totalitäre Dynamik zugunsten des Regimes zu erzeugen.

Im Prinzip verfolgte das Regime mit der HJ und dem BDM drei Ziele.

1. Die Forderung Hitlers, daß die Pflege einer «fanatischen Nationalbegeisterung» in der Jugendarbeit an allererster Stelle zu stehen habe, wurde bedingungslos übernommen. Zu dieser Grundüberzeugung sollte ein Komplex von «Haltungen» – so das zeitgenössische Modewort – hinzutreten, die im Verlauf einer intensiven Charakterschulung aufzubauen waren. Zu diesem nationalsozialistischen Tugendspiegel gehörten: unbeugsame Willensstärke, Härte, Kampfbereitschaft, Sportlichkeit, Entschlußkraft, Selbstbewußtsein, Wehrhaftigkeit, Gefolgschaftstreue, Pflichterfüllung, Gehorsam, Aufopferungsbereitschaft, die Verpflichtung gegenüber Volk und «Volksgemeinschaft», Nation und Rasse sowie der Glaube an Zukunftsaufgaben im Rahmen eines heroischen Geschichtsbildes.

2. Aus diesen Grundelementen ragten zwei mit hoher Priorität hervor. Das war zum einen die unabdingbare Loyalität gegenüber dem Nationalsozialismus und seinem «Dritten Reich». Sie rangierte eindeutig vor der Bindung an Elternhaus, Schule und Kirche, die alle eine drastische Abwertung erfuhren – bis hin zum Gebot der Denunziation wegen regimekritischer Äußerungen.

3. Und da gab es, höherrangig noch, die Fixierung auf den uneingeschränkten Führerglauben. Er kam der jugendlichen Neigung entgegen, Leitfiguren zu verehren, und ein charismatischer «Führer» wie Hitler zog als Kultidol psychische Energien in der potenzierten Form vorbehaltloser Gläubigkeit erst recht auf sich. Von allen Seiten, auch immer wieder von Hitler selber, wurden die Jugendlichen als «Jugend des Führers» umworben. Daher beruhte die Modernitätsattraktion des «Dritten Reiches» für Jugendliche zum großen Teil auf der privilegierten Stellung, die ihnen in Staat und Gesellschaft, überhaupt im historischen Prozeß zuerkannt wurde. Diese Aufwertung löste im Verein mit dem Führermythos bei vielen eine leidenschaftliche Hingabebereitschaft aus, die über eine pubertäre Verwirrung der Gefühle weit hinausging.

Diese Haltungen und Überzeugungen ließen sich, darauf lief auch das Credo von HJ und BDM hinaus, durch politische Schulung, körperliche Ertüchtigung und schließlich Bewährung an Aufgaben antrainieren. Das lief auf eine nationalsozialistische Variante der antiken Maxime «mens sana in corpore sano» hinaus. Charakterbildung und Leibesübungen gehörten in dieser Konzeption untrennbar zusammen. Die Verinnerlichung von Verhaltensimperativen durch jene «Einverleibung» oder «Einkörperung», wie sie in der kulturwissenschaftlichen Handlungstheorie von Bourdieu oder Foucault neuerdings thematisiert wird, zählte mithin zu den Basisannahmen nationalsozialistischer Jugenderziehung. Glücklicherweise fehlte ihr für die Realisierung eine längere Zeitspanne, die ihr vielleicht fatale Erfolgsresultate ermöglicht hätte.

Die HJ, bereits 1926 gegründet, hatte es bis zur Machtübergabe nur auf 108 000 Mitglieder einer von Bündischen, Pfadfindern, konfessionellen Jugendvereinen verachteten Parteijugend gebracht. Allein die katholischen Jugendverbände zählten damals mehr als eine Million Angehörige. Doch Baldur v. Schirach, seit 1931 pompös titulierter «Reichsjugendführer», seit 1933 aber noch einen Grad anspruchsvoller «Jugendführer des Deutschen Reiches» genannt, schaltete mit derselben Energie, mit der er den NS-Studentenbund vorangebracht hatte, alle konkurrierenden Jugendvereinigungen aus, so daß schon 1934 ein Hoch von 3,6 Millionen HJ-Mitgliedern erreicht wurde. Seither hielt der Zustrom weiter an. Wo sind die Ursachen dieses erstaunlichen Wachstums noch vor der Jugenddienstpflicht zu finden?

Die Ähnlichkeit mit der bündischen Jugend, auch mit der Pfadfinderbewegung, scheint auf der Hand zu liegen. Skrupellos wurden diese geheimen Vorbilder kopiert: Vom Fahrtenhemd, dem Halstuch mit Knoten und der kurzen Hose bis zum Wimpel, Zeltlager und zur Fahrt wurde alles imitiert; der bündische «Zupfgeigenhansel» wurde für das Liederbuch der HJ geplündert. Nicht zuletzt hat auch die HJ die bündische Forderung «Jugend will von Jugend geführt werden» mit unübersehbarem Erfolg übernommen. Nicht wenige Anführer von bündischen Gruppen oder Pfadfindereinheiten überführten diese in HJ-Verbände in der fehlgeleiteten Hoffnung, dort, leicht getarnt, doch in vertrautem Stil weitermachen zu können.

Unstreitig gab es eine gehörige Portion Opportunismus, die Eltern dazu bewog, ihre Sprößlinge in der HJ anzumelden. Namentlich unter den «Märzgefallenen» und anpassungsbeflissenen Beamten galt es als taktisch klug, auch auf diese Weise den neuen Machthabern beflissene Loyalität zu beweisen.

Ebenso evident ist jedoch auch die Wirkung, die von der «Volksgemeinschaft»-Idee ausging, die längst zuvor auch in den anderen Jugendverbänden propagiert worden war. Der klassenübergreifende HJ-Verband schien die Nivellierung aller anstößigen Schranken vorwegzunehmen.

Von Grund auf veränderte sich die Konstellation, als die HJ 1936 reichsrechtlich in eine Staatsjugendorganisation umgewandelt wurde. Schirach wurde übrigens durch seine führerimmediate Stellung, wie sie die Leiter der

3. Die «Jugend des Führers»

polykratischen Sonderexekutiven besaßen, erneut aufgewertet. (Als sein einziger Nachfolger fungierte von 1940 bis 1945 Artur Axmann.) Nachdem der HJ der Zugriff auf alle Jugendlichen verbrieft worden war, stieg ihre Mitgliederzahl bis 1939 auf 8,7 Millionen an. Eine eigene Führerakademie und Gerichtsbarkeit vervollständigten den Anschein der Autonomie dieses «Reiches der Jugend».

Intern war es untergliedert in das «Deutsche Jungvolk», das alle Neulinge an Hitlers Geburtstag, dem 20. April, mit einem feierlichen Initiationsritual aufnahm und die Alterskohorten der 10- bis 14jährigen erfaßte. Danach folgte die eigentliche HJ der 14- bis 18jährigen. Sie wurden in Jungenschaften/Kameradschaften mit zehn, Jungzügen/Scharen mit 40, Fähnleins/Gefolgschaften mit 160, Jungstämmen/Stämmen mit 600, Jungbannen und Bannen mit 3000 und Gebieten mit etwa 150000 Mitgliedern organisiert. Infolgedessen gab es zahllose Führerstellen, die nach bunten Schnüren, den «Affenschaukeln», unterschieden wurden, sich durch Aufnäher und Leistungsabzeichen abhoben.

Das befriedigte den jugendlichen Geltungsdrang, förderte aber auch die Selbständigkeit und stärkte das Selbstbewußtsein bei der Abwicklung übertragener Aufgaben. Zwar wurde in der Tat Jugend von Jugend geführt, doch alle HJ-Führer wurden von oben eingesetzt, nie gingen sie aus einer Wahl hervor. In Kleinstädten und auf dem Lande, offenbar aber auch in nicht wenigen großen Städten wanderten die Führungspositionen ziemlich gradlinig durch informelle Entscheidungen auf Gymnasiasten und Oberschüler zu.

Außer den regulären Einheiten gab es Musikzüge, für ältere Jungen die Motor-, Flieger-, Marine-, Reiter- und Nachrichten-HJ mit ihrer eindeutig vormilitärischen Ausbildung. Der reguläre «Dienst» am Mittwoch- und Samstagnachmittag war für alle obligatorisch. NS-Propagandafilme wurden als Pflichtveranstaltung auf den Sonntagvormittag gelegt, um Jungen vom Kindergottesdienst und der Messe fernzuhalten.

Wie die NSDAP als Mutterverband entwickelte die HJ ganz analog ihre eigene Liturgie mit Morgenfeier, Fahnenappell, Sonnwendfest. Ihre Lieder unterstützten mit einprägsamen Melodien und Texten die kultische Verehrung der Fahne und des Heldentods. «Und die Fahne führt uns in die Ewigkeit», sangen Millionen Jungen, «ja, die Fahne ist mehr als der Tod.» Exerzierübungen und Märsche, begleitet von den Landsknechtstrommeln und Fanfaren der unmittelbar hinter den Fahnen der Einheiten herziehenden Musikzüge, imitierten die militärische Kolonne. Heimabende dienten der politischen Indoktrination, aber auch dem Liederlernen, Basteln und Spielen. Sportwettkämpfe, Geländespiele und WHW-Sammlungen gehörten regelmäßig zum «Dienst» hinzu.

Im Krieg erweiterte sich das Betätigungsfeld der HJ. Räumarbeiten nach Luftangriffen, Rohmaterialsammlungen und der Bau von Befestigungsanlagen kamen zu dem gewohnten Betrieb hinzu. Seit 1943 wurden 16jährige, seit 1944 15jährige als Flakhelfer eingezogen. Erfaßte die Einberufung zur Wehrmacht oder Waffen-SS bis 1944 die 17jährigen, griff sie seit dem September 1944, als Himmler auch Chef des Ersatzheeres geworden war, schon nach den 16jährigen. Das letzte Aufgebot im «Werwolf», der Guerilla-Operationen hinter der feindlichen Frontlinie ausführen sollte, und im «Volkssturm» der 14- bis 65jährigen beanspruchte sogar die noch Jüngeren. Freilich löste der Krieg auch den gewohnten Alltag in den großen Städten auf: Bombardierung, Evakuierung, Kinderlandverschickung bestimmten das Leben vieler Jugendlichen, die sich nicht selten dem regelmäßigen HJ-Dienst zu entziehen suchten.

Frühzeitig übernahm die HJ auch die Aufgabe, den Reichsberufswettkampf, der bis 1939 3,5 Millionen Lehrlinge erfaßte, zu organisieren. Den Siegern winkte eine Auszeichnung, die berufliche Beförderung oder sogar ein Stipendium für das Hochschulstudium. Noch populärer war der Reichssportwettkampf, bei dem man nicht nur das Reichssportabzeichen erwerben, sondern sich auch über die Gebiets- und Gausportfeste für die Deutschen Jugendmeisterschaften qualifizieren konnte.

Der 1930 gegründete BDM hatte, analog zum «Jungvolk», die Organisation der «Jungmädel» für die 10- bis 14jährigen, überhaupt imitierte er generell mit dem Aufbau seiner Einheiten (Mädelschaft, Mädelschar, Mädelgruppe, Mädelring, Unter- und Obergau), mit Kolonnenmarsch, Zeltlager und «Einsatz» sein männliches Vorbild. Außer der politischen Indoktrination besaßen die «Leibesübungen» eine große Bedeutung sowohl als Vorbereitung auf die Mutterschaft als auch wegen des Ziels, dem Ideal des sportlichen BDM-«Mädels» zu genügen. Darüber hinaus übernahm der BDM auch soziale Aufgaben, die dem traditionellen Rollenverständnis entsprachen: Haushaltshilfe in kinderreichen Familien, Spielzeugbasteln für das WHW, Ernteeinsatz, Mitwirkung beim Roten Kreuz und der Erste-Hilfe-Schulung.

Die Hierarchie von Befehl und Gehorsam kopierte das männliche Pendant, doch ließ sie genügend Spielraum offen, um jene Selbständigkeit und das Selbstbewußtsein zu entwickeln, das viele junge Frauen durch ihre Aktivität im BDM gewinnen konnten. Häufig unterschätzt oder von Kritikern schlechtweg ignoriert kamen hier ungewollt durchaus emanzipatorische Prozesse der Autonomieerweiterung in Gang (vgl. III.3).

Eine Grobdifferenzierung ergibt zwei Typen von Mitgliedern der HJ und des BDM nach der Zäsur von 1936. Zum einen fand sich in allen Alterskohorten und in allen Organisationseinheiten die Sozialfigur des begeisterten Aktivisten, der insbesondere in den 765 000 Führungspositionen dominierte. Zum andern aber gab es den Typus des passiven Mitmachers, der stumm gehorchend auf das Dienstende wartete. Mangels zuverlässiger Mentalitätsstudien rät der Common sense dazu, den zweiten Typus für den Repräsentanten der schweigenden Mehrheit zu halten. Unter nahezu neun

3. Die «Jugend des Führers»

Millionen Hitlerjungen wird aber auch die Anzahl der Engagierten, die «Dienst» und Geländespiel, Sport und Leistungsproben ohne jeden Vorbehalt, ja oft begeistert mitmachten, nicht gering gewesen sein.

Völlig irreführend aber wirkt es, wenn eine wachsende Literatur aus ein paar hundert widerstrebenden Jugendlichen das Phänomen eines nennenswerten Jugendwiderstandes herleitet. Anfangs gab es mit Sicherheit einige Tausend elitäre Bündische, überzeugte Pfadfinder und konfessionell gebundene Jungen, die sich aus ganz unterschiedlichen Gründen der atheistischen «Proletenjugend» verweigerten. Spätestens seit 1936 verschwanden solche abweichenden Meinungen in dem braunen Millionenheer der Staatsjugend, der jedermann angehören mußte.

Erst im Krieg tauchten zwei verschiedenartige Oppositionsströmungen auf. An Rhein und Ruhr waren das die (nach ihrem Emblem benannten) «Edelweißpiraten», in Sachsen die «Meuten»: kleine Gruppen aus jener Arbeiterjugend, die in der Rüstungsindustrie vom Wehrdienst noch freigestellt war oder aber sich ihm, öfters auch der Verfolgung wegen Kleinkriminalität, durch Untertauchen im heimatlichen Kiez entzog. Hinzu kamen einige dezidierte Bündische, welche die Verachtung für alle in Reih und Glied Marschierenden teilten, ihre «Klampfe» und aufsässige Lieder mitbrachten.

Überhaupt äußerte sich in diesem primär großstädtischen Protestphänomen der Widerwille gegen Disziplinierung, Militarisierung, Kollektivierung. Auf Schlägereien mit Hitlerjungen oder Fahrradausflüge in das Umland reagierten der HJ-Streifendienst und die Gestapo mit harten Strafmaßnahmen. Sie reichten vom Jugendarrest (Wochenendkarzer) über die Einweisung in ein Wehrertüchtigungs- oder Schutzhaftlager bis hin zur Einberufung zum Militärdienst. An Zivilcourage fehlte es den «Edelweißpiraten» nicht, von einer konsistenten Resistenz, die über spontanes Aufbegehren hinausging, kann man jedoch bei diesen kleinen Gruppen mit ihrer Robin-Hood-Attitüde kaum sprechen.

Noch weniger machte dem totalitären System die «Swing-Jugend» in Hamburg und Berlin zu schaffen: Locker gefügte Cliquen von höheren Schülern aus bessergestellten Familien, auf elitäre Distanz zu den braunen Plebejern bedacht, trafen sich in Tennisclubs, Cafés oder elterlichen Villen, um die verbotene Jazzmusik zu hören. Sie kultivierten die lange «Mähne», den lässigen Gang, eine elegante Kleidung und englische Sprachbrocken. Es war ein von arrogantem Dünkel entstellter Protest gegen militärische Disziplin und die Abschottung von der westlichen Lebenswelt. Geriet er zu auffällig, wurde er mit Haarabschneiden oder Arbeitsauflagen für die Freizeit bestraft. Von Dissens, wenn auch in sehr unterschiedlicher Intensität, kann man in beiden Fällen sprechen, von lebensgefährlichem, regimefeindlichem Widerstand dagegen nicht – auch und gerade im Vergleich mit den Linken zu Beginn und den Konservativen am Ende des Regimes.

Angesichts der Absicht der Führerdiktatur, die Jugend total in Beschlag zu nehmen, muß man Intention und erkennbare Wirkung scharf trennen, um den Indoktrinationsanspruch nicht für die bare Münze der Realität zu halten. Während des «Dritten Reiches» nahm die HJ einen gut Teil der Rekrutenausbildung vorweg, verminderte die Distanz zwischen ziviler und militärischer Existenz, übte jahrelang Drill und Gehorsam ein. Anders als für junge Franzosen, Engländer und Amerikaner war es für Hitlerjungen nur ein kleiner Sprung in die Soldatenwelt.

HJ-Führer machten häufig sofort Karriere als junge Offiziere in der Wehrmacht und Waffen-SS, bis zuletzt von ihrem Glauben an «Führer» und Endsieg getragen. Auch in den SS-Panzergrenadierdivisionen gab es oft einen Stamm fanatisierter ehemaliger Hitlerjungen. Prototypisch ist das Verhalten der SS-Division «Hitlerjugend», die sich nach der alliierten Landung in der Normandie wider alle militärische Vernunft gegen weit überlegene Kräfte und trotz der feindlichen Luftherrschaft sechs Wochen lang bei Caën in den Boden krallte, dem Befehl, keinen Meter zurückzuweichen, gehorchend, bis sie aufgerieben war und ihre kleinen Reste nach Osten flüchteten.

Allgemeiner gesprochen: Vermutlich begann bei vielen Hitlerjungen eine Habitusprägung, die Befehl und Gehorsam, Ein- und Unterordnungsbereitschaft hochschätzte, die zivile Welt für inferior hielt, ethnozentrische, rassistische Vorurteile und nationalistischen Dünkel pflegte. Aber zu dieser Prägung gehörte auch der Glaube an das Leistungsprinzip, die Improvisationsfähigkeit, das Selbstbewußtsein, jeder Aufgabe gewachsen zu sein. Für die dauerhafte Verfestigung eines idealtypischen HJ- oder BDM-Habitus, der mutatis mutandis gleichfalls angestrebt wurde, dauerte die Phase der politischen Sozialisation für die Mehrheit der erfaßten Jugendlichen nicht lang genug.

Denn nach dem Krieg, als alliierte Experten mit mindestens einer Generationsspanne von 30 Jahren rechneten, bis die Seuche der HJ-Gesinnung ausgestanden sei, verflog bei dieser Mehrheit der nationalsozialistische Einfluß wie vom Winde verweht. Zu einprägsam war die Lehre des totalen Krieges, des Zusammenbruchs von 1945, der Nachrichten über die Konzentrationslager. Zu einem Wiederaufleben nationalsozialistischer Tendenzen in Theorie und Praxis ist es, sieht man vom schmalen Rand der unbelehrbaren Rechtsradikalen ab, nicht gekommen. Eltern, Schulen und Kirchen, Parteien, Gewerkschaften und kritische Öffentlichkeit stemmten sich der zeitweilig noch gefürchteten Verklärung der Führerherrschaft erfolgreich entgegen. Statt mit einer absurden Renaissance des Nationalsozialismus reagierte die erdrückende Mehrheit der HJ- und BDM-Generationen ganz anders: mit einem Heißhunger auf Auslandsreisen und einer auf ausländische Literatur gerichteten Lesewut, insgesamt nicht nur mit einer erstaunlich reibungslosen Hinwendung zu westlichen Lebensformen, sondern auch mit einer konsequenten Abwendung von jenem Rassismus und Radikalnationalismus, der Hunderttausende ihrer Generationsgenossen in den Tod geführt hatte.[9]

4. Exklusion aus der «Volksgemeinschaft»: die degradierten Deutschen und das neue Subproletariat der ausländischen Zwangsarbeiter

Unermüdlich beschwor die NS-Propaganda das Ideal der Gleichheit aller arischen Volksgenossen in der egalitären Leistungsgemeinschaft (vgl. I.6). Tatsächlich bestanden aber krasse Unterschiede weiter fort, wobei vor allem die neuen systembedingten Differenzen die Hierarchie der Ungleichheit veränderten. Und über alle Divergenzen hinweg erstreckte sich eine «scharf gegliederte Kommandostruktur militärisch-aristokratischer Art», die oft nach Willkürgesichtspunkten die vermeintliche Gleichheit verletzte. So spielte etwa der Besitz eines Partei- oder gar SS-Rangs, manchmal genügte allein die Nähe zu ihm, eine privilegierende Rolle. Die Zugehörigkeit zu wichtigen Berufsklassen oder technokratischen Expertengruppen bestätigte erneut die Orwellsche Maxime «that some are more equal than others». Auf der anderen Seite gab es die neuartige Diskriminierung von jüdischen Deutschen oder Deutschen mit jüdischen Vorfahren, so daß Begriffe wie Halb-, Viertel-, Acheljude in die politische Sprache eindrangen. Farbige Deutsche aus der Zeit der alliierten Besatzung im Rheinland und Zigeuner verfielen ebenso einer rigiden Exklusionspraxis.

Darüber hinaus schuf die nationalsozialistische Rassenlehre im Verein mit der Eugenik und Erbgesundheitspflege eine buntgemischte Unterschicht von diskriminierten Deutschen, die im Sinn der biologistischen «Leistungsauslese und Menschenzucht» aus der «Volksgemeinschaft» ausgestoßen wurden. Am ehesten erfaßt sie der systematisch aufgeblähte Regimebegriff der «Asozialen». Zu ihnen wurden pauschal alle Landstreicher, Obdachlosen, Bettler und Vagabunden (die im alten Sinn asozialen Personen) gerechnet, dazu Langzeitarbeitslose, Arbeitsunwillige, Alkoholiker, Behinderte und Hilfsschüler, aber auch Homosexuelle, Prostituierte und ihre Zuhälter, Kriminelle und insbesondere Erbkranke. Diese Asozialen wurden sofort zur «Sonderbehandlung» durch die Spezialisten der rassischen Eugenik und ihre polizeilichen Hilfstruppen freigegeben. Auch diese Knechtsgestalten fühlten sich als Exekutoren von Hitlers klassisch totalitärem Imperativ, daß die «Rassenhygiene» die «größte Revolution» von allen verkörpere, da sie durch die Züchtung des «neuen Menschen» die Zukunft für sich entscheide. Unter dieser Maxime wurde, und zwar nicht nur auf dem Feld der Judenpolitik, eine gewalttätige «Säuberung» des neuen auserwählten Volkes im «Dritten Reich» in Gang gesetzt, die als das «innenpolitische Gegenstück des rassenimperialistischen Eroberungskriegs» gelten kann.

Unmittelbar nach der Machtübergabe richtete sich eine erste Verhaftungswelle gegen bettelnde Asoziale, gefolgt von Razzien gegen Prostituierte. Seither wurden Asoziale des neuen Typs in Arbeitslager gebracht, häufig auch sterilisiert, da sie im Jargon des Rassestaats als «Ballastexistenzen» galten. Als Grund wurde meistens «angeborener Schwachsinn» oder die Vererbung «gemeinschaftsschädlicher» Charaktereigenschaften in «asozialen Sippen» angegeben. Der Erlaß zur «vorbeugenden Verbrechungsbekämpfung» gestattete es dann seit dem Dezember 1937, Asoziale in die KZ einzuweisen, wo sich nach zwei großen Verhaftungsaktionen 10 000 von ihnen wiederfanden. Ihre Zahl stieg seitdem ständig weiter an. Im Lager mußten sie schwarze Winkel auf dem Ärmel tragen – das Zeichen der Parias mit geringer Überlebenschance.

Als «Gemeinschaftsfremde» oder sogar als «Entartete» und daher «Staatsfeinde» wurden auch männliche Homosexuelle definiert. Auf die Röhm-Krise folgte eine von Beifall begleitete polizeiliche Verhaftungsaktion mit der Endstation KZ, wo die Homosexuellen rosarote Kennzeichnungswinkel erhielten und eine selbst im Lager verachtete Unterschicht bildeten. Himmler ließ die Verfolgung zuerst durch das Gestapo-Sonderdezernat Homosexualität fortsetzen und stand dann auch hinter der im Oktober 1936 gegründeten «Reichszentrale zur Bekämpfung der Homosexualität». Der § 175 des Strafgesetzbuchs wurde rigoros verschärft, so daß zehn Jahre Zuchthaus wegen erwiesener homosexueller Aktivität verhängt werden konnten. Seit 1938 war es möglich, den Verurteilten vor dem Antreten einer Strafe in «Schutzhaft», mithin in ein KZ zu überführen. Dort sollen bis zu 15 000 Homosexuelle interniert worden sein; außerdem wurden 2800 Männer sterilisiert.

Lesbische Frauen galten zwar auch als asozial, wurden aber trotz ihrer «widernatürlichen» Veranlagung bei weitem nicht so konsequent verfolgt wie homosexuelle Männer, die den SS-Tugendwächtern als Hüter pervertierter Reinlichkeitsideale für eine streng heterosexuell orientierte Männergesellschaft als ungleich gefährlicher galten. Da Himmler und die obersten Chargen des mächtigsten Verfolgungsapparates zu den Verfechtern eines unerbittlichen Kampfes gegen diese «Perversen» gehörten, führte die Diskriminierung häufig zu einem tödlichen Ausgang.

Quantitativ handelte es sich bei diesen Asozialen im regimetypischen Sinn zuerst um einige hunderttausend Menschen. Doch aufgrund der verschärften eugenischen und rassenpolitischen Kriterien stieg ihre Zahl in den Planungsunterlagen ständig weiter an. Dennoch blieb sie vergleichsweise gering, wenn man auf das Riesenheer ausländischer Heloten blickt, die während der Kriegsjahre im «Dritten Reich» versammelt wurden. Das dramatische Ausmaß dieser Zwangsarbeiterschaft, die sich aus Millionen

4. Exklusion aus der «Volksgemeinschaft»

von deportierten Männern und Frauen sowie Kriegsgefangenen rekrutierte (ergänzt durch eine geringe Zahl angeworbener Freiwilliger), verdeutlichen wenige Größenangaben. Die Anzahl der erwerbsfähigen deutschen Männer, die wegen der Einberufung zum Wehrdienst oder wegen anderer Kriegseinwirkungen keine Berufstätigkeit ausübten, stieg bis zum September 1944 auf elf Millionen. Da sich die Zahl der weiblichen Erwerbstätigen bis dahin nur von 14,6 (1939) auf 14,9 Millionen Frauen erhöhte, konnte die Lücke, da das Regime den Kollaps der Kriegswirtschaft nicht riskieren konnte, nur durch ausländische Arbeitskräfte geschlossen werden. Sie zählten zu diesem Zeitpunkt mindestens 7,7 Millionen Menschen, die damit 20 Prozent der gesamten deutschen Arbeitskräfte und ein Zehntel der Wohnbevölkerung stellten.

Wie konnte es zu dieser Entwicklung kommen, während deren sich in Deutschland markante Züge einer modernen Sklavenhaltergesellschaft herausbildeten, in der «hochwertige Arier» über Abermillionen von «Minderwertigen» uneingeschränkt herrschten? Seit 1937 waren schmerzhaft spürbare Engpässe auf dem Arbeitsmarkt aufgetreten. Durch die Annexion Österreichs, der Sudetengebiete und des Memellandes sowie durch die Angliederung des «Reichsprotektorats Böhmen und Mähren» waren zwar bis zum Sommer 1939 18 Millionen Menschen in den Machtbereich des «Dritten Reiches» aufgenommen worden; sofort hatte auch die Verpflichtung von Arbeitskräften in das «Altreich» eingesetzt. Doch erwies sich die zuversichtliche Behauptung von Ende 1939, daß Arbeitskräfte hinreichend vorhanden seien, als pure Illusion.

Denn ein halbes Jahr später, als 4,9 Millionen Männer einberufen worden waren, konnte diese Lücke aus eigener Reserve keineswegs mehr geschlossen werden. Die Blicke richteten sich jetzt nach Osten; dorthin lenkten sie auch Hitler und Himmler. Hitler hatte bereits im Mai 1939 über die Bevölkerung des künftigen Besatzungsgebietes mit der Generalklausel verfügt, daß sie demnächst «zur Arbeitsleistung zur Verfügung» stehen werde. Zwei Tage nach dem Beginn des Polenkriegs wurde bereits die deutsche «Arbeitseinsatzverwaltung in Polen» aufgebaut, die sofort mit Zwangsmitteln dafür zu sorgen begann, daß Hunderttausende von sogenannten «Fremdarbeitern» in das Reich deportiert wurden. Hitler hatte explizit erklärt, daß die Polen allein «zu niedriger Arbeit geboren» seien, namentlich das Generalgouvernement müsse in ein einziges «großes polnisches Arbeitslager» verwandelt werden. Himmler wiederum, der noch im September 1939 die Liquidierung der polnischen Führungsschichten eingeleitet und als «Reichskommissar für die Festigung Deutschen Volkstums» eine Art von Generalkompetenz im Osten übernommen hatte, degradierte die Polen ebenfalls zu einem «führerlosen Arbeitervolk», das der Herrenrasse nur mehr neue Sklaven zu stellen habe.

Seit 1940 tat sich die Schere zwischen Nachfrage und Arbeitskraftreserve immer weiter auf. 1941 sank der Anteil der deutschen Arbeiter weiter auf 33, bis 1944 auf 28,4 Millionen hinab. Wie in einem System kommunizierender Röhren wurde dementsprechend die Anzahl der ausländischen Zwangsarbeiter hochgetrieben, da ohne sie die Kriegswirtschaft überhaupt nicht mehr in Gang gehalten werden konnte. Die Schlüsselrolle wurde dem thüringischen Gauleiter Fritz Sauckel als Chef der neuen Sonderexekutive «Arbeitseinsatz» übertragen, die mit allen Mitteln ausländische Zwangsarbeiter in das Reich deportierte.

Hatte im Mai 1940 das Verhältnis von Fremdarbeitern zu Kriegsgefangenen, die ebenfalls in den Produktionsprozeß eingegliedert wurden, 803 000 zu 348 200 betragen, schnellten die Zahlen 1941 auf 1,754 zu 1,312, 1942 auf 2,645 zu 1,489 Millionen hinauf. Im Herbst 1944 wurde die Spitzenziffer von 7,7 Millionen ausländischer Arbeiter und Arbeiterinnen erreicht, die in der Rüstungsindustrie gut ein Drittel, in der Landwirtschaft sogar die Hälfte aller Arbeitskräfte, insgesamt ein Fünftel des Arbeitskräftepotentials stellten. 5,7 Millionen wurden als sogenannte Zivilarbeiter registriert, zwei Millionen kamen aus den Kriegsgefangenenlagern. Die eindeutige Mehrheit stammte aus Osteuropa und der Sowjetunion (2,0 Millionen Russen, 1,7 Millionen Polen, 280 000 Tschechen), die anderen kamen aus West- und Südeuropa (1,3 Millionen Franzosen, 590 000 Italiener, 270 000 Holländer und 250 000 Belgier).

Die Fremdarbeiter wurden durchaus unterschiedlich behandelt. Für die Ostarbeiter sah die Lage im allgemeinen katastrophal aus, nur in der Landwirtschaft konnten sie oft eine erträgliche Existenz finden. Im Industriebetrieb aber bildete sich sogleich eine vierstufige «rassische Hierarchie» aus, an deren Spitze der deutsche Facharbeiter als von Ley explizit begrüßter Herr über «rassisch tiefstehenden Fremdarbeitern» stand. Unter ihm bewegte sich die begrenzte Zahl der «germanischen Arbeiter»: Holländer etwa, Flamen und Dänen. Einer für selbstverständlich gehaltenen umfassenden Diskriminierung blieb dann die große Mehrheit der slawischen Fremdarbeiter ausgesetzt, deren Nahrungsmittelversorgung und Wohnverhältnisse in provisorischen Barackenlagern gemeinhin miserabel ausfielen. Als stigmatisierter «Bodensatz» galten jüdische Arbeitskräfte, die von der SS als Arbeitssklaven an die Betriebe gegen Gebühr ausgeliehen wurden und die höchste Sterbequote besaßen; sie stieg noch einmal an, als in der Schlußphase des Krieges Industrieanlagen unter Tage verlegt wurden und Abertausende in kürzester Zeit ihr Leben verloren.

Die Vielzahl von Fremdarbeitern veränderte auf eine durchschlagende Weise die innere Betriebsstruktur. Denn das neue Subproletariat schuf Aufstiegschancen für zahlreiche deutsche Arbeiter, die oft nur mehr als Aufseher oder Kontrolleure ihre Fremdarbeiterkolonne dirigierten. Wenn es gelegentlich zu Akten der Hilfeleistung kam, entsprangen sie dem Mitleid, keineswegs aber der früher einmal eingeübten Klassensolidarität, welche sich offenbar auf diese ausländischen Zwangsarbeiter nicht mehr erstreckte. Auf eine teils sehr direkt im Befehls- und Gehorsamsverhältnis, teils subtiler in einem sozialpsychischen Anpassungsprozeß zutage tretende Weise stellte sich die Gewöhnung an die krasse Ungleichheit in einer modernen Sklavenhaltergesellschaft ein, die über das Elendsheer von nahezu acht Millionen verschleppter Heloten gebot. Auf diese Weise entstand eine quasi-koloniale Herrschaftsordnung im Betrieb: rassistische Politik im Kleinen, doch überall praktiziert.

Trotz ihrer evidenten Machtlosigkeit hielt sich im Herrschaftsapparat die Furcht vor gewalttätigen Ausbrüchen unter den ausländischen Arbeitern. Um ihnen sofort begegnen zu können, wurde der Mobilmachungsplan «Walküre» für das Ersatzheer ausgearbeitet. Anstatt gegen Fremdarbeiter realisiert zu werden, diente er dann den Verschwörern des 20. Juli 1944 als Instrument ihres kurzlebigen Aufbegehrens.[10]

5. Soziale Mobilität in der «Volksgemeinschaft»

Das Propagandaklischee von der Gleichheit aller Volksgenossen in der neudeutschen «Leistungsgemeinschaft» entpuppt sich bei näherem Hinsehen sogleich als Chimäre. Trotzdem gehört zu den «bemerkenswertesten Erfolgen» der nationalsozialistischen Gesellschaftspolitik die «Verbreitung des Gefühls sozialer Gleichheit», das die traditionellen Klassen- und Statusunterschiede überwunden glaubte. Tatsächlich hat das NS-Regime erhebliche Mühe darauf verwandt, die Vorstellung von der wachsenden Egalität auszubreiten. Das entsprach der Stoßrichtung einer grundsätzlichen Überzeugung. Denn der Nationalsozialismus verfocht auch insofern eine dem Marxismus diametral entgegengesetzte Position, als er sich in erster Linie von dem Bewußtseinswandel als Folge seiner «Gesinnungsrevolution» (der vom Charismaträger geforderten und unterstützten Metanoia), nicht aber von der Revolutionierung der Sozialstruktur die entscheidende Transformation der Gesellschaft und die Freisetzung einer ungeahnten Dynamik erhoffte. Ein Teil seiner «umwälzenden Wirksamkeit» beruhte unstreitig darauf, daß er das Veränderungsbegehren breiter gesellschaftlicher Kräfte vor und nach 1933 bereitwillig aufnahm. Diese Kräfte drängten «auf die Lösung aus traditionellen Bindungen», hin «zu größerer sozialer Mobilität und Egalität». Die «anhaltende sozialpsychische Suggestivität» der Hitler-Bewegung und dann des Führerstaats verdankte sich nicht zuletzt «diesem Drang nach Überwindung der traditionellen gesellschaftlichen Strukturen» in einer aufstiegsoffenen, egalitären «Volksgemeinschaft» (vgl. vorn I.6).

Äußerlich kam die Diktatur derartigen Wünschen durch die nivellierende Gleichheit der Uniform in der HJ und im RAD, in den Parteiverbänden und der Wehrmacht entgegen. Das WHW suggerierte kollektive Opferbereitschaft in der «Volksgemeinschaft», da es in sechs Jahren 2,5 Milliarden RM sammelte und an seinen Eintopftagen die Gleichheit der Speise für alle praktizierte. Die «Volkswohlfahrt» mit ihrem riesigen Mitarbeiterstab von 17 Millionen verbreitete den Eindruck, daß sie ohne Ansehen der Klassen- und Konfessionszugehörigkeit ihre sozialen Aufgaben wahrnahm. Die nicht nur von der DAF unterstützte Rebellion gegen die bildungsbürgerliche Exklusivität verlieh dem Nationalsozialismus in den Augen seiner Anhänger «etwas Ehrliches und Authentisches», das seinem Egalisierungsanspruch zusätzliche Glaubwürdigkeit verschaffte.

Darüber hinaus gab es aber auch für Hunderttausende, ja Millionen die außerordentlich stimulierende lebenspraktische Erfahrung eigenen Aufstiegs, der die Überzeugung von einer im «Dritten Reich» endlich prinzipiell verbesserten egalitären Chancengleichheit nachhaltig nährte. An dieser Stelle muß man freilich scharf trennen zwischen der realhistorischen Mobilität zum einen, die sich aufgrund der hochschnellenden Personalnachfrage neuer und alter Institutionen einstellte, und der mehr oder minder zielbewußt eingeleiteten Mobilitätspolitik des Regimes zum andern, die das proklamierte Gleichheitsaxiom einlösen sollte.

Tatsächlich lösten die zahllosen neuen Positionen in den Parteiorganisationen der NSDAP selber, in der DAF, der NSV, dem RAD, der Wehrmacht und ihrer Verwaltung, in den polykratischen Sonderstäben, der Wirtschaft und der Staatsverwaltung eine breitgefächerte Aufstiegsdynamik aus. Die soziale Mobilität, die nach der Berechnung eines sachkundigen Sozialwissenschaftlers in dem halben Dutzend Jahre zwischen 1927 und 1933 12 Prozent der Erwerbstätigen erfaßt hatte, verdoppelte sich in den sechs Friedensjahren der Führerdiktatur: In Westdeutschland erreichte sie sogar 29 Prozent, in Ostdeutschland aber auch noch 20 Prozent.

Geht man von der «großdeutschen» Berufstätigenzahl von rund 40 Millionen aus, müssen nach diesem Befund etwa 9,75 Millionen Menschen eine positive – gleich wie geringfügige oder dramatische – soziale Aufwärtsbewegung erlebt haben. Zwar kann man die gewissermaßen normale, regimeunabhängige Aufstiegsmobilität nicht glaubwürdig herausrechnen. Aber selbst wenn dieser Anteil, wie selbstverständlich zu vermuten steht, ganz erheblich gewesen ist, also wegen der zurückkehrenden Konjunktur über den zwölf Prozent von 1927 bis 1933 gelegen haben wird, und selbst wenn man die Rückkehr aller acht Millionen Arbeitslosen in feste Stellen berücksichtigt, bleibt doch ein hoher Prozentsatz von mindestens 1,8 Millionen Erwerbstätigen übrig, die ihre Positionsverbesserung allein der hektischen Expansion der Parteiverbände, der zwischen Staats- und Parteiorganisationen changierenden Institutionen, der Ausweitung der Staatsfunktionen und des Militärwesens zu verdanken hatten.

Fraglos ebnete diese Expansion letztlich nur den Weg in den Krieg und Untergang; sie berührte auch keine der diskriminierten Minderheiten.

Doch in der Lebensgeschichte zahlreicher Individuen lebte sie, ganz so wie im kollektiven Gedächtnis, als positiv erfahrene Teilnahme an einem großen sozialen Bewegungsprozeß weiter fort. Außer der «Verheißung des nationalen Wiederaufstiegs» ist es dieser «Modernitätsappeal» einer dynamisierten, mobilen «Leistungsgemeinschaft» gewesen, der für die jüngeren Generationen «die eigentliche Attraktion» des «Dritten Reiches» ausgemacht hat. Nachdem die Weimarer Republik, wie es immer wieder hieß, so eklatant versagt hatte, gründete der Erfolg der nationalsozialistischen Gesellschaftspolitik darauf, daß die anonymen, aber auf das Regime zurückgeführten Mobilisierungskräfte als Ursache des «einzigartigen Klimas» einer Aufstiegseuphorie wirkten.

Der Krieg bedeutete in dieser Hinsicht keineswegs eine so scharfe Zäsur, wie mancher anzunehmen versucht ist. Die Einberufung von letztlich 18 Millionen Männern löste ja nicht nur die Deportation von Millionen von Fremdarbeitern oder die gewaltige Ausdehnung des Offizierkorps aus. Vielmehr beschleunigte sie unter den «unabkömmlich» gestellten Berufstätigen an der «Heimatfront» das Beförderungstempo, neue Aufstiegschancen öffneten sich, so daß viele schon in jungen Jahren die Karriereleiter emporklettern konnten. Das traf nicht nur auf Manager und Ingenieure in der Rüstungswirtschaft, auf Beamte und Akademiker in den auswuchernden Verwaltungsstäben zu, sondern auch auf ältere Arbeiter, die, unversehens zu Aufsehern befördert, ihre Zwangsarbeiterkolonnen mit neuem Überlegenheitsgefühl dirigierten.

Die neue Mobilität, der Drang nach der Realisierung der egalitären «Leistungs-Volksgemeinschaft – sie kontrastieren scharf mit gegenläufigen Tendenzen eine quasi-feudalrechtliche Strömung. Hitler verlangte den Eid auf seine Person. Darré strebte den arischen «Neuadel» an. Himmler verordnete der SS den Imperativ, daß ihre Ehre Treue heiße. Der «Reichsnährstand» führte ein feudalistisches Lehnsverhältnis für privilegierte Bauernsippen ein. Die polykratischen Sonderexekutiven fungierten als persönliche Stäbe des obersten Feudalherrn. Strukturwidrig war das freilich nicht, denn auch Hitlers charismatische Herrschaft stützte sich auf ein verschworenes Klientelwesen und Patronagesystem.

Wie sehr das Mobilitätsphänomen durch eine tiefe Ambivalenz gekennzeichnet war, läßt sich an den auffälligen Grenzen ablesen, welche durch die praktischen Maßnahmen im Gefolge der Mobilisierungsrhetorik nicht in Frage gestellt, vielmehr hingenommen wurden, nicht beseitigt werden konnten oder auch gar nicht überwunden werden sollten. Ansetzen konnte der Führerstaat an klassischen Sozialisationsinstitutionen wie der Schule und der Universität, an eigenen Ausbildungsstätten und Parteiorganisationen, an der Bürokratie und dem Offizierkorps.

Zwar standen dem Regime nur zwölf Jahre zur Verfügung, aber da charismatische Herrschaft nur die Krise und keine «Normalität» kennt, wäre die Weichenstellung zugunsten von grundstürzenden Veränderungen auf diesem Gebiet a limine nicht ausgeschlossen gewesen. Sie wurden aber keineswegs zielbewußt eingeleitet. Langfristige Planung tauchte nur sporadisch auf, wurde noch seltener realisiert, vielmehr durch Ad-hoc-Entscheidungen ersetzt oder ganz aufgegeben. Und auch die Existenzkrise des totalen Krieges, die für eine radikalisierte Politik, wie sich in vielen Bereichen zeigte, als optimal geeignet erschien, führte nur im Offizierkorps der Wehrmacht zu einer von Hitler planmäßig gesteuerten Umstrukturierung, die von der überkommenen Militärkaste nicht mehr viel übrigließ (vgl. V.1 c).

1. Die Grundschule mußten alle Jungen und Mädchen weiterhin durchlaufen; nach vier Jahren konnte ein vergleichsweise geringer Prozentsatz von ihnen auf eine höhere Schule überwechseln. Auch unter dem NS-Regime blieb das Schulgeld, wie ein Gesetz von 1930 es vorschrieb, weiterbestehen; 1935 wurde es sogar um ein Drittel erhöht; nur Familien mit mindestens drei schulpflichtigen Kindern bekamen eine Ermäßigung eingeräumt.

An der sozialen Herkunft der höheren Schüler und Schülerinnen scheint sich denkbar wenig geändert zu haben. 1939 etwa, als die Anzahl der Abiturienten um drei Prozent unter der Stärke des Jahrgangs von 1932 lag, stammten 40 Prozent von ihnen aus Beamtenfamilien. Die Kinder bisher benachteiligter Familien, von Arbeitern und Kleinbauern etwa, wurden keineswegs durch dezidierte Unterstützungsmaßnahmen gefördert, die Zulassungskriterien: intellektuelle Fähigkeit und mentale Schulreife, überhaupt nicht verändert. Vermutlich hat das Regime auch im höheren Schulwesen darauf vertraut, nicht durch eine entschlossene Veränderung der sozialen Komposition der Schülerschaft, sondern mit Hilfe neuer Lehrbücher und Lehrstoffe durch die politische Indoktrination einen gefügigen Elitennachwuchs zu schaffen. Auch das ist aber nur halbherzig in Angriff genommen worden (vgl. IV.2). Von einem konsequenten Umsteuern im Sinne verbesserter Gleichheitschancen für die Kinder aller «Volksgenossen» kann daher nicht die Rede sein.

2. Genauso wenig trifft das auf die nächste große Mobilitätsschleuse, die Hochschulen, zu. Eine durchdachte langfristige Planung ist nirgendwo zu erkennen. Während im Sommersemester 1933 noch 12 966 Studierende immatrikuliert wurden, führte der unsinnige Numerus clausus dazu, daß sich die Anzahl der Neuimmatrikulierten bis zum Sommersemester 1939 um volle 44 Prozent auf 7303 verringerte. Erschreckt wurde erst dann wieder für das Universitätsstudium geworben. Weiterhin blieb es aber gebührenpflichtig; das wirkte sich vor allem gegen die ohnehin relativ wenigen Abiturienten aus den unteren Klassen aus. Zwar wurde 1935 ein Förderungsprogramm für Nichtabiturienten entworfen – in der Weimarer Republik waren immerhin 800 von 3000 Bewerbern dieser Art zum Studium zugelassen worden. Aber erst 1938 konnten diese Langemarck-Stipendien für

5. Soziale Mobilität in der «Volksgemeinschaft»

junge Nationalsozialisten ohne Hochschulreife vergeben werden. Vor dem Kriegsausbruch machten diese Stipendiaten gerade einmal 0,14 Prozent der Neuimmatrikulierten aus.

Es kann nach alledem wenig überraschen, daß die soziale Zusammensetzung der Studentenschaft bis 1939 konstant blieb, ja daß wegen der erschwerten Zugangsbedingungen die Zahl der jungen Männer und Frauen aus bisher privilegierten, an ein Hochschulstudium gewöhnten Familien deutlich anstieg. So kletterte etwa der Anteil der Studierenden aus Akademikerfamilien von 1933 bis 1939 von 24 auf 32 Prozent, der seit langem mehrheitsfähige Block der aus Familien der Beamten-, Akademiker- und Angestelltenschaft stammenden Studierenden auf 63 Prozent, zusammen mit den aufstiegsorientierten Sprößlingen aus dem «alten Mittelstand» auf 81 Prozent. Dagegen sank der Anteil der Studenten aus Arbeiterfamilien von 3,9 auf 3,2 Prozent, aus Bauernfamilien von sieben auf fünf Prozent wieder ab. Während des Krieges tauchten erst recht keine neuen egalitären Züge an den Hochschulen auf – mit einer von der Not gebotenen Ausnahme: der nachdrücklich geförderten Aufnahme des Medizinstudiums durch junge Frauen.

Von der Hochschullehrerschaft ist seit dem 30. Januar 1933 ein Drittel wegen seiner jüdischen Herkunft oder politischen Mißliebigkeit entlassen worden, so daß die Anzahl der Professoren bis 1939 auf 71 Prozent, die der Dozenten auf 67 Prozent des Standes von 1932 schrumpfte, da sie auch nicht durch Günstlinge der Partei wenigstens auf den alten Stand gebracht wurden. Insbesondere die Sozial- und Wirtschaftswissenschaften, die Jurisprudenz, die Mathematik und die Klassische Philologie erlitten herbe Verluste. Die Jurafakultäten zum Beispiel verloren durchschnittlich ein Drittel ihrer Mitglieder. Aufgrund dieser nationalsozialistischen Intervention verkürzte sich freilich die Wartezeit für Privatdozenten, so daß jetzt auf einmal 37jährige Juraprofessoren zu den jüngsten Angehörigen der Hochschullehrerschaft rechneten.

Auch an den Universitäten kümmerte sich die nationalsozialistische Politik auffallend wenig um eine forcierte Nachwuchsrekrutierung. Hatten sich von 1920 bis 1933 2333 Wissenschaftler habilitiert, fiel diese Zahl von 1933 bis 1944 um mehr als ein Drittel auf 1534. Blickt man auf die soziale Herkunft der neuen Dozenten, ging der prozentuale Anteil der Bildungsbürgersöhne um 49 Prozent, derjenige von Söhnen von Unternehmern, leitenden Angestellten und Offizieren um 43 Prozent, aber derjenige von Familien des «neuen» und des «alten Mittelstands» nur um zwei Prozent zurück. Gliedert man die Herkunftsmilieus aller Privatdozenten von 1933 bis 44 nach prozentualen Anteilen, in Klammern die Anteile in der Zeitspanne von 1920 bis 1932, ergibt sich allerdings immer noch die vertraute bildungsbürgerliche Majorität von 44 Prozent (47,8 Prozent), während die Wissenschaftler aus den Familien von Unternehmern, leitenden

Angestellten und Offizieren auf 30,7 Prozent (35,8 Prozent) zurückfielen und diejenigen aus dem «alten» und «neuen Mittelstand» auf 25,3 Prozent (16,4 Prozent) deutlich zunahmen. Der Anteil von Privatdozenten aus Arbeiterfamilien vermehrte sich kaum merklich von 0,14 auf 0,21 Prozent.

Zwar mußten die jüngeren Hochschullehrer in sogenannten «Dozentenlagern» ihre Gesinnungstreue nachweisen, aber über einige oberflächliche Schulungskurse scheint die Indoktrination nicht hinausgegangen zu sein. Auch die Parteimitgliedschaft wurde nicht zur formellen Voraussetzung für die Berufung auf einen Lehrstuhl erhoben. Das eigentliche Problem der Hochschullehrer lag nicht in ihrer mehr oder minder ineffektiven Umerziehung zu zuverlässigen Parteigenossen, sondern in ihrer ohnehin vorhandenen Übereinstimmung mit zahlreichen Zielen des Nationalsozialismus, ohne daß sie der NSDAP angehört hätten (vgl. IV.3).

3. Zeitweilig wurde viel Aufhebens davon gemacht, daß der Führerstaat mit eigenen Eliteschulen höhere Bildungsanstalten geschaffen habe, die auf längere Sicht das überkommene System hätten aushebeln können. Auch hier besitzt die Realität ein sehr bescheidenes Ausmaß, und zwar bei allen drei der neuen Schultypen.

Bereits im April 1933 wurden die ersten «Nationalpolitischen Erziehungsanstalten» (Napola) als Nachfolger der Kadettenanstalten und dem Gymnasium gleichgestellte Internatsschulen mit Abiturrecht zur Ausbildung des politischen Führernachwuchses der Partei, SA und SS gegründet. Anfangs kooperierten SA und SS mit dem Erziehungsministerium unter Rust, doch bereits 1936 gewann die SS den entscheidenden Einfluß und stellte daher auch mit dem Leiter des SS-Hauptamtes, August Heißmeyer, den «Inspekteur» der Napola. Bis 1942 wurden von der geplanten Gesamtzahl von hundert Napola 39 mit 6000 Schülern gegründet. Die Aufnahme wurde relativ großzügig gehandhabt. Jahrelang gehörte nicht einmal die Zugehörigkeit zur HJ zu den Vorbedingungen, Eltern sollten «möglichst» der Partei angehören. Bis 1943 wurde ein Schulgeld von immerhin 1200 RM erhoben, das freilich sozial gestaffelt war und für die Stipendiaten ganz entfiel. Der elitäre Dünkel drückte sich auch darin aus, daß die Schuluniform der HJ-Kluft vorgezogen wurde.

Unter der dem italienischen Faschismus entlehnten Parole «Glauben, Gehorchen, Kämpfen» nahmen die «weltanschauliche» und die sportliche Schulung einen breiten Platz ein, sonst aber entsprach der Stundenplan demjenigen der Gymnasien. Die Mehrzahl der Absolventen strebte den Offiziersrang in der Wehrmacht oder Waffen-SS an, die bis 1944 54 Prozent von ihnen an sich zog; bis zum Ende dieses Jahres waren schon 1226 im Krieg umgekommen.

Als Konkurrenzunternehmen, das allein den Parteinachwuchs heranbilden sollte, entstanden im Januar 1937 die «Adolf Hitler-Schulen», die von HJ-Chef Baldur v. Schirach und Robert Ley in seiner Eigenschaft als Reichsschulungsleiter der NSDAP aus der Taufe gehoben wurden. Dort wurden Schüler vom 12. bis 18. Lebensjahr ausgebildet. Die Bewährung im «Jungvolk» und die Parteizugehörigkeit der Eltern waren erwünscht, aber nicht obligatorisch. Die zehn «Adolf Hitler-Schulen» mit nicht mehr als 600 Schülern wurden 1941 in «Reichsschulen» umbenannt, erhielten aber erst 1942 auf Drängen Hitlers mit dem Abiturrecht die Gleichstellung mit den konventionellen höheren Schulen. Zu dem geplanten Ausbau ist es während des Krieges nicht mehr gekommen. – Ein Einzelgänger blieb die «Nationalsozialistische Deutsche Oberschule» in Feldafing bei München, die 1933 von Röhm im Stil einer SA-Kadettenanstalt gegründet und 1936 von Heß, faktisch aber von Heißmeyer für das SS-Imperium übernommen wurde.

Weist nun die soziale Zusammensetzung der Schüler an den Napola und Adolf-Hitler-Schulen Merkmale einer drastischen Veränderung auf, in der sich eine zielbewußte NS-Reform auswirkte?

Übersicht 138: Soziale Herkunft der Schüler an NS-Eliteanstalten, 1940

Väterberufe	Napola	Adolf-Hitler-Schulen	Anteil der Erwerbstätigen im Reich
1. Beamte	26	12	5,6
2. Angestellte	22	21	16,4
3. Handel/Gewerbe	16	33	20
4. Arbeiter	13	11	45
5. Bauern	7	5	10
6. Offiziere	6	3	0,3
7. Sonstige	10	9	9

Während die Napola, wie die Übersicht 138 zeigt, in den ersten drei Positionen durchaus den überkommenen höheren Schulen ähnelten, zogen die Adolf-Hitler-Schulen, auf die sich der Einfluß von lokalen und regionalen Parteistellen bis hinauf zum Gauleiter stärker auswirkte, Kinder aus Familien des «alten Mittelstandes» denjenigen aus Beamtenfamilien vor. Beide Schultypen nahmen aber ungleich bereitwilliger als Gymnasien und Oberschulen Arbeiter- und Bauernkinder auf: Die Napola schafften immerhin einen Anteil von einem Fünftel. Dennoch machten diese rund 1600 Schüler in der Population aller höheren Schüler nur einen geradezu winzigen Anteil aus.

Die Planung sah ursprünglich vor, daß Absolventen insbesondere der Adolf-Hitler-Schulen, aber auch der Napola nach dem Abschlußexamen auf eine «Ordensburg» oder an die «Hohe Schule» der Partei überwechseln sollten; diese «Hohe Schule» war auf Drängen Alfred Rosenbergs 1938 genehmigt worden, blieb aber in der Aufbauplanung stecken, so daß es nie zu dem vorgesehenen Protzbau am Chiemsee gekommen ist.

Auch von den regionalen Ordensburgen wurden bis 1936 nur drei gebaut und in Betrieb genommen: Vogelsang in der Eifel, Krössinsee in Pommern und Sonthofen in Oberbayern. Als eine Art von Parteiuniversität besaßen sie die Funktion von Kaderschulen. Jede Ordensburg sollte von tausend «Junkern» besucht werden, die dort auf eine für die künftige Elite üppig bemessene Lehr- und Dienstleistungsbelegschaft von 500 Personen trafen. Tatsächlich wurden aber nur maximal 60 Prozent der Plätze besetzt, überwiegend von 25- bis 30jährigen Partei- und DAF-Funktionären; nur zehn Prozent von ihnen besaßen das Abitur. Anstelle einer Aufnahmeprüfung wurden der Dienst in der HJ, im RAD und in der Wehrmacht sowie längere Erfahrung in Partei-, SA- und SS-Stellen vorausgesetzt. Die allermeisten Absolventen wechselten zum Heer oder zur Waffen-SS über, wo sie als «Goldfasanen» bei den Troupiers auf handfeste Skepsis trafen; eine Minderheit ging in die Verwaltung der besetzten Ostgebiete.

Gemessen an dem hohen Ziel, den «neuen Menschen» für die nationalsozialistische «Volksgemeinschaft» heranzuzüchten, nehmen sich die Veränderungen im höheren Bildungswesen eher kläglich aus. Auch wenn die Eliteschulen der Partei die Auswahlkriterien sozial erweiterten, handelt es sich doch nur um eine winzig kleine Nachwuchselite, für deren Ausbildung ein schmaler institutioneller Sockel geschaffen wurde.

4. Der Blick auf die Sozialstatistik der Partei und ihrer Führung verhilft dazu, das Selbstverständnis der Parteimitglieder besser zu verstehen, ihre Überzeugung nämlich, daß sich zum einen die NSDAP, in Hitlers eigenen Worten, als «deutsche Volkspartei» verstand, daß sie zum andern das Etikett «Partei der Jugend» für sich in Anspruch nehmen könne und daß sie schließlich ihr Führungskorps einschließlich der Reichstagsfraktion für offener, für ungleich weniger klassenspezifisch gebunden hielt, als das bei allen anderen Parteien der Fall war.

Übersicht 139: Sozialstruktur der NSDAP und ihrer Führung 1933 und 1935

	Mitglieder		Führung	Alterskohorten	Mitglieder	
	1933	1935	1933		1933	1935
1. Arbeiter	31,5	30,3	22,0	18–20	1,8	3,5
2. Angestellte	21,1	19,4	23,4	21–30	40,4	34,1
3. Selbständige	17,6	19,0	19,7	31–40	27,8	27,9
4. Bauern	12,6	10,2	18,4	41–50	17,1	19,6
5. Beamte	6,7	12,4	10,9	51–60	9,3	11,2
6. Sonstige	10,5	8,5	3,1	61–	3,6	3,7

Arbeiter, Angestellte und Selbständige (Geschäftsleute, Gewerbetreibende, Freiberufler außer Bauern) stellten 1933 rund 70, 1935 rund 69 Prozent der Mitgliedschaft, die mithin ungewöhnlich breit über unterschiedliche Erwerbs- und Besitzklassen verteilt war. Allein der Beamtenanteil veränderte sich drastisch, da er sich, verräterisches Anzeichen des vorherrschenden

Opportunismus, bis 1935 verdoppelte. Eine ähnlich breite Streuung gilt, wie die Übersicht 139 ebenfalls nachweist, im Hinblick auf die Führungspositionen. Und an der Verteilung auf Alterskohorten fällt auf, daß 1933 rund 70 Prozent, 1935 immer noch rund 65 Prozent aller Mitglieder weniger als vierzig Jahre alt waren. Sie glaubten daher, aus Überzeugung das populäre NS-Lied singen zu können: «Ein junges Volk steht auf, zum Sturm bereit...»

Auch in der großen Reichstagsfraktion vom Oktober 1932 mit ihren 230 Mitgliedern waren 140 unter 40, und die Berufsangaben (55 Arbeiter und Angestellte, 50 Bauern, 43 Selbständige, 29 NS-Funktionäre, 32 Beamte, 9 ehemalige Offiziere) unterstrichen den Volksparteianspruch. Während der Regimephase expandierte dann das Korps der «Hoheitsträger» protuberanzenartig: 1935 z. B. zählte man 33 Gauleiter (1941: 45), 827 Kreisleiter, 21 000 Ortsgruppenleiter, 260 000 Zellen- und Blockwarte. Selbst ohne die zahlreichen Leitungspositionen in den verschiedenen Parteiverbänden umfaßte dieses Führerkorps 1937 bereits 700 000, 1943 sogar mehr als zwei Millionen Parteigenossen. Zählt man noch die Führungsämter in den angeschlossenen NS-Organisationen hinzu, kommt man, obwohl zahlreiche «Hoheitsträger» mehrere Funktionen gleichzeitig ausübten, auf rund 2,5 Millionen Männer, deren Bedürfnis nach Auszeichnung, Prestigegewinn, eigener Uniform und Verfügung über Anordnungsgewalt auf diese Weise befriedigt wurde. Und da es sich angesichts der Riesenzahl von Leitungspositionen um eine denkbar heterogene Führerschaft handelte, stützte eben diese Heterogenität die Auffassung, daß in der Partei und in ihren zahlreichen Organisationen jedem «Volksgenossen» eine Karriere offenstehe, ohne daß er dabei auf die vertrauten Klassenschranken stieß.

In Wirklichkeit sah das Bild viel widersprüchlicher aus. Während es auf den unteren Hierarchieebenen mit lauter unbedeutenden Positionen eine evidente Fluidität und Offenheit des Zugangs gab, wirkten die oberen Entscheidungsränge, bereits vom Kreisleiter ab aufwärts, wie einbetoniert. Hier herrschte uneingeschränkt der Typus des «alten Kämpfers», der vor 1930, jedenfalls vor dem Januar 1933 zur Partei gestoßen war. So stammten z. B. 95 Prozent der Gauamtsleiter, 73 Prozent der Kreisamtsleiter und 70 Prozent der Kreisleiter aus der Rotte der «alten Kämpfer», deren große Mehrheit vor 1925 in die Partei eingetreten war. Zäh klammerten sich die «braunen Bonzen» an ihr Amt und bissen potentielle Aufsteiger weg. Hier zählte der ausschlaggebende Kontakt zu Hitler, der «Bewährung in der Kampfzeit» bis zuletzt honorierte und neue Talente in die polykratischen Sonderstäbe lenkte. Verstoßen wurde ein «alter Kämpfer», auch wenn er gescheitert oder in die Kriminalität abgewandert war, so gut wie nie. Die Kaltstellung von Darré oder, sehr spät, von Göring stellt eine auffällige Ausnahme dar.

In den abgeschotteten Spitzenstellungen wiederum fanden sich sozial durchaus buntgemischte Cliquen ein, die sich selber als leuchtendes Beispiel des Erfolgs in der aufstiegsoffenen «Volksgemeinschaft» priesen. Von den Gauleitern des Jahres 1933 etwa waren 16 Angestellte oder Beamte, sechs Volksschullehrer, drei Arbeiter gewesen; nur drei besaßen einen Universitätsabschluß, zwei weitere hatten ein Gymnasium besucht, 23 nur die Volksschule; die Hälfte war jünger als vierzig. Von 28 Spitzenfunktionären der DAF des Jahres 1938 gehörten 25 bereits vor 1930 der Partei an; bis auf einen einzigen Universitätsabsolventen handelte es sich durchweg um ehemalige Angestellte, Arbeiter und Handwerker. Von 35 SS-Generälen des Jahres 1941 kamen zwölf ursprünglich aus dem Offizierberuf, drei waren Schlosser, zwei Tagelöhner, je einer war Elektriker bzw. LKW-Fahrer gewesen; die anderen waren in Parteiformationen aufgestiegen. Zwar erzwang dann der Krieg, etwa im SS-Führerkorps, eine Öffnung, so daß es schließlich dreißigjährige Waffen-SS-Generäle gab. Doch kontrastierte diese propagandistisch genutzte Öffnung aufs schärfste mit der erstarkten Oligarchie, welche die Pfründen der Partei- und Verbandsämter nicht aus der Hand gab. Vor den oberen Rängen machte die Mobilität in der nationalsozialistischen «Leistungsgemeinschaft» halt. Dort zählten nicht überprüfbare Leistungen, sondern allein Bewährung in der Aufstiegsphase, blinde Parteiloyalität, unerschütterliche Führergläubigkeit, «fanatische Entschlossenheit».

5. Übrigens traf das Merkmal der sozialen Geschlossenheit im Grunde genommen auch auf die 31 zwischen 1933 und 1939 amtierenden Minister der Reichsregierung zu. Daß Angehörige der alten Macht- und Funktionseliten zunächst gebraucht und dann beibehalten wurden, läßt sich an der aus dem Bildungs- und Wirtschaftsbürgertum stammenden, akademisch geschulten Mehrheit ablesen. Kein Arbeitersohn war dort zu finden, wohl aber gab es fünf Adlige; nur zwei Mitglieder stammten aus den unteren Mittelklassen (außer Hitler selber nur Kerrl).

Auch die höhere Bürokratie erlebte keineswegs den befürchteten tumultuarischen Umbau. Zwar gehörten bis 1937 86 Prozent aller Beamten in Preußen und 63 Prozent aller Beamten im Reich der Partei an. Zwar galt die Mitgliedschaft für höhere Beamte als erwünscht, so daß die erdrückende Mehrheit diesem Wunsch beflissen nachgab, doch nach Hitlers eigenem Diktum nicht als obligatorisch. Die Schwerfälligkeit der an Gesetzesnormen orientierten Verwaltungsroutine wurde nicht durch einen sozialstrukturellen Umbau der Bürokratie korrigiert, das Regime verzichtete auf einen Umbau. Relativ wenige strategische Positionen wurden mit Nationalsozialisten besetzt, um den Fluß regimeadäquater Entscheidungen von oben nach unten zu gewährleisten. Aber die polykratischen Sonderexekutiven bekamen zahlreiche wichtige Aufgaben übertragen, und in diesen Stäben sorgte die charismatische Aristokratie dafür, daß dem «Führer» zügig zugearbeitet wurde.

Das kastenähnlich abgeschlossene Offizierkorps erlebte zwar, als seine Mitgliederzahl im Zuge der forcierten Aufrüstung von 3855 (1933) bis 1939 auf 84075 fast um das 28fache vermehrt wurde, eine abrupte Expansion. So wurden etwa sogleich 2500 ehemalige Armeeoffiziere aus dem Polizeidienst und 1800 bereits pensionierte Offiziere zurückgeholt, 1500 beförderte Unteroffiziere, 2000 Justizreferendare und 1600 österreichische Offiziere aufgenommen. Aber im allgemeinen wurde die strenge Berufsregulierung (Abitur, Kooptation, Ehekonsens, Ehrengericht, Senioritätsprinzip) beibehalten. Erst seit 1942 wurde aufgrund der persönlichen Intervention Hitlers das überkommene Regelwerk durch neuartige, geradezu revolutionäre Auswahlkriterien ersetzt, so daß die rund 250000 Offiziere von 1945 eine von Grund auf veränderte Funktionselite verkörperten.

Wiederum darf die relativ kurze Herrschaftszeit des Nationalsozialismus nicht davon ablenken, daß es unverkennbar einen traditionalen Überhang in den Elitepositionen gab, auf längere Zeit aber durchaus eine neuaristokratische Parteielite das Ruder übernehmen sollte. Vor allem in der SS, die 1938 schon 12000 Universitätsabsolventen an sich gebunden hatte und trotz der Intellektuellenfeindschaft die Aufwertung der regimetreuen Experten förderte, im SD, im RSHA und in einigen Sonderstäben tauchten die Konturen dieses machtbewußten Herrenclubs der Zukunft auf, der mit der Verwirklichung des arischen Rassestaats die überlebenden Deutschen noch das Fürchten gelehrt hätte. Wie Hitler prognostizierte: In hundert Jahren gehe die gesamte deutsche Führungselite aus der SS hervor. Nach der Judenvernichtung und dem Lebensraumgewinn werde sie mit dem arischen Rassestaat zum Herrn der Welt aufsteigen.[11]

6. Modernisierung oder «soziale Revolution» im «Dritten Reich»?

Vergegenwärtigt man sich noch einmal die Attraktivität der Sozialutopie der nationalsozialistischen «Leistungs-Volksgemeinschaft» oder die Mobilitätsvorgänge im «Dritten Reich» (vorn I.6. u. III.5.), versteht man besser, warum nach einer ersten zeitlichen Distanz schon in den 1960er Jahren eine leidenschaftliche, wenn auch kurze Debatte darüber geführt worden ist, ob dem NS-Regime trotz aller Schattenseiten nicht doch auch eine Modernisierung der deutschen Gesellschaft, womöglich sogar eine veritable «soziale Revolution» gelungen sei. Der Soziologe Ralf Dahrendorf plädierte in seinem ungewöhnlich einflußreichen Buch über «Gesellschaft und Demokratie in Deutschland» (1968) für die anregende Deutung, daß die Führerdiktatur einen unbeabsichtigten Stoß in die Moderne ausgeführt habe. Mit dem Ziel erst der Herrschaftsstabilisierung, dann der Steigerung der Kriegseffizienz habe sie traditionale Autonomieinseln zerstört, damit aber eine von ihr nicht intendierte Modernisierung vorangetrieben, die dann der

Bundesrepublik zugute gekommen sei. Ungefähr gleichzeitig ging der amerikanische Historiker David Schoenbaum in seiner Interpretation der «Braunen Revolution» (1967) so weit, dem «Dritten Reich» nicht nur eine mentale, sondern auch eine sozialstrukturelle Revolution, eine «Revolution der Zwecke und der Mittel», zuzubilligen.

Während sich in den 70er Jahren überwiegend Skepsis gegenüber diesem Ansatz und seinen Bewertungskriterien ausbreitete und die Debatte darüber in den 80er Jahren fast ganz zum Erliegen kam, tauchte sie, abgekoppelt von der bisherigen Auseinandersetzung, aber das Interesse einer jüngeren Generation ausdrückend, in den 90er Jahren erneut auf. Diesmal ging es sogar um angeblich nachweisbare Modernisierungsintentionen, auch und gerade von Hitler selber, sowie um das Erreichen von Modernisierungszielen im Vollzug einer bewußt sozialrevolutionären Politik. Wiederum überwog die notwendige Kritik an der teils nachlässigen, teils verwegen inkompetenten, manchmal aber auch einleuchtenden Gedankenführung, so daß es, aufs Ganze gesehen, noch nicht zu einem ruhigen Abwägen der strittigen Argumente gekommen ist.

An dieser Stelle muß man sich daher zuerst noch einmal, wie das in den ersten drei Bänden dieser «Gesellschaftsgeschichte» schon mehrfach geschehen ist, zwei Gesichtspunkte unmißverständlich vor Augen führen. Zum einen meint hier Modernisierungstheorie keineswegs die kurzlebige Blüte namentlich der amerikanischen sozialwissenschaftlichen Variante der Modernisierungstheorien in den 1950/60er Jahren, deren Schwächen längst hinlänglich kritisiert worden sind. Vielmehr bezeichnet der Begriff jene von Adam Smith, Karl Marx, Max Weber und manchen anderen entfaltete Analyse und Deutung des in die westliche Moderne führenden Evolutionsprozesses; als anregendste Schlüsselfigur dieser Tradition wird in unserem Kontext weiterhin Max Weber verstanden.

Zum anderen liegt die eigentliche Stärke dieser Modernisierungstheorie in der Identifizierung, Untersuchung und Interpretation von langlebigen Transformationsprozessen. Dafür ist sie seit jeher gedacht gewesen und besonders geeignet. Auf die Entwicklung innerhalb kurzer Zeitspannen ist sie dagegen nicht zugeschnitten, und die zwölf Jahre des «Tausendjährigen Reiches» umfassen in diesem Sinn einen außerordentlich knappen Zeitraum. Dennoch kann man im Rahmen dieser Theorie einige sinnvolle und legitime Fragen stellen. Man muß es jetzt auch deshalb tun, um die eingangs erwähnte Kontroverse, die angeblich in ein «kognitives Nirwana» zu führen droht, einer Klärung entgegenzuführen.

Sind die bis 1933 unzweifelhaft vorhandenen mächtigen Modernisierungstrends, unter deren Hegemonie auch das deutschsprachige Mitteleuropa an der okzidentalen Sonderentwicklung teilgenommen hatte, weitergelaufen? Sind sie vielleicht sogar gefördert worden? Oder sind sie im Gegenteil unterbrochen oder abgebrochen worden? Herrschte mithin in

6. Modernisierung oder «soziale Revolution» im «Dritten Reich»?

einem so durchsetzungsfähigen Transformationsprozeß eher Kontinuität oder eher Diskontinuität – oder beides? Wurde zumindest auf einigen Gebieten der Modernisierungsprozeß intentional unterstützt? Oder setzte er sich ohne das absichtsvolle Handeln der Akteure des NS-Regimes weiter durch, zumal man die begrenzte Gestaltungsfähigkeit in seinen wenigen Jahren nicht überschätzen darf? Die Aufstiegsmobilität etwa kam dank der Nachfrage neuer Institutionen, aber nicht als zielstrebig geplante Modernisierungsmaßnahme zustande. Bezeichnete dagegen die anvisierte «Leistungs-Volksgemeinschaft» eine Etappe auf dem Weg zur modernen meritokratischen Leistungsgesellschaft? Und schließlich: Was sind die Langzeitwirkungen des geförderten oder blockierten Modernisierungsprozesses, wie sie sich nach 1945 geltend machten? Sind vielleicht fundamentale Veränderungen im Sinn einer Modernisierungsbegünstigung überhaupt erst durch den Krieg und in den ersten Nachkriegsjahren als Folge der «deutschen Katastrophe» oder als Fernwirkung der nationalsozialistischen Politik nach dem Untergang des Regimes zustande gekommen?

Eins ist sicher: Man sollte solche Fragen nicht mit der schroffen Leugnung jedweder Modernisierung unter der Führerdiktatur von Anfang an entgegentreten, indem man generell das Verdikt der «simulierten» oder der «vorgetäuschten» Modernisierung verhängt. Gerade wer den Nationalsozialismus der gebotenen und überfälligen Historisierung unterwerfen, ihn also nicht als erratischen Block mitten in der deutschen Geschichte des 20. Jahrhunderts liegenlassen, sondern in den historischen Kontext einbetten will, muß sich, so schwer es auch fallen mag, den tiefen Ambivalenzen der Modernisierung auch nach 1933 stellen. Der Krieg ist zwar nicht, wie es seit der Antike heißt, der Vater aller Dinge. Aber er kann dennoch Entwicklungen fördern, die den Nachlebenden positiv zustatten kommen. Kann daher nicht auch, wird man daher fragen dürfen, die Vorbereitung und Durchführung eines Vernichtungskrieges, die Modellierung eines arischen Herrenrassereichs Impulse mit einer modernisierenden Wirkung auslösen, die als solche nicht geplant waren, aber nach dem Scheitern aller Vorhaben und um einen entsetzlichen Preis den Überlebenden und neuen Generationen zugute kommen? Mit einer Unterschätzung oder gar heimlichen Rechtfertigung der nationalsozialistischen Politik, die selbstredend mit aller Entschiedenheit weiter der Kritik unterworfen werden muß, hat das ganz und gar nichts zu tun. Sehr viel aber mit der Hegel vertrauten Heterogonie der Zwecke, wonach aus den Handlungen der Menschen oft ganz andere Resultate, als es ihrer ursprünglichen Absicht entsprach, hervorgehen.

Der Inhalt der okzidentalen Modernisierung während der Neuzeit läßt sich an den langlebigen Prozessen einer zusammenhängenden strukturellen Veränderung erfassen, die alle Dimensionen des gesellschaftlichen Lebens erfaßt hat. (Von den älteren Antriebskräften, etwa dem monotheistischen Juden- und Christentum, dem römischen Recht, der griechischen Philosophie, der Staatsbildung, braucht hier nicht mehr gehandelt zu werden.) Gemeinhin denkt man bei dieser Transformation an ein Bündel zentraler Faktoren. Da ist:

1. der Wandel der Wirtschaftsstruktur: von der Agrar- zur Industrie- und Konsumgesellschaft, ablesbar auch an den Indikatoren des wirtschaftlichen Wachstums;

2. die Verkehrsrevolution von Eisenbahn, Telegraph und Post, sogleich gefolgt von neuen Kommunikationsmitteln;

3. der Wandel der Sozialstruktur: von der Ständegesellschaft zur Klassengesellschaft unter der Dominanz marktbedingter Erwerbs- und Berufsklassen, die durch hohe geographische und soziale Mobilität geprägt sind;

4. das zeitweilig beispiellose demographische Wachstum, das als Antriebskraft zahlloser Veränderungen, etwa massenhafter Migrationsbewegungen oder der Sozialpolitik, wirkte;

5. das Vordringen der Urbanisierung und die dazu parallel verlaufende Entagrarisierung;

6. die Expansion des Bildungswesens und des Kommunikationssystems, mithin eine umfassende kulturelle Mobilisierung;

7. der Aufstieg der Wissenschaften zu einer auch den Alltag zunehmend prägenden Innovationsmacht, ohne die der «technische Fortschritt» nicht denkbar ist;

8. die Säkularisierung weiter Lebensbereiche und die dadurch erzwungene Adjustierung der Konfessionen;

9. die großen Emanzipationsbewegungen der Minderprivilegierten, der Frauen, der Arbeiter, der Minderheiten, etwa der Juden und kleinen Nationalitäten;

10. der Wandel des politischen Systems, mithin die Ausweitung der politischen Partizipationsrechte, der Staatsfunktionen im Verlauf des anhaltenden Staatsbildungsprozesses und der Bürokratie; der Aufbau des Verfassungs-, Rechts- und Sozialstaats; auch der Elitenwechsel und die Attraktivität der Staatsform der demokratisch legitimierten Republik. Diese «politische Evolution» vollzieht sich gewöhnlich im Zeichen von «Krisen», wobei sich die Problemtypologie solcher Krisen: der Identitäts-, Legitimations-, Partizipations-, Integrations-, Penetrations- und Distributionskrisen, heuristisch und empirisch bewährt hat.

Selbstverständlich gibt es auch durch und durch moderne Phänomene, welche die schwarze Seite der Moderne verkörperten. Denn erst ihr Potential hat die totalitäre Diktatur, den industriellen Massenmord, den Vernichtungskrieg, den menschenfeindlichen Szientismus, die Massenindoktrination, die Umweltzerstörung, den Nord-Süd-Konflikt, die exzessive Bürokratisierung, die militante Entliberalisierung und Entdemokratisierung möglich gemacht. Das Urteil über alle Dimensionen der Modernisierung ist unvermeidbar normativ aufgeladen, bis hin zu den Richtungskriterien, welche die Stoßrichtung der Modernisierung präzisieren helfen. Das wird besonders deutlich sichtbar, wenn die modernen politischen Systeme mit ihren Charakteristika bewertet werden müssen.

Wendet man sich den schillernden Ambivalenzen der Modernisierung im «Dritten Reich» zu, erkennt man einige typische Verlaufsphänomene. Manche Modernisierungstrends liefen, wie von der Führerdiktatur völlig unberührt, unbeirrbar weiter; andere wurden nicht unterbrochen oder sogar beschleunigt, da sie als systemdienlich galten; wiederum andere wurden wider Willen gefördert. Vor allem aber lassen sie sich nie, das ist die oberste Maxime ihrer Erörterung, aus dem Zusammenhang der Rassen- und Kriegspolitik durch einen künstlichen Schnitt herauslösen, vielmehr bleiben sie aufs allerengste mit ihr verwoben.

Geht man auf die vorn genannten Modernisierungsdimensionen etwas genauer ein, drängen sich die folgenden Erwägungen auf.

1. Wegen des Primats der Aufrüstung und Kriegsführung ist die großindustrielle Entwicklung, besonders in den Dynamik generierenden Leitsektoren, beschleunigt worden. Trotz der Zerstörung durch den Bombenkrieg fand daher die Bundesrepublik einen breiten Sockel modernster Industrieanlagen vor; auch dem österreichischen «Wirtschaftswunder» hätte ohne den forcierten Industrieausbau seit 1938 eine wesentliche Grundlage gefehlt. Die staatliche Steuerung erwies sich freilich als weithin ineffektiv. Sie konnte selbst im Krieg ein «Rüstungstohuwabohu» nicht verhindern, bis Todt und Speer eine Neuorganisation durchsetzten. Im Grunde erwies sich die interventionistische Lenkung als eine Episode, da die Unternehmensautonomie zwar geschwächt, der harte Kern der maßgeblichen privaten Verfügungsrechte aber nicht angetastet, geschweige denn beseitigt wurde.

Ohne die Ausbeutung der besetzten europäischen Länder und des Millionenheers der Zwangsarbeiter wäre die auffällige Outputsteigerung unmöglich gewesen. Und auch die Deutschen selber zahlten für den industriellen Aufschwung mit der volkswirtschaftlich unproduktiven Aufrüstung, der zweiten Zerrüttung ihrer Währung und vollends mit den Verwüstungen des Krieges folgerichtig einen extrem hohen Preis.

In der Agrarwirtschaft beruhte die Reichsnährstandspolitik eine Zeitlang ersichtlich auf starren dogmatischen Prämissen. Aber sowohl mit der Förderung des lebensfähigen großen Bauernhofs als auch mit der Herauslösung der Landwirtschaft aus dem Markt bewegte sie sich auch, wenn man das ideologische Gewand des «Erbhofs» einmal abstreift, auf der Linie des europäischen Agrarprotektionismus seit den 1950er Jahren, dessen exzessives Subventionssystem ebenfalls den von Marktzwängen weithin entlasteten Großbetrieb privilegiert.

2. Das Verkehrssystem ist durch den spektakulären Ausbau der Autobahnen verbessert worden. Aber auch sie dienten zunächst einmal primär

als militärische Transportwege, während die von Hitler durchaus gewollte allgemeine «Motorisierung» als Folge des Angebots erschwinglicher «Volkswagen» ebenso reine Zukunftsmusik blieb wie die zivile Luftfahrt.

3. In der Sozialstruktur folgte mit der Rückkehr der acht Millionen Arbeitslosen in den Produktionsprozeß die große, durch die staatliche Konjunkturpolitik beschleunigte Anpassung nach dem Trendbruch der Weltwirtschaftskrise seit 1929. Doch hat sich das System der marktbedingten Klassen nicht verändert, sondern ist im Gegenteil bestätigt worden. Die vertraute Klassenstruktur wurde allerdings durch die politische Selektion der nationalsozialistischen Eliten durchbrochen, die namentlich in den polykratischen Sondergewalten eine eigene, wenn auch führerabhängige Machtstellung gewannen. Nicht zuletzt mit ihnen und dem forcierten Aufbau großer Verwaltungsapparate für die Wehrmacht, die neuen staatlichen Einrichtungen, die Partei und ihre Verbände hängt die verblüffende Aufstiegsmobilität von 1,8 Millionen Männern zusammen.

Fraglos sollte die arbeiterfreundliche Politik den Schock der Zerschlagung der Gewerkschaften und der Linksparteien kompensieren, insbesondere aber die Integration in den Führerstaat unterstützen. Mit diesen Zielen vor Augen erreichte die DAF vornehmlich in den mittelgroßen und kleinen Betrieben verbesserte Sozialleistungen. Durch gemeinsame Tarifverträge, Lohnfortzahlungen und verlängerte Urlaubszeiten sollte der eingeschliffene Unterschied zwischen Arbeitern und Angestellten allmählich abgebaut werden. Doch wurde das Fernziel eines einheitlichen Arbeitnehmerstatus, dem das unterschiedliche Versicherungsrecht weiterhin starr entgegenstand, keineswegs energisch angesteuert.

Die symbolische Aufwertung der «Arbeiter der Faust», die immerhin 23 Prozent der Teilnehmer an den KdF-Inlandsreisen und zehn Prozent der KdF-Seereisen stellten, blieb offenbar nicht ohne Wirkung. Aus traditionalistischen Gründen wurde dagegen der Zug zur Frauenerwerbsarbeit abgebremst.

Nie ging es dem Regime bei seiner Gesellschaftspolitik um jene Chancengerechtigkeit, die der demokratische Verfassungs- und Sozialstaat als normative Vorgabe unterstützt. Vielmehr blieb sein absolut vorrangiges Ziel, dem sich alles unterzuordnen hatte, die Optimierung der völkischrassischen Leistungskraft, um ein großdeutsches Rassereich zu etablieren und die Bewährungsprobe des Krieges, einschließlich künftiger Kämpfe um die Weltherrschaft, bestehen zu können. Währenddessen versuchte es, die Herausforderungen der Moderne durch Rassenzüchtung und Judenmord stillzulegen.

4. Trotz aller Anstrengungen konnte die nationalsozialistische Bevölkerungs- und Familienpolitik kein nennenswertes generatives Wachstum inaugurieren, für das zwölf Jahre ohnehin zu knapp bemessen sind. Der demographische Zuwachs kam vielmehr allein durch Gewaltakte zustande:

6. Modernisierung oder «soziale Revolution» im «Dritten Reich»?

Aufgrund der Einverleibung der «Volksdeutschen» und der Bevölkerung der annektierten Gebiete gewann das «Großdeutsche Reich» mehr als 18 Millionen Menschen hinzu, die seine Population auf 80 Millionen brachten. Als Konsequenz des deutschen Vernichtungskriegs und seiner barbarischen Bevölkerungspolitik im Osten stand am Ende der millionenfache Tod und die Vertreibung von 15 Millionen Deutschen nach Westen.

5. Trotz des Redeschwalls der Agrarutopisten wurde die Urbanisierung nicht ernsthaft behindert, aber auch nicht kraftvoll unterstützt; nur in den Städten mit neuer Rüstungsindustrie indirekt beschleunigt (s. vorn III.2 c). In der ominösen Zukunftsplanung, die Ley als «Reichskommissar für den Wohnungsbau» betreiben ließ, nahm allerdings die Großstadt mit Hochstatt Einfamilienhäusern einen festen Platz ein.

6. Einen dramatischen Rückschritt erlebte das Bildungswesen als Ort einer entscheidenden Schubkraft der Modernisierung. Die auffällige Expansion des letzten halben Jahrhunderts wurde abgebrochen. Die Studentenzahl der Universitäten wurde durch harte Eingriffe von 1933 = 121 000 auf 1939 = 56 000 um mehr als die Hälfte abgesenkt. An den Technischen Hochschulen schrumpfte ihre Zahl von 20 400 auf 9 500, selbst an den Ingenieurfachschulen von 19 000 auf 10 000. Die Frauenquote an den Universitäten verringerte sich von 15,4 auf 11,6, an den Technischen Hochschulen von 4,6 auf 1,9 Prozent. Der Anteil der Arbeiterkinder fiel wieder auf den Stand von 1911 zurück. Als Fachkräfte überall dringend gesucht wurden, blieb wegen der eklatanten Fehlplanung im Hochschulsystem der Nachwuchs aus (vgl. IV.3).

Im Schulsystem erfaßten die nationalsozialistischen Eliteschulen nur eine winzige Schülerschaft. Zwar bahnte die Aufhebung der überlebten Konfessionsschule auf längere Sicht der Simultanschule den Weg, verstärkte aber vorerst die Systemkritik der katholischen Kirche (vgl. IV.2).

7. Eine tiefe Zäsur charakterisiert ebenfalls das Wissenschaftssystem, das einen irreparablen Verlust an Fachkräften und dann eine durch die braune Intellektuellenfeindschaft geförderte Stagnation erlebte. Die Vertreibung jüdischer oder politisch diskriminierter Spitzenkräfte, deren Können seither vornehmlich den amerikanischen Hochschulen zugute gekommen ist, konnte nie wieder wettgemacht werden. Wichtige Forschungsfelder wie die Hochfrequenztechnik, die Radartechnologie, die Atomforschung wurden faktisch einer Blockade unterworfen. Strittige Erfolge waren das vor 1933 entwickelte Hydrierverfahren und der zu spät betriebene Raketen- und Düsenflugzeugbau.

Unter dem Kuratel der NS-Ideologie verwandelten sich erhebliche Teile der Biologie und Geschichtswissenschaft, der Volkskunde und Soziologie, der Psychiatrie und Psychologie, der Germanistik und Jurisprudenz in regimekonforme Afterwissenschaften, obwohl dort auch klassische Professionalisierungstendenzen weiterliefen. Aberhunderte von Medizinern wirkten bei der Euthanasie und Sterilisation, bei Menschenexperimenten im Banne der rassistischen Züchtungsutopie mit, verleugneten alle ethischen Normen und verkörperten mit ihrem szientifisch getarnten Irrationalismus eine Perversion der Moderne.

8. Der Säkularisierungsprozeß verschärfte sich durch die bedrohlichen Ansprüche der nationalsozialistischen Säkularreligion. Durch dieses Neuheidentum gerieten die Amtskirchen unter schmerzhaften Druck. Während sich ihm die Katholische Kirche, ungeachtet der Anpassungsbereitschaft exponierter Würdenträger, bravourös widersetzte, stand die Evangelische Kirche unmittelbar vor dem Schisma zwischen «Deutschen Christen» und «Bekennender Kirche», das der Nationalprotestantismus im Verein mit der neuen politischen Religion heraufbeschwor (vgl. IV,1). In der Alltagswelt sank freilich die Anzahl der konfessionellen Eheschließungen noch nicht, und die Scheidungsrate stieg keineswegs an. Insgesamt scheint der Prozeß jener Entchristianisierung, die Hitler und der Partei als Endziel fraglos vorschwebte, steckengeblieben oder wegen der erwünschten Konfliktfreiheit während des Krieges angehalten worden zu sein.

9. Die Emanzipationsbewegungen der Arbeiter und Frauen wurden, da ist kein Zweifel möglich, nach Kräften unterdrückt. Die Pseudolösung des «Harmonieverbandes» namens DAF erwies sich nicht als überlebensfähig. Und der parteioffizielle Antifeminismus stand, wie sich herausstellte, der indirekten Emanzipationsforderung durch die Eigenverantwortung und Selbständigkeit namentlich junger Frauen nicht unüberwindbar im Wege.

10. Im politischen System hat die charismatische Herrschaft der Führerdiktatur wie ein Amoklauf gewirkt, der die meisten Modernisierungsfortschritte zerstörte. Zuerst hat sie eine mühsam erkämpfte Errungenschaft des modernen Staatsbildungsprozesses, den demokratischen Machtwechsel nach der Wahl einer neuen Mehrheit durch die partizipationsberechtigten Männer und Frauen, zunichte gemacht. Formal gehörte zu diesem Prozeß die Ausdehnung der Staatsfunktionen. Aber dieser Vorgang diente jetzt nur mehr der Effizienzsteigerung der Diktatur, der Vorbereitung und Durchführung des zweiten totalen Krieges. Diesem Ziel war auch das Auswuchern der Bürokratie bis hin zu den zahlreichen führerimmediaten Sonderstäben zu verdanken.

Das Gehäuse des Verfassungs- und Rechtsstaats wurde in Windeseile zertrümmert, der Sozialstaat umgebaut. Er ordnete jetzt die alten und neuen Methoden der Daseinsvorsorge den Imperativen der Herrschaftsstabilisierung und der effektiven Leistungssteigerung, der umfassenden Reglementierung und der rassischen Selektion lückenlos unter. Zwar wurde die Präventivmedizin gefördert, das KdF-Freizeitangebot vermehrt, eine größere städtische Durchschnittswohnung in Aussicht gestellt und den siegreich heimkehrenden Kriegern eine dynamische Rente als Belohnung zugedacht. Insofern besitzt der Leysche «Sozialpaternalismus» hier und da auch Züge einer formalen Ähnlichkeit mit dem wohlfahrtsstaatlichen Beveridge-Plan in England. Aber die Hauptintention der nationalsozialistischen Sozialpolitik blieb die Unterstützung aller sinistren Regimeziele, und ihr Erfolg wäre mit dem Lebensraumimperialismus und der Ausbeutung Europas durch die großdeutsche Hegemonialmacht untrennbar verbunden gewesen.

Blickt man auf die konkreten Ergebnisse der häufig überschätzten Sozialpolitik, sieht man, daß die Weimarer Republik 1929 neun Prozent des Sozialprodukts, das NS-Regime 1939 aber nur sechs Prozent für diese Zwecke ausgab. Hatte die Republik von 1924 bis 1930 die Hälfte aller Wohnungsbauten mit öffentlichen Mitteln gefördert, waren es im Führerstaat von 1934 bis 1939 nur mehr zehn Prozent.

Der Elitenwechsel repräsentierte nicht mehr einen demokratischen Austausch des Führungspersonals, sondern einen klaren Kontinuitätsbruch. Die Parteioligarchie, der sozialen Herkunft nach oft aus dem kleinbürgerlichen Milieu und den Unterklassen stammend, drang in die überkommenen Machteliten ein, fusionierte mit ihnen oder verdrängte sie innerhalb kurzer Zeit. Anstelle des versprochenen entscheidungsfähigen, da straffen autoritären Systems entwickelte sich unter der Führerdiktatur eine neofeudalistische Personenverbandsherrschaft, deren Kennzeichen der ungehemmte Klientelismus, das verfilzte Patronagenetzwerk, die geltungssüchtige Satrapie nach dem Motto war: «Dem Sieger die Beute, der Korruption der Vorrang.» Ein Vorspiel des gegenwärtigen Interessenpluralismus sollte man darin beileibe nicht erkennen. Allerdings zeichnete sich mit dem Aufstieg der SS-Expertenherrschaft ein stählernes Gehäuse des künftigen «Dritten Reiches» ab. Mit politischer Modernisierung in einem normativ positiv besetzten Sinn hatte all das denkbar wenig zu tun, wohl aber ganz und gar mit der Schattenseite der Moderne.

Da objektivierbare Kriterien den Eindruck der Zeitgenossen, in einer krisenreichen Zeit zu leben, unterstützen, lohnt sich ein Blick auf die vorn erwähnte Krisentypologie.

1. Eine Identitätskrise trat insofern auf, als zeitweilig das Vordringen der Herrenrassementalität den Vorrang des traditionellen politischen Habitus in Frage stellte, zumal der Radikalnationalismus eine häufig betretene Brücke bildete. Doch schon in der zweiten Kriegshälfte erwies sich die Zählebigkeit der überkommenen Identitäten in den historischen Regionen und des gewissermaßen konventionellen, nicht arisch-großgermanisch überhöhten Deutschen.

2. Die unübersehbare Legitimationskrise der Republik führte zum tiefsten Einschnitt, da mit Hitlers charismatischer Herrschaft die Umpolung auf eine neuartige, die Diktatur stützende Legitimationsbasis verbunden war.

3. Eine Partizipationskrise wurde seit 1933 durch die radikale Widerru-

fung aller politischen Teilhaberrechte geschaffen, die nur noch in der Schwundform der plebiszitären Akklamation erhalten blieben. Schon wegen der Abwesenheit der innerparteilichen Demokratie und des Charakters charismatischer Herrschaft spricht nichts dafür, daß unter dem Führerabsolutismus das Rad zurückgedreht worden wäre, um regelmäßige politische Teilhabe mit direktem Einfluß auf das Herrschaftssystem wieder zu ermöglichen. Diese Entwicklung trug wesentlich zum breitenwirksamen Rückzug in die apolitische familiale Privatheit bei, zumal sich die Familie auch unter den Kriegsbedingungen als überlebensfähige Institution erwies.

4. Die evidente Integrationskrise der Republik, als alle Welt nur mehr die Desintegration in schlechthin alle Lebensbereiche beschwor, wurde sowohl durch den Radikalnationalismus als auch durch die Faszination der «Volksgemeinschaft» zeitweilig überwunden. Beide Ideologien erwiesen sich indes als Pseudolösung.

5. Die Penetrationskrise ist hauptsächlich ein Problem der europäischen Staatsbildung im 19. Jahrhundert gewesen, aber der neue Zentralstaat griff, auch alte Wunschträume seiner Bürokratie erfüllend, nach der Zertrümmerung des traditionsreichen deutschen Föderalismus mit seiner neuartigen autoritären Penetration des Landes bis zur Peripherie und in die Intimsphäre des Einzelnen durch.

6. Eine Distributionskrise als Folge der sozialen Ungleichheit in industriekapitalistischen Gesellschaften wurde durch die geheuchelte Egalität der «Volksgemeinschaft» eskamotiert. Unter dem Deckmantel der sozialen Gerechtigkeit für alle «Volksgenossen» sank die Lohnquote auf einen neuen Tiefpunkt, während die Unternehmereinkommen rasant stiegen. Von einer Beteiligung der Arbeitnehmer am Produktivkapital war in der DAF-Rhetorik nicht einmal ansatzweise die Rede. Jeder Zuwachs wurde in den Dienst des Krieges gestellt, so daß erst die langlebige Prosperitätsphase seit den 1950er Jahren eine neuartige Umverteilung des Wohlstands ermöglicht hat.

Die Diskussion der Gesichtspunkte, welche das modernisierungstheoretische Raster zur Verfügung stellt, erfaßt aber öfters gerade jene Faktoren nicht realitätsgerecht oder nur ungenau, die nach dem Selbstverständnis von Abermillionen Zeitgenossen die offenen, dynamischen, «fortschrittlichen» Züge des «Dritten Reiches» verkörperten. Diese subjektive Wahrnehmung zählte, da sie die Geister mobilisierte, auf längere Sicht oft mehr als kurzlebige «objektive» Veränderungen.

1. Im Hinblick auf die Sozialhierarchie entwickelte sich offenbar eine veränderte Bewußtseinslage. Es gab eine Diskontinuität der Sichtweisen, Einstellungen, Wahrnehmungen – auch sie ein Ausdruck der «Gesinnungsrevolution» unter charismatischer Herrschaft, die überkommene Denkformen verflüssigte. Die traditionellen Klassen- und Statusschranken wurden delegitimiert und auch konkret abgebaut, damit verbundene men-

tale Sperren nicht nur symbolisch in Frage gestellt. Insofern schien es vielen, daß eine egalitäre Homogenisierung der Sozialstruktur in der «Volksgemeinschaft» vordrang. Unter dem Motto «Freie Bahn dem Tüchtigen» wurde vielfach eine freiere Aufstiegsmobilität zur lebenspraktischen Erfahrung, ohne daß stets danach gefragt wurde, welchem Parteiverband mit seiner bürokratischen Expansionslust sie zu verdanken war.

Die propagierte meritokratische «Leistungsgemeinschaft» eröffnete vielen «arischen Volksgenossen» bislang ungeahnte Karrierechancen. Der Erwartungshorizont wurde weiter als je zuvor geöffnet. Schon der Anreiz, erst recht der befriedigte Ehrgeiz, schuf Regimeloyalität, erhöhte die populäre Zugkraft des Führerstaates.

Auch die nationalsozialistische Gleichschaltungspolitik im weitesten Sinne hat wahrscheinlich soziale Mobilisierungskräfte entbunden. Indem, wie es aussah, alte Schlacken fielen, wurden Energien entbunden, die nach einer neuen Ordnung strebten. Da die nationalsozialistischen Ideen auch in dieser Hinsicht vage blieben und nur die Vision der «Leistungsgemeinschaft» angeboten wurde, bemühten sich energische Individuen darum, diesen Rahmen nach ihren Vorstellungen von Berufserfolg und Sozialprestige auszufüllen. Das entsprach dem sozialdarwinistischen Konkurrenzideal des Regimes, wurde aber auch als neue Bewegungsfreiheit empfunden. Dadurch wurden konstruktive Antriebskräfte freigesetzt, die durch die typische Normenauflösung als Direktfolge charismatischer Herrschaft unterstützt wurden.

Vor allem aber wurden, besonders im Krieg, destruktive Energien ungeahnten Ausmaßes freigesetzt. Jedenfalls entstand eine «Dynamik der psychosozialen Kraftentfaltung», die zum einen den «Modernitätsappeal» des Nationalsozialismus steigerte, zum andern sich für das Regime und seine Kriegführung als «höchst funktional» erwies. Die Einlösung der geweckten Hoffnungen und der wahrgenommenen Versprechungen beruhte jedoch letztlich auf dem Sieg eines rassischen Großreiches, das alle legitimierbaren Modernisierungshoffnungen zunichte gemacht hätte.

2. Die «Volksgemeinschaft» als verführerische Neukonstruktion der Nation wurde offenbar von Millionen nicht negativ erfahren. Sie glaubten vielmehr an die sozialharmonische Überwindung des aus ihrer Sicht antiquierten Klassenantagonismus. Ging Gemeinnutz nicht in der Tat vor Eigennutz? Konnte man die neue Gemeinschaft nicht sicht- und fühlbar erleben? Der propagandistisch erzeugte «schöne Schein» ist unübersehbar. Aber man darf die bereits im Vormärz und während des Kaiserreichs lebendige, im Weltkrieg verstärkte und in der Republik unverändert anhaltende Sehnsucht nach dem gesellschaftlichen Konsens, der alle Interessendivergenzen zu überwinden imstande war, nicht unterschätzen. Die nationalsozialistische «Volksgemeinschaft» als Leitidee und als energisch betriebener Gesellschaftsumbau hat dieses Bedürfnis vieler Zeitgenossen befriedigt. Sie

hat vielerorts ein «verändertes Lebensgefühl» erzeugt, das die «affektive Integration» in das NS-System beförderte.

Fortbestehende Privilegien, neue Vorrechte der Parteibonzen und abstoßende Korruption der «Goldfasane» – sie galten als überwindbare Mängel, überdies gab es die neue Variante eines alten Topos vom gerechten Fürsten in der Ferne: «Wenn das der Führer wüßte». Hitler hat sich «instinktsicher» den Drang nach Integration und einer Zuflucht vor der konfliktreichen Moderne mit seiner Beschwörung der «schönen neuen Welt» der «Volksgemeinschaft» zunutze gemacht. Sie war ihm aber nie Selbstzweck, sondern zweckdienliche Voraussetzung der «rassenimperialistischen Machtentfaltung»: An erster Stelle galten ihm Rassereinheit und Lebensraum als die «Garanten völkischer Zukunft».

3. Die Vollbeschäftigung befreite von millionenfacher Not. Sie galt auch damals, wie in den Jahrzehnten nach 1945, als Optimalzustand der modernen Arbeitsgesellschaft. In den letzten Friedensjahren vor 1939 schien sich auch das Vordringen der Massenkonsumgesellschaft fortzusetzen. Nach den chaotischen Depressionsjahren wurden vitale Lebensinteressen durch diese Form der Amerikanisierung befriedigt. Die Wirkung dieses Erfolgs, die mörderischen Exzesse des Konjunkturzyklus überwunden zu haben, hat bei vielen die Überzeugung fest verankert, in den Genuß einer wahrhaft modernen, zukunftsfähigen Wirtschaftspolitik zu kommen, mit welcher der «Führer» Deutschland als erstes Industrieland aus der Depression in die Prosperität zurückgeführt habe. Vor der schwarzen Folie der Depressionsjahre fungierte das nationalsozialistische «Wirtschaftswunder» als Nährboden für die Regimeloyalität der Arbeiter. Die Zerschlagung ihrer Organisationsstruktur unterstützt die Erosion ihrer Subkultur. Zugleich wurde der Typus des konsum- und leistungsorientierten, «Fremdarbeiter» dirigierenden Arbeiters nachhaltig gefördert. Nach 1945 gab es, das erwies sich sehr schnell, keine Rückkehr zum proletarischen Sozialmilieu mit seiner marxistisch geprägten Arbeiterschaft und seinen politischen Organisationen.

4. Galt nicht bis Stalingrad für viele Millionen, daß sich unter der erfolgsverwöhnten charismatischen Führerherrschaft als «arischer Volksgenosse» besser als vor 1933 leben ließ? Selbst das nationalistische Trauma von 1918/19 war durch die militärische Zerschlagung des Versailler Systems während der «Blitzkriege» gegen Polen und Frankreich geheilt, das Selbstwertgefühl durch die Überhöhung zum privilegierten Herrenvolk im Besitz der europäischen Hegemonie gesteigert worden. Schien nicht die Führerherrschaft im Vergleich mit den entscheidungsschwachen parlamentarischen Demokratien des Westens die überlegene Staatsform der Gegenwart und selbstverständlich auch der Zukunft zu sein? Nicht nur wurde diese Überzeugung durch machtvolle Traditionen der deutschen politischen Kultur gestützt. Vielmehr konnte das Regime offenkundig eine bestechende Mobilisierung gesellschaftlicher Ressourcen bewerkstelligen.

6. Modernisierung oder «soziale Revolution» im «Dritten Reich»?

Stand Hitler nicht selber für Massenkonsum, Technikbegeisterung, Motorisierung, Urbanisierung – geradezu auf das in dieser Hinsicht attraktive amerikanische Vorbild fixiert? Von einer archaischen Reagrarisierung konnte ernsthaft nicht die Rede sein. Dafür hätte das Regime außerhalb der Fanatikerzirkel auch gar keine Legitimationsbasis besessen. Hitler sah die Industrialisierung ungleich positiver als die alte Garde der Konservativen – und wurde nicht allein von jungen Akademikern, Ingenieuren, Technikern auch so verstanden. Zugleich stemmte er sich aber zeitgemäßen Innovationen entgegen, da der Modernisierungsprozeß auch die angeblich tödliche Bedrohung durch die Juden erzeugte. Vor dieser Gefahr galt es, durch eine erbarmungslose Rassen- und Lebensraumpolitik die «ewigen Werte» im «Tausendjährigen Reich» für immer zu retten. Was aber kann an diesem Rassenkampf als Bewegungsgesetz der Weltgeschichte noch als modern gelten?

5. Selbst der barbarische Rassismus, der alle ethischen Normen sprengende Antisemitismus, die menschenverachtende Eugenik wurden von zahlreichen Experten und all jenen, die an deren überlegenes Wissen glaubten, als zukunftsträchtige Moderne verstanden. Diese Überzeugung brachte die Verfügbarkeit so vieler Angehöriger der professionellen Dienstleistungsklassen hervor. Sie verlieh dem Regime einen gut Teil jener sozialen Dynamik, die sein grenzenloses Zerstörungswerk überhaupt erst ermöglichte. So gewann es für viele das Image, als Vollender des wissenschaftlichen Fortschritts in den Biowissenschaften an der Spitze einer wahrhaft modernen Entwicklung zu stehen. Um diesen Verrat aller humanen Werte bloßzustellen, bedurfte es offenbar der totalen Niederlage des selbstproklamierten Rassestaats.

Die Bilanz ist nach alledem nicht leichterhand zu ziehen. Überwiegend ist das Regime daran interessiert gewesen, kurzfristig realisierbare Ziele zu erreichen. Dafür nutzte es das Modernisierungspotential des Landes aus, oft ebenso geschickt wie bedenkenlos. Was systemdienlich wirkte, wurde unbekümmert in den Dienst des Führerstaates gestellt.

An nur langfristig realisierbaren Zielen außerhalb der mit dogmatischer Starrheit verfolgten Rasse- und Kriegspolitik zeigte das Regime dagegen nirgendwo ein anhaltendes Interesse. Wegen des Ämterchaos und der inhärenten Willkür charismatischer Herrschaft war es zu einer Langzeitplanung und -politik auch strukturell außerstande. Die Vision von der «Leistungsgemeinschaft» beruhte sowohl auf der Exklusion aller rassepolitisch stigmatisierten Staatsbürger als auch auf der Negierung korrumpierender politischer Einflüsse. Der verheißene Sozialstaat und die Amerikanisierung der Konsumgesellschaft hingen von einem Siegfrieden und der Ausbeutung des unterworfenen Europa ab. Die verklärte «Volksgemeinschaft» unterlag der Einwirkung des rassepolitischen Atavismus und der anhaltenden Barbarisierung durch die Züchtungsutopie.

Von einer direkten Modernisierungspolitik als Folge nationalsozialistischer Intentionen kann man daher genausowenig sprechen wie von einer gelungenen «sozialen Revolution». Manche Modernisierungsprozesse liefen aus eigener Kraft weiter, mühsam erkämpfte Modernisierungsfortschritte, etwa im Bildungswesen und politischen System, wurden zunichte gemacht. An objektivierbaren Modernisierungseffekten aus eigener Kraft bleibt wenig übrig.

Dennoch trug der «Impact» des Regimes, wenn man den Krieg und die von ihm mitgeprägte Nachkriegszeit einbezieht, dazu bei, daß außerhalb der Welt zweckvoller Absichten Modernisierungsimpulse freigesetzt und traditionale Strukturen abgebaut wurden. In dieser Anerkennung nichtintendierter Modernisierungswirkungen liegt die fortdauernde Überzeugungskraft der Dahrendorfschen Argumentation. Abgesehen von der Zerstörung des einflußreichen Militärapparats, der Ausschaltung des Offizierkorps und der ostelbischen Adligen, der Zertrümmerung überkommener Sozialmilieus und der radikalen Dementierung des Überlegenheitsanspruchs der Diktatur sowie von anderen umstürzenden Folgen im Jahrzehnt zwischen 1939 und 1949 bleibt offenbar der wirksamste Modernisierungseffekt die Veränderung der Mentalität.

Auch wenn die meisten nationalsozialistischen Maßnahmen primär der Herrschaftsfestigung und Kriegspolitik dienten, sind sie doch von vielen Zeitgenossen als Befreiung von anachronistischen Schranken, als Übergang zu einer mobileren, leistungsgläubigen, meritokratischen Gesellschaft empfunden worden. Insofern hat die mit der charismatischen Herrschaft verbundene «Gesinnungsrevolution» nicht nur den Führerglauben gestärkt, sondern auch zu einer Mobilisierung der Denkformen und der Wahrnehmungsweisen, zu einer Ausweitung auch des Erwartungshorizontes geführt. Dieser mentale Umbruch namentlich in den jüngeren Generationen sollte sich nach 1945 als äußerst folgenreich: als eine Schubkraft der westdeutschen Modernisierung erweisen.

Natürlich wäre die Modernisierung Deutschlands, um eine kontrafaktische Frage kurz anzuschneiden, theoretisch mit ungleich geringeren Opfern, ohne die Exzesse der Massenvernichtung und des Krieges denkbar gewesen. Realiter aber gab es für die deutsche Gesellschaft, die ihren charismatischen Führer als Verkünder seiner modernen Welt bejubelte, da ihre historischen Erfahrungen und die Traditionen ihrer politischen Kultur kein Bollwerk gegen die Diktatur, wohl aber die Verführbarkeit durch eine neue charismatische Herrschaft geschaffen hatten, keine realistische Wahl zwischen einer relativ preiswerten Modernisierung im Frieden und der aberwitzigen Alternative des NS-Regimes. In der Entscheidung für die zweite Option liegt letztlich der härteste Vorwurf gegen die innere Verfassung dieser Gesellschaft.[12]

IV.
Strukturbedingungen und Entwicklungsprozesse der Kultur

Unter Kultur wird hier weiterhin – wie in den drei vorhergehenden Bänden – vornehmlich ein Bündel von Institutionen ins Auge gefaßt, die für die Prägung von Mentalitäten und Sozialisationsprozessen eine herausragende Bedeutung besitzen. Deshalb ist von den christlichen Kirchen, den Schulen und Universitäten, vom literarisch-publizistischen Markt und anderen Medien, auch von mächtigen ideologischen Strömungen die Rede. Das sind selbstverständlich hochselektiv herausgehobene Phänomene. Ihre Bedeutung läßt sich zwar gut verteidigen, aber sie decken nur zum Teil den Inhalt jenes umfassenderen Kulturbegriffs ab, den die «neue Kulturgeschichte» als ihre Grundkategorie, auch mit einem integrierenden Anspruch, dem Gesellschaftsbegriff entgegengesetzt hat.

Auf die Kontroverse, die durch diese konkurrierenden Denkmodelle entstanden ist, braucht an dieser Stelle aber nicht näher eingegangen zu werden (vgl. hierzu das Vorwort). Die Entscheidung für eine Gesellschaftsgeschichte kann nicht ohne weiteres durch einen Schwenk zur Kulturgeschichte ersetzt werden, selbst wenn diese überzeugendere Argumente zugunsten ihrer Synthesefähigkeit vorzubringen hätte. Noch sind die Defizite der «neuen Kulturgeschichte» gerade auf diesem Gebiet zu deutlich erkennbar, als daß sie einen grundsätzlichen Perspektiven- und Kategorienwechsel erzwingen können.

1. Beflissene Anpassung und doppeldeutiger «Kirchenkampf»

Die Säkularreligion des Nationalsozialismus verkörperte unstreitig eine lebensbedrohende Herausforderung für die christlichen Kirchen, die immer noch den Status großer Mächte des öffentlichen wie privaten Lebens besaßen. Sie haben jedoch ganz unterschiedlich auf das Neuheidentum, die Idolatrie des Führerkults, die Parteiliturgie und alle anderen totalitären Ansprüche reagiert. Lange Zeit galt das Schlagwort vom «Kirchenkampf» als die Signatur des Verhältnisses beider Amtskirchen zum etablierten Nationalsozialsozialismus. Diese militante Metapher umgab sie mit der Gloriole des aufrechten Widerstands gegen die Anmaßungen der Diktatur. Doch längst hat sich der vermeintlich zutreffende Epochenbegriff für die Haltung der Kirchen im «Dritten Reich» als untauglich erwiesen.

Als vergleichsweise resistent erwies sich nur das katholische Sozialmilieu, ungeachtet des Einbruchs von 1933 und des opportunistischen, bis zur Bejahung der Diktatur reichenden Arrangements mancher Bischöfe mit dem Regime. Denn dieses Milieu war seit dem «Kulturkampf» der 1870/80er Jahre daran gewöhnt, sich als zeitweilig krass diskriminierte Minderheit, mancherorts sogar als Diaspora gegen die Mehrheit mit ihrem Zugriff auf den Staatsapparat behaupten zu müssen. Als die antikatholische Verfolgung einsetzte, trat die zähe Widerstandsfähigkeit vieler Gemeinden und ihrer Geistlichen zutage, auch wenn die Amtskirche in ihrer Reaktion auf Antisemitismus, politische Stigmatisierung und Vernichtungskrieg fatale Defizite aufwies.

Im Hinblick auf die Evangelische Kirche dagegen bezeichnet «Kirchenkampf» in allererster Linie die innerkirchlichen Konflikte zwischen den nationalsozialistisch infizierten «Deutschen Christen» (DC) und der «Bekennenden Kirche» (BK) – «existentiell bedrohliche» Kämpfe, die bis an den äußersten Rand des Schismas führten, so daß der Bestand der einen protestantischen Kirche jahrelang auf dem Spiel stand. Außerdem lag die «Bekennende Kirche» alsbald im Streit mit der offiziellen Kirchenleitung, operierten die Lutheraner gegen die Anhänger der Theologie Karl Barths, spalteten tiefreichende Identitätskonflikte das protestantische Sozialmilieu, kurz: Die Mehrheitskirche bot ein Bild heilloser Zerrissenheit. Erst ziemlich spät tauchte ein ernsthafter Dissens im Verhältnis zur Diktatur auf, denn der vorherrschende Nationalprotestantismus erwies sich gegenüber den völkisch-nationalsozialistischen Ansprüchen des Regimes nicht etwa nur als wehrlos, sondern identifizierte sich in hohem Maße mit diesem Verrat aller christlichen Grundprinzipien.

Immerhin: Wegen ihres evidenten Versagens rang sich die Evangelische Kirche im Oktober 1945 zu einem «Schuldbekenntnis» durch, dem im Schatten des vorerst weiterlebenden Nationalprotestantismus eine langwierige, schmerzhafte Diskussion folgte. Dagegen lehnte die Fuldaer Bischofskonferenz, die genug Anlaß zur Selbstkritik vorfand, noch im selben Monat ein solches Eingeständnis strikt ab, wie sie auch danach voller Selbstgerechtigkeit eine kritische Auseinandersetzung mit dem Verhalten der Kirche unter der Diktatur vermied.

Die Religionspolitik der Hitler-Bewegung war vor 1933 trotz mancher neuheidnischer Attacken von Dunkelmännern wie Alfred Rosenberg und Heinrich Himmler im allgemeinen durch den Primat der Konfliktvermeidung gekennzeichnet. Während sie im Protestantismus schnell ein Einfallstor fand, bemühte sie sich dem Katholizismus gegenüber trotz dessen trotziger Kritik um eine scheinheilige Distanz. Freilich lehnte sie das angemahnte Reichskonkordat ab, da nach ihrer Auffassung allein der säkularisierte Staat das Gesetzgebungsrecht in Kirchenfragen besaß.

Die Katholische Kirche bezog währenddessen unzweideutig Stellung. Jahr für Jahr warnte sie unüberhörbar, daß der Nationalsozialismus mit der

1. Beflissene Anpassung und doppeldeutiger «Kirchenkampf» 797

Kirchenlehre unvereinbar sei; die Teilnahme am Gottesdienst in Uniform, wie sie ganze SA-Einheiten in evangelischen Kirchen ungerügt praktizierten, wurde untersagt, aktiven Parteigenossen mit Kirchenstrafen gedroht. Noch im August 1932, als der Aufstieg der Hitler-Bewegung unaufhaltsam wirkte, wiederholte die Bischofskonferenz grundsatzfest ihr unmißverständliches Verdikt, daß für den gläubigen Katholiken die Mitgliedschaft in der NSDAP «unerlaubt» sei. Das Wahlverhalten im katholischen Sozialmilieu, das aufs Ganze weiterhin zum Zentrum und zur BVP stand und erst spät Erosionserscheinungen unter dem Anprall des Nationalsozialismus aufwies, entsprach im allgemeinen dieser frostigen Ablehnung (vgl. 8.T. V.1 b).

Diametral entgegengesetzt verhielt sich die Evangelische Kirche. Hier gab es keine prinzipielle Distanzierung, geschweige denn eine unverblümte Kritik am Nationalsozialismus von Amts wegen. Die fatale Mentalität des Nationalprotestantismus blockierte nicht nur jede entschlossene Opposition, sondern begünstigte sogar eine willfährige Öffnung gegenüber dem völkischen Programm des neuen Rechtstotalitarismus (vgl. 8.T. V.1 a). Herausragende Köpfe unter den jüngeren Theologen wie Paul Althaus, Emmanuel Hirsch und Friedrich Gogarten bahnten mit ihrer «Politischen Theologie» einer bereitwilligen Rezeption des Nationalsozialismus aktiv den Weg, umgab ihn doch in ihren Augen geradezu der Nimbus einer völkisch-christlichen «Wiedergesundungsbewegung» (M. Broszat).

Paradigmatisch stand für diese Illusion der Appell des jungen Berliner Theologen Walter Künneth von 1932: «Der Nationalsozialismus ist die aus deutscher Not geborene Bewegung der Nation.» Das «Ringen um das... Dritte Reich lebt aus der tiefsten Sinndeutung der deutschen Sendung in der Geschichte», so daß es dem «geschichtstheologischen Denken» als «Fügung Gottes» erscheine. Folgerichtig verlangte Künneth ein «freudiges Ja zum Nationalsozialismus». Gott habe die Deutschen als «besondere Rasse» geschaffen, und ihre Rasse sei daher «göttliches Schicksal».[1]

a) Der Protestantismus am Rande des Schismas:
die «Deutschen Christen» als «SA-Jesu Christi»
und die «Bekennende Kirche»

Überraschend kann nach alledem der Lobpreis auf die Machtübergabe durch Althaus, der in dem Umbruch des Januars 1933 die ersehnte «Wende», ein «Geschenk und Wunder Gottes», erblickte, keineswegs. Der «christlich-deutsche» mecklenburgische Landesbischof Rendtorff stimmte ihm vorbehaltlos mit den Worten zu, daß die Evangelische Kirche ein «kräftiges Ja» zum «deutschen Volkstum» und zur «deutschen Nation» ausspreche. Und Otto Dibelius – eine der großen Unheilsfiguren des deutschen Protestantismus im 20. Jahrhundert und unlängst noch exponierter

Kriegstheologe bis zum Untergang des Kaiserreichs – hatte schon 1930 in der NSDAP eine christliche Partei entdeckt, 1933 in ihr die «bewußt nationale Mehrheit» begrüßt und im Judentum eine Quelle des moralischen Zerfalls gesehen, so daß ihm das neue Regime als berechtigte Erhebung des Volkes gegen das Vordringen des «Judaismus» seit 1918 vorkam. Am Tage von Potsdam (vgl. 9.T.I.1a) predigte er ex cathedra, daß die Kirche dem starken Staat zu folgen habe, wenn dieser gegen die Zerstörung der von Gott gewollten Ordnung vorgehe. Denn dann «regiert der Staat im Namen Gottes».

Hitler hat als jüngst ernannter Reichskanzler zunächst behutsame Worte zur Kirchenpolitik gewählt. Der Nationalsozialismus schütze die Kirchen, versicherte er, als «wichtigste Faktoren der Erhaltung unseres Volkstums»; sie sollten auch ihren Einfluß auf Schule und Erziehung behalten; zum Vatikan wollte er freundschaftliche Beziehungen pflegen. Kein Reichskanzler nach 1918 sprach so häufig von Gott, Segen, Christentum, wie das Hitler anfangs getan hat. Erfolgreich stilisierte er sich zum «homo religiosus» im höchsten Staatsamt.

Unter Protestanten grassierte zu dieser Zeit die Illusion vom neuen christlichen Obrigkeitsstaat, der endlich ein Bollwerk gegen den grassierenden Atheismus und den gottlosen Kommunismus aufrichte. Hatte Hitler nicht soeben noch einmal am 10. Februar in einer Sportpalastrede, geradezu in Gebetform, erklärt, daß die deutsche Nation von Gott zu Großem berufen sei, wozu auch die «Ausrottung des Marxismus» gehöre? Die Abkehr von Weimar war innerkirchlich «völlig unumstritten», nirgendwo löste sie Bedauern aus. Das konservative Zähmungskonzept, das durch den spektakulären Pakt zwischen Hitler und Hindenburg besiegelt zu werden schien, fand begeisterte Resonanz. Häufig wurde die «totale Wende» mit der Euphorie des Augusts 1914 verglichen.

Von der Evangelischen Kirche ist fortab kein Wort der Kritik gekommen, beharrlich schwieg sie zu allen bösartigen Maßnahmen des Regimes: zur Zerstörung des Rechtsstaats und zur Gleichschaltung, zum Reichstagsbrand und der mit viel «innerer Zustimmung» begleiteten Hatz auf die Linke, zum ersten Judenboykott am 1. April, zur KZ-Haft von Sozialdemokraten, Kommunisten und jüdischen Deutschen. Wohl aber gab es immer wieder lauten Jubel über die «Zeitwende» mit ihrem Aufbruch in einen autoritären christlichen «Kulturstaat». Die Hinwendung zum «Dritten Reich» als «Sieger-Staat» unter einem starken «Führer», die Pflege des «nationalen Stolzes» und der «nationalen Ehre» entsprachen einer allgemeinen protestantischen Erwartungshaltung. Und frühzeitig setzte sich die beschönigende Auffassung fest, daß Hitler als neutrale Instanz fungiere, welche die Aktionen der Fanatiker mißbillige.

Auf welche Ursachen ist das fatale Stillschweigen, der Verzicht auf jedwede Form der Kritik, geschweige denn Opposition, aber auch die Affinität mancher Zielvorstellungen zurückzuführen? Man trifft auf der Suche nach einer Antwort auf ein verhängnisvolles Syndrom aus sechs Elementen, das auf die Mehrheit der 40 Millionen Protestanten und ihre geistlichen Hirten einen nachhaltigen Einfluß ausgeübt hat.

1. Die dominierende nationalprotestantische Mentalität hatte namentlich in den vergangenen 70 Jahren festen Fuß gefaßt. Dadurch war ein «nationalreligiöser Fundamentalismus» herangezüchtet worden, der wie in einem System kommunizierender Röhren zum einen die «Sakralisierung des Nationalen» und zum andern die «Nationalisierung des Religiösen» vorantrieb. Der Nationalismus war schon seit dem leidenschaftlichen Plädoyer Friedrich Schleiermachers, erst recht seit der frenetisch bejubelten Gründung des «Heiligen Evangelischen Reiches Deutscher Nation» unablässig aufgewertet worden. Dem vollentwickelten Nationalprotestantismus galt er geradezu als unübertrefflich «zeitgemäße, eindrucksvoll vitale und dynamische Sinnressource». Gegen die Säkularisierung und Entkirchlichung sollte auch und gerade er zur «volkskirchlichen Erneuerung» der protestantischen Religion verhelfen.

2. Zu der vorbehaltlosen Bejahung der Reichsidee, zeitgeistgerecht auf den Kaiserstaat von 1871 reduziert, gehörte auch die kompromißlose Ablehnung von Liberalismus und Demokratie als «westlichen» Fehlprodukten. Dagegen galten Militärstaat und Summepiskopat als kostbare Traditionen.

3. Die Auguststimmung von 1914 und das Weltkriegserlebnis hatten Pfarrer und Laien gleichermaßen geprägt. 80 Prozent der Geistlichen hatten erst der radikalnationalistischen «Vaterlandspartei» von 1917 angehört und dann nahezu lückenlos den Weg in die rechtskonservative DNVP eingeschlagen.

4. Das Trauma von «Versailles» blieb ungeheilt. Die «Republik der Verlierer» traf auf kompromißlose Opposition, während der Obrigkeitsstaat von 1918 maßlos glorifiziert wurde.

5. Der christlich motivierte Antisemitismus mit seiner unversöhnlichen Ablehnung des «Volks der Gottesmörder» war seit langem ein fester Bestandteil des nationalprotestantischen Credos. Gerade die gesellschaftspolitisch aufgeschlossenen «nationalsozialen» jüngeren Theologen stammten oft aus dem Umfeld des antisemitischen Hofpredigers Stoecker und schleppten diese böse Erbschaft mit sich fort. Mit ihr ließ sich keine Schutzwehr gegen den rassistischen Antisemitismus des Nationalsozialismus aufbauen.

6. Die völkischen Ideen griffen unter jüngeren Protestanten, ob Pfarrer oder Laien, rapide um sich. Sie verbanden sich mit dem Ruf nach Regeneration, mit der Kritik an der Verkrustung des volksfernen Kirchenapparats. Die Volksgemeinschaftsidee der Hitler-Bewegung, ihr Appell an Idealismus und Opferbereitschaft, ihr Kampf gegen die «internationalen Mächte»

des Juden- und Freimaurertums fügten sich nahtlos an. Vergegenwärtigt man sich diesen stabilen politischen Habitus, läßt sich das Verhalten der Evangelischen Amtskirche, aber auch der Majorität ihrer laikalen Mitglieder besser verstehen und kritisieren.

Hermann Kapler, der Vorsitzende des «Deutschen Evangelischen Kirchenbundes» (DEK), in dem alle 28 Landeskirchen seit zehn Jahren zusammengeschlossen waren, hat bald nach der Machtübergabe ein kleines Gremium einberufen, das auf den Fluchtpunkt einer zentralistischen «Reichskirche» hin die notwendigen Verfassungsreformen ausarbeiten sollte. Diese seit 1871 angestrebte «Reichskirche» war für die Protestanten offenbar genauso attraktiv wie für die Katholiken ihr Reichskonkordat. Hitler berief Ende April 1933 den Königsberger Militärpfarrer Ludwig Müller zu seinem «Bevollmächtigten» für Fragen der Evangelischen Kirche, insbesondere auch für das Projekt einer solchen «Reichskirche». Beflissen zog Kaplers Ausschuß Müller zu den Beratungen hinzu, und schon am 20. Mai konnte das Ergebnis im «Loccumer Manifest», das erneut die «Wende» im Januar 1933 als «Gottes Fügung» pries, vorgestellt werden. Die künftige «Reichskirche» sollte durch einen «Reichsbischof» an ihrer Spitze gemäß dem Führerprinzip geleitet, eine deutsche «Nationalsynode» einberufen werden, um über die Mitwirkung an der Kirchengesetzgebung und -leitung zu entscheiden.

Zu diesem Zeitpunkt hatten sich die «Deutschen Christen», deren Vorgeschichte vorn geschildert worden ist (8.T. V.1 a), bereits energisch, den unverhofften Rückenwind ausnutzend, in die kirchenpolitische Debatte eingeschaltet. Auf ihrer «Ersten Reichstagung» Anfang April forderten sie die rückhaltlose Bejahung des Nationalsozialismus sowie die Anwendung des Führerprinzips auf allen kirchlichen Leitungsebenen. Zum ersten Leiter dieser NS-Fraktion innerhalb der Kirche wurde der nationalsozialistische Pfarrer Joachim Hossenfelder bestimmt, über dessen «SA-Jesu Christi» Ludwig Müller die «Schirmherrschaft» übernahm.

Eine zaghaft verfochtene Alternative entstand erst Anfang Mai mit der kurzlebigen «Jungreformatorischen Bewegung». Die Namen prominenter Mitglieder wie Friedrich Gogarten, Walter Künneth und Karl Stählin ließen genausowenig eine Grundsatzopposition erwarten wie damals der politische Standort von weiteren Angehörigen wie Martin Niemöller, Hanns Lilje und Dietrich Bonhoeffer. Die meisten Mitglieder waren streng nationalprotestantisch, dazu konservativ und völkisch ausgerichtet. Die «Jungreformatorischen» schlugen Friedrich v. Bodelschwingh aus Bielefeld-Bethel für das Amt des künftigen «Reichsbischofs» vor, ließen ihren Kandidaten aber beim ersten Gegendruck nach vier Wochen wieder fallen. Immerhin wollten sie ein Übergewicht der «Deutschen Christen» in den kirchlichen Führungsorganen verhindern, auch sollten nichtarische Christen nicht automatisch aus der Kirche ausgeschlossen werden. Wie später

1. Beflissene Anpassung und doppeldeutiger «Kirchenkampf»

die «Bekennende Kirche» legte die «Jungreformatorische Bewegung» nur für jüdische Christen ein gutes, für diskriminierte jüdische Deutsche dagegen kein einziges Wort ein.

Während die «Deutschen Christen» siegessicher nach vorn drängelten, warf Kapler das Handtuch. Doch der für das Staatskirchenrecht zuständige preußische Kultusminister Rust weigerte sich, den Nachfolger anzuerkennen. Mit rücksichtslosem Durchgreifen setzte er an dessen Stelle einen Staatskommissar ein. Die offene Konfrontation zeigte, wessen das Regime im Zuge seiner Gleichschaltungspolitik fähig war. Erst als Hindenburg zugunsten der Kirche intervenierte, wurde die Kraftprobe Mitte Juli abgebrochen. Drei Wochen zuvor hatte jedoch Hitler in einer Rede unverhüllt die Partei der «Deutschen Christen» ergriffen, die mit dieser Unterstützung in den Meinungskampf vor den Kirchenwahlen am 23. Juli eintraten. Einige Tage zuvor war eine weitere, sie begünstigende Entscheidung gefallen, da die neue Verfassung der Evangelischen Kirche von allen 28 Landeskirchen am 14. Juli verabschiedet worden war und bei den Wahlen zur Debatte stand – die Zeichen standen auf völkisch-nationalprotestantischen Aufbruch.

Selbst gemessen an den hochfliegenden Hoffnungen der «Deutschen Christen» fiel das Wahlergebnis geradezu sensationell eindeutig zu ihren Gunsten aus. Sie gewannen mit rd. 70 Prozent mehr als zwei Drittel aller Stimmen. Von den 147 Berliner Gemeinden etwa, die drei Millionen Protestanten erfaßten, wählte ein Viertel mit bis zu 74 Prozent der Stimmen die «Deutschen Christen», aber auch in jenen 50 Prozent anpassungsbereiter oder gespaltener Gemeinden gab es «Deutsch-Christliche» Mehrheiten, so daß ihr Sieg in drei Vierteln aller Gemeinden der Reichshauptstadt den Triumph vollständig machte. Nichts hätte die extreme Anfälligkeit des protestantischen Milieus für die nationalsozialistischen Parolen schlagender beweisen können.

Blickt man auf die Regionalergebnisse, wirkt der Erfolg noch durchschlagender, da die «Deutschen Christen» die Leitung ausnahmslos aller Kirchenprovinzen der Preußischen Union, dazu der Landeskirchen von Sachsen, Sachsen-Anhalt, Thüringen und Hessen, der Pfalz und der Hansestädte übernehmen konnten. Nur in Bayern, Württemberg und Hannover überlebten die bestehenden Führungsgremien den Ansturm, konzedierten aber sofort den «Deutschen Christen» einen weitreichenden Einfluß.

Welche Kräfte ballten sich in dieser pseudoreformatorischen Bewegung, die offensichtlich eine schismatische Kirchenpolitik nicht scheute, derartig machtvoll zusammen? Es war keine Spontanerhebung aus den Gemeinden, vielmehr fungierten große Teile der Pfarrerschaft als die ausschlaggebenden «Impulsgeber». Insofern handelte es sich um eine durch Heilsfunktionäre betriebene «protestantische Selbstumformung», die freilich auf eine nationalprotestantisch geprägte, das neue Reich Hitlers enthusiastisch begrüßende Erwartungshaltung der Laien traf. In Berlin etwa – die einzige Großstadt, für die eine überzeugende empirische Analyse vorliegt – gehörten 40 Prozent aller Gemeindepfarrer im Nu zu den «Deutschen Christen», 20 Prozent waren auch Parteigenossen. Ihre große Mehrheit stammte aus nichtakademischen, unterbürgerlichen Familien, wegen der hohen Selbstrekrutierungsrate immerhin noch ein Drittel aus Theologenfamilien. Die meisten kamen aus den preußischen Ostprovinzen, hatten dort die erbitterten Nationalitätenkonflikte mit den Polen aus eigener Anschauung erlebt, den Weltkrieg als Truppenpfarrer oder Soldaten unterstützt und im Korpsgeist der Frontgeneration gespeichert.

Ihr Sozialprofil lenkt sowohl auf das Ressentiment von Aufsteigern als auch auf die Protestbereitschaft einer jüngeren Generation hin, die sich zu einer Konfrontation mit dem verharschten kirchlichen Establishment, der traditionellen Kirchenbürokratie, aber auch den erstarrten konservativen Gemeindeeliten bereit fand. Insofern trat sie ihrem eigenen Selbstverständnis nach für eine demokratische Modernisierung des Kirchen- und Gemeindelebens ein. In ihrem Aufbegehren gegen die «Pastorenkirche», ja die «Pfaffenherrschaft» lebte aber auch das «soziale Rachegefühl» einer «ressourcenhungrigen Kleine-Leute-Bewegung». In sie strömten die völkischen und radikalnationalistischen Ideen, die durch die «Politische Theologie» der unheiligen Trias: Althaus, Hirsch, Gogarten und ihrer Gesinnungsgenossen aufgewertet wurden. Die Forderung nach einem «artgemäßen» Christentum schwenkten sie als ihr Panier, ein «heldischer Jesus» avancierte zum Vorbild für deutsche Arier. Das Alte Testament galt als «Judenbuch», überhaupt sollten aus der Glaubenslehre, Theologie und Symbolik, aus Liedgut und Bibel alle spezifisch jüdischen Spuren getilgt werden. Eine neue Liturgie sollte auch den Kult mit der Hakenkreuzfahne einbinden, Hitlerportraits sollten die Kirchen schmücken, Horst-Wessel-Lieder und Führergruß die Gemeinden verbinden, Gemeindetreffen im Grunde wie Parteiversammlungen abgehalten werden.

Im Nationalsozialismus lebe, hieß es, ein göttlicher Wille, in Hitler eine göttliche Sendung, hatte doch nach der Orientierungslosigkeit in den Republikjahren der Aufstieg des Nationalsozialismus für die DC-Pfarrer auch die «Wiederherstellung von lebensgeschichtlichem Sinn», geradezu ein Erweckungserlebnis bedeutet, das sie auch ihren Anhängern vermitteln wollten. Offenbar hofften die «Deutschen Christen» nicht zuletzt darauf, am «magischen Erfolgsnimbus» der Hitlerpartei teilnehmen zu können, um ihre euphorischen «Rechristianisierungshoffnungen» in der «Volkskirche» für ein völkisch-rassenpolitisch deformiertes Christentum zu verwirklichen.

Die fundamentalistische Herausforderung, mit der die «Deutschen Christen» die Amtskirche und das evangelische Sozialmilieu konfrontierten,

1. Beflissene Anpassung und doppeldeutiger «Kirchenkampf»

hätte daher schroffer nicht ausfallen können. In vielen Gemeinden tobte denn auch ein gehässiger Nahkampf. Wie von einer «selbstzerstörerischen Manie geradezu besessen» baute sich eine Drucksituation voll «wechselseitiger Kränkungen» auf, die auf beiden Seiten «Glaubenskrisen, Gewissenskonflikte, Erschöpfungszustände» auslöste. Um so aufschlußreicher ist der DC-Wahlsieg, mit dem, ein halbes Jahr nur nach Hitlers Amtsübernahme, der Führungsanspruch in der protestantischen Welt begründet wurde.

Dennoch dauerte es bis Ende September 1933, ehe sich im «Pfarrernotbund» ein Dissens äußerte, der zwar auch den Regimewechsel begrüßte, aber Exzesse vermeiden wollte und immerhin 2000 Unterschriften gegen das Unheil verheißende Reichsbischofsamt sammelte. Vergebens, auf der «Ersten Nationalsynode», die am 27. September 1933 in der Lutherstadt Wittenberg tagte, wurde Ludwig Müller durch begeisterte Akklamation zum «Reichsbischof» bestimmt; seinem Beraterstab gehörten, mit einer Ausnahme, nur Parteigenossen an. Nachdrücklich forderten die Oberwasser verspürenden DC-Theologen einen Arierparagraphen für die Kirche, die Realisierung des Führerprinzips, die «Ausmerze» aller jüdischen Elemente aus der Bibel. Der einflußreiche «Evangelische Bund» sprang ihnen bei, indem er sein antikatholisches Vokabular kurzerhand gegen das antisemitische austauschte.

Müller kam dem Drängen mit autokratischen Entscheidungen entgegen. In den meisten Landeskirchen trug er dazu bei, den Arierparagraphen durchzudrücken, der jedes jüdische Großelternteil stigmatisierte und sogleich mehr als hundert Theologen dieser Exklusion unterwarf. Erste Gemeinden lehnten bereits 1934 Juden zur Taufe ab. 800 000 Mitglieder des «Evangelischen Jugendwerks» wurden im Dezember 1933 kurzerhand der HJ überstellt. Unbekümmert hatte Müller auch Gebäude des DEK von der SA besetzen lassen. Trotzdem zeigte sich der radikale DC-Flügel mit Müller unzufrieden; die Beratergruppe zerbrach; unerwartet schnell begann der «Reichsbischof» seine Hausmacht zu verlieren.

Vorerst aber übte Müller, im Januar 1934 erneut durch Hitler unterstützt, seine «Reichsbischofsdiktatur» zielstrebig aus, um die «Reichskirche» zu schaffen. Dabei griff er bedenkenlos auf den Beistand des Regimes zurück, das opponierende Pfarrer verhaften, sogar ins KZ einliefern ließ. Bis zum Mai 1934 schlossen die Landeskirchen von Preußen, Sachsen, Thüringen, Hannover, Schleswig-Holstein und Hamburg sich der Reichskirche an; Opposition hielt sich nur mehr in Bayern und Württemberg.

Im Zeichen dieser Kampagne versteifte sich aber die Ablehnung unter den Geistlichen. Ad hoc gebildete «Pfarrerbruderschaften» in Westdeutschland begehrten auf. Typischerweise besaßen sie zuerst ausschließlich reformierte, calvinistische Mitglieder, die mit einer anderen Tradition des Widerstandsrechts, als sie die Lutheraner besaßen, vertraut waren. Daß sich ein schwerer Bruderkampf mit den «Deutschen Christen», eine fast unlösbar erscheinende Identitätskrise anbahnte, vielleicht sogar eine schismatische Zäsur drohte, zeigte sich dann auch auf der Barmer Synode, die am 3. und 4. Januar 1934 tagte. Karl Barth als Hauptredner forderte die freie Selbstorganisation der Gläubigen und verwarf die Irrlehre des «Reichsbischofs». Die Opposition gegen die «Deutschen Christen» erhielt Auftrieb. Müllers Kirchenpolitik trieb bis zum Frühsommer 1934 6000, ein Drittel aller evangelischen Geistlichen in den «Pfarrernotbund». Diese organisatorische Keimzelle der «Bekennenden Kirche» wurde durch einen öffentlichen Protest des Berlin-Dahlemer Pfarrers Martin Niemöller wirkungsvoll unterstützt. U-Bootkommandant im Ersten Weltkrieg, Nationalkonservativer bis auf die Knochen und noch im November 1933 nach dem Austritt aus dem Völkerbund Verfasser eines begeisterten Glückwunschschreibens an Hitler, hielt Niemöller es jetzt für geboten, eine klare Grenze zu markieren. Als sich vom 29. bis 31. Mai 1934 die «Erste Bekenntnissynode» wiederum in Barmen traf, fanden sich dort 139 Kirchenvertreter ein, denen Barth den demokratischen Rechtsstaat als christliches «Anliegen» ans Herz legte. Barth fungierte auch als Hauptverfasser der «Theologischen Erklärung zur gegenwärtigen Lage», des wichtigsten, aber ausschließlich theologischen Dokuments dieser Oppositionsströmung. Darin wurde keine direkte Kritik am Nationalsozialismus geübt, wohl aber unmißverständlich jede ideologische Überfremdung abgelehnt. Das Evangelium gelte uneingeschränkt, totalitäre Ansprüche müßten zurückgewiesen werden.

Die «Erklärung» wurde zum Gründungsdokument der sich jetzt allmählich herausbildenden «Bekennenden Kirche», ließ aber offen, ob diese an die Stelle des DEK treten oder eine selbständige Existenz neben ihm führen wolle. Faktisch entstanden eigene Leitungsorgane, dazu eine eigene Finanzverwaltung, ein eigenes Ausbildungs- und Prüfungswesen. Auch die «Bekennende Kirche» näherte sich der schismatischen Abspaltung vom DEK.

Wer fand sich in dieser «Bekennenden Kirche» zusammen? Überwiegend waren das zuerst Pfarrer, die zu einer «christlich-konservativen Kritik» der neuen Verhältnisse gefunden hatten, denen sie eine neue Glaubensintensität entgegensetzen wollten. Überwiegend teilten sie mit den «Deutschen Christen» die nationalprotestantische Mentalität, verweigerten aber ihre völkische Umprägung. Dem DC-Kampfruf «Christus und Deutschland» setzten sie ihre Parole «Erst Christus, dann Deutschland» entgegen. In Berlin schloß sich nur ein Drittel der Gemeindepfarrer der «Bekennenden Kirche» an. Sie stammten ausnahmslos aus akademischen, gutbürgerlichen Familien, zu einem Viertel aus Theologenfamilien; nur fünf Prozent, aber immerhin so viele, gehörten der NSDAP an. Übrigens stießen alle calvinistischen und auch die wenigen sozialdemokratischen Pfarrer zur «Bekennenden Kirche».

Ein auffälliger geschlechtsspezifischer Unterschied zu der Männerbewegung der «Deutschen Christen» lag darin, daß die «Bekennende Kirche» fast vollständig eine Frauenbewegung war, die von wenigen aktiven Männern geführt wurde. Lag angesichts des Langzeittrends der Feminisierung des religiösen Lebens ein wichtiges Ziel der «Deutschen Christen» darin, die «feminisierte Kirche wieder zu vermännlichen», dominierten in der «Bekennenden Kirche», in der sich dieser Trend eindeutig fortsetzte, die Frauen in der Gottesdienstteilnahme, in Bibelkreisen, an Gruppenabenden. Alle Leitungsorgane dagegen blieben ein exklusives Männerreservat. Immerhin entschloß sich die «Bekennende Kirche» im Hinblick auf ihre Frauendominanz, erstmals Theologinnen zu ordinieren und ihnen sogar die geistliche Leitung von Gemeinden zu übertragen. Diese Entscheidung blieb jedoch bis 1945 (und weit darüber hinaus) intern heftig umstritten.

Das galt erst recht für die Behandlung der «Judenfrage», zu der die BK-Sprecher, obwohl verunsichert, kein mutiges Wort uneingeschränkter Verurteilung der NS-Politik fanden. Das penetrante Gefasel vom «göttlichen Strafgericht», das wieder über die Juden gekommen sei, verwischte die Grenzen zwischen dem konventionellen «christlichen Antijudaismus» und dem militanten nationalsozialistischen Antisemitismus. Der übermäßige jüdische Einfluß müsse in der Tat zurückgedrängt werden, forderte man, korrekte staatliche Maßnahmen gegen jüdische Deutsche müßten daher auch akzeptiert werden. Ohnehin wirke die gegenwärtige Judenverfolgung als «Bestätigung eines bereits biblisch fixierten Schicksals». Ausgerechnet an diesem kritischen Punkt gab es zwischen den «Deutschen Christen» und ihren Opponenten die meiste Zeit mehr Ähnlichkeiten als Unterschiede. Über graduelle Divergenzen ging jedoch eine grundsätzliche Entscheidung hinaus: Die «Deutschen Christen» verfochten die vorbehaltlose Anerkennung des rassischen Antisemitismus, die «Bekennende Kirche» dagegen wollte weiterhin Juden durch die Taufe zu Christen machen. Von diesem Entschluß bis zur Verteidigung jüdischer Deutscher mit ihrer eigenen Religion blieb es aber offenbar ein zu anspruchsvoller Schritt.

Die «Deutschen Christen» haben 1933/34 in den ost- und mitteldeutschen Landeskirchen zweifelsfrei das Übergewicht gewonnen. Die Kirche der Altpreußischen Union blieb die schon wegen ihrer Ost-West-Unterschiede am tiefsten gespaltene Landeskirche, so daß sie auch Extremformen des innerkirchlichen Kirchenkampfes erlebte. Der Nationalsozialismus spaltete den preußischen Osten deshalb besonders tief, weil dort der Nationalprotestantismus am festesten verwurzelt war. Die «Bekennende Kirche» dagegen fand den meisten Zulauf in West- und Süddeutschland, auch in einigen ostdeutschen Großstädten, blieb aber ohne jede Resonanz in Sachsen, Sachsen-Anhalt, Thüringen, Mecklenburg, Schleswig-Holstein und Braunschweig. Vorsichtige Anpassung an das Regime überwog in Hannover, Bayern und Württemberg.

Allgemein gilt, daß mit dem Regimewechsel von 1933 eine kaum überschätzbare Tiefenwirkung auf den Protestantismus verbunden war. Er wurde durch die Faszination, die vom Nationalsozialismus ausging, jahrelang völlig überwältigt. Die Ausstrahlung der nationalen Ideen, Hitlers Charisma, die Anziehungskraft seines politischen Stils, die magische Wirkung der Erfolge und die Bedienung innerevangelischer Vorurteile und Erwartungen – sie führten zu einer «bereitwilligen protestantischen Selbstaufgabe».

Da die «Extremvariante» des DC-Nationalprotestantismus trotz aller Erfolge sich nicht als derart konsensfähig erwies wie etwa das Augusterlebnis von 1914, gab es einen tiefen «innerprotestantischen Traditionsbruch», der zeitweilig einer Kirchenspaltung gleichkam. Die zunehmende Wahrnehmung dieser Gefahrensituation entzog allerdings auch den «Deutschen Christen» bereits seit Ende 1934 allmählich ihre breitenwirksame Zustimmung. Dieser Vorgang wurde durch mehrere Faktoren unterstützt. Die «Deutschen Christen» zerfielen in rivalisierende Fraktionen von divergierender Radikalität. Die Bewegung selber verlor nach dem Abklingen der Aufbruchstimmung und wegen der nachfolgenden Enttäuschungen insgesamt an Bedeutung. Unverkennbar scheiterte «Reichsbischof» Müller mit seinem autoritären Programm. Die gewaltsame Eingliederung der noch außen stehenden Landeskirchen in die «Reichskirche» mußte abgebrochen werden. Vor allem aber ließ nach seiner Konsolidierung auch das Interesse des Regimes an einer gleichgeschalteten «deutsch-christlich» gelenkten «Reichskirche» nach. Statt dessen rückte die allgemeine Entkonfessionalisierung des öffentlichen Lebens in den Vordergrund, die staatliche Gängelung wurde gegenüber beiden Kirchen gesteigert, die Aufsicht verschärft. Auf einen Frontalangriff zur Zerstörung des christlichen Glaubens aber hat der Nationalsozialismus wohlweislich verzichtet.

Es wirkte wie die symbolische Bestätigung eines neuen Anfangs, daß Hanns Kerrl, «alter Kämpfer» seit 1923, im Juli 1935 das neu eingerichtete Reichskirchenministerium übernahm. Sogleich bildete er aus kooperationswilligen Theologen einen «Reichskirchenausschuß» als Instanz der Vermittlung zwischen Staat und Kirche, der zudem mit zentralen Leitungsfunktionen ausgestattet wurde. Das neue Gremium begann seine Arbeit mit einer vollständigen Kapitulation: «Wir bejahen», versicherte es, «die nationalsozialistische Volkswerdung auf der Grundlage von Rasse, Blut und Boden.» Die Frage nach der angemessenen Reaktion auf diesen Skandal spaltete die «Bekennende Kirche», deren «Bruderräte» soeben verboten worden waren. Ein Teil lehnte den «Reichskirchenausschuß» kompromißlos ab, ein anderer Teil bildete als eine Art von kirchlicher Gegenregierung den «Luther-Rat». Damit bestanden vier konkurrierende Leitungsorgane nebeneinander: DEK, Reichsbischof, Reichskirchenausschuß und «Luther-Rat». An diesem Kompetenzwirrwarr scheiterte Kerrl genauso wie vorher «Reibi» Müller.

1. Beflissene Anpassung und doppeldeutiger «Kirchenkampf»

Im Juni 1936 rang sich die «Bekennende Kirche» endlich zu einer Denkschrift an Hitler durch, in der die Ideologie und die Herrschaftspraxis des Regimes samt Führerkult, Gestapo und KZ verhalten, doch hinreichend offenherzig kritisiert wurden. Wegen des zunehmenden BK-Protestes gegen die religionsfeindlichen Zumutungen des Führerstaats und aus Sorge vor einem blamablen Ergebnis wurden die für den November 1937 vorgesehenen kirchlichen Neuwahlen vom Staat untersagt. Statt dessen wurde 1938, nach dem «Anschluß» Österreichs, die Verpflichtung aller Pfarrer zu einem Treueid auf Hitler angekündigt – ein Unterwerfungsritual, das die «Deutschen Christen» sogleich auch auf ihre Kirchenleitung beziehen wollten. Vor dem frontalen Zusammenprall zurückscheuend gab die «Bekennende Kirche» ihren Pfarrern die Entscheidung frei. Das geschah vielleicht auch unter dem Eindruck neuer Repressalien. Niemöller z. B. wurde jetzt nach der Verurteilung durch ein Sondergericht in das KZ Sachsenhausen eingeliefert, wo er bis 1945 aushalten mußte, allerdings eine Exklusivbehandlung als «Gefangener des Führers» genoß. Nach einigem Abwarten verzichtete die Reichskanzlei schließlich, ohne daß dies das Verdienst kirchlicher Opposition gewesen wäre, auf den umstrittenen Eid.

Die Zuspitzung während der «Sudetenkrise» bewog die «Bekennende Kirche» wenig später zu einer Friedensliturgie, die das Regime als oppositionelles Aufbegehren empfand. Das «Schwarze Korps» der SS prangerte diese «politische Kundgebung als Versuch der Sabotage» durch «politisierende Pastoren» an. Die «Ausmerze» solcher «Verbrecher» sei deshalb eine unumgängliche «Pflicht des Staates». Kerrl gelang es, die Bischöfe Marahrens und Meiser für die öffentliche Verurteilung dieser Friedensliturgie zu gewinnen. Das bedeutete die formelle Distanzierung von der «Bekennenden Kirche», nicht nur von den aus ihr stammenden Autoren, so daß sich ein weiterer tiefer innerkirchlicher Graben auftat.

Kurz darauf aber bestätigte die Amtskirche erneut Bonhoeffers Diktum: «Wir haben in jenen Jahren... fast nirgends Zivilcourage gefunden.» Denn es mangelte ihr wieder an jener Konfliktbereitschaft aus Einsicht in das Unumgängliche, die zu einer Verurteilung des großen Judenpogroms im Herbst 1938 hätte führen müssen. Sie schwieg, obwohl inzwischen auch Grenzen der nationalsozialistischen Durchsetzungsfähigkeit hervorgetreten waren, da die konservativen Machteliten in der Wehrmacht, Bürokratie und Justiz viel Verständnis für die Bedrängnis ihrer protestantischen Kirche aufgebracht hatten und nicht ohne weiteres verprellt werden sollten.

1939 war dann aus der Sicht der Diktatur ohnehin ein neuer «Burgfrieden» geboten. Ein Führerbefehl untersagte sofort jede weitere Aktion gegen die Kirchen, da im Krieg an der «Heimatfront» Ruhe herrschen müsse. Erst nach dem Sieg, das war die Überzeugung des obersten Zirkels, werde die Kirchenfrage «endgültig» gelöst werden. Bald zeigte der Warthegau, in dem es keine staatskirchenrechtliche Vereinbarung mehr gab, ein noch gemäßigtes Bild dieser Zukunft: Die Kirchen wurden dort nur mehr als «religiöse Vereine» mit volljähriger Mitgliedschaft behandelt. Offensichtlich sollte aber die politische Religion des Nationalsozialismus nach dem Endsieg kirchenähnlich institutionalisiert werden. Damit hätte sie vollends eine tödliche Gefahr für die christliche Leitkultur bedeutet.

Zu Beginn des Krieges schwieg die protestantische Kirche zur Euthanasie, obwohl sie seit dem Juli 1940 hinreichend genau informiert war. Es gab kein evangelisches Pendant zu Bischof v. Galen, der seine Stimme erhoben hätte. Was wäre aus der Mordaktion geworden, wenn der DEK, die «Bekennende Kirche», die Bischöfe gemeinsam und frühzeitig das Vorhaben öffentlich in Acht und Bann getan hätten? Das Stigma des Versagens war seither nicht mehr aufzuheben.

Statt dem Mord zu widerstehen, predigten alle protestantischen Teilkirchen die patriotische Pflicht zum Kriegsdienst, den bis 1941 schon 46 Prozent aller Pfarrer ausübten; in zunehmend schrilleren Tönen, als sie seit 1941 den Vernichtungskrieg gegen den Bolschewismus unterstützten. Nach Kerrls Tod im Dezember 1941 verwaiste das Kirchenministerium. Wohl aber wurde ein neuer «Geistlicher Vertrauensrat» paritätisch von allen Kirchenparteien, doch unter Ausschluß der «Bekennenden Kirche», besetzt. In einem Rundschreiben an alle Landeskirchen drang er darauf, die nötigen Vorkehrungen dafür zu treffen, «daß die getauften Nichtarier dem kirchlichen Leben der Gemeinden fernbleiben». Tatsächlich wurde seither auch christlichen Trägern des Judensterns jeder Zutritt zu einem Kirchengebäude verweigert. In keiner einzigen Berliner Gemeinde etwa erhob sich vernehmbarer Protest gegen diesen Verrat ihrer jüdischen Mitglieder. Die wenigen hilfsbereiten BK-Pfarrer fanden sich als «Judenpfarrer» denunziert.

Eine kirchliche Einrichtung wie die «Kirchenbuchstelle Alt-Berlin» ging mit ihrer Servilität noch darüber hinaus. Sie half bei der «sippenkundlichen Ausforschung sämtlicher Berliner Familien nach jüdischen Vorfahren», wobei sie mit der SS-nahen «Reichsstelle für Sippenforschung» und anderen nationalsozialistischen Dienststellen während der Bereitstellung der Daten für die Ausstellung oder aber die Verweigerung des «Ariernachweises» zusammenarbeitete. Keiner rügte den völkischen Pfarrer Themel, der sich dieser Preisgabe lebenswichtiger Informationen mit Hingabe widmete, vielmehr wurde er nach 1945 weiter beschäftigt.

Hatte die protestantische Kirche schon von 1933 bis 1941 versagt, als sie wort- und tatenlos der Ausgrenzung und Vertreibung der jüdischen Deutschen zusah, die bis zur KZ-Haft gehende Diskriminierung von politisch mißliebigen Deutschen hinnahm, versagte sie vollends, als ihr der Mord an den europäischen Juden – wenn auch nicht in seinem vollen Ausmaß – bekannt wurde. Über die ungeheuerliche Dimension des Infernos wußten die

Kirchenleitungen hinlänglich Bescheid, doch wurde nur im Oktober 1943 auf der Breslauer Bekenntnissynode von einer Kirchenpartei eine verklausulierte Kritik geübt. Seither muß die Evangelische Kirche mit dem Debakel ihres Versagens angesichts des Massenmordes leben.

Auch als der Krieg sich dem Ende näherte, konnte sich nur ein winziges Häuflein der bitteren Alternative Dietrich Bonhoeffers anschließen, der längst zu seiner isolierten Grundsatzposition gefunden hatte: «Entweder in die Niederlage ihrer Nation einzuwilligen, damit die christliche Zivilisation weiterleben kann, oder in den Sieg und dabei unsere Zivilisation zu zerstören.» Statt der von ihm angemahnten Zivilcourage hielt sich ein breites Spektrum von Haltungen: von ängstlichem Vorbehalt, gelegentlichem Dissens, nonkonformistischer Verweigerung, stiller Ablehnung, innerer Emigration. Zur konspirativen Opposition fanden sich nur wenige bereit, zumal den Lutheranern seit jeher eine ausgearbeitete Widerstandstheologie fehlte.

Den letzten Tiefpunkt erreichte der «Geistliche Vertrauensrat», als er nach dem Attentat vom 20. Juli 1944 eilfertig eine Treueversicherung an Hitler telegrafierte: Gebete seien in allen Kirchen angeordnet, um für «Gottes gnädigen Schutz» zu danken: «Unsere inbrünstige Fürbitte geht dahin, daß Gott der Herr Sie, unseren Führer, weiterhin schütze und Ihnen für die großen Aufgaben der Zukunft Kraft schenke.»[2]

b) Der Katholizismus:
Reichskonkordat, Anpassung und Verfolgung

Die unzweideutige Kritik, mit der die katholische Amtskirche bis 1933 der Hitler-Bewegung begegnete, bleibt ein Ruhmesblatt ihres politischen Urteilsvermögens. Längst nicht so entschieden fiel dagegen das Urteil der Zentrumsspitze in der Entscheidungsphase seit 1930 aus. Denn der Parteivorsitzende Kaas und Reichskanzler Brüning liebäugelten wiederholt mit dem Gedanken, den Nationalsozialismus durch Machtteilhabe zu zähmen, seine Brisanz durch das politische Alltagsgeschäft zu entschärfen (vgl. 8.T. V.1 b; vorn IV.1).

Die Zuspitzung der Entscheidungssituation unmittelbar nach der Machtübergabe erfolgte in mehreren heftigen Schüben. Hitler, ursprünglich durch Familie und österreichisches Ambiente katholisch geprägt, behielt zeitlebens seinen Respekt vor den Institutionen und der politischen Macht der Kirche (und besaß umgekehrt keine Ahnung vom Protestantismus). Die Lateranverträge Mussolinis von 1929, deren Substanz er ziemlich genau kannte, hielt er für ein Vorbild; insbesondere tat es ihm der Art. 43 an, der das Verbot der politischen Tätigkeit von Geistlichen enthielt, so daß der «Duce» auch damit seine Einparteienherrschaft befestigen konnte. Hitler traute sich offenbar zu, eine direkte Verständigung mit dem

Vatikan zu erreichen, sofern dieser sich zu innenpolitisch ähnlich nützlichen Konzessionen bereit fand.

Göring hatte im Mai 1931 auf einer Romreise den ersten Kontakt hergestellt. Der «Völkische Beobachter» forderte im November 1932 ganz unverblümt eine deutsche Kopie der Lateranverträge. Kultusminister Rust fragte Ende Februar 1933 seinen Staatssekretär, ob ein Reichskonkordat im Stil der Lateranverträge denkbar sei. Kurzum, jenes Reichskonkordat, mit dem die päpstliche Diplomatie, vertreten durch den Berliner Nuntius Pacelli, bisher gescheitert war, stand der nationalsozialistischen Führung durchaus als ein offenes Problem im Verhältnis zur Weltkirche, vollends zum deutschen Katholizismus vor Augen, als sie ihr Herrschaftssystem zu konsolidieren begann.

Bei den Reichstagswahlen am 5. März 1933 hatte das Zentrum immerhin 70 statt 73, die BVP 19 statt 20 Sitze gewonnen – ein Zeichen, wie es schien, der ungebrochenen Vitalität des politischen Katholizismus. Bereits in der folgenden Nacht wurde auf der Siegesfeier von der NS-Spitze das Konkordatsproblem angeschnitten. Das Ende der katholischen Parteien sei nur, lautete offenbar der Konsens, im Zusammenhang mit dem Abschluß des ausstehenden Reichskonkordats erreichbar. Unverkennbar übernahm Hitler seither die Rolle des Initiators. Folgerichtig wiederholte er bereits am 7. März im Kabinett, daß die oppositionelle Hochburg des Zentrums und der BVP erst dann erobert werden könne, «wenn die Kurie die beiden Parteien fallenläßt». Schon am Tage zuvor hatte Kaas dem katholischen Vizekanzler v. Papen die Mitarbeit seiner Partei angetragen: Das Zentrum sei zur Versöhnung bereit, selbst die Möglichkeit einer Zustimmung zu dem ringsum erwarteten Ermächtigungsgesetz ließ der Prälat bereits durchblicken. Am 8. März nahm v. Papen Kontakt mit Kardinal Erzbischof Adolf Bertram, dem Vorsitzenden der deutschen Bischofskonferenz, auf, um das Terrain für ein Reichskonkordat zu sondieren.

Kaas, Bertram und überhaupt der hohe Klerus sahen in dem ersehnten Reichskonkordat den krönenden Schlußstein jener Neuregelung, die der Vatikan nach der 1917 abgeschlossenen Kodifikation des Kanonischen Rechts (CJC) nicht nur im Verhältnis zu den deutschen Bundesstaaten, sondern vor allem zum Gesamtstaat anstrebte. Kleriker besaßen in jenen Jahren ein besonders hohes politisches Gewicht, da sie eine außergewöhnliche Dominanz in den Spitzenpositionen der beiden katholischen Parteien gewonnen hatten – eine folgenreiche Präjudizierung, welche diese Parteien, um den Vorwurf der reinen Religionspolitik zu vermeiden, 60 Jahre lang wohlweislich vermieden hatten. Dieses Prälatenregiment repräsentierten etwa der Prälat Kaas an der Spitze des Zentrums und seiner Reichstagsfraktion, der Prälat Leicht als Chef der BVP-Reichstagsfraktion, der Prälat Lauster als Anführer der Zentrumsfraktion im Preußischen Landtag und der Prälat Föhr als Fraktionsführer der BVP im Bayerischen Landtag. Vor allem Kaas hat offenbar frühzeitig im Zentrum für das Reichskonkordat geworben. Es ist unwahrscheinlich, daß die anderen Prälaten seinen Kurs konterkarierten.

Kardinal Faulhaber, der in diesen Märztagen (9.–17.) in Rom weilte, vernahm vom Außenminister der Kurie, dem Ex-Nuntius Pacelli, die Aufforderung zu einem Schwenk in der politischen Beurteilung des Nationalsozialismus: In erster Linie müsse man in ihm einen kompromißlosen Gegner des Kommunismus sehen. Das blieb seither ein Dauermotiv Pacellis. Als ungefähr in derselben Zeit, jedenfalls kurz nach der Reichstagswahl, der Zentrumsabgeordnete August Winkler abends bei Kaas Parteidinge beredete, unterbrach ein Besuch des päpstlichen Nuntius Orsenigo das Gespräch, und Winkler bekam immerhin soviel mit, daß bereits vertrauliche Gespräche wegen des Reichskonkordats liefen und die Kurie deshalb dem Zentrum nahelegte, dem Ermächtigungsgesetz zuzustimmen.

Tatsächlich fanden sich dann am unheilschwangeren 23. März das Zentrum und die BVP zu ihrem Ja zu diesem Ausnahmegesetz bereit. Brüning hatte zuerst noch gegen den eklatanten Rechtsbruch votiert, fügte sich dann aber vor der Abstimmung der vorgeblichen Parteiraison. Gegen kleine verbale Konzessionen (Entgegenkommen im Hinblick auf die Bekenntnisschule, das Elternrecht, die Kirchenpolitik, die Beamtenparität) gaben auch die Repräsentanten des politischen Katholizismus die Verfassung preis. Zentrum und BVP hätten vor diesem «Kardinalfehler» (K. Repgen) die notwendige Zweidrittel-Mehrheit für den Verfassungsbruch verhindern können, und eben deshalb waren sie bis dahin von der NS-Spitze pfleglich behandelt worden. Frühzeitig – in einem Textstück seiner «Erinnerungen», das er bereits 1935 diktierte – hat Brüning seinen nicht unbegründeten Argwohn ausgedrückt, daß Kaas vorher von Hitler und v. Papen mit dem Köder des Reichskonkordats für die Zustimmung zum Ermächtigungsgesetz gewonnen worden sei.

Fünf Tage später, am 28. März, gab die Fuldaer Bischofskonferenz in einer irritierenden Koinzidenz des Politikwechsels ihre aufsehenerregende Erklärung ab, in der sie nicht nur alle Verbote und Warnungen vor dem neuen Rechtstotalitarismus formell aufhob, sondern jetzt auch explizit auf der «Treue gegenüber der rechtmäßigen Obrigkeit» bestand. Damit wurde das NS-Regime durch die geistliche Autorität des Katholizismus legitimiert, jeder katholischen Opposition mithin der Rückhalt an der Amtskirche genommen.

Seither gab es mehrfach Verlautbarungen und Mahnungen des hohen Klerus, strikte Loyalität zu üben – zu kraß und unvermittelt hatte offenbar der plötzliche Bruch, der Ende März mit der Politik der letzten Jahre vollzogen worden war, auf das Kirchenvolk gewirkt. Schließlich rief am 30. Juni ein programmatischer Hirtenbrief aller deutschen Bischöfe, der internen Debatte gewissermaßen mit letztinstanzlicher Autorität ein Ende setzend, zur willigen Kooperation mit dem aufsteigenden Führerstaat auf. Zum Höhepunkt dieser Zusammenarbeit wurde dann das Reichskonkordat vom 20. Juli.

Katholische Historiker vertreten bis heute, uneingeschränkt auf der defensiven Linie des Vatikans operierend, die apologetische Auffassung, daß die grundlegende Veränderung, die sich im März 1933 im politischen Katholizismus und in der Runde der deutschen Bischöfe durchsetzte, nichts mit dem Reichskonkordat zu tun gehabt habe. Es habe auch keinen direkten oder vermittelten römischen Einfluß auf das Zentrum und die hohe Geistlichkeit vor dem Ermächtigungsgesetz und der Bischofserklärung gegeben. Erst seit etwa dem 5. April dürfe man von Auswirkungen der inzwischen bekanntgewordenen Konkordatsverhandlungen sprechen.

Alle zur Zeit verfügbaren Indizien, die einen – wie die Juristen gern sagen – konkludenten Schluß erlauben, weisen aber darauf hin, daß der Lockvogel des Reichskonkordats und der unvermeidbar dazugehörende Vorlauf an vertraulichen Gesprächen und verschwiegenen Verhandlungen den effektiven Hebel bildete, um nicht nur die katholischen Parteien, sondern auch die Bischöfe für die Unterstützung des Regimes in seiner kritischen Aufstiegsphase zu gewinnen. Hitler und v. Papen haben sich spätestens unmittelbar nach der Reichstagswahl auf das attraktive Konkordatsprojekt geeinigt, ihre Entscheidung auch nicht streng geheimgehalten. Kaas etwa wurde wegen seiner strategischen Position offensichtlich frühzeitig unterrichtet und eingebunden. Und der Vatikan bevorzugte ohnehin eine autoritäre Lösung wie die von 1929, da dann mühselige und gefährliche parlamentarische Verhandlungen unter Beteiligung der beiden katholischen Parteien mit ihren Sonderwünschen und unter Berücksichtigung anderer politischer Akteure vermieden werden konnten.

Papen stand bereits am 24. März in formellem Kontakt mit dem Heiligen Stuhl und verfolgte dabei das Ziel, die noch immer widerspenstige Haltung des Zentrums und der Bischöfe weiter abzubauen. Ebenfalls am 24. März traf Kaas in Rom ein, wo er bei Pacelli nach Hitlers Zusage, ernsthaft verhandeln zu wollen, darauf drängte, das Konkordatsangebot sorgfältig zu prüfen. Auch Kaas schwebten die von ihm in einem unlängst publizierten Aufsatz lebhaft befürworteten Lateranverträge als Modell vor. Gelang ein Abschluß in Berlin, stellte das auch für ihn den wichtigsten Erfolg der kurialen Politik seit dem Codex mit seinen programmatischen Zielen dar.

Am 2. April kehrte der Prälat zu einem vertraulichen Gespräch mit Hitler noch einmal nach Berlin zurück, ehe er am 7. April nach Rom aufbrach und dort endgültig blieb. Zu Hitlers Geburtstag am 20. April versicherte er dem «Führer» die «unbeirrbare Mitarbeit». Zentrum und BVP hatte er zu diesem Zeitpunkt innerlich schon aufgegeben. Übrigens drängte auch Mussolini in jenen Tagen Hitler und den Vatikan, mit einem deutschen Konkordat seinem Beispiel von 1929 zu folgen.

1. Beflissene Anpassung und doppeldeutiger «Kirchenkampf»

In der Tat bestand die Regierung Hitler in den erstaunlich kurzen Verhandlungen mit der Kurie auf dem unzweideutigen Verbot der politischen Tätigkeit aller Geistlichen und Ordensleute – und erreichte mit dem «Entpolitisierungsartikel» einen Parallelerfolg zum Artikel 43 der Lateranverträge. Als Gegenleistung gewährte das Regime, das keine Rücksicht auf die parlamentarischen Kräfteverhältnisse und die Öffentlichkeit zu nehmen brauchte, den Schutz kirchlicher Rechte und Institutionen, nicht zuletzt des Korps der Geistlichen. Nur zu bereitwillig ging Pacelli auf den angebotenen «Deal» ein, erfüllte er doch seinen Wunschtraum seit der Zeit in der Berliner Nuntiatur. Mussolinis Vatikanspezialist De Vecchi berichtete dem italienischen Diktator: Papst und Pacelli «haben sich über das Konkordat mit Deutschland gefreut wie Kinder, die in der Schule belohnt wurden».

Der fatale politische Effekt in der deutschen, erst recht aber in der europäischen Öffentlichkeit trat jedoch in der immensen Aufwertung der Diktatur zutage. Sie schien mit diesem ersten internationalen Vertrag zu beweisen, wie sehr ihr daran gelegen war, erstarrte Konfliktpositionen unbefangen zu überwinden. Die Kurie wiederum, die ihrem neuen Vertragspartner etwas von dem Nimbus der Weltkirche zukommen ließ, fand sich in machiavellistischem Kalkül ohne Zaudern dazu bereit, für das Konkordat einen außerordentlich hohen moralischen und politischen Preis zu zahlen, das prekäre Prestige des NS-Regimes zu steigern und ihm sogar den kampferprobten politischen Katholizismus in Deutschland kaltblütig zu opfern. Dieses Verhalten wird bis heute von der kurialen und historischen Apologetik als unumgänglich gebotene «Verteidigungslinie» gerechtfertigt, die der Vatikan gegenüber der NS-Diktatur zu beziehen genötigt gewesen sei. Bedeuteten aber die Konzessionen zu diesem frühen Zeitpunkt im Lichte der unmittelbar danach einsetzenden harten Verfolgung und auch im Vergleich mit der «Bekennenden Kirche», die solche Schutzrechte nicht genoß, einen einleuchtenden Gewinn, der 70 Jahre später noch immer gepriesen werden muß? Oder geht es im Grunde eher darum, strittige Sonderrechte der Kirche, die aus dem einzigen noch immer gültigen völkerrechtlichen Vertrag des Hitler-Regimes hergeleitet werden, auf lange Sicht als Machtposition gegen eine überfällige Revision zu verteidigen?

In Deutschland wurde der Konkordatsabschluß von Spitzenfunktionären der Kirche in den höchsten Tönen gelobt. So erblickten etwa die Kardinäle Bertram und Faulhaber in dem Vertragswerk geradezu eine «weltgeschichtliche Tat» Hitlers: «Gott erhalte unserem Volk unseren Reichskanzler». Erzbischof Groeber stellte sich sogar «restlos» hinter den Führerstaat. Indem aber das Regime auf diese Weise auch kirchenamtlich stabilisiert wurde, hat sich die Kirche zunächst einmal selber die «Hände gebunden». Kein Wunder mithin, daß die Bischöfe vor der ersten Volksabstimmung und neuen Reichstagswahl am 12. November 1933 zur freudigen Stimmabgabe für den «Führer» aufforderten. Massiv warb auch die nationalsozialistische Propaganda mit dem Erfolg des Konkordatsabschlusses, und die auffällig hohen Stimmengewinne in den katholischen Gebieten erfüllten diese Erwartungen.

Bis dahin hatten sich im Katholizismus die Konturen einer neuen, pronationalsozialistischen Führungsgruppe herausgeschält. Auf der Basis ihrer antiliberalen, antidemokratischen, antibolschewistischen Grundhaltung trat sie für autoritäre Politik, Führertum und Reichsgedanke ein. Theologieprofessoren wie Josef Lortz und Heinrich Schmaus schlugen, gefolgt von den Professoren Theodor Brauer und Karl Hugelmann, eine Brücke zwischen Katholizismus und Nationalsozialismus. Publizisten wie Emil Ritter, Eugen Kogon und Albert Mirgeler entdeckten ebenfalls manche Berührungspunkte. Neue Zeitschriften und Schriftenreihen sprangen ihnen bei. Der Anfang April 1933 entstandene Bund «Kreuz und Adel» fand sich zur Mitarbeit im NS-Staat bereit. Der angesehene Abt des Klosters Maria Laach, Ildefons Herweg, überhöhte das Führerprinzip aus durchsichtigen aktuellen Gründen. Studentenverbindungen und Gesellenvereine, katholische Burschenschaft und Bund «Neudeutschland» bekannten sich im Sommer 1933 gleichfalls zur neuen Ordnung und ihrem Führerprinzip. Alle riefen zur Abstimmung im November auf.

Am 4./5. Juli lösten sich Zentrum und BVP, die Gleichschaltung aller politischen Parteien vollendend, selber auf, nachdem man sich im Zentrum noch, vordringlichstes aller Probleme, über die Bewahrung der Parität im Beamtenapparat heftig den Kopf zerbrochen hatte. Nach dem Zusammenbruch im März und der Vollendung der Konkordatspolitik gab es auch im Katholizismus kein Halten mehr. Wo lagen die Ursachen dieses bestürzenden Kollapses, der sich zeitlich parallel zum schismatischen Vorstoß der «Deutschen Christen» und der Kapitulation der Evangelischen Amtskirche ereignete?

1. Als allgemeine Voraussetzung wirkte sich die im katholischen Sozialmilieu und in der Kirche gespeicherte tiefskeptische Distanz zur kapitalistischen, protestantischen und in ihrer Sicht auch jüdisch geprägten Welt der Moderne aus. Diese noch nicht überwundene Aversion erzeugte auch eine ablehnende Grundhaltung gegenüber den Modernisierungserscheinungen des Liberalismus, der Demokratie, der parlamentarischen Republik.

2. Der «Kulturkampf» der 1870/80er Jahre hatte die Tendenz, sich in der eigenen Subkultur einzuigeln, noch einmal verstärkt. Nach dem Ende des offenen Konflikts breitete sich ein überzogener Nationalismus aus, der die zugeschriebene Inferiorität der «Reichsfeinde» kompensatorisch wettmachen wollte.

3. Katholische Politik drehte sich im Kern allzu häufig um Religion und Kirche, Schule und Parität im Staatsapparat. Der Blick auf das gesellschaftliche und politische Ganze ging dabei häufig verloren oder wich einem rein taktischen Durchsetzungskalkül.

1. Beflissene Anpassung und doppeldeutiger «Kirchenkampf»

4. Politisierende Kleriker wie die Prälatenriege am Ende der 20er und zu Beginn der 30er Jahre waren von vornherein mehr an Kirchenpolitik im engeren Sinn als an der Verteidigung der demokratischen, rechtsstaatlichen Republik gegen den Anprall des Rechtstotalitarismus interessiert. Die Aussicht auf ein Reichskonkordat unterspülte die letzten Widerstandsbastionen.

5. Der tiefste Grund des Einbruchs lag aber in der unversöhnlichen Verketzerung der Aufklärung und in einem dogmatischen Antiliberalismus. Deshalb hatte das katholische politische Denken jede über das taktische Verhalten hinausgehende flexible Offenheit verloren, so daß es aus einer «prinzipiellen Verneinung» der Jahrhunderte seit der Reformation, erst recht seit der Aufklärung lebte. Das mußte im Augenblick der fundamentalen Krise des Gemeinwesens zu einem fehlgeleiteten, illusionären Urteil, letztlich zur Katastrophe führen.

6. Daher wurden führende katholische Kleriker, Politiker und Intellektuelle zu «einflußreichen Wegbereitern» des nationalsozialistischen «Aufstandes» gegen die liberal-demokratisch verfaßte Gesellschaft. Das prinzipielle Dilemma der amtskirchlichen Ratschläge lag darin, daß sie «nirgends unmittelbar verantwortlich» gegenüber gewählten Entscheidungs- und Kontrollgremien, geschweige denn gegenüber dem Wählervolk blieben.

Der nationalsozialistische «Kirchenkampf» gegen den Katholizismus, hier trifft der Begriff in der Tat zu, setzte bereits 1934, als ob es die Garantieklauseln des Reichskonkordats nie gegeben hätte, mit Heftigkeit ein. Jugendorganisationen wurden aufgelöst, Beamte schikaniert, das Pressewesen gleichgeschaltet; die HJ pöbelte Prozessionen an; der «Nacht der langen Messer» während der Röhm-Krise fielen auch prominente Katholiken zum Opfer. Immerhin wehrte sich Kardinal Faulhaber gegen die Abwertung des Alten Testaments, kritisierte Bischof v. Galen ungeschminkt Rosenbergs «Mythos des 20. Jahrhunderts», der im Februar 1934 auch auf den Index gesetzt wurde.

Im März 1935 setzte dann eine Verleumdungskampagne gegen Ordensmänner und Nonnen ein, von denen 60 wegen durchsichtig erfundener Devisenvergehen verurteilt wurden. Diese Schikane nahm sich aber geradezu harmlos aus im Vergleich mit den 274 Urteilen, die vom Mai 1936 bis zum Juni 1937 wegen angeblicher Sittlichkeitsverbrechen gegen Priester verhängt wurden. Es lag auf der Hand, daß damit dumpfe Vorurteile gegen die zölibatären Geistlichen bekräftigt, der Abscheu vor vermeintlichen «Perversen» genährt werden sollte. Als Pater Rupert Mayer SJ gegen das Lügengespinst mutig protestierte, wurde er ins KZ geschafft und starb an den Folgen. Kardinal Faulhaber aber wußte im November dieses schlimmen Jahres: «Der Reichskanzler lebt ohne Zweifel im Glauben an Gott. Er anerkennt das Christentum als Baumeister der abendländischen Kultur.»

Endlich übte im März 1937 die päpstliche Enzyklika «Mit brennender

Sorge» entschiedene Kritik an der Verfolgungspraxis des «Dritten Reiches». Sie wurde von 11 500 Kanzeln verlesen, 200 000 Exemplare wurden verteilt, obwohl die Druckereibesitzer bedroht, dann vor Gericht gestellt und enteignet wurden. Aber keine Seite dachte daran, das Reichskonkordat aufzukündigen.

Ein kritischer Hirtenbrief dagegen kam, obwohl es längst überreichlich Anlaß für ihn gab, nicht zustande. Der anpassungswillige Kardinal Bertram bremste den couragierten Berliner Bischof Konrad v. Preysing aus, der die Gemeinden mobilisieren wollte. Denn Bertram scheute den zu erwartenden Vorwurf, daß es den deutschen Katholiken erneut an nationaler Gesinnung fehle. Deshalb verließ er sich auf vertrauliche Eingaben, die ohne irgendeine erkennbare Wirkung blieben.

Inzwischen hatte der Konflikt einen solchen Hitzegrad erreicht, daß Hitler selber sich im Mai 1937 für spektakuläre «Pfaffenprozesse» aussprach; er wollte ein Verbot des Zölibats, die Einziehung des kirchlichen Vermögens, die Auflösung der Orden und die Aufhebung des kirchlichen Erziehungsrechts durchsetzen. Doch Goebbels setzte sich mit seinem Argument gegen eine offene Konfrontation durch: Man brauche wegen der vordringlichen Kriegsvorbereitung die Ruhe im Inneren. Für die Aufhebung der Bekenntnisschule war dann freilich der Propagandaminister mitverantwortlich, obwohl die Entscheidung einen scharfen Einspruch der Kirche, in einigen katholischen Gebieten Bayerns sogar öffentliche Unruhe auslöste.

1939 dachte die Katholische Kirche genausowenig wie die zersplitterte protestantische Kirche an Kriegsdienstverweigerung oder auch nur an verschleierte Kritik. Vielmehr hielt es Kardinal Bertram im April 1940 für angebracht, ohne jede Rücksprache mit den anderen Bischöfen offizielle Glückwünsche zu Hitlers Geburtstag zu übermitteln. Er versprach «heiße Gebete» aller Katholiken nicht nur für «Volk, Heer und Vaterland», sondern auch «für Staat und Führer» – in «Treue zum jetzigen Staat und seiner regierenden Obrigkeit im Vollsinne des göttlichen Gebots». Wenig später wird Bertram sich durch den Sieg über die gottlose französische Republik, wie ihn viele im Klerus seit 1914 gewünscht hatten, vollauf bestätigt gefühlt haben. Seine zur Speichelleckerei tendierende Anbiederung löste eine tiefe Spaltung im Episkopat aus, von der die katholischen Gemeinden aber nichts erfuhren.

Was entschlossener Widerspruch eines einzelnen Kirchenmannes erreichen konnte, bewies Bischof v. Galen im Sommer 1941 mit seiner öffentlichen Verurteilung der Euthanasieaktion (vgl. vorn I.4 b). Sein leidenschaftlicher Protest trug wesentlich zur vorläufigen Einstellung des mörderischen Treibens bei. Seither läßt sich die Frage nicht zum Verstummen bringen, was katholische und protestantische Kirchenführer mit mehr Zivilcourage und weniger Bedenkenpflege selbst in einer totalitären Diktatur hätten verhindern können.

1. Beflissene Anpassung und doppeldeutiger «Kirchenkampf»

1941 erreichte die Verfolgung der katholischen Kirche ihren Höhepunkt. Zum Verbot der Kirchenpresse kam der schon seit Beginn des Jahres einsetzende «Klostersturm» hinzu. Bis Mitte März wurden in einer koordinierten Aktion 120 Klöster von den Gauleitern beschlagnahmt und nach der Vertreibung der Mönche und Nonnen gewöhnlich in Ferienheime für Parteigenossen verwandelt. Ordenskomplexe und kirchliche Gebäude wurden massenhaft enteignet, die Willkür schien kein Ende zu nehmen. Doch wurde danach, wahrscheinlich aus Rücksicht auf die Stimmung an der «Heimatfront», der Terror nicht derart massiv fortgesetzt.

Insgesamt aber kann die Katholische Kirche auf eine ebenso beklemmende wie stolze Leidens- und Opferbilanz verweisen, die sie mit dem Reichskonkordat unstreitig hatte verhindern wollen. 8021 Geistliche, die Hälfte aller Priester, wurden von Zwangsmaßnahmen getroffen. 418 Priester kamen ins KZ, wo 110 von ihnen starben. Weitere 59 Geistliche wurden hingerichtet oder ermordet. Die Anzahl der Opfer und das Ausmaß der Willkürakte übertrifft die Belastung protestantischer Pfarrer und der «Bekennenden Kirche» bei weitem.

Aber trotz der imponierenden Widerstandsfähigkeit gab es doch auch fatale Berührungspunkte mit dem NS-Regime. Dabei geht es nicht nur um Führeridee und Reichsmystik, sondern um die heikelste Affinität. Seit vielen Jahrhunderten hatte der katholische Antijudaismus in den Juden «das Volk der Gottesmörder» stigmatisiert. Daher bot diese langlebige Diskriminierungstradition keinen Rückhalt gegen das Vordringen des modernen Antisemitismus. Im Gegenteil, auch das katholische Sozialmilieu und die Amtskirche partizipierten, wenn auch der biologistisch-rassistische Antisemitismus in der Regel von ihnen abgelehnt wurde, dank ihrer eigenen judenfeindlichen Überlieferung an der anschwellenden antisemitischen Grundströmung. Der gemeinsame Antisemitismus erwies sich daher nach 1933 imstande, «akute Formen der Komplizenschaft in beiden Kirchen» zu schaffen. Allerdings gab es in Deutschland weit weniger katholische Juden als protestantisch getaufte, denn wer dort um den Preis des Traditionsverzichts hatte aufsteigen wollen, pflegte sich gewöhnlich der Mehrheitskonfession zu assimilieren. Doch selbst diese geringe Zahl erfreute sich keines wirksamen kirchlichen Schutzes.

Als die Deportation auch der deutschen Juden im Spätherbst 1941 von der Kirche nicht mehr ignoriert werden konnte, verweigerte Bertram einen öffentlichen Protest, obwohl v. Galens mutiges Beispiel einige Monate zuvor jedermann präsent war. Schweigend ließ der Episkopat den Abtransport nach Osten zu. Zwar ist umstritten, ob die Bischöfe seither über die Gaskammern der Vernichtungslager zuverlässig informiert waren, doch unstrittig ist ihre Kenntnis der Massenerschießungen, von denen immerhin die Hälfte der ermordeten osteuropäischen Juden erfaßt wurde. Erneut konnten sie sich zu keinem klaren Wort über die Mordtaten aufschwingen.

818   IV. Strukturbedingungen und Entwicklungsprozesse der Kultur

Noch wirksamer wäre es fraglos gewesen, wenn Pacelli sich als Papst Pius XII. ex cathedra geäußert hätte. Doch der Inhaber des Heiligen Stuhls wollte kein Risiko eingehen: weder im Verhältnis zu den beiden Diktaturen, deren radikalfaschistische so rücksichtslos gegen den kommunistischen Todfeind vorging, noch im Hinblick auf das deutsche Kirchenvolk und die Lage der Kirche im besetzten Europa. Jede unmißverständliche Kritik, die im Vatikan intern durchaus ausgearbeitet worden ist, wurde vermieden oder unterdrückt. Das gewaltige moralische Kapital der Kurie wurde nicht einmal eingesetzt, als über die Dimension des Holocaust kein Zweifel mehr herrschen konnte.

Aber auch auf anderen Gebieten verharrte die Politik des Vatikans in kompromittierender Passivität. Als die Kroaten, die einzigen römisch-katholischen «Südslawen», im Frühjahr 1941 mit den Ustascha-Einheiten des faschistischen Pavelić-Regimes in schrecklichen Gewaltexzessen, oft von Priestern angeführt, mehr als 200 000 orthodoxe Serben ermordeten, hätte es dem Papst wohl angestanden, mit der Androhung aller Kirchenstrafen bis hin zur Exkommunikation dieser Fusion von Religionskrieg und Ethnozid in den Weg zu treten. Doch nichts geschah. Erst als Erzbischof Stepinač, in dessen Kirchenbezirk die Ustascha ungestört, ja indirekt gedeckt, ihr Unwesen getrieben hatten, von den Tito-Partisanen inhaftiert wurde, erklang lauthals der Protest aus Rom.

Auch die deutsche Kirche hätte aus Rom ungleich mehr Beistand und Ermutigung zur Regimekritik verdient gehabt, als ihr zuteil wurde. Daß Hitler im Krieg keinen radikalisierten Kulturkampf gegen die katholische Kirche führen wollte, war schließlich bekannt. Aber Pius XII. und der Episkopat zeigten sich nicht einmal bereit, angesichts eines welthistorisch einzigartigen industriellen Massenmords, der freilich nur in Polen auch Katholiken traf, die Grenzen der Belastbarkeit des Regimes zu erkunden. So schwiegen sie bis zuletzt. Als Kardinal Bertram am 1./2. Mai 1945 von Hitlers Tod hörte, ordnete er für alle Priester ein «Requiem auf den Führer» an.[3]

2. Das Schulsystem:
Grundschulen – Berufsschulen – Höhere Schulen

Der Nationalsozialismus trat ohne ein klares Schulkonzept in seine Regimephase ein. Daher war er, wie sich sogleich herausstellte, jahrelang weder willens noch praktisch in der Lage, das Schulsystem nach seinen Plänen auf neue Ziele hin umzubauen. Vielmehr blieb es in allen Schulformen noch fast bis zum Kriegsbeginn bei den überkommenen Fächern und Lehrplänen; auch die Lehrbücher aus der Zeit vor 1933 blieben erhalten. Das war zum einen ein Zeichen, wie schleppend die neuen Experten vorankamen, zum andern aber auch in den «Gesinnungsfächern» ein irritierendes Indiz

2. Das Schulsystem: Grundschulen – Berufsschulen – Höhere Schulen

dafür, wie weit die Weimarer Lehrbücher den Vorstellungen der Nationalsozialisten entgegengekommen waren.

Im März 1934 wurde das neue Reichsministerium für Wissenschaft, Erziehung und Volksbildung dem preußischen Kultusminister Rust übertragen, der seither diese anspruchsvolle Doppelfunktion ausübte. In einer ersten Phase bis 1937 wurden alle politischen Gegner rigoros ausgeschaltet, die Beamten in den Schulen und Schulbehörden auf ihre Gesinnungstreue überprüft, wobei der NS-Lehrerbund spürbar an Einfluß gewann. Aber auch danach verfolgte Rust keine «zielgerichtete Politik der Umstrukturierung», da ihm dafür ein schulpolitischer Rahmenplan der Partei nicht zur Verfügung stand und von seiner Behörde zunächst auch nicht entwickelt wurde. Deshalb agierte er oft eher pragmatisch-taktisch, zumal die wechselseitige Blockade von NS-Führern und -Ämtern auch in seinem Politikfeld nicht ausblieb. Insbesondere bei der Gründung der nationalsozialistischen Eliteschulen mußte er vor Ley und der SS-Spitze auf der ganzen Linie zurückstecken (vgl. III.6).

Doch für die konflikterfahrene preußische Kultusbürokratie eröffnete sich dank dieser «einmaligen Konstellation» ein weiter Spielraum, um ihre Pläne zur Systematisierung des traditionellen Schulwesens endlich zu Ende führen zu können. Es ging ihr dabei, kurz gesagt, um die abschließende Durchsetzung des dreistufigen Schulsystems, und mit diesem langlebigen Vorhaben, das sie bereits seit dem 19. Jahrhundert verfolgte, hatte sie jetzt tatsächlich Erfolg.

Grundschulen und Berufsschulen. Im März 1938 gelang es ihr, alle privaten Vorschulen, welche die Weimarer Vereinheitlichung der Volksschulen noch überlebt hatten, endgültig zu schließen. 1937, als eine neue Phase intensiverer Einflußnahme begann, konnte sie die ersten Reichsrichtlinien für das Grundschulwesen erlassen, und im Juli 1938 trat das Reichsschulpflichtgesetz in Kraft. Die «öffentliche Grundschule» wurde seither zur «konkurrenzlosen Pflichtschule» für die gesamte Alterskohorte der 6- bis vierjährigen, die einer achtjährigen Schulpflicht unterlagen. Zugleich diente die Grundschule als allgemeine Vorbereitungsschule für die auf ihr aufbauenden mittleren und höheren Schulen.

Der seit langem geforderte, aber abschreckend kostspielige Ausbau der Grundschule zu einer durchweg mehrklassigen Schulanstalt kam freilich auch jetzt nicht zustande. Noch 1940 besaßen 60 Prozent aller Grundschulen nur eine Klasse oder zwei Klassen. Außerdem hatte sich bis dahin wegen des Lehrermangels die Unterrichtssituation drastisch verschlechtert. Die geplante Pflichtoberstufe für Volksschüler in Gestalt einer vierjährigen «Hauptschule» (mit einer Fremdsprache), 1941 nach österreichischem Vorbild durch einen Führererlaß angeordnet, wurde nicht mehr eingeführt, sondern auf die Nachkriegszeit verschoben.

Die Radikalisierungstendenzen des NS-Regimes wirkten sich auch auf das Grundschulwesen aus; sie trafen in erster Linie die jüdische und katholische Schülerpopulation. Noch vor den Nürnberger Gesetzen von 1935 wurde die «Rassentrennung» in den Schulen angeordnet. Alle jüdischen Kinder durften nur mehr die 140 jüdischen Volksschulen besuchen, bis auch diese geschlossen wurden. Dann mußten sich die Schüler und Schülerinnen den Deportationszügen anschließen.

Das Reichskonkordat hatte zeitweilig die Illusion genährt, daß die Kirchenrechte in der Konfessionsschule, der schulische Religionsunterricht und die kirchlichen Privatschulen unversehrt erhalten blieben. Tatsächlich aber wurde seit der Mitte der 30er Jahre der kirchliche Einfluß rigoros beschnitten. Die Geistlichen wurden aus den Schulen verdrängt, die kirchlichen Schulen aufgehoben, der Religionsunterricht, die religiösen Feiern und Schulgottesdienste verboten. Schließlich wurden die Konfessionsschulen bis 1941 durch die entkonfessionalisierte Gemeinschaftsschule ersetzt.

Einen tiefen Einschnitt im Schülerleben brachte dann der Krieg mit seiner Evakuierung aus den Städten, dem häufigen Ernteeinsatz und der Kinderlandverschickung (= KLV), für die v. Schirach organisatorisch zuständig war. Hunderttausende von Kindern lernten auf diese Weise in ländlichen Gebieten ein improvisiertes Lagerleben kennen, in dem der Schulunterricht oft ausfiel und die Lehrer in offene Konkurrenz mit HJ-Führern gerieten, denen die ideologische Schulung unter den günstigen Bedingungen der Trennung von Elternhaus und Schule als vordringlich galt. Gemessen an einer planmäßigen Schulausbildung mußten die KLV-Jahre als vergeudete Zeit abgeschrieben werden. Anstelle des Bildungswissens sollte nur mehr Tat, Haltung, Bewährung gelten.

Die Lehrerausbildung wurde zunächst «Hochschulen für Lehrerbildung» übertragen, die an die Stelle der als sozialdemokratisch und «liberalistisch» verketzerten Pädagogischen Akademien traten. Umgetauft auf «Lehrerbildungsanstalten» unterlagen diese Internate einer verschärften politischen Auslese und Kontrolle, allerdings wurde wegen des spürbaren Lehrermangels auf das Zulassungskriterium des Abiturs verzichtet.

Das duale Ausbildungssystem im Betrieb und in der Berufsschule, das die meisten Grundschulabsolventen durchlaufen mußten, blieb erhalten. Zwar fehlte es an Finanzmitteln und Lehrern, um das Berufsschulwesen zügig auszubauen. Doch wurde 1937 ein reichseinheitlicher Berufsschultypus durchgesetzt, mit dem auch neuartige Berechtigungstitel verbunden waren. Sie ermöglichten den Aufstieg in die Ingenieur-, Techniker- und Architektenfachschulen und sorgten sogar für eine gewisse Durchlässigkeit gegenüber den Technischen Hochschulen. Das Reichsschulpflichtgesetz von 1938 erhob dann auch erstmals den Besuch der Berufsschule für alle jungen Leute, die nicht auf eine weiterführende Schule überwechselten, zu einer gesetzlichen Pflicht.

2. Das Schulsystem: Grundschulen – Berufsschulen – Höhere Schulen

Die nationalsozialistische Kultusverwaltung folgte dabei nicht dem pädagogischen Eros früherer Reformforderungen seit Kerschensteiner. Vielmehr orientierte sie sich strikt sowohl an ihrem Ziel der Maximierung kriegswirtschaftlich tüchtiger Facharbeiter als auch an den von der Wirtschaft vorgegebenen Qualifikationsstandards. Aus der Perspektive der jungen Facharbeiter und Lehrlinge jedoch stellte sich die aufgewertete Berufsschule als arbeiterfreundliche Einrichtung dar, die als Leistung des Regimes und Förderung der Aufstiegsmobilität galt. Gerade sie gehörten daher zu den 2,5 Millionen Arbeitern, die bis 1939 an den Fortbildungskursen der DAF und mit Engagement an den Reichsberufswettkämpfen teilnahmen.

Höhere Schulen. Als die Bürokratie endlich das dreistufige Schulsystem durchsetzen konnte, wurde auch das höhere Schulwesen in der Zeit vom Frühjahr 1936 bis zum Herbst 1937 einer strengen Vereinheitlichung unterworfen, die von der Vielfalt, wie sie noch 20 Jahre zuvor bestanden hatte, wenige Elemente übrigließ. Seither gab es nur mehr drei Grundtypen: 1. die Oberschule für Jungen, geteilt in einen sprachlichen und einen naturwissenschaftlichen Zweig, mit Englisch als Fremdsprache für alle vom ersten Jahr ab; 2. das Gymnasium als «Sonderform» der Oberschule und 3. die Oberschule für Mädchen, die sich in einen sprachlichen und einen hauswirtschaftlichen Zweig spaltete.

Im Grunde handelte es sich um die Anerkennung eines seit langem anhaltenden Trends: weg von einem bunten Pluralismus hin zu wenigen klar unterschiedenen Schulformen, die auffällig ideologiefern in einer durchaus pragmatischen Begrifflichkeit neu definiert wurden. Auch darin kann man weit eher das Langzeitprojekt der preußischen Kultusbürokratie als einen nennenswerten Parteieinfluß erkennen.

Es trifft zu, daß die Anzahl der Gymnasien reduziert wurde. Nur wenn eine Jungenoberschule bereits am Ort vorhanden war, durfte auch ein Gymnasium weiterhin bestehen. Aber seine Anerkennung als Sonderform, nicht etwa als Nebenform, bedeutete im Effekt eine Statuserhöhung zur Eliteschule. Daher ging das Gymnasium aus der Reform als die «exklusive Schule» für das Bildungs- und Wirtschaftsbürgertum der größeren Städte hervor.

Alle noch bestehenden Privatschulen, gleich ob sie von der katholischen Kirche oder von Schulträgern für die Mädchenausbildung eingerichtet worden waren, wurden ausnahmslos verstaatlicht. 1937/38 wurde die Schulzeit an den Oberschulen und Gymnasien um das in der Tat überflüssige neunte Jahr gekappt und auf acht Jahre verkürzt. Koedukation blieb an allen höhern Schulen weiterhin ausgeschlossen.

Auch die Vielfalt der *mittleren Schulen* wurde bis zum Juli 1938 durch wenige einheitliche Grundformen ersetzt, die durchaus aufgewertet wurden, sollten sie doch fortab auch für die vielfach erstrebte gehobene mittlere Laufbahn in der Bürokratie und Wirtschaft ausbilden. Wie die höheren blieben auch die mittleren Schulen bis zuletzt schulgeldpflichtig.

Jüdische Kinder mußten schon vor 1935 die höheren Schulen verlassen. Immerhin hatten sie 1932 noch 2,5 Prozent der Jungen und 3,7 Prozent der Mädchen auf allen höheren Schulen gestellt, also im Vergleich der jüdischen Minderheit mit der Reichsbevölkerung (530 000: 65 Mill.) einen überproportional hohen Anteil erreicht. Die zehn jüdischen Gymnasien wurden aufgelöst. Im Zusammenhang mit dem großen Pogrom im Herbst 1938 schloß die Schulbehörde die letzten jüdischen Kinder von «deutschen» Schulen aus.

Auch an den höheren Schulen wurde in der ersten Phase bis 1937 ein auffallend geringer Einfluß auf den Unterricht ausgeübt. Fächerkanon und Lehrbücher blieben erhalten. Nur für die Geschichtsbücher wurden neue Richtlinien erlassen, die u. a. eine Berücksichtigung der «Rassenkunde» vorschrieben. Das erste nationalsozialistische Geschichtsbuch, «Volk und Führer», kam allerdings erst 1939/40 heraus. Bis dahin ist aber der häufig vorkommende deutschkonservative, ressentimentgeladen gegen Versailles agitierende, nationalistische Oberlehrertyp die Quelle der Gedankenverwirrung gewesen.

Mit der seit 1937 feststellbaren Intensivierung des nationalsozialistischen Einflusses auf die höhere Schule war im Geschichtsunterricht der Anspruch verbunden, das mittelalterliche Reich und die Ostsiedlung in neuem Glanz erstrahlen zu lassen, Preußens Aufstieg zur Großmacht und den Siegeszug des Nationalsozialismus zu verklären, um Begeisterung für die nationale Größe zu wecken. In den Erdkundestunden bekam die Geopolitik, in den Biologiestunden die «Rassenkunde» einen privilegierten Platz eingeräumt. Im Deutschunterricht standen die Heroisierung deutscher Geisteshelden und der deutschtümelnde Tiefgang verschwiemelter Innerlichkeit im Mittelpunkt.

Offenkundig gab es deutliche Grenzen der Indoktrination mit Nischen für Lehrer, die weiterhin einen sachbezogenen Unterricht erteilten. Andererseits verließ sich das Regime erneut auf die «Gesinnungsrevolution» als Folge des engagierten Unterrichts jener zahlreichen nationalsozialistischen oder doch nationalistischen Lehrer, die den neuen Spielraum nutzen wollten. Insgesamt wird man sagen können, daß an den höheren Schulen keine «braune Flächenfärbung» gelang, sie aber allmählich «braun gesprenkelt» aussahen.

Im Krieg wurde das Abitur für Offizieranwärter und für Absolventen mit dem Ziel, einen gesuchten Beruf wie den des Arztes oder Ingenieurs einzuschlagen, spürbar erleichtert. Als seit 1942 17jährige zum Militärdienst einberufen wurden, konnten sie bereits nach dem Besuch der 7. Oberschulklasse das Abitur ablegen, wie überhaupt seither Kurzlehrgänge und Sonderreifeprüfungen vordrangen. Im Herbst 1944, als die 16jährigen eingezogen wurden, wurde die 8. Oberschulklasse ganz abgeschafft, zumal ein Gutteil der 15/16jährigen schon bei den Flakhelfern oder in der KLV war. Der Betrieb an den höheren Schulen zerfaserte daher in der letzten Phase des Regimes zusehends, insofern spiegelte er den allgemeinen Niedergang wider.[4]

3. Universitäten und Technische Hochschulen

In der wesentlich von dem Tübinger Philosophie- und Pädagogikprofessor Eduard Spranger formulierten «Würzburger Erklärung» des «Verbandes der Deutschen Hochschullehrer» vom 12. April 1933 diente sich die Vertretung der Professoren dem NS-Regime ohne jede Hemmung an: «Die Wiedergeburt des deutschen Volkes und der Aufstieg des neuen Deutschen Reiches bedeutet für die Hochschulen unseres Vaterlandes Erfüllung ihrer Sehnsucht und Bestätigung ihrer stets glühend empfundenen Hoffnungen... Nach dem Fortfall unseliger Klassengegensätze ist für die Hochschulen wieder die Stunde gekommen, ihren Geist aus der tiefen Einheit der deutschen Volksseele zu entfalten und das vielgestaltige Ringen dieser durch Not und fremdes Diktat unterdrückten Seele bewußt auf die Aufgaben der Gegenwart hinzulenken.» Mit seiner enthusiastischen Begeisterung, seinem ressentimentbelasteten Urteil und seiner Reverenz gegenüber den neuen Machthabern stand der Verband, kurz vor seiner Auflösung, allerdings nicht allein da. Unmittelbar vor den Reichstagswahlen, am 3. März 1933, hatten bereits 300 Professoren einen Aufruf zugunsten der Regierung Hitler unterschrieben, und unmittelbar danach, am 12. März, waren es schon 700, die es drängte, ihr Bekenntnis zu «Adolf Hitler und zum nationalsozialistischen Staat» abzulegen.

In der politischen Mentalität der Professorenschaft gab es offenbar eine ausgeprägte Affinität zu nicht wenigen programmatischen Forderungen der Hitler-Bewegung, wie das vorn bereits erörtert worden ist (8.T.V.3), ohne daß viele von ihnen schon der NSDAP angehört hätten. Aber: radikale Revision von Versailles, Wiedergewinnung der Hegemonialstellung und Militärmacht, Großdeutschland als Wunschtraum, Beseitigung des verachteten Weimarer Notbaus, autoritärer Regierungsstil, Aufwertung der normsetzenden Eliten, Zerstörung des «Kulturbolschewismus» – im Hinblick auf diese und manche anderen Postulate überwogen statt einiger Differenzen unzweideutig die Berührungspunkte mit dem Rechtstotalitarismus. Insofern kann man nicht von einem ebenso plötzlichen wie verheerenden Einbruch des nationalsozialistischen Ungeistes in die Professorenschaft sprechen, sondern hat von einer häufig vorhandenen Kongruenz wichtiger Zielvorstellungen auszugehen. Ohne diese Deckungsgleichheit ist die geradezu unterwürfige Kooperationsbereitschaft seit dem

Februar 1933 nicht zu verstehen. Daß der Göttinger Althistoriker Ulrich Kahrstedt am Reichsgründungstag 1934 beifallsumjubelt seine Bilanz des ersten Jahres im «Dritten Reich» in den Appell faßte: «Wir sagen ab der internationalen Wissenschaft... der internationalen Gelehrtenrepublik... der Forschung um der Forschung willen. Sieg Heil», war mehr Professoren aus der Seele gesprochen, als sie später wahrhaben wollten.

In diesem Jahr war die dominierende Grundstimmung in der Professorenschaft zutage getreten: beflissene Anpassung an das neue autoritäre Regime, «obrigkeitshörige Bereitwilligkeit», sich mit ihm zu arrangieren und das auch, sei es aus Überzeugung oder aus Opportunismus, öffentlich zu bekunden. Diese frühzeitige Einbindung der Professoren in den Führerstaat läßt sich auf drei Bedingungsfaktoren zurückführen.

1. An erster Stelle steht die Selbstgleichschaltung aus innerer Schwäche, nachdem die Ablehnung des parlamentarischen Parteienstaats, die Verklärung des Kaiserreichs und das Ressentiment gegen die Nachkriegsordnung und andere vorn genannte Affinitätselemente den Boden für die Zusammenarbeit mit dem Nationalsozialismus bereitet hatten.

2. Erst an zweiter Stelle machte sich der Druck administrativer Eingriffe von oben geltend, wobei ihr furchterregendes Ausmaß durch den Etatismus der beamteten Professoren noch verstärkt wurde.

3. Und schließlich gab es vielerorts auch einen massiven Druck von unten, als nationalsozialistische Studenten und Dozenten durch Störung und Provokation, Tumult und Denunziation ihre Ziele durchzusetzen suchten.

Eine tiefe Zäsur in der Welt der Hochschulen hinterließ das Berufsbeamtengesetz vom April 1933. Denn die unverzüglich anlaufende «Säuberung» der Professorenschaft von jüdischen und politisch mißliebigen Wissenschaftlern führte bereits bis Ende 1934 dazu, daß 15 Prozent des Lehrkörpers, 11 Prozent aller ordentlichen Professoren, insgesamt 1684 Hochschullehrer entlassen worden waren. Durchweg waren die Universitäten mehr betroffen als die Technischen Hochschulen, die 10,7 Prozent ihres Lehrkörpers verloren. Bis 1939 aber hat diese beispiellose Vertreibungsaktion mehr als ein Drittel, 39 Prozent, aller Professoren erfaßt. Die Zwangsausschaltung vollzog sich in drei Formen: als abrupte Pensionierung oder als Versetzung in den Ruhestand mit gekürzten Bezügen, meist aber in Gestalt der frist- und entschädigungslosen Entlassung. Bis zum Kriegsbeginn haben rd. 3000 Wissenschaftler, darunter 756 Professoren, Deutschland verlassen müssen. Längst ehe 1944 die ersten deutschen Flüchtlinge aus dem Osten vertrieben wurden, erlebte Deutschland seine von der eigenen Regierung initiierte Vertreibung stigmatisierter Spitzenkräfte.

Die Willkür traf die einzelnen Disziplinen unterschiedlich hart: Die Sozialwissenschaften etwa verloren 41, die Naturwissenschaften 39 (darunter 24 Nobelpreisträger), die Rechtswissenschaft 36, die Geisteswissenschaften

3. Universitäten und Technische Hochschulen 825

20 Prozent ihrer habilitierten Lehrkräfte. Große Universitäten wurden mehr in Mitleidenschaft gezogen als kleine: Berlin und Frankfurt verloren 32, Heidelberg 24, Göttingen, Freiburg, Hamburg und Köln immer noch 19 Prozent ihres Lehrkörpers. Zu den bereits beamteten Gelehrten kamen Hunderte von nichtbeamteten Wissenschaftlern hinzu: ein gut Teil des noch nicht auf Lebenszeitstellen etablierten Nachwuchses.

Diese «Selbstenthauptung des deutschen Geistes» (H. Strauss) führte zu einer Qualifikationseinbuße, die nie wieder voll wettgemacht werden konnte. Schon ein flüchtiger Blick auf einige Namen von Vertriebenen unterstreicht das harsche Urteil. Ihr Land verlassen mußten Theodor W. Adorno, Karl Barth, Ernst Bloch, Max Born, Martin Buber, Ernst Cassirer, Albert Einstein, Sigmund Freud, Theodor Geiger, Max Horkheimer, René König, Gerhard Leibholz, Karl Löwith, Karl Mannheim, Wilhelm Röpke, Paul Tillich, Veit Valentin – und Tausende mehr. Die beklemmende Zahl enthält einen winzigen und schalen Trost: Die hohe Anzahl jüdischer Vertriebener zeigt, daß der Antisemitismus bei den Berufungen und in der Nachwuchsförderung vor 1933 nicht ausschlaggebend gewesen ist.

Als Ergebnis dieses fatalen Aderlasses und der evidenten Stagnation seither schrumpfte der Lehrkörper aller Hochschulen (Professoren einschließlich der Lektoren und Lehrbeauftragten) von 1932 = 7984 auf 1939 = 7265 Wissenschaftler. Die Anzahl der ordentlichen Professoren (ohne reguläre Emeriti) ging von 2354 auf 2164 zurück. In der Jurisprudenz z. B. fiel ihre Zahl von 200 auf 156, in den Geisteswissenschaften von 402 auf 393, sogar in den Naturwissenschaften von 560 auf 522.

Die protestlose Hinnahme aller Ungeheuerlichkeiten an der Alma Mater enthüllte eine bestürzende Gleichgültigkeit gegenüber dem Willkürschicksal enger Fachgenossen. Nicht selten verband sie sich auch noch mit der inhumanen Entschuldigung «Wo gehobelt wird, da fallen Späne». Zugegeben, der renommierte Physiker Otto Hahn regte beim Präsidenten der Kaiser-Wilhelm-Gesellschaft, Max Planck, einen Protest dieses renommierten Verbundes für Spitzenforschung gegen die Mißhandlung der diskriminierten Kollegen an, doch Planck setzte sich mit seiner Resignation durch. Fritz Haber und James Franck äußerten sich kritisch als unmittelbar Betroffene über ihre Entlassung, doch keiner sprang ihnen bei. Zu besichtigen ist daher ein grenzenloses moralisches Debakel der Mehrheit, die nicht nur die Vertreibung ihrer Zunftgenossen hinnahm, sondern auch unverzichtbare wissenschaftliche Normen, ethische Prinzipien und den vielbeschworenen Korporationsgeist schnöde verriet. Ein vernichtenderes Urteil über diese politische Mentalität des Schweigens ist kaum denkbar.

Dieselbe Feigheit zeigte sich, wenn es um neue Zumutungen von außen ging. Der bayerische Kultusminister Hans Schemm, ein «alter Kämpfer», forderte 1933 von den Professoren: «Von jetzt ab kommt es für Sie nicht mehr darauf an, festzustellen, ob etwas wahr ist, sondern ob es im Sinn der nationalsozialistischen Revolution ist.» Widerspruch wurde nicht laut. Der Ministeriumsreferent für Hochschulreform, der NS-gläubige Hamburger Historiker (und spätere Rektor) Gustav Adolf Rein, kündigte gleichzeitig an, daß der Nationalsozialismus einen neuen Hochschultypus schaffen werde, «von dem alle Tendenzen, die die Interessen des Staates und des Volkes bedrohen, ausgeschlossen werden». Das verbindliche Ziel sei jetzt die Universität der «völkischen Wissenschaft», die «bis in jede Faser ihres Seins den völkisch-politischen Geist ausprägt». Widerspruch wurde nicht laut.

Mit ähnlichen Zumutungen ging es weiter, ohne daß aus der Professorenschaft, ihrem Selbstverständnis nach die Vordenkertruppe der Nation, kritische Einwände bekannt wurden. Kein Wunder mithin, daß sich ein ausgesprochen konservativer Historiker wie der Freiburger Gerhard Ritter insgeheim über die «Feigheit» des «Kollegengesindels» empörte. In einer Bilanz, die der Heidelberger Statistikdozent Emil Gumbel zog – einst umstrittener Kritiker der politischen Morde in der Weimarer Republik, jetzt ins Exil vertrieben –, fiel das Urteil bitter, aber treffsicher aus: «Gegenüber diesem gewaltsamen Einbruch in ihr geistiges und materielles Leben haben die deutschen Professoren im Ganzen keinen Charakter gezeigt. Kein Wort des Protests gegen die Absetzung so vieler verdienter Lehrer wurde laut. Die Würde der akademischen Korporation zerflatterte. Die Idee der Universität zerging vor der Frage nach der Pensionsberechtigung.»

Dasselbe dröhnende Schweigen, das die Kollegenvertreibung begleitet hatte, setzte sich fort, als die Studentenschaft «gesäubert» wurde. Allein aus politischen Gründen wurden sofort 570 Studenten relegiert, die Anzahl der jüdischen Studenten vom Stand von 1932 = 3950 auf 1934 = 548 rigoros reduziert. Galt das ihren akademischen Lehrern etwa nur als begrüßenswerte Wohltat in einer Überfüllungskrise?

Unverzüglich griff das Regime auch in die Organisationsstruktur der Hochschulen ein. Das Führerprinzip wurde auf sie übertragen, der Rektor in den Führer der Hochschule verwandelt, deshalb auch nicht mehr gewählt, sondern bis zum Mai 1934 von den Länderbehörden, danach von Rusts Reichswissenschaftsministerium ernannt; der Kanzler avancierte zu seinem «Stabschef», die Professorenschaft zu seiner «Gefolgschaft»; die verbindlichen Abstimmungen des Senats wurden aufgehoben. Freilich stellte sich bald heraus, daß einige Selbstverwaltungsorgane und vor allem die Fakultäten mit ihrer relativen Autonomie auch unter dem Rektoratsführer weiter fungierten.

Den neuen Stil demonstrierte der frischernannte Freiburger Rektor, der bis dahin angesehene Philosoph Martin Heidegger, in seiner Rektoratsrede vom 27. Mai 1933, nachdem er seinem Lehrer und Lehrstuhlvorgänger Edmund Husserl wegen dessen jüdischer Herkunft das Betreten des Universitätscampus bereits untersagt hatte. «Nicht Lehrsätze und Ideen seien die Regel Eures Seins», mahnte er. «Der Führer selbst und allein ist die heutige und künftige deutsche Wirklichkeit und ihr Gesetz.»

Auf längere Sicht folgte die Professorenschaft allerdings nicht geschlossen diesem Appell, sondern verharrte in einer tiefreichenden mentalen Ambivalenz. Sie hatte zwar ganz überwiegend den politischen Systemwechsel begrüßt, sträubte sich aber dann doch gegen die völlige Politisierung. Deshalb wurden auch die nationalsozialistischen Reformpläne des Pädagogikprofessors Ernst Krieck und des Parteiprogrammatikers Alfred Rosenberg abgelehnt, bis sie scheiterten. Die heterogenen Zünfte der Fachgelehrten stimmten zum einen überein in ihrer Verfügbarkeit, ihrer Anpassungswilligkeit, ihrer Systemsympathie, ihrer Anfälligkeit für den Volksgemeinschaftsmythos, ihrer Bewunderung von Hitlers Erfolgen namentlich in der Außenpolitik. Zum anderen charakterisierte sie aber auch mancher Vorbehalt und verschwiegene Dissens, die partielle Nichtanpassung und geistesaristokratische Mäkelei an den «braunen Plebejern», denen man sich nicht allzu geschwind beugen wollte. Nicht zufällig kam daher der Leiter des Rassepolitischen Amtes der NSDAP, Walter Groß, im Oktober 1936 zu dem schneidenden Urteil, daß der Lehrkörper der Hochschulen «so gut wie gar keine... nationalsozialistisch brauchbaren Elemente» enthalte. Und das Reichssicherheitshauptamt konstatierte in seinem Jahresbericht für 1938, daß überall über die «passive Haltung der Professoren geklagt» werde; überdies verschärfe der «katastrophale Nachwuchsmangel» diese Situation.

Man darf die monierte Passivität und spürbare Ambivalenz aber auch nicht überschätzen. Es trifft zwar zu, daß es nicht durchweg zu einer politisierten Stellenbesetzung kam. Von den Neuberufenen im «Altreich» gehörte aber in den beiden Jahren 1937 und 1938 immerhin die Hälfte der Partei an. Unter 200 Berufungsvorschlägen an der TU Berlin fanden sich bis 1939 nur fünf Kandidaten, die nicht der Partei oder einem ihrer Verbände angehörten. Aus dem TU-Lehrkörper hatten sich 1932 neun Prozent öffentlich für den Nationalsozialismus ausgesprochen, 1933 gehörten schon 20,6 Prozent, 1941 aber 57 Prozent der Partei an. An der Universität Berlin nebenan waren es bis 1942 ebenfalls 55,4 Prozent, an der Universität Tübingen dagegen Anfang 1945 sogar 81 Prozent. Insgesamt ist daher das Urteil nicht zu widerlegen, daß die Hochschulen bis 1939 «hochgradig» mit Nationalsozialisten durchsetzt waren.

Das bedeutet keineswegs, daß man außer der zunehmenden Politisierung die Erschwerung der Aufstiegsbedingungen, das sinkende Berufsprestige, das weiterhin fortbestehende elitäre Selbstverständnis in Verbindung mit einer wachsenden resignativen Stimmung schlichtweg übersehen darf. Zu dieser Stimmung gab auch die unverhohlene Intellektuellenfeindschaft in der Partei allen Anlaß. So fragte etwa der fränkische Gauleiter Julius Streicher, Herausgeber des obszönen Politmagazins «Der Stürmer», 1938 im Auditorium der Berliner Universität mit unüberhörbarem Hohn: «Wenn man die Gehirne sämtlicher Universitätsprofessoren in die eine Waagschale legt und das Gehirn des Führers in die andere, welche Waagschale, glauben Sie, wird sich senken?»

Eine vertrauliche Umfrage der Reichskanzlei ergab 1940 das Resultat, daß nach der allgemeinen Auffassung der konsultierten Institutionen das Niveau der Professorenschaft gesunken sei. Nicht zuletzt gingen die zahlreichen «Einsätze» und Parteiansprüche auf Kosten der Wissenschaft. Offenherzige Kritik übten etwa das OKW und das Heereswaffenamt, die beide nicht nur die Rückkehr zu solider Forschung, sondern überhaupt die Rehabilitierung des Professorenberufs forderten.

Die nationalsozialistische Forschungspolitik löste keine neuen Impulse aus, da eine allgemeine Konzeption ausblieb. Die «völkische Wissenschaft» zu beschwören reichte nicht aus, wie sich das etwa an dem kläglichen Ausstoß des nationalsozialistischen «Reichsinstituts für die Geschichte des neuen Deutschland» unter der Leitung Walter Franks oder an den Beiträgen zur Rubrik «Judenfrage» in der «Historischen Zeitschrift» unter der Herausgeberschaft Karl Alexander v. Müllers ablesen läßt. Noch bestürzender sah es allerdings in der rassenpolitisch infizierten Biologie und Medizin aus. Einige Vorstöße, um die Kontrolle über Wissenschaftsinstitutionen zu erlangen, verpufften wirkungslos. Der Vorkämpfer der «Deutschen Physik», Johannes Stark, wurde zwar gegen das Votum aller Fachgenossen schon im Mai 1933 zum Präsidenten der «Physikalisch-Technischen Reichsanstalt», im Juli 1934 auch der DFG ernannt – im November 1936 wegen erwiesener Inkompetenz aber zum Rücktritt gezwungen. Als KWG-Präsident Planck im August 1936 abtrat, wurde Stark als Nachfolger einhellig abgelehnt. Statt seiner wurde Carl Bosch, 1931 mit Friedrich Bergius Chemie-Nobelpreisträger, inzwischen aber Generaldirektor der IG Farben, gewählt. Erst seit 1936 wurde im Rahmen des Vierjahresplans eine breiter angelegte Zweckforschung zugunsten ausschließlich der Rüstung initiiert. Dagegen stagnierte der 1937 gegründete Reichsforschungsrat. Speer suchte ihn neu zu organisieren, um die erhofften Innovationen in die Rüstungsindustrie leiten zu können, aber auch in der im Juni 1942 erreichten veränderten Gestalt blieb der Reichsforschungsrat folgenlos.

Weil die NSDAP in ihrer Intellektuellenfeindschaft auch dem verkrusteten Ordinariensystem an den Hochschulen, das zu kritisieren sie nicht müde wurde, so tiefskeptisch gegenüberstand, legte sie großen Wert auf die zügige Heranbildung eines regimekonformen wissenschaftlichen Nachwuchses. Die Anforderungen wurden anfangs hochgehängt, die Art der Erwartungen schreckte aber zugleich viele ab. So forderte etwa 1934 der Rektor der TU Berlin, Ernst Sturm, von jetzt ab dürften «keine krassen Materialisten oder blutleeren Papierseelen als Privatdozenten» mehr zugelassen werden. «In die SA gehört jeder rüstige Dozent», damit «der volksfremde deutsche Gelehrte bald der Vergangenheit angehört». Der Nationalsozialismus wolle, hieß es anderswo, einen neuen Dozententypus: den «Führer und Erzieher», den «Kathederhelden, soldatisch straff, rüstig beim Marsch, durchs Lagerleben abgehärtet» anstelle des herkömmlichen «Stubengelehrten und Büchernarrs». Dieser neue Dozent solle, erscholl ein ähnlicher Appell, «arbeitertümlich» sein, «mit Hacke und Spaten» umgehen können, «harte körperliche Arbeit am deutschen Boden» geleistet haben. Von wissenschaftlichen Ausbildungskriterien war nirgendwo die Rede.

Sieht man von den gläubigen Nationalsozialisten ab, konnten solche programmatischen Postulate nicht hinreißend wirken. Die nächste rechtliche Entscheidung nährte die Skepsis. Denn die Reichshabilitationsordnung vom Dezember 1934 trennte die Qualifikationsleistung von der Lehrbefugnis, um den Lehrbetrieb politisch kontrollieren zu können. Den Dozenten wurde bis hinauf ins 45. Lebensjahr die Teilnahme am Dozentenlager vorgeschrieben, das vornehmlich der «weltanschaulichen Schulung» dienen sollte. Die Vertreibung jüdischer Wissenschaftler und der spürbare Nachwuchsmangel erzwangen freilich eine Rücknahme solcher Vorschriften, bis die Pflicht zur Lagerteilnahme 1938 ganz aufgehoben wurde.

Im Oktober dieses Jahres trat auch die novellierte Habilitationsordnung in Kraft, die zwar weiterhin die Erteilung der Lehrbefugnis durch das Reichswissenschaftsministerium vorsah, aber fast alle Privatdozenten und Assistenten zu Beamten auf Widerruf mit festen Bezügen ernannte; der Nettogewinn konnte die Hälfte des bisherigen Grundgehalts erreichen, bei «Bewährung» der Titel eines außerplanmäßigen Professors verliehen werden. Als im Februar 1939 erstmals eine reichseinheitliche Hochschullehrerbesoldung eingeführt wurde, um die föderalistischen Unterschiede einzuebnen, erhielten Privatdozenten und Assistenten jährlich 3400 bis 7400 RM, Professoren sogar 7550 bis 13600 RM, dazu noch die Vorlesungsgebühren.

Materielle Besserstellung zur Steigerung der Berufsattraktivität kennzeichnete auch die Reichsassistentenordnung vom April 1939, die ganz offensichtlich der Sicherung des Nachwuchses dienen sollte, aber den kontinuierlichen Rückgang seiner numerischen Größe und seines Niveaus nicht aufhalten konnte. Waren in der Weimarer Republik von 1920 bis 1932 2332 Wissenschaftler habilitiert worden, sank die Zahl von 1933 bis 1945 um ein volles Drittel auf 1534.

Eine begrenzte Schar von Eiferern hatte sich im «Nationalsozialistischen Deutschen Dozentenbund» zusammengeschlossen. Ihm gelang es in einem erbitterten Streit mit Rivalen, im Juli 1935 das Gutachterrecht bei Berufungen und der Beurteilung von Qualifikationsleistungen des Nachwuchses zu gewinnen. Außer den Fakultäten und der Hochschulabteilung des Reichswissenschaftsministeriums konkurrierten um diesen Einfluß auch die SS-Führung auf der Suche nach Experten, Rosenberg mit seinen Plänen für eine «Hohe Schule» der Partei, die Parteikanzlei und die Gauleiter. Vor allem aber hatte Heß im September 1934 die Befugnis zugebilligt bekommen, bei der Besetzung aller Planstellen für höhere Beamte einschließlich der Professoren ein Kontrollrecht im Namen der Partei auszuüben. Seine Hochschulkommission traf indes auf die unnachgiebige Opposition Rusts und seiner Spitzenbeamten, denen es schließlich gelang, die Einmischung in die Arkana der Personalpolitik zu blockieren.

Der Dozentenbund dagegen konnte von 1938 bis 1945 immerhin 532 Gutachten einreichen, von denen nur zehn Prozent sehr positiv, aber auch nur zehn Prozent sehr negativ ausfielen. Wie durchsetzungsfähig er mit seinem Urteil im internen Entscheidungsprozeß der Fakultäten und der Rustschen Hochschulabteilung war, läßt sich kaum abschätzen. In den Hochschulen wirkte der Dozentenbund außerdem als Parteiverband auf die Entscheidungen des «Rektoratführers» ein, so daß es öfters zu einer «Doppelregierung» kam. Nicht selten stärkte dann das Reichswissenschaftsministerium der Universitätsleitung den Rücken, um das Qualitätsniveau gegen Parteikriterien zu verteidigen. Die aktive Mitarbeit im Dozentenbund scheint nicht sonderlich populär gewesen zu sein. Seine starre ideologische Linie zog eine engagierte oder opportunistische Minderheit an. Der Marburger Rektor Leopold Zimmerl drückte ein weitverbreitetes Urteil aus, als er in ihr offenherzig jene erkannte, «die Mangel an Fähigkeit durch besonderen Eifer wettmachen wollten».

Der «Nationalsozialistische Studentenbund» sah sich als einen der Sieger des 30. Januar 1933. Ebenso berauscht wie zur Brutalität bereit verhielt er sich nach der Machtübergabe, denn seine «Thesen gegen den undeutschen Geist» wurden begleitet von Gewaltaktionen gegen jüdische Studenten und einem Boykott jüdischer Professoren: Sie sollten, forderte er lauthals, nur mehr auf Hebräisch veröffentlichen. Die Bücherverbrennungen im Mai 1933, als angesehene Professoren mit ihren «Feuersprüchen» die Pogromstimmung anfachten, wurden wesentlich von ihm organisiert.

Für die «Eroberung der Hochschulen» längst vor 1933 wurde der NSStB damit belohnt, daß die Studentenschaft am 22. April 1933 als Mitgliedskörperschaft der Hochschule aufgewertet wurde. Allerdings blieb das ein papierenes Versprechen, denn an keiner Hochschule wurde sie satzungsrechtlich voll anerkannt. Einen zweiten Erfolg sah der NSStB, der sich im Verhältnis zur «Deutschen Studentenschaft» seit jeher als zukunftsfähige Elite verstanden hatte, in der Zusammenfassung aller Studentenverbände unter einer Reichsstudentenführung, an deren Spitze sein Kandidat, der SS-Protegé Gustav Adolf Scheel, trat. Studenten waren seither der direkten Einwirkung der Parteidoktrin unterworfen. Statt des erhofften und maßlos überschätzten Einflusses sah die Realität an der Hochschule aber anders aus: Verpflichtung zum Land- und Grenzlanddienst, Ernteeinsatz, Pflichtsport, RAD- und SA-Dienst nahmen alle Studenten in Anspruch. Schon im April 1933 wurde das gesamte 4. Semester aufgrund der «studentischen Arbeitsdienstpflicht» eingezogen. «Wer im Arbeitsdienstlager versagt», drohte Rust, «der hat das Recht verwirkt, Deutschland als Akademiker führen zu wollen.» Der Zwang zum häufigen SA-Dienst wurde erst nach der Röhm-Krise zusehends abgeschwächt.

Die Freizügigkeit von Studenten wurde eingeschränkt, doch die geplante Umleitung aus Großstädten in kleinere Orte mißlang. Auch der Numerus clausus, demzufolge der Abiturjahrgang 1934 nur zur Hälfte (15 000, darunter 1500 Frauen) zum Studium zugelassen wurde, erwies sich als selbstverschuldetes Hemmnis, so daß er im Februar 1935 aufgehoben wurde. Wohl aber schritt die weltanschauliche Uniformierung zügig voran. Alle studentischen Verbindungen wurden bis zum Herbst 1935 in NS-Formationen überführt. Der katholische CV und die katholische Burschenschaft legten im Juli 1934 ihr Bekenntnis zum Nationalsozialismus ab. Der Kösener SC der schlagenden Verbindungen löste sich ganz so auf wie die Deutsche Burschenschaft, die dafür stilsicher ausgerechnet den 120. Jahrestag des Wartburgfestes im Oktober 1935 wählte. Ein nationalsozialistischer Altherrenbund mit 100 000 Mitgliedern wurde ebenfalls in das Gefüge der Parteiinstitutionen eingespannt.

In der Mitte der 30er Jahre vollzog die offizielle Studentenpolitik einen Schwenk um 180 Grad. An die Stelle der Eindämmung der «Studentenflut» trat die Werbung für den Hochschulbesuch. Mit der Staatskonjunktur und Vollbeschäftigung waren auch verbesserte Berufsaussichten verbunden, so daß der politische Druck zur Steuerung des Studentenzustroms gemindert wurde. Dennoch gelang es nicht, an den universitären Expansionstrend bis 1933 wieder anzuknüpfen. Statt der 121 000 Studenten am Ende der Republik, waren 1939 nur 56 000 Studenten an den großdeutschen Hochschulen immatrikuliert.

Der Krieg verschlang dann ganze studentische Alterskohorten. Von manchen Jahrgängen (vor allem 1920 bis 1925) ließ er nur wenige übrig. Die Überlebenden versuchten nach 1945, in den Hochschulen zertrümmerter Städte den Verlust von sechs oder – je nach der Zeit der Rückkehr aus der Kriegsgefangenschaft – sogar von zehn Jahren wettzumachen.[5]

4. Die politische Gängelung der Literatur

Parallel zur Vertreibung von Tausenden mißliebiger Wissenschaftler führte das NS-Regime eine weitere tiefe Zäsur im geistigen Leben des Landes herbei, indem es in kürzester Zeit rd. 2500 Schriftsteller ins Exil trieb. Das führte nicht nur zur «größten kulturellen Auswanderung der Weltgeschichte» (E. Schwarz), so daß im Vergleich mit ihr selbst der Kahlschlag der Bolschewiki verblaßt. Vielmehr erfaßte dieser unerhörte Vorgang auch fast alle international bekannten Schriftsteller. Die Spitzenfiguren wurden aus dem geistigen Leben Deutschlands brutal verbannt. Zu den prominenten Emigranten gehörten u. a. Bertolt Brecht, Alfred Döblin, Lion Feuchtwanger, Stefan George, Oskar Maria Graf, Thomas und Heinrich Mann, Ödön v. Horvath, Anna Seghers, Ernst Toller, Fritz v. Unruh, Carl Zuckmayer, Stefan Zweig. Was damals als «Auswechslung der Literatur» (P. Fechter) servil verharmlost wurde, erwies sich als fataler Verlust an künstlerischer und geistiger Substanz.

Wie konnte es zu dieser atemberaubenden Verstümmelung kommen? Die Gleichschaltung auch der kulturellen Welt begann schon im Februar 1933, da die Techniker der nationalsozialistischen «Gesinnungsrevolution» den Hebel sofort ansetzten. Es hagelte Schreibverbote, schwarze Listen des Propagandaministeriums kursierten, jüdische Autoren wurden mundtot gemacht, Institutionen «gereinigt», wirtschaftliche Druckmittel eingesetzt. Seit Jahren hatte Rosenbergs «Kampfbund für deutsche Kultur», hatte überhaupt die nationalsozialistische Kampagne gegen den «Kulturbolschewismus» diesen Eingriffen vorgearbeitet. Denn es stellte sich alsbald heraus, daß der Kreuzzug gegen den «Kulturbolschewismus» eine politisch willkommene Doppelwirkung entfaltete. Er ermöglichte es, ausnahmslos alle Phänomene der verhaßten künstlerischen Moderne, ob in der Malerei und Musik, Bildenden Kunst und Architektur oder in Prosa und Poesie, pauschal zu stigmatisieren. Und eben damit eröffnete er ein Einbruchstor in das Bildungsbürgertum, in dem sich besonders viel von dieser Aversion gegen die seinen erstarrten Klassizismus verletzende Moderne aufgestaut hatte. Dadurch aber zog man einen Teil der «meinungsmachenden», noch immer normsetzenden Elite in den Bannkreis des rechtstotalitären Lagers. Ihre aufatmende Zustimmung und die deprimierende Abwesenheit jedweden Protests gegen die «Kulturpolitik» seit dem 30. Januar 1933 bewiesen, daß das politische Kalkül der nunmehr zur Macht gelangten Nationalsozialisten aufging.

Heinrich und Thomas Mann, Käthe Kollwitz, Alfred Döblin und Ricarda Huch verließen, als der erste massive Druck spürbar wurde, die «Sektion Dichtkunst» der «Preußischen Akademie der Künste», nachdem sie Gottfried Benns opportunistischen Appell zur Mitarbeit im neuen Staat abgelehnt hatten. Bis zum Mai wurden auch Franz Werfel, Jakob Wassermann, Leonhard Frank, Bernhard Kellermann, Georg Kaiser, René Schickele, Fritz v. Unruh und Rudolf Pannwitz ausgeschlossen. Trotz der Verdrängung der Freunde blieben Rudolf Binding, Ina Seidel, Hermann Stehr, Walter v. Molo mit anderen in der Sektion. Neu hinzu kamen jetzt die Repräsentanten der völkischen Richtung, der konservativen Heimatliteratur, der Weltkriegsverklärung: Werner Beumelburg etwa, Hans Grimm, Hans-Friedrich Blunck, Guido Kolbenheyer, Hanns Johst, Will Vesper,

4. Die politische Gängelung der Literatur

Gustav Frenssen, Agnes Miegel, Borries v. Münchhausen. Offenherzig mokierte sich der ehemalige Sekretär der Sektion, Oskar Loerke, daß aus der Akademie «ein Sängerkränzchen, ein Friseurverein» geworden sei. Der «Schutzverband Deutscher Schriftsteller» wurde umstandslos in einen «Reichsverband Deutscher Schriftsteller» verwandelt, der unverzüglich sein «Gelöbnis treuer Gefolgschaft» Hitler zukommen ließ.

Bibliotheken, Verlage, Buchhandlungen wurden von neuerdings diskreditierten Büchern «gereinigt». Die Bücherverbrennungen, die seit dem 10. Mai als Aktion «wider den undeutschen Geist» von fanatisierten Studenten, angefeuert von angesehenen Germanisten wie Hans Naumann, Gerhard Fricke und Ernst Bertram an allen Hochschulen veranstaltet wurden, besiegelten mit ihrem Autodafé den Triumph des braunen Ungeistes.

Das Räderwerk der peniblen Kontrolle spielte sich freilich erst seither ein. In Goebbels' Propagandaministerium stieg die Abteilung 8 zur «mächtigsten Kontrollinstanz», zur «autoritativen Überwachungs- und Zensurbehörde» des «Dritten Reiches» auf. Bis 1940 sah sie sich imstande, 2500 Verlage, 3000 Schriftsteller, 25 000 Buchhandlungen und die Bücherproduktion von bis zu 18 000 Bänden im Jahr nach ihren Kriterien zu beaufsichtigen. Dabei lag sie in erbitterter polykratischer Konkurrenz um die «weltanschauliche Deutungshoheit» mit einem anderen Parteistab: Rosenbergs «Reichsstelle zur Förderung deutschen Schrifttums» wuchs sich sogar zur größten Kontrollbehörde aus, denn sie beschäftigte allein 1400 Zensoren für die Belletristik und 1200 für die Fachbücher.

Die Machtposition der Abteilung 8 beruhte ganz wesentlich auch darauf, daß der Multifunktionär Goebbels als Vorsitzender der Reichskulturkammer sie mit der «einflußreichsten literaturpolitischen Institution», der erst von Blunck, dann von Jost geleiteten Reichsschrifttumskammer, schon im September 1933 verkoppelt hatte. Wegen der obligatorischen Mitgliedschaft aller schreibenden Berufe gehörten dieser neuständischen Korporation im Nu 35 000 Mitglieder, darunter 3000 Schriftsteller an. Die Kammer, im Besitz der berufsständischen Gerichtsbarkeit, schreckte vor harten Sanktionen nicht zurück: Gottfried Benn (1936), Werner Bergengruen und Jochen Klepper (1937) wurden ausgestoßen, was einem parteiamtlichen Berufsverbot gleichkam. Elisabeth Langgässer (1936) und Reinhold Schneider (1941) erhielten Druckverbot. Während wichtige Verlage wie Bermann Fischer über Wien, Amsterdam und Stockholm nach New York emigrierten oder unter Kuratel gestellt wurden, bemühte sich die DAF durch die Eingliederung der «Hanseatischen Verlagsanstalt», des «Verlags Langen und Müller» und der gewerkschaftseigenen «Büchergilde» darum, ein eigenes Verlagsimperium aufzubauen. Überdies mangelte es nicht an der Förderung drittklassiger, aber regimekonformer Literaten. 100 Literaturpreise wurden für sie ausgeschrieben und vergeben, zahllose Autorenlesungen und literarische Preisausschreiben veranstaltet. Anstelle der traditionellen Buchmesse wurden während der «Woche des deutschen Buches» die Erzeugnisse der NS-Literatur empfohlen. 300 Theater wurden subventioniert, ihre Klientel fand sich im «Reichsverband Deutsche Bühne» mit immerhin 1,5 Millionen Mitgliedern organisiert. Zeitweilig suchten sogenannte Thingspiele eine Art von nationalsozialistischem Volkstheater mit Massenensembles populär zu machen. Immerhin wurden 498 Werke, zum Teil durch Preisausschreiben der DAF ermittelt, bis 1937, als die Förderung abrupt abgebrochen wurde, eingereicht und nicht wenige auch aufgeführt.

Die Bücherproduktion, ein bewährtes Indiz des Leserinteresses, stürzte von 1927 = 24 865 über 1933 = 18 289 und 1939 = 15 585 auf 1944 = 7271 Stück, mithin auf einen seit mehr als hundert Jahren unbekannten Tiefpunkt hinab. Nationalsozialistische, völkische, Blut-und-Boden- und Kriegsautoren wurden von der offiziellen Kulturpolitik, nicht zuletzt von ihren Zensurbehörden, nachdrücklich gefördert, um einen neuen literarischen Standard zu erreichen, nachdem der Exodus der unabhängigen Geister zum steilen Absturz des Qualitätsniveaus geführt hatte. Es entsprach diesem Absturz, daß bis 1939 mehr Exilautoren als im «Dritten Reich» lebende Schriftsteller in fremde Sprachen übersetzt wurden.

Dennoch ergibt eine Bestsellerliste aus den Jahren bis 1940 das überraschende Resultat, daß die Leserschaft möglichst in die vermeintlich heile Welt von 1914 flüchtete, denn aus ihr stammten fast alle der am meisten gekauften Bücher. Unangefochten an der Spitze lag Waldemar Bonsels «Biene Maja» (1912) mit 790 000 Exemplaren, gefolgt von dem beliebten Geschenkbuch für Konfirmanden, HJ-Jungen und Soldaten: Walter Flex' «Wanderer zwischen zwei Welten» (1917) mit 682 000, Rudolf Herzogs Familiensaga «Die Wiskottens» (1905) mit 615 000, Hermann Löns' «Wehrwolf» (1903) mit 565 000, Ludwig Ganghofers «Martinsklause» (1894) mit 536 000 und seinem «Schweigen im Walde» (1898) mit 531 000, Felix Dahns «Kampf um Rom» (1876) mit 525 000 und Rainer Maria Rilkes «Cornet» (1904) mit 550 000 Exemplaren. Bis auf den Rechtsradikalen Hans Grimm mit seinem «Volk ohne Raum» (1926) mit 480 000 und Karl Schenzingers Technikhymnus «Anilin» (1936) mit 505 000 Stücken indizierten diese von nationalsozialistischen Dienststellen nicht offiziell geförderten Bücher statt Aufgeschlossenheit für die unmittelbare Gegenwart eine Flucht in die Vergangenheit, auch wenn diese – wie bei Löns und Dahn – mit den Klischeevorstellungen des Regimes von der Germanen- und Bauernwelt kompatibel war.

Blickt man auf das bevorzugte Genre, wurden bis 1940 vor allem Heimatromane, durchtränkt von der rührseligen Nostalgie nach dem unverfälschten, einfachen Landleben, am meisten gekauft. Auch sie stammten durchweg aus der Zeit vor 1914. Vorn lagen Felicitas Roses «Heideschulmeister Uwe Karsten» (1909) und Christoph Weers «An heiligen Wassern»

4. Die politische Gängelung der Literatur

(1913) mit je einer halben Millionen Bände, C. L. Schleichs «Besonnte Vergangenheit» (1921) mit 468 000, Gustav Frenssens «Jörn Uhl» (1901) mit 463 000, Waldemar Bonsels «Himmelswolke» (1915) mit 445 000 und Hermann Löns' «Zweites Gesicht» (1912) mit 435 000 Stücken. Mithalten konnten aber die Familienromane von Rudolf Herzog, außer den «Wiskottens» insbesondere die «Holtenkamps» (1917) mit 483 000, und der historische Roman Walter v. Molos über Friedrich den Großen, «Fridericus» (1918), mit 485 000 Exemplaren.

Unverwüstlich präsent blieb seit dem Kaiserreich und über die Republik hinaus außer Karl Mays Abenteuerromanen Hedwig Courths-Mahlers mit «Gib mich frei» (1913) und «Was Gott zusammenfügt» (1914) mit jeweils 402 000 Bänden. Insgesamt veröffentlichte sie unter dem Nationalsozialismus nicht weniger als 38 Romane mit einer Auflage von mehreren Millionen Bänden, bis sie seit 1941 von der Papierzuteilung ausgeschlossen wurde. Auch die Romane auf der Longseller-Liste von 1940 waren im allgemeinen vor 1914, auf jeden Fall vor 1933 entstanden, wie etwa die 14 Romane Herzogs, die zwölf Romane Ganghofers und die acht Romane von Courths-Mahler, die auf dieser Liste vorn lagen.

Im Vergleich mit diesen Bestseller-, Heimat- und Familienromanen fielen die Blut-und-Boden-Autoren unübersehbar weit ab, etwa Hanns Johst, Hermann Stegweit, Hans-Friedrich Blunck, Josefa Berens-Totenohl, Josef M. Wehner und auch Paul v. Lettow-Vorbeck. Ausgesprochen populär waren dagegen Repräsentanten der leichten Unterhaltung, verhuschten Erotik und wohltuenden Ablenkung von der Gegenwart. Viel gelesen wurden z. B. John Knittel (El Hakim, 1936; Therese Etienne, 1923), Reinhold Muschler (Diana Beate, 1938; Bianca Maria, 1934), Agnes Günther (Die Heilige und ihr Narr, 1913), nicht zuletzt auch Heinrich Spoerl (Die Feuerzangenbowle, 1935; Der Maulkorb, 1936; Wenn wir alle Engel wären, 1938). Einigen Autoren der Republik gelang der Übergang ins «Dritte Reich», etwa Hans Fallada, Alexander Hernet-Holenia, Gregor v. Rezzori und Thea v. Harbou. Ernst v. Salomon schrieb Filmdrehbücher, wie das insgeheim auch der verfemte Erich Kästner tat.

Zukunftsromane wurden seit Jules Vernes Erfolgen auch in Deutschland begierig gelesen, doch erreichten die Romane von Hans Dominik, welche die künftige schöne neue Welt als das Werk genialer deutscher Erfinder, Ingenieure und Unternehmer schilderten, einen ungleich größeren Leserkreis als seine Vorgänger (Die Spur des Dschingis Khan, 1923; Der Brand der Cheopspyramide, 1926; Atomgewicht 500, 1928; Befehl aus dem Dunkel, 1933; Land aus Feuer und Wasser, 1938). Rudolf Daumann (Dünn wie eine Eierschale, 1935) konnte mit diesem versierten, zudem vorzüglich informierten Vielschreiber nicht mithalten.

Die zahlreichen Groschenheftserien mit ihren Wildwest- und Abenteuergeschichten, die – wie die Kolportageromane des 19. Jahrhunderts – seit der Zeit vor dem Ersten Weltkrieg eine schwindelerregende Millionenauflage erreicht hatten, wurden von den neuen Machthabern verboten. Das bedeutete den Exitus für volkstümliche «Supermen» wie Billy Jenkins und Buffalo Bill, Rolf Torring und Jörn Farrow. Gefördert aber wurden aus durchsichtigen Indoktrinationsgründen zwei neue Heftchenreihen von Lok Myler (d. i. P. A. Müller): «Sun Koh» und «Jan Mayen», in denen ein charismatischer Führer mit hochbegabten deutschen Siedlern Neuland, ob auf der wieder aufgetauchten Insel Atlantis oder auf Grönland, besetzte, um sie zu mustergültigen, autoritär geleiteten Staatswesen aufzubauen. Später gab es dann die «Kriegsbücherei der deutschen Jugend» mit einer endlosen Abfolge heroischer Landsergeschichten, ergänzt durch die «Kolonialbücherei der deutschen Jugend», deren Hefte den Gedanken kolonialer Expansion in Übersee, namentlich in Afrika propagierten.

Nachhaltig unterstützt wurde von den Herren der neuen Kulturpolitik das Genre der geschichtsmythischen Romane: Beumelburgs «Kaiser und Herzog» etwa, Bluncks Ostkolonisationslegende «Volker von Plettenberg», die sich bis 1943 mit immerhin 240 000 Exemplaren verkaufte, oder Hans Heycks «Der große König». Den zahlreichen mediokren Bauernromanen diente Löns' «Wehrwolf» als Vorbild, da sie dann der Zustimmung der Zensoren gewiß sein konnten. Und die ebenfalls favorisierten Weltkriegsromane erschienen zwar weiterhin, auch schlossen sich fünfzig einschlägig ausgewiesene Schriftsteller eigens zu einer «Mannschaft Kriegsgeschichte» zusammen; dazu gehörten etwa P. C. Ettighofer, Bruno Brehm, Erich Dwinger und Erhard Wittek. Doch war das Leserinteresse mit dem der späten 20er Jahre nicht mehr zu vergleichen. Es ist kein Zufall, daß Wittek nicht mit Kriegsromanen Ruhm und Einkommen gewann, sondern erst dann, als er unter dem Pseudonym Fritz Steuben seine bis heute vielgelesenen, exakt recherchierten Bücher über die historische Figur des Indianerhäuptlings Tecumseh schrieb.

Von der unverhüllten Parteiliteratur hielten sich eine kurze Zeit lang einige SA-Romane, die gewöhnlich die Konversion ehemaliger KPD-Genossen verklärten; doch mit der Röhm-Krise endete ihre Konjunktur. Allein Schenzingers «Hitlerjunge Quex» erreichte eine Auflage von einer halben Million Bände, so daß die ebenfalls erfolgreiche Verfilmung daran anknüpfen konnte.

Einige Autoren im zweiten Glied nahmen für sich eine vorsichtige, Dissens erlaubende «innere Emigration» (Frank Thieß) in Anspruch. Für den kundigen Leser, der ihre Sprache zu entschlüsseln verstand, enthüllten sie eine mit opportunistischen Zugeständnissen getarnte Distanz zur Gegenwart des «Dritten Reiches». Nicht selten kleideten sie ihre Bedenken in die Form historischer Konflikte, oder sie ließen sogar auf dem Rückzug vor der alltäglichen Brutalität in eine verschwiemelte Innerlichkeit einen Hauch von erkennbarer Kritik verspüren, die den geschulten Zensor nur kurz irritierte, vom Leser der Nachkriegszeit aber erst mühsam aufgespürt werden mußte. Ein unleugbares Maß an Zivilcourage besaßen Werner Bergengruen mit seinem «Großtyrann und das Gericht» (1935), Stefan Anders mit «Goya malt den Großinquisitor» (1936), Gertrud v. Le Fort mit ihrer «Magdeburger Hochzeit» (1938), Ernst Wiechert mit seinem «Einfachen Leben» (1939) und Reinhold Schneider mit «Las Casas vor Karl V.» (1938). In Hans Carossas «Geheimnissen des reifen Lebens» (1936) und Frank Thieß' «Reich der Dämonen» (1941) wird man erkennbaren Oppositionsgeist schwerlich finden, und daß sich ein radikalnationalistischer Einzelgänger wie Ernst Jünger mit seinen «Marmorklippen» (1939) geradezu in eine Position des Widerstands bewegt habe, kann nur seine Anhängergemeinde überzeugen.

Das historische Urteil über die Literatur unter dem Nationalsozialismus fällt daher eindeutig aus: Freiwillig wird außer einigen Literaturwissenschaftlern und Geschichtsstudenten keiner mehr zu diesen Texten greifen. Wie Thomas Mann 1945 bitter urteilte: «Ein Geruch von Blut und Schande haftet ihnen an.» Dagegen wurden von den außer Landes getriebenen Schriftstellern Werke geschaffen, die auch künftig zum festen Bestand deutscher Literatur gehören werden. Überdauernde literarische Leistungen entstanden damals nicht im Deutschland des «Dritten Reiches», sondern nur im Exil.[6]

5. Die politische Steuerung der Publizistik und der neuen Medien

Noch straffer und umfassender, als das literarische Leben gegängelt wurde, bemühten sich die neuen Machthaber darum, die öffentliche Meinung in ihrem Sinn unverzüglich an die Kandare zu legen. Die Gleichschaltung dieser Sphäre, deren Bedeutung die Hitler-Bewegung nie unterschätzt hatte, läßt sich an drei Etappen ablesen: Der im September 1933 gegründeten Reichspressekammer gehörten aufgrund der Zwangsmitgliedschaft alle Journalisten an; das Schriftleitergesetz vom Oktober 1933 unterwarf die Redakteure einer rigiden politischen Kontrolle; das im November 1936 folgende Verbot der Kunstkritik als Ausdruck «jüdischer Kunstüberfremdung» (Goebbels) schützte die «artgemäße» Kunst vor den geringsten Einwänden von Anhängern der «entarteten» Kunst.

Während diese Marterwerkzeuge zu greifen begannen, machte sich Max Amann – im Weltkrieg Hitlers Feldwebel, seit 1922 Chef des parteieigenen Franz Eher-Verlags und des «Völkischen Beobachters», jetzt aber auch noch Präsident der Reichspressekammer – eilig daran, die Unabhängigkeit zahlreicher Zeitungen umstandslos zu liquidieren, um sie dem Parteiverlag direkt angliedern zu können. So war z. B. mit der Auflösung des Ullstein-

Konzerns 1934 die Übernahme von Zeitungen verbunden. Mit der Parteienauflösung verschwanden 600 politisch orientierte Zeitungen, oder sie wurden, als NS-Blätter umfrisiert, am Leben gehalten. Auf diesem Weg der stillschweigend praktizierten Enteignung oder des erzwungenen Aufkaufs gelang es Amann, bis 1944 sage und schreibe 82 Prozent aller deutschen Zeitungen in den Besitz des Eher-Imperiums zu bringen. Bis dahin war freilich die Anzahl der deutschen Presseorgane von 1932 = 4700 auf 1944 = 1000 um nahezu vier Fünftel gesunken. Der «Völkische Beobachter» aber kletterte währenddessen dank der Förderung als Monopolorgan der Partei von 1932 = 145 000 auf 1944 = 1,7 Millionen Tagesexemplare hinauf.

Manchmal gingen Amanns und Goebbels' Kreaturen, über die Steigerung des Verkaufsdrucks weit hinauspressend, bei der Planierung der Presselandschaft mit unverhüllter Brutalität vor. Die altehrwürdige «Vossische Zeitung» wurde schon im März 1934 ganz so verboten wie das liberale «Berliner Tageblatt», ehemals Theodor Wolffs Domäne, im Januar 1939. Einem führenden liberalen Blatt wie der «Frankfurter Zeitung» gelang es, sich länger zu behaupten und zumindest das Feuilleton offener zu halten. Als Preis der Anpassung wurden freilich alle schreibgewandten jüdischen Redaktionsmitglieder verdrängt. Während der «Frankfurter» der Wind ins Gesicht blies, sank die tägliche Auflage von 100 000 auf 75 000 Exemplare. Im August 1943 kam das Ende, als das erwartete Verbot verhängt wurde.

Einige ihrer wichtigen jüngeren Redakteure stießen zu Goebbels' Paradeorgan «Das Reich» (1940–1945), einer vor allem für das Ausland gedachten Wochenzeitung, der deshalb im Feuilleton, um den Eindruck der ideologischen Engstirnigkeit zu vermeiden, manche erstaunliche Bewegungsfreiheit eingeräumt wurde. So konnte man sich als Mitarbeiter der Illusion hingeben, dem hinkenden Teufel zwar die Hand reichen zu müssen, aber trotzdem ziemlich oft undogmatisch schreiben zu können. Daß mit der Auflage von 1,5 Millionen Exemplaren (1941) auch publizistische Wirkung verbunden war, erhöhte die Neigung, der Versuchung zum Mitmachen nachzugeben. Im Vergleich mit dem «Reich» verkörperte das elitäre «Schwarze Korps» der SS (1935–1945) unter seinem Chefredakteur Gunter d'Alquen das äußerste Extrem an doktrinärer Härte mit gnadenloser Unterstützung jedweder Vernichtungspolitik.

Gleichzeitig verkümmerte das einst so reichhaltige deutsche Zeitschriftenwesen. Mißliebige Zeitschriften wurden kurzerhand verboten, andere gaben unter Druck auf. Die legendäre «Neue Rundschau», seit 1933, erst recht nach Bermann Fischers Exilierung, allein von Peter Suhrkamp herausgegeben, konnte anfangs noch unzensiert erscheinen, sogar Thomas Mann und Jakob Wassermann weiter drucken – wie auch die beiden ersten Bände von Manns Joseph-Trilogie 1933/34 im selben Verlag erscheinen konnten. Dann aber wurden die Zügel angezogen, die verdeckte Schreibweise blieb als einzige Zuflucht übrig, um wenigstens ein verkapptes Urteil zu retten, während die Auflage auf 1700 sank. Vergebens, die Zeitschrift wurde schließlich eingestellt und Suhrkamp ins KZ eingeliefert. Das von Paul Alverdes herausgegebene «Innere Reich» (1934–1944) öffnete sich bereitwillig dem geistfeindlichen Zeitgeist, riskierte es auch gelegentlich, einen Schriftsteller aus der «inneren Emigration» zu drucken, und hielt, zusehends konkurrenzlos, eine Auflage von 5000 Exemplaren. Anstelle der bunten Vielfalt an Zeitschriften im Kaiserreich und in der Republik dominierte seit den späten 1930er Jahren die intellektuelle Einöde.

Dagegen achtete das Propagandaministerium darauf, daß die zielstrebig politisch gesteuerte, gleichwohl bunte Welt der Illustrierten zur Ablenkung ihres Massenpublikums erhalten blieb. Die «Berliner Illustrierte» erreichte 1938 weiterhin 1,3 Millionen Exemplare; über der Millionengrenze lagen auch die «Deutsche Illustrierte», «Berlin hört und sieht», die «Deutsche Radio-Illustrierte». Die unvermeidlichen Fortsetzungsromane mußten freilich von regimekonformen Autoren stammen, die damit ein lukratives Genre monopolisieren konnten.

Leichter als die Printmedien waren von Anfang an Rundfunk und Film zu kontrollieren. Das gelang auch deshalb ziemlich reibungslos, weil Goebbels frühzeitig auf die Befolgung seiner Maxime drängte, daß politisch klug manipulierte Unterhaltung ohne den Anschein plumper Indoktrination ungleich wirksamer dem Regime zugute komme als direkte Propaganda. Der Rundfunk, damals noch ein durchaus neuartiges Kommunikationsmedium, dessen Potential die NS-Propaganda frühzeitig entdeckt hatte, wurde sogleich zentralisiert, die Länderkompetenzen und Regionalgesellschaften wurden aufgehoben. Die Kontrolle übernahm das Goebbels-Ministerium im Verein mit der nur bis 1939 bestehenden Reichsrundfunkkammer. Beide setzten bis 1937 das Führerprinzip straff durch.

Nach dem Anfangsfehler, politische Agitation zu massieren, operierten die neuen «Meinungsmacher» ungleich geschickter auf der Linie von Goebbels' Imperativ, so daß 1938 die Unterhaltungsmusik mit 64 Prozent aller Sendungen überwog; 10,4 Prozent entfielen auf allgemeine Nachrichten, nur 2,5 Prozent auf politische Beiträge. Auf diese Weise wurde der Eindruck einer menschenfreundlichen Bedienung der Konsumentenwünsche erzeugt.

Von Anbeginn an wurde das Radiohören aber auch zur «staatspolitischen Pflicht» erklärt. Betrieben und Behörden, Schulen und Lagern wurde der Gemeinschaftsempfang von wichtigen politischen Reden oder Informationen befohlen. Durch diese Massenteilnahme sollte jene freie Öffentlichkeit ersetzt werden, die ringsum verboten worden war. Der «Volksempfänger», ein Kleinradio zu niedrigem Preis, steigerte die Hörerzahl Jahr für Jahr um Millionen: von 1933 = 4 auf 1941 = 16 Millionen Hörer. Und Goebbels wie Hitler wußten sich dieses Mediums außerordentlich geschickt zu bedienen, hielten sie es doch für «das allermodernste und allerwichtigste Massenbeeinflussungsinstrument, das es überhaupt gibt». Wie sehr sie auf seine Wirkung setzten, kann man auch daran ablesen, daß das Abhören der Nachrichten von feindlichen Sendern im Krieg mit der Androhung hoher Strafen, schließlich bis hin zur Todesstrafe, verhindert werden sollte. Dennoch schätzte der SD, daß 1941 eine Million deutscher Hörer BBC abgehört hätte.

Auf die Filmproduktion nahm Goebbels selber direkten Einfluß. Bisher, prahlte er in einer süffisant zitierten Äußerung, «führte der Weg der Schauspielerin über das Bett eines UFA-Direktors, jetzt führt der Weg über uns». Das Filmkammergesetz vom Juni 1933 leitete die Gleichschaltung ein, das Reichslichtspielgesetz vom Februar 1934 regelte das Verbot aller Filme, die irgendwie «nationalsozialistische Empfindungen verletzen». Binnen kurzem emigrierten 1500 Filmkünstler, darunter zahlreiche Spitzenregisseure und -schauspieler. In die Emigration gingen etwa Elisabeth Bergner, Lilian Harvey, Asta Nielsen, Ernst Deutsch, Curt Goetz, Fritz Kortner, Fritz Lang, Peter Lorre, Ernst Lubitsch, Alexander Moissi, Max Ophüls, Erich Pommer, Otto Preminger, Robert Siodmak, Conrad Veidt, Billy Wilder, Adolf Wohlbrück.

Anfangs sah es nach einem Siegeszug des unmittelbar politischen Films aus. Leni Riefenstahls Überwältigungsästhetik und Hitlervergottung in zwei technisch brillanten Dokumentarfilmen über die beiden NSDAP-Parteitage von 1933 («Sieg des Glaubens») und 1934 («Triumph des Willens») löste ebenso wie später ihr Film über die Olympischen Spiele von 1936 unstreitig eine regimeförderliche, faszinierende Wirkung aus. Besonders im «Triumph des Willens» gelang es dieser hingebungsvollen Verehrerin des «Führers», indem mit der Perspektive aus dem Blick Hitlers Millionen Zuschauer erreicht wurden, dessen charismatische Aura eindringlich in Bilder zu übersetzen, so daß sie zur massenwirksamen Zuschreibung des Führercharismas beitrug.

Im allgemeinen aber traten unverhüllt politische Filme in der (erst 1937 verstaatlichten) UFA-Produktion deutlich zurück. Offensichtliche Werbung für die HJ in «Hitlerjunge Quex», perfide antisemitische Hetzstreifen wie der vom «Reichsfilmintendanten» Fritz Hipler selber inszenierte «Ewige Jude» (1940), die «Rothschilds», Veit Harlans «Jud Süss» (1940) oder sein Durchhaltefilm «Kolberg» (1945) blieben eher die Ausnahme. Der Typus des historischen Propagandafilms (14 %), etwa über Friedrich den Großen, der von Otto Gebühr wohl fünfzigmal gespielt wurde, unterstützte einen hochgezüchteten Nationalismus.

Frühzeitig protegierte Goebbels, ein Bewunderer der «Rezepte Hollywoods», auch im Zusammenspiel mit der Filmkammer das eigentliche Gros der Filmproduktion, die Spielfilme. Von ihnen wurden bis 1945 nicht weniger als 1094 Streifen hergestellt; hinzu kamen 600 importierte, überwiegend aus Hollywood stammende Spielfilme. Dieselbe Popularität genossen

5. Die politische Steuerung der Publizistik und der neuen Medien

auch die Komödien- und Revuefilme, deren opulente, glanzvolle Aufmachung das Publikum begeisterte. 1939 wurden nicht weniger als 624 Millionen Kinobesucher registriert, 1943 waren es sogar 1,1 Milliarden. Das durchsichtige Kalkül der Propagandaexperten ist aufgegangen. In den Friedensjahren, als Konjunktur und Vollbeschäftigung zurückkehrten, bestätigte die Heiterkeit der Unterhaltungsfilme die Entspannung im Alltagsleben. Das erwies sich als ungleich vorteilhaftere Untermauerung des Regimes, als es eine propagandistische Dauerberieselung je gewesen wäre. Beliebte Schauspieler, Schauspielerinnen und Regisseure arrangierten sich mehr oder minder bereitwillig mit der Diktatur, so daß das Können dieser Publikumslieblinge den UFA-Filmen zugute kam: Hans Albers etwa, Willy Birgel, Carl Frölich, Heinrich George, Gustav Gründgens, Emil Jannings, Helmut Käutner, Wolfgang Liebeneiner, Theo Lingen, Hans Moser, Erich Ponto, Heinz Rühmann, Luis Trenker, Paul Wegener, Käthe Haack, Heidemarie Hatheyer, Brigitte Horney, Zarah Leander, Marika Rökk, Christina Söderbaum, Ilse Werner. Aufgrund ihres Engagements wurde ein beachtliches Niveau selten unterschritten, nach den Glanztagen des deutschen Films in der Republik der Eindruck fortbestehender filmischer Qualität erzeugt. Für damalige Verhältnisse fabulöse Gagen – Leander erhielt 150000 RM für jeden Streifen, Jannings 125 000, Albers 120000 RM – glätteten den Weg zur Zusammenarbeit mit dem «Filmminister».

In den Kriegsjahren dagegen gaukelte die Glitzerwelt der Spielfilme eine schöne Welt des Scheins vor, die zeitweilig von den Belastungen der Realität ablenkte. Jetzt feierte der üppig aufgemachte Revuefilm, etwa mit Marika Rökk, wahre Triumphe, lenkten die Komödien, etwa die Verfilmung von Spoerls Erfolgsromanen, wenigstens stundenlang von Sorgen ab – nach Stalingrad stieg der Anteil heiterer Filme auf 55 Prozent, während die politischen auf acht Prozent sanken –, stärkte der Heimatfilm, an den sich nach 1949 bruchlos anknüpfen ließ, die Bereitschaft zur Verteidigung der Heimat und erlaubte den Rückzug in ein idyllisches Landleben als Kontrast zu den zerbombten Städten.

Die fatale Wirkung dieser Filmproduktion, deren Seelenmassage der Unterstützung des Regimes gerade durch ihre vermeintlich apolitische Natur diente, ist nicht zu bestreiten. Auf perfide Weise trug sie zur emotional-affektiven Stabilisierung der Diktatur bei. Denn die Befriedigung, daß der Führerstaat hochgeschätzte zivilisatorische Bedürfnisse bereitwillig befriedigte, erhöhte erst die Zustimmung und minderte später den Leidensdruck an der «Heimatfront». Noch heute löst der Gedanke ein Schaudern aus, welche verführerische Suggestivkraft die Goebbels-Propaganda hätte entfalten können, wenn ihr das Medium des Fernsehens tagtäglich zur Verfügung gestanden hätte.[7]

V.
Das «Dritte Reich» im Zweiten Weltkrieg

Der zweite totale Krieg markiert eine tiefe Zäsur in der Politik, aber auch in der Verfassungsstruktur des «Dritten Reiches». Erst im Krieg enthüllte sich vollends die wahre Natur des Nationalsozialismus und der Ziele seines charismatischen «Führers». Im Grunde war die Hitler-Bewegung seit jeher auf Krieg ausgerichtet gewesen. Zuerst kämpfte sie ihn als Bürgerkrieg gegen die Linke, erst recht dann seit der Machtübergabe weiter; der nur notdürftig verschleierte Krieg gegen die jüdischen Deutschen trat seither hinzu. Mit diesem gewalttätigen Antisemitismus, der erstmals als Staatspolitik exekutiert wurde, dehnte sie bis 1939 die Kriegsideologie und Verfolgungspraxis weiter aus, stets in Erwartung des kommenden großen Revisionskrieges, der die Ergebnisse des verlorenen Ersten Weltkriegs endlich korrigieren sollte.

Auch Hitlers Programm verkörperte von Anfang an eine Kriegserklärung an die bestehende Weltordnung und ihre liberal-demokratische Deutung. Der erfolgreiche große Krieg, der alle Verhältnisse von Grund auf verändern würde – das war «Hitlers Evangelium». Als er daher 1939 den neuen Krieg tatsächlich begann, sah der «Polenfeldzug» zunächst wie ein «europäischer Normalkrieg» aus, der die Resultate des letzten verlorenen Konfliktes revidieren sollte. Tatsächlich verschlang sich aber bereits nach drei Tagen der Revisionskrieg mit einem neuartigen Vernichtungs- und Dezimierungskrieg gegen Polen und Juden, die Zukunft des bald einsetzenden Weltkriegs enthüllend.

Im «Westfeldzug» des Frühjahrs 1940 kehrte der Krieg noch einmal zur Natur des Staatenkriegs zurück, ehe er sich seit dem Juni 1941 mit dem Überfall auf die Sowjetunion in einen offenen Versklavungs-, Ausbeutungs- und Vernichtungskrieg, der monatelang vorher ganz unverhüllt als solcher angekündigt worden war, verwandelte. Erst in diesem Jahr, als Amerika im Dezember 1941 zur antideutschen Allianz hinzustieß und durch seinen Krieg mit Japan das asiatische Kriegstheater mit dem europäischen verband, erweiterte sich der europäische Hegemonialkrieg zum Zweiten Weltkrieg.

Noch einmal wurde jetzt nach der Niederlage im Ersten Weltkrieg der aberwitzige Kampf um die Erringung der Weltherrschaft von Deutschland gewagt. Denn nach der Eroberung eines Kontinentalimperiums mit einem riesigen östlichen «Lebensraum» sollte von dieser Basis eines «blockadefesten Großraums» aus und mit der Kraft der inneren rassepolitischen Erneuerung, zu der auch die Vernichtung der Juden gehörte, der ultimative

Vorstoß auf die globale Spitzenposition in Angriff genommen werden. Nahezu sechs Jahre lang erwies sich Hitlers Deutschland imstande, die Furien des Krieges zu entfesseln, mobilisierte es ungeahnte Energien im eigenen Land und verband den Krieg mit dem historisch beispiellosen Massenmord an der europäischen Judenheit, ehe es 1945 im selbstgeschaffenen Chaos unterging.

1. *Etappen des Kriegsverlaufs:*
Vom Revisionskrieg zum Vernichtungskrieg

Mit dem triumphalen «Anschluß» Österreichs hatte Hitler das «Großdeutsche Reich» geschaffen. Doch schon im November 1938 erklärte Himmler den höheren SS-Führern, daß Hitler, noch weiter ausgreifend, ein «Großgermanisches Reich» aufbauen wolle: das «größte Reich, das von dieser Menschheit errichtet wurde». Mit der Annexion des Sudetengebietes im Oktober 1938 und der Zerschlagung des Tschechoslowakei im März 1939 wurde, ungeachtet aller völkerrechtlichen Abmachungen auf der Münchener Konferenz, die Expansion fortgesetzt. Zugleich war damit aber auch ein Wendepunkt insofern erreicht, als jetzt erstmals über die «Wiedergewinnung deutschen Volkstums» hinaus ein fremdes Volk einem deutschen Kolonialprotektorat unterworfen wurde.

Die Annexion des Memelgebiets, ebenfalls im März 1939 vollzogen, wurde als überfällige Korrektur der Versailler Ordnung gerechtfertigt; sie traf einen hilflosen baltischen Kleinstaat ohne jeden Beistand. Weiterhin bewegte sich Hitler auf dem Gipfel seines Ansehens. Als er am 20. April 1939 seinen 50. Geburtstag, vom endlosen Jubel der Reichshauptstadt getragen, bombastisch feierte, bildete ein waffenstrotzender Vorbeimarsch riesiger Wehrmachtseinheiten den Höhepunkt – eine wahre Unterwerfungs- und Huldigungsparade, mit der das Militär, stellvertretend für die enthusiasmierte, aber auch für den Frieden dankende Bevölkerung seinem Kriegsherrn zujubelte.

Das noch im selben Monat initiierte neue Vabanquespiel, die angeblich allerletzte Korrektur von Versailles, richtete sich gegen Polen, den größten der osteuropäischen Nachfolgestaaten, der eine breite Landbrücke zwischen dem Reich und Ostpreußen, letztlich aber die gesamten 1919 gewonnenen preußisch-deutschen Ostgebiete abtreten sollte. Als das Warschauer Obristenregime, schließlich der Garantieerklärung Englands und Frankreichs gewiß, seine Hand zur territorialen Selbstverstümmelung nicht reichen wollte und jedwede Konzession ablehnte, sah Hitler die Chance zu einem schnellen Schlag gekommen, der ihn – wie bereits dreimal in den letzten anderthalb Jahren – erneut ans Ziel führen sollte, ohne das europäische Staatensystem in einen Krieg zu stürzen. Nach seinem erstaunlichen Erfolg auf der Münchener Konferenz, seinen Erfahrungen mit der nachgiebigen englischen Appeasement-Politik und der französischen Zaudertaktik unterschätzte sein siegessicheres, arrogantes Kalkül, daß die Westmächte ihre Soldaten nicht für Danzig sterben lassen wollten, die politische Widerstandskraft seiner Kontrahenten.

Deshalb gab es seit dem 1. September 1939 nicht den mühelos ausgeführten Alleingang einer chirurgischen Militäraktion gegen einen unterlegenen Gegner, sondern nach der englischen und französischen Kriegserklärung am 3. September einen veritablen europäischen Staatenkrieg, der – Trauma der vergangenen Jahrzehnte – auch sogleich als Zweifrontenkrieg begann.

Warum kam es aber überhaupt zu diesem Zeitpunkt, im September 1939, nach der atemberaubenden außenpolitischen Erfolgsserie Hitlers, die zur Begeisterung seiner Deutschen stets den Frieden erhalten hatte, zu einem Krieg, der sich nach zwei Jahren erneut zu einem Weltkrieg ausweitete?

Man hat als angeblich entscheidende Ursachenkonstellation ein inneres Krisenszenario beschrieben, das sich seit 1938 wegen der drastischen Kumulierung von Störfaktoren so massiv ausgewirkt habe, daß nur noch die Flucht nach vorn, nur der Krieg als ultima ratio zur Überwindung der inneren Systemkrise übriggeblieben sei.

Zu dem Krisensyndrom gehörten diesem Interpretationsangebot zufolge:
- die allgemeine Überanstrengung der deutschen Wirtschaft wegen des hektischen Aufrüstungstempos;
- der trotz der Dienstverpflichtungen unleugbar schmerzhafte Mangel an Arbeitskräften im Zeichen der Vollbeschäftigung;
- die Abhängigkeit vom Nahrungsmittel- und Rohstoffimport, der aber wegen des eklatanten Devisenmangels auf immer höhere Barrieren stieß; bis zum Sommer 1939, prognostizierten damals Kritiker, seien die Gold- und Devisenvorräte völlig erschöpft. Währenddessen verfiel die Handelsbilanz, zumal der Außenhandel wegen der globalen Rezession unter hartem Druck stand.
- Lohnstreiks und Spannungen in den Betriebsbelegschaften kündigten einen klassenbewußten proletarischen Massenprotest an. Hohe Industrrielöhne beschleunigten zugleich die mißbilligte Landflucht.
- Das Verkehrssystem wirkte heillos überlastet. Entspannung war nicht in Sicht. Weder das Schienennetz noch die zögerliche Motorisierung waren den neuen Aufgaben gewachsen.
- Die Probleme im «Altreich» wurden verschärft durch die Annexion Österreichs und des Sudetengebiets, von Böhmen und Mähren. Zwar konnte dort die hochentwickelte Industrie sofort in den Dienst der deutschen Aufrüstung gestellt, das Arbeitskräftepotential auch generell genutzt, die Exportquote jedoch nicht gesteigert werden. Vielmehr waren

größere Exportmengen nötig, um 18 Millionen Menschen zusätzlich zu versorgen.
– Die Militärspitze war trotz allen sichtbaren Fortschritts mit dem Stand der Rüstung unzufrieden, da sie in steter Sorge vor dem Wiederaufleben der alliierten Koalition gegen Deutschland lebte, falls das Tempo seiner revisionistischen Politik weiter zu sehr forciert würde.
– Daher zog seit Ende 1938 eine Legitimationskrise der Diktatur herauf, angeblich «die tiefste Krise zwischen dem Juni 1934 und dem Juli 1944».

Im Streit über die Alternative: die Rüstung zu verlangsamen und harte konsumpolitische Einschränkungen vorzunehmen oder aber den Sprung nach vorn zur Eroberung neuer Ressourcen zu wagen, entschied sich Hitler für die Aggression.

Die Antwort auf die Krise bestand mithin aus dem Eroberungsfeldzug anstelle unpopulärer restriktiver Maßnahmen, aus dem gewaltsamen Gewinn neuer Machtquellen in einem deutsch dominierten Europa anstelle der Rüstungsabbremsung. Soweit die These mit ihrem Anspruch auf Erklärung des Entschlusses zum Krieg aus einem Bündel innerer Ursachen.

Überprüft man diese seit jeher heftig umstrittene Deutung, trifft man auf eine übertriebene Pointierung, ja unglaubwürdige Dramatisierung der Lage.
– Die deutsche Wirtschaft erlebte 1938/39 weiterhin hohe Wachstumsraten. Die Investitionen stiegen. Die Vollbeschäftigung war mit immens vorteilhaften sozialpsychischen Auswirkungen erreicht worden. Die Reallöhne kletterten auf eine ungeahnte Höhe. Die Zinsen waren kalkulierbar. Es herrschte keine Inflation. Die Zahl der Bankrotte blieb gering.
– Der NS-Staat hatte eine effektive Kontrolle über die Kapital- und Arbeitsmärkte gewonnen. Spannungen in den Unternehmen entsprangen dem Kampf um noch höhere Löhne und günstigere Arbeitszeiten, keineswegs aber einem klassenkämpferischen proletarischen Aufbegehren (vgl. vorn III.1 b).
– Der Außenhandel mit Ost- und Südosteuropa wirkte noch immer ausdehnungsfähig, da er auf Wachstumsmärkte traf. Das System der improvisierten Aushilfen hatte sich keineswegs erschöpft, sondern versprach weiterhin einen erfolgreichen Umgang mit den Devisen- und Importproblemen. Kurzum: Es herrschte keine objektivierbare ökonomische Krise, und auch die sozialen Friktionen stellten noch längst nicht eine Systembedrohung dar.
– Die Militärspitze war mit der Aufrüstung nicht unzufrieden, zudem alles andere als ein aufsässiges, regimebedrohendes Gremium. In der Blomberg/Fritsch-Krise hatte sich Hitler die Wehrmacht endgültig unterworfen, was aber durch ihren Anteil an den außenpolitischen Erfolgen mehr als reichlich wettgemacht worden war. Auch von den Streitkräften, seit 1938 Hitlers direkter Leitung unterstellt, drohte keine Krise.

– Hitler selber genoß seit dem «Anschluß» einen unerhörten Nimbus, eine regimegefährdende Legitimationskrise ist daher gerade in jener Zeit nicht erkennbar.

Tatsächlich griffen aber einige krisenhaft beschleunigte Entwicklungen derart ineinander, daß ihre Verschränkung den Krieg auslöste.

1. Hitler konnte und wollte von der Steigerung des rapiden Tempos seiner Risikopolitik offenbar nicht ablassen. Ohne seine drängende Initiative wären der «Anschluß» Österreichs, die Sudetenkrise, die Zertrümmerung der Tschechoslowakei überhaupt nicht als internationale Krise, sozusagen selbstläufig, entstanden. Hitler allein war es, der den dramatischen Druck aufbaute. Zum einen war der Charismatiker wegen der Abwesenheit autonomer Krisen darauf angewiesen, artifizielle Krisen herbeizuführen, damit er sein Talent an ihrer Bewältigung erneut bewähren, sein Herrschaftssystem noch überzeugender legitimieren konnte. Die Erfolge aber lösten bei Hitler eine evidente Selbstfaszination aus und führten zu einer realitätsfernen Überschätzung der Leistung, deren er in einem zunehmend unruhigeren internationalen Umfeld fähig war.

2. Seit jeher hatte Hitler das programmatische Ziel verfolgt, die Versailler Nachkriegsordnung zu zerschlagen, um auf ihren Trümmern die Expansion zur europäischen Hegemonialmacht voranzutreiben. Für den dogmatischen Fanatismus, mit dem er seine radikale Revisionspolitik betrieb, stellte Polen in der Tat das nächste Angriffsobjekt dar. Außerdem mußte die «polnische Frage» gelöst werden, ehe die Eroberung des östlichen «Lebensraums» in Rußland greifbar nahe rückte – unstreitig eine gewaltige Aufgabe, die Hitler, wie er mehrfach gestand, nur sich selber zutraute.

3. Während der Handlungsdruck im Zentrum der Diktatur anwuchs, hielt Hitler nach seinem Triumph über die Westmächte die internationale Konstellation für günstig, da ihn kein überlegener Akteur in die Schranken weisen könne. Das war ein fatales Fehlurteil, da er den Entscheidungsprozeß, der in London und Paris nach der Auflösung der Tschechoslowakei abgelaufen war, völlig verkannte, sich mithin noch immer als Dompteur schwacher Kontrahenten vorkam.

Für die Initialzündung, daß aus dem antipolnischen Militärschlag mit vermeintlich isolierbarem Gefahrenrisiko innerhalb von drei Tagen ein europäischer Krieg erwuchs, ist daher die Interdependenz von charismatischer Aktionshektik, programmatischer Zielfixierung und internationaler Konstellation ausschlaggebend gewesen. Es war diese Interdependenz, nicht aber ein «Primat der Innenpolitik» oder ein alternativer «Primat der Außenpolitik», die dazu führte, daß sich der Knoten so verhängnisvoll schürzte.

Niemand kann ernsthaft bestreiten, daß auch die Kriegskrise des Sommers 1939, wie alle Krisen zuvor seit dem Entscheidungsjahr 1933, allein von Hitlers Aktivismus ausgelöst wurde. Längst hatte sich der Charismatiker imstande erwiesen, alle Energien zu bündeln, «alle Lebensfunktionen des Dritten Reiches» unmittelbar auf sich zuzuschneiden. Der Krieg sollte erst recht eine Grundtatsache des Regimes beweisen: «Im Schnittpunkt aller Triebkräfte stand Hitler allein.» Dieses factum brutum zeigt, welche Entscheidungsautonomie Hitler nach nur sechs Jahren gewonnen hatte – eine Machtkonzentration, die in seinem charismatischen Herrschaftssystem so unangefochten möglich war.[1]

Zur Kontrolle dieser Deutung braucht man nur die kontrafaktische Frage aufzuwerfen, ob es ohne Hitlers Kriegsbereitschaft zu einem deutschen Angriffskrieg gekommen wäre.

Fraglos wäre die Militärführung zusammen mit dem größten Teil des Establishments und fast der gesamten Öffentlichkeit für einen begrenzten Revisionskrieg gegen Polen zu haben gewesen. Zu ihm wäre es aber wahrscheinlich nur dann gekommen, wenn er nicht zwangsläufig zu einem Zweifrontenkrieg geführt hätte. Vor allem aber hätte er nach menschlichem Ermessen nicht die Gestalt eines antipolnischen Versklavungskriegs im Verein mit einer mörderischen Politik angenommen.

Unstreitig hätte sich dieselbe informelle Koalition auch nur zu bereitwillig für die Niederlage an Frankreich gerächt, vielleicht sogar den Grenzverlauf im Südwesten des Reiches erneut auf Kosten Frankreichs korrigiert. Aber nach dem Debakel des vierjährigen Stellungskriegs und der Erfahrung mit der englischen Interventionsbereitschaft dominierte die Sorge vor dem ungewissen Ausgang einer neuen Kraftprobe.

Andere mächtige Interessenaggregate, die Großwirtschaft etwa, die Bürokratie, die öffentliche Meinung, drängten keineswegs machtvoll auf einen Staatenkrieg gegen Polen, geschweige denn gegen Frankreich, da die Gefahr, daß sich ein europäischer Konflikt wiederholen werde, allzeit präsent war. Nicht zufällig wurde von ihnen an Hitlers Außenpolitik bis zum Sommer 1939 sein «Friedenswille» gerühmt.

Nein, die Übernahme des Kriegsrisikos entsprang allein Hitlers Entscheidung. Er setzte sich über alle Bedenken hinweg, so wie er vor dem Einmarsch in das entmilitarisierte Rheinland, vor dem «Anschluß», vor der Sudetenkrise, vor der Zertrümmerung der Tschechoslowakei alle skeptischen Worte, zumal der Militärs, beiseite geschoben hatte – und immer hatte er, auf kurze Sicht jedenfalls, recht behalten. Deshalb traf er auf keinen massiven Einspruch mehr, als er im April 1939 die «Führerweisung» zur Vorbereitung einer Offensive gegen Polen erließ. Sollte aber seine Drohpolitik im Vorfeld bereits zu dem Erfolg polnischer Nachgiebigkeit führen, stand ein neuer außenpolitischer Triumph in Aussicht. Daß er selber durch die brutale Mißachtung der Münchener Vereinbarungen eine handlungsfähige Allianz gegen sich heraufbeschworen hatte, nahm er genausowenig ernst wie die englisch-französische Garantie der territorialen Integrität Polens. Im Grenzfall der Entscheidung für den Krieg sollte die Warschauer Unnachgiebigkeit mit einem kurzen, isolierten Revisionskrieg beantwortet werden. An die «Entfesselung» eines neuen Weltkriegs hat zu diesem Zeitpunkt keiner im Berliner Aktionszentrum gedacht, geschweige denn, daß ihn jemand gewollt hätte.

Nach Osten hin hatte sich Hitler durch den alle Welt verblüffenden, machiavellistischen Nichtangriffspakt mit seinem bolschewistischen Erzfeind abgesichert. Die Annexionsklauseln, welche die vierte Teilung Polens zwischen den beiden Diktaturen vorsahen, blieben vorerst geheim. Sonst aber gab es nur vage, wenn auch hochbrisante Zielvorstellungen, wie es nach der Lösung des polnischen Problems weitergehen sollte.

Den lockeren Entwurf wünschenswerter Ereignisse zur Realisierung dieser Ziele sollte man nicht mit einem exakten «Stufenplan» verwechseln. Als Fixpunkt stand damals nur fest, daß Frankreich um die Mitte der 1940er Jahre aus dem europäischen Mächtekonzert ausgeschaltet werden sollte, sobald jener Ausgleich mit England erreicht war, auf dem Hitler seit den frühen 20er Jahren insistiert hatte; England blieb lange Zeit, auch noch nach Kriegsbeginn, sein Wunschpartner.

Von der Basis der europäischen Hegemonie aus sollte dann Rußland zerschlagen werden, um – wie Hitler bereits am 3. Februar 1933 der Militärspitze freimütig eröffnet hatte – die Ressourcen eines Kontinentalimperiums und eines «Lebensraums» zu gewinnen, der dann rücksichtsloser Germanisierung unterworfen werden sollte.

Auf längere Sicht stand das Duell mit den USA an, um durch den Sieg die Weltherrschaft zu erringen. Nach dem Wahlerfolg von 1930 hatte er vor Erlanger Studenten in öffentlicher Rede erklärt: «Jedes Wesen strebt nach Expansion, und jedes Volk strebt nach der Weltherrschaft. Nur wer dieses letzte Ziel vor Augen behält, gerät auf den richtigen Weg.» Hitler hielt nicht nur an seiner sozialdarwinistischen Vorstellung fest, die Erde «als einen Wanderpokal im Besitz der stärksten Macht» zu betrachten, sondern verlor auch nie das utopische Ziel aus dem Auge, daß «diesem größten Rassekern» der 110 Millionen Deutschen «einmal die Welt gehören» müsse.

Bis es zu diesem Endkampf kam, galt es, auch die Judenfrage zu lösen, da der «Weltvergifter der Völker», die Inkarnation aller Übel der Moderne, irgendwie «entfernt» werden mußte. So sah es das aberwitzige Weltbild Hitlers vor, und mit der Entscheidungskompetenz des charismatischen «Führers» konnte er letztlich das Verhalten seiner zahlreichen Mordgesellen in diese Richtung steuern. Als Fernziel zeichnete sich ein rassenbiologisch fundierter Umbau der deutschen Gesellschaft zu einem arischen Herrenvolk in einem großgermanischen Reich bis zum Ural ab.

Anstatt zu einer Wiederholung der Staatszertrümmerung à la Tschechoslowakei zu führen, schlug die deutsche Offensive, die ohne jede völkerrechtliche Kriegserklärung am 1. September 1939 gegen Polen eröffnet wurde, nach der englisch-französischen Kriegserklärung sofort in einen europäischen Staatenkrieg an zwei Fronten um. Alle Bedenken gegen die forcierte Risikopolitik wurden bestätigt, und sie begann auch deshalb mit einem Desaster, weil England, noch immer der erhoffte Allianzpartner, mit dem gesamten Commonwealth auf der Gegenseite stand. In diametralem Gegensatz zu 1914 war die Reaktion der deutschen Bevölkerung, die auf diesen Ernstfall überhaupt nicht vorbereitet worden war und Hitler in den letzten vier Jahren besonders wegen seines Friedenswillens zugejubelt hatte, durch eine auffällige «Kriegsunwilligkeit» gekennzeichnet.

Polen wurde innerhalb von drei Wochen von der weit überlegenen Wehrmacht geschlagen. Trotz der fehlenden Rüstungsressourcen hatte Hitler erneut Vabanque gespielt, als er die gesamten motorisierten Verbände, die noch immer nicht mehr als ein Zehntel der Wehrmacht ausmachten, einsetzte. Wieder hatte er, wie 1935, Glück, daß die beiden Alliierten 1939 nicht angriffen: Wehrmacht und Westwall hätten sie kaum aufhalten können. Jetzt aber sprach man von einem neuartigen «Blitzkrieg». Zugegeben, dieser verblüffend schnell errungene Erfolg wurde in einem Meisterstück Goebbelsscher Propaganda im Nu zu einem Mythos deutscher militärischer Effizienz und Durchsetzungsfähigkeit stilisiert.

Doch als mindestens ebensowichtig erwies sich, daß in der Wahrnehmung aller, auch der ausländischen Zeitgenossen, deren Kriegsbild durch die Erinnerung an den Stellungskrieg von 1914 bis 1918 geprägt war, der «Polenfeldzug» in der Tat als wahrer Blitzkrieg erschien. Im Vergleich mit ihm verriet der «Sitzkrieg» gegen Frankreich und England im Winter 1939/40 nichts als Stagnation. Wie euphorisch Hitler auf den Erfolg im Blitzkrieg reagierte, enthüllte seine spontane Äußerung im November 1939, daß er nicht nur Versailles revidieren, sondern die «restlose Liquidierung des Westfälischen Friedens» von 1648, mithin die gewaltsame Korrektur von fast 300 Jahren europäischer Geschichte anstrebte.

Der Polenkrieg sah anfangs durchaus nach einem klassischen Revisionskrieg aus, über den das Militär ganz so vorbehaltlos wie die deutsche Öffentlichkeit triumphierte. Er verlor aber sofort den Charakter eines solchen «europäischen Normalkriegs», da seit dem 3. September mit einem rassenpolitischen Versklavungs- und Dezimierungskrieg verbunden wurde. Hitler hatte schon am 22. August vor der Militärspitze die «Vernichtung Polens» als Staat, den überlebenden Polen eine Sklaven- und Helotenexistenz angekündigt. Auf seiner Ermächtigung beruhte Himmlers Befehl, aufgrund dessen bereits am dritten Tag nach Kriegsbeginn die ersten Mordaktionen begannen, als sich die «Polizeiwalze» der «Einsatzgruppen», unterstützt vom «Volksdeutschen Selbstschutz», gegen die polnische Intelligenz in Bewegung setzte.

Noch im September wurden 16 000 polnische Männer liquidiert, Zehntausende folgten, denn, wie Heydrich am 7. September bekräftigte, die gesamten «führenden Bevölkerungsschichten Polens sollen unschädlich gemacht werden». Danach bleibe der «Pole... der ewige Saison- und Landarbeiter». Generalstabschef Franz Halder hielt es für angebracht, die SS-Metapher von der «ethnischen Flurbereinigung» zu übernehmen: Sie erfasse, wie er erfuhr, offenbar unmittelbar hinter der Front «Judentum, Geistliche, Intelligenz». Gleichzeitig lief die Deportation der jüdischen Polen in die Ghettos der Städte an, seit dem Dezember 1939 wurde sie ganz systematisch durchgeführt. Bis zum März 1941 erfaßte sie 500 000 Juden und 365 000 (bis Kriegsende: 750 000) Polen, die in das «Generalgouvernement» transportiert wurden. Bis Anfang 1942 waren auch bereits 400 000 Polen als Zwangsarbeiter ins Reich verschleppt worden, bis 1944 stieg ihre Zahl auf 1,3 Millionen.

Am 7. Oktober übernahm Himmler als neu ernannter «Reichskommissar für die Festigung Deutschen Volkstums» (RKFDV) mit einem eigens geschaffenen SS-Sonderstab die dreifache Aufgabe der Entpolonisierung, der «Entjudung» und der radikalen Germanisierungs- und Umsiedlungspolitik. Das war der Auftakt zur regierungsoffiziellen «ethnischen Flurbereinigung», die den eroberten Osten unverzüglich in ein «rassenbiologisches und bevölkerungspolitisches Experimentierfeld» der nationalsozialistischen Gesellschaftspolitik verwandelte. Himmler, der die NS-Rassenlehre durchaus wörtlich nahm, wurde mit Hilfe des «Blutadel-Ordens» der SS zu ihrem allein durch die Führergewalt legitimierten «Hauptexekutor».

In das Vakuum, das zwischen den Kompetenzbereichen von Militär- und Zivilverwaltung entstand, schob sich in der ersten und schlimmsten Phase der deutschen Besatzungszeit (vom September 1939 bis zum Frühjahr 1940) folgerichtig die außernormative SS-Herrschaft hinein, da die Höheren SS- und Polizeiführer (HSSPF) jeweils ihre «eigene Territorialherrschaft» etablieren konnten, in der sie mit ihren SS- und Polizeischergen der militärischen und ordentlichen Gerichtsbarkeit völlig entzogen blieben. Die barbarischen Aktionen hinter der Front lösten keinen formellen Protest der Wehrmachtkommandos aus. Allein General Blaskowitz klagte über das «unritterliche Verhalten» im Hinterland. Das trug ihm, nachdem Hitler die weichen «Heilsarmee-Methoden» verspottet und abgelehnt hatte, die Versetzung an die begehrte Westfront ein.

Weiträumig wurden die polnischen Westgebiete sofort zum Reich geschlagen. Hitler befahl die Angliederung von rund 90 000 km² mit zehn Millionen Einwohnern, darunter acht Millionen Polen. Die neue Reichsgrenze verlief seither fünf Jahre lang unmittelbar neben Warschau und ging durchweg weit über die Grenzen vor 1914 hinaus. Das südpolnische Restgebiet wurde als «Generalgouvernement» deutscher Verwaltung unterstellt. Dort regierte der Präsident der «Akademie für Deutsches Recht» und Reichsminister ohne Geschäftsbereich Hans Frank im Stil eines schrankenlos waltenden Despoten über 12,5 Millionen Polen auf einem Gebiet von 96 500 km². Es sei Hitlers Wille, wußte Frank, daß das «Gene-

1. Etappen des Kriegsverlaufs

ralgouvernement» «das erste Kolonialgebiet des Deutschen Reiches werde». In der zweiten Besatzungsphase (vom Frühjahr 1940 bis zum August 1943) koppelte sich Frank mit seiner Reichskolonie von den anderen Ostgebieten ab, deportierte mehr als eine Million Zwangsarbeiter ins «Altreich» und unterstützte energisch die «Endlösung». Im Januar 1944 gestand Frank als sein eigentliches Ziel ein: «Wenn wir den Krieg erst einmal gewonnen haben, dann kann meinetwegen aus den Polen Hackfleisch gemacht werden» – das «Generalgouvernement» zählte damals noch zehn Millionen Polen.

Auf dem annektierten Territorium entstanden die neuen Gaue Danzig-Westpreußen unter Gauleiter Foerster und Wartheland unter Gauleiter Greiser. Beide repräsentierten den Typus des dogmatischen nationalsozialistischen Überzeugungstäters, der sich in Kooperation oder im Widerstreit mit den Höheren SS- und Polizeiführern, den Militärbefehlshabern und Chefs der Zivilverwaltung durchzusetzen wußte. Das führte zu einer harten Gangart, weil die ohne Verzug anlaufende Germanisierungspolitik in den annektierten Gebieten auf acht Millionen Polen traf. Sie wurden einer strengen Hierarchisierung ihres «völkischen Werts» durch die «deutsche Volksliste» unterworfen, welche die Menschen in Verbänden mit unterschiedlich zugeschriebenen Rechten und folglich einem denkbar unterschiedlichen Lebensniveau zusammenfaßte.

1. 1,724 Millionen «Volksdeutsche» und «eindeutungsfähige Polen» wurden zu «Reichsbürgern» mit allen Rechten und Pflichten des Vollbürgers im «Altreich» erhoben.

2. 1,7 Millionen «Deutschtumsanwärter auf Probe» wurden als «Staatsangehörige» eingestuft. Diese Bürger zweiter Klasse besaßen eingeschränkte Rechte, sollten aber innerhalb von zehn Jahren zu Deutschen erzogen werden. Wurde ihnen als Soldat eine Auszeichnung zuerkannt, folgte die Erhebung zum «Reichsbürger».

3. 83 000 Einwohner wurden «Staatsangehörige auf Probe» mit minderen Rechten. Bis zum Januar 1944 kam man daher auf die Zahl von 3,485 Millionen neuer Staatsbürger mit vollem oder eingeschränktem Rechtsstatus.

4. Doch 6,015 Millionen polnische «Schutzangehörige» waren als Einwohner dritter Klasse zahlreichen Schikanen und Diskriminierungen ausgesetzt.

5. Alle jüdischen Deutschen und jüdischen Polen wurden lückenlos von der Deportationswelle erfaßt, starben in den Ghettos oder in den großen Vernichtungslagern. Längst ehe der Rußlandkrieg begann, zeigte daher die deutsche Polenpolitik mit aller Deutlichkeit die Fratze des neuen Dezimierungs- und Vernichtungskriegs. Die Behandlung der Polen diente als eine Art von Generalprobe für die antislawische Politik seit dem Sommer 1942.[2]

Es ist nicht zu übersehen, daß der Übergang zum Krieg eine Zäsur in Hitlers Politik markiert. In Polen wurde sofort die «ethnische Flurbereinigung» in Gestalt der «Umsiedlung» von Polen und der Deportation von Juden in die Tat umgesetzt. Der Reichsführer-SS übernahm als RKDFV die Exekution der Germanisierungspolitik. Vor den Oberbefehlshabern des Heeres hatte Hitler am 23. August außer der Staatsvernichtung auch die Politik der physischen Liquidierung angekündigt. Dabei machte er selbst aus der Absicht des Völkermordes kein Hehl, vertraute aber auf die Vergeßlichkeit oder Verdrängungsbereitschaft der Menschen. «Wer redet heute noch von der Vernichtung der Armenier?» fragte er höhnisch und spielte damit unmittelbar auf jenen ersten Genozid an, den die Türkei mitten im Ersten Weltkrieg an diesem christlichen Minderheitsvolk verübt hatte.

Im «Altreich» initiierte Hitler sogleich den bislang aufgeschobenen Mord an den Geisteskranken, Schwerbehinderten und Asozialen. Die «Vernichtung der jüdischen Rasse in Europa» hatte er schon am 30. Januar 1939 im Reichstag angedroht, später datierte er die Prophezeiung auf den 1. September, dem Tag des Kriegsbeginns, zurück. Mit solchen Drohungen und konkreten Maßnahmen wurde der «völkische Krieg» nach innen und außen als zweite Etappe der nationalsozialistischen Revolution eröffnet. In Hitlers Kopf dominierte der totale Krieg an beiden Fronten. Er entsprang dem Willen des Regimes zur Schöpfung des «neuen Adams», des reinrassig arischen Menschen.

Dieses Ziel setzte eine schrankenlose Radikalisierung der Politik frei, die insbesondere durch die Sonderkommissariate und Exekutivgewalten mit ihrer führerimmediaten Stellung und Bindung allein an den Willen des Diktators ausgeführt wurden. Radikalisierung und Vermehrung der polykratischen Stäbe verstärkten sich wechselseitig. Und die Führergewalt selber gewann durch den Krieg eine erweiterte Dimension, die Hitler seit langem vorgeschwebt hatte: «Über den deutschen Menschen im Diesseits verfügt die deutsche Nation allein durch ihren Führer.» Auf der berüchtigten Sitzung mit der Generalität am 22. August 1939 konnte daher Hitler voller Überzeugung sagen: «In der Zukunft wird es wohl niemals wieder einen Mann geben, der mehr Autorität hat als ich.» Wie sehr er der eigenen Selbststilisierung erlag, enthüllt sein Urteil im November 1941: «Ich habe überhaupt keine Experten. Bei mir genügt immer mein Kopf ganz allein.»

Im Westen kam erstmals Bewegung in die erstarrte Front, als Hitler seit dem 9. April 1940 Dänemark und Norwegen besetzen ließ, um der absehbaren Ausweitung der englischen Einflußzone zuvorzukommen und den unverzichtbaren schwedischen Eisenerzexport über den nordnorwegischen Hafen Narvik kontrollieren zu können. Der Angriff auf Frankreich dagegen, der schon im November 1939 beginnen sollte, wurde sage und

1. Etappen des Kriegsverlaufs

schreibe dreißig Mal verschoben, da die Militärs immer neue gravierende Einwände vorbrachten. Einmal reichte der Munitionsvorrat nur für ein Drittel des Heeres, dann fehlte es an Treibstoff, an Rohstoffen, an Autos. Auch deshalb erwiesen sich die pünktlich eintreffenden sowjetischen Lieferungen als wichtig. Außerdem hielt der interne Streit um die optimale Strategie an. Der Generalstab, mit lauter Stabsoffizieren aus dem Ersten Weltkrieg besetzt, hatte eine Reprise des Schlieffenplans entworfen. Erneut sollte der rechte deutsche Flügel, etwa sieben Mal so stark wie der gegenüber der schwer befestigten Maginotlinie in Ostfrankreich aufmarschierende linke Flügel, durch Holland und Nordbelgien nach Frankreich durchbrechen, den Kern der französischen Streitmacht einkesseln und Paris erobern.

Jedermann wußte, daß dieser Plan 1914 in der Schlacht an der Marne bereits einmal völlig gescheitert war. Dennoch hielt der Generalstab, noch immer fasziniert von dem vermeintlichen Wunderrezept, an diesem Plan fest. Doch Hitler entschied sich für den Planungsentwurf eines Außenseiters, des Generals Erich v. Lewinski gen. v. Manstein, der mit seinem «Sichelschnitt» eine Durchbruch durch die engen, schwer befestigten südbelgischen Bergtäler vorsah. Unterstützt von Hitler wurde auch die Innovation, daß erstmals Fallschirmjägereinheiten abspringen sollten, um die Forts durch ihren Überraschungsangriff von oben auszuschalten. Im Frühjahr 1940 standen 141 deutsche Divisionen 144 französischen, englischen, belgischen und holländischen Divisionen mit ihrer deutlichen Überlegenheit an Panzern und Geschützen gegenüber.

Als der deutsche Vormarsch am 10. Mai 1940 begann, gelang der Coup gegen die belgischen Festungsanlagen, die deutschen Kolonnen strömten nach Nordfrankreich, wider Erwarten wurde auch sofort die Luftherrschaft errungen, nach knapp sechs Wochen mußte Frankreich kapitulieren. Am 22. Juni wurde der Waffenstillstand aus symbolpolitischen Gründen in Compiègne – am 11. November 1918 der Ort des deutsch-französischen Waffenstillstands – geschlossen; auf Wunsch Hitlers in jenem Eisenbahnwagen, den Marschall Foch 1918 benutzt hatte. Anfang Juli besiegelte das bombastische Ritual der deutschen Siegesparade in Paris die Niederlage jenes Staates, der bis dahin als unangefochten größte kontinentaleuropäische Militärmacht gegolten hatte.

Elsaß und Lothringen wurden zum zweiten Mal annektiert und einer harten Germanisierungspolitik unterworfen. Die von Deutschland beanspruchte Besatzungszone im Norden und Westen wurde einer Militärverwaltung unterstellt, während dem nicht okkupierten französischen Reststaat unter der Leitung des Verdun-Verteidigers Marschall Pétain, bald nach seiner Hauptstadt Vichy benannt, eine prekäre Satellitenexistenz zugestanden wurde. Die Kollaboration spielte sich in den wirtschaftlichen Beziehungen so reibungslos ein, daß sie für die deutsche Kriegswirtschaft eine immense Entlastung darstellte (s. u. IV.c). Seit dem März 1942 unterstützte Vichy auch aus eigenen antisemitischen Motiven bereitwillig die nationalsozialistische Judenpolitik, indem es ein Viertel aller jüdischen Franzosen deportieren half.

Der völlig unerwartet schnelle Sieg im Westen löschte für zahllose Deutsche die Schmach von Versailles endlich aus. Nur zehn Monate nach Kriegsbeginn hatte Hitler die Traumata des verlorenen Ersten Weltkriegs geheilt. Was dem Kaiserreich in einem vier Jahre lang währenden Krieg nicht gelungen war, hieß es landauf, landab, hatte der «Führer» mit seiner Wehrmacht in anderthalb Monaten geschafft. Der Führermythos, durch den «Anschluß» und den Blitzkrieg im Osten bereits enorm gesteigert, gewann, als er «auf den äußersten Höhepunkt gehoben wurde», noch einmal eine neue Dimension hinzu. «Die Worte des Führers», erfuhr die Exil-SPD, «sind beim Volk Evangelium.» Im Jubel über seinen Sieg schien die «Volksgemeinschaft» verwirklicht zu sein. Hätte Hitler jetzt – ein Gedankenspiel – freie Wahlen unter Aufsicht des Völkerbundes abhalten lassen, hätte er vermutlich 95 Prozent, wenn nicht gar die Gesamtheit der Stimmen für sich gewonnen. «Jedermann glaubt», hieß es in einem sozialdemokratischen Geheimbericht, «der Führer kann alles.»

Als besonders folgenreich erwies sich der Eindruck auf die Streitkräfte. Denn nicht allein in der Propaganda, sondern auch in der Wehrmacht galt Hitler nunmehr als genialer Feldherr, der außer seinen politischen Fähigkeiten als Führer der Nation in den Blitzkriegen gegen Polen und Frankreich ungeahnte militärische Talente bewiesen habe. In der Wehrmacht genoß Hitler seither ein ungeheures Ansehen, hatte er doch ihre kühnsten Wunschträume verwirklicht. Das Militär besetzte Europa vom Bug bis zur Atlantikküste, von Narvik bis zum Brenner. Der Endsieg schien nur eine Frage kurzer Zeit zu sein. Doch dann ging die Luftschlacht um England, unverkennbare Vorbereitung einer deutschen Invasion, überraschend eindeutig verloren. Zwar büßte England im August/September 1940 185 seiner 700 Jagdmaschinen und mit ihnen zehn Prozent seiner Piloten ein, aber monatlich wurden 470 neue Jäger fertiggestellt und unverzüglich eingesetzt. Die fatale taktische Umstellung der deutschen Luftwaffe von der Zerstörung der englischen Luftstreitkräfte und ihrer Flughäfen auf die Terrorangriffe gegen ungeschützte Städte zahlte sich nicht aus. Als die «Spitfires» die Luftherrschaft über der nahezu tausend Jahre invasionsfreien Insel behauptet hatten, wurde das deutsche Landungsunternehmen am 17. September formell verschoben. Die Niederlage von Görings Luftwaffe war nicht zu leugnen, ohne die deutsche Herrschaft im Luftraum das riesige Invasionsprojekt aber undenkbar.

Hitler fehlte allerdings auch gegenüber seinem langjährigen Wunschpartner die Entschlossenheit, Englands Widerstand um jeden Preis zu brechen. Für 215 000 Soldaten des englischen Expeditionskorps ließ er bei

Dünkirchen, wo sie aus der Zangenbewegung deutscher Panzerverbände eigentlich nicht mehr entkommen konnten, die Evakuierung nach England zu. Auch im Luftkrieg und bei der Invasionsplanung schwankte er immer wieder, vermutlich wegen seiner wirklichkeitsfernen Hoffnung, England doch noch auf seine Seite ziehen zu können. Wie auch immer, im Augenblick der tiefsten Krise blieb Churchills Großbritannien unbesiegt, so daß es mit den Kondominien und den USA, schließlich auch mit Rußland die überlegene Gegenallianz organisieren konnte. Im historischen Rückblick drängt sich das Urteil auf, daß die Niederlage in der Luftschlacht um England in ihrer historischen Bedeutung nur mit der verlorenen Marneschlacht zu Beginn des Ersten Weltkriegs verglichen werden kann. Noch unsichtbar wurden seit dem September 1940 die Weichen gegen einen Erfolg Hitler-Deutschlands gestellt.[3]

Seit dem Rückschlag im Herbst 1940 gab es im Prinzip drei Wege, den Krieg zugunsten Deutschlands zu beenden. 1. Die erste Möglichkeit, ein schneller Frieden mit England, bestand nur als Abstraktion, da sich die Regierung Churchill in Übereinstimmung mit der Bevölkerung unbeugsam widersetzte. 2. Die Wirtschaftsbeziehungen zur Sowjetunion konnten intensiviert werden, um die Ressourcenknappheit zu überwinden und die Produktionskapazität in Deutschland und im besetzten Europa optimal auszunutzen, bis das «Dritte Reich» eine erdrückende Überlegenheit für die entscheidende Kraftprobe gewonnen hatte. Freilich hielt nicht nur Halder die wachsende ökonomische Abhängigkeit von der Sowjetunion für außerordentlich riskant. 3. Ein schneller Eroberungsfeldzug konnte die Sowjetunion als «letzten Festlanddegen» Englands ausschalten, das Ostimperium mit seinem «Lebensraum» einbringen und damit die Fundamente für die europäische wie globale Hegemonie schaffen.

Hitler optierte frühzeitig für den dritten Weg, da er schon am 18. Dezember 1940 die «Weisung 21» erteilte, den Überfall auf die Sowjetunion generalstabsmäßig zu planen. Seit dem Juli 1940 hatte aber bereits das OKH mit der Beflissenheit des vorauseilenden Gehorsams, eigene siegessichere Zukunftspläne konkretisierend, auch einen solchen Offensiventwurf erarbeitet. Mit 100 Divisionen sollte im Herbst 1940 die Abtretung der baltischen Staaten, Weißrußlands und der Ukraine erzwungen werden, ein Konzept, das Hitler als dilettantisch verwarf, ging es ihm doch um die «Vernichtung der Lebenskraft Rußlands». Hitler wollte nicht nur die Wende im Krieg herbeiführen, sondern auch einen lange gehegten Wunschtraum verwirklichen. Schon 1922 hatte er die «Zertrümmerung Rußlands» anvisiert – darin schlug sich die Erfahrung seiner Generation nach dem Frieden von Brest-Litowsk nieder. Das «russische Riesenreich im Osten» sei reif zum Zusammenbruch, prognostizierte er, sein Zerfall werde durch die jüdische Dominanz seit der Revolution beschleunigt. Damit tue sich das Tor für eine deutsche «Bodenpolitik» auf. Der deutsche «Zug nach Osten», wiederholte er in «Mein Kampf», werde zu jenem Riesengewinn führen, der Deutschland «zum Herren der Erde» mache. Und Deutschland werde «Weltmacht oder gar nichts sein».

Früher als ursprünglich vorgesehen schien die Kriegslage im Winter 1940/41 den ohnehin unvermeidbaren «Ostfeldzug» zu gebieten, zumal er sich mit der fixen Idee des Lebensraumimperialismus verband. Jedoch noch während die Planungsarbeit an dem «Unternehmen Barbarossa» weiterlief, erzwang die militärische Schwäche des italienischen Verbündeten gleich zweifach eine folgenschwere Verletzung des Gebots, fortab alle Kräfte auf den Osten zu konzentrieren. Die Niederlage in Nordafrika, wo der Duce sein neues Imperium Romanum aufbauen wollte, bewog Hitler am 12. Februar 1941 dazu, mit einem «Afrikakorps» unter General Erwin Rommel direkt einzugreifen. Unversehens waren dadurch bald mehrere Divisionen und moderne Panzerverbände auf einem Nebenkriegsschauplatz gebunden.

Und ein zweites italienisches Debakel auf dem Balkan löste am 6. April 1941 als Rettungsaktion Hitlers dritten Blitzkrieg, den Überfall auf Jugoslawien und Griechenland, aus. Zwar kapitulierte Jugoslawien nach elf, Griechenland nach 17 Tagen, aber wichtige hochmotorisierte Divisionen, die für den Aufmarsch gegen die Sowjetunion fest vorgesehen waren, wurden durch den unerwarteten Balkanfeldzug und die Besatzungsherrschaft dem Ostheer entzogen. Und nicht zuletzt verzögerte sich wegen dieses Krieges in Südosteuropa auch der Beginn der Rußlandkampagne, die möglichst frühzeitig zur Vermeidung eines Winterkrieges die Gunst des Sommerwetters hatte ausnutzen sollen.

Daß der Krieg im Osten von Grund auf anders sein werde als der Krieg im Westen, daran ließ Hitler von Anfang an keinen Zweifel aufkommen. Seine neuartige Natur folgte aus Hitlers dominanten Motiven für den Ostkrieg: Lebensraumgewinnung für Deutschland, Autarkie in einem blockadefesten Großraum, Dezimierung der Slawen und Degradierung zu Sklaven, Ausrottung der jüdisch-bolschewistischen Führungsschicht und der jüdischen Russen überhaupt. Daher prägte er der Wehrmacht die Grundlinien des künftigen Rassen- und Vernichtungskrieges längst vor dem Einmarsch mit brutaler Offenherzigkeit ein. Das Ziel der Kriegsführung im slawischen Osten sei es, eine «Volkskatastrophe» herbeizuführen, die den «Lebensraum» für Deutschland freimachen werde.

Nachdem Himmler auftragsgemäß bereits am 13. März seine «Sonderaufgaben» als Vernichtungsbefehle für die «Einsatzgruppen» präzisiert hatte, so daß Heydrich schon im Mai 1941 von der Erschießung aller Juden, Funktionäre und «asiatischen Minderwertigen» reden konnte, erläuterte Hitler den höchsten Militärs am 30. März, daß es demnächst um die «Auseinandersetzung zweier Weltanschauungen» gehe. Daher genüge der militärische Sieg keineswegs, vielmehr müsse die Sowjetunion zerschlagen, die «jüdisch-bolschewistische Intelligenz», überhaupt insgesamt das «asoziale Verbrechertum» des Bolschewismus «beseitigt werden». «Es handelt sich um einen Vernichtungskrieg», präzisierte er ungeschminkt, «wir führen keinen Krieg, um den Feind zu konservieren.» Daher müsse die Wehrmacht, forderte Hitler vor der Generalität, «vom Standpunkt des soldatischen Kameradentums abrücken. Der Kommunist ist vorher kein Kamerad und nachher kein Kamerad.»

Am 14. Mai folgte ein Führerbefehl über die Aufhebung der regulären Kriegsgerichtsbarkeit, der, eklatant rechtswidrig, freie Bahn für den Massenmord ohne justizielle Ahndung schuf. Am 19. Mai forderte eine Anlage zu «Barbarossa» das «rücksichtslose» Durchgreifen gegen «bolschewistische Hetzer» und «Juden». Am 6. Juni folgte Hitlers berüchtigter Kommissarbefehl, der von der Truppe verlangte, «auf der Stelle» jüdisch-bolschewistische Funktionäre «mit der Waffe zu erledigen». In den von der Wehrmacht herausgegebenen offiziellen «Mitteilungen für die Truppe» erläuterte sie bereits im selben Monat unmißverständlich: «Es hieße Tiere beleidigen, wollte man die Züge der jüdischen Menschenschinder tierisch nennen. Sie sind die Verkörperung des Infernalischen und verkörpern den Aufstand des Untermenschen gegen edles Blut.»

An der neuartigen Natur des geplanten Vernichtungskrieges konnte daher schon vier, fünf Monate vor dem Beginn des Überfalls kein Zweifel mehr aufkommen. «Terror, Ausrottung, Vernichtung» – das war die Signatur des künftigen Weltanschauungskriegs. Das höhere Offizierkorps teilte offenbar weithin dieses Urteil, denn vernehmbarer Widerspruch gegen die Intentionen Hitlers, gegen die eklatante Mißachtung auch des deutschen Militärstrafgesetzbuches wurde nicht laut. Damit verharrte diese Mehrheit in ihrer Abhängigkeit von der Terrorpraxis der politischen Führung. Sie akzeptierte gleichfalls die Sonderstellung der SS im Hinterland, deren «Einsatzgruppen» die sowjetrussische Intelligenz und die Juden ermorden sollten. Eine Absprache zwischen Generalquartiermeister Wagner und Heydrich wurde vom OKH bereits am 28. April 1941 formell bestätigt.

Wie konnte es zu diesem verhängnisvollen Konsens kommen? Auf der Suche nach einer Antwort erweist sich wiederum, wie unumgänglich der Rückgriff auf die Erfahrungen und Überlegungen seit dem Ersten Weltkrieg ist.

1. In einem Prozeß pathologischen Lernens hatten einflußreiche Militärs aus dem Ersten Weltkrieg die Konsequenz gezogen, daß der von ihnen als Selbstverständlichkeit anvisierte Revisionskrieg die Natur eines «totalen Krieges», dem sich schon der Kriegsverlauf seit 1916 immer mehr angenähert hatte, annehmen müsse (vgl. 8.T.IV.5 c). Ludendorffs Erfolgsbuch hatte den künftigen totalen Krieg genauer charakterisiert. Total sollte der Einsatz sowohl aller militärischen Mittel als auch aller ökonomischen, gesellschaftlichen, psychischen und mentalen Ressourcen der «Heimatfront»

ausfallen, um bei dem zweiten großen Kräftemessen den Sieg zu gewährleisten. Im letzten Krieg hatte das Kaiserreich diese totale Mobilisierung aller Kräfte noch nicht erreicht, obwohl sie angeblich möglich gewesen wäre. Doch das Zaudern der Mitte-Links-Politiker und der Zerfall der «Heimatfront» habe, hieß es, den Endsieg über die Alliierten verhindert.

Auf dieses Ziel ihrer Planungsarbeit auf lange Sicht konnten sich die strategisch denkenden Stabsoffiziere der Reichswehr einigen. Zwar stand vorerst eine langwierige Aufrüstungsphase bevor, doch die Konzeption des totalen Krieges erschien ihnen als das konsequent zu Ende gedachte, folgerichtige Ergebnis ihres Lernens aus den bitteren Erfahrungen des Weltkrieges. Selbstbewußt, mit dem ganzen Hochgefühl des überlegenen Fachmanns wähnten sie sich an der Spitze des internationalen militärstrategischen Denkens.

Es war diese Affinität zum Denken Hitlers, welche zahlreiche Offiziere nach 1933 an die Seite des Diktators führte. Denn der «Führer» schien mit der inneren Einheit seiner nationalsozialistischen «Volksgemeinschaft» zugleich die totale Mobilmachung der «Heimatfront», die Indienstnahme schlechthin aller gesellschaftlichen Ressourcen zu gewährleisten. Der neue Messias der Deutschen übernahm auch die mentale Aufrüstung, die zu dem unerschütterlichen Glauben an den gerechten Endsieg führen sollte. Erstmals hatte die Militärführung den Eindruck, daß die «Heimat» vorbehaltlos hinter den Streitkräften stehe, ein zweiter «Dolchstoß» undenkbar sei.

Das rasante Aufrüstungstempo erfüllte selbst die hochfliegenden Wünsche der Wehrmacht. Die Befriedigung über das anwachsende Kriegspotential schloß aber nicht aus, daß die professionellen Militärexperten ihre begründeten Einwände gegen Hitlers Risikopolitik erhoben. Vorbehaltlos sind sie keineswegs von einer Krise zur nächsten mitmarschiert. Aber die Erfolgsbilanz Hitlers bis 1939 blendete auch und gerade sie. Erst recht tat das der Triumph der beiden Blitzkriege gegen Polen und Frankreich. Daß die Bezwingung des sowjetischen Großreichs, auch nach ihrer Auffassung eines menschenfeindlichen Ideologiestaates, neuartige Methoden des Weltanschauungskrieges erfordere, leuchtete ihnen ein. Und nachdem die anfängliche Euphorie einer Blitzkriegwiederholung verflogen war, konnten sie auf ihr Konzept des totalen Krieges, mit dem sie sich schon zwanzig Jahre lang intensiv beschäftigt hatten, mühelos zurückgreifen.

2. Die meisten höheren Offiziere hatten 1918 die Eroberung von Ludendorffs Ostimperium zustimmend miterlebt. Die Wahnidee eines östlichen «Lebensraums» für ein blockadefestes, autarkes Kontinentalreich hatte seither auch für sie ihre Anziehungskraft behalten. War man nicht 1918 bereits einmal mühelos bis zum Kaukasus, bis zur Krim vorgestoßen? In hybrider Überlegenheit hielten 1941 ausnahmslos alle deutschen Planer, wie übrigens aber auch alle ausländischen Militärexperten, die Rote Armee für einen minderwertigen Gegner, der zumal nach Stalins jüngster «Säube-

rung» des Offizierkorps – die Hälfte war umgebracht oder in den Gulag verschleppt worden – leicht zu schlagen sei. Hatte man im OKH im August 1940 noch neun bis 17 Wochen für den Ostfeldzug veranschlagt, glaubte man im April 1941 in leichtfertigem Optimismus, daß vier Wochen bis zum Sieg genügten. Im Grunde war Hitler skeptischer als die Militärs. Er stehe «vor einer geschlossenen Tür», äußerte er kurz vor dem Angriff, was ihn, wenn er sie aufstoße, dahinter erwartete, wisse er nicht. «Wenn es schiefgeht, ist sowieso alles verloren.»

3. Tief verankert in der Mentalität des Offizierkorps war nicht nur die Verachtung der Slawen, wie das dem allgemeinen Klischee vom west-östlichen Kulturgefälle entsprach, sondern gleichzeitig auch die Bereitschaft, die gefürchtete «russische Dampfwalze», die «In-Bewegung-Setzung des russischen Kolosses», wie sie der ehemalige Generalstabschef Beck im November 1939 beschwor, durch die Zerstörung des Sowjetsystems endgültig auszuschalten. Traditionelle antislawische Vorurteile gingen eine fatale Fusion mit dem Bolschewistenhaß ein. Als General Georg Thomas, der vermeintlich kühle technokratische Chef des Wehrwirtschaftsamtes, im Mai 1941 den Krieg nur dann für weiterführbar erklärte, wenn das gesamte Heer aus Rußland ernährt werde, akzeptierte er als Folge dieser Hungerstrategie, daß dort «jedenfalls zigmillionen Menschen verhungern werden».

4. Wie man die Slawen für ein minderwertiges Volk hielt, implizierte auch der fest verwurzelte Antisemitismus des Offizierkorps die Verachtung aller Juden, erst recht der fremdartig wirkenden «Ostjuden». Bereits 1933 war die Wehrmachtführung auf den aktionswütigen antisemitischen Kurs des neuen Regimes, ohne je gedrängt zu werden, von sich aus eingeschwenkt. Im Schulungsheft des OKW für 1939 wurde dann die Wehrmacht direkt angehalten, das «Weltjudentum» so zu bekämpfen, «wie man einen giftigen Parasiten bekämpfen muß». Mit dieser Einstellung ließ sich weder eine feste Grundsatzopposition gegen die rassistische Judenpolitik des NS-Regimes noch gegen die anlaufenden Deportations- und Vernichtungsmaßnahmen gegen polnische, russische, deutsche, schließlich alle europäische Juden aufbauen.

Es ist dieser zwischen dem höheren Offizierkorps und der NS-Führung bestehende Konsens über die Notwendigkeit eines antibolschewistisch-antijüdischen Vernichtungskriegs gewesen, der die Basis für den Rußlandfeldzug, insbesondere aber für die enge Kooperation von Wehrmacht, SS und «Einsatzgruppen» bei den Mordaktionen bildete.

Als die deutsche Angriffswalze am 22. Juni 1941 ohne Kriegserklärung in die Sowjetunion einbrach, gehörten diesem größten Offensivheer der Weltgeschichte – Napoleons Rußlandheer umfaßte nicht einmal ein Zehntel davon – drei Millionen Soldaten in 153 Divisionen, darunter 19 Panzer- und 15 motorisierte Divisionen, an. Außerdem kamen die 600 000 Mann starken verbündeten Truppen aus Finnland, Ungarn, Rumänien und der Slowakei hinzu, später auch noch italienische und spanische Verbände. Die Invasoren verfügten über 3648 Panzer, 2510 Flugzeuge und 7146 Geschütze. Dieser Streitmacht standen im Westen Rußlands zunächst nur 2,9 Millionen Soldaten mit einer gewaltigen Ausrüstung: 15 000 Panzern, 9000 Flugzeugen und 35 000 Geschützen, gegenüber. Aber der Angreifer nutzte den Überraschungseffekt, setzte mehr kampferfahrene Soldaten ein, besaß modernere Flugzeuge und Panzer, die in hochmobilen, selbständigen Verbänden operierten, und entfaltete beim Vordringen eine ungeahnte Schnelligkeit. Dagegen steckte die Rote Armee nach Stalins mörderischem Eingriff mitten im Umbau. Auch die Panzerwaffe befand sich in einem Zustand des Übergangs, vor allem wurde sie trotz aller Stalin zugeleiteten Spionagewarnungen bis hin zum genauen Angriffstermin völlig überrascht, so daß die Reserveeinheiten zu spät herausgeführt wurden und Angriffskeile der drei deutschen Heeresgruppen in umfassenden Zangenbewegungen einen riesigen Bodengewinn erzielten und in beispiellosen Kesselschlachten drei Millionen russische Gefangene machten.

Generalstabschef Halder überbot die allgemeine Euphorie an der Front, wo die Chefs der Heeresgruppen mit ihren Stäben von einer achtwöchigen Kriegsdauer ausgingen, als er am 3. Juli konstatierte «es ist wohl nicht zu viel gesagt..., daß der Krieg im Prinzip bereits innerhalb von 14 Tagen gewonnen werden» könne. Der neue Blitzkrieg schien noch schneller als geplant zum Ziel zu führen. Spätestens innerhalb von drei Monaten sollte der allerletzte Widerstand gebrochen, die Linie Archangelsk-Astrachan erreicht, die Sowjetunion ihrer wichtigsten Industriegebiete und Ressourcen beraubt sein. Siegestrunken erläuterte Hitler schon am 16. Juli sein Ostprogramm: Beherrschen, Zerlegen, Ausbeuten. Das OKW bildete daher keine Reserven, gab nicht einmal Winterkleidung aus. Fünf Millionen Männer wurden vom Wehrdienst freigestellt, die Rüstungsanstrengungen zugunsten der Luftwaffe und Marine auf die abschließenden Operationen gegen Großbritannien und die USA umgestellt.

Doch unerwartet schnell versteifte sich der russische Widerstand, wie überhaupt die legendäre Behauptungskraft des gemeinen russischen Soldaten «zu den größten Überraschungen des Zweiten Weltkriegs» gehörte. Dabei konnte die Rote Armee drei Vorteile nützen: 1. Sie besaß ein weitaus größeres Potential an Menschen und Material als ihr Gegner, etwa weitere 14 Millionen Soldaten als Reserve, 24 000 Panzer (darunter das soeben entwickelte berühmte Modell T 34), 148 000 Geschütze und Granatwerfer. 2. Sie konnte, wie ihre Vorgänger 1812, die unermeßliche Weite des russischen Raumes für ihre Strategie der elastischen Verteidigung nutzen. 3. Und schließlich arbeiten ihr die Leichtsinnigkeit und der Hochmut der Invasoren in die Hände. Als auch noch die Schlammperiode, dann der Einbruch des Winters den deutschen Vormarsch unterbrachen, bahnte sich ein

1. Etappen des Kriegsverlaufs

Vierteljahr nach Kriegsbeginn eine Wende an, zumal für die hohen deutschen Verluste – bis Ende August wurden bereits 410 000 tote und verletzte Soldaten gezählt – nur 232 000 Mann als Ersatz herangeführt werden konnten.

Zunächst nahm die Heeresgruppe Mitte mit 1,9 Millionen Soldaten in 78 Großverbänden, aber mit bereits halbierter Panzerzahl Anfang Oktober ihren Vormarsch nach Moskau wieder auf, versank zeitweilig auf unbefestigten Wegen abseits der Rollbahn im Schlamm, setzte dennoch seit dem 15. November ihren Vorstoß fort, blieb aber 30 Kilometer vor Moskau – Stoßtrupps kamen bis in die Vororte – im Abwehrfeuer stecken, da, wie der Chef der Heeresgruppe gestand, die «Kraft der Truppe völlig erschöpft» sei. Als am 5. Dezember der russische Gegenangriff einsetzte und auf die von einem zähen, kampfbereiten Gegner, aber auch von der Eiseskälte mit 40 Grad unter Null zermürbten deutschen Truppen prallte, setzte ein überstürzter Rückmarsch ein. Hitler, der am 19. Dezember von Brauchitsch auch noch selber das OKH übernahm, verlangte die Stabilisierung der Front durch «fanatischen Widerstand». Vermutlich deshalb hielten die deutschen Linien während des Rückzugs überhaupt noch stand.

Dennoch war die Katastrophe des Winterkriegs nicht mehr zu leugnen: In den fünf Monaten zwischen dem 1. November 1941 und dem 1. April 1942 verlor das deutsche Ostheer die horrende Zahl von 900 000 Toten und Verwundeten, Hunderttausende erfroren in ihren Sommeruniformen; den Überlebenden wurde eine eigene Auszeichnung, höhnisch «Gefrierfleischmedaille» genannt, zuerkannt. Ihre Kampfkraft betrug allenfalls noch 60 Prozent des Ausgangswerts im Sommer 1941. Der Begriff der «Ostfront» gewann seither seinen düsteren Klang. Nur 450 000 Mann konnten als Ersatz aufgeboten werden. Die Masse des Rüstungsmaterials ging verloren: 2340 Panzer, 74 200 Lastwagen und Autos, mehr als 8000 Flugzeuge. Bereits Ende November 1941 forderten daher Rüstungsminister Todt und der Chef des Ersatzheeres, General Friedrich Fromm, Hitler nachdrücklich auf, den Friedensschluß mit Rußland zu suchen.

Erstmals verlor Hitler die «Aura der Unberührbarkeit», erste Haarrisse tauchten in der Ikone des «Größten Feldherrn aller Zeiten» auf. Hitler mischte sich als OKH-Chef bis in taktische Einzelheiten kleiner Verbände ein, verschliß vier Generalstabschefs; die Hälfte der Generäle wurde gemaßregelt oder verabschiedet. Am asymmetrischen Kräfteverhältnis im Osten änderte das gar nichts. Hitler selber äußerte in diesen Tagen: «Wenn das deutsche Volk einmal nicht mehr stark und opferbereit sei, sein eigenes Blut für seine Existenz einzusetzen, so solle es vergehen und von einer anderen, stärkeren Macht vernichtet werden.»

Auch die geplante ökonomische Ausbeutung mündete in ein Fiasko. Im Vergleich mit den korrekten sowjetischen Lieferungen bis zum Überfallstag erreichte die deutsche Beute allein beim Mineralöl, Fett und Fleisch den

Stand des Frühjahrs 1941, kam aber bis zum Frühjahr 1942 nicht über 52 Prozent des Getreides, 41 Prozent des Mangans und sechs Prozent des Chromerzes hinaus. Die Besatzungsherrschaft des Beutemachens und der Brandschatzung erwies sich für die eigenen wirtschaftlichen Interessen als extrem kontraproduktiv. Gleichzeitig wurde trotz des Verlustes großer Industriezentren und der improvisierten Verlagerung von 15 000 Rüstungsbetrieben in den Osten jenseits des Urals der russische Rüstungsausstoß um 86 Prozent gesteigert. Selbst 1941 kletterte er auf 11 950 Flugzeuge und 6540 Panzer; 1942 und 1943 sogar auf 24 446 bzw. 25 436 Flugzeuge und 9200 bzw. 12 950 Panzer.

Wie lange würde die schwer angeschlagene Wehrmacht widerstehen können, wenn es, in Becks Worten, zur «Inbewegungsetzung» dieses «russischen Kolosses» kam? Das Erstaunliche am Rußlandfeldzug seit dem Frühjahr 1942 ist nicht nur die Tatsache, daß der Krieg nach dem Debakel von Moskau drei Jahre lang weiter anhielt, sondern daß die größte territoriale Ausdehnung von Hitlers Imperium erst noch bevorstand.[4]

Während die deutsche Winteroffensive vor Moskau steckenblieb, machte die am 11. Dezember 1941 ausgesprochene Kriegserklärung an die Vereinigten Staaten, die nach dem japanischen Angriff auf Pearl Harbor gegenüber dem Reich des Tenno am 9. Dezember in den längst erwarteten Kriegszustand eingetreten waren, den europäischen Hegemonialkrieg vollends zum Weltkrieg. Hitlers einsamer Entschluß in der Nacht vom 10. auf den 11. Dezember, einer der zahllosen Beweise, daß er kein «schwacher Diktator» war, gilt manchem als rätselhafte Entscheidung, da nicht leicht einzusehen ist, warum er nach England und Rußland auch noch einer dritten Weltmacht den Krieg erklärte. Der Erklärungsversuch, darin eine «stolze Geste» zu sehen oder gar, im Stil einer vulgären psychoanalytischen Deutung, darin die Todessehnsucht des Diktators zu entdecken, überzeugt genauso wenig wie die vermeintliche Loyalität gegenüber Japan, das seiner lockeren Beistandsverpflichtung gegenüber Berlin keineswegs durch die Eröffnung einer antirussischen Front nachgekommen war. Vielmehr griffen mehrere andere Motive ineinander.

Erneut trat Hitler, einem tief verinnerlichten Handlungsmuster folgend, «aus einem Engpaß die Flucht nach vorn» an, auch wenn das die Fortsetzung des vertrauten Vabanquespiels unter enorm erschwerten Bedingungen bedeutete. Amerika stand aber auch ohnehin an erster Stelle der Gegner beim Kampf um die globale Suprematie, wie das auch die darauf eingestellte deutsche Luft- und Seerüstung seit dem Sommer 1941 zeigte. Der Krieg mit Amerika wirkte seit geraumer Zeit auch deshalb unvermeidbar, da die USA ziemlich unverhüllt schon auf der Seite Englands mitkämpften, jedenfalls bewegten sich die Hilfsgüter- und Kriegsschifflieferungen längst in einer schmalen Grauzone dicht vor dem völkerrechtlich formalisierten Konflikt. Die Neigung, Amerika den Krieg zu erklären, war daher längst vor Pearl Harbor vorhanden, um endlich Handlungsfreiheit gegenüber dieser Macht zu gewinnen, die England so kraftvoll beisprang.

Hitler setzte offenbar auch auf eine Aufteilung der amerikanischen und englischen Kräfte auf den ostasiatischen und den europäischen Kriegsschauplatz, wodurch ihr gegen Deutschland mobilisierbares Kriegspotential halbiert würde. Jetzt endlich konnte die U-Boot-Waffe uneingeschränkt zum Einsatz kommen. Siegesgewiß wurde sie auf ihre Jagd nach amerikanischen Transportschiffen im Atlantik geschickt, die mit Kurs nach England liefen. Die euphorischen Hoffnungen von 1917 wiederholten sich in einem verblüffend exakten Ausmaß. Überhaupt zeigt die Parallele zum Ersten Weltkrieg, wie realitätsfern auch diesmal die Entscheidung ausfiel, sich mit der wichtigsten Weltmacht des 20. Jahrhunderts und ihrem unermeßlichen Potential noch einmal anzulegen.

Die deutsche Strategie in dem seit 1941 endgültig globalisierten Krieg muß auf vier Schauplätzen verfolgt werden.

1. Im Osten kam es mit unerwarteter Wucht zu einem Feldzug nach Südrußland, wo die riesigen Erdölfelder, die Industriereviere vor allem im Donezbecken, die Kontrolle der Wolga, die Kaukasusregion und damit der Weg nach Persien und Indien gewonnen werden sollten.

2. In Nordafrika sollte Rommel mit seinem bisher verblüffend erfolgreichen Afrikakorps bis zum Suezkanal vorstoßen und danach, abgesehen von der hohen symbolischen Wirkung dieses Abschneidens einer langjährigen Lebensader des Britischen Empire, den Weg in die unruhige, englandfeindliche arabische Welt des Nahen Ostens öffnen.

3. Der U-Boot-Krieg sollte die amerikanisch-englische Nabelschnur möglichst schnell und effektiv durchschneiden, um England doch noch mürbe zu machen.

4. Ein letzter, unheimlicher Kriegsschauplatz tat sich mit dem Massenmord an den Juden auf, der mit dem Rußlandkrieg im engsten Zusammenhang stand (vgl. V.2). Seither konnte man konstatieren: Nur solange die Wehrmacht erfolgreich war oder zumindest die Front hielt, konnten die «Einsatzgruppen» und die großen Vernichtungslager ihre Henkersarbeit tun.

Die unentbehrliche Voraussetzung für diese neue Kriegsphase war die spätestens seit dem Dezember 1941 gebotene Umstellung auf die Tiefenrüstung für einen langlebigen Materialkrieg. Die Kompetenzen von Rüstungsminister Todt wurden deshalb durch einen Führererlaß vom 3. Dezember 1941 aufgewertet, doch gelang es ihm trotz seines Organisationstalents in der kurzen, ihm noch verbleibenden Lebenszeit nicht mehr, eine Art von Gesamtkontrolle über die Rüstungswirtschaft zu gewinnen. Hinter seinem mysteriösen Tod aufgrund eines Flugzeugabsturzes am 8. Februar 1942 unmittelbar nach einem Besuch im ostpreußischen Führerhauptquartier wird, wahrscheinlich zu Recht, ein SS-Attentat wegen seiner offenherzigen Kritik an Hitler vermutet. Seinem Nachfolger Albert Speer gelang es dann, eine fatale Kriegsverlängerung durch den erhöhten Ausstoß von Rüstungsgütern zu bewerkstelligen (vgl. V.4 a, b).

Als sich die deutsche Kriegsmaschine 1942 wieder in Bewegung setzte, fielen die Erfolge zunächst bestechend aus. Um die Jahreswende stellte sich jedoch ein allgemeines Fiasko ein. Seither ging die strategische Offensive überall an die Alliierten über.

In Rußland trafen drei Millionen deutsche Soldaten auf fünf Millionen Russen im Besitz hoher Materialüberlegenheit. Dennoch verlief die Südoffensive für die deutschen Verbände zunächst außerordentlich erfolgversprechend. Die Krim wurde erobert, das Asowsche Meer, dann der Kaukasus erreicht, wo die deutsche Flagge auf seinem höchsten Berg, dem Elbrus, von Gebirgsjägern aufgepflanzt wurde. Ältere Regimentskommandeure versicherten freudestrahlend ihrer Einheit, daß sie bereits 1918 mit Ludendorffs Angriffsspitzen hier gewesen seien, ein zweites Mal wolle man nicht zurückweichen. Die 6. Armee eroberte bis Mitte November Stalingrad, das Wahrzeichen der Stalinschen Industrialisierungspolitik. Doch sie wurde eingekesselt, durch Hitlers Verbot am Ausbruch gehindert und mußte nach ungeheuren sowjetischen Verlusten (1 Million Tote) am 2. Februar 1943 kapitulieren. Von 250000 deutschen Soldaten kamen nur mehr 90000 in russische Gefangenschaft, die nicht mehr als 5000 überlebten. Stalingrad wurde zum Symbol des Wendepunkts mitten im Zweiten Weltkrieg.

Erstmals drang ein tiefer Pessimismus in der deutschen Bevölkerung vor. Allzu nachhaltig dementierte der bewußt in Kauf genommene Verlust einer ganzen Armee die triumphierenden Siegesmeldungen der vergangenen Monate. Aber Hitlers Regime mit seiner Maxime des «Alles oder Nichts» bewies eine erstaunliche Stabilität im Chaos. Und wegen der alliierten Forderung nach «Bedingungsloser Kapitulation», aus der Angst vor der Roten Armee und der anhaltenden Führerloyalität wuchs ihm sogar eine neue Solidarität zu.

Währenddessen mußten die deutschen Truppen vor der Gewalt der russischen Gegenangriffe zurückweichen. Der letzte Anlauf, mit einer eigenen Großoffensive im Kursker Bogen, der Anfang Juli 1943 eingeleiteten Operation «Zitadelle», das Blatt doch noch einmal zu wenden, scheiterte daran, daß die Rote Armee in der bisher größten Panzerschlacht der Weltgeschichte (2000 deutsche Panzer standen 4000 sowjetischen gegenüber) den Sieg gewann. Seither blieb dem deutschen Ostheer nur noch übrig, eine verzweifelte Abwehrschlacht nach der anderen gegen eine wachsende Übermacht zu schlagen. Auch dazu aber war es weiterhin fast zwei volle Jahre lang imstande – eine noch immer erklärungsbedürftige militärische Leistung (vgl. 1. a, c).

In Nordafrika sah sich das Afrikakorps am Ende einer langen Erfolgsserie nach der amerikanisch-britischen Landung in Marokko und Algerien seit dem 8. November 1942 plötzlich einem Zweifrontenkrieg ausgesetzt. Rommels letzter Vorstoß blieb nur 100 Kilometer westlich von Alexandria bei El Alamein stecken, wo ihm englische Verbände unter General Montgomery am 3. November die entscheidende Niederlage beibrachten. Als der Kapitulation im Mai 1943 nicht mehr ausgewichen werden konnte, gingen 250 000 deutsche und italienische Soldaten in Gefangenschaft. Das Mittelmeer wurde zum alliierten Kriegstheater. Hitlers «Festung Europa» konnte jetzt auch von Süden her aufgebrochen werden.

Zwei Monate später landeten alliierte Truppen auf Sizilien. Die herannahende Niederlage vor Augen wurde Mussolini durch aufbegehrende Militärs unter Mitwirkung des Königs gestürzt. Italien schied aus dem Krieg aus und geriet seit dem September 1943 unter deutsche Besatzungsherrschaft. Die Zivilbevölkerung erlebte immer wieder extreme Terrormaßnahmen als Vergeltung für den Partisanenkrieg der Resistenza. Der Duce wurde durch den Handstreich einer deutschen Sondereinheit aus der Gefangenschaft befreit und zog sich in die Kümmerexistenz der radikalfaschistischen Zwergrepublik Salo im Norden zurück, während Italien gegen die nur langsam vordringenden Alliierten von deutschen Truppen zäh verteidigt wurde.

Im November 1943 wurde auch Vichy-Frankreich von deutschen Verbänden besetzt. Mit der seit langem erwarteten alliierten Landung in der Normandie am 6. Juli 1944, dem nach der Überwindung des erbitterten fünfwöchigen deutschen Widerstands am Atlantik-Wall der Vorstoß durch Frankreich folgte, wurde die letzte Phase des Krieges im Westen eingeleitet, die sich wegen der anhaltenden deutschen Abwehrkämpfe doch noch fast ein Jahr lang hinzog. Ebenso lang dauerte der letzte russische Sturmlauf, bis er im April 1945 Berlin erreichte. In diesen furchtbaren letzten zehn Monaten des europäischen Krieges kam die Hälfte aller Opfer, die dort registriert worden sind, ums Leben.

Der U-Bootkrieg hatte anfangs selbst hochgespannte Erwartungen noch übertroffen, da 1942 riesige Verlustziffern – monatlich wurden 750 000 BRT versenkt – gemeldet werden konnten. Der amerikanische Generalstabschef George C. Marshall äußerte ungeschminkt die pessimistische Befürchtung, daß bei einer Fortdauer der deutschen U-Booterfolge Amerika mit fatalen Folgen für England von Europa völlig abgeschnitten werde. Noch im selben Jahr bahnte sich jedoch die dramatische Wende an, welche diese Gefahr bannte. Die amerikanischen Werften produzierten, wie sich herausstellte, weit mehr Neubauten, als die Zahl der versenkten Schiffe betrug. Dagegen blieb wegen der unterlassenen Vorausplanung die Menge der U-Boot-Neubauten viel zu gering. Schwer bewaffnete, durch U-Boot-Jäger und Zerstörer im Besitz neuartiger Wasserbomben geschützte Riesenkonvois erschwerten immer mehr die Jagd der «Grauen Wölfe». Die Luftüberwachung durch Fernaufklärer wurde verfeinert. Dem englischen Nachrichtendienst gelang es, den deutschen Funkcode zu entschlüsseln. Vor allem aber ermöglichte die neue Wundermaschine des Radargeräts das unfehlbare Aufspüren der Tauchboote. Nach aberwitzigen Verlusten mußten bereits im März 1943 die Angriffe auf die Geleitzüge abgebrochen werden. Ein ununterbrochener Strom von Lieferungen und amerikanischen Soldaten erreichte seither England und konnte von nun an die Invasion Europas vorbereiten.[5]

a) Charismatische Herrschaft, Führerglaube und Kampfmoral

Der Mythos von Hitlers charismatischer Herrschaft ist – wie vorn bereits mehrfach betont worden ist – durch die Kriegserfolge in Polen und Frankreich, in Skandinavien und auf dem Balkan enorm ausgeweitet und noch fester als zuvor untermauert worden. Die ausschlaggebende Erklärung für diesen machtvollen Legitimationsschub liegt in der Befriedigung des tiefverletzten deutschen Radikalnationalismus, der unter dem Eindruck der Niederlage im Ersten Weltkrieg und des Krisensyndroms der Folgezeit, namentlich der Konsequenzen des Versailler Vertrags, ein unstillbares Ressentiment aufgebaut hatte. Seit jeher hatte die Zuschreibung von Hitlers Charisma auf der Bereitschaft großer, seit 1933 rapid wachsender Segmente der deutschen Bevölkerung beruht, in ihm den Erlöser aus der nationalen Misere zu erblicken, den Messias künftiger Herrlichkeit, den «zweiten Bismarck», der die demütigenden Wirkungen von Kriegsverlust, Entmilitarisierung, Hyperinflation, Weltwirtschaftskrise und Staatszerfall in einem neuen, glanzvollen «Dritten Reich» überwinden werde.

Der grenzenlose Jubel über den «Anschluß», der den großdeutschen Wunschtraum realisierte, wurde durch die Akklamation des Triumphs in den beiden ersten Blitzkriegen noch übertroffen. Sie lösten eine sozialpsychische «Kettenreaktion» aus mit dem Effekt einer «rasanten Steigerung des Führernimbus». Geeint wie nie zuvor stand die «Nation in Waffen» hinter ihrem «Führer». Der Glaube, daß seinem politischen Genie schlechterdings alles gelinge, drang weit über die längst gewonnene Anhängerschaft hinaus auch in Sozialmilieus ein, die sich bisher gegenüber den Verlockungen der NS-Politik noch ziemlich resistent erwiesen hatten.

Diese leidenschaftliche Zustimmung wurde maßgeblich dadurch vertieft, daß Hitlers Aura durch die Verklärung als genialer Feldherr noch verdichtet wurde. Die Goebbels-Propaganda arbeitete pausenlos daran, den Blitzkrieg in Polen allein als Hitlers Werk erscheinen zu lassen. Erst recht galt der wider alle Erwartungen verblüffend schnell errungene Sieg über Frankreich als bisher größte Militärmacht Europas als Ergebnis von Hitlers genialer Vorausplanung und strategischer Ausführung.

Im Sommer 1940 tauchte daher der Begriff des «Größten Feldherrn aller Zeiten» in der politischen Semantik des «Dritten Reiches» auf. Als

«Gröfaz» abgekürzt, drang diese Speichelleckerei auch auf den hohen Offiziersrängen des OKW vor, wo Keitel das Sykophantentum anführte. Währenddessen wurde Hitler nicht müde, sich selber weiter als Prototyp des deutschen Frontsoldaten im Ersten Weltkrieg zu präsentieren: mit allen Abgründen des modernen Krieges vertraut und dennoch voll ungebrochener aktivistischer Militanz. Kontinuierlich versicherte er, daß er den einfachen Landser aus eigener Erfahrung verstehe, also auch genau wisse, was man ihm alles zutrauen könne. Sein Appell an den «fanatischen Willen» des einzelnen, zusehends auch an die «Kampfkraft der Rasse» löste erstaunliche Wirkungen aus.

Für seinen sprunghaft angewachsenen Einfluß auf die Wehrmachtspitze erwies es sich als noch wichtiger – darin stimmen so gute Kenner wie Martin Broszat und Ian Kershaw, Hans Mommsen und Hans-Ulrich Thamer überein –, daß Hitler die «einzigartige Begabung» besaß, Personen, die sich zunächst seinen Entscheidungen widersetzen wollten, «umzustimmen und mit Siegeszuversicht zu erfüllen». Das führte dazu, daß auch Persönlichkeiten mit einem sonst unabhängigen Urteil der «Faszination», die von ihm ausging, «widerstandslos erlagen». Außer seiner sozialkommunikativen Kompetenz und seinem «überragenden taktischen Geschick» kam Hitler dabei sein «hervorragendes demagogisches Vermögen», gepaart mit «missionarischer Passion und politischer Zielstrebigkeit», zustatten. Seine Fähigkeit, gerade auch «selbstsichere Militärs» immer wieder zu überreden, ist vielfach bezeugt. Ihnen imponierte nicht zuletzt seine «rasche Auffassungsgabe» angesichts neuer Probleme und sein «stupendes Gedächtnis für Details» – ob es sich um exakte Zahlen aus der Rüstungsproduktion oder um passende Clausewitz-Zitate handelte. Allerdings gilt auch und gerade in diesem militärischen Milieu, daß Hitlers «Ausstrahlungskraft» ganz so wie seine charismatische Wirkung in der Gesellschaft von der «Anpassungsbereitschaft» seiner Adressaten abhing.

Die unmittelbare Folge dieser Stilisierung Hitlers zum einzigartigen deutschen Übermenschen und begnadeten Kriegsherrn war die Vertiefung der Führergläubigkeit. Man braucht nur die in Filmaufnahmen festgehaltenen leuchtenden Gesichter von Wehrmachtseinheiten, die Hitler anfangs noch regelmäßig besuchte, auf sich wirken zu lassen, um der Ähnlichkeit zu den hingabebereiten, verzückten Gesichtern in Riefenstahls Filmen von den Reichsparteitagen gewahr zu werden. Der visuelle Eindruck wird durch zahllose Feldpostbriefe bestätigt, in denen der halbgottähnliche Nimbus Hitlers, in wie schlichter Sprache auch immer, unablässig beschrieben wurde.

Die Staats-, aber auch die Wehrmachtpropaganda taten das ihre dazu, diese gläubige Verehrungsbereitschaft zu unterstützen. Man würde ihren Einfluß aber völlig überschätzen oder ihrer eigenen Effizienzlegende erliegen, wenn man an erster Stelle in ihr die Ursache des neuen Aberglaubens erblickte. Die Neigung war schon längst vorhanden, im beispiellos erfolgreichen «Führer» der Friedensjahre bereitwillig auch das überragende militärische Talent zu feiern. Es ist eine hervorstechende Tatsache der Kriegsgeschichte, daß außergewöhnliche Feldherren – von Alexander über Cäsar bis zu Napoleon – die enthusiastische Folgebereitschaft ihrer Soldaten genießen und eine staunenerregende Kampfmoral zu inspirieren vermögen. Man kann sich dem Eindruck nicht entziehen, daß die Wirkung des charismatischen «Führers» in Friedenszeiten während der erfolgreichen Anfangsphase des Krieges noch jene extreme Führergläubigkeit hinzugewonnen hat, die nunmehr von der Leistung des vermeintlich genialen strategischen Kopfes genährt wurde. Unter der Anleitung des Führers schien, wie er selber immer wieder proklamierte, «für den deutschen Soldaten nichts unmöglich» zu sein. Im Zweifelsfall mußten fanatischer Wille und unbeugsame Siegeszuversicht alle Hemmnisse überwinden. Je jünger die Offiziere und Mannschaften waren, je länger sie der Indoktrination seit 1933 ausgesetzt gewesen waren und Hitlers Erfolgsserie in einem plastischen, aufnahmefähigen Alter erlebt hatten, desto mehr erwies sich das absolute Vertrauen auf den Kriegscharismatiker als Fundament einer jahrelang unerschütterlichen Kampfmoral.

Ihre allgemeine Basis bildete die hochgeschätzte, idealisierte Tradition des preußisch-deutschen Militärwesens, die geradezu zu einer Vergötterung soldatischer Leistungen und Tugenden geführt hatte. Am Anfang standen die Schlachten Friedrichs des Großen, gefolgt von den Siegen über Napoleon, ehe in den drei Einigungskriegen ein neuer Höhepunkt erreicht wurde. Und war der Erste Weltkrieg auch in letzter Stunde – nur durch den Dolchstoß in den Rücken der unbesiegten Front, wie man allzu bereitwillig glaubte – verloren worden, gaben die vorausgegangenen Erfolge an der Ostfront und der stoische Behauptungswille in den Materialschlachten des Westens doch allen Grund, am Bild der einzigartigen soldatischen Leistungsfähigkeit festzuhalten. Die Reichswehrjahre waren dann freilich nicht dazu angetan, das Selbstbewußtsein der Militärs anzuheben. Doch die alten Machteliten taten im Verein mit der Weltkriegsliteratur und einer breiten Öffentlichkeit alles, um einen heroischen Kriegsgeist, einen hartnäckigen «Trotz-Nationalismus», auch eine «elitäre Herrenmoral» wachzuhalten.

Die forcierte Aufrüstung des NS-Regimes verlief allerdings in einem so überstürzten Tempo, daß im Offizierkorps nagende Unsicherheit herrschte, wie sich die Truppe im Einsatz bewähren würde. Andrerseits hatte Hitler viel Mühe darauf verwandt, die Wehrmacht nicht nur mit Vertrauen auf die uneingeschränkte Unterstützung der Staatsleitung zu erfüllen, sondern auch ihr Selbstbewußtsein zu stärken.

Nichts beflügelt eine Truppe so sehr wie der durchschlagende Erfolg, und nichts stärkt ihre dauerhafte Leistungsfähigkeit mehr als die Kontinuität des Erfolges. Vom September 1939 bis zum Dezember 1941 ist daher die Wucht und Kampfbereitschaft der deutschen Verbände zum guten Teil aus dem euphorischen Hochgefühl zu erklären, das sich mit jedem Erfolg steigerte. Ihr Überlegenheitsgefühl und ihr Leistungsstolz auf die eigenen militärischen Taten trugen sie voran.

Unstreitig schossen, über diese siegessichere Mentalität hinaus, noch viele Faktoren zusammen: Da war das Bewußtsein, die glorreiche Tradition «deutschen Soldatentums» fortzusetzen; der unbändige Wille, die Scharte von 1918 auszuwetzen; da waren die kompetente Stabsplanung und Truppenführung mit ihrer Delegation von Leitungsaufgaben; die vorzügliche Ausbildung; die Ausstattung mit modernen Waffen; der hohe Grad der Motorisierung in den Sturmspitzen; die selbständig operierenden Panzerverbände; die Panik erzeugenden neuartigen Sturzkampfbomber, überhaupt die enge Kooperation der Landstreitkräfte mit der Luftwaffe und ihre Kontrolle des Luftraums – all das schuf eine effiziente, furchterregende Kriegsmaschine.

Daß die Wehrmacht das kleine polnische Heer über kurz oder lang schlagen werde, galt als Gewißheit. Daß aber dazu eine ungebremste Offensive von nur zwei, drei Wochen reichte, verblüffte selbst die Optimisten. Mit diesem Erfolgserlebnis des ersten gewonnenen Blitzkrieges trat die Wehrmacht in dem Krieg gegen Frankreich, Belgien und das englische Expeditionskorps an. Während des «Westfeldzugs» spielte die Überzeugung, als «Truppe des Führers» jeder schwierigen Aufgabe gewachsen zu sein, bereits eine erhebliche Rolle. Daß die Wehrmacht aber eine triumphierende Siegesparade bereits nach anderthalb Monaten im Herzen von Paris abhalten konnte, hob das Selbstbewußtsein auf einen neuen Höhepunkt.

Durch den dritten Blitzkrieg auf dem Balkan wurde es erneut bestätigt. Und daß die Wehrmacht vom Juni bis zum Oktober 1941 mit Riesenschritten in Rußland vordrang, beruhte nicht nur auf der unstreitigen militärischen Schlagkraft der größten Angriffsarmee der Weltgeschichte, sondern auch auf dem Siegeswillen eines erfolgsverwöhnten Heeres.

Daraus ergibt sich die These, daß die Kampfmoral der Wehrmacht nicht primär ein Resultat der nationalsozialistischen Indoktrination war, so unleugbar sich diese ebenfalls feststellen läßt. Vielmehr entsprang sie in weit höherem Maße jener Führergläubigkeit, welche durch die Erfolge Hitlers bis 1939 und anschließend durch sein Wirken als Kriegsherr erzeugt worden war. Auf jeden Fall wurde der Kampfgeist dadurch eminent unterstützt.

Beweisen läßt sich diese Deutung mit der bedingungslosen Loyalität, der tiefen Verehrung, ja nahezu Vergottung Hitlers, die in zahllosen Feldpostbriefen zutage tritt. Diese Briefe kann man wie spontane Äußerungen einer unorganisierten Meinungsumfrage auswerten. Auf derselben Linie bewegen sich zahlreiche Erinnerungen von Kriegsteilnehmern. Und trotz aller quellenkritischen Bedenken steckt in den entsprechenden Äußerungen von Offizieren und Mannschaften, die von den Journalisten der Propagandakompanien an der Front oder in der Etappe befragt wurden, in dieser Hinsicht ein gutes Stück ungefilterter Überzeugung.

Es gehört zu den durchgängigen Erfahrungen der Kriegsgeschichte, daß Soldaten weit weniger durch abstrakte oder ideologische Kriegsziele als vielmehr durch eine personalisierte Loyalitätsbindung, vom beliebten Offizier vor Ort bis hinauf zum Feldherrn, am nachhaltigsten motiviert werden. Ob Blücher oder Rommel, Patton oder Montgomery, stets hat sich die persönliche Ausstrahlung dieser Troupiers ausgewirkt. In noch gesteigertem Maße ging von der Person des deutschen Charismaträgers eine Faszination aus, die ihn als Quelle des Kampfwillens, als Vertrauensspender, als Energiezentrum erscheinen ließ. Dieser eigentümlichen Sonderstellung Hitlers in den ersten Kriegsjahren kann man nicht gerecht werden, indem man sie als Blendwerk der Propaganda abtut. Wohl aber kann man sie besser verstehen, wenn man Hitler als die Schlüsselfigur eines charismatischen Herrschaftssystems begreift, dessen «Gesinnungsrevolution» auch die Kampfmoral des Militärs tiefgreifend beeinflußt hat.

Im internationalen Vergleich erwies sich der deutsche Soldat des Zweiten Weltkriegs als vorzüglicher Kämpfer, der mit erstaunlicher Leistungsfähigkeit mit Risikobereitschaft und Siegeswillen, zunehmend auch mit Erfahrung und Überlebenswillen seinen Mann stand. Das muß man unabhängig vom kriminellen Kontext des Hitlerkriegs, auch von den Verbrechen, an denen die Wehrmacht selber beteiligt war, konstatieren. Daß die Erfolgsphase des Angriffskriegs bis Ende 1942 auf solchen Eigenschaften beruhte, liegt auf der Hand.

Das eigentlich erklärungsbedürftige Problem stellt aber die militärische Leistung der Wehrmacht in der zweiten Kriegshälfte seit Ende 1942 dar, als sich diese Streitmacht eines letztlich mittelgroßen Staates trotz ihres ganz unzureichenden Nachschubs an Menschen und Rüstungsmaterial gegen die erdrückende Übermacht der Alliierten Jahr für Jahr behauptete. Ohne diese auffällige militärische Leistung hätte das «Dritte Reich» nie und nimmer so lange bestehen können. Und ohne die weiter anhaltende Motivationskraft des Führermythos ist, noch einmal, das militärische Durchhaltevermögen nicht erklärbar. Erst die Anerkennung der charismatischen Herrschaft Hitlers und die dadurch ermöglichte unglaubliche Kräftemobilisierung ermöglicht es, diese Grundtatsache des Zweiten Weltkriegs, daß nämlich das Deutsche Reich seit 1941 noch dreieinhalb Jahre lang einer weit überlegenen Gegenkoalition standhielt, genauer zu verstehen.

Dieses Durchhaltevermögen wird durch die Steigerung des Krieges zum totalen Krieg bestätigt. Im Prinzip verlangte der totale Krieg eine absolute Durchsetzungsgewalt, die restlos alle gesellschaftlichen Ressourcen in den

1. Etappen des Kriegsverlaufs

Dienst der Kriegführung zu stellen imstande war. Auch die reichsdeutsche Gesellschaft konnte jedoch nicht wie eine Maschine auf diesen einzigen Zweck hingelenkt werden. Sie bedurfte vielmehr der ständigen Selbstmobilisierung und lebendigen Eigeninitiative. Es ist die fatale Leistung von Hitlers «Gesinnungsrevolution» zusammen mit ihrer Entfesselung eines sozialdarwinistischen Konkurrenzkampfs, in dem die jüngeren Generationen ihre willkommene Bewährungsprobe und ihre jede Kraftanstrengung rechtfertigende Aufstiegschance erblickten, daß diese Energieexplosion auch ohne unablässige Gängelung von oben Tag für Tag die deutsche Kriegsanstrengung getragen hat. Insofern wurde der totale Krieg dadurch überhaupt erst ermöglicht. Hitlers idiosynkratisch wirkender Fanatismus erwies sich, wenn man das so sieht, doch als generalisierbar, als die Nation über alle Klassen-, Konfessions-, Alters- und Geschlechtergrenzen hinweg auf das tödliche Projekt ihres «Führers» hin mobilisiert wurde.

Auch die alten Eliten konnten sich diesem Sog nicht entziehen, zumal bei ihnen zwei Argumente: die Gefährdung des Vaterlandes, aber auch die Verteidigung einer Großmachtstellung, wie sie das Reich seit 1871 noch nie besessen hatte, bis zuletzt verfingen. An den Rändern bröckelte freilich der Hitler-Mythos seit dem Debakel von Stalingrad allmählich ab. Doch intern blieb er noch zweieinhalb Jahre lang bestehen, da Hitler weiterhin als einziger Retter vor der Roten Armee und als einzigartiger Politiker galt, der den Krieg doch noch zum Vorteil Deutschlands beenden könne.

Wie wach der Führerglaube geblieben war, trat nach dem erfolglosen Attentat am 20. Juli 1944 noch einmal zutage. Wütende Empörung über die Verschwörer verband sich mit der tiefen Erleichterung über die dank Gottes Fügung gelungene «Errettung» Hitlers. In Dreiviertel aller Briefe von der Front dominierte diese Reaktion, die nicht nur eine wider alle Vernunft ungebrochene Führergläubigkeit verrät, sondern auch darauf hinweist, auf welche neue Dolchstoßlegende und auf welche Opposition im Heer und in der Heimat die Widerstandsbewegung im Fall ihres Erfolgs gestoßen wäre.

Bis zuletzt gehorchten die Wehrmacht und der Herrschaftsapparat im Reich den Befehlen, die Hitler aus dem Führerbunker gab. «Alte Kämpfer» wie Göring und selbst Himmler setzten sich ab, aber nirgendwo kam es zu einer einzigen Meuterei oder einem einzigen Aufbegehren im Inneren. Selbst in der gespenstischen Isolierung des Betonkellers konnte Hitler noch Befehle durchsetzen, Truppen marschieren lassen, Generäle zum Weitermachen bewegen. Ein schlagendes Beispiel stammt aus den allerletzten Apriltagen. Görings Nachfolger als Oberkommandierender der Luftwaffe, der Generalfeldmarschall Robert v. Greim, wollte Hitler wegen der Aussichtslosigkeit der Lage zum Aufgeben bewegen, fand aber für den Flug in die bereits umkämpfte Reichshauptstadt keinen Piloten mehr; schließlich erklärte sich die Kunstfliegerin Hanna Reitsch dazu bereit, die ihn, wenige

Meter über dem Boden unter dem feindlichen Beschuß herfliegend, zum Bunker brachte. Nach zwei Stunden flog sie Greim zurück, der sich, wie verwandelt, davon überzeugt zeigte, daß es dem «Führer» mit seinen «Wunderwaffen» gelingen werde, das Mirakel einer Kriegswende in letzter Stunde zustande zu bringen.

Natürlich war es eine verzweifelte Beschwörung vergangener Herrlichkeit, wenn Goebbels noch Anfang 1945 in sein Tagebuch eintrug: «Wenn der Führer spricht, ist es wie ein Gottesdienst.» Zum Mittel faszinierender Reden hatte Hitler, obwohl er das Kapital seiner rhetorischen Begabung nur zu genau kannte und ausgenutzt hatte, seit 1942 kaum mehr gegriffen. Folgerichtig hatte sich die Wirkung seines Charismas auch deshalb abgeschwächt. Dennoch reichte die Erinnerung daran, reichte sein allerletzter Bestand noch aus, um Militärs umzustimmen und Hunderttausende, die dem Befehl ihres «Führers» bis zuletzt gehorsam folgten, weiter in den Tod zu schicken.[6]

b) Fronterfahrung und Brutalisierung des Krieges

Aufs Ganze gesehen wurde der Krieg im Westen von den deutschen Truppen nach den herkömmlichen Regeln des Kriegsrechts geführt. Französische und englische, belgische und holländische, norwegische und dänische Kriegsgefangene wurden korrekt behandelt, Übergriffe gegen Zivilisten nach den Vorschriften des Militärstrafgesetzbuchs geahndet. Derselbe Stil der Kriegführung wiederholte sich in Nordafrika, wo das Afrikakorps und die englischen Einheiten sich einen, wie beide Kontrahenten geradezu schwärmend feststellten, fairen Kampf lieferten. Die Besatzungspolitik in West- und Nordeuropa sah dann später freilich anders aus, da auf die Aktionen der einheimischen Widerstandsgruppen mit grausamer Vergeltung reagiert und die Judendeportation mit kompromißloser Unnachgiebigkeit durchgeführt wurde.

Auf dem Kriegsschauplatz im Osten dagegen wurden die Vorschriften des Kriegsrechts von Anfang an außer Kraft gesetzt, wie das seit dem September 1939 die Massaker von Himmlers «Einsatzgruppen» im polnischen Hinterland beweisen. Wessen aber auch die regulären Frontverbände fähig waren, sollte sich erst im Rußlandkrieg zu einem wahren Inferno steigern. Bereits beim Vorstoß im Sommer 1941 überrollten deutsche Panzer fliehende russische Einheiten. Dem Kommissarbefehl gemäß wurden Politoffiziere reihenweise erschossen. Gelang kasakischer und usbekischer Infanterie, in der die Traditionen einer abschreckenden Kampfesweise noch lebendig waren, ein Gegenstoß, wurden verwundete deutsche Soldaten erschossen, Gefangene mit grausamen Methoden massakriert. An solchen Frontabschnitten machten die deutschen Verbände tage-, ja wochenlang keine Gefangenen mehr. Die panische Angst, in die Hand der Russen zu

1. Etappen des Kriegsverlaufs

fallen, führte vielmehr dazu, daß Gefangene, die durch noch nicht «ausgekämmtes», gefährliches Gelände zum Gefechtsstand zurückgebracht werden sollten, kurzerhand «auf der Flucht erschossen» wurden. Auf diese Weise steigerte sich der Ostkrieg zu einem Abschlachten und einer Menschenquälerei, für die es im neuzeitlichen Europa kein Beispiel gab. Sie wurden durch die Teilnahme am Partisanenkrieg, der zur massenhaften Erschießung unschuldiger Geiseln und zum Niederbrennen ganzer Ortschaften führte, zum Alltagsverhalten.

Zu den letzten Tabuthemen der Geschichtsschreibung über die Wehrmacht im Zweiten Weltkrieg gehört die Frage, wie die sexuellen Bedürfnisse von Millionen Männern des deutschen Ostheers befriedigt wurden. In den west- und nordeuropäischen Besatzungsgebieten gab es Bordelle und unlizensierte Straßenprostitution, aber auch die Bereitschaft zahlreicher junger Frauen, sich auf die jungen Männer aus Deutschland einzulassen. In Frankreich etwa wurden schon nach zwei Jahren 85 000 außereheliche Besatzerkinder registriert. Während Himmlers «Lebensborn» im Reich die Entbindung von etwa 7000 außerehelichen Kindern, die von ihren Müttern, wie es damals hieß, «dem Führer geschenkt» wurden, in eigenen Heimen übernahm, wurden allein in Norwegen nach relativ kurzer Zeit ebenso viele «Lebensborn»-Kinder aus «rassisch wertvollen», da «germanischen» Verbindungen gezählt.

Anders in Rußland. Zwar ist es trotz unleugbarer Übergriffe nicht zu jenen Vergewaltigungsexzessen gekommen, denen sich etwa die Rote Armee bis 1949 in Osteuropa, Österreich und Ostdeutschland hingeben konnte. Alle Behauptungen, die dieses Verhalten mit vorangegangenen identischen deutschen Gewalttaten zu erklären oder sogar zu rechtfertigen suchen, gehen in die Irre. Das deutsche Militärstrafrecht wurde in dieser Hinsicht im allgemeinen streng gehandhabt, nicht zuletzt aus dem Grunde, daß eine vergewaltigende und plündernde Truppe der Führung entgleitet. Aber für die Militärbordelle in der russischen Etappe mußten Insassen gefunden werden, wobei die feine Etikette die Anwesenheit von deutschen Prostituierten an der Front nicht zuließ. Deshalb wurden in – oft jüdischen – Dörfern, die von Polizei-, SS- und Wehrmachtseinheiten umstellt wurden, die 15- bis 45jährigen Frauen «aussortiert», Feldärzten vorgeführt und dann der «Frontbetreuung» überstellt. Während die Welt inzwischen das Schicksal der 200 000 koreanischen «Trostfrauen» in der japanischen Armee endlich zur Kenntnis genommen hat, weiß man von der unbekannten Anzahl von Frauen, die in deutschen Soldatenbordellen der Dauervergewaltigung ausgesetzt waren, noch immer denkbar wenig. Zur Barbarisierung des Ostkrieges gehört dieser verschwiegene Aspekt jedoch hinzu.

Von Anfang an hat die Kriegführung im Osten eine Spirale der Gewalt und Gegengewalt ausgelöst, aus der keine Seite mehr herausfand; die deutsche konnte und wollte es auch nicht. Ganz auf der Linie von Hitlers Maximen für den Weltanschauungskrieg radikalisierte sich vielmehr das deutsche Verhalten, und im Zeichen wachsender Schwierigkeiten nahm die bedingungslose Brutalität noch einmal zu.

Auch ohne die SS machte die Wehrmacht die Liquidierung «slawischer Untermenschen» und «mongolischer Horden» zu ihrer eigenen Aufgabe. In den Kesselschlachten des Sommers und Herbstes 1941 wurden drei Millionen russische Kriegsgefangene gemacht, die in riesigen improvisierten Lagern auf freiem Feld untergebracht wurden. Bis zum Februar 1941 war die monströse Zahl von zwei Millionen Gefangenen umgekommen: verhungert, entkräftet bis zum Koma, an Seuchen gestorben, wegen Fluchtverdacht erschossen. Bis zum Kriegsende stieg sie auf 3,3 Millionen Tote (von insgesamt 5,7 Millionen Gefangenen). Fraglos gab es das gewaltige logistische Problem, gleichzeitig mit der stürmisch vorrückenden eigenen Truppe auch noch Millionen von Gefangenen zu versorgen. Doch diese kriegsrechtliche Versorgungspflicht wurde an keinem Frontabschnitt ernst genommen.

Vergleichbare Extreme wies der sofort einsetzende Partisanenkrieg auf. Das Militär aller Staaten tendiert bei der Bekämpfung der Guerilla zur Mißachtung des Kriegsrechts, wie diese auch durch ihre Zivilkleidung die Uniformierungspflicht mißachtet. Stalin ließ frühzeitig große Truppenverbände als Freischärler hinter der Front operieren; bald kontrollierten sie etwa 20 Prozent des Besatzungsgebietes. Sie sprengten Brücken, überfielen Meldegänger und Autokolonnen, Urlauberzüge und besetzten Ortschaften. Die Vergeltung fiel gnadenlos aus: 100 erschossene Geiseln für einen toten deutschen Soldaten, 50 für einen verletzten; hinzu kam die Auslöschung ganzer Dörfer als Abschreckungssignal. Im Hinterland gab es daher Hunderttausende von Opfern des Partisanenkriegs.

Die Truppe folgte den Befehlen ihrer Oberbefehlshaber, die den Imperativ des gnadenlosen Vernichtungskriegs einschärften. General Walter v. Reichenau, Chef der 6. Armee und überzeugter Nationalsozialist, verlangte am 10. Oktober 1941: «Der deutsche Soldat im Ostraum» habe sich als «Träger einer unerbittlichen völkischen Idee» zu verhalten. Verfechter einer «gerechten Sühne am jüdischen Menschentum» müsse er als «Rächer» zur «erbarmungslosen Ausrottung artfremder Heimtücke beitragen». Hitlers Kommentar: «Ausgezeichnet!» Generaloberst Hoepner, Chef der 4. Panzergruppe, hielt die Verteidigung der europäischen Kultur gegen «asiatische Barbarei» und die Abwehr des «jüdischen Bolschewismus» mit allen Mitteln für geboten. General v. Manstein, nach dessen Befehl vom 20. Oktober 1941 das Judentum nur noch die Liquidierung verdiente, schloß sich mit zahlreichen nachahmenden Kommandeuren diesem Stil an. Immer wieder wurde von ihnen die Anweisung wiederholt, mit den «Einsatzgruppen» zusammenzuarbeiten: Das war der «Kooperationsbefehl für den Holocaust».

An den Judenmassakern war daher die Wehrmacht folgerichtig ebenfalls beteiligt. Gewiß war der eine oder andere Offizier oder Soldat erschrocken, ekelte sich, empörte sich im kleinen Kreis. Aber den Hauptteil der schmutzigen Arbeit übernahmen zumeist die «Einsatzgruppen», Polizeibataillone und SS-Verbände zusammen mit ihren einheimischen Kollaborateuren, und mit den Kameraden in schwarzer Uniform mußte man schließlich aufgabengemäß zusammenarbeiten. Innerhalb kürzester Zeit kam es zur Massenerschießung von mindestens einer halben Million Juden, wobei Wehrmachtseinheiten nicht nur den Mordverbänden zuarbeiteten oder zuschauten, sondern die Liquidierung auch immer wieder selber übernahmen. Auch als bei dem berüchtigtsten Massaker, bei Babi Jar unweit Kiews, mehr als 30000 Juden erschossen wurden, teilten sich Wehrmacht und SS einmütig in die Ausführung dieser Aufgabe. Bis 1944 wurde die Hälfte aller ermordeten Juden von Schießkommandos, die andere in den Vernichtungslagern umgebracht.

Warum führten die Offiziere und Soldaten der Wehrmacht diese Befehle genauso wie die «Weltanschauungstruppe» der SS nahezu ausnahmslos gehorsam aus?

1. Der Ostkrieg hat zu einer beispiellosen Brutalisierung der Kriegsführung geführt. Ein gnadenloser Kampf auf beiden Seiten mündete in die Verachtung des Werts menschlichen Lebens, umschloß Mordaktionen im großen Stil und die Mißachtung aller Regeln des Kriegsrechts.

2. Die Vorstellung vom slawischen «Untermenschen» wurde von zahllosen Soldaten geteilt. Ihre Feldpostbriefe spiegeln ganz ungeschminkt diese Verachtung der «asiatischen Horden» wider. Von dort war es nur ein kurzer Schritt zur tödlichen Behandlung von Gefangenen, Partisanen und Zivilpersonen.

3. «Für das Judentum gibt's nur eins: Vernichtung.» Diesem Satz aus dem Brief eines einfachen Soldaten an seine Familie stimmten ebenfalls zahllose Soldaten zu. Ihr Antisemitismus ebnete den Weg von der bereitwilligen Kooperation mit den «Einsatzgruppen» bis hin zu eigenen Massenerschießungen. Wie etwa der Befehlshaber Weißruthenien am 20. November 1941 berichtete, wurde, da Juden mit den Partisanen «gemeinsame Sache» machten, «die restlose Ausmerzung dieser volksfremden Elemente durchgeführt».

Auch wenn man die Mentalität der Mordbereitschaft wenigstens etwas genauer zu verstehen sucht, bleibt doch die Frage offen, warum sich nicht mehr Offiziere und Soldaten, unlängst noch friedliche Zivilisten in ihren Städten und Dörfern, dem widersetzt haben. In der Ausbildungszeit wurde jedem Rekruten der § 47 des Militärstrafgesetzbuchs, das bis zum Mai 1945 unverändert in Kraft blieb, eingeschärft: «Wird durch die Ausführung des Befehls», hieß es dort, «ein Strafgesetz verletzt, so ist... der befehlende Vorgesetzte allein verantwortlich.» Untergebene könne aber eine Bestrafung wegen «Teilnahme» treffen, falls ein Befehl überschritten werde oder ihnen bekannt gewesen sei, daß der Befehl eine Handlung betraf, die ein «allgemeines oder militärisches Verbrechen bezweckte». Wäre dieser § 47 konsequent, wie das Gesetz es gebot, angewandt worden, hätte ein großer Teil der Generalität, des Offizierkorps und der Mannschaften bestraft werden müssen. Warum beriefen sie sich so außerordentlich selten auf das für sie geltende Recht?

1. Dem Befehl eignet seine eigene Durchsetzungsgewalt. Weder Offiziere noch Mannschaften denken unter Kriegsbedingungen in der Regel an eine Befehlsverweigerung mit ihren möglicherweise tödlichen Folgen.

2. Auch bei ungesetzlichen Handlungen gibt es einen hohen Gruppendruck. Man scheut den Vorwurf, als Feigling der Situation nicht gewachsen zu sein, zumal wenn dieser Vorwurf von Kameraden kommt, auf die man beim nächsten Nahkampf oder nach einer Verwundung angewiesen ist.

3. Der Haß auf einen meist unsichtbaren Gegner im Guerillakrieg und auf einen Feind, der als Reaktion auf den deutschen Überfall vor eigenen Kriegsverbrechen keineswegs zurückschreckte, stieg mit der Höhe der eigenen Verluste. Dieser Haß tobte sich oft aus in den sogenannten Befriedungsaktionen, wenn ganze Dörfer dem Erdboden gleichgemacht, ihre Bewohner erschossen wurden. Zwar gibt es in jedem Massenheer auch Sadisten, die im Krieg freie Bahn gewinnen. Aber der allgemeine Haß als Grundstimmung ist im Ostkrieg offensichtlich von größerer Bedeutung gewesen.

4. Diese Gründe spielten in zahlreichen Kriegen des 20. Jahrhunderts eine prominente Rolle – ob in Algerien oder in Vietnam, auf dem Balkan oder im Kaukasus. Bei der Wehrmacht kamen jedoch mächtige Motive noch hinzu: die Stigmatisierung der slawischen und jüdischen «Untermenschen», dazu die ausgeprägte Führergläubigkeit und die Arroganz, mit der eine missionarische Aufgabe ausgeführt wurde (vgl. 1 a).

5. Nicht zuletzt aber bedurfte es einer ungewöhnlichen Zivilcourage, um die Teilnahme an Mordaktionen zu verweigern. Es gab dieses Protestverhalten, aber denkbar selten. Einige ältere Polizisten in den Liquidierungseinheiten im Hinterland wollten das blindwütige Töten nicht mitmachen. Die Folge: Sie wurden versetzt. Einige jüngere SS-Offiziere, die von der Front zu den Wachmannschaften der KZ oder Vernichtungslager transferiert wurden, widersetzten sich dem Vorgang, den sie nicht als Erholungsurlaub, sondern als Degradierung empfanden. Die Folge: Sie wurden an die Front zurückversetzt. Das war gefährlich genug, aber gravierendere Kriegsurteile sind nicht bekannt. Dennoch: Es bedurfte einer gewaltigen Anstrengung, um in einer solchen Grenzsituation der Befehlsverweigerung seinen Mann ganz anders als im Grabenkampf zu stehen. Die erdrückende Mehrheit vermochte es nicht, die genannten Motive waren stärker.

Die Exzesse des Ostkriegs sind keine isolierten Phänomene gewesen. Dieselbe mörderische Praxis griff in Jugoslawien und Griechenland, später

1. Etappen des Kriegsverlaufs

auch in Italien und Frankreich um sich. Bereits am 26. März 1941, vor Hitlers Rede am 30. März zum kommenden Ostkrieg, hat der Generalstab als besonderen Gegner beim Balkanfeldzug «Juden und Kommissare» hervorgehoben, Halder drängte auf engste Zusammenarbeit mit dem Reichsführer-SS. Innerhalb weniger Wochen nach dem Einmarsch in Jugoslawien sind mehr als 31 000 Geiseln erschossen worden. Bald traf auch die Meldung in Berlin ein: «Serbien ist judenfrei», ein Werk der Wehrmacht, das nur gelegentlich in Kooperation mit der SS ausgeführt wurde.

Die Ustascha-Verbände des faschistischen Kroatien ermordeten binnen kurzem mehr als 200 000 Serben. Daraufhin bat der kommandierende deutsche General in Belgrad mit der ingeniösen Begründung in Berlin um politische Intervention, daß er es seinen Männern nicht länger zumuten könne, allmorgendlich Tausende von verstümmelten Leichen an den Stauwehren der Donau herauszuziehen. Der Haß der serbischen Partisanen unter Josef Broz-Tito richtete sich vor allem gegen die deutsche Besatzungsmacht, welche diesen Massenmord erst ermöglicht hat. Ein gnadenloser Guerillakrieg begann, in dem die serbischen Einheiten zur Tradition des Hajduken- und Komitadschi-Kampfes gegen die Türken zurückkehrten. Deutsche Wachposten wurden mit Beilen zerhackt, Gefangene erst verstümmelt, dann exekutiert. Die Wehrmachtsbefehlshaber führten unverzüglich unter Berufung auf Hitlers Befehl vom 16. September 1941 zur Bekämpfung «kommunistischer Aufstandsbewegungen in den besetzten Gebieten» feste Quoten für Vergeltungsmaßnahmen wie in Rußland ein: 100 Geiseln wurden für einen getöteten, 50 für einen verwundeten deutschen Soldaten erschossen. An einer Stelle waren es 11 164, andernorts 20 149 Geiseln, ihre Dörfer wurden verwüstet. In den Bergen Griechenlands wiederholte sich derselbe brutale Partisanenkrieg. Noch kurz vor Kriegsende mündete er in Vergeltungsorgien, bei denen die Einwohnerschaft ganzer Dörfer massakriert wurde.

Der tiefe Haß, mit dem das «Dritte Reich» auf Italiens Ausscheiden aus dem Krieg reagierte, tobte sich aus in der Mißhandlung italienischer Kriegsgefangener, im rücksichtslosen Vorgehen gegen die Resistenza, in der Ermordung Aberhunderter von Zivilisten in verdächtigten Dörfern. Je länger der Rückzug nach Norden dauerte, desto brutaler fielen die deutschen Vergeltungsmaßnahmen gegen Zivilisten in Dörfern aus, denen die Unterstützung der Partisanen zugeschrieben wurde. Dabei neigten Eliteeinheiten wie etwa die Division «Hermann Göring», welche die amerikanischen Invasoren in ihrem Brückenkopf bei Nettuno und Anunzio lange eingekesselt hatte, offenbar aus Enttäuschung zu besonders exzessiven Racheaktionen. Ähnlich verhielt es sich in Frankreich, wo die Wehrmacht dem Aktivismus der Resistance mit derselben Härte begegnet war. Jetzt aber statuierte eine Einheit der SS-Division «Das Reich» nach unerwartetem Beschuß an dem Dorf Oradour-sur-Glane, dem Vorbild der Mordaktion im mittelböhmischen Lidice im Juni 1942 folgend, ein Horrorexempel, als sie 180 Männer erschoß und 400 Frauen und Kinder in der angezündeten Kirche verbrannte.

Gewöhnung an Mord und Terror in bisher unbekanntem Ausmaß gab es fast an jeder Front, in jedem Besatzungsgebiet. Jeder Krieg hebt zahlreiche zivilisatorische Normen auf. Während die wölfische Natur des Menschen in Friedenszeiten zu zähmen versucht wird, gelten Mord und Totschlag im Krieg auf einmal als Dienst für das Vaterland. Wer möglichst viele Feinde tötet oder verstümmelt, wird befördert, erhält Auszeichnungen und Orden, steigt zum Kriegshelden auf. Alle Hemmschwellen werden abgesenkt, die Werte der zivilen Welt auf den Kopf gestellt. Mit Mühe versuchen das Militärstrafrecht und das internationale Kriegsrecht das Wüten der Furien einzudämmen und nach Kräften zu regulieren.

So sehen charakteristische Züge der großen Kriege seit der Mitte des 19. Jahrhunderts aus, im Zeitalter mithin der Massenheere, der Wehrpflicht für den Nationalkrieg, der modernen Kriegstechnologie, des totalen Kriegs. Aber die Barbarisierung des Zweiten Weltkriegs ergab sich keineswegs zwangsläufig aus der Härte der militärischen Auseinandersetzungen. Vielmehr wurde sie in entscheidendem Maße durch jene Befehle und Liquidierungsaufträge initiiert und dann gesteigert, die von der politischen Führung des «Dritten Reiches» ausgingen. Sie traf dabei auf keinen ernstzunehmenden Widerstand, und deshalb bleibt die große Frage, warum sie Millionen fand, die ihre Vernichtungspolitik ausführten (vgl. V.3). Seit dem Winter 1941/41 konnten sich die Deutschen ahnungsvoll fragen, und je länger der Krieg dauerte, um so mehr mußten sie das tun, welche furchtbare Gegengewalt ihr eigenes Verhalten künftig auslösen werde.[7]

c) Der soziopolitische Umbau der Offizierkorps unter Hitlers Regie

Ob es um die Barbarisierung der deutschen Kriegführung bis hin zum äußersten Extrem der Judenvernichtung geht, ob um die Antriebskraft der Führergläubigkeit und die Inspiration der Kampfmoral bis zum bitteren Ende – immer wieder wird man auf Hitlers Sonderstellung und Weltbild, seine Befehle und sein Durchsetzungsvermögen, immer auch auf die Folgebereitschaft seiner Deutschen zurückgelenkt. Genau so ist auch der sozialstrukturelle und politische Umbau des Offizierkorps der Wehrmacht – für die Luftwaffe, die SS und Waffen-SS galten seit jeher unkonventionelle Kriterien – ein Ergebnis von Hitlers direkter Intervention und durchgehaltener Personalpolitik. Entgegen allen anderslautenden Erklärungen ist er ein «Werk des Führerwillens». Hitler und kein anderer, auch nicht für sich genommen die anonyme Drucksituation nach den hohen Verlusten, hat das Rekrutierungs- und Beförderungssystem, überhaupt den über-

kommenen berufsständischen Charakter der Militärelite von Grund auf
verändert.
 Worum ging es bei dieser «Reform»? Von 1807 bis 1918 hatte das Königliche Militärkabinett, danach das Heerespersonalamt die Auswahl der Offizierskandidaten, ihre Ernennung und – innerstes Arcanum der Militärpolitik – ihre Beförderung kontrolliert. Die erstrebte Homogenität des Offizierkorps wurde durch das Kooptationsrecht der Regimenter, die strenge Verhaltensregulierung, die Ehrengerichtsbarkeit, die Abhängigkeit vom Ehekonsens des Vorgesetzten und das sakrosankte Senioritätsprinzip nachhaltig verstärkt. Spät, aber dann zusehends strikter, wurde auch auf das Abitur als Eintrittsbedingung gepocht, in Bayern und Sachsen viel früher als in Preußen, obwohl dort die Kadettenanstalten weiterhin diese Leistungskontrolle umgingen.
 Das Heerespersonalamt bemühte sich trotz des überstürzten Rüstungstempos seit 1933 darum, seine Auswahlkriterien und Kontrollmechanismen weiter zu verteidigen. Das fiel ihm nicht leicht, da das Offizierkorps von 1932 bis 1939 eine Vermehrung um das 28fache auf 89 078 Stellen erlebte – am Ende des Ersten Weltkrieges hatte es nur 50 603 Offiziere gegeben. Vom September 1939 bis zum Juni 1941 kletterte ihre Zahl auf 145 609; von 1939 bis zum Oktober 1942 verdoppelte sie sich sogar auf rund 180 000. Zugleich wuchs das Heer von 1939 = 3,7 auf 1941 = 5,2 Millionen an, von 110 auf 207 Divisionen. Diese sprungartige Expansion stellte die herkömmliche Homogenität des Offizierkorps in Frage, doch das Heerespersonalamt beharrte auf einem Nachwuchs mit Abitur und konzedierte vorerst nur verkürzte Beförderungszeiten.
 Die Verlustziffer umfaßte bis zum Rußlandkrieg auch 4565 Berufsoffiziere, stieg dann aber im russischen Winterfeldzug 1941/42 und während der verlustreichen Sommeroffensive 1942 so steil an, daß wegen der hohen Gefallenenzahl allein im August 1942 14 219 Berufsoffiziersstellen offenstanden. Trotz des dramatischen Aderlasses blieb dem Heerespersonalamt die Verteidigung der Homogenität wichtiger als die Anerkennung der Dringlichkeit einer Neuregelung.
 In dem Augenblick aber, als Hitler während des Scheiterns vor Moskau auch noch das OKH selber übernahm (19. 12. 1941), drängte er sofort darauf, statt Abitur und Seniorität nur mehr Frontenbewährung und ideologische Zuverlässigkeit als die allein ausschlaggebenden Kriterien nationalsozialistischer «Führerauslese» gelten zu lassen. Was waren seine Motive?
 Hitler hatte bis dahin immer wieder seine Prägung als «Frontkämpfer» des Ersten Weltkriegs betont. Aus seiner Verachtung von Stabsoffizieren und «Etappenhengsten» machte er kein Hehl. Sie galten ihm fast so als Verräter wie Juden und Linke. Ihnen gegenüber sah er sich geradezu als Rächer des gemeinen Frontsoldaten. Es entsprach seinem charismatischen Führungsstil und seiner Leitvorstellung vom leistungsfördernden sozialdarwi-

nistischen Konkurrenzkampf, daß er auch den Aufstieg militärischer Talente an die Bewährung im Fronteinsatz binden wollte.

Eine kurze Zeitlang war das Heerespersonalamt imstande, einen solchen Kurswechsel in der Personalpolitik zu blockieren. Noch war Hitler nicht stark genug, gegen das Schwergewicht des gesamten bürokratischen Apparats seine Vorstellungen sofort durchzusetzen. Aber es wurde deutlich, daß er inzwischen einen weiten Weg von der anfänglichen Abhängigkeit von der Reichswehr bis zur Verachtung der traditionalistischen Wehrmachtsführung zurückgelegt hatte. Die Friktionen mit dem Heerespersonalamt hielten seit dem Winter 1941/42 an, während die Offiziersverluste weiter in die Höhe kletterten.

Doch erst als Hitler im September 1942 den Generalstabschef Halder unter demütigenden Umständen entlassen hatte – Halder habe, soll er ihm zugerufen haben, bis 1918 in der Etappe nicht einmal das Verwundetenabzeichen 2. Klasse erworben –, setzte er am 1. Oktober 1942 seinen bedingungslos ergebenen Adjutanten Rudolf Schmundt als neuen Chef des Heerespersonalamtes durch, dem auch die Ernennung der Generalstabsoffiziere fortab zustand. Schmundt ließ unverzüglich erkennen, daß nunmehr allein der «Wille des Führers» das oberste Gesetz der Personalpolitik sei; er allein entscheide, wenn jetzt das Offizierkorps umgestaltet werde.

Hitler setzte in der Tat sofort seine Leitideen als neue Maximen durch: Frontbewährung und ideologische Verläßlichkeit sollten mithin anstelle des Abiturs und der Seniorität den Ausschlag geben. Die Umstellung der Personalpolitik, die sofort einsetzte, machte sich schnell bemerkbar. Waren 1941 noch 90 Prozent der Offizieranwärter Abiturienten gewesen, fiel dieser Anteil jetzt sogleich auf 50 Prozent. Ende 1942 hatten bereits zwölf Prozent der jungen Offiziere nur die Volksschule besucht. Der Anteil der Unterschichtenangehörigen stieg währenddessen, auch wegen der Beförderung zahlreicher Unteroffiziere und Feldwebel, von fünf auf 20 Prozent. Durch diese Veränderungen wurde die Adelsquote abgesenkt: Statt der 14 Prozent adeliger Leutnants von 1937 waren es im Mai 1943 nur mehr 3,9 Prozent. Zwar gehörten zwei Drittel der Generalfeldmarschälle noch immer dem Adel an, aber nur mehr 16,6 Prozent der Generalität, und ehemalige Unteroffiziere konnten – im Denkhorizont älterer Offiziere ein unerhörter Vorgang – als laufend beförderte «Tapferkeitsoffiziere» bis in den Generalsrang aufsteigen.

Die soziale Öffnung des Offizierkorps trug wesentlich dazu bei, selbst unter den Bedingungen des totalen Krieges den Zustrom in diesem Beruf zu steigern. Bis Anfang 1945 drängte sich förmlich der Nachwuchs zur Offizierkarriere. Und diese jungen Offiziere: stolz auf ihre Fronterfahrung, führergläubig und fanatisiert, erwiesen sich bis zum Mai 1945 als völlig immun gegen jede Aufweichung der Kampfmoral. Im Gegenteil, sie stellten sich sogar seit dem Dezember 1943 für die Imitation des sowjetischen Politkommissars, den «nationalsozialistischen Führungsoffizier», bereitwillig zur Verfügung, der bis zum Frühjahr 1945 aus fanatischer Überzeugung eine rigorose Gesinnungskontrolle ausübte.

Hochgradig sensibilisiert gegen eine Wiederholung der Revolution von 1918 führten sie bis zuletzt Hitlers Befehle aus, auch wenn sie während der letzten Kriegsmonate bei erkennbar sinnlosen Durchhalteaktionen zu Abertausenden starben. Das erstaunliche Durchhaltevermögen der Wehrmacht hing daher auch mit diesem neuen Offiziertypus zusammen, der als Troupier und zugleich Weltanschauungskrieger Hitlers Ideal von einer neuen Militärelite verkörperte. Daß er dank seiner Personalpolitik in der Hierarchie schneller denn je zuvor aufsteigen konnte, dankte er dem «Führer» mit unverbrüchlicher Loyalität.

Von der Riesenzahl der rund 250 000 Offiziere bei Kriegsende – immerhin erfaßte die Wehrmacht auch 15,6 Millionen Männer, 56 Prozent aller 16- bis 50jährigen – sind wohl mindestens 100 000 nach Hitlers Kriterien ernannt, befördert und großzügig ausgezeichnet worden. Deshalb sah das deutsche Offizierkorps im Mai 1945 völlig anders aus als der anachronistische Berufstand der 1930er Jahre: eine sozial heterogene und politisch indoktrinierte, noch immer mit Führerloyalität und Leistungsstolz erfüllte Berufsklasse. Ihre Mitglieder suchten sich seither mit dem unter extremen Kriegsbedingungen erworbenen Habitus der Leistungsbewährung und «Menschenführung» auf anderen Berufsfeldern durchzusetzen.[8]

2. Die wahre Natur des Nationalsozialismus: Vernichtungskrieg – Lebensraumimperialismus – Judenmord

Nachdem Polen als erstes Experimentierfeld für den Massenmord an Zivilisten, den «Bevölkerungstransfer» und die Judenpolitik gedient hatte, enthüllte der Rußlandkrieg vollends die wahre Natur des Nationalsozialismus und seiner Führerdiktatur. Die Expansion im Osten verkörperte keineswegs eine bürgerliche Abwehrkampagne gegen den angriffsbereiten Bolschewismus, wobei Hitler als quasi-bürgerlicher «Anti-Lenin», durch das böse Vorbild des sowjetischen Tyrannen provoziert, bedauerlicherweise über die herkömmlichen Stränge schlug – so in nuce Ernst Noltes Konstrukt. Vielmehr stellte der nach Osten gerichtete Lebensraumimperialismus von Anfang an ein verbindliches Ziel Hitlers und seiner Bewegung dar, das in ihren Augen durch den Rückblick auf das Dilemma der im Ersten Weltkrieg fehlenden Ressourcen immer wieder bestätigt wurde. Das bolschewistische System galt ihnen sogar als eine Erleichterung des künftigen «Ritts nach Osten», da es wegen der jüdischen Dominanz im Funktionärsapparat zum inneren Zerfall Rußlands führen müsse.

Das Ergebnis dieser gewaltigen Expansionsbewegung sollte in die konkrete Fundamentierung eines deutschen Kontinentalimperiums münden: Rohstoffe und Agrarprodukte, Absatzmärkte und Siedlungsgebiete sollten dem «Großgermanischen Reich» mit seinem gigantischen Vorfeld bis zum Ural eine unbesiegbare Überlegenheit verschaffen. Über dieses durchaus realhistorisch angelegte Mammutprojekt hinaus besaß aber der nationalsozialistische Lebensraumimperialismus einschließlich seiner antisemitischen und antibolschewistischen Dimensionen auch noch die Funktion, daß er als «Ablenkung von konkreten Neuordnungsfragen diente». Je mehr die Aussicht auf eine realisierbare und stabile Neuordnung illusorisch wurde, desto machtvoller wirkte sich der Zugzwang aus, solche utopischen Ziele zu beschwören. Dabei kam es zu einer immer rigoroseren «Selektion der negativen Weltanschauungselemente» (M. Broszat), bis der Ostraum planungsgemäß mit Hilfe aller denkbaren Vernichtungspraktiken «judenfrei» gemacht worden war. Darüber hinaus sollten, das war das zweite Fernziel, von der slawischen Bevölkerung westlich des Urals 45 Millionen nach Osten evakuiert werden, wobei eine Verlustquote von 30 Millionen Menschen von vornherein einkalkuliert wurde. Erst dann konnte die Germanisierung völlig ungehemmt, gewissermaßen auf freier Flur, wo nur noch überschaubare Helotenscharen ihrer Sklavenarbeit für deutsche Herren nachgingen, vorangetrieben werden.

Dem Lebensraumexpansionismus lag mithin nicht nur ein – wenn auch aus pathologischem Lernen hervorgegangener – rational wirkender Handlungsplan zugrunde, der auf den blockadefesten, autarken NS-Großraum zielte. Vielmehr ermöglichte er das «fanatische Festhalten» an einer «dynamischen Bewegung», welcher die uneingeschränkte Ostherrschaft als leitende «Metapher und utopische Umschreibung» diente, um den «Endzustand perfekter nationaler Freiheit zu erreichen». So gesehen symbolisierte der Lebensraum im Osten die «Endvorstellung» einer auf unablässige Machtakkumulation und grenzenlose Verfügungsgewalt gerichteten Bewegung.

Bei der Verfolgung von zwei dominierenden Zielen: zum einen den Ostraum «judenfrei» zu machen und zum andern sogar möglichst alle europäischen Juden als Verkörperung sämtlicher tödlichen Gefahren der Moderne und als existentielle Hauptgegner arischer Weltherrschaft auszuschalten, kulminierte die NS-Rassenpolitik im Massenmord an den europäischen Juden. Wo immer die Häscher ihrer habhaft werden konnten, griffen sie erbarmungslos zu. Seit 1941/42 steigerte sich die Ermordung durch Erschießen zum geradezu fabrikmäßig betriebenen Genozid, der ohne Ansehen von Alter und Geschlecht in den sechs großen Vernichtungslagern kulminierte. Gleichzeitig verhinderte aber nur die Rote Armee, daß der «Generalplan Ost» und sein Nachfolger, der «Generalsiedlungsplan», die beide einen weiteren Massenmord an mehr als 30 Millionen Russen kaltblütig anvisierten, zügig realisiert wurden.

2. Vernichtungskrieg – Lebensraumimperialismus – Judenmord

Um den zuerst einmal unfaßbar wirkenden, dem herkömmlichen Verstehen sich entziehenden Mord an sechs Millionen Juden dennoch einer möglichst weit vorangetriebenen rationalen Analyse seiner Antriebskräfte und Verlaufsetappen zu unterwerfen, ist inzwischen eine Vielzahl von Ansätzen entwickelt worden. War der radikale Antisemitismus der Entscheidungsträger an der NS-Führungsspitze ausschlaggebend? Und reicht er als Erklärung aus? Oder trifft die abstruse «idée fixe» von Daniel Goldhagen zu, daß sich unter «den» Deutschen seit Jahrhunderten ein «eliminatorischer Antisemitismus» ausgebreitet habe, der sich unter Hitler, als die Schleusentore endlich hochgezogen wurden, mit tödlicher Gewalt entladen konnte? Eine verfehlte Variante der Modernisierungstheorie behauptet, daß regimetreue Intellektuelle, die sich vermeintlich auf der Höhe der zeitgenössischen Wissenschaft bewegten, Mediziner und Eugeniker, Biologen und Genetiker, Raumplaner und Juristen, sowohl den «gesunden Volkskörper» durch die umfassende «Ausmerze» aller Juden herstellen als auch mit Hilfe gewalttätiger Bevölkerungsverschiebungen das Ziel der kompletten Germanisierung des Ostraums erreichen wollten. Beide Absichten konvergierten im Ziel der vollständigen «Entjudung» des nationalsozialistischen Einflußbereichs bis hin zur letzten Konsequenz des Massenmords. Oder haben die keineswegs immer als zentrale Planungsvorhaben initiierten gewaltigen Umsiedlungsaktionen der nationalsozialistischen Bevölkerungspolitik im Osten derart chaotische Zustände herbeigeführt, daß sich zu ihrer Überwindung die «Endlösung» allmählich aufdrängte – auch sie angeblich noch immer nicht von einer Zentrale gesteuert, vielmehr als radikale Problemlösungsstrategie Schritt für Schritt eher pragmatisch von vielen Akteuren verwirklicht?

Manche «Intentionalisten» haben den Judenmord auf die seit langem bekundeten, schließlich, sobald sich Realisierungschancen eröffneten, zielstrebig verwirklichten Absichten Hitlers zurückgeführt. In einer langwierigen Kontroverse, in der diese Position bestritten wurde, haben dagegen bekannte Zeithistoriker eine diametral entgegengesetzte Deutung ins Feld geführt. Ihr zufolge sei durch einen Prozeß «kumulativer Radikalisierung» eine Konstellation heraufgeführt worden, unter der eine Vielzahl von Bedingungen und strukturellen Zwängen, Initiativen und Einzelmaßnahmen – die Bevölkerungsverschiebung etwa, die Ghettoüberfüllung, die Handlungsbereitschaft örtlicher SS-Führer und Dienststellenleiter, die Beflissenheit, dem «Führer entgegenzuarbeiten», die Siege und Rückschläge im Rußlandkrieg usw. – in wechselseitiger Verschränkung zusammengewirkt und die Steigerung der Judenpolitik bis hin zur «Endlösung» herbeigeführt habe, ohne daß es dazu der expliziten Planung eines Entscheidungszentrums bedurft hätte – eine Auffassung, welche die Vehemenz des Antisemitismus als genuiner, dominierender Antriebskraft nationalsozialistischer Politik erstaunlich relativiert. Weitere konkurrierende Deutungen ließen sich mühelos hinzufügen, da der Massenmord so viele Probleme aufwirft, daß sich inzwischen eine eigene Forschungsrichtung unablässig mit ihm beschäftigt. Weil ein von Hitlers Deutschen verübtes beispielloses Menschheitsverbrechen zur Debatte steht, muß klargestellt werden, welche Interpretation hier zugrunde liegt.

1. Handlungstheoretisch verdient es zunächst einmal eine berühmte Maxime Max Webers, erneut ernst genommen zu werden: «Die Weltbilder, welche durch ‹Ideen› geschaffen werden, haben sehr oft», argumentierte er 1920 in seiner «Religionssoziologie», «als Weichensteller die Bahnen bestimmt, in denen die Dynamik der Interessen das Handeln fortbewegt.» Fragt man nach diesem Weichensteller und nach einer Hierarchie der Antriebskräfte, genügt es daher nicht, von einem unmittelbar handlungsauslösenden Druck «materieller oder ideeller» Interessen auszugehen, eine häufig ex- oder implizit zugrunde gelegte Prämisse zahlreicher Analysen der nationalsozialistischen Judenpolitik. Vielmehr muß an erster Stelle nach der Steuerungskapazität des involvierten Weltbildes gefragt werden. Denn ist erst «das Reich der Vorstellung revolutioniert», hatte Hegel nach der Erfahrung der Französischen Revolution behauptet, «so hält die Wirklichkeit nicht aus». «Der Gedanke geht», formulierte Heinrich Heine etwas später ebenso prägnant, «der Tat voraus wie der Blitz dem Donner.» Und daher könne «eine Idee», schloß sich der Protagonist der «Realpolitik», Ludwig August v. Rochau, ihnen an, «die realste aller politischen Mächte sein.»

2. Im Hinblick auf die nationalsozialistische Judenpolitik führt kein Weg daran vorbei, daß in dem von Hitler repräsentierten (und von seinen Paladinen samt seiner charismatischen Gemeinschaft geteilten) Weltbild ein radikalisierter biologistischer Antisemitismus als Kern der rassepolitischen Grundüberzeugungen, geradezu als Glaubenswahrheit, eine Schlüsselposition besaß. Von diesem Fundament aus ließen sich angeblich sowohl die Grundlinien der Weltgeschichte erklären als auch die Imperative künftigen Handelns ableiten. Wegen der internationalen Verschwörung des Judentums gegen die arische Rasse, zumal wegen der Gefährlichkeit seines neuesten Instruments, des Bolschewismus, war für die fanatischen Anhänger des Rasseaberglaubens ein rücksichtsloses Vorgehen geboten.

3. Dank seiner Sonderstellung als charismatischer «Führer» besaß Hitler frühzeitig in allen Weltanschauungsfragen ein absolutes Interpretationsmonopol (vgl. 8.T.VI.3). Auch wenn keineswegs jede Initiative von Hitler ausging, blieb er doch die letzte Entscheidungsinstanz im Besitz der Kompetenzkompetenz. Die Anerkennung der unangefochtenen Deutungshoheit des Charismaträgers impliziert die Konsequenz, daß ohne den mörderischen Antisemitismus des «Führers» der Holocaust in seiner historischen Form als allumfassender Judenmord nicht zustande gekommen wäre. Denn es waren Hitlers Weltbild und sein Interpretationsmonopol, welche

2. Vernichtungskrieg – Lebensraumimperialismus – Judenmord

die denkbar radikalste «Selektion der negativen Weltanschauungsargumente» herbeiführten. Denkt man sich Hitler im Sinne einer kontrafaktischen Überlegung aus dem Entscheidungsprozeß weg, fehlt die maßgebliche Schlüsselfigur nicht nur bei der Planung und Durchführung, sondern vor allem auch bei der Legitimierung des Judenmords. Ohne die Machtkompetenz und Sanktionsgewalt des «Führers» hätten die Himmler, Heydrich und Konsorten, allein für sich genommen, den Holocaust als europaweit angelegte Mordaktion nicht organisieren, ausführen und rechtfertigen können.

Hitler als personales Entscheidungszentrum auch für den Judenmord anzuerkennen, wie das dem Wesen seines charismatischen Herrschaftssystems entspricht, bedeutet nicht, eine Apologie etwa in dem Sinn das Wort zu reden, daß allein ihm die Gesamtschuld am Holocaust zugerechnet werden sollte. Charismatische Herrschaft ist eine soziale Dauerbeziehung, und das hervorgehobene Individuum hängt stets von der Resonanz und Folgebereitschaft seiner Gesellschaft ab. Daher bleiben die Hunderttausende von Aktivisten und Millionen von bereitwilligen Helfern, die am Judenmord beteiligt waren, ein zentrales Problem. Aber noch einmal: Ohne die letztinstanzliche Legitimierung ihres Tuns durch den «Führer» hätten sie nicht mit dieser zielstrebigen Besessenheit, dieser koordinierten Planmäßigkeit, dieser auf lückenlose Erfassung aller Juden im besetzten Europa zielenden Konsequenz handeln können. Soviel Spontaneität es auch gegeben haben mag, ihre Durchsetzungsfähigkeit gewann die antijüdische Vernichtungspolitik, weil sie als «Auftrag», als «Werk», als «Wille» des «Führers» ausgegeben werden konnte.

4. Hitlers idiosynkratisches Weltbild hat aufgrund seiner Deutungssouveränität nicht allein die Basisideen seiner politischen Massenbewegung fixieren können, die ja auch alle älteren Varianten des Antisemitismus aufgenommen hatte. Vielmehr wurde seine abstruse Lehre in Gestalt der «Politischen Religion» des Nationalsozialismus nach der Machtübergabe zur offiziellen Staatsdoktrin erhoben. Der von Hitler und seiner Bewegung in tödlich zugespitzter Form verfochtene Antisemitismus als Maxime einer alle gesellschaftlichen und staatlichen Bereiche systematisch durchdringenden Staatspolitik – das war in der beanspruchten Erstmaligkeit und in seinem Fanatismus tatsächlich etwas historisch Neues.

5. Es läßt sich aus den bisher verfügbaren Quellen nicht belegen (und wäre auch methodisch von vornherein eine naive Annahme), daß Hitler seit den frühen 1920er Jahren oder seit 1933 die «Endlösung» in der Form des Holocaust angesteuert hat. Trotzdem: Sein Fernziel blieb unbeirrbar die «Entfernung» der Juden. Die Frage nach der zielgerechten Methode: ob Auswanderungszwang, Vertreibung, Internierung in einem östlichen Reservat, Umsiedlung in eine ferne Kolonie – sie blieb zwei Jahrzehnte lang unentschieden offen. Es gibt daher in der Praxis der nationalsozialistischen

Judenfeindschaft keineswegs den oft unterstellten geradlinigen Weg zur «Endlösung», sondern allein die «Twisted Road to Auschwitz» (K. Schleunes), obwohl im Denkhorizont Hitlers selbst der Grenzfall der physischen Vernichtung frühzeitig angelegt war.

6. Daß Hitler seit 1930 in den Wahlkämpfen, seit 1933 in seinen Reden als Reichskanzler taktische Rücksichtnahme übte, änderte nichts an seinem starr festgehaltenen Axiom, zu gegebener Zeit die Judenfrage «zu lösen». Die endlosen Schikanen seit der Machtübergabe, die 1000 Ausnahmegesetze, die Verteidigung der Nürnberger Rassengesetze auf dem Parteitag von 1935, der Frontalangriff vom September 1937, daß die Juden ganz Europa in das bolschewistische Chaos stürzen wollten, die Boykottmaßnahmen und das November-Pogrom von 1938 verrieten, daß Hitler, auch wenn er seine vorwärtstreibende, jeden radikalen Antisemitismus befürwortende Haltung aus Rücksicht auf den Führermythos sorgfältig zu tarnen bestrebt blieb, doch – wie der innerste Kreis um ihn wußte – die Bereitschaft zur Umsetzung des Judenhasses in direkte Aktion besaß. Andrerseits war der Antisemitismus auch nach 1933 durchaus kein «Hauptgrund für die Bewunderung Hitlers». Für die Legitimierung seiner Sonderstellung besaß er allenfalls eine «sekundäre Bedeutung».

7. Der Krieg war es, der dann einen neuen Denkhorizont und neue Handlungsmöglichkeiten eröffnete. Gleich zu Beginn setzte die von der Berliner Führungsspitze gesteuerte Politik der Ermordung und Deportation jüdischer Polen neue Maßstäbe der Verfolgung. Dabei beruhte schon Himmlers erster Befehl an die «Einsatzgruppen» auf Hitlers ausdrücklicher Ermächtigung. Seither steigerte sich die Verfolgung, der die drei Millionen jüdischer Polen ausgesetzt blieben. Die unterschiedlichsten Dienststellen: die Höheren SS- und Polizeiführer, die Gauleiter, der Despot des Generalgouvernements und die lokalen Potentaten äußerten allmählich immer lauter und ungenierter die Forderung nach einer Massenliquidierung. Warum?

Nur zum Teil waren es rabiate Antisemiten, die für dieses Postulat offen eintraten. Alle aber gingen von der Annahme aus, daß ihre Radikalität nicht prinzipiell von Hitler mißbilligt, sondern letztlich von ihm gebilligt werde. Viele wollten «dem Führer entgegenarbeiten» in der sicheren Erwartung, damit seinen innersten Intentionen gerecht zu werden, auch wenn er sie nicht so direkt und öffentlich äußerte. Andere, die diese Einstellung nicht teilten, optierten doch für eine mörderische Judenpolitik, weil sie damit dem Credo der Partei unter neuen vorteilhaften Bedingungen, zugleich auch ihren Karriereinteressen zu entsprechen glaubten. Widerspruch erwarteten auch sie nicht. Viele unterschiedliche Motive und Initiativen flossen da zusammen.

Je länger aber die deutsche Judenpolitik nach radikalen Lösungen suchte, desto mehr wurde den Akteuren bewußt, daß ihnen von Berlin aus kein

2. Vernichtungskrieg – Lebensraumimperialismus – Judenmord

Einspruch drohte. Im Gegenteil: In dem Augenblick, da das Herrschaftspersonal des «Dritten Reiches» über Millionen polnischer Juden verfügen konnte, boten Hitlers Weltbild und seine fanatische Handlungsbereitschaft die Gewähr, daß selbst die massenhafte Ermordung von Juden vom «Führer» gebilligt würde. Hitlers Judenhaß wirkte wie ein virtueller Freibrief. Und hatte er sich etwa gescheut, sogar in der Öffentlichkeit des Reichstags die «Vernichtung der Juden» im Falle eines von ihnen angezettelten neuen Krieges zu prophezeien?

Als Denkmöglichkeit stand ihm beim Gedanken an Krieg ihre Eliminierung klar vor Augen, da er einer «in ihrem Wesen radikalen Überzeugung anhing». Das war deshalb, wie gesagt, von entscheidender Bedeutung, weil das extrem dogmatische Weltbild Hitlers im Verein mit seiner charismatischen Führerstellung und seinem Interpretationsmonopol die Dynamik der Judenvernichtung entfesseln und das vorbildlose Ausmaß des Massenmordes durchsetzen konnte. Ohne die durchschlagende Sanktionsgewalt des «Führerwillens» hätten all jene konkreten Bedingungen, die vor Ort als ‹Sachzwang› geltend gemacht wurden, für beides nicht ausgereicht.

8. Daß der Krieg eine tiefe Zäsur in Hitlers Politik darstellte und sich ein enormer Beschleunigungseffekt geltend machte, läßt sich auch auf dem neuen Kriegsschauplatz des Judenmordes beobachten. Dort dauert die erste Phase vom September 1939 bis zum Juni 1940. Während Himmlers «Einsatzgruppen» ihre Befehle ausführten, erhielt Heydrich bereits am 21. September 1939 – Warschau hatte noch nicht kapituliert – von Hitler selber den Auftrag, mit dem Abtransport der jüdischen Deutschen aus dem «Altreich» nach Polen zu beginnen. Diese Entscheidung kam einem Todesurteil ohne festen Termin gleich. Die systematische Deportation jüdischer Polen, die aus den annektierten Gebieten in das Generalgouvernement geschafft wurden, setzte wenig später ein. Nach dem Besuch des damals größten Ghettos in Lodz notierte sich Goebbels am 17. Oktober 1939: «Dieses Judentum muß vernichtet werden.» «Das sind keine Menschen mehr, das sind Tiere.» Vorerst aber blieben genauere Richtlinien für eine eventuelle physische Eliminierung aus, obwohl diese immer dreister gefordert wurde. Dem einen ging es um die «Beseitigung» der überfüllten Ghettos wegen ihrer Seuchengefahr und der Kostspieligkeit ihrer Versorgung, andere beklagten die Ressourcenbindung durch die Massendeportation in Zwischenlager oder strebten die Entlastung von «unhaltbaren Verhältnissen» an. Wieder andere bestimmte der Wille zur konsequenten «Entjudung» der ehemals polnischen Westgebiete oder zur Germanisierung «judenfreier» Regionen. Nicht zuletzt gab es den tödlichen Judenhaß von SS-Führern wie Heydrich, Globocnik, Ohlendorf, Stahlecker und den anderen Einsatzgruppenführern aus der RSHA-Elite, die auf Aktion drängte.

Doch in seiner Denkschrift über «Fremdvölkische im Osten» lehnte es

Himmler noch im März 1940 ab, «die bolschewistische Methode der physischen Ausrottung» zu übernehmen, da sie «ungermanisch und unmöglich» sei. Offensichtlich schwankte die Berliner Judenpolitik, wie sie mit Millionen Juden insgesamt und konkret verfahren sollte. Daher lief die Ghettoisierung weiter, bis das Warschauer Ghetto 452 000 Juden in 61 300 Wohnräumen aufgenommen hatte; bis zum Herbst 1941 gab es dort schon 100 000 Todesfälle. Um Lublin wiederum sollte, das war damals Heydrichs Vorstellung, ein riesiges «Judenreservat» zur Konzentration möglichst vieler Juden in einem einzigen «Reichsghetto» entstehen. Nach seiner Meinung – und er war längst zu einer der fatalen Schlüsselfiguren der Judenpolitik aufgestiegen – gab es damals nur drei Optionen: Die Zusammenführung der Juden in Ghettos, die Einrichtung eines Reservats im Osten oder die Massenauswanderung.

Tatsächlich hat die forcierte Auswanderung zu Beginn der zweiten Phase vom Juni 1940 bis zum Juni 1941 zahlreiche Beamte im Auswärtigen Amt und im Reichssicherheitshauptamt 1940/41 beschäftigt, als der sog. Madagaskar-Plan, die «Umsiedlung» von Millionen Juden auf die französische Inselkolonie, erörtert wurde. Abgesehen davon, daß die Insel in Kriegszeiten ohnehin nicht von einer Armada deutscher Transportschiffe angelaufen werden konnte, zielte dieser abenteuerliche Plan keineswegs auf friedliche Auswanderung, sondern entsprang einem inhumanen Vertreibungs-, ja letztlich schon Vernichtungswillen, da Millionen auf der tropischen Insel bis zum einkalkulierten Tod hilflos hätten dahinvegetieren müssen. Nach einigen Monaten war klar, daß die Anzahl von mehr als drei Millionen jüdischer Polen jedes Auswanderungsprojekt, zumal angesichts der unangefochtenen britischen Seeherrschaft, überforderte. Auch der Gedanke, Millionen jüdischer Erzfeinde im östlichen «Lebensraum» in einem Reservat zusammenzuführen oder hinter die künftige Militärgrenze am Ural abzudrängen, damit also als potentiellen Gefahrenherd zu erhalten, wurde aufgegeben.

Also wurden vorerst die Ghettos weiter vollgepreßt: Warschau, Lodz, Lublin, Radom, Krakau. Allerdings stockte die «Umsiedlung» ins Generalgouvernement, da seit Anfang 1941 die Transportmittel für den Aufmarsch von Millionen Soldaten des Ostheeres gebraucht wurden. Und diese Stockung steigerte wiederum den Unwillen der Lokal- und Regionalsatrapen, die auf eine «endgültige» Lösung drängten. Im Warthegau befürwortete Gauleiter Greiser, der dem Zeitpunkt entgegenfieberte, zu dem er sein Gebiet als «judenfrei» melden konnte, ein radikales Vorgehen, um «die Juden zu erledigen». Im Juni 1940 eröffnete Heydrich Außenminister Ribbentrop in einem vertraulichen Gespräch, daß man vielleicht eine inhaltlich nicht präzisierte «territoriale» Endlösung ins Auge fassen müsse; der «polizeiliche Einsatz» in Polen habe sich als «außerordentlich radikal» und daher als erfolgreich erwiesen. Neue Handlungsmaximen wurden dar-

2. Vernichtungskrieg – Lebensraumimperialismus – Judenmord 889

aus aber noch nicht abgeleitet. Statt dessen wurde ein knappes Jahr später die Möglichkeit erörtert, alle Juden in Riesenlagern für jeweils 300 000 Menschen zusammenzupferchen.

9. Als die Planung des Überfalls auf die Sowjetunion in ihre entscheidende Phase trat, veränderte sich die Konstellation für die deutsche Judenpolitik noch einmal. Zum einen war absehbar, daß weitere drei bis vier Millionen Juden dem Zugriff der deutschen Besatzungsmacht preisgegeben sein würden. Zum andern erweiterte die offen anvisierte Natur des Exterminationskrieges den Denk- und Handlungsspielraum auch in der Judenfrage. Für Hitler entfielen jetzt, im Zeichen des Rasse- und Vernichtungskriegs, alle bisher noch beachteten Rücksichten. Daher erging auch schon monatelang vor dem Beginn des Ostfeldzugs im Auftrag Hitlers vermutlich ein Befehl Himmlers an die «Einsatzgruppen», alle Juden im Hinterland der Front zu erschießen, wogegen von Partisanenbekämpfung noch mit keinem Wort die Rede war. Die Sipo- und SS-Männer in den «Einsatzgruppen» hatten daher längst vor dem Ostfeldzug die Gewißheit, daß der Massenmord an jüdischen Russen auf sie zukam. So sollte die erste Phase der «Endlösung» beginnen, und es fällt schwer, die Einstellung mancher Historiker zu verstehen, die sich strikt dagegen sträuben, darin den Anfang des Holocaust zu erkennen.

Der erste «Generalplan Ost», den Himmler am 24. Juni 1941 in Auftrag gegeben hatte, wurde ihm bereits nach knapp einem Monat am 19. Juli 1941 vorgelegt. Er setzte die «Entjudung» des künftigen Eldorados der Germanisierungspolitik voraus. Und am 31. Juli, fünf Wochen nach dem Beginn des Ostkrieges, erteilte Göring Heydrich den von diesem vorformulierten Auftrag, die Vorbereitungen «für eine Gesamtlösung der Judenfrage im deutschen Einflußgebiet in Europa» zu treffen; beziehe man England und die Türkei auf längere Sicht in diese Pläne ein, müßten insgesamt elf Millionen Juden erfaßt werden. Mitte August 1941 ordnete Hitler den gelben Stern für die deutschen Juden an, ließ jüdische KZ-Häftlinge in die Euthanasieaktion einbeziehen und unterstützte den Plan, alle deutschen Juden aus Böhmen und Mähren nach Osten zu deportieren. Mitte Oktober begann die Deportation der jüdischen Deutschen aus dem «Altreich», zum guten Teil wurden sie Opfer der Massenerschießung durch die Einsatzgruppen A und B.

Noch Ende Juni 1941 hatten die vier Einsatzgruppen mit ihrem blutigen Werk hinter der Front begonnen. Innerhalb weniger Wochen erschossen sie fast eine halbe Million Juden (insgesamt eine Million). Allein die Einsatzgruppe A tötete im Baltikum 320 000 Juden: Außer den Männern wurden auch die Frauen und Kinder, ohne eine Ausnahme zuzulassen, einbezogen. Die «Endlösung» der «Judenfrage» war auf die radikalste Weise in Gang gekommen. Doch die Täter verstanden es, das Ausmaß des Massenmords auf ungeahnte Weise noch einmal zu steigern.

Es unterliegt keinem ernstzunehmenden Zweifel, daß Hitler im Frühjahr 1941 den Übergang zur Massenvernichtung angeordnet hat. Ein schriftlicher Befehl ist bisher nicht gefunden worden, doch die langwierige Suche nach einem solchen Schlüsseldokument gleicht ohnehin der Jagd nach einer Chimäre (oder sie entspringt dem Wunschtraum der Historiker, möglichst auf eine zuverlässige schriftliche Quelle verweisen zu können). Denn es entsprach seit jeher Hitlers Herrschaftsstil, Grundsatzentscheidungen in einer allgemeinen Form mündlich mitzuteilen, und Lammers und später Bormann mußten dann den «Führerwillen» in konkretisierte Anweisungen für die operative Politik oder die Formulierung von Gesetzen überführen. Freilich sollte man sich unter Hitlers Befehl nicht nur einen einzigen Globalbefehl zur Judenvernichtung vorstellen, wie ihn Himmler erhalten haben will. Vielmehr wird es sich eher um schubweise radikalisierte Anweisungen aufgrund des Drängens von hohen Unterführern gehandelt haben.

Derselbe Stil herrschte auch und erst recht vor, wenn Hitler die Aufgaben der polykratischen Exekutivstäbe festlegte. Himmler hat sich daher durchaus glaubwürdig auf einen mündlichen Befehl Hitlers berufen, als er sich gegenüber dem Ostministerium am 28. Juli 1942 über den Judenmord äußerte: «Die Durchführung dieses sehr schweren Befehls hat der Führer auf meine Schultern gelegt.» Nie hätte es ein derart auf Hitler fixierter, subalterner Geist wie Himmler gewagt, ohne einen Führerauftrag das Riesenprojekt des Judenmordes allein von sich aus in Angriff zu nehmen, und nie hätte er sich in der formellen Amtskorrespondenz auf einen derartigen Führerbefehl berufen, wenn er ihn nicht tatsächlich erhalten hätte. Glaubwürdig hatte Himmler im März 1940 den Befehlshabern des Heeres versichert: «Ich tue nichts, was der Führer nicht weiß.» Außerdem sind drei Gespräche Himmlers mit Hitler überliefert, in denen vom Auftrag der «Endlösung» die Rede ist (30. 11. 1941, 7. 10. 1942, 19. 6. 1943), und in mindestens fünf Reden vor Gauleitern, Generälen und SS-Führern hat Himmler immer wieder versichert, daß er die Judenvernichtung auf Hitlers Befehl ausführe. Daß Himmler sich auch sonst mehrfach auf diesen Befehl berief, haben auch enge Mitarbeiter aus dem Arkanbereich des SS-Imperiums bezeugt: Bruno Streckenbach, der Amtschef des RSHA; Gottlob Berger, der Chef des SS-Hauptamtes; Rudolf Höß, der Kommandant von Auschwitz, will ebenfalls von Eichmann gehört haben, daß Himmler vor dem Sommer 1941 diesen Befehl von Hitler empfangen habe.

Daß die Befehlshierarchie so aussah, leuchtet aus den vorn ausführlicher diskutierten Gründen unmittelbar ein. Als Goebbels im März 1942 die Ermordung in Gaskammern als ein «barbarisches und nicht näher zu beschreibendes Verfahren» der Judenvernichtung charakterisierte, fügt er hinzu: «Auch hier ist der Führer der unentwegte Vorkämpfer und Wortführer einer radikalen Lösung.» Um den Führermythos nicht zu beschädi-

2. Vernichtungskrieg – Lebensraumimperialismus – Judenmord

gen, blieb Hitler freilich weiterhin darauf bedacht, daß er weder öffentlich noch halböffentlich mit dem Judenmord in Verbindung gebracht wurde. Ende 1941 wehrte er sich sogar strikt dagegen, überhaupt von der «Vernichtung» der Juden zu sprechen – eine Entscheidung, die Bormann mit einer schroffen Wendung gegen Gerüchte über die «Endlösung» dem Herrschaftsapparat noch einmal einschärfte.

Um ein hohes Maß an Tarnung des Mordgeschehens zu gewährleisten, wurde der Judenmord in abgelegenen polnischen und russischen Orten «allein im Geschäftsbereich des Reichsführers SS» begangen. Zu diesem Zweck wurden seit dem Herbst 1941 sechs große Vernichtungslager eingerichtet, die nicht, wie die herkömmlichen Konzentrationslager, das Schicksal der Insassen im Prinzip noch offenließen, sondern von Anfang an nur als letzte Station von Todeskandidaten vorgesehen waren. Im September 1941 entstanden Auschwitz und Majdanek, im Oktober 1941 Belzec, im Dezember 1941 Chelmno, im März 1942 Sobibor, im Juli 1942 Treblinka. Die beiden ersten Lager sahen die Ermordung oder «die Vernichtung durch Arbeit» vor – bei einer durchschnittlichen Lebenserwartung der Arbeitskräfte von vier Wochen bis maximal drei Monaten. Alle andern waren nur für den Massenmord angelegt, wobei tagtäglich 2500 bis 10000 Menschen unter unsäglichen Umständen das Leben genommen wurde.

Da bei den regelmäßig eingesetzten Exekutionskommandos der «Einsatzgruppen» und der Polizeibataillone, aber auch bei den SS- und Wehrmachtsverbänden inzwischen die psychische Belastung durch die kontinuierliche Teilnahme an Mordaktionen zutage trat, griffen die Organisatoren des Holocaust auf die Verwendung von Giftgas zurück, wie man das mit den Gaswagen bei der Euthanasieaktion T4 bereits erprobt hatte. Dasselbe technische Personal richtete jetzt erneut Gaswagen in Chelmno und dann unterirdische Gaskammern in Auschwitz ein, in denen das Gas Zyklon B verwendet wurde. Probeweise wurden im September 1941 900 russische Kriegsgefangene vergast, seit dem Oktober 1941 in Belzec und dann seit dem Februar 1942 in Auschwitz vor allem die herbeitransportierten Juden. Anstelle der üblichen Massengräber wurden in Auschwitz, das mit täglich bis zu 10000 Toten zur Vernichtungsstätte katexochen wurde und daher bis heute als Symbol für den Judengenozid dient, Krematorien mit gewaltigen Öfen zur Verbrennung von täglich bis zu 4750 Leichen gebaut.

Ermordet wurden in Chelmno 152000, in Majdanek 200000, in Sobibor 250000, in Belzec 600000, in Treblinka 900000, in Auschwitz wohl bis zu zwei Millionen Juden – nach dem Urteil seines Kommandanten Höß sogar drei Millionen. Währenddessen wurden Tausende von Juden in anderen, über ganz Europa verstreuten Lagern umgebracht, und auch die Einsatzgruppen mordeten unentwegt weiter. Erst Anfang November 1944, als die Anzahl der Opfer die 6-Millionen-Grenze überschritten hatte, brach Himmler das Unternehmen «Endlösung» ab.

Obwohl es die Rückschläge im Ostkrieg unabweisbar machten, die gesamte Transportkapazität in den Dienst der Kriegführung zu stellen, wurde rollendes Material in einem riesigen Umfang für den Abtransport von Juden aus Rußland, Polen und schließlich aus dem gesamten besetzten Europa in Anspruch genommen. Selbst als die russischen Truppen im Sommer 1944 in die ungarische Tiefebene einbrachen und zur Stabilisierung der deutschen Front die effektive Herbeiführung von Ersatzverbänden offensichtlich den Vorrang zu besitzen schien, wurden endlose Güterzüge umdirigiert, um noch in allerletzter Stunde möglichst alle 200 000 Budapester Juden nach Auschwitz zu transportieren. Diese krasse Unterordnung militärischer Notwendigkeiten unter den Primat der Judenvernichtung demonstriert unmißverständlich, wie Hitler und seine Helfershelfer ihre Prioritäten verstanden und durchsetzen konnten. Man kann geradezu sagen: Je fragwürdiger der Sieg im Osten wurde, desto haßerfüllter steigerten sich Hitlers Tiraden gegen die Juden, desto mehr trat auch sein Wille hervor, ungeachtet aller militärischen Rückschläge auf dem Kriegsschauplatz der Judenvernichtung seine «Mission» durch einen makaberen Sieg zu erfüllen.

Ein weiterer Beweis für den Vorrang des Judenmords auf der Prioritätenskala Hitlers und der Spitze der Exekutive, die den Holocaust ausführte, liegt in der Grundsatzentscheidung, daß trotz des eklatanten Mangels an Arbeitern das Arbeitskräftepotential von Millionen Juden nicht in den Dienst der Kriegswirtschaft gestellt wurde. Vielmehr behauptete ein kompromißloser Vernichtungswille zunächst seinen Vorrang vor jedem ökonomischen Kalkül, selbst wenn er ersichtlich dazu führte, daß katastrophale rüstungswirtschaftliche Auswirkungen dafür in Kauf genommen werden mußten. Mindestens 2,5 Millionen Juden wären, grob gerechnet, als industrielle Arbeitskräfte in Frage gekommen. Da die deutsche Arbeiterschaft von 1941 bis 1944 noch einmal um 4,6 Millionen eingezogener Männer abnahm, wäre dieser Rückgang um mehr als die Hälfte ausgleichbar gewesen, ohne in diesem Umfang mit einem zusätzlichen Aufwand auf deportierte ausländische Zwangsarbeiter zurückgreifen zu müssen. Doch wie das Ostministerium im Dezember 1941 auf eine Anfrage zur «Judenbehandlung» verbindlich erklärte: «Wirtschaftliche Rechnungen sollen bei der Regelung des Problems grundsätzlich unberücksichtigt bleiben.»

Diese dogmatische Entscheidung wurde freilich, da es bei der heterogenen Belegschaft der regulären Konzentrationslager nur mehr um eine Minderheit von jüdischen Häftlingen ging (1945 200 000 von 720 000 Insassen), bereits 1942 etwas aufgeweicht, als erstmals 90 000 KZ-Insassen in Kontingenten von bis zu 500 Männern an Industriebetriebe gegen eine an die SS als Leihfirma zu entrichtende Gebühr für die Sklavenausbeutung vermietet wurden. 1943 waren es 300 000, 1944 sogar 700 000 ausgeliehene KZ-Arbeiter. Deshalb entstanden rings um die Konzentrationslager rund 1000 Nebenlager für temporäre Arbeitskräfte. Allein Auschwitz besaß 39 sol-

2. Vernichtungskrieg – Lebensraumimperialismus – Judenmord

cher Außenlager. Aber auch in jeder größeren deutschen Industriestadt waren die morgens und abends unter Bewachung marschierenden Arbeitskolonnen aus den Nebenlagern eine vertraute Erscheinung im Straßenbild. Auch in Polen gab es zeitweilig Hunderte von kleinen Lagern für jüdische Zwangsarbeiter. Großunternehmen wie die IG Farben, Siemens, Krupp, Heinkel, VW, die Hermann-Göring-Werke bedienten sich ebenso wie zahlreiche mittelständische Betriebe dieser billigen Arbeitskräfte, errichteten sogar eigene Betriebe in unmittelbarer Nähe des Hauptlagers, um das extrem kostengünstige Angebot ausnutzen zu können. Von einer wirksamen Hilfe, welche die Unternehmen im Hinblick auf die Ernährung, Kleidung und ärztliche Versorgung hätten leisten können, ist nichts bekannt. Offenbar war die Einstellung der IG-Farben-Manager nicht untypisch, daß diese ausgeliehenen Häftlinge ohnehin – wie die Sprache aus dem «Wörterbuch des Unmenschen» den Todesfall umschrieb – nach drei Monaten «abgearbeitet» seien.

Mit der ausdrücklichen Zustimmung Speers wurden seit 1943 KZ-Arbeiter bevorzugt in die Schlüsselunternehmen der Rüstungswirtschaft gelenkt, so daß dort schließlich fast eine halbe Million arbeitete; allein 140 000 von ihnen waren in den ausgelagerten unterirdischen Anlagen, etwa im thüringischen Nordhausen, unter so unmenschlichen Arbeitsbedingungen tätig, daß ihre Sterbequote noch einmal steil hochschnellte. Betriebsabteilungen mit diesen ausgepowerten Leiharbeitern erreichten freilich nur 17 Prozent der durchschnittlichen Produktivität.

Wie konnte ein so ungeheuerlicher Vernichtungs- und Versklavungsprozeß initiiert und schließlich im gesamten besetzten Europa mit mörderischer Präzision und Konsequenz durchgeführt werden? Auch wenn man dem mit Besessenheit verfolgten, axiomatischen, in seinem Weltbild tief verankerten Antisemitismus, dem Interpretationsmonopol und der Entscheidungskompetenz des «Führers» in seinem charismatischen Herrschaftssystem die strategisch entscheidende Schubkraft und Legitimierungsfähigkeit zuspricht, war doch ein derart gigantisches, europaweit mit bürokratischer Perfektion ablaufendes Unternehmen nur unter bestimmten Vorbedingungen möglich. Zum einen wirkte eine Vielzahl von Organisationen und Dienststellen, Behörden und Sonderstäben bereitwillig daran mit; so wurden etwa die Reichsbahn und das Reichsverkehrsministerium, in dem Staatssekretär Albert Ganzenmüller zur Schlüsselfigur aufstieg, einbezogen; dort wurden die Transportpläne für das besetzte Europa ausgearbeitet, die Ziele waren bekannt. Zum anderen konnten Hunderttausende von aktiven Helfershelfern, auch unter den Einheimischen der besetzten Länder oder den deutschen Alliierten (im Oktober 1943 z. B. brachten rumänische Einheiten in Odessa mehr als 25 000 Juden um), in den Dienst des Genozid-Projekts gestellt werden, während Abermillionen von Beobachtern seine Vorbereitung in passiver Komplizenschaft hinnahmen. Beide

Aspekte setzten ein planungsfähiges, aktionswilliges, durch den «Führerwillen» legitimiertes Entscheidungszentrum voraus. Sie können mithin nicht aus dem Zusammenfließen unkoordinierter Einzelinitiativen erklärt werden, sooft sich auch ein spontaner Aktivismus in das Gesamtvorhaben einordnen mochte.

Bis zu seinem Ende war sich das Regime auch durchaus bewußt, daß die ungeheuerliche Dimension des Judenmords, weit über einen Tabubruch hinaus, eine gemeinhin unvorstellbare Verletzung zivilisatorischer Normen bedeutete. Die Führungsspitze hegte «stärkste Zweifel», ob ihre «Verbrechen populären Rückhalt fänden». Aus diesem Grunde wurde strengste Geheimhaltung befohlen und gewöhnlich auch gewahrt, um unkalkulierbare massenpsychische Reaktionen im Inneren, die im Grenzfall bis zur Infragestellung der Legitimationsbasis des «Dritten Reiches» hätten reichen können, gar nicht erst aufkommen zu lassen. In seiner berüchtigten Posener Rede vor SS-Führern nannte Himmler im Oktober 1943, voll unverhohlenen Stolzes auf die «anständig» vollbrachte «Leistung» der SS, die Judenvernichtung ein «niemals zu schreibendes Ruhmesblatt unserer Geschichte». Denn man könne erst «in ganz, ganz später Zeit sich einmal überlegen,... ob man dem deutschen Volke etwas mehr darüber sagt. Ich glaube, es ist besser, wir nehmen das Geheimnis mit in unser Grab.» Und auch Goebbels gestand sich zumindest in seinem Tagebuch ein: «Wir haben sowieso so viel auf dem Kerbholz, daß wir siegen müssen, weil sonst unser ganzes Volk, wir an der Spitze... ausradiert wird.» Noch im März 1945 wurden daher Soldaten, die Berichte über die «Endlösung» unvorsichtig kolportiert hatten, hingerichtet.

Bisher laufen die Ergebnisse der zeitgeschichtlichen Forschung darauf hinaus, daß es dieser mit Sanktionsgewalt verteidigten Geheimhaltung gelungen ist, genauere Informationen von einem Großteil der Bevölkerung fernzuhalten. Aber Tausende von SS-Männern und Sicherheitspolizisten, Gestapo- und Kripoangehörigen, Verwaltungsbeamten und Experten des SS-Imperiums waren von Anfang an direkt involviert. Dazu kamen Hunderttausende von Wehrmachtssoldaten und Reichsbahnbeamten, die als Täter oder Beobachter den Massenmord selber oder doch seine Vorbereitung erlebten. Schließlich müssen es Millionen gewesen sein, die als Akteure oder Adressaten glaubwürdiger Berichte die Stoßrichtung des Holocaust, wenn auch wahrscheinlich nicht seinen vollen Umfang, kennengelernt haben. Dennoch hat sich unter diesen Millionen nirgendwo eine wirksame Opposition geregt. Nur vereinzelte Männer haben sich der Teilnahme an Massenerschießungen verweigert. Nur (oder immerhin) 15 000 jüdische Deutsche konnten dank ihrer Helfer in der Heimat untertauchen und überleben. Das macht die Willfährigkeit der Masse der Täter, die den Holocaust organisierten und realisierten, macht die Passivität der ihnen zuschauenden oder informierten Zeitgenossen um so erklärungsbedürftiger.

2. Vernichtungskrieg – Lebensraumimperialismus – Judenmord

Unübersehbar ist seit 1933, als der Führerstaat seine antijüdische Politik Schritt für Schritt vorantrieb, die mentale Hemmschwelle gegenüber einem aktiven rassistischen Antisemitismus rasch gesenkt worden. Trotzdem fanden spontane und daher irregulär wirkende Pogrome keinen öffentlichen Beifall. Dagegen wurde die legalistisch verkleidete Diskriminierung von jüdischen Deutschen, wie sie von den abertausend Ausnahmegesetzen und stigmatisierenden Vorschriften verkörpert wurde, protestlos, ja oft zustimmend hingenommen. Daß jüdische Nachbarn, darunter der eigene Kinderarzt oder Anwalt, über Nacht auswandern mußten, daß schlimme Geschichten über jüdische Erfahrungen im KZ gelegentlich die Runde machten, vermochte die moralische Gleichgültigkeit, die gegenüber solchen Schicksalsschlägen vorherrschte, nicht aufzubrechen oder fand sogar hämischen Beifall. Dennoch blieb dieser abstoßend ubiquitäre Antisemitismus des nationalsozialistischen Alltags in der Regel noch weit entfernt von tödlicher Gewalt, erst recht von planmäßigem Massenmord. Wenn es zu Gewalt kam, wurde sie vorerst vom indoktrinierten SS-Mannschaften in den KZ oder von herbeikommandierten SA-Kommandos während der Pogrome, etwa in der «Reichskristallnacht», ausgeübt. Dank der Meinungsforschung, die der SD mit viel Aufwand betrieb, war das Regime auch über diese ambivalente Grundstimmung ziemlich genau informiert. Eine Stärkung seiner Legitimationsbasis konnte es, das lag danach auf der Hand, von der Ermordung von Juden keineswegs erwarten.

Der Übergang zur physischen Liquidierung in größerem Stil: durch Deportation, Ghettoisierung und vor allem Erschießung ist daher seit Kriegsbeginn den Weltanschauungskriegern der SS-Exekutive und den zugeordneten Sondereinheiten übertragen worden, die unter strengem Schweigegebot ihren Liquidierungsbefehlen nachkamen. Wie in einem System konzentrischer Ringe weitete sich dann jedoch der Teilnehmerkreis stetig aus, da im annektierten oder besetzten Polen die Höheren SS- und Polizeiführer und Gauleiter, die Stadtkommandanten und Polizeiführer mit einer Vielzahl von Dienststellen und Verwaltungsstäben in die militante Judenpolitik einbezogen wurden oder sich sogar danach drängten, an ihr mitwirken zu können. Noch schwankte diese Politik zwischen forcierter Auswanderung, Ghettoisierung, Reservatbildung und regionalen Mordaktionen. So ließ etwa Gauleiter Greiser 100 000 Juden aus eigenem Ermessen töten, ehe er Himmler und Hitler um Autorisierung bat und diese auch prompt und umstandslos erhielt.

Doch mit dem Stau selbstgeschaffener Probleme, der Deportation der jüdischen Polen in längst überfüllte Ghettos oder Regionen, den Versorgungsengpässen und den Seuchengefahren wuchs auch der Wille zu einer «Lösung», die den Charakter der Endgültigkeit besaß, zumal die ideologischen Hauptziele: die Germanisierung «judenfreier» Räume und die «Entfernung» des jüdischen «Weltfeindes» in ihrer dogmatischen Starrheit unverändert bestehen blieben. Als im Frühjahr 1941 der Weltanschauungskrieg gegen die Sowjetunion vorbereitet wurde, fiel auch die Entscheidung Hitlers und der SS-Führung, ihn mit der «Endlösung» eines Exterminationskrieges nicht nur gegen 6,5 Millionen jüdischer Polen und Russen, sondern sogar gegen die gesamte europäische Judenheit zu verbinden. Alle provisorischen Zwischenlösungen traten vor der perversen Faszination, die von dem Holocaust-Projekt ausging, zurück, da sein Liquidierungsprogramm versprach, dem «Germanischen Reich» mit seinem «Lebensraum» die vollendete Rassereinheit zu bringen und die historische Mission des Nationalsozialismus: die Ausschaltung der Juden aus der Weltgeschichte, weithin zu erfüllen.

Während die Pelotons der «Einsatzgruppen» in maschinellem Tempo und horrendem Ausmaß den Massenmord in Rußland vorantrieben und seit dem September 1941 die großen Vernichtungslager eingerichtet wurden, nahm die zielstrebig und intentional beförderte Eskalation der Vernichtungspraxis zu, die keineswegs das Werk eines selbsttätigen «Entfaltungsprozesses» war. Zu dieser Eskalation gehörte jetzt sowohl die Ausdehnung der tödlichen Rassenpolitik auf das besetzte Europa als auch die Effizienzsteigerung durch eine intensivierte Organisation und die Einschaltung des gesamten Herrschaftsapparats.

Beiden Zielen sollte eine Konferenz aller mit der «Judenfrage» befaßten obersten Reichsbehörden dienen, zu der Himmler und Heydrich im Herbst 1941 einluden, um den einzigen Tagesordnungspunkt, die «Endlösung der Judenfrage», zu erörtern. Außer der SS, dem RSHA und der Wehrmacht sollte endlich die Reichsbürokratie in das Vorhaben eingebunden werden. Es ging mithin nicht um eine genaue Planungsarbeit, welche die Grundzüge des Judenmords erst zu entwickeln hatte, sondern um die Kooperation der Ressorts sowie die allgemeine Anerkennung von Heydrichs Schlüsselposition als Chefkoordinator. Die schließlich auf den 20. Januar 1942 verschobene Besprechung, die ominöse Wannsee-Konferenz, erwies in verblüffend kurzer Zeit, daß alle 14 Teilnehmer sich seit längerer Zeit über die Leitgedanken im klaren waren, wie die «Beseitigung» der Juden aussehen sollte. Offensichtlich werde es um «Eingriffe» gehen, hatte Generalgouverneur Frank im Vorfeld zutreffend vermutet, «die irgendwie zu einem Vernichtungserfolg führen». Denn mit den Juden müsse «so oder so Schluß gemacht werden». «Wir müssen die Juden vernichten, wo immer wir sie treffen und wo es irgend möglich ist.»

Vorsichtig von Heydrich gesteuert, akzeptierte die Runde ohne jedes Bedenken seinen Vorschlag, in zwei Stufen vorzugehen: erst auf die «Vernichtung durch Arbeit» zu setzen und dann die offenbar zähen Überlebenden einer «Sonderbehandlung» zu unterziehen. Von einer Um- oder Aussiedlung war mit keinem Wort mehr die Rede. Es gab ohne jede Divergenz der Auffassungen einen «Vernichtungskonsens»: Mit allen Methoden

2. Vernichtungskrieg – Lebensraumimperialismus – Judenmord

bis hin zu den großen Eliminierungslagern sollte endlich das Ziel erreicht werden, daß Europa «von Westen nach Osten systematisch von Juden gesäubert» dastand. Der Protokollführer, «Judenreferent» Adolf Eichmann vom RSHA, hat nach eigenem Bekunden die ungeschminkten, derben Formulierungen der Beteiligten abgeschwächt. Seine Tarnsprache verhüllt aber nicht, wie bereitwillig sie die Verantwortung «nach oben» auf Heydrich – als Vertreter Himmlers und Hitlers – und «nach Osten» abwälzten.

Dermaßen durch die reibungslose Kooperationswilligkeit der höchsten Reichsbehörden unterstützt, konnte der Holocaust im Sinne seiner Initiatoren im besetzten Europa mit pedantischer Sorgfalt organisiert und zu Ende gebracht werden. Insofern sanktionierte die Wannsee-Konferenz zum einen nur, was Hitler, Himmler und Heydrich längst in Gang gesetzt hatten, und zum andern besiegelte sie die Entscheidung, daß der riesige bürokratische Stab der verschiedenen Ressorts fortab allen Anordnungen zur Judenpolitik widerspruchslos zu folgen hatte. Eher beiläufig bestätigte die Konferenz auch erneut die Grundeinstellung der Henkerfiguren vor Ort, die wie Einsatzgruppenchef Franz Walter Stahlecker die «im Ostraum erstmalig mögliche radikale Behandlung der Judenfrage» aus Überzeugung exekutierten, sie aber darüber hinaus noch in das umfassendere Vorhaben einbezogen, die «Gesamtreinigung des europäischen Raumes von allen Juden» zu vollenden.

Die Befehlshierarchie, die den Massenmord ausführte, erstreckte sich spätestens seit der Wannsee-Konferenz auf die SS und die Polizei, die Wehrmacht und die Reichsbürokratie einschließlich der Reichsbahn, auch auf die Gauleitungen und Lokalbehörden. Die Befehle selber wurden zum einen gegeben von planenden Schreibtischtätern. Sie trafen ohne erkenntliche Skrupel am grünen Tisch ihre Anordnungen, als ob es sich um konventionelle administrative Vorgänge handele. Diese Routine wurde dadurch erleichtert, daß das Elend der Betroffenen für sie unsichtbar blieb. Schwankende hielt die Angst vor Ungehorsam, vor Denunziation und Gestapoverhör zurück. Weithin herrschte aber auch ein im politischen Habitus gespeicherter latenter oder manifester Antisemitismus vor, der etwa die erzwungene «Umsiedlung» nach Osteuropa mühelos billigte. Und vor allem dominierte der in langwierigen beruflichen Sozialisationsprozessen antrainierte Respekt vor der Anordnung des Vorgesetzten, zumal wenn am Ende der Autoritätskette Heydrich oder gar Hitler stand.

Die Befehle wurden zum andern ausgeführt von Tätern vor Ort. Überzeugungstäter aus der SS und den KZ-Wachmannschaften, SD und Sipo, Ordnungspolizei, Gendarmerie und Feldpolizei konnten umstandslos eingesetzt werden. Ihnen standen lettische, litauische und ukrainische, rumänische, ungarische und französische Schergen bereitwillig zur Seite, die freilich ohne die deutsche Initiative mit ihren unverhofften Gelegenheiten die Riesenpogrome und Vernichtungsaktionen nicht selber entfesselt hätten. Die Polizeibataillone im Hinterland, die von einer Massenerschießung zur andern eilten oder Hunderte von Menschen in Synagogen verbrannten, folgten ihren Befehlen. Das taten auch Wehrmachtseinheiten, denen mit der vermeintlichen Vergeltung für Partisanenüberfälle oft eine Brücke gebaut wurde; so erschoß etwa die 107. Infanteriedivision kurzerhand 10 000 Juden in Weißrußland. Auf den höheren Offiziersrängen, namentlich in der Generalität, gab es genug antisemitische Schreibtischtäter, welche durch ihre Tagesbefehle die Truppe in die Pflicht nahmen, am Judenmord als «völkischer» Aufgabe mitzuwirken.

Wie das im Hinblick auf die Brutalisierung des Krieges bereits vorn erörtert worden ist (V.1.a), wirkte sich der Gruppendruck zugunsten der Teilnahme an Liquidierungsunternehmen ganz so nachhaltig aus wie die Furcht vor dem Vorwurf, sich als Feigling vor einer Belastung drücken zu wollen. In «pervertierten Männlichkeitsritualen» wurde die neue «Dienstaufgabe» ausgeführt. Die Macht, über Leben und Tod von Menschen zu entscheiden, besaß einen morbiden Reiz. Oft tat der Alkohol das Seine zur Enthemmung. Mit der Befehlsverweigerung war ein hohes Risiko verbunden. Die fremdartige Umgebung der osteuropäischen Judendörfer und «Schtetl» steigerte die von vielen längst verinnerlichte Aversion gegen die «jüdischen Untermenschen». Viele ahnten oder wußten, daß hinter den Befehlen ihrer Vorgesetzten die Entscheidung ihrer Führungsspitze stand. Aus all diesen Gründen wurden Handlungsspielräume, die es auch unter diesen extrem restriktiven Bedingungen gab, nur außerordentlich selten zugunsten der Opfer genutzt. Letztlich ausschlaggebend aber war die moralische Widerstandsunfähigkeit in einer politischen Kultur, welche die Verteidigung universeller Menschenrechte weder verlangt noch eingeübt, sondern sie als schale Aufklärungsrhetorik abqualifiziert hatte.

Die planmäßige Ausführung des Holocaust wird, wie schon ein unvollständiger Überblick zeigt, durch die territoriale Verteilung der ermordeten Juden verdeutlicht. Die Opfer stammten:
- aus dem «Altreich», 160 000 von 500 000;
- aus Österreich, 65 000. 15 000 Juden konnten im Reich untertauchen, nur 13 700 aus dem KZ befreit werden;
- aus Polen, 2,7 Millionen von drei Millionen, davon zwei Millionen in den Vernichtungslagern;
- aus dem unter deutscher Besatzungsherrschaft stehenden Rußland, 2,8 von drei Millionen; in Polen und Rußland überlebten jeweils nur vier Prozent;
- aus Jugoslawien, 65 000 von 82 000;
- aus Griechenland, 63 000 von 70 000;
- aus Rumänien, 350 000 von 730 000, zum großen Teil durch die faschistische «Eiserne Garde»; dagegen konnten aus noch immer nicht befriedigend geklärten Gründen alle Juden in Bulgarien gerettet werden, wäh-

2. Vernichtungskrieg – Lebensraumimperialismus – Judenmord

rend die Juden in den von Bulgarien, aber auch von Rumänien und Ungarn annektierten Gebieten besonders gnadenlos liquidiert wurden;
- aus Großungarn, 527 000 von 800 000, zuletzt noch 80 000 aus der Hauptstadt mit aktiver Beteiligung der radikalfaschistischen «Pfeilkreuzler»;
- aus der Slowakei, 68 500 von 137 000;
- aus dem «Reichsprotektorat Böhmen und Mähren», 72 000 von 137 000; 40 000 konnten noch auswandern, nur 15 000 überlebten im Land;
- aus Holland, 105 000 von 140 000 (112 000 waren Staatsbürger, 28 000 Zugewanderte);
- aus Belgien, 28 000 von 50 000; immerhin konnte fast die Hälfte gerettet werden;
- von den 7000 Juden in Dänemark konnte sich die übergroße Mehrheit retten, obwohl dort der Gestapo- und RSHA-Organisator Werner Best als Reichskommissar die politische Kontrolle ausübte. Finnland lehnte jede Auslieferung ab; jüdische Finnen kämpften gegen die Sowjetunion.
- Vichy-Frankreich setzte bereits seit dem Juli 1940 eigene antijüdische Gesetze in Kraft und kooperierte bei der Judenverfolgung bereitwillig mit den deutschen Dienststellen, auch als im März 1941 mit klar erkennbaren Intentionen die Deportation nach Osten einsetzte. 76 000 von 300 000 Juden (Mai 1940) wurden ermordet.

10. Die Bilanz fällt niederschmetternd aus: Zwei Drittel aller Juden im besetzten Europa vermochten die Vernichtungsaktionen nicht zu überleben, als die Funktionseliten in der SS und Polizei, Verwaltung und Wehrmacht, oft unterstützt von einheimischen Kollaborateuren, den Holocaust realisierten. Bei näherem Hinsehen fallen aber auch in den verschiedenen Besatzungsgebieten auftretende drastische Abweichungen vom Ziel der vollendeten «Ausmerze» auf. Sie sind in der Tat so auffällig, daß sie die Frage nach den Handlungsspielräumen individueller Verantwortung, die trotz der Zwangslage beim tödlichen Zugriff offenbar bestanden haben, noch einmal aufwerfen. In Polen, im Baltikum, in der Tschechoslowakei, in Griechenland und Holland wurden weit über 70 Prozent der Juden umgebracht, in der Sowjetunion und in Jugoslawien nur etwas weniger, aber in Frankreich, Luxemburg, Italien, Norwegen und Dänemark konnte die Mehrheit überleben.

Offensichtlich hängen diese Differenzen mit dem verschiedenartigen Charakter der jeweils etablierten deutschen Gebiets- und Besatzungsherrschaft zusammen, in dem sich der typische Kompetenzwirrwarr des «gelenkten Chaos» polykratischer Herrschaftsparzellierung und -überschneidung widerspiegelte.

a. Zum einen wurden Gebiete vom Reich formell annektiert und seiner Verwaltung unterstellt (Danzig-Westpreußen, Warthegau, Südostpreußen, Ostoberschlesien).

b. Zum andern wurden ihm Gebiete angegliedert, aber noch nicht formell inkorporiert (Elsaß-Lothringen, Luxemburg, Untersteiermark, Kärnten/Krain, die Region um Bialystok); diese Gebiete unterstanden den Chefs der Zivilverwaltung.

c. Zum dritten gab es fremde Territorien unter deutscher Zivilverwaltung, die entweder unter dem «Schutz des Reiches» standen (Dänemark) oder in die «großgermanische Sphäre» fielen und später für eine Annexion in Frage kamen (Norwegen, Holland); dort fungierten Reichskommissare als Repräsentanten der Besatzungsherrschaft. Und schließlich gehörten dazu riesige östliche Gebiete, die für die künftige germanisierende Besiedlung vorgesehen waren (Böhmen, Mähren, das Generalgouvernement, die Ukraine und «Ostland», das Baltikum und Nordostpolen). Hier herrschten der «Reichsprotektor», der «Generalgouverneur» und die Reichskommissare im Stil eines modernen Kolonialabsolutismus.

d. Viertens gab es Gebiete unter deutscher Militärverwaltung. Dabei sind zu unterscheiden die Militärbefehlshaber (in Belgien, Frankreich, Serbien, Saloniki/Ägäis, Südgriechenland/Kreta) und die Oberbefehlshaber der Heeresgruppen im Operationsgebiet der Wehrmacht in der Sowjetunion.

Ins Auge sticht sofort der fundamentale Unterschied der Herrschaftsstrukturen in den Besatzungsregimes im Osten und im Westen. Mit ihnen hängt unmittelbar zusammen die unterschiedliche Durchsetzungsfähigkeit der Machtapparate, die den Judenmord betreiben. Im Osten existierte insgesamt die Vorherrschaft dogmatischer NS-Führungskader (Frank, Greiser, Lohse, Koch, Kube, Rosenberg) im Umkreis des allgegenwärtigen SS-Imperiums, das auch im Hinterland der Ostfront von vornherein dominierte oder die Wehrmacht für eine dienende Kooperation gewann. Hier konnten die Initiatoren des Holocaust wie in einem bevölkerungspolitischen Labor ihre totalitäre Utopie des rassereinen Großraums in einem erschreckenden Maß verwirklichen. Die relative Autonomie der gläubigen Dogmatiker in den SS-Ämtern begünstigte ihre auf den Führerwillen gegründete «tödliche Effektivität». In der Konkurrenz mit anderen Zweigen der Reichsbürokratie und Sauckels «Arbeitseinsatz», Todts und Speers Ministerium, Wehrmacht und OT vermochten sie sich durchweg durchzusetzen – im Grenzfall unter Berufung auf ihre führerimmediate Stellung oder den expliziten Führerbefehl. Das Fazit: Wo dogmatische nationalsozialistische Satrapen und die polykratischen Exekutivstäbe der charismatischen Führerherrschaft wegen der schwächsten restriktiven Bedingungen die Vorherrschaft besaßen, konnte der Judenmord am umfassendsten ausgeführt werden.

Anders dagegen war die Lage im Westen, wo die unterschiedliche Struktur der Besatzungsverwaltung zu anderen Ergebnissen führte. Das zeigt ein Vergleich von Holland, Belgien und Frankreich, der durch die Einbeziehung der Sonderbedingungen in Skandinavien und Italien noch bestätigt würde. Die drei westeuropäischen Länder waren vom Frühjahr 1940 bis

2. Vernichtungskrieg – Lebensraumimperialismus – Judenmord

zum Herbst 1944 besetzt. Für das Reichssicherheitshauptamt bildeten sie aber eine einheitliche Region, wo die Judendeportation seit dem März 1942 betrieben wurde; beim Vollzug traten bemerkenswerte Unterschiede zutage.

In Holland war die Stellung von Reichskommissar Seyß-Inquart längst ausgehöhlt worden; der «Vertreter des Auswärtigen Amtes» wurde nicht in die Judenpolitik einbezogen. Der SS war daher der direkte Zugriff möglich, der 76 Prozent der Juden das Leben kostete. In Belgien dagegen erwiesen sich der Militärbefehlshaber General Alexander v. Falkenhausen und der zivile Verwaltungsstab gegenüber dem Drängen der SS, zumal sie nicht durch einen Höheren SS- und Polizeiführer vertreten war, als auffällig resistent, so daß 22 000 Juden gerettet werden konnten. In Frankreich wiederum setzte die Fragmentierung des Landes ihre eigenen Grenzen gegen eine effiziente Deportationspolitik. Denn Frankreich lebte unter fünf verschiedenartigen Besatzungsregimes. Es gab die deutsche Zone unter militärischer Aufsichtsverwaltung, die den Generälen Carl Heinrich v. Stülpnagel (1940/42) und Otto v. Stülpnagel (1942/1944) unterstellt war; das Norddepartement war dem Militärbefehlshaber in Belgien unterstellt worden; Elsaß-Lothringen wurde von dem badischen Gauleiter Robert Wagner als Chef der Ziviladministration verwaltet; im Süden gab es eine kleine italienische Zone und mit Vichy einen unbesetzten Satellitenstaat, dem eigentümlicherweise weiterhin die Polizei im ganzen Land unterstand. Die Zurückhaltung der deutschen Militärverwaltung konnte der im März 1942 installierte Höhere SS- und Polizeiführer nicht wettmachen, so daß es im wesentlichen auf die Kollaboration des Pétain-Regimes zurückzuführen war, daß ein Viertel der französischen Juden nach der Deportation den Tod fand, drei Viertel aber, da die SS kein eigenes Herrschaftsgebiet hatte bilden können, wegen des manche Sicherheitsinseln schaffenden Kompetenzwirrwarrs überleben konnten.

Der unterschiedliche Grad des Antisemitismus in den besetzten Ländern hat keine entscheidende Rolle für die deutsche Judenpolitik gespielt. In Osteuropa und Rußland führte ein giftiger endogener Antisemitismus dazu, daß Tausende von Einheimischen sich an den deutschen Vernichtungsaktionen beteiligten. Trotz seines traditionellen und virulenten Antisemitismus, dem Vichy durchaus nachgab, konnten aber in Frankreich 75 Prozent der Juden irgendwie überleben. Dagegen vermochte in Holland ein nur schwach ausgeprägter Antisemitismus nicht die hohe Verlustquote zu verhindern, und die bravouröse Verteidigung der jüdischen Staatsbürger in Dänemark erklärt nicht die verblüffende Rettung von fast allen.

Es bleibt daher bei dem Eindruck, daß dort, wo die außernormative SS-Herrschaft im Auftrag des charismatischen «Führers» ohne hemmende Barrieren ausgeübt wurde, der Holocaust eine horrende Dimension erreichte. Wo aber konkurrierende politische und militärische Gewalten, die mit einer gewissen Widerspenstigkeit die Judenpolitik öfters eher begleiteten als daß sie sie forciert hätten, ein unübersichtliches Handlungsfeld schufen, konnte sich auch der Führerstaat mit seinen bedenkenlosen Sondergewalten nur partiell durchsetzen.

Wenn schon die Natur der Besatzungsherrschaft sich so deutlich auswirkte – was hätte ein entschiedener Protest der beiden christlichen Kirchen, zusammen mit dem Offizierkorps, bei einem «Führer» erreichen können, der auf Stimmungen Rücksicht zu nehmen pflegte, wie das der Erfolg von Bischof v. Galen beweist? Aber beide Kirchen haben nicht einmal den Versuch unternommen, und im Offizierkorps war der Antisemitismus bekanntlich noch tiefer als in der Bevölkerung verwurzelt.

Kompetente Schätzungen kommen auf 300 000 deutsche Täter, die auch 1,5 Millionen jüdische Kinder, ein Viertel aller Opfer, niedergemetzelt oder vergast haben. Diese Vernichtungseinheiten setzten sich zusammen aus den vier Einsatzgruppen (3000 Mann), der 1. SS-Brigade (4000 Mann), der SS-Kavallerie-Brigade (7200 Mann, beide waren dem Kommandostab Himmler direkt unterstellt), aus 26 Polizeibataillonen, der Geheimen Feldpolizei, der Feldgendarmerie, den Soldaten der Feldkommandanturen und der Sicherungsdivisionen im Hinterland. Hinzu stieß eine beträchtliche Zahl von Abertausenden von einheimischen «Hilfswilligen». Insgesamt ist daher die ursprünglich angenommene Anzahl von 250 000 Mordaktivisten durch die Spezialisten der Forschung inzwischen auf 300 000 erhöht worden.

In der Bundesrepublik sind insgesamt nicht einmal 500 dieser Täter wegen ihrer Teilnahme am Judenmord verurteilt worden. Alle anderen, mithin nicht viel weniger als 300 000, kehrten, sofern sie den Krieg überlebten, in das friedliche Alltagsleben unangefochten zurück und erlebten nicht selten noch eine erstaunliche Berufskarriere.[9]

3. Die Steigerung des Führerabsolutismus: charismatische Herrschaft und Staatszerfall

Das Verfassungsgefüge, das der Führerstaat in den ersten fünf Jahren errichtet hatte, wurde 1938/39 aufgebrochen, als der Ausbau der «überstaatlichen Selbstherrschaft» Hitlers im Zeichen einer zielstrebigen Radikalisierung und eines unbändigen Kriegswillens forciert vorangetrieben wurde. Das Führungspersonal der Wehrmacht und des Auswärtigen Amtes wurde ausgetauscht, die Gleichberechtigung der vergrößerten SS-Verbände gegen die Wehrmacht durchgesetzt, die wirtschaftspolitische Steuerung gestrafft, das Ende der kollegialen Kabinettssitzungen besiegelt, das Judenpogrom als staatlich gelenkte Gewaltaktion inszeniert. Bei alledem erwies sich Hitler stets als treibende Kraft. Zugleich lernte er, welche Radikalität den willfährigen konservativen Machteliten und formal weiteragierenden Regie-

3. Charismatische Herrschaft und Staatszerfall 903

rungspartnern zugemutet werden konnte. 1939 besaß er die Alleinverantwortung für die hektische Abfolge außenpolitischer Krisen, schließlich für die Kriegsentscheidung. Der Einschnitt des Krieges wiederum löste einen «neuen Akzelerationsprozeß politischer Aggressivität» aus, der sich insbesondere an der Bevölkerungs- und Rassen-, Germanisierungs- und Judenpolitik im Osten wie im Reich ablesen läßt.

Die erfolgreichen Blitzkriege gegen Polen und Frankreich verstärkten, da sie das gereizte nationalistische Selbstgefühl der Deutschen zutiefst befriedigten, den Führermythos mit einer ungeahnten Kraft. Denn Hitler hatte nicht nur die Traumata der Kriegsniederlage und der Versailler Demütigung geheilt, sondern auch noch den Nimbus des genialen Feldherrn hinzugewonnen. Dadurch wurde das Image des charismatischen Messias, der sein Volk auch durch die Gefahrenzone des Krieges zielsicher steuerte, um eine neue Dimension erweitert.

Der Preis für die Konzentration auf die neue Rolle des glorreichen Kriegsherrn bestand aber darin, daß Hitler sich zunehmend von den Geschäften des Reichskanzlers ablöste. Mit dem Umzug in sein Führerhauptquartier an wechselnden Standorten war auch die räumliche Entfernung vom Regierungssitz mit seinen Amtsgeschäften verbunden. Hitler hörte faktisch auf, der leitende Politiker im Zentrum des Staatsapparates zu sein. Damit tat sich auch ein unvorstellbares Informationsgefälle zwischen den Berliner Ministerien und dem Führerhauptquartier auf.

Doch zunächst machte sich das nicht als Blockierung bemerkbar, da Hitler seit jeher, erst in der Partei, dann im Staat, der «Taktik des Gewähren- und Experimentierenlassens» aus der Distanz gefolgt war, um durch den erbitterten Konkurrenzkampf «Initiative, Spontaneität und Aktivität» zu erzeugen. Sein Verhalten bezeugte nicht etwa habituelle Unentschlossenheit oder einen bohèmehaften Laissez-faire-Stil, sondern es folgte einer konsequenten Herrschaftstechnik, die es ihm erlaubte, inmitten des Aktionismus den «ehrlichen Makler» widerstreitender Interessen zu spielen, ehe er im Zweifelsfall sein Entscheidungsmonopol demonstrierte. Auf diese Weise hatte sich ein Klientelsystem mit zahlreichen Satrapen und Sonderexekutiven herausgebildet, das ganz auf den Charismaträger ausgerichtet war.

Auch im Krieg blieben die Zentralfunktionen des «Dritten Reiches» weiterhin direkt auf Hitler zugeschnitten, ja mit den zahllosen Entscheidungen über Leben und Tod nahm die Führerfixierung noch erkennbar zu. Durch die soziale Selbstisolierung in den weit abgelegenen Führerhauptquartieren wurde die Koordination der Staatsgeschäfte aber außerordentlich erschwert. Reichskanzleichef Lammers mußte seit dem Herbst 1939 um Termine förmlich betteln. Deshalb suchte er die Anlehnung an Himmler, wurde auch zum SS-Obergruppenführer ernannt, konnte aber selbst dadurch nicht verhindern, daß sein Stern steil sank.

Die Koordinationsaufgabe wanderte statt dessen endgültig hinüber in die Parteikanzlei, in der nach Heß' Englandflug Bormann im Mai 1941 zum neuen Chef mit der Stellung eines Reichsministers aufstieg. Durch einen Erlaß Hitlers wurde er überdies im April 1943 mit der exklusiven Vertrauensstellung eines «Sekretärs des Führers» ausgestattet. Im Vorhof der Macht sammelte Bormann – arbeitsfähig, ehrgeizig, Hitler ergeben – in rasch wachsendem Maße okkasionelle Einflußchancen. Da er an der Allzuständigkeit Hitlers partizipierte und außerdem täglich mehrfach den Zugang zum Machthaber besaß, setzte er trotz der Kompetenzkonflikte mit einigen Rivalen relativ unangefochten dessen «arbiträren Rechtsdezisionismus» in Führerbefehle und materielles Recht von oft ungeheurer Tragweite um. Im Kern wurde das Staatsrecht in die individuellen Befehle des Diktators transformiert. Das war nicht ohne innere Systemlogik, da Hitler sich aus allen institutionellen Bindungen gelöst hatte und in seiner Person die deutsche Staatsgewalt verkörperte.

Das charismatische Herrschaftssystem, das stets auf dem personalistischen Vertrauensverhältnis des «Führers» zu seiner «charismatischen Aristokratie» mit ihren Sonderstäben zur Umgehung der Staatsbürokratie beruht hatte, erreichte erst jetzt seine reinste Form. Da aber die Willensäußerungen Hitlers fast stets interpretationsbedürftig waren, entwickelte erst Bormann daraus «verwaltungsoperative Zieldefinitionen» mit endgültiger Verbindlichkeit. Zugleich verstand er sich darauf, ganz allgemeine Hinweise und Andeutungen Hitlers mit Hilfe der jeden Widerspruch ausschließenden Globalformel: Es entspreche «dem erklärten Willen des Führers», so und nicht anders zu verfahren, in sakrosankte Führerbefehle umzugießen.

Nur drei Institutionen entzogen sich Bormanns direktem Zugriff: Die Wehrmacht instruierte Hitler mit Hilfe seiner Adjutanten, des OKW und des OKH selber. Die Gauleiter verteidigten erfolgreich ihre weitreichende Autonomie. Und der Reichsführer-SS besaß seine eigene direkte Kommunikationslinie zu Hitler, so daß er das Vorgehen seiner Partikulargewalten ebenfalls auf unmittelbar erteilte Führerbefehle stützen konnte. Seinen Sonderstatus unterstrich er auch dadurch, daß er eine eigene Dependance im Führerhauptquartier unterhielt.

Im übrigen wurde der wachsende Realitätsverlust Hitlers Schritt für Schritt auch dadurch verstärkt, daß er nur mehr mit einem kleinen Personenkreis in ständigem Kontakt stand. Dazu gehörten Himmler, Göring, Speer und Goebbels; der eine stieg wegen seiner persönlichen Beziehung und der Bedeutung der Rüstungswirtschaft, der andere wegen seiner Propagandaaufgaben und Präsenz in Berlin zum hervorgehobenen Minister auf, zumal Hitler seit 1942 das Führerhauptquartier nur mehr selten verließ. Weiterhin zählten dazu die Generalstabsoffiziere, die Adjutanten, Leibärzte, Sekretärinnen und Chauffeure – keine repräsentativen Figuren eines kriegführenden 80-Millionen-Volkes.

3. Charismatische Herrschaft und Staatszerfall

Mit dieser Extremform charismatischer Herrschaft aus dem Führerhauptquartier hing – gemessen am herkömmlichen, nach rationalen Prinzipien gebauten Staatsapparat – die Entstrukturierung des deutschen Regierungssystems zusammen. Im Gefolge der progressiven Aufsplitterung des Regimes in atomisierte, verselbständigte Aktionszentren stellte sich die Konsequenz ein, daß die Gesamtorganisation staatlicher Herrschaft einem unaufhaltsamen Erosionsprozeß unterlag. Mit Hilfe der Führerbefehle konnten zwar von Fall zu Fall Anstöße gegeben, Richtlinien vorgeschrieben werden. Doch die rivalisierenden «Organisationen, Kompetenzen und Ambitionen» im institutionellen Dschungel des NS-Regimes ließen sich dadurch, trotz des äußeren Anscheins eines vom Diktator straff gesteuerten, monolithischen Machtaggregats, nicht im Zaum halten, vielmehr drifteten sie auseinander.

Dennoch stellte sich aufgrund dieser Entstrukturierung des staatlichen Regierungsapparats keine «Formlosigkeit» im strengen Wortsinn ein, da die charismatische Herrschaft ihr eigenes Ordnungsgefüge nicht nur behielt, sondern während der Kriegsjahre sogar noch in zugespitzter Form enthüllte. Wegen der Permanenz der Krisensituationen, in denen sich der Charismaträger jahrelang zu bewähren schien, unterlag sie auch nicht dem Verschleiß durch Veralltäglichung. Vielmehr blieb sie trotz aller immanenten Grenzen zu einer ganz außerordentlichen Machtentfaltung und Mobilisierung von Destruktionskraft imstande. Als entscheidende Antriebskraft erwies sich dabei immer wieder Hitlers Besessenheit, auf die Leitideen seines Weltbildes zurückzugreifen.

Trotz der häufigen Beliebigkeit der Entscheidungsbildung und trotz der jede «Gesamtkoordination und Regelhaftigkeit» in Frage stellenden Eigendynamik der partikularen Machtapparate hielt der Mythos um den charismatischen «Führer» und seine Befehlsgewalt der inhärenten Auflösungsgefahr Jahr für Jahr stand. Und wenn auch die Polykratie der Sonderstäbe und Satrapien mit ihrer rechtsenthobenen, verwaltungsunabhängigen, führerimmediaten Stellung die zentralisierte Staatsmacht auflösten, steigerte doch der Einfluß ebendieser Partikulargewalten an strategischen Stellen und auf herausgehobenen Wirkungsfeldern die Durchsetzungsmacht des «Führers», wie das besonders deutlich der Judenmord enthüllt. Insofern galt bis zuletzt eines der Grundgesetze des Regimes weiter, daß charismatische Herrschaft und Polykratie in wechselseitiger Verschränkung einander bedingten.

Seit Stalingrad wurde das Regime durch die horrenden Frontverluste, dann auch durch die Verwüstungen des Bombenkrieges allmählich, eigentlich noch immer erstaunlich langsam, an den Rand einer Legitimationskrise getrieben. Um der Auflösung der Kampfmoral an der inneren und äußeren Front zu begegnen, wurde der Terror in Gestalt der kompromißlosen «Gegnerbekämpfung» zu neuer Gewalt gesteigert.

Die deutsche Justiz hatte sich seit 1933 durch eine deprimierende «Selbstanpassung... an den dezisionistischen Führerwillen» hervorgetan. Hitlers bereits im März 1933 im Reichstag verkündete Maxime, daß das «Rechtswesen... in erster Linie der Erhaltung der Volksgemeinschaft» zu dienen und dem «gesunden Volksempfinden» zu folgen habe, war widerspruchslos übernommen worden. Folgerichtig waren zahllose Willkürentscheidungen im Namen dieses «Volksempfindens» gefallen, während gleichzeitig auf die gerichtliche Nachprüfung staatlicher und polizeilicher Tätigkeit verzichtet worden war.

Mit dem Beginn des Krieges wurde die Strafverfolgung verschärft, neue Tatbestände wurden eingeführt (z. B. Wirtschaftssabotage, Abhören ausländischer Sender), zusätzliche Sondergerichte eingerichtet, die Befugnisse der SS und Polizei im «außernormativen Bereich der Führergewalt» noch einmal erweitert, die Strafmaße erhöht. 1942 verhaftete die Gestapo 7311 Arbeiter wegen angeblicher Verletzung der Arbeitsdisziplin, 1944 waren es schon 42 501. 1940 richtete die NS-Justiz 926 Menschen hin, 1943 waren es schon 5336. Auch in der Folgezeit blieb diese Justiz bis zum Ende ein «unbarmherziger Büttel des Regimes». Selbst Hans Frank, der Despot von «Restpolen» und Präsident der «Akademie für Deutsches Recht», klagte 1942 unverhohlen: «Die Ausweitung des willkürlicher Anwendung ausgelieferten Vollmachtbereichs der polizeilichen Exekutivorgane hat zur Zeit ein solches Maß erreicht, daß man von einer völligen Rechtlosigkeit der einzelnen Volksgenossen sprechen kann.»

Bis zum April 1945 brachte es die deutsche Gerichtsbarkeit auf 16 000 Todesurteile. Sie gingen aus 12 000 Hochverratsverfahren und 40 000 Fällen vor den Sondergerichten hervor, die außer der Todesstrafe jahrzehnte- oder lebenslange Zuchthausstrafen verhängten.

Seit 1939 verhängte auch der 1934 installierte «Volksgerichtshof» die erdrückende Mehrheit seiner rund 5000 Todesurteile. Alle fünf Richter, darunter nur zwei Berufsrichter, waren von Hitler selber ernannt worden. Als Roland Freisler 1942 zum Gerichtspräsidenten aufstieg, fiel das Amt an einen Fanatiker der «Feindbekämpfung». Freisler sah die Sondergerichte als Verteidigungsbastionen an der «inneren Front» an, die den zweiten «Dolchstoß in den Rücken des Volkes verhindern sollten». Konsequent exekutierte er «Parteijustiz nach stalinistischem Vorbild». Unter seiner Ägide stieg die Zahl der Todesurteile von 102 (1941) um das Zwanzigfache auf 2097 (1944). Seinen Tiefpunkt erreichte der «Volksgerichtshof» unter diesem Präsidenten, als er Aberhunderte von Männern aus dem Umkreis der Verschwörer des 20. Juli 1944 in Gerichtsverfahren, die jeder Rechtsstaatlichkeit Hohn sprachen, zum Tode verurteilte. Insgesamt erreichte die Opferzahl nach dem 20. Juli die Höhe von 5000. Zu spät wurde Freisler im Februar 1945 während eines Bombenangriffs von den Trümmern des zusammenbrechenden Hauses erschlagen.

3. Charismatische Herrschaft und Staatszerfall

Auch die 1934 wieder eingerichtete Militärjustiz brachte es bis Kriegsende auf etwa 30 000 Todesurteile; mindestens 20 000 wurden durch Standgerichte vor allem in der zweiten Kriegshälfte verhängt. Selbst nach dem Waffenstillstand hielten es unerbittliche Militärjuristen vom Schlage des Marinerichters Hans Filbinger für richtig, in den alliierten Gefangenenlagern unter Berufung auf nationalsozialistische Rechtsnormen Todesstrafen zu verhängen – und ausführen zu lassen.

Der typischen Normenauflösung als Kennzeichen charismatischer Herrschaft korrespondierte mithin eine brutale Gewaltjustiz, die vom NS-Kodex abweichendes Verhalten, insbesondere die Verletzung des nationalsozialistischen Ausnahmerechts, mit einer barbarischen Ausweitung der Todesstrafe ahndete. Doch selbst die hochschnellende Opferzahl konnte die Erosion des Durchhaltewillens, der Kampfmoral und der dogmatischen Vorschriften der Führerdiktatur nicht mehr aufhalten.

Auch der schleichende Verfall des Führerglaubens ließ sich schließlich nicht mehr eindämmen. Die Zahl derer, die noch immer im Glauben an den «Endsieg» verharrten, schmolz dahin, zumal als Anfang 1945 die Reichsgrenzen von alliierten Truppen überschritten wurden. Hitlers letzte Rede wurde am 20. Februar 1945 als «Führerproklamation» von einem seiner «alten Kämpfer» aus der Münchener Clique, Staatssekretär Hermann Esser vom Propagandaministerium, verlesen – und löste eine überwiegend ablehnende Reaktion aus. «Der größte Demagoge aller Zeiten verfügte nun über kein Publikum mehr.»

In der gespenstischen Atmosphäre des Berliner Führerbunkers nahten die letzten Stunden. Göring, Speer und Ribbentrop verließen Berlin am Abend des 20. April, Hitlers 56. Geburtstag. Als Göring am 23. April anfragte, ob die Nachfolgeregelung zu seinen Gunsten in Kraft treten solle, wurde er nach einem Wutanfall Hitlers aller Ämter enthoben. Am 28. April wurden Himmlers Kontakte mit den Westalliierten bekannt, woraufhin Hitler ihn ebenfalls aus der Partei ausstieß. In seinem letzten Willensakt bestimmte er Goebbels zum Nachfolger als Reichskanzler, den fanatisch hitlergläubigen Großadmiral Dönitz zum Reichspräsidenten. Die Koppelung der höchsten Staatsämter in der einzigartigen Stellung des «Führers des Reiches» wurde von Hitler folgerichtig wieder aufgehoben, ehe er am 30. April Selbstmord beging. Obwohl der Führermythos im vergangenen Jahr zusehends verblaßt war, hielt die fatale charismatische Integrationskraft Hitlers bis in seine letzten Tage an. Keine Meuterei, kein Aufstand, kein Aufbegehren, keine Empörung der Deutschen, die ihm so lange in die Diktatur und in den Untergang gefolgt waren, machte ihr ein Ende.[10]

4. Das Scheitern des Widerstands: die Dominanz der Führerloyalität statt der Resistenz

Nach dem Zusammenbruch des Dritten Reiches und der Orientierungsunsicherheit in den späten 1940er Jahren wurde der deutsche Widerstand gegen die Diktatur, namentlich gegen den Tyrannen selber, in den beiden Neustaaten von 1949 aus unterschiedlichen Legitimationsgründen frühzeitig anerkannt und aufgewertet. Die deutschen Bolschewisten in der DDR verabsolutierten den kommunistischen Widerstand, der in der Tat den höchsten Blutzoll entrichtet hatte, bis hin zu seiner schrankenlosen Heroisierung im Kontext der Antifaschismus-Legende. Jahrzehntelang wurden die anderen Oppositionsströmungen völlig übergangen, wurde ihre Bedeutung schlichtweg geleugnet. In der Bundesrepublik suchte man ebenfalls nach Anknüpfungspunkten im Trümmerfeld der jüngsten Vergangenheit. Für diesen Zweck wurden die Verschwörer des 20. Juli als noble Opposition gegen Hitler überhöht, vom Odium des Hochverrats befreit und alsbald bis zur Monumentalisierung verklärt.

Die Entmythologisierung setzte hier erst mit der revisionistischen Kritik seit der Mitte der 1960er Jahre ein. Sie stellte die politischen und gesellschaftlichen Ziele der wichtigsten Widerstandsgruppen in Frage, indem sie ihre Bindung an autoritäre Traditionen des Kaiserreichs oder der antidemokratischen Opposition gegen die Weimarer Republik, einschließlich des geraume Zeit vorherrschenden Antisemitismus, herausarbeitete. Allmählich erweiterte sich dann das Interessenspektrum der Forschung wie der Öffentlichkeit, so daß das Verhalten in einzelnen Städten und Betrieben vermehrt untersucht wurde, bis im Zeichen eines alltagsgeschichtlichen Interesses an der sog. «Resistenz» das Festhalten an nicht-nationalsozialistischen Normen, Traditionen und Organisationen mit dem Ergebnis «kleiner Formen» des zivilen Mutes in den Mittelpunkt rückte. Der kautschukartige, vor allem «die Konsensdimensionen systematisch unterschätzende» Resistenzbegriff erwies sich aber als nicht trennscharf genug, da seine Anwendung Gefahr lief, daß nahezu jedes Verhalten außerhalb der demonstrativen Begeisterung für den Nationalsozialismus für ihn in Anspruch genommen werden konnte. Das erklärungsbedürftige Hauptproblem von Hitlers Deutschen bleibt aber ihre Führerloyalität bis zum Frühjahr 1945, nicht die unterschiedlichen Formen von «Resistenz».

Offensichtlich bedarf man der klaren Differenzierung zwischen zwei idealtypischen Verhaltenspolen. Zum einen ist da die partielle Nonkonformität mit ihrem abweichenden Verhalten aus Unzufriedenheit; zum anderen die aktive politische Opposition bis hin zur Konspiration mit evidentem Lebensrisiko. Dazwischen existieren fließende Übergänge mit verschwimmenden Grenzen. Man kann daher auch von vornherein zwischen zumindest vier Verhaltensstufen unterscheiden: der Nonkonformität

4. Das Scheitern des Widerstands

mit reservierter Haltung; der sozialen Verweigerung mit Dissens im Alltag; dem öffentlichen Protest aus politischer Opposition und der Loyalitätsaufkündigung bis hin zum aktiv betriebenen Umsturzunternehmen. Während die beiden ersten Verhaltensformen in vielen modernen Diktaturen trotz ihres Anscheins monolithischer Geschlossenheit auftreten und mit der auch ihnen gegebenen Reaktionselastizität bewältigt werden können, werfen die beiden anderen Einstellungen in aller Regel systembedrohende Probleme auf, wobei es in der Definitionsmacht des Regimes liegt, welche Widerstandsregungen es als systemgefährdend einordnen und dann unterdrücken will. Zu diesen Willkürentscheidungen erwies sich das NS-Regime von Anfang an, insbesondere aber in den Kriegsjahren, in auffallendem Maße imstande.

Vorerst aber folgte seine gewalttätige innenpolitische Disziplinierungs- und Pazifizierungsstrategie den programmatisch vorgegebenen Feindbildern, so daß die ganze Wucht der Verfolgung sich zunächst gegen die «marxistischen Parteien» richtete, von denen auch die entschiedenste Opposition gegen den heraufziehenden Führerstaat ausging. Inhaftierung und Terrorisierung dezimierten an erster Stelle das kommunistische Funktionärskorps. Da die KPD auf das Überwechseln in den Untergrund nicht vorbereitet war, wurde die Parteiorganisation im Nu zerschlagen. Als sich kleine Zellen insgeheim neu formierten, wurden sie von der Gestapo infiltriert und ausspioniert, dann wiederum verhaftet. Durchweg blieben zudem diese KPD-Reste von der Außensteuerung durch Direktiven der Stalinschen Politik abhängig. Gleichzeitig richtete sich die pathologische Säuberungswut des russischen Diktators auch gegen die in die Sowjetunion emigrierten deutschen Kommunisten. Ihr fielen dort mehr führende Köpfe zum Opfer als unter dem Nationalsozialismus.

Der Hitler-Stalin-Pakt übte auf die kommunistische Opposition in Deutschland verständlicherweise eine außerordentlich desillusionierende Wirkung aus. Diese politische Depression konnte erst nach dem Beginn des Rußlandkrieges überwunden werden. Wegen der kompromißlosen Bekämpfung kommunistischer Widerstandsgruppen durch den Polizeiapparat des NS-Regimes mag die Anzahl der Opfer die behauptete Höhe von 20 000 erreicht haben. Ihrer Überzeugungstreue und ihrem persönlichen Mut im Kampf gegen einen gnadenlosen Gegner wird man den Respekt nicht versagen wollen, wie man andrerseits ihrem borniertem Fanatismus, ihrer anhaltenden Verketzerung der Sozialdemokraten als «Sozialfaschisten» und ihren «Volksfront»-Illusionen mit dezidierter Kritik begegnen muß.

Vor allem aber läßt sich das Grunddilemma dieser ideologiepolitischen Opposition nicht auflösen. Gegen den Rechtstotalitarismus im Besitz der Macht kämpfte der kommunistische Linkstotalitarismus an, um selber die Macht zu erringen und seinen Irrweg in der neuzeitlichen Geschichte einschlagen zu können. Daß sich auch der Widerstand gegen die deutsche Diktatur daran messen lassen muß, ob er eine überlegene Alternative im Hinblick auf das Institutionengefüge der politischen Herrschaft, die effektive Kontrolle von Macht und die Respektierung von Menschen- und Grundrechten verfochten hat, gehört der Kampf zweier totalitärer Bewegungen zu jenen Auseinandersetzungen, die den Erfolg von keiner der beiden Seiten als wünschenswert erscheinen lassen.

Die Sozialdemokratie gab ihren Kampf gegen die Diktatur früher auf: Enttäuscht ob der eigenen Ohnmacht seit dem «Preußenschlag», niedergeschlagen nach der Härte der Verfolgung, rundum unvorbereitet auf einen solchen Kampf bis aufs Messer und unwillig, ihn mit niederdrückender Aussichtslosigkeit zu führen. Daher hatte sie auch weniger Opfer zu beklagen. Die Exil-SPD bemühte sich darum, von außen einen lockeren Kontakt zu widerstandswilligen Kleingruppen zu unterhalten, die durchweg ihr Mißtrauen gegenüber den kommunistischen Zellen beibehielten. Einige profilierte jüngere Politiker wie Julius Leber, Carlo Mierendorff, Wilhelm Leuschner, Theodor Haubach und Adolf Reichwein stießen schließlich zu jenem aktiven Widerstandskreis, der den Tyrannenmord am 20. Juli 1944 vorbereitete. Vor allem Lebers imponierende Persönlichkeit ließ ihn als künftigen Reichskanzler oder Reichsinnenminister geeignet erscheinen. Doch zu einer effektiven Störung des Getriebes der Diktatur waren der kommunistische und sozialdemokratische Widerstand zu keinem Zeitpunkt imstande.

Nahezu drei Jahrzehnte lang hat man unter der irreführenden Parole des «Kirchenkampfes» in den beiden christlichen Amtskirchen den Hort eines rühmenswerten Widerstandes gesehen. Das hat zu einer verzerrenden Überschätzung geführt. Zwar boten die Kirchen ihren Anhängern einen gewissen Freiraum, auch verdient die mutige Opposition katholischer Priester und einiger protestantischer Geistlicher alle Hochachtung. Doch an den neuralgischen Punkten versagten die Kirchen als Institutionen (vgl. IV. 1). Denn ihr Protest blieb aus, als die Republik zertrümmert, die Linke brutal dezimiert und der Rechtsstaat zerstört wurde, als die Euthanasieaktion tausendfach menschliches Leben vernichtete und Bischof v. Galen seinen einsamen Einspruch erhob; als die Massensterilisierung Hunderttausende ins Unglück stürzte; als die Ausgrenzung und Entrechtung der jüdischen Deutschen in aller Öffentlichkeit voranschritt und schließlich in die Ermordung des Großteils der europäischen Judenheit mündete. Für wie eingeengt man auch immer den Handlungsspielraum der Kirchen in der Führerdiktatur halten mag – sie nahmen das Risiko des öffentlichen Protestes gegen die Untaten des Regimes nicht auf sich, auch wenn das vorsichtige Taktieren, erst recht die Zustimmung den Verrat wesentlicher Elemente der christlichen Glaubenslehre implizierte.

Nachdem der Führerabsolutismus etabliert war, konnte er im Grunde

4. Das Scheitern des Widerstands 911

nur noch durch die Streitkräfte gestürzt werden. Hitler hatte aber erst die Reichswehr, dann die Wehrmacht nicht nur mit unleugbarem Geschick umworben, sondern auch ihre SA-Konkurrenz rigoros ausgeschaltet und die kühnsten Aufrüstungsträume übertroffen. Als eine derart privilegierte Berufsklasse entwickelte das Offizierkorps, zumal die Affinität dominierender Grundvorstellungen zu denen der NS-Spitze nicht zu übersehen ist, eine ausgeprägte Systemloyalität. Selbst als Hitlers Vabanquepolitik eine punktuelle Mißbilligung, die durch seine Erfolge freilich immer wieder verdrängt wurde, hervorrief und während der Sudetenkrise vor 1938 nur deshalb einen Höhepunkt erreichte, weil ein Krieg unter ungünstigen Bedingungen für die Wehrmacht zu drohen schien, konnten sich die Kritiker, wie etwa der Generalstabschef Ludwig Beck, zu keinem tatkräftigen Entschluß durchringen.

Die Militärs sahen sich freilich auch einem spezifischen Dilemma gegenüber. Sie fühlten sich durch ihren Diensteid auf Hitler gebunden, unter wie fragwürdigen, rechtswidrigen Umständen er auch immer zustande gekommen war. Formal waren sie trotz aller Autonomiebestrebungen seit jeher als Exekutive der Staatsgewalt auf eine dienende Rolle festgelegt. Und über jeder aktiven Opposition schwebte das Damoklesschwert des Hoch- und Landesverrats. Daher bedurfte es erst der Kenntnis von den Verbrechen im Ostkrieg und der drohenden Zerstörung des Reiches, bis einige jüngere Offiziere – kein einziger Frontgeneral gehörte zu ihnen – die Bereitschaft zum aktiven Widerstand entwickelten.

Kleine Widerstandsgruppen, die sich bis dahin zur Aktion durchgerungen hatten, waren gescheitert. Die «Rote Kapelle» etwa, im wesentlichen eine Verbindung intellektueller Sympathisanten des Marxismus, flog nach erfolgreicher Spionagetätigkeit im August 1942 auf; rund 100 Mitglieder wurden verhaftet, die meisten zum Tode verurteilt. Der mit Flugblättern ausgeführte gesinnungsethische Protest einer winzigen Münchener Studentengruppe, der «Weißen Rose», endete 1943 nach der Denunziation mit ihrer Hinrichtung. Die Universität München fand sich nicht einmal zu einem Gnadengesuch für ihre Studenten bereit.

Der Rechtsanwalt Helmuth James v. Moltke, seit Kriegsbeginn als Experte für Völker- und Kriegsrecht für das OKW tätig, hatte allmählich eine locker organisierte Gesprächsrunde von etwa 40 aus unterschiedlichen Lagern stammenden systemkritischen Personen gebildet. Dieser «Kreisauer Kreis», so benannt nach dem Treffpunkt auf dem schlesischen Gut der Moltkes, zeichnete sich durch eine eigentümliche Mischung von christlich-sozialistischen Grundüberzeugungen mit einem rigorosen Moralismus aus. Hinzu kam der tiefwirkende Einfluß des Breslauer Juraprofessors Eugen Rosenstock-Huessy, eines faszinierenden Universalgelehrten, der zwar schon 1933 in die USA emigriert war, aber den Kern des Kreises an der Universität geprägt und ihn in den schlesischen Arbeitsdienstlagern mit jungen

Männern aus den unterschiedlichsten Sozialmilieus zusammengeführt hatte. In der politischen Vorstellungswelt der Kreisauer herrschte eine spürbare Demokratiefremdheit, gepaart mit dem auch aus bündischen und aristokratischen Wurzeln genährten Vertrauen auf elitäre Führung, zugleich aber auf eine geradezu basisdemokratische Regeneration der deutschen Gesellschaft auf vielen Stufen der Selbstverwaltung. Wenn es denn ein respektheischendes Zentrum oppositioneller Überlegungen und Planungen gegeben hat, ohne eingeschliffene soziale Vorurteile und mit einer eindrucksvollen Offenheit des Denkens und Diskutierens – dann war es der «Kreisauer Kreis».

Mit ihm traten schließlich auch die nationalkonservativen Honoratioren in engeren Kontakt, die Hitler ausschalten, aber weiter an einem starken autoritären Staat und der europäischen Hegemonialstellung des Reiches festhalten wollten. Zu ihnen gehörten Männer wie der Ex-Generalstabschef Beck, der preußische Finanzminister Johannes Popitz, der Botschafter Ulrich v. Hassell und der Leipziger Oberbürgermeister Carl Goerdeler, die von wilhelminischen Traditionen ganz so zehrten wie von der Ablehnung der Weimarer Republik.

Und schließlich breitete sich unter einigen jüngeren Stabsoffizieren, die sowohl genaue Kenntnisse von den barbarischen Aktionen des antijüdischen und antirussischen Vernichtungskrieges besaßen als auch von der Sorge um die Zerstörung des Reiches umgetrieben wurden, eine oppositionelle Haltung aus. Sie führte bei profilierten Exponenten wie Claus Graf v. Stauffenberg und Henning v. Tresckow zur Bereitschaft zum Tyrannenmord, da anders dem Unheil offensichtlich nicht mehr zu steuern war.

All jene Gruppen, die man zum deutschen Widerstand rechnen kann, sahen sich einem Bündel schwieriger Probleme gegenüber.

1. Sie verband die Opposition gegen das Herrschaftssystem im eigenen Land, zumal unter Kriegsbedingungen. Das konstituierte eine fundamental andersartige Ausgangslage, als sie für die militanten Widerstandsbewegungen im besetzten Europa bestand, die gegen eine fremde Besatzungsmacht antraten und sich in einer sympathisierenden Bevölkerung bewegen konnten.

2. Die Mitwirkung im Regime oder doch die Anpassung an es erwies sich meistens, zumindest zeitweilig, als unvermeidbar. Das erzwang belastende Kompromisse oder schuf eine kompromittierende Zwitterstellung.

3. Zu den verschiedenen Widerstandsgruppen stießen Angehörige denkbar unterschiedlicher sozialkultureller Milieus. Zu keinem Zeitpunkt gab es eine sozial und politisch homogene, aktionsbereite Widerstandsbewegung.

4. Gemeinsam war diesen Oppositionellen nur die Überzeugung, daß Hitler ausgeschaltet, der Krieg beendigt, die Herrschaft des Rechtsstaats wieder aufgerichtet werden müßte. Was aber die Ausschaltung des Dikta-

tors konkret hieß, unter welchen Bedingungen der Krieg beendet werden, welches politische System in Zukunft Deutschland bestimmen sollte – darüber bestand eine Vielzahl unterschiedlichster Meinungen.

5. Vor allem aber war es bis zuletzt ein Widerstand ohne Unterstützung im Volk. Der «Führer» hatte wegen seiner Erfolge bis 1943 die große Mehrheit hinter sich. Bereitschaft zum Widerstand gegen die Diktatur hieß daher immer auch, in sozialer Isolierung von der Bevölkerung und an der Front denken und handeln zu müssen.

6. Als sich der Schwerpunkt des handlungswilligen Widerstands zu den Offizieren, den konservativen Honoratioren und den «Kreisauern» verlagert hatte, tauchten spezifische Dilemmata auf.

1. Die Militärs und die Konservativen wollten fast bis zum Schluß auf die deutsche Hegemonialstellung in Europa nicht verzichten. Die Aspirationen des späten Kaiserreichs, zumal während der Kriegszieldiskussion, lebten unter ihnen, in gesteigerter Form nach den beiden ersten Kriegsjahren, weiter fort. Sie rückten dadurch in eine fatale Nähe zur nationalsozialistischen Reichs- und Europaideologie, während sich die «Kreisauer» ungleich realitätsnähere Gedanken über den Status Deutschlands und ein föderatives Europa machten.

2. Zu lange wollten die Militärs und die Konservativen auf einen Großteil der eroberten Gebiete nicht verzichten, zumindest den territorialen Besitzstand des «Großdeutschen Reiches» einschließlich aller Annexionen bewahren. In mancher Hinsicht wollten sie einen gut Teil von Hitlers Zielen ohne Hitler erreichen, eine imponierende Machtstellung ohne Hitlers Verbrechen behaupten.

3. Auf wichtigen Politikfeldern hielten sie an dogmatischen Anschauungen des Kaiserreichs, der Weltkriegsdiskussion und der antirepublikanischen Opposition gegen Weimar fest. Besonders in der Innenpolitik setzten sie die antidemokratische Fundamentalkritik der 20er und frühen 30er Jahre fort. Da geisterten neokonservative und korporativistische Ideen, ein vager «preußischer Sozialismus» oder die Beschwörung preußischer Traditionen herum. Zukunftsfähig war davon gar nichts, und auch der christliche Humanismus der «Kreisauer» blieb angesichts der künftigen Gestaltungsaufgaben eigentümlich abstrakt.

4. Durchweg blieben sie den Kategorien eines schroffen, teilweise unbelehrbaren Nationalismus verhaftet, der Deutschlands Stellung in der Welt verklärte, für ein künftiges Zusammenleben in Europa aber keine freien Perspektiven eröffnete, wie sie wiederum die «Kreisauer» durchaus entwickelten.

5. Nur außerordentlich zögernd schlugen sie den «Weg von systemstabilisierenden Korrekturen» zu «systemsprengenden Umsturzstrategien und umfassenden Neuordnungsplänen» ein. Hätten untergeordnete Instanzen der Militärs oder der konservativen Honoratioren in wichtigen

Fragen auf Leben und Tod derart lange gezögert, hätten sie heftigste Vorwürfe, schroffste Kritik, ja Strafverfahren auf sich gezogen.

6. Das Dilemma, daß nur das Militär den Diktator stürzen konnte und daß jede Aktion ohne verläßlichen Rückhalt in der Bevölkerung ausgelöst werden mußte, lastete wie ein Alpdruck auch auf den aktivistischen Persönlichkeiten der Konspiration vor dem 20. Juli, zumal sie zunächst überwiegend aus dem Adel und den oberen bürgerlichen Mittelklassen stammten und erst spät Kontakt zu sozialdemokratischen Oppositionellen gewonnen hatten. Erschwerend kam hinzu, daß sie sich bis 1938/39 dem Nationalsozialismus angeschlossen hatten, da er ihr Ideal des starken autoritären Staates zu realisieren schien. Das diskreditierte sie jahrelang in den Augen der Linksopposition.

Es ist schwer zu bestreiten, daß der lang ausbleibende Widerstand von Angehörigen der Macht- und Funktionseliten ein «Defizit an moralisch-politischer Orientierung» enthüllt. Wogegen hat sich die spätere konservative Opposition nicht gewandt, muß man daher fragen, wofür hat sie nicht gestritten?

Sie hat nicht gegen die Zerstörung der Republik und des Rechtsstaats, nicht gegen die Verfolgung von Hunderttausenden von linken und jüdischen Deutschen gekämpft. Im Gegenteil, die meisten von ihnen begannen als «Parteigänger oder Sympathisanten» des NS-Regimes, und es bedurfte eines langwierigen, im Ergebnis unstreitig auch imponierenden Lernprozesses, bis sie sich seiner Höllenfahrt entgegenstemmten.

Schwache Kritik nur entzündete sich 1934 an den Mordfällen während der Röhm-Krise; lahmer Protest richtete sich 1938 gegen die demütigende Entlassung der Generäle v. Fritsch und v. Blomberg; an der Sudetenkrise irritierte nicht die Staatszerstörung, sondern das außenpolitische Risiko. Selbst gegen die mörderische Polen- und Judenpolitik seit 1939 erhob sich vorerst kaum vernehmbarer Protest.

Zum eigentlichen Stachel wurde die seit dem Herbst 1941 bekanntwerdende Mordpraxis im Osten, dann die Bedrohung der staatlichen Substanz des Reiches durch eine von Hitler verschuldete Niederlage. Auch jetzt sollte aber zunächst noch möglichst viel von der Erfolgsbilanz des «Führers» gerettet werden. Das «Odium des Verzichts» schien vielen unerträglich – auch und gerade wegen der politischen Rückwirkungen im Inneren im Falle eines Umsturzerfolges. Erst nachdem bereits zehn Millionen Juden, Polen, Russen und Angehörige anderer Völker von Deutschen ermordet worden waren, kam es zum «Aufstand eines sehr privaten Gewissens», der zum Attentat des 20. Juli führte – aber zu keinem Staatsstreich, der aus Empörung über diese Opfer ausgeführt worden wäre.

Angesichts des Scheiterns der Attentäter bleibt ihre ehrenvolle Intention, die Henning v. Tresckow in unvergänglichen Worten ausgedrückt hat, als er im Sommer 1944 an Stauffenberg schrieb: «Das Attentat muß erfolgen, coute que coute. Sollte es nicht gelingen, so muß trotzdem in Berlin gehandelt werden. Denn es kommt nicht mehr auf den praktischen Zweck an, sondern darauf, daß die Widerstandsbewegung vor der Welt und vor der Geschichte den entscheidenden Wurf gewagt hat. Alles andere ist daneben gleichgültig.» So ehrenhaft diese Entscheidung auch ausfiel, mangelte es doch weithin an zukunftsfähigen politischen Zielen. Die meisten Akteure orientierten sich keineswegs an der gültigen Weimarer Reichsverfassung, am normativen Kodex der Menschenrechte, an der parlamentarischen Demokratie.

Dies kritisch zu konstatieren heißt, die übliche Antikritik auszulösen, daß man die Maßstäbe unserer Zeit an jene turbulenten Jahre mit vermeintlich ganz anderen Erfahrungsbedingungen nicht herantragen dürfe. Diese Forderung eines apologetischen Historismus führt indes in die Irre, denn bei den Grundwerten, der Parteiendemokratie, der parlamentarischen Republik handelte es sich keineswegs um brandneue Errungenschaften der allerjüngsten Gegenwart. Vielmehr ging es um längst vertraute Phänomene, die allerdings in der neueren deutschen Geschichte ganz so heftige Ablehnung ausgelöst hatten, wie sie andrerseits von Millionen bejaht und verteidigt worden waren. Bis auf die kleine, isolierte Gruppe oppositioneller Sozialdemokraten und wichtige Angehörige des «Kreisauer Kreises» blieben die meisten Verschwörer einer rückwärtsgewandten Position verhaftet.

Wie sehr die Führerloyalität, nicht aber die bunte Vielfalt der «Resistenz» das brennende Problem darstellt, beweist die leidenschaftliche Empörung, mit der die «Heimatfront» und die Frontsoldaten zugunsten Hitlers auf das Attentat reagierten. Noch immer nicht hatte sich der Nimbus des charismatischen «Führers» in den Augen seiner Deutschen aufgelöst. Der Coup selber setzte die «letzte revolutionäre und antikonservative Energie des Radikalfaschismus» frei. Diese Reaktion unterstreicht noch einmal die Stabilität des NS-Regimes zehn Monate vor seinem Untergang.[11]

5. Die Kriegswirtschaft

Schon vor dem Krieg hatte das NS-Regime durch seine Investitionslenkung, Rohstoffzuteilung und Berufsregulierung eine friedensähnliche Kriegswirtschaft oder kriegsähnliche Friedenswirtschaft aufgebaut (vgl. II.1, 3). Trotzdem gab es noch keine einheitliche Organisation der kriegswirtschaftlichen Interessen; allenfalls existierten dafür Schubladenpläne. Zu Beginn des «Polenfeldzugs» zielte ein Paket von kriegswirtschaftlichen Verordnungen, die am 4. September 1939 in Kraft traten, auf eine straffere Steuerung.

1. Die Rationierung der wichtigsten Lebensmittel wurde unverzüglich eingeführt, um von Anfang an die Fehler des Ersten Weltkriegs zu vermei-

den. Daß sich diese Regulierung mit ihrer Einebnung der Konsumchancen als Erfolg erwies, beruhte in erster Linie auf der brutalen Ausbeutung des besetzten Europa, in das der Hunger exportiert wurde, während das deutsche Versorgungsniveau bis zum Herbst 1944 auffällig hoch blieb.

2. Die Bruttolöhne wurden am selben Tag durch die Streichung aller Zuschläge für Überstunden, sogar für die Nacht- und Feiertagsschichten, um mindestens acht Prozent gekürzt.

3. Die Arbeitszeitregelung mit ihrem Richtwert von acht bis maximal zehn Stunden wurde aufgehoben.

Dieser schmerzhafte Eingriff in «Essentials» der industriellen Arbeitswelt löste, zumal er ohne jede propagandistische Einstimmung vorgenommen worden war, eine ungewöhnlich heftige Kritik aus, die sich Ley und Heß, aber auch die Gauleiter Mutschmann, Sauckel und Terboven nach zahlreichen identischen Berichten über die Empörung in den Belegschaften mit Nachdruck zu eigen machten. Innerhalb weniger Wochen sorgten daraufhin Göring, Heß und Reichswirtschaftsminister Funk für einen abrupten Kurswechsel. Die beiden strittigen kriegswirtschaftlichen Verordnungen wurden aufgehoben, so daß seit dem 12. Oktober 1939 überall wieder das vorhergehende Lohnniveau bestand und die gewohnte Arbeitszeit eingehalten wurde. Erneut hatte sich die Erinnerung an die Revolution von 1918 als Warnung ausgewirkt. Die rigorose Umstellung allein auf die militärischen Bedürfnisse war sechs Wochen nach Kriegsbeginn am Widerstand in der NS-Spitze, im Staatsapparat und unter den Betroffenen schon wieder gescheitert. Die soziale Bestechung der Arbeiterschaft wurde erfolgreich fortgesetzt.

Als symptomatisch für die Bemühungen, trotz des Krieges möglichst an der «Normalität» festzuhalten, kann auch gelten, daß die Konsumgüterproduktion und selbst der Export vorerst ungestört weiterliefen. Zwar wurde bald auf die Steuern ein Kriegszuschlag in Höhe von 50 Prozent erhoben, doch die Lohnsteuerpflichtigen mit bis zum 2400 RM Jahreseinkommen wurden völlig freigestellt – diesen Vorzug genossen aber volle 60 Prozent aller Arbeitskräfte. Doch auch die Empfänger höherer Einkommen wurden glimpflich behandelt: Auf jährlich 10 000 RM etwa wurde nur ein Steuerzuschlag in Höhe von 13,7 Prozent erhoben, auf 100 000 RM von 55 Prozent; in Großbritannien dagegen mußten von diesen Einkommensklassen 23,7 bzw. 75 Prozent abgeführt werden.

a) Die «Blitzkrieg»-Ökonomie

Der verblüffende Blitzkriegerfolg in Polen verleitete dazu, daß der Rüstungsausstoß 1939 und 1940 nicht einmal verdoppelt (und selbst 1941 auf diesem Niveau nur gehalten) wurde. Zwar hatte Göring in seiner Rolle als Wirtschaftszar der Vierjahresplanbehörde im Februar 1940 eine entschiedenere ökonomische Umstellung zugunsten der Rüstung gefordert, war aber mit diesem Appell rundum blockiert worden. Noch herrschte durchweg die Illusion eines schnellen Kriegsendes vor. Viele Unternehmen waren weniger auf kontinuierliche Rüstungs- als vielmehr schon wieder auf Friedensproduktion eingestellt. Nicht zuletzt wegen der evidenten Grenzen der Rüstungswirtschaft mußte dann der Beginn des Frankreichkrieges immer wieder verschoben werden. Doch nach dem ganz unerwarteten Sieg in einem zweiten Blitzkrieg wurde die Konsumgüterwirtschaft prompt angekurbelt. Das Rüstungsprogramm gab sich mit dem Einhalten des erreichten Niveaus und der Vermeidung von Engpässen zufrieden.

In manchen Bereichen hing das auch mit Erfolgen der robusten Wirtschaftspolitik im Dienst der Aufrüstung zusammen. So war etwa die Mineralölproduktion, die zur Achillessehne auch der Wehrmacht werden konnte, von 1937 bis 1942 mit 50 Prozent aller Investitionen im Rahmen des Vierjahresplans bedacht worden. Tatsächlich stammten Ende 1942 6,5 Millionen der benötigten sieben Millionen Tonnen an Treibstoff und Heizöl aus eigener Produktion; die Hälfte davon konnte die IG Farben aus Leuna liefern. Zur selben Zeit hätte ihr Buna-Werk den dringendsten Bedarf in Deutschland, Frankreich, Italien, Holland, Belgien, Luxemburg, Skandinavien und den Balkanländern decken können; von der deutschen Autoreifenproduktion konnte daher zu 98 Prozent dieser synthetische Kautschuk verarbeitet werden.

Nach dem Sieg über Frankreich setzte aber in der Rüstungsproduktion nicht nur eine allgemeine Stagnation ein, sondern in manchen Bereichen nach einem illusionsverhafteten Absenken der Ausgaben, etwa für die Munitionsherstellung, sogar ein drastischer Rückgang. Dagegen übertraf die Leistung der englischen Rüstungswirtschaft bis zum Ende des nächsten Jahres bereits die deutsche. Zusammen mit dem Ausstoß in Amerika und Rußland stellte sich das Verhältnis jetzt schon auf 19,5 zu 6 zuungunsten des Deutschen Reiches.

Für die Kriegsfinanzierung griff man auf das Rezept der Reichsleitung im Ersten Weltkrieg zurück: Alle Kosten sollten auf die künftigen Verlierer abgewälzt werden. Hunderttausende von Soldaten wurden, wenn auch vornehmlich für die Rüstungswirtschaft, beurlaubt. Jedes Unternehmen klammerte sich so fest wie möglich an seine Facharbeiter, indem es sich darum bemühte, sie zur Vermeidung des Wehrdienstes als «unabkömmlich» anerkannt zu bekommen. Tatsächlich stieg die Zahl der Freigestellten von 1,7 Millionen im September 1939 innerhalb eines einzigen Jahres bis auf 5,6 Millionen Männer im September 1941. Die in Industriellenkreisen verfolgten Pläne zur Großraumwirtschaft der Nachkriegszeit richteten sich ganz auf die Chancen im besiegten Westeuropa, die etwa Otto A. Friederich auf Inspektionsreisen erkundete. Von Osteuropa war nirgends mehr die Rede.

Nach außen aber wirkte die deutsche Kriegsmaschine nach den schlechterdings atemberaubenden Erfolgen in Polen und Frankreich erschreckend kraftvoll und effizient. Niemand erkannte zu dieser Zeit das Hohle hinter der glänzenden Fassade. Nur selten wurde das begrenzte Potential der deutschen Kriegswirtschaft nüchtern berechnet.

Hitler selber, dem der Mangel an Ressourcen im eigenen Land seit jeher vor Augen stand, entschied sich erneut für ihre Eroberung, diesmal im Osten. Eine ökonomische Ausbeutung in gigantischem Ausmaß gehörte deshalb von Anfang an zu den zentralen Motiven des Ostkriegs. Aber dieser «Rußlandfeldzug» wurde ohne besondere Rüstungsanstrengung begonnen. Die Verblendung reichte so weit, daß der zunächst erfolgreiche neue Blitzkrieg den Sieg in unmittelbarer Nähe vorgaukelte. Selbst die angeblich kühlen Köpfe des Generalstabs erlagen der Unterschätzung des neuen Gegners und seiner Reserven.

Statt dessen folgte auf die irreführenden Anfangserfolge die Katastrophe vor Moskau, danach das Debakel des Winterkriegs 1941/42, damit aber der Zwang zur Umstellung auf eine langwierige, materialverschleißende Auseinandersetzung. Das war das Ende aller Blitzkriegillusionen. Obwohl Wehrmacht und Wirtschaft in einer neuartigen Ausbeutungsorganisation eng kooperierten, erfüllte sich die euphorische Erwartung, gewaltige Rohstoff- und Nahrungsmittelmengen abtransportieren zu können, nirgendwo. Hinter der Ostfront kam nur ein schmales «Rinnsal» an Lieferungen ins Reich zustande.

b) Die Rüstungsexpansion unter Speer

Im Spätherbst 1941 setzte sich im Berliner Machtzentrum allmählich die Einsicht durch, daß die bisherige Rüstungsplanung aus den Fugen geraten und der neuen Lage in Rußland offensichtlich völlig inadäquat war, zumal die amerikanische Kriegsbeteiligung immer näher rückte. Eine neue Konzeption der Tiefenrüstung unter Zusammenballung aller Kräfte für einen langlebigen Material- und Abnutzungskrieg erwies sich als unabweisbar. Im März 1941 war Fritz Todt wegen seines mehrfach bewiesenen Organisationstalents zum «Reichsminister für Bewaffnung und Munition» ernannt worden, um die Rüstungswirtschaft effizienter zu organisieren. Im Dezember 1941 wurde seine Stellung durch einen Führererlaß, der eine erste Konsequenz aus der Niederlage vor Moskau zog, entschieden aufgewertet. Doch in der kurzen Zeit bis zu seinem Tod im Februar 1942 gelang es dem leistungsfähigen Technokraten noch nicht, eine Rüstungssteigerung durch Massenfertigung zu erreichen, geschweige denn, seine Kontrolle über die gesamte Rüstungswirtschaft auszudehnen. Allerdings schaffte er es noch, zu seiner Unterstützung Selbstverwaltungsorgane der Wirtschaft einzurichten, um durch diese Dezentralisierung um so effektiver die Rüstungsanstrengungen mobilisieren zu können. Am Ende seiner Amtszeit gab Todts nüchternes Urteil den Krieg wehrwirtschaftlich verloren, wenn es Hitler nicht gelinge, einen Sonderfrieden mit Rußland zu schließen und die Wehrmacht durch eine enorme Kraftzufuhr zu stärken.

Zu Todts Nachfolger ernannte Hitler zur allgemeinen Überraschung seinen Lieblingsarchitekten, den 37jährigen Albert Speer. Ein Mann mit unbändigem Ehrgeiz, fasziniert von Hitler und bis zuletzt in seinem Bann, ausgezeichnet durch sein fast freundschaftliches Vertrauensverhältnis zu dem Diktator, begabt mit einem auffallenden Organisationstalent und der Fähigkeit zur einfallsreichen, unbürokratischen Improvisation, hatte Speer doch bisher ebensowenig administrative wie politische Erfahrungen gewonnen. Ohne moralische Bedenken, was die evidenten Schattenseiten seiner neuen Tätigkeit anging, wuchs Speer erstaunlich schnell mit den Anforderungen seines Aufgabenfeldes, zu dem außer der Rüstungsproduktion bald auch die gesamte zivile Kriegswirtschaft, schließlich sogar die eifersüchtig auf eine Sonderstellung bedachte Luftrüstung gehörte. Dank seiner Ämterkumulation gewann Speer als «Minister für Rüstung und Kriegsproduktion» kraft Führererlaß vom 2. September 1943 und als «Generalinspekteur für das Straßenwesen, für Wasser und Energie» die Position eines Wirtschaftsdiktators, dem verblüffende, die fatale Verlängerung des Krieges erst ermöglichende Leistungen gelangen.

Speer richtete als gesamtwirtschaftliches Steuerinstrument die «Zentrale Planung» unter Hans Kehrl ein, die mit ihren Produktions- und Distributionsplänen alle Felder der Industriewirtschaft Deutschlands und des besetzten Europa kontrollierte. Innerhalb kurzer Fristen wurden die Rohstoffe verteilt, die Investitionsströme überprüft, der «Einsatz» von Arbeitskräften koordiniert. Anfangs sah sich Speer in eine erbitterte Konkurrenz mit staatlichen Behörden und Sonderstäben verstrickt, denn Funks Reichswirtschaftsministerium, Görings Vierjahresplan-Bürokratie, Thomas' Rüstungsamt, die «Reichsgruppe Industrie» und die Branchenverbände, auch die 27 Reichsstellen für Rohstoffversorgung fanden sich keineswegs sogleich bereit, anstelle des vertrauten Kompetenz- und Koordinationschaos eine einzige Entscheidungsdomäne unter Speers Leitung anzuerkennen. Es spricht für Speers robustes politisches Konfliktverhalten – und für seine Rückendeckung durch Hitler –, daß er sich im Ämterdarwinismus des «Dritten Reiches» zügig durchzusetzen vermochte. Das Militär, das Reichswirtschaftsministerium, die Vierjahresplan-Behörde – sie alle wurden von Speers eigenem bürokratischen Apparat zurückgedrängt, während gleichzeitig die Unternehmer für die Mitarbeit gewonnen und zur Mitverantwortung herangezogen wurden.

Das gelang Speer nach Todts Vorbild mit der Zauberformel von der dezentralisierten «Selbstverwaltung». Die Wirtschaftssparten und Produktionsfelder wurden in zwölf Hauptringen und 21 Hauptausschüssen (mit zahlreichen unteren Ringen und Ausschüssen) organisiert, deren Führungspositionen nicht mit Parteifunktionären oder Offizieren, sondern ausschließlich mit Managern besetzt wurden. Sie arbeiteten offenbar bereitwillig mit, fühlten sich beruflich ernst genommen und wurden überdies mit Hoheitsfunktionen zur Durchsetzung ihrer Ziele ausgestattet. Unter Speers «jungen Leuten» – in seinem «Kindergarten», wie die Senioren höhnten – fanden sich zahlreiche talentierte junge Technokraten, die nicht selten auch nach 1945 ihre berufliche Karriere fortsetzen konnten.

In der Sache: der größtmöglichen Steigerung des Ausstoßes an Rüstungsgütern forcierte Speer erstmals die Serienfertigung und Massenproduktion am Fließband, die verbesserte Rationalisierung und Anhebung der Produktivität, den Austausch von «Know-how» anstelle der Hütung von Betriebsgeheimnissen, die Privilegierung von Höchstleistungsbetrieben auch in Gestalt finanzieller Anreize und die Leistungsfähigkeit der leichter zu steuernden Großbetriebe. Zu ihren Gunsten wurden auch mittelständische Betriebe der Konsumgütererzeugung stillgelegt, bis zum Juni 1943 immerhin 21 000.

Auf diese Weise gelang es Speer und seiner loyalen Manager-Mannschaft, den Anteil der deutschen Rüstungsproduktion am industriewirtschaftlichen Ausstoß vor 1938 = sieben Prozent auf 1944 = 40 Prozent zu steigern. Legt man einen einfachen Mengenindex, basierend auf dem Ausstoß vor seinem Amtsantritt (Februar 1942 = 100), zugrunde, stößt man innerhalb von nicht einmal drei Jahren bis zum Höhepunkt im August 1944 auf eine Verdreifachung der deutschen Rüstungsproduktion. Die Herstellung von Panzern wurde versechsfacht (512), die Erzeugung von Waffen stieg auf 323, von Munition auf 297, von Flugzeugen auf 248, von Kriegsschiffen auf 234 Indexpunkte. Gleichzeitig wurde trotz des intensivierten alliierten Bombenkriegs der Ausbau von Kapazitäten, schließlich auch in unterirdischen Werken, die den Unternehmen zur Rettung ihres Maschinenparks willkommen waren, ebenso vorangetrieben wie der Konzentrationsprozeß in der Großindustrie.

Die Propaganda sprach von einem «Rüstungswunder». Tatsächlich kann man erst seit dem Frühjahr 1942 vom Übergang der Rüstungswirtschaft zum Totalen Krieg sprechen, nachdem bis dahin Ad-hoc-Entscheidungen und das Bemühen vorgeherrscht hatten, keine allzu spürbaren «Opfer» zu verlangen. Trotz der unleugbaren Effizienz- und Produktionssteigerung in der «Ära Speer» verrät die Rüstungsexpansion daher auch, wie wenig die «Blitzkrieg»-Ökonomie das deutsche Potential und das des besetzten Europa bis dahin ausgeschöpft hatte. Der Vergleich zeigt freilich, daß die Produktivität in den USA um das 2,7fache, in England auch noch um ein Viertel höher lag als in Deutschland.

Die wesentlichen Gründe sind in der geringeren Modernität der deutschen Produktionsanlagen zu suchen, in den bescheideneren Leistungsanreizen, nicht zuletzt aber auch in der Verwendung von Millionen Sklavenarbeitern, die nur einen geringen Bruchteil (maximal 40, eher 17%) der Leistung deutscher Facharbeiter erreichten. Da es in der Belegschaft namentlich der großen Rüstungsbetriebe zwischen 70 und 90 Prozent «Ostarbeiter» gab – insgesamt stellten Zwangsarbeiter ein Fünftel des deutschen Arbeitskräftepotentials –, fiel die Produktivität entsprechend ab. Im Hinblick auf die neuen Waffensysteme versäumte es die deutsche Rüstungsindustrie zu lange, gebremst durch Hitlers willkürliche, sich widersprechende Befehle, verwendungsfähige Düsenjäger, Langstrecken- und Abwehrraketen herzustellen.

Es ist sozialhistorisch aufschlußreich, daß Speer sich insbesondere auf drei Typen von Managern-Unternehmern stützen konnte. Da gab es zum einen den Typus des organisatorisch begabten, fachlich tüchtigen NS-Karrieristen, wie er etwa von Paul Bleiger, Hans Kehrl, Walter Rohland, Willy Schlieker verkörpert wurde. Sie alle erreichten in jungen Jahren Schlüsselstellungen in Speers Apparat. Daneben gab es, zum zweiten, den Typus des Managers, der seine Spitzenposition in der Großindustrie mit weitreichenden Lenkungsfunktionen als «Sonderbevollmächtigter» in der nationalsozialistischen Wirtschaftsverwaltung verband. Karl Krauch etwa fungierte gleichzeitig als Vorstandsvorsitzender der IG-Farben, Generalbevollmächtigter für chemische Erzeugung und Leiter des Reichsamtes für Wirtschaftsausbau, so daß die Grenzen zwischen der privaten Tätigkeit im größten europäischen Chemiekonzern und in den politischen NS-Sonderstäben verschwammen und sich die bürokratischen Experten dieser Institutionen wechselseitig zuarbeiteten. Genauso verbanden ehemalige Generaldirektoren und Vorstandsvorsitzende wie Jacob Werlin von Daimler Benz oder Heinrich Koppenberg von den Junkers-Flugzeugwerken ihre Unternehmensaufgaben mit Leitungstätigkeiten in den polykratischen Exekutivgewalten. Auf der Klaviatur dieses Mischsystems verstand Speer vorzüglich zu spielen.

Und schließlich gab es den Typus des Techniker-Unternehmers. Dazu gehörten etwa Ernst Heinkel, Willy Messerschmitt, Claude Dornier – die drei Leitfiguren der deutschen Flugzeugindustrie, allesamt «Newcomer», die nicht aus dem höheren Wirtschaftsbürgertum stammten, talentiert, ehrgeizig und bedenkenlos anpassungsbereit, aber auch der Flugzeugkonstrukteur Kurt Tank, der etwa den Focke-Wulf-Jäger entwarf, und der Autokonstrukteur Ferdinand Porsche. Alle Flugzeugwerke erlebten im Rahmen erst der Rüstung-, dann der Kriegswirtschaft einen atemberaubend schnellen Ausbau. Das Heinkel-Werk zum Beispiel besaß 1936 gerade einmal 9000 Beschäftigte, 1944 aber in mehreren Großbetrieben 450 000 Arbeitskräfte. Damit übertraf es, wie auch Junkers, die Größenordnung von Mammutunternehmen vom Rang der IG Farben oder der Vereinigten

Stahlwerke. Außer in ihren Aufgabenbereichen als Konstrukteure, Betriebsleiter und «Wehrwirtschaftsführer» fungierten die Koryphäen der Flugzeugindustrie außerdem noch als Vorsitzende in Speers Ringen und Ausschüssen. Und Porsche, fasziniert von den technischen Chancen im Nationalsozialismus, verfolgte mit allen Mitteln sein Ziel, einen großen europäischen Autokonzern aufzubauen, leitete aber auch die wehrwirtschaftliche Panzerkommission. Seit 1942 kooperierte er eng mit der SS und machte sich 1944 die Sklavenarbeit von 16 000 Fremdarbeitern und KZ-Häftlingen zunutze. Auf die Kooperationsbereitschaft und Loyalität gerade dieses Unternehmertypus konnte sich Speer bis zuletzt verlassen. In dieser Runde wurden keine Bedenken gegen die Verwendung von Millionen Zwangsarbeitern und auch nicht von schließlich rund 400 000 KZ-Häftlingen erhoben, die unter «mörderischen Arbeitsbedingungen» insbesondere die unterirdischen Anlagen errichten mußten. Hatte Speer selber schon keine Rücksicht genommen, als er im Zuge des Ausbaus der Reichshauptstadt zahlreiche jüdische Mieter vertrieb, war ihm auch jetzt mit derselben amoralischen Rigorosität jede Arbeitskraft recht, um seinem «Führer» die Erfüllung der Planziele melden zu können.

Zu der eigentümlichen Fusion von staatlicher Kommandowirtschaft und unternehmerischer «Selbstverwaltung» gehörte auch, daß NS-Organe nach jahrelanger Zurückhaltung um direkten Einfluß auf die Großwirtschaft, etwa auf frei werdende Vorstands- und Aufsichtsratspositionen, zu kämpfen begannen. Die Unternehmensleitungen verteidigten im allgemeinen ihre relative Entscheidungsautonomie mit Erfolg, selbst jetzt trafen die Parteivertreter auf deutlich markierte Grenzen ihrer Macht. Intern verlagerte die Wirtschaft ihre Friedensplanung von der NS-Großraumwirtschaft auf das Projekt einer vom Reich dominierten «Europäischen Wirtschaftsgemeinschaft». Immerhin konnten aber Symbolfiguren des Rüstungserfolgs wie Heinkel und Messerschmitt von Parteifunktionären degradiert, die Drohung mit der Verstaatlichung als Erpressungsmittel gelegentlich effektiv eingesetzt werden.

Es beleuchtet das unkoordinierte Kräftemessen der polykratischen Exekutivgewalten, daß Otto Ohlendorf, SS-General, Stellvertretender Staatssekretär im Reichswirtschaftsministerium und einer der hochkarätigen technokratischen Vordenker des künftigen SS-Staats, strategisch postierten «Wirtschaftsführern» mehrfach nachdrücklich versicherte, daß die SS in der Nachkriegszeit an der Privatwirtschaft mit ihrem intensiven Leistungswettbewerb festhalten, überhaupt die Eigentumsordnung erhalten und keine kartellierten Staatsunternehmen einführen wolle. Speer selber war, wie auch seine Managerelite, keineswegs ein Protagonist der Staatswirtschaft. Ebenso unstreitig galt aber auch in seiner Zeit, ungeachtet des funktional vorteilhaften Spielraums für die Unternehmen, der Primat der Politik in der gesamten Kriegswirtschaft.

Zu den politischen Grundentscheidungen gehörte daher auch, daß die Konsumgüterproduktion aus Rücksicht auf die Stimmung an der «Heimatfront» auf einem erstaunlich hohen Niveau gehalten wurde. Setzt man ihren Index mit 1939 = 100 an, hielt sie sich bis 1941 auf 95,7, 1942 auf 86,1, stieg 1943 sogar auf 90,8 und verharrte selbst 1944 bei 85,4 Indexpunkten. Ein erheblicher Teil dieser Produkte wurde zwar an die Wehrmacht ausgeliefert, doch blieben durchweg für die Zivilbevölkerung 60 Prozent übrig. Dem auffälligen Anstieg von 1943/44 lag die beschleunigte Versorgung der nicht selten mehrfach ausgebombten Städte zugrunde. Auch hier diktierte die Sorge vor offener Unzufriedenheit die für die Rüstungsleistung kontraproduktive Entscheidung.

Diese Furcht vor einer Wiederholung der revolutionären Situation des Herbstes 1918 wirkte sich auch auf den Umgang mit dem eklatanten Arbeitskräftemangel aus. Vom Frühjahr 1939 bis zum Ende des Jahres 1942 war das deutsche Arbeitskräftepotential wegen der laufenden Einziehung zum Wehrdienst von 39,1 auf 35,5 Millionen geschrumpft. Bis Mitte 1944 wurden 40 Prozent aller Industriearbeiter eingezogen. Der gesamten Wirtschaft standen jetzt nur mehr 55 Prozent der deutschen Arbeitskräfte des Sommers 1939 zur Verfügung. Nur mit Hilfe des Millionenheeres der deportierten ausländischen Zwangsarbeiter und der Kriegsgefangenen konnten, wie bereits erörtert, die größten Lücken aufgefüllt werden. Zwar hatte ein – typischerweise geheimgehaltener – Führererlaß vom 13. Januar 1943 endlich angeordnet, daß alle Männer zwischen dem 16. und 65. und alle Frauen zwischen dem 17. und 45. Lebensjahr im Produktionsprozeß eingesetzt werden sollten; zu konsequenten Durchsetzungs-, geschweige denn harten Zwangsmaßnahmen ist es jedoch nicht gekommen. 1944 waren etwa noch immer 1,38 Millionen Frauen in privaten Haushalten als Gehilfinnen tätig – das waren nur 13 Prozent weniger als vor Kriegsbeginn.

Seit dem Juli 1944 bemühte sich Goebbels als frisch ernannter «Generalbevollmächtigter für den totalen Kriegseinsatz» um die Mobilisierung unerschlossener Reserven. Sie kamen aber nicht mehr der Wirtschaft zugute, denn Goebbels widersetzte sich dem dringenden Appell Speers, die industriellen Bedürfnisse zuerst zu befriedigen. Vielmehr wurden sie im letzten Aufgebot zusammengefaßt: dem «Volkssturm» der 16- bis 60jährigen – seit dem Februar 1945 sollten auch alle Frauen und Mädchen «Hilfsdienste leisten» – und im «Werwolf» der Hitlerjugend.

Spätestens seit dem Herbst 1944 verlor Speer den Wettlauf mit dem alliierten Bombardement, das zu einer Zerstörung vital notwendiger Verkehrswege und Industrieanlagen führte. Zuerst fiel daraufhin die Versorgung mit Kohle aus, dem strategischen Energieträger in Speers System. Schon seit dem Frühjahr 1944 waren die Lieferungen aus den wichtigsten ausländischen Erzlagern ausgeblieben. Das hatte einen schroffen Einbruch der deutschen Stahlerzeugung ausgelöst. Anfang 1945 gingen das oberschlesische Industriegebiet und das Saarrevier verloren. Die Agonie der deutschen Kriegswirtschaft nahm unübersehbare Formen an. Hitlers «Nero»-Befehl vom 30. März 1945, alle wirtschaftlichen Anlagen vor dem Nahen des Feindes zu zerstören, da das deutsche Volk nach seinem schmählichen Versagen nur noch auf allerniedrigstem Niveau weiter zu vegetieren verdiene, wurde zum großen Teil nicht ausgeführt. Offenbar ist es Speer, dessen fanatische Verehrung des «Führers» rationale Voraussicht nicht ausschloß, gelungen, zu dieser Verhinderung wesentlich beizutragen.

Zwar war ihm in den vorangegangenen drei Jahren eine Art von «Rüstungswunder» geglückt, als er die deutsche Kriegswirtschaft zu einer verdreifachten Produktion stimulieren konnte. Damit konnten die horrenden Verluste an der Front nicht wettgemacht, wohl aber die Schrecken der Kriegsführung des «Dritten Reiches» verlängert werden. Diese Rüstungsleistung nährte aber auch die bis ins Frühjahr 1945 anhaltende absurde Hoffnung, durch fabulöse «Wunderwaffen» dem Krieg doch noch die entscheidende Wende geben zu können. Vor allem aber trug Speers trügerischer wehrwirtschaftlicher Erfolg, der die Militärmacht des Führerstaates drei weitere Jahre lang aufrechterhielt, entscheidend dazu bei, daß die Ermordung der europäischen Juden fortgesetzt werden konnte. Solange die deutsche Front hielt, arbeiteten auch die Krematorien von Auschwitz weiter.

Trotz dieses fatalen Zusammenhangs müssen auch so nicht intendierte positive Folgen des Rüstungsbooms, die sich nach 1945 auswirkten, festgehalten werden. Die maschinelle Modernisierung, Rationalisierung und vertikale Integration haben enorme Fortschritte gemacht. Insbesondere die Chemische und die Elektrotechnische Industrie haben ihr Niveau als hochentwickelte Branchen noch einmal anheben können. Die Serienfertigung und Massenproduktion am Fließband haben sich weithin durchgesetzt. Die Facharbeiterschaft ist erheblich vergrößert, ihre Qualifikationsstruktur verbessert worden. Zahlreiche moderne Anlagen sind errichtet, nach der Zerstörung oft wieder aufgebaut worden. Das Anlagekapital in der Rüstungswirtschaft ist zwischen 1935 und 1943 um 50 Prozent angehoben worden. Die Verjüngung der Anlagen und der vergrößerte Kapitalstock kamen der Friedenswirtschaft gleichfalls zugute. Insgesamt lag 1945 ein Viertel der deutschen Industrie (24 %) zerstört da. Aber selbst mit den verbleibenden 75 Prozent hätte dank vieler Verbesserungen beim Ausbau der Kapazitäten das Friedensniveau gehalten werden können. Und als das Zerstörungswerk ebenso überwunden war wie der neue Einschnitt der Demontage, gab es im Grunde bereits das Fundament für das «Wirtschaftswunder» seit den 1950er Jahren.[12]

c) Die Ausbeutung des besetzten Europa

Trotz der Organisationsleistung des Rüstungsministeriums unter Speer wären die Ergebnisse zum einen ohne die rund acht Millionen ausländischer Zwangsarbeiter, zum andern ohne die rücksichtslose Ausbeutung des besetzten Europa nicht zustande gekommen. Ohne diese gewaltsam angeeigneten Ressourcen aus den europäischen Besatzungsgebieten und der Sowjetunion hätte das «Dritte Reich» den Krieg überhaupt nicht bis 1945 fortführen können. 1943 standen, um eine Vorstellung von der Größenordnung zu vermitteln, außer großen Teilen des westlichen Rußland rund 2,86 Millionen Quadratkilometer mit 154 Millionen Einwohnern in Ost-, Südost-, West- und Nordeuropa unter deutscher Okkupationsherrschaft.

Der deutschen Hegemonialstellung hätte ein Anlauf zur Neuordnung der europäischen Staatenwelt entsprechen können, doch ist es nicht einmal zu konkreteren Plänen gekommen. Jahrelang geisterte nur der Wunschtraum herum, daß nach dem «Endsieg» ein «Großgermanisches Reich», dessen Grenzverlauf aber unbestimmt blieb, errichtet und im übrigen das «Kleinstaatgerümpel» beseitigt werden sollte. 1940/41 hätte durchaus die Chance für eine kontinentaleuropäische Konföderation unter deutscher Führung bestanden: so erdrückend wirkte die Vorherrschaft des Reiches, so enttäuschend die Isolierung Englands, so fern die Zerstörung des deutschen Nimbus in Rußland. Aber schon der Entwurf einer staatenbündischen Einigung blieb dem Denken im Berliner Machtzentrum fremd, da Hitler und seine Umgebung nur in den Kategorien eines zentralistischen Zwangssystems auf der Grundlage einer rassischen Hierarchie dachten. Dafür entwickelten regimehörige Völkerrechtler einen diffusen Reichs- und Großraumbegriff, ersetzten bewährte Vertragsprinzipien durch einen vermeintlich germanischen «Treue»-Begriff und begründeten rassetheoretisch die abenteuerliche Konstruktion des Wertes oder Unwertes von Staaten. Diese Überlegungen haben in mancher Hinsicht die deutsche Besatzungsherrschaft angeleitet, vor allem aber sind sie aufschlußreich für die servile Beflissenheit, mit der Carl Schmitt und seine Adepten ihre Großraumideen in den Dienst des expandierenden Führerstaates stellten.

Die konkreten Modalitäten der Ausbeutung folgten anderen Gesichtspunkten. Bis zum August 1944 flossen 90 Milliarden RM an «realen Leistungen der besetzten Gebiete» an das Reich; bis zum Frühjahr 1945 kamen noch einmal mehrere Milliarden RM hinzu. Doch die Erschließung des begehrten riesigen russischen Wirtschaftspotentials erwies sich als pures Hirngespinst. Nur ein kärglicher Zustrom konnte nach Westen geleitet werden. Denn die von den deutschen Truppen angerichtete Zerstörung und die Politik der verbrannten Erde seit 1943 verhinderten jedwede effektive Ausbeutung.

Der Löwenanteil erpreßter Leistungen stammte daher aus Westeuropa. Alle besetzten Länder mußten Besatzungskosten zahlen. Von 1940 bis 1944 belief sich die Gesamtsumme auf 85 Milliarden RM. Das waren 40 Prozent aller öffentlichen Einnahmen des Deutschen Reiches in dieser Zeitspanne. (Zum Vergleich: Alle deutschen Reparationszahlungen von 1919 bis 1932 betrugen maximal 20 Milliarden RM!) Aus Belgien kamen 5,6, aus Holland 14,9, aus Frankreich aber 34 Milliarden RM; das allein waren 40 Prozent aller an Deutschland entrichteten Besatzungskosten. Frankreich lieferte außerdem bis Anfang 1944 auch noch 3700 Flugzeuge und 9600 Flugzeugmotoren, allein 1942/43 52000 Lastkraftwagen und alle neu gebauten Lokomotiven nach Deutschland.

Der aus dem besetzten Europa herausgepreßte Konsumgüteranteil lag bereits 1939/40 bei 10,3 des deutschen Verbrauchs, 1942/43 aber bei 19 Prozent und selbst 1944/45 noch bei 4,7 Prozent – im Durchschnitt bei einem Achtel aller in Deutschland absorbierten Güter. Dieser Anteil mag relativ klein wirken, doch trug er in entscheidendem Maße dazu bei, für 80 Millionen Reichsdeutsche zahlreiche, sonst empfindlich spürbare Engpässe zu überwinden. Die Konflikte, die in Deutschland bei mangelhafter Versorgung hätten entstehen können, wurden so externalisiert, daß auch auf Kosten der besetzten Länder die Loyalität der «Heimatfront» gesichert werden konnte.

Zu den krassesten Formen der Ausbeutung gehörte die Deportation von Zwangsarbeitern, deren Mehrheit aus Osteuropa und Rußland stammte (vgl. III.1 b). Aber West- und Südeuropa blieben keineswegs verschont. Bis 1941 begnügte sich die deutsche Verwaltung mit der Anwerbung von Freiwilligen. Aus Holland kamen immerhin 227000, aus Belgien und dem besetzten Nordfrankreich 261000, aus Vichy-Frankreich 120000 Arbeitskräfte. Im Rahmen von Sauckels forciertem «Arbeitseinsatz» setzte dann im März 1942 die Sklavenjagd und Zwangsverpflichtung ein, von der nur Dänemark und Norwegen als «germanische Länder» ausgenommen blieben. Bis zum August 1944 stieg dagegen die Zahl der Fremdarbeiter aus Belgien auf 254000, aus Holland auf 270000, aus dem inzwischen besetzten Italien auf 585000, aus Frankreich auf 1,3 Millionen. Diese 2,41 Millionen stellten immerhin ein Drittel der Zwangsarbeiterschaft.

In der Sozialhierarchie der deutschen Betriebe besaßen diese west- und südeuropäischen Fremdarbeiter häufig eine spürbar günstigere Position als die Ostarbeiter. Und manche Kriegsgefangenen aus diesen Ländern konnten auf Bauernhöfen noch erträglicher überleben. Aber wie mag es auf diese Männer und Frauen nach mehrjähriger Zwangsarbeit im NS-Reich gewirkt haben, daß das westdeutsche «Wirtschaftswunder» nur wenige Jahre später den Besiegten schon wieder eine privilegierte Position zu schaffen vermochte?[13]

d) Die Kriegsfinanzierung

Der Ruin ihrer Währung war in der Erinnerung von Abermillionen Deutschen mit der Hyperinflation von 1923 verknüpft, der Folge, wie es ihnen schien, der chaotischen Nachkriegsjahre und der Unfähigkeit der Republik, diese Finanzprobleme schnell zu meistern. Daß seit dem August 1914 mächtig an der Inflationsschraube gedreht wurde und die Entwertung der Währung primär eine Folge der deutschen Kriegsfinanzierung war, hat erst die neuere Wirtschaftsgeschichte überzeugend herausgearbeitet.

1939 begann derselbe Inflationierungsvorgang aufs Neue. Nur wurde diesmal fünfeinhalb Jahre lang noch ungleich rücksichtsloser als im Ersten Weltkrieg drauflosgewirtschaftet, ohne jede verantwortungsbewußte Kalkulation und statt dessen auf die fixe Idee fixiert, später die Lasten auf die besiegten Staaten abwälzen zu können.

Formell entstanden vom September 1939 bis zum Mai 1945 614 Milliarden RM an erfaßten Nettoausgaben. Wegen des Ausweichens vor einer drastischen Steueranhebung stammten davon nur 185 Milliarden RM aus ordentlichen Steuern, während sich die ordentlichen Staatseinnahmen insgesamt auf 276 Milliarden RM beliefen. Da die Deckung der horrenden Nettoausgaben nur zum Teil durch Kredite erfolgte, wurde auch der Zweite Weltkrieg von Berlin erneut und hauptsächlich durch eine galoppierende Staatsverschuldung finanziert. Hatte die Reichsschuld am 1. September 1939 33 Milliarden RM betragen, war sie bis Anfang Mai 1945 auf mehr als das Zehnfache, auf 93 Milliarden RM, geklettert; im übrigen brach die deutsche Finanzpolitik im Sommer 1944 völlig zusammen. Wilde Summen wurden auf dem Papier bewegt, während die ordentlichen Einnahmen zur Deckung der Ausgaben allenfalls noch die Höhe von zehn Prozent erreichten.

Die Finanzprobleme konnten auch durch die massiven Kontributionszahlungen der besetzten Länder und der verbündeten Staaten nicht gelöst werden. Rechnet man die Besatzungskosten und Zwangsanleihen, Sondersteuern und Entschädigungszahlungen zusammen, kommt man bis zum Ende des «Dritten Reiches» auf einen erpreßten Zufluß von rund 119 Milliarden RM. Nach Japan hat daher Deutschland von allen kriegführenden Staaten die höchste Staatsschuld aufgehäuft. Da gleichzeitig die Kaufkraft nicht durch Unmut erregende Steuern abgeschöpft wurde, entstand wegen des Mangels an einer adäquaten Menge von Konsumgütern ein inflationärer Geldüberhang. Mit dem scharfen Schnitt der Währungsreform vom 18. Juni 1948 bezahlten die Deutschen zum zweiten Mal die Entwertung ihrer Währung durch einen zweiten totalen Krieg, in dem sie ihrem «Führer» bis zuletzt gefolgt waren.[14]

6. Klassengesellschaft oder «Volksgemeinschaft» im Krieg?

a) Die «kämpfende Heimat»

Es gehörte zu den eigentümlichen Wirkungen des Nationalsozialismus, daß die Grenzen zwischen den überkommenen Sozialformationen durch seinen Egalisierungsdruck in Frage gestellt wurden, den Millionen als Aufbruch in die Zukunft einer meritokratischen Leistungsgesellschaft, insofern auch als Befreiung von den erstarrten Schlacken der kaiserdeutschen Vergangenheit empfanden (vgl. I.6 u. III.5). Mit dieser Wahrnehmungs- und wohl auch Mentalitätsveränderung lösten sich die konkreten Unterschiede zwischen den sozialen Klassen noch keineswegs auf. Aber sie traten insbesondere für die jüngeren Generationen, welche die zahlreichen Chancen der Aufstiegsmobilität nutzten, erkennbar zurück, zumal von der ideologischen Verheißung der «Volksgemeinschaft» ein unterstützender Homogenisierungsschub ausging; überhaupt wurde die Fata Morgana einer neuartigen, überlegenen Gesellschaftsverfassung ohne anachronistische Klassenantagonismen an den Horizont projiziert.

Den Nivellierungserfahrungen an der Front, wo angesichts der permanenten Präsenz des Todes die «Kameradschaft» der Überlebenden gleich welcher sozialen Herkunft aufgewertet wurde, trugen das Ihre dazu bei, soziale Distinktionen abzubauen. Und schließlich verlor der Markt, der bisher als Strukturierungszentrum der deutschen Marktgesellschaft und ihrer marktbedingten Klassen fungiert hatte, einen Großteil seiner Durchsetzungskraft, da die Rüstungswirtschaft und Kriegsvorbereitung in den Friedensjahren, erst recht dann die Kommandowirtschaft und der etatistische Dirigismus während der Kriegszeit genuin politischen Imperativen folgten.

Insofern kann man konstatieren, daß sich die überkommenen Erwerbs-, Berufs- und Besitzklassen zwar nicht auflösten – für die Auflösung derart harter sozialer Strukturen waren die zwölf Jahre des «Tausendjährigen Reiches» ohnehin viel zu kurz. Doch sie traten nicht allein in der Wahrnehmung zahlreicher Zeitgenossen, sondern auch in einem objektivierbaren Sinn als wirklichkeitsprägende Verbände zurück. Dieser Eindruck wird durch den sozialhistorischen Überblick, der vorn gegeben worden ist (vgl. III u. I.6), durchweg bestätigt. Die neuen Formen der Ungleichheit generierenden Bedingungen werden sogleich erörtert. Hitler hatte die «Abschleifung der alten sozialmoralischen Bindungen», die Einebnung der konfessionellen, proletarischen, ostelbischen Milieus zugunsten einer «kampfbereiten, leistungsstarken Volksgemeinschaft» gewollt. Tatsächlich waren es dann aber vor allem der Krieg und die frühen Nachkriegsjahre, die eine neuartige Homogenisierung der deutschen Gesellschaft auf den Weg brachten. Das machte sie, wie sich nach 1949 in Westdeutschland herausstellen sollte, «bereit für die Moderne».

Setzte sich aber zunächst anstelle der Klassengesellschaft die neue «Volksgemeinschaft» durch, wie das die Propaganda mit ihrem Trommelfeuer beschönigender Beschwörungen behauptete? Unstreitig gab es Aufwallungen eines milieu- und klassenübergreifenden Zusammengehörigkeitsgefühls. Nach dem «Polenfeldzug» etwa, erst recht nach dem «Frankreichfeldzug» existierte so etwas wie eine siegestrunkene «Volksgemeinschaft», die im Zeichen nationalistischen Überschwangs eine kurzlebige Integrationserfahrung machte. Doch spätestens im Winter 1941/42 war dieser Taumel schon wieder verflogen. Und seit Stalingrad fanden sich die Deutschen an ihrer «Heimatfront» zusehends in einer «Notgemeinschaft der Erschöpften», schließlich der «Verzweifelten» vereint.

Unstreitig gingen vom Krieg egalisierende Wirkungen aus. Die Rationierung der Lebensmittel, das begrenzte Angebot an Verbrauchsgütern, die Zerbombung der städtischen Wohnquartiere – all das ebnete Unterschiede ein, die eben noch in auffallenden Varianten des Lebensstils und Aufwandkonsums zutage getreten waren. Aber als «Durchhaltepropagandist» predigte Goebbels die Wohltaten seines Kriegssozialismus tauben Ohren vergeblich. Denn auch jetzt wurden die Belastungen denkbar ungleich verteilt.

Während Großstädte zerstört wurden, verharrten Kleinstädte und das flache Land geradezu im Zustand unberührter Idylle. In den Großstädten unterschied sich das bombardierte Zentrum von der unversehrten Peripherie. Industrieregionen waren schmerzhafter betroffen als die Tausende von Kleinstädten. Rüstungsarbeiter in den Industrierevieren mußten ein härteres Leben ertragen als Angestellte in der Verwaltung von Landkreisen. Eine latente Entscheidung über Leben und Tod verbarg sich hinter der Einberufung zum Wehrdienst, während die Anerkennung als «unabkömmlicher» Fachmann die Risiken radikal reduzierte. Die Versetzung an die Ostfront galt seit dem Dezember 1941 als Todesurteil, während sich an der französischen Küste oder auf einer griechischen Insel der Militärtourismus weiterhin genießen ließ. Je länger der Krieg andauerte, desto wichtiger wurde es, ob Kinder aus einer gefährdeten Stadt im Rahmen der KLV in ländliche Gebiete geschickt werden konnten oder zu Hause bleiben mußten; ob man evakuierte Städter aufzunehmen hatte oder selber als Ausgebombter einer fremden Familie zugewiesen wurde.

Zwar gab es die Zauberformel von den «guten Beziehungen», die noch immer manches erleichterten, etwa einen Sohn mitten im Krieg auf eine Schweizer Internatsschule schicken oder die Villa von Evakuierten freihalten zu können. Doch die endemische Korrumpierbarkeit der «Goldfasanen» erzeugte wiederum einen Groll, wenn nicht sogar offenen Haß, der die verheißene «Volksgemeinschaft» der gemeinsam für den Endsieg darbenden Volksgenossen als puren Hohn empfand.

Wer im Produktionsprozeß stand, erlebte eine engere Bindung an den Betrieb, der nicht nur als wesentlicher Stützpfeiler des Überlebens, sondern auch als Bürge des Übergangs in die Friedenszeit galt. Hier kristallisierte sich eine Gemeinsamkeit der Interessen von Unternehmensleitung und Belegschaft heraus, die sich nach 1945 vielfach bewähren sollte. Vorerst aber führte die Doppelwirkung von Frontverlusten und Bombenkrieg seit 1943 zu einem anhaltenden Verfall des Sekuritätsgefühls, zumal die Attraktion der Anfangserfolge verblaßte. Damit aber ließ auch die Nützlichkeit einer seit Machiavelli vertrauten Herrschaftstechnik abrupt nach. Jahrelang hatte das NS-Regime seine Expansionserfolge in der Tradition des Sozialimperialismus als «Ersatz für innere Reformen» genutzt (Bd. III, 985–90). Damit öffnete es nicht nur ein «notwendiges Aggressionsventil», sondern sorgte zugleich für eine «kompensatorische Stärkung des Sozialprestiges», das der militärisch siegreiche Herrenmensch auf seinen Eroberungszügen gewinnen sollte. Seit Stalingrad konnte diese Stabilisierungsstrategie immer weniger verfangen, vielmehr trieb das Regime unaufhaltsam auf seine existentielle Legitimationskrise zu.

Sie drückte sich auch in dem schleichenden Prozeß eines inneren Rückzugs vom «Dritten Reich» aus. In gewisser Hinsicht setzte jetzt die «Entnazifizierung» vieler Deutscher ein, so daß sie das Kriegsende desillusioniert, vielfach schon entideologisiert, allein auf individuelles und familiäres Überleben bedacht, erlebten. Auch dadurch wurde für den Neubeginn eine günstigere Ausgangsposition geschaffen, als sie etwa 1918 bestanden hatte.

Zu dieser «lautlosen Abwendung» gehörte freilich auch die Abwesenheit von nennenswerter Sabotage und spürbarem Widerstand trotz des einsetzenden Zerfalls. Vielmehr verbanden sich Apathie, Erschöpfung, Leere noch immer mit einem erstaunlichen Durchhaltewillen. Die Propaganda hat ihn mit ihrer Beschwörung alliierter Gnadenlosigkeit, insbesondere aber des Horrors vor den «asiatischen» Racheaktionen der Roten Armee offensichtlich beeinflußt. Doch tief in den Seelenhaushalt hatte sich auch das Gefühl hineingefressen, daß man selber «mitverantwortlich», irgendwie «in die Exzesse und Verbrechen» des Regimes «hineinverwickelt» war. Die Konformität und die Bereitschaft zum Weitermachen bis in das Frühjahr 1945 hinein erklären sich daher auch aus der dumpfen Einsicht, daß es einen fatalen Zusammenhang gab zwischen der «moralischen Entfesselung», der Normenauflösung in der NS-Zeit und der Art der deutschen Kriegsführung und Besatzungsherrschaft – ein Zusammenhang, dessen Folgen auf das Herrenvolk zurückzuschlagen drohten, so daß angsterfüllte letzte Abwehrkräfte mobilisiert wurden.

Von dem vergötterten Charismaträger stand kein neuer Befreiungsschlag zu erwarten. «Wir sind die letzten Deutschen», hatte Hitler früher einmal in vertrauter Runde behauptet. «Wenn wir einmal versinken sollten, dann gibt es kein Deutschland mehr.» Jetzt zog er zynisch die Konsequenz aus seinem verantwortungslosen Nihilismus, dem weder die arische Herrenrasse noch die «Volksgemeinschaft» etwas galt. «Wenn der Krieg verlorengeht, wird auch das Volk verloren sein», eröffnete er Speer. Daher sei es auch nicht notwendig, «auf die Grundlagen, die das deutsche Volk zu seinem primitivsten Weiterleben braucht, Rücksicht zu nehmen», denn es habe «sich als das schwächere erwiesen, und dem stärkeren Ostvolk gehört damit ausschließlich die Zukunft.» Als 1945 zwei Fünftel der deutschen Bevölkerung in angsterfüllter Bewegung waren, mehr als 30 Millionen Soldaten, Vertriebene, Flüchtlinge und Evakuierte; als sogar mehr als 100 Millionen Menschen das Reichsgebiet bevölkerten: Deutsche, Volksdeutsche, ausländische Arbeiter, Kriegsgefangene – da konnte bei diesem Erbe zwölfjähriger nationalsozialistischer Herrschaft weder von einer eindeutig strukturierten Klassengesellschaft noch und erst recht nicht von der verwirklichten «Volksgemeinschaft» die Rede sein.

b) Der Bombenkrieg

Seit 1942, dem Jahr der deutschen Pyrrhussiege, hat sich eine in diesem Ausmaß unvorhergesehene Form der Kriegsführung entwickelt: Der alliierte Luftkrieg gegen deutsche Städte stellte nicht nur eine neuartige militärische Kampfesweise, sondern auch ein folgenreiches gesellschaftsgeschichtliches Phänomen dar, da er in das Leben von Abermillionen von Zivilisten mit unwiderstehlicher Gewalt eingriff. Die Forderung der Verfechter des totalen Krieges, auch die «Heimatfront» in den Krieg uneingeschränkt einzubeziehen, wurde erst jetzt auf ungeahnte Weise verwirklicht. Binnen kurzem sollte diese Einbeziehung das Ende jeder Sekurität des stadtbürgerlichen Lebens bringen.

Die deutsche Luftwaffe hatte mit der perfiden Methode der Terrorangriffe auf die Zivilbevölkerung großer Städte begonnen, als sie Guernica, Warschau, Rotterdam, Coventry und zwei Dutzend andere englische Städte mit dem Ziel der Terrorisierung und Zermürbung der Zivilbevölkerung, ohne jeden militärischen Zweck bombardiert hatte. Seit Ende 1940 übernahmen, beflügelt vom Sieg in der Luftschlacht über England, britische Bomberverbände bei ihren Nachtangriffen diese Brachialform der «psychologischen» Kriegführung, die den Widerstandswillen der Bevölkerung brechen sollte. Aber erst 1942 wurden Großangriffe der «Royal Air Force» (RAF) gegen Essen und Köln, Lübeck und Rostock geflogen. Im Mai 1942 erlebte Köln die erste 1000-Bomber-Attacke. Im Juli und August 1943 endeten zwei kombinierte Tag- und Nachtangriffe auf Hamburg, die Feuerstürme mit einer Hitze von mehr als 1400° Celsius auslösten, mit einer Schreckensbilanz von über 30 000 Toten.

Eine ganz andere Zermürbungstaktik entwickelten die amerikanischen Luftstreitkräfte mit ihren Präzisionsangriffen bei Tageslicht. Seit 1943 waren sie imstande – 1942 sind 13 300, 1943 aber 48 000 Flugzeuge für sie gebaut worden –, ihre Offensive zu steigern. Die amerikanischen und englischen Luftflotten warfen im Zweiten Weltkrieg insgesamt 2698 Millionen Tonnen Bomben ab, die Hälfte davon auf Deutschland: 1943 waren es schon dreimal soviel Bomben wie 1942, 1944 aber fünfmal soviel wie 1943. Die Luftwaffe des «Dritten Reiches» dagegen vermochte nur 108 320 Tonnen Bomben auf allen Kriegsschauplätzen einzusetzen. Allein im März 1945 wurde diese Menge von den Alliierten mit 130 000 Tonnen übertroffen; vom Januar bis April 1945 luden sie 431 000 Tonnen über Deutschland ab.

Die nächtlichen britischen Flächenbombardements trafen fast ausschließlich Wohnquartiere, aber keine Produktionsstätten. Die Kölner Innenstadt etwa wurde verwüstet, die Ford-Werke dagegen und die Anlagen von Bayer Leverkusen blieben unversehrt. Die durchschnittlichen englischen Verluste lagen bei vier Prozent der eingesetzten Flugzeuge. Ungleich wirkungsvoller fielen die Angriffe der amerikanischen Langstreckenbomber aus, wobei die «Fliegenden Festungen» von Langstreckenjägern effektiv begleitet wurden. Ihnen gelang es bis zum Herbst 1944, die deutsche Kriegswirtschaft samt ihrem Verkehrssystem fast zum Erliegen zu bringen. Der Preis für diesen Erfolg bestand aus ungewöhnlich hohen Verlusten. Als etwa die Schweinfurter Kugellagerfabriken wegen ihrer Schlüsselfunktion für die Rüstungswirtschaft im August und Oktober 1943 zweimal mit einer gewaltigen Luftflotte angegriffen wurden, verloren die amerikanischen Verbände im Feuer der deutschen Flakbatterien und Abfangjäger 16 bzw. 20 Prozent aller Flugzeuge. Dennoch steigerten die Alliierten ihre Luftoffensive, so daß 1944/45 vier Fünftel aller Bomben des Krieges auf Deutschland abgeworfen wurden.

Als Opfer der Luftangriffe wurden mehr als 600 000 Zivilisten, überwiegend Frauen und Kinder, gezählt. Angesichts der täglichen und nächtlichen Flächenbombardements von Tausenden von Flugzeugen, der Wiederholungsangriffe, der verheerenden Wirkung ihrer Brandbomben und der völlig unzureichenden Schutzvorkehrungen in den Städten hätte die Verlustquote noch viel höher ausfallen können. Am Ende entsprach sie ungefähr der doppelten Höhe jener Verluste, die allein die Heeresgruppe Mitte im Juli 1944 in einer einzigen Abwehrschlacht erlitt, als die russische Sommeroffensive 25 deutsche Divisionen mit rund 350 000 Soldaten geradezu vernichtete.

Das Leben in den bombardierten Städten nahm zeitweilig chaotische Züge an, konnte aber immer wieder unter Notstandsbedingungen fortgesetzt werden, die der «Großdeutsche Rundfunk» als «Normalisierung» pries. 1,86 Millionen Wohnungen wurden völlig zerstört, 3,6 Millionen beschädigt; 20 Millionen Menschen waren dadurch unmittelbar betroffen; 1,4 Millionen verloren allen Besitz; 5 Millionen mußten in Kleinstädte und ländliche Gegenden evakuiert werden. Dennoch hielt die Durchhaltemoral der Stadtbevölkerung der Luftoffensive erstaunlich lange stand. Die Pro-

6. Klassengesellschaft oder «Volksgemeinschaft» im Krieg?

pagandaformel von den alliierten «Terrorangriffen» galt aufgrund der eigenen Erfahrungen als realistische Kennzeichnung. Und der Widerstandswille wurde eher zu einem blindwütigen Trotz gesteigert als ausgelöscht. Der «Strategic Bombing Survey» der Alliierten nach dem Krieg bestätigte im Grunde genommen das völlige Scheitern der Zermürbungstaktik. Währenddessen wirkte auf die Überlebenden Goebbels' selbstzerstörerische Radikalisierung im «Reich» (30. 6. 1944), daß man durch die Luftangriffe im Zeichen des totalen Krieges vom überflüssigen «Ballast der Zivilisation» befreit werde, ja daß angesichts der nivellierenden Wirkung des Zerstörungswerks «endlich... die letzten Klassenschranken» fielen, wie ein denkbar unglaubwürdiges, realitätsfernes Triumphgeschrei.

Unleugbar wurde der alliierte Luftkrieg am Ende zum Selbstzweck, namentlich der RAF-Chef «Bomber-Harris» verlor jedes militärische Kalkül aus dem Auge. Beim letzten alliierten Großangriff, der sich kurz vor Kriegsende am 13./14. Februar 1945 gegen das bisher völlig unbeschädigte Dresden richtete, warfen britische Bomber bei zwei Nachtangriffen und amerikanische Verbände während der folgenden sechs Tagesangriffe 5245 Tonnen an Sprengbomben und Minen, dazu 1825 Tonnen an Brandbomben auf die Stadt ab. Da sie mit den Trecks ostdeutscher Flüchtlinge, die im Bereich der Totalzerstörung (15 km²) im «Feuersturm» zu Asche verglühten, völlig überfüllt war, läßt sich die Verlustquote nicht genau ermitteln. Zu den 35 000 identifizierbaren, überwiegend Dresdener Toten könnten noch einmal fast 100 000 namenlose Flüchtlinge hinzukommen. Auch dieser Schreckensort wurde durch den leidenschaftlich geforderten totalen Krieg unter schrankenloser Einbeziehung der «Heimatfront» geschaffen.[15]

c) Ergebnisse charismatischer Herrschaft:
Kontinuitätslinien vom Kaiserreich bis 1945

Am Anfang des deutschen Nationalstaats stand die charismatische Herrschaft Bismarcks. Das «Dritte Reich» des zweiten Charismatikers endete mit totalem Krieg, Massenmord und Chaos, schließlich mit der Zertrümmerung des gerade einmal 74 Jahre alten Nationalstaats. Gibt es Kontinuitätslinien, die sich durch diese deutsche Epoche hindurchziehen?

Wie immer, wenn es um charismatische Herrschaft geht, bildete eine existentielle Krise die entscheidende Vorbedingung für die Durchsetzung von Bismarcks «Kanzlerdiktatur». Unter dem Anprall der liberalen, aber auch schon der demokratischen Kräfte schien das Ancien Regime in Preußen vor dem Kollaps zu stehen – und damit drohte auch das Ende der Adelsherrschaft wie der anachronistischen Militärverfassung. Mit der extrem riskanten Therapie dreier Kriege gelang Bismarck jene Problemlösung, die ein Großpreußen im Gehäuse des von der liberalen Nationalbewegung angestrebten Nationalstaats schuf. Um den «Reichsgründer» entfaltete sich ein wahrer Nimbus, ihn umgab die Aura des außergewöhnlichen historischen Individuums, bald auch ein eigener Personenkult. Die großen Wahlsiege der Nationalliberalen galten geradezu als Erfolge der dort versammelten «Partei Bismarck».

Innen- und außenpolitische Erfolge befestigten zwei Jahrzehnte lang die charismatische Herrschaft des Kanzlers, legitimierten den Bismarck-Mythos, wie leidenschaftlich und in der Sache oft treffend die Kritik seiner Opponenten auch ausfallen mochte. Ihnen schlug er tiefe Wunden: dem politischen Katholizismus, der Sozialdemokratie, auch den Altkonservativen und den nationalen Minderheiten. Diese Verletzungen haben die innere Verfassung des Reiches jahrzehntelang schwer belastet. Außenpolitisch gelang es ihm, das Gewicht der neuen Großmacht mitten in Europa für ihre Nachbarn einigermaßen erträglich zu halten. Doch indem er die Annexion von Elsaß und Lothringen und die Schädigung vitaler ökonomischer Interessen Rußlands betrieb, trug er selber dazu bei, die Konstellation des Zweifrontenkrieges heraufzuführen. Und als er sich aus zwingenden legitimatorischen und marktgesellschaftlichen Gründen auf den Kolonialimperialismus einließ, schuf er eine Basis für die verhängnisvolle «Weltpolitik» der Folgezeit (vgl. Bd. III, 368–76, 849–54).

Solchen Grenzen und Schwächen seiner Politik steht freilich eine erstaunliche Erfolgsbilanz gegenüber. Es gelang Bismarck, zwei Dutzend denkbar unterschiedliche Herrschaftsverbände in einer föderalistischen Staatenunion mit kräftigen Integrationsklammern zusammenzuführen. Das eigentümliche Ordnungsgefüge der Institutionen erwies sich als funktionsfähig und belastbar: Das aus dem allgemeinen Männerwahlrecht hervorgehende, demokratisch geprägte Unterhaus des Reichstags, das die Staaten des «ewigen Bundes» vertretende Oberhaus des Bundesrats, der «Reichsmonarch» als personalisiertes Symbol der Staatseinheit, das aus bundesstaatlichen Kontingenten bestehende Reichsheer, die als Sekretariate kaschierten Reichsministerien, die kunstvolle, aber auch extrem belastende Verschachtelung mit den Machtzentren des preußischen «Empire State» – diese Vielfalt von ausgeklügelten Kompromissen schuf einen Spielraum für die Machtkonstellation der Anfangszeit. Da sich aber die Kräfte der Beharrung, namentlich die Mitglieder des preußischen Machtkartells, der politischen Modernisierung in Gestalt der Parlamentarisierung der Reichspolitik und der Demokratisierung Preußens erfolgreich widersetzten, erlag das Kaiserreich mit all seinen Monarchien schließlich auch seiner inhärenten Reformunfähigkeit.

Mit der Persönlichkeit des ersten Reichskanzlers verband sich seit seiner Entlassung, erst recht seit seinem Tod, jener hingebungsvolle, fast säkularreligiöse Kult, der ihn zum Staatsschöpfer, zur Inkarnation unübertrefflicher Machtpolitik, zum einzigartigen Akteur von universalhistorischem Rang erhob. In mancher Hinsicht übertraf diese exzessive, dämonisierende

6. Klassengesellschaft oder «Volksgemeinschaft» im Krieg?

Übersteigerung der Bedeutung Bismarcks in der Erinnerung der Deutschen seine Ausstrahlung zu Lebzeiten. Diese Verklärung hielt weiter an, als das «persönliche Regiment» Wilhelms II. an seiner eklatanten Inkompetenz rundum scheiterte, als die Reichskanzler seit 1890 das politische Mittelmaß nie mehr übertrafen, als die Ersatzheroen Hindenburg und Ludendorff die Niederlage im Ersten Weltkrieg nicht verhindern konnten. Zumindest als kräftige Unterströmung blieb diese Fixierung auf die große politische Leitfigur bestehen, nicht allein in Friedrich Naumanns «Sozialem Kaisertum» oder in Max Webers Vorliebe für einen Bismarck nachgebildeten Charismatiker.

Das vorn geschilderte Krisensyndrom der Nachkriegszeit hat dann den Bismarck-Kult mit emotionalisierter Übersteigerung in eine chiliastische Erwartungshaltung verwandelt, die dem neuen Messias: dem «zweiten Bismarck» als Erretter aus aller Not und Demütigung entgegenfieberte. Es war diese aus der stilisierten historischen Erinnerung an den ersten Repräsentanten charismatischer Herrschaft genährte, breit verwurzelte Disposition, die nach dem neuen starken Mann auf der Kommandobrücke des Staates verlangte, für die politischen Institutionen der ungeliebten Republik aber nur Verachtung hegte.

Die Initialzündung, welche die beklemmende Krisenvielfalt der 1920er Jahre in eine existentielle Krise von Staat und Gesellschaft verwandelte, ging von der Dritten Weltwirtschaftskrise seit 1929 aus. Sie verhalf Adolf Hitler, ursprünglich nur Chef einer bayerischen Exotenpartei, zur Rolle des vielfach ersehnten Messias, der seither an der Spitze einer rechtstotalitären, radikalnationalistischen Massenbewegung stand. Denn in der Figur des «Führers» bündelten sich nun alle Erwartungen auf Krisenüberwindung, nationalen Wiederaufstieg und neue Machtstellung.

Erneut erwies sich, daß charismatische Herrschaft eine «soziale Beziehung» (M. Weber) ist, die auf der Wechselwirkung zwischen Charismaträger und seiner ihn fordernden, ihn tragenden Gesellschaft beruht. Ohne die verbreitete Erwartungshaltung, die nach dem «neuen Bismarck» verlangte, hätte Hitler die leidenschaftliche Resonanz, die ihn emportrug, nicht nutzen können. Mentalitätsgeschichtlich war es nur eine außerordentlich kurze Zeitspanne von drei Jahrzehnten, die von Bismarck zu Hitler überbrückt werden mußte. Zu dieser Leistung war die lebendige Erinnerung, war das historische Bewußtsein von Abermillionen Deutschen allemal imstande.

Trotz des atemberaubenden Aufstiegs der Hitler-Bewegung wurde der «Führer» nicht durch eine Wählermehrheit, sondern durch die Intrigen einer strategisch postierten Clique aus dem Umfeld der alten Machteliten ins Reichskanzleramt getragen. Danach gelang es Hitler mit einer Mischung aus blendenden Erfolgen, Terror und Mobilisierung der Folgebereitschaft, seine charismatische Herrschaft über die Partei auf den gesamten Staat auszudehnen. Nach vorsichtig tastenden Anfangsmanövern bescherte ihm seine Vabanquepolitik eine jedermann verblüffende Serie von außenpolitischen Erfolgen, während im Inneren die Beseitigung der Massenarbeitslosigkeit und der durch die Rüstungspolitik angefachte konjunkturelle Aufschwung die Konsensbasis befestigten. An seinem 50. Geburtstag im April 1939 stand Hitler, von der Mehrheit seiner Deutschen vergöttert, als Schlüsselfigur charismatischer Herrschaft in einer rechtstotalitären Diktatur unangefochten da.

Die Siege über Polen und Frankreich haben den Führernimbus noch weiter ausgedehnt, da der «größte Feldherr aller Zeiten» imstande zu sein schien, sein «Großdeutsches Reich» auch durch die Fährnisse des Krieges sicher hindurchzusteuern. Die euphorische Erwartung, daß dem «Führer» und seiner erfolgsverwöhnten Wehrmacht selbst der große Coup der Eroberung der Sowjetunion gelingen werde, hielt auch in den ersten Monaten des Rußlandkrieges noch an. Mit dem Debakel vor Moskau und dem Kriegseintritt der Vereinigten Staaten im Dezember 1941 zeichnete sich dann aber die Wende des Zweiten Weltkriegs ab. Dennoch vermochte das «Dritte Reich» noch volle dreieinhalb Jahre lang gegen eine weit überlegene Allianz furchterregende Feldzüge bis zum Kaukasus und durch Nordafrika zu führen, während seine U-Boot-Kampagne, wie vorn erwähnt, die Lebensadern Englands abzuschneiden drohte.

Für die Kampfmoral der Wehrmacht war die Führergläubigkeit von ausschlaggebender Bedeutung. Und im Inneren des Reiches vermochte das Regime des Charismaträgers die freigesetzte oder doch unterstützte gesellschaftliche Transformationsdynamik so zu nutzen, daß eine beispiellose Mobilisierung menschlicher Energien, in der Ära Speer auch materieller Ressourcen, seine Kriegsanstrengung überhaupt erst ermöglichte. Die Entfesselung dieser Kräfte wurde wesentlich vorangetrieben durch den von Hitler geförderten sozialdarwinistischen Konkurrenzkampf, die Hoffnung auf sozialen Aufstieg in der neuen «Leistungs-Volksgemeinschaft» und nicht zuletzt die «Gesinnungsrevolution» als Komponente charismatischer Herrschaft. Zugleich entband diese protuberanzenartige Freisetzung von Energien auch Destruktionskräfte von ungeahntem Ausmaß, und zu der «Gesinnungsrevolution» gehörte eine derartige Mißachtung tradierter, bewährter Normen des menschlichen Zusammenlebens, daß dadurch eine essentielle Voraussetzung des Holocaust und Massenmords an den Slawen geschaffen wurde.

Obwohl die Ausstrahlung von Hitlers Charisma seit Stalingrad allmählich nachließ, hielt doch die Führerfixierung – wie die haßerfüllte Verdammung des Attentats vom 20. Juli 1944 beweist – in gleichwie gebrochener Form noch weithin an. Es war nicht nur der selbsttätige Lauf der Militärmaschine, der die Verteidigungsaktivität deutscher Truppen an allen zurückweichenden Fronten aufrechterhielt. Vielmehr waren es Hitlers Befehle, denen bis Ende April 1945 gehorcht wurde, war es seine Autorität,

6. Klassengesellschaft oder «Volksgemeinschaft» im Krieg?

die zu dem Weg in einen katastrophalen Untergang anhielt. Selbst im surrealistischen Ambiente des Berliner Bunkers entschied er über Leben und Tod von Hunderttausenden.

Bismarcks charismatische Herrschaft bleibt trotz aller Belastungen des neuen Reichs mit der Bildung langlebiger Institutionen und eines Staates verbunden, der zuletzt 1990 seine Überlebensfähigkeit bewiesen hat. Dagegen führte Hitlers charismatische Herrschaft auf der Grundlage einer sozialpsychischen Disposition seiner Deutschen, einen «neuen Bismarck» als «Führer» zu verlangen, zu entsetzlichen Ergebnissen. Abermillionen Tote und Verstümmelte, der Vernichtungskrieg im Osten, der Massenmord an der europäischen Judenheit, die Vertreibungsaktionen von vorbildlosem Ausmaß, die Inhumanität der Rassen- und Ausmerzepolitik, die Zertrümmerung Europas und des deutschen Staates, die Verwüstung zahlreicher deutscher Städte, die Aufwertung der Sowjetunion zur 45 Jahre währenden Teilhabe an der Weltherrschaft, endlose Eruptionen von Haß und Verzweiflung – so beginnt eine lange Liste von Schreckenstaten, die ohne die charismatische Herrschaft Hitlers nicht geschehen wären. Denn in ihm bündelten sich alle destruktiven Tendenzen eines Aufbegehrens gegen die Moderne, aber auch einer Nation, die nach ihrem «Führer» verlangt hat und ihm bis in den Untergang gefolgt ist.

Das unverdiente große Glück der Deutschen, die trotz ihres Zerstörungswerkes nach 1949 eine neue Chance erhielten, liegt darin, daß sie bisher nicht erneut in eine jener existentiellen Krisen gestürzt worden sind, die optimale Voraussetzungen für den Aufstieg eines dritten Charismatikers schaffen könnte. Vielleicht hat sie aber auch die tödliche Erfahrung mit der Führerherrschaft und ihren Folgen auf absehbare Zeit dagegen gefeit, einem neuen Messias begeistert und bedingungslos in eine neue Katastrophe zu folgen.

Zehnter Teil
Folgen des zweiten verlorenen Totalen Krieges
1945–1949

I.
Kriegsverluste und Folgekosten

Zu Recht gelten die zwölf Jahre des NS-Regimes als schroffste Zäsur, gilt das Jahr 1945 als ein Tiefpunkt der neueren deutschen Geschichte. Tatsächlich muß man aber auch noch die ersten drei Nachkriegsjahre in diese Schreckenszeit mit einbeziehen. Denn jetzt kam es in der Gestalt eines furiosen Gegenschlags gegen die nationalsozialistische Bevölkerungs- und Rassenpolitik im Osten zu einer beispiellosen Vertreibung von etwa fünfzehn Millionen Deutschen aus Ostdeutschland und von Angehörigen der «volksdeutschen» Minderheiten in Ost- und Südosteuropa. Gleichzeitig stieg der Strom der Flüchtlinge aus der Sowjetischen Besatzungszone an, da sie sich vor den Racheorgien der Roten Armee und der sogleich anlaufenden Sowjetisierung «nach Westen» in Sicherheit bringen wollten. Die ostdeutsche Adelswelt wurde durch die sowjetische Besatzungsmacht und die deutschen Bolschewiki, die in der «Ostzone» das Ruder unverzüglich übernommen hatten, von Grund auf zerstört.

13 Millionen Soldaten erlebten ihre Demobilmachung – anders als 1918, als die Legende «im Felde unbesiegt» überall grassierte – in alliierten Kriegsgefangenenlagern. Mit der totalen militärischen Niederlage verband sich auch eine radikale Deflation jenes Nimbus, der bisher das deutsche Militär umgeben hatte. Neun Millionen Evakuierte des Bombenkriegs mußten in ihre Heimatstädte zurückgebracht werden, ebenso viele, vielleicht sogar zehn Millionen «Displaced Persons» (DP): Zwangsarbeiter, Kriegsgefangene, KZ-Häftlinge, «Hilfswillige» der deutschen Wehrmacht, in ihre Heimatländer repatriiert werden.

Über Millionen ostdeutscher Frauen und Mädchen, Kinder und Greisinnen brachen jahrelang die barbarischen Exzesse der Massenvergewaltigung durch Rotarmisten herein. Nachdem deutsche Männer den Vernichtungskrieg im Osten geführt hatten, mußten diese Frauen dafür einen unendlich demütigenden, oft tödlichen Preis zahlen. Während die Furien des Krieges in dieser Form weiterlebten, dehnte sich eine Hungerkrise aus, brach das Verkehrssystem zusammen, erfaßte die Demontage Hunderte von intakt gebliebenen Industrieanlagen, bahnte sich nicht zuletzt wie ein unaufhaltsamer Automatismus die Aufteilung des Landes an. Österreich hatte im Schutz der Legende, das erste Opfer der NS-Aggression gewesen zu sein, seine Souveränität wiedererlangt; bis 1948 setzte sich die Spaltung des «Altreiches» in vier Besatzungszonen durch.

So unleugbar der Mai 1945 eine Befreiung von der nationalsozialistischen Diktatur bedeutete, von der die Deutschen sich selber nicht hatten befreien können, so verständlich ist es, daß die Niederlage mit ihren Folgen aus der Sicht der meisten deutschen Zeitgenossen als deprimierende Katastrophe empfunden wurde. Hatte unlängst noch das «Großdeutsche Reich» vom Nordkap bis nach Nordafrika, von der Atlantikküste bis zur Krim sein Herrschaftsgebiet ausgedehnt, hatten sich Hitlers Deutsche bereits als künftiges Herrenvolk der Welt gefühlt, erlebten sie seit diesem Frühjahr 1945 den Absturz in den Abgrund der Besiegten, die endlich auch mit dem Menschheitsverbrechen des Judenmords konfrontiert wurden. Das war das Ende aller kriegerischen Exzesse und aller aberwitzigen Träume. Finis Germaniae? Das glaubten damals nicht wenige.[1]

1. Eine demographische Bilanz

An erster Stelle muß man sich hier die horrende Höhe der Menschenverluste vergegenwärtigen, die der Aufbruch in das «Tausendjährige Reich» unter den Deutschen selber verursacht hat. Insgesamt sind bis zum Kriegsende 18,2 Millionen Männer zum Militär eingezogen worden (13,6 Mill. zum Heer, 2,5 Mill. zur Luftwaffe, 1,2 Mill. zur Marine, 900 000 zur Waffen-SS). Hinzu stießen noch Hunderttausende von «Volksdeutschen», Ausländern, Hilfswilligen, Nachrichtendiensthelferinnen und Krankenschwestern im Dienst der Wehrmachtsteile und der Waffen-SS. Die bisher genaueste empirische Ermittlung der Todesfälle ergibt in abgerundeten Zahlen 5,32 Millionen Tote (für das Heer 4,2 Mill., die Luftwaffe 430 000, die Marine 140 000, die Waffen-SS 300 000). Die Todesquote schwankte je nach den Geburtsjahrgängen erheblich. Für die Jahrgänge 1910 bis 1925 lag sie durchschnittlich zwischen 20 und 40 Prozent. Mindestens zwei Fünftel der Jahrgänge 1920 bis 1925 wurden förmlich ausgelöscht.

Die Hälfte aller Verluste wurde an der Ostfront registriert. Waren im Ersten Weltkrieg täglich 1000 deutsche Soldaten umgekommen, waren es im Zweiten Weltkrieg allein im Osten während der ersten drei Jahre täglich 2000. Schon bis zum Sommer 1944 lag daher dort die Todesziffer bei zwei Millionen Soldaten. Seither stieg sie rapide auf täglich 5000 an. Wöchentlich gingen mithin zwei vollständige Divisionen verloren. Allein der apokalyptische Zusammenbruch der Heeresgruppe Mitte und Südukraine endete mit einem Massaker von ca. 400 000 toten deutschen Soldaten. Eine Zuspitzung brachten die allerletzten Monate des «Endkampfes», der 1,2 Millionen deutscher Soldaten das Leben kostete.

Zählt man die deutschen Kriegstoten in der Zeit von dem gescheiterten Attentat auf Hitler im Juli 1944 bis zum Mai 1945 zusammen, kommt man auf eine Ziffer, die fast genau der Anzahl der deutschen Kriegstoten in der gesamten vorhergehenden Kriegszeit vom September 1939 bis zum Juli

1. Eine demographische Bilanz

1944 entspricht. Allein auf diese zehn Schreckensmonate entfällt mithin die Hälfte aller deutschen Kriegsverluste.

Darüber hinaus wurden 1,5 Millionen Soldaten als Vermißte registriert. So gut wie ausnahmslos handelte es sich um weitere, nicht genau spezifizierbare Todesfälle. Der Suchdienst des Deutschen Roten Kreuzes erklärte mit hinreichender Sicherheit 1,086 Millionen Vermißte für tot; die restlichen Fälle blieben ungeklärt.

Zu den Überlebenden des großen Mordens zählten sich die elf Millionen deutschen Soldaten, die bis zum Mai 1945 in Kriegsgefangenschaft geraten waren. Viele von ihnen wurden schnell entlassen, aber Ende September 1945 verblieben immer noch 6,5 Millionen in westlichen (3,7 Mill. in amerikanischen, 2,3 Mill. in englischen, 450 000 in französischen) Lagern. Auch sie wurden, abgesehen von den Gefangenen in französischen Lagern, meist bis Ende 1946 zügig entlassen. Trotz der gewaltigen logistischen Probleme, welche die Versorgung dieser Millionenzahl von Soldaten, zusätzlich zum eigenen Millionenheer, aufwarf, ist es bei den westlichen Alliierten relativ selten zu eklatanten Mißständen gekommen. In Frankreich allerdings wurden Tausende von jungen Soldaten in die Fremdenlegion gepreßt, mehr als 100 000 jahrelang zur Zwangsarbeit in Bergwerken herangezogen. Und auf den berüchtigten Rheinwiesen, wo amerikanische Einheiten nach ihrem Durchbruch durch die letzte deutsche Westfront zahlreiche deutsche Kriegsgefangene provisorisch zusammengepfercht und bei kaltem Regenwetter wochenlang kaum versorgt hatten, kam es zu einem Massensterben. Noch jahrelang nach dem Krieg pries sich aber im allgemeinen jeder Soldat glücklich, der in britische oder amerikanische Gefangenschaft geraten war, in die große Verbände auf der Flucht vor der Roten Armee geradezu nach Westen geeilt waren.

Ein wahrer Horror herrschte dagegen vor der sowjetischen Kriegsgefangenschaft, in der bis zum Herbst 1945 etwa 2,1 Millionen deutsche Soldaten geblieben waren. Nicht zu Unrecht, wie sich herausstellte, denn etwa ein Drittel dieser Gefangenen kam auf den endlosen Märschen in die Lager oder während der folgenden Zwangsarbeitsjahre ums Leben. Von den 90 000 Überlebenden von Stalingrad etwa kehrten nur 5000 Männer heim. Gewiß litt auch die russische Bevölkerung unter eklatanten Versorgungsmängeln, doch die Lebensbedingungen in den sibirischen Zwangsarbeitslagern hatten ihre eigene mörderische Gewalt. Erst 1955/56 trafen die letzten 35 000 Rückkehrer, überwiegend in der stalinistischen Ära durch Pseudogerichtsverfahren wegen «Kriegsverbrechen» verurteilte Soldaten, in der Bundesrepublik ein.

Der Bombenkrieg, den die alliierten Luftflotten gegen deutsche Städte geführt hatten, kostete etwa 600 000 deutsche Zivilisten das Leben. Hunderttausende von «volksdeutschen» und ostdeutschen Zivilisten, von «Blitzmädchen» und Krankenschwestern, die aus der Gefangenschaft oder nach der Besetzung in die Sowjetunion verschleppt wurden, ohne daß ihre Zahl je genau festgestellt werden konnte, erlitten bis zu ihrer Entlassung nach realistischer Schätzung tödliche Verluste von etwa einem Drittel.[2]

Ungleich höher noch lag die Verlustziffer der deutschen Vertriebenen und Flüchtlinge. Die Anzahl der Überlebenden bezifferte sie bis 1950 auf 12,45 Millionen, doch 1,71 Millionen waren während der Vertreibungsaktionen oder auf der Flucht in den Westen umgekommen, so daß insgesamt 14,16 Millionen die bisher größte gewaltsame Bevölkerungsverschiebung erlebt oder wegen der Flucht ihre Heimat verloren haben. Im einzelnen verteilten sich die Zahlen auf die wichtigsten Herkunftsgebiete folgendermaßen: deutsche Ostgebiete 6,66, Tschechoslowakei 3,06, Polen 2,1 Millionen, Jugoslawien 238 000, Ungarn 210 000, Rumänien 133 000. Nicht einbezogen sind die Wolgadeutschen, die große deutschsprachige Mehrheit in Südrußland, die unter Stalin mit riesigen Verlustziffern in die Weiten Kasachstans deportiert worden war.

Die noch immer vorläufige, doch empirisch so gut wie möglich abgesicherte Bilanz der deutschen Kriegstoten und der Opfer der Kriegsfolgen beläuft sich daher auf 9,23 Millionen, maximal auf 10,13 Millionen Sterbefälle. Das entspricht fast einem Sechstel der Reichsbevölkerung vor 1938.

Die Resultate der Kriegsverluste, der Vertreibung und der Massenflucht führten in den Nachkriegsjahren zu dramatischen demographischen Konsequenzen. Auf die vier Besatzungszonen, auf deren Gebiet 1939 59 794 Millionen Menschen gelebt hatten, verteilten sich bis 1946 ohne Berücksichtigung der Displaced Persons 65 930 Bewohner. Die Einwohnerdichte stieg deshalb von 167,5 auf 186,6 pro km² an. Auf 36,595 Millionen Frauen entfielen (im Verhältnis von 125 : 100) nur 29,316 Millionen Männer. Schon bis zum April 1947 waren 10,1 Millionen Vertriebene eingetroffen, die sich auf die vier Besatzungszonen ungleich verteilten: auf die Sowjetische Besatzungszone (= SBZ) entfielen zunächst 3,95, auf die Britische Zone 2,19, auf die Amerikanische Zone 2,9 Mill., auf die Französische Zone nur 50 000, allerdings waren darunter auch schon 900 000 Flüchtlinge, die aus der SBZ in den Westen übergewechselt waren.

Bis zur ersten Volkszählung nach dem Krieg im Jahre 1950 war die Anzahl der Vertriebenen und Flüchtlinge auf 12,3 Millionen angestiegen. Damit stellten sie fast ein Fünftel (18 %) der Bevölkerung von Restdeutschland. Zu dieser Zeit lebten 7,9 Millionen von ihnen in Westdeutschland, 4,4 Millionen noch in der DDR. Die Bundesrepublik besaß in diesem Jahr bereits 47,7 Millionen Einwohner, mithin 8,3 Prozent Menschen mehr, als 1939 (39,4 Mill.) auf diesem Gebiet gelebt hatten. Bis 1961 ist die Einwohnerzahl weiter auf 54 Millionen angestiegen, da in diesem Jahrzehnt noch einmal 5,4 Millionen Menschen, darunter 3,5 Millionen DDR-Flüchtlinge, zugewandert sind.

1. Eine demographische Bilanz

Im Vierzonendeutschland gab es aus unmittelbar einleuchtenden Gründen nach 1945 kein Geburtenhoch wie in den Siegerländern Frankreich und England. Wohl aber mußte das amputierte Land 12,45 Millionen Vertriebene aufnehmen. Der allergrößte Anteil entfiel auf das Gebiet der Bundesrepublik, die nicht nur zahlreiche aus der SBZ nach Westen weiterwandernde Vertriebene, sondern auch die SBZ/DDR-Flüchtlinge unter denkbar schwierigen Bedingungen zu integrieren hatte. Zu diesen widrigen Umständen gehörte z. B., daß wegen der zerstörten Großstädte insbesondere die Agrargebiete und Kleinstädte die Heimatlosen auffangen mußten. 1950 stellten Vertriebene und Flüchtlinge zwei Drittel der Bevölkerung in Schleswig-Holstein, ein Drittel in Niedersachsen und ein Viertel in Bayern. Allerdings waren zu diesem Zeitpunkt fast alle 8,944 Millionen Evakuierten aus den ländlichen Gebieten und kleinen Orten in ihre Heimatstädte zurückgekehrt.

Zu den einschneidenden Folgen der Kriegsverluste gehörte auch die Ungleichverteilung der Geschlechter. 1950 entfielen auf 1000 Männer in den Alterskohorten der 15 bis 65jährigen noch immer 1362 Frauen, in den Altersklassen der besonders dezimierten Kohorten der 25 bis 40jährigen sogar 1400 Frauen, denn dieser Männeranteil war von 1939 = 27,3 bis 1946 auf 17,6 Prozent der Bevölkerung abgesunken. Folgerichtig bestand darum auch das westdeutsche Arbeitskräftepotential zu Beginn der zweiten Hälfte des 20. Jahrhunderts zu 55,4 Prozent aus Frauen. Neben 15,18 Millionen vollständigen Familienhaushalten existierten noch immer 4,1 Millionen verwitwete Haushaltsvorstände. Der Zustrom von Vertriebenen und Flüchtlingen bis zum Mauerbau von 1961 sorgte dann aber relativ schnell nicht nur für einen Ausgleich der Geschlechterasymmetrie, sondern auch für eine Verjüngung der männlichen Arbeitskräfte. Denn Vertriebene und Flüchtlinge stellten 1950 schon 20 Prozent aller Erwerbstätigen (1960 sogar 22 %). Jeder fünfte Berufstätige war erst in den letzten Jahren in seiner neuen Heimat eingetroffen.

Andere jedoch bemühten sich darum, deutschen Boden so schnell wie eben möglich zu verlassen. Das waren die acht bis zehn Millionen DP, vornehmlich Zwangsarbeiter, Kriegsgefangene, Überlebende der Konzentrationslager und ins Reich geflüchtete «Hilfswillige» der Wehrmacht. Ihre Versorgung, ihr Lagerleben, ihre Repatriierung warfen für die Besatzungsmächte wie für die Einheimischen zeitweilig gravierende Probleme auf. Doch bis zum Frühjahr 1947 war die Anzahl der DP auf etwa eine Million hinabgesunken; in den drei Westzonen blieben bis zum Frühjahr 1949 nur mehr 411 000 Rückkehrunwillige zurück. Darunter befanden sich zahlreiche Wehrmachts-Hiwis, die aus guten Gründen vor der Repatriierung und der folgenden Bestrafung zurückschreckten. Sie hatten seither mit einer überwiegend spannungsreichen Assimilation zu kämpfen, zumal sie nicht selten als neue Asoziale in Slumviertel oder -straßen abgedrängt wurden.

Selbst dieses Leben in einer Marginalexistenz war aber dem Schicksal der repatriierten sowjetischen Kriegsgefangenen und zahlreicher Zwangsarbeiter vorzuziehen, die wegen ihrer gefährlichen Erfahrungen mit dem Lebensniveau eines westlichen Landes von der Stalinschen Politik geradewegs in den Archipel Gulag transportiert wurden.[3]

2. Verluste an Land und Ressourcen

An die Stelle des geplanten «Großgermanischen Reiches» mit seinem östlichen Vorfeld bis zum Ural trat seit 1945 ein neuartiges Rumpfdeutschland. Denn aufgrund von interalliierten Vereinbarungen wurde rund ein Viertel des deutschen Staatsgebietes abgetrennt. Dazu gehörten 25 Prozent der landwirtschaftlichen Nutzfläche, große Industriereviere und Bodenschätze. Die Sowjetunion übernahm das nördliche Ostpreußen einschließlich Königsbergs. Als Entschädigung für Ostpolen, das im Vollzug der vierten polnischen Teilung aufgrund des Hitler-Stalin-Paktes von der Sowjetunion annektiert worden war, erhielt Polen – von Stalin auch als ewiger Zankapfel zwischen Deutschen und Polen gedacht – Ostdeutschland gemäß der Formel «östlich von Oder und Neiße», d. h. den Südteil Ostpreußens, die Osthälfte von Pommern, einen Teil der Provinz Brandenburg, ganz Oberschlesien und den größten Teil von Niederschlesien; selbstverständlich fielen auch die von Hitler annektierten früheren Provinzen Westpreußen und Posen an Polen zurück. Die erdrückende Mehrheit der deutschen Bevölkerung wurde aus diesen Gebieten vertrieben. Je nach ihrer Zugehörigkeit zu einer jetzt vorteilhaften Kategorie der nationalsozialistischen «Volksliste» (s. vorn V.1), welche die Menschen nach ethnisch-rassischen Gesichtspunkten eingeteilt hatte, konnte nur eine winzige, meist zweisprachige Minderheit in Schlesien und Masuren bleiben.

Frankreich konnte seit dem Juli 1945 das Saargebiet als Protektorat einrichten, dessen Montanproduktion im Zuge der ökonomischen Eingliederung allein nach Frankreich ausgeliefert wurde, während eine formale politische Autonomie gut zwölf Jahre lang, bis 1957, bestehen blieb. Das Elsaß und Lothringen erlebten ihre zweite Désannexion und kehrten in den französischen Staatsverband zurück.

Diese Entscheidungen bedeuteten, daß Rumpfdeutschland zwei seiner großen Industriegebiete: das oberschlesische und das saarländische Revier sowie die dort gelegenen Energieressourcen der Kohlenbergwerke verlor. Die Abtrennung der ostdeutschen Agrargebiete implizierte für Millionen Vertriebene den unwiederbringlichen Verlust ihrer Heimat. Sieht man aber einmal diesen Landverlust allein unter dem Gesichtspunkt der Minderung belastender regionaler Disparitäten, hat er das wirtschaftliche Wachstum der Bundesrepublik, 40 Jahre lang aber auch der DDR, nachhaltig begünstigt.

Erneut mußte die Kriegs- und die Handelsflotte an die Alliierten (zwei Drittel an die Westmächte, ein Drittel an die Sowjetunion) ausgeliefert werden. Erneut wurde das gesamte deutsche Auslandsvermögen in Höhe von etwa zehn Milliarden Mark konfisziert. Die ausländischen Wertpapiere in Höhe von 2,5 Milliarden Mark sowie sämtliche deutschen Patente und Warenzeichen wurden als Bestandteil der Reparationen beschlagnahmt. Diese reparationsäquivalenten Leistungen erreichten einen Wert von zehn Milliarden Dollar und kamen vorrangig der amerikanischen Industrie zugute. Das waren schmerzhafte Folgen eines verlorenen Krieges, wahrhaft betäubend aber wirkte lange Zeit die territoriale Verstümmelung, die mehr als 600, 700 Jahre nach der mittelalterlichen «Ostsiedlung» einen Großteil dieser deutschen Lebenswelt abrupt auslöschte. Nie zuvor ist in der neueren europäischen Geschichte eine Großmacht in derart krasser Form nach ihrer Niederlage bestraft worden, allenfalls der vom Kaiserreich der Sowjetunion diktierte Frieden von Brest-Litowsk hält einem Vergleich in etwa stand. Nie zuvor hatte aber auch eine solche Großmacht einen derartigen Eroberungs- und Vernichtungskrieg mit der Kulmination aller Schrecken im Holocaust und Rußlandfeldzug geführt.

3. Reparationen, Demontagen, Kriegsfolgekosten

Trotz der schlechten Erfahrungen nach dem Ersten Weltkrieg haben sich die Alliierten des Zweiten Weltkriegs erneut darauf geeinigt, daß hohe deutsche Reparationsleistungen als Zwangsabgaben des Besiegten an die Sieger einen Teil der eigenen Kriegskosten ausgleichen sollten. Das konnte durch Entschädigungszahlungen und die Entnahme von Gütern aus der laufenden Produktion geschehen. Als zeitweilig wichtigste Leistung erwies sich die komplette Demontage unversehrter deutscher Industriebetriebe, welche die Ausrüstung der Siegerländer verbessern halfen.

Insbesondere die Sowjetunion, deren Westen jahrelang umkämpfter Kriegsschauplatz und Ort eines gnadenlosen Zerstörungswerks gewesen war, wollte möglichst schnell hohe Beträge, Produktionslieferungen und die industriellen Anlagen für ihren Wiederaufbau gewinnen. Um den Zugriff auf das Industriepotential des britisch besetzten Ruhrgebietes zu gewinnen, hielt Moskau trotz der beschleunigten Einrichtung einer sowjetischen Satrapie bis zur Elbe eine geraume Zeitlang noch am Ziel der wirtschaftlichen Einheit Deutschlands fest. Dieser Zugriff wurde ihm indes von den Westmächten aus wohlverstandenem Eigeninteresse, alsbald auch im Schlagschatten des heraufziehenden Kalten Krieges verwehrt, so daß die SBZ/DDR sich wehrlos der Ausbeutung durch die Besatzungsmacht ausgeliefert sah. Jahr für Jahr mußten hohe Zahlungen geleistet, die

Besatzungskosten übernommen, große Teile der anlaufenden Produktion in die Sowjetunion geliefert werden.

Die im Verlauf eines wahllosen Abbaus intensiv betriebene Demontage erreichte ihr Maximum bis zum Frühjahr 1946, hielt aber weiter bis Mitte 1948 und auch darüber hinaus noch in erheblichem Umfang weiter an. Der Umfang der ostdeutschen Industrieanlagen, die unter dem Bombenkrieg vergleichsweise wenig gelitten hatten, verringerte sich aus diesem Grund um mindestens 45, vielleicht sogar um 55 Prozent des Standes von 1945, so daß sie auf den Stand von 1936 herabgedrückt wurden. Etwa 30 Prozent der gesamten ostdeutschen Industriekapazität wurden in den Besitz der sog. «Sowjetischen Aktiengesellschaften» (SAG) überführt, die ausschließlich für die Sowjetunion arbeiteten. Auf diese Weise konnte sie einen großen Anteil der Abzweigung aus der laufenden Produktion selber genau kontrollieren. Wesentlich als Schreckreaktion auf den ostdeutschen Arbeiteraufstand vom Juni 1953 wurde eine russisch-ostdeutsche Vereinbarung getroffen, wonach vom Januar 1954 ab die Reparationszahlungen eingestellt, die SAG für drei Milliarden Mark zurückverkauft, die Besatzungskosten angeblich gesenkt werden sollten; großmütig wurden der DDR sogar ihre Nachkriegsschulden erlassen.

Das Ziel der russischen Reparationspolitik war ursprünglich eine deutsche Leistung im Wert von etwa zehn Milliarden Dollar gewesen, die Stalin später dann als propagandistischen Beweis «brüderlicher Freundschaft» auf 3,17 Milliarden Dollar ermäßigt hatte. Tatsächlich kam aber der Sowjetunion schließlich das Zweieinhalbfache ihrer anfänglichen Forderung zugute. Bis Ende 1953 hat sie wahrscheinlich Reparationszahlungen in der Höhe von 13,39 Milliarden Mark (4,29 Milliarden Dollar) empfangen, mehr als 2000 Betriebe demontiert (von denen angeblich kaum einer in Rußland funktionsfähig wieder aufgebaut wurde) und aus der laufenden Produktion Güter im Wert von etwa 35 Milliarden Mark entnommen, wobei die SAG zehn Milliarden Mark direkt abgeschöpft haben. Als Besatzungskosten wurden bis Ende 1953 16 Milliarden Mark in Rechnung gestellt. Überdies wurden von deutschen Kriegsgefangenen in der Sowjetunion mindestens 1,4 Milliarden unbezahlter Zwangsarbeitstage geleistet.

Die ostdeutschen Leistungen betrugen daher bis zum Januar 1954 mindestens 55 Milliarden Mark (zu laufenden Preisen) oder 16,3 Milliarden Dollar. Auf die ostdeutsche Bevölkerung umgerechnet entfiel mithin eine Bürde von 890 Dollar p. c. Die Belastung des ostdeutschen Bruttosozialproduktes mit den Reparationsleistungen machte bis Ende 1946 33 Prozent, seither auch nicht weniger als 25 Prozent aus. Im Vergleich mit Westdeutschland hat daher die SBZ/DDR, wie noch gezeigt wird, eine unverhältnismäßig höhere Belastung mit den Kriegsfolgekosten auf sich zu nehmen gehabt.

Den drei Westzonen und dann der Bundesrepublik wurden anfangs, bis

3. Reparationen, Demontagen, Kriegsfolgekosten

1953, weitaus geringere Reparationsleistungen abverlangt, zumal die britische und die amerikanische Besatzungsmacht von vornherein keine extrem hohen Ansprüche gestellt und ihre Forderungen nie in festen Summen konkretisiert, geschweige denn in Vertragsform gegossen hatten. Doch war es dann allein die Bundesrepublik, die seit den frühen 1950er Jahren die Tilgung sämtlicher internationalen deutschen Schulden und die Wiedergutmachungszahlungen übernommen hat, allerdings zu einer Zeit, als ihr das «Wirtschaftswunder» die Abzweigung dieser Milliardenbeträge ungleich leichter machte, als das für Ostdeutschland die Abführung seiner Zwangsabgaben bis 1954 gewesen war.

Der westdeutsche Maximalverlust durch Reparationszahlungen betrug bis Ende 1953 fünf Milliarden Mark (in Preisen von 1938) oder 1,24 Milliarden Dollar. Der Kapazitätsverlust durch die Demontage führte, da er allenfalls 3,5 Prozent betrug, zu keiner einschneidenden Schwächung, obwohl der Abbau der Industrieanlagen, die den Bombenkrieg überstanden hatten, von den Belegschaften, den Unternehmen und Gewerkschaften als gravierend empfunden wurde. Am amerikanisch-britischen Widerstand prallte die russisch-französische Forderung nach einer Internationalisierung des Ruhrgebietes ab, die zu einer rigorosen Demontagepraxis hätte führen können. Wären übrigens die anfänglichen Pläne des Alliierten Kontrollrats und der Interalliierten Reparationsagentur vom Frühjahr 1946 in den Westzonen verwirklicht worden, wären dort 1800 Fabriken demontiert worden – das hätte die Rückkehr auf den Stand von 1932 bedeutet. Tatsächlich blieb es dann bis zum Ende der Reparationen aufgrund des Petersberger Abkommens vom November 1949, rechtlich besiegelt durch den Deutschlandvertrag vom Mai 1952, bei knapp einem Viertel des ursprünglich geplanten Umfangs. Einschließlich der Besatzungskosten, des Wertes der entnommenen Produktion und des weithin nicht angemessen bezahlten westdeutschen Exports (bis zum Oktober 1947 z. B. fielen darunter immerhin 75 Prozent der Ausfuhr, und auch danach wurde weit unter dem Weltmarktpreis abgerechnet) belief sich die westdeutsche Gesamtleistung auf etwa 16,8 Milliarden Dollar.

Als Rechtsnachfolger der Weimarer Republik und des Deutschen Reiches übernahm dann die Bundesrepublik im Rahmen des Londoner Schuldenabkommens von 1952 die Rückzahlungspflicht für alle internationalen Schulden, die Deutschland vor 1939 eingegangen war. Auf dieser völkerrechtlichen Anerkennung hatten die amerikanische und die englische Politik schon in der frühen Nachkriegszeit im Prinzip mit dem Resultat bestanden, daß von vornherein große Kapitalgeber künftig eher begünstigt werden sollten als geschädigte Zivilisten aus jenen Ländern, die vom «Dritten Reich» mit Krieg überzogen worden waren. Außerdem führte die Bundesrepublik ein relativ großzügiges Wiedergutmachungsprogramm in dem Bewußtsein aus, daß millionenfache Opfer und unsägliches menschliches

Leid durch finanzielle Leistungen niemals ausgeglichen werden konnten, den Überlebenden aber wenigstens materiell geholfen werden sollte. Immerhin kamen diese zügig eingeleiteten Zahlungen zahlreichen Individuen und dem Staat Israel als Heimstätte vieler überlebender Juden zugute.

Deshalb summierten sich von 1953 bis 1989 noch einmal Kriegsfolgeleistungen, die über die bisherigen westdeutschen Reparations- und Demontageverluste weit hinausgingen. So wurden etwa für die individuelle Wiedergutmachung 9,12 Milliarden Dollar, an Israel 5,23 Milliarden Dollar, für die Schuldentilgung 3,15 Milliarden Dollar, auch für die Besatzungskosten noch einmal 3,36 Milliarden Dollar, insgesamt 20,88 Milliarden Dollar oder rd. 112 Milliarden DM bezahlt.

Addiert man die gesamtdeutschen Leistungen für die Zeitspanne der Zonenherrschaft und Zweistaatlichkeit, mithin von 1945 bis 1989, kommt man auf 30,15 Milliarden Dollar, einschließlich der Besatzungskosten sogar auf 50,5 Milliarden Dollar. Dabei sind die Verluste an Auslandsinvestitionen und -sachvermögen, an ausländischen Wertpapieren und durch die Patententeignung sowie die Beschlagnahmung fast aller deutschen Schiffe nicht berücksichtigt. Von den 30,15 Milliarden Dollar an Reparationsleistungen im engsten Sinn entfallen zwölf Milliarden auf Westdeutschland, aber 18,15 Milliarden auf Ostdeutschland. Pro Kopf machte das für die vielfach privilegierten Westdeutschen eine Belastung mit 687, für die vielfach diskriminierten Ostdeutschen jedoch mit 1008 Dollar aus.

So drückend diese Last, namentlich in Ostdeutschland, auch wirkt – wie begrenzt nimmt sie sich doch aus, wenn man sie mit den 34 Millionen europäischen Toten des Zweiten Weltkriegs, mit dem Holocaust, überhaupt mit dem menschlichen Elend und den Verwüstungen in Beziehung setzt, die Hitlers Deutsche in fünfeinhalb Jahren über Europa und Rußland gebracht hatten.[4]

II.
Lebensumstände in der «Zusammenbruchsgesellschaft»

Die deutschen Zusammenbruchsgesellschaft mußte seit dem Frühjahr 1945, im Vergleich etwa mit der Zeit ein halbes Dutzend Jahre zuvor, unter drastisch veränderten Bedingungen existieren. Zwar hatten die Kriegshandlungen, die Bombenangriffe auf Städte, die Gefallenenmeldungen aufgehört, doch die neue Not des besiegten Landes hielt jahrelang an, am krassesten in den Vertreibungsgebieten östlich von Oder und Neiße, vor allem aber auch in der SBZ, wo Frauen für die Soldateska jahrelang Freiwild blieben, «Klassenfeinde» liquidiert und Tausende in die neuen Konzentrationslager unter dem Sowjetstern eingewiesen wurden.

Bis Ende 1944 hatten die Deutschen auf Kosten des besetzten Europa im Grunde erstaunlich gut gelebt. Selbst im Frühjahr 1945 konnte die Versorgung mit gut 2000 cal. p. c. noch gewährleistet werden. Zu ihrer Überraschung fanden die alliierten Truppen, als sie in das Innere des Reiches vorstießen, vielerorts wohlgefüllte Magazine vor. Diese privilegierte Herrenmenschenexistenz änderte sich über Nacht, als die Lieferungen nach Deutschland abrupt aufhörten, die Vorratsspeicher – nicht zuletzt zur Versorgung der Millionen von DP – im Nu geleert worden waren und die Eigenversorgung völlig ins Stocken geriet.

Die Alliierten hatten als tägliche Mindestnorm 1550 cal. pro Kopf für zumutbar gehalten. Doch seit dem Frühsommer 1945 stellte sich eine dramatische Reduzierung der Erntemenge ein. Hatten 1939, als die Eigenversorgung auch nur zu 80 Prozent gesichert war, 160 kg Brotgetreide und 578 kg Kartoffeln pro Kopf zur Verfügung gestanden, waren es jetzt nur mehr 85 bzw. 145 kg; auch das Futtergetreide, unabdingbar für die Viehzucht, sackte von 132 auf 70 kg. Nur mehr maximal ein Drittel des Normalbedarfs konnte mühsam gedeckt werden. Infolgedessen sank die tägliche Kalorienmenge – das unbestrittene Schlagwort jener Zeit – auf 1000, in manchen Regionen auf 900 cal. hinab. In den vier Zonen schwankten die Kalorienwerte zwischen 1330 im amerikanischen, 1083 im sowjetischen, 1050 im britischen und 900 im französischen Besatzungsgebiet. Praktisch hieß das in der Britischen Zone, daß für jeden im Tagesdurchschnitt zwei Brotscheiben mit Margarineaufstrich, eine Kelle Milchsuppe und zwei kleine Kartoffeln zur Verfügung standen. Erst 1951 wurde wieder die tägliche Kalorienmenge von 1939 erreicht. Die Hungerkrise, die zeitweilig bedrohliche Formen annahm, hätte ohne die amerikanischen und britischen Importe zu einer Katastrophe geführt.

Die Lebensmittelkarten und Bezugsscheine waren zwar ganz so beibehalten worden wie sogar die Verwaltungsorgane des «Reichsnährstandes». Doch die Vorräte reichten, da die Eigenversorgung weiter schrumpfte, nirgendwo aus. Das Versorgungssystem, das Land und Stadt seit jeher verbunden hatte, stockte allenthalben. Diese Lage konnten am ehesten Bauernhöfe im Stil einer altertümlichen Subsistenzwirtschaft überstehen.

Als unentbehrlich erwies sich da der überall florierende Schwarzmarkt. Dort waren alle knappen, alle vermißten Güter zu finden: entweder zu abstrus hohen Preisen oder im anachronistischen Warentausch, wobei die begehrten Zigaretten der Alliierten oft als neue Währungseinheit fungierten. Selbst überraschende Razzien der Orts- oder der Militärpolizei konnten diesen Verteilungsmarkt nicht beseitigen. Erfolgreiche Schwarzhändler stiegen in die parasitäre Schicht neureicher Existenzen auf, deren Geldvermögen freilich einem kräftigen Inflationssog ausgesetzt war. «Otto Normalverbraucher» dagegen konnte höchstens einmal im Notfall Ererbtes gegen Lebensmittel tauschen, da die Preise für ihn unerschwinglich blieben. Anfang 1947 kostete z. B. auf den schwarzen Märkten der Westzonen ein kg Butter 230 M., das entsprach genau einem monatlichen Facharbeiterlohn, ein Drei-Pfund-Brot kostete 100, ein kg Zucker 90, ein kg Fleisch 80 M.

Wer, wie die Mehrheit, Schwarzmarktpreise nur im Ausnahmefall zahlen oder dort keine Tauschangebote machen konnte, versuchte, auf «Hamsterfahrten» in die ländliche Umgebung bei den Bauern Nahrungsmittel gegen Haushaltsgegenstände (silberne Eßbestecke, Tischdecken, Bettwäsche, Uhren) zu tauschen; auf dem Heimweg trachtete man den peinlichen Kontrollen zu entkommen. In dieser Zeit kam unter den gedemütigten, hungrigen Städtern der haßerfüllte Kommentar auf, daß bei den Bauern inzwischen selbst Kühe und Schweine auf Perserteppichen stünden.

Mit der anhaltenden physischen Schwächung der Stadtbevölkerung hing auch die Ausbreitung ansteckender Krankheiten, die man überwunden geglaubt hatte, eng zusammen. Diphtherie, Typhus, Tbc kehrten in manchmal epidemischer Form zurück. Umgerechnet auf je 10000 Bewohner schnellten die Ziffern für diese Krankheiten in der Britischen Zone von 39,1 (1938) auf 73 (1946) hoch, in der Amerikanischen Zone von 23,3 auf 61,9.

Schier unlösbare Probleme warf jahrelang die städtische Wohnungsfrage auf. Durch die Luftangriffe, die Bodenkämpfe des letzten halben Kriegsjahres, teilweise sogar durch die von Hitler befohlene Selbstzerstörung waren insbesondere westdeutsche, aber auch nord- und süddeutsche Großstädte ruiniert worden. Das vom Bombenkrieg bereits weithin verwüstete Berlin, das die Rote Armee gegen erbitterten Widerstand erobert hatte, indem sie in manchen Stadtvierteln Haus für Haus mit Panzern und Artillerie sturmreif schoß, lag wie ein riesiges Trümmerfeld da.

Auf dem späteren Gebiet der Bundesrepublik war ein Viertel aller Wohnungen zerstört worden. Noch 1949 wurde ein Defizit von 4,72 Millionen

II. Lebensumstände in der «Zusammenbruchsgesellschaft»

Wohnungen ausgerechnet. Der stetige Zustrom von Millionen von Vertriebenen und Flüchtlingen wurde daher in die weithin unversehrten Kleinstädte und aufs flache Land dirigiert. Anfangs, als die Mehrzahl der Männer noch in Kriegsgefangenschaft war, mußten die «Trümmerfrauen» Schwerstarbeit leisten, um die Straßen und die Zugangswege zu den Häusern notdürftig frei zu machen. Studenten mußten bis 1952 vor der Immatrikulation ein halbes Jahr lang im «Bautrupp» Trümmer wegschaufeln. Überall fehlte es an schwerem Räumgerät. Millionen lebten auf Ruinengrundstücken, in Kellerräumen oder auf dem Dachgeschoß, während sich zahllose Familien zusammen mit zurückgekehrten Evakuierten und Flüchtlingen in überfüllten Wohnungen zusammendrängten. Der explosive Wohnungsbau, der dann allmählich die Entspannung brachte, kam erst mit der Konjunkturwelle seit den früher 1950er Jahren in Gang.

Ein rasanter Werte- und Normenzerfall hatte unter der Führerdiktatur eingesetzt – untrügliches Kennzeichen der charismatischen Herrschaft. Unter den Notstandsbedingungen der Zusammenbruchsgesellschaft setzte er sich bruchlos fort. In allen Zonen, besonders in der Amerikanischen und der Britischen, stieg die Kriminalitätsrate steil an. An erster Stelle stand freilich – Not kennt kein Gebot – der Nahrungsmittel- und Kohlendiebstahl. Als der Kölner Erzbischof Frings seinen Bistumsangehörigen für diese läßliche Sünde des aus Not geborenen Diebstahls ein gutes Gewissen verschaffte, steigerte das nicht nur seine Popularität, vielmehr verhalf er dem Kölner Jargon zu dem prägnanten neuen Ausdruck «fringsen gehen». Auffällig schnellte aber auch die Raubmordziffer hoch, Betrug war an der Tagesordnung.

Unter den Lebensbedingungen der zerstörten, viergeteilten ehemaligen Reichshauptstadt stieg die Kriminalitätsrate von Jugendlichen von 346 (1938) auf 850 (1948) je 10000 Köpfe an. Einfacher Diebstahl war dort unmittelbar vor dem Krieg 6583mal vorgekommen, 1948 aber ging es um 74597 bekanntgewordene Fälle. Schwerer Diebstahl kletterte in derselben Zeitspanne von 5544 Fällen auf 32771 Delikte. Kleine Banden spezialisierten sich auf den Diebstahl von Kohlen und Holz, Briketts und Lebensmitteln, die sie auf dem Schwarzmarkt vertrieben. Die Ortspolizei war diesem Treiben nicht gewachsen, und mancher Uniformierte sympathisierte wohl auch mit dem Nachbarsjungen, den er mit seinem Leiterwagen voll Holz auf dem Weg aus dem nächstgelegenen Wald erwischt hatte.

Jahrelang wirkten die Sorgen des Alltags erdrückend. Den Kampf um Lebensmittel und Wohnraum, um Brennstoff und Kleidung, millionenfach begleitet von der dumpfen Trauer um die Toten oder von der Sorge um Kriegsgefangene, Vermißte, Verwundete, verschollene oder vertriebene Familienangehörige, schnürte die Lebenswelt in einen engen privaten oder allenfalls lokalen Erfahrungshorizont ein. Die unlängst viel beschworene Formel von der «Volksgemeinschaft» erwies sich endgültig als Irreführung.

II. Lebensumstände in der «Zusammenbruchsgesellschaft»

Der Zugang zu den lebensnotwendigen Gütern fiel durchaus klassenspezifisch unterschiedlich aus. Jeder folgte dem eigenen Überlebensdrang und privaten Egoismus. «Beziehungen» nutzten die Neigung zur Korruption aus. Flüchtlinge und Vertriebene wurden als unwillkommene Eindringlinge behandelt, nur selten als hilfsbedürftige «Volksgenossen», die ein hartes Schicksal getroffen hatte. In westdeutschen Industrieunternehmen hielt sich damals als höchste Steigerung des Fluchens: «Du Flüchtling».

Der Schwarzmarkt fungierte als Verteilungssystem nach nackten plutokratischen Gesichtspunkten. Geld- und Warenbesitzer wurden nachhaltig privilegiert, Lohn- und Gehaltsempfänger dagegen kraß diskriminiert. Vertraute Klassenunterschiede nahmen eine unübersehbar häßliche Fratze an.

Dagegen bewährten sich soziale Netzwerke, die manchen in der Krise auffingen. Betriebe bemühten sich, für ihre Belegschaft Lebensmittel zu tauschen. Evangelische und katholische Kirchengemeinden in der Diaspora, die schon über lange Jahre hinweg Zusammenhalt eingeübt hatten, fungierten wie sozialpolitische Institutionen der Notminderung. Vor allem aber griffen sich Familienmitglieder nach Kräften unter die Arme. Dennoch gewannen nicht wenige deutsche und alliierte zeitgenössische Beobachter den Eindruck, daß auch noch zwei, drei Jahre nach dem Kriegsende die Zusammenbruchsgesellschaft sich am Rande anarchischer Zustände bewegte. Nur die physische und psychische Erschöpfung nach der Kriegsbelastung, die Apathie des Hungerns, die Angst vor harten Repressalien der Besatzungsmächte verhinderten das offene Aufbegehren, die Rückkehr zum bellum omnium contra omnes.[1]

III.
Gesellschaftliche Verwerfungen und stabilisierende Gegengewichte

Wenn man die Millionen Soldaten der alliierten Truppenverbände einbezieht, lebten weit über 100 Millionen Menschen seit dem Frühjahr 1945 auf dem Reichsgebiet. Davon war mehr als ein Drittel unablässig in Bewegung: unterwegs zu alten oder neuen Zielen. Neun Millionen Evakuierte wollten zurück in ihre Städte, ebenso viele DP in ihre Heimat- oder in Einwanderungsländer, Millionen Kriegsgefangene zogen nach Hause. Daß es unter ihnen trotz aller gesundheitspolizeilichen Vorsichtsmaßnahmen der Alliierten zu keiner einzigen Epidemie gekommen ist, bleibt ein kleines Wunder. Und unentwegt strömten Millionen Flüchtlinge und Vertriebene nach Westen: in panischer Angst vor ihren Peinigern, verzweifelt, ratlos, auf dem Weg in eine ungewisse Zukunft.

Über die erzwungene Mobilität hinaus, die erst 1961 mit dem Bau der DDR-Mauer an ein Ende kam, entstanden tiefreichende gesellschaftliche Verwerfungen, die bisher stabile Traditionen zerstörten. Eine sechs-, siebenhundertjährige Siedlungsgeschichte wurde in den östlichen Grenzprovinzen und in ganz Osteuropa buchstäblich annulliert. Zwölf Millionen Vertriebene mußten sich in ihrer neuen Heimat wieder eine Existenz aufbauen. Das war schon aus den materiellen Gründen der Überlebenssicherung geboten, aber auch deshalb, um in einer fremden Umwelt erneut soziale Geltung und inneren Halt zurückzugewinnen. Für die beati possidentes im Vierzonendeutschland bedeutete das zeitweilig eine Strapazierung aller haltgebenden Ligaturen. Dann aber, mit dem Einsetzen der Hochkonjunktur, erwiesen sich die Neuankömmlinge als ein zusätzliches, wertvolles Arbeitskräftepotential mit begehrten Fertigkeiten, dazu ohne Sprachprobleme. Bald stellten Vertriebene und Flüchtlinge jeden fünften Erwerbstätigen der Bundesrepublik, deren Aufschwung diese Schubkraft zustatten kam.

Einen historisch nicht minder folgenschweren Umbruch erlebte auch die ostelbische Adelswelt. Ihr irreversibler Niedergang wurde mit doppelter Gewalt beschleunigt, bis er sein tödliches Finale erreichte. Nach dem Attentat vom 20. Juli 1944, an dem Adlige an prominenter Stelle beteiligt gewesen waren, wüteten Hitlers Schergen unter der alten Machtelite. Zu den ohnehin hohen Frontverlusten der Adelsfamilien kamen jetzt die Opfer der Hinrichtungsexzesse des Regimes hinzu. Unmittelbar danach begann die Rote Armee während der Besetzung Ostdeutschlands Adlige zu ermorden, zu vertreiben, zu inhaftieren, die Güter niederzubrennen oder zu sprengen. Diese Zerstörungswut wurde von den deutschen Bolschewiki der SED durch Enteignung und Zwangskollektivierung vollendet. Nachdem er jahrhundertelang seine soziopolitische Spitzenstellung behauptet hatte, verlor der ostdeutsche Adel innerhalb weniger Monate Land und Leben.

Die Wehrmacht war unwiderruflich von einer überlegenen Gegenkoalition geradezu zertrümmert worden. Für eine neue Dolchstoßlegende blieb da kein Raum. Alle militärischen Einheiten wurden, anders als 1918, ebenso lückenlos aufgelöst wie das Offizierkorps und der Generalstab. Der 8./9. Mai 1945 bedeutete nicht nur die zweifache bedingungslose Kapitulation im Westen wie im Osten. Vielmehr wurde symbolpolitisch auch das Ende des traditionellen, erst recht aber jenes strukturell neuartigen Militarismus besiegelt, der die gesamte Gesellschaft in den Dienst des Totalen Krieges gestellt hatte.

Zum einen hatte die Millionenzahl der Toten und Verwundeten ein apokalyptisches Ausmaß erreicht, das eine anhaltende Schockwirkung auslöste. Zum andern aber bedeutete es mentalitätsgeschichtlich einen nicht minder tiefreichenden Bruch, daß das Militär jetzt seinen spezifisch deutschen Nimbus verlor, daß seine Traditionen und Innovationen ganz offensichtlich den Weg in das Verhängnis gebahnt hatten, daß sich mit ihm, als alle seine Erfolge verblaßten, nur mehr das sinnlose Massensterben, das Chaos, das totale Scheitern verbanden. Wenn es denn eine durchgängige Grundströmung unter den ehemaligen Wehrmachtsangehörigen und in der Zivilbevölkerung damals gab, lautete sie: «Nie wieder Krieg», «Nie wieder Soldat». Die Formierung des politischen Habitus der Deutschen nach der Zäsur von 1945 vollzog sich daher, zum ersten Mal nach der Zeitspanne von mindestens drei Generationen, mit einer prinzipiellen Spitze gegen alles, was mit dem Militärwesen zusammenhing.

So schmerzhaft auch die Zerstörung der ostdeutschen Adelswelt, so radikal auch die Diskreditierung alles Militärischen ausfiel – im Vergleich mit der Situation nach 1918, als der ostelbische Adel und die Militärspitze ihre unheilvolle Rolle beim Niedergang der ersten deutschen Republik gespielt hatten, erwies sich der Einschnitt nach dem Zweiten Weltkrieg als enorme strukturelle Begünstigung des Aufbaus der Bundesrepublik. Keine Adelsclique, keine Militärlobby hat sie je in Frage stellen können.

Aufs Ganze gesehen gescheitert ist dagegen das Unternehmen der Alliierten, das seit 1946 nur zögernd von den deutschen Behörden weiterverfolgt wurde, durch eine zupackende, rasche Entnazifizierung einen strukturellen Umbau und die politische Sanierung der deutschen Gesellschaft herbeizuführen.

In der SBZ wurde der Anlauf durch neues Unrecht und maßlose Willkürakte diskreditiert. Erschießungen, Verhaftungen, Straflager dominierten die russische Praxis der «Säuberung». Nationalsozialistische Konzen-

III. Gesellschaftliche Verwerfungen und stabilisierende Gegengewichte 957

trationslager wurden bedenkenlos mit neuen Insassen gefüllt, zusätzliche Internierungslager und Zuchthäuser eingerichtet. Zehntausende von Toten waren die Folge dieser Racheaktion. Darunter waren nicht wenige, die auch von einem Sondergericht in der Amerikanischen Zone verurteilt worden wären, aber noch mehr harmlose Mitläufer, ideologisch verdächtigte «Klassenfeinde», willkürlich aufgegriffene Jungvolk-Pimpfe, die der «Werwolf»-Aktivität beschuldigt wurden. Währenddessen lief eine rigorose Personalsäuberung an. Von etwa 39 350 Lehrern zum Beispiel – 72 Prozent von ihnen waren bis 1945 Parteigenossen gewesen – wurden rd. 20 000 entlassen. Vier Fünftel aller Richter und Staatsanwälte wurden aus ihrem Amt entfernt und durch die in einem einjährigen Schnellkurs herangebildeten «Volksrichter» ersetzt. Spezialisten dagegen wie Ärzte und technische Experten konnten auch in der SBZ mit Nachsicht rechnen.

Völlig anders sah dagegen das Vorgehen der amerikanischen und der englischen Besatzungsmacht aus. Beide hielten an rechtsstaatlichen Überzeugungen fest: Auch unter den Extrembedingungen nach 1945 sollten gegenüber den kompromittierten Besiegten die Prinzipien der «Rule of Law» weitergelten. Wer der Mitwirkung in den Organisationen und an den Untaten des NS-Regimes verdächtigt wurde, dem sollte in einem Entnazifizierungsverfahren die faire Chance einer gerichtsförmigen Überprüfung aller Vorwürfe eingeräumt werden. Man mag den Anspruch auf politische Durchleuchtung von Millionen Menschen, die Mängel der rasch bürokratisierten Prozedur, die eklige Mischung von Denunziantentum und Freibriefgewähr in Gestalt der begehrten «Persilscheine», nicht zuletzt den enttäuschenden Ausgang, der so vielen Tätern und Schuldigen die Gloriole des Entlasteten oder allenfalls des Mitläufers verlieh, bedauern oder empört kritisieren. Doch es bleibt eine noble Intention der Westmächte, unmittelbar nach dem Horror des Totalen Krieges und der Schockwirkung im Gefolge der Entdeckung des Holocaust dem Volk der Täter und Mitläufer die Möglichkeit zu eröffnen, sich in einem geordneten Rechtsverfahren zu verteidigen und gegebenenfalls auch die Unschuld nachzuweisen. Alle Kritik hat bisher keine plausible Alternative dartun können.

Im Westen gingen am entschiedensten zunächst die amerikanischen Besatzungsbehörden gegen NS-Verdächtige vor. Rund 117 000 Männer wurden verhaftet und in Internierungslager überführt; in der Britischen Zone waren es rd. 65 000, in der Französischen rd. 18 870. In eine ganz andere Kategorie fielen exponierte Personen, die im Verdacht standen, an Kriegsverbrechen beteiligt gewesen zu sein. Von den 5133 Angeklagten, derer man habhaft geworden war, wurden 668 von den Militärtribunalen der Westmächte zum Tode, mehr noch zu langjährigen Haftstrafen verurteilt, die freilich in der Regel durch eine Amnestie früh verkürzt wurden. Auf diese Weise wurden wenigstens einige Spitzenfiguren aus der Führungsriege des RSHA und der SS bestraft. Selbst sie wären wohl, geht man von den Erfah-

III. Gesellschaftliche Verwerfungen und stabilisierende Gegengewichte

rungen des nächsten Jahrzehnts aus, vor deutschen Gerichten davongekommen oder weit milder beurteilt worden.

Allen Verdächtigen, die älter als 18 waren, wurde ein Fragebogen mit 132 Rubriken vorgelegt; da die verschollen geglaubte Mitgliederkartei der NSDAP in München entdeckt worden war, konnten wichtige Angaben kontrolliert werden. Bis zum März 1946 waren 1,39 Millionen dieser legendären Fragebögen ausgefüllt worden. Zum selben Zeitpunkt übernahmen deutsche Entnazifizierungskommissionen, die sog. Spruchkammern, die Verfahrenshoheit, wobei sie die Verdächtigten nach dem Abschluß der Verhandlungen in fünf Kategorien einteilen konnten: in Hauptschuldige, Schuldige Belastete, Minderbelastete, Mitläufer und Entlastete. Die Strafen reichten vom Arbeitslager, Vermögensentzug, Verlust von Renten- und Pensionsansprüchen und fünf- bis zehnjährigem Berufsverbot bis zu gestaffelten Geldstrafen.

In der Amerikanischen Zone wurden insgesamt 13 Millionen Meldebögen ausgefüllt, mehr als drei Millionen Fälle zur Verhandlung vor 545 Spruchkammern mit 22 000 Mitgliedern herausgefiltert. Im Effekt verdrängte alsbald eine großzügige Rehabilitierung das Ziel einer effektiven politischen Säuberung, die insbesondere von den Kirchen heftig kritisiert wurde. Beide Kirchen hatten sich im «Dritten Reich» kompromittiert, vor allem die Evangelische Kirche war ungleich tiefer als die Katholische an der Regimeförderung beteiligt gewesen. Dennoch zehrte auch sie in der Nachkriegszeit von dem eigentümlichen Mythos, sie habe den Aufstieg des Nationalsozialismus nicht unterstützt, die «Deutschen Christen» nur als kurzlebigen Albtraum erlebt, sich in die Untaten der Führerdiktatur nicht verstrickt, sondern im «Kirchenkampf» bewährt. Keiner stellte jetzt so viel «Persilscheine» aus wie der Gemeindepfarrer; die höheren Chargen des Kirchenapparats schlossen sich ihm an, als gelte es, lauter auf alliiertes Geheiß böswillig Verfolgte davor zu retten, daß ihnen Unrecht angetan würde. Martin Niemöller, damals hessischer Kirchenpräsident, rief sogar öffentlich, ganz in der Kontinuität des Nationalprotestantismus, zum passiven Widerstand gegen die Entnazifizierung als Symbol des Generalverdachts gegenüber allen Nationsgenossen auf, denen die Primärloyalität zu gelten hatte. Auch der evangelische Bischof Meiser und Kardinal Faulhaber forderten seit dem Sommer 1945 zur Unterstützung der «Entnazifizierungsopfer» auf. Tief irritiert fragte der aus dem KZ heimgekehrte Publizist Eugen Kogon, ob es wirklich angebracht sei, «jetzt im Stil der zwischen 1933 und 1945 versäumten Sprache zu reden». Die Kirchenfürsten plädierten auch pro domo: Allein in Bayern war ein Viertel aller Pfarrer wegen seines NS-Engagements in Spruchkammerverfahren verwickelt.

In der zweiten Hälfte des Jahres 1948 schliefen dann in den Westzonen die Verfahren tatsächlich ein oder wurden formell abgebrochen. Bis dahin waren von den Spruchkammern in durchweg uneinheitlichen Verfahren

III. Gesellschaftliche Verwerfungen und stabilisierende Gegengewichte 959

3,66 Millionen Fälle bearbeitet worden. Das Ergebnis mutet auch heute noch als eine atemberaubend bizarre Verzerrung der bereitwilligen, ja leidenschaftlichen Mitwirkung im «Dritten Reich» an. Sage und schreibe ganze 1670 Personen wurden als Hauptschuldige, 23 000 als Belastete und 150 000 als Minderbelastete eingestuft. Dagegen kamen 1,006 Millionen als Mitläufer und 1,214 Millionen als Entlastete davon. Je länger desto deutlicher waren die Spruchkammern zu einer «Mitläuferfabrik» (L. Niethammer) und zur Farce einer Reinwaschanstalt geworden. Gegen den Filz von Freundschaftsdienst, Nachbarschaftshilfe und Persilscheinunwesen war schwer anzukommen. Immerhin wurde ein Teil der NS-Elite im engeren Sinn ausgeschaltet. Erstmals wurde auch über NS-Verbrechen aufgeklärt. Die Kehrseite der Medaille: Zahlreiche Mitglieder der Spruchkammern fanden sich einem rachsüchtigen Ostrazismus ausgesetzt, der ihnen als «Bütteln der Siegerjustiz» das Fortkommen in der Berufswelt außerordentlich erschwerte.

Im Dezember 1950 leitete der Bonner Bundestag das formelle Ende der politischen Überprüfung ein. Danach gab es in den 1950er Jahren so gut wie keine nennenswerten Ermittlungsverfahren mehr. Erst 1958 wurde die «Zentralstelle der Landesjustizverwaltungen» in Ludwigsburg eingerichtet, die eine jüngere Generation von Staatsanwälten bei der Vorbereitung der spektakulären Prozesse der Folgezeit maßgeblich unterstützte.

Mehr als 15 Jahre lang sind indes die westdeutschen Behörden an der unabweisbaren Aufgabe einer glaubwürdigen politischen Reinigung gescheitert. Bis die ersten Holocaust-Prozesse zustande kamen, dauerte es fast 20 Jahre. Kein einziger von allen Richtern, die an einem Sondergericht oder sogar am Volksgerichtshof mitgewirkt hatten, wurde damals oder je danach angeklagt und rechtskräftig verurteilt.

Andrerseits gab es durchaus handfeste pragmatische Gründe, möglichst viele aus dem Millionenheer der Mitläufer und Täter schnell politisch zu integrieren. Die Sorge, daß eine explosive kritische Masse gegen ihre Bestrafung und Diskriminierung aufbegehrender Nationalsozialisten entstehen könne, so wie nach dem Ersten Weltkrieg Hunderttausende in das Lager der militanten Republikfeinde gedriftet waren, ließ sich nicht ohne weiteres als übertriebenes Hirngespinst von der Hand weisen. Der innere Zusammenhang der Nachkriegsgesellschaft wirkte eine Zeitlang ja durchaus äußerst labil und vielfach gefährdet. Doch selbst ein hohes Maß an lebenspraktischem Pragmatismus brauchte nicht dahin zu führen, daß die Terror- und Vernichtungsexperten des Reichssicherheitshauptamtes, Sonderrichter, Kommandeure der Polizeieinheiten beim Judenmord, Wehrwirtschaftsführer und andere Spitzenfunktionäre des Regimes jahrelang oder sogar für immer unbehelligt blieben. Nicht wenige von ihnen konnten ihre Berufskarriere nach 1945 nahezu ungestört fortsetzen.[1]

Als politische Komplementärstrategie zur Entnazifizierung war von den westlichen Besatzungsmächten die «Reeducation»-Politik im Bereich des gesamten Bildungswesens gedacht. Neue Schwerpunkte der Curricula aller Schulstufen, auch neue Lehrmaterialien und vor allem nicht kompromittierte, der neuen Aufgabe aufgeschlossen gegenüberstehende Lehrer sollten mit den liberalen und demokratischen Traditionen des Westens vertraut machen und zielstrebig auf die Verinnerlichung des neuen politischen Credos hinlenken. Im Grunde ging es in einem Volk der Verblendeten und Verführten um die planmäßig gesteuerte Einleitung eines umfassend angelegten politischen Sozialisationsprozesses.

Auch auf diesem Gebiet übernahm die amerikanische Besatzungsmacht energisch die Führung, wie das tief verwurzelten Traditionen des «Landes der angewandten Aufklärung» (R. Dahrendorf) mit seinem Glauben an die Erziehbarkeit des Individuums entsprach. Die verantwortlichen Instanzen der Militärregierung hielten einen langwierigen Prozeß der «Umerziehung», die aus Nationalsozialisten letztlich verläßliche Demokraten machen, in Sonderheit aber die Kinder und Jugendlichen rechtzeitig einem wohltätigen politischen Einfluß aussetzen sollte, für unvermeidbar. Wenn man angemessene Konsequenzen aus den Folgen der NS-Diktatur ziehen wollte, galt es, auch die politische Mentalität von Grund auf zu verändern.

Auch hier mag man manches an der naiven Gewißheit der Rechtgläubigen nach dem Sieg über eine totalitäre Diktatur kritisieren. Doch ändert das wenig an den im Grunde humanen Intentionen dieser politischen Pädagogik, deren Aufklärungsoptimismus weit eher Respekt als hämische Verunglimpfung verdient. Wieviel befriedigender fielen ihre Ergebnisse aus im Vergleich mit der Indoktrination in der SBZ/DDR, wo mit der Holzhammermethode die krudeste Orthodoxie des Leninismus/Stalinismus mit dem Anspruch auf überlegene Welterklärung und Politikanleitung eingepaukt wurde, bis die Formeln im Stil einer Gebetsmühle wiederholt werden konnten, für Aufgeweckte aber jede Glaubwürdigkeit verloren hatten.

Die Anfänge der «Reeducation» waren freilich nicht selten mit harten Eingriffen verbunden. Mancherorts wurden zunächst bis zu 90 Prozent aller Lehrer entlassen, landesweit in Hessen etwa durchweg 55 bis 75 Prozent. Von allen Berufsklassen hatte aber auch die Lehrerschaft, der jetzt erneut eine Schlüsselfunktion zugedacht war, die höchste Anzahl von Parteigenossen aufgewiesen. Die meisten Entlassungen wurden bald wieder korrigiert, und zu den ersten folgenreichen Gesetzen der Bundesrepublik gehörte ohnehin, daß belastete Berufsbeamte wieder in Amt und Würden aufgenommen werden konnten.

In der Britischen Besatzungszone gingen die Militärbehörden mit geringeren, eher skeptischen Erwartungen an die Erziehung zum «neuen Menschen» heran. Eine «Reorientation» hielten aber auch sie für unabdingbar. Sie bewegte sich dann auf einer Linie, die nicht allzu sehr von den amerikanischen Leitvorstellungen abwich. Die Verwirklichung von Plänen zu

III. Gesellschaftliche Verwerfungen und stabilisierende Gegengewichte 961

einer grundlegenden Schulreform ist aber überall gescheitert. Als z. B. im Februar 1948 in der Britischen Zone in einem frühen «Public Opinion Poll» die verschiedenen Meinungen erkundet wurden, sprach sich eine klare Mehrheit der befragten Deutschen gegen die Einführung einer sechsjährigen Grundschule für alle Kinder aus, weil dadurch das Leistungsniveau der höheren Schule zu sehr beeinträchtigt werde.

Frühzeitig wurden übrigens die Pädagogischen Hochschulen wieder eröffnet. Die Ausbildung für einen Beruf, dem nach dem Krieg so grundlegend wichtige Aufgaben obliegen sollten, zog nicht wenige desillusionierte, aber zu neuem Engagement bereite Angehörige der Frontgeneration an. Mit den Universitäten ging es am ehesten in der Französischen Zone weiter. Tübingen und Freiburg nahmen bereits im Herbst 1945 ihren Lehrbetrieb wieder auf; in Mainz und Saarbrücken wurden sogar zwei neue Universitäten, in Speyer eine Verwaltungsakademie gegründet. Innerhalb der nächsten zwei Jahre öffneten alle Universitäten in den Westzonen wieder ihre Tore, obwohl dort meistens nur unter unsäglich erschwerten Bedingungen studiert werden konnte. Alle Schwierigkeiten wurden aber durch den unbezähmbaren Willen der Studenten, nach den verlorenen Kriegsjahren sich endlich dem Studium uneingeschränkt zu widmen, überwunden.

Gegen die Auflösungstendenzen in der Zusammenbruchsgesellschaft machten sich stabilisierende Gegengewichte geltend, ohne die es vielleicht tatsächlich zu einer allgemeinen Anomie und zu einem fortschreitenden Zerfall haltgebender sozialer Strukturen gekommen wäre. Diese Gegenkräfte der Beharrung unter widrigsten Bedingungen mußten den verläßlichen Rückhalt von Institutionen besitzen, da Hoffnung allein, Gesinnung oder Glauben dieser Erosion nicht gewachsen gewesen wären.

An erster Stelle bewährte sich die Familie als stabilisierende Institution. Sie fand sich erdrückenden Belastungen ausgesetzt: Da waren der Wehrdienst der Männer, die Kriegsdienstverpflichtung der Nachrichtenhelferinnen und Krankenschwestern, die Luftangriffe und die Evakuierung, die Flucht und die Vertreibung, der ständig aufs neue erzwungene Ortswechsel und die soziale Deklassierung, da waren vor allem Tod und Gefangenschaft ihrer Mitglieder. Trotzdem gelang es zahllosen Familien, ungeachtet aller Rückschläge die anhaltende «kollektive Notsituation von unabsehbarer Dauer» immer wieder aufzufangen. Während die Systeme der öffentlichen Versorgung und Sicherheit ringsum zerfielen oder doch nachhaltig geschwächt dastanden, wurde die Bedeutung familiärer Bindungen enorm aufgewertet. Erneut erwies sich die Familie als der einzige soziale Ort, wohin jedes Mitglied trotz all seiner Schwächen und Vergehen zurückkehren und wo es auf Hilfe rechnen kann.

Da am Ende mehr als zwölf Millionen Männer «im Feld» standen oder in Kriegsgefangenenlagern hausten, mehr als sechs Millionen Soldaten schon tot waren, fiel die ganze Last auf die Schultern der Mütter und

Frauen. Das galt im besonderen Maße während der Flucht und der Vertreibung, deren chaotische Umstände sich ohne die Leistung der Frauen und Familienverbände noch schlimmer ausgewirkt hätten. An diesem respektheischenden Befund vermag auch der Anstieg der Scheidungsrate nichts zu ändern. Während des Krieges war es häufig zu überstürzten «Urlaubsheiraten» ohne Aussicht auf Dauerhaftigkeit gekommen; sie lösten sich ebenso auf wie jene jungen Ehen, die dem Druck der Nachkriegszeit nicht stand zu halten vermochten. Als Folge dieser Sondersituation kletterte die Scheidungsrate (umgerechnet auf 10 000 Köpfe) von 1939 = 8,9 bis 1948 auf 18,8, ehe sie sich wieder bei 9 bis 10 einpendelte.

In den vier Zonen dominierte unstreitig die Besatzungsherrschaft, doch unter ihr spielte die deutsche Verwaltung nahezu bruchlos weiterhin eine unentbehrliche Rolle. Das ganze komplizierte System der Lebensmittelrationierung, des Bezugscheinwesens, der Wohnraumzuteilung, überhaupt die allgemeine Bewirtschaftung seltener Güter, insbesondere die mühselige Bewältigung der Flüchtlings- und Vertriebenenprobleme sowie der Eingliederung der ehemaligen Soldaten in den Wirtschaftsprozeß – das alles wäre ohne die Funktionsfähigkeit der unteren und mittleren Beamtenschaft – die höhere Bürokratie wurde von den Alliierten zeitweilig ausgeschaltet – vermutlich nicht gelungen.

Ihre Unentbehrlichkeit unter häufig unüberschaubaren Bedingungen sahen auch die Besatzungsmächte frühzeitig ein. Nach den anfangs rigorosen Säuberungsaktionen – die amerikanische Militärregierung hatte in ihrer Zone immerhin 186 000 Beamte entlassen, in München etwa ein Viertel, in Nürnberg ein Drittel, in Bamberg die Hälfte, in Frankfurt 70 Prozent – wurde der Verwaltungsdienst ziemlich schonend behandelt. In der Französischen Zone waren bis Ende 1945 nur 13 Prozent aller Beamten entlassen worden, so daß sie als ein «Eldorado der Duldsamkeit» galt. Nach dem Abschluß der Überprüfung stellte sich freilich heraus, daß man sich als Belasteter in der Britischen Zone am besten gestanden hatte. Nur 24 000 Verfahren wurden dort angestrengt, die zur Verurteilung von zwei Dritteln der Beschuldigten führten. Hier wurde aus dem geplanten «politischen Purgatorium» erst recht ein Strohfeuer, das alsbald von der Rehabilitationswelle endgültig erstickt wurde. Und als die bundesrepublikanische Wiedergutmachungsgesetzgebung anlief, erfaßte sie mit ihrer dubiosen Großzügigkeit nach innen auch das ehemalige NS-Personal.

Die Kehrseite des bürokratischen Leistungsbeweises bestand freilich häufig darin, daß Beamte im Vollgefühl ihrer Verfügungsmacht arrogant, selbstherrlich, ja in demselben autoritären Stil Herrschaft im Alltag praktizierten, mit dem sie im «Dritten Reich» über Menschenschicksale verfügt hatten. Doch alle Kritik an den Auswüchsen des Beamtenregimes, selbst alle Einwände der Alliierten gegen die Einrichtung des deutschen Berufsbeamtentums vermochten nichts daran zu ändern, daß eben dieses Berufs-

III. Gesellschaftliche Verwerfungen und stabilisierende Gegengewichte 963

beamtentum in erstaunlicher personeller Kontinuität die Zäsur von 1945 bis 1949 genauso überlebte, wie es den Einschnitt von 1918/19 überstanden hatte.

Erneut taucht in diesem Zusammenhang die Frage auf, ob es eine realistische Alternative gegeben hätte. Ein rigoroser Personalwechsel bis hinunter auf die unteren Ränge der Verwaltung hätte in der Hand der Westmächte gelegen. In der SBZ ist er umfassend praktiziert worden – mit verheerenden Folgen für die administrative Effizienz und auch dort verbunden mit einer Ausnahmebehandlung kompromittierter, aber dringend benötigter Experten. In den drei Westzonen hätte ein radikaler «Purge» aller Wahrscheinlichkeit nach die chaotischen Zustände in der Zusammenbruchsgesellschaft noch vermehrt, da kompetentes Ersatzpersonal nicht schnell genug zu finden oder auszubilden gewesen wäre. Daher waren weder die Besatzungsmächte noch die – oft selber aus der Verwaltung der Weimarer Republik stammenden – deutschen Nachkriegspolitiker bereit. Unter noch bedrückenderen Bedingungen wurde daher die Entscheidung von 1918/19 wiederholt, den bestehenden bürokratischen Apparat beizubehalten. Eine mächtige Rechtfertigung liegt letztlich darin, daß sich komplexe Industriegesellschaften im Angesicht einer Katastrophe oder Kriegsniederlage ohne bürokratische Stäbe nicht steuern lassen.

Die Kirchen galten damals, wie gesagt, als nicht belastet. Obwohl sie unlängst noch die deutschen Waffentaten gegen die «Polacken», den «welschen Erbfeind», das «perfide Albion», vor allem aber gegen den atheistischen Bolschewismus gefeiert, die Mütter und Frauen der Gefallenen zu «stolzer Trauer» ermahnt, doch zum verbrecherischen Treiben des Regimes geschwiegen hatten, drückte sich die Katholische Kirche auf der Fuldaer Bischofskonferenz im August 1945 vor einem Schuldbekenntnis, während sich die Evangelische Kirche, gegen heftige nationalprotestantische Opposition, im Oktober 1945 eben dazu in Stuttgart bereit fand (vgl. IV.1).

Trotz des widersprüchlichen Verhaltens der Amtskirchen wandten sich viele Menschen an ihre Geistlichen, um getröstet zu werden und innere Stärkung zu gewinnen. Frühzeitig nahmen die Kirchen auch kritisch – als wollten sie durch verspätete Zivilcourage ihre ramponierte Popularität aufbessern – zur Ernährungslage und Flüchtlingsfrage, zur Gefangenenentlassung und Entnazifizierung öffentlich Stellung. Erwartungsgemäß gewannen sie damit eine neue Reputation als mutige Verfechter angeblich genuin deutscher Interessen. Beide Kirchen strengten sich auch an, mit ihren Hilfsorganisationen den Hungernden und Bedrängten zu helfen. In mancher Hinsicht nahmen sie in einem Vakuum quasistaatliche Funktionen wahr.

Dennoch gab es nach dem Ende des offiziellen Atheismus und dem Verfall der nationalsozialistischen Säkularreligion keine massenwirksame Rückkehr in den Schoß der Kirchen. Zwar lebte das religiöse Interesse sichtbar auf, die Dankbarkeit für seelsorgerischen Beistand war ungekünstelt. Doch die Hoffnung auf eine breit gefächerte religiöse Erneuerung ging nicht in Erfüllung, und das Gemeindeleben stagnierte. Die Lethargie, die von den betäubenden Zeiterfahrungen erzeugt wurde, stand ihr offenbar entgegen, vielleicht wirkte sich auch die Entchristianisierungspolitik des NS-Regimes aus.

Schon in der zweiten Kriegshälfte hatten die Betriebe für ihre Belegschaften als Ort einer intensivierten Vergemeinschaftung an Bedeutung gewonnen. Doch die Unternehmensleitungen bemühten sich, für ihre Facharbeiter so oft wie nur eben möglich die Anerkennung als nicht «kriegsverwendungsfähige» Kräfte zu gewinnen, damit sie vom Wehrdienst freigestellt wurden. Sie gewährten Sonderleistungen, halfen den Ausgebombten, besorgten auf dunklen Kanälen Lebensmittel. Für die Belegschaftsmitglieder wiederum verband sich mit einem funktionsfähigen Unternehmen die Hoffnung, in der Nachkriegszeit eine Gewähr für die materielle Existenz ihrer Familien zu besitzen. Das erzeugte eine emotional gefärbte Betriebsloyalität, die über das bisher erwartete Maß an «Werktreue» weit hinausging.

In der Tat sind dann die Erwartungen beider Seiten seit dem Frühjahr 1945 vielfach bestätigt worden. Die Belegschaften identifizierten sich mit ihren Unternehmen, legten selber Hand an beim Wiederaufbau, demonstrierten mutig gegen die Demontagedrohung oder den Abriß. Aus wohlverstandenem Eigeninteresse machten sie jenseits aller Klassengegensätze die Sache des Betriebs zu ihrer eigenen. Wenn seit der Frühzeit der Bundesrepublik die umstrittene Formel von der «Sozialpartnerschaft» zwischen Kapital und Arbeit so viel Resonanz finden konnte, beruhte das vornehmlich auf solchen lebensgeschichtlichen Erfahrungen.

Die Werksleitungen zum anderen entdeckten, daß weitaus wichtiger noch als Kapitalzustrom und Maschinenausstattung das Humankapital ihrer Facharbeiter und technischen Experten mit all ihren gespeicherten Fertigkeiten und Kenntnissen war. Gelang es einem ausgebombten Industriellen, sich einen gut Teil seiner Stammbelegschaft zu sichern, begann der Wiederaufstieg. Konnte ein geflüchteter sudetendeutscher Unternehmer den Kern seiner Belegschaft wieder um sich versammeln, sahen seine Chancen für einen neuen Erfolg günstig aus. Es ist diese wechselseitige Aufwertung im Bewußtsein zahlreicher Belegschaften und Unternehmer gewesen, die auch den Überlebenswillen in einer schier aussichtslosen Situation gestärkt hat.

Nicht überschätzen sollte man dagegen den Halt, den auch die ersten Gewerkschaften und politischen Parteien gewährt haben. Fasziniert von ihrem Aufstieg in der Bundesrepublik sind die herkömmliche Politikwissenschaft und Politikgeschichte einem solchen Fehlurteil oft erlegen. Andrerseits bedeutete die Rückkehr vertrauter Organisationen der Interessenverfechtung und politischen Partizipation – und mit ihnen die Rückkehr

III. Gesellschaftliche Verwerfungen und stabilisierende Gegengewichte 965

vertrauter Gesichter, vertrauenswürdiger Persönlichkeiten –, daß ein Stück Wegs hin zur «Normalität» zurückgelegt worden war. Als Vorläufer der Gewerkschaften waren die Betriebsräte in den Westzonen schon im Frühjahr 1946 wieder zugelassen worden.

Selbst der sogleich wieder aufflammende Streit über die befürwortete oder ebenso leidenschaftlich abgelehnte Einheitsgewerkschaft folgte dem vertrauten Muster. Die Angestellten gingen überwiegend wieder ihren eigenen Weg, der zur «Deutschen Angestelltengewerkschaft» (DAG) führte. Der «Deutsche Beamtenbund» (DBB) beharrte traditionsgemäß auf seiner institutionellen Eigenständigkeit. Auch Christliche Gewerkschaften tauchten wieder auf, verharrten aber in ihrer randständigen Existenz. Bis 1947 konnte sich in den Westzonen der «Deutsche Gewerkschaftsbund» (DGB) als Dachverband aller Industriegewerkschaften durchsetzen.

In der SBZ entstand noch ein Jahr früher die politisch gegängelte, streng zentralistische Mammutorganisation des «Freien Deutschen Gewerkschaftsbundes» (FDGB) als Sammelbecken aller «Werktätigen». Nachdem die KPD von der Sowjetischen Militäradministration und ihren Handlangern aus der «Gruppe Ulbricht» von Anfang an unverhohlen privilegiert, die Sozialdemokratie, die ersten Regungen der Christlichen Demokratie und des Liberalismus dagegen scharf diskriminiert worden waren, besiegelte die auf der Linie der kommunistischen Volksfrontkonzeption angestrebte Fusion von KPD und Ostzonen-SPD, durch harten Zwang herbeigeführt, aber auch erleichtert durch die illusionären Hoffnungen nicht weniger SPD-Anhänger auf die endlich zu verwirklichende Utopie der Einheit der Arbeiterklasse, die unstrittige Vormacht der «Sozialistischen Einheitspartei» (SED) in der sowjetischen Satrapie.

Der wesentliche Aspekt ist an dieser Stelle nicht, daß zonenweit oder sogar auch zonenübergreifend Verbände und Parteien allmählich wieder entstanden und sich zu konsolidieren vermochten. Vielmehr geht es darum, daß zuerst einmal im engen lokalen Umfeld des Stadtviertels oder der Kleinstadt Menschen sich wieder in politischen Vereinigungen zusammenschließen konnten, die an die erhaltenswerten Traditionen der Zeit vor 1933 anknüpfen wollten. Auch deshalb spielten anfangs bewährte Kommunalpolitiker aus der Zeit der Weimarer Republik eine prominente Rolle – der Aufstieg des Kölner Oberbürgermeisters Konrad Adenauer steht paradigmatisch für diesen Politikertyp. Es war dieser direkte Kontakt, der gleichfalls das Rückgrat der Aufbauwilligen stärkte. Auf diese sehr unterschiedliche Weise wirkten sich die stabilisierenden Gegengewichte aus, so daß sich der Erosionsprozeß in der Zusammenbruchsgesellschaft nicht noch weiter ausbreiten konnte.[2]

IV.

Rekonstruktion der Industriewirtschaft oder Strukturbruch?

Im Rückblick erscheint der sprungartige Wiederaufstieg der westdeutschen Wirtschaft aus den Trümmerfeldern des Totalen Krieges als eine ganz und gar unerwartete, fabulöse Regeneration in allerkürzester Zeit. Nach den Jahren extremer Instabilität im Zeitalter des zweiten Dreißigjährigen Krieges und seiner Folgezeit, mithin von 1914 bis 1948/50, folgte eine im historischen Vergleich ganz ungewöhnliche Trendperiode: ein 25jähriger Superboom von 1950 bis zu den beiden Ölkrisen von 1973/75. Niemand hat 1945 eine derart rapid akzelerierte Erholung vorhergesehen. Vielmehr wurde weit eher eine Nachkriegsdepression (wie 1918/20) befürchtet. Und der Einschnitt von 1945 bis 1950 wirkte dann auf viele pessimistische Beobachter noch tiefer als die Belastungsprobe der Dritten Weltwirtschaftskrise seit 1929.

Nach der ersten autonomen Erholung bis zum Frühwinter 1947, der Unterstützung durch den Marshallplan, der Währungsreform und den mit ihr verknüpften Wirtschaftsreformen seit dem Sommer 1948 hat aber erst die 1950 mit dem Koreakrieg einsetzende stabile internationale Hochkonjunktur auch die Bundesrepublik voll erfaßt. Dort sprachen schon die Zeitgenossen andächtig von einem neuen «Wirtschaftswunder», und es trug entscheidend zur Stabilisierung des westdeutschen Staates bei, daß ein Dutzend Jahre nach Hitlers «Wirtschaftswunder» das neue Gemeinwesen einen noch ungleich erfolgreicheren ökonomischen Aufschwung erlebte. Denn 1950 setzte eine ungewöhnlich langlebige Prosperitätsphase ein: das «goldene Zeitalter» (E. Hobsbawm) der westlichen Länder im «kurzen 20. Jahrhundert», aber auch der von ihnen bestimmten Weltwirtschaft, das ein volles Vierteljahrhundert bis zu der neuen Zäsur von 1973/75 dauern sollte. Selbst die «goldenen Jahre» von 1895 bis 1914 wurden jetzt übertroffen.

Bei der Interpretation der Anfangsphase dieses verblüffend schnellen und schon deshalb auch sehr erklärungsbedürftigen Aufschwungs in Westdeutschland haben sich zwei Denkschulen herausgebildet. Die eine betont die Dominanz der selbsttätigen Rekonstruktionsleistung: Sie trieb wegen des nur begrenzt zerstörten Potentials der Industriewirtschaft und ihrer dank Kapitalstock und hohem Qualifikationsniveau immanenten Erneuerungsfähigkeit die Rückkehr auf den Wachstumspfad des Langzeittrends voran. Die andere Schule dagegen geht von einem tiefen, durch den Krieg und die ersten Nachkriegsjahre verursachten «Strukturbruch» aus, der die Funktionsfähigkeit der großen erhalten gebliebenen Teile des sekundären

Sektors lähmte, bis er durch drei nachhaltig stimulierende Antriebsschübe überwunden wurde: durch den Marshallplan, die Währungsreform und die Wirtschaftsreform. Dadurch wurden auch erst, dieser Lehre zufolge, die notwendigen Vorbedingungen für den nahtlosen Übergang in die langlebige Dauerkonjunktur geschaffen.

Die erste Deutung beruht auf einem vorzüglich begründbaren Vertrauen auf die endogene Automatik der Wachstumskräfte. Daher neigt sie folgerichtig zu einer Abwertung, zumindest zu einer pointierten Relativierung der drei genannten wirtschaftspolitischen Impulsspender. Die zweite Deutung steht der unterstellten Wachstumsdynamik der Rekonstruktionskräfte, ohne sie völlig zu leugnen, mit unverhohlener Skepsis gegenüber, da sie die konkreten wirtschaftspolitischen Maßnahmen als die entscheidenden Stimuli für das unternehmerische Handeln aufwertet – wie das auch der zeitgenössischen Perzeption entsprach. Zwei mehrfach wiederholte Einwände gegen die Rekonstruktionstheorie sind allerdings nicht sonderlich stichhaltig. Die Rekonstruktion sei, heißt es etwa, in der ersten Nachkriegszeit nach 1918 nicht vorzufinden, außerdem werde der Einfluß des Weltmarktes vernachlässigt. Tatsächlich setzte sich aber auch nach dem Ersten Weltkrieg die Rekonstruktion durch, nur etwas zögerlicher als nach 1945. Und als Ergebnis der Lernerfahrungen, die man nach 1919 mit der desolaten internationalen Wirtschaft gemacht hatte, wurden die Weltmarktbedingungen nach 1945 zielstrebig günstiger gestaltet.

Im Grunde stehen sich eine streng strukturalistische Interpretation und eine historistische Deutung gegenüber: Sie orientiert sich entscheidungstheoretisch an der empirisch nachweisbaren motorischen Wirkung der Wirtschaftspolitik und entnimmt ihre Argumente handlungstheoretisch weithin aus dem Wahrnehmungshorizont der zeitgenössischen Akteure.

Die dichotomische Polarisierung dieser beiden Auffassungen hat zwar die Probleme idealtypisch zugespitzt und insofern produktiv gewirkt, sich letztlich aber als erkenntnishemmend erwiesen, da das Beharren auf der Option für das Entweder-Oder eine wirklichkeitsgerechte Analyse erschwert. Denn ohne das große Potential, das Deutschland als eines der führenden Industrieländer trotz der nachteiligen Kriegseinwirkungen und -folgen noch immer besaß und das in der Tat eine rasche Rekonstruktion zur Verwirklichung seiner gespeicherten Wachstumsfähigkeit ermöglichte, wäre es zu den ganz so unstreitigen Auswirkungen der unterstützenden und antreibenden wirtschaftspolitischen Globalmaßnahmen, die sich für die zeitgenössischen Wirtschaftssubjekte so elektrisierend ausnahmen, nicht gekommen. Die Rekonstruktionsleistung ist ein erst im nachhinein statistisch erfaßter Prozeß, der im Denkhorizont der damaligen Akteure so gut wie unbekannt war. Das vertraute methodische Problem besteht deshalb wieder darin, daß sich die Akteure an den Signalen und Handlungsoptionen innerhalb ihres Erfahrungshorizontes orientierten, und es sind erst später die Historiker, die über die Macht von dynamischen Prozessen aufklären, die diese Zeitgenossen noch nicht erfassen konnten.

Die Konsequenz: Man sollte die endogenen Expansionskräfte anerkennen, welche die Rückkehr zum aufsteigenden Wachstumstrend überhaupt erst ermöglichten, gleichzeitig aber auch die befreienden wirtschaftspolitischen Eingriffe, dann die konjunkturellen außenwirtschaftlichen Impulse hoch veranschlagen, welche den dynamischen Schwung auslösten. Anders gesagt: Die makroökonomische Sicht muß durch die mikroökonomischen Vorgänge auf der Ebene der Unternehmen ergänzt werden. Es geht hierbei nicht um eine pseudotheologische Kontroverse darüber, wer den allein seligmachenden Zugang zur vermeintlichen Wahrheit besitzt. Vielmehr ist die Anerkennung einer historisch vertrauten Konstellation geboten, in der strukturelle Prozesse und die zeitgebundenen Entscheidungen von Akteuren in wechselseitiger Verschränkung ineinandergreifen.

1. Der endogene Konjunkturaufschwung seit 1947

Die düstere Ausgangslage läßt sich mit wenigen Worten skizzieren. Der Krieg hatte in den drei Westzonen 22 Prozent, in der Ostzone aber nur 15 Prozent der Industrieanlagen zerstört. Für das neue «Wirtschaftswunder» in der Bundesrepublik erwies es sich mithin als Grundvoraussetzung, daß ihr Industriepotential zu mehr als drei Vierteln erhalten geblieben war. Trotz der niedergedrückten Anfangsstimmung warf es keine extrem schwierigen, jedenfalls keine unüberwindbaren Probleme auf, die kriegsverursachten Schäden zu überwinden. Dieser Aufbauprozeß wurde durch verschiedene Umstände offensichtlich begünstigt.

Der nationalsozialistische Rüstungsboom hatte durchweg zu einer Modernisierung der maschinellen Ausrüstung in den Betrieben geführt, so daß dort schließlich mit Mehrzweck-Werkzeugmaschinen, die den letzten technischen Stand verkörperten, gearbeitet worden war, und sie erwiesen sich wegen ihrer Multifunktionalität auch nach 1945 als überaus verwendungsfähig. Außerdem war die Qualifikationsstruktur der Arbeiterschaft nachhaltig verbessert worden. Sollte diese Schulung auch zuerst nur dem Ziel des Regimes dienen, das Können der Facharbeiter in der Rüstungsindustrie anzuheben, erwies sich doch wegen der Heterogenität der Zwecke das besser ausgebildete Humankapital auch nach 1945 als unschätzbarer Gewinn. Aufgrund der Bevölkerungsverschiebung war auch das Arbeitskräftepotential von 1939 bis 1946 auf dem Gebiet der Amerikanischen Zone um 17,1 Prozent, dem der Britischen Zone um 11,3 Prozent angewachsen, denn bis 1946 waren schon sieben Millionen Flüchtlinge und Vertriebene nach Westen geströmt. Eine entscheidende Größe: die Qualifikationsstruktur

1. Der endogene Konjunkturaufschwung seit 1947

des Arbeitskräftepotentials stellte sich daher trotz aller Alltagsmisere als äußerst vorteilhaft dar.

Die Bruttoanlageinvestitionen, die für das Volumen und die Qualität einer Volkswirtschaft von zentraler Bedeutung sind, waren von 1924/34 bis 1935/45 erheblich angestiegen: im Bereich der Investitionsgüterindustrie um 36 Prozent, der Produktionsgüterindustrie um 35 Prozent, der Konjunkturgüterindustrie um zwölf Prozent. Mit anderen Worten: Das Bruttoanlagevermögen in der Industrie ist in den zehn Jahren vor 1945 nicht nur erheblich, um 20 Prozent, angewachsen, sondern besaß auch ein günstiges Alter. Sein Bestand übertraf trotz des zerstörerischen Einschnitts auch 1948 noch immer den Stand von 1936 um elf Prozent. Gleichzeitig war die Güterproduktion, mithin die Relation zwischen Brutto- und Nettoanlagevermögen, kontinuierlich angestiegen, so daß sie 1944 den höchsten Stand seit 1936 erreicht hatte.

Weiterhin erwies sich sogar die Demontage bereits mittelfristig als ein unbeabsichtigt verschaffter Vorteil, da von den Unternehmen ein moderner Maschinenpark erworben werden mußte, der im internationalen Konkurrenzkampf bald einen Vorsprung zu gewinnen half. Kurzum, die strukturell vorteilhaften Vorbedingungen für die Rekonstruktion der westdeutschen Wirtschaft sollten im Bann der erschreckenden Kriegsschäden keinesfalls unterschätzt, vielmehr als weiterhin expansionsfähiges Potential anerkannt werden.

Vorerst freilich wirkte die Last der Kriegsfolgen erdrückend schwer. 1946 erreichte die westdeutsche Industrie nur 33 Prozent des Ausstoßes von 1936. Die Demontage entzog dem Wiederaufbau leistungsfähige Anlagen. Die umfangreiche Zwangsausfuhr von Rohstoffen stellte eine verkappte Reparationsleistung dar. Die Besatzungskosten erreichten bereits 1946/47 die Höhe von 5,5 Milliarden Mark, sie allein nahmen schon ein Sechstel des westdeutschen Sozialprodukts in Anspruch. Niemand wird daher die Mühseligkeit der ersten Wiederaufbauphase geringschätzen, in der überdies Millionen von Flüchtlingen, Vertriebenen und entlassenen Kriegsgefangenen aufgenommen, ein depressives Meinungsklima und die Folgen der fatalen Hungerkrise bewältigt werden mußten.

Angesichts dieser Krisensituation wurden 1947 in der soeben geschaffenen Bizone, der Fusion von Amerikanischer und Britischer Besatzungszone, alle verfügbaren Ressourcen auf die neuralgischen Schwachpunkte konzentriert: auf das Verkehrssystem, die Infrastruktur, den Bergbau (und den Wohnungsbau für neu angeworbene Bergarbeiter), die Stahl- und Eisenindustrie. Zwar wurde ein sachter, aber klar erkennbarer Aufschwung noch einmal durch eine schmerzhafte Transportkrise im Winter 1947/48 unterbrochen. Doch sobald diese überwunden war, zeichnete sich für 1948 der Durchbruch zu neuem Wachstum ab, ohne daß sich die erst später folgenden, viel beschworenen wirtschaftspolitischen Maßnahmen des

Marshallplans und des Reformpaketes vom Juni 1948 hätten auswirken können.[1]

2. Marshallplan, Währungs- und Wirtschaftsreform

1947 setzte sich ein tiefgreifender Wandel in der amerikanischen Europa- und Deutschlandpolitik durch. Im Zuge der von Präsident Truman mit seiner «Doktrin» (März 1947) verfolgten Stabilisierungspolitik, welche die «Eindämmung» der sowjetischen Expansion zum Ziel hatte, sollte auch Westeuropa gegen ein Vordringen des Kommunismus imprägniert werden. Frankreich konnte daher nicht länger mehr als alleiniger Brückenkopf des amerikanischen Einflusses dienen. Vielmehr erzwang dieser Gezeitenwechsel der Washingtoner Politik nicht nur den Verzicht auf die Schwächung des deutschen Potentials, sondern sogar die neue Priorität, den westdeutschen Wiederaufbau direkt zu fördern. Der Plan des amerikanischen Außenministers George C. Marshall, aus wohlverstandenem amerikanischem Eigeninteresse die europäischen Länder bei der Überwindung der Kriegsfolgen großzügig zu unterstützen, schloß daher auch die Westzonen ein. Vielleicht war sogar die Stabilisierung Westdeutschlands das Primärziel, das den anderen Ländern, da es um die Aufwertung des Ex-Feindes ging, mit massivem Beistand schmackhaft gemacht werden sollte. (Auf Stalins Geheiß mußten die Länder des sowjetimperialen Vorfeldes bis zur Elbe entgegen ihrer eigenen Interessenlage absagen.) Seit dem Juni 1947 verbanden sich geradezu euphorische Erwartungen mit der Ankündigung dieses Marshallplans.

Die ersten Lieferungen trafen jedoch erst Ende 1948 in Westdeutschland ein; bis Anfang 1949 erreichten sie einen Wert von nicht mehr als 99 Millionen Dollar. Weder waren sie in einem objektiven Sinn für den industriellen Aufbau entscheidend, noch erreichten sie eine imponierende Höhe. Von 1945 bis 1948 waren von der amerikanischen und britischen Besatzungsmacht immerhin schon zwei Milliarden Dollar aus anderen Fonds, vor allem dem GAROIA-Topf, in ihre Westzonen gepumpt worden, um dort ein Chaos zu vermeiden und eine umfassende Regeneration zu erleichtern. Die Mittel des Marshallplans erreichten bis 1952, als das deutsche «Wirtschaftswunder» unübersehbar angelaufen war, die Höhe von 1,5 Milliarden Dollar, von denen sogar die Hälfte für Lebensmittelimporte ausgegeben wurde; erst seit 1952 sank dieser Anteil auf 36 Prozent.

Dennoch: Auch wenn man die Proportionen realistisch zurechtrückt, bleibt doch die enorm belebende Wirkung auf das Wirtschaftsklima. Der Anschluß an das Eldorado der amerikanischen Wirtschaftsmacht förderte zum einen einen Optimismus, welcher der unternehmerischen Aktivität einen ganz anderen Schwung gab, als sie ihn zuvor besessen hatte, und zum

2. Marshallplan, Währungs- und Wirtschaftsreform

andern vermittelten die Finanzspritzen und Hilfsleistungen vor allem an Rohstoffen erstmals wieder Zukunftsgewißheit, da der Beistand der größten westlichen Siegermacht einem langlebigen Vertrauensvorschuß gleichkam.

1948 sanken zudem die Besatzungskosten in den Westzonen. Der Außenhandel lief unter normalisierten Bedingungen an. Die Bergbauförderung kletterte hoch. Das Transportproblem wurde gelöst. Die Ernährungslage verbesserte sich zusehends. In dieser Situation, als sich der Himmel, drei Jahre nach dem Krieg, endlich wieder aufhellte, löste – nach 250 vergeblich konzipierten Plänen – der kühne Griff der von dem jungen amerikanischen Finanzexperten Edward Tenenbaum vorbereiteten, aber vom Direktor der westzonalen Wirtschaftsverwaltung, Ludwig Erhard, beherzt ausgeführten Währungsreform eine Initialzündung mit verblüffend schnell belebenden Auswirkungen aus.

Intern war die Währungsreform vom 20. Juni 1948 ein «Akt der Liquidierung der finanziellen Kriegsfolgen durch eine massenhafte Enteignung». Insofern verkörperte sie einen von oben angeordneten «quasirevolutionären Gründungsakt» für den entstehenden westdeutschen Neustaat. Indem sie in einer pseudoegalitären Form alle Lohn- und Gehaltsempfänger mit derselben geringen 50-DM-Ausstattung gleichstellte, alle Sparguthaben 10:1 abwertete, die Unternehmen und Sachwertbesitzer aber begünstigte, gewann sie den Glorienschein eines imponierenden Neuanfangs, der das Tor zur konjunkturellen Belebung aufstieß. Bereits am nächsten Tag füllten sich die Schaufenster mit einer Vielzahl begehrter, lang vermißter Waren. Ganz offensichtlich setzte die Währungsreform den Erfolgssockel und die Güterproduktion des Vorjahres voraus.

Geschickt wurde die Einführung der neuen Währung (die Sowjets reagierten mit einer ostzonalen Mark) verknüpft mit einer Serie von Wirtschaftsreformen, die Erhards Handschrift aufwiesen und gegen amerikanische Bedenken ausgeführt wurden. Erhard riskierte es, 90 Prozent aller sakrosankten Preiskontrollen und Bewirtschaftungsvorschriften schlagartig aufzuheben; auch der Lohnstopp fiel Anfang November. Aus Gründen der politischen Vorsicht wurde freilich die massenpsychisch sensible Preisbindung in einigen Bereichen vorerst beibehalten: Die Preise für die Grundnahrungsmittel, Mieten, Gas- und Elektrizitätskosten blieben noch eine Zeitlang eingefroren.

Mit einem dramatischen Wirbel veränderten sich daraufhin die sozialökonomischen Bedingungen. Ende 1948 erreichte die Industrieproduktion in Westdeutschland schon wieder vier Fünftel des Standes von 1936. Die allgemeine Erholung wird durch Übersicht 140 verdeutlicht.

Die liberale Wirtschaftspolitik seit dem Sommer 1948 gilt im Verein mit dem Marshallplan als entscheidende Weichenstellung für die westdeutsche Wachstumsmaschine. Die konjunkturpsychischen Stimuli, die von diesen

Entscheidungen ausgingen, unterstützen diese Auffassung. Aber ebenso unstreitig wäre der Prosperitätssprung ohne die endogene Rekonstruktionsleistung bis dahin nicht möglich gewesen.[2]

Übersicht 140: Westdeutsche Industrieentwicklung 1946–1950

	Industrie-produktion (1936 = 100)	Beschäftigten-zahl in Mill.	Arbeitslose in %	Lebenshaltungs-kosten
1946	33	–	–	124
1947	44	19,8	–	134
1948/1	54	–	–	–
1948/2	57	13,5	3,2	98
1948/3	65	13,5	5,5	104
1948/4	79	13,7	5,3	112
1949/1	83	13,4	8,0	109
1949/2	87	13,5	8,7	107
1949/3	90	13,6	8,8	105
1949/4	100	13,6	10,3	105
1950/1	96	13,3	12,1	101
1950/2	101	13,8	10,0	98
1950/3	118	14,3	8,2	93
1950/4	134	14,2	10,7	103

V.
Restauration oder restriktive Bedingungen des Neuanfangs?

Die westdeutschen Publizisten Walter Dirks, linkskatholischer Anhänger eines romantisch überhöhten Sozialismusideals, und Egon Kogon, ebenso ausgerichteter Überlebender eines langdauernden KZ-Aufenthalts, haben in ihren «Frankfurter Heften» frühzeitig, bereits seit 1945/46, die anklagende Formel von der «Restauration» geprägt. Sie wurde von enttäuschten Intellektuellen und Gewerkschaftern, von Politikern der Linksparteien, Journalisten und all jenen, die ein diffuses Unbehagen über den Gang der Dinge erst in den drei Westzonen, dann in der jungen Bundesrepublik verspürten, bereitwillig aufgegriffen. Dem Erfolg dieses Schlagworts, das offenbar dem Zeitgeist entsprach und einen wunden Nerv traf, lag die hochgespannte Erwartung zugrunde, daß nach den gewaltigen Erschütterungen, die der totale Krieg und überhaupt das «Dritte Reich» ausgelöst hatten, der Imperativ einer grundlegenden Regeneration, einer wortwörtlich radikalen: bis an die Wurzeln gehenden, letztlich auch einen «neuen Adam» schaffenden Erneuerung nicht nur in der Politik, sondern an erster Stelle in der Wirtschaft und Gesellschaft befolgt werden müsse.

Das ist als rational begründbare Erwartung, aber auch als verbreitete Gemütslage nach 1945 unschwer zu verstehen. Der Begriff der Restauration war zudem vage und amorph genug, um ganz unterschiedliche Aversionen, Wünsche und Ziele in sich aufnehmen zu können. Doch die vehement verfochtene Forderung ignorierte in einem erstaunlichen Maße, daß es im historischen Prozeß keine «Stunde Null» gibt, daß auf den Trümmerbergen des verlorenen Krieges und unter dem Kuratel der Besatzungsmächte die Palette der Handlungsoptionen außerordentlich begrenzt war, daß auch und gerade nach jedem katastrophalen Zusammenbruch die Beharrungskräfte eingeschliffener, institutionalisierter Traditionen sich machtvoll geltend machen, daß die Kraft von Menschen, nach solchen Schockerfahrungen zu neuen Ufern aufzubrechen, sehr begrenzt ist.

Gegen eine «Restauration» des demokratisch-parlamentarischen Systems, das freilich die Schwächen der Weimarer Republik überwinden sollte, hatte zuerst kaum jemand etwas einzuwenden. Daß bewährte Politiker aus der Republikzeit wieder auftauchten, galt eher als Gewinn. Erst die ausgebildete «Kanzlerdiktatur» Adenauers, wie die erneut aufgegriffene liberale Kampfvokabel gegen Bismarck bald wieder lautete, löste den Vergleich mit autoritären Regimeformen vor 1918 und daher den Vorwurf der politischen Restauration aus. Der diffuse Begriff zielte auch öfters auf die personelle Konstanz von Funktionseliten, die sich im «Dritten Reich» kompromittiert hatten, doch weiterhin an den Schalthebeln der administrativen oder wirtschaftlichen Macht saßen. Der Vorwurf zielte mithin auf eine fatale sozialstrukturelle und politische Kontinuität, da es 1945 kaum einen solchen Einschnitt gegeben hatte, daß man von Restauration hätte sprechen können.

Zum eigentlichen Streitpunkt wurde von Anfang an die Natur der Wirtschaftsordnung, von der, wie die meisten Kritiker aufgrund ihrer sozialistischen Grundüberzeugung glaubten, die soziale und politische Verfassung unmittelbar abhängig sei. Sollte, ja mußte nicht an die Stelle des deutschen privat- und marktwirtschaftlich organisierten Kapitalismus, der sich für die fundamentalistische Opposition soeben noch als bereitwilliger Förderer, als gefügiger Handlanger oder sogar als mächtiger Dirigent des Nationalsozialismus erwiesen hatte, eine neue Form menschenfreundlicher «Gemeinwirtschaft», eine politisch gezähmte, staatlich regulierte Wirtschaft, jedenfalls die «Vergesellschaftung» sprich: Sozialisierung, zumindest der entscheidenden Wirtschaftssektoren, etwa der Montanindustrie, der Großchemie, der Universalbanken, treten?

Darüber hielt die Kontroverse an, als die Besatzungsmächte – wie etwa die amerikanische in Hessen – eine Sozialisierungsermächtigung in den neuen Länderverfassungen verhinderten, als die von ihnen zuerst angestrebte «Entflechtung» der Großkonzerne nach kurzer Zeit ins Stocken kam und dann geschwind revidiert wurde, als die Großbanken zwar dezentralisiert wurden, doch nach zehn Jahren in ihrer kompakten Form wieder auferstanden waren.

Ein auffälliger Denkfehler lag allerdings dieser frühen Debatte insbesondere bei den zahlreichen Gesinnungsethikern, die eine schwärmerische Vision vom «Neuen Sozialismus» verfochten, häufig zugrunde. Denn das deutsche Industrie- und Finanzsystem war bis zum Frühjahr 1945 von den braunen Machthabern keineswegs völlig zerstört und durch eine allmächtige staatliche Kommandowirtschaft ersetzt worden, so daß es schon deshalb nicht korrekt war, bei den anstehenden Aufbaubemühungen von einer Restauration alter Machtstrukturen zu sprechen. Vielmehr war trotz aller etatistischen Steuerungseingriffe und Zielvorgaben, trotz aller Anpassungsbereitschaft und oft auch Wehrlosigkeit der längst stabilisierte Charakter dieses Systems im Grund erhalten geblieben. Die Domäne des Privateigentums, der Investitionsentscheidungen, der Unternehmenslenkung, der Gewinnverteilung – sie war trotz mancher schmerzhafter Beschädigung der privatwirtschaftlichen Autonomie im Kern doch intakt.

Daher war es falsch oder zumindest irreführend, von einer Tabula-Rasa-Zäsur auszugehen, nach der die Restauration einer überlebten Ordnung partout vermieden werden müsse. Vielmehr setzte sich die Kontinuität des

V. Restauration oder restriktive Bedingungen des Neuanfangs?

ökonomischen Systems und seiner Organisationsprinzipien über den Einschnitt von 1945 hinweg weiter durch: machtvoll verfochten von den nur zeitweilig entmachteten Funktionseliten, die im Zusammenspiel mit den westlichen Besatzungsmächten jede grundstürzende Veränderung – sei's Sozialisierung der Großindustrie, Entflechtung der Mammutkonzerne und -banken oder eine Weichenstellung hin zur sozialistischen Gemeinwirtschaft – erfolgreich verhindern konnten. Als das «Wirtschaftswunder» in der Bundesrepublik seine eigene Überzeugungskraft entfaltete, als die Funktionstüchtigkeit sowohl des überlieferten, rasch renovierten Wirtschaftssystems als auch der neuen Republik bewiesen wurde, versickerte auch die erste Restaurationsdebatte, nicht ohne bei ihren exponierten Teilnehmern eine traumatische Enttäuschung zu hinterlassen.

Im Zusammenhang mit der westdeutschen 68er Bewegung und ihrer kurzlebigen Marxismus-Renaissance tauchte dann nach einem erheblichen zeitlichen Abstand die Restaurationskritik noch einmal auf. Obwohl der bundesrepublikanische Sozial- und Interventionsstaat unter der Parole der Sozialen Marktwirtschaft durch seine «Stückwerk-Reformen» die flexible Veränderbarkeit von Wirtschaft und Gesellschaft bereits nachgewiesen hatte, setzten ihm die Strategen der «Neuen Linken», die keine Sekunde auf die imponierenden Leistungen des Lastenausgleichs, der dynamischen Rente, des Reallohnanstiegs verschwendeten, ihre Utopie eines unverhohlen staatssozialistischen fundamentalen Systemwechsels entgegen.

Damit lebte auch, wie gesagt, der bereits Patina ansetzende Vorwurf der Restauration wieder auf, die nach mehr als 20 Jahren angeblich ungestörter Entfaltung durch einen entschlossenen revolutionären Umbau endlich in das Gegenteil: in einen innovativen Aufbruch in das gelobte Land der klassenlosen, staatswirtschaftlichen Zukunftsgesellschaft, verwandelt werden sollte. Im Kern basierte dieses militant vertretene Postulat, das verdientermaßen auf einen unüberwindbaren Widerstand traf, auf der Grundlage kraß realitätsferner Fehlurteile.

Die neue Kritik unterschätzte zum ersten die Plastizität und Entwicklungsfähigkeit der sozialökonomischen Verfassung, die durch den Sozial- und Interventionsstaat keineswegs nur an der Oberfläche ein wenig aufpoliert worden war. Sie unterschätzte zum zweiten – und das war der Hauptfehler aller Kritiker von Viktor Agartz und Erik Nölting über Fritz Sternberg und Kurt Schumacher bis hin zur Intelligentsia des «Sozialistischen Deutschen Studentenbundes» (SDS) – die Lernfähigkeit des Systems, dessen Organisationsprinzipien keineswegs einen starren Entwicklungspfad, wohlmöglich in einen neuen Faschismus, vorschrieben.

Gleichzeitig überschätzte sie die Bereitwilligkeit der Gesellschaft, in der sich nicht wenige mit den Verheißungen einer systemischen Radikalkur früher die Finger verbrannt hatten oder aber jetzt auf der Jagd nach individuellem Wohlstand nicht gestört werden wollten, sich auf die etatistische

Gängelung durch das neue Regime inkompetenter, unduldsamer, neomarxistischer Philosophenkönige einzulassen. Und sie überschätzte grandios den politischen Handlungsspielraum angesichts der Tatsache, daß sich die Bundesrepublik mit ihrer Westbindung: ihrer Einfügung in das westliche Bündnis, in die westliche Weltwirtschaft, in die westliche Wertegemeinschaft, als denkbar ungeeignet für einen Alleingang erweisen mußte, der sie zum Vorbild einer «Schönen Neuen Welt» erheben sollte – zum Musterexemplar aller Vorzüge des «Dritten Wegs» zwischen Staatskommunismus und Privatkapitalismus.

Auch die zweite Diskussion verschwand alsbald wieder mit den Erfolgen der sozialliberalen Koalition, die alles andere als den prognostizierten neuen Faschismus heraufführte. Blickt man auf die beiden Restaurationsdebatten zurück, trifft man auf nicht wenige unhistorische Schwarmgeister, die sich über die harten restriktiven Bedingungen, die jeder gründlichen gesellschaftlichen Veränderung einen engen Spielraum setzten, behende hinweggesetzt haben. Während der ersten Kontroverse in den späten 40er und in den frühen 50er Jahren, als viele noch völlig auf die orthodoxe Debatte der 20er Jahre über die Natur des wahren Sozialismus fixiert waren, dominierte, aufs Ganze gesehen, der honorige Impuls, nach den Schrecken der Diktatur und des Krieges eine neue, menschenwürdige Lebensform zu finden, die ein sozialromantisch verklärter Sozialismus gewährleisten sollte. Seine Verfechter waren nicht willens oder auch nicht imstande, eine historisch fundierte, ausführliche Kosten-Nutzen-Abwägung zu entfalten, mit der sie zumindest hätten versuchen sollen, die Überlegenheit ihres utopischen Entwurfs darzutun. An der Übermacht nicht nur einer längst institutionalisierten, tief verankerten modernen Wirtschaftsgesellschaft, sondern auch an der Überlegenheit des mit ihr kooperierenden politischen Systems der zweiten Republik prallten ihre emphatischen Forderungen ab.

In der Debatte der 68er dagegen herrschte die ideologische Vorentscheidung zugunsten eines neuen deutschen Sonderwegs: des «Dritten Wegs» zwischen staatskommunistischen Diktaturen im Osten und kapitalistischen Staaten im Westen. Im Licht dieser Prämisse erschienen die zweieinhalb Jahrzehnte seit 1945 als verhängnisvolle Restauration. Sie sollte durch eine Serie von kulturrevolutionären Gewaltaktionen, die gleichzeitig die Grundlagen der illusionären neuen Welt zu legen hatten, beendet werden.

Läßt man sich heute auf das kontrafaktische Gedankenspiel ein, welchen Lauf die westdeutsche Entwicklung genommen hätte, falls die Restaurationsankläger mehrheitsfähig geworden wären, wäre auch ihre Kreation über kurz oder lang von dem vernichtenden Urteil der Geschichte über das staatskommunistische Experiment erfaßt worden. Bis dahin wären die neuen Steuermänner mit der Schwerfälligkeit von inflexiblen, vergesellschafteten Betrieben und daher, zumal in einer Zeit auffällig rapiden Wan-

V. Restauration oder restriktive Bedingungen des Neuanfangs?

dels, mit den astronomischen Kosten einer endlosen Abfolge von Versorgungsfällen konfrontiert worden, die gegen jede ökonomische Vernunft mit exorbitant hohen Steuermitteln zu Lasten der produktiven Ausgaben und des Wohlstandsniveaus der Gesellschaft hätten gestützt werden müssen. Ob es außerdem gelungen wäre, wie die Verheißung lautete, den Klassenkampf von unten und von oben endgültig auszuschalten, wäre angesichts der neuen Antagonismen ebenfalls denkbar unwahrscheinlich gewesen. Die vorbildliche Gesellschaft der «Freien und Gerechten», wie es in der kommunistischen Rhetorik des Vormärz hieß, wäre nach menschlichem Ermessen eine Chimäre geblieben und eine abstoßende dazu. Denn zugleich wären deshalb der wirtschaftliche Aufschwung, die soziale Stabilisierung und die politische Funktionsfähigkeit der Bundesrepublik einem extrem kostspieligen utopischen Entwurf geopfert worden.[1]

VI.
Allgemeine Ausgangsbedingungen für die beiden Neustaaten von 1949

Im Juni 1945 übernahmen die vier Alliierten auch de jure «die höchste Regierungsgewalt» im Gebiet des ehemaligen Reiches. Damit wurde das deutsche Volk, dessen Führerregime sich vom politischen Wertekanon der westlichen Zivilisation vollständig abgewandt hatte, wie ein Protektorat zur Zeit des Kolonialimperialismus unter internationale Vormundschaft gestellt. Nach der Komplizenschaft zwischen der NS-Führung und großen Teilen der Bevölkerung hielten die Besatzungsmächte eine «Erziehungsdiktatur» auf unbestimmte Zeit für unverzichtbar. Allerdings wurde sie in den vier Zonen auf denkbar unterschiedliche Weise ausgeübt.

Mit der Aufteilung Rumpfdeutschlands in diese Zonen war noch keine politische Automatik installiert, welche die Spaltung in zwei Staaten unumgänglich erzwang. Doch als Folge, zum ersten, des Zugriffs der Sowjetunion auf ihr Besatzungsgebiet, das so schnell wie möglich in eine sowjetisierte «Volksdemokratie» verwandelt werden sollte, und, zum zweiten, des feindseligen Antagonismus der bipolaren Blockkonfrontation im Zeichen des seit 1946/47 in sein offenes Stadium tretenden Kalten Krieges verwandelte sich die westliche SBZ-Grenze in eine Systemgrenze. Mit ihrer fortschreitenden Vertiefung wuchs die Wahrscheinlichkeit, daß die Gebiete östlich, aber auch westlich dieser Systemgrenze über kurz oder lang in zwei unterschiedliche Staatsgebilde transformiert würden. Mit der Gründung der beiden Neustaaten zwischen dem Mai und dem Oktober 1949 gelangte dieser seit 1948 nicht mehr aufhaltbare Entwicklungstrend an sein Ziel.

Zeitweilig wurde der folgenschwere Vorgang der Spaltung Europas und Deutschlands denkbar unterschiedlich interpretiert. Dem sowjetischen Expansionsdrang begegnete die amerikanische Reaktion des «Containment», so sah es die westliche Historiographie (und wegen der dogmatischen Scholastik ihrer östlichen Konkurrenz zählt allein sie), und die effektive «Eindämmung» führte auch zur Herausbildung und Konsolidierung eines westdeutschen Staates. Genau umgekehrt hielt dann der Revisionismus amerikanischer Historiker, die der «Neuen Linken» entstammten, das Globalziel der Washingtoner Regierung, ihre traditionelle Politik der Freihandelsexpansion unter dem Motto der «Offenen Tür» zugunsten des heimischen und westlichen Wirtschaftspotentials weltweit durchzusetzen, für jene anstößige Strategie, die Moskaus heftige Konflikteskalation provozierte. Die erfrischend selbstkritische, aber ungemein naive Basisannahme dieser Schule, einen der einseitigen, ja unaufhaltsamen kapitalistischen Dynamik entspringenden amerikanischen Aktionismus zu unterstellen, und zugleich die verblüffende, auf einem grenzenlosen Vertrauensvorschuß beruhende, doch von wenig Sachkenntnis getrübte Unterschätzung der sowjetischen Weltpolitik liegt längst auf der Hand.

Zutreffend ist vielmehr das Urteil, daß es um die Wechselwirkung zweier global expandierender und erbittert konkurrierender Systeme ging. In der Wahrnehmung der analysierenden und handelnden Zeitgenossen im Westen verfolgte die Sowjetunion unverdrossen ihr Langzeitziel der kommunistischen Weltrevolution mit großer Zielstrebigkeit – ob es um Ost- und Mitteleuropa, Griechenland und die Türkei oder China ging. Ihr Pendant im russischen Imperium verstand dank einer strukturell ganz ähnlichen Perzeption die Freihandelsexpansion der größten Wirtschaftsmacht des Globus als lebensgefährliche antisowjetische Bedrohung.

Die Bedingungen der Machtdynamik anzuerkennen bedeutet aber keineswegs, auf eine Bewertung des Duells zu verzichten. Im historischen Rückblick traten die Vereinigten Staaten als Vormacht der westlichen Welt folgerichtig gegen die Ausdehnungsstrategie einer alle westlichen Werte mißachtenden, menschenfeindlichen, totalitären Diktatur an, die in der Tat nach 1945, wo immer möglich, eingedämmt werden mußte. Im Licht der weltpolitischen Wendekonstellation von 1989/91 ist das historische Recht auf diesen Widerstand ohnehin nicht mehr zu bestreiten.

Als die Blockrivalität bereits konfrontativ ausgeprägt war, schuf jede der beiden Hegemonialmächte auf deutschem Boden einen Neustaat. Im Westen wurde er binnen kurzem als selbständiger Partner in die «freie Welt» aufgenommen, im Osten als Satellit mit allen Zügen einer sowjetischen Satrapie an das kommunistische Imperium angeschlossen. Mochte es auch eine Zeitlang noch Bemühungen geben, wenigstens die deutsche Wirtschaftseinheit über die Zonengrenzen hinweg zu erhalten – daran hielt nicht zuletzt Moskau wegen des erhofften Zugriffs auf das Ruhrgebiet fest –, zerschellten doch solche Absichten letztlich an der Beharrlichkeit, mit der die Sowjetunion ihr imperiales Vorfeld bis zur Elbe in ihr Lagersystem integrierte.

Die Moskauer Politik reagierte auf die Währungsreform bereits am 24. Juni 1948 mit der Blockade Westberlins. Ihre erpresserische Machtdemonstration wurde unmißverständlich von Marschall Sokolowski ausgesprochen: Die Einschnürung der drei Westsektoren sollte so lange andauern, bis der Plan, einen westdeutschen Staat zu errichten, definitiv aufgegeben wurde. Da Washington die Sprengung der Straßensperren durch einen schwer bewaffneten Konvoi ablehnte, richtete der amerikanische Militärgouverneur Lucius Clay bereits am 25. Juni eine Luftbrücke ein, die Westberlin fast ein Jahr lang mit der Präzision eines Uhrwerks mit den notwendigsten Gütern zum Überleben versorgte. Auf 270 000 Flügen wurden 1,83 Mill. To. nach Berlin geschafft; die Kosten von rd. 200 Mill. Dollar wurden von den Vereinigten Staaten und England übernommen. An der amerikanischen Unnachgiebigkeit scheiterte schließlich der russische Erpressungsversuch vollständig. Die Blockade wurde am 12. Mai 1949 aufgehoben. Nichts hat in jener Zeit den antikommunistischen Konsens in Westdeutschland fester geschmiedet als diese Erfahrung mit dem brutalen sowjetischen Vorhaben, durch das Aushungern einer Millionenstadt den Westen zur Kapitulation zu zwingen.

Im selben Mai 1949 einigte sich die unlängst einberufene verfassungsgebende Versammlung des westdeutschen Parlamentarischen Rates auf das Grundgesetz, das am 23. Mai offiziell verkündet wurde. Am 14. August folgten die ersten Bundestagswahlen, die der CDU/CSU einen knappen Vorsprung vor der SPD verschafften. Einen Monat später trat der CDU-Vorsitzende Konrad Adenauer als erster Bundeskanzler, der mit einer (seiner) Stimme Mehrheit gewählt worden war, an die Spitze der CDU/FDP-Koalitionsregierung der neuen Bundesrepublik Deutschland. Die Sowjetunion reagierte im Oktober mit der Gründung der «Deutschen Demokratischen Republik» (DDR). Damit begann eine 40jährige Epoche deutscher Zweistaatlichkeit.

1. Die Konstellation in Westdeutschland

Blickt man zum Vergleich auf die erste deutsche Republikgründung genau dreißig Jahre zuvor, erkennt man trotz aller Verwüstungen des zweiten verlorenen Weltkrieges die ungleich günstigeren Ausgangsbedingungen, die der neuen Staatsbildung zustatten kamen.

Das Debakel des totalen Krieges, die lückenlose Abrüstung und Entmilitarisierung hatten, wie bereits erwähnt, zu einer radikalen Deflation alles Militärischen geführt. Von einem politischen Einfluß des Militärs wie nach 1919, von der damals weiterwuchernden, verblendeten Nostalgie nach der Wiederherstellung der «schimmernden Wehr», geschweige denn von einem Revisionskrieg zur Korrektur der Ergebnisse von 1945 war mit keinem Laut die Rede.

Die selbstbewußte Machtelite des ostelbischen Adels war, grausam und in vielen Fällen auf eine menschenunwürdige Weise, ausgeschaltet worden. Keine soziale Klasse hatte aber auch, herrschaftsgewohnt und dem Abstieg verzweifelt widerstrebend, vor der Aufgabe pragmatischer Rückzugskompromisse so versagt wie diese einflußreichste deutsche Adelsformation.

So einschneidend der Verlust von einem Viertel des ehemaligen Staatsgebiets auch war, entlastete er die Bundesrepublik doch auch von regionalen Disparitäten, die mit dem strukturschwachen agrarischen Osten Weimar

1. Die Konstellation in Westdeutschland

noch enorm belastet hatten. Ungewollt begünstigte das die Wachstumschancen in einem wirtschaftlich ungleich homogeneren und zudem kontinuierlich leichter zu homogenisierenden Republikgebiet.

Auch ohne die oberschlesischen, mitteldeutschen und saarländischen Industriereviere war das nicht fatal beschädigte westdeutsche Industriepotential zu einer erstaunlichen Rekonstruktionsleistung und alsbald, durch günstige wirtschaftspolitische Maßnahmen stimuliert, zu einem neuen «Wirtschaftswunder» fähig. Die Einbindung in die vom Westen dominierte Weltwirtschaft mit ihrer neuartigen Dynamik vermittelte zudem zahlreiche exogene Prosperitätsimpulse. Selbst der Export des Flüchtlings- und Vertreibungselends in die Bundesrepublik erwies sich als unbeabsichtigter, doch unschätzbarer Gewinn an Humankapital für die anlaufende Wachstumsmaschine, da ihr damit ein riesiges, wertvolles Arbeitskräftepotential zustatten kam.

Vielleicht wichtiger noch als diese konkreten Zäsuren und Begünstigungen erwies sich ein vierfacher Mentalitätsbruch.

1. Jedes Liebäugeln mit der Diktatur traf nach 1945 in Westdeutschland auf unüberwindbaren Widerstand. Die Erfahrungen mit dem Führerabsolutismus hatten alle Illusionen, die dieses politische System unlängst noch umhüllt hatten, aufgelöst. Der gelegentlich erhobene Ruf nach einem neuen starken Mann begegnete daher abgrundtiefer Skepsis. Gleichwohl erwies es sich als Gewinn, daß der patriarchalische Politikstil Adenauers einen gleitenden Übergang von einem schroff autoritären zu einem demokratischen System erleichterte.

2. Mit dem Untergang des «Dritten Reiches» wurde außerdem die Fata Morgana eines deutschen «Sonderwegs» in die Moderne endgültig aufgegeben. Zwar hatte Deutschland seit jeher zum Okzident: zum westlichen Kulturkreis und europäischen Staatensystem, gehört – insofern ist die Formel vom «langen Weg nach Westen» irreführend. Doch war es seit der zweiten Hälfte des 19. Jahrhunderts mit fatalen Folgen von dessen Modernisierungspfad abgewichen. Das niederschmetternde Resultat des nationalsozialistischen «Sonderwegs» blieb um so wirkungsvoller, als die Blockkonfrontation zwischen sowjetischer Diktatur und westlicher Demokratie die vermeintliche Option für einen neuen «Dritten Weg», den einige irrlichternde Schwarmgeister noch immer für begehbar hielten, denkbar unattraktiv machte.

3. Nachdem der Vulkan des deutschen Radikalnationalismus erstickt worden war, erloschen auch die Leidenschaften, die ihn von einer Eruption zur anderen getrieben hatten. Damit verlor der politische Verband der Deutschen einen seiner Tragpfeiler, insbesondere aber eine Antriebskraft, die ihn seit hundert Jahren bewegt hatte. Die große Frage lautet seither, welcher Loyalitätspol an die Stelle der Nation treten kann, da auch moderne westliche Staaten weiterhin einer integrierenden Programmatik be-

dürfen. Die Europabegeisterung der frühen Bundesrepublik füllte zeitweilig diese Leerstelle, ehe das die Solidargemeinschaft des Verfassungs-, Rechts- und Sozialstaates tat.

4. Auch der Bann des charismatischen «Führers» war 1945 endgültig gebrochen worden, nachdem der Selbstmörder ein bis dahin unvorstellbares Chaos heraufgeführt hatte. Trotzdem: Da der Hitler-Mythos sozialpsychisch viel tiefer verankert war, als mancher Kritiker der Führerherrschaft später wahrhaben wollte, ist seine Ausstrahlungskraft nicht über Nacht erloschen. Die ersten Meinungsumfragen ergaben, daß Hitlers Leistungen in den sechs Friedensjahren noch rundum auf Anerkennung trafen. Im Sommer 1952 etwa hielt ihn ein Drittel der Befragten für einen «großen Staatsmann», ein weiteres Viertel besaß eine «gute Meinung» von ihm. Auch 1955 glaubte immerhin fast die Hälfte (48 %), daß Hitler ohne den Krieg als einer «der großen deutschen Staatsmänner» dagestanden hätte. Selbst 1967, als die westdeutsche Wirtschaft und die Bonner Republik schon jahrelang florierten, hielten noch immer 32 Prozent an diesem positiven Urteil fest. Heutzutage mag man das mit einem ungläubigen Kopfschütteln registrieren, aber die zuverlässig ermittelten empirischen Befunde beweisen noch einmal die außergewöhnliche Faszination, die Hitlers charismatische Herrschaft auf seine Deutschen ausgeübt hatte.

Demokratie und Republik erwiesen sich unter diesen Bedingungen in Westdeutschland aus einem doppelten Grund erstaunlich schnell als gefestigt, im Gegensatz zu all jenen Kassandrarufen alliierter Experten, die, verständlich genug, den giftigen nationalsozialistischen Einfluß frühestens nach einer Generationsspanne von dreißig Jahren erlöschen sahen. Zum einen konnte man vielfach an eigene demokratische Traditionen anknüpfen, die nach dem Experiment von Weimar trotz aller mörderischen Ereignisdichte letztlich nur zwölf Jahre unterdrückt worden waren. Hämisch von Restauration zu sprechen führt auch auf diesem Feld ganz in die Irre, aber eine ganz so bereitwillige wie schmerzhafte Rückkehr zu diesem Traditionsfundus gab es in der Tat. Zum zweiten erschienen Demokratie und Republik als glanzvoller Import aus den offensichtlich überlegenen Siegerstaaten des Westens. Es war dieser Erfolgsnimbus, der die Identifikation mit ihren politischen Lebensformen erleichterte.

Was aber die innere Motorik und Aufbauenergie der westdeutschen Republikbürger nach der Übergangsphase der Zusammenbruchsgesellschaft angeht, sollte die «egalitäre Leistungs-Volksgemeinschaft» des Nationalsozialismus mit ihrer Kollektivmentalität einer sozialdarwinistischen Kraftentfaltung mühelos in die Leistungsgesellschaft der liberalen Marktwirtschaft mutieren. So gesehen waren die Leistungsideale der neudeutschen Wirtschaftsgesellschaft keineswegs an erster Stelle ein genuines Produkt der ungeahnte Energien freisetzenden Sozialen Marktwirtschaft. Vielmehr setzte sich nach einer reibungslos vollzogenen politischen Häutung die

Leistungskonkurrenz, die im «Dritten Reich» mobilisiert worden war, nahezu bruchlos fort.

2. Die Konstellation in Ostdeutschland

Diametral entgegengesetzt verlief dagegen die Entwicklung in der SBZ/DDR. Auch dort konnten Adel und Militär keine politische Rolle mehr spielen. Das Industriepotential war weit weniger als westlich der Elbe zerstört worden, doch wurde es erst von der sowjetischen Besatzungsmacht gnadenlos geplündert, dann in das Prokrustesbett einer staatskommunistischen zentralen Planwirtschaft gesteckt, die jeden lebendigen Impuls erdrosselte. Deshalb konnte auch der Zustrom von drei Millionen Flüchtlingen und Vertriebenen nicht zur Integration eines wertvollen Arbeitskräftepotentials führen – wer von ihnen eben konnte, wanderte bis zum Mauerbau in den Westen.

Unstreitig galt auch das Hitler-Regime in Ostdeutschland als total diskreditiert. Doch die Antifa-Legende, die offizielle Lehre vom deutschen Faschismus und seiner Bekämpfung allein durch den kommunistischen Antifaschismus, erklärte auf der Linie der grobschlächtigsten aller Definitionen, der Dimitroff-Formel der Kommunistischen Internationalen, auch den Nationalsozialismus zum Büttel der mächtigsten Fraktionen des deutschen Finanzkapitals. Auf diese Weise wurde die leidenschaftliche Zustimmung zum NS-Regime ebenso eskamotiert wie die Masse der Wähler vor 1933 als eine von dunklen Mächten irregeführte Mitläuferschaft exkulpiert. Die Autonomie der Politik im Nationalsozialismus, der Sondercharakter der charismatischen Herrschaft Hitlers, die aberwitzige Steigerung der Rassenpolitik bis hin zum Holocaust konnte von dieser dogmatischen Orthodoxie nicht von Ferne anerkannt, geschweige denn überzeugend erfaßt werden. Infolgedessen blieb bis 1989 eine realitätsnahe Auseinandersetzung mit dem «Dritten Reich» in der DDR vollständig aus. Die befreiende Wirkung einer undogmatisch-kritischen Analyse konnte sich nicht geltend machen, da von der Scholastik jede Regung, die gegen die staatlich verordnete Irrlehre verstieß, erdrückt wurde. Die tiefen Spuren dieser doktrinären Realitätsverweigerung sind noch bis heute anzutreffen.

Unstreitig erlebte der extreme Nationalismus auch in Ostdeutschland sein Waterloo. Doch auch auf diesem Feld blieb eine kritische Aufarbeitung eines Phänomens aus, das als Manipulationserfolg der herrschenden Klasse galt, so daß sich ein unreflektierter Nationalismus im Gewand eines altdeutsch-national eingefärbten Provinzialismus halten konnte. Der krampfhafte Versuch dagegen, während der Blockkonfrontation dem Sog des verführerisch erfolgreichen westdeutschen Staates auch das artifizielle Konstrukt einer neuartigen «sozialistischen Nation» in der DDR entgegenzusetzen, scheiterte vollständig.

Unstreitig verabschiedete sich auch die DDR von den diskreditierten «Sonderwegs»-Ideen. Doch insistierte sie zugleich auf einem neuen «Sonderweg» des Kommunismus: auf seinem geschichtstheologisch fundamentierten, welthistorischen Siegeszug in die eigentliche, in seine Moderne. Dabei ließ sich die Arroganz, mit welcher der deutsche «Sonderweg» bis 1945 als weit überlegener Modernisierungspfad verfochten worden war, ziemlich mühelos transferieren, zumal jetzt die unwiderlegbare Heilslehre des Marxismus-Leninismus als Rechtfertigung der eigenen Sonderstellung ins Feld geführt wurde. Aufkommende Zweifel konnten mit seinen Dogmen erstickt oder von der Staatsgewalt als gefährliche Häresie unterdrückt werden.

Völlig anders fiel das Verhältnis zur Diktatur aus. Unmittelbar nach der Zerstörung der NS-Diktatur wurde, notdürftig mit der östlichen Modevokabel der «Volksdemokratie» getarnt, die kommunistische Parteidiktatur durchgesetzt. Die Ostdeutschen gerieten damit unter den Einfluß einer fatalen Kontinuität: Daß sie von 1933 bis 1989, fast zwei Generationsspannen lang, ohne befreiende Unterbrechung, unter Diktatorialsystemen leben mußten, setzte sie einer kontinuierlich autoritären politischen Sozialisation aus. Vier Jahrzehnte lang mußte das Regime der kommunistischen Parteidiktatur als dauerhaft unterstellt werden. Ihnen blieb daher jener langwierige, mühselige Prozeß verwehrt, in dem sich die Westdeutschen vom Erbe des NS-Regimes schließlich ideell befreien, überdies auch Distanz zu früheren autoritären Staatsformen gewinnen konnten. Nicht zuletzt dieser Prozeß einer kritischen Selbstaufklärung machte die Westdeutschen zukunftsfähig. Das Grunddilemma der ostdeutschen Parteidiktatur blieb dagegen, daß sie, überall durch ihre Geschichtstheologie eingeschnürt und daher auch zu jeder produktiven Lernerfahrung unfähig, einen Staat ohne Zukunft dirigierte.[1]

Rückblick: das deutsche «Zeitalter der Extreme»

Blickt man aus der Vogelperspektive auf die 35 Jahre, also nur gut eine Generationsspanne, zurück, die im Mittelpunkt des vierten Bandes dieser «Deutschen Gesellschaftsgeschichte» stehen, wird einem der ganz und gar außergewöhnliche Charakter dieser Ära beispielloser Turbulenzen erneut bewußt. Drängender noch als im Hinblick auf andere bewegte Epochen, etwa das Reformationszeitalter oder die Reformphase seit 1800, stellt sich daher für die Geschichte Deutschlands im «zweiten Dreißigjährigen Krieg» die Frage nach dem Verhältnis von Kontinuität und Diskontinuität im historischen Prozeß.

Am Beginn steht ein erster Weltkrieg, der das «lange» 19. Jahrhundert seit 1789 beendet, damit zugleich auch das alte Europa unwiederbringlich verabschiedet hat. Sein Staatensystem, das sich 400 Jahre lang als westliches Unikat behauptet hatte, wurde von Grund auf umgestülpt. Denn die drei Kaiserreiche: das Deutsche, das Habsburgische und das Romanowsche, zerfielen. Von Finnland und dem Baltikum bis zum Süden des Balkans tauchte ein Gürtel von neugeschaffenen «Nachfolgestaaten» auf. Im Osten konsolidierte sich die menschenfeindliche Diktatur der Sowjetunion. Von Westen her hatte sich die amerikanische Flügelmacht erstmals als kriegsentscheidende Potenz eingeschaltet – die Umrisse der «Pax Americana» künftiger Jahrzehnte tauchten am Horizont auf.

47 Jahre nach seiner Gründung in drei Kriegen ging das deutsche Kaiserreich im Weltkrieg unter, weil es dem Überwältigungsdruck einer weit überlegenen feindlichen Koalition nicht länger gewachsen war. Im Inneren vermochte es aber auch nicht, die erforderliche politische Modernisierungsfähigkeit aufzubringen. Dieser Zangenbewegung konnte es nach vier Kriegsjahren nicht weiter standhalten, so daß die Revolution von 1918 unter alle deutschen Monarchien: die Reichsmonarchie wie die landesfürstlichen Herrschaften, einen Schlußstrich zog. Das bedeutete auch das Ende einer jahrhundertelang eingeschliffenen Selbstverständlichkeit und eines Sicherheit gewährenden politischen Ordnungsgefüges. Seither folgte eine beispiellos abrupt wechselnde Vielfalt politischer Regimeformen.

Die erste Republik auf deutschem Boden kam nicht in den Genuß einer längeren Konsolidierungsphase, wie sie später der Bundesrepublik als anhaltende Stabilisierungshilfe zustatten kam. Von der Mehrheit ihrer Bürger ungeliebt, vom Kartell der traditionellen Machteliten zielstrebig in eine autoritäre Krisenlösung hineingetrieben, von den beiden totalitären Flügelparteien, der NSDAP und der KPD, mit fanatischem Haß zerstört, endete die Weimarer Republik mit einer zweiten Untergangserfahrung: mit der von vielen als «nationale Revolution» begrüßten Machtübergabe an den «Führer» und seine Hitler-Bewegung. Die Trauer um die gescheiterte Republik bewegte im Vergleich mit dem Traumatisierungsschock von 1918/19 nur auffallend wenige.

Das verheißene «Tausendjährige Reich» der deutschen Herrenrasse existierte für eine noch kürzere Zeit als die erste Republik. Doch welche historischen Folgen löste es aus! Enthusiastische Begeisterung für einen charismatischen Volkstribun, dessen Sonderstellung als «zweiter Bismarck» mächtige Dispositionen der politischen Kultur des Landes vorbereitet hatten; die totalitäre Revolution auf dem Weg zur Führerdiktatur; die brutale Repression aller oppositionellen Kräfte; die erste Massenvertreibung von Deutschen: der Mehrheit nämlich aller jüdischen Deutschen; schließlich einen verheerenden zweiten totalen Krieg, der im Genozid an der europäischen Judenheit und im Vernichtungskrieg in Rußland einen «Zivilisationsbruch» herbeiführte. Dann der Zusammenbruch der Diktatur mit namenlosem Schrecken, der dritte Untergang eines deutschen Staates innerhalb von nur 27 Jahren und zugleich des Ende des Bismarckreichs, die Amputation Deutschlands, die Flucht und Vertreibung von 15 Millionen Menschen nach Westen, die Teilung des Landes durch die Systemgrenze des Kalten Krieges, das Chaos zerbombter Städte, die deprimierende, zuerst fast aussichtslos wirkende Mühsal des Wiederaufbaus. Doch dann, nach nur vier Jahren, die unverhofft gewährte zweite Chance eines Neubeginns in der westdeutschen Bundesrepublik, während Ostdeutschland in der eisernen Klammer der zweiten Diktatur zu einer sowjetischen Satrapie erstarrte.

Der umsturzartige Wechsel denkbar unterschiedlicher politischer Ordnungssysteme verkörpert eine jedermann gegenwärtige dramatische Abfolge anarchischer Verwirrungen. Doch der tiefgreifende, meist plötzlich daherkommende Wandel blieb nicht allein auf das Herrschaftsgefüge beschränkt. Vielmehr erfaßte er, wenn auch auf sehr verschiedenartige Weise, die gesamte Ordnungskonfiguration der deutschen Gesellschaft in all ihren Grunddimensionen oder «Achsen».

Selbst zwei totale Kriege haben die wirtschaftliche Wachstumsmaschine nicht zerstören können. Trotz aller Einbußen erreichte sie seit 1928 wieder den langlebigen Aufstiegstrend der hochindustriellen deutschen Gesellschaft, und seit 1950 gelang ihr eine solche erstaunliche Rekonstruktionsleistung sogar noch schneller. Im Kernbereich des deutschen Kapitalismus, insbesondere des zum Spitzentrio der Weltwirtschaft zählenden Industriekapitalismus, blieb die private Verfügungsgewalt über Eigentumsrechte, Investitionsentscheidungen und Gewinnverteilung erhalten. Insofern gibt es eine auffallende Kontinuität in der Wirtschaftsverfassung. Doch der vorandrängende Interventions- und Sozialstaat schuf seit dem Ersten Weltkrieg veränderte Rahmenbedingungen, welche sowohl die Disparitäten des Konjunkturzyklus als auch seine sozialen und politischen Folgen zähmen sollten. Unter dem NS-Regime wurde dann die private Marktwirtschaft zusehends zu einer durch staatliche Zielvorgaben dirigierten Veranstaltung, ehe seit 1945/49 eine prinzipiell veränderte Konstellation heraufstieg. Welches inhärente Wachstumspotential der deutsche Kapitalismus gespeichert hatte, zeigte sich bereits seit den späten 20er Jahren, danach im «Wirtschaftswunder» des Führerstaats und im Rüstungsausstoß der Ära Speer, schließlich in der verblüffenden Rekonstruktionsfähigkeit, die außer den günstigen internationalen Bedingungen dem westdeutschen «Wirtschaftswunder» zugrunde lag.

Ungeachtet des hektischen Regimewechsels erwies sich die Mischung von privater Initiative und Eigentumsordnung mit staatlich dirigierter Förderung und Abschirmung als Erfolgsrezept. In einer anderen Perspektive: Das System des deutschen Korporativismus, die enge Kooperation von Wirtschaftsverbänden, Staatsbürokratie und parlamentarischen Expertengremien, behauptete seine Anpassungselastizität unter denkbar unterschiedlichen politischen Bedingungen. Wegen der Bürde dieses Erfolgs, der ihre Reformfähigkeit allmählich erdrückte, sollte freilich die Bundesrepublik seit den 1980er Jahren ihre Flexibilität und Selbststeuerungskapazität Schritt für Schritt verlieren.

In der Hierarchie der sozialen Ungleichheit hielt sich trotz allen Veränderungswirbels und trotz der Beständigkeit manchen traditionellen Überhangs auf lange Sicht doch der Markt als das zentrale Organisationsprinzip. Er hielt die Distributionsmotorik in Gang, welche die Erwerbstätigen je nach ihrer Fähigkeit, unterschiedliche Leistungsqualifikationen auf diversen Arbeitsmärkten anbieten zu können, in «marktbedingten Klassen» mit tendenziell gleichartiger Lebenslage, gleichartigen Lebenschancen und Lebensrisiken zusammenführte.

In Deutschland hatte sich bis 1914 der historische Sonderfall herausgebildet, daß die Sozialmentalität dieser Klassen durchweg die Form eines hochideologisierten Klassenbewußtseins angenommen hatte. Dem von der Marxschen Kampf- und Erlösungslehre angeleiteten Proletariat, das den «Klassenkampf von unten» führte, stand die Allianz der bürgerlichen Erwerbs- und Besitzklassen gegenüber, die unter dem Eindruck ihrer vermeintlich existentiellen Gefährdung einen nicht minder unnachgiebigen «Klassenkampf von oben» durchhielten. Im Ersten Weltkrieg wurden diese Antagonismen noch einmal schroff verschärft, mithin keineswegs in der vorgegaukelten «Burgfriedens-Gemeinschaft» aufgehoben.

Das weitverbreitete Leiden an den unversöhnlich wirkenden Fronten dieses Klassenkampfes nahm unterschiedliche Formen einer Überwindungshoffnung an: von der sozialpolitischen Spannungsmeisterung bis hin zur bündischen Reformbewegung. Am erfolgreichsten aber erwies sich das utopische Trugbild einer sozialharmonischen «Volksgemeinschaft» ohne innere Friktionen, die über das gesamte politische Spektrum hinweg: von rechts bis links die Gemüter in ihren Bann schlug. Die Hitler-Bewegung repräsentierte daher nur eine der politischen Kräfte, die daraus Kapital zu schlagen unternahmen. Doch sie tat es am entschiedensten, auch mit der geschicktesten Dauerpropaganda, dazu von einer charismatischen Führerpersönlichkeit geleitet, die dieses Credo den Massen wirkungsvoll einhämmerte.

Vorn ist der Anspruch des NS-Regimes, daß es die antiquierte Klassengesellschaft durch seine «Volksgemeinschaft» überwunden habe, überprüft worden (9.T I, 6; III, 1, 5, 6). Eine kraftvolle soziale Aufstiegsmobilität setzte nach der Epochenzäsur der «Großen Depression» seit 1933 ganz unleugbar ein. (Es hätte sie, wenn auch vermutlich in weit geringerem Maße, nach der Rückkehr der Konjunktur auch unter einem republikanischen Regime gegeben.) Lebensgeschichtlich positive Erfahrungen im Berufsleben wurden daher offenbar von Millionen gemacht, die ihre veränderte Lebenslage auf die dynamische Beschäftigungspolitik des Nationalsozialismus und die sich dank seines Schwungs eröffnenden neuen Berufschancen zurückführten. Doch wie der Nationalsozialismus durchweg auf die Wirkung seiner «Gesinnungsrevolution» weit eher als auf die Folgen eines sozialrevolutionären Umbaus der Gesellschaft vertraute, löste auch seine auf jüngere Generationen offenbar immens attraktiv wirkende Utopie der «egalitären Leistungs-Volksgemeinschaft» eine nachhaltige mentale Auflockerung der Klassenunterschiede aus.

Dieser Wahrnehmungswandel, der selbstverständlich an ältere, doch bisher häufig blockierte Zielvorstellungen von einer meritokratischen Leistungsgesellschaft ohne die Barrieren verkrusteter Traditionen anknüpfen konnte, gehört zu den merkwürdigen Erfolgen der Führerdiktatur. Ohne die Mobilisierung einer daher stammenden, ganz ungewöhnlichen Leistungsbereitschaft namentlich unter den Jüngeren, die in einem unverhüllt sozialdarwinistischen Konkurrenzkampf zahllose Karrierechancen nutzten, wäre die Legitimationsbasis des NS-Regimes nicht so effektiv befestigt worden, hätte auch der Zweite Weltkrieg von Deutschland nicht so lange durchgehalten werden können. Da es in der Gesellschaftspolitik des «Dritten Reiches» ständig den zynischen Mißbrauch hoffnungsvoller Impulse im großen Stil gab, trat er auch in der rücksichtslosen Ausbeutung dieses Leistungswillens für die Ziele einer menschenverachtenden Despotie zutage.

Nach der «Entnazifizierung» der «Leistungs-Volksgemeinschaft» erwiesen sich aber die im Führerstaat freigesetzten und geschulten Energien, die keineswegs erst von der «Sozialen Marktwirtschaft» erzeugt wurden, als Treibstoff jener meritokratischen Leistungsgesellschaft, die sich in der Bundesrepublik als allgemein akzeptiertes Leitbild durchsetzte, obwohl der sozialgeschichtliche Befund, wie später gezeigt wird, sie überwiegend als Mythos enthüllt. Mochte die empirische Sozialforschung seit den 1950er Jahren die hartnäckige Persistenz der «marktbedingten Klassen» mit ihrem Ungleichheitsgefälle auch in den Jahrzehnten nach 1949 immer wieder nachweisen, hatte sich doch die Perzeption der sozialen Ungleichheit nicht zuletzt unter dem Einfluß der nationalsozialistischen Gesellschaftspolitik in auffallendem Maße verändert: fort von der Fixierung auf den klassengesellschaftlichen Antagonismus hin zur Anerkennung der legitimen Interessenkonflikte in einer «pluralistischen Gesellschaft», der die Fata Morgana eines nur in bürgerkriegsähnlichem Kampf zu gewinnenden spannungsfreien Endzustandes fremd geworden war.

An den wiederholten Wechsel der politischen Regime ist vorn bereits erinnert worden. Nicht einmal die äußerlich in vielem verwandte Geschichte Italiens, geschweige denn die irgendeines anderen westlichen Landes im 20. Jahrhundert, kann mit dieser Fülle tumultuarischer Umbrüche in Deutschland verglichen werden. Selbst die tiefreichenden Transformationsprozesse im 16. Jahrhundert und zu Beginn des 19. Jahrhunderts haben, wie schon erwähnt, nicht so radikal in das politische und gesellschaftliche Gefüge des deutschsprachigen Mitteleuropa eingegriffen. Hinter dem Wirbel der Ereignisse hielt sich aber bis zur Mitte des 20. Jahrhunderts eine strukturelle Kontinuität von prägendem Einfluß: Das war der deutsche Nationalismus. Er hatte bereits das Kaiserreich bestimmt, ehe er im Weltkrieg extreme Formen der Integration, aber auch der Polarisierung hervorbrachte. Ein ressentimentgeladener Radikalnationalismus durchzog dann die Weimarer Republik, begierig auf die Renaissance nationaler Größe und Geltung drängend, ehe er im «Dritten Reich» einen vorbildlosen Kulminationspunkt erreichte.

Fraglos stellte die spezifische Natur der charismatischen Herrschaft Hitlers eine neuartige Staatsform dar, verkörperte der staatlich praktizierte mörderische Antisemitismus eine neuartige Vernichtungspolitik, erreichten die hegemoniesüchtigen Großreichpläne ein neuartiges megalomanes Ausmaß. Doch als tragende Grundströmung erst ihrer Aufstiegs-, dann der Regimephase lag der Hitler-Bewegung ein aus dem 19. Jahrhundert stammender, inzwischen radikalisierter Nationalismus zugrunde. Ihm zu folgen war die große Mehrheit der Deutschen bereit. Denn seinem Imperativ gehorchten sie Jahr für Jahr mit bedingungsloser Hingabe – bis in den Untergang.

Ein kraftvoller Kontinuitätsstrang der neueren deutschen Geschichte ist daher ganz übersehbar über ein halbes Jahrhundert hinweg in der Wirkungsmacht und Mobilisierungskraft des Nationalismus zu erkennen. Der Nationalsozialismus bestand zwar aus einem wüsten Konglomerat von Leitideen, die dem Sozialdarwinismus, dem Antisemitismus, der Eugenik, den machtpolitischen Traditionen und Weltkriegserfahrungen entlehnt waren. Doch im innersten Kern griff er immer wieder auf die Postulate des deutschen Nationalismus in seiner extremsten Form zurück, so daß er auch und gerade unter diesem Gesichtspunkt in den Zusammenhang der modernen deutschen Geschichte gehört.

Als die Deutschen seit dem Frühjahr 1945 aus den Exzessen ihres Nationalismus erwachten, prägte sich ihnen im Westen des Landes eine tiefe Skepsis gegenüber dem gebieterischen Anspruch des Nationalismus ein. Ohne die Anerkennung dieser heilsamen Distanz, die sich seither auftat, kann man die Geschichte der Bundesrepublik bis in die unmittelbare Gegenwart hinein nicht verstehen. Die Fusion der beiden Neustaaten von 1949 stellte zwar 1990 einen Großteil des Bismarckstaates wieder her, wurde aber weder von nationaler Euphorie begleitet noch zum auslösenden Anlaß eines neuen, aufgeplusterten Nationalismus im wiederum größten Staat Europas. Nichts spricht dafür, die «Wende» von 1989/90 als Rückkehr zur vermeintlichen Normalität des deutschen Nationalstaats zu begrüßen. Die Frage ist vielmehr, wie die postnationalen Züge der bundesrepublikanischen Gesellschaft und Politik der Europäischen Union zugute kommen können.

Als Initialzündung des Unheils im «Zeitalter der Extreme» hat sich immer deutlicher der Erste Weltkrieg, jene «Urkatastrophe Europas» (G. F. Kennan), erwiesen. Auch hier gilt, daß er durchaus der Kontinuität der antagonistischen Natur des Staatensystems entsprang und entsprach. Mit ungeahnter Gewalt griff er auch und gerade in Deutschland in das politische Herrschaftssystem ein, veränderte die Wirtschaftsprozesse und die sozialen Klassen, gab dem Interventionsstaat und Korporativismus, freilich auch dem Sozialstaat neue Impulse. Vor allem aber nahm er den überkommenen Weltbildern ihre integrierende Überzeugungskraft, so daß er zum Nährboden für die neuen, attraktiveren Weltbilder des «eisernen Zeitalters» werden konnte. In ihnen sollten die unerbittliche, sozialdarwinistisch legitimierte Rivalität der Staaten und Nationen, der Radikalnationalismus als verbindliche Integrations- und Mobilisierungslehre, der autoritäre Machtstaat als Garant des optimalen Wegs in den Endzustand der klassenlosen kommunistischen Gesellschaft oder des rassistischen Großreichs eine verführerische Attraktivität gewinnen.

Im Vergleich mit diesen Verheißungen verblaßte die honorige Zielutopie der «Bürgerlichen Gesellschaft», wirkte die Mühsal der Alltagspolitik in den westlichen Demokratien, einschließlich der Weimarer Republik, als anachronistische Anstrengung. Weil der Erste Weltkrieg die Ideenwelt, mit deren Hilfe die Wirklichkeit wahrgenommen und gedeutet wurde, so grundstürzend verwandelte, konnte sich in Deutschland jene Sozialmentalität rasch weiter ausbreiten, die den neuen Charismatiker als Erlöser aus tiefer Krise und nationaler Schmach forderte und schließlich begeistert begrüßte, die Führerdiktatur unterstützte, die Revision der demütigenden Ergebnisse des Ersten Weltkriegs ersehnte und feierte, selbst in einem fast sechs Jahre lang währenden zweiten totalen Krieg ihre Loyalität gegenüber dem «Führer» nie aufkündigte.

Diese Perspektive, daß nach dem «Großen Krieg» so vieles ganz anders geworden war, als es vor 1914 gewesen ist, daß mithin Diskontinuität im historischen Prozeß hervortritt, muß aber noch einmal durch die Betonung der Kontinuitätslinien entschieden korrigiert werden. Selbst das vermeintlich ganz und gar Neue blieb doch zumeist in den historischen Kontext der modernen deutschen Geschichte eingebettet. In der Wirtschaft etwa setzte sich, wie vorn schon erörtert, die Modernisierung weiter fort. Auch im «Dritten Reich» wurde sie eher beschleunigt als unterbrochen. Der Kernbestand der Verfassung des ökonomischen Systems blieb erhalten. In der Hierarchie der sozialen Ungleichheit erwiesen sich die marktbedingten Erwerbs- und Besitzklassen als hart geprägte Sozialformationen, die den Organisationsprinzipien der Marktwirtschaft und damit auch der Marktgesellschaft entsprachen. Offenbar hat aber, wie ebenfalls mehrfach betont, das NS-Regime, alles andere als auf demokratische Egalität ausgerichtet, mit seiner «Gesinnungsrevolution», die mit charismatischer Herrschaft stets verbunden zu sein pflegt, zugunsten der «arischen Volksgenossen» die überkommenen klassengesellschaftlichen Züge und Herkunftsprivilegien intensiver und folgenreicher in Frage gestellt oder sogar aufgelöst, als man lange Zeit geglaubt hat. Insofern kann man, ohne eine derartig zielgerichtete Intention des Führerstaats zu unterstellen, die «egalitäre Leistungs-Volksgemeinschaft» als eine Zwischenetappe auf dem Weg zur meritokratischen Leistungsgesellschaft einordnen. Nicht zuletzt deshalb liegt die Gesellschaft des «Dritten Reiches» keineswegs wie ein fremdartiges Gestein, dessen «Volksgemeinschafts»-Attrappe sich doch mühelos demontieren lasse, im Strom der deutschen Geschichte des 20. Jahrhunderts. Vielmehr treten die Kontinuitätsstränge ganz deutlich hervor (wie umgekehrt etwa die radikale Diskontinuität in der Lebenswelt des Adels), auch wenn das Hitler-Regime nur als ein Katalysator von längst vordringenden Entwicklungsprozessen fungiert hat.

Wenn profilierte Zeithistoriker wie Martin Broszat seit den 1980er Jahren eine entschiedene Historisierung des Nationalsozialismus gefordert haben (ein nur zu berechtigtes Postulat, das hier in die konkrete gesellschaftsgeschichtliche Analyse umzusetzen versucht worden ist), war damit jene Interpretation gemeint, die den Nationalsozialismus nicht mehr als Einbruch des Schrecklichen in die unversehrte deutsche Lebenswelt verkennt, sondern ihn vornehmlich aus den inneren Zusammenhängen der neueren deutschen Geschichte zu begreifen sucht. Dieses Unternehmen trifft seit jeher dann auf die stärkste Abwehr, wenn es um die Figur des

«Führers», dieser Inkarnation des Bösen, und die von ihm in nuce repräsentierten fixen Ideen und mörderischen Praktiken des Nationalsozialismus geht. Hitler hat unstreitig grundlegende politische Sozialisationserfahrungen in der Hauptstadt der K. u. K.-Monarchie gemacht, dort einen giftigen Antisemitismus und exaltierten Nationalismus kennengelernt und übernommen, die völkisch-rassistische Schundliteratur des rechtsradikalen Milieus aufgesogen. Doch zu fataler historischer Wirksamkeit ist der Arbeitsscheue aus dem Wiener Männerheim erst in dem von ihm frühzeitig bewunderten «Reichsdeutschland» nach 1919 gelangt.

Die atemberaubende Erfolgsgeschichte, wie ein isolierter Einzelgänger ohne jede Begünstigung durch Elitenherkunft innerhalb weniger Jahre zum vergötterten Messias in Deutschland aufsteigen konnte, ist an erster Stelle aus den politischen Traditionen und mentalen Dispositionen, den Machtverhältnissen und Elitenkoalitionen, den Verletzungen und Ressentiments der modernen deutschen Geschichte zu verstehen. Denn diese Bedingungen haben eine gesellschaftliche Erwartungshaltung geschaffen, eine sehnsüchtige Erlösungshoffnung, einen willigen Resonanzboden für radikale Forderungen aller Art – ein Politikverständnis mithin, das einem nationalen Heiland, einem «zweiten Bismarck» entgegenfieberte.

Während der Staat und Gesellschaft erfassenden existentiellen Krise, die durch das Syndrom von Krieg und Niederlage, Machtverlust und Demütigung, Hyperinflation und Weltwirtschaftskrise heraufbeschworen wurde, öffnete sich aufgrund dieses Bedingungsgeflechts die Chance für die Blitzkarriere eines charismatischen Volkstribuns. Die Max Webers Politischer Soziologie folgende Charakterisierung Hitlers als Charismatiker und Spitzenfigur eines charismatischen Herrschaftssystems basiert keineswegs, wie noch einmal nachdrücklich zu unterstreichen ist, auf einem positiv besetzten Begriff, so wie «charismatisch» heute in der politischen Umgangssprache oft gebraucht wird. Vielmehr geht es zum einen um die Anerkennung eines politischen Sondertalents unabhängig von den edlen oder verwerflichen Zielen, für die es eingesetzt wird; zum andern impliziert charismatische Herrschaft die Notwendigkeit einer dauerhaften «sozialen Beziehung» zwischen dem Charismaträger und der ihn fordernden, unterstützenden, tragenden Gesellschaft.

Obwohl Hitler bis 1932 über Millionen Anhänger seiner Massenbewegung gebot, dazu über die größte Wählerschaft, die je eine deutsche Partei in so wenigen Jahren gewonnen hat, gelang ihm kein Durchbruch an die Staatsspitze aus eigener Kraft. Vielmehr waren es die Angehörigen eines einflußreichen Elitenkartells, die ihm den Weg zur Kanzlerschaft mit der Absicht ebneten, der verhaßten Republik durch einen «neuen», tatsächlich aber vergangenheitsfixierten Staat ein Ende zu bereiten. Nur wenige Monate später konnte der angeblich von erfahrenen Konservativen fest «eingerahmte» Reichskanzler mit der verblüffenden Geschwindigkeit einer totalitären Revolution seine Führerdiktatur aufbauen.

Es entsprach der Pathologie der existentiellen Krise, daß ihn dabei dank der historischen Vorbedingungen mächtige Institutionen, gesellschaftliche Kräfte und Institutionen nachdrücklich unterstützten. Ohne ihre Hilfeleistung hätte Hitlers Werk nicht gelingen können. Das Militär vor allem und die Bürokratie stellten sich, weit über ihre Gehorsamspflicht hinaus, auf seine Seite, namentlich die Reichswehr sicherte Machtübernahme und -ausbau effektiv ab. Die größte christliche Kirche des Landes, die protestantische, schwenkte zusammen mit den Universitäten hinter dem «Führer» ein. Seine unerwarteten innenpolitischen und außenpolitischen Erfolge, an ihrer Spitze der Sieg über die Arbeitslosigkeit und die Vabanque-Revision der Versailler Nachkriegsordnung, übten eine blendende Wirkung aus. Die Ergebnisse der Plebiszite, die mit erdrückender Mehrheit die Führerherrschaft bestätigten, beruhten nicht auf Fälschung, sondern spiegelten ziemlich realitätsgetreu die enthusiastische Zustimmung wider. Insofern wurde Hitler maßgeblich von Kräften jener Kontinuität, die sich in der deutschen Gesellschaft und politischen Kultur seit der Bismarckzeit, als Deutschland zum ersten Mal eine charismatische Kanzlerschaft erlebte, herausgebildet hatte, mithin keineswegs allein durch eigenes Talent und Verdienst emporgetragen.

Wegen dieser Begünstigung und Förderung durch die deutschen Verhältnisse bleibt Hitler ein Produkt der deutschen Geschichte, in der die Bedingungen für die charismatische Herrschaft des Diktators entstanden waren. Nicht etwa der effiziente Terror, sondern diese Verhältnisse, sofern man den Begriff nur weit genug faßt, ermöglichten es auch, daß er sich zwölf Jahre lang an der Staatsspitze halten und mit seinen Deutschen Europa und Rußland an den Rand des Chaos, Abermillionen in den Abgrund stürzen konnte. Es gibt kein durchschlagendes Argument, das diesen Nexus zwischen Hitler und der deutschen Gesellschaft aus der Welt zu schaffen vermöchte.

Dennoch bleibt da jener rational nicht befriedigend erklärbare Faktor des charismatischen Talents – alles andere als ein mysteriöser Rest, sondern eine zum innersten Kern von Hitlers Figur und Herrschaftssystem gehörende conditio sine qua non seiner Erfolge und auch seines Scheiterns. Doch eine charismatische Begabung kann sich nie in sozialer Isolierung auswirken, sie bedarf, noch einmal, des sie fordernden und stützenden gesellschaftlichen Umfelds, damit der Charismaträger sein eigentümlich inspirierendes Ingenium entfalten kann. Da Hitler dieses tragende gesellschaftliche Fundament nahezu bis zum Ende besaß, konnte dieser Mann, in dem sich so viele zerstörerische Tendenzen des Zeitalters bündelten, die Wirkung eines «welthistorischen Individuums» (J. Burckhardt) ausüben, das, statt außergewöhnlich positive Schöpfungskraft zu verkörpern, wie nie zuvor nur die Extreme des Negativen in sich vereinte.

Viele dieser Wirkungen im Frieden und im Krieg sind jedermann geläufig, sie sind der Politik des «Führers» und seiner Deutschen leicht zuzurechnen. Doch das Paradoxe an Hitlers Wirkung liegt darin, daß er das zerstören half, was er auf tausend Jahre befestigen wollte, und daß er oft eben das herbeigeführt hat, was er am meisten bekämpfte.

Der Traum von einem rassisch fundierten deutschen Großreich als Hegemonialmacht, erst recht von der deutschen Weltherrschaft wurde seinetwegen endgültig begraben. Ein deutsch dominiertes Europa als Weltzentrum erwies sich als Chimäre. An die Stelle der deutschen Großmacht traten wegen der Spaltung des Landes im Gefolge von Hitlers Krieg 45 Jahre lang zwei Kleinstaaten, die erst seit 1990 zu einem Staat mittlerer Größe zusammenwuchsen. Die Aufzucht des «neuen Adam» als eines arischen Herrenmenschen durch kompromißlose Rassenpolitik scheiterte und diskreditierte solche Projekte der biologischen Umfundierung der Geschichte für immer. Die Ausrottung der Juden wurde weiter vorangetrieben, als es der schlimmste antisemitische Fanatismus bis dahin erträumt hatte. Doch sie trug maßgeblich dazu bei, daß erstmals ein jüdischer Staat als Heimstätte für Verfolgte, als Machtfaktor mit eigenem Gewicht entstand. Durch den Zweiten Weltkrieg wurde die bis dahin allenfalls punktuell anlaufende Dekolonisation enorm beschleunigt, so daß die globale Vorherrschaft des «weißen Mannes», für Hitler ein Axiom seiner Rassenlehre, verblüffend schnell an ihr Ende kam. Der Sieg über das «Dritte Reich» verschaffte der Sowjetunion eine neuartige Legitimationszufuhr, von der sie bis 1991 zehren konnte. Und der von Hitler anvisierte letzte Gegner im Duell um die Weltherrschaft, die Vereinigten Staaten, konnte zum Hegemon der «Pax Americana» aufsteigen.

Diese Liste ließe sich fortsetzen. Zu solchen paradoxen Ergebnissen gehört gewiß nicht zuletzt auch, daß nach barbarischen Opfern, die Hitler und seine Deutschen der halben Welt, in Sonderheit den Juden und den slawischen Völkern, der europäischen Zivilisation, aber auch dem eigenen Land zugemutet haben, das Ende der deutschen Hybris besiegelt wurde. Mit allen Illusionen eines deutschen «Sonderwegs», mit allen Weltmachtträumen war es seither vorbei. Statt dessen konnten sich die Deutschen in einer Gesellschaft und in einem Staat – beide zweifelsfrei Geschöpfe der westlichen Tradition – auf Dauer einrichten, und erstmals scheint ihnen ihre politische und gesellschaftliche Ordnung zu gelingen.

Anhang

Anmerkungen

Vorwort

[1] D. Grimm, Die Bedeutung des Rechts in der Gesellschaftsgeschichte, in: P. Nolte u. a. Hg., Perspektiven der Gesellschaftsgeschichte, München 2000, 47–57; M. Weber, Wissenschaft als Beruf, in: ders., Ges. Aufsätze zur Wissenschaftslehre, Tübingen 1973^4, 576.

[2] Vgl. B. Weisbrod, Sozialgeschichte u. Gewalterfahrung im 20. Jh., in: Nolte u. a. Hg., 112–23; W. Heitmeyer u. J. Hagan Hg., Internationales Handbuch der Gewaltforschung, Wiesbaden 2002.

[3] H.-U. Wehler, Die Herausforderung der Kulturgeschichte, München 1998; ders., Histor. Denken am Ende des 20. Jh., Göttingen 2002^2; ders., Das Duell zwischen Sozialgeschichte u. Kulturgeschichte, in: Francia 28.2001, 103–10. Als Beispiel für die Probleme einer kulturgeschichtlichen Synthese: R. van Dülmen, Kultur u. Alltag in der frühen Neuzeit, 3 Bde, München 1990/1992/1994; ders., Poesie des Lebens. Eine Kulturgeschichte der deutschen Romantik 1795–1820, I. Köln 2002.

[4] T. Nipperdey, Deutsche Geschichte 1800–1918, 3 Bde, München 1983/1990/1992; Zit. III, 905. Auf einem anderen Blatt stehen zahlreiche Divergenzen, daß z. B. die Parlamentarisierung des Reiches weit überschätzt wird, daß der Idealtypus des «Normalnationalismus» der Kritik nicht standhält, daß die Modernisierungsfähigkeit des Kaiserreichs, wenn es denn nicht in den Krieg «geschlittert» wäre, zu positiv beurteilt wird und so fort.

[5] H. A. Winkler, Der lange Weg nach Westen. Deutsche Geschichte 1806–1990, 2 Bde, München 2000. Auf einem anderen Blatt steht, daß dort die Bedeutung der Reichsideologie gewaltig überschätzt wird; daß die Politikgeschichte pur, die alle unlängst lebhaft erörterten Erkenntnismöglichkeiten der Sozial-, Wirtschafts- und Kulturgeschichte souverän übergeht, eigentümlich konventionell wirkt; daß die Ausrichtung auf das «gelobte Land» nach 1949 den Duktus einer Siegesgeschichte besitzt und daher die am Ende des 20. Jahrhunderts erkennbaren und weitere herannahende Probleme auffällig heruntergespielt und so fort.

[6] F.-W. Henning, Handbuch der Wirtschafts- u. Sozialgeschichte Deutschlands, 3 Bde, Paderborn 1991/1996/2003. Auf einem anderen Blatt steht, daß der Kapitalismus mit seinen konjunkturellen Wachstumsschwankungen als Zentraldimension der wirtschaftlichen Entwicklung begrifflich und realhistorisch nicht in den Mittelpunkt gerückt wird, daß die «sozialen Verhältnisse» arg knapp und blaß behandelt werden, daß der Nexus zwischen Wirtschaft, Sozialstruktur und Politik nicht kritisch herausgearbeitet wird und so fort.

[7] Vgl. hierzu nur M. Broszat, Plädoyer für eine Historisierung des Nationalsozialismus, in: Merkur 39.1985, 373–85, auch in: ders., Nach Hitler, München 1988, 266–81; ders., Um die «Historisierung des Nationalsozialismus», in: Vierteljahrshefte für Zeitgeschichte 36.1988, 339–72; ders, Was heißt Historisierung des Nationalsozialismus? in: Historische Zeitschrift 247.1988, 1–14. Bedenken: S. Friedländer, Überlegungen zur Historisierung des Nationalsozialismus, in: D. Diner Hg., Ist der Nationalsozialismus Geschichte? Frankfurt 1987, 34–50.

[8] H.-U. Wehler, Konflikte zu Beginn des 21. Jh., München 2003.

Siebter Teil
Das Kaiserreich im Ersten Weltkrieg
1914–1918

I. Die Konstellation des Weltkriegs

[1] Afflerbach, 171 (Wilh. II.). Skeptische Stimmen vor 1914: Bd. III, 1120. – G. D. Feldman, The Great Disorder. Politics, Economics, and Society in the German Inflation 1914–24, N. Y. 1995^2, 25; G. Kolko, Century of War. Politics, Conflict, and Society Since 1914, N. Y. 1994, 87; dt. Das Jh. der Kriege, Frankfurt 1999; A. Marwick, War and Social Change in the 20th Century. A Comparative Study of Britain, France, Germany, Russia, and the United States, London 1974, 13; K. Borchardt, Wachstum u. Wechsellagen 1914–70, in: HWS II, 696. Schattenkaiser: H. Delbrück, in: Das Werk des Untersuchungsausschusses der Verfassungsgeb. Deutschen Nationalversammlung u. des Deutschen Reichstags 1919–28, IV. Reihe, Bd. 4, Berlin 1929, 156; W. Groener, Lebenserinnerungen, Hg. F. Hiller v. Gaertringen, Göttingen 1957, 360; vgl. D. Groener-Geyer, General Groener, Frankfurt 1955, 58; W. Deist Bearb., Militär u. Innenpolitik 1914–18 II, Düsseldorf 1970, 991; Bethmann Hollweg 17. 1. 1918, in: E. Zechlin, Deutschland zwischen Kabinetts- u. Wirtschaftskrieg 1915, in: HZ 199.1964, 451. Vgl. allg. E.J. Hobsbawm, Age of Extremes. The Short 20th Century 1914–91, London 1994, dt. Das Zeitalter der Extreme, München 1995 (s. H.-U. Wehler, dass., in: ders., Politik in der Geschichte, München 1998, 44–55); M. Mazower, The Dark Continent, London 1998; dt. Der dunkle Kontinent. Europa im 20. Jh., Berlin 2000 (brillant); vorzüglicher Längsschnitt: J. Kocka, Das lange 19. Jh., Stuttgart 2001; reaktionärer Lückenfüller: H. Köhler, Deutschland auf dem Weg zu sich selbst. Eine Jahrhundertgeschichte, ebd. 2002 (vgl. H.-U. Wehler, Der neue Ressentiment-Revisionismus, in: Die Zeit 16. 5. 2002); für unsere Zwecke ganz unbrauchbar das nur bis 1934(!) führende Buch von G. Schulz, Europa u. der Globus, ebd. 2001; knapp E. Feuchtwanger, Imperial Germany 1850–1918, London 2001; Pulzer, Germany, 79–167. – Anläufe zu Synthesen des 20. Jh.: M. Howard u. W. R. Louis Hg., The Oxford History of the 20th Century, Oxford 1998; J. M. Roberts, 20th Century, London 1999; J. Lukacs, The End of the 20th Century, N. Y. 1993; D. Diner, Das Jahrhundert verstehen – eine universalhistorische Deutung, München 1999 (vom Ansatz her irreführend); G. Jackson, Zivilisation u. Barbarei. Europa im 20. Jh., Frankfurt 1999; vgl. auch P. Rietbergen, Europe – a Cultural History, London 1998; Joll, Europe; G. Lichtheim, Europe in the 20th Century, ebd. 1972; Schieder, Staatensystem, 320–407; D. Stevenson, The First World War and International Politics, Oxford 1988; Offer, First World War; G. Hirschfeld u. a. Hg., Enzyklopädie des Ersten Weltkriegs, Paderborn 2002; anregend: B. Thoss u. H.-E. Volkmann Hg., Erster Weltkrieg – Zweiter Weltkrieg, Paderborn 2002; P. Léon Hg., Guerres et crises 1914–47, Paris 1977. Beste knappe Darstellungen: R. Chickering, Imperial Germany and the Great War 1914–18, Cambridge 1998; dt. Das Deutsche Reich u. der Erste Weltkrieg, München 2002; W. J. Mommsen, Die Urkatastrophe Deutschlands. Der Erste Weltkrieg, Stuttgart 2002, u. V. R. Berghahn, Sarajewo, 28. 6. 1914. Der Untergang des alten Europa, München 1997 (1900–29!); ders., Der Erste Weltkrieg, ebd. 2003. Dagegen zeigt N. Ferguson (Der falsche Krieg. Der Erste Weltkrieg u. das 20. Jh., Stuttgart 1999) einen theoretisch wie methodisch ahnungslosen Umgang mit kontrafaktischer Geschichte vor dem Hintergrund seiner normativen Grundüberzeugung vom fortbestehenden Existenzrecht des Britischen Imperiums im 20. Jh., obwohl es seine Hauptleistung in den nordamerikanischen, australischen und neuseeländischen Staaten bereits erzielt hatte. – Enttäuschend: B. F. Schmitt u. H. C. Vedeler, The World in the Crucible 1914–19, N. Y. 1988^2; J. Keegan, Der Erste Weltkrieg,

München 2000. – K. Robbins, The First World War, Oxford 1984; P. Miquel, La Grande Guerre, Paris 1983; D. Singer, The Wages of War 1816–1965, N. Y. 1972; M. Ferro, Der Große Krieg 1914–18, Frankfurt 1988 (französ. 1969); J. Remak, The First World War, N. Y. 1971; F. Gambiez u. M. Suire, Histoire de la Première Guerre Mondiale, 2 Bde, Paris 1968; P. Renouvin, La Première Guerre Mondiale, ebd. 1976[4]; ders., La crise européenne et la Grande Guerre 1904–18, ebd. 1969[5]; ders., Histoire des relations internationales VII/1: Les crises du XXe siècle 1914–29, ebd. 1957; P. Bairoch u. E. J. Hobsbawm Hg., Storia d'Europa V: 19.–20. Jh., Turin 1996; J.-B. Duroselle, L'Europe de 1815 à nos jours, Paris 1991[6]; R. Girault u. R. Frank, Turbulente Europe et nouveaux monde. Histoire des relations internationales contemporaines II: 1914–41, ebd. 1988; E. Halévy, The World Crisis 1914–18, Oxford 1930; W. Churchill, The World Crisis 1911–18, London 1927/ND N. Y. 1992; B. H. Liddell Hart, History of the First World War (1934), London 1992; H. Strachan, The First World War, I, Oxford 2001; abschreckend: C. Coker, War and the 20th Century, London 1995; D. Picks, War Machine. The Rationalization of Slaughter in the Modern Age, New Haven/Conn. 1993. – P. Kennedy, The First World War and the International Power System, in: S. E. Miller Hg., Military Strategy and the Origins of the First World War, Princeton 1985, 7–41; A. S. Fyfe, Understanding the First World War, N. Y. 1988; R. G. Fry, Why Wars Do Not End: The First World War, in: ders. Hg., Power, Personalities, and Policies, London 1992, 53–82. – J.-J. Becker u. a. Hg., Guerre et cultures 1914–18, Paris 1994; B. Hüppauf Hg., War, Violence, and the Modern Condition, Berlin 1997; J. Winter u. a. Hg., The Great War and the 20th Century, London 2000, dt. Der Erste Weltkrieg u. das 20. Jh., Hamburg 2002; ders., Sites of Memory, Sites of Mourning. The Great War in European Cultural History, Cambridge 1995; P. Fussell, The Great War and Modern Memory, Oxford 1977; R. Aron, The Century of Total War, Garden City 1954; ders., Der permanente Krieg, Frankfurt 1953. – Zum Vergleich: J.-J. Becker u. a. Hg., Les Sociétés européennes et la guerre de 1914–18, Nanterre 1990; ders., Les Français dans la Grande Guerre, ebd. 1980; ders., 1914: Comment les Français sont entrés dans la guerre, ebd. 1977, engl. The Great War and the French People, N. Y. 1986; J. M. Winter, The Great War and the British People, London 1986; R. Wall u. ders. Hg., The Upheaval of War. Family, Work, and Welfare in Europe 1914–18, Cambridge 1988; G. Hirschfeld u. G. Krumeich Hg., «Keiner fühlt sich hier als Mensch». Erlebnis u. Wirkung des Ersten Weltkriegs, Essen 1992; G. Hirschfeld u. a. Hg., Kriegserfahrungen, ebd. 1997; Wohl, Generation of 1914. – Zum Totalen Krieg: R. Chickering, Total War, in: M. F. Boemeke u. a. Hg., Anticipating Total War, Cambridge 1999, 13–28; S. Förster, Das Zeitalter des Totalen Krieges 1861–1940, in: Mittelweg 36.1999, 12–29; F. W. Beckett, dass., in: C. McInnen u. G. D. Sheffield Hg., Warfare in the 20th Century, London 1985, 1–23. – R. Chickering u. S. Förster Hg., Great War-Total War, Cambridge 2000; J. Reemtsma, Die Idee des Vernichtungskriegs. Clausewitz – Ludendorff – Hitler, in: H. Heer u. K. Neumann Hg., Vernichtungskrieg 1941–44, Hamburg 1995, 377–401; J. C. Beckett, Total War, in: L. Freedman Hg., War, Oxford 1994, 254–59; N. S. Gibbs, Le rôle de la «guerre totale» dans les transformations subies par l'Europe, in: L'Europe du 19eme au 20eme siècle III, Mailand 1964, 1–55; C. Falls, The Doctrine of Total War, in: ders., The Art of War, N. Y. 1961, 1–20; E. F. Szeczot, Die deutsche Doktrin des totalen Krieges, Diss. Freiburg/Wien 1946; Wehler, Vom Absoluten zum Totalen Krieg, 89–116. – Deutsche Darstellungen: an erster Stelle Mommsen II, 564–892; G. Mai, Das Ende des Kaiserreichs. Politik u. Kriegführung im Ersten Weltkrieg, München 1986; Huber, Verfassungsgeschichte V: 1914–19, Stuttgart 1978; K. D. Erdmann, Die Zeit der Weltkriege (= Gebhardt IV), Stuttgart 1973[9], 5–144; z. T. überholt: P. v. Kielmansegg, Deutschland u. der Erste Weltkrieg, Frankfurt 1968/Stuttgart 1980². Konventionell: M. Salewski, Der Erste Weltkrieg, Paderborn 2002; E. Zechlin, Krieg u. Kriegsrisiko; H. Herzfeld, Der Erste Weltkrieg, München 1968/1985[7]; Ritter, Staatskunst III: 1914–17; IV: 1917–18, 1968; natürlich Fischer, Griff; Geiss, Reich u. Weltkrieg; E. Jäckel, Das deutsche Jh., Stuttgart

Anmerkungen

1996 (nicht überzeugend, vgl. H.-U. Wehler, Ein deutsches Saeculum? in: ders. Politik, 225–36); M. Stürmer, Das Jh. Deutschlands, Gütersloh 1999 (bis auf die Bilder ganz und gar überflüssig; das gilt auch für ders., The German Century, London 2001, dt. Das Jh. der Deutschen, München 2002). – Klein u. a. Hg., 3 Bde; ders u. J. Petzold, Der Erste Weltkrieg, Köln 1985; ders. Hg., Politik im Krieg 1914–18, Berlin 1964; S. Haffner, Die sieben Todsünden des Deutschen Reiches im Ersten Weltkrieg, Bergisch Gladbach 2001[4].
– Allg. noch: H. H. Herwig, Hammer or Anvil? Modern Germany 1648-Present, Lexington/Mass. 1994; W. Simpson, The Second Reich 1890–1918, Cambridge 1995; S. Berstein u. P. Milza, L'Allemagne 1870–1987, Paris 1988[2]; knapp: A. Wirsching, Deutsche Geschichte im 20. Jh., München 2001; D. Hertz-Eichenrode, Deutsche Geschichte 1890–1918, Stuttgart 1996, 192–229; H. Schulze, Kleine Deutsche Geschichte, München 1996; U. Dirlmeier u. a., Deutsche Geschichte, Stuttgart 1999; blaß: F. Seibt, Das alte böse Lied. Deutsche Geschichte 1900–45, München 2000; M. Görtemaker, Europ. Geschichte 1850–1918, Stuttgart 2001; H. Altrichter u. W. L. Bernecker, Geschichte Europas im 20. Jh., ebd. 2001. – L. Dehio, Deutschland u. die Epoche der Weltkriege (1951), in: ders., Deutschland u. die Weltpolitik im 20. Jh., Frankfurt 1961, 9–32; A. Hillgruber, Der histor. Ort des Ersten Weltkriegs, in: Fs. K. D. Bracher, Bonn 1987, 109–23; E. Domansky, Der Erste Weltkrieg, in: Niethammer u. a., Bürgerl. Gesellschaft, 285–319; E. Schulin, Die Urkatastrophe des 20. Jh., in: W. Michalka Hg., Der Erste Weltkrieg, München 1994, 2–27; M. Geyer, The Militarization of Europe 1914–45, in: J. Gillis Hg., The Militarization of the World 1870–1986, New Brunswick 1989, 65–102; I. Geiss, The First World War as a World War, in: S. Wank u. a. Hg., The Mirror of History, Santa Barbara 1988, 33–49; K. H. Jarausch, Revising German History: Bethmann Hollweg Revisited, in: CEH 21.1988, 224–43; ders., Enigmatic Chancellor; R. Koschnitzke, Die Innenpolitik Bethmann Hollwegs im Weltkrieg, Diss. Kiel 1951. – Sammelbände: W. Kruse Hg., Eine Welt von Feinden. Der Große Krieg 1914–18, Frankfurt 1997; F. u. M. S. Coetzee Hg., Authority, Identity, and the Social History of the Great War, Oxford 1995; Michalka Hg.; P. M. de la Gorce Hg., La Première Guerre Mondiale, Paris 1991; A. Marwick u. a. Hg., War and Change in 20th Century Europe, Milton Keynes 1989; ders. Hg., Total War and Social Change, Basingstoke 1988; C. Emsley u. a. Hg., War, Peace, and Social Change in 20th Century Europe, Milton Keynes 1989; J. M. Winter, The Experience of World War I, London 1988; U. Cartarius Hg., Deutschland im Ersten Weltkrieg, München 1982; W. Schieder Hg., Erster Weltkrieg, Köln 1969; E. Johann, Innenansicht eines Krieges 1914–18, Frankfurt 1968. – H. H. Herwig u. N. M. Heyman Hg., Biographical Dictionary of World War I, London 1982; W. Killy Hg., Deutsche Biograph. Enzyklopädie, München 1995 ff. – Forschungsberichte: vorzügliche Überblicke in: R. Chickering, Imperial Germany at War 1914–18, in: ders. Hg., Imperial Germany, London 1996, 489–512; B. Thoß, Weltkrieg u. Systemkrise. Der Erste Weltkrieg in der westdeutschen Forschung 1945–84, in: J. Rohwer Hg., Neue Forschungen zum Ersten Weltkrieg, Koblenz 1985, 31–80; ders., Der Erste Weltkrieg, in: Michalka Hg., 1012–43; mit der typischen Enge der Fischer-«Schüler»: I. Geiss, Studien zur Geschichte u. Geschichtswissenschaft, Frankfurt 1972, und H. Böhme, Die Deutsche Geschichtswissenschaft u. der Erste Weltkrieg, in: ders. u. F. Kallenberg Hg., Deutschland u. der Erste Weltkrieg, Darmstadt 1987, 11–74. – S. Pope u. E.-A. Wheal Hg., The Dictionary of the First World War, N. Y. 1995. – M. Gilbert, The First World War Atlas, London 1995[2]. – Bibliographien: Gebhardt IV; v. Kielmansegg; M. Gunzenhäuser, Bibliographie zur Geschichte des Ersten Weltkriegs, Frankfurt 1964; M. Epkenhans, Neue Literatur zur Geschichte des Ersten Weltkriegs, in: AfS 38.1998, 458–87; G. Krumeich, Kriegsalltag vor Ort, in: NPL 39.1994, 187–202; ders., Kriegsgeschichte im Wandel, in: Hirschfeld u. a. Hg., «Keiner fühlt sich», 11–24. Vgl. M. Pöhlmann, Kriegsgeschichte u. Geschichtspolitik 1914–56, Paderborn 2000; Heinemann, Niederlage; Jäger, Forschung.

[2] Kern, Skizzen, 9 (Tirpitz nach dem Krieg zu K.). Schon Mitte August 1914 sprach

I. Die Konstellation des Weltkriegs

Scheidemann vom «Präventivkrieg» (E. Matthias u. S. Miller Bearb., Das Kriegstagebuch des Reichstagsabgeordneten E. David 1914–18, Düsseldorf 1966, 15.8. 1914); ebenso Riezler, 368. Vgl. J. Dülffer, Die zivile Reichsleitung u. der Krieg 1890–1914, in: Fs. E. Kolb, Berlin 1998, 11–28. – Zum Schlieffenplan: Bd. III, 1113–20. A. Bach Hg., Deutsche Gesandtschaftsberichte zum Kriegsausbruch 1914, Berlin 1937, 141 (Berckheim an Duch, 3.8. 1914); M. Paléologue, Am Zarenhof während des Weltkrieges, München 1939[5], 88 (Gespräch mit Sasonow, 20.8. 1914); O. Hoetzsch Hg., Die Internationalen Beziehungen im Zeitalter des Imperialismus, Reihe II, Bd. 6/1, Berlin 1934, 304 (Sasonow 30.9./13. 10. 1914); Reichsarchiv Hg. I, 319, 327 (Schlieffen; vgl. ders., GW I, 11–22); Görlitz Hg., 66; S. Förster, Der deutsche Generalstab u. die Illusion des kurzen Krieges 1871–1914, in: MM 54.1995/I, 61–95; A. Mombauer, H. v. Moltke and the Origins of the First World War, Cambridge 2001; D. E. Showalter, German Grand Strategy, in: MM 48.1990/I, 65–102; G. E. Rothenberg, Moltke, Schlieffen, 296–325; M. Howard, Men Against Fire. The Doctrine of the Offensive in 1914, in: ebd., 510–26; S. van Evera, The Cult of the Offensive and the Origins of the First World War, in: International Security 9.1984, 58–107; L. Snyder, The Ideology of the Offensive: Military Decision Making and the Disaster of 1914, Ithaca 1984; T. H. E. Travers, The Offensive in British Military Thought 1870–1915, in: JCE 13.1978, 531–53; D. Porch, The French Army and the Spirit of the Offensive 1900–14, in: War and Society. A Yearbook, London 1975, 117–54; G. D. Feldman, Die sozialen u. polit. Grundlagen der wirtschaftl. Mobilmachung in Deutschland 1914–16, in: ders., Vom Weltkrieg, 16, 18; C. v. Delbrück, Die wirtschaftl. Mobilmachung in Deutschland 1914, Hg. J. v. Delbrück, München 1924, 116 f.; L. Beck, Studien, Hg. H. Speidel, Stuttgart 1955, 91–117; G. Hardach, Der Erste Weltkrieg, München 1973, 64 f.; Mai, Ende, 88 f.

[3] Riezler, 207 (20.9. 1914), 228 (22. 11. 1914: Falkenhayn am 4.8.), vgl. 275 (25. 5. 1915); Ritter III, 63 (Falkenhayn); Fischer, Griff, 37 (Schlieffen 1905); Mommsen II, 581, 586, 594, 598 f., 601, 636, 639, 722 f.; Hildebrand, Vergangenes Reich, 329 f.; Schieder, Staatensystem, 343; Haffner, 25–39; Mai, Ende, 65, 68, 71 f., 75 f., 78, 82; L. V. Moyer, Victory Must Be Ours: Germany in the Great War 1914–18, N. Y. 1995; M. Geyer, German Strategy in the Age of Machine Warfare 1914–45, in: Paret u. a. Hg., 535; A. Afflerbach, Die militär. Planung des Deutschen Reiches, in: Michalka Hg., 292; D. Storz, Die Schlacht der Zukunft. Die Vorbereitungen der Armeen Deutschlands u. Frankreichs auf den Krieg des 20. Jh., in: ebd., 252–78; H.-L. Borgert, Grundzüge der Landkriegsführung von Schlieffen bis Guderian, in: Deutsche Militärgeschichte 1648–1939 IX, München 1979/ND Herrsching 1983, 427–584; T. T. Lupfer, The Dynamics of Doctrine: The Changes in German Tactical Doctrine 1914–18, Fort Leavenworth 1981; A. J. P. Taylor, War by Time-Table, London 1969. Apologetik: E. v. Falkenhayn, Die Oberste Heeresleitung, Berlin 1920; vgl. H. Kraft, Staatsräson u. Kriegführung im kaiserl. Deutschland 1914–16. Falkenhayn u. OB Ost, Göttingen 1980. – S. Haffner u. a., Das Wunder an der Marne: Entscheidungsschlacht des Ersten Weltkriegs, Bergisch Gladbach 1982; W. Paul, Entscheidung im September: Das Wunder an der Marne, Esslingen 1974; K. Lange, Marneschlacht u. deutsche Öffentlichkeit 1914–31, Düsseldorf 1974; H. Isselin, La bataille de la Marne, Paris 1964; R. B. Asprey, The First Battle of the Marne, N. Y. 1962; G. Jäschke, Zum Problem der Marne-Schlacht 1914, in: HZ 190.1960, 311–48. – Vorzügliche Analyse: J. Horne u. A. Kramer, German Atrocities 1914, London 2001; L. DeVos u. P. Lierneux, Der Fall Belgien 1914–18 u. 1940–44, in: Thoss u. Volkmann Hg., 527–53. – D. Showalter, Tannenberg, Hamden/Conn. 1991. – G. Krumeich, Verdun 1916, in: S. Förster u. a. Hg., Schlachten in der Weltgeschichte, München 2001, 295–303; G. Canini, Combattre à Verdun. Vie et souffrance quotidienne du soldat 1916/17, Nancy 1988; A. Horne, The Price of Glory: Verdun 1916, London 1962; G. Werth, Verdun. Die Schlacht u. der Mythos, Bergisch Gladbach 1982[2]; H. Wendt, Verdun 1916, Berlin 1931; vgl. M. Samuels, Doctrine and Dogma. German and British Infantry Tactics 1914–18, N. Y. 1993. Vgl.

allg. D. Kaiser, Kriege in Europa, Hamburg 1992, 282-300; J. Keegan, Die Kultur des Krieges, Berlin 1995; ders., The Face of the Battle, London 1978; A. Jones, The Art of Warfare in the Western World, Oxford 1987; Levy, War 1495-1975, Lexington/Ky. 1983; D. J. Goodspeed, The German Wars 1914-45, Boston 1977; L. H. Addington, The Blitzkrieg Era and the German General Staff 1865-1964, New Brunswick/N. J. 1971; C. Messenger, The Art of Blitzkrieg, London 1967; H. Linnenkohl, Vom Einzelschuß zur Feuerwalze 1914-18, Koblenz 1990; D. Brose, The Kaiser's Army 1870-1918, Oxford 2000; B. Gudmundsson, Stormtroop Tactics: The German Army 1914-18, N. Y. 1989; J. Wallach, Das Dogma der Vernichtungsschlacht, Frankfurt 1967; J. F. C. Fuller, The Conduct of War 1789-1961, London 1961; N. Stone, The Eastern Front 1914-17, ebd. 1975; G. E. Silberstein, The Troubled Alliance German-Austrian Relations 1914-17, Lexington/Ky. 1970; G. W. Shanafelt, The Secret Enemy: Austria-Hungary and the German Alliance 1914-18, N. Y. 1985; F. G. Weber, Eagles on the Crescent: Germany, Austria-Hungary, and the Turkish Alliance 1914-18, Ithaca 1970. Vgl. G. A. Craig, The World War I Alliance of the Central Powers in Retrospect, in: JMH 37.1965, 336-44.

[4] Mommsen II, 832, 842 (Weber, Simmel), vgl. 833, 848; R. Schenda, Schundliteratur u. Kriegsliteratur, in: ders., Die Lesestoffe der Kleinen Leute, München 1976, 96; E. Toller, Eine Jugend in Deutschland, München 1978/ND Reinbek 1993, 53. – S. Bruendel, Volksgemeinschaft oder Volksstaat? Die Ideen von 1914 und die Neuordnung Deutschlands im Ersten Weltkrieg, Berlin 2003 (bei Ingrid Gilcher-Holtey gearbeitete Bielefelder Dissertation, die umfassendste, die innenpolitischen Neuordnungsideen betonende Studie); vgl. K. Flasch, Die geistige Mobilmachung. Die deutschen Intellektuellen u. der Erste Weltkrieg, Berlin 2000; M. Llanque, Demokrat. Denken im Krieg. Die deutsche Debatte im Ersten Weltkrieg, ebd. 2000; K. Vondung Hg., Kriegserlebnis: Der Erste Weltkrieg, Göttingen 1980, 19; R. Rürup, Der «Geist von 1914» in Deutschland, in: B. Hüppauf Hg., Ansichten vom Krieg, Frankfurt 1984, 1-30; (ähnlich ders., Die Ideologisierung des Krieges: Die «Ideen von 1914», in: Böhme u. Kallenberg Hg., 121-41); W. J. Mommsen, Der Geist von 1914, in: ders., Nation u. Geschichte, München 1990, 87-105, u. in: ders., Autoritärer Nationalstaat, 407-21; K. H. Höfele, Epochengefühl u. Wandlungsbewußtsein im Ersten Weltkrieg, in: Zeitschrift für Religions- u. Geistesgeschichte 10.1958, 142-58; K. A. v. Müller, Mars u. Venus. Erinnerungen 1914-16, Stuttgart 1954; eher matt: F. Meinecke, Das deutsche Bürgertum im Kriege, in: ders., Polit. Schriften, 249 («Flitterwochenstimmung»); T. Mann, Gedanken im Kriege (Sept. 1914), in: ders., GW 13, Frankfurt 1974, 533. Vgl. W. Hellmann, Das Geschichtsdenken des frühen T. Mann 1906-18, Tübingen 1972; K. Sontheimer, T. Mann u. die Deutschen, Frankfurt 1965². – M. S. Coetzee, Popular Nationalism in Germany During World War I., in: History of European Ideas (= HEI) 15.1992, 369-76; Soziale Praxis 23.1913/14, 1241; W. Abelshauser u. a. Hg., Deutsche Sozialgeschichte 1914-45, München 1985, 215; C. Hirte Hg., E. Mühsam, Tagebücher 1910-24, ebd. 1995², 113 (24. 8. 1914), vgl. 101 f. (3./4.8. 1914); Mommsen, Geist, 414 (Weber), 418; vgl. ders., Kultur u. Krieg. Künstler u. Schriftsteller 1914-18, München 1995; v. a. ders., Die deutschen kulturellen Eliten im Ersten Weltkrieg, 1-15; C. Cornelissen, Polit. Historiker u. deutsche Kultur: G. v. Below, H. Oncken, G. Ritter, 119-42; E. Lederer, Zur Soziologie des Weltkrieges (1915), in: ders., Kapitalismus, 137. Vgl. K. Lichtblau, Kulturkrise u. Soziologie um die Jahrhundertwende, Frankfurt 1996, mit der nötigen Tiefendimension über die «Ideen»: 392-419; S. Papcke, Dienst am Sieg. Die Sozialwissenschaften 1914-18, in: ders., Vernunft u. Chaos, Frankfurt 1985, 125-42; H. Joas, Die Sozialwissenschaften u. der Erste Weltkrieg, in: Mommsen Hg., Kultur, 17-29; ders., Kriegsideologien. Der Erste Weltkrieg im Spiegel der zeitgenöss. Sozialwissenschaften, in: Leviathan 23.1995, 336-50; ders., Die Klassiker der Soziologie 1914-18, in: ders. u. H. Steiner Hg., Machtpolit. Realismus u. pazifist. Utopie, Frankfurt 1989, 179-210; P. Hoeres, Ein 30jähr. Krieg der deutschen Philosophen? Kriegsdeutungen im Ersten u. Zweiten Weltkrieg, in: Thoss u. Volkmann Hg., 471-95; M. Pascher, Deutsches

I. Die Konstellation des Weltkriegs

Wesen u. Deutscher Weltberuf. Die Weltkriegsschriften P. Natorps u. der Marburger Neukantianer, in: Wiener Jb. f. Philosophie 26.1994, 103–16; U. Sieg, Jüd. Intellektuelle im Ersten Weltkrieg, Berlin 2001; M. Stibbe, German Anglophobia 1914–18, Cambridge 2000.
[5] W. Kruse, Die Kriegsbegeisterung im Deutschen Reich 1914, in: M. van der Linden u. G. Mergner Hg., Kriegsbegeisterung u. mentale Vorbereitung, Berlin 1991, 73–87 (überhaupt dieser Band, auch J. Rojahn, Arbeiterbewegung u. Kriegsbegeisterung. Die deutsche Sozialdemokratie 1870–1914, 57–71); vgl. ders., Krieg u. nationale Integration, Essen 1993; A. Reimann, Der große Krieg der Sprachen. Histor. Semantik in Deutschland u. England im Ersten Weltkrieg, Essen 2000 (methodisch zu ungesichert); vorzüglich aber: A. Lipp, Meinungslenkung im Ersten Weltkrieg, Göttingen 2003; K. Vondung, Die Apokalypse in Deutschland, München 1988; T. Raithel, Das «Wunder» der inneren Einheit. Studien zur deutschen u. franzos. Öffentlichkeit bei Beginn des Ersten Weltkrieges, Bonn 1996; H. P. Hanssen, Diary of a Dying Empire, Bloomington/Ind. 1955, 13. Vgl. C. Geinitz, Kriegsfurcht u. Kampfbereitschaft. Das Augusterlebnis 1914 in Freiburg, Essen 1998; ders. u. U. Hinz, Das Augusterlebnis in Südbaden, in: Hirschfeld u. a. Hg., Kriegserfahrungen, 20–35; M. Stöcker, Augusterlebnis 1914 in Darmstadt, Darmstadt 1994; Berliner Geschichtswerkstatt Hg., August 1914. Ein Volk zieht in den Krieg, Berlin 1989; J. Materna, Berichte des Berliner Polizeipräsidenten zu Stimmung u. Lage der Bevölkerung in Berlin 1914–18, Weimar 1987; V. Ullrich, Die Hamburger Arbeiterbewegung vom Vorabend des Ersten Weltkrieges bis zur Revolution 1918/19, 2 Bde, Hamburg 1976; J. Reulecke, Der Erste Weltkrieg u. die Arbeiterschaft im rhein.-westfäl. Industriegebiet, in: ders. Hg., Arbeiterbewegung an Rhein u. Ruhr, Wuppertal 1974, 205–40; J. A. Moses, Nationalism and the Proletariat-Germany 1914, in: AJPH 11.1965, 57–69; J. Becker, Deutscher Sozialismus u. das Problem des Krieges 1914–18, Diss. Heidelberg 1957. – L. L. Farrar, Nationalism in Wartime, in: Coetzee Hg., 134 f.; Mommsen II, 864 f. Typische Legende: Hildebrand, Vergangenes Reich, 318–29. – B. Ziemann, Front u. Heimat. Ländl. Kriegserfahrungen im südl. Bayern 1914–23, Essen 1997; W. Eisenbeiss, Die bürgerl. Friedensbewegung in Deutschland 1913–19, Frankfurt 1980; L. Quidde, Der deutsche Pazifismus 1914–18, Hg. K. Holl u. H. Donat, Boppard 1979; Nettl, Luxemburg. Vgl. M. Eksteins, Tanz über Gräbern. Die Geburt der Moderne u. der Erste Weltkrieg, Reinbek 1990; W. G. Natter, Literature at War 1914–18. The «Time of Greatness» in Germany, New Haven/Conn. 1999; H. Fries, Die große Katharsis. Der Erste Weltkrieg in der Sicht deutscher Dichter u. Gelehrter I: Die Kriegsbegeisterung von 1914; II: Schriftsteller 1914–18, Konstanz 1994/95; ders., Deutsche Schriftsteller 1914–18, in: Michalka Hg., 825–48; E. A. Marsland, The Nation's Cause. French, English, and German Poetry 1914–18, London 1991; K. Möser, Kriegsgeschichte u. Kriegsliteratur, in: MM 40.1986, 39–52; P. Bridgwater, The German Poets 1914–18, N. Y. 1985; R. Olt, Krieg u. Sprache. Deutsche Soldatenlieder 1914–18, 2 Bde, Gießen 1981; K. P. Philippi, Volk des Zorns. Studien zur poet. «Mobilmachung» in der deutschen Literatur am Beginn des Ersten Weltkriegs, München 1979; E. Koester, Literatur u. Weltkriegsideologie. Deutsche Schriftsteller 1914–18, Kronberg 1977; K. Schroeter, Chauvinism and Its Tradition: German Writers and the Outbreak of the First World War, in: Germanic Review 43.1968, 120–35; H. J. Goebel, M. Harden als polit. Publizist 1914–18, Frankfurt 1977. Vgl. T. Anz u. J. Vogt Hg., Die Dichter u. der Krieg. Deutsche Lyrik 1914–18, München 1982; Stark Hg., Intellektuelle 1910–33; Hüppauf Hg., Ansichten.
[6] Mommsen II, 840, 842, 834; ders., Geist; ders. Hg. Kultur; Lübbe, Philosophie, 206; Papcke, 129, 131 f., 139; Vondung, Apokalypse, 190 f., 193; Höfele, 142 f. (Marc u. a.); T. Mann, Friedrich u. die große Koalition (1915), in: ders., GW 10, Frankfurt 1974^2, 135 (vgl. A. Williams, T. Mann's Nationalist Phase. A Study of «Friedrich», in: German Life and Letters 22.1968/69, 147–55); ders., Betrachtungen eines Unpolitischen (1918), in: ders., GW 12, 1974^2, 31 (vgl. E. Koester, «Kultur» vs. «Zivilisation». T. Manns Kriegspublizistik, in: W. J. Mommsen Hg., Kultur u. Krieg, 249–58; E. Keller, Der unpolit. Deut-

sche. Die «Betrachtungen» von T. Mann, Bern 1965; Hellmann; Sontheimer); W. Bussmann u. a. Hg., S. A. Kaehler, Briefe 1900–63, Boppard 1993, 225 (an H. Rothfels, 22. 2. 1933); K. Kraus, Kriegssegen, in: ders., Unsterbl. Witz, München 1961 (= Werke 9), 318, 328. Vgl. Erdmann, Zeitalter, 87–93; J. T. Verhey, The Myth of the «Spirit of 1914» in Germany 1914–45, Cambridge 1997; dt. Der Geist von 1914 u. die Erfindung der Volksgemeinschaft, Hamburg 2000; R. N. Stromberg, Redemption by War. The Intellectuals and 1914, Lawrence/Kansas 1982; H. Maier, Ideen von 1914 – Ideen von 1933, in: VfZ 38.1990, 525–42; K. v. See, Die Ideen von 1789 u. 1914. Völk. Denken in Deutschland, Frankfurt 1975; R. P. Sieferle, Der deutsch-engl. Gegensatz u. die «Ideen von 1914», in: G. Niedhart Hg., Das kontinentale Europa u. die brit. Inseln, Mannheim 1993, 138–60. Vgl. Fischer, Griff, 128–89; L. Dehio, Gedanken über die deutsche Sendung (1952), in: ders., Deutschland, 63–96; Faulenbach, Ideologie; A. Schildt, Ein konservativer Prophet moderner nationaler Integration: J. Plenge 1874–1963, in: VfZ 35.1987, 523–70; B. Schäfers Hg., Soziologie u. Sozialismus: J. Plenge, Stuttgart 1967; C. Jansen, Professoren u. Politik. Polit. Denken u. Handeln der Heidelberger Hochschullehrer 1914–35, Göttingen 1992, 109–42; vorzüglich ist auch: O. Willett, Sozialgeschichte Erlanger Professoren 1743–1933, ebd. 2001; Schwabe, Wissenschaft 1914–18; ders., Zur polit. Haltung der deutschen Professoren 1914–18, in: HZ 193.1961, 601–34; ders., Ursprung u. Verbreitung des alldeutschen Annexionismus in der deutschen Professorenschaft 1914–18, in: VfZ 14.1966, 105–38; J. u. W. v. Ungern-Sternberg, Der Aufruf «An die Kulturwelt». Das Manifest der 93 u. die Anfänge der Kriegspropaganda 1914–18, Stuttgart 1996; B. vom Brocke, «Wissenschaft u. Militarismus», 649–719 (vgl. L. Wieland, Belgien 1914. Die Frage des belg. Franctireur-Krieges, Frankfurt 1984); J. A. Moses, Pan-Germanism and the German Professors 1914–18, in: AJPH 15.1969, 45–60; Klein, Historiker 1914–18; K. W. Nörr u. a. Hg., Geisteswissenschaften zwischen Kaiserreich u. Republik, Stuttgart 1994; K. Böhme Hg., Aufrufe u. Reden deutscher Professoren 1914–18, ebd. 1975.

[7] Farrar, 134–45; Ritter III, 253–416; Hertling, Briefwechsel II, 915; B. Sösemann, Der Verfall des Kaisergedankens 1914–18, in: Röhl Hg., Ort Wilhelms II., 147, 158 f.; Deist, Militär I, 1137; I. V. Hull, Prussian Dynastic Ritual and the End of Monarchy, in: C. Fink u. a. Hg., German Nationalism and the European Response 1890–1945, Norman/Okla. 1985, 13–41; M. Geyer, Krieg, Staat u. Nationalismus im Deutschland des 20. Jh., in: Fs. A. Hillgruber, Frankfurt 1990, 250–71; S. O. Müller, Die Nation als Waffe u. Vorstellung. Nationalismus in Deutschland u. Großbritannien im Ersten Weltkrieg, Göttingen 2002; ders. Die umkämpfte Nation. Legitimationsprobleme im kriegführenden Kaiserreich, in: J. Echternkamp u. ders. Hg., Die Politik der Nation, München 2002, 149–72; ders., Die umstrittene Gemeinschaft: Nationalismus als Konfliktphänomen, in: U. Jureit Hg., Polit. Kollektive, Münster 2001, 422–43; M. Föllmer, Die Verteidigung der bürgerl. Nation. Industrielle u. Hohe Beamte in Deutschland u. Frankreich 1900–30, Göttingen 2002; ders., Hohe Beamte u. Nationalismus im Ersten Weltkrieg, in: ZfG 49.2001, 581–98; J. Leonhard, Vom Nationalkrieg zum Kriegsnationalismus. Deutschland, Großbritannien u. USA im Ersten Weltkrieg, in: U. v. Hirschhausen u. ders., Hg., Nationalismen in Europa, Göttingen 2001, 204–40; K. Sontheimer, Antidemokrat. Denken in der WR. Die polit. Ideen des deutschen Nationalismus 1918–33, München 1962/1992³; G. Krumeich, «Gott mit uns». Der Erste Weltkrieg als Religionskrieg, in: ders. u. H. Lehmann Hg., «Gott mit uns». Nation, Religion u. Gewalt im 19. u. frühen 20. Jh., Göttingen 2000, 273–83; W. J. Mommsen, Die nationalgeschichtl. Umdeutung der christl. Botschaft im Ersten Weltkrieg, in: ebd., 249–61; F. Boll Hg., Volksreligiosität u. Kriegserlebnis, Magdeburg 1996; F. Fischer, Die Kirchen in Deutschland u. die beiden Weltkriege, in: ders., Hitler, 186 f.; ders., Bündnis der Eliten; vgl. M. Greschat, Begleitung u. Deutung der beiden Weltkriege durch evangel. Theologen, in: Thoss u. Volkmann Hg., 497–518; ders., Der deutsche Protestantismus 1918/19, Witten 1974; G. Besier, Die protestant. Kirchen Europas 1914–18, Göttingen 1984; A. C. Nagel, M. Rade – Theologe u.

I. Die Konstellation des Weltkriegs

Politiker des Sozialen Liberalismus, Gütersloh 1996; zu blaß: K. Nowak, Geschichte des Christentums in Deutschland. Vom Ende der Aufklärung bis zur Mitte des 20. Jh., München 1995; viel zu apologetisch: K. Meier, Evangel. Kirche 1914–18, in: Michalka Hg., 691–724; R. Thalmann, Protestantisme et nationalisme en Allemagne 1900–45, Paris 1976; K. Hammer, Der deutsche Protestantismus 1914–18, in: Francia 2.1975, 398–414; G. Brakelmann, Protestant. Kriegstheologie 1914–18, Bielefeld 1974; ders., Der deutsche Protestantismus 1917, Witten 1974; O. Seeber, Kriegstheologie u. Kriegspredigten in der Evangel. Kirche im Ersten u. Zweiten Weltkrieg, in: van der Linden u. Mergner Hg., 233–58; vorzüglich ist W. Huber, Kirche u. Öffentlichkeit, Stuttgart 1973, 135–219 (Kriegstheologie seit 1914); ders., Evangel. Theologie u. Kirche beim Ausbruch des Ersten Weltkriegs, in: ders. Hg., Histor. Beiträge zur Friedensforschung, München 1970, 135–215; G. Mehnert, Evangel. Kirche u. Politik 1917–19, Düsseldorf 1969; W. Pressel, Die Kriegspredigt 1914–18 in der evangel. Kirche Deutschlands, Göttingen 1967. – R. van Dülmen, Der deutsche Katholizismus 1914–18, in: Francia 2.1975, 351 f., 348; ders., Die Wirkung des Ersten Weltkriegs auf den deutschen Katholizismus, in: ZBL 38.1975, 982–1991; apologetisch: H. Hürten, Die kathol. Kirche 1914–18, in: Michalka Hg., 725–35; J. Scheidgen, Deutsche Bischöfe 1914–18, Köln 1991; G. Baadte, Kathol. Universalismus u. nationaler Katholizismus 1914–18, in: Langner Hg., Katholizismus u. nationaler Gedanke, 89–109; H. Missalla, «Gott mit uns». Die deutsche kathol. Kriegspredigt 1914–18, München 1968; F. Berker u. A. Kriele Hg., Pro Fide et Patria. Die Kriegstagebücher von L. Berg 1914–18, Köln 1998; H. Lutz, Demokratie im Zwielicht. Der Weg der deutschen Katholiken aus dem Kaiserreich in die Republik 1914–25, München 1963.

[8] Mommsen II, 618–29; Hildebrand, Vergangenes Reich, 315–79; Hardach, 141–65; M. Schumacher, Land u. Politik. Polit. Parteien u. agrar. Interessen 1914–23, Düsseldorf 1978, 76–84; Klein u. a. I, 352–93; die Pionierleistung: Fischer, Griff, 101–34, vgl. 217–42; Erdmann Hg., Riezler, 57 f., 63 (Bethmann 19.9. 1914); v. Vietsch, Bethmann, 326 (immerhin am 14. 11. 1914 bereits in Distanzierung von dieser «Phrase» über Belgien); Schieder, Staatensystem, 364, 354, 352; Erdmann, Zeit, 105 (Bethmann 12.9. 1914). Vgl. allg. W. J. Mommsen, Die deutsche Kriegszielpolitik 1914–18, in: W. Laqueur u. G. L. Mosse Hg., Kriegsausbruch 1914, München 1972[2], 60–100, 283–97; ders., Die Mitteleuropaidee u. die Mitteleuropaplanungen im Deutschen Reich vor u. während des Ersten Weltkriegs, in: R. G. Plaschka u. a. Hg., Mitteleuropa-Konzeptionen 1900–50, Wien 1995, 3–24; J. Le Rider, Mitteleuropa, ebd. 1994; K. H. Janssen, Macht u. Verblendung. Kriegszielpolitik der deutschen Bundesstaaten 1914–18, Göttingen 1963; H. W. Gatzke, Germany's Drive to the West, Baltimore 1950/ND 1966; F. Wende, Die belg. Frage in der deutschen Politik 1914–18, Hamburg 1969; exkulpatorisch: G. Wollstein, T. v. Bethmann Hollweg, Göttingen 1995; Huber V, 217–44. – M. L. Edwards, Stresemann and the Greater Germany 1914–18, N. Y. 1963; K. Epstein, M. Erzberger u. das Dilemma der deutschen Demokratie (1959), Berlin 1976[2]; E. Heinen, Zentrumspresse u. Kriegszieldiskussion, Diss. Köln 1962; H. H. Herwig, The First World War. Germany and Austria-Hungary 1914–18, London 1996; ders., Industry, Empire, and the First World War, in: Martel Hg., 54–73; ders., Admirals vs. Generals. The War Aims of the Imperial German Navy 1914–18, in: CEH 5.1972, 208–33; L. L. Farrar, Divide and Conquer. German Efforts 1914–18, N. Y. 1978; ders., Seperate Peace – General Peace – Total War. The Crisis in German Policy During the Spring 1917, in: MM 20.1976/II, 51–80; K.-H. Schädlich, Der «Unabhäng. Ausschuß für einen deutschen Frieden», in: Klein Hg., Politik, 50–65; K. Epstein, The Development of German-Austrian War Aims in the Spring of 1917, in: JCEA 17.1957, 24–42; P. R. Sweet, Germany, Austria-Hungary, and Mitteleuropa 1915/16, in: Fs. H. Benedikt, Wien 1957, 180–212; ders., Leaders and Policies: Germany in the Winter 1914/15, in: JCEA 16.1956, 229–52; W. Conze, Nationalstaat oder Mitteleuropa 1914–18? in: Fs. H. Rothfels, Düsseldorf 1951, 201–30; enttäuschend: W.

Steglich, Die Friedenspolitik der Mittelmächte 1917/18, Wiesbaden 1964; s. noch H. Münkler u. W. Storck, Siegfrieden. Politik aus einem deutschen Mythos, Berlin 1988. Zum Vergleich: G.-H. Soutou, Die Kriegsziele des Deutschen Reiches, Frankreichs, Großbritanniens u. der Vereinigten Staaten 1914–18, in: Michalka Hg., 28–53; A.J.P. Taylor, The War Aims of the Allies 1914–18, in: ders. u. R. Pares Hg., Essays Presented to L. Namier, London 1956, 475–505; D. Stevenson, French War Aims Against Germany 1914–19, Oxford 1982; P. Renouvin, Die Kriegsziele der französ. Regierung 1914–18, in: GWU 17.1966, 129–58; G. Steinmeyer, Die Grundlagen der französ. Deutschlandpolitik 1917–19, Stuttgart 1979; M. Peter, Brit. Kriegsziele u. Friedensvorstellungen, in: Michalka Hg., 95–124; V.H. Rothwell, British War Aims Against Germany, N.Y. 1982; H. Nelson, Land and Power. British and Allied Policy on Germany's Frontier 1916–19, London 1963; H.-G. Linke, Rußlands Weg in den Ersten Weltkrieg u. seine Kriegsziele 1914–17, in: Michalka Hg., 54–94; ders., Rußland u. der Erste Weltkrieg.

⁹ Zu den Verbänden: Bd. III, 637–80, 835–38, 1060–63, 1071–81. M. Weber, Zur Politik im Weltkrieg, Hg. W.J. Mommsen (= MWG I/15), Tübingen 1988, 70, 75. – I. Geiss, Der poln. Grenzstreifen 1914–18, Hamburg 1960; Fischer, Griff, 124, 340–43; W. Hubatsch, Hindenburg u. der Staat 1878–1934, Göttingen 1974, 172–77 (Denkschrift 5.7. 1918, in einem «Meisterwerk» deutschnationaler Apologetik); E. Zechlin, Ludendorff 1915, in: ders., Krieg, 225 f. (29.12.1915 an H. Delbrück). Vgl. auch die aufschlußreiche Arroganz Ludendorffs gegenüber Staatssekretär Zimmermann in dieser Zeit (W. Conze, Poln. Nation u. deutsche Politik 1914–18, Köln 1958, 87, 27.8.1915): «Nachdem mir Polen genommen ist, muß ich mir ein anderes Königreich in Litauen und Kurland gründen». Vgl. umfassend zur deutschen Besatzungsherrschaft u. a. im Baltikum: V.G. Liulevicius, Kriegland im Osten. Eroberung, Kolonisierung u. Militärherrschaft im Ersten Weltkrieg, Hamburg 2002; R. Stupperich, Siedlungspläne im Bereich des Oberbefehlshabers Ost 1914–18, in: Jomsburg 5.1941, 348–67; Ritter III, 138; IV, 102; Hillgruber, Rolle, 66; auch ders., Gescheiterte Großmacht, 58f., 66. Anschaulich informieren die Karten zur Expansion in: Fischer, Griff, 340, 716, vgl. 343–52. Briey: 317–20, 340, 475; v. Salis II, 225. Vgl. allg. K. Hildebrand, Das deutsche Ostimperium 1918, in: Fs. Kolb, 109–24; R. L. Koehl, A Prelude to Hitler's Greater Germany, in: AHR 59.1953, 43–65; A. Strazhas, Deutsche Ostpolitik 1915–17, Wiesbaden 1993; H.-E. Volkmann, Die deutsche Baltikumspolitik 1918, Köln 1970; G. Linde, Die deutsche Politik in Litauen 1914–18, Wiesbaden 1965; B. Mann, Die balt. Länder in der deutschen Kriegszielpublizistik 1914–18, Tübingen 1965; W. Basler, Deutschlands Annexionspolitik in Polen u. im Baltikum 1914–18, Berlin 1962; D. Unfug, The Baltic Policy of Prince M. v. Baden, in: JCEA 23.1963/64, 152–65; L. Lewerenz, Die deutsche Politik im Baltikum 1914–18, Diss. Hamburg 1958; P. Borowsky, Deutsche Ukrainepolitik 1918, Husum 1976; A.S. Fedyshyn, Germany's Drive to the East and the Ukrainian Revolution 1917/18, New Brunswick 1971; H. Beyer, Die Mittelmächte u. die Ukraine, München 1956; W. Bihl, Die Kaukasus-Politik der Mittelmächte, Köln 1975; K. Meyer, T. Schiemann als polit. Publizist, Frankfurt 1956. Kapitulation vor dem NS Ungeist: E. Hoelzle, Der Osten im Ersten Weltkrieg, Leipzig 1944.

¹⁰ G.D. Feldman, Army, Industry, and Labor in Germany 1914–18, Princeton 1966, dt. Armee, Industrie u. Arbeiterschaft in Deutschland, Berlin 1985, 122 (Hugenberg 7.11.1914; dies Buch ist seit 30 Jahren der Klassiker zum Thema); Mommsen II, 71, 628 f. (Hugenberg 12.5.1915), 630; Meinecke, Bürgertum, 250 f. (7.8.1918, vgl. S. Meineke, F. Meinecke bis 1918, Berlin 1995); Hildebrand, Vergangenes Reich, 327, 336, 347 f.; Deist, Militär I, 273 (Bethmann), 719 (Tirpitz); vgl. R. Scheck, A. v. Tirpitz and German Right-Wing Politics 1914–30, Atlantic Highlands 1998; Riezler, 410, 416 f. (25.2., 11.3.1917), vgl. 458 (11.2.1918). Die alliierten Kriegsziele (z. B. Frankreich: Desannexion Elsaß-Lothringens und Gewinn des linken Rheinufers; Rußland: Annexion der Meerengen, Konstantinopels und des östlichen Ostpreußen; England: Übernahme der deutschen Kolo-

II. Die deutsche Innenpolitik im Weltkrieg

nien, Ausschaltung der Schlachtflotte, Aufteilung des Nahen Ostens mit Frankreich; allgemein: Zerstörung Österreich-Ungarns und Schwächung Preußens; vgl. die Lit. in Anm. 8; Erdmann, Zeit 78–82; Hildebrand, Reich, 326 f.) haben die Formulierung der deutschen Kriegsziele kaum beeinflußt.

II. Die deutsche Innenpolitik im Weltkrieg

[1] Mommsen II, 573, 571–76; Mai, Ende, 32–41; Feldman, Armee, 38–46; Huber V, 12–73; ders. Hg., Dokumente II, 304; C. Schudnagies, Der Kriegs- u. Belagerungszustand 1914–18, Frankfurt 1994; W.-R. Schrumpf, Territoriale Kommandogewalt u. zivile Verwaltungskompetenz 1914–18, Diss. Münster 1995; W. Deist, Zur Institution des Militärbefehlshabers u. Obermilitärbefehlshabers 1914–18, in: Jb. GMO 13./14.1965, 222–40; ders., Zensur u. Propaganda in Deutschland 1914–18, in: ders., Militär, 153–63; grundlegend: ders., Voraussetzungen innenpolit. Handels des Militärs im Ersten Weltkrieg, in: ebd., 103–52; ders., Kaiser Wilhelm als Oberster Kriegsherr, 25–42; Kronprinz Rupprecht von Bayern, Mein Kriegstagebuch, Hg. E. v. Frauenholz, I, Berlin 1929, 457; Gen. v. Einem, Ein Armeeführer erlebt den Weltkrieg, Hg. J. Alter, Leipzig 1938; Weber, PS, 245. – Am eindringlichsten: H.-C. Schröder, Die deutsche Arbeiterbewegung u. der Erste Weltkrieg, in: Böhme u. Kallenberg Hg., 254–70; ausführlich: S. Miller, Burgfrieden u. Klassenkampf. Die deutsche Sozialdemokratie 1914–18, Düsseldorf 1974, 73, 52 (Molkenbuhr), 50, 72; M. Faust, Sozialer Burgfrieden 1914–18, Essen 1992; Groh, Integration, 725, 707, 721; T. Wolff, Tagebücher 1914–19, Hg. B. Sösemann, I, Boppard 1984, 108, 457; vgl. ders., T. Wolff. Der Chronist 1914–19, Düsseldorf 1997; David, Kriegstagebuch, 30 (13.9.1914). Vgl. W. Mühlhausen, Die Sozialdemokratie am Scheideweg – Burgfrieden, Parteikrise u. Spaltung 1914–18, in: Michalka Hg., 649–71; K.R. Calkins, H. Haase, Berlin 1976; F. Boll, Die deutsche Sozialdemokratie zwischen Resignation u. Revolution 1890–1914, in: W. Huber u. J. Schwerdtfeger Hg., Frieden, Gewalt, Sozialismus, Stuttgart 1976, 179–281; ders., Frieden ohne Revolution, Bonn 1980; brillanter Überblick: D. Sassoon, One Hundred Years of Socialism. The West European Left in the 20th Century, London 1996; überholt: M.R. Drachkovitch, Les socialismes français et allemand et le problème de la guerre 1870–1920, Genf 1953; H. Heidegger, Die deutsche Sozialdemokratie u. der nationale Staat 1890–1920, Göttingen 1956; G. Schramm, 1914: Sozialdemokraten am Scheideweg, in: C. Stern u. H.A. Winkler Hg., Wendepunkte deutscher Geschichte 1848–1990, Frankfurt 1994², 71–97. – K. Schönhoven, Die Kriegspolitik der Gewerkschaften, in: Michalka Hg., 672–90; ders., Die Gewerkschaften 1914–19, Köln 1985; M. Ruck, Gewerkschaften – Staat – Unternehmer 1914–33, ebd. 1990; J.A. Moses, C. Legien u. das deutsche Vaterland 1914–18, in: GWU 26.1975, 595–611; G. Mai, Kriegswirtschaft u. Arbeiterbewegung in Württemberg 1914–18, Stuttgart 1983; ders. Hg., Arbeiterschaft in Deutschland 1914–18, Düsseldorf 1985; ders., «Verteidigungskrieg». «Volksgemeinschaft» 1900–25, in: Michalka Hg., 583–602; M. Scheck, Zwischen Weltkrieg u. Revolution. Arbeiterbewegung in Württemberg 1914–20, Köln 1981; K.-P. Müller, Politik u. Gesellschaft im Krieg. Baden 1914–18, Stuttgart 1988; H. Schäfer, Regionale Wirtschaftspolitik in der Kriegswirtschaft. Staat, Industrie u. Verbände 1914–18 in Baden, ebd. 1983; B. Buschmann, Unternehmenspolitik in der Kriegswirtschaft u. Inflation 1914–23, ebd. 1998; K.D. Schwarz, Weltkrieg u. Revolution in Nürnberg, ebd. 1971; E. Tobin, War and the Working Class: Düsseldorf 1914–18, in: CEH 17.1985, 257–99; E.D. Weitz, Social Continuity and Political Radicalization: Essen 1914–18, in: SSH 9.1985, 48–69; E. Lucas, Die Sozialdemokratie in Bremen, 1914–18, Bremen 1969; Schorske, Große Spaltung; J.W. Mishark, The Road to Revolution. German Marxism and World War I, Detroit 1967; A.J. Berlau, The German Social Democratic Party 1914–21, N.Y. 1949; G. Eley, The SPD in War and Revolution, in: R. Fletcher Hg., Bernstein to Brandt. A Short History of German Social Democracy, London 1987, 65–74; G. Stark, All Quiet on the Home Front. Germany 1914–18, in: Coetzee Hg., 57–80; M.

Creutz, Die Informationspolitik der Exekutive u. die Presse 1914–18, München 1955; H.-D. Fischer, Pressekonzentration u. Zensurpraxis 1914–18, Berlin 1971; K. Koszyk, Deutsche Pressepolitik 1914–18, Düsseldorf 1968.
[2] Hardach, Weltkrieg, 62, 66–71; W. Michalka, Kriegswirtschaft u. Wirtschaftskrieg, in: Böhme u. Kallenberg Hg., 175; Mommsen II, 671, 665; Mai, Ende, 91–95, 108; Feldman, Armee, 52, 68–75, 82. Rohstoffe: Hoffmann u. a., 342, 353 f.; Michalka, Kriegsrohstoffbewirtschaftung, in: ders. Hg., 485; D. G. Williamson, W. Rathenau and the KRA 1914/15, in: ZfU 23.1978, 118–36; F. Stern, F. Haber – Politik u. Wissenschaft, in: ders., Der Traum vom Frieden u. die Versuchung der Macht, Berlin 1988, 62–88; M. Szöllösi-Janze, F. Haber 1868–1934, München 1998, 256–408; G. D. Feldman, A German Scientist Between Illusion and Reality: E. Fischer 1909–19, in: 1. Fs. F. Fischer, 341–62; M. Rasch, Wissenschaft u. Militär, in: MM 49.1991/I, 73–120; W. Jensen, The Importance of Energy in the First and Second World Wars, in: HJ 11.1968, 538–54; Wagenführ, Industriewirtschaft, 22 f.; J. Kocka, Klassengesellschaft im Krieg. Deutsche Sozialgeschichte 1914–18, Göttingen 1978²/Frankfurt 1988³, 21 f. Gewinne: ebd., 25 f., 22; Feldman, Disorder, 68, 79; Hardach, Weltkrieg, 113; O. Goebel, Deutschlands Rohstoffwirtschaft 1914–18, Stuttgart 1930, 175; L. Grebler u. W. Winkler, Cost of the World War to Germany and Austria-Hungary, New Haven/Conn. 1940, 106; H. Reichold Hg., A Wild v. Hohenborn, Boppard 1986; L. Burchardt, Zwischen Kriegsgewinnen u. Kriegskosten. Krupp 1914–18, in: ZfU 32.1987, 71–123; W. Wette, Reichstag u. «Kriegsgewinnlerei» 1916–18, in: MM 36.1984/I, 31–56; vgl. A. Hopbach, Unternehmer im Ersten Weltkrieg, Leinfelden-Echterdingen 1998; G. Mai, Öffentlichkeit u. Rüstung 1914–18, in: J. Dülffer Hg., Parlamentar. u. öffentl. Kontrolle der Rüstung in Deutschland 1700–1970, Düsseldorf 1992, 109–26. – U. Ratz, Zwischen Arbeitsgemeinschaft u. Koalition. Bürgerl. Sozialreformer u. Gewerkschaften 1914–18, München 1994; J. Frerich u. M. Frey, Hdb. der Geschichte der Sozialpolitik in Deutschland I: Bis 1933, ebd. 1993; G. Mai, Burgfrieden u. Sozialpolitik in Deutschland 1914–15, in: MM 20.1976/II, 21–50; D. Krüger, Die «Gesellschaft für soziale Reform» u. die Entwicklung der Arbeitsbeziehungen 1914–18, in: Mai Hg., 29–75; noch immer: G. Albrecht, Soziale Probleme u. Sozialpolitik in Deutschland 1914–18, in: JNS 144.1936, 214–32. – G. D. Feldman, Kriegswirtschaft u. Zwangswirtschaft. Die Diskreditierung des «Sozialismus» in Deutschland 1914–18, in: Michalka Hg., 456–84; F. Zunkel, Industrie u. Staatssozialismus. Der Kampf um die Wirtschaftsordnung in Deutschland 1914–18, Tübingen 1974; K. Armingeon, Polit. Regelung Industrieller Beziehungen, in: M. G. Schmidt Hg., Staatstätigkeit, Opladen 1988, 151–77; W. Kruse, Kriegswirtschaft u. Gesellschaftsvision: W. Rathenau, in: H. Wildrolter Hg., W. Rathenau 1867–1922, Berlin 1993, 151–68; E. Schulin, Krieg u. Modernisierung. Rathenau als philosoph. Industrieorganisator 1914–18, in: T. Hughes u. a., Ein Mann vieler Eigenschaften: W. Rathenau, Berlin 1990, 55–69; G. Hecker, W. Rathenau u. sein Verhältnis zu Militär u. Krieg, Boppard 1983; R. Roth, Staat u. Wirtschaft im Ersten Weltkrieg. Kriegsgesellschaften als kriegswirtschaftl. Steuerungsinstrumente, Berlin 1997; L. Burchardt, W. Rathenau u. die Anfänge der deutschen Rohstoffbewirtschaftung 1914–18, in: Tradition 15.1970, 169–96; W. O. Henderson, W. Rathenau: A Pioneer of the Planned Economy, in: EHR 4.1951, 98–108; K. Braun, Konservativismus u. Gemeinwirtschaft: W. v. Moellendorff, Duisburg 1978. – Vgl. allg. zur deutschen Wirtschaftsgeschichte seit 1914 außer der bereits zit. Lit. in Bd. III: G. Ambrosius, Von der Kriegswirtschaft zur Kriegswirtschaft 1914–45, in: M. North Hg., Deutsche Wirtschaftsgeschichte, München 2000, 282–350; R. Spree Hg., Geschichte der deutschen Wirtschaft im 20. Jh., ebd. 2001; F. W. Henning, Hdb. der Deutschen Wirtschafts- u. Sozialgeschichte III: 20. Jh., Paderborn 2003; ders., Deutschland 1914 bis zur Gegenwart, in: HEWS VI.1987, 416–88; ders., Das industrielle Deutschland 1914–76, Paderborn 1997⁹; W. Fischer, Wirtschaft, Gesellschaft u. Staat in Europa 1914–80, in: HEWS VI, 1–222; ders., Bergbau, Industrie u. Handwerk 1914–70, in: HWS II, 796–843; K. Borchardt, Handel, Kreditwesen, Versicherung,

II. Die deutsche Innenpolitik im Weltkrieg

Verkehr 1914-70, in: ebd., 845-75; W. Feldenkirchen, Die deutsche Zoll- u. Handelspolitik 1914-33, in: Pohl Hg., Auswirkungen, 328-57. Vorzügliche Einführung: G. Ambrosius u. a. Hg., Moderne Wirtschaftsgeschichte, München 1996; mißlungen dagegen: R. Walter, Wirtschaftsgeschichte. Vom Merkantilismus bis zur Gegenwart, Köln 1995. Dogmatisch eingeschnürt: R. Berthold u. a. Hg., Produktivkräfte in Deutschland II: 1917-45, Berlin 1988; K. Goßweiler, Großbanken – Industriemonopole – Staat 1914-32, ebd. 1971; A. Schröter, Krieg, Staat, Monopol 1914-18, ebd. 1965; W. Richter, Gewerkschaften, Monopolkapital u. Staat 1914-18, ebd. 1959; A. Müller, Die Kriegsrohstoffbewirtschaftung 1914-18, ebd. 1955. Vgl. allg. P.-C. Witt, Finanzpolitik u. sozialer Wandel in Krieg u. Inflation 1918-24, in: H. Mommsen u. a. Hg., Industrielles System u. polit. Entwicklung in der WR, Düsseldorf 1974/ND Königstein 1977, 395-425; H. Ott, Kriegswirtschaft u. Wirtschaftskrieg 1914-18, in: Fs. C. Bauer, Berlin 1974, 333-58; H. G. Ehlert, Die wirtschaftl. Zentralbehörde des Deutschen Reiches 1914-19, Wiesbaden 1982; G. D. Feldman, German Interest Group Alliances in War and Inflation 1914-23, in: S. Berger Hg., Organizing Interests in Western Europe, Cambridge 1981, 159-84; ders., Iron and Steel in the German Inflation 1916-23, Princeton 1977; ders. u. H. Homburg Hg., Industrie u. Inflation. Politik der deutschen Unternehmer 1916-23, Hamburg 1977; ders. u. U. Nocken, Industrieverbände 1900-33, 131-60; Mollin, Wege zur «Materialschlacht»; R. B. Armeson, Total War and Compulsory Labor. The Military-Industrial Complex in Germany During World War I, Den Haag 1964; H. Henning, Der Aufbau der deutschen Kriegswirtschaft 1914-18, in: Wehrwissenschaftl. Rundschau 6.1956, 49-65; ders., Die Situation der deutschen Kriegswirtschaft 1918, Diss. Hamburg 1957; F. Hesse, Die deutsche Wirtschaftslage 1914-23, Jena 1938; G. Briefs, Kriegswirtschaftslehre u. Kriegswirtschaftspolitik, in: HStW 5.1923[4], 984-1022; vgl. O. Schwarzer, Die räuml. Ordnung der Wirtschaft in Deutschland um 1910, Stuttgart 1990. – Zum internationalen Vergleich: G.-H. Soutou, L'or et le sang. Les buts de guerre économiques de la Première Guerre Mondiale, Paris 1989; S. J. Hurwitz, State Intervention in Great Britain 1914-18, N. Y. 1949/ND London 1968; J. C. King, Generals and Politicians. Conflicts Between France's High Command, Parliament, and Government 1914-18, Berkeley 1951. – A. Maddison, Monitoring the World Economy 1820-1992, Paris 1995; J.-M. Jeanneney u. E. Barbier-Jeanneney, Les économies occidentales du XIXe siècle à nos jours, 2 Bde, ebd. 1985; J. Foreman-Peck, A History of the World Economy: International Economic Relations Since 1850, N. Y. 1983; D. H. Aldcroft, The European Economy 1914-1980, London 1980; P. K. O'Brien, The Great War and the Dislocation of the International Economy 1914-29, in: Fs. H. Pohl, Stuttgart 1995, 245-65; P. A. C. Koistinen, The «Industrial-Military Complex» in Historical Perspective. World War I, in: BHR 41.1967, 378-403.

[3] Schumacher, Land, 23, 63, 31, 52f., 57, 68, 70f., 35, 40f., 46, 66, 35; Offer, 23f., 331-34; Hoffmann u. a., 286f. (danach Übersicht 116); Mai, 111f.; Hardach, Weltkrieg, 125f.; F. Aereboe, Der Einfluß des Krieges auf die landwirtschaftl. Produktion Deutschlands, Stuttgart 1927; Feldman, Armee, 94-106, 230-41; Kocka, Klassengesellschaft, 128; Mommsen II, 684-94; v. Oldenburg-Januschau, 155, 161; v. Westarp II, 381f.; G. Michaelis, Für Staat u. Volk, Berlin 1922; M. v. Braun, Von Ostpreußen bis Texas, Stollhausen 1955; G. D. Feldman, Politik u. Gesellschaft 1914-18, in: Langewiesche Hg., Ploetz-Kaiserreich, 217; R. G. Moeller, German Peasants and Conservative Agrarian Politics 1914-24, Chapel Hill 1986, 8, 51, 148. Vgl. allg. ders., Economic Dimensions of Peasant Protest in the Transition from Kaiserreich to Weimar, in: ders. Hg., 140-67; ders., Dimensions of Social Conflict in the Great War: The View from the German Countryside, in: CEH 14.1981, 142-68; Flemming, Interessen; J. Osmond, German Peasant Farmers in War and Inflation 1914-24, in: G. D. Feldman u. a. Hg., Die deutsche Inflation, Berlin 1982, 289-307; A. Skalweit, Die deutsche Kriegsernährungswirtschaft, Stuttgart 1927; G. Yaney, The World of the Manager: Food Administration in Berlin 1914-18, N. Y. 1994;

D. Baudis, Vom «Schweinemord» zum «Kohlrübenwinter». Lebensverhältnisse in Berlin 1914-18, in: JbW Sobd. 1986, 129-57; M. H. Geyer, Teuerungspolitik u. Teuerungsunruhe 1914-21, in: Gailus u. Volkmann Hg., 219-45; Ullrich, Kriegsalltag, 51 f.; Boll, Massenbewegungen, 201 f.; Mühsam, 174 f.; S. Pfalzer, Der «Butterkrawall» im Okt. 1915 in Chemnitz, in: H. Grebing u. a. Hg., Demokratie u. Emanzipation zwischen Saale u. Elbe, Essen 1993, 196-201; K. Hartewig, «Anarchie auf dem Warenmarkt». Die Lebenshaltung von Bergarbeiterfamilien im Ruhrgebiet 1914-18, in: K. Tenfelde Hg., Arbeiter im 20. Jh., Stuttgart 1991, 241-74; J. Rund, Ernährungswirtschaft u. Zwangsarbeit: Hannover 1914-23, Hannover 1992; vgl. A. Triebel, Soziale Unterschiede beim Konsum im Ersten Weltkrieg, in: T. Pierenkemper Hg., Haushalt u. Verbrauch in histor. Perspektive, St. Katharinen 1987, 90-127; B. Davis, Politics, Identity, and Food in World War I, Diss. Ann Arbor 1993; K.-H. Grotjahn u. R. Oberschelp Hg., Stahl u. Steckrüben. Niedersachsen 1914-18, Hameln 1993; A. Roerkohl, Hungerblockade u. Heimatfront. Westfalen 1914-18, Stuttgart 1991; H.-U. Ludewig, Das Herzogtum Braunschweig 1914-18, Braunschweig 1984; J. Oltmer, Bäuerl. Ökonomie u. Arbeitskräftepolitik. Das Emsland 1914-18, Sögel 1995; A. Haußmann, Alltagsleben im Krieg. Freiburg 1914-18, Freiburg 1994.

[4] K.-E. Born, 1914-33, in: ders. u. a. Hg., Deutsche Bankengeschichte III, Frankfurt 1983, 18, 22, 26 f. (Kosten für England: 105, Frankreich: 74, alle Teilnehmer: 485 Mrd. M.). M. Zeidler, Die deutsche Kriegsfinanzierung 1914-18, in: Michalka Hg., 417, 425-28; Feldman, Disorder, 26, 31, 38, 40 f., 69, 71; Hardach, Weltkrieg, 162-84; Mommsen II, 672, 679-81; F. Lütge, Die deutsche Kriegsfinanzierung 1914-18, 1939-45, in: Fs. R. Stucken, Göttingen 1953, 244, 248-51; R. Lewinsohn, Die Umschichtung der europ. Vermögen, Berlin 1926; W. Lotz, Die deutsche Staatsfinanzwirtschaft im Kriege, Berlin 1927, 120 f.; G. Keiser, Die Erschütterung der Kreditwirtschaft 1914, in: Bankarchiv 38.1938, 505; Williamson, Helfferich, 131; Andexel, 188; K. Roesler, Die Finanzpolitik des Deutschen Reiches 1914-18, Berlin 1967, 71 f., 180-88; Krüger, Nationalökonomen, 156; T. Balderston, War Finance and Inflation in Britain and Germany 1914-18, in: EHR 42.1989, 222-44. – G. Colm, War Finance, in: ESS 15.1935, 347-52; M. Lanter, Kriegsfinanzen, in: HSW 6.1959, 357-65; ders., Die Finanzierung des Krieges, Diss. Zürich/Luzern 1950; K. Lapp, Die Finanzierung der Weltkriege 1914-18, 1939-45, Diss. Nürnberg 1957; R. Stucken, Deutsche Geld- u. Kreditpolitik 1914-53, Tübingen 1964³; L. Köllner, Rüstungswirtschaft u. -finanzierung in den beiden Weltkriegen, in: ders. u. M. Kutz, Wirtschaft u. Gesellschaft in beiden Weltkriegen, München 1980, 1-45; ders., Militär u. Finanzen; ders., Rüstungsfinanzierung; R. A. v. Ruedendorffer, Reichsbank u. Darlehnskasse in der Kriegsfinanzierung 1914-18, Köln 1968; allg. E. Wandel, Banken u. Versicherungen im 19. u. 20. Jh., München 1998; E. Schremmer, Steuern u. Staatsfinanzierung während der Industrialisierung Europas, Berlin 1994; C. Wischermann, Die Erbschaftssteuer im Kaiserreich u. in der WR, in: E. Schremmer Hg., Steuern, Abgaben u. Dienste vom Mittelalter bis zur Gegenwart, Stuttgart 1994, 171-86. – Zur Inflation: M. Bronfenbrenner, Inflation and Deflation, in: IESS 7.1968, 289-301; J. Pedersen u. K. Laursen, German Inflation 1918-23, Amsterdam 1964; C. Bresciani-Turroni, The Economics of Inflation. A Study of Currency Depreciation in Post-War Germany 1914-23, London 1937/ND 1953; N. Ferguson, Paper and Iron. Hamburg Business and German Politics 1897-1927, Cambridge 1995; P. J. Lyth, Inflation and the Merchant Economy. The Hamburg Mittelstand 1914-24, Oxford 1990. Der neueste Stand: C.-L. Holtfrerich, Die deutsche Inflation 1914-23, Berlin 1980; ders., Polit. Faktoren der deutschen Inflation 1914-23, in: Kellenbenz Hg., Wachstumsschwankungen, 165-84; Feldman, Disorder (die umfassendste Gesamtdarstellung); ders. u. a. Hg., Konsequenzen der Inflation, Berlin 1989; ders. u. a. Hg., Die Anpassung an die Inflation, ebd. 1986; ders. u. a. Hg., Die Erfahrung der Inflation im internationalen Zusammenhang u. Vergleich, ebd. 1984; ders. u. a. Hg., Deutsche Inflation, darin ders., Inflation u. Wiederaufbau in Deutschland

u. Europa 1914–24, 1–21; O. Büsch u. ders. Hg., Histor. Prozesse der deutschen Inflation 1914–18, ebd. 1978; G.D. Feldman, Der Historiker u. die deutsche Inflation, in: ders., Vom Weltkrieg, 55–66.

III. Die deutsche Gesellschaft im Weltkrieg
¹ Borchardt, in: HWS II, 697. Zum Konzept der «Relativen Deprivation» vgl. Bd. II, 695–702. – W. Zimmermann, Die Veränderungen der Einkommens- u. Lebensverhältnisse der deutschen Arbeiter durch den Krieg, in: R. Meerwarth u. a., Die Einwirkungen des Krieges auf Bevölkerungsbewegung, Einkommen u. Lebenshaltung in Deutschland, Stuttgart 1932, 456 f., 441, 351; Flemming, Landwirtschaftl. Interessen, 81 (danach: Übersicht 117); Hardach, Weltkrieg, 130 f.; L. Burchardt, Die Auswirkungen der Kriegswirtschaft auf die deutsche Zivilbevölkerung 1914–18 u. 1939–45, in: MM 15.1974, 65–97; Skalweit, 58 f.; Abelshauser u. a. Hg., 230; Mommsen II, 688, 578 f.; Kocka, Klassengesellschaft, 44 f., 32, 37, 45; Luxemburg, Pol. Schriften I, 371 (Junius-Borschüre 1916). – Seit 1973 hierzu am besten: Kocka, Klassengesellschaft. Unlängst präzis: V. Ullrich, Die nervöse Großmacht. Aufstieg u. Untergang des deutschen Kaiserreichs 1871–1918, Frankfurt 1997, 407–573. Dagegen fallen ab: K. L. Ay, Die Entstehung einer Revolution: Bayern 1914–18, Berlin 1968; W. Albrecht, Landtag u. Regierung in Bayern am Vorabend der Revolution 1912–18, ebd. 1968; irreführend v. Kielmansegg, 68 f. («beträchtliche materielle Vorteile» für die Arbeiter). Vgl. die Überlegungen von T. Welskopp, Ein modernes Klassenkonzept für die vergleich. Geschichte industrialis. u. industrieller Gesellschaften, in: K. Lauschke u. ders. Hg., Mikropolitik in Unternehmen des 20. Jh., Essen 1994, 48–106. Dagegen bietet J. Hoffmann (Polit. Handeln u. gesellschaftl. Struktur. Grundzüge deutscher Gesellschaftsgeschichte, Feudalismus – Gegenwart, Münster 1996) ziemlich orthodoxe Politische Ökonomie. Verschiedenartige Perspektiven: W. J. Mommsen, Die sozialen Auswirkungen des Ersten Weltkrieges auf die deutsche Gesellschaft, in: ders., Autoritärer Nationalstaat, 441–62; R. Koselleck, Der Einfluß der beiden Weltkriege auf das soziale Bewußtsein, in: W. Wette Hg., Der Krieg des kleinen Mannes, München 1992, 324–43; M. Vogt, Radikalisierung der Gesellschaft im Krieg, in: Michalka Hg., 622–48; z. T. noch A. v. Mendelssohn-Bartholdy, The War and German Society, New Haven/Conn. 1937/ND N. Y. 1971; vgl. J. Horne Hg.,State, Society, and Mobilization in Europe During the First World War, Cambridge 1997; D. Petzina u. a., SgAb III: 1914–45, München 1978. – A. Triebel, Variations in Patterns of Consumption in Germany 1914–18, in: Wall u. Winter Hg., 159–95; Burchardt, Auswirkungen; C. v. Tyszka, Die Veränderungen in der Lebenshaltung städt. Familien im Krieg, in: ASS 43.1916/17, 841–76; V. Ullrich, Kriegsalltag. Zur inneren Revolutionierung der wilhelmin. Gesellschaft, in: Michalka Hg., 603–21; ders., Kriegsalltag u. deutsche Arbeiterschaft 1914–18, in: GWU 43.1991, 220–30; ders., Kriegsalltag. Hamburg 1914–18, Köln 1982. Aus der «Deutschen Serie» der Weltkriegsstudien der Carnegie-Stiftung (J. T. Shotwell Hg., Wirtschafts- u. Sozialgeschichte des Weltkriegs, 11 Bde, Stuttgart 1927–32) hier v. a. A. Günther, Die Folgen des Krieges für Einkommen u. Lebenshaltung der mittl. Volksschichten Deutschlands, Stuttgart 1932; Meerwarth u.a.; F. Bumm Hg., Deutschlands Gesundheitsverhältnisse unter dem Einfluß des Weltkrieges, 2 Bde, ebd. 1928; M. Liepmann, Krieg u. Kriminalität in Deutschland, ebd. 1930; O. Baumgarten u. a., Geistige u. sittl. Wirkungen des Krieges in Deutschland, ebd. 1927.

² Rathenau, Von kommenden Dingen (1917), in: ders., G. Sch. III; Michalka, Kriegsrohstoffbewirtschaftung, 496; Kocka, Klassengesellschaft, 57–64; Mommsen II, 577; M. Weber, M. Weber, Tübingen 1926/ND München 1989, 577 (7. 4. 1916); Feldman, Armee, 341 (Rupprecht an Hertling, 19. 7. 1917); vgl. ders., Die Sozial- u. Wirtschaftspolitik der deutschen Unternehmer 1918–29, in: ders., Vom Weltkrieg, 182–91; ders., Das deutsche Unternehmertum zwischen Krieg u. Revolution, in: ebd., 100–27; ders. u. I. Steinisch, The Origins of the Stinnes-Legien Agreement, in: IWK 19./20.1973, 45–102; ders. u. H.

Homburg, Industrie u. Gewerkschaften 1918–24, Stuttgart 1985; ders., Die Freien Gewerkschaften u. die Zentralarbeitsgemeinschaft 1918–24, in: Fs. H. Böckler, Köln 1975, 229–52. – Meinecke, Bürgertum, 249 (7. 9. 1918), vgl. 222 (10. 2. 1918); Weber, Zur Politik, 134; Kocka, Klassengesellschaft, 73, 83, 68; A. Kunz, Verteilungskampf oder Interessenkonsensus? Zur Entwicklung der Realeinkommen von Beamten, Arbeitern u. Angestellten 1914–24, in: Feldman Hg., Inflation, 354, 361, 374 (danach: Übersicht 118; Zahlen nach Günther, Folgen des Krieges); ders., Civil Servants and the Politics of Inflation in Germany 1914–24, Berlin 1986; ders., Patterns of Labor Unrest Among State Employees in Germany and Great Britain 1917–23, in: L. Haimson u. G. Sapelli Hg., Strikes, Social Conflict, and the First World War, Mailand 1992, 553–69; Feldman, Disorder, 84; ders., Armee, 372; Mommsen, Auswirkungen, 452, 448–56; Hardach, Weltkrieg, 218. – Kocka, Klassengesellschaft, 68–72, 67, 77–79, 86–93; ders., The First World War and the «Mittelstand», in: JCH 8.1973, 101–23; K. H. Jarausch, German Students 1914–18, in: CEH 17.1984, 310–29; Feldman, in: Langewiesche Hg., Kaiserreich, 220 f.; ders., Armee, 374; Lyth, 66 f.; Wernet, Handwerkspolitik, 72.

[3] Kocka, Klassengesellschaft, 12–18, 20, 33 f., 41, 46, v. a. Tabellen: 14 f., 18; Hardach, Weltkrieg, 211–14, 216 f.; Feldman, Disorder, 81, 64–66; ders., Armee, 379; Bry, 204, 310; Zimmermann, 382, 312; Mai Hg., 15 f., 18; Kolko, 108; Lyth, 55; Weber, Zur Politik, 274; K. Retzlaw, Spartakus, Frankfurt 1971, 72; Vogt, 622; Soziale Praxis 25.1915/16, 273; G. Nonn, Verbraucherprotest u. Parteiensystem im wilhelmin. Deutschland, Düsseldorf 1996, 318–20. – W. Kleber, Sektoraler u. sozialer Wandel der Beschäftigungsstruktur in Deutschland 1882–1978, in: Bade Hg., Auswanderer I, 179–215; P. Quante, Lohnpolitik u. Lohnentwicklung im Kriege, in: ZPSL 59.1919, 323–84; J. Reulecke, Veränderungen des Arbeitskräftepotentials im Deutschen Reich 1900–33, in: Mommsen u. a. Hg., Industrielles System, 84–94; K. Klotzbach, Bibliographie zur Geschichte der deutschen Arbeiterbewegung 1914–45, Bonn 1974. Umfassend angelegt: K. Tenfelde, Machtgewinn u. Spaltung. Arbeiter u. Arbeiterbewegung im Ersten Weltkrieg, Bonn demn.; H.-G. Husung, Arbeiterschaft u. Arbeiterbewegung 1914–18, Deutschland u. England, in: Tenfelde Hg., Arbeiter im Vergleich, 611–64; H.-J. Bieber, Gewerkschaften in Krieg u. Revolution 1914–20, 2 Bde, Hamburg 1982; P. Umbreit, Die deutschen Gewerkschaften im Krieg, Stuttgart 1928; der Beginn von H. A. Winkler, Von der Revolution zur Stabilisierung: Arbeiter u. Arbeiterbewegung in der WR 1918–24, Berlin 1984/1985[2]; enttäuschend: D. Brock, Der schwierige Weg in die Moderne. Umwälzungen in der Lebensführung der deutschen Arbeiter 1850–1980, Frankfurt 1991. Vgl. V. Ullrich, Everyday Life and the German Working Class 1914–18, in: Fletcher Hg., 55–64; P. Lewek, Arbeitslosigkeit u. Arbeitslosenversicherung in der WR 1918–27, Stuttgart 1992; K. C. Führer, Arbeitslosigkeit u. die Entstehung der Arbeitslosenversicherung in Deutschland 1902–27, Berlin 1990; ders., Unterstützung u. Lebensstandard der Arbeitslosen 1918–27, in: K. Tenfelde Hg., Arbeiter im 20. Jh., Stuttgart 1991, 275–98; D. H. Müller, Gewerkschaftl. Versammlungsdemokratie u. Arbeiterdelegierte vor 1918. Geschichte des Lokalismus, des Syndikalismus u. der entsteh. Rätebewegung, ebd. 1985; ders., Trade Unions, Workers Committees and Workers Councils in Berlin's Wartime Industry 1914–18, in: Haimson u. Sapelli Hg., 287–301; ders., Gewerkschaften, Arbeiterausschüsse u. Arbeiterräte in der Berliner Kriegsindustrie 1914–18, in: Mai Hg., 155–78; H.-J. Bieber, Die Entwicklung der Arbeitsbeziehungen auf den Hamburger Werften 1916–20, in: ebd., 77–153; G. Mai, Lohnkonflikte in der Ulmer Metallindustrie 1916–18, in: ebd., 211–47; M. Niehuss, Textilarbeiter 1914–18 in Augsburg, in: ebd., 249–76; G. Plumpe, Chem. Industrie u. Hilfsdienstgesetz: Farbenfabriken Bayer, in: ebd., 179–209. – F. Zunkel, Die ausländ. Arbeiter in der deutschen Kriegswirtschaftspolitik des Ersten Weltkriegs, in: 1. Fs. H. Rosenberg, 280–311.

[4] Kocka, Klassengesellschaft, 97–102; Moeller, Peasants, 3 f., 7, 43 f., 48, 56, 58–61, 64 f., 67; ders., Dimensions, 146; ders., Economic Dimensions; Schumacher, Land, 52 f.,

III. Die deutsche Gesellschaft im Weltkrieg 1013

57f., 64, 68–84; Feldman, in: Langewiesche Hg., Ploetz, 217–19; Mommsen, Auswirkungen, 455; C. Haußmann, Schlaglichter, Hg. U. Zeller, Frankfurt 1924, 198, 202; H. v. Wangenheim, C. v. Wangenheim I, Berlin 1934, 110. Vgl. außer der Lit. in Anm. 3 noch: O. Heilbronner, The Impact and Consequences of the First World War in a Catholic Rural Area: The Black Forest, in: GH 11.1993, 20–35; O.-H. Poppinga, Bauern u. Politik, Frankfurt 1975; C. Giordano u. R. Hettlage Hg., Bauerngesellschaften im Industriezeitalter, Berlin 1989.

⁵ Daniel, Der Krieg der Frauen 1914–18, in: Hirschfeld u. a., 133–45; dies., Fiktionen, Friktionen u. Fakten – Frauenlohnarbeit 1914–18, in: Michalka Hg., 531–62; vorzüglich dies. Arbeiterfrauen in der Kriegsgesellschaft. Beruf, Familie u. Politik 1914–18, Göttingen 1989, vgl. dies., Women's Work in Industry and Family: Germany 1914–18, in: Wall u. Winter Hg., 267–96; dies., The Politics of Rationing vs. the Politics of Subsistence. Working Class Women in Germany 1914–18, in: Fletcher Hg., 89–95; dies., Zweierlei Heimatfront; Weibl. Kriegserfahrungen 1914–18 u. 1939–45, in: Thoss u. Volkmann Hg., 391–409; K. Hagemann, Militäreinsatz von Frauen im Ersten u. Zweiten Weltkrieg, in: ebd., 79–106; A. Strauß, Die Frauenarbeit in der deutschen Rüstungsindustrie 1914–18, 1939–45, in: Fs. F.-W. Henning, Paderborn 1996, 163–84; C. Eifert, Frauenarbeit im Krieg. Die Berliner «Heimatfront» 1914–18, in: IWK 21.1985, 281–95; Soziale Praxis 26.1916/17, 590–92; K. Hausen, The German Nation's Obligation to the Heroe's Widow of World War I, in: M. Higonnet u. a. Hg., Behind the Lines, New Haven/Conn. 1987, 126–40; R. Wall, English and German Families 1914–18, in: ders. u. Winter Hg., 53; J. M. Winter u. J. Cole, Fluctuations in Infant Mortality Rates in Berlin During and After the First World War, in: European Journal of Population 9.1993, 235–63; Hanssen, Diary, 179 (Scheidemann); A. Roerkohl, Die Lebensmittelversorgung 1914–18, in: H.-J. Teuteberg Hg., Durchbruch zum Massenkonsum, Münster 1987, 309–70; K. Weinhauer, Konflikte am Arbeitsplatz u. im Quartier: Arbeitskämpfe u. Konsumentenprotest im 20. Jh., in: AfS 38.1998, 337–56; K. Saul, Jugend im Schatten des Krieges. Vormilitär. Ausbildung – Kriegswirtschaftl. Einsatz – Schulalltag in Deutschland 1914–18, in: MM 34.1983/II, 91–97, 102–14f., 163; R. W. Whalen, Bitter Wounds. German Victims of the Great War, Ithaca 1984, 76, 95; vgl. B. Z. Urlanis, Bilanz der Kriege, Berlin 1965; F. Burgdörfer, Krieg u. Bevölkerungsentwicklung, Berlin 1940; Abelshauser u. a. Hg., 233f. Vgl. allg. J. Williams, The Other Battleground. The Home Fronts: Britain, France, Germany 1914–18, Chicago 1972; B. Kundrus, Kriegerfrauen. Familienpolitik u. Geschlechterverhältnisse 1914–18/1939–45, Hamburg 1995; Higonnet u. a. Hg.; A. Marwick, Women at War 1914–18, London 1977; Mommsen II, 717–27; S. Bajohr, Die Hälfte der Fabrik. Frauenarbeit in Deutschland 1914–45, Marburg 1979; A. Seidel, Frauenarbeit 1914–18: Bayern, Frankfurt 1979; U. v. Gersdorff, Frauen im Kriegsdienst 1914–18, Stuttgart 1969; dies., Frauenarbeit u. Frauenemanzipation 1914–18, in: Francia 2.1975, 502–22; S. Hering, Die Kriegsgewinnlerinnen. Praxis u. Ideologie der deutschen Frauenbewegung 1914–18, Pfaffenweiler 1990; K. Hartewig, Das unberechenbare Jahrzehnt. Bergarbeiter u. ihre Familien im Ruhrgebiet 1914–24, München 1993; B. Guttmann, Weibl. Heimatarmee. Frauen in Deutschland 1914–18, Weinheim 1989; C. E. Boyd, Nationaler Frauendienst. German Middle Class Women 1914–18, Athens/Ga. 1979; S. Dammer, Mütterlichkeit u. Frauendienstpflicht. Deutschland 1890–1918, Weinheim 1988; verstiegene Spekulationen: E. Domansky, Militarization and Reproduction in World War I in Germany, in: G. Eley Hg., Society, Culture, and the State in Germany 1870–1930, Ann Arbor 1996, 427–63 (vgl. dazu: H.-U. Wehler, Aufbruch oder Sackgasse? Das Kaiserreich auf dem Prüfstand, in: ders., Politik in der Geschichte, München 1998, 98–136); B. Davis, Food Scarcity and the Empowerment of the Female Consumers in World War One Germany, in: V. de Grazia Hg., The Sex of Things: Gender and Consumption in Historical Perspective, Berkeley 1996, 287–310; dies., Home Fires Burning. Daily Life and Politics in World War I, Chapel Hill 1999; dies., Geschlecht u. Konsum in den Verbraucherprote-

sten des Ersten Weltkriegs, in: AfS 38.1998, 119–39; T. Bonzon u. dies., Feeding the Cities, in: J. M. Winter u. J.-L. Robert Hg., Capital Cities at War, Cambridge 1996, 305–41; J. M. Winter, Paris, London, Berlin: Capital Cities at War 1914–18, in: International Labor and Working Class History 44.1993, 106–18; vgl. auch D. u. R. Glatzer, Berliner Leben 1914–18, Berlin 1983; Y.-S. Hong, World War I and the German Welfare State. Gender, Religion, and the Paradoxes of Modernity, in: Eley Hg., 345–69; E. Rosenhaft, Restoring Moral Order on the Home Front: Germany 1914–18, in: Coetzee Hg., 81–109; D. A. Welch, German Propaganda and Total War 1914–18, New Haven/Conn. 1999; ders., Cinema and Society in Imperial Germany, in: GH 8.1990, 28–45; immer noch: C. Lorenz, Die gewerbl. Frauenarbeit während des Krieges, in: P. Umbreit u. dies., Der Krieg u. die Arbeitsverhältnisse, Stuttgart 1928, 307–91; H. Meister-Trescher, Frauenarbeit u. Frauenfrage, in: HStW 4.19274, 302–42. – Huerkamp, Bildungsbürgerinnen. – E. Hagner, Es lief sich so sicher an Deinem Arm. Briefe einer Soldatenfrau 1914, Weinheim 1986; C. Schubert-Weller, Die Militarisierung der männl. Jugend u. ihr Einsatz 1914–18, München 1998; G. Fiedler, Jugend im Krieg 1914–18, Köln 1989; W. Karl, Jugend, Gesellschaft, Politik 1914–18, München 1973. – C. P. Vincent, The Politics of Hunger. The Allied Blockade of Germany 1914–19, Athens/Ohio 1986; M. C. Siney, The Allied Blockade 1914–16, Ann Arbor 1957; J. A. Huston, The Allied Blockade of Germany 1918/19, in: JCEA 10.1950, 145–68.

[6] Whalen, 39, 43, 51, 63; Schieder, Staatensystem, 331; Kolko, 125; Fussel, 125; Mommsen II, 584, 592, 711–17; Wette, Reichstag, 21; P. Witkop Hg., Kriegsbriefe gefallener Studenten (1916), München 1928[7], 100, 124 (vgl. M. Hettling u. M. Jeismann, Der Weltkrieg als Epos. Witkops «Kriegsbriefe», in: Hirschfeld u. a. Hg., 175–98; s. dagegen: U. Wiedenhoff, Kontinuitäten korporierter Mentalität 1914–18, in: Hirschfeld u. a. Hg., Kriegserfahrungen, 189–207); B. Ziemann, Das «Fronterlebnis» des Ersten Weltkriegs in Deutschland u. Frankreich, in: H. Mommsen Hg., Erste Weltkrieg, 49–82; E. J. Leed, Class and Disillusionment in World War I, in: JMH 50.1978, 681–92; ders., No Man's Land. Combat and Identity in World War I, N. Y. 1979; A. Lipp, Friedenssehnsucht u. Durchhaltebereitschaft deutscher Soldaten 1914–18, in: AfS 36.1996, 279–92; M. Hobohm, Soziale Heeresmißstände 1914–18 (1929), in: Wette Hg., 136–45; Koselleck, Einfluß, 323 f.; R. Riedesser u. A. Verderber, «Maschinengewehre hinter der Front». Deutsche Militärpsychiatrie, Frankfurt 1996; D. Kaufmann, Psychiatry in the First World War and the WR, in: JCH 14.1999, 125–44; W. Kruse, Krieg u. Klassenheer. Zur Revolutionierung der deutschen Armee 1914–18, in: GG 22.1996, 530–61; W. Deist, Verdeckter Militärstreik im Kriegsjahr 1918? in: Wette Hg., 146–67; ders., Auflösungserscheinungen in Armee u. Marine als Voraussetzungen der deutschen Revolution, in: Vorträge zur Militärgeschichte II, Herford 1981, 35–49; A. Triebel, Der innere Feind an der deutschen Heimatfront im Ersten Weltkrieg, in: K. Imhof u. P. Schulz Hg., Kommunikation u. Revolution, Zürich 1998, 225–44. Vgl. allg. T. Wilson, The Myriad Faces of War 1914–18, Cambridge 1986; B. Ulrich, Die Augenzeugen. Feldpostbriefe in Deutschland 1914–33, Essen 1998; anschaulich: R. Spilker u. ders. Hg., Der Tod als Maschinist. Der industrialisierte Krieg 1914–18, Bramsche 1998; B. Ulrich u. B. Ziemann Hg., Frontalltag 1914–18, Frankfurt 1994; P. Knoch Hg., Kriegsalltag, Stuttgart 1989; D. Winter, Death's Men. Soldiers of the Great War, Harmondsworth 1979; J. Meyer, La vie quotidienne des soldats pendant la grande guerre, Paris 1966; T. Ashworth, Trench Warfare 1914–18, London 1980; A. R. Millett u. W. Murray Hg., Military Effectiveness I: The First World War, Boston 1988; B. Ulrich, Militärgeschichte von unten, in: GG 22.1996, 473–503; ders., Kampfmotivationen u. Mobilisierungsstrategien: Das Beispiel Erster Weltkrieg, in: H. v. Stietencron u. J. Rüpke Hg., Töten im Krieg, Freiburg 1995, 399–419; ders., Die Desillusionierung der Kriegsfreiwilligen von 1914, in: Wette Hg., 110–26; vgl. allg. U. Frevert Hg., Militär u. Gesellschaft im 19. u. 20. Jh., Stuttgart 1997. Zerstörung eines Propagandamythos: R. Dithmar Hg., Langemarck, Neuwied 1992; S. Brandt u. G. Krumeich

Hg., Schlachtenmythen, Essen 2000; K. Unruh, Langemarck. Legende – Wirklichkeit, Koblenz 1986. B. Hüppauf, Langemarck, in: War and Society 6.1988/2, 70–103; U. Ketelsen, «Die Jugend vor Langemarck», in: Koebner u. a. Hg., 68–96. – M. Middlebrook, Der 21. März 1918. Die Kaiserschlacht, Berlin 1979; L. Sauerteig, Militär, Medizin u. Moral: Sexualität im Ersten Weltkrieg, in: W. U. Eckart u. C. Gradmann Hg., Die Medizin u. der Erste Weltkrieg, Pfaffenweiler 1996, 197–222; ders., Krankheit, Sexualität, Gesellschaft. Geschlechtskrankheiten in Deutschland im 19. u. 20. Jh., Wiesbaden 1999; M. Hirschfeld u. a. Hg., Sittengeschichte des Weltkriegs (1928), 2 Bde, ND Hanau 1980 (engl. The Sexual History of the World War, N. Y. 1934); K. Theweleit, Männerphantasien, 2 Bde, Frankfurt (1978) 1985²/ND Reinbek 1990 (vgl. dazu L. Niethammer, Male Fantasies, in: History Workshop 7.1979, 176–86); A. Tramitz u. B. Ulrich Hg., D. Richter, Beste Gelegenheit zum Sterben. Meine Erlebnisse 1914–18, München 1989; R. Maier Hg., Feldpostbriefe aus dem Ersten Weltkrieg, Stuttgart 1966; R. Hoffmann Hg., Der deutsche Soldat. Briefe aus dem Weltkrieg, München 1937; Witkop Hg.- Aus der Nachkriegsliteratur nur: E. Jünger, In Stahlgewittern, Berlin 1920/ND Stuttgart 1986³⁰; E. M. Remarque, Im Westen nichts Neues (1928), Köln o. J.; E. Köppen, Heeresbericht (1930), Reinbek 1985.

[7] F. Meinecke, Staat u. Persönlichkeit, Berlin 1933, 214; B. Thoß, Nationale Rechte, militär. Führung u. Diktaturfrage in Deutschland 1913–23, in: MM 42.1987, 35–60 (vorzüglicher Überblick); David, Kriegstagebuch, 69 (18. 11. 1914); Görlitz Hg., Regierte? 97; H. Haeussler, General W. Groener and the Imperial Army, Madison/Wisc. 1962; Sösemann, 147; Mai, Ende, 120; Ritter III, 327; vgl. 351–416; K. H. Janssen Hg., K. G. v. Treutler. Die graue Exzellenz, Frankfurt 1971, 215 f.; Mommsen II, 643; vgl. ders., Die Regierung Bethmann Hollweg u. die öffentl. Meinung 1914–17, in: VfZ 17.1960, 117–59; ders., Die deutsche öffentl. Meinung u. der Zusammenbruch des Regierungssystems Bethmann Hollweg (1969), in: ders., Nationalstaat, 422–40; Feldman, Armee, 125; H. Weber, Ludendorff u. die Monopole. Deutsche Kriegspolitik 1916–18, Berlin 1966; Deist I, 421 f.; II, 611, 651, 675, 783, 795; vgl. M. Kitchen, Militarism and the Development of Fascist Ideology. The Political Ideas of Col. M. Bauer 1916–18, in: CEH 8.1975, 199–220; A. Vogt, Oberst M. Bauer 1869–1929, Osnabrück 1974; M. Bauer, Der große Krieg. Erinnerungen, Tübingen 1921; A. v. Thaer, Generalstabsdienst an der Front u. in der OHL, Hg. S. A. Kaehler, Göttingen 1958, 151, 199, 211; E. v. Vietsch Hg., Gegen die Unvernunft. Der Briefwechsel P. v. Wolff Metternich u. W. Solf 1915–18, Bremen 1964, 111 (Solf, 11. 1. 1918); Riezler, 460 (5. 4. 1918); Miller, Burgfriede, 113–56; 334 f.; Adler Hg., V. Adler, Briefwechsel, 630 (Kautsky, 7. 8. 1916). Vgl. zur Neuen Rechten: Stegmann, Konservative Machteliten 1910–18, 351–432; ders., Neokonservativismus 1893–1920; ders., Die deutsche Inlandpropaganda 1917/18, in: MM 12.1972/II, 75–116; A. G. Marquis, Words as Weapons. Propaganda in Britain and Germany 1914–18, in: JCH 13.1978, 467–98. Endlich die erste moderne Monographie: H. Hagenlücke, Deutsche Vaterlandspartei. Die nationale Rechte am Ende des Kaiserreichs, Düsseldorf 1997 (vgl. H.-U. Wehler, Wilhelminische Honoratiorenklüngel oder protofaschistische Massenpartei? Die «Deutsche Vaterlandspartei» von 1917/18, in: ders., Politik in der Geschichte, 172–77); ders., Formverwandlungen der Politik in Deutschland im Übergang vom Kaiserreich zur WR, in: H. Mommsen Hg., Der Erste Weltkrieg u. die europ. Nachkriegsordnung, Köln 2000, 107–24; G. Eley, Konservative u. radikale Nationalisten in Deutschland 1912–28, in: ders., Wilhelminismus, 209–47; M. Weißbecker, Deutsche Vaterlandspartei 1917/18, in: LP 2, 391–403; R. Ullrich, dass., Diss. Jena 1971; G. E. Etue, The German Fatherland Party 1917/18, Diss. Univ. of Calif. Berkeley 1959; K. Wortmann, Geschichte der Deutschen Vaterlandspartei 1917/18, Halle 1926 (Verklärung). – Zur Neuen Linken v. a. die Lit. in Anm. 1 (Schorske, Boll, Ullrich, Nolan, Tobin, Schwarz) sowie K. Rudolph, Die sächs. Sozialdemokratie 1871–1923, Köln 1995; D. W. Morgan, The Socialist Left and the German Revolution. A History of the Independent

Socialist Democratic Party 1917–22, Ithaca 1975; H. Krause, USPD, Frankfurt 1975; R. Wheeler, USPD u. Internationale, Berlin 1975 (vgl. G. Haupt, Socialism and the Great War. The Collapse of the Second International, Oxford 1972; A. Blänsdorf, Die Zweite Internationale u. der Krieg 1914–17, Stuttgart 1979); G. Högl, Gewerkschaften u. USPD 1916–22, Diss. München 1982; L. O'Boyle, The German Independent Socialists 1917–18, in: AHR 56.1951, 824–31; E. Prager, Geschichte der USPD, Berlin 1922²/ND Glashütten 1970; F. Dingel, Revolutionäre Illusion oder revolutionäre Chance? USPD u. Massenbewegungen 1918–20, in: IWK 15.1979, 421–37; ders., Einleitung, in: R. Müller, Geschichte der deutschen Revolution I, ND Berlin 1979, 9–41; C. Geyer, Die revolutionäre Illusion, Hg. W. Benz u. H. Graml, Stuttgart 1976; H. Trotnow, K. Liebknecht, Köln 1980; Nettl, Luxemburg; A. Laschitza, Im Lebensrausch, trotz alledem: R. Luxemburg, Berlin 1996; Schleifstein, Mehring; Kramme, Mehring; U. Ratz, G. Ledebour 1850–1947, Berlin 1969; F. L. Carsten, War Against War. British and German Radical Movements 1914–18, London 1982; W. Kruse, Neuorientierung u. Spaltung. Die polit. Entwicklung der deutschen Sozialdemokratie 1914–18, in: IWK 23.1987, 1–27; P. Brandt, Der Erste Weltkrieg u. die europ. Arbeiterbewegung, in: GWU 47.1996, 225–38. – Calkins, Haase; W. Pelz, The Spartakusbund and the German Working Class Movement 1914–19, Lewiston/N. Y. 1988; E. Waldman, Spartakus, Boppard 1967; H. M. Bock, Syndikalismus u. Linkskommunismus 1918–23, Meisenheim 1969/Darmstadt 1993²; G. Badia, Le Spartakisme 1914–19, Paris 1967; ders., Les Spartakistes 1918, ebd. 1966; ders., Histoire de l'Allemagne contemporaine 1917–62 I, ebd. 1962; nützliche Quellensammlung: Spartakusbriefe, Hg. Institut für Marxismus-Leninismus, Berlin 1958; unergiebig zu beiden Radikalismen: H. Fenske, Deutsche Parteiengeschichte, Paderborn 1994, sowie die gesamte Glorifizierungsliteratur der DDR-Historiographie.

IV. Die Dritte Oberste Heeresleitung und der Totale Krieg

[1] Görlitz Hg., Regierte? 206; Groener, Erinnerungen, 316, 360; K.-H. Janßen, Der Kanzler u. der General. Die Führungskrise um Bethmann Hollweg u. Falkenhayn 1914–16, Göttingen 1967; ders., Der Wechsel in der OHL 1916, in: VfZ 7.1959, 337–71; Weber, Zur Politik, 188; v. Vietsch Hg., 75; Werk IV/2, 43; Meinecke, Staat, 214; Feldman, Armee, 324 (Richter an v. Rieppel, 30. 8. 1917); Thoß, Rechte, 55 f.; G. Schramm, Militarisierung u. Demokratisierung: Typen der Massenintegration im Ersten Weltkrieg, in: Francia 3.1976, 478, 482; Mai, Ende, 120, 95; ders., Hg., 13; Schieder, Staatensystem, 340, 380, vgl. Huber V, 213–16. Ich präzisiere hier meine Interpretation in: Das Deutsche Kaiserreich, 204–7, 213. – Geyer, Strategy, 538 f.; L. Preller, Sozialpolitik in der WR, Stuttgart 1949/1978², 72; vgl. E. Reidegeld, Staatl. Sozialpolitik in Deutschland bis 1918, Opladen 1996; E. Ludendorff Hg., Urkunden der OHL 1916/18, Berlin 1922², 139–42; Herbert, Geschichte, 82–113; ders., Zwangsarbeit als Lernprozeß, in: AfS 24.1984, 285–304; Borchardt, in: HWS II, 682. Zur Eisenbahnkrise: A. Sarter, Die deutschen Eisenbahnen im Kriege, Stuttgart 1930; Hoff, Eisenbahnen im Deutschen Reich, in: HStW 3.19264, 587–641. Grundlegend zum HDG: Feldman, Armee, 133–398; ders., Disorder, 63, 67, 88; Mai, Ende, 95–105, 109 f.; Mommsen II, 695–710, 644; Hardach, Weltkrieg, 14–81. Apologetik: H.-J. Flechtner, C. Duisburg, Düsseldorf 1959. – Vgl. allg. zur 3. OHL: E. Ludendorff, Meine Kriegserinnerungen 1914–18, Berlin 1919; ders. Hg., Urkunden; ders., Kriegführung u. Politik, Berlin 1922; ders., Der totale Krieg, München 1935; am besten knapp: B. Thoß, E. Ludendorff, in: NDB 15.1987; N. Stone, dass., in: M. Carver Hg., The War Lords, London 1976, 13–74; H. Speier, dass., in: Earle Hg., Makers, 306–21; J. W. Wheeler-Bennett, Men of Tragic Destiny: Ludendorff and Groener, in: Pares u. Taylor Hg., 506–42; R. v. Albertini, Politik u. Kriegführung in der deutschen Kriegstheorie von Clausewitz bis Ludendorff, in: Schweizer. Monatsschrift für Offiziere 59.1947, 11–29, 33–45, 78–91; A. Bergouioux u. P. Polirka, Stratégie et idéologie: la doctrine et l'idéologie militaire prussienne de Moltke à Ludendorff, in: Revue Internationale

IV. Die Dritte Oberste Heeresleitung und der Totale Krieg 1017

d'Histoire Militaire 37.1977, 55–76; Wehler, Vom «absoluten» zum «totalen Krieg», 89–116. – R. Parkinson, Tormented Warrior: Ludendorff and the Supreme Command, London 1978; D.J. Goodspeed, Ludendorff, ebd. 1966, dt. Gütersloh 1968; früh klar: K. Tschuppik, dass., Wien 1931; dagegen abfallend: H. Mahlberg, dass., Hannover 1965; W. Breucker, Die Tragik Ludendorffs, Stollhausen 1953; W. Foerster, Der Feldherr Ludendorff im Unglück, Wiesbaden 1952; neuer Tiefpunkt: W. Venohr, Ludendorff, Berlin 1993. Allg. R. B. Asprey, Hindenburg and Ludendorff: The German Command at War, N. Y. 1991; P. N. Dupuy, The Military Lives of Hindenburg and Ludendorff, N. Y. 1979; C. Barnett, The Swordbearers: Supreme Command in the First World War, Bloomington 1975, dt. Anatomie eines Krieges, München o.J.; zu schlicht für «Militärdiktatur»: M. Kitchen, The Silent Dictatorship. The Politics of the German High Command Under Hindenburg and Ludendorff 1916–18, London 1976; J. Schellenberg, Die Herausbildung der Militärdiktatur in den ersten Jahren des Krieges, in: Klein Hg., Politik 1914–18, 22–49. -Hindenburg, Leben; J. W. Wheeler-Bennett, Wooden Titan: Hindenburg, N. Y. 1936/ND Hamden/Conn. 1963, dt. Der hölzerne Titan, Tübingen 1969; W. Görlitz, Hindenburg, Bonn 1953; Hubatsch, dass. – Vgl. allg.M. Geyer, The Past as Future: The German Officer Corps as a Profession, in: Cocks u. Jarausch Hg., 183–213; S. P. Huntington, The Soldier and the State. The Theory and Practice of Civil-Military Relations, N. Y. 1957; S. Andreski, Military Organisation and Society, Berkeley 1954/1971[2]; A. Perlmutter, The Military and Politics in Modern Times, N. Y. 1977; M. Field, The Structure of Violence: Armed Forces as Social Systems, Beverly Hills 1977; J. van Doorn, The Soldier and Social Change, ebd. 1975; ders. Hg., Military Profession and Military Regimes, Den Haag 1969; M. Janowitz, The Professional Soldier: A Social and Political Portrait, N. Y. 1960; P. Abrams, Armed Forces and Society, in: J. N. Wolfe u. J. Erickson Hg., The Armed Services and Society, Edinburgh 1970, 24–37.

[2] Miller, 166–76, 290–97, 367–71; Kocka, Klassengesellschaft, 49–53; Schorske, Große Spaltung; anschaulich: W. Dittmann, Erinnerungen, Hg.J. Rojahn, 3 Bde, Frankfurt 1995; vgl. D. K. Buse, Ebert and the German Crisis 1917–20, in: CEH 5.1972, 234–55; E. Kolb, Die deutsche Arbeiterbewegung vor der Frage: Reform oder Revolution 1914–19, in: ders., Umbrüche deutscher Geschichte, Hg. D. Langewiesche u. K. Schönhoven, München 1993, 207–20; die USPD-Lit. in Anm. 21. – Feldman, Armee, 347; Weißbecker, 392 (Lenz, Sept. 1917); Mommsen II, 758 f., 802 f.; Stegmann, Erben, 404, 499, 508; Meinecke, Werke II, 222 (10.2. 1918); Groener, Erinnerungen, 559; K. Helfferich, Der Weltkrieg III, Berlin 1919, 183; M. Weber, Vaterland u. Vaterlandspartei, in: ders., Politik im Weltkrieg, 145, vgl. 197; Meinecke, Werke VIII, 353 f.; Vogt, 632. Vgl. die Lit. zur «Vaterlandspartei» in Anm. 7, dazu noch den Anfang von: B. S. Chamberlain, The Enemy on the Right. The Alldeutsche Verband 1918–26, Diss. Univ. of Maryland 1978; W. Krebs, Der Alldeutsche Verband 1918–39, Diss. Berlin 1970.

[3] Picht, Zwischen Vaterland u. Volk. Das deutsche Judentum im Ersten Weltkrieg, in: Michalka Hg., 736, 738–40, 743–51; vgl. v. a. H. Berding, Der Aufstieg des Antisemitismus im Ersten Weltkrieg, in: W. Benz u. W. Bergmann Hg., Vorurteil u. Völkermord, Freiburg 1997, 304–40; vgl. auch S. Friedländer, Die polit. Veränderungen der Kriegszeit, 27–65; E. G. Reichmann, Der Bewußtseinswandel der deutschen Juden, 511–612; W. Bergmann u. J. Wetzel, Antisemitismus im Ersten u. Zweiten Weltkrieg, in: Thoss u. Volkmann Hg., 437–69; S. Magill, Defence and Introspection: German Jewry 1914, in: D. Bronson Hg., Jews and Germans 1860–1933, Heidelberg 1979, 209–33; W. Jochmann, Die Ausbreitung des Antisemitismus, in: W.E. Mosse u. A. Paucker Hg., Deutsches Judentum in Krieg u. Revolution 1916–23, Tübingen 1971, 412–14, 417, 419, 421–27 (427: Rathenau, 4.8. 1916), 437, 439 f., 444 f., 450–52, 455; vgl. allg. 409–55; E. Zechlin u. H. Bieber, Die deutsche Politik u. die Juden im Ersten Weltkrieg, Göttingen 1969; 523, 525–34, 538–41, 450–53, 558, allg. 516–67, v. a. 524–40; vgl. Adler, Ostjuden, 39; T. Maurer, Ostjuden in Deutschland 1918–33, Hamburg 1986; dies., Die Entwicklung der jüd.

Minderheit in Deutschland 1780–1933, Tübingen 1992; Aschheim; Wertheimer; Bd. III, 1455–58, Anm. 14. Von 160 000 ausländischen Juden im Oktober 1918 stammten 35 000 aus Polen/Rußland. Vgl. allg. noch M. A. Meyer u. M. Brenner Hg., Deutsch-jüd. Geschichte der Neuzeit III: 1871–1918, München 1997; speziell: W. T. Angress, Das deutsche Militär u. die Juden 1914–18, in: MM 19.1976, 77–146; ders., The German Army's «Judenzählung» of 1916, in: LBIYB 23.1978, 117–37; Militärgeschichtl. Forschungsamt Hg., Deutsche jüd. Soldaten 1914–45, Herford 1987. Kritik: F. Oppenheimer, Die Judenstatistik des preuß. Kriegsministeriums, München 1922, auch in: ders., Soziolog. Streifzüge II, ebd. 1927, 252–85; Koszyk, Pressepolitik, 166 (Wahnschaffe); Zensur: Mommsen, Öffentl. Meinung; ders., Regierung Bethmann Hollweg; Rathenau, Briefe II, 1926, 10; Mayer, Erinnerungen, 267; vgl. J. Prellwitz, Jüd. Erbe, sozialliberales Ethos, deutsche Nation: G. Mayer, Mannheim 1999; U. Lohalm, Völk. Radikalismus. Die Geschichte des «Deutschvölk. Schutz- u. Trutzbundes» 1919–23, Hamburg 1970, 4–53.

[4] Deist Bearb., 404 f.; Tenfelde u. Volkmann Hg., 304 (Streiks nach der Reichsstatistik), 200 («Lohnbewegungen»), 296 (die geschönten Gewerkschafts-Zahlen, 1914: 1293/68770; 1915: 60/1820; 1916: 139/14500; 1917: 189/64900; 1918: 163/21720). Übersicht 119 nach: ebd., 304, 300; Kocka, Klassengesellschaft, 50–56; Feldman, Disorder, 80; ders., Armee, 117, 262, 267, 269–82, 286–89, 298–315, 360–62, 389 (286: Groener, 310: Merton, 314: Helfferich); ders. u. a., Massenbewegungen der Arbeiterschaft in Deutschland 1917–20, in: PVS 13.1972, 85, 87 f., 93; Rabenschlag-Kräußlich, 166–70; Weber, Politik im Weltkrieg, 274; Thoß, Rechte, 57; Mommsen II, 791–96; Mai, Ende, 44. Vgl. die Lit. in Anm. 1; v. a. Schönhoven Bearb.; ders., Gewerkschaften 1890–1918, 249–78; ders., Deutsche Gewerkschaften, 94–115; Varain; Geary, Arbeiterprotest, 122–36; H.-J. Bieber, The Socialist Trade Unions in War and Revolution, in: Fletcher Hg., 74–85; J. L. Snell, Socialist Unions and Socialist Patriotism in Germany 1914–19, in: AHR 59.1953/54, 66–76; K. L. Rintelen, Ein undemokrat. Demokrat: G. Bauer, Frankfurt 1993. Allg. noch G. D. Feldman, Streiks in Deutschland 1914–33, in: Tenfelde u. Volkmann Hg., 271–86; ders., Labor Unrest and Strikes in Saxony 1916–23, in: Haimson u. Sapelli Hg., 303–21; F. Boll, Reformist and Revolutionary Strike Practices in Hannover and Braunschweig 1906–19, in: ebd., 351–66; ders., Spontaneität der Basis u. polit. Funktion des Streiks 1914–18, in: AfS 17.1977, 337–66; ders., Massenbewegungen, 145–253; K. Tenfelde, Massenbewegungen u. Revolution in Deutschland 1917–23, in: H. Konrad u. K. M. Schmidlechner Hg., Revolutionäres Potential in Europa am Ende des Ersten Weltkriegs, Wien 1991, 9–15; J. E. Cronin, Labor Insurgency and Class Formation 1917–20 in Europe, in: SSH 4.1980 125–52; J. Tampke, The Ruhr and Revolution in the Rhenish-Westphalian Industrial Region 1912–19, London 1979; F. Opel, Der Deutsche Metallarbeiter-Verband 1914–18, Hannover 1957/1980[4]. – S. Bailey, The Berlin Strike of January 1918, in: CEH 13.1980, 158–74; V. Ullrich, Der Januarstreik 1918 in Hamburg, Kiel u. Bremen, in: Zeitschrift des Vereins für Hamburg. Geschichte 71.1985, 45–74; ders., Massenbewegungen in der Hamburger Arbeiterschaft 1914–18, in: A. Herzig u. a. Hg., Arbeiter in Hamburg, Hamburg 1983, 407–18; W. Boldt, Der Januarstreik 1918 in Bayern, in: Jb. für fränk. Landesforschung 25.1965, 5–42.

[5] Erdmann, in: Gebhardt IV, 73 f.; Klein u. a. II, 89–98, 202–05, 329–35, 379–83, 555–69, 589–99; Hardach, 44–60; Mai, Ende, 69, 85; Mommsen II, 652–63; Fischer, Griff, 387–95; Haffner, Todsünden, 55–67; Weber, Politik im Weltkrieg, 44, 46 f.; Müller, Regierte? 146 f., 215, 251; Riezler, 211 f. (1./6. 11. 1914), 322, Anm. 5 (11. 1. 1916); v. Vietsch Hg., 48, 51 (Solf, 18. 12. 1916; 14. 2. 1917); Afflerbach, Planung, 304; M. Balfour, Wilhelm II., Berlin 1967, 404 (Churchill). Vgl. allg. M. Epkenhans, Die kaiserl. Marine 1914–18, in: Michalka Hg., 319–40; B. Stegemann, Die deutsche Marinepolitik 1916–18, Berlin 1970; H. H. Herwig, The Failure of German Sea Power 1914–45, in: International History Review 10.1988, 68–105; T. Scheerer, Die Marineoffiziere der kaiserl. Marine, Diss. Hamburg 1993; Apologetik: A. v. Tirpitz, Polit. Dokumente, 2 Bde, Stuttgart 1924. –

K. E. Birnbaum, Peace Moves and U-Boat-Warfare. Imperial Germany's Policy Toward the United States 1916/17, Stockholm 1958; P. G. Halpern, A Naval History of World War I, Annapolis 1994; B. Kaulisch, Die Auseinandersetzung um den uneingeschränkten U-Boot-Krieg 1916/17, in: Klein Hg., Politik 1914–18, 90–117; R. Scheck, Der Kampf des Tirpitz-Kreises um den uneingeschränkten U-Boot-Krieg 1916/17, in: MM 55.1996, 69–91; T. Oppelland, Reichstag u. Außenpolitik im Ersten Weltkrieg, Die deutschen Parteien u. die Politik der USA, Düsseldorf 1995.

V. Die deutsche Revolution von 1918

[1] W. Hahlweg Hg., Lenins Rückkehr nach Rußland, Leiden 1957; ders., Lenins Reise durch Deutschland im April 1917, in: VfZ 5.1957, 307–33; Z. A. B. Zeman Hg., Germany and the Revolution in Russia 1915–18, London 1958. Aus der riesigen Literatur nur: D. Geyer, Krieg u. Revolution: Rußland u. Deutschland 1917/18, in: D. Langewiesche Hg., Revolution u. Krieg, Paderborn 1989, 155–69; ders., Die Russ. Revolution, Göttingen 1985[4]; ders., Oktoberrevolution, in: SDG 4.1971, 917–58; M. Hildermeier, Die Russ. Revolution 1905–20, Frankfurt 1989; ders., Geschichte der Sowjetunion 1917–91, München 1997; extrem strittige Deutung: E. Nolte, Der europ. Bürgerkrieg 1917–45, Berlin 1987/1989[4] (unangemessen dramatisierend auch der Nolte-»Schüler» K.-U. Merz, Das Schreckbild: Deutschland u. der Bolschewismus 1917–23, Berlin 1995; aber auch schon U. Döser, Das bolschewist. Rußland in der deutschen Rechtspresse 1918–25, Diss. FU Berlin 1961). – Mommsen II, 736–41, 772–86, 804–07; Fischer, Griff, 627–74; Ritter III, 482–502; IV, 90–150, 200–64; Schieder, Staatensystem, 342 f., 350, 368; Mai, Ende, 133–38; Hildebrand, Reich, 357–70; Haffner, Todsünden, 69–82, 85–98, 23; Klein u. a. III, 62–134, 179–226 (Verluste: 197 f. u. G. v. Rauch, Geschichte des bolschewist. Rußland, Wiesbaden 1955, 110 f.). – R. v. Kühlmann, Erinnerungen, Heidelberg 1948; vgl. J. Hürter, Die Staatssekretäre des Auswärtigen Amtes 1914–18, in: Michalka Hg., 216–51; E. Matthias u. R. Morsey Bearb., Der Interfraktionelle Ausschuß 1917/18 II, Düsseldorf 1959, 12, 183, 228, 241 f., 288; Müller, Regierte? 335; v. Vietsch Hg., 111 (Solf, 11. 1. 1918); Ludendorff, Erinnerungen, 529, vgl. 448; ders., Urkunden, 472. – W. Baumgart, Deutsche Ostpolitik 1918. Von Brest-Litowsk bis zum Ende des Ersten Weltkriegs, Wien 1966, 13–28, 258–303; ders. Hg., Von Brest-Litowsk bis zur deutschen Novemberrevolution, Göttingen 1971; ders., Brest-Litwosk u. Versailles: Ein Vergleich, in: HZ 210.1970, 583–619, v. a. 595, 610–17; ders., Das «Kaspi-Unternehmen». Größenwahn Ludendorffs oder Routineplanung des deutschen Generalstabs? in: Jahrbücher für Geschichte Osteuropas 18.1974, 47–126, 231–78; W. Hahlweg Bearb., Der Friede von Brest-Litowsk, Düsseldorf 1971, vgl. 233, 691; ders., Der Diktatfriede von Brest-Litowsk 1918, Münster 1960; J. W. Wheeler-Bennett, Brest-Litowsk: The Forgotten Peace, London 1956 (109: Kreuznach); E. Birke, Rußland, seine Westgebiete, der Kommunismus u. Versailles, in: H. Rößler Hg., Ideologie u. Machtpolitik 1919, Göttingen 1966, 92–125; H. W. Gatzke, Zu den deutschruss. Beziehungen im Sommer 1918, in: VfZ 3.1955, 67–98; H. Meier-Welcker, Die militär. Planungen u. ihre Ergebnisse 1917/18, in: H. Rößler Hg., Weltbrand 1917, Göttingen 1965, 7–35; J. Benoist-Méchin, Geschichte der deutschen Militärmacht 1918–45 I: 1918/19, Oldenburg 1965; W. Maehl, The Role of Russia in German Socialist Policy 1914–18, in: IRSH 4.1959, 178–98. Beschönigend: L. Haupts, Deutsche Friedenspolitik 1918/19. Eine Alternative zur Machtpolitik, Düsseldorf 1976; groteske Stilisierung Kühlmanns zur Hauptfigur: Steglich, 232–406.

[2] Stresemann: Klein u. a. III, 268; M. von Baden, Erinnerungen, Stuttgart 1927 (ND ebd. 1968, Hg. G. Mann), 242; Fischer, Griff, 659; Rupprecht II, 359; C. Haussmann, Schlaglichter, Hg. U. Zeller, Frankfurt 1924, 198, 201; L. E. Hill Hg., Die Weizsäcker Papiere I: 1900–32, Berlin 1982, 285; Ludendorff, Erinnerungen, 285; Kronprinz Wilhelm, Erinnerungen, Hg. K. Rosner, Stuttgart 1922, 230; Hanssen, Diary, 319; v. Thaer, 234 f. (29.-1. 10. 1918). Allg. R. Paschall, The Defeat of Imperial Germany 1917/18, Chapel Hill

1989; B. Pitt, 1918: The Last Act, N. Y. 1963; G. Blaxland, Amiens 1918, London 1968. – Mommsen II, 798–809; Feldman, Armee, 369–412, v. a. 399–408; Mai, Ende, 140–46; Erdmann, in: Gebhardt IV, 125–37; Ritter IV, 283–91, 388–414; Schieder, Staatensystem, 370f.; Hildebrand, Reich, 370f.; Klein u. a. III, 227–67, 340–73, 389–95; Haffner, Todsünden, 101–16. Vgl. P. Kilduff, Germany's First Air Force 1914–18, London 1991; J. H. Morrow, German Air Power in World War I, Lincoln 1982; E. Kessel, Ludendorffs Waffenstillstandsforderungen am 29. 9. 1918, in: MM 1968/II, 65–86; S. A. Kaehler, Zur Beurteilung Ludendorffs im Sommer 1918, in: ders., Studien, 241–58; ders., Vier quellenkrit. Untersuchungen zum Kriegsende 1918, in: ebd., 253–305; H. Meier-Welcker, Die deutsche Führung an der Westfront im Frühsommer 1918, in: WaG 21.1961, 164–84.

[3] Kocka, Klassengesellschaft, 122f., 107, vgl. 114–21; Tirpitz, Erinnerungen, 405 (20. 9. 1914); David, Kriegstagebuch, 33 (3. 9. 1914), 208 (11. 10. 1916); Feldman, Armee, 120, 290; Weber, Politik im Weltkrieg, 237; Feldman, Interest Group Alliances, 159–64; H. Potthoff Hg., F. v. Berg als Chef des Geh. Zivilkabinetts 1918: Erinnerungen, Düsseldorf 1971; Huber Hg. II, 478f. (Hertling an Hindenburg, 12. 1. 1918), Ludendorff, Urkunden, 452f. (Hindenburgs Beschwerde, 7. 1. 1918); Thoß, Rechte, 52; Feldman, Armee, 298 (Braunschweig); Deist Bearb. II, 783 (Bauer), 694; vgl. Spenkuch, Preuß. Herrenhaus, 124–49; vgl. ders., Herrenhaus u. Rittergut 1854–1918, in: GG 25.1999, 375–403; J. Eckert, Der Kampf um den Familienfideikommiss in Deutschland, Frankfurt 1992; Schramm, Militarisierung, 487; Matthias u. Morsey Hg., Interfraktioneller Ausschuß II, 228; Mommsen II, 739–70; Jochmann, 414 (v. Gebsattel, Deutsche Zeitung 27. 5. 1917); Vogt, 630 (Mertz v. Quirnheim, Juli 1917); Riezler, 378 (Nov. 1916), 412 (4. 3. 1917), 424 (6. 4. 1917); v. Vietsch, Bethmann, 267f.; Bethmann Hollweg, Betrachtungen II, 172; vgl. zur Stimmung unter Bethmanns Anhängern: A. Thimme Hg., F. Thimme 1868–1938, Briefe, Boppard 1994, 119–80; Mai, Ende, 125–33; Matthias u. Pikart Hg., Sozialdemokrat. Fraktion II, 287, 298; Reiß, 340; GO § 153: Huber Hg. II, 247, 465; RVG: ebd., 462. – Zu den beiden Regierungen nach Bethmann: Michaelis, Staat u. Volk; E. Deuerlein, Deutsche Kanzler, München 1968, 174–92; D. Hein, G. Michaelis, in: W. v. Sternburg Hg., Deutsche Kanzler, Königstein 1985, 115–21; E. Hoop, Die Innenpolitik der Reichskanzler Michaelis u. Hertling, Diss. Kiel 1951. – Deuerlein, 193–216; K. Eitel, G. v. Hertling, in: v. Sternburg Hg., 123–35; H. Gies, Die Regierung Hertling u. die Parlamentarisierung in Deutschland 1917/18, in: Der Staat 13.1974, 471–96; G. v. Hertling, Erinnerungen II, Kempten 1920; von seinem Sohn: K. v. Hertling, Ein Jahr in der Reichskanzlei, Freiburg 1919; von Becker (Hertling I) fehlt noch immer Bd. II; bieder und apologetisch: W. Ribhegge, Frieden für Europa. Die Politik der deutschen Reichstagsmehrheit 1917/18, Essen 1988, 5–169, 171–99 (Friedensresolution), 201–95 (beschönigend über Brest-Litowsk). Vgl. allg. zur Verfassungsreform: Grosser, Monarch. Konstitutionalismus; U. Bermbach, Vorformen parlamentar. Kabinettsbildung in Deutschland 1917/18, Köln 1967; K. Epstein, Der Interfraktionelle Ausschuß u. das Problem der Parlamentarisierung 1917/18, in: HZ 191.1960, 562–84, u. in: ders., Geschichte u. Geschichtswissenschaft im 20. Jh., Hg. E. Pikart u. a., Berlin 1972, 111–33; Schiffers u. a. Bearb., Hauptausschuß 1915–18, 4 Bde; ders., Hauptausschuß, 141–272.

[4] Delbrück, Mobilmachung, 39; R. Patemann, Der Kampf um die preuß. Wahlreform 1914–18, Düsseldorf 1964, 20–23 (20: Vorwärts), 22, 29, 34f., 40 (Heydebrand), 54f., 59, 71, 78, 96; vgl. ders., Der deutsche Episkopat u. das preuß. Wahlrechtsproblem 1917–18, in: VfZ 13.1965, 345–71; Riezler, 411 (28. 2. 1917); allg. L. Bergsträsser, Die preuß. Wahlrechtsfrage im Kriege u. die Entstehung der Osterbotschaft, Tübingen 1929; T. Kühne, Hdb. der Wahlen zum Preuß. Abgeordnetenhaus 1867–1918, Düsseldorf 1994; ders., Dreiklassenwahlrecht 1867–1914; Mai, Ende, 12; Mommsen II, 739–70; Bethmann Hollweg, Betrachtungen II, 184; Vogt, 630 (Mertz); Klein u. a. III, 227 (Heydebrand); Thoß, Rechte, 50; Feldman, Armee, 290, 112, 392; Weber, Politik im Weltkrieg, 91, 96, 156, 186, 245; Kocka, Klassengesellschaft, 48f.; Riezler, 359 (14. 6. 1916). – Vgl. zu der Parlamen-

V. Die deutsche Revolution von 1918

tarisierung und anderen Reformprojekten aus der Lit. über Parteien und führende Politiker nur: P.-C. Witt, F. Ebert, Bonn 1987; ders., dass., in: F. Ebert 1871–1925, Bonn 1971, 10–66; dagegen fallen ab: W. Maser, dass., München 1987; G. Kotowski, dass. I, Wiesbaden 1963. – H. Schmersal, P. Scheidemann 1865–1939, Frankfurt 1999; C. Gellinek, P. Scheidemann, Köln 1994; P. Scheidemann, Memoiren, 2 Bde, Dresden 1928. – R. Franz, Das Problem der konstitutionellen Parlamentarisierung bei C. Haußmann u. F. v. Payer, Göppingen 1977; R. Gottschalk, Die Linksliberalen zwischen Kaiserreich u. Republik: Juli 1917 – Juni 1919, Diss. Tübingen/Mainz 1969; H. Thieme, Nationalliberalismus in der Krise. Die nationalliberale Fraktion des Preuß. Abgeordnetenhauses 1914–18, Boppard 1963; Koszyk, Stresemann; F. v. Payer, Von Bethmann Hollweg zu Ebert, Frankfurt 1923; T. Heuss, Erinnerungen 1905–33, Tübingen 1963; E. Schiffer, Ein Leben für den Liberalismus, Berlin 1951. – W. Loth, Der Katholizismus u. die Durchsetzung der Demokratie in Deutschland, in: H. Lademacher u. W. Mühlhausen Hg., Freiheitsstreben, Demokratie, Emanzipation, Münster 1993, 215–43; R. Morsey, Die Deutsche Zentrumspartei 1917–23, Düsseldorf 1966; J. Zeender, The German Center Party 1914–18, in: Catholic Historical Review 42.1957, 441–68; Epstein, Erzberger; M. Erzberger, Erlebnisse im Weltkrieg, Stuttgart 1920.

⁵ Thaer, 234 f.; Groener, Lebenserinnerungen, 466; Deist II, 1237, 1308, 1392; Riezler, 480 (1.11.1918); Fischer, Bündnis, 59 (Hopmann, 6.10.1918); Werk des Untersuchungsausschusses 4. Reihe II, 1925, 401 (Hintze, vgl. J. Hürter Hg., P. v. Hintze 1903–18, München 1998); Feldman, Armee, 410 f. (süddt. Offiziere), vgl. 408–15; Matthias u. Morsey Bearb., Interfraktioneller Ausschuß, 797; v. Vietsch Hg., 117 (Metternich an Solf, 6.7.1918); Thoß, Rechte, 60; Weizsäcker Papiere I, 287; Mommsen II, 809–27; Mai, Ende, 150–72, v. a. 158 f.; Klein u. a. III, 389, 548; Ritter IV, 388–470. Vgl. C. N. Barclay, Armistice 1918, London 1968; H. Rudin, dass., New Haven 1944; E. Matthias u. R. Morsey Bearb., Die Regierung des Prinzen Max von Baden, Düsseldorf 1962; K. Epstein, Wrong Man in a Maelstrom? The Government of Max von Baden, in: RoP 26.1964, 215–45, dt. in: ders., Geschichte u. Geschichtswissenschaft, 135–66; E. Deuerlein, Max Prinz von Baden, in: ders., Kanzler, 217–38; K. Lütge, Die Politik des Reichskanzlers Max von Baden, Diss. Kiel 1953; K. Schwabe, Deutsche Revolution u. Wilson-Friede, Düsseldorf 1970; A. Mayer, Political Origins of the New Diplomacy 1917–18, N.Y. 1970². – G. W. Rakenius, W. Groener als 1. Generalquartiermeister. Die Politik der OHL 1918/19, Boppard 1977; H. Potthoff, Der Parlamentarisierungserlaß vom 30.9.1918, in: VfZ 20.1972, 319–32. Allg. E.-W. Böckenförde, Der Zusammenbruch der Monarchie u. die Entstehung der WR, in: K. D. Bracher u. a. Hg., Die WR 1918–33, Düsseldorf 1987, 17–43; K.-H. Janßen, Der Untergang der Monarchie in Deutschland, in: H. Rößler Hg., Weltwandel 1917, Göttingen 1965, 90–133; R. M. Watt, Der Kaiser geht. Deutschland zwischen Revolution u. Versailles, Frankfurt 1971; M. Kohlrausch, Die Flucht des Kaisers, in: H. Reif Hg., Adel u. Bürgertum in Deutschland II, Berlin 2001, 65–101.

⁶ W. Sauer, Das Scheitern der parlamentar. Monarchie, in: E. Kolb Hg., Vom Kaiserreich zur WR, Köln 1972, 77–99 (dessen Interpretation ich überzeugend finde); vgl. ders., Das Bündnis Ebert-Groener, Diss. FU Berlin 1957; E. Troeltsch, Spektator-Briefe, Tübingen 1924, 21 (ND Die Fehlgeburt einer Republik. Spektator in Berlin 1918–22, Hg. J. H. Claussen, Frankfurt 1994); W. Gutsche, Wilhelm II., 192 (s. auch J. C. G. Röhl, Kaiser Wilhelm II. u. der deutsche Antisemitismus, in: W. Benz u. W. Bergmann Hg., Vorurteil u. Völkermord, Freiburg 1997, 252–85); vgl. G. Schmidt, Deutscher Historismus u. der Übergang zur parlamentar. Demokratie: Meinecke – Troeltsch – Weber, Lübeck 1964; Groener, Lebenserinnerungen, 456–58 (8./9.11.1918). – Kruse, Klassenheer, 533 f., 539–48, 551–61; W. Deist, Der militär. Zusammenbruch des Kaiserreichs. Zur Realität der «Dolchstoßlegende», in: ders., Militär, Staat, 211–33; W. Wette, Die Bedeutung des Militärs in der deutschen Revolution 1918/19, in: H. Konrad u. K. M. Schmidlechner Hg., Revolutionäres Potential in Europa am Ende des Ersten Weltkriegs, Köln 1991, 149–53;

J. Duppler u. G. P. Gross Hg., Kriegsende 1918, München 1999; C. Jahr, Gewöhnliche Soldaten. Deserteure im deutschen u. engl. Heer 1914–18, Göttingen 1998; v. Thaer, 188 (26.4.1918); Deist II, 1250; B. Ziemann, Fahnenflucht im deutschen Heer 1914–18, in: MM 55.1996, 93–130; E.-H. Schmidt, Heimatheer u. Revolution 1918, Stuttgart 1981, 134, 373; H. Hürten u. G. Meyer Hg., Adjutant im preuß. Kriegsministerium Juni 1918 – Okt. 1919: Hauptmann G. Böhm, Stuttgart 1977; Matthias u. Morsey Bearb., Baden, 435; M. Weber, Zur Neuordnung Deutschlands 1918–20, Hg. W. J. Mommsen u. W. Schwentker, Tübingen 1988 (MWG I/16), 102 (Deutschlands künftige Staatsform, ca. 22.11.1918), auch in: ders., PS, 438. – G. Granier, M. v. Levetzow. Seeoffizier, Monarchist u. Wegbereiter Hitlers, Boppard 1982; Hubatsch, Admiralstab, 180 (Scheer); W. Michaelis, Zum Problem des Königstodes am Ende der Hohenzollernmonarchie, in: GWU 13.1962, 695–704; W. Deist, Die Politik der Seekriegsleitung u. die Rebellion der Flotte Ende Okt. 1918, in: ders., Militär, Staat, 185–210; ders., Die Unruhen in der Marine 1917/18, in: ebd., 165–84; L. E. Hill, Signal zur Konterrevolution? Der Plan zum letzten Vorstoß der deutschen Hochseeflotte am 30.10.1918, in: VfZ 36.1988, 113–29; G. P. Gross, Die Seekriegsführung der Kaiserl. Marine 1918, Frankfurt 1989; ders., Eine Frage der Ehre? Die Marineführung u. der letzte Flottenvorstoß 1918, in: Duppler u. ders. Hg., 349–65; H. Afflerbach, «Mit wehender Fahne untergehen», Kapitulationsverweigerungen in der deutschen Marine, in: VfZ 49.2001, 595–612; D. Horn, The German Naval Mutinies of World War One, New Brunswick 1969; R. Stumpf, Warum die Flotte zerbrach. Kriegstagebuch eines christl. Arbeiters, Berlin 1927; D. Dähnhardt, Die Revolution in Kiel 1918/19, Neumünster 1976. Eine heillos verstockte Verteidigung der Entscheidung der Marineleitung bei Huber, V. 637–56 (1978 ohne jede Kenntnis der neueren Lit.).

[7] Matthias u. Morsey Bearb., Baden, 574. Vgl. allg. D. Lehnert, Sozialdemokratie u. Novemberrevolution 1918/19, Frankfurt 1983; S. Miller, Die Bürde der Macht. Die deutsche Sozialdemokratie 1918–20, Düsseldorf 1978; H. A. Winkler, Die Sozialdemokratie u. die Revolution 1918/19, Berlin 1980[2]. – A. Mitchell, Revolution in Bavaria 1918/19, Princeton 1965, dt. Revolution in Bayern 1918/19, München 1967; B. Grau, K. Eisner, ebd. 2001; P. Kritzer, Die bayer. Sozialdemokratie u. die bayer. Politik 1918–23, ebd. 1969; F. Eisner, K. Eisner, Frankfurt 1979; F. Schade, K. Eisner u. die bayer. Sozialdemokratie, Hannover 1961; F. Bauer Bearb., Die Regierung Eisner 1918/19, Düsseldorf 1987. – M. Jessen-Klingenberg, Die Ausrufung der Republik durch P. Scheidemann am 9.11.1918, in: GWU 19.1968, 649–56; W. Gutsche, Ein Kaiser im Exil. Wilhelm II. in Holland, Marburg 1991, 23; H. A. Winkler, Vom Kaiserreich zur Republik. Der histor. Ort der Revolution 1918/19, in: ders., Streitfragen der deutschen Geschichte, München 1997, 55 (überhaupt eine klare Interpretation: 52–70); E. Matthias, Zwischen Räten u. Geheimräten. Die deutsche Revolutionsregierung 1918/19, Düsseldorf 1970; Troeltsch, Spektator, 302; Rosenberg, Entwicklung, 232, 238. Vgl. allg. U. Kluge, Die deutsche Revolution 1918/19, Frankfurt 1985; E. Kolb, Die Revolution 1918/19, in: Ploetz – Kaiserreich, 227–38; ders., Vom Kaiserreich zur Republik, in: G. Schulz Hg., Ploetz – WR, Freiburg 1986, 18–31; ders., 1918/19: Die steckengebliebene Revolution, in: Stern u. Winkler Hg., 100–25; Konrad u. Schmidlechner Hg.; F. L. Carsten, Revolution in Mitteleuropa 1918–19; Köln 1973; ders., Revolutionäre Situationen in Europa 1917–20, in: 2. Fs. F. Fischer, 375–88; P. Broué, Révolution en Allemagne, Paris 1971, dt. Die deutsche Revolution 1918–23, Berlin 1973; G. Schulz, Revolutionen u. Friedensschlüsse 1917–20, München 1967/1982[6]; ders., Deutschland seit dem Ersten Weltkrieg 1918–45, Göttingen 1976/1982[6]; H. Schulze, Weimar. Deutschland 1917–33, Berlin 1982 (kritisch dazu G. D. Feldman, Eine Gesamtdarstellung Weimars? in: GG 9.1983, 462–70); A. J. Ryder, The German Revolution of 1918, Cambridge 1967; R. Coper, Failure of a Revolution: Germany 1918–19, Cambridge 1955. – G. A. Ritter u. S. Miller Hg., Die deutsche Revolution 1918–19, Hamburg 1975[2]; W. Conze Hg., K. v. Westarp, Das Ende der Monarchie am 9.11.1918, Berlin 1952. Verfehlte

V. Die deutsche Revolution von 1918 1023

Vorwürfe: S. Haffner, Die verratene Revolution. Deutschland 1918/19, München 1969 (2. Aufl.: Die deutsche Revolution 1918/19, ebd., 1979; 3. Aufl. Der Verrat 1918/19, Berlin 1993), u. W. Malanowski, November-Revolution 1918. Die Rolle der SPD, Frankfurt 1969. – Knappe Interpretationen: H. A. Winkler, Die Revolution von 1918/19 u. das Problem der Kontinuität in der deutschen Geschichte, in: HZ 250.1990, 303–19; R. Löwenthal, Vom Ausbleiben der Revolution in den Industriegesellschaften, in: HZ 232.1981, 1–24; ders., Bonn u. Weimar, in: H. A. Winkler Hg., Weichenstellungen im Nachkriegsdeutschland 1945–53 (= GG SoH 5), Göttingen 1979, 9–25 (die Interpretation: industrielle Gesellschaften mit demokratischen Teilhaberechten könnten durch Revolutionen alten Stils nicht «fortschrittlich» umgebaut werden, bereits bei E. Bernstein, Die deutsche Revolution, I, Berlin 1921/ND 1998, 172 f.); D. Orlow, 1918/19: A German Revolution, in: GSR 5.1982, 187–203; K. Schwabe, Innere u. äußere Bedingungen der deutschen Novemberrevolution, in: M. Salewski Hg., Die Deutschen u. die Revolution, Göttingen 1985, 320–45; D. Lehnert, Die Epoche der Revolution 1917–20, in: Internat. Tagung der Historiker der Arbeiterbewegung: 15. Linzer Konferenz 1979, Wien 1981, 70–107; C. S. Maier, Political Crisis and Partial Modernization. The Outcomes of Germany, Austria, Hungary, and Italy After World War I, in: C. L. Bertrand Hg., Revolutionary Situations in Europe 1917–23, Montreal 1977, 119–31; W. J. Mommsen, Die deutsche Revolution 1918–20, in: ders., Nationalstaat, 463–94; vgl. ders, Der Große Krieg u. die Historiker. Neue Wege der Geschichtsschreibung über den Ersten Weltkrieg, Essen 2002; dagegen R. Rürup, Demokrat. Revolution u. «dritter Weg». Die deutsche Revolution 1918/19, in: GG 9.1983, 278–301; ders., Revolution u. demokrat. Neuordnung 1918/19, in: Zeitschrift für Württ. Landesgeschichte 37.1978, 294–306; ders., Probleme der Revolution in Deutschland 1918/19, Wiesbaden 1968; V. Rittberger, Revolution and Pseudo-Democratization: The Foundation of the WR, in: G. Almond u. a. Hg., Crisis, Choice, and Change, Boston 1973, 285–391; W. Conze, Die sozialgeschichtl. Bedeutung der deutschen Revolution 1918/19, in: O. Franz Hg., Vom Sinn der Geschichte, Stuttgart 1976, 71–84; H. Pogge v. Strandmann, Die deutsche Revolution von 1918, in: R. Picht Hg., Deutschland-Studien 2.1975, 49–74; K.-L. Ay, Die Deutsche Revolution 1914–18, in: ZBL 36.1973, 877–96; R. Vierhaus, Die Revolution von 1918 u. das deutsche Kaiserreich, in: Mitteilungen aus der Max-Planck-Gesellschaft 1969, 258–78; E. Kittel, Novemberumsturz 1918, in: BDL 104.1968, 42–108; H.-G. Zmarzlik, 1918/19 – eine deutsche Revolution? in: ders., Wieviel Zukunft? 282–305; T. Hajdu, Socialist Revolution in Central Europe 1917–21, in: R. Porter u. M. Teich Hg., Revolution in History, Cambridge 1987[2], 101–20; F. Klein, Deutschland 1918, Berlin 1962. Außer der allgemeinen Revolutions-Literatur in Bd. II, 875 f., Anm. 1, vgl. noch M. S. Kimmel, Revolution, Cambridge 1990; J. A. Goldstone, The Comparative and Historical Study of Revolutions, in: ders. Hg., Revolutions, San Diego 1986, 1–17. – Der Schlüsselroman: A. Döblin, November 1918. Eine deutsche Revolution, 4 Bde, München 1978. – Noch immer nützlich: G. P. Meyer, Bibliographie zur deutschen Revolution 1918/19, Göttingen 1977.

[8] Allgemein zur Revolutions- und Rätebewegung außer der Lit. in Anm. 7: G. A. Ritter, «Direkte Demokratie» u. Rätewesen in Geschichte u. Theorie (1969), in: ders., Arbeiterbewegung, 292–316; P. Lösche, Rätesystem im histor. Vergleich, in: PVS SoH 2.1971, 70–85; V. Arnold, Rätebewegung u. Rätetheorien in der Novemberrevolution, Hamburg 1985[2]; H. Dähn, Rätedemokrat. Modelle 1918–19, Meisenheim 1975; P. Kevenhörster, Das Rätesystem als Instrument zur Kontrolle wirtschaftl. u. polit. Macht, Opladen 1974; D. Schneider u. R. Kuda, Arbeiterräte u. Novemberrevolution, Frankfurt 1968; D. Lehnert, Rätealltag u. Regionalismus in der deutschen Revolution 1918/19, in: Jb. Arbeiterbewegung, ebd. 1982, 73–109; D. Blasius, Revolution u. Rätealltag 1918/19 in Deutschland, in: APZ 45.1978, 25–36; U. Bermbach, Das Scheitern des Rätesystems u. der Demokratisierung der Bürokratie, in: PVS 8.1967, 445–60. Vgl. auch G. Kalmer, Die «Massen» in der Revolution von 1918/19, in: ZBL 34.1971, 316–57; H.-J. Bieber, Bürger-

tum in der Revolution 1918–20. Bürgerräte u. Bürgerstreiks in Deutschland 1918–20, Hamburg 1992; H. Muth, Die Entstehung der Bauern- u. Landarbeiterräte im November 1918 u. die Politik des BdL, in: VfZ 21.1973, 1–38; D. Fricke, Zur Rolle des BdL 1918/19, in: ZfG 31.1983, 506–22. Ungerecht ist B. Moore, Ungerechtigkeit; kritisch dazu K. Tenfelde, German Workers and the Incapacity for Revolution, in: Theory and Society 9.1980, 735–44. – Die Pionierstudien zur Rätebewegung: E. Kolb, Die Arbeiterräte in der deutschen Innenpolitik 1918/19, Düsseldorf 1962/Berlin 1978[2]; ders., Arbeiter- u. Soldatenräte in der deutschen Revolution 1918/19, in: Salewski Hg., 301–19; ders., Rätewirklichkeit u. Räteideologie in der deutschen Revolution 1918/19, in: ders., Umbrüche, 241–60; ders. u. R. Rürup Hg., Der Zentralrat der Deutschen Sozialist. Republik, Leiden 1968; ders. u. K. Schönhoven Bearb., Regionale u. lokale Räteorganisationen in Württemberg 1918/19, Düsseldorf 1976, vgl. S. Ross, Biograph. Hdb. der Rätekongresse 1918/19, ebd. 2001. – R. Rürups Studien in Anm. 7; ders. Hg., Arbeiter- u. Soldatenräte im rhein.-westfäl. Industriegebiet 1918/19, Wuppertal 1975; ders. u. P. Brandt, Hg., Arbeiter-, Soldaten- u. Volksräte in Baden 1918/19, Düsseldorf 1980; dies., Volksbewegung u. demokrat. Neuordnung in Baden 1918/19, Sigmaringen 1991. – P. v. Oertzen, Betriebsräte in der Novemberrevolution, Düsseldorf 1963/Berlin 1976[2]; ders., Arbeiterbewegung, Arbeiterräte u. Arbeiterbewußtsein in der deutschen Revolution 1918/19, in: Fs. H. P. Bahrdt, Frankfurt 1983, 347–71. – U. Kluge, Soldatenräte u. Revolution. Militärpolitik 1918/19, Göttingen 1975; ders., Militärrevolte u. Staatsumsturz, in: Rürup Hg., Industriegebiet, 39–82; ders., Der Generalsoldatenrat in Münster, in: ebd., 315–92; ders., Das «Württemberg. Volksheer» 1918/19, in: Fs. E. Fraenkel, Hamburg 1973, 92–130. Dadurch ist überholt: W. Tormin, Zwischen Rätediktatur u. sozialer Revolution. Die Rätebewegung 1918/19, Düsseldorf 1954. – Aus den inzwischen zahlreichen Regional- und Lokalstudien: V. Ullrich Hg., Vom Augusterlebnis zur Novemberrevolution. Sozialgeschichte Norddeutschlands 1914–18, Bremen 1998; H.-U. Knies, Arbeiterbewegung u. Revolution in Wuppertal, in: Rürup Hg. Industriegebiet, 83–153; I. Steinisch, Linksradikalismus u. Rätebewegung im westl. Ruhrgebiet, in: ebd., 153–237; I. Marßolek, Sozialdemokratie u. Revolution im östl. Ruhrgebiet, in: ebd., 239–314; W. Abelshauser, Umsturz, Terror, Bürgerkrieg: Das rhein.-westfäl. Industriegebiet in der revolutionären Nachkriegsperiode, in: ders. u. R. Himmelmann Hg., Revolution in Rheinland u. Westfalen, Essen 1988, 11–51; F.-J. Schmitten, Revolution u. Rätebewegung 1918/19 im Rheinland, Frankfurt 1980; Tampke; E. Lucas, Ursachen u. Verlauf der Bergarbeiterbewegung in Hamborn u. im westl. Ruhrgebiet 1918/19, in: Duisburger Forschungen 15.1971, 1–119; ders., Zwei Formen von Radikalismus in der deutschen Arbeiterbewegung, Frankfurt 1976; H. Metzmacher, Der Novemberumsturz 1918 in der Rheinprov., in: Annalen des Histor. Vereins für den Niederrhein 169.1967, 135–265; M. H. Geyer, Formen der Radikalisierung in der Münchener Revolution 1918/19, in: Konrad u. Schmidlechner Hg., 63–87; G. Kopp, Emanzipation durch Räte? München 1918/19, München 1973; Mitchell; Ay; Albrecht; H. Hillmayer, München u. die Revolution 1918/19, in: K. Bosl Hg., Bayern im Umbruch, München 1969, 453–504; P. Poertner, The Writers' Revolution: Munich 1918/19, in: JCH 3.1968, 137–51; M. Müller-Aenis, Sozialdemokratie u. Rätebewegung in den Prov. Schwaben u. Mittelfranken in der bayer. Revolution 1918/19, München 1986; K. Bosl, Gesellschaft u. Politik in Bayern vor dem Ende der Monarchie, in: ZBL 28.1965, 1–31; ders. Hg., Bayern im Umbruch. Die Revolution von 1918, München 1969, – K. Möckl, Gesellschaft u. Politik während der Ära des Prinzregenten Luitpold. Zur Vorgeschichte der Revolution in Bayern, in: Bosl Hg., 5–36; W. Zorn, Bayerns Geschichte im 20. Jh., München 1986, 145–209; S. Dobson, Authority and Upheaval in Leipzig 1910–20, N. Y. 2001; D. Geary, Revolutionary Berlin 1917–20, in: C. Wrigley Hg., Challenges of Labor 1917–20, London 1993, 24–56; F. Bey-Heard, Hauptstadt u. Staatsumwälzung: Berlin 1919, Stuttgart 1969; D. Lehnert, Die Revolution als Lohnbewegung? Berlin 1918/19, in: Konrad u. Schmidlechner Hg.,

27–61; R. A. Comfort, Revolutionary Hamburg, Stanford 1966; P. Kuckuk, Bremen in der Revolution 1918–19, Bremen 1986; E. Lucas, Frankfurt unter der Herrschaft des Arbeiter- u. Soldatenrats 1918/19, Frankfurt 1969; G. Hollenberg, Bürgerl. Sammlung oder sozialliberale Koalition? Frankfurt 1918/19, in: VfZ 27.1979, 392–420.
⁹ Mai, Ende, 171; S. Miller u. H. Potthoff Bearb., Die Regierung der Volksbeauftragten 1918/19, 2 Bde, Düsseldorf 1969; Oldenburg-Januschau, 208; J. Rogalla v. Bieberstein, Adel u. Revolution 1918/19, in: Fs. Vierhaus, 243–59; T. Mann, Tagebücher 1918–21, Frankfurt 1979, 65 (9. 11. 1918), 32 (18. 10. 1918); F. v. Papen, Der Wahrheit eine Gasse, München 1952, 111; R.-C. v. Gersdorff, Soldat im Untergang, Frankfurt 1979, 26; W. v. Rheinbaben, Kaiser, Kanzler, Präsidenten, Mainz 1968, 165; K.-J. Müller, General L. Beck, Boppard 1980, 323 (28. 11. 1918); Groener-Geyer, 117 (17. 11. 1918); M. Epkenhans, «Wir als deutsches Volk sind doch nicht klein zu kriegen». Aus den Tagebüchern des Fregattenkapitäns B. v. Selchow 1918/19, in. MM 55.1996, 199 f. (11. 11. 1918); Deist II, 1316 (Egidy, 22. 10. 1918); Riezler, 426 (13. 4. 1917), vgl. 384 (22. 11. 1916). Vgl. W. Wette Hg., Aus den Geburtsstunden der Republik. Das Tagebuch des Obersten E. van den Bergh, Düsseldorf 1991, 83 (die Revolution sei eine von der Linken ausgelöste «Infektionskrankheit, die den geschwächten Organismus» befallen habe); 29 (immerhin: «Nun haben wir unser politisches Jena erlebt, es mußte wohl so kommen»). – 50 Jahre später rätselte der nationalkonservative Historiker Gerhard Ritter (IV, 1968, 452), in der Sprache, die ihm im Herbst 1918 als Frontoffizier vertraut war, noch immer an den Ursachen herum, die «aus dem braven, tapferen, in tausend Gefahren und Nöten bewährten deutschen Frontsoldaten jenes Gesindel zuchtloser Meuterer im roten Halsschal» gemacht hätten, «das man im November 1918 in allen deutschen Großstädten sich herumtreiben sah». Die Verstehenslehre hatte ihm nicht die Einsicht verschafft, daß die Truppe es u. a. satt hatte, von seinesgleichen in einen sinnlosen Kriegstod kommandiert zu werden. – Vgl. U. Heinemann, Die verdrängte Niederlage. Polit. Öffentlichkeit u. Kriegsschuldfrage in der WR, Göttingen 1983; M. Dreyer u. O. Lembcke, Die deutsche Diskussion um die Kriegsschuldfrage 1918/19, Berlin 1993; J. Joll, War Guilt 1914, in: P. Kluke u. P. Alter Hg., Aspekte der deutsch-brit. Beziehungen, Freiburg 1978, 60–80. – J. A. Moses, Die Wirkung der Dolchstoßlegende im deutschen Geschichtsbewußtsein, in: Hüppauf Hg., Ansichten, 240–56; F. Hiller v. Gaertringen, «Dolchstoß»-Diskussion u. «Dolchstoß-Legende», in: Fs. H. Rothfels, 1963, 122–60; allg. D. Groh, Der Umsturz 1918 im Erlebnis der Zeitgenossen, in: H. J. Schoeps Hg., Zeitgeist im Wandel II: WR, Stuttgart 1968, 7–32; A. v. Wallwitz, Panorama 1918. Ein Jahr im Spiegel der Presse, München 1968; K. Herrmann, Der Zusammenbruch 1918 in der deutschen Tagespresse, Münster 1958; anschaulich, aber hochspekulativ: W. Schivelbusch, Die Kultur der Niederlage: Amerikan. Süden 1865, Frankreich 1871, Deutschland 1918, Berlin 2001; K. Töpner, Gelehrte, Politiker u. politisier. Gelehrte. Die Revolution von 1918/19 im Urteil deutscher Hochschullehrer, Göttingen 1970; K. Thiessenhusen, Polit. Kommentare deutscher Historiker zu Revolution u. Neuordnung 1918/19, in: APZ B 45.1969, 8. 11. 1969, u. in: Kolb Hg., Vom Kaiserreich, 349–68; E. Jesse u. H. Köhler, Die deutsche Revolution 1918/19 im Wandel der histor. Forschung, in: APZ B 45/1978, 3–23 (konservative Defensive) – W. Rathenau, Ges. Reden, Berlin 1925, 29 (16. 11. 1918); Troeltsch, Spektator, 19 (30. 11. 1918); Weber, WG I, 155, vgl. 19; J. Headlam-Morley, A Memoir of the Paris Peace Conference 1919, Hg. A. Headlam-Morley, London 1972, 164 (25. 6. 1919); vgl. H. Mögenburg, Die Haltung der brit. Regierung zur deutschen Revolution 1918/19, Diss. Hamburg 1973.

VI. Der Untergang des Deutschen Kaiserreichs

¹ Zmarzlik, Bethmann Hollweg, 141. Ausführlicher zur vergleichenden Beurteilung des Kaiserreichs: Bd. III, 461–86, 1250–95; zur Parteienproblematik: Bd. II, 413–57; III, 735–55, 866–73, 915–24, 1038–66. Zur politischen Modernisierung vgl. die Lit. in Bd. III,

461–86, 1250–95 sowie unten Anm. 4. Noch keine überzeugende Periodisierung: P. Nolte, 1900. Das Ende des 19. Jh. u. der Beginn des 20. Jh. in sozialgeschichtl. Perspektive, in: GWU 47.1996, 281–300; glänzend dagegen zum Zäsurcharakter von 1914: M. Stolleis, Der lange Abschied vom 19. Jh., Berlin 1997.
[2] Miller, Burgfrieden, 357 (Vorwärts 15.1. 1918); Mann, Deutsche Geschichte, 670; Mayer, Erinnerungen, 298 f., 304; H.-U. Wehler, G. Mayer, in: ders., Histor. Sozialwissenschaft u. Geschichtsschreibung, Göttingen 1980, 249–58; Kocka, Klassengesellschaft, 136. – Allg. Winkler, Revolution zur Stabilisierung, 19–113; R. Rürup, F. Ebert u. das Problem der Handlungsspielräume in der deutschen Revolution 1918/19« in: R. König Hg., F. Ebert, München 1990, 69–87; R. N. Hunt, F. Ebert u. die deutsche Revolution 1918, in: Kolb Hg., Vom Kaiserreich, 120–37; ders., German Social Democracy 1918–33, New Haven/Conn. 1964, ND Chicago 1970; vgl. K. Hock, Die Gesetzgebung des «Rats der Volksbeauftragten», Pfaffenweiler 1987; G. Gillesen, H. Preuss (1955), Berlin 2000. – A. Rosenberg, Geschichte, 15; E. D. Weitz, German Communism 1890–1990, Princeton 1997, 62–99; vgl. ders., State Power, Class Fragmentation and the Shaping of German Communist Politics 1890–1933, in: JMH 62.1990, 253–97; G. P. Bassler, The Communist Movement in the German Revolution 1918/19, in: CEH 6.1973, 233–77; H. Weber Hg., Der Gründungsparteitag der KPD, Frankfurt 1969; Bock, Syndikalismus u. Linkskommunismus, 37–86; W. T. Angress, Die Kampfzeit der KPD 1921–23, Düsseldorf 1973. – P. Lösche, Der Bolschewismus im Urteil der deutschen Sozialdemokratie 1903–20, Berlin 1967; J. Zarusky, Die deutschen Sozialdemokraten u. das sowjet. Modell 1917–33, München 1992; U. Schöler, «Despot. Sozialismus» oder «Staatssklaverei»? Die theoret. Verarbeitung der sowjetruss. Entwicklung in der Sozialdemokratie Deutschlands u. Österreichs 1917–29, 2 Bde, Münster 1990; J. Schissler, Gewalt u. gesellschaft. Entwicklung. Die Kontroverse zwischen Sozialdemokratie u. Bolschewismus, Meisenheim 1976; E. Matthias, Die Rückwirkungen der russ. Oktoberrevolution auf die deutsche Arbeiterbewegung, in: H. Neubauer Hg., Deutschland u. die Russ. Revolution, Stuttgart 1968, 69–93; W. Tormin, Die deutschen Parteien u. die Bolschewiki 1914–18, in: ebd., 54–68; P. Borowsky, Die «bolschewist. Gefahr» u. die Ostpolitik der Volksbeauftragten 1918/19, in: 2. Fs. F. Fischer, 389–404; R. F. Wheeler, «Ex oriente lux» – The Soviet Example and the German Revolution 1917–23, in: Bertrand Hg., 39–61; D. Geyer, Sowjetrußland u. die deutsche Arbeiterbewegung 1918–32, in: VfZ 24.1976, 2–37; W. Maehl, The Anti-Russian Tide in German Socialism 1918–20, in: American Slavonic and East European Review 18.1959, 187–96. – D. C. Large, The Politics of Law and Order. A History of the Bavarian Einwohnerwehr 1918–21, Philadelphia 1980: H. G. W. Nusser, Konservative Wehrverbände in Bayern, Preußen u. Österreich 1918–33, München 1973; P. Bucher, Zur Geschichte der Einwohnerwehren in Preußen 1918–21, in: MM 9.1971, 15–59; E. Könnemann, Einwohnerwehren u. Zeitfreiwilligenverbände, Berlin 1971; B. Kruppa, Rechtsradikalismus in Berlin 1918–28, ebd. 1988. Zu den Freikorps vgl. Anm. 3. – H. Hürten, Die Kirchen in der Novemberrevolution, Regensburg 1984; L. Hüttl, Die Stellungnahme der kathol. Kirche u. Publizistik zur Revolution 1918: 19, in: ZBL 34.1971, 652–95; H. Müller, Der deutsche Katholizismus 1918/19, in: GWU 17.1966, 521–36. – J. R. C. Wright, «Über den Parteien». Die polit. Haltung der evangel. Kirchenführer 1918–33, Göttingen 1977; K. Scholder, Die Kirchen u. das Dritte Reich; I: 1918–34, Berlin 1977; J. Jacke, Kirche zwischen Monarchie u. Republik. Der preuß. Protestantismus nach dem Zusammenbruch 1918, Hamburg 1976. – G. D. Feldman, Die Demobilmachung u. die Sozialordnung der Zwischenkriegszeit in Europa, in: GG 9.1983, 156–77; ders., Wirtschafts- u. sozialpolit. Probleme der deutschen Demobilmachung 1918/19, in: ders., Vom Weltkrieg, 84–99; ders., Soziökonom. Strukturen im Industriesektor u. revolutionäres Potential 1917–22, in: ebd., 69–83; G. Mai, «Wenn der Mensch Hunger hat, hört alles auf». Wirtschaftl. u. soziale Ausgangsbedingungen der WR, in: W. Abelshauser Hg., Die WR als Wohlfahrtsstaat, Stuttgart 1987, 33–62. Vgl. G. Schmidt, Effizienz u. Flexibilität polit.-

sozialer Systeme. Die deutsche u. engl. Politik 1918/19, in: VfZ 25.1977, 137–87; B. Wendt, «Deutsche Revolution» – «Labour Unrest». Systembedingungen der Streikbewegungen in Deutschland u. England 1918–21, in: AfS 20.1980, 1–55. – E. Kolb, Internationale Rahmenbedingungen einer demokrat. Neuordnung in Deutschland 1918/19, in: ders., Umbrüche, 261–87; vgl. H. Köhler, Novemberrevolution u. Frankreich 1918/19, Düsseldorf 1980; J. M. Thompson, Russia, Bolshevism, and the Versailles Treaty, Princeton 1966; A. Mayer, Politics and Diplomacy of Peacemaking. Containment and Counterrevolution at Versailles 1918/19, N. Y. 1969; S. Moore, Peace Without Victory for the Allies 1918–32, Oxford 1994; K. L. Nelson, Victors Divided. America and the Allies in Germany 1918–23, Berkeley 1975; B. Kent, The Spoils of War. The Politics, Economics, and Diplomacy of Reparations 1919–32, Oxford 1989; A. W. Crosby, Epidemic and Peace 1918, Westport/Conn. 1976. – Grundsätzlich zur Räteproblematik: Ritter, Direkte Demokratie; Löwenthal, Ausbleiben der Revolution; ders., Die deutsche Sozialdemokratie in Weimar u. heute. Zur Problematik der «versäumten demokrat. Revolution», in: ders., Sozialismus u. aktive Demokratie, Frankfurt 1974, 97–115; H. Grebing, Konservative Republik oder soziale Demokratie? in: Kolb Hg., Vom Kaiserreich, 386–403; K. H. Pohl, Obrigkeitsstaat u. Demokratie. Die «Revolution» von 1918/19, in: M. Hettling Hg., Revolution in Deutschland? Göttingen 1991, 46–69; die orthodox konservative Position: K. D. Erdmann, Die Geschichte der WR als Problem der Wissenschaft, in: VfZ 3.1955, 1–19; ders., Rätestaat oder parlamentar. Demokratie?, Kopenhagen 1979.

[3] Rürup, Entwurf einer demokrat. Republik? Entstehung u. Grundlagen der Weimarer Verfassung, in: Kolb Hg., Vom Kaiserreich, 218–43; M. R. Lepsius, Machtübernahme u. Machtübergabe. Zur Strategie des Regimewechsels 1918/19 u. 1932/33, in: ders., Demokratie in Deutschland, Göttingen 1993, 80–94; Hunt, Ebert; Sauer, Ebert-Groener; K. D. Bracher, Entstehung der Weimarer Verfassung, in: ders., Deutschland zwischen Demokratie u. Diktatur, München 1964, 16–22; E. D. Guth, Der Loyalitätskonflikt des deutschen Offizierkorps 1918–20, Frankfurt 1983; Groener, Erinnerungen, 467–69, 473; F. Meinecke, Die Revolution, in: G. Anschütz u. R. Thoma Hg., Hdb. des Deutschen Staatsrechts I, Tübingen 1930, 116 f. Vgl. R. G. L. Waite, Vanguard of Nazism. The Free Corps Movement in Postwar Germany 1918–23, Cambridge/Mass. 1952, ND N. Y. 1969; erstaunlich verständnisvoll: H. Schulze, Freikorps u. Republik, Boppard 1969/1975[5]; unverhohlen apologetisch: H. W. Koch, Der deutsche Bürgerkrieg. Deutsche u. österreich. Freikorps 1918–23, Berlin 1978; vgl. D. Lehnert, Propaganda des Bürgerkriegs? Polit. Feindbilder in der Novemberrevolution als mentale Destabilisierung der Weimarer Demokratie, in: ders. u. K. Megerle Hg., Polit. Teilkulturen in der WR, Opladen 1990, 61–101. – F. L. Carsten, Reichswehr u. Politik 1918–33, Köln 1965[2], 13–56; H. J. Gordon, Die Reichswehr u. die WR 1919–26, Frankfurt 1959; O.-E. Schüddekopf, Das Heer u. die Republik 1918–33, Hannover 1955, 9–66. Zum Vergleich mit Österreich: C. A. Gulick, Austria from Habsburg to Hitler I, Berkeley 1948, 69–83. – W. Elben, Das Problem der Kontinuität in der deutschen Revolution. Die Politik der Staatssekretäre u. der militär. Führung Nov. 1918 – Febr. 1919, Düsseldorf 1965; G. Kalmer, Beamtenschaft u. Revolution, in: Bosl Hg., 201–61. – W. Zollitsch, Adel u. adelige Machteliten in der Endphase von Weimar, in: H. A. Winkler Hg., Die deutsche Staatskrise 1930–33, München 1992, 239–56; dazu Lit. in Anm. 9. – Zu den Räten die Lit. in Anm. 8 u. 7. – G. A. Ritter, Kontinuität u. Umformung des deutschen Parteiensystem 1918–20, in: ders., Arbeiterbewegung, 116–57; ders., Die sozialist. Parteien in Deutschland zwischen Kaiserreich u. Republik, in: ders., Arbeiter, Arbeiterbewegung u. soziale Ideen in Deutschland, München 1996, 253–91, 378–92; L. Albertin, German Liberalism and the Foundation of the WR, in: A. Nicholls u. E. Matthias Hg., German Democracy and the Triumph of Hitler, London 1971, 29–46; B. Weisbrod, Die Politik der Repräsentation. Das Erbe des Ersten Weltkriegs u. der Formwandel der Politik in Europa, in: Mommsen Hg., Erster Weltkrieg, 13–41. –. G. Schulz, Zwischen Demokratie u. Diktatur. Verfassungspolitik u. Reichsre-

form in der WR I: 1919–30, Berlin 1963. – Feldman u. Steinisch Hg.; dies., Origins, 45–102; J. John, Zentralarbeitsgemeinschaft 1918–24, in: LP 4.1986², 499–504; Feldman, Zentralarbeitsgemeinschaft, 229–52; ders., Stinnes-Legien-Abkommen, 100–27; ders., H. Stinnes. Biographie eines Industriellen 1870–1924, München 1998; dadurch überholt: P. Wulf, H. Stinnes 1918–24, Stuttgart 1979; vgl. ders., Die Vorstellungen der deutschen Industrie zur Neuordnung der Wirtschaft nach dem Ersten Weltkrieg, in: ZfU 32.1987, 23–42.

⁴ R. Aron, Erkenntnis u. Verantwortung: Lebenserinnerungen, München 1985, 215 (A. hat m. W. als erster die inzwischen gängige Formel verwandt). Vgl. außer der Lit. zum Sonderweg (vorn Anm. 10; III, 461–86, 1381–84, A. 1–3; 1284–95, 1492 f., A. 1, 16) v. a. Kocka, Nach dem Ende des Sonderwegs, 364–75; H.-U. Wehler, Das Ende des deutschen Sonderwegs, in: ders., Umbruch u. Kontinuität, München 2000, 84–89; ders., Deutscher Sonderweg, in: M. Behnen Hg., Lexikon zu Politik u. Geschichte, Stuttgart 2002, 531–34; D. Blasius, Von Bismarck zu Hitler, in: APZ B51/98, 11.12. 1998, 3–10; G. Steinmetz, German Exceptionalism and the Origins of Nazism, in: I. Kershaw u. M. Lewin Hg., Stalinism and Nazism, Cambridge 1997, 251–84; H. A. Winkler, Die deutsche Abweichung vom Westen. Der Untergang der WR im Lichte der «Sonderwegs»-These, in: Fs. Kolb, 127–38; S. Baranowski, East Elbian Landed Elites and Germany's Turn to Fascism: The Sonderweg Controversy Revisited, in: European History Quarterly (= EHQ) 26.1996, 209–49; P. Brandt, War das Deutsche Kaiserreich reformierbar? Parteien, polit. System u. Gesellschaftsordnung vor 1914, in: Fs. H. Grebing, Essen 1995, 190–210; C. Lorenz, Beyond Good and Evil? The German Empire of 1871 and Modern German Historiography, in: JCH 30.1995, 729–65; R. Collins, German-Bashing and the Theory of Democratic Modernization, in: ZfS 24.1995, 3–21;W. J. Mommsen, The WR: The Final Stage of the Decomposition of Imperial Germany? in: German Society and Politics 14.1996, 65–73; J. D. Stephens, The German Path to Modern Authoritarianism, in: H. E. Chehabi u. A. Stepan Hg., Politics, Society and Democracy. Fs. J. Linz, Boulder/Co. 1995, 161–81; E. Kolb, Die WR u. das Problem der Kontinuität vom Kaiserreich zum «Dritten Reich», in: Fs. Hillgruber, 273–89; S. T. Robson, 1918 and All That: Reassessing the Periodization of Recent German History, in: Jones u. Retallack Hg., 331–45; P. Birnbaum, Nationalismes: La comparison France-Allemande, in: ders., La France aux Français: Histoire des haines nationalistes, Paris 1993, 300–11. – P. Pulzer, Germany 1870–1945, Oxford 1997; K. H. Jarausch, 1945 and the Continuities of German History, in: G. J. Giles Hg., Stunde Null, Washington D. C. 1997, 9–24; H. James, The Problem of Continuity in German History: The Interwar Years, in: HJ 27.1984, 513–24; P.-C. Witt, Kontinuität u. Diskontinuität im polit. System der WR, in: Ritter Hg., Regierung, 117–48, sowie allg. R. Evans, Rereading German History 1800–1996, London 1997.

Achter Teil
Die Weimarer Republik 1918–1933

Einleitung

¹ Am wichtigsten für die Analyse und Interpretation der ersten Republik sind: unverändert K.-D. Bracher, Die Auflösung der Weimarer Republik (WR), Villingen 1955/Düsseldorf 1978⁶; ders., Europa in der Krise 1917–75, Berlin 1976/1979²; vorzüglich komprimierte neuere Darstellungen: E. Kolb, Die WR, München 1984/2002⁶; D. Peukert, dass., Frankfurt 1987 u.ö.; ausführlich: H. A. Winkler, Weimar 1918–33. Die Geschichte der ersten deutschen Demokratie, München 1993/1994²; ders., Der lange Weg nach Westen, I: Deutsche Geschichte vom Ende des Alten Reiches bis zum Untergang der WR,

München 2000; v.a. 378–555 (Politikgeschichte pur); H.Mommsen, Die verspielte Freiheit. Der Weg der WR in den Untergang 1918–33, Berlin 1989/1998[2]; präzis: A. Wirsching, Die innere Entwicklung der WR, München 2000; knapp D. Gessner, Die WR, Darmstadt 2002. Dazu auch: R. Bessel, Germany After the First World War, Oxford 1993; C.S. Maier, Recasting Bourgeois Europe. Stabilization in France, Germany, and Italy in the Decade After World War I, Princeton 1975; im wesentlichen ohne Berücksichtigung Deutschlands: D. P. Silverman, Reconstructing Europe After the Great War, Cambridge/Mass. 1982; Schulze, Weimar; vgl. ders., Phönix Europa I: 1740 – Gegenwart, Berlin 1998; H. Möller, Weimar. Die unvollendete Demokratie, München 1985; Huber, V, 1978; VI, 1981, VII, 1984 (1919–33); noch immer: A. Rosenberg, Entstehung u. Geschichte der WR (1928/1934), Frankfurt 1969[11]; E. Eyck, Geschichte der WR, 2 Bde, Erlenbach 1954/1962[3]; zum internationalen Kontext: H. Möller, Europa 1918–39, München 1998; R. A. C. Parker, Das 20. Jh., I: 1918–45, Frankfurt 1967; M. Baumont, La Faillité de la Paix 1918–39, 2 Bde, Paris 1967/685; R. Conquest, Reflections on a Ravaged Century, London 1999; Knappe Abrisse: D. Lehnert, Die WR. Parteienstaat u. Massengesellschaft, Stuttgart 1999; P. Longerich, Deutschland 1918–33, Hannover 1995; M. Fulbrook, The Divided Nation: A History of Germany 1918–90, N. Y. 1992[2]; G. Niedhart, Deutsche Geschichte 1918–33, Stuttgart 1991; W. Laqueur, Weimar: A Cultural History, N. Y. 1975, dt. Weimar: Die Kultur der Republik, Berlin 1976; Schulz Hg., Ploetz – WR; ders., Deutschland 1918–45, ders., Revolutionen 1917–20; DVG IV: Republik u. NS, Stuttgart 1985. G. Mai, Europ. Geschichte 1918–39, ebd. 2000. Vielfach unbefriedigend: H. Köhler, Geschichte der WR, Berlin 1981; M. Vogt, Die WR 1918–33, in: ders. Hg., Deutsche Geschichte, 568–645; W. Tormin, Die WR, Hannover 1977; J. Bariéty u. J. Droz, Histoire de l'Allemagne III: République de Weimar et Régime Hitlérien 1914–45, Paris 1973; Deutsche Geschichte seit dem Ersten Weltkrieg, 3 Bde, Stuttgart 1971/73 (daraus stammen: H. Heiber, Die Republik von Weimar, München 1982[15]; H. Graml, Europa zwischen den Kriegen, ebd. 1982[5]). J. Radkau, Das Zeitalter der Nervosität. Deutschland zwischen Bismarck u. Hitler, München 1998/Berlin 2000[2] (anregend, aber viel zu luftig gestrickt); klare Darstellung der Demokratiekrise: K. J. Newman, Zerstörung u. Selbstzerstörung der Demokratie. Europa 1918–38, Köln 1965/1984[2]. – Weithin überholt: K. D. Erdmann, Die WR, Stuttgart 1973; G. Castellan, L'Allemagne de Weimar 1918–33, Paris 1972[2]; H. Herzfeld, Die WR, Berlin 1966/1980[6]; A. Schwarz, dass., Konstanz 1958/ND Frankfurt 1968; Conze, Die Zeit Wilhelms II. u. der WR; S. W. Halperin, Germany Tried Democracy, N. Y. 1946/ND 1965; voll persönlicher Erinnerungen: T. Eschenburg, Die improvisierte Demokratie, München 1963; K. Buchheim, Die WR, ebd. 1961; F. Friedensburg, dass., Berlin 1946/1957[2]; F. Stampfer, Die ersten 14 Jahre der Deutschen Republik, Offenbach 1947[2]. Kommunistische Dogmatik, heute unerträglicher denn je: W. Ruge, Deutschland 1917–33, Berlin 1974[2]; R. Kühnl, Deutschland zwischen Demokratie u. Faschismus, München 1969[2]. – Lexika: C. P. Vincent Hg., A Historical Dictionary of Germany's WR, London 1997; W. Benz u. H. Graml Hg., Biograph. Lexikon zur WR, ebd. 1988; W. Benz u. a. Hg., Enzyklopädie des Nationalsozialismus (= NS), Stuttgart 1997/ND München 2000; F. Wende, Lexikon zur Geschichte der Parteien in Europa, ebd. 1981. – Bibliographien: Bibliographie zur Zeitgeschichte – VfZ, Stuttgart 1953 ff.; Jahresbibliographie. Bibliothek für Zeitgeschichte, Stuttgart 1953; ABC-Clio, The WR: A Historical Bibliography, Santa Barbara/Cal. 1984; P. D. Stachura, The Weimar Era and Hitler 1918–33. A Critical Bibliography, Oxford 1977; M. Schumacher, Wahlen u. Abstimmungen 1918–33. Eine Bibliographie, Düsseldorf 1976; auch M. Ruck, Bibliographie zum NS, Köln 1995/2 Bde., Darmstadt 2000[2]; L. Klass Hg., The Third Reich 1933–39, Santa Barbara/Cal. 1984; L. Snyder Hg., The Third Reich 1933–45, N. Y. 1987; ders. Hg., Encyclopedia of the Third Reich, N. Y. 1990; P. Rees, Fascism and Prefascism in Europe 1880–1945. A Bibliography, Brighton 1984; H. Kehr u. J. Langmaid, The Nazi Era 1919–45. A Select Bibliography to 1980, London 1982.

I. Die Bevölkerungsentwicklung 1914–1933

[1] Vgl. hierzu Bd. III, 7–37, 483–546, u. die Lit. 1300–06, Anm. 1–14; 1384–93, Anm. 1–10. Hier v. a. W. Köllmann, Bevölkerungsentwicklung in der WR, in: ders., Bevölkerung in der Industriellen Revolution, 99–105; ders., in: HWS II, 35–38; M. Hubert, Geschichte der deutschen Bevölkerung seit 1814, Stuttgart 1998; J. R. Gillis u. a. Hg., The European Experience of Declining Fertility 1850–1970, Cambridge/Mass. 1992, 13–27, 291–309; R. Schofield u. a. Hg., The Decline of Mortality in Europe, Oxford 1991; W. Speitkamp, Jugend in der Neuzeit. Deutschland vom 16. bis 20. Jh., Göttingen 1998. A. Gestrich, Geschichte der Familie im 19. u. 20. Jh., München 1999; A. Burguière u. a. Hg., Geschichte der Familie IV: 20. Jh., Frankfurt 1998. Sehr instruktiv: G. A. Ritter, Zum Wandel der deutschen Gesellschaft seit dem Kaiserreich, in: Fs. R. Morsey, Berlin 1992, 453–88; F. Rothenbacher, Histor. Haushalts- u. Familienstatistik von Deutschland 1815–1990, Frankfurt 1997; W. Kleber, Die sektorale u. sozialrechtl. Umschichtung der Erwerbsstruktur in Deutschland 1882–1970, in: M. Haller u. W. Mitter Hg., Beschäftigungssystem im gesellschaftl. Wandel, Frankfurt 1983. – Peukert, Republik, 17–21, 89–103; ders., Jugend zwischen Krieg u. Krise. Lebenswelten von Arbeiterjungen in der WR, Köln 1987; ders., Grenzen der Sozialdisziplinierung; ders., Die Erwerbslosigkeit junger Arbeiter in der Weltwirtschaftskrise 1929–33, in: VSWG 72.1985, 305–28; Tenfelde, Großstadtjugend; Lindner, Bandenwesen; M. Gräser, Der blockierte Wohlfahrtsstaat. Unterschichtenjugend u. Jugendfürsorge in der WR, Göttingen 1995; E. Harvey, Youth and the Welfare State in Weimar Germany, Oxford 1990; E. R. Dickinson, The Politics of German Child Welfare From the Empire to the Federal Republic, Cambridge/Mass. 1996; R. Landwehr, Funktionswandel der Fürsorge 1914–33, in: ders. u. R. Baron Hg., Geschichte der Sozialarbeit im 19. u. 20. Jh., Weinheim 1983, 73–138; E. Domansky, Polit. Dimensionen von Jugendprotest u. Generationenkonflikt in der Zwischenkriegszeit in Deutschland, in: Dowe Hg., Jugendprotest, 113–37; H. Mommsen, Generationskonflikt u. Jugendrevolte in der WR, in: Koebner Hg., 50–67; M. Kater, Generationskonflikt als Entwicklungsfaktor in der NS Bewegung vor 1933, in: GG 11.1985, 217–43; B. Stambolis, Der Mythos der jungen Generation. Zur Polit. Kultur der WR, Bochum 1984. – Frevert, Frauen-Geschichte, 290 f. (danach Übersicht 120); dies., Traditionale Weiblichkeit u. moderne Interessenorganisation: Frauen im Angestelltenberuf 1918–33, in: GG 7.1981, 507–33; G. Wellner, Industriearbeiterinnen in der WR, in: ebd., 534–54; Huerkamp, Bildungsbürgerinnen; SgAb III, 22–54.

II. Strukturbedingungen und Entwicklungsprozesse der Wirtschaft

[1] Abelshauser, Wechsellagen, 214. Vgl. D. Petzina u. ders., Zum Problem der relativen Stagnation der deutschen Wirtschaft in den 20er Jahren, in: H. Mommsen u. a. Hg., Industrielles System, 57–76 (eng orientiert an: F. Jánossy u. F. M. Holló, Das Ende der Wirtschaftswunder, Frankfurt 1968!); D. H. Alderoft, Die Zwanziger Jahre 1919–29, München 1978, 21, 318 f. Vgl. R. Metz, Trend, Lange Wellen, Strukturbrüche oder nur Zufall – die langfristige Entwicklung des deutschen Bruttoinlandprodukts 1850–1990, in: E. Schremmer Hg., Wirtschafts- u. Sozialgeschichte, Stuttgart 1998, 117–64; vorzüglich ist ders., Expansion u. Kontraktion. Das Wachstum der deutschen Wirtschaft im 20. Jh., in: Spree Hg., Geschichte, 70–89; ders., Säkulare Trends der deutschen Wirtschaft, in: North Hg., 421–74; C. T. Schmidt, German Business Cycles 1924–33, N. Y. 1934/ND Ann Arbor 1977; G. Clausing, Die wirtschaftl. Wechsellagen 1919–33, Jena 1933; M. Falkus, The German Business Cycle in the 1920's, in: EHR 28.1975, 451–65; Petzina, Wirtschaft; W. Fischer, Wirtschaftsgeschichte Deutschlands 1919–45, in: HWW 9.1982, 83–100; ders., Deutsche Wirtschaftspolitik 1918–45, Köln 1968³; ders., Der deutsche Nationalstaat als Wirtschaftsmacht 1871–1945, in: Deutschland-Porträt einer Nation III, Gütersloh 1985, 91–150; vgl. z. T. ders. Hg., The Economic Development of Germany Since 1870, II,

II. Strukturbedingungen und Entwicklungsprozesse der Wirtschaft 1031

Cheltenham 1997; W. Feldenkirchen, Die deutsche Wirtschaft im 20. Jh., München 1999; Henning, Deutsche Wirtschafts- u. Sozialgeschichte im 20. Jh.; U. Wengenroth, Deutsche Wirtschafts- u. Technikgeschichte im 19. u. 20. Jh., in: Vogt Hg., Deutsche Geschichte, 298–348; R. Overy, The Interwar Crisis 1919–39, London 1994. Anregend: G. Ziebura, Weltwirtschaft u. Weltpolitik 1922/24–31, Frankfurt 1984. Allg. Aldcroft; Hardach, Deutschland in der Weltwirtschaft, 39–54 (= ders., Bürgerl. Gesellschaft im 20. Jh. 1870–1970, in: J. Mück Hg., Die Wirtschaftsgesellschaft, Frankfurt 1978, 153–326); M. Prinz, Die Arbeitswelt in der WR, in: A. Nitschke u. a. Hg., Jahrhundertwende 1880–1930 II, Reinbek 1990, 7–33; enttäuschend: G. W. F. Hallgarten u. J. Radkau, Deutsche Industrie u. Politik von Bismarck bis heute, Frankfurt 1974/Hamburg 1981²; L. Schwerin v. Krosigk, Staatsbankrott. Die Geschichte des Deutschen Reiches 1920–45, Göttingen 1974. Dogmatische Sackgassen: H. Nussbaum, Wirtschaft u. Staat in Deutschland während der WR, Vaduz 1978; Gossweiler, Großbanken – Industriemonopole – Staat 1914–32. Vgl. hierzu die konjunkturgeschichtlichen und -theoretischen Überlegungen in Bd. II, 588–640, sowie die Lit., ebd., 864–72, Anm. 3–18; Bd. III, 1319 f., Anm. 27; 1394, Anm. 1, sowie R. Spree, Wachstum, in: G. Ambrosius u. a. Hg., Moderne Wirtschaftsgeschichte, München 1996, 137–56; ders., Konjunktur, in: ebd., 157–73; H. J. Sherman, The Business Cycle, Princeton 1991; J. H. Correia u. a., Business Cycles 1850–1950, in: European Economic Review 36.1992, 459–67; M. Eisner, Long-Term Fluctuations of Economic Growth and Social Destabilization, in: HSF 17.1992/4, 70–98; C. Diebolt u. J. Litago, Education and Economic Growth in Germany Before 1939, in: HSF 22.1997, 132–48.

[2] Weber, WG 148; O. Stillich, Der Friedensvertrag von Versailles im Spiegel deutscher Kriegsziele, Berlin 1921, IV; vgl. P. Scheidemann, Der Zusammenbruch, ebd. 1921; E. Wüest, Der Vertrag von Versailles in Licht u. Schatten der Kritik, Zürich 1962; Heinemann, Verdrängte Niederlage. Aus der riesigen Lit. nur: M. F. Boemeke u. a. Hg., The Treaty of Versailles, Cambridge 1998; K. Schwabe u. a. Hg., Quellen zum Friedensschluß von Versailles, Darmstadt 1997; G. Krumeich u. S. Fehlemann Hg., Versailles 1919, Essen 2001; A. Sharp, The Versailles Settlement 1919, Basingstoke 1991; Mayer, Politics and Diplomacy; K. Bosl Hg., Versailles-St. Germain- Trianon, München 1971; P. Renouvin, Le Traité de Versailles, Paris 1969; F. Dickmann, Die Kriegsschuldfrage auf der Friedenskonferenz von Paris 1919, München 1964; E. J. C. Hahn, The German Foreign Ministry and the Question of War Guilt 1918–19, in: Fink u. a. Hg., Nationalism, 43–70; H. Mühleisen, Annehmen oder Ablehnen? Das Kabinett Scheidemann, die OHL u. der Vertrag von Versailles, in: VfZ 35.1987, 419–81; H. Schulze, Der Oststaats-Plan von 1919, in: VfZ 18.1970, 123–63; auch G. Ritter, Der Versailler Vertrag 1919, in: P. Schneider Hg., Gratias Agimus. Fs. 100 Jahre Evangel. Stiftungsgymnasium Gütersloh, Gütersloh 1951, 102–9. – W. R. Louis, Das Ende des deutschen Kolonialreichs 1914–19, Düsseldorf 1971. – A. Low, Die Anschlußbewegung in Österreich u. Deutschland 1918–19 u. die Pariser Friedenskonferenz, Wien 1975; S. Suval, The Anschluß Question in the Weimar Era. A Study of Nationalism in Germany and Austria 1918–32, Baltimore 1974; E. Viefhaus, Die Minderheitenfrage u. die Entstehung der Minderheitenschutzverträge auf der Pariser Friedenskonferenz 1919, Würzburg 1960; M. Peter, J. M. Keynes u. die deutsche Frage 1919–46, München 1997. – Bibliographie: M. Gunzenhäuser Hg., Die Pariser Friedenskonferenz 1919 u. die Friedensverträge 1919/20, Frankfurt 1970. Allg. noch außer der zit. Lit. vorn I, Anm. 1: J.-B. Duroselle, Histoire diplomatique de 1919 à nos jours, Paris 1993¹¹; P. Krüger, Die Außenpolitik der Republik von Weimar, Darmstadt 1985; Hildebrand, Reich, 383–559 (überholt: L. Zimmermann, Deutsche Außenpolitik in der Ära der WR, Göttingen 1958); Möller, Europa; Graml, Europa; U. Wengst, Graf Brockdorff-Rantzau u. die außenpolit. Anfänge der WR, Berlin 1973; A. Hillgruber, «Revisionismus» – Kontinuität u. Wandel in der Außenpolitik der WR, in: HZ 237.1983, 597–621.

³ Wagenführ, Industriewirtschaft, 23; Hardach, Weltkrieg, 259, 261, 263 f.; vgl. ders., Zur polit. Ökonomie der WR, in: R. Kühnl u. ders. Hg., Die Zerstörung der WR, Köln 1977, 14–37; H. Raupach, Der interregionale Wohlfahrtsausgleich als Problem der Politik des Deutschen Reiches, in: W. Conze u. ders. Hg., Die Staats- u. Wirtschaftskrise des Deutschen Reiches 1929–33, Stuttgart 1967, 13–34; Schumpeter, Konjunkturzyklen II, 723 f. Zur Demobilmachung: G. D. Feldman, Wirtschafts- u. sozialpolitische Probleme der deutschen Demobilmachung 1918/19, in: ders., Vom Weltkrieg, 84–99; R. Bessel, Unemployment and Demobilzation in Germany 1918, in: R. J. Evans u. D. Geary Hg., The German Unemployed, London 1988, 23–43; ders., «Eine nicht allzu große Beunruhigung des Arbeitsmarktes». Frauenarbeit u. Demobilmachung in Deutschland nach 1918, in: GG 9.1983, 211–29; E. F. Schwarz, Vom Krieg zum Frieden. Demobilmachung im Ruhrgebiet, Frankfurt 1995; S. Rouette, Sozialpolitik als Geschlechterpolitik. Die Regulierung der Frauenarbeit nach 1918, Frankfurt 1993; dies., Frauenerwerbsarbeit in Demobilmachung u. Inflation 1918–23, in: Tenfelde Hg., Arbeiter 20. Jh., 32–69; U. Kluge, Krisen des polit. u. sozialen Wandels in Deutschland zwischen Kaiserreich u. Republik, in: AfS 18.1978, 610–32. Allg. zur Wirtschaftspolitik: W. Fischer, Die WR unter den weltwirtschaftl. Bedingungen der Zwischenkriegszeit, in: H. Mommsen u. a. Hg., 26–50, u. in: ders., Expansion, Integration, Globalisierung, Hg. P. Erker u. M. Pierenkemper, Göttingen 1998, 183–206;; ders., Die wirtschaftspolit. Situation der WR, Celle 1960; C. S. Maier, The Two Postwar Eras and the Conditions for Stability in 20th Century Western Europa, in: ders., The Search for Stability, Cambridge 1987, 153–84; ders., The Vulnerabilities of Interwar Germany, in: JMH 56.1984, 89–99; ders., The State and Economic Organization in the 20th Century, in: N. Hagihara u. a. Hg., Experiencing the 20th Century, Tokio 1985, 101–24; ders., Preconditions for Corporatism, in: J. Goldthorpe Hg., Order and Conflict in Contemporary Capitalism, Oxford 1984, 39–59; ders., Strukturen kapitalist. Stabilität in den 20er Jahren, in: Winkler Hg., Organis. Kapitalismus, 195–213; W. Plumpe, Kapital u. Arbeit im 20. Jh., in: Spree Hg., Geschichte, 178–99; R. Caesar u. K.-H. Hansmeyer, Haushalts- u. Finanzwesen, in: DVG IV: 1918–45, 1985, 832–72; W. Albers, Finanzpolitik in der Depression u. Vollbeschäftigung, in: Deutsche Bundesbank Hg., Währung u. Wirtschaft in Deutschland 1876–1975, Frankfurt 1976², 331–64; H. Mendershausen, Two Postwar Recoveries in Germany, Amsterdam 1955; H. Frank, Regionale Entwicklungsdisparitäten im deutschen Industrialisierungsprozeß 1849–1939, Münster 1994; G. D. Feldman, Die Sozial- u. Wirtschaftspolitik der deutschen Unternehmer 1918–29, in: ders., Vom Weltkrieg, 182–91; C.-L. Holtfrerich, Die Rolle der Wirtschaft in der Politik der Weimarer Zeit, in: O. Franz Hg., Europas Mitte, Göttingen 1987, 54–70; V. Hentschel, Wirtschafts- u. sozialhistor. Brüche u. Kontinuitäten zwischen WR u. Drittem Reich, in: ZfU 28.1983, 39–80; H. James, Foreign Crises and Domestic Choices in Weimar Germany, in: TAJbDG 17.1988, 43–57; ders., The Reichsbank and Public Finance in Germany 1924–33, Frankfurt 1985; G. Hardach, Weltmarktorientierung u. relative Stagnation 1924–31, Berlin 1976; ders., Die beiden Reichsbanken, in: H. Mommsen u. a. Hg., 375–85; ders., Reichsbankpolitik u. wirtschaftl. Entwicklung 1924–31, in: Sch.Jb. 90.1970, 562–92; ders., Währungskrise 1931; in: H. Winkel, Finanz- u. wirtschaftspolit. Fragen der Zwischenkriegszeit, Berlin 1973, 121–33; F. C. Child, The Theory and Practice of Exchange Control in Germany, Den Haag 1958; K. B. Netzband u. H. P. Widmaier, Währungs- u. Finanzpolitik 1923–25, Tübingen 1964; D. Hertz-Eichenrode, Wirtschaftskrise u. Arbeitsbeschaffung 1925/26, Frankfurt 1982; R. J. Schmidt, Versailles and the Ruhr. Seedbed of World War II, Den Haag 1968; P.-C. Witt, Finanzpolitik als Verfassungs- u. Gesellschaftspolitik des Deutschen Reiches 1930–32, in: GG 8.1982, 386–414; ders., Reichsfinanzminister u. Reichsfinanzverwaltung, in: VfZ 23.1975, 1–61; A. Möller, Reichsfinanzminister Erzberger u. sein Reformwerk, Bonn 1971; C. Böhret, Aktionen gegen die «Kalte Sozialisierung», Berlin 1966; G. Ambrosius, Die öffentl. Wirtschaft in der WR, Baden-Baden 1984; H.-J. Winkler, Preußen als Unternehmer 1923–32,

Berlin 1964; O. Büsch, Geschichte der Berliner Kommunalwirtschaft 1919–33, ebd. 1960; V. Wittke, Wie entstand industrielle Massenproduktion? Die deutsche Elektroindustrie 1880–1975; Berlin 1996.
[4] F. Eulenburg, Die sozialen Wirkungen der Währungsverhältnisse, in: JNS 122.1924, 789; Wagenführ, Industriewirtschaft, 27 f.; Aldcroft, 81 f.; Clausing, 49- 82; F. Haller, Die Rolle der Staatsfinanzen für den Inflationsprozeß, in: Deutsche Bundesbank Hg., 140 f. (35 %); Petzina, Deutsche Wirtschaft, 83. Optionen: Holtfrerich, Deutsche Inflation, 127–32, 321–31; Verlauf und Folgen: 147, 200, 15, 31, 219 f., 268, 278, 35, 268, 273, 219 f.; Feldman, Disorder, Teil VI.- Rathenau, 24. 1. 1921, in: P. Wulf Bearb., Akten der Reichskanzlei. WR. Das Kabinett Fehrenbach, Boppard 1972, 219; Stinnes, in: v. Klass, 286 (23. 6. 1922). - Allg. Bronfenbrenner; H. Scherf, Inflation, in: HWW 4.1978, 159–84; H. Giersch, dass., in: HSW 5.1956, 281–93; K. Singer, dass., in: HStW 5. 1923[4], 444–46; J.-H. Rogers u. L. V. Chandler, dass., in: ESS 4.1935, 28–93. Grundlegend: Holtfrerich, Deutsche Inflation; vgl. ders., Die deutsche Inflation 1918–23 in internationaler Perspektive, in: Büsch u. Feldman Hg., 321–29; ders., Bewältigung der deutschen Staatsbankrotte 1918 u. 1945, in: Veröffentlichungen der J. Jungius-Gesellschaft für Wissenschaft Hamburg 84.1996, 27–57; ders., Rüstung, Reparationen u. Sozialstaat, in: U. Schultz Hg., Mit den Zehnten fing es an, München 1986, 200–08; ders., Amerikan. Kapitalexport u. Wiederaufbau der deutschen Wirtschaft 1919–23 im Vergleich zu 1924–29, in: VSWG 64.1977, 497–529. Neuerdings umfassend: Feldman, Disorder; ders., Stinnes; ders., Die Inflation u. die polit. Kultur in der WR, in: M. Hettling u. P. Nolte Hg., Nation u. Gesellschaft in Deutschland, München 1996, 269–81; ders., Bayern u. Sachsen in der Hyperinflation, in: HZ 238.1984, 569–610; ders., The Political Economy of Germany's Relative Stabilization During the 1920/21 World Depression, in: ders. u. a. Hg., German Inflation, 180–206; vgl. auch ders., Weimar Writers and the German Inflation, in: G. Brude-Firnau u. K. J. McHardy Hg., Fact and Fiction: German History and Literature 1848–1924, Tübingen 1990, 173–83; C. Buchheim, Währungsreformen im 20. Jh., in: Spree Hg., Geschichte, 141–56 (überholt: A. v. Specht, Polit. u. wirtschaftl. Hintergründe der deutschen Inflation 1918–23, Frankfurt 1982). Vgl. aus der umfangreichen Lit. die vier Sammelbände von Feldman u. a. (oben 7. T. II, 4, Anm. 4); Feldman, Iron and Steel; D. Lindenlaub, Maschinenbauunternehmen in der deutschen Inflation 1919–23, Berlin 1985; S. B. Webb, Hyperinflation and Stabilization in Weimar Germany, N. Y. 1989; C. S. Maier, Die deutsche Inflation als Verteilungskonflikt; in: Büsch u. Feldman Hg., 329–42; ders. Inflation and Stabilization in the Wake of Two World Wars, in: Feldman u. a. Hg., Erfahrung, 108–29; ders., The Politics of Inflation in the 20th Century, in: ders., Search of Stability, 187–224; Bresciani-Turroni; Pedersen u. Laursen; M. L. Hughes, Paying for the German Inflation, Chapel Hill 1988; ders., Private Equity, Social Inequality: German Judges React to Inflation 1914–24, in: CEH 16.1983, 76–94; ders., Economic Interests, Social Attitudes, and Creditor Ideology: Popular Responses to Inflation, in: Feldman u. a. Hg., Deutsche Inflation, 385–408; K. Borchardt, Erfahrung mit Inflation in Deutschland, in: ders., Wachstum, 151–61; ders., Das Gewicht der Inflationsangst in den wirtschaftspolit. Entscheidungsprozessen während der Weltwirtschaftskrise, in: Feldman Hg., Nachwirkungen, 233–60; W. Abelshauser, Verelendung der Handarbeiter? Zur sozialen Lage der deutschen Arbeiter in der großen Inflation der frühen 20er Jahre, in: H. Mommsen u. W. Schulze Hg., Vom Elend der Handarbeit, Stuttgart 1981, 445–476; ders., Inflation u. Stabilisierung, in: Büsch u. Feldman Hg., 161–74; R. Scholz, Lohn u. Beschäftigung der Arbeiterschaft in der Inflation, in: Feldman Hg., Anpassung, 278–322; M. Schneider, Deutsche Gesellschaft in Krieg u. Währungskrise 1914–24, in: AfS 26.1986, 301–19; Ferguson; Lyth; J. Flemming u. a., Sozialverhalten u. polit. Reaktionen von Gruppen u. Institutionen im Inflationsprozeß, in: Büsch u. Feldman Hg., 239–63; M. H. Geyer, Teuerungsprotest, Konsumentenpolitik u. soziale Gerechtigkeit während der Inflation: München 1920–23, in: AfS 30.1990, 181–215; ders., Verkehrte Welt. Revolution, Inflation u. Mo-

derne, München 1914–24, Göttingen 1998; P.-C. Witt, Die Auswirkungen der Inflation auf die Finanzpolitik des Deutschen Reiches 1924–35, in: Feldman Hg., Nachwirkungen, 43–95; ders., Staatl. Wirtschaftspolitik in Deutschland 1918–23, in: Feldman u. a. Hg., Inflation, 151–79; C. D. Krohn, Helfferich contra Hilferding. Konservative Geldpolitik u. die sozialen Folgen der deutschen Inflation 1918–23, in: VSWG 62.1975, 62–92; P. Krüger, Die Auswirkungen der Inflation auf die deutsche Außenpolitik, in: Feldman u. a. Hg., Nachwirkungen, 297–312; F. Blaich, Der Schwarze Freitag. Inflation u. Wirtschaftskrise, München 1985; P. Czada, Ursachen u. Folgen der Großen Inflation, in: Winkel Hg., 9–43; ders. u. H. M. Barth, Große Inflation u. Wirtschaftswachstum, in: H. Mommsen u. a. Hg., 386–94; S. Marks, Reparations Reconsidered, in: CEH 2.1969, 356–65; P. M. Boarman, Germany's Economic Dilemma. Inflation and the Balance of Payments, New Haven/Conn. 1964; A. C. Mierzejewski, The Most Valuable Asset of the Reich: The German National Railway, II: 1933–45, Chapel Hill 2000; noch immer lesenswert: Lewinsohn, Umschichtung der europ. Vermögen.

⁵ Holtfrerich, Deutsche Inflation, 148 f. Vgl. allg. B. Röper, Reparationen, in: HSW 8.1964, 812–21; F. Gutmann, dass., in: HStW 7.19264, 45–83; J. W. Angell, Reparations, in: ESS 7.1934, 300–08; J. Jessen, Reparationen, in: Wb. V.1932⁴, 35–95; P. Krüger, Deutschland u. die Reparationen 1918/19, Stuttgart 1973; ders., Das Reparationsproblem, in: VfZ 29.1981, 21–47; ders., Die Reparationen u. das Scheitern einer deutschen Verständigungspolitik auf der Pariser Friedenskonferenz 1919, in: HZ 221.1975, 326–72; ders., Die Rolle der Banken u. der Industrie in den deutschen reparationspolit. Entscheidungen, in: H. Mommsen u. a. Hg., 568–81. – M. Trachtenberg, Reparations in World Politics 1916–23, N. Y. 1980; S. A. Schuker, The End of French Dominance in Europe. The Financial Crisis of 1924 and the Adoption of the Dawes-Plan, Chapel Hill 1976; ders., American «Reparations» to Germany 1919–33, Princeton 1988; G. Soutou, Der Einfluß der Schwerindustrie auf die Frankreichpolitik Deutschlands 1919–21, in: H. Mommsen u. a. Hg., 543–51; R. Castillon, Les Réparations Allemandes 1919–32, 1945–52, Paris 1953; E. Weill-Raynal, Les Réparations Allemandes et la France, 3 Bde, ebd. 1947; D. Artaud, La Question des Dettes Interalliés et la Reconstruction de l'Europe 1917–29, 2 Bde, Lille 1978. – W. Link, Die amerikan. Stabilisierungspolitik in Deutschland 1921–32, Düsseldorf 1970; ders., Der amerikan. Einfluß auf die WR in der Dawesplanphase, in: H. Mommsen u. a. Hg., 485–98; W. C. McNeill, American Money and the WR, N. Y. 1986; D. B. Gescher, Die Vereinigten Staaten von Amerika u. die Reparationen 1920–24, Bonn 1956; E. Wandel, Die Bedeutung der Vereinigten Staaten für das deutsche Reparationsproblem 1924–29, Tübingen 1971; H.-J. Rupieper, The Cuno Government and Reparations, Den Haag 1979; ders., Industrie u. Reparationen 1922–24, in: H. Mommsen u. a. Hg., 582–92; R. Gottwald, Die deutsch-amerikan. Beziehungen in der Ära Stresemann, Berlin 1965. – K. A. Holz, Die Diskussion um den Dawes- u. Young-Plan in der deutschen Presse, 2 Bde, Frankfurt 1977; O. Jung, Plebiszitärer Durchbruch? Volksbegehren u. -entscheid gegen den Young-Plan, in: GG 15.1989, 489–510; ders., Direkte Demokratie in der WR, Frankfurt 1989; V. R. Berghahn, Das Volksbegehren gegen den Youngplan u. die Ursprünge des Präsidialregimes 1929–32, in: 2. Fs. F. Fischer, 431–48; J. Houwink ten Cate, H. Schacht als Reparationspolitiker 1926–30, in: VSWG 74.1987, 186–228; J.-O. Spiller, Reformismus nach rechts. Zur Politik des RDI 1927–30 am Beispiel der Reparationspolitik, in: H. Mommsen u. a. Hg., 593–602; P. Heyde, Das Ende der Reparationen 1929–32, Paderborn 1998; G. Schulz, Reparationen u. Kriegsprobleme nach dem Wahlsieg der NSDAP 1930, in: VSWG 67.1980, 200–22. Überholt sind: W. Glashagen, Die Reparationspolitik H. Brünings 1930/31, Diss. Bonn 1980; W. J. Helbich, Die Reparationen in der Ära Brüning, Berlin 1962; H. Ronde, Von Versailles bis Lausanne. Die Reparationsverhandlungen nach 1918, Stuttgart 1950.

⁶ G. Castellan, Zur sozialen Bilanz der Prosperität 1924–29, in: H. Mommsen u. a. Hg., 104–10; D. Keese, Die volkswirtschaftl. Gesamtgrößen für das Deutsche Reich

1925–36, in: Conze u. Raupach Hg., 43, 39; Wagenführ, Industriewirtschaft, 30, 33, 38, 56; Aldcroft, 216–50; Fischer, Bedingungen, 30, 22; Clausing, 3, 4, 8, 51–64; Abelshauser, Inflation, 165, 167f.; H. James, Die Währungsstabilisierung 1923/24 in internationaler Perspektive, in: Abelshauser Hg., WR, 63–79; T. Balderston, The Origins and Course of the German Economic Crisis 1923–32, Berlin 1993, 13; G.D. Feldman, The Politics of Stabilization in Weimar Germany, in: TAJbDG 17.1988, 19–41; ders., Weimar from Inflation to Depression: Experiment or Gamble? in: ders. Hg., Die Nachwirkungen der Inflation auf die deutsche Geschichte 1924–33, München 1985, 385–401; B. Höpfner, Der deutsche Außenhandel 1900–45, Frankfurt 1993; F. Blaich, Die Wirtschaftskrise 1925/26, Kallmünz 1977; C.-D. Krohn, Stabilisierung u. ökonom. Interessen. Die Finanzpolitik des Deutschen Reiches 1923–27, Düsseldorf 1974; ders., Steuerpolitik u. Industrie in der Stabilisierungsphase, in: H. Mommsen u. a. Hg., 426–38; Holtfrerich, Rolle, 66; Hardach, Polit. Ökonomie, 17–22, 24–27; Petzina, Wirtschaft, 15, 57, 70, 90, 94; Schmidt, Business Cycles, 26–49, 106, 108; Zyklendatierung: IESS 2, 231; Hoffmann u. a., Wachstum, 204f., 454f. – Löhne: Balderston, 13; Abelshauser, Verelendung, 449–66. – Arbeitslosigkeit: Balderston, 13; N. Fukuzawa, Staatl. Arbeitslosenunterstützung in der WR u. die Entstehung der Arbeitslosenversicherung, Frankfurt 1995; P. Lewek, Arbeitslosigkeit u. Arbeitslosenversicherung 1918–27, Stuttgart 1992; D. Petzina, The Extent and Causes of Unemployment in the WR, in: P.D. Stachura Hg., Unemployment and the Great Depression in Weimar Germany, London 1986, 29–48; K. Hausen, Unemployment Also Hits Women, in: ebd., 78–120; B. Eichengreen u. T.J. Harton Hg., Unemployment in International Perspective, Dordrecht 1988; W. Galenson u. A. Zellner, International Comparisons of Unemployment Rates, in: National Bureau of Economic Research Hg., The Measurement and Behavior of Unemployment, Princeton 1957, 439–581; G.D. Feldman, Industrialists, Bankers, and the Problem of Unemployment in the WR, in: CEH 25.1992, 76–96; ders., Saxony, the Reich, and the Problem of Unemployment in Weimar Germany, in: AfS 27.1987, 103–44; s. auch N. v. Preradovich, Zum Bewußtsein der Zeitgenossen 1924–29, in: H.J. Schoeps Hg., Zeitgeist im Wandel II, Stuttgart 1968, 107–23. – Schlichtung: H.H. Hartwich, Arbeitsmarkt, Verbände u. Staat 1918–33, Berlin 1967; J. Bähr, Staatl. Schlichtung in der WR 1919–32, Berlin 1989; ders., Die Kontinuität eines Provisoriums. Staatl. Schlichtung u. wirtschaftl. Demobilmachung in der Anfangsphase der WR, in: Konrad u. Schmidlechner Hg., 129–48; flach dagegen: K. Steiger, Kooperation, Konfrontation, Untergang. Das Weimarer Tarif- u. Schlichtungswesen 1919–33, Stuttgart 1998; R. Tschirbs, Tarifpolitik im Ruhrbergbau 1918–33, Berlin 1986. – Rationalisierung: Peukert, Weimar, 117–20; G. Stollberg, Die Rationalisierung 1908–33, Frankfurt 1981; R. Hachtmann, Industriearbeit u. Rationalisierung 1900–45, in: JbW 1996/I, 211–58; U. Burghardt, Die Mechanisierung des Ruhrbergbaus 1890–1930, München 1995; P. Hinrichs, Um die Seele des Arbeiters. Arbeitspsychologie, Industrie- u. Betriebssoziologie, Köln 1982; ders. u. L. Peter, Industrieller Friede? Arbeitswissenschaft u. Rationalisierung in der WR, ebd. 1976; C.S. Maier, Between Taylorism and Technocracy, in: ders., Search of Stability, 22–69, dt. in: M. Stürmer Hg., Die WR, Königstein 1980, 188–213; R.A. Brady, The Rationalization Movement in German Industry, Berkeley 1933/ND N.Y. 1974; J. Gerhardt u.a., Rationalisierung, in: HStW Erg. bd. 1929⁴, 708–817.

⁷ Hoffmann u. a., Wachstum, 454f., 825–28; Winkler, Weimar, 352, 357, 482f.- **Übersicht** 122 nach: Keese 43, 49; A. Ritschl u. M. Spoerer, Das BSP in Deutschland 1901–95, in: JbW 1997/II, 27–54. – Vgl. aus der umfangreichen Lit. v. a. Balderstone, Origins; ders., The Origins of Economic Instability in Germany 1924–30, in: VSWG 69.1982, 488–514; H. James, The German Slump 1924–36, Oxford 1986, dt. Deutschland in der Weltwirtschaftskrise, Stuttgart 1988; ders., State, Industry, and Depression in Weimar Germany, in: HJ 24.1981, 231–41; R. Meister, Die Große Depression. Zwangslagen u. Handlungsspielräume der Wirtschafts- u. Finanzpolitik in Deutschland 1929–32, Regensburg 1991;

H.-J. Kim, Industrie, Staat u. Wirtschaftspolitik 1930–33, Berlin 1997; C. v. Roehl, Große Depression u. Stagflation: 1927/33–1970/86, Göttingen 1988; G. Schulz Hg., Die Große Krise der 30er Jahre: 1929–39, ebd. 1985; C. P. Kindleberger, Die Weltwirtschaftskrise 1929–39, München 1973; H. van der Wee Hg., The Great Depression Revisited, Den Haag 1972; J. Néré, La Crise de 1929, Paris 1968; J. K. Galbraith, Der große Krach, Stuttgart 1963; G. Kroll, Von der Weltwirtschaftskrise zur Staatskonjunktur, Berlin 1958; R. E. Lüke, Von der Stabilisierung zur Krise, Zürich 1958; W. Grotkopp, Die große Krise 1929–32, Düsseldorf 1954; R. Nöll v. d. Nahmer, Weltwirtschaft u. Weltwirtschaftskrise, in: G. Mann Hg., Propyläen-Weltgeschichte 9.1960, 353–88; A. Predöhl, Das Ende der Weltwirtschaftskrise, Reinbek 1962; ders., Die Epochenbedeutung der Weltwirtschaftskrise 1929/31, in: VfZ 1.1953, 97–118; R. L. Cohn, Fiscal Policy in Germany During the Great Depression, in: Explorations in Economic History (= EEH) 29.1992, 318–42; E. Zimmermann, The 1930s World Economic Crisis in Six European Countries, in: P. M. Johnson u. W. R. Thompson, Rhythms in Politics and Economics, N. Y. 1985, 84–127; P. Temin, The Beginning of the Depression in Germany, in: EHR 24.1971, 240–48 (dagegen: Falkus); D. Petzina, Zur Interpretation der Weltwirtschaftskrise in Deutschland, in: Probleme der Geschichtswissenschaft, Düsseldorf 1973; 156–70; ders., Germany and the Great Depression, in: JCH 4.1969, 59–74; ders., Elemente der Wirtschaftspolitik in der Endphase der WR, in: VfZ 21.1973, 127–33; ders., Hauptprobleme der deutschen Wirtschaftspolitik 1932/33, in: VfZ 15.1967, 18–55; vgl. ders., Soziale u. wirtschaftl. Entwicklung, in: DVG IV: 1918–45, Stuttgart 1985, 39–66; K. Borchardt, Zur Frage der währungspolit. Optionen Deutschlands in der Weltwirtschaftskrise, in: ders., Wachstum, 206–24; Hentschel, Brüche, 39–80 (dagegen extrem simplifizierend: F. Lütge, An Explanation of the Economic Conditions Which Contributed to the Victory of NS, in: The Third Reich, Hg. UNESCO, London 1955, 417–37); K.Megerle, Weltwirtschaftkrise u. Außenpolitik, in: J. Bergmann Hg., Geschichte als Polit. Wissenschaft, Stuttgart 1979, 116–40; E. W. Bennett, Germany and the Diplomacy of the Financial Crisis, Cambridge/Mass. 1962; H. Sanmann, Daten u. Alternativen der deutschen Wirtschafts- u. Finanzpolitik in der Ära Brüning, in: Hamburger Jb. 10.1965, 109–40. Auch noch G. D. Feldman, Aspekte deutscher Industriepolitik am Ende der WR 1930–32, in: ders., Vom Weltkrieg, 218–33; U. Büttner, Hamburg in der Staats- u. Wirtschaftskrise 1928–31, Hamburg 1932; W. Treue, Der deutsche Unternehmer in der Weltwirtschaftskrise 1928/32, in: Conze u. Raupach Hg., 82–125; B. Weisbrod, The Crisis of Bourgeois Society in Interwar Germany, in: R. Bessel Hg., Fascist Italy and Nazi Germany, Cambridge 1996, 23–39; H. Bennecke, Wirtschaftsdepression u. polit. Radikalismus, München 1970²; W. Hock, Deutscher Antikapitalismus. Der ideolog. Kampf gegen die freie Wirtschaft im Zeichen der großen Krise, Frankfurt 1960; A. Lüdtke, Hunger in der Großen Depression, in: AfS 27.1987, 145–76; P. D. Stachura, The Social and Welfare Implications of Youth Unemployment in Weimar Germany 1929–33, in: ders. Hg., Unemployment, 121–49; R. Vierhaus, Auswirkungen der Krise um 1930 in Deutschland, in: Conze u. Raupach Hg., 155–75; anschaulich: W. Treue Hg., Deutschland in der Weltwirtschaftskrise in Augenzeugenberichten, Düsseldorf 1967.

[8] K. E. Born, Die deutsche Bankenkrise 1931, München 1967, 14 f., 20, 56, 64, 175. Vgl. James, Deutschland, 275–311; T. Balderston, German Banking Between the Wars, in: BHR 65.1991, 554–605; G. D. Feldman, Banks and Banking in Germany After 1918, in: Y. Cassis Hg., Finance and Financiers in European History 1880–1960, Cambridge 1992, 243–62; ders., Politik, Banken u. der Goldstandard in der Zwischenkriegszeit, in: Vom Goldstandard zum Multireservewährungsstandard, Frankfurt 1987, 11–20; ders., Die Deutsche Bank 1914–33, in: L. Gall u. a., Die Deutsche Bank 1870–1995, München 1995, 137–314; H. Wixforth, Banken u. Schwerindustrie in der WR, Köln 1995; P. Einzig, The Financial Crisis of 1931, in: Fs. A. J. P. Taylor, London 1966, 233–43; H. Luther, Vor dem Abgrund 1930–33. Reichsbankpräsident in Krisenzeiten, Berlin 1964; ders., Politiker

ohne Partei, Erinnerungen, Stuttgart 1960; H. Pentzlin, H. Schacht, Berlin 1980; A. E. Simpson, H. Schacht in Perspective, Den Haag 1969; E. N. Peterson, H. Schacht 1923–45, Boston 1954; dogmatisch: H. Habedank, Die Reichsbank in der WR 1919–33, Berlin 1981; J. Tanner, «Bankenmacht», in: ZfU 43.1998, 19–34. – Suval, Anschluß; A. Orde, The Origins of the German-Austrian Customs Affair 1931, in: CEH 13.1980, 14–59; F. Stambrook, The German-Austrian Customs Union Projekt of 1931, in: JCEA 21.1961/62, 15–44; J. Krulis-Randa, Das deutsch-österreich. Zollunionsprojekt von 1931, Zürich 1955; O. Hauser, Der Plan einer deutsch-österreich. Zollunion 1931, in: HZ 179.1955, 45–92. Vgl. H. Molt, «Wie ein Klotz inmitten Europas». «Anschluß» u. Mitteleuropa 1925–31, Frankfurt 1986; C. Weimer, «Mitteleuropa» als polit. Ordnungskonzept, Diss. Würzburg 1992; J. Elvert, Mitteleuropa. Deutsche Pläne zur europ. Neuordnung 1918–45, Stutttgart 1999; R. Frommelt, Paneuropa oder Mitteleuropa? Einigungsbestrebungen im Kalkül deutscher Wirtschaft u. Politik 1925–33, ebd. 1977; D. Stegmann, «Mitteleuropa» 1925–34, in: 2. Fs. F. Fischer, 203–24; H. P. Höpfner, Deutsche Südosteuropapolitik in der WR, Frankfurt 1983; H.-J. Schröder, Zur polit. Bedeutung der deutschen Handelspolitik nach 1918, in: Feldman u. a. Hg., Deutsche Inflation, 235–51.

[9] Wagenführ, 33; Fischer, Bedingungen, 27 f., 30 f., 33. Zu den Führungssektoren: Bd. II, 609–31; Bd. III, 66–85, 610–18. – G. v. Klass, A. Vögler 1877–1945, Tübingen 1957; zahlreiche Informationen in: K. Pritzkoleit, Wem gehört Deutschland?, Wien 1957; ders., Männer – Mächte – Monopole, Frankfurt 1963. – W. Feldenkirchen?, Siemens, München 1997; Balderston, Origins, 119. – Plumpe, IG Farben, 96–170, 433–522; B. Stier, Staat u. Strom. Die polit. Steuerung des Elektrizitätssystems in Deutschland 1890–1950, Ubstadt-Weiher 1999; V. Hentschel, Zum deutschen Außenhandel 1914–29, in: ZfU 31.1986, 95–116. Vgl. allg. C. P. Kindleberger, World Economic Primacy 1500–1990, N. Y. 1996. – Kartelle: Bd. III, 632–37; Arndt Hg., Konzentration I, 304; H. Schröter, Kartellierung u. Dekartellierung 1890–1990, in: VSWG 81.1994, 460, 463–68, 480–83; Feldenkirchen, Concentration, 116–18, 121–24, 127–29, 132 f., 135–41; vgl. H. Pohl Hg., Kartelle u. Kartellgesetzgebung, Stuttgart 1985; A. D. Chandler, Scale and Scope. The Dynamics of Industrial Capitalism, Cambridge/Mass. 1990; Liefmann, Kartelle, 611–30; Levy, Industrial Germany. – Siegrist, Großunternehmen bis zur WR, 70–74, 76, 79, 85, 88, 92; alle 100 im Anhang: 93–99, sowie M. Fiedler, Die 100 größten Unternehmen in Deutschland 1907, 1938, 1974, 1995, in: ZfU 44.1999, 235–42.

[10] Vgl. zum Korporativismus ausführlich: Bd. III, 664–80. – W. Abelshauser, Die WR – ein Wohlfahrtsstaat? in: ders. Hg., WR, 16–19, 26; ders., Wechsellagen, 217 f., 224–26; Petzina, Wirtschaft, 103; ders., Staatl. Ausgaben u. deren Umverteilungswirkungen. Industrie- u. Agrarsubventionen in der WR, in: F. Blaich Hg., Staatl. Umverteilungspolitik in histor. Perspektive, Berlin 1980, 59–105; F. Blaich, «Garantierter Kapitalismus». Subventionspolitik in Deutschland 1925–32, in: ZfU 22.1977, 50–70; G.-D. Krohn, Autoritärer Kapitalismus. Wirtschaftskonzeptionen im Übergang von der WR zum NS, in: 2. Fs. Fischer, 113–30; Röpke, Staatsinterventionismus, 861–82; vgl. die exakte Analyse in der Bielefelder Diss. von A. Reckendrees, Das «Stahltrust»-Projekt. Die Gründung der ‹Vereinigte Stahlwerke A. G.› u. ihre Unternehmensentwicklung 1926–34, München 2000.

[11] Sombart, Kapitalismus III/2, 966; Geiger, zit. nach Haupt Hg., Mitte, 240; Geiger, Panik, zit. nach Winkler, Mittelstand, 35, 108 (Mentalität). Vgl. allg. III, 680–85; Lenger, Sozialgeschichte, 163–94; Kaufhold, Development 1800–1970; Fischer, Wirtschaft u. Gesellschaft, 349–57; hier v. a. J. Bergmann, Handwerk u. Tradition bis zum Ende der WR, in: ZfG 44.1996, 869–96; ders., Polit. Anschauungen u. polit. Kultur des Handwerks in der WR, in: D. Lehnert u. K. Megerle Hg., Pluralismus als Verfassungs- u. Gesellschaftsmodell, Opladen 1993, 131–213; Haupt, Petite bourgeoisie, 35–55; ders., Mittelstand u. Kleinbürgertum in der WR, in: AfS 26.1986, 217–38; R. Koshar, On the Politics of Splintered Classes, in: ders. Hg., Splintered Classes. Politics and the Lower Middle Classes in

Interwar Europe, N. Y. 1990, 1–30; R. Unterstell, Mittelstand in der WR, Frankfurt 1989; Lebovics, Social Conservatism 1914–33; T. Beckermann, Die wirtschaftl. Entwicklung des Handwerks seit dem Ende des 19. Jh., in: Fs. W. Däbritz, Essen 1951, 327–40, Winkler, Mittelstand 1918–33, 21–39, 65–156; ders., Vom Protest zur Panik: Der gewerbl. Mittelstand in der WR, in: ders., Liberalismus, 99–109; ders., From Social Protectionism to National Socialism: The German Small Business Movement in Comparative Perspective, in: JMH 48.1976, 1–18, dt. in: Haupt Hg., Bourgeois u. Volk, 143–61. Zur Kritik: B. Holtwick, Der zerstrittene Berufsstand. Handwerker u. ihre Organisationen in Ostwestfalen-Lippe 1929–53, Paderborn 2000; Georges, 1811–1993, 293–303. – M. Schuhmacher, Mittelstandsfront u. Republik, Düsseldorf 1972; ders., Hausbesitz, Mittelstand u. Wirtschaftspartei in der WR, in: H. Mommsen u. a. Hg., 923–35; W. Fritsch, Reichspartei des deutschen Mittelstandes 1920–33, in: LP 3.1985[2], 723–38. – Regionalstudien: F. Domurad, The Politics of Corporation: Hamburg Handicrafts 1927–33, in: R. Bessel u. E. J. Feuchtwanger Hg., Social Change and Political Developments in Weimar Germany, London 1981, 174–206; F. Zunkel, Köln 1928–31, in: ZfU 26.1981, 104–28; C.-D. Krohn u. D. Stegmann, Kleingewerbe u. NS in einer agrar.-mittelständ. Region: Lüneburg 1930–39, in: AfS 17.1977, 41–98; P. Wulf, Die polit. Haltung des schleswig.-holstein. Handwerks 1928–32, Köln 1969. Vgl. Pesl, Mittelstandsfragen, 70–119; Brauer, Mittelstandspolitik, 368–410; J. Dethloff, Das Handwerk in der kapitalist. Wirtschaft, in: B. Harms Hg., Strukturwandlungen der deutschen Volkswirtschaft II, Berlin 1928, 3–41; F. Zahn, Wirtschaftsaufbau Deutschlands, in: HStW Erg.bd. 1929[4], 960–1084.

[12] Allg. M. Rolfes, Landwirtschaft 1914–70, in: HWS II.1976, 741–95. Für die Zeit bis 1914: Bd. III, 685–99; für den Weltkrieg: vorn 7.Teil II.3. – Vgl. H. Becker, Handlungsspielräume der Agrarpolitik 1923–29, Stuttgart 1990; A. Panzer, Das Ringen um die deutsche Agrarpolitik 1924–28, Kiel 1970; K. Hanau, Landwirtschaft u. Wirtschaftskrise 1929–33, Diss. Freiburg 1959; V. Klemm, Ursachen u. Verlauf der Krise der deutschen Landwirtschaft 1927/28–33, Berlin 1965; ders., Die Entwicklung der landwirtschaftl. Produktion während der Agrarkrise 1927/28–32/33 in Deutschland, in: Wissenschaftl. Zeitschrift Univ. Rostock, Gesellschafts- u. Sprachwiss. Reihe 17.1968, 187–93; U. Kluge, Agrarpolitik u. Agrarkrise 1918–33, in: K. Stadler Hg., Bewegung u. Klasse, Wien 1978, 629–45; ders., Bauern, Agrarkrisen u. Volksernährung in der europ. Zwischenkriegszeit, Wiesbaden 1988; W. Boelcke, Wandlungen der deutschen Agrarwirtschaft in der Folge des Ersten Weltkriegs, in: Francia 3.1975, 498–532; allg. noch Puhle, Bewegungen, 77–94; Schumacher, Land u. Politik; Bergmann, Agrarromantik; Dovring; Malenbaum; A. Seidel, Deutsche Agrargeschichte, Freising 1995; D. Goemann, Preisrelationen zwischen landwirtschaftl. Ereignissen. Langfristige Entwicklungen im internationalen Vergleich, Hannover 1965; H. F. v. Bassewitz, Die Entwicklung des Preisgefüges im Agrarsektor, Diss. Göttingen 1953; V. P. Timoshenko, World Agriculture and the Depression, Ann Arbor 1953/ND N. Y. 1983; ders., The Role of Agricultural Fluctuations in the Business Cycle, Ann Arbor 1930. Handbuch-Informationen: K. C. Bollmann, Agrarpolitik zwischen Mittelalter u. Zweitem Weltkrieg, Frankfurt 1990; D. Roemer u. a. Hg., Hdb. der Landwirtschaft, 4 Bde, Berlin 1954; F. Beckmann u. a. Hg., Deutsche Agrarpolitik, 3 Bde, ebd. 1932; F. Aereboe u. a. Hg., Hdb. der Landwirtschaft, 5 Bde, ebd. 1929; W. Woytinski, Die Welt in Zahlen III: Die Landwirtschaft, ebd. 1926. Bis zum Erscheinen einer noch ausstehenden sozialstrukturellen Analyse der ländlichen Welt vgl. M. Jatzlauk, Die Entwicklung der sozialökonom. Basis der Kleinbauernschaft 1919–39, in: Wissenschaftl. Zeitschrift Univ. Rostock, Gesellschaftswiss. Reihe 35.1980, 13–18; ders., Statist. Daten über die sozialökonom. Entwicklung der großbäuerl. Betriebe 1919–39, in: ebd. 39.1990. 97–112; ders., Statistisches zur sozialökonom. Entwicklung der Mittelbauern 1918–30, in: ebd. 35.1986, 27–33; ders., Untersuchungen zur sozialökonom. Struktur der deutschen Landwirtschaft 1919–39, Diss. Rostock 1983; ders., Landarbeiter, Bauern u. Großgrundbesitzer in der WR, in: ZfG 39.1991, 888–905; ders.,

1925 – Wendepunkt in der Agrarpolitik der WR?, in: Agrargeschichte 24.1990, 59–68; W. Pyta, Dorfgemeinschaft u. Parteipolitik 1918–33, Düsseldorf 1996; ders., Das Dorf im Fadenkreuz der Politik 1918–45, in: D. Münkel Hg., Der lange Abschied vom Agrarland, Göttingen 2000, 209–26; ders., Ländl.-evangel. Milieu u. NS bis 1933, in: H. Möller u. a. Hg., NS in der Region, München 1996, 199–212; A. Wirsching, Bäuerl. Arbeitsethos u. antiliberales Denken: Ländl. Mentalität 1919–33, in: Revue d'Allemagne 22.1990, 415–25; R. Moeller, Winners and Losers in the German Inflation: Peasant Protest 1920–23, in: Feldman u. a., Deutsche Inflation, 255–88; J. Osmond, Rural Protest in the WR, Houndsmill 1993; ders., A Second Agrarian Mobilization? Peasant Associations in South and West Germany 1918–24, in: Moeller Hg., Peasants and Lords, 168–97; J. Bergmann u. K. Megerle, Protest u. Aufruhr der Landwirtschaft 1924–33, in: J. Bergmann u. a., Regionen im histor. Vergleich, Opladen 1989, 200–87. Neuerdings die vorzügliche Gesamtdarstellung von S. Merkenich, Grüne Front gegen Weimar. Reichslandbund u. agrar. Lobbyismus 1918–33, Düsseldorf 1998; D. Gessner, Agrarverbände in der WR, ebd. 1976; ders., Agrardepression u. Präsidialregierungen in Deutschland 1930–33, ebd. 1977; ders., The Dilemma of German Agriculture During the WR, in: Bessel u. Feuchtwanger Hg., 134–54; ders., Agrarprotektionismus u. Welthandelskrise, in: ZAA 26.1978, 161–87; ders., Agrarian Protectionism in the WR, in: JCH 12.1977, 759–78; ders., Industrie u. Landwirtschaft 1928–30, in: H. Mommsen u. a. Hg., 762–77. – Bodennutzung: Rolfes, 765, vgl. Bd. III, 691, Übers. 94 (1913). – Betriebsgrößen: ebd., 763 (danach **Übersicht** 124), vgl. Bd. III, 691, Übers. 94 (1882–1907). – Erwerbstätige: Rolfes, 753. – Produktion: ebd., 771; Merkenich, 168 (danach **Übersicht** 125). – Hektarerträge: Rolfes, 766, vgl. Bd. III, 694, Übers. 96. – Löhne: ebd., 754. – Preise: Hoffmann u. a., Wachstum, 554 f., 559, 564, (danach **Übersicht** 126); Hanau, 131; Merkenich, 266; Jabobs u. Richter, 50 f. – Zölle: Timoshenko, World Agriculture, 84 (danach **Übersicht** 127). – Einkommen: Merkenich, 263. – Westfalen: P. Exner, Ländl. Gesellschaft u. Landwirtschaft in Westfalen 1919–69, Paderborn 1997; B. Theine, Westfäl. Landwirtschaft in der WR, ebd. 1991, v. a. 278 f. – Schulden: Merkenich, 267. – Krise: Klemm, Entwicklung, 188–96; Fischer, Bedingungen, 34 f.; ders., Weltwirtschaftl. Rahmenbedingungen für die ökonom. u. polit. Entwicklung Europas 1919–33, Wiesbaden 1980; Rolfes, 748 (danach **Übersicht** 1928); v. Ciriacy-Wantrup, 176; Abel, Agrarkrisen, 261. – Osthilfe; Merkenich, 266–80; R. Gömmel, Die Osthilfe für die Landwirtschaft unter Reichskanzler Müller u. Brüning, in: Fs. Henning, 253–74; A. Roidl, Die «Osthilfe» unter Reichskanzler Müller u. Brüning, Regensburg 1994; G. Schreiner, Die Entwicklung der deutschen Agrarstrukturpolitik 1871–1945, in: Berichte über Landwirtschaft NP 53./H. 2, Hamburg 1975, 291–317; G. Schulz, Staatl. Stützungsmaßnahmen in den deutschen Ostgebieten. Zur Vorgeschichte der «Osthilfe» der Regierung Brüning, in: ders., Zeitalter der Gesellschaft, 252–98; umfassend schon F. M. Finderlein, Der deutsche Osten u. die Regierungen Brüning, Papen u. Schleicher, Diss. Würzburg 1966; dogmatisch verengt: B. Buchta, Die Junker u. die WR. Charakter u. Bedeutung der Osthilfe 1928–33, Berlin 1959; D. Hertz-Eichenrode, Politik u. Landwirtschaft in Ostpreußen, Köln 1969; H. Muth, Agrarpolitik u. Parteipolitik im Frühjahr 1932, in: Fs. H. Brüning, Berlin 1967, 317–60; D. Walz, Die Agrarpolitik der Regierung Brüning, Diss. Erlangen – Nürnberg 1971. Vgl. noch R. Bessel, Making Sense of the German Countryside, in: EHQ 19.1989, 115–28, und einige verschroben-apologetische Beiträge in: C. v. Schrenck-Notzing Hg., Lexikon des Konservatismus, Stuttgart 1996.

III. Strukturbedingungen und Entwicklungsprozesse sozialer Ungleichheit
[1] W. v. Altrock, Reichslandbund, in: HStW 6.1924[4], 1218; Schumpeter, Soziale Antlitz des Reiches (1929), 216, 22 f.; vgl. die Lit. zu Schumpeter in Bd. II, 665–67, sowie R. Swedberg, J. A. Schumpeter, Princeton 1990; Geiger, Soziale Schichtung des deutschen Volkes, 72–75, 22 f., 76, 92, 98, 100, 127, 137; vgl. auch ders., Schichtung, in: ders., Arbeiten zur

Soziologie, 186–205; ders., Eine dynam. Analyse der sozialen Mobilität, in: ebd., 100–13; ders., Typologie u. Mechanik gesellschaftl. Fluktuationen, in: ebd., 114–50, sowie R. Geißler, Die Bedeutung T. Geigers für die Sozialstrukturanalyse der modernen Gesellschaft in: S. Bachmann Hg., T. Geiger, Berlin 1995, 273–97; ders., Die Schichtungsanalyse von T. Geiger, in: KZfS 37.1985, 387–410. Als Quelle: Reichshdb. der deutschen Gesellschaft, 2 Bde, Berlin 1930/31. – Zur sozialgeschichtlichen Entwicklung im Krieg vgl. ausführlich vorn 7. T. III. Allg. zur Sozialgeschichte, der es für die Zeit der WR überall (mit Ausnahme der Arbeiter) an Analysen und Darstellungen mangelt, außer der einschlägigen Lit. in Bd. III, 1416–43: Aufschlußreich jetzt vor allem: P. Nolte, Die Ordnung der deutschen Gesellschaft. Selbstentwurf u. Selbstbeschreibung im 20. Jh., München 2000, 17–127; Ritter, Wandel; Bessel, Great War; ders., State and Society in Germany in the Aftermath of the First War, in: Lee u. Rosenhaft Hg., State and Social Change, 200–27; J. A. Flemming u. a. Hg., Die Republik von Weimar II: Das sozialökonom. System, Düsseldorf 1979; dies. Hg., Familienleben im Schatten der Krise 1918–33, ebd. 1988; Rothenbacher, Soziale Ungleichheit; ders., Haushaltstatistik; H. Kaelble u. a. Hg., Europ. Konsumgeschichte des 18.–20. Jh., Frankfurt 1997; R. Spree, Klassen- u. Schichtbildung im Medium des privaten Konsums. Vom späten Kaiserreich in die WR, in: HSF 22.1997, 28–50; ders., Modernisierung des Konsumverhaltens deutscher Mittel- u. Unterschichten 1918–30, in: ZfS 14.1985, 400–10; A. Triebel, Vom Konsum der Klassen zur Vielfalt der Stile. Haushaltbudgetierung seit 1900, in: HSF 22.1997, 81–104. Es fehlt auch noch immer an Regional- und Stadtstudien wie z. B. F. Bösch, Das konservative Milieu. Vereinskultur u. lokale Sammlungspolitik in ost- u. westdeutschen Regionen 1900–60, Göttingen 2002; H. Matthiesen, Greifswald – Konservatives Millieu 1900–90, Düsseldorf 2001; ders., Bürgertum u. NS in Thüringen. Das bürgerl. Gotha 1918–30, Jena 1994; ders., Zwei Radikalisierungen – Bürgertum u. Arbeiterschaft in Gotha 1918–23, in: GG 21.1995, 32–62; D. Schott, Die Konstanzer Gesellschaft 1918–24, Konstanz 1989; O. Heilbronner, Die Besonderheit des kathol. Bürgertums im ländlichen Süddeutschland, in: BdL 131.1995, 223–59; ders., In Search of the (Rural) Catholic Bourgeoisie: The Bürgertum of South Germany, in: CEH 29.1996, 175–200; ders. u. J. Borut, Leaving the Walls or Anomalous Activity: The Catholic and Jewish Rural Bourgeoisie in Germany, in: CSSH 40.1998, 475–502.

[2] Tucholsky, Polit. Texte, Reinbek 1971, 104 (1920); vgl. auch H. Heller, Bürger u. Bourgeois, in: ders., GS II, Leiden 1971, 443–62; R. Smend, dass., in: ders., Abhandlungen, 309–25, unergiebig ist: W. Ziegenfuss, Die bürgerl. Welt, Berlin 1949. – Rathenau, Kaiser, 1919, 11, 22. Zum Wirtschaftsbürgertum vgl. die Lit. in Bd, III.1419–22. Moderne Monographien fehlen noch immer. S. jetzt aber M. Schäfer, Bürgertum in der Krise. Städt. Mittelklassen in Edinburgh u. Leipzig 1890–1930, Göttingen 2003. Vgl. einige wichtige Beiträge in: D. Ziegler Hg., Großbürger u. Unternehmer. Die deutsche Wirtschaftselite im 20. Jh., Göttingen 2000; v. a. ders., Kontinuität u. Diskontinuität in der deutschen Wirtschaftselite 1900–38, in: ebd., 31–53; G. F. Budde (Das Bürgertum, in: Brockhaus-Weltgeschichte IV, Leipzig 1998, 176–83): sehr allgemein, wenig zum 20. Jh. Vgl. aber Feldman, Disorder; ders., Stinnes; D. Geary, Employers, Workers, and the Collapse of the WR, in: Kershaw Hg., Weimar, 92–119; ders., The Industrial Elite and the Nazis in the WR, in: P. D. Stachura Hg., The Nazi Machtergreifung, London 1983, 85–100; R. Hopwood, The Bavarian Kommerzienräte, in: M. B. Barett Hg., Proceedings of the Citadel Symposium on the NS Era, Charleston/S. C. 1982, 131–37; H. A. Winkler, Unternehmerverbände zwischen Ständeideologie u. NS, in: ders., Liberalismus, 163–74; ders., Unternehmer u. Wirtschaftsdemokratie in der WR, in: PVS So.H 2.1970, 308–22; G. D. Feldman u. I. Steinisch, Die WR zwischen Sozial- u. Wirtschaftsstaat: Die Entscheidung gegen den Achtstundentag, in: AfS 19.1978, 353–439; I. Liesebach, Der Wandel der polit. Führungsschicht der deutschen Industrie 1918–45, Hannover 1957; F. Blaich, Staatsverständnis u. polit. Haltung der deutschen Unternehmer 1908–30, in: K. D. Bracher u. a.

III. Strukturbedingungen und Entwicklungsprozesse sozialer Ungleichheit 1041

Hg., Die WR, Bonn 1988², 158–78; J. John, Zur polit. Rolle der Großindustrie in der Weimarer Staatskrise, in: Winkler Hg., Staatskrise, 215–38; ders., Reichsverband der deutschen Industrie 1918–33, in: LP 3.1986², 9–57; ders., Vereinigung der Deutschen Arbeitgeberverbände 1913–33, in: LP 4.1986², 322–43 (Monographien fehlen zu beiden Verbänden!); K. Megerle, Gesellschaftl. Elitegruppen am Beispiel der Industriellen, in: D. Lehnert u. ders. Hg., Polit. Identität u. nationale Gedenktage, Opladen 1989, 207–30; F. Zunkel, Die Gewichtung der Industriegruppen bei der Etablierung des «Reichsverbandes», in: H. Mommsen u. a. Hg., 637–47. – Grundlegend: H. A. Turner, Großunternehmer u. der Aufstieg Hitlers, Berlin 1985 (wichtige Einwände: R. Neebe, Die Verantwortung der Großindustrie für das Dritte Reich, in: HZ 244.1987, 353–63); ders., Großunternehmertum u. NS, in: HZ 221.1975, 18–68; ders., Das Verhältnis des Großunternehmertums zur NSDAP, in: H. Mommsen u. a. Hg., 919–31; ders., Verhalfen die deutschen «Monopolkapitalisten» Hitler an die Macht? in, ders., Faschismus u. Kapitalismus in Deutschland, Göttingen 1980², 9–32; ders., Die «Ruhrlade», in: ebd., 114–56; ders., E. Kirdorf u. die NSDAP, in: ebd., 60–86; ders., F. Thyssen u. das Buch «I paid Hitler», in: ebd., 87–113; ders., Hitlers geheime Broschüre für Industrielle 1927, in: ebd., 33–59; ders. u. H. Matzerath, Die Selbstfinanzierung der NSDAP 1930–32, in: GG 3.1977, 59–92; V. Hentschel, NS u. Schwerindustrie in der Endphase der WR, in: ders., Weimars letzte Monate, Düsseldorf 1979², 102–38. Durchweg überholt sind: D. Stegmann, Zum Verhältnis von Großindustrie u. NS 1930–33, in: AfS 13.1973, 399–482; ders., Kapitalismus u. Faschismus in Deutschland 1929–34, in: Gesellschaft. Beiträge zur Marxschen Theorie 6.1976, 17–90; ders., Antiquierte Personalisierung oder soziöökonom. Faschismustheorie? Eine Antwort auf H. A. Turner, in: AfS 17.1977, 275–96; T. Trumpp, Zur Finanzierung der NSDAP durch die deutsche Großindustrie, in: GWU 32.1981, 223–41; D. Petzina, Hitler u. die deutsche Industrie, in: GWU 17.1966, 482–91; G. W. F. Hallgarten, A. Hitler and German Heavy Industry 1931–33, in: JEH 12.1952, 222–46. Skandalös schlampig sind die Studien von D. Abraham: The Collapse of the WR, Princeton 1981/NY 1986²; ders., Big Business, Nazism, and German Politics at the End of Weimar, in: EHQ 17.1987, 235–46; ders., Constituting Hegemony: The Bourgeois Crisis of Weimar Germany, in: JMH 51.1979, 417–33; ders., State and Classes in Weimar Germany, in: Politics and Society 7.1977, 229–66. (Vgl. aus der vernichtenden Kritik nur: U. Nocken, Weimarer Geschichten, in: VSWG 71.1984, 505–27; P. Hayes, History in an Off Key: Abraham's Second Collapse, in: BHR 61.1987, 452–72; G. D. Feldman, A Collapse in Weimar Scholarship, in: CEH 18.1984, 159–77; H. A. Turner, Rez., in: PSQ 97.1982, 739–41; nüchterne, Abraham zu Recht kritisierende Bilanz in: R. J. Evans, Fakten u. Fiktionen, Frankfurt 1998, 116–22). Das Druckpapier nicht wert ist: J. u. S. Pool, Hitlers Wegbereiter zur Macht: Die geheimen deutschen u. internationalen Geldquellen, die Hitlers Aufstieg zur Macht ermöglichten, Bern 1979. Dogmatischer DDR-Marxismus-Leninismus: E. Czichon, Wer verhalf Hitler zur Macht? Köln 1978⁵; ders., Das Primat der Industrie im Kartell der NS Macht, in: Argument 47.1968, 168–82; klare Kritik: T. Mason, Der Primat der Politik, in: ebd. 41.1966, 473–941; ders., Primat der Industrie? in: ebd. 47.1968, 193–209; seine Beiträge jetzt gesammelt in: ders., Nazism, Fascism, and the Working Class, Hg. J. Caplan, Cambridge 1995.

³ Vgl. die vorzügliche Synthese von J. Echternkamp (Der Aufstieg des deutschen Nationalismus 1770–1840, Frankfurt 1998) mit Bollenbeck (Bildung u. Kultur) und den vier Bänden des «Arbeitskreises für moderne Sozialgeschichte» über das Bildungsbürgertum; J. Ortega y Gasset, Der Aufstand der Massen (1929), Stuttgart 1951. – Allg. die Lit. in III, 1422–26, Anm. 1–10. Eine Monographie zur Zwischenkriegszeit fehlt! Vgl. vorerst D. Langewiesche u. H.-E. Tenorth, Bildung, Formierung, Destruktion, in: HB V: 1918–45, München 1989, 2–4; H. Titze, Hochschulen in: ebd., 209–40; ders. u. a., Wachstum u. Differenzierung der deutschen Universitäten 1830–1945 (= Datenhdb. zur deutschen Bildungsgeschichte I: Hochschulen, T. 2), Göttingen 1995; H.-E. Tenorth, Zur deutschen

Bildungsgeschichte 1918-45, Köln 1985; hervorragend ist F. Ringer, A Sociography of German Academics 1864-1938, in: CEH 25.1992, 251-80; auch in ders., Toward a Social History of Knowledge. Collected Essays, N. Y. 2000, 168-89; G. Bollenbeck, Das deutsche Bildungsbürgertum u. der NS als vermeintl. Retter der deutschen Kultur, in: Recherches Germaniques 27.1997, 165-81; allg. der brillante Aufriß dess.,Tradition, Avantgarde, Reaktion. Deutsche Kontroversen um die kulturelle Moderne 1880-1945, Frankfurt 1999. Außerdem: Jarausch, Unfree Professions; ders., Die Not der geistigen Arbeiter: Akademiker in der Berufskrise 1918-33, in: Abelshauser Hg., WR, 280-99; ders., The Crisis of the German Professions 1918-33, in: JCH 20.1985, 379-98; McClelland, German Experience; J. Kurucz, Struktur u. Funktion der Intelligenz während der WR, Bergisch-Gladbach 1967; G. Giles, NS and the Educated Elite in the WR, in: Stachura Hg., Machtergreifung, 49-67; auch M. Geyer, Nation, Klasse u. Macht. Zur Organisation von Herrschaft in der WR, in: AfS 26.1986, 27-48; W. Weege, Polit. Klasse, Elite, Establishment, Führungsgruppen, in: T. Leif u. a. Hg., Die polit. Klasse in Deutschland, Bonn 1992, 35-64.

⁴ Vgl. zu den Studenten außer der Lit. in: III, 1488f., Anm. 5 u. 6, sowie unten zu V. 3 hier v. a. G. J. Giles, Students and NS in Germany 1919-45, Princeton 1985; A. Faust, Der NS Studentenbund, 2 Bde, Düsseldorf 1973; M. H. Kater, Studentenschaft u. Rechtsradikalismus in Deutschland 1918-33, Hamburg 1975; ders., Die Studenten auf dem Weg in den NS, in: J. Tröger Hg., Hochschule u. Wissenschaft im Dritten Reich, Frankfurt 1984, 26-37; ders., Der NS Studentenbund 1926-28, in: VfZ 22.1974, 148-90; ziemlich überholt: J. Schwarz, Studenten in der WR, Berlin 1971; s. aber R. Poeppinghege, Absage an die Republik. Das polit. Verhalten der Studentenschaft der Univ. Münster 1918-35, Münster 1994; W. Kreutzberger, Studenten u. Politik 1918-33, Freiburg im Breisgau, Göttingen 1972, M. Franze, Die Erlanger Studentenschaft 1918-45, Würzburg 1972. – U. Herbert, «Generation der Sachlichkeit». Die völk. Studentenbewegung der frühen 20er Jahre in Deutschland, in: F. Bajohr u. a. Hg., Zivilisation u. Barbarei, Hamburg 1991, 114-44; brillant ist ders., Best. Biograph. Studien über Radikalismus, Weltanschauung u. Vernunft 1903-89, Bonn 1996, 42-69. Vgl. G. Fließ u. J. John, Deutscher Hochschulring 1920-33, in: LP 2.1984², 116-27; U. Rößling, Deutsche Freischar, in: LP 1.1984², 653-56; H. Brunck, Die Deutsche Burschenschaft 1908-45, Heidelberg 1999; D. Heither u. a., Blut u. Paukboden. Eine Geschichte der Burschenschaften, Frankfurt 1997. Seicht ist H. P. Bleuel u. E. Klimmert, Deutsche Studenten auf dem Weg ins Dritte Reich, Gütersloh 1967.

⁵ Vgl. zu den Professoren außer der Lit in: III, 1488-90, Anm. 5-7, u. unten zu V. 3 hier v. a. K. Sontheimer, Die deutschen Hochschullehrer in der Zeit der WR, in: K. Schwabe Hg., Deutsche Hochschullehrer als Elite 1815-1945, Boppard 1988, 215-24); Jansen, Professoren u. Politik; Willett, Erlanger Professoren; A. Gallin, Midwives to Nazism. University Professors in Weimar Germany 1925-33, Macon/Ga. 1986; A. Faust, Professoren für die NSDAP. Zum polit. Verhalten der Hochschullehrer 1932/33, in: M. Heinemann Hg., Erziehung u. Schulung im Dritten Reich II, Stuttgart 1980, 31-45; H. Olszewski, Zwischen Begeisterung u. Widerstand. Deutsche Hochschullehrer u. der NS, Posen 1989; zu verhaltene Kritik in: N. Hammerstein, Antisemitismus u. deutsche Universitäten 1871-1933, Frankfurt 1995; H. Döring, Der «Weimarer Kreis». Zum polit. Bewußtsein verfassungstreuer Hochschullehrer in der WR, Meisenheim 1975; G. D. Feldman, The Politics of Wissenschaftspolitik in Weimar Germany, in: C. Maier Hg., The Changing Boundaries of the Political, Cambridge 1987, 255-85; ders., Industrie u. Wissenschaft in Deutschland, in: R. Vierhaus u. R. vom Brocke Hg., Forschung im Spannungsfeld von Politik u. Gesellschaft. Geschichte u. Struktur der Kaiser-Wilhelm-Max-Planck-Gesellschaft, Stuttgart 1990, 657-72. Vgl. Geiger, Intelligenz; D. Bering, Die Intellektuellen, Berlin 1982². – Auffällig flach: H. P. Bleuel, Deutschlands Bekenner. Professoren zwischen Kaiserreich u. Diktatur, München 1968. – Zur Geschichtswissenschaft als Beispiel

für eine Disziplin: B. Faulenbach, Die Historiker u. die «Massengesellschaft» der WR, in: Schwabe Hg., Hochschullehrer, 225–46; ders., Ideologie, 248–92; H. Schleier, Die bürgerl. deutsche Geschichtsschreibung der WR, 2 Bde, Berlin 1975; Wehler, Histor. Sozialwissenschaft u. Geschichtsschreibung, 227–97; W. Oberkrome, Volksgeschichte. Method. Innovation u. völk. Ideologisierung in der deutschen Geschichtswissenschaft 1918–45, Göttingen 1993; ders., Reformansätze in der deutschen Geschichtswissenschaft 1918–39, in: M. Prinz u. R. Zitelmann Hg., NS u. Modernisierung, Darmstadt 1994², 216–38; M. Burleigh, Scholarship, State, and Nation 1918–45, in: J. Breuilly Hg., The State of Germany, London 1992, 128–40.

⁶ Vgl. zum Kleinbürgertum die Lit. in: III, 1426–28, Anm. 11 u. 12; H.-G. Haupt u. G. Crossick, Die Kleinbürger. Eine europ. Sozialgeschichte, München 1998, 285–305; H.-G. Haupt u. C. Niemann, Der Bremer Einzelhandel in der WR, in: TAJbDG 17.1988, 107–21, v. a. 116, 121; ders. Bedingungsfaktoren des Kleinbürgertums in Deutschland u. in Frankreich im 20. Jh., in: Fs. Kolb, 221–38; Haupts Studien vorn: 7. Teil, II.5, Anm. 11; Sprees Aufsätze, vorn Anm. 1; Triebel, ebd. Hier v. a. M. Prinz, Vom «Neuen Mittelstand» zum «Volksgenossen», München 1986, 13–91; ders., «Ein Bilderbuchverhalten an Mäßigung?» Krit. Fragen zu den Angestellten in Weimar, in: TAJbDG 17.1988, 83–106, v. a. 87f., 92; J. Kocka, Zur Problematik der deutschen Angestellten 1914–33, in: H. Mommsen u. a. Hg., 792–811, überarb. auch in: ders., Die Angestellten in der deutschen Geschichte, 142–70, v. a. 142, 146–48, 156–61, 163; ders. u. M. Prinz, Vom «Neuen Mittelstand» zum angestellten Arbeitnehmer. Kontinuität u. Wandel der deutschen Angestellten seit der WR, in: Kocka, Die Angestellten in der deutschen Geschichte, 171–229; vgl. G. Schulz, Die Angestellten seit dem 19. Jh., München 2000; R. Schüren, Mobilitätsprozesse in der Zwischenkriegszeit. Die Arbeiterschaft im Vergleich, in: Tenfelde Hg., Arbeiter im 20. Jh., 694–702; Castellan, 107f.; Speier, Angestellte 1918–33; L. E. Jones, Between Two Fronts: The German National Union of Commercial Employees 1928–33, in: JMH 48.1976, 462–82; ders., The Crisis of White-Collar Interest Politics: DNHV and DVP in the World Economic Crisis, in: H. Mommsen u. a. Hg., 811–23; H.-J. Priamus, Angestellte u. Demokratie. Die nationalliberale Angestelltenbewegung in der WR, Stuttgart 1979; ein kleiner «Klassiker»: S. Kracauer, Die Angestellten (1929), ND Frankfurt 1971; überholt: U. Kadritzke, Angestellte, die geduldigen Arbeiter, Frankfurt 1975. – S. J. Coyner, Class Consciousness and Consumption: The New Middle Class During the WR, in: JSH 10.1976/77, 311–17, 321–26; H. Franz, Zwischen Markt u. Profession. Betriebswirte in Deutschland 1900–45, Göttingen 1998; E. Viefhaus, Ingenieure in der WR: Bildungs-, Berufs- u. Gesellschaftspolitik 1918–33, in: K.-H. Ludwig Hg., Technik, Ingenieure u. Gesellschaft. Geschichte des VDI 1856–1981, o. O. 1981, 289–346. – Zum politischen Verhalten: F. Lenger, Mittelstand u. NS, in: AfS 29.1989, 173–98; J. W. Falter, Radikalisierung des Mittelstandes oder Mobilisierung der Unpolitischen? in: P. Steinbach Hg., Probleme polit. Partizipation im Modernisierungsprozeß, Stuttgart 1982, 438–69; ders., The Social Bases of Political Cleavages in the WR; in: Jones u. Retallack Hg., Elections, 371–97; ders. u. H. Bömermann, Die Wählerpotentiale polit. Teilkulturen 1920–33, in: D. Lehnert u. K. Megerle Hg., Polit. Identität u. nationale Gedenktage, Opladen 1989, 281–305. Dadurch im wesentlichen überholt: H. A. Winkler, Extremismus der Mitte? Sozialgeschichtl. Aspekte der NS. Machtergreifung, in: ders., Liberalismus, 205–17; ders., Mittelstandsbewegung oder Volkspartei? Die soziale Basis der NSDAP, in: W. Schieder Hg., Faschismus als soziale Bewegung, Göttingen 1983², 97–118; R. Saage, Antisozialismus, Mittelstand u. NSDAP in der WR, in: IWK 11.1975, 146–77; D. J. Saposs, The Role of the Middle Class in Social Development: Fascism, Populism, Communism, Socialism, in: Fs. W. Mitchell, N. Y. 1935, 395–424; H. Lasswell, The Psychology of Hitlerism as a Response of the Lower Middle Class (1933), in: ders., The Analysis of Political Behavior, London 1949, 235–45. Vgl. aber E. Fromm, Arbeiter u. Angestellte am Vorabend des Dritten Reiches, Stuttgart 1980. – Wählerverhalten: Falter, Hitlers Wähler, 195, 270, 278,

292; vorher Prinz, Vom «Neuen Mittelstand», 77–91; P. Manstein, Die Mitglieder u. Wähler der NSDAP 1919–33, Frankfurt 1988/1990³; W. Brustein, The Logic of Evil. The Social Origins of the Nazi Party 1925–33, New Haven/Conn. 1996 (grandiose Überschätzung der interessenpolitischen Anziehungskraft); ders., The Social Origins of the German Nazi Party, in: J. R. Hall Hg., Reworking Class, London 1997, 313–33; ders. u. J. Falter, Who Joined the Nazi Party? in: Zeitgeschichte 22.1995, 84–100. – K. R. Popper-Zitat in: Die offene Gesellschaft u. ihre Feinde I, Bern 1957, 187.

⁷ Vgl. zu den Arbeitern außer der Lit. in III, 1428–37, Anm. 14–20: Auf absehbare Zeit bleibt grundlegend H. A. Winkler, Von der Revolution zur Stabilisierung (= Arbeiter u. Arbeiterbewegung in der WR I: 1918–24), Berlin 1984/1985²; ders., Der Schein der Normalität (= Arbeiter u. Arbeiterbewegung in der WR II: 1924–30), ebd. 1985/1987²; ders., Der Weg in die Katastrophe (= Arbeiter u. Arbeiterbewegung in der WR III: 1930–33), ebd. 1987/1990²; hier: I, 382; II, 13–17, 22–24, 46–77, 81–83, 91–98, 111–19, 154–77; III, 112; Ritter, Wandel, 466, 469, 471; Bry, 442; Abelshauser, Verelendung, 409. Vgl. unten IV.2.B.1 die Lit. zur KPD. Brillant ist: T. Welskopp, Klasse als Befindlichkeit. Vergleichende Arbeitergeschichte vor der kulturhistor. Herausforderung, in: AfS 38.1998, 301–36; s. auch C. u. C. Tilly, Work Under Capitalism, N. Y. 1997; dies., Capitalist Work and Labor Markets, in: N. J. Smelser u. R. Swedberg Hg., Handbook of Economic Sociology, Princeton 1994, 283–312; vgl. H. Kaelble, Der Wandel der Erwerbsstruktur in Europa im 19. u. 20. Jh., in: HSF 22.1997, 5–28; H. Haack, Arbeitergeschichte als Gesellschaftsgeschichte: Rostock 1918–33, in: Tenfelde Hg., Arbeiter im 20. Jh., 703–25; C. Rauh-Kühne, Arbeiterschaft in der kathol. Provinz 1918–33, in: ebd., 321–42; R. Hachtmann, Die Arbeiter der GHH 1933–39, in: ebd., 105–41; K. Weinhauer, Alltag u. Arbeitskampf im Hamburger Hafen. Sozialgeschichte der Hamburger Hafenarbeiter 1914–33, Paderborn 1994; M. Rüther, Arbeiterschaft in Köln 1928–45, Köln 1990; J. Wickham, Working-Class Movement and Working Class Life in Frankfurt During the WR, in: Social History (= SH) 8.1983, 315–43; T. Adam, Arbeitermilieu u. Arbeiterbewegung in Leipzig 1871–1933, Köln 1999; A v. Plato, «Ich bin mit allen gut angekommen». Oder: War die Ruhrarbeiterschaft vor 1933 in polit. Lager gespalten? in: L. Niethammer Hg., «Die Jahre weiß man nicht, wo man die heute hinsetzen soll». Faschismuserfahrungen im Ruhrgebiet, Berlin 1986², 31–65; U. Herbert, Zur Entstehung der Ruhrarbeiterschaft aus erfahrungsgeschichtl. Perspektive, in: L. Niethammer u. A v. Plato Hg., «Wir kriegen jetzt andere Zeiten», Berlin 1985, 19–52. Ziemlich unsinniger Linksdogmatismus dagegen in: K. H. Roth u. E. Behrens, Die «andere» Arbeiterbewegung u. die Entwicklung der kapitalist. Repression seit 1880, München 1974; A. v. Saldern, Häuserleben. Geschichte des städt. Arbeiterwohnens vom Kaiserreich bis heute, Bonn 1997²; langatmig ist K. Hagemann, Frauenalltag u. Männerpolitik. Alltagsleben u. gesellschaftl. Handeln von Arbeiterfrauen in der WR, ebd. 1990; vgl. dies., Lebenshaltung u. Hausarbeit Hamburger Arbeiterfamilien in der WR, in: Tenfelde Hg., Arbeiter 20. Jh., 200–40; informativ: R. Hachtmann, Arbeitsmarkt u. Arbeitszeit in der deutschen Industrie 1929–39, in: AfS 27.1987, 177–227; ders., Industriearbeiterschaft u. Rationalisierung 1900–45, in: JbW 1996/I, 211–58; Steinisch, Achtstundenschicht; R. Schmiede u. E. Schudlich, Das Zeitalter des Achtstundentags, Frankfurt 1994.- **Übersicht 129**: nach Tenfelde u. Volkmann Hg., Streik 304; Abg III, 98, 107. – Zur Arbeiterkultur (außer der Lit. in III, 1428–34, Anm. 14–17) hier v. a. D. Langewiesche, Politik, Gesellschaft, Kultur. Zur Problematik von Arbeiterkultur u. kulturellen Arbeiterorganisationen in Deutschland nach 1918, in: AfS 22.1982, 359–402, v. a. 377–93; A. v. Saldern, Massenfreizeitkultur während der WR, in: AfS 33.1993, 21–58; L. Abrams, From Control to Commercialization: The Triumph of the New Entertainment in Germany 1900–24, in: GH 8.1990, 278–93; K. C. Führer, Auf dem Weg zur Massenkultur: Kino u. Rundfunk in der WR, in: HZ 226.1996, 739–81; ders., Broadcasting in Weimarer Germany 1923–32, in: JMH 69.1997, 722–53. L. Guttsman, Workers' Culture in Weimar Germany, N. Y. 1991; W. van der Will u. R. Burns Hg.,

III. Strukturbedingungen und Entwicklungsprozesse sozialer Ungleichheit

Arbeiterkulturbewegung in der WR, 2 Bde, Frankfurt 1982; A. v. Saldern, Arbeiterkulturbewegung in Deutschland 1918–39, in: F. Boll Hg., Arbeiterkulturen zwischen Alltag u. Politik, Wien 1986, 29–70; I. Marßolek Hg., 100 Jahre Zukunft. Zur Geschichte des 1. Mai, Frankfurt 1990. – Zu den Gewerkschaften: Schönhoven, Deutsche Gewerkschaften; M. Schneider, Höhen, Krisen u. Tiefen. Die Gewerkschaften in der WR, in: Tenfelde u. a., Geschichte, 279–446; M. Ruck Bearb., Die Gewerkschaften in den Anfangsjahren der Republik 1919–23, Köln 1985; H. Mommsen Hg., Arbeiterbewegung u. industrieller Wandel. Gewerkschaftl. Organisationsprobleme im Reich u. an der Ruhr 1905–24, Wuppertal 1980; ders., Klassenkampf oder Mitbestimmung? Köln 1978; ders., Die Bergarbeiterbewegung an der Ruhr 1918–33, in: Reulecke Hg., Arbeiterbewegung an Rhein u. Ruhr, 275–314; ders., Die organis. Arbeiterbewegung u. der Aufstieg der faschist. Bewegungen in der Zwischenkriegszeit, in: Arbeiterbewegung u. Faschismus. Der Februar 1934, Wien 1976, 48–68. – Zum Einfluß des NS: J. W. Falter, Arbeiter haben erheblich häufiger, Angestellte dagegen sehr viel weniger NSDAP gewählt, als wir lange Zeit angenommen haben, in: GG 16.1990, 536–52; ders. u. M. Kater, Wähler u. Mitglieder der NSDAP 1925–33, in: GG 19.1993, 155–77; ders. u. D. Hänisch, Die Anfälligkeit von Arbeitern gegenüber der NSDAP bei den Reichstagswahlen 1928–33, in: AfS 26.1986, 179–216; ders., «Anfälligkeit» der Angestellten – «Immunität» der Arbeiter? in: U. Backes u. a. Hg., Die Schatten der Vergangenheit, Berlin 1992, 265–90; ders., Die Wähler der NSDAP 1928–33, in: W. Michalka Hg., Die NS Machtergreifung, Paderborn 1984, 47–89; ders., Wählerbewegungen zur NSDAP 1924–33, in: O. Büsch Hg., Wählerbewegungen in der europ. Geschichte, Berlin 1980, 159–202; C. Fischer Hg., The Rise of NS and the Working Classes in Weimar Germany, Oxford 1996, 237–41; P. D. Stachura, NS and the German Proletariat 1925–35, in: HJ 36.1993, 701–18, s. auch ders., Who Were the Nazis? in: European Studies Review (= ESR) 11.1981, 293–324; G. Mai, Arbeiterschaft zwischen Sozialismus, Nationalismus u. NS, in: Backes u. a. Hg., 195–217; ders., Arbeiterschaft u. NS in der Phase der «Machtergreifung», in: K. Malettke Hg., Der NS an der Macht, Göttingen 1984, 85–109; ders., Die NS Betriebszellenorganisation. Zum Verhältnis von Arbeiterschaft u. NS, in: VfZ 31.1983, 573–613. Die abwägende Studie von W. Zollitsch (Arbeiter zwischen Weltwirtschaftskrise u. NS 1928–36, Göttingen 1990) ist J. Bons (NS u. Arbeiterfrage vor 1933, Pfaffenweiler 1995; s. ders., Der Kampf um die Seele des deutschen Arbeiters. Arbeiterpolitik der NSDAP 1930–33, in: IWK 25.1989, 11–41), E. Heuel (Der umworbene Stand. Die ideolog. Integration der Arbeiter in den NS 1933–35, Frankfurt 1985), V. Kratzenberg (Arbeiter auf dem Weg zu Hitler? Die NSBO, ebd. 1987) und M. Kele (Nazis and the Workers 1919–33, Chapel Hill 1972) weit überlegen. Rundum enttäuschend ist diesmal F. L. Carsten, The German Workers and the Nazis, Aldershot 1995; D. Abraham, Nazism and the Working Class, in: Radical History Review 18.1978, 161–66 (unbrauchbare Apologetik). Vgl. noch M. Ruck, Bollwerk gegen Hitler: Arbeiterschaft, Arbeiterbewegung u. die Anfänge des NS, Köln 1988; H. Gebhardt, NS Werbung um die Arbeiterschaft, in: VfZ 33.1985, 310–38; D. Geary, The Failure of German Labor in the WR, in: N. Dobkowski u. J. Wallimann Hg., Towards the Holocaust, Westport/Conn. 1983, 177–96; T. W. Mason, NS and the Working Class 1925–33, in: New German Critique 11.1977, 49–93. – Zur Arbeitslosigkeit auch Winkler, v. a. III, 22–43, 48, 56, 58–60, 66, 68, 82, 841. L. Berringer, Sozialpolitik in der Weltwirtschaftskrise. Die Arbeitslosenversicherung im Vergleich 1928–34, Berlin 1999; H. Homburg, Massenarbeitslosigkeit in Deutschland 1930–33, in: Sowi 14.1985, 205–15; dies., Vom Arbeitslosen zum Zwangsarbeiter. Arbeitslosenpolitik in Deutschland 1930–33, in: AfS 25.1985, 251–98; H. Haack, Arbeitslose in Deutschland 1933, in: JbW 1986/I, 39–69; S. Leibfried, Existenzminimum u. Fürsorge-Richtsätze in der WR, in: C. Sachße u. F. Tennstedt Hg., Jb. der Sozialarbeit 4.1981, 469–523; vgl. U. Lohalm, Die Wohlfahrtskrise 1930–33, in: Bajohr u. a. Hg., Zivilisation, 193–225; vgl. H. Köhler, Arbeitsdienst in Deutschland bis 1935, Berlin 1967. – Zur Wirkung der Arbeitslosigkeit auf das Wählerverhalten, v. a. zugunsten der KPD: J. W. Falter u. R. Zintl, The Economic Crisis of the 1930s and the Nazi Vote, in: Journal of Interdisciplinary History (= JIH) 19.1988, 55–85; ders., Wer wurde Nationalsozialist? Die Massenbasis des NS 1925–32, in: H. Grabitz u. a. Hg., Die Normalität des Verbrechens, Berlin 1994, 20–41; ders., Polit. Konsequenzen von Massenarbeitslosigkeit am Ende der WR, in: PVS 25.1984, 275–95; ders. u. a., Arbeitslosigkeit u. NS 1932–33, in: KZfS 35.1983, 525–54; R.-M. Huber-Koller, Gewerkschaften u. Arbeitslose in der Endphase der WR, 2 Bde, Pfaffenweiler 1992; dies., Die kommunist. Erwerbslosenbewegung der WR, in: Gesellschaft 10.1977, 89–140; S. Bahne, Die Erwerbslosenpolitik der KPD in der WR, in: Mommsen u. Schulze Hg., 477–96; S. Pollard, The Trade Unions and the Depression of 1929–33, in: H. Mommsen u. a. Hg., 237–48. – C. J. Fischer, Unemployment and Left-Wing Radicalism in Weimar Germany 1930–33, in: Stachura Hg., Unemployment, 209–26; D. Geary, Unemployment and Working-Class Solidarity: The German Experience 1920–33, in: Evans u. ders. Hg., German Unemployment, 261–80; A. McElligott, Mobilising the Unemployed. The KPD and the Unemployed Workers' Movement in Hamburg-Altona, in: ebd., 228–60; vgl. ders., Contested City: Altona 1917–37, Ann Arbor 1998; B. S. Frey u. H. Weck, Hat Arbeitslosigkeit den Aufstieg des NS bewirkt? in: JNS 196.1981, 1–31; ein «Klassiker»: M. Jahoda u. a., Die Arbeitslosen von Marienthal (1936), ND Frankfurt 1975. – **Übersicht** 130: nach Homburg, Vom Arbeitslosen. – Rüther, 11–20, 27–32, 38 f.; Weinhauer, 136–59; Zollitsch, 95–102, 88–95, 72–107, 82–87, 11, 14, 103, 165, 242. – Falter, Hitlers Wähler, 198, 209, 226, 369; Fischer, Rise, 237–39; zuletzt abwägend: M. Schneider, Unterm Hakenkreuz. Arbeiter u. Arbeiterbewegung 1933–39, Bonn 1999, 123–67.

[8] Eulenburg zit. nach Rogalla, Adelsherrschaft, 290; v. Gersdorff, 26; Castell zit. nach Zollitsch, Adel, 241. Vgl. zum Adel allg. Bd. I, 140–58; II, 145–61; III, 167–79, 805–25, sowie die Lit. in III, 1437–41, Anm. 21–26; Zollitsch, Adel, 239–56; ders., Die Erosion des traditionellen Konservatismus. Ländl. Adel in Preußen zwischen Kaiserreich u. Republik, in: D. Dowe Hg., Parteien im Wandel, München 1999, 161–82; ders., Orientierungskrise u. Zerfall des autoritären Konsenses: Adel u. Bürgertum zwischen autoritärem Parlamentarismus, Konservativer Revolution u. NS-Führeradel 1928–33, in: Reif Hg., Adel II, 213–33; M. Funck, Schock u. Chance. Der preuß. Militäradel in der WR, in: Reif Hg., Adel II, 127–72; vgl. auch ders. u. S. Malinowski, Geschichte von oben. Autobiographien als Quelle einer Sozial- u. Kulturgeschichte des deutschen Adels 1871–1933, in: Histor. Anthropologie 7, 1999, 236–70; dies., Masters of Memory. The Strategic Use of Autobiographical Memory by the German Mobility, in: A. Confino u. P. Fritzsche Hg., Modern Past. The Social Practice of Memory in Germany, Urbana/Ill. 2000, 86–103; S. Malinowski, «Führertum» u. «Neuer Adel». Die Adelsgenossenschaft u. der Deutsche Herrenklub in der WR, in: Reif Hg., Adel u. Bürgertum II, 173–212; knapp H. Reif, Adel im 19. u. 20. Jh., München. 1999, 52–54, 112–18; ders. Hg., Adel u. Bürgertum in Deutschland im frühen 20. Jh., Berlin 2000; ders., Hg., dass. II; paradigmatische Familienstudie: E. Conze, Von deutschem Adel. Die Grafen v. Bernsdorff im 20. Jh., Stuttgart 2000; A. Frank, Die Entwicklung der ostelb. Gutswirtschaften im Kaiserreich u. in den Anfangsjahren der WR, Regensburg 1994; methodisch verfehlt, dazu ohne Distanz: I. v. Hoyningen-Huene, Adel in der WR, Limburg 1992; enttäuschend auch K. Ov. Aretin, Der Adel als polit. Elite, in: R. Hudemann Hg., Eliten in Deutschland u. Frankreich I, München 1994, 33–41; informativ dagegen: Carsten, Geschichte der Junker; ders., Preuss. Adel bis 1945, 112–25; dogmatisch: Buchta, Junker; bieder-apologetisch: Rogalla; Monographie demn.: Malinowski; vgl. auch A. Dornheim, Adel, in: Der Bürger im Staat 40.1990, 47–53. – v. Disssow, 229; Huber Hg., Dokumente III, 145; Häbich, Latifundien, 156 f.; genaueste Untersuchung zu 1918–33: T. Nabert, Der Großgrundbesitz in der preuß. Prov. Sachsen 1913–33, Leipzig 1992, 32–37, 45, 48, 51, 58, 80, 97, 145; Merkenich, 55 f., 83, 127, 151, 170, 181–86, 192 f., 242–66, 283; J. Cerny u. L. Fahlbusch, Reichslandbund 1921–33, in: LP 3.1985², 688–712; L. Fahlbusch u. J. Seemann, Deutscher Landbund

1912–20, in: LP 2.1984², 162–66; L. Fahlbusch u. E. Hartwig, Vereinigung der Deutschen Bauernvereine 1900–34, in: LP 4.1986², 344–57; E. Topf, Grüne Front, Berlin 1933, 40; vgl. L. Fahlbusch, Grüne Front, in: LP 3.1985², 72–75; D. Gessner, «Grüne Front» oder «Harzburger Front»? in: VfZ 29.1981, 110–23; M. Schumacher, Grüne Front, in: NPL 16.1971, 520–31; B. Hoppe, Von Schleicher zu Hitler. RLB u. Regierung Schleicher in den letzten Wochen der WR, in: VfZ 45.1997, 629–57. – Pyta, 68 f.; Schumacher, Land 304 f.; E. D. Kohler, Revolutionary Pomerania 1912–20, in: CEH 9.1976, 250–93.- Bald, Sozialgeschichte des Offizierkorps, 22, 31, 40 43 f.; ders., Vom Kaiserheer, 20 f.; H. Hürten, Das Offizierkorps des Reichsheeres, in: Hofmann Hg., Offizierkorps, 231–45. – L. Muncy, The Junkers and the Prussian Administration 1918–30, in: Review of Politics (= RoP) 9.1927, 491–95. – G. H. Kleine, Adelsgenossenschaft u. NS, in: VfZ 26.1978, 100–43; vgl. Fricke u. Rössling, Adelsgenossenschaft; H. Reif, Antisemitismus in den Agrarverbänden Ostelbiens in der WR, in: ders. Hg., Ostelb. Agrargesellschaft, Berlin 1994, 385, 387–89, 395–97, 402 f.; Merkenich, 121–28, 242, 246–80; R. Bessel, Eastern Germany as a Structural Problem in the WR, in: SH 3.1978, 199–218; G. Schulz, Zwischen Demokratie u. Diktatur, II, Berlin 1987, 183 f. – Zu Preußen: C. Torp, M. Weber u. die preuß. Junker, Tübingen 1998; S. Baranowski, The Sanctity of Rural Life. Nobility, Protestantism, and Nazism in Weimar Prussia, N. Y. 1995; dies., dass., Pomerania 1919–33, in: GH 9.1991, 1–22; dies., Convergence on the Right. Agrarian Elite Radicalism and Nazi Populism in Pomerania 1928–33, in: L. E. Jones u. J. N. Retallack Hg., Between Reform, Reaction and Resistance. German Conservatism 1789–1945, Providence 1993, 407–32; R. Pomp, Brandenburg. Landadel u. die WR, in: K. Adamy u. W. Hübener Hg., Adel u. Staatsverwaltung in Brandenburg im 19. u. 20. Jh., Berlin 1996, 185–218; J. Flemming, Die Bewaffnung des «Landvolkes». Ländl. Schützenvereine u. agrar. Konservativismus in der Anfangsphase der WR, in: MM 1979/II, 7–36; ders., Konservatismus als «nationalrevolutionäre Bewegung» 1918–33, in: 3. Fs. F. Fischer, 295–31; N. Hammersen, Polit. Denken im deutschen Widerstand. Zur Wirkungsgeschichte neokonservativer Ideologien 1914–44, Berlin 1993. – K. O. v. Aretin, Der bayer. Adel. Von der Monarchie zum Dritten Reich, in: M. Broszat u. a. Hg., Bayern in der NS Zeit III, München 1981, 513–67. Im bayerischen Adel wucherten bis 1933 vage Pläne einer Restauration der Wittelsbacher, er kooperierte mit den rechtsradikalen und paramilitärischen Verbänden, aber auch mit der BVP, lehnte die Republik durchweg ab, hegte jedoch ebensowenig NS-Sympathien, weil ihn sein Katholizismus davor schützte und die Agrarkrise ihn ungleich weniger traf als die Junker.

⁹ Vgl. zu den Bauern: III, 825–42, die Lit. in ebd., 1441–43, Anm. 27 f. – Castellan, 104–7; Übersicht 124 vorn; Hagen, German Peasantry, 280–87; Merkenich, Grüne Front; Pyta; Henning, Landwirtschaft II; Jacobs, Schorlemer zur Grünen Front; ders., Deutsche Bauernführer, ebd. 1958; W. Brodbeck, Deutsche Getreidestatistik seit 1878, Berlin 1939, nach S. 160 die beste Produktionsstatistik; J. B. Holt, German Agricultural Policy 1918–34, N. Y. 1936, 101–54, 161–67; K. Müller, Agrar. Interessenverbände in der WR, in: RVB 38.1974, 386–405; H. Barmeyer, A. Hermes u. die Organisation der deutschen Landwirtschaft: Christl. Bauernvereine, Reichslandbund, Grüne Front, Reichsnährstand 1928–33, Stuttgart 1971, 80–120; H. Bergmann, Der Bayer. Bauernbund u. der Bayer. Christl. Bauernverein 1919–28, München 1986. Eulenburg nach: W. E. Braatz, Die agrar.-industrielle Front in der WR 1930–32, in: ZWS 91.1971, 547, vgl. 541–65; W. T. Angress, The Political Role of the Peasantry in the WR, in: RoP 21.1959, 530–49. – Zum schleswig-holsteinischen «Landvolk»: B. Weisbrod, Die Krise der Mitte oder «Der Bauer stand auf im Lande», in: Niethammer Hg., Bürgerl. Gesellschaft, 396–410; L. Fahlbusch, Landvolkbewegung 1928–32, in: LP 3.1985², 347–53; M. Müller, Die Christl.-Nationale Bauern- u. Landvolkpartei 1928–33, Düsseldorf 2001; R. Heberle, Landbevölkerung u. NS, Stuttgart 1963 (vor der Emigration geschrieben!); gekürzt ders., From Democracy to Nazism, Baton Rouge 1945; M. Le Bars, Le Mouvement Paysan dans le Schleswig-Holstein

1928–32, Bern 1986; P. Heinacher, Der Aufstieg der NSDAP in Stadt- u. Landkreis Flensburg 1919–33, 2 Bde, Flensburg 1993; R. Rietzler, «Kampf um die Nordmark». Das Aufkommen des NS in Schleswig-Holtstein 1918–28, Neumünster 1988; H. Sahner, Polit. Tradition, Sozialstruktur u. Parteiensystem in Schleswig-Holstein, Meisenheim 1972; G. Stoltenberg, Polit. Strömungen im schleswig-holstein. Landvolk 1918–33, Düsseldorf 1962; öde positivistische Institutionengeschichte: T. Thyssen, Bauer u. Standesvertretung, Neumünster 1958; eine unerträgliche Verbindung von empiristischem «Fliegenbeinezählen» und apologetischer Bauerntums-Ideologie bei einem schwer belasteten NS-Intellektuellen (vgl. K. H. Roth: Heydrichs Professor: Der Fall H. J. Beyer, in: Schöttler Hg., 262–316): H. Beyer, Die Agrarkrise u. das Ende der WR 1930–32, in: Zeitschrift für Agrargeschichte u. Agrarsoziologie (= ZAA) 13.1965, 62–92; ders., Die Agrarkrise u. die Landbevölkerung 1926–32, Itzehoe 1962; ders., Das Bauerntum Angelns 1927–33, in: Jb. des Angler Heimatvereins 26.1961/62, 131–61; ders., Die Landvolkbewegung Schleswig-Holsteins u. Niedersachsen 1928–32, in: Jb. der Heimatgemeinschaft des Kreises Eckernförde 15.1957, 173–202. Hobsbawm, Peasants and Politics, 20. – Atmosphärisch dichte literarische Darstellung: H. Fallada, Bauern, Bonzen u. Bomben, Berlin 1931/ND Reinbek 1958; E. v. Salomon, Der Fragebogen, Hamburg 1952 (der Rathenau-Mörder agitierte damals für das «Landvolk»). – Das Verhältnis zum NS: Falter, Hitlers Wähler, 71 f., 162, 177 f., 256 f., 278, 323; ders., Economic Debts and Political Gains: Electoral Support for the Nazi Party in Agrarian and Commercial Sectors 1928–33, in: HSF 17.1992, 3–21; L. E. Jones, Crisis and Realignment: Agrarian Splinter Parties in the Late WR 1928–33, in: Moeller Hg., Peasants, 198–232; K. R. Holms, The Forsaken Past: Agrarian Conservatism and NS in Germany, in: JCH 17.1982, 671–88; J. H. Grill, The Nazi Party's Rural Propaganda Before 1928, in: CEH 15.1982, 149–85; E. Fröhlich, Die Partei auf lokaler Ebene. Zwischen gesellschaftl. Assimilation u. Veränderungsdynamik, in: G. Hirschfeld u. L. Kettenacker Hg., Der «Führerstaat», Stuttgart 1981, 255–68; dies. u. M. Broszat, Polit. u. soziale Macht auf dem Lande: Die Durchsetzung der NSDAP, in: VfZ 25.1977, 546–72; Z. Zofka, Die Ausbreitung des NS auf dem Lande 1928–36, München 1979; ders., Between Bauernbund und NS. The Political Reorientation of the Peasants in the Final Phase of the WR, in: T. Childers Hg., The Formation of the Nazi Constituency, London 1986, 37–63; C. P. Loomis u. J. A. Beegle, The Spread of Nazism in Rural Areas, in: ASR 11.1946, 724–34. – M. Eidenbenz, «Blut u. Boden». Metaphern des Agrarismus u. Biologismus in der NS Bauernpropaganda R. W. Darrés, Frankfurt 1993; A. D'Onofrio, Rassenzucht u. Lebensraum: R. W. Darré, in: ZfG 49.2001, 141–57; G. Corni, Hitler and the Peasants 1930–39, Oxford 1990; ders., R. W. Darré, in: R. Smelser u. R. Zitelmann Hg., Die braune Elite I, Darmstadt 1989, 15–27; A. Bramwell, Blood and Soil. W. Darré and Hitler's «Green Party», Abbotsbrook 1985; J. E. Farquharson, The Plough and the Swastika, London 1976, hier v. a. 2–38; H. Gies, Die NS Machtergreifung auf dem agrarpolit. Sektor, in: ZAA 16.1968, 210–32; ders., NSDAP u. landwirtschaftl. Organisationen in der Endphase der WR, in: VfZ 15.1967, 341–76; ders., R. W. Darré u. die NS Bauernpolitik 1930–33, Diss. Frankfurt 1966; J. Muth, Agrarpolitik u. Parteipolitik im Frühjahr 1932, in: Fs. H. Brüning, Berlin 1967, 317–60; T. Kitani, Brünings Siedlungspolitik u. sein Sturz, in: ZAA 14.1966, 54–82; H. Köhler, Arbeitsbeschaffung, Siedlung u. Reparationen in der Schlußphase der Regierung Brüning, in: VfZ 17.1969, 276–307. – Zu den Landarbeitern nur: J. Flemming, Landarbeiter zwischen Gewerkschaften u. «Werksgemeinschaft». Agrarunternehmer u. Landarbeiterbewegung im Übergang vom Kaiserreich zur WR, in: AfS 14.1974, 351–418.

[10] Über das Selbstverständnis, das einflußreiche zeitgenössische Beobachter von der deutschen Gesellschaft der Republik besaßen, und über die divergierenden sozialwissenschaftlichen Definitionsbemühungen jetzt brillant: Nolte, Ordnung der deutschen Gesellschaft. Selbstentwurf u. Selbstbeschreibung im 20. Jh. Vgl. hier und zum folgenden (außer der Lit. zur Sozialen Ungleichheit in: III, 1324–26, Anm. 1; II, 812, Anm. 2; I,

580–85; A. 1–29; H.-U. Wehler, BSg., 100–22) aus der neueren Debatte die bisher nicht genannten Titel, von denen ich am meisten gelernt habe (eigener Überblick: Stratifikation und Stratifikationstheorien, in: ders., Umbruch u. Kontinuität, 185–213): A. Giddens, Die Frage der Sozialen Ungleichheit, Frankfurt 2001: ders., Class and Stratification, in: ders., Sociology, Cambridge 2000⁴, 239–82; P. A. Berger, Klassenstruktur u. soziale Schichtung, in: H. Joas Hg., Lehrbuch der Soziologie, Frankfurt 2001, 223–44; C. Tilly, Durable Inequality, N. Y. 1998; ders. Stratification and Inequality, in: P. N. Stearns Hg., Encyclopedia of Social History, N. Y. 1994, 723–28; ders., Social Class, in: P. Stearns Hg., Encyclopedia of European Social History 1350–2000 (=EESH) 3.2001, 3–17; (zwei auch in dieser Hinsicht enttäuschende Nachschlagewerke); G. Marshall, Repositioning Class, London 1997; N. Luhmann, Die Gesellschaft der Gesellschaft, 2 Bde, Frankfurt 1997; J. Ritsert, Soziale Klassen, Münster 1998 (vgl. ders., Gesellschaft, Frankfurt 1988; ders., Braucht Soziologie Begriff der Klasse?); W. Müller Hg., Soziale Ungleichheit, Opladen 1997; P. Frerichs, Klasse u. Geschlecht, ebd. 1997; C. Gellert, Das Ende der Klassengesellschaft? in: Leviathan 24.1996, 573–86; R. Geissler, Kein Abschied von Klasse u. Schicht, in: KZfS 48.1996, 319–38; A. B. Sorensen, The Structural Basis of Social Inequality, in: AJS 101.1996, 1333–65; ders., Class, Status, and Power, in: D. B. Grusky Hg., Social Stratification, Boulder 1994, 229–41; ders., Theory and Methodology in Social Stratification, in: U. Himmelstrand Hg., The Sociology of Structure and Action, I, London 1986, 69–96; J. Scott, Stratification and Power, Cambridge 1996; D. J. Lee u. B. S. Turner Hg., Conflicts About Class, London 1996; J. Pakulski u. M. Waters, The Death of Class, ebd. 1996; dies., The Reshaping and Dissolution of Class, in: Theory & Society 25.1996, 667–91; J. Westergard, Who Gets What? Cambridge 1995; P. Joyce Hg., The Oxford Reader on Class, Oxford 1995; R. Breen u. D. B. Rottman, Class Stratification, London 1995; W. C. Dimock u. M. Gilmore, Rethinking Class, N. Y. 1994; M. P. Hanagan, New Perspectives on Class Formation in: SSH 18.1994, 77–94; H. Geissler, Klasse, Schicht oder Lebenslage? in: Leviathan 22.1994, 541–59; R. Erikson u. J. Goldthorpe, Constant Flux: Class Mobility in Industrial Society, Oxford 1993, R. Crompton, Class and Stratification, Cambridge 1993; S. Edgell, Class, London 1993 (Rückzugsgefecht der marxistischen Orthodoxie, s. auch K. Graham, Class, in. Inquiry 32.1989, 419–36; B. Hindess, Politics and Class Analysis, Oxford 1987); G. Esping-Anderson Hg., Changing Classes: Stratification and Mobility, Newbury Park 1993; M. Hout u. a., The Persistence of Classes in Post-Industrial Societies, in: International Sociology 8.1993, 259–77; K. Eder, The New Politics of Class, London 1991; A. Sen, Inequality Reexamined, N. Y. 1992; M. L. Bush Hg., Social Orders and Social Classes in Europe since 1500, London 1992; Grusky u. A. A. Takata, Social Stratification, in: B. Borgatta Hg., Encyclopedia of Sociology IV, N. Y. 1992, 1955–70; M. D. Burton u. ders., A Quantitative History of Comparative Stratification, in: Contemporary Sociology 21.1992, 623–31; ders. u. T. A. DiPrete, Recent Trends in the Process of Stratification, in: Demography 27.1990, 617–37; S. C. Rytina, Social Structure, in: Borgatta Hg., 1970–76; A. M. O'Rand, Social Inequality, in: ebd., 1850–55; A. O. Haller, Societal Stratification, in: ebd., 1984–94; L. M. Riess, Social Mobility, in: ebd., 1872–80; M. Thomas Hg., Sozialstrukturtheorien u. Sozialstrukturforschung, Berlin 1992; T. H. Clark u. S. M. Lipset, Are Social Classes Dying? in: International Sociology 6.1991, 397–410; H. R. Kerbo, Social Stratification and Inequality, N. Y. 1991; P. J. Corfield Hg., Language, Class, and History, Oxford 1991; T. Burger, Die Dimensionen der Ungleichheit in der modernen Gesellschaft, in: Analyse & Kritik 13.1991, 1–33; ganz vorzüglich ders., Stratification and Power, in: V. Murrar Hg., Theory of Liberty, Legitimacy and Power, London 1985, 11–39; Bottomore Hg., Classes; S. McNall u. a. Hg., Bringing Class Back In, London 1991; P. A. Berger, Neue Erwerbsklassenbildung in der Ausweitung der Lohnarbeit, in: Tenfelde Hg., Arbeiter im 20. Jh., 665–93; ders., Ungleichheitssemantiken, in: EAS 1989, 48–60; K. M. Mayer u. P. Blossfeld, Die gesellschaftl. Konstruktion sozialer Ungleichheit, in: P. A. Berger u. S. Hradil Hg., Lebenslagen, Lebensläufe, Lebensstile, Göttingen 1990, 297–318; P. Saunders, Social Class and Stratification, London 1990; J. Bischoff u. S. Herkommer, Von der Klassentheorie zur Ungleichheitsforschung, in: A. Leisewitz u. K. Pikshaus Hg., Gewerkschaften, Klassentheorie u. Subjektfrage, Frankfurt 1990, 71–92; R. Kreckel, Klassenbegriff u. soziolog. Ungleichheitsforschung, in: P. A. Berger u. S. Hradil Hg., Das Ende der sozialen Schichtung? Göttingen 1989, 51–79; K.-U. Mayer, Empir. Sozialstrukturanalyse u. Theorien der gesellschaftl. Entwicklung, in: SW 40.1989, 297–308; R. J. Holton u. B. S. Turner, Has Class Analysis a Future? M. Weber, in: dies. Hg., M. Weber on Economics and Society, London 1989, 160–86 (zum Generalthema jetzt am besten: R. Swedberg, M. Weber and the Idea of Economic Sociology, Princeton 1998); N. J. Smelser, Social Structure, in: ders. Hg., Handbook of Sociology, Newbury Park 1988, 103–30; M. Granovetter u. C. Tilly, Inequality and Labor Processes, in: ebd., 175–221; A. L. Stinchcombe, Stratification and Organization, Cambridge 1986; A. Marwick Hg., Class in the 20th Century, N.Y,. 1986; J. S. Coleman, The Asymmetric Society, Syracuse 1982; B. Schwartz, Vertical Classification, Chicago 1981; W. S. Landecker, Class Crystallization, New Brunswick 1981; M. Alestalo u. H. Uusitalo, Prestige and Stratification, Helsinki 1980; R. M. Hauser u. D. L. Featherman, The Process of Stratification, N. Y. 1977; P. M. Blau, Inequality and Heterogeneity, N. Y. 1977; B. Bernstein, Class, Codes, and Control, 3 Bde, N. Y. 1975.

IV. Strukturbedingungen und Entwicklungsprozesse politischer Herrschaft

[1] Rürup, Entwurf, 220–39. Gegen Lepsius, Machtübernahme, 80–83; Ritter u. Miller Hg., 205 f.; Möller, Weimar, 111; Winkler, Vom Kaiserreich, 59; Troeltsch, Spektatorbriefe, 16. – Verfassung: Huber Hg. III, 129–56, vgl. 63–115; H. Brandt, Der lange Weg in die Moderne. Moderne deutsche Verfassungsgeschichte 1800–1945, Darmstadt 1998, 179 f.; E. Fraenkel, Die repräsentative u. die plebiszitäre Komponente im demokrat. Verfassungsstaat, in: ders., Deutschland, 71–108; Peukert, WR, 49, 135 f.; Mommsen, Weber u. deutsche Politik, 356–415; vgl. ders., Zum Begriff der «plebiszitären Führerdemokratie» bei M. Weber, in: KZfS 15.1963, 295–322; Abelshauser, Wohlfahrtsstaat, 10 f.; G. Eley, The Social Construction of Democracy in Germany 1871–1933, in: R. Andrews u. H. Chapman Hg., The Social Construction of Democracy, N. Y. 1996, 108–12; Heimann, Theorie des Kapitalismus. Vgl. allg. H. Boldt, Die Weimarer Reichsverfassung (= WRV), in: Bracher u. a. Hg., WR, 44–62; C. Gusy, dass., Tübingen 1997; D. Grimm, Die Bedeutung der Weimarer Verfassung in der deutschen Verfassungsgeschichte, Heidelberg 1990; E. Portner, Die Verfassungspolitik der Liberalen. Zur Deutung der WRV, Bonn 1973; S. Vestring, Die Mehrheitssozialdemokraten u. die Entstehung der RV von Weimar 1918/19, Münster 1987; H. Potthoff u. M. Weber Bearb., Die SPD-Fraktion in der Nationalversammlung 1919, Düsseldorf 1986; H. Potthoff, Das Weimarer Verfassungswerk u. die deutsche Linke, in: AfS 12.1972, 433–83; W. Apelt, Geschichte der Weimarer Verfassung, München 1964[2]; Huber VI, 5–125, 1031, 1081–83. Vgl. T. Mergel, Parlamentar. Kultur im Reichstag der WR, Düsseldorf 2002; R. Schiffers, Elemente direkter Demokratie im Weimarer Regierungssystem, Düsseldorf 1971; B. Hoppe, Von der parlamentar. Demokratie zum Präsidialstaat der WR, Berlin 1998; knapp: W. Frotscher u. B. Pieroth, Verfassungsgeschichte, München 1997.

[2] Vgl. allg. J. W. Falter u. a., Wahlen u. Abstimmungen in der WR 1919–33, München 1986; E. Schanbacher, Parlamentar. Wahlen u. Wahlsystem in der WR, Düsseldorf 1982; Schumacher, Wahlen 1918–33; A. Milatz, Wähler u. Wahlen in der WR, Bonn 1968[2]; W. H. Schröder, Biograph. Hdb. der Reichstagsabgeordneten der WR, Düsseldorf 2000. Noch immer anregend: S. Neumann, Die Parteien der WR (1932), ND Stuttgart 1986[5]; Dowe u. a. Hg., Parteien im Wandel; E. Kolb u. W. Mühlhausen Hg., Demokratie in der Krise. Parteien im Verfassungssystem der WR, ebd. 1997; D. J. Ziegler, Prelude to Democracy. Proportional Representation and the Heritage of Weimar Germany 1871–1920, Lincoln 1958; bornierte Verteidigung des Mehrheitswahlrechts: F. A. Hermens, Mehrheitswahl-

recht u. Verhältniswahlrecht, Berlin 1949. Vgl. die wichtige Studie: R. Bessel, The Formation and Dissolution of a German National Electorate from Kaiserreich to Third Reich, in: Jones u. Retallack Hg., Elections, 399–418; A. Schildt, Der Putsch der «Prätorianer, Junker u. Alldeutschen» in den Anfangswirren der WR, in: Reif Hg., Adel II, 103–25; H. Möller, Weimarer Parteiendemokratie in krit. Perspektive, in: A. Birke Hg., Politikverdrossenheit, München 1995, 53–78; ders., Parlamentarismus-Diskussion in der WR, in: Fs. K. D. Bracher, Düsseldorf 1987, 140–57; H. Best, Recruitment, Careers, and Legislative Behavior of German Parliamentarians 1848–1953, in: HSF 23.1982, 20–54; G. A. Ritter, Polit. Repräsentation durch Berufsstände 1871–1933, in: Fs. Kolb, 261–82; M. Edelman, Politik als Ritual, Frankfurt 1976.

[3] Hier und im folgenden wird die Literatur zu den einzelnen Parteien jeweils kompakt zusammengefaßt, damit sie leicht auffindbar und nicht auf spätere Belegstellen verteilt ist. Zur SPD an erster Stelle die drei Bände von Winkler; die Lit. vorn: 7. Teil, Anm. 11. Allg. S. Berman, The Social Democratic Movement. Ideas and Politics in the Making of Interwar Europe, Cambridge, Mass. 1998; die monumentale Studie von Sassoon, Hundred Years of Socialism. Anregend ist: G. Eley, Forging Democracy. The History of the Left in Europe 1850–2000, Oxford 2002 (faktisch aber erst 1914 einsetzend); Speziell dann R. Breitman, German Socialism and Weimar Democracy, Chapel Hill 1981; Hunt, German Social Democracy 1918–33; K. Schönhoven, Reformismus u. Radikalismus. Gespaltene Arbeiterbewegung im Weimarer Sozialstaat, München 1989; B. Buchner, Um nationale u. republikan. Identität. Die deutsche Sozialdemokratie u. der Kampf um die polit. Symbole in der WR, Bonn 2001; W. H. Maehl, The German Socialist Party: Champion of the First Republic 1918–33, Lawrence 1986; ders., The SPD and the First Republic 1919–33, Philadelphia 1986; D. Lehnert, «Staatspartei der Republik» oder «revolutionäre Reformisten»? Die Sozialdemokraten, in: ders. u. K. Megerle Hg., 89–113; P. Lösche Hg., Solidargemeinschaft u. Milieu. Sozialist. Kultur- u. Freizeitorganisationen in der WR, 4 Bde, Bonn 1990, 93; ders. u. F. Walter, Zur Organisationskultur der sozialdemokrat. Arbeiterbewegung in der WR, in: GG 15.1989, 511–36; B. Rabe, Der sozialdemokrat. Charakter. Drei Generationen aktiver Parteimitglieder in einem Arbeiterviertel, Frankfurt 1978; R. Saage Hg., Solidargemeinschaft u. Klassenkampf. Polit. Konzeptionen der Sozialdemokratie zwischen den Weltkriegen, Frankfurt 1986; W. Luthardt Hg., Sozialdemokrat. Arbeiterbewegung u. WR 1927–33, 2 Bde, ebd. 1978; H. Heimann u. T. Mayer Hg., Reformsozialismus u. Sozialdemokratie in der WR, Bonn 1982; W. Euchner, Sozialdemokratie u. Demokratie in der WR, in: AFS 26.1986, 125–78; D. Klenke, Die SPD-Linke in der WR 1922–32, 2 Bde, Münster 1985; K. Tenfelde, Proletar. Provinz. Radikalisierung u. Widerstand in Penzberg/Oberbayern 1900–45, München 1982[2]; A. Kastning, Die deutsche Sozialdemokratie zwischen Koalition u. Opposition 1919–23, Paderborn 1970; R. Leuschen-Seppel, Zwischen Staatsverantwortung u. Klasseninteresse. Die Wirtschafts- u. Finanzpolitik der SPD 1924–29, Bonn 1981; G. Könke, Organis. Kapitalismus, Sozialdemokratie u. Staat 1924–32, Wiesbaden 1987. – D. Harsch, German Social Democracy and the Rise of Nazism, Chapel Hill 1993; W. Pyta, Gegen Hitler u. für die Republik. Die Auseinandersetzungen der deutschen Sozialdemokraten mit der NSDAP in der WR, Düsseldorf 1989; H. Mommsen, Die Sozialdemokratie in der Defensive. Der Immobilismus der SPD u. der Aufstieg der NSDAP, in: ders. Hg., Sozialdemokratie zwischen Klassenbewegung u. Volkspartei, Frankfurt 1974, 106–33; R. Schaefer, SPD in der Ära Brüning 1930–32, ebd. 1990; E. Kolb, Die sozialdemokrat. Strategie in der Ära der Präsidialkabinette Brüning, in: U. Büttner Hg., Fs. W. Jochmann, Hamburg 1986, 157–86; W. Zollitsch, Einzelgewerkschaften u. Arbeitsbeschäftigung. Zum Handlungsspielraum der Arbeiterbewegung in der Spätphase der WR, in: GG 8.1982, 87–115; E. Heuptel, Reformismus u. Krise. SPD, ADGB u. Afa-Bund in der Weltwirtschaftskrise 1929–33, Frankfurt 1981; R. A. Gates, German Socialism and the Crisis of 1929–33, in: CEH 2.1974, 322–59; C. J. Fischer, Gab es am Ende der WR einen marxist. Wählerblock? in:

GG 21.1995, 63–79; J. Petzold, SPD u. KPD in der Endphase der WR, in: Winkler Hg., Staatskrise, 77–89; A. Dorpalen, SPD u. KPD in der Endphase der WR, in: VfZ 31.1983, 77–107; R. Tosstorff, «Einheitsfront» oder «Nichtangriffspakt» mit der KPD? in: Luthardt Hg. II, 206–58; E. Matthias, Die SPD, in: ders. u. R. Morsey Hg., Das Ende der Parteien 1933, Düsseldorf 1960/ND Frankfurt 1972, 101–278; H. Drechsler, Die Sozialist. Arbeiterpartei Deutschlands (SAPD) am Ende der WR, Meisenheim 1965. W. Luthardt, Sozialdemokrat. Verfassungstheorie in der WR, Opladen 1986; J. Blau, Sozialdemokrat. Staatslehre in der WR, Marburg 1980; M. Martiny, Integration oder Konformismus? Zur sozialdemokrat. Rechts- u. Verfassungspolitik, Bonn 1976; G. A. Caspar, Die sozialdemokrat. Partei u. das Wehrproblem in der WR, Frankfurt 1959; W. Wittwer, Die sozialdemokrat. Schulpolitik in der WR, Berlin 1980[2]; R. Pore, A Conflict of Interest. Women in German Social Democracy 1919–33, Westport/Conn. 1981. – W. H. Schröder, Sozialdemokrat. Parlamentarier in den deutschen Reichs- u. Landtagen 1867–1933, Düsseldorf 1996. Zu Ebert die Lit. vorn: 7. Teil, Anm. 30; W. Besson, F. Ebert, Göttingen 1963; G. Arns, F. Ebert als Reichspräsident, in: T. Schieder Hg., Beiträge zur Geschichte der WR, München 1971, 1–30; F. Ebert, Schriften, Aufzeichnungen, Reden, 2 Bde, Dresden 1926. – D. Beck, J. Leber. Sozialdemokrat zwischen Reform u. Widerstand, Berlin 1983. – R. Albrecht, Der militante Sozialdemokrat C. Mierendorff 1897–1943, ebd. 1987. – H. J. L. Adolph, O. Wels u. die Politik der deutschen Sozialdemokratie 1894–1939, ebd. 1971. – W. Wette, G. Noske, Düsseldorf 1987; U. Czisnik, dass., Frankfurt 1969; G. Noske, Erlebtes aus Aufstieg u. Niedergang einer Demokratie, Offenbach 1947. – H. Schulze, O. Braun u. Preußens demokrat. Sendung, Berlin 1978[2]; O. Braun, Von Weimar zu Hitler, Hamburg 1949[2]. – J. Alexander, C. Severing, Bielefeld 1992; C. Severing, Mein Lebensweg, 2 Bde, Köln 1950. – T. Albrecht, A. Grzesinski u. die preuß. Politik in der WR, Bonn 1999; H.-P. Ehni, Bollwerk Preußen. Preußen, Regierung, Reich-Länder-Problem u. Sozialdemokratie 1928–32, ebd. 1970. – F. Stampfer, Erfahrungen u. Erkenntnisse, Köln 1957. – P. Löbe, Erinnerungen eines Reichstagspräsidenten, Berlin 1949. – H. Braun u. J. Richler Hg., Arbeiterführer, Parlamentarier, Parteiveteran. Die Tagebücher H. Molkenbuhrs 1905–27, München 1999. – M. B. Steger, The Quest for Evolutionary Socialism: E. Bernstein, N. Y. 1997. – W. Smaldone, R. Hilferding, DeKalb/Ill. 1997.

[4] Die Lit. zur USPD vorn: 7. Teil, Anm. 21; v. a. Winkler I, 468–98; vgl. R. F. Wheeler, Die «21 Bedingungen» u. die Spaltung der USPD im Herbst 1920, in: VfZ 23.1975, 117–54.

[5] Grundlegend weiterhin: L. Albertin, Liberalismus u. Demokratie am Anfang der WR: DDP u. DVP, Düsseldorf 1972; ders., Die liberalen Parteien in der WR, in: H. Vortländer Hg., Verfall oder Renaissance des Liberalismus? München 1987, 57–89; ders., Die Auflösung der bürgerl. Mitte u. die Krise des parlamentar. Systems von Weimar, in: Kolb u. Mühlhausen Hg., 59–111; L. E. Jones, German Liberalism and the Dissolution of the Weimar System 1918–33, Chapel Hill 1988 (eigentlich eine Aufsatzsammlung, ohne angemessene historische Tiefendimension); B. B. Frye, Liberal Democrats in the WR, Carbondale/Ill.1985; ders., The German Democratic Party 1918–30, in: Western Political Quarterly 16.1963, 167–79, R. A. Pois, The Bourgeois Democrats of Weimar Germany, Philadelphia 1976; C. Jansen, Antiliberalismus u. Antiparlamentarismus in der bürgerl.-liberalen Elite der WR, in: ZfG 49.2001, 773–95; W. Stephan, Aufstieg u. Verfall des Linksliberalismus 1918–33. Geschichte der DDP, Göttingen 1973 (von ihrem Parteisekretär); P. M. Bowers, The Failure of the DDP 1918–30, Diss. Univ. of Pittsburgh 1973; E. Bendikat, «Wir müssen Demokraten sein». Der Gesinnungsliberalismus, in: Lehnert u. Megerle Hg., 139–58; W. Schneider, Die DDP 1924–30, München 1978; im Urteil unscharf: C. Gusy, Demokrat. Denken in der WR, Baden-Baden 2000; W. Fritsch, DDP 1918–33, in: LP 1.1984[2], 574–622; E. Matthias u. R. Morsey, Deutsche Staatspartei, in: dies. Hg., Ende, 31–97. – T. Childers, Languages of Liberalism: Liberal Political Discourse in the WR, in: K. H. Jarausch u. L. E. Jones Hg., In Search of a Liberal Germany,

N. Y. 1990, 323–59; L. Döhn, Wirtschafts- u. Sozialpolitik der DDP u. der DVP, in: K. Holl u. a. Hg., Sozialer Liberalismus, Göttingen 1986, 84–107; Winkler, Sozialstruktur u. Liberalismus 1871–1933; ders., Sozialstruktur u. Parteiensystem in Deutschland 1912–24, in: HSF 17.1992, 53–102; J. C. Hess, «Das ganze Deutschland muß es sein». Demokrat. Nationalismus in der WR am Beispiel der DDP, Stuttgart 1978; ders., Die Desintegration des Liberalismus in der WR, in: H. W. von der Dunk u. H. Lademacher Hg., Auf dem Weg zum modernen Parteienstaat, Kassel 1986, 249–72; ders., T. Heuss vor 1933, Stuttgart 1973; M. Eksteins, T. Heuss u. die WR, ebd. 1969; T. Heuss, Erinnerungen 1905–33, Tübingen 1964[5]; L. E. Jones, In the Shadow of Stabilization: German Liberalism and the Legitimacy Crisis of the Weimar Party System 1924–30, in: Feldman Hg., Nachwirkungen, 21–41; ders., Inflation, Revaluation, and the Crisis of Middle-Class Politics 1923–28, in: CEH 12.1979, 143–68; ders., The Dissolution of the Bourgeois Party System in the WR, in: Bessel u. Feuchtwanger Hg, 266–88; ders., The Dying Middle, in: CEH 5.1972, 23–54; ders., Sammlung oder Zersplitterung? Die Bestrebungen zur Bildung einer neuen Mittelstandspartei 1930–33, in: VfZ 25.1977, 265–304; A. Chanady, The Dissolution of the German Democratic Party in 1930, in: AHR 73.1968, 1433–53; R. Vierhaus, Die polit. Mitte in der WR, in: GWU 15.1964, 133–49; E. Portner, Der Ansatz zur demokrat. Massenpartei im deutschen Liberalismus, in: VfZ 13.1965, 150–61; A. Schaser, Bürgerl. Frauen auf dem Weg in die linksliberalen Parteien 1908–33, in: HZ 263.1996, 641–80; H. Schustereit, Linksliberalismus u. Sozialdemokratie in der WR, Düsseldorf 1975; J. Stang, Die DDP in Preußen 1918–33, ebd. 1994. – Klarer Überblick: H. Möller, Bürgertum u. bürgerl.-liberale Bewegung nach 1918, in: L. Gall Hg., Bürgertum u. bürgerl.-liberale Bewegung in Mitteleuropa seit dem 18. Jh., München 1997, 293–342; Quellen: K. Wegner Bearb., Linksliberalismus in der WR. Die Führungsgremien der DDP u. der Deutschen Staatspartei 1918–33, Düsseldorf 1980.

[6] Zuerst wieder Albertin, Liberalismus u. Demokratie; dann L. Richter, Die DVP 1918–33, Düsseldorf 2002; ders., Von der Nationalliberalen Partei zur DVP, in: Dowe u. a. Hg., Parteien, 135–60; L. Döhn, Politik u. Interesse. Die Interessenstruktur der DVP, Meisenheim 1970; W. Hartenstein, Die Anfänge der DVP 1918–20, Düsseldorf 1962; R. P. Grathwohl, Stresemann and the DVP, Lawrence 1980; R. Thimme, Stresemann u. die DVP 1923–25, Lübeck 1961; W. Ruge, DVP 1918–33, in: LP 2.1984[2], 413–48. – Quellen: E. Kolb u. L. Richter Hg., Nationalliberalismus in der WR. DVP 1918–33, 2 Bde, Düsseldorf 1999. – M. Walsdorff, Bibliographie G. Stresemann, ebd. 1972; G. Stresemann, Vermächtnis. Der Nachlaß, Hg. H. Bernhard, 3 Bde, Berlin 1932/33; J. Wright, G. Stresemann, Oxford 2002; C. Baechler, G. Stresemann 1878–1929, Straßburg 1996; W. Michalka u. M. M. Lee Hg., G. Stresemann, Darmstadt 1982; H. A. Turner, Stresemann, Berlin 1968; K. D. Erdmann, G. Stresemann, in: HZ 227.1978, 599–616; F. Hirsch, G. Stresemann, Göttingen 1964; A. Thimme, dass., Frankfurt 1957; L. E. Jones, G. Stresemann and the Crisis of German Liberalism, in: ESR 4.1974, 141–63; L. Hertzmann, G. Stresemann. Political Leadership in the WR, in: IRSH 5.1960, 361–77; H. A. Turner, Stresemann u. das Problem der Kontinuität in der deutschen Außenpolitik, in: G. Ziebura Hg., Grundfragen der deutschen Außenpolitik seit 1871, Darmstadt 1975, 284–304; M. Gatzke, Stresemann and the Rearmament of Germany, Baltimore 1969[2]; M. J. Enssle, Stresemann's Territorial Revisionism 1919–29, Wiesbaden 1980; H. L. Bretton, Stresemann and the Revision of Versailles, Stanford 1953; M.-O. Maxelon, Stresemann u. Frankreich 1914–29, Düsseldorf 1972; W. Weidenfeld, Die Englandpolitik G. Stresemanns, Mainz 1972; M. Walsdorff, Westorientierung u. Ostpolitik. Stresemanns Rußlandpolitik, Bremen 1971; C. Höltje, Die WR u. das Ostlocarno-Problem 1919–34, Würzburg 1958.

[7] Vgl. N. D. Cary, The Path to Christian Democracy. German Catholics and the Party System from Windthorst to Adenauer, Cambridge/Mass. 1996; S. N. Kalyvas, The Rise of Christian Democracy in Europe, London 1996; G. Kotowski, Auf dem Boden der

vollendeten Tatsachen. Der polit. Katholizismus, in: Lehnert u. Megerle Hg., 159–80; K. Ruppert, Die Deutsche Zentrumspartei in der WR, in: W. Becker Hg., Die Minderheit als Mitte 1871–1933, Paderborn 1986, 71–88; ders., Im Dienst am Staat von Weimar. Das Zentrum als regierende Partei 1923–30, Düsseldorf 1992; U. v. Hehl, Staatsverständnis u. Strategie des polit. Katholizismus in der WR, in: Bracher u. a. Hg., WR, 238–53; J. Henke, Die Hochburgen der «kathol. Parteien», in: J. Dülffer u. a. Hg., Deutschland in Europa, Frankfurt 1990, 348–73; E. L. Jonen, Catholic Conservatives in the WR, in: GH 18.2000, 60–85. – O. Heilbronner, Die Achillesferse des deutschen Katholizismus, Gerlingen 1998; ders., Catholicism, Political Culture, and the Countryside, Ann Arbor 1998; W. Jäger, Bergarbeitermilieus u. Parteien im Ruhrgebiet. Wahlverhalten kathol. Bergarbeiter bis 1933, München 1996; J. Aretz, Kathol. Arbeiterbewegung u. NS. Der «Verband kathol. Arbeiter- u. Knappenvereine Westdeutschlands» 1923–45, Mainz 1978; K. Breuning, Die Vision des Reiches. Deutscher Katholizismus zwischen Demokratie u. Diktatur 1929–34, München 1969; A. Baumgartner, Sehnsucht nach Gemeinschaft. Ideen u. Strömungen im Sozialkatholizismus der WR, ebd. 1977. – W. L. Patch, H. Brüning and the Dissolution of the WR, Cambridge 1999 (intelligente Apologetik); R. Morsey, Die Deutsche Zentrumspartei, in: Matthias u. ders. Hg., 281–453; ND ders., Der Untergang des polit. Katholizismus, Stuttgart 1977; vorzüglich ist: D. Junker, Die Deutsche Zentrumspartei u. Hitler 1932/33, ebd. 1969; ders., Die letzte Alternative zu Hitler; in: C. Gradmann u. O. v. Mengersen Hg., Das Erbe der WR, Heidelberg 1994, 67–86; G. Clemens, M. Spahn u. der Rechtskatholizismus in der WR, Mainz 1983; G. May, L. Kaas, 3 Bde, Amsterdam 1981/82; R. Morsey, L. Kaas 1881–1952, in: ders., Hg., Zeitgeschichte in Lebensbildern, Mainz 1973, 263–75; M. Schumacher, Zwischen «Einschaltung» u. «Gleichschaltung». Zum Untergang der Deutschen Zentrumspartei 1932/33, in: HJb 99.1979, 268–303; H. Hömig, Das preuß. Zentrum in der WR, Mainz 1979; W. Stumpf, Geschichte u. Organisation der Zentrumspartei in Düsseldorf 1917–33, Düsseldorf 1972; G. Grünthal, Reichsschulgesetz u. Zentrumspartei in der WR, ebd. 1968; ders., «Zusammenschluß» oder «Evangel. Zentrum»? in: Fs. W. Bussmann, Stuttgart 1979, 301–30. – Quellen: B. Haunfelder, Reichstagsabgeordnete der Zentrumspartei 1871–1933, Düsseldorf 1999; R. Morsey u. K. Ruppert Bearb., Die Protokolle der Reichstagsfraktion der Deutschen Zentrumspartei 1920–25, Mainz 1981; R. Morsey Bearb. Die Protokolle des Fraktionsvorstandes der Deutschen Zentrumspartei 1926–33, ebd. 1969. – Zu Bayern: K. Schönhoven, Die Bayer. Volkspartei (= BVP) 1924–32, Düsseldorf 1972; ders., Zwischen Anpassung u. Ausschaltung. Die BVP 1932/33, in: HZ 224.1977, 340–78; M. Weissbecker u. G. Wirth, BVP 1918–33, in: LP 1.1984[2], 156–86; O. Altendorfer, F. Schäffer als Politiker der BVP, München 1993.

[8] Mommsen Hg., Parteiprogramme, 538. Vgl. allg. H.-J. Puhle u. a., Konservativismus, in: Pipers Hdb. der Polit. Ideen IV. 1986, 255–321; A. Schildt, Konservatismus in Deutschland vom 18. Jh. bis zur Gegenwart, München 1998, 131–81; S. Breuer, Grundpositionen der deutschen Rechten 1871–1945, Tübingen 1999, 103–55; ders., Ordnungen der Ungleichheit: die deutsche Rechte im Widerstreit ihrer Ideen 1871–1845, Darmstadt 2001; R. v. d.Bussche, Konservatismus in der WR, Heidelberg 1998; H. Grebing, Konservative gegen die Demokratie, Frankfurt 1971; H. Gerstenberger, Der revolutionäre Konservatismus, Berlin 1969; dies., Konservatismus in der WR, in: G.-K. Kaltenbrunner Hg., Rekonstruktion des Konservatismus, Freiburg 1972, 331–48; R. Reimus. «Das Reich muß uns doch bleiben». Die nationale Rechte, in: Lehnert u. Megerle Hg., 232–53; J. Bergmann, «Das Land steht rechts». Das «agrar. Milieu», in: ebd., 181–206; W. Ruge, DNVP 1918–33, in: LP 2.1984[2], 476–528; A. Thimme, Flucht in den Mythos. Die DNVP u. die Niederlage von 1918, Göttingen 1969; C. P. Trippe, Konservative Verfassungspolitik 1918–23. Die DNVP, Düsseldorf 1996; J. Striesow, Die DNVP u. die Völkisch-Radikalen 1918–22, 2 Bde, Frankfurt 1981; L. Hertzmann, DNVP: Right-Wing Opposition in the WR 1918–24, Lincoln 1963; W. Liebe, Die DNVP 1918–24, Düsseldorf 1956; M. Dörr,

IV. Strukturbedingungen und Entwicklungsprozesse politischer Herrschaft

Die DNVP 1925-28, Diss. Marburg 1964; A. Stupperich, Volksgemeinschaft oder Arbeitersolidarität? Arbeitnehmerpolitik in der DNVP 1918-33, Göttingen 1982; A. Chanady, The Disintegration of the DNVP 1924-30, in: JMH 39.1967, 65-91; W. Krabbe, Die Bismarckjugend der DNVP, in: GSR 17.1994, 9-32. - J. A. Leopold, A. Hugenberg, New Haven/Conn. 1977; H. Holzbach, Das «System Hugenberg». Die Organisation bürgerl. Sammlungspolitik vor dem Aufstieg der NSDAP, Stuttgart 1980; K. Wernecke u. P. Heller, Der vergessene Führer. A. Hugenberg, Pressemacht u. NS, Hamburg 1982; D. P. Walker, A. Hugenberg and the DNVP 1918-30, Diss. Cambridge Univ. 1976; ders., The DNVP: The Conservative Dilemma in the WR, in: JCH 14.1979, 627-647; K.-P. Hoepke, A. Hugenberg als Vermittler zwischen großindustriellen Interessen, in: Mommsen u. a. Hg., System, 907-18; F. Hiller v. Gaertringen, Die DNVP, in: Matthias u. Morsey Hg., 543-652; R. Quaatz, Die Deutschnationalen u. die Zerstörung der WR 1928-37, Hg. H. Weiss u. P. Hoser, München 1989.

[9] Vgl. Fritsche, Reichspartei; G. Opitz, Der Christl. Soziale Volksdienst, Düsseldorf 1969; E. Jonas, Die Volkskonservativen 1928-33, ebd. 1965; U. Roeske, Volkskonservative Vereinigung 1930-33, in: LP 4.1986[2], 421-30; zu den Bauernparteien: Merkenich, 287-300; L. Fahlbusch u. W. Methfessel, Christl.-Nationale Bauern- u. Landvolkpartei 1928-33, in: LP 1.1983[2], 434-39; dies., Christl.-Sozialer Volksdienst 1929-33, in: ebd., 464-70. - Interpretation und Schema nach: Lepsius, Fragmented Party Democracy, 35, 37; ders., Extremer Nationalismus, 53-55 (nach 30 Jahren noch immer eine vielfach bestätigte brillante Studie). Trotz aller Kritik an seinem Milieubegriff (vgl. z. B. Rohe, Wahlen): ders., Parteiensystem u. Sozialstruktur. - J. W. Falter, The Two Hindenburg Elections of 1925 and 1932, in: CEH 23.1990, 225-41; P. Fritzsche, Presidential Victory: Hindenburg's 1925 Election, in: ebd., 205-24; N. C. Cary, The Making of the Reichspräsident 1925, in: ebd., 179-204; J. K. Zeender, The German Catholics and the Election of 1925, in: JMH 35.1963, 366-81.

[10] Wunder, Bürokratie, 109, 111; Troeltsch, Spektatorbriefe, 37 (28. 1. 1919), 284 (Juni 1922); Huber Hg., Dokumente III, 147, vgl. 168-70. Vgl. zur Bürokratie bis 1918: Bd. III, 857-64, 1020-34; in der WR: Wunder, 109-37; Übersicht 125; Übersicht 133: nach ebd. 130; J. Caplan, Government Without Administration. State and Civil Service in Weimar and Nazi Germany, Oxford 1988, 8, 17-19, 21, 24, 27, 34, 41-45, 51-54, 57, 77 f., 89-93, 100; R. Fattmann, Bildungsbürger in der Defensive. Die akadem. Beamtenschaft u. der «Reichsbund der Höheren Beamten» in der WR, Göttingen 2001; H. Fenske, Beamtenpolitik in der WR, in: Verwaltungsarchiv 64.1973, 117-35; ders., Monarch. Beamtentum u. demokrat. Staat. Bürokratie in der WR, in: Demokratie u. Verwaltung, 25 Jahre Hochschule für Verwaltungswissenschaften Speyer, Berlin 1972, 117-36; Halmen, Sozialgeschichte des Beamtentums bis 1918, Hamburg 1918; ders., «Das Berufsbeamtentum muß unter allen Umständen erhalten bleiben». Die deutsche Beamtenbewegung im Übergang vom Kaiserreich zur WR, in: IWK 18.1982, 173-205; A. Kunz, Stand versus Klasse. Beamtenschaft u. Gewerkschaften im Konflikt um den Personalabbau 1923/24, in: GG 8.1982, 55-86; Witt, Konservatismus als «Überparteilichkeit», 231-80; H. Völter, Die deutsche Beamtenbesoldung, in: W. Gerloff Hg., Die Beamtenbesoldung im modernen Staat I, München 1932, 1-103. - R. Angermund, Die deutsche Richterschaft 1919-45, Frankfurt 1990; D. B. Southern, The German Judiciary 1918-33, Diss. Oxford 1975; K. Doss, Das deutsche Auswärtige Amt im Übergang vom Kaiserreich zur WR, Düsseldorf 1977, J. Pein u. E. Schön, Deutscher Beamtenbund 1918-33, in: LP1.1984[2], 45-51; D. Fricke, Reichsbund der höheren Beamten 1918-34, in: LP 3.1985[2], 639-46. - H. Mommsen, Beamtentum u. demokrat. Verfassungsstaat, in: E. Brandt Hg., Die polit. Treuepflicht, Karlsruhe 1976, 17-36; ders., Beamtentum u. Staat in der Spätphase der WR, in: O. Franz Hg., Am Wendepunkt der europ. Geschichte, Göttingen 1981, 135-54; ders., Staat u. Bürokratie in der Ära Brüning, in: Fs. W. Besson, Berlin 1976, 81-137; ders., Die Stellung der Beamtenschaft in Reich, Ländern u. Gemeinden in der

Ära Brüning, in: VfZ 21.1973, 151–65; R. Morsey, Beamtenschaft u. Verwaltung zwischen Republik u. «Neuem Staat», in: K. D. Erdmann u. H. Schulze, Weimar, Düsseldorf 1980, 151–68; ders., Staatsfeinde im öffentl. Dienst 1929–32, in: Fs. C. H. Ule, Köln 1977, 111–33; H.-W. Laubinger, Die Treuepflicht des Beamten, in: ebd., 89–110; H. J. Schmahl, Disziplinarrecht u. polit. Betätigung des Beamten in der WR, Berlin 1977; K. Sühl, SPD u. Öffentl. Dienst 1918–33, Opladen 1988; G. Hoffmann, Sozialdemokratie u. Berufsbeamtentum 1919–33, Hamburg 1972. – Runge, Beamtentum im Parteienstaat 1918–33, 119–21, 145 f., 183–91, 237–39; E. Pikart, Preuß. Beamtenpolitik 1918–33, in: VfZ 6.1958, 119–37; J.K, Behrend, Zur Personalpolitik des preuß. Ministerium des Inneren. Die Besetzung der Landratsstellen in den östl. Provinzen 1919–33, in: JbGMO 6.1957, 173–214; Albrecht, Grzesinski (und die SPD-Lit. vorn in Anm. 3); H. Möller, Die preuß. Oberpräsidenten der WR, in: VfZ 30.1982, 1–26; ders., Verwaltungsstaat u. parlamentar. Demokratie: Preußen 1918–32, in: Ritter Hg., Regierung, 149–80; ders., Parlamentarisierung u. Demokratisierung in Preußen der WR, in: Ritter Hg., Gesellschaft, 367–87; ders., Parlamentarismus in Preußen 1919–32, Düsseldorf 1985; ders., Preußen 1918–33, in: DVG IV.1985, 540–57.

[11] Zum Korporativismus vgl. ausführlich Bd. III, 662–80, 1038–45. Hier v. a. Ullmann, Interessenverbände, 124–86; vgl. John, RDI, 9–12, 15, 19, 21, 29, 33, 36, 38, 41, 43 f., 47; ders., VDA, 322–24, 326, 331, 334, 336–39; Hartwich; v. a. aber B. Weisbrod, Schwerindustrie in der WR, Wuppertal 1978; ders., Zur Form schwerindustrieller Interessenvertretung in der 2. Hälfte der WR, in: H. Mommsen u. a. Hg. – 674–92; ders., Economic Power and Political Stability Reconsidered, in: SH 4.1979, 241–63; ders., Kapital u. Arbeit, in: Niethammer Hg., Bürgerl. Gesellschaft, 332–47; S. Wolff-Rohé, Der RDI 1910–25, Frankfurt 2001; R. Neebe, Großindustrie, Staat u. NSDAP 1930–33, Göttingen 1981; M. Grübler, Die Spitzenverbände der Wirtschaft u. das 1. Kabinett Brüning, Düsseldorf 1982; G. Schulz, Räte, Wirtschaftsverbände u. die Transformation des industriellen Verbandswesens am Anfang der WR, in: Ritter Hg., Gesellschaft, 355–66; Nussbaum (Wirtschaft u. Staat der WR) bietet DDR-Dogmatik. Dagegen informationsreich: Turner, Großunternehmer u. Aufstieg Hitlers. G. D. Feldman, P. Reusch and the Politics of German Heavy Industry 1908–33, in: G. Brucker Hg., People and Communities in the Western World II, Homewood/Ill. 1979, 293–331. D. Stegmann, Die Silverberg-Kontroverse 1926, in: Fs. Rosenberg, 594–610.

[12] Vgl. an erster Stelle Winklers Weimar-Bände; speziell dann M. Schneider, Die Gewerkschaften in der WR, in: Borsdorf Hg., 211–446; ders., Unternehmer u. Demokratie. Die Freien Gewerkschaften in der unternehmer. Ideologie 1918–33, Bonn 1975; ders., Tolerierung, Opposition, Auflösung. Die Stellung des ADGB zu den Regierungen Brüning bis Schleicher, in: Luthardt Hg., I, 150–219; ders., Das Arbeitsbeschaffungsprogramm des ADGB in der Endphase der WR, Bonn 1975; ders., Konjunkturpolit. Vorstellungen des Gewerkschaften in den letzten Jahren der WR, in: H. Mommsen u. a. Hg., 226–36; H. Potthoff, Freie Gewerkschaften 1918–33. Der ADGB, Düsseldorf 1987; ders., Gewerkschaften u. Politik zwischen Revolution u. Inflation, ebd. 1979; G. Braunthal, Der ADGB in der WR, Köln 1981. – Vorzügliche Quellenpräsentation: Schönhoven Bearb. (I.); M. Ruck Bearb., Die Gewerkschaften 1919–23, Köln 1985 (II.); H. A. Kuckuk u. D. Schiffmann Bearb., Die Gewerkschaften 1924–30, ebd. 1986 (III.); P. Jahn Bearb., Die Gewerkschaften 1930–33, ebd. 1988 (IV.); vgl. E. Domansky, Arbeitskampf u. Arbeitsrecht in der WR, in: Organ des ADGB 1924–28/ND 1984, 31–80; H. H. Biegert, Gewerkschaftspolitik in der Phase des Kapp-Lüttwitz-Putsches, in: H. Mommsen u. a. Hg., 190–205; G. D. Feldman u. I. Steinisch, Notwendigkeit u. Grenzen sozialstaatl. Intervention. Eine vergleich. Fallstudie des Ruhreisenstreits in Deutschland u. des Generalstreiks in England, in: AfS 20.1980, 57–117; U. Hüllbusch, Der Ruhreisenstreit, in: H. Mommsen u. a. Hg., 271–89; M. Schneider, Auf dem Weg in die Krise. Der Ruhreisenstreit 1928/29, Wentorf 1974. E. Fraenkel, Der Ruhreisenstreit 1928/29 (1967), in: ders.,

IV. Strukturbedingungen und Entwicklungsprozesse politischer Herrschaft

Reformismus u. Pluralismus, Hamburg 1973, 145–67; nicht in: ders., Ges. Schriften I: Recht u. Politik in der WR, Baden-Baden 1999. – R. Neebe, Konflikt u. Kooperation 1930–33, in: Abelshauser Hg., 226–27; ders., Unternehmerverbände u. Gewerkschaften 1929–33, in: GG 9.1983, 302–30; U. Wengst, dass. 1930, in: VfZ 25.1977, 99–110; H. Mommsen, Die deutschen Gewerkschaften zwischen Anpassung u. Widerstand 1930–34, in: ders., Arbeiterbewegung, 366–82, 420–23; U. Hüllbusch, Die deutschen Gewerkschaften in der Weltwirtschaftskrise, in: Conze u. Raupach Hg., 126–54; dies., Gewerkschaften u. Staat. Zur Geschichte der Gewerkschaften zu Anfang u. Ende der WR, Diss. Heidelberg 1958; M. Buhl, Sozialist. Gewerkschaftsarbeit. Der ADGB u. die Freien Gewerkschaften 1923–28, Köln 1983; kommunistische Dogmatik: H. Heer, Burgfrieden oder Klassenkampf? Zur Politik der sozialdemokrat. Gewerkschaften 1930–33, Neuwied 1972; sehr blaß: W. Ribhegge, Schwerindustrie, Gewerkschaften u. Politik an der Ruhr im 19. u. 20. Jh. in: Westfäl. Zeitschrift 135.1985, 123–77. – W. L. Patch, Christian Trade Union in the WR 1918–33, New Haven/Conn. 1985; H. Roder, Der christl.-nationale DGB im polit.-ökonom. Kräftefeld der WR, Frankfurt 1986; W. Fritsch, Deutscher Gewerkschaftsbund 1919–33, in: LP 2.1984², 90–97; H. Schorr, A. Stegerwald, Recklinghausen 1966; J. Deutz, dass. 1874–1945, Köln 1962; M. Schäfer, H. Imbuch, christl. Gewerkschaftsführer, München 1990.

[13] Vgl. Ullmann, Interessenverbände 144–53; die Lit. vorn in III, Anm. 8 u. 9, v. a. Merkenich; Pyta, Dorfgemeinschaft; Schumacher, Land u. Politik; Flemming, Landwirtschaftl. Interessen; Czerny u. Fahlbusch, RLB; v. Altrock, dass.; Fricke u. Hartwig, BDL; Fahlbusch u. Seemann; ders. u. Hartwig; ders., Landvolkbewegung; ders., Grüne Front; G. Müller u. H. Schwab, Deutscher Bauernbund 1909–27, in: LP 2.1984², 33–41; W. Fritsch, Deutsche Bauernschaft 1927–33, in: LP 1.1983², 570–73; Topf, Grüne Front; Gessner, dass.; Barmeyer, Hermes; Heberle; Le Bars; Heinacher; Rietzler; Stoltenberg; A. v. Saldern, H. Dietrich, Boppard 1966.

[14] Ullmann, Interessenverbände, 163–73; allg. vorzüglich ist H. Mommsen, Militär u. zivile Militarisierung in Deutschland 1914–38, in: Frevert Hg., Militär, 265–76; nur knapp zur Zeit von 1918 bis 1945: U. Frevert, Die kasernierte Nation. Militärdienst u. Zivilgesellschaft in Deutschland, München 2001; 302–27; R. Bessel, Militarismus im innenpolit. Leben der WR, in: K.-J. Müller u. E. Opitz Hg., Militär u. Militarismus in der WR, Düsseldorf 1978, 193–222; E. Rosenhaft, Gewalt in der Politik. Zum Problem des «sozialen Militarismus», in: ebd., 237–59; A. Lehmann, Militär u. Militanz zwischen den Weltkriegen, in: HB V.1989, 407–29; G. Mosse, Der Erste Weltkrieg u. die Brutalisierung der Politik, in: Fs. Bracher, 127–39; Theweleit, Männerphantasien, sowie dazu Niethammer, Male Fantasies. – W.-J. Mauch, Nationalist. Wehrorganisationen in der WR, Frankfurt 1982; J. M. Diehl, Paramilitary Politics in Weimar Germany, Bloomington 1977; Waite, Vanguard; Benoist-Méchin; J. W. Wheeler-Bennett, Die Nemesis der Macht. Die deutsche Armee in der Politik 1918–45, I, Düsseldorf 1981²; die besten Zahlenangaben: G. Tessin, Deutsche Verbände u. Truppen 1918–39, Osnabrück 1974. – N. H. Jones, Hitler's Heralds. The Freikorps 1918–23, London 1987; D. Venner, Söldner ohne Sold. Die deutschen Freikorps 1918–23, Bergisch-Gladbach 1978; H.-J. Kuron, Freikorps u. Bund Oberland, Diss. Erlangen 1960; E. Könnemann, Freikorps 1918–20, in: LP 2.1984², 669–76; G. Krüger, Die Brigade Ehrhardt, Hamburg 1971; B. Mahlke, Organisation Consul 1920–23, in: LP 3.1985², 549–54; K. Finker, Bund Wiking 1923–28, in: LP 2.1984², 268–73; E. Könnemann, Freikorps Oberland, in: ebd 677–81; ders., Organisation Escherich 1920–21, in: LP 3.1985², 555–63; K. Finker, Reichsflagge/Reichskriegsflagge 1922–27, in: ebd., 667–69; B. Thoss, Der Ludendorff-Kreis 1919–23, München 1987; K. Finker, Tannenberg-Bund 1925–33, in: LP 4.1986², 180–83; Weißbecker, Thule-Gesellschaft; Lohalm, DSTB; Krebs, dass.; M. Peters, Der Alldeutsche Verband, in: Puschner Hg., 302–15; G. Hartung, Völk. Ideologie, in: ebd., 22–41; M. Bönisch, Die «Hammer»-Bewegung, in: ebd., 341–65; D. Fricke, Deutschbund 1894–1943, in: LP 1.1984², 517–25.

– A. Kessler, Der Jungdeutsche Orden, 2 Bde, München 1974/76; verklärend: K. Hornung, dass., Düsseldorf 1958; K. Finker, dass., in: LP 3.1985², 138–48. – J. Petzold, Juniklub 1919–24, in: ebd., 156–64; G. Feldbauer u. ders., Deutscher Herrenklub 1924–45, in: LP 2.1984², 107–15; M. Schoeps, dass., Diss. Erlangen-Nürnberg 1974; Schwierskott, Moeller van den Bruck; D. Goeldel, Moeller van den Bruck, Frankfurt 1984; R. Pascal, Revolutionary Conservatism: Moeller van den Bruck, in: The Third Reich, 316–49; vgl. auch H. Bieber, R. Rohrbach. Ein konservativer Publizist in der WR, München 1972; W. Bussmann, Polit. Ideologien zwischen Monarchie u. WR, in: HZ 190.1960, 55–77; E. Marquardt, Polis contra Polemos. Politik als Kampfbegriff der WR, Köln 1997. – V. Mauersberger, R. Pechel u. die «Deutsche Rundschau» 1919–33, Bremen 1971; vgl. M. Weißbecker (Antibolschewist. Liga, in: LP 1.1983², 66–76) über die Schlüsselfigur Eduard Stadtler. Vgl. noch G. Schulz, Der «Nationale Klub von 1919» zu Berlin, in: JbGMO 11.1963, 207–37. – K. Sontheimer, Der Tatkreis, in: VfZ 7.1959, 229–60; auch in: ders., Deutschland zwischen Demokratie u. Antidemokratie, München 1971, 56–94; J. Petzold, dass., 1929–33, in: LP 4.1986², 184–90, ausführlich: Fritzsche, Polit. Romantik; vgl. E. Hanke u. G. Hübinger, Von der «Tat»-Gemeinde zum «Tat»-Kreis, in: ders. Hg., Versammlungsort, 299–334; H. Hecker, Die «Tat» u. ihr Osteuropa-Bild, Köln 1974. – Allg. hierzu außer den Darstellungen von Winkler, Mommsen, Peukert v. a. B. Petzinna, Erziehung zum deutschen Lebensstil. Ursprung u. Entwicklung des jungkonservativen «Ring»-Kreises 1918–33, Berlin 2000; J. Petzold, Wegbereiter des deutschen Faschismus. Die Jungkonservativen in der WR, Köln 1978; Y. Ishida, Jungkonservative in der WR. Der Ring-Kreis 1928–33, Frankfurt 1988; Klemperer, Konservative Bewegungen; W. Bialas u. G. Iggers Hg., Intellektuelle in der WR, Frankfurt 1996; M. Gangl u. G. Raulet Hg., Intellektuellendiskurse in der WR, ebd. 1994; H. Cancik Hg., Religions- u. Geistesgeschichte der WR, Düsseldorf 1982; A. Rabinbach, In the Shadow of Catastrophe. German Intellectuals Between Apocalypse and Enlightment, Berkeley 1996; N. J. Schürgers, Polit. Philosophie in der WR, Stuttgart 1989; D. Barnouw, Weimar Inntellectuals and Modernity, Bloomington/Ind. 1988; dogmatische Polemik: L. Elm, Falsche Propheten. Studien zum konservativ-nationalen Denken im 19. u. 20. Jh., Berlin 1984.

[15] K. Führer, Der Reichskriegerbund Kyffhäuser 1930–34, in: MM 36.1984, 57–76; C. J. Elliott, The Kriegervereine and the WR, in: JCH 10.1975, 109–29; J. M. Diehl, The Organization of German Veterans 1917–19, in: AfS 11.1971, 141–84. – Grundlegend noch immer: V. R. Berghahn, Der Stahlhelm 1918–35, Düsseldorf 1966; A. Klotzbücher, Der polit. Weg des «Stahlhelm» in der WR, Diss. Erlangen-Nürnberg 1965; B. Mahlke, Stahlhelm 1918–35, in: LP 4.1986², 145–58; P. Fritzsche, Between Fragmentation and Fraternity. Civic Patriotism and the «Stahlhelm» in Bourgois Neighbourhoods during the WR, in: TAJbDG 17.1988, 123–44; I. Götz v. Olenhusen, Vom Jungstahlhelm zur SA, in: W. Krabbe Hg., Polit. Jugend in der WR, Bochum 1993, 146–82; vgl. dies., Die Krise der jungen Generation u. der Aufstieg des NS, in: Jb. des Archivs der deutschen Jugendbewegung 12.1980, 53–82; dies., Jugendreich, Gottesreich, Deutsches Reich. Junge Generation, Religion u. Politik 1928–33, Köln 1987; K. Finker u. R. Giersch, Wehrwolf 1923–33, in: LP 4.1986², 473–81; W. Bethge, Bund Jungdeutschland 1911–33, in: LP 1.1983², 330–47. – J. M. Diehl, Von der «Vaterlandspartei» zur «nationalen Revolution». Die «Vereinigten Vaterländ. Verbände Deutschlands» 1922–32, in: VfZ 33.1985, 617–39; K. Finker, Vereinigte Vaterländ. Verbände 1922–34, in: LP 4.1986², 314–21; M. Walkowicz, Arbeitsausschuß Deutscher Verbände 1921–32, in: LP 1.1983², 102–13. – Zur SA: glänzend ist S. Reichardt, Faschist. Kampfbünde. Gewalt u. Gemeinschaft im italien. Squadrismus u. in der deutschen SA, Köln 2002; ders., Formen faschist. Gewalt. Faschist. Kampfbünde in Italien u. Deutschland nach 1918, in: Sociologus 51–2001, 55–88; P. Longerich, Die braunen Bataillone. Geschichte der SA, München 1994²; T. Balistier, Gewalt u. Ordnung. Kalkül u. Faszination der SA, Münster 1989; R. Bessel, Political Violence and the Rise of Nazism. The Storm Troopers in Eastern Germany 1925–34, New Ha-

IV. Strukturbedingungen und Entwicklungsprozesse politischer Herrschaft 1059

ven/Conn. 1984; ders., Violence as Propaganda. The Role of the Storm Troopers in the Rise of NS, in: Childers Hg., Formation, 131–46; C.J. Fischer, Storm Troopers, London 1983; ders. u. D. Mühlberger, The Pattern of the SA's Social Appeal, in: Fischer Hg., Rise of NS, 99–113; ders., The Occupational Background of SA's Rank and File Membership 1929–34, in: P.D. Stachura Hg., The Shaping of the Nazi State, ebd. 1978, 131–59; B. Campbell, The SA Generals and the Rise of Nazism, Lexington/Ky. 1998; M. Jamin, Zwischen den Klassen. Zur Sozialstruktur der SA-Führerschaft, Wuppertal 1984; M.H. Kater, Soziologie der SA bis zur Röhm-Krise, in: Fs. Conze, 798–831; P.H. Merkl, Formen NS Gewaltanwendung: Die SA 1925–33, in: Mommsen u. Hirschfeld Hg., 422–40; ders., The Making of a Storm Trooper, Princeton 1980; ders., Political Violence Under the Swastika, ebd. 1974; C.C. W. Szejnmann, Nazism in Central Germany. The Brownshirts in Red Saxony, Providence 1998, dt. Vom Traum zum Alptraum. Sachsen in der WR, Leipzig 2000; E.G. Reiche, The Development of the SA in Nürnberg 1922–34, Cambridge 1986; A. Werner, SA u. NSDAP 1920–33, Diss. Erlangen-Nürnberg 1964; H. Bennecke, Hitler u. die SA, München 1962; M.H. Kater, SA u. SS in der Sozialgeschichte des NS 1925–39, in: VSWG 62.1975, 339–79; K. Pätzold u. P. Rüssig, SA 1920–45, in: LP 4.1986², 159–70. Vgl. D. Blackbourn, Kraftfahrzeuge u. der Aufstieg des NS, in: F.M. Vogt, Frankfurt 2001, 141–52; C. Bowlby, Blutmai 1929, in: HJ 29.1986, 137–58; R. Bessel, The Potempa Murder, in: CEH 10.1977, 241–54; P. Kluke, Der Fall Potempa, in: VfZ 5.1957, 279–97. – Zur SS: R.L. Koehl, The Black Corps, Madison/Wisc. 1980; ders., Towards an SS Typology, in: American Journal of Economics and Sociology 18.1959, 113–26; ders., The Character of the Nazi SS, in: JMH 34.1962, 275–83; M. Yerger, Allgemeine SS. The Commands, Units and Leaders of the General SS, Atglen 1997; R. Lumsden, The Black Corps, Shepperton 1992; H.F. Ziegler, Nazi Germany's New Aristocracy: The SS Leadership 1925–39, Princeton 1989; G.C. Boehnert, Age and Education of the SS Führerkorps 1925–39, in: HSF 12.1979, 4–17; G.S. Garber, History of the SS, London 1978; E. Neusüss-Hunkel, Die SS, Hannover 1956; K.U. Paetel, Geschichte u. Soziologie der SS, in: VfZ 2.1954, 1–33; H. Höhne, Der Orden unter dem Totenkopf. Die Geschichte der SS, Gütersloh 1967/ND München 1969; G. Reitlinger, Die SS. Tragödie einer deutschen Epoche, ebd. 1957; K. Drobisch, SS 1925–45, in: LP 4.1986², 118–27. – Zur HJ: H.C. Brandenburg, Die Geschichte der HJ, Köln 1982²; G. Rosenthal, Die HJ-Generation, Essen 1986; A. Klönne, HJ, Hannover 1956; P.D. Stachura, Nazi Youth in the WR, Santa Barbara/Cal. 1975; M. Kater, Bürgerl. Jugendbewegung u. HJ 1926–39, in: AfS 17.1977, 127–74; M. Klaus, Mädchen in der HJ, Köln 1980; D. Reese, Straff, aber nicht stramm – Herb, aber nicht derb. Vergesellschaftung von Mädchen durch den BDM, Basel 1989; aus der rechtsradikalen Ecke: H.W. Koch, Geschichte der Hitlerjugend 1922–45, Percha 1975. – Zum RFB: Schuster, Rote Frontkämpferbund; Finker, dass. – Unübertroffen ist: K. Rohe, Das «Reichsbanner Schwarz – Rot – Gold». Geschichte u. Struktur der polit. Kampfverbände zur Zeit der WR, Düsseldorf 1964; R. Chickering, The Reichsbanner and the WR 1924–26, in: JMH 40.1968, 524–34; B. Ziemann, Republikan. Kriegserinnerung in einer polarisierten Öffentlichkeit: Das Reichsbanner Schwarz – Rot – Gold, in: HZ 267.1998, 357–98.

[16] Vgl. Winkler, Weimar; Mommsen; Peukert, WR; Kolb; WR; im einzelnen: Winkler I, 159–62 (Frühjahr 1919), 184–90 (München 1919); ders., Vom Kaiserreich, 63–66. – Luxemburg 1919: Spartakusbriefe, 150. – D. Felken, O. Spengler, München 1988, 282; C. Vollnhals, O. Spengler u. der NS, in: TAJbDG 13.1984, 263–303; G. Merlio, O. Spengler, Stuttgart 1982; H. Möller, dass., in: P.C. Ludz Hg., Spengler heute, München 1980, 49–73; St. Hughes, dass., N.Y. 1952; Koktanek; F. Botermann, O. Spenglers «Untergang des Abendlandes», Köln 2001. – Berlin: M.-L. Ehls, Protest u. Propaganda. Demonstrationen in Berlin 1919–33, Berlin 1997 (langatmig); K.H. Luther, Die nachrevolutionären Machtkämpfe in Berlin: Nov. 1918-März 1919, in: JbGMO 8.1959, 187–222; E. Eimers, Das Verhältnis von Preußen u. Reich 1918–23, Berlin 1969. – Ruhrstreiks: P. v. Oertzen,

Die großen Ruhrstreiks der Ruhrbergarbeiterschaft im Frühjahr 1919, in: VfZ 6.1958, 231–62, u. in: Kolb Hg., Vom Kaiserreich, 185–217; G. D. Feldman, Arbeitskonflikte im Ruhrbergbau 1919–22, in: VfZ 28.1980, 168–223; M. Martiny, Vom Scheitern der Räte- u. Sozialisierungsbewegung 1920–33, in: Reulecke Hg., Arbeiterbewegung an Rhein u. Ruhr, 241–74; P. Wulf, Die Auseinandersetzungen um die Sozialisierung der Kohle in Deutschland 1920/21, in: VfZ 25.1977, 46–98; ders., Regierung, Parteien, Wirtschaftsverbände u. die Sozialisierung des Kohlenbergbaus 1920/21, in: H. Mommsen u. a. Hg., 647–57; H. Schieck, Die Behandlung der Sozialisierungsfrage in den Monaten nach dem Staatsumsturz, in: Kolb Hg., Vom Kaiserreich, 138–64; ders., Der Kampf um die deutsche Wirtschaftspolitik nach dem Novemberumsturz 1918, Diss. Heidelberg 1958. – München: Geyer, Verkehrte Welt; Winkler I, 225–42; Seeckt: F. v. Rabenau, Seeckt I, Leipzig 1940, 221.- A. Einstein u. H. u. M. Born, Briefwechsel 1916–55, München 1969, 39 (9. 12. 1919). – Kapp-Putsch: J. Erger, Der Kapp-Lüttwitz-Putsch 1919/20, Düsseldorf 1967; G. D. Feldman, Die Großindustrie u. der Kapp-Putsch, in: ders., Vom Weltkrieg, 192–217; H. Hürten, Der Kapp-Putsch als Wende, Opladen 1989; ders., Reichswehr u. Ausnahmezustand 1919–24, Opladen 1977; D. Orlow: Preußen u. der Kapp-Putsch, in: VfZ 26.1978, 191–236; ders., Weimar Prussia I: 1918–25, Pittsburgh 1986; A. Luckau, Kapp-Putsch, Success or Failure? In: JCEA 7.1947/48, 394–405; vgl. F. Ernst, Aus dem Nachlaß des Generals W. Reinhardt, Stuttgart 1958; ders., W. Reinhardt 1872–1930, in: Zeitschrift für Württemberg. Landesgeschichte 16.1957, 331–64; R. Scheck, Politics of Illusion: A v. Tirpitz and Right-Wing Putschism 1922–24, in: GSR 18.1995, 29–49; P. Lessmann, Die Preuß. Schutzpolizei in der WR, Düsseldorf 1989; Gordon, Reichswehr 1919–26; Waite; Craig, Armee; F. Hiller v. Gaertringen, Zur Beurteilung des «Monarchismus» in der WR, in: G. Jasper Hg., Tradition u. Reform in der deutschen Politik, Berlin 1976, 138–86; W. Kaufmann, Monarchism in the WR, N. Y. 1973[2]. – Ruhrkrieg: G. Eliasberg, Der Ruhrkrieg von 1920, Bonn 1974; ders., dass., in: AfS 10.1970, 291–377; I. Gorlas u. D. Peukert Hg., Der Ruhrkampf 1920. Essen 1987; U. Ludewig, Arbeiterbewegung u. Aufstand 1920–23, Husum 1973; E. Lucas, Märzrevolution, 3 Bde, Frankfurt 1970/1973/1977; W. T. Angress, Weimar Coalition and Ruhr Insurrection, in: JMH 29.1957, 1–20. – Sachsen: D. Schumann, Polit. Gewalt in der WR 1918–33, Essen 2001; ders., Der aufgeschobene Bürgerkrieg. Sozialer Protest u. polit. Gewalt in Deutschland 1923, in: ZfG 44.1996, 526–44; ders., Einheitssehnsucht u. Gewaltakzeptanz nach 1918, in: H. Mommsen Hg., Erste Weltkrieg, 83–105; H. Hürten Bearb., Das Krisenjahr 1923. Militär u. Innenpolitik 1922–24, Düsseldorf 1980; Lapp, Revolution; C. Knatz, Ein Heer im grünen Rock? Der Mitteldeutsche Aufstand 1921, Berlin 2000; Feldman, Sachsen; D. B. Pryce, The Reich Government and Saxony 1923, in: CEH 10.1977, 112–47. – Rheinland: K. Schwabe Hg., Die Ruhrkrise 1923, Paderborn 1985; A. E. Cornebise, The WR in Crisis. Cuno's Germany and the Ruhr Occupation, Washington 1977; M. Ruck, Die Freien Gewerkschaften im Ruhrkampf 1923, Köln 1986; W. A. McDougall, France's Rhineland Diplomacy 1914–24, Princeton 1978; zur rassistischen Empörung über farbige Besatzungskinder: G. Lebzeiter, Die schwarze Schmach, in: GG 11.1985, 37–58; H. Köhler, Adenauer u. die rhein. Republik 1918–24, Opladen 1986; E. Bischof, Rhein. Separatismus 1918–24, Berlin 1969; K. D. Erdmann, Adenauer in der Rheinlandpolitik nach 1918, Stuttgart 1966; P. Klein, Separatismus an Rhein u. Ruhr 1918/19, Berlin 1961. – Münchener Putsch: s. hinten VI, 2b. – Ausnahmezustand: H. Boldt, Der Art. 48 der WRV, in: Stürmer Hg., WR, 288–309; U. Scheuner, Die Anwendung des Art. 48 der WRV, in: Fs. Brüning, 249–88; M. Needer, The Theory of the Weimar Presidency, in: RoP 21.1959, 692–98. – Groener-Geyer, 22 (Hindenburg, 11. 10. 1923); allg. zu 1923: Winkler, Weimar, 186–243; Mommsen, Freiheit, 162–65, 177; B. Asmuss, Republik ohne Chance? Akzeptanz u. Legitimation der WR in der deutschen Tagespresse 1918–23, Berlin 1994; W. Becker, Demokratie des sozialen Rechts. Die polit. Haltung der «Frankfurter Zeitung», der «Voss. Zeitung» u. des «Berliner Tageblatts» 1918–24, Göttingen 1971; G. Arns, Die

IV. Strukturbedingungen und Entwicklungsprozesse politischer Herrschaft 1061

Krise des Weimarer Parlamentarismus im Frühherbst 1923, in: Staat 8.1969, 181–216; ders., Regierungsbildung u. Koalitionspolitik in der WR 1919–24, Clausthal-Zellerfeld 1971. – Allg. zur Rolle der Gewalt: B. Weisbrod, Sozialgeschichte u. Gewalterfahrung, in: P. Nolte u. a. Hg., Perspektiven der Gesellschaftsgeschichte, München 2000, 112–23; ders., Gewalt in der Politik. Zur polit. Kultur in Deutschland 1918–39, in: GWU 43.1992, 391–404; ders., Krieger. Gewalt u. männl. Fundamentalismus: E. Jünger, in: GWU 49.1998, 544–60; D. Schumann, Gewalt als Grenzüberschreitung. Zur Sozialgeschichte der Gewalt im 19. u. 20. Jh., in: AfS 37.1997, 365–86; H. Joas, Die Modernität des Krieges. Die Modernisierungstheorie u. das Problem der Gewalt, in: Leviathan 24.1996, 13–27; D. Langewiesche, Gewalt u. Politik im Jh. der Revolution, in: Fs. H. Berding, Göttingen 1995, 233–46; T. v. Trotha, Zur Soziologie der Gewalt, in: KZfS SoH. 37.1997, 9–56; W. Sofsky, Traktat über Gewalt, Frankfurt 1996; R. P. Sieferle Hg., Die Gewalt in der Geschichte, ebd. 1998; R. W. Bredenich u. W. Hanunger Hg., Gewalt in der Kultur, 2 Bde, Passau 1994; T. Lindenberger u. A. Lüdtke Hg., Phys. Gewalt, Frankfurt 1995, 7–38; C. v. Ferber, Die Gewalt in der Politik, Stuttgart 1970; K. G. Faber u. a., Macht, Gewalt, in: GGr. 3.1982, 817–938; W. Heitmeyer u. J. Hagan Hg., Internationales Hdb. der Gewaltforschung, Wiesbaden 2002.

[17] Vgl. Heinemann, Verdrängte Niederlage; Jäger, Histor. Forschung; Mommsen, Freiheit, 101–19. – J. Gumbel, Zwei Jahre polit. Mord, Berlin 1921; ders., Vier Jahre polit. Mord, ebd. 1922; ders. Hg., Denkschrift des Reichsjustizministeriums zu «Vier Jahre polit. Mord», ebd. 1924; ders., Verschwörer. Zur Geschichte u. Soziologie der deutschen nationalist. Geheimbünde 1918–24 (1924), ND Heidelberg 1979; ders., Verräter verfallen der Feme, Berlin 1929; ders., Vom Femmord zur Reichskanzlei, Heidelberg 1962. Vgl. C. Jansen, E. J. Gumbel, ebd. 1991, 9–72; ders., Der «Fall Gumbel» u. die Heidelberger Univ. 1924–32, ebd. 1987; Faust, NS Studentenbund II, 57–62; H. Hannover u. E. Hannover-Brück, Polit. Justiz 1918–33, Bernheim-Merten 1987; O. Kirchheimer, dass., Neuwied 1967; Epstein, Erzberger, 433–40; M. Sabrow, Der Rathenau-Mord, München 1994; D. Felix, W. Rathenau and the WR, Baltimore 1971. – I. Nagel, Femmorde u. Femeprozesse in der WR, Köln 1991, 13–16, 39, 41, 45, 53–83, 91, 325, 329, 347–52; U. Hofmann, Verräter verfallen der Feme, Femmorde in Bayern in den 20er Jahren, Köln 2000; D. E. Southern, Antidemokrat. Terror in der WR: Femmorde u. Schwarze Reichswehr, in: W. J. Mommsen u. G. Hirschfeld Hg., Sozialprotest, Gewalt, Terror, Stuttgart 1982, 381–93. Vgl. zur Weimarer Justiz: R. Kuhn, Die Vertrauenskrise der Justiz 1926–28, Köln 1986; T. Rasehorn, Justizkritik in der WR, Frankfurt 1985; R. Heydeloff, Staranwalt der Rechtsextremisten. W. Luetgebrune in der WR, in: VfZ 32.1984, 373–421; W. Neusel, Die Spruchtätigkeit des Strafsenats des Reichsgerichts in polit. Strafsachen in der WR, Diss. Marburg 1971; D. Windisch, Die Strafverfolgung von Kritikern der illegalen Rüstung in der WR, Diss. Würzburg 1969; H. N. Stern, Political Crime and Justice in the WR, Diss. Johns Hopkins Univ. Baltimore 1966; B. Schulz, Der Republikan. Richterbund 1921–33, Frankfurt 1982; C. Gusy, Weimar – die verlorene Republik? Verfassungsschutzrecht u. Verfassungsschutz, Tübingen 1991; G. Jasper, Justiz u. Politik in der WR, in: VfZ 30.1982, 167–205; ders., Der Schutz der Republik 1922–30, Tübingen 1963; W. Birkenfeld, Der Rufmord am Reichspräsidenten 1919–25, in: AfS 5.1965, 453–500; vgl. V. R. Berghahn, Die Harzburger Front u. die Kandidatur Hindenburgs für die Präsidentschaftswahlen 1932, in: VfZ 13.1965, 64–82; E. Matthias, Hindenburg zwischen den Fronten. Zur Vorgeschichte der Reichspräsidentenwahlen 1932, in: ebd. 8.1960, 75–84; A. Dorpalen, Hindenburg in der Geschichte der WR, Berlin 1966; Wheeler-Bennett, Hindenburg; F. J. Maas, Hindenburg als Reichspräsident, Bonn 1959; T. Eschenburg, Die Rolle der Persönlichkeit in der Krise der WR, in: VfZ 9.1961, 1–29.

[18] E. Jünger, In Stahlgewittern (1920), Stuttgart 1986[30]. Vorzüglicher Längsschnitt: W. Wette, Ideologien, Propaganda u. Innenpolitik als Voraussetzungen der Kriegspolitik des Dritten Reiches, in: Militärgeschichtl. Forschungsamt Hg., Das Deutsche Reich u. der

Zweite Weltkrieg (= DRZW) I: Ursachen u. Voraussetzungen der deutschen Kriegspolitik, Stuttgart 1978, 46–52, 94–99, 25–173. Vgl. B. Ulrich u. B. Ziemann Hg., Krieg im Frieden. Die umkämpfte Erinnerung an den Ersten Weltkrieg, Frankfurt 1997; B. Ziemann, Die Erinnerungen an den Ersten Weltkrieg in der WR, in: T. F. Schneider Hg., Kriegserlebnis u. Legendenbildung I, Osnabrück 1999, 249–70; R. Bessel, Die Heimkehr der Soldaten. Das Bild der Frontsoldaten in der Öffentlichkeit der WR, in: Hirschfeld Hg., Keiner fühlt, 221–40; ders., Kriegserfahrungen u. Kriegserinnerungen. Nachwirkungen des Ersten Weltkriegs, in: van der Linden u. a. Hg., 125–40; ders., The Great War in German Memory, in: GH 6.1988, 20–34; S. D. Denham, Visions of War. Ideologies and Images of War in German Literature Before and After the Great War, Bern 1992; H.-H. Müller, Der Krieg u. die Schriftsteller. Der Kriegsroman in der WR, Stuttgart 1986; M. Gollbach, Die Wiederkehr des Weltkrieges in der Literatur. Frontromane der späten 20er Jahre, Kronberg 1978; K. Prümm, Die Literatur des soldat. Nationalismus 1918–33, 2 Bde, ebd. 1974; E. Keller, Nationalismus u. Literatur: Langemarck, Weimar, Stalingrad, München 1970; R. Bendick, Zur Wirkung und Verarbeitung nationaler Kriegskulturen. Der Erste Weltkrieg in deutschen u. französ. Schulbüchern, in: Hirschfeld u. a. Hg., Kriegserfahrungen, 403–23; zur Jünger-Kritik auch T. Rohkrämer, Die andere Moderne. Zivilisationskritik, Natur u. Technik in Deutschland 1880–1933, Paderborn 1999. – E. M. Remarque, Im Westen nichts Neues (1928), Frankfurt 1971; M. Eksteins, War, Memory, and Politics: The Fate of the Film «All Quiet on the Western Front», in: CEH 13.1980, 60–82.

¹⁹ Vgl. zuerst W. Sauer, Die Reichswehr, in: Bracher, Auflösung der WR, 229–84 (noch immer ein brillanter Aufriß – von 1955!); Carsten, Reichswehr; Schüddekopf, Heer; R. Wohlfeil u. E. v. Matuschka, Heer u. Republik, in: HdM III/6.1983, 11–303; Gordon, Reichswehr; Craig, Armee; Benoist-Méchin; Vagts, Militarism; Berghahn Hg., dass.; Huber VII, 578–636. Bibliographischer Überblick: Showalter, German Military History 1648–1982. Anregend: S. Förster Hg., An der Schwelle zum totalen Krieg 1919–39, Paderborn 2002; M. Geyer, Aufrüstung oder Sicherheit: Die Reichswehr in der Krise der Machtpolitik 1924–36, Wiesbaden 1980; ders., Rüstungspolitik, 118–54; ders., Professionals and Junkers: German Rearmament and Politics in the WR, in: R. J. Bessel u. E. J. Feuchtwanger Hg., Social Changes and Political Development in Weimar Germany, London 1981, 77–133; ders., «Der zur Organisation erhobene Burgfrieden», in: Müller u. Opitz Hg., 15–100; ders., Das 2. Rüstungsprogramm 1930–34, in: MM 17.1975, 125–72; ders., Die Geschichte des deutschen Militärs 1860–1945, in: H.-U. Wehler Hg., Die moderne deutsche Geschichte in der internationalen Forschung 1945–75, Göttingen 1978, 256–86; W. Deist, Die Aufrüstung der Wehrmacht, in: DRZW I, 372–91; ders., Die Reichswehr u. der Krieg der Zukunft, in: MM 45.1989, 81–92; J. Corum, The Roots of Blitzkrieg. H. v. Seeckt and German Military Reform, Lawrence/Kan. 1992; B. Posen. The Sources of Military Doctrine: France, Britain, and Germany 1918–39, London 1984; B. A. Carroll, Germany Disarmed and Rearming 1925–35, in: Journal of Peace Research 3.1966, 114–24; A. Hillgruber, Militarismus am Ende der WR, in: ders., Großmachtpolitik u. Militarismus im 20. Jh., Düsseldorf 1974, 37–51; ders., Die Reichswehr u. das Scheitern der WR, in: Erdmann u. Schulze Hg., Weimar, 177–92; E. W. Bennett, German Rearmament and the West 1932/33, Princeton 1979; G. Post, The Civil-Military Fabric of Weimar Foreign Policy, ebd. 1973; D. N. Spires, The Making of the German Officers 1921–33, Westport/Conn. 1984; W. A. Robertson, Officer Selection in the Reichswehr, Diss. Univ. of Oklahoma 1978; R. O'Neill, Doctrine and Training in the German Army 1919–39, in: M. Howard Hg., Theory and Practice of War, London 1963, 145–65; H. Herzfeld, Politik, Heer u. Rüstung in der Zwischenkriegszeit, in: ders., Ausgewählte Aufsätze, Berlin 1962, 255–77; J. Schmädeke, Militär. Kommandogewalt u. parlamentar. Demokratie. Die Verantwortlichkeit des Reichswehrministers in der WR, Lübeck 1967; H. Hürten Bearb., Zwischen Revolution u. Kapp-Putsch. Militär u. Innenpolitik

IV. Strukturbedingungen und Entwicklungsprozesse politischer Herrschaft 1063

1918–20, Düsseldorf 1977; ders., Bearb., Die Anfänge der Ära Seeckt. Militär u. Innenpolitik 1920–22, ebd. 1979; ders. in Anm. 16; M. Salewski, Entwaffnung u. Militärkontrolle in Deutschland 1919–27, München 1966; E. W. Hansen, Reichswehr u. Industrie 1923–32, Boppard 1979; überholt: G. W. F. Hallgarten, Hitler, Reichswehr u. Industrie 1918–33, Frankfurt 1955; A. Zeidler, Reichswehr u. Rote Armee 1920–33, München 1993. Vgl. zur überschätzten «Russian Connection»: J. Förster u. K. Niclauss, Deutschland u. das bolschewist. Rußland 1917–41, Berlin 1991; R.-D. Müller, Das Tor zur Weltmacht. Die Bedeutung der Sowjetunion für die deutsche Wirtschafts- u. Rüstungspolitik 1918–39, Boppard 1984; G. Rosenfeld, Sowjetrußland u. Deutschland 1922–33, Köln 1984; K. Hildebrand, Das Deutsche Reich u. die Sowjetunion im internationalen System 1918–32, Wiesbaden 1977; H. G. Linke, Deutsch-sowjet. Beziehungen bis Rapallo, Köln 1972[2]; H. L. Dyck, Weimar Germany and Soviet Russia, London 1966; W. Laqueur, Deutschland u. Rußland, Berlin 1966; G. Freund, The Unholy Alliance 1918–26, London 1957; E. H. Carr, Berlin – Moskau 1918–39, Stuttgart 1954. – Für die Marine: K. W. Bird, Weimar, the German Naval Officer Corps, and the Rise of NS, Amsterdam 1977; W. Rahn, Marinerüstung u. Innenpolitik einer parlamentar. Demokratie, in: Die deutsche Marine, Herford 1983, 53–72; W. Wacker, Der Bau des Panzerschiffs «A» u. der Reichstag, Tübingen 1959; der Anfang von J. Dülffer, Weimar, Hitler u. die Marine 1920–39, Düsseldorf 1972. – C. Guske, Das polit. Denken des Generals v. Seeckt, Lübeck 1971; H. Meier-Welcker, Seeckt, Frankfurt 1967; v. Rabenau, dass. (Zit. 341, 466 f.); E. Kessel, Seeckts polit. Programm, in: Fs. M. Braubach, Münster 1964, 887–914); O. Gessler, Reichswehrpolitik in der WR, Hg. K. Sendtner, Stuttgart 1958; H. Möllers, Reichswehrminister O. Geßler, Frankfurt 1998; J. Hürter, W. Groener. Reichswehrminister 1928–32, München 1993; P. Bucher, Der Reichswehrprozeß. Der Hochverrat der Ulmer Reichswehroffiziere 1929/30, Boppard 1967; vorzüglich ist T. Vogelsang, Reichswehr, Staat u. NSDAP, Stuttgart 1962, vgl. 95 (Schäffer).

[20] Zum älteren deutschen Militärwesen und Militarismus vgl. Bd. I, 244–54; II, 380–94; III, 251–91, 805–25, 873–85, 1109–29. Zur Theorie des Totalen Kriegs: Wehler, Vom absoluten zum totalen Krieg, 89–116; v. Albertini; Bergouion u. Polirka; Gibbs; Falls; Szczot. Wichtig sind die Überlegungen Geyers (Rüstungspolitik; Aufrüstung; Professionals; Past as Future). Vgl. Hillgruber, Militarismus; Bessel, dass. – F. v. Bernhardi, Vom Kriege der Zukunft, Berlin 1920, 168–70; zu v. B. vgl. Bd. III, 1149. – E. Ludendorff, Kriegführung u. Politik, ebd. 1922, 23, 103, 303, 323; ders., Der totale Krieg, München 1935/1936[2], 9 f., 38; vgl. Tschuppik, 424; H. Barth, Über den totalen Staat, in: ders., Fluten u. Dämme, Zürich 1943, 203–14. – H. v. Seeckt, Die Willenskraft des Feldherrn, in: Militär. Rundschau 1.1936, 2; ders., Gedanken eines Soldaten, Berlin 1929, 12 f., 16 f., 55. – H. Freyer, Der Staat, Leipzig 1925, 20, 142 f.; 145; vgl. J. Z. Muller, The Other God That Failed. H. Freyer and the Deradicalization of German Conservatism, Princeton 1987; G. Lukács, Die Zerstörung der Vernunft, Berlin 1955/Neuwied 1962, 508–16; zur Korrektur auch: Cassirer, Mythos des Staates. – E. Jünger, Der Arbeiter. Herrschaft u. Gestalt (1932), Stuttgart 1982[5], 246, 299, 302; ders., Die totale Mobilmachung, Berlin 1934[2], ND in: ders., Sämtl. Werke VII, Abt. 2, Essays 1, Stuttgart 1980, 119–42; vgl. jetzt E. Jünger, Polit. Schriften 1919–33, ebd. 2001; vgl. W. Benjamins Rez. von Jünger, Krieg u. Krieger, in: Die Gesellschaft 7.1930/II, 32–41. – R. Smend, Verfassung u. Verfassungsrecht, München 1928, 97; vgl. K. Sontheimer, Zur Grundlagenproblematik der deutschen Staatsrechtslehre in der WR, in: Archiv für Rechts- u. Sozialphilosophie 46.1960, 59; W. Schluchter, Entscheidung für den sozialen Rechtsstaat. H. Heller u. die staatstheoret. Diskussion in der WR, Köln 1968/ND Baden-Baden 1983, 52–89. Vgl. auch G. Radbruchs (Rechtsphilosophie, Hg. E. Wolf, Stuttgart 1966[6], 165, 267) pointierte Kritik am Integrationsbegriff; A. Kaufmann, G. Radbruch, München 1987. – C. Schmitt, Der Begriff des Politischen, München 1927/ND Berlin 1963[4], 11, 13 f. Vgl. aus der anschwellenden Schmitt-Literatur hier v. a. M. Stolleis, Geschichte des Öffentl. Rechts in Deutschland III:

1914–15, München 1999; ders., Staatsrechtslehre zwischen Monarchie u. Führerstaat, in: S. Harbodt Hg., Wissenschaft u. NS, Berlin 1983, 12–34; B. Rüthers, Entartetes Recht, München 1989²; ders., C. Schmitt im Dritten Reich, ebd. 1989; R. Mehring, C. Schmitt zur Einführung, Hamburg 1992; ders., Rekonstruktion u. Historisierung. Zur neueren C. Schmitt.-Forschung, in: ZfG 49.2001, 1000–11; ders., Vom Umgang mit C. Schmitt, in: GG 19.1993, 388–407; ders., Pathet. Denken: C. Schmitt, Berlin 1989; R. Gross, C. Schmitt u. die Juden, Frankfurt 2000; O. Lepsius, Die gegensatzaufhebende Begrifflichkeit. Methodenentwicklungen in der WR u. ihr Verhältnis zur Ideologisierung der Rechtswissenschaft im NS, München 1999; C. Mouffe Hg., The Challenge of C. Schmitt, London 1999; M. Dahlheimer, C. Schmitt u. der deutsche Katholizismus 1888–1936, Paderborn 1998; P. C. Caldwell, Popular Sovereignty and the Crisis of German Constitutional Law, Durham/N. C. 1997; K.-H. Ladeur, C. Schmitt u. die Nichthintergehbarkeit der Polit. Theologie, in: PVS 37.1996, 665–86; F. Balke, Der Staat nach seinem Ende. Die Versuchung C. Schmitts, München 1996; ders., Die Signatur des Feindes; C. Schmitt u. die Moderne, in: C. Geulen u. a. Hg., Vom Sinn der Feindschaft, Berlin 2002, 133–52; A. Koenen, Der Fall C. Schmitt, Darmstadt 1995; G. Meuter, Der Katechon. C. Schmitts fundamentalist. Kritik der Zeit, Berlin 1995; H. Meier, Die Lehre C. Schmitts, Stuttgart 1994; P. Noack, C. Schmitt, Berlin 1993; A. Adam, Rekonstruktion des Politischen. C. Schmitt u. die Krise der Staatlichkeit 1912–33, Weinheim 1992; ders., Die Zeit der Entscheidung. C. Schmitt u. die polit. Apokalyptik, in: G. C. Tholen u. M. O. Scholl Hg., Zeit-Zeichen, ebd. 1990, 97–107; D. Grimm, Verfassungserfüllung, Verfassungsabwägung, Verfassungsauflösung. Positionen der Staatsrechtslehre in der Staatskrise der WR, in: Winkler Hg., Staatskrise, 183–99; C. Ulmen, Polit. Mehrwert: M. Weber u. C. Schmitt, Weinheim 1991; H.-G. Flickinger Hg., Die Autonomie des Politischen. C. Schmitts Kampf um einen beschädigten Begriff, ebd. 1990; V. Holzhauser, Konsens u. Konflikt. Der Begriff des Politischen bei C. Schmitt, Berlin 1990; M. Kaufmann, Recht ohne Regel? Die philosoph. Prinzipien in C. Schmitts Staats- u. Rechtslehre, Freiburg 1988; D. Diner, Constitutional Theory and the State of Emergency in the WR. The Case of C. Schmitt, in: TAJbDG 17.1988, 303–21; E. R. Huber, C. Schmitt in der Reichskrise der Weimarer Endzeit, in: H. Quaritsch Hg., Complexio Oppositorum. Über C. Schmitt, Berlin 1988, 33–55; J. Habermas, Die Schrecken der Autonomie: C. Schmitt, in: ders., Eine Art Schadensabwicklung, Frankfurt 1987, 103–24; C. Müller u. I. Staff Hg., Staatslehre in der WR, ebd. 1985; J. W. Bendersky, C. Schmitt: Theorist for the Reich, Princeton 1982; G. Götz v. Olenhusen, Zur Entwicklung völk. Rechtsdenkens, in: Fs. M. Hirsch, Baden-Baden 1981, 77–108; V. Neumann, Der Staat im Bürgerkrieg. Kontinuität u. Wandlung des Staatsbegriffs in der polit. Theorie C. Schmitts, Frankfurt 1980; J. Meinck, Weimarer Staatslehre u. NS, ebd. 1978; I. Maus, Bürgerl. Rechtstheorie u. Faschismus. Zur sozialen Funktion u. aktuellen Wirkung der Theorie C. Schmitts, München 1976; L. Strauss, Comments on C. Schmitt's «Begriff des Politischen», in: C. Schmitt, The Concept of the Political, New Brunswick 1976, 81–105; G. Schwab, The Challenge of the Exception. The Political Ideas of C. Schmitt 1921–36, Berlin 1970; Kodalle, Schmitts «Polit. Theologie»; M. Schmitz, Die Freund-Feind-Theorie C. Schmitts, Köln 1965; H. Hofmann, Legitimität gegen Legalität. Der Weg des polit. Philosophen C. Schmitt, Neuwied 1964; v. Krockow, Entscheidung; Lukács, 216–24; J. Fijalkowski, Die Wendung zum Führerstaat. Ideolog. Komponenten der polit. Philosophie C. Schmitts, Köln 1958; vgl. H. Marcuse, Der Kampf gegen den Liberalismus in der totalitären Staatsauffassung, in: W. Abendroth Hg., Faschismus u. Kapitalismus, Frankfurt 1972, 39–72.- An dieser Stelle zum Totalitarismus: H. Maier, Deutungen totalitärer Herrschaft 1919–89, in: VfZ 50.2002, 349–66; H. Mommsen, Leistungen u. Grenzen des Totalitarismus-Theorems, in: Maier Hg., Totalitarismus, 291–300 (s. u.); v. a. aber I. Kershaw, Totalitarianism Revisited: Nazism and Stalinism in Comparative Perspective, in: TAJbDG 23.1994, 23–40; ders., NS u. stalinist. Herrschaft, in: Bulletin des Hamburger Instituts für Sozialforschung

16.1994/5, 55–64; E. Jesse Hg., Totalitarismus im 20. Jh., Bonn 1999²; A. Söllner u. a., Totalitarismus, Berlin 1997; K. Hornung, Das totalitäre Zeitalter, Berlin 1993 (ziemlich borniert); E. F. Paul Hg., Totalitarianism at the Crossroad, New Brunswick 1990; A. Lindt, Das Zeitalter des Totalitarismus, Stuttgart 1981; M. Funke Hg., Totalitarismus, Düsseldorf 1968; M. Greiffenhagen u. a., dass., München 1972; G. Seidel u. S. Jenkner Hg., Wege der Totalitarismusforschung, Darmstadt 1968; H. Spiro, Totalitarianism, in: IESS 16.1968, 106–13; L. Shapiro, dass., London 1972; W. Schlangen, Theorie u. Ideologie des Totalitarismus, Bonn 1972; M. Jänicke, Totalitäre Herrschaft, Berlin 1971; G. Schulz, Der Begriff des Totalitarismus u. der NS, in: ders., Zeitalter, 354–71; G. Hermet u. a. Hg., Totalitarianismes, Paris 1984; J. P. Fay, Totalitäre Sprachen, 2 Bde, Frankfurt 1977; K. D. Bracher, Der umstrittene Totalitarismusbegriff, in: ders., Zeitgeschichtl. Kontroversen, München 1971, 33–61; ders., Totalitarianismus, in: Dictionary of the History of Ideas IV, N. Y. 1973, 406–11; C. Friedrich u. a., Totalitarianism in Perspective, London 1969. Vgl. A. Siegel Hg., Totalitarismustheorien nach dem Ende des Kommunismus, Weimar 1998; H. Maier u. R. Schäfer, Totalitarismus u. Polit. Religionen, Paderborn 1997; ders. u. M. Schäfer Hg., dass. II., ebd. 1997; H. Maier, dass., in: VfZ 45.1995, 387–405; M. Hüttner, Totalitarismus u. säkulare Religionen, Bonn 1999. Klassiker: H. Arendt, Elemente u. Ursprünge totalitärer Herrschaft, Frankfurt 1958; C. J. Friedrich u. Z. K. Brzeszinski, Totalitarian Dictatorship and Autocracy, N. Y. 1958/1962². Verfehlter Abriß: W. Wippermann, Totalitarismustheorien, Darmstadt 1997.

²¹ Huber Hg., Dokumente III, 152 f. (WRV, Art. 157). Vgl. allg. Tennstedt, Krankenversicherung, 2–164; ders., Sozialversicherung, 385–491; M. Stolleis, Histor. Grundlagen. Sozialpolitik in Deutschland bis 1945, in: Geschichte der Sozialpolitik in Deutschland bis 1945, I, Baden-Baden 2001, 203–332; G. Eghigian, Making Security Social. Disability, Insurance, and the Birth of the Social Entitlement State in Germany, Ann Arbor 2000; Frerich u. Frey I; Preller; Hentschel; Gladen; Abelshauser, Wohlfahrtsstaat; Huber VII, 1082–1146; ders., Rechtsstaat u. Sozialstaat in der modernen Industriegesellschaft, in: ders., Nationalstaat u. Verfassungsstaat, Stuttgart 1965, 249–72. – K. Hausen, Die Sorge der Nation für ihre «Kriegsopfer» während der WR, in: Fs. G. A. Ritter, München 1994, 719–39; s. auch dies., Mütter zwischen Geschäftsinteressen u. kult. Verehrung. Der «Deutsche Muttertag» in der WR, in: G. Huck Hg., Sozialgeschichte der Freizeit, Wuppertal 1980, 249–81; R. Hudemann, Kriegsopferpolitik nach den beiden Weltkriegen, in: H. Pohl Hg., Staatl.,städt., betriebl. u. kirchl. Sozialpolitik, Stuttgart 1991, 269–91; M. H. Geyer, Ein Vorbote des Wohlfahrtsstaates. Die Kriegsopferversorgung in Frankreich, Deutschland u. Großbritannien nach 1918, in: GG 9.1983, 230–77. – K. C. Führer, Mieter, Hausbesitzer, Staat u. Wohnungsmarkt in Deutschland 1914–60, Stuttgart 1995; G. Kähler Hg., Geschichte des Wohnens IV: 1918–45, ebd. 1995; A. Schildt u. A. Sywottek Hg., Massenwohnung u. Eigenheim in der Großstadt seit 1918, Frankfurt 1988; W. Rudloff, Die Wohlfahrtsstadt. Ernährungs-, Fürsorge- u. Wohnungspolitik in München 1910–33, Göttingen 1999; v. Saldern, Häuserleben; D. Lehnert, Kommunale Institutionen zwischen Honoratiorenverwaltung u. Massendemokratie in Berlin, London, Paris u. Wien 1888–1914, Baden-Baden 1993; P.-C. Witt, Inflation, Wohnungszwangswirtschaft u. Hauszinssteuer in der WR, in: Niethammer Hg., Wohnen, 385–407; D. P. Silverman, A Pledge Unredeemed: The Housing Crisis in the WR, in: CEH 3.1970, 112–39. – Vorzüglich ist M. G. Schmidt, Sozialpolitik in Deutschland, Opladen 1998, 47–60; vgl. W. Bogs, Die Sozialversicherung in der WR, München 1981; D. F. Crew, Germans on Welfare, N. Y. 1998; ders., The Ambiguities of Modernity: Welfare and the German State from Wilhelm to Hitler, in: Eley Hg., Society, 319–44; ders., «Wohlfahrtsbrot ist bitteres Brot». The Elderly, the Disabled, and the Local Welfare Authorities in the WR 1924–33, in: AfS 30.1990, 217–45; Y.-S. Hong, Welfare, Modernity, and the WR 1919–33, Princeton 1998; G. D. Feldman, The Fate of the Social Insurance System in the German Inflation, in: ders., u. a. Hg., Anpassung, 433–47; I. Maurer, Reichsfinanzen u. Große Koalition

1928–30, Frankfurt 1973; B. Weisbrod, The Crisis of German Unemployment Insurance in 1928/29, in: W. J. Mommsen Hg., The Emergence of the Welfare State in Britain and Germany 1850–1950, London 1981, 188–204; dt. Stuttgart 1982, 196–212; ders., Das Neue u. das Alte, in: Niethammer Hg., Bürgerl. Gesellschaft, 323–31; G. Schulz, Bürgerl. Sozialreform in der WR, in: vom Bruch Hg., Kommunismus, 181–217; H. Timm, Die deutsche Sozialpolitik u. der Bruch der Großen Koalition 1930, Düsseldorf 1952/1982²; R. A. Gates, Von der Sozialpolitik zur Wirtschaftspolitik. Das Dilemma der deutschen Sozialdemokratie 1928/29, in: H. Mommsen u. a. Hg., 206–25.

V. Strukturbedingungen und Entwicklungsprozesse der Kultur

[1] E. R. u. W. Huber Hg., Staat u. Kirche IV: WR, Berlin 1988. Vgl. Bd. III, 1171–81; Tilgner; Greschat; Brakelmann. Hier v. a. Scholder, Kirchen u. das Dritte Reich I, 1986², 5–12, 20–23, 31, 33, 38, 40, 125, 133, 135, 137, 140, 142, 144–48, 150, 191 f., 215, 217- 21, 228, 243–72; Kupisch, Landeskirchen, 100–03, 110 f., 113 f., 126–30, 132 f., vgl. 98–133; R. v. Thadden, Die Geschichte der Kirchen u. Konfessionen, in: Hdb. der preuß. Geschichte III, Berlin 2001, 542–711; G. Besier, Kirche, Politik u. Gesellschaft im 20. Jh., München 2000, 1–7, 14–22; vgl. ders., Die Evangel. Kirche in den Umbrüchen des 20. Jh., 2 Bde, Neukirchen 1994; Wright, 3, 11–14, 20–23, 66–68, 84, 121, 128, 137, 140, 142 f., 147, 150, 155, 161, 165, 168, 173, 177. Noch immer grundlegend: Scholder I, 3–274; ders., Die Kirchen zwischen Republik u. Gewaltherrschaft, Hg. K. O. v. Aretin u. G. Besier, Berlin 1988; vgl. M. Greschat, Christentumsgeschichte II: Reformation bis Gegenwart, Stuttgart 1997, 214–32; K. Meier Bearb., Die Geschichte des Christentums, Hg. J.-M. Mayer u. N. Brox, XII: 1945–58, Freiburg 1992; blaß: E. Rémond, Religion u. Gesellschaft in Europa seit 1789, München 2000. Speziell zur WR: Huber VII, 864–936; Mehnert; Jacke; Thalmann; D. R. Borg, The Old Prussian Church in the WR 1917–27, Hanover 1984; ders., Volkskirche, Christian State, and the WR, in: Church History 35.1966, 186–206; C. Motschmann, Evangel. Kirche u. preuß. Staat in den Anfängen der WR, Lübeck 1969; W. Dahm, German Protestantism and Politics 1918–39, in: JCH 3.1968, 29–50; ders., Pfarrer u. Politik 1918–33, Köln 1965; K. Nowak, Evangel. Kirche u. WR 1918–32, Göttingen 1981/1988², 297 f.; ders. Polit. Pastoren. Der evangel. Geistliche 1862–1932, in: L. Schorn-Schütte u. W. Sparn Hg., Evangel. Pfarrer, Stuttgart 1997, 148–68; H. Christ, Der polit. Protestantismus in der WR, Diss. Bonn 1967; die hier zugrundeliegende Interpretation verschärfend: W. Trauthig, Im Kampf um Glauben u. Kirche. Württemberg. Protestanten 1918–33, Leinfelden-Echterdingen 1999; K. Tanner, Die fromme Verstaatlichung des Gewissens. Die Legitimität der WRV in Staatsrechtswissenschaft u. Theologie der 20er Jahre, Göttingen 1989; vgl. D. Diephouse, Pastors and Pluralism in Württemberg 1918–33, Princeton 1987; R. Gaede, Kirche – Christen – Krieg u. Frieden. Die Diskussion im deutschen Protestantismus während der Weimarer Zeit, Hamburg 1975; C. Weiling, Die «Christl.-deutsche Bewegung». Konservativer Protestantismus in der WR, Göttingen 1998; ein trübes Kapitel: K. Nowak u. G. Rainelt Hg., Protestantismus u. Antisemitismus in der WR, Frankfurt 1994; U. Peter, Der «Bund der religiösen Sozialisten» 1919–33, ebd. 1995; H. Fritz, O. Dibelius, Göttingen 1998; apologetisch: R. Stupperich, dass., ebd. 1989; H. Ruddies, Soziale Demokratie u. freier Protestantismus. E. Troeltsch in den Anfängen der WR, in: H. Renz u. F. W. Graf Hg., Protestantismus u. Neuzeit, Gütersloh 1984, 145–74; E. Röhm u. J. Meierfelder, Die evangel. Kirche u. die Machtergreifung, in: W. Michalka, Die NS Machtergreifung, Paderborn 1984, 108–81. Die letzte Darstellung von Besier (Schlußpolemik: gegen ebd., VII) ist ein Rückschritt im Vergleich mit Scholder, Mehnert, Wright, Thalmann, Dahm, Greschat, Brakelmann, Borg, Huber u. a. Was B. betulich Protest aus «national-patriotischen Quellen» nennt, ist de facto unverhüllter Radikalnationalismus.

[2] Vgl. Bd. III, 1181–91; Scholder I, 13, 24, 65 f., 84–88, 92, 166, 171, 184 f., 190, 193, 196–99, 202, 209; Besier, Kirche 20 Jh., 8–14, 62; Schatz, Säkularisation u. 2., Vaticanum;

Jedin Hg. VI/2.1972; Lönne, Katholizismus; Lutz, Demokratie. Dirks' Kritik: W. Dirks, Katholizismus u. NS, in: Die Arbeit 8.1931, 201–9. Vgl. H. Hürten, Deutsche Katholiken 1918–45, Paderborn 1992 (beschönigend); A. Liedhegner, Christentum u. Urbanisierung. Katholiken u. Protestanten in Münster u. Baden 1830–1933, Paderborn 1997; Rauh-Kühne, Esslingen; K. H. Müller, Arbeiter, Katholizismus, Staat. Der «Volksverein für das kathol. Deutschland» in der WR, Berlin 1996; R. van Dülmen, Kathol. Konservatismus oder «soziolog. Neuorientierung? Das «Hochland» in der WR, in: Zeitschrift für Bayer. Landesgeschichte 36.1973, 254–301; H. Müller, Kathol. Kirche u. NS 1930–35, München 1963; H. Smolinsky, Das kathol. Rußlandbild in Deutschland 1918–45, in: H. E. Volkmann Hg., Das Rußlandbild im Dritten Reich, Köln 1994, 323–55; H. Heitzer, Deutscher Katholizismus u. «Bolschewismusgefahr» bis 1933, in: HJb 113.1993, 355–87; J. Maier, Die kathol. Kirche u. die Machtergreifung, in: Michalka Hg., Machtergreifung, 152–67; A. Stehlin, Weimar and the Vatican 1919–33, Princeton 1983; A. Rhodes, Der Papst u. die Diktatoren, Köln 1980; J. Cornwell, Pius XII. Der Papst u. der Holocaust, München 1999. Vgl. auch die Literatur zum Zentrum: IV.2, Anm. 7, insbes. Cary; Ruppert; v. Hehl; Junker; Heilbronner; Breuning; Baumgarten, zu Kaas ausführlich May; Patch; Junker.

3 Vgl. Bd. III, 1192–1209; Huber Hg., Dokumente III, 149 f.; ders., VII, 937–61 u. a. 949; Lundgreen II, 15–19, 32, 41–45; D. Müller u. a., Datenhdb. zur deutschen Bildungsgeschichte, II/1: Sozialgeschichte u. Statistik des Schulsystems 1800–1945, Göttingen 1987; ders. u. U. Herrmann, Regionale Differenzierung u. gesamtstaatl. Systembildung 1800–1945 (Datenhdb. II: Höhere u. mittlere Schulen, 1.T.), ebd. 2001; B. Zymek, Schulen, in: HB V. 1989, 155–208; ders., Expansion u. Differenzierung des höheren Schulsystems in Preußen 1900–50, in: Düwell u. Köllmann Hg., Rheinland IV, 149–80; R. Bölling, Volksschullehrer u. Politik 1918–33, Göttingen 1978, 26–31, 42–229; ders., Sozialgeschichte, 103–55; ders., Lehrerarbeitslosigkeit in histor. Perspektive, in: Recht der Jugend in der Bildung 34.1980, 198–211; ders., dass., in: AfS 27; S. Müller-Rolli, Lehrer, in: HB V, 240–58; W. Breyvogel, Die soziale Lage u. das polit. Bewußtsein der Volksschullehrer 1927–33, Königstein 1979; R. Weber, Die Neuordnung der preuß. Volksschullehrerbildung in der WR, Köln 1984; D. Frohn u. a., Lehrerversorgung im modernen Schulwesen Preußens 1800–1926, in: Zeitschrift für Pädagogik Beih. 19.1985, 86–93; M. Heinemann, Sozialisation u. Bildungswesen 1908–33, Stuttgart 1970; C. Führ, Zur Schulpolitik der WR, Weinheim 1970; W. Wittwer, Die sozialdemokrat. Schulpolitik in der WR, Berlin 1980; H. Giesecke, Zur Schulpolitik der Sozialdemokraten 1918/19, in: VfZ 13.1965, 162–77; Grünthal; J. Erger, Lehrer u. Schulpolitik 1929–33, in: Fs. Conze, 233–59; H. Kittel, Die Entwicklung der PH 1926–32, Berlin 1957; Gahlings; Brehmer u. Jacobi-Dittrich Hg.; A. Hülden, Entwicklung der Beamtenbesoldung 1918–68, in: Deutscher Beamtenbund, Hg. Bundesleitung, III, Bad Godesberg 1968, 59–98

4 Vgl. die einschlägige Literatur in Anm. 3; Lundgreen II, 83–107; Übersicht 134 nach: ebd., 101, 104; Huber VII, 961–73; S. Müller-Rolli, Die höheren Schulen Preußens in der WR, Weinheim 1977; ders., Lehrer, 244–46; Bölling, Sozialgeschichte, 114–24; E. Peters, Nationalist.-völk. Bildungspolitik in der WR: Höhere Schulen in Preußen, ebd. 1972; Hülden, 59–98. – Lundgreen II, 67–82; E. Kleinau, Bildung u. Geschlecht. Sozialgeschichte des Höheren Mädchenschulwesens 1840–1933, Weinheim 1997; dies. u. C. Opitz Hg., Geschichte der Mädchen- u. Frauenbildung II: Vormärz bis zur Gegenwart, Frankfurt 1996; B. Zymek, Sozialgeschichte u. Statistik des Mädchenschulwesens in den deutschen Staaten 1800–1945 (= Datenhdb. II/3.T.), Göttingen 2001.

5 Vgl. Bd. III, 1209–32; die hier wieder herangezogene Lit. über die einzelnen Univ. und TH: ebd., 1488–91, Anm. 5–8. Meinecke, Polit. Schriften, 380; vgl. H. Klueting, «Vernunftrepublikanismus» u. «Vertrauensdiktatur». F. Meinecke in der WR, in: HZ 242.1986, 69–98. Allg. wichtig: Jarausch, Studenten, 106–15, 117–63; H. Titze, Hochschulen, in: HB V.1989, 209–24; ders. u. a., Datenhdb. zur deutschen Bildungsgeschichte, I/1: Das Hochschulstudium 1820–1944, Göttingen 1987, I/2: Die deutschen Einzeluniv., ebd. 1994, da-

nach und Lundgreen II, 137-54, die Zahlenangaben; Ringer, Sociography, 268-78; Müller-Benedikt, Dynamik 1820-1986, 4-32; Quetsch, Hochschulbesuch, 1910-60; vgl. Huber VI, 973-1022 (extrem beschönigend über die Rechtslastigkeit); Ruëgg Hg., Univ. III: 1800-1945, München demn. Allg. U. Linse, Hochschulrevolution 1918/19, in: AfS 14.1974, 1-114; T. Nipperdey, Die deutsche Studentenschaft in den ersten Jahren der WR, in: W. Zilius u. A. Grimme Hg., Kulturverwaltung der 20er Jahre, Stuttgart 1971, 19-48; K. Düwell, Staat u. Wissenschaft in der Weimarer Epoche, in: HZ Beih. 1971, 31-74; W. Zorn, Die polit. Entwicklung des deutschen Studentums 1918-33, in: K. Stephenson u. a. Hg., Darstellungen u. Quellen zur Geschichte der deutschen Einheitsbewegung im 19. u. 20. Jh., Heidelberg 1965, 223-307; H. Kuhn, Die deutsche Univ. am Vorabend der Machtergreifung, in: Univ. im Dritten Reich, München 1966, 13-43; Herbert, Generation der Sachlichkeit; Hammerstein, Antisemitismus; Fliess u. John, Hochschulring. – Zum Generationenkonflikt: J. Reulecke, Jugend u. «junge Generation» in der Gesellschaft der Zwischenkriegszeit, in: HB V.1989, 86-110; D. Kerbs u. ders. Hg., Hdb. der deutschen Reformbewegung 1880-1933, Wuppertal 1998; L. E. Jones, Generational Conflict and the Problem of Political Mobilization in the WR, in. ders. u. Retallack Hg., 347-69; B. Zymek, Perspektive u. Enttäuschung deutscher Gymnasiaten 1933-83, in: Bildung u. Erziehung 36.1983, 335-49; W. Kindt Hg., Die deutsche Jugendbewegung 1920-33, Düsseldorf 1974. – Frauenstudium: Huerkamp; J. McIntyre, Women and the Professions in Germany 1930-41, in: A. Nicholls u. a. Hg., German Democracy and the Triumph of Hitler, London 1971, 175-213; M. Kater, Krisis des Frauenstudiums in der WR, in: VSWG 59.1972, 1207-55; allg. ders., Rechtsradikalismus; ders., Die NS Machtergreifung an den deutschen Hochschulen, in: Fs. M. Hirsch, Baden-Baden 1981, 49-75. – Lokalstudien: Kreutzberger, Freiburg; Franze, Erlangen; Poeppinghegge, Münster; H. Seier, Marburg in der WR, in: E. Dettmering u. R. Grenz Hg., Marburger Geschichte, Marburg 1980, 559-92; R. Fieberg, Die Durchsetzung des NS in der Gießener Studentenschaft vor 1933, in: Frontabschnitt Hochschule, Gießen 1982, 38-67; P. Spitznagel, Studentenschaft u. NS in Würzburg 1927-33, Diss. Würzburg 1974. – NS an den Univ.: Faust, NSStB; Kater, dass., Giles; ders., Die Verbändepolitik des NSStB, in: Darstellungen u. Quellen 1981, 97-157; M. S. Steinberg, Sabers and Brownshirts. The German Students' Path to NS 1918-45, Chicago 1977. – Professoren: Ringer, Sociographys, auch am besten zu den jüdischen Wissenschaftlern (277 f.); Titze, Hochschulen; Jansen, Professoren; Willett; Sontheimer, Hochschullehrer, Döring, Weimarer Kreis; zum verbohrten Insistieren auf dem positiven deutschen Sonderweg: Faulenbach. Zur Geschichte der Großforschung in der WR: B. vom Brocke, in: ders. u. R. Vierhaus Hg., Forschung im Spannungsfeld, 197-348.

[6] Vgl. Bd. III, 1252-49. A Schildt, Das Jh. der Massenmedien, in: GG 27.2001, 177-206; A. Schulz, Der Aufstieg der «Vierten Gewalt». Medien, Politik u. Öffentlichkeit im Zeitalter der Massenkommunikation, in: HZ 270.2000, 65-97; E. Schütz u. T. Wegmann, Medien, in: HB V.1989, 371-406; J. Paech, Massenmedien, in: Glaser Hg., IX: 1918-45, 1983, 225-34; K. Masse, Grenzenloses Vergnügen. Der Aufstieg der Massenkultur 1850-1970, Frankfurt 1997; L. E. Jones, Culture and Politics in the WR, in: Martel Hg., 74-95; A. E. Steinweis, Weimar Culture and the Rise of NS. The «Kampfbund für deutsche Kultur», in: CEH 24.1991, 402-23; vorzüglich dazu Bollenbeck, Tradition, 207-89; N. Hamilton, The Brothers Mann, New Haven/Conn. 1979; H. Kurzke, T. Mann, München 1999.

Berman, Literar. Öffentlichkeit, 51-60; Wittmann, Buchhandel, 301-28; W. Nutz, Massenliteratur, in: Glaser Hg., IX, 200-04; H. Bornebusch, Kriegsroman, in: ebd., 138-43; Denham; H. H. Müller; Gollbach; Prümm; E. Keller. – Lokatis, Hanseat. Verlagsanstalt; Stark, Entrepreneurs; A. Meyer, Die Verlagsfusion Langen-Müller, in: AGB 32.1989, 1-271; H. Ulbricht, Zur Literaturpolitik völk. Verlage in der WR, in: Fs. H. Sarkowski, Wiesbaden 1990, 177-97; H. Vallery, Völk.-nationalsozialist. Erzählliteratur, in: Glaser Hg., IX, 144-54; Ketelsen. – D. R. Richards, The German Bestseller in the 20th

V. Strukturbedingungen und Entwicklungsprozesse der Kultur

Century 1925-40, Bern 1968; Breuer, Zensur; Krieg, Bücherpreise u. Honorare; K. Corino Hg., Genie u. Geld. Vom Auskommen deutscher Schriftsteller, Nördlingen 1987. Vgl. noch allg.J. Berg, Sozialgeschichte der deutschen Literatur 1918 – Gegenwart, Frankfurt 1981; D. Mayer, Die Epoche der WR, in: V. Zmegac Hg., Geschichte der deutchen Literatur III/I: 1918-45, Königstein 1984, 1-185; K. Bullivant Hg., Das literar. Leben in der WR, ebd. 1978; W. H. Rothe, Die deutsche Literatur in der WR, Stuttgart 1974; E. Schütz u. J. Vogt, Einführung in die deutsche Literatur des 20.Jh. II, Opladen 1977; E. Schütz, Romane der WR, München 1986. –
  Zur Presse: Fischer Hg., Hdb. der deutschen Presse; ders. Hg., Deutsche Zeitungen; ders. Hg., Publizisten; ders. Hg., Verleger; K. Koszyk, Deutsche Presse 1914-45, III, Berlin 1972; ders., Zum Verhältnis von Industrie u. Presse, in: H. Mommsen u.a. Hg., 704-15; ders., P. Reusch u. die «Münchener Neuesten Nachrichten». Industrie u. Presse in der Endphase der WR, in: VfZ 20.1972, 75-103; ders., Zwischen Kaiserreich u. Diktatur. Die sozialdemokrat. Presse 1914-33, Heidelberg 1958. – E. Kraus, Die Familie Mosse. Deutsch-jüd. Bürgertum im 19. u. 20.Jh., München 1999, 492-527; vgl. A. Ritchie, Faust's Metropolis. A History of Berlin, London 1998; T. Schwartz, T. Wolff u. das «Berliner Tageblatt» 1906-33, Berlin 1968; M. Bosch, Liberale Presse in der Krise 1930-33, Frankfurt 1976; B. Sösemann, Das Ende der WR in der Kritik demokrat. Publizisten: T. Wolff, E. Feder, J. Elbau, L. Schwarzschild, Berlin 1976; s. auch Asmuss; W. Becker; zu Hugenberg: Holzbach; Guratzsch; Leopold; Wolter, Generalanzeiger; Fischer, Deutsche Allg. Zeitung, in: ders. Hg., 269-81; M. Plewnia, Völk. Beobachter 1887-1945, in: ebd., 381-90; K. Koszyk, Die Rote Fahne 1918-33, in: ebd., 391-403.
  Zeitschriften: Fischer Hg., Deutsche Zeitschriften; C. Paschek, Zeitschriften u. Verlage, in: Glaser Hg., IX, 61-79; F. Schlawe, Literar. Zeitschriften II: 1910-33, Stuttgart 1962; Pross, Zeitschriften; J. Fromme, Süddeutsche Monatshefte 1904-36, in: Fischer Hg., Zeitschriften, 305-21; G.Hense, Die Aktion 1911-32, in: ebd., 365-78; L. Peter, Literar. Intelligenz u. Klassenkampf. «Die Aktion» 1911-32, Köln 1972; J. Déak, Weimar Germany's Left Wing Intellectuals («Weltbühne»), Berkeley 1970; H.-D. Fischer, Die Weltbühne 1905-39, in: ders., Hg., Zeitschriften, 323-40; F. Raddatz, Das Tagebuch, Königstein 1981; H.-U. Wehler, L. Schwarzschild contra C. v. Ossietzky, in: ders., Preußen ist wieder chic, 77-83. Allg. hierzu C. Wickert, «Zu den Waffen des Geistes. Durchgreifen Republik». Die Linksintellektuellen, in: Lehnert u. Megerle Hg., Identität, 115-37; K. Megerle, Aus dem Gefühl der Defensive erwächst keine Führung – die Intellektuellen, in: ebd., 207-30; G. L. Mosse, Left-Wing Intellectuals and the WR, in: ders., Germans and Jews, N. Y. 1970, 171-225; G. A. Craig, Engagement and Neutrality in Weimar Germany, in: JCH 2.1967/2, 49-63; R. Surmann, Die Münzenberg-Legende 1921-33, Köln 1983; K. W. Schmidt, Die Tat 1909-39, in: Fischer Hg., Zeitschriften, 349-63; Sontheimer, Tat; Fritzsche, dass.; W. Scharf, NS Monatshefte 1930-44, in: Fischer Hg., Zeitschriften, 409-19; D. Minte-König, Die Literar. Welt 1925-34, in: ebd. 393-407.
  [7] Zum Film vgl. W. Jacobsen u. a. Hg., Geschichte des deutschen Films, Stuttgart 1993; K. Kreimeier, Die UFA-Story, München 1992; G. D. Feldman, Right-Wing Politics and the Film Industry: E. G. Stauss, A. Hugenberg, and the UFA 1917-33, in: Fs. H. Mommsen, 219-30; S. Kracauer, From Caligari to Hitler. A Psychological History of the German Film, Princeton 1947, dt. Von Caligari zu Hitler, Frankfurt 1979; vgl. H. Band, Mittelschichten u. Massenkultur. S. Kracauers Auseinandersetzung mit der populären Kultur in der WR, Berlin 1999; P. Monaco, Cinema and Society. France and Germany During the Twenties, N. Y. 1976; R. Manwell u. H. Fraenkel, The German Cinema, London 1971.
  Zum Rundfunk: I. Marßoleck, Radio in Deutschland 1923-60, in: GG 27.2001, 207-39; Führer, Rundfunk in der WR; W. B. Lerg, Rundfunkpolitik in der WR, München 1980. Vgl. zum gleichzeitigen Aufschwung des Sports als Massenbewegung: C. Eisenberg, «English Sports» u. deutsche Bürger. Eine Gesellschaftsgeschichte 1800-1939, Pader-

born 1999; E. Neuendorff, Geschichte der neueren deutschen Leibesübung IV: 1860–1932, Dresden 1936. – Allg. J. Hermand u. E. Trommler, Die Kultur der WR, München 1978; K. Bullivant Hg., Culture and Society in the WR, Manchester 1978; P. Gay, Weimar Culture, London 1969, dt. Die Republik der Außenseiter, Frankfurt 1987[2]; W. Sauer, Weimar Culture: Experiments in Modernism, in: SR 39.1972, 254–84; J. Willet Hg., Die Weimarer Jahre, Stuttgart 1986; ders., Explosion der Mitte. Kunst u. Politik 1917–32, München 1981; M. Patterson, The Revolution in German Theatre 1900–33, London 1981; P. Jelavich, Berlin Cabaret, Cambridge/Mass. 1993; R. E. Sackett, Popular Entertainment, Class, and Politics in Munich 1900–23, ebd. 1982; J. Campbell, Der Deutsche Werkbund 1907–34, Stuttgart 1981.

[8] Zum Kommunismus und Nationalsozialismus s. hinten VI.2 mit der Literatur. Zur Fragmentierung: D. Lehnert u. K. Megerle Hg., Polit. Teilkulturen zwischen Integration u. Polarisierung. Zur polit. Kultur in der WR, Opladen 1990; dies. Hg., Identitäts- u. Konsensprobleme in einer fragmentierten Gesellschaft. Zur polit. Kultur in der WR, in: D. Berg-Schlosser u. J. Schissler Hg., Polit. Kultur in Deutschland, ebd. 1987, 80–95; dies. Hg., Polit. Identität u. nationale Gedenktage. Zur polit. Kultur in der WR, ebd. 1989; D. Schirmer, Mythos – Heilshoffnung – Modernität. Polit.-kulturelle Deutungsmuster in der WR, ebd. 1992; ders., Polit. Kultur – ein Deutungsmuster, in: Lehnert u. Megerle Hg., Identität, 31–60; vgl. P. S. Fisher, Fantasy and Politics. Visions of the Future in the WR 1918–33, Cambridge/Mass. 1985. – Monarchismus: Kaufmann; Hiller v. Gaertringen; Jäckel, Deutsche Jh. – Konservativismus: vorn IV.2. – Protestantismus und Katholizismus: vorn V. 1 a u. b. – Kriegsverklärung: vorn IV. 5.b u. V. 4. – Völkische: vorn V. 5 u. hinten VI. 2. – Reichsmythos: Winkler, Lange Weg I; W. Conze u. a., Reich, in: GGr 5.1984, 423–508; D. Langewiesche, Reich, Nation u. Staat, in: HZ 254.1992, 341–81. – Schwarmgeister: U. Linse, Geisterseher u. Wunderwirker, Frankfurt 1996; ders., Barfüßige Propheten. Erlöser der 20er Jahre, Berlin 1983. – Hegel an Niethammer, 28. 10. 1808, in: Hoffmeister Hg., Briefe I, 1953, 253.

Zur «Konservativen Revolution»: Zum Erfinder und Kontext die subtile Analyse von H. Rudolph, Kulturkritik u. Konservative Revolution: H. v. Hoffmannsthal, Tübingen 1971; der entschiedenste Befürworter: A. Mohler (Die konservative Revolution in Deutschland 1918–32, Darmstadt 1972[2]) hat den Begriff popularisiert; vgl. S. Breuer, Anatomie der konservativen Revolution, ebd. 1993; ders., Grundpositionen, 148–66; ders., A. Moeller van den Bruck, in: G. Hübinger u. T. Hertfelder Hg., Kritik u. Mandat, Stuttgart 2000, 138–50; 327–31; R. Woods, The Conservative Revolution in the WR, N. Y. 1996; ders., Nationalismus ohne Selbstbewußtsein. Von der «Konservativen Revolution» zur «Neuen Rechten», Baden-Baden 2001; L. Dupeux Hg., La «Révolution conservatrice» dans l'Allemagne de Weimar, Paris 1993; A. Koenen, Visionen vom «Reich». Das polit.-theolog. Erbe der Konservativen Revolution, in: A. Goebel u. a. Hg., Metamorphosen des Politischen, Berlin 1995, 53–74; R.-P. Sieferle, Die Konservative Revolution, Frankfurt 1995; ders., dass., in: D. Harth u. J. Assmann Hg., Revolution u. Mythos, ebd. 1992, 178–205; F.-L. Kroll, Konservative Revolution u. NS, in: C. v. Schrenck-Notzing Hg., Stand u. Probleme der Erforschung des Konservatismus, Berlin 2000, 103–18; K. W. Weissmann, Die konservative Revolution, in: ebd., 119–38; M. Maciejewski, The Concept and Doctrine of Conservative Revolution in the WR, in: Polish Western Affairs 29.1988, 214–43; J. Herf, Reactionary Modernism. Technology, Culture, and Politics in Weimar and the Third Reich, Cambridge 1984/ND 1990; S. Clason, Schlagworte der Konservativen Revolution 1871–1933, Stockholm 1981; R. Faber, Roma Aeterna. Zur Kritik der «Konservativen Revolution», Würzburg 1981; A. Bahar, Sozialrevolutionärer Nationalismus zwischen Konservativer Revolution u. Sozialismus. H. Schulz-Boysen u. der Gegner-Kreis, Koblenz 1992; vgl. auch B. J. Wendt, Konservative Honoratioren – eine Alternative zu Hitler? in: 3. Fs. F. Fischer, 347–67. – Zu Jünger: vgl. vorn IV. 5 b u. Zit. in Anm. 18; zu Spengler: vgl. vorn IV, Anm. 16; zu Sombart: Lenger, 255–385; zu

Jung: B. Jenschke, Kritik der konservativ-revolutionären Ideologie in der WR. Weltanschauung u. Politik bei E.J. Jung, München 1971; L.E. Jones, E.J. Jung: The Conservative Revolution in Theory and Practice, in: CEH 21.1988, 142–74; zu Freyer: Muller 20, 25 f., 143, 186–205, sowie IV, Anm. 20; zu Schmitt: vgl. IV, Anm. 20; die erste Serie von Schmitts Erfolgsschriften: Polit. Romantik, 1919; Die Diktatur, München 1921; Polit. Theologie I, 1922; Die geistesgeschichtl. Lage des heutigen Parlamentarismus, München 1923/ND Berlin 1969; Röm. Katholizismus u. polit. Form, München 1923/ND Berlin 1984; Der Begriff des Politischen, München 1927/ND Berlin 1964; Verfassungslehre, 1928; Der Hüter der Verfassung, München 1929/ND Berlin 1969; Legalität u. Legitimität, München 1932/ND Berlin 1968; Staat – Bewegung – Volk, Hamburg 1933; Zusammenbruch des Zweiten Reiches, 1934; Aufsätze in: Positionen u. Begriffe im Kampf mit Weimar, Genf u. Versailles, Hamburg 1940/ND Berlin 1994. – Kritik: H. Barth, Die Krise des Wahrheitsbegriffs in den Staatswissenschaften, in: ders., Fluten, 266 f., 334; S. Breuer, Nationalstaat u. ‹pouvoir constituant› bei Sièyes u. C. Schmitt, in: ders., Aspekte totaler Vergesellschaftung, Freiburg 1985, 176–98; M. Lauermann, Die Nation – ein dilator. Kampfbegriff bei C. Schmitt, in: N. Grunenberg Hg., Welche Geschichte wählen wir? Hamburg 1992, 66–80; H. Muth, C. Schmitt in der deutschen Innenpolitik des Sommers 1932, in: HZ Beiheft 1.1971, 75–147. – E. Forsthoff, Staatsrechtswissenschaft u. Weltkrieg, in: Blätter für deutsche Philosophie, 5.1931, 292–303; ders. (= hier: F. Grüter) Die Gliederung des Reiches, in: A.E. Güntner Hg., Was wir vom NS erwarten, Heilbronn 1932, 81–89. Vgl. R. Walkenhaus, Konservative Staatsdenker: E.R. Huber, Berlin 1997; allg. noch B. Weisbrod, Das «Geheime Deutschland» u. das «Geistige Bad Harzburg». F. Glum u. das Dilemma des deutschen Konservativismus am Ende der WR, in: Fs. H. Mommsen, 285–308; N. Bolz, Auszug aus der entzauberten Welt. Philosoph. Extremismus 1918–39, München 1989; H. Berking, Rasse u. Geist, Studien zur Soziologie in der WR, Berlin 1984, sowie die Lit. in IV, Anm. 14. – Gegenpositionen: O. Kirchheimer, Von der WR zum Faschismus, Hg. W. Luthardt, Frankfurt 1981[2]; R. Blomert, Intellektuelle im Aufbruch: K. Mannheim, A. Weber, N. Elias u. die Heidelberger Sozialwissenschaften 1919–39, München 1999; E. Demm, Von der WR zur Bundesrepublik: Der polit. Weg A. Webers 1920–58, Düsseldorf 1999. – Zur Vorbildwirkung des italienischen Faschismus auf die deutsche Rechte sind vorzüglich: W. Schieder, Das italien. Experiment. Der Faschismus als Vorbild in der Krise der WR, in: HZ 262.1996, 73–125; J. Petersen, Der italien. Faschismus aus der Sicht der WR, in: Quellen u. Forschungen aus italien. Archiven 55./56.1976, 315–60; K.-P. Hoepke, Die deutsche Rechte u. der italien. Faschismus, Düsseldorf 1968.

[9] Vgl. J. Osterhammel, Die Wiederkehr des Raumes: Geohistorie u. histor. Geographie, in: NPL 43.1998, 374–97; Wehler, Renaissance der Geopolitik. Über McKinder: B. Semmel, Imperialismus and Social Reform 1895–1914, London 1960, 166–76; R. Kjellén, Der Staat als Lebensform, Berlin 1924[4]; W.D. Smith, F. Ratzel and the Origins of Lebensraum, in: GSR 3.1980, 51–68; ders., Sciences of Culture 1840–1920, 140–61, 219–33; NDB 8.1969, 121 f. – I. Diekmann u. a. Hg., Geopolitik, 2 Bde, Potsdam 2000; D.T. Murphy, The Heroic Faith. Geopolitical Thought in Weimar Germany 1918–33, London 1997; B. Hipler, Hitlers Lehrmeister. K. Haushofer als Vater der NS Ideologie, St. Ottilien 1996; R. Sprengel, Kritik der Geopolitik 1914–44, Berlin 1996; F. Ebeling, Geopolitik 1919–45: K. Haushofer, ebd. 1994; P. Korinman, Quand l'Allemagne pensait le monde: la géopolitique, Paris 1990; K. Kost, Die Einflüsse der Geopolitik bis 1945, Bonn 1988; H. Heske, K. Haushofer: His Role in German Geopolitics and in Nazi Politics, in: Political Geography Quarterly 6.1987/2, 135–44; D. Diner, «Grundbuch des Planeten». Zur Geopolitik K. Haushofers, in: VfZ 32.1984; M. Matern, K. Haushofer u. seine Geopolitik 1919–45, Diss. Karlsruhe 1978; M. Bassin, Race contra Space. The Conflict between German Geopolitik and NS, in: Political Geography Quarterly 6.1987, 115–35; Faber, Vorgeschichte der Geopolitik, 389–406; H.-D. Schultz, Deutschlands «natürliche

Grenzen»; ders., Die deutschsprachige Geographie 1800–1970, Diss. FU Berlin 1980; Jacobsen Hg., Haushofer; D. H. Norton, K. Haushofer and the German Academy 1925–45, in: CEH 3.1968, 80–97; Dorpalen, Haushofer; G. Bakker, Duitse Geopolitik 1919–45, Assen 1967; K. H. Harbeck, Die «Zeitschrift für Geopolitik» 1922–44, Diss. Kiel 1963; G. Heyden, Kritik der deutschen Geopolitik, Berlin 1958; R. Strausz-Hupé, The Struggle for Space and Power, N. Y. 1942; H. C. Meyer, Drang and Osten 1949–1990, N. Y. 1996. Vgl. auch G. Parker, Geopolitics, London 1998; ders., Geopolitical Thought; P. Lorot, Histoire de la géopolitique, Paris 1995; C. Raffestin u. a., Géopolitique et histoire, Lausanne 1995; P. M. Defarges, Introduction à la géopolitique, Paris 1994.

[10] Vgl. die allg. Darstellungen von V. Karády, Juden in der europ. Moderne, Frankfurt 1999; A. S. Lindemann, Esau's Tears. Modern Antisemitism and the Rise of the Jews, Cambridge 1997; L. Poliakov, Geschichte des Antisemitismus, 8 Bde, Worms (ab Bd. 7) Frankfurt 1979–88; speziell zu den jüdischen Deutschen: Volkov, Deutsche Juden 1780–1918, 2000², 67–69; M. Zimmermann, Die deutschen Juden 1914–45, München 1997, 2–46; vor allem jetzt: Meyer u. Brenner Hg., Deutsch-jüd. Geschichte der Neuzeit IV, 15–190 (105: Hermann); M. Brenner, Jüd. Kultur in der WR, München. 2000; Berding, Antisemitismus, 165–226 (170: Wassermann), dem ich öfters folge; vgl. ders., Antisemitismus in der modernen Gesellschaft: Kontinuität u. Diskontinuität, in: M. Hettling u. P. Nolte Hg., Nation u. Gesellschaft in Deutschland, München 1996, 192–207; S. Volkov, Nationalismus, Antisemitismus u. die deutsche Geschichtsschreibung, in: ebd., 208–19; Jochmann, Gesellschaftskrise u. Antisemitismus; G. Greive, Geschichte des Antisemitismus, Darmstadt 1983; Benz u. Bergmann Hg., Vorurteil; Katz, From Prejudice; Reichmann, Flucht; vorzüglich: O. Blaschke, Katholizismus u. Antisemitismus im Deutschen Kaiserreich, Göttingen 1998²; Lohalm, DSTB. Zur Judenzählung 1916: vorn 7. T. IV.2 mit der Lit., sowie P. Pulzer, Der Erste Weltkrieg, in: Meyer u. Brenner Hg., III: 1871–1918, 2000², 156–80. Zur WR: D. Walter, Antisemit. Kriminalität u. Gewalt. Judenfeindschaft in der WR, Berlin 1999; J. Wetzel, Alltagsantisemitismus 1919–33, in: W. Benz u. a. Hg., Jüd. Leben in der WR, Tübingen 1998, 173–96; J. Heil, Deutsch-jüd. Geschichte, in: HZ 269.1999, 653–80; R. Rürup, Jüd. Geschichte in Deutschland bis 1933, in: D. Blasius u. D. Diner Hg., Zerbrochene Geschichte, Frankfurt 1991, 79–101; H. A. Winkler, Die deutsche Gesellschaft der WR u. der Antisemitismus, in: B. Martin u. E. Schulin Hg., Deutsche Juden als Minderheit in der Geschichte, München 1981, 271–89; S. F. Weiss, Die rassenhygien. Bewegung in Deutschland 1904–33, in: G. Aly u. a. Hg., Der Wert des Menschen, Berlin 1989, 153–99; dies., The Race Hygiene Movement in Germany 1904–45, in. M. H. Adams Hg., The Wellborn Science. Eugenics in Germany, N. Y. 1990, 8–68; W. Bohleber, Die Konstruktion imaginärer Gemeinschaften – unbewußte Determinanten des Antisemitismus in Deutschland, in: Psyche 51.1997, 570–605; H. Ströle-Bühler, Student. Antisemitismus in der WR, Frankfurt 1991; G. Michalski, Der Antisemitismus im deutschen akadem. Leben nach 1918, ebd. 1980; Bering, Name als Stigma; Mosse u. Paucker Hg., Judentum 1914–23, darin W. Treue, Zur Frage der wirtschaftl. Motive im deutschen Antisemitismus, 386–408; W. Grab u. J. H. Schoeps Hg., Juden in der WR, Stuttgart 1986, darin v. a. A. Barkai, Die Juden als sozialökonom. Minderheitsgruppe in der WR, 330–46; P. Gay, In Deutschland zu Hause. Die Juden der Weimarer Zeit, in: A. Paucker Hg., Die Juden im NS Deutschland, Tübingen 1986, 31–43; ders., Juden u. andere Deutsche, Hamburg 1986; ders., Der jüd. Abwehrkampf gegen Antisemitismus u. NS in den letzten Jahren der WR, Hamburg 1968; D. L. Niewyk, The Jews in Weimar Germany, Baton Rouge 1980; W. E. Mosse u. A. Paucker Hg., Entscheidungsjahr 1932. Zur Judenfrage in der Endphase der WR, Tübingen 1966²; M. Richarz Hg., Jüd. Leben in Deutschland 1918–45, Stuttgart 1982. Vorzüglich ist T. van Rahden, Juden u. andere Breslauer. Juden, Protestanten u. Katholiken in einer deutschen Großstadt 1860–1925, Göttingen 2000; vgl. A. Kauders, German Politics and the Jews. Düsseldorf and Nürnberg 1910–33, N. Y. 1996; J. Lorenz, Die Juden in Hamburg 1918–33, 2 Bde,

V. Strukturbedingungen und Entwicklungsprozesse der Kultur

Hamburg 1987; R. Flade, Juden in Würzburg 1918–33, Würzburg 1985; K. Meiring, Zwischen zwei Welten. Christl.-jüd. Mischehen in Deutschland vom Ende des 19. Jh. bis 1933, Hamburg 2000; S. Volkov, Juden als wissenschaftl. «Mandarine» im Kaiserreich u. der WR, in: AfS 37.1997, 1–18; P. Schumann, Jüd. Deutsche im Kaiserreich u. in der WR, in: GWU 43.1992, 32–40; T. Nipperdey, Nationalismus im 20. Jh. Über einige Formen des Zionismus, in: 2. Fs. T. Schieder, 385–404; G. L. Mosse, Confronting the Nation. Jewish and Western Nationalism, Hanover/NH 1993; ders., Jüd. Intellektuelle in Deutschland zwischen Religion u. Nationalismus, Frankfurt 1992; N. Cohn, Die Protokolle der Weisen von Zion. Der Mythos von der jüd. Weltverschwörung, Köln 1969. – Ostjuden: Maurer, Ostjuden; Aschheim, Brothers; Adler, Ostjuden; J. Wertheimer, Unwelcome Strangers. East European Jews in Imperial Germany, N. Y. 1987; G. D. Feldman, Welcome to Germany? The Fremdenplage, in: Fs. O. Büsch, Berlin 1988, 629–49. Demographie: K. V. Schmelz, Die demograph. Entwicklung der Juden in Deutschland 1850–1913, in: Zeitschrift für Bevölkerungspolitik 8.1982, 31–72; E. Bennathan, Die demograph. u. wirtschaftl. Struktur der Juden, in: Mosse u. Paucker Hg., Entscheidungsjahr 1932, 87–131. – Zum DSTB: vorzüglich Lohalm; S. N. Fuller, The Nazis' Literary Grandfather: A. Bartels 1871–1945, Frankfurt 1996. – Parteien: zur DNVP vgl. IV 2, Anm. 8; G. L. Mosse, Die deutsche Rechte u. die Juden, in: Mosse u. Paucker Hg., Entscheidungsjahr 1932, 183–246; vgl. ders., Germans and Jews: The Right, the Left and the Search for a «Third Force» in Pre-Nazi Germany, N. Y. 1970. – DVP: vgl. IV.2, Anm. 6; P. B. Wiener, Die Parteien in der Mitte, in: Mosse u. Paucker Hg., Entscheidungsjahr 1932, 289–321. – DDP: vgl. IV.2, Anm. 5; W. Becker, Die Rolle der liberalen Presse, in: ebd., 67–135. – Zentrum/BVP: vgl. IV.2, Anm. 7; H. Greive, Theologie u. Ideologie. Katholizismus u. Judentum in Deutschland 1918–35, Heidelberg 1968; W. Hannot, Die Judenfrage in der kathol. Tagespresse Deutschlands u. Österreichs 1923–33, Mainz 1990 (schwach). – BVP 1918: H. Speckner, Die Ordnungszelle Bayern: Die Politik des bayer. Bürgertums in der BVP, Diss. Erlangen 1955, 20. – SPD: vgl. IV.2, Anm. 3; D. L. Niewyk, Socialist, Anti-Semite, and Jew. German Social Democracy Confronts the Problem of Anti-Semitism 1918–33, Baton Rouge 1971; H. H. Knütter, Die Juden u. die deutsche Linke in der WR, Düsseldorf 1971; ders., Die Linksparteien, in: Mosse u. Paucker Hg., Entscheidungsjahr 1932, 323–45. – Katholische Kirche: vgl. V.1 b, Anm. 2; K. Thieme, Deutsche Katholiken, in: Mosse u. Paucker Hg., Entscheidungsjahr 1932, 271–88. – Evangelische Kirche: vgl. V.1 a, Anm. 1; H.-J. Kraus, Die evangel. Kirche, in: Mosse u. Paucker Hg., Entscheidungsjahr 1932, 249–70. – Centralverein: A. Paucker, Jüd. Abwehrkampf; ders., Die Abwehr des Antisemitismus 1893–1933, in: H. A. Strauss u. N. Kampe Hg., Antisemitismus, Bonn 1984, 143–71; A. Barkai, Der Centralverein deutscher Staatsbürger jüd. Glaubens 1893–1938, München 2002; K. Pätzold, Centralverein deutscher Staatsbürger jüd. Glaubens, in: LP 1.1984², 418–26. – Reichsbund: U. Dunker, Der Reichsbund jüd. Frontsoldaten 1919–38, Düsseldorf 1977. – NSDAP: vgl. hinten VI.2. Zu den Völkischen die Lit. ebd., Anm. 18, v. a. Hermand, Alter Traum; Mosse, Revolution; I. Kershaw, Antisemitismus u. NS Bewegung vor 1933, in: H. Graml u. a. Hg., Vorurteil u. Rassenhaß, Berlin 2001, 28–47; R. Breitling, Die NS Rassenlehre, Meisenheim 1971; K. Saller, Die Rassenlehre des NS in Wissenschaft u. Propaganda, Darmstadt 1961; S. Esh, Designs for Anti-Jewish Policy in Germany up to 1933, in: Yad Vashem Studies (= YVS) 7.1967, 83–120; U. Adam, An Over-All Plan for Anti-Jewish Legislation in the Third Reich, in: YVS 11.1976, 33–56. – Schluß: Rürup, Emanzipation, 73. – Ich widerspreche mithin der Abwertung der Assimilation und des Symbiosefortschritts und bleibe auch bei dem Begriff der jüdischen Deutschen (anstelle der deutschen Juden), da die Staatsbürgernation die jüdischen – wie die evangelischen und katholischen – Staatsangehörigen als Deutsche, nicht als Mitglieder eines Religionsvereins umfaßt.

VI. Deutschland am Vorabend seines «Zivilisationsbruchs»

[1] Vgl. Kolb, WR, 19 (Cohn); Falter, Hitlers Wähler, 145; Brandt, Verfassungsgeschichte, 185; Winkler, WR, 278–84. – **Übersicht** 136 nach: Lepsius, Breakdorwn, 43. Allg.: I. Maurer u. U. Wengst Bearb., Politik u. Wirtschaft in der Krise 1930–32, 2 Bde, Düsseldorf 1980; dies. Bearb., Staat u. NSDAP 1930–32, ebd. 1977; H. Brüning, «Memoiren 1918–34, Stuttgart 1970; ders., Briefe u. Gespräche 1934–60, Hg. C. Nix, 2 Bde, ebd. 1974; ders., Reden u. Aufsätze eines deutschen Staatsmannes, Hg. R. Morsey u. W. Vernekohl, Münster 1968; F. Müller, Die «Brüning Papiere», Frankfurt 1993. Die Kritik: A. Rödder, Dichtung u. Wahrheit. Der Quellenwert von H. Brünings Memoiren u. seine Kanzlerschaft, in: HZ 265.1997, 77–116; W. L. Patch, H. Brüning's Recollections of Monarchism, in: JMH 70.1998, 340–70; H. Mommsen, Betrachtungen zu den Memoiren H. Brünings, in: JbGMO 22.1973, 270–80; G. Schulz, Erinnerungen an eine mißlungene Restauration: H. Brüning u. seine Memoiren, in: Staat 11.1972, 61–81; E. Hamburger, Betrachtungen über H. Brünings Memoiren, in: IWK 15.1972, 18–39; T. P. Koops, H. Brünings «Polit. Erfahrungen», in: GWU 24.1973, 197–221; R. Morsey, Zur Entstehung, Authentizität u. Kritik von Brünings «Memoiren 1918–34», Opladen 1975. Vgl. zur langjährigen Bracher – Conze – Kontroverse: K. D. Bracher, Auflösung, 1955, 287–526; ders., Parteienstaat, Präsidialsystem, Notstand, in: PVS 3.1962, 212–24, auch in: ders., Deutschland zwischen Demokratie u. Diktatur, München 1964, 33–49; ders., Brünings unpolit. Politik u. die Auflösung der WR, in: VfZ 1971, 113–23, u. in: ders., Das deutsche Dilemma, München 1971, 100–19. – W. Conze, Zum Sturz Brünings, in: VfZ 1.1953, 261–88; ders., Die Krise des Parteienstaates in Deutschland 1929/30, in: HZ 178.1954, 47–83; ders., Brünings Politik unter dem Druck der großen Krise, in: HZ 179.1954, 529–50; ders., Die polit. Entscheidungen in Deutschland 129–33, in: ders., u. Raupach Hg., 176–252; ders., Die Reichsverfassungsreform als Ziel der Politik Brünings, in: Staat 11.1972, 209–17; ders, Brüning als Reichskanzler, in: HZ 214.1972, 310–34; ders., Zum Scheitern der WR, in: VSWG 70.1983, 215–21. (Bracher hat die weit besseren Argumente für sich.) – Apologetik rundum: Patch, Brüning, und H. Hömig, Brüning, Paderborn 2000 (positivistisch, vor jeder kritischen Interpretation kneifend); gemäßigt: J. Becker, H. Brüning u. das Scheitern der Konservativen Alternative, in: APZ 22.1980, 3–17; ders., H. Brüning in den Krisenjahren der WR, in: GWU 17.1966, 201–19; ders., Brüning, Prälat Kaas u. das Problem einer Regierungsbeteiligung der NSDAP 1930–32, in: HZ 196.1963, 74–111; ders., Das Ende der Zentrumspartei u. die Problematik des polit. Katholizismus in Deutschland, in: WaG 23.1963, 149–72; F. A. Hermens, Das Kabinett Brüning u. die Depression, in: Fs. Brüning, 287–310; A. Mannes, H. Brüning, München 2000. – G. Schulz, Die Suche nach dem Schuldigen. H. Brüning u. seine Demission als Reichskanzler, in: Fs. R. Mosey, Berlin 1992, 669–88; T. Wisser, Die Dikataturmaßnahmen im Juli 1930, in: Fs. E.-W. Böckenförde, ebd. 1995, 415–34; U. Wengst, H. Brüning u. die «konservative Alternative», in: APZ 5.0/1980; 19–26; W. Jochmann, Brünings Deflationspolitik u. der Untergang der WR, in: 2. Fs. F. Fischer, 97–112; H. Mommsen, H. Brünings Politik als Reichskanzler: Das Scheitern eines polit. Alleingangs, in: K. Holl Hg., Wirtschaftskrise u. liberale Demokratie, Göttingen 1978, 16–45; B. Weisbrod, Die Befreiung von den «Tariffesseln». Deflationspolitik als Krisenstrategie der Unternehmer in der Ära Brüning, in: GG 11.1985, 295–325. K. v. Aretin, Die Verfassungsuntreue am Ende der WR, in: Frankfurter Hefte 22.1967, 161–68. Zum Tolerierungskurs der SPD am besten: Winkler, Arbeiter III, 11–14; ders., Von Weimar zu Hitler. Die gespaltene Arbeiterbewegung u. das Scheitern der ersten deutschen Demokratie, in: ders., Streitfragen, 71–92; ders., Die Vermeidung des Bürgerkriegs. Zur Kontinuität sozialdemokrat. Politik in der WR, in: Hettling u. Nolte Hg., Nation, 282–304. Vgl. noch G. Wollstein, Vom Weimarer Revisionismus zu Hitler, Bonn 1973; P. Blomeyer, Der Notstand in den letzten Jahren von Weimar, Berlin 1999. Kenntnisreich, doch ohne roten Faden: G. Schulz, Von Brüning zu

VI. Deutschland am Vorabend seines «Zivilisationsbruchs»

Hitler 1930–33, Berlin 1992; K. Revermann, Die stufenweise Durchbrechung des Verfassungssystems der WR 1930–33, Münster 1959; A. Hillgruber, Die polit. Kräfte der Mitte u. die Auflösung der WR, in: Fs. O. Hauser, Göttingen 1980, 155–75; M. Stürmer, Der unvollendete Parteienstaat. Zur Vorgeschichte des Präsidialsystems am Ende der WR, in: VfZ 21.1973, 119–26. – H. Pünder, Politik in der Reichskanzlei 1929–32, Stuttgart 1961; G. R. Treviranus, Das Ende von Weimar, Düsseldorf 1968; O. Meißner, Staatssekretär unter Ebert – Hindenburg – Hitler, Hamburg 1950; vgl. P. D. Stachura, Political Leaders in Weimar Germany, N. Y. 1993; Benz u. Graml Hg., Biograph. Lexikon zur WR.
² Eine vorzügliche Bilanz in: U. Büttner, Polit. Alternativen zum Brüningschen Deflationskurs? in: VfZ 37.1989, 212 f., allg. 209–51; G. D. Feldman, Welche Chancen hatte die WR? in: J. Callies Hg., Von den Gefährdungen der Demokratie, Loccum 1984, 29–32; Mommsen, Freiheit, 232 f., 323 f.; Winkler, WR, 278–84; ders., Arbeiter II, 46–51; Peukert, WR, 250–60; Patch, Brüning, 11–26, 17; Stolleis Hg., Geschichte des Sozialrechts, 61; Brüning, Memoiren, 193, 302; E. Wandel, H. Schäffer, Stuttgart 1974; G. Garvy, Keynes and the Economic Activists of Pre-Hitler Germany, in: Journal of Political Economy 83.1975, 391–405. – U. Wengst, Schlange-Schöningen, Ostsiedlung u. Demission der Regierung Brüning, in: GWU 30.1979, 538–51; T. P. Koops, Zielkonflikte der Agrar- u. Wirtschaftspolitik in der Ära Brüning, in: H. Mommsen u. a. Hg., 852–67; H. Muth, Zum Sturz Brünings. Der agrarpolit. Hintergrund, in: GWU 16.1965, 739–59. – Vgl. zu der außerordentlich anregenden und wissenschaftlich produktiven Borchardt-Kontroverse: K. Borchardt, Zwangslagen u. Handlungsspielräume in der großen Weltwirtschaftskrise der frühen 30er Jahre (1979), in: ders., Wachstum, Krisen, Handlungsspielräume der Wirtschaftsgeschichte, Göttingen 1982, 165–82; ders., Wirtschaftl. Ursachen des Scheiterns der WR (1980), in: ebd., 183–205; ders., A Decade of Debate About Brüning's Economic Policy, in: v. Kruedener Hg., Economic Crisis, 99–151 (s. u.); ders., Inflationsgefahren in der Weltwirtschaftskrise 1930–32, in: W. Engels u. a. Hg., Internationale Kapitalbewegungen, Mainz 1984, 21–42; ders., Das Gewicht der Inflationsangst in den wirtschaftspolit. Entscheidungsprozessen während der Weltwirtschaftskrise, in: Feldman Hg., Nachwirkungen, 233–60; ders., Wirtschaftspolit. Beratung in der Weltwirtschaftskrise, in: Winkler Hg., Staatskrise, 109–32; vgl. auch ders. u. H. O. Schötz Hg., Wirtschaftspolitik in der Krise. Die Geheimkonferenz der F. List-Gesellschaft im Sept. 1931, Baden-Baden 1991. – Die beste Kritik stammt von C.-L. Holtfrerich, Alternativen zu Brünings Wirtschaftspolitik in der Weltwirtschaftskrise, in: HZ 235.1982, 605–31, selbst. Wiesbaden 1932 (vgl. K. Borchardt: Noch einmal: Alternativen zu Brünings Wirtschaftspolitik? in: HZ 237.1983, 67–83); ders., Zu hohe Löhne in der WR? in: GG 10.1984, 122–41; ders., Arbeitslosigkeit – Sozialabbau – Demokratieverlust: Ergebnis zu hoher Löhne in der WR? in: E. Breit Hg., Aufstieg des NS – Untergang der Republik – Zerschlagung der Gewerkschaften, Köln 1984, 119–27; ders., Vom sozialpolit. Aufbruch zur sozialen Demontage, in: Fs. Born, 336–46; ders., Economic Policy Options and the End of the WR, in: Kershaw Hg., Weimar, 58–91; ders., Vernachlässigte Perspektiven der wirtschaftl. Probleme der WR, in: Winkler Hg., Staatskrise, 133–50; ders. Zur Debatte über die deutsche Wirtschaftspolitik von Weimar zu Hitler, in: VfZ 44.1996, 119–32; mit neuen Gesichtspunkten: R. Tilly u. N. Hucke, Die deutsche Wirtschaft in der Krise 1925–34, in: Fs. K. Borchardt, Baden-Baden 1994, 45–95; ders., Bemerkungen zur Kontroverse über die Wirtschaftskrise der WR, in: Fs. Born, 347–74; C. S. Maier, Die Nicht-Determiniertheit ökonom. Modelle, in: GG 11.1985, 275–95; W. Plumpe, Wirtschaftspolitik in der Wirtschaftskrise, in: ebd., 326–57; ders., Wirtschaftskrise, Wirtschaftspolitik u. NS, in: K. Malettke Hg., 53–84; J. J. Lee, Policy and Performance in the German Economy 1925–35, in: Laffan Hg., 131–50; K. Hübner, Zwangslagen oder Handlungsspielräume der Wirtschaftspolitik 1929–32? in: Sowi 13.1984, 30–43; geifernde Polemik: H. Köhler, K. Borchardts «Revision des überlieferten Geschichtsbildes» der Wirtschaftspolitik in der großen Krise – eine Zwangsvorstellung? in: IWK 19.1983, 164–80; C.-D. Krohn, «Öko-

nom. Zwangslagen» u. das Scheitern der WR, in: GG 8.1982; 415–26 (vgl. K. Borchardt, Zum Scheitern eines produktiven Diskurses über das Scheitern der WR, in: GG 9.1983, 124–37). – Die beste Verteidigung: A. Ritschl, Zu hohe Löhne in der WR? in: GG 16.1990, 375–402; J. v. Kruedener, Die Überforderung der WR als Sozialstaat; in: GG 11.1985, 395–76; ders. Hg., Economic Crisis and Political Collapse: the WR 1924–33, N. Y. 1990; H. James, Economic Reasons for the Collapse of the WR, in: Kershaw Hg., 30–57; ders., Gab es eine Alternative zur Wirtschaftspolitik Brünings? in: VSWG 70.1983, 523–41; M. Spoerer, German Net Investment and the Cumulative Real Wage Position 1925–29. On a Premature Burial of the Borchardt Debate, in: HSF 19.1994, 26–41. Vgl. dazu: B. Alecke, Investitionsverhalten in der WR, in: ebd. 22.1997, 105–31; H.-J. Voth, Much Ado About Nothing? A Note on Investment and Wage Pressure in Weimar Germany 1925–29, in: ebd. 19.1994/3, 124–39; ders., Wages, Investment, and the Fate of the Weimar Republic, in: GH 11.1993, 265–92; G. Schulz, Inflationstrauma, Finanzpolitik u. Krisenbekämpfung 1930–33, in: Feldman Hg., Nachwirkungen, 261–86; überholt: R. Treviranus, Die konjunkturpolit. Rolle der öffentl. Haushalte in Deutschland 1928–34, Diss. Kiel 1964. Vgl. aber K. Hagemann, Lohnsenkungen als Mittel der Krisenbekämpfung, in: Fs. A. Lowe, Bremen 1984, 97–129; R. Skiba, Das westdeutsche Lohnniveau 1918–39 u. nach 1948, Köln 1948.

³ Bracher, Auflösung, 529–643; Winkler, WR 444–556; Brandt, Verfassungsgeschichte, 190.- F. v. Papen, Das Scheitern einer Demokratie, Mainz 1968; ders., Der Wahrheit eine Gasse, München 1952 (beide Traktate des nach dem Zweiten Weltkrieg vom Vatikan hochgeehrten Politikers sind exquisit verlogen). Vgl. K. D. Bracher, Totengräber der Demokratie: Papen, in: ders., Dilemma, 119–24; W. L. Patch, Class Prejudice and the Failure of the WR, in: GSR 12.1989, 35–54; H. Höhne, F. v. Papen, in: W. v. Sternburg Hg., Die deutschen Kanzler, Königstein 1985, 325–55; R. W. Rolfs, The Sorcerer's Apprentice: F. v. Papen, Lanham/Md. 1996; J. Petzold, F. v. Papen, München 1995; U. Hörster-Philipps, Konservative Politik in der Endphase der WR. Die Regierung F. v. Papen, Köln 1981; J. A. Bach, F. v. Papen in der WR, Düsseldorf 1977; E. Beck, The Death of the Prussian Republic 1932–34, Tallahassee 1959; H. Rein, F. v. Papen im Zwielicht der Geschichte, Baden-Baden 1979; verblüffend apologetisch: H. M u. R. K. Adams, Rebel Patriot: F. v. Papen, Santa Barbara/Cal. 1987. – W. Benz, Staatsstreich gegen Preußen: 29. 7. 1932, Düsseldorf 1982; ders., Papens «Preußenschlag» u. die Länder, in: VfZ 18.1970, 320–38; L. Biewer, Der Preußenschlag vom 20. 7. 1932, in: BDL 119.1983, 159–72; G. Schulz, «Preußenschlag» oder Staatsreich? in: Staat 17.1978, 553–81; H. Grund, «Preußenschlag» u. Staatsgerichtshof 1932, Baden-Baden 1976; L. Dierske, War eine Abwehr des «Preußenschlags» vom 20. 7. 1932 möglich? in: Zeitschrift für Politik (= ZfP) 17.1970, 197–245; R. Morsey, Der Beginn der «Gleichschaltung» in Preußen, in: VfZ 11.1963, 85–97; ders., Zur Geschichte des «Preußenschlags» am 20. 7. 1932, in: VfZ 9.1961, 430–39; T. Trumpp, F. v. Papen, der preuß.-deutsche Dualismus u. die NSDAP in Preußen; Vorgeschichte des 20. 7. 1932; Diss. Tübingen 1963; H. v. Lindheim, Zu Papens Staatsstreich vom 20. 7. 1932, in: GWU 11.1960, 154–64; A. Brecht, Lebenserinnerungen II: 1927–67, Stuttgart 1967; ders., Die Auflösung der WR, in: ZfP 2.1955, 291–308; ders., Das Vorspiel zum Schweigen. Das Ende der deutschen Republik, Wien 1948; H. Skrzypczak, Kanzlerwechsel u. Einheitsfront. Abwehrreaktionen der Arbeiterbewegung auf die Machtübergabe an F. v. Papen, in: IWK 18.1982, 482–99; D. Rebentisch, Kommunalpolitik, Konjunktur u. Arbeitsmarkt in der Endphase der WR, in: R. Morsey Hg., Verwaltungsgeschichte, Berlin 1977, 107–57; M. Wolffsohn, Industrie u. Handwerk im Konflikt mit staatl. Wirtschaftspolitik? Politik der Arbeitsbeschaffung in Deutschland 1930–34, Berlin 1977; H. Marcon, Arbeitsbeschaffungspolitik der Regierungen Papen u. Schleicher, Frankfurt 1974.

⁴ Bracher, Auflösung, 644–724; Winkler, 557–94; H. A. Turner, Hitler's 30 Days to Power, Reading/Mass. 1996, dt. Hitlers Weg zur Macht. Der Januar 1933, München 1996;

VI. Deutschland am Vorabend seines «Zivilisationsbruchs»

ders., «Alliance of Elites» as a Cause of Weimar's Collapse and Hitler's Triumph? in: Winkler Hg., Staatskrise, 205–14; A. Schildt, Militärdiktatur mit Massenbasis. General v. Schleicher am Ende der WR, Frankfurt 1981; T. Vogelsang, K. v. Schleicher, Göttingen 1965; F.-K. v. Plehwe, Reichskanzler K. v. Schleicher, Eßlingen 1983; J. R. Nowak, K. v. Schleicher, Diss. Würzburg 1971; W. Pyta, Verfassungsumbau, Staatsnotstand u. Querfront. Schleicher Aug. 1932 – Jan. 1933, in: Fs. Kolb, 173–98; E. Kolb u. ders., Die Staatsnotstandsplanung unter den Regierungen Papen u. Schleicher, in: Winkler Hg., Staatskrise, 155–82; H. Mommsen, Regierung ohne Parteien. Konservative Pläne zum Verfassungsumbau am Ende der WR, in: ebd., 1–18; P. Hayes, A Question Mark With Epaulettes? K. v. Schleicher and Weimar Politics, in: JMH 52.1980, 35–65; H. Muth, Schleicher u. die Gewerkschaften, in: VfZ 29.1981, 189–215; D. Emig u. R. Zimmermann, Das Ende einer Legende: Gewerkschaften, Papen u. Schleicher, in: IWK 12.1976.19–43; R. Breitman, German Social Democracy and General Schleicher, in: CEH 9.1976, 352–78; T. Vogelsang, Zur Politik Schleichers gegenüber der NSDAP, in: VfZ 6.1958, 86–118. Vgl. D. Berg-Schlosser, Das Scheitern der WR. Bedingungen der Demokratie im europ. Vergleich, in: HSF 20.1995/4, 3–30; H. A. Winkler, Deutschland vor Hitler. Der histor. Ort der WR, in: W. H. Pehle Hg., Der histor. Ort des NS, Frankfurt 1990, 13–30; ders., German Society, Hitler, and the Illusion of Restoration 1930–33, in: JCH 11.1976, 1–16; E.-W. Böckenförde, Weimar – vom Scheitern einer zu früh gekommenen Demokratie, in: Die Öffentl. Verwaltung 14.1982, 946–49; K. Düwell, Die geistigen Verteidiger des Weimarer Parteienstaats in der Schlußkrise der Republik, in: 2. Fs. Schieder, 423–38; D. Gessner, Das Ende der WR, Darmstadt 1986²; W. Wessling, Hindenburg, Neudeck u. die deutsche Wirtschaft, in: VSWG 64.1977, 41–73; Dobkowski u. Walliman Hg., Towards the Holocaust; T. Koebner Hg., Weimars Ende. Prognosen u. Diagnosen in der deutschen Literatur u. Publizistik 1930–33, Frankfurt 1982; G. Jasper Hg., Von Weimar zu Hitler, Köln 1968; G. Badia, La fin de la république Allemande 1929–33, Paris 1958.

[5] Vgl. allg. die brillante Studie von F. Furet, Das Ende der Illusion. Der Kommunismus im 20. Jh., München 1996 (vgl. H.-U. Wehler, Das «kurze 20. Jahrhundert», in: ders., Politik in der Geschichte, 49–55); J. Holzer, Der Kommunismus in Europa, Frankfurt 1998; noch immer: F. Borkenau, Der europ. Kommunismus 1917–52, München 1952. Allg. zuerst wieder Winklers Arbeiter-Bände; die Lit. vorn: 7.T. III, Anm. 3, 7; Weitz (German Communism 1890–1990) ist völlig unbefriedigend; enttäuschend auch ders., Communism, in: EESH 2.2001, 519–32. Exzellent dagegen: K.-M. Mallmann, Kommunisten in der WR, Darmstadt 1996; ders., Milieus, Radikalismus u. lokale Gesellschaft. Sozialgeschichte des Kommunismus in der WR, in: GG 21.1995, 5–31; ders., Gehorsame Parteisoldaten oder eigensinnige Akteure? Die Weimarer Kommunisten, in: VfZ 47.1999, 401–15; vgl. A. Wirsching, Stalinisierung oder antiideologisierte Nischengesellschaft? Die KPD in der WR, in: VfZ 45.1997, 449–66; H. Weber, Kommunismus in Deutschland 1918–45, ebd. 1983; ders., Die Wandlungen des deutschen Kommunismus, 2 Bde, Frankfurt 1969; ders. Hg., Der deutsche Kommunismus, Köln 1963; ders., Hauptfeind Sozialdemokratie. Strategie u. Taktik der KPD 1929–33, Düsseldorf 1982; ders. Bearb., Die Generallinie. Rundschreiben des Zentralkomitees der KPD an die Bezirke 1929–33, ebd. 1981; B. Fowkes, Communism in Germany under the WR, London 1984; überholt: O. K. Flechtheim, Die KPD in der WR (1948), Frankfurt 1973³. – M. Gailus, «Seid bereit zum Roten Oktober in Deutschland!» Die Kommunisten, in: Lehnert u. Megerle Hg., 61–88; H. Wunderer, Materialien zur Soziologie der Mitglied- u. Wählerschaft der KPD 1919–33, in: Gesellschaft 5.1975; 257–81; S. Koch-Baumgarten, Aufstand der Avantgarde. Die Märzaktion der KPD 1921, Frankfurt 1986; S. Weber, Ein kommunist. Putsch? Die Märzaktion in Mitteldeutschland, Berlin 1991; A. Andersen, «Lieber im Feuer der Revolution sterben, als auf dem Misthaufen der Demokratie verrecken». Die KPD in Bremen 1929–33, München 1987; P. Kuckuk, Bremer Linksradikale/Kommunisten 1918/20, 2 Bde, Diss. Hamburg 1970; U. Büttner, Politik u. Entwicklung der KPD in Hamburg

1924–33, in: A. Voss u. a. Hg., Vom Hamburger Aufstand zur polit. Isolierung. Kommunist. Politik 1923–33, Hamburg 1983, 85–183; D. Lehnert, Das «rote» Berlin, in: G.J. Glaessner u. a. Hg., Studien zur Arbeiterbewegung u. -kultur in Berlin, Berlin 1989, 1–30; S. Bahne, Die KPD im Ruhrgebiet in der WR, in: Reulecke Hg., Arbeiterbewegung an Rhein u. Ruhr, 315–53; H. Mehringer, Die KPD in Bayern 1919–45, in: Broszat u. a. Hg., Bayern V, 1–286; U. Neuhäusser-Wespy, Die KPD in Nordbayern 1919–33, Nürnberg 1981; G. Reuter, KPD-Politik in der WR/Hannover, Hannover 1982. – L. Heer-Kleinert, Die Gewerkschaftspolitik der KPD in der WR, Frankfurt 1983; F. Eisner, Das Verhältnis der KPD zu den Gewerkschaften in der WR, ebd. 1977; E. C. Schöck, Arbeitslosigkeit u. Rationalisierung. Kommunist. Gewerkschaftspolitik 1920–28, ebd. 1977; D. Schiffmann, Von der Revolution zum Neunstundentag, BASF 1918–24, ebd. 1983; U. Stolle, Arbeiterpolitik im Betrieb. Bayer, BASF, Bosch, Solingen 1900–33, ebd. 1980; R. Wolter-Brandecker, Stiefkinder der Revolution. Arbeiterleben in Frankfurt 1918–23, ebd. 1989. – C. Beradt, P. Levi, ebd. 1969; P. Levi, If This Is a Man, London 1960^2; G. Badia, C. Zetkin, Berlin 1994; die Lit. zu R. Luxemburg, Liebknecht u. a. vorn in: 7. T. III« Anm. 7; vgl. auch W. Lerner, K. Radek, Stanford 1970. C.J. Fischer, The German Communists and the Rise of Nazism, London 1991; ders., Class Enemies or Class Brothers? Communist-Nazi Relation in Germany 1929–33, in: EHQ 15.1985, 259–79; verzerrte Interpretation in E. Noltes Perspektive: C.J. Striefler, Kampf um die Macht. Kommunisten u. Nationalsozialisten am Ende der WR, Berlin 1993; K. R. Röhl, Nähe zum Gegner. Kommunisten u. Nationalsozialisten im Berliner BVG-Streik 1932, Frankfurt 1994; – L. Luks, Entstehung der kommunist. Faschismustheorie. Die Auseinandersetzung der Komintern mit Faschismus u. NS 1921–25, Stuttgart 1984; J. Spiegel, Die Faschismuskonzeption der KPD 1929–33, Münster 1986; K.-E. Lönne, Faschismus als Herausforderung. Die Auseinandersetzung der «Roten Fahne» u. des «Vorwärts» mit dem italien. Faschismus 1920–33, Köln 1981; J. Wickham, Sozialfaschismus u. Spaltung der Arbeiterbewegung: Frankfurt 1929/30, in: Archiv für die Geschichte des Widerstands u. der Arbeit 5.1982, 27–56; G. Korff, Rote Fahnen u. geballte Faust. Zur Symbolik der Arbeiterbewegung in der WR, in: D. Petzina Hg., Fahnen, Fäuste, Körper, Essen 1986, 2–60. – K. C. P. Schuster, Der Rote Frontkämpferbund 1924–39, Düsseldorf 1975; K. Finker, Geschichte des Roten Frontkämpferbundes, Berlin 1981 (verklärend, überhaupt entfällt im allgemeinen die gesamte DDR-Literatur zur KPD wegen ihres unerträglich hagiographischen Charakters); offen sympathisierend: E. Rosenhaft, Beating the Fascists? The German Communists and Political Violence 1929–33, Cambridge 1983; dies., Die KPD der WR u. das Problem des Terrors 1929–33, in: Mommsen u. Hirschfeld Hg., Sozialprotest, 394–421; dies., Organising the «Lumpenproletariat». Cliques and Communists in Berlin During the WR, in: Evans Hg., Working Class, 174–219; dies., Working-Class Life and Working-Class Politics. Communists, Nazis, and the State in the Battle for the Streets: Berlin 1928–33, in: Bessel u. Feuchtwanger Hg., 207–40; dies., Links gleich Rechts? Militante Straßengewalt um 1930, in: Lindenberger u. Lüdtke Hg., Phys. Gewalt, 238–45; T. Kurz, «Blutmai». Sozialdemokraten u. Kommunisten im Brennpunkt der Berliner Ereignisse von 1929, Berlin 1988; L. Schirmann, Altonaer Blutsonntag: 17.7.1932, Hamburg 1994; L. A. Peterson, Labor and the End of Weimar: The KPD in the Nov.1932 Elections, in: CEH 15.1982, 57–95; J. Wieszt, KPD-Politik in der Krise 1928–32, Frankfurt 1976; J. Wachtler, Zwischen Revolutionserwartung u. Untergang. Die Vorbereitung der KPD auf die Illegalität 1929–33, ebd. 1983; vgl. J. B. Müller, Kommunismus u. NS. Ein sozioökonom. Vergleich, in: M. Greiffenhagen u.a., Totalitarismus, München 1972, 51–96; S. Bahne, Die KPD, in: Matthias u. Morsey Hg., 655–739; ders., «Sozialfaschismus» in Deutschland, in: IRSH 10.1965, 211–45. – G. Schäfer, Die Kommunist. Internationale u. der Faschismus, Offenbach 1974; T. Pirker Hg., Komintern u. Faschismus, Stuttgart 1965. – K. H. Tjaden, Struktur u. Funktion der «KPD-Opposition» (KPO) in der WR, Meisenheim 1964. – Zum Nationalbolschewismus: L. Dupeux, «Nationalbolschewis-

VI. Deutschland am Vorabend seines «Zivilisationsbruchs» 1079

mus» in Deutschland 1919–33, München 1985; K.O. Paetel, Versuchung oder Chance? Zur Geschichte des deutschen Nationalbolschewismus, Göttingen 1965; O.E. Schüddekopf, Linke Leute von rechts, Stuttgart 1960; I. Kabermann, Widerstand u. Entscheidung eines deutschen Revolutionärs: E. Niekisch, Köln 1973.

[6] Vgl. H. Mommsen, NS, in: SDG 4.1971, 1448–65; ders., NS: Continuity and Change, in: W. Laqueur Hg., Fascism, Berkeley 1979², 179–210; ders., Faschismus, in: Graml u.a. Hg., Vorurteil, 13–28; W. Schieder, Faschismus, in: Fischer Lexikon Geschichte, Hg. R. van Dülmen, Frankfurt 1990², 177–95; ders., dass., in: SDG 2.1969, 438–78; K.-D. Bracher, dass., in: Meyers Enzyklopäd.-Lexikon 8.1973, 547–51; W. Ebenstein, NS, in: IESS XI, 45–50; M. Einaudi, Fascism, in: IESS V, 334–41; ebenso blaß: A. DeGrand, Fascism and Nazism, in: EESH 2.2001, 507–17; aufschlußreicher Vergleich: A. Heinen, Erscheinungsformen des europ. Faschismus, in: Fs.W. Schieder, Berlin 2000, 3–20. Allg. S.G. Payne, A History of Fascism 1914–45, Madison/Wisc. 1995, dt. Geschichte des Faschismus, Berlin 2001; W. Laqueur, Fascism, Oxford 1996; R. Eatwell, Fascism, N.Y. 1996; ders., dass., in: ders. u. A. Wright Hg., Contemporary Political Ideologies, London 1993, 169–91; ders., Towards a New Model of Generic Fascism, in: Journal of Theoretical Politics 4.1992, 1–68; Z. Sternhell u.a., The Birth of Fascist Ideology, Princeton 1995, dt. Die Entstehung der faschist. Ideologie, Hamburg 1999; ders., Fascist Ideology, in: Laqueur Hg., 325–406; R. Griffin, The Nature of Fascism, London 1991; A.J. Gregor, The Faces of Janus. Marxism and Fascism, New Haven/Conn. 1999; G.M. Luebbert, Liberalism, Fascism, or Social Democracy? Social Classes and the Political Origins of Regimes in Interwar Europe, Oxford 1991; R. Bessel Hg., Fascist Italy and Nazi Germany, Cambridge 1996; A. DeGrand, Fascist Italy and Nazi Germany, N.Y. 1995; C. Dipper, Italien u. Deutschland seit 1800. Zwei Gesellschaften auf dem Weg in die Moderne, in: Fs. W. Schieder, Berlin 2000, 485–503 (nicht überzeugend: für eine Faschismustheorie anstelle der Modernisierungstheorie); vgl. S. Breuer, Faschismus in Italien u. Deutschland, in: Leviathan 11.1983, 28–54; s. auch Y. Yamaguchi, Faschismus als Herrschaftssystem in Japan u. Deutschland, in: J. Hütter u.a. Hg., Tradition. Neubeginn, Köln 1975, 431–43; W. Wippermann, Europ. Faschismus im Vergleich 1922–82; Frankfurt 1983; ders., Faschismustheorien, Darmstadt 1997⁷; ders. Zur Analyse des Faschismus. Die sozialist. u. kommunist. Faschismustheorien 1921–44, Frankfurt 1981; H.-U. Thamer u. ders., Faschist. u. neofaschist. Bewegungen, Darmstadt 1977; U. Larson u.a., Who Were the Fascists? Social Roots of European Fascism, Bergen 1980; P.H. Merkl, Comparing Fascist Movements, in: ebd., 752–83; J.J. Linz, Political Space and Fascism as a Late-Comer, in: ebd., 153–89; ders., Some Notes Toward a Comparative Study of Fascism in Sociological Perspective, in: Laqueur Hg., 3–121; H. Mommsen, The Concept of Totalitarian Dictatorship vs. the Comparative Theory of Fascism: The Case of NS, in: E.A. Menze Hg., Totalitarianism Reconsidered, London 1981, 146–66; B. Martin, Zur Tauglichkeit eines übergreifenden Faschismusbegriffs (Japan, Italien u. Deutschland), in: VfZ 29.1981, 48–73; G. Allardyce,What Fascism Is Not, in: AHR 84.1979, 367–881; ders. Hg., The Place of Fascism in European History, Englewood Cliffs 1971; M. Kitchen, Fascism, London 1976; R. Saage, Faschismustheorien, München 1976/1977⁴; ders., Der italien. u. deutsche Faschismus, in: I. Fetscher u. H. Münkler Hg., Politikwissenschaft, Reinbek 1985, 463–93; H.A. Turner Hg., Reappraisals of Fascism, N.Y. 1975; A. Cassels, Fascism, N.Y. 1975; A.J. Gregor, The Fascist Persuasion in Radical Politics, Princeton 1974; ders., The Ideology of Fascism, N.Y. 1969; F.L. Carsten, Interpretations of Fascism, in: Laqueur Hg., 415–33; ders., Der Aufstieg des Faschismus in Europa, Frankfurt 1968; H. Grebing, Aktuelle Theorien über Faschismus u. Konservatismus, Stuttgart 1974; H.R. Kedward, Fascism in Western Europe 1900–45, London 1973²; H. Lubasz Hg., Fascism, N.Y. 1973; A. Hamilton, The Appeal of Fascism 1919–45, London 1971; S.J. Woolf Hg., European Fascism, London 1970²; ders., The Nature of Fascism, ebd. 1969; J. Weiss, The Fascist Tradition, N.Y. 1967; E.J. Weber, Varieties of Fascism, Princeton 1964; U.D.

Adam, Faschismus u. Totalitarismus, in: PVS 116.1975, 55–88; K. D. Erdmann, NS – Faschismus – Totalitarismus, in: GWU 27.1976, 457–69; L. Niethammer, Faschist. Bewegungen der Zwischenkriegszeit in Europa, in: Polit. Bildung 1.1972, 17–36. – Seinerzeit trotz der Schwächen anregend: E. Nolte, Die Krise des liberalen Systems u. die faschist. Bewegungen, München 1968; ders., Die faschist. Bewegungen, ebd. 1966; ders., Der Faschismus in seiner Epoche, ebd. 1963; ders. Hg., Theorien über den Faschismus, Königstein 1979⁵; ders., Faschismus, in: GGr 2.1975, 329–36 (ein abstruser Druckort im Lexikon über die «Sattelzeit» von 1750 bis 1850!).

Außer der vorn genannten seriösen Faschismusliteratur vgl. noch J. Dülffer, Bonapartism, Fascism, and NS, in: JCH 11.1976, 109–28; H.-G. Jaschke, Soziale Basis u. Funktion des NS, Opladen 1982; H. A. Turner, Faschismus u. Antimodernismus, in: ders., Faschismus, 157–82; A. F. K. Organski, Fascism and Modernization, in: Woolf Hg., Nature, 19–41; M. Kitchen, A Thalheimer's Theory of Fascism, in: JCH 14.1979, 67–78; G. Botz, Faschismustheorien O. Bauers, in: E. Fröschl u. H. Zeitl Hg., O. Bauer, Wien 1985, 162–92; R. S. Wistrich, Trotzky's Theory of Fascism, in: JCH 11.1976/4, 157–84; E. Mandel, Trotzkis Faschismustheorie, in: L. Trotzki, Schriften über Deutschland, Hg. H. Dahmer, I, Frankfurt 1971, 9–52; G. Bataille, Die psycholog. Struktur des Faschismus: Die Souveränität, München 1978; L. Winckler, Studie zur gesellschaftl. Funktion faschist. Sprache, Frankfurt 1970.

Von der an Vergleich und Typisierung interessierten historischen Faschismusforschung unterscheidet sich die neomarxistische Debatte der 1960/70er Jahre, die – unter dem Strich – theoretisch wie empirisch nichts von Bestand erbracht hat. Typisch z. B. W. Abendroth Hg., Faschismus u. Kapitalismus, Frankfurt 1972; B. Weil, Faschismustheorien, ebd. 1984; M. Behrens u. a., Faschismus u. Ideologie, 2 Bde, Berlin 1980; U. Kadritzke, Faschismus u. Krise, Frankfurt 1976; R. Beckenbach, Der Staat im Faschismus 1920–45, Berlin 1975; M. Clemenz Hg., Krit. Theorie des Faschismus, 2 Bde, Frankfurt 1974; ders., Gesellschaftl. Ursprünge des Faschismus, ebd. 1972; einen Tiefpunkt erreichte diese Diskussion mit R. Kühnl, Faschismustheorie, Reinbek 1979; ders., Faschismustheorien, 2 Bde, Hamburg 1974/1979; ders., Formen bürgerl. Herrschaft, 2 Bde, Reinbek 1971/72; ders. u. G. Hardach, Die Zerstörung der WR, Köln 1972. – E. Hennig, Bürgerl. Gesellschaft u. Faschismus in Deutschland, Frankfurt 1977; ders. u. a., Soziale Funktion u. Basis des NS, Opladen 1974; W. Alff, Der Begriff «Faschismus», Frankfurt 1971; G. Eley, Wege zum Faschismus. Vorindustrielle Traditionen oder eine Krise des kapitalist. Staates, in: ders., Unification, 254–82; H. M. Cammett, Communist Theories of Fascism, in: Science & Society 31.1967, 149–63; R. Griepenburg u. K. H. Tjaden, Faschismus u. Bonapartismus, in: Argument 8.1966, 461–77. – Vgl. dazu kritisch: H. A. Winkler, Die «neue Linke» u. der Faschismus. Zur Kritik neomarxist. Theorien über den NS, in: ders., Revolution, Staat, Faschismus, Göttingen 1978, 68–117. -Von älteren Fehlinterpretationen: W. Reich, Die Massenpsychologie des Faschismus (1933), Köln 1971; A. Rosenberg, Der Faschismus als Massenbewegung (1934), in: ders., Demokratie u. Klassenkampf, Hg. H.-U. Wehler, Berlin 1974, 221–303; B. Brecht, Aufsätze über den Faschismus 1919–56, 2 Bde, Frankfurt 1967; A. Sohn-Rethel, Ökonomie u. Klassenstruktur des deutschen Faschismus, ebd. 1973.

Außer dieser allgemeinen und vergleichenden Lit. vgl. noch: H. Mommsen, The Breakthrough of the National Socialists as a Mass Movement in the Late WR, in: M. Laffan Hg., The Burden of German History 1919–45, London 1988, 103–15; ders., The Failure of the WR and the Rise of Hitler, in: ebd., 116–30; ders., Aufstieg der NSDAP u. NS Herrschaftssystem, in: A. Mannzmann Hg., Hitlerwelle, Königstein 1979, 14–59; ders., Deutscher NS in der WR u. im Dritten Reich, in: K. Acham Hg., Gesellschaftl. Prozesse, Graz 1983, 208–17; J. Caplan, The Rise of NS 1919–33, in: G Martel Hg., Modern German History Reconsidered 1870–1945, London 1992, 117–39; G. Paul, Der Sturm auf die Republik u. der Mythos vom «Dritten Reich». Die Nationalsozialisten, in: Lehnert u.

Megerle Hg., 255–79; C. J. Fischer, The Rise of the Nazis, Manchester 1995; G. Jasper, Die gescheiterte Zähmung. Wege zur Machtergreifung Hitlers, Frankfurt 1986; M. Broszat, Die Machtergreifung. Der Aufstieg der NSDAP, München 1984; ders., Der NS, Stuttgart 1960; P. Ayçoberry, The Nazi Question 1922–75, N. Y. 1981; W. S. Allen, The Nazi Rise to Power, in: C. S. Maier u. a. Hg., The Rise of the Nazi Regime, Boulder/Col. 1986, 9–18; H. Grebing, Zur Krise der liberalen Demokratie in Europa. Der Aufstieg des NS in Deutschland im Vergleich zu anderen europ. Ländern, in: U. Büttner u. W. Jochmann Hg., Zwischen Demokratie u. Diktatur, Hamburg 1984, 15–40; dies., Der NS, München 1959; G. Schulz, Aufstieg des NS, Berlin 1975; ders., Faschismus – NS, ebd. 1974 (beide ohne roten Faden); A. J. Nicholls, Weimar and the Rise of Hitler, N. Y. 1968. – Wegen seiner Dogmatik heftig umstritten: E. Nolte, Europ. Bürgerkrieg (von den Rezensionen z. B. H. Mommsen, Das Ressentiment als Wissenschaft, in: GG 14.1988, 495–512; W. Schieder, Der NS im Fehlurteil philosoph. Geschichtsschreibung, in: ebd., 15.1989, 89–114; H.-U. Wehler, Die Kontinuität der Unbelehrbarkeit, in: ders., Politik in der Geschichte, 145–54); vgl. aber ders., Konservatismus u. NS, in: ders., Marxismus, Faschismus, Kalter Krieg, Stuttgart 1977, 117–35; ders., Marxismus u. NS, in: VfZ 31.1983, 389–417. Aus dem zeitgenössischen Rechtsradikalismus stammt: K. Weissmann, Der Nationale Sozialismus 1880–1933, München 1989.

P. Baldwin, Social Interpretations of Nazism, in: JCH 25.1990, 5–37; I. Kershaw, Ideology, Propaganda and the Rise of the Nazi Party, in: P. D. Stachura Hg., The Nazi Machtergreifung, London 1983, 162–81; J. Kocka, Ursachen des NS, in: APZ B25/80.1980, 3–15; T. Schieder, Zum Problem der histor. Wurzeln des NS, in: APZ B5.1963, 19–27; L. Krieger, Nazism: Highway or Byway? in: CEH 11.1978, 3–22; T. W. Mason, The Legacy of 1918 for NS, in: A. Nicholls u. E. Matthias Hg., German Democracy and the Triumph of Hitler, London 1971, 215–39; R. Bessel, The Rise of the NSDAP and the Myth of Nazi Propaganda, in: Wiener Library Bulletin 1980, 20–29; G. Paul, Der Aufstand der Bilder. Die NS Propaganda vor 1933, Bonn 1990; R. V. Layton, The «Völkischer Beobachter» 1920–33, in: CEH 3.1970, 353–82; D. E. Showalter, Little Man, What Now? «Der Stürmer» in the WR, Hamden/Conn. 1982; S. Zelnhofer, Die Reichsparteitage der NSDAP, Nürnberg 1991; H. T. Burden, Die programmierte Nation, Gütersloh 1967 (Reichsparteitage 1923–39); P. D. Stachura, The Political Strategy of the Nazi Party, in: GSR 3.1980, 261–88; A. Tyrell, Die NSDAP als Partei u. Bewegung, in: V. Rittberger, 1933, Stuttgart 1983, 98–122; E. Davidson, Wie war Hitler möglich, Düsseldorf 1980; D. Schmiechen-Ackermann, NS u. Arbeitermilieu. Der NS Angriff auf die proletar. Wohnquartiere u. die Reaktion in den sozialist. Vereinen, Bonn 1998.

Die gescheitesten älteren Analysen: K. Heiden, Geburt des Dritten Reiches. Die Geschichte des NS bis zum Herbst 1933, Zürich 1934²; T. Parsons, On National Socialism, Hg. U. Gebhardt, N. Y. 1993 (v. a. Some Sociological Aspects of the Fascist Movements, 1942; Democracy and Social Structure in Pre-Nazi Germany, 1942); R. A. Brady, The Spirit and Structure of German Fascism, N. Y. 1937; T. Abel, Why Hitler Came Into Power, N. Y. 1939/ND Cambridge/Mass. 1986; T. W. Adorno u. a., Studien zum autoritären Charakter (1949), 2 Bde, ND Frankfurt 1973; vgl. E. Voegelin, Hitler and the Germans, (1964), London 1999. – Unsägliche Apologetik: G. Ritter, The Historical Foundations of the Rise of Nationalsocialism, in: The Third Reich, London 1955, 384–416.

[7] Vgl. die wichtigen Studien zum frühen österreichischen NS von A. G. Whiteside, G. R. v. Schönerer. Alldeutschland u. sein Prophet, Graz 1981; ders., NS in Österreich vor 1918, in: VfZ 9.1961, 333–59; ders., The Nature and Origins of NS, in: JCEA 17.1957, 48–73; T. Kirk, Nazism and the Working Class in Austria, N. Y. 1996; B. F. Pauley, Hitler and the Forgotten Nazis. Austrian NS, London 1981; F. L. Carsten, Faschismus in Österreich, München 1977. – C. H. Werth, Sozialismus u. Nation. Die deutsche Ideologiediskussion 1918–45, Wiesbaden 1990, 31–224, 270–86 (nützlich, aber eng personengeschichtlich aufgebaut, fern von der modernen Nationalismusforschung). Vgl. zum Na-

tionalismus: Bd. I, 506–30; Bd. II, 394–412; Bd. III, 230–51, 938–65, 1066–85. Zur neueren Forschung: H.-U. Wehler, Nationalismus, München 2001 (mit der Lit., auch Gellner u. Anderson), sowie die ersten Beiträge in: H.-U. Wehler, Umbruch u. Kontinuität, München 2000, v. a. Radikalnationalismus, 11–83; ders., dass., in: Echternkamp u. Müller Hg., 203–17; vorzügliche Einführungen durch den z. Z. besten Kenner: A. Smith, Nationalism, London 2001; ders., Nationalism and Modernism, ebd. 2001[4]. Zitate von Jünger u. a.: nach: S. Breuer, Der Neue Nationalismus in Weimar, in: H. Berding Hg., Mythos u. Nation, Frankfurt 1996, 258–60, 272; H. Franke, Der deutsche Faschismus, in: C. Landauer u. H. Honegger Hg., Internationaler Faschismus, Karlsruhe 1928, 40; J. Goebbels, Tagebücher, Hg. E. Fröhlich, I, München 1987, 278 (16. 10. 1928). Vgl. H.-P. Schwarz, Der konservative Anarchist. Politik u. Zeitkritik. E. Jüngers, Freiburg 1962; C. v. Krockow, Die Entscheidung. E. Jünger, C. Schmitt, M. Heidegger, Stuttgart 1958; R. Woods, E. Jünger and the Nature of Political Commitment, Stuttgart 1982; T. Nevin, E. Jünger and Germany 1914–45, London 1997; H. Sferens, Leute von übermorgen u. von vorgestern. E. Jüngers Ikonographie der Gegenaufklärung u. die deutschen Rechte, Bodenheim 1998; P. Noack, E. Jünger, Stuttgart 1998. – K.-J. Siegfried, Universalismus u. Faschismus. Das Gesellschaftsbild O. Spanns, Wien 1974; M. Schueller, Zwischen Romantik u. Faschismus; O. Spann, Stuttgart 1971. – E. Demant, Von Schleicher zu Springer. H. Zehrer als polit. Publizist, Münster 1971; W. Struve, H. Zehrer as a Neoconservative Elite Theorist, in: AHR 70.1965, 1035–57. – Weiterführend: M. Mann, The Contradictions of Continuous Revolution, in: I. Kershaw u. M. Lewin Hg., Stalinism and Nazism, Cambridge 1997, 135–57; W. S. Allen, The Appeal of Fascism and the Problem of National Disintegration, in: Turner Hg., Reappraisals, 44–76, sowie Fritzsches vorzügliches Plädoyer: Germans Into Nazis, Cambridge/Mass. 1998, dt. Wie aus Deutschen Nazis wurden, Zürich 1999. Vgl. zum deutschen Nationalismus in der WR: S. Reichardt, «Märtyrer» der Nation. Zum Nationalismus in der WR, in: Echternkamp u. Müller Hg., 173–202; H. Matthiesen, Von der Massenbewegung zur Partei. Der Nationalismus in der deutschen Gesellschaft 1919–30, in: GWU 48.1997, 316–29; H. Mommsen, Nationalismus in der WR, in: O. Dann Hg., Die deutsche Nation, Vierow 1994, 83–95; ders., Aufbruch zur Nation. Irrwege des deutschen Nationalismus in der Zwischenkriegsepoche, in: ders., Von Weimar zu Auschwitz, Stuttgart 1999, 44–57; klug und anregend wie immer: R. Brubaker, Homeland Nationalism in Weimar Germany, in: ders., Nationalism Reframed, Cambridge 1996, 107–47; L. Dupeux, Aspects du fondamentalisme national en Allemagne 1890–1945, Straßburg 2001;. Dann, Rechter Nationalismus in der WR, in: H. Hömig Hg., Konservativismus im Umbruch, Aachen 1991- 9–21 (die These S. 28: 1933 als «letzte große nationale Bewegung im bürgerlichen Deutschland», engt die soziale Basis unzulässig ein, trifft aber einen wichtigen Aspekt des Radikalnationalismus); H. Berding, Völk. Erinnerungskultur u. nationale Mythenbildung zwischen dem Kaiserreich u. dem «Dritten Reich», in: Fs. J. Rüsen, Köln 1998, 83–91; W. Hardtwig Hg., Utopie u. polit. Herrschaft in Europa 1918–39, München 2003; G. Hübinger, Geschichtsmythen in «völk. Bewegung» u. «konservativer Revolution», in: ebd., 83–103; ders. Hg., Versammlungsort moderner Geister: Der E. Diedrichs Verlag, München 1996; M. Föllmer, Die fragile Volksgemeinschaft. Industrielle, hohe Beamte, in: Jb. für Histor. Bildungsforschung 6.2000, 281–98; ders., Industrielle, hohe Beamte u. der Diskurs der nationalen Regeneration in der WR, in: GG 26.2000, 41–67; ders., Ordnung der Nation; S. Vopel, Radikaler, völk. Nationalismus in Deutschland 1917–33, in: H. Timmermann Hg., Nationalismus u. Nationalbewegung in Europa 1914–45, Berlin 1999, 161–82; M.-W. Kohfink, Europ. Utopie u. nationale Realität im deutschen Liberalismus, in: ebd., 137–60; ders., Für Freiheit u. Vaterland. Liberaler Nationalismus 1890–1933 in Deutschland, Konstanz 2002 (rundum verfehlter Ansatz); K. Ruppert, Der Nationalismus der systemstabilisierenden Parteien der WR, in: Timmermann Hg., 183–234; B. Stambolis, Nationalisierung trotz Ultramontanisierung: Mentalitätsleitende Wertorien-

VI. Deutschland am Vorabend seines «Zivilisationsbruchs»

tierungen deutscher Katholiken im 19. u. 20. Jh., in: HZ 269.1999, 57–97; K. Vondung, Die Geburt des Nationalismus aus dem Geist der Apokalypse, in: ders., Die Apokalypse in Deutschland, München 1988, 152–61; H. Theissen, Die Entwicklung zum nihilist. Nationalismus in Deutschland 1918–33, München 1955; natürlich Koselleck u. a., Volk, Nation. 392–431. Zur Steigerung des reichsdeutschen Nationalismus durch das Problem der deutschen Minderheiten in Osteuropa vgl. T. Göthel, Demokratie u. Volkstum. Die Politik gegenüber den nationalen Minderheiten in der WR, Köln 2002; K.-H. Grundmann, Deutschtumspolitik zur Zeit der WR, Hannover 1977; H. Pieper, Die Minderheitenfrage u. das Deutsche Reich 1919–34; Hamburg 1974; R. Jaworski, Vorposten oder Minderheit? Der sudetendeutsche Volkstumskampf 1919–33, Stuttgart 1977; N. Krekeler, Revisionsanspruch u. geheime Ostpolitik der WR, ebd. 1973; ders., Die deutsche Minderheit in Polen u. die Revisionspolitik des Deutschen Reiches, in: W. Benz Hg., Die Vertreibung der Deutschen aus dem Osten, Frankfurt 1985, 15–28; H. v. Riekhoff; German-Polish Relations 1918–33, Baltimore 1974. Allg. dazu brillant: R. Brubaker, Homeland Nationalism in Weimar Germany, in: ders., Nationalism Reframed, 107–47. – Vgl. noch L. Kettenacker, Der Mythos vom Reich, in: K. H. Bohrer Hg., Mythos u. Moderne, Frankfurt 1983, 261–89; M. Hietala, Der neue Nationalismus in der Publizistik E. Jüngers u. des Kreises um ihn 1920–33, Helsinki 1975; H. Kessler, W. Stapel als polit. Publizist: Konservativer Nationalismus 1918–39, Nürnberg 1967; H. Sieh, Der Hamburger Nationalistenklub, Diss. Mainz 1963. – J. Dülffer, Hitler, Nation u. Volksgemeinschaft, in: Dann Hg., Nation, 96–116; H.-U. Thamer, Nation als Volksgemeinschaft, in J.-D. Gauger u. K. Weigelt Hg., Soziales Denken in Deutschland, Bonn 1990, 112–28; ders., NS u. deutscher Nationalstaat, in: P. Krüger Hg., Deutschland, deutscher Staat, deutsche Nation, Marburg 1993, 125–38; ders., Volksgemeinschaft, Mensch u. Masse, in: R. van Dülmen Hg., Erfindung des Menschen 1500–2000, Wien 1998, 367–86; P. Stirk, Authoritarian and NS Conceptions of Nation, State, and Europe, in: ders., Hg., European Unity, London 1989, 125–48; L. K. Osteraas, The New Nationalists in the WR, Diss. Columbia Univ.; völlig veraltet: R. H. Keyserlingk, Hitler and German Nationalism Before 1933, in: CRSN 5.1978, 24–44. – S. Behrenbeck, Der Kult um die toten Helden, Vierow 1996; G. L. Mosse, Gefallen für das Vaterland, Stuttgart 1993; G. H. Herb, Under the Map of Germany: Nationalism and Propaganda 1918–45, N. Y. 1997; T. H. Tooley, National Identity and Weimar Germany. Upper Silesia and the Eastern Border 1918–22, Lincoln/Nebr. 1997; E. Ritter, Das «Deutsche Auslands-Institut» in Stuttgart 1917–45, Wiesbaden 1976; D. Klenke, Der singende «deutsche Mann». Gesangsvereine u. deutsches Nationalbewußtsein von Napoleon bis Hitler, Münster 1998; R. Stöber, Die erfolgverführte Nation. Deutschlands öffentl. Stimmen 1866–1945, Stuttgart 1998. Vgl. allg. P. Burrin, Political Religion, in: History & Memory 9.1997, 321–52; M. Ley u. J. H. Schoeps Hg., Der NS als polit. Religion, Mainz 1997, darin v. a.: F. Bédarida, NS Verkündigung u. säkulare Religion, 153–63; P. Burrin, Die polit. Religionen, 168–85; H. Mommsen, NS als polit. Religion, in: Maier u. Schäfer Hg., Totalitarismus, 173–81; U. v. Hehl, Elemente polit. Religion im NS, in: F.-R. Erkens Hg., Die Sakralität von Herrschaft, Berlin 2002, 225–43; R. Aron, Les religions séculières, in: Une histoire du XXe siécle, Paris 1996, 139–222; Sironneau, Religions politiques. – Vorzügliche, aber nicht überzeugende Kritik an einem Modewort: L. Niethammer, Kollektive Identität, Reinbek 2000 (vgl. H.-U. Wehler, Identität: die unheimliche Hochkonjunktur eines Plastikworts, in: FAZ 14. 11. 2000).

[8] Zu Lebensgeschichte und Aufstieg Hitlers: B. Hamann, Hitlers Wien, München 1996 (dadurch sind überholt: J. G. Jones, Hitlers Weg begann in Wien 1907–13, Wiesbaden 1980; B. F. Smith, A. Hitler. His Family, Childhood, and Youth, Stanford 1967; W. A. Jenks, Vienna and the Young Hitler, N. Y. 1960; F. Jetzinger, Hitlers Jugend, Zürich 1956; W. Daim, Der Mann, der Hitler die Ideen gab, München 1958); vgl. aber A. Joachimsthaler, Korrektur einer Biographie: A. Hitler 1908–20, München 1989; nicht befriedigend gelöste Aufgabe: W. Rauscher, Hitler u. Mussolini, Köln 2001.

Enttäuschend ist: D. C. Large, Hitlers München, München 1998; vgl. H. Hillmayr, Roter u. Weißer Terror in Bayern nach 1918, München 1974; F. Mennekes, Die Republik als Herausforderung. Konservatives Denken in Bayern 1918–25, Berlin 1972; H. Fenske, Konservatismus u. Rechtsradikalismus in Bayern nach 1918, Bad Homburg 1969; W. Benz, Süddeutschland in der WR. Deutsche Innenpolitik 1918–23, Berlin 1970; E. Könnemann, Einwohnerwehren 1919–21, in: LP 2.1984², 569–79; R. S. Garnett, Lion, Eagle, and Swastika. Bavarian Monarchism in Weimar Germany 1918–33, N. Y. 1991; O. K. Werckmeister, Hitler, the Artist, in: Critical Inquiry 23.1997, 270–90. – Weiterhin aufschlußreich: A. Auerbach, Hitlers polit. Lehrjahre u. die Münchener Gesellschaft, in: VfZ 25.1977, 1–45; E. Deuerlein, Hitlers Eintritt in die Politik u. die Reichswehr, in: VfZ 7.1959, 177–227; R. H. Phelps, Hitler u. die «Deutsche Arbeiterpartei», in: AHR 68.1963, 974–86; ders., Hitler als Parteiredner 1920, in: VfZ 11.1963, 274–330; ders., «Before Hitler Came». Thule Society and Germanen Orden, in: JMH 35.1963, 245–61 (vgl. M. Weissbecker, Thule Gesellschaft 1918–34, in: LP 4.1986², 195–202; N. Edmonson, The Fichte Society, in: JMH 38.1966, 161–80); ders., Hitlers «grundlegende Rede» über den Antisemitismus, in: VfZ 16.1968, 390–420; D. M. Douglas, The Parent Cell, in: CEH 10.1977, 55–72; J. Petzold, Class u. Hitler, in: JbG 21.1980, 247–88; M. Plewnia, Auf dem Weg zu Hitler. Der «völk.» Publizist D. Eckart, Bremen 1970.

H. J. Gordon, Hitlerputsch 1923, Frankfurt 1971; R. Hanser, Putsch: How Hitler Made Revolution, N. Y. 1971; E. Deuerlein, Der Hitler-Putsch, Stuttgart 1962; H. H. Hofmann, dass., München 1961; O. Gritschneider, Bewährungsfrist für den Terroristen A. Hitler. Der Hitler-Putsch u. die bayer. Justiz, ebd. 1990; L. Gruchmann u. a. Hg., Der Hitler-Prozeß 1924, 4 Bde, ebd. 1997–99; B. Steger, Der Hitlerprozeß, in: VfZ 25.1977, 441–66. – M. Overesch, Die Einbürgerung Hitlers 1930, in: VfZ 40.1992, 543–60; R. Morsey, Hitler als Braunschweiger Regierungsrat, in: ebd. 8.1960, 419–48. – E. Jäckel, Hitlers Weltanschauung, Stuttgart 1981²; F.-L. Kroll, Geschichte u. Politik im Weltbild Hitlers, in: VfZ 44.1996, 327–53; A. Kuhn, Hitlers außenpolit. Programm 1919–29, Stuttgart 1970; F. Fischer, Hitler war kein Betriebsunfall, in: ders., dass., München 1992, 174–81; M. H. Kater, Hitler in a Social Context, in: CEH 14.1981, 243–72; K. Heisig, Die polit. Grundlagen in Hitlers Schriften zu Staat u. Recht, Diss. Köln 1965; H. A. Turner, Hitlers Einstellung zu Wirtschaft u. Gesellschaft vor 1933, in: GG 2.1976, 89–117; dazu A. Barkai, Sozialdarwinismus u. Antiliberalismus in Hitlers Wirtschaftskonzept, in: GG 3.1977, 406–17; vgl. ders., Wissenschaftl. Grundanschauungen u. Ziele der NSDAP, in: TAJbDG 7.1978, 339–85; P. Krüger, Zu Hitlers «NS Wirtschaftserkenntnissen», in: GG 6.1980, 263–82; verfehlt: J. D. Hey, Hitler's Economic Thought, in: CEH 6.1973/74, 83–96. – Vgl. O. C. Mitchell, Hitler Over Germany 1918–34, Philadelphia 1983; P. D. Stachura, The Weimar Era and Hitler 1918–33, Oxford 1977; aufschlußreich: B. Burke, Ambassador Sackett and the Collapse of the WR 1930–34. The US and Hitler's Rise to Power, Cambridge 1994, und B. Granzow, A Mirror of Nazism. British Opinion and the Emergence of Hitler 1929–33, London 1964. – H. A. Turner, Geißel des Jh.: Hitler u. seine Hinterlassenschaften, Berlin 1989; R. Augstein, 100 Jahre Hitler, Hamburg 1989.

Zu Vorgeschichte, Umfeld und Ideologie: H. Auerbach, NS vor Hitler, in: W. Benz u. a. Hg., Der NS, Frankfurt 1993, 13–28; D. Mendlewitsch, Volk u. Heil. Vordenker des NS im 19. Jh., Rheda-Wiedenbrück 1988; W. Noack, Die NS Ideologie, Frankfurt 1996; H.-J. Lutzhöft, Der Nord. Gedanke in Deutschland 1920–40, Stuttgart 1971; J. Neurohr, Der Mythos vom Dritten Reich, ebd. 1957; R. Wulff, Die Deutschvölk. Freiheitspartei 1922–28, Diss. Marburg 1968; M. Weissbecker, dass. 1922–33, in: LP 2.1984², 550–58; ders., Reichshammerbund 1910–20, in: LP 3.1985², 681–83. – J. Hermand, Der alte Traum vom neuen Reich. Völk. Utopien u. NS, Frankfurt 1995²; G. L. Mosse, Die völk. Revolution. Die geistigen Wurzeln des NS, Weinheim 1991; Ley u. Schoeps Hg., NS als polit. Religion; W. Altgeld, Die Ideologie des NS u. ihre Vorläufer, in: K. D. Bracher u. L. Valiani Hg., Faschismus u. NS, Berlin 1991, 107–36; ders., Volk, Rasse, Raum. Völk. Den-

VI. Deutschland am Vorabend seines «Zivilisationsbruchs» 1085

ken u. radikaler Nationalismus im Vorfeld des NS, in: R. Lill u. H. Oberreuter Hg., Machtverfall u. Machtergreifung, München 1983, 95–119 (beide Beiträge methodisch antiquiert); G. Kotowski, Rasse statt Nation. Die Ideologie des NS, in: K. Megerle Hg., Warum gerade die Nationalsozialisten? Berlin 1983, 68–113; L. Tragardh, Varieties of Volkish Ideologies 1848–1933, in: B. Strath Hg., Language and the Constitution of Class Identities, Göteborg 1990, 25–54; N. Goodrich-Clark, Die okkulten Wurzeln des NS, Graz 1997; A. Pfahl-Traughber, Der antiwestl.-antifreimaurer. Verschwörungskomplex 1919–45, Wien 1993; H. Strohm, Die Gnosis u. der NS, Frankfurt 1995; R. Pois, NS and the Religion of Nature, London 1980; E. Stackelberg, Idealism Debased. From Völkische Ideology to NS, Kent 1981; H. Müller, Der pseudoreligiöse Charakter der NS Weltanschauung, in: GWU 12.1961, 337–52; M. Broszat, Die völk. Ideologie u. der NS, in: Deutsche Rundschau 84.1958, 53–68; P. H. Silfen, The Volkish Ideology and the Roots of Nazism. A. Moeller van den Bruck, N. Y. 1973; H.-S. Schwierskott, A. Moeller van den Bruck u. der revolutionäre Nationalismus in der WR, Göttingen 1962; J. Petzold, Zur Funktion des Nationalismus: Moeller van den Brucks Beitrag zur faschist. Ideologie, in: ZfG 21.1973, 1285–1300; L. Poliakov, Der arische Mythos, Wien 1977/ND Hamburg 1993; M. Hawkins, Social Darwinism in European and American Thought 1860–1945, Cambridge 1997; T. Klepsch, NS Ideologie vor 1933, München 1990; P. E. Becker, Wege ins Dritte Reich II: Sozialdarwinismus, Rassismus, Antisemitismus u. völk. Gedanke, Stuttgart 1990; R. J. Evans, In Search of German Social Darwinism, in: ders., Rereading German History, 119–44; J. Noakes, Nazism and Eugenics, in: R. J. Bullen u. a. Hg. Ideas Into Politics, London 1984, 75–94; R. P. Sieferle, Rassismus, Rassenhygiene, Menschenzuchtideale, in: U. Puschner u. a. Hg., Hdb. der «Völk. Bewegung» 1871–1918, München 1996, 436–48; W. Bergmann, Völk. Antisemitismus, in: ebd., 449–63; H. G. Marten, Rassismus, Sozialdarwinismus, Antisemitismus, in: Pipers Hdb. der polit. Ideen 5.1987, 95–82; O. Heilbronner, The Role of Nazi Antisemitism in the Nazi Party Activity and Propaganda, in: LBIY 35.1990, 397–442; M. Olender, Die Sprachen des Paradieses. Arisch u. Semitisch, Frankfurt 1995; R. Römer, Sprachwissenschaft u. Rassenideologie in Deutschland, Münster 1989[2]; C. Berning, Vom «Abstammungsnachweis» zum «Zuchtwart». Vokabular des NS, Berlin 1964; dies., Vokabular des NS, ebd. 1998.

⁹ Vgl. E. Oberländer Hg., Autoritäre Regime in Ostmittel- u. Südosteuropa 1919–44, Paderborn 2001. – Zum Charisma die klassischen Texte in: Weber, WG, 122–24, 441–58, 475–88, auch 520–588, 661. Vgl. Bd. III, 368–76, 1373, Anm. 41 mit der Lit. – Elias, Höf. Gesellschaft, 186, vgl. 184–91. Hierzu v. a. M. R. Lepsius, Das Modell charismat. Herrschaft u. seine Anwendung auf den «Führerstaat» A. Hitlers, in: ders., Demokratie, 95–118; Bach, Charismat. Führerdiktaturen, 7–34; Schluchter, Religion u. Lebensführung II, 538–50, Breuer, Charisma des Führers, 44–75; ders., Webers Herrschaftssoziologie, 33–67, 215–21; ders., Der Staat, Reinbek 1998, 261–72; S. Kalberg, M. Webers vergleichende universalhistor. Soziologie, Opladen 2001. – Broszat, Völk. Ideologie, 55 f., 59, 62–68; K. Fritzsche, Polit. Romantik u. Gegenrevolution, Frankfurt 1976 (Tat-Kreis); Clemens, Rechtskatholizismus (Polit. Kolleg); Messias-Diskurs v. a. nach K. Schreiners brillantem Aufsatz: «Wann kommt der Retter Deutschlands?» Formen u. Funktionen des polit. Messianismus, in: WR, in: Saeculum 49.1998, 108–123 f., 127–33, 136–39; ders., Polit. Messianismus, Führergedanke u. Führerverantwortung 1919–33, in: Hettling u. a. Hg., Gesellschaftsgeschichte, 237–47; K. A. v. Müller, Im Wandel einer Welt. Erinnerungen III: 1919–32, München 1966, 154; vgl. C. Weisz, Geschichtsauffassung u. polit. Denken. Münchener Historiker in der WR, Berlin 1970; Bloch, Erbschaft dieser Zeit, 65; Goebbels, I, 34, 134 f. (4. 7. 1924, 14. 10. 1925); vgl. E. Barth, J. Goebbels u. die Formierung des Führer-Mythos, Erlangen 1999. Vorbehaltlose Hitlergläubigkeit in: R. Heß, Briefe 1908–33, Hg., W. R. Heß, München 1987. – Ian Kershaw legt seiner Hitler-Biographie (s. u. in dieser Anm.) das Webersche Konzept zugrunde. Ich habe seit 1983 für seine Anwendung plädiert: H.-U. Wehler, 1933 – ein halbes Jh. danach, in: ders.,

Aus der Geschichte lernen? 44–60. – I. Kershaw, Führer u. Führerkult, in: Enzyklopädie des NS, 22–33; ders., Der Hitler-Mythos 1920–45, Stuttgart 1999²; ders., Ideologie u. Propaganda. Hitler 1925–28, in: VfZ 40.1992, 263–71; kritisch: L. Herbst, Hitler, in: W. Nippel Hg., Virtuosen der Macht. Herrschaft u. Charisma, München 2000, 171–91; H.-U. Thamer, Der NS.Charisma u. Gewalt, Stuttgart 2002; vgl. dagegen: H. Mommsen, A. Hitler in der Sicht von Gefolgsleuten u. Zeitgenossen, in: ders., Von Weimar, 73–91; J. Nyomarkay, Charisma and Factionalism in the Nazi Party, Minneapolis 1967; W. Horn, Führerideologie u. Parteiorganisation in der NSDAP, Düsseldorf 1971/ND: Der Marsch zur Machtergreifung, Königstein 1980; J. M. Rhodes, The Hitler Movement. A Modern Millenarian Revolution, Stanford 1980. – Klare Einführung: W. Nippel, Charisma u. Herrschaft, in: ders., Hg., Virtuosen, 17–22, 281–89; M. Riesebrodt, Charisma, in: ders. u. E. G. Kippenberg Hg., M. Webers Religionssystematik, Tübingen 2001, 151–66; T. Kroll, M. Webers Idealtypus u. die zeitgenöss. Charisma-Debatte, in: E. Hanke u. W. Mommsen Hg., M. Webers Herrschaftssoziologie, Tübingen 2001, 47–72; L. Greenfeld, Reflections on Two Charismas, in: British Journal of Sociology 36.1985, 116–32;R. Wang, Charisma u. Machtpolitik. M. Webers Charismakonzept, Berlin 1997; Gebhardt u. a. Hg., Charisma; A.Schweitzer, Hitler's Dictatorial Charisma, in: R. W. Glassman u. W. H. Swatos Hg., Charisma, N. Y. 1986, 147–62; ders., The Age of Charisma, Chicago 1984; ders., Theory of Political Charisma, in: CSSH 16.1974/75, 50–81; W. E. Mühlmann, Charisma, in: Histor. Wb. der Philosophie 1.1971, 996–99; Shils, dass., in: IESS 2.1968, 380–90; R. Bendix, Reflections on Charismatic Leadership, in: ders., Hg., State and Society, Boston 1968, 616–29; C. Ake, Charismatic Legitimation and Political Integration, in: CSSH 9.1966/67, 1–11; C. J. Friedrich, Political Leadership and the Problem of Charismatic Power, in: Journal of Politics (= JP) 23.1961, 3–24. Vgl. hierzu noch H. Mommsen, NS oder Hitlerismus? in: M. Bosch Hg., Persönlichkeit u. Struktur in der Geschichte, Düsseldorf 1977, 62–71; K. Hildebrand, dass., in: ebd., 55–61; ders., Hitlers Ort in der deutschen Geschichte, in: HZ 217.1973, 584–632; M. Broszat, Soziale Motivation u. Führer-Bindung im NS, in: ders., Nach Hitler, 11–33; K.-D. Bracher, The Role of Hitler, in: Laqueur Hg., 193–212; überholt ist: L. Burchardt, Hitler u. die histor. Größe, Konstanz 1979; vgl. Evans, Hitler to Bismarck, 55–92.

Vgl. speziell zu Hitler: A. Hitler, Mein Kampf, 2 Bde, München 1925/26 (vgl. B. Zehnpfennig, Hitlers «Mein Kampf», ebd. 2000); ders., Sämtl. Aufzeichnungen 1905–24, Hg. E. Jäckel u. A. Kuhn, Stuttgart 1980; ders., Reden, Schriften, Aufzeichnungen 1925–33, Hg. C. Vollnhals u. a., 6 Bde, München 1992–98; Hitlers Zweites Buch, 1928, Hg. G. Weinberg, Stuttgart 1961; (vgl. dazu M. Broszat, Anmerkungen zu Hitlers «Zweiten Buch», in: VfZ 9.1961, 417–29); Hitler: Reden u. Proklamationen 1932–45, Hg. M. Domarus, 4 T., München 1965. – H. Hoffmann, Hitler, wie ich ihn sah. Aufzeichnungen seines Leibfotografen, München 1974; vgl. R. Herz, Hoffmann u. Hitler. Fotografie als Medium des Führer-Mythos, München 1994; anregend: C. Schmölders, Hitlers Gesicht, München 2000. – O. Wagener, Hitler aus nächster Nähe 1930–32, Hg. H. A. Turner, Berlin 1978/ND Kiel 1987; P. W. Fabry, Mutmaßungen über Hitler. Urteile von Zeitgenossen, Königstein 1979; A. Tyrell, Vom «Trommler» zum «Führer». Hitler 1919–24, München 1976; E. Deuerlein Hg., Der Aufstieg der NSDAP in Augenzeugenberichten, Düsseldorf 1968.

Es gibt drei bedeutende Biographien: Zuletzt im Rahmen von Webers Konzept der charismatischen Herrschaft I. Kershaw, Hitler I: 1889–1936; II: 1936–45, Stuttgart 1998/2000; J. Fest, Hitler, Berlin 1973/1995⁵ (vgl. die Rez. von A. Hillgruber, in: HZ 219.1974, 161–65; H. Graml, in: VfZ 22.1974, 76–92) und die erstaunlich gute unmittelbar nach dem Zweiten Weltkrieg geschriebene von A. Bullock, Hitler (1952), ND Kronberg 1977; in der Anlage und Wirkung nicht übertroffen durch ders., Hitler u. Stalin. Berlin 1991. Brillante Skizzen: S. Haffner, Anmerkungen zu Hitler, München 1978/1994²¹; u. J. P. Stern, Hitler, München 1978. Verfehlte Aufwertung: R. Zitelmann, Hitler: Selbst-

VI. Deutschland am Vorabend seines «Zivilisationsbruchs» 1087

verständnis eines Revolutionärs, Hamburg 1986/ND Stuttgart 1991³; vgl. ders., dass., Göttingen 1989. Ohne überzeugende Interpretation (politischer Religionsgründer) zuletzt: R. G. Reuth, Hitler, München 2003. Alle anderen Biographien fallen im Vergleich mit den drei Spitzenreitern ab: z. B. J. Toland, A. Hitler, Bergisch Gladbach 1977; F. Redlich, dass., Oxford 1999; J. Lukacs, dass., München 1997; K. Pätzold u. W. Weißbecker, dass., Berlin 1996; M. Steinert, dass., München 1994; E. Syring, dass., Berlin 1994; N. Stone, dass., London 1980; W. Carr, dass., Stuttgart 1978; P. Borowsky, dass., Hamburg 1978; H. J. Eitner, Der Führer, München 1981; W. Maser, A. Hitler, Düsseldorf 1980, vgl. ders., Hitlers «Mein Kampf», ebd. 1981⁶; H. B. Gisevius, A. Hitler, München 1963; H. Heiber, dass., Berlin 1960; W. Görlitz u. H. A. Quint, dass., Stuttgart 1971²; W. Wippermann, Der konsequente Wahn: Ideologie u. Politik A. Hitlers, München 1989; ders. Hg., Kontroversen um Hitler, Frankfurt 1986. Mißlungen: B. F. Pauley, Hitler, Stalin, Mussolini: Totalitarianism, Wheeling/Ill. 1996. Vgl. noch T. Heuss, Hitlers Weg, Hg. E. Jäckel, Tübingen 1968; K. Heiden, Der Führer, London 1944; ders., A. Hitler, Zürich 1936.

Überblick über die Lit.: G. Schreiber, Hitler-Interpretationen 1923-83, Darmstadt 1984; ders., Hitler u. seine Zeit, in: W. Michalka Hg., Die Deutsche Frage in der Weltpolitik, Stuttgart 1986, 137-64; W. Michalka, Wege der Hitler-Forschung, in: Quaderni di Storia 8.1978-10.1979, 157-90, 123-51; M. Broszat, Probleme der Hitler-Forschung, in: ders., Nach Hitler, München 1988, 119-30; W.-R. Hartmann, A. Hitler, in: AfS 15.1975, 521-35, extrem einseitig: R. Zitelmann, Hitler-Bild im Wandel, in: K. D. Bracher u. a. Hg., Deutschland 1933-45, Düsseldorf 1992, 491-506; ders., Der NS, in: Pipers Hdb. der polit. Ideen V, 1987, 327-32. – Die Psychohistorie hat dieses Thema durchweg verfehlt. Vgl. hier nur T. Kornbichler, Hitler-Psychogramme, Frankfurt 1994; B. Mazlish, The Leader, the Led, and the Psyche, Hanover/N. H. 1990; R. G. L. Waite, Hitler. Der psychopath. Gott, Stuttgart 1978; vgl. ders., A. Hitler's Guilt Feelings, in: JIH 1.1971, 229-49; R. Binion, «... daß Ihr mich gefunden habt», Stuttgart 1978; ders., Hitler's Concept of «Lebensraum», in: History of Childhood Quarterly 1.1973, 187-258; H. Stierlin, A. Hitler, Frankfurt 1976; W. Michalka, Hitler im Spiegel der Psycho-History, in: Francia 8.1981, 595-611. – Vgl. noch R. E. Herzstein, A. Hitler and the German Trauma 1913-45, N. Y. 1974; D. Grieswelle, Propaganda der Friedlosigkeit. Hitlers Rhetorik 1920-33, Stuttgart 1972; K. Burke, Die Rhetorik in Hitlers «Mein Kampf», Frankfurt 1971²; K. Lange, Hitlers unbeachtete Maximen. «Mein Kampf» u. die Öffentlichkeit, Stuttgart 1968; J. Köhler, Wagners Hitler, München 1997; G. E. Bärsch, Die polit. Religion des NS (Eckart, Goebbels, Rosenberg, Hitler), München 1997; W. Reichelt, Das braune Evangelium. Hitler u. die NS Liturgie, Wuppertal 1991; M. Ach u. C. Pentrop, Hitlers «Religion», Augsburg 1977; F. Heer, Der Glaube des A. Hitler, München 1986; Y. Tallgren, Hitler u. die Helden, Helsinki 1981.

[10] Geyer, Verkehrte Welt, 16, 32, 34, 88, 105, 281 f., 311, 332, 334, 374; Mommsen, Nationalismus, 86; ders., Verspielte Freiheit, 59 f.; A. Cassels, Mussolini and German Nationalism, in: JMH 35.1963, 137-57; Lohalm, 108 f.; W. Krebs, Deutschvölk. Schutz- u. Trutzbund 1919-24, in: LP 2.1984², 562-68; Nusser, Wehrverbände; Large, Einwohnerwehren; C. J. Burckhardt Hg., ders. u. H. v. Hoffmansthal. Briefwechsel, Frankfurt 1991², 129 (5. 10. 1923).

Zur Partei und ihren Unterorganisationen: H. Mommsen, Die NSDAP: Typus u. Profil einer faschist. Partei, in: C. Dipper u. a. Hg., Faschismus u. Faschismen im Vergleich, Köln 1998, 23-35; W. Schieder, Die NSDAP vor 1933. Profil einer faschist. Partei, in: GG 19.1993, 141-54; M. Broszat, Die Struktur der NS Massenbewegung, in: VfZ 31.1983, 52-76; Lehnert, Soziographie der «Volkspartei», 1-33; ders., Interesse – Macht – Ideologie. Die histor.-gesellschaftl. Ursprünge u. Entwicklungslinien des NS bis 1933, in: «Das war ein Vorspiel nur... » Bücherverbrennungen Deutschland 1933, Berlin 1983, 9-29; ders., Auf dem Weg zur «nationalen Volksgemeinschaft»? Die Durchsetzung der NSDAP als republikfeindl. Sammlungsbewegung, in: Megerle Hg., Warum, 12-67; M. Döring,

Parlamentar. Arm der Bewegung. Nationalsozialisten im Reichstag der WR, Düsseldorf 2001; L. K. Waldman, Models of Mass Movements: The Nazis, Diss. Chicago Univ. 1971; A. L. Unger, The Totalitarian Party. Nazi Germany and Soviet Russia, Cambridge/Mass. 1974; M. Weissbecker, NSDAP 1919–45, in: LP 2.1985², 460–523. – Grundlegend: M. H. Kater, The Nazi Party 1919–45, Cambridge/Mass. 1983; ders., Methodolog. Überlegungen zur sozialen Zusammensetzung der NSDAP 1929–45, in: R. Mann Hg., Die Nationalsozialisten, Stuttgart 1980, 155–85; ders., Zur Soziographie der frühen NSDAP, in: VfZ 19.1971, 124–59. – D. Orlow, The History of the Nazi Party I: 1919–33, II: 1933–45, Pittsburgh 1969/1973; D. Mühlberger, Hitler's Followers. The Sociology of the Nazi Movement, London 1991; ders., Germany, in: ders. Hg., The Social Basis of European Fascist Movements, ebd. 1987, 40–139; ders., The Sociology of the NSDAP, in: JCH 15.1980, 493–511; ders., The Occupational and Social Structure of the NSDAP in Posen-West Prussia in the Early 1930s, in: EHQ 15.1985, 281–311; Manstein, Mitglieder; Brustein, Evil; DDR-Dogmatik: K. Pätzold u. M. Weissbecker, Geschichte der NSDAP, Köln 1981; überholt: G. Schäfer, NSDAP, Hannover 1956.

Vgl. H. K. Anheier u. a., Konjunkturen der NS Bewegung. Die Münchener NSDAP 1925–30, in: KZfS 50.1998, 619–43; ders. u. T. Ohlemacher, Aktivisten, Netzwerke, Bewegungserfolg. Die Einzelmitglieder der NSDAP 1925–30, in: ebd., 48–1996, 677–703; M. Kater, Frauen in der NS Bewegung, in: VfZ 31.1987, 202–41; P. Madden, Some Social Characteristics of Early Nazi Party Members 1912–23, in: CEH 15.1982, 24–56; D. Jablonsky, The Nazi Party in Dissolution 1923–25, London 1989; J. Noakes, Conflict and Development in the NSDAP 1924–27, in: JCH 1.1966, 3–86; A. Tyrell, Führer befiehl. Selbstzeugnisse aus der «Kampfzeit» der NSDAP, Düsseldorf 1969; A. Krebs, Tendenzen u. Gestalten der NSDAP, Stuttgart 1959; R. F. Ziegler, Elite Recruitment and NS: The Führerkorps 1925–33, in: H. Best Hg., Politik u. Milieu, St. Katharinen 1989, 223–37; G. C. Boehnert, The Jurists in the NS Führerkorps 1925–39, in: Hirschfeld u. Kettenacker Hg., 361–74; D. Lerner, The Nazi Elite, in: ders. u. H. Lasswell Hg., World Revolutionary Elites, Cambridge/Mass. 1965, 194–318; P. Hüttenberger, Die Gauleiter, Stuttgart 1970; R. Rogowski, The Gauleiter and the Social Origins of Fascism, in: CSSH 19.1977, 399–430; H. Gerth, The Nazi Party and Its Leadership and Composition, in: AJS 45.1939/40, 517–41, u. in: R. K. Merton u. a. Hg., Reader in Bureaucracy, Glencoe/Ill. 1960², 100–13; E. M. Doblin u. C. Pohly, Social Composition of the Nazi Leadership, in: AJS 51.1945/46, 42–49; G. Maser, Die Frühgeschichte der NSDAP bis 1924, Bonn 1965; ders., Der Sturm auf die Republik. Die Frühgeschichte der NSDAP, Stuttgart 1973; apologetisch: G. Franz-Willing, Die Hitlerbewegung I, Hamburg 1962; ders., Putsch u. Verbotszeit der Hitlerbewegung 1923/25, Preuß. Oldendorf 1977; ders., Krisenjahr der Hitlerbewegung 1923, ebd. 1975; R. Figge, Die Opposition der NSDAP im Reichstag, Diss. Köln 1963.

Zu einigen wichtigen Repräsentanten der NS Prominenz vgl. allg. R. S. Wistrich, Who's Who in Nazi Germany, London 1995; P. Rees Hg., Biographical Dictionary of the Extreme Right Since 1890, N. Y. 1990; H. Weiß Hg., Biograph. Lexikon zum Dritten Reich, Frankfurt 2002²; C. Zentner u. F. Bedürftig Hg., Das Große Lexikon des Dritten Reiches, München 1985; E. Stockhorst, 5000 Köpfe – Wer war wer im Dritten Reich, Kettwig 1967; Das deutsche Führerlexikon 1934/35, Berlin 1934. Im einzelnen glänzend: J. Fest, Das Gesicht des Dritten Reiches, München 1963/199310; die Essays in: R. Smelser u. R. Zitelmann Hg., Die braune Elite, 2 Bde, Darmstadt 1989/1993. – S. Martens, H. Göring, Paderborn 1985; A. Kube, Pour le mérite u. Hakenkreuz: H. Göring, München 1986; R. J. Overy, Göring, London 1985; H. Fraenkel u. R. Manvell, dass., Hannover 1964. – R. Breitmann, Himmler u. die Vernichtung der europ. Juden, Paderborn 1996; P. Padfield, Himmler, N. Y. 1990; I. Ackermann, Himmler als Ideologe, Göttingen 1970; H. Fraenkel u. R. Manvell, Himmler, Frankfurt 1965; B. E. Smith, H. Himmler: A Nazi in the Making 1900–26, Stanford 1971; ders. u. A. F. Peterson Hg., H. Himmler, Geheimreden 1933–45, Frankfurt 1974; vgl. hierzu auch M. Kater, Die Artamanen. Völk. Jugend in der WR, in: HZ 213.1971, 577–638. – U. Höver, J. Goebbels, ein nationaler Sozialist, Bonn 1992; C.-E. Bärsch, Erlösung u. Vernichtung: Dr. phil. J. Goebbels, München 1987; R. G. Reuth, Goebbels, München 1990; H. Heiber, J. Goebbels, Berlin 1962; F. Moeller, Der Filmminister, Berlin 1998. – J. Fest, Speer, Berlin 1999/ND Frankfurt 2001; G. Serenyi, dass., München 1995; R. Schmidt, A. Speer: Das Ende eines Mythos, München 1962; G. Janssen, Das Ministerium Speer, Berlin 1968; P. W. Becker, The Basis of the German War Economy Under A. Speer, Diss. Stanford 1971; A. Speer, Erinnerungen, Berlin 1969; ders., Der Sklavenstaat, Stuttgart 1984. – R. L. Bytwerk, J. Streicher, N. Y. 1983. – R. Smelser, R. Ley, Paderborn 1989. – K. Pätzold u. M. Weissbecker, R. Hess, Berlin 1999. – L. Gruchmann, Justiz im Dritten Reich 1933–40, München 1988; E. Reitter, F. Gürtner 1881–1941, Berlin 1976. – G. Neliba, W. Frick, Paderborn 1992. – R. Cecil, The Myth of the Master Race. A. Rosenberg and Nazi Ideology, London 1972; A. Molau, A. Rosenberg, der Ideologe des NS, Koblenz 1993; H. G. Seraphim, Das polit. Tagebuch A. Rosenbergs 1934–40, Göttingen 1956. – R. Bloch, Ribbentrop, London 1992; W. Michalka, Ribbentrop u. die deutsche Weltpolitik 1933–40, München 1980. – M. Wortmann, B. v. Schirach, Köln 1981; J. v. Lang, Der Hitler-Junge: B. v. Schirach, Hamburg 1988; B. v. Schirach, Ich glaubte an Hitler, ebd. 1967. – J. v. Lang, Der Sekretär: M. Bormann, Frankfurt 1980; J. Wulf, M. Bormann, Gütersloh 1962. – A. Aronson, R. Heydrich. Die Frühgeschichte von Gestapo u. SD, Stuttgart 1971; G. Deschner, dass., Esslingen 1977; G. S. Graber, The Life and Times of R. Heydrich, N. Y. 1980; A. Wykes, Heydrich, N. Y. 1973; D. McDonald, dass., München 1990; vgl. auch P. R. Black, E. Kaltenbrunner, Paderborn 1991; L. Hachmeister, Der Gegnerforscher: F. A. Six, München 1998. – P. D. Stachura, G. Strasser and the Rise of Nazism, London 1983; ders., Der Fall Strasser, in: ders. Hg., Shaping, 88–130; U. Kissenkoetter, G. Strasser u. die NSDAP, Stuttgart 1978; R. Kühnl, Die NS Linke 1925–30, Meisenheim 1966; P. Moreau, NS von Links, Stuttgart 1984; O. Strasser, Mein Kampf. Autobiographie, Frankfurt 1969; ders., Hitler u. ich, Konstanz 1948.

[11] Vgl. zu den Wahlen: Falter, Hitlers Wähler; ders., War die NSDAP die erste Volkspartei? in: Prinz u. Zitelmann Hg., 21–47; ders., Wer verhalf der NSDAP zum Sieg? in: APZ 28/79, 14. 7. 1979, 3–21; ders. u. H. Bönermann, Die Entwicklung der Weimarer Parteien u. die Wahlerfolge der NSDAP, in: Best Hg., 92–118; ders., Der Aufstieg der NSDAP in Franken 1924–33, in: GSR 9.1986, 319–59; ders., Die Jungwähler der NSDAP 1925–33, in: W. Krabbe Hg., Polit. Jugend in der WR, Dortmund 1993, 202–21; R. F. Hamilton, Who Voted for Hitler? Princeton 1981; ders., Die soziale Basis des NS, in: Kocka Hg., Angestellte, 354–75; ders., Braunschweig 1932: Further Evidence on the Support for NS, in: CEH 17.1984, 3–36 (vgl. W. S. Allen, Farewell to Class Analysis in the Rise of Nazism, in: ebd., 54–62); ders., Hitler's Electoral Support, in: Canadian Journal of Sociology 11.1986, 1–34; T. Childers, The Nazi Voter, Chapel Hill 1983; ders. Hg., Formation; ders., The Limits of NS Mobilization: The Elections of November 1932 and the Fragmentation of the Nazi Constituency, in: ebd., 232–59; ders., The Social Basis of the NS Vote, in: G. L. Mosse Hg., International Fascism, London 1979, 161–81; ders., The Middle Classes and NS, in: Blackbourn u. Evans Hg., Bourgeoisie 318–37; ders., NS and the New Middle Class, in: Mann Hg., 19–33; P. D. Stachura, The Nazis, the Bourgeoisie, and the Workers During the Kampfzeit, in: ders. Hg., The Nazi Machtergreifung, London 1983, 15–32; M. Kreuzer, Institutions and Political Innovations. Mass Politics, Political Organization and Electoral Institutions in France and Germany 1870–1939, Ann Arbor 2000; N. Passchier, The Electoral Geography of the Nazi Landslide, in: Larsen u. a. Hg., 283–306; D. Ohr, NS Propaganda u. Weimarer Wahlen, Opladen 1997; ders., War die NSDAP-Propaganda nur bei nationalist. Wählern erfolgreich? in: KZfS 46.1994, 646–67; M. Kuechler, The NSDAP Vote in the WR, in: HSF 17.1992, 22–52; H. L. Boak, «Our Last Hope»: Women's Votes for Hitler, in: CEH 12.1989, 289–310. – Durch Falter, Hamilton und Childers sind durchweg überholt: G. Rünger, Wer wählte Hitler? Diss. Bonn 1984; T. Schna-

bel, Wer wählte Hitler? in: GG 8.1982, 116–33; A. Weber, Soziale Merkmale der NSDAP-Wähler, Diss. Freiburg 1969; C. Brown, The Nazi Voter, in: American Political Science Review (= APSR) 76.1982, 285–302; W. P. Shiveley, Party Identification, Party Choice, and Voting Stability: The Weimar Case, in: ebd. 66.1972, 1203–25; W. D. Burnham, Political Immunization and Political Confessionalism: The US and Weimar Germany, in: JIH 3.1972, 1–30; R. S. McKibbin, The Myth of the Unemployed. Who Did Vote for the Nazis? in: AJPH?.1969, 25–40; K. O'Lessker, Who Voted for Hitler? in: AJS 74.1968/69, 63–69 (vgl. S. Schnaiberg, A Critique of O'Lessker, in: ebd., 732–35); s. S. Nilson, Wahlsoziolog. Probleme des NS, in: ZGS 110.1954, 279–311; J. R. Pollock, Foreign Governments and Politics. An Areal Study of the German Electorate 1930–33, in: APSR 38.1944, 89–95; S. Riemer, Zur Soziologie des NS, in: Die Arbeit 9.1932, 101–18.

[12] Die Regional- und Stadtstudien verschaffen inzwischen eine genaue Vorstellung vom Aufstieg des Nationalsozialismus. Vgl. die Lit. vorn zu den Kleinbürgern, Arbeitern und Bauern. Das unübertroffene Modell: W. S. Allen, The Nazi Seizure of Power. The Experience of a German Town 1930–35, Chicago 1984[2], dt. Das haben wir nicht gewollt. Die NS Machtergreifung in einer Kleinstadt 1930–35, Gütersloh 1966 (Northeim b. Göttingen); brillant jetzt: A. Wirsching, Vom Weltkrieg zum Bürgerkrieg. Polit. Extremismus in Deutschland u. Frankreich 1918–39. Berlin u. Paris im Vergleich, München 1999; vgl. ders., NS in der Region, in:Möller u. a. Hg., dass., 25–46; vgl. damit auch M. Kittel, Provinz zwischen Reich u. Republik. Polit. Mentalitäten in Deutschland u. Frankreich 1918–36, München 2000; M. Rösch, Die Münchener NSDAP 1925–33, ebd. 2992; B. Lapp, Revolution from the Right. Politics, Class, and the Rise of Nazism in Saxony 1918–33, Atlantic Highlands/N. J. 1997; P. Fritzsche, Rehearsals for Fascism. Populism and Political Mobilization in Weimar Germany, N. Y. 1990; ders., Weimar Populism and NS in Local Perspective, in: Jones u. Retallack Hg., 287–306; R. Koshar, Social Life, Local Politics, and Nazism: Marburg 1918–35, Chapel Hill 1986; ders., From Stammtisch to Party. Nazi Joiners and the Contradictions of Grass Roots Fascism in Weimar Germany, in: JMH 59.1987, 1–24; ders., Contentious Citadel. Bourgeois Crisis and Nazism in Marburg 1880–1935, in: Childers Hg., Formation, 11–36; W. Struve, Aufstieg u. Herrschaft des NS in einer industriellen Kleinstadt: Osterode 1918–45, Essen 1992; O. Heilbronner, Die NSDAP – ein bürgerl. Verein? in: TAJb 23.1994, 65–78; ders., Der verlassene Stammtisch. Vom Verfall der bürgerl. Infrastruktur u. dem Aufstieg der NSDAP im Schwarzwald, in: GG 19.1993, 178–201; ders., The Failure That Succeeded. Nazi Party Activism in a Catholic Region in Germany 1929–32, in: JCH 27.1992, 511–49, sowie seine Bücher vorn in Anm.7; A. v. Saldern, Sozialmilieus u. der Aufstieg des NS in Norddeutschland, in: F. Bajohr Hg., Norddeutschland im NS, Hamburg 1993, 20–52; W. Jochmann, NS u. Revolution. Die NSDAP – Hamburg 1922–33, Frankfurt 1963; R. Chickering, Political Mobilization and Associational Life. The NS Workers' Club, in: Jones u. Retallack Hg., 307–28; C. Rauh-Kühne, Kathol. Sozialmilieu, Region u. NS, in: Möller u. a. Hg., NS in der Region, 213–35; dies. Kathol. Milieu u. Kleinstadtgesellschaft: Ettlingen 1918–38, Sigmaringen 1991; B. Peterson, Regional Perspectives on the Rise of NS 1919–33, in: M. Dobkowski u. J. Walliman Hg., Radical Perspectives on the Rise of Fascism in Germany 1919–45, N. Y. 1989, 172–93; S. Höner, Der NS Zugriff auf Preußen, Bochum 1984; L. D. Stokes, Kleinstadt u. NS, Neumünster 1984; ders., The Social Composition of the Nazi Party in Eutin 1925–32, in: IRSH 23.1978, 1–32; F. Hasselhorn, Wie wählte Göttingen 1924–33? Göttingen 1983; J. H. Grill, The Nazi Movement in Baden 1920–45, Chapel Hill 1983; T. Schnabel, Die Machtergreifung in Südwestdeutschland 1928–33, Stuttgart 1982; ders., Württemberg zwischen Weimar u. Bonn 1928–46, ebd. 1986; C. S. Sidman, Württemberg in the WR, ebd. 1978; W. Besson, Württemberg u. die deutsche Staatskrise 1929–33, ebd. 1959; H. Strauss, Fürth in der Weltwirtschaftskrise u. in der NS Machtergreifung 1928–33, Marburg 1980; B. Burkhardt, Eine Stadt wird braun. Die NS Machtergreifung in der schwäb. Provinz, Hamburg 1980; E. Faris, Takeoff

Point for the NSDAP: The Landtag Elections in Baden 1929, in: CEH 8.1975, 140–71; K. Schaap, Die Endphase der WR in Oldenburg 1928–32, Düsseldorf 1978; R. Hambrecht, Der Aufstieg der NSDAP in Mittel- u. Oberfranken 1925–33, Nürnberg 1976; F. Wiesemann, Die Vorgeschichte der NS Machtübernahme in Bayern 1932/33, Berlin 1975; D. R. Tracey, The Development of the NSDAP in Thuringia 1924–30, in: CEH 8.1975, 23–50; W. Böhnke, Die NSDAP im Ruhrgebiet, Bonn 1974; G. Pridham, Hitler's Rise to Power. The Nazi Movement in Bavaria 1923–33, London 1974; H. S. Levine, Hitler's Free City. The Nazi Party in Danzig 1925–39, Chicago 1973; E. Schön, Die Entstehung des NS in Hessen, Meisenheim 1972; G. Plum, Gesellschaftsstruktur u. polit. Bewußtsein in einer kathol. Region 1928–33 (Rb. Aachen), Stuttgart 1971; J. Noakes, The Nazi Party in Lower Saxony 1921–33, Oxford 1971; ders., NS in der Provinz, in: Möller u. a. Hg., 237–52; H.-P. Görgen, Düsseldorf u. der NS, Köln 1969; H. Schwarzwälder, Die Machtergreifung der NSDAP in Bremen 1933, Bremen 1966; E. A. Roloff, Bürgertum u. NS 1930–33: Braunschweig, Hannover 1961.

[13] Falter, Hitler Wähler, 13, 17, 26, 30, 35, 81, 93, 140–42, 162, 167, 177, 209, 225 f., 230 f., 242, 244, 251, 278, 284, 289, 292, 205, 353, 369, 371; Holzer, Parteien, 10, 46, 60, 95–99; Lehnert, Weg, 13 f. 17, 27, 53 f., 61 f., ders., Soziographie, 15–17; Lepsius, Modell, 101 f.; ders., Party Democracy, 66 f., allg. 61–72; ders., Extremer Nationalismus, 52; Orlow I, 128–298; Kater, Nazi Party, 32–71; P. D. Stachura, Der krit. Wendepunkt: NSDAP u. Reichstagswahlen 20. 5. 1928, in: VfZ 26.1978, 66–99; Petzold, Class u. Hitler. Alte Kämpfer: Merkl, Violence, 396 f., 453, 539 f.; Jochmann, NS u. Revolution, 401, 404, 427 (Tb. L. Solmitz, 4. 2. 1932, 13.1933); weitere Belege zum Anwachsen des Führer-Mythos: Sontheimer, Antidemokrat. Denken, 272–75; Tyrell, Trommler, 225, 274, 161 f., 165, 173; Maser, Frühgeschichte, 354–57; Wagner, Hitler, 17–21; Berning, Vokabular, 81, auch Heer, Glaube A. Hitlers. – Zur lokalen Expansion v. a. Allen, Nazi Seizure; Koshar, Marburg; Fritzsche, Rehearsals; Lapp, Saxony; Struve, Osterrode; Stokes, Neumünster; Wirsching, Berlin – Paris; vgl. auch O. Heilbronner, The German Bourgeois Club as a Political and Social Structure in the Late 19th and Early 20th Century, in: Continuity and Change 12.1998, 443–73; R. Hopwood, Paladins of the Bürgertum: Cultural Clubs and Politics in Small German Towns 1918–25, in: Historical Papers 1974, 213–35. – Grundlegend für die Interpretation v. a. Kershaw, Hitler I; ders., Hitler-Mythos, 28–65; ders., Hitlers Macht, München 2001[3], 13–87; ders., Der NS Staat, Reinbek 1999[4], 13–81; ders., Ideology, 164–68, 175–77; Broszat, Struktur der NS Massenbewegung, 52, 58–61, 66, 68–70; ders., Motivation u. Führer-Bindung, 392–409 (die beiden besten Aufsätze Broszats); ders., Der Staat Hitlers, München 1969/1995 15 (unübertroffene interpretatorische Brillanz).

[14] H. Frank, Im Angesicht des Galgens. Deutung Hitlers u. seiner Zeit, München 1953, 104; Dülffer, Hitler, 100; Zitelmann, Hitler-Revolutionär, 397; Hitler, Mein Kampf, 278, 772, 703, 782; ders., Sämtl. Aufzeichnungen, 88 f. (16. 9. 1919), vgl. 156. Allg. hierzu: Kroll, Geschichte u. Politik, 330–51; Kershaw, Hitler-Mythos; ders., Hitlers Macht; ders., NS Staat; ders., Ideology, 163 f.; Jaeckel, Hitlers Weltanschauung, 2–119, v. a. 55–78, 29–54; Kuhn, Hitlers Programm; Broszat, Staat Hitlers, 34. Vgl. H. Mommsen, Der «Ostraum» in Ideologie u. Politik des NS, in: ders., Von Weimar, 283–94; W. Meyer zu Uptrup, Wann wurde Hitler zum Antisemiten? in: ZfG 43.1995, 687–97.

[15] Eine präzise Einführung in die Interpretationsprobleme auf der Grundlage des letzten Forschungsstandes findet man in den Aufsätzen und Monographien von: I. Kershaw, Perspectives of Weimar's Failure, in: ders. Hg., Weimar, 1–29; ders., Der 20. 1. 1933, in: Winkler Hg., Staatskrise, 277–84; ders., Hitler I, 473–527. – R. Bessel, 1933; A Failed Counterrevolution, in: E. E. Rice Hg., Revolution and Counter-Revolution, Oxford 1991, 109–27; ders., Why Did the WR Collapse? in: Kershaw Hg., Weimar, 120–52; ders., Die Krise der WR als Erblast des verlorenen Krieges, in: F. Bajohr u. a. Hg., Zivilisation u. Barbarei, Hamburg 1991, 98–114; ders., Electorate, 401–15. – G. D. Feldman, Der

30. Januar u. die polit. Kultur von Weimar, in: Winkler Hg., Staatskrise, 263–76; ders., The WR: A Problem of Modernization? in: AfS 26.1986, 1–20; ders., Chancen? 1–27. – H. Mommsen, Die NS Machteroberung: Revolution oder Gegenrevolution? in: Fs. W. Schieder, 41–56; ders., Das Scheitern der WR u. der Aufstieg des NS, in: TAJbDG 17.1988, 1–17; ders., Die NS Machtergreifung u. die deutsche Gesellschaft, in: Michalka Hg., Machtergreifung, 29–46; ders., Der Mythos des nationalen Aufbruchs u. die Haltung der intellektuellen u. funktionalen Eliten, in: 1933 in Gesellschaft u. Wissenschaft I, Hg. Pressestelle der Univ. Hamburg, Hamburg 1983, 127–41; ders., Zur Verschränkung traditioneller u. faschist. Führungsgruppen in Deutschland beim Übergang von der Bewegungs- zur Systemphase, in: W. Schieder Hg., Faschismus als soziale Bewegung, Hamburg 1976/Göttingen 1983², 157–81; ders., Die Auflösung der WR u. die NS Machteroberung, in: Polit. Bildung 5.1972, 1–16, 37–52; auch ders., Preußentum u. NS, in: W. Benz u. a. Hg., Der NS, Frankfurt 1995, 29–41. – L. E. Jones, Nazis, Conservatives, and the Establishment of the Third Reich, in: TAJbDG 23.1994, 41–64; ders., The Limits of Collaboration 1933/34, in: ders., u. Retallack Hg., Reform, 465–501; ders., «The Greatest Stupidity of My Life». A Hugenberg and the Formation of the Hitler Cabinet, Jan. 1933, in; JCH 27.1992, 63–87; ders., Why Hitler Came to Power: In Defense of a New History of Politics, in: Fs G. G. Iggers, Hagen 1991, 256–76. – H. A. Winkler, Warum die Macht an Hitler fiel, in: Mahnendes Gedenken. Zum 50. Jahrestag der NS Machtübernahme, Freiburg 1983, 22–42; ders., Wie konnte es zum 30. 1. 1933 kommen? in; APZ 4–5/1983, 3–15; ders., Weimar, 557–616. – Peukert, WR, 232–71; Lepsius, Machtübernahme, 85–90; Zollitsch, Adel, 253–55; P. Fritzsche, Did Weimar Fail? in: JMH 68.1966, 629–56 (postmoderner Schmock); ders., Where Did All the Nazis Go? in: TAJbDG 23.1994, 191–214. Vgl. hierzu N. Frei, «Machtergreifung», in: VfZ 31.1983, 136–45; J. Noakes, Nazism and Revolution, in: N.O'Sullivan Hg., Revolutionary Theory and Political Reality, Brighton 1983, 73–100; E. Nolte, Die NS Machtergreifung im histor. Zusammenhang, in: Michalka Hg., Machtergreifung, 395–410; H. Möller, Die NS Machtergreifung: Konterrevolution oder Revolutions? in: VfZ 31.1983, 25–61; ders., Das Ende der Weimarer Demokratie u. die NS Revolution von 1933, in: M. Broszat u. ders. Hg., Das Dritte Reich, München 1986², 9–37; (beide mit zutreffender Deutung): E. Jäckel, Wie kam Hitler an die Macht? in: Erdmann u. Schulze Hg., 305–21 (obskure Wiederbelebung der ungeeigneten Bonapartismustheorie); W. Weber, Revolution? Counterrevolution? What Revolution?, in: Laqueur Hg., Fascism, 435–67; M. Geyer, Traditional Elites and NS Leadership, in: Maier u. a. Hg., Rise, 57–73; J. Dülffer, Die Machtergreifung u. die Rolle der alten Eliten im Dritten Reich, in: Michalka Hg., Machtergreifung, 182–94; D. Gessner, Die Landwirtschaft u. die Machtergreifung, in: ebd., 124–36; K.-J. Müller, Die Reichswehr u. die Machtergreifung, in: ebd., 137–51; T. Vogelsang, Neue Dokumente zur Geschichte der Reichswehr 1930–33, in: VfZ 2.1954, 397–436; H. Muth, Das «Kölner Gespräch» am 4. 1. 1933, in: GWU 37–1986, 463–80, 529–41; siehe auch T. Childers, The Social Language of Politics in the WR, in: AHR 95.1990, 331–58. Vgl. noch allg.: M. Broszat u. a. Hg., Deutschlands Weg in die Diktatur, Berlin 1983; Michalka Hg., Machtergreifung; Rittberger Hg., 1933; P. D. Stachura Hg., The Nazi Machtergreifung, London 1983; H. Höhne, Die Machtergreifung, Reinbek 1983; J. u. R. Becker, Hitlers Machtergreifung, München 1993²; W. Eschenhagen Hg., Die «Machtergreifung», Darmstadt 1982; H. O. Meissner u. H. Wilde, dass., Stuttgart 1958. – W. Hoegner, Flucht vor Hitler. Erinnerungen an die Kapitulation der ersten deutschen Republik 1933, München 1977; H. G. Schacht, 1933 – wie eine Demokratie stirbt, Düsseldorf 1968; ders., 75 Jahre meines Lebens, Bad Wörishofen 1953; J. Goebbels, Vom Kaiserhof zur Reichskanzlei, München 1934. – Zur Wirkung auf die Sowjetunion: T. Weingartner, Stalin u. der Aufstieg Hitlers 1929–34, Berlin 1970; K. Niclauss, Die Sowjetunion u. Hitlers Machtergreifung 192–35, Bonn 1966.

[16] M. Weber, Objektive Möglichkeit u. adäquate Verursachung in der histor. Kausal-

I. Strukturbedingungen und Entwicklungsprozesse politischer Herrschaft 1093

betrachtung (1906), in: ders., Ges. Aufsätze zur Wissenschaftslehre, Tübingen 1988[7], 266-90. Weber nahm dort wesentliche Positionen der «kontrafaktischen» Geschichtswissenschaft vorweg, wie sie seit den 1960/70er Jahren v. a. in der USA praktiziert wurde, ohne daß je ein einziger amerikanischer Wirtschaftshistoriker diesen Vorlauf gekannt, geschweige denn gewürdigt hätte. Vgl. hierzu Allen, Rise; Turner, 30 Tage; Rödder, Dichtung; Patch, Monarchism; E. Kolb, Was Hitler's Seizure of Power on Jan. 30, 1933, Inevitable? Washington D. C. 1997.

[17] Vgl. hierzu die Deutungen in der Fachliteratur von Kershaw bis Fritzsche vorn in Anm. 15 sowie M. Mann, The Autonomous Power of the State, in: ders., States, War and Capitalism, Oxford 1992[2], 1-32.

Neunter Teil
Charismatische Herrschaft und deutsche Gesellschaft
im «Dritten Reich» 1933-1945

I. Strukturbedingungen und Entwicklungsprozesse politischer Herrschaft

[1] Weber, WG, 142 f.; vgl. vorn ausführlich dazu: 8.T. VI, 3. – K. Hildebrand, Der deutsche Eigenweg, in: Fs. K. D. Bracher, Düsseldorf 1987, 30 f., 17, 24; ders., Deutscher Sonderweg u. «Drittes Reich», in: W. Michalka Hg., Die NS Machtergreifung, Paderborn 1984, 386-94; H.-U. Thamer, Verführung u. Gewalt. Deutschland 1933-45, Berlin 1986, 629; L. Herbst, Der totale Krieg u. die Ordnung der Wirtschaft, Stuttgart 1982, 22. – Es gibt einige vorzügliche Gesamtdarstellungen der Geschichte des «Dritten Reiches»: Ein Klassiker bleibt Broszat, Staat Hitlers; jetzt vor allem L. Herbst, Das NS Deutschland 1933-45, Frankfurt 1995, und N. Frei, Der Führerstaat 1933-34, München 1987/2001[4]; vgl. J. Dülffer, Führerglaube u. Vernichtungskrieg. Deutsche Geschichte 1933-45, Stuttgart 1992; Thamer, Verführung (363 S. allein bis 1934, 145 von 838 S. über die Kriegsjahre); K. D. Bracher, Die deutsche Diktatur, Köln 1969/1993[7] (78 von 543 S. für den Weltkrieg; vgl. ders., Zusammenbruch des Versailler Systems u. Zweiter Weltkrieg, in: G. Mann u. A. Heuss Hg., Propyläen-Weltgeschichte IX, Berlin 1960/1976[2], 391-458; ders., Krise Europas 1917-75; unbefriedigend ist das wichtigen Problemen dezisionistisch ausweichende Konvolut von M. Burleigh, The Third Reich, N. Y. 2000, dt. Die Zeit des NS, Frankfurt 2000; vgl. ders. u. W. Wippermann, The Racial State: Germany 1933-45, Cambridge 1991; U. v. Hehl, NS Herrschaft, München 1996; K. P. Fischer, Nazi Germany, London 1995; B. J. Wendt, Deutschland 1933-45; Hannover 1995; populärwissenschaftlich: W. Benz, Geschichte des Dritten Reiches, München 2000; J. Noakes u. G. Pridham Hg., Nazism, 4 Bde, Exeter 1984-91. – D. Schmiechen-Ackermann, Diktaturen im Vergleich, Darmstadt 2002; J. W. Borejsza, Schulen des Hasses. Faschist. Systeme in Europa, Frankfurt 1999; P. Brooker, 20th Century Dictatorships, London 1995. Nicht überzeugend, aber gescheit: L. Herbst, Entkoppelte Gewalt. Zur chaostheoret. Interpretation des NS Herrschaftssystems, in: TAJbDG 28.1999, 117-58. Älteren Interessen verpflichtet sind: K. Hildebrand, Das Dritte Reich, München 1979/1995[5]; K. D. Erdmann, Deutschland unter der Herrschaft des NS u. der Zweite Weltkrieg, in: Gebhardt IV/2, Stuttgart 1976[9], 331-609/ND München 1989[7]; T. Vogelsang, Die NS Zeit 1933-39, Berlin 1967; W. Hofer, Die Diktatur Hitlers bis 1939, Konstanz 1965; W. L. Shirer, Aufstieg u. Fall des Dritten Reiches, Köln 1961; H. Mau u. H. Krausnick, Deutsche Geschichte 1933-45, Tübingen 1956; H. Buchheim, Das Dritte Reich, München 1955; H. B. Gisevius, Bis zum bitteren Ende, 1933-1944, 2 Bde, Hamburg 1947/48, ND 1960; am äußersten rechten Rand geschrieben: K. Weißmann, Der Weg in den Abgrund. Deutsch-

land unter Hitler 1933-45, Berlin 1995. – Noch immer lesenswert die scharfsinnigen frühen Analysen von E. Fraenkel, The Dual State, N. Y. 1940/1969², dt. Der Doppelstaat, Köln 1974/ND Frankfurt 1993; F. Neumann, Behemoth. The Structure and Practice of NS 1933-44, London 1944, dt., dass., Frankfurt 1977; vgl. J. Bast, Totalitärer Pluralismus. F. Neumann Analyse der polit. u. rechtl. Struktur der NS Herrschaft, Tübingen 1998; G. Stollberg, Der vierköpfige Behemoth, in: Gesellschaft 6.1976, 92-118. – Nützlich Nachschlagewerke:, Enzyklopädie des NS; M. Broszat u. N. Frei, Ploetz: das Dritte Reich, Freiburg 1983/ND München 1995⁵; M. Oberesch Hg., Das Dritte Reich, 2 Bde, Düsseldorf 1982/83. – Bibliographien: ABC-Clio, The Third Reich 1933-39. A Historical Bibliography, Santa Barbara/Cal. 1984; P. Hüttenberger, Bibliographie zum NS, Göttingen 1980; L. H. Phillips, A. Hitler and the Third Reich. An Annotated Bibliography, N. Y. 1977; s. O. D. Kulka, Die deutsche Geschichtsschreibung über den NS (1924-85), in: HZ 240.1985, 590-640; ders., Major Trends and Tendencies in German Historiography on NS and the «Jewish Question», in: YLBI 30.1985, 215-42.

² Broszat, Staat Hitlers, 83-85; Thamer, Verführung, 14, 17 (Kleist sah in Hugenbergs Eintritt in das Kabinett Hitler und in dessen Zustimmung zu Neuwahlen die Rückkehr zum parlamentarischen Regime, deshalb trat er aus der DNVP aus, vgl. B. Scheurig, E. v. Kleist-Schmenzin, Oldenburg 1968); F. Borkenau, Zur Soziologie des Faschismus, in: ASS 68, 1933, 513-47. Typisch für linke Illusionen ist das Urteil des Schriftstellers F. v. Unruh vom Frühjahr 1932: Falls Hitler nach der Macht greife, sei «die Opposition... nicht einfach auszuschalten, ein Generalstreik wäre die Folge. Die Gewerkschaften gäben den Rückhalt des erbitterten Widerstands; dazu käme das Reichsbanner und die Mithilfe aller für die Zukunft Besorgten. Und wenn Hitler selbst die Reichswehr gewönne, Geschütze aufführe – er würde Millionen Entschlossene finden.» nach: Fabry, Mutmaßungen über Hitler, 153. – Bracher, Diktatur, 222; Frei, Führerstaat 39. – Für die Kennzeichnung als Revolution von Anfang an Bracher, z. B. Diktatur, 322; ders., Zeitgeschichtl. Kontroversen, München 1976/1980⁴; ders., Tradition u. Revolution im NS, in: M. Funke Hg., Hitler, Deuschland u. die Mächte, Düsseldorf 1978, 17-29; ders., NS, Faschismus, Totalitarismus, in: ders. u. a. Hg., Deutschland 1933-45, ebd., 1992, 566-90. – Allg. Geiger, Revolution, in: Hwb. der Soziologie, 511-18; Möller, Machtergreifung; ders., Ende der Weimarer Demokratie u. NS Revolution; Noakes, Revolution; E. Weber, dass.; M. Prinz, Der NS – eine «braune» Revolution? in: M. Hettling Hg., Revolution in Deutschland 1789-1989, Göttingen 1991, 70-89; G. L. Mosse, The Fascist Revolution, N. Y. 1999; C. W. Cassinelli, Total Revolution. A Comparative Study of Germany Under Hitler, the Soviet Union Under Stalin, and China Under Mao, Oxford 1976; S. Neumann, Permanent Revolution, N. Y. 1942/ND 1965. In dieser Hinsicht ganz ungenügende Differenzierung in: J. A. Goldstone Hg., Encyclopedia of Political Revolutions, Washington D. C. 1998; M. van Creveld Hg., Encyclopedia of Revolutions, N. Y. 1996; M. D. Richards, Revolution, in: EESH 3.2002, 227-51. – W. Benz, Partei u. Staat im Dritten Reich, in: Broszat u. Möller Hg., Dritte Reich, 64-82; R. Grawert, Die NS Herrschaft, in: Hdb. des Staatsrechts I. 1987, 143-72; L. Gruchmann, Die «Reichsregierung» im Führerstaat, in: Fs. E. Fraenkel, Hamburg 1973, 187-223. Vgl. Thamer, Verführung, 280; Frei, Machtergreifung; H. Mommsen, Machteroberung; ders., Verschränkung, sowie die Lit. vorn: 8.T.VI, Anm. 15; B. Weisbrod, Die Krise der bürgerl. Gesellschaft u. die Machtergreifung 1933, in: H.-U. Wehler Hg., Scheidewege der deutschen Geschichte, München 1995, 171-82; W. Wippermann, Hat Hitler die Macht ergriffen? In: B. Sösemann Hg., Der NS u. die deutsche Gesellschaft, Stuttgart 2002, 66-77; P. Steinbach, Die Gleichschaltung, in: ebd., 78-113; enttäuschend: I. Strenge, Machtübernahme 1933. Alles auf legalem Wege?, Berlin 2002. – Daß die Geschichte Hitlers und des Nationalsozialismus auch die Geschichte ihrer Unterschätzung sei, ist seit Veit Valentins Urteil (Geschichte der Deutschen, Berlin 1947/ND Köln 1979, 694) oft wiederholt worden (z. B. Bracher, Diktatur, 51), ebenso das Urteil, daß «Aufstieg, Triumph und Fall des Nationalsozialismus ohne

I. Strukturbedingungen und Entwicklungsprozesse politischer Herrschaft 1095

Hitler nicht zu denken» seien (ebd. 60, 140; ähnlich Fest, Hitler). Vorzügliche Kenner sind auch auf Webers Charismabegriff hingelenkt worden, haben das aber nicht genauer ausgeführt, so daß die Überlegung methodisch folgenlos geblieben ist, z. B. Bracher, Diktatur, 161; Broszat, Staat Hitlers, 40, 49; Frei, Führerstaat, 165; Thamer, Verführung, 339; E. Jäckel, Hitlers Herrschaft, Stuttgart 1986, 26, 151 (mit der von Jäckel noch immer befürworteten Bonapartismustheorie ist die Theorie charismatischer Herrschaft nicht vereinbar, ebd. 155); W. J. Mommsen, Der histor. Ort des NS in der deutschen Geschichte, in: H. Afflerbach u. C. Cornelissen Hg., Sieger u. Besiegte, Tübingen 1997, 374; auch Dülffer (Führerglaube, 9) spezifiziert nicht seinen Erklärungsbegriff der «Führerdiktatur». Brillant zu Hitlers charismatischer Herrschaft der konzise Aufsatz von Lepsius (Modell der charismat. Herrschaft), der eine ganze Bibliothek zeitgeschichtlicher Studien mit unbefriedigenden Interpretationen ersetzt; aufschlußreich auch sein «Schüler» W. Bach, Charismat. Führerdiktaturen.

³ Broszat, Staat Hitlers, 90, 95, 105, 107, 115; D. Rebentisch, Innere Verwaltung: NS 1933–45, in: DVG IV.1985, 732 f.; Grawert, 143, 146, 149; Dülffer, Führerglaube, 48 f., 40; Bracher, Diktatur, 230 f., 250 f.; Herbst, NS Deutschland, 58; Thamer, Verführung, 19, 23; Goebbels, Tagebuch II, 403. Zur ersten Phase der Machtstabilisierung vgl. die Lit. in 8.T.VI, Anm. 17, sowie v. a. M. R. Lepsius, The Collapse of Intermediary Power Structure: Germany 1933–34, in: Journal of Comparative Sociology 9.1968, 290–97; unersetzlich: K. D. Bracher u. a., Die NS Machtergreifung, Köln 1960/ND Berlin 1979 (darin: v. a. W. Sauer, Die Mobilmachung der Gewalt, 685–972; K. D. Bracher, Stufen der Machtergreifung, 31–368; G. Schulz, Anfänge des totalitären Maßnahmenstaates, 371–681); ders., Stufen totalitärer Gleichschaltung: Die Befestigung der NS. Herrschaft 1933/34, in: VfZ 4.1956, 30–42; H. Höhne, Die Zeit der Illusionen. Hitler u. die Anfänge des Dritten Reiches 1933–36, Düsseldorf 1991; ders., «Gebt mir vier Jahre Zeit». Hitler u. die Anfänge des Dritten Reiches, Berlin 1996; J. Dülffer, Machtergreifung, 182–94; M. Kater, Sozialer Wandel in der NSDAP im Zuge der NS Machtergreifung, in: Schieder Hg., Faschismus, 25–67; R.Smelser, Die NS Machtergreifung als sozialintegrativer Prozeß, in: Michalka Hg., Machtergreifung, 220–30. – Potsdam: K.-J. Müller, Der Tag von Potsdam u. das Verhältnis der preuß.-deutschen Militärelite zum NS, in: B. R. Kroener Hg., Potsdam, Frankfurt 1993, 435–49; K. Scheel, Der Tag von Potsdam, Berlin 1996; W. Freitag, Nationale Mythen u. kirchliches Heil, in: Westfäl. Forschungen 41.1991, 379–430; ders., Das «Dritte Reich» im Fest 1933–45, Bielefeld 1997; s. auch: A. Schildt, Die Illusion der konservativen Alternative, in: J. Schmädeke u. P. Steinbach Hg., Der Widerstand gegen den NS, München 1985, 151–68; J. Falter, Die «Märzgefallenen» von 1933, in: GG 24.1998, 595–616; O. Domröse, Der NS Staat in Bayern 1933/34, München 1974; E. Hennig Hg., Hessen unterm Hakenkreuz, Frankfurt 1984², sowie die zahlreichen Regional- und Stadtstudien: vorn 8.T.VI, Anm. 12. – H. Schneider, Das Ermächtigungsgesetz vom 24. 3. 1933, Bonn 1961²; P. Hubert, Uniformierter Reichstag 1933–45, Düsseldorf 1992. – H. Haarmann u. a. Hg., Das war ein Vorspiel nur. Bücherverbrennung 1933, Berlin 1913; H.-W. Strätz, Die student. «Aktion wider den undeutschen Geist» im Frühjahr 1933, in: VfZ 16.1968, 34–72. – Zur Zerstörung des Rechtsstaats eingehend Burleigh, Zeit des NS, 179–256, sowie I. Kershaw, The Extinction of Human Rights in Nazi Germany, in: O. Hufton Hg., Historical Change and Human Rights, N. Y. 1995, 218–46; glänzende Erfassung der Atmosphäre: S. Haffner, Geschichte eines Deutschen: Erinnerungen 1914–33, Stuttgart 2000, vgl. damit R. Heberle, Zur Soziologie der NS Revolution, in: VfZ 13.1965, 438–45. – Zum Reichstagsbrand: F. Tobias, Der Reichstagsbrand, Rastatt 1962; H. Mommsen, Der Reichstagsbrand u. seine polit. Folgen, in: VfZ 12.1964, 351–413; ders., Van der Lubbes Weg in den Reichstag, in: U. Backes u. a. Hg., Reichstagsbrand, München 1986, 33–57; ders., Betrachtungen zur Reichstagsbrand-Kontroverse, in: ebd., 239–57; U. v. Hehl, Die Kontroverse um den Reichstagsbrand, in: VfZ 36.1988, 259–80; J. Schmädeke u. a., Der Reichstagsbrand in neuem Licht, in: HZ 269.1999,

603–52; A. Bahar u. W. Kugel, Der Reichstagsbrand, Berlin 2001; T. Raithel u. I. Strenge, Die Reichstagsbandverordnung, in: VfZ 48.2000, 413–60; vorerst abschließend: H. Mommsen, Nichts Neues in der Reichstagsbrand-Kontroverse, in: ZfG 49.2001, 352–57. – Zur Bürokratie; Broszat, Staat Hitlers, 306, allg. 301–29; H. Mommsen, Beamtentum im Dritten Reich, Stuttgart 1968; ders., Bürokratie im NS, in: Beamte im NS, Dortmund 1984, 3–62; D. P. Silverman, Nazification of the German Bureaucracy Reconsidered, in: JMH 60.1988, 496–539; J. Caplan, Civil Service Support for NS, in: G. Hirschfeld u. L. Kettenacker Hg., Der «Führerstaat», Stuttgart 1981, 167–227; dies., Bureaucracy, Politics, and the NS State, in: P. Stachura, The Shaping of the Nazi State, London 1978, 234–56; E. N. Peterson, Die Bürokratie u. die NSDAP, in: Der Staat 6.1967, 151–73, E. Ritter, Justiz u. Verwaltung, in: Enzyklopädie des NS, 85–97; R. Giersch, Reichsbund der Deutschen Beamten 1933–45; in: LP 3.1985², 631–38; H. Matzerath, NS u. kommunale Selbstverwaltung, Stuttgart 1970; F. S. Burin, Bureaucracy and NS, in: R. K. Merton u. a. Hg., Reader in Bureaucracy, Glencoe/Ill. 1960², 33–47, sowie Borch, Obrigkeit.

[4] Grawert, 150–52; Broszat, Staat Hitlers, 125; vgl. die Lit. oben in Anm. 3; Parteien- und Verbändeauflösung: noch immer der vorzügliche Sammelband von Matthias u. Morsey Hg.: Matthias, SPD, 101–278; Morsey, Zentrum, 281–453; K. Schwend, Die BVP, 457–519; H. Booms, Die DVP, 523–39; F. Hiller v. Gaertringen, Die DNVP, 543–552; Bahne, KPD, 655–739; Matthias u. Morsey, Staatspartei, 31–97. Vgl. E.-W. Böckenförde, Der deutsche Katholizismus 1933, in: Hochland 53.1961, 215–39; 54.1962, 217–45, u. in: ders., Kirchl. Auftrag u. polit. Entscheidung, Freiburg 1973, 30–104; K. O. v. Aretin, Prälat Kaas, F. v. Papen u. das Reichskonkordat 1933, in: VfZ 14.1966, 252–79; J. Becker, Zentrum u. Ermächtigungsgesetz, in: VfZ 9.1961, 195–210; H. Schulze Hg., Anpassung oder Widerstand? Akten des Parteivorstandes der deutschen Sozialdemokratie 1932/33, Bad Godesberg 1977; K. Repgen, Ein KPD-Verbot 1933? in: HZ 240.1985, 67–99. – H. Skrzypczack, H., Die Ausschaltung der Freien Gewerkschaften 1933, in: E. Matthias u. K. Schönhoven Hg., Solidarität u. Menschenwürde, Bonn 1984, 255–70; H.-G. Schumann, NS u. Gewerkschaftsbewegung, Hannover 1958. – Zum Konkordat: unten IV.1b. – Zum «Reichsnährstand»: unten II.3. – O. Jung, Plebiszit u. Diktatur. Die Volksabstimmungen der Nationalsozialisten, Tübingen 1995. – Zum Arbeitsrecht: T. W. Mason, Zur Entstehung des Gesetzes zur Ordnung der nationalen Arbeit 20.1.1934, in: Mommsen u. a. Hg., Industrielles System, 322–51; ders. Sozialpolitik im Dritten Reich, Opladen 1977; A. Kranig, Lockung u. Zwang. Zur Arbeitsverfassung im Dritten Reich, Stuttgart 1983; ders., Das Gesetz zur Ordnung der nationalen Arbeit, in: H. Steindl Hg., Wege zur Arbeitsrechtsgeschichte, Frankfurt 1984, 441–500; ders., Arbeitnehmer, Arbeitsbeziehungen u. Sozialpolitik unter dem NS, in: Bracher u. a. Hg., Deutschland 1933–45, 135–52; ders., NS Arbeitsmarktpolitik, in: H.-P. Bernöker Hg., Arbeitsvermittlung in der Rechtsgeschichte, Tübingen 1991, 171–216; W. Spohn, Betriebsgemeinschaft u. Volksgemeinschaft. Arbeitsbeziehungen im NS Staat, Berlin 1988; M. Frese, Betriebspolitik im Dritten Reich 1933–39, Paderborn 1991; ders., Sozial- u. Arbeitspolitik im «Dritten Reich», in: NPL 39.1993, 403–46; T. Mayer-Maly, Arbeitsgerichtsbarkeit im NS, in: AfS 31.1991, 137–56; R. Saage, Das sozialpolitische Herrschaftssystem des NS, in: TAJbDG 10.1981, 341–62; M. A. Kelly, Industrial Relations in NS Germany, in: A. Kornhauser u. a. Hg., Industrial Conflict, N. Y. 1954, 467–77. – W. Abelshauser, G. Krupp u. die Gleichschaltung des RDI 1933/34, in: ZfU 47.2001, 3–26; U. Wengst, Der RDI in den ersten Monaten des Dritten Reiches, in: VfZ 28.1980, 94–110; I. Esenwein-Rothe, Die Wirtschaftsverbände 1933–45, Berlin 1965; J. John u. M. Weissbecker, Reichsgruppe Industrie 1933–45 (Reichsstand der Deutschen Industrie 1933/34), in: LP 2.1985², 670–80. – B. Stöver, Loyalität statt Widerstand. Die sozialist. Exilberichte u. ihr Bild vom Dritten Reich, in: VfZ 43.1995, 456 f.; vgl. ders., Volksgemeinschaft im «Dritten Reich». Die Konsensbereitschaft der Deutschen aus der Sicht sozialdemokrat. Exilberichte, Düsseldorf 1993; die Quelle: K. Behnken Hg., Deutschlandberichte der SPD/SoPaDe 1934–40,

I. Strukturbedingungen und Entwicklungsprozesse politischer Herrschaft

7 Bde, Frankfurt 1980; vgl. H. Boberach Hg., Meldungen aus dem Reich. Geheime Lageberichte des SD der SS 1939–44, 17 Bde, Herrsching 1984.

[5] Frei, Führerstaat, 16–37, Herbst, NS Deutschland, 177; Bracher, Diktatur, 265–68; Thamer, Verführung, 323, 338. – Zur SA außer der Lit. in: 8.T.IV.4, Anm. 12 hier v. a. J. C. Fest, E. Röhm, in: ders., Gesicht, 163–78; C. Fischer, dass., in: Smelser u. Zitelmann Hg., Braune Elite, 212–21; B. B. Campbell, The SA After the Röhm Purge, in: JCH 28.1993, 659–74; W. Petter, SA u. SS als Instrumente der Herrschaft, in: Bracher u. a. Hg., Deutschland 1933–45, 76–94; M. Jamin, Zur Rolle der SA im NS Herrschaftssystem, in: Hirschfeld u. Kettenacker Hg., 329–60; J. v. Fallois, Kalkül u. Illusion. Der Machtkampf zwischen Reichswehr u. SA während der Röhmkrise 1934, Berlin 1994; H. Höhne, Mordsache Röhm. Hitlers Durchbruch zur Alleinherrschaft 1933/34, Hamburg 1984; C. Bloch, Die SA u. die Krise des NS Regimes 1934, Frankfurt 1970; K. J. Müller, Reichswehr u. «Röhm-Affaire», in: MM 1968/I, 107–44; H. Bennecke, Die Reichswehr u. der Röhmputsch, München 1964; H. Mau, Die zweite Revolution: 30. 6. 1934, in: VfZ 1.1953, 113–57. – Zur Wehrmacht: M. Messerschmidt, The Wehrmacht and the Volksgemeinschaft, in: JCH 18.1983, 719–44; ders., Die Wehrmacht als tragende Säule des NS-Staates 1933–39, in: W. Manoschek Hg., Die Wehrmacht im Rassenkrieg, Wien 1996, 39–54; ders., Die Wehrmacht im NS Staat, in: Bracher u. a. Hg., Deutschland 1933–45, 377–403; ders., dass., Hamburg 1969; G. R. Ueberschär, Wehrmacht, in: Enzyklopädie des NS, 98–107; K.-J. Müller, Armee u. Drittes Reich 1933–39, Paderborn 1989; ders., General L. Beck 1933–38, Boppard 1980; ders., Armee, Politik u. Gesellschaft 1933–40, Paderborn 1979; ders., The Army in the Third Reich, in: Journal of Strategic Studies 2. 1979, 123–52; ders., Das Heer u. Hitler, Stuttgart 1969; J. Dülffer, Vom Bündnispartner zum Erfüllungsgehilfen im totalen Krieg. Militär u. Gesellschaft in Deutschland 1933–45, in: W. Michalka Hg., Der Zweite Weltkrieg, München 1990[2], 280–300; H. Buchheim, Die staatsrechtl. Bedeutung des Eides auf Hitler als Führer der NS Bewegung, in: Gutachten des Instituts für Zeitgeschichte I, Stuttgart 1958, 328–30; H.-E. Volkmann, Von Blomberg zu Keitel. Die Wehrmachtführung u. die Demontage des Rechtsstaats, in: ders., u. R. D. Müller Hg., Hitlers Wehrmacht, München 1999, 47–65; K.-H. Janßen u. F. Tobias, Der Krieg der Generäle, Hitler u. die Blomberg/Fritsch-Krise 1938, München 1994; O. Groehler, Das Revirement in der Wehrmachtführung 1937/38, in: D. Eichholtz u. K. Pätzold Hg., Der Weg in den Krieg, Berlin 1989, 113–49; R. J. O'Neill, The German Army and the Nazi Party, London 1968. Weithin überholt: M. Salewski, Die bewaffnete Macht im Dritten Reich, in: Hdb. der Deutschen Militärgeschichte VII: 1933–39, Herrsching 1983[2], 13–287; B. Mueller-Hillebrand, Das Heer 1933–45, 3 Bde, Darmstadt 1954; R. Absolon, Die Wehrmacht im Dritten Reich, 5 Bde, Boppard 1969–79; W. Erfurth, Geschichte des deutschen Generalstabs 1918–45, Göttingen 1957.

[6] Bracher, Diktatur, 222, 238, 301 f., 366; Dülffer, Führerglaube, 34; Goebbels, Tagebuch I/1, 455, 7.8. 1933 (Hitler 1.8.); Lepsius, Modell, 109 f.; Broszat, Staat Hitlers, 303, 326; Thamer, Verführung, 460; Kershaw, Hitler-Mythos, 13, 163, 106; Keitel nach: W. Maser, A. Hitler, München 1975[2], 194. Zur Revolution die Lit. vorn in Anm. 2; 8.T.VI, Anm. 17, v. a. Möller und Geiger, sowie die Lit. in Bd. II u. III; Wehler, Bibliographie zur neueren deutschen Sozialgeschichte, 406–9.

[7] Broszat, Staat Hitlers, 426; Bach, 8, 41, 24, 27, 29, 37, 54, vgl. 35–109; Kershaw, Hitler-Mythos, 13; Rebentisch, 23; Grawert, 144; Benz, Partei u. Staat, 67–82; P. Hüttenberger, NS Polykratie, in: GG 2.1976; 417–42; M. Ruck, Führerabsolutismus u. polykrat. Herrschaftsgefüge, in: Bracher u. a. Hg., Deutschland 1933–34, 32–50; H. Mommsen, Hitlers Stellung im NS Herrschaftssystem, in: Hirschfeld u. Kettenacker Hg., 43–72. G. Schulz' «totalitäre Polykratie» (in: Bracher u. a., Machtergreifung) besitzt außerhalb der Charismatheorie keine Erklärungskraft. Vgl. H. Weiss, Der «schwache» Diktator Hitler u. der Führerstaat, in: Benz u. a. Hg., Der NS, 64–77; M. Funke, Starker oder schwacher Diktator? Hitlers Herrschaft u. die Deutschen, Düsseldorf 1989; P. Hayes, Polycracy and

Policy in the Third Reich, in: T. Childers u. J. Caplan Hg., Reevaluating the Third Reich, N. Y. 1993, 190–210; J. Caplan, Politics and Polycracy, in: C. Maier u. a. Hg., The Rise of the Nazi Regime, Boulder/Col. 1986, 51–55; O. C. Mitchell, Hitler's Nazi State 1934–45, Bern 1988; D. Majer, Grundlagen des NS Rechtssystems: Führerprinzip, Sonderrecht, Einheitspartei, Stuttgart 1987; A. Schweitzer, Parteidiktatur u. überministerielle Führungsgewalt, in: JbS 21.1970, 409–74; D. Petzina, Autarkiepolitik im Dritten Reich, Stuttgart 1968; P. Diehl-Thiele, Partei u. Staat im Dritten Reich 1933–45, München 1969; J. Klenner, Verhältnis von Partei u. Staat. Bayern 1933–45, ebd. 1974; A. Kuhn, Das faschist. Herrschaftssystem, Stuttgart 1973; E. N. Peterson, The Limits of Hitler's Power, Princeton 1969; vgl. auch D. Kirschenmann, «Gesetz» im Staatsrecht des NS, Berlin 1970; O. Kirchheimer, Die Rechtsordnung des NS, in: Krit. Justiz 4.1971, 356–70; H. Ridder, Zur Verfassungsdoktrin des NS Staates, in: ebd. 2.1969, 221–43. – T. Mason, Intention and Explanation, in: Hirschfeld u. Kettenacker Hg., 23–40; H. Mommsen, Hitlers Stellung; ders., Der NS u. die Auflösung des normativen Staatsgefüges, in: O. K. Flechtheim u. a. Hg., Gedächtnisschrift O. Kirchheimer, Opladen 1989, 67–75; K. Hildebrand, Monokratie oder Polykratie? in: Hirschfeld u. Kettenacker Hg., 73–97; ders., NS ohne Hitler? in: GWU 1980, 189–304.

[8] Weber, WG, 141; Broszat, Staat Hitlers, 65. Zu den Gauleitern: Hüttenberger, Gauleiter, Rogowski, dass.; Benz, Partei u. Staat, 69, 72, allg. 74–82; M. Moll, Die Tagungen der Reichs- u. Gauleiter der NSDAP, in: VfZ 49.2001, 215–74. – Zu Todt: F. W. Seidler, F. Todt, München 1986; ders., Die Organisation Todt 1938–45, Koblenz 1987. – Zu Speer: Rebentisch, 387; vgl. die Lit. vorn 8.T.VI, Anm. 10. – Zum RAD: Broszat, Staat Hitlers, 332–37; vorzüglich: K. K. Patel, «Soldaten der Arbeit». Arbeitsdienst in Deutschland u. den USA 1933–42, Göttingen 2003; P. Dudek, Erziehung durch Arbeit. Arbeitslagerbewegung u. freiwilliger Arbeitsdienst 1920–35, Opladen 1988; W. Benz, Vom freiwilligen Arbeitsdienst zur Arbeitsdienstpflicht, in: VfZ 16.1968, 317–46; C. Olschewski, Reichsarbeitsdienst 1933–45, in: LP 3.1985^2, 614–18; S. Bajohr, Weibl. Arbeitsdienst im «Dritten Reich», in: VfZ 28.1980, 331–57. – Zur HJ die Lit. in 8.T.VI, Anm. 12; Broszat, Staat Hitlers, 334–36; M. Buddrus, Totale Erziehung für den totalen Krieg. HJ u. NS-Jugendpolitik, 2 Bde, München 2003; A. Klönne, Jugend im Dritten Reich, in: Bracher u. a. Hg., Deutschland 1933–45, 216–39; ders., Jugend im «Dritten Reich». Die HJ u. ihre Gegner, Düsseldorf 1982; A. v. Plato, The HJ Generation, in: M. Roseman Hg., Generations in Conflict. Germany 1770–1968, Cambridge 1995, 210–26; M. Kater, HJ u. Schule im Dritten Reich, in: HZ 228.1979, 572–623. – B. Jürgens, Zur Geschichte des BDM 1923–39, Frankfurt 1994; M. Klaus, Mädchen im Dritten Reich: Der BDM, Köln 1981; D. Reese, The BDM Generation, in: Roseman Hg., 227–46; A. Boeltken, Führerinnen im Führerstaat, Pfaffenweiler 1995; L. Kock, Der BDM im Spiegel der Erinnerungen ehemaliger Mädelführerinnen, Munster 1994. Vgl. K. H. Jahnke u. M. Buddrus, Deutsche Jugend 1933–45, Hamburg 1989; H. H. Huber, Jugend unterm Hakenkreuz, Berlin 1982; H. Boberach, Jugend unter Hitler, Düsseldorf 1982; H. Glaser, Jugend im Dritten Reich, Frankfurt 1975; G. Rempel, Hitler's Children. The HJ and the SS, Chapel Hill 1989. – Zur DAF: Frei, Führerstaat, 65; Thamer, Verführung, 501 f., 496, 489; B. Weisbrod, Der Schein der Modernität, in: Fs H. Grebing, Essen 1995, 232; H. J. Reichhardt, Die DAF, Diss. FU Berlin 1956; R. Giersch, dass., in: LP 1.1983^2, 548–69; ders., Von der NSBO zur DAF 1932–34, in: JbG 26.1982, 43–73; H. Roth, Die NSBO. in: JbW 1978/I, 49–66; C. Sachße u. F. Tennstedt, Der Wohlfahrtsstaat im NS, Stuttgart 1992; E. Hansen, Wohlfahrtspolitik im NS-Staat, Augsburg 1991; M. H. Geyer, Soziale Sicherheit u. wirtschaftl. Fortschritt. Arbeitsideologie u. Sozialpolitik im «Dritten Reich» in: GG 15.1989, 382–406; M. Prinz, Sozialpolitik im Wandel der Staatspolitik, in: R. vom Bruch Hg., Weder Kapitalismus, 219–45; T. Siegel, Rationalisierung statt Klassenkampf. Zur Rolle der DAF, in: H. Mommsen, Herrschaftsalltag, 97–143; H. Weiss, Ideologie der Freizeit im Dritten Reich. «KdF, in: AfS 33.1993, 289–303; C. Sachse, Freizeit zwischen Betrieb u. Volksgemein-

schaft. Betriebl. Freizeitpolitik im NS, in: ebd. 33.1993, 305-28; L. V. Moyer, The KdF Movement in Nazi Germany 1933-39, Ann Arbot 1984; W. Buchholz, KdF, Diss. München 1976; H. Spode, Arbeiterurlaub im Dritten Reich, in: C. Sachse u. a., Angst, Belohnung, Zucht u. Ordnung, Oplanden 1982, 275-328; ders., «Der deutsche Arbeiter reist». Massentourismus im Dritten Reich, in: G. Huck Hg., Sozialgeschichte der Freizeit, Wuppertal 1980, 281-306; J. Gillingham, The «Deproletarianization» of German Society: Vocational Training in the Third Reich, in: JSH 19.1986, 423-32; C. Friemert, Produktionsästhetik im Faschismus: «Schönheit der Arbeit» 1933-39, München 1980; A. Rabinbach, The Aesthetics of Production in the Third Reich: Schönheit der Arbeit, in: JCH 11.1976, 43-74, dt. Die Ästhetik der Produktion im Dritten Reich, in: R. Schnell Hg., Kunst u. Kultur im Faschismus, Stuttgart 1978, 57-85; K. H. Roth, Intelligenz u. Sozialpolitik im «Dritten Reich». Das «Arbeitswissenschaftl. Institut der DAF», München 1993; W. Eggerstorfer, Schönheit u. Adel der Arbeit, Frankfurt 1988. – Zu NSV und WHW: H. Vorländer, Die NSV, Boppard 1988; ders., NSV u. WHW, in: VfZ 34.1986, 341-80; P. Zolling, Zwischen Integration u. Segregation. Sozialpolitik im Dritten Reich. Die NSV in Hamburg, Frankfurt 1986; F. Tennstedt, Wohltat u. Interesse. Das WHW, in: GG 13.1987, 156-80; allg. H. Markmann, Die Massenführungt des NS, Diss. Heidelberg 1951. – Zur SS: Broszat, Staat Hitlers, 337-46; Bach, 42; Benz, Partei u. Staat, 78 f., Petter, 85-91; vgl. die Lit. vorn in 8.T.IV, Anm. 15, sowie H. Buchheim, Die SS, das Herrschaftsinstrument, in: ders. u. a., Anatomie des SS-Staates I, München 1967², 15-212; ders., SS u. Polizei im NS-Staat, Duisburg 1964; ders., Die Höheren SS- u. Polizeiführer, in: VfZ 11.1963, 362-91; R. B. Birn, dass., Düsseldorf 1986; R. Smelser u. E. Syring Hg., Die SS-Elite unter dem Totenkopf, Paderborn 2000; B. Wegner, The «Aristocracy of NS». The Role of the SS in NS-Germany, in: H. W. Koch Hg., Aspects of the Third Reich, N. Y. 1985, 43-50; ders., Der Durchbruch zum «SS-Staat». Die SS 1938, in: F. Knipping u. K.-J. Müller Hg., Machtbewußtsein im Deutschland am Vorabend des Zweiten Weltkriegs, Paderborn 1984, 43-55; R. Gellately, Situating the «SS-State» in a Social-Historical Context, in: JMH 64.1992, 338-65; Y. Meisler, Himmler's Doctrine of the SS Leadership, in: TAJbDG 8.1979, 389-432. – M. Zeck, Das Schwarze Korps, Tübingen 2001; W. L. Combs, The Voice of the SS: «Das Schwarze Korps», N. Y. 1987. – Zur Waffen-SS: B. Wegner, Hitlers polit. Soldaten: Die Waffen-SS 1933-45, Paderborn 1994⁴; G. H. Stein, Geschichte der Waffen-SS, Königstein 1979²; J. J. Weingartner, Hitler's Guard. The Leibstandarte SS A. Hitler 1933-45, London 1975²; C. W. Sydnor, Soldiers of Destruction. The SS Death's Head Division 1939-45, Princeton 1977, dt. Soldaten des Todes. Die 3. SS-Division «Totenkopf» 1933-45, Paderborn 2001. – R. L. Koehl, RKFDV. German Resettlement and Population Policy 1939-45, Cambridge/Mass. 1957; V. O. Lumans, Himmler's Auxiliaries. The «Volksdeutsche Mittelstelle» and the German National Minorities of Europe 1933-45, Chapel Hill 1993; H. Heiber Hg., Reichsführer... Briefe an u. von Himmler, Stuttgart 1968; Himmler, Geheimreden 1933-45. – Zur Gestapo und anderen Polizeiverbänden. Glänzend ist M. Wildt, Generation der Unbedingten. Das Führungskorps des Reichssicherheithauptamts, Hamburg 2002; ders., Radikalisierung u. Selbstradikalisierung 1939. Die Geburt des RSHA aus dem Geist des völk. Massenmords, in: G. Paul u. K.-M. Mallmann Hg., Die Gestapo im Zweiten Weltkrieg, Darmstadt 2000, 11-41; U. Herbert, Weltanschauungseliten. Ideolog. Legitimation u. polit. Praxis der Führungsgruppen der NS-Sicherheitspolizei, in: Potsdamer Bulletin für Zeitgeschichtl. Studien 9.1990, 4-18; E. A. Johnson, Terror, Gestapo, Juden u. gewöhnliche Deutsche, Berlin 2001; R. Gellately, Backing Hitler. Consent and Coercion in Nazi Germany, Oxford 2001; dt. Hingeschaut u. weggesehen. Hitler u. sein Volk, Stuttgart 2002; ders., The Gestapo and German Society 1933-45, ebd. 1990, dt. Die Gestapo u. die deutsche Gesellschaft, Paderborn 1993; ders., Rethinking the Nazi Terror System, in: GSR 14.1991, 23-38; ders., The Gestapo and German Society, in: JMH 60.1988, 654-94; G. C. Browder, Hitler's Enforcers. The Gestapo and the SS Security Service, Lexington/Ky. 1996; G. Paul

u. K.-M. Mallmann Hg., Die Gestapo, Darmstadt 1995; dies., Allwissend, allmächtig, allgegenwärtig? Gestapo, Gesellschaft u. Widerstand, in: ZfG 41.1993; 984–99; C. Graf, Polit. Polizei zwischen Demokratie u. Diktatur, Berlin 1981; J. Tuchel u. R. Schattenfroh, Zentrale des Terrors. Hauptquartier der Gestapo, ebd. 1987; J. Delarué, Die Geschichte der Gestapo, Düsseldorf 1964/Königstein 1979²; F. Zipfel, Gestapo u. SD, Berlin 1960; R. Diels, Lucifer ante portas. Es spricht der erste Chef der Gestapo, Stuttgart 1950; W. O. Weyrauch, Gestapo-V-Leute, Frankfurt 1992; G. Diewald-Kerkmann, Polit. Denunziation im NS Regime, Bonn 1995; R. Wolters, Verrat für die Volksgemeinschaft. Denunziation im «Dritten Reich», Pfaffenweiler 1996. – G. C. Browder, Foundations of the Nazi Police State. The Foundation of Sipo and SD, Lexington/Ky. 1990; A. Ramme, Der SD der SS, Berlin 1970; J. Banach, Heydrichs Elite. Das Führerkorps der Sipo u. des SD 1936–45, Paderborn 1998; F. Wilhelm, Die Polizei im NS Staat, ebd. 1997; H. Lichtenstein, Himmlers grüne Helfer. Die Schutz- u. Ordnungspolizei 1933–45, Köln 1990. Vgl. aber auch: R. Vogelsang, Der Freundeskreis Himmler, Göttingen 1972 – Zu den KZ: M. Broszat, NS KZ 1933–45, in: Buchheim u. a., Anatomie II, 11–133; W. Sofsky, Die Ordnung des Terrors, Die KZ, Frankfurt 1993; ders., Absolute Macht. Zur Soziologie der KZ, in: Leviathan 18.1990, 518–35; W. Kirstein, Das KZ als Institution totalen Terrors, Pfaffenweiler 1993; N. Frei Hg., Ausbeutung – Vernichtung – Öffentlichkeit. Zur NS Lagerpolitik, München 2000; C. Dieckmann u. a. Hg., Die NS KZ, 2 Bde, Göttingen 1998; K. Orth, Das System der KZ, Hamburg 1999; G. Lotfi, KZ der Gestapo. Arbeitserziehungslager im Dritten Reich, Stuttgart 2000; G. Schwarz, Die NS Lager, Frankfurt 1996²; J. Tuchel, KZ 1933–38, Boppard 1991; M. Weinmann Hg., Das NS Lagersystem, ebd. 1990; K. Drobisch u. G. Wieland, Das System der NS KZ 1933–39, Berlin 1992; A. J. Kaminski, KZ 1896 bis heute, Stuttgart 1982; L. Eiber Hg., Verfolgung – Ausbeutung – Vernichtung. Die Lebens- u. Arbeitsbedingungen der Häftlinge in deutschen KZ 1933–45, Hannover 1985; E. Kosthorst u. B. Walter, Konzentrations- u. Strafgefangenenlager im Dritten Reich, Düsseldorf 1983; H.-G. Richardi, Schule der Gewalt. Die Anfänge des KZ Dachau 1933–45, München 1983. – Zu Görings Imperium: Broszat, Staat Hitlers, 347–49; 370–75; Petzina, Autarkiepolitik; R. J. Overy, Göring's «Multinational Empire», in: A. Teichova u. P. L. Cottrell Hg., International Business and Central Europe 1918–39, Leicester 1983, 269–98, sowie die Lit. in 8.T.VI, Anm. 10. – Zu Goebbels: die Lit. ebd. – Zu Sauckel: U. Herbert Hg., Europa u. der «Reichseinsatz», Essen 1991; Thamer, Verführung, 347.

⁹ Vgl. zu den vier Kanzleien: D. Rebentisch, Hitlers Reichskanzlei, in: ders. u. K. Teppe Hg., Verwaltung contra Menschenführung im Staat Hitlers, Göttingen 1986, 65–99; dies., Einleitung, in: ebd., 7–32; D. Rebentisch, Reichskanzlei u. Parteikanzlei im Staat Hitlers, in: AfS 31, 1985, 611–33; ders., Innere Verwaltung, 734–39, 761–64; Bach, 63 f., 74–85; Gruchmann, Reichsregierung 188, 193 f.; Broszat, Staat Hitlers, 301–651; 389–94; H. S. Hegner, Die Reichskanzlei 1933–45, Frankfurt 1959; J. Noakes, P. Bouhler u. die Kanzlei des Führers der NSDAP, in: Rebentisch u. Teppe Hg., 208–36; P. Longerich, Hitlers Stellvertreter. Stab Heß u. Parteikanzlei Bormann, München 1992. Vgl. auch S. Kuusistvo, A. Rosenberg in der NS Außenpolitik 1933–39, Helsinki 1984; R. Bollmus, Das Amt Rosenberg u. seine Gegner, Stuttgart 1970/1982²; D. M. McKale, The Nazi Party Courts. Hitler's Management of Conflict in His Movement 1921–45, Lawrence/Ka. 1974.

¹⁰ Runge, 232–47; Caplan, Bureaucracy, 245 f.; Silverman, Nazification; Frei, Führerstaat, 65–67; Broszat, Staat Hitlers, 182–96. – SA 1934: Frei, Führerstaat, 21–37; Herbst, NS Deutschland, 84, 11–15; Broszat, Staat Hitlers, 247 f., 255–61, 267–73; Kershaw, Hitler-Mythos, 70 f.; Jamin, Rolle, 329–58; Petter, 79–84; D. Jablonsky, Hitler and Röhm, in: JCH 23.1988, 367–86; M. Jamin, Das Ende der «Machtergreifung»: Der 30. 6. 1934 u. seine Wahrnehmung in der Bevölkerung, in: Michalka Hg., Machtergreifung, 207–18; Stöver, Loyalität 455; C. Schmitt, Der Führer schützt das Recht, in: Deutsche Juristen-Zeitung

39.1934, 945–50. – Zur Wehrmacht: A. Wirsching, Hitlers Rede vor den Spitzen der Reichswehr am 3.2. 1933, in: VfZ 49.2001, 517–50; Messerschmidt, Wehrmacht and Volksgemeinschaft, 719–21, sowie die Lit. vorn in Anm. 5.

[11] Schacht zit. nach Bullock, Hitler, 366, u. Zitelmann, Hitler, 1991[4], 234; Frei, Führerstaat 86–88, 94; Broszat, Staat Hitlers, 179, 206; Thamer, Verführung, 348, 470f., 474–77; Herbst, NS Deutschland, 86f.; ders., NS Wirtschaft- u. Beschäftigungspolitik, in: Sösemann Hg., NS u. Gesellschaft, 172–87; ders., Die NS Wirtschaftspolitik im internationalen Vergleich, in: Benz u. a. Hg., NS, 155–61; J. Garraty, The New Deal, NS, and the Great Depression; in: AHR 78.1973, 907–44; W. Bührer, Wirtschaft, in: Enzyklopädie des NS, 108–22; Hayes, Polycracy, 193–96. Zu Hitlers Einsicht in die legitimierenden Folgen der Arbeitsmarktpolitik: Turner Hg., Hitler aus nächster Nähe, 33.- Vgl. R. J. Overy, The Nazi Economic Recovery 1932–38, Cambridge 1982/1985[2]; ders., Unemployment in the Third Reich, in: BH 29.1987, 253–81; D. P. Silverman, Hitler's Economy 1933–36, Cambridge 1998; vorzüglich jetzt A. Ritschl, Deutschlands Krise u. Konjunktur 1924–34, Berlin 2001; vgl. ders., Die NS Wirtschaftsideologie – Modernisierungsprogramm oder reaktionäre Utopie? in: Prinz u. Zitelmann Hg., 48–70; ders., Wirtschaftspolitik im Dritten Reich, in: Bracher u. a. Hg., Deutschland 1933–454, 118–34; ders., Zum Verhältnis von Markt u. Macht in Hitlers Weltbild, in: U. Backes u. a. Hg., Die Schatten der Vergangenheit, Berlin 1990, 243–65; E. Teichert, Autarkie u. Großraumwirtschaft in Deutschland 1930–39, München 1984; A. Barkai, Das Wirtschaftssystem des NS 1933–36, Köln 1977/ND Frankfurt 1988; G. Ambrosius, Staat u. Wirtschaftsordnung, Stuttgart 2001; W. Abelshauser, Macht u. Staat. Deutsche Wirtschaftspolitik im «langen 20. Jh.», in: Spree Hg., Wirtschaft im 20. Jh., 117–50; ders., Umbruch u. Persistenz. Das deutsche Produktionsregime in histor. Perspektive, in: GG 27.2001, 503–23; H. Berghoff, Konsumgüterindustrie im NS, in: AfS 36.1996, 293–322; ders., Von der «Reklame» zur Verbrauchslenkung im NS Deutschland, in: ders., Hg., Konsumpolitik, Göttingen 1999, 71–113; C. Bettelheim, Die deutsche Wirtschaft unter dem NS, München 1974; R. Dubail, Une expérience d'économie dirigée: L'Allemagne NS, Paris 1962; F. Blaich, Wirtschaftspolitik des NS im Systemvergleich, München 1984, 165–78; ders., Reformen u. Transformationen zwischen 1932 u. 1948, in: ders. u. a. Hg., Wirtschaftssysteme zwischen Zwangsläufigkeit u. Entscheidung, Stuttgart 1971, 141–51; R. Erbe, Die NS Wirtschaftspolitik 1933–39, Zürich 1958; W. Fischer, Die Wirtschaftspolitik des NS, Celle 1961; H.-H. Rubbert, Die gelenkte Marktwirtschaft des NS, in: Hamburger Jb. 8.1963, 215–34; F. Rome, The German NS Regime: Its Response to the World Economy Crisis. Its Ideas and Pre-War Economic Policies, Diss. Johns Hopkins Univ. Baltimore 1974; J. Stelzner, Arbeitsbeschaffung u. Wiederaufrüstung 1933–36, Diss. Tübingen 1976; H. Honigberger, Die wirtschaftspolit. Zielsetzung des NS: der Arbeitsmarkt 1933–39, Diss. Freiburg 1949. Oft überholt: A. Schweitzer, Big Business in the Third Reich, Bloomington/Ind. 1965[2]; ders., Business Power Under the Nazi Regime, in: Zeitschrift für Nationalökonomie 20.1960, 414–42; ders., Big Business and Private Property Under the Nazis, in: Journal of Business 19.1946, 99–126; ders., Der organis. Kapitalismus, in: Hamburger Jb. 7.1962, 32–47; ders., Organis. Kapitalismus u. Parteidiktatur 1933–36, in: Sch.Jb.79.1959, 37–70. – E. Schütz u. F. Gruber, Mythos Reichsautobahnen 1933–41, Berlin 1996; H. Winkel, Der Glaube an die Beherrschbarkeit von Wirtschaftskrisen 1933–70, in: G. Schulz Hg., Die Große Krise der 30er Jahre, Göttingen 1985, 17–43. Verfehlt ist: W. Treue u. G. Frede, Wirtschaft u. Politik 1939–45, Braunschweig 1964[4], und W. Treue, Wirtschaft im Dritten Reich, in: ZfU 29.1984, 131–49; ganz unergiebig: A. van Riel u. a. Schram, Weimar Economic Decline-Nazi Economic Recovery, and Stabilization of Political Dictatorship, in: JEH 53.1993, 71–105. Vgl. unten die Lit. zur Wirtschaft: II.1,2 und zu den Arbeiterklassen: II.2b.

[12] Kershaw, Hitler-Mythos, 158, 100, 97, 112, 87, 161, 163, 170, 173; R. D. Mandell, The Nazi Olympics, N. Y. 1971; W. D. Mattausch, Sport, in: Enzyklopädie des NS,

251–56; Frei, Führerstaat, 125, 86; Herbst, NS Deutschland, 137–49, 179; Thamer, Verführung, 526–623, v. a. 544, 546, 572, 578, 599, 605; Bracher, Diktatur, 313, 319, 365; Stöver, Loyalität, 457. – Zur NS Propaganda: B. Sösemann, Propaganda u. Öffentlichkeit in der «Volksgemeinschaft», in: ders., Hg., NS u. Gesellschaft, 114–54; P. Longerich, NS-Propaganda, in: Bracher u. a. Hg., Deutschland 1933–45, 291–314; E. K. Bramsted, Goebbels u. die NS Propaganda, Frankfurt 1971; I. Bohse, Inszenierte Kriegsbegeisterung u. ohnmächtiger Friedenswille. Propaganda im NS, Stuttgart 1988; D. Welch Hg., Nazi-Propaganda, London 1983; Z. A. B. Zeman, dass., ebd. 1973²; J. Wulf, Kultur im Dritten Reich: Presse usw., 5 Bde, ND Frankfurt 1989; A. L. Unger, Propaganda and Welfare in Nazi Germany, in: JSH 4.1976, 125–40; H.-U. Thamer, Propaganda: Kulturhistor. Ausstellungen in der NS Zeit, in: GG 24.1998, 349–81; O. J. Hale, Captive Press, Princeton 1966, dt. Presse in der Zwangsjacke 1933–45, Düsseldorf 1965; K.-D. Abel, Presselenkung im NS-Staat, Berlin 1968; A. Uzulis, Nachrichtenagenturen im NS, Frankfurt 1995; W. Hagemann, Die Presselenkung im Dritten Reich, Bonn 1970; ders., Publizistik im Dritten Reich, Hamburg 1948; E. Martens, Zum Beispiel «Das Reich». Presse im totalitären Regime, Köln 1972; G. Gillesen, Auf verlorenem Posten: Die «Frankfurter Zeitung» im Dritten Reich, Berlin 1986; H. Bohrmann Hg., NS Presseanweisung der Vorkriegszeit, 6 Bde, München 1984–99. – Zur Außenpolitik: M.-L. Recker, Die Außenpolitik des Dritten Reiches, München 1990⁵; öfters überholt dagegen: K. Hildebrand, Deutsche Außenpolitik 1933–45, Stuttgart 1970/1990⁵; ders., Die innenpolitischen Antriebskräfte der NS Außenpolitik, in: 2. Fs. H. Rosenberg, 635–51 (viel zu eng angelegt); H. Graml, Wer bestimmte die Außenpolitik des Deutschen Reiches? in: M. Funke u. a. Hg., Demokratie u. Diktatur, Bonn 1987, 223–36; A. Hillgruber, Grundzüge der NS Außenpolitik 1933–45, in: Saeculum 24. 1973, 328–45; G. L. Weinberg, The Foreign Policy of Hitler's Germany I: 1933–36, II: 1937–39, Chicago 1970/80; C. Bloch, Das Dritte Reich u. die Welt. Deutsche Außenpolitik 1933–45, Paderborn 1992²; anachronistisch und langweilig: R. F. Schmidt, Die Außenpolitik des Dritten Reiches 1933–39, Stuttgart 2002; H.-A. Jacobsen, NS Außenpolitik 1933–38, Frankfurt 1968; G. Wollstein, Vom Weimarer Revisionismus zu Hitler, Bonn 1973; B.-J. Wendt, Großdeutschland, München 1987; G. Schubert, Die Anfänge der NS Außenpolitik, Köln 1963; J. Dülffer, Grundbedingungen der NS Außenpolitik, in: L. Haupts u. G. Mölich Hg., Strukturelemente des NS, Köln 1981, 61–88; K. D. Bracher, Das Anfangsstadium der Hitlerschen Außenpolitik, in: VfZ 5.1957, 63–76; G. Altner, Weltanschaul. Hintergründe der Raumlehre des Dritten Reiches, Zürich 1968; K. H. Jarausch, From Second to Third Reich. The Problem of Continuity in German Foreign Policy, in: CEH 12.1979, 68–82. – W. Schieder u. C. Dipper, Der Span. Bürgerkrieg in der internationalen Politik 1936–39, München 1976; ders., Span. Bürgerkrieg u. Vierjahresplan, in: Fs. Conze, 832–56. – W. Bussmann, Zur Entstehung u. Überlieferung der «Hoßbach-Niederschrift», in: VfZ 16.1968, 373–84; G. Henrikson, Das «Hoßbach-Protokoll», in: G. Rystad u. s. Tägil Hg., Probleme deutscher Zeitgeschichte, Stockholm 1971, 151–94; F. Hoßbach, Zwischen Wehrmacht u. Hitler 1934–38, Wolfenbüttel 1949; W. Michalka Hg., NS Außenpolitik, Darmstadt 1976. – Zum Auswärtigen Amt: H.-S. Döscher, Das Auswärtige Amt im Dritten Reich, Berlin 1987; M. Thielenhaus, Zwischen Anpassung u. Widerstand. Deutsche Diplomaten 1938–41, Paderborn 1984; R. A. Blasius, Für Großdeutschland – gegen den Krieg. E. v. Weizsäcker in den Krisen um die Tschechoslowakei u. Polen, Köln 1981; J. L. Heinemann, Hitler's First Foreign Minister: C. F. v. Neurath, Berkeley 1978; P. Seabury, Die Wilhelmstraße. Geschichte der deutschen Diplomatie 1930–45, Frankfurt 1956; J. Wulf u. L. Poliakov, Das Dritte Reich u. seine Diener: AA usw., Wiesbaden 1989; E. Kordt, Nicht aus den Akten. Die Wilhelmstr. in Frieden u. Krieg, Stuttgart 1950. – Zum «Anschluß»: E. Talos u. a., NS Herrschaft in Österreich, Wien 2000, E. B. Bukey, Hitler's Austria 1938–45, London 2000, dt. Hitlers Österreich, Wien 2001; R. G. Ardelt u. H. Hautmann Hg., Arbeiterschaft u. NS in Österreich, ebd. 1990; G.-K. Kindermann, Hitlers Niederlage in Österreich 1934, Hamburg 1984; G. Botz, Die Eingliederung Österreichs in das Deutsche Reich 1936–40, Wien 1972; D. Wagner u. G. Tomkowitz, Ein Volk, ein Reich, ein Führer. Der Anschluß Österreichs 1938, München 1968; D. Ross, Hitler u. Dollfus. Die deutsche Österreich-Politik, Hamburg 1966; G. B. Sheperd, Der Anschluß, Graz 1936; L. Kerekes, Anschluß 1938, Budapest 1961; J. Gehl, Austria, Germany, and the Anschluß 1931–38, London 1962; R. R. Koerner, So haben sie es damals gemacht. Die Propagandavorbereitung zum Österreich-Anschluß 1931–38, Wien 1958; U. Eichstädt, Von Dollfus zu Hitler, Wiesbaden 1955. – Zur Sudetenkrise und Zerschlagung der Tschechoslowakei: R. Gebel, Heim ins Reich. K. Henlein u. der Reichsgau Sudetenland 1938–45, München 1999; F. Seibt, Unterwegs nach München. Zur Formierung NS Perspektiven unter den Deutschen der Tschechoslowakei 1930–38, in: Benz Hg., NS, 133–52; R. M. Smelser, Das Sudetenproblem u. das Dritte Reich 1933–38, München 1988; R. Jaworski, Die Sudetendeutschen als Minderheit in der Tschechoslowakei 1918–78, in: Benz Hg., Vertreibung, 29–38; H. Mommsen, Münchener Abkommen, in: SDG 4.1971, 597–614; D. Brandes, Die Tschechen unter deutschem Protektorat I: 1939–42, München 1969; I. Werstein, Betrayal. The Munich Pact of 1938, Garden City/N. Y. 1969; J. W. Brügel, Tschechen u. Deutsche 1918–38, München 1967; B.-J. Wendt, München 1938, Frankfurt 1965; ders., Appeasement 1938, ebd. 1966; H. K. G. Rönnefarth, Die Sudetenkrise, Wiesbaden 1961; B. Celovsky, Das Münchener Abkommen 1938, Stuttgart 1958; D. Clemens, Herr Hitler in Germany. Wahrnehmungen u. Deutungen des NS in Großbritannien 1920–39, Göttingen 1996; M. Cowling, The Impact of Hitler. British Politics and Policy 1933–40, Cambridge 1975; A. Teichova, An Economic Background to Munich, ebd. 1974.

[13] Als erster hat Hans-Walter Schmuhl das Erklärungsmodell von charismatischer Herrschaft und Polykratie im Hinblick auf die NS Rassenpolitik überzeugend genutzt: Rassismus unter den Bedingungen charismatischer Herrschaft, in: Bracher u. a. Hg., Deutschland 1933–45, 182–97; ausführlich ders., Rassenhygiene; vgl. ders., Die Selbstverständlichkeit des Tötens. Psychiater im NS, in: GG 16.1990, 411–39; ders., Die Patientenmorde, in: A. Ebbinghaus u. K. Dörner Hg., Vernichten u. Heilen, Berlin 2001, 295–329; anregend: U. Herbert, Traditionen des Rassismus, in: Niethammer u. a., Bürgerl. Gesellschaft, 472–88; ders., Von der «Reichskristallnacht» zum «Holocaust», in: ebd., 489–504; H. Mommsen, Die Funktion des Antisemitismus im Dritten Reich, in: D. Blasius u. D. Diner Hg., Zerbrochene Geschichte, Frankfurt 1993, 161–71; A. Trus, Der «Heilige Krieg» der Eugeniker, in: G. Freiling u. G. Schärer-Pohlmann Hg., Geschichte u. Kritik, Gießen 2002, 345–86. – Ausführlich, minuziös genau und daher besonders erschreckend: P. Longerich, Politik der Vernichtung. NS Judenverfolgung, München 1998, 25–221; souverän abwägend: S. Friedländer, Das Dritte Reich u. die Juden I: 1933–39, ebd. 1998; ders., Vom Antisemitismus zur Ausrottung, in: E. Jäckel u. J. Rohwer Hg., Der Mord an den Juden, Stuttgart 1985/ND Frankfurt 1987, 18–60; ders., L'antisemitisme nazi, Paris 1971. – Zur innerdeutschen Reaktion: I. Kershaw, Antisemitismus u. Volksmeinung, in: M. Broszat u. E. Fröhlich Hg., Bayern in der NS Zeit II, München 1979, 261–348, v. a. 282 f., 294, 297, 328, 334; ders., The Persecution of the Jews and German Popular Opinion in the Third Reich, in: LBIYB 26.1981, 261–89; ders., Popular Opinion and Political Dissent in the Third Reich. Bavaria 1933–45, Oxford 1983; D. Bankier, Die öffentl. Meinung im Hitler-Staat. Die «Endlösung» u. die Deutschen, Berlin 1995; J. P. Freeman, German Public Opinion and the Persecution of the Jews in Nazi Germany 1933–45, Ann Arbor 1993; U. Büttner, Die deutsche Bevölkerung u. die Judenverfolgung 1933–45, in: dies. Hg., Die Deutschen u. die Judenverfolgung im «Dritten Reich», Hamburg 1992, 7–30, 67–88; H. Mommsen u. D. Obst, Die Reaktion der deutschen Bevölkerung auf die Verfolgung der Juden 1933–43, in: ders. Hg., Herrschaftsalltag, 374–421; S. Gordon, Hitler, Germany, and the «Jewish Question», Princeton 1984; M. Kater, Everyday Anti-Semitism in Prewar Nazi Germany, in: YVS 16.1984, 129–59; O. D. Kulka,

«Public Opinion» in Nazi Germany and the Jewish Question, in: Jerusalem Quarterly 25.1982, 121–44; 26.1983, 34–45; D. Majer, «Fremdvölkische» im Dritten Reich, Boppard 1981; L. D. Stokes, The German People and the Destruction of the European Jews, in: CEH 6.1973, 167–91. – D. J. Goldhagen, Hitler's Willing Executioners, N. Y. 1996, dt. Hitlers willige Vollstrecker, Berlin 1996; (vgl. dazu H.-U. Wehler, Der Stachel im Fleisch. Wissenschaftl. Probleme u. polit. Dimensionen der Goldhagen-Kontroverse, in: ders., Politik in der Geschichte, 11–28); J. M. Schoeps Hg., Ein Volk von Mördern?, Frankfurt 1996; R. R. Shandley Hg., Unwilling Germans? The Goldhagen Debate, Minneapolis 1998; ähnlich starr: J. Weiss, Ideology of Death, Chicago 1996; dt. Der lange Weg zum Holocaust, Hamburg 1997. – Vgl. allg. den «Klassiker» von R. Hilberg, The Destruction of the European Jews, 3 Bde, N. Y. 1973, dt. Die Vernichtung der europ. Juden, 4 Bde, ND Frankfurt 1990; Jäckel, Hitlers Weltanschauung, 55–72; D. Niewyk, Solving the «Jewish Problem»: Continuity and Change in German Antisemitism 1871–1945, in: LBIYB 35.1990, 335–70; R. Rürup, Das Ende der Emanzipation. Die antijüd. Politik in Deutschland von der «Machtergreifung» bis 1939 in: A. Paucker Hg., Die Juden im NS Deutschland, Tübingen 1988, 97–114, allg. dieser Band; H. Krausnick, Judenverfolgung, in: H. Buchheim u. a. Hg., Anatomie des SS-Staats, München 20007, 547–678; E. Goldhagen, Weltanschauung u. Endlösung. Zum Antisemitismus der NS Führungsschicht, in: VfZ 24.1976, 379–405; U. D. Adam, Judenpolitik im Dritten Reich, Düsseldorf 1972/ND Königstein 1979; A. Barkai, Vom Boykott zur «Entjudung» 1933–41, Frankfurt 1988; W. Benz, Die Juden im Dritten Reich, in: Bracher u. a. Hg., Deutschland 1933–45, 273–90; ders., Die Juden in Deutschland 1933–45, München 1988; W. Scheffler, Judenverfolgung im Dritten Reich 1933–45, Frankfurt 1961; G. Schoenberner, Der Gelbe Stern. Die Judenverfolgung 1933–45, ND ebd. 1991; W. T. Angress, The German Jews 1933–39, in: H. Friedlander u. S. Milton Hg., The Holocaust, Millwood 1980, 69–82; ders., Jüd. Jugend im Dritten Reich, Hamburg 1985; K. Kwiet, Judenverfolgung u. Judenvernichtung im Dritten Reich, in: D. Diner Hg., Ist der NS Geschichte?, Frankfurt 1987, 237–64; ders. u. H. Eschwege, Selbstbehauptung u. Widerstand. Deutsche Juden 1933–45, Hamburg 1984; H. Mommsen, Der NS-Polizeistaat u. die Judenverfolgung vor 1938, in: VfZ 10.1962, 68–87; H. Matzerath, Bürokratie u. Judenverfolgung, in: Büttner Hg., 105–29; J. Milfull Hg., Why Germany? NS Antisemitism and the European Context, Oxford 1993; R. Wistrich, Der antisemit. Wahn, München 1987; F. Rohman, Hitler, Le juif et le troisième homme, Paris 1983; L. Poliakov, Brévaire de la haine: Le troisième Reich et les Juifs, ebd. 1979; A. Herzig, Jüd. Geschichte in Deutschland, München 1997. – J. Walk Hg., Das Sonderrecht für die Juden im NS Staat, Heidelberg 1981; J. Moser, Die Entrechtung der Juden im Dritten Reich, in: W. Pehle Hg., Der Judenpogrom 1938, Frankfurt 1988, 118–31; M. Hepp Hg., Die Ausbürgerung deutscher Staatsbürger 1933–45, 3 Bde, München 1985–88. – Nürnberger Gesetze: C. Essner, Die «Nürnberger Gesetze», Paderborn 2002; A. Pyrembel, Rassenschande. Reinheitsmythos u. Vernichtungslegitimation im NS, Göttingen 2003; J. Wetzel, Die Auswirkungen der «Nürnberger Gesetze», in: H. Erler u. a., Jüd. Leben u. jüd. Kultur vor Auschwitz, Frankfurt 2000, 202–16; L. Gruchmann, «Blutschutzgesetz» u. Justiz. Zur Entstehung u. Auswirkung des Nürnberger Gesetzes vom 15. 9. 1935, in: VfZ 31.1983, 418–42; B. Lösener, Das Reichsinnenministerium u. die Judengesetzgebung, in: VfZ 9/1961, 262–313 (von einem der Verfasser); D. Kulka, Die Nürnberger Rassegesetze u. die Bevölkerung, in: VfZ 32.1984, 582–624; W. Stuckart u. H. Globke, Reichsbürgergesetz. Gesetz zum Schutz des deutschen Blutes. Gesetz zum Schutz der Erbgesundheit, München 1936. – C. Schmitt, Staat, Bewegung, Volk; ders., Die deutsche Rechtswissenschaft im Kampf gegen den jüd. Geist, in: Das Judentum in der Rechtswissenschaft. Tagung der Reichsgruppe Hochschullehrer des NS Rechtswahrerbundes, 3./4. 10. 1936, 14–17, Schlußwort: 28–34; vgl. Gross, Schmitt u. die Juden; ders., Polit. Polykratie 1936. Die legendenumworbene SD-Akte C. Schmitt, in: TAJbDG 23.1994, 115–43; D. Blasius, C. Schmitt, Preuß. Staatsrat in Hitlers

Staat, Göttingen 2000; U. Herbert, Intellektuelle im «Dritten Reich», in: Hübingen u. Hertfelder Hg., 160–80; M. Sunnus, Der NS Rechtswahrerbund 1928–45, Frankfurt 1990; vgl. V. Weiss, Die Vorgeschichte des arischen Ahnenpasses, in: Genealogie 25.2000, 417–36, 497–507, 615–27. – Pogrom 1938: P. Loewenberg, The Kristallnacht as Public Degradation Ritual, in: LBIYB 32.1987, 309–23; D. Obst, Reichskristallnacht, Frankfurt 1991; H. Graml, dass., München 1988; H.J. Döscher, dass., Berlin 20003; W. Benz, Der Rückfall in die Barbarei, in: Pehle Hg., 1938, 13–51; ders., Der Novemberpogrom 1938, in: ders. Hg., Juden in Deutschland, 499–544; U.D. Adam, Wie spontan war der Pogrom? in: Pehle Hg., 1938, 74–93; A. Barkai, Schicksalsjahr 1938, in: ebd., 94–117; H. Mommsen, Die Pogromnacht u. ihre Folgen, in: H.-P. Schwarz Hg., Die Architektur der Synagoge, Frankfurt 1988, 31–42; W.S. Allen, Die deutsche Öffentlichkeit u. die «Reichskristallnacht», in: Peukert u. Reulecke Hg., Reihen, 397–412; E. Domansky, «Kristallnacht», in: History and Memory 4.1992, 60–94. – Wirtschaftliche Ausplünderung und «Arisierung»: F. Bajohr, Verfolgung in gesellschaftsgeschichtl. Perspektive: Die wirtschaftl. Existenzvernichtung der Juden u. die deutsche Gesellschaft, in: GG 26.2000, 629–52; ders., «Arisierung» in Hamburg, Hamburg 1997; D. Stiefel Hg., Die polit. Ökonomie des Holocaust, Wien 1991 (weiter als der Titel nahelegt); P. Hayes, Big Business and «Aryanization» in Germany 1933–39, in: Jb. für Antisemitismusforschung 3.1994, 254–81; I. Wojak u. ders., Arisierung im NS, Frankfurt 2000; B. Lorentz, Die Commerzbank u. die «Arisierung», in: VfZ 50.2002, 337–68; A. Barkai, Die deutschen Unternehmer u. die Judenpolitik im «Dritten Reich», in: Büttner Hg., Judenverfolgung, 207–29; A. Bruns-Wüstefeld, Lohnende Geschäfte. Die «Entjudung» der Wirtschaft in Göttingen, Hannover 1997; H. Berghoff u. C. Rauh-Kühne, Fritz K. Ein deutsches Leben im 20. Jh., Stuttgart 2000 (paradigmatisch gelungene Studie über einen Unternehmer in der südwestdeutschen Provinz); G. Plum, Wirtschaft u. Erwerbsarbeit, in: Benz Hg., Juden in Deutschland, 268–313; A. Fischer, H. Schacht u. Deutschlands «Judenfrage», Köln 1995; H. Genschel, Die Verdrängung der Juden aus der Wirtschaft im Dritten Reich, Göttingen 1966, W. Treue, Das Schicksal des Bankhauses Sal. Oppenheim & Cic 1933–45, Wiesbaden 1983. – H. James, Die «Deutsche Bank» u. die «Arisierung», München 2001; abgeschwächt ders., Die Deutsche Bank 1933–45, in: L. Gall u.a., Die Deutsche Bank 1870–1995, ebd. 1995, 315–408; H. Wixforth, Auftakt zur Ostexpansion. Die Dresdner Bank u. die Umgestaltung des Bankwesens im Sudetenland 1938/39, Dresden 2001. – Die Zahlen nach: W. Benz Hg., Die Dimension des Völkermordes, München 1992; ders., Der Holocaust, ebd. 1995, 16–33; ders. Hg., Lexikon des Holocaust, ebd. 2002; ders. u. W. Bergmann Hg., Vorurteil u. Völkermord, Freiburg 1997.

[14] Zum Grundsätzlichen am besten: Schmuhl, Rassismus; Herbert, «Reichskristallnacht»; G. Bock, Krankenmord, Judenmord u. NS-Rassenpolitik, in: Bajohr Hg., Zivilisation, 285–306; hervorragend dies., Zwangssterilisation im NS, Opladen 1986; dies., Rassenpolitik, Medizin u. Massenmord im NS, in: AfS 30.1990, 423–53; dies., Sterilization and «Medical» Massacres in NS Germany, in: M. Berg u. G. Cocks Hg., Medicine and Modernity, Washington D.C. 1996, 149–72; dies., Sterilisationspolitik im NS, in: K. Dörner Hg., Fortschritte der Psychiatrie, Rehberg-Loccum 1985, 88–104; D. Peukert, Volksgenossen u. Gemeinschaftsfremde. Anpassung, Ausmerze u. Aufbegehren unter dem NS, Köln 1982, 296; M. Vasold, Medizin, in: Enzyklopädie des NS, 235–50; H.W. Schmuhl, M. Weber u. das Rassenproblem, in: Hettling u.a. Hg., Gesellschaftsgeschichte, 331–42; L. Raphael, Radikales Ordnungsdenken u. Organisation totalitärer Herrschaft: Weltanschauungseliten u. Humanwissenschaften im NS Regime, in: GG 27.2000, 5–40; P. Weingart, Eugenik-Utopien der Menschenzüchtung, in: P. Lundgreen Hg., Wissenschaft im Dritten Reich, Frankfurt 1985, 314–49; Frei, Führerstaat, 143–48; Herbst, NS Deutschland, 271–74; Broszat, Staat Hitlers, 381, 389–400, 435; Benz, Partei u. Staat, 81; H.-U. Wehler, Emotionen in der Geschichte, in: ders., Umbruch, 251–64. – Zur Eugenik noch: M. Schwarz, «Euthanasie»-Debatten in Deutschland 1894–1945, in: VfZ 46.1998,

617–65; ders., Sozialist. Eugenik 1890–1933, Bonn 1995; M. Freeden, Eugenics and Progressive Thought, in: HJ 22.1979, 645–71; U. Linke, Blood and Nation. The European Aesthetics of Race, Philadelphia 1999; F. Dikötter, Race Culture. Recent Perspectives on the History of Eugenics, in: AHR 103.1998, 467–78; S. Kühl, Die Internationale der Rassisten. Die Bewegung für Eugenik u. Rassenhygiene im 20. Jh., Frankfurt 1997; ders., The Nazi Connection. Eugenics, American Racism, and German NS, Oxford 1994; E. Conte u. C. Essner, La Quête de la Race. Une Anthropologie du Nazisme, Paris 1995; C. Beck, Sozialdarwinismus, Rassenhygiene, Zwangssterilisation, Bonn 1992; M. Pollak, Rassenwahn u. Wissenschaftl. Anthropologie. Biologie, Justiz u. die NS Bevölkerungspolitik, Frankfurt 1990; Weindling, Health, Weingart u. a., Rasse; C. Gansmüller, Die Erbgesundheitspolitik des «Dritten Reiches», Köln 1987; J. Zischka, Die NS Rassenideologie, Frankfurt 1986; I. Richter, Katholizismus u. Eugenik in der WR u. im Dritten Reich, Paderborn 2001; W. Conze, Rasse, in: GGr 5.1984, 135–78; S. Jansen, «Schädlinge». Geschichte eines wissenschaft. u. polit. Konstrukts, Frankfurt 2001. – Zur Euthanasieaktion: Schmuhl, Rassenhygiene; M. Burleigh, Death and Deliverance. «Euthanasia» in Germany 1900–45, Cambridge 1994; C. Koonz, Genocide and Eugenics, in: P. Hayes Hg., Lessons and Legacies, Evanston/Ill. 1991, 155–77; J. Noakes, Nazism and Eugenics, in: R. J. Bullen u. a. Hg., Ideas into Politics, London 1984, 75–94; B. Müller-Hill, Tödl. Wissenschaft. Aussonderung der Juden, Zigeuner u. Geisteskranken 1933–45, Reinbek 1985; K. Nowak, «Euthanasie» u. Sterilisierung im «Dritten Reich», Göttingen 1984³; E. Klee Hg., Dokumente zur «Euthanasie» im NS Staat, Frankfurt 1983; L. Gruchmann, Euthanasie u. Justiz im Dritten Reich, in: VfZ 20.1972; 235–79; K. Dörner, NS u. Lebensvernichtung, in: ebd. 15.1967, 121–52, u. in: ders., Diagnosen der Psychiatrie, Frankfurt 1975, 59–95; W. Schulte, Euthanasie u. Sterilisation, in: A. Flitner Hg., Deutsches Geistesleben u. NS, Tübingen 1965, 73–89; R. Ehrhardt, Euthanasie u. Vernichtung «lebensunwerten» Lebens, Stuttgart 1965; B. Honolka, Die Kreuzelschreiber. Ärzte ohne Gewissen: Euthanasie im Dritten Reich, Hamburg 1961; M. Beer, Die Entwicklung der Gaswagen beim Mord an den Juden, in: VfZ 35.1987, 403–17; ein Sonderproblem: R. Pommerin, «Sterilisierung der Rheinlandbastarde» 1918–37, Düsseldorf 1979. – D. Kaufmann Hg., Geschichte der Kaiser-Wilhelm-Gesellschaft im NS, 2 Bde, Göttingen 2000 (auch über Verschuers Anthropologie-Institut); H.-W. Schmuhl, Hirnforschung u. Krankenmord. Das KWI für Hirnforschung 1937–45, in: VfZ 50.2002, 559–609. Vgl. allg. A. Mitscherlich u. F. Mielke, Medizin ohne Menschlichkeit, Frankfurt 1960; Ebbinghaus u. Dörner Hg., Vernichten; E. Klee, Deutsche Mediziner im Dritten Reich, Frankfurt 2001; M. H. Kater, Doctors Under Hitler, Chapel Hill 1990; ders., Die Krise der Ärzte u. der Medizin im Dritten Reich, in: C. Pross u. G. Aly Hg., Der Wert des Menschen. Medizin in Deutschland 1918–45, Berlin 1989, 357–71; ders., Medizin u. Mediziner im Dritten Reich, in: HZ 244.1987, 299–352; ders., The Burden of the Past. Physicians and Medicine in Nazi Germany, in: GSR 10.1987, 31–56; ders., Medizin, Fakultäten u. Medizinstudenten, in: F. Kudlien Hg., Ärzte im NS, Köln 1985, 82–104; ders., Die «Gesundheitführung» des Deutschen Volkes, in: Medizinhistor. Journal 18.1983, 349–75; R. N. Proctor, Racial Hygiene. Medicine Unter the Nazis, Cambridge 1988; R. J. Lifton, The Nazi Doctors. Medical Killing and the Psychology of Genocide, N. Y. 1986; vgl. jetzt F. R. Nicosia u. J. Huene Hg., Medicine and Medical Ethics in Nazi Germany, N. Y. 2002; P. Thomson, Ärzte auf dem Weg ins «Dritte Reich», Husum 1996; N. Frei Hg., Medizin u. Gesundheitspolitik in der NS Zeit, München 1991; C. Meinel u. P. Voswinckel Hg., Medizin, Naturwissenschaft, Technik u. NS, Stuttgart 1994; G. Lilienthal, Der NS Deutsche Ärztebund 1929–45, in: Kudlien Hg., 105–21; K. H. Roth Hg., Erfassung u. Vernichtung. Von der Sozialhygiene zum «Gesetz über Sterbehilfe», Berlin 1984; A. Ebbinghaus u. a. Hg., Heilen u. Vernichten im Mustergrau Hamburg, Hamburg 1984. – G. Lilienthal, Der «Lebensborn e. V.», Stuttgart 1985; N. Hillel u. C. Henry, Lebensborn e. V., Wien 1975; I. V. Thompson, «Lebensborn» and the Eugenic Policy of the «Reichsführer SS», in: CEH 4.1971, 54–77. – M. Zimmermann, Rassenutopie u. Genozid. Die NS-Lösung der «Zigeunerfrage», Hamburg 1996; ders., Verfolgt, vertrieben, vernichtet. Die NS-Vernichtungspolitik gegen Sinti u. Roma, Essen 1989; W. Ayaß, «Asoziale» im NS, Stuttgart 1995; K. Scherer, «Asozial» im Dritten Reich, Münster 1990; D. Jellonnek, Homosexuelle unter dem Hakenkreuz, Paderborn 1990; S. Maiwald u. G. Mischler, Sexualität unter dem Hakenkreuz, Frankfurt 1999. – D. Peukert, Die Genesis der «Endlösung» aus dem Geist der Wissenschaft, in: ders., M. Webers Diagnose der Moderne, Göttingen 1989, 102–21; ders., Rassismus u. «Endlösung», in: C. Kleßmann Hg., Nicht nur Hitlers Krieg, Düsseldorf 1989, 71–81; Z. Baumann, Modernity and the Holocaust, Cambridge 1989, dt. Dialektik der Ordnung. Die Moderne u. der Holocaust, Hamburg 1992; P. Taguieff, Die Macht des Vorurteils, Hamburg 2000; vgl. H.-U. Wehler, M. Foucault, in: ders., Die Herausforderung der Kulturgeschichte, München 1998, 45–95.

[15] M. Broszat, Das weltanschaul. u. gesellschaftl. Kräftefeld, in: ders., u. Frei Hg., Dritte Reich, 159; vgl. die beiden Klassiker Broszats: Soziale Motivation; Struktur der NS Massenbewegung, sowie die unten zit. Aufsätze; Bach, 101, 181; I. Kershaw, The Nazi-State an Exceptional State? in: New Left Review 189.1980, 55 f., 60 f., 64; ders., Hitlers Popularität. Mythos u. Realität im Dritten Reich, in: Mommsen Hg., Herrschaftsalltag, 24–28; ders., The Führer Image and Political Integration, in: Hirschfeld u. Kettenacker Hg., 133–63; ders., Alltägliches u. Außeralltägliches 1933–39, in: Peukert u. Reulecke Hg., Reihen, 273–92; ders., «Working Towards the Führer». Reflections on the Nature of Hitler's Dictatorship, in: ders. u. M. Lewin Hg., Stalinism and Nazism, Cambridge 1997, 88–106; Ruck, 44–54; dagegen fällt ab: M. Geyer, The State in NS Germany, in: C. Bright u. S. Harding Hg., Statemaking and Social Movenments, Ann Arbor 1984, 193–232. – M. Broszat, Grundzüge der gesellschaftl. Verfassung des Dritten Reiches, in: ders., u. H. Möller Hg., Das Dritte Reich, München 1986[2], 58, 53; Frei, Führerstaat, 48 f.; Thamer, Verführung, 418; Bracher, Diktatur, 416; K. Stoevesandt, Bekennende Gemeinde u. deutschgläubige Bischofsdiktatur, Bremen 1933–45, Göttingen 1961, 46; Dülffer, Führerglaube, 100, 95, 121; Domarus Hg., 1178 (28. 4. 1939); vgl. M. Rissmann, Hitlers Gott. Vorsehungsglaube u. Sendungsbewußtsein, Zürich 2001. – Griffin, Nature of Fascism, 26–28; F. Stern, Der NS als Versuchung, in: ders. u. H. Jonas, Reflexionen in finsterer Zeit, Tübingen 1984, 20; M. Broszat, Soziale u. psycholog. Grundlagen des NS, in: E. Feuchtwanger Hg., Deutschland-Wandel u. Bestand, München 1976, 125; vgl. ders., The Third Reich and the German People, in: H. Bull Hg., The Challenge of the Third Reich, Oxford 1986, 77–94; vgl. J. J. Sheehan, NS and German Society, in: Theory & Society 13.1984, 851–67. Zum Terror vgl. die Lit. vorn Anm. 8, sowie F. Pohlmann, Ideologie u. Terror im NS, Pfaffenweiler 1992; J. Noakes, The Origins, Structure, and Functions of Nazi Terror, in: N. O'Sullivan Hg., Terrorism, Ideology, and Revolution, Brighton 1985, 67–87. – H.-U. Thamer, Fazination u. Manipulation. Die Nürnberger Reichsparteitage der NSDAP, in: W. Schultz Hg., Das Fest, München 1988, 352–68; ders., Polit. Rituale u. polit. Kultur im Europa des 20. Jh., in: Jb. für Europ. Geschichte 1.2000, 79–98; Y. Karow, Deutsche Opfer. Kultische Selbstauslöschung auf den Reichsparteitagen der NSDAP, Berlin 1997; Y. Doosry, Die sakrale Dimension des Reichsparteitagsgeländes in Nürnberg, in: R. Faber Hg., Polit. Religion, Würzburg 1997, 205–24; J. W. Baird, To Die for Germany. Heroes in the Nazi Pantheon, Bloomington/Ind. 1999; W. Elfferding, Von der proletar. Masse zum Kriegsvolk. Massenaufmarsch u. Öffentlichkeit am 1. 5. 1933, in: Inszenierung der Macht, Berlin 1987, 17–50; H. Eichberg, Massenspiele: NS Thingspiel, Arbeiterweihespiel u. olymp. Zeremoniell, Stuttgart 1977; M. Quinn, The Swastika, London 1994; L. Kettenacker, Sozialpsycholog. Aspekte der Führer-Herrschaft, in: Hirschfeld u. ders., Hg., 111–14, 116; vgl. ders., Der Mythos vom Reich, in: K. H. Bohrer Hg., Mythos u. Moderne, Frankfurt 1983, 261–89; E. Wadle, Visionen vom «Reich» 1933–45, in: J. Rückert u. a. Hg., Deutsche Rechtsgeschichte in der NS Zeit, Tübingen 1995, 241–99; F.-L. Kroll, Geschichtsdenken u. polit. Handeln im «Dritten Reich»: Hitler, Ro-

senberg, Darré, Himmler, Goebbels, Paderborn 1997; P. Reichel, Der schöne Schein des Dritten Reiches, München 1991; F. W. Doucet, Im Banne des Mythos. Psychologie des Dritten Reiches, Eßlingen 1979; M. Barkun, Disaster and Millennium, New Haven/Conn. 1974; J.-M. Angebert, The Occult in the Third Reich: The Mystical Origins of Nazism, N. Y. 1974; K. Vondung, Magie u. Manipulation. Ideolog, Kult u. polit. Religion des NS, Göttingen 1971; H. J. Gamm, Der braune Kult, Hamburg 1962; K. Schmeer, Die Regie des öffentl. Lebens im Dritten Reich, München 1956. – M. Loiperdinger, Rituale der Mobilmachung. «Triumph des Willens» von L. Riefenstahl, Opladen 1987; ders. u. D. Gilbert, L. Riefenstahl, the SA, and the Nazi Party Rally Films 1933/34, in: Historical Journal of Film, Radio and Television 8.1988, 3–38; vgl. allg. E. Rentschler, The Ministry of Illusion: Nazi Cinema Cambridge/Mass. 1996; G. Cuomo Hg., NS Cultural Policy, N. Y. 1993; H. Hoffmann, «Und die Fahne führt uns in die Ewigkeit». Propaganda im NS Film, Frankfurt 1988; B. Drewniak, Der deutsche Film 1938–45, Düsseldorf 1987; D. Hollstein, «Jud Süss» u. die Deutschen: Antisemit. Vorurteile im NS-Spielfilm, Frankfurt 1983; H. Barkhausen, Filmpropaganda für Deutschland, Hildesheim 1982; F. Courtade u. P. Cadars, Geschichte des Films im Dritten Reich, München 1975; W. Becker, Film u. Herrschaft. Die NS Filmpropagands, Berlin 1973; G. Albrecht, NS Filmpolitik, Stuttgart 1969; J. Wulf Hg., Theater u. Film im Dritten Reich, Gütersloh 1964; G. Bruns, Neuzeitl. Fotographie im Dienste der NS Ideologie: H. Hoffmann, in: D. Krebs u. a. Hg., Die Gleichschaltung der Bilder 1930–36, Berlin 1983, 172–90. – Noch einmal zum Nationalismus: W. Hardtwig, Political Religion in Modern Germany. Nationalism, Socialism, and NS, in: Bulletin of the German Historical Institute Washington D. C. 28.2001, 3–27; Breuer, Ordnungen der Ungleichheit, 77–104, 195–233; Thamer, NS u. Nationalstaat; ders., Nation als Volksgemeinschaft; ders., Mensch u. Masse; W. S. Allen, The Collapse of Nationalism in Nazi Germany, in: Breuilly Hg., State of Germany, 141–53; H. Germann, Die polit. Religion des Nationalsozialisten D. Klagges, Frankfurt 1991; auch hierzu unergiebig: Niethammer, Kollektive Identität. Zum Alltagsleben im «Dritten Reich»: G. Paul u. K.-M. Mallmann, Milieus u. Widerstand. Eine Verhaltensgeschichte der Gesellschaft im NS, Bonn 1995; dies., Herrschaft u. Alltag, ebd. 1991; Mommsen Hg., Herrschaftsalltag; G. Holmsten, Kriegsalltag 1939–45 in Deutschland, Düsseldorf 1982; R. Mann, Protest u. Kontrolle im Dritten Reich. NS-Herrschaft im Alltag einer rhein. Großstadt, Frankfurt 1987; D. Peukert, Alltag u. Barbarei. Zur Normalität des Dritten Reiches, in: Diner Hg., NS Geschichte? ebd., 51–61; W. Wippermann, Das Leben in Frankfurt zur NS-Zeit, 4 Bde, ebd. 1986; L. Steinbach, Ein Volk, ein Reich, ein Glaube? Leben im Dritten Reich, Berlin 1983; K.-L. Ruhl, Brauner Alltag 1933–39 in Deutschland, Düsseldorf 1981; J. Noakes Hg., Government, Party, and People in Nazi Germany, Exeter 1980; M. v. d. Grün, Wie war das eigentlich? Kindheit u. Jugend im Dritten Reich, Darmstadt 1979; G. L. Mosse, Nazi Culture, N. Y. 1966, dt. Der NS Alltag, Königstein 1978; antiquierte Deutung: B. Berlekamp u. W. Röhr, Terror, Herrschaft u. Alltag im NS, Münster 1995. – G. Benn, Der neue Staat u. die Intellektuellen, Berlin 1933, vgl. G. Benn, Doppelleben. Zwei Selbstdarstellungen, Wiesbaden 1950; dazu K. Corino Hg., Intellektuelle im Bann des NS, Hamburg 1980. – E. Forsthoff, Der totale Staat, ebd. 1939, 8, 17, 20, 29, 38, 40, 48; Schmitt, Polit. Theologie, 13; ders., Begriff des Polit., 34; vgl. M. Stolleis Hg., Juristen – ein biograph. Lexikon, München 1995, 212 f. (auffällig wohlwollend der Beitrag über F.); E. R. Huber, Verfassungsrecht des Großdeutschen Reiches, Hamburg 1939; vgl. Walkenhaus, Huber; D. Grimm, Der Akteur als Historiker, in: Rechtshistor. Journal 5.1986, 83–90; E.-W. Böckenförde Hg., Staatsrecht u. Staatsrechtslehrer im «Dritten Reich», Heidelberg 1985; M. Stolleis, Gemeinschaft u. Volksgemeinschaft. Jurist. Terminologie im NS, in: VfZ 20.1972, 16–38, u. in: ders., Recht im Unrecht. Zur Rechtsgeschichte des NS, Frankfurt 1994, 94–129; ders., Verwaltungsrechtswissenschaft u. Verwaltungslehre im NS, in: DVG IV, 707–24; ders., Die Wiederbelebung der Verwaltungslehre im NS, in: E. V. Heyen Hg., Wirtschaft

I. Strukturbedingungen und Entwicklungsprozesse politischer Herrschaft 1109

u. Recht der Verwaltung, Frankfurt 1984, 147–62; ders., Die Verwaltungsgerichtsbarkeit im NS, in: H.-U. Erichsen u.a. Hg., System des verwaltungsgerichtl. Rechtsschutzes, o.O., o.J., 57–80, u. natürlich ders., Geschichte des öffentl. Rechts, III. – F.-R. Hausmann, Die Rolle der Geisteswissenschaften im Dritten Reich 1933–45, München 2002; vgl. auch R. vom Bruch u. B. Kaderas, Wissenschaften u. Wissenschaftspolitik im Deutschland des 20.Jh., Wiesbaden 2002, 218–368; O. Hammen, German Historians and the Advent of the NS State, in: JMH 13.1941, 161–88; Lundgreen Hg., Wissenschaft im Dritten Reich, darin K. Schreiner, Führertum, Rasse, Reich. Wissenschaft von der Geschichte nach 1933, 163–52; C. Kleßmann, Osteuropaforschung u. Lebensraumpolitik, 350–83; O. Rammstedt, Theorie u. Empire des Volksfeindes. Zur Entwicklung einer «deutschen» Soziologie, 253–313; ders., Deutsche Soziologie 1933–45, ebd., 1986; C. Klingmann, Soziologie im Dritten Reich, Baden-Baden 1996; üble Apologetik à la Ernst Nolte: C. Tilitzky, Philosophie u. Politik: WR u. Drittes Reich, Berlin 2001; S. Friedländer, The Demise of the German Mandarins. The German University and the Jews 1933–39, in: Fs.H. Mommsen, 69–82.

[16] Frei, Führerstaat, 97, 99; Bracher, Diktatur, 367; Herbst, NS Deutschland, 249; Thamer, Verführung, 379, Broszat, Struktur, 66, 55, 60; ders., Grundlagen, 134, 54f., 51, 60; ders., Motivation, 394, 401, 396, 398; ders., Kräftefeld, 157, 159, 167; ders., Staat Hitlers, 441; Nolte, Ordnung, 187–217; R. Grunberger, A Social History of the Third Reich, London 1971, dt. Das zwölfjährige Reich, Wien 1972, 93; T. Saunders, Nazism and Social Revolution, in: Martel Hg., 168f.; aufschlußreich: N. Götz, Ungleiche Geschwister. Volksgemeinschaft u. schwed.Volksheim, Baden-Baden 2001; G.C. Boehnert, The Jurists in the SS-Führerkorps 1925–33, in: Hirschfeld u. Kettenacker Hg., 362–64; A. Lüdtke, «Ehre der Arbeit». Industriearbeiter u. Macht der Symbole im NS, in: Tenfelde Hg., Arbeiter im 20.Jh., 344, 356, 361, 379; vgl.J. Jokisalo, Vom Bockmist zur geschichtsmächtigen Kraft. Das Heilsversprechen des «deutschen Sozialismus» 1933–39, Frankfurt 1996. Vgl. D. Schoenbaum, Hitler's Social Revolution 1933–39, N.Y. 1967, dt. Die braune Revolution, Köln 1969/ND München 1980; unerheblich: F. Grunfeld, The Hitler File: A Social History of Germany and the Nazis 1918–45, London 1974, dt. Die deutsche Tragödie, Hamburg 1975; F. Janka (Die braune Gesellschaft, Stuttgart 1997) entdeckt, ohne sozialhistorische Kenntnisse, noch einmal die «Volksgemeinschaft»; vgl. aber K.H. Jarausch, The Perils of Professionalism: Lawyers, Teachers, and Engineers in Nazi Germany, in: GSR 9.1986, 107–37; C. Arbogast, Herrschaftsinstanzen der württ. NSDAP. Eine regionale NS-Elite, München 1998; D. Beyrau Hg., Im Dschungel der Macht. Intellektuelle Professionen unter Stalin u. Hitler, Göttingen 2000; ders., Bildungsschichten unter totalitären Bedingungen. NS-Deutschland u. Sowjetunion unter Stalin, in: AfS 34.1994, 35–54. Aufschlußreich das Selbstbewußtsein in zeitgenössischen Dissertationen: z.B. G. Albrecht, Die Möglichkeiten des sozialen Aufstieg in USA u. Deutschland, Diss. Frankfurt 1937; H. Tisch, Das Problem des sozialen Auf- u. Abstiegs im deutschen Volk, Diss. Heidelberg 1937. – Enttäuschend: C. v. Krockow, Hitler u. seine Deutschen, München 2001, sowie H.-J. Eitner, Hitlers Deutsche, Gernsbach 1991²; T. Brackel-Hartenstein, Hitler u. die Sinngebung der deutschen Geschichte, in: MM 1988/II, 8–40; W. Simpson, Hitler and Germany, Cambridge 1995; J. Spielvogel, Hitler and Nazi Germany, Englewood Cliffs/N.J. 1988. – J.L. Linz (Totalitarian and Authoritarien Regimes, in: F.J. Greenstein u. N.Y. Polsby Hg., Handbook of Political Science Ill., Reading/Mass. 1975, 175–411; dt. Totalitäre u. autoritäre Regime, Berlin 2000) erörtert trotz seiner Weber-Kenntnisse nicht die charismatische Herrschaft, ebensowenig W. Reinhard in seiner brillanten Synthese: Geschichte der Staatsgewalt. Vergleich. Verfassungsgeschichte Europas, München 1999 (vgl. H.-U. Wehler, Anerkennung u. Kritik, in: ders. Umbruch u. Kontinuität, 274–81). Neuerdings eine verwandte Interpretation in: G. Aly, Hitlers Volksstaat, in: ders., Rasse u. Klasse, Frankfurt 2003, 230–44.

II. Strukturbedingungen und Entwicklungsprozesse der Wirtschaft

[1] Blaich, Wirtschaftspolitik, 160–71, 173–75; Zitelmann, Hitler, 318, 328, 332, 338; H. Picker Hg., Hitlers Tischgespräche im Führerhauptquartier 1941–42, Stuttgart 1978², 69 (Indien/Osten); Ritschl, Wirtschaftspolitik, 120–27. – W. Treue, Hitlers Denkschrift zum Vierjahresplan 1936, in: VfZ 3.1955, 184–210; D. Petzina, Autarkiepolitik; ders., Vierjahresplan u. Rüstungspolitik, in: F. Forstmeier u. H.-E. Volkmann Hg., Wirtschaft u. Rüstung am Vorabend des Zweiten Weltkriegs, Düsseldorf 1975, 65–81; ders., IG Farben u. NS Autarkiepolitik, in: Tradition?.1968, 250–54; A. Schweitzer, Der ursprüngl. Vierjahresplan, in: JNS 168.1956, 348–96; W. Birkenfeld, Der synthet. Treibstoff 1933–45, Göttingen 1964; vgl. unten die Studien zur IG Farben, sowie U. Marsch, Zwischen Wissenschaft u. Wirtschaft. Industrieforschung 1880–1936, Paderborn 2000; F. Caron u. a. Hg., Innovations in the European Economy 1918–39, Berlin 1995. – Zu Göring vgl. die Lit. in: 8.T.VI, Anm. 10; Dülffer, Führerglaube, 410–20, 422, 424; W. Schieder, Staat u. Wirtschaft im «Dritten Reich», in: IHK Berlin Hg., Berlin u. seine Wirtschaft, Berlin 1987, 200–8, 211; Herbst, Die Mobilmachung der Wirtschaft 1938/39, in: W. Benz u. H. Graml Hg., Sommer 1939, Stuttgart 1979, 63–37; ders., NS-Deutschland, 164, 172–74; Frei, Führerstaat, 90 f. -Vorzüglich über die «Reichswerke»: T. Mollin, Montankonzerne im «Dritten Reich», Göttingen 1988; vgl. ders., Der Strukturwandel der Montanindustrie in der NS Wirtschaft, in: W. Michalka Hg., Der Zweite Weltkrieg, München 1989, 371–83; A. Meyer, Das Syndikat. Reichswerke H. Göring, Braunschweig 1986; G. Wysocki, Zwangsarbeit im Stahlkonzern: Salzgitter u. die Reichswerke H. Göring 1937–44, ebd. 1982; M. Riedel, Eisen u. Kohle für das Dritte Reich. P. Pleigers Stellung in der NS-Wirtschaft, Göttingen 1973; ders., Görings Griff nach dem Steir. Erzberg, in: Tradition 15.1970, 311–15; G. H. Seebold, Ein Stahlkonzern im Dritten Reich. Der Bochumer Verein 1927–45, Wuppertal 1981; R. Overy, Heavy Industry and the State in Nazi Germany, in: EHQ 15.1985, 313–40. – K. Wisotzky, Der Ruhrbergbau im Dritten Reich, 1939–39, Düsseldorf 1983; J. Gillingham, Industry and Politics in the Third Reich, Ruhr Coal, Hitler, and Europe, London 1985. Zu anderen Großunternehmen: P. Hayes, Industry and Ideology: IG Farben in the Nazi Era, Cambridge 1987; ders., Industrie u. Ideologie: Die IG Farben im NS, in: ZUG 32.1987, 124–35; ders., Zur umstrittenen Geschichte der IG Farben, in: GG 18.1992, 405–17; G. Plumpe, IG Farbenindustrie; H. Tammen, Die IG Farbenindustrie 1925–33, Berlin 1978; J. Borkin, The Crime and Punishment of IG Farben, London 1979, dt. Die unheilige Allianz der IG Farben, Frankfurt 1970; F. Stratmann, Chem. Industrie unter Zwang 1933–49, Stuttgart 1985. – W. Feldenkirchen, Siemens 918–45, München 1995; aufschlußreich: L. Gall Hg., Krupp im 20. Jh., Berlin 2002, 267–472, Autor: W. Abelshauser (vgl. H.-U. Wehler, dass., in: Süddeutsche Zeitung 9. 10. 2002). – Abseits der modernen Unternehmensgeschichte:G. Schöllgen, Diehl, ein Familienunternehmen 1902–2002, Berlin 2002. – S. Friedländer u. a., Bertelsmann im Dritten Reich, München 2002. – P. Kuckuk Hg., Bremer Großwerften im Dritten Reich, Bremen 1993. – N. Gregor, Stern u. Hakenkreuz. Daimler-Benz im Dritten Reich, Berlin 1997; K. H. Roth u. M. Schmid, Die Daimler-Benz AG 1916-48, Nördlingen 1987; A. Ebbinghaus Hg., Das Daimler-Benz Buch. Ein Rüstungskonzern im «Tausendjähr. Reich», ebd. 1987; H. Pohl u. a. Hg., Die Daimler-Benz AG 1933–45, Stuttgart 1986 (in den heiklen Fragen erstaunlich apologetisch). – C. Kopper, Zwischen Marktwirtschaft u. Dirigismus. Staat, Banken u. Bankenpolitik 1933–39, Bonn 1995; Gall u. a. Hg., Deutsche Bank. – Allg. irreführender Erklärungsversuch: M. v. Prollius, Das Wirtschaftssystem der Nationalsozialisten 1933–39, Paderborn 2002; M. Spoerer, Von Scheingewinnen zum Rüstungsboom. Deutsche Industrie AG 1925–41, Stuttgart 1996; L. Gall u. M. Pohl Hg., Unternehmen im NS, München 1998. – Zur Außenwirtschaft: W. A. Boelcke, Deutschland als Welthandelsmacht 1930–45, Stuttgart 1994; D. Wottawa, Protektionismus im Außenhandel Deutschlands 1871–1930, Frankfurt 1985; J. Radkau, Entscheidungspro-

II. Strukturbedingungen und Entwicklungsprozesse der Wirtschaft

zeß u. -defizite in der deutschen Außenwirtschaftspolitik 1933–40, in: GG 2.1976, 33–65; A. S. Milward, Der deutsche Handel u. der Welthandel 1925–38, in: H. Mommsen u. a. Hg., Industrielles System, 472–84; A. Schweitzer, The Role of Foreign Trade in the Nazi Economy, in: Journal of Political Economy 51.1943, 322–37; J. J. Jäger, Die wirtschaftl. Abhängigkeit des Dritten Reiches vom Ausland, Berlin 1969; H. G. Schröter, Außenpolitik u. Wirtschaftsinteressen. Skandinavien im außenwirtschaftl. Kalkül Deutschlands 1918–39, Frankfurt 1983; K. Wittmann, Schwedens Wirtschaftsbeziehungen zum Dritten Reich 1933–45, München 1976; M. Fritz, Swedish Iron Ore and German Steel 1939/40, in: Scandinavian Economic Historical Review (= SEHR) 21.1973, 133–44; I. Ström-Billing, Die Behandlung der deutschen Interessen in der schwed. Rüstungsindustrie 1934–35, in: VSWG 57.1970, 231–54; A. S. Milward, Could Sweden Have Stopped the Second World War? in: SEHR 15.1967, 127–38; J. J. Jäger, Sweden's Iron Ore Eyports to Germany 1933–44, in: SEHR 13.1965, 139–47; R. Karlbom, Sweden's Iron Ore Exports to Germany 1931–44, in: ebd., 65–93. – R. Schönfeld, Deutsche Rohstoffpolitik in Jugoslawien 1934–44, in: VfZ 24.1976, 215–58; H.-J. Schröder Hg., Südosteuropa im Spannungsfeld der Großmächte 1919–39, Wiesbaden 1983; ders., Deutsche Südosteuropapolitik 1929–36, in: GG 2.1976, 6–32; ders., Südosteuropa als «Informal Empire» Deutschlands, in: Jb. für Geschichte Osteuropas 23.1975, 70–96. W. Grenzebach, Germany's Informal Empire in East Central Europe, Stuttgart 1988. Vgl. allg. die Lit. vorn: I, Anm. 11, sowie H.-E. Volkmann, Wirtschaft im Dritten Reich. Eine Bibliographie, 2 Bde, Koblenz 1980/84; Statist. Hdb. von Deutschland 1928–44, München 1949; C. S. Maier, The Economics of Fascism and Nazism, in: ders., In Search of Stability, Cambridge 1987, 70–20; A. S. Milward, Fascism and the Economy, in: Laqueur Hg., Fascism, 409–53; H.-E. Volkmann, Das außerwirtschaftl. Programm der NSDAP, in: AfS 17.1977, 251–74; D. Swatek, Unternehmenskonzentration als Ergebnis u. Mittel NS Wirtschaftspolitik, Berlin 1972; P. Kluke, Hitler u. das Volkswagenprojekt, in: VfZ 8.1960, 341–80; A. E. Simpson, The Struggle for Control of the German Economy 1936/37, in: JMH 31.1959, 27–45; M. Wolfe, The Development of Nazi Monetary Policy, in: JEH 15.1955, 392–402. – H. Kehrl, Krisenmanager im Dritten Reich, Düsseldorf 1972; W. A. Boelcke, Die deutsche Wirtschaft 1930–45, ebd. 1983; A. Bay, Der NS Gedanke der Großraumwirtschaft, Diss. Erlangen 1962; unergiebig: E. Hennig, Thesen zur deutschen Sozial- u. Wirtschaftsgeschichte 1933–38, Frankfurt 1973; DDR-Dogmatik: L. Zumpe, Wirtschaft u. Staat in Deutschland 1933–45, Vaduz 1980; Apologie: H.-E. Kannapin, Wirtschaft unter Zwang, Köln 1966. – Zeitgenössische Analysen: M. Horkheimer u. a., Wirtschaft, Recht u. Staat im NS, Hg. H. Dubiel u. A. Söllner, Frankfurt 1981; A. R. L. Gurland u. a., The Fate of Small Business in Nazi Germany (1943), ND N. Y. 1975; S. Lurie, Private Investment in a Controlled Economy; Germany 1933–39, N. Y. 1947. – Zur Wirtschaftswissenschaft: H. Jansen, Nationalökonomie u. NS, Marburg 1998; C. Kruse, Die Volkswirtschaftspolitik im NS, Freiburg 1988; W. Krause, Wirtschaftstheorie unterm Hakenkreuz, Berlin 1969.

[2] B. Klein, Germany's Economic Preparation for War, Cambridge/Mass. 1959 (Breiten-/Tiefenrüstung); W. A. Boelcke, Die Finanzpolitik des Dritten Reiches, in Bracher u. a. Hg., Deutschland 1933–45, 956–117; ders., Kosten, 18 f.; J. Dülffer, Aufrüstung, Kriegswirtschaft u. soziale Frage im Dritten Reich 1936–39, in: K. Hildebrand u. K. F. Werner Hg., Deutschland u. Frankreich 1936–39, München 1983, 409–25; Broszat, Staat Hitlers, 225. Vgl. allg. H.-E. Volkmann, Die NS Wirtschaft in Vorbereitung des Krieges, in: DRZW I.1979, 177–370; ders., Zur NS Aufrüstung u. Kriegswirtschaft, in: MM 1990/I, 133–77; ders., Aspekte der NS Wehrwirtschaft 1933–36, in: Francia 5.1972, 513–38; ders., Politik, Wirtschaft u. Aufrüstung unter dem NS, in: Funke Hg., Hitler, 269–91; ders., Außenhandel u. Aufrüstung in Deutschland 1933–39, in: Forstmeier u. ders., Hg., Wirtschaft u. Rüstung, 81–131; wichtige Aufsätze: ders., Ökonomie u. Expansion. Grundzüge der NS-Wirtschaftspolitik, München 2003; F. Blaich, Wirtschaft u. Rüstung im

«Dritten Reich», Düsseldorf 1987; ders., Wirtschaft u. Rüstung in Deutschland 1933–39, in: Benz u. Graml Hg., 1939, 33–61; L. Köllner, Militär u. Finanzen, Frankfurt 1982; M. Geyer, Rüstungsbeschleunigung u. Inflation, in: MM 1981/II, 121–86; ders., Zum Einfluß der NS Rüstungspolitik auf das Ruhrgebiet, in: Rhein. Vierteljahrsblätter 45.1981, 201–64; überholt: E. Hennig, Industrie, Aufrüstung u. Kriegsvorbereitung im deutschen Faschismus 1933–39, in: Gesellschaft 5.1975, 68–148. – Vgl. allg. H. Mommsen, Der Mythos der Modernität, Rüstungspolitik im «Dritten Reich», Essen 1999; L. Budrass, Flugzeugindustrie u. Luftrüstung in Deutschland 1918–45, Düsseldorf 1998; A. E. Bagel-Bohlau, Hitlers industrielle Kriegsvorbereitung 1936–39, Koblenz 1975; J. Rautenberg, Deutsche Rüstungspolitik 1932–36, Diss. Bonn 1975; J. van Scherpenberg, Die Rüstungsfinanzierung des Deutschen Reiches 1934–41, Diss. München 1974; W. Carr, Arms, Autarky and Aggression, London 1979²; W.Bernhardt, Die deutsche Aufrüstung 1934–39, Frankfurt 1969; B. A. Carroll, Design for Total War. Arms and Economics in the Third Reich, Den Haag 1968; G. Thomas, Geschichte der deutschen Wehr- u. Rüstungswirtschaft 1918–45, Hg. W. Birkenfeld, Boppard 1966; G. Meinck, Hitler u. die deutsche Aufrüstung 1933–37, Wiesbaden 1959; A. Schweitzer, Die wirtschaftl. Wiederaufrüstung Deutschlands 1934–36, in: ZGS 114.1958, 594–637; H. Stübel, Die Finanzierung der Aufrüstung im Dritten Reich, in: Europa-Archiv 6.1951, 4128–36.

³ Herbst, NS-Deutschland, 245; Frei, Führerstaat, 69; Benz, Partei u. Staat; 76; Broszat, Staat Hitlers, 23, 40; Schoenbaum, 196–225; H. Gies, Die Rolle des Reichsnährstandes im NS Herrschaftssystem, in: Hirschfeld u. Kettenacker Hg., 270–304; ders., Der Reichsnährstand, in: ZAA 21.1973, 216–33; ders., Von der Verwaltung des «Überflusses» zur Verwaltung des «Mangels», in: Rebentisch u. Teppe Hg., 302–32; ders., Aufgaben u. Probleme der NS Ernährungswirtschaft, in: VSWG 60.1970, 460–99; vgl. ders., Zur Entstehung des Rasse- u. Siedlungshauptamtes der SS, in: Fs. P. Kluke, Frankfurt 1968, 127–39; J. Mooser, Das Verschwinden des Bauern. Zur Sozialgeschichte der «Entagrarisierung» u. Modernisierung der Landwirtschaft im 20. Jh., in: D Münkel Hg., Der lange Abschied vom Agrarland, Göttingen 2000, 30 f., 24, vgl. ders., Moderne Landwirtschaft: Langfristige Weichenstellungen u. Phasen der agrar. Modernisierung seit dem 18. Jh., in: K. Ditt Hg., Agrarmodernisierung u. ökonom. Folgen, Paderborn 2001, 15–22; U. Kluge, Deutsche Agrarpolitik im 20. Jh., in: Münkel Hg., 302; über die Folgen, auch nach 1945, vorzüglich: Pyta, Dorf im Fadenkreuz, 209–26; B. Sösemann, Appell unter der Erntekrone. Das Reichserntedankfest, in: H. Bönning u. a. Hg., Jb. für Kommunikationsgeschichte, Stuttgart 2000, 113–56. – Hoffmann u. a., Wachstum, 320, 538; A. Hanau u. R. Plate, Die deutsche landwirtschaftl. Preis- u. Marktpolitik 1939–45, Stuttgart 1975, 24; die diversen Maßnahmen bei: W. Tornow, Chronik der Agrarpolitik u. -wirtschaft des Deutschen Reiches 1933–45, Hamburg 1972. – G. Corni, Die Agrarpolitik des Faschismus: Deutschland u. Italien, in: Fs. K. O. v. Aretin, Wiesbaden 1988, 831–42; ders., R. W. Darré, in: Smelser u. Zitelmann Hg., Braune Elite I, 15–27; ders. u. H. Gies, Brot, Butter, Kanonen. Die Ernährungswirtschaft unter der Diktatur Hitlers, Berlin 1996; dies. Hg., «Blut u. Boden». Raumideologie u. Agrarpolitik im Staat Hitlers, Idstein 1994; J. E. Farquharson, The Agrarian Policy of NS Germany, in: Moeller Hg., Peasants, 233; ders., Plough and Swastika; ders., Hitler and the Peasants 1930–39, N. Y. 1990; M. Bensch, Die «Blut u. Boden»-Ideologie, Berlin 1995; J. Lichter, Zwangslagen der NS Agrarpolitik 1933–39, in: Fs. F.-W. Henning, Paderborn 1995, 295 f., 298. **Übersicht 137**: nach Petzina, Autarkiepolitik 93. – J. v. Kruedener, Zielkonflikte in der NS Agrarpolitik, in: ZWS 94.1971, 338–43, 346, 348; Blaich, Wirtschaft u. Rüstung, 50–54; ders., Wirtschaftspolitik, 172 f. Vgl. allg. C. Frank, Der Reichsnährstand, Diss. Hamburg 1988; J. Lehmann, dass., in: LP 3.1985², 713–22; C. R. Lovin, Agricultural Reorganization in the Third Reich: Reichsnährstand, in: AH 43.1969, 447–61; ders., Die Erzeugungsschlacht 1934–36, in: ZAA 22.1974, 209–20; F. Grundmann, Agrarpolitik im Dritten Reich: Reichserbhofgesetz, Hamburg 1979; D. Münkel, Bäuerl. Interessen vs. NS Ideologie. Das Reichserb-

hofgesetz in der Praxis, in: VfZ 44.1996, 549–80; dies., NS Agrarpolitik u. Bauernalltag, Frankfurt 1996; dies., Bauern u. NS, Bielefeld 1991; dies., Bauer u. Bäuerin im NS, in: AfS 38.1998, 141–64; H. Albers, Zwischen Hof, Haushalt u. Familie. Bäuerinnen in Westfalen 1920–60, Paderborn 2001; T. Bauer, NS Agrarpolitik u. bäuerl. Verhalten 1933–45 in Bayern, Frankfurt 1996; B. Herlemann, «Der Bauer klebt am Hergebrachten». Bäuerl. Verhaltensweisen unterm NS in Niedersachsen, Hannover 1993; J. S. Hohmann, Landvolk unterm Hakenkreuz: Bayern, Hessen, Thüringen, 2 Bde, Frankfurt 1992; A. Verse-Herrmann, Die «Arisierungen» in der Landwirtschaft 1938–44, Stuttgart 1997; M. Kutz, Kriegserfahrung u. -vorbereitung. Die agrar. Kriegserfahrungen aus dem Ersten Weltkrieg als Voraussetzungen NS Agrarpolitik, in: ZAA 32.1984, 59–82, 135–64; U. Mai, Rasse u. Raum. Agrarpolitik, Sozial- u. Raumplanung im NS Staat, Paderborn 2001; M. A. Hartenstein, Neue Dorflandschaften. NS Siedlungsplanung in den «eingegliederten Ostgebieten» 1939–44,Berlin 1998; K. R. Holmes, The NSDAP and the Crisis of Agrarian Conservatism in Lower Bavaria, N. Y. 1991; T. A. Tilton, Nazism, Neo-Nazism and the Peasantry, Bloomington/Ind. 1976; C. R. Lovin, «Blut u. Boden». The Ideological Basis of the Agrarian System, in: JHI 28.1967, 279–88; weit überholt: A. Schweitzer, The Nazification o f the Lower Middle Class and Peasants, in: The Third Reich, London 1955, 576–94, dt. Die Nazifizierung des Mittelstandes, Stuttgart 1970.

[4] Frei, Führerstaat, 67; Broszat, Staat Hitlers, 216 f.; Herbst, NS Deutschland, 263; Schoenbaum, 170–78; H. Uhlig, Die Warenhäuser im Dritten Reich, Köln 1956; H. A. Winkler, Der entbehrlich Stand: Zur Mittelstandspolitik des «Dritten Reiches», in: ders., Liberalismus, 110–44; ders., Ein neuer Mythos vom alten Mittelstand, in: GG 12.1986, 548–57, mit überlegenen Argumenten gegen: A. v. Saldern, «Alter Mittelstand» im «Dritten Reich», in: ebd., 235–43; dies., Mittelstand im «Dritten Reich». Handwerk – Einzelhandel – Bauern, Frankfurt 1978. Zum Handwerk am besten: Lenger, Sozialgeschichte, 163–202; vgl. Georges, Handwerk 1810–1993, 303–29; V. Chesi, Struktur u. Funktion des Handwerks im Deutschland seit 1933, Berlin 1965; B. Keller, Das Handwerk im faschist. Deutschland, Köln 1979.

[5] Buchheim, Zur Natur, 98–119; James, Innovation, 114; Hayes, Polycracy, 192; Herbst, NS Wirtschaftspolitik, 155–66; Frei, Führerstaat, 86–93. Zum «Wirtschaftswunder»: C. Buchheim, Zur Natur des Wirtschaftsaufschwungs in der NS Zeit, in: Fs. Borchardt, 97–119; H. James, Innovation and Conservatism in Economic Recovery: The Alleged «Nazi Recovery» in the 1930's, in: Caplan u. Childers Hg., 114–38; D. P. Silverman, NS Economics: The «Wirtschaftswunder» Reconsidered, in: B. Eichengreen u. T. Hatton Hg., Interwar Unemployment in International Perspective, Dordrecht 1988, 185–220, sowie die Aufsätze von Ritschl. Vergleich mit Keynes' Theorie: Erbe. Vgl. L. Budrass, Unternehmer im NS, in: W. Plumpe u. C. Kleinschmidt Hg., Unternehmen zwischen Markt u. Macht, Essen 1992, 74–89. – Abelshauser, Wechsellagen, 218–24; G. Bombach u. a. Hg., Der Keynesianismus II: Die beschäftigungspolit. Diskussion vor Keynes in Deutschland, Berlin 1976; vgl. C. Blumenberg-Lampe, Das wirtschaftspolit. Programm des «Freiburger Kreises»: Entwurf einer freiheitl. sozialen Nachkriegswirtschaft, Berlin 1973. S. auch die einschlägige Lit. vorn in I, Anm. 11 und II, Anm. 1.

[6] Vgl. als Ausschnitt aus einer langwährenden Debatte: Bracher, Diktatur, 365 f.; Thamer, Verführung, 126; Turner, Faschismus u. Antimodernismus, 157–82. – Zu Darré: s. o. Anm. 3; zu Himmler hier nur: C. Madajczyk, Vom Generalplan Ost zum Generalsiedlungsplan, München 1994. – Zur Korrektur des gängigen Bildes: Ritschl, NS Wirtschaftsideologie, 62 f., 66–69; Schoenbaum, 163, 208–10; Zitelmann, Hitler, 36, 295, 354 (eine der wenigen überzeugenden Korrekturen in diesem rundum verfehlten Buch ohne Sinn für historischen Kontext und Proportionen). Vgl. hinten V.2.

III. Strukturbedingungen und Entwicklungsbedingungen sozialer Ungleichheit

¹ Vgl. allg. hierzu die brillanten Aufsätze von Broszat: Struktur; Grundlagen; Motivation; Kräftefeld; Schoenbaum, 108–335; Grunberger (materialreich, oft unterschätzt); Herbst, NS Deutschland, 238–48; Thamer, Verführung, 468–521; H. Berghoff, Did Hitler Create a New German Society? in: P. Panayi Hg., Weimar and Nazi Germany, London 2001, 74–104; Sösemann Hg., NS u. deutsche Gesellschaft; P. Ayçoberry, La societé allemande 1933–45, Paris 1998; D. F. Crew Hg., Nazism and German Society, N. Y. 1994; D. Petzina, Soziale u. wirtschaftl. Entwicklung, in: DVG IV, 39–66; M. M. Steiner, Power Politics and Social Change in NS Germany, Den Haag 1975; oft übersehen: W. Jannen, NS and Social Mobility, in: JSH 1975/76, 339–66; W. Zapf, Wandlungen der deutschen Elite 1919–61, München 1965; Liesebach, Führungsschicht der Industrie; M. Mayer, They Thought They Were Free: The Germans 1933–45, Chicago 1965; enttäuschend: M. Geyer, Restorative Elites, German Society, and the Nazi Pursuit of War, in: Bessel Hg., Fascist Italy, 134–64, und C. Charle, La crise des societés impériales: Allemagne, France, Grande-Bretagne, 1900–40, Paris 2001. Vgl. aber D. Vincent u. A. Miles Hg., Building European Society. Occupational Change and Social Mobility in Europe 1840–1940, Manchester 1993; vorzüglich: K. Bolte, Sozialer Aufstieg u. Abstieg, Stuttgart 1959. Überholt: S. Suri, Nazism and Social Change, New Delhi 1959.

² Vgl. 8.T.III.2a. Grunberger, 34 f., 232, 215–23, 56 f.; Berghoff, New Society, 89; W. Koch, Die Einkommensschichtung im Wechsel der Wirtschaftslagen, in: Fs. F. Bülow, Berlin 1906, 169 f. – Grundlegend: H. Joly, Großunternehmer in Deutschland 1933.89, Leipzig 1998, 13–35; v. a. 13, 45, 49, 56, 111–13, 118–21, 126, 130, 132 f., 135; P. Erker, Industrieeliten in der NS Zeit, Passau 1993, 7, 10, 13, 73; Ziegler, Wirtschaftsbürgerl. Elite, 7–29; ders., Kontinuität, 31–53; ders., Großbürgertum, 113–32; schmal angelegt: B. Lorentz, Industrieelite u. Wirtschaftspolitik 1928- 45, Paderborn 2000; vgl. G. Hetzer, Unternehmer u. leitende Angestellte zwischen Rüstungseinsatz u. polit. Säuberung, in: M. Broszat u. a. Hg., Von Stalingrad zur Währungsreform, München 1988, 551–92; Schoenbaum, 152–95; Zapf, 236 f.; L. Lochner, Die Mächtigen u. der Tyrann, Darmstadt 1967. Arisierung: Herbst, NS Deutschland, 250; Bajohr; Hayes. Einblicke in die Welt der Unternehmen und ihrer Leitungen gewinnt man aus der Lit. zu IG Farben: Hayes; Plumpe; Tammen. – Ruhr: Mollin; Seebold; Gilllingham; H. Yano, Hüttenarbeiter im Dritten Reich (GHH u. F. Krupp AG)1930–39; Stuttgart 1986; Gall Hg., Krupp II. – Saar: G. Seibold, Röchling, ebd. 2001. – Hamburg: A. Meyhoff, Blohm & Voss im Dritten Reich, Hamburg 2001. – Siemens: Feldenkirchen. – VW: exzellent ist: H. Mommsen u. M. Grieger, Das VW-Werk u. seine Arbeiter, Düsseldorf 1996; K.-J. Siegfried, Rüstungsproduktion u. Zwangsarbeit im VW-Werk 1933–45, Frankfurt 1986. – Daimler-Benz: Gregor; Ebbinghaus Hg.; Pohl Hg.; B. P. Bellon, Mercedes in Peace and War 1903–45, N. Y. 1990. – Versicherungen: G. D. Feldman, Die Allianz u. die deutsche Versicherungswirtschaft 1933–46, München 2001. – Banken: Gall u. a., Deutsche Bank; ders., H. J. Abs im Dritten Reich, in: Fs. Kolb, 483–500; H. James, Verbandspolitik im NS. Der Centralverband des Deutschen Bank- u. Bankiergewerbes 1932–45, München 2001.

³ Vgl. vorn 8.T.III.2b. Allg. Thamer, Verführung, 468–521; Berghoff, New Society, 80–88; Herbst, NS-Deutschland, 246–48. Beamte: Caplan, 188; Herbst, NS-Deutschland, 246 f. – Anwälte: Jarausch, Unfree Professions; Grunberger, 208; P. Hüttenberger, Interessenvertretung u. Lobbyismus im Dritten Reich, in: Hirschfeld u. Kettenacker Hg., 431 f.; E. Douma, Die Anwälte zwichen Demokratie u. Diktatur 1930–55, Frankfurt 1998; R. Angermund, Zum Niedergang von Recht u. Justiz im Dritten Reich, in: Bracher u. a. Hg., Deutschland 1933–45, 57–75; Siegrist, Advokat, Bürger, Staat, 2 Bde,; K. F. Ledford, From General Estate to Special Interest. German Lawyers 1871–1933, Cambridge 1996; ders., Lawyers and the Limits of Liberalism. The German Bar in the WR, in: T. Halliday u. L. Karpik Hg., Lawyers and the Rise of Western Political Liberalism, Oxford

1998, 229–64; ders., German Lawyers and the State in the WR, in: Law and History 13.1995, 317–49; Ostler, Rechtsanwälte; aufschlußreich: D. Güstrow, Tödl. Alltag. Strafverteidiger im Dritten Reich, Berlin 1981. – Ärzte: s. vorn die Lit. zu I.4, Anm. 13 u. 14. – Professoren: M. Weinrich, Hitler's Professors, New Haven/Conn. 2000; H. E. Tenorth, Bildung u. Wissenschaft im Dritten Reich, in: Bracher u. a. Hg., Deutschland 1933–45, 240–55; M. Szöllösi-Janze, «Wir Wissenschaftler bauen mit». Universitäten u. Wissenschaften im Dritten Reich, in: Sösemann Hg., 55–71; M. Grüttner, Wissenschaftspolitik im NS, in: Kaufmann Hg., Geschichte II, 555–85; bes. informativ: U. Sieg, Strukturwandel der Wissenschaft im NS, in: Berichte zur Wissenschaftsgeschichte 24.2001, 255–70; M. Ash, Emigration u. Wissenschaftswandel als Folgen der NS Wissenschaftspolitik, in: Kaufmann Hg., II, 610–31; H.-A. Strauss u. a. Hg., Die Emigration der Wissenschaften nach 1933, München 1991; H. Seier, Die Hochschullehrerschaft im Dritten Reich, in: Schwabe Hg., Hochschullehrer, 247–95; R. C. Kelly, German Professoriate Under Nazism, in: History of Education Quarterly 25.1985, 261–80; J. Tröger Hg., Hochschule u. Wissenschaft im Dritten Reich, Frankfurt 1984, Beyrau, 48; diffuser Pointillismus: Heiber, Universität. – Naturwissenschaften: M. Desser, Zwischen Scylla u. Charybodis. Die «Scientific Community» der Physiker 1919–33, Wien 1991; R. Macrakis, Surviving the Swastika. Scientific Research in Nazi Germany, N. Y. 1990; A. D. Beyerchen, Wissenschaftler unter Hitler. Physiker im Dritten Reich, Köln 1980; M. Renneberg u. M. Walker, Scientists, Engineers and NS, in: dies. Hg., Science, Technology and NS, Cambridge 1994, 1–29; M. Walker, NS and German Physics, in: JCH 24.1989, 63–89; ders., Die Uranmaschine. Mythos u. Wirklichkeit der deutschen Atombombe, Berlin 1990; S. Richter, Die «Deutsche Physik», in: H. Mehrtens u. ders. Hg., Naturwissenschaft, Technik u. NS-Ideologie, Frankfurt 1980, 116–41; H. Mehrtens, Das Dritte Reich in der Naturwissenschaftsgeschichte, in: ders. u. Richter Hg., 15–87; ders., Die Naturwissenschaften im NS, in: Rürup Hg., Fs. TU Berlin I, 427–43; M. Vonderau, «Deutsche Chemie» 1933–45, Diss. Marburg 1994; A. Bäumer, NS-Biologie, Stuttgart 1990; U. Deichmann, Biologie unter Hitler, Frankfurt 1995, 257–63. – H. P. Kröner, Von der Eugenik zur NS Rassenhygiene, in: R. Knigge-Tesche Hg., Berater der Macht. Wissenschaft im NS Staat, Frankfurt 1999, 111–32. – Juristen: H. Dreier u. W. Pauly Hg., Die deutsche Staatsrechtslehre in der Zeit der NS, Berlin 2001; Stolleis, Öffentl. Recht III, vgl. auch E. Grothe, Eine «lautlose» Angelegenheit? Die Rückkehr E. R. Hubers in die universitäre Wissenschaft, in: ZfG 47.1999, 980–1001, sowie die Lit. vorn I. 5, Anm. 15. – Geschichtswissenschaft: außer der Lit. ebd.: W. Schulze u. O. G. Oexle Hg., Deutsche Historiker im NS, Frankfurt 1999; H.-U. Wehler, NS u. Historiker, in: ders., Umbruch, 11–46; P. Schöttler Hg., Geschichtsschreibung als Legitimationswissenschaft 1918–45, Frankfurt 1997; Oberkrome, Volksgeschichte; I. Haar, Historiker im NS, Göttingen 2002[2]; M. Matthiessen, Verlorene Identität. Der Historiker A. Bernays u. seine Freiburger Kollegen 1923–38, ebd. 1998 (im Grunde über H. Heimpel); K. Schönwälder, Historiker u. Politik. Geschichtswissenschaft im NS, Frankfurt 1992; C. Wegeler, «Wir sagen ab der internationalen Gelehrtenrepublik». Altertumswissenschaft u. NS: Göttingen 1921–62, Köln 1996; V. Losemann, NS u. Antike. Alte Geschichte 1933–45, Hamburg 1977; M. Burleigh, Germany Turns Eastward. «Ostforschung» in the Third Reich, N. Y. 1988, platte Apologetik: M. Burkert, Die Ostwissenschaften im Dritten Reich, I: 1933–39, Wiesbaden 2000. Pionierstudien: Werner, Geschichtsbild; H. Heiber, W. Frank u. sein «Reichsinstitut für Geschichte des Neuen Deutschlands», ebd. 1966. – Philosophie: R. Safranski, Ein Meister aus Deutschland. Heidegger u. seine Zeit, München 1994; Tilitzki; T. Schneider, Ideolog. Grabenkämpfe. Der Philosoph L. Klagen u. der NS 1933–38, in: VfZ 49, 2001, 275–94. – Soziologie: Klingemann; allg. W. Emmerich, Zur Kritik der Volkstumsideologie, Frankfurt 1971; R. Römer, Sprachwissenschaft u. Rassenideologie in Deutschland, München 1985. Zu den Lehrern vgl. u. IV.3.

[4] Vgl. zu den Ingenieuren: K. H. Ludwig, Technik, in: Enzyklopädie des NS, 257–74;

ders., Technik u. Ingenieure im Dritten Reich, Düsseldorf 1974; P. Lundgreen u. A. Grelon Hg., Ingenieure in Deutschland 1770–1990, Frankfurt 1994; G. Hortleder, Das Gesellschaftsbild des Ingenieurs, ebd., 1970; Mehrtens u. Richter Hg. – Angestellte: M. Prinz, Der unerwünschte Stand. Lage u. Status der Angestellten im «Dritten Reich», in: HZ 242.1986, 327–59; ders., Vom neuen Mittelstand zum Volksgenossen; Berghoff, New Society, 80–86; Herbst, NS Deutschland, 247; Grunberger, 208 f.; Winkler, Entbehrlicher Stand.

⁵ Vorzüglicher Überblick: U. Herbert, Arbeiterschaft im «Dritten Reich», in: GG 15.1989, 320–60, u. in: ders., Arbeit, Volkstum, Weltanschauung, Frankfurt 1995, 79–120, v. a. 79, 83, 87, 93, 95–98, 100–07; Zollitsch (Arbeiter 1926–36) leitete die Revision des geschönten Bildes ein. Berghoff, New Society, 88–91; Herbst, NS Deutschland, 238–42; Schoenbaum, 108–51, 139; Thamer, Verführung, 468–521; Grunberger, 204, 208, 214; Kranig, Arbeitnehmer, 141; R. Hachtmann, Lebenshaltungskosten u. Reallöhne während des «Dritten Reiches», in: VSWG 75.1988, 32–73; C. Buchheim, Die Wirtschaftsentwicklung im Dritten Reich -mehr Desaster als Wunder, in: VfZ 49–2001, 653–64; v. a. 661 f. (traut zu sehr der Reichsstatistik statt Hachtmanns Kritik); G. Mai, Arbeiterschaft u. NS, in: Malettke Hg., 85, 92, 98; Kershaw, Hitler-Mythos, 112–190; Stöver, 450, 453, 456 f., 465, 468 f.; Mason, Legacy of 1918; Speer, Erinnerungen, 229 (häufige Gespräche mit Hitler darüber); Frei, Führerstaat, 94, 98, 140, 142. – Zur Problematik ausführlich, aber nicht distanziert genug: Schneider, Unterm Hakenkreuz 1933–39; ders., Arbeiter u. Arbeiterbewegung 1933–45, in: Berlekamp u. Röhr Hg., 258–79; B. R. Kroener, Die personellen Ressourcen des Dritten Reiches im Spannungsfeld zwischen Wehrmacht, Bürokratie u. Kriegswirtschaft 1939–42, in: DRZW V/1.1988, 693–1001; ders., Menschenbewirtschaftung, Bevölkerungsverteilung u. personelle Rüstung 1942–44, in: ebd., V/2.1999, 777–1001. Vgl. G. Morsch, Arbeit u. Brot. Stimmung u. Verhalten der deutschen Arbeiterschaft 1933–37, Frankfurt 1933; ders., Streiks im «Dritten Reich», in: VfZ 36.1988, 649–89; J. Jokisala, «... den Arbeiter für die NSDAP gewinnen». Ideologie u. Massenbasis des deutschen Faschismus, Oulu 1988; R. Eckert, Arbeiter in der preuß. Provinz (Rheinland, Schlesien, Pommern), Frankfurt 1997; J. Eiber, Arbeiter unter NS-Herrschaft. Oberfranken 1933–39, München 1979; M. Roseman, Political Allegiance and Social Change. Workers in the Ruhr, in: J. Gaffney u. E. Kolinsky Hg., Political Culture in France and Germany, London 1991, 173–206; J. Gillingham, Die Ruhrbergleute u. Hitlers Krieg, in: H. Mommsen u. U. Borsdorf Hg., Glück auf, Kameraden, Köln 1979, 325–43; G. Plum, Die Arbeiterbewegung während der NS-Herrschaft, in: Reulecke Hg., Arbeiterbewegung, 355–83; T. Siegel, Whatever Was the Attitude of German Workers? in: Bessel Hg., Italy and Germany, 61–77; dies., Leistung u. Lohn in der NS «Ordnung der Arbeit», Wiesbaden 1989; dies., Lohnpolitik im NS-Deutschland, in: C. Sachse u. a. Hg., Angst, Belohnung, Zucht u. Ordnung, Opladen 1982, 54–139; dies. u. T. v. Freyberg, Industrielle Rationalisierung unter dem NS, Frankfurt 1991. Eingehend v. a.: R. Hachtmann, Industriearbeit im «Dritten Reich», Göttingen 1989; ders., Lebenshaltungskosten; ders., Industriearbeiterinnen in der deutschen Kriegswirtschaft, in: GG 19.1993, 332–66; ders., Die Krise der NS Arbeitsverfassung 1936–40, in: Krit. Justiz 17.1984, 281–99; ders., Thesen zur «Modernisierung» der Industriearbeit in Deutschland 1924–45, in: Bajohr Hg., Norddeutschland, 414–51; ders., Von der Klassenharmonie zum regulierten Klassenkampf, in: Soziale Bewegungen Jb. 1, Frankfurt 1984, 159–74. – Zum Widerstand: H.-J. Steinberg, Die Haltung der Arbeiterschaft zum NS Regime, in: J. Schmädeke u. P. Steinbach Hg., Der Widerstand gegen den NS, München 1985, 867–74; T. W. Mason, Arbeiterklasse u. Volksgemeinschaft 1936–39, Opladen 1975; ders., Arbeiter ohne Gewerkschaften, in: Journal für Geschichte Nov. 1983, 28–36; ders., Die Bändigung der Arbeiterklasse im NS-Deutschland, in: Sachse u. a., Angst, 11–53; ders., The Workers' Oppositon in Nazi Germany, in: History Workshop (= HW) 11.1981, 120–37, dt. Arbeiteropposition in Deutschland, in: Peukert u. Reulecke Hg., Reihen, 293–313; ders.,

III. Strukturbedingungen und Entwicklungsprozesse sozialer Ungleichheit

Labour in the Third Reich, in: PP 33.1966, 112–41; (M. war ein großer Anreger, aber zu sehr auf klassenkämpferischen Widerstand und Distanz der Arbeiterschaft gegenüber dem Regime fixiert, vgl. kritisch: I. Kershaw, Social Unrest and the Response of the Nazi Regime, in: F. R. Nicosia u. L. D. Stokes Hg., Germans Against Nazism, Oxford 1990, 157–74; L. Herbst, Die Krise des NS Regimes 1938/39, in: VfZ 26.1978, 347–92; v. a. R. Overy, in: D. Kaiser u. a., Germany, «Domestic Crisis» and War in 1939, in: PP 122.1989, 221–40; ders., «Blitzkriegwirtschaft»? Finanzpolitik, Lebensstandard u. Arbeitseinsatz in Deutschland 1939–42, in: VfZ 36.1988, 379–435). Vgl. weiter: D. Peukert, Der deutsche Arbeiterwiderstand 1933–45, in: K.-J. Müller Hg., Der deutsche Widerstand 1933–45, Paderborn 1986, 157–81; ders., Die KPD im Widerstand an Rhein u. Ruhr 1933–45, Wuppertal 1983; H. Mommsen, Aktionsformen u. Bedingungen des Widerstands in der Arbeiterschaft, in: Widerstandsbewegungen in Deutschland u. in Polen, Braunschweig 1983[2], 41–51; M. Voges, Klassenkampf in der Betriebsgemeinschaft 1934–40, in: AfS 21.1981, 329–83; D. Schmiechen-Ackermann, Anpassung, Verweigerung, Widerstand, Berlin 1997; ders., NS Herrschaft, Widerstand u. Verfolgung in deutschen Großstädten, in: AfS 38.1998, 488–554; W. F. Werner, «Bleib übrig»! Die Arbeiter in der NS Kriegswirtschaft, Düsseldorf 1981; D. Petzina, Soziale Lage der deutschen Arbeiter während des Zweiten Weltkriegs, in: W. Dlugoborski Hg., Zweiter Weltkrieg u. sozialer Wandel, Göttingen 1981, 65–86; ders., Die Mobilisierung deutscher Arbeitskräfte vor u. während des Zweiten Weltkriegs, in: VfZ 18.1978, 443–55; D. Eichholtz, Zur Lage der deutschen Werktätigen 1939/40, in: JbW 1967/I, 147–71. – Zur Sozialpolitik: M.-L. Recker, NS-Sozialpolitik im Zweiten Weltkrieg, München 1985; dies., Sozialpolitik im Dritten Reich, in: H. Pohl Hg., Sozialpolitik vom Mittelalter bis zur Gegenwart, Stuttgart 1984, 245–68, v. a. 246, 249, 251, 253, 255, 256–59, 262; dies., Sozialpolitik, in: Enzyklopädie des NS, 123–34; H. Lampert, Staatl. Sozialpolitik im Dritten Reich, in: K. D. Bracher u. a. Hg., NS Diktatur 1933–45, Düsseldorf 1983, 177–205; H.-U. Otto u. H. Sünker Hg., Soziale Arbeit u. Faschismus, Frankfurt 1989[2], K. Teppe, Zur Sozialpolitik des Dritten Reiches am Beispiel der Sozialversicherung, in: AfS 17.1977, 195–250; T. E. DeWitt, The Economics and Politics of Welfare in the Third Reich, in: CEH 11.1978, 256–78; Kranigs Studien; Hentschel, Sozialpolitik, 136; allg. H. G. Hockerts Hg., Drei Wege deutscher Sozialstaatlichkeit, München 1998. Vgl. vorn die Lit. Zur NSV und zum WHV: 9.T. I., Anm. 8.

[6] Vgl. vorn II.4, Anm. 3, wo sich die Lit. zum Reichsnährstand, aber auch zur Lage der Bauern findet, hier v. a. Mooser; Kluge; Farquharson; Albers; Grundmann; Münkel; Bauer; Herlemann. – Schoenbaum, 196–225; Grunberger, 162–71; Berghoff, New Society, 77–80; Herbst, NS-Deutschland, 242–48; Broszat, Staat Hitlers, 230–41; Mooser, 26. Über die «Raumplanung» glänzend: W. Pyta, «Menschenökonomie». Das Ineinandergreifen von ländl. Sozialraumgestaltung u. rassenbiolog. Bevölkerungspolitik im NS-Staat, in: HZ 273.2001, 31–94, v. a. 30–43, 46–48, 51 f., 55, 58–61, 66, 68, 82, 84 f., 94; ders., Dorf im Fadenkreuz, 211–21; vgl. A. E. Steinweis, Ideology and Infrastructure: German Area Sciences and Planning for the Germanisation of Eastern Europe 1939–44, in: East European Quarterly 28.1994, 135–47; Mai; Frei, Führerstaat, 150. Zum «Generalplan Ost»: Madajczk; B. Wasser, Himmlers Raumplanung im Osten. Der Generalplan Ost 1940–44, Basel 1993; M. Rössler u. S. Schleiermacher Hg., Der «Generalplan Ost», Berlin 1991; W. Benz, dass., in: ders. Hg., Vertreibung, 39–48; H. Heiber, dass., in: VfZ 6.1958, 281–325.

[7] Zum Adel in der Weimarer Republik: vorn 8.T.III.4 u. Anm. 8.- M. Niemann, Mecklenburg. Großgrundbesitz im NS, Köln 2000, 254 (DAG Sept. 1933); Kleine, 119 u. 135 (Bentheim), 120 f. Zur DAG vgl. auch Malinowski, Führertum, 184–87, 209: Fricke u. Rößling, 530–43; H. E. Volkmann, Deutsche Agrareliten auf Revisions- u. Expansionskurs, in: M. Broszat u. K. Schwabe Hg., Die deutschen Eliten u. der Weg in den Zweiten Weltkrieg, München 1989, 324–88; v. Dissow (i. e. J. v. Rantzau), 209; E. Kehr, Zur Sozio-

logie der Reichswehr, in: ders., Primat der Innenpolitik, 240; Funck u. Malinowski, Geschichte, 263, 265; vgl. dies., Masters of Memory. The Strategic Use of Autobigraphical Memory by the German Nobility, in: A. Confino u. P. Fritzsche Hg., The Work of Memory. New Directions in the Study of German Society, Urbana/Ill. 2002, 86–103. Funck, Schock, 160, 163; Nabert, 105 f.; Niemann, 237, 254, 274, 79; Kershaw, Hitler I, 473; Zollitsch, Orientierungskrise, 213, 220, 222, 231; J. Noakes, Nazism and High Society, in: M. Burleigh Hg., Confronting the Nazi Past, London 1996, 55, 57 f.; Kleine, 126, 139 (von den höchsten 117 SS-Führern vom Brigadeführer ab aufwärts waren mithin 13 % Adlige). Zu den regionalen Adelsformationen, die auch für die NS-Zeit ganz unzulänglich untersucht sind, vgl. zu Mecklenburg: Niemann; zu Pommern: Baranowski, Sanctity, 145–86; zu Bayern: v. Aretin, 130–88; zu Preußen: Conze, 130–88. – 1945: Niemann, 363–73; Conze, 184 f., 270–72; A. Bauerkämper Hg., Junkerland in Bauernhand. Durchführung, Auswirkung u. Stellenwert der Bodenreform in der SBZ, Stuttgart 1996.

[8] U. Frevert, Frauen, in: Enzyklopädie des NS, 223, allg. 220–34; dies., Frauen-Geschichte, 200–23; Bracher, Diktatur 368; Dülffer, Führerglaube, 227, 229; Frei, Führerstaat, 135; Herbst, NS Deutschland, 260, 262 f.; Broszat, Staat Hitlers, 72 f., Schoenbaum, 226–41, Thamer, Verführung, 514; Recker, Sozialpolitik, 249; präzis: Overy, in: Kaiser u. a., 240; Bry, 246; D. Winkler, Frauenarbeit im Dritten Reich, Hamburg 1977, 198; L. Rupp, Mobilizing Women for War 1939–45, Princeton 1978, 186. Vgl. G. Bock, Der NS u. die Frauen, in: Sösemann Hg., 188–207; dies., NS Geschlechterpolitik u. die Geschichte der Frauen, in: G. Duby u. M. Perrot Hg., Geschichte der Frauen V, Frankfurt 1995, 173–204; dies., Gleichheit u. Differenz in der NS-Rassenpolitik, in: GG 9.1993, 277–310; dies., Frauen u. ihre Arbeit im NS, in: A. Kuhn u. G. Schneider Hg., Frauen in der Geschichte, Düsseldorf 1979, 113–52; R. R. Thalmann, Zwischen Mutterkreuz u. Rüstungsbetrieb, in: Bracher u. a. Hg., Deutschland 1933–45, 198–218; dies., Frausein im Dritten Reich, München 1984; D. Klinksiek, Die Frau im NS Staat, Stuttgart 1982; Bajohr, Hälfte der Fabrik; J. Stephenson, Women in Nazi Society, London 1975; dies., The Nazi Organisation of Women, ebd. 1981; dies., Women's Labor Service in Nazi Germany, in: CEH 15.1982, 241–65; dies., «Reichsbund der Kinderreichen» in the Population Policy of Nazi Germany, in: ESR 9.1979, 351–75; T. W. Mason, Women in Nazi Society, in: HW 2.1976, dt. Zur Lage der Frauen in Deutschland 1930–40, in: Gesellschaft 6.1976, 118–93; L. Pine, Nazi Family Policy 1933–45, Oxford 1997; G. Czarnowski, Das kontollierte Paar. Ehe- u. Sexualpolitik im NS, Weinheim 1991; C. Mühlfeld u. F. Schönweiss, NS-Familienpolitik, Stuttgart 1989; I. Weyrathner, Muttertag u. Mutterkreuz. Der Kult um die «deutsche Mutter» im NS, Frankfurt 1993; C. Sachse, Siemens, der NS u. die moderne Familie, Hamburg 1990; C. Koonz, Mothers in the Fatherland. Women, the Family, and Nazi Politics, N. Y. 1987, dt. Mütter im Vaterland, Freiburg 1991 (vgl. zu diesem rundum mißglückten Buch: G. Bocks Rez. in: GG 15.1989, 563–79; Antwort Koonz: GG 18.1992, 384–99, dazu Bock, ebd. 400–04). In den folgenden Sammelbänden neigen die meisten Beiträge, ohne Gespür für die Ambivalenz, zur Dramatisierung einer «Frauenhölle» von patriarchalisch degradierten Sklavinnen: z. B. R. Bridenthal u. a. Hg., When Biology Became Destiny. Women in Weimar and Nazi Germany, N. Y. 1984; A. Kuhn u. V. Rothe Hg., Frauen im deutschen Faschismus, 2 Bde, Düsseldorf 1982; M. Schmidt u. G. Dietz Hg., Frauen unterm Hakenkreuz, München 1985; O. Niethammer Hg., Frauen u. NS, Osnabrück 1986; U. Benz Hg., Frauen im NS, München 1993; vgl. R. Wiggershaus, Frauen unterm NS, Wuppertal 1984; K. Heinsohn u. a. Hg., Zwischen Karriere u. Verfolgung. Handlungsspielräume von Frauen im NS, Frankfurt 1997; W. Schneider, Frauen unterm Hakenkreuz, Hamburg 2001. – Studium: Huerkamp, Bildungsbürgerinnen; J. R. Pauwels, Women, Nazis and University, N. Y. 1984. – K. Hagemann u. S. Schüler-Springorum Hg., Heimat-Front im Zeitalter der Weltkriege, Frankfurt 2001; besser ist: U. Frevert, Frauen an der Heimatfront, in: C. Kleßmann Hg., Nicht nur Hitlers Krieg, Düsseldorf 1989, 51–69; A. Owings, Frauen: German Women Recall the Third Reich, New

III. Strukturbedingungen und Entwicklungsprozesse sozialer Ungleichheit

Brunswick 1993; L. Gravenhorst u. C. Tatschaurat Hg., Töchterfragen: NS Frauen-Geschichte, Freiburg 1990; L. Wagner, NS Frauenansichten, Frankfurt 1996; M. Dörr, «Wer die Zeit nicht miterlebt hat...». Frauenerfahrungen im Zweiten Weltkrieg, 3 Bde, ebd. 1998. Aufschlußreiche Erinnerungen einer hohen BDM-Führerin: M. Maschmann, Fazit, München 1979. Über ein Tabu: C. Paul, Zwangsprostitution. Staatl. errichtete Bordelle im NS, Berlin 1994. Zum BDM s. vorn 9.T.I, Anm. 8. Zu «Mädel»: D. Sternberger u. a., Aus dem Wörterbuch des Unmenschen (1945/46), München 1962³, 78–82.

[9] R. Schörken, Jugend, in: Enzyklopädie des NS, 203–19, v. a. 20–5, 209–18. Monographien fehlen. Zu HJ und BDM s. die Lit. vorn 9.t.I, Anm. 8, sowie H. Müller-Kipp Hg., «Auch Du gehörst dem Führer.» Geschichte des BDM, Weinheim 2001. Vgl. A. v. Castell-Rüdenhausen u. J. Reulecke, Aspekte der NS Gesellschaftspolitik am Beispiel der Jugend- u. Rassenpolitik, in: Düwell u. Köllmann Hg., Rheinland-Westfalen III, 159–78; U. u. W. Benz Hg., Sozialisation u. Traumatisierung. Kinder im NS, Frankfurt 1992; W. Klafki Hg., Verführung, Distanzierung, Ernüchterung. Kindheit u. Jugend im NS, Weinheim 1988; F. Kebbedies, Außer Kontrolle. Jugendkriminalität in der NS Zeit u. der frühen Nachkriegszeit, Essen 2000. Zu der öfters romantisiernd überschätzten Jugendopposition vgl. A. Klönne, Jugendkriminalität u. Jugendopposition im Dritten Reich, Münster 1981; ders., Gegen den Strom. Jugendopposition im Dritten Reich, Düsseldorf 1957; H. Muth, Jugendoppositon im Dritten Reich, in: VfZ 30.1982, 369–412; L. Gruchmann, Jugendopposition u. Justiz im Dritten Reich, in: Fs. H. Krausnick, Stuttgart 1980, 103–30; D. Peukert, Protest u. Widerstand von Jugendlichen im Dritten Reich, in: R. Löwenthal u. P. v. d. Mühlen Hg., Widerstand u. Verweigerung in Deutschland 1933–45, Berlin 1982, 177–201; ders., Die Edelweißpiraten. Protestbewegung jugendl. Arbeiter im Dritten Reich, Köln 1980; ders., Edelweißpiraten, Meuten, Swing. Jugendsubkultur im Dritten Reich, in: G. Huck Hg., Sozialgeschichte der Freizeit, Wuppertal 1980, 307–27; M. v. Hellfeld, Edelweißpiraten in Köln, Köln 1981; D. Horn, Youth Resistance in the Third Reich, in: JSH 7.1973, 26–50: K.-H. Jahnke, Jugend im Widerstand 1933–45, Frankfurt 1985; L. D. Walker, HJ and Catholic Youth 1933–36, Washington 1971; Reulecke, Jugend, 104–6. Vgl. G. Kock, Der Führer sorgt für unsere Kinder. KLV im Zweiten Weltkrieg, Paderborn 1997; J. Hermand, Als Pimpf in Polen. Erweiterte Kinderlandverschickung 1940–45, Frankfurt 1994; R. Schörken, Luftwaffenhelfer u. Drittes Reich, Stuttgart 1985²; H. D. Nicolaisen, Die Flakhelfer, Berlin 1981.

[10] Ein Wirrkopf wie Zitelmann (Hitler, Revolutionär) hat die Gleichheitsparolen für bare Münze gehalten. Bracher, Diktatur, 364; Frei, Führerstaat, 140, 158 f., 170; Herbst, NS-Deutschland, 368, 264 (Hitler auf dem Parteitag 1937). Vgl. Ayass; Sachße u. Tennstedt III; Pommerin, Rheinlandbastarde; D. Dahlmann u. G. Hirschfeld Hg., Lager, Zwangsarbeit, Vertreibung u. Deportation 1933–45, Essen 1999; Jellonnek, Homosexuelle; R. Plant, Rosa Winkel. Der Krieg der Nazis gegen die Homosexuellen, Frankfurt 1991; C. Schoppmann, NS-Sexualpolitik u. weibl. Homosexualität, Pfaffenweiler 1991. Vgl. hier auch D. Garbe, Zwischen Widerstand u. Martyrium. Die «Zeugen Jehovas» im Dritten Reich, München 19944; M. Kater, Die Ernsten Bibelforscher im Dritten Reich, in: VfZ 17.1969, 181–218. – J. August, Die Entwicklung des Arbeitsmarktes in Deutschland in den 30er Jahren u. der Massenansatz ausländ. Arbeitskräfte während des Zweiten Weltkriegs, in: AfS 24.1984, 305, 309, 322–29, 333, 338, 340, 348, 350–53. Grundlegend hierzu: U. Herbert, Fremdarbeiter. Politik u. Praxis des «Ausländer-Einsatzes» in der Kriegswirtschaft des Dritten Reiches, Berlin 1985/1999²; ders., Geschichte der Ausländerpolitik in Deutschland, München 2001²; ders., Zwangsarbeit in Deutschland 1941–45, in: P. Jahn u. R. Rürup Hg., Erobern u. Vernichten. Der Krieg gegen die Sowjetunion 1941–45, Berlin 1991, 106–30. – C. Rauh-Kühne, Hitlers Hehler? Unternehmerprofite u. Zwangsarbeiterlöhne, in: HZ 275.2002, 1–54; M. Spoerer, Zwangsarbeit unter dem Hakenkreuz 1938–45, Stuttgart 2001; ders., NS Zwangsarbeiter im Dritten Reich, in: VfZ 49.2001, 665–84; ders., Zwangsarbeit im Dritten Reich, in: GWU 53.2000, 508–27;

R. Fröhne, Der Arbeitseinsatz von KZ-Häftlingen 1943–45, in: Herbert Hg., «Reichseinsatz», 351–83; Mommsen u. Grieger; Siegfried, VW-Werk; Seibold; Petzina, Soziale Lage, 68; ders., Mobilisierung, 450; B. Hopmann u. a., Zwangsarbeit bei Daimler-Benz, Stuttgart 1994; G. Hirschfeld Hg., The Politics of Genocide. Jews and Soviet Prisoners of War in Nazi Germany, London 1986; L. Homze, Foreign Labor in Nazi Germany, Princeton 1967; apologetisch: H. Pfahlmann, Fremdarbeiter u. Kriegsgefangene in der deutschen Kriegswirtschaft 1939–45, Darmstadt 1969; im DDR-Jargon: E. Seeber, Zwangsarbeiter in der faschist. Kriegswirtschaft 1939–45, Berlin 1964.

[11] Vgl. vorn I.6; Berghoff, New Society, 92–98; Schoenbaum, 96, 295, 300, 302, 328 (danach Übersichten 128 u. 129), Partei: 59, 68 f., 72, 103; Bracher, Diktatur, 378–80; Jannen, 339–66, s. 343; Broszats Aufsätze (I, Anm. 15 u. 16); Ayçoberry; Grunberger, 89; Frei, Führerstaat, 97, 115, 129; Broszat, Staat Hitlers, 423, 441, ders., Struktur, 66. Zum NS-Neofeudalismus: R. L. Koehl, Feudal Aspects of NS, in: APSR 54.1960, 921–33, ND. in: Turner Hg., Nazism, 151–74; M. Kater, The Reich Vocational Contest in Nazi Germany, in: CEH 7.1974, 225–62; v. Ferber, 144; Bolte, Aufstieg, 139. – Eliteschulen: D. Orlow, Die Adolf-Hitler-Schulen, in: VfZ 13.1965, 272–84; H. Überhorst, Elite für die Diktatur. Die Nationalpolit. Erziehungsanstalten 1933–45, Düsseldorf 1969; H. Scholtz, NS Ausleseschulen, Göttingen 1971; ders., Die «NS Ordensburgen», in: VFZ 15.1967, 269–98; einige Beiträge in: M. Heinemann Hg., Erziehung u. Schulung im Dritten Reich, 2 Bde, Stuttgart 1980. – Zur SS-Elitenbildung vgl. die Lit. vorn 8.T.IV Anm. 15, sowie G. C. Boehnert, The Third Reich and the Problem of «Social Revolution»: German Officers and the SS, in: V. R. Berghahn u. M. Kitchen Hg., Germany in the Age of Total War, London 1981, 203–17; A. Schickel, Wehrmacht u. SS.Planungen der NS Führung, in: GWU 21.1970, 581–606; M. Kater, Das «Ahnenerbe» der SS 1935–45, Stuttgart 1972/München 2000³; J. E. Schulte, Zwangsarbeit u. Vernichtung. Das Wirtschaftsimperium der SS, Paderborn 2001; R. F. Koch, Himmlers Graue Eminenz. O. Pohl u. das Wirtschafts- u. Verwaltungshauptamt der SS, Hamburg 1988; E. Georg, Die wirtschaftl. Unternehmungen der SS, Stuttgart 1963.

[12] Allg. zur Modernisierungstheorie: Wehler, Modernisierung u. Modernisierungstheorie, in: ders., Umbruch, 214–50, 333 f., ders., Modernisierungstheorie u. Geschichte, in: ders., Gegenwart als Geschichte, 13–59, 266–84. Zur Eröffnung der Diskussion in den 60er Jahren die brillante Interpretation von Dahrendorf (Gesellschaft u. Demokratie, vgl. M. Prinz, R. Dahrendorfs «Gesellschaft u. Demokratie» als epochenübergreifende Interpretation des NS, in: M. Frese u. ders. Hg., Polit. Zäsuren u. gesellschaftl. Wandel im 20. Jh., Paderborn 1996, 755–77), dann Schoenbaum; erste Bilanz: H. Matzerath u. H. Volkmann, Modernisierungstheorie u. NS, in: J. Kocka Hg., Theorien in der Praxis des Historikers, Göttingen 1977, 86–102. Neuerdings v. a. N. Frei, Wie modern war der NS? in: GG 19.1993, 368–87; M. Roseman, NS and Modernization, in: Bessel Hg., Italy and Germany, 197–229; ders., World War II and Social Change in Germany, in: A. Marwick Hg., Total War and Social Change, London 1988, 58–78; H. Mommsen, Noch einmal: NS u. Modernisierung, in: GG 23.1995, 191–402; ders., NS als vorgetäuschte Modernisierung, in: W. Pehle Hg., Der histor. Ort des NS, Frankfurt 1990, 31–46; ders., Der NS – eine ideolog. Simulation, in: H. Hoffmann u. H. Klotz Hg., Die Kultur unseres Jhs., Düsseldorf 1991, 43–53; ders., Der Mythos von der Moderne (zu ablehnend); G. Könke, «Modernisierungsschub» oder relative Stagnation? NS u. Moderne, in: GG 20.1994, 585–609; klärend wirkte: J. Alber, NS u. Modernisierung, in: KZfS 41.1989, 346–65; A. Schildt, NS-Regime, Modernisierung u. Moderne, in: TAJbDG 23.1994, 3–22; M. Schneider, NS u. Modernisierung? in: AfS 32.1992, 541–45; J. Hiden u. J. Farquharson, Explaining Hitler's Germany, London 1983, 83–103; Berghoff, New Society, 74–77, 90 f.; Broszat, Third Reich, 83; Saunders; Weisbrod, Schein; blasser: I. Marßolek, Der NS u. der Januskopf der Moderne, in: Bajohr Hg., Norddeutschland, 312–34; J. Stephenson, Modernization, Emancipation, Mobilization: Nazi Society Reconsidered, in: Jones u. Retallack Hg.,

Elections, 223–43; H.-U. Thamer, Der Januskopf der Moderne, in: K. J. Sembach u. a., 1910 – Halbzeit der Moderne, Stuttgart 1992, 169–83; ders., Verführung, 409 f.; überholt: M. Rauh, Anti-Modernismus im NS-Führerstaat, in: HJb. 107.1987, 94–121. Neue Kontroverse: M. Prinz, Die soziale Funktion moderner Elemente in der Gesellschaftspolitik des NS, in: ders. u. Zitelmann Hg., 297–327; ders., Wohlfahrtsstaat, Modernisierung u. NS, in: Otto u. Sünker Hg., 47–62; ders., Ein Grenzfall: NS u. Modernisierung, in: D. Breuer u. G. Cepl-Kaufmann Hg., Moderne u. NS im Rheinland, Paderborn 1997, 21–33; R. Zitelmann, Die totalitäre Seite der Moderne, in: Prinz u. ders. Hg., 1–20; ders., NS u. Moderne, in: Fs. G. Bütow, Berlin 1989, 195–223; vgl. R. Smelser, Die Sozialplanung der DAF, in: Prinz u. Zitelmann hg., 71–92; ders., How «Modern» Were the Nazis? in: GSR 13.1990, 285–302. Zur Kritik außer Mommsen, Frei, Könke v. a. D. Dipper, Modernisierung des NS, in: NPL 36.1991, 450–56 (Zitelmanns extrem angreifbare Position verdient die Kritik, Prinz' abwägenden Argumenten wird sie nicht gerecht.) Vgl. allg. noch H. Welzer Hg., NS u. Moderne, Tübingen 1993; Organski, Fascism and Modernization; 19–41; B. S. Turner Hg., Theories of Modernity, London 1990; S. Dube, Modernization and Development, Cambridge 1988. – Vgl. zum Spezialfall des Wohnungs- und Städtebaus: K. C. Führer, Anspruch u. Realität. Das Scheitern der NS-Wohnungsbaupolitik, in: VfZ 45.1997, 225–56; T. Harlander, Zwischen Heimstätte u. Wohnmaschine. Wohnungsbau u. -politik in der Zeit des NS, Basel 1995; G. Fehl u. ders., Hitlers sozialer Wohnungsbau 1940–45, Hamburg 1986; W. Durth, Architektur u. Stadtplanung im Dritten Reich, in: Prinz u. Zitelmann Hg., 139–71; ders., Deutsche Architekten 1900–70, Braunschweig 1988; M.-L. Recker, Der Reichskommissar für den sozialen Wohnungsbau, in: Rebentisch u. Teppe Hg., 333–50; dies., Wohnen u. Bombardierung im Zweiten Weltkrieg, in: Niethammer Hg., Wohnen, 408–28; E. Forndran, Die Stadt- u. Industriegründungen Wolfburg u. Salzgitter, Frankfurt 1984; M. Hinz, Massenkult u. Todessymbolik in der NS-Architektur, Köln 1984; J. Dülffer u. a., Hitlers Städte, Köln 1977; B. M. Lane, Architecture and Politics in Germany 1914–45; Cambridge/Mass. 1968, dt. Architektur u. Politik in Deutschland, Braunschweig 1986; s. auch G. Gröning u. J. Wolschke, Naturschutz u. Ökologie im NS, in: Die Alte Stadt 10.1983, 1–17.

IV. Strukturbedingungen und Entwicklungsprozesse der Kultur

[1] Vgl. die einschlägige Lit. vorn 8.T.1, Anm. 1. u. 2, an erster Stelle Scholder, Kirchen u. das Dritte Reich, 2 Bde. Hier v. a. J. Mehlhausen, NS u. Kirchen, in: Theolog. Realenzyklopädie 24.1994, 43–78, bes. 43, 46–56, 59–62, 65–70; Broszat, Bayern I, 370; D. Bonhoeffer, Ges. Schriften, I, München 1972, 320; Bracher, Diktatur, 403, 415–18; Broszat, Staat Hitlers 283–92; Thamer, Verführung, 436–46; Frei, Führerstaat, 80; K. Nowak, Kirchen u. Religion, in: Enzyklopädie des NS, 187–202; U. v. Hehl, Die Kirchen in der NS-Diktatur, in: Bracher u. a. Hg., Deutschland 1933–45, 155–81; G. Besier, Die Kirchen u. das «Dritte Reich» 1934–37, Berlin 2001 (positivistische Faktenhuberei ohne schlüssige Interpretation, kein «Scholder III»; schwach ist auch die Interpretation in den drei folgenden Texten); ders. u. E. Müller-Widener Hg., Zwischen «nationaler Revolution» u. militär. Aggression. Transformation in Kirche u. Gesellschaft 1934–49, München 2001; ders., Begeisterung, Ernüchterung, Resistenz 1933–45, in: G. Heinrich Hg., 1000 Jahre Kirche in Berlin-Brandenburg, Berlin 1999, 703–61; ders., NS als Säkularreligion, in: ders. u. E. Lessing Hg., Die Geschichte der Evangel. Kirche der Union III, Leipzig 1999, 445–78. Vgl. L. Siegele-Menschkewitz, NS u. Kirchen. Religionspolitik von Partei u. Staat bis 1935, Düsseldorf 1974; G. Denzler u. W. Fabricius, Die Kirchen im Dritten Reich, 2 Bde, Frankfurt 1988; E. C. Helmreich, The German Churches Under Hitler, Detroit 1979; F. Spotts, Churches and Politics in Germany, Middletown/Conn. 1973, dt. Kirchen u. Politik in Deutschland, Stuttgart 1976; J. S. Conway, The Nazi Persecution of the Churches 1933–45, London 1968, dt. Die NS Kirchenpolitik, München 1969; H. Kreutzer, Das Reichskirchenministerium, Düsseldorf 2000; R. O. Erickson u. S. Heschel, The

German Churches Face Hitler, in: TAJbDG 23.1994, 433–59; J. S. Conway, Coming to Terms With the Past. Interpreting the German Church Struggles 1933–90, in: GH 16.1998, 377–98; vgl. hierzu auch: R. Steigmann-Gall, Apostasy of Religiosity? The Cultural Meaning of the Protestant Vote for Hitler, in: SH 25.2000, 267–84. H. B. Boberach Hg., Berichte des SD u. der Gestapo über Kirchen u. Kirchenvolk in Deutschland 1933–44, Mainz 1971.

² Endlich eine bahnbrechende kritische Studie: M. Gailus, Protestantismus u. NS. Zur NS-Durchdringung des protestant. Sozialmilieus in Berlin, Köln 2001, v. a. 7–56, 636–66, Statistik Juli 1933, 685; vgl. die vier Beiträge dazu in: R. Rürup Hg., NS u. Protestantismus, GG 29.2003/H.4; zum Vorlauf: F.-M. Kuhlemann, Pastorennationalismus in Deutschland im 19. Jh., in: H. G. Haupt u. D. Langewiesche Hg., Religion u. Nation in der deutschen Geschichte, Frankfurt 2001, 548–86; G. Brakelmann, Nationalprotestantismus u. NS, in: Fs. H. Mommsen, 337–50; S. Herschel, Deutsche Theologen für Hitler, in: Jb. 1998/99 zur Geschichte u. Wirkung des Holocaust, Darmstadt 1999, 147–67; K. Scholder, Die Kapitulation der evangel. Kirche vor dem NS Staat, in: Zeitschrift für Kirchengeschichte 81.1970, 182–206; ders., Die Evangel. Kirche in der Sicht der NS-Führung bis 1939, in: VfZ 16.1968, 15–35; ders., Kirchenkampf, in: Evangel. Staatslexikon, Stuttgart 1975², 1177–1200, u. in: ders., Kirchen zwischen Republik u. Gewaltherrschaft, 131–71; Melhausen, 58 f., 62 f., 65; Bracher, Diktatur, 419–22; U. v. Hehl u. C. Nicolaisen, Kirchenkampf, in: Staatslexikon 3.1987⁷, 429–35; H. Brunotte, dass., in: Evangel. Kirchenlexikon 2.1962², 737–49; E. Wolff, dass., in: RGG 3.1959³, 1443–53; K. Nowak, Kirche u. Widerstand gegen den NS 1933–45, in: C. Nicolaisen Hg., Nord. u. deutsche Kirche im 20. Jh., Göttingen 1982, 228–70; K. v. Klemperer, Glaube, Religion, Kirche u. der deutsche Widerstand gegen den NS, in: VfZ 28.1980, 293–309; F. Zipfel, Kirchenkampf in Deutschland 1933–45, Berlin 1965. – M. Jacobs, Kirche, Weltanschauung u. Politik. Die evangel. Kirchen u. die Option zwischen Zweitem u. Drittem Reich, in: VfZ 31.1983, 108–35; G. van Norden, Der deutsche Protestantismus 1933, Gütersloh 1979; ders., Kirche in der Krise. Die Stellung der evangel. Kirche zum NS-Staat 1933, Düsseldorf 1963; D. Schmiechen-Ackermann, Kooperation u. Abgrenzung. Bürgerl. Gruppen, evangel. Kirchengemeinden u. kathol. Sozialmilieu in Hannover 1999. – «Deutsche Christen»: D. L. Bergen, Twisted Cross. The German Christian Movement 1933–45, Chapel Hill 1996; R. Lächele, Ein Volk, ein Reich, ein Glaube. Die Deutschen Christen in Württemberg 1925–60, Stuttgart 1994; T. M. Schneider, Reichsbischof L. Müller, Göttingen 1993; H. Faulenbach, Ein Weg durch die Kirche: H. J. Oberheid, Köln 1992; E. Klee, «Die SA Jesu Christi». Die Kirche im Banne Hitlers, Frankfurt 1989; H.-J. Sonne, Die polit. Theologie der Deutschen Christen, Göttingen 1982; R. E. Heinonen, Anpassung u. Identität. Theologie u. Kirchenpolitik der Bremer Deutschen Christen 1933–45, ebd., 1978; J. A. Zabel, Nazism and the Pastors. Three Deutsche Christen Groups, Missoula/Mont. 1976; K. Meier, Die Deutschen Christen, Göttingen 1964; vgl. noch W. Fleischmann-Bisten, Der «Evangel. Bund» in der WR u. im Dritten Reich 1918–45; in: ders. u. H. Grote Hg., Protestanten auf dem Wege, ebd. 1988, 85–163; U. Nanko, Die Deutsche Glaubensbewegung 1933–45, Marburg 1993. – Allg. K. Meier, Kreuz u. Hakenkreuz. Die Evangel. Kirche im Dritten Reich, München 1992; ders., Der evangel. Kirchenkampf, 3 Bde, Göttingen 1976–84; B. Mensing, Pfarrer u. NS. Die Evangel.-luther. Kirche in Bayern, Göttingen 1998; A. Meyer-Zollitsch, NS u. Evangel. Kirche in Bremen, Bremen 1985; T. Fandel, Konfession u. NS. Evangel. u. kathol. Pfarrer in der Pfalz 1930–38, Paderborn 1997; M. Phayer, Protestant and Catholic Women in Nazi Germany, Detroit 1990; V. Barnett, For the Soul of the People. Protestant Protest Against Hitler, N. Y. 1990; J. Forstman, Christian Faith in Dark Times. Theological Conflicts in the Shadow of Hitler, Lewiston 1992; S. Baranowski, The Confession Church, Conservative Elite, and the Nazi State, ebd. 1986; R. P. Erickson, Theologians Under Hitler, New Haven/Conn. 1985, dt.: Theologen unter Hitler. Das Bündnis zwischen evangl. Dogmatik u. NS, München 1986; G.

IV. Strukturbedingungen und Entwicklungsprozesse der Kultur 1123

Brakelmann Hg., Kirche im Krieg. Der deutsche Protestantismus am Beginn des Zweiten Weltkriegs, München 1980[2]; Evangel. Arbeitsgemeinschaft zur Kirchl. Zeitgeschichte Hg., Dokumente zur Kirchenpolitik des Dritten Reiches 1933–39, 4 Bde, München/Gütersloh 1971–2000. – Zum entscheidenden Test: E. Röhm u. J. Thierfelder, Juden – Christen – Deutsche 1933–45, Bde I, II/1, 2, Stuttgart 1990/92; A.-S. Vuletic, Christen jüd. Herkunft im Dritten Reich 1933–39, Mainz 1999; M. Gailus, Antisemitismus u. protestant. Sozialmilieu. Berlin 1933–454, in: Fs. Rürup, 333–58; ders., Vom evangel. Sozialpfarrer zum NS Sippenforscher: K. Themel, in: ZfG 49.2001, 776–826; L. Siegele-Menschkewitz Hg., Christl. Antijudaismus u. Antisemitismus. Programme Deutscher Christen, Frankfurt 1994; dies., Neutestamentar. Wissenschaft u. Judenfrage. G. Kittel, ebd. 1980; schwach: M. Smid, Deutscher Protestantismus u. Judentum 1932/33, ebd. 1990; J.C. Kaiser, Protestantismus, Diakonie u. «Judenfrage» 1933–41, in: VfZ 37.1989, 673–714; ders. u. M. Greschat Hg., Der Holocaust u. die Protestanten, Frankfurt 1988; W. Gerlach, Als die Zeugen schwiegen. Bekennende Kirche u. Juden, Berlin 1987. – C. Gremmels u. H.W. Grosse Hg., D. Bonhoeffer, Gütersloh 1996; E. Bethge, D. Bonhoeffer, ebd. 1996; E. Bethge, dass., München 1967/19866; C.-R. Müller, D. Bonhoeffers Kampf gegen die NS Verfolgung u. Vernichtung der Juden, ebd. 1990; E. Bentley, M. Niemöller, ebd. 1985; J. Schmidt, N. Niemöller im Kirchenkampf, Hamburg 1971. – C. King, The Nazi State and the New Religions, N.Y. 1982.

[3] Zum Konkordat, einem der strittigsten und bis heute gültigen Verträge Hitlers, die glänzende Kritik von K.D. Bracher, NS-Machtergreifung u. Reichskonkordat, Wiesbaden 1956, u. in: F. Giese u. F.A. v. d.Heydte Hg., Der Konkordatsprozeß, München 1957, 947–1021; ausführlich: Scholder, Kirchen, I; ders., Altes u. Neues zur Vorgeschichte des Reichskonkordats, in: VfZ 26.1978, 535–70; u. in. ders., Kirchen zwischen Republik, 171–203; Junker, Zentrum u. Hitler; Böckenförde, Katholizismus 1933, 218, 225–29, 232–39; W. Bussmann, Der deutsche Katholizismus 1933, in: Fs.H. Heimpel I, Göttingen 1971, 180–205; Goebbels, Tagebuch III, 121, 143. – Die katholische Apologetik der Vatikanpolitik: K. Repgen, Über die Entstehung der Reichskonkordats-Offerte 1933. u. die Bedeutung des Reichskonkordats, in: VfZ 26, 499–534; ders., Hitlers Machtergreifung u. der deutsche Katholizismus (1967), in: D. Albrecht Hg., Kathol. Kirche im Dritten Reich, Mainz 1970, 1–34, Zit. 12; L. Volk, Das Reichskonkordat vom 20.7. 1933, ebd. 1972; ders., Kathol. Kirche u. NS, Hg. D. Albrecht, ebd. 1987. Kritik: O. Blaschke, «Wider die Herrschaft des modern-jüd. Geistes.» Der Katholizismus zwischen traditionalem Antijudaismus u. modernem Antisemitismus, in: W. Loth Hg., Deutscher Katholizismus im Umbruch zur Moderne, Stuttgart 1991, 236–61; seine brillante Monographie: Katholizismus u. Antisemitismus: Greive, Katholizismus u. Judentum 1918–35. Zur Kriegszeit nur: L. Lemhöfer, Gegen den gottlosen Bolschewismus. Die Stellung der Kirchen zum Krieg gegen die Sowjetunion, in: G.R. Überschär u. W. Wette Hg., Der deutsche Überfall auf die Sowjetunion, Frankfurt 1991[2], 67–83, ein abstruser Amoklauf ist D.J. Goldhagen, Der Heilige Stuhl u. der Holocaust, Berlin 2002; weit überlegen: J.M. Sanchez, Pius XII. u. der Holocaust, Paderborn 2002; vgl. F.M. Buscher u. M. Phayer, German Catholic Bishops and the Holocaust 1940–52, in: GSR 11.1989, 463–85; G. Schulz, Kirchengeschichte, Parteien u. Reichskonkordat, in: Staat 22.1983, 578–604. – Allg. K. Gotto u. K. Repgen Hg., Die Katholiken u. das Dritte Reich, Mainz 1980/1990[3]; Albrecht Hg., Kathol. Kirche; K. Repgen, Katholizismus u. NS, Köln 1983; ders., Die deutschen Bischöfe u. der Zweite Weltkrieg, in: HJb 115.1995, 411–51; einige Aufsätze in: ders., Von der Reformation zur Gegenwart, Hg. K. Gotto u. H.G. Hockerts, Paderborn 1988; A. Reichold, Die deutsche Kathol. Kirche 1933–45; St. Ottilien 1992; K. Deschner, Mit Gott u. dem Führer. Die Politik der Päpste zur Zeit des NS, Köln 1988; Cornwell, Pius XII.; apologetisch: P. Blet, Papst Pius XII. u. der Zweite Weltkrieg, Paderborn 2000; D.J. Dietrich, Catholic Citizens in the Third Reich, New Brunswick 1988; G.C. Zahn, Die deutschen Katholiken u. Hitlers Kriege, Graz 1965; G. Lewy, Die Ka-

thol. Kirche u. das Dritte Reich, München 1965; D. L. Bergen, Catholics, Protestants, and Christian. Antisemitism in Nazi Germany, in: CEH 27.1994, 329–48; W. K. Blessing; «Deutschland in Not, wir im Glauben». Kirche u. Kirchenvolk in einer kathol. Region 1913–49, in: Broszat Hg., Von Stalingrad, 3–111; K. Schönhoven, Der polit. Katholizismus in Bayern 1933–45, in: Broszat u. a. Hg., Bayern V. 1983, 541–646; F. Sonnenberger, Der neue «Kulturkampf». Die Gemeinschaftsschule u. ihre histor. Voraussetzungen, in: ebd. III.1981, 235–327; U. v. Hehl, Priester unter Hitlers Terror, Mainz 19984; B. Stasiewski u. L. Volk Hg., Akten der Bischöfe über die Lage der Kirche 1933–45, 6 Bde, Mainz 1968–85.

⁴ Zur Volksschule und Höheren Schule im NS vgl. vorn die Lit.: 8.T. V., Anm. 3 u. 4, v. a. Datenhdb. II, 3; Müller u. Herrmann, Regionale Differenzierung 1800–1945, Göttingen 2001; Zymek, 190–95, 196–200, 199 f., 202 f.; Schörken, Jugend, 205–9; Bölling; Müller-Rolli; Lundgreen, Sozialgeschichte Schule II. Vgl. H. Titze, Bildungswachstum u. NS, in: Zeitschrift für Erziehungswissenschaft 4.2001, 415–36; W. Keim, Erziehung in der Nazidiktatur, Darmstadt 1997; H. Giesecke, Hitlers Pädagogen. Theorie u. Praxis NS Erziehung, Weinheim 1993; H. Gies, Geschichtsunterricht unter der Diktatur Hitlers, Köln 1992; H. U. Otto u. H. Sünker Hg., Polit. Formierung u. soziale Erziehung im NS, Frankfurt 1991; U. Herrmann Hg., «Die Formung des Volksgenossen». Der «Erziehungsstaat» des Dritten Reiches, Weinheim 1988; K. C. Lingelbach, Erziehung u. Erziehungstheorien im NS-Deutschland, ebd. 1987²; D. u. G. Nixdorf, Politisierung u. Neutralisierung der Schule in der NS Zeit, in: Mommsen Hg., Herrschaftsalltag, 225–60; R. Scholtz, Erziehung u. Unterricht unterm Hakenkreuz, Göttingen 1985; D. Rossmeisl, «Ganz Deutschland wird zum Führer halten». Die polit. Erziehung in den Schulen des Dritten Reiches, Frankfurt 1985; G. Blackburn, Education in the Third Reich, Albany/N. Y. 1985; H. Genschel, Polit. Erziehung durch Geschichtsunterricht. Der Beitrag der Geschichtsdidaktik u. des Geschichtsunterrichts zur polit. Erziehung im NS, Frankfurt 1980; E. Nyssen, Schule im NS, Heidelberg 1979; K.-J. Flessau, Schule der Diktatur 1933–45, München 1977; F. Selmeier, Das NS Geschichtsbild u. der Geschichtsunterricht 1933–45, Diss. ebd. 1969; H. J. Gamm, Führung u. Verführte. Pädagogik des NS, ebd. 1964; R. Eilers, Die NS-Schulpolitik, Köln 1963. – B. Schneider, Die höhere Schule im NS, Köln 2000; A. Nath, Die Studienratskarriere im Dritten Reich, Frankfurt 1988. – G. Pätzold, Handwerkl., industrielle u. schulische Berufserziehung, in: HB V, 259–88; T. Wolsing, Berufsausbildung im Dritten Reich, Ratingen 1977.

⁵ Zu den Hochschulen vgl. die Lit. vorn: 8.T.V, Anm. 5, v. a. Datenhdb. I/1,2; Titze, Hochschulen, 224 (Würzburger Erklärung), 226; Lundgreen, Sozialgeschichte Schule II; Müller-Benedikt; Quetsch; Jarausch, Studenten; Steinberg, Sabres, sowie die genannten Lokalstudien. Vgl. K. Fischer, Repression u. Privilegierung. Wissenschaftspolitik im NS, in: D. Beyrau Hg., Im Dschungel der Macht, Göttingen 2000, 170–94; M. Grüttner, Wissenschaft, in: Enzyklopädie des NS, 135–53; ders., Studenten im Dritten Reich 1933–45, Paderborn 1995; H. Seier, Univ. u. Hochschulpolitik im NS-Staat, in: Malettke Hg., 145–65, 146 (Gumbel); ders., Hochschullehrerschaft, v. a. 250, 253 f., 256, 259–65, 270 f., 288 f.; ders., Der Rektor als Führer, in: VfZ 12.1964, 105–46; ders., Die NS-Hochschulpolitik u. die Rolle der TH im Führerstaat, in: H. König u. a. Hg., Vertuschte Vergangenheit, München 1997, 62–78; ders., Die NS-Wissenschaftspolitik u. das Problem der Hochschulmodernisierung, in: W. Kertz Hg., Hochschule u. NS, Braunschweig 1994, 55–67; ders., NS Wissenschaftsverständnis u. Hochschulpolitik, in: L. Siegele-Menschkewitz Hg., Hochschule u. NS, Frankfurt 1990, 5–21; v. Ferber, 145; Hartshorne, 93; G. Ritter, Briefwechsel, Hg. K. Schwabe u. R. Reichardt, Boppard 1990, 279, 283; vgl. Friedländer, Mandarins; ders., Drittes Reich u. Juden I, Kap. 1. – V. Farias, Heidegger u. der NS, Frankfurt 1989; H. Ott, M. Heidegger, Freiburg 1988. – M. Kater, Professoren u. Studenten im Dritten Reich, in: Archiv für Kulturgeschichte 67.1985, 465–87; E. Nolte, Zur Typologie des Verhaltens der Hochschullehrer im Dritten Reich (1965), in: ders., Mar-

xismus, Faschismus, Kalter Krieg, Stuttgart 1977, 136–52; M. Grüttner, Das Scheitern der Vordenker, in: Fs. R. Rürup, Frankfurt 1999, 455–81; Knigge-Tesche Hg., Berater der Macht; K. D. Bracher, Die Gleichschaltung der deutschen Univ. (1965), in: ders., Das deutsche Dilemma, München 1971, 125–45, v.a. 126, 129, 131 (Schemm), 132 f. (Rein, Heidegger); Kater, Machtergreifung an Univ.; R. C. Kelly, Die gescheiterte NS-Personalpolitik u. die mißlungene Entwicklung der NS-Hochschulen, in: Heinemann Hg., Erziehung im Dritten Reich II, 61–76. Neuere Lokalstudien: R. Zneimer, The Nazis and the Professors. Social Origin, Professional Mobility, and Political Development: Frankfurt Univ. 1933–39, in: JSH 12.1978, 147–58; S. Paletschek, Die Univ. Tübingen im Dritten Reich, Stuttgart 2003; D. Langewiesche, Die Univ. Tübingen in der Zeit des NS, in: GG 29.1997, 618–46; U. Adam, Hochschule u. NS. Die Univ. Tübingen, Tübingen 1977; A. C. Nagel Hg., Die Univ. Marburg im NS, Stuttgart 2000; P. Höpfner, Die Univ. Bonn im Dritten Reich, Bonn 1999; H. Becker u. a., Die Univ. Göttingen unter dem NS, München 1987; P. Chroust, Gießener Univ. u. Faschismus. Studenten u. Hochschullehrer 1918–45, Münster 1994; Frontabschnitt Hochschule: Gießen; D. Vezina, Die «Gleichschaltung» der Univ. Heidelberg, Heidelberg 1982. Als aufschlußreiche, aus einem rasch expandierenden Forschungsfeld stammende Beispiele für die Entwicklung in einigen «gesinnungsprägenden» Geisteswissenschaften (außer der Lit. vorn in: III, Anm. 3): Oberkrome, Volksgeschichte; ders., Historiker im «Dritten Reich», in: GWU 50.1999, 74–98; W. Schulze, German Historiography 1930–1950, in: H. Lehmann u. J. van Horn Melton Hg., Paths of Continuity, Cambridge 1994, 19–42; Haar, Historiker im NS; M. Fahlbusch, «Wo der Deutsche ist, ist Deutschland». Die «Stiftung für Deutsche Volks- u. Kulturbodenforschung» in Leipzig 1920–33, Bochum 1994; ders., Wissenschaft im Dienst der NS-Politik? Die «Volksdeutschen Forschungsgemeinschaften» 1931–45, Baden-Baden 1999; gegen die dubiose Interpretation: H. Böhm, Magie einer Konstruktion. Zu Fahlbuschs «Wissenschaft im Dienst», in: Geograph. Zeitschrift 88.2000, 177–86; H.-E. Volkmann, Historiker im Bann der Vergangenheit. Volksgeschichte u. Kulturbodenforschung zwischen Versailles u. Kaltem Krieg, in: ZfG 49.2001, 5–12; ders., Historiker aus polit. Leidenschaft. H. Aubin als Volksgeschichts-, Kulturboden- u. Ostforscher, in: ebd. 32–49; ders., Von J. Haller zu R. Wittram. Deutschbalt. Historiker u. NS, in: ebd. 45.1997, 21–46; ders., Deutsche Historiker im Umgang mit Drittem Reich u. Zweitem Weltkrieg 1930–49, in: ders. Hg., Ende des Dritten Reiches – Ende des Zweiten Weltkriegs, München 1995, 861–911; U. Wiggershaus-Müller, NS u. Geschichtswissenschaft. HZ u. HJb 1933–45, Hamburg 2000²; F.-R. Hausmann, «Deutsche Geisteswissenschaft» im Zweiten Weltkrieg. Die «Aktion Ritterbusch» 1940–45, München 1998; ders., «Auch im Krieg schweigen die Musen nicht». Die «Deutschen Wissenschaftl. Institute» im Zweiten Weltkrieg 1940–45, Göttingen 2001; U. Wolf, Littera et Patriae. Das Janusgesicht der Historie, Stuttgart 1996; B. Näf, Von Perikles zu Hitler? Die athen. Demokratie u. die deutsche Althistorie bis 1945, Frankfurt 1986; J. Lerchenmüller, Die Geschichtswissenschaft in den Planungen des SD, Berlin 2001. – E. Mühle, «Ostforschung», Aufstieg u. Niedergang eines geschichtswissenschaftl. Paradigmas, in: Zeitschrift für Ostmitteleuropa-Forschung 46.1997, 317–50; G. Camphausen, Die wissenschaftl. Rußlandforschung 1933–45, Frankfurt 1990; G.F. Volkmer, Die deutsche Forschung zur Osteuropa u. zum osteurop. Judentum 1933–45, in: Forschungen zur Osteurop. Geschichte 1989, 109–214. – M. Rössler, «Wissenschaft u. Lebensraum». Geograph. Ostforschung im NS, Berlin 1990; H. Derks, Deutsche Westforschung, Leipzig 2001. – J. Gutberger, Volk, Raum u. Sozialstruktur. Sozialstrukturforschung im «Dritten Reich», Göttingen 1996; H. Derks, Social Sciences in Germany 1933–45, in: GH 17.1999, 177–219; J. Ehmer, Eine «deutsche Bevölkerungsgeschichte»? G. Ipsens histor.-soziolog. Bevölkerungstheorie, in: Demograph. Informationen 1992/93, 60–70; J. Z. Müller, Enttäuschung u. Zweideutigkeit. Zur Geschichte rechter Sozialwissenschaftler im «Dritten Reich», in: GG 12.1986, 289.317; Klingemann: Rammstedt; H. Linde, Soziologie in Leip-

zig 1925–45, in: KZfS So. H.23.1981, 102–39. – T. Hauschildt Hg., Lebenslust u. Fremdenfurcht. Ethnologie im Dritten Reich; Frankfurt 1995. – U. Geuter, Die Professionalisierung der deutschen Psychologie im NS, ebd. 1984.
[6] Zur Literatur vgl. die Lit. vorn: 8.T.V, Anm. 6 u. 7, v. a. Schildt; Schulz; Schütz u. Wegemann; Paech; Masse; Bollenbeck, Tradition; Vallery; Berg; Schütz u. Vogt. Vgl. H. Glaser, Literatur, in: Enzyklopädie des NS, 167–71; W. Delabar u. a. Hg., Banalität mit Stil. Literaturproduktion im NS, Bern 1999; J.-P. Barbian, Literaturpolitik im «Dritten Reich», München 1995; H. Hoffmann u. H. Klotz Hg., Die Kultur unseres Jh., 1933–45, Düsseldorf 1992; aufschlußreich: G. Scholdt, Autoren über Hitler. Schriftsteller u. ihr Bild vom «Führer» 1919–45, Bonn 1993; U. Ketelsen, Literatur u. Drittes Reich, Schernfeld 1992; E. Rotermund u. E. Ehrke-Rotermund, Literatur im Dritten Reich, in: Zmegac Hg., III/1, 318–84; J. Hermand, Völk. u. faschist. Zukunftsromane, in: Glaser Hg. IX, 212–18; F. N. Mennemeier, NS Dramatik, in: ebd., 283–92; H. Denkler u. K. Prümm, Die deutsche Literatur im Dritten Reich, Stuttgart 1976; W. Wippermann, Geschichte u. Ideologie im histor. Roman, in: ebd., 183–206, R. Geissler, Dekadenz u. Heroismus. Zeitroman u. völk.-NS Literaturkritik, ebd. 1964; D. Strothmann, NS-Literaturpolitik, Bonn 1963[2], 23 f.; J. Wulf Hg., Literatur u. Dichtung im Dritten Reich, Gütersloh 1963; E. Rotermund, Deutsche Literatur im Exil 1933–45, in: Zmegac Hg., III/1, 186–317; E. Schwarz, Exilliteratur, in: Glaser Hg. IX, 302–17, Zit. 306; Biograph. Hdb. der deutschsprachigen Emigration seit 1933, Hg. W. Röder u. H. A. Strauß, 3 Bde, München 1980 ff.; dass., C. D. Krohn u. a. Hg., Darmstadt 1998; W. Frühwald u. W. Schieder Hg., Leben im Exil 1933–45, Hamburg 1979; H. A. Walter, Deutsche Exilliteratur 1933–50, 3 Bde, Stuttgart 1978 ff.; H. Möller, Exodus der Kultur. Emigration nach 1933, München 1984. – E. Schütz, Wunschbilder des NS in Kultur u. Künsten, in: Sösemann Hg., 221 (T. Mann 1945); A. E. Steinweis, Art Ideology, and Economics in Nazi Germany. The Reich Chamber of Music, Theatre, and the Visual Arts, Chapel Hill 1993; H. D. Schäfer, Das gespaltene Bewußtsein. Deutsche Kultur u. Lebenswirklichkeit 1933–45, München 1982[2]; M. Damus, Sozialist. Realismus u. Kunst im NS, Frankfurt 1981; H. Brenner, Die Kunstpolitik des NS, Reinbek 1963; J. Wulf Hg., Die bildenden Künste im Dritten Reich, Gütersloh 1963; ders., Hg., Musik im Dritten Reich, ebd. 1963.

[7] Vgl. zur Presse und zu den Zeitschriften die Lit. vorn: 8.T. V, Anm. 6; zum Film und Rundfunk; ebd., Anm. 7. Zum Film im «Dritten Reich»: G. Koch, Der NS Film, in: Sösemann Hg., 212, 215–18; H. Glaser, Film, in: Enzyklopädie des NS, 172–75; Kreimeier, UFA; Drewniak, Film; A. M. Rabenalt, J. Goebbels u. der «Großdeutsche Film», München 1985; W. Becker, Film u. Herrschaft. NS-Filmpropaganda, Berlin 1973; Moeller, Filmminister; vgl. M. Haibl, Unterhaltung, in: Enzyklopädie des NS, 181–86, – Zum Rundfunk nur: I. Marßolek u. A. v. Saldern Hg., Zuhören u. Gehörtwerden. Radio im NS, Tübingen 1998; A. Diller, Rundfunkpolitik im Dritten Reich, München 1980; N. Drechsler, Die Funktion der Musik im deutschen Rundfunk 1933–45, Pfaffenweiler 1988.

V. Das «Dritte Reich» im Zweiten Weltkrieg

[1] Broszat, Staat Hitlers, 380 f.; Himmler, Geheimreden, 41; Bracher, Diktatur, 503; Thamer, Verführung, 664. Zu den Kriegsursachen und zur «Krise» 1938/38 Mason, in: Kaiser u. a., Germany 1939, 205–21; ders., The Domestic Dynamics of Nazi Germany, in: T. Childers u. J. Caplan Hg., Reevaluating the Third Reich, N. Y. 1991, 161–89; ders., Die Funktion des Angriffskriegs 1939, in: Ziebura Hg., Grundfragen, 376–413; ders., Innere Krise u. Angriffskrieg 1938/39, in: Forstmeier u. Volksmann Hg., Wirtschaft u. Rüstung, 158–88, ders., Some Origins of the Second World War, in: PP 27/29.1964, 67–87; Kaiser, in: ders. u. a., Germany, 205; Volkmann, in: DRZW I, 1979, 177–368. Pointierte Kritik: Overy, in: Kaiser u. a., 221–40; Herbst, Krise; Geyer, Elites 140 f.; J. Dülffer, Der Beginn des Krieges 1939: Hitler, die innere Krise u. das Mächtesystem, in: GG 2.1976,

443–700. Vgl. R. Smelser, Nazi Dynamics, German Foreign Policy, and Appeasement, in: W.J. Mommsen u. L. Kettenacker Hg., The Fascist Challenge, London 1983, 13–47; A. Hillgruber. Zur Entstehung des Zweiten Weltkriegs, Düsseldorf 1986; M. Broszat u. K. Schwabe Hg., Die deutschen Eliten u. der Weg in den Zweiten Weltkrieg, München 1989; H. Graml, Europas Weg in den Krieg. Hitler u. die Mächte, ebd. 1990; F. Knipping u. K.-J. Müller Hg., Machtbewußtsein in Deutschland am Vorabend des Zweiten Weltkrieges, Paderborn 1984; W. Deist, Überlegungen zur «widerwilligen Loyalität» der Deutschen bei Kriegsbeginn, in: Michalka Hg., Zweite Weltkrieg, 224–39; W. Benz, Freude am Krieg oder widerwillige Loyalität? Die Stimmungslage 1939, in: ders. Hg., Herrschaft u. Gesellschaft im NS-Staat, Frankfurt 1990, 63–71; I. Kershaw, Der Überfall auf Polen u. die öffentl. Meinung in Deutschland, in: Fs. K.-J. Müller, München 1995, 237–50. – Von den allgemeinen Darstellungen des Zweiten Weltkriegs vgl. hier nur Herbst, NS-Deutschland, 218–453 (beste kompakte Analyse der deutschen Seite); knapp u. präzis: G. Schreiber, Der Zweite Weltkrieg, München 2002; J.C.B. Dear Hg., Oxford Companion of the Second World War, Oxford 1995; L. Gruchmann, Totaler Krieg, München 1991; ders., Der Zweite Weltkrieg, ebd. 1982⁷; A. Hillgruber, dass., Stuttgart 1985⁶; ders., dass., in: D. Geyer Hg., Osteuropa-Hdb.: Sowjetunion 1917–55, Köln 1972, 270–342; G.L. Weinberg, Eine Welt in Waffen, Stuttgart 1995; H.P. Wilmot, The Great Crusade, N.Y. 1990; R.A.C. Parker, Struggle for Survival, Oxford 1989; W. Carr, Von Polen bis Pearl Harbor, Hamburg 1987; G. Wright, The Ordeal of Total War, London 1968; informativ auch: Burleigh, NS, 467–950; R. Overy, Die Wurzeln des Sieges. Warum die Alliierten den Zweiten Weltkrieg gewannen, Stuttgart 2000. – Misslungene Deutung: M. Rauh, Geschichte des Zweiten Weltkriegs, 3 Bde, Berlin 1992–98. Offen NS freundlicher Revisionismus: E. Anrich, Die Entstehung beider Weltkriege, Seeheim-Jugenheim 1997; D.L. Hoggan, Der erzwungene Krieg, Tübingen 1977[11]; R. Krebs, Zur Entstehungsgeschichte der beiden Weltkriege u. des Holocaust, o.O. 2001. – Atlanten: R.J. Overy, The Penguin Historical Atlas of the Third Reich, London 1996; M. Freeman, Atlas of Nazi Germany, ebd. 1995.

[2] Dülffer, Führerglaube, 62; ders., Hitler, 100. Vgl. dazu A. Hillgruber, Hitlers Strategie 1940/41, Frankfurt 1965/1982²; K. Hildebrand, Hitlers «Programm» u. seine Realisierung 1939–41, in: G. Niedhart Hg., Kriegsbeginn 1939, Darmstadt 1978, 184–88; ders., Hitler's War Aims, in: JMH 48.1976, 522–30; ders., Weltmacht oder Untergang: Hitlers Deutschland 1941–45; in: O. Hauser Hg., Weltpolitik II, 1939–45; Göttingen 1975, 286–322; N. Rich, Hitler's War Aims, 2 Bde, N.Y. 1973; G. Stoakes, Hitler and the Quest for World Dominance, Leamington Spa 1986; M. Hausner, Did Hitler Want a World Dominion? in: JCH 13.1978, 15–32; D. Aigner, Hitler u. die Weltherrschaft, in: Michalka Hg., NS-Außenpolitik, 49–69; J. Thiess, Architekt der Weltherrschaft. Die «Endziele» Hitlers, Düsseldorf 1976; M. Michaelis, World Power Status or World Dominion? in: HJ 15.1972, 331–60; M. Hauser, A German Racial Revolution, in: JCH 19.1984, 669–87; H.R. Trevor-Roper, Hitlers Kriegsziele, in: VfZ 8.1960, 121–33, s. auch L. Gruchmann, NS-Großraumordnung, Stuttgart 1962; H. Umbreit, Auf dem Weg zur Kontinentalherrschaft, in: DRZW V/1.1988, 3–341. – W. Baumgart, Zur Ansprache Hitlers vor den Führern der Wehrmacht im August 1939, in: VfZ 16.1968, 120–49; groteske Überschätzung der Militärspitze: Dirks u. Janssen, Krieg der Generäle; vgl. K.-J. Müller, Deutsche Militärelite in der Vorgeschichte des Zweiten Weltkriegs, in: Broszat u. Schwabe Hg., 226–80; Broszat, Staat Hitlers, 168; Frei, Führerstaat, 14f.; Herbst, NS Deutschland, 250, 266, 271, 280f.; C. Jansen u. A. Weckbecker, Der «Volksdeutsche Selbstschutz» in Polen 1939/40, München 1992; Auerbach, Führungspersönlichkeiten, 142, 144; Birn, Höhere SS- u. Polizeiführer; Akten zur Deutschen Auswärtigen Politik, Serie D, VII, Baden-Baden 1956, 171 (Armenier); Goebbels, Tb., 170 (17.11.1939); Frank, Schatten. Vgl. H. Krausnick, Hitlers Einsatzgruppen 1938–42, Frankfurt 1985; ders., Hitler u. die Morde in Polen, in: VfZ 11.1963, 197–209; ders., Denkschrift Himmlers über die Behandlung

der Fremdvölkischen im Osten, in: ebd. 5.1957; 194–98; H.-H. Wilhelm, Rassenpolitik u. Kriegführung. Sicherheitspolizei u. Wehrmacht in Polen u. der Sowjetunion, Passau 1991; ders., Die Einsatzgruppen u. die «Endlösung der Judenfrage», in: Bracher u. a. Hg., NS-Diktatur, 591–617; ders., Die «nationalkonservativen Eliten» u. das Schreckgespenst vom «jüd. Bolschewismus», in: ZfG 41.1995, 333–40; Y. Büchler, Kommandostab Reichsführer SS, in: Holocaust and Genocide Studies 1.1988, 11–25. – R. M. Citino, The Path to Blitzkrieg. The German Army 1920–39, London 1999; U. Bitzel, Die Konzeption des Blitzkrieges bei der deutschen Wehrmacht, Frankfurt 1991; K. H. Frieser, Blitzkriegslegenden, München 1995; C. Messenger, The Art of Blitzkrieg, London 1967. – Zur Besatzungsherrschaft in Polen: M. Broszat, NS Polenpolitik 1939–45, Frankfurt 1965; E. C. Król, Besatzungsherrschaft in Polen, 1917–18, 1939–44, in: Thoss u. Volkmann Hg., 593–613;M. G. Esch, «Gesunde Verhältnisse». Deutsche u. poln. Bevölkerungspolitik in Ostmitteleuropa 1939–50, Marburg 1998; H.-C. Harten, De-Kulturation u. Germanisierung. Die NS-Rassen- u. Erziehungspolitik in Polen 1939–45, Frankfurt 1995; C. Madajczyk, Deutsche Besatzungspolitik in Polen, in: Bracher u. a. Hg., Deutschland 1933–45, 426–39; ders., Die Okkupationspolitik Nazideutschlands in Polen 1939–45, Köln 1988; J. T. Gross, Polish Society Under German Occupation, Princeton 1979; C. Kleßmann, Die Selbstbehauptung einer Nation. NS Kulturpolitik u. poln. Widerstandsbewegung im Generalgouvernement 1939–45, Düsseldorf 1971; ders., Der Generalgouverneur H. Frank, in: VfZ 19.1971, 245–60; G. Eisenblätter, Grundlinien der Politik des Reiches gegenüber dem Generalgouvernement 1939–45, Diss. Frankfurt 1969; W. Präg u. W. Jacobmeyer Hg., Das Diensttagebuch des deutschen Generalgouverneurs in Polen 1939–49, Stuttgart 1975.

³ Domarus II, 1234, 1058, 1778; Herbst, NS Deutschland, 302–4, 307, 312–20, 325, 330–32, 336–61; Kershaw, Hitler-Mythos, 177, 181, 195; M. G. Steinert, Deutsche im Krieg, in: Bracher u. a. Hg., Deutschland 1933–45, 474–87; dies., Hitlers Krieg u. die Deutschen, Düsseldorf 1970; E. R. May, Strange Victory. Hitlers Conquest of France, London 2000; Jäckel, Weltanschauung, 34, 39, 42, 44–47; Hitler, Mein Kampf, 782. – Zur deutschen Besatzungspolitik in Frankreich A. Meyer, Die deutsche Besatzung in Frankreich 1940–44, Darmstadt 2000; P. Burrin, Living with Defeat. France 1940–44, London 1996; G. Hirschfeld u. P. Marsh Hg., Kollaboration in Frankreich 1940–44, Frankfurt 1991; B. Kasten «Gute Franzosen». Die franzö. Polizei u. die deutsche Besatzungsmacht, Sigmaringen 1993; L. Tewes, Nordfrankreich unter deutscher Besatzungsherrschaft 1914–18 u. 1940–44, in: Thoss u. Volkmann Hg., 555–75; R. O. Paxton, Vichy France 1940–44, N. Y. 1972; U. Herbert, Die Deportation der französ. Juden, in: Fs. H. Mommsen, 437–50; P. Ory, Les collaborateurs 1940–45, Paris 1976; L. Kettenacker, NS Volkstumspolitik im Elsaß, Stuttgart 1973; A. Milward, The New Order and the French Economy, Oxford 1970; E. Jäckel, Frankreich in Hitlers Europa, Stuttgart 1960; F. Boudot, Aspects économiques de l'occupation allemande en France, in: Revue d'Histoire du Deuxième Guerre Mondiale 14.1964, 41–62.

⁴ F. Halder, Kriegstagebuch 1939–42 III, Stuttgart 1963, 38; vgl. G. R. Überschär, Generaloberst Halder, Göttingen 1991; C. Hartmann, Halder-Generalstabschef 1936–42, Paderborn 1991. Kershaw, Hitler-Mythos, 210, 216, 232, 235; Herbst, NS-Deutschland, 337–39, 349–65, 367; Bracher, Diktatur, 437; Thamer, Verführung, 657, 661, 665, 668–70, 674, 711; M. Messerschmidt, Ideologie u. Befehlsgehorsam im Vernichtungskrieg, in: ZfG 49.2001, 905–20; M. Zeidler, Das Bild der Wehrmacht von Russland 1933–39, in: Volkmann Hg., Rußlandbild, 125–40; W. Wette, Das Rußlandbild in der NS-Propaganda, in: ebd., 55–78; A. Hillgruber, Das Rußlandbild der führenden deutschen Militärs vor 1941, in: ebd., 125–40; J. Förster, Hitlers Entscheidung für den Krieg gegen Rußland, in: DRZW IV.1983, 3–32; G. R. Überschär, Hitlers Entschluß zum «Lebensraumkrieg» im Osten. Programmat. Ziel oder militärstrateg. Kalkül? in: ders. u. Wette Hg., Überfall, 13–43. – Pointierte und überzeugende Analyse: W. Wette, Die Wehrmacht, Frankfurt

V. Das «Dritte Reich» im Zweiten Weltkrieg

2002; vgl. Volkmann u. Müller Hg., Wehrmacht; apologetisch noch immer: H. Poeppel u. a., Die Soldaten der Wehrmacht, München 1998; vgl. J. Friedrich, Das Gesicht des Krieges. Das deutsche Heer in Rußland 1941–45, ebd., 1993. – H.-A. Jacobsen, Kommissarbefehl u. Massenexekutionen sowjet. Kriegsgefangener, in: Buchheim u. a., Anatomie II, 1999[7], 137–232; H. Krausnick, Kommissarbefehl u. Gerichtsbarkeitserlaß, in: VfZ 25.1977, 683–738; ders., Hitler u. die Befehle an die Einsatzgruppen im Sommer 1941, in: E. Jäckel u. J. Rohwer Hg., Der Mord an den Juden im Zweiten Weltkrieg, Stuttgart 1985/Frankfurt 1997[2], 88–106; ders., u. H.-H. Wilhelm, Die Truppe des Weltanschauungskrieges. Die Einsatzgruppen der Sicherheitspolizei u. des SD 1941/42, Stuttgart 1981; ders., Hitlers Einsatzgruppen; R. Ogorreck, Die Einsatzgruppen u. die «Genesis der Endlösung», Berlin 1996; Wilhelm, Rassenpolitik; R. D. Müller u. G. R. Überschär, Hitlers Krieg im Osten 1941–45, Darmstadt 2000. Vgl. K. Meyer u. W. Wippermann Hg., Gegen das Vergessen. Der Vernichtungskrieg gegen die Sowjetunion 1941–44, Frankfurt 1992; Jahn u. Rürup Hg., Krieg gegen Sowjetunion; E. Klee u. W. Dressen Hg., «Gott mit uns.» Der deutsche Vernichtungskrieg 1931–45, Frankfurt 1989. – Augenzeugenberichte: K. Latzel, Deutsche Soldaten im NS-Krieg? 1939–45, Paderborn 1998; A. Golovchansky u. a. Hg., «Ich will raus aus diesem Wahnsinn.» Deutsche Briefe von der Ostfront 1941–45, Wuppertal 1991; W.-D. Mohrmann, «Der Krieg hier ist hart u. grausam.» Feldpostbriefe 1941–44, Osnabrück 1984; O. Buchbender u. H. Sterz Hg., Das andere Gesicht des Krieges. Deutsche Feldpostbriefe 1939–45; München 1962. Vgl. T. Kühne, Der NS-Vernichtungskrieg u. die ganz «normalen» Deutschen, in: AfS 39.1999, 580–662; ders., Kameradschaft – «das Beste im Leben des Mannes». Die deutschen Soldaten des Zweiten Weltkriegs, in: GG 22.1996, 504–29; ders., Zwischen Männerbund u. Volksgemeinschaft. Hitlers Soldaten u. der Mythos der Volksgemeinschaft, in: ebd. 18.1993, 165–90. – Gegen die Legende vom deutschen Präventivkrieg gegen Stalins geplante Offensive (so zusammenfassend G. Gorodetsky, Die große Täuschung, Hitler, Stalin u. Barbarossa, Berlin 2001) vgl. v. a. B. Pietrow-Enker Hg., Präventivkrieg? Der deutsche Angriff auf die Sowjetunion, Frankfurt 1999; dies., Deutschland im Juli 1941 – ein Opfer sowjet. Aggression? in: GG 14.1988, 116–35. – Zur deutschen Besatzungsherrschaft in Rußland: C. Gerlach, Kalkulierte Morde. Die deutsche Wirtschafts- u. Verwaltungspolitik in Weißrußland 1941–44, Hamburg 1999; ders., Krieg, Ernährung, Völkermord. Deutsche Vernichtungspolitik im Zweiten Weltkrieg, ebd. 1998; B. Chiari, Alltag hinter der Front. Besatzung, Kollaboration u. Widerstand in Weißrußland 1941–44, Düsseldorf 1998; T. Mulligan, The Politics of Illusion and Empire. German Occupation Policy in the Soviet Union 1941/43, N. Y. 1998; A. M. Nekric, Pariahs, Partners, Predators. German-Soviet Relations 1922–41, N. Y. 1997; G. Hass, Zum Rußlandbild der SS, in: Volkmann Hg., Rußlandbild, 201–44; R.-D. Müller, Hitlers Ostkrieg u. die deutsche Siedlungspolitik, Frankfurt 1991; ders., Raub, Vernichtung, Kolonisierung. Die deutsche Wirtschaftspolitik in den besetzten sowjet. Gebieten 1941–44, in: H. Schafranek u. R. Streibel Hg., 22. 6. 1941, Wien 1991, 99–111; ders., Das «Unternehmen Barbarossa» als wirtschaftl. Raubkrieg, in: Überschär u. Wette Hg., Überfall, 125–57; ders., Industrielle Interessenpolitik im Rahmen des «Generalplans Ost», in: MM 29.1981, 101–41; ders., Totaler Krieg u. Wirtschaftsordnung, in: Thoss u. Volkmann Hg., 42–55; D. Eichholtz, «Großgerman. Reich» u. «Generalplan Ost», in: ZfG 28.1980, 835–41; Teile in dem hochideologischen Sammelwerk aus der DDR: W. Schumann u. a. Hg., Deutschland im Zweiten Weltkrieg; 6 Bde, Berlin 1974–85; D. Gerns Hg., Hitlers Wehrmacht in der Sowjetunion, Frankfurt 1985; N. Müller, Deutsche Besatzungspolitik in der UdSSR 1941–44, Köln 1980; G. Zorn, Nach Osten geht unser Ritt. Deutsche Eroberungspolitik zwischen Germanisierung u. Völkermord, Berlin 1980; A. Dallin, Deutsche Herrschaft in Rußland 1941–45, München 1962; G. Reitlinger, Ein Haus auf Sand gebaut. Hitlers Gewaltpolitik in Rußland 1941–44, Hamburg 1952; I. Kamenetsky, Secret Nazi Plans for Eastern Europe. Lebensraum Polities, N. Y. 1960, sowie Y. Boszyk Hg., Ukraine During World

War II, Edmonton 1986; S. J. Newman, Cossacks in the German Army 1941–45, London 1991; A. Fisher, The Crimean Tartars, Stanford 1978.

[5] Herbst, NS-Deutschland, 402, 404, 407–10, 421 f., 424–42; Bracher, Diktatur, 441; Dülffer, Führerglaube, 138, 173, 182. Zum Übgergang zum Weltkrieg sensu stricto unübertroffen: Hillgruber, Hitlers Strategie; vgl. H. Sirios; Zwischen Illusion u. Krieg. Deutschland u. die USA 1933–41, Paderborn 1998; H.-J. Schröder, Deutschland u. die Vereinigten Staaten 1933–39, Wiesbaden 1970; D. Dederke, Das Dritte Reich u. die Vereinigten Staaten 1933–37, Bamberg 1967; J. V. Compton, Hitler u. die USA, Hamburg 1967.

[6] Kershaw, Hitler-Mythos, 181; Broszat, Der Zweite Weltkrieg: ein Krieg der «alten» Eliten, des NS oder der Krieg Hitlers? in: ders. u. Schwabe Hg., 32 f., 36, 43, 67 f.; N. Frei, Der totale Krieg u. die Deutschen, in: ders. u. II. Kling Hg., Der NS-Krieg, Frankfurt 1990; 291, 293, 297; ders., Führerstaat, 161; Mommsen, Hitlers Stellung, 45, 59, 67 f.; Thamer, Verführung, 345, 643; Geyer, Elites, 143, 152, 155, 159–62; Boberach Hg., 16–30; SoPaDe-Berichte VII, 1940; Stöver, 17, 37, 204 f.; Jäckel, Weltanschauung, 143 f. – O. Bartov, Hitlers Wehrmacht. Soldaten, Fanatismus u. die Brutalisierung des Krieges, Berlin 1995; S. G. Fritz, Hitlers Frontsoldaten, Berlin 1996; T. Schulte, The German Army and Nazi Politics in Occupied Russia, Peddington 1988; G. R. Überschär Hg., Hitlers militär. Elite, 2 Bde, Darmstadt 1998; R. Smelser u. E. Syring Hg., Die Militärelite des Dritten Reiches, Berlin 1995. – J. Förster, Das Unternehmen: «Barbarossa «als Eroberungs- u. Vernichtungskrieg, in: DRZW IV, 413–47; allg. K. Hancock, The NS Leadership and Total War 1941–45, N. Y. 1991; F. Weinstein, The Dynamics of Nazism: Leadership, Ideology, and the Holocaust, N. Y. 1980; W. D. Smith, the Ideological Origins of Nazi Imperialism, N. Y. 1986. – Es ist eigentümlich, daß mehr als ein halbes Jahrhundert nach dem Zweiten Weltkrieg noch keine Monographie über die Kampfmoral der Wehrmacht unter dem Einfluß des Führermythos vorliegt. Dazu muß man allerdings auf die Idee vom «schwachen Diktator» verzichten und statt dessen Hitlers Wirkung als Charismaträger zur Geltung bringen.

[7] Herbst, NS-Deutschland, 375 f.; Messerschmidt, Ideologie, 913; C. Streit, Keine Kameraden. Die Wehrmacht u. die sowjet. Kriegsgefangenen, Stuttgart 1978/Bonn 1991³; ders., Sozialpolit. Aspekte der Behandlung sowjet. Kriegsgegangener, in: Dlugoborski Hg., Zweiter Weltkrieg, 184–96; ders., Ostkrieg, Antibolschewismus u. Endlösung, in: GG 17.1991, 242–55; ders., Die Behandlung der sowjet. Kriegsgefangenen, in: Überschär u. Wette Hg., Überfall, 159–83; R. C. Lukas, The Forgotten Holocaust, Lexington/Ky. 1986; A. Streim, Die Behandlung sowjet. Kriegsgefangener, Heidelberg 1981. Allg. O. Bartov, The Eastern Front 1941–45. German Troops and the Barbarization of Warfare, London 1986²; ders., From Blitzkrieg to Total War, in: Kershaw u. Lewin Hg., 158–84; ders., Savage War, in: Burleigh Hg., Nazi Past, 135–39; ders., The Conduct of War: Soldiers and the Barbarization of Warfare, in: JMH 64.1992, 32–45; ders., Soldiers, Nazis, and War in the Third Reich: ebd. 63.1991, 44–60; ders., Überleben, Zusammenhalt u. Brutalität an der Ostfront, in: B. Wegner, Zwei Wege nach Moskau, München 1991, 326–44; ders., Brutalität u. Mentalität. Zum Verhalten deutscher Soldaten an der Ostfront, in: Jahn u. Rürup Hg., 183–99; ders., The Barbarization of Warfare. German Officers and Men on the Eastern Front, in: TAJbDG 13.1984, 305–39. Vorzüglicher Überblick: U. Jureit u. a. Hg., Verbrechen der Wehrmacht, Hamburg 2001; K. H. Pohl Hg., Wehrmacht u. Vernichtungspolitik, Göttingen 1999; W. Kaiser Hg., Täter im Vernichtungskrieg, Berlin 2002; Manoschek Hg., Wehrmacht im Rassenkrieg; ders., Hg., «Es gibt nur eins für das Judentum: Vernichtung». Das Judenbild in deutschen Soldatenbriefen 1939–41, Hamburg 1995; H. Heer u. K. Naumann Hg., Vernichtungskrieg, ebd. 1995; H. Heer, Tote Zonen. Die deutsche Wehrmacht an der Ostfront, ebd. 1999; R. Hilberg, Wehrmacht u. Judenvernichtung, in: Manoschek Hg., Rassenkrieg, 23–38; G. R. Überschär, Der Mord an den Juden u. der Ostkrieg, in: H. Lichtenstein u. O. R. Romberg Hg.,

V. Das «Dritte Reich» im Zweiten Weltkrieg 1131

Töter, Opfer, Folgen. Der Holocaust, Bonn 1995, 49–81; O. Bartov, Operation «Barbarossa» and the Origins of the «Final Solution», in: D. Cesarini Hg., The Final Solution, London 1994, 119–36. – Zur deutschen Besatzungsherrschaft in Jugoslawien: H. Sundhaussen, Wirtschaftsgeschichte Kroatiens im NS Großraum 1941–45, Stuttgart 1983; W. Manoschek, «Serbien ist judenfrei». Militär. Besatzungspolitik u. Judenvernichtung in Serbien 1941/52, München 1993; ders., «Gehst mit Juden erschießen?» Die Vernichtung der Juden in Serbien, in: Heer u. Naumann Hg., 39–56; H.-U. Wehler, Nationalitätenpolitik in Jugoslawien. Die deutsche Minderheit 1918–78, Göttingen 1980, 40–79. – Griechenland und Italien: M. Mazower, Inside Hitler's Greece 1941–44, New Haven/Conn. 1993; G. Schreiber, Deutsche Kriegsverbrechen in Italien, München 1996; L. Klinkhammer, Zwischen Bündnis u. Besatzung. NS-Deutschland u. die Republik von Salò 1943–45, Tübingen 1993.

[8] Vorzüglich hierzu: M. Knox, 1 Oct. 1942. Hitler, Wehrmacht Officers, and Social Revolution, in: HJ 43.2000, 801–25; vgl. ders., Common Destiny. Dictatorship, Foreign Policy, and War in Fascist Italy and Nazi Germany, Cambridge 2000; ders., Conquest, Foreign and Domestic, in JMH 56.1984, 1–57; ders., Expansionist Zeal, Fighting Power, and Slaying Power in the Italian and German Dictatorships, in: Bessel Hg., 113–33; B. R. Kroener, Generationserfahrungen u. Elitenwandel. Strukturveränderungen im deutschen Offizierkorps 1933–45, in: R. Hudemann u. G.-H. Soutou Hg., Eliten in Deutschland u. Frankreich im 19. u. 20. Jh., München 1994, 219–33; ders., Strukturelle Veränderungen in der militär. Gesellschaft des Dritten Reiches, in: Prinz u. Zitelmann Hg., 267–86; ders., Auf dem Weg zu einer «NSVolksarmee». Die soziale Öffnung des Heeresoffizierkorps im Zweiten Weltkrieg, in: Broszat u. a. Hg., Von Stalingrad, 651–82; J. Förster, Vom Führerheer der Republik zur NS-Volksarmee 1935–45, in: Dülffer u. a. Hg., Deutschland in Europa, 311–28; R. Stumpf, Die Wehrmacht: Elite, Rang- u. Herkunftsstruktur der deutschen Generale u. Admirale 1933–45, Boppard 1982; enttäuschend: U. Breymeyer u. a. Hg., Willensmenschen. Über deutsche Offiziere, Frankfurt 1999. Zur Korrumpierbarkeit der Generalität durch Hitlers Dotationen: G. R. Überschär u. W. Vogel, Dienen u. Verdienen. Hitlers Geschenke an seine Eliten, Frankfurt 1999. – J. Förster, Weltanschauung als Waffe: Vom «Vaterländ. Unterricht» zur «NS-Führung», in: Thoss u. Volkmann Hg., 287–300; W. G. Zoepf, Wehrmacht zwischen Tradition u. Ideologie. Der NS-Führungsoffizier, Frankfurt 1988; W. Besson, Zur Geschichte des NS-Führungsoffiziers, in: VfZ 9.1961, 76–116; V. R. Berghahn, NSDAP u. «Geistige Führung» der Wehrmacht 1939–43, in: VfZ 17.1969, 17–7. Zum Kontext der Propaganda während des Krieges: M. Balfour, Propaganda in War, London 1979; J. Sywottek, Mobilmachung für den Krieg, Opladen 1976; J. W. Baird, The Mythical World of the Nazi Propaganda, Minneapolis 1974; W. A. Boelcke, Kriegspropaganda 1939–41, Stuttgart 1966.

[9] Broszat, Motive, 403–5, 407 f.; ders., Struktur, 71; Domarus I, 1058 (Rede v. 30. 1. 1939, vgl. H. Mommsen, Hitler's Reichstag Speech of 30 January 1939, in: History & Memory 9.1997, 147–61); H. Graml, Zur Genesis der «Endlösung», in: U. Büttner Hg., Das Unrechtsregime II, Hamburg 1986, 8, 6 f.; ders., Rassismus u. Lebensraum, in: Bracher u. a. Hg., Deutschland 1933–45, 440–51. – Weber, Religionssoziologie I, 88, 252; Hegel, Briefe, 1963, 253 (26. 5. 1808); H. Heine, Histor.-krit. Gesamtausgabe der Werke 8/I, ebd. 1979, 271 (1834/35); v. Rochau, Realpolitik, 28; Akten zur Deutschen Auswärtigen Politik, Serie D, IV, 170. Zum Zusammenhang von charismatischer Herrschaft und Judenmord zuerst am klarsten: Schmuhl, Rassismus, 183–97; auch ders., Rassenhygiene; U. Gerhardt, Charismat. Herrschaft u. Massenmord im NS, in: GG 24.1996, 503–38; vgl. Peukert, Genesis, 102–21; Herbert, Dynamik der Gewalt, 489–504; Kershaw, Hitler-Mythos, 279–306; ders., Improvised Genocide? The Emergence of the «Final Solution» in the «Warthegau», in: Transactions of the Royal Historical Society 6.S. 1992/2, 51–78; ders., A. Greiser – ein Motor der Endlösung, in: Smelser u. a. Hg., Braune Elite II, 116–27; Mommsen, Hitlers Stellung, 63. Anregend waren K. A. Schleunes, The Twisted Road to

Auschwitz 1933–39, Urbana/Ill. 1970/1990²; A. Hillgruber, Die Endlösung u. das deutsche Ostimperium, in: VfZ 20.1972, 133–53; Bracher, Diktatur, 467 (Goebbels 27.3. 1942) 465 (Frank); Himmler, 4.10. 1943, zit. nach Buchheim u.a., 321; Goebbels Tb IV, 636 (16.6. 1941), Thamer, Verführung, 663, 705, 708 f.; Frei, Führerstaat, 152. – Madagaskar: H. Jansen, Der Madagaskar-Plan, München 1997; M. Brechtken, «Madagaskar für die Juden», 1885–1945, ebd. 1998. – Wannsee-Konferenz: M. Roseman, Die Wannsee-Konferenz, Berlin 2002; P. Longerich Hg., Die Ermordung der europ. Juden, München 1989 (Quelle); C. Gerlach, The Wannsee Conference, the Fate of the German Jews, and Hitler's Decision in Principle to Exterminate All European Jews, in: JMH 68.1998, 759–812; ders., Die Wannseekonferenz, in: Werkstatt Geschichte 6.1997/H.18, 7–44; E. Jäckel, On the Purpose of the Wannsee Conference, in: Fs. R. Hilberg, Boulder/Col. 1994, 39–50; Herbst, NS-Deutschland, 385–89; Graml, Genesis, 14 f. – Besatzungsregime: V. Seibel, Staatsstruktur u. Massenmord, in: GG 24.1998, 539–69 (vgl. unten V.4.c, Ländervergleiche fehlen in der Holocaust-Forschung noch völlig). – Knappe Einführungen: Benz, Holocaust, D. Pohl, dass., Frankfurt 2000; H. Mommsen, Auschwitz, München 2002; P. Longerich, Holocaust, in: Heitmeyer u. Hagan Hg., 177–214; Herbst, NS-Deutschland, 571–419; Dülffer, Führerglaube, 168–97; 214; W. Laqueur Hg., The Holocaust Encyclopedia, New Haven/Conn. 200; G. Heinsohn, Lexikon der Völkermorde, Reinbek 1996; J. Gutman Hg., Encyclopedia of the Holocaust, N.Y. 1989, dt. E. Jäckel u.a. Hg., Enzyklopädie des Holocaust, 3 Bde, Berlin 1993; R.J. Rummel, Democide: Nazi Genocide and Mass Murder, New Brunswick/N.J. 1993; ders., Death by Government: Genocide and Mass Murder Since 1900, ebd., 1994. – Darstellungen: Longerich, Politik der Vernichtung, 227–586; noch immer Hilberg, Vernichtung der europ. Juden, 3 Bde, 1990³; vgl. ders., Täter, Opfer, «Unbeteiligte». Die Vernichtung der Juden 1933–45, Frankfurt 1992; ders., Die Quellen des Holocaust, ebd. 2002; Y. Bauer, Die dunkle Seite der Geschichte. Die Shoah in histor. Sicht, ebd. 2001; ders., A History of the Holocaust, N.Y. 1982; L. Yahil, Die Shoah, München 1998. – Aus der unablässig anschwellenden Literatur hebe ich nur die wichtigsten Monographien und Aufsätze hervor: C. Browning, Nazi Policy, Jewish Labor, German Killers, Cambridge 2000; ders., Der Weg zur «Endlösung», Bonn 1998; ders., Ganz normale Männer. Das Reserve-Polizeibataillon 101 u. die Endlösng in Polen, Reinbek 1993 (schon diese Studie von B. übertrifft die in jeder Hinsicht gescheiterte Arbeit von Goldhagen, Willige Vollstrecker, bei weitem); ders., Fateful Months. The Emergence of the Final Solution, N.Y. 1985; N.M. Naimark, Fires of Hatred. Ethnic Cleansing in 20th Century Europe, Cambridge/Mass. 2001; G. Aly, Endlösung, Frankfurt 1995; ders. u. S. Heim, Vordenker der Vernichtung, Frankfurt 1993²; H. Friedländer, Der Weg zum NS-Genozid, Berlin 1997; P. Longerich, Der ungeschriebene Befehl. Hitler u. der Weg zur Endlösung, München 2001; L.J. Hartog, Der Befehl zum Judenmord, Bodenheim 1997; D. Maier, Arbeitseinsatz u. Deportation. Die Mitwirkung der Arbeitsverwaltung bei der NS-Judenverfolgung, 1938–45, Berlin 1994; P. Burrin, Hitler u. die Juden, Frankfurt 1993; M. Ley, Genozid u. Heilserwartung, Wien 1993; L. Rosh u. E. Jäckel, «Der Tod ist ein Meister aus Deutschland». Deportation u. Ermordnung der Juden, Hamburg 1991; A.J. Mayer, Der Krieg als Kreuzzug, Reinbek 1989; M.R. Marrus, The Holocaust in History, London 1988; Jäckel u. Rohwer Hg.; M. Gilbert, The Holocaust, London 1986; G. Fleming, Hitler u. die Endlösung, Wiesbaden 1982; Baum, Holocaust and German Elite; L.S. Dawidowicz, Der Krieg gegen die Juden 1939–45, München 1979; G. Reitlinger, Die Endlösung 1939–45, Berlin 1961⁴; E. Kogon, Der SS-Staat 1946 u.ö.; R. Höss, Kommandant von Auschwitz, Hg. M. Broszat, Stuttgart 1958/München/2000¹⁸. – Y. Lozowick, Hitlers Bürokraten. Eichmann u. seine willigen Vollstrecker, Zürich 2000; H. Safrian, Die Eichmann-Männer, Wien 1993; F. Pingel, Häftlinge unter SS-Herrschaft, Hamburg 1976. – Neue Regionalstudien: D. Pohl, NS Judenverfolgung in Ostgalizien 1941–44, München 1996; ders., Schauplatz Ukraine. Der Massenmord an den Juden 1941–44, in: N. Frei u.a. Hg., Ausbeutung, Vernichtung,

Öffentlichkeit, München 2000, 135–44; ders., Die Ermordung der Juden im Generalgouvernement, in: Herbert Hg., Vernichtungspolitik, 98–121; C. Gerlach, Deutsche Wirtschaftsinteressen, Besatzungspolitik u. der Mord an den Juden in Weißrußland 1940–43, in: ebd. 163–90; T. Sandkühler, «Endlösung» in Galizien 1941–44, Bonn 1996; ders., Judenpolitik u. Judenmord im Distrikt Galizien 1941–42, in: Herbert Hg., Vernichtungspolitik, 112–47; ders. u. B. Perz, Auschwitz u. die «Aktion Reinhard», in: Zeitgeschichte 26.1999, 283–316; B. Musial, Deutsche Zivilverwaltung u. Judenverfolgung im Generalgouvernement, Distrikt Lublin 1939–41, Wiesbaden 1999; Gerlach, Kalkulierte Morde; ders., Krieg; W. Benz u. M. Neiss Hg., Judenmord in Litauen 1939–44, Berlin 1999; ders. u. a. Hg., Einsatz im «Reichskommissariat Ostland». Völkermord im Baltikum u. Weißrußland 1941–44, ebd. 1998; A. Ezergailis, The Holocaust in Latvia 1941–44, Riga 1996; M. Dean, Collaboration in the Holocaust. Local Police in Belorussia and Ukraine 1941–44, London 2000; Y. Jelinek, The «Final Solution»: The Slovak Version, in: EEQ 4.1970, 431–41; C. Gerlach u. G. Aly, Das letzte Kapitel. Der Mord an den ungar. Juden, Stuttgart 2001; R. Braham, The Politics of Genocide. The Destruction of Hungarian Jews, 2 Bde, N. Y. 1982; R. Joanid, The Holocaust in Romania, Chicago 2000; M. Marrus u. R. Paxton, Vichy et le juifs, Paris 1981. – Wichtige Aufsätze: H. Mommsen, Barbarei u. Genozid, in: ders., Von Weimar, 268–82; ders., Die Realisierung des Utopischen. Die «Endlösung der Judenfrage» im «Dritten Reich», in: GG 9.1983, 381–420; ders., Umvolkungspläne des NS u. der Holocaust, in: Fs. W. Scheffler, Berlin 1994, 68–84; ders., Anti-Jewish Politics and the Implementation of the Holocaust, in: H. Bull Hg., The Challenge of the Third Reich, Oxford 1986, 117–40; K. Kwiet, Rassenpolitik u. Völkermord, in: Enzyklopädie des NS, 50–65; T. Jersak, Die Interaktion von Kriegsverlauf u. Judenvernichtung im Sommer 1941, in: HZ 268.1999, 311–74; K.-M. Mallmann, Vom Fußvolk der «Endlösung». Ordnungspolizei, Ostkrieg u. Judenmord, in: TAJbDG 26.1997, 355–91; ders., Die Türöffner der «Endlösung», in: ders., u. Paul Hg., Gestapo im Zweiten Weltkrieg, 291–216; ders., Menschenjagd u. Massenmord. Einsatzgruppen u. Kommandos 1938–45, in: ebd., 291–316; J. Matthäus, Ausbildungsziel Judenmord. Weltanschaul. Erziehung von SS u. Polizei im Rahmen der «Endlösung», in: ZfG 47.1999, 667–99; M. Allen, The Banality of Evil. SS-Mid-Level Management of Extermination Though Work, in: CEH 30.1997, 253–94; D. Pohl, Großraumplanung u. NS-Völkermord, in: HJb 114.1994, 175–82; ders., Die Holocaust-Forschung, in: VfZ 45.1997, 1–48; P. Longerich, Vom Massenmord zur «Endlösung», in: Wegner Hg., Zwei Wege, 251–74; S. Heim, Vordenker der Vernichtung, in: Kaufmann Hg., 77–91; M. Broszat, «Holocaust» u. die Geschichtswissenschaft, in: ders., Nach Hitler, 102–18; ders., Hitler u. die Genesis der «Endlösung», in: ebd., 45–91. – H. Mommsen, Was haben die Deutschen vom Völkermord an den Juden gewußt? in: Pehle Hg., 1938, 170–200; Bankier, Öffentl. Meinung; I. Kershaw, German Public Opinion and the «Jewish Question» 1933–43, in: Die Juden im NS-Deutschland 1933–43, Tübingen 1996, 365–86; H.-U. Wilhelm, Wie geheim war die Endlösung? In: Fs. H. Krausnick, München 1980, 132–48; U. Herbert Hg., NS-Vernichtungspolitik, Frankfurt 1998; ders., Labour and Extermination: Economic Interests and the Primacy of «Weltanschauung» in NS, in: PP 138.1993, 144–95; ders., Arbeit u. Vernichtung, in: ders., «Reichseinsatz», 384–426; M. Spoerer, Profitierten Unternehmen von KZ-Arbeit? in: HZ 268.1999, 61–93; H. Kaienburg, Konzentrationslager u. deutsche Wirtschaft, Opladen 1996; J. Billig, Les camps de concentration dans l'économie du Reich Hitlérien, Paris 1973; ders., L'Hitlérisme et le système concentrationaire, ebd. 1967; T. Sandkühler u. H.-W. Schmuhl, Noch einmal: IG Farben u. Auschwitz, in: GG 19.1993, 259–67. – I. W. Charny Hg., Genocide. The Critical Bibliographical Review, London 1988 ff.; M. Gilbert, Endlösung. Atlas, Reinbek 1995².

[10] Broszat, Staat Hitlers, 431, 427, 391, 438 f.; Bach, 92, 95, 98 f., 101–5, 109, 175–84. Vgl. die Lit. vorn in I, Anm. 9. Erhellend: D. Rebentisch, Führerstaat u. Verwaltung im Zweiten Weltkrieg, Stuttgart 1988; D. Majer, Führerunmittelbare Sondergewalten in den

besetzten Ostgebieten, in: Rebentisch u. Teppe Hg., 374–95; H. Mommsen, Der NS u. die Zerstörung des Politischen, Göttingen 2002; ders., Die Rückkehr zu den Ursprüngen. Zur inneren Auflösung des Dritten Reiches nach Stalingrad, in: Fs. Rürup, 418–24; ders., Ausnahmezustand als Herrschaftstechnik des NS-Regimes, in: M. Funke Hg., Hitler, Deutschland u. die Mächte, Kronberg 1978, 30–45; ders., Der NS: Kumulative Radikalisierung u. Selbstzerstörung des Regimes, in: Meyers Enzyklopäd. Lexikon 16.1976, 785–90; M. Messerschmidt, Die Wehrmacht: Vom Realitätsverlust zum Selbstbetrug, in: Volkmann Hg., Ende des Dritten Reiches, 223–57; G. Moltmann, Goebbels Rede zum totalen Krieg am 18. 2. 1943, in: VfZ 12.1964, 13–43; G. P. Megargee, Inside Hitler's High Command, Lawrence/Kans. 2000; R. Schubel, Die Illusion der Wunderwaffen, München 1994; H. Kissel, Der deutsche Volkssturm 1944/45, Berlin 1962; dubios, F. W. Seidler, dass., München 1989; A. Rose, Werwolf 1944/45, Stuttgart 1980. – Vgl. hierzu N. v. Below, Als Hitlers Adjutant 1937–45, Wiesbaden 1980; Heeresadjutant bei Hitler 1939–43. Aufzeichnungen Major Engels, Hg. H. v. Kotze, Stuttgart 1974; F. Wiedemann, Der Mann, der Feldherr werden wollte, Velbert 1964; O. Dietrich, 12 Jahre mit Hitler, Köln 1955. – Justiz und Terror: E. A. Johnson, Terror, Gestapo, Juden u. gewöhnliche Deutsche, Berlin 2001; Gellately, Gestapo; Paul u. Mallmann Hg., Gestapo im Zweiten Weltkrieg; M. Broszat, Zur Perversion der Strafjustiz im Dritten Reich, in: VfZ 6.1958, 390–443; R. Angermund, Die geprellten «Richterkönige». Zum Niedergang der Justiz im NS-Staat, in: Mommsen Hg., Herrschaftsalltag, 304–37; R. J. Evans, Rituale der Vergeltung. Die Todesstrafe in der deutschen Geschichte 1532–1987, Hamburg 2001, Teil V; I. Richter, Hochverratsprozesse als Herrschaftspraxis im NS, Münster 2000; B. Diestelkamp u. M. Stolleis Hg., Justizalltag im Dritten Reich, Frankfurt 1988; J. Müller, Furchtbare Juristen, München 1987; H. Jäger, Verbrechen unter totalitärer Herrschaft, Frankfurt 1982[2]; W. Johe, Die gleichgeschaltete Justiz, ebd. 1967; I. Staff, Die Justiz im Dritten Reich, ebd. 1964; W. Schier, dass., in: GWU 11.1960, 661–81; H. Schorn, Der Richter im Dritten Reich, Frankfurt 1959; schwer erträgliche Apologetik: H. Weinkauff, Die deutsche Justiz u. der NS, in: dass. I, Stuttgart 1968, 19–188. – K. Marxen, Das Volk u. sein Gerichtshof. Zum NS-Volksgerichtshof, Frankfurt 1994; W. Wagner, Der Volksgerichtshof im NS-Staat, Stuttgart 1974; W. Sweet, The Volksgerichtshof 1934–45, in: JMH 46.1974, 314–29; von einem rechtsradikalen Autor: H. W. Koch, Volksgerichtshof, München 1988. – F. Wüllner, Die NS-Militärjustiz, Baden-Baden 1991; M. Messerschmidt u. ders., Die Wehrmachtsjutiz im Dienste des NS, ebd. 1987; irreführend: F. W. Seidler, Die Militärgerichtsbarkeit der Deutschen Wehrmacht 1939–45, München 1991. – J. Fest, Der Untergang, Berlin 2002; Hitlers Polit. Testament, Hamburg 1981; H. R. Trevor-Roper, Hitlers letzte Tage, Frankfurt 1973[3]; B. Wegner, Der Zweite Weltkrieg u. die Choreographie des Untergangs, in: GG 26.2000, 493–518.

[11] K.-M. Mallmann u. G. Paul, Resistenz oder loyale Widerwilligkeit, in: ZfG 41.1991, 99; C. Dipper, Verräter oder Heiden? Das Bild des deutschen Widerstands in der bundesrepublikan. Gesellschaft, in: H. Afflerbach u. C. Cornelißen Hg., Sieger u. Besiegte nach 1945, Tübingen 1997, 297–313; J. Danyel Hg., Die geteilte Vergangenheit. Zum Umgang mit NS u. Widerstand in beiden deutschen Staaten, Berlin 1994; N. Frei, Erinnerungskampf. Zur Legitimationsproblematik des 20. 7. 1944, in: Fs. H. Mommsen, 493–504; zuletzt J. Eckel, Intellektuelle Transformationen im Spiegel der Widerstandsdeutungen, in: U. Herbert Hg., Wandlungsprozesse in Westdeutschland 1945–80, Göttingen 2002, 140–76. Herbst, NS-Deutschland, 445–50; Thamer, Verführung, 729–46; Bracher, Diktatur, 474–98. – M. Broszat, Resistenz u. Widerstand, in: ders., Nach Hitler, 136–61 (ausführlich: ders. u. a. Hg., Bayern in der NS-Zeit, 6 Bde, München 1977–83); ders., Zur Sozialgeschichte des deutschen Widerstands, in: VfZ 34.1988, 293–309; ders., A. Social and Historical Typology of the German Opposition to Hitler, in: D. C. Large Hg., Contending With Hitler, Cambridge 1991, 25–33; dazu P. Hüttenberger, Vorüberlegungen zum «Widerstandsbegriff», in: Kocka Hg., Theorien, 117–34. Vgl. allg. W. Benz

V. Das «Dritte Reich» im Zweiten Weltkrieg   1135

u. W. H. Pehle Hg., Lexikon des deutschen Widerstands, Frankfurt 1994; P. Steinbach u. J. Tuchel Hg., dass., München 1994; H. Graml, Widerstand, in: Enzyklopädie des NS, 209–21; ders. Hg., Widerstand im Dritten Reich, Frankfurt 1984; bahnbrechend: ders., Die außenpolit. Vorstellungen des deutschen Widerstands, in: W. Schmitthenner u. H. Buchheim Hg., Der deutsche Widerstand gegen Hitler, Köln 1966, 15–72; ebenso H. Mommsen, Gesellschaftsbild u. Verfassungspläne des deutschen Widerstands, in: ebd., 73–167, u. in: ders., Alternative zu Hitler, München 2000, 53–158; I. Kershaw, Widerstand ohne Volk? in: J. Schmädeke u. P. Steinbach Hg., Der Widerstand gegen den NS, ebd. 1994³, 179–98; C. Kleßmann, Das Problem der «Volksbewegung» im deutschen Widerstand, in: ebd., 822–37; C. Dipper, 20 July and the Jewish Question, in: D. Bankier Hg., Probing the Depths of German Antisemitism, N. Y. 1999, 478–97; ders., Der Widerstand u. die Juden, in: Schmädeke u. Steinbach Hg., 598–616; ders., Der deutsche Widerstand u. die Juden, in: GG 9.1983, 349–80; Mommsen, Der Widerstand gegen Hitler u. die NS-Judenverfolgung, in: ders., Alternative, 384–415; T. Korenke, dass., Essen 1999; G. R. Überschär Hg., Antisemitismus, NS-Verbrechen u. der militär. Widerstand gegen Hitler, Darmstadt 1999. – Zur Einführung in eine sich stetig auffächernde Literatur, deren Umfang in einem auffälligen Mißverhältnis zu den wenigen Studien über die Führerloyalität steht: H. Mehringer, Widerstand u. Emigration, München 1998; T. S. Hamerow, Die Attentäter, ebd. 1999; ders., The Conservative Resistance to Hitler, in: Jones u. Retallack Hg., 433–63; J. Fest, Staatsstreich, Berlin 1994; G. van Roon Hg., Europ. Widerstand im Vergleich, Berlin 1985; ders., Neuordnung im Widerstand. Der Kreisauer Kreis, München 1967; P. Hoffmann, Stauffenberg u. der 20.7.1944, ebd. 1998; ders., dass., Stuttgart 1992; ders., Widerstand, Staatsstreich, Attentat, München 1985²; ders., Warum misslang das Attentat vom 20.7.1944? in: VfZ 32.1984, 441–62; C. Müller, Oberst i. G. Stauffenberg, Düsseldorf 1975²; Tenfelde, Proletar. Provinz; N. Stolzfus, Widerstand des Herzens. Der Aufstand der Berliner Frauen in der Rosenstr. 1943, ebd. 1999; B. Scheurig, Freies Deutschland. Das Nationalkomitee u. der Bund Deutscher Offiziere in der Sowjetunion 1943/44, ebd. 1961²; ders., Verräter oder Patrioten? Das Nationalkomitee Freies Deutschland 1941–45, Berlin 1993²; rundum mißglückt: J. Scholtyseck, R. Bosch u. der liberale Widerstand gegen Hitler, München 1999. – Klassiker der frühen Diskussion: H. Rothfels, Deutsche Opposition gegen Hitler (1948), Frankfurt 1979; F. v. Schlabrendorff, Offiziere gegen Hitler (1946), Berlin 1984²; G. Ritter, C,. Coerdeler u. die deutsche Widerstandsbewegung (1954), Stuttgart 1955⁶; I. Scholl, Die Weiße Rose, Frankfurt 1953; G. Weisenborn Hg., Der lautlose Aufstand. Die Widerstandsbewegung des deutschen Volkes 1933–45, (1953), Frankfurt 1974⁴. – Zwischenbilanzen in Sammelbänden: G. Überschär Hg., Der 20.7.1944, Köln 1994; Schmädeke u. Steinbach Hg.; K.-J. Müller Hg., Der deutsche Widerstand 1933–45, Paderborn 1990²; P. Steinbach Hg., Widerstand, Köln 1987; R. Löwenthal u. P. v. z. Mühlen Hg., Widerstand u. Verweigerung in Deutschland 1933–45, Berlin 1982. – Wichtige Aufsätze zu allgemeinen Problemen: G. R. Überschär, Die Haltung deutscher Widerstandskreise zu Hitlers Rußlandpolitik u. Ostkrieg, in: D. Goldschmidt u. a. Hg., Friede mit der Sowjetunion, Berlin 1996, 107–34 (dagegen fällt ab: K. Hildebrand, Die ostpolit. Vorstellungen im deutschen Widerstand, in: GWU 29.1978, 213–41); C. S. Maier, The German Resistance in Comparative Perspective, in: Large Hg., 141–50; P. Steinbach, Der Widerstand gegen die Diktatur, in: Bracher u. a. Hg., Deutschland 1933–45, 452–73; K. v. Klemperer, Naturrecht u. der deutsche Widerstand, in: VfZ 40.1992, 323–37; G. Schulz, Nationalpatriotismus im Widerstand, in: VfZ 32.1984, 331–72; vom z.Zt. besten Kenner: H. Mommsen, Der deutsche Widerstand, in: Opposition u. Widerstand, München 1997, 17–27; ders., Widerstand u. Dissens im Dritten Reich, in: K. D. Henke u. C. Vollnhals Hg., Mit dem Pathos der Nüchternheit, Frankfurt 1991, 107–18; ders. u. K.-J. Müller, Der deutsche Widerstand, in: Müller Hg., Widerstand, 13–21; ders., Die Opposition gegen Hitler u. die deutsche Gesellschaft, in: ebd. 22–39; ders., The German Resistance Against Hitler, in: M. Zimmermann Hg., Opposition to NS, Jerusalem 1986, 15–28; ders., Verfassungs- u. Verwaltungsreformpläne der Widerstandsgruppen des 20.7.1944, in: Geschichte, Politik u. ihre Didaktik 12.1984, 151–66; ders., Die polit. Perspektiven des aktiven Widerstands gegen Hitler, in: H.J. Schultz Hg., Der 20.7. – Alternative zu Hitler? Berlin 1974, 25–35; ders., Neuordnungspläne des 20.7.1944, in: ders., Alternative, 159–206; ders., Die Stellung der Militäropposition, in: ebd. 366–83; ders., Der deutsche Widerstand u. die Überwindung der nationalstaatl. Gliederung Europas, in: ebd., 266–83; ders., Der 20.7. u. die deutsche Arbeiterbewegung, in: ebd. 284–312; ders., Der Kreisauer Kreis u. die künftige Neuordnung Deutschlands u. Europas, in: ebd. 207–29; die Studien zu Leber, Leuschner, Mierendorff, v. Ossietzky, Reichwein v.d. Schulenburg, in: ebd., 313–24, 325–40, 41–51, 12–28, 352–65, 330–65.

[12] Herbst, NS-Deutschland, 255–59, 261, 410–13; ders., NS-Wirtschaftspolitik, 184–86; ders., Mobilmachung, 67–105; R.-D. Müller, Grundzüge der deutschen Kriegswirtschaft 1939–45, in: Bracher u.a. Hg., Deutschland 1933–45, 357–76; Frei, Führerstaat, 157; Thamer, Verführung, 715–24; Schieder, Staat, 213–20; Roseman, World War II, 58–78; Petzina, Lage; ders., Mobilisierung. – Otto A. Friedrich, eine der Nachkriegsgrößen der westdeutschen Unternehmerschaft, erkundete seit dem Sommer 1940 die»großraumwirtschaftlichen« Chancen in der westeuropäischen Industrie. Vgl. V.R. Berghahn u. P. Friedrich, O.A. Friedrich, Frankfurt 1993, 19–23. – Zur Erinnerung an 1918 noch einmal Speer, Erinnerungen, 225. – Vgl. zur deutschen Kriegswirtschaft die unentbehrliche Statistik in: R. Wagenführ, Die deutsche Industrie im Kriege, Berlin 1963². Kompetent und ausführlich: R.-D. Müller, Von der Wirtschaftsallianz zum totalen Ausbeutungskrieg, in: DRZW IV.1983, 98–189; ders., Das Scheitern der wirtschaftl. «Blitzkriegsstrategie», in: ebd., 936–1029; ders., Die Mobilisierung der deutschen Wirtschaft für Hitlers Kriegsführung, in: ebd., VI/1.1999, 349–692; ders., A. Speer u. die Rüstungspolitik im totalen Krieg, in: ebd., VI/2.1999, 275–773; ders., Speers Rüstungspolitik im Totalen Krieg, in: Militärgeschichtl. Zeitschrift (= MGZ) 59.2000, 346–85; ders., Der Manager der Kriegswirtschaft: H. Kehrl, Essen 1993; außer Müller die gesammelten Studien von Volkmann, NS-Expansion u. europ. Großraumwirtschaft; ders., Zum Verhältnis von Großwirtschaft u. NS-Regime im Zweiten Weltkrieg, in: Dlugoborski Hg., 87–118, u. in: Bracher u.a. Hg., NS Diktatur 1933–45, 480–508; ders., Autarkie, Großraumwirtschaft u. Aggression 1940, in: Militärgeschichte, Stuttgart 1982, 327–54; A. Gehrig, NS-Rüstungspolitik u. unternehmerischer Entscheidungsspielraum, Oldenburg 1996; R.J. Overy, War and the Economy in the Third Reich, Oxford 1994; ders., Hitler's War and the German Economy (1982), in: C. Gamsley u.a. Hg., War, Peace and Social Change in 20th Century Europe, Philadelphia 1989, 208–32; ders., Mobilization for Total War in Germany 1939–41, in: English Historical Review 103.1988, 613–39; G. Ranki, The Economy of the Second World War, Köln 1993; A.S. Milward, Der Zweite Weltkrieg, München 1977; ders., Die deutsche Kriegswirtschaft 1939–45, Stuttgart 1960; ders., Arbeitspolitik u. Produktivität in der deutschen Kriegswirtschaft, in: F. Forstmeier u. H.E. Volkmann Hg., Kriegswirtschaft u. Rüstung, Düsseldorf 1977, 733–91; ders., Der Einfluß ökonom. u. nichtökonom. Faktoren auf die Strategie des Blitzkriegs, in: Forstmeier u. Volkmann Hg., Wirtschaft u. Rüstung, 189–201; W. Boelcke Hg., Deutschlands Rüstung im Zweiten Weltkrieg, Frankfurt 1969; ders., Hg., Wollt Ihr den totalen Krieg? Die geheimen Goebbels-Konferenzen 1939–43, München 1969; H.-J. Weyres v. Levetzow, Die deutsche Rüstungswirtschaft 1942–45, Diss. München 1977; G. Brehmer, Grundzüge der staatl. Lenkung der Industrieproduktion in der deutschen Kriegswirtschaft, Diss. Bonn 1968; W. Nassner, Neue Machtzentren in der deutschen Kriegswirtschaft 1944/45, Boppard 1994. – J.M. Hobson, The Military Extraction Gap and the Wary Titan, in: JEEH 22.1993, 461–506; M. Harrison, Resource Mobilization for World War II: the USA, UK, USSR and Germany 1938–45, in: EHR 41.1988, 171–92; B. Martin u. A.S. Milward Hg., Agriculture and Food Supply in the Second World War, Ostfildern

V. Das «Dritte Reich» im Zweiten Weltkrieg   1137

1985; E. Kreidler, Die Eisenbahnen im Machtbereich der Achsenmächte während des Zweiten Weltkriegs, Göttingen 1975; K. Hildebrand, Die Deutsche Reichsbahn in der NS-Diktatur 1933–45, in: L. Gall u. M. Pohl Hg., Die Eisenbahn in Deutschland, München 1999, 165–243 (ohne Erörterung der rd. 400 000 Zwangsarbeiter). – L. Herbst, Der Krieg u. die Unternehmensstrategie deutscher Industriekonzerne 1918–39, in: Broszat u. Schwabe Hg., Die deutschen Eliten, 72–134; P. Erker, Emergence of Modern Business Structures? Industry and War Economy in Nazi Germany, in: J. Sakuda u. T. Shiba Hg., The Second World War and the Transformation of Business Systems, Tokio 1994, 158–81; N. Schausberger, Rüstung in Österreich 1938–45, Wien 1970. – H. Schwendemann, Die wirtschaftl. Zusammenarbeit zwischen dem Deutschen Reich u. der Sowjetunion 1939–41, Berlin 1993; W. Birkenfeld, Stalin als Wirtschaftspartner Hitlers 1935–41, in: VSWG 53.1966, 477–510; F. W. Seidler, Das NS-Kraftfahrerkorps u. die Organisation Todt im Zweiten Weltkrieg, in: VfZ 32.1984, 625–36; A. C. Mierzejewski, The Collapse of the German War Economy 1944/45, London 1988; E. R. Zilbert, A. Speer and the Nazi Ministry of Arms, London 1981. Vgl. auch K. Thöne, Entwicklungsstadien u. Zweiter Weltkrieg, Berlin 1974; dogmatisch angelegt bleibt (das NS Regime als Agent übermächtiger kapitalistischer Interessen; noch immer ohne Anerkennung der Zentralität der Rassenpolitik und Judenvernichtung) D. Eichholtz, Geschichte der deutschen Kriegswirtschaft 1939–45, 3 Bde, 1984/85/96; ders., Krieg u. Wirtschaft. Studien zur deutschen Wirtschaftsgeschichte 1939–45, Berlin 1999; völlig überholt: W. Bleyer, Staat u. Monopol im totalen Krieg, Berlin 1970.

¹³ Vgl. F. Blindow, C. Schmitts Reichsordnung. Strategie für einen europ. Großraum, Berlin 1999; M. Schmoeckel, Die Großraumtheorie. Völkerrechtswissenschaft im «Dritten Reich», ebd. 1994; D. Diner, Rassist. Völkerrecht. Elemente einer NS-Weiterordnung, in: ders., Weltordnungen, Frankfurt 1993, 77–124. – Neulen, Europa u. Drittes Reich; Maier, Fascist Economy, 100; Petzina, Lage, 80. Allg. zur deutschen Besatzungsherrschaft und den sozialökonomischen und politischen Folgewirkungen H. Umbreit, NS-Expansion 1938–41. Strukturen der deutschen Besatzungsverwaltungen im Zweiten Weltkrieg, in: Fs. W. Hubatsch, Zürich 1985, 163–86; ders., Die deutsche Herrschaft in den besetzten Gebieten 1942–45, in: DRZW V/2.1999, 3–272; R. Bennett, Under the Shadow of the Swastika. Resistance and Collaboration in Hitler's Europe, London 1999; G. Otto u. a. Hg., Das organis. Chaos. Ämterdarwinismus u. Gesinnungsethik: NS-Besatzungspolitik, Berlin 1999; K. Oldenhage, Die Verwaltung der besetzten Gebiete, in: DVG IV.1985, 1132–68; R. J. Overy, German Multi-Nationals and the Nazi State in Occupied Europe, in: A. Teichova u. M. Lévy-Léboyer Hg., Multi-National Enterprise in Historical Perspective, Cambridge 1980, 299–325; Dlugoborski Hg.; ders., Economic Policy of the Third Reich in Occupied and Dependent Countries 1938–45, in: Studia Historiae Oeconomicae 15.1980, 179–212; W. Rings, Leben mit dem Feind. Anpassung u. Widerstand in Hitlers Europa 1939–45, München 1979; U. Ulshöfer, Einflußnahme auf Wirtschaftsunternehmen in den besetzten nord- u. westeurop. Ländern während des Zweiten Weltkriegs, Tübingen 1958; F. W. Seidler, Die Kollaboration 1939–45, München 1995; W. Röhr Hg., Okkupation u. Kollaboration 1938–45, Berlin 1994; Bundesarchiv Hg., Europa unterm Hakenkreuz. Die Okkupationspolitik 1938–45, 8 Bde, Berlin 1989 ff. – Zu NS-Planungskonzeptionen: B. Kletzin, Europa aus Rasse u. Raum. Die NS-Idee der neuen Ordnung, Münster 2000; P. Krüger, Hitlers Europapolitik, in: Benz Hg., Der NS, 104–32; H. K. Hoensch, Hitlers «Neue Ordnung Europas», in: N. Frei u. H. Kling Hg., Der NS-Krieg, Frankfurt 1990, 238–54; Y. Durand, Le nouvel ordre européen Nazi 1938–45, Brüssel 1990; H. W. Neulen, Europa u. das Dritte Reich. Einigungsbestrebungen im deutschen Machtbereich 1939–45, München 1987; J. Freymond, Le IIIe Reich et la réorganisation économique de l'Europe 1940–45, Leiden 1974; F. Zipfel, Hitlers Konzept einer «Neuordnung» Europas, in: Fs. Herzfeld, Berlin 1972, 154–74; P. Kluke, NS-Europapolitik, in: VfZ 3.1955, 240–75. – Zur Besatzungsherrschaft und ihren

Folgen in einzelnen Ländern: zu **Polen** vorn Anm. 2; zu **Frankreich** Anm. 3; zu **Rußland** Anm. 4; zu **Jugoslawien, Griechenland, Italien** Anm. 7; zu **Belgien:** W. Warmbrunn, The German Occupation of Belgium 1940–44, N.Y. 1993; M. Conway, Collaboration in Belgium. L. Degrelle and the Rexist Movement, New Haven/Conn. 1993; J. Gillingham, Belgian Business in the Nazi New Order, Gent 1977; W. Wagner, Belgien in der deutschen Politik 1939–45, Boppard 1974. – **Holland:** G. Hirschfeld, Fremdherrschaft u. Kollaboration. Die Niederlande unter deutscher Besatzung 1940–45, Stuttgart 1984; K. Kwiet, Reichskommissariat Niederlande, ebd. 1968. – **Nordeuropa:** R. Bohn, Die deutsche Herrschaft in den «german.» Ländern 1940–45, Wiesbaden 1987; R. Boyer, Reichskommissariat Norwegen, München 2000; G. Meissner, Dänemark unterm Hakenkreuz 1940–45, Berlin 1990; H.-D. Loock, Quisling, Rosenberg u. Terboven, Stuttgart 1970; ders., Zur ‹Großgerman. Politik› des Dritten Reiches, in: VfZ 8.1960. 37–63.

[14] Vgl. Boelcke, Finanzpolitik, 106, 108–10, 113, 116. Allg. zur Kriegsfinanzierung vgl. ders., Die Kosten von Hitlers Krieg. Kriegsfinanzierung u. finanzielles Kriegserbe in Deutschland 1933–49, Paderborn 1985; ders., Kriegsfinanzierung im internationalen Vergleich, in: Forstmeier u. Volkmann Hg., Kriegswirtschaft, 14–69; F. Federau, Der Zweite Weltkrieg: seine Finanzierung in Deutschland, Tübingen 1962; D. Petzina, La politique financière et fiscale de l'Allemagne pendant la Seconde Guerre Mondiale, in: Revue d'Histoire de la Deuxième Guerre Mondiale 76.1969, 1–14; L. Schwerin v. Krosigk, Wie wurde der Zweite Weltkrieg finanziert? in: Bilanz des Zweiten Weltkriegs, Oldenburg 1953, 311–28.

[15] Frei, Führerstaat, 155, 165, 170, 296; ders., Totaler Krieg, 288, 299; Broszat, Grundzüge, 63; ders., Struktur, 77, 74; ders., Staat Hitlers, 243; Herbert, Arbeiterschaft, 144 f.; Bracher, Diktatur, 372; Frank, Galgen, 212; P. E. Schramm Hg., Kriegstagebuch des OKW IV, Frankfurt 1961, 1582 f.; Grunberger, 242. – Zur Korruption: F. Bajohr, Parvenus u. Profiteure. Korruption in der NS-Zeit, Frankfurt 2001; R. Angermund, Korruption im NS, in: Fs. H. Mommsen, 371–83; L. Gruchmann, Korruption im Dritten Reich, in: VfZ 42.1994, 571–91. – Zum Bombenkrieg: J. Friedrich, Der Brand. Deutschland im Bombenkrieg 1940–45, Berlin 2002 (Einladung zum Opferkult; vgl. H.-U. Wehler, Rez. in: Süddeutsche Zeitung 14./15.12. 2002); dazu aber Gegenpositionen: R. Neillands, Der Krieg der Bomben 1939–45, Berlin 2002; W. Murray, Der Luftkrieg 1914–45, Berlin 2000; O. Groehler, Bombenkrieg gegen Deutschland, Berlin 1990; DRZW VII.2001; R.J. Overy, The Air War 1939–45, London 1980; E. R. Beck, Under the Bombs. The German Home Front 1942–45, Lexington/Ky. 1986; A. Garrett, Ethics and Air Power. The British Bombing of German Cities, N.Y. 1991; R. Scheffer, Wings of Judgement. American Bombing in World War II, Oxford 1985; T.D. Biddle, Rhetoric and Reality in Air Warfare. Strategic Bombing 1914–45, Princton 2001; U. Büttner, Gomorrha. Hamburg im Bombenkrieg, Hamburg 1993; W. Beer, Kriegsalltag an der Heimatfront. Alliierter Luftkrieg im Raum Münster, Bremen 1990; M. Krause, Flucht vor dem Bombenkrieg. «Umquartierungen» im Zweiten Weltkrieg u. die Wiedereingliederung der Evakuierten in Deutschland 1943–63, Düsseldorf 1997.

Zehnter Teil
Folgen des zweiten verlorenen Totalen Krieges
1945–1949

I. Kriegsverluste und Folgekosten

[1] Vgl. allg. W. Laqueur, Europe Since Hitler, Harmondsworth 1972, v. a. 89–100; G. Therborn, Die Gesellschaften Europas 1945–2000, Frankfurt 2000; W. Loth, Die Teilung der Welt 1941–55, München 1980; W. Benz u. H. Graml, Das 20. Jh. II: Europa nach dem Zweiten Weltkrieg 1945–82, Frankfurt 1983; A. Hillgruber, Europa in der Weltpolitik der Nachkriegszeit 1945–63, München 1987³; E. Nolte, Deutschland u. der Kalte Krieg ebd. 1974/ND Stuttgart 1985 (zu diesem idiosynkratischen Buch aber sogleich L. Niethammer, Zeitgeschichte als Notwendigkeit des Unmöglichen? in: HZ 221.1975, 373–89, u. in: ders., Deutschland danach, 380–92); J. Foschepoth Hg., Kalter Krieg u. deutsche Frage 1945–52, Göttingen 1995; B. Bonwetsch, Kalter Krieg als Innenpolitik, in: Fs. E. Naujoks, Sigmaringen 1980, 230–45. Hier v. a. G. A. Ritter, Über Deutschland, München 1998/2000²; C. Kleßmann, Die doppelte Staatsgründung, Deutsche Geschichte 1945–55, Göttingen 1982/1991⁵; ders. u. C. Wagner Hg., Das gespaltene Land 1945–90, München 1993; P. v. Kielmansegg, Nach der Katastrophe 1945–90, Berlin 2000; M. Görtemaker, Geschichte der Bundesrepublik, München 1999; D. L. Barke u. D. R. Grass, A History of West Germany I: 1945–63, Cambridge/Mass. 1989; L. Herbst Hg., Westdeutschland 1945–55, München 1980, v. a. 9–24; W. Benz, Zwischen Hitler u. Adenauer, Frankfurt 1991; ders., Von der Besatzungsherrschaft zur Bundesrepublik 1946–49, ebd. 1984; ders., Hg., Westdeutschlands Weg zur Bundesrepublik 1945–49, München 1976; H. K. Rupp, Polit. Geschichte der Bundesrepublik, ebd. 2000³; A. Birke, Nation ohne Haus. Deutschland 1945–61, Berlin 1989; H. A. Turner, The Two Germanies Since 1945, New Haven/Conn. 1987; T. Eschenburg, Jahre der Besatzung 1945–49, Stuttgart 1983; R. Steininger, Deutsche Geschichte 1945–61, 2 Bde, Frankfurt 1983; K. Düwell, Entstehung u. Entwicklung der Bundesrepublik Deutschland, Köln 1981; A. J. u. R. L. Merritt, Politics, Economics and Society.The Two Germanies 1945–75, Champaign-Urbana/Ill. 1978; A. Grosser, Deutschlandbilanz seit 1945, München 1974²; A. Hillgruber, Deutsche Geschichte 1945–72, Berlin 1974, 41–120; H. Pötzsch, Deutsche Geschichte 1945-Gegenwart, München 1998; M. Overesch, Deutschland 1945–49, Königstein 1979; H. Lilge Hg., Deutschland 1945–63, Hannover 1967¹¹; D. Prowe, The New Nachkriegsgeschichte (1945–49), in: CEH 10.1977, 312–28. Vgl. hierzu P. Erker, Zeitgeschichte als Sozialgeschichte, in: GG 19.1993, 202–38; V. R. Berghahn, Zur Bedeutung des wirtschafts- u. sozialgeschichtl. Zugriffs auf die deutsche Nachkriegsgeschichte, in: A. Doering-Manteuffel Hg., Adenauerzeit, Bonn 1993, 97–103; J. Reulecke, Probleme einer Sozial- u. Mentalitätsgeschichte der Nachkriegszeit, in: Geschichte im Westen 2.1987, 7–25; W. Abelshauser, Wirtschaftsablauf, Gesellschaft, Politik. Wirtschafts- u. Sozialgeschichte des 20. Jh., in: Frese u. Prinz Hg., 743–53; exemplarisch: W. Conze u. M. R. Lepsius Hg., Sozialgeschichte der Bundesrepublik, Stuttgart 1983. – Zum Kriegsende vgl. J. Hillmann u. J. Zimmermann Hg., Kriegsende 1945 in Deutschland, München 2002 (mit richtiger Betonung der anhaltenden Führer-Autorität); U. Herbert u. A. Schildt Hg., Kriegsende in Europa 1944–48, Essen 1998; H. Afflerbach u. C. Cornelissen Hg., Sieger u. Besiegte nach 1945, Tübingen 1997; R. D. Müller u. G. R. Überschär, Kriegsende 1945, Frankfurt 1994; Volkmann Hg., Ende des Zweiten Weltkriegs; K.-D. Henke, Die amerikan. Besetzung Deutschlands 1945, München 1995; R. Hansen, Das Ende des Dritten Reiches. Die deutsche Kapitulation 1945, Stuttgart 1966; vgl. J. Foschepoth, Zur deutschen Reaktion

auf Niederlage u. Besatzung, in: Herbst Hg., Westdeutschland, 151–65; auch E. Kästner, Notabene 45. Tagebuch, München 1999⁵. – Zu den Vergewaltigungen: A. Grossmann, A Question of Silence. The Rape of German Women by Occupation Soldiers, in: R. G. Moeller Hg., West Germany Under Construction in the Adenauer Era, Ann Arbor 1997, 33–52; R. Mühlhauser, Vergewaltigung in Deutschland 1945, in: K. Naumann Hg., Nachkrieg in Deutschland, Hamburg 2001, 384–408; N. M. Naimark, Die Russen in Deutschland. Die SBZ 1945–49, Berlin 1997; M. Zeidler, Kriegsende im Osten. Die Armee u. die Besetzung Deutschlands 1944/45, München 1996.

² Zu den Kriegsverlusten: R. Overmans, Die militär. Verluste im Zweiten Weltkrieg, München 1999, 293 f., 296 f., 204–6, 309, 314; ders., Die Toten des Zweiten Weltkriegs in Deutschland, in: Michalka Hg., Zweiter Weltkrieg, 858–72; M. K. Sorge, The Price of Hitler's War: German Military and Civilian Losses Resulting From World War II, Westport/Conn. 1986. – Zu den Kriegsgefangenen: die umfassende Dokumentation von E. Maschke Hg., Die deutschen Kriegsgefangenen des Zweiten Weltkriegs, 15 Bde, München 1974; R. Overmans u. G. Bischof Hg., Kriegsgefangenschaft im Zweiten Weltkrieg, Ternitz 1999; R. G. Moeller, Deutsche Opfer – Opfer der Deutschen: Kriegsgefangene, Vertriebene, NS-Verfolgte, in: Naumann Hg., 29–58; W. Benz u. A. Schardt Hg., Die Kriegsgefangenen im Zweiten Weltkrieg, Frankfurt 1995, 7, 9 f.; K.-D. Müller u. a. Hg., Die Tragödie der Gefangenschaft in Deutschland u. der Sowjetunion 1941–56, Weimar 1998, 10; A. Hilger, Deutsche Kriegsgefangene in der Sowjetunion 1941–56, Essen 2000; A. S. Blank, Die deutschen Kriegsgefangenen in der UdSSR, Köln 1979; K. W. Böhme, Die deutschen Kriegsgefangenen in sowjet. Hand, Bielefeld 1966; A. Kaminsky, Heimkehr. Geschichte u. Schicksal deutscher Kriegsgefangener, München 1998; A. Lehmann, Gefangenschaft u. Heimkehr, ebd. 1986; A. L. Smith, Heimkehr aus dem Zweiten Weltkrieg. Die Entlassung der deutschen Kriegsgefangenen, Stuttgart 1985. Skandalöse Unterstellung der Ermordung von einer Million deutscher Kriegsgefangener durch Amerikaner: J. Bacque, Der geplante Tod. Deutsche Kriegsgefangene in amerikan. u. französ. Lagern 1945/46, Berlin 1989; überzeugende Widerlegung: A. L. Smith, Die «vermißte Million». Deutsche Kriegsgefangene nach dem Zweiten Weltkrieg, München 1992.

³ Zur Vertreibung und Flucht die umfassende Dokumentation von T. Schieder Hg., Dokumentation der Vertreibung der Deutschen aus Ost-Mitteleuropa (1961), 5 Bde, München 1984²; (vgl. dazu: M. Beer, Im Spannungsfeld von Politik u. Zeitgeschichte. Das Großforschungsprojekt «Dokumentation der Vertreibung», in: VfZ 46.1998, 345–89); H.-U. Wehler, Vertreibung im 20. Jh., in: S. Aust u. S. Burgdorff Hg., Die Flucht. Über die Vertreibung der Deutschen aus dem Osten, Stuttgart 2002, 9–14; D. Hoffmann u. a. Hg., Vertriebene in Deutschland, München 2000; A. Lehmann, Im Fremden ungewollt zuhaus. Flüchtlinge u. Vertriebene in Westdeutschland 1945–90, München 1991; K. Bade, Neue Heimat im Westen. Vertriebene, Flüchtlinge, Aussiedler, Münster 1990; R. Schulz u. a., Flüchtlinge in der westdeutschen Nachkriegsgesellschaft, Hildesheim 1987; G. Reichling, Die deutschen Vertriebenen in Zahlen I: 1945–65, Bonn 1986; Benz Hg., Vertreibung, darin K. D. Henke, Der Weg nach Potsdam – Die Alliierten u. die Vertreibung, 49–69; A. M. de Zayas, Die Anglo-Amerikaner u. die Vertreibung der Deutschen, München 1977; E. Lemberg u. a. Hg., Die Vertriebenen in Westdeutschland, 3 Bde, Kiel 1959; G. Ziemer, Deutscher Exodus. Vertreibung u. Eingliederung von 15 Mill. Deutschen, Stuttgart 1973; B. Nitschke, Vertreibung u. Aussiedlung der deutschen Bevölkerung aus Polen 1945–49, München 2002; D. Brandes, Der Weg zur Vertreibung 1938–45. Transfer der Deutschen aus der Tschechoslowakei u. Polen, ebd. 2001; P. Erker, Vom Heimatvertriebenen zum Neubürger. Flüchtlinge in Mittelfranken 1945–55, Wiesbaden 1988; ders., Revolution des Dorfes? Ländl. Bevölkerung zwischen Flüchtlingszustrom u. ländl. Strukturwandel, in: Broszat u. a. Hg., Von Stalingrad, 367–425; H. Heidemeyer, Flucht u. Zuwanderung aus der SBZ/DDR 1945–55, Düsseldorf 1991; M. v. Engelhardt, Lebensgeschichte u. Gesellschaftsgeschichte. Biographien von Heimatvertriebenen, München

II. Lebensumstände in der «Zusammenbruchsgesellschaft»

2001. – Zu den Bevölkerungsbewegungen: K. J. Bade, Europa in Bewegung. Migration vom späten 18. Jh. bis zur Gegenwart, München 2000; S. Hochstadt, Mobility and Modernity. Migration in Germany 1820–1989, Ann Arbor 1999; J. Wietog, Volkszählungen unter dem NS, Berlin 2001; R. Cohen Hg., Cambridge Survey of World Migration, Cambridge 1995; M. Marrus, The Unwanted. European Refugees in the 20th Century, N. Y. 1985, 209–40; E. M. Kulischer, Europe on the Move. War and Population Change 1917–47, N. Y. 1948, 255–94; J. B. Schechtman, European Population Transfer 1939–45, N. Y. 1946. Bei Kulischer und Schechtmann auch schon die biopolitische Befürchtung, daß der Zustrom von Millionen Vertriebenen und «Volksdeutschen» zu einer Revitalisierung der deutschen Bevölkerung führen könne. – M. Wyman, DP's. Europe's Displaced Persons 1945–51, Ithaca 1988; W. Jacobmeyer, Vom Zwangsarbeiter zum heimatlosen Ausländer, Göttingen 1985; ders., Jüd. Überlebende als «Displaced Persons» 1945–47, 1945–47, in: GG 9.1983, 421–52. – A. v. Castell Rüdenhausen, Die demograph. Konsequenzen des Ersten u. Zweiten Weltkriegs, in: Dlugoborski Hg., 119–21; 124; 129; R. Mackensen, Bevölkerung u. Gesellschaft in Deutschland 1945–78; in: J. Matthes Hg., Sozialer Wandel in Westeuropa, Frankfurt 1979, 443–64; H. Berghoff, Population Change and Its Repercussions in the Social History. of the Federal Republic, in: K. Larres u. P. Panayi Hg., The Federal Republic of Germany Since 1949, London 1996, 35–73; H. Korte, Bevölkerungsstruktur u. -entwicklung, in: W. Benz Hg., Die Bundesrepublik II: Gesellschaft, Frankfurt 1983, 13–22; D. Hilger, Die Mobilisierte Gesellschaft, in: R. Löwenthal u. H.-P. Schwarz Hg., Die Zweite Republik, Stuttgart 1974, 95–122.

⁴ Exzellente Information: J. Fisch, Reparationen nach dem zweiten Weltkrieg, München 1999, 11 f., 17, 93, 106, 108, 110–16, 179, 182, 185, 188, 190–99, 203–5, 207–18, 221–26, 319, 199: Tab. 10 mit den ostdeutschen Leistungen; nur z. T. korrigiert durch R. Karlsch, Allein bezahlt? Die Reparationsleistungen der SBZ/DDR 1945, 53, Berlin 1999, und L. Baar u. a., Kriegsfolgen u. Kriegskosten. Deutschlands Zerstörungen, Demontagen, Reparationen, Berlin 1995; H. D. Ahrens, Demontage, München 1982; vgl. Kleßmann I, 99–110; Görtemaker, 123–27, 281–86; Birke, 128 f.; C. Buchheim, Kriegsfolgen u. Wirtschaftswachstum in der SBZ/DDR, in: GG 25.1999, 515–29; überholt: W. Treue u. K. Schrader, Die Demontagepolitik der Westmächte nach 1945, Göttingen 1967. Zur gescheiterten Realisierung des Morgenthau-Plans: J. M. Blum, Deutschland ein Ackerland? Morgenthau u. die amerikan. Kriegspolitik 1941–45, Düsseldorf 1968, H. G. Gelber, Der Morgenthau-Plan, in: VfZ 13.1965, 372–402. Vorzüglicher Überblick: H.-G. Hockerts, Wiedergutmachung in Deutschland 1945–2000, in: VfZ 49.2001, 167–214.

II. Lebensumstände in der «Zusammenbruchsgesellschaft»

¹ Zur Ernährungslage und Hungerkrise: G. J. Trittel, Hunger u. Politik. Die Ernährungskrise 1945–47, Frankfurt 1980; P. Erker, Hunger u. sozialer Konflikt in der Nachkriegszeit, in: M. Gailus u. H. Volkmann Hg., Der Kampf um das tägl. Brot 1770–1990, Wiesbaden 1994, 392–408; ders., Ernährungskrise u. Nachkriegsgesellschaft 1943–53, Stuttgart 1990; G. Stüber, Der Kampf gegen den Hunger 1945–50, Neumünster 1984; K. H. Rothenberger, Die Hungerjahre nach dem Zweiten Weltkrieg 1945–50, Boppard 1980; G. Wiese, Die Versorgungslage in Deutschland, in: M. Salewski u. G. Schulze-Wegener Hg., Kriegsjahr 1944, Stutgart 1995, 233–50; B. Klemm u. G. J. Trittel, Vor dem «Wirtschaftswunder». Durchbruch zum Wachstum oder Lähmungskrise? in: VfZ 35.1987, 571–624; G. J. Trittel, Die Bodenreform in der Brit. Zone 1945–49, Stuttgart 1975; Görtemaker, 134–36, H. Winkel, Wirtschaftsgeschichte Deutschlands 1945–65, in: HWW 9.1982, 103 f. – Zur Wohnungsfrage: I. Flagge Hg., Geschichte des Wohnens V: 1945-heute, Stuttgart 1999; H. Siegrist u. B. Strath, Wohnungsbau im internationalen Vergleich 1945–80, Leipzig 1996; G. Schulz Hg., Wohnungsbau im Sozialstaat 1918–60, Düsseldorf 1992; Schildt u. Sywottek, Massenwohnung. Demn. M. Zierenberg, Der Schwarzmarkt, Göttingen 2004¹⁴; S.-L. Hoffmann, Kriminalität im geteilten Berlin 1945–50, ebd. 2005.

III. Gesellschaftliche Verwerfungen und stabilisierende Gegengewichte

[1] Zu den Vertriebenen und Flüchtlingen s. o. Anm. 3, sowie hier: G. Ambrosius, Der Beitrag der Vertriebenen u. Flüchtlinge zum Wachstum der westdeutschen Wirtschaft nach 1945, in: JbW 1996/II, 39–71; ders., Flüchtlinge u. Vertriebene in der westdeutschen Wirtschaftsgeschichte, in: Schulze Hg., Flüchtlinge, 216–17. – Zum ostdeutschen Adel: Conze, Von deutschem Adel, 509–55 (die gesamte Lit.); A. Bauerkämper, Ländl. Gesellschaft in der kommunist. Diktatur. Brandenburg 1945–63, Köln 2002. – Militär: D. Bald, Von der Wehrmacht zur Bundeswehr, in: Conze u. Lepsius Hg., 387–409; G. Wettig, Entmilitarisierung u. Wiederbewaffnung in Deutschland 1945–55, München 1967; W. Wette, Militarismus in Deutschland 1871–1945, Münster 1999; W. Mosen, Militärsoziologie, Neuwied 1967. – Entnazifizierung: bester Überblick in: C. Rauh-Kühne, Die Entnazifizierung u. die deutsche Gesellschaft, in: AfS 35.1995, 35–70; dies., Die Unternehmer u. die Entnazifizierung der Wirtschaft, in: dies. u. M. Ruck Hg., Regierende Eliten zwichen Diktatur u. Demokratie, Baden-Württemberg 1930–52, München 1993, 305–32; K.-D. Henke u. H. Woller Hg., Polit. Säuberung in Europa nach 1945, ebd. 1991, darin Henke, Die Trennung vom NS. Selbstzerstörung, polit. Säuberung, Entnazifizierung, Strafverfolgung, 21–83; C. Vollnhals, Evangel. Kirche u. Entnazifizierung 1945–49, ebd. 1989; ders. Hg., Entnazifizierung 1945–49, ebd. 1991; H. Graml, Die verdrängte Auseinandersetzung mit dem NS, in: M. Broszat Hg., Zäsuren nach 1945, ebd. 1990, 169–88; M. Broszat, Siegerjustiz oder strafrechtl. «Selbstreinigung? Vergangenheitsbewältigung der deutschen Justiz 1945–49, in: VfZ 29.1981, 477–544; bahnbrechend war: L. Niethammer, Entnazifizierung in Bayern, Frankfurt 1972/ND: Die Mitläuferfabrik, Berlin 1982; ders., Reform u. Rekonstruktion in der US-Zone am Beispiel des öffentl. Dienstes, in: VfZ 21.1973, 177–88; J. Friedrich, Die kalte Amnestie. NS-Täter in der Bundesrepublik, Frankfurt 1985; K.D. Henke, Polit. Säuberung unter französ. Besatzung, Stuttgart 1981; I. Deák u. a. Hg., The Politics of Retribution in Europe, Princeton 2000; Kleßmann I, 79–92. Typischerweise ein früher Bestseller: v. Salomon, Fragebogen. – Über Karrieren nach 1945 glänzend: Wildt, Generation, 731–871; G. Hirschfeld u. T. Jersak Hg., Karrieren im NS, Frankfurt 2002; N. Frei Hg., Karrieren im Zwielicht. Hitlers Eliten nach 1945, Frankfurt 2001; W. Loth u. B. A. Rusinek Hg., Verwandlungspolitik. NS-Eliten in der westdeutschen Nachkriegsgesellschaft, ebd. 1998.

[2] Bester Überblick: M. Heinemann Hg., Umerziehung u. Wiederaufbau. Die Bildungspolitik der Besatzungsmächte in Deutschland, Stuttgart 1981; N. Pronay u. K. Wilson Hg., The Political Re-Education of Germany and Her Allies After World War II, London 1985; J. F. Tent, Mission on the Rhine. Re-education and Denazification in American-Occupied Germany, Chicago 1982; H.-J. Rupieper, Die Wurzeln der westdeutschen Nachkriegsdemokratie 1945–52, Opladen 1993; J. R. Lange-Quassowski, Neuordnung oder Restauration? Das Demokratiekonzept der amerikan. Besatzungsmacht u. die polit. Sozialisation der Westdeutschen, Opladen 1978; G. Braunthal, The Anglo-Saxon Model of Democracy in the West German Political Consciousness After World War II, in: AfS 18.1978, 245–77; K.-E. Bungenstab, Umerziehung zur Demokratie? Re-education-Politik im Bildungswesen der US-Zone 1945–49, Düsseldorf 1976; perfide Häme in: C. v. Schrenck-Notzing, Charakterwäsche. Die Politik der amerikan. Umerziehung, Stuttgart 1965. D. Welch, British «Re-Education» Policy after 1945, in: I. D. Turner Hg., Reconstruction in Post-War Germany 1945–55, Oxford 1989, 215–38; K.-H. Füssl, Die Umerziehung der deutschen Jugend u. Schule 1945–55, Paderborn 1995; G. Pakschies, Umerziehung in der Brit. Zone 1945–49, Weinheim 1978; M. Halbritter, Schulreformpolitik in der Brit. Zone 1945–49, Frankfurt 1979. – A. J. u. R. L. Merritt, Public Opinion in Occupied Germany, Champaign-Urbana/Ill. 1970; Kleßmann I, 92–98; A. Doering-Manteuffel, Wie westlich sind die Deutschen? Amerikanisierung u. Westernisierung im 20. Jh., Göttingen 1999; ders., Dimensionen von Amerikanisierung in der deutschen Ge-

III. Gesellschaftliche Verwerfungen und stabilisierende Gegengewichte 1143

sellschaft, in: AfS 35.1995, 1-34; K. H. Jarausch u. H. Siegrist Hg., Amerikanisierung u. Sowjetisierung in Deutschland 1945-70, Frankfurt 1997; A. Lüdtke u. a. Hg., Amerikanisierung, Stuttgart 1996. – Familie: M. Niehuss, Familie, Frau u. Gesellschaft. Strukturgeschichte der Familie in Westdeutschland 1945-60, Göttingen 2001; H. Schelsky, Wandlungen der deutschen Familie in der Gegenwart, Stuttgart 1953/1967[5]. – Bürokratie: M. Ruck, Korpsgeist u. Staatsbewußtsein. Beamte im deutschen Südwesten 1930-72, München 1996; U. Wengst, Beamtentum zwischen Reform u. Tradition 1948-53, Düsseldorf 1988; C. Garner, Die Auseinandersetzungen um die Zukunft des deutschen Berufsbeamtentums nach 1945, in: Volkmann Hg., Ende des Dritten Reiches, 607-74; L. Niethammer, Die amerikan. Besatzungsmacht zwischen Verwaltungstradition u. polit. Parteien in Bayern, in ders., Deutschland danach, 368-79; W. Vogel, Westdeutschland 1945. Der Aufbau von Verfassungs- u. Verwaltungseinrichtungen, 2 Bde, Boppard 1956/64. – Kirchen: C. Vollnhals, Die Hypothek des Nationalprotestantismus. Entnazifizierung u. Strafverfolgung von NS-Verbrechen nach 1945, in: GG 18.1992, 51-69; F. Stern, Evangel. Kirche zwischen Antisemitismus u. Philosemitismus, in: ebd., 22-50; J. Thierfelder, Die Kirchenpolitik der vier Besatzungsmächte u. die Evangel. Kirche nach 1945, in: ebd., 5-21; A. Rauscher Hg., Kirchen in der Nachkriegszeit, Göttingen 1979; ders., Kirche u. Katholizismus 1945-49, Paderborn 1977; vgl. N. Frei, Von deutscher Erfindungskraft oder: Die Kollektivschuldthese in der Nachkriegszeit, in: Rechtshistor. Journal 16.1997, 621-34: – Unternehmen: C. Rauh-Kühne, H. C. Paulsen: Sozialpartnerschaft aus dem Geist der Kriegskameradschaft, in: P. Erker u. T. Pierenkemper Hg., Deutsche Unternehmer zwischen Kriegswirtschaft u. Wiederaufbau. München 1999; P. Erker, Die Arbeiter bei MAN 1945-50, in: Tenfelde Hg., Arbeiter im 20. Jh., 546-72, und die Unternehmenslit. 9. T. II, Anm. 1. – Gewerkschaften: C. Kleßmann, Betriebsräte u. Gewerkschaften in Deutschland 1945-52, in: GG So. H. 5.1979, 44-73; S. Mielke, Der Wiederaufbau der Gewerkschaften in Deutschland 1945-52; in: ebd. 74-87; ders., Hg., Internationales Gewerkschaftshdb., Opladen 1983; H. Stadtland, Herrschaft nach Plan u. Macht der Gewohnheit. Sozialgeschichte der Gewerkschaften in der SBZ/DDR 1945-53, Essen 2001. – Parteien: D. Orlow, West German Parties Since 1945, in: CEH 18.1988, 188-201; F. Pfetsch, Die Gründergeneration der Bundesrepublik, in: PVS 27. 1986, 237-51; W.-R. Baumann u. G. Fochler-Hauke Hg., Biographien zur Zeitgeschichte seit 1945, Frankfurt 1985; M. E. Foelz-Schroeter, Föderalist. Politik u. nationale Repräsentation 1945-27. Westdeutsche Länderregierungen, zonale Bürokraten u. polit. Parteien im Widerstreit, Stuttgart 1974; G. Pridham, Christian Democracy in Western Germany, London 1977; W. D. Narr, CDU-SPD. Programm u. Praxis seit 1945, Stuttgart 1966; L. Niethammer, Rekonstruktion u. Desintegration. Die deutsche Arbeiterbewegung zwischen Krieg u. Kaltem Krieg, in: ders., Deutschland danach, 36-52; W. D. Graf, The German Left Since 1945, Cambridge 1976; L. J. Edinger, K. Schumacher, Köln 1967; B. Seebacher-Brandt, Ollenhauer, Berlin 1984; K. Klotzbach, Der Weg zur Staatspartei. Programmatik, prakt. Politik u. Organisation der deutschen Sozialdemokratie 1945-65, Bonn 1982/1996. – H. Weber, Die DDR 1945-90, München 1993; D. Staritz, Der Weg zur Volksdemokratie. SBZ u. DDR 1945-52, ebd. 1984; ders., Sozialismus in einem halben Land 1945-52, Berlin 1976; A. Sywottek, Deutsche Volksdemokratie. Zur polit. Konzeption der KPD 1935-46, Düsseldorf 1971; H. Duhnke, Stalinismus in Deutschland. Die Geschichte der SBZ, Köln 1955; H. Hurwitz, Zwangsvereinigung in der SBZ, Köln 1990; R.-K. Rössler Hg., Entnazifizierungspolitik der KPD/SED 1945-48, Goldbach 1994. Noch immer unübertroffen über das Innenleben der ersten kommunistischen Spitzengruppe: W. Leonhard, Die Revolution entläßt ihre Kinder, Köln 1954.

IV. Rekonstruktion der Industriewirtschaft oder Strukturbruch?
[1] Hobsbawm, Zeitalter der Extreme; vgl. N. F. R. Crafts, The Golden Age of Economic Growth in Western Europe 1950–73; in: EHR 48.1995, 429–47. Zur Kontroverse: W. Abelshauser, Arm, aber nicht unterentwickelt. Eine wirtschaftl. Bilanz der Stunde «Null», in: U. Albrecht u. a. Hg., Zusammenbruch oder Befreiung? Berlin 1980, 86–94; ders., Wiederaufbau vor dem Marshallplan, in: VfZ 29.1981, 545–49, 562–68; ders., Probleme des Wiederaufbaus der westdeutschen Wirtschaft nach 1945, in: Winkler Hg., Weichenstellungen, 208–53; ders., Die Rekonstruktion der westdeutschen Wirtschaft, in: C. Scharf u. H.-J. Schröder Hg., Polit. u. ökonom. Stabilisierung Westdeutschlands 1945–49, Wiesbaden 1977, 1–17; ders., Wirtschaft u. Besatzungspolitik in der Französ. Zone 1945–49, in: dies. Hg., Die Deutschlandpolitik Frankreichs u. die Französ. Zone 1945–49, ebd. 1983, 111–39; ders., Kriegswirtschaft u. Wirtschaftswunder, in: VfZ 47.1999, 503–38; ders., Wirtschaft in Westdeutschland 1945–48, Stuttgart 1975; ders., Wirtschaftsgeschichte der Bundesrepublik Deutschland 1949–80, Frankfurt 1983; M. Manz, Stagnation u. Aufschwung in der Französ. Besatzungszone 1945–48, Ostfildern 1985; P. Heldmann, Das «Wirtschaftswunder» in Westdeutschland, in: AfS 36.1996, 323–44. Kritik: Klemm u. Trittel; K. Borchardt u. C. Buchheim, Die Wirkung der Marshallplan-Hilfe in Schlüsselbranchen der deutschen Wirtschaft, in: VfZ 32.1987, 317–47; ders., Die Bundesrepublik in den säkularen Trends der wirtschaftl. Entwicklung, in: ders., Wachstum, 125–50; ders., Zäsuren in der wirtschaftl. Entwicklung, in: Broszat Hg., Zäsuren, 21–33; C. Buchheim, Zur Kontroverse über den Stellenwert der Währungsreform für die Wachstumsdynamik in der Bundesrepublik, in: P. Hampe Hg., Währungsreform u. Soziale Marktwirtschaft, München 1989, 86–100; ders., Der Ausgangspunkt des westdeutschen Wirtschaftswunders: Währungs- u. Bewirtschaftungsreform 1945, in: IFO-Studien 34.1988, 69–77; ders., Die Währungsreform 1948 in Westdeutschland, in: VfZ 36.1988, 189–231; ders., Einige wirtschaftspolit. Maßnahmen Westdeutschlands von 1945 bis zur Gegenwart, in: H. Pohl Hg., Wettbewerbsbeschränkungen auf internationalen Märkten, Stuttgart 1988, 211–26; A. Ritschl, Die Währungsreform 1948 u. der Wiederaufstieg der deutschen Industrie, in: VfZ 33.1985, 136–65. Vgl. allg. A. S. Milward, The Reconstruction of Western Europe 1945–51, London 1984; A. Sutcliffe, An Economic and Social History of Western Europe Since 1945, ebd. 1966; H. van der Wee, Der Gebremste Wohlstand. Wiederaufbau, Wachstum, Strukturwandel 1945–80, München 1984; C. P. Kindleberger, Europe's Postwar Growth, Cambridge/Mass. 1967. Speziell: W. Fischer, Wirtschaft, Gesellschaft u. Staat in Europa 1914–80, in: HEWS I, 1–221; Henning, Deutschland seit 1914, in: ebd., 416–81, v. a. 449–81; ders., Hdb. III.2003; H. Schröter, Von der Teilung zur Wiedervereinigung 1945–2000, in: North Hg., Wirtschaftsgeschichte, 351–474; K. Borchardt, Die Teilung Deutschlands, in: G. Stolper u. a., Deutsche Wirtschaft seit 1870, Tübingen 1966², 203–360; H. Kaelble Hg., Der Boom 1948–73, Opladen 1991, darin: B. Lietz, Die Singularität der europ. Prosperität nach 1945, 35–59; W. Carlin, West German Growth 1945–90, in: N. Crafts u. G. Toniolo Hg., Economic Growth in Europe Since 1945, Cambridge 1996, 455–97; L. Lindlar, Das mißverstandene Wirtschaftswunder. Westdeutschland u. die westeurop. Nachkriegsprosperität, Tübingen 1997; G. D. Snooks, Great Waves in Economic Change. The Industrial Revolution in Historical Perspective 1000 to 2000, in: ders. Hg., Was the Industrial Revolution Necessary? London 1994, 43–78; A. Maddison, Postwar Growth and Slowdown, in: B. Gahlen u. a. Hg., Wachstumstheorie u. Wachstumspolitik, Tübingen 1991, 23–41; B. Lutz, Der kurze Traum immerwährender Prosperität. Eine Neuinterpretation der industriell-kapitalist. Entwicklung im Europa des 20. Jh., Frankfurt 1984; J. A. Licari u. M. Gilbert, Is There a Postwar Growth Cycle? in: Kyklos 27.1974, 511–?; A. Kramer, The West German Economy 1945–58, Oxford 1991; J. Leman, The Political Economy of West Germany 1945–85, N. Y. 1988; H. Giersch, The Fading Miracle. Four Decades of

V. Restauration oder restriktive Bedingungen des Neuanfangs?

Market Economy in Germany, Cambridge 1992; R. Klump, Wirtschaftsgeschichte der Bundesrepublik, Wiesbaden 1985; H. Winkel, Die Wirtschaft im geteilten Deutschland 1945–70, Wiesbaden 1974; ders., Die deutsche Wirtschaft seit 1945, Mainz 1971; G. Müller, Die Grundlegung der westdeutschen Wirtschaftsordnung 1947–49, Frankfurt 1982; H. Adamsen, Investitionshilfe für die Ruhr: Wiederaufbau, Verbände u. Soziale Marktwirtschaft 1946–52, Wuppertal 1981; ders., Faktoren u. Daten der wirtschaftl. Entwicklung in der Frühphase der Bundesrepublik 1948–54, in: AfS 18.1978, 217–44; C. Buchheim, Die Wiedereingliederung Westdeutschland in die Weltwirtschaft 1945–58, München 1990; ders., Nachkriegsdeutschland u. Bundesrepublik im Welthandelssystem nach 1945, in: Pohl Hg., Auswirkungen, 380–97; F. Jerchow, Deutschland in der Weltwirtschaft 1944–47, Düsseldorf 1978; ders., Der Außenkurs der Mark 1944–49, in: VfZ 30.1982, 256–98; Holtfrerich, Evolution of World Trade, 1–30. – J. Kopstein, The Politics of Economic Decline in East Germany, 1945–89, Chapel Hill 1997; O. Schwarz, Der Lebensstandard in der SBZ/DDR 1945–89, in: JbW 1995/II, 119–46.

[2] Abelshauser, Wiederaufbau, 565 (danach **Übersicht** 140); Borchardt, Bundesrepublik, 126; C. S. Maier Hg., The Marshall Plan and Germany, Oxford 1991 (dt. Deutschland u. der Marshall-Plan, Baden-Baden 1992), darin v. a. W. Abelshauser, American Aid and West German Economic Recovery, 367–409; ders., Hilfe u. Selbsthilfe. Zur Funktion des Marshallplans beim westdeutschen Wiederaufbau, in: VfZ 37.1989, 85–111; L. Herbst, Option für den Westen. Vom Marshallplan zum deutsch-franzos. Vertrag, München 1989; G. Hardach, Der Marshall-Plan 1948–52, München 1994; ders., The Marshall Plan in Germany 1948–53, in: JEEH 16.1987, 433–85; M. J. Hogan, The Marshall Plan, Cambridge 1987; C. L. Mee, dass., N. Y. 1984; A. Lehmann, Der Marshall-Plan u. das neue Deutschland, Münster 2000; W. Mausbach, Zwischen Morgenthau u. Marshall. Das wirtschaftspolit. Deutschlandkonzept der USA 1944–47, Düsseldorf 1994; J.M Diefendorf u. a. Hg., American Policy and the Reconstruction of West Germany 1945–55, N. Y. 1993; J. Gimbel, The Origins of the Marshall Plan, Stanford 1976; Görtemaker, 136–40; etwas starr sind: L. Niethammer Hg., Marshallplan u. europ. Linke, Frankfurt 1986, und U. Daniel, Dollardiplomatie in Europa. Marshallplan, Kalter Krieg u. US-Außenwirtschaftspolitik 1945–52, Düsseldorf 1982. – A. J. Nicholls, Freedom with Responsibility. The Social Market Economy in Germany 1918–63, Oxford 1994; V. Hentschel, L. Erhard, München 1996; L. Herbst, Krisenüberwindung u. Wirtschaftsneuordnung. L. Erhards Beteiligung an den Nachkriegsplanungen am Ende des Zweiten Weltkriegs, in: VfZ 25.1977, 305–40; G. Ambrosius, Die Durchsetzung der Sozialen Marktwirtschaft in Westdeutschland, Stuttgart 1977; H. Mey, Marktwirtschaft u. Demokratie, in: VfZ 19.1971, 160–86; A. Müller-Armack, Genealogie der Sozialen Marktwirtschaft, Bern 1969; ders., Soziale Marktwirtschaft, in: HSW 9.1956, 390–92.

V. Restauration oder restriktive Bedingungen des Neuanfangs?

[1] W. Dirks, Sozialismus oder Restauration? Polit. Publizistik 1945–50, Zürich 1987; anhaltende Kritik in: E. Kogon, Die restaurative Republik, Weinheim 1996; W. Abelshauser, Die verhinderte Neuordnung? Wirtschaftsordnung u. Sozialstaatspostulat in der Nachkriegszeit, in: Benz Hg., Entstehung, 53–72; E. Schmidt, Die verhinderte Neuordnung 1945–52, Frankfurt 1970; U. Schmidt u. T. Fichter, Der erzwungene Kapitalismus. Klassenkämpfe in den Westzonen 1945–48, Berlin 1971; E. U. Huster u. a., Determinanten der westdeutschen Restauration 1945–49, Frankfurt 1973[2]; ders., Die Politik der SPD 1945–50, ebd. 1978. – W. Abelshauser Hg., BASF von 1865 bis zur Gegenwart, München 2002; R. G. Stokes, Divide and Prosper: The Heirs of IG Farben Under Allied Authority 1945–51, Berkeley 1988; J. Warner, Steel and Sovereignty. The Deconcentration of the West German Steel Industry 1940–54, Mainz 1994; H. Hennig, Entflechtung u. Neuordnung der westdeutschen Montanindustrie, Berlin 1952; G. Schnelzer, Sozialisierung, Internationalisierung oder Privatbesitz: Die Entscheidung über den Besitz an der west-

deutschen Industrie 1945-59; Diss. Heidelberg 1977; G. Winter, Sozialisierung in Hessen 1946-55, in: Krit. Justiz 7. 1974, 157-75; materialreich und sachkundig: K. Pritzkoleit, Die neuen Herren, München 1956; ders., Gott erhält die Mächtigen, Düsseldorf 1963; ders., Auf einer Woge von Gold, München 1964[2]; ders., Das kommandierte Wunder, ebd. 1958. – L. Niethammer, War die bürgerl. Gesellschaft in Deutschland 1945 am Ende oder am Anfang? in: ders. u. a. Hg., Bürgerl. Gesellschaft, 515-32, u. in: ders., Deutschland danach, 18-32; ders., Bürgerl. Wechseljahre, ebd., 533-47 bzw. 498-510 (beide Aufsätze ohne sozialgeschichtliche Fundierung und ohne Berücksichtigung der Bürgertumsforschung); vgl. H.-U. Wehler, Deutsches Bürgertum nach 1945: Exitus oder Phönix aus der Asche? in: GG 27.2001, 617-34.

VI. Allgemeine Ausgangsbedingungen für die beiden Neustaaten von 1949

[1] Herbst, NS-Deutschland, 451-53; Kleßmann I, 177f., 191-93, 202. vgl. allg. 66-120, 177-221; als Klassiker des «Revisionismus»: W. LaFeber, America, Russia, and the Cold War 1945-96, N. Y. 1997[8]; Kershaw, Hitler-Mythos, 322-24. Allg. zur Nachkriegszeit die glänzende Studie von H.-P. Schwarz, Vom Reich zur Bundesrepublik 1945-49, Neuwied 1966/ND Stuttgart 1980; K. Niclauss, Demokratiegründung in Westdeutschland 1945-49, ebd. 1974; Löwenthal, Bonn u. Weimar, 9-25; W. Krieger, General L. Clay 1945-49, Stuttgart 1987; J. M. Backer, Die deutschen Jahre des Generals L. Clay 1945-49, München 1983; A. Shlaim, The USA and the Berlin Blockade 1948/49, London 1983; J. Falter, Kontinuität u. Neubeginn: Die Bundestagswahl 1949 zwischen Weimar u. Bonn, in: PVS 22.1981, 236-63; vgl. allg. G. A. Ritter u. M. Niehuss, Wahlen in Deutschland 1946-91, München 1991. – H. Graml, Die Alliierten u. die Teilung Deutschlands 1941-48, Frankfurt 1985; W. Benz Hg., Potsdam 1945, München 1986; A. de Zayas, Nemesis at Potsdam; N. Y. 1975; T. Sharp, The Wartime Alliance and the Zonal Division of Germany, London 1975; J. M. Backer, Die Entscheidung zur Teilung Deutschlands 1943-48, München 1981; E. N. Peterson, The American Occupation of Germany, Detroit 1977; J. Gimbel, dass., Stanford 1968, dt. Amerikan. Besatzungspolitik in Deutschland 1945-59; Frankfurt 1971; s. auch ders., A German Community Under American Occupation: Marburg 1945-52, dt. Eine deutsche Stadt unter amerikan. Besatzung, Köln 1964; C. Scharf u. H.-J. Schröder Hg., Polit. u. ökonom. Stabilisierung Westdeutschlands 1945-49, Wiesbaden 1977; dies. Hg., Die Deutschlandpolitik Großbritanniens u. die Brit. Zone 1945-49; ebd. 1979; dies. Hg., Die Deutschlandpolitik Frankreichs u. die Französ. Zone 1945-49, ebd. 1983; D. Hüser, Frankreichs «doppelte» Deutschlandpolitik 1944-50, Berlin 1996. – Zum Weg zur Bundesrepublik: umfassend H.-P. Schwarz, Die Ära Adenauer 1949-57, Stuttgart 1981; ders., Adenauer I: 1976-1952, ebd. 1986 (dagegen fällt ab: H. Köhler, Adenauer, Berlin 1994); K. Birke, Die Bundesrepublik, München 1996; R. Morsey, dass., ebd. 1987; D. Thränhardt, Geschichte der Bundesrepublik, Frankfurt 1986; Benz Hg., Gründung der Bundesrepublik; ders. Hg., Die Bundesrepublik, 4 Bde, ND 1989; J. Weber Hg., Geschichte der Bundesrepublik, 3 Bde, Paderborn 1979/82; K. Sontheimer, Grundzüge des polit. Systems der Bundesrepublik, München 1993; K. v. Beyme, Das polit. System der Bundesrepublik, ebd. 1985; T. Vogelsang, Das geteilte Deutschland, München 1980[10]; U. Anderson u. W. Woyke, Hwb. des polit. Systems der Bundesrepublik, Opladen 2000. – Zum Weg zur DDR: G. A. Ritter, Die DDR in der deutschen Geschichte, in: VfZ 50.2002, 171-200; umfassende Analyse: K. Schröder, Der SED-Staat 1949-90, München 1998; M. Fulbrook, Anatomy of a Dictatorship. Inside the German Democratic Republic 1949-89, Oxford 1995; D. Staritz, Geschichte der DDR 1949-85, Frankfurt 1985; S. Creuzberger, Die sowjet. Besatzungsmacht u. das polit. System der SBZ, Weimar 1996; J. Bähr, Institutionenordnung u. Wirtschaftsentwicklung. Die Wirtschaftsgeschichte der DDR aus der Sicht des zwischendeutschen Vergleichs, in: GG 25.1999, 530-55; A. Ritschl, Aufstieg u. Niedergang der Wirtschaft der DDR, in: JbW 1995/II, 11-46; L. Baar u. a., Strukturveränderungen u. Wachstums-

VI. *Allgemeine Ausgangsbedingungen für die beiden Neustaaten von 1949*

schwankungen in der DDR 1949–89; in: ebd., 47–74; B. van Ark, The Manufacturing Sector in East Germany, in: ebd., 75–100; M. Grabas, Der wechselvolle Verlauf der wirtschaftl. Entwicklung in der DDR, in: ebd., 149–62; J. Käppner, Erstarrte Geschichte. Faschismus u. Holocaust im Spiegel der Geschichtspropaganda der DDR, Hamburg 1999; eingehend Danyel Hg. – U. v. Hehl, Kampf um Deutung. Der NS zwischen Vergangenheitsbewältigung, Historisierungspostulat u. «Neuer Unbefangenheit», in: HJb. 117.1997, 406–36; A. Blänsdorf, Zur Konfrontation mit der NS-Vergangenheit in der Bundesrepublik, der DDR u. Österreich, in: APZ B 16/17.1987, 3–10; W. Wippermann, «Deutsche Katastrophe» oder «Diktatur des Finanzkapitals»? Interpretationsgeschichte des Dritten Reiches im Nachkriegsdeutschland, in: Denkier u. Prümm Hg., 9–43; J. C. Heß, Westdeutsche Suche nach nationaler Identität, in: W. Michalka Hg., Die deutsche Frage in der Weltpolitik, Stuttgart 1986, 9–50; G. Schweigler, Nationalbewußtsein in der Bundesrepublik u. der DDR, Düsseldorf 1973; K. P. Tauber, Beyond Eagle and Swastika. German Nationalism Since 1945, 2 Bde, Middletown 1968.

Abkürzungsverzeichnis

AA	Auswärtiges Amt
AfA	Allgemeiner freier Angestelltenbund
ADB	Allgemeiner Deutscher Beamtenbund
ADGB	Allgemeiner Deutscher Gewerkschaftsbund
AEG	Allgemeine Elektrizitäts-Gesellschaft
AG	Aktiengesellschaft
AH	Agricultural History
AHR	American Historical Review
AJPH	Australian Journal of Politics and History
AJS	American Journal of Sociology
APO	Außerparlamentarische Opposition
APSR	American Political Science Review
APZ	Aus Politik u. Zeitgeschichte
ASR	American Sociological Review
AfS	Archiv für Sozialgeschichte
ASS	Archiv für Sozialwissenschaft u. Sozialpolitik
AStA	Allgemeiner Studentenausschuß
BDL	Blätter für Deutsche Landesgeschichte
BdL	Bund der Landwirte
BDM	Bund Deutscher Mädel
BGB	Bürgerliches Gesetzbuch
BHR	Business History Review
BK	Bekennende Kirche
BRT	Bruttoregistertonnen
B Sg	H.-U. Wehler, Bibliographie zur neueren deutschen Sozialgeschichte
BSP	Bruttosozialprodukt
ButiB	Bund technisch-industrieller Beamter
BVP	Bayerische Volkspartei
CDU	Christlich-Demokratische Union
CEH	Central European History
CJC	Codex Juris Canonici
CSSH	Comparative Studies in Society and History
CSU	Christlich-Soziale Union
DAF	Deutsche Arbeitsfront
DAG	Deutsche Adelsgenossenschaft
DAG	Deutsche Angestelltengewerkschaft
Danat	Darmstädter u. Nationalbank
DBB	Deutscher Beamtenbund
DC	Deutsche Christen
DDP	Deutsche Demokratische Partei
DDR	Deutsche Demokratische Republik
DEK	Deutscher Evangelischer Kirchenrat
DGB	Deutscher Gewerkschaftsbund
DIHT	Deutscher Industrie- u. Handelstag
DKP	Deutsch-Konservative Partei

DLB	Deutscher Landbund
DNHV	Deutschnationaler Handlungsgehilfenverband
DNVP	Deutschnationale Volkspartei
DRZW	Das Deutsche Reich u. der Zweite Weltkrieg
DSTB	Deutsch-Völkischer Schutz- u. Tritzbund
DVG	Deutsche Verwaltungsgeschichte
DVP	Deutsche Volkspartei
EAS	Europäisches Archiv für Soziologie
EEH	Explorations in Entrepreneurial/Economic History
EHQ	European History Quarterly
EHR	Economic History Review
ESR	European Studies Review
ESS	Encyclopedia of the Social Sciences
FDGB	Freier Deutscher Gewerkschaftsbund
FDP	Freie Demokratische Partei
Fs.	Festschrift
FVP	Fortschrittliche Volkspartei
GdA	Gewerkschaftsverband der Angestellten
GBAG	Gelsenkirchener Bergwerks-Aktiengesellschaft
Gedag	Gesamtverband deutscher Angestelltengewerkschaften
Gestapa	Geheimes Staatspolizeiamt
Gestapo	Geheime Staatspolizei
GG	Geschichte u. Gesellschaft
GGr.	Geschichtliche Grundbegriffe
GH	German History
GHH	Gutehoffnungshütte
GSR	German Studies Review
G.Sch.	Gesammelte Schriften
GW	Gesammelte Werke
GWU	Geschichte in Wissenschaft u. Unterricht
ha	Hektar
HAPAG	Hamburg-Amerika-Paketschiffahrts-Aktiengesellschaft
HB	Handbuch der deutschen Bildungsgeschichte
Hdb.	Handbuch
HDG	Hilfsdienstgesetz
HEWS	Handbuch der Europäischen Wirtschafts- u. Sozialgeschichte
HEI	History of Europan Ideas
HJ	Historical Journal
HJ	Hitlerjugend
HJb	Historisches Jahrbuch
HM	History & Memory
HSF	Historische Sozialforschung
HSSPF	Höhere SS- u. Polizeiführer
HSW	Handwörterbuch der Sozialwissenschaften
HStW	Handwörterbuch der Staatswissenschaften
HW	History Workshop
HWS	Handbuch der deutschen Wirtschafts- u. Sozialgeschichte
HWW	Handwörterbuch der Wirtschaftswissenschaft
HZ	Historische Zeitschrift
IESBS	International Encyclopedia of the Social and Behavioral Sciences
IESS	International Encyclopedia of the Social Sciences
IG	Interessengemeinschaft

Abkürzungsverzeichnis

IRSH	International Review of Social History
IWK	Internationale Wissenschaftliche Korrespondenz zur Geschichte der deutschen Arbeiterbewegung
Jb.	Jahrbuch
JbG	Jahrbuch für Geschichte
JbGMO	Jahrbuch für Geschichte Mittel- u. Ostdeutschlands
JbS	Jahrbuch für Sozialwissenschaft
JbW	Jahrbuch für Wirtschaftsgeschichte
JCEA	Journal of Central European Affairs
JCH	Journal of Contemporary History
JEEH	Journal of European Economic History
JEH	Journal of Economic History
Jh.	Jahrhundert
JHI	Journal of the History of Ideas
JIH	Journal of Interdisciplinary History
JMH	Journal of Modern History
JNS	Jahrbücher für Nationalökonomie u. Statistik
JP	Journal of Politics
JSH	Journal of Social History
Jungdo	Jungdeutscher Orden
KA	Kriegsamt
KAPD	Kommunistische Arbeiterpartei Deutschlands
KdF	Kraft durch Freude
KEA	Kriegsernährungsamt
KLV	Kinderlandverschickung
km	Kilometer
KPD	Kommunistische Partei Deutschlands
KPO	KP-Opposition
KPdSU	Kommunistische Partei der Sowjetunion
KRA	Kriegsrohstoffabteilung
kv	kriegsverwendungsfähig
KZ	Konzentrationslager
KZfS	Kölner Zeitschrift für Soziologie
LBIYB	Leo Baeck Institute-Yearbook
LN	Landwirtschaftliche Nutzfläche
LP	Lexikon zur Parteiengeschichte
M.	Mark
MGZ	Militärgeschichtliche Zeitschrift
MM	Militärgeschichtliche Mitteilungen
MdR	Mitglied des Reichstags
MSPD	Mehrheits-Sozialdemokratie
MWG	Max-Weber-Gesamtausgabe
Napola	Nationalpolitische Erziehungsanstalt
NC	Numerus Clausus
NCMH	New Cambridge Modern History
ND	Nachdruck
NDB	Neue Deutsche Biographie
NPL	Neue Politische Literatur
NS	Nationalsozialismus
NSBO	Nationalsozialistische Betriebszellen-Organisation
NSDAP	Nationalsozialistische Deutsche Arbeiterpartei
NSStB	Nationalsozialistischer Studentenbund

NSV	Nationalsozialistische Volkswohlfahrt
OB	Oberbefehlshaber
OHL	Oberste Heeresleitung
OKH	Oberkommando des Heeres
OKW	Oberkommando der Wehrmacht
Orgesch	Organisation Escherich
OT	Organisation Todt
p. a.	per annum, jährlich
p. c.	per capita, pro Kopf
PP	Past & Present
PPS	Polnische Sozialistische Partei
PSQ	Political Science Quarterly
PVS	Politische Vierteljahrsschrift
RAA	Reichsanstalt für Arbeitsvermittlung u. Arbeitslosenversicherung
RAD	Reichsarbeitsdienst
RhB	Reichsbund höherer Beamten
RDI	Reichsverband der Deutschen Industrie
RFB	Roter Frontkämpferbund
RKFDV	Reichskommissar für die Festigung Deutschen Volkstums
RLB	Reichslandbund
RoP	Review of Politics
RSHA	Reichssicherheitshauptamt
RV	Reichsverfassung
SA	Sturmabteilung
SAPD	Sozialistische Arbeiterpartei Deutschlands
SBZ	Sowjetische Besatzungszone
SD	Sicherheitsdienst der SS
SED	Sozialistische Einheitspartei Deutschlands
SEHR	Scandinavian Economic History Review
SDG	Sowjetsystem u. Demokratische Gesellschaft
SgAb	Sozialgeschichtliches Arbeitsbuch
SH	Social History
Sipo	Sicherheitspolizei
Sowi	Sozialwissenschaftliche Informationen
SPD	Sozialdemokratische Partei Deutschlands
SS	Schutzstaffel
SSH	Social Science History
SW	Sämtliche Werke
SW	Soziale Welt
TAJbDG	Tel Aviver Jahrbuch für Deutsche Geschichte
to.	Tonne
UFA	Universum-Film-Aktiengesellschaft
USPD	Unabhängige Sozialdemokratische Partei Deutschlands
VDA	Vereinigung Deutscher Arbeitgeberverbände
VDEStI	Verein Deutscher Eisen- u. Stahlindustrieller
Vomi	Volksdeutsche Mittelstelle
VSWG	Vierteljahrsschrift für Sozial- u. Wirtschaftsgeschichte
VfZ	Vierteljahrshefte für Zeitgeschichte
VVV	Vereinigte Vaterländische Verbände Deutschlands
Wb.	Wörterbuch
WG	M. Weber, Wirtschaft u. Gesellschaft
WaG	Welt als Geschichte

WHW	Winterhilfswerk
WR	Weimarer Republik
WRV	Weimarer Reichsverfassung
WTB-Plan	Woytinski-Tarnow-Baade-Plan
Wumba	Waffen- u. Munitionsbeschaffungsamt
WbV	Wörterbuch der Volkswirtschaft
YVS	Yad Vashem Studies
ZAA	Zeitschrift für Agrargeschichte u. Agrarsoziologie
ZAG	Zentralarbeitsgemeinschaft
ZBL	Zeitschrift für Bayerische Landesgeschichte
ZDI	Zentralverband Deutscher Industrieller
ZGS	Zeitschrift für die Gesamte Staatswissenschaft
ZfG	Zeitschrift für Geschichtswissenschaft
ZfP	Zeitschrift für Politik
ZPSL	Zeitschrift des Preußischen Statistischen Landesbüros
ZfS	Zeitschrift für Soziologie
ZfU	Zeitschrift für Unternehmensgeschichte
ZSW	Zeitschrift für Wirtschafts- u. Sozialwissenschaften

Personenregister

Abraham, Karl 501
Adenauer, Konrad 408, 446, 659, 965, 973, 980 f.
Adorno, Theodor W. 481, 501, 825
Agartz, Viktor 975
Albers, Hans 841
Alexander, d. Gr. 868
d'Alquen, Gunther 838
Althaus, Paul 24, 440, 442, 506, 555, 797, 802
Althoff, Friedrich 729
Alverdes, Paul 839
Amann, Max 560, 837, 838
Anders, Stefan 837
Anderson, Benedict 544
Arndt, Ernst Moritz 554
v. Arco-Valley, Anton 400
Asmussen, Hans 506
Aubin, Hermann 729
Aufheuser, Siegfried 505
Auguste Viktoria, Kaiserin 437
Axmann, Arthur 560, 763

Backe, Herbert 706
von Baden, Max 108, 155, 160, 177–9, 183, 188–94, 207, 210
Baeck, Leo 663
Bäumler, Alfred 729
Bahr, Hermann 14
Ballin, Albert 59, 128, 143, 145, 496
Bang, Paul 502
Barnowsky, Viktor 501
Bartels, Adolf 503
Barth, Emil 194, 254
Barth, Karl 101, 441, 804, 825
v. Batocki, Adolf 62 f., 124
Bauer, Gustav 166, 377, 402
Bauer, Max 8, 50, 108, 114–6, 130, 163 f., 173, 179, 221, 402
Bauer, Otto 187
Baum, Vicki 476, 482
Baumgarten, Otto 483
Bebel, August 3, 504
Becher, Johannes R. 474, 477, 482
Bechstein, Carl 565

Beck, Ludwig 9, 196, 622, 859, 862, 911 f.
Becker, Carl 454, 467
v. Behr, Karl 389
Bela Kun 187
v. Below, Georg 125
Benjamin, Walter 481, 501
Benn, Gottfried 682, 923 f.
v. Bennigsen, Rudolf 167
v. Bentheim-Tecklenburg, Adolf 747 f.
v. Berckheim, Sigmund 7
Berens-Toteuhl, Josefa 835
v. Berg, Friedrich 163, 184, 328
Bergengrün, Werner 833, 837
Berger, Gottlob 890
Bergius, Friedrich 828
Bergner, Elisabeth 501, 840
Bernfeld, Siegfried 501
v. Bernhardi, Friedrich 108, 423
Berning, Wilhelm 613
Bernstein, Eduard 122, 200, 505
Bertram, Adolf 810, 813, 816, 818
Bertram, Ernst 729, 833
Best, Werner 387, 899
v. Bethmann Hollweg, Theobald 6, 11 f., 28, 30, 32 f., 37, 41, 43, 64, 90, 107, 112–7, 143–6, 163, 165–7, 169, 171 f., 174, 216
Beukenberg, Wilhelm 116, 125
Beumelburg, Werner 413 f., 475, 477, 832, 836
Bezzel, Hermann 24
Binder, Julius 427
Binding, Rudolf 19, 832
Birgel, Willy 841
v. Bismarck, Otto 42, 109, 167, 353, 515, 547, 551, 555, 558, 592, 619, 622, 675 f., 866, 933–7, 973, 986
Blaskowitz, Johannes 850
Bloch, Ernst 501, 556, 825
Blohm, Wilhelm 125
v. Blomberg, Werner 417, 420, 584, 617, 622, 630, 845, 914
v. Blücher, Gebhardt Lebrecht 870
Blunck, Hans Friedrich 477, 832–6
v. Bodelschwingh, Friedrich 800

Boehm, Max Hildebert 388 f.
Bohle, Ernst Wilhelm 634
Bonhoeffer, Dietrich 800, 807 f.
Bonsel, Waldemar 834 f.
Borchardt, Knut 375, 521–3
Borchardt, Rudolf 16, 123
Borkenau, Franz 601
Bormann, Martin 411, 633, 635, 706, 890 f., 904
Born, Max 825
Bornkam, Heinrich 442
v. Borsig, Ernst 55, 125, 374, 376, 389
Bosch, Carl 634, 828
Bouhler, Phillipp 634, 672
Bracher, Karl Dietrich 512, 601
Brandler, Heinrich 406, 538
Brandt, Karl 672
v. Brauchitsch, Walter 622, 861
Brauer, Theodor 814
Braun, Lilly 19
Braun, Otto 18, 140, 209, 421, 446
Brauweiler, Heinz 388
Brecht, Bertolt 393, 482, 832
v. Bredow, Ferdinand 639
Brehm, Bruno 836
Breitenbach, Paul 60
Breiting, Robert 509
Briand, Aristide 519
Brod, Max 500
Bronnen, Arnolt 481
Broszat, Martin 601, 663, 687, 797, 867, 882, 991
Bruckmann, Hugo 565
Brüning, Heinrich 261 f., 266, 283, 320, 329 f., 341 f., 365, 367, 369, 374, 378, 381, 383 f., 389, 414, 421 f., 434 f., 449, 456, 461, 504, 514–22, 524, 526–30,586, 588, 592, 610, 642, 809, 811
v. Brünneck, Manfred 126
Brunner, Otto 440
Buber, Martin 825
Bücher, Hermann 374
Burckhardt, Carl J. 565
Burckhardt, Jacob 551, 993

Cäsar 868
Carossa, Hans 837
v. Capelle, Eduard 145, 172
Cassirer, Bruno 500
Cassirer, Ernst 501, 825
Cassirer, Paul 500
Castell-Castell, Fürst 323

Chamberlain, Houston Stewart 668
Chamberlain, Neville 651
v. Chelius, Phillip 183
Churchill, Winston 147, 855
Claß, Heinrich 28 f., 33, 107, 125, 133, 556, 568
v. Clausewitz, Karl 142, 423
Clay, Lucius 979
Clemenceau, Georges 5, 113
Codreanu, Corneliu 551
Cohn, Max 513
Conti, Leonardo 669
v. Coupette, Generalmajor 115
Courths-Mahler, Hedwig 476, 835

Dahn, Felix 834
Dahrendorf, Ralf 781, 960
Darré, Walter 329, 339–42, 384, 561, 576, 610, 669, 700–7,715, 750, 779
Darwin, Charles 665
Daszynski, Ignaz 537
Däumig, Ernst 210
David, Eduard 44 f., 161, 168 f., 177
Davidsohn, Georg 133
Daumann, Rudolf 133, 835
Dawes, Charles G. 250
Dehn, Günter 443, 467
v. Delbrück, Clemens 9, 59, 170, 184
Delbrück, Hans 32, 410, 478
v. Dernburg, Bernhard 528
Deutsch, Carl 501
Deutsch, Ernst 840
Deutsch, Helene 501,
Dibelius, Otto 24 f., 435–7, 440–5, 607, 797
Dietrich, Hermann 383, 528, 530
Diederichs, Eugen 390
Dinter, Arthur 502 f.
Dirks, Walter 435, 973
Dittmann, Wilhelm 53, 122 f., 140, 194
Döblin, Alfred 500, 832
Dönitz, Karl 907
v. Dönhoff, August 126
Dollfuß, Engelbert 650
Dominik, Hans 835
Dornier, Claude 921
Drexler, Anton 564
Dryander, Ernst 23, 183, 445, 607
Duesterberg, Theodor 392
Duisberg, Carl 50, 108, 114 f., 125, 374
Dwinger, Edwin 413,477, 836

Ebert, Friedrich 59, 110, 123, 140, 159, 168, 192–4, 208, 210, 217–22, 348 f., 361, 366 f., 399, 401, 406 f., 412, 417 f., 437, 539, 634
Eckardt, Dietrich 387, 503, 563 f.
Eckhardt, Eberhard 729
Egidy, Kapitän 196
Ehrhardt, Hermann 386
Eichmann, Adolf 661, 890, 897
Eicke, Theodor 630
v. Einem, Karl 23
Einstein, Albert 32, 401, 501, 505, 825
Eisenstein, Serge 482
Eisler, Hanns 501
Eisner, Kurt 123, 193, 400, 410, 466, 505
Eitington, Max 501
Elias, Norbert 501, 552
Eltz v. Rübenach, Paul 584, 600, 627
Engels, Friedrich 3, 41, 200, 540
v. Epp, Franz Xaver 411, 565
Erhard, Ludwig 971
Erkelenz, Anton 378
Erzberger, Matthias 28, 108, 132, 167, 366, 386, 410, 412, 437, 466
Eschenburg, Theodor 376
Escherich, Georg 386
Esser, Franz 387
Esser, Hermann 907
Ettighofer, P. C. 836
Eucken, Rudolf 19
Eucken, Walter 271
v. Eulenburg, Antonie 323
v. Eulenburg-Hertefeld, Friedrich Wend 183, 195, 342
Eulenburg, Franz 248

v. Falkenhausen, Alexander 901
v. Falkenhayn, Erich 8, 11–3, 49 f., 59, 104, 112, 143
Fallada, Hans 835
Falter, Jürgen 576
v. Faulhaber, Michael 25 f., 446, 811, 813, 815, 958
Fechter, Paul 388, 832
Feder, Ernst 387, 478, 503
Feuchtwanger, Lion 500, 832
Filbinger, Hans 907
Fischer, Bermann 833, 838
Fischer, Eugen 728
Fischer, Fritz 26, 500
Fischer, Ruth 505, 538
Flex, Walter 834

Foch, Ferdinand 853
Föhr, Ernst 810
Forster, Albert 851
Forsthoff, Ernst 492, 682 f., 729, 734
Foucault, Michel 675
Fraenkel, Ernst 428, 501, 558, 625
Franck, James 501, 825
Franco, y Bahamonde Francisco 350
François-Poncet, André 611, 677
Frank, Hans 387, 549, 560, 563, 576, 669, 850 f., 896, 900, 906
Frank, Leonhard 477, 832
Frank, Ludwig 45
Frank, Walter 729, 828
Franz, Günther 729
Freisler, Roland 906
Frenssen, Gustav 833, 835
Freud, Sigmund 501, 825
Freyer, Hans 425, 440, 489
Frick, Wilhelm 583, 585, 600, 610, 633
Fricke, Gerhard 833
Friedberg, Robert 168
Friedrich, Otto A. 917
Friedrich August, Großherzog von Oldenburg 28
Friedrich II., d. Gr. 93, 554, 868
Friesenhahn, Ernst 492
Frings, Josef 950
v. Fritsch, Werner 622, 630, 641, 845, 914
Fritsch, Theodor 128, 502
Fröhlich, Paul 537
Frölich, Carl 841
Fromm, Erich 501
Fromm, Friedrich 861
Frowein, Abraham 374
Funk, Walter 632, 651, 916

v. Galen, Clemens August 672 f., 808, 815–7, 902, 910
Galton, Francis 665
Ganghofer, Ludwig 834
Ganzmüller, Albert 893
v. Gayl, Wilhelm 37, 56, 137, 389
v. Gebsattel, Konstantin 128, 133 f., 165, 497, 502
Gebühr, Otto 840
Gehlen, Arnold 490, 729
Geiger, Theodor 274, 288, 301, 825
Gellner, Ernest 534 f.
George, David Lloyd 5, 113
George, Heinrich 841
George, Stefan 556, 832

Gerhard, Dietrich 501
v. Gersdorff, Rudolf 323
Gerth, Hans 501
Geßler, Otto 404, 417f.
v. Gierke, Otto 33
Giese, Therese 501
Gilbert, Felix 501
Gilbert, Parker 251
v. Gleichen-Russwurm, Heinrich 388
Globke, Hans 659
Globocnik, Odilo 887
de Gobineau, Arthur 668
Goerdeler, Carl 912
Goetz, Curt 840
Gogarten, Friedrich 440, 506, 555, 797, 800, 802
Goldhagen, Daniel 654, 883
Goldstein, Kurt 501
v. d. Goltz, Rüdiger 385, 392
Goebbels, Joseph 292, 509, 549, 556, 559, 572, 585, 588, 600, 606, 611, 614, 626, 632, 639, 645, 660, 680, 701, 725, 756, 816, 833, 838–40, 849, 866, 872, 887, 890, 894, 904, 907, 923, 929, 933
Göring, Hermann 371, 565, 583, 600, 604, 606, 631f., 639f., 650, 661, 989 694–7, 706, 725, 779, 810, 854, 871, 877, 889, 904, 907, 916, 919
Graf, Oskar Maria 477, 832
v. Greim, Robert 871f.
Greiser, Arthur 851, 888, 895, 900
Grimm, Hans 477, 832, 834
Gröber, Conrad 613, 813
Groener, Wilhelm 6, 53, 63, 97f., 107, 115ff., 137ff., 141, 163, 176, 178, 182, 189f., 196, 216, 326, 407, 416ff., 421ff.
Grosz, George 476
Groß, Walter 827
Grotjahn, Alfred 20
Gründgens, Gustav 841
Grzesinski, Albert 298, 363
Gumbel, Julius 467
Günther, Agnes 835
Günther, H. F. K. 509
Gürtner, Franz 584, 600
Gumbel, Emil 410f., 467, 826
Gundolf, Friedrich 556

Haack, Käthe 841
Haase, Hugo 44, 110, 122f., 138, 170
Haber, Fritz 825
Haecker, Theodor 447

v. Haeften, Hans 189
Haenisch, Konrad 44
Hagen, Louis 125
Hahn, Otto 825
Haig, Douglas 154
v. Hake, General 195
Halder, Franz 622, 850, 855, 860, 880
Haller, Johannes 33, 555
Hallervorden, Julian 728
Hamburger, Ernst 505
Hamkens, Wilhelm 337
v. Hammerstein-Equord, Kurt 418, 640
Hanfstaengl, Ernst 565
v. Harbou, Thea 835
Harden, Maximilian 386, 501, 503
v. Hardenberg, Karl August 369
Harlan, Veit 840
v. Harnack, Adolf 32
v. Harnack, Agnes 97
v. Hartmann, Felix 446
Harvey, Lilian 840
v. Hassell, Ulrich 912
Hatheyer, Heidemarie 841
Haubach, Theodor 685, 910
Hauptmann, Gerhart 476, 478, 482
Haushofer, Karl 493f.
Haußmann, Conrad 91, 177, 192
Headlam-Morley, James 197
Heartfield, John 476
Hegel, Georg Wilhelm Friedrich 486, 783, 884
Heidegger, Martin 729, 826
Heilmann, Ernst 532
Heim, Claus 337
Heimpel, Hermann 728
Heine, Heinrich 884
Heine, Wolfgang 379
Heinkel, Ernst 921f.
Heißmeyer, August 766f.
Helfferich, Karl 52f., 66, 116f., 126, 139, 144, 168, 412
Heller, Hermann 428, 470, 501
Hensel, A. 429
Herbst, Ludolf 598
Herle, Jakob 374
Hermann, Georg 496
Hermes, Andreas 383, 701
Hernet-Holenia, Alexander 835
v. Hertling, Georg 85, 150, 158, 168f., 173, 175, 177
Hertz, Gustav 501
Herweg, Ildefons 814

Herzfelde, Wieland 342, 476
Herzog, Rudolf 834 f.
Heß, Rudolf 387, 494, 560, 563, 565 f.,
  614, 634, 706, 708, 713, 777, 830, 904,
  916
Heyck, Hans 836
v. Heydebrand und der Lasa, Ernst 15,
  159, 171, 173
Heydrich, Reinhard 387, 395, 615, 630,
  657, 663, 688, 849, 856 f., 885, 887 f.,
  896 f.
Heye, Wilhelm 418
Heym, Georg 14
Hierl, Konstantin 628
Hilferding, Rudolf 57, 247, 479, 505, 516,
  532, 693
Hilger, Ewald 55, 116, 374
Himmler, Heinrich 339, 394 f., 576, 607,
  615, 628, 630 f., 635, 639, 657, 671, 700,
  706, 712, 714, 745, 750 f., 764, 767, 769,
  843, 849 f., 856, 871–3, 885–91, 894–7,
  903 f., 907
v. Hindenburg, Oskar 330, 583
v. Hindenburg, Paul 12, 23, 33, 38, 90,
  107–9, 112, 144, 125, 138, 144, 151,
  163 f., 167, 179, 182–4, 328–30, 341,
  351, 359, 364, 384, 389, 407, 409, 418,
  421, 438, 469, 513 f., 518, 528 f., 531,
  533 f., 539, 547, 554, 561, 569, 581–8,
  600, 603, 606, 608, 616, 634, 642, 748,
  798, 801, 935
Hintze, Otto 551
v. Hintze, Paul 154, 158, 175–8, 182, 184
Hipler, Fritz 840
v. Hipper, Franz 191
Hirsch, Emmanuel 440, 442, 444, 506,
  797, 802
Hirsch, Paul 505
Hitler, Adolf 34, 214, 257, 292 f., 323,
  339–44, 347, 364, 376, 381, 384, 386,
  392, 394, 407, 412, 435, 443 f., 449 f.,
  468, 487 f., 494, 507–11, 513, 516, 529,
  531–34, 543, 550–52, 556, 558–71, 574,
  476–93, 597–601, 603, 605–24, 626–8,
  630 f., 633–5, 638–60, 663 f., 667–9,
  671 f., 675–80, 682 f., 687, 689, 691 f.,
  694, 696, 698, 700–3, 706, 710 f., 713 f.,
  716, 729 f., 733, 735, 738 f., 747, 749–51,
  756–8, 761, 763, 767, 769, 773 f.,
  777–82, 786, 789, 792 f., 798, 800–4,
  806 f., 809–13, 816, 818, 823, 827, 833,
  837, 839 f., 842–74, 877–97, 902–8, 911,
913 f., 918, 921, 923, 925, 928, 930,
  935–7, 942, 955, 966, 982 f., 986,
  991–4
Hobsbawm, Eric 340, 966
Höhn, Reinhard 492, 729
Hoepner, Erich 874
Höß, Rudolf 411, 890 f.
v. Hötzendorf, Conrad 12
Hoetzsch, Otto 33, 389
Hölzl, Max 405
Hoover, Herbert 520
Hoffmann, Adolf 62, 402, 439, 451
Hoffmann, Heinrich 559
Hoffmann, Max 150 f., 385
v. Hofmannsthal, Hugo 486
v. Hohenborn, Adolf Wild 53, 115, 129,
  171
v. Holtzendorff, Henning 108, 144 f.
Hopmann, Albert 176
Horkheimer, Max 470, 501, 825
Horney, Brigitte 841
v. Horthy, Nikolaus 551
v. Horvath, Ödön 832
Hossenfelder, Joachim 443, 800
Huber, Ernst-Rudolf 492, 729
Huch, Ricarda 832
Hué, Otto 400
Hugelmann, Karl 814
Hugenberg, Alfred 32, 36, 74, 125, 221,
  374, 384, 449, 478, 482, 488, 584 f., 588,
  600, 605, 611, 620, 643
Husserl, Edmund 501, 826

Ipsen, Gunther 490, 729
Imbusch, Heinrich 378

Jacobsohn, Siegfried 479, 501
Jaffé, Edgar 66
Jahn, Ludwig 554
Jannings, Emil 841
Jellicoe, John 145
Jessner, Leopold 501
Johann Albrecht, Großherzog von Mecklenburg 126
Johst, Hanns 832 f., 835
Jogiches, Leo 123, 203, 505, 536 f.
Joos, Josef 532
Jünger, Ernst 19, 103, 389, 413 f., 426,
  477, 481, 487, 492, 515, 543, 549, 837
Jünger, Friedrich Georg 549
Jung, Edgar Julius 489, 639

Kaas, Ludwig 435, 449, 529, 532 f., 613, 809–12
Kaehler, Siegfried 20
Kästner, Erich 835
Käutner, Helmut 841
Kafka, Franz 481, 500
Kahl, Wilhelm 16
Kahn-Freund, Otto 428
v. Kahr, Gustav 403, 407, 565
Kahrstedt, Ulrich 824
Kaiser, Georg 832
Kaiser, Jakob 378
v. Kalckreuth, Eberhard 325, 340, 384, 533, 701
Kantorowicz, Ernst 501
Kapler, Hermann 800 f.
Kapp, Wolfgang 62, 125, 401–3, 513, 639
Kastl, Ludwig 374
Katzenstein, Simon 505
Kaufmann, Oskar 501
Kautsky, Karl 111, 122 f., 200, 218, 479
Kehr, Eckart 749
Keitel, Wilhelm 417, 622, 867
Kellermann, Bernhard 832
Kelsen, Hans 470, 501
Kennan, G. F. 990
Keppler, Bischof 25
Kerenski, Alexander 148, 209, 341
Kerr, Alfred 478, 501
Kehrl, Hans 919, 921
Kerrl, Hanns 780, 806–8
Kershaw, Ian 654, 867
Keynes, John M. 250, 526, 646
Kindleberger, Charles P. 526
Kirdorf, Emil 37, 75, 119, 125, 221, 292, 503
Kisch, Erwin 478
Klausener, Erich 639
v. Kleist, Ewald 172
v. Kleist, Heinrich 133
v. Kleist-Schmentzin, Ewald 442, 600
Klemperer, Otto 501
Klepper, Jochen 833
Klöckner, Peter 527
v. Kluck, General 11
Knak, Siegfried 506
Knittel, John 835
Koch, Erich 900
Koch-Weser, Erich 454
Koellreuter, Otto 729
König, Karl 24
König, René 825

Koeppen, Edlef 477
Koeth, Joseph 49, 120
Kogon, Eugen 814, 958, 973
Kohl, Wilhelm 16
Kolbenheyer, Guido Erwin 477, 832
Kollwitz, Käthe 832
Koppenberg, Heinrich 921
Kortner, Fritz 501, 840
Kracauer, Siegfried 474, 501
Kranig, Andrea 735
Krauch, Karl 695, 921
Kraus, Karl 20
Krieck, Ernst 729, 827
v. Kries, Wilhelm 388
Kruse, Regierungspräsident 55
Krupp v. Bohlen-Halbach, Gustav 114, 527, 610
Kube, Wilhelm 442 f., 677, 900
v. Kühlmann, Richard 113, 149–51
Künneth, Walter 797, 800

Lahusen, Generalsuperintendent 24
Lammers, Heinrich 633, 635, 890, 903
Landauer, Gustav 466, 505
Landsberg, Otto 194, 210
Lang, Fritz 840
Langgässer, Elisabeth 833
Lanz v. Liebenfels, Jörg 668
Larenz, Karl 729
Lassalle, Ferdinand 216
Lauster, Prälat 810
Lautenbach, Wilhelm 693
Leander, Zarah 841
Leber, Julius 555, 685, 910
Ledebour, Georg 110, 122 f., 505
Lederer, Emil 15, 20, 136
v. Le Fort, Gertrud 837
Legien, Carl 59, 110, 116, 221, 378
Leffler, Siegfried 441
Lehmann, Heinrich 389
Lehmann, Julius F. 92, 563
Leibholz, Gerhard 825
Leipart, Theodor 221, 378, 609
Lenin, Wladimir Iljitsch 140, 152, 203, 206 f., 536 f., 542, 881
Lenz, Max 125
v. Levetzow, Magnus 189 f., 196
Lessing, Theodor 476
v. Lettow-Vorbeck, Paul 503, 835
Leuschner, Wilhelm 910
Leutheusser, Julius 441
Levi, Paul 505

Levien, Max 401, 505
Leviné, Eugen 401
Lewald, Theodor 180
Lewin, Kurt 501
Ley, Robert 610, 629, 689, 706, 725, 756, 770, 776, 787f., 916
Liebeneiner, Wolfgang 841
Liebknecht, Karl 86, 110f., 123, 134, 137, 193, 203, 398, 402, 536f.
Lifton, Robert J. 670
Lilje, Hanns 800
Lingen, Theo 841
v. d.Lipp, General 385
Lippert, Michael 25
Lisco, Hermann 117
v. Loebell, Friedrich Wilhelm 60, 171 f.
Löns, Hermann 834–6
Loerke, Oskar 833
Löwenthal, Leo 501
Löwith, Karl 501, 825
Lohse, Heinrich 900
Lorenz, Konrad 728
Lorre, Peter 501, 840
Lortz, Josef 814
v. Lossow, Otto Heinrich 407, 566
v. Loßberg, Friedrich 157
van der Lubbe, Marinus 604
Lubitsch, Ernst 840
Ludendorff, Erich 12, 23, 34, 90f., 107–9, 112, 114f., 118–20, 125, 130, 138, 141, 144, 150–2, 154–60, 163, 167f., 172, 175–81, 185, 401, 404, 407, 423–5, 547, 554, 559, 565f., 857f., 864, 935
Lüders, Marie-Elisabeth 97 f.
Ludwig III., von Bayern 28
Ludwig, Emil 475, 500
Lueger, Kurt 507
Lukács, Georg 477
Ludovic 634
Luther, Martin 24, 444
v. Lüttwitz, Walter 402, 404, 416
Lutze, Viktor 387, 615, 639
Luxemburg, Rosa 72, 86, 110, 123, 203, 398, 402, 505, 536f.

Maercker, Georg 217, 385
Mahraun, Arthur 387f.
Mann, Golo 210
Mann, Heinrich 478, 832
Mann, Thomas 14, 20, 195, 474f., 478, 482, 622, 670, 832, 837f.
Mannheim, Karl 501, 825

Mannheim, Lucie 501
v. Manstein, Erich 853, 874
Marahrens, August 807
Marc, Franz 19
Marcuse, Herbert 501
Marcks, Erich 555
Marr, Wilhelm 668
v. Marschall, Oberst 112
Marshall, George C. 970
Marx, Julius 130, 420
Marx, Karl 41, 490, 536f., 540, 782
Marx, Wilhelm 513, 539
Maslov, Arkadi 538
Massary, Fritzi 501
Masur, Gerhard 501
Maunz, Theodor 729
Mayer, Gustav 133, 214, 501
Mayer, Rupert 815
Mayr, Karl 563f.
McKinder, Halford John 493
Mehring, Franz 86, 110, 123, 536
Meinecke, Friedrich 14, 37, 78, 106, 112, 126, 210, 297, 299, 718
Meiser, Hans 807, 958
Meißner, Otto 514, 583
Mendelsohn, Erich 501
Merton, Robert 139, 176
Mertz v. Quirnheim, Hermann 165, 172
Messerschmitt, Willy 921 f.
Metaxas, General 551
Meyer, Konrad 745–7
Meyer, Oskar 555
Meyerhof, Otto 501
Michaelis, Georg 60, 63, 90 163, 167f.
Michels, Robert 136
Miegel, Agnes 833
Mierendorff, Carlo 519, 685, 910
Mirgeler, Albert 814
v. Moellendorff, Wichard 49, 57, 108, 119
Moeller van den Bruck, Arthur 388 f., 489, 543, 549
Moissi, Alexander 840
v. Molo, Walter832, 835
v. Moltke, Helmuth 3
v. Moltke, Helmuth d.J. 8, 11
v. Moltke, Helmuth James 911
Mommsen, Hans 663, 867
v. Montgelas, Maximilian 369
Montgomery, Bernhard L. 870
Moser, Hans 841
Mosse, Georg 510
Mosse, Rudolf 473, 500, 504

Mühsam, Erich 15
Mühsam, Ernst 474, 477
Müller, General 406
Müller, August 62, 162, 168, 389
Müller, Hermann 420f., 514, 519
Müller, Ludwig 800, 803 f., 806
Müller, Richard 138, 140
v. Müller, Karl Alexander 14, 555, 564, 828
v. Münchhausen, Borries 833
Münzenberg, Willy 482, 604
Muschler, Reinhold 835
Musil, Robert 14, 478
Mussolini, Benito 407, 435, 448, 549 f., 559, 565, 588, 601, 613, 649, 809, 812 f.,856, 865
Mutschmann, Martin 916
Myler, Lok 836

Nadler, Josef 729
Naphtali, Fritz 381, 505
Napoleon, Bonaparte 7, 554, 558, 868
Natorp, Paul 19
Naumann, Friedrich 14, 172, 437, 543
Naumann, Hans 556, 729, 833
Neebe, Reinhard 591
Neumann, Franz 428, 501
Neumann, Heinz 505
Neundörfer, Ludwig 746
v. Neurath, Konstantin 584, 600, 634, 649 f.
Niekisch, Ernst 400, 543
Nielsen, Asta 840
Niemann, Major 184
Niemöller, Martin 506, 800, 804, 807, 958
Niethammer, Lutz 959
Nietzsche, Friedrich 94
Nipperdey, Hans C. 428
Nolte, Ernst 420, 549, 881
Nölting, Erik 975
Noske, Gustav 53, 192, 217, 379, 389, 402, 404, 417

v. Oertzen, Wilhelm 749
Ohlendorf, Otto 887, 922
Olden, Rudolf 478
v. Oldenburg-Januschau, Elard 59, 62, 71 f., 107, 195, 529, 584
Ophüls, Max 840
v. Oppen-Dannenwalde, Joachim 389
Oppenheimer, Franz 131, 133, 389, 470, 501

Orsenigo, Cesare 811
v. Ossietzky, Carl 479, 532
Overy, R. 695

Pabst, Waldemar 402
Pacelli, Eugenio 447–9, 612, 810–3, 818
Pallenberg, Max 501
Pannwitz, Rudolf 832
Panofsky, Erwin 501
v. Papen, Franz 195, 293, 320, 330, 342, 367, 371, 374, 376, 381, 389, 394, 396, 421, 434 f., 483, 489, 491, 515, 530–3, 583–5, 588, 592, 600, 603, 605 f., 612 f., 620, 636, 639, 644, 810–2
Päts, Konstantin 551
Patton, George S. 870
v. Payer, Friedrich 151, 158, 167, 176, 189
Pechel, Rudolf 388 f.
Pétain, Philippe 853
Peters, Carl 30
Peukert, Detlev 673
Pfeffer v. Salomon, Franz 393 f.
Pfeffer, Karl-Heinz 729
Pilsudski, Josef 537, 550
Pinner, Felix 478
Pinthus, Kurt 501
Pius XI. 449, 813, 818
Planck, Max 825, 828
Pleiger, Paul 697, 921
Plenge, Johannes 20, 57
Ploetz, Alfred 666
Poensgen, Ernst 376
v. Pohl, Hugo 143
Polgar, Alfred 501
Pommer, Erich 840
Ponto, Erich 841
Popitz, Johannes 912
Porsche, Ferdinand 921 f.
Preminger, Otto 840
Preuß, Hugo 220 f., 349, 351, 362, 478, 501, 504
v. Preysing, Konrad 816
Proksch, Otto 556

Quaartz, Reinhold 389
Quidde, Ludwig 32

Radbruch, Gustav 365, 411
Rade, Martin 23, 435 f., 438, 441 f.
v. Rantzau, Joachim 748
Rathenau, Walther 35, 49, 57, 59, 74, 108, 115, 119, 128, 132 f., 196, 221, 245, 285,

290, 337, 366, 386, 410, 437, 466, 478, 496, 503 f., 543
Ratzel, Friedrich 493
Rehm, Wilhelm 444
v. Reichenau, Walter 417, 874
Reich, Wilhelm 501
Reichert, Jakob 53, 55
Reichwein, Adolf 910
Rein, Gustav Adolf 729, 826
Reinhardt, General 402, 416 f.
Reinhardt, Fritz 643
Reinhardt, Max 501
Reitsch, Hanna 871
Remarque, Erich Maria 413 f., 474, 477, 482
Remmer, Ernst 362, 368
Rendtorff, Heinrich 442, 797
Renn, Ludwig 474, 477
v. Rentelen, Adrian 708
Repgen, Konrad 811
Reusch, Paul 374, 376, 488, 527, 643
Reuter, Ernst 187
v. Rezzori, Gregor 835
v. Ribbentrop, Joachim 583 f., 634, 650, 888, 907
Riefenstahl, Leni 639, 758, 840, 867
Riehl, Alois 16
Riezler, Kurt 11, 28, 39, 109, 143, 166, 171, 176, 196
Rilke, Rainer Maria 834
Ritter, Emil 814
Ritter, Gerhard 826
Robbins, Lionel 257
v. Rochau, Ludwig August 884
v Rödern, Siegfried 117
v. Roeder, General 385
Röhm, Ernst 386, 393 f., 489, 560, 564, 566, 614 f., 637 f., 620, 639, 777
Rökk, Marika 841
Röpke, Wilhelm 527, 825
Roesicke, Gustav 59, 64, 92
Roesler, Helmut 389
Roetger, Max 74
Roethe, Gustav 16, 555
Röver, Carl 626
Rohe, Karl 396
Rohland, Walter 921
Rommel, Erwin 856, 863, 870
v. Roon, Albrecht 172
Rose, Felicitas 834
Rosenberg, Alfred 387, 473, 508, 563, 576, 634, 669, 777, 815, 827, 830, 832 f., 900

Rosenberg, Arthur 207, 470, 530, 601
Rosenberg, Hans 501
Rosenstock-Hussey, Eugen 427, 501, 911
Roth, Alfred 134, 502 f.
Roth, Joseph 478, 500
Rüdin, Ernst, 728
Rühmann, Heinz 841
Rüstow, Alexander 271, 711
Rumpf, Max 729
Rupprecht, Kronprinz 23, 41, 156
Russell, Bertrand 47
Rust, Bernhard 387, 615, 626, 801, 826, 831

Salazar, Antonio 550
v. Salomon, Bruno 337
v. Salomon, Ernst 337, 413, 835
Salomonsohn, Arthur 125
Sasonow, Serge 7
Sauckel, Fritz 387, 632, 770, 916
Sauer, Wolfgang 418
Schacht, Hjalmar 247, 533, 632, 651, 692–4
Schäfer, Dietrich 125
Schäffer, Fritz 533
Schäffer, Hans 421, 520, 528
Schairer, Immanuel 444
Schauwecker, Franz 413, 477
Scheel, Gustav Adolf 142, 830
v. Scheer, Reinhard 145, 179, 190
Scheidemann, Philipp 15, 59, 100, 140, 159, 167, 169 f., 178, 182 f., 193 f., 348, 377, 386, 408, 410
Scheler, Max 25, 447, 555
Schemm, Hans 442, 825
Schenzinger, Karl 834, 836
Scherl, August 473, 476
Scheuch, Heinrich 181, 184
Schickele, René 832
Schiele, Martin 329, 330, 383 f.
Schiemann, Theodor 33, 100
Schiffers, Eugen 404
v. Schirach, Baldur 468, 610, 628, 762, 776, 820
Schlange-Schöningen, Hans 529
Schlegelberger, Franz 672
Schleich, C. L. 835
v. Schleicher, Kurt 293, 342, 374, 384, 417 f., 421, 434, 514 f., 529 f., 533 f., 569, 580, 582–4, 587 f., 592, 600, 639, 644
Schleiermacher, Friedrich 799
Schleunes, Karl A. 886
v. Schlieffen, Alfred 8, 10

Schlieker, Willy 921
Schmalenbach, Hermann 555
Schmaus, Heinrich 814
Schmidt, Robert 377
Schmitt, Carl 427, 440, 445, 490–2, 549, 583
Schmitz, Hermann 528
v. Schmoller, Gustav 32, 488
Schmundt, Rudolf 880
Schneider, Johannes 437
Schneider, Reinhold 833, 837
Schnitzler, Arthur 476, 500
Schoenbaum, David 782
v. Schönerer, Georg 507
Schönberg, Arnold 501
v. Schorlemer, Clemens 60, 172
Schotte, Walter 389
Schreiber, Georg 472
v. Schroeder, Kurt 533, 583
Schulz, Paul 411
Schumacher, Kurt 975
Schumpeter, Joseph A. 20, 243, 271, 287f., 343, 527
v. Schuschnigg, Kurt 650
Schwarz, Egon 831
Schwarzschild, Leopold 479, 532
Schweighofer, Ferdinand 374
Schwerin v. Krosigk, Lutz 584, 600, 643
Seeberg, Reinhold 19, 32
v. Seeckt, Hans 326, 402–4, 406f., 411, 415–8, 420, 425
Seghers, Anna 832
Seidel, Ina 682, 832
Seisser, Hans 407
v. Selchow, Kapitän 196
Seldte, Franz 391, 584, 605, 628, 643
Sering, Max 33, 92
Severing, Carl 298, 363f., 380, 403
Sichler, Richard 54–6
v. Siemens, Carl Friedrich 374
v. Siemens, Wilhelm 125, 221
Silverberg, Paul 374, 516, 527f.
Simon, Ernst 130
Simon, Walter 374
Simmel, Georg 14
Sinclair, Upton 477
Singer, Paul 505
Sinzheimer, Hugo 428, 501
Siodmak, Robert 840
Smend, Rudolf 426f.
Smetona, Antanas 551
Smith, Adam 782

Söderbaum, Christina 841
Sokolowski, Marschall 974
Solf, Wilhelm 109, 112, 145, 150, 176, 179, 184
Sombart, Werner 14, 66, 271, 273, 290, 488, 543
Sorge, Kurt 374
Spahn, Martin 388
Spann, Othmar 556
Spatz, Hugo 728
Speer, Albert 627, 631f., 634, 688f., 695, 706, 828, 864, 893, 900, 904, 907, 919–25, 936, 987
Speier, Hans 501
Spengler, Oswald 410, 487–9, 515, 543, 556
Spoerl, Heinrich 835, 841
Spranger, Eduard 823
Springorum, Fritz 376
Stadtler, Eduard 388
Stählin, Karl 800
Stahlecker, Franz Walter 887, 897
Stalin, Josef 539, 860, 874, 966
Stampfer, Friedrich 505
Stapel, Wilhelm 440
Stark, Johannes 828
v. Stauffenberg, Claus 751, 912, 914
Stegerwald, Adam 62, 162, 378, 389, 446, 528
Steguweit, Hermann 835
Stehr, Hermann 832
v. Stein, Hermann 115, 172, 174
v. Stein, Lorenz 490
Stennes, Walther 394, 560
Stepinac, Erzbischof 818
Stern, J. P. 679
Sternberg, Fritz 975
Sternheim, Carl 500
Stinnes, Hugo 116, 125, 221, 245, 264, 374, 388, 408
Stoecker, Adolf 438, 503, 799
Stolleis, Michael 524
Stolper, Gustav 532
Strasser, Gregor 442f., 534, 559f., 639
Strasser, Otto 389, 559f.
Strauss, Herbert 825
Strauß, Leo 501
Streckenbach, Bruno 890
Streicher, Julius 387, 509, 659f., 827f.
Stresemann, Gustav 127, 145, 155, 159, 328, 356, 402, 406–8, 420, 504
Ströbel, Heinrich 123

Sturm, Ernst 828
Stuckart, Wilhelm 659, 688
v. Stülpnagel, Karl-Heinrich 901
v. Stülpnagel, Otto 417, 901
Suhrkamp, Peter 556, 838
Szalaszi, Ferencz 551

Tank, Kurt 921
Taylor, Fredrick W. 256 f.
v. Tchammer und Osten, Hans 634
Tenenbaum, Eduard 971
Terboven, Josef 916
v. Tettau, Georg 126
Thälmann, Ernst 386, 395, 538, 540, 605
v. Thaer, Albrecht 109
Thalheimer, August 505, 538
Thamer, Hans-Ulrich 867
Thieß, Frank 836 f.
Thomas, Georg 695, 859
Thyssen, August 28
Thyssen, Fritz 292, 533, 723 f.
Tiburtius, Johannes 54–6
Tillich, Paul 441, 470, 825
v. Tirpitz, Alfred 7, 9, 38, 107–9, 125, 142–5, 161, 179, 216, 423, 565
Tito, Josef Broz 191, 877
Todt, Fritz 627, 631, 695, 706, 861, 863, 900, 918 f.
Toennies, Ferdinand 32, 543
Toller, Ernst 14, 500, 832
Traub, Gottfried 503
Trendelnburg, Ernst 528
Trenker, Luis 841
v. Tresckow, Henning 912, 914
Troeltsch, Ernst 14, 18, 184, 194, 196, 350, 361, 366, 389, 438, 478
v. Trotha, Adolf 190
v. Trott zu Solz, Adam 172
Trotzki, Lew 150 f., 203
Truman, Harry S. 970
Tucholsky, Kurt 290, 479, 500

Ui, Arturo 292
Ullstein, Verlag 473, 476 f., 489, 500
Ulmanis, Karlis 551
v. Unruh, Fritz 832

v. Valentini, Rudolf 113, 163
Valentin, Karl 729
Valentin, Veit 501, 825
De Vecchi, Guiseppe 813
Veidt, Conrad 840

Verne, Jules 835
v. Verschur, Otmer 728
Vesper, Will 832
Vitzheimer v. Eckstädt, Christoph 126
Voegelin, Erich 501
Vögler, Albert 264, 376, 389, 527, 643

Wagner, Eduard 857
Wagner, Gerhard 669, 671
Wagner, Robert 901
Wahnschaffe, Arnold 124, 132, 170
v. Waldow, Wilhelm 63, 90 f.
Wassermann, Jakob 496, 500, 832, 838
Walter, Bruno 501
v. Wangenheim, Conrad 91 f., 125
Warburg, Aby 501, 503
Warburg, Max 528
Warburg, Otto Heinrich 501
Warmbold, Hermann 528
v. Watter, Oskar 403
Weber, Alfred 20, 32
Weber, Max 14 f., 20, 32, 42, 66, 75 f., 84, 112, 126, 137, 141, 144, 162, 173, 189, 196, 240, 350, 488, 490, 542, 551 f., 585, 597 f., 624, 633, 666, 782, 884, 935, 992
Weber, Werner 492
Weer, Christoph 834
Wegener, Paul 841
Wehner, Josef M. 835
Weill, Kurt 501
Weiß, Bernhard 509
v. Weizsäcker, Carl 108
Werfel, Franz 500, 832
Werlin, Jacob 921
Werner, Ilse 841
Wernle, Paul 555
Wertheimer, Max 501
v. Westarp, Kuno 92, 144, 159, 389
Wiechert, Ernst 837
Wilder, Billy 840
Wildt, Michael 656
Wieneke, Friedrich 442
v. Wiese, Leopold 20
Wilhelm II., Deutscher Kaiser 3, 11, 23, 40, 44, 107 f., 175, 179, 181–5, 189 f., 192 f., 328, 438, 554, 935
Wilhelm II., von Württemberg 28
Willikens, Werner 339 f.
Wilm, Werner 442
Wilson, Woodrow 146, 175, 179 f., 182, 194
Winnig, August 389

v. Winterfeld, Friedrich 389
Wirth, Joseph 446, 449
Wissell, Rudolf 377
Wittek, Erhard 836
Wohlbrück, Adolf 840
Wolff, Kurt 500, 503
Wolff, Theodor 32, 42, 205, 478, 504, 568, 838
Woltmann, Ludwig 502
v. Wrisberg, Ernst 8, 130, 131
Wurm, Emanuel 123
Wurm, Theophil 506

Young, Owen D. 250

Zehrer, Hans 390, 479, 549, 556
Zetkin, Clara 86, 110, 123
Ziese, Carl 56, 125
Zietz, Luise 122
Zimmerl, Leopold 830
Zöberlein, Hans 477
Zuckmayer, Carl 476, 832
Zweig, Arnold 477
Zweig, Stefan 19, 475, 478, 500, 832

Sachregister

Adel 219, 284, 323, 331, 343, 346, 747–51, 955 f.
Adolf-Hitler-Schulen 722 f.
Ärzte 727 f.
Agrarkrise 274
Agrarpolitischer Apparat der NSDAP 339–42, 700
Agrarpreise 59, 62, 278, 281 f.
Agrarproduktion 58, 277
Agrarutopie 711–4
Agrarwirtschaft s. Landwirtschaft
Alldeutscher Verband 28, 125 f., 128, 133 f., 387, 501 f.
Allgemeine Elektrizitäts-Gesellschaft 267
Allgemeiner freier Angestelltenbund 305
Allgemeiner Deutscher Beamtenbund 368 f.
Allgemeiner Deutscher Gewerkschaftsbund 378–81
Alliierte Blockade 48 f., 57
Alternativen zur Weimarer Republik 205–15
Alternativen zum NS-Regime 585–7
Angestellte 78–80, 285, 303–6, 730
Annexionismus s. Kriegsziele
«Anschluß» Österreichs 650 f.
Antisemitische Correspondenz 501
Antisemitismus 128–34, 337, 491 f., 495–511, 652–64, 799, 805, 875
Arbeiter 81–6, 94–102, 286, 310–23, 731–41
Arbeiterfamilie 94–102
Arbeiterfrauen 82–4, 94–102
Arbeiterklassen 81–6, 94–102, 310–23, 345, 731–41
Arbeitseinsatz 632 f.
Arbeitskämpfe s. Streiks
Arbeitskammergesetz 169
Arbeitslosenversicherung 319, 432 f.
Arbeitslosigkeit 48, 255, 257–62, 317–23
Arisierung 661 f.
Assistenten 829
Ausbeutung des besetzen Europa 925 f.
Außenpolitik 1933–39 648–52
Asoziale 767–9

Baltikum 33 f.
Bauern 87–93, 331–42, 346, 741–7
Bayerischer Bauernbund 332 f.
Beamte s. Bürokratie
Beamtengehälter 77, 368 f., 455 f., 461
Beamtenpolitik 78, 361–72
Bekennende Kirche 803–7
Bergarbeiterunion 403
Berliner Vertrag 1918 153 f.
Berufsschulen 830
Bildungsbürgertum 76–8, 284, 231–4, 293–9, 344, 724–9
Blitzkrieg 843–55, 916–8
Bombenkrieg 931–33
Brest-Litowsk, Friede von 34, 92, 150–3
Brigade Ehrhardt 387, 402
Brussilow-Offensive 13
Brutalisierung des Krieges 872–8
Buchhandel 474–7
Buchproduktion 474–7
Bündische Jugend 162 f.
Bündnis Ebert-Groener 216–8
Bürgerkrieg 1919–1923 397–408
Bürgerliche Gesellschaft 306–9
Bürgertum s. Wirtschaftsbürgertum, Bildungsbürgertum, Kleinbürgertum, Beamte, Bürokratie
Bürokratie 218 f., 298, 327, 361–72, 635 f., 780, 962 f.
Bund der technisch-industriellen Beamten 79
Bund Deutscher Mädel 628 f., 758 f., 764
Bund Jungdeutschland 391
Bund der Landwirte 91–3, 126, 382
Bund deutscher Männer u. Frontkrieger 391
Bund Wiking 385 f.
Burgfrieden 39 f., 41, 46
Burschenschaften s. Verbindungen

Charismatische Herrschaft 551–63, 623–35, 675–79, 866–72, 884–7, 933–7
Chemische Industrie 264 f.
Christlich-deutsche Bewegung 441–5
Christliche Bauernvereine 325

Christliche Gewerkschaften 378
Christlich-nationale Bauern- und Landvolkpartei 335–9
Christlich-sozialer Volksdienst 358–60

Darmstädter und Nationalbank (Danat) 262
Dawes-Plan 250–2
Demographischer Übergang 231, 313
Demontage 544–47
Depression 1929–1935 257–62
Deutschbund 387
Deutsche Adelsgenossenschaft 328 f., 747 f.
Deutsche Arbeiter- und Angestelltenpartei 125 f.
Deutsche Arbeitsfront 629, 734–6, 758
Deutsche Christen 441–5, 797–800
Deutsche Demokratische Partei (DDP) 355 f., 504
Deutsche Erdöl AG 267
Deutsche Staatspartei 388
Deutsche Vaterlandspartei 78, 105, 125–8
Deutsche Vereinigung 126
Deutsche Volksliste 851 f.
Deutsche Volkspartei (DVP) 356
Deutscher Anwaltsverein 726
Deutscher Bauernbund 383
Deutscher Beamtenbund 78
Deutscher Gewerkschaftsbund s. Christliche Gewerkschaften
Deutscher Handwerks- u. Gewerbekammertag 300
Deutscher Herrenklub 388
Deutscher Hochschulring 467
Deutscher Industrie- und Handelstag 373, 382
Deutscher Landarbeiterbund 382 f.
Deutscher Landbund 366, 382
Deutscher Landwirtschaftsrat 382 f.
Deutscher Sonderweg 17–21, 933–7
Deutsches Frauenwerk 753, 758
Deutsches Jungvolk 760–67
Deutschnationale Volkspartei (DNVP) 127, 327, 338, 341, 357 f., 503 f.
Deutschnationaler Handlungsgehilfen-Verband 79
Deutschvölkische Beamtenvereinigung 125 f.
Deutschvölkische Freiheitspartei 503
Deutschvölkischer Bund 502

Deutschvölkischer Schutz- und Trutzbund 386 f., 502 f.
Displaced Persons 944 f.
Dreiklassenwahlrecht 138, 170–4

Egalitäre «Leistungs- Volksgemeinschaft» 684–90, 790 f.
Einsatzgruppen 850, 856 f., 889–91
Eiserne Front 396, 506
Einwohnerwehren 386
Elektrotechnische Industrie 264
Elitenwechsel 771–81, 789
Entnazifizierung 953,6
Erbgesundheitspolitik 507–11, 652–64, 671 f.
Erbhofbauern 699–705, 742
Ermächtigungsgesetz 607 f.
Erster Weltkrieg 3–197
Eugenik 664–75
Euthanasie-Aktion 671 f., 816
Evangelische Kirche 436–45, 505 f., 963 f.
Export 263

Feme-Morde 411 f.
Fertilität 231–4, 313
Film 480–2, 840 f.
Flotteneinsatz 1918 189–92
Flüchtlinge 941, 951, 64
Frankreichkrieg 1940 852–5
Frauenamt der Deutschen Arbeitsfront 754, 757
Frauenarbeit 82–4, 237 f., 755 f.
Frauengeschichte 82–4, 237 f., 752–60
Frauenstudium 463, 831
Freie Berufe s. Ärzte, Rechtsanwälte
Freie Gewerkschaften 45, 118, 134–41, 254, 314 f., 609 f.
Freier Ausschuß für einen Deutschen Arbeiterfrieden 126
Freikorps 385–7
Freikorps Oberland 385 f.
Fremdarbeiter s. Zwangsarbeiter
Friedensresolution 1917 117, 167
Fronterfahrung 102–6, 872–8
Führerdiktatur (Führerabsolutismus, Führermonokratie, Führerherrschaft) 603–23, 635–42
Führermythos 565–72, 677 f., 757, 854, 866–72
Führungssektoren 262–8
Fürstenwalder Hassbotschaft 391

Gauleiter 626, 778 f.
Generalkommandos 40 f., 61, 129
Generalkommision der Freien Gewerkschaften 114–22, 134–41
Generationenfrage 235 f.
Geopolitik 493–5
Germanen-Orden 387
Germanisierungspolitik 36, 843–52
Gesamtverband deutscher Angestelltengewerkschaften 305
Gesinnungsbünde 388–90
Gestapo 630 f.
Gewerkschaftsverband der Angestellten 305
Glaube und Schönheit 758 f.
Gleichschaltung 1933 606–19
Großunternehmen 262–8
Grüne Front 340, 382
Grundschulen 451–54, 819 f.
Gymnasiallehrer s. Studienräte
Gymnasien 456,62, 821 f.

Haber-Bosch-Verfahren 50
Habilitationsverfahren 829
Hamburger Aufstand 1923 406
Handwerk, Handwerker 80 f., 271–4
Harzburger Front 569, 600
Hauptausschuß nationaler Arbeiter- u. Berufsverbände 126
Heimatfront 4, 93–102, 928–31
Herrenklub 388 f.
Herrschaftskompromisse 1918/19 215–22
Hilfsdienst-Gesetz 1916 75, 97, 114–22
Hindenburg-Programm 114–22, 129
Historisierung des Nationalsozialismus XXII, 550, 986–994
Hitler-Bewegung 564–77
Hitlerjugend 628 f., 760–7
Hitler-Putsch 1923 407, 566
Höhere Mädchenschulen 460
Hyperinflation 244–50
Holocaust 882–902
Homosexuelle 768

Ideen von 1914 17–21
IG Farben 265, 267
Inflation 1914–1923 67 f., 244–50
Inflationskoalition 244–50
Interessengemeinschaft deutscher Beamtenverbände 78
Interessenverbände 31 f., 372–97
Interventionsstaat 268–71

Judenmord s. Holocaust
Judenzählung 1916 128–34, 495 f.
Jüdische Deutsche 128–34, 495–511
Jugendbewegung s. Bündische Jugend
Jugendfrage 99 f., 235 f.
Jungbauernverband 336
Jungdeutscher Orden 387 f.
Jungstahlhelm 391
Juniklub 388
Junker s. Adel

Kampfmoral 105, 866–72
Kanzlei des Führers 634
Kapp-Putsch 402 f.
Kartelle 265 f.
Katholische Kirche 445–50, 505, 809–18, 959 f.
Katholizismus 25 f., 445,50, 809–18
Kaukasus 34, 858
Kirchenkampf 795 f.
Klassengesellschaft 69–111, 284–347, 715–51
Kleinbürgertum 78–81, 285, 299–306, 345, 729–31
Kleinhändler 302 f.
Kommissarbefehl 857
Kommunismus 535–41
Kommunistische Partei Deutschlands 316, 505, 908 f.
Konjunkturzyklen 252–7
Konservative Revolution 486–93
Konservativismus 127, 327, 338, 341, 357 f., 503 f.
Konzentrationsbewegung 265
Konzentrationslager 630 f., 822–902
Korporationen s. Verbindungen
Korporativismus 48, 268–71
Kraft durch Freude 734–6, 740
Kreisauer Kreis 911–5
Kreisleiter 778 f.
Kriegervereine 390 f.
Kriegsamt 115 f.
Kriegsamt für Verbraucherinteressen 83
Kriegsanleihen 66 f.
Kriegsausschuß der Deutschen Industrie 373

Kriegsausschuß der Deutschen Landwirtschaft 382
Kriegsdiktatur 107–9, 112 f.
Kriegsernährungsamt 62 f., 88
Kriegsfinanzierung 64–8, 927

Kriegsfreiwillige 103
Kriegsgefangene 943 f.
Kriegsgewinne 52–4, 65, 117
Kriegsliteratur 413 f.
Kriegsnationalismus 14–7, 21–3, 43 f.
Kriegsopferversorgung 430–3
Kriegsrohstoffabteilung 49 f.
Kriegsrohstoffgesellschaften 49
Kriegsschuldartikel 409
Kriegstheologie 23–6, 808 f., 817 f.
Kriegsverluste 232 f., 942–50
Kriegswirtschaft 47–57, 915–27
Kriegsziele 26–38, 127, 150–4
Kriminalität 953 f.
Krupp-Werke 267
Kyffhäuser-Bund 390 f.

Landarbeiter, -proletariat 382 f.
Landvolk-Bewegung 335–9, 382
Landwirtschaft 57–64, 274–83
Lebensraum-Imperialismus 882 f.
Legitimationskrise 1918 175–97
Lehrer 455 f.
Lehrerinnen 455
Lehrerseminar 455, 819
Lesbierinnen 768
Liberalismus 358 f., 504
Literaturpolitik 831–7
Lusitania 143
Lyzeen 460

Machtergreifung s. Machtübergabe
Machtübergabe 1933 580-93
Madagaskar-Plan 888
März-Aktion 1921 405
Markt, literarisch-publizistischer 472–80
Marne-Schlacht 11
Marshall-Plan 970–72
Massenarbeitslosigkeit 257–62, 317–23
Massenstreiks 134–41
Mehrheits-SPD 122–4, 160–97, 354 f.
Michael-Offensive 1918 155–7
Militarismus 420–8
Mitteleuropa-Pläne 29 f., 34 f.
Mittelstand, alter 80 f., 285, 300–2
Mittelstand, neuer 78–80, 285, 303–6, 730 f.
Mittelstandspolitik 80 f., 707 f.
Modernisierung im «Dritten Reich» 781, 94
Modernisierungsfähigkeit des Kaiserreichs 198–205

Mortalität 231–4, 313
Münchener Konferenz 651
Münchener Räterepublik 400 f.
Mütterschulen 753
Mütterkreuz 753
Müttertag 753

Nationale Vereinigung 401 f.
Nationalismus 543–9
Nationalpolitische Erziehungsanstalten 766 f.
Nationalprotestantismus 438–45, 799–809
Nationalsozialismus 542–80
Nationalsozialistische Deutsche Arbeiterpartei 322 f., 328 f., 564–80, 778–80
Nationalsozialistische Frauenschaft 753, 758
Nationalsozialistische Volkswohlfahrt 754, 758
Nationalsozialistischer Deutscher Dozentenbund 829 f.
Nationalsozialistischer Studentenbund 467 f.
Nationalversammlung 1919 550–3
Neue Kulturgeschichte XIXf., 795
Nominallöhne 81 f.
Nordwestdeutscher Handwerkerbund 300
Notverordnungen 516–34, 603–23
Novemberrevolution 1918 148–97
Nürnberger Rassegesetze 1935 658–60

Oberkommando des Heeres 861 f.
Oberkommando der Wehrmacht 640 f.
Oberost 150–3
3. Oberste Heeresleitung 112–47, 163 f.
Offizierkorps 414–28, 616 f., 640–2, 878–81
Oktoberreformen 1918 174–83
Olympische Spiele 1936 648
Opferzahlen des Judenmords 898 f.
Ordensburgen 777 f.
Organisation Consul 386 f.
Organisation Escherich 386 f.
Organisation Todt 627
Osthilfe 282 f., 330
Ostjuden 128 f.

Pädagogische Akademien 454 f.
Paramilitärische Organisationen 384–97
Parteien 353–60
Parteikanzlei 634 f.

Pfarrer 436–45, 797–809
Pfarrerbruderschaften 803 f.
Pogrome 133, 660 f.
Polenpolitik 769–71, 843–52
Politische Justiz 410–2
Politische Morde 410–2
Politische Religion 543–9, 680 f.
Politische Theologie 440–5
Politisches Herrschaftssystem 1919–32 350–3
Politisches Herrschaftssystem 1933–45 603–47
Politisches Kolleg 388
Polenkrieg 1939 843–52
Polnischer Grenzstreifen 32 f.
Polykratie 623–35
Potempa-Mord 444
Präsidialkabinette 516–34
Präsidialkanzlei 634
Präventivkrieg 1914 7
Preußenschlag 1932 444, 606
Priester 809–18
Professionen, s. Ärzte, Rechtsanwälte
Professoren 32, 468–72, 728 f., 775 f., 823–30
Propaganda 831–41
Protestantismus 24 f., 436–45, 797–809

Radikalnationalismus 5, 543–9, 679 f.
Räte, Rätesystem 211–5, 219 f.
Rassenhygiene 612
Rassenpolitik 507–11, 618, 652–64, 882–902
Rat der Volksbeauftragten 348, 397
Raumordnungsplanung 741, 744–7
Reallöhne 81–3, 255, 311, 733
Rechtsanwälte 726 f.
Reeducation 960
Reichsarbeitsdienst 628, 758
Reichsbank 692
Reichsbanner Schwarz-Rot-Gold 396, 506
Reichsberufswettkampf 764
Reichsbund der höheren Beamten 361–71
Reichsdeutscher Mittelstandsverband 126
Reichshammerbund 131, 134, 387, 501
Reichskanzlei 633 f.
Reichskommissare für die Festigung Deutschen Volkstums 843–52
Reichskommissar für die Überwachung der öffentlichen Meinung 502
Reichskonkordat 447–50, 612 f., 809–14

«Reichskristallnacht» 660 f.
Reichskriegsflagge 386
Reichslandbund 325, 329, 341, 381–4
Reichsmütterdienst 753 f.
Reichsnährstand 613, 699–705, 758
Reichspartei des deutschen Mittelstandes 358–60
Reichstagsbrand 1933 604 f.
Reichstagswahlen 1919–1933 568–77
Reichsverband des deutschen Handwerks 300
Reichsverband der deutschen Industrie 360, 373–6, 383
Reichsvereinsgesetz 169
Reichswehr 414–28, 616 f., 640–2
Reichswerke Hermann Göring 697 f.
Rekonstruktion der Wirtschaft nach 1945 966–70
Reparationen 1919–1932 243, 250–2
Reparationen 1945–1990 947–50
Restaurationsvorwurf 973–77
Revolutionäre Gewerkschaftsopposition, -organisation 378 f., 539
Revolutionäre Obleute 124, 138
Rheinischer Separatismus 407 f.
Rheinisch-Westfälisches Kohlensyndikat 266
Rheinland-Besetzung 1922 405 f.
Richter 410–2, 906 f.
Röhm-Krise 637–40
Rohstahlgemeinschaft 266
Rote Ruhrarmee 403 f.
Roter Frontkämpferbund 395 f.
Rübenwinter 1916/17 62 f., 91, 165
Rüstungsfinanzierung 698 f., 927 f.
Rüstungswirtschaft 51 f., 698 f., 864 f., 915–27
Ruhreisenstreit 380
Ruhrkrieg 403 f.
Ruhrstreiks 1919 399 f.
Rundfunk 482 f., 839 f.
Russische Oktoberrevolution 1917 90, 148 f.
Rußlandkrieg 1941–1945 855

Sächsischer Aufstand 1923 406
Scheer-Programm 1918 179 f.
Schichtungssystem s. System Sozialer Ungleichheit
Schlacht an den masurischen Seen 12
Schlacht vor Moskau 861 f.
Schlacht im Skagerrak 114

Schlacht an der Somme 13, 104
Schlacht um Stalingrad 864
Schlacht bei Tannenberg 12
Schlacht bei Gorlice-Tarnów 12
Schlacht um Verdun 11 f.
Schlieffen-Plan 8–11
Schriftsteller 472–80, 831–40
Schutzstaffel/SS 394 f., 630 f.
Schwarzmarkt 61, 86, 954
«September-Programm» 1914 28–30
Sicherheitsdienst 630 f.
Siemens-Werke 267
Sonderstäbe 623–35
Sozialdemokratie 122–4, 160–97, 316 f., 354 f.
Sozialdemokratische Partei Deutschland 354 f., 504, 910
Soziale Mobilität 771–81
Sozialhierarchie s. System Sozialer Ungleichheit
Sozialimperialismus 36–8
Sozialstaat 6, 351 f., 428–34
Sozialpolitik 54–7
Sozialstruktur s. System Sozialer Ungleichheit
Spartakus-Bund 110, 536 f.
Speers Rüstungswirtschaft 918–24
Splitterparteien 358–60
Staatsgelenkte Marktwirtschaft 691–8
Staatsschulden 64–8, 927
Stahlhelm 391 f.
Stahlwerksverband 266
Sterilisation 664–71
Steuerpolitik 64–8, 927
Steuerung von Publizistik, Rundfunk, Film 837–41
Stratifikationsordnung s. System Sozialer Ungleichheit
Streiks 86, 134–41
Strukturbruch nach 1945 966–70
Studenten 463–8
Studentenring Langemarck 391 f., 830 f.
Studienräte 457, 461 f., 774 f.
Sturmabteilung/SA 323, 393 f., 637–40
Sudetenkrise 651 f.
System Sozialer Ungleichheit (Schichtungssystem, Sozialhierachie, Sozialstruktur, Stratifikationsordnung) 5, 69–111, 284–347, 715–51

Täterzahlen des Judenmords 902
Tannenberg-Bund 387

Tat-Kreis 389 f.
Technische Hochschulen 462–72, 823–31
Theologen 436–45, 797–809
Thule-Gesellschaft 387, 565
Totaler Krieg 414, 424–8
Totalitäre Revolution 600–23
Treuhänder der Arbeit 610, 614

U-Bootkrieg 1914–1918 142–7
U-Bootkrieg 1939–1945 862, 865 f.
Universum Film AG/UFA 481 f., 840 f.
Unabhängige SPD 110 f., 122–5, 315 f., 355
Unabhängiger Ausschuß für einen Deutschen Frieden 126
Universitäten 462–72, 774 f., 823–31
Urbanisierung 234 f.

Verband gegen die Überhebungen der Juden 128–34
Verbindungen, Burschenschaften, Korporationen 468 f.
Vereinigte Stahlwerke 267
Vereinigte Vaterländische Verbände Deutschlands 392 f.
Vereinigung Deutscher Arbeitgeberverbände 373
Vereinigung der Deutschen Bauernverbände 325, 336, 383
Verfassung der Weimarer Republik 350–3
Verlage 472–80, 931–3
Vernichtungskrieg 872–8
Versailler Frieden 241 f.
Vertreibung der jüdischen Deutschen 653–64
Vertreibung der Deutschen aus dem Osten 944, 953
Vertriebene 641, 651, 968
Verwaltung s. Bürokratie
Vierjahresplan 631 f. 694 f.
Volksgerichtshof 906 f.
Volkskonservative Vereinigung 358–60
Volksnationale Reichsvereinigung s. Deutsche Staatspartei 388
Volksschul-, Grundschullehrer s. Lehrer

Währungsreform von 1948 970–72
Waffen- u. Munitionsbeschaffungsamt 115
Waffenstillstandsangebot 1918 159 f.
Wandervogel s. Bündische Jugend
Wannsee-Konferenz 896 f.

Wehrwolf 391
Weltwirtschaftskrise 1929 257–62
Werkstudenten 466
Widerstand gegen den Nationalsozialismus 732, 765, 908–15
Winterhilfswerk 758
Wirtschaftsbürgertum 74, 285, 290–3, 344, 721–4
Wirtschaftswunder 1933–36 642–6, 709–11
Wirtschaftswunder nach 1949 975–77
Wohnungsbau 431 f.

Young-Plan 250–2

Zeitschriften 479 f.
Zeitungen 473, 478
Zentralverband Deutscher Industrieller 126, 373 f.
Zentrum 356, 804
Zentralarbeitsgemeinschaft 221 f., 372 f.
Zölibat für Beamtinnen 365, 461
Zölle, Zollpolitik 279
Zusammenbruchsgesellschaft nach 1945 951–65
Zwangsarbeiter 716, 769–71
Zweiter Weltkrieg 842–933

Hans-Ulrich Wehler bei C. H. Beck

*Konflikte zu Beginn des
21. Jahrhunderts*
Essays
2003. Etwa 244 Seiten. Paperback
Beck'sche Reihe Band 1551

*Die Herausforderung der
Kulturgeschichte*
1998. 160 Seiten. Paperback
Beck'sche Reihe Band 1276

Politik in der Geschichte
Essays
1998. 269 Seiten. Paperback
Beck'sche Reihe Band 1240

Umbruch und Kontinuität
Essays zum 20. Jahrhundert
2000. 342 Seiten. Paperback
Beck'sche Reihe Band 1400

Scheidewege der deutschen Geschichte
Von der Reformation bis zur Wende
1517–1989
1995. 255 Seiten. Paperback
Beck'sche Reihe Band 1123

Nationalismus
2001. 122 Seiten. Paperback
Beck'sche Reihe Band 2169
C. H. Beck Wissen

*Bibliographie
zur neueren deutschen Sozialgeschichte*
1993. 439 Seiten. Broschiert
C. H. Beck Studium

Verlag C. H. Beck München

Deutsche Geschichte bei C. H. Beck

Etienne François/Hagen Schulze (Hrsg.)
Deutsche Erinnerungsorte
Band I:
4., durchgesehene Auflage. 2002
725 Seiten mit 77 Abbildungen. Leinen
Band II:
2001. 739 Seiten mit 77 Abbildungen. Leinen
Band III:
2001. 784 Seiten mit 86 Abbildungen. Leinen

Heinrich August Winkler
Der lange Weg nach Westen
Band 1: Deutsche Geschichte vom Ende des Alten Reiches bis zum Untergang der Weimarer Republik
4., durchgesehene Auflage. 2002. 652 Seiten
Leinen
Band 2: Deutsche Geschichte vom «Dritten Reich» bis zur Wiedervereinigung
4., durchgesehene Auflage. 2002. X, 742 Seiten
Leinen

Otto Pflanze
Bismarck
Band 1: Der Reichsgründer
Aus dem Englischen von Peter Hahlbrock
1997. 906 Seiten mit 87 Abbildungen und 2 Karten
Leinen
Band 11: Der Reichskanzler
Aus dem Englischen von Peter Hahlbrock
1998. 808 Seiten mit 79 Abbildungen und 1 Karte
Leinen

John C. G. Röhl
Wilhelm II.
Die Jugend des Kaisers 1859–1888
1993. 980 Seiten mit 32 Abbildungen. Leinen
Der Aufbau der persönlichen Monarchie. 1888–1900
2001. 1437 Seiten mit 55 Abbildungen. Leinen

Verlag C. H. Beck München